城市建设标准专题汇编系列

智慧城市标准汇编
（下册）

本社 编

中国建筑工业出版社

城市燃气规划与设计丛书

燃气城市输配工程

（下册）

李 猷 嘉 编

中国建筑工业出版社

出 版 说 明

工程建设标准是建设领域实行科学管理,强化政府宏观调控的基础和手段。它对规范建设市场各方主体行为,确保建设工程质量和安全,促进建设工程技术进步,提高经济效益和社会效益具有重要的作用。

时隔37年,党中央于2015年底召开了"中央城市工作会议"。会议明确了新时期做好城市工作的指导思想、总体思路、重点任务,提出了做好城市工作的具体部署,为今后一段时期的城市工作指明了方向、绘制了蓝图、提供了依据。为深入贯彻中央城市工作会议精神,做好城市建设工作,我们根据中央城市工作会议的精神和住房城乡建设部近年来的重点工作,推出了《城市建设标准专题汇编系列》,为广大管理和工程技术人员提供技术支持。《城市建设标准专题汇编系列》共13分册,分别为:

1. 《城市地下综合管廊标准汇编》
2. 《海绵城市标准汇编》
3. 《智慧城市标准汇编》
4. 《装配式建筑标准汇编》
5. 《城市垃圾标准汇编》
6. 《养老及无障碍标准汇编》
7. 《绿色建筑标准汇编》
8. 《建筑节能标准汇编》
9. 《高性能混凝土标准汇编》
10. 《建筑结构检测维修加固标准汇编》
11. 《建筑施工与质量验收标准汇编》
12. 《建筑施工现场管理标准汇编》
13. 《建筑施工安全标准汇编》

本次汇编根据"科学合理,内容准确,突出专题"的原则,参考住房和城乡建设部发布的"工程建设标准体系",对工程建设中影响面大、使用面广的标准规范进行筛选整合,汇编成上述《城市建设标准专题汇编系列》。各分册中的标准规范均以"条文+说明"的形式提供,便于读者对照查阅。

需要指出的是,标准规范处于一个不断更新的动态过程,为使广大读者放心地使用以上规范汇编本,我们将在中国建筑工业出版社网站上及时提供标准规范的制订、修订等信息。详情请点击www.cabp.com.cn的"规范大全园地"。我们诚恳地希望广大读者对标准规范的出版发行提供宝贵意见,以便于改进我们的工作。

目　录

（上册）

《室外给水设计规范》GB 50013—2006 …… 1—1
《室外排水设计规范》GB 50014—2006（2016 年版）…… 2—1
《建筑给水排水设计规范》GB 50015—2003（2009 年版）…… 3—1
《城镇燃气设计规范》GB 50028—2006 …… 4—1
《供配电系统设计规范》GB 50052—2009 …… 5—1
《住宅设计规范》GB 50096—2011 …… 6—1
《城市用地分类与规划建设用地标准》GB 50137—2011 …… 7—1
《城市居住区规划设计规范》GB 50180—93（2016 年版）…… 8—1
《镇规划标准》GB 50188—2007 …… 9—1
《公共建筑节能设计标准》GB 50189—2015 …… 10—1
《城市道路交通规划设计规范》GB 50220—95 …… 11—1
《城市给水工程规划规范》GB 50282—98 …… 12—1
《城市工程管线综合规划规范》GB 50289—2016 …… 13—1
《城市电力规划规范》GB/T 50293—2014 …… 14—1
《智能建筑设计标准》GB 50314—2015 …… 15—1
《城市排水工程规划规范》GB 50318—2000 …… 16—1
《城市居民生活用水量标准》GB/T 50331—2002 …… 17—1
《污水再生利用工程设计规范》GB 50335—2002 …… 18—1
《城市环境卫生设施规划规范》GB 50337—2003 …… 19—1
《老年人居住建筑设计标准》GB/T 50340—2003 …… 20—1
《住宅建筑规范》GB 50368—2005 …… 21—1
《绿色建筑评价标准》GB/T 50378—2014 …… 22—1
《城市绿地设计规范》GB 50420—2007（2016 年版）…… 23—1
《城镇老年人设施规划规范》GB 50437—2007 …… 24—1
《地铁运营安全评价标准》GB/T 50438—2007 …… 25—1
《城市公共设施规划规范》GB 50442—2008 …… 26—1
《城市容貌标准》GB 50449—2008 …… 27—1
《城市轨道交通技术规范》GB 50490—2009 …… 28—1
《城市水系规划规范》GB 50513—2009 …… 29—1
《城市轨道交通线网规划编制标准》GB/T 50546—2009 …… 30—1
《民用建筑节水设计标准》GB 50555—2010 …… 31—1
《城市园林绿化评价标准》GB/T 50563—2010 …… 32—1
《城市配电网规划设计规范》GB 50613—2010 …… 33—1

《城镇供热系统评价标准》GB/T 50627—2010 ·············· 34—1
《城市轨道交通综合监控系统工程设计规范》GB 50636—2010 ·············· 35—1
《建筑工程绿色施工评价标准》GB/T 50640—2010 ·············· 36—1
《城市道路交叉口规划规范》GB 50647—2011 ·············· 37—1
《节能建筑评价标准》GB/T 50668—2011 ·············· 38—1
《城市道路交通设施设计规范》GB 50688—2011 ·············· 39—1
《无障碍设计规范》GB 50763—2012 ·············· 40—1
《城镇给水排水技术规范》GB 50788—2012 ·············· 41—1
《城市防洪工程设计规范》GB/T 50805—2012 ·············· 42—1

（下册）

《燃气系统运行安全评价标准》GB/T 50811—2012 ·············· 43—1
《城市规划基础资料搜集规范》GB/T 50831—2012 ·············· 44—1
《养老设施建筑设计规范》GB 50867—2013 ·············· 45—1
《生活垃圾卫生填埋处理技术规范》GB 50869—2013 ·············· 46—1
《绿色工业建筑评价标准》GB/T 50878—2013 ·············· 47—1
《绿色办公建筑评价标准》GB/T 50908—2013 ·············· 48—1
《既有建筑绿色改造评价标准》GB/T 51141—2015 ·············· 49—1
《严寒和寒冷地区居住建筑节能设计标准》JGJ 26—2010 ·············· 50—1
《夏热冬暖地区居住建筑节能设计标准》JGJ 75—2012 ·············· 51—1
《老年人建筑设计规范》JGJ 122—99 ·············· 52—1
《既有居住建筑节能改造技术规程》JGJ/T 129—2012 ·············· 53—1
《居住建筑节能检测标准》JGJ/T 132—2009 ·············· 54—1
《夏热冬冷地区居住建筑节能设计标准》JGJ 134—2010 ·············· 55—1
《城市夜景照明设计规范》JGJ/T 163—2008 ·············· 56—1
《供热计量技术规程》JGJ 173—2009 ·············· 57—1
《公共建筑节能改造技术规范》JGJ 176—2009 ·············· 58—1
《公共建筑节能检测标准》JGJ/T 177—2009 ·············· 59—1
《民用建筑绿色设计规范》JGJ/T 229—2010 ·············· 60—1
《城镇排水管道维护安全技术规程》CJJ 6—2009 ·············· 61—1
《城市桥梁设计规范》CJJ 11—2011 ·············· 62—1
《城市道路公共交通站、场、厂工程设计规范》CJJ/T 15—2011 ·············· 63—1
《环境卫生设施设置标准》CJJ 27—2012 ·············· 64—1
《城镇供热管网设计规范》CJJ 34—2010 ·············· 65—1
《城镇道路养护技术规范》CJJ 36—2006 ·············· 66—1
《城市道路工程设计规范》CJJ 37—2012（2016年版） ·············· 67—1
《城市道路照明设计标准》CJJ 45—2015 ·············· 68—1
《城镇供水厂运行、维护及安全技术规程》CJJ 58—2009 ·············· 69—1
《城市地下管线探测技术规程》CJJ 61—2003 ·············· 70—1

《城乡建设用地竖向规划规范》CJJ 83—2016 ·············· 71—1
《生活垃圾焚烧处理工程技术规范》CJJ 90—2009 ·············· 72—1
《生活垃圾卫生填埋场运行维护技术规程》CJJ 93—2011 ·············· 73—1
《城镇供热管网结构设计规范》CJJ 105—2005 ·············· 74—1
《城市市政综合监管信息系统技术规范》CJJ/T 106—2010 ·············· 75—1
《房地产市场信息系统技术规范》CJJ/T 115—2007 ·············· 76—1
《城镇排水系统电气与自动化工程技术规程》CJJ 120—2008 ·············· 77—1
《镇（乡）村排水工程技术规程》CJJ 124—2008 ·············· 78—1
《城市快速路设计规程》CJJ 129—2009 ·············· 79—1
《建筑垃圾处理技术规范》CJJ 134—2009 ·············· 80—1
《快速公共汽车交通系统设计规范》CJJ 136—2010 ·············· 81—1
《城镇地热供热工程技术规程》CJJ 138—2010 ·············· 82—1
《建设项目交通影响评价技术标准》CJJ/T 141—2010 ·············· 83—1
《城镇燃气报警控制系统技术规程》CJJ/T 146—2011 ·············· 84—1
《城镇排水管道检测与评估技术规程》CJJ 181—2012 ·············· 85—1
《餐厨垃圾处理技术规范》CJJ 184—2012 ·············· 86—1

中华人民共和国国家标准

燃气系统运行安全评价标准

Standard for the operation safety assessment of gas system

GB/T 50811—2012

主编部门：中华人民共和国住房和城乡建设部
批准部门：中华人民共和国住房和城乡建设部
施行日期：２０１２年１２月１日

中华人民共和国住房和城乡建设部
公 告

第 1384 号

住房城乡建设部关于发布国家标准《燃气系统运行安全评价标准》的公告

现批准《燃气系统运行安全评价标准》为国家标准，编号为 GB/T 50811－2012，自 2012 年 12 月 1 日起实施。

本标准由我部标准定额研究所组织中国建筑工业出版社出版发行。

中华人民共和国住房和城乡建设部
2012 年 10 月 11 日

前 言

根据住房和城乡建设部《关于印发〈2008 年工程建设标准规范制订、修订计划（第一批）〉的通知》（建标〔2008〕102 号）的要求，标准编制组经广泛调查研究，认真总结实践经验，参考有关国际标准和国外先进标准，并在广泛征求意见的基础上，编制本标准。

本标准主要技术内容是：1 总则；2 术语；3 基本规定；4 燃气输配场站；5 燃气管道；6 压缩天然气场站；7 液化石油气场站；8 液化天然气场站；9 数据采集与监控系统；10 用户管理；11 安全管理及八个附录。

本标准由住房和城乡建设部负责管理，由中国城市燃气协会负责具体技术内容的解释。执行过程中，如有意见或建议，请寄送中国城市燃气协会（地址：北京市西城区西直门南小街 22 号，邮政编码：100035）。

本标准主编单位：中国城市燃气协会
本标准参编单位：江苏省天达泰华安全评价咨询有限责任公司
新奥能源控股有限公司
重庆燃气集团股份有限公司
上海燃气（集团）有限公司
天津市燃气集团有限公司
郑州华润燃气有限公司
北京市燃气集团有限责任公司
深圳市燃气集团股份有限公司
上海航天能源股份有限公司
武汉安耐捷科技工程有限公司
北京埃德尔公司
上海飞奥燃气设备有限公司
北京大方安科技咨询有限公司

本标准主要起草人员：马长城　吴　靖　迟国敬
李树旺　徐激文　王继武
崔剑刚　付永年　耿同敏
李春青　陈秋雄　叶庆红
李英杰　杨　帆　潘　良
卓同森　皇甫金良　李长缨
赵　梅

本标准主要审查人员：周昌熙　孙祖亮　张宏元
殷健康　汪国华　冯志斌
高继轩　许　红　王　启
张颖芝　姜　尢　殷宇新
李宜民　黄均义

目 次

1 总则 ·················· 43—6
2 术语 ·················· 43—6
3 基本规定 ··············· 43—6
   3.1 一般规定 ············ 43—6
   3.2 评价对象 ············ 43—6
   3.3 评价程序与评价报告 ··· 43—6
   3.4 安全评价方法 ········ 43—7
4 燃气输配场站 ············ 43—7
   4.1 一般规定 ············ 43—7
   4.2 门站与储配站 ········ 43—7
   4.3 调压站与调压装置 ···· 43—8
5 燃气管道 ··············· 43—8
   5.1 一般规定 ············ 43—8
   5.2 钢质燃气管道 ········ 43—9
   5.3 聚乙烯燃气管道 ······ 43—9
6 压缩天然气场站 ·········· 43—9
   6.1 一般规定 ············ 43—9
   6.2 压缩天然气加气站 ···· 43—9
   6.3 压缩天然气供应站 ···· 43—10
7 液化石油气场站 ·········· 43—10
   7.1 一般规定 ············ 43—10
   7.2 液化石油气供应站 ···· 43—11
   7.3 液化石油气瓶组气化站 · 43—11
   7.4 瓶装液化石油气供应站 · 43—12
   7.5 液化石油气汽车加气站 · 43—12
8 液化天然气场站 ·········· 43—12
   8.1 一般规定 ············ 43—12
   8.2 液化天然气气化站和调峰液化站 ··· 43—13
   8.3 液化天然气瓶组气化站 · 43—14
9 数据采集与监控系统 ······ 43—14
   9.1 一般规定 ············ 43—14
   9.2 调度中心监控系统 ···· 43—14
   9.3 通信系统 ············ 43—14
10 用户管理 ··············· 43—14
   10.1 一般规定 ··········· 43—14
   10.2 管道燃气用户 ······· 43—15
   10.3 瓶装液化石油气用户 · 43—15
11 安全管理 ··············· 43—15
   11.1 一般规定 ··········· 43—15
   11.2 安全管理 ··········· 43—15
附录 A 燃气输配场站设施与操作检查表 ··· 43—16
附录 B 燃气管道设施与操作检查表 ······· 43—22
附录 C 压缩天然气场站设施与操作检查表 · 43—24
附录 D 液化石油气场站设施与操作检查表 · 43—28
附录 E 液化天然气场站设施与操作检查表 · 43—38
附录 F 数据采集与监控系统设施与操作检查表 ··· 43—43
附录 G 用户管理检查表 ············· 43—44
附录 H 安全管理检查表 ············· 43—48
本标准用词说明 ····················· 43—50
引用标准名录 ······················· 43—50
附：条文说明 ······················· 43—52

Contents

1 General Provisions ········· 43—6
2 Terms ········· 43—6
3 Basic Requirements ········· 43—6
   3.1 General Requirements ········· 43—6
   3.2 Assessment Objects ········· 43—6
   3.3 Assessment Procedures and Report ········· 43—6
   3.4 Safety Assessment Method ········· 43—7
4 Gas Transmission and Distribution Stations ········· 43—7
   4.1 General Requirements ········· 43—7
   4.2 City Gate Station, Storage and Distribution Station ········· 43—7
   4.3 Pressure Regulation Devices ········· 43—8
5 Gas Pipeline ········· 43—8
   5.1 General Requirements ········· 43—8
   5.2 Steel Gas Pipeline ········· 43—9
   5.3 Polyethylene Gas Pipeline ········· 43—9
6 Compressed Natural Gas (CNG) Stations ········· 43—9
   6.1 General Requirements ········· 43—9
   6.2 CNG Filling Station ········· 43—9
   6.3 CNG Supply Station ········· 43—10
7 Liquefied Petroleum Gas (LPG) Stations ········· 43—10
   7.1 General Requirements ········· 43—10
   7.2 LPG Supply Plant ········· 43—11
   7.3 Vaporizing Station of LPG Multiple Cylinder Installations ········· 43—11
   7.4 Bottled Liquefied Petroleum Gases Delivered Station ········· 43—12
   7.5 LPG Vehicle Filling Station ········· 43—12
8 Liquefied Natural Gas (LNG) Stations ········· 43—12
   8.1 General Requirements ········· 43—12
   8.2 LNG Vaporizing Station and Load Liquefied Station ········· 43—13
   8.3 Vaporizing Station of LNG Multiple Cylinder Installations ········· 43—14
9 Supervisory Control and Data Acquisition System ········· 43—14
   9.1 General Requirements ········· 43—14
   9.2 Dispatching Center Monitoring System ········· 43—14
   9.3 Communication System ········· 43—14
10 User Management ········· 43—14
   10.1 General Requirements ········· 43—14
   10.2 Pipeline Consumer ········· 43—15
   10.3 Bottled LPG Consumer ········· 43—15
11 Safety Management ········· 43—15
   11.1 General Requirements ········· 43—15
   11.2 Safety Management ········· 43—15
Appendix A Gas Transmission and Distribution Stations Facilities and Operating Checklist ········· 43—16
Appendix B Gas Pipeline Facilities and Operating Checklist ········· 43—22
Appendix C Compressed Natural Gas Stations Facilities and Operating Checklist ········· 43—24
Appendix D Liquefied Petroleum Gas (LPG) Stations Facilities and Operating Checklist ········· 43—28
Appendix E Liquefied Natural Gas (LNG) Stations Facilities and Operating Checklist ········· 43—38
Appendix F Supervisory Control and

	Data Acquisition System Facilities and Operating Checklist	43—43
Appendix G	User Management Checklist	43—44
Appendix H	Safety Management Checklist	43—48

Explanation of Wording in This Standard .... 43—50

List of Quoted Standard .... 43—50

Addition: Explanation of Provisions .... 43—52

1 总 则

1.0.1 为加强对燃气系统运行安全的监督管理，促进燃气系统运行安全管理水平的提高，制定本标准。

1.0.2 本标准适用于已正式投产运行的面向居民、商业、工业企业、汽车等领域燃气系统的现状安全评价。

本标准不适用于燃气的生产、城市门站以前的天然气管道输送，以及沼气、秸秆气的生产和使用。

1.0.3 对燃气系统进行安全评价时，除应符合本标准外，尚应符合国家现行有关标准的规定。

2 术 语

2.0.1 燃气 gas

供给居民、商业、工业企业、汽车等各类用户公用性质的，且符合质量要求的可燃气体。燃气一般包括天然气、液化石油气和人工煤气。

2.0.2 燃气系统 gas system

用于燃气储存、输配和应用的场站、管道、用户设施以及人工煤气的生产等组成的系统。

2.0.3 子系统 subsystem

燃气系统中功能相对独立的部分。

2.0.4 评价单元 assessment unit

在危险、有害因素分析的基础上，根据评价目标和评价方法的需要，将系统分成有限、确定范围的单元。

2.0.5 定性安全评价 qualitative safety assessment

借助于对事物的经验、知识、观察及对发展变化规律的了解，科学地进行分析、判断的一类方法。运用这类方法可以找出系统中存在的危险、有害因素，进一步根据这些因素从技术、管理、教育培训等方面提出对策措施，加以控制，达到系统安全的目的。

2.0.6 定量安全评价 quantitative safety assessment

根据统计数据、检测数据、同类和类似系统的数据资料，按有关标准，应用科学的方法构造数学模型进行定量化评价的一类方法。

2.0.7 设施与操作评价 site assessment

对评价对象的周边环境、现场设施状态、运行、维护及现场操作等的安全评价。

2.0.8 管理评价 management assessment

对评价对象所属企业的安全管理体系、人员、制度、规程、教育培训等方面进行的安全评价。

2.0.9 安全检查表分析法 safety review table analysis

将一系列有关安全方面的检查项目以表格方式列出，然后对照评价对象的实际情况进行检查、分析。通过安全检查表可以发现存在的安全隐患，并根据隐患的严重程度，给出评价对象的安全状况等级。

2.0.10 压缩天然气供应站 compressed natural gas (CNG) supply station

将压缩天然气进行卸气、加热、调压、储存、计量、加臭，并送入城镇燃气输配管道的站场。包含压缩天然气储配站和压缩天然气瓶组供应站。

2.0.11 液化石油气供应站 liquefied petroleum gases (LPG) supply station

城镇液化石油气储配站、储存站、灌装站、气化站、混气站的统称，不包括瓶组气化站和瓶装供应站。

3 基 本 规 定

3.1 一般规定

3.1.1 燃气经营企业在生产经营活动期间，应定期开展安全评价工作。对在评价过程中发现的事故隐患应立即整改或制定治理方案限期整改。当燃气系统发生较大及以上事故时，必须立即对发生事故的燃气系统进行安全评价。

3.1.2 燃气经营企业对本单位燃气系统的自我安全评价，可由熟悉本企业生产技术和安全管理的人员组成评价组，也可委托第三方安全生产专业服务机构，依据本标准对本企业燃气系统安全生产状况进行安全评价。

3.1.3 法定或涉及行政许可的安全评价工作必须由具备国家规定资质条件，且无利害关系的第三方安全生产专业服务机构承担。

3.1.4 评价中检查点的数量应根据评价对象的实际情况合理确定。

3.1.5 在评价过程中，本标准检查表中所有8分以上项（含8分）和带下划线的项为重点项，当其不符合要求时必须采取相应的对策措施并加以说明。

3.2 评价对象

3.2.1 评价对象的确定应遵循相对独立、相对完整的原则，以整个燃气系统或其中的若干子系统为对象进行安全评价。

3.2.2 对范围较大的系统进行安全评价时，若其中的子系统已单独进行安全评价，且安全评价结论处于有效期内时，子系统的安全评价得分可直接引用，并作为整个系统安全评价结论的依据。

3.3 评价程序与评价报告

3.3.1 燃气系统安全评价的程序应包括：前期准备、现场检查、整改复查、编制安全评价报告。

3.3.2 燃气系统安全评价报告的内容应包括：基本情况、危险有害因素的辨识与分析、评价单元的划分、定性和定量评价、安全对策措施和建议、安全评价结论等。

3.3.3 安全评价报告格式应符合现行行业标准《安全评价通则》AQ 8001 的规定。

3.4 安全评价方法

3.4.1 燃气系统安全评价宜采用定量安全评价方法。当采用定性安全评价方法时,应以安全检查表法为主,其他安全评价方法为辅。

3.4.2 安全检查表每一项的最低得分可为 0 分。

3.4.3 评价对象设施与操作检查表得分和安全管理检查表得分均应换算成以 100 分为满分时的实际得分。

3.4.4 采用安全检查表评价时,应分别采用评价对象设施与操作检查表和安全管理检查表进行评价打分,评价对象的总得分应按下式计算:

$$Q = 0.6Q_1 + 0.4Q_2 \quad (3.4.4)$$

式中:Q——评价对象总得分;
Q_1——评价对象设施与操作检查表得分;
Q_2——安全管理检查表得分。

3.4.5 当评价对象拥有多个子系统时,子系统的总得分仍按式(3.4.4)计算。评价对象的总得分应按下式计算:

$$S = \sum_{i=1}^{n} S_i \times P_i \quad (3.4.5)$$

式中:S——评价对象设施与操作评价总得分;
S_i——评价对象的子系统总得分;
P_i——评价对象的子系统所占的权重,评价对象的子系统所占权重根据评价对象特点综合确定,有管网数据采集与监控系统的权重不应低于 0.05;
n——评价对象的所有子系统数。

3.4.6 评价对象在检查表中有缺项或特有项目时,应根据实际情况对检查表进行删减或增项,并按本标准第 3.4.3 条的要求进行换算。

3.4.7 应根据评价对象总得分按表 3.4.7 对评价对象做出评价结论。

表 3.4.7 评价得分与评价结论对照表

评价总得分	评 价 结 论
≥90	安全条件较好,符合运行要求
≥80,且<90	安全条件符合运行要求,需加强日常管理和维护,逐步完善安全条件
≥70,且<80	安全条件基本符合运行要求,但需限期整改隐患
<70	安全条件不符合运行要求,应立即停止运行,进行隐患整改,完善安全条件后重新评价,达到安全条件后方可继续运行

4 燃气输配场站

4.1 一般规定

4.1.1 燃气输配场站的安全评价应包括门站与储配站、调压站与调压装置的设施与操作评价和管理评价。当上述场站与其他燃气场站混合设置时,尚应符合本标准相关规定。

4.1.2 燃气输配场站的评价单元宜划分为:周边环境、总平面布置、站内道路交通、燃气质量、储气设施、调压器、安全阀与阀门、过滤器、工艺管道、仪表与自控系统、消防与安全设施、公用辅助设施等。在评价工作中,可根据评价对象的实际情况划分评价单元。

4.1.3 燃气输配场站设施与操作安全评价应符合本标准第 4.2、4.3 节和附录 A 的规定。管理评价应符合本标准第 11 章的规定。

4.2 门站与储配站

4.2.1 周边环境应评价下列内容:
1 所处位置与规划的符合性;
2 周边道路条件;
3 站内燃气设施与站外建(构)筑物的防火间距;
4 消防和救护条件;
5 噪声。

4.2.2 总平面布置应评价下列内容:
1 总平面功能分区;
2 安全隔离条件;
3 站内建(构)筑物之间的防火间距;
4 储配站储罐区的布置。

4.2.3 站内道路交通应评价下列内容:
1 场站出入口设置;
2 消防车道;
3 进入场站生产区的车辆管理。

4.2.4 燃气质量应评价下列内容:
1 气质;
2 加臭。

4.2.5 储气设施应评价下列内容:
1 罐体;
2 地基基础;
3 低压湿式储气罐;
4 低压干式储气罐;
5 高压储气罐。

4.2.6 调压器应按本标准第 4.3.3 条评价。

4.2.7 安全阀与阀门应评价下列内容:
1 安全阀的外观和定期校验;
2 安全阀的工作状态;

3　阀门的外观；
　　4　阀门的操作环境；
　　5　阀门的开关标志；
　　6　阀门的密封性；
　　7　阀门的维护。
4.2.8　过滤器应评价下列内容：
　　1　过滤器的外观；
　　2　过滤器的维护；
　　3　排污和清洗物的处理。
4.2.9　工艺管道应评价下列内容：
　　1　管道外观和标志；
　　2　管道的密封性；
　　3　与站外管道的绝缘性能。
4.2.10　仪表与自控系统应评价下列内容：
　　1　压力表；
　　2　燃气浓度检测报警装置；
　　3　现场计量测试仪表的完整性和可靠性；
　　4　远传显示功能的完整性和可靠性；
　　5　超限报警及连锁功能的完整性和可靠性；
　　6　运行管理的自动化程度。
4.2.11　消防与安全设施应评价下列内容：
　　1　工艺装置区的通风条件；
　　2　安全警示标志的设置；
　　3　消防供水系统的可靠性；
　　4　灭火器材的配备；
　　5　电气设备的防爆；
　　6　防雷装置的有效性；
　　7　应急救援器材的配备。
4.2.12　公用辅助设施应评价下列内容：
　　1　供电负荷；
　　2　配电房的防涝；
　　3　配电房的防侵入；
　　4　配电房的应急照明；
　　5　电缆沟的防护；
　　6　给水排水系统的防冻保温措施。

4.3　调压站与调压装置

4.3.1　周边环境应评价下列内容：
　　1　安装位置；
　　2　重质燃气调压装置的安装位置；
　　3　与其他建（构）筑物的水平净距；
　　4　安装高度；
　　5　地下调压箱的安装位置；
　　6　悬挂式调压箱的安装位置；
　　7　设有调压装置的公共建筑顶层房间的位置；
　　8　间距与通道；
　　9　环境温度；
　　10　消防车道。
4.3.2　设有调压装置的建筑应评价下列内容：

　　1　与相邻建筑的隔离；
　　2　耐火等级；
　　3　门、窗的开启方向；
　　4　设有调压装置的平屋顶的楼梯；
　　5　室内地坪。
4.3.3　调压器应评价下列内容：
　　1　调压装置的稳固性；
　　2　调压器的外观；
　　3　调压器的运行状态；
　　4　进口压力；
　　5　出口压力及安全保护装置；
　　6　进出口管径和阀门；
　　7　运行噪声；
　　8　放散管管口高度。
4.3.4　安全阀与阀门除应按本标准第4.2.7条评价外，还应评价下列内容：
　　1　高压和次高压调压站的阀门设置；
　　2　中压调压站的阀门设置。
4.3.5　过滤器应按本标准第4.2.8条评价。
4.3.6　工艺管道应按本标准第4.2.9条评价。
4.3.7　仪表与自控系统应按本标准第4.2.10条第1、3、4、5、6款评价。
4.3.8　消防与安全设施应评价下列内容：
　　1　通风条件；
　　2　安全警示标志的设置；
　　3　灭火器材的配备；
　　4　设有调压装置的专用建筑内电气设备的防爆；
　　5　防雷装置的有效性；
　　6　调压装置的防护；
　　7　爆炸泄压措施；
　　8　地下调压箱的防腐；
　　9　调压装置设在公共建筑顶层房间内的监控与报警；
　　10　放散管；
　　11　地下调压站的防水；
　　12　防静电接地。
4.3.9　调压站的采暖应评价下列内容：
　　1　明火管理；
　　2　锅炉室门、窗设置；
　　3　烟囱排烟温度；
　　4　烟囱与放散管的间距；
　　5　熄火保护；
　　6　外壳温度与电绝缘。

5　燃气管道

5.1　一般规定

5.1.1　设计压力不大于4.0MPa（表压）钢质燃气管

道和最大工作压力不大于0.7MPa（表压）聚乙烯燃气管道的安全评价应包括设施与操作评价和管理评价。

5.1.2 不同地区等级及环境、不同运行压力、不同介质、不同运行年限的管段应分别进行评价，并应根据实际情况分配各管段权重后得出综合评价结论。

5.1.3 燃气管道的评价单元宜划分为：管道敷设、管道附件、日常运行维护、管道泄漏检查、管道防腐蚀等。在评价工作中，可根据评价对象的实际情况划分评价单元。

5.1.4 燃气管道设施与操作安全评价应符合本标准第5.2、5.3节和附录B的规定。管理评价应符合本标准第11章的规定。

5.2 钢质燃气管道

5.2.1 管道敷设应评价下列内容：
1. 管道与周边建（构）筑物和其他管线的间距；
2. 埋地燃气管道的埋深；
3. 管道穿、跨越；
4. 管道的有效隔断；
5. 埋地管道的地基土层条件和稳定性。

5.2.2 管道附件应评价下列内容：
1. 阀门和阀门井；
2. 凝水缸；
3. 调长器。

5.2.3 日常运行维护应评价下列内容：
1. 定期巡线；
2. 安全教育与宣传；
3. 地面标志；
4. 危害管道的活动；
5. 建（构）筑物占压；
6. 施工监护。

5.2.4 管道泄漏检查应评价下列内容：
1. 泄漏检查制度；
2. 检测仪器和人员；
3. 检查周期。

5.2.5 管道防腐蚀应评价下列内容：
1. 气质；
2. 地上管道外防腐措施；
3. 土壤腐蚀性；
4. 埋地钢质管道防腐层；
5. 埋地钢质管道阴极保护措施；
6. 埋地钢质管道杂散电流防护。

5.3 聚乙烯燃气管道

5.3.1 管道敷设除应按本标准第5.2.1条评价外，还应评价下列内容：
1. 与热力管道的间距；
2. 引入管的保护；
3. 管位示踪。

5.3.2 管道附件应按本标准第5.2.2条评价。
5.3.3 日常运行维护应按本标准第5.2.3条评价。
5.3.4 管道泄漏检查应按本标准第5.2.4条评价。

6 压缩天然气场站

6.1 一般规定

6.1.1 工作压力不大于25.0MPa（表压）压缩天然气场站的安全评价应包括压缩天然气加气站、压缩天然气供应站的设施与操作评价和管理评价。当压缩天然气场站与其他燃气场站混合设置时，尚应符合本标准有关规定。压缩天然气气瓶车和加气车辆的安全评价不适用本标准。

6.1.2 压缩天然气场站的评价单元宜划分为：周边环境、总平面布置、站内道路交通、气体净化装置、加压装置、加（卸）气、储气装置、调压器、安全阀与阀门、过滤器、工艺管道、供热（热水）装置、加臭装置、仪表与自控系统、消防与安全设施、公用辅助设施等。在评价工作中，可根据评价对象的实际情况划分评价单元。

6.1.3 压缩天然气场站设施与操作安全评价应符合本标准第6.2、6.3节和附录C的规定。管理评价应符合本标准第11章的规定。

6.2 压缩天然气加气站

6.2.1 周边环境应评价下列内容：
1. 所处位置与规划的符合性；
2. 周边道路条件；
3. 场站规模与所处的环境的适应性；
4. 站内燃气设施与站外建（构）筑物的防火间距；
5. 消防和救护条件；
6. 噪声。

6.2.2 总平面布置应评价下列内容：
1. 总平面功能分区；
2. 安全隔离条件；
3. 站内燃气设施与站内建（构）筑物之间的防火间距。

6.2.3 站内道路交通应评价下列内容：
1. 场站出入口设置；
2. 场地大小和道路宽度；
3. 路面平整度和路面材质；
4. 路面标线；
5. 道路上空障碍物；
6. 防撞措施；
7. 进入场站生产区的车辆管理。

6.2.4 气体净化装置应评价下列内容：
1. 净化后的气质；

2 净化装置的运行状态；
3 排污和废弃物处理；
4 净化装置的检测。

6.2.5 加压装置应评价下列内容：
1 运行状态；
2 可靠性；
3 排气压力与排气温度；
4 润滑系统；
5 冷却系统；
6 阀门的设置；
7 所处环境；
8 排污和废弃物处理；
9 防振动措施；
10 压缩机缓冲罐、气液分离器的检测。

6.2.6 加(卸)气应评价下列内容：
1 加(卸)气车辆的停靠；
2 加(卸)气车辆和气瓶的资质查验；
3 加(卸)气操作；
4 防静电措施；
5 充装压力；
6 卸气剩余压力；
7 加(卸)气软管；
8 加(卸)气机或柱的运行状态。

6.2.7 储气装置应评价下列内容：
1 储气井、储气瓶安全装置；
2 储气井、储气瓶的运行状态；
3 储气井、储气瓶的检测；
4 小容积储气瓶的数量、体积和摆放。

6.2.8 调压器应按本标准第4.3.3条评价。
6.2.9 安全阀与阀门应按本标准第4.2.7条评价。
6.2.10 过滤器应按本标准第4.2.8条评价。
6.2.11 工艺管道应按本标准第4.2.9条评价。
6.2.12 仪表与自控系统应按本标准第4.2.10条评价。
6.2.13 消防与安全设施应按本标准第4.2.11条评价。
6.2.14 公用辅助设施应按本标准第4.2.12条评价。

6.3 压缩天然气供应站

6.3.1 周边环境应评价下列内容：
1 周边道路条件；
2 站内燃气设施与站外建(构)筑物的防火间距；
3 消防和救护条件。

6.3.2 总平面布置应评价下列内容：
1 总平面功能分区；
2 安全隔离条件；
3 站内燃气设施与站内建(构)筑物之间的防火间距。

6.3.3 站内道路交通应按本标准第6.2.3条评价。

6.3.4 气瓶车卸气应按本标准第6.2.6条第1、2、3、4、6、7、8款评价。

6.3.5 储气瓶组应评价下列内容：
1 总储气量；
2 储气瓶的外观；
3 定期检验；
4 运输；
5 存放。

6.3.6 储气罐应按本标准第4.2.5条第1、2、6款评价。

6.3.7 供热(热水)装置应评价下列内容：
1 防超压措施；
2 隔热保温措施；
3 热水炉、热水泵的安全保护装置和工作状况；
4 热水泵转动部件的保护措施；
5 热水水质。

6.3.8 加臭装置应按本标准第4.2.4条第2款评价。

6.3.9 调压器应按本标准第4.3.3条评价。
6.3.10 安全阀与阀门应按本标准第4.2.7条评价。
6.3.11 过滤器应按本标准第4.2.8条评价。
6.3.12 工艺管道应按本标准第4.2.9条评价。
6.3.13 仪表与自控系统应按本标准第4.2.10条评价。
6.3.14 消防与安全设施应按本标准第4.2.11条评价。
6.3.15 公用辅助设施应按本标准第4.2.12条评价。

7 液化石油气场站

7.1 一般规定

7.1.1 液化石油气场站的安全评价应包括液化石油气供应站、液化石油气瓶组气化站、瓶装液化石油气供应站和液化石油气汽车加气站的设施与操作评价和管理评价。当液化石油气场站与其他燃气场站混合设置时，尚应符合本标准相关规定。液化石油气火车槽车以及专用铁路线、汽车槽车和运瓶车辆的安全评价不适用本标准。

7.1.2 液化石油气场站的评价单元宜划分为：周边环境、总平面布置、站内道路交通、液化石油气装卸、压缩机和烃泵、气瓶灌装作业、气化和混气装置、储罐、瓶组间(或瓶库)、调压器、安全阀与阀门、过滤器、工艺管道、仪表与自控系统、消防与安全设施、公用辅助设施等。在评价工作中，可根据评价对象的实际情况划分评价单元。

7.1.3 液化石油气场站设施与操作安全评价应符合本标准第7.2、7.3、7.4、7.5节和附录D的规定。管理评价应符合本标准第11章的规定。

7.2 液化石油气供应站

7.2.1 周边环境应评价下列内容：
1 所处位置与规划的符合性；
2 周边道路条件；
3 地势；
4 站内燃气设施与站外建（构）筑物的防火间距；
5 消防和救护条件。

7.2.2 总平面布置应评价下列内容：
1 总平面功能分区；
2 安全隔离条件；
3 站内燃气设施与站内建（构）筑物之间的防火间距；
4 储罐区的布置；
5 液化石油气积聚的可能性；
6 场站内的绿化。

7.2.3 站内道路交通应评价下列内容：
1 场站出入口设置；
2 消防车道；
3 路面平整度和路面材质；
4 路面标线；
5 道路上空障碍物；
6 防撞措施；
7 进入场站生产区的车辆管理。

7.2.4 液化石油气装卸应评价下列内容：
1 气质；
2 槽车的停靠；
3 槽车安全管理；
4 装卸前、后的安全检查和记录；
5 防静电措施；
6 灌装量；
7 装卸软管；
8 铁路装卸栈桥上的装卸设施。

7.2.5 压缩机和烃泵应评价下列内容：
1 压缩机的选择；
2 可靠性；
3 运行状态；
4 出口压力与温度；
5 润滑系统；
6 烃泵的过滤装置；
7 所处环境；
8 防振动措施；
9 转动部件的防护装置；
10 压缩机缓冲罐、气液分离器的检测。

7.2.6 气瓶灌装作业应评价下列内容：
1 灌装秤；
2 气瓶的检查；
3 残液处理；
4 灌装量；
5 泄漏检查；
6 气瓶传送装置；
7 气瓶的摆放；
8 实瓶的存量。

7.2.7 气化和混气装置应评价下列内容：
1 供气的可靠性；
2 运行状态；
3 设备仪表；
4 工作压力和温度；
5 过滤装置；
6 气化器残液的处理；
7 混气热值检测；
8 水浴气化器的水质；
9 所处环境；
10 气化装置的检测。

7.2.8 储罐应评价下列内容：
1 罐体；
2 运行压力和温度；
3 紧急切断装置；
4 排污；
5 注水或注胶装置；
6 埋地储罐的防腐；
7 地基基础；
8 储罐组的钢梯平台；
9 防液堤；
10 接管法兰；
11 喷淋系统；
12 储罐的检测。

7.2.9 调压器应按本标准第 4.3.3 条评价。

7.2.10 安全阀与阀门应按本标准第 4.2.7 条评价。

7.2.11 过滤器应按本标准第 4.2.8 条评价。

7.2.12 工艺管道应按本标准第 4.2.9 条评价。

7.2.13 仪表与自控系统应按本标准第 4.2.10 条评价。

7.2.14 消防与安全设施应按本标准第 4.2.11 条评价。

7.2.15 公用辅助设施应按本标准第 4.2.12 条评价。

7.3 液化石油气瓶组气化站

7.3.1 总图布置应评价下列内容：
1 地势；
2 瓶组间和气化间与建（构）筑物的防火间距；
3 安全隔离条件；
4 消防和救护条件。

7.3.2 瓶组间与气化间应评价下列内容：
1 瓶组间的气瓶存放量；
2 建筑结构；
3 室内温度。

7.3.3 气化装置应按本标准第 7.2.7 条第 1、2、3、4、5、6、8、9、10 款评价。

7.3.4 调压器应按本标准第 4.3.3 条评价。

7.3.5 安全阀与阀门应按本标准第 4.2.7 条评价。

7.3.6 过滤器应按本标准第 4.2.8 条评价。

7.3.7 工艺管道应按本标准第 4.2.9 条评价。

7.3.8 仪表与自控系统应按本标准第 4.2.10 条第 1、2、3 款评价。

7.3.9 消防与安全设施应按本标准第 4.2.11 条第 1、2、4、5、6、7 款评价。

7.4 瓶装液化石油气供应站

7.4.1 总图布置应评价下列内容：
1 瓶库与其他建（构）筑物的防火间距；
2 安全隔离条件；
3 消防和救护条件。

7.4.2 瓶库应评价下列内容：
1 瓶库的气瓶存放量；
2 建筑结构；
3 室内温度；
4 气瓶的摆放。

7.4.3 消防与安全设施应按本标准第 4.2.11 条第 1、2、4、5、6、7 款评价。

7.5 液化石油气汽车加气站

7.5.1 周边环境应评价下列内容：
1 所处位置与规划的符合性；
2 周边道路条件；
3 场站规模与所处的环境的适应性；
4 地势；
5 站内燃气设施与站外建（构）筑物的防火间距；
6 消防和救护条件；
7 噪声。

7.5.2 总平面布置应评价下列内容：
1 总平面功能分区；
2 安全隔离条件；
3 站内设施之间的防火间距；
4 储罐区的布置；
5 液化石油气积聚的可能性；
6 站内排水；
7 场站内的绿化。

7.5.3 站内道路交通应评价下列内容：
1 场站出入口设置；
2 场地大小和道路宽度；
3 路面平整度和路面材质；
4 路面标线；
5 道路上空障碍物；
6 防撞措施；
7 进入场站生产区的车辆管理。

7.5.4 液化石油气装卸应评价下列内容：
1 气质；
2 槽车的停靠；
3 槽车安全管理；
4 装卸前、后的安全检查；
5 防静电措施；
6 灌装量；
7 装卸软管。

7.5.5 压缩机和烃泵应按本标准第 7.2.5 条评价。

7.5.6 加气应评价下列内容：
1 加气车辆的停靠；
2 气瓶的检查；
3 加气操作；
4 加气软管；
5 加气机的运行状态。

7.5.7 储罐应评价下列内容：
1 罐体；
2 储罐的运行压力和温度；
3 紧急切断系统；
4 储罐的排污；
5 埋地储罐的防腐；
6 地基基础；
7 储罐的形式；
8 储罐组的防液堤；
9 喷淋系统；
10 储罐的检测。

7.5.8 安全阀与阀门应按本标准第 4.2.7 条评价。

7.5.9 过滤器应按本标准第 4.2.8 条评价。

7.5.10 工艺管道应按本标准第 4.2.9 条评价。

7.5.11 仪表与自控系统应按本标准第 4.2.10 条评价。

7.5.12 消防与安全设施应评价下列内容：
1 工艺装置区的通风条件；
2 安全警示标志的设置；
3 消防供水系统的可靠性；
4 灭火器材的配备；
5 电气设备的防爆；
6 防雷装置的有效性；
7 应急救援器材的配备。

7.5.13 公用辅助设施应按本标准第 4.2.12 条评价。

8 液化天然气场站

8.1 一般规定

8.1.1 液化天然气场站的安全评价应包括液化天然气气化站和调峰液化站、液化天然气瓶组气化站的设施与操作评价和管理评价。当液化天然气场站与其他燃气场站混合设置时,尚应符合本标准相关规定。液化天然气汽车槽车、罐式集装箱和液化天然气槽船的安全评价不适用本标准。

8.1.2 液化天然气场站的评价单元宜划分为:周边环境、总平面布置、站内道路交通、气体净化装置、压缩机和膨胀机、制冷装置、液化天然气卸、气化装置、储罐、加臭装置、调压器、安全阀与阀门、过滤器、工艺管道、仪表与自控系统、消防与安全设施、公用辅助设施、供热(热水)装置、瓶组等。在评价工作中,可根据评价对象的实际情况划分评价单元。

8.1.3 液化天然气场站设施与操作安全评价应符合本标准第 8.2、8.3 节和附录 E 的规定。管理评价应符合本标准第 11 章的规定。

8.2 液化天然气气化站和调峰液化站

8.2.1 周边环境应评价下列内容:
1 所处位置与规划的符合性;
2 周边道路条件;
3 站内燃气设施与站外建(构)筑物的防火间距;
4 消防和救护条件。

8.2.2 总平面布置应评价下列内容:
1 总平面功能分区;
2 安全隔离条件;
3 站内燃气设施与站内建(构)筑物的防火间距;
4 储罐区的布置;
5 场站内的绿化。

8.2.3 站内道路交通应评价下列内容:
1 场站出入口设置;
2 场地大小和道路宽度;
3 路面平整度和路面材质;
4 路面标线;
5 道路上空障碍物;
6 防撞措施;
7 进入场站生产区的车辆管理。

8.2.4 气体净化装置应评价下列内容:
1 净化后的气质;
2 净化装置的运行状态;
3 排污和废弃物处理;
4 净化装置的检测。

8.2.5 压缩机和膨胀机应评价下列内容:
1 运行状态;
2 可靠性;
3 压缩机的排气压力与排气温度;
4 润滑系统;
5 压缩机的冷却系统;
6 所处环境;
7 防振动措施;
8 压缩机缓冲罐、气液分离器的检测。

8.2.6 制冷装置应评价下列内容:
1 制冷剂的储存;
2 冷箱的隔热保温效果。

8.2.7 液化天然气装卸应评价下列内容:
1 气质;
2 槽车的停靠;
3 槽车安全管理;
4 装卸前、后的安全检查;
5 防静电措施;
6 灌装量;
7 装卸软管。

8.2.8 气化装置应评价下列内容:
1 供气的可靠性;
2 运行状态;
3 工作压力和温度;
4 过滤装置;
5 气化器的检测。

8.2.9 储罐应评价下列内容:
1 罐体;
2 储罐的绝热;
3 运行压力和温度;
4 紧急切断系统;
5 防止翻滚现象的控制措施;
6 地基基础和储罐垂直度;
7 防液堤;
8 喷淋系统;
9 储罐的检测。

8.2.10 加臭装置应按本标准第 4.2.4 条第 2 款评价。

8.2.11 调压器应按本标准第 4.3.3 条评价。

8.2.12 安全阀与阀门应按本标准第 4.2.7 条评价。

8.2.13 过滤器应按本标准第 4.2.8 条评价。

8.2.14 工艺管道除应按本标准第 4.2.9 条评价外,还应评价下列内容:
1 管道法兰密封垫片;
2 管道的隔热层。

8.2.15 仪表与自控系统应按本标准第 4.2.10 条评价。

8.2.16 消防与安全设施除应按本标准第 4.2.11 条评价外,还应评价下列内容:
1 泡沫灭火系统;
2 低温检测报警装置的可靠性。

8.2.17 公用辅助设施应按本标准第 4.2.12 条评价。

8.2.18 供热(热水)装置应按本标准第 6.3.7 条第 2、3、4、5 款评价。

8.3 液化天然气瓶组气化站

8.3.1 总图布置应评价下列内容：
1 站内燃气设施与建（构）筑物的防火间距；
2 安全隔离条件；
3 消防和救护条件。

8.3.2 气瓶组应评价下列内容：
1 气瓶存放量；
2 气瓶存放地点。

8.3.3 气化装置应按本标准第 8.2.8 条评价。

8.3.4 加臭装置应按本标准第 4.2.4 条第 2 款评价。

8.3.5 调压器应按本标准第 4.3.3 条评价。

8.3.6 安全阀与阀门应按本标准第 4.2.7 条评价。

8.3.7 过滤器应按本标准第 4.2.8 条评价。

8.3.8 工艺管道应按本标准第 8.2.14 条评价。

8.3.9 仪表与自控系统应按本标准第 4.2.10 条第 1、2、3 款评价。

8.3.10 消防与安全设施应按本标准第 4.2.11 条第 1、2、4、5、6、7 款评价。

9 数据采集与监控系统

9.1 一般规定

9.1.1 燃气管网数据采集与监控系统的安全评价应包括调度中心监控系统和通信系统。

9.1.2 数据采集与监控系统的评价单元宜划分为：服务器、监控软件功能、系统运行指标、系统运行环境、网络防护、通信网络架构与通道、通信运行指标、运行与维护管理等。在评价工作中，可根据评价对象的实际情况划分评价单元。

9.1.3 数据采集与监控系统设施与操作安全评价应符合本标准第 9.2、9.3 节和附录 F 的规定。

9.2 调度中心监控系统

9.2.1 服务器应评价下列内容：
1 冗余配置；
2 CPU 负载；
3 磁盘阵列；
4 内存占用。

9.2.2 监控软件功能应评价下列内容：
1 图示功能；
2 数据采集；
3 事件记录和报警功能；
4 数据曲线功能；
5 通信状态显示功能；
6 远程控制操作；
7 人机界面。

9.2.3 系统运行指标应评价下列内容：
1 服务器宕机可能性；
2 记录输出；
3 监控软件系统响应速度；
4 SCADA 数据响应时间。

9.2.4 系统运行环境应评价下列内容：
1 不间断电源（UPS）；
2 机房接地电阻；
3 防静电措施；
4 空气的温度、湿度和清洁度；
5 噪声。

9.2.5 网络防护应评价下列内容：
1 防病毒措施；
2 硬件防火墙。

9.2.6 运行与维护管理应评价下列内容：
1 规章制度；
2 操作员工作站的事件记录；
3 定期巡检；
4 设备维护记录或软件维护记录。

9.3 通信系统

9.3.1 通信网络架构与通道应评价下列内容：
1 调度中心监控系统与远端站点通信方式；
2 视频信号通信方式；
3 无线通信的逢变上报功能。

9.3.2 通信运行指标应评价下列内容：
1 主通信电路运行率；
2 通信设备月运行率；
3 自动上线功能。

9.3.3 运行与维护管理应评价下列内容：
1 通信运行维护管理体制及机构；
2 通信运行监管系统；
3 设备维护记录；
4 通信设备故障。

10 用户管理

10.1 一般规定

10.1.1 燃气用户管理的安全评价应包括管道燃气用户和瓶装液化石油气用户。

10.1.2 管道燃气用户的评价单元宜划分为：室内燃气管道、管道附件、用气环境、计量仪表、用气设备、安全设施、维修管理、安全宣传、入户检查；瓶装液化石油气用户管理的安全评价单元宜划分为气瓶、管道和附件、用气环境、用气设备、安全设施、维修管理、安全宣传。

燃气用户管理的安全评价应符合本标准第 10.2、10.3 节和附录 G 的规定。

10.1.3 对于某一拥有居民用户、商业用户和工业用户中的一种或多种用户类型燃气企业的评价，总评价得分宜按所包含的每一类用户单独评价换算成100分为满分的得分，乘以该类用户用气量占整个系统用气量的百分数之和来确定。

10.1.4 商业和工业用户采用调压装置时，应符合本标准第4.3节相关要求；采用瓶组供气时，应符合本标准第7.3节和第8.3节相关要求。

10.2 管道燃气用户

10.2.1 室内燃气管道应评价下列内容：
1 管道的外观；
2 连接部位密封性；
3 软管；
4 管道的敷设；
5 与电气设备、相邻管道之间的净距；
6 管道穿越墙壁、楼板等障碍物的保护措施；
7 危及管道安全的不当行为；
8 运行压力。

10.2.2 管道附件应评价下列内容：
1 阀门；
2 管道的固定；
3 放散管。

10.2.3 用气环境应评价下列内容：
1 现场环境；
2 环境温度；
3 通风条件。

10.2.4 计量仪表应评价下列内容：
1 安装位置；
2 仪表的外观。

10.2.5 用气设备应评价下列内容：
1 型式和质量；
2 安装位置；
3 熄火保护功能；
4 运行状态；
5 火焰监测和自动点火装置；
6 泄爆装置。

10.2.6 安全设施应评价下列内容：
1 燃气和有毒气体浓度检测报警装置；
2 火灾自动报警和灭火系统；
3 防雷和防静电措施；
4 排烟设施；
5 电气设备的防爆；
6 防火隔热措施；
7 超压切断和放散装置。

10.2.7 维修管理应评价下列内容：
1 维修制度；
2 故障报修；
3 维修记录；
4 维修人员的培训与考核；

5 维修工具；
6 配件供应。

10.2.8 安全宣传应评价下列内容：
1 安全宣传制度或计划；
2 宣传的形式；
3 宣传的内容。

10.2.9 入户检查应评价下列内容：
1 检查制度；
2 检查频次；
3 检查记录；
4 检查人员的培训与考核；
5 检查设备；
6 隐患告知；
7 隐患整改及监控档案。

10.3 瓶装液化石油气用户

10.3.1 气瓶应评价下列内容：
1 气瓶的放置位置；
2 气瓶的存放量；
3 气瓶的检测；
4 气瓶的外观；
5 商业用户气瓶组的放置位置。

10.3.2 管道和附件应评价下列内容：
1 软管的外观；
2 软管连接部位的密封性；
3 软管长度和接口数；
4 阀门的设置。

10.3.3 瓶组间应按本标准第7.3.2条评价。

10.3.4 用气环境应按本标准第10.2.3条评价。

10.3.5 用气设备应按本标准第10.2.5条评价。

10.3.6 安全设施应按本标准第10.2.6条评价。

10.3.7 维修管理应按本标准第10.2.7条评价。

10.3.8 安全宣传应按本标准第10.2.8条评价。

11 安全管理

11.1 一般规定

11.1.1 安全管理评价单元宜划分为：安全生产管理机构与人员、安全生产规章制度、安全操作规程、安全教育培训、安全生产投入、工伤保险、安全检查、隐患整改、劳动保护、重大危险源管理、事故应急救援、事故管理、生产运行管理等。在评价工作中，可根据评价对象的实际情况划分评价单元。

11.1.2 燃气企业安全管理的安全评价应符合本标准第11.2节和附录H的规定。

11.2 安全管理

11.2.1 安全生产管理机构与人员的设置应评价下列

内容：
1 安全生产委员会；
2 日常安全生产管理机构；
3 安全生产管理机构体系；
4 安全生产管理人员。

11.2.2 安全生产规章制度应评价下列内容：
1 安全生产责任制；
2 安全生产规章制度；
3 安全生产责任制的落实和考核；
4 安全生产规章制度的落实与考核。

11.2.3 安全操作规程应评价下列内容：
1 岗位安全操作规程；
2 生产作业安全操作规程；
3 安全操作规程的落实与考核。

11.2.4 安全教育培训应评价下列内容：
1 安全管理人员的安全管理资格；
2 特种作业人员的上岗资格；
3 新员工的三级安全教育培训；
4 从业人员的安全再教育；
5 特种作业人员的复审。

11.2.5 安全生产投入应评价下列内容：
1 安全生产费用的提取和使用范围；
2 安全生产费用的核算；
3 安全生产费用提取和使用的监管体系。

11.2.6 工伤保险应评价下列内容：
1 工伤保险的覆盖；
2 保险费的缴纳；
3 从事高危作业人员的意外伤害保险。

11.2.7 安全检查应评价下列内容：
1 安全检查工作的实施；
2 安全检查的内容。

11.2.8 隐患整改应评价下列内容：
1 隐患整改和复查；
2 事故隐患整改监督和奖惩机制；
3 向主管部门报送事故隐患排查治理统计。

11.2.9 劳动保护应评价下列内容：
1 职业危害告知；
2 劳动防护用品发放标准；
3 劳动防护用品的采购；
4 劳动防护用品的发放和记录；
5 现场劳动防护用品的使用。

11.2.10 重大危险源管理应评价下列内容：
1 重大危险源的辨识；
2 重大危险源的备案；
3 重大危险源的监控和预警措施；
4 重大危险源的管理制度和应急救援预案；
5 重大危险源的检测与评估。

11.2.11 事故应急救援应评价下列内容：
1 应急救援预案的制定；
2 应急救援指挥机构与应急救援组织的建立；
3 应急救援预案的评审；
4 应急救援预案的备案；
5 应急救援器材和物资的配备；
6 应急救援培训和演练。

11.2.12 事故管理应评价下列内容：
1 事故管理制度；
2 事故台账；
3 事故统计分析。

11.2.13 设备管理应评价下列内容：
1 设备维护保养制度；
2 设备安全技术档案。

附录 A 燃气输配场站设施与操作检查表

表 A.1 门站与储配站设施与操作检查表

评价单元	评价内容	评价方法	评分标准	分值
4.2.1 周边环境	1. 场站所处的位置应符合规划要求	查阅当地最新规划文件	不符合不得分	1
	2. 周边防火间距道路条件应能满足运输、消防、救护、疏散等要求	现场检查	大型消防车辆无法到达不得分；道路狭窄或路面质量较差但大型消防车辆勉强可以通过扣1分	2
	3. 站内燃气设施与站外建（构）筑物的防火间距应符合下列要求：	—	—	—
	（1）储气罐与站外建（构）筑物的防火间距应符合现行国家标准《建筑设计防火规范》GB 50016 的相关要求	现场测量	一处不符合不得分	8
	（2）露天或室内天然气工艺装置与站外建（构）筑物的防火间距应符合现行国家标准《建筑设计防火规范》GB 50016 中甲类厂房的相关要求	现场测量	一处不符合不得分	4
	（3）储配站高压储气罐的集中放散装置与站外建（构）筑物的防火间距应符合现行国家标准《城镇燃气设计规范》GB 50028 的相关要求	现场测量	一处不符合不得分	4
	4. 周边应有良好的消防和医疗救护条件	实地测量或图上测量	10km 路程内无消防队扣 0.5 分；10km 路程内无医院扣 0.5 分	1
	5. 环境噪声应符合现行国家标准《工业企业厂界环境噪声排放标准》GB 12348 的相关要求	现场测量或查阅环境检测报告	超标不得分	1

续表 A.1

评价单元	评价内容	评价方法	评分标准	分值
4.2.2 总平面布置	1. 储配站总平面应分区布置，即分为生产区和辅助区	现场检查	无明显分区不得分	1
	2. 周边应设有非燃烧体围墙，围墙应完整，无破损	现场检查	无围墙不得分；围墙破损扣0.5分	1
	3. 站内建（构）筑物之间的防火间距应符合下列要求：	—	—	—
	（1）储气罐与站内建（构）筑物的防火间距应符合现行国家标准《城镇燃气设计规范》GB 50028 的相关要求	现场测量	一处不符合不得分	8
	（2）站内露天工艺装置区边缘距明火或散发火花地点不应小于20m，距办公、生活建筑不应小于18m，距围墙不应小于10m	现场测量	一处不符合不得分	4
	（3）高压储气罐设置的集中放散管与站内建（构）筑物的防火间距应符合现行国家标准《城镇燃气设计规范》GB 50028 的相关要求	现场测量	一处不符合不得分	4
	4. 储配站数个固定容积储气罐的总容积大于200000m³时，应分组布置，组与组和罐与罐之间的防火间距应符合现行国家标准《城镇燃气设计规范》GB 50028 的相关要求	现场测量	一处不符合不得分	4
4.2.3 站内道路交通	1. 储配站生产区宜设有2个对外出入口，并宜位于场站的不同方位，以方便消防救援和应急疏散	现场检查	只有一个出入口的不得分；有两个出入口但位于同一侧不利于消防救援和应急疏散的扣1分	2
	2. 储配站生产区应设置环形消防车道，消防车道宽度不应小于3.5m，消防车道应保持畅通，无阻碍消防救援的障碍物	现场检查	储配站未设置环形消防车道不得分；消防车道宽度不足扣2分；消防车道或回车场上有障碍物扣2分	4
	3. 应制定严格的车辆管理制度，无关车辆禁止进入场站生产区，如确需进入，必须佩带阻火器	现场检查并查阅车辆管理制度文件	无车辆管理制度不得分；生产区内发现无关车辆且未装阻火器不得分；门卫未配备阻火器但生产区内无无关车辆扣0.5分	1
4.2.4 燃气质量	1. 应当建立健全燃气质量检测制度。天然气的气质应符合现行国家标准《天然气》GB 17820 的第一类或第二类气质指标；人工煤气的气质应符合现行国家标准《人工煤气》GB/T 13612 的相关要求	查阅气质检测制度和气质检测报告	无气质检测制度不得分；不能提供气质检测报告或检测结果不合格不得分	2
	2. 当燃气无臭味或臭味不足时，门站或储配站内应设有加臭装置，并应符合下列要求：	—	—	—
	（1）加臭剂的质量合格	查阅质量合格证明文件	不能提供质量合格证明文件不得分	1
	（2）加臭量应符合现行行业标准《城镇燃气加臭技术规程》CJJ/T 148 的相关要求，实际加注量与气体流量相匹配，并定期检测	查阅加臭量检查记录并在靠近用户端的管网取样抽测	现场抽测不合格不得分；无加臭量检查记录扣2分	4
	（3）加臭装置运行稳定可靠	现场检查并查阅运行记录	运行不稳定不得分	1
	（4）无加臭剂泄漏现象	现场检查	存在泄漏现象不得分	2
	（5）存放加臭剂的场所应确保阴凉通风，远离明火和热源，远离人员密集的办公场所	现场检查	加臭剂露天存放，放置在人员密集的办公或生活用房，放置在靠近厨房、变配电间、发电机间均不得分	2
4.2.5 储气设施	1. 储气罐罐体应完好无损，无变形裂缝现象，无严重锈蚀现象，无漏气现象	现场检查	有漏气现象不得分；严重锈蚀扣6分；锈蚀较重扣4分；轻微锈蚀扣2分	8
	2. 储气罐基础应稳固，每年应检测储气罐基础沉降情况，沉降值应符合安全要求，不得有异常沉降或由于沉降造成管线受损的现象	现场检查并查阅沉降监测报告	未定期检测沉降不得分；有异常沉降但未进行处理不得分	1
	3. 低压湿式储气罐的运行应符合下列要求：	—	—	—
	（1）寒冷地区应有保温措施，能有效防止水结冰	现场检查	有冰冻现象不得分；一处保温措施有缺陷扣0.5分	2

续表 A.1

评价单元	评价内容	评价方法	评分标准	分值
4.2.5 储气设施	(2) 气柜导轮和导轨的运动应正常，导轮与轴瓦无明显磨损现象，导轮润滑油杯油位符合要求	现场检查	发现异常现象不得分	2
	(3) 水槽壁板与环形基础连接处不应漏水	现场检查	有一处漏水现象扣0.5分	1
	(4) 环形水封水位应正常	现场检查	水位不符合要求不得分	4
	(5) 储气罐升降应平稳	现场检查	不平稳不得分	1
	4. 低压稀油密封干式储气罐的运行应符合下列要求：	—	—	—
	(1) 活塞油槽油位和柜底油槽水位、油位应正常	现场检查	油位或水位超出允许范围不得分	4
	(2) 横向分割板和密封装置应正常	现场检查	循环油量超标不得分	1
	(3) 储气罐安全水封的水位不得超出规定的限值	现场检查	安全水封水位不符合要求不得分	4
	(4) 定期测量油位与活塞高度比和活塞水平倾斜度并做好测量记录，其数值应保持在允许范围内	查阅测量记录	一项参数不符合要求扣0.5分	1
	(5) 定期化验分析密封油黏度和闪点，并做好分析记录，其数值应保持在允许范围内	查阅测量记录	超期未化验分析的或指标不符合要求仍未更换的，不得分	0.5
	(6) 油泵入口过滤网应定期清洗，有清洗记录	查阅清洗记录	超期未清洗的不得分	0.5
	(7) 储气罐升降应平稳	现场检查	不平稳不得分	1
	(8) 储气罐的附属升降机、电梯等特种设备应定期检测，检测合格后方可继续使用	查阅检测报告	一台未检测或过期扣0.5分	1
	5. 高压储气罐应符合下列要求：	—	—	—
	(1) 应定期检验，检验合格后方可使用	查阅检验报告	未检不得分	4
	(2) 应严格控制运行压力，严禁超压运行	现场检查	压力保护措施缺失一项扣2分	4
	(3) 放散管管口高度应高出其25m内的建(构)筑物2m以上，且不得小于10m	现场检查	不符合不得分	4

评价单元	评价内容	评价方法	评分标准	分值
4.2.7 安全阀与阀门	1. 安全阀外观应完好，在校验有效周期内，阀体上应悬挂校验铭牌，并注明下次校验时间，校验铅封应完好	现场检查并查阅校验报告	一只安全阀未检或铅封破损扣2分；一只安全阀外观严重锈蚀扣1分	4
	2. 安全阀与被保护设施之间的阀门应全开	现场检查	有一处关闭不得分；有一处未全开扣1分	2
	3. 阀门外观无损坏和严重锈蚀现象	现场检查	有一处损坏或严重锈蚀扣0.5分	2
	4. 不得有妨碍阀门操作的堆积物	现场检查	有一处堆积物扣0.5分	1
	5. 阀门应悬挂开关标志牌	现场检查	一只未挂标志牌扣0.5分	1
	6. 阀门不应有燃气泄漏现象	现场检查	存在泄漏现象不得分	4
	7. 阀门应定期检查维护，启闭应灵活	现场检查并查阅检查维护记录	不能提供检查维护记录不得分；一只阀门存在启闭不灵活扣1分	2
4.2.8 过滤器	1. 过滤器外观无损坏和严重锈蚀现象	现场检查	有一处过滤器损坏或严重锈蚀扣1分	2
	2. 应定期检查过滤器前后压差，并及时排污和清洗	现场检查并查阅维护记录	无过滤器维护记录或现场检查出一台过滤器失效扣1分	2
	3. 过滤器排污和清洗废弃物应妥善处理	现场检查并查阅操作规程	无收集装置或无处理记录不得分	1
4.2.9 工艺管道	1. 管道外表应完好无损，无腐蚀迹象，外表防腐涂层应完好，管道应有色标和流向标志	现场检查	一处严重锈蚀扣1分；管道无标志扣0.5分	2
	2. 管道和管道连接部位应密封良好，无燃气泄漏现象	现场检查	存在泄漏现象不得分	2
	3. 进出站管线与站外设有阴极保护装置的埋地管道相连时，应设有绝缘装置，绝缘装置的绝缘电阻每年进行一次测试，绝缘电阻不应低于1MΩ	查阅绝缘电阻检测报告	无绝缘装置，超过1年内未检测绝缘电阻或检测电阻值不合格均不得分	1
4.2.10 仪表与自控系统	1. 压力表应符合下列要求：	—	—	—
	(1) 压力表外观应完好	现场检查	一只表损坏扣0.5分	2

续表 A.1

评价单元	评价内容	评价方法	评分标准	分值
4.2.10 仪表与自控系统	（2）压力表应在检定周期内，检定标签应贴在表壳上，并注明下次检定时间，检定铅封应完好无损	现场检查并查阅压力表检定证书	一只表未检或铅封破损扣2分；一只表标贴脱落或看不清扣0.5分	4
	（3）压力表与被测量设备之间的阀门应全开	现场检查	一只阀门未全开扣0.5分	1
	2. 站内爆炸危险厂房和装置区内应设置燃气浓度检测报警装置	现场检查并查阅维护记录	一处未安装燃气浓度检测报警装置或未维护扣1分	2
	3. 现场计量测试仪表的设置应符合现行国家标准《城镇燃气设计规范》GB 50028 的相关要求，仪表的读数应在工艺操作要求范围内	现场检查并查阅工艺操作手册	缺少一处计量测试仪表或读数不在工艺操作要求范围内扣0.5分	2
	4. 控制室的二次检测仪表的显示和累加等功能应符合现行国家标准《城镇燃气设计规范》GB 50028 的相关要求，其数值应在工艺操作要求范围内	现场检查并查阅工艺操作手册	缺少一处检测仪表或读数不在工艺操作要求范围内扣0.5分	2
	5. 报警连锁功能的设置应符合现行国家标准《城镇燃气设计规范》GB 50028 的相关要求，各种报警连锁系统应完好有效	现场检查	缺少一种报警连锁功能或报警连锁失灵扣1分	4
	6. 运行管理宜采用计算机集中控制系统	现场检查	未采用计算机集中控制的系统不得分	1
4.2.11 消防与安全设施	1. 工艺装置区应通风良好	现场检查	达不到标准不得分	2
	2. 应按现行行业标准《城镇燃气标志标准》CJJ/T 153 的相关要求设置完善的安全警示标志	现场检查	一处未设置安全警示标志扣0.5分	2
	3. 消防供水设施应符合下列要求：	—	—	—
	（1）应根据储罐容积和补水能力按照现行国家标准《城镇燃气设计规范》GB 50028 的相关要求核算消防用水量，当补水能力不能满足消防用水量时，应设置适当容量的消防水池和消防泵房	现场检查并核算	补水能力不足且未设消防水池不得分；设有消防水池但储水量不足扣2分	4
	（2）消防水池的水质应良好，无腐蚀性，无漂浮物和油污	现场检查	有油污不得分；有漂浮物扣0.5分	1
	（3）消防泵房内应清洁干净，无杂物和易燃物品堆放	现场检查	不清洁或有杂物堆放不得分	1
	（4）消防泵应运行良好，无异常振动和异响，无漏水现象	现场检查	一台消防泵存在故障扣0.5分	2
	（5）消防供水装置无遮蔽或阻塞现象，站内消火栓水阀应能正常开启，消防水管、水枪和扳手等器材应齐全完好，无挪用现象	现场检查	一台消火栓水阀不能正常开启扣1分；缺少或遗失一件消防供水器材扣0.5分	2
	4. 工艺装置区、储罐区等应按现行国家标准《城镇燃气设计规范》GB 50028 的相关要求设置灭火器，灭火器不得埋压、圈占和挪用，灭火器应按现行国家标准《建筑灭火器配置验收及检查规范》GB 50444 的相关要求定期进行检查、维修，并按规定年限报废	现场检查，查阅灭火器的检查和维修记录	一处灭火器材设置不符合要求扣1分；一只灭火器缺少检查和维修记录扣0.5分	4
	5. 站内爆炸危险场所的电力装置应符合现行国家标准《爆炸和火灾危险环境电力装置设计规范》GB 50058 的相关要求	现场检查	一处不合格不得分	4
	6. 建（构）筑物应按现行国家标准《建筑物防雷设计规范》GB 50057 的相关要求设置防雷装置并采取防雷措施，爆炸危险环境场所的防雷装置应当每半年由具有资质的单位检测一次，保证完好有效	现场检查并查阅防雷装置检测报告	未设置防雷装置不得分；防雷装置未检测不得分；一处检测不符合要求扣2分	4
	7. 应配备必要的应急救援器材，值班室应设有直通外线的应急救援电话，各种应急救援器材应定期检查，保证完好有效	现场检查	缺少一样应急救援器材或一处不合格扣0.5分	2
4.2.12 公用辅助设施	1. 供电系统应符合现行国家标准《供配电系统设计规范》GB 50052 "二级负荷"的要求	现场检查	达不到二级负荷不得分	4

续表 A.1

评价单元	评价内容	评价方法	评分标准	分值
4.2.12 公用辅助设施	2. 变配电室的地坪宜比周围地坪相对提高，应能有效防止雨水的侵入	现场检查	低于周围地坪或与周围地坪几乎平齐均不得分	1
	3. 变配电室应设有专人看管；若规模较小，无人值守时，应有防止无关人员进入的措施；变配电室的门、窗关闭应密合；电缆孔洞必须用绝缘油泥封闭，与室外相通的窗、洞、通风孔应设防止鼠、蛇类等小动物进入的网罩	现场检查	无关人员可自由出入不得分；有一处未密封或有孔洞扣0.5分	1
	4. 变配电室内应设有应急照明设备，且应完好有效	现场检查	无应急照明设备不得分；一盏应急照明灯不亮扣0.5分	1
	5. 电缆沟上应盖有完好的盖板	现场检查	一处无盖板或盖板损坏扣0.5分	1
	6. 当气温低于0℃时，设备排污管、冷却水管、室外供水管和消火栓等暴露在室外的供水管和排水管应有保温措施	现场检查	一处未进行保温扣0.5分	1

表 A.2　调压站与调压装置设施与操作检查表

评价单元	评价内容	评价方法	评分标准	分值
4.3.1 周边环境	1. 调压装置不应安装在易被碰撞或影响交通的位置	现场检查	一处安装位置不当扣1分	2
	2. 液化石油气和相对密度大于0.75燃气的调压装置不得设于地下室、半地下室内和地下单独的箱体内	现场检查	不符合不得分	4
	3. 调压站和调压装置与其他建(构)筑物的水平净距应符合现行国家标准《城镇燃气设计规范》GB 50028的相关要求	现场测量	一处不符合不得分	8
	4. 调压装置的安装高度应符合现行国家标准《城镇燃气设计规范》GB 50028的相关要求	现场检查	一处高度不符合要求扣0.5分	1
	5. 地下调压箱不宜设置在城镇道路下	现场检查	一处处于道路下扣0.5分	1

续表 A.2

评价单元	评价内容	评价方法	评分标准	分值
4.3.1 周边环境	6. 设有悬挂式调压箱的墙体应为永久性实体墙，墙面上应无室内通风机的进风口，调压箱上方不应有窗和阳台	现场检查	一处安装位置不当扣1分	2
	7. 设有调压装置的公共建筑顶层的房间应靠建筑外墙，贴邻或楼下应无人员密集房间	现场检查	一处不符合要求扣0.5分	1
	8. 相邻调压装置外缘净距、调压装置与墙面之间的净距和室内主要通道的宽度均宜大于0.8m，通道上应无杂物堆积	现场检查	一处间距不足扣1分	2
	9. 调压器的环境温度应能保证调压器的活动部件正常工作	现场检查	当调压器出现异常结霜或冰堵现象时不得分	1
	10. 调压站或区域性调压柜(箱)周边应保持消防车道畅通，无阻碍消防救援的障碍物	现场检查	消防车无法进入或有障碍物的不得分	1
4.3.2 设有调压装置的建筑	1. 设有调压装置的专用建筑与相邻建筑之间应为无门、窗、洞口的非燃烧体实体墙	现场检查	与相邻建筑物之间存在一门、窗、洞口扣0.5分	1
	2. 耐火等级不应低于二级	现场检查	一处建筑达不到二级扣0.5分	1
	3. 门、窗应向外开启	现场检查	一处门、窗开启方向有误扣0.5分	1
	4. 平屋顶上设有调压装置的建筑应有通向屋顶的楼梯	现场检查	一处无楼梯扣0.5分	1
	5. 设有调压装置的专用建筑室内地坪应为撞击时不会产生火花的材料	现场检查	一处不符合要求扣0.5分	1
4.3.3 调压器	1. 调压箱、调压柜、调压器的设置应稳固	现场检查	一处不稳扣1分	2
	2. 调压器外表应完好无损，无油污、无腐蚀锈迹等现象	现场检查	外表有一处损伤、油污、锈蚀现象扣0.5分	2
	3. 调压器应运行正常，无喘息、压力跳动等现象，无燃气泄漏情况	现场检查	有燃气泄漏现象不得分；调压器有非正常现象一处扣2分	8

续表 A.2

评价单元	评价内容	评价方法	评分标准	分值
4.3.3 调压器	4. 调压器的进口压力应符合现行国家标准《城镇燃气设计规范》GB 50028 的相关要求	现场检查	一台调压器超压运行扣 4 分	8
	5. 调压器的出口压力严禁超过下游燃气设施的设计压力，并应具有防止燃气出口压力过高的安全保护装置，安全保护装置的启动压力应符合设定值，切断压力不得高于放散系统设定的压力值	现场检查	一处未设置扣 4 分；一处启动压力不符合设定值扣 2 分；一处切断压力高于放散压力扣 2 分	8
	6. 调压器的进出口管径和阀门的设置应符合现行国家标准《城镇燃气设计规范》GB 50028 的相关要求	现场检查	一处不符合扣 0.5 分	1
	7. 调压站或区域性调压柜（箱）的环境噪声应符合现行国家标准《声环境质量标准》GB 3096 的相关要求	现场测量或查阅环境检测报告	超标不得分	1
	8. 调压装置的放散管管口高度应符合下列要求：	—	—	—
	(1) 调压站放散管管口应高出其屋檐 1.0m 以上	现场测量	不符合不得分	4
	(2) 调压柜的安全放散管管口距地面的高度不应小于 4m	现场测量	不符合不得分	4
	(3) 设置在建筑物墙上的调压箱的安全放散管管口应高出该建筑物屋檐 1.0m	现场测量	不符合不得分	4
4.3.4 安全阀与阀门	1. 高压和次高压燃气调压站室外进、出口管道上必须设置阀门	现场检查	缺一个阀门不得分	4
	2. 中压燃气调压站室外进口管道上，应设置阀门	现场检查	无阀门不得分	4
4.3.8 消防与安全设施	1. 设有调压器的箱、柜或房间应有良好的通风措施，通风面积和换气次数应符合现行国家标准《城镇燃气设计规范》GB 50028 的相关要求，受限空间内应无燃气积聚	现场测量	一处燃气浓度超标扣 2 分；一处通风措施不符合要求扣 1 分	8
	2. 应按现行行业标准《城镇燃气标志标准》CJJ/T 153 的相关要求设置完善的安全警示标志	现场检查	一处未设置安全警示标志扣 0.5 分	2
	3. 调压装置区应按现行国家标准《城镇燃气设计规范》GB 50028 的相关要求设置灭火器，灭火器不得埋压、圈占和挪用，灭火器应按现行国家标准《建筑灭火器配置验收及检查规范》GB 50444 的相关要求定期进行检查、维修，并按规定年限报废	现场检查，查阅灭火器的检查和维修记录	一处缺少灭火器材扣 1 分；一只灭火器缺少检查和维修记录扣 0.5 分	4
	4. 设有调压装置的专用建筑室内电气、照明装置的设计应符合现行国家标准《爆炸和火灾危险环境电力装置设计规范》GB 50058 的 1 区设计的规定	现场检查	一处不合格不得分	2
	5. 设于空旷地带的调压站或采用高架遥测天线的调压站应单独设置避雷装置，保证接地电阻值小于 10Ω	现场检查并查阅防雷装置检测报告	无独立避雷装置的不得分；防雷装置未检测不得分；一处防雷检测不符合要求扣 2 分	4
	6. 调压装置周边应根据实际情况设置围墙、护栏、护罩或车挡，以防外界对调压装置的破坏	现场检查	一处未设置防护设施扣 1 分	4
	7. 设有调压器的柜或房间应有爆炸泄压措施，泄压面积应符合现行国家标准《城镇燃气设计规范》GB 50028 的相关要求	现场测量并计算	一处无泄压措施扣 1 分；一处泄压面积不足扣 0.5 分	2
	8. 地下调压箱应有防腐保护措施，且应完好有效	现场检查	发现一处箱体腐蚀迹象扣 0.5 分	1

续表 A.2

评价单元	评价内容	评价方法	评分标准	分值
4.3.8 消防与安全设施	9. 公共建筑顶层房间设有调压装置时，房间内应设置燃气浓度监测监控仪表及声、光报警装置。该装置应与通风设施和紧急切断阀连锁，并将信号引入该建筑物监控室	现场检查	一处设置不符合要求扣1分	2
	10. 调压装置应设有放散管，放散管的高度应符合现行国家标准《城镇燃气设计规范》GB 50028 的相关要求	现场检查	一处未设放散管扣1分；一处放散管高度不足扣0.5分	2
	11. 地下式调压站应有防水措施，内部不应有水渍和积水现象	现场检查	发现一处积水扣1分；一处水渍扣0.5分	2
	12. 当调压站内、外燃气管道为绝缘连接时，调压器及其附属设备必须接地，接地电阻应小于100Ω	现场检查	一处未接地或接地电阻不符合要求扣1分	2
4.3.9 调压站的采暖	1. 调压室内严禁用明火采暖	现场检查	现场有明火采暖设备不得分	2
	2. 调压器室的门、窗与锅炉室的门、窗不应设置在建筑的同一侧	现场检查	设置在同一侧不得分	1
	3. 采暖锅炉烟囱排烟温度严禁大于300℃	现场测量	超过不得分	2
	4. 烟囱出口与燃气安全放散管出口的水平距离应大于5m	现场测量	距离不足不得分	2
	5. 燃气采暖锅炉应有熄火保护装置或设专人值班管理	现场检查	无熄火保护装置不得分；有熄火保护但无专人值班扣1分	2
	6. 电采暖设备的外壳温度不得大于115℃，电采暖设备应与调压设备绝缘	现场测量	外壳温度超标扣1分；未绝缘扣1分	2

附录 B 燃气管道设施与操作检查表

表 B.1 钢质燃气管道设施与操作检查表

评价单元	评价内容	评价方法	评分标准	分值
5.2.1 管道敷设	1. 地下燃气管道与建（构）筑物或相邻管道之间的间距应符合现行国家标准《城镇燃气设计规范》GB 50028 的相关要求	查阅竣工资料并结合现场检查	一处不符合不得分	4

续表 B.1

评价单元	评价内容	评价方法	评分标准	分值
5.2.1 管道敷设	2. 地下燃气管道埋设的最小覆土厚度（地面至管顶）应符合现行国家标准《城镇燃气设计规范》GB 50028 的相关要求	查阅竣工资料并结合现场检查	一处埋深不符合要求扣1分	4
	3. 穿、跨越工程应符合现行国家标准《油气输送管道穿越工程设计规范》GB 50423 和《油气输送管道跨越工程设计规范》GB 50459 的相关要求，安全防护措施应齐全、可靠	查阅竣工资料并结合现场检查	一处不符合要求扣1分	4
	4. 同一管网中输送不同种类、不同压力燃气的相连管之间应进行有效隔断	现场检查	存在一处未进行有效隔断不得分	4
	5. 埋地管道的地基土层条件和稳定性	调查管道沿线土层状况	液化土、沙化土或已发生土壤明显移动的，或经常发生山体滑坡、泥石流的不得分；沼泽、沉降区或有山体滑坡、泥石流可能的扣1分；土层比较松软，含水率较高，有沉降可能的扣0.5分	2
5.2.2 管道附件	1. 管道上的阀门和阀门井应符合下列要求：	—	—	—
	（1）在次高压、中压燃气干管上，应设置分段阀门，并应在阀门两侧设置放散管。在燃气支管的起点处，应设置阀门	现场检查	少一处阀门扣2分	4
	（2）阀门本体评价内容见本标准第4.2.7条检查表第3~7条			4
	（3）阀门井不应塌陷，井内不得有积水	现场检查	一处塌陷扣1分，一处有积水扣0.5分	2
	（4）直埋阀应设有护罩或护井	现场检查	一处阀门无护罩或护井扣1分；一处护罩或护井损坏扣1分	2
	2. 凝水缸应有护罩或护井，应定期排放积水，不得有燃气泄漏、腐蚀和堵塞的现象及妨碍排水作业的堆积物，凝水缸排出的污水不得随意排放	查阅巡检记录并现场检查测试	有燃气泄漏现象不得分；一处凝水缸无护罩或护井扣0.5分；一处护罩或护井损坏，有腐蚀、堵塞、堆积物现象扣0.5分	2
	3. 调长器应无变形，调长器接口应定期检查，保证其密封性，且拉杆应处于受力状态	查阅巡检记录并现场检查测试	有燃气泄漏现象不得分；一处调长器变形、拉杆位置不适宜扣0.5分	1

续表 B.1

评价单元	评价内容	评价方法	评分标准	分值
5.2.3 日常运行维护	1. 燃气企业应对管道定期进行巡查，巡查工作内容应符合现行行业标准《城镇燃气设施运行、维护和抢修安全技术规程》CJJ 51 的相关要求	查阅巡线制度和巡线记录	无巡线制度不得分；巡线制度不完善扣 4 分；无完整巡线记录扣 4 分	8
	2. 对管道沿线居民和单位进行燃气设施保护宣传与教育	查阅相关资料并沿线走访调查	未印刷并发放安全宣传单扣 0.5 分；未举办广场或进社区安全宣传活动扣 0.5 分；未与政府和沿线单位举办燃气设施安全保护研讨会扣 0.5 分；未在报刊、杂志、电视、广播等媒体上登载安全宣传广告扣 0.5 分	2
	3. 埋地燃气管道弯头、三通、四通、管道末端以及穿越河流等处应有路面标志，路面标志的间隔不宜大于 200m，路面标志不得缺损，字迹应清晰可见	查阅竣工资料并沿线检查	一处缺少标志、字迹不清或毁损扣 1 分	4
	4. 在燃气管道保护范围内，应无爆破、取土、动火、倾倒或排放腐蚀性物质、放置易燃易爆物品、种植深根植物等危害管道运行的活动	查阅竣工资料并沿线检查	存在上述可能危害管道的情况不得分	8
	5. 埋地燃气管道上不得有建筑物和构筑物占压	沿线检查	一处不符合不得分	8
	6. 地下燃气管道保护范围内有建设工程施工时，应由建设单位、施工单位和燃气企业共同制定的燃气设施保护方案，燃气企业应当派专业人员进行现场指导和全程监护	查阅燃气设施保护方案、巡线记录和施工监护记录	无燃气设施保护方案不得分；燃气设施保护方案不全面扣 4 分；保护方案缺少一方参与的扣 2 分；未派专业人员现场指导和监护的不得分；有一次未全程监护扣 4 分	8
5.2.4 管道泄漏检查	1. 应制定完善的泄漏检查制度	查阅泄漏检查制度	无制度不得分，不完善扣 0.5 分	1
	2. 应配备专业泄漏检测仪器和人员	现场检查	未配备不得分	2
	3. 泄漏检查周期应符合现行行业标准《城镇燃气设施运行、维护和抢修安全技术规程》CJJ 51 的相关要求	查阅泄漏检查记录	缺少一次检查记录扣 2 分	8
5.2.5 管道防腐蚀	1. 燃气气质指标应符合相关标准要求	查阅气质检测报告	水含量不合格扣 1 分；硫化氢含量不合格扣 1 分	2
	2. 暴露在空气中的管道外表应涂覆防腐涂层，防腐涂层应完整无脱落	现场检查	无防腐涂层不得分；有防腐涂层但严重脱落扣 1.5 分；有防腐涂层但有部分脱落扣 1 分	2
	3. 应对埋地钢质管道周围的土壤进行土壤电阻率分析，采用现行行业标准《城镇燃气埋地钢质管道腐蚀控制技术规程》CJJ 95 的相关评价指标对土壤腐蚀性进行分级	对土壤腐蚀性进行检测	土壤腐蚀性分级为强不得分；中扣 1 分；土壤细菌腐蚀性评价强不得分；较强扣 1.5 分；中扣 1 分	2
	4. 埋地钢质管道外表面应有完好的防腐层，防腐层的检测应符合现行行业标准《城镇燃气埋地钢质管道腐蚀控制技术规程》CJJ 95 的相关要求	查阅防腐层检测报告	从未检测不得分；未按规定要求定期检测扣 4 分	8
	5. 埋地钢质管道应按现行国家标准《城镇燃气技术规范》GB 50494 的相关要求辅以阴极保护系统，阴极保护系统的检测应符合现行行业标准《城镇燃气埋地钢质管道腐蚀控制技术规程》CJJ 95 的相关要求	查阅阴极保护系统检测报告	没有阴极保护系统或从未检测不得分；未按规定要求定期检测扣 4 分	8
	6. 应定期检测埋地钢质管道附近的管地电位，确定杂散电流对管道的影响，并按现行行业标准《城镇燃气埋地钢质管道腐蚀控制技术规程》CJJ 95 的相关要求采取保护措施，并达到保护效果	现场检查并查阅检测记录和排流保护效果评价	无相应措施不得分；有措施但达不到要求扣 2 分	4

表 B.2 聚乙烯燃气管道设施与操作检查表

评价单元	评价内容	评价方法	评分标准	分值
5.3.1 管道敷设	1. 埋地聚乙烯燃气管道与热力管道之间的间距应符合现行行业标准《聚乙烯燃气管道工程技术规程》CJJ 63 的相关要求	查阅竣工资料并结合现场检查	一处不符合不得分	4
	2. 聚乙烯管道作引入管，与建筑物外墙或内墙上安装的调压箱相连在地面转换时，对裸露聚乙烯管道有硬质保护及隔热措施，保护层应完好无损	现场检查	一处硬质保护层缺失或损坏扣 2 分	4
	3. 聚乙烯管道应敷设示踪装置，并每年进行一次检测，保证完好	查阅示踪装置检查记录	示踪装置未检测不得分	2

附录 C 压缩天然气场站设施与操作检查表

表 C.1 压缩天然气加气站设施与操作检查表

评价单元	评价内容	评价方法	评分标准	分值
6.2.1 周边环境	1. 场站所处的位置应符合规划要求	查阅当地最新规划文件	不符合不得分	1
	2. 周边道路条件应能满足运输、消防、救护、疏散等要求	现场检查	大型消防车辆无法到达不得分；道路狭窄或路面质量较差但大型消防车辆勉强可以通过扣1分	2
	3. 场站规模与所处环境应符合下列要求：	—	—	—
	（1）在城市建成区内的压缩天然气加气站，标准站固定储气瓶（井）不应超过 $18m^3$，子站固定储气瓶（井）不应超过 $8m^3$，且车载储气瓶组的总容积不应超过 $18m^3$	现场检查并查阅当地规划	超过不得分	4
	（2）当压缩天然气加气站与加油站合建时，加气标准站固定储气瓶（井）不应超过 $12m^3$，加气子站固定储气瓶（井）不应超过 $8m^3$，且车载储气瓶组的总容积不应超过 $18m^3$	现场检查	超过不得分	4
	4. 站内燃气设施与站外建（构）筑物的防火间距应符合下列要求：			
	（1）气瓶车在固定车位总几何容积大于 $18m^3$，或最大储气总容积大于 $4500m^3$ 且小于等于 $30000m^3$ 时，气瓶车固定车位与站外建（构）筑物的防火间距应符合现行国家标准《城镇燃气设计规范》GB 50028 的相关要求	现场测量	一处不符合不得分	8
	（2）气瓶车在固定车位总几何容积不大于 $18m^3$，且最大储气总容积不大于 $4500m^3$ 时，气瓶车固定车位与站外建（构）筑物的防火间距应符合现行国家标准《汽车加油加气站设计与施工规范》GB 50156 的相关要求	现场测量	一处不符合不得分	8

续表 C.1

评价单元	评价内容	评价方法	评分标准	分值
6.2.1 周边环境	（3）脱硫脱水装置、放散管管口、储气井组、加气机、压缩机与站外建（构）筑物的防火间距应符合现行国家标准《汽车加油加气站设计与施工规范》GB 50156 的相关要求	现场测量	一处不符合不得分	4
	（4）压缩天然气加气站站房内不得设有住宿、餐饮和娱乐等经营性场所	现场检查	发现设有上述场所不得分	2
	5. 周边应有良好的消防和医疗救护条件	实地测量或图上测量	10km路程内无消防队扣0.5分；10km路程内无医院扣0.5分	1
	6. 环境噪声应符合现行国家标准《工业企业厂界环境噪声排放标准》GB 12348 的相关要求	现场测量或查阅环境检测报告	超标不得分	1
6.2.2 总平面布置	1. 总平面应分区布置，即分为生产区和辅助区	现场检查	无明显分区不得分	1
	2. 周边应设置围墙，围墙的设置应符合现行国家标准《汽车加油加气站设计与施工规范》GB 50156 的相关要求，围墙应完整，无破损	现场检查	无围墙不得分；围墙高度不足或破损扣2分	4
	3. 站内燃气设施与站内建（构）筑物之间的防火间距应符合下列要求：	—	—	—
	（1）气瓶车在固定车位总几何容积大于 $18m^3$，或最大储气总容积大于 $4500m^3$ 且小于等于 $30000m^3$ 时，气瓶车固定车位与站内建（构）筑物的防火间距应符合现行国家标准《城镇燃气设计规范》GB 50028 的相关要求	现场测量	一处不符合不得分	8
	（2）气瓶车在固定车位总几何容积不大于 $18m^3$，且最大储气总容积不大于 $4500m^3$ 时，气瓶车固定车位与站内建（构）筑物的防火间距应符合现行国家标准《汽车加油加气站设计与施工规范》GB 50156 的相关要求	现场测量	一处不符合不得分	8
	（3）加气柱宜设在固定车位附近，距固定车位 2m～3m，距站内天然气储罐不应小于 12m，距围墙不应小于 6m，距压缩机室、调压室、计量室不应小于 6m，距燃气热水室不应小于 12m	现场测量	一处不符合不得分	4

续表 C.1

评价单元	评价内容	评价方法	评分标准	分值
6.2.2 总平面布置	(4) 站内其他设施之间的防火间距应符合现行国家标准《汽车加油加气站设计与施工规范》GB 50156 的相关要求	现场测量	一处不符合不得分	4
6.2.3 站内道路交通	1. 场站入口和出口应分开设置,入口和出口应设置明显的标志	现场检查	入口和出口共用一个敞开空间,但之间无隔离或无标志不得分;入口和出口共用一个敞开空间,但之间有隔离栏杆且有标志扣3分;入口和出口分开设置但无标志扣2分	4
	2. 供加气车辆进出的道路最小宽度不应小于 3.5m,需要双车会车的车道,最小宽度不应小于 6m,场站内回车场最小尺寸不应小于 12m×12m,车道和回车场应保持畅通,无阻碍消防救援的障碍物	现场检查	道路宽度不足或回车场地尺寸不足扣1分;车道或回车场上有障碍物扣1分	2
	3. 场站内的停车场地和道路应平整,路面不应采用沥青材质	现场检查	有明显坡度扣0.5分;有沥青材质扣0.5分	1
	4. 路面上应有清楚的路面标线,如道路边线、中心线、行车方向线等	现场检查	路面无标线或标线不清扣0.5分	1
	5. 架空管道或架空建(构)筑物高度宜不低于 5m,最低不得低于 4.5m,架空管道或建(构)筑物上应设有醒目的限高标志	现场检查	架空建(构)筑物高度低于 4.5m 时不得分;在 4.5m~5m 之间时扣2分;无限高标志扣2分	4
	6. 场站内脱水装置、压缩机、加气机等重要设施和天然气管道应处于不可能有车辆经过的位置,当这些设施 5m 范围内有车辆可能经过时,应设置固定防撞装置	现场检查	一处防撞设施不全不得分	4
	7. 应制定严格的车辆管理制度,除压缩天然气瓶车外,其他车辆禁止进入场站生产区,如确需进入,必须佩戴阻火器	现场检查并查阅车辆管理制度文件	无车辆管理制度不得分;生产区内发现无关车辆且未装阻火器不得分;门卫未配备阻火器,但生产区内无无关车辆扣1分	2
6.2.4 气体净化装置	1. 应有脱硫脱水措施,脱硫后的天然气总硫(以硫计)应 ≤200mg/m³,硫化氢含量应 ≤15mg/m³,脱水后的天然气二氧化碳含量应≤3%,在 25MPa 下水露点不应高于 -13℃,当最低气温低于 -8℃ 时,水露点比最低气温低 5℃	查阅气质检测制度和气质检测报告	无气质检测制度不得分;不能提供气质检测报告或检测结果不合格不得分	4
	2. 脱硫、脱水装置应运行平稳,无异常声响,无燃气泄漏现象	现场检查	有燃气泄漏现象不得分;一处存在异常情况扣1分	4
	3. 脱水、脱硫装置应定期排污,废脱硫剂、硫磺等危险废物应可靠收集,并应委托专业危险废物处理机构定期收集处理,严禁随意丢弃	现场检查并检查处理台账和排污记录	不能提供排污记录的扣1分;不能提供处理台账的扣1分	2
	4. 脱硫、脱水装置应定期检验,检验合格后方可继续使用	查阅检验报告	未检不得分	4
6.2.5 加压装置	1. 压缩机前应设有缓冲罐或稳压装置。压缩机的运行应平稳,无异常响声、部件过热、燃气泄漏及异常振动等现象	现场检查	存在燃气泄漏现象不得分;一处不符合要求扣1分	4
	2. 压缩天然气加气站应设有备用压缩机组,保证供气的可靠性,备用压缩机组应能良好运行	现场检查	无备用机组或备用机组运转不正常不得分	2
	3. 压缩机排气压力不应大于 25.0 MPa(表压),各级冷却后的排气温度不应超过 40℃	现场检查	排气压力超标不得分;排气温度超标扣2分	4
	4. 压缩机的润滑油箱油位应处于正常范围内,供油压力、供油温度和回油温度应符合工艺要求	现场检查	油位不符合扣0.5分;供油压力不符合扣0.5分;供油温度不符合扣0.5分;回油温度不符合扣0.5分	2
	5. 压缩机的冷却系统应符合下列要求:	—	—	—
	(1) 采用水冷式压缩机的冷却水应循环使用,冷却水供水压力不应小于 0.15 MPa,供水温度应小于 35℃,水质应定期检测,防止腐蚀引起内漏	现场检查并查阅水质监测报告或循环水更换记录	供水压力不足扣1分;供水温度超高扣1分;水质未定期检测扣0.5分	2

续表 C.1

评价单元	评价内容	评价方法	评分标准	分值
6.2.5 加压装置	（2）采用风冷式压缩机的进风口应选择空气新鲜处，鼓风机运转正常，风量符合工艺要求	现场检查	进风口选择不当扣1分；风扇运转不正常扣1分；风量不符合扣1分	2
	6. 压缩机进口管道上应设置手动和电动（或气动）控制阀门；出口管道上应设置安全阀、止回阀和手动切断阀；安全阀放散管管口应高出建筑物2m以上，且距地面不应小于5m	现场检查	缺一阀门扣2分；放散管高度不足扣1分	4
	7. 压缩机室（撬箱）内应整洁卫生，无潮湿或腐蚀性环境，无无关杂物堆放	现场检查	所处环境不佳或有无关杂物堆放不得分	1
	8. 应有专门的收集装置收集压缩机冷凝液和废油水，严禁直接排入下水道，收集的压缩机冷凝液和废油水应委托专业危险废物处理机构定期收集处理	现场检查并检查处理台账	无专门收集装置直接排放的不得分；有专门的收集装置但不能提供处理台账的扣0.5分	1
	9. 压缩机设置于室内时，与压缩机连接的管道应采取防振措施，防止对建筑物造成破坏，例如压缩机进出口采用柔性连接、管道穿墙处设置柔性套管等	现场检查	无有效防振措施不得分；振动已造成建筑物损坏不得分	2
	10. 压缩机的缓冲罐、气液分离器等承压容器应定期检验，检验合格后方可继续使用	查阅检验报告	未检不得分	4
6.2.6 加(卸)气	1. 气瓶车和加气车辆应在加气站内指定地点停靠，停靠点应有明显的边界线，车辆停靠后应手闸制动，如有滑动可能时，应采用固定块固定，在加（卸）气作业中严禁移动，加满气的车辆应及时离开，不得在站内长时间停留	现场检查	无车位标识扣1分；无固定设施扣1分；一处车辆不按规定停靠或停车后有滑动可能性而未采取措施扣0.5分；一辆加满气的车辆停留时间超过1小时扣1分	2
	2. 应建立气瓶车安全管理档案，严禁给不能提供有效资质和检测报告的气瓶加（卸）气，汽车加（卸）气前应对车辆气瓶质量的有效证明进行检查，发现气瓶为非指定有资质单位安装，或气瓶未定期检验，或检验过期的，一律不允许进行加气作业	检查气瓶车安全管理档案	未建立气瓶车安全管理档案的不得分；检查出一台加气车辆未登记建档的扣1分；检查出一辆汽车加气前未核查气瓶资质和检验信息的扣1分	4
	3. 加（卸）气操作应符合下列要求：	—	—	—
	（1）应建立加（卸）气操作规程，气瓶车加（卸）气前应对气瓶组、加（卸）气机和管道等相关设备、仪表、安全装置和连锁报警进行检查，确认无误后方可进行加（卸）气作业；加（卸）气过程中应密切注意相关仪表参数，发现异常应立即停止加（卸）气；加（卸）气后应检查气瓶、阀门及连接管道，确认无泄漏和异常情况，并完全断开连接后方可允许加（卸）气车辆离开	现场检查操作过程并查阅操作记录	无操作规程，不能提供操作记录或检查出一次违章操作均不得分	2
	（2）应建立加气操作规程，压缩天然气汽车加气过程中应密切注意相关仪表参数，发现异常应立即停止加气；加气后应检查气瓶、阀门及连接管道，确认无泄漏和异常情况，并完全断开连接后方可允许加气车辆离开	现场检查并查阅操作规程	无操作规程或检查出一次违章操作均不得分	2
	4. 加（卸）气柱应设有静电接地栓卡，接地栓上的金属接触部位应无腐蚀现象，接触良好，接地电阻值不得超过100Ω，加（卸）气前气瓶车必须使用静电接地栓良好接地	现场检查，并采用测试仪器测试电阻值	一处无静电接地栓卡扣1分；测试不符合要求扣1分；气瓶车未静电接地扣1分	2
	5. 气瓶车和气瓶组的充装压力，按20℃折算时，不得超过20.0 MPa（表压）	现场检查并计算	超过10%不得分；超过5%不足10%时扣6分；超过5%以内扣3分	8
	6. 不应将瓶内气体全部卸完，卸气后应至少保留有0.05 MPa（表压）的余压，并有相应的记录，防止空气进入	现场检查瓶压力或检查卸车记录和安全操作规程	不能提供相关记录的扣1分；操作规程中未规定的扣1分；检查出一次现场或记录中气瓶压力不足的扣2分	4
	7. 加（卸）气软管应符合下列要求：	—	—	—
	（1）加（卸）气软管外表应完好无损，有效作用半径不应小于2.5m，气瓶车加（卸）气软管长度不应大于6.0m，软管应定期检查维护，有检查维护记录，达到使用寿命后应及时更换	现场检查，检查维护记录	一处软管不符合要求扣2分；无检查维护记录扣2分	4

续表 C.1

评价单元	评价内容	评价方法	评分标准	分值
6.2.6 加（卸）气	(2) 加气软管上应设有拉断阀	现场检查	一处无拉断阀或拉断阀存在故障不得分	4
	8. 加（卸）气机或柱应符合下列要求：	—	—	—
	(1) 加（卸）气枪应外表完好，扳机操作灵活，加（卸）气嘴应配置自密封阀，卸开连接后应立即自行关闭，由此引发的天然气泄漏量不得大于 0.01m³（标准状态），每台加（卸）气机还应配备有加（卸）气枪和汽车受气口的密封帽	现场检查	存在天然气异常泄漏现象不得分；一只加气枪存在故障扣 1 分	2
	(2) 加（卸）气机或柱应运行平稳，无异常声响，安全保护装置应经常检查，保证完好有效，并保存检查记录	现场检查并查阅维护保养记录	运行中有异常声响不得分；缺少一种安全保护装置或安全保护装置工作不正常的扣 1 分，不能提供检查维护记录扣 1 分	2
6.2.7 储气装置	1. 储气井、储气瓶进出口应设有截止阀、压力表、安全阀、排液装置和紧急放散管等安全装置，安全装置应定期维护保养，保证完好有效	现场检查	少一个安全装置或安全装置存在故障不得分	4
	2. 储气井、储气瓶工作状态良好，无损坏、鼓泡和严重锈蚀迹象，无燃气泄漏	现场检查	有燃气泄漏不得分；一处损坏、鼓泡或严重锈蚀扣 2 分	4
	3. 储气井、储气瓶应定期检验，检验合格后方可继续使用	查阅检验报告	未检不得分	4
	4. 当选用小容积储气瓶时，应符合下列要求：	—	—	—
	(1) 每组储气瓶总容积不宜大于 4m³，且数量不宜超过 60 个	现场检查	容积或数量超过均不得分	1
	(2) 小容积储气瓶应固定在独立支架上，且宜卧式存放，并固定牢靠，卧式瓶组限宽为 1 个储气瓶长度，限高 1.6m，限长 5.5m，同组储气瓶之间的净距不应小于 0.03m，储气瓶组间距不应小于 1.5m	现场检查	一处不符合要求扣 0.5 分	1

表 C.2 压缩天然气供应站设施与操作检查表

评价单元	评价内容	评价方法	评分标准	分值
6.3.1 周边环境	1. 周边道路条件应能满足运输、消防、救护、疏散等要求	现场检查	大型消防车辆无法到达不得分；道路狭窄或路面质量较差但大型消防车辆勉强可以通过扣 1 分	2
	2. 站内燃气设施与站外建（构）筑物的防火间距符合下列要求：	—	—	—
	(1) 气瓶车在固定车位总几何容积大于 18m³，或最大储气总容积大于 4500m³ 且小于等于 30000m³ 时，气瓶车固定车位与站外建（构）筑物的防火间距符合现行国家标准《城镇燃气设计规范》GB 50028 的相关要求	现场测量	一处不符合不得分	8
	(2) 气瓶车在固定车位总几何容积不大于 18m³，且最大储气总容积不大于 4500m³ 时，气瓶车固定车位与站外建（构）筑物的防火间距应符合现行国家标准《汽车加油加气站设计与施工规范》GB 50156 的相关要求	现场测量	一处不符合不得分	8
	(3) 天然气工艺装置与站外建（构）筑物的防火间距应符合现行国家标准《建筑设计防火规范》GB 50016 中甲类厂房的相关要求	现场测量	一处不符合不得分	4
	(4) 采用气瓶组供气的压缩天然气供应站其气瓶组、天然气放散管管口、调压装置与站外建（构）筑物的防火间距应符合现行国家标准《城镇燃气设计规范》GB 50028 的相关要求	现场测量	一处不符合不得分	4
	3. 周边应有良好的消防和医疗救护条件	实地测量或图上测量	10km 路程内无消防队扣 0.5 分；10km 路程内无医院扣 0.5 分	1

续表 C.2

评价单元	评价内容	评价方法	评分标准	分值
6.3.2 总平面布置	1. 总平面应分区布置，即分为生产区和辅助区	现场检查	无明显分区不得分	1
	2. 周边设有非燃烧体围墙，围墙应完整，无破损	现场检查	无围墙不得分；围墙破损扣0.5分	1
	3. 站内燃气设施与站内建（构）筑物之间的防火间距应符合下列要求：	—	—	—
	（1）气瓶车在固定车位总几何容积大于18m³，或最大储气总容积大于4500m³且小于等于30000m³时，气瓶车固定车位与站内建（构）筑物的防火间距应符合现行国家标准《城镇燃气设计规范》GB 50028 的相关要求	现场测量	一处不符合不得分	8
	（2）气瓶车在固定车位总几何容积不大于18m³，且最大储气总容积不大于4500m³时，气瓶车固定车位与站内建（构）筑物的防火间距应符合现行国家标准《汽车加油加气站设计与施工规范》GB 50156 的相关要求	现场测量	一处不符合不得分	8
	（3）卸气柱宜设在固定车位附近，距固定车位2m～3m，距站内天然气储罐不应小于12m，距围墙不应小于6m，距调压室、计量室不应小于6m，距燃气热水室不应小于12m	现场测量	一处不符合不得分	4
6.3.5 储气瓶组	1. 在保证正常运转的前提下应尽可能减少压缩天然气气瓶的存量，气瓶组最大储气总容积不应大于1000m³，气瓶组总几何容积不应大于4m³	现场检查	气瓶组最大储气总容积超标不得分	4
	2. 气瓶上的漆色、字样应当清晰可见，提手和底座应当牢固、不松动，瓶体无鼓泡、烧痕或裂纹；瓶体角阀应当密封良好，无漏气现象	现场检查并查阅气瓶检查记录	不能提供气瓶检查记录的扣2分；一只气瓶存在上述情况扣1分	4

续表 C.2

评价单元	评价内容	评价方法	评分标准	分值
6.3.5 储气瓶组	3. 气瓶应按国家有关规定，由具有资质的单位定期进行检验，检验合格后方可继续使用	查阅检验报告，非自备气瓶查验供货方质量证明	一只气瓶未检不得分	8
	4. 气瓶应委托具有危险品运输资质的单位进行运输，运输和搬运时气瓶的瓶帽和防振圈等安全设施应齐全	现场检查并查阅运输协议和运输方资质	运输过程发现无安全设施的不得分；不能提供运输单位资质的扣0.5分；运输协议中无安全责任条款的扣0.5分	1
	5. 站内应设有备用气瓶组，气瓶应固定牢靠，不得在阳光直射的露天存放	现场检查	无备用气瓶组不得分；一处不符合安全使用要求的扣1分	2
6.3.7 供热（热水）装置	1. 热水管道上应设有安全阀	现场检查	未设置安全阀不得分	1
	2. 热水管道和回水管道应设有隔热保温层，保温层应完好无破损，能有效防止热量损失、高温灼烫	现场检查	一处破损或未设置保温层扣0.5分	2
	3. 热水炉的运行应平稳，安全保护功能完好有效，工作参数正常，无异常声响，无热水和燃气泄漏现象	现场检查	有燃气泄漏现象不得分；存在一处故障扣1分	4
	4. 热水泵的转轴外侧应有金属防护罩遮蔽并固定，能有效防止机械伤害事故的发生	现场检查	一处无网罩或网罩破损、未固定扣0.5分	1
	5. 热水系统的补水应采用经离子交换树脂软化后的水，有水质检测设备，并定期进行水质检测，定期更换热水，保证水质干净，防止腐蚀	现场检查并查阅水质检测报告和换水记录	无水处理设备或无水质检测设备扣0.5分；不能提供换水记录的扣0.5分	1

附录 D 液化石油气场站设施与操作检查表

表 D.1 液化石油气供应站设施与操作检查表

评价单元	评价内容	评价方法	评分标准	分值
7.2.1 周边环境	1. 场站所处的位置应符合规划要求	查阅当地最新规划文件	不符合不得分	1
	2. 周边道路条件应能满足运输、消防、救护、疏散等要求	现场检查	大型消防车辆无法到达不得分；道路狭窄或路面质量较差但大型消防车辆勉强可以通过扣1分	2

续表 D.1

评价单元	评价内容	评价方法	评分标准	分值
7.2.1 周边环境	3. 周边应地势平坦、开阔、不易积存液化石油气	现场检查	超过270°方向地势高于场站不得分；180°~270°方向地势高于场站扣1分；地势不开阔扣1分	2
	4. 站内燃气设施与站外建（构）筑物的防火间距应符合下列要求：	—	—	—
	(1) 液化石油气储罐与站外建（构）筑物的防火间距应符合现行国家标准《城镇燃气设计规范》GB 50028 的相关要求	现场测量	一处不符合不得分	8
	(2) 露天工艺装置、压缩机间、烃泵房、混气间、气化间等与站外建（构）筑物的防火间距应符合现行国家标准《建筑设计防火规范》GB 50016 中甲类厂房的相关要求	现场测量	一处不符合不得分	4
	(3) 灌瓶间和瓶库与站外建（构）筑物的防火间距应符合现行国家标准《建筑设计防火规范》GB 50016 中甲类储存物品仓库的相关要求	现场测量	一处不符合不得分	4
	5. 周边应有良好的消防和医疗救护条件	实地测量或图上测量	10km路程内无消防队扣0.5分；10km路程内无医院扣0.5分	1
7.2.2 总平面布置	1. 总平面应分区布置，即分为生产区和辅助区，铁路槽车装卸区应独立设置，<u>小型液化石油气气化站和混气站（总容积不大于50m³）生产区和辅助区之间可不设置分区隔墙</u>	现场检查	无分区隔墙不得分；小型站无明显分区不得分	1
	2. <u>生产区应设置高度不低于2m的非燃烧实体围墙，围墙应完整，无破损</u>	现场检查	无围墙或生产区采用非实体围墙不得分；围墙高度不足或有破损扣1分	4
	3. 站内燃气设施与站内建（构）筑物之间的防火间距应符合下列要求：	—	—	—

续表 D.1

评价单元	评价内容	评价方法	评分标准	分值
7.2.2 总平面布置	(1) 液化石油气储罐与站内建（构）筑物的防火间距应符合现行国家标准《城镇燃气设计规范》GB 50028 的相关要求	现场测量	一处不符合不得分	8
	(2) 灌瓶间和瓶库、气化间和混气间与站内建（构）筑物的防火间距应符合现行国家标准《城镇燃气设计规范》GB 50028 的相关要求	现场测量	一处不符合不得分	8
	(3) 液化石油气汽车槽车库与汽车槽车装卸台柱之间的距离不应小于6m，当邻向装卸台柱一侧的汽车槽车库山墙采用无门、窗洞口的防火墙时，其间距不限	现场测量	不符合不得分	1
	4. 全压力式储罐区的布置应符合下列要求：	—	—	—
	(1) 全压力式液化石油气储罐不应少于2台（不含残液罐），储罐区管道设计应能满足方便倒罐的操作；地上储罐之间的净距不应小于相邻较大罐的直径；一组储罐的总容积不应超过3000m³，分组布置时，组与组之间相邻储罐的净距不应小于20m	现场检查	少于2台或不能实现倒罐操作不得分；一处净距不足不得分；总容积超过3000m³时未分组布置扣2分	4
	(2) 储罐组内储罐宜采用单排布置	现场检查	不符合不得分	1
	(3) 球形储罐与防护墙的净距不宜小于其半径，卧式储罐不宜小于其直径，操作侧不宜小于3.0m	现场测量	不符合不得分	1
	5. <u>生产区内严禁有地下和半地下建（构）筑物（寒冷地区的地下式消火栓和储罐区的排水管、沟除外）</u>	现场检查	存在地下和半地下建（构）筑物不得分	4

续表 D.1

评价单元	评价内容	评价方法	评分标准	分值
7.2.2 总平面布置	6. 站内严禁种植油性植物，储罐区内严禁绿化，绿化不得侵入铁路线路和道路，绿化不得阻碍消防救援，不得阻碍液化石油气的扩散而造成积聚	现场检查	不符合不得分	2
7.2.3 站内道路交通	1. 生产区和辅助区至少应各设有1个对外出入口，当液化石油气储罐总容积超过1000m³时，生产区应设有2个对外出入口，其间距不应小于50m，对外出入口宽度不应小于4m	现场检查	生产区无对外出入口不得分；辅助区无对外出入口扣2分；当生产区应设两个出入口时，少一个出入口扣2分；两个出入口间距不足扣1分	4
7.2.3 站内道路交通	2. 生产区应有环形消防车道，消防车道宽度不应小于4m，当储罐总容积小于500m³时，应至少设有尽头式消防车道和面积不应小于12m×12m的回车场，消防车道和回车场应保持畅通，无阻碍消防救援的障碍物	现场检查	应设环形消防车道未设的不得分；设尽头式消防车道的，无回车场或回车场尺寸不足不得分；消防车道宽度不足扣4分；消防车道或回车场上有障碍物扣2分	4
7.2.3 站内道路交通	3. 场站内的停车场地和道路应平整，路面不应采用沥青材质	现场检查	有明显坡度扣0.5分；有沥青材质扣0.5分	1
7.2.3 站内道路交通	4. 路面上应有清楚的路面标线，如道路边线、中心线、行车方向线等	现场检查	路面无标线或标线不清扣0.5分	1
7.2.3 站内道路交通	5. 架空管道或架空建（构）筑物高度宜不小于5m，最低不得低于4.5m，架空管道或建（构）筑物上应设有醒目的限高标志	现场检查	架空建（构）筑物高度低于4.5m时不得分；在4.5m~5m之间时扣2分；无限高标志扣2分	4
7.2.3 站内道路交通	6. 场站内露天设置的压缩机、烃泵、气化器、混合器等重要设施和管道应处于不可能有车辆经过的位置，当这些设施5m范围内有车辆可能经过时，应设置固定防撞装置	现场检查	一处防撞设施不全不得分	4
7.2.3 站内道路交通	7. 应制定严格的车辆管理制度，除液化石油气火车槽车、汽车槽车和专用气瓶运输车辆外，其他车辆禁止进入场站生产区，如确需进入，必须佩带阻火器	现场检查并查阅车辆管理制度文件	无车辆管理制度不得分；生产区内发现无关车辆且未装阻火器不得分；门卫未配备阻火器，但生产区内无无关车辆扣1分	2
7.2.4 液化石油气装卸	1. 进站装卸的液化石油气气质应符合现行国家标准《液化石油气》GB 11174的相关要求	查阅气质检测报告	不能提供气质检测报告或检测结果不合格不得分	2
7.2.4 液化石油气装卸	2. 槽车应在站内指定地点停靠，停靠点应有明显的边界线，车辆停靠后应手闸制动（汽车槽车）或气闸制动（火车槽车），如有滑动可能时，应采用固定块（汽车槽车）或车挡（火车槽车）固定，在装卸作业中严禁移动，槽车装卸完毕后应及时离开，不得在站内长时间逗留	现场检查	无车位标识扣1分；无固定设施扣1分；一处车辆不按规定停靠或停靠后有滑动可能性而未采取措施扣0.5分；一辆装卸后的槽车停留时间超过1小时扣1分	2
7.2.4 液化石油气装卸	3. 应建立在本站定点装卸的槽车安全管理档案，具有有效危险物品运输资质且槽罐在检测有效期内的车辆方可允许装卸，严禁给不能提供有效资质和检测报告的槽车装卸	检查槽车安全管理档案	未建立槽车安全管理档案的不得分；检查出一台槽车未登记建档的扣1分	4
7.2.4 液化石油气装卸	4. 装卸前应对槽罐、装卸软管、阀门、仪表、安全装置和连锁报警等进行检查，确认无误后方可进行装卸作业；装卸过程中应密切注意相关仪表参数，发现异常应立即停止装卸；装卸后应检查槽罐、阀门及连接管道，确认无泄漏和异常情况，并完全断开连接后方可允许槽车离开	现场检查操作过程并查阅操作记录	不能提供操作记录不得分；发现一次违章操作现象扣1分	2
7.2.4 液化石油气装卸	5. 装卸台应设有静电接地栓卡，接地栓上的金属接触部位应无腐蚀现象，接触良好，接地电阻值不得超过100Ω，装卸前槽罐必须使用静电接地栓良好接地	现场检查，并采用测试仪器测试电阻值	一处无静电接地栓卡或测试不符合要求或槽车未连接扣2分	4
7.2.4 液化石油气装卸	6. 液化石油气的灌装量必须严格控制，最大允许灌装量应符合现行国家标准《城镇燃气设计规范》GB 50028的相关要求	现场检查、查阅灌装记录	检查出一次超量灌装不得分	8

续表 D.1

评价单元	评价内容	评价方法	评分标准	分值
7.2.4 液化石油气装卸	7. 装卸软管应符合下列要求：	—	—	—
	(1) 装卸软管外表应完好无损，软管应定期检查维护，有检查维护记录，达到使用寿命后应及时更换	现场检查，查看维护记录	一处软管存在破损现象扣2分；无检查维护记录扣2分	4
	(2) 装卸软管上的快装接头与软管之间应设有阀门，阀门的启闭应灵活，无泄漏现象	现场检查	无阀门，有阀门但锈塞或泄漏均不得分	1
	(3) 装卸软管宜设有拉断阀，保证在软管被外力拉断后两端自行封闭	现场检查	一处无拉断阀或拉断阀存在故障不得分	1
	8. 铁路装卸栈桥上的装卸设施应符合下列要求：	—	—	—
	(1) 铁路装卸栈桥上的平台、楼梯应设有完整的栏杆，栏杆应完好坚固，无严重锈蚀现象	现场检查	一处栏杆缺损或严重锈蚀扣0.5分	2
	(2) 铁路装卸栈桥上的液化石油气装卸鹤管应设有机械吊装设施	现场检查	无机械吊装设施不得分	1
7.2.5 压缩机和烃泵	1. 液化石油气压缩机应采用安全性能较高的无油往复式压缩机，淘汰结构复杂、运行稳定性差的老式压缩机	现场检查	仍在使用老式压缩机不得分	1
	2. 液化石油气供应站至少设有2台压缩机和2台烃泵，保证生产的可靠性，备用机组应能良好运行	现场检查	无备用设备或备用设备运转不正常不得分	1
	3. 压缩机和烃泵的运行应平稳，无异常响声、部件过热、液化石油气泄漏及异常振动等现象，在用烃泵盘车应灵活	现场检查	存在燃气泄漏现象不得分；一处存在异常情况扣1分	8
	4. 压缩机排气出口管上应设有压力表和安全阀，出口压力和温度符合工艺操作要求，烃泵出口管上应设有压力表和安全回流阀，安全回流阀工作正常	现场检查	一台压缩机出口压力超标扣2分；一台压缩机出口温度超标扣2分；一台烃泵安全回流阀工作不正常扣2分	8
7.2.5 压缩机和烃泵	5. 压缩机和烃泵的润滑油箱油位应处于正常范围内	现场检查	一台设备缺润滑油扣0.5分	1
	6. 烃泵进口管道应设有过滤器，定期检查过滤器前后压差，并及时排污和清洗	现场检查并查阅维护记录	无过滤器或现场压差超标不得分；有过滤器且现场压差符合要求，但无维护记录扣0.5分	1
	7. 压缩机室和烃泵房内应整洁卫生，无潮湿或腐蚀性环境，无无关杂物堆放	现场检查	所处环境不佳或有无关杂物堆放不得分	1
	8. 压缩机和烃泵基座应稳固，无剧烈振动现象，连接管线穿墙处应采用套管，套管内应填充柔性材料，减小对房屋建筑的振动影响	现场检查	无有效防振措施不得分；振动已造成建筑物损坏不得分	2
	9. 压缩机和烃泵的转轴外侧应有金属防护罩遮蔽并固定，能有效防止机械伤害事故的发生，金属防护罩应与接地线连接	现场检查	一处无网罩或网罩破损、未固定扣0.5分；一处未接地扣0.5分	1
	10. 压缩机缓冲罐、气液分离器等应定期检验，检验合格后方可继续使用	查阅检验报告	未检不得分	4
7.2.6 气瓶灌装作业	1. 液化石油气灌装站应至少设有两台灌装秤，并采用自动灌装秤，灌装秤应运行平稳，无异常响声、液化石油气泄漏及异常振动等现象，灌装秤应检定合格并在有效期内	现场检查	存在液化石油气泄漏不得分；一台自动灌装秤存在故障或未定期检测或检测不合格不得分；使用一台手动灌装秤扣1分	4
	2. 灌装前应对液化石油气气瓶进行检查，对非法制造、外表损伤、腐蚀、变形、报废、超过检测周期、新投用而未置换或未抽真空的气瓶应不予灌装	现场检查并查阅操作规程	发现给存在缺陷的气瓶灌装的不得分；未采取信息化技术完全依靠人工检查的扣1分	4
	3. 灌装间应设有残液倒空和回收装置，在气温较低或气质较差时应在灌装前进行倒残作业，保证气瓶内残液量不超标，残液应回收，严禁随意排放	现场检查并查阅操作规程	无倒残装置，无回收装置，无操作规程均不得分	1

续表 D.1

评价单元	评价内容	评价方法	评分标准	分值
7.2.6 气瓶灌装作业	4. 严禁超量灌装，灌装误差应符合现行国家标准《液化石油气瓶充装站安全技术条件》GB 17267 的相关要求，自动化、半自动化灌装和机械化运瓶的灌装作业线上应设有灌装复检装置，采用手动灌装作业的，应设有检斤秤	现场检查并查阅操作规程，同时对已灌装的气瓶进行抽查	无灌装量复检装置或无操作规程的不得分；发现操作人员不进行复检或复检装置存在故障不能正常工作的不得分；检查出一只气瓶超装不得分	8
	5. 灌装作业线上应设置检漏装置或采取检漏措施	现场检查并查阅操作规程，同时对已灌装的气瓶进行抽查	未进行检漏或无操作规程的不得分；检查出一只泄漏气瓶不得分	8
	6. 气瓶传送装置应润滑良好，无卡阻和非正常摩擦现象	现场检查	一处不正常运转扣1分	2
	7. 气瓶的摆放应符合下列要求：	—	—	—
	(1) 灌装间和瓶库内的气瓶应按实瓶区、空瓶区分组布置	现场检查	无实瓶和空瓶区标志或存在混放现象不得分	1
	(2) 气瓶摆放时，15kg 和 15kg 以下气瓶不得超过两层，50kg 气瓶应单层摆放	现场检查	摆放不符合要求一处扣1分	2
	(3) 实瓶摆放不宜超过6排，并留有不小于800mm的通道	现场检查	超过6排扣0.5分；通道宽度不足时扣0.5分	1
	8. 灌装间内液化石油气实瓶的量不得超过2天的计算月平均日供应量	现场检查	超过不得分	2
7.2.7 气化和混气装置	1. 液化石油气气化站和混气站应至少设有2套气化器和混合器，备用设备应能良好运行	现场检查	无备用设备或备用设备运转不正常不得分	2
	2. 气化器和混合器的运行应平稳，无异常响声、部件过热、液化石油气泄漏及异常振动等现象	现场检查	存在燃气泄漏现象不得分；一处存在其他异常情况扣1分	4
	3. 气化器和混合器应设有压力表和安全阀，容积式气化器和气液分离器应有液位计；强制气化气化器应有温度计	现场检查	缺少一处仪表扣2分	4
	4. 气化器和混合器的工作压力和工作温度应符合设备和工艺操作要求	现场检查	一台设备压力超标扣2分；一台设备温度超标扣1分	4
7.2.7 气化和混气装置	5. 气化器进口管道应设有过滤器，定期检查过滤器前后压差，并及时排污和清洗	现场检查并查阅维护记录	无过滤器或现场压差超标不得分；有过滤器且现场压差符合要求，但无维护记录扣0.5分	1
	6. 应有专门的收集装置收集气化器残液，严禁直接排入下水道，收集的残液应委托专业危险废物处理机构定期收集处理	现场检查并检查处理台账	无专门收集装置直接排放的不得分；有专门的收集装置但不能提供处理台账的扣0.5分	1
	7. 混气装置的出口总管上应设有检测混合气热值的取样管，其热值仪宜与混气装置连锁，并能实时调节其混气比例，液化石油气与空气的混合气体中，液化石油气的体积百分含量必须高于其爆炸上限的2倍	现场检查并查阅分析记录	未设取样管或热值仪均不得分；热值仪未与混气比例调节连锁扣2分；检查出一次热值不符合要求扣2分	4
	8. 使用水作为热媒时，补水应采用经离子交换树脂软化后的水或添加防锈剂，定期进行水质检测，定期更换，保证水质干净，防止腐蚀	现场检查并查阅水质检测报告和换水记录	无水处理设备或无水质检测设备扣0.5分；不能提供换水记录或防锈剂添加记录的扣0.5分	1
	9. 气化间和混气间室内应整洁卫生，无潮湿或腐蚀性环境，无无关杂物堆放	现场检查	所处环境不佳或有无关杂物堆放不得分	1
	10. 容积式气化器应定期检验，检验合格后方可继续使用	查阅检验报告	未检不得分	4
7.2.8 储罐	1. 储罐罐体应完好无损，无变形裂缝现象，无严重锈蚀现象，无漏气现象	现场检查	有漏气现象不得分；严重锈蚀扣6分；锈蚀较重扣4分；轻微锈蚀扣2分	8
	2. 储罐应设有压力表和温度计，最高工作压力不应超过1.6 MPa，最高工作温度不应超过40℃	现场检查	一台储罐压力超标不得分；一台储罐温度超标扣4分	8
	3. 储罐容积大于或等于50m³ 时，液相出口管和气相管必须设有紧急切断阀，紧急切断阀应操作方便，动作迅速，关闭紧密	现场检查	缺少一只紧急切断阀不得分；一只紧急切断阀存在关闭故障扣2分	4
	4. 储罐排污管应设有两道阀门，两道阀门间应有短管连接；寒冷地区应采用防冻阀门或采取防冻措施；排污管应有管线固定装置，排污时不会产生剧烈晃动	现场检查	缺少一道阀门不得分；寒冷地区无防冻措施不得分；排污管无固定装置扣1分	2

续表 D.1

评价单元	评价内容	评价方法	评分标准	分值
7.2.8 储罐	5. 储罐底部宜加装注胶卡具或加装高压注水连接装置，注胶或注水系统启动迅速，密封效果良好，寒冷地区的注水系统应采取防冻措施	现场检查	无注胶或注水装置不得分；一只储罐注胶或注水装置存在故障扣1分	2
	6. 埋地储罐外表面应有完好的防腐层，应定期检测防腐层和阴极保护装置，未采用阴极保护的储罐每年至少检测两次防腐层	查阅防腐层和阴极保护检测报告	未检测或检测过期不得分；存在一处防腐层破损点或阴极保护失效区扣1分	2
	7. 地上储罐基础应稳固，每年应检测储罐基础沉降情况，沉降值应符合安全要求，不得有异常沉降或由于沉降造成管线受损的现象	现场检查并查阅沉降监测报告	未定期检测沉降不得分；有异常沉降但未进行处理不得分	1
	8. 地上储罐宜设有联合钢梯平台，钢梯平台应能方便到达每一个储罐，平台和斜梯应稳固，栏杆应完好无损，无严重锈蚀现象	现场检查	一只储罐未设钢梯平台扣0.5分；一处平台或斜梯不稳固扣0.5分；一处无栏杆或严重锈蚀扣0.5分	1
	9. 储罐组四周应设有不燃烧体实体防液堤（全压力式高度为1m），防液堤应完好无损，堤内无积水和杂物，防液堤内的水封井应保持正常的水位	现场检查	无防液堤不得分；防液堤高度不足扣2分；一处破损扣1分；有积水或杂物扣1分；水封井水位不正常扣1分	4
	10. 储罐第一道管法兰密封面，应采用高颈对焊法兰、带加强环的金属缠绕垫片和专用级高强度螺栓组合，管道的焊接、法兰等连接部位应密封完好，无液化石油气泄漏现象	现场检查	存在泄漏现象不得分；一处储罐第一道管法兰的法兰、垫片和紧固件选用不当扣2分	4
	11. 地上式储罐应设有完好的水喷淋系统，喷淋水应能基本覆盖所有储罐外表面	现场检查	无水喷淋系统不得分；一只储罐不能被水喷淋覆盖扣1分	2
	12. 储罐应定期检验，检验合格后方可继续使用	查阅检验报告	未检不得分	4

表 D.2 液化石油气瓶组气化站设施与操作检查表

评价单元	评价内容	评价方法	评分标准	分值
7.3.1 总图布置	1. 应设置于用气区域的边缘，周边应地势平坦、开阔、不易积存液化石油气	现场检查	超过270°方向地势高于场站不得分；180°～270°方向地势高于场站扣1分；地势不开阔不得1分	2
	2. 当气瓶的总容积超过1m³时，液化石油气瓶组气化站瓶间和气化间（或露天气化器）与建（构）筑物的防火间距应符合现行国家标准《城镇燃气设计规范》GB 50028 的相关要求	现场测量	一处不符合不得分	8
	3. 四周宜设有围墙，其底部应有不低于0.6m的实体部分，围墙应完好，无破损	现场检查	无围墙不得分；全部为非实体围墙或实体高度不足、有破损扣1分	2
	4. 周边的道路条件应能满足气瓶运输、消防等要求，消防车道应保持畅通，无阻碍消防救援的障碍物	现场检查	消防车无法进入或有障碍物的不得分；仅能容一辆车进入时扣1分	2
7.3.2 瓶组间与气化间	1. 瓶组间的气瓶存放量应符合下列要求：	—	—	—
	(1) 气瓶组气瓶的配置数量应符合设计要求，不得超量存放气瓶	现场检查	超量存放不得分	1
	(2) 气瓶组总容积不应大于4m³；当瓶组间与其他建筑物毗连时，气瓶的总容积应小于1m³	现场检查	超过不得分	4
	2. 建筑结构应符合下列防火要求：	—	—	—
	(1) 不得设置在地下和半地下室内	现场检查	设置在地下或半地下建筑内不得分	4
	(2) 房间内应整洁，无潮湿或腐蚀性环境，不得有无关物品堆放	现场检查	所处环境不佳或有无关杂物放不得分	1
	(3) 与其他房间毗邻时，应为单层专用房间，相邻墙壁应为无门、窗洞口的防火墙；应设有直通室外的出口	现场检查	不符合不得分	4
	(4) 独立瓶组间高度不应低于2.2m	现场测量	不符合不得分	4
	3. 瓶组间和气化间内温度不应高于45℃，气化间内温度不应低于0℃	现场测量并查阅巡检记录	超过温度不得分；无巡检温度记录扣2分	4

表 D.3 瓶装液化石油气供应站设施与操作检查表

评价单元	评价内容	评价方法	评分标准	分值
7.4.1 总图布置	1. 瓶库与其他建(构)筑物的防火间距应符合下列要求:	—	—	—
	(1) Ⅰ、Ⅱ级瓶装供应站的瓶库与站外建(构)筑物的防火间距应符合现行国家标准《城镇燃气设计规范》GB 50028 的相关要求	现场测量	一处不符合不得分	8
	(2) Ⅰ级瓶装供应站的瓶库与修理间或生活、办公用房的防火间距不应小于10m	现场测量	一处不符合不得分	4
	(3) 管理室不得与瓶库实瓶区毗连	现场检查	不符合不得分	1
	(4) Ⅲ级供应站相邻房间应无明火或火花散发	现场检查	不符合不得分	4
	(5) Ⅲ级供应站与道路的防火间距应符合Ⅱ级供应站与道路的防火间距要求	现场测量	不符合不得分	1
	2. 围墙设置应符合下列要求:	—	—	—
	(1) Ⅰ级瓶装供应站出入口一侧应设有高度不低于2m的不燃烧体围墙,其底部实体部分高度不低于0.6m,其余各侧应设置高度不低于2m的不燃烧实体围墙	现场检查	无围墙不得分;全部为非实体围墙或实体高度不足、有破损扣1分	2
	(2) Ⅱ级瓶装供应站的四周宜设有不燃烧体围墙,其底部实体部分高度不低于0.6m	现场检查	无围墙不得分;全部为非实体围墙或实体高度不足、有破损扣1分	2
	3. 周边的道路条件应能满足气瓶运输、消防等要求,消防车道应保持畅通,无阻碍消防救援的障碍物	现场检查	消防车无法进入或有障碍物的不得分;仅能容一辆车进入时扣1分	2
7.4.2 瓶库	1. 瓶库的气瓶存放量应符合下列要求:	—	—	—
	(1) 实瓶数量不得超过瓶库的设计等级	现场检查	超过不得分	1
	(2) 当瓶库实瓶区与营业室毗连时,气瓶的总容积不应超过6m³	现场检查	超过不得分	1
	(3) 当瓶库与其他建筑物毗连时,气瓶的总容积不应超过1m³	现场检查	超过不得分	1

续表 D.3

评价单元	评价内容	评价方法	评分标准	分值
7.4.2 瓶库	2. 建筑结构应符合下列防火要求:	—	—	—
	(1) 不得设置在地下和半地下室内	现场检查	设置在地下或半地下建筑内不得分	4
	(2) 房间内应整洁,无潮湿或腐蚀性环境,不得有无关物品堆放	现场检查	所处环境不佳或有无关杂物堆放不得分	1
	(3) 瓶库与其他房间毗邻时,应为单层专用房间,相邻墙壁应为无门、窗洞口的防火墙	现场检查	不符合不得分	1
	(4) 应设有直通室外的出口	现场检查	无直通室外的出口不得分	1
	3. 瓶库内温度不应高于45℃	现场测量并查阅巡检记录	超过温度不得分;无巡检温度记录扣0.5分	1
	4. 气瓶的摆放应符合下列要求:	—	—	—
	(1) 瓶库内的气瓶应按实瓶区、空瓶区分组布置	现场检查	无实瓶和空瓶区标志或存在混放现象不得分	1
	(2) 气瓶摆放时,15kg及15kg以下气瓶不得超过两层,50kg气瓶应单层摆放	现场检查	摆放不符合要求一处扣1分	2
	(3) 实瓶摆放不宜超过6排,并留有不小于800mm的通道	现场检查	超过6排扣0.5分;通道宽度不足时扣0.5分	1

表 D.4 液化石油气汽车加气站设施与操作检查表

评价单元	评价内容	评价方法	评分标准	分值
7.5.1 周边环境	1. 场站所处的位置应符合规划要求	查阅当地最新规划文件	不符合不得分	1
	2. 周边道路条件应能满足运输、消防、救护、疏散等要求	现场检查	大型消防车辆无法到达不得分;道路狭窄或路面质量较差但大型消防车辆勉强可以通过扣1分	2
	3. 场站规模与所处环境应符合下列要求:	—	—	—
	(1) 非城市建成区内的液化石油气加气站,液化石油气储罐总容积不应大于60m³,单罐容积不应大于30m³	现场检查并查阅当地规划	超过不得分	4
	(2) 城市建成区内的液化石油气加气站,液化石油气储罐总容积不应大于45m³,单罐容积不应大于30m³	现场检查并查阅当地规划	超过不得分	4

续表 D.4

评价单元	评价内容	评价方法	评分标准	分值
7.5.1 周边环境	(3) 城市建成区内的加油和液化石油气加气合建站，液化石油气储罐总容积不应大于 30m³	现场检查并查阅当地规划	超过不得分	4
	4. 周边应地势平坦、开阔、不易积存液化石油气	现场检查	超过 270°方向地势高于场站不得分；180°~270°方向地势高于场站扣 1 分；地势不开阔扣 1 分	2
	5. 站内燃气设施与站外建（构）筑物的防火间距应符合下列要求：	—	—	—
	(1) 液化石油气储罐与站外建（构）筑物的防火间距应符合现行国家标准《汽车加油加气站设计与施工规范》GB 50156 的相关要求	现场测量	一处不符合不得分	8
	(2) 液化石油气卸车点、放散管管口、加气机与站外建（构）筑物的防火间距应符合现行国家标准《汽车加油加气站设计与施工规范》GB 50156 的相关要求	现场测量	一处不符合不得分	4
	(3) 液化石油气汽车加气站站房内不得设有住宿、餐饮和娱乐等经营性场所	现场检查	发现设有上述经营性场所不得分	2
	6. 周边应有良好的消防和医疗救护条件	实地测量或图上测量	10km 路程内无消防队扣 0.5 分；10km 路程内无医院扣 0.5 分	1
	7. 环境噪声应符合现行国家标准《工业企业厂界环境噪声排放标准》GB 12348 的相关要求	现场测量或查阅环境检测报告	超标不得分	1
7.5.2 总平面布置	1. 总平面应分区布置，即分为工艺装置区和加气区	现场检查	无明显分区不得分	1
	2. 周边应设置围墙，围墙的设置应符合现行国家标准《汽车加油加气站设计与施工规范》GB 50156 的相关要求，围墙应完整、无破损	现场检查	无围墙不得分；围墙高度不足或破损扣 2 分	4
	3. 站内设施之间的防火间距应符合现行国家标准《汽车加油加气站设计与施工规范》GB 50156 的相关要求	现场测量	一处不符合不得分	8
	4. 储罐的布置应符合下列要求：	—	—	—
	(1) 地上储罐之间的净距不应小于相邻较大罐的直径，埋地储罐之间的净距不应小于 2m	现场测量或查阅设计资料	不符合不得分	1
	(2) 储罐应单排布置，埋地储罐之间应采用防渗混凝土墙隔开	现场检查或查阅设计资料	不符合不得分	0.5
	(3) 地上储罐与防液堤的净距不应小于 2m，埋地储罐与罐池内壁的净距不应小于 1m	现场测量或查阅设计资料	不符合不得分	0.5
	5. 站内不得有地下和半地下室	现场检查	站内有地下或半地下室不得分	4
	6. 站内不应采用暗沟排水	现场检查	不符合不得分	2
	7. 站内严禁种植油性植物，储罐区内严禁绿化，绿化不得侵入道路，绿化不得阻碍消防救援，不得阻碍液化石油气的扩散而造成积聚	现场检查	不符合不得分	4
7.5.3 站内道路交通	1. 场站入口和出口应分开设置，入口和出口应设置明显的标志	现场检查	入口和出口共用一个敞开空间，但之间无隔离或无标志不得分；入口和出口共用一个敞开空间，但之间有隔离栏杆且有标志扣 3 分；入口和出口分开设置但无标志扣 2 分	4
	2. 供加气车辆进出的道路最小宽度不应小于 3.5m，需要双车会车的车道，最小宽度不应小于 6m，场站内回车场最小尺寸不应小于 12m×12m，车道和回车场应保持畅通，无阻碍消防救援的障碍物	现场检查	道路宽度不足或回车场地尺寸不足扣 1 分；车道或回车场上有障碍物扣 1 分	2
	3. 场站内的停车场地和道路应平整，路面不应采用沥青材质	现场检查	有明显坡度扣 0.5 分；有沥青材质扣 0.5 分	1

续表 D.4

评价单元	评价内容	评价方法	评分标准	分值
7.5.3 站内道路交通	4. 路面上应有清楚的路面标线，如道路边线、中心线、行车方向线等	现场检查	路面无标线或标线不清扣0.5分	1
	5. 架空管道或架空建（构）筑物高度宜不低于5m，最低不得低于4.5m，架空管道或建（构）筑物上应设有醒目的限高标志	现场检查	架空建（构）筑物高度低于4.5m不得分；在4.5m～5m之间时扣2分；无限高标志扣2分	4
	6. 场站内露天设置的压缩机、烃泵、加气机等重要设施和液化石油气管道应处于不可能有车辆经过的位置，当这些设施5m范围内有车辆可能经过时，应设置固定防撞装置	现场检查	一处防撞设施不全不得分	4
	7. 应制定严格的车辆管理制度，除液化石油气槽车，其他车辆禁止进入场站生产区，如确需进入，必须佩带阻火器	现场检查并查阅车辆管理制度文件	无车辆管理制度不得分；生产区内发现无关车辆且未装阻火器不得分；门卫未配备阻火器，但生产区内无无关车辆扣1分	4
7.5.4 液化石油气装卸	1. 进站装卸的液化石油气气质应符合现行国家标准《车用液化石油气》GB 19159的相关要求	查阅气质检测报告	不能提供气质检测报告或检测结果不合格不得分	2
	2. 槽车应在站内指定地点停靠，停靠点应有明显的边界线，车辆停靠后应手闸制动，如有滑动可能时，应采用固定块固定，在装卸作业中严禁移动，槽车装卸完毕后应及时离开，不得在站内长时间逗留	现场检查	无车位标识扣1分；无固定设施扣1分；一处车辆不按规定停靠或停车后有滑动可能性而未采取措施时扣0.5分；一辆装卸后的槽车停留时间超过1小时扣1分	4
	3. 应建立在本站点装卸的槽车安全管理档案，具有有效危险物品运输资质且槽罐在检测有效期内的车辆方可允许装卸，严禁给不能提供有效资质和检测报告的槽车装卸	检查槽车安全管理档案	未建立槽车安全管理档案的不得分；检查出一台槽车未登记建档的扣1分	4
	4. 装卸前应对槽罐、装卸软管、阀门、仪表、安全装置和连锁报警等进行检查，确认无误后方可进行装卸作业；装卸过程中应密切注意相关仪表参数，发现异常应立即停止装卸；装卸后应检查槽罐、阀门及连接管道，确认无泄漏和异常情况，并完全断开连接后方可允许槽车离开	现场检查操作过程并查阅操作记录	不能提供操作记录不得分；发现一次违章操作现象扣1分	2
7.5.4 液化石油气装卸	5. 装卸台应设有静电接地栓卡，接地栓上的金属接触部位应无腐蚀现象，接触良好，接地电阻值不得超过100Ω，装卸前槽罐必须使用静电接地栓良好接地	现场检查，并采用测试仪器测试电阻值	一处无静电接地栓卡扣2分；槽车未连接扣2分；测试的电阻值不合格扣2分	4
	6. 储罐的灌装量必须严格控制，最大允许灌装量应符合现行国家标准《城镇燃气设计规范》GB 50028的相关要求	现场检查或检查灌装记录	检查出一次超量灌装不得分	8
	7. 装卸软管应符合下列要求：	—	—	—
	(1) 装卸软管外表应完好无损，软管应定期检查维护，有检查维护记录，达到使用寿命后应及时更换	现场检查，检查维护记录	一处软管存在破损现象扣2分；无检查维护记录扣2分	4
	(2) 装卸软管上的快装接头与软管之间应设有阀门，阀门的启闭应灵活，无泄漏现象	现场检查	无阀门不得分；有阀门但锈蚀或泄漏扣0.5分	1
	(3) 装卸软管上应设有拉断阀，保证在软管被外力拉断后两端自行封闭	现场检查	一处无拉断阀或拉断阀存在故障不得分	4
7.5.6 加气	1. 加气车辆应在加气站内指定地点停靠，停靠点应有明显的边界线，车辆停靠后应手闸制动，如有滑动可能时，应采用固定块固定，在加气作业中严禁移动，加满气的车辆应及时离开，不得在站内长时间逗留	现场检查	无车位标识扣1分；无固定设施扣1分；一处车辆不按规定停靠或停车后有滑动可能性而未采取措施时扣0.5分；一辆加满气的车辆停留时间超过1小时扣1分	2
	2. 加气前应对液化石油气气瓶进行检查，对非法制造、外表损伤、腐蚀、变形、报废、超过检测周期、新投用而未置换或未抽真空的气瓶应不予灌装	现场检查并查阅操作规程	发现给存在缺陷的气瓶灌装的不得分；未采取信息化技术完全依靠人工检查的扣1分	4
	3. 应建立加气操作规程，加气过程中应密切注意相关仪表参数，发现异常应立即停止加气；加气后应检查气瓶、阀门及连接管道，确认无泄漏和异常情况，并完全断开连接后方可允许加气车辆离开	现场检查并查阅操作规程	无操作规程或检查出一次违章操作均不得分	2

续表 D.4

评价单元	评价内容	评价方法	评分标准	分值
7.5.6 加气	4. 加气软管应符合下列要求：	—	—	—
	(1) 加气软管外表应完好无损，软管应定期检查维护，有检查维护记录，达到使用寿命后应及时更换	现场检查，检查维护记录	一处软管存在破损现象扣2分；无检查维护记录扣2分	4
	(2) 加气软管上应设有拉断阀，保证在软管被外力拉断后两端自行封闭，拉断阀的分离拉力范围宜为400N～600N	现场检查	一处无拉断阀或拉断阀存在故障不得分	4
	5. 加气机应符合下列要求：	—	—	—
	(1) 加气枪应外表完好，扳机操作灵活，加气嘴应配置自密封阀，卸开连接后应立即自行关闭，由此引发的液化石油气泄漏量不应大于5mL，每台加气机还应配备加气枪和汽车受气口的密封帽	现场检查	存在液化石油气异常泄漏现象不得分；一只加气枪存在故障扣1分	2
	(2) 加气机应运行平稳，无异常声响，安全保护装置应经常检查，保证完好有效，并保存检查记录	现场检查并查阅维护保养记录	缺少一种安全保护装置或安全保护装置工作不正常的扣1分；不能提供安全保护装置的检查维护记录扣1分	2
7.5.7 储罐	1. 储罐罐体应完好无损，无变形裂缝现象，无严重锈蚀现象，无漏气现象	现场检查	有漏气现象不得分；严重锈蚀扣6分；锈蚀较重扣4分；轻微锈蚀扣2分	8
	2. 储罐最高工作压力不应超过1.6MPa，最高工作温度不应超过40℃	现场检查	一台储罐压力超标不得分；一台储罐温度超标扣4分	8
	3. 储罐的出液管道和连接槽车的液相管道应设有紧急切断阀，紧急切断阀应操作方便，动作迅速，关闭紧密	现场检查	缺少一只紧急切断阀扣2分；一只紧急切断阀存在关闭故障扣1分	4
	4. 储罐排污管上应设两道切断阀，阀间宜设排污箱；寒冷地区应采用防冻阀门或采取防冻措施；排污管应有管线固定装置，排污时不会产生剧烈晃动	现场检查	缺少一道切断阀不得分；寒冷地区无防冻措施扣2分；未设排污箱扣2分；排污管无固定装置扣2分	4
	5. 埋地储罐外表面应采用最高级别防腐绝缘保护层，并采取阴极保护措施，防腐层和阴极保护装置应定期检测，保持完好	查阅防腐层及阴极保护检测报告	未检测或检测过期不得分；存在一处防腐层破损点或阴极保护失效区扣2分	4
7.5.7 储罐	6. 地上储罐基础应稳固，每年应检测储罐基础沉降情况，沉降值应符合安全要求，不得有异常沉降或由于沉降造成管线受损的现象	现场检查并查阅沉降监测报告	未定期检测沉降不得分；有异常沉降但未进行处理不得分	1
	7. 加油加气合建站和城市建成区内的加气站，液化石油气储罐应埋地设置，且不宜布置在车行道下	现场检查	未埋地设置不得分；布置在车行道下扣2分	4
	8. 储罐组四周应设有高度为1m的不燃烧体实体防液堤，防液堤应完好无损，堤内无积水和杂物，防液堤内的水封井应保持正常的水位	现场检查	无防液堤不得分；防液堤高度不足扣1分；一处破损扣0.5分；有积水或杂物扣1分；水封井水位不正常扣0.5分	4
	9. 地上式储罐应设有完好的水喷淋系统，喷淋水能基本覆盖所有储罐外表面	现场检查	无水喷淋系统不得分；一只储罐不能被水喷淋覆盖扣1分	2
	10. 储罐应定期检验，检验合格后方可继续使用	查阅检验报告	未检不得分	4
7.5.12 消防与安全设施	1. 工艺装置区应通风良好	现场检查	达不到标准不得分	2
	2. 应设置完善的安全警示标志	现场检查	一处未设置安全警示标志扣0.5分	2
	3. 消防供水设施应符合下列要求：	—	—	—
	(1) 应根据储罐容积、表面积和补水能力按照现行国家标准《汽车加油加气站设计与施工规范》GB 50156的相关要求核算消防用水量，当补水能力不能满足消防用水量时，应设置适当容量的消防水池和消防泵房	现场检查并核算	补水能力不足且未设消防水池不得分；设有消防水池但补水量不足扣2分	4
	(2) 消防水池的水质应良好，无腐蚀性，无漂浮物和油污	现场检查	有油污不得分；有漂浮物扣0.5分	1
	(3) 消防泵房内应清洁干净，无杂物和易燃物品堆放	现场检查	不清洁或有杂物堆放不得分	1
	(4) 消防泵和喷淋泵应运行良好，无异常振动和异响，无漏水现象	现场检查	一台泵存在故障扣0.5分	2
	(5) 消防供水装置无遮蔽或阻塞现象，站内消火栓水阀应能正常开启，消防水管、水枪和扳手等器材应齐全完好，无挪用现象	现场检查	一台消火栓水阀不能正常开启扣1分；缺少或遗失一件消防供水器材扣0.5分	2

续表 D.4

评价单元	评价内容	评价方法	评分标准	分值
7.5.12 消防与安全设施	4. 工艺装置区、储罐区等应按现行国家标准《汽车加油加气站设计与施工规范》GB 50156 的相关要求设置灭火器，灭火器不得埋压、圈占和挪用，灭火器应按现行国家标准《建筑灭火器配置验收及检查规范》GB 50444 的相关要求定期进行检查、维修，并按规定年限报废	现场检查，查阅灭火器的检查和维修记录	一处灭火器材设置不符合要求扣1分；一只灭火器缺少检查和维修记录扣0.5分	4
	5. 爆炸危险区域的电力装置应符合现行国家标准《爆炸和火灾危险环境电力装置设计规范》GB 50058 的相关要求	现场检查	只要有一处不合格不得分	4
	6. 建（构）筑物应按现行国家标准《建筑物防雷设计规范》GB 50057 的相关要求设置防雷装置并采取防雷措施，防雷装置应当每半年由具有资质的单位检测一次，保证完好有效	现场检查并查阅防雷装置检测报告	未设置防雷装置不得分；防雷装置未检测不得分；一处防雷检测不符合要求扣2分	4
	7. 应配备必要的应急救援器材，各种应急救援器材应定期检查，保证完好有效	现场检查	缺少一样应急救援器材扣0.5分	2

附录 E 液化天然气场站设施与操作检查表

表 E.1 液化天然气气化站和调峰液化站设施与操作检查表

评价单元	评价内容	评价方法	评分标准	分值
8.2.1 周边环境	1. 场站所处的位置应符合规划要求	查阅当地最新规划文件	不符合不得分	1
	2. 周边道路条件应能满足运输、消防、救护、疏散等要求	现场检查	大型消防车辆无法到达不得分；道路狭窄或路面质量较差但大型消防车辆勉强可以通过扣1分	2
	3. 站内燃气设施与站外建（构）筑物的防火间距应符合下列要求：	—	—	—

续表 E.1

评价单元	评价内容	评价方法	评分标准	分值
8.2.1 周边环境	(1) 液化天然气储罐总容积不大于 2000m³ 时，储罐和集中放散装置的天然气放散总管与站外建（构）筑物的防火间距应符合现行国家标准《城镇燃气设计规范》GB 50028 的相关要求；露天或室内天然气工艺装置与站外建（构）筑物的防火间距应符合现行国家标准《建筑设计防火规范》GB 50016 中甲类厂房的相关要求	现场测量	一处不符合不得分	8
	(2) 液化天然气储罐总容积大于 2000m³ 时，储罐和其他建（构）筑物与站外建（构）筑物的防火间距应符合现行国家标准《石油天然气工程设计防火规范》GB 50183 的相关要求	现场测量	一处不符合不得分	8
	4. 周边应有良好的消防和医疗救护条件	实地测量或图上测量	10km 路程内无消防队扣 0.5 分；10km 路程内无医院扣 0.5 分	1
8.2.2 总平面布置	1. 总平面应分区布置，即分为生产区和辅助区	现场检查	无明显分区不得分	1
	2. 生产区周边应设置高度不低于 2m 的非燃烧实体围墙，围墙应完好，无破损	现场检查	无围墙或生产区采用非实体围墙不得分；围墙高度不足或有破损扣1分	2
	3. 站内燃气设施与站内建（构）筑物的防火间距应符合下列要求：	—	—	—
	(1) 液化天然气储罐总容积不大于 2000m³ 时，储罐和集中放散装置的天然气放散总管与站内建（构）筑物的防火间距应符合现行国家标准《城镇燃气设计规范》GB 50028 的相关要求；露天或室内天然气工艺装置与站内建（构）筑物的防火间距应符合现行国家标准《建筑设计防火规范》GB 50016 中甲类厂房的相关要求	现场测量	一处不符合不得分	8

续表 E.1

评价单元	评价内容	评价方法	评分标准	分值
8.2.2 总平面布置	(2) 液化天然气储罐总容积大于 2000m³ 时，储罐和其他建（构）筑物之间的防火间距应符合相关设计文件要求	现场测量或查阅设计文件	一处不符合不得分	8
	4. 储罐之间的净距不应小于相邻储罐直径之和的 1/4，且不小于 1.5m；一组储罐的总容积不应超过 3000m³；储罐区内不得布置其他可燃液体储罐和液化天然气气瓶灌装口；储罐组内储罐不应超过两排	现场检查并测量	不符合不得分	4
	5. 站内严禁种植油性植物，储罐区内严禁绿化，绿化不得侵入道路，绿化不得阻碍消防救援	现场检查	不符合不得分	2
8.2.3 站内道路交通	1. 生产区和辅助区应至少设有一个对外出入口，当液化天然气储罐总容积超过 1000m³ 时，生产区应设有 2 个对外出入口，其间距不应小于 30m	现场检查	生产区无对外出入口不得分；辅助区无对外出入口扣 2 分；当生产区应设两个出入口时，少一个出入口扣 2 分；两个出入口间距不足扣 1 分	4
	2. 生产区应设有环形消防车道，消防车道宽度不应小于 3.5m，当储罐总容积小于 500m³ 时，应至少设有尽头式消防车道和面积不小于 12m×12m 的回车场，消防车道和回车场应保持畅通，无阻碍消防救援的障碍物	现场检查	应设环形消防车道未设的不得分；设尽头式消防车道的，无回车场或回车场尺寸不足的不得分；消防车道宽度不足扣 2 分；消防车道或回车场上有障碍物扣 2 分	4
	3. 场站内的停车场地和道路应平整，路面不应采用沥青材质	现场检查	有明显坡度扣 0.5 分；有沥青材质扣 0.5 分	1
	4. 路面上应有清楚的路面标线，如道路边线、中心线、行车方向线等	现场检查	路面无标线或标线不清扣 0.5 分	1
	5. 架空管道或架空建（构）筑物高度宜不低于 5m，最低不得低于 4.5m，架空管道或建（构）筑物上应设有醒目的限高标志	现场检查	架空建（构）筑物高度低于 4.5m 时不得分；在 4.5m～5m 之间时扣 2 分；无限高标志扣 2 分	4
8.2.3 站内道路交通	6. 场站内露天设置的气化器、低温泵、调压器等重要设施和管道应处于不可能有车辆经过的位置，当这些设施 5m 范围内有车辆可能经过时，应设置固定防撞装置	现场检查	一处防撞设施不全不得分	4
	7. 应制定严格的车辆管理制度，除液化天然气槽车和专用气瓶运输车辆外，其他车辆禁止进入场站生产区，如确需进入，必须佩带阻火器	现场检查并查阅车辆管理制度文件	无车辆管理制度不得分；生产区内发现无关车辆且未装阻火器不得分；门卫未配备阻火器，但生产区内无无关车辆扣 1 分	2
8.2.4 气体净化装置	1. 应有能保证净化后天然气气质的措施，净化后的天然气总硫（以硫计）应≤30mg/m³，硫化氢含量应≤5mg/m³，二氧化碳含量应≤0.1%，氧含量应≤0.01%，氮含量应≤1%，C5+烷烃含量应≤0.5%，C4 烷烃含量应≤2.0%，无游离水	查阅气质检测报告	不能提供气质检测报告或检测结果不合格不得分	2
	2. 气体净化装置应运行平稳，无异常声响，无燃气泄漏现象	现场检查	有燃气泄漏现象不得分；一处存在异常情况扣 1 分	4
	3. 气体净化装置应定期排污，产生的冷凝水、硫、废脱硫剂、废脱水剂等危废物应可靠收集，并应委托专业危险废物处理机构定期收集处理，严禁随意丢弃	现场检查并检查处理台账和排污记录	不能提供排污记录的扣 0.5 分；不能提供处理台账的扣 0.5 分	1
	4. 气体净化装置应定期检验，检验合格后方可继续使用	查阅检验报告	未检不得分	4
8.2.5 压缩机和膨胀机	1. 压缩机和膨胀机的运行应平稳，无异常响声、部件过热、制冷剂和燃气泄漏及异常振动等现象	现场检查	存在制冷剂和燃气泄漏现象不得分；一处存在异常情况扣 1 分	8
	2. 调峰液化站应设有备用压缩机组和膨胀机，备用压缩机组和膨胀机应能良好运行	现场检查	无备用机组或备用机组运转不正常不得分	1
	3. 压缩机排气压力和排气温度应符合设备和工艺操作要求	现场检查	排气压力超标 6 分；排气温度超标扣 2 分	8

续表 E.1

评价单元	评价内容	评价方法	评分标准	分值
8.2.5 压缩机和膨胀机	4. 压缩机和膨胀机的润滑油箱油位应处于正常范围内，供油压力、供油温度和回油温度应符合工艺要求	现场检查	油位不符合扣0.5分；供油压力不符合扣0.5分；供油温度不符合扣0.5分；回油温度不符合扣0.5分	2
	5. 压缩机的冷却系统应符合下列要求：	—		
	（1）采用水冷式压缩机的冷却水应循环使用，冷却水供水压力不应小于0.15MPa，供水温度应小于35℃，水质应定期检测并更换，防止腐蚀引起内漏	检查现场仪表显示读数并检查水质监测报告或循环水更换记录	供水压力不足扣1分；供水温度超高扣1分；水质未定期更换扣0.5分	2
	（2）采用风冷式压缩机的进风口应选空气新鲜处，鼓风机运转正常，风量符合工艺要求	现场检查	进风口选择不当扣1分；风扇运转不正常或风量不正常扣1分	2
	6. 压缩机和膨胀机室（撬箱）内应整洁卫生，无潮湿或腐蚀性环境，无无关杂物堆放	现场检查	所处环境不佳或有无关杂物堆放不得分	1
	7. 压缩机和膨胀机设置于室内时，与压缩机和膨胀机连接的管道应采取防振措施，防止对建筑物造成破坏，例如压缩机和膨胀机进出口采用柔性连接、管道穿墙处设置柔性套管等	现场检查	无有效防振措施不得分；振动已造成建筑物损坏不得分	2
	8. 压缩机的缓冲罐、气液分离器等承压容器应定期检验，检验合格后方可继续使用	查阅检验报告	未检不得分	4
8.2.6 制冷装置	1. 制冷剂的储存应符合下列要求：	—		
	（1）制冷剂气瓶应有专用库房存储，远离热源和明火，无其他杂物堆放	现场检查	距制冷剂储存地点10m范围内有热源和明火不得分；有其他杂物堆放扣1分	2
	（2）机房中的制冷剂除制冷系统中的充注量外，不得超过150kg，严禁易燃、易爆的制冷剂储存在机房中	现场检查	机房中的制冷剂超量存放或有易燃、易爆的制冷剂储存在机房中不得分	1
	（3）制冷剂气瓶应在检测有效期内，外观应良好，钢印、颜色标记清晰，附件齐全	现场检查	一只气瓶存在缺陷扣0.5分	1
8.2.6 制冷装置	2. 冷箱外隔热保温层应完好无损，夹层内氮气压力正常，表面无异常结冻现象	现场检查	存在异常结冻现象不得分；氮气压力不正常扣0.5分；保温层有损坏扣0.5分	1
8.2.7 液化天然气装卸	1. 进站装卸的液化天然气气质应符合相关规范要求	查阅气质检测报告	不能提供气质检测报告或检测结果不合格不得分	2
	2. 槽车应在站内指定地点停靠，停靠点应有明显的边界线，车辆停靠后应手闸制动，如有滑动可能时，应采用固定块固定，在装卸作业中严禁移动，槽车装卸完毕后应及时离开，不得在站内长时间逗留	现场检查	无车位标识扣1分；无固定设施扣1分；一处车辆不按规定停靠或停车后有滑动可能性而未采取措施扣0.5分；一辆装卸后的槽车停留时间超过1h扣1分	2
	3. 应建立在本站定点装卸的槽车安全管理档案，具有有效危险品运输资质且槽罐在检测有效期内的车辆方可允许装卸，严禁给不能提供有效资质和检测报告的槽车装卸	检查槽车安全管理档案	未建立槽车安全管理档案的不得分；检查出一台槽车未登记建档的扣1分	4
	4. 装卸前应对槽罐、装卸软管、阀门、仪表、安全装置和连锁报警等进行检查，确认无误后方可进行装卸作业；装卸过程中应密切注意相关仪表参数，发现异常立即停止装卸；装卸后应检查槽罐、阀门及连接管道，确认无泄漏和异常情况，并完全断开连接后方可允许槽车离开	现场检查操作过程并查阅操作记录	不能提供操作记录不得分；发现一次违章操作现象扣1分	2
	5. 装卸台应设有静电接地栓卡，接地栓上的金属接触部位应无腐蚀现象，接触良好，接地电阻值不得超过100Ω，装卸前槽罐必须使用静电接地栓良好接地	现场检查，并采用测试仪器测试电阻值	一处无静电接地栓卡扣2分；接地电阻值测试不合格扣2分；槽车未连接静电接地栓扣2分	4
	6. 液化天然气的灌装量必须严格控制，最大允许灌装量应符合设备要求	现场检查或检查灌装记录	检查出一次超量灌装不得分	8
	7. 装卸软管应符合下列要求：		—	—

续表 E.1

评价单元	评价内容	评价方法	评分标准	分值
8.2.7 液化天然气装卸	(1) 装卸软管外表应完好无损，软管应定期检查维护，有检查维护记录，达到使用寿命后应及时更换	现场检查，检查维护记录	一处软管存在破损现象扣2分；无检查维护记录扣2分	4
	(2) 装卸软管应处于自然伸缩状态，严禁强力弯曲，恢复常温的软管其接口应采取封堵措施	现场检查	一只装卸软管处于强力弯曲状态扣0.5分；一只装卸软管无封堵措施扣0.5分	1
	(3) 装卸软管上宜设有拉断阀，保证在软管被外力拉断后两端自行封闭	现场检查	一处无拉断阀或拉断阀存在故障不得分	1
8.2.8 气化装置	1. 站内应至少设置两套气化装置，且应有一套备用，备用设备应能良好运行	现场检查	无备用设备或备用设备运转不正常不得分	2
	2. 气化装置的运行应平稳，无异常响声、天然气泄漏、异常结霜及异常振动等现象	现场检查	存在天然气泄漏现象不得分；一处存在异常情况扣1分	4
	3. 气化器应设有压力表和安全阀，容积式气化器还应设有液位计，强制气化气化器还应设有温度计，气化器的工作压力和工作温度应符合设备和工艺操作要求	现场检查	一台设备压力或温度超标扣2分	4
	4. 气化装置进口管道应设有过滤器，定期检查过滤器前后压差，并及时排污和清洗	现场检查并查阅维护记录	无过滤器或现场压差超标不得分；有过滤器且现场压差符合要求，但无维护记录扣0.5分	1
	5. 容积式气化器应定期检验，检验合格后方可继续使用	查阅检验报告	未检不得分	4
8.2.9 储罐	1. 储罐罐体应完好无损，外壁漆膜应无脱落现象，罐体应无变形、凹陷、裂缝现象，无严重锈蚀现象，无燃气泄漏现象	现场检查	一处有燃气泄漏现象不得分；一处罐体存在缺陷扣1分	4
	2. 储罐的绝热应符合下列要求：	—	—	—
	(1) 应每年检查一次自然蒸发率，不得超过设备最大允许自然蒸发率	查阅检查记录	未定期检查或检查结果不符合不得分	2
	(2) 真空绝热粉末罐上应设有绝热层真空压力表，应每月检查一次真空度，保证真空度在设备允许范围内	查阅检查记录并现场检查	未定期检查或现场检查不符合要求不得分	2
	(3) 子母罐或混凝土预应力罐上应设有绝热层压力表，应每月检查一次氮气压力，保证压力在设备允许范围内	查阅检查记录并现场检查	未定期检查或现场检查不符合要求不得分	2
	(4) 液化天然气储罐无珠光砂泄漏现象，无异常结霜和冒汗现象	现场检查	有异常结霜现象扣4分；有冒汗现象扣2分；有珠光砂泄漏现象扣1分	4
	3. 液化天然气储罐应设有压力表和温度计，最高工作压力和最高工作温度应符合设备工艺操作要求	现场检查	一台储罐压力或温度超标扣2分	4
	4. 液化天然气储罐的进、出液管必须设有紧急切断阀，并与储罐液位控制连锁，紧急切断阀操作方便，动作迅速，关闭紧密	现场检查	缺少一只紧急切断阀不得分；一只紧急切断阀未连锁扣2分；一只紧急切断阀存在关闭故障扣1分	4
	5. 液化天然气储罐应有下列防止翻滚现象的控制措施：	—	—	—
	(1) 确保进站装卸的液化天然气含氮量小于1%	查阅气质检测报告	一年内出现一次含氮量超标扣1分	2
	(2) 液化天然气供应商应相对稳定，防止由于组分差异而产生的分层	查阅液化天然气供应商及气质检测报告	一年内出现一次采购气质有明显差异且充注到同一储罐的扣1分	2
	(3) 单罐容积大于265m³的大型液化天然气储罐内部宜设有密度检测仪和搅拌器或循环泵，能够根据储罐内液体密度分布确定从顶部注入还是从底部注入，并且在发生异常分层时能够启动搅拌器或循环泵破坏分层	现场检查	未设置密度检测仪和搅拌器或循环泵等设备不得分；设备工作不正常扣1分	2
	(4) 未安装密度监测设备的液化天然气储罐不宜长时间储存，运行周期超过一个月的，应进行倒罐处理	查阅储罐充注和运行记录	超过两个月不处理的不得分；一年内运行周期一次超过一个月未处理的扣1分	2
	6. 储罐基础应稳固，每年应检测储罐基础沉降情况，沉降值应符合安全要求，不得有异常沉降或由于沉降造成管线受损的现象；立式储罐还应定期监测垂直度，防止储罐倾斜	现场检查并查阅沉降监测报告和垂直度监测报告	未定期检测沉降和垂直度不得分；有异常沉降、倾斜但未进行处理不得分	1

43—41

续表 E.1

评价单元	评价内容	评价方法	评分标准	分值
8.2.9 储罐	7. 储罐组的防液堤应符合下列要求：	—	—	—
	(1) 储罐组四周应设有不燃烧体实体防液堤，防液堤内的有效容积应符合现行国家标准《城镇燃气设计规范》GB 50028 的要求，防液堤应完好无损，堤内无积水和杂物	现场检查	无防液堤不得分；防液堤高度不足或破损扣 2 分；有积水或杂物扣 1 分	4
	(2) 储罐组防液堤内应设有集液池，集液池内应设有潜水泵，潜水泵的运行应良好无故障，集液池内应无积水	现场检查并开机测试	无集液池不得分；未设潜水泵或潜水泵工作不正常扣 1 分；集液池内有积水扣 0.5 分	2
	8. 总容积超过 50m³ 或单罐容积超过 20m³ 的液化天然气储罐应有固定喷淋装置，喷淋水应能覆盖全部储罐外表面	现场检查	一只储罐不能被水喷淋覆盖扣 0.5 分	1
	9. 储罐应定期检验，检验合格后方可继续使用	查阅检验报告	未检不得分	4
8.2.14 工艺管道	1. 液化天然气管道法兰密封面，应采用金属缠绕垫片	现场检查	一处未采用金属缠绕垫片扣 0.5 分	2
	2. 液化天然气管道应设有不燃烧材料制作的保温层，保温层应完好无损，且具有良好的防潮性和耐候性，管道表面无异常结霜现象	现场检查	管道出现异常结冻现象不得分；一处保温层破损或进水扣 1 分	2
8.2.16 消防及安全设施	1. 泡沫灭火系统应符合下列要求：	—	—	—
	(1) 应配有移动式高倍数泡沫灭火系统	现场检查	未配备不得分	2
	(2) 储罐总容积大于或等于 3000m³ 的液化天然气气化站和调峰液化站，集淹池应配有固定式全淹没高倍数泡沫灭火系统，并应与低温探测报警装置连锁，连锁装置应运行正常	现场检查	未配备不得分；配备但未与低温探测报警器连锁或连锁装置运行不正常扣 0.5 分	1

续表 E.1

评价单元	评价内容	评价方法	评分标准	分值
8.2.16 消防及安全设施	2. 储罐容积超过 2000m³ 的液化天然气气化站和调峰液化站装卸区、储罐区、低温泵房、液化装置区、气化装置区、灌装间、瓶库等液化天然气可能泄漏的部位应设有低温检测装置，报警器应设在经常有人的值班室或控制室内，低温检测报警装置应经常检查和维护，并且每年应进行一次检定，保证完好有效	现场检查，查阅维护记录和检定报告	一处未安装低温检测装置扣 1 分；一台低温检测装置未检测维护扣 0.5 分	2

表 E.2 液化天然气瓶组气化站设施与操作检查表

评价单元	评价内容	评价方法	评分标准	分值
8.3.1 总图布置	1. 站内燃气设施与建（构）筑物的防火间距应符合下列要求：	—	—	—
	(1) 气瓶组与建（构）筑物的防火间距应符合现行国家标准《城镇燃气设计规范》GB 50028 的相关要求	现场测量	一处不符合不得分	8
	(2) 空温式气化器与建（构）筑物的防火间距应符合现行国家标准《城镇燃气设计规范》GB 50028 的相关要求	现场测量	一处不符合不得分	2
	2. 周边宜设有高度不低于 2m 的非燃烧体实体围墙，围墙应完好，无破损	现场检查	无围墙或采用非实体围墙不得分；围墙高度不足或有破损扣 0.5 分	1
	3. 周边的道路条件应能满足气瓶运输、消防等要求，消防车道应保持畅通，无阻碍消防救援的障碍物	现场检查	消防车无法进入或有障碍物的不得分；仅能容一辆车进入时扣 1 分	2
8.3.2 气瓶组	1. 气瓶的存放量应符合下列要求：	—	—	—
	(1) 气瓶组气瓶的配置数量应符合设计要求，不得超量存放气瓶	现场检查	超量存放不得分	—
	(2) 气瓶组总容积不得大于 4m³	现场检查	超过不得分	1

续表 E.2

评价单元	评价内容	评价方法	评分标准	分值
8.3.2 气瓶组	(3) 单个气瓶最大容积不应大于 410L，灌装量不应大于其容积的 90%	现场检查	超过不得分	1
	2. 气瓶组应在站内固定地点露天（可设置罩棚）设置	现场检查	设在室内不得分	4

附录 F 数据采集与监控系统设施与操作检查表

表 F.1 调度中心监控系统设施与操作检查表

评价单元	评价内容	评价方法	评分标准	分值
9.2.1 服务器	1. 服务器应有冗余配置，能实现冗余切换功能	现场检查	无冗余配置不得分；不能实现自动冗余切换功能扣 1 分	2
	2. CPU 负载符合要求，在任意 30min 内小于 40%	现场检查	任意 30min 内有超过 40% 的现象不得分	2
	3. 磁盘应采用 RAID5 阵列，可用空间大于 40%	现场检查	未采用 RAID5 阵列扣 1 分；可用空间小于 40% 扣 1 分	2
	4. 服务器在系统正常运行情况下任意 30min 内占用内存小于 60%	现场检查	任意 30min 内有超过 60% 的现象不得分	2
9.2.2 监控软件功能	1. 应有管网分布示意图和场站工艺流程图	现场检查	缺一样流程图或流程图与实际不符扣 0.5 分	2
	2. 应动态显示采集工艺参数和设备状态，软件中应以颜色或文字注释反映设备状态变化	现场检查	无数据采集功能不得分；数据采集不全每发现一个扣 0.5 分；无设备动态显示或显示不正确扣 0.5 分	2
	3. 应有事件记录功能和事件报警功能，事件记录和事件报警必须可以检索或查询	现场检查	无事件记录或报警功能不得分；事件记录或报警不全每发现一个扣 1 分；不具备查询和检索功能扣 1 分	2
	4. 应有数据曲线功能，显示数据的实时和历史趋势图	现场检查	无实时趋势图扣 1 分；无历史趋势图扣 1 分	2
	5. 应有通信状态显示功能，用颜色或注释显示通信状态	现场检查	无通信状态显示功能不得分；有状态显示功能但显示状态不正确每发现一个扣 0.5 分	2

续表 F.1

评价单元	评价内容	评价方法	评分标准	分值
9.2.2 监控软件功能	6. 应有远程控制操作控件，操作员可以通过控件远程控制场站上电动阀、紧急切断阀等设备或远程设定报警参数、控制参数等	现场检查	不能实现远程控制功能和远程参数设定功能不得分；有远程控制功能和远程参数设定功能但偶尔有命令发不出情况扣 1 分；频繁出现命令发不出情况扣 2 分	4
	7. 操作键应接触良好，屏幕显示清晰、亮度适中，系统状态指示灯指示正常，状态画面显示系统运行正常	现场检查	一项不正常扣 1 分	2
	1. 服务器不能发生双机同时宕机	查阅运行记录	服务器发生双机同时宕机超过 5min 不得分；不超过 5min 扣 2 分	4
	2. 监控软件实时曲线和历史曲线不应有掉零、突变和中断等现象，打印机打字应清楚、字符完整	现场检查	每发现一处不正常现象扣 0.5 分	2
	3. 监控软件系统 85% 的画面调阅响应时间应小于 3s	现场检查	任一个画面响应时间超标扣 0.5 分	1
9.2.3 系统运行指标	4. SCADA 数据响应时间应符合下列要求：	—	—	—
	(1) 采用光纤通信，中心发出控制指令到现场设备动作时间<8s；现场采集数据和设备状态至画面显示时间为 5s~8s	现场检查	任一项响应时间超标扣 0.5 分	2
	(2) 采用无线通信，中心发出控制指令到现场设备动作时间<通信时间间隔＋8s；现场采集数据和设备状态至画面显示时间为通信时间间隔＋5s~8s	现场检查	任一项响应时间超标扣 0.5 分	2
9.2.4 系统运行环境	1. SCADA 系统必须配置在线式不间断电源（UPS），UPS 在满负荷时应留有 40% 容量，市电中断后能维持系统正常运行不小于 4h	现场检查	未配置在线式 UPS 不得分；配置非在线式 UPS 扣 2 分；UPS 负荷大于 60% 时扣 2 分；UPS 电源供电时间小于 4h 扣 2 分	4
	2. 机房接地电阻应小于 1Ω，并应定期检测	查阅机房接地电阻检测记录	接地电阻不符合要求不得分；未定期检查扣 2 分	4

续表 F.1

评价单元	评价内容	评价方法	评分标准	分值
9.2.4 系统运行环境	3. 计算机房地面及设备应有稳定可靠的导静电措施	现场检查	一处不符合扣1分	2
	4. 计算机房应安装空调系统，保证空气的温度、湿度和清洁度符合设备运行的要求	现场检查	无空调系统不得分；有一项不符合扣1分	2
	5. 计算机房内的噪声应符合现行国家标准《电子信息系统机房设计规范》GB 50174 的相关要求	现场检查	噪声超标不得分	1
9.2.5 网络防护	1. 局域网应安装网络版防病毒软件，并每周至少升级一次	现场检查	未安装防毒软件不得分；未按时升级扣1分	2
	2. 局域网和公网接口处应安装硬件防火墙	现场检查	未安装不得分	2
9.2.6 运行维护管理	1. 调度中心应制定健全、可靠的规章制度	查阅规章制度	无管理制度不得分；缺少一种规章制度扣1分	2
	2. 任一台操作员工作站上都能正确显示并有事件记录，对应紧急切断阀动作或泄漏报警等严重故障有抢修记录	现场检查，查阅相关记录	有频繁误报警或漏报现象不得分；存在个别误报或漏报现象扣2分；有严重事故报警记录，但没有抢修记录扣2分	4
	3. 应定期对系统及设备进行巡检，发现现场仪表与远传仪表的显示值、同管段上下游仪表的显示值以及远传仪表和控制中心的显示值不一致时，应及时处理	现场检查，查阅相关记录	显示值不一致不得分；无巡检记录不得分；巡检记录不全扣1分	2
	4. 有完善的设备硬件和软件维护记录	查阅维护记录	没有维护记录不得分；维护记录不全扣1分	2

表 F.2 通信系统设施与操作检查表

评价单元	评价内容	评价方法	评分标准	分值
9.3.1 通信网络架构与通道	1. 调度中心SCADA系统与远端站点通信系统应采用主备通信方式，其中主通信通道采用光纤通信，备通信通道采用无线通信	现场检查	只有无线通信方式扣3分；只有光纤通信扣1分	4
	2. 需要向中心传送视频信号的站点通信方式应采用光纤通信	现场检查	未采用光纤通信不得分	1

续表 F.2

评价单元	评价内容	评价方法	评分标准	分值
9.3.1 通信网络架构与通道	3. 采用无线通信站点应有逢变上报功能	现场检查	中心数据在无线采集周期内没有发生变化不得分；中心数据在无线数据采集周期内发生变化，但时间大于8s扣2分	4
9.3.2 通信运行指标	1. 主通信电路运行率应达到考核要求，光纤大于99.98%	查阅相关记录	不符合不得分	1
	2. 调度中心通信设备月运行率应达到：光纤大于99.99%；无线通信大于99.99%；路由设备大于99.99%；交换设备大于99.85%	查阅相关记录	不符合不得分	1
	3. 无线通信应具有自动上线功能	现场检查	掉线后不能自动上线不得分	2
9.3.3 运行与维护管理	1. 通信运行维护管理体制及机构应健全、完善	查阅相关文件	一项不完善扣0.5分	2
	2. 应建立完善的通信运行监管系统	现场检查	无运行监管系统不得分；一项不健全扣1分	2
	3. 有完善的设备维护记录	查阅维护记录	无设备维护记录不得分；缺少一台设备维护记录扣0.5分	2
	4. 不能出现由于通信设备故障影响SCADA系统正常运行或影响远程控制功能	现场检查并查阅相关记录	一年内发生一起重大通信故障造成SCADA数据丢失超过2h不得分；发生一起通信事故造成SCADA数据丢失小于2h扣2分	4

附录 G 用户管理检查表

附表 G.1 管道燃气用户管理检查表

评价单元	评价内容	评价方法	评分标准	分值
10.2.1 室内燃气管道	1. 管道外表应完好无损，无腐蚀现象	现场检查	得分＝合格户数/检查总户数×4	4
	2. 管道的焊接、法兰、卡套、丝扣等连接部位密封完好，无燃气泄漏现象，无异常气体释放声响	现场检查	得分＝合格户数/检查总户数×8	8
	3. 软管应符合下列要求：	—	—	—

续表 G.1

评价单元	评价内容	评价方法	评分标准	分值
10.2.1 室内燃气管道	(1) 软管与管道、燃具的连接处应有压紧螺帽（锁母）或管卡（喉箍）牢靠固定	现场检查	得分＝合格户数/检查总户数×4	4
	(2) 软管与家用燃具连接时，其长度不应超过2m，并不得有接口	现场检查	得分＝合格户数/检查总户数×2	2
	(3) 软管与移动式的工业燃具连接时，其长度不应超过30m，接口不应超过2个	现场检查	得分＝合格户数/检查总户数×2	2
	4. 管道的敷设应符合下列要求：	—	—	—
	(1) 燃气引入管不得敷设在卧室、卫生间、易燃或易爆品的仓库、有腐蚀性介质的房间、发电间、配电间、变电室、不使用燃气的空调机房、通风机房、计算机房、电缆沟、暖气沟、烟道和进风道、垃圾道、电梯井等地方	现场检查	得分＝合格户数/检查总户数×8	8
	(2) 非金属软管不得穿墙、顶棚、地面、窗和门	现场检查	得分＝合格户数/检查总户数×2	2
	(3) 液化石油气管道和烹调用液化石油气燃烧设备不应设置在地下室、半地下室内	现场检查	得分＝合格户数/检查总户数×4	4
	(4) 燃气管道宜明设	现场检查	得分＝合格户数/检查总户数×2	2
	(5) 当管道暗设时，不宜有接头，且不得有机械接头，覆盖层应设有活门以便于检查修复	现场检查	得分＝合格户数/检查总户数×2	2
	(6) 燃气管道及附件不应被擅自改动，现状应与竣工资料一致	现场检查，并查阅竣工资料	得分＝合格户数/检查总户数×4	4
	5. 燃气管道与电气设备、相邻管道之间的净距应符合现行国家标准《城镇燃气设计规范》GB 50028 的相关要求	现场检查	得分＝合格户数/检查总户数×2	2
	6. 管道穿过建筑承重墙和楼板时，必须设有钢质套管，套管内管道不得有接头，套管与承重墙、地板或楼板之间的间隙应填实，套管与燃气管道之间的间隙应采用柔性防腐、防水材料密封	现场检查	得分＝合格户数/检查总户数×2	2
	7. 管道不得作为其他电器设备的接地线使用，不得用于承重、作为支撑或悬挂物等其他用途	现场检查	得分＝合格户数/检查总户数×2	2
	8. 管道、计量器具和用气设备的运行压力应符合设计要求，不得超压运行	现场检查	得分＝合格户数/检查总户数×4	4
10.2.2 管道附件	1. 阀门应符合下列要求：	—	—	—
	(1) 软管上游与硬管的连接处应设有阀门	现场检查	得分＝合格户数/检查总户数	1
	(2) 室内燃气管道调压器前、燃气表前、燃气用具前和放散管起点应设有阀门	现场检查	得分＝合格户数/检查总户数×2	2
	(3) 地下室、半地下室和地上密闭的用气房间，一类高层民用建筑，燃气用量大、人员密集、流动人口多的商业建筑，重要的公共建筑，有燃气管道的管道层以及用气量较大的工业用户引入管应设有紧急自动切断阀	现场检查	得分＝合格户数/检查总户数×4	4
	(4) 室内燃气管道阀门应采用球阀，不应使用旋塞阀	现场检查	得分＝合格户数/检查总户数×2	2
	(5) 阀门应无损坏和燃气泄漏现象，阀门的启闭应灵活，无关闭不严现象	现场检查	得分＝合格户数/检查总户数×4	4
	2. 管道应固定牢靠，沿墙、柱、楼板和加热设备构件上明设的燃气管道应采用管支架、管卡或吊卡固定	现场检查	管道摇晃可认为不符合要求，得分＝合格户数/检查总户数×2	2
	3. 工业企业用气车间、锅炉房、大中型用气设备及地下室内燃气管道上应设有放散管，放散管口应高出屋脊（或平屋顶）1m以上或设置在地面上安全处，并应采取防止雨雪进入管道和放散物进入房间的措施	现场检查	得分＝合格户数/检查总户数×2	2
10.2.3 用气环境	1. 用气现场应干燥整洁，无水、汽、油烟及其他腐蚀性物质	现场检查	得分＝合格户数/检查总户数×4	4
	2. 用气现场温度不应高于60℃	现场测量	得分＝合格户数/检查总户数	1
	3. 用气现场通风条件应符合下列要求：	—	—	—
	(1) 封闭式建筑内用气现场应通风良好	现场检查	得分＝合格户数/检查总户数×4	4
	(2) 商业用户和工业用户应有机械排风设施，机械排风设施应工作良好	现场检查	得分＝合格户数/检查总户数×2	2

续表 G.1

评价单元	评价内容	评价方法	评分标准	分值
10.2.4 计量仪表	1. 计量仪表严禁安装在卧室、卫生间、更衣室内；有电源、电器开关及其他电器设备的管道井内；有可能滞留泄漏燃气的隐蔽场所；堆放易燃易爆、易腐蚀或有放射性物质等危险的地方；有变、配电等电器设备的地方；有明显振动影响的地方；高层建筑中的避难层及安全疏散楼梯间内；经常潮湿的地方	现场检查	得分＝合格户数/检查总户数×4	4
	2. 计量仪表应外观良好，无锈蚀和损坏，无私拆或移位现象，无损伤现象，无漏气现象	现场检查	得分＝合格户数/检查总户数×4	4
10.2.5 用气设备	1. 用气设备型式和质量应符合下列要求：	—	—	—
	（1）用气设备的生产厂家应为具有资质的企业，用气设备应具有质量合格证明和使用说明书	现场检查并查阅用气设备质量证明文件	得分＝合格户数/检查总户数	1
	（2）使用的燃气具应与燃气种类相匹配	现场检查	得分＝合格户数/检查总户数×4	4
	（3）用气设备应在规定的年限内使用，不得超期服役	现场检查并查阅相关资料	得分＝合格户数/检查总户数	1
	（4）室内安装的热水器和壁挂炉，严禁使用直排式，安装应符合规范	现场检查	得分＝合格户数/检查总户数×2	2
	2. 用气设备的安装位置应符合下列要求：	—	—	—
	（1）居民生活用气设备严禁设置在卧室内	现场检查	得分＝合格户数/检查总户数×4	4
	（2）除密闭式热水器外，其他类型燃气热水器不得安装在浴室内	现场检查	得分＝合格户数/检查总户数×4	4
	（3）燃气灶的灶面边缘和烤箱的侧壁距木质家具的净距不得小于20cm，当达不到时，应加防火隔热板	现场检查	得分＝合格户数/检查总户数×2	2
	（4）商业用户中燃气锅炉和燃气直燃型吸收式冷（温）水机组宜设置在独立的专用房间内；设置在其他建筑物内时，燃气锅炉房宜布置在建筑物的首层，不应布置在地下二层及二层以下	现场检查	得分＝合格户数/检查总户数×2	2
	（5）商业用户燃气锅炉和燃气直燃机不应设置在人员密集场所的上一层、下一层或贴邻的房间内及主要疏散口的两旁；不应与锅炉和燃气直燃机无关的甲、乙类及使用可燃液体的丙类危险建筑贴邻	现场检查	得分＝合格户数/检查总户数×2	2
10.2.5 用气设备	（6）燃气相对密度大于或等于0.75的燃气锅炉和燃气直燃机，不得设置在建筑物地下室和半地下室	现场检查	得分＝合格户数/检查总户数×4	4
	3. 用气设备应具有自动熄火保护功能	现场检查	得分＝合格户数/检查总户数×4	4
	4. 用气设备的运行状态应良好，安全保护设施应完好有效，无火焰跳动或不稳定情形	现场检查	得分＝合格户数/检查总户数×4	4
	5. 大型商业和工业用气设备应设有观察孔或火焰监测装置，并宜设有自动点火装置，装置应运行良好	现场检查	得分＝合格户数/检查总户数×2	2
	6. 大型商业和工业用气设备的烟道和封闭式炉膛，均应设置泄爆装置，泄爆装置的泄压口应设在安全处	现场检查	得分＝合格户数/检查总户数×2	2
10.2.6 安全设施	1. 燃气和有毒气体浓度检测报警装置应符合下列要求：			
	（1）封闭式用气设备和有燃气管道经过的室内宜设置燃气浓度检测报警装置，报警装置应工作正常	现场检查	得分＝合格户数/检查总户数×2	2
	（2）大型商业和工业用气场所内的燃气浓度检测报警器应与通排风设备连锁	现场检查	得分＝合格户数/检查总户数×2	2
	（3）地下和半地下的商业和工业用气场所内应设有一氧化碳浓度检测报警装置，报警装置应工作正常	现场检查	得分＝合格户数/检查总户数×2	2
	2. 工业和大型商业用气场所内应设有火灾自动报警和自动灭火系统，系统应完好有效	现场检查	得分＝合格户数/检查总户数×2	2
	3. 商业和工业用气场所应设有防雷和防静电措施，防雷和防静电接地电阻定期检测，保证符合安全要求	查阅防雷防静电检测报告	得分＝合格户数/检查总户数×2	2
	4. 用气设备应有良好的排烟设施	现场检查	得分＝合格户数/检查总户数×2	2
	5. 地下室、半地下室、设备层和地上密闭房间敷设燃气管道或在上述位置设置用气设备时，室内电气设施应采用防爆型	现场检查	得分＝合格户数/检查总户数×4	4
	6. 用气设备附近的支撑物应采用不燃烧材料，当采用难燃材料时，应加防火隔热板	现场检查	得分＝合格户数/检查总户数×4	4

续表 G.1

评价单元	评价内容	评价方法	评分标准	分值
10.2.6 安全设施	7. 用气量较大的商业和工业用气设备应具有超压安全切断和安全放散装置，安全阀应定期校验，保证完好有效	现场检查	得分＝合格户数/检查总户数×2	2
10.2.7 维修管理	1. 维修制度应符合下列要求：	—	—	—
	(1) 燃气企业应制定燃气设施的维修制度，并切实落实	查阅维修制度	未制定不得分	8
	(2) 大型商业、工业用户应制定燃气设施的维修制度，并切实落实	现场检查	得分＝合格户数/检查总户数×2	2
	2. 燃气设施故障报修应符合下列要求：			
	(1) 燃气企业应制定职责范围内燃气设施故障报修程序	查阅相关制度文件	未制定不得分	4
	(2) 燃气企业应对外公布报修电话，保证电话的畅通，报修通话和处理结果应有记录	现场检查电话并查阅电话报修记录	未设报修电话不得分；非24h值班扣4分；电话接通不及时扣4分；无电话报修记录扣4分	8
	3. 燃气企业应保留燃气设施维修记录	查阅维修记录	无记录不得分；记录不完善一处扣1分	4
	4. 应定期对维修人员进行培训和考核，考核合格具备相应的工作能力后方可持证上岗	现场检查并查阅人员培训和考核记录	一人次不符合扣1分	4
	5. 应为维修人员配备适用的维修工具	现场检查	不符合不得分	1
	6. 配件供应应符合下列要求：	—	—	—
	(1) 应选择有资质的配件供货商	查阅相关资格文件	不符合不得分	1
	(2) 维修所使用的配件应符合国家现行的产品质量标准要求	查阅相关资格文件，现场检查	不符合不得分	1
10.2.8 安全宣传	1. 应制定安全宣传制度和宣传计划，并切实落实	查阅制度文件	不符合不得分	2
	2. 宣传的形式应能满足覆盖所有用户	查阅相关资格文件	不符合不得分	2
	3. 宣传的内容应符合现行行业标准《城镇燃气设施运行、维护和抢修安全技术规程》CJJ 51 的相关要求	现场检查	缺一项内容扣1分	2
10.2.9 入户检查	1. 应建立完善的检查制度，制度所规定的内容应全面	查阅检查制度文件	不符合不得分	1
	2. 入户检查的频次应符合现行行业标准《城镇燃气设施运行、维护和抢修安全技术规程》CJJ 51 的相关要求	查阅检查记录台账及档案	不符合不得分	4

续表 G.1

评价单元	评价内容	评价方法	评分标准	分值
10.2.9 入户检查	3. 对用户设施的入户检查应有记录，记录保存周期应能满足日常查阅的需要。入户检查的内容应符合现行行业标准《城镇燃气设施运行、维护和抢修安全技术规程》CJJ 51 的相关要求	查阅检查记录台账及档案	得分＝合格户数/检查总户数×4	4
	4. 应定期对检查人员进行培训和考核，考核合格具备相应的工作能力后方可持证上岗	现场检查并查阅人员培训和考核记录	一人次不符合扣0.5分	2
	5. 应配备适用的入户检查设备，检查设备应处于良好的状态	现场检查	一台设备不符合要求扣0.5分	1
	6. 检查出的隐患应及时以书面形式告知用户，燃气企业应留存告知文件副本	查阅隐患告知文件	一户不符合扣0.5分	2
	7. 应建立用户隐患监控档案，定期对尚未排除的隐患进行跟踪复查，积极督促用户整改	查阅用户隐患监控档案	未建立用户隐患监控档案不得分；发现一起隐患超过3个月未跟踪复查扣1分	8

附表 G.2 瓶装液化石油气用户管理安全检查表

评价单元	评价内容	评价方法	评分标准	分值
10.3.1 气瓶	1. 气瓶不得设置在地下室、半地下室或通风不良的场所及居住房间内	现场检查	得分＝合格户数/检查总户数×8	8
	2. 气瓶的存放量应符合下列要求：	—	—	—
	(1) 居民用户气瓶最大存放量不应超过2瓶	现场检查	得分＝合格户数/检查总户数×4	4
	(2) 商业和工业用户气瓶的配置数量应按1～2天的计算月最大日用气量确定，不得超量存放气瓶	现场检查	得分＝合格户数/检查总户数×4	4
	3. 使用的气瓶应在检测有效期内	现场检查	得分＝合格户数/检查总户数×8	8
	4. 气瓶的外观应符合下列要求	—	—	—
	(1) 气瓶上的漆色、字样应当清晰可见	现场检查	得分＝合格户数/检查总户数	1
	(2) 气瓶上的提手和底座应当牢固，不松动	现场检查	得分＝合格户数/检查总户数	1
	(3) 气瓶应无鼓泡、烧痕或裂纹	现场检查	得分＝合格户数/检查总户数	1
	(4) 气瓶角阀当密封良好，无漏气现象	现场检查	得分＝合格户数/检查总户数	1
	5. 商业用户使用的气瓶组严禁与燃气燃烧器具布置在同一房间内	现场检查	得分＝合格户数/检查总户数×4	4

续表 G.2

评价单元	评价内容	评价方法	评分标准	分值
10.3.2 管道和附件	1. 软管的外观应完好无损	现场检查	得分＝合格户数/检查总户数×4	4
	2. 软管与管道、燃具的连接处应有压紧螺帽（锁母）或管卡（喉箍）牢靠固定，密封应良好，无液化石油气泄漏现象，无异常气体释放声响	现场检查	得分＝合格户数/检查总户数×8	8
	3. 软管与家用燃具连接时，其长度不应超过 2m，并不得有接口	现场检查	得分＝合格户数/检查总户数×2	2
	4. 阀门的设置应符合下列要求：	—	—	—
	（1）软管上游与硬管的连接处应设有阀门	现场检查	得分＝合格户数/检查总户数	1
	（2）阀门应采用球阀，不应使用旋塞阀	现场检查	得分＝合格户数/检查总户数×2	2
	（3）阀门应无损坏和液化石油气泄漏现象，阀门的启闭应灵活，无关闭不严现象	现场检查	得分＝合格户数/检查总户数×4	4

附录 H 安全管理检查表

表 H 安全管理检查表

评价单元	评价内容	评价方法	评分标准	分值
11.2.1 安全生产管理机构与人员的设置	1. 应设有由主要负责人领导的安全生产委员会	查阅组织机构文件和安全例会记录	无组织机构文件或主要负责人未参与均不得分	4
	2. 应设有日常安全生产管理机构	查阅组织机构文件	无组织机构文件不得分	4
	3. 应建立从安全生产委员会到基层班组的安全生产管理机构体系	查阅安全管理组织网络图和安全生产责任制及现场询问	基层部门未明确安全生产管理职责不得分	1
	4. 应配备专职安全生产管理人员	查阅安全管理人员的任命文件	未配备或无任命文件不得分	4
11.2.2 安全生产规章制度	1. 应建立健全从上到下所有岗位人员和各职能部门的安全生产职责	查阅安全生产责任制文件	缺少一项扣 1 分	4
	2. 应建立健全各项安全生产规章制度	查阅安全生产管理制度	缺少一项扣 1 分	4
	3. 应与各部门或相关人员签订安全生产责任书，并定期对安全生产责任制落实情况进行考核	查阅安全生产责任书并考核落实情况	从评价之日起前一年内，有一项安全职责未落实的扣 1 分	4

续表 H

评价单元	评价内容	评价方法	评分标准	分值
11.2.2 安全生产规章制度	4. 应定期对从业人员执行安全生产规章制度的情况进行检查，并定期对安全生产规章制度落实情况进行考核	查阅安全生产规章制度考核落实情况	未考核不得分	4
11.2.3 安全操作规程	1. 应制定完善的安全操作规程	查阅安全操作规程	少一个岗位扣 1 分	2
	2. 应制定完善的生产作业安全操作规程	查阅安全操作规程	少一项作业扣 1 分	2
	3. 从业人员应熟悉本职工作岗位的安全操作规程，能严格、熟练地按照操作规程的要求进行操作，无违章作业现象，应定期对从业人员执行安全操作规程的情况进行检查，并定期对安全操作规程落实情况进行考核	检查安全操作规程考核落实情况并现场询问	无考核记录不得分；考核不全面扣 2 分；现场询问一人不熟悉安全操作规程扣 1 分	4
11.2.4 安全教育培训	1. 主要负责人和安全生产管理人员应经培训考核合格，并取得安全管理资格证书	查阅主要负责人和安全管理人员的安全管理资格证书	主要负责人或安全管理人员未取得安全管理资格证书扣 2 分	4
	2. 特种作业人员必须由具有资质的培训机构进行专门的安全技术和操作技能的培训和考核，取得特种作业人员操作证	查阅特种作业人员操作证	发现一人未取得特种作业人员操作证上岗作业的扣 1 分	4
	3. 新员工（包括临时用工）在上岗前应进行厂、车间（工段、区、队）、班组三级安全生产教育培训	查阅三级安全教育培训记录	发现一人未进行三级安全教育培训扣 1 分	4
	4. 从业人员应进行经常性的安全生产再教育培训	查阅安全教育培训记录	发现一人未再教育扣 1 分	2
	5. 特种作业人员每两年应进行一次复审，连续从事本工种 10 年以上的，经用人单位进行知识更新教育后，可每 4 年复审一次，复审合格后方可继续上岗作业	查阅特种作业人员操作证的复审记录	发现一人未经复审上岗作业的扣 1 分	2
11.2.5 安全生产投入	1. 安全生产费用应按一定比例足额提取，其使用范围应符合相关要求	查阅安全生产费用台账	安全生产费用不足不得分	8
	2. 提取安全生产费用应专户核算，专款专用，不得挪作他用	查阅安全生产费用银行账户	未单独设立账户的不得分	1
	3. 应当建立健全内部安全生产费用管理制度，明确安全生产费用使用、管理的程序、职责和权限，并接受安全生产监督管理部门和财政部门的监督	查阅安全生产费用管理制度	无安全生产费用管理制度不得分；监管存在漏洞时根据实际情况扣分	2

续表 H

评价单元	评价内容	评价方法	评分标准	分值
11.2.6 工伤保险	1. 应为全体员工办理工伤社会保险	查阅企业花名册和工伤保险缴费清单	少一人扣1分	2
	2. 应按时、足额缴纳工伤社会保险费，不得漏缴或不缴	查阅工伤保险缴费清单并根据工资与缴费率测算	缴费金额不足不得分	2
	3. 应为从事高空、高压、易燃、易爆、高速运输、野外等高危作业的人员办理团体人身意外伤害保险或个人意外伤害保险	查阅意外伤害保险证明	未办理不得分	1
11.2.7 安全检查	1. 安全检查应符合下列要求：	—	—	—
	（1）建立并实施交接班安全检查工作	查阅交接班记录	交接班记录中无安全检查记录不得分	1
	（2）建立并实施班组安全员日常检查工作	查阅班组工作日志	班组工作日志中无安全检查记录不得分	1
	（3）建立并实施安全管理人员日常检查工作	查阅从评价之日起前1年内的安全管理人员检查记录	无检查记录不得分；缺少1日扣0.5分	1
	（4）建立并实施季节性及节假日前后安全检查工作	查阅从评价之日起前1年内的安全检查记录	无检查记录不得分；缺少一个季节或节假日扣0.5分	1
	（5）建立并实施通气前、检修后、危险作业前等专项安全检查工作	查阅从评价之日起前1年内的安全检查记录	无检查记录不得分	1
	（6）建立并实施主要负责人综合性安全检查工作	查阅从评价之日起前1年内的安全检查记录	无检查记录不得分	1
	（7）建立并实施工会和职工代表不定期安全检查工作	查阅从评价之日起前1年内的安全检查记录	无检查记录不得分	1
	2. 安全检查的内容应包括软件系统和硬件系统，并应对危险性大、易发生事故、事故危害大的系统、部位、装置、设备等进行重点检查	查阅安全检查计划、安全检查表或检查提纲	缺一项内容扣1分	4
11.2.8 隐患整改	1. 对各项安全检查发现的事故隐患应制定整改措施，落实整改责任人和整改期限，整改完成后应进行复查，达到预期效果	查阅安全检查记录、隐患整改联络单和复查意见书	一个重大事故隐患未整改的扣2分；一个一般事故隐患未整改的扣1分	4
	2. 应建立事故隐患整改监督和奖励机制，将事故隐患的整改纳入工作考核的范畴中，对无正当原因未按期完成事故隐患整改的部门和个人应给予相应的处罚	查阅相关制度和奖惩记录	无相关制度不得分；发现一次未按期完成事故隐患整改而无处罚的扣1分	2
	3. 应当每季、每年对本单位事故隐患排查治理情况进行统计分析，并形成书面资料	查阅从评价之日起前1年内的事故隐患排查治理情况统计表	未统计或未报送的不得分；一年内漏报一次扣0.5分	1
11.2.9 劳动保护	1. 应加强从业人员职业危害防护的宣传教育	查阅安全教育培训记录	未对从业人员进行职业危害防护教育与培训的不得分	1
	2. 应按现行国家标准《个体防护装备选用规范》GB/T 11651 的相关要求，并结合本企业实际情况制定职工劳动防护用品发放标准	查阅劳动防护用品发放标准	未制定书面标准不得分；缺少一项必备物品时扣1分	2
	3. 选购的劳动防护用品应为具有资质的企业生产的合格产品，采购特种劳动防护用品时应选购具有安全标志证书及安全标志标识的产品，严禁采购无证或假冒伪劣劳动防护用品	查阅劳动防护用品采购清单及供货企业资质，并结合现场检查库存劳动防护用品	未保留采购的劳动防护用品的质量证明文件不得分；发现一例不符合要求的劳动防护用品扣1分	2
	4. 应按时、足额向从业人员发放劳动防护用品，并建立劳动防护用品发放记录，保存至少3年	对照劳动防护用品发放标准查阅从评价之日前1年劳动防护用品发放记录	发现一例不按时或未足量发放的扣1分；只有1年完整发放记录的扣1分；只有2年完整发放记录的扣0.5分	2
	5. 应制定现场劳动防护用品的使用规定，应能正确执行	查阅现场劳动防护用品使用规定并现场检查	未制定现场劳动防护用品的使用规定不得分；发现一例未按规定穿戴劳动防护用品的扣0.5分	1
11.2.10 重大危险源管理	1. 应现行国家标准《危险化学品重大危险源》GB 18218 的相关要求进行重大危险源识别	现场检查并测算	未辨识不得分	1
	2. 重大危险源应当将有关安全措施、应急措施报有关主管部门备案	查阅重大危险源备案回执	未备案不得分	2
	3. 重大危险源应有与安全相关的主要工作参数和主要危险区域视频进行实时监控和预警措施	检查控制机构	无参数监控和预警扣1.5分；无视频监控和预警扣0.5分	2

续表 H

评价单元	评价内容	评价方法	评分标准	分值
11.2.10 重大危险源管理	4. 应针对重大危险源制定有针对性的管理制度和应急救援预案	查阅重大危险源管理制度和应急救援预案	无重大危险源管理制度扣0.5分；无重大危险源应急救援预案扣0.5分	1
	5. 应定期对重大危险源进行技术检测，每两年对重大危险源进行一次安全评估	查阅重大危险源安全评估报告	根据重大危险源评估报告的结论确定得分	2
11.2.11 事故应急救援预案	1. 应依据现行行业标准《生产经营单位安全生产事故应急预案编制导则》AQ/T 9002 的相关要求建立企业应急救援预案体系，包括综合应急预案、专项应急预案和现场处置方案	查阅应急救援预案	根据应急救援预案编写的符合程度确定得分	4
	2. 应明确应急救援指挥机构总指挥、副总指挥、各部门及其相应职责；应明确应急救援人员并组建应急救援小组，确定各小组的工作任务及职责	查阅应急救援预案和相关公司行政文件	无公司行政文件不得分	1
	3. 应组织专家对本单位编制的应急预案进行评审或论证	查阅评审纪要和专家名单	无评审纪要或专家名单不得分	1
	4. 应急救援预案应报有关主管部门备案	查阅应急救援预案备案回执	未备案不得分	1
	5. 应配备应急救援装备、器材，并定期检查，保证完好可用	现场检查	缺少一样必备设备扣1分	2
	6. 应定期对从业人员进行应急救援的教育培训，并进行考核；根据应急响应的级别，定期组织从业人员进行应急救援演练，总结并提出需要解决的问题	查阅记录	未进行演练或演练无记录不得分；一人次未进行培训扣1分，一人次未进行考核扣1分	4
11.2.12 事故管理	1. 应建立完善的事故管理制度	查阅事故管理制度	无事故管理制度不得分；事故管理制度不全面扣1分	2
	2. 建立健全事故台账	查阅事故台账	无台账不得分；台账不健全扣2分	4
	3. 应定期对事故情况进行统计分析	查阅事故统计分析资料	自评价日前一年内无统计分析资料不得分	2
11.2.13 设备管理	1. 应有完善的设备维护保养制度，并一切实落实，有完整记录	查阅设备维护保养制度和记录	无制度不得分；一项记录不完整扣1分	2
	2. 每台设备应具备完善的安全技术档案	检查安全技术档案	一台设备档案不完整扣0.5分	2

本标准用词说明

1 为便于在执行本标准条文时区别对待，对要求严格程度不同的用词说明如下：

 1）表示很严格，非这样做不可的：
  正面词采用"必须"，反面词采用"严禁"；
 2）表示严格，在正常情况下均应这样做的：
  正面词采用"应"，反面词采用"不应"或"不得"；
 3）表示允许稍有选择，在条件许可时首先应这样做的：
  正面词采用"宜"，反面词采用"不宜"；
 4）表示有选择，在一定条件下可以这样做的，采用"可"。

2 条文中指明应按其他有关标准执行的写法为："应符合……的规定"或"应按……执行"。

引用标准名录

1 《建筑设计防火规范》GB 50016
2 《城镇燃气设计规范》GB 50028
3 《供配电系统设计规范》GB 50052
4 《建筑物防雷设计规范》GB 50057
5 《爆炸和火灾危险环境电力装置设计规范》GB 50058
6 《汽车加油加气站设计与施工规范》GB 50156
7 《电子信息系统机房设计规范》GB 50174
8 《石油天然气工程设计防火规范》GB 50183
9 《油气输送管道穿越工程设计规范》GB 50423
10 《建筑灭火器配置验收及检查规范》GB 50444
11 《油气输送管道跨越工程设计规范》GB 50459
12 《城镇燃气技术规范》GB 50494
13 《声环境质量标准》GB 3096
14 《液化石油气》GB 11174
15 《个体防护装备选用规范》GB/T 11651
16 《工业企业厂界环境噪声排放标准》GB 12348
17 《人工煤气》GB/T 13612
18 《液化石油气瓶充装站安全技术条件》GB 17267
19 《天然气》GB 17820
20 《危险化学品重大危险源》GB 18218
21 《车用液化石油气》GB 19159
22 《城镇燃气设施运行、维护和抢修安全技术

规程》CJJ 51

23 《聚乙烯燃气管道工程技术规程》CJJ 63

24 《城镇燃气埋地钢质管道腐蚀控制技术规程》CJJ 95

25 《城镇燃气加臭技术规程》CJJ/T 148

26 《城镇燃气标志标准》CJJ/T 153

27 《安全评价通则》AQ 8001

28 《生产经营单位安全生产事故应急预案编制导则》AQ/T 9002

中华人民共和国国家标准

燃气系统运行安全评价标准

GB/T 50811—2012

条 文 说 明

制 订 说 明

《燃气系统运行安全评价标准》GB/T 50811-2012 经住房和城乡建设部 2012 年 10 月 11 日第 1384 号公告批准、发布。

为便于广大设计、施工、科研、学校等单位有关人员在使用本标准时能正确理解和执行条文规定，《燃气系统运行安全评价标准》编制组按章、节、条顺序编制了本标准的条文说明，对条文规定的目的、依据以及执行中需注意的有关事项进行了说明。但是，本条文说明不具备与标准正文同等的法律效力，仅供使用者作为理解和把握标准规定的参考。

目　次

1　总则 ································ 43—55
3　基本规定 ························ 43—55
　3.1　一般规定 ···················· 43—55
　3.2　评价对象 ···················· 43—55
　3.3　评价程序与评价报告 ····· 43—55
　3.4　安全评价方法 ·············· 43—55
4　燃气输配场站 ···················· 43—56
　4.1　一般规定 ···················· 43—56
　4.2　门站与储配站 ·············· 43—56
　4.3　调压站与调压装置 ········ 43—57
5　燃气管道 ··························· 43—58
　5.1　一般规定 ···················· 43—58
　5.2　钢质燃气管道 ·············· 43—58
　5.3　聚乙烯燃气管道 ··········· 43—59
6　压缩天然气场站 ················ 43—59
　6.1　一般规定 ···················· 43—59
　6.2　压缩天然气加气站 ········ 43—59
　6.3　压缩天然气供应站 ········ 43—61
7　液化石油气场站 ················ 43—61
　7.2　液化石油气供应站 ········ 43—61
　7.3　液化石油气瓶组气化站 ··· 43—63
　7.4　瓶装液化石油气供应站 ··· 43—63
　7.5　液化石油气汽车加气站 ··· 43—63
8　液化天然气场站 ················ 43—63
　8.2　液化天然气气化站和调峰液化站 ··· 43—63
　8.3　液化天然气瓶组气化站 ··· 43—64
9　数据采集与监控系统 ·········· 43—65
　9.1　一般规定 ···················· 43—65
　9.2　调度中心监控系统 ········ 43—65
　9.3　通信系统 ···················· 43—65
10　用户管理 ························ 43—65
　10.1　一般规定 ·················· 43—65
　10.2　管道燃气用户 ············ 43—65
　10.3　瓶装液化石油气用户 ··· 43—65
11　安全管理 ························ 43—66
　11.2　安全管理 ·················· 43—66

1 总 则

1.0.1 阐述本标准编写目的和意义。本标准应用安全系统工程原理和方法,对燃气系统中存在的危险有害因素进行辨识与分析,判断燃气系统发生事故和职业危害的可能性及其严重程度,从而为制定防范措施和管理决策提供科学依据。

1.0.2 阐述本标准适用范围。

3 基本规定

3.1 一般规定

3.1.1 企业自我进行的安全评价是企业安全管理的重要内容之一,各企业自身情况和条件差异较大,不宜规定统一的安全评价周期,宜由企业自行确定。而法定或涉及行政许可的安全评价是一种行政强制行为,其周期应由相关的行政法规来规定。

发生事故的系统,说明存在较为严重的事故隐患,而且事故发生后也会给系统带来损害,因此其安全性能应当重新进行系统的评价。燃气系统较大以上安全事故的确定应遵照《生产安全事故报告和调查处理条例》(国务院令[2007]第493号)的规定,同时还应包括造成重大社会影响、停气范围较大及其他严重后果的事故。

3.1.2 规定了燃气经营企业进行自我安全评价的方式。

3.1.3 规定了法定或涉及行政许可的安全评价方式。

3.1.4 当同一检查项目存在于多个部位的情况时,每个部位称之为一个检查点,例如管道上有多处阀门,每一个阀门就是一个阀门检查点。当检查点较多时,无法对全部检查点进行检查,这就必须采取抽查的方法。当检查项目存在较多隐患时,检查点的数量应增加,这样才能真正查出危险源。

3.1.5 本标准检查表中所有8分以上项(含8分)和带下划线的项大部分为规范强制性条文或对安全至关重要的条款。

3.2 评价对象

3.2.1 在进行安全评价时可以对整个燃气系统进行评价,也可仅对其中的部分场站或管道进行评价。

3.2.2 评价对象的评价结论是按照本标准第3.2.2条的方法由各子系统得分计算得出的。安全评价的有效期根据评价的性质,分别参照企业自我评价周期和法定周期而定。

3.3 评价程序与评价报告

3.3.1 前期准备阶段应明确评价对象,备齐有关安全评价所需的设备、工具,收集国内外相关法律法规、标准、规章、规范等资料。现场检查阶段是到评价对象现场进行设施与操作评价和管理评价,查找不安全因素,与被评价单位交换意见,落实整改方案。整改复查是在被评价单位完成整改后,到现场进行核实,对于整改比较复杂,不可能在短时间内完成的不安全因素,可以在整改完成前编制安全评价报告,但报告中应如实反映相关的情况。

3.3.2 与《安全评价通则》AQ 8001-2007第6章的要求基本一致,根据安全现状评价的特点,增加了附件。附件中可将检测报告、资质证书等证明性的文件材料放入。基本情况中应包括评价目的、范围、依据、程序及评价对象的概况等。

3.3.3 《安全评价通则》AQ 8001-2007附录D中有对安全评价报告格式的要求。

3.4 安全评价方法

3.4.1 定性安全评价方法目前应用较多的有"安全检查表(SCL)"、"事故树分析(FTA)"、"事件树分析(ETA)"、"危险度评价法"、"预先危险性分析(PHA)"、"故障类型和影响分析(FMEA)"、"危险性可操作研究(HAZOP)"、"如果……怎么办(What……if)"等。定量安全评价方法目前应用较多的有"事故树分析(FTA)"、"格雷厄姆——金尼法"、"火灾、爆炸危险指数评价法"、"ICI/Mond火灾、爆炸、毒性指标法"以及"火灾、爆炸、毒物模拟计算"等。针对我国目前经济和技术条件,安全检查表法相对成熟,因此本标准推荐采用安全检查表法。但有条件的企业或评价单位鼓励采用定量安全评价方法。

3.4.5 例如一个燃气公司有一个门站、一个调压站、一个加气站和若干高、中、低压管道,在进行安全评价时,应将门站、调压站、加气站、高压管道、中压管道、低压管道分别作为评价对象采用相应的检查表进行评价,得出每个评价对象现场评价的得分 A(门站)、B(调压站)、C(加气站)、D(高压管道)、E(中压管道)、F(低压管道),然后根据每个评价对象在系统中的重要性确定每个评价对象占系统的权重 a(门站)、b(调压站)、c(加气站)、d(高压管道)、e(中压管道)、f(低压管道),其中 $a+b+c+d+e+f=1.0$。系统现场评价总得分 $S=Aa+Bb+Cc+Dd+Ee+Ff$。然后采用检查表法对该公司安全管理进行评价,得出管理评价安全检查表得分 G。评价对象总得分为 $T=0.6S+0.4G$。

本标准未规定各子系统所占的权重,这是考虑到各燃气公司拥有的燃气系统形态不一,规模不等,不可能用一个统一的标准去规定,因此各子系统所占的权重由评价人员根据评价对象的实际情况予以确定。

3.4.6 燃气系统在不同企业、不同地区可能有不同的构成，特别是设备有可能增减。例如在压缩天然气场站中，压缩机的冷却方式有多种，有风冷式的、也有水冷式的，如果某一压缩天然气场站采用风冷式的压缩机，那么检查表中的有关水冷的要求就属于缺项，在进行检查时，这些项目都可以取消。需要指出的是，检查表中与评价对象有关的内容不得做缺陷处理。例如一个压缩天然气场站没有设置备用压缩机，检查表中有设置备用压缩机的要求，这一条就不能作为缺项。

4 燃气输配场站

4.1 一般规定

4.1.2 划分评价单元是为方便进行评价活动而进行的工作，合理的划分评价单元有助于更好地进行评价，避免漏项。根据不同场站的实际情况，评价单元可以有所删减或增补。

4.2 门站与储配站

4.2.1 周边环境评价

1 虽然规划问题是建站时需要考虑的，但每隔一定时间会进行一次修编，因此在现状评价时应根据最新规划来评价站址的符合性。

3 由于我国正处于经济快速发展的时期，各地城乡建设日新月异，场站建成后周边环境变化较大，因此防火间距问题是评价的重点内容。

4 消防和救护条件是燃气场站事故应急救援的重要依托。10km 是指公路里程，除去报警和准备时间，消防车和救护车正常情况下可以在（20～30）min 内赶到，符合救援要求。消防队至少应为国家正规编制的消防中队级别（消防站）或具有同等级别的企业消防队，医院至少应为一级丙等医院。

4.2.2 总平面布置评价

1 是按照《城镇燃气设计规范》GB 50028-2006 第 6.5.5 条第 1 款的要求编写的。

3 检查表（2）是按照《城镇燃气设计规范》GB 50028-2006 第 6.5.5 条第 3 款的要求编写的。

4.2.3 站内道路交通评价

1 储配站有大量燃气储存，需有利于消防救援。门站和储配站在正常运行时无运输需求，只有工艺装置区的门站一般占地比较小，所以不要求设有 2 个出入口，储配站生产区为了满足消防救援的要求，宜在两个不同方向设 2 个出入口。

2 是按照《城镇燃气设计规范》GB 50028-2006 第 6.5.5 条第 4 款的要求编写的。

3 门站和储配站在正常运行时无运输需求，所以在正常情况下应禁止车辆进入，包括本单位的客运车辆。

4.2.4 燃气质量评价

1 是按照《城镇燃气管理条例》(中华人民共和国国务院令第 583 号）第 22 条的要求编写的。

4.2.5 储气设施评价

3 是按照《城镇燃气设施运行、维护和抢修安全技术规程》CJJ 51-2006 第 3.3.5 的要求编写的。

4 低压干式储气罐根据密封方法不同有多种形式，这里提出的是使用较多的稀油密封式，其他形式的低压干式储气应另行编制检查表。

5 检查表（3）是按照《城镇燃气设计规范》GB 50028-2006 第 6.5.12 条第 6 款的要求编写的。

4.2.7 安全阀与阀门评价

1、2 是按照现行行业标准《压力容器定期检验规则》TSG R7001 的相关要求编写的。

4、6 是按照《城镇燃气设施运行、维护和抢修安全技术规程》CJJ 51-2006 第 3.2.8 条第 1 款的要求编写的。

7 是按照《城镇燃气设施运行、维护和抢修安全技术规程》CJJ 51-2006 第 3.2.8 条第 2 款的要求编写的。

4.2.8 过滤器评价

1 是按照《城镇燃气设施运行、维护和抢修安全技术规程》CJJ 51-2006 第 3.3.1 条第 3 款第 5 项的要求编写的。

3 过滤器排出的污物中存在可燃或有毒的危险废物，随意排放会引起火灾、中毒或环境污染事故。妥善处理是指有收集装置，并能按照危险废物处理程序处理。

4.2.9 工艺管道评价

1 管道标志应符合现行行业标准《城镇燃气标志标准》CJJ/T 153 的相关要求。

3 是按照《城镇燃气设施运行、维护和抢修安全技术规程》CJJ 51-2006 第 3.2.5 条第 2 款第 2 项和《城镇燃气输配工程施工及验收规范》CJJ 33-2005 第 8.5.1 条的要求编写的。

4.2.10 仪表与自控系统评价

1 燃气设施上的压力表与安全防护相关，属于强制检定的范畴，其检定应符合现行行业标准《压力容器定期检验规则》TSG R7001。

2 是按照《城镇燃气设计规范》GB 50028-2006 第 6.5.21 条第 3 款的要求编写的。

3 是指直接安装在工艺管道或设备上，或者安装在测量点附近与被测介质有接触，测量并显示工艺参数的一次仪表。

4 是指接受由变送器、转换器、传感器等送来的电或气信号，在控制室通过二次仪表或计算机显示屏显示所检测的工艺参数量值。

5 报警功能是指能够让操作人员易于感知的声、光报警措施。

6 计算机集中控制系统是指设有独立的控制室，配备相应的控制柜或计算机，具有远程数据传输、远程操控、声光报警等功能。

4.2.11 消防与安全设施评价

1 设在露天、敞开或半敞开式建筑内的工艺装置通风条件为良好。设在封闭建筑内时，应核算通风量是否满足小时换气次数，不满足视为通风不良。换气次数应符合现行国家标准《城镇燃气设计规范》GB 50028 的相关要求。

3 设有消防水池时应注意消防水池的水位是否在正常范围内，若水位不足，应按储水量不足对待。

消防水的水质对灭火会产生一定的影响，固体漂浮物会对消防水泵产生损坏，油污会加剧火势。露天消防水池容易受外界污染，对水质应予以特别关注。

消防泵房内杂物堆放过多会影响消防泵的开启和运行，消防泵房是非防爆区域，易燃易爆物品泄漏有可能被电火花或其他点火源点燃，引起火灾或爆炸，使消防救援无法进行。

场站内每个消火栓附近应设有消防器材箱，器材箱内应配备与消火栓配套的水管、水枪和扳手。

4 目前燃气场站使用的灭火器大多数为干粉灭火器，按照《建筑灭火器配置验收及检查规范》GB 50444-2008 的要求，每一个月应进行一次检查，出厂 5 年应进行第一次维修，以后每满两年维修一次。

5 对门站和储配站电气设备防爆应按照《城镇燃气设计规范》GB 50028-2006 附录 D 对用电场所的爆炸危险区域等级和范围划分，以及现行国家标准《爆炸和火灾危险环境电力装置设计规范》GB 50058 的要求进行评价。着重点是检查现场有无非防爆电气设备和电缆连接，以及防爆电气设备在使用过程中是否出现防爆密封破损的现象。

6 对防雷装置的有效性主要通过专业防雷检测报告来评价，根据《防雷减灾管理办法》（中国气象局令［2004］第 8 号）第十九条，"投入使用后的防雷装置实行定期检测制度。防雷装置检测应当每年一次，对爆炸危险环境场所的防雷装置应当每半年检测一次。"燃气系统是爆炸危险环境场所，因此必须每半年检测一次。检测时间也是有要求的，应当在雷雨季节来临前检测一次，雷雨季节过后检测一次，所以通常应在 3 月份和 9 月份检测。

防静电系统通常与防雷系统共同接地，所以可以通过防雷检测来判断防静电接地的有效性，防雷系统要求的接地电阻比防静电接地电阻值低，因此防雷系统检测合格，防静电接地电阻肯定也合格，因此本标准只提出防雷检测要求，不再列防静电接地电阻要求。

7 目前燃气企业应配备的应急救援器材种类尚无任何国家标准和行业标准要求，企业可根据自身特点和经济条件选择必要的应急救援器材。企业应急救援预案中应有已配备的各种应急救援器材的使用要求。

4.2.12 公用辅助设施评价

1 是根据《城镇燃气设计规范》GB 50028-2006 第 6.5.20 条的要求编写的。"二级负荷"的供电系统，宜由来源于不同变电站的两回线路供电。在负荷较小或地区供电条件困难时，"二级负荷"可由一回 6kV 及以上专用的架空线路或电缆供电。当达不到"二级负荷"要求时，也可配备发电机组为消防泵等大功率用电设备提供备用电源，当场站无消防泵等大功率用电设备时，可采用 EPS（Emergency Power Supply，紧急电力供应）系统作为控制系统或应急照明备用电源。

2 变配电间应有良好的防潮、防雨能力，因此地坪应相对提高，防止雨水进入。

3 是根据《10kV 及以下变电所设计规范》GB 50053-94 第 6.2.4 条的要求编写的。变配电室是场站内的重要场所，无关人员进入容易导致触电或误操作，引起事故。小动物进入后容易引起短路。

4 变配电室设置应急照明的目的是方便夜间检修的。应急照明是指固定式应急照明灯具，不包括便携式应急照明灯具。

5 是根据《低压配电设计规范》GB 50054-95 第 5.6.24 条的要求编写的。盖板一是为了保护电缆，二是为了防止人员坠跌。电缆沟一般采用钢筋混凝土盖板，盖板的重量不宜超过 50kg。

4.3 调压站与调压装置

4.3.1 周边环境评价

1 是按照《城镇燃气设计规范》GB 50028-2006 第 6.6.4 条第 4 款的要求编写的。

2 是按照《城镇燃气设计规范》GB 50028-2006 第 6.6.2 条第 6 款的要求编写的。

3 当调压装置设置于建筑物内时，间距应从建筑边缘算起；当调压装置露天时，间距应从装置边缘算起；当调压装置设置于调压柜（或箱）内时，间距应从柜（或箱）的边缘算起。

4 是按照《城镇燃气设计规范》GB 50028-2006 第 6.6.5 条第 1 款的要求编写的。

6 是按照《城镇燃气设计规范》GB 50028-2006 第 6.6.4 条第 1 款第 2 和第 3 项的要求编写的。

7 是按照《城镇燃气设计规范》GB 50028-2006 第 6.6.6 条第 2 款第 1 项的要求编写的。

8 是按照《城镇燃气设计规范》GB 50028-2006 第 6.6.11 条第 2 款的要求编写的。

9 是按照《城镇燃气设计规范》GB 50028-2006 第 6.6.8 条的要求编写的。

10 楼栋式调压箱处于复杂的居民区内，消防车道的要求实现比较困难，所以本条只要求调压站和区域性调压柜（箱）应处于消防车道的附近。

4.3.2 设有调压装置的建筑评价

1 是按照《城镇燃气设计规范》GB 50028-2006 第 6.6.6 条第 1 款第 1 项和第 6.6.12 条第 2 款的要求编写的。

2 是按照《城镇燃气设计规范》GB 50028-2006 第 6.6.4 条第 1 款第 3 项、第 6.6.6 条第 1 款第 2 项、第 6.6.6 条第 3 款第 1 项和第 6.6.12 条第 1 款的要求编写的。

3 是按照《城镇燃气设计规范》GB 50028-2006 第 6.6.6 条第 1 款第 2 项和第 6.6.12 条第 7 款的要求编写的。

4 是按照《城镇燃气设计规范》GB 50028-2006 第 6.6.6 条第 3 款第 2 项的要求编写的。

5 是按照《城镇燃气设计规范》GB 50028-2006 第 6.6.6 条第 1 款第 3 项、第 6.6.12 条第 5 款和第 6.6.14 条第 5 款的要求编写的。

4.3.3 调压器评价

2 是按照《城镇燃气设施运行、维护和抢修安全技术规程》CJJ 51-2006 第 3.3.1 条第 3 款第 2 项的要求编写的。

3 是按照《城镇燃气设施运行、维护和抢修安全技术规程》CJJ 51-2006 第 3.3.1 条第 3 款第 1 项的要求编写的。

5 是按照《城镇燃气设计规范》GB 50028-2006 第 6.6.10 条第 5 款的要求编写的，调压器的超压切断功能应优先于放散功能。

7 是按照《城镇燃气设计规范》GB 50028-2006 第 6.6.7 条的要求编写的。

8 是按照《城镇燃气设计规范》GB 50028-2006 第 6.6.10 条第 7 款的要求编写的。

4.3.4 安全阀与阀门评价

1、2 是按照《城镇燃气设计规范》GB 50028-2006 第 6.6.10 条第 2 款的要求编写的。

4.3.8 消防与安全设施评价

4 是按照《城镇燃气设计规范》GB 50028-2006 第 6.6.6 条第 1 款第 5 项和第 6.6.12 条第 4 款的要求编写的。

5 是按照《城镇燃气设计规范》GB 50028-2006 第 6.6.12 条第 9 款的要求编写的。

6 是按照《城镇燃气设计规范》GB 50028-2006 第 6.6.2 条第 1 款的要求编写的。

8 是按照《城镇燃气设计规范》GB 50028-2006 第 6.6.5 条第 5 款的要求编写的。

9 是按照《城镇燃气设计规范》GB 50028-2006 第 6.6.6 条第 2 款第 3 项的要求编写的。

11 是按照《城镇燃气设计规范》GB 50028-2006 第 6.6.14 条第 3 款的要求编写的。

12 是按照《城镇燃气设计规范》GB 50028-2006 第 6.6.15 条的要求编写的。

4.3.9 调压站的采暖评价

1 是按照《城镇燃气设计规范》GB 50028-2006 第 6.6.13 条的要求编写的。

2 是按照《城镇燃气设计规范》GB 50028-2006 第 6.6.13 条第 1 款的要求编写的。

3、4 是按照《城镇燃气设计规范》GB 50028-2006 第 6.6.13 条第 2 款的要求编写的。

5 是按照《城镇燃气设计规范》GB 50028-2006 第 6.6.13 条第 3 款的要求编写的。

6 是按照《城镇燃气设计规范》GB 50028-2006 第 6.6.13 条第 4 款的要求编写的。

5 燃气管道

5.1 一般规定

5.1.1 压力范围是根据《城镇燃气设计规范》GB 50028-2006 第 6.1.1 条和《聚乙烯燃气管道工程技术规程》CJJ 63-2008 第 1.0.2 条确定的。

我国城镇燃气所采用的压力基本在上述范围之内，但也有少数城市存在特殊压力的输配管道，例如上海市目前有 6.3MPa 的城镇燃气高压管道。虽然这类燃气管道在设计上与城镇燃气管道有所不同，但在安全评价内容方面是基本相同的，所以这类管道的安全评价可以参照本标准的相关条款执行，在一些具体数值和要求上有所区别，评价人员在评价过程中应注意调整。

5.1.2 城镇燃气输配管道较长，管网和沿线环境情况差异较大，将整个输配管网作为一个评价对象进行评价，难以把握重点，难以确定隐患所处的位置，所以应合理划分评价单元。

环境包括地面环境和地下环境，同一管段当地面环境和地下环境存在较大差异时，也可根据实际情况划分管段分别进行评价。

5.2 钢质燃气管道

5.2.1 管道敷设评价

1 埋地燃气管道是隐蔽工程，难以表面观察，因此在进行间距评价时，除可借助竣工图外，还应辅以有效的定位设备进行检测，燃气经营企业在进行检查时，应全面无遗漏，第三方评价机构在进行评价时，可基于燃气经营企业的自查记录，并按照一定比例抽查。在进行埋深和穿、跨越评价时也应遵循上述要求。

4 是按照《城镇燃气设施运行、维护和抢修安全技术规程》CJJ 51-2006 第 3.2.1 条的要求编写的。此类情况中还包括废弃管道和不带气管线的隔断。

5 是按照《城镇燃气设计规范》GB 50028-2006 第 6.3.6 条的要求编写的。

5.2.2 管道附件评价

1 检查表（1）是按照《城镇燃气设计规范》GB 50028-2006 第 6.3.13 条的要求编写的。

检查表（2）的总分值为 4 分，而本标准第 4.2.7 条检查表第 3~7 条总分值为 10 分，在按本标准第 4.2.7 条检查表第 3~7 条评价后，应将分值折算为以 4 分为总分的分值。

检查表（3）、（4）是按照《城镇燃气设施运行、维护和抢修安全技术规程》CJJ 51-2006 第 3.2.8 条的要求编写的。燃气经营企业在进行检查时，应全面无遗漏，第三方评价机构在进行评价时，可基于燃气经营企业的自查记录，并可按照一定比例抽查。在进行凝水缸、调长器的评价时也应遵循上述要求。

2 是按照《城镇燃气设施运行、维护和抢修安全技术规程》CJJ 51-2006 第 3.2.9 条的要求编写的。

3 是按照《城镇燃气设施运行、维护和抢修安全技术规程》CJJ 51-2006 第 3.2.10 条的要求编写的。

5.2.3 日常运行维护评价

1 巡线制度完善是指根据管段不同风险制定巡线周期和巡线内容。巡线保障措施包括巡线人员和巡线工具等的配备。

2 评分标准中所列的举办广场或进社区安全宣传活动、与相关政府和单位举办燃气设施安全保护研讨会、在报刊、杂志、电视、广播等媒体上登载安全宣传广告，均应在评价前一年内举行方可有效得分，否则不得分。

3 是按照《城镇燃气输配工程施工及验收规范》CJJ 33-2005 第 2.6.2 条的要求编写的。

4 是按照《城镇燃气管理条例》（中华人民共和国国务院令第 583 号）第 33 条的要求编写的。

5 是按照《城镇燃气设计规范》GB 50028-2006 第 6.3.3 条的要求编写的。

6 是按照《城镇燃气管理条例》（中华人民共和国国务院令第 583 号）第 37 条的要求编写的。

5.2.4 管道泄漏检查评价

2 燃气经营企业也可以将泄漏检查工作委托给专业机构进行，在这种情况下就应检查委托协议和委托单位的资质。

5.2.5 管道防腐蚀评价

1 气质检测报告可以是企业自己检测的，也可以是上游供气单位提供的。

2 防腐漆严重脱落指防腐漆脱落面积超过 50%，部分脱落指防腐漆脱落面积不超过 50%，防腐漆脱落面积不超过 5% 可认为完好无损。

3 应取与管道处于同一水平面且靠近管道的土壤，土壤分析样本应不少于 5 个取平均值。

5.3 聚乙烯燃气管道

5.3.1 管道敷设评价

2 是按照《聚乙烯燃气管道工程技术规范》CJJ 63-2008 第 4.3.11 条的要求编写的。

3 目前的技术手段难以探测到埋地聚乙烯管道，因此聚乙烯管道的示踪相对于钢质管道的示踪更具有现实意义，所以增加了这项评价内容。

6 压缩天然气场站

6.1 一般规定

6.1.1 适用范围与《城镇燃气设计规范》GB 50028-2006 第 7.1.1 条的规定一致。压缩天然气气瓶车属于危险品车辆，需要在交通管理部门办理相关的危险品运输资质，其安全审查权限归属于交通管理部门，目前国内交通管理部门已经开展了对危险品运输车辆的安全评价工作，形成了一系列评价要求和规范，因此即使危险品运输车辆的产权属于燃气公司，也不在本标准适用的范围内，相关评价执行交通管理部门发布的有关评价标准。类似的也包括液化天然气运输槽车、液化石油气运输槽车、压缩天然气气瓶运输车、液化天然气气瓶运输车、液化石油气气瓶运输车等。需要指出的是，虽然这类车辆的安全评价不适用本标准，但这类车辆在站内的作业是属于本标准规定的范围内，例如对气瓶资质和检测有效性的检查，加气、卸气的操作要求等等。

6.2 压缩天然气加气站

6.2.1 周边环境评价

3 是按照《汽车加油加气站设计与施工规范》GB 50156-2002（2006 年版）第 3.0.5 条和第 3.0.7 条的要求编写的。

4 《城镇燃气设计规范》GB 50028-2006 与《汽车加油加气站设计与施工规范》GB 50156-2002（2006 年版）对压缩天然气汽车加气站的气瓶车固定车位防火间距都有规定，采用哪个规范取决于气瓶车在固定车位总几何容积。通常汽车加气子站规模较小，多数都是一个车位，可以采用《汽车加油加气站设计与施工规范》GB 50156-2002（2006 年版），而加气母站通常具有多个加气车位，应采用《城镇燃气设计规范》GB 50028-2006。除了气瓶车固定车位外，《城镇燃气设计规范》GB 50028-2006 未规定其他设施的防火间距，因此其他设施的防火间距均应按照《汽车加油加气站设计与施工规范》GB 50156-2002（2006 年版）执行。

"压缩天然气加气站站房内不得设有住宿、餐饮和娱乐等经营性场所"的要求是按照《汽车加油加气站设计与施工规范》GB 50156-2002（2006年版）第11.2.10条的要求编写的。

6 是按照《城镇燃气设计规范》GB 50028-2006第7.6.9条的要求编写的。压缩天然气加气站内通常设有压缩机，会产生较大的噪声，因此对压缩天然气加气站应评价噪声危害。

6.2.2 总平面布置评价

1 是按照《城镇燃气设计规范》GB 50028-2006第7.2.14条的要求编写的。对于加气子站和标准站生产区指工艺装置区，辅助区指加气区。

3 检查表（3）是按照《城镇燃气设计规范》GB 50028-2006第7.2.9条的要求编写的。

6.2.3 站内道路交通评价

1 是按照《汽车加油加气站设计与施工规范》GB 50156-2002（2006年版）第5.0.2条的要求编写的。

2 是按照《汽车加油加气站设计与施工规范》GB 50156-2002（2006年版）第5.0.3条第1款的要求编写的。压缩天然气加气站一般较小，设施设备相对简单，不必要设环形消防车道，但对于加气母站和加气子站，由于使用到气瓶车，回车场地是必须要有的。

3 是按照《汽车加油加气站设计与施工规范》GB 50156-2002（2006年版）第5.0.3条第2款和第3款的要求编写的。实际评价时可采用车辆停车后不拉手闸，观察是否有溜动迹象的方法来判断平整度。站内道路如果采用沥青路面，则在发生火灾时沥青将发生熔融而影响车辆撤离和消防工作正常进行。

4 对于只有一块场坪的场站来说，不存在道路概念，可以不设检查表中所列的路面标线。

5 根据《工业企业厂内铁路、道路运输安全规程》GB 4387-2008第6.1.2条的规定，"跨越道路上空架设管线距路面的最小净高不得小于5m，……如有足够依据确保安全通行时，净空高度可小于5m，但不得小于4.5m，跨越道路上空的建（构）筑物（含桥梁、隧道等）以及管线，应增设限高标志和限高设施"。因此场站内架空管道和建（构）筑物要求为5m，但由于普通压缩天然气气瓶车高度通常为2.95m左右，即使3排10个管束的超大气瓶车高度也仅为3.4m左右，因此最低要求可以降到4.5m。

6 防撞装置可以是防撞柱，也可以是坚固的固定式围栏，但可移动式的围栏不能作为防撞柱。

6.2.4 气体净化装置评价

1 是按照《车用压缩天然气》GB 18047-2000第4.1条的要求编写的。

3 目前大多数城市使用的天然气已经经过层层净化，质量比较好，脱水装置脱出的水往往很少，少量的水排出后可以自然挥发掉，对于这种情况可不设专门的收集装置。

6.2.5 加压装置评价

1 目前压缩机的集成化技术越来越高，比较先进的压缩机已经自带缓冲装置，采用这类压缩机可以不必在压缩机前设置缓冲罐。压缩机异常声响包括喘振、邻机干扰等现象。

2 是按照《城镇燃气设计规范》GB 50028-2006第7.2.17条的要求编写的。压缩天然气加气站压缩机至少应配备2台，一用一备。

3 压力指标是按照《城镇燃气设计规范》GB 50028-2006第7.2.17条的要求编写的。

5 冷却水循环使用是节能环保的要求。为了保证循环水的水质，减少结垢和腐蚀，补充新的循环水应首先软化除氧，有条件的企业可以在循环水管路上装设在线水质分析仪，也可定期取样检测，发现水质不符合使用标准时，应及时更换。

6 是按照《城镇燃气设计规范》GB 50028-2006第7.2.21条的要求编写的。

8 是按照《城镇燃气设计规范》GB 50028-2006第7.2.26条的要求编写的。

9 在进行评价时，应结合压缩机振动对建筑造成的损伤程度来进行评价，如果发现已经对建筑产生损伤，如开裂、崩块等，即使有防护措施也不得分。

6.2.6 加（卸）气评价

1 根据《城镇燃气设计规范》GB 50028-2006第7.2.6条的要求，每台气瓶车的固定车位宽度不应小于4.5m，长度宜为气瓶车长度。固定块应由场站准备，当场站设有轮卡装置时，可不配备固定块。气瓶车加满气后使站内危险物品的量增加，如不及时离开，发生事故后将产生较大的危害。

2 由于涉及利益问题，很多燃气企业往往容易向买方妥协，即使有这样的要求，但执行起来可能由于买方的拖延或承诺而往往不了了之。本条的要求是极其重要的，事故的发生不外乎两方面原因，人的不安全行为（违章操作）和物的不安全状态，在压缩天然气加气站运行过程中，人的操作，站内设施的维护都是加气站方面可控的，唯一不可控的就是气瓶车，因此必须严格要求。

4 为了保障防静电接地的效果，接地装置应定期检测接地电阻值。有条件的燃气企业应配备静电接地检测报警仪，不具备条件的可委托防雷防静电检测机构定期进行检测。静电接地电阻值是按照《防止静电事故通用导则》GB 12158-2006第6.1.2条的要求编写的。

5 是按照《城镇燃气设计规范》GB 50028-2006第7.2.16条的要求编写的。压缩天然气系统的设计压力为最高工作压力的1.1倍，因此检查表中压力超过10%时不得分。

6 是按照《气瓶安全监察规程》（质技监局锅发

[2000] 250号)第79条的要求编写的。

7 检查表(1)是按照《城镇燃气设计规范》GB 50028-2006第7.5.4条的要求编写的。由于目前我国尚未制订高压加气软管的国家标准,各家厂商生产的高压加气软管质量参差不齐,因此本标准未对使用年限进行统一规定。燃气企业应根据产品的使用维护说明进行定期检查和维护,必要时可采取静压试验等方法进行检测。

检查表(2)是按照《汽车加油加气站设计与施工规范》GB 50156-2002(2006年版)第8.4.5条的要求编写的。拉断阀通常在加气软管上使用,卸气软管使用较少,因此对于卸气软管本项可做缺项处理。

8 检查表(1)重点是检查扳机的灵活性和加气嘴的密封性。

检查表(2)中的安全保护装置主要有紧急截断阀、加气截断阀、安全限压装置、流量控制装置、流量计,以及在进气管道上设置的防撞事故自动切断阀等。

6.2.7 储气装置评价

1 是按照《汽车加油加气站设计与施工规范》GB 50156-2002(2006年版)第8.5.2条的要求编写的。

4 是按照《汽车加油加气站设计与施工规范》GB 50156-2002(2006年版)第8.3.4条和第8.3.6条的要求编写的。储气瓶数量越多,接头就越多,可能造成泄漏的危险源点就越多。

6.3 压缩天然气供应站

6.3.2 总平面布置评价

1 是按照《城镇燃气设计规范》GB 50028-2006第7.3.11条的要求编写的。

3 检查表(3)是按照《城镇燃气设计规范》GB 50028-2006第7.3.10条的要求编写的。

6.3.5 储气瓶组评价

1 是按照《城镇燃气设计规范》GB 50028-2006第7.4.1条第1款的要求编写的。

2 根据《气瓶颜色标志》GB 7144-1999表2的规定,天然气气瓶瓶色应为棕色,字色应为白色,检验色标应符合该规范表4的要求。

3 根据《气瓶安全监察规定》(国家质量监督检验检疫总局令第46号)第36条,气瓶定期检验证书有效期为4年。当气瓶产权不属于燃气公司时,燃气公司有义务检查使用气瓶是否在检验周期内,若不符合要求应拒绝使用。

4 是按照《气瓶安全监察规定》(国家质量监督检验检疫总局令第46号)第44条的要求编写的。

6.3.7 供热(热水)装置评价

压缩天然气调压过程中的供热形式有多种,这里提出的是使用较多的热水供热方式,其他形式的供热方式应另行编制检查表。

1 是按照《城镇燃气设计规范》GB 50028-2006第7.3.14条第3款的要求编写的。

3 热水炉的安全保护功能主要有停电停泵安全保护、熄火保护、超温保护等。

7 液化石油气场站

7.2 液化石油气供应站

7.2.1 周边环境评价

1 专为住宅小区或商业设施等配套的小型液化石油气气化站和混气站(总容积不大于50m³且单罐容积不大于20m³)可不受本条限制。

3 是按照《城镇燃气设计规范》GB 50028-2006第8.3.6条的要求编写的。当液化石油气供应站周边存在茂密的树林时,也应看做易于造成液化石油气积聚。

7.2.2 总平面布置评价

1 是按照《城镇燃气设计规范》GB 50028-2006第8.3.11条的要求编写的。

2 是按照《城镇燃气设计规范》GB 50028-2006第8.3.12条的要求编写的。由于液化石油气比空气重,泄漏后会沿地面向四周扩散,因此生产区的实体围墙非常重要,不仅仅是起到安全隔离的作用,还能在泄漏时阻止液化石油气向站外扩散。

3 由于《城镇燃气设计规范》GB 50028-2006中未对全冷冻式液化石油气储罐与站内建(构)筑物的防火间距做出规定,因此本标准在液化石油气储罐与站内建(构)筑物的防火间距要求中也不区分储存方式,全冷冻式液化石油气储罐与站内建(构)筑物的防火间距可以参考执行。

检查表第(3)项是按照《城镇燃气设计规范》GB 50028-2006第8.3.33条的要求编写的。

4 是按照《城镇燃气设计规范》GB 50028-2006第8.3.19条的要求编写的。储罐在发生泄漏等事故时,将事故罐内的液化石油气转移到非事故罐内,是常见的非常有效地防止事故扩大的措施,因此设置两台储罐和相应的管道系统十分必要。

5 是按照《城镇燃气设计规范》GB 50028-2006第8.3.15条的要求编写的。

6 是按照《城镇燃气设计规范》GB 50028-2006第8.12.3条的要求编写的。

7.2.3 站内道路交通评价

1 是按照《城镇燃气设计规范》GB 50028-2006第8.3.14条的要求编写的。

2 是按照《城镇燃气设计规范》GB 50028-2006第8.3.13条的要求编写的。

7.2.4 液化石油气装卸评价

2 对于铁路槽车也需要指定地点停靠,但不存在边界线的要求,当液化石油气供应站内设有槽车库时,空槽车可长时间停放在槽车库内。

5 液态物料在装卸过程中产生静电的能力比气态物料强得多,所以静电接地的要求对液态物料而言更为重要,因此相对于气态天然气装卸的分值高。

6 灌装既包括向槽罐灌装,也包括槽罐车向站内固定储罐灌装。

7 检查表(2)、(3)是按照《城镇燃气设计规范》GB 50028-2006 第 8.3.34 条的要求编写的。

8 检查表(1)是防止人员高处坠落的措施,铁路装卸栈桥通常都在二层平台上。

检查表(2)是按照《城镇燃气设计规范》GB 50028-2006 第 8.3.18 条的要求编写的。

7.2.5 压缩机和烃泵评价

1 目前使用老式压缩机的情况很多,但使用新式无油压缩机比使用老式压缩机在安全性能上有了很大的提高,因此鼓励液化石油气企业淘汰老式压缩机,由于规范目前尚未不允许使用老式压缩机,因此分值不高。

2 是按照《液化石油气瓶充装站安全技术条件》GB 17267-1998 第 7.2.2 条的要求编写的。

4 不同压缩机的排气压力和排气温度不同,因此未规定确切数值,目前大量使用的新式无油润滑压缩机排气压力通常在 1.5MPa,排气温度不超过 100℃。烃泵目前多采用容积式泵,当出口阀门关闭后,很容易产生超压,因此安全回流阀的正常工作十分重要。

5 液化石油气压缩机和烃泵的润滑系统只是保障机械的正常运转,不像天然气压缩机的润滑油还有密封、冷却作用,因此分值较天然气压缩机低。

6 是按照《城镇燃气设计规范》GB 50028-2006 第 8.3.24 条第 2 款的要求编写的。

8 是按照《城镇燃气设计规范》GB 50028-2006 第 8.3.23 条的要求编写的。压缩机同理。

9 转动时由于电磁感应会在金属罩上产生一定的电压,此外电气设备的漏电也会使金属罩产生电压,如不接地有可能发生放电现象引发火灾甚至爆炸事故。

7.2.6 气瓶灌装作业评价

1 是按照《液化石油气瓶充装站安全技术条件》GB 17267-1998 第 7.5.1 条和第 7.5.2 条的要求编写的。自动灌装秤灌装精度较高,相对于手动灌装秤能大大减少人为失误造成的超装。灌装秤属于计量设备,按照计量法规的规定,灌装秤需要强制定期检验,周期为半年。

2 是按照《城镇燃气设施运行、维护和抢修安全技术规程》CJJ 51-2006 第 6.2.4 条编写的。为了方便气瓶的检查可以要求灌装站只灌装自有气瓶,但完全做到这一点十分困难,因此不做这一要求。目前一些地区的质量技术监督管理部门在液化石油气气瓶上设置条形码,就是一种信息化管理技术。

3 是按照《城镇燃气设计规范》GB 50028-2006 第 8.3.29 条的要求编写的。

4、5 是按照《城镇燃气设计规范》GB 50028-2006 第 8.3.28 条的要求编写的。

6 非自动化灌装线,本条可做缺项处理。

7 是按照《城镇燃气设施运行、维护和抢修安全技术规程》CJJ 51-2006 第 6.4.1 条第 1、2 款的要求编写的。

8 是按照《城镇燃气设计规范》GB 50028-2006 第 8.3.27 条的要求编写的。

7.2.7 气化和混气装置评价

1 是按照《城镇燃气设计规范》GB 50028-2006 第 8.4.17 条的要求编写的。

4 是按照《城镇燃气设施运行、维护和抢修安全技术规程》CJJ 51-2006 第 6.2.6 条第 1、2、3 款的要求编写的。由于各种气化器和混合器工作压力和工作温度不同,因此本标准不具体规定相关数值。

5、6 是按照《城镇燃气设施运行、维护和抢修安全技术规程》CJJ 51-2006 第 6.2.6 条第 4 款的要求编写的。

7 是按照《城镇燃气设计规范》GB 50028-2006 第 8.4.19 条的要求编写的。

8 是按照《城镇燃气设施运行、维护和抢修安全技术规程》CJJ 51-2006 第 6.2.6 条第 6 款的要求编写的。

7.2.8 储罐评价

2 液化石油气储罐设计压力为 1.77MPa 时,最高工作压力应设定为 1.6MPa,当温度超过 40℃时,应开启喷淋降温。

3 是按照《城镇燃气设计规范》GB 50028-2006 第 8.8.11 条第 3 款的要求编写的。目前紧急切断阀主要有 3 种动作形式,常见的是手摇油泵,自动化程度较高的采用电磁阀或气动阀门。不管哪种方式都要求操作方便,动作迅速,关闭紧密。

4 是按照《城镇燃气设计规范》GB 50028-2006 第 8.8.11 条第 4 款的要求编写的。

5 是按照《城镇燃气设施运行、维护和抢修安全技术规程》CJJ 51-2006 第 6.2.1 条第 6 款的要求编写的。目前注水和注胶装置尚未普及,因此分值不高。

6 是按照《城镇燃气设计规范》GB 50028-2006 第 8.8.19 条的要求编写的。目前相关规范标准对埋地储罐防腐层和阴极保护的检测周期并未规定,因此可参考埋地钢质管道的要求执行。

8 是按照《城镇燃气设计规范》GB 50028-

2006第8.3.20条的要求编写的。

9 是按照《城镇燃气设计规范》GB 50028-2006第8.3.19条第4款和《城镇燃气设施运行、维护和抢修安全技术规程》CJJ 51-2006第6.2.1条第10款的要求编写的。

10 是参照《城镇燃气设计规范》GB 50028-2006第8.8.10条和《固定式压力容器安全技术监察规程》TSG R0004-2009第3.17条第2款的要求编写的。

11 当喷淋水覆盖储罐外表面积超过80%，可认为基本覆盖。

7.3 液化石油气瓶组气化站

7.3.1 总图布置评价

2 当采用自然气化方式供气，且配置气瓶的总容积小于1m³时本条可做缺项处理。

3 是按照《城镇燃气设计规范》GB 50028-2006第8.5.7条的要求编写的。

7.3.2 瓶组间与气化间评价

1 检查表(1)是按照《城镇燃气设施运行、维护和抢修安全技术规程》CJJ 51-2006第6.4.2条第1款的要求编写的。表(2)是按照《城镇燃气设计规范》GB 50028-2006第8.5.2条和第8.5.3条的要求编写的。

2 检查表(1)是按照《城镇燃气设计规范》GB 50028-2006第8.5.4条的要求编写的。表(3)是按照《城镇燃气设计规范》GB 50028-2006第8.5.2条的要求编写的。表(4)是按照《城镇燃气设计规范》GB 50028-2006第8.5.3条的要求编写的。

3 是按照《城镇燃气设计规范》GB 50028-2006第8.5.2条第5款的要求编写的。温度超高会导致液化石油气气瓶和管道超压，气化器有可能使用水为加热介质，温度低会导致水结冰或液化石油气难以气化。

7.4 瓶装液化石油气供应站

7.4.1 总图布置评价

1 检查表(2)、(3)是按照《城镇燃气设计规范》GB 50028-2006第8.6.5条的要求编写的。检查表(4)是按照《城镇燃气设计规范》GB 50028-2006第8.6.7条第3款的要求编写的。检查表(5)是按照《城镇燃气设计规范》GB 50028-2006第8.6.7条第7款的要求编写的。

2 是按照《城镇燃气设计规范》GB 50028-2006第8.6.3条的要求编写的。Ⅲ级瓶装供应站可做缺项处理。

7.4.2 瓶库评价

1 检查表(1)的设计等级即《城镇燃气设计规范》GB 50028-2006第8.6.1条的要求。检查表(2)、(3)分别是按照《城镇燃气设计规范》GB 50028-2006第8.6.6条和第8.6.7条的要求编写的。

2 是按照《城镇燃气设计规范》GB 50028-2006第8.6.7条的要求编写的。

4 是按照《城镇燃气设施运行、维护和抢修安全技术规程》CJJ 51-2006第6.4.1条的要求编写的。

7.5 液化石油气汽车加气站

7.5.2 总平面布置评价

4 是按照《汽车加油加气站设计与施工规范》GB 50156-2002（2006年版）第5.0.6条的要求编写的。

5 是按照《汽车加油加气站设计与施工规范》GB 50156-2002（2006年版）第11.2.12条的要求编写的。

6 是按照《汽车加油加气站设计与施工规范》GB 50156-2002（2006年版）第9.0.12条第5款的要求编写的。

7.5.4 液化石油气装卸评价

1 根据《汽车加油加气站设计与施工规范》GB 50156-2002（2006年版）第7.1.1条，"汽车用液化石油气质量应符合国家现行标准《汽车用液化石油气》SY 7548的有关规定"。目前《汽车用液化石油气》SY 7548已被《车用液化石油气》GB 19159代替。

7.5.6 加气评价

5 检查表(1)是按照《汽车加油加气站设计与施工规范》GB 50156-2002（2006年版）第7.3.3条第5款的要求编写的。

7.5.7 储罐评价

3 是按照《汽车加油加气站设计与施工规范》GB 50156-2002（2006年版）第7.5.2条的要求编写的。需要注意《汽车加油加气站设计与施工规范》与《城镇燃气设计规范》对紧急切断阀设置的要求是不同的。

8 液化天然气场站

8.2 液化天然气气化站和调峰液化站

8.2.1 周边环境评价

3 目前我国很多城市的液化天然气场站的规模都向大型化发展，上万立方米的液化天然气储罐也已在不少大城市出现，而我国在液化天然气设计方面尚未有完善的标准，因此本标准需要引用多个规范，在现行国家标准《石油天然气工程设计防火规范》GB 50183中，既规定了防火间距，同时又引入热辐射校核的概念，这是按照现行美国防火协会标准《液化天然气（LNG）生产、储存和装运标准》NFPA59A的要求编写的。在进行现状安全评价时，若不具备热辐射校核条件时，也可依据相关设计文件来进行评价。

8.2.2　总平面布置评价

1、2　是按照《城镇燃气设计规范》GB 50028—2006第9.2.7条的要求编写的。

3　当液化天然气气化站和调峰液化站容积大于2000m³时，《石油天然气工程设计防火规范》GB 50183—2004第10.3节中对液化天然气场站内部防火间距没有十分明确的规定，相关条款有第10.3.4条、第10.3.5条、第10.3.7条和第5.2.1条，需要进行热辐射校核和蒸气云扩散模型计算，十分复杂，我国目前其他标准规范中也无相关规定。在现状安全评价过程中无需再进行复杂的设计计算，因此可以直接参考相关设计文件要求。

4　是按照《城镇燃气设计规范》GB 50028—2006第9.2.10条的要求编写的。由于《城镇燃气设计规范》GB 50028与《石油天然气工程设计防火规范》GB 50183的要求一致性较高，因此不再区分容积不大于2000m³和容积大于2000m³的情况。

5　由于《城镇燃气设计规范》GB 50028与《石油天然气工程设计防火规范》GB 50183中均未对液化天然气场站的绿化提出要求，因此参照液化石油气场站的要求编写。

8.2.3　站内道路交通评价

1　是按照《城镇燃气设计规范》GB 50028—2006第9.2.9条的要求编写的。

2　是按照《城镇燃气设计规范》GB 50028—2006第9.2.8条的要求编写的。

8.2.6　制冷装置评价

1　检查表（1）是按照《制冷空调作业安全技术规范》AQ 7004—2007第4.8.5.2条的要求编写的。

检查表（2）是按照《制冷空调作业安全技术规范》AQ 7004—2007第4.1.3条的要求编写的。

检查表（3）是按照《制冷空调作业安全技术规范》AQ 7004—2007第4.8.3和第4.8.4条的要求编写的。

2　表面有异常结冻现象说明冷箱保温效果不佳。

8.2.7　液化天然气装卸评价

6　目前国内尚无标准对液化天然气的灌装量有规定，液化天然气槽罐或储罐制造厂家在设备出厂时会提供使用说明书，其中对液化天然气的灌装量会有规定，因此规定应符合设备要求。

7　检查表（2）是按照《城镇燃气设施运行、维护和抢修安全技术规程》CJJ 51—2006第3.3.17条第5款的要求编写的。

8.2.8　气化装置评价

2　是按照《城镇燃气设施运行、维护和抢修安全技术规程》CJJ 51—2006第3.3.15条第2款的要求编写的，液化天然气气化器存在异常结霜说明气化效果不理想，有可能造成气化后的天然气温度过低，对后续设备和管道产生不良影响。

8.2.9　储罐评价

1　是按照《城镇燃气设施运行、维护和抢修安全技术规程》CJJ 51—2006第3.3.15条第4款的要求编写的。

2　是按照《城镇燃气设施运行、维护和抢修安全技术规程》CJJ 51—2006第3.3.15条第2款和第3款的要求编写的。目前液化天然气储罐上设有绝热层的压力表，检查很方便，所以未采纳原标准2年检查一次的要求。真空绝热粉末罐绝热层是抽真空的，而子母罐和混凝土预应力罐体积较大，无法抽真空，通常充填氮气。有异常结霜现象说明储罐绝热层破损较严重，冒汗程度较轻，有珠光砂泄漏说明有导致储罐绝热层失效的可能性，因此三种现象的扣分是不同的。

3　是按照《城镇燃气设施运行、维护和抢修安全技术规程》CJJ 51—2006第3.3.15条第1款的要求编写的。

4　是按照《城镇燃气设计规范》GB 50028—2006第9.4.13条的要求编写的。

5　翻滚的危害可参见《液化天然气的一般特性》GB/T 19204—2003第5.7.1条。其控制措施是按照《城镇燃气设施运行、维护和抢修安全技术规程》CJJ 51—2006第3.3.16条第3款和第4款以及《石油天然气工程设计防火规范》GB 50183—2004第10.4.2条的要求编写的。

6　垂直度的检测要求是按照《城镇燃气设施运行、维护和抢修安全技术规程》CJJ 51—2006第3.3.15条第4款的要求编写的。

7　检查表（1）是按照《城镇燃气设计规范》GB 50028—2006第9.2.10条第3款的要求编写的。（2）是按照《石油天然气工程设计防火规范》GB 50183—2004第10.3.3条第4款的要求编写的。

8.2.14　工艺管道评价

2　是按照《城镇燃气设施运行、维护和抢修安全技术规程》CJJ 51—2006第3.3.15条第5款的要求编写的。

8.2.16　消防及安全设施评价

1　是按照《石油天然气工程设计防火规范》GB 50183—2004第10.4.6条的要求编写的。

2　是按照《石油天然气工程设计防火规范》GB 50183—2004第10.4.3条第3款的要求编写的。

8.3　液化天然气瓶组气化站

8.3.1　总图布置评价

2　是按照《城镇燃气设计规范》GB 50028—

2006 第 9.3.5 条的要求编写的。

8.3.2 气瓶组评价

1 是按照《城镇燃气设计规范》GB 50028-2006 第 9.3.1 条第 1 款和第 2 款的要求编写的。

2 是按照《城镇燃气设计规范》GB 50028-2006 第 9.3.2 条的要求编写的。

9 数据采集与监控系统

9.1 一般规定

9.1.1 场站内的站控系统和仪表系统虽然也是数据采集与监控系统的组成部分，但同时也是场站或管道的组成部分，其评价内容在相应的章节中已做评价，因此本章仅对调度中心监控系统和通信系统进行评价。

9.2 调度中心监控系统

9.2.1 服务器评价

1 采用冗余配置，服务器能实现自动冗余切换功能；实时服务器要求 365 天×24 小时不间断运行，采用冗余配置能大幅度提高系统无故障时间。

2 CPU 负载率是衡量服务一个重要指标，负荷率大于 40% 时，系统运行可靠性和效率就明显降低。

3 实时服务器不断采集数据，实时数据库中数据会越来越大，本条是为保证实时数据的安全性。

4 在系统正常运行情况下任意 30min 内占用内存小于 60%，系统内存是衡量服务器一个重要指标，内存占用超过 60% 时，系统运行可靠性和效率就明显降低。

9.2.2 监控软件评价

7 是按照《城镇燃气设施运行、维护和抢修安全技术规程》CJJ 51-2006 第 3.4.2 条第 2 款的要求编写的。

9.2.4 系统运行环境评价

1 本条是为保证系统供电安全和系统扩展的需要。

2 关于电子信息设备信号接地的电阻值，IEC 有关标准及等同或等效采用 IEC 标准的国家标准均未规定接地电阻值的要求，根据行业内通用要求，一般计算机房直流工作接地电阻小于 1Ω。

3 是按照《电子信息系统机房设计规范》GB 50174-2008 第 8.3 节的要求编写的。

9.3 通信系统

9.3.1 通信网络架构与通道评价

2 视频信号需要占用大量带宽，只有采用光纤通信方式才能实时传输视频信号。

3 无线通信由于数据采集间隔时间长，无法实时采集报警信号，为了保证中心能及时采集到场站报警信号，需要采用逢变上报功能及时捕捉到场站报警信号。

10 用户管理

10.1 一般规定

10.1.1 明确了燃气用户管理现状安全评价的范围。由于管道燃气用户与瓶装液化石油气用户在用气系统的组成存在很大的差异，应分别评价。

10.1.2 管道燃气用户是以用户引入管为起点，对室内燃气管道及相关设施进行划分的，室外燃气管道及配套设施未包括在内；如果需要对管道燃气用户的室外燃气管道及其他部分进行评价，应按照其他章节相关要求进行。

10.1.3 由于每家燃气企业所管理不同类型的用户规模不尽相同，为了全面体现用户的现状水平，给出了总评价得分的一种计算方法，企业也可采用其他更科学的计算方法。

10.2 管道燃气用户

10.2.1 室内燃气管道评价

1 管道外观检查主要检查管道是否有锈蚀以及锈蚀的程度等，评价时可以通过轻轻敲击管道听声音、观察管道表面的损伤、测量管道外径等方式来判断。

2 燃气管道连接部位的密封性可用气密性试验或使用检漏仪器来测定。

3 软管与管道阀门、燃具的连接不牢固，导致软管脱落，燃气泄漏引发爆燃的事故在全国各地均有发生，而且十分频繁。因此，软管与管道阀门、燃具的连接处应采用压紧螺帽（锁母）或管卡（喉箍）固定牢固，不得有漏气现象。选用金属软管是用螺帽（锁母）固定，选用橡胶软管时用管卡（喉箍）固定。

10.2.5 用气设备评价

1 用气设备的生产资质是指国家燃气器具产品生产许可证和安全质量认证。直排式热水器因使用过程中事故不断，安全隐患严重，为了保证人民群众的生命安全，我国已从 2000 年 5 月 1 日起，禁止销售浴用直排式燃气热水器。

3 是按照《家用燃气灶具》GB 16410 第 5.3.1.12 条的要求编写的。

10.2.7 维修管理评价

2 报修程序和报修电话，是保证燃气管道安全运行，保障用户生命财产安全的重要手段，体现了燃气企业作为公用事业行业应承担的社会责任。

10.3 瓶装液化石油气用户

10.3.1 气瓶评价

1 是按照《城镇燃气设计规范》GB 50028-2006 第8.7.1条和第8.7.2条的要求编写的。

5 是按照《城镇燃气设计规范》GB 50028-2006 第8.7.4条的要求编写的。

11 安 全 管 理

11.2 安 全 管 理

11.2.2 安全生产规章制度评价

2 健全的安全生产规章制度应包括安全例会制度、定期安全学习和活动制度、定期安全检查制度、承包与发包工程安全管理制度、安全措施和费用管理制度、重大危险源管理制度、危险物品使用管理制度、隐患排查和治理制度、事故管理制度、消防安全管理制度、安全奖惩制度、安全教育培训制度、劳动防护用品发放使用和管理制度、安全工器具的使用管理制度、特种作业及特殊作业管理制度、职业健康检查制度、现场作业安全管理制度、三同时制度、定期巡视检查制度、定期维护检修制度、定期检测检验制度、安全标志管理制度、作业环境管理制度、工业卫生管理制度等。

11.2.3 安全操作规程评价

2 生产作业包括带气动火作业、吊装作业、限制性空间内作业、盲板抽堵作业、高处作业、动土作业、设备检修作业、停气与降压作业、带压开孔封堵作业、临时放散火炬作业、通气作业等。

11.2.4 安全教育培训评价

1 是按照《中华人民共和国安全生产法》(中华人民共和国主席令〔2002〕第70号)第20条的要求编写的。

2 是按照《中华人民共和国安全生产法》(中华人民共和国主席令〔2002〕第70号)第23条的要求编写的。

3 是按照《中华人民共和国安全生产法》(中华人民共和国主席令〔2002〕第70号)第21条的要求编写的。

11.2.6 工伤保险评价

1 是按照《工伤保险条例》(国务院令第586号)第2条的要求编写的。

2 是按照《工伤保险条例》(国务院令第586号)第10条的要求编写的。

11.2.10 重大危险源管理评价

2～4 是按照《中华人民共和国安全生产法》(中华人民共和国主席令〔2002〕第70号)第33条的要求编写的。

11.2.13 设备管理评价

1 设备的日常维护是保证设备正常运行的关键,对防止事故发生具有重要意义。

2 设备的安全技术档案主要包括设计校核文件、竣工图、制造和安装单位相关资质证明、产品质量合格证和说明书、产品质量监督检验证明、铭牌拓印件、注册登记使用证明、定期检验报告、检修维修记录、事故记录等。

中华人民共和国国家标准

城市规划基础资料搜集规范

Code for basic data collection of urban planning

GB/T 50831—2012

主编部门：中华人民共和国住房和城乡建设部
批准部门：中华人民共和国住房和城乡建设部
施行日期：２０１２年１２月１日

中华人民共和国住房和城乡建设部
公　　告

第 1495 号

住房城乡建设部关于发布国家标准《城市规划基础资料搜集规范》的公告

现批准《城市规划基础资料搜集规范》为国家标准，编号为 GB/T 50831-2012，自 2012 年 12 月 1 日起实施。

本规范由我部标准定额研究所组织中国计划出版社出版发行。

中华人民共和国住房和城乡建设部
2012 年 10 月 11 日

前　言

本规范是根据住房和城乡建设部《关于印发〈2008 年工程建设标准制定、修订计划（第一批）〉的通知》（建标标函〔2008〕23 号）的要求，由江苏省城市规划设计研究院会同有关单位共同编制完成。

本规范在编制过程中，编制组经过广泛调查研究，认真总结实践经验，参考国内外相关标准，并广泛征求意见，最后经审查定稿。

本规范共分 5 章，主要技术内容是：总则，城市总体规划的基础资料搜集，控制性详细规划的基础资料搜集，修建性详细规划的基础资料搜集，基础资料搜集的步骤、方法及成果。

本规范由住房和城乡建设部负责管理，由江苏省城市规划设计研究院负责具体技术内容的解释。执行过程中如有意见或建议，请寄送江苏省城市规划设计研究院（地址：江苏省南京市鼓楼区草场门大街 88 号江苏建设大厦，邮政编码：210036），以便今后修订时参考。

本规范主编单位：江苏省城市规划设计研究院

本规范参编单位：重庆市规划设计研究院
广州市城市规划勘测设计研究院
哈尔滨市城市规划设计研究院

本规范主要起草人员：袁锦富　徐海贤　杨红平
郑文含　叶兴平　彭瑶玲
王国恩　刘　伟　李　铭
杨秀华　陈燕飞　何　波
钱紫华　刘亚丽　易晓峰
余炜楷　张建喜　刑　青

本规范主要审查人员：陈秉钊　张京祥　鹿　勤
苏功洲　黄　平　任　洁
程大林

目 次

1 总则 …………………………………… 44—5
2 城市总体规划的基础资料搜集 ……… 44—5
3 控制性详细规划的基础资料搜集 …… 44—5
4 修建性详细规划的基础资料搜集 …… 44—6
5 基础资料搜集的步骤、方法及成果 …………………………………… 44—6
本规范用词说明 …………………………… 44—7
附：条文说明 ……………………………… 44—8

Contents

1 General provisions ················ 44—5
2 Basic data collection of comprehensive planning ···························· 44—5
3 Basic data collection of regulatory plan ································ 44—5
4 Basic data collection of site plan ··· 44—6
5 Step, method and result of basic data collection ························ 44—6
Explanation of wording in this code ··· 44—7
Addition: Explanation of provisions ··· 44—8

1 总 则

1.0.1 为了规范城市规划基础资料搜集,服务城市规划编制,制定本规范。

1.0.2 本规范适用于城市总体规划、控制性详细规划和修建性详细规划基础资料的搜集工作。

1.0.3 编制城市规划应搜集有关城市及其相关区域的自然、历史、经济、社会、文化、生态、环境、城市建设的现状资料、相关规划及其他资料。

1.0.4 基础资料搜集应以编制基准年数据为准。需要搜集历史数据资料时,宜以"历年"表述,应搜集5年~10年的数据。

1.0.5 城市人民政府应组织提供准确、有效的基础资料,其中涉及城市安全、经济、人口的资料,应以相关行政主管部门提供的数据为准。

1.0.6 城市规划基础资料的搜集,除应执行本规范外,尚应符合国家现行有关标准的规定。

2 城市总体规划的基础资料搜集

2.0.1 综合资料应包括政府及有关部门制定的法律、法规、规范、政策文件、规划成果和行政区划等资料,应由发改、经信、国土、民政、交通、环保、农业、规划、建设、水利(务)、电力、市政等部门提供。

2.0.2 自然条件资料应包括地形地貌、工程地质、水文及水文地质、气象等资料,应由国土、测绘、水利(务)、地震、气象等部门提供。

2.0.3 自然资源资料应包括土地资源、水资源、矿产资源、生物资源、能源等资料,应由国土、水利(务)、农林、环保、发改、统计等部门提供。

2.0.4 历史发展资料应包括城镇发展历史演变、行政区划变动等资料,应由地方志办公室、规划、建设等部门提供。

2.0.5 历史文化资料应包括市域的历史文化名城、名镇、名村,文物保护单位,地下文物埋藏区,非物质文化遗产,世界文化遗产,中心城区的历史城区、历史文化街区、历史地段、历史建(构)筑物、古树名木等资料,应由文物、文化等部门提供。

2.0.6 人口资料应包括户籍人口、城镇人口、农村人口和常住人口等资料,应由统计、计生、公安等部门提供,从其他渠道获取的资料应经统计部门确认。

2.0.7 经济社会资料应包括市域、市区、县(市)、镇(乡)的经济总量、产业发展、社会发展资料,应由统计、发改、经信等部门提供。

2.0.8 土地利用资料应包括市域城镇、乡、村庄建设用地、基本农田、土地出让等资料,应由规划、建设、国土等部门提供。

2.0.9 生态环境资料应包括生态保护空间、环境质量、排污量、生态建设工程及主要生态环境问题等资料,应由环保、农林、水利(务)、园林等部门提供。

2.0.10 居住资料应包括中心城区的各类居住用地、保障性住房用地等资料,应由房管、建设等部门提供。

2.0.11 公共管理与公共服务资料应包括行政办公、文化、教育科研、体育、医疗卫生、社会福利、外事、宗教等设施的数量、规模、布局等资料,应由文化、教育、卫生、体育、科技、民政、宗教事务等部门提供。

2.0.12 商业服务业资料应包括中心城区的商业、商务、娱乐康体、公用设施营业网点等主要设施的数量、规模、布局等资料,应由商务、文化等部门及金融机构提供。

2.0.13 工业资料应包括各类开发区、工业用地和主要工业企业资料,应由经信、外经贸、发改、规划等部门和开发区管理机构提供。

2.0.14 物流仓储资料应包括物资中转、配送、批发、交易等设施资料,应由交通、经信、发改、规划等部门及物流园区管理机构提供。

2.0.15 绿地资料应包括中心城区的公园绿地、防护绿地和广场用地等资料,应由城市园林绿化、建设等部门提供。

2.0.16 特殊用地资料应包括专门用于军事目的和安全保卫的设施资料,应由军事机关、公安等部门提供。

2.0.17 综合交通资料应包括区域交通设施和城市交通设施的等级、布局、运能、运量等资料,应由交通、港务、民航、铁路、发改、外经贸、公安、规划、建设等部门提供。

2.0.18 旅游资料应包括旅游镇、旅游村、A级景区、旅游度假区、风景名胜区、其他旅游资源和旅游服务设施等资料,应由旅游管理、规划、建设等部门及风景区管理机构提供。

2.0.19 供水工程资料应包括水源、清水通道、用水量、供水工程设施等资料,应由水利、规划、建设等部门及自来水公司、水务集团等企事业单位提供。

2.0.20 排水工程资料应包括污水处理厂、达标尾水通道、纳污水体、排水管网等资料,应由水利、规划、建设等部门及污水处理厂、水务集团等企事业单位提供。

2.0.21 电力工程资料应包括电源、用电量、电网等资料,应由发改、规划、建设等部门及电力公司等企事业单位提供。

2.0.22 通信工程资料应包括各类通信业务用户数据、通信设施等资料,应由规划、建设、经信等部门及电信、移动、联通、广电、邮政等企事业单位提供。

2.0.23 燃气工程资料应包括气源、供气方式、燃气场站设施、燃气管网等资料,应由发改、规划、建设、经信等部门及燃气公司等企事业单位提供。

2.0.24 供热工程资料应包括热源、供热方式、供热管网等资料,应由发改、规划、建设等部门及热力公司等企事业单位提供。

2.0.25 环卫工程设施资料应包括垃圾产生量、垃圾收集处理方式、垃圾填埋场、垃圾焚烧厂、粪便处理厂、餐厨垃圾处理厂(站)、堆肥厂等资料,应由建设、市政、城管、统计等部门提供。

2.0.26 殡葬设施资料应包括殡仪馆、火葬场、墓地与骨灰存放处等资料,应由民政等部门提供。

2.0.27 综合防灾资料应包括地质灾害、防洪、消防、抗震、人防、气象灾害等资料,应由国土、水利、消防、气象、地震、人防、规划、建设等部门提供。

2.0.28 地下空间利用资料应包括中心城区地下商业、交通等设施的资料,应由人防、商务、建设、交通等部门提供。

3 控制性详细规划的基础资料搜集

3.0.1 综合资料应包括政府及有关部门制定的法律、法规、规范、政策文件和规划成果等资料,应由国土、规划、建设、交通、环保、文化、教育、体育、卫生、水利(务)、电力、市政等部门提供。

3.0.2 自然条件资料应包括地形地貌、河流水系、地下水、植被等资料,应由国土、测绘、水利(务)、地震、农林等部门提供。

3.0.3 历史文化资料应包括历史文化街区、历史地段、文物保护单位、历史建(构)筑物、非物质文化遗产、古树名木等资料,应由文物、文化、规划、建设、园林绿化等部门提供。

3.0.4 土地利用资料应包括地价、地籍资料,应由国土、规划等部门提供。

3.0.5 生态环境资料应包括环境质量、生态建设工程、规划范围内排污量等资料,拟改变土地使用性质的原工业用地应搜集土壤污染的评价资料,应由环保、农林等部门提供。

3.0.6 居住资料应包括各类住宅、保障性住房、服务设施资料,应由房管、建设等部门和房产交易机构提供。

3.0.7 公共管理与公共服务资料应包括行政办公、文化、教育科研、体育、医疗卫生、社会福利、外事、宗教等设施的规模、布局、建筑等资料,应由文化、教育、卫生、体育、科技、民政、宗教事务等部门提供。

3.0.8 商业服务业资料应包括商业、商务、娱乐康体、公用设施营业网点等主要设施的规模、布局、建筑等资料,应由商务、文化等部门及金融机构提供。

3.0.9 工业资料应包括工业企业的规模、布局、建筑等资料,应由经信、外经贸、发改、规划等部门及开发区管理机构提供。

3.0.10 物流仓储资料应包括物流仓储设施性质、规模、布局等资料,应由交通、经信、发改、规划等部门及物流园区管理机构提供。

3.0.11 绿地资料应包括公园绿地、防护绿地和广场用地等资料,应由城市园林绿化、规划、建设等部门提供。

3.0.12 特殊用地资料应包括专门用于军事目的和安全保卫的设施资料,应由军事机关及公安等部门提供。

3.0.13 综合交通资料应包括区域交通设施、城市交通设施和重要地段地下交通设施的用地范围、线形走向、控制要求等资料,应由交通、发改、规划、建设等部门提供。

3.0.14 供水工程资料应包括用水量、供水工程设施等资料,应由规划、建设、水利等部门及自来水公司、水务集团等企事业单位提供。

3.0.15 排水工程资料应包括排水体制、污水处理厂、达标尾水通道、纳污水体、排水管网等资料,应由规划、建设、水利等部门及污水处理厂、水务集团等企事业单位提供。

3.0.16 电力工程资料应包括用电负荷、电源、供电方式、电力工程设施等资料,应由规划、建设等部门及电力公司等企事业单位提供。

3.0.17 通信工程资料应包括通信用户、通信管网、通信工程设施等资料,应由规划、建设、经信等部门及电信、移动、联通、广电、邮政等企事业单位提供。

3.0.18 燃气工程资料应包括气源、用气量、供气方式、燃气输配系统、燃气管网、燃气场站设施等资料,应由规划、建设等部门及燃气公司等企事业单位提供。

3.0.19 供热工程资料应包括热源、热负荷、供热方式、供热管网等资料,应由发改、规划、建设等部门及供热公司等企事业单位提供。

3.0.20 环卫资料应包括垃圾产生、处置及环卫设施布局等资料,应由规划建设部门提供。

3.0.21 殡葬设施资料应包括殡仪馆、火葬场、墓地与骨灰存放处等资料,应由民政等部门提供。

3.0.22 综合防灾资料应包括防洪、消防、抗震、人防等资料,应由国土、水利、消防、气象、地震、人防、规划、建设等部门提供。

3.0.23 地下空间利用资料应包括交通、市政等基础设施及地下商业、文化娱乐等公共设施的资料,应由人防、商务、交通、规划、建设等部门提供。

4 修建性详细规划的基础资料搜集

4.0.1 综合资料应包括政府及有关部门制定的法律、法规、规范、政策文件和规划成果等资料,应由规划、建设等部门提供。

4.0.2 自然条件资料应包括地形地貌、地下水、工程地质、植被等资料,应由国土、测绘、水利(务)、地震、农林等部门提供。

4.0.3 历史文化资料应包括规划地块和邻近地区的文物保护单位、历史建(构)筑物、非物质文化遗产、古树名木及城市的文化底蕴、空间肌理、建筑特色等资料,应由文化、文物、园林绿化、规划、建设等部门提供。

4.0.4 土地利用资料应包括地价、地籍资料,应由国土、规划等部门提供。

4.0.5 建(构)筑物资料应包括各类建(构)筑物的质量、功能、结构资料,应由建设等部门提供。

4.0.6 道路交通资料应包括规划范围内道路交通规划和城市交通设施布局的相关资料,应由交通、规划、建设等部门提供。

4.0.7 供水工程资料应包括给水管线、预留接管、给水加压泵站、再生水设施等资料,应由规划、建设、水利等部门及自来水公司、水务集团等企事业单位提供。

4.0.8 排水工程资料应包括排水体制和污水、雨水设施资料,应由规划、建设、水利等部门及污水处理厂、水务集团等企事业单位提供。

4.0.9 电力工程资料应包括用电负荷、电源、供电方式、电力工程设施及中低压配网等资料,应由规划、建设等部门及电力公司等企事业单位提供。

4.0.10 通信工程资料应包括通信用户、通信管网、通信工程设施等资料,应由规划、建设、经信等部门及电信、移动、联通、广电、邮政等企事业单位提供。

4.0.11 燃气工程资料应包括气源、用气量、供气方式、燃气输配系统、燃气管网、燃气场站设施等资料,应由规划、建设等部门及燃气公司等企事业单位提供。

4.0.12 供热工程资料应包括热源、热负荷、供热方式、供热管网等资料,应由发改、规划、建设等部门及供热公司等企事业单位提供。

4.0.13 环卫工程资料应包括垃圾转运站、垃圾收集点、公共厕所和餐厨垃圾处理设施等资料,应由规划、建设、城管等部门提供。

4.0.14 防灾设施资料应包括防洪、消防、抗震防灾、人防等资料,应由国土、水利、消防、气象、地震、人防、规划、建设等部门提供。

4.0.15 地下空间利用资料应包括交通、市政等基础设施和地下商业、文化娱乐等公共设施的资料,应由人防、交通、市政、规划、建设等部门提供。

5 基础资料搜集的步骤、方法及成果

5.0.1 搜集步骤应符合下列规定:
1 应根据规划类型和编制要求,确定所需资料的调查提纲。
2 应根据调查提纲,拟定有关资料的调查内容、调查对象、调查方法,设计调查表格、调查问卷、访谈要点等。
3 应开展调查。
4 应分析、整理、归纳基础资料,并应形成调研成果。

5.0.2 调查方法应符合下列规定：
1 应现场踏勘调查。
2 应召开座谈会。
3 应根据调查内容发放调查表格、调查问卷。
4 应走访有关部门、企业、公众，进行访谈和资料搜集。
5 应进行文献资料的摘编整理。

5.0.3 成果表达应符合下列规定：
1 搜集的基础资料应进行分析、整理，并应作为规划成果的组成部分。其中，城市总体规划应形成"基础资料汇编"。基础资料汇编应包括综合资料目录、各类表格汇总及分析、各类资料的文字整理、重要座谈会记录、调查问卷原始表格等。
2 应绘制完成现状图。

本规范用词说明

1 为便于在执行本规范条文时区别对待，对要求严格程度不同的用词说明如下：
　1)表示很严格，非这样做不可的：
　　正面词采用"必须"，反面词采用"严禁"；
　2)表示严格，在正常情况下均应这样做的：
　　正面词采用"应"，反面词采用"不应"或"不得"；
　3)表示允许稍有选择，在条件许可时首先应这样做的：
　　正面词采用"宜"，反面词采用"不宜"；
　4)表示有选择，在一定条件下可以这样做的，采用"可"。
2 条文中指明应按其他有关标准执行的写法为："应符合……的规定"或"应按……执行"。

中华人民共和国国家标准

城市规划基础资料搜集规范

GB/T 50831—2012

条 文 说 明

制 订 说 明

根据住房和城乡建设部《关于印发〈2008年工程建设标准制定、修订计划（第一批）〉的通知》（建标标函〔2008〕23号）的要求，《城市规划基础资料搜集规范》GB/T 50831-2012由江苏省城市规划设计研究院主编，重庆市规划设计研究院、广州市城市规划勘测设计研究院、哈尔滨市城市规划设计研究院参加编制。经住房和城乡建设部2012年10月11日以第1495号公告批准发布。

为便于广大城市规划的设计、管理、教学、科研等有关单位人员在使用本规范时能正确理解和执行本规范，《城市规划基础资料搜集规范》编制组按章、条顺序编制了本规范的条文说明，对条文规定的目的、依据以及执行中需注意的有关事项进行了说明。但是，本条文说明不具备与规范正文同等的法律效力，仅供使用者作为理解和把握规范规定的参考。

目　次

1 总则 …………………………………… 44—11
2 城市总体规划的基础资料搜集 …… 44—11
3 控制性详细规划的基础资料搜集 … 44—14
4 修建性详细规划的基础资料搜集 … 44—16
5 基础资料搜集的步骤、方法及成果 ……………………………………… 44—17

1 总 则

1.0.1 基础资料是指编制城市规划所需的最基本、最关键的原始资料,包括各类数据、图纸、文字说明等。基础资料的搜集与整理是规划工作的一个重要环节,也是城市规划的基础工作。根据城市规划编制要求,确定资料搜集的内容、深度、来源,并使城市规划基础资料搜集规范化、标准化。

1.0.2 本规范适用于城市规划的编制工作,与《城市用地分类与规划建设用地标准》GB 50137—2011等标准配套使用。

1.0.3 根据城市规划编制办法的要求,本规范确定了应当调研的各类基础资料。我国幅员辽阔,不同地区城市在自然条件、区域位置、发展阶段、规划重点等方面存在诸多差异,因此,基础资料搜集内容可酌情增减。

1.0.4 "基准年"是指基础资料统计的截止时间,城市总体规划以规划编制起始年的前一年为基准年。城市总体规划一般编制时间较长,上报时涉及经济社会发展状况等的主要数据资料应更新到上报前一年。控制性详细规划一般以编制起始年的前一年为基准年,有条件的应搜集当年的资料。

1.0.5 "准确"是指有关部门提供的数据资料应当客观、真实,与空间范围一致。"有效"是指资料的时效性和权威性,地形图应为反映已建设情况的图纸,数据资料应为基准年的数据,历年的资料应从基准年追溯到5年以上资料,涉及城市安全和人口等数据应以权威部门提供的为准。城市安全资料包括地质灾害、气象灾害等资料。灾害分布、影响范围和危害程度的相关数据资料和图纸应由测绘、地震、水利(务)、气象等部门提供。经济增长和人口自然增长预测的数据应由发改、计生等部门提供或确认。

2 城市总体规划的基础资料搜集

2.0.1 综合资料是确定城乡发展战略和经济、社会、生态、城乡建设发展目标的依据,包括国家、省、城市人民政府及其有关部门的年度总结(报告)、调研成果、研究报告、政策文件等;省、城市人民政府制定的国民经济和社会发展五年规划、省域城镇体系规划、省域主体功能区规划、区域规划、基础设施规划,地(市)需要搜集隶属城市的城市总体规划及其经济、社会、基础设施等方面的相关规划;相邻城市的城市总体规划;城市国民经济和社会发展五年规划、土地利用总体规划以及住房、公共设施、工业、生态、环境、交通、旅游、物流、市政设施、地质灾害、矿产资源开发等相关规划;历版城市总体规划,城市及所辖各县(市)、镇(乡)总体规划,地(市)市区范围或县(市)市域范围的镇村体系规划;行政区划资料,包括省级行政区划图、城市行政区划图,其中城市行政区划图需要提供包括各级行政界线的电子文件;中心城区各类用地的审批资料、近期新建及改建项目计划;各级城市(镇、乡)的统计年鉴(统计报表)、城市建设年报、村镇建设年报。其中,"政策文件"指国家、省、城市人民政府和规划建设主管部门制定的涉及城市总体规划编制和实施管理的文件。由于全国城镇体系规划、省域城镇体系规划等编制时间不同步,某些城市在搜集上述规划资料时还应搜集国家、区域层面的相关规划资料,如广州城市总体规划编制需要搜集全国城镇体系规划、珠三角城镇群规划等资料。"相关规划"指由有关城市职能部门编制的专项规划,包括住房建设规划,教育设施规划,生态市建设规划,环境保护规划,地表水(环境)功能区划,综合交通运输体系规划,城市综合交通规划,供水、供电、供热、防灾等城市基础设施专项规划。

2.0.2 自然条件资料是开展城市用地评定、空间布局、基础设施、综合防灾和蓝线规划的重要依据,分市域和中心城区搜集。市域资料包括:(1)地形图:比例尺1∶10000~1∶50000,有条件时可搜集航片图、卫星遥感图;(2)工程地质:历史上地震的活动周期、震源、震级、烈度、断裂带、火山等的分布及活动情况,地热、温泉等的分布,滑坡、崩塌、泥石流、地面沉降、流砂、采空区等的分布;(3)水文及水文地质:地面水系的名称、源流、走向及其分布,主要河流的泥沙淤积、水位、流量等,地下水的分布、补给条件等;(4)气象:气候类型,太阳辐射,年均气温,极端最低气温,极端最高气温,年均降水量、丰枯年降水量、历年暴雨量资料。中心城区资料包括:(1)地形图:比例尺1∶1000~1∶10000;(2)工程地质:断裂带的位置、活动性、影响范围,地热、温泉等的位置、储量,地基承载力资料,崩塌、滑坡、泥石流、地面沉降、流砂、采空区等的位置、影响范围;(3)水文及水文地质:主要河流的位置、断面、水位、流量、流速,地下水的种类、分布、水位、水温、影响范围;(4)气象:风玫瑰图、四季主导风向、平均风速、最大风速,暴雨强度公式,最大冻土深度及分布。

国土、测绘等部门应提供地质灾害分布、影响范围、危害程度的图纸和数据;水利(务)部门应提供洪涝灾害等的分布、影响范围、危害程度的图纸和数据;气象部门应提供飓风等气象灾害的分布、影响范围、危害程度的图纸和数据。

我国各地不同城市的市域、中心城区面积差别很大,地形图可根据实际情况选取合适的比例尺。

2.0.3 自然资源资料是开展城市空间布局、基础设施和资源利用与保护规划的依据,分市域和中心城区搜集。

市域资料包括:(1)土地资源:土地总面积,耕地、林地、滩涂、水域、未利用土地等的面积和分布,可根据需要搜集草地、沼泽地、盐碱地等其他土地类型资料,沿海、沿江、滨湖城市由于滩涂侵蚀、淤积以及人工吹填等原因,陆地面积可能发生变化,因此在搜集土地资料时,应明确土地面积对应的时间,同时提交相应的图纸;(2)水资源:历年地表水的水资源总量、可开发利用量,历年地下水的储量、可开发利用程度,主要河流的名称、流量,主要湖泊、水库等的名称、类型、范围、面积、容量(库容)、历年水量等;(3)矿产资源:主要矿种及品位、储量、分布,已开发利用比例;(4)生物资源:植被类型及分布,珍稀动植物、各级保护动植物的种类、数量、保护级别和分布;(5)风能、地热、潮汐能、水能等的分布、开发利用现状及开发潜力,太阳能、生物质能的开发利用现状及核能的开发利用现状,各类能源的使用情况与能源结构。

中心城区资料包括:(1)土地资源:耕地、林地、水域、空闲地等的范围;(2)矿产资源:主要矿种的分布范围、已开采范围。

2.0.4 历史发展资料是确定城市职能、发展方向和空间布局等的重要依据。城镇发展历史演变包括:不同历史时期城镇职能、经济、文化、社会发展,城镇规划建设等变化情况,中心城区不同发展阶段的城市人口规模、用地规模、用地范围;行政区划变动包括撤地设市、撤县设市、撤县设区、乡镇撤并、中心城区行政界线等的变动。相关资料也可从地方志、建设志和历版城市总体规划中获取。

2.0.5 历史文化资料是历史文化保护规划、四区划定和旅游等服务业发展规划的重要依据。历史文化资料包括:历史文化名城、名镇、名村的名称、级别、分布;文物保护单位的名称、类型、级别、分布;地下文物埋藏区范围;非物质文化遗产名录及其分布;世界文化遗产的名称、分布;历史城区的范围;具有保护价值的历史地段的用地范围;历史建(构)筑物的名称、年代、性质、分布等;古树名木的年代、保护级别。其中文物保护单位的分级包括国家级、省级、县(市)级。"四区划定"指依据资源环境保护和经济社会发展要求划定"已建区、禁建区、限建区、适建区"。

2.0.6 人口资料是预测城镇化水平、城市人口规模的主要依据。其中,户籍人口资料包括:历年市域、市区的户籍人口总量、出生率、死亡率、自然增长率、机械增长率、性别构成、年龄结构、素质结构、民族构成和宗教构成；城镇人口资料包括历年市域、市区城镇人口数量；农村人口资料包括历年市域、市区、镇(乡)的农村人口数量；常住人口资料为户籍人口数量与暂住半年以上人口数量之和，应搜集历年市域、市区暂住半年以上的人口数量。地(市)应搜集基准年分县(市)、分乡镇各类人口资料，县(市)应搜集基准年分乡镇各类人口资料。

计生部门应提供规划期内人口自然增长预测的数据，公安部门应提供暂住半年以上人口的数量、职业构成。

2.0.7 经济社会资料是确定城乡发展战略与目标、产业发展与空间布局、重点城镇发展定位的依据。其中，经济总量资料包括：历年市域、市区、县(市)、镇(乡)的GDP、财政收入、固定资产投资、实际利用外资、进口总额、出口总额、社会零售商品总额等。产业发展资料包括：历年市域、市区、县(市)的农业总产值、工业总产值、三次产业增加值、规模以上企业的分行业产值、各产业内部产值构成等。社会发展资料包括：市域、市区、县(市)的城镇居民人均可支配收入、农民人均纯收入、恩格尔系数、卫生机构数、床位数、卫生技术人员数、人均期望寿命、各类专业技术人员数、劳动力人均受教育年限、九年制义务教育普及率。地(市)应按市区、分县(市)搜集资料，县(市)应分镇(乡)搜集资料。经济社会数据以统计部门的统计年鉴、统计报表为准。发改部门应提供规划期内经济增长速度、经济总量、三产结构的预测数据。有条件时可搜集信息流、资金流的相关数据。

2.0.8 土地利用资料是进行四区划定、确定土地资源利用与保护要求、重点城镇用地规模与建设用地控制范围、村庄布局调整的依据，包括：城镇、乡、村庄的建设用地面积；基本农田的面积、分布；历年新增建设占用农用地面积、新增建设占用耕地面积；历年土地出让的用途、面积、已批未建的用地类型、面积和闲置时间。城镇、乡、村庄建设用地面积可从规划建设部门的城市建设年报、村镇建设年报获取。国土部门应提供土地利用变化的有关数据及相应图纸。

2.0.9 生态环境资料是确定生态环境保护与利用的综合目标和要求，提出污染控制与治理、空间管制原则与措施的依据，分市域和中心城区搜集。

市域资料包括：(1)生态保护空间：自然保护区、森林公园、风景名胜、地质公园、饮用水源保护区、水源涵养区、重要湿地、清水通道维护区、郊野公园等的名称、类别、等级、范围、面积；(2)生态建设工程：生态公益林、防护林、水土流失治理、退耕还林(草)、湿地恢复、水体生态恢复等工程的名称、规模、分布等；(3)环境质量：大气环境和水环境功能区划、主要水体及大气环境质量状况及变化趋势、酸雨频率、分布区域、生活污水、工业废水排放总量及主要污染物排放量、主要污染源分布和纳污水体、工业废气排放总量及主要污染物排放量；工业固体废物排放量、综合利用和处置量、危险固废产生量及其处置设施的位置、规模、占地面积、处置量等；(4)区域生态问题：水土流失、沙漠化、石漠化、盐渍化、生物多样性减少等的成因、范围、发生特点、历史发展过程和发展趋势。

中心城区资料包括：(1)水：历年主要水体水质，生活污水、工业废水排放总量及主要污染物排放量，主要污染源分布和纳污水体；(2)大气：历年大气环境质量、工业废气排放总量及主要污染物排放量、主要工业污染源分布，机动车尾气排放总量和主要污染物排放量；(3)噪声：区域环境噪声和功能区噪声等效声级；(4)固废：工业固体废物排放量、综合利用和处置量、处置方式，危险废物产生量及综合处理、处置量、处置方式。

2.0.10 居住资料是确定住房政策、建设标准、居住用地布局及标准的依据。其中，保障性住房指经济适用房、廉租住房以及其他政府限定标准、限定价格或租金、为中低收入阶层提供的住房。居住资料包括：中心城区各类居住用地的面积、分布；经济适用房、廉租住房与其他保障性住房的用地面积、建筑面积和套数；住房供应体制及供需状况；外来人口集中居住区的分布、面积及设施水平。有条件时可搜集房地产年鉴。

2.0.11 公共管理与公共服务资料是确定市域重要公共管理与公共服务设施布局、中心城区中心体系及公共管理与公共服务设施布局的依据。其中，"布局"在市域是指以城镇为单元，按类别统计的设施数量；在中心城区是指设施的空间位置。市域公共管理与公共服务资料包括：高等院校、中等专业学校、中小学、特殊教育学校等教育设施的规模、数量、分布；公共图书馆、综合文化活动中心、老年活动中心等文化设施的规模、数量、分布；综合医院、专科医院、卫生防疫机构、急救中心等医疗卫生设施的规模、数量、分布；体育场馆、体育训练设施等体育设施的规模、数量、分布；福利院、养老院、孤儿院等社会福利设施的规模、数量、分布。中心城区公共管理与公共服务设施资料包括：党政机关、社会团体、事业单位等行政办公设施的名称、位置、占地面积、建筑面积；公共图书馆、博物馆、科技馆、纪念馆、美术馆和展览馆、会展中心、综合文化活动中心、文化宫、青少年宫、儿童活动中心、老年活动中心等文化设施的名称、数量、位置、占地面积、建筑面积、规模；高等院校、中等专业学校、中小学、特殊教育学校、科研事业单位等教育科研设施的名称、数量、位置、占地面积、建筑面积、学生数、教职工数，中小学需要统计班级数；综合医院、专科医院、社区卫生服务中心、卫生防疫机构、特殊医疗设施、急救中心等医疗卫生设施的名称、数量、位置、占地面积、建筑面积、卫生技术人员数，医院的等级、床位数、诊疗人次；体育场馆、体育训练设施等体育设施的名称、数量、位置、占地面积、建筑面积、座位数；福利院、养老院、孤儿院等社会福利设施的名称、数量、位置、占地面积、建筑面积、接纳人数；外国驻华使馆、领事馆、国际机构等外事设施的名称、数量、位置、占地面积、建筑面积；宗教设施的名称、数量、位置、占地面积、建筑面积。除上述资料外，中心城区文化、教育科研、医疗卫生、体育、社会福利等设施，需要搜集更为详细的现状配置情况资料，如等级、服务范围等。

2.0.12 商业服务业资料是确定中心城区中心体系、商业服务业设施布局的依据，包括：零售、餐饮、旅馆等商业设施的数量、位置、占地面积、建筑面积，市场的名称、性质、占地面积、建筑面积；金融保险、艺术传媒等商务设施的位置、占地面积、建筑面积；娱乐、康体等设施的数量、位置、占地面积、建筑面积；零售加油、加气、电信、邮政、供水、燃气、供电、供热等公用设施营业网点设施的数量、位置、占地面积。商业服务业设施资料搜集以大、中类设施为主，中小城市可搜集至小类设施。

2.0.13 工业资料是确定工业用地布局的依据。其中，"开发区"包括经济开发区、高新技术园区、保税区、出口加工区、边境经济合作区等。其中"经济开发区"包括国家级经济技术开发区、省级经济开发区、市级开发区；"高新技术园区"包括国家级高新技术产业开发区、省级高新技术产业园区。市域工业资料包括：各类开发区的名称、等级、分布、占地面积、已开发面积、工业总产值及增加值等；分乡镇集中工业用地的分布、占地面积等；各区、县(市)主要工业企业的名称、工业门类、权属、工业总产值、工业产品销售收入、工业利润总额、工业税总额、职工人数等。中心城区工业资料包括：各类开发区的名称、等级、用地范围、占地面积、已开发面积，工业总产值及增加值、分行业工业产值、就业人口数量，其他工业区的用地范围、占地面积；工业企业的名称、位置、占地面积、工业门类、工业产值、工业利税总额、职工人数等。县(市)城市总体规划编制时一般需要搜集分乡镇集中工业用地资料，地(市)城市总体规划编制时应搜集市区范围内的相应资料。

2.0.14 物流仓储资料是确定物流仓储设施布局的依据。其中，市域物流仓储资料包括物流园区、物流中心、货运站等设施的名称、分布、占地面积、已开发面积、设计货物集散能力；中心城区物流仓储资料包括物流设施的名称、位置、占地面积、功能、服务范围、运输方式，一般仓库、危险品仓库、堆场等设施的名称、权属、存储物品、位置、占地面积。

2.0.15 绿地资料是城市绿地系统规划、空间景观规划和绿线规划的依据。其中，公园绿地指向公众开放、以游憩为主要功能，兼具生态、美化、防灾等作用的绿地，包括综合性公园、纪念性公园、儿童公园、动物园、植物园、古典园林、风景名胜公园等。公园绿地资料中包括其名称、位置、占地面积。防护绿地指城市中具有卫生、隔离和安全防护功能的绿地，包括卫生隔离带、道路防护绿地、城市高压走廊绿带等。防护绿地资料包括其名称、位置、占地面积、主要树种。广场用地指以硬质铺装为主的城市公共活动场地。广场绿地资料包括其名称、位置、占地面积、绿化覆盖率。

2.0.16 特殊用地资料是确定军事和安保等设施用地规划的依据。其中，军事设施资料包括指挥机关、营区、训练场、军用机场、港口、军用仓库、军用通信、导航、观测台站等设施的分布、占地面积；安保设施资料包括监狱、拘留所、劳改场所等的名称、位置、占地面积。军事设施是属于保密性质的设施，应了解其分布和对周边规划建设要求；安保设施应搜集较为详细的资料，应由军事机关、公安等部门提供。特殊用地资料可视情况进行搜集，并按照相关法律法规要求进行必要的处理后使用。

2.0.17 综合交通资料是确定交通发展战略、发展目标和设施布局的依据。其中，区域交通设施资料包括市域范围内公路、铁路、水运、航空、管道等五大运输方式的相关资料。公路资料包括高速公路、一级公路和其他等级公路名称、里程、布局，国、省道历年日均交通量；铁路资料包括高速铁路、城际铁路和Ⅰ、Ⅱ、Ⅲ级铁路及重要铁路专用线等的线路布局、年均客货运量；航道资料包括等级以上航道的名称、等级、布局，干线航道（五级以上）主要断面和船闸历年年均货物通过量、通过能力；航空资料包括民用机场的等级和布局、各机场历年航线以及客货运量、净空要求；管道资料包括区域性油、气等管道的类型、布局及其历年流量、流向，主要配套阀站布局；岸线和港口资料包括沿江（河）、沿海已利用岸线的类型、长度、范围，港口布局，港口码头的泊位等级、数量、通过能力、历年客货运吞吐量、流向及对外集疏运系统；对外口岸资料包括港口、陆地、航空等的等级、分布、功能、历年客货运吞吐量；客货运站场资料包括公路客货运站、铁路客货运站的布局、占地面积、集散能力、历年集散量，主要交通枢纽各类运输方式转换量；车辆保有量资料包括市区、县（市）历年机动车、非机动车分车型保有量。公路资料的搜集可根据城市规模以及公路现状建设水平确定搜集的深度，一般地(市)搜集到二级及以上等级公路资料，县(市)搜集到三级以上等级公路资料，部分公路建设水平较低的县(市)搜集等级以上公路和乡公路资料。铁路资料的搜集，县(市)搜集到支线及以上等级铁路资料，重要的铁路支线地(市)也应搜集。航道资料可根据市域范围内航道数量、等级等确定搜集的深度,市域内航道网密集、高等级航道较多的城市一般搜集到五级及以上等级航道资料，航道较少或现状航道等级较低的城市可搜集到等级以上航道资料。交通枢纽和多式联运是未来综合交通发展的趋势，应重视综合交通枢纽和多式联运场站的客货运流量、流向和变化趋势的调查。

城市交通设施资料包括中心城区范围内城市道路、交通设施和客货运量相关资料。城市道路资料包括快速路、主干路、次干路、主要支路等的名称、起讫点、长度、宽度、横断面形式；主要桥梁、涵洞、立交的位置。公共交通资料包括城市轨道的线路和站点布局、日均客运量、单向高峰最大断面流量，车辆段、停车场布局、快速公交（BRT）的线路、站点及配套停车场布局；常规公交历年的运营线路、车辆数、年客运量，首末站的数量、占地面积，停车场、维修保养场布局和占地面积，专用道布局；历年出租车车辆数；水上公共交通的线路、码头布局，船舶运载能力、数量，历年客运量；缆车、索道的线路、运载能力、历年客运量。停车设施资料包括配建标准，停车设施泊位总数，路内、路外公共停车设施的泊位数，主要路外停车设施布局、占地面积、收费方式和标准。加油（气）站资料包括数量、布局、总占地面积。交通政策资料包括各类交通工具发展政策、城市交通管理政策、公交优先发展政策、停车设施发展政策等。城市交通设施资料搜集重点包括三个方面：一是空间属性，即分布、位置和用地面积；二是现状配置情况，如道路、桥梁、轨道交通线路、停车场、保养场、加油站、公交车辆的配置等；三是运营情况，如轨道交通、快速公交、常规公交的客运量，停车场的周转率、收费形式等。资料搜集应重视公共交通，特别是轨道交通、公交专用道、常规公交基础设施的调查。城市公共交通分为轨道交通、快速公交、常规公交、水上公共交通、其他公共交通。轨道交通包括地铁系统、轻轨系统、单轨系统、有轨电车、磁浮系统、自动导向轨道系统；水上公共交通包括城市客渡、城市车渡；其他公共交通包括客运索道、客运缆车、客运扶梯、客运电梯。县（市）公共交通资料的搜集，不仅要搜集城市公交的相关资料，还需搜集城乡公交的线路、场站、客运量等资料。中心城区道路资料可根据城市规模确定搜集深度，大城市可搜集到次干路，中小城市应搜集到重要支路。停车设施的资料搜集，特大城市和大城市只需搜集停车设施泊位总数，公共停车设施的泊位数，路内、路外停车设施的比例等资料，中小城市还需要对规模较大的路外公共停车设施（一般大于50个泊位）的相关资料进行搜集。不同城市根据自身的交通状况，对小汽车、摩托车、非机动车等各类型交通工具会制定不同的交通发展政策，同时，城市在公交优先、停车设施等方面会制定发展目标和实施措施。因此，在资料搜集时应了解有关政策的实施情况及对城市交通产生的影响。城市总体规划阶段，为加强交通定量分析，可在中心城区范围内进行居民出行OD调查、城市道路交通流量调查、出入口机动车OD调查等。

2.0.18 旅游资料是确定旅游发展目标、发展战略、空间布局、产品组织和服务设施等的依据。旅游资料包括历年市域、县（市）旅游镇、旅游村的游客人数、旅游总收入、旅游从业人数，基准年客源市场构成、游客构成，主要旅游线路；旅游资源的名称、分布；A级景区、旅游度假区、风景名胜区的名称、等级、范围、占地面积；旅游服务设施的名称、接待能力、位置等。其他旅游资源指具有旅游价值或旅游开发潜力的自然资源、人文资源、产业资源等，应搜集其名称、位置、范围等。

2.0.19 供水工程资料是用水量预测、供水设施规划的依据，市域应搜集到镇（乡）及以上，中心城区应搜集到总体规划用地范围。市域资料包括：(1)水源：名称、分布，供水能力，清水通道名称、分布；(2)用水量：生活用水、生产用水等各类用水量及其所占比重，供水普及率；(3)设施：水厂及取水口的名称、分布、设计规模、实际供水规模、服务范围，区域供水加压泵站的名称、分布、规模、服务范围，区域输水管线的管径、走向、服务范围。中心城区资料包括：(1)水源：主要水源及备用水源的名称、位置、供水能力；主要自备水源的名称、位置、来源、取水量及供水能力；(2)用水量：生活用水量、工业用水量，其他用水量及其所占比例，供水水质达标率；主要用水大户的分布、用水量；(3)设施：水厂及取水口的名称、位置、设计规模、建设规模、实际供水规模、占地面积、服务范围，加压泵站的名称、位置、规模、服务范围，输水、配水管线的管径、走向、服务范围；再生水处理设施名称、位置、规模、服务范围，再生水管线的管径、走向。

2.0.20 排水工程资料是排水量预测、排水标准确定、排水设施规划的依据，市域应搜集到镇（乡）及以上，中心城区应搜集到总体规划用地范围。市域资料包括：(1)污水处理厂的名称、分布、规模、处理等级，尾水排放水体；(2)跨区域、跨流域的大型污水干管的走向、管径；(3)尾水通道的名称、位置、走向(4)生活污水量、工业废水量，污水集中处理率，再生水用量。中心城区资料包括：(1)排水体制、排水分区区分；(2)污水：生活污水量、工业废水量，污水集中处理率，再生水用量及污泥处置方式；(3)设施：污水处理厂(站)的名称、位置、规模、工艺、处理等级及服务范围，尾水排放及纳污水体，污水(截流)干管的走向、管径，污水提升泵站的名称、位置、规模，雨水干管(沟)走向，雨水储蓄、利用设施的规模、布局、占地面积。

2.0.21 电力工程资料是用电量及负荷预测、电力设施规划的依据,市域应搜集到镇(乡)及以上,中心城区应搜集到总体规划用地范围。其中市域资料包括:(1)电源:名称、类型、分布、装机容量、电压等级、服务范围;(2)用电量:历年分县(市、区)全社会用电量、最高用电负荷;三次产业与居民用电量,工业用电量,主要行业用电量;电力弹性系数,年最大负荷利用小时;(3)电网:供电电压等级、电网结构;110kV 及以上变电站的名称、分布、电压等级、主变容量、供电范围、最大负荷、最大负载率;110kV 及以上电力线路走向、敷设方式。中心城区资料包括:(1)电源:名称、类型、位置、装机容量、电压等级、占地面积、服务范围;(2)用电量:用电量、最高用电负荷、负荷分布;(3)电网:110kV 及以上变电站(含用户变)名称、位置、主变容量、电压等级、占地面积、供电范围、供电能力、最大负荷、最大负载率、改扩建计划;110kV 及以上电力线路走向、敷设方式。

用电量、负荷一般应搜集 5 年~10 年资料,有条件时可搜集 10 年以上资料;市域主要行业用电量资料包括按行业用电分类或产业用电分类的各类负荷年用电量;中心城区负荷分布指具有明显地域界限、行政界限的各片区用电负荷,大城市一般需搜集负荷分布资料。经济发展水平高的城市市域电网资料只需搜集 220kV 及以上电压等级,经济发展水平低的城市市域电网资料应搜集 110kV 及以上电压等级;部分有 66kV 电压等级的地区,中心城区可搜集 66kV 及以上电压等级电网资料。110kV 及以上电力线路敷设包括架空、埋地(含共同沟)两种方式,采用共同沟敷设的,应标明其走向、位置、断面形式。

2.0.22 通信工程资料是通信业务预测、通信设施规划的依据,市域应搜集到镇(乡)及以上,中心城区应搜集到总体规划用地范围。其中市域资料包括:(1)固定电话、移动电话、互联网、有线电视的用户数量、普及率;各通信运营商的业务范围、网络覆盖、用户分布;汇接中心、综合交换端局、卫星地面接收站等通信局所的分布、功能、容量、服务范围,广电中心(分中心)的分布、功能,邮政枢纽中心和邮政局的名称、分布、服务范围等;区域微波通道的功能、走向;(2)通信主干光缆通道走向。中心城区资料包括:(1)固定电话、移动电话、互联网、有线电视的用户数量、普及率;汇接中心、综合交换端局、综合接入模块局、服务中心等通信局所的名称、位置、类型、功能、容量、实装用户、占地面积、服务范围,广电中心、分中心、分前端等设施的位置、功能、占地面积及服务范围,邮政局所的位置、服务功能、占地面积;微波通道走廊的功能、走向;(2)各运营商的通信管线走向、敷设方式,军用通信管线的走向、敷设方式。

市域通信工程资料应反映近年来用户发展趋势和网络建设重点,有条件时可搜集 5 年~10 年的固定电话、移动电话、互联网、有线电视用户数量、普及率等资料。通信线路敷设包括架空、埋地(含共同沟)两种方式,采用共同沟敷设的,应标明其走向、位置、断面形式;市域通信主干光缆通道包括与周边城市通信联系的主要通道和市域内部主要通信局所间的主干联系通道。

2.0.23 燃气工程资料是用气量预测、供气方式确定、燃气设施规划的依据,市域应搜集到镇(乡)及以上,中心城区应搜集到总体规划用地范围。其中市域资料包括:气源种类、来源、供应量及构成,历年用户及用气量变化、燃气普及率、燃气分输站、接收门站、储配站、调压站等设施的分布、规模、服务范围,长输燃气管线压力等级、走向及管径。中心城区资料包括:气源种类、来源、供应量及构成,燃气用户数量、用气指标、用气量、燃气普及率,燃气分输站、接收门站、储配站、调压站等设施的名称、位置、压力、占地面积、规模,燃气干管压力等级、走向、管径。

燃气用户及用气量资料包括天然气、液化石油气和人工煤气等的用户数量和用气量,最高月、日、时用气量。燃气管线敷设包括架空、埋地(含共同沟)两种方式,采用共同沟敷设的,应标明其走向、位置、断面形式。燃气干管包括高压、次高压和中压干管。

2.0.24 供热工程资料是热负荷预测、供热设施规划的依据,市域应搜集到镇(乡)及以上,中心城区应搜集到总体规划用地范围。其中市域资料包括:(1)城镇现有集中供热规模,农村取暖设施现状;(2)城镇主要供热设施的数量、规模和分布。中心城区资料包括:(1)集中供热范围和热负荷,民用建筑采暖指标,工业区用热性质、用热参数以及负荷变化规律,供热分区划分;(2)热源点的名称、位置、占地面积、规模、装机型号、服务范围、使用燃料、用量及来源,供热主干管网走向、管径、敷设方式。

2.0.25 环卫工程设施资料是确定环卫发展目标及设施布局的依据,市域应搜集到镇(乡)及以上,中心城区应搜集到总体规划用地范围。市域资料包括:(1)垃圾收集、处理方式;(2)环卫设施:城镇垃圾填埋场、垃圾焚烧厂、粪便处理厂等的名称、分布、规模,垃圾转运站的数量及分布等,农村环卫设施现状,垃圾填埋场的剩余使用年限以及扩建潜力。中心城区资料包括:(1)各类垃圾产生量及分类收集、处置量、处置方式;(2)环卫设施:垃圾填埋场、垃圾焚烧厂、粪便处理厂、餐厨垃圾处理厂(站)等的名称、位置、规模、占地面积、服务范围,垃圾转运站的位置、规模,公共厕所的等级、数量和分布,环卫站的数量、位置、占地面积。

2.0.26 殡葬设施资料是确定殡葬设施布局的依据,应搜集到镇(乡)及以上,中心城区应搜集到总体规划用地范围。其中,市域层面包括殡仪馆、火葬场、墓地等设施的名称、分布、服务能力;中心城区层面包括殡仪馆、火葬场、骨灰存放处、墓地等设施的名称、位置、占地面积。

2.0.27 综合防灾资料是确定综合防灾与公共安全保障体系,开展防洪、消防、人防、抗震、地质灾害防护等相关规划和市域空间管制、中心城区四区划定的重要依据,市域应搜集到镇(乡)及以上,中心城区应搜集到总体规划用地范围。市域资料包括:(1)地质灾害:崩塌、滑坡、泥石流、地面沉降、塌陷等地质灾害的分布、影响范围、危害程度;地震历史记载、地震动峰值加速度(地震烈度)及抗震设防标准、地震断裂带位置;(2)防洪:历史洪水资料,区域和流域防洪的设防要求、设防标准,区域防洪工程设施的分布、设防标准;(3)消防:消防站的等级、数量、分布等;(4)气象防灾:台风、海啸、沙尘暴等气象灾害的分布、强度、影响范围、出现时间、发生频率。中心城区资料包括:(1)地质灾害:崩塌、滑坡、泥石流、地面沉降、塌陷等地质灾害的位置、影响范围、成因、发生频率、危害程度、现状采取的治理措施;(2)防洪:洪涝灾害及其成因,主要水体的特征、流向、水位,防洪排涝标准、防洪水位,防洪堤位置、堤顶标高,防洪闸的位置、类型,排涝泵站的位置、规模和服务范围;(3)消防:消防站的名称、位置、等级、占地面积、服务范围,消防人员数量,消防车辆的类型、数量,消防水鹤、消火栓及消防水池的设置,消防安全布局存在的主要问题,消防指挥中心及消防通信建设方式;(4)抗震防灾:抗震设防标准、地震断裂带位置,各类建筑物、构筑物、基础设施等的设防标准,疏散场地及疏散通道建设情况;(5)人防:设防等级,各类人防设施的布局、规模,现有人防设施的使用、管理情况,重点防护地区的疏散通道、疏散场地和临时避难点。

2.0.28 地下空间利用资料是确定城市地下空间开发布局的依据,包括地下商业、交通等设施的分布、主要功能。需要搜集中心城区重要节点地区的浅层、中层、深层地下空间开发情况。本条目仅列出地下商业、交通等设施资料,地下市政基础设施资料在有关条文中列出。

3 控制性详细规划的基础资料搜集

3.0.1 综合资料是确定规划范围内土地利用、建设控制等的依据,包括城市总体规划以及公共设施、基础设施等相关专项规划;

规划地区和周边地区已批准的控制性详细规划、修建性详细规划；已批在建、已批未建地块的控制要求、近期新建及改建项目计划；国家、省、市人民政府制定的规划条例、技术规定和发布的有关文件；城市拆迁安置办法等。

3.0.2 自然条件资料是细化土地利用和专项规划的依据，包括：(1)地形图：比例尺一般为1：500～1：2000，应根据编制单元的面积选择合适的比例尺；(2)河流、湖泊、水库等的名称、范围、面积；(3)地下水水质、温度、埋深、可开采利用量等；(4)植被的种类、分布范围、面积。国土、测绘等部门应提供规划范围内的地质灾害分布、影响范围、危害程度的图纸和数据。

3.0.3 历史文化资料是确定历史文化街区和文物古迹保护范围内土地使用与建设管理要求的重要依据，包括历史文化街区的名称、保护区范围、建设控制地带；文物保护单位的名称、等级、类型、年代、结构材料、使用功能、保护范围、建设控制地带；历史建(构)筑物的名称、年代、位置、使用性质、建筑高度、建筑质量等；具有保护价值的历史地段的用地范围；非物质文化遗产的名称、类型、年代、传承场所用地范围等；古树名木的年代、保护级别、位置。

3.0.4 土地利用资料是确定用地界线、进行经济性分析的依据，包括：基准地价分布、楼面地价、开发成本、拆迁补偿标准等；地籍线、权属；已出让土地的使用年限；耕地、园地、林地等用地的面积、范围。其中"楼面地价"是按土地上建筑物面积均摊的土地价格。"开发成本"主要包括土地征用及拆迁补偿费、基础设施费、建筑安装工程费等。一般从国土部门制定的基准地价、房产交易机构的房屋交易以及土地拍卖情况等获取。"地籍线"包含宗地的界址线、面积、位置等信息，由国土部门提供。土地权属包括土地所有权(国有或集体)和土地使用权(使用权人)，应统计违法建筑的分布、范围和性质。

3.0.5 生态环境资料是明确生态空间范围和生态环境保护要求的依据，包括：(1)生态建设工程：湿地、水体生态恢复工程等的名称、规模、用地范围等；(2)环境质量：大气环境和水环境功能区划，主要水体及大气环境质量状况及变化趋势，生活污水、工业废水排放总量及主要污染物排放量，主要污染源类型及分布、排污口位置和纳污水体，工业废气排放总量及主要污染物排放量、主要污染源类型及分布；区域环境噪声和功能区噪声等效声级；工业固体废物排放量、综合利用和处置量、处置方式；危险固废产生量、处置方式及其处置设施的位置、规模、占地面积、处置量等。

3.0.6 居住资料是确定居住用地布局和控制要求的依据，包括：住宅用地的范围、面积，住宅建筑的面积、层数、年代、质量，居住户数和人口数；经济适用住房、廉租住房与其他保障性住房的用地范围、占地面积，住宅建筑的面积、套数、层数、年代、质量；幼托、文化体育、商业金融、社区卫生服务站、公用设施等服务设施的用地范围、占地面积、建筑面积、层数、质量；农村居民点名称、界线、建筑面积、户数、人口数、劳动力总数。居住资料调研至小类设施。居住人口数量统计到各住宅小区，应由派出所提供。

3.0.7 公共管理与公共服务资料是确定公共管理与公共服务用地布局和控制要求的依据，包括：党政机关、社会团体、事业单位等行政办公设施的名称、用地范围、占地面积、建筑面积、年代、层数、质量；公共图书馆、博物馆、科技馆、纪念馆、美术馆和展览馆、会展中心、综合文化活动中心、文化馆、青少年宫、儿童活动中心、老年活动中心等文化设施的名称、数量、规模、用地范围、占地面积、建筑面积、年代、层数、质量；高等院校、中等专业学校、中小学、特殊教育学校、科研事业单位等教育科研设施的名称、数量、用地范围、占地面积、学生数、教职工数、中小学班级数、建筑面积、年代、层数、质量；综合医院、专科医院、社区卫生服务中心、卫生防疫机构、特殊医疗设施、急救中心等医疗卫生设施的名称、数量、用地范围、占地面积、卫生技术人员数、医院的等级、床位数、诊疗人次、建筑面积、年代、层数、质量；体育场馆、体育训练等体育设施的名称、数量、用地范围、占地面积、座位数、建筑面积、年代、层数、质量；福利院、养老院、孤儿院等社会福利设施的名称、数量、用地范围、占地面积、纳入人数、建筑面积、年代、层数、质量；外国驻华使馆、领事馆、国际机构等外事设施的名称、数量、用地范围、占地面积、建筑面积、年代、层数、质量；宗教设施的名称、数量、用地范围、占地面积、建筑面积、年代、层数、质量。公共管理与公共服务设施资料调研至小类设施。必要时应搜集规划范围外为本区域服务的文化、教育科研、体育、医疗卫生、社会福利等公共管理与公共服务设施的名称、位置、规模等资料。

3.0.8 商业服务业资料是确定商业服务业用地布局和控制要求的依据，包括：零售、农贸市场、餐饮、旅馆等商业设施，金融保险、艺术传媒等商务设施，娱乐、康体设施以及零售加油、加气、电信、邮政、供水、燃气、供电、供热等公用设施营业网点设施。应搜集各类设施的数量、用地范围、占地面积、建筑面积、年代、层数、质量。商业服务业设施资料调研至小类设施。部分省编制的控规导则在用地分类中增加了混合用地类型，如Cb商办混合用地，Cr商住混合用地等类型，应搜集相应资料。

3.0.9 工业资料是确定工业用地布局与控制指标的依据，包括：工业企业的名称、用地范围、占地面积、工业门类、主要产品、工业产值、工业利税、职工人数、企业搬迁计划或功能置换设想、建筑面积、年代、层数、质量。

3.0.10 物流仓储资料是确定仓储用地范围与控制指标的依据，包括：物流设施的名称、用地范围、占地面积、功能、服务范围；一般仓库、危险品仓库、堆场等设施的名称、权属、存储物品、用地范围、占地面积、建筑面积、层数、质量。

3.0.11 绿地资料是细化绿地布局、划定绿线范围的依据，包括：综合性公园、纪念性公园、儿童公园、动物园、植物园、古典园林、风景名胜公园等的名称、用地范围、占地面积；防护绿地包括卫生隔离带、道路防护绿地、城市高压走廊绿带等的名称、用地范围、占地面积、主要树种；广场用地包括公共活动广场的名称、用地范围、占地面积、绿化率。

3.0.12 特殊用地资料是确定军事和安保等设施用地界线和控制要求的依据。军事设施资料包括指挥机关、营区、训练场、军用机场及港口，军用仓库、军用通信、导航、观测台站等设施的用地范围、占地面积。安保设施资料包括监狱、拘留所、劳改场所等设施的名称、用地范围、占地面积、建筑层数、建筑面积、建筑质量。其中，军事设施是属于保密性质的设施，应了解其分布和对周边规划建设要求。特殊用地资料可视情况进行搜集，并按照相关法律法规要求进行必要的处理后使用。

3.0.13 综合交通资料是确定城市道路、轨道交通线路、综合交通枢纽、交通场站及其他交通设施的用地范围和控制要求的依据。其中，区域交通资料包括公路的名称、横断面形式，铁路的名称、等级、线形走向，公路及铁路客运站场的范围、占地面积，航道的等级、走向，沿江(河)、沿海可利用岸线的类型、用地范围，港口码头的用地范围，机场的用地范围、净空要求，管道的类型、走向、控制要求。

城市道路资料包括快速路、主干路、次干路、支路等的名称、起迄点、长度、宽度、横断面形式，城市道路交叉口、桥梁和隧道控制点的高程，大型桥梁和隧道的位置、长度、宽度、车道数，交叉口交通渠化、控制方式，地块出入口的位置、宽度，人行过街设施的形式、位置、用地控制范围，步行街的起迄点、长度、宽度；地下道路、地下人行道等的布局、规模、标高、净高以及与地面的衔接关系；山地城市复杂地段主干路的纵断面以及两侧护坡挡墙的控制范围。公共交通资料包括城市轨道的线路走向和用地控制范围，站点的名称、用地范围，车辆段、停车场的用地范围和占地面积；快速公交(BRT)的线路走向、站点名称、配套停车场的用地范围和占地面积；常规公交专用道布局，首末站、停车场、维修保养场等设施的用地范围、占地面积、泊位数，中途站点的名称、位置、形式；水上公交通场站的用地范围、占地面积、码头泊位数；缆车、索道等设施的用地范围、占地面积。停车设施资料包括地块配建停车泊位数（细化到不同类型建筑），路内停车设施的位置、泊位数，路外停车设施的用地范围、占地面积、出入口位置、宽度，地下公共停车设施的平面布局、标高。加油（气）站资料包括名称、用地范围、占地面积。

3.0.14 供水工程资料是确定供水工程管线位置、管径、供水设施的用地界线和管线综合的依据，包括：(1)用水量：生活用水量、工业用水量、其他用水量及其所占比例，供水水质达标率，管道水压；(2)设施：水厂、自备水厂及取水口的名称、位置、设计规模、建设规模、实际供水规模、占地面积、服务范围，给水加压泵站的名称、位置、规模、服务范围，给水管线走向、位置、管径等；再生水处理设施名称、位置、规模、服务范围，再生水管线的管径、走向。

除规划范围内资料外，还需要搜集规划范围外为本区域供水的加压泵站名称、规模和供水管线位置、管径等资料。

3.0.15 排水工程资料是确定排水工程管线位置、管径和排水设施的用地界线和管线综合的依据，包括：(1)排水体制；(2)污水：生活污水量、工业废水量，污水集中处理率，再生水用量；(3)设施：污水处理厂（站）的名称、位置、规模、占地面积、工艺、处理等级、污泥处置、服务范围，尾水利用及纳污水体，污水管线的走向、位置、管径、主要控制点标高，污水提升泵站、排涝泵站的名称、位置、规模、占地面积；雨水管（沟）的走向、断面形式、位置、主要控制点标高，雨水储蓄及利用设施的规模、布局、占地面积。

除规划范围内资料外，还需要搜集规划范围外为本区域服务的污水提升泵站名称、规模和排水管线位置、管径等资料。

3.0.16 电力工程资料是确定电力管线位置、建设方式、高压走廊控制宽度，电力设施用地界线和管线综合的依据，主要包括：用电量及最高负荷；电源的名称、位置、装机容量、电压等级、占地面积、服务范围；35kV及以上变电站的名称、位置、电压等级、主变容量、占地面积、供电能力、供电范围、最大负荷、最大负载率及改扩建计划；35kV及以上电力线路的走向、位置、敷设方式、架空线路走廊控制宽度；电缆通道的位置、数量、管材、敷设方式；开闭所、环网柜等中压配网设施的位置、容量、占地面积、供电范围。

除规划范围内资料外，还需要搜集规划范围外为本区域供电的电源、35kV及以上变电站的名称、装机容量、电压等级、主变容量等资料。必要时可搜集到10kV及以上电压等级的电网资料。

3.0.17 通信工程资料是确定通信管线位置、管孔数、建设方式、通信设施用地界线和管线综合的依据，主要包括：汇接中心、综合交换端局、综合接入模块局、移动通信基站、服务中心等通信设施的名称、位置、类型、功能、容量、占地面积、建设方式、服务范围；广电中心、分中心、分前端等设施的名称、位置、功能、占地面积、建设方式及服务范围；邮政局所的位置、建设方式、服务功能、占地面积；通信管线的位置、管材、管径、管孔数和建设方式。

除规划范围内资料外，还需要搜集规划范围外为本区域服务的各类通信设施、邮政局所、广电设施等的名称、服务范围。通信管线资料应分电信、移动、联通、广电等运营商或部门进行统计，包括军用通信管线；应包括各类通信设施建设方式和使用情况。

3.0.18 燃气工程资料是确定燃气管线位置、管径、燃气设施用地界线和管线综合的依据，主要包括：气源的种类、来源、供应量及构成；燃气分输站、接收门站、储配站、调压站等的名称、位置、占地面积、规模，中压及以上等级燃气管线的压力、走向、管位、管径、管材。

燃气工程资料应调查该规划范围由哪些燃气运营公司提供服务。除规划范围内资料外，还需要搜集规划范围外为本区域提供燃气供应服务的各类燃气设施的名称、类型、规模、服务范围。

3.0.19 供热工程资料是确定供热管线位置、管径、管材、建设方式、供热设施用地界线和管线综合的依据，主要包括：集中供热范围和热负荷，民用建筑采暖热指标，工业区的用热性质、用热参数以及负荷变化规律；热源名称、位置、占地面积、规模、装机型号、服务范围，供热管网主要管线的走向、管径、位置、敷设方式，供热泵站分布。

除规划范围内资料外，还需要搜集规划范围外为本区域服务的热源名称、规模和热力管线位置、管径等资料。

3.0.20 环卫资料是确定规划环卫设施规模、用地界线的依据，包括：(1)各类垃圾产生量及处置（理）方式、处置（理）率；(2)环卫设施：垃圾填埋场、垃圾焚烧厂、粪便处理厂等设施的名称、位置、规模、占地面积、服务范围，垃圾转运站的位置、规模、占地面积，公共厕所的等级、数量和分布，环卫站及环卫停车场的数量、位置、占地面积；餐厨垃圾处理设施、工业废物处理设施的位置、规模、占地面积。

除规划范围内资料外，还需要搜集规划范围外为本区域服务的环卫设施的名称、位置、规模等资料。

3.0.21 殡葬设施资料是确定殡葬设施范围和控制要求的依据，包括殡仪馆、火葬场、骨灰存放处、墓地等设施的名称、用地范围、占地面积。

3.0.22 综合防灾资料是确定防洪、消防、人防、抗震、地质灾害防护等设施布局和控制要求的依据，包括：(1)防洪：防洪排涝标准、防洪水位、常水位，防洪堤位置、堤顶标高，防洪闸的位置、类型，排涝泵站的位置、规模、占地面积和服务范围；(2)消防：消防站的名称、位置、等级、占地面积和辖区，消防人员数量、消防车辆的类型、数量，消防水鹤、消火栓及消防水池的设置；(3)抗震防灾：地震断裂带位置，各类建筑物、构筑物、基础设施设防标准，疏散场地、疏散通道和临时避难点等的位置、容量；(4)人防：各类人防设施的布局、规模，现有人防设施的使用、管理情况，重点防护地区的疏散通道、疏散场地。

除规划范围内资料外，还需要搜集规划范围外为本区域服务的设施名称、位置、服务范围等资料。防灾设施的空间数据是资料搜集的重点，需要落实到规划编制的地块单元；对于各类防灾减灾的具体设施（主要是建筑设施），也需要落实到规划编制的地块单元。

3.0.23 地下空间利用资料是确定土地使用和地下空间利用及其平面、竖向关系控制要求的依据，包括交通、市政等基础设施及地下商业、文化娱乐等公共设施的位置、平面布局、主要功能、层数、标高、建筑面积，地下设施连接通道的位置和标高。

4 修建性详细规划的基础资料搜集

4.0.1 综合资料是确定规划地块平面布局、交通组织、建筑设计和空间景观设计等的依据，包括城市总体规划以及公共设施、基础设施等专项规划；规划地块所在地区的控制性详细规划；规划设计任务书；规划范围内已批准的规划设计和建筑设计成果；省、市人民政府及有关部门制定的规划条例、技术规定和发布的有关文件；规划对象的特殊要求，如工业企业的流程要求等。

4.0.2 自然条件资料是进行建筑布局、场地设计和管线设计的依据，包括：(1)地形图：比例尺1∶500～1∶1000；(2)地下水的分布、埋深、化学成分等水文地质情况；(3)岩体、土地的成分、结构、承重等工程地质状况；(4)地震断裂带的位置，滑坡、泥石流等的影响范围，地面沉降和地表塌陷的范围，应由国土、测绘部门提供；(5)植被的种类、分布范围。

4.0.3 历史文化资料是保护规划地块历史文化资源或传承历史文化内涵的依据，包括规划地块内文物保护单位的名称、保护范围、建设控制地带，保护要求；历史建（构）筑物的名称、年代、建筑高度、建筑质量等；非物质文化遗产的名称、类型、年代、传承场所用地范围等；古树名木的年代、保护级别、位置。其中"传承历史文化内涵"指具有悠久历史的学校、医院、文化等公共设施在新址规划时，应搜集城市和原址的历史文化内涵、建筑和人文特色资料，以便在规划中加以体现。

4.0.4 土地利用资料是进行建设条件分析、估算总造价、分析投资效益的依据，包括：基准地价、楼面地价、拆迁补偿标准、各类建（构）筑物工程造价等；地籍线、权属。

4.0.5 建（构）筑物资料是确定建筑空间布局和现有建筑保留、改造、利用及实施时序的依据，包括居住、公共管理与公共服务、商业服务业、工业、物流仓储、交通设施、公用事业、特殊用地等用地内建（构）筑物的建筑用地范围、占地面积、建筑面积、年代、高度、层数、质量等；保留建（构）筑物、沿街建筑的平面图、立面图、剖面图。

4.0.6 道路交通资料是确定地块、建筑的出入口位置和进行交通设施规划设计的依据，包括道路交叉口的设计图，规划范围及周边地区出入口的位置、宽度，人行过街设施的形式、位置、用地控制范围；地下道路、地下人行道等的标高、净高、控制界线、出入口位置；山地城市复杂地段主干路的纵断面以及两侧护坡挡墙的控制范围。公共交通资料包括城市轨道的线路走向和用地控制范围，站点的名称、用地范围；快速公交（BRT）的线路走向及站点的名称、位置；常规公交站点的名称、位置、形式。停车设施资料包括地块配建停车泊位数，路外停车设施的用地界线，地下公共停车设施及路内停车设施的用地界线、泊位数，停车设施出入口的位置、宽度。加油（气）站资料包括名称、用地界线。

4.0.7 供水工程资料是供水设施规划的依据，包括规划范围内及周边给水管线走向、位置、管径、水压、埋深等，预留接管的位置、管径、埋深；给水加压泵站（高地水池）的位置、用地界线、规模；再生水处理设施的名称、位置、规模、服务范围；再生水管线的管径、走向。

4.0.8 排水工程资料是排水设施规划的依据，包括：(1)污水：规划范围内及周边污水管线走向、位置、管径、埋深等，预留接管的位置、管径、埋深；污水提升泵站的位置、用地界线、规模等；(2)雨水：规划范围内及周边雨水管线走向、位置、管径、埋深、出水口等，预留接管的位置、管径、埋深；雨水泵站的位置、用地界线、规模；收纳水体的常水位、丰水位。

4.0.9 电力工程资料是确定高压走廊控制宽度、电力管线通道位置、建设方式、管材、管径、电力设施用地界线和管线综合的依据，包括：规划范围内及周边35kV及以上变电站的名称、电压等级、主变容量、用地界线、供电范围；开闭所、环网柜、变电所等中压配网设施的名称、容量、用地界线、供电范围及配网接线方式；10kV及以上架空电力线路的走向、位置、线路型号、敷设方式、走廊控制宽度；电缆通道的位置、数量、管材、敷设方式、埋深及敷设电缆型号，预留接管的位置、管径、埋深。

4.0.10 通信工程资料是确定通信管线位置、管孔数、管材、管径、建设方式、通信设施用地界线和管线综合的依据，包括：规划范围内及周边汇接中心、综合交换端局、综合接入模块局、接入点、移动通信基站、服务中心等通信设施的名称、位置、类型、功能、容量、建设方式、服务范围；广电中心、分中心、分前端、接入点等设施的名称、位置、功能、建设方式及服务范围；邮政局所的位置、建设方式、服务功能、占地面积；通信管线的位置、管材、管径、管孔数、建设方式、埋深，预留接管的位置、管径、埋深。

4.0.11 燃气工程资料是确定各压力等级燃气管线位置、管径、管材、燃气设施用地界线和管线综合的依据，包括：气源的种类、来源、供应量及构成；燃气分输站、接收门站、储配站、调压站等设施的名称、位置、规模，高、中、低各等级燃气管线的压力、走向、管位、管径、管材、埋深，预留接管的位置、管径、埋深。

4.0.12 供热工程资料是确定供热管线位置、管径、管材、建设方式、供热设施用地界线和管线综合的依据，包括：供热管线的走向、位置、管径、敷设方式，预留接管的位置、管径；换热站的位置、用地界线、规模。

4.0.13 环卫工程资料是环卫设施规划的依据，包括：垃圾转运站的位置、用地界线、规模、垃圾收集点、公共厕所的分布；餐厨垃圾处理设施的位置、用地界线、规模。

4.0.14 防灾设施资料是进行建筑布局、场地设计和管线设计的重要依据，包括：(1)防洪：防洪堤位置、堤顶宽度及标高，防洪闸的位置、宽度，排涝泵站的位置、规模、用地界线；(2)消防：消防水鹤、消火栓及消防水池的分布；(3)抗震防灾：临时疏散场地的位置、用地界线；疏散通道的分布；(4)人防：各类人防设施的分布、规模。

4.0.15 地下空间利用资料是进行总平面设计、竖向设计、管线规划和建筑设计的依据，包括规划地块及相邻地区交通、市政等基础设施和地下商业、文化娱乐等公共设施的平面图、剖面图。

5 基础资料搜集的步骤、方法及成果

5.0.1 "调查提纲"是指根据规划编制技术思路，提出资料调查的框架、要点。调查对象主要包括有关部门、公众、企业等。

5.0.2 现场踏勘、部门调查时，需要用图纸表达的资料应绘制在相应的地形图上。地形图应为最新资料，地形图较老、地形变化较大的应由委托单位进行修测。调查表格、调查问卷可以结合规划编制动员会、联络员会议发放，公众意见的征询应制定专门的调查问卷，通过报刊、网络等媒体发布，或以社区为单元进行发放和回收。走访有关部门应重点了解现状问题、规划设想，搜集相应图纸、规划成果、研究报告等资料。"文献资料"除从有关部门获取外，还可以从公开出版物及新闻媒体的有关报道中获取。

5.0.3 "表格汇总及分析"是指发放的调查表格应分类统计形成汇总表，也可绘制成分析图表。"现状图"包括城镇体系现状图、城市现状图（城市总体规划）、土地利用现状图（控制性详细规划），作为规划成果的组成部分，不必列入基础资料汇编。

中华人民共和国国家标准

养老设施建筑设计规范

Design code for buildings of elderly facilities

GB 50867—2013

主编部门：中华人民共和国住房和城乡建设部
批准部门：中华人民共和国住房和城乡建设部
施行日期：２０１４年５月１日

中华人民共和国住房和城乡建设部
公 告

第 142 号

住房城乡建设部关于发布国家标准《养老设施建筑设计规范》的公告

现批准《养老设施建筑设计规范》为国家标准，编号为 GB 50867-2013，自 2014 年 5 月 1 日起实施。其中，第 3.0.7、5.2.1 条为强制性条文，必须严格执行。

本规范由我部标准定额研究所组织中国建筑工业出版社出版发行。

中华人民共和国住房和城乡建设部
2013 年 9 月 6 日

前 言

根据原建设部《关于印发〈2004 年工程建设国家标准规范制定、修订计划〉的通知》（建标 [2004] 67 号）和住房和城乡建设部《关于同意哈尔滨工业大学主编养老设施建筑设计规范》（建标标函 [2010] 3 号）的要求，规范编制组经广泛调查研究，认真总结实践经验，参考有关国际标准和国外先进标准，并在广泛征求意见的基础上，编制本规范。

本规范的主要技术内容是：1. 总则；2. 术语；3. 基本规定；4. 总平面；5. 建筑设计；6. 安全措施；7. 建筑设备。

本规范中以黑体字标志的条文为强制性条文，必须严格执行。

本规范由住房和城乡建设部负责管理和对强制性条文的解释，由哈尔滨工业大学负责具体技术内容的解释。执行过程中如有意见或建议，请寄送哈尔滨工业大学国家标准《养老设施建筑设计规范》编制组（地址：哈尔滨市南岗区西大直街 66 号建筑学院 1505 信箱，邮编：150001）。

本规范主编单位：哈尔滨工业大学
本规范参编单位：上海市建筑建材业市场管理总站
上海现代建筑设计（集团）有限公司
上海建筑设计研究院有限公司
河北建筑设计研究院有限责任公司
中南建筑设计院股份有限公司
华通设计顾问工程有限公司
中国建筑西北设计研究院有限公司
华侨大学
全国老龄工作委员会办公室
苏州科技学院设计研究院有限公司
北京来博颐康投资管理有限公司

本规范参加单位：雍柏荟老年护养（杭州）有限公司

本规范主要起草人员：常怀生 郭 旭 王大春
崔永祥 蒋群力 俞 红
王仕祥 陆 明 卫大可
邢 军 于 戈 安 军
李 清 梁龙波 余 倩
李健红 陈 旸 陈华宁
施 勇 殷 新 唐振兴
苏志钢 李桂文 邹广天

本规范主要审查人员：黄天其 陈伯超 刘东卫
孟建民 李邦华 沈立洋
周燕珉 王 镛 赵 伟
陆 伟 全珞峰 张 陆

目 次

1 总则 …………………………………… 45—5
2 术语 …………………………………… 45—5
3 基本规定 ……………………………… 45—5
4 总平面 ………………………………… 45—6
5 建筑设计 ……………………………… 45—6
　5.1 用房设置 …………………………… 45—6
　5.2 生活用房 …………………………… 45—8
　5.3 医疗保健用房 ……………………… 45—9
　5.4 公共活动用房 ……………………… 45—9
　5.5 管理服务用房 ……………………… 45—9
6 安全措施 ……………………………… 45—9
　6.1 建筑物出入口 ……………………… 45—9
　6.2 竖向交通 …………………………… 45—9
　6.3 水平交通 …………………………… 45—10
　6.4 安全辅助措施 ……………………… 45—10
7 建筑设备 ……………………………… 45—10
　7.1 给水与排水 ………………………… 45—10
　7.2 供暖与通风空调 …………………… 45—10
　7.3 建筑电气 …………………………… 45—11
本规范用词说明 ………………………… 45—11
引用标准名录 …………………………… 45—11
附：条文说明 …………………………… 45—12

Contents

1 General Provisions ·············· 45—5
2 Terms ························· 45—5
3 Basic Requirement ··············· 45—5
4 Site Planning ··················· 45—6
5 Building Design ················· 45—6
  5.1 Room Setting ················ 45—6
  5.2 Living Rooms ················ 45—8
  5.3 Medical Care Rooms ·········· 45—9
  5.4 Public Activity Rooms ········· 45—9
  5.5 Management and Services Rooms ······ 45—9
6 Safety Measures ················· 45—9
  6.1 Entrances and Exits ··········· 45—9
  6.2 Vertical Transportation ········ 45—9
  6.3 Horizontal Transportation ······ 45—10
  6.4 Safety Auxiliary Measures ······ 45—10
7 Building Equipments ············· 45—10
  7.1 Water Supply and Drainage ····· 45—10
  7.2 Heating, Ventilation and Air Conditioning ················ 45—10
  7.3 Electric ···················· 45—11
Explanation of Wording in This Code ····················· 45—11
List of Quoted Standards ··········· 45—11
Addition: Explanation of Provisions ····· 45—12

1 总则

1.0.1 为适应我国养老设施建设发展的需要,提高养老设施建筑设计质量,使养老设施建筑适应老年人体能变化和行为特征,制定本规范。

1.0.2 本规范适用于新建、改建和扩建的老年养护院、养老院和老年日间照料中心等养老设施建筑设计。

1.0.3 养老设施建筑应以人为本,以尊重和关爱老年人为理念,遵循安全、卫生、适用、经济的原则,保证老年人基本生活质量,并按养老设施的服务功能、规模等进行分类分级设计。

1.0.4 养老设施建筑设计除应符合本规范外,尚应符合国家现行有关标准的规定。

2 术语

2.0.1 养老设施 elderly facilities

为老年人提供居住、生活照料、医疗保健、文化娱乐等方面专项或综合服务的建筑通称,包括老年养护院、养老院、老年日间照料中心等。

2.0.2 老年养护院 nursing home for the aged

为介助、介护老年人提供生活照料、健康护理、康复娱乐、社会工作等服务的专业照料机构。

2.0.3 养老院 home for the aged

为自理、介助和介护老年人提供生活照料、医疗保健、文化娱乐等综合服务的养老机构,包括社会福利院的老人部、敬老院等。

2.0.4 老年日间照料中心 day care center for the aged

为以生活不能完全自理、日常生活需要一定照料的半失能老年人为主的日托老年人提供膳食供应、个人照顾、保健康复、娱乐和交通接送等日间服务的设施。

2.0.5 养护单元 nursing unit

为实现养护职能、保证养护质量而划分的相对独立的服务分区。

2.0.6 亲情居室 living room for family members

供入住老年人与前来探望的亲人短暂共同居住的用房。

2.0.7 自理老人 self-helping aged people

生活行为基本可以独立进行,自己可以照料自己的老年人。

2.0.8 介助老人 device-helping aged people

生活行为需依赖他人和扶助设施帮助的老年人,主要指半失能老年人。

2.0.9 介护老人 under nursing aged people

生活行为需依赖他人护理的老年人,主要指失智和失能老年人。

3 基本规定

3.0.1 各类型养老设施建筑的服务对象及基本服务配建内容应符合表3.0.1的规定。其中,场地应包括道路、绿地和室外活动场地及停车场等;附属设施应包括供电、供暖、给排水、污水处理、垃圾及污物收集等。

表3.0.1 养老设施建筑的服务对象及基本服务配建内容

养老设施	服务对象	基本服务配建内容
老年养护院	介助老人、介护老人	生活护理、餐饮服务、医疗保健、康复娱乐、心理疏导、临终关怀等服务用房、场地及附属设施
养老院	自理老人、介助老人、介护老人	生活起居、餐饮服务、医疗保健、文化娱乐等综合服务用房、场地及附属设施
老年日间照料中心	介助老人	膳食供应、个人照顾、保健康复、娱乐和交通接送等服务用房、场地及附属设施

3.0.2 养老设施建筑可按其配置的床位数量进行分级,且等级划分宜符合表3.0.2的规定。

表3.0.2 养老设施建筑等级划分

规模等级	老年养护院(床)	养老院(床)	老年日间照料中心(人)
小型	≤100	≤150	≤40
中型	101～250	151～300	41～100
大型	251～350	301～500	—
特大型	>350	>500	—

3.0.3 对于为居家养老者提供社区关助服务的社区老年家政服务、医疗卫生服务、文化娱乐活动等养老设施建筑,其建筑设计宜符合本规范的相关规定。

3.0.4 养老设施建筑基地应选择在工程地质条件稳定、日照充足、通风良好、交通方便、临近公共服务设施且远离污染源、噪声源及危险品生产、储运的区域。

3.0.5 养老设施建筑宜为低层或多层,且独立设置。小型养老设施可与居住区中其他公共建筑合并设置,其交通系统应独立设置。

3.0.6 养老设施建筑中老年人用房的主要房间的采光窗洞口面积与该房间楼（地）面面积之比宜符合表3.0.6的规定。

表3.0.6 老年人用房的主要房间的采光窗洞口面积与该房间楼（地）面面积之比

房间名称	窗地面积之比
活动室	1:4
起居室、卧室、公共餐厅、医疗用房、保健用房	1:6
公用厨房	1:7
公用卫生间、公用沐浴间、老年人专用浴室	1:9

3.0.7 二层及以上楼层设有老年人的生活用房、医疗保健用房、公共活动用房的养老设施应设无障碍电梯，且至少1台为医用电梯。

3.0.8 养老设施建筑的地面应采用不易碎裂、耐磨、防滑、平整的材料。

3.0.9 养老设施建筑应进行色彩与标识设计，且色彩柔和温暖，标识应字体醒目、图案清晰。

3.0.10 养老设施建筑中老年人用房建筑耐火等级不应低于二级，且建筑抗震设防标准应按重点设防类建筑进行抗震设计。

3.0.11 养老设施建筑及其场地均应进行无障碍设计，并应符合现行国家标准《无障碍设计规范》GB 50763的规定，无障碍设计具体部位应符合表3.0.11的规定。

表3.0.11 养老设施建筑及其场地无障碍设计的具体部位

室外场地	道路及停车场	主要出入口、人行道、停车场
	广场及绿地	主要出入口、内部道路、活动场地、服务设施、活动设施、休憩设施
建筑	出入口	主要出入口、入口门厅
	过厅和通道	平台、休息厅、公共走道
	垂直交通	楼梯、坡道、电梯
	生活用房	卧室、起居室、休息室、亲情居室、自用卫生间、公用卫生间、公用厨房、老年人专用浴室、公用沐浴间、公共餐厅、交往厅
	公共活动用房	阅览室、网络室、棋牌室、书画室、健身室、教室、多功能厅、阳光厅、风雨廊
	医疗保健用房	医务室、观察室、治疗室、处置室、临终关怀室、保健室、康复室、心理疏导室

3.0.12 养老设施建筑应进行节能设计，并应符合现行国家相关标准的规定。夏热冬冷地区及夏热冬暖地区老年人用房地面应避免出现返潮现象。

4 总 平 面

4.0.1 养老设施建筑总平面应根据养老设施的不同类别进行合理布局，功能分区、动静分区应明确，交通组织应便捷流畅，标识系统应明晰、连续。

4.0.2 老年人居住用房和主要公共活动用房应布置在日照充足、通风良好的地段，居住用房冬至日满窗日照不宜小于2h。公共配套服务设施宜与居住用房就近设置。

4.0.3 养老设施建筑的主要出入口不宜对向城市主干道。货物、垃圾、殡葬等运输宜设置单独的通道和出入口。

4.0.4 总平面内的道路宜实行人车分流，除满足消防、疏散、运输等要求外，还应保证救护车辆通畅到达所需停靠的建筑物出入口。

4.0.5 总平面内应设置机动车和非机动车停车场。在机动车停车场距建筑物主要出入口最近的位置上应设置供轮椅使用者专用的无障碍停车位，且无障碍停车位应与人行通道衔接，并应有明显的标志。

4.0.6 除老年养护院外，其他养老设施建筑的总平面内应设置供老年人休闲、健身、娱乐等活动的室外活动场地，并应符合下列规定：

    1 活动场地的人均面积不应低于1.20m²；

    2 活动场地位置宜选择在向阳、避风处，场地范围应保证有1/2的面积处于当地标准的建筑日照阴影之外；

    3 活动场地表面应平整，且排水畅通，并采取防滑措施；

    4 活动场地应设置健身运动器材和休息座椅，宜布置在冬季向阳、夏季遮荫处。

4.0.7 总平面布置应进行场地景观环境和园林绿化设计。绿化种植宜乔灌木、草地相结合，并宜以乔木为主。

4.0.8 总平面内设置观赏水景的水池水深不宜大于0.6m，并应有安全提示与安全防护措施。

4.0.9 老年人集中的室外活动场地附近应设置公共厕所，且应配置无障碍厕位。

4.0.10 总平面内应设置专用的晒衣场地。当地面布置困难时，晒衣场地也可布置在上人屋面上，并应设置门禁和防护设施。

5 建 筑 设 计

5.1 用 房 设 置

5.1.1 养老设施建筑应设置老年人用房和管理服务

用房，其中老年人用房应包括生活用房、医疗保健用房、公共活动用房。不同类型养老设施建筑的房间设置宜符合表5.1.1的规定。

表 5.1.1 不同类型养老设施建筑的房间设置

房间类别	用房配置		养老设施类型			备注
			老年养护院	养老院	老年日间照料中心	
老年人用房	生活用房	居住用房	卧室	□	□	○	
			起居室	—	○	△	
			休息室	—	—	□	
			亲情居室	△	△	—	附设专用卫浴、厕位设施
		生活辅助用房	自用卫生间	△	△	○	
			公用卫生间	□	□	□	
			公用沐浴间	□	□	△	附设厕位
			公用厨房	—	△	△	
			公共餐厅	□	□	□	可兼活动室，并附设备餐间
			自助洗衣间	△	△	—	
			开水间	□	□	□	
			护理站	□	□	○	附设护理员值班室、储藏间，并设独立卫浴
			污物间	□	□	○	
			交往厅	□	□	○	
		生活服务用房	老年人专用浴室	—	△	—	附设厕位
			理发室	△	△	△	
			商店	△/○	△/○	—	中型及以上宜设置
			银行、邮电、保险代理	△/○	△/○	—	大型、特大型宜设置
老年人用房	医疗保健用房		医务室	□	□	□	
			观察室	△	△	—	中型、大型、特大型应设置
			治疗室	△	△	—	大型、特大型宜设置
			检验室	△	△	—	大型、特大型宜设置
			药械室	□	□	△	
			处置室	□	□	△	
			临终关怀室	△	△	—	大型、特大型应设置
		保健用房	保健室	△	△	△	
			康复室	△	△	△	
			心理疏导室	△	△	△	

续表 5.1.1

房间类别	用房配置		养老设施类型			备注
			老年养护院	养老院	老年日间照料中心	
老年人用房	公共活动用房	活动室	阅览室	○	△	△	—
			网络室	○	△	△	—
			棋牌室	□	□	□	
			书画室	○	△	△	—
			健身室	□	□	—	
			教室	—	△	□	
		多功能厅		□	□	△	
		阳光厅/风雨廊		△	△	—	
管理服务用房		总值班室		□	□	△	
		入住登记室		□	□	△	
		办公室		□	□	□	
		接待室		□	□	△	
		会议室		△	△	△	
		档案室		□	□	△	
		厨房		□	□	△	
		洗衣房		□	□	△	
		职工用房		□	□	□	可含职工休息室、职工沐浴间、卫生间、职工食堂
		备品库		□	□	△	
		设备用房		□	□	□	

注：表中□为应设置；△为宜设置；○为可设置；—为不设置。

5.1.2 养老设施建筑各类用房的使用面积不宜小于表5.1.2的规定。旧城区养老设施改建项目的老年人生活用房的使用面积不应低于表5.1.2的规定，其他用房的使用面积不应低于表5.1.2规定的70%。

表 5.1.2 养老设施建筑各类用房最小使用面积指标

用房类别		养老设施面积指标			备注
		老年养护院（m²/床）	养老院（m²/床）	老年日间照料中心（m²/人）	
老年人用房	生活用房	12.0	14.0	8.0	不含阳台
	医疗保健用房	3.0	2.0	1.8	
	公共活动用房	4.5	5.0	3.0	不含阳光厅/风雨廊
管理服务用房		7.5	6.0	3.2	—

注：对于老年日间照料中心的公共活动用房，表中的使用面积指标是指独立设置时的指标；当公共活动用房与社区老年活动中心合并设置时，可以不考虑其面积指标。

5.1.3 老年养护院、养老院的老年人生活用房中的居住用房和生活辅助用房宜按养护单元设置，且老年养护院养护单元的规模宜不大于 50 床；养老院养护单元的规模宜为（50～100）床；失智老年人的养护单元宜独立设置，且规模宜为 10 床。

5.2 生 活 用 房

5.2.1 老年人卧室、起居室、休息室和亲情居室不应设置在地下、半地下，不应与电梯井道、有噪声振动的设备机房等贴邻布置。

5.2.2 老年人居住用房应符合下列规定：
 1 老年养护院和养老院的卧室使用面积不应小于 6.00m²/床，且单人间卧室使用面积不宜小于 10.00m²，双人间卧室使用面积不宜小于 16.00m²；
 2 居住用房内应设每人独立使用的储藏空间，单独供轮椅使用者使用的储藏柜高度不宜大于 1.60m；
 3 居住用房的净高不宜低于 2.60m；当利用坡屋顶空间作为居住用房时，最低处距地面净高不应低于 2.20m，且低于 2.60m 高度部分面积不应大于室内使用面积的 1/3；
 4 居住用房内宜留有轮椅回转空间，床边应留有护理、急救操作空间。

5.2.3 老年养护院每间卧室床位数不应大于 6 床；养老院每间卧室床位数不应大于 4 床；老年日间照料中心老年人休息室宜为每间 4 人～8 人；失智老年人的每间卧室床位数不应大于 4 床，并宜进行分隔。

5.2.4 失智老年人用房的外窗可开启范围内应采取防护措施，房间门应采用明显颜色或图案进行标识。

5.2.5 老年养护院和养老院的老年人居住用房宜设置阳台，并应符合下列规定：
 1 老年养护院相邻居住用房的阳台宜相连通；
 2 开敞式阳台栏杆高度不低于 1.10m，且距地面 0.30m 高度范围内不宜留空；
 3 阳台应设衣物晾晒装置；
 4 开敞式阳台应做好雨水遮挡及排水措施；严寒及寒冷地区、多风沙地区宜设封闭阳台；
 5 介护老年人中失智老年人居住用房宜采用封闭阳台。

5.2.6 老年人自用卫生间的设置应与居住用房相邻，并应符合下列规定：
 1 养老院的老年人自用卫生间应满足老年人盥洗、便溺、洗浴的需要；老年养护院、老年日间照料中心的老年人自用卫生间应满足老年人盥洗、便溺的需要；卫生洁具宜采用浅色；
 2 自用卫生间的平面布置应留有助厕、助浴等操作空间；
 3 自用卫生间宜有良好的通风换气措施；
 4 自用卫生间与相邻房间室内地坪不应有高差，地面应选用防滑耐磨材料。

5.2.7 老年人公用厨房应具备天然采光和自然通风条件。

5.2.8 老年人公共餐厅应符合下列规定：
 1 公共餐厅的使用面积应符合表 5.2.8 的规定；
 2 老年养护院、养老院的公共餐厅宜结合养护单元分散设置；
 3 公共餐厅应使用可移动的、牢固稳定的单人座椅；
 4 公共餐厅布置应能满足供餐车进出、送餐到位的服务，并应为护理员留有分餐、助餐空间；当采用柜台式售饭方式时，应设有无障碍服务柜台。

表 5.2.8 养老设施建筑的公共餐厅使用面积（m²/座）

老年养护院	1.5～2.0
养老院	1.5
老年日间照料中心	2.0

注：1 老年养护院公共餐厅的总座位数按总床位数的 60% 测算；养老院公共餐厅的总座位数按总床位数的 70% 测算；老年日间照料中心的公共餐厅座位数按被照料老人总人数测算。
 2 老年养护院的公共餐厅使用面积指标，小型取上限值，特大型取下限值。

5.2.9 老年人公用卫生间应与老年人经常使用的公共活动用房同层、邻近设置，并宜有天然采光和自然通风条件。老年养护院、养老院的每个养护单元内均应设置公用卫生间。公用卫生间洁具的数量应按表 5.2.9 确定。

表 5.2.9 公用卫生间洁具配置指标（人/每件）

洁具	男	女
洗手盆	≤15	≤12
坐便器	≤15	≤12
小便器	≤12	—

注：老年养护院和养老院公用卫生间洁具数量按其功能房间所服务的老人数测算；老年日间照料中心的公用卫生间洁具数量按老人总数测算，当与社区老年活动中心合并设置时应相应增加洁具数量。

5.2.10 老年人专用浴室、公用沐浴间设置应符合下列规定：
 1 老年人专用浴室宜按男女分别设置，规模可按总床位数测算，每 15 个床位应设 1 个浴位，其中轮椅使用者的专用浴室不应少于总床位数的 30%，且不应少于 1 间；
 2 老年日间照料中心，每 15～20 个床位宜设 1 间具有独立分隔的公用沐浴间；
 3 公用沐浴间内应配备老年人使用的浴槽

（床）或洗澡机等助浴设施，并应留有助浴空间；

4 老年人专用浴室、公用沐浴间均应附设无障碍厕位。

5.2.11 老年养护院和养老院的每个养护单元均应设护理站，且位置应明显易找，并宜适当居中。

5.2.12 养老设施建筑内宜每层设置或集中设置污物间，且污物间应靠近污物运输通道，并应有污物处理及消毒设施。

5.2.13 理发室、商店及银行、邮电、保险代理等生活服务用房的位置应方便老年人使用。

5.3 医疗保健用房

5.3.1 医疗用房中的医务室、观察室、治疗室、检验室、药械室、处置室，应按现行行业标准《综合医院建筑设计规范》JGJ 49执行，并应符合下列规定：

1 医务室的位置应方便老年人就医和急救；

2 除老年日间照料中心外，小、中型养老设施建筑宜设观察床位；大型、特大型养老设施建筑应设观察室；观察床位数量应按总床位数的1‰～2‰设置，并不应少于2床；

3 临终关怀室宜靠近医务室且相对独立设置，其对外通道不应与养老设施建筑的主要出入口合用。

5.3.2 保健用房设计应符合下列规定：

1 保健室、康复室的地面应平整，表面材料应具弹性，房间平面布局应适应不同康复设施的使用要求；

2 心理疏导室使用面积不宜小于10.00m^2。

5.4 公共活动用房

5.4.1 公共活动用房应有良好的天然采光与自然通风条件，东西向开窗时应采取有效的遮阳措施。

5.4.2 活动室的位置应避免对老年人卧室产生干扰，平面及空间形式应适合老年人活动需求，并应满足多功能使用的要求。

5.4.3 多功能厅宜设置在建筑首层，室内地面应平整并设休息座椅，墙面和顶棚宜做吸声处理，并应邻近设置公用卫生间及储藏间。

5.4.4 严寒、寒冷地区的养老设施建筑宜设置阳光厅。多雨地区的养老设施建筑宜设置风雨廊。

5.5 管理服务用房

5.5.1 入住登记室宜设置在主要出入口附近，并应设置醒目标识。

5.5.2 老年养护院和养老院的总值班室宜靠近建筑主要出入口设置，并应设置建筑设备设施控制系统、呼叫报警系统和电视监控系统。

5.5.3 厨房应有供餐车停放及消毒的空间，并应避免噪声和气味对老年人用房的干扰。

5.5.4 职工用房应考虑工作人员休息、洗浴、更衣、就餐等需求，设置相应的空间。

5.5.5 洗衣房平面布置应洁、污分区，并应满足洗衣、消毒、叠衣、存放等需求。

6 安全措施

6.1 建筑物出入口

6.1.1 养老设施建筑供老年人使用的出入口不应少于两个，且门应采用向外开启平开门或电动感应平移门，不应选用旋转门。

6.1.2 养老设施建筑出入口至机动车道路之间应留有缓冲空间。

6.1.3 养老设施建筑的出入口、入口门厅、平台、台阶、坡道等应符合下列规定：

1 主要入口门厅处宜设休息座椅和无障碍休息区；

2 出入口内外及平台应设安全照明；

3 台阶和坡道的设置应与人流方向一致，避免迂绕；

4 主要出入口上部应设雨篷，其深度宜超过台阶外缘1.00m以上；雨篷应做有组织排水；

5 出入口处的平台与建筑室外地坪高差不宜大于500mm，并应采用缓步台阶和坡道过渡；缓步台阶踢面高度不宜大于120mm，踏面宽度不宜小于350mm；坡道坡度不宜大于1/12，连续坡长不宜大于6.00m，平台宽度不应小于2.00m；

6 台阶的有效宽度不应小于1.50m；当台阶宽度大于3.00m时，中间宜加设安全扶手；当坡道与台阶结合时，坡道有效宽度不应小于1.20m，且坡道应作防滑处理。

6.2 竖向交通

6.2.1 供老年人使用的楼梯应符合下列规定：

1 楼梯间应便于老年人通行，不应采用扇形踏步，不应在楼梯平台区内设置踏步；主楼梯梯段净宽不应小于1.50m，其他楼梯通行净宽不应小于1.20m；

2 踏步前缘应相互平行等距，踏面下方不得透空；

3 楼梯宜采用缓坡楼梯；缓坡楼梯踏面宽度宜为320mm～330mm，踢面高度宜为120mm～130mm；

4 踏面前缘宜设置高度不大于3mm的异色防滑警示条；踏面前缘向前凸出不应大于10mm；

5 楼梯踏步与走廊地面对接处应用不同颜色区分，并应设有提示照明；

6 楼梯应设双侧扶手。

6.2.2 普通电梯应符合下列规定：

1 电梯门洞的净宽度不宜小于900mm，选层按钮和呼叫按钮高度宜为0.90m～1.10m，电梯入口处宜设提示盲道。

2 电梯轿厢门开启的净宽度不应小于800mm，轿厢内壁周边应设有安全扶手和监控及对讲系统。

3 电梯运行速度不宜大于1.5m/s，电梯门应采用缓慢关闭程序设定或加装感应装置。

6.3 水平交通

6.3.1 老年人经过的过厅、走廊、房间等不应设门槛，地面不应有高差，如遇有难以避免的高差时，应采用不大于1/12的坡面连接过渡，并应有安全提示。在起止处应设异色警示条，临近处墙面设置安全提示标志及灯光照明提示。

6.3.2 养老设施建筑走廊净宽不应小于1.80m。固定在走廊墙、立柱上的物体或标牌距地面的高度不应小于2.00m；当小于2.00m时，探出部分的宽度不应大于100mm；当探出部分的宽度大于100mm时，其距地面的高度应小于600mm。

6.3.3 老年人居住用房门的开启净宽应不小于1.20m，且应向外开启或推拉门。厨房、卫生间的门的开启净宽不应小于0.80m，且选择平开门时应向外开启。

6.3.4 过厅、电梯厅、走廊等宜设置休憩设施，并应留有轮椅停靠的空间。电梯厅兼作消防前室（厅）时，应采用不燃材料制作靠墙固定的休息设施，且其水平投影面积不应计入消防前室（厅）的规定面积。

6.4 安全辅助措施

6.4.1 老年人经过及使用的公共空间应沿墙安装安全扶手，并宜保持连续。安全扶手的尺寸应符合下列规定：

1 扶手直径宜为30mm～45mm，且在有水和蒸汽的潮湿环境时，截面尺寸应取下限值；

2 扶手的最小有效长度不应小于200mm。

6.4.2 养老设施建筑室内公共通道的墙（柱）面阳角应采用切角或圆弧处理，或安装成品护角。沿墙脚宜设350mm高的防撞踢脚。

6.4.3 养老设施建筑主要出入口附近及门厅内，应设置连续的建筑导向标识，并应符合下列规定：

1 出入口标识应易于辨别。且当有多个出入口时，应设置明显的号码或标识图案；

2 楼梯间附近的明显位置处应布置楼层平面示意图，楼梯间内应有楼层标识。

6.4.4 其他安全防护措施应符合下列规定：

1 老年人所经过的路径内不应设置裸放的散热器、开水器等高温加热设备，不应摆设造型锋利和易碎饰品，以及种植带有尖刺和较硬枝条的盆栽；易与人体接触的热水明管应有安全防护措施；

2 公共疏散通道的防火门扇和公共通道的分区门扇，距地0.65m以上，应安装透明的防火玻璃；防火门的闭门器应带有阻尼缓冲装置；

3 养老设施建筑的自用卫生间、公用卫生间门宜安装便于施救的插销，卫生间门上宜留有观察窗口；

4 每个养护单元的出入口应安装安全监控装置；

5 老年人使用的开敞阳台或屋顶上人平台在临空处不应设可攀登的扶手；供老年人活动的屋顶平台女儿墙的护栏高度不应低于1.20m；

6 老年人居住用房应设安全疏散指示标识，墙面凸出处、临空框架柱等应采用醒目的色彩或采取图案区分和警示标识。

7 建筑设备

7.1 给水与排水

7.1.1 养老设施建筑宜供应热水，并宜采用集中热水供应系统。热水配水点出水温度宜为40℃～50℃。热水供应应有控温、稳压装置。有条件采用太阳能的地区，宜优先采用太阳能供应热水。

7.1.2 养老设施建筑应选用节水型低噪声的卫生洁具和给排水配件、管材。

7.1.3 养老设施建筑自用卫生间、公用卫生间、公用沐浴间、老年人专用浴室等应选用方便无障碍使用与通行的洁具。

7.1.4 养老设施建筑的公用卫生间宜采用光电感应式、触摸式等便于操作的水嘴和水冲式坐便器冲洗装置。室内排水系统应畅通便捷。

7.2 供暖与通风空调

7.2.1 严寒和寒冷地区的养老设施建筑应设集中供暖系统，供暖方式宜选用低温热水地板辐射供暖。夏热冬冷地区应配设供暖设施。

7.2.2 养老设施建筑集中供暖系统宜采用不高于95℃的热水作为热媒。

7.2.3 养老设施建筑应根据地区的气候条件，在含沐浴的用房内安装暖气设备或预留安装供暖器件的位置。

7.2.4 养老设施建筑有关房间的室内冬季供暖计算温度不应低于表7.2.4的规定。

表7.2.4 养老设施建筑有关房间的室内冬季供暖计算温度

房间	居住用房	生活辅助用房	含沐浴的用房	生活服务用房	活动室多功能厅	医疗保健用房	管理服务用房
计算温度（℃）	20	20	25	18	20	20	18

7.2.5 养老设施建筑内的公用厨房、自用与公用卫生间，应设置排气通风道，并安装机械排风装置，机械排风系统应具备防回流功能。

7.2.6 严寒、寒冷及夏热冬冷地区的公用厨房，应设置供房间全面通风的自然通风设施。

7.2.7 严寒、寒冷及夏热冬冷地区的养老设施建筑内，宜设置满足室内卫生要求的机械通风，并宜采用带热回收功能的双向换气装置。

7.2.8 最热月平均室外气温高于25℃地区的养老设施建筑，应设置降温设施。

7.2.9 养老设施建筑内的空调系统应设置分室温度控制措施。

7.2.10 养老设施建筑内的水泵和风机等产生噪声的设备，应采取减振降噪措施。

7.3 建筑电气

7.3.1 养老设施建筑居住用房及公共活动用房宜设置备用照明，并宜采用自动控制方式。

7.3.2 养老设施建筑居住、活动及辅助空间照度值应符合表7.3.2的规定，光源宜选用暖色节能光源，显色指数宜大于80，眩光指数宜小于19。

表7.3.2 养老设施建筑居住、活动及辅助空间照度值

房间名称	居住用房	活动室	卫生间	公用厨房	公共餐厅	门厅走廊
照度值(lx)	200	300	150	200	200	100～150

7.3.3 养老设施建筑居住用房至卫生间的走道墙面距地0.40m处宜设嵌壁脚灯。居住用房的顶灯和床头照明宜采用两点控制开关。

7.3.4 养老设施建筑照明控制开关宜选用宽板翘板开关，安装位置应醒目，且颜色应与墙壁区分，高度宜距地面1.10m。

7.3.5 养老设施建筑出入口雨篷底或门口两侧应设照明灯具，阳台应设照明灯具。

7.3.6 养老设施建筑走道、楼梯间及电梯厅的照明，均宜采用节能控制措施。

7.3.7 养老设施建筑的供电电源应安全可靠，宜采用专线配电，供配电系统应简明清晰，供配电支线应采用暗敷设方式。

7.3.8 养老院宜每间（套）设电能计量表，并宜单设配电箱，配电箱内宜设电源总开关，电源总开关应采用可同时断开相线和中性线的开关电器。配电箱内的插座回路应装设剩余电流动作保护器。

7.3.9 养老设施建筑的电源插座距地高度低于1.8m时，应采用安全型电源插座。居住用房的电源插座高度距地宜为0.60m～0.80m；厨房操作台的电源插座高度距地宜为0.90m～1.10m。

7.3.10 养老设施建筑的居住用房、公共活动用房和公共餐厅等应设置有线电视、电话及信息网络插座。

7.3.11 养老设施建筑的公共活动用房、居住用房及卫生间应设紧急呼叫装置。公共活动用房及居住用房的呼叫装置高度距地宜为1.20m～1.30m，卫生间的呼叫装置高度距地宜为0.40m～0.50m。

7.3.12 养老设施建筑以及室外活动场所（地）应设置视频安防监控系统或护理智能化系统。在养老设施建筑的各出入口和单元门、公共活动区、走廊、各楼层的电梯厅、楼梯间、电梯轿厢等场所应设置安全监控设施

7.3.13 安全防护

1 养老设施建筑应做总等电位联结，医疗用房和卫生间应做局部等电位联结；

2 养老设施建筑内的灯具应选用Ⅰ类灯具，线路中应设置PE线；

3 养老设施建筑中的医疗用房宜设防静电接地；

4 养老设施建筑应设置防火剩余电流动作报警系统。

本规范用词说明

1 为便于在执行本规范条文时区别对待，对要求严格程度不同的用词说明如下：
   1) 表示很严格，非这样做不可的用词：
      正面词采用"必须"，反面词采用"严禁"；
   2) 表示严格，在正常情况下均应这样做的用词：
      正面词采用"应"，反面词采用"不应"或"不得"；
   3) 表示允许稍有选择，在条件许可时首先应这样做的用词：
      正面词采用"宜"，反面词采用"不宜"；
   4) 表示有选择，在一定条件下可以这样做的用词，采用"可"。

2 条文中指明应按其他有关标准执行的写法为："应符合……的规定"或"应按……执行"。

引用标准名录

1 《无障碍设计规范》GB 50763
2 《综合医院建筑设计规范》JGJ 49

中华人民共和国国家标准

养老设施建筑设计规范

GB 50867—2013

条 文 说 明

制 订 说 明

《养老设施建筑设计规范》GB 50867-2013，经住房和城乡建设部2013年9月6日以第142号公告批准、发布。

本规范制订过程中，编制组进行了广泛深入的调查研究，认真总结了我国不同地区近年来养老设施建设的实践经验，同时参考了国外先进技术法规、技术标准，通过实地调研和广泛征求全国有关单位的意见及多次修改，取得了符合中国国情，可操作性较强的重要技术参数。

为便于广大设计、施工、科研、学校等单位有关人员在使用本规范时能正确理解和执行条文规定，《养老设施建筑设计规范》编制组按章、节、条顺序编制了本规范的条文说明，对条文规定的目的、依据以及执行中需要注意的有关事项进行了说明，还着重对强制性条文的强制性理由做了解释。但是，本条文说明不具备与规范正文同等的法律效力，仅供使用者作为理解和把握规范规定的参考。

目 次

1 总则 …………………………… 45—15
2 术语 …………………………… 45—15
3 基本规定 ……………………… 45—15
4 总平面 ………………………… 45—16
5 建筑设计 ……………………… 45—17
　5.1 用房设置 …………………… 45—17
　5.2 生活用房 …………………… 45—18
　5.3 医疗保健用房 ……………… 45—18
　5.4 公共活动用房 ……………… 45—19
　5.5 管理服务用房 ……………… 45—19

6 安全措施 ……………………… 45—19
　6.1 建筑物出入口 ……………… 45—19
　6.2 竖向交通 …………………… 45—19
　6.3 水平交通 …………………… 45—19
　6.4 安全辅助措施 ……………… 45—19
7 建筑设备 ……………………… 45—20
　7.1 给水与排水 ………………… 45—20
　7.2 供暖与通风空调 …………… 45—20
　7.3 建筑电气 …………………… 45—21

1 总 则

1.0.1 随着我国社会经济的发展,城乡老年人的生活水平和医疗水平不断提高,老年人的寿命呈现出高龄化倾向,家庭模式空巢化现象也显得越来越突出,众多介护老人长期照料护理服务需求日益迫切。据第六次全国人口普查统计显示,我国 60 岁及以上人口为 1.78 亿人,占总人口的 13.26%,预计到 2050 年我国老龄化将达到峰值,60 岁以上的老年人数量将达到 4.37 亿人。截止到 2009 年 80 岁以上高龄老年人达到 1899 万人,占全国人口的 1.4%,年均增速达 5%,快于老龄化的增长速度,也高于世界平均 3% 的水平。我国城乡老年空巢家庭超过 50%,部分大中城市老年空巢家庭达到 70%,而各类老年福利机构 3.81 万个,床位 266.2 万张,养老床位总数仅占全国老年人口的 1.59%,不仅低于发达国家 5%～7% 的比例,也低于一些发展中国家 2%～3% 的水平。可见,我国目前已进入老龄化快速发展阶段,关注养老与养老机构建设已是当前最大民生问题之一。中国老龄事业发展"十二五"规划及我国社会养老服务体系"十二五"规划中也针对目前我国老龄化发展的现状,从机构养老、社区养老和居家养老三个方面提出了今后五年的发展建设目标和任务。因此,适时编制养老设施建筑设计规范,为养老设施建筑的设计和管理提供技术依据,以满足当今老年人对社会机构养老的迫切需要,是编制本规范的根本前提和目的。

1.0.2 根据《社会养老服务体系建设规划(2011—2015 年)》,我国的社会养老服务体系主要由居家养老、社会养老和机构养老等三个有机部分组成。本规范主要针对机构养老和社区养老设施,机构养老主要包括老年养护院、养老院等,社区养老主要包括老年日间照料中心。由于区域发展和人口结构的变化,出现的将既有建筑改、扩建为养老设施的建筑,如原幼儿园、小学、医院等改造为养老设施项目,其建筑设计可以按本规范执行。

1.0.3 本条提出了养老设施建筑设计的理念、原则。养老设施建筑需要针对自理、介助(即半自理的、半失能的)和介护(即不能自理的、失能的、需全护理的)等不同老年人群体的养老需求及其身体衰退和生理、心理状况以及养护方式,进行个性化、人性化设计,切实保证老年人的基本生活质量。

1.0.4 本条规定是为了明确本标准与相关标准之间的关系。这里的"国家现行有关标准"是指现行的工程建设国家标准和行业标准。与养老设施建筑有关的规划及建筑结构、消防、热工、节能、隔声、照明、给水排水、安全防范、设施设备等设计,除需要执行本规范外,还需要执行其他相关标准。例如《城镇老年人设施规划规范》GB 50437、《建筑设计防火规范》GB 50016、《无障碍设计规范》GB 50763、《老年人社会福利机构基本规范》MZ 008 等。

2 术 语

2.0.1 养老设施是专项或综合服务的养老建筑服务设施的通称。为满足不同层次、不同身体状况的老年人的需求,根据养老设施的床位数量、设施条件和综合服务功能,养老设施建筑划分为老年养护院、养老院、老年日间照料中心等。

2.0.2～2.0.4 为使术语反映时代特点,并与相关标准表述内容一致,规定了各类养老设施建筑的内涵。如老年养护院以接待患病或健康条件较差,需医疗保健、康复护理的介助、介护老年人为主。这也与《老年养护院建设标准》建标 144-2010 中的表述:"老年养护院是指为失能老年人提供生活照料、健康护理、康复娱乐、社会工作等服务的专业照料机构"是一致的。养老院为自理、介助、介护老年人提供集中居住和综合服务,它包括社会福利院的老人部、敬老院等。老年日间照料中心通常设置在居住社区中,例如社区的日托所、老年日间护理中心(托老所)等,是一种适合介助老年人的"白天入托接受照顾和参与活动,晚上回家享受家庭生活"的社区居家养老服务新模式。与《社区老年人日间照料中心建设标准》建标 143-2010:"社区老年人日间照料中心是指为以生活不能完全自理、日常生活需要一定照料的半失能老年人为主的日托老年人提供膳食供应、个人照顾、保健康复、娱乐和交通接送等日间服务的设施"的内容一致。

2.0.5 在老年养护院和养老院中,为便于老年人养护及管理,通常将老年人养护设施分区设置,划分为相对独立的护理单元。养护单元内包括老年人居住用房、餐厅、公共浴室、会见聊天室、心理咨询室、护理员值班室、护士工作室等用房。从消防与疏散角度考虑,养护单元最好与防火分区结合设计。

2.0.6 为了体现对失能老年人的人文关怀,满足入住失能老年人与前来探望的子女短暂居住、共享天伦之乐,感受家庭亲情需要的居住用房。通常养老院和老年养护院设置亲情居室。

2.0.7～2.0.9 根据老年人的身体衰退状况、行为能力特征,根据国家现行有关标准,将老年人按自理老人、介助老人和介护老人等行为状态区分,以科学地、动态地反映老年人的体能变化及行为障碍状态,力求建筑设计充分体现适老性。

3 基 本 规 定

3.0.1 本条规定了养老设施的服务对象及基本服务配置。需要强调的是,养老设施的服务配置应当在适应当前、预留发展、因地制宜的原则指导下，在满足服务功能和社会需求基础上，尽可能综合布设并充分利用社会公共设施。

3.0.2 根据我国民政部颁布的现行行业标准《老年人社会福利机构基本规范》MZ 008，以及建设标准《老年养护院建设标准》建标 144-2010、《社区老年人日间照料中心建设标准》建标143-2010，养老设施可以根据配建和设施规模划分等级。国家和各地的民政部门在养老设施管理规定中将提供居养和护理的养老机构按床位数分级，以便于配置人员和设施。因此，建设标准主要满足养老设施的规划建设和项目投资的需要。本规范根据现行国家标准《城镇老年人设施规划规范》GB 50437 分级设置的规定，并参考国内外养老机构的建设情况，根据养老设施建筑用房配置要求将养老设施中的老年养护院和养老院按其床位数量分为小型、中型、大型和特大型四个等级，主要满足建筑设计的最低技术指标。老年日间照料中心按照社区人口规模 10000 人～15000 人、15000 人～30000 人、30000 人～50000 人分为小型、中型和大型三个等级，按照 2015 年全国老龄化水平的预测值 15.3%，并根据小型、中型和大型的社区老年人日间照料中心的建筑面积分别按照老年人人均房屋建筑面积 $0.26m^2$、$0.32m^2$、$0.39m^2$ 进行估算，则三类的面积规模分别为 $300m^2～800m^2$、$800m^2～1400m^2$、$1400m^2～2000m^2$。同时根据现行国家标准《城镇老年人设施规划规范》GB 50437 中对托老所的配建规模及要求，托老所不应小于 10 床位，每床建筑面积不应小于 $20m^2$。综合以上因素，考虑到老年人日间照料中心多为社区层面的养老设施，且应与其他养老设施的等级划分相协调，因此本规范将老年日间照料中心确定小型和中型两个等级，分别为小于或等于 40 人和 41 人～100 人。

根据以上原则分级，配合规划形成的养老设施网络能够基本覆盖城镇各级居民点，满足老年人使用的需求；其分级的方式也能够与现行国家标准《城市居住区规划设计规范》GB 50180 取得良好的衔接，利于不同层次的设施配套。在实际运作中可以和现有的以民政系统管理为主的老年保障网络相融合，如大型、特大型养老设施与市（地区）级要求基本相同，中型养老设施则相当于规模较大辐射范围较广的区级设施，而小型养老设施则与居住区级的街道和乡镇规模相一致，这样便于民政部门的规划管理。

3.0.3 本规范中的老年养护院、养老院和老年日间照料中心是社会养老机构设施。为适应我国"以家庭养老为基础，以社区养老为依托，以机构养老为支撑"的养老发展模式，社区中为居家养老者提供社区关助服务的养老设施，如老年家政服务中心（站）、老年活动中心（站）、老年医疗卫生服务中心（站）、社区老年学园（大学）等，可以从实际出发独立设置或合设于社区服务中心（站）、社区活动中心（站）、社区医疗服务中心（站）、老年学园（大学）等社区配套的公共服务场所内，并且在条件许可的情况，其建筑设计可以按本规范执行。

3.0.4 养老设施建筑基地选择，一方面要考虑到老年人的生理和心理特点，对阳光、空气、绿化等自然条件要求较高，对气候、风向及周边生活环境敏感度较强等；另一方面还应考虑到老年人出行方便和子女探望的需要，因此基地要选择在工程地质条件稳定、日照充足、通风良好、交通方便、临近公共服务设施及远离污染源、噪声源及危险品生产、储运的区域。

3.0.5 考虑到老年人特殊的体能与行为特征，养老设施建筑宜为低层或多层并独立设置，以便于紧急情况下的救助与疏散，以及减少外界的干扰。受用地等条件所限，社区内的小型养老设施可以与其他公共设施建筑合并设置，但需要具备独立的交通系统，便于安全疏散。

3.0.6 老年人由于长时间生活在室内，因此老年人用房的朝向和阳光就非常重要。本规范规定养老设施建筑主要用房的窗地比，以保证良好朝向和采光。

3.0.7 为了便于老年人日常使用与紧急情况下的抢救与疏散，养老设施的二层及以上楼层设有老年人用房时，需要以无障碍电梯作为垂直交通设施，且至少 1 台能兼作医用电梯，以便于急救时担架或医用床的进出。

3.0.8 为保证老年人的行走安全及方便，对养老设施建筑中的地面材料提出了设计要求，以防止老年人滑倒或因滑倒引起的碰伤、划伤、扭伤等。

3.0.9 考虑到老年人视力、反应能力等不断衰退，强调色彩和标识设计非常必要。色彩柔和、温暖，易引起老年人注意与识别，既提高老年人的感受能力，也从心理上营造了一种温馨和安全感。标识的字和图案都要比一般场所的要大些，方便识别。

3.0.10 针对老年人行动能力弱、自救能力差的特点，专门提出养老设施建筑中老年人用房可按重点公建做好抗震与防火等安全设计。

3.0.11 老年人体能衰退的特征之一，表现在行走机能弱化或丧失，抬腿与迈步行为不便或需靠轮椅等扶助，因此，新建及改扩建养老设施的建筑和场地都需要进行无障碍设计，并且按现行国家标准《无障碍设计规范》GB 50763 执行。本规范对养老设施相应用房设置提出了进行无障碍设计的具体位置，以方便设计与提高养老设施建筑的安全性。

3.0.12 夏热冬冷地区及夏热冬暖地区养老设施的老年人用房的地面，在过渡季节易出现地面湿滑的返潮现象，为防止老年人摔伤，特做此规定。

4 总 平 面

4.0.1 养老设施一般包括生活居住、医疗保健、休闲娱乐、辅助服务等功能，需要按功能关系进行合理布局。明确动静分区，减少干扰。合理组织交通，沿老年人通行路径设置明显、连续的标识和引导系统，以方便老年人使用。

4.0.2 保证养老设施的居住用房和主要公共活动用房充足的日照和良好的通风对老年人身心健康尤为重要。考虑到地域的差异，日照时间按当地城镇规划要求执行，其中老年人的起居室、活动室应满足日照2h，卧室宜满足日照2h。公共配套服务设施与居住用房就近设置，以便服务老年人的日常生活。

4.0.3 城市主干道往往交通繁忙、车速较快，养老设施建筑的主要出入口开向城市主干道时，不利于保证老年人出行安全。货物、垃圾、殡葬等运输最好设置具有良好隔离和遮挡的单独通道和出入口，避免对老年人身心造成影响。

4.0.4 考虑到老年人出行方便和休闲健身等安全，养老设施中道路要尽量做到人车分流，并应当方便消防车、救护车进出和靠近，满足紧急时人群疏散、避难逃生需求，并且应设置明显的标志和导向系统。

4.0.5 考虑介助老年人的需要，在机动车停车场距建筑物主要出入口最近的位置上设置供轮椅使用者专用的无障碍停车位，明显的标志可以起到强化提示的功能。

4.0.6 满足老年人室外活动需求，室外活动场地按人均面积不低于 $1.20m^2$ 计算，且保证一定的日照和场地平整、防滑等条件。根据老年人活动特点进行动静分区，一般将运动项目场地作为动区，设置健身运动器材，并与休憩静区保持适当距离。在静区根据情况进行园林设计，并设置亭、廊、花架、座椅等设施，座椅布置宜在冬季向阳、夏季遮荫处，可便于老年人使用。

4.0.7 为创造良好的景观环境，养老设施建筑总平面需要根据各地情况适宜做好庭院景观绿化设计。

4.0.8 老年人低头观察事物，易发生头晕摔倒事件。因此，养老设施建筑总平面中观赏水景的水深不宜超过0.60m，且水池周边需要设置栏杆、格栅等防护措施。

4.0.9 根据老年人生理特点，养老设施需要在老年人集中的室外活动场地附近设置便于老年人使用的公共厕所，且考虑轮椅使用者的需要。

4.0.10 为保证老年人身体健康，满足老年人衣服、被褥等清洗晾晒要求，总平面布置时需要设置专用晾晒场地。当室外地面晾衣场地设置困难时，可利用上人屋面作为晾衣场地，但需要设置栏栅、防护网等安全防护设施，防止老年人误入。

5 建筑设计

5.1 用房设置

5.1.1 根据老年人使用情况，养老设施建筑的内部用房可以划分为两大类：即老年人用房和管理服务用房。

老年人用房是指老年人日常生活活动需要使用的房间。根据不同功能又可划分为三类：即生活用房、医疗保健用房、公共活动用房。各类用房的房间在无相互干扰且满足使用功能的前提下可合并设置。

生活用房是老年人的生活起居及为其提供各类保障服务的房间，包括居住用房、生活辅助用房和生活服务用房。其中居住用房包括卧室、起居室、休息室、亲情居室；生活辅助用房包括自用卫生间、公用卫生间、公用沐浴间、公用厨房、公共餐厅、自助洗衣间、开水间、护理站、污物间、交往厅；生活服务用房包括老年人专用浴室、理发室、商店和银行、邮电、保险代理等房间。

医疗保健用房分为医疗用房和保健用房。医疗用房为老年人提供必要的诊察和治疗功能，包括医务室、观察室、治疗室、检验室、药械室、处置室和临终关怀室等房间；保健用房则为老年人提供康复保健和心理疏导服务功能，包括保健室、康复室和心理疏导室。

公共活动用房是为老年人提供文化知识学习和休闲健身交往娱乐的房间，包括活动室、多功能厅和阳光厅（风雨廊）。其中活动室包括阅览室、网络室、棋牌室、书画室、健身室和教室等房间。

管理服务用房是养老设施建筑中工作人员管理服务的房间，主要包括总值班室、入住登记室、办公室、接待室、会议室、档案室、厨房、洗衣房、职工用房、备品库、设备用房等房间。

为提高养老设施建筑用房使用效率，在满足使用功能和相互不干扰的前提下，各类用房可合并设置。

5.1.2 本条面积指标分为两部分。老年养护院、养老院按每床使用面积规定，老年日间照料中心按每人使用面积规定。

老年养护院、养老院的面积指标是参照《城镇老年人设施规划规范》GB 50437 中规定的各级老年护理院、养老院的配建指标，以及《老年养护院建设标准》建标 144－2010 中规定的五类养护院每床建筑面积指标综合确定的，即老年养护院、养老院的每床建筑面积标准为 $45m^2$/床。以上建筑面积标准乘以平均使用系数 0.60，得出每床使用面积标准。又根据《老年养护院建设标准》建标 144－2010 中规定的各类用房使用面积指标，确定老年养护院的各类用房每床使用面积标准。同时根据养老院开展各项工作的实际需求，结合对各地调研数据的认真分析和总结，确定养老院的各类用房使用面积标准。

老年日间照料中心的面积指标是参照《社区老年人日间照料中心建设标准》建标 143－2010 中规定的各类用房使用面积的比例综合确定的。各地可根据实际业务需要在总使用面积范围内适当调整。

5.1.3 为便于为老年人提供各项服务和有效的管理，养老院、老年养护院的老年人生活用房中的居住用房和生活辅助用房宜分单元设置。经调研，养老设施中能够有效照料和巡视自理老年人的服务单元规模为100人左右，考虑到一些养老院中可能有一部分老年人为介助老年人，并结合国内外家庭养老发展方向，其养护单元的老年人数量宜适当减少，因此本条确定老年养护院养护单元的规模宜不大于50床；养老院养护单元的规模宜为50床～100床；介护老年人中的失智老年人，护理与服务方式较为特殊，其养护单元宜独立设置，参照国内外有关资料其规模宜为10床。

5.2 生活用房

5.2.1 居住用房是老年人久居的房间，强调本条主要考虑设置在地下、半地下的老年人居住用房的阳光、自然通风条件不佳和火灾紧急状态下烟气不易排除，对老年人的健康和安全带来危害。噪声振动对老年人的心脑功能和神经系统有较大影响，远离噪声源布置居住用房，有利于老年人身心健康。

5.2.2 据调查现在实际老年人居住用房普遍偏小。由于老年人动作迟缓，准确度降低以及使用轮椅和方便护理的需要，特别是对文化层次越来越高的老年人，生活空间不宜太小。日本老年看护院标准单人间卧室10.80m²，香港安老院标准每人6.50m²等，本规范参照国内外标准综合确定了面积指标。

5.2.3 根据目前国内经济状况和现有养老院调查情况，本规范规定每卧室的最多床位数标准。其中规定失智老人的床位进行适当分隔，是为了避免相互影响及发生意外损伤。

5.2.4 为防止介护老年人中失智老年人发生高空坠落等意外发生，本条规定失智老年人养护单元用房的外窗可开启范围内设置防护措施。房间门采用明显颜色或图案加以显著标识，以便于失智老年人记忆和辨识。

5.2.5 老年养护院相邻居室的阳台平时可分开使用，紧急情况下可以连通，以便于防火疏散与施救。开敞式阳台栏杆高度不低于1.10m，且距地面0.30m高度范围内不留空，并做好雨水遮挡和排水措施，以保证介助老年人使用安全。考虑地域特征，寒冷地区、多风沙地区，阳台设封闭避风设置。介护老年人中失智老年人居室的阳台采用封闭式设置，以便于管理服务。

5.2.6 老年人身患泌尿系统病症较普遍，自用卫生间位置与居室相邻设置，以方便老年人使用。卫生洁具浅色最佳，不仅感觉清洁而且易于随时发现老年人的某些病变。卫生间的平面布置要考虑可能有护理员协助操作，留有助厕、助浴空间。自用卫生间需要保证良好的自然通风换气、防潮、防滑等条件，以提高环境卫生质量。

5.2.7 养老设施建筑的公用厨房，保证天然采光和自然通风条件，以提高安全性和方便性。

5.2.8 老年人多依赖于公共餐厅就餐，本规范参照《老年养护院建设标准》建标144-2010中的相关标准，规定最低配建面积标准。老年养护院和养老院的公共餐厅结合养护单元分散设置，与老年人生活用房的距离不宜过长，便于老年人就近用餐。老年人的就餐习惯、体能心态特征各异，且行动不便，因此公共餐厅需使用可移动的单人座椅。在空间布置上为护理员留有分餐、助餐空间，且应设有无障碍服务柜台，以便于更好地为老年人就餐服务。

5.2.9 养老设施建筑中除自用卫生间外，还需在老年人经常活动的生活服务用房、医疗保健用房、公共活动用房等设置公用卫生间，且同层、临近、分散设置，并应考虑采光、通风及男女性别特点。老年养护院、养老院的每个养护单元内均应设置公用卫生间，以方便老年人使用。

5.2.10 当用地紧张时，小型养老设施的老年人专用浴室，可男女合并设置分时段使用；介助和介护的老年人，多有助浴需要，应留有助浴空间；公用沐浴间一般需要结合养护单元分散设置，规模可按总床位数测算。

5.2.11 护理站是护理员值守并为老年人提供护理服务的房间。规定每个养护单元均设护理站，是为了方便和及时为介助和介护老年人服务。

5.2.12 污物间靠近污物运输通道，便于控制污染。

5.2.13 购物、取钱、邮寄等是老年人日常生活中必不可少的。因此，商店、银行、邮电及保险代理等用房，需就近居住用房设置，以方便老年人生活。

5.3 医疗保健用房

5.3.1 由于老年人疾病发病率高、突发性强，因此养老设施建筑均需要具有必要的医疗设施条件，并根据不同的服务类别和规模等级进行设置。医疗用房中的医务室、观察室、治疗室、检验室、药械室、处置室等，按《综合医院建筑设计规范》JGJ 49的相关规定设计，并尽可能利用社会资源为老年人就医服务。其中医务室临近生活区，便于救护车的靠近和运送病人；临终关怀室靠近医疗用房独立设置，可以避免对其他老年人心理上产生不良影响。由于老年人遗体的运送相对私密隐蔽，因此其对外通道需要独立设置。

5.3.2 养老设施建筑的保健用房包括保健室、康复室和心理疏导室等。其中保健室和康复室是老年人进行日常保健和借助各类康复设施进行康复训练的房间，房间应地面平整、表面材料具有一定弹性，可以防止和减轻老年人摔倒所引起的损伤，房间的平面形式应考虑满足不同保健和康复设施的摆放和使用要求。规定心理疏导室使用面积不小于10.00m²，是为了满足沙盘测试的要求，以缓解老年人的紧张和焦虑心理。

5.4 公共活动用房

5.4.1 公共活动用房是老年人从事文化知识学习、休闲交往娱乐等活动的房间，需要具有良好的自然采光和自然通风。

5.4.2 活动室通常要相对独立于生活用房设置，以避免对老年人居室产生干扰。其平面及空间形式需充分考虑多功能使用的可能性，以适合老年人进行多种活动的需求。

5.4.3 多功能厅是为老年人提供集会、观演、学习等文化娱乐活动的较大空间场所，为了便于老年人集散以及紧急情况下的疏散需要，多功能厅通常设置在建筑首层。室内地面平整且具有弹性，墙面和顶棚采用吸声材料，可以避免老年人跌倒摔伤和噪声的干扰。在多功能厅邻近设置公用卫生间和储藏间（仓库）等，便于老年人就近使用。

5.4.4 严寒地区和寒冷地区冬季时间较长，老年人无法进行室外活动，因此养老设施设置阳光厅，并保证其在冬季有充足的日照，以满足老年人日光浴的需要。夏热冬暖地区、温和地区和夏热冬冷地区（多雨多雪地区）降雨量较大，养老设施建筑设置风雨廊，以便于老年人进行室外活动。

5.5 管理服务用房

5.5.1 入住接待登记室设置在主入口附近，且有醒目的标识，便于老年人找到或其家属咨询、办理入住登记。

5.5.2 老年养护院和养老院的总值班室，靠近建筑主入口设置，从管理与安保要求出发，设置建筑设备设施控制系统、呼叫报警系统和电视监控系统，以便于及时发现和处置紧急情况。

5.5.3 厨房应当便于餐车的出入、停放和消毒，设置在相对独立的区域，并采用适当的防潮、消声、隔声、通风、除尘措施，以避免蒸汽、噪声和气味对老年人用房的干扰。

5.5.4 职工用房应含职工休息室、职工沐浴间、卫生间、职工食堂等，宜独立设置，既方便职工人员使用，并可避免对老年人用房的干扰。

5.5.5 洗衣房主要是护理服务人员为介护老年人清洁衣物和为其他老年人清洁公共被品等，为达到必要的卫生要求，平面布置需要做到洁污分区。洗衣房除具有洗衣功能外，还需要为消毒、叠衣和存放等功能提供空间。

6 安 全 措 施

6.1 建筑物出入口

6.1.1 养老设施建筑的出入口是老年人集中使用的场所，考虑到老年人的体能衰退和紧急疏散的要求，专门规定了老年人使用的出入口数量。为方便轮椅出入及回转，外开平开门是最基本形式。如条件允许，推荐选用电动推拉感应门，且旁边增设外平开疏散门。

6.1.2 考虑老年人缓行、停歇、换乘等方便，养老设施建筑出入口至机动车道路之间需留有充足的避让缓冲空间。

6.1.3 出入口门厅、平台、台阶、坡道等设计的各项参数和要求均取自较高标准，目的是降低通行障碍，适应更多的老年人方便使用。

6.2 竖向交通

6.2.1 本条规定了养老设施建筑的楼梯设计要求。需要强调的是对反应能力、调整能力逐渐降低的老年人而言，在楼梯上行或下行时，如若踏步尺度不均衡，会造成行走楼梯的困难。而踏面下方透空，对于拄杖老年人而言，容易造成打滑失控或摔伤。通过色彩和照明的提示，引起过往老年人注意，可以提高通行安全的保障力。

6.2.2 电梯运行速度不大于1.5m/s，主要考虑其启停速度不会太快，可减少患有心脏病、高血压等症老年人搭乘电梯时的不适感。放缓梯门关闭速度，是考虑老年人的行动缓慢，需留出更多的时间便于老年人出入电梯，避免因门扇突然关闭而造成惊吓和夹伤。

6.3 水平交通

6.3.1 养老设施建筑的过厅、走廊、房间的地面不应设有高差，如遇有难以避免的高差时，在高差两侧衔接处，要充分考虑轮椅通行的需要，并有安全提示装置。

6.3.2、6.3.3 走廊的净宽和房间门的尺寸是考虑轮椅和担架床、医用床进出且门扇开启后的净空尺寸。1.2m的门通常为子母门或推拉门。当房门向外开向走廊时，需要留有缓冲空间，以防阻碍交通。在水平交通中既要保证老年人无障碍通行，又要保证担架床、医用床全程进出所有老年人用房。

6.3.4 由于老年人体能逐渐减弱，他们活动的间歇明显加密。在老年人的活动和行走场所以及电梯候梯厅等，加设休息座椅，对缓解疲劳，恢复体能大有裨益。同时老年人之间的交往无处不在，这些休息座椅也提供了老年人相互交流的机会，利于老年人的身心健康。但休息座椅的设置是有前提的，不能以降低消防前室（厅）的安全度为代价。

6.4 安全辅助措施

6.4.1 老年人因身体衰退常常在经过公共走廊、过厅、浴室和卫生间等处需借助安全扶手等扶技技术措施通行，本条文中专门规定了养老设施建筑中安全扶手的适宜设计尺寸,其中最小有效长度是考虑不小于老年人两手同时握住扶手的尺寸。

6.4.2 老年人行为动作准确性降低,转角与墙面的处理,利于保证老年人通行时的安全以及避免轮椅等助行设备的磕碰。

6.4.3 养老设施建筑的导向标识系统是必要的安全措施,它对于记忆和识别能力逐渐衰退的老年人来说更加重要。出入口标识、楼层平面示意图、楼梯间楼层标识等连续、清晰,可导引老年人安全出行与疏散,有效地减少遇险时的慌乱。

6.4.4 本条的主要目的是防止因日常疏忽导致老年人发生意外。

    1 老年人行动迟缓,反应较慢,沿老年人行走的路线,做好各种安全防护措施,以防烫伤、扎伤、擦伤等。

    2 防火门上设透明的防火玻璃,便于对老年人的行动观察与突发事件的救助。防火门的开关设有阻尼缓冲装置,以避免在门扇关闭时,容易夹碰轮椅或拐杖,造成伤害。

    3 本规定主要是便于对老年人发生意外时的救助。

    4 失智老年人行为自控能力差,在每个养护单元的出入口处设置视频监控、感应报警等安全措施,以防老年人走失及意外事故。

    5 养老设施建筑的开敞阳台或屋顶上人平台上的临空处不应设可攀登扶手,防止老年人攀爬失足,发生意外。供老年人活动的屋顶平台女儿墙护栏高度不应低于1.20m,也是防止老年人意外失足,发生高空坠落事件。在医院及其他建筑的无障碍设计中,经常有双层扶手的使用需要,这在养老设施建筑的开敞阳台和屋顶上人平台上的临空处是禁止的。

    6 为便于老年人在发生火灾时有序疏散及实施外部救援,在老年人居室设置了安全疏散指向图标。考虑到老年人视力减弱,在墙面凸出处、临空框架柱等特殊位置加以显著标识提示,增强辨识度和安全警示。

7 建筑设备

7.1 给水与排水

7.1.1 在寒冷、严寒、夏热冬冷地区由于气候因素应供应热水,其余地区可酌情考虑是否设置热水供应。为方便老年人使用,一般情况下采用集中热水供应系统,并保证集中热水供应系统出水温度适合、操作简单、安全。有条件的地方优先使用太阳能,既方便使用,也符合绿色、节能的理念。

7.1.2 世界卫生组织(WHO)研究了接触噪声的极限,比如心血管病的极限,是长期在夜晚接受50dB(A)的噪声;而睡眠障碍的极限较低,是42dB(A);更低的是一般性干扰,只有35dB(A)。老年人大多患有心脏病、高血压、抑郁症、神经衰弱等疾病,对噪声很敏感,尤其是65dB(A)以上的突发噪声,将严重影响患者的康复,甚至导致病情加重。因此,需选用流速小,流量控制方便的节水型、低噪声的卫生洁具和给排水配件、管材。

7.1.3 为符合无障碍要求,方便轮椅的进出,自用卫生间、公用卫生间、公用沐浴间、老年人专用浴室等可以选用悬挂式洁具且下水管尽可能地进墙或贴墙。

7.1.4 由于老年人行动不便及记忆力衰退,需要选用具有自控、便于操作的水嘴和卫生洁具。

7.2 供暖与通风空调

7.2.1 "集中供暖"从节能、供暖质量、环保等因素来看,是供暖方式的主流,严寒和寒冷地区应用尤为普遍。从供暖舒适度及安全保护等角度出发,考虑使用低温地板辐射供暖系统对养老设施的适用性和实用性是比较好的。本条对于夏热冬冷地区的供暖系统形式未作明确规定,主要是考虑这些地区基本可以设置分体空调或多联中央空调来解决夏季供冷,冬季供热的问题。

7.2.2 采用集中供暖的养老设施建筑,常用的供暖系统形式为低温地板辐射供暖系统和散热器采暖系统。以高温热水或者蒸汽作为热源,由于其压力和温度均较高,系统运行故障发生时不便于排除,以不高于95℃的热水作为供暖热媒,从节能、温度均匀、卫生和安全等方面,均比直接采用高温热水和蒸汽合理。

7.2.3 当养老设施设有集中供暖系统时,公用沐浴间、老年人专用浴室需设置供暖设施。对于不设集中供暖系统的养老设施,公用沐浴间、老年人专用浴室需留有采暖设备安装空间,并根据当地的实际情况确定公用浴室的供暖方式。

7.2.4 根据养老设施建筑的使用特点,本条专门强调了有关房间的室内供暖计算温度。走道、楼梯间、阳光厅/风雨廊的室内供暖计算温度可以按18℃计算。考虑到老年人经常理发的需要,生活服务用房中的理发室可按20℃计算。

7.2.5 养老设施建筑的公用厨房和自用、公用卫生间的排气和通风,是老年人生活保障、个人卫生的重要需求。设置机械排风设施有利于室内污浊空气的快速排除。

7.2.6 严寒、寒冷及夏热冬冷地区的公用厨房,冬季关闭外窗和非炊事时间排气机械不运转的情况下,应有向室外自然排除燃气或烟气的通路。设置有避风、防雨构造的外墙通风口或通风器等可做到全面通风。

7.2.7 严寒、寒冷及夏热冬冷地区的养老设施建筑，冬季往往长时间关闭外窗，这对空气质量极为不利。而老年人又长期生活在室内，且体弱多病，抵抗力差等，非常需要更多更好的通风换气环境。通风换气量以使用单元体积为基础不低于1.5次/每小时的换气量为宜。

7.2.8 本条是为了提高养老设施在夏季的室内舒适性。

7.2.9 考虑到养老设施的使用特点，室温控制是保证舒适性的前提。采用分室温度控制，可根据采用的空调方式确定。一般集中空调系统的风机盘管可以方便地设置室温控制设施，分体式空调器（包括多联机）的室内机也均具有能够实现分室温控的功能。设置全空气空调系统的房间实现分室温控会有一定难度，设备投资相对加大，在经济不允许的条件下不推荐使用。

7.2.10 老年人对噪声和其他的干扰可能会更加敏感和脆弱。因此，对水泵和风机等设备所产生的噪声和其他干扰，需特别强调避免。

7.3 建筑电气

7.3.1、7.3.2 本条规定了养老设施建筑居住、活动和辅助空间的照明配置与照度值，考虑到老年人的视力较弱，其照度标准稍有提高。

7.3.3 设置脚灯既方便老年人夜间如厕，还可兼消防应急疏散标识照明。

7.3.4 从老年人特点出发，养老设施建筑的照明开关应当昼夜都易识别，安装高度方便轮椅使用者的使用。

7.3.5 考虑到老年人的行动安全，雨篷灯及门口灯可以不采用节能自熄开关。

7.3.6 为节约能源，同时考虑到老年人的行动特点，养老设施建筑公共交通空间的照明，均宜采用声光控开关控制。

7.3.7、7.3.8 养老设施建筑设专线配电，每间（套）设电能计量表并单设配电箱，主要是出于供电的可靠性和方便管理的考虑。老年人行动不便、视力与记忆力不好，经常停电会给老年人的安全生活带来隐患，但从实际情况考虑，可能有些地区供电条件不允许，故提出为宜。

7.3.9 养老设施建筑中的安全型电源插座，主要是从安全与使用方面考虑，以防老年人无意碰到或使用不当时，造成触电危险。养老设施建筑的居住用房插座高度的确定是以床头柜的高度为依据，厨房操作台电源插座的高度是以坐轮椅的人方便操作为依据。

7.3.10 从老年人的居住、活动规律和需要出发，配备电话、电视和信息网络终端口，为老年人创造良好的生活环境。

7.3.11 考虑老年人易出现突发状况，规定设置紧急呼叫的设施。高度分别按老年人站姿、坐姿或卧姿的不同状态来规定。

7.3.12 设置视频安防监控系统的目的是为了及时保护老年人的人身安全，养老设施建筑应根据功能需求设置相应的护理智能化系统。视频安防监控系统应设置在公共部位。对于老年人在卫生间洗澡、如厕易发生意外的情况，如有条件可设置红外探测报警仪或地面设置低卧位探测报警探头等。

7.3.13 老年人的安全是第一位的，因而做好电气安全防护是非常重要的。

中华人民共和国国家标准

生活垃圾卫生填埋处理技术规范

Technical code for municipal solid waste sanitary landfill

GB 50869—2013

主编部门：中华人民共和国住房和城乡建设部
批准部门：中华人民共和国住房和城乡建设部
施行日期：２０１４年３月１日

中华人民共和国住房和城乡建设部
公　告

第 107 号

住房城乡建设部关于发布国家标准 《生活垃圾卫生填埋处理技术规范》的公告

现批准《生活垃圾卫生填埋处理技术规范》为国家标准，编号为 GB 50869—2013，自 2014 年 3 月 1 日起实施。其中，第 3.0.3、4.0.2、8.1.1、10.1.1、11.1.1、11.6.1、11.6.3、11.6.4、15.0.5 条为强制性条文，必须严格执行。原行业标准《生活垃圾卫生填埋技术规范》CJJ 17—2004 同时废止。

本规范由我部标准定额研究所组织中国计划出版社出版发行。

中华人民共和国住房和城乡建设部
2013 年 8 月 8 日

前　言

根据住房和城乡建设部《关于印发〈2008 年工程建设标准规范制订、修订计划（第一批）〉的通知》（建标〔2008〕102 号文）的要求，规范编制组经广泛调查研究，认真总结实践经验，参考有关国际标准和国内先进标准，并在广泛征求意见的基础上，编制了本规范。

本规范共分 16 章和 5 个附录，主要内容包括总则，术语，填埋物入场技术要求，场址选择，总体设计，地基处理与场地平整，垃圾坝与坝体稳定性，防渗与地下水导排，防洪与雨污分流系统，渗沥液收集与处理，填埋气体导排与利用，填埋作业与管理，封场与堆体稳定性，辅助工程，环境保护与劳动卫生，工程施工及验收。

本规范中以黑体字标志的条文为强制性条文，必须严格执行。

本规范由住房和城乡建设部负责管理和对强制性条文的解释，由华中科技大学负责日常管理，由华中科技大学环境科学与工程学院负责具体技术内容的解释。执行过程中如有意见或建议，请寄送华中科技大学环境科学与工程学院（地址：湖北省武汉市洪山区珞瑜路 1037 号，邮政编码：430074）。

本规范主编单位、参编单位、主要起草人和主要审查人：

主编单位：华中科技大学
参编单位：中国科学院武汉岩土力学研究所
　　　　　中国市政工程中南设计研究总院
　　　　　上海市环境工程设计科学研究院
　　　　　城市建设研究院
　　　　　武汉市环境卫生科研设计院
　　　　　北京高能时代环境技术股份有限公司
　　　　　天津市环境卫生工程设计院
　　　　　深圳市中兰环保科技有限公司
　　　　　中国瑞林工程技术有限公司
　　　　　宁波市鄞州区绿州能源利用有限公司

主要起草人：陈朱蕾　薛　强　冯其林　刘　勇
　　　　　　杨　列　罗继武　余　毅　王敬民
　　　　　　齐长青　田　宇　葛　芳　龙　燕
　　　　　　王志国　郑得鸣　刘泽军　史波芬
　　　　　　夏小红　谢文刚　曹　丽　史东晓
　　　　　　俞瑛健

主要审查人：徐文龙　邓志光　秦　峰　张　范
　　　　　　吴文伟　张　益　陶　华　王　琦
　　　　　　陈云敏　潘四红　熊　辉

目 次

1 总则 ·· 46—6
2 术语 ·· 46—6
3 填埋物入场技术要求 ································ 46—6
4 场址选择 ··· 46—7
5 总体设计 ··· 46—7
　5.1 一般规定 ··· 46—7
　5.2 处理规模与填埋库容 ··························· 46—7
　5.3 总平面布置 ······································· 46—7
　5.4 竖向设计 ··· 46—8
　5.5 填埋场道路 ······································· 46—8
　5.6 计量设施 ··· 46—8
　5.7 绿化及其他 ······································· 46—8
6 地基处理与场地平整 ································ 46—8
　6.1 地基处理 ··· 46—8
　6.2 边坡处理 ··· 46—8
　6.3 场地平整 ··· 46—8
7 垃圾坝与坝体稳定性 ································ 46—8
　7.1 垃圾坝分类 ······································· 46—8
　7.2 坝址、坝高、坝型及筑坝材料选择 ······ 46—9
　7.3 坝基处理及坝体结构设计 ··················· 46—9
　7.4 坝体稳定性分析 ································ 46—9
8 防渗与地下水导排 ···································· 46—9
　8.1 一般规定 ··· 46—9
　8.2 防渗处理 ··· 46—9
　8.3 地下水导排 ······································· 46—11
9 防洪与雨污分流系统 ······························ 46—11
　9.1 填埋场防洪系统 ······························· 46—11
　9.2 填埋库区雨污分流系统 ···················· 46—11
10 渗沥液收集与处理 ································ 46—11
　10.1 一般规定 ·· 46—11
　10.2 渗沥液水质与水量 ·························· 46—11
　10.3 渗沥液收集 ···································· 46—12
　10.4 渗沥液处理 ···································· 46—12
11 填埋气体导排与利用 ···························· 46—12
　11.1 一般规定 ·· 46—12
　11.2 填埋气体产生量 ····························· 46—12
　11.3 填埋气体导排 ································ 46—12
　11.4 填埋气体输送 ································ 46—13
　11.5 填埋气体利用 ································ 46—13
　11.6 填埋气体安全 ································ 46—13
12 填埋作业与管理 ···································· 46—13
　12.1 填埋作业准备 ································ 46—13
　12.2 填埋作业 ·· 46—13
　12.3 填埋场管理 ···································· 46—14
13 封场与堆体稳定性 ································ 46—14
　13.1 一般规定 ·· 46—14
　13.2 填埋场封场 ···································· 46—14
　13.3 填埋堆体稳定性 ····························· 46—14
14 辅助工程 ·· 46—15
　14.1 电气 ··· 46—15
　14.2 给排水工程 ···································· 46—15
　14.3 消防 ··· 46—15
　14.4 采暖、通风与空调 ·························· 46—15
15 环境保护与劳动卫生 ···························· 46—15
16 工程施工及验收 ···································· 46—15
附录A 填埋库容与有效库容计算 ·············· 46—15
附录B 渗沥液产生量计算方法 ··················· 46—16
附录C 调节池容量计算方法 ······················ 46—16
附录D 渗沥液处理工艺参考设计
　　　参数 ··· 46—17
附录E 填埋气体产气量估算 ······················ 46—18
本规范用词说明 ·· 46—18
引用标准名录 ·· 46—18
附：条文说明 ·· 46—20

Contents

1 General provisions .... 46—6
2 Terms .... 46—6
3 Technical requirement for solid waste of landfill .... 46—6
4 Selection of Landfill site .... 46—7
5 General design .... 46—7
  5.1 General requirements .... 46—7
  5.2 Treatment scale and storage capacity .... 46—7
  5.3 General layout .... 46—7
  5.4 Vertical design .... 46—8
  5.5 Landfill road .... 46—8
  5.6 Measurement facilities .... 46—8
  5.7 Greening and others .... 46—8
6 Foundation treatment and ground leveling .... 46—8
  6.1 Foundation treatment .... 46—8
  6.2 Slope treatment .... 46—8
  6.3 Ground leveling .... 46—8
7 Retaining dam and dam stability .... 46—8
  7.1 Classification of retaining dam .... 46—8
  7.2 Selection of site, height, type and material of retaining dam .... 46—9
  7.3 Ground treatment and dam structure design .... 46—9
  7.4 Dam stability analysis .... 46—9
8 Leachate retention and groundwater management .... 46—9
  8.1 General requirements .... 46—9
  8.2 Lining system .... 46—9
  8.3 Groundwater management .... 46—11
9 Flood control system and rainwater and sewage shunting system .... 46—11
  9.1 Flood control system .... 46—11
  9.2 Rainwater and sewage shunting system .... 46—11
10 Leachate collection and treatment .... 46—11
  10.1 General requirements .... 46—11
  10.2 Leachate quality and quantity .... 46—11
  10.3 Leachate collection .... 46—12
  10.4 Leachate treatment .... 46—12
11 Landfill gas diffuser and utilization .... 46—12
  11.1 General requirements .... 46—12
  11.2 Landfill gas generation .... 46—12
  11.3 Landfill gas diffuser .... 46—12
  11.4 Landfill gas conveying .... 46—13
  11.5 Landfill gas utilization .... 46—13
  11.6 Landfill gas safety .... 46—13
12 Landfill operation and management .... 46—13
  12.1 Preparation for landfill operation .... 46—13
  12.2 Landfill operation .... 46—13
  12.3 Landfill management .... 46—14
13 Closure of landfill and waste pile stability .... 46—14
  13.1 General requirements .... 46—14
  13.2 Closure of landfill .... 46—14
  13.3 Waste pile stability .... 46—14
14 Auxiliary engineering .... 46—15
  14.1 Electricity .... 46—15
  14.2 Water suptply and drainage engineering .... 46—15
  14.3 Fire prevention .... 46—15
  14.4 Heating supply, ventilation and air condition .... 46—15
15 Environmental protection and occupational health .... 46—15
16 Landfill project construction and acceptance .... 46—15
Appendix A Calculation of landfill storage capacity and effective storage Capacity .... 46—15
Appendix B Calculation method of

	leachate generation ...... 46—16		technology .... 46—17
Appendix C	Calculation method of the column of equalization basin .... 46—16	Appendix E	Estimation of landfill gas generation .... 46—18
Appendix D	Design parameter requirement of leachate disposal		

Explanation of wording in this code .... 46—18
List of quoted standards .... 46—18
Addition: Explanation of provisions ...... 46—20

1 总则

1.0.1 依据《中华人民共和国固体废物污染环境防治法》,为贯彻国家有关生活垃圾处理的技术法规和技术政策,保证生活垃圾卫生填埋(简称填埋)处理工程质量,制定本规范。

1.0.2 本规范适用于新建、改建、扩建的生活垃圾卫生填埋处理工程的选址、设计、施工、验收和作业管理。

1.0.3 填埋处理工程应不断总结设计与运行经验,在汲取国内外先进技术及科研成果的基础上,经充分论证,可采用技术先进、经济合理的新工艺、新技术、新材料和新设备,提高生活垃圾卫生填埋处理技术的水平。

1.0.4 填埋处理工程的选址、设计、施工、验收和作业管理除应符合本规范外,尚应符合国家现行有关标准的规定。

2 术语

2.0.1 卫生填埋 sanitary landfill
填埋场采取防渗、雨污分流、压实、覆盖等工程措施,并对渗沥液、填埋气体及臭味等进行控制的生活垃圾处理方法。

2.0.2 填埋库区 compartment
填埋场中用于填埋生活垃圾的区域。

2.0.3 填埋库容 landfill capacity
填埋库区填入的生活垃圾和功能性辅助材料所占用的体积,即封场堆体表层曲面与平整场底层曲面之间的体积。

2.0.4 有效库容 effective capacity
填埋库区填入的生活垃圾所占用的体积。

2.0.5 垃圾坝 retaining dam
建在填埋库区汇水上下游或周边或库区内,由土石等建筑材料筑成的堤坝。不同位置的垃圾坝有不同的作用(上游的坝截留洪水,下游的坝阻挡垃圾形成初始库容,库区内的坝用于分区等)。

2.0.6 防渗系统 lining system
在填埋库区和调节池底部及四周边坡上为构筑渗沥液防渗屏障所选用的各种材料组成的体系。

2.0.7 防渗结构 liner structure
防渗系统各种材料组成的空间层次。

2.0.8 人工合成衬里 artificial liners
利用人工合成材料铺设的防渗层衬里,目前使用的人工合成衬里为高密度聚乙烯(HDPE)土工膜。采用一层人工合成衬里铺设的防渗系统为单层衬里,采用两层人工合成衬里铺设的防渗系统为双层衬里。

2.0.9 复合衬里 composite liners
采用两种或两种以上防渗材料复合铺设的防渗系统(HDPE土工膜+黏土复合衬里或 HDPE 土工膜+GCL 钠基膨润土垫复合衬里)。

2.0.10 土工复合排水网 geofiltration compound drainage net
由立体结构的塑料网双面粘接渗水土工布组成的排水网,可替代传统的砂石层。

2.0.11 土工滤网 geofiltration fabric
又称有纺土工布,由单一聚合物制成的,或聚合物材料通过机械固结、化学和其他粘合方法复合制成的可透性土工合成材料。

2.0.12 非织造土工布(无纺土工布) nonwoven geotextile
由定向的或随机取向的纤维通过摩擦和(或)抱合和(或)粘合形成的薄片状、纤网状或絮垫状土工合成材料。

2.0.13 垂直防渗帷幕 vertical barriers
利用防渗材料在填埋库区或调节池周边设置的竖向阻挡地下水或渗沥液的防渗结构。

2.0.14 雨污分流系统 rainwater and sewage shunting system
根据填埋场地形特点,采用不同的工程措施对填埋场雨水和渗沥液进行有效收集与分离的体系。

2.0.15 地下水收集导排系统 groundwater collection and removal system
在填埋库区和调节池防渗系统基础层下部,用于将地下水汇集和导出的设施体系。

2.0.16 渗沥液收集导排系统 leachate collection and removal system
在填埋库区防渗系统上部,用于将渗沥液汇集和导出的设施体系。

2.0.17 盲沟 leachate trench
位于填埋库区防渗系统上部或填埋体中,采用高过滤性能材料导排渗沥液的暗渠(管)。

2.0.18 集液井(池) leachate collection well(pond)
在填埋场修筑的用于汇集渗沥液,并可自流或用提升泵将渗沥液排出的构筑物。

2.0.19 调节池 equalization basin
在渗沥液处理系统前设置的具有均化、调蓄功能或兼有渗沥液预处理功能的构筑物。

2.0.20 填埋气体 landfill gas
填埋体中有机垃圾分解产生的气体,主要成分为甲烷和二氧化碳。

2.0.21 产气量 gas generation volume
填埋库区中一定体积的垃圾在一定时间中厌氧状态下产生的气体体积。

2.0.22 产气速率 gas generation rate
填埋库区中一定体积的垃圾在单位时间内的产气量。

2.0.23 被动导排 passive ventilation
利用填埋气体自身压力导排气体的方式。

2.0.24 主动导排 initiative guide and extraction
采用抽气设备对填埋气体进行导排的方式。

2.0.25 气体收集率 ratio of landfill gas collection
填埋气体抽气流量与填埋气体估算产生速率之比。

2.0.26 导气井 extraction well
周围用过滤材料构筑,中间为多孔管的竖向导气设施。

2.0.27 导气盲沟 extraction trench
周围用过滤材料构筑,中间为多孔管的水平导气设施。

2.0.28 填埋单元 landfill cell
按单位时间或单位作业区域划分的由生活垃圾和覆盖材料成的填埋堆体。

2.0.29 覆盖 cover
采用不同的材料铺设于垃圾层上的实施过程,根据覆盖要求和作用的不同可分为日覆盖、中间覆盖和最终覆盖。

2.0.30 填埋场封场 closure of landfill
填埋作业至设计终场标高或填埋场停止使用后,堆体整形、不同功能材料覆盖及生态恢复的过程。

3 填埋物入场技术要求

3.0.1 进入填埋场的填埋物应是居民家庭垃圾、园林绿化废弃物、商业服务网点垃圾、清扫保洁垃圾、交通物流场站垃圾、企事业单位的生活垃圾及其他具有生活垃圾属性的一般固体废弃物。

3.0.2 城镇污水处理厂污泥进入生活垃圾填埋场混合填埋处置时，应经预处理改善污泥的高含水率、高黏度、易流变、高持水性和低渗透系数的特性，改性后的泥质除应符合现行国家标准《城镇污水处理厂污泥处置 混合填埋用泥质》GB/T 23485 的规定外，尚应达到以下岩土力学指标的规定：

  1 无侧限抗压强度≥50kN/m²；
  2 十字板抗剪强度≥25kN/m²；
  3 渗透系数为 10^{-6}cm/s～10^{-5}cm/s。

3.0.3 填埋物中严禁混入危险废物和放射性废物。

3.0.4 生活垃圾焚烧飞灰和医疗废物焚烧残渣经处理后满足现行国家标准《生活垃圾填埋场污染控制标准》GB 16889 规定的条件，可进入生活垃圾填埋场填埋处置。处置时应设置与生活垃圾填埋库区有效分隔的独立填埋库区。

3.0.5 填埋物应按重量进行计量、统计与核定。

3.0.6 填埋物含水量、可生物降解物、外形尺寸应符合具体填埋工艺设计的要求。有条件的填埋场宜采取机械-生物预处理减量化措施。

4 场址选择

4.0.1 填埋场选址应先进行下列基础资料的搜集：
  1 城市总体规划和城市环境卫生专业规划；
  2 土地利用价值及征地费用；
  3 附近居住情况与公众反映；
  4 附近填埋气体利用的可行性；
  5 地形、地貌及相关地形图；
  6 工程地质与水文地质条件；
  7 设计频率洪水位、降水量、蒸发量、夏季主导风向及风速、基本风压值；
  8 道路、交通运输、给排水、供电、土石料条件及当地的工程建设经验；
  9 服务范围的生活垃圾量、性质及收集运输情况。

4.0.2 填埋场不应设在下列地区：
  1 地下水集中供水水源地及补给区，水源保护区；
  2 洪泛区和泄洪道；
  3 填埋库区与敞开式渗沥液处理区边界距居民居住区或人畜供水点的卫生防护距离在 500m 以内的地区；
  4 填埋库区与渗沥液处理区边界距河流和湖泊 50m 以内的地区；
  5 填埋库区与渗沥液处理区边界距民用机场 3km 以内的地区；
  6 尚未开采的地下蕴矿区；
  7 珍贵动植物保护区和国家、地方自然保护区；
  8 公园，风景、游览区，文物古迹区，考古学、历史学及生物学研究考察区；
  9 军事要地、军工基地和国家保密地区。

4.0.3 填埋场选址应符合现行国家标准《生活垃圾填埋场污染控制标准》GB 16889 和相关标准的规定，并应符合下列规定：
  1 应与当地城市总体规划和城市环境卫生专业规划协调一致；
  2 应与当地的大气防护、水土资源保护、自然保护及生态平衡要求相一致；
  3 应交通方便，运距合理；
  4 人口密度、土地利用价值及征地费用应合理；
  5 应位于地下水贫乏地区、环境保护目标区域的地下水流向下游地区及夏季主导风向下风向；
  6 选址应有建设项目所在地的建设、规划、环保、环卫、国土资源、水利、卫生监督等有关部门和专业设计单位的有关专业技术人员参加；
  7 应符合环境影响评价的要求。

4.0.4 填埋场选址比选应符合下列规定：
  1 场址预选：应在全面调查与分析的基础上，初定 3 个或 3 个以上候选场址，通过对候选场址进行踏勘，对场地的地形、地貌、植被、地质、水文、气象、供电、给排水、覆盖土源、交通运输及场址周围人群居住情况等进行对比分析，宜推荐 2 个或 2 个以上预选场址。
  2 场址确定：应对预选场址方案进行技术、经济、社会及环境比较，推荐一个拟定场址。并应对拟定场址进行地形测量、选址勘察和初步工艺方案设计，完成选址报告或可行性研究报告，通过审查确定场址。

5 总体设计

5.1 一般规定

5.1.1 填埋场总体设计应采用成熟的技术和设备，做到技术可靠、节约用地、安全卫生、防止污染、方便作业、经济合理。

5.1.2 填埋场总占地面积应按远期规划确定。填埋场的各项用地指标应符合国家有关规定及当地土地、规划等行政主管部门的要求。填埋场宜根据填埋场处理规模和建设条件作出分期和分区建设的总体设计。

5.1.3 填埋场主体工程构成内容应包括：计量设施，地基处理与防渗系统，防洪、雨污分流及地下水导排系统，场区道路，垃圾坝，渗沥液收集和处理系统，填埋气体导排和处理（可含利用）系统，封场工程及监测井等。

5.1.4 填埋场辅助工程构成内容应包括：进场道路，备料场，供配电，给排水设施，生活和行政办公管理设施，设备维修，消防和安全卫生设施，车辆冲洗、通信、监控等附属设施或设备，并宜设置应急设施（包括垃圾临时存放、紧急照明等设施）。Ⅲ类以上填埋场宜设置环境监测室、停车场等设施。

5.2 处理规模与填埋库容

5.2.1 填埋场处理规模宜符合下列规定：
  1 Ⅰ类填埋场：日平均填埋量宜为 1200t/d 及以上；
  2 Ⅱ类填埋场：日平均填埋量宜为 500t/d～1200t/d（含 500t/d）；
  3 Ⅲ类填埋场：日平均填埋量宜为 200t/d～500t/d（含 200t/d）；
  4 Ⅳ类填埋场：日平均填埋量宜为 200t/d 以下。

5.2.2 填埋场日平均填埋量应根据城市环境卫生专业规划和该工程服务范围的生活垃圾现状产生量及预测产生量和使用年限确定。

5.2.3 填埋库容应保证填埋场使用年限在 10 年及以上，特殊情况下不应低于 8 年。

5.2.4 填埋库容可按本规范附录 A 第 A.0.1 条方格网法计算确定，也可采用三角网法、等高线剖切法等。有效库容可按本规范附录 A 第 A.0.2 条计算确定。

5.3 总平面布置

5.3.1 填埋场总平面布置应根据场址地形（山谷型、平原型与坡地型），结合风向（夏季主导风）、地质条件、周围自然环境、外部工程条件等，并应考虑施工、作业等因素，经过技术经济比较确定。

5.3.2 总平面应按功能分区合理布置，主要功能区包括填埋库区、渗沥液处理区、辅助生产区、管理区等，根据工艺要求可设置填埋气体处理及利用区、生活垃圾机械—生物预处理区等。

5.3.3 填埋库区的占地面积宜为总面积的70%～90%,不得小于60%。每平方米填埋库区垃圾填埋量不宜低于10m³。

5.3.4 填埋库区应按照分区进行布置,库区分区的大小主要应考虑易于实施雨污分流,分区的顺序应有利于垃圾场内运输和填埋作业,应考虑与各库区进场道路的衔接。

5.3.5 渗沥液处理区的布置应符合下列规定:
    1 处理构筑物间距应紧凑、合理,符合现行国家标准《建筑设计防火规范》GB 50016的要求,并应满足各构筑物的施工、设备安装和埋设各种管道以及养护、维修和管理的要求。
    2 臭气集中处理设施、脱水污泥堆放区域宜布置在夏季主导风向下风向。

5.3.6 辅助生产区、管理区布置应符合下列规定:
    1 辅助生产区、管理区宜布置在夏季主导风向的上风向,与填埋库区之间宜设绿化隔离带。
    2 管理区各项建(构)筑物的组成及其面积应符合国家有关规定。

5.3.7 填埋场的管线布置应符合下列规定:
    1 雨污分流导排和填埋气体输送管线应全面安排,做到导排通畅。
    2 渗沥液处理构筑物间输送渗沥液、污泥、上清液和沼气的管线布置应避免相互干扰,应使管线长度短、水头损失小、流通顺畅、不易堵塞和便于清通。各种管线宜用不同颜色加以区别。

5.3.8 环境监测井布置应符合现行国家标准《生活垃圾卫生填埋场环境监测技术要求》GB/T 18772的有关规定。

5.4 竖向设计

5.4.1 填埋场竖向设计应结合原有地形,做到有利于雨污分流和减少土方工程量,并宜使土石方平衡。

5.4.2 填埋库区垂直分区标高宜结合边坡土工膜的锚固平台高程确定,封场标高与边坡应按本规范第13章封场与堆体稳定性的规定执行。

5.4.3 填埋库区库底渗沥液导排系统纵向坡度不宜小于2%。在截洪沟、排水沟等的走线设置上应充分利用原有地形,坡度应使雨水导排顺畅且避免过度冲刷。

5.4.4 调节池宜设置在场区地势较低处,地下水位较低或岩层较浅的地区,宜减少下挖深度。

5.5 填埋场道路

5.5.1 填埋场道路应根据其功能要求分为永久性道路和库区内临时性道路进行布局。永久性道路应按现行国家标准《厂矿道路设计规范》GBJ 22中的露天矿山道路三级或三级以上标准设计;库区内临时性道路及回(会)车和作业平台可采用中级或低级路面,并宜有防滑、防陷设施。填埋场道路应满足全天候使用,并应做好排水措施。

5.5.2 道路路线设计应根据填埋场地形、地质、填埋作业顺序,各填埋阶段标高以及堆土区、渗沥液处理区和管理区位置合理布设。

5.5.3 道路设计应满足垃圾运输车交通量、车载负荷及填埋场使用年限的需求,并应与填埋场竖向设计和绿化相协调。

5.6 计量设施

5.6.1 地磅房应设置在填埋场的交通入口处,并应具有良好的通视条件。

5.6.2 地磅进车端的道路坡度不宜过大,宜设置为平坡直线段,地磅前方10m处宜设置减速装置。

5.6.3 计量地磅宜采用动静态电子地磅,地磅规格宜按垃圾车最大满载重量的1.3倍～1.7倍配置,称量精度不宜小于贸易计量Ⅲ级。

5.6.4 填埋场的计量设施应具有称重、记录、打印与数据处理、传输功能,宜配置备用电源。

5.7 绿化及其他

5.7.1 填埋场的绿化布置应符合总平面布置和竖向设计要求,合理安排绿化用地,场区绿化率宜控制在30%以内。

5.7.2 填埋场绿化应结合当地的自然条件,选择适宜的植物。填埋场永久性道路两侧及主要出入口、库区与辅助生产区、管理区之间、防火隔离带外、受西晒的生产车间及建筑物、受雨水冲刷的地段等处均宜设置绿化带。填埋场封场覆盖后应进行生态恢复。

5.7.3 填埋库区周围宜设安全防护设施及不少于8m宽度的防火隔离带,填埋作业区宜设防飞散设施。

5.7.4 填埋场相关建(构)筑物应进行防雷设计,并应符合现行国家标准《建筑物防雷设计规范》GB 50057的要求。

6 地基处理与场地平整

6.1 地基处理

6.1.1 填埋库区地基应是具有承载填埋体负荷的自然土层或经过地基处理的稳定土层,不得因填埋堆体的沉降而使基层失稳。对不能满足承载力、沉降限制及稳定性等工程建设要求的地基应进行相应的处理。

6.1.2 填埋库区地基及其他建(构)筑物地基的设计应按国家现行标准《建筑地基基础设计规范》GB 50007及《建筑地基处理技术规范》JGJ 79的有关规定执行。

6.1.3 在选择地基处理方案时,应经过实地的考察和岩土工程勘察,结合考虑填埋堆体结构、基础和地基的共同作用,经过技术经济比较确定。

6.1.4 填埋库区地基应进行承载力计算及最大堆高验算。

6.1.5 应防止地基沉降造成防渗衬里材料和渗沥液收集管的拉伸破坏,应对填埋库区地基进行地基沉降及不均匀沉降计算。

6.2 边坡处理

6.2.1 填埋库区地基边坡设计应按国家现行标准《建筑边坡工程技术规范》GB 50330、《水利水电工程边坡设计规范》SL 386的有关规定执行。

6.2.2 经稳定性初步判别有可能失稳的地基边坡以及初步判别难以确定稳定性状的边坡应进行稳定计算。

6.2.3 对可能失稳的边坡,宜进行边坡支护等处理。边坡支护结构形式可根据场地地质和环境条件、边坡高度以及边坡工程安全等级等因素选定。

6.3 场地平整

6.3.1 场地平整应满足填埋库容、边坡稳定、防渗系统铺设及场地压实度等方面的要求。

6.3.2 场地平整宜与填埋库区膜的分期铺设同步进行,并应考虑设置堆土区,用于临时堆放开挖的土方。

6.3.3 场地平整应结合填埋场地形资料和竖向设计方案,选择合理的方法进行土方量计算。填挖土方相差较大时,应调整库区设计高程。

7 垃圾坝与坝体稳定性

7.1 垃圾坝分类

7.1.1 根据坝体材料不同,坝型可分为(黏)土坝、碾压式土石坝、浆砌石坝及混凝土坝四类。采用一种筑坝材料的应为均质坝,采用两种及以上筑坝材料的应为非均质坝。

7.1.2 根据坝体高度不同,坝高可分为低坝(低于5m)、中坝(5m~15m)及高坝(高于15m)。

7.1.3 根据坝体所处位置及主要作用不同,坝体位置类型分类宜符合表7.1.3的规定。

表 7.1.3 坝体位置类型分类表

坝体类型	习惯名称	坝体位置	坝体主要作用
A	围堤	平原型库区周围	形成初始库容、防洪
B	截洪坝	山谷型库区上游	拦截库区外地表径流并形成库容
C	下游坝	山谷型或库区与调节池之间	形成库容的同时形成调节池
D	分区坝	填埋库区内	分隔填埋区

7.1.4 根据垃圾坝下游情况、失事后果、坝体类型、坝型(材料)及坝体高度不同,坝体建筑级别分类宜符合表7.1.4的规定。

表 7.1.4 垃圾坝坝体建筑级别分类表

建筑级别	坝下游存在的建(构)筑物及自然条件	失事后果	坝体类型	坝型(材料)	坝高
Ⅰ	生产设备、生活管理区	对生产设备造成严重破坏,对生活管理区带来严重损失	C	混凝土坝、浆砌石坝	≥20m
				土石坝、黏土坝	≥15m
Ⅱ	生产设备	仅对生产设备造成一定破坏或影响	A、B、C	混凝土坝、浆砌石坝	≥10m
				土石坝、黏土坝	≥5m
Ⅲ	农田、水利或水环境	影响不大,破坏较小,易修复	A、D	混凝土坝、浆砌石坝	<10m
				土石坝、黏土坝	<5m

注:当坝体根据表中指标分属于不同级别时,其级别应按最高级别确定。

7.2 坝址、坝高、坝型及筑坝材料选择

7.2.1 坝址选择应根据填埋场岩土工程勘察及地形地貌等方面的资料,结合坝体类型、筑坝材料来源、气候条件、施工交通情况等因素,经技术经济比较确定。

7.2.2 坝高选择应综合考虑填埋堆体坡脚稳定、填埋库容及投资等因素,经过技术经济比较确定。

7.2.3 坝型选择应综合考虑地质条件、筑坝材料来源、施工条件、坝高、坝基防渗要求等因素,经技术经济比较确定。

7.2.4 筑坝材料的调查和土工试验应按现行行业标准《水利水电工程天然建筑材料勘察规程》SL 251 和《土工试验规程》SL 237 的规定执行。土石坝的坝体填筑材料应以压实度作为设计控制指标。

7.3 坝基处理及坝体结构设计

7.3.1 垃圾坝地基处理的基本要求应符合国家现行标准《建筑地基基础设计规范》GB 50007、《建筑地基处理技术规范》JGJ 79、《碾压式土石坝设计规范》SL 274、《混凝土重力坝设计规范》DL 5108 及《碾压式土石坝施工规范》DL/T 5129 的相关规定。

7.3.2 坝基处理应满足渗流控制、静力和动力稳定、允许总沉降量和不均匀沉降量等方面要求,保证垃圾坝的安全运行。

7.3.3 坝坡设计方案应根据坝型、坝高、坝的建筑级别、坝体和坝基的材料性质、坝体所承受的荷载以及施工和运用条件等因素,经技术经济比较确定。

7.3.4 坝顶宽度及护面材料应根据坝高、施工方式、作业车辆行驶要求、安全及抗震等因素确定。

7.3.5 坝坡马道的设置应根据坝面排水、施工要求、坝坡要求和坝基稳定等因素确定。

7.3.6 垃圾坝护坡方式应根据坝型(材料)和坝体位置等因素确定。

7.3.7 坝体与坝基、边坡及其他构筑物的连接应符合下列规定:

1 连接面不应发生水力劈裂和邻近接触面岩石大量漏水。

2 不得形成影响坝体稳定的软弱层面。

3 不得由于边坡形状或坡度不当引起不均匀沉降而导致坝体裂缝。

7.3.8 坝体防渗处理应符合下列规定:

1 土坝的防渗处理可采用与填埋库区边坡防渗相同的处理方式。

2 碾压式土石坝、浆砌石坝及混凝土坝的防渗宜采用特殊锚固法进行锚固。

3 穿过垃圾坝的管道防渗应采用管靴连接管道与防渗材料。

7.4 坝体稳定性分析

7.4.1 垃圾坝体建筑级别为Ⅰ、Ⅱ类的,在初步设计阶段应进行坝体安全稳定性分析计算。

7.4.2 坝体稳定性分析的抗剪强度计算宜按现行行业标准《碾压式土石坝设计规范》SL 274 的有关规定执行。

8 防渗与地下水导排

8.1 一般规定

8.1.1 填埋场必须进行防渗处理,防止对地下水和地表水的污染,同时还应防止地下水进入填埋场。

8.1.2 填埋场防渗处理应符合现行行业标准《生活垃圾卫生填埋场防渗系统工程技术规范》CJJ 113 的要求。

8.1.3 地下水水位的控制应符合现行国家标准《生活垃圾填埋场污染控制标准》GB 16889 的有关规定。

8.2 防渗处理

8.2.1 防渗系统应根据填埋场工程地质与水文地质条件进行选择。当天然基础层饱和渗透系数小于 $1.0×10^{-7}$ cm/s,且场底及四壁衬里厚度不小于2m时,可采用天然黏土类衬里结构。

8.2.2 天然黏土基础层进行人工改性压实后达到天然黏土衬里结构的等效防渗性能要求,可采用改性压实黏土类衬里作为防渗结构。

8.2.3 人工合成衬里的防渗系统应采用复合衬里防渗结构,位于地下水贫乏地区的防渗系统也可采用单层衬里防渗结构。在特殊地质及环境要求较高的地区,应采用双层衬里防渗结构。

8.2.4 不同复合衬里结构应符合下列规定:

1 库区底部复合衬里(HDPE 土工膜+黏土)结构(图8.2.4-1),各层应符合下列规定:

1)基础层:土压实度不应小于93%;

2)反滤层(可选择层):宜采用土工滤网,规格不宜小于 $200g/m^2$;

3)地下水导流层(可选择层):宜采用卵(砾)石等石料,厚度不应小于30cm,石料上应铺设非织造土工布,规格不宜小于 $200g/m^2$;

4)防渗及膜下保护层:黏土渗透系数不应大于 $1.0×10^{-7}$ cm/s,厚度不宜小于75cm;

5)膜防渗层:应采用 HDPE 土工膜,厚度不应小于1.5mm;

6)膜上保护层:宜采用非织造土工布,规格不宜小于 $600g/m^2$;

7)渗沥液导流层:宜采用卵石等石料,厚度不应小于30cm,石料下可增设土工复合排水网;

8)反滤层:宜采用土工滤网,规格不宜小于 $200g/m^2$。

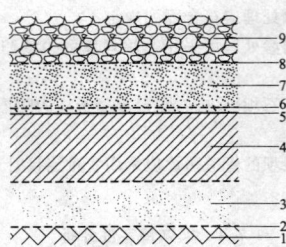

图 8.2.4-1 库区底部复合衬里(HDPE膜+黏土)结构示意图
1—基础层；2—反滤层（可选择层）；3—地下水导流层（可选择层）；
4—防渗及膜下保护层；5—膜防渗层；6—膜上保护层；
7—渗沥液导流层；8—反滤层；9—垃圾层

2 库区底部复合衬里（HDPE土工膜+GCL）结构（图 8.2.4-2，GCL指钠基膨润土垫），各层应符合下列要求：

1）基础层：土压实度不应小于93%；

2）反滤层（可选择层）：宜采用土工滤网，规格不宜小于200g/m²；

3）地下水导流层（可选择层）：宜采用卵（砾）石等石料，厚度不应小于30cm，石料上应铺设非织造土工布，规格不宜小于200g/m²；

4）膜下保护层：黏土渗透系数不宜大于1.0×10^{-5}cm/s，厚度不宜小于30cm；

5）GCL防渗层：渗透系数不应大于5.0×10^{-9}cm/s，规格不应小于4800g/m²；

6）膜防渗层：应采用HDPE土工膜，厚度不应小于1.5mm；

7）膜上保护层：宜采用非织造土工布，规格不宜小于600g/m²；

8）渗沥液导流层：宜采用卵石等石料，厚度不应小于30cm，石料下可增设土工复合排水网；

9）反滤层：宜采用土工滤网，规格不宜小于200g/m²。

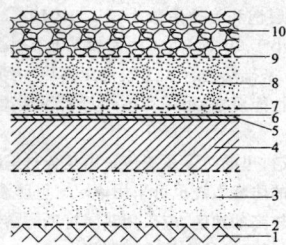

图 8.2.4-2 库区底部复合衬里(HDPE土工膜+GCL)结构示意图
1—基础层；2—反滤层（可选择层）；3—地下水导流层（可选择层）；
4—膜下保护层；5—GCL；6—膜防渗层；7—膜上保护层；
8—渗沥液导流层；9—反滤层；10—垃圾层

3 库区边坡复合衬里（HDPE土工膜+GCL）结构应符合下列规定：

1）基础层：土压实度不应小于90%；

2）膜下保护层：当采用黏土时，渗透系数不宜大于1.0×10^{-5}cm/s，厚度不宜小于20cm；当采用非织造土工布时，规格不宜小于600g/m²；

3）GCL防渗层：渗透系数不应大于5.0×10^{-9}cm/s，规格不应小于4800g/m²；

4）防渗层：应采用HDPE土工膜，宜为双糙面，厚度不应小于1.5mm；

5）膜上保护层：宜采用非织造土工布，规格不宜小于600g/m²；

6）渗沥液导流与缓冲层：宜采用土工复合排水网，厚度不应小于5mm，也可采用土工布袋（内装石料或沙土）。

8.2.5 单层衬里结构应符合下列规定：

1 库区底部单层衬里结构（图 8.2.5），各层应符合下列要求：

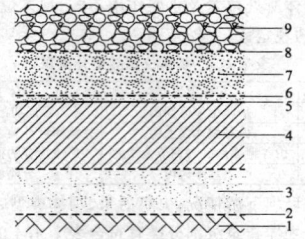

图 8.2.5 库区底部单层衬里结构示意图
1—基础层；2—反滤层（可选择层）；3—地下水导流层（可选择层）；
4—膜下保护层；5—膜防渗层；6—膜上保护层；
7—渗沥液导流层；8—反滤层；9—垃圾层

1）基础层：土压实度不应小于93%；

2）反滤层（可选择层）：宜采用土工滤网，规格不宜小于200g/m²；

3）地下水导流层（可选择层）：宜采用卵（砾）石等石料，厚度不应小于30cm，石料上应铺设非织造土工布，规格不宜小于200g/m²；

4）膜下保护层：黏土渗透系数不应大于1.0×10^{-5}cm/s，厚度不宜小于50cm；

5）膜防渗层：应采用HDPE土工膜，厚度不应小于1.5mm；

6）膜上保护层：宜采用非织造土工布，规格不宜小于600g/m²；

7）渗沥液导流层：宜采用卵石等石料，厚度不应小于30cm，石料下可增设土工复合排水网；

8）反滤层：宜采用土工滤网，规格不宜小于200g/m²。

2 库区边坡单层衬里结构应符合下列要求：

1）基础层：土压实度不应小于90%；

2）膜下保护层：当采用黏土时，渗透系数不大于1.0×10^{-5}cm/s，厚度不宜小于30cm；当采用非织造土工布时，规格不宜小于600g/m²；

3）防渗层：应采用HDPE土工膜，宜为双糙面，厚度不应小于1.5mm；

4）膜上保护层：宜采用非织造土工布，规格不宜小于600g/m²；

5）渗沥液导流与缓冲层：宜采用土工复合排水网，厚度不应小于5mm，也可采用土工布袋（内装石料或沙土）。

8.2.6 库区底部双层衬里结构（图 8.2.6），各层应符合下列规定：

1 基础层：土压实度不应小于93%。

2 反滤层（可选择层）：宜采用土工滤网，规格不宜小于200g/m²。

3 地下水导流层（可选择层）：宜采用卵（砾）石等石料，厚度不应小于30cm，石料上应铺设非织造土工布，规格不宜小于200g/m²。

4 膜下保护层：黏土渗透系数不应大于1.0×10^{-5}cm/s，厚度不宜小于30cm。

5 膜防渗层：应采用HDPE土工膜，厚度不应小于1.5mm。

6 膜上保护层：宜采用非织造土工布，规格不宜小于400g/m²。

7 渗沥液检测层：可采用土工复合排水网，厚度不应小于5mm；也可采用卵（砾）石等石料，厚度不应小于30cm。

8 膜下保护层：宜采用非织造土工布，规格不宜小于400g/m²。

9 膜防渗层：应采用HDPE土工膜，厚度不应小于1.5mm。

10 膜上保护层：宜采用非织造土工布，规格不宜小于600g/m²。

11 渗沥液导流层：宜采用卵石等石料，厚度不应小于30cm，石料下可增设土工复合排水网。

12 反滤层：宜采用土工滤网，规格不宜小于200g/m²。

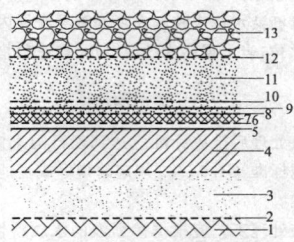

图8.2.6　库区底部双层衬里结构示意图
1—基础层；2—反滤层（可选择层）；3—地下水导流层（可选择层）；4—膜下保护层；
5—膜防渗层；6—膜上保护层；7—渗沥液检测层；8—膜下保护层；
9—膜防渗层；10—膜上保护层；11—渗沥液导流层；12—反滤层；13—垃圾层

8.2.7　HDPE 土工膜应符合现行行业标准《垃圾填埋场用高密度聚乙烯土工膜》CJ/T 234 的规定。HDPE 土工膜厚度不应小于1.5mm，当防渗要求严格或垃圾堆高大于20m 时，宜选用不小于2.0mm 的 HDPE 土工膜厚度。

8.2.8　穿过 HDPE 土工膜防渗系统的竖管、横管或斜管，穿管与HDPE 土工膜的接口应进行防渗漏处理。

8.2.9　在垂直高差较大的边坡铺设防渗材料时，应设锚固平台，平台高差应结合实际地形确定，不宜大于10m。边坡坡度不宜大于1:2。

8.2.10　防渗材料锚固方式可采用矩形覆土锚固沟，也可采用水平覆土锚固、"V"形槽覆土锚固和混凝土锚固；岩石边坡、陡坡及调节池等混凝土上的锚固，可采用 HDPE 嵌钉土工膜、HDPE 型锁条、机械锚固等方式进行锚固。

8.2.11　锚固沟的设计应符合下列规定：
1　锚固沟距离边坡边缘不宜小于800mm。
2　防渗材料转折处不应存在直角的刚性结构，均应做成弧形结构。
3　锚固沟断面应根据锚固形式，结合实际情况加以计算，不宜小于800mm×800mm。
4　锚固沟中压实度不得小于93%；
5　特殊情况下，应对锚固沟的尺寸和锚固能力进行计算。

8.2.12　黏土作为膜下保护层时的处理应符合下列规定：
1　平整度：应达到每平方米黏土误差不得大于2cm。
2　洁净度：黏土层不应含有粒径大于5mm 的尖锐物料。
3　压实度：位于库区底部的黏土层不得小于93%，位于库区边坡的黏土层不得小于90%。

8.3　地下水导排

8.3.1　根据填埋场场址水文地质情况，对可能发生地下水对基础层稳定或对防渗系统破坏的潜在危害时，应设置地下水收集导排系统。

8.3.2　地下水水量的计算宜根据填埋场场址的地下水水力特征和不同埋藏条件分不同情况计算。

8.3.3　根据地下水水量、水位及其他水文地质情况的不同，可选择采用碎石导流层、导排盲沟、土工复合排水网导流层等方法进行地下水导排或阻断。地下水收集导排系统应具有长期的导排性能。

8.3.4　地下水收集导排系统宜按渗沥液收集导排系统进行设计。地下水收集管管径可根据地下水水量进行计算确定，干管外径（d_n）不应小于250mm，支管外径（d_n）不宜小于200mm。

8.3.5　当填埋库区所处地质为不透水层时，可采用垂直防渗帷幕配合抽水系统进行地下水导排。垂直防渗帷幕的渗透系数不应大于$1×10^{-5}$cm/s。

9　防洪与雨污分流系统

9.1　填埋场防洪系统

9.1.1　填埋场防洪系统设计应符合国家现行标准《防洪标准》GB 50201、《城市防洪工程设计规范》CJJ 50 及相关标准的技术要求。防洪标准应按不小于50年一遇洪水水位设计，按100年一遇洪水水位校核。

9.1.2　填埋场防洪系统根据地形可设置截洪坝、截洪沟以及跌水和陡坡、集水池、洪水提升泵站、穿坝涵管等构筑物。洪水流量可采用小流域经验公式计算。

9.1.3　填埋库区外汇水面积较大时，宜根据地形设置数条不同高程的截洪沟。

9.1.4　填埋场外无自然水体或排水沟渠时，截洪沟出水口宜根据场外地形走向、地表径流流向、地表水体位置等设置排水管渠。

9.2　填埋库区雨污分流系统

9.2.1　填埋库区雨污分流系统应阻止未作业区域的汇水流入生活垃圾堆体，应根据填埋库区分区和填埋作业工艺进行设计。

9.2.2　填埋库区分区设计应满足下列雨污分流要求：
1　平原型填埋场的分区应以水平分区为主，坡地型、山谷型填埋场的分区宜采用水平分区与垂直分区相结合的设计。
2　水平分区应设置具有防渗功能的分区坝，各分区应根据使用顺序不同铺设雨污分流导排管。
3　垂直分区宜结合边坡临时截洪沟进行设计，生活垃圾堆高达到临时截洪沟高程时，可将边坡截洪沟改建成渗沥液收集盲沟。

9.2.3　分区作业雨污分流应符合下列规定：
1　使用年限较长的填埋库区，宜进一步划分作业分区。
2　未进行作业的分区雨水应通过管道导排或泵抽排的方法排出库区外。
3　作业分区宜根据一定时间填埋量划分填埋单元和填埋体，通过填埋单元的日覆盖和填埋体的中间覆盖实现雨污分流。

9.2.4　封场后雨水应通过堆体表面排水沟排入截洪沟等排水设施。

10　渗沥液收集与处理

10.1　一般规定

10.1.1　填埋场必须设置有效的渗沥液收集系统和采取有效的渗沥液处理措施，严防渗沥液污染环境。

10.1.2　渗沥液处理设施应符合现行行业标准《生活垃圾渗沥液处理技术规范》CJJ 150 的有关规定。

10.2　渗沥液水质与水量

10.2.1　渗沥液水质参数的设计值选取应考虑初期渗沥液、中后期渗沥液和封场后渗沥液的水质差异。

10.2.2　新建填埋场的渗沥液水质参数可根据表10.2.2 提供的国内典型填埋场不同年限渗沥液水质范围确定，也可参考同类地区同类型的填埋场实际情况合理选取。

表10.2.2　国内典型填埋场不同年限渗沥液水质范围（mg/L）（pH 除外）

类别 项目	填埋初期渗沥液（<5年）	填埋中后期渗沥液（>5年）	封场后渗沥液
COD	6000～20000	2000～10000	1000～5000
BOD_5	3000～10000	1000～4000	300～2000
NH_3-N	600～2500	800～2000	1000～3000
SS	500～1500	500～1500	200～1000
pH	5～8	6～8	6～9

注：表中均为调节池出水水质。

10.2.3 改造、扩建填埋场的渗沥液水质参数应以实际运行的监测资料为基准,并预测未来水质变化趋势。

10.2.4 渗沥液产生量宜采用经验公式法进行计算,计算时应充分考虑填埋场所处气候区域、进场生活垃圾中有机物含量、场内生活垃圾降解程度以及场内生活垃圾填深等因素的影响。渗沥液产生量计算方法应符合本规范附录 B 的规定。

10.2.5 渗沥液产生量计算取值应符合下列规定:
 1 指标应包括最大日产生量、日平均产生量及逐月平均产生量的计算;
 2 当设计计算渗沥液处理规模时应采用日平均产生量;
 3 当设计计算渗沥液导排系统时应采用最大日产生量;
 4 当设计计算调节池容量时应采用逐月平均产生量。

10.3 渗沥液收集

10.3.1 填埋库区渗沥液收集系统应包括导流层、盲沟、竖向收集井、集液井(池)、泵房、调节池及渗沥液水位监测井。

10.3.2 渗沥液导流层设计应符合下列规定:
 1 导流层宜采用卵(砾)石或碎石铺设,厚度不宜小于300mm,粒径宜为 20mm~60mm,由下至上粒径逐渐减小。
 2 导流层与垃圾层之间应铺设反滤层,反滤层可采用土工滤网,单位面积质量宜大于 $200g/m^2$。
 3 导流层内应设置导排盲沟和渗沥液收集导排管网。
 4 导流层应保证渗沥液通畅导排,降低防渗层上的渗沥液水头。
 5 导流层下可增设土工复合排水网强化渗沥液导流。
 6 边坡导流层宜采用土工复合排水网铺设。

10.3.3 盲沟设计应符合下列规定:
 1 盲沟宜采用砾石、卵石或碎石($CaCO_3$ 含量不应大于10%)铺设,石料的渗透系数不应小于 $1.0×10^{-3}$ cm/s。主盲沟石料厚度不宜小于 40cm,粒径从上到下依次为 20mm~30mm、30mm~40mm、40mm~60mm。
 2 盲沟内应设置高密度聚乙烯(HDPE)收集管,管径应根据所收集面积的渗沥液最大日流量、设计坡度等条件计算,HDPE 收集干管公称外径(d_n)不应小于 315mm,支管外径(d_n)不应小于 200mm。
 3 HDPE 收集管的开孔率应保证环刚度要求。HDPE 收集管的布置宜呈直线。Ⅲ类以上填埋场 HDPE 收集管宜设置高压水射流疏通、端头井等反冲洗措施。
 4 主盲沟坡度应保证渗沥液能快速通过渗沥液 HDPE 干管进入调节池,纵、横向坡度不宜小于 2%。
 5 盲沟系统宜采用鱼刺状和网状布置形式,也可根据不同地形采用特殊布置形式(反锅底形等)。
 6 盲沟断面形式可采用菱形断面或梯形断面,断面尺寸应根据渗沥液汇流面积、HDPE 管径及数量确定。
 7 中间覆盖层的盲沟应与竖向收集井相连接,其坡度应能保证渗沥液快速进入收集井。

10.3.4 导气井可兼作渗沥液竖向收集井,形成立体导排系统收集垃圾堆体产生的渗沥液,竖向收集井间距宜通过计算确定。

10.3.5 集液井(池)宜按库区分区情况设置,并宜设在填埋库区外侧。

10.3.6 调节池设计应符合下列规定:
 1 调节池容积宜按本规范附录 C 的计算要求确定,调节池容积不应小于三个月的渗沥液处理量。
 2 调节池可采用 HDPE 土工膜防渗结构,也可采用钢筋混凝土结构。
 3 HDPE 土工膜防渗结构调节池的池坡比宜小于 1:2,防渗结构设计可参考本规范第 8 章的相关规定。
 4 钢筋混凝土结构调节池池壁应做防腐蚀处理。

 5 调节池宜设置 HDPE 膜覆盖系统,覆盖系统设计应考虑覆盖膜顶面的雨水导排、膜下的沼气导排及池底污泥的清理。

10.3.7 库区渗沥液水位应控制在渗沥液导流层内。应监测填埋堆体内渗沥液水位,当出现高水位时,应采取有效措施降低水位。

10.4 渗沥液处理

10.4.1 渗沥液处理后排放标准应达到现行国家标准《生活垃圾填埋场污染控制标准》GB 16889 规定的指标或当地环保部门规定执行的排放标准。

10.4.2 渗沥液处理工艺应根据渗沥液的水质特性、产生量和达到的排放标准等因素,通过多方案技术经济比较进行选择。

10.4.3 渗沥液处理宜采用"预处理+生物处理+深度处理"的工艺组合,也可采用"预处理+物化处理"或"生物处理+深度处理"的工艺组合。

10.4.4 渗沥液预处理可采用水解酸化、混凝沉淀、砂滤等工艺。

10.4.5 渗沥液生物处理可采用厌氧生物处理法和好氧生物处理法,宜以膜生物反应器法(MBR)为主。

10.4.6 渗沥液深度处理可采用膜处理、吸附法、高级化学氧化等工艺,其中膜处理宜以反渗透为主。

10.4.7 物化处理可采用多级反渗透工艺。

10.4.8 渗沥液预处理、生物处理、深度处理及物化处理工艺设计参数宜按本规范附录 D 的规定取值。

10.4.9 渗沥液处理中产生的污泥应进行无害化处置。

10.4.10 膜处理过程产生的浓缩液可采用蒸发或其他适宜的处理方式。浓缩液回灌填埋堆体应保证不影响渗沥液处理正常运行。

11 填埋气体导排与利用

11.1 一般规定

11.1.1 填埋场必须设置有效的填埋气体导排设施,严防填埋气体自然聚集、迁移引起的火灾和爆炸。

11.1.2 当设计填埋库容大于或等于 $2.5×10^6$ t,填埋厚度大于或等于20m 时,应考虑填埋气体利用。

11.1.3 填埋场不具备填埋气体利用条件时,应采用火炬法燃烧处理,并宜采用能够有效减少甲烷产生和排放的填埋工艺。

11.1.4 未达到安全稳定的老填埋场应设置有效的填埋气体导排设施。

11.1.5 填埋气体导排和利用设施应符合现行行业标准《生活垃圾填埋场填埋气体收集处理及利用工程技术规范》CJJ 133 的有关规定。

11.2 填埋气体产生量

11.2.1 填埋气体产气量估算宜按现行行业标准《生活垃圾填埋场填埋气体收集处理及利用工程技术规范》CJJ 133 提供的方法进行计算。

11.2.2 清洁发展机制(CDM)项目填埋气体产气量的计算,应按本规范附录 E 的规定执行。

11.2.3 填埋场气体收集率宜根据填埋场建设和运行特征进行估算。

11.3 填埋气体导排

11.3.1 填埋气体导排设施宜采用导气井,也可采用导气井和导气盲沟相连的导排设施。

11.3.2 导气井可采用随填埋作业层升高分段设置和连接的石笼导气井,也可采用在填埋体中钻孔形成导气井。导气井的设置应符合下列规定：

1 石笼导气井在导气管四周宜用 $d=20mm\sim80mm$ 级配的碎石等材料填充，外部宜采用能伸缩连接的土工网格或钢丝网等材料作为井筒，井底部宜铺设不破坏防渗层的基础。

2 钻孔导气井钻孔深度不应小于填埋深度的 2/3，钻孔应采用防爆施工设备，并应有保护场底防渗层的措施。

3 石笼导气井直径（Φ）不应小于 600mm，中心多孔管应采用高密度聚乙烯（HDPE）管材，公称外径（d_n）不应小于 110mm，管材开孔率不宜小于 2%。

4 导气井兼作渗沥液竖向收集井时，中心多孔管公称外径（d_n）不宜小于 200mm，导气井内水位过高时，应采取降低水位的措施。

5 导气井宜在填埋库区底部主、次盲沟交汇点取点设置，并应以设置点为基准，沿次盲沟铺设方向，采用等边三角形、正六边形、正方形等形状布置。

6 导气井的影响半径宜通过现场抽气测试确定。不能进行现场测试时，单一导气井的影响半径可按该井所在位置填埋厚度的 0.75 倍～1.5 倍取值。堆体中部的主动导排导气井间距不宜大于 50m，沿堆体边坡布置的导气井间距不宜大于 25m，被动导排导气井间距不宜大于 30m。

7 被动导气井的导气管口宜高于堆体表面 1m 以上。

8 主动导排导气井井口周围应采用膨润土或黏土等低渗透性材料密封，密封厚度宜为 1m～2m。

11.3.3 填埋库区大于或等于 1.0×10^6 t，垃圾填埋深度大于或等于 10m 时，应采用主动导气。

11.3.4 导气盲沟的设置应符合下列规定：

1 宜用级配石料等粒状物填充，断面宽、高均不宜小于 1000mm。

2 盲沟中心管宜采用软管，管内径不应小于 150mm。当采用多孔管时，开孔率应保证管强度。水平导气管应不低于 2% 的坡度，并接至导气总管或场外较高处。每条导气盲沟的长度不宜大于 100m。

3 相邻标高的水平盲沟宜交错布置，盲沟水平间距可按 30m～50m 设置，垂直间距可按 10m～15m 设置。

4 应与导气井连接。

11.3.5 应考虑堆体沉降对导气井和导气盲沟的影响，防止气导排设施阻塞、断裂而失去导排功能。

11.4 填埋气体输送

11.4.1 填埋气体输送系统宜采用集气单元方式将临近的导气井或导气盲沟的连接管道进行布置。

11.4.2 填埋气体输送系统应设置流量控制阀门，根据气体流量的大小和压力调整阀门开度，达到产气量和抽气量平衡。

11.4.3 填埋气体抽气系统应具有填埋气体含量及流量的监测和控制功能，以确保抽气系统的正常安全运行。

11.4.4 输送管道设计应符合下列规定：

1 设计应留有允许材料热胀冷缩的伸缩余地，管道固定应设置缓冲区，保证输气管道的密封性。

2 应选用耐腐蚀、伸缩性强、具有良好的机械性能和气密性能的材料及配件。

3 在保证安全运行的条件下，输气管道布置应缩短输气线路。

11.4.5 填埋气体输送管道中的冷凝液排放应符合下列规定：

1 输送管道应设置不小于 1% 的坡度。

2 输送管道一定管段的最低处应设置冷凝液排放装置。

3 排出的冷凝液应及时收集。

4 收集的冷凝液可直接回喷到填埋堆体中。

11.5 填埋气体利用

11.5.1 填埋气体利用和燃烧系统应统筹设计，应优先满足利用系统的用气，剩余填埋气体应能自动分配到火炬系统进行燃烧。

11.5.2 填埋气体利用方式和规模应根据填埋场的产气量及当地条件等因素，通过多方案技术经济比较确定。气体利用率不宜小于 70%。

11.5.3 填埋气体利用系统应设置预处理工序，预处理工艺和设备的选择应根据气体利用方案、用气设备的要求和污染排放标准确定。

11.5.4 填埋气体燃烧火炬应有较宽的负荷适应范围以满足稳定燃烧，应具有主动和被动两种保护措施，并应具有点火、灭火安全保护功能及阻火器等安全装置。

11.6 填埋气体安全

11.6.1 填埋库区应按生产的火灾危险性分类中戊类防火区的要求采取防火措施。

11.6.2 填埋库区防火隔离带应符合本规范第 5.7.3 条的规定。

11.6.3 填埋场达到稳定安全期前，填埋库区及防火隔离带范围内严禁设置封闭式建（构）筑物，严禁堆放易燃易爆物品，严禁将火种带入填埋库区。

11.6.4 填埋场上方甲烷气体含量必须小于 5%，填埋场建（构）筑物内甲烷气体含量严禁超过 1.25%。

11.6.5 进入填埋作业区的车辆、填埋作业设备应保持良好的机械性能，应避免产生火花。

11.6.6 填埋库区应防止填埋气体在局部聚集。填埋库区底部及边坡的土层 10m 深范围内的裂隙、溶洞及其他腔型结构均应予以充填密实。填埋体中不均匀沉降造成的裂隙应及时予以充填密实。

11.6.7 对填埋物中可能造成腔型结构的大件垃圾应进行破碎。

12 填埋作业与管理

12.1 填埋作业准备

12.1.1 填埋场作业人员应经过技术培训和安全教育，应熟悉填埋作业要求及填埋气体安全知识。运行管理人员应熟悉填埋作业工艺、技术指标及填埋气体的安全管理。

12.1.2 填埋作业规程应制定完备，并应制定填埋气体引起火灾和爆炸等意外事件的应急预案。

12.1.3 应根据设计制定分区分单元填埋作业计划，作业分区应采取有利于雨污分流的措施。

12.1.4 填埋作业分区的工程设施和满足作业的其他主体工程、配套工程及辅助设施，应按设计要求完成施工。

12.1.5 填埋作业应保证全天候运行，宜在填埋作业区设置雨季卸车平台，并应准备充足的垫层材料。

12.1.6 装载、挖掘、运输、摊铺、压实、覆盖等作业设备应按填埋日处理规模和作业工艺设计要求配置。Ⅲ类以上填埋场宜配置压实机，在大件垃圾较多的情况下，宜设置破碎设备。

12.2 填埋作业

12.2.1 填埋物进入填埋场应进行检查和计量。垃圾运输车辆离开填埋场前宜冲洗轮胎和底盘。

12.2.2 填埋应采用单元、分层作业，填埋单元作业工序应为卸车、分层摊铺、压实，达到规定高度后应进行覆盖、再压实。填埋单元作业时应控制填埋作业面面积。

12.2.3 每层垃圾摊铺厚度应根据填埋作业设备的压实性能、压实次数及生活垃圾的可压缩性确定，厚度不宜超过60cm，且宜从作业单元的边坡底部到顶部摊铺；生活垃圾压实密度应大于600kg/m³。

12.2.4 每一单元的生活垃圾高度宜为2m～4m，最高不得超过6m。单元作业宽度按填埋作业设备的宽度及高峰期同时进行作业的车辆数确定，最小宽度不宜小于6m。单元的坡度不宜大于1:3。

12.2.5 每一单元作业完成后应进行覆盖，覆盖层厚度应根据覆盖材料确定。采用HDPE膜或线型低密度聚乙烯膜(LLDPE)覆盖时，膜的厚度宜为0.50mm，采用土覆盖的厚度宜为20cm～25cm，采用喷涂覆盖的涂层干化后厚度宜为6mm～10mm。膜的性能指标应符合现行行业标准《垃圾填埋场用高密度聚乙烯土工膜》CJ/T 234和《垃圾填埋场用线性低密度聚乙烯土工膜》CJ/T 276的要求。

12.2.6 作业场所应喷洒杀虫灭鼠药剂，并宜喷洒除臭剂及洒水降尘。

12.2.7 每一作业区完成阶段性高度后，暂时不在其上继续进行填埋时，应进行中间覆盖，覆盖层厚度应根据覆盖材料确定，黏土覆盖层厚度宜大于30cm，膜厚度不宜小于0.75mm。

12.2.8 填埋作业达到设计标高后，应及时进行封场覆盖。

12.2.9 填埋场内设施、设备应定期检查维护，发现异常应及时修复。

12.2.10 填埋场作业过程的安全卫生管理应符合现行国家标准《生产过程安全卫生要求总则》GB/T 12801的有关规定。

12.3 填埋场管理

12.3.1 填埋场应按建设、运行、封场、跟踪监测、场地再利用等阶段进行管理。

12.3.2 填埋场建设的有关文件资料应按国家有关规定进行整理与保管。

12.3.3 填埋场日常运行管理中应记录进场垃圾运输车号、车辆数量、生活垃圾量、渗沥液产生量、材料消耗等，记录积累的技术资料应完整、统一归档保管。填埋作业管理宜采用计算机网络管理。填埋场的计量应达到国家三级计量认证。

12.3.4 填埋场封场和场地再利用管理应符合本规范第13章的有关规定。

12.3.5 填埋场跟踪监测管理应符合本规范第15章的有关规定。

13 封场与堆体稳定性

13.1 一般规定

13.1.1 填埋场封场设计应考虑堆体整形与边坡处理、封场覆盖结构类型、填埋场生态恢复、土地利用与水土保持、堆体的稳定性等因素。

13.1.2 填埋场封场应符合现行行业标准《生活垃圾卫生填埋场封场技术规程》CJJ 112与《生活垃圾卫生填埋场岩土工程技术规范》CJJ 176的有关规定。

13.2 填埋场封场

13.2.1 堆体整形设计应满足封场覆盖层的铺设和封场后生态恢复与土地利用的要求。

13.2.2 堆体整形顶面坡度不宜小于5%。边坡大于10%时宜采用多级台阶，台阶间边坡度不宜大于1:3，台阶宽度不宜小于2m。

13.2.3 填埋场封场覆盖结构（图13.2.3）各层应由下至上依次为：排气层、防渗层、排水层与植被层。填埋场封场覆盖应符合下列规定：

1 排气层：堆体顶面宜采用粗粒或多孔材料，厚度不宜小于30cm，边坡宜采用土工复合排水网，厚度不应小于5mm。

2 排水层：堆体顶面宜采用粗粒或多孔材料，厚度不宜小于30cm，边坡宜采用土工复合排水网，厚度不应小于5mm；也可采用加筋土工网垫，规格不宜小于600g/m²。

3 植被层：应采用自然土加表层营养土，厚度应根据种植植物的根系深浅确定，厚度不宜小于50cm，其中营养土厚度不宜于15cm。

4 防渗层应符合下列要求：

1）采用高密度聚乙烯（HDPE）土工膜或线性低密度聚乙烯（LLDPE）土工膜，厚度不应小于1mm，膜上应敷设无纺造土工布，规格不宜小于300g/m²；膜下应敷设保护层。

2）采用黏土，黏土层的渗透系数不应大于1.0×10^{-7}cm/s，厚度不应小于30cm。

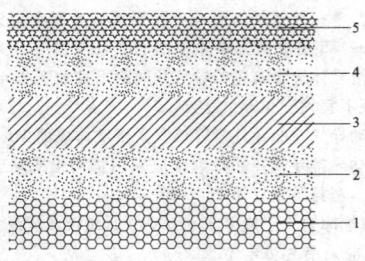

图13.2.3 黏土覆盖系统示意图
1—垃圾层；2—排气层；3—防渗层；4—排水层；5—植被层

13.2.4 填埋场封场覆盖后，应及时采用植被逐步实施生态恢复，并应与周边环境相协调。

13.2.5 填埋场封场后应继续进行填埋气体导排、渗沥液导排和处理、环境与安全监测等运行管理，直至填埋体达到稳定。

13.2.6 填埋场封场后宜进行水土保持的相关维护工作。

13.2.7 填埋场封场后的土地利用应符合下列规定：

1 填埋场封场后的土地利用应符合现行国家标准《生活垃圾填埋场稳定化场地利用技术要求》GB/T 25179的规定。

2 填埋场土地利用前应作出场地稳定化鉴定、土地利用论证及有关部门审定。

3 未经环境卫生、岩土、环保专业技术鉴定前，填埋场地严禁作为永久性封闭式建（构）筑物用地。

13.2.8 老生活垃圾填埋场封场工程除应符合本规范第13.2.1条～第13.2.7条的要求外，尚应符合下列规定：

1 无气体导排设施的或导排设施失效存在安全隐患的，应采用钻孔法设置或完善填埋气体导排系统，已覆盖土层的垃圾堆体可采用开挖网状排气盲沟的方式形成排气层。

2 无渗沥液导排设施或导排设施失效的，应设置或完善渗沥液导排系统。

3 渗沥液、填埋气体发生地下横向迁移的，应设置垂直防渗系统。

13.3 填埋堆体稳定性

13.3.1 填埋堆体的稳定性应考虑封场覆盖、堆体边坡及堆体沉降的稳定。

13.3.2 封场覆盖应进行滑动稳定性分析，确保封场覆盖层的安全稳定。

13.3.3 填埋堆体边坡的稳定性计算宜按现行国家标准《建筑边坡工程技术规范》GB 50330中土坡计算方法的有关规定执行。

13.3.4 堆体沉降稳定宜根据沉降速率与封场年限来判断。

13.3.5 填埋场运行期间宜设置堆体沉降与渗沥液导流层水位监

测设备设施,对填埋堆体典型断面的沉降、边坡侧向变形情况及渗沥液导流层水头进行监测,根据监测结果对滑移等危险征兆采取应急控制措施。

14 辅助工程

14.1 电 气

14.1.1 填埋场的生产用电应从附近电力网引接,其接入电压等级应根据填埋场的总用电负荷及附近电力网的具体情况,经技术经济比较后确定。

14.1.2 填埋场的继电保护和安全自动装置与接地装置应符合现行国家标准《电力装置的继电保护和自动装置设计规范》GB/T 50062及《交流电气装置的接地》DL/T 621中的有关规定。

14.1.3 填埋气体发电工程的电气主接线应符合下列规定:

    1 发电上网时,应至少有一条与电网连接的双向受、送电线路。

    2 发电自用时,应至少有一条与电网连接的受电线路,当该线路发生故障时,应有能够保证安全停机和启动的内部电源或其他外部电源。

14.1.4 照明设计应符合现行国家标准《建筑照明设计标准》GB 50034中的有关规定。正常照明和事故照明宜采用分开的供电系统。

14.1.5 电缆的选择与敷设应符合现行国家标准《电力工程电缆设计规范》GB 50217的有关规定。

14.2 给排水工程

14.2.1 填埋场给水工程设计应符合现行国家标准《室外给水设计规范》GB 50013和《建筑给水排水设计规范》GB 50015的有关规定。

14.2.2 填埋场采用井水作为给水时,饮用水水质应符合现行国家标准《生活饮用水卫生标准》GB 5749的有关规定,用水标准及定额应满足现行国家标准《建筑给水排水设计规范》GB 50015中的有关规定。

14.2.3 填埋场排水工程设计应符合现行国家标准《室外排水设计规范》GB 50014和《建筑给水排水设计规范》GB 50015的有关规定。

14.3 消 防

14.3.1 填埋场除考虑填埋气体的消防外,还应设置建(构)筑物的室内、室外消防系统。消防系统的设置应符合现行国家标准《建筑设计防火规范》GB 50016和《建筑灭火器配置设计规范》GB 50140的有关规定。

14.3.2 填埋场的电气消防设计应符合现行国家标准《建筑设计防火规范》GB 50016和《火灾自动报警系统设计规范》GB 50116中的有关规定。

14.4 采暖、通风与空调

14.4.1 填埋场各建筑物的采暖、空调及通风设计应符合现行国家标准《采暖通风与空气调节设计规范》GB 50019中的有关规定。

15 环境保护与劳动卫生

15.0.1 填埋场环境影响评价及环境污染防治应符合下列规定:

    1 填埋场工程建设项目在进行可行性研究的同时,应对建设项目的环境影响作出评价。

    2 填埋场工程建设项目的环境污染防治设施应与主体工程同时设计、同时施工、同时投产使用。

    3 填埋作业过程中产生的各种污染物的防治与排放应符合国家有关规定。

15.0.2 填埋场应设置地下水本底监测井、污染扩散监测井、污染监测井。填埋场应进行水、气、土壤和噪声的本底监测和作业监测。监测井和采样点的布设、监测项目、频率及分析方法应按现行国家标准《生活垃圾填埋场污染控制标准》GB 16889和《生活垃圾卫生填埋场环境监测技术要求》GB/T 18772执行,填埋库区封场后应进行跟踪监测直至填埋体稳定。

15.0.3 填埋场环境污染控制指标应符合现行国家标准《生活垃圾填埋场污染控制标准》GB 16889的要求。

15.0.4 填埋场使用杀虫灭鼠药剂时应避免二次污染。

15.0.5 填埋场应设置道路行车指示、安全标识、防火防爆及环境卫生设施设置标志。

15.0.6 填埋场的劳动卫生应按照现行国家标准《工业企业设计卫生标准》GBZ 1和《生产过程安全卫生要求总则》GB/T 12801的有关规定执行,并应结合填埋作业特点采取有利于职业病防治和保护作业人员健康的措施。填埋作业人员应每年体检一次,并应建立健康登记卡。

16 工程施工及验收

16.0.1 填埋场工程施工前应根据设计文件或招标文件编制施工方案,准备施工设备及设施,合理安排施工场地。

16.0.2 填埋场工程应根据工程设计文件和设备技术文件进行施工和安装。

16.0.3 填埋场工程施工变更应按设计单位的设计变更文件进行。

16.0.4 填埋场各项建筑、安装工程应按现行相关标准及设计要求进行施工。

16.0.5 施工安装使用的材料应符合国家相关标准及设计要求;对国外引进的专用填埋设备与材料,应按供货商提供的设备技术规范、合同规定及商检文件执行,并应符合现行国家标准的相应要求。

16.0.6 填埋场工程验收除应按国家规定和相应专业现行验收标准执行外,还应符合下列规定:

    1 地基处理应符合本规范第6章的要求。

    2 垃圾坝应符合本规范第7章的要求。

    3 防渗工程与地下水导排应符合本规范第8章的要求。

    4 防洪与雨污分流系统应符合本规范第9章的要求。

    5 渗沥液收集与处理应符合本规范第10章的要求。

    6 填埋气体导排与利用应符合本规范第11章的要求。

    7 填埋场封场应符合本规范第13章的要求。

附录 A 填埋库容与有效库容计算

A.0.1 填埋库容采用方格网法计算时,应符合下列规定:

    1 将场地划分成若干个正方形格网,再将场底设计标高和封场标高分别标注在规则网格各个角点上,封场标高与场底设计标高的差值应为各角点的高度。

    2 计算每个四棱柱的体积,再将所有四棱柱的体积汇总为总的填埋场库容。方格网法库容可按下式计算:

$$V = \sum_{i=1}^{n} a^2 (h_{i1} + h_{i2} + h_{i3} + h_{i4})/4 \quad (A.0.1)$$

式中:$h_{i1}, h_{i2}, h_{i3}, h_{i4}$——第 i 个方格网各个角点高度(m);

V——填埋库容(m^3);
a——方格网的边长(m);
n——方格网个数。

3 计算时可将库区划分为边长 10m~40m 的正方形方格网,方格网越小,精度越高。

4 可采用基于网格法的土方计算软件进行填埋库容计算。

A.0.2 有效库容应按下列公式计算:

1 有效库容为有效库容系数与填埋库容的乘积,应按下式计算:

$$V' = \zeta \cdot V \qquad (A.0.2-1)$$

式中:V'——有效库容(m^3);
V——填埋库容(m^3);
ζ——有效库容系数。

2 有效库容系数应按下式计算:

$$\zeta = 1 - (I_1 + I_2 + I_3) \qquad (A.0.2-2)$$

式中:I_1——防渗系统所占库容系数;
I_2——覆盖层所占库容系数;
I_3——封场所占库容系数。

3 防渗系统所占库容系数 I_1 应按下式计算:

$$I_1 = \frac{A_1 h_1}{V} \qquad (A.0.2-3)$$

式中:A_1——防渗系统的表面积(m^2);
h_1——防渗系统厚度(m);
V——填埋库容(m^3)。

4 覆盖层所占库容系数 I_2 应符合下列规定:
 1) 平原型填埋场黏土中间覆盖层厚度为 30cm,垃圾层厚度为 10m~20m 时,黏土中间覆盖层所占用的库容系数 I_2 可近似取 1.5%~3%。
 2) 日覆盖和中间覆盖层采用土工膜作为覆盖材料时,可不考虑 I_2 的影响,近似取 0。

5 封场所占库容系数 I_3 应按下式计算:

$$I_3 = \frac{A_{2T} h_{2T} + A_{2S} h_{2S}}{V} \qquad (A.0.2-4)$$

式中:A_{2T}——封场堆体顶面覆盖系统的表面积(m^2);
h_{2T}——封场堆体顶面覆盖系统厚度(m);
A_{2S}——封场堆体边坡覆盖系统的表面积(m^2);
h_{2S}——封场堆体边坡覆盖系统厚度(m);
V——填埋库容(m^3)。

附录 B 渗沥液产生量计算方法

B.0.1 渗沥液最大日产生量、日平均产生量及逐月平均产生量宜按下式计算,其中浸出系数应结合填埋场实际情况选取。

$$Q = I \times (C_1 A_1 + C_2 A_2 + C_3 A_3 + C_4 A_4)/1000 \qquad (B.0.1)$$

式中:Q——渗沥液产生量(m^3/d);
I——降水量(mm/d)。当计算渗沥液最大日产生量时,取历史最大日降水量;当计算渗沥液日平均产生量时,取多年平均日降水量;当计算渗沥液逐月平均产生量时,取多年逐月平均降雨量。数据充足时,宜按 20 年的数据计取;数据不足 20 年时,可按现有全部年数据计取;
C_1——正在填埋作业区浸出系数,宜取 0.4~1.0,具体取值可参考表 B.0.1。

表 B.0.1 正在填埋作业单元浸出系数 C_1 取值表

所在地年降雨量(mm) 有机物含量	年降雨量 ≥800	400≤年降雨量 <800	年降雨量 <400
>70%	0.85~1.00	0.75~0.95	0.50~0.75
≤70%	0.70~0.80	0.50~0.70	0.40~0.55

注:若填埋场所处地区气候干旱、进场生活垃圾中有机物含量低、生活垃圾降解程度低及埋深小时宜取高值;若填埋场所处地区气候湿润、进场生活垃圾中有机物含量高、生活垃圾降解程度高及埋深大时宜取低值。

A_1——正在填埋作业区汇水面积(m^2);
C_2——已中间覆盖区浸出系数。当采用膜覆盖时宜取(0.2~0.3)C_1,生活垃圾降解程度低或埋深小时宜取下限,生活垃圾降解程度高或埋深大时宜取上限;当采用土覆盖时宜取(0.4~0.6)C_1(若覆盖材料渗透系数较小、整体密封性好、生活垃圾降解程度低及埋深小时宜取低值,若覆盖材料渗透系数较大、整体密封性较差、生活垃圾降解程度高及埋深大时宜取高值;
A_2——已中间覆盖区汇水面积(m^2);
C_3——已终场覆盖区浸出系数,宜取 0.1~0.2(若覆盖材料渗透系数较小、整体密封性好、生活垃圾降解程度低及埋深小时宜取下限,若覆盖材料渗透系数较大、整体密封性较差、生活垃圾降解程度高及埋深大时宜取上限);
A_3——已终场覆盖区汇水面积(m^2);
C_4——调节池浸出系数,取 0 或 1.0(若调节池设置有覆盖系统取 0,若调节池未设置覆盖系统取 1.0);
A_4——调节池汇水面积(m^2)。

B.0.2 当 A_1、A_2、A_3 随不同的填埋时期取不同值,渗沥液产生量设计值应在最不利情况下计算,即在 A_1、A_2、A_3 的取值使得 Q 最大的时候进行计算。

B.0.3 当考虑生活管理区污水等其他因素时,渗沥液的设计处理规模宜在其产生量的基础上乘以适当系数。

附录 C 调节池容量计算方法

C.0.1 调节池容量可按表 C.0.1 进行计算。

表 C.0.1 调节池容量计算表

月份	多年平均逐月降雨量(mm)	逐月渗沥液产生量(m^3)	逐月渗沥液处理量(m^3)	逐月渗沥液余量(m^3)
1	M_1	A_1	B_1	$C_1 = A_1 - B_1$
2	M_2	A_2	B_2	$C_2 = A_2 - B_2$
3	M_3	A_3	B_3	$C_3 = A_3 - B_3$
4	M_4	A_4	B_4	$C_4 = A_4 - B_4$
5	M_5	A_5	B_5	$C_5 = A_5 - B_5$
6	M_6	A_6	B_6	$C_6 = A_6 - B_6$
7	M_7	A_7	B_7	$C_7 = A_7 - B_7$
8	M_8	A_8	B_8	$C_8 = A_8 - B_8$
9	M_9	A_9	B_9	$C_9 = A_9 - B_9$
10	M_{10}	A_{10}	B_{10}	$C_{10} = A_{10} - B_{10}$
11	M_{11}	A_{11}	B_{11}	$C_{11} = A_{11} - B_{11}$
12	M_{12}	A_{12}	B_{12}	$C_{12} = A_{12} - B_{12}$

注:表 C.0.1 中将 1~12 月中 C>0 的月渗沥液余量累计相加,即为需要调节的总容量。

C.0.2 逐月渗沥液产生量可根据本规范附录 B 中式(B.0.1)计算,其中 I 取多年逐月降雨量,经计算得出逐月渗沥液产生量 $A_1 \sim A_{12}$。

C.0.3 逐月渗沥液余量可按下式计算。

$$C = A - B \quad \text{(C.0.3)}$$

式中：C——逐月渗沥液余量(m^3)；
$\quad\quad A$——逐月渗沥液产生量(m^3)；
$\quad\quad B$——逐月渗沥液处理量(m^3)。

C.0.4 计算值宜按历史最大日降雨量或20年一遇连续七日最大降雨量进行校核，在当地没有上述历史数据时，也可采用现有全部年数据进行校核。并将校核值与上述计算出来的需要调节的总容量进行比较，取其中较大者，在此基础上乘以安全系数1.1～1.3即为所取调节池容积。

C.0.5 当采用历史最大日降雨量进行校核时，可参考下式计算：

$$Q_1 = I_1 \times (C_1A_1 + C_2A_2 + C_3A_3 + C_4A_4)/1000 \quad \text{(C.0.5)}$$

式中：Q_1——校核容积(m^3)；
$\quad\quad I_1$——历史最大日降雨量(m^3)；
$\quad\quad C_1$、C_2、C_3、C_4 与 A_1、A_2、A_3、A_4 的取值同本规范附录B式(B.0.1)。

附录D 渗沥液处理工艺参考设计参数

表D 渗沥液处理工艺参考设计参数

渗沥液处理工艺	参考设计参数及技术要求	说明
水解酸化	1 水力停留时间(HRT)不宜小于10h； 2 pH值宜为6.5～7.5	水解酸化可采用悬浮式反应器、接触式反应器、复合式反应器等形式
混凝沉淀	1 混凝剂投药方法可采用干投法或湿投法。 2 药剂调制方法可采用水力法、压缩空气法、机械法等。可采用硫酸铝、聚合氯化铝、三氯化铁和聚丙烯酰胺(PAM)等药剂。 3 干式投配设备应配备混凝剂的破碎设备，应具备每小时调配5kg以上的规模；湿式投配设备应配置一套溶解、搅拌、定量控制和投配设备	干投法流程宜为：药剂输送→粉碎→提升→计量→加药混合。湿投法流程宜为：溶解池→溶液池→定量控制设备→投加设备→混合池。混凝沉淀采用的混合设备可采用浆板式机械混合槽、分流隔板混合槽、水泵混合等，反应设备可采用隔板反应池、涡流式反应池、机械搅拌反应池等
UASB	1 UASB的适宜参数为： 1)反应器适宜温度：常温范围为20℃～30℃，中温范围为30℃～38℃，高温范围为50～55℃； 2)容积负荷适宜值为5kgCOD/(m^3·d)～15kgCOD/(m^3·d)； 3)反应器适宜pH：6.5～7.8。 2 UASB反应器应设置生物气体利用或安全燃烧装置	池形可设计为圆形、方形或矩形。处理渗沥液量过大时可设计为多个池体并联运行。反应器反应区的高度可设计为1.5m～4.0m。当渗沥液流量小，浓度较高，需要的沉淀区面积小时，沉淀区的面积可以和反应区相同；当渗沥液流量大，浓度较低，需要的沉淀区面积大时，可采用反应器上部面积大于下部面积的池形
膜生物反应器(MBR)	1 膜生物反应器可采用外置式膜生物反应器或内置式膜生物反应器。 2 膜生物反应器的适宜参数为： 1)进水COD：外置式不宜大于20000mg/L，内置式不宜大于15000mg/L； 2)进水氨氮 NH_3-N 不宜大于2500mg/L； 3)进水 BOD_5/COD 的比值不宜小于0.3； 4)水温宜为20℃～35℃； 5)污泥浓度：外置式宜为10000mg/L～15000mg/L，内置式宜为8000mg/L～10000mg/L； 6)污泥负荷：外置式宜为0.05kgCOD/(kgMLVSS·d)～0.18kgCOD/(kgMLVSS·d)，内置式宜为0.04kgCOD/(kgMLVSS·d)～0.12kgCOD/(kgMLVSS·d)； 7)脱氮速率(20℃)：外置式宜为(0.05～0.20)kgNO₃-N/(kgMLSS·d)，内置式宜为(0.05～0.15)kgNO₃-N/(kgMLSS·d)； 8)硝化速率：外置式宜为(0.02～0.10)kgNH_4^+-N/(kgMLSS·d)，内置式宜为(0.02～0.08)kgNH_4^+-N/(kgMLSS·d)； 9)剩余污泥产泥系数：0.1kgMLVSS/kgCOD～0.3kgMLVSS/kgCOD。 3 一般情况下，MBR宜采用A/O工艺。当需要强化脱氮处理时，宜采用A/O/A/O工艺强化生物处理	"外置式膜生物反应器"中生化反应器与膜单元相对独立，通过混合液循环泵使得处理水通过膜组件后外排；"内置式膜生物反应器"其膜浸没在生物反应器内，出水通过负压抽吸经过膜单元后排出。其中外置膜宜选用管式超滤膜组件，内置膜宜选用板式微滤膜组件、板式超滤膜组件、中空纤维微滤膜组件或中空纤维超滤膜组件
膜深度处理	1 膜处理可采用纳滤(NF)、卷式反渗透(卷式RO)、碟管式反渗透(DTRO)等工艺。 2 当采用"NF+卷式RO"，NF段的适宜参数为： 1)进水淤塞指数SDI_{15}不宜大于5； 2)进水游离余氯不宜大于0.1mg/L； 3)进水悬浮物SS不宜大于100mg/L； 4)进水化学需氧量COD不宜大于1200mg/L； 5)进水生化需氧量(BOD_5)不宜大于600mg/L； 6)进水氨氮 NH_3-N 不宜大于200mg/L； 7)进水总氮TN不宜大于300mg/L； 8)水温度宜为15℃～30℃； 9)pH值宜为5.0～7.0； 10)纳滤膜通量宜为15L/(m^2·h)～20L/(m^2·h)； 11)水回收率不宜低于80%(25℃)； 12)操作压力：卷式纳滤膜宜为0.5MPa～1.5MPa，碟管式纳滤膜宜为0.5MPa～2.5MPa。 3 当采用"NF+卷式RO"或"卷式RO"时，卷式RO段适宜参数： 1)进水淤塞指数SDI_{15}不宜大于5； 2)进水游离余氯不宜大于0.1mg/L； 3)进水悬浮物SS不宜大于50mg/L； 4)进水化学需氧量COD不宜大于1200mg/L； 5)进水电导率(20℃)不宜大于20000μS/cm； 6)水温度宜为15℃～30℃； 7)pH值宜为5.0～7.0； 8)反渗透膜通量宜为10L/(m^2·h)～15L/(m^2·h)； 9)水回收率不宜低于70%(25℃)； 10)操作压力宜为1.5MPa～2.5MPa。 4 当采用"单级DTRO"时，适宜参数如下： 1)进水淤塞指数SDI_{15}不宜大于20； 2)进水游离余氯不宜大于0.1mg/L； 3)进水悬浮物SS不宜大于500mg/L； 4)进水化学需氧量COD不宜大于1200mg/L； 5)进水生化需氧量(BOD_5)不宜大于600mg/L； 6)进水氨氮 NH_3-N 不宜大于250mg/L； 7)进水总氮TN不宜大于400mg/L； 8)进水电导率低压级不宜大于30000μS/cm，高压级不宜大于100000μS/cm； 9)水温度宜为15℃～30℃； 10)常压级操作压力不宜大于7.5MPa，高压反渗透操作压力不宜大于12.0MPa和20.0MPa。 11)系统水回收率不宜低于75%(25℃)	单支膜元件产水量按膜生产商产品技术手册提供的25℃条件下单支膜元件产水量。单位为m^3/d或gpd。并按膜生产商产品技术手册提供的温度修正系数进行修正。也可以25℃为设计温度，每升、降1℃，产水量增加或减少2.5%计算。单支膜元件产水量按膜生产商产品技术手册提供的25℃条件下单支膜元件产水量。单位为m^3/d或gpd。并按膜生产商产品技术手册提供的温度修正系数进行修正。也可以25℃为设计温度，每升、降1℃，产水量增加或减少2.5%计算

续表 D

渗沥液处理工艺	参考设计参数及技术要求	说明
多级反渗透处理（以两级DTRO为例）	1 进水淤塞指数 SDI_{15} 不宜大于 20； 2 进水游离余氯不宜大于 0.1mg/L； 3 进水悬浮物 SS 不宜大于 1500mg/L； 4 进水化学需氧量 COD 不宜大于 35000mg/L； 5 进水氨氮 NH_3-N 不宜大于 2500mg/L； 6 进水总氮 TN 不宜大于 4000mg/L； 7 进水电导率常压级不宜大于 30000μS/cm，高压级不宜大于 100000μS/cm； 8 水温度宜为 15℃～30℃； 9 常压级操作压力不宜大于 7.5MPa，高压反渗透操作压力不宜大于 12.0MPa 或 20.0MPa； 10 单级水回收率不宜低于 75%（25℃）	—

附录 E 填埋气体产气量估算

E.0.1 填埋气体产气量宜采用联合国气候变化框架公约（UNFCCC）方法学模型，按下式计算：

$$E_{CH_4} = \varphi \cdot (1-OX) \cdot \frac{16}{12} \cdot F \cdot DOC_F \cdot MCF \cdot$$

$$\sum_{x=1}^{y}\sum_{j} W_{j,x} \cdot DOC_j \cdot e^{-k_j \cdot (y-x)} \cdot (1-e^{-k_j}) \quad (E.0.1)$$

式中：E_{CH_4}——在 x 年内甲烷产生量（t）；
　　　　φ——模型校正因子；
　　　　OX——氧化因子；
　　　　$16/12$——碳转化为甲烷的系数；
　　　　F——填埋气体中甲烷体积百分比（默认值为 0.5）；
　　　　DOC_F——生活垃圾中可降解有机碳的分解百分率（%）；
　　　　MCF——甲烷修正因子（比例）；
　　　　$W_{j,x}$——在 x 年内填埋的 j 类生活垃圾成分量（t）；
　　　　DOC_j——j 类生活垃圾成分中可降解有机碳的含量，按重量（%）；
　　　　j——生活垃圾种类；
　　　　x——填埋场投入运行的时间；
　　　　y——模型计算当年；
　　　　k_j——j 类生活垃圾成分的产气速率常数（1/年）。

E.0.2 参数的选择宜符合下列规定：

1 φ：因模型估算的不确定性，宜采用保守方式，对估算结果进行 10%的折扣，建议取值为 0.9。

2 OX：反映甲烷被土壤或其他覆盖材料氧化的情况，宜取值 0.1。

3 DOC_j：不同生活垃圾成分中可降解有机碳的含量，在计算时应对生活垃圾成分进行分类，不同生活垃圾成分的 DOC 取值宜符合表 E.0.2-1 的规定。

表 E.0.2-1 不同生活垃圾成分的 DOC 取值

生活垃圾类型	DOC_j（%湿垃圾）	DOC_j（%干垃圾）
木质	43	50
纸类	40	44
厨余	15	38
织物	24	30
园林	20	49
玻璃、金属	0	0

4 k_j：生活垃圾的产气速率取值应考虑生活垃圾成分、当地气候、填埋场内的生活垃圾含水率等因素，不同生活垃圾成分的产气速率 k 取值宜符合表 E.0.2-2 的规定。

表 E.0.2-2 不同生活垃圾成分的产气速率 k 取值表

生活垃圾类型		寒温带（年均温度<20℃）		热带（年均温度>20℃）	
		干燥 MAP/PET<1	潮湿 MAP/PET>1	干燥 MAP<1000mm	潮湿 MAP>1000mm
慢速降解	纸类、织物	0.04	0.06	0.045	0.07
	木质物、稻草	0.02	0.03	0.025	0.035
中速降解	园林	0.06	0.10	0.065	0.17
快速降解	厨渣	0.06	0.185	0.085	0.40

注：MAP 为年均降雨量，PET 为年均蒸发量。

5 MCF：填埋场管理水平分类及 MCF 取值应符合表 E.0.2-3 的规定。

表 E.0.2-3 填埋场管理水平分类及 MCF 取值表

场址类型	MCF 缺省值
具有良好管理水平	1.0
管理水平不符合要求，但填埋深度≥5m	0.8
管理水平不符合要求，但填埋深度<5m	0.4
未分类的生活垃圾填埋场	0.6

6 DOC_F：联合国政府间气候变化专门委员会（IPCC）指南提供的经过异化的可降解有机碳比例的缺省值为 0.77。该值只能在计算可降解有机碳时不考虑木质素碳的情况下才可以采用，实际情况应偏低于 0.77，取值宜为 0.5～0.6。

本规范用词说明

1 为便于在执行本规范条文时区别对待，对要求严格程度不同的用词说明如下：
　1）表示很严格，非这样做不可的：
　　　正面词采用"必须"，反面词采用"严禁"；
　2）表示严格，在正常情况下均应这样做的：
　　　正面词采用"应"，反面词采用"不应"或"不得"；
　3）表示允许稍有选择，在条件许可时首先应这样做的：
　　　正面词采用"宜"，反面词采用"不宜"；
　4）表示有选择，在一定条件下可以这样做的，采用"可"。

2 条文中指明应按其他有关标准执行的写法为："应符合……的规定"或"应按……执行"。

引用标准名录

《建筑地基基础设计规范》GB 50007
《室外给水设计规范》GB 50013
《室外排水设计规范》GB 50014
《建筑给水排水设计规范》GB 50015
《建筑设计防火规范》GB 50016
《采暖通风与空气调节设计规范》GB 50019
《建筑照明设计标准》GB 50034
《建筑物防雷设计规范》GB 50057

《电力装置的继电保护和自动装置设计规范》GB/T 50062
《火灾自动报警系统设计规范》GB 50116
《建筑灭火器配置设计规范》GB 50140
《防洪标准》GB 50201
《电力工程电缆设计规范》GB 50217
《建筑边坡工程技术规范》GB 50330
《工业企业设计卫生标准》GBZ 1
《厂矿道路设计规范》GBJ 22
《生活饮用水卫生标准》GB 5749
《生产过程安全卫生要求总则》GB/T 12801
《生活垃圾填埋场污染控制标准》GB 16889
《生活垃圾卫生填埋场环境监测技术要求》GB/T 18772
《城镇污水处理厂污泥处置 混合填埋用泥质》GB/T 23485
《生活垃圾填埋场稳定化场地利用技术要求》GB/T 25179
《城市防洪工程设计规范》CJJ 50
《生活垃圾卫生填埋场封场技术规程》CJJ 112

《生活垃圾卫生填埋场防渗系统工程技术规范》CJJ 113
《生活垃圾填埋场填埋气体收集处理及利用工程技术规范》CJJ 133
《生活垃圾渗沥液处理技术规范》CJJ 150
《生活垃圾卫生填埋场岩土工程技术规范》CJJ 176
《垃圾填埋场用高密度聚乙烯土工膜》CJ/T 234
《垃圾填埋场用线性低密度聚乙烯土工膜》CJ/T 276
《交流电气装置的接地》DL/T 621
《混凝土重力坝设计规范》DL 5108
《碾压式土石坝施工规范》DL/T 5129
《建筑地基处理技术规范》JGJ 79
《土工试验规程》SL 237
《水利水电工程天然建筑材料勘察规程》SL 251
《碾压式土石坝设计规范》SL 274
《水利水电工程边坡设计规范》SL 386

中华人民共和国国家标准

生活垃圾卫生填埋处理技术规范

GB 50869—2013

条 文 说 明

制 订 说 明

《生活垃圾卫生填埋处理技术规范》GB 50869—2013 经住房和城乡建设部 2013 年 8 月 8 日以第 107 号公告批准发布。

本规范在编制过程中，编制组对我国生活垃圾卫生填埋场近年来的发展和技术进步及填埋场选址、设计、施工和验收的情况进行了大量的调查研究，总结了我国生活垃圾卫生填埋工程的实践经验，同时参考了国外先进技术标准，给出了垃圾填埋工程的相关计算方法及工艺参考设计参数。

为便于广大设计、施工、科研、院校等单位有关人员在使用本规范时能正确理解和执行条文规定，《生活垃圾卫生填埋处理技术规范》编制组按章、节、条顺序编制了本规范的条文说明，对条文规定的目的、依据以及执行中需注意的有关事项进行了说明。但是，本条文说明不具备与规范正文同等的法律效力，仅供使用者作为理解和把握规范规定的参考。

目 次

1 总则 ··· 46—23
3 填埋物入场技术要求 ··············· 46—23
4 场址选择 ·· 46—24
5 总体设计 ·· 46—25
 5.1 一般规定 ······································ 46—25
 5.2 处理规模与填埋库容 ················· 46—26
 5.3 总平面布置 ·································· 46—26
 5.4 竖向设计 ······································ 46—27
 5.5 填埋场道路 ·································· 46—27
 5.6 计量设施 ······································ 46—27
 5.7 绿化及其他 ·································· 46—27
6 地基处理与场地平整 ····················· 46—27
 6.1 地基处理 ······································ 46—27
 6.2 边坡处理 ······································ 46—28
 6.3 场地平整 ······································ 46—29
7 垃圾坝与坝体稳定性 ····················· 46—29
 7.1 垃圾坝分类 ·································· 46—29
 7.2 坝址、坝高、坝型及筑坝材料选择 ······································· 46—30
 7.3 坝基处理及坝体结构设计 ········ 46—30
 7.4 坝体稳定性分析 ························· 46—31
8 防渗与地下水导排 ·························· 46—31
 8.1 一般规定 ······································ 46—31
 8.2 防渗处理 ······································ 46—31
 8.3 地下水导排 ·································· 46—33
9 防洪与雨污分流系统 ····················· 46—33
 9.1 填埋场防洪系统 ························· 46—33
 9.2 填埋库区雨污分流系统 ············ 46—34

10 渗沥液收集与处理 ······················· 46—34
 10.1 一般规定 ···································· 46—34
 10.2 渗沥液水质与水量 ·················· 46—34
 10.3 渗沥液收集 ······························· 46—35
 10.4 渗沥液处理 ······························· 46—36
11 填埋气体导排与利用 ··················· 46—36
 11.1 一般规定 ···································· 46—36
 11.2 填埋气体产生量 ······················· 46—37
 11.3 填埋气体导排 ··························· 46—37
 11.4 填埋气体输送 ··························· 46—37
 11.5 填埋气体利用 ··························· 46—38
 11.6 填埋气体安全 ··························· 46—39
12 填埋作业与管理 ···························· 46—39
 12.1 填埋作业准备 ··························· 46—39
 12.2 填埋作业 ···································· 46—40
 12.3 填埋场管理 ······························· 46—41
13 封场与堆体稳定性 ······················· 46—42
 13.1 一般规定 ···································· 46—42
 13.2 填埋场封场 ······························· 46—42
 13.3 填埋堆体稳定性 ······················· 46—43
14 辅助工程 ··· 46—43
 14.1 电气 ·· 46—43
 14.2 给排水工程 ······························· 46—43
 14.3 消防 ·· 46—44
 14.4 采暖、通风与空调 ·················· 46—44
15 环境保护与劳动卫生 ··················· 46—44
16 工程施工及验收 ···························· 46—45

1 总 则

1.0.1 本条是关于制订本规范的依据和目的的规定。

《中华人民共和国固体废物污染环境防治法》(1996年4月1日实施)规定人民政府应建设城市生活垃圾处理处置设施,防止垃圾污染环境。

条文中的"技术政策"是指《城市生活垃圾处理及污染防治技术政策》(建城〔2000〕120号)及《生活垃圾处理技术指南》(建城〔2010〕61号)。

《城市生活垃圾处理及污染防治技术政策》对卫生填埋的技术政策为:在具备卫生填埋场地资源和自然条件适宜的城市,以卫生填埋作为垃圾处理的基本方案,同时指出卫生填埋是垃圾处理必不可少的最终处理手段,也是现阶段我国垃圾处理的主要方式。《城市生活垃圾处理及污染防治技术政策》还指出:开发城市生活垃圾处理技术和设备,提高国产化水平。着重研究开发填埋专用机具和人工防渗材料、填埋场渗沥液处理、填埋场封场和填埋气体回收利用等卫生填埋技术和成套设备。

《生活垃圾处理技术指南》对卫生填埋的规定为:卫生填埋技术成熟,作业相对简单,对处理对象的要求较低,在不考虑土地成本和后期维护的前提下,建设投资和运行成本相对较低。对于拥有相应土地资源且具有较好的污染控制条件的地区,可采用卫生填埋方式实现生活垃圾无害化处理。

1.0.2 本条是关于本规范的适用范围的规定。

条文中的"改建、扩建"主要指对老填埋场的堆体边坡整理与封场覆盖、填埋气体导排与处理、防渗系统加固与改造、渗沥液导排与处理等治理工程和新库区扩建工程。扩建工程要求按卫生填埋场要求进行全面设计与建设。

1.0.3 本条是关于生活垃圾卫生填埋工程采用新技术应遵循的原则的规定。

我国第一座严格按照标准设计的卫生填埋场是1991年投入运营的杭州天子岭生活垃圾填埋场,相对而言,我国的填埋技术仍处于发展阶段,很多技术都是从国外移植而来,在引用、借鉴国外填埋技术、工程经验时应考虑我国实际情况,选符合我国垃圾特点及气候、地质条件的填埋技术。

条文中的"新工艺"是指能够提高填埋效率、加速填埋场稳定、减小二次污染的新型填埋工艺,如填埋前的机械-生物预处理、准好氧填埋、生物反应器填埋、高维填埋、垂直防渗膜工艺等。

机械-生物预处理通过机械分选和生物处理方法,可以有效降低水分含量和减少可生物降解物含量、恶臭散发及填埋气排放,并且有助于渗沥液处理,提高填埋库容,节省土地。

准好氧填埋是凭借无动力生物蒸发作用,不仅能有效加速垃圾降解,而且能使垃圾中大部分有机成分以CO_2、N_2等气体形式排出,可有效削减CH_4的产生。

生物反应器填埋技术将每个填埋单元视为可控小"生物反应器",多个填埋单元构成的填埋场就是一个大的生物反应器。它具有生物降解速度快、稳定化时间短、渗沥液水质较易处理等特点。

高维填埋技术通过合理的设计,提高填埋场的空间利用效率,节约土地资源。传统填埋场空间效率系数一般为$20m^3/m^2 \sim 30m^3/m^2$,高维填埋的空间效率系数可达$50m^3/m^2 \sim 70m^3/m^2$。

垂直防渗膜工艺是采用专用设备将HDPE膜垂直插入库底,HDPE膜段之间采用锁扣插接,形成连续的垂直防渗结构。HDPE膜因其柔韧性,使其能适应地表土的移动且耐久性较好,故此工艺防渗效果好,施工效果可靠,并有较长的使用期限。

1.0.4 本条是关于卫生填埋工程建设应符合有关标准的规定。

3 填埋物入场技术要求

3.0.1 本条是关于进入生活垃圾卫生填埋场的填埋物类别的规定。

条文中"居民家庭垃圾"是指居民家庭产生的生活垃圾;"园林绿化废弃物"是指城市园林绿化管理业进行修剪整理绿化植物和设施以及城市城区范围内的风景名胜区、公园等景观场所产生的废弃物;"商业服务网点垃圾"是指城市中各种类型的商业、服务业及各种专业性生活服务网点所产生的垃圾;"清扫保洁垃圾"是指清扫保洁作业清除的城市道路、桥梁、隧道、广场、公园、水域及其他向社会开放的露天公共场所的垃圾;"交通物流站垃圾"是指城市公共交通、邮政和公路、铁路、水上和航空运输及其相关的辅助活动场所,包括车辆修理、设施维护、物流服务(如装卸)等场所产生的垃圾;"企事业单位的生活垃圾"是指各单位为日常生活提供服务的活动中产生的固体废物。

有专家建议增加"建筑垃圾",因为我国生活垃圾卫生填埋场均接受施工和拆迁产生的建筑垃圾,而且大多数填埋场均将建筑垃圾作为临时道路和作业平台的垫层材料使用。考虑到建筑垃圾不是限定进入填埋场的危险废物,也不是一般工业固体废弃物,类似的还有堆肥残渣、化粪池粪渣等废弃物,因此本条文不对填埋场可接受的生活垃圾之外的废弃物作出具体规定。

填埋场建筑垃圾要求与生活垃圾分开存放,作为建筑材料备用,以满足填埋作业的需要。

3.0.2 本条是关于城镇污水处理厂污泥进入生活垃圾卫生填埋场混合填埋应执行有关标准的规定。

现行国家标准《城镇污水处理厂污泥处置 混合填埋用泥质》GB/T 23485规定城镇污水处理厂污泥进入生活垃圾填埋场时,污泥基本指标及限值要求满足表1的要求,其污染物指标及限值要求满足表2的要求。

表1 基本指标及限值

序号	基本指标	限值
1	污泥含水率(%)	<60
2	pH值	5~10
3	混合比例(%)	≤8

注:表中pH指标不限定采用亲水性材料(如石灰等)与污泥混合以降低其含水率措施。

表2 污染物指标及限值

序号	污染物指标	限值
1	总镉(mg/kg干污泥)	<20
2	总汞(mg/kg干污泥)	<25
3	总铅(mg/kg干污泥)	<1000
4	总铬(mg/kg干污泥)	<1000
5	总砷(mg/kg干污泥)	<75
6	总镍(mg/kg干污泥)	<200
7	总锌(mg/kg干污泥)	<4000
8	总铜(mg/kg干污泥)	<1500
9	矿物油(mg/kg干污泥)	<3000
10	挥发酚(mg/kg干污泥)	<40
11	总氰化物(mg/kg干污泥)	<10

为达到填埋要求,污泥填埋必须经过预处理工艺。污泥预处理实质上是通过添加改性材料,改善污泥的高含水率、高黏度、易流变、高持水性和低渗透系数的特性。污泥能否填埋取决于污泥或者污泥与其他添加剂形成的混合体的岩土力学性能。我国尚无专门针对污泥填埋的技术规范,因此规定了污泥混合填埋的岩土

力学性能指标。

3.0.3 本条为强制性条文。

条文中"危险废物"是指列入国家危险废物名录或者根据国家规定的危险废物鉴别标准《危险废物鉴别技术规范》HJ/T 298 及鉴别方法认定的具有危险特性的固体废物。如医院临床废物、农药废物、多数化学废渣、含废金属的废渣、废机油等。对危险废物的含义应当把握以下几点：

（1）本条文所说的危险废物不是一般的从公共安全角度说的危险物品，也就是它不是易燃、易爆、有毒的应由公安机关管理的危险物品，而是从对环境的危害与不危害的角度来分类的，是相对于无危害的一般固体废物而言的。

（2）危险废物是用名录来控制的，凡列入国家危险废物名录的废物种类都是危险废物，一旦发现生活垃圾中混有危险废物的，要采取特殊的对应防治措施和管理办法。

（3）虽然没有列入国家危险废物名录，但是根据国家规定的危险废物鉴别标准和鉴别方法，如该废物中某有害、有毒成分含量超标而认定的危险废物。

（4）危险废物的形态不限于固态，也有液态的，如废酸、废碱、废油等。由于危险废物具有急性毒性、毒性、腐蚀性、感染性、易燃易爆性，对健康和环境的威胁较大，因而严禁进入填埋场。

条文中"放射性废物"是指含有放射性核素或被放射性核素污染，其浓度或活度大于国家相关部门规定的水平，并且预计不再利用的物质。放射性废物，按其物理性状分为气载废物、液体废物和固体废物三类。

填埋场操作人员应当抽查进场填埋成分，一旦发现填埋物中混有危险废物和放射性废物，应严禁进场填埋。生活垃圾卫生填埋场应建立严禁危险废物和放射性废物进场的运行管理规程。

环境卫生管理部门应当检查填埋场运行管理规程和检查填埋作业区的填埋物。

3.0.4 本条是关于生活垃圾焚烧飞灰和医疗废物焚烧残渣进入生活垃圾卫生填埋场填埋应执行有关标准及技术要求的规定。

生活垃圾焚烧飞灰和医疗垃圾焚烧残渣经过有效处理能够达到现行国家标准《生活垃圾填埋场污染控制标准》GB 16889 规定的条件后可进入生活垃圾填埋场填埋处置，但因其特殊性，如固化后长期在渗沥液浸泡下具有渗出有害物质的潜在危险，故要求和生活垃圾分开埋。

与生活垃圾填埋库区有效分隔的独立填埋库区应在设计阶段由设计单位设计独立的填埋分区，经处理后的生活垃圾焚烧飞灰和医疗垃圾焚烧残渣进场由填埋场运行管理单位执行分区填埋作业。

3.0.5 本条是关于填埋物计量、统计与核定方式的规定。

条文中"重量"是指填埋物净重量吨位，它等于装满生活垃圾的总重量吨位减去空垃圾车的重量吨位。

常用的填埋物计量方式有垃圾车的车吨位和重量吨位。不同来源的垃圾，垃圾的体积密度不一样，如对生活垃圾的统计采用垃圾车的车吨位进行，则随着垃圾体积密度的不断变化，车吨位与实际吨位差别也在不断变化。采用车吨位计量垃圾量会导致设计使用年限失真，填埋场处理规模不切实际。因此本条作出"填埋物应按重量进行计量、统计与核定"的规定。

3.0.6 本条是关于填埋物相关重要性状指标的原则性规定。

在多数专家意见的基础上，对"含水量"、"有机成分"及"外形尺寸"等几个重要指标仅作了定性要求，没有给出具体的定量指标。

部分专家提出仅作出定性要求，缺乏可操作性。也有提出填埋物含水量应满足或调整到符合具体填埋工艺设计要求"的意见。但关于"含水量"的高低，对于规定的填埋物，一般不存在对填埋作业有太大的影响，可以不作规定，但对于没有限定的城市污水处理厂脱水污泥、化粪池残渣等高含水率的废弃物进入填埋场，单元作业时摊铺、压实有一定困难，必须采取降低含水量的调整措施。

条文中"外形尺寸"是指填埋物的大小、结构和形状，涉及防渗封场覆盖材料的安全性、填埋气体的安全性以及填埋作业的难宜。对形状尖锐的物体，也要求进行破碎，避免破坏防渗、封场覆盖材料以及填埋作业的机械设备，保证现场工作人员的安全。本规范分别在第 11.6.7 条规定"对填埋物中可能造成腔型结构的大件垃圾应进行破碎"，避免填埋气体局部聚集爆炸，第 12.1.6 条规定"在大件垃圾较多的情况下，宜设置破碎设备"，以便填埋作业的进行。因此本条没有作重复规定。

条文中"有条件的填埋场宜采取机械-生物预处理减量化措施"，主要是基于逐步提倡减少原生生活垃圾填埋的发展方向提出的。生活垃圾中可生物降解物是填埋处理中恶臭散发、温室气体产生、渗沥液负荷高等问题的主要原因，减少生活垃圾中可生物降解物含量受到了许多发达国家垃圾处理领域的高度关注。20 世纪 70 年代末，德国和奥地利最先提出生活垃圾填埋前的生物预处理，并推广应用，显著改善了传统卫生填埋带来的一些问题。欧洲垃圾填埋方针（CD1999/31/EU/1999）中提出在 1995 年的基础上，进入填埋场的有机废弃物在 2006 年减少 25%，2009 年减少 50%，2016 年减少 65%。德国在 1992 年颁布的垃圾处理技术标准（TA-Siedlungsabfall）中规定自 2005 年 6 月 1 日起，禁止填埋未经焚烧或生物预处理的生活垃圾。机械-生物预处理是减少生活垃圾中可生物降解物的主要方法之一，近年来该方法在欧洲国家的生活垃圾处理中得到广泛应用。我国大部分城市的生活垃圾含水率可以高达 50%～70%，有机质比例大约 60%。针对我国混合收集垃圾的特点，将生物处理技术作为填埋的预处理技术，可以有效降低水分含量和减少可生物降解物含量、恶臭散发及填埋气排放，并且有助于渗沥液处理，提高填埋库容，节省土地。

4 场址选择

4.0.1 本条是关于填埋场选址前基础资料搜集工作的基本内容规定。

条文中提出收集"城市总体规划"的要求是因为填埋场作为城市环卫基础设施的一个重要组成部分，填埋场的建设规模要求与城市建设规模和经济发展水平相一致，其场址的选择要求服从当地城市总体规划的用地规划要求。

条文中"地形图"是指符合现行国家标准《总图制图标准》GB/T 50103 的要求，其比例尺寸建议为 1：1000。考虑到有地形图上信息反应不全或者地图的地物特征信息过旧的情况时，建议有条件的地方在地形图资料中增加"航测地形图"。

条文中"工程地质"的要求是从填埋场选址的岩土、理化及力学性质及其对建筑工程稳定性影响的角度提出，了解场地岩土性质和分布、渗透性、不良地质作用。填埋场场址要求选在工程地质性质有利的最密实的松散或坚硬的岩层之上，其工程地质力学性质要求保证场地基础的稳定性和使沉降量最小，并满足填埋场边坡稳定性的要求。场地要选在位于不利的自然地质现象、滑坡、倒石堆等的影响范围之外。

条文中"水文地质"的要求是从防止填埋场渗沥液对地下水的污染及地下水运动情况对库区工程影响的角度提出。了解场地地下水的类型、埋藏条件、流向、动态变化情况及与邻近地表水体的关系，邻近水源地的分布及保护要求。填埋场场址宜是独立的水文地质单元。场址的选择要求确保填埋场的运行对地下水的安全。

第 7 款是填埋场选址对气象资料的基本要求。条文中的"降水量"资料宜包括最大暴雨雨力(1h 暴雨量)、3h 暴雨强度、6h 暴雨强度、24h 暴雨强度、多年平均逐月降雨量、历史最大日降雨量和 20 年一遇连续七日最大降雨量等资料。条文中的"基本风压值"是指以当地比较空旷平坦的地面上离地 10m 高统计所得的 50 年一遇 10min 平均最大风速为标准,按基本风压＝最大风速的平方/1600 确定的风压值,其要求是基于填埋场建(构)筑物安全设计的角度提出的。

条文中"土石料条件"的要求是指由于填埋场的覆土一般为填埋库区容积的 10%～15%,坝体、防渗以及渗沥液收集工程也需要大量的土石料,如此大的需求量占用耕地或从远距离运输都不经济,填埋场选址要求考虑场址周边,土石料材料的供应情况以及具有相当数量的覆土土源。

4.0.2 本条为强制性条文,是关于填埋场选址限制区域的规定。

填埋场在运行过程中都会对周围环境产生一定的不利影响,如恶臭、病原微生物、扬尘以及防渗系统破坏后的渗沥液扩散污染等。并且在运行管理不善或自然灾害等因素的影响下会存在一定的生态污染风险和安全风险等。在选址过程中,这些影响都应考虑到。故生活垃圾填埋场的选址应远离水源地、居民活动区、河流、湖泊、机场、保护区等重要的、与人类生存密切相关的区域,将不利影响的风险降至最低。

条文规定的不应设在"地下水集中供水水源地及补给区,水源保护区",其具体要求应遵守以下原则:

(1)距离水源,有一定卫生防护距离,不能在水源地上游和可能的降落漏斗范围内;

(2)选择在地下水位较深的地区,选择有一定厚度包气带的地区,包气带对垃圾渗沥液净化能力越大越好,以尽可能地减少污染因子的扩散;

(3)场地基础要求位于地下水(潜水或承压水)最高丰水位标高至少 1m 以上;

(4)场地要位于地下水的强径流带之外;

(5)场地要位于含水层的地下水水力坡度的平缓地段。

条文中的"洪泛区"是指江河两岸、湖周边易受洪水淹没的区域。

条文中的"泄洪道"是指水库建筑的防洪设备,建在水坝的一侧,当水库里的水位超过安全限度时,水就从泄洪道流出,防止水坝被毁坏。填埋场选址要求考虑场址的标高在 50 年一遇的洪水水位之上,并且在长远规划中的水库等人工蓄水设施的淹没区和保护区之外。

该强制性条文的贯彻实施单位应有建设项目所在地的建设、规划、环保、环卫、国土资源、水利、卫生监督等有关部门和专业设计单位。

4.0.3 本条是关于填埋场选址应符合要求的规定。

条文中的"交通方便,运距合理"是指靠近交通主干道,便于运输。填埋场与公路的距离不宜太近,以便于实施卫生防护。公路离填埋场的距离也不宜太大,以便于布置与填埋场的连通道路。

对于第 5 款规定的填埋场选址要求,其具体环境保护距离的设置宜根据环境影响评价报告结论确定。

填埋场选址还宜考虑填埋场工程建设投资和施工的难度问题。

由于填埋场大多处于农村地区或城乡结合部,因此填埋场选址要求紧密结合农村社会经济状况、农业生态环境特征和农民风俗习惯与文化背景,宜考虑兼顾各社会群体的利益诉求。

填埋场选址还要求考虑场址虽不跨越行政辖区但环境影响可能存在跨越行政辖区的问题。

4.0.4 本条是关于场址比选确定步骤的规定。

条文中的"场址周围人群居住情况"对填埋场选址很重要。填埋场选址场址宜不占或少占耕地及拆迁工程量小。拆迁量大,除了增加初期投资外,拆迁户的安置也较困难。填埋场滋生蚊、蝇等昆虫可能对场址及周边地区基本农田保护区、果园、茶园、蔬菜基地种植环境及农产品产生不良影响。另外,场址及周边群众因对垃圾厌恶情绪而滋生的对填埋场选址建设的抵触情绪可能发生群体性环境信访问题。这些问题处理不好,可能会给填埋场将来的运行管理带来不利影响。

场址确定方案中所指的"社会",包括民意。民意调查是填埋场选址的重要过程。了解群众的看法和意见,征得大众的理解和支持对于填埋场今后的建设和运行十分重要。

条文中的"选址勘察"可参考以下要求:

(1)选址勘察阶段要求以搜集资料和现场调查为主。宜搜集、调查本规范第 4.0.1 条所列资料。

(2)选址勘察要求初步评价场地的稳定性和适宜性,并对拟选的场址进行比较,提出推荐场址的建议。

(3)选址勘察要求进行下列工作:

1)调查了解拟选场址的不良地质作用和地质灾害发育情况及提出避开的可能性,对场地稳定性作出初步评价;

2)调查了解场址的区域地质、区域构造和地震活动情况,以及附近全新活动断裂分布情况,基本确定选址区的地震动参数;

3)概略了解场址区地层岩性、岩土构造、成因类型及分布特征;

4)调查了解场区地下水埋藏条件,了解附近地表水、水源地分布,概略评价其对场地的影响;

5)调查了解洪水的影响、地表覆土类型,初步评估地下资源可利用性;

6)初步评估拟建工程对下游及周边环境污染的影响;

7)初步分析场区工程与环境岩土问题,以及对工程建设的影响;

8)对工程拟采用的地基类型提出初步意见;

9)初步评估地形起伏及对场地利用或整平的影响,拟采用的地基基础类型,地基处理难易程度,工程建设适宜性。

5 总 体 设 计

5.1 一 般 规 定

5.1.1 本条是关于填埋工程总体设计应遵循的原则的规定。

5.1.2 本条是关于填埋场征地面积及分期和分区建设原则的规定。

《城市生活垃圾处理和给水与污水处理工程项目建设用地指标》(建标〔2005〕157 号)规定:填埋处理工程项目总用地面积应满足其使用寿命 10 年以上的垃圾容量,填埋库区每平方米占地平均应填埋 $8m^3$～$10m^3$ 垃圾。行政办公与生活服务设施用地面积不得超过总用地面积的 8%～10%(小型填埋处理工程项目取上限)。

采用分期和分区建设方式的优点是:减少一次性投资;减少渗沥液处理投资和运行成本;减少运土或买土的费用,前期填埋库区的开挖土可以在未填埋区域堆放,逐渐地用于前期填埋库区作业时的覆盖土。

分区建设要考虑以下方面:考虑垃圾量,每区的垃圾库容能够满足一段时间使用年限的需要;可以使每个填埋库区在尽可能短的时间内得到封闭;分区的顺序有利于垃圾运输和填埋作业;实现雨、污水分流,使填埋作业面积尽可能小,减少渗沥液的产生量;分区能满足工程分期实施的需要。

5.1.3 本条是关于填埋场主体工程构成内容的规定。

本条规定的目的主要是为避免多列主体工程或漏项。地基处理与防渗系统、垃圾坝、防洪、雨污分流及地下水导排系统、渗沥液导流及处理系统、填埋气体导排及处理系统、封场工程等设施的布置要求可参见本规范有关章节。

5.1.4 本条是关于填埋场辅助工程构成内容的规定。

条文中的"设备"、"车辆"主要包括日常填埋作业中所需的推铺设备(如推土机)、碾压设备(如压实机)、取土设备(如挖掘机、装载机、自卸车)、喷药和洒水设备(如洒水车)、工程巡视设备等其他在填埋作业中要经常使用的机械车辆和设备。

5.2 处理规模与填埋库容

5.2.1 本条是关于填埋场处理规模表征及分类的规定。

处理规模分类是依据《生活垃圾卫生填埋处理工程项目建设标准》(建标〔2009〕124号)的填埋场处理规模分类规定的。

处理规模较小而所建填埋场库容太大,或处理规模大而所建填埋场库容太小均会造成投资的浪费。合理使用年限的填埋场,处理规模和填埋场库容存在着一定的对应关系,所以要求将填埋场处理规模和填埋库容综合考虑。

5.2.2 本条是关于填埋场日平均处理量确定方法的规定。

通过生活垃圾产量的预测,根据有效库容计算累积的生活垃圾填埋总量,再由使用年限经计算后确定日平均填埋量。

宜采用人均指标和年增长率法、回归分析法、皮尔曲线法和多元线性回归法对生活垃圾产量进行预测。可优先选用人均指标和年增长率法;回归分析法为国家现行标准《城市生活垃圾产量计算及预测方法》CJ/T 106规定的方法,可选用或作为校核;皮尔曲线法和多元线性回归法计算过程复杂,所需历史数据较多,可供参考或用于校核。人均指标法预测生活垃圾产量参考如下:

(1)采用人均指标法预测生活垃圾年产量,见式(1);

$$\text{预测年生活垃圾年产量} = \frac{\text{该年服务范围内的人口数}}{} \times \text{该年人均生活垃圾日产量} \times 365 \quad (1)$$

(2)人口预测:服务范围内的人口预测数据,可主要参考服务区域社会经济发展规划、总体规划以及各专项规划中的数据。

当现有预测数据存在明显问题(如所依据的规划文件人口预测数值小于现状值、翻番增长)或没有规划数据时,可采用近4年人口平均年增长率法进行预测,计算见式(2):

$$\text{规划人口} = \text{现状人口} \times (1+i)^t \quad (2)$$

式中:i——近4年人口年平均增长率(%);

t——预测年数,宜为使用年限。

现状人口的计算方法为:服务范围内人口数=常住人口数+临时居住人口数+流动人口数×K,其中K=0.4~0.6。

(3)预测年人均生活垃圾日产量:预测年人均生活垃圾日产量值可参考近十年该市人均生活垃圾日产量数据来确定。

在日产日清的情况下,人均日产量等于该服务范围内一天产出垃圾量与该区域人口数的比值,见式(3):

$$R = \frac{P \cdot W}{S} \times 10^3 \quad (3)$$

式中:R——人均日产量(kg/人);

P——产出地区垃圾的容重(kg/L);

W——日产出垃圾容积(L);

S——居住人数(人)。

5.2.3 本条是关于填埋库容应满足使用年限的基本规定。

填埋场所需有效库容由日平均填埋量和填埋场使用年限决定。

条文中"使用年限在10年及以上"的要求主要是从选址要求满足较大库容的角度提出的。填埋场选址要充分利用天然地形以增大填埋容量。填埋场使用年限是填埋场从填入生活垃圾开始到填埋场封场的时间。从理论上讲,填埋场使用年限越长越好,但考虑填埋场的经济性、填埋场选址的可能性以及填埋场封场后利用的可行性,填埋场使用年限要求综合各因素合理规划。

5.2.4 本条是关于填埋库容和有效库容计算方法的规定。

(1)填埋场库容计算:地形图完备时,填埋库容计算可优先选用结合计算机辅助的方格网法;库底复杂、起伏变化较大时,填埋库容计算可选用三角网法;填埋库容计算可选用等高线剖切法进行校核。

方格网法参考如下:

1)将场地划分成若干个正方形格网,再将场底设计标高和封场标高分别标注在规则网格各个角点上,封场标高与场底设计标高的差值即为各角点的高度。

2)计算每个格网内四棱柱的体积,再将所有四棱柱的体积汇总即可得到总的填埋库容。方格网法库容计算见本规范附录A式(A.0.1)。

3)计算时一般将库区划分为边长10~40m的正方形方格网,方格网越小,精度越高。实际工程计算中应用较多的方法是,将填埋场库区划分为边长20m的正方形方格网,然后结合软件进行计算。

(2)有效库容计算:根据地形计算出的库容为填埋库区的总容量,包含有效库容(实际容纳的垃圾体积)和非有效库容(覆盖和防渗材料占用的体积)。

有效库容由填埋库容与有效库容系数计算取得。长期以来,大部分设计院的有效库容系数取值一般由经验确定(12%~20%),缺乏结合工艺设计的计算依据。本规范根据目前各设计院的覆盖和防渗做法,结合国家现行标准规定的技术指标,细分了覆盖和防渗材料占用体积有效库容系数,附录A提供了计算方法。

5.3 总平面布置

5.3.1 本条是关于填埋场总平面布置应进行技术经济比较后确定的原则规定。

5.3.2 本条是关于填埋场功能分区布置的原则规定。

5.3.3 本条是关于填埋库区面积使用率要求及填埋库区单位占地面积填埋量的规定。

填埋库区使用面积小于场区总面积的60%会造成征地费用增加及多占用土地,但可以通过优化总体布置提高使用率。根据国内外大多数填埋场的实例,合理的填埋库区使用面积基本控制到70%~90%(处理规模小取下限,处理规模大取上限)。非填埋区的土地要求用于填埋场建设必要的设施和附属工程,避免土地资源的荒置和浪费。

5.3.4 本条是关于填埋库区分区布置应考虑的主要因素的规定。

填埋库区的分区布置要以实际地形为依据,同时结合填埋作业工艺;对平原型填埋场的分区宜以水平分区为主,坡地型、山谷型填埋场的分区可以兼顾水平、垂直分区;垂直分区要求随垃圾堆高增加,将边坡截洪沟逐步改建成渗沥液盲沟。

5.3.5 本条是关于渗沥液处理区构筑物布置及间距的基本要求。

5.3.6 本条是关于填埋场附属建(构)筑物的布置、面积应遵循的原则的规定。

填埋场运行过程中的飘散物和有毒有害气体等,可以随风飘散到生活管理区。我国大部分地区属于亚热带气候,夏季气温普遍较高,填埋库区的影响尤为明显,故条文规定"宜布置在夏季主导风向的上风向"。

条文中的"管理区"可包括办公楼、化验室、员工宿舍、食堂、车库、配电房、食堂、传达室等;根据填埋场总布置的不同,设备维修、车辆冲洗、全场消防水池及供水水塔也可设在管理区。管理区宜根据当地的工作人员编制、居住环境、经济水平等需要确定规模及设计方案。具体生活、管理及其他附属建(构)筑物组成及其面积应因地制宜考虑确定,本规范未作统一规定,但指标要求应符合现行的有关标准。

各类填埋场建筑面积指标不宜超过表3所列指标。

表3 填埋场建筑面积指标表（m²）

建设规模	生产管理与辅助设施	生活服务设施
Ⅰ级	850～1200	450～640
Ⅱ级	750～1100	380～550
Ⅲ级	650～950	250～440
Ⅳ级	600～850	130～260

注：建设规模大的取上限，建设规模小的取下限。

5.3.7 本条是关于填埋场库区和渗沥液处理区管线布置的基本规定。

5.3.8 本条是关于环境监测井布置应符合有关标准的规定。

5.4 竖向设计

5.4.1 本条是关于竖向设计应考虑因素的原则规定。

条文中的"减少土方工程量"是指要求结合原始地形，尽量减少库底、渗沥液处理区及调节池的开挖深度。

5.4.2 本条是关于填埋场垂直分区和封场标高的原则规定。

在垂直分区建设中，锚固平台一般与临时截洪沟合建，填埋作业至临时截洪沟标高时，截洪沟可改造启用为边坡渗沥液导流。

5.4.3 本条是关于填埋库区库底、截洪沟、排水沟等有关设施坡度设计基本要求的规定。

坡度的要求是为了确保填埋库区库底渗沥液收集系统能自重流导排。如受地下水埋深、土方平衡、平原型填埋场高差和整体设计的影响，可适度降低导排管纵向的坡度要求，但要保证不小于1%的坡度。

5.4.4 本条是关于结合竖向设计考虑调节池位置设置的规定。

调节池设置在场区地势较低处，利于渗沥液自流。

5.5 填埋场道路

5.5.1 本条是关于填埋场道路分类和不同类型道路设计基本原则的规定。

填埋场永久性道路等级可依据垃圾车交通量选择：

（1）垃圾车的日平均双向交通量（日交通量以8小时计）在240辆次以上的进场道路和场区道路，可采用一级露天矿山道路。

（2）垃圾车的日平均双向交通量在100辆次～240辆次的进场道路和场区道路，可采用二级露天矿山道路。

（3）垃圾车的日平均双向交通量在100辆次以下的进场道路和场区道路，可采用三级露天矿山道路；辅助道路和封场后盘山道路均宜采用三级露天矿山道路。

不同等级道路宽度可参考表4选择。

表4 车宽和道路宽度（m）

	计算车宽	2.3	2.5	3
双车道道路路面宽（路宽）	一级	7.0(8.0)	7.5(8.5)	9.0(10.0)
	二级	6.5(7.5)	7.0(8.0)	8.0(9.0)
	三级	6.0(7.0)	6.5(7.5)	7.0(8.0)
单车道道路路面宽（路基宽）	一、二级	4.0(5.0)	4.5(5.5)	5.0(6.0)
	三级	3.5(4.5)	4.0(5.0)	4.5(5.5)

注：路肩可适当加宽。

道路纵坡要求不大于表5的规定。如受地形或其他条件限制，道路坡度极限要求不大于11%；作业区临时道路坡度宜根据库区垃圾堆体具体情况设计，可适当增大坡度。

表5 道路最大坡度

道路等级	一级	二级	三级
最大坡度（%）	7	8	9

注：1 受地形或其他条件限制时，上坡的场外道路和进场道路的最大坡度可增加1%；
    2 海拔2000m以上地区的填埋场道路的最大坡度不得增加；
    3 在多雾或寒冷冰冻、积雪地区的填埋场道路的最大坡度不宜大于7%。

条文中"临时性道路"包括施工便道、库底作业道路等。临时性道路宜以块石、碎石作基础，也可采用经多次碾压的填埋垃圾或建筑垃圾作基础。临时道路计算行车速度以15km/h计。受地形或其他条件限制时，临时道路的最大坡度可比永久性道路增加2%。

条文中"回车平台"是指道路尽头设置的平台，回车平台面积要求根据垃圾车最小转弯半径和路面宽度确定。

条文中"会车平台"是指当填埋场的运输道路为单行道时设置的会车平台，平台的设置根据车流量、道路的长度和路线决定。会车平台不宜设置在道路坡度较大的路段；平台的尺寸大小要求根据运输车辆的车型设计，通常要求预留较大的安全空间。

条文中"防滑"措施包括路面的防滑处理，南方地区由于雨季频繁、垃圾含水率高，通常在临时道路上铺设防滑的钢板或合成防滑模块等。

条文中"防陷"包括对路基的加固处理等防止路面下陷的措施。

5.5.2 本条是关于道路路线设计应考虑因素的基本规定。

5.5.3 本条是关于道路设计应满足填埋场运行要求的基本规定。

5.6 计量设施

5.6.1 本条是关于地磅房设置位置的基本规定。

地磅房宜位于运送生活垃圾和覆盖黏土的车辆进入填埋库区必经道路的右侧。

5.6.2 本条是关于地磅进车路段的规定。

如受地形或其他条件限制，进车端的道路要求不小于1辆车长；出车端的道路，要求有不小于1辆车长的平坡直线段。

5.6.3 本条是关于计量地磅的类型、规格及精度的规定。

Ⅰ类填埋场宜设置2台地磅。

5.6.4 本条是关于填埋场计量设施应具备的基本功能的规定。

5.7 绿化及其他

5.7.1 本条是关于填埋场绿化布置及绿化率控制的规定。

场区绿化率不包括封场绿化面积。

5.7.2 本条是关于绿化带和封场生态恢复的规定。

条文中的"绿化带"要求综合考虑养护管理，选择经济合理的本地区植物；可种植易于生长的高大乔木，并与灌木相间布置，以减少对道路沿途和填埋场周围居民点的环境污染；生产、生活管理区和主要出入口的绿化布置要求具有较好的观赏及美化效果。

条文中的"生态恢复"宜选用易于生长的浅根树种、灌木和草本作物等。

5.7.3 本条是关于填埋场设置防火隔离带及防飞散设施的规定。

条文中"安全防护设施"主要是指铁丝防护网或者围墙，防止动物窜人或拾荒者随意进入而发生危险。

条文中"防飞散设施"是为减少填埋作业区垃圾飞扬对周边环境造成的污染。一般要求根据气象资料，在填埋作业区下风向位置设置活动式防飞散网。防飞散网宜采用钢丝网或尼龙网，具体尺寸根据填埋作业情况而定，一般可设置为高4m～6m，长不小于100m，并在填埋作业的间歇时间由人工去除网上的垃圾。

5.7.4 本条是关于填埋场防雷设计原则的规定。

6 地基处理与场地平整

6.1 地基处理

6.1.1 本条是关于填埋库区地基应具有承载填埋体负荷，以及当不能满足要求时应进行地基处理的原则规定。

库区的地基要保证填埋堆体的稳定。工程建设前要求结合地勘资料对填埋库区地基进行承载力计算、变形计算及稳定性计算，对不满足建设要求的地基要求进行相应的处理。

6.1.2 本条是关于地基的设计应符合相关标准的原则规定。

本条中的"其他建(构)筑物"主要包括垃圾坝、调节池、渗沥液处理主要构筑物及生活管理区主要建(构)筑物。

6.1.3 本条是关于地基处理方案选择的原则规定。

选用合适的地基处理方案建议考虑以下几点：

（1）根据结构类型、荷载大小及使用要求，结合地形地貌、地层结构、土质条件、地下水特征、环境情况和对邻近建筑的影响等因素进行综合分析，初步选出几种可供考虑的地基处理方案，包括选择两种或多种地基处理措施组成的综合处理方案。

（2）对初步选出的各种地基处理方案，分别从加固原理、适用范围、预期处理效果、耗用材料、施工机械、工期要求和对环境的影响等方面进行技术经济分析和对比，选择最佳的地基处理方法。

（3）对已选定的地基处理方法，宜按建筑物地基基础设计等级和场地复杂程度，在有代表性的场地上进行相应的现场试验或试验性施工，并进行必要的测试，检验设计参数和处理效果。如达不到设计要求时，查明原因，修改设计参数或调整地基处理方法。

6.1.4 本条是关于填埋库区应进行承载力计算及最大堆高验算的原则规定。

（1）地基极限承载力计算。

1）首先将填埋单元的不规则几何形式简化成规则（矩形）底面，然后采用太沙基极限理论分析地基极限承载力。

2）极限承载力计算见式(4)和式(5)。

$$P'_u = P_u/K \quad (4)$$

$$P_u = \frac{1}{2}b\gamma N_r + cN_c + qN_q \quad (5)$$

式中：P'_u——修正地基极限承载力(kPa)；

P_u——地基极限荷载(kPa)；

γ——填埋场库底地基土的天然重度(kN/m³)；

c——地基土的黏聚力(kPa)，按固结、排水后取值；

q——原自然地面至填埋场库底范围内土的自重压力(kPa)；

N_r、N_c、N_q——地基承载力系数，均为 $\tan(45°+\varphi/2)$ 的函数，其中，N_r、N_q 与垃圾填埋体的形状和埋深有关，其取值根据地勘资料确定；

φ——地基土内摩擦角(°)，按固结、排水后取值；

b——垃圾体基础底宽(m)；

K——安全系数，可根据填埋规模确定，见表6。

表6 各级填埋场安全系数 K 值表

重要性等级	处理规模(t/d)	K
Ⅰ级	≥900	2.5～3.0
Ⅱ级	200～900	2.0～2.5
Ⅲ级	≤200	1.5～2.0

（2）最大堆高计算。

根据计算出的修正极限承载力 P'_u，可得极限堆填高度 H_{max}：

$$H_{max} = (P'_u - \gamma_2 d)\frac{1}{\gamma_1} \quad (6)$$

式中：P'_u——修正后的地基极限承载力(kPa)，由式(4)求得；

γ_1、γ_2——分别为垃圾堆体和被挖出土体的重力密度(kN/m³)；

d——垃圾堆体埋深(m)。

6.1.5 本条是关于填埋库区地基沉降及不均匀沉降计算要求的规定。

（1）地基沉降计算。

1）采用传统土力学分析法：填埋库区地基沉降可根据现行国家标准《建筑地基基础设计规范》GB 50007 提供的方法，计算出填埋库区地基下各土层的沉降量，加和后乘以一定的经验系数。

2）瞬时沉降、主固结沉降和次固结沉降计算方法：对于黏土地基的沉降可分为三部分：瞬时沉降、主固结沉降和次固结沉降。这主要是由于黏土层透水性较差，加载后固结沉降的速度较慢，使主固结与次固结沉降间存在差异。砂土地基的沉降仅包括瞬时沉降。

（2）不均匀沉降计算。

通过布置于填埋库区地基的每一条沉降线上不同沉降点的总沉降计算值，可以确定不均匀沉降、衬里材料和渗沥液收集管的拉伸应变及沉降后相邻沉降点之间的最终坡度。

6.2 边坡处理

6.2.1 本条是关于库区地基边坡设计应符合相关标准的原则规定。

（1）填埋库区边坡工程设计时应取得下列资料：

1）相关建(构)筑物平、立、剖面和基础图等。

2）场地和边坡的工程地质和水文地质勘察资料。

3）边坡环境资料。

4）施工技术、设备性能、施工经验和施工条件等资料。

5）条件类同边坡工程的经验。

（2）填埋库区边坡坡度设计要求：

1）填埋库区边坡坡度宜取 1:2，局部陡坡要求不大于 1:1。

2）削坡修整后的边坡要求光滑整齐，无凹凸不平，便于铺膜。基坑转弯处及边角均要求采取圆角过渡，圆角半径不宜小于1m。

3）对于少部分陡峭的边坡要求削缓平顺，不可形成台阶状、反坡或突然变换，边坡处边坡角宜小于 20°。

6.2.2 本条是关于地基边坡稳定计算的规定。

（1）填埋库区边坡工程安全等级要求根据边坡类型和坡高等因素确定，见表7。

表7 填埋库区边坡工程安全等级

边坡类型		边坡高度	破坏后果	安全等级
岩质边坡	岩体类型为Ⅰ或Ⅱ类	H≤30	很严重	一级
			严重	二级
			不严重	三级
		15<H≤30	很严重	一级
			严重	二级
	岩体类型为Ⅲ或Ⅳ类	H≤15	很严重	一级
			严重	二级
			不严重	三级
土质边坡		10<H≤15	很严重	一级
		H≤10	很严重	一级
			严重	二级
			不严重	三级

注：1 一个边坡工程的各段，可根据实际情况采用不同的安全等级；
   2 对危害性极严重、环境和地质条件复杂的特殊边坡工程，其安全等级应根据工程情况适当提高。

（2）进行稳定计算时，要求根据边坡的地形地貌、工程地质条件以及工程布置方案等，分区分段选择有代表性的剖面。边坡稳定性验算时，其稳定性系数要求不小于表8规定的稳定安全系数的要求，否则需对边坡进行处理。

表8 边坡稳定安全系数

计算方法 \ 安全等级	一级边坡	二级边坡	三级边坡
平面滑动法	1.35	1.30	1.25
折线滑动法	1.35	1.30	1.25
圆弧滑动法	1.30	1.25	1.20

注：对地质条件很复杂或破坏后果严重的边坡工程，其稳定安全系数宜适当提高。

（3）边坡稳定性计算方法，根据边坡类型和可能的破坏形式，可参考下列原则确定：

1）土质边坡和较大规模的碎裂结构岩质边坡宜采用圆弧滑动

法计算;
　　2)对可能产生平面滑动的边坡宜采用平面滑动法进行计算;
　　3)对可能产生折线滑动的边坡宜采用折线滑动法进行计算;
　　4)对结构复杂的岩质边坡,可配合采用赤平极射投影法和实体比例投影法分析;
　　5)当边坡破坏机制复杂时,宜结合数值分析法进行分析。
6.2.3 本条是关于边坡支护解构形式选定的原则规定。
边坡支护结构常用形式可参照表9选定。

表9 边坡支护结构常用形式

条件 结构类型	边坡环境	边坡高度 H(m)	边坡工程 安全等级	说明
重力式挡墙	场地允许,坡顶无重要建(构)筑物	土坡,$H \leq 8$ 岩坡,$H \leq 10$	一、二、三级	土方开挖后边坡稳定较差时不应采用
扶壁式挡墙	填方区	土坡,$H \leq 10$	一、二、三级	土质边坡
悬臂式支护		土坡,$H \leq 8$ 岩坡,$H \leq 10$	一、二、三级	土层较差,或对挡墙变形要求较高时,不宜采用
板肋式或格构式锚杆挡墙支护		土坡,$H \leq 10$ 岩坡,$H \leq 30$	一、二、三级	坡高较大或稳定性较差时宜采用逆作法施工。对挡墙变形有较高要求的土质边坡,宜采用预应力锚杆
排桩式锚杆挡墙支护	坡顶建(构)筑物需要保护,场地狭窄	土坡,$H \leq 15$ 岩坡,$H \leq 30$	一、二、三级	严格按逆作法施工。对挡墙变形有较高要求的土质边坡,应采用预应力锚杆
岩石锚喷支护		Ⅰ类岩坡,$H \leq 30$	一、二、三级	—
		Ⅱ类岩坡,$H \leq 30$	二、三级	
		Ⅲ类岩坡,$H < 15$	二、三级	
坡率法	坡顶无重要建(构)筑物,场地有放坡条件	土坡,$H \leq 10$ 岩坡,$H \leq 25$	二、三级	不良地质段,地下水发育区,流塑状土时不应采用

6.3 场地平整

6.3.1 本条是关于场地平整应满足填埋场几个基本要求的规定。
　　(1)要求尽量减少库底的平整设计标高,以减少库底的开挖深度,减少土方量,减少渗沥液、地下水收集系统及调节池的开挖深度。
　　(2)场地平整设计时除要求满足填埋库容要求外,尚要求兼顾边坡稳定及防渗系统铺设等方面的要求。
　　(3)场地平整压实度要求:
　　1)地基处理压实系数不小于0.93;
　　2)库区底部的表层黏土压实度不得小于0.93;
　　3)路基范围回填土压实系数不小于0.95;
　　4)库区边坡的平整压实系数不小于0.90。
　　(4)场地平整设计要求考虑设置堆土区,用于临时堆放开挖的土方,同时要求做相应的防护措施,避免雨水冲刷,造成水土流失。
　　(5)场地平整前的临时作业道路设计要求结合地形地势,根据场地平整及填埋场运行时填埋作业的需要,方便机械进场作业,土方调运。
　　(6)场地平整时要求确保所有裂缝和坑洞被堵塞,防止渗沥液渗入地下水,同时有效防止填埋气体的横向迁移,保证周边建(构)筑物的安全。

6.3.2 本条是关于场地平整应防止水土流失的规定。
　　(1)场地平整采用与膜铺设同步进行,分区实施场地平整的方式,目的是为防止水土流失和避免二次清基、平整。
　　(2)用于临时堆放开挖土方的堆土区要求做相应的防护措施,能避免雨水冲刷,防止造成水土流失。

6.3.3 本条是关于填埋场场地平整土方量计算要求的规定。
　　条文中的"填挖土方",挖方包括库区平整、垃圾坝清基及调节池挖方量,填方包括库区平整、筑坝、日覆盖、中间覆盖及终场覆盖所需的土方量。填埋场开挖的土方量不能满足填方要求时,要本着就近的原则在周边取土。
　　条文中的"选择合理的方法进行土方量计算",是指土方计算宜结合填埋场建设地点的地形地貌、面积大小及地形图精度等因素选择合理的计算方法,并宜采用另一种方法校核。各种方法的适用性比较详见表10。

表10 土方计算方法比较表

计算方法	适用对象	优点	缺点
断面法	断面法计算土方适用于地形沿纵向变化比较连续,地狭长、挖填深度较大且不规则的地段	计算方法简单,精度可根据间距L的长度选定,L越小,精度越高。适于粗略快速计算	计算量大,尤其是在范围较大、精度要求高的情况下更为明显; 计算精度和计算速度矛盾,若是为了减少计算量而加大断面间隔,就会降低计算结果的精度; 局限性较大,只适用于条带线路方面的土方计算
方格网法	对于大面积的土石方估算以及一些地形起伏较小、坡度变化不大的场地适宜用方格网法,方格网法是目前使用最为广泛的土方计算方法	方格网法是土方量计算的最基本的方法之一。简便易于操作,在实际工作中应用非常广泛	地形起伏较大时,误差较大,且不能完全反映地形、地貌特征
三角网法	三角网法计算土方适用于小范围、大比例尺、高精度,地形复杂起伏变化较大的地形情况	适用范围广,精度高,局限性小	高程点录入及计算复杂
计算机辅助计算	适用于地形资料完整(等高线及离散点高程)、数据齐全的地形	计算精确,自动化程度高,不易出错,可以自动生成场地三维模型以及场地断面图,直观表达设计成果,应用广泛	对地形图要求非常严格,需要有完整的高程点或等高线地形图

　　条文中的"填挖土方相差较大时,应调整库区设计高程",如挖方大于填方,要升高设计高程;填方大于挖方,则降低设计高程。

7 垃圾坝与坝体稳定性

7.1 垃圾坝分类

7.1.1 本条是关于筑坝材料不同的坝型分类规定。

7.1.2 本条是关于坝高的分类规定。
7.1.3 本条是关于垃圾坝位置和作用不同的坝体类型分类规定。
7.1.4 本条是关于垃圾坝坝体建筑级别的分类规定。

7.2 坝址、坝高、坝型及筑坝材料选择

7.2.1 本条是关于坝址选择应考虑的因素及技术经济比较的原则规定。

条文中的"岩土工程勘察"可参考以下要求：

（1）勘察范围要求根据开挖深度及场地的工程地质条件确定，并宜在开挖边界外按开挖深度的1倍～2倍范围内布置勘探点；当开挖边界外无法布置勘探点时，要求通过调查取得相应资料；对于软土，勘察范围尚宜扩大。

（2）基坑周边勘探点的深度要求根据基坑支护结构设计要求确定，不宜小于1倍开挖深度，软土地区应穿越软土层。

（3）查明裂带产状、带宽、导水性。

（4）查明与基本坝及堆坝（垃圾）安全有关的地质剖面图及各地层物理力学特性。

（5）明确坝址的地震设防等级。

（6）勘探点间距视地层条件而定，一般工程处于可研性研究阶段勘探点间距不宜大于30m；初步设计间距不宜大于20m；施工阶段对于地层变化多样的地区勘探点间距不宜大于15m；地层变化较大时，要求增加勘探点，查明分布规律。

条文中的"地形地貌"，建议结合坝体类型考虑以下坝体选址特点：

山谷型场地：坝体可选择在谷地（填埋库区）的谷口和标高相对较低的垭口或鞍部。

平原型场地：坝体可依库容所需选择，环库区一圈形成库容，坝体建在地质较好的地段。

坡地形场地：坝体可在地势较低的地段选择，与地形连接形成库容。

条文中的"筑坝材料来源"是指坝址附近有无足够宜于筑坝的土石料以及利用有效挖力的可能性。

条文中的"气候条件"是指严寒期长短、气温变幅、雨量和降雨的天数等。

条文中的"施工交通情况"是指有无通向垃圾坝的交通线，可否利用当地的施工基地；铺设各种道路的可能性，包括施工期间直达坝址、运行期间经过坝顶的通路。

在其他条件相同的情况下，垃圾坝要求布置在最窄位置处，以减少坝体工程量。但若最窄位置处地基的地质条件有严重缺陷，则坝址可布置在宽而基础好的位置。

7.2.2 本条是关于坝高设计方案应考虑的因素及技术经济比较的原则规定。

当坝高较低时，由于其筑坝成本与安全性小于增大库容带来的经济性，可以根据实际库容需要进行加高；当坝体高度大于10m以上时，由于其筑坝成本与安全性可能大于增大的库容所带来的经济性，此时增加的坝需进行合理分析。

7.2.3 本条是关于坝型选择方案应考虑的因素及技术经济比较的原则规定。

条文中的"地质条件"是指坝址基岩、覆盖层特征及地震烈度等。

条文中的"筑坝材料来源"是指筑坝材料的种类、性质、数量、位置和运距等。

条文中的"施工条件"是指施工导流、施工进度与分期、填筑强度、气象条件、施工场地、运输条件和初期度汛等。

条文中的"坝高"是指由于土石坝对坡比要求不大于1:2，故在地基情况较好的情况下，高坝宜采用混凝土坝，可减少坝基的面积和土方量；低坝、中坝可根据实际情况选择。

条文中的"坝基防渗要求"是指若坝基处于浸水中，宜考虑选择混凝土坝；如因条件限制选择黏土坝，则需考虑对坝基进行防

渗处理。

7.2.4 本条是关于筑坝材料的调查和土工试验应符合相关标准的原则规定，以及关于土石坝填筑材料设计控制指标的规定。

（1）筑坝土、石料的选择可参考以下要求：

1）具有或经加工处理后具有与其使用目的相适应的工程性质，并能够长期保持稳定。

2）宜就地、就近取材，减少弃料少占或不占农田；应优先考虑库区建（构）筑物开挖料的利用。

3）便于开采、运输和压实。

4）植被破坏较少且环境影响较小，应便于采取保护措施、恢复水土资源。

（2）筑坝土料宜使用自然形成的黏性土。筑坝材料应具有较好的塑性和渗透稳定性，保证在浸水与失水时体积变化小。

（3）筑坝不得采用的土料有以下几种：

1）含草皮、树根及耕植土或淤泥土，遇水崩解、膨胀的一类土。

2）沼泽土膨润土和地表土。

3）硫酸盐含量在2%以上的一类土。

4）未全部分解的有机质（植物残根）含量在5%以上的一类土。

5）已全部分解的处于无定形状态的有机质含量在8%以上的一类土。

（4）筑坝不宜采用的黏性土有以下几种：

1）塑性指数大于20和液限大于40%的冲积黏土。

2）膨胀土。

3）开挖、压实困难的干硬黏土。

4）冻土。

5）分散性黏土。

6）湿陷性黄土。

7）当采用以上材料时，应根据其特性采取相应的措施。

（5）土石坝的筑坝石料选择可参考以下要求：

1）粒径大于5mm的砾石土颗粒含量不应大于50%，最大粒径不宜大于150mm或铺土厚度的2/3，0.075mm以下的颗粒含量不应小于15%；填筑时不得发生粗料集中架空现象。

2）人工掺合砾石土中各种材料的掺合比例应经试验论证。

3）当采用含有可压碎的风化岩石或软岩的砾石土作筑坝料时，其级配和物理力学指标应按碾压后的级配设计。

4）料场开采的石料和风化料、砾石土均可作为坝壳料，根据材料性质，可将它们用于坝壳的不同部位。

5）采用风化石料或软岩填筑坝壳时，应按压实后的级配确定材料的物理力学指标，并考虑浸水后抗剪强度的降低、压缩性增加等不利情况；软化系数低、不能压碎成砾石土的风化石料和软岩宜填筑在干燥区。

（6）关于土石坝填筑材料设计控制指标的规定中，条文中的"压实度"要求大于96%，分区坝的压实度不得低于95%。设计地震烈度为8度以上的地区，要求取规定的上限值。

7.3 坝基处理及坝体结构设计

7.3.1 本条是关于垃圾坝坝地处理应符合相关标准的原则规定。

7.3.2 本条是关于坝基处理应满足几个基本要求的规定。

条文中的"渗流控制"包括渗透稳定和控制渗流量。当坝体周围有水入侵时应考虑水位变化对坝体稳定性的影响，进行渗流计算。计算坝体和坝基周围有水位时的渗流量，确定浸润线的位置，绘制坝体及坝基的等势线分布情况。

条文中的"允许总沉降量"是指竣工后的浆砌石坝坝顶沉降量不宜大于坝高的1%，黏土坝及土石坝坝顶沉降量不宜大于坝高的2%。对于特殊土的坝基，允许的总沉降量要求视具体情况确定。

7.3.3 本条是关于坝坡设计方案应考虑的因素及技术经济比较的原则规定。

（1）土石坝边坡坡度可参照类似坝体的施工、运行经验确定。

(2)对初步选定的坝体边坡坡度，要求根据各种作用力、坝体和坝基料的物理力学性质、坝体结构特征及施工和运行条件，采用静力稳定计算进行验证。

(3)设计地震烈度为9度的地区，坝顶附近的上、下游坝坡宜上缓下陡，或采用加筋堆石、表面钢筋网或大块石堆筑等加强措施。

(4)当坝基抗剪强度较低、坝体不满足深层抗滑稳定要求时，宜采用在坝坡脚压戗的方法提高其稳定性。

(5)若坝基土或筑坝土石料沿坝轴线方向不相同时，要求分坝段进行稳定计算，确定相应的坝坡。当各坝段采用不同坡度的断面时，每一坝段的坝坡要求根据该坝段中最大断面来选择。坝坡不同的相邻坝段，中间要设渐变段。

7.3.4 本条是关于坝顶宽度和护面材料设计的原则规定。

(1)条文中"坝顶宽度"的设计不宜小于3m，当需要行车时，坝顶道路宜按3级厂矿道路设计，坝顶沿车道两侧要求设有路肩或人行道，为了有计划地排走地表径流，坝顶路肩上还要设置雨水沟。

(2)条文中"坝顶护面材料"要求根据当地材料情况及坝顶用途确定，宜采用密实的砂砾石、碎石、单层砌石或沥青混凝土等柔性材料。

(3)条文中"施工方式"采用机械化作业时，要求保证通过运输车辆及其他机械。

(4)条文中"安全"主要是坝顶两侧要求有安全防护设施，如沿路肩设置各种围栏设施(栏杆、墙等)。

7.3.5 本条是关于坝坡马道设计的原则规定。

(1)马道宽度要求根据用途确定，但最小宽度不宜小于1.5m。

(2)坝顶面要求向上、下游侧放坡，以利于坝面排水，坡度宜根据降雨强度，在2%～3%之间选择。

(3)根据施工交通需要，下游坝坡可设置斜马道，其坡度、宽度、转弯半径、弯道加宽和超高等要求满足施工车辆行驶要求。斜马道之间的坝坡可局部变陡，但平均坝坡要不陡于设计坝坡。

7.3.6 本条是关于垃圾坝护坡方式设计要求的原则规定。

(1)为防止水土流失，坝表面为土、砂、砂砾石等材料时，要求进行护坡处理。

(2)为防止黏土垃圾坝坡面冻结或干裂，要求铺非黏土保护层。保护层厚度(包括坝顶面)要求不小于该地区土层的冻结深度。

(3)土石坝可采用堆石材料中的粗颗粒料或超径石做护坡。

(4)混凝土坝可根据实际情况选择护坡方式。

(5)下游护坡材料可选择干砌石、堆石卵石或碎石、草皮或其他材料，如土工合成材料。

(6)与调节池连接的黏土坝或土石坝要求进行护坡，护坡材料要求具有防渗功能。

(7)暂时未铺设防渗膜的分区坝可用草皮或用临时遮盖物进行简单护坡。

7.3.7 本条是关于坝体与坝基、边坡及其他构筑物连接的设计和处理的原则规定。

(1)坝体与土质坝基及边坡的连接可参考以下要求：
1)坝断面范围内要求清除坝基与边坡上的草皮、树根、含有植物的表土、蛮石、垃圾及其他废弃料，并要求将清理后的坝基表面土层压实。
2)坝体断面范围内的低强度、高压缩性软土、地震时易液化的土层，要求清除或处理。
3)坝基覆盖层与下游坝体粗粒料(如堆石等)接触处，要符合反滤的要求。

(2)坝体与岩石坝基和边坡的连接可参考以下要求：
1)坝断面范围内的岩石坝基与边坡，要求清除其表面松动石块、凹处积土和突出的岩石。
2)若风化层较厚时，高坝宜开挖到弱风化层上部，中、低坝可开挖到强风化层下部。要求在开挖的基础上对基岩再进行灌浆等处理。对断层、张开节理裂隙要求逐条开挖清理，并用混凝土或砂浆封堵。坝基岩面上宜设置混凝土盖板、喷混凝土或喷水泥砂浆。
3)对失水很快且易风化的软岩(如页岩、泥岩等)，开挖时宜预留保护层，待开始回填时，随挖除、随回填，或开挖后喷水泥砂浆或喷混凝土保护。

(3)坝体与其他构筑物的连接可参考以下要求：
1)当导排管设置沉降缝时，要做好止水，并在接缝处设反滤层；
2)坝体下游面与坝下导排管道接触处要采用反滤层包围管道；
3)坝体和库区边坡的连接处要求做成斜面，避免出现急剧的转折。在与坝体连接处，边坡表面相邻段的倾角变化要求控制在10°以内。山谷型填埋场中的边坡要逐渐向基础方向放缓。

7.3.8 本条是关于坝体防渗处理要求的基本规定。

条文中的"特殊锚固法"可采用HDPE嵌钉土工膜、HDPE型锁条、机械锚固等方式进行锚固。

7.4 坝体稳定性分析

7.4.1 本条是关于垃圾坝安全稳定性分析基本要求的规定。

坝体在施工、建成、垃圾填埋作业及封场的各个时期受到的荷载不同，要求分别计算其稳定性。坝体稳定性计算的工况建议如下：

(1)施工期的上、下游坝坡；
(2)填埋作业期的上、下游坝坡；
(3)封场后的下游坝坡；
(4)填埋作业时遇地震、遇洪水的上、下游坝坡。

采用计及条块间作用力的计算方法时，坝体抗滑稳定最小安全系数不宜小于表11的规定。

表11 坝体抗滑稳定最小安全系数

运用条件	坝体建筑级别		
	Ⅰ	Ⅱ	Ⅲ
施工期	1.30	1.25	1.20
填埋作业期	1.20	1.15	1.10
封场稳定期	1.25	1.20	1.15
正常运行遇地震、遇洪水	1.15	1.10	1.05

7.4.2 本条是关于坝体稳定性分析的抗剪强度计算应符合相关标准的原则规定。

8 防渗与地下水导排

8.1 一般规定

8.1.1 本条是关于填埋场必须进行防渗处理的强制性条文规定。

本条从防止填埋场对地下水、地表水的污染和防止地下水入渗填埋场两个方面提出了严格要求。

填埋场进行防渗处理可以有效阻断渗沥液进入到环境中，避免地表水与地下水的污染。此外，应防止地下水进入填埋场，地下水进入填埋场后一方面会大大增加渗沥液的产量，增大渗沥液处理量和工程投资；另一方面，地下水的顶托作用会破坏填埋场底部防渗系统。因此，填埋场必须进行防渗处理，并且在地下水位较高的场区应设置地下水导排系统。

8.1.2 本条是关于填埋场防渗处理应符合相关标准的原则规定。

8.1.3 本条是关于地下水水位的控制应符合相关标准的原则规定。

现行国家标准《生活垃圾填埋场污染控制标准》GB 16889规定：生活垃圾填埋场填埋区基础层底部要求与地下水最高水位保持1m以上的距离。当生活垃圾填埋场填埋区基础层底部与地下水年最高水位距离不足1m时，要求建设地下水导排系统。

地下水导排系统要求确保填埋场的运行期和后期维护与管理期内地下水水位维持在距离填埋场填埋区基础层底部1m以下。

8.2 防渗处理

8.2.1 本条是关于填埋场防渗系统选择及天然黏土衬里结构防渗参数要求的规定。

条文中的"天然黏土类衬里"是指天然黏土符合防渗适用条件

时,可以作为一个防渗层。该防渗层和渗沥液导流层、过滤层等一起构成一个完整的天然黏土防渗系统。压实黏土作为防渗层时的土料选择与施工质量要求应符合现行行业标准《生活垃圾卫生填埋场岩土工程技术规范》CJJ 176—2012 第8章的相关规定。

天然黏土衬里的防渗适用条件为:
(1)黏土渗透系数≤1×10⁻⁷cm/s;
(2)液限(W_L):25%~30%;
(3)塑限(W_P):10%~15%;
(4)不大于0.074mm的颗粒含量:40%~50%;
(5)不大于0.002mm的颗粒含量:18%~25%。

条文中的"渗透系数"也称为水力传导系数,是一个重要的水文地质参数,它的计算由 Darcy(达西)定律给出:

$$V = Q/A = KJ \tag{7}$$

式中:V——渗透速度(cm/s);
Q——渗流量(cm³/s);
A——试验围筒的横截面积(cm²);
K——渗透系数(cm/s);
J——水力坡度(H_1-H_2/l);H_1、H_2 分别为坡顶、坡底高程,l 为坡顶与坡底的水平距离。

当水力坡度 $J=1$ 时,渗透系数在数值上等于渗透速度。因为水力坡度无量纲,渗透系数具有速度的量纲。即渗透系数的单位和渗透速度的单位相同,可用 cm/s 或 m/d 表示。考虑到渗透液体性质的不同,Darcy 定律有如下形式:

$$V = -k\rho g/\mu \cdot dH/dL \tag{8}$$

式中:ρ——液体的密度;
g——重力加速度;
μ——动力粘滞系数;
dH/dL——水力坡度;
k——渗透率或内在渗透率。

k 仅仅取决于岩土的性质而与液体的性质无关。渗透系数和渗透率之间的关系为:$K=k\rho g/\mu = kg/v$(v 为渗流速度)。要注意到渗沥液与水的 μ 不同,渗沥液与水的渗透系数具有差异。

8.2.2 本条是关于填埋场改性黏土衬里结构防渗的技术规定。
条文中的"改性压实黏土类衬里"是指当填埋场区及其附近没有合适的黏土资源或者黏土的性能无法达到防渗要求时,将亚黏土、亚砂土等天然材料中加入添加剂进行人工改性,使其达到天然黏土衬里的等效防渗性能要求。

8.2.3 本条是关于不同人工防渗系统选择条件的原则规定。
条文所指的"双层衬里"系统宜以下四种情况使用:
(1)国土开发密度较高、环境承载力减弱,或环境容量较小、生态环境脆弱等需要采取特别保护的地区;
(2)填埋容量超过 1000 万 m³ 或使用年限超过 30 年的填埋场;
(3)基础天然土层渗透系数大于 10⁻⁵cm/s,且厚度较小、地下水位较高(距基础底小于 1m)的场址;
(4)混合型填埋场的专用独立库区,即生活垃圾焚烧飞灰和医疗废物焚烧残渣经处理后的最终处置填埋场的独立填埋库区。

8.2.4 本条是关于复合衬里防渗结构的具体要求规定。
(1)条文及结构示意图中的"地下水导流层"、"防渗及膜下保护层"、"渗沥液导流层"、"膜上保护层"及"反滤层"的功能及材料说明如下:

1)地下水导流层:及时对地下水进行导排,防止地下水水位抬高对防渗系统造成破坏。当导排的场区坡度较陡时,地下水导流层可采用土工复合排水网;地下水导流层与基础层、膜下保护层之间采用土工织物层,土工织物层起到反滤、隔离作用。

2)防渗及膜下保护层:防渗及膜下保护层的黏土渗透系数要求不大于 1×10⁻⁷cm/s。复合衬里结构(HDPE 膜+黏土)中,黏土作为防渗层,等效替代天然黏土类衬里结构防渗性能厚度可参考表12。

表 12 复合衬里黏土与天然黏土防渗等效替代

渗透时间(年)	压实黏土层厚度(m) ($K_s=1.0×10^{-7}$cm/s)	HDPE膜+压实黏土厚度(m) ($K_s=1.0×10^{-7}$cm/s)
55	2.00	0.44
60	2.16	0.48
65	2.32	0.52
70	2.48	0.55
75	2.63	0.59
80	2.79	0.63
85	2.95	0.67
90	3.11	0.71
95	3.27	0.75
100	3.43	0.79

3)渗沥液导流层:及时将渗沥液排出,减轻对防渗层的压力。材料一般采用卵(砾)石,某些情况下也有采用土工复合排水网和砾石共同组成导流层。当导流的场区坡度较陡时,土工膜上需增加缓冲保护层,材料可以采用袋装土或旧轮胎等。

4)膜上保护层:防止 HDPE 膜受到外界影响而被破坏,如石料或垃圾对其的刺穿,应力集中造成膜破损。材料可采用土工布。

5)反滤层:防止垃圾在导流层中积聚,造成渗沥液导流系统堵塞或导流效率降低。

(2)条文中"土工布"说明如下:
1)土工布用作 HDPE 膜保护材料时,要求采用非织造土工布。规格要求不小于 600g/m²。
2)土工布用于盲沟和渗沥液收集导流层的反滤材料时,宜采用土工滤网,规格不宜小于 200g/m²。
3)土工布各项性能指标要求符合国家现行相关标准的要求,主要包括:现行国家标准《土工合成材料 短纤针刺非织造土工布》GB/T 17638、《土工合成材料 长丝纺粘针刺非织造土工布》GB/T 17639、《土工合成材料 长丝机织土工布》GB/T 17640、《土工合成材料 裂膜丝机织土工布》GB/T 17641、《土工合成材料 塑料扁丝编织土工布》GB/T 17690 等。
4)土工布长久暴露时,要充分考虑其抗老化性能;土工布作为反滤材料时,要求充分考虑其防淤堵性能。

(3)条文中"土工复合排水网"说明如下:
1)土工复合排水网中土工网和土工布要求预先粘合,且粘合强度要求大于 0.17kN/m;
2)土工复合排水网的土工网要求使用 HDPE 材质,纵向抗拉强度要求大于 8kN/m,横向抗拉强度要求大于 3kN/m;
3)土工复合排水网的导水率选取要求考虑蠕变、土工布嵌入、生物淤堵、化学淤堵和化学沉淀等折减因素;
4)土工复合排水网的土工布要求符合本规范对土工布的要求;
5)土工复合排水网性能指标要求符合国家现行相关标准的要求。

(4)条文中"钠基膨润土垫"(GCL)说明如下:
1)防渗系统工程中的 GCL 要求表面平整,厚度均匀,无破洞、破边现象。针刺类产品的针刺均匀密实,不允许残留断针。
2)单位面积总质量要求不小于 4800g/m²,并要求符合国家现行标准《钠基膨润土防水毯》JG/T 193 的规定。
3)膨润土体积膨胀度不应小于 24mL/2g。
4)抗拉强度不应小于 800N/10cm。
5)抗剥强度不应小于 65N/10cm。
6)渗透系数应小于 5.0×10⁻¹¹m/s。
7)抗静水压力 0.6MPa/h,无渗漏。

8.2.5 本条是关于单层衬里防渗结构的具体要求规定。

8.2.6 本条是关于双层衬里防渗结构的具体要求规定。
条文中的"渗沥液检测层"是透过上部防渗层的渗沥液或者气体受到下部防渗层的阻挡而在中间的排水层得到控制和收集,该层可以起到上部防渗膜是否破损渗漏的监测作用。

8.2.7 本条是关于 HDPE 土工膜的使用应符合有关标准及膜厚度选择的规定。

HDPE 膜的选择应考虑地基的沉降、垃圾的堆高及 HDPE 膜锚固时的预留量。

膜厚度的选择可参照以下要求选用：

（1）库区地下水位较深，周围无环境敏感点，且垃圾堆高小于 20m 时，可选用 1.5mm 厚 HDPE 膜。

（2）垃圾堆高介于 20m 至 50m 之间，可选用 2.0mm 厚的 HDPE 膜，同时宜进行拉力核算。

（3）垃圾堆高大于 50m 时，防渗膜厚度选择要求计算。

德国联邦环保署曾对 HDPE 土工膜对各种有机物的防渗性能进行测试，测试数据表明，随着 HDPE 土工膜厚度的增加，污染物扩散能力开始迅速下降，随后下降趋势趋于平缓。当 HDPE 土工膜的厚度为 2.0mm 时，7 种污染物质的渗透能力基本上已处于平缓下降期，再增加土工膜的厚度对渗透能力影响不大；当 HDPE 土工膜的厚度为 1.5mm 时，部分物质已处于平缓下降期，但也还有部分物质仍处于迅速下降期，有的仍处于介于前两者之间的过渡阶段。因此，在一般情况下，仅从防渗性能考虑，填埋场采用 HDPE 土工膜防渗，1.5mm 厚为可用值，2.0mm 厚为较好值，有的国家的标准以土工膜厚 1.5mm 为填埋场低限，有的国家的标准提出土工膜厚不应小于 2.0mm。

条文中未对土工膜宽度作出规定。但在防渗衬里的实际铺设工程中，对 HDPE 土工膜宽度的选择是有一定的要求。渗漏现象的发生，10% 是由于材料的性质以及被尖物刺穿、顶破，90% 是由于土工膜焊接处的渗漏，而土工膜焊接量的多少与材料的幅宽密切相关，以 5.0m 和 7.0m 宽的不同材料对比，前者需要 $(X/5-1)$ 个焊缝，后者需要 $(X/7-1)$ 个焊缝（X 表示幅宽），前者的焊缝数量超过后者数量近 30%，意味着渗漏可能性增加近 30%。建议宜选用宽幅的 HDPE 土工膜。

8.2.8 本条是关于对穿过 HDPE 土工膜的各种管线接口处理的基本规定。

穿管和竖井的防渗要求：

（1）接触垃圾的穿管管外宜采用 HDPE 膜包裹。

（2）穿管与防渗膜边界刚性连接时，宜采用混凝土锚固块作为连接基座，混凝土锚固块建在连接管下，管及膜固定在混凝土内。

（3）穿管与防渗膜边界弹性连接时，穿管要求不得直接焊接在 HDPE 防渗膜上。

（4）置于 HDPE 防渗膜上的竖井（如渗沥液提升竖井、检修竖井等），井底和 HDPE 膜之间要求设置衬里层。

8.2.9 本条是关于锚固平台设置的基本规定。

锚固平台的设置要求是参考国内外实际工程的经验，平台高差大于 10m，边坡坡度大于 1∶1 时，对于边坡黏土层施工和防渗层的铺设都较困难。当边坡坡度大于 1∶1 时，宜采用其他铺设和特殊锚固方式。

8.2.10 本条是关于防渗材料基本锚固方式和特殊锚固方式的规定。

条文规定的几种锚固方式的施工方法如表 13 所示。

表 13 常见锚固方式的施工方法

锚固方式	施 工 方 法
矩形锚固	在锚固平台一侧开挖一矩形的槽，然后将膜拉入护道并埋入槽中，填覆盖。比较而言，矩形槽锚固方法安全更好，应用较多
水平锚固	将膜拉到护道上，然后用土覆盖。这种方法通常不够牢固
"V"形槽锚固	锚固平台一侧开挖 "V" 字形槽，然后将膜拉入护道并埋入槽中，填覆盖。这种方式对开挖空间要求略大

8.2.11 本条是关于锚固沟设计的基本规定。

8.2.12 本条是关于黏土作为膜下保护层时处理要求的基本规定。

根据对国内外填埋场现场调查情况分析，填埋场膜下保护层黏土中砾石形状和尺寸大小对土工膜的安全使用至关重要，一般要求尽可能不含有尖锐砾石和粒径大于 5mm 的砾石，否则

需要增加土工膜下保护措施；压实度要求主要是考虑到库底在垃圾填埋堆高条件下其变形在允许范围，减少土工膜的变形，避免渗沥液、地下水导流系统的破坏。

8.3 地下水导排

8.3.1 本条是关于地下水收集导排系统设置条件的基本规定。

8.3.2 本条是关于地下水水量计算应考虑的因素和分不同情况计算的基本规定。

地下水水量的计算要求区分四种情况：填埋库区远离含水层边界，填埋库区边缘降水，填埋库区位于两地表水体之间，填埋库区靠近隔水边界。计算方法可参照现行行业标准《建筑基坑支护技术规程》JGJ 120—2012 中附录 E。

8.3.3 本条是关于地下水导排几种基本方式选择的原则规定。

对于山谷型填埋场，外来汇水易通过边坡浸入库底影响防渗系统功能，也要求设置地下水导排。

8.3.4 本条是关于地下水导排系统设计原则和收集管管径的规定。

地下水收集导排系统设计要求参考如下：

（1）地下水导流层宜采用卵（砾）石等石料，厚度不应小于 30cm，粒径宜为 20mm～50mm，石料上应铺设非织造土工布，规格不宜小于 200g/m²。

（2）地下水导流盲沟布置可参照渗沥液导排盲沟布置，可采用直线型（干管）或树枝型（干管和支管）。

8.3.5 本条是关于选择垂直防渗帷幕进行地下水导排的地质条件及渗透系数的规定。

（1）垂直防渗帷幕底部要求深入相对不透水层不小于 2m；若相对不透水层较深，可根据渗流分析并结合类似工程确定垂直防渗帷幕的深度。

（2）当采用多排灌浆帷幕时，灌浆的孔和排距应通过灌浆试验确定。

（3）当采用混凝土或水泥砂浆灌浆帷幕时，厚度不宜小于 400mm。当采用 HDPE 膜复合帷幕时，总厚度可根据成槽设备最小宽度设计，其中 HDPE 膜厚度不应小于 2mm。

（4）垂直防渗除用于地下水导排外，还可用于老填埋场扩建和封场的防渗整治工程，也可用于离水库、湖泊、江河等大型水域较近的填埋场，防止雨季水域漫出对填埋场产生破坏及填埋场对水域的污染。

9 防洪与雨污分流系统

9.1 填埋场防洪系统

9.1.1 本条是关于填埋场防洪系统设计应符合相关标准及防洪水位标准的基本规定。

9.1.2 本条是关于填埋场防洪系统包括的主要构筑物以及洪水流量计算的规定。

填埋场防洪系统要求根据填埋场的降雨量、汇水面积、地形条件等因素选择适合的防洪构筑物，以有效地达到填埋场防洪目的。

不同类型填埋场截洪坝的设置原则为：

（1）平原型填埋场根据地形、地质条件可在四周设置截洪坝；

（2）山谷型填埋场依据地形、地质条件可在库区上游和沿山坡设置截洪坝；

（3）坡地型填埋场根据地形、地质条件可在地表径流汇集处设置截洪坝。

条文中的"集水池"是指在雨水汇集处设置的用于收集雨水的构筑物。

条文中的"洪水提升泵"是指将库区雨水抽排至截洪沟或其他防洪系统构筑物的排水设施，其选用要求满足现行国家标准《泵站设计规范》GB/T 50265 的相关要求。

条文中的"涵管"是指上游雨水不能直接导排时设置的位于库底并穿过下游坝的设施,穿坝涵管设计流速的规定要求不大于10m/s。

条文中关于"洪水流量可采用小流域经验公式计算",要求先查询当地洪水水文资料和经验公式,然后选择合理的计算方法进行设计计算。

(1)填埋场库区外汇水区域小于 10km² 或填埋场建设区域水文气象资料缺乏,可用公路岩土所经验公式(9)计算洪水流量。

$$Q_p = KF^n \quad (9)$$

式中:Q_p——设计频率下的洪峰流量(m³/s);
K——径流模数,可根据表14进行取值;
F——流域的汇水面积(km²);
n——面积参数,当 $F<1km^2$ 时,$n=1$;当 $F>1km^2$ 时,可按照表15进行取值。

表14 径流模数 K 值

重现期(年)	华北	东北	东南沿海	西南	华中	黄土高原
2	8.1	8.0	11.0	9.0	10.0	5.5
5	13.0	11.5	15.0	12.0	14.0	6.0
10	16.5	13.5	18.0	14.0	17.0	7.5
15	18.0	14.6	19.5	14.5	18.0	7.7
25	19.5	15.8	22.0	16.0	19.0	8.5

注:重现期为 50 年时,可用 25 年的 K 值乘以 1.20。

表15 面积参数 n 值

地区	华北	东北	东南沿海	西南	华中	黄土高原
n	0.75	0.85	0.75	0.85	0.75	0.80

(2)填埋场建设区域水文气象资料较为完整时,要求采用暴雨强度公式(10)计算洪水流量。

$$Q = q\Psi F \quad (10)$$

式中:Q——雨水设计流量(L/s);
q——设计暴雨强度,[L/(s·hm²)],可查询当地暴雨强度公式;
Ψ——径流系数,可根据表16取值;
F——汇流面积(hm²)。

表16 径流系数 Ψ 值

地面种类	Ψ
级配碎石路面	0.40~0.50
干砌砖石和碎石路面	0.35~0.45
非铺砌土地面	0.25~0.35
绿地	0.10~0.20

在进行填埋场治涝设计时,宜根据地形、地质条件进行,并宜充分利用现有河、湖、洼地、沟渠等排水、滞水水域。

9.1.3 本条是关于截洪沟设置的原则规定。

(1)环库截洪沟截洪流量要求包括库区上游汇水以及封场后库区径流。

(2)截洪沟与环库道路合建时,宜设置在靠近垃圾堆体一侧,Ⅰ级填埋场和山谷型填埋场环库道内、外两侧均宜设置截洪沟。

(3)截洪沟的断面尺寸要求根据各段截洪量的大小和截洪沟的坡度等因素计算确定。断面形式可采用梯形断面、矩形断面、U 形断面等。

(4)当截洪沟纵坡较大时,要求采用跌水或陡坡设计,以防止渠道冲刷。

(5)截洪沟出水口可根据场区外地形、受纳水体或沟渠位置等确定。出水口宜采用八字出水口,并采取防冲刷、消能、加固等措施。

(6)截洪沟修砌材料要求根据场地质条件来选择。

9.1.4 本条是关于填埋场截留的洪水外排的基本规定。

9.2 填埋库区雨污分流系统

9.2.1 本条是关于填埋库区雨污分流基本要求和设计时应依据条件的规定。

9.2.2 本条是关于填埋库区分区设计的基本规定。

(1)条文中"各分区应根据使用顺序不同铺设雨污分流导排管"的要求:
  1)上游分区先使用时,导排盲沟途经下游分区段要求采用穿孔管与实壁管分别导流上游分区渗沥液与下游分区雨水。
  2)下游分区先使用时,上游库区雨水宜采用实壁管导至下游截洪沟。

(2)库区分区要求考虑与分区进场道路的衔接设计,永久性道路及临时性道路的布置要求能满足分区建设和作业的需求。

(3)使用年限较长的分区,宜进一步划分作业分区实现雨污分流。作业分区可根据一定时间填埋量(如周填埋量、月填埋量)划分填埋作业区,各作业区之间宜采用沙袋堤或小土坝隔开。

9.2.3 本条是关于填埋作业过程中雨污分流措施的规定。

(1)条文中"宜进一步划分作业分区"可根据一定时间填埋量(如周填埋量、月填埋量)划分填埋作业区,各作业区之间宜采用沙袋堤或小土坝隔开。

(2)填埋日作业完成之后,宜采用厚度不小于 0.5mm 的 HDPE 膜或线型低密度聚乙烯膜(LLDPE)进行日覆盖作业,覆盖材料宜按一定的坡度进行铺设,雨水汇集后可通过泵抽排至截洪沟等排水设施。

(3)每一作业区完成阶段性高度后,暂时不在其上继续进行填埋时,要求进行中间覆盖。覆盖层厚度应根据覆盖材料确定。采用 HDPE 膜或线型低密度聚乙烯膜(LLDPE)覆盖时,膜的厚度宜为 0.75mm。覆盖材料宜按一定的坡度进行铺设,以方便表面雨水导排。雨水汇集后可排入临时截洪沟或通过泵抽排至截洪沟等排水设施。

(4)未作业分区的雨水可通过管道导排或泵抽排的方法排入截洪沟等排水设施。

9.2.4 本条是关于封场后的雨水导排方式的规定。

条文中的"排水沟"是设置在封场表面,用来导排封场后表面雨水的设施。排水沟一般根据封场堆体来设置,排水沟断面和坡度要求依据汇水面积和暴雨强度确定。排水沟宜与马道平台一起修筑。不同标高的雨水收集沟连通到填埋场四周的截洪沟。

10 渗沥液收集与处理

10.1 一般规定

10.1.1 本条是关于渗沥液必须设置渗沥液收集系统和有效的渗沥液处理措施的强制性条文。

条文中的"有效的渗沥液收集系统"是指垃圾渗沥液产生后会在填埋库区聚集,如果不能及时有效地导排,渗沥液水位升高会对堆体中的填埋物形成浸泡,影响垃圾堆体的稳定性与堆体稳定化进程,甚至会形成渗沥液外溢造成污染事故。渗沥液收集系统必须能够有效地收集堆体产生的渗沥液并将其导出库区。

为了检查渗沥液收集系统是否有效,应监测堆体中渗沥液水位是否正常;为了检查渗沥液处理系统是否有效,应由环保部门或填埋场运行主管单位监测系统出水是否达标。

10.1.2 本条是关于渗沥液处理设施应符合有关标准的原则规定。

10.2 渗沥液水质与水量

10.2.1 本条是关于渗沥液水质参数的设计值应考虑填埋场不同场龄渗沥液水质差异的原则规定。渗沥液的污染物成分和浓度变化很大,取决于填埋物的种类、性质、填埋方式、污染物的溶出速度和化学作用、降雨状况、填埋场场龄以及填埋场结构等，但主要取决于填埋场场龄和填埋场设计构造。

一般认为四、五年以下为初期填埋场，填埋场处于产酸阶段，渗沥液中含有高浓度有机酸，此时生化需氧量(BOD)、总有机碳(TOC)、营养物和重金属的含量均很高、NH_3-N 浓度相对较低，但可生化性较好，且 C/N 比协调，相对而言，此阶段的渗沥液较易处理。

五年至十年为成熟填埋场，随着时间的推延，填埋场处于产甲烷阶段，COD 和 BOD 浓度均显著下降，但 BOD/COD 比下降更为明显，可生化性变差，而 NH_3-N 浓度则上升，C/N 比相对而言不甚理想，此一时期的垃圾渗沥液较难处理。

十年以上为老龄填埋场，此时 COD、BOD 均下降到了一个较低的水平，BOD/COD 比处于较低水平，NH_3-N 浓度会有所下降，但下降幅度明显小于 COD、BOD 下降幅度。C/N 比处于不协调，虽然此阶段污染程度显著减轻，但远远达不到直接排放的要求，并且较难处理。

10.2.2 本条是关于新建填埋场的渗沥液水质参数设计取值范围的规定。

10.2.3 本条是关于改造、扩建填埋场的渗沥液水质参数设计取值的原则规定。

10.2.4 本条是关于渗沥液产生量计算方法的规定。

渗沥液产生量也可采用水量平衡法、模型法等进行计算，此时宜采用经验公式法或参照同类型的垃圾填埋场实际渗沥液产生量进行校核。

10.2.5 本条是关于渗沥液产生量计算用于渗沥液处理、渗沥液导排及调节池容量时的不同取值规定。

10.3 渗沥液收集

10.3.1 本条是关于渗沥液导流系统设施组成的规定。

条文中"渗沥液收集系统"可根据实际情况进行适当简化，如结合地形设置自流系统，可不设置泵房。

10.3.2 本条是关于导流层设计要求的规定。

规定"导流层与垃圾层之间应铺设反滤层"是为防止小颗粒物堵塞收集管。

边坡导流层的"土工复合排水网"下部要求与库区底部渗沥液导流层相连接，以保证渗沥液导排至渗沥液排盲沟。

10.3.3 本条是关于盲沟设计要求的规定。

条文中对于石料的选择，规定原则上"宜采用砾石、卵石或碎石"。由于各地情况不同，对于卵石和砾石量严重不足的地区，可考虑采用碎石，但需要增加对土工膜保护的设计。

规定 $CaCO_3$ 含量是考虑到渗沥液对 $CaCO_3$ 有溶解性，从而可能导致导流层堵塞。导流层石料的 $CaCO_3$ 含量是参考英国的垃圾填埋标准和美国几个州的垃圾填埋标准而提出的。

规定收集管的最小管径要求主要是考虑防止堵塞和疏通的可能。

关于导渗管的"开孔率"，英国标准规定开孔率应小于 $0.01m^2/m$，主要是保证环刚度要求。

根据国外实际工程的经验，在导流层管路系统的适当位置(如首、末端等)宜设置清冲洗口，以保证导流系统的长期正常运行。但国内在此方面实际使用的案例较少，在部分中外合作项目中已有设计，尚处于探索阶段。

条文中对盲沟平面布置的选择，规定宜以鱼刺状盲沟、网状盲沟为主的盲沟平面布置形式，特殊工况条件时可采用特殊布置形式。鱼刺状盲沟布置形式中，次盲沟宜按照 30m～50m 的间距分布，次盲沟与主盲沟的夹角宜采用 15°的倍数(如 60°)。

梯形盲沟最小底宽可参考表 17 选取。

表 17 梯形盲沟底最小宽度

管径 DN(mm)	盲沟最小底宽 B(mm)
200＜DN≤315	D(外径)+400
400＜DN≤1000	D(外径)+600

收集管管径选择可根据管径计算结果并结合表 18 确定。

表 18 填埋场用 HDPE 管径规格表

	公称外径 D_n(mm)								
规格	250	280	315	355	400	450	500	560	630

10.3.4 本条是关于导气井可兼作渗沥液竖向收集井的规定。

导气井收集渗沥液时，其底部要求深入场底导流层中并与渗沥液收集管相通，以形成立体的收集网络。

10.3.5 本条是关于集液井(池)设置的原则规定。

可根据实际分区情况分别设置集液井(池)汇集渗沥液，再排入调节池。条文中"宜设在填埋库区外部"的原因是当集液井(池)设置在填埋库区外部时构造较为简单，施工较为方便，同时也利于维修、疏通管道。

对于设置在垃圾坝外侧(即填埋库区外部)的集液井(池)，渗沥液导排管穿过垃圾坝后，将渗沥液汇集至集液井(池)内，然后通过自流或提升系统将渗沥液导排至调节池。

根据实际情况，集液井(池)在用于渗沥液导排时也可位于垃圾坝内侧的最低洼处，此时要求以砾石堆砌以支撑上覆填埋物、覆盖封场系统等荷载。渗沥液汇集到此井并通过提升系统越过垃圾主坝进入调节池。此时提升系统中的提升管宜采取斜管的形式，以减少垃圾堆体沉降带来的负摩擦力。斜管通常采用 HDPE 管，半圆形开孔，典型尺寸是 DN800，以利于将潜水泵从管道放入集液井(池)，在泵维修或发生故障时也可以将泵拉上来。

10.3.6 本条是关于调节池容积计算及结构设计要求的规定。

条文中"土工膜防渗结构"适用于有天然洼地势，容积较大的调节池；条文中的"钢筋混凝土结构"适用于无天然低地势，地下水位较高等情况。

条文中设置"覆盖系统"是为了避免臭气外逸。覆盖系统包括液面浮盖膜、气体收集排放设施、重力压管以及周边锚固等。调节池覆盖膜宜采用厚度不小于 1.5mm 的 HDPE 膜；气体收集管宜采用环状带孔 HDPE 花管，可靠固定于池顶周边；重力压管内需要充填实物以增加膜表面重量。覆盖系统周边锚固要求与调节池防渗结构层的周边锚固沟相连接。

10.3.7 本条是关于填埋堆体内部水位控制的规定。

(1)填埋堆体内渗沥液水位监测除应符合《生活垃圾卫生填埋场岩土工程技术规范》CJJ 176 外，还应符合下列要求：

1)渗沥液水位监测内容包括渗沥液导排层水头、填埋堆体主水位及滞水位。

2)渗沥液导排层水头监测宜在导排层埋设水平水位管，可采用剖面沉降仪与水位计联合测定。

3)填埋堆体主水位及滞水位监测宜埋设竖向水位管采用水位计测量；当堆体内存在滞水位时，宜埋设分层竖向水位管，采用水位计测量主水位和滞水位。

4)水平水位管布点宜在每个排水单元中的渗沥液收集主管附近和距离渗沥液收集管最远处各布置一个监测点。

5)竖向水位管和分层竖向水位管布点要求沿垃圾堆体边坡走向分散布置监测点，平面间距 20m～40m，底距离衬垫层不应小于 5m，总数不宜少于 2 个；分层竖向水位管底部宜埋至隔水层上方，各支管之间应密闭隔绝。

6)填埋堆体水位监测频次宜为 1 次/月，遇暴雨等恶劣天气或其他紧急情况时，要求提高监测频次；渗沥液导排水头监测频次宜为 1 次/月。

(2)降低水位措施主要有以下几点：

1)对于堆体边界高程以上的堆体内部积水宜设置水平导排盲沟自流导出，对于堆体边界高程以下的堆体积水可采用小口径竖井抽排。

2)竖井宜选择在堆体较稳定区域开挖，开挖后可采用 HDPE 花管作为导排管。

3)降水导排井及竖井的穿管与封场覆盖要求密封衔接。封场防渗层为土工膜时,穿管与防渗膜边界宜采用弹性连接。

4)填埋作业时可增设中间导排盲沟。

10.4 渗沥液处理

10.4.1 本条是关于渗沥液处理后排放标准应符合有关标准的原则规定。

现行国家标准《生活垃圾填埋场污染控制标准》GB 16889要求生活垃圾填埋场应设置污水处理装置,生活垃圾渗沥液经处理并符合此标准规定的污染物排放控制要求后,可直接排放。现有和新建生活垃圾填埋场自2008年7月1日起执行该标准表2规定的水污染物排放浓度限值。

10.4.2 本条是关于渗沥液处理工艺选择应考虑因素的原则规定。

10.4.3 本条是关于宜采用的几种渗沥液处理工艺组合的规定。

各种组合形式及其适用范围可参考表19。

表19 渗沥液处理工艺组合形式

组合工艺	适用范围
预处理+生物处理+深度处理	处理填埋各时期渗沥液
预处理+物化处理	处理填埋中后期渗沥液 处理氨氮浓度及重金属含量高、无机杂质多,可生化性较差的渗沥液 处理规模较小的渗沥液
生物处理+深度处理	处理填埋初期渗沥液 处理可生化性较好的渗沥液

10.4.4 本条是关于渗沥液预处理宜采用的几种单元工艺的规定。

预处理的处理对象主要是难处理有机物、氨氮、重金属、无机杂质等。除可采用条文中规定的水解酸化、混凝沉淀、砂滤等方法外,还可采用过去作为主处理的升流式厌氧污泥床(UASB)工艺来强化预处理。

10.4.5 本条是关于渗沥液生物处理宜采用的工艺的规定。

生物处理的处理对象主要是可生物降解有机污染物、氮、磷等。

膜生物反应器(MBR)在一般情况下宜采用A/O工艺,基本工艺流程可参考图1。

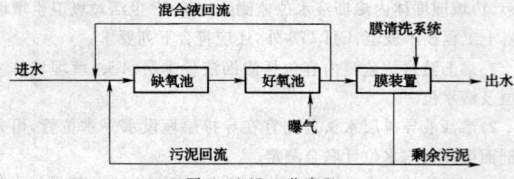

图1 A/O工艺流程

当需要强化脱氮处理时,膜生物反应器宜采用A/O/A/O工艺。

10.4.6 本条是关于渗沥液深度处理宜采用的工艺的规定。

深度处理的对象主要是难以生物降解的有机物、溶解物、悬浮物及胶体等。可采用膜处理、吸附、高级化学氧化等方法。其中膜处理主要采用反渗透(RO)或碟管式反渗透(DTRO)及其与纳滤(NF)组合等方法,吸附主要采用活性炭吸附等方法,高级化学氧化主要采用Fenton高级氧化+生物处理等方法。深度处理宜以膜处理为主。

当采用"预处理+生物处理+深度处理"的工艺流程时,可参考图2的典型工艺流程设计。

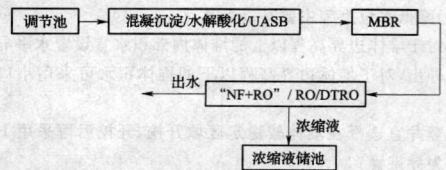

图2 "预处理+生物处理+深度处理"典型流程

10.4.7 本条是关于渗沥液物化处理宜采用的工艺的规定。

物化处理的对象截留所有污染物至浓缩液中。目前较多采用两级碟管式反渗透(DTRO),近几年也出现了蒸发浓缩法(MVC)+离子交换树脂(DI)组合的物化工艺。

当采用"预处理+物化处理"的组合工艺时,可参考图3的典型工艺流程设计。

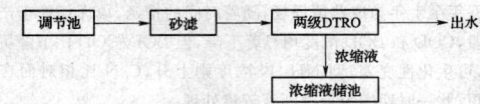

图3 "预处理+深度处理"典型工艺流程

10.4.8 本条是关于几种主要渗沥液处理工艺单元设计参数要求的规定。

几种主要工艺单元对渗沥液的处理效果可参考表20。

表20 各种渗沥液单元处理工艺处理效果

处理工艺	平均去除率(%)				
	COD	BOD	TN	SS	浊度
水解酸化	<20	<20*	—	—	>40
混凝沉淀	40~60	—	<30	>80	>80
氨吹脱	<30	—	>80	—	30~40
UASB	50~70	>60	—	60~80	—
MBR	>85	>80	>80	>99	40~60
NF	60~80	>80	<10	>99	>99
RO	>90	>80	>85	>99	>99
DTRO	>90	>90	>90	>99	>99

注:* 表示水解酸化处理渗沥液后,BOD值有可能增加。

10.4.9 本条是关于渗沥液处理过程中产生的污泥处理的原则规定。

10.4.10 本条是关于渗沥液处理过程中产生的浓缩液处理的原则规定。

浓缩液回灌可采用垂直回灌、水平回灌或垂直与水平相结合的回灌形式。渗沥液回灌设计可参考以下要求:

(1)回灌浓缩液所需的垃圾堆体高度不宜小于10m,在垃圾堆体高度不足10m而高于5m时,回灌点距离渗沥液收集管出口宜至少有100m的距离;

(2)回灌点的布置要求保证渗沥液能均匀回灌于垃圾堆体,并宜每年更换一次布点;

(3)单个回灌点服务半径不宜大于15m;

(4)回灌水力负荷宜为20L/(d·m²)~40L/(d·m²);

(5)配水宜采用连续配水或间歇配水,间歇配水宜根据浓缩液水质、试验数据确定具体的配水次数。

浓缩液蒸发处理可采用浸没燃烧蒸发、热泵蒸发、闪蒸蒸发、强制循环蒸发、碟管式纳滤(DTNF)与DTRO的改进型蒸发等处理方法,这些工艺费用较高、设备维护较困难,有条件的地区可采用。

11 填埋气体导排与利用

11.1 一般规定

11.1.1 本条是关于填埋场必须设置有效的填埋气体导排设施的强制性条文。

填埋气体中是含有甲烷等成分的易燃易爆气体,如不采取有效导排设施,大量填埋气体会在垃圾堆体中聚集并随意迁移。填埋作业过程中,局部高浓度的填埋气体可能造成作业人员窒息;如遇明火或阴烧垃圾,则更会有爆炸危险。填埋气体也可能自然迁移至填埋场周边建筑,引发火灾或爆炸。因此填埋场必须设置有效的填埋气体导排设施,将填埋气体集中导排,降低填埋场火灾和爆炸风险;有条件则可加以利用或集中燃烧,亦可减少温室气体排放。

11.1.2 本条是关于填埋场设置填埋气体利用设施条件的规定。

填埋场具有较大的填埋规模和厚度时,填埋气体产生量较大,具有一定的利用价值并能有效减少温室气体排放。

11.1.3 本条是关于不具备填埋气体利用条件的填埋场宜有效减少甲烷产生量的原则规定。

11.1.4 本条是关于老填埋场应设置有效的填埋气体导排和处理设施的原则规定。

根据有关调查情况显示,许多中小城市的旧填埋场没有设置填埋气体导排设施。要求结合封场工程采取竖井(管)等措施进行填埋气体导排和处理,避免填埋气体的安全隐患。

11.1.5 本条是关于填埋气体导排和利用设施应符合有关标准的规定。

11.2 填埋气体产生量

11.2.1 本条是关于填埋气体产气量估算的规定。

填埋气体产气量估算要求根据国家现行标准《生活垃圾填埋场填埋气体收集处理及利用工程技术规范》CJJ 133 规定的 Scholl Canyon 模型,该模型是美国环保局制定的城市固体废弃物填埋场标准背景文件所用的模型。在估算填埋气体产气量前,要对填埋场的具体特征进行分析,选择合适的推荐值或采用实际测量值计算,以保证产气估算模型中参数选择的合理性。

11.2.2 本条是关于清洁发展机制(CDM)项目填埋气体产气量计算的规定。

对于为推广填埋气体回收利用的国际甲烷市场合作计划,其所产生的某些特殊项目宜根据项目要求选择国际普遍认可的填埋气体产气量计算方法。联合国政府间气候变化专门委员会(IPCC)提供的计算模型作为目前国际普遍认可的计算模型,已被普遍应用于国际甲烷市场合作项目中。对于《京都议定书》第 12 条确定的清洁发展机制(CDM)项目,宜采用经联合国气候变化框架公约执行理事会(UNFCCC,EB)批准的 ACM0001 垃圾填埋气体项目方法学工具"垃圾处置场所甲烷排放计算工具"进行产气量估算;当要估算较大范围的产气量,如一个地区或城市的产气量时,宜采用 IPCC 缺省模型进行产气量估算。IPCC 缺省模型多用于填埋气体减排量及气体利用规模的估算。

11.2.3 本条是填埋场气体收集率估算的规定。

(1)填埋气收集率计算公式(11):

$$收集率 = (85\% - X_1 - X_2 - X_3 - X_4 - X_5 - X_6 - X_7) \times 面积覆盖因子 \quad (11)$$

式中:$X_1 \sim X_7$ ——根据填埋场建设和运行特征所确定的折扣率(%);

面积覆盖因子——由填埋气体系统区域覆盖面积百分率决定。

(2)填埋气体收集折扣率取值可见表 21。

表 21 填埋气体收集折扣率取值表

序号	问题	折扣率 X_i(%)	
		是	否
1	填埋场填埋的垃圾是否定期进行适当的压实	0	2~4
2	填埋场是否有集中的垃圾倾倒区域	0	4~8
3	填埋场边坡是否有渗沥液渗漏,或填埋场表面是否有水坑/渗沥液坑	10~40	0
4	垃圾平均深度是否有 10m 以上	0	6~10
5	新填埋的垃圾是否每日或每周进行覆盖	0	6~10
6	已填埋至中期或最终高度的区域是否进行了中期/最终覆盖	0	6~10
7	填埋场是否有铺土工布或黏土的防渗层	0	3~5

(3)面积覆盖因子(表 22)可通过填埋气系统区域覆盖率确定。

表 22 面积覆盖因子取值表

填埋气系统区域覆盖率	面积覆盖因子
80%~100%	0.95
60%~80%	0.75
40%~60%	0.55
20%~40%	0.35
<20%	0.15

11.3 填埋气体导排

11.3.1 本条是关于填埋气体导排设施选用的基本规定。

11.3.2 本条是关于导气井设计和技术要求的规定。

(1)导气井要求根据垃圾填埋堆体形状、影响半径等因素合理布置,使全场井式排气道作用范围完全覆盖填埋库区。

(2)新建垃圾填埋场,宜从填埋场使用初期采用随垃圾填埋高度的升高而升高的方式设置井式排气道;对于无气体导排设施的在用或停用填埋场,要求采用垃圾填埋单元封闭后钻孔下管的方式设置导气井。

(3)填埋作业在垃圾堆体加高过程中,要求及时增高井式排气道高度,确保井内管道位置固定、连接密闭顺畅,避免填埋作业机械对填埋气体收集系统产生损坏。

11.3.3 本条是关于超过一定的填埋库容和填埋厚度的填埋场应设置主动导排设施的规定。

条文中的"主动导气"是指通过布置输气管道及气体抽取设备,及时抽取场内的填埋气体并导入气体燃烧装置或气体利用设备的一种气体导排方式,见示意图 4。

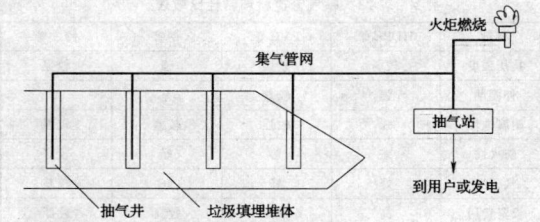

图 4 主动导气示意图

11.3.4 本条是关于导气盲沟的基本规定。

(1)导气盲沟宜在垃圾填埋到一定高度后进行铺设,并与竖井布置相互协调。

(2)导气盲沟可采用在垃圾堆体上挖沟道的方式设置,也可采用铺设金属条框或金属网笼的方式设置。

(3)主动导排导气盲沟外穿垃圾堆体处要求采用膨润土或黏土等低渗透性材料密封,密封厚度宜为 3m~5m。

(4)为保证工作人员安全,被动导排的导气盲沟中排放管的排放口要求高于垃圾堆体表面 2m 以上。

11.3.5 本条是关于填埋气体导排设施的设计应考虑垃圾堆体沉降变化影响的规定。

11.4 填埋气体输送

11.4.1 本条是关于填埋气体输气管道布置与敷设的规定。

条文中的"集气单元"是指将临近的导气井或导气盲沟阀门集中布置在集气站内,便于对导气井或导气盲沟的调节、监测和控制。输气管道设计要求留有允许材料热胀冷缩的伸缩余地,管道固定要求设置缓冲器,保证收集井与输气管道之间连接的密封性,避免造成管道破坏和填埋气体泄露。在保证安全运行的条件下,输气管道设置要求优化路线,尽量缩短气体管线,减少管道材料用量和气体阻力,降低投资和运行成本。

11.4.2 本条是关于填埋气体流量调节与控制要求的规定。

在填埋气体输送到抽气站的输气系统中,可通过调节阀控制填埋气体的压力和流量,实现安全输送。

每个导气井或导气盲沟的连接管上都要求设置填埋气体监测装置及调节阀。调节阀要求布置在易于操作的位置,并根据填埋气体的流量和压力调整阀门开度。竖井数量较多时宜设置集气站,对同一区域的多个导气井集中调节和控制,也可在系统检修或扩建时将井群的不同部位隔离开来。调节阀的设置要求符合现行行业标准《生活垃圾填埋场填埋气体收集处理及利用工程技术规范》CJJ 133 的有关规定。

11.4.3 本条是关于抽气系统设计要求的规定。

填埋气体主动导排系统的抽气流量要求能随填埋气体产生速率的变化而调节,以防止产气量不足时过抽或产气量充足时气体不能抽出而扩散到大气中的情况发生。

条文中的"抽气系统应具有填埋气体含量及流量的监测和控制功能"是指抽气系统对填埋气体中甲烷和氧气浓度进行监测,填埋气体氧气含量和甲烷含量是抽气系统和处理利用系统安全运行和控制的重要参数,需要时时监测。当气体中氧气含量高时,说明空气进入了填埋气体,应该降低抽气设备转速,当氧气含量达到设定的警戒线时,要立即停止抽气。填埋气体抽气设备的选择要求符合现行国家标准《生活垃圾填埋场填埋气体收集处理及利用工程技术规范》CJJ 133 的有关规定。

11.4.4 本条是关于填埋气体输送管道设计要求的基本规定。

条文第 2 款对材料选择提出了要求。由于填埋气体含有一些酸性气体,对金属有较大的腐蚀性,因此要求气体收集管道耐腐蚀。由于垃圾堆体易发生不均匀沉降,因此要求管道伸缩性强、具有良好的机械性能和气密性能。输气管道可选用 HDPE 管、PVC 管、钢管及铸铁管等,管道材料特性比较可见表 23。

表 23 输气管道材料特性比较表

材料	HDPE 管	PVC 管	钢管	铸铁管
抗压强度	较弱	较强	强	较强
伸缩性	强	较差	差	差
耐腐蚀性	强	较强	较差	较强
防火性	差	差	好	较好
气密性	好	好	好	较差
投资费用	高	较低	较高	较低
安装难度	较难	易	易	较难

填埋库区输气管道宜选用伸缩性好的 HDPE 软管,场外输气管道要求选用防火性能好、耐腐蚀的金属管道,抽气等动载荷较大的部位不宜采用铸铁管等材质较脆的管道。

11.4.5 本条是关于输气管道中冷凝液排放的基本规定。

本条要求输气管道设计时要求保证一定的坡度并要求设置冷凝液排放装置。填埋气体冷凝液汇集于气体收集系统中的低凹点,会切断传至抽气井的真空,损害系统的运转。输气管道设置不小于 1% 的坡度以使冷凝液在重力作用下被收集并通过冷凝液排放装置排出,以减小因不均匀沉降造成的阻塞。输气管道运行时要定期检查维护,清除积水、杂物,防止冷凝液堵塞,确保完好通畅。

条文第 4 款对冷凝液处理提出了要求,冷凝液属于污染物,其处理和排放都要求严格控制。从排放阀排出的冷凝液要及时将其抽出或排走,可回喷到垃圾堆体中。

可设置冷凝液收集井收集冷凝液,收集井可根据冷凝液排放阀的位置进行设置。当设置冷凝液收集井时,可采取防冻措施,以防止冷凝液在结冰情况下不能被收集和贮存。

11.5 填埋气体利用

11.5.1 本条是关于填埋气体利用和燃烧系统统筹设计要求的规定。

当填埋气体回收利用时,要求协调控制火炬燃烧设备和气体利用系统的填埋气体流量。在填埋气体产气量基本稳定并达到利用要求的条件下,宜首先满足气体利用系统稳定运行的用气量要求。当填埋气体利用系统正常工作时,要停止火炬运行或低负荷运行消耗剩余气量,以实现填埋气体的充分利用。当填埋气体利用系统停止运行且气体不进行临时储存时,要加大火炬负荷,直至满负荷运行,以减少填埋气体对空排放。

11.5.2 本条是关于填埋气体利用方式和规模选择要求的原则规定。

在选择填埋气体利用方式时,要求考虑不同利用方式的特点和适用条件。填埋气体利用方式和规模要根据气体收集量、经济性、周边能源需求、能源转换技术的可靠成熟性、未来能源发展等,经过技术经济比较确定后优先选择效率高的利用方式,保证较高的填埋气体利用率。填埋气体利用方式和规模的选择要求符合国家现行标准《生活垃圾填埋场填埋气体收集处理及利用工程技术规范》CJJ 133 的有关规定。

填埋气体利用可选择燃烧发电,用作燃气(本地燃气或城镇燃气)、压缩燃料等方式。填埋气体利用系统中可配置储气罐进行临时储气,储气罐容积宜为日供气量的 50%~60%。

填埋气体利用选择可参考以下要求:

(1)填埋气体用作燃气发电、锅炉燃料、城镇燃气和压缩燃料(压缩天然气、汽车燃料等)时,填埋场的垃圾总填埋量宜大于 150 万 t。

(2)填埋气体用作本地燃气时,燃气用户宜在填埋场周围 3km 以内。

(3)填埋气体用于锅炉燃料时,锅炉设备的选用应符合现行行业标准《生活垃圾填埋场填埋气体收集处理及利用工程技术规范》CJJ 133—2009 中第 7.4.3 条的规定。

(4)填埋气体用于燃烧发电时,发电设备除应符合现行行业标准《气体燃料发电机组 通用技术条件》JB/T 9583.1 的要求外,内燃气发电机组的选用还应符合国家现行标准《生活垃圾填埋场填埋气体收集处理及利用工程技术规范》CJJ 133—2009 中第 7.4.2 条的规定。

(5)填埋气体用作城镇燃气或压缩燃料时,燃气管道、压力容器、加气站等设施设备的选用和设计应符合现行国家标准《城镇燃气设计规范》GB 50028 及《汽车用压缩天然气钢瓶》GB 17258 等相关标准的要求。

11.5.3 本条是关于填埋气体预处理要求的规定。

(1)填埋气体预处理工艺的选用要求:

1)填埋气体预处理工艺的选用要求根据气体利用方案、用气设备的要求和烟气排放标准来确定。在符合设计规定的各项要求的前提下,填埋气体预处理宜选用技术先进、成熟可靠的工艺,确保在规定的运转期内安全正常运行。

2)填埋气体预处理工艺方案设计要求考虑废水、废气及废渣的处理,符合现行国家有关标准的规定,防止对环境造成二次污染。

(2)当填埋气体用储气罐存时,预处理程度可参考以下要求:

1)填埋气体中的水分、二氧化碳及硫化氢等腐蚀性气体要求被去除。

2)处理后的填埋气体应符合国家现行有关标准的要求。

(3)当填埋气体用作本地燃气时,预处理程度可参考以下要求:

1)填埋气体中的水分和颗粒物宜被去除,气体中的甲烷含量宜大于 40%。

2)处理后的填埋气体需满足锅炉等燃气设备的要求。

(4)当填埋气体用于燃烧发电时,预处理程度可参考以下要求:

1)对填埋气体要求进行脱水、除尘处理,还要求去除硫化氢、硅氧烷等损害发电机的气体成分,气体中的甲烷含量宜大于 45%,气体中的氧气含量要求控制在 2% 以内,可不考虑去除二氧化碳。

2)净化气体需满足发电机组用气的要求,典型燃气发电机组对填埋气体的压力、温度和杂质等的要求见表 24。

表 24 典型燃气发动机对填埋气体的各项要求

序号	项目	符号	数据
1	压力	P	8kPa～20kPa
2	温度	T	10℃～40℃
3	氧气	O_2	≤2%
4	硫化物	H_2S	≤600ppm
5	氯化物	Cl	≤48ppm
6	硅、硅化物	Si	<4mg/m³（标准状态下）
7	氨水	NH_3	<33ppm
8	残机油、焦油	Tar	<5mg/m³（标准状态下）
9	固体粉尘	Dust	<5μm <5mg/m³（标准状态下）
10	相对湿度	τ	<80%

(5)当填埋气体用作城镇燃气时，预处理程度可参考以下要求：

1)对填埋气体要求进行脱水、除尘处理，还要求去除二氧化碳、硫化物、卤代烃等微量污染物，气体中的甲烷含量要求达到95%以上。

2)净化气体可参照现行国家标准《城镇燃气设计规范》GB 50028等相关标准的规定执行。

(6)当填埋气体用作压缩天然气等压缩燃料时，预处理程度可参考以下要求：

1)对填埋气体要求进行脱水、除尘及脱硫处理，还要求去除二氧化碳、氮氧化物、硅氧烷、卤代烃等微量污染物，气体中的甲烷含量要求达到97%以上，二氧化碳含量要求小于3%，氧含量要求小于0.5%。

2)净化气体可参考国家压缩燃料质量标准和规范的要求，填埋气体用于车用压缩天然气时的具体净化要求可见表25。

表 25 压缩天然气的净化要求

项　目	技术指标
总硫（以硫计）[mg/m³]	≤200
硫化氢[mg/m³]	≤15
二氧化碳 y_{CO_2}（%）	≤3.0
氧气 y_{O_2}（%）	≤0.5
甲烷 y_{CH_4}（%）	≥97

注：气体体积的标准参比条件是 101.325kPa，20℃。

11.5.4 本条是关于填埋气体燃烧系统设计要求的规定。

由于主动导排是将气体抽出，集中排放，如果不用火炬燃烧，则大量可燃气体排放会有安全隐患。火炬燃烧系统要求能在设计负荷范围内根据填埋气体产量变化、气体利用设施负荷变化、甲烷浓度变化等情况调节气体流量，保证填埋气体得到充分燃烧。

条文中"稳定燃烧"是指填埋气体得到充分燃烧，填埋气体中的恶臭气体完全分解。

条文提出了填埋气体火炬要求具有的安全保护措施，燃气在点火和熄火时比较容易产生爆炸性混合气体，"阻火器"是防止回火的设备。火炬燃烧系统还要安装温度计、火焰仪等装置。

填埋气体燃烧系统设计要求符合国家现行标准《生活垃圾填埋场填埋气体收集处理及利用工程技术规范》CJJ 133 的有关规定。

11.6 填埋气体安全

11.6.1 本条是关于填埋场防火基本要求的强制性条文规定。

条文中的"生产的火灾危险性分类"是指根据生产中使用或产生的物质性质及其数量等因素，将生产场区的火灾危险性分为甲、乙、丙、丁、戊类，根据现行国家标准《建筑设计防火规范》GB 50016的规定，填埋库区界定为生产的火灾危险性分类中的戊类防火区。

填埋库区还要求在填埋场设置消防贮水池或配备洒水车、储备灭火干粉剂和灭火沙土，配置填埋气体监测及安全报警仪器，定期对场区进行甲烷浓度监测。

11.6.2 本条是关于防火隔离带的设置要求的规定。

条文中的"防火隔离带"宜选用植物。植物的选择宜根据当地习惯多选用吸尘、减噪、防毒的草皮及长青低矮灌木，宜采用草皮与灌木交错布置的方式设置防火隔离带。场区内防火隔离带要求定期检查维护。

11.6.3 本条为强制性条文，是关于避免安全问题的相关措施的规定。

填埋场在封场稳定安全期前，由于垃圾中可生物降解成分仍未完全降解，垃圾堆体中仍然存在大量易燃易爆的填埋气体。填埋库区内如有封闭式建（构）筑物，极易聚集填埋气体并引发爆炸。另外，堆放易燃易爆物品，甚至将火种带入填埋库区，也可能引发爆炸，造成火灾。

条文中的"稳定安全期"是指填埋场封场后，垃圾中可生物降解成分基本降解，各项监测指标趋于稳定，垃圾层不发生沉降或沉降非常小的过程。

条文中的"易燃、易爆物品"是指在受热、摩擦、震动、遇潮、化学反应等情况下发生燃烧、爆炸等恶性事故的化学物品。根据《中华人民共和国消防法》的有关规定，"易燃易爆危险物品"，包括民用爆炸物品和现行国家标准《危险货物品名表》GB 12268 中以燃烧爆炸为主要特性的压缩气体和液化气体，易爆液体，易燃固体，自燃物品和遇湿易燃物品，氧化剂和有机过氧化物，毒害品、腐蚀品中部分易燃易爆化学物品等。

填埋场要求制订防火、防爆等应急预案和措施，严格管理车辆和人员进出，场内严禁烟火，填埋场醒目位置要求设置禁火警示标志。

11.6.4 本条为强制性条文，是关于填埋场内甲烷气体含量要求的规定。

条文中"填埋场上方甲烷气体含量必须小于5%"，该值参考了美国环保署的指标，其认定空气中甲烷浓度5%为爆炸低限，当浓度为5%～15%时就可能发生爆炸。

由于填埋库区各区域填埋气的产气量、产气浓度都存在差异，为确保场区安全，要求根据现行国家标准《生活垃圾填埋场污染控制标准》GB 16889 等相关标准的要求，对填埋库区、填埋库区内构筑物、填埋气体排放口的甲烷浓度每天进行一次检测。对甲烷的每日检测可采用符合现行国家标准《便携式热催化甲烷检测报警仪》GB 13486 要求的仪器或具有相同效果的便携式甲烷测定器进行测定，对甲烷的监督性检测要求按照现行行业标准《固定污染源排气中非甲烷总烃的测定 气相色谱法》HJ/T 38 中甲烷的测定方法进行测定。

11.6.5 本条是关于填埋场车辆、设备运行安全方面的规定。

对于经常进入填埋作业区的车辆、设备要求有防火措施，并定期检查机械性能，及时更换老旧部件，对摩擦较大的部件宜经常润滑维护，保持良好的机械特性，以避免因摩擦或其他机械故障产生火花而造成安全问题。

11.6.6 本条是关于防止填埋气体在填埋场局部聚集的规定。

11.6.7 本条是关于对可能造成腔型结构填埋物的处理要求的规定。

对填埋物中如桶、箱等本身有一定容积的大件物品以及一些在填埋过程中"可能造成腔型结构的大件物品"，要求破碎后再进行填埋。破碎后填埋物的外形尺寸要求符合具体填埋工艺设计的要求。

12 填埋作业与管理

12.1 填埋作业准备

12.1.1 本条是关于填埋场作业人员和运行管理人员的基本要求

的规定。

通过加强和规范生活垃圾填埋场运行管理，提升作业人员的业务水平，保证安全运行，规范作业。

填埋场运行管理人员要求掌握填埋场主要技术指标及运行管理要求，并具备执行填埋场基本工艺技术要求和使用有关设施设备的技能，明确有关设施设备的主要性能、使用年限和使用条件的限制。

条文中"熟悉填埋作业要求"具体如下：

（1）了解本岗位的主要技术指标及运行要求，具备操作本岗位机械、设备、仪器、仪表的技能。

（2）坚守岗位，按操作要求使用各种机械、设备、仪器仪表，认真做好当班运行记录。

（3）定期检查所管辖的设备、仪器、仪表的运行状况，认真做好检查记录。

（4）运行管理中发现异常情况，要求采取相应处理措施，登记记录并及时上报。

填埋场作业人员和运行管理人员均要求熟悉运行管理中填埋气体的安全相关知识。

12.1.2 本条是关于填埋作业规程制订和紧急应变计划的规定。

条文中"填埋作业规程"是填埋场运行管理达到卫生填埋技术规范要求的技术保障，要求有本场的年、月、周、日填埋作业规程，严格按填埋作业规程进行作业管理，确保填埋安全并符合现行行业标准《城市生活垃圾卫生填埋场运行维护技术规程》CJJ 93 的要求。

条文中"制定填埋气体引起火灾和爆炸等意外事件的应急预案"的基本依据有《中华人民共和国突发事件应对法》、《国家突发环境事件应急预案》、《环境保护行政主管部门突发环境事件信息报告办法（试行）》、《突发公共卫生事件应急条例》、《生产经营单位安全生产事故应急预案编制导则》AQ/T 9002、《生活垃圾应急处置技术导则》RISN - TG 005 等。

12.1.3 本条是关于制订分区分单元填埋作业计划的原则规定。

条文中的"分区分单元填埋作业计划"要求包括分区作业计划和分单元分层填埋计划，宜绘制填埋单元作业顺序图。

12.1.4 本条是关于填埋作业开始前的基本设施准备要求的规定。

条文中的"填埋作业分区的工程设施和满足作业的其他主体工程、配套工程及辅助设施"主要包括：作业通道、作业平台（含平台的设置数量、面积、材料、长度、宽度等参数要求）、场内运输、工作面转换、边坡（HDPE 膜）保护、排水沟修筑、填埋气井安装、渗沥液导渗等内容。这些设施要求按设计要求进行施工。

12.1.5 本条是关于填埋作业要求的规定。

条文中"卸车平台"的设置要求便于作业，并满足下列要求：

（1）卸车平台基底填埋层要预先构筑；

（2）卸车平台的构筑面积要求满足垃圾车回转倒车的需要；

（3）卸车平台整体要求稳定结实，表面要设置防滑带，满足全天候车辆通行要求。

垃圾卸车平台和填埋作业区域要求在每日作业前布置就绪，平台数量和面积要求根据垃圾填埋量、垃圾运输车流量及气候条件等实际情况分别确定。垃圾卸车平台材料可以是建筑垃圾、石料构筑的一次性卸车平台，或由特制钢板多段拼接、可延伸并重复使用的专用卸车平台，或其他类型的专用平台。其中由钢板拼装的专用卸料作业平台除了可重复使用，还具有较好的防沉陷能力。

12.1.6 本条是关于配置填埋作业设备的规定。

条文中的"摊铺设备"指推土机，条文中的"压实设备"主要指压实机，填埋场规模较小时可用推土机代替压实机进行压实，条文中"覆盖"作业设备一般采用挖掘机、装载机和推土机等多项设备配合作业。

填埋场主要工艺设备要求根据日处理垃圾量和作业区、卸车平台的分布来进行合理配置，可参见表26选用。

表26 填埋场工艺设备选用表（台）

建设规模	推土机	压实机	挖掘机	装载机
Ⅰ级	3～4	2～3	2～3	2～3
Ⅱ级	2～3	2	2	2
Ⅲ级	1～2	1	1	1～2
Ⅳ级	1～2	1	1	1～2

为防止大件垃圾形成腔体结构，本条提出了"大件垃圾较多情况下，宜配置破碎设备"的要求。

12.2 填埋作业

12.2.1 本条是关于填埋物入场和垃圾车出场时的作业要求的规定。

条文中"检查"的内容包括垃圾运输车车牌号、运输单位、进场日期及时间、垃圾来源、类别等情况。条文中"计量"是指采用计量系统对进场垃圾进行计量，计量的主要设施为地磅房。

（1）进场垃圾检查需注意以下要点：

1）对进入填埋场的垃圾进行不定期成分抽查检测；

2）填埋场入口操作人员要求对进场垃圾适时观察，发现来源不明要及时抽检；

3）不符合规定的填埋物不能进入填区，并进行相应处理、处置；

4）填埋作业现场倾卸垃圾时，一旦发现生活垃圾中混有不符合填埋物要求的固体废物，要及时阻止倾卸并做相应处理，同时对其做详细记录、备案并及时上报。

（2）进场垃圾计量需注意以下要点：

1）对进场垃圾进行计量信息登记；

2）垃圾计量系统要保持完好，计量站房内各种设备要求保持使用正常；

3）操作人员要求做好每日进场垃圾资料备份和每月统计报表工作；

4）操作人员要求做好当班工作记录和交接班记录；

5）计量系统出现故障时，要求立即启动备用计量方案，保证计量工作正常进行；当全部计量系统均不能正常工作时，及时采用手工记录，待系统修复后及时将人工记录数据输入计算机，保证记录完整准确。

12.2.2 本条是关于填埋作业的分类和工序的规定。

条文中的"单元"为某一作业期的作业量，宜取一天的作业量作为一个填埋单元。每个分区要求分成若干单元进行填埋作业。

条文中的"分层"作业是每个分区中的各子单元按照顺序填埋为基础，分为第一阶段填埋作业和第二阶段填埋作业：

第一阶段填埋作业：通常填埋第一层垃圾时宜采用坑法作业。

第二阶段填埋作业：第一阶段填埋作业完成后，可进行第二阶段填埋作业。在第二阶段作业中，可设每 5m 左右为一个作业层，第二阶段填埋作业在地面以上完成，为保证堆体的稳定性，需要修坡，堆比宜为 1∶3。每升高 5m 设置一个 3m 宽的马道平台，第二阶段填埋作业最终达到的高程为封场高程。第二阶段宜采用倾斜面堆积法。

条文中的"分层摊铺、压实"是指将厚度不大于 600mm 的垃圾摊铺在操作斜面上（斜面坡度小于压实机械的爬坡坡度），然后进行压实，该层压实完成后再进行上一层的摊铺、压实。

填埋单元作业时要求对作业区面积进行控制。

对于Ⅰ、Ⅱ类填埋场，宜按照作业区面积与日填埋量之比 0.8～1.0 进行作业区面积的控制，并且按照暴露面积与作业面积之比不大于 1∶3 进行暴露面积的控制。

对于Ⅲ、Ⅳ类填埋场，宜按照作业区面积与日填埋量之比 1.0～1.2 进行作业区面积的控制，并且可按照暴露面积与作业面积之比不大于 1∶2 进行暴露面积的控制。雨、雪季填埋区作业单元易滑、陷车，要求选择在填埋库区入口附近设置备用填埋作业区，以应对突发事件。

12.2.3 本条是关于垃圾摊铺厚度及压实密度要求的规定。

摊铺作业方式有由上往下、由下往上、平推三种，由下往上摊铺比由上往下摊铺压实效果好，因此宜选用从作业单元的边坡底部向顶部的方式进行摊铺，每层垃圾摊铺厚度以 0.4m～0.6m 为宜，条文规定具体"应根据填埋作业设备的压实性能、压实次数及生活垃圾的可压缩性确定"。

填埋场宜采用专用垃圾压实机分层连续不少于两遍碾压垃圾，当压实机发生故障停止使用时，可使用大型推土机连续不少于三遍碾压垃圾。压实作业坡度宜为 1：4～1：5，压实后要求保证层面平整，垃圾压实密度要求不小于 600kg/m³。对于日填埋量小于 200t 的Ⅳ类填埋场，可采用推土机替代专用垃圾压实机完成压实垃圾作业，但需达到规定的压实密度。小型推土机来回碾压次数则按照垃圾压实密度要求，以大型推土机连续碾压的次数（不少于3次）进行相应的等量换算。

12.2.4 本条是关于填埋单元的高度、宽度以及坡度要求的规定。

条文中"每一单元"大小可根据填埋场的不同日处理规模来选取，相关尺寸可参考表 27。

表 27 填埋单元尺寸参照表

日处理规模	填埋单元尺寸 L×B×H（m×m×m）
Ⅰ级	25×9×6
Ⅱ级	20×7×5
Ⅲ级	14×6×4
Ⅳ级	11×6×3

12.2.5 本条是关于日覆盖要求的规定。

每一填埋单元作业完成后的日覆盖主要作用是抑制臭气，防轻质、飞扬物质，减少蚊蝇及改善不良视觉环境。日覆盖主要目的不是减少雨水侵入，对覆盖材料的渗透系数没有要求。根据国内填埋场经验，采用黏土覆盖容易在压实设备上粘结大量土，对压实作业产生影响，因此建议采用砂性土进行日覆盖。

采用膜材料覆盖时作业技术要点如下：

（1）覆盖膜宜选用 0.75mm 厚度、宽度为 7m～8m 的 HDPE 膜，亦可用 LLDPE 膜。覆盖时裁剪长度宜为 20m 左右，要求注意覆盖材料的使用和回收，降低消耗。

（2）覆盖时要求从当日作业面最远处的垃圾堆体逐渐向卸料平台靠近。

（3）覆盖时膜与膜搭接的宽度宜为 0.20m 左右，盖膜方向要求按坡度顺水搭接（即上坡膜压下坡膜）。

条文中的喷涂覆盖技术，是指将覆盖材料通过喷涂设备，加水混合搅拌成浆状，喷涂到所需覆盖的垃圾表层，材料干化后在表面形成一层覆盖膜层。

12.2.6 本条是关于作业场所喷洒杀虫灭鼠药剂、除臭剂及洒水降尘的规定。

喷洒除臭剂是指对作业面采用人工喷淋或对垃圾堆体上空采用高压喷雾风炮的方式进行除臭。

臭气控制除了本条及有关条文规定的堆体"日覆盖"、"中间覆盖"及调节池的"覆盖系统"等要求外，尚宜采取以下措施：

（1）减少和控制填埋作业暴露面；

（2）减少无组织填埋气体排放量；

（3）及时清除场区积水。

在垃圾倾卸、推平、填埋过程中都会产生粉尘，所以规定在填埋作业时要求适当"洒水降尘"。

12.2.7 本条是关于中间覆盖要求的规定。

中间覆盖的主要目的是避免因较长时间垃圾暴露进入大量雨水，产生大量渗沥液，可采用黏土、HDPE 膜、LLDPE 膜等防渗材料进行中间覆盖。黏土覆盖层厚度不宜小于 30cm。

采用膜材料覆盖时作业技术要点如下：

（1）膜覆盖的垃圾堆体中，会产生甲烷、硫化氢等有害健康气体，将其掀开时，必须有相应的防范措施。

（2）覆盖时膜裁剪根据实际长度，但一般不超过 50m。

（3）覆盖时宜按先上坡后下坡顺序覆盖。

（4）在靠近填埋场防渗边坡处的膜覆盖后，要求使膜与边坡接触并有 0.5m～1m 宽度的膜覆盖住边坡。

（5）膜的外缘要拉出，宜按挖矩形锚固沟并在护道处进行锚固。要求通过膜的最大允许拉力计算，确定沟深、沟宽、水平覆盖间距和覆土厚度。

（6）膜与膜之间要进行焊接，焊缝要求保持均匀平直，不允许有漏焊、虚焊或焊洞现象出现。

（7）覆盖后的膜要求平直整齐，膜上需压放有整齐稳固的压膜材料。

（8）压膜材料要求压在膜与膜的搭接处上，摆放的直线间距为 1m 左右。如作业气候遇风力比较大时，也可在每张膜的中部摆上压膜袋，直线间距 2m～3m 左右。

12.2.8 本条是关于进行封场和生态环境恢复的原则规定。

封场和生态环境恢复的技术要求在本规范第 13 章中作了具体规定。

12.2.9 本条是关于维护场内设施和设备的原则规定。

本条所指的"设施、设备"主要有各种路面、沟槽、护栏、爬梯、盖板、挡墙、挡坝、井管、监控系统、气体导排系统、渗沥液处理系统和其他各类机电装置等。各岗位人员负责辖区设施日常维护，部门及场部定期组织人员抽查。

各种供电设施、电器、照明设备、通信管线等要求由专业人员定期检查维护；各种车辆、机械和设备日常维护保养及部分小修要求由操作人员负责，中修或大修要求由厂家或专业人员负责；避雷、防爆装置要求由专业人员定期按有关行业标准检测。场区内的各种消防设施、设备要求由岗位人员做好日常管理和场部专职人员定期检查。

12.2.10 本条是关于填埋作业过程实施安全卫生管理应符合有关标准的原则规定。

12.3 填埋场管理

12.3.1 本条是关于填埋场应建立全过程管理的原则规定。

12.3.2 本条是关于填埋场建设有关文件科学管理的规定。

条文中的"有关文件资料"包括场址选择、勘察、环境影响评价、可行性研究、征地、财政拨款、设计、施工直至验收等全过程所形成的所有文件资料，如项目建议书及其批复，可行性研究报告及其批复，环境影响评价报告及其批复，工程地质和水文地质详细勘察报告，设计文件、图纸及设计变更资料，施工记录及竣工验收资料等。

12.3.3 本条是关于填埋场运行记录、管理、计量等级的规定。

运行技术资料除条文中规定的"车辆数量、垃圾量、渗沥液产生量、材料消耗等"外，还要求包括：

（1）垃圾特性、类别；

（2）填埋作业规划及阶段性作业方案进度实施记录；

（3）填埋作业记录（倾卸区域、摊铺厚度、压实情况、覆盖情况等）；

（4）渗沥液收集、处理、排放记录；

（5）填埋气体收集、处理记录；

（6）环境监测与运行检测记录；

（7）场区除臭灭蝇记录；

（8）填埋作业设备运行维护记录；

（9）机械或车辆油耗定额管理和考核记录；

（10）填埋场运行期工程项目建设记录；

（11）环境保护处理设施污染治理记录；

（12）上级部门与外来单位到访记录；

（13）岗位培训、安全教育及应急演习等的记录；

（14）劳动安全及职业卫生工作记录；

(15)突发事件的应急处理记录;
(16)其他必要的资料、数据。

归档文件资料保存形式可以是图表、文字数据材料、照片等纸质或电子载体。特殊情况下,也可将少量实物样品归档保存。

Ⅱ级及Ⅱ级以上的填埋场宜采用计算机网络对填埋作业进行管理。

12.3.4 本条是关于填埋场封场和场地再利用管理的规定。

12.3.5 本条是关于填埋场跟踪监测管理的规定。

13 封场与堆体稳定性

13.1 一般规定

13.1.1 本条是关于封场设计应考虑因素的原则规定。

13.1.2 本条是关于封场设计应符合相关标准的规定。

13.2 填埋场封场

13.2.1 本条是关于堆体整形设计应满足的基本要求的规定。

(1)堆体整形挖方作业时,要求采用斜面分层作业法。斜面分层自上而下作业,避免形成甲烷气体聚集的封闭或半封闭空间,防止填埋气体突然膨胀引发爆炸,也可避免陡坡发生滑坡事故。

(2)堆体整形时要求分层压实垃圾以提高堆体抗剪强度,减少堆体的不均匀沉降,增加堆体稳定性,为封场覆盖系统提供稳定的工作面和支撑面。

(3)堆体整形作业过程中,挖出的垃圾要求及时回填。垃圾堆体不均匀沉降造成的裂缝、沟坎、空洞等要求充填密实。

(4)堆体整形与处理过程中,宜采用低渗透性的覆盖材料临时覆盖。

13.2.2 本条是关于封场坡度设计要求的规定。

封场坡度包括"顶面坡度"与"边坡坡度"。顶面坡度不宜小于5%的设置可以防止堆体顶部不均匀沉降造成雨水聚集;边坡宜采用多级台阶进行封场,台阶高度宜按照填埋单元高度进行,不宜大于10m,考虑雨水导排,同时也对堆体边坡的稳定提出了要求。

堆体边坡处理要求如下:

(1)边坡处理设计要求根据需要分别列出排水、坡面支护和深层加固等处理方法中常用的处理措施,并规定如何合理选用这些处理方法,组成符合工程实际的综合处理方案。规定可采用的具体处理措施时,要注意与土坡处理措施的异同。

(2)边坡处理的开挖减载、排水、坡面支护和深层加固方法中,对于技术问题较复杂的某些处理措施,可参照土坡处理的要求进一步规定该措施的适用条件、要注意的问题和主要计算内容。

(3)边坡稳定分析要求从短期及长期稳定性两方面考虑,边坡稳定性通常与垃圾堆体的沉降速率、抗剪参数、坡高、坡角、重力密度及孔隙水应力等因素有关。

13.2.3 本条是关于不同最终封场覆盖结构要求的规定。

排气层宜采用粗粒或多孔材料,采用粒径为25mm~50mm、导排性能好、抗腐蚀的粗粒多孔材料,渗透系数要求大于1×10^{-2}cm/s。边坡排气层宜采用与粗粒或多孔材料等效的土工复合排水网。

条文中的"黏土层"在投入使用前要求进行平整压实。黏土层压实度不得小于90%,黏土层平整度要求达到每平方米黏土层误差不得大于2cm。在设计黏土层时要求考虑如沉降、干裂缝以及冻融循环等破坏因素。

条文中的"土工膜",宜与防渗土工膜紧密连接。

排水层宜采用粗粒或多孔材料,排水层渗透系数要求大于1×10^{-2}cm/s,以保证足够的导水性能,保证施加于下层衬里的水头小于排水层厚度。边坡排水层要求采用土工复合排水网。设计

排水层时,要求尽量减少降水在底部和低渗透水层接触的时间,从而减少降水到达填埋物的可能性。通过顶层渗入的降水可被截住并很快排出,并流到坡脚的排水沟中。

封场边坡的坡度较大,直接采用卵石等作为排水层、排气层则覆盖稳定难以保证,需要以网格作为骨架进行固定,所以规定采用土工复合排水网或加筋土工网垫。

植被层坡度较大处宜采取表面固土措施。

条文中防渗层的"保护层"可采用黏土,也可采用 GCL 或非织造土工布。

(1)黏土:厚度不宜小于30cm,渗透系数不大于1×10^{-5}cm/s;

(2)GCL:厚度应大于5mm,渗透系数应小于1×10^{-7}cm/s;

(3)非织造土工布:规格不宜小于300g/m²。

13.2.4 本条是关于封场后实施生态恢复的规定。

生态恢复所用的植物类型宜选择浅根系的灌木和草本植物,以保证封场防渗膜不受损害。植物类型还要求适合填埋场环境并与填埋场周边的植物类型相似的植物。

(1)根据填埋堆体稳定化程度,可按恢复初期、恢复中期、恢复后期三个时期分别选择植物类型:

1)恢复初期,生长的植物以草本植物生长为主。

2)恢复中期,生长的植物出现了乔、灌木植物。

3)恢复后期,植物生长旺盛,包括各类草本、花卉、乔木、灌木等。

(2)植被恢复各期可参考如下措施进行维护:

1)恢复初期:堆体沉降较快造成的裂缝、沟坎、空洞等应充填密实,同时应清除积水,并补播草种、树种。

2)恢复中期:不均匀沉降造成的覆盖系统破损应及时修复,并补播草种、树种。

3)恢复后期:定期修剪植被。

13.2.5 本条是关于封场后运行管理和环境与安全监测等内容的规定。

条文中的渗沥液处理直至填埋体稳定的判断,因垃圾成分的多样性与填埋工艺的不同,封场后渗沥液产生量和时间较难确定,宜根据监测数据判断。一般要求直到填埋场产生的渗沥液中水污染物浓度连续两年低于现行国家标准《生活垃圾填埋场污染控制标准》GB 16889 规定的限值。监测应符合《生活垃圾卫生填埋场岩土工程技术规范》CJJ 176—2012 中第 9 章的规定。

条文中的"环境与安全监测"主要包括:

(1)大气监测:环境空气监测中的采样点、采样环境、采样高度及采样频率的要求按现行国家标准《生活垃圾卫生填埋场环境监测技术要求》GB/T 18772 执行。各项污染物的浓度限值要求按现行国家标准《环境空气质量标准》GB 3095 的规定执行。

(2)填埋气监测:要求按现行国家标准《生活垃圾卫生填埋场环境监测技术要求》GB/T 18772 的规定执行。

(3)地表水监测:地表水水质监测的采样布点、监测频率要求按国家现行标准《地表水和污水监测技术规范》HJ/T 91 的规定执行。各项污染物的浓度限值要求按现行国家标准《地表水环境质量标准》GB 3838 的规定执行。

(4)填埋物有机质监测:样品制备要求按国家现行标准《城市生活垃圾采样和物理分析方法》CJ/T 3039 的规定执行。有机质含量的测定要求按国家现行标准《生活垃圾化学特性通用检测方法》CJ/T 96 的规定执行。

(5)植被调查:要求每隔 2 年对植物的覆盖度、植被高度、植被多样性进行检测分析。

13.2.6 本条是关于封场后进行水土保持的原则规定。

填埋场封场后宜对场区水土流失进行评价,其中由侵蚀引起的水土流失每公顷每年不宜超过 5t。

条文中"相关维护工作"包括维护植被覆盖(修剪、施肥等)和保养表土(铺设防腐蚀织物、修整坡度等)。

13.2.7 本条是关于填埋场封场后土地使用要求的规定。

填埋场场地稳定化判定要求可参考表28。

表28 填埋场场地稳定化判定要求

利用阶段	低度利用	中度利用	高度利用
利用范围	草地、农地、森林	公园	一般仓储及工业厂房
封场年限(年)	≥3	≥5	≥10
填埋物有机质含量	<20%	<16%	<9%
地表水水质	满足 GB 3838 相关要求		
堆体中填埋气	不影响植物生长,甲烷浓度不大于5%	甲烷浓度1%~5%	甲烷浓度小于1%,二氧化碳浓度小于1.5%
大气	—	—	GB 3095 三级标准
恶臭指标	—	—	GB 14554 三级标准
堆体沉降	大,>35cm/年	不均匀,10cm/年~30cm/年	小,1cm/年~5cm/年
植被恢复	恢复初期	恢复中期	恢复后期

注:封场年限从填埋场封场后开始计算。

条文中的"土地利用",按照不同利用方式要求满足国家相关环保标准要求。填埋场封场后的土地利用可分为低度利用、中度利用和高度利用三类。

(1)低度利用一般指人与场地非长期接触,主要方式有草地、林地、农地等。

(2)中度利用指人与场地不定期接触,主要包括公园、运动场、野生动物园、高尔夫球场等。

(3)高度利用一般指人与场地长期接触的建(构)筑物。

13.2.8 本条是关于老生活垃圾填埋场封场工程的规定。

13.3 填埋堆体稳定性

13.3.1 本条是关于堆体稳定性所包含内容的规定。

13.3.2 本条是关于封场覆盖稳定性分析的原则规定。

条文中"滑动稳定性分析"宜采用无限边坡分析方法。在进行覆盖稳定性分析时,要求考虑其最不利条件下的稳定性。封场覆盖稳定性安全系数(稳定系数)在1.25~1.5为宜。

13.3.3 本条是关于堆体边坡稳定性计算方法的规定。

边坡稳定分析要求从短期及长期稳定性两方面考虑,边坡稳定性通常与垃圾的抗剪参数、坡高、坡角、重力密度及孔隙水应力等因素有关。

堆体边坡稳定性计算方法选用原则:

(1)堆体边坡滑动面呈圆弧形时,宜采用简化毕肖普(Simplified Bishop)法和摩根斯顿—普赖斯法(Morgenstern-Price)进行抗滑稳定计算。

(2)堆体边坡滑动面呈非圆弧形时,宜采用摩根斯顿—普赖斯法和不平衡推力传递法进行抗滑稳定计算。

(3)边坡稳定性验算时,其稳定性系数要求不小于现行国家标准《建筑边坡工程技术规范》GB 50330—2002 中表 5.3.1 的规定。

13.3.4 本条是关于堆体沉降稳定性判断的规定。

(1)堆体沉降稳定由沉降时间得到沉降速率,进而通过沉降速率与封场年限判断堆体的稳定性。

(2)填埋堆体沉降速率可作为填埋场场地稳定化利用类别的判定特征。填埋堆体沉降速率可根据沉降量与沉降历时计算。

(3)堆体沉降量可通过监测或通过主固结沉降与次固结沉降计算得到。

13.3.5 本条是关于堆体沉降、导排层水头监测要求及应对措施的规定。

(1)堆体沉降监测:

1)填埋堆体沉降的监测内容包括堆体表层沉降、堆体深层不同深度沉降。

2)堆体中的监测点宜采用 30m~50m 的网格布置,在不稳定性的局部区域宜增加监测点的密度。

3)沉降计算时监测点的选择要求沿几条选定的沉降线选取不同的监测点。

4)监测周期宜为每月一次,若遇恶劣天气或意外事件,宜适当缩短监测周期。

(2)渗沥液水位监测:见本规范第10.3.7条的条文说明。

14 辅助工程

14.1 电 气

14.1.1 本条是关于填埋场供配电系统负荷等级选择的原则规定。

填埋场用电要求经过总变电设施,对各集中用电点(管理区、填埋作业区、渗沥液处理区等)进行配电,然后经过局部配电设施对具体设施供配电。

填埋场供电宜按二级负荷设计。

填埋工程要求供配电系统能保证在防洪及暴雨季节不得停电,同时要求节约能源,降低电耗。

用电电压宜采用 380/220V。变压器接线组别的选择,要求使工作电源与备用电源之间相位一致,低压变压器宜采用干式变压器。

垃圾填埋场宜配置柴油发电机,以备急用。

14.1.2 本条是关于填埋场的继电保护和安全自动装置、过电压保护、防雷和接地要求符合相关标准的原则规定。

继电保护设计可参考下列要求:

(1)10kV 进线要求设置过电流保护。

(2)10kV 出线要求设置电流速断保护、过电流保护及单相接地故障报警。

(3)出线断路器保护至变压器,要求设置速断主保护及过流后备保护。

(4)管理区变电室值班室外要求设置不重复动作的信号系统,要求设置信号箱一台。

(5)10kV 系统要求设绝缘监视装置,要求动作于中央信号装置。

(6)变压器要求设短路保护。

(7)低压配电进线总开关要求设置过载长延时和短路速断保护。

(8)低压用电设备及馈线电缆要求设短路及过载保护。

14.1.3 本条是关于填埋气体发电工程电气主接线设计的基本规定。

14.1.4 本条是关于照明设计应符合相关标准的原则规定。

(1)照明配电宜采用三相五线制,电压等级均为 380/220V,接地形式采用 TN-S 系统。

(2)管理区用房照明宜采用荧光灯,道路照明可采用 8m 高的金属杆配高压钠灯,渗沥液处理区设备照明宜设置高杆照明灯。

(3)照度值可采用中值照度值。

14.1.5 本条是关于电缆的选择与敷设应符合相关标准的原则规定。

(1)引入到场区的高压线,要求经技术经济比较后确定架设方式。采用高架架空形式时,要求减少高压线在场区内的长度,并要求沿场区边缘布置。

(2)填埋场内电缆可采用金属铠装电缆,室外敷设时宜以直埋为主,并要求采取有效的阻燃、防火封堵措施。

(3)低压配电室内和低压配电室到渗沥液处理区的线路宜设置电缆沟,电缆在沟内分边分层敷设,低压配电室到其他构筑物则一般可采用钢管暗敷,渗沥液处理及填埋气体处理构筑物内则一般采用电缆桥架。

14.2 给排水工程

14.2.1 本条是关于填埋场给水工程设计应符合相关标准的原则规定。

填埋场管理区的生产、生活及消防等用水设计应考虑以下几个方面:

(1)道路喷洒及绿化用水:道路浇洒用水量按 q_1(可取

0.0015)m³/(m²·次),每日浇洒按2次计算,绿化用水量按q_2(可取0.002)m³/(m²·d)计算,每日浇洒按1次计算。道路喷洒及绿化用水量Q_1计算见式(12):

$$Q_1 = q_1 \times 2 \times S_1 + q_2 \times S_2 (m^3/d) \quad (12)$$

式中:S_1——道路喷洒面积(m²);
S_2——绿化面积(m²)。

(2)生活用水量:填埋场主要工种宜实行一班制,生产天数以365天计,定员人数为n。生活用水量按q_1(可取0.035)m³/(人·班)计算,时变化系数可取2.5;淋浴用水量按q_2(可取0.08)m³/(人·班)计算,时变化系数可取1.5。生活用水量Q_2计算见公式(13):

$$Q_2 = q_1 \times n \times 2.5 + q_2 \times n \times 1.5 (m^3/d) \quad (13)$$

(3)消防用水量:填埋场消防系统也采用低压消防系统,消防用水量可取20L/s,消防延续时间以4h计。

(4)汽车冲洗用水量:水量要求符合现行国家标准《建筑给水排水设计规范》GB 50015的要求,冲洗用水可取100L/(辆·次)~200L/(辆·次)(如汽车冲洗设施安排在渗沥液处理区,其污水可随渗沥液一同处理。)。

(5)未预见水量可按最高日用水量的15%~25%合并计算。

14.2.2 本条是关于填埋场饮用水水质应符合相关标准的原则规定。

14.2.3 本条是关于填埋场排水工程设计应符合相关标准的原则规定。

(1)排水量包括管理区的生产、生活污水量和管理区的雨水量。

(2)管理区的污水(冲洗地面水、厕所水、淋浴水、食堂等生产、生活污水)可直接排放到调节池;管理区离渗沥液处理区较远时,则可设置化粪池,使管理区污水经过化粪池消化后再排放到调节池。管理区内污水要求不得直接排往场外。

(3)管理区室外污水(道路及汽车冲洗水等污水)可随雨水一起排入场外。

14.3 消 防

14.3.1 本条是关于填埋场的室内、室外消防设计应符合相关标准的原则规定。

(1)消防等级:
1)填埋区生产的火灾危险性分类为丙戊类。
2)填埋场管理区和渗沥液处理区均宜按照不低于丁类防火区设计。其中,变配电间按Ⅰ级耐火等级设计,其他工房的耐火等级均要求不应低于Ⅱ级,建筑物主要承重构件也宜不低于Ⅱ级防火等级。

(2)消防措施:
1)填埋场消防设施主要为消防给水和自动灭火设备,具体包括消火栓、消防水泵、消防水池、自动喷水灭火设备,气体灭火器等。

2)填埋场管理区建(构)筑物消防参照现行国家标准《建筑设计防火规范》GB 50016执行,灭火器按现行国家标准《建筑灭火器配置设计规范》GB 50140配置。

3)填埋场管理区内要求设置消火栓,综合楼宜设置消防通道,主变压器宜配备泡沫喷淋或排油充氮灭火装置,其他工房及设施可配置气体灭火器。对于移动消防设备,要求选用对大气无污染的气体灭火器。

4)作业区的潜在火源包括受热的垃圾、运输车辆、场内机械设备产生的火星和人为的破坏,填埋作业区要求严禁烟火。

5)作业区内宜配备可燃气体监测仪和自动报警仪,并要求定期对填埋场进行可燃气体浓度监测。

6)填埋作业区附近宜设置消防水池或消防给水系统等灭火设施;受水源或其他条件限制时,可准备洒水车及砂土作消防急用。

填埋场作业的移动设施也要求配备气体灭火器。

14.3.2 本条是关于填埋场电气消防设计应符合相关标准的原则规定。

14.4 采暖、通风与空调

14.4.1 本条是关于各建筑物的采暖、空调及通风设计应符合相关标准的原则规定。

15 环境保护与劳动卫生

15.0.1 本条是关于填埋场进行环境影响评价和环境污染防治要求的规定。

条文中的"环境污染防治设施"主要指防渗系统、渗沥液导排与处理系统、填埋气体导排与处理利用系统、绿化隔离带、监测井等设施。

条文中"国家有关规定",最主要的是指现行国家标准《生活垃圾填埋场污染控制标准》GB 16889。

15.0.2 本条是关于监测井类别以及监测方法应执行的标准的原则规定。

条文中各"监测井"的布设距离要求为:地下水流向上游30m~50m处设本底井一眼,填埋场两旁各30m~50m处设污染扩散井两眼,填埋场地下水流向下游30m处、50m处各一眼污染监测井。

条文中各"监测项目",按照现行国家标准《生活垃圾卫生填埋场环境监测技术要求》GB/T 18772的要求则监测项目繁多,现行行业标准《生活垃圾填埋场无害化评价标准》CJJ/T 107选择以下重点监测项目进行达标率核算:

地面水监测指标:pH值、悬浮物、电导率、溶解氧、化学耗氧量、五日生化耗氧量、氨氮、汞、六价铬、透明度;
地下水监测指标:pH值、氨氮、氯化物、汞、六价铬、大肠菌群;
大气监测指标:总悬浮颗粒物、甲烷气、硫化氢、氨气;
渗沥液处理厂出水监测指标:COD、BOD_5、氨氮、总氮。

15.0.3 本条是关于填埋场环境污染控制指标应执行的标准的原则规定。

现行国家标准《生活垃圾填埋场污染控制标准》GB 16889首次发布于1997年,并于2008年对该标准作出修订,此次修订增加了生活垃圾填埋场污染物控制项目数量。

15.0.4 本条是关于避免因库区使用杀虫灭鼠药物和填埋作业造成的二次污染的规定。

条文中的"杀虫灭鼠药剂"一般为化学药剂且有毒性,毒性比较大的杀虫灭鼠药剂首次使用后效果会很好,但对环境和人体伤害较大,要求慎用。

15.0.5 本条为强制性条文,是关于场区主要标识设置的原则规定。

填埋场各项功能标示不清或缺少标示极易造成安全事故,而道路行车指示、安全标识、防火防爆及环境卫生设施设置标志可以有效避免意外人员伤亡、安全事故,并且提高运行管理效率。安全生产是填埋场运行管理中的重中之重,完善的标示系统可以有效保障运行安全。

15.0.6 本条是关于填埋场的劳动卫生应执行的标准及对作业人员的保健措施的规定。

条文中的"填埋作业特点"主要包括:
(1)干燥天气较大风力时,风会带起填埋作业表面的粉尘;
(2)垃圾填埋作业过程中,不可避免存在裸露堆放时段,在夏季极易产生恶臭气体并在空气中扩散;
(3)填埋作业过程中机械设备噪声是主要噪声污染源;
(4)填埋作业所有机械设备频繁移动,有可能造成跌落、损伤事故；

(5)填埋作业过程中存在高温、低温对作业人员的影响；

(6)来自生活垃圾中的病原体(细菌、真菌及病毒)在填埋作业过程中有可能污染工作环境，给工作人员带来健康危害。

填埋作业时的这些作业特点对作业人员的身体都会有影响，在一定条件下，这些因素可对劳动者的身体健康产生不良影响。

条文中的"采取有利于职业病防治和保护作业人员健康的措施"包括：

(1)防尘措施：

1)加强管理，减少倾倒扬尘的产生，同时改善操作工人的劳动保护条件，减缓倾倒扬尘对工人健康的影响；

2)控制粉尘污染的措施，采取在非雨天喷洒水，喷水的次数和水量宜结合当时具体条件，由操作人员和管理人员掌握，把握的原则是不影响填埋作业，同时又能达到最佳控制粉尘的效果。洒水的场所主要是作业区、土源挖掘装运场所、进场和场区道路。

(2)臭气控制措施：填埋作业区的臭气一般按卫生填埋工艺实行日覆盖来避免。而渗沥液调节池则可采取在调节池加盖密闭。此外，可配备过滤式防毒面具，保护作业人员的身体健康。

(3)防噪声措施：对鼓风机等高噪声设备采取安装隔声罩等降噪措施以减缓噪声的影响。

(4)防病原微生物措施：填埋现场作业人员必须身穿工作服并戴口罩和手套。

(5)其他措施：为防止由于实行倒班制而引起工人生活节律紊乱和职业性精神紧张的问题，要求考虑相对固定作息时间。

16 工程施工及验收

16.0.1 本条是关于填埋场编制施工方案的原则规定。

条文中"编制施工方案"的编制准备主要要求包括下列资料：

基础文件：招标文件、设计图纸及说明、地质勘察报告和补遗资料；

国家现行工程建设政策、法规及验收标准；

施工现场调查资料；

施工单位的资源状况及类似工程的施工及管理经验。

条文中"施工方案"的内容一般要求包括以下几个部分：

(1)工程范围：

1)填埋区：主要包括垃圾坝、场地平整、场内防渗系统及渗沥液和填埋气体导排系统等。

2)管理区：主要包括综合楼及生产、生活配套房屋等。

3)渗沥液处理区：主要包括调节池、渗沥液处理设施等。

4)场外工程：主要包括永久性道路、临时道路、场外给水、供配电、排污管线和集污井等。

(2)主要技术组织措施：

1)要求配备有经验、专业齐全的项目经理和管理班子，加强与业主代表、主管部门、监理单位与相关部门的信息沟通，配备专人协调与施工中涉及的相关单位的关系。

2)做好总体施工安排。以某填埋场施工为例：施工单位将工程分为生产管理区等建筑物、道路、填埋库区三个施工区，各施工区间采用平行作业，施工区内采用流水交叉作业。施工人员和机械设备在接到工程中标通知书后开始集结，合同签订后10日内进入施工现场，按施工组织设计要求做好施工前准备工作，筹建场地、办公生活区、临时混凝土拌和系统、水电供应系统等临时设施。

3)积极配合业主，加强与当地有关部门的协调工作，建立良好的施工调度指挥系统，突出土石方工程、防渗工程等重要施工环节，始终保持适宜的、足量的施工机械、设备和作业人员，尽量创造条件安排多班制作业，动态协调施工进度，灵活机动地组织施工，确保工期总目标的实现。

其中，填埋场建设工期的要求还与建设资金落实计划、施工条件等因素有关，在确定填埋场建设工期时，要求根据项目的实际条件合理确定建设工期，防止建设工期拖延和增加工程投资。各类填埋场建设工期安排可参考《生活垃圾卫生填埋处理工程项目建设标准》(建标124—2009)，具体见表29。

表29 填埋场建设工期(月)

建设规模	施工建设工期
Ⅰ类	12～24
Ⅱ类	12～21
Ⅲ类	9～15
Ⅳ类	≤12

注：1 表中所列工期以破土动工统计，不包括非正常停工；
　　2 填埋场应分期建设，分期建设的工期宜参照本表确定。

条文中"准备施工设备及设施"的内容包括：

建筑材料准备：根据施工进度计划的需求，编制物资采购计划，做好取样工作，由试验室试配所需各类标号的混凝土(砂浆)配合比，确定抗渗混凝土掺加剂的种类、掺量；

土工材料及管道采购：根据工程要求，调查土工材料、管材厂家，编制土工材料、管材计划，做好施工准备；

建筑施工机具准备：按照施工机具需用量计划，组织施工机具进场；

生产工艺设备准备：按照生产工艺流程及工艺布置图要求，编制工艺设备需用量计划，组织设备进场。

条文中"合理安排施工场地"的内容包括：

施工现场控制网测量：根据给定永久性坐标和高程，进行施工场地控制网复测，设置场地临时性控制测量标桩，并做好保护；

建造临时设施：按照施工平面图及临时设施需用量计划，建造各项临时设施；

做好季节性施工准备：按照施工组织设计的要求，认真落实季节性施工的临时设施和技术组织措施；

做好施工前期调查，查明施工区域内的各种地下管线、电缆等分布情况；

施工准备阶段的工作还包括劳动组织准备和场外协调准备工作。

劳动组织准备一般包括：建立工地领导机构，组建精干的项目作业队，组织劳动力进场，做好职工入场教育培训工作。

场外协调准备工作一般包括：

地方协调工作：及时与甲方代表、监理工程师、当地政府及交通部门取得联系，协商外围事宜，做好施工前准备工作；

材料加工与订货工作：根据各项材料需用量计划，同建材及加工单位取得联系，签订供货协议，保证按时供应。

16.0.2 本条是关于填埋场工程施工和设备安装的基本要求规定。

填埋场主要工程项目一般包括场地平整、坝体修筑、防渗工程、渗沥液及地下水导排工程、填埋气体导排及处理工程、渗沥液处理工程以及生活管理区建筑工程等。

16.0.3 本条是关于填埋场工程施工变更应遵守的原则规定。

建设施工过程中，当发现设计有缺陷时，一般问题要求由建设单位、监理单位与设计单位三方协商解决，重大问题要求及时报请设计批准部门解决。

条文中"工程施工变更"是指在工程项目实施过程中，由于各种原因所引起的，按照合同约定的程序对部分工程在材料、工艺、功能、构造、尺寸、技术指标、工程数量及施工方法等方面作出的改变。变更内容包括工程量变更、工程项目的变更、进度计划变更、施工条件变更以及原招标文件和工程量清单中未包括的新增工程等。

16.0.4 本条是关于填埋场各单项建筑、安装工程施工应符合相关标准的原则规定。

填埋场建设施工要求遵循国家现行工程建设政策、法规和规范、施工和验收标准，条文中所指的"现行相关标准"主要有：

(1)《生活垃圾卫生填埋处理工程项目建设标准》建标 124
(2)《生活垃圾填埋场封场工程项目建设标准》建标 140
(3)《土方与爆破工程施工及验收规范》GBJ 201
(4)《土方与爆破工程施工操作规程》YSJ 401
(5)《碾压式土石坝施工规范》DL/T 5129
(6)《水工建筑物地下开挖工程施工技术规范》SDJ 212
(7)《水工建筑物岩石基础开挖工程施工技术规范》DL/T 5389
(8)《水工混凝土钢筋施工规范》DL/T 5169
(9)《建筑地基基础工程施工质量验收规范》GB 50202
(10)《砌体工程施工质量验收规范》GB 50203
(11)《混凝土结构工程施工质量验收规范》GB 50204
(12)《屋面工程技术规范》GB 50345
(13)《建筑地面工程施工质量验收规范》GB 50209
(14)《建筑装饰装修工程质量验收规范》GB 50210
(15)《粉煤灰石灰类道路基层施工及验收规程》CJJ 4
(16)《生活垃圾卫生填埋技术规范》CJJ 17
(17)《给水排水管道工程施工及验收规范》GB 50268
(18)《给水排水构筑物工程施工及验收规范》GB 50141
(19)《建筑防腐蚀工程施工及验收规范》GB 50224
(20)《水泥混凝土路面施工及验收规范》GBJ 97
(21)《公路工程质量检验评定标准》JTGF 80/1
(22)《城市道路路基工程施工及验收规范》CJJ 44
(23)《现场设备、工业管道焊接工程施工规范》GB 50236
(24)《给水排水管道工程施工及验收规范》GB 50268
(25)《建筑工程施工质量验收统一标准》GB 50300
(26)《建筑电气工程施工质量验收规范》GB 50303
(27)《工业设备、管道防腐蚀工程施工及验收规范》HGJ 229
(28)《自动化仪表工程施工及验收规范》GB 50093
(29)《施工现场临时用电安全技术规范》JGJ 46
(30)《建筑机械使用安全技术规程》JGJ 33
(31)《混凝土面板堆石坝施工规范》DL/T 5128
(32)《混凝土面板堆石坝接缝止水技术规范》DL/T 5115
(33)《水电水利工程压力钢管制造安装及验收规范》DL/T 5017
(34)《生活垃圾渗滤液碟管式反渗透处理设备》CJ/T 279
(35)《垃圾填埋场用线性低密度聚乙烯土工膜》CJ/T 276
(36)《垃圾填埋场用高密度聚乙烯土工膜》CJ/T 234
(37)《垃圾填埋场压实机技术要求》CJ/T 301
(38)《垃圾分选机 垃圾滚筒筛》CJ/T 5013.1
(39)《钠基膨润土防水毯》JG/T 193
(40)《建筑地基基础设计规范》GB 50007
(41)《建筑边坡工程技术规范》GB 50330
(42)《建筑地基处理技术规范》JGJ 79
(43)《天然气净化装置设备与管道安装工程施工及验收规范》SY/T 0460
(44)《锅炉安装工程施工及验收规范》GB 50273
(45)《机械设备安装工程施工及验收通用规范》GB 50231
(46)《城镇燃气输配工程施工及验收规范》CJJ 33
(47)《建筑给水排水及采暖工程施工质量验收规范》GB 50242
(48)《通风与空调工程施工质量验收规范》GB 50243
(49)《工业金属管道工程施工规范》GB 50235
(50)《工业设备及管道绝热工程施工规范》GB 50126

16.0.5 本条是关于施工安装使用的材料和国外引进的专用填埋设备与材料的原则规定。

条文中"材料应符合现行国家相关标准"所指的材料标准包括：《垃圾填埋场用高密度聚乙烯土工膜》CJ/T 234、《垃圾填埋场用线性低密度聚乙烯土工膜》CJ/T 276、《土工合成材料非织造布复合土工膜》GB/T 17642；《土工合成材料应用技术规范》GB 50290；《钠基膨润土防水毯》JG/T 193 等。

条文中"使用的材料"主要包括膨润土垫（GCL）、HDPE 膜、土工布和 HDPE 管材等材料。

填埋场所用其他材料与设备施工及验收可参考以下规定：

(1)发电和电气设备采用现行电力及电气建设施工及验收标准的规定。锅炉要求符合现行国家标准《锅炉安装工程施工及验收规范》GB 50273 的有关规定。

(2)通用设备要求符合现行国家标准《机械设备安装工程施工及验收通用规范》GB 50231 及相应各类设备安装工程施工及验收规范的有关规定。

(3)填埋气体管道施工要求符合国家现行标准《城镇燃气输配工程施工及验收规范》CJJ 33 的有关规定。

(4)采暖与卫生设备的安装与验收要求符合现行国家标准《建筑给水排水及采暖工程施工质量验收规范》GB 50242 的有关规定。

(5)通风与空调设备的安装与验收要求符合现行国家标准《通风与空调工程施工质量验收规范》GB 50243 的有关规定。

(6)管道工程、绝热工程要求分别符合现行国家标准《工业金属管道工程施工规范》GB 50235、《工业设备及管道绝热工程施工规范》GB 50126 的有关规定。

(7)仪表与自动化控制装置按供货商提供的安装、调试、验收规定执行，并要求符合现行国家及行业标准的有关规定。

(8)电气装置要求符合现行国家有关电气装置安装工程施工及验收标准的有关规定。

16.0.6 本条是关于填埋场工程验收应符合的基本要求的规定。

对于条文中第 3 款：防渗工程的验收中，膨润土垫及 HDPE 膜验收检验的取样要求按连续生产同一牌号原料、同一配方、同一规格、同一工艺的产品，检验项目按膨润土毯及 HDPE 膜性能内容执行，配套的颗粒膨润土粉要求使用生产商推荐的并与膨润土毯中相同的钠基膨润土，同时检查在运输过程中有无破损、断裂等现象，须表明产品标识。HDPE 膜焊接质量的好坏是防渗机能成败的关键，所以防渗工程要求由专业膜施工单位进行施工或膜焊接宜由出产厂家派专业技术职员到现场操作、指导、培训，采用土工膜专用焊接设备进行，要求有 HDPE 膜焊接检查记录及焊接检测报告。

对于条文中第 5 款：渗沥液收集系统的施工操作要求符合设计要求，施工前要求对前项工程进行验收，合格后方可进行管网的安装施工，并在施工过程中根据工程顺序进行质量验收。

重要结构部位、隐蔽工程、地下管线，要求按工程设计要求和验收规范，及时进行中间验收。未经中间验收，不得进行后续工程。

填埋场建设各个项目在验收前是否要安排试生产阶段，按各个行业的规定执行。对于国外引进的技术或成套设备，要求按合同规定完成负荷调试、设备考核合格后，按照签订的合同和国外提供的设计文件等资料进行竣工验收。除此之外，设备材料的验收还需包括下列内容：

到货设备、材料要求在监理单位监督下开箱验收并做以下记录：箱号、箱数、包装情况，设备或材料名称、型号、规格、数量，装箱清单、技术文件、专用工具，设备、材料时效期限，产品合格证书；

检查的设备或材料符合供货合同规定的技术要求，应无短缺、损伤、变形、锈蚀；

钢结构构件要求有焊缝检查记录及预案检查记录。

填埋场建设工程竣工验收程序可参考《建设项目（工程）竣工验收办法》的规定，具体程序如下：

(1)根据建设项目（工程）的规模大小和复杂程度，整个建设项目（工程）的验收可分为初步验收和竣工验收两个阶段进行。规模较大、较复杂的建设项目（工程）要先进行初验，然后进行全部建设项目（工程）的竣工验收。规模较小、较简单的项目（工程）可以一次进行全部项目（工程）的竣工验收。

（2）建设项目（工程）在竣工验收之前，由建设单位组织施工、设计及使用等有关单位进行初验。初验前由施工单位按照国家规定，整理好文件、技术资料，向建设单位提出交工报告。建设单位接到报告后，要求及时组织相关单位初验。

（3）建设项目（工程）全部完成，经过各单项工程的验收，符合设计要求，并具备竣工图表、竣工决算、工程总结等必要文件资料，由项目（工程）主管部门或建设单位向负责验收的单位提出竣工验收申请报告。

建设工程竣工验收前要求完成下列准备工作：

制订竣工验收工作计划；

认真复查单项工程验收投入运行的文件；

全面评定工程质量和设备安装、运转情况，对遗留问题提出处理意见；

认真进行基本建设物资和财务清理工作，编制竣工决算，分析项目概预算执行情况，对遗留财务问题提出处理意见；

整理审查全部竣工验收资料，包括开工报告，项目批复文件；各单项工程、隐蔽工程、综合管线工程竣工图纸，工程变更记录；工程和设备技术文件及其他必需文件；基础检查记录，各设备、部件安装记录，设备缺损件清单及修复记录；仪表试验记录，安全阀调整试验记录；试运行记录等；

妥善处理、移交厂外工程手续；

编制竣工验收报告，并于竣工验收前一个月报请上级部门批准。

填埋场建设工程验收宜依据以下文件：主管部门的批准文件，批准的设计文件及设计修改、变更文件，设备供货合同及合同附件，设备技术说明书和技术文件，各种建筑和设备施工验收规范及其他文件。

填埋场建设工程基本符合竣工验收标准，只是零星土建工程和少数非主要设备未按设计规定的内容全部建成，但不影响正常生产时，亦可办理竣工验收手续。对剩余工程，要求按设计留足投资，限期完成。

中华人民共和国国家标准

绿色工业建筑评价标准

Evaluation standard for green industrial building

GB/T 50878—2013

主编部门：中华人民共和国住房和城乡建设部
批准部门：中华人民共和国住房和城乡建设部
施行日期：２０１４年３月１日

中华人民共和国住房和城乡建设部
公　告

第 113 号

住房城乡建设部关于发布国家标准
《绿色工业建筑评价标准》的公告

现批准《绿色工业建筑评价标准》为国家标准，编号为 GB/T 50878-2013，自 2014 年 3 月 1 日起实施。

本标准由我部标准定额研究所组织中国建筑工业出版社出版发行。

中华人民共和国住房和城乡建设部
2013 年 8 月 8 日

前　言

根据住房和城乡建设部《关于印发〈2010 年工程建设标准规范制订、修订计划〉的通知》（建标【2010】43 号）的要求，标准编制组经广泛调查研究，认真总结实践经验，参考有关标准，并在广泛征求意见的基础上，编制本标准。

本标准的主要内容包括：总则、术语、基本规定、节地与可持续发展场地、节能与能源利用、节水与水资源利用、节材与材料资源利用、室外环境与污染物控制、室内环境与职业健康、运行管理、技术进步与创新。

本标准由住房和城乡建设部负责管理，由中国建筑科学研究院和机械工业第六设计研究院有限公司负责具体技术内容的解释。执行过程中如有意见或建议，请寄送中国建筑科学研究院（地址：北京市北三环东路 30 号，邮编：100013）。

本标准主编单位：中国建筑科学研究院
　　　　　　　　机械工业第六设计研究院
　　　　　　　　有限公司
本标准参编单位：中国城市科学研究会绿色
　　　　　　　　建筑与节能专业委员会
　　　　　　　　中国城市科学研究会绿色
　　　　　　　　建筑研究中心
　　　　　　　　清华大学
　　　　　　　　重庆大学
　　　　　　　　中国海诚工程科技股份有
　　　　　　　　限公司
　　　　　　　　中国五洲工程设计有限
　　　　　　　　公司
　　　　　　　　中国电子工程设计院
　　　　　　　　中机国际工程设计研究院
　　　　　　　　中国航空规划建设发展有
　　　　　　　　限公司
　　　　　　　　中国建筑设计研究院
　　　　　　　　中国石化集团上海工程有
　　　　　　　　限公司
　　　　　　　　中国中元国际工程公司
　　　　　　　　合肥水泥研究设计院

本标准主要起草人员：吴元炜　刘筑雄　张家平
　　　　　　　　　　徐　伟　江　亿　李百战
　　　　　　　　　　李国顺　徐士乔　刘健灵
　　　　　　　　　　王　立　宋高举　董霄龙
　　　　　　　　　　林洪扬　虞永宾　张小龙
　　　　　　　　　　郝　军　张小慧　巫曼曼
　　　　　　　　　　顾继红　晁　阳　李　刚
　　　　　　　　　　夏建军　刘　猛　朱锡林
　　　　　　　　　　尹运基　孙　宁　陈　曦
　　　　　　　　　　许远超　陈宇奇　余学飞
　　　　　　　　　　李　亨　袁闪闪　郭振伟
　　　　　　　　　　陈明中　张　森
本标准主要审查人员：王有为　王唯国　王国钰
　　　　　　　　　　艾为学　汪　崖　邓有源
　　　　　　　　　　彭灿云　李育杰　冀兆良
　　　　　　　　　　王伟军　同继锋　王宇泽

目 次

1 总则 .... 47—5
2 术语 .... 47—5
3 基本规定 .... 47—5
　3.1 一般规定 .... 47—5
　3.2 评价方法与等级划分 .... 47—5
4 节地与可持续发展场地 .... 47—6
　4.1 总体规划与厂址选择 .... 47—6
　4.2 节地 .... 47—6
　4.3 物流与交通运输 .... 47—6
　4.4 场地资源保护与再生 .... 47—6
5 节能与能源利用 .... 47—7
　5.1 能源利用指标 .... 47—7
　5.2 节能 .... 47—7
　5.3 能量回收 .... 47—8
　5.4 可再生能源利用 .... 47—8
6 节水与水资源利用 .... 47—8
　6.1 水资源利用指标 .... 47—8
　6.2 节水 .... 47—8
　6.3 水资源利用 .... 47—8
7 节材与材料资源利用 .... 47—8
　7.1 节材 .... 47—8
　7.2 材料资源利用 .... 47—9
8 室外环境与污染物控制 .... 47—9
　8.1 环境影响 .... 47—9
　8.2 水、气、固体污染物控制 .... 47—9
　8.3 室外噪声与振动控制 .... 47—9
　8.4 其他污染控制 .... 47—9
9 室内环境与职业健康 .... 47—9
　9.1 室内环境 .... 47—9
　9.2 职业健康 .... 47—10
10 运行管理 .... 47—10
　10.1 管理体系 .... 47—10
　10.2 管理制度 .... 47—10
　10.3 能源管理 .... 47—10
　10.4 公用设施管理 .... 47—10
11 技术进步与创新 .... 47—10
附录 A 权重和条文分值 .... 47—10
附录 B 工业建筑能耗的范围、
　　　 计算和统计方法 .... 47—12
附录 C 工业建筑水资源利用
　　　 指标的范围、计算和
　　　 统计方法 .... 47—13
本标准用词说明 .... 47—13
引用标准名录 .... 47—13
附：条文说明 .... 47—15

Contents

1 General Provisions .... 47—5
2 Terms .... 47—5
3 Basic Requirements .... 47—5
   3.1 General Requirements .... 47—5
   3.2 Evaluation Method and Rating .... 47—5
4 Land Saving and Sustainable Sites .... 47—6
   4.1 Master Plan and Plant Siting .... 47—6
   4.2 Land Saving .... 47—6
   4.3 Logistics and Public Transportation .... 47—6
   4.4 Land Resources Protection and Recovery .... 47—6
5 Energy Saving and Utilization .... 47—7
   5.1 Energy Consumption Quotas .... 47—7
   5.2 Energy Saving and Efficiency .... 47—7
   5.3 Energy Recovery .... 47—8
   5.4 Renewable Energy Utilization .... 47—8
6 Water Saving and Utilization .... 47—8
   6.1 Water Use Quotas .... 47—8
   6.2 Water Saving .... 47—8
   6.3 Water Utilization .... 47—8
7 Materials Saving and Utilization ... 47—8
   7.1 Materials Saving .... 47—8
   7.2 Materials Utilization .... 47—9
8 Outdoor Environment and Pollution Control .... 47—9
   8.1 Environmental Impact .... 47—9
   8.2 Water Pollutants, Air Pollutants and Solid Wastes Control .... 47—9
   8.3 Outdoor Noise and Vibration Control .... 47—9
   8.4 Other Pollution Control .... 47—9
9 Indoor Environment and Occupational Health .... 47—9
   9.1 Indoor Environment .... 47—9
   9.2 Occupational Health .... 47—10
10 Operation and Management .... 47—10
   10.1 Management System .... 47—10
   10.2 Management Institutions .... 47—10
   10.3 Management of Energy .... 47—10
   10.4 Utility Facilities Management .... 47—10
11 Innovation .... 47—10
Appendix A Weightings and Credits .... 47—10
Appendix B Scope, Calculation and Statistical Method for Energy Consumption Quota of Industrial building .... 47—12
Appendix C Scope, Calculation and Statistical Method for Water Utilization Quota of Industrial Building .... 47—13
Explanation of Wording in This Standard .... 47—13
List of Quoted Standards .... 47—13
Addition: Explanation of Provisions .... 47—15

1 总 则

1.0.1 为贯彻国家绿色发展和建设资源节约型、环境友好型社会的方针政策，执行国家对工业建设的产业政策、装备政策、清洁生产、环境保护、节约资源、循环经济和安全健康等法律法规，推进工业建筑的可持续发展，规范绿色工业建筑评价工作，制定本标准。

1.0.2 本标准适用于新建、扩建、改建、迁建、恢复的建设工业建筑和既有工业建筑的各行业工厂或工业建筑群中的主要生产厂房、各类辅助生产建筑。

1.0.3 本标准规定了各行业评价绿色工业建筑需要达到的共性要求。

1.0.4 当评价绿色工业建筑时，应根据建筑使用功能统筹考虑全寿命周期内土地、能源、水、材料资源利用及环境保护、职业健康和运行管理等的不同要求。

1.0.5 当评价绿色工业建筑时，应考虑不同区域的自然条件、经济和文化等影响因素。

1.0.6 在进行绿色工业建筑的评价时，除应符合本标准外，尚应符合国家现行有关标准的规定。

2 术 语

2.0.1 绿色工业建筑 green industrial building

在建筑的全寿命周期内，能够最大限度地节约资源（节地、节能、节水、节材）、减少污染、保护环境，提供适用、健康、安全、高效使用空间的工业建筑。

2.0.2 工业建筑能耗 energy consumption of industrial building

为保证生产、人和室内外环境所需的各种能源耗量的总和。

2.0.3 单位产品（或单位建筑面积）工业建筑能耗 energy consumption of industrial building for unit product (or unit building area)

统计期内工业建筑能耗与合格产品产量（或建筑面积）的比值。

2.0.4 单位产品取水量 quantity of water intake for unit product

统计期内取水量与合格产品产量的比值。

2.0.5 水重复利用率 water reuse rate

统计期内评价范围中重复利用的水量与总用水量的比值。

2.0.6 单位产品废水产生量 quantity of industrial wastewater for unit product

统计期内废水产生量与合格产品产量的比值。

3 基本规定

3.1 一般规定

3.1.1 工业企业的建设区位应符合国家批准的区域发展规划和产业发展规划要求。

3.1.2 工业企业的产品、产量、规模、工艺与装备水平等应符合国家规定的行业准入条件。

3.1.3 工业企业的产品不应是国家规定的淘汰或禁止生产的产品。

3.1.4 单位产品的工业综合能耗、原材料和辅助材料消耗、水资源利用等工业生产的资源利用指标应达到国家现行有关标准规定的国内基本水平。

3.1.5 各种污染物排放指标应符合国家现行有关标准的规定。

3.1.6 工业企业建设项目用地应符合国家现行有关建设项目用地的规定，不应是国家禁止用地的项目。

3.2 评价方法与等级划分

3.2.1 申请评价的项目应在满足本标准第3.1节的要求后进行评价。

3.2.2 申请评价的工业建筑项目分为规划设计和全面评价两个阶段，规划设计和全面评价可分阶段进行，全面评价应在正常运行管理一年后进行。

3.2.3 申请评价的项目应按本标准有关条文的要求对规划设计、建造和运行管理进行过程控制，并应提交相关文档。

3.2.4 在对工业企业的单体工业建筑进行评价时，凡涉及室外环境的指标，应以该单体工业建筑所处环境的评价结论为依据。

3.2.5 绿色工业建筑评价体系由节地与可持续发展的场地、节能与能源利用、节水与水资源利用、节材与材料资源利用、室外环境与污染物控制、室内环境与职业健康、运行管理七类指标及技术进步与创新构成。

3.2.6 绿色工业建筑评价应按照评价项目的数量、内容和指标，兼顾评价项目的重要性和难易程度，采用权重计分法，各章、节的权重及条文分值应符合本标准附录A的规定。

3.2.7 申请评价的项目应按本标准规定的方法进行打分，绿色工业建筑等级划分应根据评价后的总得分（包括附加分）按表3.2.7的规定确定。

表3.2.7 绿色工业建筑等级划分

序 号	必达分	总得分 P	等 级
1	11	$40 \leq P < 55$	★
2	11	$55 \leq P < 70$	★★
3	11	$P \geq 70$	★★★

3.2.8 当本标准中某条文不适用于评价项目时,该条不参与评价,并不应计分,等级划分应以所得总分按比例调整后确定。

4 节地与可持续发展场地

4.1 总体规划与厂址选择

4.1.1 申请评价的项目建设时应符合国家现行产业发展、区域发展、工业园区或产业聚集区规划的要求。

4.1.2 除国家批准且采取措施保护生态环境的项目外,建设场地不得选择在下列区域:
　1 基本农田;
　2 国家及省级批准的生态功能区,水源、文物、森林、草原、湿地、矿产资源等各类保护区,限制和禁止建设区。

4.1.3 建设场地符合国家现行有关标准的规定,并未选择在下列区域:
　1 发震断层和抗震设防烈度为9度及高于9度的地震区;
　2 有泥石流、流沙、严重滑坡、溶洞等直接危害的地段;
　3 采矿塌落(错动)区地表界限内;
　4 有火灾危险的地区或爆炸危险的范围;
　5 爆破危险区界限内;
　6 坝或堤决溃后可能淹没的地区;
　7 很严重的自重湿陷性黄土地段,厚度大的新近堆积黄土地段和高压缩性的饱和黄土地段等地质条件恶劣地段;
　8 受海啸或湖涌危害等地质恶劣地区。

4.1.4 建设场地总体规划及其动态管理,符合下列要求:
　1 近期建设与远期发展结合,并根据实际变化定期或适时调整;
　2 在既有建筑更新改造的同时,对总体规划进行局部或全面调整。

4.2 节 地

4.2.1 申请评价的项目建设用地符合国家现行工业项目建设用地控制指标的要求。

4.2.2 合理提高建设场地利用系数,容积率与建筑密度均不低于现行国家有关标准的规定,且符合下列要求:
　1 公用设施统一规划、合理共享;
　2 在满足生产工艺前提下,采用联合厂房、多层建筑、高层建筑、地下建筑或利用地形高差的阶梯式建筑;
　3 合理规划建设场地,整合零散空间;
　4 具有与1～3款项相同效果的其他方式。

4.2.3 合理开发可再生地,并符合下列要求:
　1 利用农林业生产难以利用的土地或城市废弃地建设;
　2 利用废弃的工业厂房、仓库、闲置土地进行建设,受污染土地的治理达到国家现行有关标准的环保要求;
　3 利用沟谷、荒地、劣地建设废料场、堆场。

4.3 物流与交通运输

4.3.1 物流运输优先考虑共享社会资源,并符合下列规定:
　1 建设场地邻近公路、铁路、码头或空港;
　2 生产原料、废料与产品仓储物流采用社会综合运输体系;
　3 公用动力站房的位置合理,靠近市政基础设施或厂区负荷中心。

4.3.2 物流运输与交通组织合理,满足生产要求;物流运行顺畅、线路短捷,减少污染。

4.3.3 采用资源消耗小的物流方式,并符合下列规定:
　1 物流仓储利用立体高架方式和信息化管理;
　2 结合厂区地势或建筑物高差,采用能耗小的物流运输方式;
　3 采用环保节能型物流运输设备与车辆,且具备提供补充能源的配套设施;
　4 具有与本条1～3款项相同效果的其他方式。

4.3.4 员工交通符合下列条件:
　1 优先利用公共交通;
　2 配置交通运输工具及停放场地;
　3 自行车停放场地至少满足15%的员工需要;
　4 应具有与本条第1～3款项相同效果的其他方式。

4.4 场地资源保护与再生

4.4.1 因生产建设活动、临时占用和工业生产等所损毁的土地,复垦时符合国家有关规定。

4.4.2 建设场地满足工业生产的要求,且不影响周边环境质量,场地内设有废弃物分类、回收或处理的专用设施和场所。

4.4.3 合理利用或改造地形地貌、保护土地资源,并符合下列要求:
　1 保护名木古树,保留可利用的植被和适于绿化种植的浅层土壤资源;
　2 不破坏场地和周边原有水系的关系;
　3 合理确定的场地标高和建设场地土石方量;
　4 具有与1～3款项相同效果的其他方式。

4.4.4 场地透水地面和防止地下水污染符合下列要求:

1 对于透水良好地层的场地，透水地面面积宜大于室外人行地面总面积的28%；

2 对于透水不良地层的场地，改造后的透水、保水地面面积大于室外地面总面积的8%；

3 透水地面的构造、维护未造成下渗地表水对地下水质的污染；

4 污染危险区设有良好的不透水构造，冲洗后的污水经回收或处理后达标排放；

5 具有与1~4款项相同效果的其他方式。

4.4.5 建设场地的绿地率符合现行国家标准《城市用地分类与规划建设用地标准》GB 50137和国家有关绿地率的规定。

4.4.6 建设场地绿植种类应多样，成活率不得低于90%，且符合生产环境要求。

4.4.7 建设场地有利于可再生能源持续利用。

4.4.8 建设场地具有应对异常气候的应变能力，并符合下列要求：

1 重大建设项目先作气候可行性论证；

2 暴雨多发地区采取防止暴雨时发生滑坡、泥石流和油料、化学危险品等污染水体的措施；

3 暴雪频繁地区采取防止暴雪压垮大跨度结构屋面建筑的措施；

4 台风、龙卷风频繁地区采取抗强风措施；

5 针对气候异常其他危害形式采取的相应措施。

5 节能与能源利用

5.1 能源利用指标

5.1.1 工业建筑能耗的范围、计算和统计方法应符合本标准附录B的规定，单位产品（或单位建筑面积）工业建筑能耗指标应达到下列国内同行业水平：

1 基本水平；

2 先进水平；

3 领先水平。

5.1.2 设备的能效值分别符合下列要求：

1 空调、供暖系统的冷热源机组的能效值达到现行国家标准《冷水机组能效限定值及能源效率等级》GB 19577规定的2级及以上能效等级；

2 单元式空气调节机组的能效值达到现行国家标准《单元式空气调节机能效限定值及能源效率等级》GB/T 19576规定的3级及以上能效等级；

3 多联式空调机组的能效值达到现行国家标准《多联式空调（热泵）机组能效限定值及能源效率等级》GB 21454规定的2级及以上能效等级；

4 风机、水泵等动力设备（消防设备除外）效率值达到现行国家标准《通风机能效限定值及节能评价值》GB 19761和《清水离心泵能效限定值及节能评价值》GB 19762规定的2级及以上能效等级；

5 锅炉效率达到现行国家标准《工业锅炉能效限定值及能效等级》GB 24500规定的2级及以上工业锅炉能效等级；

6 电力变压器效率达到现行国家标准《电力变压器能效限定值及能效等级》GB 24790规定的2级及以上能效等级；

7 配电变压器的能效限定值达到现行国家标准《三相配电变压器能效限定值及节能评价值》GB 20052的规定。

5.2 节　能

5.2.1 建筑围护结构的热工参数符合国家现行有关标准的规定。

5.2.2 有温湿度要求的厂房，其外门、外窗的气密性等级和开启方式符合要求。

5.2.3 合理利用自然通风。

5.2.4 主要生产及辅助生产的建筑外围护结构未采用玻璃幕墙。

5.2.5 电力系统的电压偏差、三相电压不平衡指标均符合国家现行有关标准的规定；电力谐波治理符合国家现行有关标准规定的限值和允许值；用电系统的功率因数优于国家现行有关标准和规定的限定值。

5.2.6 合理利用自然采光。

5.2.7 人工照明符合现行国家标准《建筑照明设计标准》GB 50034的要求。

1 在满足照度的情况下，照明功率密度值不高于现行国家标准《建筑照明设计标准》GB 50034的规定值；

2 在考虑显色性的基础上，选用发光效率高、寿命长的光源和高效率灯具及镇流器；

3 当采用人工照明光源时，设置调节的照明控制系统；有条件时采用智能照明系统。

5.2.8 风机、水泵等输送流体的公用设备合理采用流量调节措施。

5.2.9 按区域、建筑和用途分别设置各种用能的计量设备或装置，进行用能的分区、分类和分项计量。

5.2.10 在满足生产和人员健康前提下，洁净或空调厂房的室内空气参数、系统风量等的调整有明显节能效果。

5.2.11 采用有效措施，提高能源的综合利用率。

5.2.12 高大厂房合理采用辐射供暖系统。

5.2.13 设有空调的车间采用有效的节能空调系统。

5.2.14 根据工艺生产需要及室内、外气象条件，空调制冷系统合理地利用天然冷源。

5.2.15 设计时正确选用冷冻水的供回水温度，运行时合理设定冷冻水的供回水温度。

5.2.16 在满足生产工艺条件下，空调系统的划分、送回风方式（气流组织）合理并证实节能有效。

5.2.17 公用和电气设备（系统）设置有效的节能调节系统。

5.2.18 施工完毕后，对制冷、空调、供暖、通风和除尘等系统进行节能调试，调节功能正常。

5.3 能量回收

5.3.1 设置热回收系统，有效利用工艺过程和设备产生的余（废）热。

5.3.2 在有热回收条件的空调、通风系统中合理设置热回收系统。

5.3.3 对生产过程中产生的可作能源的物质采取回收和再利用措施。

5.4 可再生能源利用

5.4.1 工业建筑的供暖和空调合理采用地源热泵及其他可再生能源。

5.4.2 利用可再生能源供应的生活热水量不低于生活热水总量的10%。

5.4.3 合理利用空气的低品位热能。

6 节水与水资源利用

6.1 水资源利用指标

6.1.1 单位产品取水量的范围、计算和统计方法应符合本标准附录C的规定，单位产品取水量指标应达到下列国内同行业水平：
  1 基本水平；
  2 先进水平；
  3 领先水平。

6.1.2 水重复利用率的计算和统计方法应符合本标准附录C的规定，水重复利用率应达到下列国内同行业水平：
  1 基本水平；
  2 先进水平；
  3 领先水平。

6.1.3 蒸汽凝结水利用率的计算和统计方法应符合本标准附录C的规定，对生产过程中产生的蒸汽凝结水设置回收系统，蒸汽凝结水利用率达到下列国内同行业水平：
  1 基本水平；
  2 先进水平；
  3 领先水平。

6.1.4 单位产品废水产生量的计算和统计方法应符合本标准附录C的规定，单位产品废水产生量达到下列国内同行业水平：
  1 基本水平；
  2 先进水平；
  3 领先水平。

6.2 节 水

6.2.1 生产工艺节水技术及其设施、设备处于国内同行业先进水平或领先水平。

6.2.2 设置工业废水再生回用系统，回用率达到国内同行业先进或领先水平。

6.2.3 合理采用其他介质的冷却系统替代常规水冷却系统。

6.2.4 采用适合本地的植物品种，或采用喷灌、微灌等高效灌溉系统。

6.2.5 采取有效措施，减少用水设备和管网漏损。

6.2.6 合理规划屋面和地表雨水径流，合理确定雨水调蓄、处理及利用工程。

6.2.7 清洗、冲洗工器具等采用节水或免水技术。

6.2.8 给水系统采用分级计量，水表计量率符合现行国家标准《节水型企业评价导则》GB/T 7119 的要求。

6.3 水资源利用

6.3.1 综合利用各种水资源并符合所在地区水资源综合利用规划。

6.3.2 给水系统的安全性和可靠性符合国家现行有关标准的规定。

6.3.3 企业自备水源工程经有关部门批准，符合国家现行有关法规、政策、规划及标准的规定。

6.3.4 给水处理工艺先进，水质符合国家现行有关标准的规定。

6.3.5 按照用水点对水质、水压要求的不同，采用分系统供水。

6.3.6 生产用水部分或全部采用非传统水源。

6.3.7 景观用水、绿化用水、卫生间冲洗用水、清扫地面用水、消防用水及建筑施工用水等采用非传统水源。

6.3.8 排水系统完善，并符合所在地区的排水制度和排水工程规划。

6.3.9 按废水水质分流排水，排放水质符合国家现行有关标准的规定。

6.3.10 污、废水处理系统技术先进，且其排水水质优于国家现行有关标准的规定。

7 节材与材料资源利用

7.1 节 材

7.1.1 合理采用下列节材措施：
  1 工艺、建筑、结构、设备一体化设计；
  2 土建与室内外装修一体化设计；
  3 根据工艺要求，建筑造型要素简约，装饰性构件适度。

7.1.2 采用资源消耗少和环境影响小的建筑结构体系。

7.1.3 建筑材料和制品的耐久性措施符合国家现行有关标准的规定。

7.1.4 钢结构厂房单位建筑面积用钢量优于同行业同类型厂房的全国平均水平。

7.2 材料资源利用

7.2.1 不得使用国家禁止使用的建筑材料或建筑产品。

7.2.2 采用下列建筑材料、建筑制品及技术：
　　1 国家批准的推荐建筑材料或产品；
　　2 主要厂房建筑结构材料合理采用高性能混凝土或高强度钢；
　　3 复合功能材料；
　　4 工厂化生产的建筑制品；
　　5 与1～4款项效果相同的其他建筑材料、建筑制品或新技术。

7.2.3 场地内既有建筑、设施或原有建筑的材料，经合理处理或适度改造后继续利用。

7.2.4 在保证性能的前提下，使用以废弃物为原料生产的建筑材料，占可用同类建筑材料总量的比例不低于30%。

7.2.5 在建筑设计选材时考虑材料的可循环使用性能。在保证安全和不污染环境的情况下，可再循环料使用量占所用相应建筑材料总量的10%以上。

7.2.6 主要建筑材料占相应材料量60%以上的运输距离符合下列要求：
　　1 混凝土主要原料（水泥、骨料、矿物掺合料）在400km以内；
　　2 预制建筑产品在500km以内；
　　3 钢材在1100km以内。

7.2.7 使用的建筑材料和产品的性能参数与有害物质的限量应符合国家现行有关标准的规定。

8 室外环境与污染物控制

8.1 环境影响

8.1.1 建设项目的环境影响报告书（表）应获得批准。

8.1.2 建设项目配套建设的环境保护设施已通过有关环境保护行政主管部门竣工验收。

8.2 水、气、固体污染物控制

8.2.1 废水中有用物质的回收利用指标达到下列国内同行业水平：
　　1 基本水平；
　　2 先进水平；
　　3 领先水平。

8.2.2 废气中有用气体的回收利用率达到下列国内同行业水平：
　　1 基本水平；
　　2 先进水平；
　　3 领先水平。

8.2.3 固体废物回收利用指标达到下列国内同行业水平：
　　1 基本水平；
　　2 先进水平；
　　3 领先水平。

8.2.4 末端处理前水污染物指标应符合或优于本行业清洁生产国家现行标准的规定；经末端处理后，水污染物最高允许排放浓度应符合或优于国家现行有关污染物排放标准的规定；排放废水中有关污染物排放总量应符合或优于国家现行污染物总量控制指标的规定。

8.2.5 大气污染物的排放浓度、排放速率和无组织排放浓度值应符合或优于国家现行有关污染物排放标准的规定；排放废气中有关污染物排放总量应符合或优于国家现行污染物总量控制指标的规定。

8.2.6 固体废物的储存和处置符合国家现行有关标准的规定，在分类收集和处理固体废物的过程中采取无二次污染的预防措施。

8.2.7 危险废物处置符合国家现行有关标准的规定。

8.3 室外噪声与振动控制

8.3.1 厂界环境噪声符合现行国家标准《工业企业厂界噪声排放标准》GB 12348的规定。

8.3.2 工艺设备、公用设施产生的振动采取减振、隔振措施，振动强度符合现行国家标准《城市区域环境振动标准》GB 10070的规定。

8.4 其他污染控制

8.4.1 建筑玻璃幕墙、灯光设置、外墙饰面材料等所造成的光污染符合国家现行有关标准的规定。

8.4.2 电磁辐射环境影响报告书（表）已获批准，电磁辐射环境影响优于现行国家标准《电磁辐射防护规定》GB 8702的规定。

8.4.3 使用和产生的温室气体和破坏臭氧层的物质排放符合国家有关规定。

9 室内环境与职业健康

9.1 室内环境

9.1.1 厂房内的空气温度、湿度、风速符合国家现行工业企业设计卫生标准的规定。

9.1.2 辅助生产建筑的室内空气质量符合国家现行

有关标准的规定。

9.1.3 工作场所有害因素职业接触限值符合国家现行有关标准的规定，满足职业安全卫生评价的规定。如采取工程控制技术措施仍达不到上述标准要求的，根据实际情况采取了适宜的个人防护措施。

9.1.4 室内最小新风量应符合国家现行有关卫生标准的规定。

9.1.5 建筑围护结构内部和表面（含冷桥部位）无结露、发霉等现象。

9.1.6 工作场所照度、统一眩光值、一般显色指数等指标满足现行国家标准《建筑照明设计标准》GB 50034 的规定。

9.1.7 工作场所产生的噪声采取了减少噪声污染和隔声措施，建筑物及其相邻建筑物的室内噪声限值符合国家现行有关标准的规定。如采取工程控制技术措施仍达不到上述标准要求的，根据实际情况采取了有效的个人防护措施。

9.2 职业健康

9.2.1 可能产生职业病危害的建设项目，按照国家现行建设项目职业病危害预评价技术导则的规定进行了预评价，在竣工验收前按照国家现行建设项目职业病危害控制效果评价技术导则的规定进行了职业病危害控制效果的评价，验收合格；运行后对相关员工进行定期体检。

9.2.2 工作场所产生的振动采取了减少振动危害或隔振措施，手传振动接振强度、全身振动强度及相邻建筑物室内的振动强度符合国家现行有关标准的规定。如采取工程控制技术措施仍达不到上述标准规定的，根据实际情况已采取了有效的个人防护措施。

9.2.3 工作场所职业病危害警示标识、安全标志设置正确、完整。

10 运行管理

10.1 管理体系

10.1.1 应通过环境管理体系认证。

10.1.2 应通过职业健康安全管理体系认证。

10.2 管理制度

10.2.1 设置了与企业规模相适应的能源管理、水资源管理、职业健康、安全及环境保护的领导机构和管理部门。

10.2.2 设置了与企业规模相适应的能源管理、水资源管理、职业健康、安全及环境保护的专职人员及管理制度，并进行定期的培训和考核。

10.2.3 鼓励员工提出合理化建议，制定相应的奖励制度。

10.3 能源管理

10.3.1 能源信息准确、完整，有定期检查或改进的措施记录。

10.3.2 能源管理系统符合生产工艺和工业建筑的特点，系统功能完善，系统运行稳定。

10.3.3 企业已建立建筑节能管理标准体系。

10.4 公用设施管理

10.4.1 建筑物和厂区内各种公用设备和管道、阀门、相关设施的严密性、防腐措施符合国家现行有关标准的规定，并已制定相应的应急措施。

10.4.2 对建筑物和厂区各类站房内设备、设施的运行状况已设置自动监控系统，且运行正常。

10.4.3 对建筑物和厂区内公用设备、设施的电耗、气耗和水资源利用等已设置便于考核的计量设施，并进行实时计量和记录。

10.4.4 公用设备和设施已建立完善的检修维护制度，记录完整，运行安全。

11 技术进步与创新

11.0.1 在工业建筑建设或运行过程中所采取的创新技术或管理方法，鉴定结论达到下列水平时可予以加分：

1 国内领先；
2 国际先进；
3 国际领先。

11.0.2 在工业建筑建设或运行过程中采取的新技术、新工艺、新方法，获得国家、省部级或行业科学技术奖，达到下列水平时可予以加分：

1 省部级或行业科学技术奖；
2 国家科学技术奖。

附录A 权重和条文分值

A.0.1 章、节权重应符合表 A.0.1 的规定。

表 A.0.1 章、节权重

章		节	
章号	权重（%）	节号	相对权重（%）
4	12.0	1	23.3
		2	17.4
		3	20.7
		4	38.6
5	26.0	1	21.2
		2	57.7
		3	11.5
		4	9.6

续表 A.0.1

章		节	
章号	权重（%）	节号	相对权重（%）
6	19.0	1	36.8
		2	29.5
		3	33.7
7	10.0	1	40.0
		2	60.0
8	12.0	1	10.0
		2	55.8
		3	15.8
		4	18.4
9	11.0	1	72.7
		2	27.3
10	10.0	1	12.0
		2	18.0
		3	32.0
		4	38.0
11	—	—	—

A.0.2 条文分值应符合表 A.0.2 的规定。

表 A.0.2 条文分值

章		节		条		款		必达分
章号	最高分	节号	最高分	条文号	分值范围	款号	最高分	
4	12.0	1	2.8	4.1.1	0.7	—	—	0.7
				4.1.2	0.7	—	—	0.7
				4.1.3	0.7	—	—	—
				4.1.4	0.5~0.7	—	—	—
		2	2.1	4.2.1	0.7	—	—	—
				4.2.2	0.5~0.7	—	—	—
				4.2.3	0.5~0.7	—	—	—
		3	2.5	4.3.1	0.6	—	—	—
				4.3.2	0.5	—	—	—
				4.3.3	0.5~0.7	—	—	—
				4.3.4	0.5~0.7	—	—	—
		4	4.6	4.4.1	0.5	—	—	—
				4.4.2	0.5	—	—	—
				4.4.3	0.5~0.7	—	—	—
				4.4.4	0.5~0.7	—	—	—
				4.4.5	0.5	—	—	—
				4.4.6	0.5	—	—	—
				4.4.7	0.5	—	—	—
				4.4.8	0.5~0.7	—	—	—
5	26.0	1	5.5	5.1.1	2.0~4.0	1	2.0	2.0
						2	3.0	
						3	4.0	
				5.1.2	0.2~1.5	—	—	—
		2	15.0	5.2.1	0.8	—	—	—
				5.2.2	0.6	—	—	—

续表 A.0.2

章		节		条		款		必达分
章号	最高分	节号	最高分	条文号	分值范围	款号	最高分	
5	26.0	2	15.0	5.2.3	1.1	—	—	—
				5.2.4	0.6	—	—	—
				5.2.5	0.6~1.1	—	—	—
				5.2.6	0.8	—	—	—
				5.2.7	0.6~0.8	—	—	—
				5.2.8	0.8	—	—	—
				5.2.9	0.8	—	—	—
				5.2.10	1.1	—	—	—
				5.2.11	1.1	—	—	—
				5.2.12	0.8	—	—	—
				5.2.13	0.6~0.8	—	—	—
				5.2.14	0.6~0.8	—	—	—
				5.2.15	0.8	1	0.3	—
				5.2.16	0.8	—	—	—
				5.2.17	0.8	—	—	—
				5.2.18	0.6	—	—	—
		3	3.0	5.3.1	1.1	—	—	—
				5.3.2	0.8~1.1	—	—	—
				5.3.3	0.8	—	—	—
		4	2.5	5.4.1	1.1	—	—	—
				5.4.2	0.6~0.8	—	—	—
				5.4.3	0.6	—	—	—
6	19.0	1	7.0	6.1.1	1.0~2.0	1	1.0	1.0
						2	1.5	
						3	2.0	
				6.1.2	1.0~2.0	1	1.0	1.0
						2	1.5	
						3	2.0	
				6.1.3	0.9~1.5	1	0.9	—
						2	1.2	
						3	1.5	
				6.1.4	0.9~1.5	1	0.9	—
						2	1.2	
						3	1.5	
		2	5.6	6.2.1	0.6~0.8	—	—	—
				6.2.2	0.6~0.8	—	—	—
				6.2.3	0.6	—	—	—
				6.2.4	0.6	—	—	—
				6.2.5	0.6	—	—	—
				6.2.6	0.8	—	—	—
				6.2.7	0.6	—	—	—
				6.2.8	0.8	—	—	—
		3	6.4	6.3.1	0.6	—	—	—
				6.3.2	0.6	—	—	—
				6.3.3	0.4	—	—	—
				6.3.4	0.6	—	—	—
				6.3.5	0.8	—	—	—
				6.3.6	0.4~0.6	—	—	—
				6.3.7	0.8	—	—	—
				6.3.8	0.6	—	—	—
				6.3.9	0.6	—	—	—
				6.3.10	0.8	—	—	—

续表 A.0.2

章		节		条		款		必达分
章号	最高分	节号	最高分	条文号	分值范围	款号	最高分	
7	10.0	1	4.0	7.1.1	0.7~1.2	—	—	
				7.1.2	0.9	—	—	
				7.1.3	0.7	—	—	
				7.1.4	0.7~1.2	—	—	
		2	6.0	7.2.1	0.7	—	—	0.7
				7.2.2	0.7~1.2	—	—	
				7.2.3	0.7	—	—	
				7.2.4	0.7	—	—	
				7.2.5	0.9	—	—	
				7.2.6	0.9	—	—	
				7.2.7	0.9	—	—	0.9
8	12.0	1	1.2	8.1.1	0.6	—	—	0.6
				8.1.2	0.6	—	—	
		2	6.7	8.2.1	0.6~1.1	1	0.6	—
						2	0.8	
						3	1.1	
				8.2.2	0.6~1.1	1	0.6	—
						2	0.8	
						3	1.1	
				8.2.3	0.6~1.1	1	0.6	—
						2	0.8	
						3	1.1	
				8.2.4	0.6~1.2	—	—	0.6
				8.2.5	0.6~0.8	—	—	0.6
				8.2.6	0.8	—	—	
				8.2.7	0.6	—	—	
		3	1.9	8.3.1	1.1	—	—	
				8.3.2	0.8	—	—	
		4	2.2	8.4.1	0.8	—	—	
				8.4.2	0.6	—	—	
				8.4.3	0.8	—	—	
9	11.0	1	8.0	9.1.1	1.0	—	—	
				9.1.2	1.0	—	—	
				9.1.3	1.2~1.6	—	—	
				9.1.4	1.0	—	—	1.0
				9.1.5	0.9	—	—	
				9.1.6	0.9	—	—	
				9.1.7	1.0~1.4	—	—	
		2	3.0	9.2.1	1.2	—	—	
				9.2.2	1.0	—	—	
				9.2.3	0.8	—	—	
10	10.0	1	1.2	10.1.1	0.6	—	—	0.6
				10.1.2	0.6	—	—	0.6
		2	1.8	10.2.1	0.6	—	—	
				10.2.2	0.6	—	—	
				10.2.3	0.6	—	—	
		3	3.2	10.3.1	1.2	—	—	
				10.3.2	1.2	—	—	
				10.3.3	0.8	—	—	
		4	3.8	10.4.1	1.0	—	—	
				10.4.2	0.8	—	—	
				10.4.3	1.2	—	—	
				10.4.4	0.8	—	—	

续表 A.0.2

章		节		条		款		必达分
章号	最高分	节号	最高分	条文号	分值范围	款号	最高分	
11	10.0	—	10.0	11.0.1	0.0~4.0	1	1.0	—
						2	2.0	
						3	3.0	
				11.0.2	0.0~6.0	1	2.0	
						2	6.0	

注：本标准参评的条文数共计116条，第4章至第10章最高分为100分，第11章最高附加分10分。

附录 B 工业建筑能耗的范围、计算和统计方法

B.0.1 工业建筑能耗应包含下列内容：
  1 用于照明、供暖、通风、空调、净化、制冷（包括风机、水泵、空气压缩机、制冷机、电动阀门、各类电机及设备、控制装置、锅炉、热交换机组等）系统的全年能耗量；
  2 用于环境保护、职业健康安全预防设施的全年能耗量；
  3 用于1~2款所没有涉及的各种设备和系统的电、煤、汽、水、气、油等各种能源的全年能耗量；
  4 工艺设备回收的能量，当用于生活、改善室内外环境时，为回收该部分能量所消耗和回收的能量。

B.0.2 工业建筑能耗指标应按下式计算：

$$I_j = I \times \frac{E_{aj}}{E_a} \quad (B.0.2)$$

式中：I_j——工业建筑能耗指标；
  I——工业综合能耗指标；
  E_{aj}——全年工业建筑能耗，当有行业清洁生产标准或国家、行业和地方规定的综合能耗指标时，可选择行业内有代表性且有施工图设计的若干企业按B.0.1条工业建筑能耗范围和公式（B.0.2）进行计算；当无行业清洁生产标准或国家、行业和地方规定的能耗指标时，可选择本行业在节能方面做得好、较好、较差（符合国内基本水平的要求）且有施工图设计的若干企业按B.0.1条工业建筑能耗范围和公式（B.0.2）进行计算；
  E_a——全年工业综合能耗。

B.0.3 工业建筑能耗的统计方法应根据B.0.1条工业建筑能耗范围，按申请评价的项目统计期内各种工业建筑能耗的实际分项计量，求得工业建筑能耗。

B.0.4 各种能源折算成标准煤的系数应采用国家规

定的当年折算值。电力折算标准煤系数按火电发电标准煤耗等价值计算，在实际应用中应以国家统计局正式公布数据为准。引用某行业标准煤耗时，按照行业清洁生产标准所规定的数据折算。

B.0.5 规划设计应根据B.0.2条所列的方法进行计算；全面评价阶段应根据B.0.3条所列的方法进行统计。

附录C 工业建筑水资源利用指标的范围、计算和统计方法

C.0.1 申请评价的项目所属行业已经发布清洁生产标准且该标准对水资源利用有关指标的范围、计算和统计方法等内容已有规定时，评价按该行业清洁生产标准执行；否则按本标准附录C.0.2、C.0.3和C.0.4条的有关规定执行。

C.0.2 取水量可包括下列内容：
1 企业自备给水工程取自地表水、地下水的水量；
2 取自城镇供水工程的水量；
3 企业从市场购得的其他水或水的产品（如蒸汽、热水、地热水及城市再生水等）；
4 不包括企业自取的海水和苦咸水，不包括企业为外供给市场的水或水的产品（如蒸汽、热水、地热水等）而取用的水量。

C.0.3 取水量、单位产品取水量、水重复利用率、蒸汽凝结水利用率以及单位产品废水产生量等指标的计算方法应分别符合下列规定：

1 取水量的确定应选择本行业在节水方面处于不同水平（至少符合国内基本水平的要求）的若干企业，按本标准附录C.0.2条规定的范围，根据项目提供的相关数据（每班员工人数、台班、总取水量、平均时用水量、变化系数、设备数量及同时使用百分数等），扣除水以产品形式外供给市场的部分求得。

2 单位产品取水量应按下式进行计算：

$$V_p = \frac{V_c}{Q} \quad (C.0.3-1)$$

式中：V_p——单位产品取水量（m³/单位产品或L/单位产品）；
V_c——统计期内的取水量（m³或L）；
Q——统计期内合格产品的产量。

3 水重复利用率应按下式进行计算：

$$R = \frac{V_r}{V_r + V_i} \times 100 \quad (C.0.3-2)$$

式中：R——水重复利用率（%）；
V_r——统计期内的重复利用水量（m³）；
V_i——统计期内进入到系统的新鲜水量（m³）。

4 蒸汽凝结水利用率应按下式进行计算：

$$R_q = \frac{V_b}{V_d} \times 100 \quad (C.0.3-3)$$

式中：R_q——蒸汽凝结水利用率（%）；
V_b——统计期内，回用的蒸汽凝结水量（t）；
V_d——统计期内，使用的蒸汽发气量（t）。

5 单位产品废水产生量应按下式进行计算：

$$V_u = \frac{V_w}{Q} \quad (C.0.3-4)$$

式中：V_u——单位产品废水产生量（m³/单位产品或L/单位产品）；
V_w——统计期内的废水产生量（m³或L）。

C.0.4 取水量与蒸气凝结水的统计方法应符合下列要求：

1 取水量应根据本标准附录C.0.2的取水量范围，按所评价项目统计期内实际计量的水量、以水或水的产品等形式外供给市场的总水量，计算得出该项目的取水量。

2 蒸汽凝结水的有关数据的统计应以年度为计量周期，与水重复利用率的统计各自独立。

本标准用词说明

1 为便于在执行本标准条文时区别对待，对要求严格程度不同的用词说明如下：

1）表示很严格，非要求这样做不可的：
正面词采用"必须"，反面词采用"严禁"；

2）表示很严格，在正常情况下均应这样做的：
正面词采用"应"，反面词采用"不应"或"不得"；

3）表示允许稍有选择，在条件许可时首先应这样做的：
正面词采用"宜"，反面词采用"不宜"；

4）表示有选择，在一定条件下可以这样做的，采用"可"。

2 条文中指明应按其他有关标准执行的写法为"应符合……的规定"或"应按……执行"。

引用标准名录

1 《建筑照明设计标准》GB 50034
2 《城市用地分类与规划建设用地标准》GB 50137
3 《节水型企业评价导则》GB/T 7119
4 《电磁辐射防护规定》GB 8702
5 《城市区域环境振动标准》GB 10070
6 《工业企业厂界噪声排放标准》GB 12348
7 《单元式空气调节机能效限定值及能源效率等级》GB/T 19576
8 《冷水机组能效限定值及能源效率等级》

GB 19577

9 《通风机能效限定值及节能评价值》GB 19761

10 《清水离心泵能效限定值及节能评价值》GB 19762

11 《三相配电变压器能效限定值及节能评价值》GB 20052

12 《多联式空调(热泵)机组能效限定值及能源效率等级》GB 21454

13 《工业锅炉能效限定值及能效等级》GB 24500

14 《电力变压器能效限定值及能效等级》GB 24790

中华人民共和国国家标准

绿色工业建筑评价标准

GB/T 50878—2013

条 文 说 明

制 订 说 明

《绿色工业建筑评价标准》GB/T 50878-2013 经住房和城乡建设部 2013 年 8 月 8 日以第 113 号公告批准、发布。

本标准是在《绿色工业建筑评价导则》实践的基础上，由中国建筑科学研究院、机械工业第六设计研究院有限公司会同国内具有代表性的工业行业的高等院校、科研院所等有关单位共同编制完成。

在标准编制过程中，编制组对不同工业行业，如汽车、啤酒、机床、制药、电子、铸造、航空、机械、烟草、纺织等类别的工业建筑进行了调查研究，对主要问题进行了专题论证，对具体内容进行了反复讨论和修改，广泛地征求了有关专家的意见，吸取了国内外在绿色建筑评价方面的经验，完成了标准的编制。

本标准在贯彻以实现工业建筑在全寿命周期内节地、节能、节水、节材、保护环境、保障员工健康和加强运行管理的"四节二保一加强"为目标，提出了符合中国国情、具有不同工业行业共性特点的评价内容。

本标准在执行国家或行业已经颁布的一系列发展规划、建设用地、清洁生产、环境保护、节能减排、职业健康等指标数据的基础上，提出了适合于不同工业行业建筑绿色评价的可操作的量化指标和技术措施。

为便于广大设计、施工、科研、学校等单位有关人员在使用本标准时能正确理解和执行条文的规定，《绿色工业建筑评价标准》编制组按章、节、条顺序编制了本标准的条文说明，对条文规定目的、依据以及执行中需注意的有关事项进行了说明。但是，本条文说明不具备与标准正文同等的法律效力，仅供使用者作为理解和把握标准规定的参考。

目　次

1 总则 …………………………………………… 47—18
2 术语 …………………………………………… 47—18
3 基本规定 ……………………………………… 47—19
　3.1 一般规定 ………………………………… 47—19
　3.2 评价方法与等级划分 …………………… 47—19
4 节地与可持续发展场地 ……………………… 47—20
　4.1 总体规划与厂址选择 …………………… 47—20
　4.2 节地 ……………………………………… 47—20
　4.3 物流与交通运输 ………………………… 47—21
　4.4 场地资源保护与再生 …………………… 47—21
5 节能与能源利用 ……………………………… 47—23
　5.1 能源利用指标 …………………………… 47—23
　5.2 节能 ……………………………………… 47—23
　5.3 能量回收 ………………………………… 47—26
　5.4 可再生能源利用 ………………………… 47—26
6 节水与水资源利用 …………………………… 47—26
　6.1 水资源利用指标 ………………………… 47—26
　6.2 节水 ……………………………………… 47—27
　6.3 水资源利用 ……………………………… 47—28
7 节材与材料资源利用 ………………………… 47—29
　7.1 节材 ……………………………………… 47—29
　7.2 材料资源利用 …………………………… 47—30
8 室外环境与污染物控制 ……………………… 47—31
　8.1 环境影响 ………………………………… 47—31
　8.2 水、气、固体污染物控制 ……………… 47—31
　8.3 室外噪声与振动控制 …………………… 47—33
　8.4 其他污染控制 …………………………… 47—33
9 室内环境与职业健康 ………………………… 47—34
　9.1 室内环境 ………………………………… 47—34
　9.2 职业健康 ………………………………… 47—35
10 运行管理 …………………………………… 47—35
　10.1 管理体系 ……………………………… 47—35
　10.2 管理制度 ……………………………… 47—36
　10.3 能源管理 ……………………………… 47—36
　10.4 公用设施管理 ………………………… 47—36
11 技术进步与创新 …………………………… 47—36
附录A　权重和条文分值 ……………………… 47—37
附录B　工业建筑能耗的范围、
　　　　计算和统计方法 ……………………… 47—37
附录C　工业建筑水资源利用
　　　　指标的范围、计算和
　　　　统计方法 ……………………………… 47—37

1 总　　则

1.0.1　《中华人民共和国国民经济和社会发展第十二个五年规划纲要》中，明确提出了"绿色发展，建设资源节约型、环境友好型社会"的方针。面对日趋强化的资源环境约束，必须增强危机意识，树立绿色、低碳发展理念，以节能减排为重点，健全激励与约束机制，加快构建资源节约、环境友好的生产方式和消费模式，增强可持续发展能力，提高生态文明水平。

在绿色发展和"两型社会"方针的指导下，国务院各部门出台了工业行业和企业产业结构调整、转型升级和清洁生产准入条件、节能减排、环境保护、安全健康等一系列可持续发展的政策法规、条例及规定，为本标准的编制提供了依据。

1.0.2　"绿色工厂"或"绿色工业"的含义较广，包括了"绿色产品"、"绿色制造技术（即绿色工艺）"和"绿色工业建筑"三大内容，评价"绿色产品"和"绿色制造工艺"不应采用本标准。

本标准适用于绿色工业建筑的评价，包含主要生产厂房及其内的办公间和生活间；当进行全厂性评价时，建筑群中其他辅助生产建筑、各类动力站房建筑、试验检验车间、仓储类建筑也应该进行评价。

贴建于厂房的全厂性办公楼和其他类型建筑应按相关标准进行评价。

工业企业建筑群中独立的办公科研建筑、生活服务建筑，以及培训教育建筑、文化娱乐建筑等其他非生产性和非辅助生产性建筑都不在本标准评价范围内，而应执行相关的评价标准。

目前全国有 6400 多个工厂已通过国家清洁生产标准达标验收，有不少工厂取得了节能、节水型企业评价，本标准也适用于对既有工业建筑的绿色评价。

1.0.3　工业各行业对节地、节能、节水、节材、环境保护、职业健康和运行管理等要求虽有不同，但从总体上考虑都有共同遵守的原则和要求。从调研和以往评价绿色工业建筑的经验分析，制定一个工业各行业的共性规定是可行的、必需的，因此，本标准规定了工业各行业评价绿色工业建筑需要达到的共性要求。

1.0.4　工业建筑从规划设计、建造、运行管理到最终拆除，形成一个全寿命周期。对不同的工业行业，其清洁生产和各种资源的利用、消耗、再生与循环利用的程度也不尽相同，许多行业规定了其相应的标准；环境保护同样也有其规定，要达到这些标准和规定的要求和指标，都与工业建筑服务的对象及内容有直接的关联。

1.0.5　我国不同地区的自然条件、地理环境、经济发展水平与社会习惯等都有着很大差异，因此评价绿色工业建筑时，应注重地域性、因地制宜、实事求是，充分考虑建筑所在地的特点。

1.0.6　符合国家现行法律法规与相关的行业标准、地方标准是参与绿色工业建筑评价的前提条件。本标准未全部涵盖通常建筑物所应有的功能和性能要求，着重评价与绿色工业建筑功能相关的内容，主要包括节地与可持续发展场地、节能与能源利用、节水与水资源利用、节材与材料资源利用、室外环境与污染物控制、室内环境与职业健康、运行管理、技术进步与创新等方面，而对建筑本身的某些要求，如结构安全、防火安全等，不列入本标准。发展绿色工业建筑，建设节约型社会，必须倡导城乡统筹规划、循环经济的理念，全社会共同参与挖掘节地、节能、节水、节材的潜力。注重经济性，从建筑的全寿命周期核算效益和成本，符合市场发展的需求及地方经济状况，实现经济效益、社会效益和环境效益的统一。

2 术　　语

2.0.2　工业建筑能耗与民用建筑能耗有较大区别，工业建筑是为工业生产服务的，其功能必须满足生产要求，所以工业建筑能耗的范围包括为保证正常生产，人和室内外环境所需的各种能源的耗量的总和。

2.0.3　单位产品（或建筑面积）的能耗是衡量其是否达到评价要求的重要指标。在以单位建筑面积工业建筑能耗为指标时，对恒温恒湿、净化或空调车间单独进行能耗指标量化，应扣除非恒温恒湿、净化或空调车间的建筑面积和相应的能耗。

2.0.4　本标准以单位产品作为被评价项目取水量水平的考核单元。取水量的含义与《节水型企业评价导则》GB/T 7119—2006 保持一致。为鼓励企业开发利用非传统的水资源，本指标不包括企业自取的海水和苦咸水的水量。

产品指最终产品、中间产品或初级产品；对承担某些行业或工艺（工序）的工业建筑（厂房或车间），可用单位原料加工量为核算单元。

2.0.5　关于水的重复利用率，现行国家相关标准有不同的规定。《工业企业产品取水定额编制通则》GB/T 18820—2011 中规定"重复利用率"是指"生产过程中重复利用的水量总和"与"生产过程中取水量总和"之比，即该通则关于水的重复利用率是特指"生产过程"；《节水型企业评价导则》GB/T 7119—2006 则将"重复利用率"定义为"企业的重复利用水量"与"企业的取水量"之比，并明确定义"重复利用水量"是"所有未经处理或经处理后重复使用的水量的总和"，即这里的重复利用率既包括生产过程，又包括非生产过程。本标准"水重复利用率"的含义与《工业企业产品取水定额编制通则》GB/T 18820—2011 有所不同，而与《节水型企业评价导则》GB/T 7119—2006 是一致的。

3 基本规定

3.1 一般规定

3.1.1 区域和产业发展规划是指一定地域范围内对国民经济建设和土地利用的总体部署。根据区域的历史、现状和发展趋势，明确规划区域社会经济发展的方向和目标，对土地利用、城镇建设、基础设施、公共服务、设施布局、环境保护等方面作出总体部署，对生产性和非生产性的建设项目进行统筹安排，并提出指导性政策，因此应认真贯彻。

3.1.2 按照有关法律法规、产业政策和调整结构、有效竞争、降低消耗、保护环境和安全生产的原则，为了有效遏制某些行业盲目投资，制止低水平重复建设，规范行业健康发展，促进产业升级，国家政府部门对钢铁、铁合金、电石、印染、水泥、乳制品等许多行业提出了准入条件，而且今后还将密集出台相关行业准入条件。贯彻执行准入条件中明确规定的各项指标，对实现合理经济的规模、工艺与装备水平、节能环保和资源综合利用的消耗指标、循环利用指标和环境保护指标起重要作用。不符合国家现行规定的行业准入条件的工业企业及其工业建筑不能参与绿色工业建筑评价。

3.1.3 国家政府部门陆续公布了《淘汰落后生产能力、工艺和产品的目录》（第一批、第二批……），对违反国家法律法规、生产方式落后、产品质量低劣、环境污染严重、原材料和能源消耗高的落后生产能力、工艺和产品，坚决予以淘汰，涉及机械、轻工、石化、纺织、钢铁、铁道、汽车、医药等上百个工业行业、数百个项目，凡是列入该目录中的项目一律不得进口、新上、转移、生产。有任何一项属于淘汰目录的工业企业及其工业建筑均不能参与绿色工业建筑评价。

根据《中华人民共和国产品质量法》，为了保证直接关系公共安全、人体健康、生命财产安全的重要工业产品的质量安全，贯彻国家产业政策，促进市场经济健康、协调发展，国务院颁布了《中华人民共和国工业产品生产许可证管理条例》和配套实施办法等，对重要工业产品的生产企业实行生产许可证制度。同样，生产未经许可产品的工业企业及其工业建筑不能参与绿色工业建筑评价。

3.1.4 在生产过程中，由于采用不同的生产工艺和设备、使用不同的能源、采用不同产地的原材料和辅助材料，以及建筑功能和环境保护等的不同要求，其产品的综合能耗和单位产品的各种资源消耗有很大的差距。单位产品的工业综合能耗、水资源利用、主要原材料和辅助材料的消耗等对建设资源节约型和环境友好型社会的影响愈显重要，根据我国的国情，国家和工业各行业发布了各行业主要产品的综合能耗及各种资源消耗量应达到的控制指标，并将指标分为国内基本水平、国内先进水平、国内领先水平。所评价的工业建筑应达到国内基本水平的要求。

目前我国已制定多个行业的清洁生产标准，如《清洁生产标准 白酒制造业》HJ/T 402、《清洁生产标准 彩色显像（示）管生产》HJ/T 360、《清洁生产标准 氮肥制造业》HJ/T 188 等 50 余项。其中对各种能源资源利用指标进行了明确规定。

另外现行国家标准对多个行业单位产品能耗限额进行了明确规定，如《合成氨单位产品能源消耗限额》GB 21344、《建筑卫生陶瓷单位产品能源消耗限额》GB 21252、《平板玻璃单位产品能源消耗限额》GB 21340 等。

3.1.5 根据《中华人民共和国环境保护法》的要求，企事业单位必须采取有效措施，防治在生产、建设或者其他活动中产生的废气、废水、废渣、粉尘、恶臭气体、放射性物质以及噪声振动、电磁波辐射等对环境的污染和危害。国家、行业和地方对污染物的排放浓度和排放总量等指标进行控制，并制定相应的标准，如《大气污染物综合排放标准》GB 16297、《工业炉窑大气污染物排放标准》GB 9078、《电磁辐射防护规定》GB 8702 等。企业在生产过程中产生的污染物经处理设施处理后应满足国家现行有关污染物排放标准的规定，还应满足所在行业和地方有关标准的规定，如《清洁生产标准 化纤行业（氨纶）》HJ/T 359、《清洁生产标准 化纤行业（涤纶）》HJ/T 429 等行业清洁生产标准都对各种污染物的排放有明确的指标要求，这是对参评企业的一项基本要求。

3.1.6 为贯彻《国务院关于深化改革严格土地管理的决定》，进一步加强宏观调控，促进节约集约利用土地和产业结构调整，国土资源部第 42 号令公布了《建设项目用地预审管理办法》，依据《产业结构调整指导目录（2005 年本）》和国家有关产业政策、土地供应政策，国土资源部、国家发展改革委制定了《禁止用地项目目录（2006 年本）》（以下简称《禁止目录》），涉及机械、电力、钢铁、轻工、石化、电子、建材、医药、烟草等行业的部分项目。凡列入《禁止目录》的建设项目或者采用该目录所列有关工艺技术和装备的建设项目，各级国土资源管理部门和投资管理部门一律不得办理相关手续。列入《禁止目录》内的工业企业，不能参与绿色工业建筑的评价。

3.2 评价方法与等级划分

3.2.1 本标准 3.1 节规定的 6 条基本要求，是评价绿色工业建筑必备的条件，凡是不符合的项目不应参与评价。

3.2.2 绿色工业建筑评价包括了从规划设计、建造、竣工验收、运行管理直至拆除各个阶段。本标准按规划设计和全面评价两个阶段。

由于工厂在投产一年后其产品产量可能尚未达到设计规模，致使单位产品的能耗、水资源利用等指标偏大而达不到要求，所以在产品产量达到设计规模后进行评价更为合理。

考虑到施工阶段应按相关标准进行评价，本标准不适用于施工阶段评价。

3.2.3 绿色工业建筑的建设应对规划设计与运行管理进行过程控制。申请方应按本标准的评价指标和要求明确目标，进行过程控制，并形成相应阶段的过程控制报告，同时还需提交评价所需的基础资料。绿色工业建筑评价机构对以上资料进行分析和研究，必要时还需结合项目现场实施勘察，最终出具评价报告。

3.2.5 考虑我国国情，尤其是工业建筑的特点，以"四节二保一加强"为目标，建立了有中国特色的绿色工业建筑评价体系，并特别为鼓励技术进步和创新另列一章。

3.2.6 为了体现每条规定的内容对"四节二保一加强"贡献程度、达到的难易程度等因素的不同，本标准采用国际上普遍采用的权重计分法。章、节两级的权重采用专家群体层次分析法求得，条文的分值综合相关专业专家的意见确定。绿色工业建筑的评价，采用权重计分法比项数法更全面、客观，更适合工业行业各类功能建筑有区别地进行评价的特点。

3.2.7 根据我国目前工业建筑的发展水平，经编写组专家结合典型项目进行试评，确定三个等级的分值要求。

3.2.8 当标准中的某条文不适应工业建筑所在地区、气候与建筑类型等条件时，该条文可不参与评价，并不计分，这时，参评的总分会相应减少，等级划分应以所得总分按比例进行调整后确定。

4 节地与可持续发展场地

4.1 总体规划与厂址选择

4.1.1 建设项目的性质、组成、规模以及建设用地均应符合《全国主体功能区规划》以及国家和省级现行的产业（行业）发展、区域发展、工业园区或产业聚集区规划的要求。这些规划都是贯彻执行生产方式由资源消耗型转向资源节约、保护环境与生态的国家方针，从根本上保证工业建筑的建设走可持续发展之路。

建设项目对所在城市的产业经济结构、对当地社会的制约与发展的主要目标已经论证，并得到当地政府的审查批准。

4.1.2 绿色工业建筑首先要服从国家安全和可持续发展的要求，建设用地必须满足本条文所规定的条件。

基本农田是国家粮食安全的重要因素，不能占用。

生态功能保护区是属于限制开发的区域，为国家生存、发展提供水资源等各类天然资源，从发展战略考虑，应严格贯彻《全国生态环境保护纲要》，必须优先保护。

国家及省级批准的各类保护区有：重要的供水水源保护区；历史文物古迹保护区、文化及自然遗产保护区；森林草原、风景名胜区、湿地保护区；矿产资源保护区。

国家及省级批准的限制和禁止建设区有：划定为机场净空保护；雷达导航、电台通信、电视转播；重要的天文、气象、地震观察设施；军事设施等区域，以及国家及省级规定的其他各类保护区。

4.1.3 本条文除了参考了现行国家标准《工业企业总平面设计规范》GB 50187 和《建筑防火设计规范》GB 50016 外，还参考了《有色金属企业总图运输设计规范》GB 50544、《化工企业总图运输设计规范》GB 50489、《钢铁企业总图运输设计规范》GB 50603 等多个标准的有关规定，所列的地区或地段资源脆弱，或在环境变化时对建筑场地和周边环境易造成毁灭性破坏，并引发次生灾害，为保障建设场地的安全，选址时应避开。

建设场地也不宜选在受洪水、潮水或内涝威胁的地带，当不可避免时，应有可靠的防洪排涝措施。

4.1.4 工业生产形成规模，往往不是一次到位，需随市场需求而多次建设，这就要求工业建设项目尤其要重视建设场地的总体规划，才能完美地实现近期建设与远期发展的结合。

世界经济一体化促进了产品更新换代，从而决定了工业建筑总体规划应根据实际发展变化作适时调整，实行动态管理，以适应市场需求的变化。

工业建筑的不断发展和更新与工厂原有用地规模不变是一对矛盾，对既有工业建筑适时更新改造不可避免。既有建筑更新改造时，要对总体规划作局部或全面调整，以使建设场地的环境质量不下降或得到提升，使更新改造后的建筑仍在场地的承载力之内。

4.2 节　　地

4.2.1 我国目前处于生产方式由资源消耗型向资源节约、环境友好型转型期，工业建筑合理用地是节约土地资源的重要举措。根据长期实践，国家和各行业制定了工业项目建设用地指标，规定建筑规模必须控制在一定的用地资源范围内。

本条指的是建设用地指标。荒地劣地等再生地的天然资源少，生态环境差，即再生地的环境承载力小。对同样的建设规模，再生地的用地指标与一般的建设用地指标不同，具体数值需由当地有关行政主管部门确定。

4.2.2 现行国家标准《工业企业总平面设计规范》GB 50187、《建筑防火设计规范》GB 50016以及《化工企业总图运输设计规范》GB 50489、《钢铁企业总图运输设计规范》GB 50603、《有色金属企业总图运输设计规范》GB 50544等多个标准以及国土资源部相关文件对建设场地进行了规定，此外建设场地还应满足所在行业和地方有关标准的规定，避免不合理使用土地资源导致的浪费。

公用设施统一规划、合理共享，有助于减少重复建设及对场地的占用。公用设施包括场地内的动力公用设施(如变配电所、水泵房、锅炉房、污水和中水处理设施，地上、地下共用管廊和管沟槽等)、为员工服务的配套公用设施(如员工餐厨、公共活动用房、室外活动休闲广场等)和为生产服务的配套公用设施(如共用仓库、车库、办公用房、室外停车场、堆场等)。

在满足生产工艺的前提下，采用联合厂房、多层建筑、高层建筑、地下建筑、利用地形高差的阶梯式建筑等，充分利用地上空间和地下空间。

合理规划建设场地，集中或成组布置各建(构)筑物、室外堆场，采用合理的建筑间距，整合零散空间，缩小先期开发用地范围，适度预留发展用地，不仅可有效提高建设场地的利用效率，而且有利于工厂的持续发展。

通过以上一项或多项措施，促进土地资源的节约和集约使用。

4.2.3 可再生地包括可以改造利用的城市废弃地(如裸岩、塌陷地、废弃坑等)、农林业生产难以使用地(如荒山、沙荒地、劣地、石砾地、盐碱地等)、工业废弃地(废弃厂房、仓库、堆场等)，其用地指标相对宽松，地价相对便宜，征地较为容易。合理开发利用可再生地不但能节约城市已开发用地或生态环境好的土地，而且还可以改善城市的整体环境。

开发荒山、沙荒地等生态资源较差的可再生地时，应同时对场地的生态环境进行改造或改良。

利用工业废弃地时，建设场地应提供场地有关污染物的检测报告，并对污染的土地作必要的处理，使之达到国家和地方的现行环保标准要求。

废料场利用沟谷、荒地、劣地建设，能有效节约用地、减少开发场地的费用，并有利于通过无污染废料的填埋、平整，使场地再生，增加建设场地的有效使用面积。

废料场应有分类、回收、再利用设施，对有污染的废料应进行防污染处理，使建设场地达到国家和地方的现行环保相关标准要求，不造成环境质量的下降。

4.3 物流与交通运输

4.3.1 随着我国现代化的逐步实现，社会服务业逐步健全，国家大力发展连接全国的公路、铁路、水道、航空以及地区性物流中心，交通与物流运输网络正在形成。

工业企业的物流运输减少资源消耗和污染物排放的根本出路在于共享社会资源。厂址选择时应靠近公路、铁路、水运码头或航空港，将企业的外部运输纳入社会综合运输体系。

为全厂提供水、电、气等生产动力的公用变配电所、集中供热锅炉房、水泵房，输送的是特定的物流，合理靠近市政基础设施或负荷中心，能便捷地接受或提供市政供水、电、气、热资源，减少损耗。

4.3.2 场地内物流运输组织包括物流流线组织和运输路网组织。

各工业厂房、仓库、室外堆场、停车场的相互位置满足生产要求，有利于物流运输流线顺畅、安全、高效，物流运输不走回头路，少走弯路，从而减少物流运输的能耗，减少二氧化碳和其他污染物的排放量。

场地内道路和停车场的位置、宽度、走向、坡度与物流运输规模相匹配，可减少路网建设对土地的占用及环境质量的影响。

4.3.3 不同的物流运输方式对用地各种资源的消耗各不相同，选择合适的物流方式将会减少能源、土地、人员、资金等各种资源的消耗，减少污染物排放。

物流仓储无论采用立体高架方式和计算机管理，还是结合地势或建筑物高差，采用能耗小的物流运输方式，都能达到节约场地资源的目的。

采用环保节能型的物流运输设备(如生产流水线、起重设备、垂直运输设备等)和运输车辆，节能减排效果显著；同时应设置充电、充气等补充能源的配套设施。

4.3.4 提倡公共交通优先，有利于减少城市交通拥堵和交通能耗，改善空气质量，减少企业对员工交通的投入，减少场地内的交通用地。

工业企业远离城市中心时，优先考虑利用城市交通、地铁、轻轨等公共交通工具；当城市公共交通工具无法利用或利用不便时，应配置满足员工上下班的交通班车及其停车场、站点，为员工配置机动车与非机动车停放场地。厂区内交通鼓励采用无污染交通工具。

为降低员工使用汽车而产生的污染和节约土地和能源，鼓励员工利用自行车解决场地内外交通。国外住宅建筑要求自行车停放场地满足5%～15%的需要，根据我国工业企业的情况，至少要按15%的员工需要考虑。

4.4 场地资源保护与再生

4.4.1 生产建设活动应当节约集约利用土地，不占或者少占耕地；对依法占用的土地应当采取有效措施，减少土地损毁面积，降低土地损毁程度。

土地复垦，是指对生产建设活动、临时占用和工业生产或自然灾害损毁的土地，采取整治措施，使其达到可供利用状态的活动。被损毁土地的复垦应符合中华人民共和国国务院令第 592 号《土地复垦条例》、《工业排污破坏土地复垦技术标准》等法律、法规和标准的规定。

4.4.2 不同的工业项目要生产出合格产品，对建设场地及其周边环境中的大气含尘、有害气体、化学污染物、振动、噪声强度、电磁场强、水质等要求是不一样的。如洁净厂房要求周边自然环境较好，大气含尘、有害气体或化学污染物浓度较低；电子芯片厂房、精密仪器仪表厂房等要求远离散发大量粉尘和有害气体或化学污染物严重、振动或噪声干扰或强电磁场的区域，当无法远离严重空气污染源时，应位于全年最小频率风向下风侧；燃机电厂要避开空气经常受悬浮固体颗粒物严重污染的地区等。

有些工业行业生产时会产生烟雾、粉尘、有害或刺激性气体，有的会产生噪声、振动。必须采取相应的防治措施，使所产生的有害物质满足国家现行有关标准的规定，还应满足所在行业和地方现行有关标准的规定，减小对周边环境造成不良影响。

绿色工业建筑选址必须按国家现行有关标准的规定，还应满足所在行业的规定，并采取相应的环境保护措施，保持建设场地及其周边环境的质量达到国家现行环保卫生标准。

建设场地应设置方便人员出入和转运的通道，为废弃物分类、回收、处理设置专用设施和场所，并采取必要的隔离、防毒、防尘、防污染措施，为保护环境、再生材料资源创造条件。

4.4.3 场地土方开挖时，应将适于种植的浅层土壤集中堆放，并于场地平整后返还作绿地表层。

场地建设应尽可能保留地内可利用的树木、植被、水塘、洼地、水系，如破坏了与周边原有水系的关系，就有可能破坏水域分配和场地涵养水源的能力，引起水土流失，污染地表和地下水层。

在满足交通运输的前提下，确定建筑物、室外场地、道路及室外地坪适宜的高度，统一规划并集成水、电、气等各种管线，共用地下管沟槽，减少场地开挖，保护空地。

场地设计标高的合理确定，是厂区竖向设计中一项重要的工作。它不仅与场地平土标高、整个厂区土（石）方工程量的平衡、场地地质条件密切相关，还受到厂区外运输线路标高、排水系统标高的影响。

通过上述 1 项或多项，保护和再生场地的土壤资源以实现可持续利用。

4.4.4 中国的水资源分布不均，人均水资源匮乏，雨水是不可多得的淡水资源，加强场地对雨水的吸纳，强化场地涵养水的功能，有利植物生长并使绿地更好地发挥其生态功能。

透水地面是指自然裸露地、公共绿地、绿化地面和面积大于等于 40% 的镂空铺地（如植草砖）和透水砖等。

当场地为透水良好的地层时，使场地透水地面面积不小于室外人行地面总面积的 28%。通过采取减小地表径流的措施，如保留场地内水塘，绿化地面，收集屋面雨水并加以利用或直接排入绿地等，增加天然降水的渗透量，补充地下水资源，增加地下水涵养量；同时这些措施还有助于减少表层土壤肥力丧失和水土流失，减少因地下水位下降造成的地面下陷。大雨时，以上措施有助于减少雨水高峰径流量，改善排水状况，减轻场地对市政基础设施排水系统的负荷。

当场地为透水不良的地层时，通过对不少于 8% 的场地进行不小于 1m 深的良好土壤置换，形成透水地面或储水地面，以改良场地持水功能。

透水地面应根据室外场地的使用功能采取灵活的布置方式，可以连续，也可以间断，还可以采取硬地中间布置渗漏坑等方式，且应根据实际透水效果，合理计算透水地面的面积。

此外，通过合理措施将屋面、不透水的道路、堆场、停车场、广场等位置的雨水、降雪引入绿地也有利于雨水、雪水下渗补充地下水量。

有污染隐患区域透水地面的构造、维护应不造成下渗水对地下水质的污染。当屋面雨水直接排入绿地时，与雨水接触的屋面表层材料不应为石棉、铅等材质。

通过上述措施，保护和再生场地的水资源，以利可持续使用。

环境影响评价不允许场地采用透水构造时，本条文不参与评价。

4.4.5 绿化的本质在于发挥其改善生态环境质量的功能，而不单单是美化景观作用。植物能够吸收二氧化碳，释放氧气。绿化地面具有固定土壤、减少雨水水流冲刷速度从而减少场地侵蚀、减少地面蒸发等诸多功能，高大茂盛树群还具有吸尘、降噪、防风、遮阳等作用，某些绿化物种还具有吸附或降解土壤中有害物质的作用。

现行国家标准《城市用地分类与规划建设用地标准》GB 50137 以及各行业现行工业项目建设用地控制指标均对绿地率进行了规定。地方也陆续出台有关规定，如：《江西省城市绿线管理规定》、《武汉市建设工程项目配套绿化用地面积审核办法》、《昆明市城镇绿化条例》等。建设场地绿地率应符合国家有关规定，还应符合地方绿地率指标，预留用地优先地面绿化，预留用地的绿地率应不小于 80%。

4.4.6 不同绿化物种的固碳、吸尘、散发有害物质等性能各不相同，要根据生产环境的要求选择绿化物种。如洁净厂房附近不应选用散发花絮、绒毛的物种；灰渣场、垃圾处理场等周围应选用能防风、吸尘的物种；易爆易燃厂房或仓库周围宜选择能减弱爆炸气浪和阻挡火灾蔓延的枝叶茂盛、含水分大的大乔木、灌木，而不应种植松柏等含油脂的针叶树种等。

单一的大面积草坪需要更多水和养护，生态效果不理想，草坪中种植高大乔木在一定程度上有助于上述问题的缓解。

不同物种的生长速度、扎根深度、适应不同气候和土壤的能力、抵抗外来物种的能力等各不相同，需选择适应当地气候和土质的绿化物种。

不同使用功能的工业建筑之间常常采用树木和其他植物来屏障和缓冲这些建筑物之间的相互影响。植物缓冲区往往同时担负降噪、吸尘、固碳、遮阳等作用，这是单一物种难以达到的，必须采用乔木、灌木、草地的复层绿化方式才能达到良好效果。绿化物种的多样性也为生物多样性奠定基础。

4.4.7 将日光、太阳辐射热、风、空气等可再生能源在合适的气候时引入建筑物内，能有效地降低电、油、煤、气等不可再生能源的消耗，减少二氧化碳和废气等污染物排放量，减少投资费用和维护费用，提高室内空气舒适度和工作效率。

为充分可持续利用可再生能源，需要对场地整体规划，使各建筑物的位置、朝向、高度不要影响室内外自然通风、自然采光和太阳辐射热的利用，为绿化植物提供生长所需的光照，并有利于严寒与寒冷地区的冬季挡风。

拟采用太阳能、地热能、水能、风能等各类可再生能源以及生物质能源作为发电、热水、热源或冷源的项目，均宜先作当地该类资源评估，合适的地区采用，并在场地规划时为之提供无遮挡的场地。

4.4.8 人类对地球的不当开发导致地球气候异常已是不争事实。以可持续发展为目标的绿色工业建筑必须面对这一事实，增强应对气候异常的能力。

近年来，气候异常造成工农业损失有目共睹，工业建设项目又有规模越来越大的发展趋势。建设项目规模越大，越要考虑工程建成后对当地的气候影响是否达到最小程度。受灾严重的部分省市已提出重大工程项目要先做气候可行性论证的地方规定，并在一些重大项目中实践，这些工程由于前期重视做好气候可行性论证，工程投资更加合理，既减少了气候风险，又减少了不必要的投入。由此可见，重大建设项目要创建绿色工业建筑，先做气候可行性论证是其能实现可持续发展所必需的。

暴雨多发地区，场地建设时采取措施保证总变配电所、总水泵房等工程在暴雨时仍能正常工作。场地竖向设计时，预先考虑高强度暴雨对土壤的冲刷、土体含水率达到饱和粘结力下降等因素导致坡面不稳等不利影响，从而防止滑坡、泥石流等次生灾害发生。

准备有应急预案，会大大减少暴雨时油料、化学危险品污染水体的事件发生，避免严重影响人民健康及耗费大量人力物力灾后处理。

暴雪频繁地区，事先采取措施或备有应急预案将减少建筑物被压垮的几率。台风、龙卷风频繁地区，以及其他自然灾害频繁地区，事先采取相应措施或相关应急预案均能减少灾害损失，以小的代价换取工业建筑的寿命期的保障或少受气候异常的不利影响，并实现工业建筑的可持续发展。

5 节能与能源利用

5.1 能源利用指标

5.1.1 按行业清洁生产标准，工业综合能耗的水平分为国内基本水平、国内先进水平和国内领先水平三个等级，与之对应的行业单位产品或单位建筑面积的工业建筑能耗标准亦分为国内基本水平、国内先进水平和国内领先水平，评价时以上三款得分不累计。

工业建筑能耗指标对评价绿色工业建筑来说，是根本性、基础性的量化指标，至关重要。因此本标准制定了共性的、统一的工业建筑能耗指标计算、统计方法。可以按照此方法获得工业建筑能耗指标进行评价，见附录B。

相关机构和评价专家可根据附录B提供的能耗范围、计算和统计方法，对所需评价的企业进行统计调研，取得此量化指标，使绿色工业建筑的评价数据逐步得到充实和完善。

5.1.2 根据绿色工业建筑和下列标准的要求，并综合考虑我国的节能政策及产品发展水平，从科学、合理的角度出发，本条文规定了对不同设备能效值符合下列国家现行有关标准的要求：

《冷水机组能效限定值及能源效率等级》GB 19577；

《单元式空气调节机能效限定值及能源效率等级》GB/T 19576

《多联式空调(热泵)机组能效限定值及能源效率等级》GB 21454；

《通风机能效限定值及节能评价值》GB 19761；

《清水离心泵能效限定值及节能评价值》GB 19762；

《工业锅炉能效限定值及能效等级》GB 24500；

《电力变压器能效限定值及能效等级》GB 24790；

《三相配电变压器能效限定值及节能评价值》GB 20052；

5.2 节　能

5.2.1 建筑围护结构的热工参数(如传热系数、热惰性指标等)应符合《采暖通风与空气调节设计规范》GB

50019 等现行国家标准对工业建筑围护结构的相关规定，还应符合其他国家、行业和地方有关标准的规定，如《冷库设计规范》GB 50072、《机械工业厂房建筑设计规范》GB 50681、《建筑门窗玻璃幕墙热工计算规程》JGJ/T 151 等。

  有温度或湿度要求的工业建筑物的建筑总能耗，在工业建筑全部能耗中所占比例大约在 30%～40%。此类建筑是能耗大户，更应强调围护结构的热工性能要求。

  围护结构的热工性能对工业建筑的节能降耗和生产使用功能具有重要影响。围护结构材料的选择，应以其全寿命为周期进行考量，保证其符合节能、环保和可循环利用的要求。

5.2.2 有温湿度要求的厂房，其外门、外窗的气密性和开启方式对于围护结构的保温、隔热具有重要影响。气密性差或者开启方式不当会增加室内外的热湿交换，改变室内的热湿负荷，需要严格控制室内外空气的热湿交换，建筑外门、外窗的气密性等级和开启方式应符合要求。在要求室内保持正压而必须通过门、窗缝隙向外渗出时，则不予考虑气密性等级，但须考虑外门、外窗的开启方式。

5.2.3 条件许可时，工业建筑合理利用自然通风是有效的节能途径，且可改善室内空气品质，特别对有余热的厂房，首先应采用自然通风。应根据工艺生产、操作人员等实际需要，合理采用自然通风，避免盲目采用机械通风，浪费能源。

5.2.4 玻璃幕墙用于工业建筑的主要厂房、库房等，存在能耗增大、易结露、造价高、光污染等诸多问题，因此不提倡在主要生产及辅助车间的外围护结构中采用。

5.2.5 电压偏差的影响：电压偏差过大，会给电气系统和设备的运行带来一系列的危害。电压升高对变压器、互感器的影响主要为两个方面：一是励磁电流增大，铁芯温升增加；二是绝缘老化加快。电压降低时，传输同样功率绕组损耗将增大。

  三相电压不平衡的影响：使变压器严重发热，造成附加损耗，引起电网损耗的增加；影响设备正常工作，缩短其使用寿命。不对称负荷常导致三相电压的不平衡，故在配电系统设计时，各相负荷宜分配平衡，且不应超过规定的限定值。

  电力谐波在电力系统和用户的电气设备上会造成附加损耗。谐波功率完全是损耗，从而增大了网损。会产生谐波的常见设备有换流设备、电弧炉、铁芯设备、照明设备等非线性电气设备。通过选择低谐波类型的设备可减少电力谐波的产生；同时，对所选用装置不可避免产生的电力谐波，采用配置"谐波治理模块"等手段来减少或消除谐波。公用电网谐波电压（相电压）应不高于谐波电压限值。用户注入高低压电网的谐波电流分量应不高于谐波电流的允许值。

  功率因数是指有功功率与视在功率的比值。功率因数是衡量电气设备效率高低的一个系数，功率因数越高，用电系统运行的效率越高。国务院《关于进一步加强节油节电工作的通知》国发〔2008〕23 号文件规定："变压器总容量在 100 千伏安以上的高电压等级用电企业的功率因数要达到 0.95 以上，其他用电企业的功率因数要达到 0.9 以上"。

  电能质量应满足《电能质量 供电电压偏差》GB/T 12325、《电能质量 三相电压不平衡》GB/T 15543、《电能质量 公用电网谐波》GB/T 14549、《电能质量 公用电网间谐波》GB/T 24337 等现行国家标准以及国家及地方相关规定的要求。

5.2.6 自然采光有许多优点：有最好的显色性，为提高生产效率和产品、生活质量创造条件；可节省照明电力；有利于人员的身心健康，是人与自然和谐共处的重要内容。

5.2.7 照明功率密度应符合现行国家有关标准的规定，还应符合行业和地方有关标准的规定。

  在满足眩光限制和配光要求的条件下，优先采用高效光源、灯具和镇流器。

  为保证工艺生产的正常进行（如原料的分拣、在制品的质量检验、产成品的验收等），往往对光源的显色性有所要求。应在满足显色的前提下，选择符合国家现行有关能效等级标准的光源，灯具应满足《建筑照明设计标准》GB 50034 中有关规定要求。镇流器应满足相关性能标准和能效标准。

  生产场所的人工照明按车间、工段或工序分组；灯列控制应与侧窗平行。当室外光线强时，室内的人工照明应按人工照明的照度标准自动关闭部分灯具。这种根据室内照度和使用要求，自动调节人工光源的开关（或分区开关），可较好地节能。有条件时，可考虑采用智能照明系统，如路灯采用光敏探测及时钟控制技术，即根据自然光强及时间自动开关照明灯具。

5.2.8 风机、水泵等输送流体的设备，其能耗在工业建筑能耗中占有较大的比例，尤其当建筑大部分时间在部分负荷下使用时，输送能耗所占比例更大。因此针对风机、水泵等输送流体的设备，采用流量调节措施，不仅可适应建筑负荷的变化，还可有效节约输送能耗。

  有效的流量调节措施有多种，如输送流体设备的台数控制、电机调速（变极数、变频等）以及风机入口导叶调节技术等，需根据不同的情况，合理地采用。

  输送流体设备的台数控制往往是首选的基础性调节措施，投入少、效果明显。若需要，在此基础上，再采用电机调速（变极数、变频等）或其他调节措施。

  通过技术和经济分析，选择适合的技术，使风机、水泵在（或靠近）高效率区运行。近年来，电机变频调速技术在风机、水泵流量调节中得到广泛推广，但在技术分析时，需注意变频器本身也是用电设备。

当风机、水泵长期处于满负荷或接近满负荷使用时，采用变频器可能会增加电耗。此外，采用变频方式时，还需要采取可靠的技术措施减少或消除谐波污染。

5.2.9 分区计量是指按建筑单体和建筑功能进行分别计量；分类计量是指按消耗的能源种类进行计量；分项计量是指按用途（如工艺设备、照明、空调、采暖、通风除尘等）进行计量。

工业建筑的能源消耗情况比较复杂，节能减排潜力很大。以供配电系统为例，目前已建成的工业建筑，一般没有完全按照工业建筑各系统分别设置供配电装置，导致不能区分系统设备的能耗分布，不能分析和发现能耗的不合理之处。

除分区计量外，新建、改建和扩建工业建筑各种用途的能耗均应进行独立的分类和分项计量，如工艺设备、公用设施各部分能耗的分别计量。

用能的分类、分项计量不仅可优化生产管理和控制，更有利于能耗的比较和分析，为进一步节能提供指引。

综上所述，系统用能应有按区域和用途分别设置的分区、分类和分项计量。

节能监测、能源计量器具配备和管理、能耗计算应分别执行现行国家标准《节能监测技术通则》GB/T 15316、《用能单位能源计量器具配备和管理通则》GB 17167、《综合能耗计算通则》GB/T 2589 等的规定。

5.2.10 工艺性空调的目的是满足生产和科学研究等的需要，此时空调设计是以保证工艺要求和人员健康为主，室内人员的舒适感是次要的。比如：有的厂房洁净度10万级就能满足生产要求，就没有必要任意提高洁净度的等级；还有些机械厂房，室内温度全年设计为20℃，实际生产时，夏季可能24℃就能完全满足生产工艺要求。对于这类厂房，在满足生产和人员健康前提下，可考虑适当降低对室内空气参数的要求，但要证实这种调整是有明显节能效果的。

同样，系统的风量（包括新风量）与能耗关系密切，只要能满足生产和人员的健康要求，采用较小的风量（包括新风量）就可起到降低能耗的作用。

5.2.11 采用分布式热电冷联供技术，实现能源的梯级利用，能源利用效率可达到80%以上，但较大且稳定的热需求是分布式热电冷联供技术运用的前提条件，还应考虑入网、并网等条件。

又如空调冷冻水的梯级利用等技术也是提高能源利用效率的措施。

5.2.12 因传统的采暖效果较差且浪费能源，传统的散热器采暖不适用于高大工业厂房（层高高于10m，体积大于10000m^3的厂房），而采用（红外线）辐射采暖方式效果较好。有天然气供应且无需24h供暖的工业厂房采用（燃气）红外线辐射采暖方式，易实现随机调节控制、节能、舒适、安全、方便。辐射采暖系统已成功地应用于大型工业建筑。但是本条辐射采暖不包含电辐射采暖。

5.2.13 设有空调的车间除负荷计算合理外，根据实际情况选择恰当的空调系统是空调节能的关键，例如：

1 有条件时，采用温度和湿度相对独立的控制技术。

空调系统中，温度和湿度分别独立的控制系统，具有较好的控制和节能效果，表现在温、湿度的分控，可消除参数的耦合，各控制参数容易得到保证。

2 有条件时，采用蒸发冷却技术。

蒸发冷却过程以水作为制冷剂，由于不使用氯氟烃（CFCs），因而对大气环境无污染，而且可直接采用全新风，可极大地改善室内的空气品质。蒸发冷却技术广泛运用于干燥地区的空调系统中。

3 其他节能空调系统。

5.2.14 空调制冷系统合理地利用天然冷源，可大量减少能耗。

利用天然冷源至少有下列几种常用的方式，项目要根据工艺生产需要、允许条件和室内外气象参数等因素进行选择。有多种方式可用且情况复杂时，可经技术经济比选后确定，例如：

1 采用"冷却塔直接供冷"：有条件且工艺生产允许时，可借助冷却塔和换热器，利用室外的低温空气进行自然冷却，给空调的末端设备提供冷冻水等；

2 运用地道风：有条件且工艺生产（特别是卫生）许可时，运用地道风进行温度的调节是一项节能措施；

3 空调系统采用全新风运行或可调新风比运行等：空调系统设计时，不仅要考虑设计工况，而且还应顾及空调系统全年的运行模式。在一定的室内外气象条件下并能满足工艺生产要求时，空调系统采用全新风或可调新风比运行，可有效地改善空调区域内的空气品质，大量节约空气处理所需消耗的能量。

5.2.15 标准工况是空调、冷冻设备的产品设计和性能参数比较的基准和依据，此时冷冻水的供回水温度是7/12℃，但这不一定就是工业建筑空调系统最佳的供回水温度。很多情况下，空调供水温度不但可以而且应该高于7℃，甚至还可以通过提高热交换设备的换热效果而使空调冷冻水的供回水温差大于5℃（相应冷冻水量减少，水泵功率减小，水泵节能），此时空调设备的能效比将显著提高。因此，无论设计阶段还是运行阶段，正确选用或合理设定冷冻水的供回水温度，提高能效比，是空调系统节能的有效措施。

5.2.16 高大厂房（通常指层高高于10m，体积大于10000m^3的厂房）采用分层空调方式可节约冷负荷约30%左右。对只要求维持工作区域空调的厂房，分层空调是值得推荐的一种节能空调方式。

很多工业建筑，如纺织厂因生产工艺的特殊性，也可采用灵活的空调形式，如"工位空调"或"区域空调"等，既可满足空调要求，又较节能。

5.2.17 锅炉、空调冷冻设备、水泵机组、风机等公用设备（系统）和电气设备（系统）并不会始终在满负荷状态下运行。合理采用有效的节能调节措施（如采用设备变频技术、智能控制技术、设备群控技术等），可取得明显的节能效果。

5.2.18 本条款涉及的节能调试不同于根据《通风与空调工程施工质量验收规范》GB 50243 而进行的系统竣工调试，而是为了使制冷、空调、采暖、通风、除尘等系统处于最佳节能运行工况点而进行的节能调试且调节功能正常。调试工作由除甲方和施工方外的有资质的第三方进行，并提供详细的节能调试报告书。

5.3 能量回收

5.3.1 工业生产过程中往往存在大量中、低温的余（废）热，这部分热量由于品位较低，一般很难在工艺流程中直接被利用。鼓励将这些余（废）热用于工业建筑的空调、采暖及生活热水等。当余（废）热量较大时，可考虑在厂区建立集中的热能回收供热站，以对周边建筑集中供热。

对工艺过程和设备产生的余（废）热，设置热回收装置有效地进行收集并利用，以降低能源的消耗。

5.3.2 工业建筑的空调、通风（含除尘）系统的排风，往往风量大、相对湿度高、排风温度与室内温度差距明显，蕴藏着很大的能量。有条件时，可依托热回收技术，通过设置全热或显热交换器回收能量，用于新风的预热（冷）或（经必要的净化处理）用于空调的回风等。

热回收装置目前在国外的空调、通风系统已普遍采用，我国工业建筑中也已逐步推广。

5.3.3 工业生产过程中会产生相当数量的可作为能源的物质，如气体有一氧化碳、甲烷、沼气等，固体有树皮、木屑、废渣等，液体有废油、酒精等。这些可作为能源的物质往往数量较大，且随工艺生产的进行而持续产生。对这些可作为能源的物质，不能随意弃置或焚烧，以免造成物质浪费和环境污染，而应通过设置适用的回收系统，收集并使之得到合理的再利用，实现废弃物资源化。本评价标准也适当鼓励由企业集中回收这些可作能源的物质后向社会出售，以进行社会化利用。

5.4 可再生能源利用

5.4.1 21 世纪以来，在地源热泵应用方面我国很多地区发展较快，但采用地源热泵系统（利用土壤、江河湖水、污水、海水等）要考虑其合理性，如有较大量余（废）热的工业建筑，应优先利用余（废）热；要考虑地源热泵的使用限制条件，如地域条件和对地下水资源的影响等，应注意对长期应用后土壤温度和地下水资源状况的变化趋势预测等。

由于舒适性空调要求一般较低，地源热泵系统较为适用；但工业建筑的工艺性空调要求一般较高或要求较为特殊，采用地源热泵作为冷热源，应对其能提供的保障率进行分析后再使用。

近年来在我国部分地区利用风能、太阳能等可再生能源等对工业建筑进行供暖和空调的项目也逐步兴起，并取得了不错的经济和社会效益，对有条件使用的地区，经技术经济条件分析比较切实可行的，鼓励使用。

5.4.2 按我国的《可再生能源法》，可再生能源是指"风能、太阳能、水能、生物质能、地热能、海洋能等非化石能源"。

太阳能热水器是目前我国新能源和可再生能源行业中最具发展潜力的产品之一。太阳能热水器的使用范围也逐步由提供生活热水向供应工业生产热水方向发展。太阳能的热利用与建筑一体化技术的发展能使太阳能热水供应、空调、采暖工程的成本降低。

地热能（实质也是一种转换后的太阳能）的利用方式目前主要有两种：一种是采用地源热泵系统加以利用；另一种是以地道风的形式加以利用。地源热泵系统主要是通过工作介质流过埋设在土壤或地下水、地表水（含污水、海水等）中的传热效果较好的管材来吸取土壤或水中的热量（制热时）或排出热量（制冷时）到土壤中或水中。与空气源热泵相比，它的优点是出力稳定，效率高，没有除霜问题，可大大降低运行费用。

可再生能源的热利用要根据当地的能源价格现状和趋势，经技术经济分析比较后再确定。

由于可再生能源（特别是太阳能）的热利用较为成熟、方便，且工业建筑的生活热水总量往往不是很多，故利用可再生能源供应的生活热水量不低于生活热水总量的 10% 是可实现的。

由于许多高效生活热水方式未纳入可再生能源中，为了鼓励采取更高效的热水制取方法，规定所采用的生活热水制取方法的效率高于可再生能源方式的，可按可再生能源对待。

5.4.3 空气源热泵系统是利用空气低品位热能的一种常用、方便的方式，并有一定的节能效果，在我国已得到广泛的应用。严寒和寒冷地区利用空气的低品位热能，应注意分析其能源效率和运行可靠性。

6 节水与水资源利用

6.1 水资源利用指标

6.1.1 本条文的目的是评价工业企业从外界获取的各种水资源量的水平，可以现行有关行业清洁生产标准的指标为依据。不同行业清洁生产标准对水资源的利用采用了不同的指标，如取水量、耗水量、耗新鲜水量、新鲜水用量、水耗及新鲜水单耗等，当没有清洁生产标准依据时，按附录C的规定计算和统计。水资源利用各项指标分为国内基本水平、国内先进水平和国内领先水平，评价时以上三款得分不累计。

6.1.2 重复利用水量包括循环利用水量（如冷却水）、循序利用水量、经过处理后回用的水量（如废水回收利用）及蒸汽凝结水利用量等。不同行业清洁生产标准中关于水的重复利用率可能分为不同的情况，如白酒制造业分为"水的重复利用率（冷却水）"和"水的重复利用率（废水回收利用）"，评价时参照执行该行业标准。

水重复利用率的计算和统计方法见附录C。

本条未计入蒸汽凝结水的利用量，蒸汽凝结水重复利用按本章第6.1.3条评价。

水重复利用率指标分为国内基本水平、国内先进水平和国内领先水平，评价时以上三款得分不累计。

6.1.3 本标准将蒸汽凝结水利用率单独评价，与国家现行有关标准保持一致。

蒸汽凝结水中 COD、无机盐、SS、DO、CO_2 以及微生物等指标水平均较低，pH值中性；凝结水可用作人的生活用水和生产用水，如淋浴、盥洗和补充冷却水等。高温凝结水蕴含大量热能，可以用作冬季供暖。

蒸汽凝结水利用率指标分为国内基本水平、国内先进水平和国内领先水平，评价时以上三款得分不累计。

6.1.4 单位产品废水产生量指标可以参照各行业清洁生产标准。

单位产品废水产生量指标分为国内基本水平、国内先进水平和国内领先水平，评价时以上三款得分不累计。

6.2 节 水

6.2.1 根据《中国节水技术政策大纲》，工业节水技术主要包括：重点节水工艺、工业用水重复利用技术、冷却节水技术、热力和工艺系统节水技术、洗涤节水技术、工业给水和废水处理节水技术、非传统水资源利用技术、工业输动水管网、设备防漏和快速堵漏修复技术、工业用水计量管理技术等。其中：

重点节水工艺是指通过改变生产原料、工艺和设备或用水方式，实现少用水或不用水的节水技术。

工业用水重复利用包括循环用水、循序用水以及蒸汽凝结水回收再利用等。

非传统水资源利用技术：主要为海水直接利用技术，海水和苦咸水淡化处理技术，采煤、采油、采矿等矿井水的资源化利用技术，以及雨水和废水再生回用技术。

采用节水技术应先进、可靠、实用、经济，应具体体现在水的循环利用、循序利用及废水再生利用。

节水技术水平应达到国内同行业先进水平或领先水平。

此外，采用的节水器具、装置、节水设备应满足现行国家标准《节水型产品技术条件与管理通则》GB/T 18870 的要求。

6.2.2 部分工业行业单位产品生产废水产生量很大，这种状况增加了水质型缺水或资源型缺水地区缺水的严重性，同时对资源在各行业的分配产生深远影响。所以设置工业废水再生回用系统意义重大。工业废水再生回用率的指标可以参考有关行业清洁生产标准，应达到国内同行业先进水平或领先水平。

6.2.3 在缺水及气候条件适宜的地区鼓励采用空气介质的冷却系统及其他高效、实用的冷却技术替代常规水冷却系统。

6.2.4 水资源紧缺或干旱地区，绿化应优先选择耐旱物种；绿化灌溉鼓励采用喷灌、微灌及低压灌溉等节水灌溉方式，喷灌比漫灌省水30%～50%，微灌比漫灌省水50%～70%；为增加雨水渗透量以减少灌溉量，宜选用兼具渗透和排放两种功能的渗透性雨水管。

绿化灌溉宜采用湿度传感器或根据气候变化的调节控制器。

6.2.5 给水系统中使用的管材、管件，必须符合现行产品行业标准的要求。新型管材和管件应符合国家和行业有关质量标准和政府主管部门的文件规定。此外，做好管道基础处理和覆土，控制管道埋深，加强管道工程施工监督，把好施工质量关。

选用性能高的阀门、零泄漏阀门等，如在冲洗排水阀、消火栓、排气阀阀前增设软密封闭阀或蝶阀。

合理设计供水压力，避免供水压力持续高压或压力骤变。

用水设备、储水箱（池）设监控装置，以防进阀门故障或超压等原因而造成水资源浪费。

给排水系统和管网的漏损应符合《建筑给水排水及采暖工程施工质量验收规范》GB 50742、《给水排水管道施工及验收规范》GB 50268 等国家或行业现行标准规范的规定。

6.2.6 结合厂区的地形特点规划设计雨水（包括地面雨水、屋面雨水）径流途径，减少雨水受污染几率。

对屋面雨水和其他非渗透地表径流雨水进行收集、处理和利用的系统，应设置雨水初期弃流装置，可优先选用暗渠收集雨水。

雨水调蓄工程的作用有两个，即调和蓄。雨水调蓄工程既能规避雨水洪峰，实现雨水循环利用，又能避免初期雨水对承受水体的污染，还能对排水区域间的排水调度起到积极作用。调蓄工程既可以是人工构筑物，如地上或地下的蓄水池，也可以是天然场所，如湿地、坑、塘、湖或水库等，国外甚至有以下水道为调蓄设施的案例。

雨水处理系统应可靠、稳定，处理后的雨水水质应达到相应用途的水质标准。

雨水系统应充分结合项目所在地的气候、地形及地貌等特点，可以与厂区水景设计相结合，也可用于生产、生活、绿化或空调等。

渗透性地表可采取增加雨水渗透量的措施：厂区公共活动场地、人行道、露天停车场的铺地材料采用渗水材质，如多孔沥青地面、多孔混凝土地面等；雨水排放采用渗透管排放系统。另外，还可采用景观储留渗透水池、渗井、绿地等增加渗透量。

6.2.7 生产、辅助设施及车辆清洗应设置专用的场所，尽量采用循环水、微水、蒸汽冲洗。

清洗工具及卫生洁具应选用《当前国家鼓励发展的节水设备》（产品）目录中公布的设备、器材和器具，根据用水场合的不同，合理选用节水水龙头、节水便器、节水淋浴装置等，卫生器具应满足国家现行标准《节水型生活用水器具》CJ 164 及《节水型产品技术条件与管理通则》GB/T 18870 的要求。

缺水地区可选用真空节水技术或免水技术。

此外，给水系统采用减压限流措施还能够取得明显的节水效果。

6.2.8 工业企业给水系统应分级计量，通常分为三级，一级水表计量范围为整个生产区的各种水量，二级水表计量范围为各车间和厂区生产、生活用水量，三级水表计量范围为重点工艺或重点设备。

《节水型企业评价导则》GB/T 7119—2006 要求一级水表计量率达到 100%，二级水表计量率不小于 90%，重点设备或者重复利用用水系统的水表计量率不小于 85%，水表精确度不低于±2.5%。

6.3 水资源利用

6.3.1 对于工业建筑，可利用的水资源包括市政给水、自备水源和非传统水源。工业建筑的水资源利用应在《全国水资源综合规划技术大纲》及其他有关水资源规划框架下，结合区域的给水排水、水资源、气候特点等客观环境状况进行系统规划，制定水系统规划方案，合理提高水资源循环利用率，减少市政供水量和污水排放量。

雨水和再生水利用是水资源充分利用的重要措施，宜根据具体情况具体对待：多雨地区应加强雨水利用，沿海缺水地区加强海水利用，内陆缺水地区加强再生水利用，而淡水资源丰富地区不宜强制实施污水再生利用。

6.3.2 用地表水作为生活饮用水水源时，其水质应符合现行国家标准《地表水环境质量标准》GB 3838 的有关规定，采用地下水作为生活饮用水水源时，其水质应符合现行国家标准《地下水质量标准》GB/T 14848 的有关规定；设计和使用生活给水时，还应遵照现行国家标准《生活饮用水卫生标准》GB 5749 进行卫生防护；管道直饮水水质应符合现行行业标准《饮用净水水质标准》CJ 94 的规定；当再生水用作生活杂用水时，其水质应符合现行国家标准《城市污水再生利用 城市杂用水水质》GB/T 18920 的规定，当作为工业用水时，其水质应符合现行国家标准《城市污水再生利用 工业用水水质》GB/T 19923 的规定；工业循环冷却水系统循环水水质应符合现行国家标准《工业循环冷却水处理设计规范》GB 50050 的规定；工艺给水水质需根据生产工艺的具体要求确定，例如电子行业工艺给水应满足电子工业超纯水水质标准的要求，而医药行业的给水应满足医药行业超纯水水质标准的要求。

给水系统的安全性和可靠性设计应符合现行国家标准《建筑给水排水设计规范》GB 50015 的有关规定；管道的防冻、防腐设计除应符合现行国家标准《建筑给水排水设计规范》GB 50015 规定外，还应符合现行国家标准《给水排水管道工程施工及验收规范》GB 50268 的有关规定；工业循环水冷却系统的设计应符合现行国家标准《工业循环水冷却设计规范》GB/T 50102 的规定。

6.3.3 企业设置自备水源时，其取水行为应有水文水资源部门提供的水文资料的支持，并应征得当地水行政部门的批准，符合《全国水资源综合规划技术大纲》、《全国水资源量综合规划技术细则（试行）》的要求。取用地下水的项目应符合《地下水资源量级可开采量补充细则（试行）》以及国家现行的其他政策规定，取用地表水的项目枯水流量保证率宜确定为90%～97%。

6.3.4 给水处理工艺的先进性具有不同特点，例如：工艺流程短而顺畅，单元工艺高效，系统出水水质优良；设备噪声小，能耗低，运行稳定，耐腐蚀；控制系统运行状态的控制、监督、报警等动作正确、及时，自动化程度高，人为干预少，劳动强度低等。

不同用途的水，其水质应符合国家和行业现行有关水质标准的规定。管道直饮水应对原水深度处理，水质应符合现行行业标准《饮用净水水质标准》CJ 94 的规定；雨水利用工程处理后的水质应根据用途确定，COD_{Cr} 和 SS 指标应满足现行国家标准《建筑与小区雨水利用工程技术规范》GB 50400 的要求，建筑中水或污水再生回用时，其水质应根据用途确定，用作杂用水时应符合现行国家标准《城市污水再生利用 城市杂用水水质》GB/T 18920 的规定，用作景观环境用水时应符合现行国家标准《城市污水再生利用 景观环境用水水质》GB/T 18921 的规定，当作为工业用水时应符合现行国家标准《城市污水再生利用 工业用水水质》GB/T 19923 的规定；为工艺提供给水的深度处理系统，水质应根据具体工艺确定，例如锅炉闭式循环系统的给水应满足软水水质要求。

6.3.5 工业项目用水单元多，且对水质、水压的要求不尽相同，因此，用水系统复杂。应首先按照水质设置分系统，相同水质的条件下再按水压设置分系统。采用分系统供水可以减少渗漏，节约能源，提高给水安全性。

6.3.6 除了传统水源的节约和提高用水效率以外，我国大力开展非传统水源的开发与利用，以缓解用水难、用水紧张等问题。非传统水源包括再生水、雨水、矿井水、海水及苦咸水等。景观、洗车、冲厕所等非生产性用水已较普遍地采用非传统水源。在缺水地区、限制新鲜水用量地区，生产性用水已部分采用非传统水源。因此，应鼓励生产用水采用非传统水源。目前，我国首次将再生水设施建设列入"十二五"规划中的水资源开发利用工程范畴，国家已制定了优惠政策，对于再生水的生产免征增值税。

6.3.7 景观、绿化、冲厕、保洁等采用雨水、再生水等非传统水源以及空调冷凝水是节约市政供水的重要措施。景观环境用水应结合水环境规划、周边环境、地形地貌及气候特点，提出合理的建筑水景规划方案，水景用水优先考虑采用雨水、再生水；不缺水的地区绿化宜优先采用雨水，缺水地区应优先考虑采用非传统水源；其他如冲厕、浇洒道路等均可合理采用雨水等非传统水源。

使用非传统水源时，水质应达到相应标准要求，且不应对公共卫生造成威胁。

6.3.8 排水系统包括收集、输送、处理及排放等环节的设施，如产污点的收集设备、建筑物内外各级输送管渠及其附属构筑物（如检查井、溢流井、阀门井等）、处理与排放设备或构筑物、各级计量与控制系统等，以保证外排水质达到相应标准的要求。

工业项目排水系统应有利于城镇的可持续发展，应以已经批准的城镇总体规划或城镇排水工程规划为依据，排水制度与当地城镇的排水制度保持一致，以免污染环境。

6.3.9 为保证污废水在排出的过程中减少沉积，不同物质不致互相反应产生有毒、有害气体，建筑排水应按水质分流，例如酸性废水不得与含氰废水混排；排出的生产废水水质应符合现行本行业清洁生产标准的要求，如电镀行业满足《清洁生产标准 电镀行业》HJ/T 314 的要求，白酒行业满足《清洁生产标准 白酒制造业》HJ/T 402 的要求，纺织业（棉印染）满足《清洁生产标准 纺织业（棉印染）》HJ/T 185 的要求；食堂、餐厅含油废水的排出应符合《建筑给水排水设计规范》GB 50015 的规定。

6.3.10 污、废水处理工程所采取的技术应能确保经处理出水水质达到设计排放标准。部分行业已有相应国家行业水污染物排放标准，如造纸行业《造纸工业水污染物排放标准》GB 3544，纺织染整工业《纺织染整工业污染物排放标准》GB 4287，肉类加工业《肉类加工工业水污染物排放标准》GB 13457 等，当该行业尚无国家行业排放标准时，则按照现行国家综合排放标准《污水综合排放标准》GB 8978 执行。

7 节材与材料资源利用

7.1 节 材

7.1.1 工业建筑厂房设计中，工艺过程、设备型号、平面布置等对建筑、结构的高度、跨度、厂房形式等起决定性影响，因此在设计阶段应该对工艺、建筑、结构、设备进行统筹考虑、全面优化。

土建和装修一体化设计既可以加强建筑物的完整性，又可以事先统一进行预留孔洞和预埋装修面层固定件，避免在装修施工阶段对已有建筑构件的打凿、穿孔，保证了结构的安全性，减少了建筑垃圾；可以保证在建筑设计阶段的装修设计中，最大限度使用面层整料，减少边角部分的材料浪费，节约材料，减少装修施工中的噪声污染，节省装修施工时间和能量消耗，并降低装修施工的劳动强度。

土建与装修工程一体化设计需要业主、设计方以及施工方的通力合作。

为片面追求美观而以较大的资源消耗为代价，不符合绿色建筑的基本理念。在设计中应控制造型要素中没有功能作用的装饰构件的应用。

室内工艺及设备的合理布置可以最大程度地提高厂房的空间利用率，节约厂房空间。

7.1.2 优化结构设计，使用变截面、组合截面等充分发挥材料特性的体系，降低结构用料指标；合理控制建筑物的体形系数，使建筑围护材料充分利用。结构用料指标指单位建筑面积所分摊的建筑结构材料用量。

建筑物体形系数指建筑物接触室外大气的外表面积与其所包围的体积的比值，也即指单位建筑体积所分摊的外表面积。体积小、体形复杂的建筑，体形系数较大，外表材料浪费大；体积大、体形简单的建筑，体形系数较小，外表材料的利用率高。

7.1.3 采取合理的耐久性措施如在腐蚀性较高环境中的结构表面，采用涂料或油漆喷涂处理等技术防护等手段对延长建筑结构的使用寿命有重要意义，其措施应符合现行国家标准《混凝土结构耐久性设计规范》GB/T 50476、《混凝土强度检验评定标准》GB 50107 和《普通混凝土长期性能和耐久性能试验方法标准》GB/T 50082 等有关标准的要求，还应符合所在行业有关标准的规定，如《钢纤维混凝土》JG/T 3064 等。

7.1.4 本条鼓励合理设计建筑用钢量，避免设计时盲目扩大建筑用钢量，造成浪费。单位建筑面积用钢量宜在同行业领域、同类建筑结构形式、同类使用功能的条件下进行比较。此方面国内同行业内部多年来已经积累了一定量的数据可以作为评价的依据。

7.2 材料资源利用

7.2.1 为保证建设工程质量、安全和节省建材，淘汰能耗高、安全性能差，不符合"低碳"理念的建筑材料，国家和地方会不定期对禁止使用的建筑材料或建筑产品予以发布，此类建筑材料或产品如：黏土砖及黏土类板材等。各地对禁止使用的建筑材料或建筑产品的规定很多是针对民用建筑，在评审绿色工业建筑项目时需要根据实际情况进行选择。

7.2.2 为便于建设工程采用质量好的建筑材料或产品，确保工程质量，加强建筑材料准用准入证制度管理，严格控制不符合国家标准的新型建材产品，提高我国建筑材料的总体质量，国家推荐了优先选用的建筑材料或产品，应予采用。

在地震区使用钢结构、木结构等抗震性能优越的建筑结构体系。

为达到设计规定的建筑物的使用年限，建筑材料的密度、强度、硬度、刚度、耐腐蚀、耐高温、耐冲击等物理性能要能够经得起时间、气候的变化，并适应生产工况等各种条件；在建筑材料的采购和建筑物的建造过程中严格控制，避免使用劣质的建筑材料，适当采用高性能、高强度、长寿命的材料是必要的，是减少维护成本、节省资源的可靠措施。

工业建筑，尤其是高层工业建筑的梁，使用高性能混凝土、高强度钢，能减少材料用量，改变工业建筑"肥梁胖柱"的传统外观或者加大结构跨度，在保证使用功能的前提下降低建筑层高。

功能复合材料是指多种功能复合在一起的建筑材料或装饰材料。一方面可减轻围护结构的自重，进而减少建筑材料，特别是承重结构的用量；另一方面，可以提高材料的使用功能。

建筑制品的工厂化是讲建筑整体按照不同功能分解为各个构建模块，按照标准化设计在工厂里进行模块化生产，以空间换时间，提高建设效率，以作业程序化保证构件的质量规范化。工厂化生产建筑制品是建筑业发展的一个必然阶段，它具有减少资源浪费，利于环境保护等优点。

工业建筑合理采用可再生材料资源，如钢结构形式。

对上述没有提及的，而有同样节材效果的技术或产品，例如采用了国家住房和城乡建设部近年来不定期发布的建筑业新技术中有关节材与材料资源利用的新技术，也可评分。

7.2.3 工业企业进行改、扩建时，通过详细规划和设计，避免大拆大建的消耗资源的行为，充分利用厂区内的原有建筑物，或进行适当改造，以发挥新的作用。减少投资和新资源消耗是必要的，也是建设资源节约型社会的一个途径。

7.2.4 废弃物主要包括建筑废弃物、工业废弃物和生活废弃物，可作为原材料用于生产绿色建材产品。在满足使用性能的前提下，鼓励利用建筑废弃物再生骨料制作的混凝土砌块、水泥制品和配制再生混凝土；提倡利用工业废弃物、农作物秸秆、建筑垃圾、淤泥等为原料制作的水泥、混凝土、墙体材料、保温材料等建筑材料；提倡使用生活废弃物经处理后制成的建筑材料。

为保证废弃物使用达到一定的数量要求，本条规定：使用以废弃物生产的建筑材料的量占同类建筑材料的总量比例不低于30%（比例可为重量比、体积比、数量比等，应根据实际情况确定）。例如：建筑中使用石膏砌块作内隔墙材料，其中以工业副产物石膏（脱硫石膏、磷石膏等）制作的工业副产物石膏砌块的使用量占到建筑中使用石膏砌块总量的30%以上，则该项条款满足要求。

7.2.5 建筑中（不包含主体结构选材）可再循环材料包含两部分内容：一是材料本身就是可再循环材料；二是建筑拆除时能够被再循环利用的材料，如金属材料（钢材、铜）、玻璃、铝合金型材、石膏制品、木材等，而不可降解的建筑材料如聚氯乙烯（PVC）等材料不属于可循环材料范围。充分使用可再循环材料可以减少生产加工新材料对资源、能源的消耗和对环境的污染，对于建筑的可持续发展具有重要的意义。

7.2.6 本条鼓励使用当地生产的建筑材料，提高就地取材的比例。建材本地化是减少运输过程的资源、能源消耗，降低环境污染的重要手段之一。

根据《中国统计年鉴》、《中国交通年鉴》以及文献《交通运输业能耗现状及未来走势分析》（周新军. 中外能源，2010.7）和《A Generic Model of Exergy Assessment for the Environmental Impact of Building Lifecycle》[Meng Liu. Energy and Building, 42 (2010)]，从我国货运运输方式的能耗分析，铁路运输能耗约为3.7g标煤/吨公里（2007～2009年，分别为3.67，3.71，3.70），公路运输约为80.7g标煤/吨公里（2007年），内河水路运输约为6.8g标煤/吨公里（2007年）。从能耗看，铁路运输是最值得推荐的运输方式，从主要建筑材料铁路平均运输距离看，混凝土主要原料（水泥、骨料、矿物掺合料）的平均运输距离约为400km，即产品供应点的服务半径约为400km左右；预制建筑产品的平均运输距离约为500km，即产品供应点的半径为500km左右；而钢材的平均铁路运输距离较长，1100km左右，即产品供应点的服务半径为1100km左右。

运输能耗值：以铁路运输为主的基本运输过程为：生产点—铁路货运站点—铁路货运站点（目的

地）—供应点—现场，除了铁路运输外，还需要短途的公路运输补充，约 100km 公路运输。几种典型情况能耗数据见表 1。

表 1 铁路运输典型情况的能耗数据及对比

铁路运输距离 (km)	400	600	800	1000	1100	1200	1500
运输能耗值 (kg 标煤/km)	9.6	10.3	11.0	11.8	12.1	12.5	13.6
能耗增加率（相对于 400km）（%）	—	7.7	15.5	23.2	27.1	31.0	42.6

根据以上分析及参考现行国家标准《绿色建筑评价标准》GB/T 50378 的相应规定作出本条规定。

7.2.7 建筑材料品种繁多，通常分类为金属材料（黑色、有色）、非金属材料（无机、有机）、复合材料。根据各类材料用途的不同，对其应具有的物理化学性能要求也不相同。关于各类建筑材料应满足的技术要求和性能参数等，国家制定了《室内装饰装修材料人造板及其制品中甲醛释放限量》等九项建筑材料有害物质限量的标准（GB 18580～GB 18588）和《建筑材料放射性核素限量标准》GB 6566 等标准，绿色工业建筑选用的建筑材料中有害物质含量必须符合下列现行国家标准：

《室内装饰装修材料人造板及其制品中甲醛释放限量》GB 18580

《室内装饰装修材料溶剂型木器涂料中有害物质限量》GB 18581

《室内装饰装修材料内墙涂料中有害物质限量》GB 18582

《室内装饰装修材料胶粘剂中有害物质限量》GB 18583

《室内装饰装修材料木家具中有害物质限量》GB 18584

《室内装饰装修材料壁纸中有害物质限量》GB 18585

《室内装饰装修材料聚氯乙烯卷材地板中有害物质限量》GB 18586

《室内装饰装修材料地毯、地毯衬垫及地毯用胶粘剂中有害物质释放限量》GB 18587

《混凝土外加剂中释放氨限量》GB 18588

《建筑材料放射性核素限量》GB 6566

8 室外环境与污染物控制

8.1 环境影响

8.1.1 依据《中华人民共和国环境影响评价法》的规定：对建设项目的环境影响评价实行分类管理。可能造成重大环境影响的，应当编制环境影响报告书，对产生的环境影响进行全面评价；可能造成轻度环境影响的，应当编制环境影响报告表，对产生的环境影响进行分析或者专项评价；对环境影响很小、不需要进行环境影响评价的，应当填报环境影响登记表。

对环境影响评价规划所包含的具体建设项目，除提交简化的环境影响评价文件外，还应提交规划的环境影响评价报告书和批准文件。

涉及水土保持的建设项目，还必须提交经有关行政主管部门审查同意的水土保持方案。

环境影响评价文件中，评价的因子和技术措施在气候变化、生态系统、水资源、水土保持、生物多样性、地区环境、人体的潜在危害等影响方面应符合或优于国家、行业和地方的法规、政策和标准的要求。

8.1.2 建设项目竣工环境保护验收有效落实了环境保护设施与建设项目主体工程"三同时"原则，以及落实其他需配套采取的环境保护措施，防止环境污染和生态破坏。《建设项目环境保护管理条例》和《建设项目竣工环境保护验收管理办法》等对此有明确的规定。

8.2 水、气、固体污染物控制

8.2.1 依据《中华人民共和国清洁生产促进法》、《中华人民共和国循环经济促进法》，对生产过程中产生的废水进行综合利用，回收有用的物质。在废水再利用过程中，应根据行业生产特点，确保综合利用过程安全生产并防止产生二次污染。

目前我国已制定多个行业的清洁生产标准，如《清洁生产标准 白酒制造业》HJ/T 402、《清洁生产标准 彩色显像（示）管生产》HJ/T 360、《清洁生产标准 氮肥制造业》HJ/T 188、《清洁生产标准 电镀行业》HJ/T 314、《清洁生产标准 纺织业（棉印染）》HJ/T 185、《清洁生产标准 甘蔗制糖业》HJ/T 186、《清洁生产标准 化纤行业（氨纶）》HJ/T 359、《清洁生产标准 化纤行业（涤纶）》HJ/T 429、《清洁生产标准 啤酒制造业》HJ/T 183 等 50 余项。其中对废水中的有用物质的回收利用指标进行了明确规定。

废水中有用物质回收利用指标分为国内基本水平、国内先进水平和国内领先水平，评价时以上三款得分不累计。

所在行业的清洁生产标准没有对该指标进行具体规定的，本条可不参评。

8.2.2 依据《中华人民共和国清洁生产促进法》、《中华人民共和国循环经济促进法》，对生产过程中产生的废气进行综合利用，回收有用的物质。在废气再利用过程中，应根据行业生产特点，确保综合利用过程安全生产并防止产生二次污染目前我国已制定 50 多个行业的清洁生产标准，其中对废气的回收利用率指标进行了明确规定。根据相应行业的清洁生产标准进行评价。

废气中有用气体的回收利用率指标分为国内基本水平、国内先进水平和国内领先水平，评价时以上三款得分不累计。

所在行业的清洁生产标准没有对该指标进行具体规定的，本条可不参评。

8.2.3 依据《中华人民共和国清洁生产促进法》、《中华人民共和国循环经济促进法》，对生产过程中产生的固体废物进行综合利用，回收有用的物质。

在废物再利用和资源化过程中，应根据行业生产特点，确保综合利用过程安全生产并防止产生二次污染。

目前我国已制定 50 多个行业的清洁生产标准，其中对固体废物回收利用率指标进行了明确规定。根据相应行业的清洁生产标准进行评价。

固体废弃物回收利用指标分为国内基本水平、国内先进水平和国内领先水平，评价时以上三款得分不累计。

所在行业的清洁生产标准没有对该指标进行具体规定的，本条可不参评。

8.2.4 末端处理前的工业废水，其废水产生量和污染物产生指标可以参考所在行业清洁生产标准执行，目前国家已经发布了 50 多个行业的清洁生产标准。

末端处理之后，对外排放工业废水水质、水量分为两种情况：（1）该行业已有国家行业排放标准时，按国家现行行业排放标准执行，如制革工业执行《制革工业水污染物排放标准》GB 3549，纺织工业执行《纺织染整工业水污染物排放标准》GB 4287，造纸工业执行《造纸工业水污染物排放标准》GB 3544 等；（2）所在行业无国家行业排放标准时，按照现行国家综合排放标准《污水综合排放标准》GB 8978 执行。

对于生活污水，如果不受其他污染物污染时，可以经化粪池预处理后排入城镇市政污水工程，当受到其他物质污染时，应按现行行业标准《污水排入城镇下水道水质标准》CJ 343 执行。

除此以外，外排污、废水排放还需符合当地排放标准的要求。

标准限值按照国家、行业和地方标准中规定最严格的限值执行。符合时可得最低分值（必达分），并根据优于标准限值的程度按本条文分值范围确定得分值。

8.2.5 本条中污染物主要包括生产中产生的各类需要排放的可能对室外大气环境质量造成影响的物质。对于现有污染源大气污染物排放、建设项目的环境影响评价、设计、环境保护设施竣工验收及其投产后的大气污染物排放，应符合国家现行有关标准的规定，还应符合所在行业和地方有关标准的规定。

对于大气污染物排放限值的标准较多，如国家标准的有《大气污染物综合排放标准》GB 16297、《恶臭污染物排放标准》GB 14554、《工业炉窑大气污染物排放标准》GB 9078、《炼焦炉大气污染物排放标准》GB 16171、《锅炉大气污染物排放标准》GB 13271、《水泥工业大气污染物排放标准》GB 4915 等，另外地方也制定有相应的标准，如北京市地方标准《大气污染物综合排放标准》DB 11/501 等，根据参评项目所在行业的标准进行评价。

根据国家和地方污染物排放总量控制的要求，地方环保部门对企业的具体污染物控制制定总量控制指标，企业在规划设计、环境评价时应根据其具体指标确定具体技术措施，并满足相应的总量控制指标的要求。

标准限值按照国家、行业和地方标准中规定最严格的限值执行。符合时可得最低分值（必达分），并根据优于标准限值的程度按本条文分值范围确定得分值。

8.2.6 依据《中华人民共和国固体废物污染环境防治法》，在收集、储存、运输、利用、处置固体废物时，应采取防扬散、防流失、防渗漏或者其他防止二次污染环境的措施。

工业固体废物储存与处置的设施和场所，应符合国家现行有关标准的规定，如《危险废物填埋污染控制标准》GB 18598、《一般工业固体废物贮存、处置场污染控制标准》GB 18599 等，还应满足所在行业和地方有关标准的规定，如《热处理盐浴有害固体废物污染管理的一般规定》JB 9052 等。

对暂时不利用或不能利用的废物，应在符合规定要求的储存设施、场所，分类安全存放或采取无害化处置措施，并执行国家、行业和地方废物处理处置规定。

8.2.7 危险废物是指列入《国家危险废物名录》，或者根据国家规定的危险废物鉴别标准和鉴别方法认定的具有危险特性的废物。

工业生产过程中产生的具有燃烧、爆炸、辐射、腐蚀性和生物污染等危险废物和难降解废物，会对人类健康和环境造成重大影响。应运用物理、化学或生物方法（如焚烧、填埋、有害废物的热处理和解毒等），对危险废物进行无害或低危害的安全处置、处理，使其排放达到有关的排放标准，降低或消除对人体健康、周围环境的危害。

依据《危险废物经营许可证管理办法》的规定，危险废物应由取得相应资质的企业进行处理，处理过程执行有关部门批准的技术文件、相应标准和有关安全技术规定，如《危险废物焚烧污染控制标准》GB 18484、《危险废物贮存污染控制标准》GB 18597、《危险废物集中焚烧处置工程建设技术规范》HJ/T 176 等。

8.3 室外噪声与振动控制

8.3.1 在生产过程中产生的噪声是噪声污染的重要来源，工业建筑应按照有关标准的要求，防治噪声污染。对生产过程和设备产生的噪声，应首先从声源上进行控制，采用低噪声的工艺和设备，否则，应用隔声、消声、吸声以及综合控制等噪声控制措施。

根据《中华人民共和国环境噪声污染防治法》的要求，在城市范围内向周围生活环境排放的工业噪声，应符合现行国家标准《工业企业厂界环境噪声排放标准》GB 12348 的规定；工业生产过程中工业设备可能产生环境噪声污染，除应符合国家现行有关标准的规定外，还应符合所在行业和地方有关标准的规定。

8.3.2 当工艺设备会产生较强烈的振动时，对周边人员的正常生活和生产活动造成影响，因此有必要采取措施使工艺设备和公用设备产生的振动符合国家和行业现行有关标准的要求。

某些工业厂房设备产生的振动相当大，如重型机械厂的锻造车间、大型空压机站等，对相邻环境影响严重。除了工业设备运行时的振动以外，交通、建筑施工也会引起地面振动。振动对室内、室外的影响严重的都要采取减振、隔振等措施进行控制。

在选址、总图布置、生产设备选型、设备安装、设备基础设计、建筑结构设计和生产管理等方面，考虑振动的影响并采取减振技术措施。

8.4 其他污染控制

8.4.1 光污染是指过量的光辐射对人体健康、人类生活和工作环境造成不良影响的现象。光污染对人的生理、心理健康产生破坏，过度的光污染会严重破坏生态环境，对交通安全、航空航天科学研究造成消极影响；同时也导致能源的浪费。

项目建设中避免对周围环境产生不良影响，是绿色建筑的基本原则之一。对于工业建筑而言，要避免其建筑布局或体形对周围环境产生不利影响，特别需要避免对周围环境的光污染和对周围居住建筑的日照遮挡。有些工业厂房大量采用玻璃幕墙，部分建筑幕墙上采用镜面玻璃或者镜面不锈钢，当直射日光和天空光照射其上时，会产生反射光和眩光，进而可能造成道路安全的隐患；而沿街两侧的高层建筑同时采用玻璃幕墙时，由于大面积玻璃出现多次镜面反射，从多方面射出，造成光的混乱和干扰，对居民住宅、行人和车辆行驶都有害，应加以避免。

玻璃幕墙所产生的有害光反射，是白天光污染的主要来源，应考虑所选用的玻璃产品、幕墙的设计、组装和安装、玻璃幕墙的设置位置等是否合适，并应符合《玻璃幕墙光学性能》GB/T 18091—2000 标准的规定：在城市主干道、立交桥、高架路两侧的建筑物 20m 以下，其余路段 10m 以下不宜设置玻璃幕墙，应采用反射比不大于 16% 的低反射玻璃。若反射比高于该值，则应控制玻璃幕墙的面积或采用其他材料对建筑立面加以分隔。某些城市和地区对光污染还有更严格的控制规定，如上海市建设委员会《关于在建设工程中使用幕墙玻璃的有关规定的通知》指出：环线以内建设工程，除建筑物裙房外，禁止设计和使用幕墙玻璃。内环线、外环线之间的建设工程，使用幕墙玻璃面积不得超过外墙面积的 40%（包括窗面积）。须使用幕墙玻璃的建筑工程，应当经过环保管理部门的环境评价，规划、建设管理部门审批同意后方可实施。

关于建筑外墙饰面材料，近年有些工程选择带金属光泽的氟碳涂料和其他高反光的白色、浅色系涂料，或者浅色、金属光泽的瓷砖等各种饰面板材；其光污染的评价目前尚无对应的国家标准，可比照玻璃幕墙的光污染评价掌控。

夜晚和白天的光污染有所不同，夜晚的光污染，主要指建筑物的夜景泛光照明、工业企业的室外照明等对周围环境的污染，要对灯光设计进行评估，亦要通过建成后的实际使用效果进行评测。

灯光污染目前也没有统一的国家标准。北京市地方标准《室外照明干扰光限制规范》于 2010 年 12 月 1 日起实施，该规范规定"非商业区和非文化娱乐区不宜设置频繁变换模式的照明"，对于工业建筑的环境灯光设计，可以借鉴。

8.4.2 一些工业建筑在生产和施工过程中会产生电磁辐射，人体如果长期暴露在超过安全剂量的电磁辐射下，细胞就会被大面积杀伤或杀死，并产生多种疾病，因此有必要采取措施减少电磁对周围环境的辐射强度，使其符合国家和行业标准的要求。

《电磁辐射环境保护管理办法》规定了电磁辐射建设项目和设备名录，豁免水平以上的电磁辐射建设项目应履行相应环境保护影响报告书的审批手续。《电磁辐射防护规定》GB 8702 规定了电磁辐射防护限值和电磁辐射豁免水平。

《电磁辐射环境保护管理办法》第二十二条规定：电磁辐射建设项目的发射设备必须严格按照国家无线电管理委员会批准的频率范围和额定功率运行。工业、科学和医疗中应用的电磁辐射设备，必须满足国家和有关部门颁布的"无线电干扰限值"的要求，例如：工频电磁辐射设备可参照《500kV 超高压送变电工程电磁辐射环境影响评价技术规范》HJ/T 24、《高压交流架空送电线无线电干扰限值》GB 15707 等。

电磁辐射环境影响报告书中，辐射强度、磁场强度、功率密度等评价因子应符合或优于国家现行有关标准的规定，还应符合或优于所在行业和地方有关标准的规定。建设项目竣工环境保护验收申请报告已获批准。

8.4.3 根据《温室气体排放管理规范》ISO14064，温室气体是任何会吸收和释放红外线辐射并存在于大气中的气体。《京都议定书》中控制的 6 种温室气体分别为二氧化碳（CO_2）、氧化亚氮（N_2O）、甲烷（CH_4）、氢氟碳化物（HFCs）、全氟碳化物（PFCs）、六氟化硫（SF_6）。温室气体是工业生产中的原料或者产物，采用替代工业技术（包括替代原料、工艺和减少排放的工艺技术）和产物处理是减少温室气体重要途径。我国为此制定了一系列相应的标准。在工业生产过程中，诸如 CFC 等破坏大气臭氧层的物质不仅是制冷剂等公用设备的重要介质，同时也是重要的工业生产原料，CFC 在烟草行业是烟丝膨胀剂，机械行业采用 CFC 作为精密元件的清洗剂等，目前已经有此方面的替代技术。

破坏臭氧层的物质主要包括氟氯化碳（CFC）、哈伦（CFCB）、四氯化碳（CCl_4）、甲基氯仿（CH_3CCl_3）、氟氯烃（HCFC）和甲基溴（CH_3Br）等。由于臭氧层有效地挡住了来自太阳紫外线的侵袭，才使得人类和地球上各种生命能够生存、繁衍和发展。必须控制破坏臭氧层的物质的排放，减少其对臭氧层的破坏。

制冷剂的臭氧层消耗潜值和全球变暖潜值等环保指标可查阅现行国家标准《制冷剂编号方法和安全性分类》GB/T 7778 评估其环境友好性。

我国已加入了一系列的涉及温室气体和破坏臭氧层物质的国际公约，如《联合国气候变化框架公约》、《保护臭氧层维也纳公约》，关于消耗臭氧层物质的《蒙特利尔议定书》及该议定书的修正等。工业生产中所使用的相应气体原料、液体介质等应当考虑符合相应国际公约的要求。

根据中华人民共和国国务院令第 573 号《消耗臭氧层物质管理条例》和《中国受控消耗臭氧层物质清单》（环境保护部、国家发改委、工业和信息化部共同制定，2010 年 9 月 27 日发布）和《关于消耗臭氧层物质蒙特利尔议定书》及其修正案，对于 HCFC（HCFC-21、HCFC-22、HCFC-31、HCFC-121、HCFC-122、HCFC-123、HCFC-124、HCFC-131、HCFC-132、HCFC-133、HCFC-141 等）的最新规定为：2013 年生产和使用分别冻结在 2009 和 2010 两年的平均水平，2015 年在冻结水平上削减 10%，2020 年削减 35%，2025 年削减 67.5%，2030 年实现除维修和特殊用途以外的完全淘汰。企业在选择 HCFC 作为制冷剂、发泡剂、灭火剂、清洁剂和气雾剂等用途时，应慎重考虑相关的要求。

关于碳排放的系数指标，按国家届时出台的有关规定予以执行。

9 室内环境与职业健康

9.1 室内环境

9.1.1 工业厂房内的温度、湿度和风速对工作人员的舒适性、职业健康有影响，为保证职业健康，要求工业建筑内的温度、湿度和风速需满足现行国家职业卫生标准《工业企业设计卫生标准》GBZ 1 的基本规定。对生产需要的空气温度、湿度、风速等还应符合各行业现行有关标准或工艺要求。

9.1.2 现行国家标准《室内空气质量标准》GB/T 18883 的使用范围为住宅和办公建筑，工业建筑和生产辅助建筑在没有相应的国家或行业标准的情况下可参照该标准执行。同时，《工业企业设计卫生标准》GBZ1、《采暖通风与空气调节设计规范》GB 50019、《化工采暖通风与空气调节设计规范》HG/T 20698 等现行标准对辅助生产房间内的空气质量也有相应的规定。

9.1.3 由于原辅材料以及生产、加工工艺的原因，劳动者在职业活动中长期或反复接触有害因素，在有害因素超过一定的范围或接触时间较长时，易引起急性或慢性有害健康影响，导致职业病的发生。因此，工业企业需要满足国家现行有关标准的要求，如《工作场所有害因素接触限值——第一部分：化学有害因素》GBZ 2.1 和《工作场所有害因素接触限值——第二部分：物理有害因素》GBZ 2.2 等。在职业卫生与预评价时应遵守《建设项目职业病危害预评价技术导则》GBZT 196 的有关规定。另外工业行业也有针对其行业特点的项目标准，如《化工采暖通风与空气调节设计规范》HG/T 20698 有相关规定。评价时还应符合所评项目所在的行业的行业标准的要求。

对于已采取工程控制措施，且在同行业内无法达到标准要求的情况下，可根据实际情况采取适宜的个人防护措施，确保职工的健康。

9.1.4 采用集中空调的工业建筑，其空调新风量应满足国家卫生标准要求的新风量、补风量与保持室内压力所需的新风量之和、稀释有害物至国家标准和行业标准要求所需的新风量三者之大者，否则将会影响车间内操作人员的身体健康。对于没有采用集中空调的工业建筑，已采用送排风等措施使进入车间内的新风量满足现行有关国家标准的规定，还应满足所在行业现行有关标准的规定。此处只规定了最小新风量，在过渡季节可以全新风运行。《采暖通风与空气调节设计规范》GB 50019-2003 第 3.1.9 条明确了建筑物室内人员所需最小新风量的一般计算原则。但是对于集中空调的工业建筑，还需保证正压的新风量以及由于工艺排风所需的补风量。对于产生有害物质的车间，通风量还需考虑按照现行国家标准《工作场所有害因素接触限值——第一部分：化学有害因素》GBZ2.1 和《工作场所有害因素接触限值——第二部分：物理有害因素》GBZ2.2 的限值规定进行通风稀释时的通风量。

9.1.5 建筑物内表面产生结露时，结露水将污染室内，使内部表面潮湿、发霉，甚至淌水，恶化室内卫生条件，导致室内存放的物品发生霉变，造成建筑材料的破坏，对建筑物使用功能影响极大，影响职工的身体健康。尤其是工业建筑，建筑内表面结露或发霉不仅对厂房结构和厂房内的操作人员有较大的危害，而且将导致生产产品和设备锈蚀、霉变，破坏产品质量，增加废品率等不良后果。对于计算机房、精密仪表室等室内环境功能要求严格的生产建筑物来说，一旦发生结露滴水现象时，将导致运算失灵、测试紊乱、线路损坏等恶性事故。

建筑外围护结构的冷桥部位是保温隔热的薄弱环节，易结露且会发生霉变，影响环境卫生甚至工艺生产，要有应对措施。

9.1.6 室内照明质量是影响室内环境质量和生产安全的重要因素之一，良好的照明不仅有利于提升职工的工作效率，也可以减少视觉影响产生的安全事故的发生，有利于职工的身心健康，减少职业疾病发生。对不同用途的工业建筑的一般照明标准值参照现行国家标准《建筑照明设计标准》GB 50034 和有关行业标准。

9.1.7 噪声已成为世界七大公害之一。噪声对人体的伤害基本上可以分两大类，一类是累积的噪声损伤，指工人在日常生活中每天都要接触的、具有积累效应的噪声，另一类是突然发生噪声所致的爆震声，其对职工的危害是综合的、多方面的，它能引起听觉、心血管、神经、消化、内分泌、代谢以及视觉系统或器官功能紊乱和疾病，其中首当其冲的是听力损伤，尤其以对内耳的损伤为主。这些损伤与噪声的强度、频谱、暴露的时间密切相关。噪声危害在工业建筑中普遍存在，采取措施降低噪声造成的危害对保护职工健康有重要作用。

对于已采取工程控制措施，且在同行业内无法达到标准要求的情况下，可根据实际情况采取有效的个人防护措施，确保职工的健康。

目前现行有关国家标准包括《工业企业设计卫生标准》GBZ 1、《工业企业噪声控制设计规范》GBJ 87 和《声环境质量标准》GB 3096 等。工艺设备的噪声是工作场所噪声的主要来源，因此在评价过程中，工艺设备的噪声也要符合相应的现行行业标准的规定，如机械行业标准《棒料剪断机、鳄鱼式剪断机、剪板机 噪声限值》JB 9969 等。

9.2 职业健康

9.2.1 建设项目进行职业病危害预评价和控制效果评价可以有效防止职业病的发生，保护劳动者的身体健康，可从源头上控制或者消除职业病危害，为建设项目职业病防治的日常管理提供依据。国家有关法律、法规均有明确规定，对产生职业危害的从业人员进行定期体检，及早发现，及早预防，为保障员工身体健康提供又一道保护屏障。目前我国的有关现行标准有《建设项目职业病危害预评价技术导则》GBZ/T 196 和《建设项目职业病危害控制效果评价技术导则》GBZ/T 197 等。

9.2.2 工业生产过程中，工业设备、操作工具产生的振动通过各种途径传至人体，对人体造成危害。振动的作用不仅可以引起机械效应，更重要的是可以引起生理和心理的效应。从工艺、工程设计、个体防护等方面采取减少振动危害的措施，可以有效保护职工的身体健康。

对于已采取工程控制措施，且在同行业内无法达到标准要求的情况下，可根据实际情况采取有效的个人防护措施，确保职工的健康。目前现行有关国家标准包括《工作场所有害因素职业接触限值》GBZ 2.2 和《工业企业设计卫生标准》GBZ 1、《机械振动 人体暴露于手传振动的测量与评价 第1部分：一般要求》GB/T 14790.1 等，现行行业标准中也有相关规定，如《机械工业职业安全卫生设计规范》JBJ 18 等，在执行过程中应根据行业的具体情况选择相应的标准。

9.2.3 根据工作场所职业病危害情况设置相应的防护措施的图形标识、警戒线、警示语和文字，传递安全信息，可以使劳动者在工作场所工作时警觉职业病危害和存在的危险，有利于减少职工的误操作率，减少和防止职业病危害和安全事故的发生。现行国家标准《安全标志及其使用导则》GB 2894 和《工作场所职业病危险警示标识》GBZ 158 等对相关问题作出了明确规定。

10 运行管理

10.1 管理体系

10.1.1 现行国家标准《环境管理体系 要求及使用指南》GB/T 24001 包括环境管理体系、环境审核、环境标志和全寿命周期分析等内容，旨在指导各类组织实施正确的环境管理行为。通过实施环境管理体系，建立、健全职责明确的组织机构；对能源和资源的利用和污染物的产生等制定环境管理方针，对环境因素进行识别、评价，明确控制指标和目标等。

该项为必达分项，参评项目应提供有效的认证证明材料。

10.1.2 《职业健康安全管理体系 要求》GB/T 28001 对职业健康安全管理体系提出了要求，旨在使一个组织能够识别评价危险源，并对重大职业健康安全风险制定目标方案，持续改进其绩效。本标准中的所有要求意在纳入任何一个职业健康安全管理体系，其应用程度取决于组织的职业健康安全方针、活动性质、运行的风险与复杂性等因素。

该项为必达分项，参评项目应提供有效的认证证明材料。

10.2 管理制度

10.2.1 根据企业规模的大小，设有相应的能源管理、水资源管理、职业健康、安全及环境保护的领导机构及管理部门，职能明确、制度齐全，有年度计划和工作目标、执行情况的定期检查报告和持续改进措施，执行有效。这样有利于对企业在相关方面进行规范化管理和实现持续改进的条件。

10.2.2 《中华人民共和国节约能源法》、《中华人民共和国环境保护法》、《中华人民共和国职业病防治法》、《中华人民共和国安全生产法》等有关法律均明确规定企业应建立健全相应的管理机构和设置相应的管理人员，并对节能管理、安全和职业健康、环境保护的专职人员定期进行管理与专业技术培训和考核，并有相应的评价制度，保证相关工作的有效开展。

10.2.3 绿色理念是一个长期持续改进的过程，需要全体员工参与，才能获得最佳的运行效果，企业应制定奖励制度，发挥员工的主观能动性，激发员工的积极性，为工业建筑全寿命周期内实现绿色发展提供必要的条件。

合理化建议的范围应结合本企业的实际情况，包含节能、节水、环境保护、运行管理、职业健康等方面的新技术、先进措施以及国家有关方针政策、法律、法规等。

10.3 能源管理

10.3.1 准确完整的能源信息和合理的能源管理制度，使企业的生产组织者、管理者、使用者及时掌握企业的能源管理水平和用能状况，便于总结节能经验，挖掘节能潜力，降低能源消耗和生产成本，提高能源利用效率，指导企业提高能源管理水平，以实现企业总体节能目标，促进企业经济和环境的可持续发展，也可为政府和行业提供真实可靠的能源利用状况。

10.3.2 能源管理系统涵盖工艺设备与公共设备，且与建筑形式紧密结合，才能完善功能。其稳定的运行，为企业进行能源管理和制定节能目标提供可靠的依据和信息。

10.3.3 企业建立建筑节能管理标准体系，可以反映企业节能管理水平，实现企业节能工作的制度化、连续性和企业的节能目标和企业节能的社会责任的客观需求，覆盖企业各节能环节。现行国家标准《企业节能标准体系编制通则》GB/T 22336 对企业节能标准体系的编制原则和要求、企业节能标准体系的层次结构、企业节能标准体系的标准格式进行了规定。

10.4 公用设施管理

10.4.1 各种公用设施和管道、阀门、相关设施封闭严密是安全正常运行的基本保证，管网的渗漏损失量应符合有关规定的要求。对于输送具有易燃易爆危险的气体、液体等特殊介质的管道，减缓和防治腐蚀、确保管道系统的严密性是保证安全生产的根本措施之一，也是减少浪费，提高输送效率，保证正常生产的重要措施。制定有相应的应急措施，当管网出现渗漏、腐蚀等情况时能够及时有效地处理，最大限度地减少渗漏损失和危险情况的发生。

我国现行有关标准对输送不同介质的管道的严密性和防治腐蚀有相应的规定，如《城镇燃气设计规范》GB 50028、《工业金属管道设计规范》GB 50316、《城镇燃气埋地钢质管道腐蚀控制技术规程》CJJ 95、《钢质管道及储罐腐蚀控制工程设计规范》SY 0007、《建筑给水排水及采暖工程施工质量验收规范》GB 50242 等。

10.4.2 各类动力站房是维持工业生产必不可少的组成部分，是重要的工业辅助建筑，其内部布置了各种动力设备，操作员工的工作环境相对较差。为了减轻员工的劳动强度，降低设备故障率，合理地设置远程监控装置、报警装置、远程数据采集装置等，以提高设备系统运行的可靠性，减少人为的因素影响。

10.4.3 对各类公用设备和设施的能耗实行了实时计量和记录。为了充分地掌握公用设备和设施的能耗现状，及时发现并调整作业流程中的节能瓶颈，监控企业能源运行管理状态，提升企业运行管理能力和水平，降低企业运行成本，又可为节能、节水、环境保护方面提供有效可靠的决策依据，在设置计量设施和记录计量数据时充分考虑分项计量和按考核单位进行数据统计。

10.4.4 根据公用设备和设施运行规律定期检修维护是保证公用设备和设施正常运行的必要措施，可以防止公用设备和设施在非正常条件下运行造成的资源浪费、影响生产和室内外环境。检修制度应根据相应设备或设施的具体性能要求制定，在执行检修和维护制度的过程中应保留完整的记录。

公用设备和设施的安全运行管理，不仅对消除安全事故具有重要作用，而且可有效减少由于公用设备和设施的事故性停工所造成的材料浪费和能源消耗。

11 技术进步与创新

11.0.1 为了鼓励工业建设领域开展技术进步与创新工作（含科技创新和管理创新），在项目建设的各个阶段（包含规划设计、建造和运行管理）中，凡对达到本标准规定的条文或评价指标有明显效果的科技成果和措施，在第 4～10 章得分的基础上，均以附加方式计入总分值。本条鉴定是指上级（省部级）科技主管部门组织的检测鉴定、会议鉴定或函审鉴定的结论为依据。本条所指的并非是利用其他项目的成果。

不同的成果,三款得分可累加,得分累加上限为4分。

11.0.2 在工业建设项目各个阶段(包含规划设计、建造和运行管理)大胆探索具有前瞻性的新技术、新工艺、新方法,对绿色工业建筑评价指标有突出贡献的成果和措施,取得了国家、省部级或行业科学技术奖,以附加分的方式计入总分值。本条所指的并非是利用其他项目的成果。

不同的获奖技术、工艺、方法,二款得分可累加,得分累加上限为6分。同一技术、工艺、方法获不同级别科学技术奖,得分不可累加。

附录 A 权重和条文分值

A.0.1 本标准采用专家群体层次分析法。章、节两个层次的权重通过对各专业专家问卷调查得出。

A.0.2 条文的分值由本专业专家初步确定,然后根据各节条文数量和重要性,并参考国内外绿色建筑评价标准的评价方法进行适当调整。

附录 B 工业建筑能耗的范围、计算和统计方法

B.0.1 属于生产设备的能耗不计入工业建筑能耗,如输送工艺用生产物料的气力输送系统,但除尘系统回收粉尘或用于废料的气力输送系统或压块、包装设备的能耗应计入工业建筑能耗。由于工艺需要,与工艺设备一体化配套出厂环保设备的能耗不计入工业建筑能耗。

工艺设备回收的能量,当用于生活、改善室内外环境时,为回收该部分能量所消耗的能量计入工业建筑能耗,回收的能量在工业建筑能耗中扣除;当回收的热能用于生产时,为回收该部分能量所消耗和回收的能量均不计入工业建筑能耗。

B.0.2 方法一:有行业清洁生产标准或国家、行业和地方规定的综合能耗指标时:可选行业内有代表性且有施工图设计的若干企业,按设计所提供的全厂(或某类生产厂房)全年总能耗量和 B.0.1 条工业建筑能耗范围,根据设计提供的相关数据(如当地室外气象参数、机组的装机容量、机组能效比、负荷系数、同时使用系数、运行时间、设备性能曲线、耗煤量、耗气量、耗汽量、耗油量等)计算出工业建筑全年能耗量。

也可根据下式求得:

$$E_{aj} = E_a - E_g - E_q$$

式中:E_g——工艺能耗;

E_q——其他能耗,指除工艺能耗和工业建筑能耗范围以外的能耗。

在计算出工业建筑能耗占全年总能耗的比例后,根据本行业清洁生产标准或国家、行业和地方规定的综合能耗指标,按此比例求得该行业的工业建筑能耗指标,并考虑必要的修正,以此指标作为评价的依据。

对申请评价的项目,可按方法一计算出全年工业建筑能耗指标,以此指标和该行业的工业建筑能耗指标相比较,即可判断申请评价的项目的工业建筑能耗指标属哪一类水平。

方法二:无行业清洁生产标准或国家、行业和地方规定的能耗指标时:可选择本行业在节能方面做得好、较好、较差(符合国内基本水平的要求)且有施工图设计的若干企业,按设计所提供的全厂(或某类生产厂房)全年总能耗量和 B.0.1 条工业建筑能耗范围,根据设计提供的相关数据(如当地室外气象参数、机组的装机容量、机组能效比、负荷系数、同时使用系数、运行时间、设备性能曲线、耗煤量、耗气量、耗汽量、耗油量等)计算出全年工业建筑能耗量,通过分析确定该行业的工业建筑能耗指标的三个级别(国内领先、国内先进、国内基本水平)的指标值。以此指标作为评价的依据。

B.0.3 根据 B.0.1 条工业建筑能耗范围,按参评项目统计期内各种工业建筑能耗的实际分项计量,求得工业建筑能耗;也可统计该项目全年总能耗、工艺能耗及除工艺能耗和工业建筑能耗以外的其他能耗,得出参评项目的工业建筑能耗(折成标煤)。以此指标和该行业的工业建筑能耗指标相比较,即可判断申请评价的项目工业建筑能耗指标属哪一类水平。

附录 C 工业建筑水资源利用指标的范围、计算和统计方法

C.0.1 行业清洁生产标准是本标准有关水资源利用指标评价的重要依据,迄今我国已经发布 50 多部,但各清洁生产标准有关水资源利用的指标不尽相同,实际操作过程中,某些行业或项目可能没有现成的清洁生产标准作为依据,针对这种情况,本附录对有关指标的计算、统计和评价作出了明确规定。

C.0.2 本标准取水量仅限于生产区,主要用于生产和科研活动,包括机修、运输、空压站,以及生活、卫生、绿化、保洁、环境保护等。

不包括独立生活区的水量。

C.0.3 重复利用水量包括循环利用水量、循序利用水量、蒸汽冷凝水回用量及经过处理后再利用的水量,被多次重复利用时应重复计量,例如"图1循序利用水示意图"所示循序利用水:

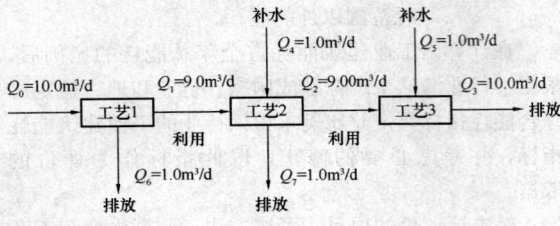

图1 循序利用水示意图

该系统水的重复利用率按下式计算:

$$R = \frac{Q_1 + Q_2}{(Q_1 + Q_2) + (Q_0 + Q_4 + Q_5)}$$
$$= \frac{9.0 + 9.0}{(9.0 + 9.0) + (10 + 1.0 + 1.0)}$$
$$= 60\%$$

C.0.4 蒸汽凝结水有关数据的统计以年度为计量周期,原因是蒸汽凝结水的量和利用量随季节变化较大,而年度之间的平均温度、最高温度和最低温度等参数相对稳定。

中华人民共和国国家标准

绿色办公建筑评价标准

Evaluation standard for green office building

GB/T 50908—2013

主编部门：中华人民共和国住房和城乡建设部
批准部门：中华人民共和国住房和城乡建设部
施行日期：２０１４年５月１日

中华人民共和国住房和城乡建设部
公　告

第 146 号

住房城乡建设部关于发布国家标准《绿色办公建筑评价标准》的公告

现批准《绿色办公建筑评价标准》为国家标准，编号为 GB/T 50908-2013，自 2014 年 5 月 1 日起实施。

本标准由我部标准定额研究所组织中国建筑工业出版社出版发行。

中华人民共和国住房和城乡建设部
2013 年 9 月 6 日

前　言

本标准是根据住房和城乡建设部《关于印发〈2009 年工程建设标准规范制订、修订计划〉的通知》（建标〔2009〕88 号）的要求，由住房和城乡建设部科技发展促进中心会同有关单位编制完成的。

本规范编制过程中进行了深入调查研究，认真总结了实践经验，参考了有关国际标准和国外先进标准，并广泛征求了有关方面的意见，经审查定稿。

本标准共分为 9 章 2 个附录，主要技术内容包括：1 总则；2 术语；3 基本规定；4 节地与室外环境；5 节能与能源利用；6 节水与水资源利用；7 节材与材料资源利用；8 室内环境质量；9 运营管理。

本标准由住房和城乡建设部负责管理，由住房和城乡建设部科技发展促进中心负责具体技术内容的解释。执行过程中如有意见或建议，请寄送住房和城乡建设部科技发展促进中心（地址：北京市海淀区三里河路 9 号，邮政编码：100835）。

本标准主编单位：住房和城乡建设部科技发展促进中心

本标准参编单位：中国建筑科学研究院
上海市建筑科学研究院
（集团）有限公司
清华大学
深圳市建筑科学研究院有限公司
中国城市规划设计研究院
中国建筑设计研究院
北京清华同衡规划设计研究院有限公司
北京首都开发控股集团有限公司

本标准主要起草人：杨　榕　宋　凌　郎四维
朱颖心　韩继红　曾　捷
杨建荣　林波荣　张　播
刘　勇　赵　锂　王昌兴
李晓锋　曾　宇　李景广
何晓燕　王占友　马欣伯
李宏军　许　荷　冯莹莹
张　颖　吕石磊　廖　琳

本标准主要审查人：刘燕辉　袁　镔　鹿　勤
王凤来　郝　军　郑克白
詹庆旋　谭　华　程大章

目次

1 总则 …………………………………… 48—5
2 术语 …………………………………… 48—5
3 基本规定 ……………………………… 48—5
   3.1 评价指标与权重系数设置 ……… 48—5
   3.2 评价方法 ………………………… 48—5
4 节地与室外环境 ……………………… 48—6
   4.1 选址 ……………………………… 48—6
   4.2 土地利用 ………………………… 48—6
   4.3 室外环境 ………………………… 48—6
   4.4 交通 ……………………………… 48—6
   4.5 场地生态 ………………………… 48—7
5 节能与能源利用 ……………………… 48—7
   5.1 围护结构热工性能优化 ………… 48—7
   5.2 自然通风与天然采光利用 ……… 48—7
   5.3 采暖、通风和空气调节系统 …… 48—7
   5.4 照明系统 ………………………… 48—7
   5.5 其他用能系统 …………………… 48—7
   5.6 可再生能源利用 ………………… 48—7
   5.7 用能设备计量、监测与控制 …… 48—8
6 节水与水资源利用 …………………… 48—8
   6.1 水系统 …………………………… 48—8
   6.2 节水措施 ………………………… 48—8
   6.3 非传统水源利用 ………………… 48—8

7 节材与材料资源利用 ………………… 48—8
   7.1 材料资源利用 …………………… 48—8
   7.2 建筑设计优化 …………………… 48—8
   7.3 施工过程控制 …………………… 48—8
8 室内环境质量 ………………………… 48—9
   8.1 光环境 …………………………… 48—9
   8.2 声环境 …………………………… 48—9
   8.3 热环境 …………………………… 48—9
   8.4 室内空气质量 …………………… 48—9
   8.5 其他要求 ………………………… 48—10
9 运营管理 ……………………………… 48—10
   9.1 管理制度 ………………………… 48—10
   9.2 资源管理与运行维护 …………… 48—10
   9.3 环境管理 ………………………… 48—10
附录A 绿色办公建筑评价指标权重
      设置表 ………………………… 48—10
附录B 第三级评价指标分值
      设置表 ………………………… 48—13
本标准用词说明 ………………………… 48—33
引用标准名录 …………………………… 48—33
附：条文说明 …………………………… 48—35

Contents

1 General Provisions ········ 48—5
2 Terms ········ 48—5
3 Basic Requirements ········ 48—5
   3.1 Evaluation Index and Weight Ratio Settings ········ 48—5
   3.2 Evaluation Method ········ 48—5
4 Land Conservation and Outdoor Environment ········ 48—6
   4.1 Site Selection ········ 48—6
   4.2 Land Utilization ········ 48—6
   4.3 Outdoor Environment ········ 48—6
   4.4 Transportation ········ 48—6
   4.5 Site Ecological Environment ········ 48—7
5 Energy Conservation and Utilization ········ 48—7
   5.1 Building Structure Thermal Performance Optimization ········ 48—7
   5.2 Natural Ventilation and Natural Lighting Utilization ········ 48—7
   5.3 Heating, Ventilating and Air Conditioning Systems ········ 48—7
   5.4 Lighting System ········ 48—7
   5.5 Other Energy Systems ········ 48—7
   5.6 Renewable Energy Utilization ········ 48—7
   5.7 Energy Equipment Measurement, Monitoring and Control ········ 48—8
6 Water Conservation and Water Resources Utilization ········ 48—8
   6.1 Water System ········ 48—8
   6.2 Water Conservation Measures ········ 48—8
   6.3 Nontraditional Water Source Utilization ········ 48—8
7 Material Conservation and Material Resources Utilization ········ 48—8
   7.1 Material Resources Utilization ········ 48—8
   7.2 Architectural Design Optimization ········ 48—8
   7.3 Construction Process Control ········ 48—8
8 Indoor Environment Quality ········ 48—9
   8.1 Lighting Environment ········ 48—9
   8.2 Acoustic Environment ········ 48—9
   8.3 Thermal Environment ········ 48—9
   8.4 Indoor Air Quality ········ 48—9
   8.5 Other Requirements ········ 48—10
9 Operation Management ········ 48—10
   9.1 Operation Management System ········ 48—10
   9.2 Resources Management and Operation Maintenance ········ 48—10
   9.3 Environmental Management ········ 48—10
Appendix A Table of the Weight Settings of Green Office Building Evaluation Index ········ 48—10
Appendix B Table of the Score Settings of the 3rd Level Evaluation Index ········ 48—13
Explanation of Wording in This Standard ········ 48—33
List of Quoted Standards ········ 48—33
Addition: Explanation of Provisions ········ 48—35

1 总 则

1.0.1 为规范和引导办公建筑开展绿色建筑评价工作，制定本标准。

1.0.2 本标准适用于新建、改建和扩建的各类政府办公建筑、商用办公建筑、科研办公建筑、综合办公建筑以及功能相近的其他办公建筑的设计阶段和运行阶段的绿色评价。

1.0.3 绿色办公建筑的评价应以建筑单体或建筑群为对象。评价应符合下列原则：

    1 评价单栋办公建筑时，凡涉及室外环境的指标，以该栋办公建筑所处周边环境的评价结果为准；

    2 评价建筑群内的一栋或几栋办公建筑时，凡涉及室外环境的指标，以参评建筑所属用地周边环境的评价结果为准；

    3 评价综合办公建筑时，评价对象至少为一栋建筑，凡涉及多功能区的指标，表述为各功能区指标的面积加权值。

1.0.4 评价绿色办公建筑时，应根据因地制宜的原则，结合办公建筑所在地域的气候、资源、自然环境、经济、文化等特点进行评价。

1.0.5 评价绿色办公建筑时，应统筹处理办公建筑全寿命期内节能、节地、节水、节材、室内环境质量、运营管理之间的关系，体现经济效益、社会效益和环境效益的统一。

1.0.6 评价绿色办公建筑时，应鼓励采用被动技术、适宜技术和综合效益显著的技术。

1.0.7 绿色办公建筑的评价除应符合本标准外，尚应符合国家现行有关标准的规定。

2 术 语

2.0.1 绿色办公建筑　green office building

在办公建筑的全寿命期内，最大限度地节约资源（节能、节地、节水、节材）、保护环境和减少污染，为办公人员提供健康、适用和高效的使用空间，与自然和谐共生的建筑。

2.0.2 综合办公建筑　comprehensive office building

办公建筑面积比例70%以上，且与商场、住宅、酒店等功能混合的综合建筑。

2.0.3 建筑环境质量　building environmental quality

建筑项目所界定范围内，影响使用者的环境品质，包括室内环境、室外环境以及建筑系统本身对使用者生活和工作在身心健康、舒适、工作效率、便利等方面的影响，简称Q。

2.0.4 建筑环境负荷　building environmental load

建筑项目对外部环境造成的影响或冲击，包括能源、材料、水等各种资源的消耗，污染物排放、噪声、日照、风害、交通流量增加等，简称L。

2.0.5 建筑环境负荷的减少　building environmental load reduction

建筑项目对外部环境造成影响或冲击的减少程度，简称LR。

2.0.6 围护结构节能率　energy-saving rate of building envelope performance

与参照建筑对比，设计建筑通过优化建筑围护结构（不包含自然通风、天然采光和其他被动式节能设计）而使采暖和空气调节负荷降低的比例。

2.0.7 空气调节和采暖通风系统节能率　energy-saving rate of HVAC systems

与参照建筑对比，设计建筑通过优化空气调节和采暖通风系统节能的比例。

2.0.8 可再生能源替代率　utilization rate of renewable energy

设计建筑所利用的可再生能源替代常规能源的比例。

2.0.9 雨水回用率　rate of rainwater harvest

指实际收集、回用的雨水量占可收集雨水量的比率。

3 基 本 规 定

3.1 评价指标与权重系数设置

3.1.1 绿色办公建筑评价指标及其权重系数应分下列三级：

    1 一级指标是节地与室外环境、节能与能源利用、节水与水资源利用、节材与材料资源利用、室内环境质量、运营管理；

    2 二级指标是指第一级指标下设的指标；

    3 三级指标为标准第4章～第9章条文。

3.1.2 绿色办公建筑评价指标按属性分为建筑环境质量Q指标和建筑环境负荷的减少LR指标。

3.1.3 三级指标分为控制项和可选项两类。控制项不设权重系数。可选项中每级相同属性指标（Q指标或LR指标）的权重系数之和为1；当存在两种得分途径时，每种得分途径的指标权重系数之和为1。各级评价指标权重系数应按本标准附录A的规定确定，三级评价指标分值设置应按本标准附录B的规定确定。

3.1.4 绿色办公建筑评价指标应在设计阶段与运行阶段分别设置权重系数。

3.2 评价方法

3.2.1 设计阶段与运行阶段的评价应分别按各自的权重系数进行评分。绿色办公建筑应满足所有控制项的要求，控制项全部达标后，Q指标和LR指标各获得基础分50分。可选项的Q指标和LR指标分别计算得分。当存在两种得分途径时，建设项目可根据自身情况采用其中一种得分途径评分。

3.2.2 评价时应逐级计算指标得分，并应符合下列规定：

1 三级指标得分可采用递进式或并列式两种5分制逐条评分，各条文分值应按本标准附录B的规定确定。

2 二级指标得分应按下式进行计算：

$$二级指标得分 = \frac{\sum_{i=1}^{n} 三级指标 i 得分 \times 权重}{\sum_{i=1}^{n} 三级指标 i 满分 \times 权重} \times 5 \quad (3.2.2-1)$$

3 一级指标得分应按下式进行计算：

$$一级指标得分 = \frac{\sum_{i=1}^{n} 二级指标 i 得分 \times 权重}{\sum_{i=1}^{n} 二级指标 i 满分 \times 权重} \times 50 \quad (3.2.2-2)$$

4 Q指标和L指标的得分应按下式进行计算：

$$Q 指标得分 = Q 指标基础分 + \sum_{i=1}^{n} 第一级 Q 指标 i 得分 \times 权重 \quad (3.2.2-3)$$

$$L 指标得分 = 100 - \left(LR 指标基础分 + \sum_{i=1}^{n} 第一级 LR 指标 i 得分 \times 权重 \right) \quad (3.2.2-4)$$

5 各级计算过程中应保留小数点后两位；项目的Q指标和L指标的得分应保留小数点后一位。

3.2.3 绿色办公建筑等级应根据可选项Q指标和L指标得分在Q—L图中所处的位置确定，得分在A、B、C三个区域内的项目为绿色办公建筑，由高到低划分为A、B、C三个等级，分别对应★★★、★★和★（图3.2.3）。

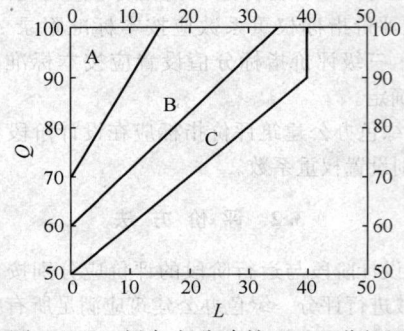

图 3.2.3 绿色办公建筑 Q—L 分级图

3.2.4 评价综合办公建筑时，建筑的其他功能部分应按相应评价标准进行评价，并以各功能部分中的最低等级作为整个项目的最终等级。

4 节地与室外环境

4.1 选 址

控 制 项

4.1.1 建筑选址应符合城乡规划，符合各类保护区的建设要求。

4.1.2 建筑场地应无洪涝灾害、泥石流及含氡土壤的威胁，无危险源及重大污染源的影响。

4.2 土地利用

可 选 项

4.2.1 在满足当地城乡规划和室外环境质量的前提下，场地规划宜确定合理的容积率。

4.2.2 建筑场地宜合理选用废弃场地进行建设。

4.2.3 地下空间宜合理开发利用。

4.2.4 场地规划与建筑设计宜提高空间利用效率，提倡建筑空间与设施的共享，设置对外共享的公共开放空间。

4.3 室外环境

控 制 项

4.3.1 建筑场地内不应存在排放超标的污染源。

4.3.2 建筑物不应影响周边建筑及场地的日照要求。

可 选 项

4.3.3 环境噪声宜符合现行国家标准《声环境质量标准》GB 3096 的有关规定。

4.3.4 室外日平均热岛强度不宜高于 1.5℃。

4.3.5 建筑物周围人行区距地 1.5 米高处风速不宜高于 5m/s，冬季建筑物前后压差不宜大于 5Pa，夏季保证建筑物前后适宜压差，避免出现旋涡和死角。

4.3.6 室外公共活动区域和绿地冬季宜有日照。

4.3.7 建筑不宜对周边建筑物、道路及天空造成光污染。

4.4 交 通

可 选 项

4.4.1 建筑场地与公共交通宜具有便捷的联系。

4.4.2 建筑场地宜合理设置自行车停放设施及专门

的人行道。

4.4.3 机动车停车的数量和设施宜满足最基本的需要，宜采用多种停车方式节约用地。

4.5 场地生态

可 选 项

4.5.1 建筑场地设计与建筑布局宜结合现有地形进行设计，减少对原有地形地貌的破坏。
4.5.2 建筑场地内的表层土宜进行分类收集，采取生态恢复措施，并在施工后充分利用表层土。
4.5.3 场地内的自然河流、水体及湿地宜合理保护。
4.5.4 地表与屋面雨水径流途径宜合理规划，降低地表径流，减少排入市政管道的雨水量。
4.5.5 建筑场地的绿化率宜高于规划设计要求，并合理采用屋顶绿化、垂直绿化等立体绿化方式。
4.5.6 绿化设计中宜选择适宜当地气候和土壤条件的乡土植物，采用包含乔、灌木的复层绿化，且种植区域有足够的覆土深度和良好的排水性。
4.5.7 设有水景的项目，宜结合雨水收集等节水措施合理设计生态水景。

5 节能与能源利用

5.1 围护结构热工性能优化

控 制 项

5.1.1 围护结构热工性能指标应符合国家批准或备案的现行公共建筑节能标准的规定。

可 选 项

5.1.2 围护结构热工性能指标宜高于现行国家或地方节能标准的规定。
5.1.3 外窗或透明幕墙宜采用外遮阳设计。
5.1.4 围护结构非透明部分宜采用因地制宜的保温隔热改善措施。

5.2 自然通风与天然采光利用

可 选 项

5.2.1 建筑主朝向宜选择本地区最佳朝向或接近最佳朝向。
5.2.2 建筑宜采用合理的开窗设计及其他措施，强化自然通风，降低采暖空调负荷。
5.2.3 室内和地下主要功能空间宜采用合理的天然采光措施，降低照明能耗。

5.3 采暖、通风和空气调节系统

控 制 项

5.3.1 空气调节与采暖系统的冷热源设计应符合现行国家和地方公共建筑节能标准及相关节能设计标准中强制性条文的规定。

可 选 项

5.3.2 采暖、通风和空气调节系统宜合理选择系统形式，提高设备及系统效率，优化控制策略，降低系统能耗。
5.3.3 空气调节与采暖系统的冷热源机组能效比宜高于现行国家标准《公共建筑节能设计标准》GB 50189及相关标准的有关规定。
5.3.4 采暖、通风和空气调节系统的输配系统效率宜高于现行国家标准《公共建筑节能设计标准》GB 50189的有关规定。
5.3.5 建筑物处于部分冷热负荷时和仅部分空间使用时，宜采取有效措施节约采暖、通风和空气调节系统能耗。

5.4 照明系统

控 制 项

5.4.1 各房间或场所照明功率密度值不应高于现行国家标准《建筑照明设计标准》GB 50034有关强制性条文的规定。

可 选 项

5.4.2 照明灯具及其附属装置宜合理采用高效光源、高效灯具和低损耗的灯用附件，降低建筑照明能耗。
5.4.3 照明系统宜合理设计控制方式，降低建筑照明能耗。

5.5 其他用能系统

可 选 项

5.5.1 电梯系统宜合理选用高效节能电梯和合理的控制方法，以降低建筑电梯运行能耗。
5.5.2 给排水输配系统宜选用高效节能设备，并合理设计给排水系统，降低给排水系统输配能耗。
5.5.3 生活热水系统宜采用高效能源利用系统，降低生活热水能耗。
5.5.4 输配电和变配电系统宜合理选用高效节能设备和合理的控制方法，降低建筑输配电和变配电系统损耗。

5.6 可再生能源利用

可 选 项

5.6.1 可再生能源宜根据当地气候和自然资源条件合理利用。

5.7 用能设备计量、监测与控制

可 选 项

5.7.1 能耗计量与用能设备监控系统宜进行合理设置。

6 节水与水资源利用

6.1 水系统

控 制 项

6.1.1 方案规划阶段应制定水资源规划方案，统筹、综合利用各种水资源。

6.1.2 给水、排水系统的设置应合理、完善。热水供应系统形式应根据用水特点合理确定。

6.2 节水措施

可 选 项

6.2.1 管网漏损宜采取有效措施避免。

6.2.2 给水系统不宜出现超压出流现象。

6.2.3 水表宜分区域、分用途设置。

6.2.4 卫生器具的用水效率等级宜达到节水评价值。

6.2.5 用水设备宜采用节水设备或节水措施。绿化灌溉宜采用高效节水灌溉方式。

6.2.6 冷却水系统宜采用循环冷却塔、闭式冷却塔等节水型冷却塔设备或其他冷却水节水措施。

6.3 非传统水源利用

控 制 项

6.3.1 使用非传统水源时，应采取用水安全保障措施，不应对人体健康与周围环境产生不良影响。

6.3.2 景观用水不应采用市政供水和自备地下水井供水。

可 选 项

6.3.3 项目周边有市政再生水利用条件时，非传统水源利用率不宜低于40%；项目周边无市政再生水利用条件时，非传统水源利用率不宜低于15%。

6.3.4 项目周边有市政再生水利用条件时，再生水利用率不宜低于30%；项目周边无市政再生水利用条件时，再生水利用率不宜低于10%。

6.3.5 雨水回用率不宜低于40%。

7 节材与材料资源利用

7.1 材料资源利用

控 制 项

7.1.1 禁用国家和地方建设主管部门禁止和限制使用的建筑材料及制品。

可 选 项

7.1.2 场址范围内的已有建筑物、构筑物宜合理利用。

7.1.3 建筑构、配件宜工厂化生产。

7.1.4 在保证安全和不污染环境的情况下，建筑宜使用可再利用建筑材料、可再循环建筑材料和以废弃物为原料生产的建筑材料，其质量之和应不低于建筑材料总质量的10%。

7.1.5 装饰装修材料宜经济适用。

7.1.6 基于当地资源条件和发展水平，建筑宜合理使用新型绿色环保材料及产品。

7.2 建筑设计优化

可 选 项

7.2.1 建筑造型要素宜简约，无大量装饰性构件。

7.2.2 在保证安全的前提下，宜控制主要结构材料的用量。

7.2.3 建筑方案宜规则。

7.2.4 在保证安全的前提下，建筑结构方案宜进行优化设计。

7.2.5 主体结构宜合理使用高强混凝土。

7.2.6 主体结构宜合理使用高强度钢。

7.2.7 建筑设计时宜采取适当措施减轻建筑自重。

7.2.8 可变换功能的室内空间宜灵活分隔。

7.2.9 建筑土建与装修宜一体化设计。

7.3 施工过程控制

可 选 项

7.3.1 施工现场500km以内生产的建筑材料质量应占建筑材料总质量的60%以上。

7.3.2 现浇混凝土应使用预拌混凝土，建筑砂浆宜使用预拌砂浆。

7.3.3 建筑土建与装修宜一体化施工。

7.3.4 施工组织设计中宜制定节材方案，并在施工过程中得到落实。

7.3.5 对旧建筑拆除、场地清理和建筑施工时产生的固体废弃物宜进行分类处理和回收利用。

7.3.6 施工过程中主要材料的损耗率应比定额损耗率降低30%。

7.3.7 现场施工中宜提高围挡、模板等设施的重复使用率。

8 室内环境质量

8.1 光环境

控制项

8.1.1 主要功能空间室内照度、照度均匀度、眩光控制、光的颜色质量等指标应满足现行国家标准《建筑照明设计标准》GB 50034的有关规定。

可选项

8.1.2 主要功能房间的采光系数宜达到现行国家标准《建筑采光设计标准》GB/T 50033的有关规定。

8.1.3 建筑宜鼓励采用反光、遮光、导光等新装置、新材料作为辅助设施，改善室内或地下空间的天然采光质量，控制眩光。

8.1.4 设计中宜充分考虑照明可控性及灯具防眩光措施。

8.2 声环境

控制项

8.2.1 室内噪声级应满足现行国家标准《民用建筑隔声设计规范》GB 50118室内允许噪声级的低限要求。

8.2.2 隔墙、楼板、门窗的隔声性能应满足现行国家标准《民用建筑隔声设计规范》GB 50118的低限要求。

可选项

8.2.3 除开放式办公室之外，室内其他主要功能空间的噪声级宜满足现行国家标准《民用建筑隔声设计规范》GB 50118室内允许噪声级的高限要求。

8.2.4 建筑平面布局和空间功能宜合理安排，减少相邻空间的噪声干扰以及外界噪声对室内的影响。

8.2.5 建筑中宜合理设计设备减噪、隔振措施。

8.3 热环境

控制项

8.3.1 采用集中空调的建筑，房间内的温度、湿度等参数应符合现行国家标准《公共建筑节能设计标准》GB 50189的有关规定。

可选项

8.3.2 建筑围护结构内部和表面宜无结露、发霉现象；减少围护结构带来室内环境的不舒适性。

8.3.3 建筑设计和构造设计宜具有诱导气流、促进自然通风的措施，可实现有效的自然通风。

8.3.4 建筑中宜合理设计各种被动措施、主动措施，加强室内热环境的可控性，改善热舒适。

8.4 室内空气质量

控制项

8.4.1 建筑材料中有害物质含量应符合现行国家标准《室内装饰装修材料 人造板及其制品中甲醛释放限量》GB 18580、《室内装饰装修材料溶剂型木器涂料中有害物质限量》GB 18581、《室内装饰装修材料内墙涂料中有害物质限量》GB 18582、《室内装饰装修材料胶粘剂中有害物质限量》GB 18583、《室内装饰装修材料木家具中有害物质限量》GB 18584、《室内装饰装修材料壁纸中有害物质限量》GB 18585、《室内装饰装修材料聚氯乙烯卷材地板中有害物质限量》GB 18586、《室内装饰装修材料地毯、地毯衬垫及地毯胶粘剂中有害物质释放限量》GB 18587、《混凝土外加剂中释放氨的限量》GB 18588的有关规定，放射性核素的限量应符合现行国家标准《建筑材料放射性核素限量》GB 6566的有关规定。

8.4.2 建筑中游离甲醛、苯、氨、氡和TVOC等空气污染物浓度应符合现行国家标准《民用建筑工程室内环境污染控制规范》GB 50325的有关规定，建筑在运行阶段的室内空气质量应符合现行国家标准《室内空气质量标准》GB/T 18883的有关规定。

8.4.3 采用集中空调的建筑，新风量应符合现行国家标准《公共建筑节能设计标准》GB 50189的有关规定。

8.4.4 新风采气口位置应合理设计，保证新风质量及避免二次污染的发生。

可选项

8.4.5 在建筑中宜采取禁烟措施，或采取措施尽量避免室内用户以及送回风系统直接暴露在吸烟环境中。

8.4.6 在装饰装修设计中，宜采用合理的预评估方法，对室内空气质量进行源头控制或采取其他保障措施。

8.4.7 报告厅、会议室、公共区域等人员变化大的区域宜有针对空气品质的实时监测或人工监测措施。

8.4.8 地下停车场宜有针对一氧化碳浓度监控措施。

8.5 其他要求

可 选 项

8.5.1 建筑入口和主要活动空间宜设有无障碍设施。
8.5.2 主要功能房间外窗宜合理设计，具有良好的外景视野。
8.5.3 公共场所宜设有专门的休憩空间和绿化空间。

9 运营管理

9.1 管理制度

控 制 项

9.1.1 物业管理组织架构设置合理，人员及专业应配备齐全，岗位职责明确。
9.1.2 物业管理部门应制定并实施节能、节水、节材等资源节约与绿化、垃圾管理制度。

可 选 项

9.1.3 物业管理单位宜通过 ISO 9001 质量管理体系及 ISO 14001 环境管理体系认证。
9.1.4 物业管理部门宜实施资源管理激励机制，管理业绩宜与节约资源、提高经济效益挂钩。
9.1.5 物业管理部门宜引导并规范资源节约与环境保护行为模式，定期进行培训与宣传。
9.1.6 物业管理部门宜定期进行办公建筑环境满意度评价，并有持续改进措施。

9.2 资源管理与运行维护

控 制 项

9.2.1 建筑能耗和水耗应实行分类、分项计量与分用户计量收费，有完整的记录、分析与管理。

可 选 项

9.2.2 物业管理宜采用信息化手段，并建立有完善的建筑工程、设施、设备、部品等的档案及记录。
9.2.3 建筑智能化系统定位合理，配置宜符合现行国家标准《智能建筑设计标准》GB/T 50314 的有关规定，并满足建筑使用功能的需求。
9.2.4 建筑通风、空调、照明等设备监控系统高效运行，满足设计要求。
9.2.5 设备维护保养措施齐全，日常运行、检测、维护及应急措施合理有效，运行记录保存完整。
9.2.6 设备、管线的设置宜便于维修、改造和更换。
9.2.7 空调通风系统宜按照现行国家标准《空调通风系统清洗规范》GB 19210 的有关规定进行定期检查和清洗；照明灯具宜定期清洁并对室内照度进行检测。
9.2.8 建设用地内停车场闲置时间内宜对外开放，并设置自行车服务设施。

9.3 环境管理

控 制 项

9.3.1 建筑运营管理过程中噪声检测达标，无不达标废气、废水排放；危险废弃物按规定处置率应达到100%。
9.3.2 建筑中应配置垃圾分类收集设施，垃圾容器设置合理，垃圾处理间应设有风道或排风、冲洗和排水设施，并定期清洗。

可 选 项

9.3.3 垃圾分类收集率宜达到90%以上。
9.3.4 设有餐厅或厨房的办公建筑，宜对餐厨垃圾进行单独收集，并及时清运。
9.3.5 栽种和移植的树木成活率宜大于90%，且植物生长状态良好。
9.3.6 病虫害防治宜采用无公害防治技术，规范化学药品的使用，避免对土壤和地下水环境的损害。

附录 A 绿色办公建筑评价指标权重设置表

A.0.1 "节地与室外环境"部分的各级评价指标权重系数应按表 A.0.1 确定。

表 A.0.1 "节地与室外环境"部分的各级评价指标权重系数

一级指标	类别	权重	二级指标	类别	权重	三级指标	类别	权重 设计	权重 运行
节地与室外环境	Q	0.30	4.1	Q	—	4.1.2	Q	—	—
			4.3	Q	0.65	4.3.1	Q		
						4.3.2	Q		
						4.3.3	Q	0.20	0.20
						4.3.4	Q	0.20	0.20
						4.3.5	Q		
						4.3.6	Q		
						4.3.7	Q	0.20	0.20
			4.5	Q	0.35	4.5.5	Q	0.50	0.50
						4.5.6	Q	0.50	0.50

一级指标	类别	权重	二级指标	类别	权重	三级指标	类别	权重 设计	权重 运行
节地与室外环境	LR	0.10	4.1	LR	—	4.1.1	LR	—	—
			4.2	LR	0.35	4.2.1	LR	0.30	0.30
						4.2.2	LR	0.15	0.15
						4.2.3	LR	0.25	0.25
						4.2.4	LR	0.30	0.30
			4.4	LR	0.25	4.4.1	LR	0.40	0.40
						4.4.2	LR	0.30	0.30
						4.4.3	LR	0.30	0.30

续表 A.0.1

一级指标	类别	权重	二级指标	类别	权重	三级指标	类别	权重 设计	权重 运行
节地与室外环境	LR	0.10	4.5	LR	0.40	4.5.1	LR	0.25	0.25
						4.5.2	LR	0.15	0.15
						4.5.3	LR	0.15	0.15
						4.5.4	LR	0.25	0.25
						4.5.7	LR	0.20	0.20

注：1 控制项不设权重及得分，用"—"表示；
  2 当场地内不存在需要保护的水体时，第4.5.3条不参评；
  3 当场地内无设计水景时，第4.5.7条不参评。

A.0.2 "节能与能源利用"部分的各级评价指标权重系数应按表A.0.2确定。

表 A.0.2 "节能与能源利用"部分的各级评价指标权重系数

一级指标	类别	权重	二级指标	类别	权重	三级指标	类别	权重 设计	权重 运行
节能与能源利用	LR	0.40	5.1	LR	0.20	5.1.1	LR	—	—
						5.1.2	LR	0.65	0.65
						5.1.3	LR	0.20	0.20
						5.1.4	LR	0.15	0.15
			5.2	LR	0.15	5.2.1	LR	—	—
						5.2.2	LR	0.40	0.40
						5.2.3	LR	0.40	0.40
			5.3	LR	0.25	5.3.1	LR	—	—
						5.3.2	LR	1.00	1.00
						5.3.3	LR	0.40	0.40
						5.3.4	LR	0.30	0.30
						5.3.5	LR	0.30	0.30
			5.4	LR	0.15	5.4.1	LR	—	—
						5.4.2	LR	0.60	0.60
						5.4.3	LR	0.40	0.40
			5.5	LR	0.10	5.5.1	LR	0.50	0.50
						5.5.2	LR	0.20	0.20
						5.5.3	LR	0.20	0.20
						5.5.4	LR	0.10	0.10
			5.6	LR	0.10	5.6.1	LR	1.00	1.00
			5.7	LR	0.05	5.7.1	LR	1.00	1.00

注：1 控制项不设权重及得分，用"—"表示；
  2 第5.3.2条与第5.3.3、5.3.4、5.3.5条不重复参评。

A.0.3 "节水与水资源利用"部分的各级评价指标权重系数应按表A.0.3确定。

表 A.0.3 "节水与水资源利用"部分的各级评价指标权重系数

一级指标	类别	权重	二级指标	类别	权重	三级指标	类别	权重 设计	权重 运行
节水与水资源利用	Q|LR	0.20	6.1	LR	—	6.1.1	LR	—	—
						6.1.2	LR	—	—
			6.2	LR	0.70	6.2.1	LR	0.10	0.10
						6.2.2	LR	0.15	0.15
						6.2.3	LR	0.15	0.15
						6.2.4	LR	0.20	0.20
						6.2.5	LR	0.20	0.20
						6.2.6	LR	0.20	0.20
			6.3	Q|LR	0.30	6.3.1	Q	—	—
						6.3.2	LR	—	—
						6.3.3	LR	1.00	1.00
						6.3.4	LR	0.60	0.60
						6.3.5	LR	0.40	0.40

注：1 控制项不设权重及其得分，用"—"表示；
  2 第6.3.3条与第6.3.4、6.3.5条不重复参评。

A.0.4 "节材与材料资源利用"部分的各级评价指标权重系数应按表A.0.4确定。

表 A.0.4 "节材与材料资源利用"部分的各级评价指标权重系数

一级指标	类别	权重	二级指标	类别	权重 设计	权重 运行	三级指标	类别	权重 设计	权重 运行
节材与材料资源利用	LR	0.20	7.1	LR	0.40	0.35	7.1.1	LR	—	—
							7.1.2	LR	0.20	0.15
							7.1.3	LR	0.20	0.15
							7.1.4	LR	0.50	0.50
							7.1.5	LR	0.30	0.35
							7.1.6	LR	0.20	0.15
			7.2	LR	0.60	0.40	7.2.1	LR	0.15	0.15
							7.2.2	LR	0.60	0.60
							7.2.3	LR	0.15	0.15
							7.2.4	LR	0.25	0.25
							7.2.5	LR	0.05	0.05
							7.2.6	LR	0.05	0.05
							7.2.7	LR	0.10	0.10
							7.2.8	LR	0.10	0.10
							7.2.9	LR	0.15	0.15

续表 A.0.4

一级指标	类别	权重	二级指标	类别	权重	三级指标	类别	权重	
								设计	运行
节材与材料资源利用	LR	0.20	7.3	LR	—	7.3.1	LR	×	0.25
						7.3.2	LR	×	0.10
						7.3.3	LR	×	0.20
					0.25	7.3.4	LR	×	0.15
						7.3.5	LR	×	0.15
						7.3.6	LR	×	0.15
						7.3.7	LR	×	0.15

注：1 控制项不设权重及得分，用"—"表示；
2 设计阶段不参评项用"×"表示；
3 第7.1.2、7.1.3、7.1.6条三者不重复参评；第7.2.2条与第7.2.3、7.2.4、7.2.5、7.2.6、7.2.7不重复参评；第7.3.6条与第7.3.7条不重复参评。

A.0.5 "室内环境质量"部分的各级评价指标权重系数应按表 A.0.5 确定。

表 A.0.5 "室内环境质量"部分的各级评价指标权重系数

一级指标	类别	权重	二级指标	类别	权重	三级指标	类别	权重	
								设计	运行
室内环境质量	Q	0.50	8.1	Q	0.25	8.1.1	Q	—	—
						8.1.2	Q	0.35	0.35
						8.1.3	Q	0.35	0.35
						8.1.4	Q	0.30	0.30
			8.2	Q	0.15	8.2.1	Q	—	—
						8.2.2	Q	—	—
						8.2.3	Q	1.00	1.00
						8.2.4	Q	0.50	0.50
						8.2.5	Q	0.50	0.50
			8.3	Q	0.20	8.3.1	Q	—	—
						8.3.2	Q	0.20	0.20
						8.3.3	Q	0.40	0.40
						8.3.4	Q	0.40	0.40
			8.4	Q	0.30	8.4.1	Q	×	—
						8.4.2	Q	×	—
						8.4.3	Q	—	—
						8.4.4	Q	—	—
						8.4.5	Q	×	0.20
						8.4.6	Q	0.70	0.50
						8.4.7	Q	0.15	0.15
						8.4.8	Q	0.15	0.15

续表 A.0.5

一级指标	类别	权重	二级指标	类别	权重	三级指标	类别	权重	
								设计	运行
室内环境质量	Q	0.50	8.5	Q	0.10	8.5.1	Q	0.20	0.20
						8.5.2	Q	0.40	0.40
						8.5.3	Q	0.40	0.40

注：1 控制项不设权重及得分，用"—"表示；
2 设计阶段不参评项用"×"表示；
3 第8.2.3条与第8.2.4、8.2.5条不重复参评。

A.0.6 "运营管理"部分的各级评价指标权重系数应按表 A.0.6 确定。

表 A.0.6 "运营管理"部分的各级评价指标权重系数

一级指标	类别	权重	二级指标	类别	权重	三级指标	类别	权重	
								设计	运行
运营管理	Q	0.20	9.1	Q	×	0.15	9.1.1	Q|LR	×	—
						9.1.2	Q|LR	×	—
						9.1.3	Q	×	0.55
						9.1.6	Q	×	0.45
			9.2	Q	0.50	0.25	9.2.3	Q	1.00	0.80
						9.2.7	Q	×	0.20
			9.3	Q	0.50	0.60	9.3.1	Q	×	—
						9.3.2	Q	—	—
						9.3.3	Q	×	0.40
						9.3.4	Q	1.00	0.20
						9.3.5	Q	×	0.20
						9.3.6	Q	×	0.20
运营管理	LR	0.10	9.1	LR	×	0.25	9.1.1	Q|LR	×	—
						9.1.2	Q|LR	×	—
						9.1.4	LR	×	0.75
						9.1.5	LR	×	0.25
			9.2	LR	1.00	0.75	9.2.1	LR	×	—
						9.2.2	LR	×	—
						9.2.5	LR	×	—
						9.2.6	LR	1.00	0.20
						9.2.8	LR	×	0.15

注：1 控制项不设权重及其得分，用"—"表示；
2 设计阶段不参评项用"×"表示；
3 在设计阶段，当第9.3.4条不参评时，二级Q指标9.2的权重系数调整为1.00；
4 在运行阶段，当第9.3.4条不参评时，三级Q指标第9.3.3、9.3.5、9.3.6条的权重系数分别调整为0.50、0.25、0.25。

附录 B 第三级评价指标分值设置表

B.0.1 "节地与室外环境"部分第三级评价指标分值应按表 B.0.1 确定。

表 B.0.1 "节地与室外环境"部分第三级评价指标分值设置

条文内容	评价内容	优	良	一般	得分
4.1.1 建筑选址应符合城乡规划，符合各类保护区的建设要求	建筑选址应符合城乡规划，符合各类保护区的建设要求	—	—	—	—
4.1.2 建筑场地应无洪涝灾害、泥石流及含氡土壤的威胁，无危险源及重大污染源的影响	建筑场地应无洪涝灾害、泥石流及含氡土壤的威胁，建筑场地与周边可能存在的各种危险源及重大污染源保持足够的安全距离或采取了其他可靠的安全措施	—	—	—	—
4.2.1 在满足当地城乡规划和室外环境质量的前提下，场地规划宜确定合理的容积率	24m 以下多层建筑容积率不低于 0.8；24m～60m 高层建筑容积率不低于 1.8；60m～100m 高层建筑容积率不低于 2.5；100m 以上高层建筑容积率不低于 3.0；且建筑物附属的广场不超过 2hm²	—	—	—	2
	24m 以下多层建筑容积率不低于 1.5；24m～60m 高层建筑容积率不低于 2.5；60m～100m 高层建筑容积率不低于 3.5；100m 以上高层建筑容积率不低于 4.5；且建筑物附属的广场不超过 2hm²	—	—	—	4
	24m 以下多层建筑容积率不低于 2.0；24m～60m 高层建筑容积率不低于 3.0；60m～100m 高层建筑容积率不低于 4.0；100m 以上高层建筑容积率不低于 5.0。且建筑物附属的广场不超过 2hm²	—	—	—	5
4.2.2 建筑场地宜合理选用废弃场地进行建设	选用废弃时间超过 5 年的建设用地，或未被污染的工厂和仓库弃置场地	—	—	—	1
	选用盐碱地、裸岩、石砾地、陡坡地、塌陷地、沙荒地、废窑坑等场地进行建设，采取了场地改造或土壤改良措施，达到相关标准	—	—	—	3
	选用工业用地、垃圾填埋场等已被污染的废弃场地进行建设，对场地污染进行治理再利用和生态修复，达到相关标准	—	—	—	5
4.2.3 地下空间宜合理开发利用	①协调好地上及地下空间的承载、振动、污染及噪声问题，避免对既有设施造成损害，预留与未来设施连接的可能性	1	—	—	5×(①+②+③+④+⑤+⑥)/10 当③不参评时：5×(①+②+④+⑤+⑥)/9 当④不参评时：5×(①+②+③+⑤+⑥)/8 当③和④均不参评时：5×(①+②+⑤+⑥)/7
	②地下建筑容积率 优：大于 1.0；良：大于 0.5；一般：不大于 0.5	2	1	0	
	③充分利用地下人防设施做好平战结合（无地下人防的项目不参评）	1	—	—	
	④人员活动频繁的地下空间做好引导标志和无障碍设施（无人员活动频繁的地下空间不参评）	2	—	—	
	⑤地下建筑采用加强天然采光的措施 优：采光窗和采光井面积占地下一层面积比≥5‰，或导光管数量≥10 个，或设有下沉庭院 良：设有采光窗、采光井或导光管 一般：没有加强天然采光的措施	2	1	0	
	⑥地下建筑采用加强自然通风的措施	2	—	—	

续表 B.0.1

条文内容	评价内容	优	良	一般	得分
4.2.4 场地规划与建筑设计宜提高空间利用效率，提倡建筑空间与设施的共享，设置对外共享的公共开放空间	①建筑中的休息交往空间、会议设施、健身设施等共享	3	—	—	$5×(①+②+③+④)/10$ 当④不参评时：$5×(①+②+③)/9$
	②对外共享的室外或半室外公共开放空间 优：不低于基地总面积的20%；良：设有公共开放空间；一般：没有公共开放空间	3	2	0	
	③未出现以下情况之一：房间面积和层高过大；过多的交通辅助空间；较多不易使用的空间；过于高大的室内空间	3	—	—	
	④充分利用建筑的坡屋顶等不易使用的空间（没有坡屋顶等不宜使用的空间不参评）	1	—	—	
4.3.1 建筑场地内不应存在排放超标的污染源	无污染源或有污染源但经过处理后不超标	—	—	—	—
4.3.2 建筑物不应影响周边建筑及场地的日照要求	建筑物不影响周边建筑及场地的日照要求	—	—	—	—
4.3.3 环境噪声宜符合现行国家标准《声环境质量标准》GB 3096 的有关规定	达到4类声环境功能区噪声限值	—	—	—	3
	达到2类声环境功能区噪声限值	—	—	—	4
	达到1类声环境功能区噪声限值	—	—	—	5
4.3.4 室外日平均热岛强度不宜高于 1.5℃	夏季典型日室外热岛强度 ΔT_{hi} 与当地过去20年夏季平均热岛强度 ΔT_0 的关系	$(\Delta T_0-0.5) \leq \Delta T_{hi} < \Delta T_0$	—	—	—	3
		$(\Delta T_0-1) \leq \Delta T_{hi} < (\Delta T_0-0.5)$	—	—	—	4
		$\Delta T_{hi} < (\Delta T_0-1)$	—	—	—	5
	当无法进行上述判定时，综合考虑了下垫面结构、绿化布局、室外通风、建筑外表面等措施对热岛强度的影响	5	4	3	—
4.3.5 建筑物周围人行区距地 1.5m 高处风速不宜高于 5m/s，冬季建筑物前后压差不宜大于 5Pa，夏季保证建筑物前后适宜压差，避免出现旋涡和死角	①建筑物周围人行风速<5m/s，风速放大系数<2	2	—	—	$5×(①+②+③+④)/5$
	②避免场地内局部出现风的旋涡和死角	1	—	—	
	③设计中考虑了盛行风等因素对污染扩散的影响	1	—	—	
	④典型气象条件下冬季建筑物前后压差不宜大于5Pa；合理控制夏季、过渡季节建筑物前后压差，保证室内可有效进行自然通风	1	—	—	
4.3.6 室外公共活动区域和绿地冬季宜有日照	公共活动区域大寒日不小于60%的区域获得两小时日照	—	—	—	5
4.3.7 建筑不宜对周边建筑物、道路及天空造成光污染	①夜景照明符合现行行业标准《城市夜景照明设计规范》JGJ/T 163的要求；当建筑物立面采用泛光照明时，应限制溢出场地范围以外的光线	3	—	—	$5×(①+②+③)/10$
	②玻璃幕墙设计应符合现行国家标准《玻璃幕墙光学性能》GB/T 18091中关于光污染的相关规定，避免产生光污染，且 优：玻璃面积占外墙面总面积不大于50% 良：玻璃面积占外墙面总面积不大于70% 一般：玻璃面积占外墙面总面积大于70%	5	3	0	
	③道路照明设计与灯具选用合理，其眩光限值应符合行业标准《城市夜景照明设计规范》JGJ/T 163的相关规定	2	—	—	

续表 B.0.1

条文内容	评价内容	优	良	一般	得分
4.4.1 建筑场地与公共交通宜具有便捷的联系	①到达公共交通站点（或轨道交通站点）的步行距离 优：公共交通站点不超过 300m（或轨道交通站点不超过 500m） 良：公共交通站点不超过 500m（或轨道交通站点不超过 800m） 一般：公共交通站点超过 500m（或轨道交通站点超过 800m）	4	2	1	5×(①+②+③)/10
	②500m 范围内公共交通站点的数量 优：2 个及以上 良：1 个或设有通勤车 一般：0 个	5	4	0	
	③有便捷的专用人行通道（如地道、天桥）与公共交通联系	1	—	—	
4.4.2 建筑场地宜合理设置自行车停放设施及专门的人行道	①设有自行车停车位	1	—	—	5×(①+②+③)/5
	②设有专人看管或摄像监控的自行车停车设施（包括半地下车库、室内车库、停车棚等）	2	—	—	
	③设有安全、便利、舒适的专用人行道，且无障碍设施齐全	2	—	—	
4.4.3 机动车停车的数量和设施宜满足最基本的需要，宜采用多种停车方式节约用地	①停车位数量满足且不大于城市规划规定的下限指标的 110%	3	—	—	5×(①+②+③+④)/10
	②采用机械停车或停车楼等方式节约土地资源	3	—	—	
	③地面停车比例≤30%	2	—	—	
	④机动车停车场节假日、夜间错时对社会开放	2	—	—	
4.5.1 建筑场地设计与建筑布局宜结合现有地形进行设计，减少对原有地形地貌的破坏	①建筑场地设计与建筑布局结合现有地形进行设计	2.5	—	—	5×(①+②)/5
	②制定施工过程中及施工后的生态恢复计划，并在实际工程中进行生态修复	2.5	—	—	
4.5.2 建筑场地内的表层土宜进行分类收集，采取生态恢复措施，并在施工后充分利用表层土	①收集、改良并利用少于 30% 的表层土	—	—	—	1
	②收集、改良并利用大于或等于 30% 的表层土	—	—	—	3
	③收集、改良并利用大于或等于 50% 的表层土	—	—	—	5
4.5.3 场地内的自然河流、水体及湿地宜合理保护	①对水体进行局部保护，保护面积与水体总面积之比≥50%	—	—	—	1
	②对大部分水体进行保护，保护面积与水体总面积之比≥70%	—	—	—	3
	③对全部水体进行保护，保护面积达到水体总面积的 100%	—	—	—	5

续表 B.0.1

条文内容	评价内容	优	良	一般	得分
4.5.4 地表与屋面雨水径流途径宜合理规划，降低地表径流，减少排入市政管道的雨水量	①室外透水地面面积比达到一定要求 优：室外透水地面面积比≥50%；良：室外透水地面面积≥40%；一般：室外透水地面面积比≥20%	5	3	1	途径1： 5×(①+②+③)/10 途径2： 5×④/10 取两种途径计算结果较大值
	②室外非透水地面（如硬质铺装地面）采用了透水性铺装材料 优：50%以上采用了透水铺装材料；良：采用了透水铺装材料；一般：未采用透水铺装材料	2	1	0	
	③ 在设计中采取其他措施（例如采用雨水收集、挡水石等）有效降低了地表径流及排入市政管道的雨水量，并预测降低地表径流的效果（设计阶段评价）	3	—	—	
	实地查看降低地表径流的措施及效果（运行阶段评价）	3	—	—	
	④采用有效措施降低地表径流，削减暴雨洪水洪峰流量，减少排入市政管道的雨水量 优：地表综合径流系数≤0.3；良：0.3<地表综合径流系数≤0.45；一般：0.45<地表综合径流系数≤0.6	10	5	2	
4.5.5 建筑场地的绿地率宜高于规划设计要求，并合理采用屋顶绿化、垂直绿化等立体绿化方式	①绿地率达到一定比例 优：绿地率比规划要求提高3%，或者集中绿地面积超过1hm² 良：绿地率满足规划条件要求 一般：绿地率不满足规划条件要求	4	3	0	5×(①+②+③)/10
	②采用屋顶绿化方式 优：屋顶绿化面积占屋顶可绿化面积的50%以上 良：屋顶绿化面积占屋顶可绿化面积的20%以上 一般：没有采用屋顶绿化方式	3	2	0	
	③外墙采用垂直绿化方式 优：外墙垂直绿化率≥6% 良：外墙垂直绿化率≥3% 一般：不采用垂直绿化的方式或外墙垂直绿化率<3%。 注：模块化外墙垂直绿化率=外墙绿化面积/10m 以下外墙总面积×100% 地栽藤本植物类外墙垂直绿化率=垂直绿化种植水平长度/建筑物基底周长×100%	3	2	0	
4.5.6 绿化设计中宜选择适宜当地气候和土壤条件的乡土植物，采用包含乔、灌木的复层绿化，且种植区域有足够的覆土深度和良好的排水性	①种植适应当地气候和土壤条件的乡土植物，选用少维护、耐候性强、病虫害少，对人体无害的植物	3	—	—	5×(①+②+③)/10
	②采用乔、灌、草构成复层绿化 优：每100m²绿地中不少于5株乔木 良：每100m²绿地中不少于3株乔木 一般：绿地中采用复层绿化方式	4	2	1	
	③种植区域有足够的覆土深度和排水性 优：种植区域70%的覆土深度大于1.5m 良：种植区域70%的覆土深度大于0.9m且小于1.5m 一般：种植区域70%的覆土深度大于0.6m且小于0.9m	3	2	1	

续表 B.0.1

条文内容	评价内容	优	良	一般	得分
4.5.7 设有水景的项目，宜结合雨水收集等节水措施合理设计生态水景	①雨水作为景观用水补水时，合理控制雨水面源污染：在雨水进入景观水体之前设置前置塘、缓冲带等前处理设施，或将屋面和道路雨水接入绿地，经绿地、植草沟等处理后再进入景观水体	2	—	—	5×(①+②)/5
	②设计生态池底及驳岸 优：采用非硬质池底及生态驳岸，为水生生物提供栖息条件，并通过水生植物对水体进行净化 良：采用非硬质池底及生态驳岸，种植水生植物，但仍然需要其他辅助手段对水体进行净化 一般：采用硬质池底	3	2	0	

B.0.2 "节能与能源利用"部分第三级评价指标分值应按表 B.0.2 确定。

表 B.0.2 "节能与能源利用"部分第三级评价指标分值设置

条文内容	评价内容		优	良	一般	得分
5.1.1 围护结构热工性能指标应符合国家批准或备案的现行公共建筑节能标准的规定	围护结构热工性能指标符合国家批准或备案的现行公共建筑节能标准的规定		—	—	—	—
5.1.2 围护结构热工性能指标宜高于现行国家或地方节能标准的规定	围护结构节能率 φ_{ENV}（严寒地区）	围护结构节能率 φ_{ENV}（其他地区）	—	—	—	—
	$1.0\leqslant\varphi_{ENV}<2.0\%$	$0.5\leqslant\varphi_{ENV}<1.0\%$	—	—	—	1
	$2.0\%\leqslant\varphi_{ENV}<4.0\%$	$1.0\%\leqslant\varphi_{ENV}<2.0\%$	—	—	—	2
	$4.0\%\leqslant\varphi_{ENV}<6.0\%$	$2.0\%\leqslant\varphi_{ENV}<3.0\%$	—	—	—	3
	$6.0\%\leqslant\varphi_{ENV}<8.0\%$	$3.0\%\leqslant\varphi_{ENV}<4.0\%$	—	—	—	4
	$\varphi_{ENV}\geqslant8.0\%$	$\varphi_{ENV}\geqslant4.0\%$	—	—	—	5
5.1.3 外窗或透明幕墙宜采用外遮阳设计	针对夏热冬暖、夏热冬冷、寒冷地区（严寒地区本条不参评）	采用建筑自遮阳设计	—	—	—	2
		采用建筑自遮阳设计，并提供遮阳分析报告，证明具有良好的遮阳效果；或采用外遮阳构件	—	—	—	3
		采用外遮阳构件，并提供遮阳分析报告，证明具有良好的遮阳效果	—	—	—	5
5.1.4 围护结构非透明部分宜采用因地制宜的保温隔热措施	①屋面 优：采用适宜性保温隔热改善措施处理的屋面面积占可处理屋面面积的比例不低于50% 良：采用适宜性保温隔热改善措施处理的屋面面积占可处理屋面面积的比例不低于30% 一般：采用适宜性保温隔热改善措施处理的屋面面积占可处理屋面面积的比例不低于20%		3	2	1	5×(①+②)/5
	②外墙 优：采用适宜性保温隔热改善措施处理的外墙面积占可处理外墙面积的比例不低于50% 良：采用适宜性保温隔热改善措施处理的外墙面积占可处理外墙面积的比例不低于30% 一般：采用适宜性保温隔热改善措施处理的外墙面积占可处理外墙面积的比例不低于20%		2	1	0.5	

续表 B.0.2

条文内容	评价内容			优	良	一般	得分
5.2.1 建筑主朝向宜选择本地区最佳朝向或接近最佳朝向	建筑主朝向避免东西向			—	—	—	3
	条状建筑,且主朝向选择本地区最佳或适宜朝向			—	—	—	5
5.2.2 建筑宜采用合理的开窗设计及其他措施,强化自然通风,降低采暖空调负荷	①	夏热冬暖/温和地区	夏热冬冷/寒冷地区	严寒地区	—	—	—
		通风开口面积不小于地上部分总建筑面积的3%	通风开口面积不小于地上部分总建筑面积的3%	通风开口面积不小于地上部分总建筑面积的2%	1	—	—	当①得分为0时,本项得分为0 当①得分不为0时,本项得分为5×(①+②)/5
		通风开口面积不小于地上部分总建筑面积的4%	通风开口面积不小于地上部分总建筑面积的3.5%	通风开口面积不小于地上部分总建筑面积的2.5%	2	—	—	
		通风开口面积不小于地上部分总建筑面积的5%	通风开口面积不小于地上部分总建筑面积的4%	通风开口面积不小于地上部分总建筑面积的3%	3	—	—	
	②	采用多种措施改善自然通风效果			2	—	—	
5.2.3 室内和地下主要功能空间宜采用合理的天然采光措施,降低照明能耗	采光系数达标面积比例 φ_{NL}	$60\% \leqslant \varphi_{NL} < 65\%$			—	—	—	1
		$65\% \leqslant \varphi_{NL} < 70\%$			—	—	—	2
		$70\% \leqslant \varphi_{NL} < 75\%$			—	—	—	3
		$75\% \leqslant \varphi_{NL} < 80\%$,或 $70\% \leqslant \varphi_{NL} < 75\%$ 且采用合理措施改善地下区域(如停车场)的天然采光效果			—	—	—	4
		$\varphi_{NL} \geqslant 80\%$,或 $75\% \leqslant \varphi_{NL} < 80\%$ 且采用合理措施改善地下区域(如停车场)的天然采光效果			—	—	—	5
5.3.1 空气调节与采暖系统的冷热源设计应符合现行国家和地方公共建筑节能标准及相关节能设计标准中强制性条文的规定	空气调节与采暖系统的冷热源设计应符合现行国家和地方公共建筑节能标准及相关节能设计标准中强制性条文的规定			—	—	—	—
5.3.2 采暖、通风和空气调节系统宜合理选择系统形式,提高设备及系统效率,优化控制策略,降低系统能耗	采暖、通风和空气调节系统节能率 φ_{HVAC}	$4\% \leqslant \varphi_{HVAC} < 8\%$			—	—	—	1
		$8\% \leqslant \varphi_{HVAC} < 12\%$			—	—	—	2
		$12\% \leqslant \varphi_{HVAC} < 16\%$			—	—	—	3
		$16\% \leqslant \varphi_{HVAC} < 20\%$			—	—	—	4
		$\varphi_{HVAC} \geqslant 20\%$			—	—	—	5
5.3.3 空气调节与采暖系统的冷热源机组能效比宜高于现行国家标准《公共建筑节能设计标准》GB 50189 的有关规定	冷热源能效比提升比例 φ_{COP}	$4\% \leqslant \varphi_{COP} < 8\%$			—	—	—	1
		$8\% \leqslant \varphi_{COP} < 12\%$			—	—	—	2
		$12\% \leqslant \varphi_{COP} < 16\%$			—	—	—	3
		$16\% \leqslant \varphi_{COP} < 20\%$			—	—	—	4
		$\varphi_{COP} \geqslant 20\%$			—	—	—	5

续表 B.0.2

条文内容	评价内容		优	良	一般	得分
5.3.4 采暖、通风和空气调节系统的输配系统效率宜高于现行国家标准《公共建筑节能设计标准》GB 50189 的有关规定	针对集中采暖系统：耗电输热比 EHR 针对通风空调系统：单位风量耗功率 W_s 针对冷热水系统：输送能效比 ER 当采用多套输配系统时，按各系统全年能耗的比例折算到一次能源计算	满足要求	—	—	1
		降低 5%	—	—	3
		降低 10%	—	—	5
5.3.5 建筑物处于部分冷热负荷时和仅部分空间使用时，宜采取有效措施节约通风、采暖和空气调节系统能耗	针对集中或半集中空调采暖系统	①采取了系统分区配置和控制的方法	5	3	1	5×(①+②+③+④+⑤)/25
		②有针对部分负荷运行时提高系统能源效率的措施	5	3	1	
		③提供空气调节和采暖系统全年运行说明书，设计阶段对全年预期负荷进行分析，用于指导实际运行	5	3	1	
		④有部分负荷条件下的具体控制方案说明	5	3	1	
		⑤具体说明采用何种方式来实现上述控制方案，包括控制方式、测点布置等	5	3	1	
	针对分散式空调采暖系统		—	—	—	5
	若项目中部分采用集中空调采暖系统，部分采用非集中式空调采暖系统		—	—	—	根据二者面积比例加权计算最终得分
5.4.1 各房间或场所照明功率密度值不应高于现行国家标准《建筑照明设计标准》GB 50034 有关强制性条文的规定	各房间或场所在满足照度要求的前提下，照明功率密度值不高于现行国家标准《建筑照明设计标准》GB 50034 有关强制性条文的规定		—	—	—	—
5.4.2 照明灯具及其附属装置宜合理采用高效光源、高效灯具和低损耗的灯用附件，降低建筑照明能耗	照明系统用能效率 LEE	$1.00 \leqslant LEE < 1.05$	—	—	—	1
		$1.05 \leqslant LEE < 1.10$	—	—	—	2
		$1.10 \leqslant LEE < 1.15$	—	—	—	3
		$1.15 \leqslant LEE < 1.20$	—	—	—	4
		$LEE \geqslant 1.20$	—	—	—	5
5.4.3 照明系统宜合理设计控制方式，降低建筑照明能耗	采用照明自控面积比例 $\varphi_{BAS,L}$ 对于小型建筑，合理设计照明回路，采用就地控制方式可得3分	$25\% \leqslant \varphi_{BAS,L} < 50\%$	—	—	—	1
		$50\% \leqslant \varphi_{BAS,L} < 75\%$	—	—	—	3
		$\varphi_{BAS,L} \geqslant 75\%$	—	—	—	5
5.5.1 电梯系统宜合理选用高效节能电梯和合理的控制方法，以降低建筑电梯运行能耗	针对采用电梯的建筑	①对电梯设备采用了合理的控制方法	5	3	1	5×(①+②)/10
		②采用高效节能电梯	5	3	1	
	针对未采用电梯的建筑		—	—	—	5

续表 B.0.2

条文内容	评价内容		优	良	一般	得分
5.5.2 给排水输配系统宜选用高效节能设备，并合理设计给排水系统，降低给排水系统输配能耗	不适用技术对应的得分项按不参评处理，但需提供合理性论证报告	①充分利用市政来水的水压，合理采用叠压供水技术等	2	—	1	5×(①+②+③+④+⑤)/10 有不参评项的，分母对应减少
		②对竖向分区加压供水进行技术经济分析，合理采用相关措施，减小水泵的供水净扬程	2	—	1	
		③适当减少管网中的局部阻力配件的数量，改善配件的水力性能，以减少管网的阻力	2	—	1	
		④合理采用水泵变频技术或无负压供水系统，提高水泵的日常运行效率，根据水泵日常运行工况合理选用高效水泵，加压供水泵组在各用水工况的运行效率处于高效区或不得偏离高效区10%～20%	2	—	1	
		⑤合理配置供水设施的供水压力，最不利点的用水器具选用配置水压小的产品，以控制最不利点水压	2	—	1	
5.5.3 生活热水系统宜采用高效能源利用系统，降低生活热水能耗	无生活热水需求，此项不参评	①采用高效的能源利用系统提供生活热水 优：合理控制出水温度，采用分散式生活热水系统 良：采用集中式生活热水系统，利用空调余热或其他废热制备生活热水 一般：采用其他形式的集中式生活热水系统	5	3	1	无集中生活热水需求： 5×(①+③)/10 有集中生活热水需求： 5×(②+③)/10
		②采用高效的能源利用系统提供生活热水 优：利用空调余热或其他废热或可再生能源 良：城市热网 一般：热水锅炉	5	3	0	
		③采用高效热水供应设备 优：设备能效比比设备节能标准要求高两个等级 良：设备能效比比设备节能标准要求高一个等级 一般：设备能效比符合相关设备节能标准要求	5	3	1	
5.5.4 输配电和变配电系统宜合理选用高效节能设备和合理的控制方法，降低建筑输配电和变配电系统损耗	合理选用高效节能设备和合理的控制方法，降低建筑输配电和变配电系统损耗		5	3	1	

续表 B.0.2

条文内容	评价内容			优	良	一般	得分
5.6.1 可再生能源宜根据当地气候和自然资源条件合理利用	采用太阳能光伏技术时，等效太阳能光电板面积占建筑基底面积的比例 φ_A	采用地源热泵技术时，地源热泵承担的负荷比例 φ_B	采用其他形式可再生能源利用技术时，建筑总能耗可再生能源替代率 φ_{REN}	—	—	—	—
	$4\% \leqslant \varphi_A < 8\%$	$10\% \leqslant \varphi_B < 20\%$	$0.5\% \leqslant \varphi_{REN} < 1\%$	—	—	—	1
	$8\% \leqslant \varphi_A < 12\%$	$20\% \leqslant \varphi_B < 30\%$	$1\% \leqslant \varphi_{REN} < 1.5\%$	—	—	—	2
	$12\% \leqslant \varphi_A < 16\%$	$30\% \leqslant \varphi_B < 40\%$	$1.5\% \leqslant \varphi_{REN} < 2\%$	—	—	—	3
	$16\% \leqslant \varphi_A < 20\%$	$40\% \leqslant \varphi_B < 50\%$	$2\% \leqslant \varphi_{REN} < 2.5\%$	—	—	—	4
	$\varphi_A \geqslant 20\%$	$\varphi_B \geqslant 50\%$	$\varphi_{REN} \geqslant 2.5\%$	—	—	—	5
5.7.1 能耗计量与用能设备监控系统宜进行合理设置	①安装分项计量装置，对建筑内各耗能环节如冷热源、输配系统、照明、办公设备和热水能耗等实现独立分项计量，物业有定期记录 优：在同一建筑中根据建筑的功能、归属等情况，做到分区、分系统、分层、分项对能耗进行计量，物业有定期记录 一般：安装分项计量装置，对建筑内各耗能环节进行独立分项计量，物业有定期记录			2	—	1	5×(①+②+③+④+⑤)/10
	②专业设计说明书中对不同季节、不同使用功能条件下各种设备（如冷机、锅炉、空调箱、水泵等）的启停状态、投入顺序、运行参数等给出详细描述，并落实到节能管理制度中，指导运营 优：设计说明书描述详细，能很好地指导节能运行 一般：设计说明书中有相关描述，对节能运行有一定指导作用			2	—	1	
	③给出对各自动调节装置（如风阀、水阀）在不同设备运行状态下相应的调节要求（如启停、开度大小等），以及各参数测量装置精度、测量范围的要求，并落实到节能管理制度中，指导运营 优：要求合理详细，能很好地指导节能运行 一般：有相关要求，对节能运行有一定指导作用			2	—	1	
5.7.1 能耗计量与用能设备监控系统宜进行合理设置	④设计说明书中需要给出针对设备专业设计说明书中对设备、调节装置、测量装置在不同季节不同使用功能条件下相应工况的实现方式的详细描述，并落实到节能管理制度中，指导运营 优：设计说明书描述详细，能很好地指导节能运行 一般：设计说明书中有相关描述，对节能运行有一定指导作用			2	—	1	5×(①+②+③+④+⑤)/10
	⑤建筑设备监控系统功能完善，能实现对各设备系统的自动监测与控制 优：功能完善，系统运行良好，记录完整 一般：功能基本完善，系统运行良好			2	—	1	

B.0.3 "节水与水资源利用"部分第三级评价指标分值应按表 B.0.3 确定。

表 B.0.3 "节水与水资源利用"部分第三级评价指标分值设置

条文内容	评价内容	优	良	一般	得分
6.1.1 方案规划阶段应制定水资源规划方案，统筹、综合利用各种水资源	方案规划阶段应制定水资源规划方案，统筹、综合利用各种水资源	—	—	—	—

续表 B.0.3

条文内容	评价内容	优	良	一般	得分
6.1.2 给水、排水系统的设置应合理、完善。热水供应系统形式应根据用水特点合理确定	给水、排水系统的设置应合理、完善。热水供应系统形式应根据用水特点合理确定	—	—	—	—
6.2.1 管网漏损宜采取有效措施避免	①选用密闭性能好的阀门、设备，使用耐腐蚀、耐久性能好的管材、管件	5	—	—	5×(①+②+③+④)/25
	②室外埋地管道采取有效措施避免管网漏损	5	—	—	
	③给水管网系统采取了预防、监测管网漏损的技术和措施	5	—	—	
	④设计阶段根据水平衡测试的要求安装分级计量水表，安装率达100%；运行阶段提供用水量计量情况的报告，报告包括分级水表设置示意图、用水计量实测记录、管道漏损率计算和原因分析	10	—	—	
6.2.2 给水系统不宜出现超压出流现象	系统分区合理，每区供水压力要求：0.35MPa<P≤0.45MPa				1
	系统分区合理，每区供水压力要求：P≤0.35MPa				3
	采取减压限流措施，用水点处供水压力P≤0.2MPa；或采用自带减压装置的用水器具				5
6.2.3 水表宜分区域、分用途设置	按使用用途设置用水计量水表				3
	按缴费单元和使用用途设置用水计量水表	—	—	—	4
	按水平衡测试要求设置水表，安装率达100%				5
6.2.4 卫生器具的用水效率等级宜达到节水评价值	用水效率等级达到二级				3
	用水效率等级达到一级	—	—	—	5
6.2.5 用水设备宜采用节水设备或节水措施。绿化灌溉宜采用高效节水灌溉方式	①洗衣设备、厨房设备、洗车设备等用水设备采用节水设备 优：全部用水设备均采用节水设备 良：用水量占总用水量50%及以上的用水设备采用节水设备 一般：有部分用水设备采用了节水设备	5	3	1	5×(①+②)/15
	②采用节水灌溉，节水灌溉面积比例>70%；节水灌溉系统的管网出水压力的差别控制在20%以内 优：节水灌溉系统设有土壤湿度感应器、雨天关闭装置等节水控制 良：在采用高效节水灌溉系统基础之上设置合理完善的节水灌溉制度 一般：采用高效节水灌溉系统	10	5	1	
6.2.6 冷却水系统宜采用循环冷却塔、闭式冷却塔等节水型冷却塔设备或其他冷却水节水措施	采用循环冷却塔				1
	采用冷却水节水措施，开式循环冷却水系统应设置水处理措施和/或加药措施，以减少排污的水量损失；采取加大积水盘、设置平衡管或平衡水箱的方式，避免冷却水泵停泵时冷却水溢出	—	—	—	3
	采用闭式冷却塔				5

续表 B.0.3

条文内容	评价内容			优	良	一般	得分
6.3.1 使用非传统水源时,应采取用水安全保障措施,不应对人体健康与周围环境产生不良影响	使用非传统水源时,应采取用水安全保障措施,不应对人体健康与周围环境产生不良影响			—	—	—	—
6.3.2 景观用水不应采用市政供水和自备地下水井供水	景观用水不应采用市政供水和自备地下水井供水			—	—	—	—
6.3.3 项目周边有市政再生水利用条件时,非传统水源利用率不宜低于40%;项目周边无市政再生水利用条件时,非传统水源利用率不宜低于15%	当项目所在地区年降雨量低于400mm,且周边无市政再生水利用条件,并且项目建筑面积小于5万m²或可回用水量小于100m³/d时(如地方标准中有更高要求,应按地方标准实施),此项不参评	非传统水源利用率 R_u（有市政再生水利用条件）	非传统水源利用率 R_u（无市政再生水利用条件）				
		$40\% \leqslant R_u < 50\%$	$15\% \leqslant R_u < 25\%$				3
		$50\% \leqslant R_u$	$25\% \leqslant R_u$				5
6.3.4 项目周边有市政再生水利用条件时,再生水利用率不宜低于30%;项目周边无市政再生水利用条件时,再生水利用率不宜低于10%	当项目周边无市政再生水利用条件,并且建筑面积小于5万m²或可回用水量小于100m³/d时(如地方标准中有更高要求,应按地方标准实施),此项不参评	再生水利用率 R_R（有市政再生水利用条件）	再生水利用率 R_R（无市政再生水利用条件）				
		$30\% \leqslant R_R < 35\%$	$R_R < 10\%$				3
		$35\% \leqslant R_R < 40\%$	$10\% \leqslant R_R < 20\%$				5
6.3.5 雨水回用率不宜低于40%	当项目所在地区年降雨量低于400mm时,此项不参评	雨水回用率 R_y	$40\% \leqslant R_y < 60\%$				3
			$60\% \leqslant R_y$				5

B.0.4 "节材与材料资源利用"部分第三级评价指标分值应按表 B.0.4 确定。

表 B.0.4 "节材与材料资源利用"部分第三级评价指标分值设置

条文内容	评价内容		优	良	一般	得分
7.1.1 禁用国家和地方建设主管部门禁止和限制使用的建筑材料及制品	禁用国家和地方建设主管部门禁止和限制使用的建筑材料及制品		—	—	—	—
7.1.2 场址范围内的已有建筑物、构筑物宜合理利用	永久性利用或改造后永久性利用场址范围内的已有建筑物、构筑物。当申报项目场址范围内无建筑物、构筑物,或已有建筑物、构筑物的建筑面积(含构筑物的等效面积)不足100m²时,本条不参评;超过1000m²时,按1000m²计算利用率	其利用率不低于10%,且利用面积不小于50m²	—	—	—	1
		其利用率不低于20%,且利用面积不小于100m²	—	—	—	3
		其利用率不低于30%,且利用面积不小于100m²	—	—	—	5

续表 B.0.4

条文内容	评价内容	优	良	一般	得分
7.1.3 建筑构、配件宜工厂化生产	工厂化率>10%	—	—	—	3
	工厂化率>15%	—	—	—	4
	工厂化率>20%	—	—	—	5
7.1.4 在保证安全和不污染环境的情况下，建筑宜使用可再利用建筑材料、可再循环建筑材料和以废弃物为原料生产的建筑材料，其质量之和应不低于建筑材料总质量的10%	可再利用建材、可再循环建材和以废弃物为原料生产的建材的质量之和占建筑材料总质量的10%	—	—	—	3
	可再利用建材、可再循环建材和以废弃物为原料生产的建材的质量之和占建筑材料总质量的20%	—	—	—	4
	可再利用建材、可再循环建材和以废弃物为原料生产的建材的质量之和占建筑材料总质量的30%	—	—	—	5
7.1.5 装饰装修材料宜经济适用	单位建筑面积装饰装修材料用量的经济适用性	5	3	1	
7.1.6 基于当地资源条件和发展水平，建筑宜合理使用新型绿色环保材料及产品	选用了基于当地资源条件和发展水平的新材料及新产品	—	—	—	3
	选用的新型材料及产品的使用量超过了同类建材的50%以上，或选用一种以上基于当地资源条件和发展水平的新材料及新产品	—	—	—	5
7.2.1 建筑造型要素宜简约，无大量装饰性构件	所有纯装饰性构件的造价之和低于工程总造价的2%，但不低于1%	—	—	—	1
	所有纯装饰性构件的造价之和低于工程总造价的1%，但不低于5‰	—	—	—	3
	所有纯装饰性构件的造价之和低于工程总造价的5‰	—	—	—	5
7.2.2 在保证安全的前提下，宜控制主要结构材料的用量	主要结构材料用量均低于当地层数（高度）相近的同类建筑的材料用量平均值，且 不低于平均值的0.98倍	—	—	—	1
	其中至少一种材料的用量低于平均值的0.98倍，但不低于平均值的0.97倍	—	—	—	2
	其中至少一种材料的用量低于平均值的0.97倍，但不低于平均值的0.96倍	—	—	—	3
	其中至少一种材料的用量低于平均值的0.96倍，但不低于平均值的0.95倍	—	—	—	4
	其中至少一种材料的用量低于平均值的0.95倍	—	—	—	5
7.2.3 建筑方案宜规则	申报项目的建筑方案不规则；或特别不规则但城市建设需要	—	—	—	3
	申报项目的建筑方案规则；或不规则但城市建设需要	—	—	—	5
7.2.4 在保证安全的前提下，建筑结构方案宜进行优化设计	①对上部结构方案进行了多方案比选	3	2	0	5×(①+②)/5
	②对基础方案进行了多方案比选	2	1	0	
7.2.5 主体结构宜合理使用高强混凝土	对于砌体结构（含配筋砌体结构）和钢结构，本条不参评 C50及以上混凝土在竖向承重结构中的使用率达到60%以上，但低于70%；或对40%~60%结构构件采用的混凝土强度等级合理性进行了论证	—	—	—	3
	C50及以上混凝土在竖向承重结构中的使用率达到70%以上，但低于80%；或对60%~80%结构构件采用的混凝土强度等级合理性进行了论证	—	—	—	4
	C50及以上混凝土在竖向承重结构中的使用率达到80%以上；或对80%以上结构构件采用的混凝土强度等级合理性进行了论证	—	—	—	5

续表 B.0.4

条文内容	评价内容		优	良	一般	得分
7.2.6 主体结构宜合理使用高强度钢	对于砌体结构（含配筋砌体），本条不参评	高强度钢的使用率达到60%，但低于70%；或对40%~60%的结构构件所采用的钢强度等级的合理性进行了论证	—	—	—	3
		高强度钢的使用率达到70%，但低于80%；或对60%~80%的结构构件所采用的钢强度等级的合理性进行了论证	—	—	—	4
		高强度钢的使用率达到80%；或对80%以上的结构构件所采用的钢强度等级的合理性进行了论证	—	—	—	5
7.2.7 建筑设计时宜采取适当措施减轻建筑自重	①采取措施减轻室内办公空间楼地面现浇面层（含所有湿作业部分）的自重 优：室内办公空间楼地面现浇面层的平均自重不高于1.5kPa 良：室内办公空间楼地面现浇面层的平均自重不高于1.8kPa 一般：室内办公空间楼地面现浇面层的平均自重高于1.8kPa		5	3	0	①+②+③且不超过5
	②采取措施减少地上建筑墙面抹灰 优：地上建筑墙面抹灰体积与地上建筑总体积之比不超过0.008（包括墙面无抹灰） 良：地上建筑墙面抹灰体积与地上建筑总体积之比不超过0.012 一般：地上建筑墙面抹灰体积与地上建筑总体积之比超过0.012		5	3	0	
	③采取本标准未涉及的其他措施减轻建筑自重（根据该措施的节材效果给予恰当分值）		5	3	0	
7.2.8 可变换功能的室内空间宜灵活分隔	砌体结构、剪力墙结构建筑，本条不参评	超过20%，但不超过30%	—	—	—	1
	可变换功能的室内空间内，不可循环利用隔断（墙）围合的房间总面积与可变换功能的室内空间总面积之比	超过10%，但不超过20%	—	—	—	3
		不超过10%	—	—	—	5
7.2.9 建筑土建与装修宜一体化设计	①建筑、结构施工图纸中，注明了预留孔洞的位置、大小，给出了土建和装修阶段所需主要预埋件的位置及详图。土建开工前，燃气、强电、弱电、热力、给排水等专业的市政接口配合完毕		4	—	—	5×(①+②+③+④)/15
	②土建开工前，土建、装修各专业施工图纸及图纸上的签字（包括装修等专业设计师在土建图上的会签）、盖章均齐全		4	—	—	
	③需专业公司完成的钢结构、预应力结构、幕墙、厨房、屋顶绿化、弱电等子项的设计和相关会签手续，其完成情况 优：在土建施工前完成了80%以上子项的设计和相关会签手续 良：在土建施工前完成了70%以上子项的设计和相关会签手续 一般：在土建施工前完成了60%以上子项的设计和相关会签手续		4	2	1	
	④扶梯、电梯、空调机组、制冷机组、变配电设备、主要给排水设备等的订货和相关手续完成情况 优：在土建施工前完成了60%以上设备的订货和相关手续 良：在土建施工前完成了50%以上设备的订货和相关手续 一般：在土建施工前完成了40%以上设备的订货和相关手续		3	2	1	
7.3.1 施工现场500km以内生产的建筑材料质量应占建筑材料总质量的60%以上	施工现场500km以内生产的建筑材料质量占建材总质量的60%以上		—	—	—	1
	施工现场500km以内生产的建筑材料质量占建材总质量的70%以上		—	—	—	3
	施工现场500km以内生产的建筑材料质量占建材总质量的80%以上		—	—	—	5
7.3.2 现浇混凝土应使用预拌混凝土，建筑砂浆宜使用预拌砂浆	现浇混凝土全部使用预拌混凝土，预拌砂浆的质量占建筑砂浆总质量的50%以上		—	—	—	1
	现浇混凝土全部使用预拌混凝土，预拌砂浆的质量占建筑砂浆总质量的80%以上		—	—	—	3
	现浇混凝土全部使用预拌混凝土，建筑砂浆全部使用预拌砂浆		—	—	—	5

续表 B.0.4

条文内容	评价内容	优	良	一般	得分
7.3.3 建筑土建与装修宜一体化施工	①正式施工前,土建各工种的施工方案和施工组织设计文件内容全面、合理且已签字盖章	2	—	—	5×(①+②+③)/5
	②正式施工前,装修各工种的施工方案和施工组织设计文件内容全面、合理且已签字盖章	2	—	—	
	③正式施工前,土建、装修各工种的施工方案和施工组织设计文件已得到监理单位(甲方)的正式批准	1	—	—	
7.3.4 施工组织设计中宜制定节材方案,并在施工过程中得到落实	施工组织设计中包含节材措施的相关内容	—	—		1
	施工组织设计中制定了节材方案,并明确了施工过程中的节材措施	—	—		3
	施工组织设计中制定了节材方案,明确了施工过程中的节材措施,并在实际施工过程中得到落实	—	—		5
7.3.5 对旧建筑拆除、场地清理和建筑施工时产生的固体废弃物宜进行分类处理和回收利用	制订了废弃物管理规划	—	—		1
	按照废弃物管理规划,对施工现场的废弃物进行分类处理并留存记录	—	—		3
	按照废弃物管理规划将施工现场废弃物分类处理后,并对大部分的可再循环利用材料进行回收利用	—	—		5
7.3.6 施工过程中主要材料的损耗率应比定额损耗率降低30%	施工过程中主要材料的损耗率比定额损耗率降低30%	—	—		3
	施工过程中主要材料的损耗率比定额损耗率降低40%	—	—		4
	施工过程中主要材料的损耗率比定额损耗率降低50%	—	—		5
7.3.7 现场施工中宜提高围挡、模板等设施的重复使用率	①利用场地已有围墙,或采用了装配式可重复使用的围挡	1	—	—	5×(①+②+③)/5
	②临时围挡材料的重复使用率,70%为中等水平	2	1	0	
	③模板的周转次数 (对于木模板,周转次数达到5次以上得1分;达到7次以上得2分。对于其他模板,周转次数达到10次以上得1分,达到30次以上得2分)	2	1	0	

B.0.5 "室内环境质量"部分第三级评价指标分值应按表 B.0.5 确定。

表 B.0.5 "室内环境质量"部分第三级评价指标分值设置

条文内容	评价内容		优	良	一般	得分
8.1.1 主要功能空间室内照度、照度均匀度、眩光控制、光的颜色质量等指标应满足现行国家标准《建筑照明设计标准》GB 50034 的有关规定	主要功能空间室内照度、照度均匀度、眩光控制、光的颜色质量等指标满足现行国家标准《建筑照明设计标准》GB 50034 的有关规定					
8.1.2 主要功能房间的采光系数宜达到现行国家标准《建筑采光设计标准》GB/T 50033 的有关规定	室内空间(包括地下主要功能房间)的采光系数达标面积比例 (地下主要功能房间采光系数达标的区域,在计算面积百分比的时候其面积仅仅计入分子,同时可以乘以1.5的权重系数,分母不加)	≥75%				2
		≥80%				3
		≥85%				5
8.1.3 建筑宜鼓励采用反光、遮光、导光等新装置、新材料作为辅助设施,改善室内或地下空间的天然采光质量,控制眩光	①合理设计外窗及室内表面反射比,引入反光、遮光、导光等新装置、新材料,改善室内空间的天然采光质量,采光均匀度不小于0.7		5	—	—	5×(①+②)/10 或 5×①/5
	②地下一层10%以上面积或不少于100m² 地下空间可以直接利用天然采光 (没有地下空间的办公建筑,该项不参评)		5	—	—	

续表 B.0.5

条文内容	评价内容	优	良	一般	得分
8.1.4 设计中宜充分考虑照明可控性及灯具防眩光措施	①设计考虑了照明防眩光的措施 优：全部区域采用了避免眩光的灯具或防眩光措施 一般：70%区域采用了避免眩光的灯具或防眩光措施	5	—	5	5×(①+②+③)/20
	②对90%以上的建筑用户提供独立的照明控制，能够调节灯光适应个人的工作需求和个人爱好；对于多人共同使用的空间，照明控制也应满足各组的需求和喜好	10	—	—	
	③能根据空间天然采光的有、无和强弱开关或调节灯光明暗	5	—	—	
8.2.1 室内噪声级应满足现行国家标准《民用建筑隔声设计规范》GB 50118 室内允许噪声级的低限要求	各类噪声在建筑室内形成的噪声级满足现行国家标准《民用建筑隔声设计规范》GB 50118 室内允许噪声级的低限要求	—	—	—	
8.2.2 隔墙、楼板、门窗的隔声性能应满足现行国家标准《民用建筑隔声设计规范》GB 50118 的低限要求	建筑围护结构构件空气声隔声性能、楼板撞击声隔声性能满足现行国家标准《民用建筑隔声设计规范》GB 50118 的低限要求	—	—	—	
8.2.3 除开放式办公室之外，室内其他主要功能空间的噪声级宜满足现行国家标准《民用建筑隔声设计规范》GB 50118 室内允许噪声级的高限要求	除开放式办公室之外，室内其他主要功能空间的噪声级满足现行国家标准《民用建筑隔声设计规范》GB 50118 室内允许噪声级的高限要求	—	—	—	5
8.2.4 建筑平面布局和空间功能宜合理安排，减少相邻空间的噪声干扰以及外界噪声对室内的影响	①产生噪声的洗手间等辅助用房集中布置，上下层对齐	5	—	—	5×(①+②+③+④)/20
	②空调机房、水泵房、开水房等集中布置，远离工作区、休息区等重要活动场所	5	—	—	
	③主要办公空间、休息空间不与电梯间等设备用房相邻	5	—	—	
	④主要办公空间、休息空间不临近交通干道	5	—	—	
8.2.5 建筑中宜合理设计设备减噪、隔振措施	对于设备的噪声和振动基本无改善措施	—	—	—	0
	对于设备的噪声和振动采取了一些措施，对室内声环境状况有一定改善	—	—	—	3
	对各种噪声和振动都采取了合理的减噪、隔振措施，或室内无设备噪声和振动	—	—	—	5
8.3.1 采用集中空调的建筑，房间内的温度、湿度等参数应符合现行国家标准《公共建筑节能设计标准》GB 50189 的有关规定	采用集中空调的建筑，房间内的温度、湿度等参数符合现行国家标准《公共建筑节能设计标准》GB 50189 的有关规定，对于高大空间或特殊功能空间，其风速及气流组织也应满足相关标准要求	—	—	—	—

续表 B.0.5

条文内容	评价内容	优	良	一般	得分
8.3.2 建筑围护结构内部和表面宜无结露、发霉现象；减少围护结构带来室内环境的不舒适性	①夏季自然通风条件下，房间的屋顶和东、西外墙内表面的最高温度满足现行国家标准《民用建筑热工设计规范》GB 50176等国家标准的要求	5	—	—	5×(①+②+③+④)/35
	②围护结构以及热桥部位采取有效防结露措施，按照现行国家标准《民用建筑热工设计规范》GB 50176的要求进行热桥内表面结露验算（南方潮湿天气下在空调未开启的季节难以保证结构内部和表面绝对无结露的情况不在评价范围内）	5	—	—	
	③冬、夏季均设计遮阳（包括外遮阳或内遮阳）等可控制室内长短波辐射、改善室内热舒适的措施（根据效果的好坏以及规模情况综合评价）	15	10	5	
	④减少玻璃幕墙的使用 优：主要朝向/朝阳面朝向窗墙比低于0.4 一般：未达到上述要求	10	—	—	
8.3.3 建筑设计和构造设计宜具有诱导气流、促进自然通风的措施，可实现有效的自然通风	①有效通风面积控制： 优：房间外窗有效可开启面积不小于房间面积的1/12，无可开启外窗房间，有效通风面积应满足100cm²/m² 良：房间外窗有效可开启面积不小于房间面积的1/15，无可开启外窗房间，有效通风面积应满足50cm²/m² 一般：房间外窗有效可开启面积不小于房间面积的1/20，无可开启外窗房间设计了换气装置 注： 1）对于严寒地区，有效可开启面积比可以考虑0.8的修正系数作为控制要求 2）对于全年平均风速低于1m/s的地区，有效可开启面积比乘以1.25作为控制要求	15	10	5	5×(①+②+③)/26
	②建筑公共内部区域可利用热压或诱导通风等措施进行自然通风（没有内区或内区仅仅是走廊，此项可不参评）	5	—	—	
	③合理通过模拟分析手段，优化自然通风设计	6	—	—	
8.3.4 建筑中宜合理设计各种被动措施、主动措施，加强室内热环境的可控性，改善热舒适	①使用者可自主通过开窗，调整主要功能空间室内局部热环境 （根据可开启外窗对应室内房间的面积比例进行评价，只评价外区进深6m的区域） 优：≥80%；良：≥70%；一般：≥60%	5	3	1	5×(①+②+③+④)/25
	②使用者可自主通过遮阳等被动式措施，调整主要功能空间室内局部热环境 （根据可调节遮阳对应室内房间的面积比例进行评价，只评价外区进深6m的区域；区分可调外遮阳、中空玻璃夹层可调节遮阳和内部高反射率百叶可调节遮阳三类，对应的房间面积分别乘上1.4、1.2和1的权重系数，求和后除以进深6m的外区总面积（权重系数仅在分子有）得到可调节面积比例） 优：≥80%；良：≥70%；一般：≥60%	5	3	1	
	③办公空间使用者对于空调设备的自主调节方式以及大型公共区域的控制方式（以标准层、主要楼层为例进行分析，也可以整栋建筑评价） 优：办公空间能够由使用者设定空调设备参数值或分区灵活控制，大型公共区域能够分区、分时控制调节 良：办公空间空调设备能够分档调节，大型公共区域能够分区或分时控制调节 一般：办公空间空调设备仅能进行开关调节，大型公共区域不能分区或分时控制调节	8	4	0	
	④建筑中超过一定规模的功能相同的房间（办公室、会议室、大堂）采用了新型空调采暖方式，改善室内热舒适，包括减少室内上下温差和空气流速小的空调方式等　优：超过50%；良：超过30%	7	4	0	

续表 B.0.5

条文内容	评价内容	优	良	一般	得分
8.4.1 建筑材料中有害物质含量应符合现行国家标准《室内装饰装修材料 人造板及其制品中甲醛释放限量》GB 18580、《室内装饰装修材料溶剂型木器涂料中有害物质限量》GB 18581、《室内装饰装修材料内墙涂料中有害物质限量》GB 18582、《室内装饰装修材料胶粘剂中有害物质限量》GB 18583、《室内装饰装修材料木家具中有害物质限量》GB 18584、《室内装饰装修材料壁纸中有害物质限量》GB 18585、《室内装饰装修材料聚氯乙烯卷材地板中有害物质限量》GB 18586、《室内装饰装修材料地毯、地毯衬垫及地毯胶粘剂中有害物质释放限量》GB 18587、《混凝土外加剂中释放氨的限量》GB 18588 的有关规定，放射性核素的限量应符合现行国家标准《建筑材料放射性核素限量》GB 6566 的有关规定	建筑材料中有害物质含量应符合现行国家标准《室内装饰装修材料 人造板及其制品中甲醛释放限量》GB 18580、《室内装饰装修材料溶剂型木器涂料中有害物质限量》GB 18581、《室内装饰装修材料内墙涂料中有害物质限量》GB 18582、《室内装饰装修材料胶粘剂中有害物质限量》GB 18583、《室内装饰装修材料木家具中有害物质限量》GB 18584、《室内装饰装修材料壁纸中有害物质限量》GB 18585、《室内装饰装修材料聚氯乙烯卷材地板中有害物质限量》GB 18586、《室内装饰装修材料地毯、地毯衬垫及地毯胶粘剂中有害物质释放限量》GB 18587、《混凝土外加剂中释放氨的限量》GB 18588 的有关规定，放射性核素的限量应符合现行国家标准《建筑材料放射性核素限量》GB 6566 的有关规定	—	—	—	—
8.4.2 建筑中游离甲醛、苯、氨、氡和 TVOC 等空气污染物浓度应符合现行国家标准《民用建筑工程室内环境污染控制规范》GB 50325 中的有关规定，建筑在运行阶段的室内空气质量应符合现行国家标准《室内空气质量标准》GB/T 18883 的有关规定	建筑中游离甲醛、苯、氨、氡和 TVOC 等空气污染物浓度符合现行国家标准《民用建筑工程室内环境污染控制规范》GB 50325 中的有关规定，建筑在运行阶段的室内空气质量应符合现行国家标准《室内空气质量标准》GB/T 18883 有关规定	—	—	—	—
8.4.3 采用集中空调的建筑，新风量应符合现行国家标准《公共建筑节能设计标准》GB 50189 的有关规定	采用集中空调的建筑，新风量符合现行国家标准《公共建筑节能设计标准》GB 50189 的设计要求	—	—	—	—

续表 B.0.5

条文内容	评价内容		优	良	一般	得分
8.4.4 新风采气口位置应合理设计，保证新风质量及避免二次污染的发生	新风采气口位置设计在无污染源的方位，且与各排风口之间有足够的距离，保证所吸入的空气为室外新鲜空气，严禁间接从空调通风的机房、建筑物楼道以及天棚吊顶内吸取新风		—	—	—	—
8.4.5 在建筑中宜采取禁烟措施，或采取措施尽量避免室内用户以及送回风系统直接暴露在吸烟环境中	吸烟控制	无措施	—	—	—	0
		设置专门负压吸烟室	—	—	—	3
		建筑内禁止吸烟	—	—	—	5
8.4.6 在装饰装修设计中，宜采用合理的预评估方法，对室内空气质量进行源头控制或采取其他保障措施	在装饰装修设计中，采用合理的预评估方法，对室内空气质量进行源头控制或采取其他保障措施	预评估中考虑了建筑结构性污染，以现行国家标准《民用建筑工程室内环境污染控制规范》GB 50325 为最终目标进行设计	—	—	—	3
		预评估中综合考虑了建筑结构性污染和家具等用品性污染，以《民用建筑工程室内环境污染控制规范》GB 50325 和现行国家标准《室内空气质量标准》GB/T 18883 为最终目标进行设计	—	—	—	5
8.4.7 报告厅、会议室、公共区域等人员变化大的区域宜有针对空气品质的实时监测或人工监测措施	报告厅、会议室、公共区域等人员变化大的区域有空气品质实时中央监测系统或人工监测设施（如 CO_2 监测）	无监测措施	—	—	—	0
		有人工监控系统	—	—	—	1
		有中央监控系统	—	—	—	3
		有中央监控系统并能与进排风设备联动	—	—	—	5
8.4.8 地下停车场宜有针对一氧化碳浓度监控措施	地下车库设计有一氧化碳浓度监测系统	小于 50%区域或没有	—	—	—	0
		50%以上区域	—	—	—	3
		100%区域	—	—	—	5
8.5.1 建筑入口和主要活动空间宜设有无障碍设施	建筑入口和主要活动空间有无障碍设计		—	—	—	5
8.5.2 主要功能房间外窗宜合理设计，具有良好的外景视野	在规定的使用区域，主要功能房间 70%以上的区域都能通过地面以上 0.80～2.30m 高度处的玻璃窗看到室外环境（地下如果有可以看到室外视野的，计算面积百分比时其面积仅计入分子，同时可以乘以 1.5 的权重系数，分母不加）	≥70%	—	—	—	1
		≥80%	—	—	—	3
		≥90%	—	—	—	5
8.5.3 公共场所宜设有专门的休憩空间和绿化空间	①公共场所有专门的休憩空间		5	—	—	5×(①+②)/10
	②公共空间有室内绿化		5	—	—	

B.0.6 "运营管理"部分第三级评价指标分值应按表 B.0.6 确定。

表 B.0.6 "运营管理"部分第三级评价指标分值设置

条文内容	评价内容	优	良	一般	得分
9.1.1 物业管理组织架构设置合理，人员及专业应配备齐全，岗位职责明确	物业管理组织架构设置合理，人员及专业配备齐全，岗位职责明确	—	—	—	—
9.1.2 物业管理部门应制定并实施节能、节水、节材等资源节约与绿化、垃圾管理制度	制定并实施节能、节水、节材等资源节约与绿化、垃圾管理制度	—	—	—	—
9.1.3 物业管理单位宜通过 ISO 9001 质量管理体系及 ISO 14001 环境管理体系认证	物业管理单位通过 ISO 14001 环境管理体系认证	—	—	—	3
	物业管理单位通过 ISO 9001 质量管理体系及 ISO 14001 环境管理体系认证	—	—	—	5
9.1.4 物业管理部门宜实施资源管理激励机制，管理业绩宜与节约资源、提高经济效益挂钩	①指定专人负责能源统计和管理能耗计量，有健全的原始记录和统计台账	2	1	0	5×(①+②+③)/6
	②业主方与物业管理部门共同制定资源节约的奖惩措施与考核办法，管理业绩与物业的经济效益挂钩	2	1	0	
	③资源管理激励计算和考核方法应简单且易于实施	2	1	0	
9.1.5 物业管理部门宜引导并规范资源节约与环境保护行为模式，定期进行培训与宣传	①物业部门与业主共同制定节能、节水、节材与环境保护等相关行为模式与规范	2	1	0	5×(①+②+③)/6
	②有定期的培训与宣传	2	1	0	
	③有跟踪检查措施与记录	2	1	0	
9.1.6 物业管理部门宜定期进行办公建筑环境满意度评价，并有持续改进措施	①定期进行办公建筑环境满意度评价	3	2	0	5×(①+②)/5
	②根据满意度调查结果，有持续改进措施	2	1	0	
9.2.1 建筑能耗和水耗应实行分类、分项计量与分用户计量收费，有完整的记录、分析与管理	建筑能耗和水耗实行分类、分项计量与分用户计量收费，有完整的记录、分析与管理	—	—	—	—
9.2.2 物业管理宜采用信息化手段，并建立有完善的建筑工程、设施、设备、部品等的档案及记录	①对节能、节水、节材与保护环境的管理，采用定量化、分项化、数字化管理	2	1	0	5×(①+②+③)/6
	②建立有完善的建筑工程、设施、设备、部品等的档案及记录	2	1	0	
	③物业管理服务运用智能化监控技术及信息化系统对项目实行全过程监控，并合理、有效运用绩效评价改进项目管理	2	1	0	

续表 B.0.6

条文内容	评价内容		优	良	一般	得分
9.2.3 建筑智能化系统定位合理，配置宜符合现行国家标准《智能建筑设计标准》GB/T 50314 的有关规定，并满足建筑使用功能的需求	①	设计阶段评价时，智能化系统设计符合《智能建筑设计标准》GB/T 50314 中有关办公建筑智能化系统配置的基本要求，信息设施系统、安全防范系统、设备管理系统等功能完善	8	4	1	5×(①+②)/10
		运行阶段评价时，智能化各子系统通过相关行业第三方检测，验收合格	8	4	0	
	②	设计阶段评价时，智能化系统设计满足建筑使用功能需求	2	1	0	
		运行阶段评价时，各子系统运行正常，历史运行数据保存完好	2	1	0	
9.2.4 建筑通风、空调、照明等设备监控系统高效运行，满足设计要求		①系统运行稳定、安全可靠，故障报警记录及主要设备运行参数记录完整	2	1	0	5×(①+②+③+④+⑤+⑥+⑦)/25
		②空调和采暖的冷热源、空调水系统的监测控制功能应成功运行，控制及故障报警功能符合设计要求	10	5	0	
		③通风与空调系统控制功能及故障报警功能应符合设计要求	5	3	0	
		④照明自动控制的功能应符合设计要求	2	1	0	
		⑤电梯控制方式合理，满足实际功能需求	2	1	0	
		⑥给排水系统控制功能及故障报警功能应符合设计要求	2	1	0	
		⑦供配电系统的监测与数据采集应符合设计要求	2	1	0	
9.2.5 设备维护保养措施齐全，日常运行、检测、维护及应急措施合理有效，运行记录保存完整		①设备设施维护保养制度齐全，具有应急措施，有具体落实人员	2	1	0	5×(①+②+③)/6
		②日常运行、检测、维护措施合理有效	2	1	0	
		③运行数据及处理记录完整，保存完好	2	1	0	
9.2.6 设备、管线的设置宜便于维修、改造和更换	①	设计阶段评价时，设备、管道的设置必须方便维修、改造、更换，公共功能的设备、管道应设置在公共部位	4	2	1	5×(①+②)/6
		运行阶段评价时，机房、设备、管线等应标识清楚，便于查找和维护	4	2	1	
	②	设计阶段评价时，建筑中强电和弱电管线应分管路布设，强电间不宜和弱电间设置在同一房间	2	1	0	
		运行阶段评价时，管线和末端设备的调整或变更应具有完整的记录	2	1	0	
9.2.7 空调通风系统宜按照现行国家标准《空调通风系统清洗规范》GB 19210 的有关规定进行定期检查和清洗；照明灯具宜定期清洁并对室内照度进行检测		①对空调通风系统按照《空调通风系统清洗规范》GB 19210 进行检查和清洗	4	2	0	5×(①+②)/6
		②对照明灯具定期清洗并对照度进行检测	2	1	0	
9.2.8 建设用地内停车场闲置时间内宜对外开放，并设置自行车服务设施		①提供自行车服务设施	3	2	0	5×(①+②)/6
		②内部停车场在节假日、晚上等闲置时间对外部车辆开放	3	2	0	

续表 B.0.6

条文内容	评价内容		优	良	一般	得分
9.3.1 建筑运营管理过程中噪声检测达标，无不达标废气、废水排放；危险废弃物按规定处置率应达到100%	建筑运营管理过程中噪声检测达标，无不达标废气、废水排放；危险废弃物按规定处置率达100%		—	—	—	—
9.3.2 建筑中应配置垃圾分类收集设施，垃圾容器设置合理，垃圾处理间设有风道或排风、冲洗和排水设施，并定期清洗	配置垃圾分类收集设施，垃圾容器设置合理，垃圾处理间设有风道或排风、冲洗和排水设施，并定期清洗		—	—	—	—
9.3.3 垃圾分类收集率宜达到90%以上	垃圾分类收集率达90%以上		—	—	—	3
	垃圾分类收集率达95%以上		—	—	—	5
9.3.4 设有餐厅或厨房的办公建筑，宜对餐厨垃圾进行单独收集，并及时清运	对于未设置厨房或餐厅的办公建筑，本条不参评	① 设计阶段评价时，设置符合标准的容器，用于存放餐厨垃圾	3	2	0	5×(①+②)/6
		运行阶段评价时，对餐厨垃圾单独进行收集，及时清运	3	2	0	
		② 设计阶段评价时，设置油水分离器或者隔油池等污染防治设施用于收集废弃食用油脂	3	2	0	
		运行阶段评价时，油水分离器或者隔油池等污染防治设施运行有效	3	2	0	
9.3.5 栽种和移植的树木成活率宜大于90%，且植物生长状态良好	老树成活率达98%，新栽树木成活率低于90%高于85%		—	—	—	3
	老树成活率达98%，新栽树木成活率达90%以上		—	—	—	5
9.3.6 病虫害防治宜采用无公害防治技术，规范化学药品的使用，避免对土壤和地下水环境的损害	①建立有杀虫剂、除草剂、化肥、农药等化学品使用管理制度		2	1	0	5×(①+②+③)/6
	②对化学品有完备的进货清单与使用记录		2	1	0	
	③严格控制化学品使用剂量，有效避免对土壤和地下水环境的损害		2	1	0	

本标准用词说明

1 为了便于执行本标准条文时区别对待，对要求严格程度不同的用词说明如下：
　　1）表示很严格，非这样做不可的用词：
　　　正面词采用"必须"，反面词采用"严禁"；
　　2）表示严格，在正常情况下均应这样做的用词：
　　　正面词采用"应"，反面词采用"不应"或"不得"；
　　3）表示允许稍有选择，在条件允许时首先应这样做的用词：
　　　正面词采用"宜"，反面词采用"不宜"；
　　4）表示有选择，在一定条件下可以这样做的用词，采用"可"。

2 本标准中指明应按其他有关标准执行的写法为："应符合……的规定"或"应按……执行"。

引用标准名录

1 《建筑采光设计标准》GB/T 50033
2 《建筑照明设计标准》GB 50034
3 《民用建筑隔声设计规范》GB 50118
4 《公共建筑节能设计标准》GB 50189
5 《智能建筑设计标准》GB/T 50314

6 《民用建筑工程室内环境污染控制规范》GB 50325

7 《绿色建筑评价标准》GB/T 50378

8 《声环境质量标准》GB 3096

9 《建筑材料放射性核素限量》GB 6566

10 《室内装饰装修材料 人造板及其制品中甲醛释放限量》GB 18580

11 《室内装饰装修材料溶剂型木器涂料中有害物质限量》GB 18581

12 《室内装饰装修材料内墙涂料中有害物质限量》GB 18582

13 《室内装饰装修材料胶粘剂中有害物质限量》GB 18583

14 《室内装饰装修材料木家具中有害物质限量》GB 18584

15 《室内装饰装修材料壁纸中有害物质限量》GB 18585

16 《室内装饰装修材料聚氯乙烯卷材地板中有害物质限量》GB 18586

17 《室内装饰装修材料地毯、地毯衬垫及地毯胶粘剂中有害物质释放限量》GB 18587

18 《混凝土外加剂中释放氨的限量》GB 18588

19 《室内空气质量标准》GB/T 18883

20 《空调通风系统清洗规范》GB 19210

21 《城市夜景照明设计规范》JGJ/T 163

22 《玻璃幕墙光学性能》GB/T 18091

23 《民用建筑热工设计规范》GB 50176

中华人民共和国国家标准

绿色办公建筑评价标准

GB/T 50908—2013

条 文 说 明

制 订 说 明

国家标准《绿色办公建筑评价标准》GB/T 50908-2013 经住房和城乡建设部 2013 年 9 月 6 日以第 146 号公告批准、发布。

本标准是为完善绿色建筑评价标准体系，总结近年来《绿色建筑评价标准》GB/T 50378-2006 在评价办公建筑实践过程中遇到的问题和我国绿色建筑方面的研究成果，借鉴国际先进经验制定的国内第一部针对办公建筑的绿色建筑专用评价标准，引导政府办公建筑、商用办公建筑、科研办公建筑、综合办公建筑以及功能相近的办公建筑的绿色设计、建设与运行，规范绿色办公建筑的评价工作。

为便于广大设计、施工、科研、学校等单位有关人员在使用本标准时能正确理解和执行条文规定，《绿色办公建筑评价标准》编制组按章、节、条顺序编制了本标准的条文说明，对条文规定的目的、依据以及执行中需注意的有关事项进行了说明。但是，本条文说明不具备与标准正文同等的法律效力，仅供使用者作为理解和把握标准规定的参考。

目　次

3　基本规定 …………………………… 48—38
　3.1　评价指标与权重系数设置 ………… 48—38
　3.2　评价方法 …………………………… 48—38
4　节地与室外环境 …………………… 48—39
　4.1　选址 ………………………………… 48—39
　4.2　土地利用 …………………………… 48—39
　4.3　室外环境 …………………………… 48—40
　4.4　交通 ………………………………… 48—41
　4.5　场地生态 …………………………… 48—41
5　节能与能源利用 …………………… 48—42
　5.1　围护结构热工性能优化 …………… 48—42
　5.2　自然通风与天然采光利用 ………… 48—43
　5.3　采暖、通风和空气调节系统 ……… 48—44
　5.4　照明系统 …………………………… 48—45
　5.5　其他用能系统 ……………………… 48—46
　5.6　可再生能源利用 …………………… 48—46
　5.7　用能设备计量、监测与控制 ……… 48—46
6　节水与水资源利用 ………………… 48—47

　6.1　水系统 ……………………………… 48—47
　6.2　节水措施 …………………………… 48—47
　6.3　非传统水源利用 …………………… 48—49
7　节材与材料资源利用 ……………… 48—51
　7.1　材料资源利用 ……………………… 48—51
　7.2　建筑设计优化 ……………………… 48—52
　7.3　施工过程控制 ……………………… 48—55
8　室内环境质量 ……………………… 48—56
　8.1　光环境 ……………………………… 48—56
　8.2　声环境 ……………………………… 48—57
　8.3　热环境 ……………………………… 48—58
　8.4　室内空气质量 ……………………… 48—59
　8.5　其他要求 …………………………… 48—60
9　运营管理 …………………………… 48—60
　9.1　管理制度 …………………………… 48—60
　9.2　资源管理与运行维护 ……………… 48—61
　9.3　环境管理 …………………………… 48—62

3 基本规定

3.1 评价指标与权重系数设置

3.1.1 绿色办公建筑评价指标共分三级：一级指标为第4～9章的标题，包括节地与室外环境、节能与能源利用、节水与水资源利用、节材与材料资源利用、室内环境质量、运营管理，共六部分；二级指标为第4～9章下各节的标题，如一级指标"节地与室外环境"的二级指标为4.1选址、4.2土地利用、4.3室外环境、4.4交通和4.5场地生态；三级指标为标准第4～9章条文的具体要求，如二级指标"4.1选址"的三级指标为第4.1.1条和第4.1.2条。

绿色办公建筑评价指标的Q指标和LR指标分布在节地与室外环境、节能与能源利用、节水与水资源利用、节材与材料资源利用、室内环境质量和运营管理六部分。其中，"节地与室外环境"、"节水与水资源利用"和"运营管理"部分既有Q指标，也有LR指标；"节能与能源利用"和"节材与材料资源利用"部分均为LR指标；"室内环境品质"部分均为Q指标。

3.1.2 权重系数与评价指标相对应，同样分为三级。其中，一级指标权重系数反映了节地与室外环境、节能与能源利用、节水与水资源利用、节材与材料资源利用、室内环境质量和运营管理六类一级指标之间的权重关系；二级指标权重系数反映了二级指标之间的权重关系；三级指标权重系数反映了三级指标之间的权重关系。

控制项不设权重系数。可选项中每级相同属性指标（Q指标或LR指标）的权重系数之和为1；但当存在两种得分途径时，每种得分途径的指标权重系数之和为1。如表1所示，一级Q指标1、5、6的权重之和为1。二级LR指标中有两种得分途径，其中1.3和1.4为一种得分途径，其权重之和为1；1.5和1.6为另一种得分途径，其权重之和也为1。三级Q指标1.1.1、1.1.2和1.1.3的权重之和为1。

表1 绿色办公建筑评价指标与权重设置示例

一级指标	类别	权重	二级指标	类别	权重	三级指标	类别	权重
1.节地与室外环境	Q	0.4	1.1	Q	0.35	1.1.1	Q	0.5
						1.1.2	Q	0.3
						1.1.3	Q	0.2
			1.2	Q	0.65	……		
	LR	0.1	1.3	LR	0.3	……		
			1.4	LR	0.7			
			1.5	LR	0.5			
			1.6	LR	0.2			
2.节能与能源利用	LR	0.3	……					
3.节水与水资源利用	LR	0.2						
4.节材与材料资源利用	LR	0.3						
5.室内环境质量	Q	0.5						
6.运营管理	Q	0.1						
	LR	0.1						

（注：1.3和1.4，1.5和1.6为并行条款，不同时得分）

3.2 评价方法

3.2.1 本条阐述评价的打分原则。

设计阶段评价时参照设计阶段的权重系数进行打分；运行阶段评价时参照运行阶段的权重进行打分。

绿色办公建筑应满足所有控制项的要求，根据可选项的得分确定绿色建筑的等级。

本标准中部分指标有两种得分途径。建设项目可根据自身情况采用其中一种得分途径打分，两种途径不能同时得分。

3.2.2 本条阐述逐级计算指标得分的方法。

三级指标得分计算采用递进式或并列式两种5分制逐条打分（如表2和表3所示）。

二级指标得分计算，以表1为例，如果三级Q指标1.1.1～1.1.2的得分分别为4分和3分，且1.1.3不参评，则二级Q指标1.1的得分为

$$\frac{4\times0.5+3\times0.3}{5\times0.5+5\times0.3}\times5=3.63$$

表2 第7.2.6条的评价（递进式5分制评分表）

条文	评价内容	得分
7.2.6 主体结构（含配筋砌体）宜合理使用高强度钢，本条不参评	高强度钢的使用率达到60%，但低于70%；对40%～60%的结构构件所采用的钢强度等级的合理性进行了论证	3
	高强度钢的使用率达到70%，但低于80%；或对60%～80%的结构构件所采用的钢强度等级的合理性进行了论证	4
	高强度钢的使用率达到80%；或对80%以上的结构构件所采用的钢强度等级的合理性进行了论证	5

表3 第4.2.4条的评价（并列式5分制评分表）

条文	评价内容	优	良	一般	得分
4.2.4 场地规划与建筑设计宜提高空间利用效率，提倡建筑空间与设施的共享，设置对外共享的公共开放空间	①建筑中的休息交往空间、会议设施、健身设施等共享	3	—	—	5×(①+②+③+④)/10 当④不参评时，5×(①+②+③)/9
	②对外共享的室外或半室外公共开放空间 优：不低于基地总面积的20% 良：设有公共开放空间 一般：没有公共开放空间	3	2	0	
	③未出现以下情况之一：房间面积和层高过大；过多的交通辅助空间；较多不易使用的空间；过于高大的室内空间	3	—	—	
	④充分利用建筑的坡屋顶等不易使用的空间（没有坡屋顶等不易使用的空间不参评）	1	—	—	

一级指标得分计算，以表1为例，如果二级Q指标1.1和1.2的得分分别为3.63分和4分，则一级指标"节地与室外环境"的Q指标得分为$\frac{3.63\times0.35+4\times0.65}{5\times0.35+5\times0.65}\times50=38.71$。

3.2.3 绿色建筑要求在提高建筑使用性能（室内环境）的同时，最大限度地降低对地球环境的负荷。本标准引入"建筑环境质量Q"和"建筑环境负荷L"两类指标，通过二者的得分确定绿色办公建筑等级。

考虑到现行国家标准《绿色建筑评价标准》GB/T 50378-2006将绿色建筑划分为三个等级，为在现阶段与其评价结果一致，故本标准将绿色办公建筑划分为三个等级。当本标准与国家标准《绿色建筑评价标准》GB/T 50378在划分绿色建筑等级上存在差异时，应在保证各级绿色办公建筑指标水平基本一致的基础上，明确绿色建筑等级的对应关系。

此外，为进一步细化绿色办公建筑等级，并考虑到其他行业在等级评定中普遍采取五个等级的划分，近年来诸多专家学者建议将绿色建筑的等级划分调整为五个等级，因此为适应未来发展需要，本标准建议采取以下方式将绿色建筑划分为五个等级：将划分三星级的B区域划分为B^+和B^-两区域，C区域划分为C^+和C^-两区域，由高到低依次分为A、B^+、B^-、C^+、C^-五个等级，分别对应★★★★★、★★★★、★★★、★★、★，根据Q指标和L指标得分在Q-L图中所处的位置确定绿色等级，见图1。

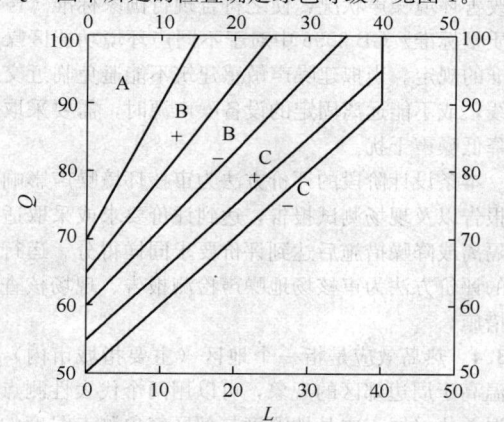

图1 绿色办公建筑 Q-L 五等级分级图

建设项目也可应用基于上述评价方法开发的《绿色办公建筑参评项目自评软件 iCODES》进行评价。

4 节地与室外环境

4.1 选 址

4.1.1 城乡规划包括依法审批的城镇体系规划、城市规划、镇规划、乡规划和村庄规划。各类保护区包括自然保护区、基本农田保护区、历史文化保护区等受到国家法律法规保护的地区，以及风景名胜区、文物古迹周边保护范围等有明确范围及建设要求的地区。

本条的评价方法为查看相关城乡规划文件。

4.1.2 本条主要关注建筑场地安全。建筑场地选址必须符合国家相关的安全规定，确保场地无洪涝灾害、泥石流及含氡土壤的威胁，与周边可能存在的各种危险源及重大污染源保持足够的安全距离，或采取其他可靠的安全措施。

场地防洪设计须满足现行国家标准《防洪标准》GB 50201及行业标准《城市防洪工程设计规范》CJJ 50的要求。土壤中氡浓度检测及控制措施应满足现行国家标准《民用建筑工程室内环境污染控制规范》GB 50325的要求。电磁辐射应满足现行国家标准《电磁辐射防护规定》GB 8702和《电磁辐射暴露限值和测量方法》GJB 5313的要求。

本条设计阶段的评价方法为审核相关场地选址文件、安全措施的合理性分析及相关检测报告。运行阶段的评价方法为现场审核安全措施的有效性及相关检测报告。

4.2 土地利用

4.2.1 为促进土地资源的节约和集约利用，提高场地的利用效率，本条鼓励适当提高容积率。针对目前出现的一些土地资源浪费现象，如有些办公建筑的附属广场面积过大，本条提出应避免设计面积过大的广场。

容积率计算方法补充说明：

1 用地面积可不计代征绿地和代征道路；

2 规划待建的建筑可计入总建筑面积和用地面积；

3 含办公的综合体可整体计算容积率；也可不计用地内的公寓、旅馆、大型商业、大型餐饮娱乐、大型影剧院等，只计算办公部分相应的用地面积和建筑面积；

4 受文物保护、环保、安全、景观等环境因素影响的区域可不参评，需提供相关证明文件；规划限高在12m以内的项目可不参评。

本条设计阶段的评价方法为根据图纸审核建设项目容积率或此条不参评的说明文件。运行阶段的评价方法为核实建设项目容积率。

4.2.2 城市的废弃地包括不可建设用地（各种原因未能使用或尚不能使用的土地，如盐碱地、裸岩、石砾地、陡坡地、塌陷地、沙荒地、废窑坑等），长期弃置的仓库与工厂等建设用地，选用这些用地是节地的首选措施，但应根据场地及周边地区环境影响评估和全寿命期成本评价，对废弃地采取改造或土壤改良的措施；对原有的工业用地、垃圾填埋场等已被污染的场地，可能存在健康安全隐患，应进行土壤化学污染检测与再利用评估,并提供检测和评估报告;改良或治理后的场地符合国家相关标准的要求方可使用。

本条设计阶段的评价方法为审核相关场址检测报告及改良措施的可行性。运行阶段的评价方法为核实废弃场地利用情况、场地改造措施以及场地改造后是否达到相关标准。

4.2.3 充分开发利用地下空间,是节约土地资源的重要措施之一。地下与地上建筑及城市空间应紧密结合,统一规划。地下空间可以作为车库、机房、公共设施、超市、储藏等空间,应科学协调好与地上空间的关系。人员活动频繁的地下空间应满足空间使用的安全、便利、舒适及健康等方面的要求,做好引导和无障碍设施。人防空间应尽量做好平战结合设计。

地下建筑容积率为地下建筑面积与总用地面积之比,该指标反映了地下空间的开发利用强度。

为地下空间引入天然采光和自然通风,如将地下室设计为可自然采光通风的半地下室,或设置采光井、采光天窗、通风井、窗井、下沉庭院、反光板、散光板、集光导光设备等,能使地下空间更加健康、舒适,并能节约通风和照明能耗,提高地下空间环境品质,有利于地下空间的充分利用。

考虑到地下空间的开发利用与诸多因素有关,因此对于无法利用地下空间的项目应提供相关说明,经过论证确实不适宜建设地下室的项目,例如项目所在地地质条件不好等情况,本条可不参评。

本条设计阶段的评价方法为审核相关地下空间设计文件或此条不参评的说明文件。运行阶段的评价方法为核实设计阶段的各项措施落实情况。

4.2.4 在建筑中设计可共享的休息空间、交往空间、会议设施、健身设施等,可以有效提高空间的利用效率,节约用地,节省建设成本,减少对资源的消耗。

对于建筑中较难使用的空间,宜进行充分利用以提高空间利用效率。如坡屋顶空间可以用作储存空间,也可作为自然通风间层,在夏季遮挡阳光直射并引导通风降温,冬季作为温室加强屋顶保温。

有条件的建筑应开放一些空间供社会公众享用,增加公众的活动与交流空间,使建筑服务于更多人群,提高建筑的利用效率,节约社会资源,节约土地,为人们提供更多沟通和休闲的机会。可利用连廊、架空层、上人屋面等设置公共步行通道、公共活动空间、公共开放空间,并设置完善的无障碍设施,且尽量考虑全天候的使用需求。

建筑中设置过多的交通辅助空间,过于高大的大厅,过高的建筑层高,过大的房间面积,形成一些很难使用或使用效率低的空间等会增加建筑能耗,浪费土地和空间资源。所谓层高过大,通常指标准层层高大于5m;所谓过多的交通辅助空间,通常指走廊过宽;所谓很难使用或使用效率低的空间,通常指有较多锐角空间;所谓过于高大的室内空间通常指大厅面积超过建筑标准层面积,大厅高度大于20m。

本条设计阶段的评价方法为审核建筑设计图纸。运行阶段的评价方法为核实设计落实情况。

4.3 室外环境

4.3.1 建筑场地存在污染源会影响建筑场地内及周边的环境,影响人们的室内外工作生活。因此根据现场踏勘及规划情况,应考虑建筑场地内的空气质量、水质等各项环境指标。污染源对项目所在区域的影响。建筑场地内不应存在大气污染物或污水排放超标的污染源,包括未达标排放的厨房、车库,超标排放的燃煤锅炉房、垃圾站等。

本条设计阶段的评价方法为审核环评报告和设计中应对措施的合理性。运行阶段的评价方法为审核各项污染物排放的检测报告。

4.3.2 新建及改建建筑应避免过多遮挡周边建筑及影响周边场地的日照,以保证其满足日照标准的要求。

本条设计阶段的评价方法为审核日照分析报告。运行阶段的评价方法为现场核查建筑物高度、间距等。

4.3.3 环境噪声是评价建筑室外环境的重要指标,与室内声环境共同保证建筑的整体声环境符合绿色建筑的要求。应对场地周边的噪声现状进行检测,并对工程实施后的环境噪声进行预测,必要时采取有效措施改善环境噪声状况,使之符合现行国家标准《声环境质量标准》GB 3096 中对于不同声环境功能区噪声标准的规定。当拟建噪声敏感建筑不能避免临近交通干线,或不能远离固定的设备噪声源时,需要采取措施降低噪声干扰。

本条设计阶段的评价方法为审核环境噪声影响评估报告以及现场测试报告,达到评价要求或采取适当的隔离或降噪措施后达到评价要求同样得分。运行阶段的评价方法为审核场地噪声检测报告、现场核查降噪措施。

4.3.4 热岛效应是指一个地区(主要指城市内)的气温高于周边郊区的现象,可以用两个代表性测点的气温差值(城市中某地温度与郊区气象测点温度的差值)即热岛强度表示。"热岛"现象在夏季出现,不仅会使人们高温中暑的几率增大,同时还会形成光化学烟雾污染,增加建筑的空调能耗,给人们的工作生活带来严重的负面影响。

ΔT_0 采用建筑当地过去 20 年的夏季平均热岛强度值,规划设计阶段,要求对夏季典型日的室外热岛强度 ΔT_{hi} 进行模拟计算,以夏季典型时刻的郊区气候条件(风向、风速、气温、湿度等)为例,模拟建筑室外 1.5m 高处的典型时刻的温度分布情况。

除应采用计算机模拟手段优化室外建筑规划设计外,还可采取相应措施改善室外热环境,降低热岛效应。例如：可选择高效美观的绿化形式，包括屋顶绿化、墙壁垂直绿化及水景设置等；营造绿色通风系统，把市区外新鲜空气引进市内，以改善小气候；除建筑物、硬质面和林木之外，其他地表尽量为草坪所覆盖；建筑物淡色化以增加热量的反射；控制使用空调设备，提高建筑物隔热材料的质量，以减少人工热量的排放；改善道路的保水性能，用透水性强的新型材料铺设路面，以储存雨水，降低路面温度；建筑物和室外道路的下垫层宜使用热容量较小的材料等措施。

本条设计阶段的评价方法为审核热岛模拟预测分析报告或审核设计中采取相应措施的合理性分析说明文件。运行阶段的评价方法为核对实施情况与设计要求是否相符。

4.3.5 高层建筑的出现使得再生风和二次风环境问题凸现出来。在鳞次栉比的建筑群中，由于建筑单体设计和群体布局不当，有可能导致局部风速过大，行人举步维艰或强风卷刮物体伤人等事故。

夏季、过渡季自然通风对于建筑节能十分重要，通风不畅还会严重地阻碍风的流动，在某些区域形成无风区和涡旋区，不利于室外散热和污染物消散。大型室外场所的夏季室外热环境恶劣，不仅会影响人的舒适程度，当环境的热舒适度超过极限值时，长时间停留还会引发一定比例人群的生理不适直至中暑。

本条设计阶段的评价方法为审核规划设计中的风环境模拟预测报告。运行阶段的评价方法为审核实际情况与设计要求是否相符以及测试报告。

4.3.6 室外公共活动区域（如供人们室外活动的集中铺地和绿地）冬季宜有日照，以保证冬季公共活动区域的舒适性。

本条设计阶段的评价方法为审核日照分析报告。运行阶段的评价方法为现场核查建筑物高度、间距等。

4.3.7 建筑的本体和照明设施应避免对周围环境造成光污染；建筑的布局、体形及外围护结构材料、装饰构件等也应避免引起对周围环境的光污染。

建筑立面如采用镜面式铝合金装饰外墙或玻璃幕墙，当直射日光和天空光照射其上时，会产生反射光及眩光，进而可能造成道路安全隐患，而不合理的夜景照明易造成光侵扰及过亮的天空辉光，应加以避免。

本条设计阶段的评价方法为审核环评报告、光污染分析报告。运行阶段的评价方法为审核相关竣工图纸或文件，并现场核实。

4.4 交 通

4.4.1 优先发展公共交通是解决城市交通问题的重要对策，办公建筑是人流比较集中的建筑类型，与公共交通的联系尤为重要。为便于办公建筑的使用者选择公共交通工具出行，在选址与场地规划中应重视办公建筑与公共交通站点的有机联系，需设置便捷的通道，如办公建筑外的平台直接通过天桥与公交站点相连，或地下空间与地铁站点直接相连等。

本条设计阶段的评价方法为审核相关规划设计图纸。运行阶段的评价方法为现场核查公交站点、距离、人行通道等。

4.4.2 自行车是绿色环保的交通工具，在绿色建筑中对其作出细致周到的考虑，有利于自行车的推广使用。自行车丢失是影响其使用率的主要障碍之一，若通过专人看管或设置具备摄像监控的自行车停车设施，可以减少自行车被盗的可能，让自行车的使用更加安全。

本条设计阶段的评价方法为审核相关设计图纸。运行阶段的评价方法为审核相关竣工图纸，并现场核实。

4.4.3 绿色建筑不鼓励机动车的使用，以减少因交通产生的大气污染、能源消耗和噪声，因此停车位数量符合城市规划规定的下限指标即可，不应盲目增加停车位数量。通过对地面停车比例的控制，以及采取机械停车或建设停车楼等措施，有利于更好地利用空间、节约用地。

考虑到城市停车设施紧张，停车供需矛盾日益突出，为了最大限度地发挥资源的社会效益，鼓励办公建筑机动车停车场在节假日、夜间错时对社会开放。

本条设计阶段的评价方法为审核相关设计图纸。运行阶段的评价方法为审核相关竣工图纸及停车场管理措施，并现场核实。

4.5 场 地 生 态

4.5.1 设计过程中应充分考虑地形地貌现状，尽可能维持原有场地的地形地貌，减少土石方量。在施工过程中确需改造场地地形、地貌等条件时，应采取生态恢复措施，减少对原有场地环境的改变。

本条设计阶段的评价方法为审核相关设计图纸及生态恢复计划。运行阶段的评价方法为审核施工过程中及施工后的生态恢复措施，并现场核实。

4.5.2 表层土主要是指自然形成的土壤表面一定厚度的土层。其中含有丰富的有机质、植物生长需要的矿物质和微量元素，适合植物和微生物生长，有利于生态环境的恢复。表层土需要很长时间的自然演变才能形成，是十分珍贵的资源。因此，对表层土进行分类收集并利用，有利于资源的利用以及环境生态的恢复。需要进行改良的表层土主要包括现状植物生长不良，缺乏营养的表层土。

若原始场地中不存在可利用或者可改良的表层土时，本条不参评。

本条设计阶段的评价方法为审核表层土收集、改良及利用策略等相关图纸或说明文件。运行阶段的评价方法为审核相关竣工图纸或文件，并现场核实。

4.5.3 场地内的自然河流、水体、湿地等不但具有较高的生态价值，而且是传承场所在区域历史文脉的重要载体，也是该区域重要的景观标志，因此需要对其进行保护。

当原始场地中无水体时，本条不参评。

本条设计阶段的评价方法为审核水体保护策略等相关图纸或说明文件。运行阶段的评价方法为审核相关竣工图纸或文件，并现场核实。

4.5.4 增强地面透水能力，有利于降低城市热岛，调节小气候，增加场地雨水与地下水涵养，减轻排水系统负荷，改善场地排水状况。

室外透水地面包括自然裸露地面、公共绿地、绿化地面和镂空面积大于40%的铺地。

透水性铺装包括透水性硬化路面及铺地，内部构造是由一系列与外部空气相连通的多孔结构形成骨架，同时又能满足交通使用强度和耐久性要求的地面铺装，通常包括透水性沥青铺装、透水性混凝土铺装及透水性地砖等。透水砖物理性能应满足建材行业标准《透水砖》JC/T 945 的相关要求。

本条采用措施评价与性能评价两种评价方法，两种评价方式不能同时得分。

本条设计阶段的评价方法为审核相关设计图纸及文件。运行阶段的评价方法为审核相关竣工图纸，并现场核实。

4.5.5 绿地率是衡量环境质量的重要标志之一，提高绿地率有助于提高室外环境质量，因此应鼓励在满足规划条件的情况下，适当提高绿地率。

屋顶绿化、垂直绿化有利于增加绿化面积，改善生态环境，因此应鼓励结合办公建筑屋顶、墙面采取屋顶绿化和垂直绿化等绿化方式，尤其是对建筑西、南外墙采取垂直绿化措施，有利于辅助建筑节能。

本条设计阶段的评价方法为审核相关设计图纸。运行阶段的评价方法为审核相关竣工图纸，并现场核实。

4.5.6 植物的选择应体现地域性特点，宜选择适合当地条件和小气候特点的乡土植物。

乡土植物包括：在本地自然生长的野生植物种及其衍生品种；归化种（非本地原生，但已逸生）及其衍生品种；驯化种（非本地原生，但在本地正常生长，并且完成其生活史的植物种类）及其衍生品种。

根据生态和景观的需要，合理配置乔木、灌木、草本，形成复层绿化，提升绿地的生态效益。同时种植区域的覆土深度应满足乔、灌木生长的需要。通常深根乔木种植土厚度应大于 1.5m；浅根乔木种植土厚度应大于 0.9m；大灌木种植土厚度应大于 0.6m。

本条设计阶段的评价方法为审核相关园林种植设计图纸及苗木表。运行阶段的评价方法为审核相关竣工图纸，并现场核实。

4.5.7 为了减少水景所消耗的水资源及其他能源，不鼓励在办公建筑周边设置水景，对于没有设置水景的项目，本条不参评。

对于设置水景的项目，在进行水景设计前，需结合当地气候、水资源、给排水工程等客观环境条件，制定水系统规划方案，鼓励结合雨水收集等节水措施采用生态化的手段处理水景，如生态水池、小型湿地等，以达到美化环境、调节小气候、降低城市热岛的作用。

本条设计阶段的评价方法为审核水景相关设计图纸。运行阶段的评价方法为审核相关竣工图纸，并现场核实。

5 节能与能源利用

5.1 围护结构热工性能优化

5.1.1 建筑围护结构热工性能指标达到国家和地方节能设计标准的规定，是保证建筑节能的关键，在绿色建筑中更应该严格执行。我国由于地域气候差异较大，经济发展水平也很不平衡，在符合国家建筑节能设计标准的基础上，各地也制定了相应的地方建筑节能设计标准，因此体形系数、窗墙面积比、外围护结构热工性能、屋顶透明部分面积比的规定限值应符合国家和当地要求。

本条评价方法为采用现行国家标准《公共建筑节能设计标准》GB 50189 中的围护结构热工性能权衡判断法进行评判，不对单个部件进行强制性规定。如果地方公共建筑节能标准的相关条款要求高于国家标准《公共建筑节能设计标准》GB 50189 中的节能要求，则应以地方标准对建筑物围护结构热工性能进行评判。

本条设计阶段的评价方法为审核项目的建筑施工图设计说明、图纸、施工图节能审查备案登记表和节能计算书。运行阶段的评价方法为审核项目的建筑竣工图，围护结构热工性能检测报告等。

5.1.2 鼓励绿色建筑的围护结构做得比国家和地方的节能标准更高，降低空调采暖负荷，同时提高非空调采暖季节的室内热环境质量，在设计时应利用计算机软件模拟分析的方法计算其本体节能率。考虑到地域性差异，对于以采暖负荷为主的严寒地区，以及兼顾供冷采暖的寒冷地区、夏热冬冷地区和夏热冬暖地区，应执行不同的评分办法。

围护结构节能率旨在评价设计建筑相比于参照建筑，由于围护结构优化设计（建筑体形、窗墙比、围护结构热工性能等）对于降低空调采暖负荷的贡献率，评价时设计建筑和参照建筑的系统能效完全一致，因此可以折算为节能率。

参照建筑和设计建筑的能耗模拟设定方式，应依照现行国家和地方公共建筑节能设计标准的相关规定。

围护结构节能率计算公式如下：

$$\varphi_{ENV} = \frac{Q_{ENV,ref} - Q_{ENV}}{Q_{ENV,ref}} \times 100\% \quad (1)$$

式中：Q_{ENV} ——设计建筑的采暖、空调负荷需求，kW·h；

$Q_{ENV,ref}$ ——参照建筑的采暖、空调负荷需求，kW·h；

φ_{ENV} ——围护结构节能率。

本条设计阶段的评价方法为审核设计单位提供的建筑施工图设计说明、围护结构做法详图、施工图节能审查备案登记表以及建筑节能评估报告。运行阶段的评价方法为审核建筑竣工图说明、围护结构做法详图，建设监理单位及相关管理部门提供的检验记录和性能检测报告等。如竣工资料中关于围护结构构件的热工性能指标未能达到设计要求，则需要根据实际值重新计算围护结构节能率，并出具相应的建筑节能评估报告。

5.1.3 建筑外窗对室内热环境和空调负荷影响很大，应通过各种形式的遮阳设计减少主要功能空间的太阳辐射热量。建筑形体设计时，可利用建筑自身的形体变化形成自遮阳；立面设计时，可把普通构件和遮阳构件进行整合，形成与建筑统一协调的遮阳形式；天窗、东西向外窗宜设置活动外遮阳。

夏热冬暖、夏热冬冷地区的办公建筑应在建筑设计中优先考虑自遮阳，并通过软件模拟进行分析优化。当采用外遮阳设施进行阳光入射控制时，应综合比较遮阳效果、天然采光和视觉影响等因素，采用可调节遮阳或固定遮阳。

严寒地区本条不参评。

本条设计阶段的评价方法为审核建筑设计说明、立面图纸、遮阳系统大样图和控制原理图等，以及设计院或第三方提供的建筑遮阳模拟评估报告。运行阶段的评价方法为审核相关建筑竣工图纸，并进行现场核实。

5.1.4 严寒、寒冷地区、夏热冬冷和夏热冬暖地区，分别采取适宜的外墙和屋顶保温隔热措施，如反射隔热涂料、种植屋面等，以改善外墙和屋顶的热工性能。反射隔热涂料的性能，应满足现行行业标准《建筑反射隔热涂料》JG/T 235 中关于产品隔热性能的相关规定。

本条的评价方法为根据设计资料和竣工资料分别计算采用因地制宜保温隔热措施的屋面部分面积比例和外墙部分面积比例，并根据项目所在热工分区，判定相应得分。设计阶段评价时审核建筑设计说明、屋面和立面图及构造详图等，以及采用特殊保温隔热处理的外围护结构面积比例计算书。运行阶段评价时审核相关建筑竣工图纸，并进行现场核实。如竣工资料或现场核实结果表明与设计资料不符，则需要根据实际值重新计算本条文得分。

5.2 自然通风与天然采光利用

5.2.1 建筑朝向的选择涉及当地气候条件、地理环境、建筑用地情况等因素，必须全面考虑。建筑总平面设计的原则是冬季能避开主导风向，夏季和过渡季则能利用自然通风。各地区建议的建筑朝向表可参照现行国家标准《公共建筑节能设计标准》GB 50189 以及地方相关节能标准的相关规定。

本条评价方法为判断参评建筑的主朝向是否属于该城市所推荐的最佳、适宜的建筑朝向，并且主要功能房间是否迎夏季主导风向。设计阶段评价时审核建筑总平面图、设计说明、各层平面图等。运行阶段评价时审核相关建筑竣工图纸，并进行现场核实。

5.2.2 为有效利用自然通风，使室内达到良好的热舒适性并减少空调运行时间，主要功能房间，如办公室、会议室、报告厅、餐厅等，应具备一定的通风开口面积比。在通风开口面积比无法达到要求的情况下，可采用多种补偿措施改善自然通风效果，也可采用室内气流模拟设计的方法综合比较不同建筑设计及构造设计方案，确定最优的自然通风系统方案。例如，可采用导风墙、捕风窗、拔风井、太阳能拔风道等诱导气流的措施，并对设有中庭的建筑在适宜季节利用烟囱效应引导热压通风。对于地下空间，通过设计可直接通风的半地下室，或在地下室局部设置下沉式庭院改善自然通风效果。

本条的得分由基础分和附加分两部分构成，基础分满分 3 分，附加分 2 分，共计满分 5 分。基础分要求夏热冬暖、温和、夏热冬冷、寒冷地区办公建筑主要功能房间的通风开口面积比不应小于 3%，严寒地区则不应小于 2%，根据气候区的差异设置不同的得分方式。附加分要求对于建筑采用了导风墙、捕风窗、拔风井、太阳能拔风道等诱导气流的措施，或设计可直接通风的半地下室和下沉式庭院，或采用室内气流模拟设计的方法综合比较不同建筑设计及构造设计方案，确定最优的自然通风系统方案，在此情况下可在本条基础得分的基础上增加 2 分。

本条设计阶段的评价方法为审核建筑设计说明、立面图纸、门窗表及大样图、通风开口面积与地上部分建筑面积比例计算书，以及设计院或第三方提供的建筑自然通风模拟报告。运行阶段的评价方法为审核相关建筑竣工图纸以及相应的通风开口面积与地上部分建筑面积比例计算书，并进行现场核实。

5.2.3 国家标准《建筑采光设计标准》GB/T 50033 对不同功能空间的采光系数作出了规定，本条根据项目主要功能空间的采光系数达标面积比例进行评价。

建筑可通过合理的采光设计及各种被动和主动式的采光技术措施改善天然采光效果，并通过采用模拟软件进行定量分析，提交计算报告，但报告中应明确主要计算参数。

本条的评价方法为计算建筑室内主要功能区域（包括地下层主要功能房间）的采光系数达标面积比例，判定相应得分。采光系数达标面积比例可按下式计算：

$$\varphi_{NL} = \frac{F}{F_{all}} \times 100\% \qquad (2)$$

式中：F——采光系数达标面积，m^2；

F_{all}——被评建筑室内主要功能空间总面积，m^2。

本条设计阶段的评价方法为审核建筑平立面立面图纸、门窗表，以及说明天然采光设计的相关图纸和资料，并查阅设计院或第三方提供的建筑天然采光模拟报告。运行阶段的评价方法为审核相关建筑竣工图纸，并进行现场核实。

5.3 采暖、通风和空气调节系统

5.3.1 冷热源的能耗是办公建筑空调系统能耗的主体，冷热源机组能效比对节能至关重要。同时，高品位的电能直接转换为低品位的热能进行采暖或空调，热效率低，运行费用高，属于"高质低用"的能源转换利用方式，应避免采用。本条重点考查建筑的冷热源形式、冷源的性能系数和锅炉的热效率，均应满足国家和地方公共建筑节能标准及相关节能标准的要求。

空气调节与采暖系统的冷热源设计应符合现行国家标准《公共建筑节能设计标准》GB 50189 第 5.4.2、5.4.3、5.4.5、5.4.8 及 5.4.9 条对冷热源机组能效比的规定。此外冷热源机组的能效比还应符合现行国家标准《冷水机组能效限定值及能源效率等级》GB 19577、《单元式空气调节机能效限定值及能源效率等级》GB 19576、《多联式空调（热泵）机组能效限定值及能源效率等级》GB 21454 等相关节能标准的规定。

本条设计阶段的评价方法为审核暖通施工图设计说明、系统图、设备清单。运行阶段的评价方法为审核暖通竣工图、相关设备的型式检验报告或证明符合能效要求的检测报告，以及建设监理单位的进场验收记录。

5.3.2 本条对设计建筑采暖、通风和空气调节系统节能率进行评价，旨在鼓励通过选用高效节能设备，优化空调采暖系统，提高系统用能效率，提高节能效果。

本条以建筑采暖空调系统节能率 φ_{HVAC} 为评价指标，按下式计算：

$$\varphi_{HVAC} = \left(1 - \frac{Q_{HVAC}}{Q_{HVAC,ref}}\right) \times 100\% \qquad (3)$$

式中：Q_{HVAC}——被评建筑设计空调采暖系统全年能耗，GJ；

$Q_{HVAC,ref}$——被评建筑参照空调采暖系统全年能耗，GJ。

参照系统优先选用风机盘管加新风系统，对于不宜采用风机盘管的空间，选用全空气定风量系统。确定参考系统时，应综合考虑建筑内外分区、高大空间气流组织设计等方面因素。参照系统的设计新风量、冷热源、输配系统设备能效比等均应严格按照节能标准选取，不应盲目提高新风量设计标准，不考虑风机、水泵变频、新风热回收、冷却塔免费供冷等节能措施。

对于集中式空调采暖系统，计算采暖、通风和空气调节系统能耗时，应考虑部分负荷下的设备效率。计算采暖、通风与空气调节系统能耗时，除冷热源能耗外，还应计入输配系统、末端等的能耗。如，采用水冷式制冷机组作为冷源的系统，应计入冷却侧的水泵和风机的能耗，即冷却泵及冷却塔风机电耗；水源热泵、土壤源热泵系统应同时计算地下水取水及回灌用水泵电耗；利用电热的末端再热或加湿装置的电耗应计入此项；利用冷却塔自由冷却的风机电耗应计入此项；水环路热泵系统各热泵分别计算并累加后统一计算。

对于有多种能源形式的采暖、通风和空气调节系统，其能耗应折算为一次能源进行计算。

本条设计阶段的评价方法为审核暖通设计说明和相关图纸，以及设计院或第三方提供的采暖、通风和空气调节系统节能率计算书。运行阶段的评价方法为审核相关建筑竣工图纸，采暖、通风和空气调节系统运行能耗记录，并进行现场核实。

当建筑主要空间设计新风量高于现行国家标准《公共建筑节能设计标准》GB 50189 中表 3.0.2 的相关规定时，本条必须参评，第 5.3.3 条和第 5.3.4 条不参评。

5.3.3 在公共建筑节能标准要求的基础上，通过提升冷热源机组的性能系数，进一步挖掘办公建筑中的节能潜力。《公共建筑节能设计标准》GB 50189 第 5.4.2、5.4.3、5.4.5、5.4.8 及 5.4.9 条对冷热源形式和机组的性能已有明确规定要求。此外，冷热源机组性能还应符合需满足《冷水机组能效限定值及能源效率等级》GB 19577、《单元式空气调节机能效限定值及能源效率等级》GB 19576、《多联式空调（热泵）机组能效限定值及能源效率等级》GB 21454 等相关节能标准的规定要求。

根据选用的冷热源性能比等级，计算提升百分比。本条以冷热源能效比提升比例 φ_{COP} 为评价指标，可按下式进行计算：

$$\varphi_{COP} = \left(\frac{COP}{COP_{ref}} - 1\right) \times 100\% \qquad (4)$$

式中：COP——被评建筑实际空调采暖系统冷热源能

效比；

COP_{ref}——被评建筑参照空调采暖系统冷热源能效比。

当采用多种冷热源形式时，应按照承担负荷比例，折算到一次能源进行计算。

本条设计阶段的评价方法为审核项目的暖通施工图设计说明、系统图、设备清单。运行阶段的评价方法为审核暖通竣工图，相关设备的型式检验报告或证明符合能效要求的检测报告。

当建筑主要空间设计新风量高于现行国家标准《公共建筑节能设计标准》GB 50189 中表 3.0.2 和《采暖通风与空气调节设计规范》GB 50019 的相关规定时，本条不参评，但第 5.3.2 条必须参评。

5.3.4 办公建筑，尤其是高层和超高层办公建筑中，采暖空调的输配系统能耗在建筑总能耗中占有相当大的比例，因此必须严格根据现行国家标准《公共建筑节能设计标准》GB 50189 的相关规定进行设备性能控制。

采暖系统耗电输热比、通风空调系统风机的单位风量耗功率和冷热水系统的输送能效比应符合现行国家标准《公共建筑节能设计标准》GB 50189 第 5.3.26、5.3.27 条的相关规定。

本条以耗电输热比（EHR）、单位风量耗功率（W_s）和输送能效比（ER）为评价指标。若采用多套输配系统，则按照各系统全年能耗，按照比例折算到一次能源进行计算。本条最终得分根据各指标得分及各系统输送能量比例确定。

本条设计阶段的评价方法为审核暖通施工图设计说明、设备清单（说明风机的单位风量耗功率和冷热水系统的输送能效比）。运行阶段的评价方法为审核暖通竣工图、第三方检测机构提供的耗电输热比、单位风量耗功率和输送能效比的测试报告等。

当建筑主要空间设计新风量高于现行国家标准《公共建筑节能设计标准》GB 50189 中表 3.0.2 的相关规定时，本条不参评，但第 5.3.2 条必须参评。

5.3.5 针对部分负荷、部分空间使用的情况，如何采取有效的措施节约能源，显得至关重要。系统设计中应考虑采取合理措施提高系统在部分冷热负荷时和部分空间使用时的系统效率，如合理的系统分区、提高机组 IPLV、变总风量、变新风量、变水量等节能措施，保证在建筑物处于部分冷热负荷时和仅部分空间使用时，能根据实际需要提供恰当的能源供给，同时不降低能源转换效率，并能够指导系统在实际运行中实现节能高效运行。

本条设计阶段的评价方法为审核暖通施工图设计说明、系统图和空调平面图。运行阶段的评价方法为审核暖通竣工图，物业及技术支持单位提供的系统运行记录。

5.4 照明系统

5.4.1 本条的目的是有效控制照明功率密度，降低运行中的照明能耗。

参照现行国家标准《建筑照明设计标准》GB 50034 第 6.1.2～6.1.4 条的相关规定，采用房间或场所一般照明的照明功率密度（LPD）作为照明节能的评价指标，要求公共场所和部位照明设计功率密度值不高于现行值要求。

本条设计阶段的评价方法为审核照明施工图设计说明、各层照明平面图。运行阶段的评价方法为审核照明竣工图设计说明、各层照明平面图，照明产品型式检验报告，第三方检测机构提供的照明功率密度检测报告。

5.4.2 照明能耗在办公建筑运行能耗中占有相当大的比例，在设计阶段严格采取措施降低照明能耗，对控制建筑的整体能耗具有重要意义。

本条采用照明系统用能效率（LEE）进行评价。照明系统用能效率是指在满足同样的照度要求下，各功能区域的照明功率密度（LPD）均满足节能要求时整幢建筑的照明总功率与设计方案实际照明系统总功率的比值，可按下式进行计算：

$$LEE = \frac{E'_l}{E_l} \quad (5)$$

式中：E'_l——各功能区域的照明功率密度均满足节能要求时整幢建筑照明系统总功率，kW；

E_l——实际照明系统，整幢建筑的照明系统总功率，kW。

本条设计阶段的评价方法为审核照明施工图设计说明、各层照明平面图，照明系统用能效率设计计算书。运行阶段的评价方法为审核照明竣工图、照明产品型式检验报告、第三方检测机构提供的照明功率密度检测报告、运行阶段照明系统用能效率计算书。

5.4.3 除在保证照明质量的前提下尽量减小照明功率密度（LPD）外，采用合理的照明控制系统也能够有效地降低照明能耗，如：随室外天然光的变化自动调节人工照明照度；采用人体感应或动静感应等方式自动开关灯；门厅、电梯厅、大堂和走廊等场所采用夜间定时降低照度的自动调光装置；中大型建筑按具体条件采用集中或集散的、多功能或单一功能的照明自动控制系统等。

本条采用照明自控面积比例 $\varphi_{BAS,L}$ 进行评价，可按下式进行计算：

$$\varphi_{BAS,L} = \frac{采用照明自控的建筑面积}{宜采用照明自控的建筑面积} \quad (6)$$

式中，宜采用照明自控的建筑面积指门厅、电梯厅、大堂、走廊、车库等公共活动空间以及大开间办公室等。

对于小型建筑，合理设计照明回路，采用就地控制方式可得3分。

本条设计阶段的评价方法为审核照明施工图设计说明、照明自控系统图纸。运行阶段的评价方法为审核照明竣工图设计说明、照明自控系统竣工图。

5.5 其他用能系统

5.5.1 在办公建筑中，尤其随着高层超高层写字楼的兴起，电梯能耗也在快速增加，通过选用高效节能电梯和合理的控制方法，可降低高层、超高层建筑中的电梯运行能耗。

本条设计阶段的评价方法为审核建筑施工设计说明、电气智能化设计说明、设备控制系统图。运行阶段的评价方法为审核建筑设计竣工图、电气智能化竣工图，电梯设备的型式检验报告、物业提供的运行记录。

5.5.2 给排水系统能耗在办公建筑，尤其是高层、超高层建筑能耗中，是一个不可忽略的环节。本条文要求建筑的给水系统根据市政、气候条件及建筑用水特点进行优化设计，合理采用各类节能措施，提高供水系统节能率。如：变频供水、叠压供水（利用市政余压）系统等；高层建筑给水系统分区合理；供水系统采用高效设备等。

本条设计阶段的评价方法为审核给排水施工图设计说明、设备材料表等。运行阶段的评价方法为审核给排水竣工图，给排水设备产品型式检验报告。

5.5.3 办公建筑中生活热水的能耗也占较大比例，尤其分布式电热水器往往处于长时间开启状态。因此，鼓励采用高效的能源利用系统提供生活热水，选用满足国家标准《储水式电热水器能效限定值及能效等级》GB 21519等相关标准的节能产品，提高管道、热水贮水槽的保温性能，对热水供应设备采用合理的控制方法，如控制出水温度等，从而降低办公建筑中的生活热水能耗。

本条设计阶段的评价方法为审核给排水施工图设计说明、系统图、生活热水系统设计方案。运行阶段的评价方法为审核给排水竣工图、生活热水设备的型式检验报告等。

5.5.4 合理选用高效节能设备及合理的控制方法，有利于降低建筑输配电和变配电系统损耗。例如，采用必要的补偿方式提高系统的功率因数，并对谐波采取预防和治理措施；合理地计算、选择变压器容量，并选择低损耗、低噪声的节能高效变压器等，均可以达到提高电能质量和节能的目的。

本条设计阶段的评价方法为审核电气专业施工图。运行阶段的评价方法为审核电气专业竣工图及物业提供的运行记录。

5.6 可再生能源利用

5.6.1 《中华人民共和国可再生能源法》中指出，可再生能源，是指风能、太阳能、水能、生物质能、地热能、海洋能等非化石能源。鼓励在技术经济分析合理的前提下，选用高效设备系统，采用可再生能源替代部分常规能源使用。

对于采用太阳能光伏发电技术的项目，根据等效太阳能光电板面积占建筑基底面积的比例 φ_A 进行评价，并且要求选用设备的实际运行效率不低于市场主流产品的平均水平。φ_A 可按下式计算：

$$\varphi_A = \frac{E}{eA} \times 100\% \qquad (7)$$

式中：φ_A ——等效太阳能光电板面积占建筑基底面积的比例；
E ——太阳能光伏发电系统年发电量，MWh；
e ——按照水平面上最佳铺设方式的太阳能光电板单位面积年发电量，MWh/m²；
A ——建筑基底面积，m²。

对于采用地源热泵技术的项目，根据其承担的负荷比例 φ_B 进行评价，并且要求系统（含热泵机组和输配系统）实际运行的一次能源效率高于国家节能标准的燃气锅炉与水冷式离心机组系统。

对于采用其他可再生能源技术的项目，利用建筑总能耗可再生能源替代率 φ_{REN} 进行评价，替代率的计算考虑了可再生能源系统必需的能源消耗，可按下式进行计算：

$$\varphi_{REN} = \frac{可再生能源利用效率 - 可再生能源系统能量消耗}{建筑总能耗} \times 100\% \qquad (8)$$

其中，可再生能源利用效率、可再生能源系统能量消耗和建筑总能耗应按照当地能源方式及能源利用效率折算为同一能源形式进行计算；建筑总能耗指采暖、通风、空气调节、照明和生活热水能耗之和。

前述评价中已得分的措施，在本条评价中不再重复得分。

对于采用多种可再生能源利用方式的项目，根据其利用情况分别进行打分，得分之和为本条得分，但最高不超过5分。

本条设计阶段的评价方法为审核可再生能源系统设计说明及图纸、可再生能源利用比例计算书等。运行阶段的评价方法为审核可再生能源系统竣工图纸、主要产品型式检验报告、运行记录以及第三方检测报告等。

5.7 用能设备计量、监测与控制

5.7.1 公共建筑的能源消耗情况较复杂，以空调系统为例，其组成包括冷水机组、冷冻水泵、冷却水泵、冷却塔、空调箱、风机盘管等多个环节。对新建或重大改建的办公建筑，要求在系统设计时必须考虑，按照国家和地方能耗监测系统建设相关规范的要求，使建筑内各能耗子项如冷热源、输配系统、照明、办公设备和热水能耗等都能实现独立分项计量，有助于分析公共建筑各项能耗水平和能耗结构是否合

理，发现问题并提出改进措施，从而有效地实施建筑节能。

用能设备监控系统应对建筑内各类用能设备系统进行全面、有效的监控和管理，使各系统设备始终处于有条不紊、协同一致和高效、有序的状态下运行，尽量节省能耗和日常管理的各项费用。如采暖、通风和空气调节系统，应对冷热源、风机、水泵、冷却塔等设备进行有效监测，对关键数据进行实时采集并记录，对上述设备系统按照设计要求进行可靠的自动化控制。

本条设计阶段的评价方法为审核建筑能耗分项计量系统图、各用能系统施工图纸、配电系统图、智能化系统施工图等。运行阶段的评价方法为审核建筑能耗分项计量系统竣工图纸、各用能系统竣工图纸、配电系统图、智能化系统竣工图，物业及技术支持单位提供的分项计量运行记录，以及用能监控系统运行记录等。

6 节水与水资源利用

6.1 水 系 统

6.1.1 在进行绿色建筑设计前，应充分了解项目所在区域的市政给排水条件、水资源状况、气候特点等客观情况，通过全面的分析研究，制定水资源规划方案，提高水资源循环利用率，减少市政供水量和污水排放量。水资源规划方案应包含下列内容：

1 根据当地政府规定的节水要求、地区水资源状况、气象资料、地质条件及市政设施情况等，选择可利用的水资源。

2 当项目除办公建筑之外还有其他性质建筑，如商场、餐饮、会展、旅馆等建筑时，可统筹考虑项目内水资源的情况，确定综合利用方案。

3 确定用水定额、编制用水量估算（水量计算表）及水量平衡表。办公建筑用水定额的确定应符合现行国家标准《民用建筑节水设计标准》GB 50555 的规定。

4 采用雨水和建筑中水作为景观用水补水时，水景规模应根据设计可收集利用的雨水或中水量来确定，需要进行水量平衡分析计算，进而确定适宜的水景规模。

6.1.2 给排水系统设置及热水系统选择应符合下列要求：

1 建筑给排水系统的规划设计应符合国家标准规范的相关规定。

2 给水水压稳定、可靠，优先采用高效节能的给水系统。高层建筑生活给水系统合理分区，低区充分利用市政压力。合理采用减压限流的节水措施。

3 根据用水要求的不同，给水水质应达到国家、地方或行业规定的相应标准。

4 管材、管道附件及设备等供水设施的选取和运行不应对供水造成二次污染。有直饮水时，直饮水应采用独立的循环管网供水，并设置安全报警装置。

5 各给水系统应保证以足够的水量和水压向所有用户不间断地供应符合卫生要求的用水。

6 应设有完善的污水排放设施，利用中水但无市政中水的建筑还需设有完善的污水收集和处理设施。

7 对已有雨水排水系统的城市，室外排水系统应实行雨污分流，避免雨污混流。雨污水收集、处理及排放系统不应对周围人群和环境产生负面影响。

8 为避免办公服务用房内的重要物资和设备受潮引起的损失，在设计中应采取措施避免管道、阀门和设备的漏水或结露。

9 选择热水供应系统时，热水用水量较小且用水点分散时，宜采用局部热水供应系统；热水用水量较大、用水点比较集中时，应采用集中热水供应系统，并应设置完善的热水循环系统，保证用水点开启后 10 秒钟内热水出水温度达到 45℃。由于办公热水用水时间短，采用局部加热有利于节能和计量；酒店式办公用水有一定持续性，采用集中热水系统可节约一次性投资；公寓式办公应根据具体情况采用局部或集中热水系统。

10 设集中生活热水系统时，应确保冷热水系统压力平衡，或设置混水器、恒温阀、压差控制装置等。

本条评价方法为审核施工图纸、设计说明并进行现场核实。

6.2 节 水 措 施

6.2.1 管网漏失水量包括：管网阀门漏水量、室内卫生器具漏水量、屋顶水箱漏水量和漏计量水量等。避免管网漏损的有效措施包括：

1 给水系统的设计、施工和验收应符合现行国家和行业的相关标准，避免供水压力持续高压或压力骤变。

2 使用的管材、管件、阀门等应符合现行国家标准及产品行业标准的要求。选用密闭性能好的阀门、设备，使用耐腐蚀、耐久性能好的管材、管件；热水系统所使用的管材、管件的设计温度不低于 80℃；管材与管件连接的密封材料卫生、严密、防腐、耐压、耐久。

3 合理设置检修阀门位置及数量，降低检修时泄水量。

4 水池、水箱溢流报警和进水阀门自动联动关闭。

5 做好室外管道基础处理和覆土，控制管道埋深，加强管道工程施工监督。

6 根据水平衡测试标准的要求安装分级计量水表，计量水表安装率达100%。

本条设计阶段的评价方法为查阅相关防止管网漏损措施的设计文件等。运行阶段的评价方法为现场查阅用水量计量情况报告、水量平衡测试报告，报告包括建筑内用水计量实测记录、管道漏损率和原因分析。

6.2.2 超压出流是指卫生器具流量大于额定流量的现象。超压出流量并不产生正常的使用效益，是浪费的水量。由于这部分水量是在使用过程中流失的，不易被人们察觉和认识，属"隐形"水量浪费。

建筑给水系统超压出流的现象是普遍存在而且比较严重的。建筑给水系统超压出流的防治对策应从给水系统的设计、合理进行压力分区、采取减压措施等多方面采取对策。如合理进行压力分区，每区供水压力不大于0.45MPa；采用减压限流措施，用水点处供水压力不大于0.20MPa；采用自带减压装置的用水器具等。设3档进行评分。

本条设计阶段的评价方法为审核施工图纸、设计说明书，采用自带减压装置的用水器具时，在设计文件中要注明用水器具自带减压装置的相应参数。运行阶段的评价方法为查阅竣工图纸、设计说明书、产品说明并进行现场核查。

6.2.3 按照使用用途、分区域（分户、缴费单元）和水平衡测试要求设置水表。

对不同使用用途和不同计费单位分区域、分用途设水表统计用水量，并据此施行计量收费，以实现"用者付费"，达到鼓励行为节水的目的，同时还可统计各种用途的用水量和分析渗漏水量，达到持续改进的目的。

为保证计量收费、水量平衡测试以及合理用水分析工作的正常开展，至少在以下位置应安装水表：

1 给水系统总引入管（市政接口）。

2 每栋建筑的引入管。

3 高层建筑的如下位置：

 1）直接从外网供水的低区引入管；

 2）高区二次供水的水池前引入管；

 3）对于二次供水方式为水池—水泵—水箱的高层建筑，有条件时，可在水箱出水管上设置水表，以防止水箱进水浮球阀和水位报警失灵，溢流造成水的浪费。

4 冷却塔补充水管。

5 公共建筑内需单独计量收费的支管起端。

6 满足水量平衡测试及合理用水分析要求的管道其他部位。

本条的评价方法为查阅施工图纸并现场核实。

6.2.4 绿色建筑鼓励选用高节水性能的节水器具，目前我国已对部分用水器具的用水效率制定了相关标准，如：现行国家标准《水嘴用水效率限定值及用水效率等级》GB 25501和《坐便器用水效率限定值及用水效率等级》GB 25502，今后还将陆续出台其他用水器具的标准。

现行国家标准《水嘴用水效率限定值及用水效率等级》GB 25501规定了水嘴用水效率等级，在(0.10 ± 0.01)MPa动压下，依据表4的水嘴流量（带附件）判定水嘴的用水效率等级。水嘴的节水评价值为用水效率等级的2级。

表4 水嘴用水效率等级指标

用水效率等级	1级	2级	3级
流量（L/s）	0.100	0.125	0.150

现行国家标准《坐便器用水效率限定值及用水效率等级》GB 25502规定了坐便器用水效率等级（见表5），坐便器的节水评价值为用水效率等级的2级。

表5 坐便器用水效率等级指标

用水效率等级		1级	2级	3级	4级	5级
用水量（L）	单档 平均值	4.0	5.0	6.5	7.5	9.0
	双档 大档	4.5	5.0	6.5	7.5	9.0
	双档 小档	3.0	3.5	4.2	4.9	6.3
	双档 平均值	3.5	4.0	5.0	5.8	7.2

用水效率等级达到节水评价值的卫生器具有更优的节水性能，因此按达到的用水效率等级分档评分。今后其他用水器具如出台了相应标准，也按同样的原则进行要求。

本条设计阶段的评价方法为查阅施工图纸、设计说明书，在设计文件中要注明对卫生器具的节水要求和相应的参数。运行阶段的评价方法为查阅竣工图纸、设计说明书、产品说明并进行现场核查。

6.2.5 用水设备的节水性能应满足现行国家、行业、企业相关标准的要求。

绿化灌溉采用喷灌、微灌、滴灌等节水灌溉方式具有显著的节水效果。传统的浇灌多采用直接浇灌（漫灌）方式，不但会浪费大量的水，还会出现跑水现象，使水流到人行道、街道或车行道上，影响周边环境。传统灌溉过程中的水量浪费还可能由以下四个方面导致：

1 由于高水压导致的雾化。其解决方法是保持稳定的最佳水压，进而防止高压导致的雾化和蒸发，每降低0.035MPa，即可节水6%~8%。

2 由于土壤密实、坡度和过量灌溉所导致的径流损失。其解决方法是对植物根部区域或周围提供精准的灌水量，以达到最高效率，通过直接对根系供给水分，使水的利用率更高。

3 由于天气和季节变化导致的过量灌溉。其解决方法是采用自动监测关闭系统和降雨延迟控制。

4 由于不同植物种类和环境条件所导致的过量灌溉。其解决方法是采用多个并行独立系统分区灌溉，或采用植物根部直接灌溉。

采用节水灌溉方式和设备，如喷灌、滴灌以及干旱地区使用的更加高效的微灌，都是行之有效的高效节水灌溉技术。

目前普遍采用的绿化节水灌溉方式喷灌，比地面漫灌要省水30%～50%。喷灌要在风力小时进行。当采用再生水灌溉时，因水中微生物在空气中极易传播，应避免采用喷灌方式。

微灌包括滴灌、微喷灌、涌流灌和地下渗灌，它是通过低压管道和滴头或其他灌水器，以持续、均匀和受控的方式向植物根系输送所需水分，比地面漫灌省水50%～70%，比喷灌省水15%～20%。微灌的灌水器孔径很小，易堵塞。微灌的用水一般都应进行净化处理，先经过沉淀除去大颗粒泥沙，再进行过滤，除去细小颗粒的杂质等，特殊情况还需进行化学处理。

绿化不需要灌溉或仅在种植初期需要临时灌溉的项目（如采用耐旱植物或本地植物作为绿化植物的项目），节水灌溉项可不参评，但采用临时灌溉的项目必须在竣工一年后拆除临时灌溉设施。

本条的评价方法为查阅施工图纸、设计说明书、产品说明并进行现场核查。

6.2.6 冷却水系统宜采用循环冷却塔、闭式冷却塔等节水型冷却塔设备或其他冷却水节水措施。

1 采用循环冷却塔。

2 采用冷却水节水措施。开式循环冷却水系统设置水处理措施和（或）加药措施，以减少排污的水量损失；采取加大积水盘、设置平衡管或平衡水箱的方式，避免冷却水泵停泵时冷却水溢出。

3 采用闭式冷却塔。

本条设计阶段的评价方法为查阅施工图纸、设计说明书、产品说明及现场核查。运行阶段的评价方法为查冷却水补水的用水计量表。

6.3 非传统水源利用

6.3.1 用水安全保障措施评价范围包括：水质安全保障、水量安全保障、卫生安全保障；在处理、储存、输配等环节中必须采取安全防护和监（检）测控制措施。应符合下列要求：

1 非传统水源水质应符合现行国家相关标准要求，应按使用用途要求达到相应的水质标准，采用中水用于冲厕、道路清扫、绿化灌溉、车辆冲洗等杂用时，其水质应符合现行国家标准《城市污水再生利用　城市杂用水水质标准》GB/T 18920 的规定；用于景观环境用水时，其水质应符合现行国家标准《城市污水再生利用　景观环境用水水质标准》GB/T 18921 的规定。利用雨水时，如用于上述用途，应符合现行国家标准《建筑与小区雨水利用工程技术规范》GB 50400 的规定。根据使用用途考虑消毒、杀菌措施。

2 雨水或再生水等非传统水源在储存、输配等过程中应有足够的消毒杀菌能力，保证水质不会被污染，水质应符合国家或地方相应标准的规定。

3 雨水或再生水等非传统水源在处理、储存、输配等过程中应符合现行国家标准《污水再生利用工程设计规范》GB 50335、《建筑中水设计规范》GB 50336 及《建筑与小区雨水利用工程技术规范》GB 50400 等的相关要求。

4 雨水或再生水等非传统水源的供水管道及各种设备应有明显的永久性标识，给水栓口、取水口应设带锁装置，以保证与生活用水管道严格区分，防止误接、误用。

5 供水系统根据需要设有备用水源、溢流装置及相关切换设施等，以保障水量安全。

6 当采用自来水补水时，应采取防污染措施。

7 景观水体采用雨水或再生水时，在水景规划及设计阶段应将水景设计和水质安全保障措施结合起来考虑。

本条设计阶段的评价方法为查阅设计图纸、说明书。运行阶段的评价方法为现场核查并查阅全年运行数据报告，包括年用水量、水质检测记录和报告。

6.3.2 景观用水不应采用市政供水和自备地下水井供水，并应同时满足下列要求：

1 景观用水只能采用雨水、建筑中水、市政再生水等非传统水源。

2 根据所在地区水资源状况、地形地貌及气候特点，合理规划水景面积比例，水景的补水量应与回收利用的雨水、建筑中水水量达到平衡。

3 当采用雨水和建筑中水作为景观用水补水时，水景规模应根据设计可收集利用的雨水或中水量来确定，需要进行水量平衡分析计算，即研究水景的补水量（蒸发量、漏损水量等）与水景面积的关系，进而确定合适的水景规模。

4 水景的年损耗水量必须与非传统水源年供应量相平衡，一年中的各月间允许水景水位高度在常水位上下能够接受的范围内波动。

5 采取景观用水水质保障措施，设置循环水处理设施，景观用水循环使用。

本条设计阶段的评价方法为查阅竣工图纸、设计说明书。运行阶段的评价方法为现场核查，查阅用水量报告和系统运行报告。

6.3.3 普通办公建筑用水类型单一，对于不设集中空调的办公建筑，其用水主要为冲厕（60%～66%）和盥洗（40%～34%），冲厕用水比例较高。

对于包含商业、餐饮、旅馆、办公的综合性建筑，办公区域和附属办公服务区域应按办公建筑参评，其他区域应按相应建筑类型参评。可按用水量的权重（生活用水量部分）和面积的权重（绿化灌溉、道路浇洒、管网漏损和未预见水量部分）调整计算非传统水源利用率的要求。

非传统水源利用率按下式计算：

$$R_u = \frac{W_u}{W_t} \times 100\% \qquad (9)$$

$$W_u = W_R + W_r + W_s + W_o \qquad (10)$$

式中：R_u——非传统水源利用率，%；
  W_u——非传统水源设计使用量（规划设计阶段）或实际使用量（运行阶段），m^3/a；
  W_R——再生水设计利用量（设计阶段）或实际利用量（运行阶段），m^3/a；
  W_r——雨水设计利用量（设计阶段）或实际利用量（运行阶段），m^3/a；
  W_s——海水设计利用量（设计阶段）或实际利用量（运行阶段），m^3/a；
  W_o——其他非传统水源利用量（设计阶段）或实际利用量（运行阶段），m^3/a；
  W_t——设计用水总量（设计阶段）或实际用水总量（运行阶段），m^3/a。

按年用水量计算，设计取值应符合现行国家标准《民用建筑节水设计标准》GB 50555的规定。

本条设计阶段的评价方法为查阅设计说明书和非传统水源利用报告等。运行阶段的评价方法为查阅全年运行数据报告（年用水量记录报告）等。

当项目所在地区年降雨量低于400mm、周边无市政再生水利用条件，且项目建筑面积小于5万m^2或可回用水量小于100m^3/d时（如地方标准中有更高要求，应按地方标准实施），本条可不参评。

6.3.4 在规划设计阶段应考虑利用周边市政再生水的可行性，再生水可代替市政自来水用作室内冲厕用水以及室外绿化、景观、道路浇洒、洗车等非饮用水。再生水包括市政再生水（以城市污水处理厂出水或城市污水为水源）、建筑中水（以建筑生活排水、杂排水、优质杂排水为水源）。

再生水水源的选择应结合项目的用水情况、周边建筑用水状况、城市中水设施建设管理办法、水量平衡等，从经济、技术和水源水质、水量稳定性等各方面综合考虑。项目周边有市政再生水利用条件时，应优先利用市政再生水。

公寓式办公建筑和酒店式办公建筑废水量较大，自建中水设施在经济上较合理。常规办公建筑废水量较小，投资自建中水设施所带来的节水效益可能不明显，只有当建筑面积大于5万m^2且可回用水量（包括项目范围周边其他可利用的再生水水源，见下段）大于100m^3/d时，才考虑设置中水处理设施。

当项目除办公建筑之外还有其他性质建筑（如旅馆、洗浴健身等）功能时，可统筹考虑回收、处理此类建筑的优质杂排水，回用作办公冲厕等。

当条件允许时，在取得相关政府部门和产权单位允许的前提下，通过技术经济比较，可以选择利用除参评项目以外的其他建筑的再生水水源，包括参评范围外附近其他建筑的废水。选择其他再生水水源时，应注意以下几点：

1 必须在参评建筑本身再生水水源已得到充分利用的前提下，才可考虑选择其他再生水水源。

2 选择其他再生水水源时，必须做好水量平衡分析，保证供水的水量安全和减少不必要的浪费，不得影响周边建筑自身的非传统水源利用。

再生水利用率可按下式进行计算：

$$R_R = \frac{W_R}{W_t} \times 100\% \qquad (11)$$

式中：R_R——再生水利用率，%；
  W_R——再生水设计利用量（设计阶段）或实际利用量（运行阶段），m^3/a；
  W_t——设计用水总量（设计阶段）或实际用水总量（运行阶段），m^3/a。

用水量按年用水量计算，设计取值应符合现行国家标准《民用建筑节水设计标准》GB 50555的规定。

本条设计阶段的评价方法为查阅竣工图纸、设计说明书、非传统水源利用方案（非传统水源利用方案中，必须包含非传统水源利用的水量平衡表）、相关政府部门和产权单位出具的许可证明等。运行阶段的评价方法为现场勘查和查阅系统设备运行记录和用水量计量记录。

当项目周边无市政再生水利用条件，且建筑面积小于5万m^2或可回用水量小于100m^3/d时（如地方标准中有更高要求，应按地方标准实施），本条可不参评。

6.3.5 通过技术经济比较，合理确定雨水集入渗、调蓄及利用方案。结合当地气候条件和建筑所在地地形、地貌等特点，除采取措施增加雨水渗透量外，还可以建立完善的雨水收集、处理、储存、利用等配套设施，对屋顶雨水和其他地表径流雨水进行有效的收集、调蓄、回用。可收集雨水量是指整个场地形成径流的雨水量，包括屋面及地表径流。

1 对于屋顶面积较大的办公建筑，雨水收集利用宜优先收集屋面雨水。

2 可收集雨水量应扣除入渗而没有形成径流的雨水和初期弃流雨水等。

3 当参评建筑本身可收集雨水已得到充分收集利用，尚无法满足雨水利用需求时，可以考虑收集利用参评范围外附近其他建筑和住宅小区的雨水。但必须做好水量平衡分析，不得影响周边建筑或住宅小区自身的雨水利用和雨水入渗。

4 参评项目周边有调蓄功能良好的地表天然或

人工水体（如天然河道、湖泊、人工水渠等）时，在取得相关政府主管部门许可的前提下，也可用于雨水的调蓄，项目可从水体取水使用，但必须采取措施收集场地内的雨水，保证注入的雨水量不小于取水量，不得破坏水体的水量平衡，且必须采取有效措施防止排放水体的雨水造成的面源污染。

雨水回用率为实际收集回用的雨水量占可收集雨水量的比率，设计阶段和运行阶段的雨水回用率可按下式进行计算：

$$雨水回用率（设计阶段） = \min\left(\frac{雨水设计收集量}{可收集雨水量}, \frac{雨水设计回用量}{可收集雨水量}\right) \quad (12)$$

$$雨水回用率（运行阶段） = \min\left(\frac{雨水实际收集量}{可收集雨水量}, \frac{雨水实际回用量}{可收集雨水量}\right) \quad (13)$$

可通过增加雨水入渗实现本条要求，可收集雨水量应扣除不能形成径流的雨水，这样可以引导雨水入渗。

本条设计阶段的评价方法为查阅设计说明书和非传统水源利用报告等。运行阶段的评价方法为查阅运行数据报告（用水量记录报告）等。

年降雨量低于 400mm 的地区不宜设置雨水回用设施，当项目位于此类地区时，本条可不参评。但项目可加强雨水入渗，评价要求见第 4.5.4 条。

7 节材与材料资源利用

7.1 材料资源利用

7.1.1 随着科技的进步和使用过程中不断暴露的新问题，一些建筑材料及制品的技术性能已经被证明不适宜继续在建筑工程中应用，或者不适宜在某些地区或某些类型的建筑中使用。因此，在绿色办公建筑中严禁使用国家及当地建设主管部门向社会公布限制、禁止使用的建筑材料及制品，例如《建设事业十一五推广应用和限制禁止使用技术公告》、《北京市推广、限制和禁止使用建材目录》中限制、禁止使用的建筑材料及制品等。

本条设计阶段的评价方法为对照国家和当地建设主管部门向社会公布的限制、禁止使用的建材及制品目录，查阅设计说明和概预算材料清单，对设计选用的建筑材料进行核查。运行阶段的评价方法为对照国家和当地建设主管部门向社会公布的限制、禁止使用的建材及制品目录，查阅工程材料决算材料清单，对实际选用的建筑材料进行核查。

7.1.2 已有建筑物、构筑物"利用率"的计算公式为：

$$利用率 = \frac{利用面积}{场址范围内已有的建筑物的建筑面积与构筑物的等效面积的总和} \quad (14)$$

式中，已有建筑物、构筑物的"利用面积"等于场址范围内被利用的已有建筑物建筑面积与被利用的构筑物等效面积之和。其中，"构筑物等效面积"应按造价相等的原则，依据当地现行的概算定额折算获得，即：

$$构筑物的等效面积 = \frac{新建同样构筑物的总造价}{新建的普通多层砖混结构建筑物单位建筑面积的造价} \quad (15)$$

当申报项目场址范围内无建筑物、构筑物，或已有建筑物、构筑物的建筑面积（含构筑物的等效面积）不足 100m² 时，本条可不参评；超过 1000m² 时，计算利用率时按 1000m² 计算。

有些项目因场地等原因，保留旧建筑会带来材料消耗的大幅度增加。对于此类项目，本着"合理"的原则，允许不利用已有的建筑物、构筑物，但应专门对此进行详细解析。当以安全因素为理由对已有建筑物、构筑物进行拆除时，应由具有资质的鉴定单位出具鉴定报告，理由充分者，本条可不参评，否则应判定本条不达标。

本条设计阶段的评价方法为查阅建筑施工图纸及已有建筑物、构筑物利用面积和利用率计算书。运行阶段的评价方法为查阅建筑竣工图纸、施工方案及已有建筑物、构筑物利用面积和利用率计算书。

7.1.3 在保证安全的前提下，本条旨在鼓励提高建筑的工业化率，采用工厂化生产的建筑构、配件，如预制楼板、预制阳台、预制楼梯、预制隔墙板、预制外墙板、幕墙等，既能减少材料浪费，又能减少施工对环境的影响，同时也为将来建筑拆除后构、配件的再利用创造了条件。装配式或装配整体式结构是目前预制化水平较高的两种结构体系，鼓励合理使用。

目前本条仅考察楼面板、屋面板、阳台、楼梯、隔墙板、外墙板、幕墙的工厂化程度。为了鼓励采用钢、木、钢木组合结构，本条将钢、木、钢木组合构件视作工业化方式生产的构件。"工业化率"可按下式进行计算：

$$工业化率 = P/G \quad (16)$$

式中：G——全部楼面板、屋面板、阳台、楼梯、隔墙板、外墙板、幕墙的总质量与钢构件、木构件、钢木组合结构构件总质量之和；

P——采用工业化方式生产的楼面板、屋面板、阳台、楼梯、隔墙板、外墙板、幕墙的总质量与钢构件、木构件、钢木组合结构构件总质量之和。

本条设计阶段的评价方法为查阅建筑、结构施工建筑、结构竣工图纸,工业化率计算书,并进行现场核实。对抗震设防地区的办公建筑,本条可不参评。

7.1.4 本条的设置旨在整体考量建筑材料的循环利用对于节材与材料资源利用的贡献,评价范围是永久性安装在工程中的建筑材料,不包括电梯等设备。

本条中的"可再利用建筑材料"是指不改变所回收材料的物质形态可直接再利用的,或经过简单组合、修复后可直接再利用的建筑材料,如场地范围内拆除的或从其他地方获取的旧砖、门窗及木材等。合理使用可再利用建筑材料,可充分发挥旧建筑材料的再利用价值,延长仍具有使用价值的建筑材料的使用周期,降低材料生产的资源、能源消耗和材料运输对环境造成的影响。

本条中的"可再循环建筑材料"是指通过改变材料的物质形态,可实现多次循环利用的建筑材料,如金属材料、木材、玻璃、石膏制品等。充分使用可再循环利用的建筑材料可以减少生产加工新材料带来的资源、能源消耗和环境污染,对于建筑的可持续性具有非常重要的意义,具有良好的经济和社会效益。

本条中的"以废弃物为原料生产的建筑材料"是指在满足安全和使用性能的前提下,使用废弃物等作为原材料生产出的建筑材料,其中废弃物主要包括建筑废弃物、工业废弃物和生活废弃物。在满足使用性能的前提下,鼓励利用建筑废弃混凝土生产出的再生骨料制作成的混凝土砌块、水泥制品和配制的再生混凝土;鼓励使用和利用工业废弃物、农作物秸秆、建筑垃圾、淤泥为原料制作的水泥、混凝土、墙体材料、保温材料等建筑材料。鼓励以工业副产品石膏制作的石膏制品。鼓励使用生活废弃物经处理后制成的建筑材料。为保证废弃物使用量达到一定要求,本条要求以废弃物为原料生产的建筑材料用量占同类建筑材料的比例需超过30%,且其中废弃物的掺量要求至少达到20%,此类建筑材料应满足相应的国家或行业检测标准的要求方能使用。

本条设计阶段的评价方法为查阅申报单位提交的工程概预算材料清单和相关材料使用比例计算书,核查可再利用建筑材料、可再循环建筑材料以及以废弃物为原料生产的建筑材料的使用情况。运行阶段的评价方法为查阅申报单位提交的工程决算材料清单和相应的产品检测报告,核查可再利用建筑材料、可再循环建筑材料以及以废弃物为原料生产的建筑材料的使用情况。

7.1.5 在办公建筑中装饰装修材料是工程建筑材料的重要组成部分,过度装修造成的材料的浪费和装修成本的增加,应予以控制。尤其是针对政府类办公建筑,提倡选用经济适用的装饰装修材料,进行简易装修,不片面追求美观,减少材料资源的消耗。

本条设计阶段的评价方法为查阅申报单位提交的工程概预算材料清单(含装修部分)和装饰装修材料设计情况专项说明,该说明需从装饰装修材料设计用量、单位面积装修造价等角度对申报项目的装饰装修材料的经济适用性进行介绍,由专家判断装饰装修材料的设计情况。运行阶段的评价方法为查阅申报单位提交的工程决算材料清单(含装修部分)和装饰装修材料实际使用情况专项说明,该说明需从装饰装修材料实际用量、单位面积装修价格等角度对申报项目的装饰装修材料的经济适用性进行介绍,由专家进行评价。

7.1.6 考虑到建材业的飞速发展,为绿色建筑所适用的新型建材不断出现,为鼓励创新性,特设置本条。鼓励项目根据当地的资源条件和发展水平合理使用新型材料及产品,新型材料及产品应占到同类产品用量的一半以上,且经国家和省市建设主管部门推荐使用或第三方权威机构认证。

本条设计阶段的评价方法为查阅工程概预算材料清单和其他说明文件,核查是否使用新材料及新产品。运行阶段的评价方法为查阅工程决算材料清单和其他说明文件,核查项目是否实际使用了新材料及新产品。

7.2 建筑设计优化

7.2.1 以较大的资源消耗为代价,追求美观,不符合绿色建筑的理念,故本条鼓励建筑构件功能化,减少纯装饰性构件的应用。

本条的工程总造价系指所有建筑安装工程造价的总和。本条所指的"纯装饰性构件"是指只有装饰作用的构件,主要针对下列构件:

1 不具备遮阳、导光、导风、载物、辅助绿化等作用的飘板、格栅和构架等;
2 单纯为追求标志性效果的塔、球、曲面等;
3 女儿墙中高度超出安全防护最低要求的部分;
4 双层外墙中无益于节能的外层墙(含幕墙)。

本条设计阶段的评价方法为查阅建筑、结构施工图纸,建筑效果图,工程预算书及装饰性构件造价比例计算书。运行阶段的评价方法为查阅建筑、结构竣工图纸,工程决算书及装饰性构件造价比例计算书,并进行现场核实。

有的项目为了追求美观,对某些功能性构件进行了尺寸上的过分夸张,当情节严重时,也应判定本条不达标。

7.2.2 绿色建筑的成本通常高于普通建筑,但可通过优化建筑设计,适当降低绿色建筑的增量成本,更可减少资源消耗和碳排放。

在确保满足规范规定安全度的前提下,节约用材是减少碳排放最有效的措施之一,因此材料用量应作为重要的评价指标,使用较多材料资源的建筑不应被评为绿色建筑。

影响材料消耗水平的因素包括建筑方案优劣、结构布置优劣、材料选择和构造合理性、设计精细化程度等诸多方面，材料用量是上述诸多因素的综合反映。

本条的"同类建筑"是指结构类型相同的建筑；"层数（高度）相近"是指与参评建筑层数和高度相差均不超过15%。"主要结构材料"是指如钢筋混凝土结构中的混凝土和钢筋，钢结构中的钢材和混凝土，木结构中的木材，砌体结构中的砌块、钢筋、混凝土（当采用木楼板时为木材）等。

衡量申报项目建筑结构材料用量的多少，应与当地层数（高度）相近且结构类型相同的建筑进行比较。考虑到目前积累的资料有限，且短期内难以统计出权威的材料用量平均值数据，故本条仅要求比较单位建筑面积的主要结构材料的用量，并提供了简化的统计方法。当样本积累到一定数量时，应按统计学的方法进行统计，以便形成一组科学、合理、权威的统计数据。

本条要求各申报项目的设计单位应配合建设单位收集项目所在地区已建的层数（高度）相近的同类建筑单位建筑面积的主要结构材料用量，统计出"平均值"，并将其作为证明材料上报评价机构。评价机构经审核确定是否可将该数据作为本申报项目材料用量的比较基准。

鉴于目前现状，主要结构材料用量"平均值"的统计工作应满足如下要求：

对于有地下室的建筑，应将地上、地下（含基础）部分分开分别统计；对于无地下室的建筑，应将地上部分与基础部分合并统计；一般不计入桩、地基处理部分的材料用量，可以仅计算一次结构的材料用量。

此外，对于带裙房的建筑，应注意参与统计建筑的裙房与主楼的建筑面积之比应与参评建筑的面积比相似。

本条在设计阶段评价时应以预算资料为准，可不计损耗。运行阶段评价时应以决算资料为准，应计入损耗。预算、决算等不同阶段的材料用量统计资料允许相互折算，以求对比口径上的一致。

评价钢与混凝土组合（混合）结构建筑时，可将其中的钢材用量累加到钢筋用量中，按钢筋混凝土结构进行评价。

对于缺乏统计资料的地区，可将风荷载和抗震设防烈度均相同的地区的资料视作当地的资料；当风荷载控制时，也可将风荷载相同地区的资料视作当地的资料；当地震荷载控制时，也可将抗震设防烈度相同地区的资料视作当地的资料。此外，还可将结构或预算方面专家根据经验估计的数据视作符合要求的样本，每位专家提供的经过签名确认的书面数据可作为一个样本。

各样本的极差不得超过平均值的30%，否则应分析原因，并补充样本。此外，符合上述条件的统计样本数不得少于5个，且应尽量选取2002年以后设计的建筑作为样本。

本条设计阶段的评价方法为查阅建筑、结构施工图纸及用材量报告（含预算书）。运行阶段的评价方法为查阅建筑、结构竣工图纸及用材量报告（含决算书）。

本条与第7.2.3、7.2.4、7.2.5、7.2.6、7.2.7条不重复参评。

7.2.3 建筑的材料用量与建筑方案的规则性关系密切。在抗震设防地区，采用不规则的建筑方案需按规范采取加强措施；采用特别不规则的建筑方案需进行专门研究和论证，采取特别的加强措施。在非抗震设防地区，采用不规则的建筑方案也会带来材料用量的增加。因此，建筑及其抗侧力结构的平面布置宜规则、对称，并应具有良好的整体性；建筑的立面和竖向剖面宜规则，结构的侧向刚度宜均匀变化，竖向抗侧力构件的截面尺寸和材料强度宜自下而上逐渐减小，避免抗侧力结构的侧向刚度和承载力突变。

现行国家标准《建筑抗震设计规范》GB 50011禁止在抗震设防区采用严重不规则的建筑方案。对于不规则、特别不规则、严重不规则建筑方案的判断，可参考《建筑抗震设计规范》GB 50011和住房和城乡建设部《超限高层建筑工程抗震设防专项审查技术要点》（建质［2010］109号），也可以参考施工图设计文件审查机构的施工图审查意见书。

对于城市建设需要的不规则或特别不规则的建筑方案，应提供当地建设行政主管部门的证明材料。对于不需进行抗震设计的建筑，应参照上述办法进行判断。

本条设计阶段的评价方法为查阅建筑、结构施工图纸，建筑效果图，施工图审查意见书。运行阶段的评价方法为查阅建筑、结构竣工图纸，施工图审查意见书，并进行现场核实。

7.2.4 实践证明，结构体系相同而结构布置不同的建筑，用材量水平会有很大差异，资源消耗水平、对环境的冲击也会明显不同。因此，除了关注结构体系外，还应关注结构布置的优劣。办公建筑中超过一半的材料用于结构构件，因此在设计过程中对结构体系和结构构件进行合理优化，能够有效地节约材料用量。

本条的主要目的在于强调精细化设计，增强设计单位和建设单位的优化意识。因此，作为申报方之一的设计单位应对参评项目的上部结构和基础方案分别进行比选论证，提交结构优化论证报告，在报告中充分反映结构构件布置的优化过程及其合理性。

本条的评价方法为查阅结构优化论证报告及相关图纸，并结合参评项目的具体情况，酌情判断优化结果的合理性。

7.2.5 混凝土是用途最广、用量最大的建筑材料之一，减少混凝土用量，是节材的重要措施。

一般情况下，提高竖向承重构件混凝土的强度等级可以明显减小竖向承重构件的截面尺寸，减少混凝土用量，并增加使用面积；提高水平承重构件混凝土的强度等级也可以减小水平承重构件的截面尺寸，减少混凝土用量，并增加室内净空。

我国将C50作为高强混凝土的起点强度等级。在合理的前提下，竖向承重构件应优先采用高强混凝土，水平承重构件宜根据论证结论采用适当强度等级的混凝土。由于某些建筑结构的竖向承重构件采用高强混凝土是不合理的，因此，本条允许在合理的前提下，竖向承重构件采用低于C50的混凝土，但需针对所有结构构件进行详细论证，并提交论证报告。

砌体结构（含配筋砌体结构）和钢结构中的混凝土用量较钢筋混凝土结构要少很多，因此对于上述两类结构，本条可不参评。

本条设计阶段的评价方法为查阅结构施工图纸，工程预算材料清单，竖向承重结构中高强混凝土的使用比例计算书，相关论证报告。运行阶段的评价方法为查阅结构竣工图纸，工程决算材料清单，竖向承重结构中高强混凝土的使用比例计算书，相关论证报告，混凝土检验报告，必要时进行现场核实。

7.2.6 钢（钢筋和钢材）是用途最广、用量最大的建筑材料之一，减少钢的用量，是节材的重要措施。

一般情况下，在钢筋混凝土结构中，选用高强度钢筋作为受力钢筋，节材效果显著。据测算，用HRB400钢筋代替HRB335钢筋，可节省约10%的钢筋。

与钢筋混凝土结构相比，钢结构本身具备自重轻、强度高、抗震性能好、施工快、建造和拆除时环境污染少、容易回收再利用等独特优点，应鼓励采用。一般情况下，高层、超高层、大跨度钢结构建筑采用高强钢非常理想。

符合规范的抗拉强度设计值不低于360MPa的钢筋（如HRB400、RRB400级钢筋、冷拉钢筋、冷轧扭钢筋及高强预应力钢丝（索）等）均可视作满足本条要求的高强度钢。当采用抗拉强度设计值高于360MPa的钢筋（丝、索）时，可按等强（抗拉能力设计值相等）的原则，将上述更高强度的钢筋（丝、索）折算成HRB400级钢筋。

符合规范的Q345GJ、Q345GJZ级钢材和抗拉强度设计值不低于295MPa的钢材（如厚度不大于35mm的Q345级钢材），均可视作满足本条要求的高强度钢。

评价钢与混凝土组合（混合）结构建筑时，可将其中的高强钢材用量与高强钢筋用量之和作为高强钢的用量，全部钢材和钢筋用量之和作为钢的总用量。在合理的前提下，应优先采用高强钢。由于某些承重构件采用高强钢是不合理的，因此，本条允许在合理的前提下，采用较低强度的钢，但需进行详细论证，并提交论证报告。

砌体结构（含配筋砌体结构）中的用钢量较钢筋混凝土结构和钢结构少很多，因此对于上述结构，本条可不参评。

本条设计阶段评价方法为查阅结构施工图纸，工程预算材料清单，高强钢的使用率计算书，相关论证报告。运行阶段评价方法为查阅结构竣工图纸，工程决算材料清单，高强钢的使用率计算书，相关论证报告，钢筋、钢材检验报告，必要时现场核实。

7.2.7 减轻建筑自重对节材有重要意义，是重要的节材途径。本条仅评价楼地面现浇面层和墙面抹灰的自重，其主要原因如下：

1 楼地面现浇面层和墙面抹灰的密度较大，用量多，对结构材料用量影响大；

2 建筑拆除时，楼地面现浇面层和墙面抹灰均是难以处理的建筑垃圾，对环境影响大；

3 目前仅关注楼地面现浇面层和墙面抹灰，更具可操作性。

计算楼地面现浇面层自重时，对于以瓷砖和石材为面板的楼地面，应包括结构板以上所有做法的重量；对于以木板为面板的楼地面，可不包括木地板层，但至少应包括其下的找平层、找坡层、水泥砂浆或混凝土填充层等。

计算墙面抹灰量时，可不包括墙面腻子，但至少应包括湿挂、湿贴的瓷砖和石材面层，且应包括外围护墙、内隔墙（断）、结构墙的抹灰及其外部的贴面。

尽管减小结构构件的截面也是减轻建筑自重的重要途径，但其节材效果已在第7.2.4～7.2.6条中有所考虑，故本条不再对该措施进行评价。

本条设计阶段评价的评价方法为查阅建筑施工图纸及室内地面现浇面层平均自重计算书、墙面抹灰体积计算书。运行阶段的评价方法为查阅建筑竣工图纸、室内地面现浇面层平均自重计算书、墙面抹灰体积计算书，并进行现场核实。此外，当采取本标准未涉及的其他措施减轻建筑自重时，尚应查阅相关说明和证明资料。

7.2.8 办公类建筑中的可变换功能空间应在保证室内工作环境不受影响的前提下，尽量多采用可循环利用隔断（墙），以减少室内空间重新布置时对建筑构件的破坏，节约材料。

除设计使用年限内位置比较固定的走廊、楼梯、电梯井、卫生间、设备机房、公共管井以外的地上室内空间均应视为"可变换功能的室内空间"。此外，对于重新分隔概率较高的地下空间，如作为商业娱乐、办公等用途的地下空间，也应视为"可变换功能的室内空间"，其他地下空间面积在计算时可剔除。

可循环利用隔断（墙）是指使用可再利用材料或可再循环利用材料组装的隔断（墙），其在拆除过程中应基本不影响与之相接的其他隔断（墙），如：大开间敞开式办公空间内的矮隔断（墙）、玻璃隔断（墙）、预制板隔断（墙）、特殊设计的可分段拆除的轻钢龙骨水泥压力板或石膏板隔断（墙）和木隔断（墙）等。采用砂浆砌筑的砌体隔断（墙）不应算作可循环利用隔断（墙）。

在可变换功能的室内空间内，将作为房间整面的可循环利用隔断（墙）全部去掉后，留下的墙体与门围合出若干封闭区域，其中面积小于 $100m^2$ 的办公区域以及面积小于 $500m^2$ 的其他功能区域应视作"不可循环利用隔断（墙）围合的房间"。

对于砌体结构、剪力墙结构等结构墙较密的办公类建筑，本条可不参评。

本条设计阶段的评价方法为查阅建筑、结构施工图纸及可变换功能的室内空间内不可循环利用隔断（墙）围合的房间总面积占可变换功能的室内空间总面积的比例计算书。运行阶段的评价方法为查阅建筑、结构竣工图纸及可变换功能的室内空间内不可循环利用隔断（墙）围合的房间总面积占可变换功能的室内空间总面积的比例计算书，并进行现场核实。

7.2.9 本条排斥三边工程，除非采取充分措施，能够避免破坏和拆除已有的建筑结构构件及设施。

一般情况下，应针对参评项目的全部建筑面积进行评价，仅部分建筑面积满足时不能得分。粗装修销售或出租的项目多为商业建筑，该类项目一般只能做到建筑主要入口、楼电梯厅、卫生间等公共区域的"土建与装修一体化设计"，故本条要求此类项目应至少提供一套完整的装修方案，并完成预留预埋设计。

本条设计阶段的评价方法为查阅土建、装修各专业施工图纸、订货合同及其他证明材料，评审时尚未开始土建施工的项目，应以申报时的实际状况为准。运行阶段的评价方法为查阅各专业竣工图纸、订货合同及其他证明材料并现场核实。

7.3 施工过程控制

7.3.1 建材本地化是减少运输过程资源和能源消耗、降低环境污染的重要手段之一，提高本地化材料的利用率还可促进当地经济发展。本条旨在鼓励使用当地生产的建筑材料，提高就地取材制成的建材产品所占的比例。

选用的建筑材料应由距离施工现场 500km 范围内的厂家生产，以生产地为准，如在当地或邻近地区建材商处采购的建材，但其生产厂家距离施工现场 500km 以上，则不符合本条要求。地基（桩）处理中产生的回填土不计入其中。

考虑到地域性差异，各地可根据当地情况对指标进行适当调整。

本条在设计阶段不参评。在运行阶段评价时，要求申报单位提供 500km 以内建筑材料使用比例计算书，计算书要求以建筑材料的生产厂家地址为准，对距施工现场 500km 以内的建筑材料的质量之和与项目建筑材料的总质量的比例进行统计计算，专家根据该计算书和材料决算清单进行评价。当使用较多规定范围外工厂生产的建筑材料时，若能说明此类建筑材料不可变更的原因，则由专家根据说明材料酌情判断。

7.3.2 相比于现场搅拌混凝土生产方式，预拌混凝土性能稳定性比现场搅拌好得多，对于保证混凝土工程质量十分重要。与现场搅拌混凝土相比，使用预拌混凝土还能够减少施工现场噪声和粉尘污染，并节约能源、资源，减少材料损耗。我国预拌混凝土的应用技术已较为成熟，国家有关部门发布了一系列关于限期禁止在城市城区现场搅拌混凝土的文件，明确规定"北京等 124 个城市城区从 2003 年 12 月 31 日起禁止现场搅拌混凝土，其他省（自治区）辖市从 2005 年 12 月 31 日起禁止现场搅拌混凝土。"

相比于现场搅拌砂浆，使用预拌砂浆可明显减少砂浆用量。据测算，对于多层砌筑结构，使用预拌砂浆比使用现场搅拌砂浆可节约 30% 的砂浆量；对于高层建筑，使用预拌砂浆比使用现场搅拌砂浆可节约抹灰砂浆用量 50%。使用预拌砂浆不仅可节省材料，而且预拌砂浆的性能也比现场搅拌砂浆更稳定，质量更好，更有利于保证建筑工程质量。商务部、公安部、建设部等六部委于 2007 年 6 月 6 日联合发布了《关于在部分城市限期禁止现场搅拌砂浆工作的通知》，要求北京、天津、上海等 10 个城市从 2007 年 9 月 1 日起禁止在施工现场使用水泥搅拌砂浆，重庆等 33 个城市从 2008 年 7 月 1 日起禁止在施工现场使用水泥搅拌砂浆，长春等 84 个城市从 2009 年 7 月 1 日起禁止在施工现场使用水泥搅拌砂浆。

由于预拌混凝土和预拌砂浆技术已经较为成熟，技术经济性优势较为明显，实际工程中并不难实现。根据国家的相关政策，应予以推广。绿色办公建筑中的现浇混凝土应全部使用预拌混凝土。鼓励在绿色办公建筑中使用包括干粉砂浆、湿拌砂浆在内的预拌砂浆。

本条在设计阶段不参评。运行阶段的评价方法为查阅预拌混凝土和预拌砂浆的购销合同、供货单、材料决算清单等证明文件，根据现浇混凝土和预拌砂浆的实际使用比例进行评价。如某些特殊地区无法实现本条，需撰写专项说明，由专家酌情判断。

7.3.3 本条在第 7.2.9 条的基础上，重点考察施工过程中土建与装修一体化的情况。

本条在设计阶段可不参评。运行阶段的评价方法为查阅土建和装修各工种的施工方案和施工组织设计文件。

7.3.4 鼓励施工单位编制绿色施工方案，在保证工程安全与质量的前提下，制定节材措施，如：进行施工方案的节材优化，建筑垃圾减量化，尽量利用可循环材料等。该方案应在施工组织设计中独立成章，并按有关规定进行审批。

本条在设计阶段不参评。运行阶段的评价方法为查阅施工组织方案及相关资料，考核是否制订了施工中的节材方案与措施。

7.3.5 施工过程中，应最大限度利用建设用地内拆除的旧建筑材料，以及建筑施工和场地清理时产生的废弃物等，如合理使用建筑余料、科学利用板材、块材等下脚料和撒落混凝土及砂浆等，达到节约原材料，减少废物，减少由于更新所需材料的生产及运输对环境造成的影响。

旧建筑拆除、场地清理和建筑施工过程中所产生的垃圾、废弃物，应在现场进行分类处理，这是回收利用废弃物的关键和前提。可再利用材料在建筑中重新利用，可再循环材料通过再生利用企业进行回收、加工，最大限度地避免废弃物随意遗弃、造成污染。施工单位需设计专门的建筑施工废物管理规划，包括寻找市场销路；制定废品回收计划和方法，包括废物统计、提供废物回收、折价处理和再利用的费用等内容。废弃物管理规划中需确认的回收物包括纸板、金属、现场垃圾、塑料、玻璃、石膏板、木制品等。

本条在设计阶段不参评。运行阶段的评价方法为查阅建筑施工废弃物管理规划、施工现场废弃物分类处理记录、可再循环利用材料回收记录。

7.3.6 施工单位在图纸会审时，应审核节材与材料资源利用的相关内容，施工过程中控制主要材料的损耗率至少应比其定额损耗率降低30%。

本条在设计阶段不参评。运行阶段评价时，要求施工单位对于施工过程中的材料损耗率进行申报，根据申报材料与定额损耗率进行对比后进行评价。

7.3.7 利用已有围墙，或采用装配式可重复使用的围挡，可大大减少施工过程中的围挡材料用量。对于施工中使用的临时围挡材料，重复使用可节约施工用材，要求至少达到70%以上。鼓励采用工具式模板和新型模板材料，如铝合金、塑料、玻璃钢和其他可再生材质的大模板和钢框镶边模板，对于木模板，要求周转次数达到5次以上，对于其他模板，要求周转次数达到10次以上。

本条在设计阶段不参评。运行阶段的评价方法为审核施工单位提供的资料，确认围挡、脚手架、模板的重复使用率。

8 室内环境质量

8.1 光环境

8.1.1 室内照明质量是影响室内环境质量的重要因素之一，良好的照明不但有利于提升人们的工作和学习效率，更有利于人们的身心健康，减少各种职业疾病。良好、舒适的照明首先要求在参考平面（见《建筑照明设计标准》GB 50034）上具有适当的照度水平，不但要满足视觉工作要求而且要在整个建筑空间创造出舒适、健康的光环境气氛；强烈的眩光会使室内光线不和谐，使人感到不舒适，容易增加人体疲劳，严重时会觉得昏眩，甚至短暂失明。室内照明质量的另一个重要因素是光源的显色性，人工光源对物体真实颜色的呈现程度称为光源的显色性，为了对光源的显色性进行定量的评价，引入显色指数的概念，以标准光源为准，将其显色指数定为100，其余光源的显色指数均低于100。人工光和天然光的光谱组成不同，因而显色效果也有差别。如果灯光的光色和空间色调不配合，就会造成很不相宜的环境气氛；而室内外光源的显色性相差过大也会引起人眼的不舒适、疲劳等，甚至会造成物体颜色判断失误等。

办公建筑的室内照度、统一眩光值、一般显色指数应满足现行国家标准《建筑照明设计标准》GB 50034的有关规定，如表6所示。

表6 办公建筑室内照明质量要求

房间或场所	参考平面及其高度	照度标准值(lx)	UGR	R_a
普通办公室	0.75m水平面	300	19	80
高档办公室	0.75m水平面	500	19	80
会议室	0.75m水平面	300	19	80
接待室、前台	0.75m水平面	300	—	80
营业厅	0.75m水平面	300	22	80
设计室	实际工作面	500	19	80
文件整理、复印、发行室	0.75m水平面	300	—	80
资料、档案室	0.75m水平面	200	—	80

本条设计阶段的评价方法为审核照明设计说明、照明计算书和图纸。运行阶段的评价方法为检查实际典型房间的照明检测报告，并现场审查是否落实设计图纸要求。

8.1.2 天然光环境是人们长期习惯和喜爱的工作环境。各种光源的视觉试验结果表明，在同样照度的条件下，天然光的辨认能力优于人工光，从而有利于人们工作、生活、保护视力和提高劳动生产率。公共建筑天然采光的意义不仅在于照明节能，而且为室内的视觉作业提供舒适、健康的光环境，是良好的室内环境质量不可缺少的重要组成部分。办公建筑的采光系数应达到表7的要求。

表7　办公建筑采光系数要求

采光等级	房间类别	侧面采光	
		采光系数最低值 C_{min}（%）	室内天然光临界照度（lx）
Ⅱ	设计室、绘图室	3	150
Ⅲ	办公室、视屏工作室、会议室	2	100
Ⅳ	复印室、档案室	1	50
Ⅴ	走道、楼梯间、卫生间	0.5	25

也可采用表8的窗地面积比进行估算。

表8　采光计算窗地面积比

采光等级	房间类别	侧面采光
Ⅱ	设计室、绘图室	1/3.5
Ⅲ	办公室、视屏工作室、会议室	1/5
Ⅳ	复印室、档案室	1/7
Ⅴ	走道、楼梯间、卫生间	1/12

本条强调的主要功能空间是指公共建筑内除室内交通、卫浴等之外的主要使用空间。本条要求75%以上的主要功能空间室内采光系数满足现行国家标准《建筑采光设计标准》GB/T 50033 中第 3.2.2～3.2.7 条的要求。

本条参考了现行国家行业标准《办公建筑设计规范》JGJ 67 第 6.3.1～6.3.2 条的相关规定。

本条设计阶段的评价方法为审核设计图纸和相关的天然采光分析、计算报告。运行阶段的评价方法为检查典型房间采光检测报告，并现场检查是否落实设计图纸要求。

8.1.3 为了改善地上空间的天然采光质量，除可以在建筑设计手法上采取反光板、棱镜玻璃窗等简单措施，还可以采用导光管、光纤等先进的天然采光技术将室外的天然光引入室内的进深处，极大地改善室内照明质量和天然光利用效果。

地下空间的天然采光不仅有利于照明节能，而且充足的天然光还有利于改善地下空间卫生环境。由于地下空间的封闭性，天然采光可以增加室内外的自然信息交流，减少人们的压抑心理等；同时，天然采光也可以作为日间地下空间应急照明的可靠光源。地下空间的天然采光方法很多，可以是简单的天窗、采光通道等，也可以是棱镜玻璃窗、导光管、导光光纤等技术成熟、容易维护的先进措施。

本条参考了现行国家行业标准《办公建筑设计规范》JGJ 67 第 6.3.3 条的相关规定。

本条设计阶段的评价方法为审核设计图纸和相关的天然采光分析、计算报告。运行阶段的评价方法为检查典型房间采光检测报告，并现场检查相关增强采光措施的实际效果，以及是否落实设计图纸要求。

8.1.4 强烈的眩光会使室内光线不和谐，使人感到不舒适，容易增加人体疲劳，严重时会觉得昏眩，甚至短暂失明。采用避免眩光的灯具或防眩光措施，可有效改善室内照明质量。另外，在设计中应充分考虑照度的可控性和用户操作的方便性，使用户能自主灵活控制室内照度，以便带来更好的用户体验。对于可以利用天然光的区域以及仅在一定时段内使用的室内功能区域，在区域照明设计中可结合天然采光效果和室内功能效果进行分区域分时段控制，以增强调控的便利性。

本条设计阶段的评价方法为审核照明设计说明、照明计算书和图纸。运行阶段的评价方法为检查实际典型房间的照明检测报告，并现场审查是否落实设计图纸要求。

8.2　声　环　境

8.2.1 室内背景噪声水平是影响室内环境质量的重要因素之一。过量的噪声不仅影响思考和交谈、降低工作效率，而且容易使人心情烦躁和感觉疲劳，产生消极情绪，甚至引发疾病。因此，办公建筑应按照相关国家标准要求控制室内噪声，保护员工的身心健康，并努力创造出能最大限度提高员工工作效率的声环境。

影响室内噪声的因素包括室内噪声源和室外环境影响。室内噪声主要来自室内设备、电器等，而室外环境对室内噪声的影响时间更长，影响程度更大，主要是交通噪声、建筑施工噪声、商业噪声、工业噪声、邻居噪声等。

为控制室内噪声，可采用隔声、增加室内吸声材料、控制空调末端噪声等措施。另外玻璃幕墙、外窗等隔声相对薄弱，在外环境噪声较大的情况下应注意控制。

现行国家标准《民用建筑隔声设计规范》GB 50118 中对办公类建筑室内允许噪声级的有关规定见表9。

表9　办公建筑的室内允许噪声级

房间名称	噪声要求（A声级，dB）	
	高要求标准	低限标准
单人办公室	≤35	≤40
多人办公室	≤40	≤45
电视电话会议室	≤35	≤40
普通会议室	≤40	≤45

本条设计阶段的评价方法为检查建筑设计平面图纸，基于环评报告室外噪声要求对室内的背景噪声影响（也包括室内噪声源影响）的分析报告以及图纸上

的落实情况，及可能的声环境专项设计报告。运行阶段的评价方法为审核典型时间、主要空间的现场室内声环境检测报告。

8.2.2 现行国家标准《民用建筑隔声设计规范》GB 50118 对办公类建筑主要功能房间（如办公室、会议室）的外墙、隔墙、楼板、门窗的空气声隔声标准以及楼板的撞击声隔声性能提出了要求，应按其相关规定进行设计。

本条设计阶段的评价方法为审核设计图纸（主要是围护结构的构造说明、图纸以及相关的检测报告）；运行阶段的评价方法为检查典型房间现场隔声检测报告，结合现场检查设计要求落实情况进行达标评价。

8.2.3 本条对于办公建筑室内的单人或高级办公室、重要会议室等的室内噪声水平提出了更高要求，要求满足现行国家标准《民用建筑隔声设计规范》GB 50118 办公类建筑室内允许噪声级的高要求标准。但是，针对目前较普遍的大空间开放式办公室（也称开敞式办公室），由于在该空间除了考虑不被过高背景噪声干扰外，语言私密性也很重要，适当的背景噪声可起掩蔽作用，所以开放式办公室噪声并非越低越好，因此这里不做要求。

本条设计阶段的评价方法为检查建筑设计平面图纸，基于环评报告室外噪声要求对室内的背景噪声影响（也包括室内噪声源影响）的分析报告以及图纸上的落实情况，及可能的声环境专项设计报告。运行阶段的评价方法为审核典型时间、主要空间的现场室内声环境检测报告。

8.2.4 从建筑平面设计和空间功能安排上考虑防噪声的合理布局，是避免办公空间受噪声干扰的最经济有效的措施。这就要求在建筑设计、建造和设备系统设计、安装的过程中全程考虑建筑平面和空间功能的合理安排。

本条设计阶段的评价方法为审核设计图纸。运行阶段的评价方法为现场检查是否按照设计要求落实空间平面布置，是否存在变更且影响室内声环境效果。

8.2.5 在设备系统设计、安装时就考虑其引起的噪声与振动控制手段和措施，从建筑设计上将对噪声敏感的房间远离噪声源、从噪声源开始实施控制，往往是最有效和经济的方法。具体的措施包括但不限于：采用低噪声型送风口与回风口，对风口位置、风井、风速等进行优化以避免送风口与回风口产生的噪声，或使用低噪声空调室内机、风机盘管、排气扇等；给有转动部件的室内暖通空调和给排水设备，如风机、水泵、冷水机组、风机盘管、空调机组等设置有效的隔振措施；采用消声器、消声弯头、消声软管，或优化管道位置等措施，消除通过风道传播的噪声；采用隔振吊架、隔振支撑、软接头、连接部位的隔振施工等措施，防止通过风道和水管传播的固体噪声；对空调机房采取吸声与隔声措施，安装设备隔声罩，优化设备位置以降低空调机房内的噪声水平；采用遮蔽物、隔振支撑、调整位置等措施，防止冷却塔发出的噪声；为空调室外机设置隔振橡胶、隔振垫，或采用低噪声空调室外机；采用消声管道，或优化管道位置（包括采用同层排水设计），对 PVC 下水管进行隔声包覆等，防止厕所、浴室等的给排水噪声；合理控制上水管水压，使用隔振橡胶等弹性方式固定，采用防水锤设施等，防止给排水系统出现水锤噪声等等。

本条设计阶段的评价方法为审核设计图纸、设备供应商提供的噪声检测报告。运行阶段的评价方法为检查设备机房及邻近房间的室内噪声级的检测报告，进行现场评价，并现场检查设计落实情况。

8.3 热 环 境

8.3.1 室内热环境是指影响人体冷热感觉的环境因素。"热舒适"是指人体对热环境的主观热反应，是人们对周围热环境感到满意的一种主观感觉，它是多种因素综合作用的结果。舒适的室内环境有助于人的身心健康，进而提高学习、工作效率；而当人处于过冷、过热环境中，则会引起疾病，影响健康乃至危及生命。

一般而言，室内温度、湿度和气流速度对人体热舒适感产生的影响最为显著，也最容易被人体所感知和认识；而环境辐射对人体的冷热感产生的影响很容易被人们所忽视。本标准引用室内温度、室内湿度两个参数评判办公空间室内环境的人体热舒适性。根据现行国家标准《公共建筑节能设计标准》GB 50189 中的相关规定，上述参数在冬夏季应分别控制在相应区间内。此外高大空间或特殊功能空间的风速或气流组织也应满足有关标准的规定。

本条设计阶段的评价方法为查阅暖通空调设计说明，检查房间温湿度、风速是否符合要求。运行阶段的评价方法为审核建筑典型房间内温度、湿度、风速的检测报告。

8.3.2 由于围护结构中窗过梁、圈梁、钢筋混凝土抗震柱、钢筋混凝土剪力墙、梁、柱等部位的传热系数远大于主体部位的传热系数，形成热流密集通道，即为热桥。本条规定的目的主要是防止冬季采暖期间热桥内外表面温差小，内表面温度容易低于室内空气露点温度，造成围护结构热桥部位内表面产生结露；同时也避免夏季空调期间这些部位传热过大增加空调能耗。内表面结露，会造成围护结构内表面材料受潮，在通风不畅的情况下易产生霉菌，影响室内人员的身体健康。因此，应采取合理的保温、隔热措施，减少围护结构热桥部位的传热损失，防止外墙和外窗等外围护结构内表面温度过低。此处提到的结露问题，只强调在冬季采暖对应的室内外标准设计温湿度条件下确保无结露，不考虑春季等返潮问题。另外在室内使用辐射型空调末端时，需密切注意水温的控制，避免表面结露。

除此之外，围护结构冷、热辐射也会对室内空气温度产生直接的影响，可结合建筑的外立面造型采取合理的外遮阳措施，形成整体有效的外遮阳系统，夏季可以有效地减少建筑因太阳辐射和室外空气温度通过建筑围护结构的传导得热以及通过窗户的辐射得热，控制房间内表面最高温度，对于改善夏季室内热舒适性具有重要作用；冬季采取了控制房间内表面最低温度、改善室内冷辐射不舒适性的措施。

本条设计阶段的评价方法为查阅暖通空调设计说明，此外审查遮阳设施在图纸上的落实情况，检查是否存在大面积玻璃幕墙等情况。运行阶段的评价方法为现场考察遮阳、大面积玻璃幕墙等。

8.3.3 自然通风是在风压或热压推动下的空气流动。自然通风是实现节能和改善室内空气品质的重要手段，提高室内热舒适的重要途径。因此，在建筑设计和构造设计中鼓励采取诱导气流、促进自然通风的主动措施，如导风墙、拔风井等等，以促进室内自然通风的效率。

在计算外窗、幕墙可开启面积时，注意应按有效开启面积计算。

本条设计阶段的评价方法为审核设计图纸，检查外窗、幕墙可开启面积及比例，核查通风模拟报告。运行阶段的评价方法为核查开窗面积是否落实设计要求，并按照实际的开窗面积进行评分。

8.3.4 建筑应能为室内的个人或多人用户提供可调控的高水平热舒适系统，通过各种被动和主动措施加强室内热环境的可控性，以促进建筑用户的生产力、舒适和健康。

热环境可控性指的是室内人员可以通过方便、灵活的空调器开关、温度、风速调节开关，对个人工作区域的热环境状况进行调节，也包括能否利用窗帘、可开启外窗等方式进行调节。

本条设计阶段的评价方法为审核暖通空调和电气设计图纸；运行阶段应进行现场检查。

8.4 室内空气质量

8.4.1 选用有害物质限量达标、环保效果好的建筑材料，可以防止由于选材不当造成室内空气污染。

本条在设计阶段可不参评。运行阶段的评价方法为查阅由国家认证认可监督管理委员会授权的具有资质的第三方检测机构出具的建材产品检验报告，需要核查的建材产品包括：（1）室内装饰装修材料：人造板、溶剂型木器涂料、内墙涂料、胶粘剂、木家具、壁纸、聚氯乙烯卷材地板、地毯、地毯衬垫等；（2）混凝土外加剂；（3）室内使用的石材、瓷砖、卫浴洁具；（4）掺加了工业废渣的建筑主体材料，如粉煤灰砌块等。

由于过度装修以及劣质材料有可能造成室内污染，装修阶段应选用有害物质含量达标的装饰装修材料，防止由于选材不当造成室内空气污染。选用的建筑材料中的有害物质含量必须符合下列国家标准：

《室内装饰装修材料人造板及其制品中甲醛释放限量》GB 18580

《室内装饰装修材料溶剂型木器涂料中有害物质限量》GB 18581

《室内装饰装修材料内墙涂料中有害物质限量》GB 18582

《室内装饰装修材料胶粘剂中有害物质限量》GB 18583

《室内装饰装修材料木家具中有害物质限量》GB 18584

《室内装饰装修材料壁纸中有害物质限量》GB 18585

《室内装饰装修材料聚氯乙烯卷材地板中有害物质限量》GB 18586

《室内装饰装修材料地毯、地毯衬垫及地毯胶粘剂中有害物质释放限量》GB 18587

《混凝土外加剂中释放氨的限量》GB 18588

《建筑材料放射性核素限量》GB 6566

8.4.2 室内空气污染造成的健康和不舒适问题近年来得到广泛关注。轻微的反应包括眼睛、鼻子及呼吸道刺激和头疼、头昏眼花及身体疲乏；严重的有可能导致呼吸器官疾病，甚至心脏疾病及癌症等。

为此，应根据现行国家标准《民用建筑工程室内环境污染控制规范》GB 50325 和《室内空气质量标准》GB/T 18883 有关规定，严格控制室内的污染物浓度，从而保证人们的舒适和健康。建筑中游离甲醛、苯、氨、氡和 TVOC 等空气污染物浓度应符合现行国家标准《民用建筑工程室内环境污染控制规范》GB 50325中的有关规定，运行建筑室内空气质量应符合现行国家标准《室内空气质量标准》GB/T 18883 有关规定。

本条在设计阶段可不参评。运行阶段的评价方法为审查相关室内空气质量检测报告，并进行现场调查、评价。

8.4.3 办公建筑所需要的最小新风量应根据室内空气的卫生要求、人员的活动和工作性质，以及在室内停留时间等因素确定。卫生要求的最小新风量，办公建筑主要是对 CO_2 的浓度要求（可吸入颗粒物的要求可通过过滤等措施达到）。

表 10 所示的办公建筑主要房间人员所需的最小新风量是根据现行国家标准《旅游旅馆建筑热工与空气调节节能设计标准》GB 50189、《公共场所卫生标准》GB 9663～GB 9673、《饭馆（餐厅）卫生标准》GB 16153、《室内空气质量标准》GB/T 18883 的相关规定得到的，其中对于有分级要求的，室内新风量实测值达到最低一级数值即可满足本标准的该条要求。

表 10 办公建筑主要房间人员所需最小新风量 [m³/(h·人)]

空间类型	新风量	依据
办公楼	30	GB/T 18883-2002

本条设计阶段的评价方法为查阅暖通空调设计说明，检查房间新风量设计是否符合要求。运行阶段的评价方法为审核建筑典型房间内新风量检测报告或主要新风机组性能的检测报告。

8.4.4 为确保引入室内的为室外新鲜空气，新风采气口的上风向不能有污染源；提倡新风直接入室，缩短新风风管的长度，减少途径污染。

本条的评价方法为审核环评报告和空调系统施工图纸。

8.4.5 由于吸烟危害健康并会对室内空气带来污染，因此应在建筑中采取禁烟措施，或采取措施尽量避免室内用户以及送回风系统直接暴露在吸烟环境中，具体措施包括设计负压吸烟室，或者整座大楼禁止吸烟等（即只能到室外吸烟）。

本条的评价方法为现场核查是否设有专门吸烟室或其他禁烟措施。

8.4.6 为保护人体健康，预防和控制室内空气污染，可在人群密集或重要环境进行环境质量预评估。室内空气质量预评估是根据工程项目设计方案的内容，运用科学的评价方法，依据国家法律、法规及行业标准，分析、预测该工程项目建成后存在的危害室内环境质量因素的种类和危害程度，提出科学、合理和可行的技术对策措施，作为该工程项目改善设计方案和项目建筑材料遴选的主要依据，供进行绿色健康监理时参考。室内空气质量预评估是保证建筑装修装饰工程建成后具有良好的室内环境质量的一个重要步骤，一般是在室内装修施工之前，针对建筑装饰装修设计方案和选择的建材部品，综合考虑污染源位置和散发特性、通风和气流组织情况、净化设施的净化性能等对室内空气质量的影响，通过合理的累加计算或模拟分析计算，对建成后的室内空气质量进行估算，并与现行国家标准《室内空气质量标准》GB/T 18883 等的相关要求进行比较，给出室内空气质量的综合评价结论即预评估结论和改进建议等。在装饰装修设计中，采用合理的预评估方法，从源头实现室内污染控制，或采取其他保障措施。

本条的评价方法为审核是否有室内空气质量的预评估报告，评价其合理性。

8.4.7、8.4.8 为保护人体健康，预防和控制室内空气污染，可在人群密集或重要的功能房间设计和安装室内污染物监控系统，利用传感器对室内主要位置的温湿度、二氧化碳、空气污染物浓度等进行数据采集和分析；也可同时检测进、排风设备的工作状态，并与室内空气污染监控系统关联，实现自动通风调节，保证室内始终处于健康的空气环境。室内污染监控系统应能够将所采集的有关信息传输至计算机或监控平台，实现对公共场所空气质量的采集、数据存储、实时报警，历史数据的分析、统计，处理和调节控制等功能，保障场所良好的空气质量。

上述两条设计阶段的评价方法为查阅暖通空调及电气设计说明，并查阅设计图纸。运行阶段的评价方法为审查主要房间新风检测报告，以及地下车库的一氧化碳检测报告，并检查新风、自控是否落实设计意图。

8.5 其他要求

第 8.5.1～8.5.3 条主要评价建筑的功能性，包括建筑设计和设施是否能为建筑用户（包括特殊群体）提供便捷舒适的使用空间，以提高工作效率及保证用户的健康等。

8.5.1 为了不断提高建筑的质量和功能性，保证残疾人、老年人和儿童进出的方便，体现建筑整体环境的人性化，鼓励在建筑入口、电梯、卫生间等主要活动空间设置无障碍设施。

本条设计阶段的评价方法为查阅设计图纸。运行阶段应进行现场核查。

8.5.2 办公工作较为紧张，信息化的发展使得注目于电脑屏幕的工作几率增加，故从人文关怀的角度，有必要在办公环境中营造相对闲适的氛围，建立室内与室外的联系，缓解使用者紧张情绪，进而提高工作效率。鼓励主要功能房间的设计合理考虑室外景观的可欣赏性，设有能让使用者观看室外景观的大小适中的窗户。但考虑到对节能的影响，建议合理设置观景窗大小，不鼓励设置大面积的飘窗、落地窗等。

具体计算方法：在平面视图里从视野窗户画出的视线所包含的面积，视线可以穿越透明的隔墙或内窗；对于独立单人办公室，如果 75% 达标可认为所有面积达标；地下如果有可以看到室外视野的，计算面积百分比的时候其面积仅仅计入分子同时可以乘以 1.5 的权重系数，分母不加。

本条设计阶段的评价方法为查阅设计图纸和相关的分析、计算报告。运行阶段应进行现场核查。

8.5.3 为缓解使用者紧张的工作情绪，同时为人员交流提供更加休闲、舒适的空间，鼓励在公共场所设置专门的休憩空间和绿化空间，提高公共空间的人文关怀和亲切感。

本条设计阶段的评价方法为查阅设计图纸。运行阶段应进行现场核查。

9 运营管理

9.1 管理制度

9.1.1 建筑的物业管理，涉及建设、安全、供水、排水、供热、燃气、电力、电信等诸多行业及专业的综合管理。绿色办公建筑的物业管理除应有传统物业管理服务内容外，还应具有节能、节水、节材、保护环境以及智能化系统的管理维护、功能应用等绿色物业管理的主要内容。合理的物业管理组织架构及完整的管理体系，是建筑物业管理的重要基础，是保障绿色建筑运行效能，实现节能、节水、节材与保护环境的重要环节。

本条的评价主要应了解物业管理组织机构设置是否清晰合理，岗位职责是否明确，管理人员配备和操作技术证书是否齐全，应具有节能、节水、节材、保护环境、智能化系统管理维护及功能应用等绿色建筑物业管理主要内容。

本条在设计阶段不参评。运行阶段的评价方法为查看相关体系文件、管理文档、管理人员配备情况和操作技术证书，并进行现场核实。

9.1.2 物业管理公司应提交节能、节水、节材与绿化管理制度，并说明实施效果。节能管理制度主要包括节能管理模式、收费模式等；节水管理制度主要包括梯级用水原则和节水方案；耗材管理制度主要包括建筑、设备、系统的维护制度和耗材管理制度等；绿化管理制度主要包括绿化用水的使用及计量，各种杀虫剂、除草剂、化肥、农药等化学药品的规范使用等；垃圾管理制度主要包括垃圾的分类收集、垃圾处理等管理制度。

本条在设计阶段不参评。运行阶段的评价方法为查看相关体系文件、管理文档及日常管理记录等，并进行现场核实。

9.1.3 ISO 9001 质量体系认证是一种具有科学性的质量管理和质量保证方法和手段，可以提高内部管理水平。目前多数物业公司基本通过该体系认证。

ISO 14001 环境管理标准，主要针对企业在生产和服务的过程中通过环境因素的分析，针对重要环境因素制定环境目标和环境管理方案，定期对环境运行情况监控，将最终的环境影响降到最低。物业管理符合 ISO 14001 环境管理标准保证了建筑的绿色和可持续发展理念。

本条在设计阶段不参评。运行阶段的评价方法为查看相关证书。

9.1.4 采用合同能源管理、绩效考核等方式，使物业的管理业绩与建筑用能效率、耗水量等情况挂钩，是实现管理节能的重要手段。在保证建筑的使用性能要求的前提下，激励物业的经济效益与建筑用能系统的耗能状况、用水量、耗材等情况直接挂钩。

本条在设计阶段不参评。运行阶段的评价方法为审核物业部门提交的资源能源管理制度、与业主之间的具有资源节约激励机制内容的合同、日常管理记录等。

9.1.5 绿色办公建筑所要求的节能、节水、节材与环境保护，其最后效果如何，在很大程度上仍取决于人们的主观认识及行为模式。物业管理部门应与业主共同制定相关行为规范，通过各种培训与宣传活动，并加强跟踪与检查，使资源节约与环境保护最终成为人们的自觉行为。

本条在设计阶段不参评。运行阶段的评价方法为审核物业部门提交的资源节约与环境保护相关行为规范、宣传与培训记录、日常管理与检查记录等，并现场核实。

9.1.6 绿色办公建筑的运行管理应以人为本。绿色建筑最终是为人服务的，为使用者提供高效、舒适、节能环保的办公环境。在评价绿色办公建筑的各项指标中应有对建筑中各使用人群的满意度调查，关注使用者的直接感受。发现不足并通过持续改进，完善绿色办公建筑的各项管理。

本条在设计阶段不参评。运行阶段的评价方法为审核相关满意度调查记录、物业部门提供的改进措施与记录，并现场核实。

9.2 资源管理与运行维护

9.2.1 建筑物中的分类能耗包括：电量、水耗量、燃气量、集中供热耗热量、集中供冷耗冷量和其他能源应用量（如集中热水供应量及煤、油、可再生能源等）。用电分项计量分为动力用电、空调用电、照明及插座用电、特殊用电四大项。

实行分类、分项计量对于了解绿色办公建筑的能耗构成，找出耗能重点环节，实行精细化的用能管理具有重要意义。在办公建筑中按用户实行计量收费，使用户的耗能与经济利益直接挂钩，对于规范人的节能行为模式、促进节能管理具有直接的作用。物业管理应有对能耗、水耗等数据逐月的完整记录与对比分析，持续改进运行模式与节能管理。

本条在设计阶段不参评。运行阶段的评价方法为现场核查分类、分项计量装置的设置情况，审核物业管理措施及管理记录、能耗与水耗的数据统计分析报告等，并抽查物业管理合同。

9.2.2 信息化管理是实现绿色建筑物业管理定量化、精细化的重要手段，对保障建筑的安全、舒适、高效及节能环保的运行效果，提高物业管理水平和效率，具有重要作用。

通过对部分办公建筑运营管理现状的调研分析，发现不同程度均存在工程图纸资料、设备、设施、配件等档案资料不全的情况，对运营管理、维修、改造等带来不便。部分设备、设施、配件需要更换时，往往由于找不到原有型号规格、生产厂家等资料，只能采用替代产品，就会带来由于不适配而需要另外改造的问题。采用信息化手段建立完善的建筑工程及设备、配件档案及维修记录是完全必要的。

本条在设计阶段不参评。运行阶段的评价方法为现场核查物业管理的信息化应用情况，建筑工程图纸资料、设备、设施、配件等档案资料的管理情况，设备、设施的维修记录管理情况等。

9.2.3 本条参照国家标准《智能建筑设计标准》GB/T 50314。建筑智能化系统主要包括信息设施、信息化应用、建筑设备管理、公共安全及智能化集成等子系统。绿色办公建筑的智能化系统定位应合理，采用的技术先进、实用、可靠，宜符合现行国家标准《智能建筑设计标准》GB/T 50314 的附录 A 中对办公建筑智能化系统配置的基本要求，信息设施系统、安全防范系统、设备管理系统等功能完善。此外，建筑智能化系统的设计应同时满足建筑使用功能的需求，为建筑运行发挥实际作用。

本条在设计阶段需参评，评价方法为审查智能化系统方案、系统功能的详细说明及设计图纸，关注智能化系统的设计和配置情况。运行阶段的评价方法为核查建筑智能化系统第三方检测报告、竣工验收资料、物业管理部门提供的智能化系统运行数据的记录及分析，并现场核实和抽样检查。

9.2.4 建筑设备监控系统是保障通风、空调、照明等重点耗能机电设备节能运行的重要措施。在现行国家标准《智能建筑设计标准》GB/T 50314、《公共建筑节能设计标准》GB 50189、《建筑节能工程施工质量验收规范》GB 50411 以及行业标准《公共建筑节能检测标准》JGJ 177、《公共建筑节能改造技术规范》JGJ 176、《供热计量技术规程》JGJ 173 中都明确提出了公共建筑应实现的基本功能和节能控制功能，其功能应满足设计和规范的要求。目前多数建筑设备监控系统实现了基本的监测及启停控制功能，但节能控制上尚存在很大差距，在实际应用中应大力提倡和推广应用节能控制功能，使建筑设备监控系统的投资产生最大节能和经济效益。

本条在设计阶段不参评。运行阶段的评价方法为核查建筑智能化系统第三方检测报告、竣工验收资料、建筑设备监控系统运行记录及分析，并现场核实和抽样检查设计功能的实现情况。

9.2.5 对于绿色办公建筑中空调、风机、水泵、电梯、照明、变配电及智能化系统等设备，物业部门应根据本建筑中各系统的具体形式建立具体合理的运行、检测、维护保养措施，对突发事件有应急响应处理措施。历史运行数据及处理记录应保存完好。

本条在设计阶段不参评。运行阶段的评价方法为审核物业管理部门提供的设备、设施的维护保养制度与措施，现场核查措施的落实情况，关注运行数据及处理记录的保存情况。

9.2.6 物业管理承担建筑的供水、供电、供气、供热、通信、有线电视等相关管线维护工作，管线敷设应符合相关规范要求，涉及的增加或变更内容应做好记录。物业管理应有对室内外管线的定期巡查。

建筑中设备、管道的使用寿命普遍短于建筑结构的寿命，因此各种设备、管道的布置应方便将来的维修、改造和更换。可通过将管井设置在公共部位等措施，减少对用户的干扰。属公共使用功能的设备、管道应设置在公共部位，以便于日常维修与更换。

本条在设计阶段需参评，评价方法为审查给排水、暖通、电气等专业设计图纸及说明，关注设备、管线等设置的可维护性和合理性。运行阶段的评价方法为现场核查设备、管线等的设置情况，关注机房、设备、管线等是否标识清楚，便于查找和维护。

9.2.7 空调系统开启前，应对系统的过滤器、表冷器、加热器、加湿器、冷凝水盘进行全面检查、清洗或更换，保证空调送风风质符合国家标准《室内空气中细菌总数卫生标准》GB 17093 的要求。空调系统清洗的具体方法和要求参见国家标准《空调通风系统清洗规范》GB 19210。

各种灯具在使用一段时间后会产生积尘，降低照度，应定期进行清洁。当光源使用时间过长，也会有较大光衰，即使能点亮，但使用起来很不经济。应对室内照度定期检测，当照度值达不到要求时，应及时更换光源。

本条在设计阶段不参评。运行阶段的评价方法为审核物业管理部门提供的对空调通风系统的管理措施和维护记录，对照明灯具的维护措施及照度检测记录等，并进行现场核实。

9.2.8 自行车免费或租赁服务，对改善城市道路环境条件、缓解交通压力、促进节能减排都起到了积极的作用。鼓励单位专用停车场在节假日或夜间向社会开放，可有效利用公共资源，解决停车位紧缺问题。

本条在设计阶段不参评。运行阶段的评价方法为现场核查自行车服务设施的设置及管理情况；审核物业部门对内部停车场对外开放的管理制度与措施，现场核实措施的落实情况及效果。

9.3 环境管理

9.3.1 建筑运营过程中会产生噪声、废水和废气，为此需要通过选用先进的设备和材料或其他方式，通过合理技术措施和管理手段，降低噪声对环境的影响，杜绝建筑运营过程中废水和废气的不达标排放；建筑内如有危险废弃物，必须全部严格按相关规定进行处置。

本条在设计阶段不参评。运行阶段的评价方法为审查项目的环评报告和排放处理记录，并进行现场核实。

9.3.2 绿色建筑应配备垃圾分类收集设施，并由专人负责垃圾分类收集管理，应采用分类收集垃圾的容器。

垃圾容器设置应人性化，一般设在隐蔽位置，能满足使用要求且不影响建筑内外环境，垃圾容器分为固定式和移动式两种，其规格应符合国家有关标准的规定，并应每天专人清洗干净。重视垃圾站（间）的景观美化及环境卫生问题，用以提升生活环境的品质。垃圾站（间）设冲洗和排水设施，存放垃圾能及时清运，不污染环境，不散发臭味。

本条在设计阶段需参评，评价方法为审查相关设计图纸及详细说明。运行阶段的评价方法为审核物业部门提供的垃圾管理制度及日常管理记录等，并进行现场核实。

9.3.3 垃圾分类收集应在源头将垃圾分类投放，并通过分类的清运和回收使之分类处理，重新变成资源，同时便于处理有毒有害物质，减少垃圾的处理量，减少运输和处理过程中的成本。在许多发达国家，垃圾资源回收产业在产业结构中占有重要的位置，甚至利用法律约束人们必须分类放置垃圾。

现行国家标准《生活垃圾分类标志》GB/T 19095 及行业标准《城市生活垃圾分类及其评价标准》CJJ/T 102 中将生活垃圾分为六大类：可回收物、大件垃圾、可堆肥垃圾、可燃垃圾、有害垃圾、其他垃圾。其中可回收物主要包括纸类、塑料、金属、玻璃、织物等；大件垃圾主要包括废家电和家具等；可堆肥垃圾主要包括易腐食物类餐厨垃圾、可堆沤植物类垃圾等；有害垃圾主要包括废电池、废灯管、废油漆、废日用化学品、过期药品等；可燃垃圾主要包括可以燃烧的植物类垃圾、不适宜回收的废橡胶、废木料等；其他垃圾是指以上分类以外的所有垃圾。

绿色办公建筑的垃圾分类收集，应根据当地城市环境卫生专业规划要求，结合建筑本身运营过程中产生的垃圾的种类、特性等选择适宜的分类方法。

本条要求垃圾分类收集率达 90% 以上。

本条在设计阶段不参评。运行阶段的评价方法为审查物业管理部门提交的垃圾管理制度、垃圾处理记录等，并进行现场核实。

9.3.4 餐厨垃圾，这里是指除居民日常生活以外的饮食服务、单位供餐等活动中产生的食物残余和废弃食用油脂。为避免餐厨垃圾的管理无序、任意处置问题，对设有餐厅或厨房的办公建筑，餐厨垃圾产生单位应当设置符合标准的容器，用于存放餐厨垃圾，并应当按照环境保护管理的有关规定，设置油水分离器或者隔油池等污染防治设施。禁止将餐厨垃圾直接排入下水道或擅自从事餐厨垃圾收集、运输、处理。餐厨垃圾应由符合要求的专门机构或企业进行处理，并在收集、清运过程中无二次污染。

对于未设置厨房或餐厅的办公建筑，本条可不参评。

本条在设计阶段需参评，评价方法为审查相关设计图纸及详细说明。运行阶段的评价方法为审核物业部门提供的垃圾管理制度及日常管理记录等，并进行现场核实。

9.3.5 对行道树、花灌木、绿篱等应定期修剪，草坪应及时修剪。应做好树木病虫害预测、防治工作，做到树木无暴发性病虫害，保持草坪、地被的完整，保证树木有较高的成活率，老树成活率达 98%，新栽树木成活率达 85% 以上。发现危树、枯死树木及时处理。

本条参照现行国家标准《绿色建筑评价标准》GB/T 50378。

本条设计阶段不参评。运行阶段的评价方法为审核物业部门提交的绿化管理制度和绿化养护记录等，并进行现场核实。

9.3.6 本条要求采用无公害的病虫害防治技术，规范杀虫剂、除草剂、化肥、农药等化学药品的使用。

病虫害的发生和蔓延，直接导致树木生长质量下降，破坏生态环境和生物多样性。应加强预测预报，严格控制病虫害的传播和蔓延。要增强病虫害防治工作的科学性，坚持生物防治和化学防治相结合的方法，科学使用化学农药。大力推行生物制剂、仿生制剂等无公害防治技术，提高生物防治和无公害防治比例，保证人畜安全，保护有益生物，防止环境污染，促进生态可持续发展。

本条设计阶段不参评。运行阶段的评价方法为审核物业部门提交的相关管理制度及化学药品的进货清单与使用记录，并进行现场核实。

中华人民共和国国家标准

既有建筑绿色改造评价标准

Assessment standard for green retrofitting
of existing building

GB/T 51141—2015

主编部门：中华人民共和国住房和城乡建设部
批准部门：中华人民共和国住房和城乡建设部
施行日期：２０１６年８月１日

中华人民共和国住房和城乡建设部
公 告

第 997 号

住房城乡建设部关于发布国家标准《既有建筑绿色改造评价标准》的公告

现批准《既有建筑绿色改造评价标准》为国家标准，编号为 GB/T 51141-2015，自 2016 年 8 月 1 日起实施。

本标准由我部标准定额研究所组织中国建筑工业出版社出版发行。

中华人民共和国住房和城乡建设部
2015 年 12 月 3 日

前 言

根据住房和城乡建设部《关于印发〈2013 年工程建设标准规范制订修订计划〉的通知》（建标［2013］6 号）的要求，标准编制组经广泛调查研究，认真总结实践经验，参考国内外相关标准，并在广泛征求意见的基础上，编制了本标准。

本标准的主要技术内容是：1. 总则；2. 术语；3. 基本规定；4. 规划与建筑；5. 结构与材料；6. 暖通空调；7. 给水排水；8. 电气；9. 施工管理；10. 运营管理；11. 提高与创新。

本标准由住房和城乡建设部负责管理，由中国建筑科学研究院负责具体技术内容的解释。执行过程中如有意见或建议，请寄送中国建筑科学研究院（地址：北京市北三环东路 30 号；邮编：100013）。

本标准主编单位：中国建筑科学研究院
　　　　　　　　住房和城乡建设部科技发展促进中心

本标准参编单位：哈尔滨工业大学
　　　　　　　　上海市建筑科学研究院（集团）有限公司
　　　　　　　　中国建筑技术集团有限公司
　　　　　　　　华东建筑设计研究院有限公司
　　　　　　　　深圳市建筑科学研究院股份有限公司
　　　　　　　　沈阳建筑大学
　　　　　　　　上海维固工程实业有限公司
　　　　　　　　北京建筑技术发展有限责任公司
　　　　　　　　温州设计集团有限公司
　　　　　　　　中国城市科学研究会绿色建筑研究中心
　　　　　　　　北京中竞同创能源环境技术股份有限公司
　　　　　　　　方兴地产（中国）有限公司
　　　　　　　　哈尔滨圣明节能技术有限责任公司

本标准主要起草人员：王清勤　程志军　张　峰
　　　　　　　　　　王　俊　金　虹　赵建平
　　　　　　　　　　赵霄龙　李东彬　李向民
　　　　　　　　　　田　炜　孟　冲　王莉芸
　　　　　　　　　　马素贞　梁　洋　叶　凌
　　　　　　　　　　冯国会　陈明中　钟　衍
　　　　　　　　　　孙大明　郭丹丹　姜益强
　　　　　　　　　　林胜华　史新华　左建波
　　　　　　　　　　孙洪磊　陈乐端　高　迪
　　　　　　　　　　于　靓　朱荣鑫　李国柱

本标准主要审查人员：吴德绳　王有为　鹿　勤
　　　　　　　　　　葛　坚　薛　峰　娄　宇
　　　　　　　　　　赵为民　郎四维　吕伟娅
　　　　　　　　　　戴德慈　吴月华　黄都育
　　　　　　　　　　王占友

目　次

1 总则 ·················· 49—5
2 术语 ·················· 49—5
3 基本规定 ·············· 49—5
　3.1 一般规定 ········· 49—5
　3.2 评价方法与等级划分 ········· 49—5
4 规划与建筑 ············ 49—5
　4.1 控制项 ··········· 49—5
　4.2 评分项 ··········· 49—6
5 结构与材料 ············ 49—7
　5.1 控制项 ··········· 49—7
　5.2 评分项 ··········· 49—7
6 暖通空调 ·············· 49—8
　6.1 控制项 ··········· 49—8
　6.2 评分项 ··········· 49—8
7 给水排水 ·············· 49—9
　7.1 控制项 ··········· 49—9
　7.2 评分项 ··········· 49—9
8 电气 ·················· 49—10
　8.1 控制项 ··········· 49—10
　8.2 评分项 ··········· 49—10
9 施工管理 ·············· 49—11
　9.1 控制项 ··········· 49—11
　9.2 评分项 ··········· 49—11
10 运营管理 ············· 49—12
　10.1 控制项 ·········· 49—12
　10.2 评分项 ·········· 49—12
11 提高与创新 ··········· 49—13
　11.1 一般规定 ········ 49—13
　11.2 加分项 ·········· 49—13
本标准用词说明 ·········· 49—14
引用标准名录 ············ 49—14
附：条文说明 ············ 49—15

Contents

1 General Provisions ·················· 49—5
2 Terms ······························· 49—5
3 Basic Requirements ··············· 49—5
　3.1　General Requirements ············ 49—5
　3.2　Assessment Method and Rating ······ 49—5
4 Planning and Architecture ·········· 49—5
　4.1　Prerequisite Items ················ 49—5
　4.2　Scoring Items ··················· 49—6
5 Structure and Material ············· 49—7
　5.1　Prerequisite Items ················ 49—7
　5.2　Scoring Items ··················· 49—7
6 Heating Ventilation and Air Conditioning ························ 49—8
　6.1　Prerequisite Items ················ 49—8
　6.2　Scoring Items ··················· 49—8
7 Water Supply and Drainage ·········· 49—9
　7.1　Prerequisite Items ················ 49—9
　7.2　Scoring Items ··················· 49—9
8 Electricity ·························· 49—10
　8.1　Prerequisite Items ················ 49—10
　8.2　Scoring Items ··················· 49—10
9 Construction Management ·········· 49—11
　9.1　Prerequisite Items ················ 49—11
　9.2　Scoring Items ··················· 49—11
10 Operation Management ············· 49—12
　10.1　Prerequisite Items ················ 49—12
　10.2　Scoring Items ··················· 49—12
11 Promotion and Innovation ·········· 49—13
　11.1　General Requirements ············ 49—13
　11.2　Bonus Items ····················· 49—13
Explanation of Wording in This Standard ··························· 49—14
List of Quoted Standards ············· 49—14
Addition: Explanation of Provisions ······ 49—15

1 总 则

1.0.1 为贯彻国家技术经济政策，节约资源，保护环境，规范既有建筑绿色改造的评价，推进建筑业可持续发展，制定本标准。

1.0.2 本标准适用于既有建筑绿色改造评价。

1.0.3 既有建筑绿色改造评价应遵循因地制宜的原则，结合建筑类型和使用功能，及其所在地域的气候、环境、资源、经济、文化等特点，对规划与建筑、结构与材料、暖通空调、给水排水、电气、施工管理、运营管理等方面进行综合评价。

1.0.4 既有建筑绿色改造评价除应符合本标准的规定外，尚应符合国家现行有关标准的规定。

2 术 语

2.0.1 绿色改造 green retrofitting

以节约能源资源、改善人居环境、提升使用功能等为目标，对既有建筑进行维护、更新、加固等活动。

2.0.2 预防性维护 preventive maintenance

为延长设备使用寿命、减少设备故障和提高设备可靠性而进行的计划内维护。

2.0.3 跟踪评估 tracking evaluation

为确保建筑设备和系统高效运行，定期对建筑设备和系统的运行情况进行调查和分析，并对未达到预期效果的环节提出改进措施的工作。

3 基本规定

3.1 一般规定

3.1.1 既有建筑绿色改造评价应以进行改造的建筑单体或建筑群作为评价对象。评价对象中的扩建建筑面积不应大于改造后建筑总面积的50%。

3.1.2 既有建筑绿色改造评价应分为设计评价和运行评价。设计评价应在既有建筑绿色改造工程施工图设计文件审查通过后进行，运行评价应在既有建筑绿色改造通过竣工验收并投入使用一年后进行。

3.1.3 申请评价方应对建筑改造进行技术和经济分析，合理确定建筑的改造内容，选用适宜的改造技术、工艺、设备和材料，对设计、施工、运行阶段进行全过程控制，并提交相应分析、测试报告和相关文件。

3.1.4 评价机构应按本标准的有关要求，对申请评价方提交的报告、文件进行审查，出具评价报告，确定等级。对申请运行评价的建筑，尚应进行现场核查。

3.1.5 对于部分改造的既有建筑项目，未改造部分的各类指标也应按本标准的规定评分。

3.2 评价方法与等级划分

3.2.1 既有建筑绿色改造评价指标体系应由规划与建筑、结构与材料、暖通空调、给水排水、电气、施工管理、运营管理7类指标组成，每类指标均包括控制项和评分项。评价指标体系还设置了加分项。

3.2.2 设计评价时，不对施工管理和运营管理2类指标进行评价，但可预评相关条文；运行评价应对全部7类指标进行评价。

3.2.3 控制项的评定结果应为满足或不满足；评分项和加分项的评定结果应为分值。

3.2.4 当既有建筑结构经鉴定满足相应鉴定标准要求，且不进行结构改造时，在满足本标准第5章控制项的基础上，其评分项应直接得70分。

3.2.5 既有建筑绿色改造评价应按总得分确定等级。

3.2.6 评价指标体系7类指标的总分均为100分。7类指标各自的评分项得分 Q_1、Q_2、Q_3、Q_4、Q_5、Q_6、Q_7 应按参评建筑该类指标的实际得分值除以适用于该建筑的评分项总分值再乘以100分计算。加分项的附加得分 Q_8 应按本标准第11章的有关规定确定。

3.2.7 既有建筑绿色改造评价的总得分应按式(3.2.7)计算，其中评价指标体系7类指标评分项的权重 $w_1 \sim w_7$ 应按表3.2.7取值。

$$\Sigma Q = w_1 Q_1 + w_2 Q_2 + w_3 Q_3 + w_4 Q_4 + w_5 Q_5 + w_6 Q_6 + w_7 Q_7 + Q_8 \quad (3.2.7)$$

表3.2.7 既有建筑绿色改造评价各类指标的权重

建筑类型	评价指标	规划与建筑 w_1	结构与材料 w_2	暖通空调 w_3	给水排水 w_4	电气 w_5	施工管理 w_6	运营管理 w_7
设计评价	居住建筑	0.25	0.20	0.22	0.15	0.18	—	—
	公共建筑	0.21	0.19	0.27	0.13	0.20	—	—
运行评价	居住建筑	0.19	0.17	0.18	0.12	0.14	0.09	0.11
	公共建筑	0.17	0.15	0.22	0.10	0.16	0.08	0.12

注："—"表示施工管理和运行管理两类指标不参与设计评价。

3.2.8 既有建筑绿色改造的评价结果应分为一星级、二星级、三星级3个等级。3个等级的绿色建筑均应满足本标准所有控制项的要求。当总得分分别达到50分、60分、80分时，绿色建筑等级应分别评为一星级、二星级、三星级。

4 规划与建筑

4.1 控 制 项

4.1.1 既有建筑所在场地应安全，不应有洪涝、滑坡、泥石流等自然灾害的威胁，不应有危险化学品、易燃易爆危险源的威胁，且不应有超标电磁辐射、污染土壤等危害。

4.1.2 既有建筑场地内不应有排放超标的污染源。

4.1.3 建筑改造应满足国家现行有关日照标准的相关要求，且不应降低周边建筑的日照标准。

4.1.4 历史建筑和历史文化街区内既有建筑的绿色改造应符合国家和地方有关历史文化保护的规定。

4.1.5 围护结构的节能改造应符合国家现行有关建筑节能改造标准的规定。

4.2 评 分 项

Ⅰ 场 地 设 计

4.2.1 场地交通流线顺畅，使用方便，评价总分值为5分，并按下列规则分别评分并累计：
  1 场地车行、人行路线设置合理，交通流线顺畅，满足交通需求，得2分；
  2 场地内无障碍设施完善，且与场地外人行通道无障碍连通，满足现行国家标准《无障碍设计规范》GB 50763的要求，得3分。

4.2.2 保护既有建筑的周边生态环境，合理利用既有构筑物、构件和设施，评价总分值为5分，并按下列规则分别评分并累计：
  1 保护既有建筑的周边生态环境，得3分；
  2 合理利用既有构筑物、构件和设施，得2分。

4.2.3 合理设置机动车和自行车停车设施，评价总分值为6分，并按下列规则分别评分并累计：
  1 自行车停车设施位置合理、方便出入，且有遮阳防雨措施，得2分；
  2 机动车停车设施采用地下停车库、立体停车库等方式节约集约用地，得2分；
  3 机动车停车设施根据机动车使用性质及车辆种类进行合理分区，或合理设计地面停车位，不挤占步行空间及活动场所，得2分。

4.2.4 场地内合理设置绿化用地，评价总分值为6分，并按下列规则分别评分并累计：
  1 居住建筑场地绿地率达到25%，得2分；达到30%，得4分。公共建筑场地绿地面积、屋顶绿化面积之和与场地面积的比例达到25%，得4分。
  2 场地绿化采用乔、灌、草结合的复层绿化，且种植区域覆土深度和排水能力满足植物生长需求，得2分。

4.2.5 场地内硬质铺装地面中透水铺装面积的比例达到30%，评价分值为3分。

Ⅱ 建 筑 设 计

4.2.6 优化既有建筑的功能分区，室内无障碍交通设计合理，评价总分值为6分，并按下列规则分别评分并累计：
  1 建筑功能空间分区合理，交通流线顺畅，得3分；
  2 建筑室内无障碍设施完善，且与建筑室外场地人行通道无障碍连通，满足现行国家标准《无障碍设计规范》GB 50763的要求，得3分。

4.2.7 改扩建后的建筑风格协调统一，且无大量新增装饰性构件，评价总分值为6分，并按下列规则分别评分并累计：
  1 改扩建后的建筑风格协调统一，得3分；
  2 建筑无大量新增装饰性构件，新增装饰性构件的造价不大于改扩建工程总造价的1%，得3分。

4.2.8 公共建筑室内功能空间能够实现灵活分隔与转换的面积不小于30%，评价分值为3分。

4.2.9 合理采用被动式措施降低供暖或空调能耗，评价总分值为10分，并按下列规则分别评分并累计：
  1 严寒和寒冷地区，在建筑入口处设置门斗或挡风门廊，且居住建筑设置保温门或公共建筑设置自控门；夏热冬冷和夏热冬暖地区，合理采取外遮阳措施，得4分。
  2 对于居住建筑，通风开口面积与房间地板面积的比例，夏热冬暖地区达到10%，夏热冬冷地区达到8%，其他地区达到5%，得2分；对于公共建筑，过渡季典型工况下主要功能房间的平均自然通风换气次数不小于2次/h的面积比例达到75%，得2分。
  3 合理采用引导气流的措施，得2分。
  4 合理采用被动式太阳能技术，得2分。

Ⅲ 围 护 结 构

4.2.10 建筑围护结构具有良好的热工性能，评价总分值为15分，并按下列规则评分：
  1 建筑围护结构热工性能比原有围护结构提升幅度达到35%，得10分；达到45%，得15分。
  2 由围护结构形成的供暖空调全年计算负荷比原有围护结构的降低幅度达到35%，得10分；达到45%，得15分。
  3 围护结构热工性能达到国家现行有关建筑节能设计标准的规定，得12分；围护结构中屋面、外墙、外窗（含透光幕墙）部位的热工性能参数优于国家现行有关建筑节能设计标准规定值5%，各加1分，最多加3分。
  4 由围护结构形成的供暖空调全年计算负荷不高于按国家现行有关建筑节能设计标准规定的计算值，得12分；降低5%，得15分。

4.2.11 建筑主要功能房间的外墙、隔墙、楼板和门窗的隔声性能优于现行国家标准《民用建筑隔声设计规范》GB 50118中的低限要求，评价总分值为10分，并按下列规则分别评分并累计：

1 外墙和隔墙空气声隔声量达到低限标准限值和高要求标准限值的平均数值,得3分;

2 各类功能空间的门和外窗空气声隔声量达到低限标准限值和高要求标准限值的平均数值,得3分;

3 楼板空气声隔声量达到低限标准限值和高要求标准限值的平均数值,得2分;

4 楼板撞击声隔声性能达到低限标准限值和高要求标准限值的平均数值,得2分。

Ⅳ 建筑环境效果

4.2.12 场地内无环境噪声污染,评价总分值为5分。场地内环境噪声符合现行国家标准《声环境质量标准》GB 3096规定的限值,得2分;优于现行国家标准《声环境质量标准》GB 3096规定的限值5dB(A),得5分。

4.2.13 建筑场地经过场区功能重组、构筑物与景观的增设等措施,改善场区的风环境,评价总分值为5分,并按下列规则分别评分并累计:

1 冬季典型风速和风向条件下,建筑物周围人行区风速低于5m/s,且室外风速放大系数小于2,得3分;

2 过渡季、夏季典型风速和风向条件下,场地内人活动区不出现涡旋或无风区,得2分。

4.2.14 建筑及照明设计避免产生光污染,评价总分值为4分,并按下列规则分别评分并累计:

1 玻璃幕墙可见光反射比不大于0.3,或不采用玻璃幕墙,得2分;

2 室外夜景照明光污染的限制符合现行行业标准《城市夜景照明设计规范》JGJ/T 163的有关规定,得2分。

4.2.15 主要功能房间的室内噪声级达到现行国家标准《民用建筑隔声设计规范》GB 50118的相关要求,评价总分值为5分。噪声级达到该标准中的低限标准限值和高要求标准限值的平均值,得3分;达到高要求标准限值,得5分。

4.2.16 采用合理措施改善室内及地下空间的天然采光效果,评价总分值为6分,并按下列规则分别评分并累计:

1 居住建筑中,起居室、卧室的窗地面积比达到1/6,得4分;公共建筑中,主要功能房间70%以上面积的采光系数满足现行国家标准《建筑采光设计标准》GB 50033的要求,得4分。

2 地下空间合理增设天然采光措施,得2分。

5 结构与材料

5.1 控 制 项

5.1.1 既有建筑绿色改造时,应对非结构构件进行专项检测或评估。

5.1.2 既有建筑绿色改造不得采用国家和地方禁止和限制使用的建筑材料及制品。

5.1.3 既有建筑绿色改造工程中,混凝土梁、柱的新增纵向受力普通钢筋应采用不低于400MPa级的热轧带肋钢筋。

5.1.4 既有建筑绿色改造后,原结构构件的利用率不应小于70%。

5.2 评 分 项

Ⅰ 结构设计

5.2.1 根据鉴定结果优化改造方案,提升结构整体性能,评价分值为10分。

5.2.2 结构改造达到国家现行有关鉴定标准要求,评价分值为10分。

5.2.3 优先采用不使用模板、体积增加小的结构改造技术,评价总分值为10分,并按下列规则分别评分并累计:

1 不使用模板的改造结构构件数量比例达到60%,得3分;达到80%,得4分;达到100%,得5分。

2 改造后结构构件体积较原结构构件体积增加不大于20%的构件数量比例达到70%,得3分;达到80%,得4分;达到100%,得5分。

5.2.4 建筑改造的土建工程与装修工程一体化设计,评价总分值为5分,并按下列规则评分:

1 居住建筑公共部位土建与装修一体化设计,得5分;

2 公共建筑公共部位土建与装修一体化设计,得3分;所有部位土建与装修一体化设计,得5分。

Ⅱ 材料选用

5.2.5 新增结构构件合理采用高强建筑结构材料,评价总分值为6分,并按下列规则评分:

1 400MPa级及以上受力普通钢筋用量占钢筋总用量的比例达到30%,得3分;达到50%,得4分;达到70%,得5分;达到85%,得6分;

2 竖向承重结构构件混凝土强度等级高于原结构同类构件混凝土强度等级,得6分;

3 Q345及以上高强钢材用量占钢材总用量的比例达到50%,得3分;达到70%,得6分。

5.2.6 新增结构构件合理采用高耐久性建筑结构材料,评价总分值为7分,并按下列规则评分:

1 高耐久性混凝土用量占新增混凝土总量的比例达到50%,得7分;

2 所有新增钢结构构件采用耐候结构钢或涂覆耐候型防腐涂料的结构钢,得7分;

3 所有新增木结构构件经防火、防腐、防虫害等处理，得 7 分。

5.2.7 建筑装饰装修合理采用简约的形式，以及环保性和耐久性好的材料，评价总分值为 4 分，并按下列规则分别评分并累计：

　　1 采用形式简约的内外装饰装修方案，得 2 分；

　　2 采用环保性和耐久性好的室内外装饰装修材料，得 2 分。

5.2.8 采用环保性和耐久性好的结构加固材料和防护材料，评价总分值为 6 分，并按下列规则评分并累计：

　　1 结构加固用胶粘剂环保性能符合国家现行相关标准要求，得 2 分；

　　2 结构加固用胶粘剂或聚合物砂浆耐久性符合国家现行相关标准的要求，得 2 分；

　　3 结构防护材料耐久性符合国家现行相关标准要求，得 2 分。

5.2.9 新增建筑材料采用可再利用材料和可再循环材料，评价总分值为 6 分。可再利用材料和可再循环材料用量比例达到 10%，得 2 分；达到 12%，得 4 分；达到 14%，得 6 分。

5.2.10 采用预拌混凝土、预拌砂浆，评价总分值为 6 分，并按下列规则分别评分并累计：

　　1 现浇混凝土全部采用预拌混凝土，得 4 分；

　　2 采用预拌砂浆的比例达到 50%，得 2 分。

Ⅲ 改造效果

5.2.11 改造后结构抗震性能提升，评价总分值为 15 分，并按下列规则评分：

　　1 在 20 世纪 80 年代及以前建造的建筑，改造后抗震性能达到后续使用年限 40 年的要求，得 15 分；

　　2 在 20 世纪 90 年代按当时施行的抗震设计相关规范设计、建造的建筑，改造后抗震性能达到后续使用年限 50 年的要求，得 15 分。

5.2.12 改造后结构耐久性与设计使用年限相适应，评价分值为 15 分。

6 暖通空调

6.1 控 制 项

6.1.1 暖通空调系统改造前应进行节能诊断，节能诊断的内容及方法应符合现行行业标准《既有居住建筑节能改造技术规程》JGJ/T 129 和《公共建筑节能改造技术规范》JGJ 176 的有关规定。

6.1.2 暖通空调系统进行改造时，应按现行国家标准《民用建筑供暖通风与空气调节设计规范》GB 50736 对热负荷和逐时冷负荷进行详细计算，并应核对节能诊断报告。

6.1.3 不应采用电直接加热设备作为供暖热源和空气加湿热源。

6.1.4 设置集中供暖空调系统的建筑，房间内的温度、湿度、新风量等参数应符合现行国家标准《民用建筑供暖通风与空气调节设计规范》GB 50736 的有关规定。

6.2 评 分 项

Ⅰ 设备和系统

6.2.1 提高供暖空调系统的冷、热源机组的能效，评价分值为 10 分。对电机驱动的蒸气压缩循环冷水（热泵）机组，直燃型溴化锂吸收式冷（温）水机组，单元式空气调节机、风管送风式和屋顶式空调机组，多联式空调（热泵）机组，燃煤、燃油和燃气锅炉，其能效指标符合现行国家标准《公共建筑节能设计标准》GB 50189 的有关规定；对房间空气调节器和家用燃气热水炉，其能效等级满足国家现行有关能效标准的能效限定值的要求。

6.2.2 集中供暖系统热水循环泵的耗电输热比和通风空调系统风机的单位风量耗功率符合现行国家标准《公共建筑节能设计标准》GB 50189 的有关规定，且空调冷热水系统循环水泵的耗电输冷（热）比符合现行国家标准《民用建筑供暖通风与空气调节设计规范》GB 50736 的有关规定，评价分值为 5 分。

6.2.3 采取措施降低部分负荷及部分空间使用下的暖通空调系统能耗，评价总分值为 9 分，并按下列规则分别评分并累计：

　　1 区分房间的朝向，细分供暖、空调区域，对系统进行分区控制，得 3 分；

　　2 合理选配空调冷、热源机组台数与容量，制定实施根据负荷变化调节制冷（热）量的控制策略，且空调冷源的部分负荷性能符合现行国家标准《公共建筑节能设计标准》GB 50189 的有关规定，得 3 分；

　　3 水系统、风系统采用变频技术，且采取相应的水力平衡措施，得 3 分。

6.2.4 合理设置用能计量装置，评价总分值为 5 分，并按下列规则评分：

　　1 冷热源、输配系统等的用能实现独立分项计量，得 5 分；

　　2 按付费单元或管理单元设置用能计量装置，得 5 分。

6.2.5 合理设置暖通空调能耗管理系统，评价分值为 5 分。

6.2.6 合理采用低成本的节能改造技术，评价分值为 3 分。

Ⅱ 热湿环境与空气品质

6.2.7 暖通空调系统的末端装置现场可独立调节，

评价总分值为10分，并按下列规则评分：

    1 居住建筑的末端装置可独立调节的户数比例达到70%，得5分；达到90%，得10分。

    2 公共建筑的末端装置可独立调节的主要功能房间面积比例达到70%，得5分；达到90%，得10分。

6.2.8 通风空调系统具有空气净化功能或合理设置室内空气净化装置，降低室内空气的主要污染物浓度，评价总分值为8分，并按下列规则评分：

    1 居住建筑具有空气净化能力的户数比例达到70%，得4分；达到90%，得8分。

    2 公共建筑具有空气净化能力的主要功能房间面积比例达到70%，得4分；达到90%，得8分。

Ⅲ 能源综合利用

6.2.9 合理利用自然冷源进行降温，评价分值为5分。

6.2.10 合理设置余热回收装置，评价总分值为5分，并按下列规则评分：

    1 设置排风能量回收装置，得5分；

    2 采用热回收型冷水机组，得5分；

    3 供热锅炉房设置烟气余热回收装置，得5分。

6.2.11 根据当地气候和自然资源条件，合理利用可再生能源，评价总分值为10分，按表6.2.11的规则评分。

表6.2.11 利用可再生能源的评分规则

可再生能源利用类型和指标		得分
可再生能源利用系统的生活用热水比例 R_{hw}	$20\% \leqslant R_{hw} < 30\%$	4
	$30\% \leqslant R_{hw} < 40\%$	5
	$40\% \leqslant R_{hw} < 50\%$	6
	$50\% \leqslant R_{hw} < 60\%$	7
	$60\% \leqslant R_{hw} < 70\%$	8
	$70\% \leqslant R_{hw} < 80\%$	9
	$R_{hw} \geqslant 80\%$	10
太阳能热利用系统的供暖空调冷热量比例 R_{st}	$10\% \leqslant R_{st} < 15\%$	4
	$15\% \leqslant R_{st} < 20\%$	5
	$20\% \leqslant R_{st} < 25\%$	6
	$25\% \leqslant R_{st} < 30\%$	7
	$30\% \leqslant R_{st} < 35\%$	8
	$35\% \leqslant R_{st} < 40\%$	9
	$R_{st} \geqslant 40\%$	10
地源热泵系统的空调用冷量和热量比例 R_{hp}	$20\% \leqslant R_{hp} < 30\%$	4
	$30\% \leqslant R_{hp} < 40\%$	5
	$40\% \leqslant R_{hp} < 50\%$	6
	$50\% \leqslant R_{hp} < 60\%$	7
	$60\% \leqslant R_{hp} < 70\%$	8
	$70\% \leqslant R_{hp} < 80\%$	9
	$R_{hp} \geqslant 80\%$	10

Ⅳ 改造效果

6.2.12 合理选择和优化暖通空调系统，降低暖通空调系统能耗，评价总分值为10分。暖通空调系统能耗比改造前的降低幅度达到20%，得5分；达到25%，得7分；达到30%，得10分。

6.2.13 改造方案在实现系统节能的前提下具有较好的经济性，评价总分值为8分。暖通空调系统能耗比改造前的降低幅度达到20%，静态投资回收期不大于5年，得4分；不大于3年，得8分。

6.2.14 室内热湿环境满足现行国家标准《民用建筑室内热湿环境评价标准》GB/T 50785的要求，评价总分值为7分。热湿环境评价等级达到Ⅱ级，得4分；达到Ⅰ级，得7分。

7 给水排水

7.1 控制项

7.1.1 既有建筑绿色改造时，应对水资源利用现状进行评估，并应编制水系统改造专项方案。

7.1.2 给排水系统设置应合理、完善、安全。

7.1.3 在非传统水源利用过程中，应采取确保使用安全的措施。

7.2 评分项

Ⅰ 节水系统

7.2.1 给水系统无超压出流现象，评价总分值为5分。用水点供水压力不大于0.30MPa，得2分；不大于0.20MPa，且不小于用水器具要求的最低工作压力，得5分。

7.2.2 采取有效措施避免管网漏损，评价总分值为8分，并按下列规则分别评分并累计：

    1 选用密闭性能好的阀门、设备，使用耐腐蚀、耐久性能好的管材、管件，得2分；

    2 室外埋地管道采取有效措施避免管网漏损，得2分；

    3 水池、水箱设置溢流报警和进水阀门机械联动或自动联动关闭措施，得2分；

    4 设计阶段根据水平衡测试的要求安装分级计量水表；运行阶段提供用水量计量情况的管网漏损检测、整改的报告，得2分。

7.2.3 按供水用途、管理单元或付费单元设置用水计量装置，评价总分值为10分，并按下列规则评分：

    1 按使用用途，对厨房、卫生间、空调系统、游泳池、绿化、景观等用水分别设置用水计量装置，得10分；

    2 按付费或管理单元，对不同用户的用水分别设置用水计量装置，得10分。

7.2.4 热水系统采取合理的节水及节能措施，评价总分值为7分，并按下列规则分别评分并累计：

1 热水系统采取保证用水点处冷、热水供水压力平衡的措施，用水点处冷、热水供水压力差不应大于0.02MPa，得3分；

2 热水系统配水点出水温度达到45℃的时间，住宅不大于15s，医院和旅馆等公共建筑不大于10s，得2分；

3 公共浴室淋浴热水系统采用定量或定时等节水措施，得2分。

Ⅱ 节水器具与设备

7.2.5 使用较高用水效率等级的卫生器具，评价总分值为13分。用水效率等级达到2级的卫生器具数量比例达到50%，得7分；达到75%，得10分；达到100%，得13分。

7.2.6 绿化灌溉采用节水灌溉方式，评价总分值为5分，并按下列规则评分：

1 采用节水灌溉系统，得3分；采用节水灌溉系统并设置土壤湿度感应器、雨天关闭装置等节水控制措施，得5分；

2 种植无须永久灌溉植物，得5分。

7.2.7 空调冷却设备或系统采用节水技术或措施，评价总分值为7分，并按下列规则评分：

1 循环冷却水系统设置水处理措施；采取加大集水盘、设置平衡管或平衡水箱的方式，避免冷却水泵停泵时冷却水溢出，得7分；

2 运行时，冷却塔的蒸发耗水量占冷却水补水量的比例达到80%，得7分；

3 采用无蒸发耗水量的冷却技术，得7分。

Ⅲ 非传统水源利用

7.2.8 合理使用非传统水源，评价总分值为10分，并按下列规则分别评分并累计：

1 绿化灌溉、道路及车库地面冲洗、垃圾间冲洗等采用非传统水源的用水量占其总用水量的比例达到80%，得4分；

2 冲厕采用非传统水源的用水量占其总用水量的比例达到50%，得4分；

3 冷却水补水的非传统水源用量占其总用水量的比例达到10%，或不设置冷却水补水系统，得2分。

7.2.9 结合雨水利用设施进行景观水体设计，景观水体利用雨水的补水量大于其水体蒸发量的60%，且采用生态水处理技术保障水体水质，评价总分值为10分，并按下列规则分别评分并累计：

1 根据当地降雨情况，合理设置景观水体水位或水面面积，得3分；

2 对进入景观水体的雨水采取控制面源污染的措施，得4分；

3 利用水生动、植物进行水体净化，得3分。

Ⅳ 改造效果

7.2.10 采用较高用水效率等级的卫生器具、合理利用非传统水源，提高节水效率增量，评价总分值为16分，按表7.2.10的规则评分。

表7.2.10 节水效率增量评分规则

节水效率增量 R_{WEI}	得分
$5\% \leq R_{WEI} < 10\%$	5
$10\% \leq R_{WEI} < 20\%$	8
$20\% \leq R_{WEI} < 30\%$	11
$30\% \leq R_{WEI} < 40\%$	14
$R_{WEI} \geq 40\%$	16

7.2.11 对场地进行改造和再开发，设置合理的绿色雨水基础设施，降低场地雨水综合径流系数，评价总分值为9分。改造后的综合径流系数比改造前的降低幅度达到10%，得3分；达到20%，得6分；达到30%，得9分。

8 电 气

8.1 控 制 项

8.1.1 公共建筑主要功能房间和居住建筑公共空间的照度、照度均匀度、显色指数、眩光等指标应符合现行国家标准《建筑照明设计标准》GB 50034的有关规定。

8.1.2 公共建筑主要功能房间和居住建筑公共车库的照明功率密度值（LPD）不应高于现行国家标准《建筑照明设计标准》GB 50034规定的现行值。

8.1.3 除对电磁干扰有严格要求，且其他光源无法满足的特殊场所外，建筑室内外照明不应选用荧光高压汞灯和普通照明用白炽灯。

8.1.4 照明光源应在灯具内设置电容补偿，补偿后的功率因数应满足国家现行有关标准的要求。

8.1.5 照明光源、镇流器、配电变压器的能效等级不应低于国家现行有关能效标准规定的3级。

8.1.6 夜景照明应设置平时、一般节日、重大节日三级照明控制模式。

8.2 评 分 项

Ⅰ 供配电系统

8.2.1 供配电系统按系统分类或管理单元设置电能计量表，评价分值为5分。

8.2.2 变压器工作在经济运行区，评价分值为5分。

8.2.3 配电系统按国家现行有关标准设置电气火灾报警系统，且插座回路设置漏电断路保护，评价分值为 5 分。

8.2.4 照明光源、镇流器、配电变压器的能效等级不低于国家现行有关能效标准规定的 2 级，评价分值为 5 分。

8.2.5 当建筑供配电系统的谐波电压和电流不符合现行国家标准《电能质量 公用电网谐波》GB/T 14549 的有关规定时，合理设置谐波抑制装置，评价分值为 5 分。

Ⅱ 照明系统

8.2.6 不采用间接照明或漫射发光顶棚的照明方式，评价分值为 5 分。

8.2.7 走廊、楼梯间、门厅、大堂、车库等公共区域均采用发光二极管（LED）照明，评价分值为 10 分。

8.2.8 走廊、楼梯间、门厅、大堂、车库等公共区域照明采用集中、分区、分组控制相结合，并合理采用自动控制措施。评价总分值为 10 分，并按下列规则分别评分并累计：
 1 采用分区控制方式，得 2 分；
 2 采用分组控制方式，得 3 分；
 3 采用自动降低照度控制措施，得 5 分。

8.2.9 根据当地气候和自然资源条件，合理利用可再生能源提供照明电源，评价总分值为 5 分，按表 8.2.9 的规则评分。

表 8.2.9 可再生能源提供照明容量评分规则

由可再生能源提供的容量比例 R_e	得分
$2.0\% \leqslant R_e < 2.5\%$	1
$2.5\% \leqslant R_e < 3.0\%$	2
$3.0\% \leqslant R_e < 3.5\%$	3
$3.5\% \leqslant R_e < 4.0\%$	4
$R_e \geqslant 4.0\%$	5

注：R_e 为可再生能源装机容量与照明设备安装容量之比。

Ⅲ 智能化系统

8.2.10 电梯采取节能控制措施，评价总分值为 5 分，并按下列规则分别评分并累计：
 1 自动扶梯与自动人行梯具有节能控制装置，得 2 分；
 2 2 台及以上电梯集中布置时，电梯具备群控的功能，得 3 分。

8.2.11 智能化系统满足现行国家标准《智能建筑设计标准》GB 50314 的配置要求，评价总分值为 15 分。系统满足标准规定的应配置项目要求，得 10 分；满足标准规定的全部配置项目要求，得 15 分。

Ⅳ 改造效果

8.2.12 在照明质量符合现行国家标准《建筑照明设计标准》GB 50034 的前提下，公共建筑主要功能房间或场所、居住建筑公共车库的照明功率密度值（LPD）低于现行国家标准《建筑照明设计标准》GB 50034 规定的现行值，评价总分值为 15 分。照明功率密度值每降低 2% 得 1 分，最高得 15 分。

8.2.13 在照度均匀度、显色指数、眩光、照明功率密度值等指标满足现行国家标准《建筑照明设计标准》GB 50034 要求的前提下，照度不超过标准值的 10%，评价分值为 10 分。

9 施工管理

9.1 控 制 项

9.1.1 应建立绿色施工管理体系和组织机构，并应落实各级责任人。

9.1.2 施工项目部应制定施工全过程的环境保护计划，并应组织实施。

9.1.3 施工项目部应制定施工人员职业健康安全管理计划，并应组织实施。工程施工阶段不应出现重大安全事故。

9.1.4 施工前应进行设计文件中绿色改造重点内容的专项会审。

9.2 评 分 项

Ⅰ 环境保护

9.2.1 施工过程中采取有效的降尘措施，评价总分值为 15 分，并按下列规则分别评分并累计：
 1 采取洒水、覆盖等降尘措施，得 8 分；
 2 采取设防尘网等降尘措施，得 7 分。

9.2.2 施工过程中采取有效的减振、降噪措施。在施工场地测量并记录噪声，其测定值符合现行国家标准《建筑施工场界环境噪声排放标准》GB 12523 的有关规定，评价总分值为 10 分，并按下列规则分别评分并累计：
 1 使用低噪声、低振动的施工设备，得 5 分；
 2 采取隔声、隔振等降噪技术措施，得 5 分。

9.2.3 制定并实施拆除施工组织计划及施工过程中废弃物减量化、资源化计划及措施，评价总分值为 15 分，并按下列规则分别评分并累计：
 1 制定施工废弃物减量化、资源化计划及措施，得 5 分；
 2 建筑物拆除产生的废弃物的回收率达到 60%，得 4 分；达到 70%，得 5 分；达到 80%，得 6 分；
 3 施工过程中产生的废弃物回收利用率达到 30%，得 4 分。

Ⅱ 资源节约

9.2.4 制定并实施节能和用能方案，监测并记录施工能耗，评价总分值为10分，并按下列规则分别评分并累计：

    1 制定并实施节能和用能方案，得2分；

    2 监测并记录施工区、生活区的能耗，得4分；

    3 监测并记录主要建筑材料、设备从供货商提供的货源地到施工现场的运输能耗，得2分；

    4 监测并记录施工废弃物从施工现场到废弃物处理和回收中心的运输能耗，得2分。

9.2.5 制定并实施施工节水和用水方案，监测并记录施工水耗，评价总分值为10分，并按下列规则分别评分并累计：

    1 制定并实施施工节水和用水方案，得5分；

    2 监测并记录施工区、生活区的水耗数据，得5分。

9.2.6 提高块材、板材、卷材等装饰、防水、节能工程材料及部品的工厂化加工比例和现场排版设计比例，评价总分值为10分，并按下列规则分别评分并累计：

    1 工厂化加工比例达到70%，得5分；

    2 现场排版设计比例达到70%，得5分。

9.2.7 采用土建装修一体化施工，评价总分值为10分，并按下列规则分别评分并累计：

    1 工程竣工时主要功能空间的使用功能完备，装修到位，得3分；

    2 提供装修材料的进场检测报告、机电设备检测报告、性能复试报告，得2分；

    3 提供建筑竣工验收证明，建筑质量保修书、使用说明书，得3分；

    4 提供业主反馈意见书，得2分。

Ⅲ 过 程 管 理

9.2.8 施工单位开展绿色施工宣传、培训和实施监督，建立合理的奖惩制度，评价总分值为5分，并按下列规则分别评分并累计：

    1 制定绿色施工知识宣传培训制度及奖惩制度，得2分；

    2 落实绿色施工知识宣传培训及实施监督，并落实奖惩制度，得3分。

9.2.9 严格控制设计文件变更，避免出现降低建筑绿色性能的重大变更，评价分值为5分。

9.2.10 工程施工中采用信息化技术，提高项目的工作效率和整体效益，评价分值为10分。

10 运营管理

10.1 控 制 项

10.1.1 应制定并实施节能、节水、节材与绿化管理制度。

10.1.2 应制定并实施生活垃圾管理制度，并应分类收集、规范存放。

10.1.3 应制定并实施废气、污水等污染物管理制度，污染物应达标排放。

10.1.4 建筑公共设施应运行正常且运行记录完整。

10.2 评 分 项

Ⅰ 管 理 制 度

10.2.1 物业管理机构通过相关管理体系认证，评价总分值为7分，并按下列规则分别评分并累计：

    1 通过ISO 14001环境管理体系认证，得3分；

    2 通过现行国家标准《能源管理体系 要求》GB/T 23331的能源管理体系认证，得4分。

10.2.2 设置专门机构负责建筑的能源和水资源使用与管理，评价总分值为7分，并按下列规则分别评分并累计：

    1 设置能源和水资源管理小组，人员专业配置齐全，得4分；

    2 具有能源和水资源管理工作记录，得3分。

10.2.3 制定并实施建筑公共设施预防性维护制度及应急预案，评价总分值为8分，并按下列规则分别评分并累计：

    1 制定并明示预防性维护制度及应急预案，得4分；

    2 具有预防性维护记录和应急预案演练记录，得4分。

10.2.4 实施能源资源管理激励机制，管理业绩与节约能源资源、提高经济效益挂钩，评价总分值为7分，并按下列规则分别评分并累计：

    1 物业管理机构的工作考核体系中包含能源资源管理的激励机制，得3分；

    2 与使用者的合同或约定中包含节能激励条款，得2分；

    3 实行冷热量计量收费，得2分。

10.2.5 建立绿色建筑知识宣传机制，开展宣传活动，评价总分值为6分，并按下列规则分别评分并累计：

    1 具有绿色建筑知识宣传工作记录，得2分；

    2 向使用者提供绿色设施使用手册，得2分；

    3 宣传活动获得媒体报道，得2分。

Ⅱ 运 行 维 护

10.2.6 建筑公共设施的技术资料齐全，评价总分值为7分，并按下列规则分别评分并累计：

    1 改造设计、施工、调试等技术资料齐全、可查，得3分；

    2 编制完善的设施运行管理手册，得4分。

10.2.7 定期对运行管理人员进行专业技术培训和考

核，评价总分值为 7 分，并按下列规则分别评分并累计：

    1 制定专业技术培训计划，得 3 分；
    2 具备培训工作记录和考核结果，得 4 分。

10.2.8 定期检查和调试建筑公共设施，并根据运行检测数据对设施进行运行优化，评价总分值为 6 分，并按下列规则分别评分并累计：

    1 具有建筑公共设施的检查、调试等记录，得 2 分；
    2 根据运行检测数据对设施进行运行优化，得 4 分。

10.2.9 对建筑公共设施进行定期清洗，评价总分值为 8 分，并按下列规则分别评分并累计：

    1 制定空调通风设备和风管的检查和清洗计划，并具有检查和清洗记录，得 4 分；
    2 制定光源、灯具的清洁计划，并具有日常清洁维护记录，得 2 分；
    3 制定供水设施的清洗计划，并具有日常清洗维护记录，得 2 分。

10.2.10 应用信息化手段进行物业管理，评价总分值为 6 分，并按下列规则分别评分并累计：

    1 配备物业管理信息系统，得 3 分；
    2 物业管理信息系统功能完备，记录数据完整，得 3 分。

10.2.11 合理管理机动车停车场（库），评价总分值为 6 分，并按下列规则分别评分并累计：

    1 采用智能停车场（库）管理系统，得 2 分；
    2 采用错时停车方式向社会开放，提高停车场（库）使用效率，得 2 分；
    3 合理管理地面停车位，停车不挤占行人活动空间，得 2 分。

Ⅲ 跟踪评估

10.2.12 定期进行能耗统计和能源审计，评价总分值为 7 分，并按下列规则分别评分并累计：

    1 每年进行能耗统计，并出具年度能耗统计报告，得 3 分；
    2 定期进行能源审计，并出具能源审计报告，得 4 分。

10.2.13 建立并实施绿色建筑运行管理跟踪评估机制，评价总分值为 10 分，并按下列规则分别评分并累计：

    1 建立绿色建筑运行跟踪评估机制，得 5 分；
    2 执行年度跟踪评估，并出具年度评估报告，得 5 分。

10.2.14 定期进行运行管理满意度调查，并采取有效措施提升管理水平，评价总分值为 8 分，并按下列规则分别评分并累计：

    1 定期进行满意度问卷调查，得 2 分；
    2 满意度达到 80%，得 2 分；
    3 采取有效措施提升管理水平，得 4 分。

11 提高与创新

11.1 一般规定

11.1.1 既有建筑绿色改造评价时，应按本章规定对加分项进行评价。加分项应包括性能提高和创新两部分。

11.1.2 加分项的附加得分应为各加分项得分之和。当附加得分大于 10 分时，应按 10 分计。

11.2 加 分 项

Ⅰ 性 能 提 高

11.2.1 建筑围护结构的热工性能优于国家现行有关建筑节能设计标准的规定，评价总分值为 2 分，并按下列规则评分。

    1 围护结构热工性能参数优于国家现行有关建筑节能设计标准的规定值 10%，得 1 分；优于规定值 15%，得 2 分；
    2 由建筑围护结构形成的供暖空调全年计算负荷低于按国家现行有关建筑节能设计标准规定的计算值 10%，得 1 分；低于 15%，得 2 分。

11.2.2 暖通空调系统的冷、热源机组能效指标均优于国家现行有关标准的规定，评价总分值为 2 分，并按下列规则评分：

    1 冷、热源机组的能效指标均优于现行国家标准《公共建筑节能设计标准》GB 50189 的有关规定，按表 11.2.2 的规则评分；
    2 冷、热源机组的能效等级满足国家现行有关能效标准的节能评价值要求，得 1 分；满足国家现行有关能效标准规定的 1 级要求，得 2 分。

表 11.2.2 冷、热源机组能效指标优于现行国家标准《公共建筑节能设计标准》GB 50189 规定的评分规则

机组类型	能效指标	提高或降低的幅度	
		得 1 分	得 2 分
电机驱动的蒸气压缩循环冷水（热泵）机组	制冷性能系数（COP）	提高 6%	提高 12%
直燃型溴化锂吸收式冷（温）水机组	制冷、供热性能系数	提高 6%	提高 12%

续表 11.2.2

机组类型	能效指标	提高或降低的幅度	
		得1分	得2分
单元式空气调节机、风管送风式和屋顶式空调机组	能效比（EER）	提高6%	提高12%
多联式空调（热泵）机组	制冷综合性能系数·[IPLV（C）]	提高8%	提高16%
锅炉 燃煤	热效率	提高3个百分点	提高6个百分点
锅炉 燃油燃气	热效率	提高2个百分点	提高4个百分点

11.2.3 卫生器具的用水效率均达到国家现行有关卫生器具用水等级标准规定的1级，评价分值为1分。

11.2.4 在满足采光标准值要求的基础上，主要功能房间的采光质量均满足现行国家标准《建筑采光设计标准》GB 50033的有关要求，且采光效果改善后照明用电量减少20%以上，评价分值为1分。

11.2.5 室内空气中的总挥发性有机物、可吸入颗粒物等主要污染物浓度不高于现行国家标准《室内空气质量标准》GB/T 18883规定值的70%，评价分值为1分。

11.2.6 采用隔震和消能减震技术，评价分值为1分。

11.2.7 建筑智能化集成系统的架构和通信标准满足现行国家标准《智能建筑设计标准》GB 50314的要求；住宅区和住宅建筑改造后实现光纤入户，评价分值为1分。

Ⅱ 创 新

11.2.8 应用建筑信息模型（BIM）技术，评价总分值为2分。在建筑改造的设计、施工和运行中的一个阶段应用BIM技术，得1分；在两个或两个以上阶段应用BIM技术，得2分。

11.2.9 对建筑改造前后的温室气体排放量和减排效果进行量化分析和优化，评价分值为1分。

11.2.10 采用合同能源管理等模式进行既有建筑改造和运行管理，评价分值为1分。

11.2.11 在既有建筑现有场地条件下，合理增加地下空间，评价分值为1分。

11.2.12 根据所在地域的气候条件以及建筑使用特点的不同，在利用既有建筑及其设备系统基础上对供暖空调冷热源、空气处理或气流组织等进行创新性设计，评价分值为1分。

11.2.13 在建筑改造的设计、施工和运行中，采取节约能源资源、保护生态环境、保障安全健康的其他创新，并有明显效益，评价总分值为2分。采取一项，得1分；采取两项及以上，得2分。

本标准用词说明

1 为便于在执行本标准条文时区别对待，对要求严格程度不同的用词说明如下：
　　1）表示很严格，非这样做不可的：
　　　正面词采用"必须"，反面词采用"严禁"；
　　2）表示严格，在正常情况下均应这样做的：
　　　正面词采用"应"，反面词采用"不应"或"不得"；
　　3）表示允许稍有选择，在条件许可时首先应这样做的：
　　　正面词采用"宜"，反面词采用"不宜"；
　　4）表示有选择，在一定条件下可以这样做的，采用"可"。

2 条文中指明应按其他有关标准执行的写法为："应符合……的规定"或"应按……执行"。

引用标准名录

1 《建筑采光设计标准》GB 50033
2 《建筑照明设计标准》GB 50034
3 《民用建筑隔声设计规范》GB 50118
4 《公共建筑节能设计标准》GB 50189
5 《智能建筑设计标准》GB 50314
6 《民用建筑供暖通风与空气调节设计规范》GB 50736
7 《无障碍设计规范》GB 50763
8 《民用建筑室内热湿环境评价标准》GB/T 50785
9 《声环境质量标准》GB 3096
10 《建筑施工场界环境噪声排放标准》GB 12523
11 《电能质量 公用电网谐波》GB/T 14549
12 《室内空气质量标准》GB/T 18883
13 《能源管理体系 要求》GB/T 23331
14 《既有居住建筑节能改造技术规程》JGJ/T 129
15 《城市夜景照明设计规范》JGJ/T 163
16 《公共建筑节能改造技术规范》JGJ 176

中华人民共和国国家标准

既有建筑绿色改造评价标准

GB/T 51141—2015

条 文 说 明

制 订 说 明

《既有建筑绿色改造评价标准》GB/T 51141-2015，经住房和城乡建设部2015年12月3日以第997号公告批准、发布。

本标准制订过程中，编制组调研了近年来我国既有建筑绿色改造的实践经验和研究成果，借鉴了有关国外先进标准，开展了多项专题研究和试评，广泛征求了各方面的意见，保证了本标准的技术指标科学合理，可操作性和适用性强，内容与相关标准规范相协调。

为便于广大设计、施工、科研、学校等单位有关人员在使用本标准时能正确理解和执行条文规定，《既有建筑绿色改造评价标准》编制组按章、节、条顺序编制了本标准的条文说明，对条文规定的目的、依据以及执行中需要注意的有关事项进行了说明。但是，本条文说明不具备与标准正文同等的法律效力，仅供使用者作为理解和把握标准规定的参考。

目　次

1　总则 …………………………………… 49—18
3　基本规定 ……………………………… 49—18
　3.1　一般规定 ………………………… 49—18
　3.2　评价方法与等级划分 …………… 49—18
4　规划与建筑 …………………………… 49—20
　4.1　控制项 …………………………… 49—20
　4.2　评分项 …………………………… 49—22
5　结构与材料 …………………………… 49—25
　5.1　控制项 …………………………… 49—25
　5.2　评分项 …………………………… 49—26
6　暖通空调 ……………………………… 49—28
　6.1　控制项 …………………………… 49—28
　6.2　评分项 …………………………… 49—29
7　给水排水 ……………………………… 49—32
　7.1　控制项 …………………………… 49—32
　7.2　评分项 …………………………… 49—33
8　电气 …………………………………… 49—36
　8.1　控制项 …………………………… 49—36
　8.2　评分项 …………………………… 49—37
9　施工管理 ……………………………… 49—39
　9.1　控制项 …………………………… 49—39
　9.2　评分项 …………………………… 49—39
10　运营管理 …………………………… 49—41
　10.1　控制项 ………………………… 49—41
　10.2　评分项 ………………………… 49—42
11　提高与创新 ………………………… 49—44
　11.1　一般规定 ……………………… 49—44
　11.2　加分项 ………………………… 49—44

1 总 则

1.0.1 截至2015年，我国既有建筑面积接近600亿 m^2，大部分既有建筑都存在能耗高、使用功能不完善等问题。与此同时，我国每年拆除大量的既有建筑。拆除建成时间较短的建筑，不仅会造成生态环境破坏，也是对能源资源的极大浪费。通过对既有建筑实施绿色改造，不仅可以提升既有建筑的性能，而且对节能减排也有重大意义。

国家标准《绿色建筑评价标准》GB/T 50378-2006自发布实施以来，有效指导了我国绿色建筑实践工作。截至2015年底，我国累计评价绿色建筑项目2538个，总建筑面积超过4.6亿 m^2，其中既有建筑改造后获得绿色建筑标识所占的比例不足1%。国家标准《绿色建筑评价标准》GB/T 50378-2014进一步完善了新建建筑绿色评价的指标体系。但从总体趋势来看，既有建筑绿色改造将会有越来越大的市场需求，需要制定专门标准对此进行支撑和引导。

本标准统筹考虑既有建筑绿色改造在节约资源、保护环境基础上的经济可行性、技术先进性和地域适用性，着力构建区别于新建建筑、体现既有建筑绿色改造特点的评价指标体系。这样，两本标准各有侧重，共同服务于我国绿色建筑的评价工作。

1.0.2 本条规定了标准的适用范围。既有建筑绿色改造后，建筑的使用功能可能发生变化，本标准适用于改造后为民用建筑的绿色性能评价。具体包括以下几种情况：①改造前后均为民用建筑，且改造前后使用功能不发生变化；②改造前后均为民用建筑，但改造后使用功能发生变化，例如办公建筑改造为酒店建筑；③改造前为非民用建筑，改造后为民用建筑，使用功能发生变化，例如工业厂房改造为公共建筑或居住建筑。

1.0.3 我国各地域在气候、环境、资源、经济与文化等方面都存在较大差异，既有建筑绿色改造应结合自身及所在地域特点，遵循节能、节地、节水、节材和保护环境的理念，采取因地制宜的改造措施。本标准涵盖了既有建筑绿色改造所涉及的规划、建筑、结构、材料、暖通空调、给水排水、电气、施工管理、运营管理等各个专业。既有建筑绿色改造评价应综合考虑，统筹兼顾，总体平衡。

1.0.4 符合国家法律法规和相关标准是参与绿色改造评价的前提条件。本标准重点按既有建筑绿色改造相关专业进行评价，并未涵盖通常建筑物所应有的全部功能和性能要求，故参与评价的建筑尚应符合国家现行有关标准的规定。

3 基本规定

3.1 一般规定

3.1.1 本条对评价对象进行了规定。本标准的评价对象为进行改造的既有建筑单体或建筑群，是对建筑整体进行评价，而不是只评价既有建筑中所改造的区域或系统。当扩建面积超过改造后建筑总面积的50%时，本标准不再适用。

3.1.2 根据绿色建筑发展的实际需求，结合目前有关管理制度，本标准将既有建筑绿色改造的评价分为设计评价和运行评价。

设计评价是在既有建筑绿色改造工程施工图设计文件批准后进行，其重点为评价既有建筑绿色改造方方面面采取的"绿色措施"和预期效果；而运行评价是在既有建筑绿色改造通过竣工验收并投入使用一年（12个自然月）后进行，不仅要评价"绿色措施"，而且要评价这些"绿色措施"所产生的实际效果。除此之外，运行评价还关注绿色改造在施工过程中留下的"绿色足迹"，关注绿色改造完成、建筑正常运行后的科学管理。简而言之，设计评价所评的是既有建筑实施改造之前的设计，运行评价所评的是实施改造之后并投入运行的建筑。

3.1.3 绿色建筑注重全寿命期内能源资源节约与环境保护的性能。对于既有建筑绿色改造，申请评价方应从既有建筑绿色改造设计到最终拆除的各个阶段进行控制，综合考虑性能、安全、耐久、经济、美观等因素，优化建筑技术、设备和材料选用，并按本标准的要求提交相应技术分析、测试报告和相关文件。

3.1.4 绿色建筑评价机构应按本标准的有关要求审查申请评价方提交的报告、文档，并在评价报告中确定等级。对申请运行评价的建筑，评价机构还应组织现场考察，进一步审核规划设计要求的落实情况以及建筑的实际性能和运行效果。

3.1.5 本标准评价的对象是被改造建筑的整体，对于部分改造的既有建筑项目，未改造部分的各类指标也应按本标准的规定进行评价。

3.2 评价方法与等级划分

3.2.1 本条对指标选择和指标内容设置进行了解释。既有建筑绿色改造会涉及不同专业工作，本标准对既有建筑的绿色性能评价指标按专业来设置，包括规划与建筑、结构与材料、暖通空调、给水排水、电气、施工管理、运营管理7类指标。每类指标分为控制项和评分项。控制项是对既有建筑绿色改造最基本的要求，是既有建筑绿色改造能够获得星级的必要条件。申请评价的既有建筑绿色改造项目必须满足本标准中所有控制项的要求（不参评项除外）。评分项是依据评价条文的规定确定得分或不得分，是本标准用于评价和划分绿色建筑星级的重要依据。同时，为鼓励既有建筑绿色改造在节约能源资源、保护环境的技术和管理上的创新与提高，本标准还设立了加分项。

3.2.2 本条对不同评价阶段的评价内容作出规定。设计评价的对象是图纸和方案，还未涉及施工和运营，所以不对施工管理和运营管理两类指标进行评价，但设计评价时可以对施工管理和运营管理2类指标进行预评价，为申请运行评价做准备。运行评价对象是改造后投入使用满一年（12个自然月）的建筑整体，是对最终改造结果的评价，检验既有建筑绿色改造并投入实际使用后是否真正达到了预期的效果，应对全部7类指标进行评价。

3.2.3 本条对标准条文的评价和结果作出规定。控制项的评价，依据条文规定确定满足或不满足。评分项的评价，根据对具体评分子项或达标程度确定得分值，若不满足条文规定则得分为零。加分项的评价，依据评价条文的规定确定得分或不得分。

本标准中评分项的赋分有以下几种方式：

1 一条条文评判一类性能或技术指标，且不需要根据达标情况不同赋以不同分值时，赋以一个固定分值，该评分项的得分为0分或固定分值，在条文主干部分表述为"评价分值为某分"；

2 一条条文评判一类性能或技术指标，需要根据达标情况不同赋以不同分值时，在条文主干部分表述为"评价总分值为某分"，同时在条文主干部分将不同得分值表述为"得某分"的形式，且从低分到高分排列；递进的档次特别多或者评分特别复杂的，则采用列表的形式表达，在条文主干部分表述为"按某表的规则评分"；

3 一条条文评判一类性能或技术指标，但需要针对不同建筑类型或特点分别评判时，针对各种类型或特点按款或项分别赋以分值，各款或项得分均等于该条得分，在条文主干部分表述为"评价总分值为某分，并按下列规则评分"；

4 一条条文评判多个技术指标，将多个技术指标的评判以款或项的形式表达，并按款或项赋以分值，该条得分为各款或项得分之和，在条文主干部分表述为"评价总分值为某分，并按下列规则分别评分并累计"；

5 一条条文评判多个技术指标，其中某技术指标需要根据达标情况不同赋以不同分值时，首先按多个技术指标的评判以款或项的形式表达并按款或项赋以分值，然后考虑达标程度不同对其中部分技术指标采用递进赋分方式；

6 可能还会有少数条文出现其他评分方式组合。

本标准中评分项和加分项条文主干部分给出了该条文的"评价分值"或"评价总分值"，是该条可能得到的最高分值。各评价条文的分值，经广泛征求意见和试评价后综合调整确定。

3.2.4 既有建筑结构改造前应进行可靠性鉴定、抗震鉴定。结构可靠性鉴定的方法和内容应符合现行国家标准《工业建筑可靠性鉴定标准》GB 50144或《民用建筑可靠性鉴定标准》GB 50292的有关规定。抗震设防区的既有建筑改造尚应按现行国家标准《建筑抗震鉴定标准》GB 50023或《构筑物抗震鉴定标准》GB 50117进行抗震鉴定。既有建筑结构的鉴定，可委托检测鉴定机构或原设计单位进行。

既有建筑改造可能不进行结构改造，如装修改造、节能改造等。当结构经鉴定满足相应鉴定标准要求而不进行结构改造时，则在满足本标准第5章相关控制项要求的基础上，评分项"结构设计"和"材料选用"节直接得满分，"改造效果"节不计分，第5章总得分为70分。另一种情况是，若既有建筑结构是按现行国家标准《建筑抗震设计规范》GB 50011和现行相关结构设计、施工规范进行设计、施工，且既有建筑改造不涉及结构改造，此时可不作鉴定，评价时在满足本标准第5章相关控制项要求的基础上，评分项"结构设计"和"材料选用"节直接得满分，"改造效果"节不计分，第5章总得分为70分。

如果既有建筑进行结构改造，评价时应在满足本标准第5章控制项的基础上按评分项条文逐条评价得分。

3.2.5 本条给出了绿色建筑等级的判定依据。考虑到各类指标重要性方面的相对差异，计算总得分时引入了权重。同时，为了鼓励绿色建筑技术和管理方面的提升和创新，计算总得分时还计入了加分项的附加得分。

设计评价的总得分为规划与建筑、结构与材料、暖通空调、给水排水、电气5个指标的评分项得分经加权计算后与加分项的附加得分之和；运行评价的总得分为规划与建筑、结构与材料、暖通空调、给水排水、电气、施工管理、运营管理7类指标的评分项得分经加权计算后与加分项的附加得分之和。

3.2.6 本标准对7类指标的每类指标分别赋值100分。对于具体的参评建筑而言，它们在功能、所处地域的气候、环境、资源等方面客观上存在差异，对不适用的评分项条文不予评定。这样，适用于各参评建筑的评分项的条文数量和总分值可能不一样。对此，计算参评建筑某类指标评分项的实际得分值与适用于参评建筑的评分项总分值的比率，反映参评建筑实际采用的"绿色措施"和（或）效果占理论上可以采用的全部"绿色措施"和（或）效果的相对得分率。例如某既有建筑绿色改造项目参加本标准的评价，指标"规划与建筑"总参评分为n，实际评价得分为m，则该项目"规划与建筑"最终得分为$Q_1 = \dfrac{m}{n} \times 100$。

本标准中加分项是为了鼓励既有建筑绿色改造的创

新,而非评价绿色建筑的必要条件。在评价过程中不对加分项的附加得分进行折算,只需按照加分项条文评价是否得分,并按本标准第11.2节确定附加得分。

3.2.7 本标准对各类指标在绿色建筑评价中的权重作出规定。由于使用功能、运行方式等不同,公共建筑和居住建筑在改造时,各专业的重要性是不相同的,故其权重值也不相同。施工管理和运营管理两类指标不参与设计评价。基于上述原因,在本标准中共有4套权重体系,见表3.2.7,即设计评价、运行评价时居住建筑、公共建筑的4套权重体系。各套权重体系利用层次分析法计算,并经广泛征求意见和试评价后综合调整确定。

3.2.8 本条对既有建筑绿色改造星级划分和划分依据进行了规定。与国家标准《绿色建筑评价标准》GB/T 50378-2014 的评价结果保持一致,本标准也将既有建筑绿色改造分为三个等级,即当总得分分别达到50分、60分、80分时,绿色建筑等级分别为一星级、二星级、三星级。为了保证既有建筑绿色改造的最基本的性能,获得星级的绿色改造建筑必须满足本标准中所有控制项的要求。当既有建筑的绿色改造不全面时,很难保证每一类指标的基本得分,所以在本标准中对单类指标最低得分不做要求。

在满足所适用的全部控制项的前提下,绿色建筑按总得分确定等级。评价得分及最终评价结果可按表1记录。

表1 既有建筑绿色改造评价得分与结果汇总表

工程项目名称								
申请评价方								
评价阶段		□设计评价□运行评价			建筑类型		□居住建筑□公共建筑	
评价指标		规划与建筑	结构与材料	暖通空调	给水排水	电气	施工管理	运营管理
控制项	评定结果	□满足	□满足	□满足	□满足	□满足	□满足	□满足
	说明							
评分项	权重 w_i							
	总参评分							
	实际得分							
	得分 Q_i							
加分项	得分 Q_8							
	说明							
总得分 ΣQ								
绿色建筑等级		□一星级□二星级□三星级						
评价结果说明								
评价机构					评价时间			

4 规划与建筑

4.1 控 制 项

4.1.1 本条适用于各类民用建筑的设计、运行评价。

进行改造的既有建筑场地与各类危险源的距离应满足相应危险源的安全防护距离等控制要求。对场地中的不利地段或潜在危险源应采取必要的防护、控制或治理等措施。对场地中存在的有毒有害物质应采取有效的防护与治理措施,进行无害化处理,确保达到相应的安全标准。

场地的防洪设计应符合现行国家标准《防洪标准》GB 50201 及《城市防洪工程设计规范》GB/T 50805 的有关规定;场地的排水防涝设计应符合现行国家标准《城市排水工程规划规范》GB 50318 及《室外排水设计规范》GB 50014 等标准的有关规定;抗震防灾设计应符合现行国家标准《城市抗震防灾规划标准》GB 50413 的有关规定;电磁辐射防护应符合现行国家标准《电磁环境控制限值》GB 8702 的有关规定。

本条评价方法为:设计评价查阅相关检测报告、应对措施分析报告;运行评价查阅相关检测报告、应对措施分析报告,并现场核实。

4.1.2 本条适用于各类民用建筑的设计、运行评价。

进行改造的既有建筑场地内不应有未达标排放或超标排放的污染源,例如:易产生噪声污染的建筑场所或设备设施、油烟或污水未达标排放的厨房、废气超标排放的燃煤锅炉房、污染物超标的垃圾堆等。若有污染源，应采取相应的治理措施使排放物达标。

本条的评价方法为：设计评价查阅相关超标污染源检测报告、应对措施分析报告；运行评价查阅相关超标污染源检测报告、应对措施分析报告，并现场核实。

4.1.3 本条适用于各类民用建筑的设计、运行评价。

日照直接影响使用者的身心健康，对于提高建筑室内环境质量、改善人居环境有重要的作用。我国对居住建筑以及中小学、医院、疗养院等日照要求较高的公共建筑都制定了相应的国家标准或行业标准，如现行国家标准《民用建筑设计通则》GB 50352 中对住宅的居住空间、老人住宅和残疾人住宅的卧室与起居室、托儿所和幼儿园的主要生活用房、中小学的教室、医院和疗养院的病房与疗养室、宿舍的居室等日照标准的规定，现行国家标准《城市居住区规划设计规范》GB 50180 中对居住建筑、旧区改建项目中新建住宅日照标准的规定，现行国家标准《老年人居住建筑设计标准》GB/T 50340 中对老年人居住用房设置的规定，现行行业标准《托儿所、幼儿园建筑设计规范》JGJ 39 中对生活用房布置的规定，现行国家标准《中小学校设计规范》GB 50099 中对建筑物间距的规定等。因此，既有建筑改造应满足相应的日照标准要求，同时还应兼顾周边建筑的日照需求，减少对相邻建筑产生的遮挡。改造前周边建筑满足日照标准的，应保证建筑改造后周边建筑仍符合相关日照标准的要求；改造前，周边建筑未满足日照标准的，改造后不可降低其原有的日照水平。

本条的评价方法为：设计评价查阅相关设计文件和日照模拟分析报告；运行评价查阅相关竣工图和日照模拟分析报告，并现场核实。

4.1.4 本条适用于历史建筑和历史文化街区内既有建筑改造的设计、运行评价。

历史建筑是指有一定历史、科学、艺术价值的，能够反映城市历史风貌和地方特色的建（构）筑物。在对历史建筑和历史文化街区内的既有建筑进行绿色改造时，应符合现行国家标准《历史文化名城保护规划规范》GB 50357 以及《城市紫线管理办法》等国家和地方有关规定。城市紫线是指国家历史文化名城内的历史文化街区和省、自治区、直辖市人民政府公布的历史文化街区的保护范围界线，以及历史文化街区外经县级以上人民政府公布保护的历史建筑的保护范围界线。

本条的评价方法为：设计评价查阅相关设计文件、有关历史建筑保护的规定；运行评价查阅相关竣工图、有关历史建筑保护的规定，并现场核实。

4.1.5 本条适用于各类民用建筑的设计、运行评价。

围护结构的热工性能对建筑能耗有很大影响，因此，将本条列为必须满足的控制项。我国现行行业标准《公共建筑节能改造技术规范》JGJ 176、《既有居住建筑节能改造技术规程》JGJ/T 129 对建筑围护结构的节能改造均有规定，对围护结构进行节能改造时，其材料选择、构造做法、施工工艺以及性能指标等应满足上述标准的规定。

本条的评价方法为：设计评价查阅相关设计文件、节能计算书；运行评价查阅相关竣工图、节能计算书、节能检测报告，并现场核实。

4.2 评 分 项

Ⅰ 场 地 设 计

4.2.1 本条适用于各类民用建筑的设计、运行评价。

场地功能分区合理、流线顺畅是保证土地高效利用的重要内容。

1 场地内车行流线应合理顺畅，人行路线应安全便捷。鼓励人车分行，避免人车交叉，满足场地内的交通需求。

2 场地内人行通道及无障碍设施是满足场地功能需求的重要组成部分，是保障各类人群方便、安全出行的基本设施。因此场地新增或原有的无障碍设施应符合现行国家标准《无障碍设计规范》GB 50763 的有关规定，并且场地内外无障碍人行设施应连通。

本条评价方法为：设计评价查阅相关设计文件；运行评价查阅相关竣工图，并现场核实。

4.2.2 本条适用于各类民用建筑的设计、运行评价。如果场地内没有可利用的构筑物、构件和设施，本条第 2 款不参评。

1 既有建筑的周边生态环境主要是指场地内具有保护价值的园林绿地、河湖水系、道路和古树名木等。既有建筑绿色改造过程中应尽可能维护场地周边的生态环境，减少对场地及周边生态的改变；如确实需要改造场地内水体、植被等时，应在工程结束后及时采取生态复原措施。

2 场地内可利用的构筑物、构件和其他设施应按国家和地方的相关规定予以保护，并根据其功能特点加以利用，或改造后进行再利用。

本条的评价方法为：设计评价查阅相关设计文件；运行评价查阅相关竣工图，并现场核实。

4.2.3 本条适用于各类民用建筑的设计、运行评价。

1 本条鼓励使用自行车等绿色环保的交通工具，绿色出行。自行车停车场所可根据建筑使用面积或使用人数，并根据当地城市规划的有关规定设置，应规模适度、布局合理，符合使用者出行习惯。

2 机动车停车设施可采用多种方式，但同时也可能占用场地用地。可建设地下停车场以满足日益增长的机动车停车需求。在场地条件许可且不影响场地内既有建筑的情况下，也可增建立体停车库等，体现绿色建筑节约集约用地理念。

3 地面停车应按国家和地方有关标准的规定设置，并科学管理、合理组织交通流线。根据使用者性质及车辆种类合理分区，可帮助人们迅速到达目的地，有效提升场地使用效率。

本条评价方法为：设计评价查阅相关设计文件；运行评价查阅相关竣工图、有关记录，并现场核实。

4.2.4 本条适用于各类民用建筑的设计、运行评价。

绿化是城市环境建设的重要内容，是改善生态环境和提高生活质量的重要措施。合理设置绿地可起到改善环境、调节微气候等作用。

1 绿地率是指建设项目用地范围内各类绿地面积的总和占该项目总用地面积的比率（％）。根据现行国家标准《城市居住区规划设计规范》GB 50180，绿地包括公共绿地、宅旁绿地、公共服务设施所属绿地和道路绿地（道路红线内的绿地），以及满足当地植树绿化覆土要求的地下或半地下建筑的屋顶绿化，但不包括其他屋顶、晒台的人工绿地。对公共建筑，本条用场地绿地面积、屋顶绿化面积之和与场地面积的比例进行评价。

2 绿地的植物配置应采用包含草坪、灌木、乔木的复层绿化并合理搭配，形成富有层次的绿化体系。种植区域的覆土深度应满足植物自然生长的需要，同时满足项目所在地有关覆土深度的控制要求。

本条评价方法为：设计评价查阅相关设计文件和计算书；运行评价查阅相关竣工图和计算书，并现场核实。

4.2.5 本条适用于各类民用建筑的设计、运行评价。

雨水下渗是消减径流和径流污染的重要途径之一，透水地面能够为雨水下渗提供良好的条件。停车场、道路、室外活动场地等，因其承载力的要求，多采用石材、混凝土等作为铺地材料，透水性差，引起大量地面径流、城市排水系统负荷加重等问题。"透水铺装"是指采用如植草砖、透水沥青、透水混凝土、透水地砖等透水铺装系统，既能满足道路使用、铺地强度和耐久性的要求，又能使雨水渗入下部土壤的地面铺装。当透水铺装下为地下室顶板时，若地下室顶板设有疏水板及导水管等可将渗透雨水导入与地下室顶板接壤的实土，或地下室顶板上覆土深度能满足当地园林绿化部门要求时，仍可认定其为透水铺装地面。评价时以场地中硬质铺装地面中透水铺装所占的面积比例为依据。

本条评价方法为：设计评价查阅相关设计文件、计算书、材料检测报告；运行评价查阅相关竣工图、计算书、材料检测报告，并现场核实。

Ⅱ 建筑设计

4.2.6 本条适用于各类民用建筑的设计、运行评价。

随着经济发展和人们生活水平的提高，部分既有建筑受建造时技术和经济水平的制约，建筑使用功能不完善；或者随着时代的变迁和周围环境的改变，原来的使用功能不适应当前的需求。因此，需要对既有建筑的使用功能和使用空间进行提升改造。改造后达到以下使用效果，即可得分。

1 建筑功能布局合理是满足建筑正常使用的必要条件，改造时应在满足既有建筑实际使用功能的基础上，进行合理的业态分区，保证建筑内部交通流线顺畅、互不干扰，使用效果有较大改善，以满足人们日益提高的需求。

2 无障碍设计是建筑及环境设计的重要组成部分，既有建筑绿色改造后应满足现行国家标准《无障碍设计规范》GB 50763 的要求，保证室内具备完善的无障碍交通和设施，同时，建筑作为城市系统的有机组成部分，应注重与室外无障碍通道的衔接性。

本条的评价方法为：设计评价查阅相关设计文件；运行评价查阅相关竣工图，并现场核实。

4.2.7 本条适用于各类民用建筑的设计、运行评价。对于不涉及建筑立面改造的项目，本条不参评。

1 改扩建是在既有建筑的基础上或在与既有建筑关系密切的空间范围内，对既有建筑的功能进行补充或扩展而形成的新建筑，不仅要考虑扩建部分的功能要求，还要注重与既有建筑外部形态及风格的协调性，以保证建筑的整体美观。

2 以较大的资源消耗为代价片面追求美观，不符合绿色建筑的基本理念。因此，在设计中应控制造型要素中没有功能作用的装饰构件的使用，鼓励使用装饰和功能一体化的构件，利用功能性构件作为建筑造型的语言，在满足建筑功能的前提下表达美学效果，达到节约资源的目的。为鼓励建筑师更多地从构件和功能结合的角度表达对文化和艺术的追求，有必要限制纯装饰性构件使用的比例。

1) 对不具备遮阳、导光、导风、载物、辅助绿化等作用的飘板、格栅和构架等装饰性构件的使用进行限制；

2) 如果女儿墙高度大于常规女儿墙的 2 倍以上，超过 2 倍部分的造价应计入纯装饰性构件的造价。

本条的评价方法为：设计评价查阅相关设计文件，有装饰性构件的应提供其功能说明书、工程造价计算书；运行评价查阅相关竣工图、装饰性构件功能说明书、工程造价决算书，并现场核实。

4.2.8 本条适用于公共建筑的设计、运行评价。居住建筑不参评。

为了满足多元化的功能需求，公共建筑室内空间应能发生变化。采用可重复使用的隔断（墙），实现空间的灵活分隔和转换，能够在保证室内工作环境不受影响的前提下，减少室内空间重新布置时对建筑构件的破坏，避免空间布局改变带来的材料浪费和废弃物的产生。

本条中"室内功能空间"主要指除走廊、楼梯、电梯井、卫生间、设备机房、公共管井以外的地上室内空间，有特殊隔声、防护及特殊工艺需求的空间可不计入。此外，作为商业、办公用途的地下空间也应视为"室内功能空间"，其他用途的地下空间可不计入。

"能够实现灵活分隔与转换"是指隔断（墙）在拆除过程中基本不影响与之相接的其他隔墙，拆卸后可再次利用，如大开间开敞式办公空间内的玻璃隔断（墙）、预制隔断（墙）、特殊节点设计的可分段拆除的轻钢龙骨水泥板或石膏板隔断（墙）和木隔断（墙）等。是否具有可拆卸性能，也是认定某隔断（墙）是否属于"能够实现灵活分隔与转换"的一个关键点，例如用水泥砂浆砌筑的砌体隔墙则不算。

本条评价方法为：设计评价查阅相关设计文件和计算书；运行评价查阅相关竣工图和计算书，并现场核实。

4.2.9 本条适用于各类民用建筑的设计、运行评价。

不同气候区对建筑的设计要求不同，如严寒和寒冷地区的建筑以保温防寒设计为主，而夏热冬冷和夏热冬暖地区的建筑则以隔热防晒设计为主，因此应根据不同气候区的实际情况采取相应的节能措施。

1 建筑入口是连接室内外空间的桥梁，其特殊的位置与功能决定它在建筑节能中的地位。严寒和寒冷地区冬季室内外温差大，入口部位会产生大量的冷风渗透，对建筑的采暖能耗产生重要影响，因此出入口处应设置能够有效防止冷风渗入的建筑构件（如门斗或挡风门廊等）。居住建筑还应注意楼梯间出屋面门及出屋面入口孔的保温及密封；公共建筑因人员出入量大，外门的频繁开启导致室外冷空气大量侵入，造成采暖能耗增加，设置门斗时应避免两道门同时开启。同时，为了提高外门的保温性能与密闭性，居住建筑应设置保温外门，公共建筑应设置能够自动关闭的自控门等。

对于夏热冬冷和夏热冬暖地区，由于夏季过多的太阳辐射会使室内温度升高，增加空调能耗。因此，在夏热冬冷和夏热冬暖地区应根据当地的经济技术水平，鼓励采用适宜的外遮阳措施。当采用可调节外遮阳措施时，应保证透明部分25%以上的面积能够遮阳，对于没有阳光直射的透明围护结构，不计入计算面积。可调节外遮阳措施包括活动外遮阳设置、永久设施（中空玻璃夹层智能内遮阳）、固定外遮阳加内部高反射率可调节内遮阳等措施。

2 自然通风是利用风压或热压驱动室内外空气对流带走室内热量、补充新风和排放污染物，是实现建筑节能、提高室内热舒适和改善室内空气品质的重要手段。

　　1）居住建筑通过自然通风能否获取足够的新风，与通风开口面积的大小密切相关，本条对居住空间通风开口面积与地板最小面积比提出了要求。一般情况下，当通风开口面积与地板面积之比达到5%时，房间可以获得较好的自然通风效果。由于气候差异，因此要求夏热冬暖地区居住建筑通风开口面积与地板面积之比达到10%，夏热冬冷地区达到8%。同时，自然通风的效果不仅与开口面积与地板面积之比有关，还与通风开口之间的相对位置密切相关。在设计过程中，应考虑通风开口的位置，使之有利于形成"穿堂风"。

　　2）针对不易实现自然通风的公共建筑（例如大进深内区或由于其他原因不能保证开窗通风面积满足自然通风要求的区域），应进行自然通风优化设计，保证建筑在过渡季典型工况下平均自然通风换气次数大于2次/h的面积比例达到75%（按面积计算，对于高大空间，主要考虑3m以下的活动区域）。

3 在建筑设计和构造设计中鼓励采取引导气流、促进自然通风的措施，如导风墙、拔风井等，以提高室内自然通风的效率。

4 在建筑改造中鼓励合理利用被动式太阳能技术，如被动式太阳房、呼吸式幕墙、集热（蓄热）墙等，以改善室内热环境、降低供暖或空调能耗。被动式太阳能采暖和降温技术应结合建筑形式，综合考虑地域特征、气候特点、施工技术和经济性等因素，因地制宜，以便实现性价比高、易于推广的目标。

本条的评价方法为：设计评价查阅相关设计文件、自然通风模拟分析报告；运行评价查阅相关竣工图、自然通风模拟分析报告，并现场核实。

Ⅲ 围护结构

4.2.10 本条适用于各类民用建筑的设计、运行评价。

围护结构的热工性能指标对建筑冬季供暖和夏季空调的负荷和能耗有很大的影响，国家和行业的建筑节能设计标准都对围护结构的热工性能提出明确的要求。本条对既有建筑改造后的围护结构热工性能按两种情况任选其一进行评价。

第一种情况，既有建筑改造前后围护结构热工性能的对比。由于既有建筑建造年代各不相同，其围护结构热工性能参差不齐，导致提升其性能所耗费的财力和物力也不相同。因此，考虑到各地既有建筑绿色改造的实际情况和难度，将围护结构热工性能的提升效果作为评价内容之一。第1款和第2款属于第一种情况。第1款的判断依据是既有建筑改造后围护结构热工性能的提升程度，当建筑围护结构热工性能比原有围护结构的热工性能提升35%及以上，得10分；

提升 45%及以上，即可得 15 分。第 2 款的判定较为复杂，需要经过计算，即根据供暖空调全年计算负荷降低幅度分档评分，其中参考建筑的围护结构热工参数为改造前的参数，其他条件不变。当供暖空调全年计算负荷计算值降低幅度达到 35%，得 10 分；达到 45%，即可得 15 分。

第二种情况，以现行国家及行业有关节能设计标准作为参照，根据改造后建筑的围护结构热工性能达到国家及行业建筑节能设计标准中的相关规定给予某分值。第 3 款和第 4 款属于第二种情况。第 3 款的判断依据是，当改造后建筑的围护结构热工性能达到国家及行业建筑节能设计标准中的相关规定时，可以得 12 分；当改造后建筑的围护结构中屋顶、外墙、外窗（含透光幕墙）部位的热工性能参数优于国家及行业现行建筑节能设计标准规定值的 5%时，分别加 1 分，最多可加 3 分。第 4 款的判定需要经过计算。改造建筑的供暖空调系统全年计算负荷不高于按现行国家及行业有关建筑节能设计标准计算的供暖空调系统全年负荷，得 12 分；如果再降低 5%，可得 15 分。

本条的评价方法为：设计评价查阅相关设计文件、节能计算书；运行评价查阅相关竣工图、节能计算书、节能检测报告，并现场核实。

4.2.11 本条适用于各类民用建筑的设计、运行评价。无明显相似类型建筑或功能房间的噪声级要求的，本条直接得分。

现行国家标准《民用建筑隔声设计规范》GB 50118 将居住、办公、商业、旅馆、医院、学校等类型建筑的墙体、门窗、楼板的空气声隔声性能以及楼板的撞击声隔声性能分"低限标准"和"高要求标准"两档列出。既有建筑绿色改造应根据不同建筑类型，确保改造后围护结构构件（外墙、隔墙、门、外窗与楼板）的隔声量达到现行国家标准《民用建筑隔声设计规范》GB 50118 中低限标准值和高要求标准值的平均数值（办公建筑中的开放式办公空间除外）；楼板的计权规范化撞击声压级低于现行国家标准《民用建筑隔声设计规范》GB 50118 中的低限要求和高要求标准平均数值。对于现行国家标准《民用建筑隔声设计规范》GB 50118 只规定了围护结构构件单一空气隔声性能的建筑，本条认定该构件对应的空气隔声性能数值为低限标准值，而高要求标准值在此基础上提高 5dB。本条采取同样的方式定义只有单一楼板计权规范化撞击声压级的建筑，并规定高要求标准值为低限标准值降低 10dB。

对于现行国家标准《民用建筑隔声设计规范》GB 50118 没有涉及的其他类型的围护结构构件（外墙、隔墙、门、外窗与楼板）空气声隔声要求或撞击声隔声要求，可对照相似类型建筑的要求参考执行，并进行得分判断。

本条的评价方法为：设计评价查阅相关设计文件、建筑构件隔声性能实验室检测报告；运行评价查阅相关竣工图、建筑构件隔声性能实测报告，并现场核实。

Ⅳ 建筑环境效果

4.2.12 本条适用于各类民用建筑的设计、运行评价。

环境噪声对人的工作与生活有很大影响，既有建筑绿色改造应加强对建筑规划用地范围内环境噪声的控制，以优化场地环境，进而改善建筑室内声环境。场地环境噪声应符合现行国家标准《声环境质量标准》GB 3096 中对同类声环境功能区的环境噪声等效声级限值要求。当噪声敏感建筑不能避免临近交通干线，或不能远离固定的设备噪声源时，在改造时应采取降低噪声干扰的措施。

需要说明的是，噪声监测的现状值仅作为参考，分析报告中需结合场地环境条件的变化（如道路车流量的增长）对应的噪声改变情况进行噪声图模拟预测。

本条的评价方法为：设计评价查阅相关设计文件、环境噪声检测报告、噪声预测分析报告；运行评价查阅相关竣工图、环境噪声检测报告，并现场核实。

4.2.13 本条适用于各类民用建筑的设计、运行评价。

1 建筑物周围人行区 1.5m 高处风速不宜高于 5m/s，以保证人们正常的室外活动。风速放大系数（wind speed amplification）是建筑物周围离地面高 1.5m 处风速与开阔地面同高度风速之比。高层建筑的出现使得再生风和二次风环境问题凸现出来，在建筑群中，若建筑单体设计和群体布局不当，不仅会阻碍风的流动，还会产生二次风，从而导致行人举步维艰或强风卷刮物体撞碎玻璃等。本标准采用风速放大系数作为建筑布局对风环境影响的评价依据，要求人行区域的风速放大系数不大于 2。

2 夏季、过渡季通风不畅在某些区域形成无风区和涡旋区，不利于建筑散热和污染物消散，应尽量避免。因此，场区的改造设计应利用计算流体动力学（CFD）模拟分析不同季节典型风向、风速下的场地风环境分布情况，有针对性地采取场区功能重组、构筑物与景观的增设等措施。其中来流风速、风向应为对应季节中出现频率最高的风向和平均风速，可通过查阅建筑设计或暖通空调设计手册中所在城市的相关气象资料得到。

本条的评价方法为：设计评价查阅相关设计文件、风环境模拟分析报告；运行评价查阅相关竣工图、风环境模拟分析报告，并现场核实。

4.2.14 本条适用于各类民用建筑的设计、运行评价。

建筑物光污染是指建筑反射光（眩光）、夜间室外照明、广告照明等造成的光污染。光污染产生的眩光不仅会让人产生不舒适感，还会降低人对灯光信号等重要信息的辨识力，甚至带来道路安全隐患。光污染控制措施包括降低建筑物表面（玻璃、涂料）的可见光反射比，合理配置照明器具等。

1 现行国家标准《玻璃幕墙光学性能》GB/T 18091中已把玻璃幕墙的光污染定义为有害光反射，对玻璃幕墙的可见光反射比作了规定，本条要求既有建筑的玻璃幕墙符合该标准的规定值即可。

2 室外夜景照明设计应满足现行行业标准《城市夜景照明设计规范》JGJ/T 163中第7章关于光污染控制的相关要求，并在室外照明设计图纸中体现。

本条的评价方法为：设计评价查阅相关设计文件、光污染分析报告、相关检测报告；运行评价查阅相关竣工图、光污染分析报告、相关检测报告，并现场核实。

4.2.15 本条适用于各类民用建筑的设计、运行评价。如无明显相似类型建筑或功能房间的噪声级要求，则直接得分。

本条所指的室内噪声是指由室内自身声源引起的噪声和来自建筑外部的噪声。室内噪声源一般为通风空调设备、日用电器等；室外噪声源包括周边交通噪声、社会生活噪声、工业噪声等。现行国家标准《民用建筑隔声设计规范》GB 50118将居住、办公、商业、旅馆、医院、学校建筑主要功能房间的室内允许噪声级分"低限标准"和"高要求标准"两档列出。对于现行国家标准《民用建筑隔声设计规范》GB 50118中只有唯一室内噪声级要求的建筑（如学校），本条认定该室内噪声级对应数值为低限标准，而高要求标准则在此基础上降低5dB（A）。需要指出，对于不同星级的旅馆建筑，其对应的要求不同，需要一一对应。

本条的评价方法为：设计评价查阅相关设计文件、室内噪声分析报告（应基于项目环评报告并综合考虑室内噪声源的影响）；运行评价查阅相关竣工图、室内噪声检测报告，并现场核实。

4.2.16 本条适用于各类民用建筑的设计、运行评价。对于没有地下空间的既有建筑，第2款直接得分。

充足的室内天然采光不仅可有效地节约照明能耗，而且对使用者的身心健康有着积极的作用。各种光源的视觉试验结果表明：在相同照度条件下，天然光的辨认能力优于人工光，有利于人们的身心健康，并能够提高劳动生产率。

1 居住建筑可以直接通过计算改造后的窗地比核算房间的采光系数是否达标。公共建筑中的大进深空间，由于受到窗墙比以及开窗位置的限制，容易出现天然采光不足的情况，根据国家标准《绿色建筑评价标准》GB/T 50378-2014中第8.2.6条对公共建筑主要功能房间采光评分规则的规定，考虑到既有建筑改造存在一定困难，本条文选择建筑主要功能房间70%以上的面积，其采光系数满足现行国家标准《建筑采光设计标准》GB 50033的要求作为衡量标准。

2 地下空间存在天然采光不足的情况，可以通过增设采光天窗、设置下沉庭院等建筑设计手法来改善室内光环境。当受到建筑本身或周围环境限制时，也可采用导光、引光技术和设备，将天然光最大限度地引入室内，以提高室内照度，降低人工照明能耗。

本条的评价方法为：设计评价查阅相关设计文件、采光计算分析报告；运行评价查阅相关竣工图、天然采光实测报告，并现场核实。

5 结构与材料

5.1 控 制 项

5.1.1 本条适用于各类民用建筑的设计、运行评价。

非结构构件包括建筑非结构构件和建筑附属机电设备的支架等。建筑非结构构件一般指附属结构构件、装饰物、围护墙和隔墙。通常，主体结构的安全性及抗震性能是结构工程师关注的重点。既有建筑改造时，还应重视非结构构件的安全性，一方面需要确认非结构构件自身的安全性，另一方面还需要考虑改造对非结构构件的影响。本条对非结构构件的安全性提出专项检测或评估要求。结合既有建筑总体改造要求，可评估非结构构件的服役性能，以及在改造过程中或地震、大风等灾害发生时引发次生灾害的可能性，必要时应对其进行检测与处理，例如对预埋件、锚固件采取加强措施。

本条的评价方法为：设计评价查阅相关设计文件、非结构构件专项检测或评估与处理报告；运行评价查阅相关竣工图，并现场核实。

5.1.2 本条适用于各类民用建筑的设计、运行评价。

一些建筑材料及制品在使用过程中不断暴露出问题，已被证明不适宜在建筑工程中应用，或者不适宜在某些地区、某些类型的建筑中使用。既有建筑绿色改造中不得采用国家和当地有关主管部门向社会公布禁止和限制使用的建筑材料及制品，一般以国家和地方有关主管部门发布的文件为依据。

本条的评价方法为：设计评价对照国家和当地有关主管部门向社会公布的限制、禁止使用的建材及制品目录，查阅设计文件，核查设计选用的建筑材料；运行评价对照国家和当地有关主管部门向社会公布的限制、禁止使用的建材及制品目录，查阅工程决算材料清单，核查实际采用的建筑材料。

5.1.3 本条适用于各类民用建筑的设计、运行评价。

高强钢筋是指抗拉屈服强度达到400MPa级及以

上的热轧带肋钢筋，其具有强度高、综合性能优的特点。用高强钢筋替代目前大量使用的335MPa级热轧带肋钢筋，平均可节约钢材12%以上。高强钢筋作为节材节能环保产品，在建筑工程中大力推广应用，是加快转变经济发展方式的有效途径，是建设资源节约型、环境友好型社会的重要举措，对推动钢铁工业和建筑业结构调整、转型升级具有重大意义。

为了在既有建筑绿色改造中推广应用高强钢筋，本条对改造工程混凝土梁、柱的新增纵向受力普通钢筋提出强度等级和品种要求。新增纵向受力钢筋包括扩大截面而配置的钢筋和新增构件配置的钢筋。

本条的评价方法为：设计评价查阅相关设计文件，核查设计采用的梁、柱新增纵向受力普通钢筋强度等级；运行评价查阅相关竣工图，核查实际采用的梁、柱新增纵向受力普通钢筋强度等级。

5.1.4 本条适用于各类民用建筑的设计、运行评价。

为节约材料，避免不必要的拆除或更换，并减少对原结构构件的损伤和破坏，既有建筑绿色改造应在安全、可靠、经济的前提下尽量利用原结构构件，如梁、板、柱、墙。

本条中的原结构构件利用率按构件数量计算。原结构构件的利用率为改造影响范围内得到利用的构件数量与构件总数量的比例。构件数量的计算方法：梁以一跨为一个构件计算（以轴线为计算依据）；柱以一层为一个构件计算（以楼层为计算依据）；板、墙以其周边梁、柱围合的区域为一个构件（以梁、柱间隔为计算依据）。

本条的评价方法为：设计评价查阅相关设计文件、原结构构件利用率计算书；运行评价查阅相关竣工图、原结构构件利用率计算书，并现场核实。

5.2 评 分 项

Ⅰ 结构设计

5.2.1 本条适用于各类民用建筑的设计、运行评价。

主体结构的改造应着重提高结构整体性能。改造前应根据鉴定结果对原结构进行分析，进行方案优化，减少新增构件数量和对原结构的影响，并对改造后结构的整体性能进行模拟分析。对于抗震加固，结构布置和连接构造的概念设计直接关系到改造后建筑的整体综合抗震能力是否能够得到应有的提高。对结构构件平面布置不对称和竖向不均匀的，宜使改造后的结构质量和刚度分布较为均匀对称，减少房屋的扭转效应；避免构件布置不合理导致的结构刚度或强度突变；改造后的框架避免形成短柱、短梁或强梁弱柱；对抗震的薄弱部位、易损部位应采取增强措施；加强新老构件的连接，保证结构整体工作。

本条的评价方法为：设计评价查阅相关设计文件、鉴定报告、相关结构分析报告、改造施工图以及方案论证报告（包括方案合理性及性能提升效果论证）；运行评价查阅相关竣工图、鉴定报告、相关结构分析报告、方案论证报告（包括方案合理性及性能提升效果论证），并现场核实。

5.2.2 本条适用于各类民用建筑的设计、运行评价。

改造工程中，混凝土结构、钢结构、砌体结构和木结构非抗震加固时，应按现行有关设计和加固规范的要求进行承载能力极限状态和正常使用极限状态的计算、验算，并达到现行国家标准《民用建筑可靠性鉴定标准》GB 50292或《工业建筑可靠性鉴定标准》GB 50144的要求。

现行国家标准《建筑抗震鉴定标准》GB 50023根据既有建筑设计建造年代及原设计依据规范的不同，将其后续使用年限划分为30、40、50年3个档次（即A、B、C类建筑），并提出相应的鉴定方法。对结构抗震加固，应达到现行国家标准《建筑抗震鉴定标准》GB 50023的基本要求。此处的基本要求是指：20世纪80年代及以前建造的建筑，改造后的后续使用年限不得低于30年；20世纪90年代建造的建筑，改造后的后续使用年限不得低于40年；2001年以后建造的建筑，改造后的后续使用年限应为50年。

衡量抗震加固是否达到规定的设防目标，应以现行国家标准《建筑抗震鉴定标准》GB 50023的相关规定为依据，即以综合抗震能力是否达标对加固效果进行检查、验算和评定。既有建筑抗震加固的设计原则、加固方案、设计方法应符合现行行业标准《建筑抗震加固技术规程》JGJ 116及现行相关标准的规定。

本条的评价方法为：设计评价查阅相关设计文件、鉴定报告；运行评价查阅相关竣工图、鉴定报告，并现场核实。

5.2.3 本条适用于各类民用建筑的设计、运行评价。

改造工程中，采用不使用模板的结构加固技术，例如外粘型钢加固法、粘贴钢板加固法、粘贴纤维复合材加固法等，可节约模板材料。加固后构件体积较原构件体积的增量越小，意味着加固材料用量越少。本条对这两类结构加固技术进行评价。本条中构件数量的计算方法与本标准第5.1.4条相同。

本条的评价方法为：设计评价查阅相关设计文件、不使用模板的加固结构构件数量比例计算书、加固后体积增加不大于20%的构件数量比例计算书；运行评价查阅相关竣工图、不使用模板的加固结构构件数量比例计算书、加固后体积增加不大于20%的构件数量比例计算书，并现场核实。

5.2.4 本条适用于各类民用建筑的设计、运行评价。对混合功能建筑，应分别对其居住建筑部分和公共建筑部分进行评价，本条得分值取两者的平均值。

土建和装修一体化设计，要求对土建设计和装修设计统一协调，在土建设计时考虑装修设计需求，事先进行孔洞预留和装修面层固定件的预埋，避免在装修时对已有建筑构件打凿、穿孔。这样既可减少设计的反复，又可保证结构的安全，减少材料消耗，并降低装修成本。

本条的评价方法为：设计评价查阅相关设计文件（土建、装修）；运行评价查阅相关竣工图（土建、装修），并现场核实。

Ⅱ 材料选用

5.2.5 本条适用于各类民用建筑的设计、运行评价。新增结构构件非混凝土构件、钢构件的，本条不参评。

合理采用高强度结构材料，可减小改造过程中新增构件的截面尺寸及材料用量，同时也可减轻结构自重。混凝土结构中的受力普通钢筋，包括梁、柱、墙、板、基础等构件中的纵向受力钢筋及箍筋。高强建筑结构材料采用比例的计算方法：高强度材料用量比例＝新增结构构件中高强度材料用量（kg）/新增结构构件中所有同类材料用量（kg）。

本条的评价方法为：设计评价查阅相关设计文件、高强度材料用量比例计算书；运行评价查阅相关竣工图、高强度材料用量比例计算书、工程材料决算清单，并现场核实。

5.2.6 本条适用于各类民用建筑的设计、运行评价。如果改造项目既没有使用混凝土，也没有新增钢结构构件或木结构构件，本条不参评。当新增结构构件设计成可替换构件时，本条直接得7分。

本条中的高耐久性混凝土应按现行国家标准《混凝土耐久性检验评定标准》JGJ/T 193 进行检测评定，抗硫酸盐等级达到 KS90，抗氯离子渗透、抗碳化及抗早期开裂均能达到Ⅲ级，且应满足现行国家标准《混凝土结构耐久性设计规范》GB/T 50476 的有关规定以及改造后建筑结构后续使用年限要求。

本条中的耐候结构钢应符合现行国家标准《耐候结构钢》GB/T 4171 的要求；耐候型防腐涂料需符合现行行业标准《建筑用钢结构防腐涂料》JG/T 224 中Ⅱ型面漆和长效型底漆的要求。

本条中的木结构构件需符合现行国家标准《木结构设计规范》GB 50005、《木结构工程施工质量验收规范》GB 50206 及《建筑设计防火规范》GB 50016 中有关构件防火、防腐、防虫的要求。

本条的评价方法为：设计评价查阅相关设计文件、高耐久性混凝土用量比例计算书；运行评价查阅相关竣工图（建筑、结构）、高耐久性混凝土用量比例计算书、材料检测报告或证明文件。

5.2.7 本条适用于各类民用建筑的设计、运行评价。

形式简约的内外装饰装修方案是指形式服务于功能，避免复杂设计和构造的装饰装修方式。例如：外立面简单规则，室内空间开敞、内外通透，墙面、地面、顶棚造型简洁，尽可能不用装饰或取消多余的装饰；建筑部品及室内部件尽可能使用标准件，门窗尺寸根据模数制系统设计；仅对原装饰层进行简单翻新等。例如，清水混凝土不需要涂料、饰面等化工产品装饰，减少材料用量，其结构一次成型，不需剔凿修补和抹灰，减少大量建筑垃圾，有利于保护环境，可视为一种形式简约的内外装饰装修。

为了保持建筑物的风格、视觉效果和良好的人居环境，装饰装修材料在使用一定年限后需进行维护、更换。如果使用易沾污、难维护及耐久性差的装饰装修材料，会在一定程度上增加建筑物的维护成本，且装修施工也会带来有毒有害物质的排放、粉尘及噪声等问题。建筑装饰装修材料的环保性能应符合现行国家标准《民用建筑工程室内环境污染控制规范》GB 50325 和相应产品标准的有关规定，耐久性应符合现行有关标准的规定。

本条的评价方法为：设计评价查阅相关设计文件；运行评价查阅相关竣工图、产品说明书、材料检测报告，并现场核实。

5.2.8 本条适用于各类民用建筑的设计、运行评价。对未使用结构加固用胶粘剂、聚合物砂浆或结构防护材料的改造项目，本条对该材料的相应要求不参评。

结构加固用胶粘剂为有机材料，可能存在异味或者对人体、环境有不利影响，且其耐久性往往比无机材料要差。结构加固材料和防护材料的耐久性对保证改造效果、延长使用寿命具有重要作用。因此，对此类材料提出环保和耐久性要求。结构加固材料和防护材料的种类较多，其耐久性均应符合相关标准的规定。例如，本条第1、2款所指的结构加固材料，国家现行标准《混凝土结构加固设计规范》GB 50367、《混凝土结构加固用聚合物砂浆》JG/T 289 等均对其无毒、耐久性能有规定；本条第3款所指的结构防护材料，现行行业标准《建筑用钢结构防腐涂料》JG/T 224、《混凝土结构防护用成膜型涂料》JG/T 335、《混凝土结构防护用渗透型涂料》JG/T 337 等均对其耐久性能有规定。

本条的评价方法为：设计评价查阅相关设计文件；运行评价查阅相关竣工图，结构加固材料和防护材料的产品说明书、材料检测报告。

5.2.9 本条适用于各类民用建筑的设计、运行评价。

建筑材料的再利用和循环利用是建筑节材与材料资源利用的重要内容，可以减少生产加工新材料带来的资源、能源消耗和环境污染，具有良好的经济、社会和环境效益。有的建筑材料可以在不改变材料的物质形态情况下直接进行再利用，或经过简单组合、修复后可直接再利用，如某些特定材质制成的门、窗等。有的建筑材料需要通过改变物质形态才能实现循环利用，如钢筋、玻璃等。有的建筑材料则既可以直接再利用又可以回炉后再循环利用，例如标准尺寸的钢结构型材等。以上各类材料均可纳入本条范畴。

本条的评价方法为：设计评价查阅工程概预算材料清单、相关材料使用比例计算书；运行评价查阅工程决算材料清单、相关材料使用比例计算书、相关材料检测报告。

5.2.10 本条适用于各类民用建筑的设计、运行评价。当改造施工不需要现浇混凝土时，本条第1款直接得4分；当改造施工不需要使用砂浆时，本条第2款直接得2分。

我国大力提倡和推广使用预拌混凝土，其应用技术已经成熟。与现场搅拌混凝土相比，预拌混凝土产品性能稳定，易于保证工程质量，且采用预拌混凝土能够减少施工现场噪声和粉尘污染，节约能源、资源，减少材料损耗。预拌混凝土应符合现行国家标准《预拌混凝土》GB/T 14902的有关规定。

预拌砂浆是根据工程需要配制、由专业化工厂规模化生产的，砂浆的性能品质和均匀性能够得到充分保证，可以很好地满足砂浆保水性、和易性、强度和耐久性需求。预拌砂浆应符合国家现行标准《预拌砂浆》GB/T 25181和《预拌砂浆应用技术规程》JGJ/T 223的有关规定。

本条的评价方法为：设计评价查阅相关设计文件；运行评价查阅相关竣工图，预拌混凝土、预拌砂浆用量清单。

Ⅲ 改 造 效 果

5.2.11 本条适用于各类民用建筑的设计、运行评价。对现行国家标准《建筑抗震鉴定标准》GB 50023规定的C类建筑，本条不参评。

1989年，我国首次发布了《建筑抗震设计规范》GBJ 11-89。因此，自20世纪90年代起，新建建筑均是按当时施行的抗震设计规范系列设计和建造的。对于原来未进行抗震设计、设防烈度低或按旧规范进行抗震设计的既有建筑结构，多数在改造加固设计时难以达到现行设计规范的要求。因此，改造时应根据实际情况和需要进行设计，使其达到现行国家标准《建筑抗震鉴定标准》GB 50023的基本要求。当有条件时，可选用较高的后续使用年限进行改造设计和施工，且改造的施工质量满足相应验收规范的要求，改造后结构抗震性能满足设计要求，此时，可认为结构抗震性能提升，改造效果明显。

本条的评价方法为：设计评价查阅相关设计文件、抗震鉴定报告、抗震性能提升专项报告；运行评价查阅相关竣工图、抗震鉴定报告、抗震性能提升专项报告，并现场核实。

5.2.12 本条适用于各类民用建筑的设计、运行评价。

建筑结构的耐久性决定着建筑的使用年限。建筑使用寿命的延长意味着更好地节约能源资源。应采取措施保证结构的耐久性符合设计使用年限的要求。本标准第5.2.6条对新增结构构件的耐久性提出了评价要求。本条主要针对改造工程中加固的结构构件以及未经改造的结构构件，要求其具有与设计使用年限相适应的耐久性。

对加固的结构构件，应根据设计使用年限和环境类别进行耐久性设计，提出耐久性技术措施和使用阶段的检测维护要求。加固所采用的材料耐久性、相关构造及施工质量等应符合国家现行相关标准的要求。

对于未经改造的结构构件，应按现行国家标准《工程结构可靠性设计统一标准》GB 50153的要求，根据结构已经使用的时间、材料相关性能变化的状况、环境作用情况和结构构件材料性能的劣化规律等进行耐久年数评定。对于耐久年数小于设计使用年限的，应采取相应的处理措施。

建筑结构耐久性应符合的国家现行标准主要标准包括：《混凝土结构设计规范》GB 50010、《混凝土结构耐久性设计规范》GB 50476、《钢结构设计规范》GB 500017、《耐候结构钢》GB/T 4171、《建筑用钢结构防腐涂料》JG/T 224、《砌体结构设计规范》GB 50003、《木结构设计规范》GB 50005以及各类材料结构的加固设计、施工和验收规范。

本条的评价方法为：设计评价查阅相关设计文件、结构耐久性评定报告；运行评价查阅相关竣工图、结构耐久性评定报告、加固材料耐久性检测报告，并现场核实。

6 暖 通 空 调

6.1 控 制 项

6.1.1 本条适用于各类民用建筑的设计、运行评价。

节能诊断是进行既有建筑节能改造的重要依据，在暖通空调系统改造前应制定详细的节能诊断方案。居住建筑节能诊断的内容主要包括：供暖、空调能耗现状的调查，室内热环境，暖通空调系统等现状诊断。居住建筑节能诊断检测方法应符合现行行业标准《居住建筑节能检测标准》JGJ/T 132的有关规定。公共建筑节能诊断的内容主要包括：冷水机组、热泵机组的实际性能系数，锅炉运行效率，水泵效率，水系统补水率，水系统供回水温差，冷却塔冷却性能，风机单位风量耗功率，风系统平衡度等，公共建筑节能诊断检测方法应符合现行行业标准《公共建筑节能检测标准》JGJ/T 177的有关规定。

本条的评价方法为：设计评价查阅节能诊断报告；运行评价查阅节能诊断报告。

6.1.2 本条适用于各类民用建筑的设计、运行评价。

重新进行热负荷和逐项逐时冷负荷的计算，有利于降低暖通空调系统改造初投资、节省运行能耗。改造可能会涉及建筑的围护结构、建筑的房间分隔要求和使用功能,在对暖通空调系统进行改造时,需要按国家或地方的有关节能设计标准重新进行热负荷和逐项逐时的冷负荷计算,从而避免由于冷、热负荷偏大,导致装机容量大、管道尺寸大、水泵和风机配置大、末端设备选型大的"四大"现象发生;对于仅改造暖通空调系统的建筑,根据负荷特点进行设计及设备选型显得尤为重要。

本条的评价方法为:设计评价查阅相关设计文件、计算书;运行评价查阅相关竣工图,并现场核实。

6.1.3 本条适用于各类民用建筑的设计、运行评价。

合理利用能源、提高能源利用率、节约能源是我国的基本国策。高品位的电能直接用于转换为低品位的热能进行供暖或空调,热效率低,运行费用高,必需严格限制这种"高质低用"的能源转换利用方式。考虑到一些特殊的建筑,符合下列条件之一,则不在本条的限制范围内:

1 电力供应充足,且电力需求侧鼓励用电;

2 无城市或区域集中供热,采用燃气、煤、油等燃料受到环保或消防限制,且无法利用热泵提供供暖热源的建筑;

3 以供冷为主、供暖负荷非常小,且无法利用热泵或其他方式提供供暖热源的建筑;

4 以供冷为主、供暖负荷小,无法利用热泵或其他方式提供供暖热源,但可以利用低谷电进行蓄热,且电锅炉不在用电高峰和平段时间启用的建筑;

5 利用可再生能源发电,且其发电量能满足自身电加热、加湿需求的建筑;

6 冬季无加湿用蒸汽源,且冬季室内相对湿度控制精度要求高的建筑。

本条的评价方法为:设计评价查阅相关设计文件;运行评价查阅相关竣工图,并现场核实。

6.1.4 本条适用于各类民用建筑的设计、运行评价。

热舒适是人体对热环境的主观热反应,房间的温度、湿度对人体热舒适感影响显著,同时温湿度的高低与建筑能耗大小有密切关系;新风量是衡量室内空气质量的重要标准。因此,本条对房间的温度、湿度、新风量等参数进行要求,其应满足现行国家标准《民用建筑供暖通风与空气调节设计规范》GB 50736的有关规定。对于未设空调系统仅有供暖系统的既有建筑,改造后房间内的温度符合相关规定即可。

本条的评价方法为:设计评价查阅相关设计文件;运行评价查阅竣工图、温湿度检测报告及新风机组风量检测报告,并现场核实。

6.2 评分项

Ⅰ 设备和系统

6.2.1 本条适用于各类民用建筑的设计、运行评价。

暖通空调系统冷热源机组的能耗在建筑总能耗中占有较大的比重,机组能效水平的提升是改造的重点之一。

现行国家标准《公共建筑节能设计标准》GB 50189强制性条文分别对锅炉的热效率、电机驱动压缩机的蒸气压缩循环冷水(热泵)机组的性能系数(COP)、名义制冷量大于7100W、采用电机驱动压缩机的单元式空气调节机、风管送风式和屋顶式空气调节机组的能效比(EER)、多联式空调(热泵)机组的综合性能系数 IPLV(C)、直燃型溴化锂吸收式冷(温)水机组的性能参数提出了基本要求。

对于现行国家标准《公共建筑节能设计标准》GB 50189中未予规定的情况,例如量大面广的住宅或小型公建中采用分体空调器、燃气热水炉等其他设备作为暖通空调冷热源(含热水炉同时作为供暖和生活热水热源的情况)可以根据现行有关国家标准《房间空气调节器能效限定值及能效等级》GB 12021.3、《转速可控型房间空气调节器能效限定值及能效等级》GB 21455、《家用燃气快速热水器和燃气采暖热水炉能效限定值及能效等级》GB 20665等规定的能效限定值作为判定本条是否达标的依据。

本条的评价方法为:设计评价查阅相关设计文件;运行评价查阅相关竣工图、主要产品形式检验报告、运行记录,并现场核实。

6.2.2 本条适用于各类民用建筑的设计、运行评价。

在大量既有建筑中,输配系统的能耗占到整个暖通空调系统能耗的30%以上,在绿色改造中要重视解决"大流量小温差"以及水泵低效率运转等问题。改造后输配系统和设备的性能指标应满足下列要求:

1 供暖系统热水循环泵耗电输热比满足现行国家标准《公共建筑节能设计标准》GB 50189的要求;

2 通风空调系统风机的单位风量耗功率满足现行国家标准《公共建筑节能设计标准》GB 50189的要求;

3 空调冷热水系统循环水泵的耗电输冷(热)比满足现行国家标准《民用建筑供暖通风与空气调节设计规范》GB 50736的要求。

本条的评价方法为:设计评价查阅相关设计文件、计算书;运行评价查阅相关竣工图、主要产品形式检验报告、计算书,并现场核实。

6.2.3 本条适用于各类民用建筑的设计、运行评价。

多数暖通空调系统都是按最不利情况(满负荷)进行系统设计和设备选型的,而建筑在绝大部分时间内是处于部分负荷状况,或者同一时间仅有一部分空间处于使用状态。针对部分负荷、部分空间使用条件的情况,如何采取有效措施节约能源,在改造过程中显得至关重要。系统改造中应考虑合理的系统分区、水泵变频、变风量、变水量等节能措施,保证在建筑物处于部分冷热负荷或部分建筑空间使用时,能根据实际需要提供能源供给，同时不降低能源转换效率，并能够指导系统在实际运行中实现节能高效运行。

本条第1款主要针对系统划分及其末端控制，空调方式采用分体空调以及多联机的，可认定为满足（但前提是其供暖系统也满足本款要求，或没有供暖系统）。本条第2款主要针对系统冷热源，如热源为市政热源可不予考察（但小区锅炉房等仍应考察）。本条第3款主要针对系统的输配系统，如冷热源和末端一体化而不存在输配系统的，可认定为满足，例如住宅中仅设分体空调以及多联机。

本条的评价方法为：设计评价查阅相关设计文件、计算书；运行评价查阅相关竣工图、计算书、运行记录，并现场核实。

6.2.4 本条适用于各类民用建筑的设计、运行评价。

当暖通空调系统能耗未分项计量时，不利于掌握系统和设备的能耗分布，难以发现能耗不合理之处。因此，在暖通空调系统改造时应当考虑这个问题，通过线路改造、加装电表等方式，使暖通空调系统各能耗环节如冷热源、输配系统等各部分都能实现独立分项计量，有助于分析各项能耗水平和能耗结构是否合理，发现问题并提出改进措施，并根据独立分项计量进行收费。

对于有多个独立付费单元或管理单元的建筑，也可按付费单元或管理单元设置能耗计量装置，并根据计量结果进行收费，使用经济手段促使人们节约用能，从而有效地实施建筑节能。集中供暖的居住建筑，在各户或楼栋热力入口处设置能耗计量装置，促进行为节能。

本条的评价方法为：设计评价查阅相关文件；运行评价查阅相关竣工图、分项计量记录，并现场核实。

6.2.5 本条适用于各类民用建筑的设计、运行评价。采用分散式空调系统的建筑不参评。

管理是节约能源、资源的重要手段。通过设置暖通空调能耗管理系统，可以掌握各部分、设备的能耗情况，并进行数据分析对比，帮助运行管理者发现建筑运行中存在或潜在的低能效、高能耗问题，实现建筑节能潜力挖掘及运行优化，并对物业管理手段的多样化和精确化起到重要帮助作用。

针对既有建筑暖通空调系统的各个部分和重点设备，在改造过程当中合理加装或改造各类传感器和仪表，并通过软件平台将系统能耗参数进行集中采集，实现实时显示、统计存储、分析对比、权限管理、上传公示、报警预测等功能。

本条的评价方法为：设计评价查阅相关设计文件；运行评价查阅竣工图、运行记录，并现场核实。

6.2.6 本条适用于各类民用建筑的设计、运行评价。

本条文的目的是鼓励采取增设变频装置或其他低成本节能改造技术对现有系统进行有针对性的改造，在经济合理的情况下降低暖通系统的能耗。

在对原有冷水（热泵）机组进行变频改造时，应充分考虑变频后冷水（热泵）机组运行的安全性问题。目前并不是所有冷水（热泵）机组均可通过增设变频装置来实现机组的变频运行，因此在确定冷水（热泵）机组变频改造方案时，应进行充分的技术论证并听取原设备厂家的意见。

目前其他常用的低成本节能改造技术还有：重设冷水机组出水温度、保持建筑微正压运行、优化车库排风系统、根据CO_2浓度调节新风量、设置房间温控器可调范围、变风量系统重设静压点、水泵叶轮切削技术等。应用低成本改造技术需进行相关经济性计算分析，确保所采用技术的合理性。

本条的评价方法为：设计评价查阅相关设计文件、计算分析报告；运行评价查阅相关竣工图、运行记录、计算分析报告，并现场核实。

Ⅱ 热湿环境与空气品质

6.2.7 本条适用于各类民用建筑的设计、运行评价。

本条文强调的室内热舒适的可调控性，包括主动式供暖空调末端的可调性及个性化的调节措施，目标是尽量地满足用户改善个人热舒适的差异化需求及在满足热舒适的前提下促进行为节能的实现。本条鼓励根据房间、区域的功能和所采取的系统形式，合理设置可调末端装置；干式风机盘管、地板辐射等供暖空调形式，不仅有较好的节能效果，而且还能更好地提高人员舒适性。对于居住建筑，根据具有独立调节能力的户数的比例进行评分；对于采用供暖空调系统的公共建筑，根据具有独立调节能力的主要功能房间面积的比例进行评分。

本条的评价方法为：设计评价查阅相关设计文件；运行评价查阅相关竣工图，并现场核实。

6.2.8 本条适用于各类民用建筑的设计、运行评价。

本条文的目的是采取有效措施净化室内空气，从而有效降低室内空气污染物的浓度。室内空气污染物大致可分为气态污染物和颗粒状污染物两大类，包括甲醛、苯系物、氡、TVOC、PM10、PM2.5等，室内空气质量好坏直接影响到人们的生理健康、心理健康和舒适感。为了提高室内空气质量，改善居住、办公条件，增进身心健康，有必要对室内空气污染物进行控制。

空气净化可分为机械净化法、物理化学净化法、催化净化法和生物净化法。为了保证建筑整体室内空气质量和评价方法的可操作性，对于居住建筑，根据具有空气净化能力的户数的比例进行评分；对于采用供暖空调系统的公共建筑，根据具有空气净化能力的主要功能房间面积的比例进行评分。

本条的评价方法为：设计评价查阅相关设计文件；运行评价查阅相关竣工图纸、产品形式检验报告、室内空气污染物浓度检测报告，并现场核实。

Ⅲ 能源综合利用

6.2.9 本条适用于各类民用建筑的设计、运行评价。

在过渡季节或冬季，充分利用自然冷源降温，例如全空气空调系统进行全新风或可调新风比运行，但设计时必须认真考虑新风口及新风管所需的截面积，合理布置排风管路；利用蒸发冷却或冷却塔冷却方式进行冬季和过渡季供冷，有利于降低空调系统能耗，达到节能的目的；因地制宜采用地道风、自然通风以及太阳能热压通风等方式对室内进行通风降温，也能显著降低系统能耗。

本条的评价方法为：设计评价查阅相关设计文件、计算分析报告；运行评价查阅相关竣工图、计算分析报告、产品形式检验报告、运行记录，并现场核实。

6.2.10 本条适用于各类民用建筑的设计、运行评价。若建筑无可用的余热源或无稳定的热需求，或能量投入产出收益不合理，本条不参评。

对空调区域排风中的能量加以回收利用，可以取得很好的节能效益和环境效益。因此，设计时可优先考虑回收排风中的能量，尤其是当新风与排风采用专门独立的管道输送时，有利于设置集中的热回收装置。严寒地区采用空气热回收装置时，应对热回收装置的排风侧是否出现结露或结霜现象进行核算，若出现结露或结霜时，应采取预热等防治措施。参评建筑的排风热回收应满足下列两项之一：

1 采用集中空调系统的建筑，利用排风对新风进行预热（预冷）处理，降低新风负荷，且排风热回收装置（全热和显热）的额定热回收效率不低于60%；

2 分户分室采用带热回收的新风与排风双向换气装置，且双向换气装置的额定热回收效率不低于55%。

在空调冷负荷较大，且有供热需求的场所，宜采用热回收型冷水机组；锅炉的排烟温度很高，若直接排走将造成大量热损失，设置烟气余热回收装置回收烟气余热量能有效提升锅炉效率；特别是燃气锅炉，由于烟气中含有大量水蒸气，若能回收水蒸气的汽化潜热，则效率有较大的提升。

本条的评价方法为：设计评价查阅相关设计文件、计算分析报告；运行评价查阅相关竣工图、计算分析报告、主要产品形式检验报告、运行记录，并现场核实。

6.2.11 本条适用于各类民用建筑的设计、运行评价。

本条的目的是根据计算得到的各种可再生能源全年可提供的能量占既有建筑全年所需的总能源量的比例，对建筑可再生能源利用进行评定。由于不同种类可再生能源的度量方法、品位和价格都不同，所以需要分类进行衡量。

可再生能源利用具有节能减排的综合效益，利用可再生能源提供生活热水、作为采暖或空调系统的冷热源等已有很多成功案例，适宜广泛推广。因此，在建筑绿色改造时，应根据当地气候和自然资源条件合理利用太阳能、地热能等可再生能源。

利用可再生能源提供热水或作为空调冷热源的建筑按本标准表6.2.11进行评价时，对于设计评价，可以采用可再生能源提供的生活热水的户数比例（住宅建筑）或水量比例（公共建筑）作为评价指标；对于运行评价，采用扣除常规辅助能源系统以及水泵风机系统能耗之后的可再生能源净贡献率作为评价指标。

注意，对于太阳能热利用系统的供暖空调冷热量，需统一考虑全年的供暖空调的冷量和热量，即分母应为供暖总热量与空调总冷量的算术和。

对于本标准表6.2.11所列的三种情况，可同时累计得分，最高不超过10分。对于由其他形式可再生能源提供的供暖空调冷热量或生活热水，可参照本标准表6.2.11给出的规则，计算系统中可再生能源所提供的能量比率。对于光伏发电系统，则按本标准第8.2.9条评价，不纳入本条评价范围。

本条的评价方法为：设计评价查阅相关设计文件、计算分析报告；运行评价查阅相关竣工图、计算分析报告、主要产品形式检验报告、运行记录，并现场核实。

Ⅳ 改造效果

6.2.12 本条适用于各类民用建筑的设计、运行评价。

采用暖通空调系统能耗降低幅度φ_{HVAC}为评价指标，通过分别计算改造前后暖通空调系统的能耗，对比得出节能的实际效果，其中改造前后建筑的围护结构应具有一致性。暖通空调系统能耗降低幅度是指由于暖通空调系统采取一系列节能改造措施后，直接导致暖通空调系统的能源消耗（电、燃煤、燃油、燃气）降低的幅度，不包括由于围护结构的节能改造而间接导致暖通空调系统能源消耗的降低量。

能耗降低幅度计算公式如下：

$$\varphi_{HVAC} = \left(1 - \frac{E_{HVAC}}{E_{HVAC,ref}}\right) \times 100\% \quad (1)$$

式中：E_{HVAC}——改造后暖通空调系统全年能耗；

$E_{HVAC,ref}$——改造前暖通空调系统全年能耗。

对于设计评价，可采用能耗模拟的方法进行计算；对于运行评价，可采用能耗模拟与实际计量数据相结合的方法进行计算。

本条的评价方法为：设计评价查阅相关设计文

件、计算分析报告；运行评价查阅相关竣工图、计算分析报告、运行记录，并现场核实。

6.2.13 本条适用于各类民用建筑的设计、运行评价。

本条的目的是避免过度更换尚可利用的暖通空调设备，减少不必要的改造成本。在考虑能耗降低幅度的情况下，缩短改造方案的静态投资回收期（P_t），提高投资方案的经济性。静态评价方法不考虑资金的时间价值，在一定程度上反映了投资效果的优劣，经济意义明确、直观，计算简便。

静态投资回收期（P_t）计算公式如下：

$$P_t = \frac{K}{A} \qquad (2)$$

式中：K——实施节能改造的总投入成本；
$\quad\quad A$——改造后每年节约的费用。

改造后每年节约的费用（A）计算公式如下：

$$A = (E_{\text{HVAC,ref}} - E_{\text{HVAC}}) \times P \qquad (3)$$

式中：P——改造时的能源价格。

本条的评价方法为：设计评价查阅相关设计文件、计算分析报告；运行评价查阅相关竣工图、计算分析报告、运行记录，并现场核实。

6.2.14 本条适用于各类民用建筑的设计、运行评价。

热湿环境是建筑环境的重要内容，应当在保障室内热湿环境质量的前提下寻求建筑能耗降低的方法。室内热湿环境主要受人的活动水平、服装热阻、室内温度、湿度、空气流速等参数的影响，根据既有建筑的使用要求、气候、适应性等条件，采用合理控制措施，营造节能、健康、舒适的室内热湿环境。本条按现行国家标准《民用建筑室内热湿环境评价标准》GB/T 50785 所规定的评价方法进行评价。

本条的评价方法为：设计评价查阅相关设计文件、计算分析报告；运行评价查阅相关竣工图、计算分析报告，并现场核实。

7 给 水 排 水

7.1 控 制 项

7.1.1 本条适用于各类民用建筑的设计、运行评价。

既有建筑的水系统改造，既要保证改造效果，又要避免对周围环境的影响，故水系统改造专项方案中除了对节水节能效果、技术经济合理性进行评估外，还应评估水系统改造对周边环境、用户、建筑本体等造成的影响。

水系统改造专项方案应包括但不限于以下内容：

1 当地政府规定的节水要求、地区水资源状况、气象资料、地质条件及市政设施情况等。

2 项目概况。当项目包含多种建筑类型，如住宅、办公建筑、旅馆、商店、会展建筑等时，可统筹考虑项目内水资源的综合利用。

3 确定节水用水定额、编制用水量计算表及水量平衡表。

4 给排水系统设计方案介绍。

5 采用的节水器具、设备和系统的相关说明。

6 非传统水源利用方案。对雨水、再生水、海水等水资源利用的技术经济可行性进行分析和研究，进行水量平衡计算，确定雨水、再生水、海水等水资源的利用方法、规模、处理工艺流程等，并应采取用水安全保障措施，且不得对人体健康与周围环境产生不良影响。

7 景观水体补水严禁采用市政供水和自备地下水井供水，可以采用地表水和非传统水源。取用建筑场地外的地表水时，应事先取得当地政府主管部门的许可；采用雨水和建筑中水作为水源时，水景规模应根据设计可收集利用的雨水或中水量来确定。

8 水系统改造对周边环境、用户、建筑本体影响等评估报告。

本条评价方法为：设计评价查阅相关设计文件（设计说明、施工图、计算书）、水系统改造专项方案；运行评价查阅相关竣工图、水系统改造专项方案、产品说明书、运行数据报告，并现场核实。

7.1.2 本条适用于各类民用建筑的设计、运行评价。

合理、完善、安全的给排水系统应符合下列要求：

1 给排水系统的规划设计应符合相关现行标准的规定，如《建筑给水排水设计规范》GB 50015、《城镇给水排水技术规范》GB 50788、《民用建筑节水设计标准》GB 50555、《建筑中水设计规范》GB 50336 等。

2 给水水压稳定、可靠，各给水系统应保证以足够的水量和水压向所有用户不间断地供应符合要求的水。供水充分利用市政压力，加压系统选用节能高效的设备；给水系统分区合理，每区供水压力不大于 0.45MPa；合理采取减压限流的节水措施。

3 根据用水要求的不同，给水水质应达到国家、行业或地方现行标准的要求。使用非传统水源时，采取用水安全保障措施，且不得对人体健康与周围环境产生不良影响。

4 管材、管道附件及设备等供水设施的选取和运行不应对供水造成二次污染。各类不同水质要求的给水管线应有明显的管道标识。有直饮水供应时，直饮水应采用独立的循环管网供水，并设置水量、水压、水质、设备故障等安全报警装置。

5 设置完善的污水收集、处理和排放等设施。技术经济分析合理时，可考虑污废水的回收再利用，自行设置完善的污水收集和处理设施。污水处理率和达标排放率必须达到100%。

6 为避免室内重要物资和设备受潮引起损失，应采取有效措施避免管道、阀门和设备的漏水、渗水或结露。

7 热水用水量较小且用水点分散时，宜采用局部热水供应系统；热水用水量较大、用水点比较集中时，应采用集中热水供应系统，并应设置完善的热水循环系统。设置集中生活热水系统时，应确保冷热水系统压力平衡，或设置混水器、恒温阀、压差控制装置等。

8 应根据当地气候、地形、地貌等特点合理规划雨水入渗、排放或利用，保证排水渠道畅通，减少雨水受污染的几率，且合理利用雨水资源。

本条评价方法为：设计评价查阅相关设计文件；运行评价查阅相关竣工图、产品说明书、水质检测报告、运行数据报告等，并现场核实。

7.1.3 本条适用于各类民用建筑的设计、运行评价。无非传统水源利用系统的项目，本条不参评。

保证非传统水源的使用安全，防止误接、误用、误饮是非传统水源利用中必需高度重视的问题。

非传统水源利用系统应符合下列要求：

1 非传统水源管道严禁与生活饮用水给水管道连接；

2 水池（箱）、阀门、水表及给水栓、取水口均应有明显的非传统水源标志；

3 采用非传统水源的公共场所的给水栓及绿化取水口应设带锁装置。

本条评价方法为：设计评价查阅相关设计文件；运行评价查阅相关竣工图、产品说明书，并现场核实。

7.2 评分项

Ⅰ 节水系统

7.2.1 本条适用于各类民用建筑的设计、运行评价。

用水器具给水额定流量是指为满足使用要求，用水器具给水配件出口，在单位时间内流出的规定出水量。流出水头是指保证给水配件流出额定流量，在阀前所需的水压。给水配件阀前压力大于流出水头，给水配件在单位时间内的出水量超过额定流量的现象，称超压出流现象，该流量与额定流量的差值，为超压出流量。给水配件超压出流量，不但会破坏给水系统中水量的正常分配，对用水工况产生不良的影响，同时因超压出流未产生使用效益，为无效用水量，即浪费的水量。因它在使用过程中流失，不易被人们察觉和认识，属于"隐形"水量浪费，应引起足够的重视。给水系统设计时应采取措施控制超压出流现象，应合理进行压力分区，并适当地采取减压措施，避免浪费。

当选用了恒定出流的用水器具时，该部分管线的工作压力满足相关设计规范的要求即可。当建筑因功能需要，选用特殊水压要求的用水器具时，如大流量淋浴喷头，可根据产品要求采用适当的工作压力，但应选用用水效率高的产品，并在说明中做相应描述。在上述情况下，如其他常规用水器具均能满足本条要求，可以评判其达标。

既有建筑供水系统改造难度较大，但水压控制可通过减压阀等措施实现。

本条的评价方法为：设计评价查阅相关设计文件（含各层用水点用水压力计算表）；运行评价查阅相关竣工图、产品说明书，并现场核实。

7.2.2 本条适用于各类民用建筑的设计、运行评价。

既有建筑更换管道、改变管道基础等实施难度较大，但将水池、水箱设置溢流报警和进水阀门机械联通或自动联动关闭措施较易实施。按水平衡测试要求设置计量水表，保证计量水表安装的闭合性，如发现管网漏损应及时整改。

管网漏失水量包括：阀门故障漏水量、室内卫生器具漏水量、水池和水箱溢流漏水量、设备漏水量和管网漏水量。为避免漏损，可采取以下措施：

1 给水系统中使用的管材、管件，必须符合现行产品行业标准的要求。对新型管材和管件应符合企业标准的要求。

2 选用性能高的阀门、零泄漏阀门等。

3 合理设计供水压力，避免供水压力持续高压或压力骤变。

4 做好室外管道基础处理和覆土，控制管道埋深，加强管道工程施工监督，把好施工质量关。

5 水池、水箱溢流报警和进水阀门自动联动关闭。

6 设计阶段：根据水平衡测试的要求安装分级计量水表，分级计量水表安装率达100%。具体要求为下级水表的设置应覆盖上一级水表的所有出流量，不得出现无计量支路。

7 运行阶段：物业管理方应按水平衡测试要求进行运行管理，申报方应提供用水量计量和漏损检测情况的报告，也可委托第三方进行水平衡测试，报告包括分级水表设置示意图、用水计量实测记录、管道漏损率计算和原因分析，并提供采取整改措施的落实情况报告。

本条的评价方法为：设计评价查阅相关设计文件（含分级水表设置示意图）；运行评价查阅竣工图（含分级水表设置示意图）、用水量计量和漏损检测及整改情况的报告，并现场核实。

7.2.3 本条适用于各类民用建筑的设计、运行评价。

按使用用途、付费或管理单元的情况，对不同用户的用水分别设置用水计算装置，统计用水量，并据此施行计量收费，以实现"用者付费"，达到鼓励行为节水的目的，同时还可统计各种用途的用水量和分析渗漏水量，达到持续改进的目的。各管理单元通常是分别付费，或即使是不分别付费，也可以根据用水计量情况，对不同管理单元进行节水绩效考核，促进行为节水。

对公共建筑中有可能实施用者付费的场所，应设置用者付费的设施，实现行为节水。

本条的评价方法为：设计评价查阅相关设计文件（含水表设置示意图）；运行评价查阅相关竣工图（含水表设置示意图）、各类用水的计量记录及统计报告，并现场核实。

7.2.4 本条适用于各类民用建筑的设计、运行评价。无热水系统的建筑，本条不参评。无公共浴室的项目第3款不参评。

热水用量较小且用水点分散的建筑（办公楼、小型饮食店等），宜采用局部热水供应系统；热水用水量较大、用水点集中的建筑（居住建筑、旅馆、公共浴室、医院、疗养院、体育馆、大型饭店等），应采用集中热水供应系统，并应设置完善的热水循环系统。热水系统设置应符合下列规定：

1 集中热水供应系统，应采用机械循环，保证干管、立管或干管、立管和支管中的热水循环；

2 设有3个以上卫生间的公寓、住宅等共用水加热设备的局部热水供应系统，应设回水配件自然循环或设循环泵机械循环；

3 住宅设集中热水供应时，应设干、立管循环，用水点出水温度达到设计水温的放水时间不应大于15s，医院、旅馆等公共建筑不应大于10s；

4 公共浴室可采用脚踏式、感应式及全自动刷卡式等定量或定时的淋浴方式。

用水点出水温度达到设计水温的放水时间可根据不循环支管的长度，及热水管道的流速通过计算后确定。

集中热水供应系统应有保证用水点处冷、热水供水压力平衡的措施，最不利用水点处冷、热水供水压力差不应大于0.02MPa，并符合下列规定：

1 冷水、热水供应系统应分区一致；

2 当冷、热水系统分区一致有困难时，宜采用配水支管设可调式减压阀减压等措施，保证系统冷、热水压力的平衡；

3 在用水点处宜设带调节压差功能的混合器、混合阀。

本条评价方法为：设计评价查阅相关设计文件；运行评价查阅相关竣工图、产品说明证或产品检测报告，并现场核实。

Ⅱ 节水器具与设备

7.2.5 本条适用于各类民用建筑的设计、运行评价。

采用节水型卫生器具是最明显、最直观的节水措施。由于既有建筑全面更换卫生器具存在一定难度，故根据项目具体情况，按比例得分。

目前，我国已对部分用水器具的用水效率制定了相关标准，如《水嘴用水效率限定值及用水效率等级》GB 25501-2010、《坐便器用水效率限定值及用水效率等级》GB 25502-2010、《小便器用水效率限定值及用水效率等级》GB 28377-2012、《淋浴器用水效率限定值及用水效率等级》GB 28378-2012、《便器冲洗阀用水效率限定值及用水效率等级》GB 28379-2012，今后还将陆续出台其他用水器具的标准。目前，卫生器具的用水效率等级一般共有3～5级，1级表示用水效率最高，各类节水器具的用水效率等级可参考表2。

表2 各类节水器具的用水效率等级表

用水效率限定值及用水效率			1级	2级	3级	4级	5级
水嘴流量（L/s）			0.100	0.125	0.150	—	—
坐便器用水量（L）	单档	平均值	4.0	5.0	6.5	7.5	9.0
	双档	大档	4.5	6.5	6.5	7.5	9.0
		小档	3.0	3.5	4.2	4.9	6.3
		平均值	3.5	4.0	5.0	5.8	7.2
小便器冲洗水量（L）			2.0	3.0	4.0	—	—
大便器冲洗阀冲洗水量（L）			4.0	5.0	6.0	7.0	8.0
小便器冲洗阀冲洗水量（L）			2.0	3.0	4.0	—	—
淋浴器流量（L/s）			0.08	0.12	0.15	—	—

在设计文件中要注明所有卫生器具的用水效率等级及相应的参数，并计算出用水效率等级达到2级的卫生器具数量占卫生器具总量的比例。今后当其他用水器具出台了相应标准时，按同样的原则进行要求。

对土建装修一体化设计的项目，在施工图设计中应对节水器具的选用做出要求；对非一体化设计的项目，申报方应提供确保业主采用节水器具的措施、方案或约定。

本条评价方法为：设计评价查阅相关设计文件、计算书、产品说明书（含相关节水器具的性能参数）；运行评价查阅竣工图、计算书、产品说明书或产品节水性能检测报告，并现场核实。

7.2.6 本条适用于各类民用建筑的设计、运行评价。无灌溉系统的建筑，本条直接得分。

绿化灌溉应采用喷灌、微灌、渗灌、低压管灌等节水灌溉方式，同时还可采用湿度传感器或根据气候变化的调节控制器。

目前普遍采用的绿化节水灌溉方式是喷灌,其比地面漫灌要省水30%～50%。采用再生水灌溉时,因水中微生物在空气中极易传播,应避免采用喷灌方式。

微灌包括滴灌、微喷灌、涌流灌和地下渗灌,比地面漫灌省水50%～70%,比喷灌省水15%～20%。其中微喷灌射程较近,一般在5m以内,喷水量为200L/h～400L/h。

鼓励采用湿度传感器或根据气候变化的调节控制器,根据土壤的湿度或气候的变化,自动控制浇洒系统的启停,从而提高浇洒效率。

无须永久灌溉植物是指适应当地气候,仅依靠自然降雨即可维持良好的生长状态的植物,或在干旱时体内水分丧失,全株呈风干状态而不死亡的植物。无须永久灌溉植物仅在生根时需进行人工灌溉,因而不需设置永久的灌溉系统,但临时灌溉系统应在安装后一年之内移走。

当60%以上的绿化面积采用了高效节水灌溉方式或节水控制措施时,方可判定本条得3分;当60%以上的绿化面积采用了无须永久灌溉植物,且其余部分绿化采用了高效节水灌溉方式时,方可判定本条得5分。当选用无须永久灌溉植物时,设计文件中应提供植物配置表,并说明是否属无须永久灌溉植物,申报方应提供当地植物名录,说明所用植物的耐旱性能。

本条评价方法为:设计评价查阅相关设计文件、苗木表、当地植物名录、相关节水灌溉产品的设备材料表、节水灌溉产品说明书;运行评价查阅相关竣工图、节水灌溉产品说明书、绿化灌溉用水量记录,并进行现场核实。

7.2.7 本条适用于各类民用建筑的设计、运行评价。不设置空调设备或系统的项目,本条直接得7分。第2款仅适用于运行评价。

公共建筑集中空调系统的冷却水补水量很大,可能占据建筑物用水量的30%～50%,减少冷却水系统不必要的耗水对整个建筑物的节水意义重大。

1 开式循环冷却水系统或闭式冷却塔的喷淋水系统受气候、环境的影响,冷却水水质比闭式系统差,改善冷却水系统水质可以保护制冷机组和提高换热效率。应设置水处理装置和化学加药装置改善水质,减少排污耗水量。开式冷却塔或闭式冷却塔的喷淋水系统设计不当时,高于集水盘的冷却水管道中部分水量在停泵时有可能溢流排掉。为减少上述水量损失,设计时可采取加大集水盘、设置平衡管或平衡水箱等方式,相对加大冷却塔集水盘浮球阀至溢流口段的容积,避免停泵时的泄水和启泵时的补水浪费。

2 实际运行时,在蒸发传热占主导的季节,开式冷却水系统或闭式冷却塔的喷淋水系统的实际补水量大于蒸发耗水量的部分,主要由冷却塔飘水、排污和溢水等因素造成;接触传热占主导的季节中,由于较大一部分排热实际上是由接触传热作用实现的,通过不耗水的接触传热排出冷凝热也可达到节水的目的。集中空调制冷及其自控系统设备应能够记录、统计空调系统的冷凝排热量。运行评价可以通过楼宇控制系统实测、记录并统计空调系统/冷水机组全年的冷凝热,据此计算出排出冷凝热所需要的理论蒸发耗水量。

3 本款所指的"无蒸发耗水量的冷却技术"包括采用分体空调、风冷式冷水机组、风冷式多联机、地源热泵、干式运行的闭式冷却塔等。风冷空调系统的冷凝排热以显热方式排到大气,并不直接耗费水资源,采用风冷方式替代水冷方式可以节省水资源。但由于风冷方式制冷机组的COP通常较水冷方式的制冷机组低,所以需要综合评价工程所在地的水资源和电力资源情况,有条件时优先考虑风冷方式排出空调冷凝热。

本条评价方法为:设计评价查阅相关设计文件、计算书、产品说明书;运行评价查阅相关竣工图、产品说明、冷却水系统用水计量报告,并现场核实。

Ⅲ 非传统水源利用

7.2.8 本条适用于各类民用建筑的设计、运行评价。

虽然利用非传统水源是节水最直接、最有效的措施之一,但由于既有建筑的特殊性,对非传统水源的利用率均较新建建筑适当降低。

应优先利用市政再生水,如项目周边无市政再生水利用条件,可根据可利用的原水水质、水量和用途,进行水量平衡和技术经济分析,合理确定非传统水源利用系统的水源、系统形式、处理工艺和规模。

非传统水源利用系统应优先选用污染程度较低的优质杂排水或杂排水作为水源。优质杂排水包括沐浴排水、盥洗排水、洗衣排水、空调冷凝水、游泳池排水等;杂排水指除粪便污水外的各种排水,除优质杂排水外还包括冷却排污水、游泳池排污水、厨房排水等。

使用非传统水源作为冷却水补水水源时,其水质应满足现行国家标准《采暖空调系统水质》GB/T 29044中空调冷却水的水质要求。

本条评价方法为:设计评价查阅相关设计文件、当地相关主管部门的许可、非传统水源利用计算书;运行评价查阅相关竣工图、用水计量记录和统计报告、非传统水源水质检测报告,并现场核实。

7.2.9 本条适用于各类民用建筑的设计、运行评价。不设景观水体的建筑,本条直接得10分。设有水景的项目,在取得当地相关主管部门的许可后,利用临近的河水、湖水补水,本条不得分。

国家标准《民用建筑节水设计标准》GB 50555-2010中强制性条文第4.1.5条规定"景观用水水源

不得采用市政自来水和地下井水";全文强制的国家标准《住宅建筑规范》GB 50368-2005 第4.4.3条规定"人工景观水体的补充水严禁使用自来水。"因此设有水景的项目,水体的补水只能使用非传统水源,或在取得当地相关主管部门的许可后,利用临近的河、湖水,但利用临近河、湖水进行补水的,本条不得分。

自然界的水体(河、湖、塘等)大都是由雨水汇集而成,结合场地的地形地貌汇集雨水,用于景观水体的补水,是节水和保护、修复水生态环境的最佳选择,因此设置本条的目的是鼓励将雨水控制利用和景观水体设计有机地结合起来。景观水体的补水应充分利用场地的雨水资源,不足时再考虑其他非传统水源的使用。

景观水体的水质应符合现行国家标准《城市污水再生利用 景观环境用水水质》GB/T 18921-2002的要求。景观水体的水质保障应采用生态水处理技术,合理控制雨水面源污染,确保水质安全。屋面雨水和道路雨水宜合理引入地面生态设施进行调蓄、下渗和利用,并采取相应截污措施,保障自然水体和景观水体的水质、水量安全。地面生态设施包括下凹式绿地、植草沟、树池等,即在地势较低的区域种植植物,通过植物截流、土壤过滤滞留处理小流量径流雨水,达到径流污染控制目的。

本条要求利用雨水提供的补水量大于水体蒸发量的60%,亦即采用除雨水外的其他水源对景观水体补水的量不得大于水体蒸发量的40%。缺水地区和降雨量少的地区不宜设置景观水体。设计阶段应做好景观水体补水量和水体蒸发量逐月的水量平衡,确保满足本条的定量要求。在雨季和旱季降雨量差异较大时,可以通过水位或水面面积的变化来调节补水量,也可设计旱溪或干塘等来适应降雨量的季节性变化,达到雨季观水、旱季观石的效果。

景观水体的补水管应单独设置水表,不得与绿化用水、道路冲洗用水合用水表。

本条评价方法为:设计评价查阅相关设计文件;运行评价查阅相关竣工图,并现场核实。

Ⅳ 改 造 效 果

7.2.10 本条适用于各类民用建筑的设计、运行评价。

由于既有建筑改造存在用水规模、用水功能等多种变化的可能性,难以通过改造前后用水总量对比反映节水效果,故以节水效率增量 R_{WEI} 作为评价改造后节水效果的指标。

节水效率增量即改造后节水器具节水率增量与非传统水源利用率增量之和,其中节水器具指水效率等级达到2级的水嘴、便器和淋浴器。根据《绿色建筑评价技术指南》"住宅只要全部采用了节水器具和

设备,其节水率控制在不低于8%是实际能够达到的",因此,节水器具的节水率增量及项目的节水效率增量可按下列公式计算:

$$R_{WEI} = R_{WR} + (R_U - R_{U,ref}) \quad (4)$$

$$R_{WR} = (R_{WD} - R_{WD,ref}) \times 8\% \quad (5)$$

式中:R_{WEI}——节水效率增量,%;
R_{WR}——节水器具的节水率增量,%;
R_{WD}——改造后节水器具的利用率,%;
$R_{WD,ref}$——改造前节水器具的利用率,%;
R_U——改造后非传统用水利用率,%;
$R_{U,ref}$——改造前非传统用水利用率,%。

本条评价方法为:设计评价查阅相关设计文件、产品说明书(含相关节水器具的性能参数)、计算书;运行评价查阅相关竣工图、产品说明书或产品节水性能检测报告、用水计量记录和统计报告,并现场核实。

7.2.11 本条适用于各类民用建筑的设计、运行评价。

场地开发应遵循低影响开发原则,合理利用场地空间设置绿色雨水基础设施。绿色雨水基础设施包括雨水花园、下凹式绿地、屋顶绿化、植被浅沟、雨水截流设施、渗透设施、雨水塘、雨水湿地、多功能调蓄设施等。绿色雨水基础设施有别于传统的灰色雨水设施(雨水口、雨水管道等),能够以自然的方式控制城市雨水径流、减少城市洪涝灾害、控制径流污染、保护水环境。

雨水下渗也是消减径流和径流污染的重要途径之一。通常停车场、道路和室外活动场地等,有一定承载力要求,多采用石材、砖、混凝土、砾石等为铺地材料,透水性能较差,雨水无法入渗,形成大量地面径流,增加城市排水系统的压力。可采用如植草砖、透水沥青、透水混凝土、透水地砖等透水铺装系统,既能满足路用及铺地强度和耐久性要求,又能使雨水通过本身与铺装下基层相通的渗水路径直接渗入下部土壤的地面铺装。当透水铺装下为地下室顶板时,若地下室顶板设有疏水板及导水管等可将渗透雨水导入与地下室顶板接壤的实土,或地下室顶板上覆土深度能满足当地园林绿化部门要求时,仍可认定其为透水铺装地面。

本条的评价方法为:设计评价查阅相关设计文件、综合径流系数计算书;运行评价查阅相关竣工图、综合径流系数计算书,并现场核实。

8 电 气

8.1 控 制 项

8.1.1 本条适用于各类民用建筑的设计、运行评价。居住建筑的参评范围为公共空间,包括电梯前厅、走

道、楼梯间、公共车库等场所。

建筑各房间或场所的照明数量和照明质量的指标应符合现行国家标准《建筑照明设计标准》GB 50034 的有关规定。

本条评价方法为：设计评价查阅相关设计图纸、设计文件和设计计算书；运行评价查阅相关竣工图、计算书，并现场核实。

8.1.2 本条适用于各类民用建筑的设计、运行评价。居住建筑的参评范围为公共车库。

现行国家标准《建筑照明设计标准》GB 50034 中将主要功能房间或场所一般照明的照明功率密度（LPD）作为照明节能的评价指标，对于公共建筑的一些主要功能房间或场所其现行值指标在标准中列为强制性条文，必须严格执行；对于居住建筑则为非强条，但作为评价绿色建筑的要求也应评价。对照明功率密度值（LPD），取最不利的房间或场所进行评价。

本条评价方法为：设计评价查阅相关设计文件、设计计算书；运行评价查阅相关竣工图、计算书，并现场核实。

8.1.3 本条适用于各类民用建筑的设计、运行评价。居住建筑的参评范围为公共空间。

荧光高压汞灯和普通照明用白炽灯光效低，不利于节能，属于需要淘汰的产品，不应在室内外照明中使用。国家出台了淘汰白炽灯路线图：

第一阶段：2011 年 11 月 1 日至 2012 年 9 月 30 日为过渡期；

第二阶段：2012 年 10 月 1 日起，禁止进口和销售 100W 及以上普通照明白炽灯；

第三阶段：2014 年 10 月 1 日起，禁止进口和销售 60W 及以上普通照明白炽灯；

第四阶段：2015 年 10 月 1 日至 2016 年 9 月 30 日为中期评估期，对前期政策进行评估，调整后续政策；

第五阶段：2016 年 10 月 1 日起，禁止进口和销售 15W 及以上普通照明白炽灯，或视中期评估结果进行调整。

本条评价方法为：设计评价查阅相关设计文件；运行评价查阅相关竣工图，并现场核实。

8.1.4 本条适用于各类民用建筑的设计、运行评价。居住建筑的参评范围为公共空间。

提高功率因数能够减少无功电流值，从而降低线路能耗和电压损失。现行国家标准《建筑照明设计标准》GB 50034 及其他相关标准中规定了功率因数的最低要求，荧光灯功率因数不应低于 0.9；高强气体放电灯功率因数不应低于 0.85；发光二极管（LED）功率小于等于 5W 时，其功率因数不应低于 0.70，功率大于 5W 时，其功率因数不应低于 0.9。

本条评价方法为：设计评价查阅相关设计文件；运行评价查阅相关竣工图、主要产品形式检验报告，并现场核实。

8.1.5 本条适用于各类民用建筑的设计、运行评价。

到目前为止，我国已正式发布了一些电气产品的能效标准，如表 3 所示。为推进建筑电气节能，设计中选用产品的能效水平不应低于相关能效标准中 3 级的要求。

表 3　我国已制定的电气产品能效标准

序号	标准编号	标准名称
1	GB 17896	管形荧光灯镇流器能效限定值及能效等级
2	GB 19043	普通照明用双端荧光灯能效限定值及能效等级
3	GB 19044	普通照明用自镇流荧光灯能效限定值及能效等级
4	GB 19415	单端荧光灯能效限定值及节能评价值
5	GB 19573	高压钠灯能效限定值及能效等级
6	GB 19574	高压钠灯用镇流器能效限定值及节能评价值
7	GB 20053	金属卤化物灯用镇流器能效限定值及能效等级
8	GB 20054	金属卤化物灯能效限定值及能效等级
9	GB 20052	三相配电变压器能效限定值及能效等级

本条评价方法为：设计评价查阅相关设计文件，按产品设计选型评价；运行评价查阅相关竣工图、主要产品形式检验报告，并现场核实。

8.1.6 本条适用于各类民用建筑的设计、运行评价。未设置夜景照明的建筑，本条不参评。

住房城乡建设部发布了《城市照明管理规定》、《"十二五"城市绿色照明规划纲要》等有关城市照明的文件，对夜景照明的规划、设计、运行和管理提出了严格要求。其中，对夜景照明实行统一管理，采取的照明分级、限制开关灯时间等措施对于节能有着显著的效果。国内大中城市普遍采用平时、一般节日、重大节日三级照明控制方式。

本条评价方法为：设计评价查阅相关设计文件；运行评价查阅相关竣工图，并现场核实。

8.2 评 分 项

Ⅰ 供配电系统

8.2.1 本条适用于各类民用建筑的设计、运行评价。

供配电系统按系统分类或管理单元设置电能计量表，能够记录各系统的用电能耗。按租户或单位设置电能表，是节能管理的重要措施。

本条评价方法为：设计评价查阅相关设计文件；

运行评价查阅相关竣工图,并现场核实。

8.2.2 本条适用于各类民用建筑的设计、运行评价。

现行国家有关标准中,规定了配电变压器经济运行区,有明确的计算方法及要求。

本条的评价方法为:设计评价查阅相关设计文件;运行评价查阅相关竣工图、运行记录,并现场核实。

8.2.3 本条适用于各类民用建筑的设计、运行评价。

既有建筑改造时,按现行国家标准《火灾自动报警系统设计规范》GB 50116 等要求增加电气火灾报警系统,主要是为了减少电气火灾发生。照明系统要求按现行标准,插座回路全部设置剩余电流动作保护装置,动作电流 30mA,动作时间 0.1s。

本条评价方法为:设计评价查阅相关设计文件;运行评价查阅相关竣工图,并现场核实。

8.2.4 本条适用于各类民用建筑的设计、运行评价。对于没有独立配电变压器或对配电变压器没有进行改造时,仅评价照明光源、镇流器。

到目前为止,我国已正式发布了一些电气产品的能效标准。为推进照明节能,设计中选用产品的能效水平不应低于相关能效标准中 2 级的要求。本条是第 8.1.5 条的更高要求。

本条评价方法为:设计评价查阅相关设计文件;运行评价查阅相关竣工图、主要产品形式检验报告,并现场核实。

8.2.5 本条适用于公共建筑的设计、运行评价。居住建筑直接得分。

谐波是电力系统中的一种污染源,会造成一系列危害,因此必需严加抑制。

在改造设计时应对大型用电设备、大型舞台可控硅调光设备等有谐波抑制或谐波测量提出要求,在施工或运行过程中应落实相关谐波抑制措施。

本条评价方法为:设计评价查阅相关设计文件;运行评价查阅相关竣工图,并现场核实。

Ⅱ 照明系统

8.2.6 本条适用于各类民用建筑的设计、运行评价。居住建筑的参评范围为公共空间。

间接照明或漫射发光顶棚的照明方式,不利于节能。间接照明是指由灯具发射的光通量只有不足 10% 的部分直接投射到假定工作面上的照明方式。发光顶棚照明是指光源隐蔽在顶棚内,使顶棚成发光面的照明方式。虽然这两种照明方式获得的照明质量好,光线柔和,但在达到同样的照度水平条件下,比直接照明方式所用电能要大很多,不是节能的照明方式。

本条评价方法为:设计评价查阅相关设计文件;运行评价查阅相关竣工图,并现场核实。

8.2.7 本条适用于各类民用建筑的设计、运行评价。居住建筑的参评范围为公共空间。

发光二极管(LED)具有启动快、寿命长、能效高等优点。相对于传统照明,其另外一大特点是其易于调节和控制,能进一步提高节能效果。

本条评价方法为:设计评价查阅相关设计文件;运行评价查阅相关竣工图,并现场核实。

8.2.8 本条适用于各类民用建筑的设计、运行评价。居住建筑的参评范围为公共空间。

分区、分组控制可以根据实际需求调整照明水平,做到按需照明,有利于节能。采取降低照度的自动控制措施,可以根据室外天气条件的变化,自动降低人工照明的照度,达到节能的目的。

本条评价方法为:设计评价查阅相关设计文件;运行评价查阅相关竣工图、主要产品形式检验报告,并现场核实。

8.2.9 本条适用于各类民用建筑的设计、运行评价。

目前,利用可再生能源解决部分或全部照明用电的建筑在逐年增加,故在既有建筑绿色改造中也应鼓励可再生能源发电技术的应用。考虑到现阶段,可再生能源主要用于提供照明电源,而既有建筑照明系统的节能改造技术也高于新建,所以本条文以照明设备安装容量来衡量可再生能源装机的容量,并在比例值上设置较低门槛且分档较细。可再生能源提供的容量比例 R_e 为可再生能源装机容量与照明设备安装容量之比,按表 8.2.9 相应的比例得分。如可再生能源用于照明以外的其他用电,也可按相应比例折算后得分。

本条评价方法为:设计评价查阅相关设计文件和计算书;运行评价查阅相关竣工验收图、计算书、主要产品形式检验报告,并现场核实。

Ⅲ 智能化系统

8.2.10 本条适用于各类民用建筑的设计、运行评价。对于无电梯的建筑,本条不参评。

行业标准《民用建筑电气设计规范》JGJ 16-2008 第 18.14.1 条及特定建筑电气设计规范(例如《交通建筑电气设计规范》JGJ 243、《会展建筑电气设计规范》JGJ 333)均有电梯节能、控制的相关条款。电梯和扶梯的节能控制措施包括但不限于电梯群控、扶梯感应启停及变频、轿厢无人自动关灯、驱动器休眠等。

本条评价方法为:设计评价查阅相关设计文件、人流平衡计算分析报告;运行评价查阅相关竣工图,并现场核实。

8.2.11 本条适用于各类民用建筑的设计、运行评价。

通过智能化技术与绿色建筑其他方面技术的有机结合,可望有效提升建筑综合性能。现行国家标准《智能建筑设计标准》GB 50314 对常用的公共建筑和居住建筑规定了智能化系统配置要求，同时提出了各类建筑智能化系统应配置项目和宜、可配置项目。

本条的评价方法为：设计评价查阅相关设计文件；运行评价查阅相关竣工图、运行记录，并现场核实。

Ⅳ 改造效果

8.2.12 本条适用于各类民用建筑的设计、运行评价。居住建筑的参评范围为公共车库。

现行国家标准《建筑照明设计标准》GB 50034 中将主要功能房间一般照明的照明功率密度（LPD）作为照明节能的评价指标。对照明功率密度值（LPD），取最不利的房间或场所进行评价。

本条评价方法为：设计评价查阅相关设计文件、计算书；运行评价查阅相关竣工图，并现场核实。

8.2.13 本条适用于各类民用建筑的设计、运行评价。住宅建筑的参评范围为公共空间。

在满足照度均匀度、显色指数、眩光等指标的前提下，照度过高浪费能源。评价时应考核标准中规定的全部房间或场所。

本条评价方法为：设计评价查阅相关设计文件、计算书；运行评价查阅相关竣工图，并现场核实。

9 施工管理

9.1 控 制 项

9.1.1 本条适用于各类民用建筑的运行评价。

项目部（包括总承包项目部及未纳入总承包管理范围的项目部）建立专门的绿色施工管理组织机构，完善管理体系和制度建设，根据预先设定的绿色施工总目标，进行目标分解、实施和考核活动。比选优化施工方案，制定相应施工计划并严格执行，要求措施、进度和人员落实，实行过程和目标双控。项目经理为绿色施工第一责任人，负责绿色施工的组织实施及目标实现，并指定绿色施工各级管理人员和监督人员。

本条的评价方法为：查阅该项目组织机构的相关制度文件，在施工过程中各种主要活动的可证明记录，包括可证明时间、人物、事件的纸质和电子文件，影像资料等。

9.1.2 本条适用于各类民用建筑的运行评价。

建筑工程施工过程是对工程场地的一个改造过程，不仅改变了场地的原始状态，而且对周边环境可能造成多种影响，包括水土流失、土壤污染、扬尘、噪声、污水排放、光污染等。各种拆除物、施工中的材料边角废料等也会增加对环境的不利影响。既有建筑绿色改造中，应充分体现绿色施工的理念，在拆除和改造施工过程中最大限度地实现节约资源和保护环境目标。

本条的评价方法为：查阅施工全过程环境保护计划书、施工单位 ISO 14001 文件、环境保护实施记录文件（包括责任人签字的检查记录、照片或影像等）、可能有的当地环保局或建委等有关主管部门对环境影响因子如扬尘、噪声、污水排放评价的达标证明。

9.1.3 本条适用于各类民用建筑的运行评价。

建筑改造施工过程中应加强对施工人员的健康安全保护。建筑施工项目部应编制"职业健康安全管理计划"，并组织落实，保障施工人员的健康与安全。工程施工阶段出现重大安全责任事故的，说明其健康安全保护或管理措施存在问题，不应参加绿色评价。

本条的评价方法为：查阅职业健康安全管理计划、施工单位 OHSAS 18000 职业健康与安全体系认证文件、安全管理相关记录（如现场作业危险源清单及其控制计划、现场作业人员个人防护用品配备及发放台账、安全检查记录等）、劳动保护用品或器具进货单。

9.1.4 本条适用于各类民用建筑的运行评价。

既有建筑改造施工阶段是绿色设计文件的实现过程，在这一过程中，参建各方应正确理解与准确把握设计文件中的绿色重点内容。施工前由参建各方进行专业会审时，应对实现和保障绿色建筑性能的重点内容逐一交底。

本条的评价方法为：查阅该项目各相关专业设计文件的专项会审记录；设计预评价，查阅相关设计文件。

9.2 评 分 项

Ⅰ 环 境 保 护

9.2.1 本条适用于各类民用建筑的运行评价。

施工扬尘是主要的大气污染源之一。施工中应采取有效的降尘措施，降低大气总悬浮颗粒物浓度。施工中的降尘措施包括对易飞扬物质的洒水、覆盖、遮挡，对出入车辆的清洗、车厢封闭以及对易产生扬尘的施工工艺采取降尘措施等。在工地建筑结构脚手架外侧设置密目防尘网或防尘布，具有很好的扬尘控制效果。

既有建筑改造施工常涉及区域改造或改造运营同时进行，应严格控制施工过程中扬尘范围，尽可能减少对周边区域的影响，不扩散到场区外或场区内非施工区域。

本条的评价方法为：查阅降尘计划书、降尘措施实施记录。

9.2.2 本条适用于各类民用建筑的运行评价。对于噪声测定值符合现行国家标准《建筑施工场界环境噪声排放标准》GB 12523 的有关规定，且未使用产生噪声的机械设备的改造项目，本条可直接得分。

施工过程中产生的噪声是影响周边居民生活的主

要因素之一，也是居民投诉的主要对象。国家标准《建筑施工场界环境噪声排放标准》GB 12523-2011对噪声的测量、限值作出了具体的规定，是施工噪声排放管理的依据。为了减少施工噪声排放，应采取降低噪声和阻止噪声传播的有效措施，包括采用低噪声、低振动施工设备，采取吸声、消声、隔声、隔振措施降低施工机械噪声等。

本条的评价方法为：查阅施工阶段场界噪声测量记录、机械设备购置或保养维护记录，并核实降噪设备、技术与措施。

9.2.3 本条适用于各类民用建筑的运行评价。

减少建筑施工废弃物并资源化，是施工管理需要重点考虑的问题。建筑改造施工废弃物减量化应在材料采购、材料管理、施工管理，以及既有建筑拆除的全过程实施。建筑施工废弃物应分类收集、集中堆放，尽量回收和再利用，如混凝土可制作成再生骨料等。

既有建筑改造施工废弃物包括工程拆除和改造施工过程中产生的各类可回收和不可回收的施工废料、拆除物等，不包括基坑开挖的渣土。通常拆除产生的废弃物多于常规施工废弃物。本条强调尽量减少拆除和施工中的废弃物产量，需要做好相应的施工组织设计和计划，并强调废弃物的回收利用，以最大限度地实现资源循环利用和减小对环境的不利影响。

本条的评价方法为：查阅施工阶段建筑施工废弃物减量化资源化计划、回收站出具的建筑施工废弃物回收单据、各类建筑材料进货单、各类工程量结算清单、施工单位固体废弃物排放量定期记录以及固体废弃物排放量统计计算书。

Ⅱ 资源节约

9.2.4 本条适用于各类民用建筑的运行评价。

施工过程中的用能，是建筑全寿命期能耗的组成部分。由于建筑类型、结构、高度、所在地区等的不同，建成每平方米建筑的用能量有显著的差异。施工中应制定节能和用能方案，提出建成每平方米建筑能耗目标值，预算各施工阶段用电负荷，合理配置临时用电设备，尽量避免多台大型设备同时使用。合理安排工序，提高各种机械的使用率和满载率，降低各种设备的单位耗能。应做好能耗监测、记录，用于指导施工过程中的能耗管理和能源节约。竣工时提供施工过程能耗记录和建成每平方米建筑实际能耗值，为施工过程的能耗统计提供基础数据。记录主要建筑材料运输能耗，是指记录的建筑材料占所有建筑材料重量的85%以上。

本条的评价方法为：查阅施工节能和用能方案、用能监测记录、建成面积能耗计算书（统计计算的建成每平方米建筑能耗值）。

9.2.5 本条适用于各类民用建筑的运行评价。

施工过程中的用水，是建筑全寿命期水耗的组成部分。由于建筑类型、结构、高度、所在地区等的不同，建成每平方米建筑的用水量有显著的差异。施工中应制定节水和用水方案，提出建成每平方米建筑水耗目标值。应做好水耗监测、记录，用于指导施工过程中的节水。竣工时提供施工过程水耗记录和建成每平方米建筑实际水耗值，为施工过程的水耗统计提供基础数据。

对于洗刷、降尘、绿化、设备冷却等用水来源，应尽量采用非传统水源。具体包括工程项目中使用的中水、基坑降水、工程使用后收集的沉淀水以及雨水等。

本条的评价方法为：查阅施工节水和用水方案、用水监测记录、建成每平方米水耗计算书、非传统水源使用记录（包含相关照片、影像等文件）。

9.2.6 本条适用于各类民用建筑的运行评价。对未使用相关材料的改造项目，本条不参评。

本条从节省材料和减少边角废料等废弃物的角度出发，要求各类需要辅以现场切割加工的块材、板材、卷材类材料，包括地砖、石材、石膏板、壁纸、地毯以及木质、金属、塑料类等材料，尽量将相应的加工工作安排在工厂进行，施工前根据工程实际进行合理排版。工厂化加工制作不仅提高精度和减少材料浪费，还可减小现场的工作量和噪声排放。合理的排版可减少废料的产生。

门窗、幕墙以及块材、板材、卷材加工应充分利用工厂化加工的优势，减少现场加工产生的占地、耗能，以及可能产生的噪声和废水排放。

工厂化加工比例的计算公式如下：

$$工厂化加工比例 = \frac{工厂化加工材料总重量}{需工厂化加工材料总重量} \times 100\%$$

(6)

现场排版比例的计算公式如下：

$$现场排版比例 = \frac{现场排版材料面积}{需现场排版材料总面积} \times 100\%$$

(7)

本条的评价方法为：查阅工厂化加工比例计算书、现场排版设计比例计算书。

9.2.7 本条适用于各类民用建筑的运行评价。若只是机电系统改造本条不参评。

土建装修一体化设计、施工，对节约能源资源有重要作用。实践中，可由建设单位统一组织建筑主体工程和装修施工，也可由建设单位提供菜单式的装修做法由业主选择，统一进行图纸设计、材料购买和施工。在选材和施工方面尽可能采取工业化制造，具备稳定性、耐久性、环保性和通用性的设备和装修装饰材料，从而在工程竣工验收时室内装修一步到位，避免二次装修造成大量垃圾及已完成建筑构件和设施的破坏。

本条的评价方法为：查阅竣工验收时主要功能空间的实景照片及说明、装修材料、机电设备检测报告、建筑竣工验收证明、建筑质量保修书、使用说明书、业主反馈意见书。设计预评价，查阅相关设计文件。

Ⅲ 过程管理

9.2.8 本条适用于各类民用建筑的运行评价。

绿色施工对施工过程的要求较高，需要把"四节一环保"的理念贯彻到施工的各个环节中。因此，有必要开展绿色施工知识的宣传，定期组织面向单位职工和相关人员的培训，并进行监督；建立激励制度，保证绿色施工的顺利实施。

本条的评价方法为：查阅开展宣传情况的记录（包括图片、文字资料、影像资料、宣传栏、展示牌等）、培训和奖惩制度、培训记录资料。

9.2.9 本条适用于各类民用建筑的运行评价。

绿色改造的设计文件经审查后，在改造施工过程中往往可能需要进行变更，这样有可能使建筑的相关绿色指标发生变化。本条旨在强调在建造过程中严格执行审批后的设计文件，若在施工过程中出于整体建筑功能要求，对设计文件进行变更，但不显著影响该建筑绿色性能，其变更可按正常的程序进行，并不影响本条得分。设计变更应存留完整的资料档案，作为最终评审时的依据。

本条的评价方法为：查阅各专业设计文件变更记录、洽商记录、会议纪要、施工日志记录。

9.2.10 本条适用于各类民用建筑的运行评价。

本条目的是鼓励在改造施工阶段更多的管理和技术环节中积极采用信息化技术，提高项目管理水平，降低技术、安全风险。

信息化施工是以建筑业信息化为总体目标，利用信息化技术在施工过程涉及的各部门、各环节中进行数据采集、处理、存储和共享的高效施工方式。随着计算机技术和网络的不断进步，以及和施工过程的不断融合，信息化技术已经越来越广泛地应用到改造施工中。建筑施工企业通过应用信息化技术，将施工技术、进度、质量、安全、环保问题，资金应用、财务及成本状况，法律和规章制度，材料设备供应情况和设计变更等内容有机地联系起来，实现人力、物力、财力等各方面的最优组合，促进施工技术和管理水平不断提高，保证工程质量、进度并提升经济和社会效益。

本条的评价方法为：查阅信息化技术应用说明文件、相关记录、施工日志。

10 运营管理

10.1 控制项

10.1.1 本条适用于各类民用建筑的运行评价。

物业管理机构应根据建筑使用功能制定节能、节水、节材与绿化管理制度，并说明实施效果。节能管理制度主要包括节能方案、节能管理模式和机制、收费模式等。节水管理制度主要包括节水方案、分户分类计量收费、节水管理机制等。节材管理制度主要包括设施维护和耗材管理等。绿化管理制度主要包括苗木养护、绿化用水计量和化学药品使用等。

本条评价方法为：查阅物业管理机构节能、节水、节材与绿化管理制度文件、日常管理记录，并现场核实。

10.1.2 本条适用于各类民用建筑的运行评价。

建筑运行过程中产生的生活垃圾有纸张、塑料、玻璃、金属、布料等可回收利用垃圾，有剩菜剩饭、骨头、菜根菜叶、果皮等厨余垃圾，有含有重金属的电池、废弃灯管、过期药品等有害垃圾，还有砖瓦陶瓷、渣土等其他垃圾。物业管理机构应根据垃圾种类和处置要求，并以鼓励资源回收再利用为原则，对垃圾的收集与运输等进行合理规划；制定包括人员配备与分工、经费来源与使用、业务培训、监督与管理等内容的生活垃圾管理制度，确定分类收集操作办法，设置必要的分类收集设施。垃圾临时存放设施应具有密闭性能，其规格、位置和数量应符合国家现行相关标准和有关规定的要求，与周围景观相协调，便于运输，并防止垃圾无序倾倒和二次污染。

本条评价方法为：查阅垃圾收集与处理设施清单、生活垃圾管理制度文件，并现场核实。

10.1.3 本条适用于各类民用建筑的运行评价。

除第10.1.2条已作要求的生活垃圾外，建筑运行中还会产生各类废气和污水，可能造成多种有机和无机的化学污染，放射性等物理污染，以及病原体等生物污染。此外，还应关注噪声、电磁辐射等物理污染。物业管理机构应根据建筑运行产生的废气、污水和其他污染物情况和相关处置要求制定管理制度，通过合理的技术措施和排放管理手段，保证污染物达标排放。相关污染物的排放应符合《大气污染物综合排放标准》GB 16297、《锅炉大气污染物排放标准》GB 13271、《饮食业油烟排放标准》GB 18483、《污水综合排放标准》GB 8978、《医疗机构水污染物排放标准》GB 18466、《污水排入城镇下水道水质标准》CJ 343、《社会生活环境噪声排放标准》GB 22337、《制冷空调设备和系统减少卤代制冷剂排放规范》GB/T 26205 等国家现行标准和有关规定的要求。

本条评价方法为：查阅污染物排放管理制度文件、建筑运行期污染物排放检测报告，并现场核实。

10.1.4 本条适用于各类民用建筑的运行评价。

建筑公共设施指设置于公共建筑或居住建筑的公共区域内的设施，主要包括暖通空调、供配电和照明、智能控制、给排水、电梯、无障碍设施、垃圾处理，以及能量回收、太阳能热利用和光伏发电、遮阳、雨水收集处理等设备及配套构筑物。建筑公共设施应保证正常运行才能实现预期改造目标，并定期采集设施运行数据，通过对运行数据进行分析，为进一步挖掘设施潜力提供依据。

本条评价方法为：查阅建筑公共设施清单、运行记录，并现场核实。

10.2 评 分 项

Ⅰ 管 理 制 度

10.2.1 本条适用于各类民用建筑的运行评价。

物业管理机构通过 ISO 14001 环境管理体系认证，是提高环境管理水平的需要，可达到节约能源、降低资源消耗、减少环保支出、降低成本的目的，降低环境风险。

现行国家标准《能源管理体系 要求》GB/T 23331 规定在组织内建立起完整有效的、形成文件的能源管理体系，注重过程的控制，优化组织的活动、过程及其要素，通过管理措施，不断提高能源管理体系持续改进的有效性，实现能源管理方针和预期的能源消耗或使用目标。

本条评价方法为：查阅相关认证证书和管理体系文件。

10.2.2 本条适用于各类民用建筑的运行评价。

管理小组负责制定并组织实施建筑节能（节水）计划，并对能源和水资源使用情况进行监督检查。小组负责人应熟悉国家有关法律法规和政策，具有大专及以上暖通、电气、给排水等专业学历，以及三年以上相关工作经验。管理小组应定期召开管理工作会议，分析能源和水资源消耗数据，挖掘设施节能与节水潜力。

本条评价方法为：查阅管理小组组织架构文件、小组成员专业证书和相关工作证明，管理工作记录（会议纪要、分析报告等），并现场核实。

10.2.3 本条适用于各类民用建筑的运行评价。

建立建筑公共设施的预防性维护制度和应急预案不仅可以降低设施维修成本，实现节能降耗和运行安全，而且有利于提高设施运行水平。物业管理机构应根据设施运行状况进行月度、季度、半年度及年度预防性维护，同时根据设施应急预案定期进行演练。

本条评价方法为：查阅预防性维护制度及应急预案文件、预防性维护记录和应急预案演练记录，并现场核实。

10.2.4 本条适用于各类民用建筑的运行评价。

实施能源资源管理激励机制，特别是经济激励机制将促进物业管理者和房屋使用者采取有效措施实现节约能源和资源。对于物业管理机构，将其业绩考核与建筑能源、水资源消耗情况和各类耗材等的使用情况挂钩，使其在保证建筑使用性能要求、投诉率低于规定值的前提下，节约能源和资源；对于建筑使用者，采取减免物业费用、租金，实施奖励等激励机制鼓励其在建筑使用过程中节约能源和资源。

对出租型的办公、商场等建筑来说，实行按能源计量收费，这样有利于业主和用户重视节约能源和资源。

本条评价方法为：查阅物业管理机构的工作考核办法、租赁合同，并现场核实。

10.2.5 本条适用于各类民用建筑的运行评价。

在建筑的运行过程中，使用者和物业管理人员的意识与行为，直接影响绿色建筑的目标实现。因此需要建立绿色建筑知识宣传机制，倡导绿色理念与绿色生活方式。开展绿色建筑知识宣传活动，发放绿色建筑使用手册、张贴倡导绿色理念的图画等宣传材料，形成良好的绿色行为与风气，并得到社会认可。

本条评价方法为：查阅绿色建筑知识宣传的工作记录与报道记录、绿色建筑使用手册，并向建筑使用者核实。

Ⅱ 运 行 维 护

10.2.6 本条适用于各类民用建筑的运行评价。

目前项目运行中，普遍存在物业管理机构没有相关系统的设计资料，不了解设计意图，对调试过程也不甚清楚，这就导致很多物业人员不知道后期该如何对一些系统和设备进行运行管理。针对改造的项目，业主应协调设计、咨询、施工、物业等各方共同研究编制设施运行管理手册，其中包括系统和设备的运行管理措施、控制和使用方法、运行使用说明以及不同工况设置等手册，并将其作为技术资料纳入项目的物业管理中。

本条的评价方法为：查阅建筑公共设施的全套技术资料、设施运行管理手册。

10.2.7 本条适用于各类民用建筑的运行评价。

绿色技术的有效运用是具体管理措施实施的最好体现。因此，应加强对运行管理和操作人员进行专业技术和绿色建筑新技术的培训，使之树立正确的绿色理念，掌握扎实的专业知识，承担起建筑公共设施的专业化运行管理。

为了确保长期效果，应对运行管理人员开展持续的专业技术和绿色新技术的培训，特别是主要管理人员和主要设备运行人员，每年不少于 2 次内部培训和 1 次外部培训。

本条评价方法为：查阅物业管理公司制定的专业技术培训计划、运行管理人员接受专业技术培训的相关记录（培训讲义、培训照片和签到表等）、培训的考核结果。

10.2.8 本条适用于各类民用建筑的运行评价。

设备系统的调试不仅限于建筑的竣工验收阶段，而是一项持续性、长期性的工作。因此，物业管理机构有责任定期检查、调试设备系统，标定各类检测仪器的准确度，本条强调根据运行数据，或第三方检测的数据，不断提升设备系统的性能，提高建筑的能效管理水平。

本条的评价方法为：查阅相关设施的调试、运行记录、运行优化方案。

10.2.9 本条适用于各类民用建筑的运行评价。

清洗空调系统，不仅可节省系统运行能耗、延长系统的使用寿命，还可保证室内空气品质，降低疾病产生和传播的可能性。根据现行国家标准《空调通风系统清洗规范》GB 19210，应定期对通风系统清洁程度进行检查，检查间隔空气处理机组不得少于1年一次，送风管和回风管不得少于2年一次，对于高湿地区或污染严重地区的检查周期要相应缩短或提前检查。检查范围包括空气处理机组、管道系统部件与管道系统的典型区域。在通风系统中含有多个空气处理机组时，应对一个典型的机组进行检查。当出现下面任何一种情况时，应对通风系统实施清洗。

1) 通风系统存在污染：系统中各种污染物或碎屑已累积到可以明显看到的程度，或经过检测报告证实送风中有明显微生物，微生物检查的采样方法应按现行国家标准《公共场所卫生检验方法 第1部分：物理因素》GB/T 18204.1 的有关规定进行；通风系统有可见尘粒进入室内，或经过检测污染物超过现行国家标准《室内空气中可吸入颗粒物卫生标准》GB/T 17095 所规定要求。

2) 系统性能下降：换热器盘管、制冷盘管、气流控制装置、过滤装置以及空气处理机组已确认有限制、堵塞、污物沉积而严重影响通风系统的性能。

3) 对室内空气质量有特殊要求：人群受到伤害，如证实疾病发生率明显增高、免疫系统受损。

清洗通风空调系统前，应制定通风系统清洗工程计划。具体清洗方法及效果评估按标准执行。光源及灯具的清洁遵照现行国家标准《建筑照明设计标准》GB 50034 中的有关规定，供水设施的清洗遵照现行行业标准《二次供水工程技术规程》CJJ 140 中的有关规定。

本条的评价方法为：查阅空调通风设备和风管的检查和清洗计划及清洗报告、光源灯具及供水设施清洁或清洗计划及记录。

10.2.10 本条适用于各类民用建筑的运行评价。

信息化管理是实现绿色建筑物业管理定量化、精细化的重要手段，对保障建筑的安全、舒适、高效及节能环保的运行效果，提高物业管理水平和效率，具有重要作用。采用信息化手段建立完善的建筑设备台账、配件档案、设施维修记录及能耗数据是极为重要的。本条第2款是在本标准控制项第10.1.4条的基础上所提出的更高要求，要求相关的运行记录数据均为智能化系统输出的电子文档。应提供至少1年的用水量、用电量、用气量、用冷热量的数据，作为评价的依据。

本条的评价方法为：查阅建筑物及设备配件档案和维修的信息记录、能耗分项计量和监管的数据、并现场核实。

10.2.11 本条适用于各类民用建筑的运行评价。

智能停车场管理系统是现代化停车场车辆收费及设备自动化管理的统称，通过智能设备实现计时收费、车辆管理等目的。一般应配置自动道闸、感应卡读感器、感应卡、语音提示等。

此外，本条鼓励科学管理停车。地面停车位应按国家和地方有关标准适度设置，并科学管理、合理组织交通流线，不应对人行道、活动场所产生干扰。

本条的评价方法为：查阅智能停车场管理系统设备清单、物业管理机构制定的停车管理制度、管理记录，并现场核实。

Ⅲ 跟踪评估

10.2.12 本条适用于公共建筑的运行评价。居住建筑不参评。

能耗统计和能源审计是实施节能运行管理的重要手段，通过能耗统计和能源审计可以发现运行中存在的问题，找出一些低成本或无成本的节能措施，这些措施可为业主实现5%～15%的节能潜力。从整体节能的角度，项目有必要做好能源统计和能源审计工作，合理设定目标，并基于目标对机电系统提出一系列优化运行策略，不断提升设备系统的性能，提高建筑物的能效管理水平，真正落实节能。

为了确保长期节能运行，应对建筑开展持续的能耗统计和能源审计工作，能耗统计工作应每年开展一次，能源审计工作可三年开展一次。

本条的评价方法为：查阅年度能耗统计报告、能源审计方案及报告。

10.2.13 本条适用于各类民用建筑的运行评价。

对改造项目来说，一般前两年的改造效果还可以保证，后续若管理不善则会有所折扣。为保证项目的改造效果，应建立运行管理的跟踪机制，长期监管及时修正偏差，以确保节能效果的持续性。

本条的评价方法为：查阅项目运行管理跟踪评估机制文件、年度评估报告等。

10.2.14 本条适用于各类民用建筑的运行评价。

物业的运行管理水平对项目的节能节水非常重要，本条重点是从使用者的角度考察物业管理，设计调查问卷了解使用者对运行管理各个方面的满意度，基于使用者不满意之处，采取有效措施进行改善。调研问卷的抽样比例（按人数计）不应小于30%。

本条的评价方法为：查阅调查问卷、满意度调查结果统计表、运行管理改进报告，并现场核实。

11 提高与创新

11.1 一般规定

11.1.1 在本标准第 3 章规定的评分体系中，加分项是一个重要的组成部分。本章对于加分项主要考虑涉及绿色建筑资源节约、环境保护、健康保障等的性能提高或创新性的技术、设备、系统和管理措施，以此进一步改善既有建筑绿色改造后的效果。其中，性能提高部分考虑了围护结构节能、节能暖通空调设备、节水卫生器具、室内光环境、室内空气品质、先进抗震技术、建筑智能化等方面；创新部分考虑了建筑信息模型（BIM）技术、温室气体减排、合同能源管理、暖通空调创新、地下空间开发利用、其他等方面。

11.1.2 各条加分项所设总分值现为 17 分，但这些分数并非均可在同一项目中全部获得。在本标准第 3 章中规定的评分体系中，加分项的最高得分为 10 分。

11.2 加 分 项

Ⅰ 性能提高

11.2.1 本条适用于各类民用建筑的设计、运行评价。

本条要求在现行国家和行业有关建筑节能设计标准对外墙、屋顶、外窗、幕墙等围护结构主要部位的传热系数 K 和遮阳系数 SC（或综合得热系数 SHGC）的规定值上有进一步的性能提升。

寒冷和严寒地区围护结构节能重点在外围护结构的保温上，大量项目证明外墙、屋顶、外窗的基本耗热量占建筑总热负荷的 80% 以上。夏热冬冷地区围护结构节能需夏季隔热和冬季保温，其外窗的冷热负荷量约占建筑总冷热负荷的 50%，外窗的主要负荷来源于辐射得热；通过活动外遮阳措施可降低夏季辐射得热的约 80%，冬季可以最大限度获得太阳辐射。如南、东、西三个朝向 80% 的外窗面积采用活动外遮阳，即可达到降低 15% 能耗的目标。夏热冬暖地区围护结构节能重点在通风隔热，传统围护结构的保温对于该地区的结果作用较小。该地区通过外窗产生的空调冷负荷量约占建筑总负荷的 60% 以上，通过活动外遮阳措施可以大大降低通过外窗进入的辐射得热，同时在过渡季节与夜晚可以打开遮阳措施，起到通风换气的作用。

在满足国家、行业和地方节能设计标准的情况下，达到以下任一项要求，即可认为本条达标。

1）对于严寒和寒冷地区，外墙、屋面和外窗（包括透光幕墙）的平均传热系数比现行国家标准《公共建筑节能设计标准》GB 50189、现行行业标准《严寒寒冷地区居住建筑节能设计标准》JGJ 26 的规定指标降低 10%，得 1 分；降低 15%，可得 2 分。

2）对于夏热冬冷地区、温和 A 区，外墙、屋面和外窗（包括透光幕墙）的平均传热系数和外窗（包括透光幕墙）的综合遮阳系数比现行国家标准《公共建筑节能设计标准》GB 50189、现行行业标准《夏热冬冷地区居住建筑节能设计标准》JGJ 134 的规定指标降低 10%，得 1 分；降低 15%，可得 2 分。

3）对于夏热冬暖地区、温和 B 区，外窗（包括透光幕墙）的综合遮阳系数比现行国家标准《公共建筑节能设计标准》GB 50189、现行行业标准《夏热冬暖地区居住建筑节能设计标准》JGJ 75 的规定指标降低 10%，得 1 分；降低 15%，得 2 分。

4）对于所有地区，另一种途径是考察由建筑围护结构形成的供暖空调负荷，即空调的围护结构冷负荷（包括传热得热冷负荷和太阳辐射冷负荷），供暖或空调的围护结构传热耗热量（包括基本耗热量和附加耗热量）和太阳辐射得热量。供暖空调全年计算负荷比按现行国家和行业建筑节能设计标准规定值计算得到的负荷值降低 10%，得 1 分；降低 15%，得 2 分。

有些地方已经基于国家和行业现行有关建筑节能设计标准，发布实施了要求更高的地方标准。为了使全国所有既有建筑改造项目的公平参与评价，本条的更高节能要求设定的基准是国家和行业标准，而非这些更高要求的地方标准。进行既有建筑改造的项目，也要同时遵守地方标准的要求。如果这些地方标准中平均传热系数等热工性能指标的规定值不大于国家标准规定值的 85%，可直接认定遵守这些地方标准的项目满足本条要求；否则，仍应按以上方法进行评价。

本条的评价方法为：设计评价查阅相关设计文件、计算分析报告；运行评价查阅相关竣工图、计算分析报告和检测检验报告，并现场核实。

11.2.2 本条适用于各类民用建筑的设计、运行评价。

将既有建筑改造为绿色建筑，鼓励选用更高节能等级的暖通空调设备。

国家标准《公共建筑节能设计标准》GB 50189-2015 强制性条文第 4.2.5、4.2.10、4.2.14、4.2.17、4.2.19 条，分别对锅炉额定热效率、电机驱动压缩机的蒸气压缩循环冷水（热泵）机组的性能系数（COP）、名义制冷量大于 7100W、采用电机驱动压缩机的单元式空气调节机、风管送风式和屋顶式空气调节机组的能效比（EER）、多联式空调（热泵）机组的综合性能系数 IPLV（C）、直燃型溴化锂吸收式冷（温）水机组的性能参数提出了基本要求。

对于现行国家标准《公共建筑节能设计标准》GB 50189 中未予规定的情况，例如量大面广的住宅或小型公建中采用分体空调器、燃气热水炉等其他设备作为供暖空调冷热源（含热水炉同时作为供暖和生活热水热源的情况），可以采用《房间空气调节器能效限定值及能效等级》GB 12012.3、《转速可控型房间空气调节器能效限定值及能效等级》GB 21455、《家用燃气快速热水器和燃气采暖热水炉能效限定值及能效等级》GB 20665 等现行有关国家标准中的节能评价值和能效等级作为判定本条是否达标的依据。

本条的评价方法为：设计评价查阅相关设计文件、产品说明书；运行评价查阅相关竣工图、产品说明书、产品检测报告，并现场核实。

11.2.3 本条适用于各类民用建筑的设计、运行评价。

将既有建筑改造为绿色建筑，鼓励选用更高节水性能的节水器具。

目前我国已对部分用水器具的用水效率制定了相关标准，如：《水嘴用水效率限定值及用水效率等级》GB 25501-2010、《坐便器用水效率限定值及用水效率等级》GB 25502-2010、《小便器用水效率限定值及用水效率等级》GB 28377-2012、《淋浴用水效率限定值及用水效率等级》GB 28378-2012、《便器冲洗阀用水效率限定值及用水效率等级》GB 28379-2012，今后还将陆续出台其他用水器具的标准。

本条将包括上述标准在内的卫生器具用水效率 1 级作为加分项。对于有用水等级标准要求的卫生器具，应全部采用 1 级产品，方可认为符合本条要求。

本条的评价方法为：设计评价查阅相关设计文件、产品说明书；运行评价查阅相关竣工图、产品说明书、产品检测报告，并现场核实。

11.2.4 本条适用于各类民用建筑的设计、运行评价。

一些既有建筑室内采光较差，影响使用者的身心健康。通过建筑改造改善其天然采光，不仅可以改善室内光环境，而且还可减少人工照明实现节能。但实施此类改造的难度较大，特设本条予以鼓励。

本条要求改造后的室内光环境满足现行国家标准《建筑采光设计标准》GB 50033 要求（包括采光的数量及质量指标，如采光系数、采光均匀度和眩光等），而且还要求了采光改善后的照明节能量，以便量化评判。国家标准《建筑采光设计标准》GB 50033-2013 中，专门设置了一章规定了采光节能效果的计算方法。

在 2014 年 6 月 1 日起实施的国家标准《建筑照明设计标准》GB 50034-2013 中，民用建筑的照明功率密度限值比原标准降低了 14.3%～32.5%（平均值为 19%），即节能约 19%。为了达到与照明系统改造同等的节电效果，本条也以改造后照明用电减少 20% 以上来要求改善采光后的节能效果。

本条的评价方法为：设计评价查阅相关设计文件、计算分析报告；运行评价查阅相关竣工图、计算分析报告、采光检测报告和照明用电量统计数据，并现场核实。

11.2.5 本条适用于各类民用建筑的运行评价。

室内环境质量是绿色建筑要求的一个重要方面，而室内空气污染物浓度则是室内环境质量或室内空气质量的一个主要指标。国外相关标准对室内空气污染物浓度的要求较高，以 TVOC 为例，新版英国 BREEAM 的要求为不大于 $300\mu g/m^3$，仅为我国现行国家标准的规定值（不大于 $600\mu g/m^3$）的一半。甲醛也是如此，多个国家的绿色建筑标准要求均在 $50\mu g/m^3$～$60\mu g/m^3$ 之间，比我国现行国家标准的规定值（$0.10mg/m^3$）也低了不少。在进一步提高对于室内环境质量指标要求的同时，也适当考虑了我国当前的大气环境条件和装修材料工艺水平，因此，将现行国家标准规定值的 70% 作为室内空气品质的更高要求。

本条的评价方法为：查阅室内污染物检测报告（应依据相关国家标准进行检测），并现场检查。

11.2.6 本条适用于各类民用建筑的设计、运行评价。

我国是一个多地震的国家，建筑抗震安全性是建筑设计和改造工作需考虑的重要内容。隔震和消能减震是减轻建筑结构地震作用的有效技术。国内外大量试验和工程经验表明，隔震一般可使结构的水平地震加速度反应降低 50%～75%，从而可消除或大幅度减轻结构和非结构构件的地震损坏，提高建筑物的抗震安全性。消能减震技术，则通过消能器增加结构阻尼，是减少结构水平和竖向地震反应的有效途径。以上两种技术是建筑抗震设计的先进、适用技术。现行国家标准《建筑抗震设计规范》GB 50011 对隔震和消能减震设计作了具体规定。

本条的评价方法为：设计评价查阅相关设计文件、计算分析报告；运行评价查阅相关竣工图、计算分析报告，并现场核实。

11.2.7 本条适用于各类民用建筑的设计、运行评价。

本条是本标准第 8.2.11 条的更高层次要求。建筑智能化有益于绿色建筑各项技术措施的实施，也是绿色建筑性能的一项重要保障。为了实现绿色建筑的运营及管理目标，建筑智能化还应基于统一信息平台的集成方式，形成一个具有信息汇聚、资源共享、协同运行、优化管理等综合应用功能的整体化系统。智能化集成系统具体包括：由操作系统、数据库、集成系统平台应用程序、与集成互为关联的各类信息通信接口及纳入集成管理的各个智能系统设施等构成的信息集成平台；由通用业务基础功能模块和专业业务运营功能模块组成的集成信息应用系统。此外，集成系统还应实现通信互联，保证相关信息汇聚、共享、协同的标准化和准确性。故以本条作为对于建筑智能化的集成程度提高的肯定。

此外，本条对于住宅区和住宅建筑的另一项要求是实现光纤入户。2010年3月17日，工业和信息化部、国家发展改革委、科技部、财政部、国土资源部、住房和城乡建设部、国家税务总局联合印发了《关于推进光纤宽带网络建设的意见》。而在住房和城乡建设部于2012年批准发布的《住宅区和住宅建筑内光纤到户通信设施工程设计规范》GB 50846-2012和《住宅区和住宅建筑内光纤到户通信设施工程施工及验收规范》GB 50847-2012两部国家标准中，对新建住宅区和住宅建筑的光纤到户情况作出了强制性规定。既有建筑受限于客观条件，实现光纤到户有一定难度。因此，本条对能够实现光纤到户的住宅区和住宅建设改造项目予以肯定和鼓励。

本条的评价方法为：设计评价查阅相关设计文件；运行评价查阅相关竣工图，并现场核实。

Ⅱ 创 新

11.2.8 本条适用于各类民用建筑的设计、运行评价。

建筑信息模型（BIM）集成了建筑工程项目各种相关信息的工程数据模型，是对工程项目设施实体和功能特性的数字化表达，使设计人员和工程技术人员能够对各种建筑信息做出正确的应对，并为协同工作提供坚实的基础。BIM技术是建筑业信息化的重要支撑技术，其作用是使建筑项目信息在规划、设计、施工和运行维护全过程充分共享、无损传递，并为建筑从概念到拆除的全寿命期中所有决策提供可靠依据。BIM技术对建筑行业技术革新的作用和意义，已在全球范围内得到了业界的广泛认可。

目前，国家标准《建筑信息模型应用统一标准》已编制完成。其对建筑信息模型及其应用进行了结合我国国情的定义，并将BIM在工程项目全寿命期中的应用划分为策划与规划、勘察与设计、施工与监理、运行与维护、改造与拆除五个阶段。对于既有建筑改造而言，至少可以在其设计、施工、运行三个阶段应用BIM。而且，BIM信息在多个阶段之间的传递和共享，将有助于提升相关方工作的效率和效益，更值得鼓励和提倡，因此本条设置了更多分数对在多个阶段应用BIM技术的项目给予肯定。

本条的评价方法为：设计评价查阅规划设计阶段的BIM技术应用报告；运行评价查阅规划设计、施工建造、运行维护阶段的BIM技术应用报告。

11.2.9 本条适用于各类民用建筑的设计、运行评价。

温室气体减排，抑制气候变暖，是当今全球关注的一个主题。2009年，在哥本哈根世界气候大会上中国政府庄严承诺，到2020年中国的单位GDP碳排放要在2005年的基础上减少40%～45%。国务院也已于2011年印发了《"十二五"控制温室气体排放工作方案》（国发[2011]41号）。建筑领域能耗占据全国总能耗的三成左右，自然也是温室气体排放的大户。国外各主要绿色建筑评估体系均已设置了温室气体减排方面的评价内容，值得我国参考借鉴。

在温室气体排放量和减排效果的计算和分析上，目前尚没有统一或推荐的具体方法。但对任何行业而言，均可考虑按照"能力形成"、"能力发挥"、"能力维护"、"能力废除"这四个范畴来计算碳排放量，并进一步将计算分为直接碳排放和间接碳排放。此外，国家标准《建筑碳排放计算标准》也已于2014年启动编制工作。目前，国际上也提出了碳交易，清洁发展机制（CDM）等，其中基本都涉及温室气体排放量及减排效果的计算、分析和优化，可将此认定为满足本条要求。

本条的评价方法为：设计评价查阅设计阶段的碳排放计算分析报告相应的措施；运行评价查阅设计、施工、运行阶段的碳排放计算分析报告、相应措施的运行情况。

11.2.10 本条适用于各类民用建筑的设计、运行评价。

合同能源管理是一种新型的市场化节能机制，是以减少的能源费用来支付节能项目全部成本的节能业务方式。这种节能投资方式允许客户用未来的节能收益为设备升级，以降低目前的运行成本；或者节能服务公司以承诺节能项目的节能效益或承包整体能源费用的方式为客户提供节能服务。

能源管理合同在实施节能项目的用户与节能服务公司（包括内部的能源服务机构）之间签订。节能服务公司首先与愿意进行节能改造的客户签订节能服务合同，向客户提供能源审计、可行性研究、项目设计、项目融资、设备和材料采购、工程施工、人员培训、节能量监测、改造系统的运行、维护和管理等服务，并通过与客户分享项目实施后产生的节能效益、承诺节能项目的节能效益或承包整体能源费用的方式为客户提供节能服务，并获得利润，滚动发展。

同时鼓励其他有效的能源管理商业模式，提高能源使用效率，降低能源消耗。

本条的评价方法为：设计评价查阅有关合同文本；运行评价查阅相关合同文本和实施文件。

11.2.11 本条适用于各类民用建筑的设计、运行评价。

开发利用地下空间是城市节约集约用地的重要措施之一。例如在中心城区、老旧小区中均存在停车难问题，如在既有建筑改造工程中，新开发或者进一步开发已有的地下空间，加以利用成为停车库，将成为一项改善社会治理、造福百姓的民心工程。对于新建建筑，地下空间的开发利用易于与项目开发统筹考虑；而对于既有建筑改造，地下空间的开发利用难度更高，因此将本条作为加分项。

同时需要指出的是，由于地下空间开发的不可逆性，地下空间一旦开发利用，地层结构不可能恢复到原来状态，已建的地下建筑物的存在将影响到邻近地区的使用，因此必需提前做好规划并严格执行，使得地下空间的开发利用与地上建筑及其他相关城市空间紧密结合、统一规划。另一方面，从雨水渗透及地下水补给，减少径流外排等生态环保要求出发，地下空间也应利用有度、科学合理。

本条的评价方法为：设计评价查阅相关设计文件；运行评价查阅相关竣工图，并现场核实。

11.2.12 本条适用于各类民用建筑的设计、运行评价。

随着既有建筑改造过程中使用功能、人员密度、周边环境等的变化，建筑供暖空调也需要相应做出调整。如何既充分利用现有系统和设备，又在原系统基础上进一步提高系统能效水平、改善室内环境，将是一个具有创新性的任务。例如，采用被动式太阳房、太阳能供暖供冷、温湿度独立空调等技术，都可认为是一种对于现有系统的改良、创新。

本条的评价方法为：设计评价查阅相关设计文件、分析论证报告；运行评价查阅相关竣工图、分析论证报告，并现场核实。

11.2.13 本条适用于各类民用建筑的设计、运行评价。

考虑到创新方面的加分项条文难以穷举的问题，特设置本条对改造各阶段、各方面所采用的新技术措施和新管理方式予以鼓励，但要求对其效果效益以及创新之处进行证明和说明。

本条的评价方法为：设计评价时查阅相关设计文件、分析论证报告；运行评价时查阅相关竣工图、分析论证报告，并现场核实。

中华人民共和国行业标准

严寒和寒冷地区居住建筑节能设计标准

Design standard for energy efficiency of residential
buildings in severe cold and cold zones

JGJ 26—2010

批准部门：中华人民共和国住房和城乡建设部
施行日期：２０１０年８月１日

中华人民共和国住房和城乡建设部
公 告

第 522 号

关于发布行业标准《严寒和寒冷地区居住建筑节能设计标准》的公告

现批准《严寒和寒冷地区居住建筑节能设计标准》为行业标准，编号为 JGJ 26-2010，自 2010 年 8 月 1 日起实施。其中，第 4.1.3、4.1.4、4.2.2、4.2.6、5.1.1、5.1.6、5.2.4、5.2.9、5.2.13、5.2.19、5.2.20、5.3.3、5.4.3、5.4.8 条为强制性条文，必须严格执行。原《民用建筑节能设计标准（采暖居住建筑部分）》JGJ 26-95 同时废止。

本标准由我部标准定额研究所组织中国建筑工业出版社出版发行。

中华人民共和国住房和城乡建设部
2010 年 3 月 18 日

前 言

根据原建设部《关于印发〈2005 年度工程建设国家标准制订、修订计划〉的通知》（建标函[2005]84 号）的要求，标准编制组经广泛调查研究，认真总结实践经验，参考有关国际标准和国外先进标准，并在广泛征求意见的基础上，对《民用建筑节能设计标准（采暖居住建筑部分）》JGJ 26-95 进行了修订，并更名为《严寒和寒冷地区居住建筑节能设计标准》。

本标准的主要技术内容是：总则，术语和符号，严寒和寒冷地区气候子区与室内热环境计算参数，建筑与围护结构热工设计，采暖、通风和空气调节节能设计等。

本标准修订的主要技术内容是：根据建筑节能的需要，确定了标准的适用范围和新的节能目标；采用度日数作为气候子区的分区指标，确定了建筑围护结构规定性指标的限值要求，并注意与原有标准的衔接；提出了针对不同保温构造的热桥影响的新评价指标，明确了使用适应供热体制改革需求的供热节能措施；鼓励使用可再生能源。

本标准中以黑体字标志的条文为强制性条文，必须严格执行。

本标准由住房与城乡建设部负责管理和对强制性条文的解释，由中国建筑科学研究院负责具体技术内容的解释。执行过程中如有意见或建议，请寄送中国建筑科学研究院（地址：北京市北三环东路 30 号，邮政编码 100013）。

本标准主编单位：中国建筑科学研究院
本标准参编单位：中国建筑业协会建筑节能
专业委员会
哈尔滨工业大学
中国建筑西北设计研究院
中国建筑设计研究院
中国建筑东北设计研究院有限责任公司
吉林省建筑设计院有限责任公司
北京市建筑设计研究院
西安建筑科技大学
哈尔滨天硕建材工业有限公司
北京振利高新技术有限公司
BASF（中国）有限公司
欧文斯科宁（中国）投资有限公司
中国南玻集团股份有限公司
秦皇岛耀华玻璃股份有限公司
乐意涂料（上海）有限公司

本标准主要起草人员：林海燕　郎四维　涂逢祥
方修睦　陆耀庆　潘云钢
金丽娜　吴雪岭　卜一秋
闫增峰　周辉　董宏
朱清宇　康玉范　林燕成
王稚　许武毅　李西平
邓威

本标准主要审查人员：吴德绳　许文发　徐金泉
杨善勤　李娥飞　屈兆焕
陶乐然　栾景阳　刘振河

目次

1 总则 …………………………………… 50—5
2 术语和符号 …………………………… 50—5
  2.1 术语 ………………………………… 50—5
  2.2 符号 ………………………………… 50—5
3 严寒和寒冷地区气候子区与室内
  热环境计算参数 ……………………… 50—5
4 建筑与围护结构热工设计 …………… 50—6
  4.1 一般规定 …………………………… 50—6
  4.2 围护结构热工设计 ………………… 50—6
  4.3 围护结构热工性能的权衡判断 …… 50—8
5 采暖、通风和空气调节节能
  设计 …………………………………… 50—9
  5.1 一般规定 …………………………… 50—9
  5.2 热源、热力站及热力网 …………… 50—10
  5.3 采暖系统 …………………………… 50—12
  5.4 通风和空气调节系统 ……………… 50—12

附录A 主要城市的气候区属、
      气象参数、耗热量指标 ……… 50—13
附录B 平均传热系数和热桥线
      传热系数计算 ………………… 50—23
附录C 地面传热系数计算 …………… 50—24
附录D 外遮阳系数的简化计算 ……… 50—25
附录E 围护结构传热系数的修正
      系数 ε 和封闭阳台温差修
      正系数 ζ ……………………… 50—27
附录F 关于面积和体积的计算 ……… 50—36
附录G 采暖管道最小保温层厚度
      (δ_{min}) …………………………… 50—36
本标准用词说明 ………………………… 50—38
引用标准名录 …………………………… 50—38
附：条文说明 …………………………… 50—39

Contents

1 General Provisions ················ 50—5
2 Terms and Symbols ················ 50—5
　2.1 Terms ················ 50—5
　2.2 Symbols ················ 50—5
3 Climate Sub-Zone and Calculation Parameter of Indoor Thermal Environment ················ 50—5
4 Building and Envelope Thermal Design ················ 50—6
　4.1 General Requirement ················ 50—6
　4.2 Building Envelope Thermal Design ················ 50—6
　4.3 Building Envelope Thermal Performance Trade-off ················ 50—8
5 Energy Efficiency Design on HVAC System ················ 50—9
　5.1 General Requirement ················ 50—9
　5.2 Heat Source, Heating Plant and Heat Supply Network ················ 50—10
　5.3 Heating System ················ 50—12
　5.4 Ventilation and air-conditioning System ················ 50—12
Appendix A Climate Zone Criteria、Weather Data、Heat Loss Index Requirements of Building for Cities ················ 50—13
Appendix B Methodology for Mean Heat Transfer Coefficient and Linear Heat Transfer Coefficient of Thermal Bridge ················ 50—23
Appendix C Calculation of Heat Transfer Coefficient of Ground of Building ················ 50—24
Appendix D Simplification on Building Shading Coefficient ················ 50—25
Appendix E Correction Fator of Building Envelope (ε) and Tempeture Difference Correction Fator of Enclosing Balcony (ζ) ················ 50—27
Appendix F Building Area and Volume ················ 50—36
Appendix G Minimum Thickness of Heating Pipe's Insulation Layer (δ_{min}) ················ 50—36
Explanation of Wording in This Code ················ 50—38
List of Quoted Standards ················ 50—38
Addition: Explanation of Provisions ················ 50—39

1 总　　则

1.0.1 为贯彻国家有关节约能源、保护环境的法律、法规和政策，改善严寒和寒冷地区居住建筑热环境，提高采暖的能源利用效率，制定本标准。

1.0.2 本标准适用于严寒和寒冷地区新建、改建和扩建居住建筑的节能设计。

1.0.3 严寒和寒冷地区居住建筑必须采取节能设计，在保证室内热环境质量的前提下，建筑热工和暖通设计应将采暖能耗控制在规定的范围内。

1.0.4 严寒和寒冷地区居住建筑的节能设计，除应符合本标准的规定外，尚应符合国家现行有关标准的规定。

2 术语和符号

2.1 术　　语

2.1.1 采暖度日数　heating degree day based on 18℃

一年中，当某天室外日平均温度低于18℃时，将该日平均温度与18℃的差值乘以1d，并将此乘积累加，得到一年的采暖度日数。

2.1.2 空调度日数　cooling degree day based on 26℃

一年中，当某天室外日平均温度高于26℃时，将该日平均温度与26℃的差值乘以1d，并将此乘积累加，得到一年的空调度日数。

2.1.3 计算采暖期天数　heating period for calculation

采用滑动平均法计算出的累年日平均温度低于或等于5℃的天数。计算采暖期天数仅供建筑节能设计计算时使用，与当地法定的采暖天数不一定相等。

2.1.4 计算采暖期室外平均温度　mean outdoor temperature during heating period

计算采暖期室外日平均温度的算术平均值。

2.1.5 建筑体形系数　shape factor

建筑物与室外大气接触的外表面积与其所包围的体积的比值。外表面积中，不包括地面和不采暖楼梯间内墙及户门的面积。

2.1.6 建筑物耗热量指标　index of heat loss of building

在计算采暖期室外平均温度条件下，为保持室内设计计算温度，单位建筑面积在单位时间内消耗的需由室内采暖设备供给的热量。

2.1.7 围护结构传热系数　heat transfer coefficient of building envelope

在稳态条件下，围护结构两侧空气温差为1℃，在单位时间内通过单位面积围护结构的传热量。

2.1.8 外墙平均传热系数　mean heat transfer coefficient of external wall

考虑了墙上存在的热桥影响后得到的外墙传热系数。

2.1.9 围护结构传热系数的修正系数　modification coefficient of building envelope

考虑太阳辐射对围护结构传热的影响而引进的修正系数。

2.1.10 窗墙面积比　window to wall ratio

窗户洞口面积与房间立面单元面积（即建筑层高与开间定位线围成的面积）之比。

2.1.11 锅炉运行效率　efficiency of boiler

采暖期内锅炉实际运行工况下的效率。

2.1.12 室外管网热输送效率　efficiency of network

管网输出总热量与输入管网的总热量的比值。

2.1.13 耗电输热比　ratio of electricity consumption to transferied heat quantity

在采暖室内外计算温度下，全日理论水泵输送耗电量与全日系统供热量比值。

2.2 符　　号

2.2.1 气象参数

$HDD18$——采暖度日数，单位：℃·d；
$CDD26$——空调度日数，单位：℃·d；
Z——计算采暖期天数，单位：d；
t_e——计算采暖期室外平均温度，单位：℃。

2.2.2 建筑物

S——建筑体形系数，单位：1/m；
q_H——建筑物耗热量指标，单位：W/m²；
K——围护结构传热系数，单位：W/(m²·K)；
K_m——外墙平均传热系数，单位：W/(m²·K)；
ε_i——围护结构传热系数的修正系数，无因次。

2.2.3 采暖系统

η_1——室外管网热输送效率，无因次；
η_2——锅炉运行效率，无因次；
EHR——耗电输热比，无因次。

3 严寒和寒冷地区气候子区与室内热环境计算参数

3.0.1 依据不同的采暖度日数（$HDD18$）和空调度日数（$CDD26$）范围，可将严寒和寒冷地区进一步划分成为表3.0.1所示的5个气候子区。

表 3.0.1 严寒和寒冷地区居住建筑节能设计气候子区

气候子区		分区依据
严寒地区（Ⅰ区）	严寒(A)区	6000≤HDD18
	严寒(B)区	5000≤HDD18<6000
	严寒(C)区	3800≤HDD18<5000
寒冷地区（Ⅱ区）	寒冷(A)区	2000≤HDD18<3800, CDD26≤90
	寒冷(B)区	2000≤HDD18<3800, CDD26>90

3.0.2 室内热环境计算参数的选取应符合下列规定：
1 冬季采暖室内计算温度应取 18℃；
2 冬季采暖计算换气次数应取 $0.5h^{-1}$。

4 建筑与围护结构热工设计

4.1 一般规定

4.1.1 建筑群的总体布置，单体建筑的平面、立面设计和门窗的设置，应考虑冬季利用日照并避开冬季主导风向。

4.1.2 建筑物宜朝向南北或接近朝向南北。建筑物不宜设有三面外墙的房间，一个房间不宜在不同方向的墙面上设置两个或更多的窗。

4.1.3 严寒和寒冷地区居住建筑的体形系数不应大于表 4.1.3 规定的限值。当体形系数大于表 4.1.3 规定的限值时，必须按照本标准第 4.3 节的要求进行围护结构热工性能的权衡判断。

表 4.1.3 严寒和寒冷地区居住建筑的体形系数限值

	建筑层数			
	≤3层	(4～8)层	(9～13)层	≥14层
严寒地区	0.50	0.30	0.28	0.25
寒冷地区	0.52	0.33	0.30	0.26

4.1.4 严寒和寒冷地区居住建筑的窗墙面积比不应大于表 4.1.4 规定的限值。当窗墙面积比大于表 4.1.4 规定的限值时，必须按照本标准第 4.3 节的要求进行围护结构热工性能的权衡判断，并且在进行权衡判断时，各朝向的窗墙面积比最大也只能比表 4.1.4 中的对应值大 0.1。

表 4.1.4 严寒和寒冷地区居住建筑的窗墙面积比限值

朝 向	窗墙面积比	
	严寒地区	寒冷地区
北	0.25	0.30
东、西	0.30	0.35
南	0.45	0.50

注：1 敞开式阳台的阳台门上部透明部分应计入窗户面积，下部不透明部分不应计入窗户面积。
2 表中的窗墙面积比应按开间计算。表中的"北"代表从北偏东小于 60°至北偏西小于 60°的范围；"东、西"代表从东或西偏北小于等于 30°至偏南小于 60°的范围；"南"代表从南偏东小于等于 30°至偏西小于 30°的范围。

4.1.5 楼梯间及外走廊与室外连接的开口处应设置窗或门，且该窗和门应能密闭。严寒（A）区和严寒（B）区的楼梯间宜采暖，设置采暖的楼梯间的外墙和外窗应采取保温措施。

4.2 围护结构热工设计

4.2.1 我国严寒和寒冷地区主要城市气候分区区属以及采暖度日数（HDD18）和空调度日数（CDD26）应按本标准附录 A 的规定确定。

4.2.2 根据建筑物所处城市的气候分区区属不同，建筑围护结构的传热系数不应大于表 4.2.2-1～表 4.2.2-5 规定的限值，周边地面和地下室外墙的保温材料层热阻不小于表 4.2.2-1～表 4.2.2-5 规定的限值，寒冷（B）区外窗综合遮阳系数不应大于表 4.2.2-6 规定的限值。当建筑围护结构的热工性能参数不满足上述规定时，必须按照本标准第 4.3 节的规定进行围护结构热工性能的权衡判断。

表 4.2.2-1 严寒(A)区围护结构热工性能参数限值

围护结构部位		传热系数 $K[W/(m^2 \cdot K)]$		
		≤3层建筑	(4～8)层的建筑	≥9层建筑
屋 面		0.20	0.25	0.25
外 墙		0.25	0.40	0.50
架空或外挑楼板		0.30	0.40	0.40
非采暖地下室顶板		0.35	0.45	0.45
分隔采暖与非采暖空间的隔墙		1.2	1.2	1.2
分隔采暖与非采暖空间的户门		1.5	1.5	1.5
阳台门下部门芯板		1.2	1.2	1.2
外窗	窗墙面积比≤0.2	2.0	2.5	2.5
	0.2<窗墙面积比≤0.3	1.8	2.0	2.2
	0.3<窗墙面积比≤0.4	1.6	1.8	2.0
	0.4<窗墙面积比≤0.45	1.5	1.6	1.8
围护结构部位		保温材料层热阻 $R[(m^2 \cdot K)/W]$		
周边地面		1.70	1.40	1.10
地下室外墙（与土壤接触的外墙）		1.80	1.50	1.20

表 4.2.2-2 严寒(B)区围护结构热工性能参数限值

围护结构部位		传热系数 $K[W/(m^2 \cdot K)]$		
		≤3层建筑	(4～8)层的建筑	≥9层建筑
屋 面		0.25	0.30	0.30
外 墙		0.30	0.45	0.55
架空或外挑楼板		0.30	0.45	0.45
非采暖地下室顶板		0.35	0.50	0.50
分隔采暖与非采暖空间的隔墙		1.2	1.2	1.2
分隔采暖与非采暖空间的户门		1.5	1.5	1.5
阳台门下部门芯板		1.2	1.2	1.2
外窗	窗墙面积比≤0.2	2.0	2.5	2.5
	0.2<窗墙面积比≤0.3	1.8	2.2	2.2
	0.3<窗墙面积比≤0.4	1.6	1.9	2.0
	0.4<窗墙面积比≤0.45	1.5	1.7	1.8
围护结构部位		保温材料层热阻 $R[(m^2 \cdot K)/W]$		
周边地面		1.40	1.10	0.83
地下室外墙（与土壤接触的外墙）		1.50	1.20	0.91

表 4.2.2-3 严寒(C)区围护结构热工性能参数限值

围护结构部位		传热系数 K[W/(m²·K)]		
		≤3层建筑	(4~8)层的建筑	≥9层建筑
屋 面		0.30	0.40	0.40
外 墙		0.35	0.50	0.60
架空或外挑楼板		0.35	0.50	0.60
非采暖地下室顶板		0.50	0.60	0.60
分隔采暖与非采暖空间的隔墙		1.5	1.5	1.5
分隔采暖与非采暖空间的户门		1.5	1.5	1.5
阳台门下部门芯板		1.2	1.2	1.2
外窗	窗墙面积比≤0.2	2.0	2.5	2.5
	0.2<窗墙面积比≤0.3	1.8	2.2	2.2
	0.3<窗墙面积比≤0.4	1.6	2.0	2.0
	0.4<窗墙面积比≤0.45	1.5	1.8	1.8
围护结构部位		保温材料层热阻 R[(m²·K)/W]		
周边地面		1.10	0.83	0.56
地下室外墙(与土壤接触的外墙)		1.20	0.91	0.61

表 4.2.2-4 寒冷(A)区围护结构热工性能参数限值

围护结构部位		传热系数 K[W/(m²·K)]		
		≤3层建筑	(4~8)层的建筑	≥9层建筑
屋 面		0.35	0.45	0.45
外 墙		0.45	0.60	0.70
架空或外挑楼板		0.45	0.60	0.60
非采暖地下室顶板		0.50	0.65	0.65
分隔采暖与非采暖空间的隔墙		1.5	1.5	1.5
分隔采暖与非采暖空间的户门		2.0	2.0	2.0
阳台门下部门芯板		1.7	1.7	1.7
外窗	窗墙面积比≤0.2	2.8	3.1	3.1
	0.2<窗墙面积比≤0.3	2.5	2.8	2.8
	0.3<窗墙面积比≤0.4	2.0	2.5	2.5
	0.4<窗墙面积比≤0.5	1.8	2.0	2.3
围护结构部位		保温材料层热阻 R[(m²·K)/W]		
周边地面		0.83	0.56	—
地下室外墙(与土壤接触的外墙)		0.91	0.61	—

表 4.2.2-5 寒冷(B)区围护结构热工性能参数限值

围护结构部位		传热系数 K[W/(m²·K)]		
		≤3层建筑	(4~8)层的建筑	≥9层建筑
屋 面		0.35	0.45	0.45
外 墙		0.45	0.60	0.70
架空或外挑楼板		0.45	0.60	0.60
非采暖地下室顶板		0.50	0.65	0.65
分隔采暖与非采暖空间的隔墙		1.5	1.5	1.5
分隔采暖与非采暖空间的户门		2.0	2.0	2.0
阳台门下部门芯板		1.7	1.7	1.7

续表 4.2.2-5

围护结构部位		传热系数 K[W/(m²·K)]		
		≤3层建筑	(4~8)层的建筑	≥9层建筑
外窗	窗墙面积比≤0.2	2.8	3.1	3.1
	0.2<窗墙面积比≤0.3	2.5	2.8	2.8
	0.3<窗墙面积比≤0.4	2.0	2.5	2.5
	0.4<窗墙面积比≤0.5	1.8	2.0	2.3
围护结构部位		保温材料层热阻 R[(m²·K)/W]		
周边地面		0.83	0.56	—
地下室外墙(与土壤接触的外墙)		0.91	0.61	—

注：周边地面和地下室外墙的保温材料层不包括土壤和混凝土地面。

表 4.2.2-6 寒冷(B)区外窗综合遮阳系数限值

围护结构部位		遮阳系数 SC(东、西向/南、北向)		
		≤3层建筑	(4~8)层的建筑	≥9层建筑
外窗	窗墙面积比≤0.2	—/—	—/—	—/—
	0.2<窗墙面积比≤0.3	—/—	—/—	—/—
	0.3<窗墙面积比≤0.4	0.45/—	0.45/—	0.45/—
	0.4<窗墙面积比≤0.5	0.35/—	0.35/—	0.35/—

4.2.3 围护结构热工性能参数计算应符合下列规定：

1 外墙的传热系数系指考虑了热桥影响后计算得到的平均传热系数，平均传热系数应按本标准附录B的规定计算。

2 窗墙面积比应按建筑开间计算。

3 周边地面是指室内距外墙内表面2m以内的地面，周边地面的传热系数应按本标准附录C的规定计算。

4 窗的综合遮阳系数应按下式计算：

$$SC = SC_C \times SD = SC_B \times (1 - F_K/F_C) \times SD \quad (4.2.3)$$

式中：SC——窗的综合遮阳系数；

SC_C——窗本身的遮阳系数；

SC_B——玻璃的遮阳系数；

F_K——窗框的面积；

F_C——窗的面积，F_K/F_C 为窗框面积比，PVC塑钢窗或木窗窗框面积比可取0.30，铝合金窗窗框面积比可取0.20；

SD——外遮阳的遮阳系数，应按本标准附录D的规定计算。

4.2.4 寒冷(B)区建筑的南向外窗(包括阳台的透明部分)宜设置水平遮阳或活动遮阳。东、西向的外窗宜设置活动遮阳。外遮阳的遮阳系数应按本标准附录D确定。当设置了展开或关闭后可以全部遮蔽窗户的活动式外遮阳时，应认定满足本标准第4.2.2条对外窗的遮阳系数的要求。

4.2.5 居住建筑不宜设置凸窗。严寒地区除南向外不应设置凸窗，寒冷地区北向的卧室、起居室不得设置凸窗。

当设置凸窗时，凸窗凸出（从外墙面至凸窗外表面）不应大于400mm；凸窗的传热系数限值应比普通窗降低15%，且其不透明的顶部、底部、侧面的传热系数应小于或等于外墙的传热系数。当计算窗墙面积比时，凸窗的窗面积和凸窗所占的墙面积应按窗洞口面积计算。

4.2.6 外窗及敞开式阳台门应具有良好的密闭性能。严寒地区外窗及敞开式阳台门的气密性等级不应低于国家标准《建筑外门窗气密、水密、抗风压性能分级及检测方法》GB/T 7106-2008 中规定的 6 级。寒冷地区 1～6 层的外窗及敞开式阳台门的气密性等级不应低于国家标准《建筑外门窗气密、水密、抗风压性能分级及检测方法》GB/T 7106-2008 中规定的 4 级，7 层及 7 层以上不应低于 6 级。

4.2.7 封闭式阳台的保温应符合下列规定：

1 阳台和直接连通的房间之间应设置隔墙和门、窗。

2 当阳台和直接连通的房间之间不设置隔墙和门、窗时，应将阳台作为所连通房间的一部分。阳台与室外空气接触的墙板、顶板、地板的传热系数必须符合本标准第 4.2.2 条的规定，阳台的窗墙面积比必须符合本标准第 4.1.4 条的规定。

3 当阳台和直接连通的房间之间设置隔墙和门、窗，且所设隔墙、门、窗的传热系数不大于本标准第 4.2.2 条表中所列限值，窗墙面积比不超过本标准表 4.1.4 的限值时，可不对阳台外表面作特殊热工要求。

4 当阳台和直接连通的房间之间设置隔墙和门、窗，且所设隔墙、门、窗的传热系数大于本标准第 4.2.2 条表中所列限值时，阳台与室外空气接触的墙板、顶板、地板的传热系数不应大于本标准第 4.2.2 条表中所列限值的 120%，严寒地区阳台窗的传热系数不应大于 2.5W/(m²·K)，寒冷地区阳台窗的传热系数不应大于 3.1W/(m²·K)，阳台外表面的窗墙面积比不应大于 60%，阳台和直接连通房间隔墙的窗墙面积比不应超过本标准表 4.1.4 的限值。当阳台的面宽小于直接连通房间的开间宽度时，可按房间的开间计算隔墙的窗墙面积比。

4.2.8 外窗（门）框与墙体之间的缝隙，应采用高效保温材料填堵，不得采用普通水泥砂浆补缝。

4.2.9 外窗（门）洞口室外部分的侧墙面应做保温处理，并应保证窗（门）洞口室内部分的侧墙面的内表面温度不低于室内空气设计温、湿度条件下的露点温度，减小附加热损失。

4.2.10 外墙与屋面的热桥部位均应进行保温处理，并应保证热桥部位的内表面温度不低于室内空气设计温、湿度条件下的露点温度，减小附加热损失。

4.2.11 变形缝应采取保温措施，并应保证变形缝两侧墙的内表面温度在室内空气设计温、湿度条件下不低于露点温度。

4.2.12 地下室外墙应根据地下室不同用途，采取合理的保温措施。

4.3 围护结构热工性能的权衡判断

4.3.1 建筑围护结构热工性能的权衡判断应以建筑物耗热量指标为判据。

4.3.2 计算得到的所设计居住建筑的建筑物耗热量指标应小于或等于本标准附录 A 中表 A.0.1-2 的限值。

4.3.3 所设计建筑的建筑物耗热量指标应按下式计算：

$$q_H = q_{HT} + q_{INF} - q_{IH} \quad (4.3.3)$$

式中：q_H——建筑物耗热量指标（W/m²）；

q_{HT}——折合到单位建筑面积上单位时间内通过建筑围护结构的传热量（W/m²）；

q_{INF}——折合到单位建筑面积上单位时间内建筑物空气渗透耗热量（W/m²）；

q_{IH}——折合到单位建筑面积上单位时间内建筑物内部得热量，取 3.8W/m²。

4.3.4 折合到单位建筑面积上单位时间内通过建筑围护结构的传热量应按下式计算：

$$q_{HT} = q_{Hq} + q_{Hw} + q_{Hd} + q_{Hmc} + q_{Hy} \quad (4.3.4)$$

式中：q_{Hq}——折合到单位建筑面积上单位时间内通过墙的传热量（W/m²）；

q_{Hw}——折合到单位建筑面积上单位时间内通过屋面的传热量（W/m²）；

q_{Hd}——折合到单位建筑面积上单位时间内通过地面的传热量（W/m²）；

q_{Hmc}——折合到单位建筑面积上单位时间内通过门、窗的传热量（W/m²）；

q_{Hy}——折合到单位建筑面积上单位时间内非采暖封闭阳台的传热量（W/m²）。

4.3.5 折合到单位建筑面积上单位时间内通过外墙的传热量应按下式计算：

$$q_{Hq} = \frac{\sum q_{Hqi}}{A_0} = \frac{\sum \varepsilon_{qi} K_{mqi} F_{qi}(t_n - t_e)}{A_0} \quad (4.3.5)$$

式中：q_{Hq}——折合到单位建筑面积上单位时间内通过外墙的传热量（W/m²）；

t_n——室内计算温度，取 18℃；当外墙内侧是楼梯间时，则取 12℃；

t_e——采暖期室外平均温度（℃），应根据本标准附录 A 中的表 A.0.1-1 确定；

ε_{qi}——外墙传热系数的修正系数，应根据本标准附录 E 中的表 E.0.2 确定；

K_{mqi}——外墙平均传热系数[W/(m²·K)]，应根据本标准附录 B 计算确定；

F_{qi}——外墙的面积（m²），可根据本标准附录 F 的规定计算确定；

A_0——建筑面积（m²），可根据本标准附录 F 的规定计算确定。

4.3.6 折合到单位建筑面积上单位时间内通过屋面

的传热量应按下式计算：

$$q_{Hw} = \frac{\sum q_{Hwi}}{A_0} = \frac{\sum \varepsilon_{wi} K_{wi} F_{wi}(t_n - t_e)}{A_0} \quad (4.3.6)$$

式中：q_{Hw}——折合到单位建筑面积上单位时间内通过屋面的传热量（W/m²）；

ε_{wi}——屋面传热系数的修正系数，应根据本标准附录 E 中的表 E.0.2 确定；

K_{wi}——屋面传热系数[W/(m²·K)]；

F_{wi}——屋面的面积（m²），可根据本标准附录 F 的规定计算确定。

4.3.7 折合到单位建筑面积上单位时间内通过地面的传热量应按下式计算：

$$q_{Hd} = \frac{\sum q_{Hdi}}{A_0} = \frac{\sum K_{di} F_{di}(t_n - t_e)}{A_0} \quad (4.3.7)$$

式中：q_{Hd}——折合到单位建筑面积上单位时间内通过地面的传热量（W/m²）；

K_{di}——地面的传热系数[W/(m²·K)]，应根据本标准附录 C 的规定计算确定；

F_{di}——地面的面积（m²），应根据本标准附录 F 的规定计算确定。

4.3.8 折合到单位建筑面积上单位时间内通过外窗（门）的传热量应按下式计算：

$$q_{Hmc} = \frac{\sum q_{Hmci}}{A_0} = \frac{\sum [K_{mci} F_{mci}(t_n - t_e) - I_{tyi} C_{mci} F_{mci}]}{A_0}$$
$$(4.3.8-1)$$

$$C_{mci} = 0.87 \times 0.70 \times SC \quad (4.3.8-2)$$

式中：q_{Hmc}——折合到单位建筑面积上单位时间内通过外窗（门）的传热量（W/m²）；

K_{mci}——窗（门）的传热系数[W/(m²·K)]；

F_{mci}——窗（门）的面积（m²）；

I_{tyi}——窗（门）外表面采暖期平均太阳辐射热（W/m²），应根据本标准附录 A 中的表 A.0.1-1 确定；

C_{mci}——窗（门）的太阳辐射修正系数；

SC——窗的综合遮阳系数，按本标准式（4.2.3）计算；

0.87——3mm 普通玻璃的太阳辐射透过率；

0.70——折减系数。

4.3.9 折合到单位建筑面积上单位时间内通过非采暖封闭阳台的传热量应按下式计算：

$$q_{Hy} = \frac{\sum q_{Hyi}}{A_0} = \frac{\sum [K_{qmci} F_{qmci} \zeta_i(t_n - t_e) - I_{tyi} C'_{mci} F_{mci}]}{A_0}$$
$$(4.3.9-1)$$

$$C'_{mci} = (0.87 \times SC_W) \times (0.87 \times 0.70 \times SC_N)$$
$$(4.3.9-2)$$

式中：q_{Hy}——折合到单位建筑面积上单位时间内通过非采暖封闭阳台的传热量（W/m²）；

K_{qmci}——分隔封闭阳台和室内的墙、窗（门）的平均传热系数[W/(m²·K)]；

F_{qmci}——分隔封闭阳台和室内的墙、窗（门）的面积（m²）；

ζ_i——阳台的温差修正系数，应根据本标准附录 E 中的表 E.0.4 确定；

I_{tyi}——封闭阳台外表面采暖期平均太阳辐射热（W/m²），应根据本标准附录 A 中的表 A.0.1-1 确定；

F_{mci}——分隔封闭阳台和室内的窗（门）的面积（m²）；

C'_{mci}——分隔封闭阳台和室内的窗（门）的太阳辐射修正系数；

SC_W——外侧窗的综合遮阳系数，按本标准式（4.2.3）计算；

SC_N——内侧窗的综合遮阳系数，按本标准式（4.2.3）计算。

4.3.10 折合到单位建筑面积上单位时间内建筑物空气换气耗热量应按下式计算：

$$q_{INF} = \frac{(t_n - t_e)(C_p \rho NV)}{A_0} \quad (4.3.10)$$

式中：q_{INF}——折合到单位建筑面积上单位时间内建筑物空气换气耗热量（W/m²）；

C_p——空气的比热容，取 0.28Wh/(kg·K)；

ρ——空气的密度（kg/m³），取采暖期室外平均温度 t_e 下的值；

N——换气次数，取 0.5h⁻¹；

V——换气体积（m³），可根据本标准附录 F 的规定计算确定。

5 采暖、通风和空气调节节能设计

5.1 一般规定

5.1.1 集中采暖和集中空气调节系统的施工图设计，必须对每一个房间进行热负荷和逐项逐时的冷负荷计算。

5.1.2 位于严寒和寒冷地区的居住建筑，应设置采暖设施；位于寒冷（B）区的居住建筑，还宜设置或预留设置空调设施的位置和条件。

5.1.3 居住建筑集中采暖、空调系统的热、冷源方式及设备的选择，应根据节能要求，考虑当地资源情况、环境保护、能源效率及用户对采暖运行费用可承受的能力等综合因素，经技术经济分析比较确定。

5.1.4 居住建筑集中供热热源形式的选择，应符合下列规定：

1 以热电厂和区域锅炉房为主要热源；在城市集中供热范围内时，应优先采用城市热网提供的热源。

2 技术经济合理情况下，宜采用冷、热、电联供系统。

3 集中锅炉房的供热规模应根据燃料确定，当采用燃气时，供热规模不宜过大，采用燃煤时供热规模不宜过小。

4 在工厂区附近时，应优先利用工业余热和废热。

5 有条件时应积极利用可再生能源。

5.1.5 居住建筑的集中采暖系统，应按热水连续采暖进行设计。居住区内的商业、文化及其他公共建筑的采暖形式，可根据其使用性质、供热要求经技术经济比较确定。公共建筑的采暖系统应与居住建筑分开，并应具备分别计量的条件。

5.1.6 除当地电力充足和供电政策支持，或者建筑所在地无法利用其他形式的能源外，严寒和寒冷地区的居住建筑内，不应设计直接电热采暖。

5.2 热源、热力站及热力网

5.2.1 当地没有热电联产、工业余热和废热可资利用的严寒、寒冷地区，应建设以集中锅炉房为热源的供热系统。

5.2.2 新建锅炉房时，应考虑与城市热网连接的可能性。锅炉房宜建在靠近热负荷密度大的地区，并应满足该地区环保部门对锅炉房的选址要求。

5.2.3 独立建设的燃煤集中锅炉房中，单台锅炉的容量不宜小于7.0MW；对于规模较小的居住区，锅炉的单台容量可适当降低，但不宜小于4.2MW。

5.2.4 锅炉的选型，应与当地长期供应的燃料种类相适应。锅炉的设计效率不应低于表5.2.4中规定的数值。

表5.2.4 锅炉的最低设计效率（％）

锅炉类型、燃料种类及发热值		在下列锅炉容量(MW)下的设计效率（％）						
		0.7	1.4	2.8	4.2	7.0	14.0	>28.0
燃煤	烟煤 II	—	—	73	74	78	79	80
	III	—	—	74	76	78	80	82
燃油、燃气		86	87	87	88	89	90	90

5.2.5 锅炉房的总装机容量应按下式确定：

$$Q_B = \frac{Q_0}{\eta} \quad (5.2.5)$$

式中：Q_B——锅炉房的总装机容量（W）；
Q_0——锅炉负担的采暖设计热负荷（W）；
η——室外管网输送效率，可取0.92。

5.2.6 燃煤锅炉房的锅炉台数，宜采用（2~3）台，不应多于5台。当在低于设计运行负荷条件下多台锅炉联合运行时，单台锅炉的运行负荷不应低于额定负荷的60％。

5.2.7 燃气锅炉房的设计，应符合下列规定：

1 锅炉房的供热半径应根据区域的情况、供热规模、供热方式及参数等条件来合理地确定。当受条件限制供热面积较大时，应经技术经济比较确定，采用分区设置热力站的间接供热系统。

2 模块式组合锅炉房，宜以楼栋为单位设置；数量宜为（4~8）台，不应多于10台；每个锅炉房的供热量宜在1.4MW以下。当总供热面积较大，且不能以楼栋为单位设置时，锅炉房应分散设置。

3 当燃气锅炉直接供热系统的锅炉的供、回水温度和流量限定值，与负荷侧在整个运行期对供、回水温度和流量的要求不一致时，应按热源侧和用户侧配置二次泵水系统。

5.2.8 锅炉房设计时应充分利用锅炉产生的各种余热，并应符合下列规定：

1 热媒供水温度不高于60℃的低温供热系统，应设烟气余热回收装置。

2 散热器采暖系统宜设烟气余热回收装置。

3 有条件时，应选用冷凝式燃气锅炉；当选用普通锅炉时，应另设烟气余热回收装置。

5.2.9 锅炉房和热力站的总管上，应设置计量总供热量的热量表（热量计量装置）。集中采暖系统中建筑物的热力入口处，必须设置楼前热量表，作为该建筑物采暖耗热量的热量结算点。

5.2.10 在有条件采用集中供热或在楼内集中设置燃气热水机组（锅炉）的高层建筑中，不宜采用户式燃气供暖炉（热水器）作为采暖热源。当必须采用户式燃气炉作为热源时，应设置专用的进气及排烟通道，并应符合下列规定：

1 燃气炉自身必须配置有完善且可靠的自动安全保护装置。

2 应具有同时自动调节燃气量和燃烧空气量的功能，并应配置有室温控制器。

3 配套供应的循环水泵的工况参数，应与采暖系统的要求相匹配。

5.2.11 当系统的规模较大时，宜采用间接连接的一、二次水系统；热力站规模不宜大于100000m²；一次水设计供水温度宜取115℃~130℃，回水温度应取50℃~80℃。

5.2.12 当采暖系统采用变流量水系统时，循环水泵宜采用变速调节方式；水泵台数宜采用2台（一用一备）。当系统较大时，可通过技术经济分析后合理增加台数。

5.2.13 室外管网应进行严格的水力平衡计算。当室外管网通过阀门截流来进行阻力平衡时，各并联环路之间的压力损失差值，不应大于15％。当室外管网水力平衡计算达不到上述要求时，应在热力站和建筑物热力入口处设置静态水力平衡阀。

5.2.14 建筑物的每个热力入口，应设计安装水过滤器，并应根据室外管网的水力平衡要求和建筑物内供暖系统所采用的调节方式，决定是否还要设置自力式流量控制阀、自力式压差控制阀或其他装置。

5.2.15 水力平衡阀的设置和选择，应符合下列规定：

1 阀门两端的压差范围，应符合其产品标准的要求。

2 热力站出口总管上，不应串联设置自力式流量控制阀；当有多个分环路时，各分环路总管上可根据水力平衡的要求设置静态水力平衡阀。

3 定流量水系统的各热力入口，可按照本标准第5.2.13、5.2.14条的规定设置静态水力平衡阀，或自力式流量控制阀。

4 变流量水系统的各热力入口，应根据水力平衡的要求和系统总体控制设置的情况，设置压差控制阀，但不应设置自力式定流量阀。

5 当采用静态水力平衡阀时，应根据阀门流通能力及两端压差，选择确定平衡阀的直径与开度。

6 当采用自力式流量控制阀时，应根据设计流量进行选型。

7 当采用自力式压差控制阀时，应根据所需控制压差选择与管路同尺寸的阀门，同时应确保其流量不小于设计最大值。

8 当选择自力式流量控制阀、自力式压差控制阀、电动平衡两通阀或动态平衡电动调节阀时，应保持阀权度 $S=0.3\sim0.5$。

5.2.16 在选配供热系统的热水循环泵时，应计算循环水泵的耗电输热比（EHR），并应标注在施工图的设计说明中。循环水泵的耗电输热比应符合下式要求：

$$EHR = \frac{N}{Q \cdot \eta} \leqslant \frac{A \times (20.4 + a\Sigma L)}{\Delta t}$$

(5.2.16)

式中：EHR——循环水泵的耗电输热比；

N——水泵在设计工况点的轴功率（kW）；

Q——建筑供热负荷（kW）；

η——电机和传动部分的效率，应按表5.2.16选取；

Δt——设计供回水温度差（℃），应按照设计要求选取；

A——与热负荷有关的计算系数，应按表5.2.16选取；

ΣL——室外主干线（包括供回水管）总长度（m）；

a——与ΣL有关的计算系数，应按如下选取或计算：

当$\Sigma L \leqslant 400$m时，$a=0.0115$；

当$400 < \Sigma L < 1000$m时，$a=0.003833+3.067/\Sigma L$；

当$\Sigma L \geqslant 1000$m时，$a=0.0069$。

表 5.2.16 电机和传动部分的效率及循环水泵的耗电输热比计算系数

热负荷 Q(kW)		<2000	≥2000
电机和传动部分的效率 η	直联方式	0.87	0.89
	联轴器连接方式	0.85	0.87
计算系数 A		0.0062	0.0054

5.2.17 设计一、二次热水管网时，应采用经济合理的敷设方式。对于庭院管网和二次网，宜采用直埋管敷设。对于一次管网，当管径较大且地下水位不高时，或者采取了可靠的地沟防水措施时，可采用地沟敷设。

5.2.18 供热管道保温厚度不应小于本标准附录G的规定值，当选用其他保温材料或其导热系数与附录G的规定值差异较大时，最小保温厚度应按下式修正：

$$\delta'_{min} = \frac{\lambda'_m \cdot \delta_{min}}{\lambda_m}$$

(5.2.18)

式中：δ'_{min}——修正后的最小保温层厚度（mm）；

δ_{min}——本标准附录G规定的最小保温层厚度（mm）；

λ'_m——实际选用的保温材料在其平均使用温度下的导热系数[W/（m·K）]；

λ_m——本标准附录G规定的保温材料在其平均使用温度下的导热系数[W/（m·K）]。

5.2.19 当区域供热锅炉房设计采用自动监测与控制的运行方式时，应满足下列规定：

1 应通过计算机自动监测系统，全面、及时地了解锅炉的运行状况。

2 应随时测量室外的温度和整个热网的需求，按照预先设定的程序，通过调节投入燃料量实现锅炉供热量调节，满足整个热网的热量需求，保证供暖质量。

3 应通过锅炉系统热特性识别和工况优化分析程序，根据前几天的运行参数、室外温度，预测该时段的最佳工况。

4 应通过对锅炉运行参数的分析，作出及时判断。

5 应建立各种信息数据库，对运行过程中的各种信息数据进行分析，并应能够根据需要打印各类运行记录，储存历史数据。

6 锅炉房、热力站的动力用电、水泵用电和照明用电应分别计量。

5.2.20 对于未采用计算机进行自动监测与控制的锅炉房和换热站，应设置供热量控制装置。

5.3 采暖系统

5.3.1 室内的采暖系统，应以热水为热媒。

5.3.2 室内的采暖系统的制式，宜采用双管系统。当采用单管系统时，应在每组散热器的进出水支管之间设置跨越管，散热器应采用低阻力两通或三通调节阀。

5.3.3 集中采暖（集中空调）系统，必须设置住户分室（户）温度调节、控制装置及分户热计量（分户热分摊）的装置或设施。

5.3.4 当室内采用散热器供暖时，每组散热器的进水支管上应安装散热器恒温控制阀。

5.3.5 散热器宜明装，散热器的外表面应刷非金属性涂料。

5.3.6 采用散热器集中采暖系统的供水温度（t）、供回水温差（Δt）与工作压力（P），宜符合下列规定：

1 当采用金属管道时，$t \leqslant 95℃$、$\Delta t \geqslant 25℃$。

2 当采用热塑性塑料管时，$t \leqslant 85℃$；$\Delta t \geqslant 25℃$，且工作压力不宜大于 1.0MPa。

3 当采用铝塑复合管-非热熔连接时，$t \leqslant 90℃$，$\Delta t \geqslant 25℃$。

4 当采用铝塑复合管-热熔连接时，应按热塑性塑料管的条件应用。

5 当采用铝塑复合管时，系统的工作压力可按表 5.3.6 确定。

表 5.3.6 不同工作温度时铝塑复合管的允许工作压力

管材类型	代号	长期工作温度（℃）	允许工作压力（MPa）
搭接焊式	PAP	60	1.00
		75※	0.82
		82※	0.69
	XPAP	75	1.00
		82	0.86
对接焊式	PAP3、PAP4	60	1.00
	XPAP1、XPAP2	75	1.50
	XPAP1、XPAP2	95	1.25

注：※指采用中密度聚乙烯（乙烯与辛烯共聚物）材料生产的复合管。

5.3.7 对室内具有足够的无家具覆盖的地面可供布置加热管的居住建筑，宜采用低温地面辐射供暖方式进行采暖。低温地面辐射供暖系统户（楼）内的供水温度不应超过 60℃，供回水温差宜等于或小于 10℃；系统的工作压力不应大于 0.8MPa。

5.3.8 采用低温地面辐射供暖的集中供热小区，锅炉或换热站不宜直接提供温度低于 60℃ 的热媒。当外网提供的热媒温度高于 60℃ 时，宜在各户的分集水器前设置混水泵，抽取室内回水混入供水，保持其温度不高于设定值，并加大户内循环水量；混水装置也可以设置在楼栋的采暖热力入口处。

5.3.9 当设计低温地面辐射供暖系统时，宜按主要房间划分供暖环路，并应配置室温自动调控装置。在每户分水器的进水管上，应设置水过滤器，并应按户设置热量分摊装置。

5.3.10 施工图设计时，应严格进行室内供暖管道的水力平衡计算，确保各并联环路间（不包括公共段）的压力损失差额不大于 15%；在水力平衡计算时，要计算水冷却产生的附加压力，其值可取设计供、回水温度条件下附加压力值的 2/3。

5.3.11 在寒冷地区，当冬季设计状态下的采暖空调设备能效比（COP）小于 1.8 时，不宜采用空气源热泵机组供热；当有集中热源或气源时，不应采用空气源热泵。

5.4 通风和空气调节系统

5.4.1 通风和空气调节系统设计应结合建筑设计，首先确定全年各季节的自然通风措施，并应做好室内气流组织，提高自然通风效率，减少机械通风和空调的使用时间。当在大部分时间内自然通风不能满足降温要求时，宜设置机械通风或空气调节系统，设置的机械通风或空气调节系统不应妨碍建筑的自然通风。

5.4.2 当采用分散式房间空调器进行空调和（或）采暖时，宜选择符合国家标准《房间空气调节器能效限定值及能源效率等级》GB 12021.3 和《转速可控型房间空气调节器能效限定值及能源效率等级》GB 21455 中规定的节能型产品（即能效等级 2 级）。

5.4.3 当采用电机驱动压缩机的蒸气压缩循环冷水（热泵）机组或采用名义制冷量大于 7100W 的电机驱动压缩机单元式空气调节机作为住宅小区或整栋楼的冷热源机组时，所选用机组的能效比（性能系数）不应低于现行国家标准《公共建筑节能设计标准》GB 50189 中的规定值；当设计采用多联式空调（热泵）机组作为户式集中空调（采暖）机组时，所选用机组的制冷综合性能系数不应低于国家标准《多联式空调（热泵）机组能效限定值及能源效率等级》GB 21454-2008 中规定的第 3 级。

5.4.4 安装分体式空气调节器（含风管机、多联机）时，室外机的安装位置必须符合下列规定：

1 应能通畅地向室外排放空气和自室外吸入空气。

2 在排出空气与吸入空气之间不应发生明显的气流短路。

3 可方便地对室外机的换热器进行清扫。

4 对周围环境不得造成热污染和噪声污染。

5.4.5 设有集中新风供应的居住建筑,当新风系统的送风量大于或等于 3000m³/h 时,应设置排风热回收装置。无集中新风供应的居住建筑,宜分户(或分室)设置带热回收功能的双向换气装置。

5.4.6 当采用风机盘管机组时,应配置风速开关,宜配置自动调节和控制冷、热量的温控器。

5.4.7 当采用全空气直接膨胀风管式空调机时,宜按房间设计配置风量调控装置。

5.4.8 当选择土壤源热泵系统、浅层地下水源热泵系统、地表水(淡水、海水)源热泵系统、污水水源热泵系统作为居住区或户用空调(热泵)机组的冷热源时,严禁破坏、污染地下资源。

5.4.9 空气调节系统的冷热水管的绝热厚度,应按现行国家标准《设备及管道绝热设计导则》GB/T 8175 中的经济厚度和防止表面凝露的保冷层厚度的方法计算。建筑物内空气调节系统冷热水管的经济绝热厚度可按表 5.4.9 的规定选用。

表 5.4.9 建筑物内空气调节系统冷热水管的经济绝热厚度

管道类型	绝热材料			
	离心玻璃棉		柔性泡沫橡塑	
	公称管径(mm)	厚度(mm)	公称管径(mm)	厚度(mm)
单冷管道 (管内介质温度 7℃~常温)	≤DN32	25	按防结露要求计算	
	DN40~DN100	30		
	≥DN125	35		
热或冷热合用管道 (管内介质温度 5℃~60℃)	≤DN40	35	≤DN50	25
	DN50~DN100	40	DN70~DN150	28
	DN125~DN250	45	≥DN200	32
	≥DN300	50		
热或冷热合用管道 (管内介质温度 0℃~95℃)	≤DN50	50	不适宜使用	
	DN70~DN150	60		
	≥DN200	70		

注: 1 绝热材料的导热系数 λ 应按下列公式计算:
  离心玻璃棉: $\lambda = (0.033 + 0.00023 t_m)[W/(m \cdot K)]$
  柔性泡沫橡塑: $\lambda = (0.03375 + 0.0001375 t_m)[W/(m \cdot K)]$
  其中 t_m——绝热层的平均温度(℃)。
  2 单冷管道和柔性泡沫橡塑保冷的管道均应进行防结露要求验算。

5.4.10 空气调节风管绝热层的最小热阻应符合表 5.4.10 的规定。

表 5.4.10 空气调节风管绝热层的最小热阻

风管类型	最小热阻(m²·K/W)
一般空调风管	0.74
低温空调风管	1.08

附录 A 主要城市的气候区属、气象参数、耗热量指标

A.0.1 根据采暖度日数和空调度日数,可将严寒和寒冷地区细分为五个气候子区,其中主要城市的建筑节能计算用气象参数和建筑物耗热量指标应按表 A.0.1-1 和表 A.0.1-2 的规定确定。

A.0.2 严寒地区的分区指标是 $HDD18 \geq 3800$,气候特征是冬季严寒,根据冬季严寒的不同程度,又可细分成严寒(A)、严寒(B)、严寒(C)三个子区:

 1 严寒(A)区的分区指标是 $6000 \leq HDD18$,气候特征是冬季异常寒冷,夏季凉爽;

 2 严寒(B)区的分区指标是 $5000 \leq HDD18 < 6000$,气候特征是冬季非常寒冷,夏季凉爽;

 3 严寒(C)区的分区指标是 $3800 \leq HDD18 < 5000$,气候特征是冬季很寒冷,夏季凉爽。

A.0.3 寒冷地区的分区指标是 $2000 \leq HDD18 < 3800$, $0 < CDD26$,气候特征是冬季寒冷,根据夏季热的不同程度,又可细分成寒冷(A)、寒冷(B)两个子区:

 1 寒冷(A)区的分区指标是 $2000 \leq HDD18 < 3800$, $0 < CDD26 \leq 90$,气候特征是冬季寒冷,夏季凉爽;

 2 寒冷(B)区的分区指标是 $2000 \leq HDD18 < 3800$, $90 < CDD26$,气候特征是冬季寒冷,夏季热。

表 A.0.1-1 严寒和寒冷地区主要城市的建筑节能计算用气象参数

城市	气候区属	气象站			HDD18(℃·d)	CDD26(℃·d)	计算采暖期					
		北纬度	东经度	海拔(m)			天数(d)	室外平均温度(℃)	太阳总辐射平均强度(W/m²)			
									水平	南向	北向	东向	西向
直辖市													
北京	Ⅱ(B)	39.93	116.28	55	2699	94	114	0.1	102	120	33	59	59
天津	Ⅱ(B)	39.10	117.17	5	2743	92	118	−0.2	99	106	34	56	57
河北省													
石家庄	Ⅱ(B)	38.03	114.42	81	2388	147	97	0.9	95	102	33	54	54
围场	Ⅰ(C)	41.93	117.75	844	4602	3	172	−5.1	118	121	38	66	66

续表 A.0.1-1

城 市	气候区属	气象站			HDD18 (℃·d)	CDD26 (℃·d)	计算采暖期					
		北纬度	东经度	海拔(m)			天数(d)	室外平均温度(℃)	太阳总辐射平均强度(W/m²)			
									水平	南向	北向	东向	西向

城市	气候区属	北纬度	东经度	海拔(m)	HDD18	CDD26	天数(d)	室外平均温度(℃)	水平	南向	北向	东向	西向
丰宁	Ⅰ(C)	41.22	116.63	661	4167	5	161	−4.2	120	126	39	67	67
承德	Ⅱ(A)	40.98	117.95	386	3783	20	150	−3.4	107	112	35	60	60
张家口	Ⅱ(A)	40.78	114.88	726	3637	24	145	−2.7	106	118	36	62	60
怀来	Ⅱ(A)	40.40	115.50	538	3388	32	143	−1.8	105	117	36	61	59
青龙	Ⅱ(A)	40.40	118.95	228	3532	23	146	−2.5	107	112	35	61	59
蔚县	Ⅰ(C)	39.83	114.57	910	3955	9	151	−3.9	110	115	36	62	61
唐山	Ⅱ(A)	39.67	118.15	29	2853	72	120	−0.6	100	108	34	58	56
乐亭	Ⅱ(A)	39.43	118.90	12	3080	37	124	−1.3	104	111	35	60	57
保定	Ⅱ(B)	38.85	115.57	19	2564	129	108	0.4	94	102	32	55	52
沧州	Ⅱ(A)	38.33	116.83	11	2653	92	115	0.3	102	107	35	58	58
泊头	Ⅱ(A)	38.08	116.55	13	2593	126	119	0.4	101	106	34	58	56
邢台	Ⅱ(B)	37.07	114.50	78	2268	155	93	1.4	96	102	33	56	53
山西省													
太原	Ⅱ(A)	37.78	112.55	779	3160	11	127	−1.1	108	118	36	62	60
大同	Ⅰ(C)	40.10	113.33	1069	4120	8	158	−4.0	119	124	39	67	66
河曲	Ⅰ(C)	39.38	111.15	861	3913	18	150	−4.0	120	126	38	64	67
原平	Ⅱ(A)	38.75	112.70	838	3399	14	141	−1.7	108	118	36	61	61
离石	Ⅱ(A)	37.50	111.10	951	3424	16	140	−1.8	102	108	34	56	57
榆社	Ⅱ(A)	37.07	112.98	1042	3529	1	143	−1.7	111	118	37	62	62
介休	Ⅱ(A)	37.03	111.92	745	2978	24	121	−0.3	109	114	36	60	61
阳城	Ⅱ(A)	35.48	112.40	659	2698	21	112	0.7	104	109	34	57	57
运城	Ⅱ(B)	35.05	111.05	365	2267	185	84	1.3	91	97	30	50	49
内蒙古自治区													
呼和浩特	Ⅰ(C)	40.82	111.68	1065	4186	11	158	−4.4	116	122	37	65	64
图里河	Ⅰ(A)	50.45	121.70	733	8023	0	225	−14.38	105	101	33	58	57
海拉尔	Ⅰ(A)	49.22	119.75	611	6713	3	206	−12.0	77	82	27	47	46
博克图	Ⅰ(A)	48.77	121.92	739	6622	0	208	−10.3	75	81	26	46	44
新巴尔虎右旗	Ⅰ(A)	48.67	116.82	556	6157	13	195	−10.6	83	90	29	51	49
阿尔山	Ⅰ(A)	47.17	119.93	997	7364	0	218	−12.1	119	103	37	68	67
东乌珠穆沁旗	Ⅰ(B)	45.52	116.97	840	5940	11	189	−10.1	104	106	34	59	58
那仁宝拉格	Ⅰ(A)	44.62	114.15	1183	6153	4	200	−9.9	108	112	35	62	60
西乌珠穆沁旗	Ⅰ(B)	44.58	117.60	997	5812	4	198	−8.4	102	107	34	59	57
扎鲁特旗	Ⅰ(C)	44.57	120.90	266	4398	32	164	−5.6	105	112	36	63	60
阿巴嘎旗	Ⅰ(B)	44.02	114.95	1128	5892	7	188	−9.9	109	111	36	62	61
巴林左旗	Ⅰ(C)	43.98	119.40	485	4704	10	167	−6.4	110	117	37	65	62
锡林浩特	Ⅰ(B)	43.95	116.12	1004	5545	12	186	−8.6	107	109	35	61	60
二连浩特	Ⅰ(B)	43.65	112.00	966	5131	36	176	−8.0	113	112	39	64	63
林西	Ⅰ(C)	43.60	118.07	800	4858	7	174	−6.3	118	124	39	69	65
通辽	Ⅰ(C)	43.60	122.27	180	4376	22	164	−5.7	105	111	35	62	60

续表 A.0.1-1

城 市	气候区属	气象站			HDD18 (℃·d)	CDD26 (℃·d)	计算采暖期						
		北纬度	东经度	海拔(m)			天数(d)	室外平均温度(℃)	太阳总辐射平均强度(W/m²)				
									水平	南向	北向	东向	西向
满都拉	Ⅰ(C)	42.53	110.13	1223	4746	20	175	-5.8	133	139	43	73	76
朱日和	Ⅰ(C)	42.40	112.90	1152	4810	16	174	-6.1	122	125	39	71	68
赤峰	Ⅰ(C)	42.27	118.97	572	4196	20	161	-4.5	116	123	38	66	64
多伦	Ⅰ(B)	42.18	116.47	1247	5466	0	186	-7.4	121	123	39	69	67
额济纳旗	Ⅰ(C)	41.95	101.07	941	3884	130	150	-4.3	128	140	42	75	71
化德	Ⅰ(B)	41.90	114.00	1484	5366	0	187	-6.8	124	125	40	71	68
达尔罕联合旗	Ⅰ(C)	41.70	110.43	1377	4969	5	176	-6.4	134	139	43	73	76
乌拉特后旗	Ⅰ(C)	41.57	108.52	1290	4675	10	173	-5.6	139	146	44	77	78
海力素	Ⅰ(C)	41.45	106.38	1510	4780	14	176	-5.8	136	140	43	76	75
集宁	Ⅰ(C)	41.03	113.07	1416	4873	0	177	-5.4	128	129	41	73	70
临河	Ⅱ(A)	40.77	107.40	1041	3777	30	151	-3.1	122	130	40	69	68
巴音毛道	Ⅰ(C)	40.75	104.50	1329	4208	30	158	-4.7	137	149	44	75	78
东胜	Ⅰ(C)	39.83	109.98	1459	4226	3	160	-3.8	128	133	41	70	73
吉兰太	Ⅱ(A)	39.78	105.75	1032	3746	68	150	-3.4	132	140	43	71	76
鄂托克旗	Ⅰ(C)	39.10	107.98	1381	4045	9	156	-3.6	130	136	42	70	73
辽宁省													
沈阳	Ⅰ(C)	41.77	123.43	43	3929	25	150	-4.5	94	97	32	54	53
彰武	Ⅰ(C)	42.42	122.53	84	4134	13	158	-4.9	104	109	35	60	59
清原	Ⅰ(C)	42.10	124.95	235	4598	8	165	-6.3	86	86	29	49	48
朝阳	Ⅱ(A)	41.55	120.45	176	3559	53	143	-3.1	96	103	35	56	55
本溪	Ⅰ(C)	41.32	123.78	185	4046	16	157	-4.4	90	91	30	52	50
锦州	Ⅱ(A)	41.13	121.12	70	3458	26	141	-2.5	91	100	32	55	52
宽甸	Ⅰ(C)	40.72	124.78	261	4095	4	158	-4.1	92	93	31	52	52
营口	Ⅱ(A)	40.67	122.20	4	3526	29	142	-2.9	89	95	31	51	51
丹东	Ⅱ(A)	40.05	124.33	14	3566	6	145	-2.2	91	100	32	51	55
大连	Ⅱ(A)	38.90	121.63	97	2924	16	125	0.1	104	108	35	57	60
吉林省													
长春	Ⅰ(C)	43.90	125.22	238	4642	12	165	-6.7	90	93	30	53	51
前郭尔罗斯	Ⅰ(C)	45.08	124.87	136	4800	17	165	-7.6	93	98	32	55	54
长岭	Ⅰ(C)	44.25	123.97	190	4718	15	165	-7.2	96	100	32	56	55
敦化	Ⅰ(B)	43.37	128.20	525	5221	1	183	-7.0	94	93	31	55	53
四平	Ⅰ(C)	43.18	124.33	167	4308	15	162	-5.5	94	97	32	55	53
桦甸	Ⅰ(C)	42.98	126.75	264	5007	4	168	-7.9	86	87	29	49	48
延吉	Ⅰ(C)	42.88	129.47	257	4687	5	166	-6.1	91	92	31	53	51
临江	Ⅰ(C)	41.72	126.92	333	4736	4	165	-6.7	84	84	28	47	47
长白	Ⅰ(B)	41.35	128.17	775	5542	0	186	-7.8	96	92	31	54	53
集安	Ⅰ(C)	41.10	126.15	179	4142	9	159	-4.5	85	85	28	48	47

续表 A.0.1-1

城市	气候区属	气象站			HDD18 (℃·d)	CDD26 (℃·d)	计算采暖期						
		北纬度	东经度	海拔(m)			天数(d)	室外平均温度(℃)	太阳总辐射平均强度(W/m²)				
									水平	南向	北向	东向	西向
黑龙江省													
哈尔滨	Ⅰ(B)	45.75	126.77	143	5032	14	167	-8.5	83	86	28	49	48
漠河	Ⅰ(A)	52.13	122.52	433	7994	0	225	-14.7	100	91	33	57	58
呼玛	Ⅰ(A)	51.72	126.65	179	6805	4	202	-12.9	84	90	31	49	49
黑河	Ⅰ(A)	50.25	127.45	166	6310	4	193	-11.6	80	83	27	47	47
孙吴	Ⅰ(A)	49.43	127.35	235	6517	2	201	-11.5	69	74	24	40	41
嫩江	Ⅰ(A)	49.17	125.23	243	6352	5	193	-11.9	83	84	28	49	48
克山	Ⅰ(B)	48.05	125.88	237	5888	7	186	-10.6	83	85	28	49	48
伊春	Ⅰ(A)	47.72	128.90	232	6100	1	188	-10.8	77	78	27	46	45
海伦	Ⅰ(B)	47.43	126.97	240	5798	5	185	-10.3	82	84	28	49	48
齐齐哈尔	Ⅰ(B)	47.38	123.92	148	5259	23	177	-8.7	90	94	31	54	53
富锦	Ⅰ(B)	47.23	131.98	65	5594	6	184	-9.5	84	85	29	49	50
泰来	Ⅰ(B)	46.40	123.42	150	5005	26	168	-8.3	89	94	31	54	52
安达	Ⅰ(B)	46.38	125.32	150	5291	15	174	-9.1	90	93	30	53	52
宝清	Ⅰ(B)	46.32	132.18	83	5190	8	174	-8.2	86	90	29	49	50
通河	Ⅰ(B)	45.97	128.73	110	5675	3	185	-9.7	84	85	29	50	48
虎林	Ⅰ(B)	45.77	132.97	103	5351	2	177	-8.8	88	88	30	51	51
鸡西	Ⅰ(B)	45.28	130.95	281	5105	7	175	-7.7	91	92	31	53	53
尚志	Ⅰ(B)	45.22	127.97	191	5467	3	184	-8.8	90	90	30	53	52
牡丹江	Ⅰ(B)	44.57	129.60	242	5066	7	168	-8.2	93	97	32	56	54
绥芬河	Ⅰ(B)	44.38	131.15	568	5422	1	184	-7.6	94	94	32	56	54
江苏省													
赣榆	Ⅱ(A)	34.83	119.13	10	2226	83	87	2.1	93	100	32	52	51
徐州	Ⅱ(B)	34.28	117.15	42	2090	137	84	2.5	88	94	30	50	49
射阳	Ⅱ(B)	33.77	120.25	7	2083	92	83	3.0	95	102	32	52	52
安徽省													
亳州	Ⅱ(B)	33.88	115.77	42	2030	154	74	2.5	83	88	28	47	45
山东省													
济南	Ⅱ(B)	36.60	117.05	169	2211	160	92	1.8	97	104	33	56	53
长岛	Ⅱ(A)	37.93	120.72	40	2570	20	106	1.4	105	110	35	59	60
龙口	Ⅱ(A)	37.62	120.32	5	2551	60	108	1.1	104	108	35	57	59
惠民	Ⅱ(B)	37.50	117.53	12	2622	96	111	0.4	101	108	34	56	55
德州	Ⅱ(B)	37.43	116.32	22	2527	97	115	1.0	113	119	37	65	62
成山头	Ⅱ(A)	37.40	122.68	47	2672	2	115	2.0	109	116	37	62	63
陵县	Ⅱ(B)	37.33	116.57	19	2613	103	111	0.5	102	110	34	58	57
潍坊	Ⅱ(A)	36.77	119.18	22	2735	63	117	0.3	106	111	35	58	57
海阳	Ⅱ(A)	36.77	121.17	41	2631	20	109	1.1	109	113	36	61	59
莘县	Ⅱ(A)	36.23	115.67	38	2521	90	104	0.8	98	105	33	54	54
沂源	Ⅱ(A)	36.18	118.15	302	2660	45	116	0.7	102	106	34	56	56

续表 A.0.1-1

城　市	气候区属	气象站			HDD18 (℃·d)	CDD26 (℃·d)	计算采暖期					
		北纬度	东经度	海拔(m)			天数(d)	室外平均温度(℃)	太阳总辐射平均强度(W/m²)			
									水平	南向	北向	东向	西向
青岛	Ⅱ(A)	36.07	120.33	77	2401	22	99	2.1	118	114	37	65	63
兖州	Ⅱ(B)	35.57	116.85	53	2390	97	103	1.5	101	107	33	56	55
日照	Ⅱ(A)	35.43	119.53	37	2361	39	98	2.1	125	119	41	70	66
菏泽	Ⅱ(A)	35.25	115.43	51	2396	89	111	2.0	104	107	34	58	57
费县	Ⅱ(A)	35.25	117.95	120	2296	83	94	1.7	103	108	34	57	58
定陶	Ⅱ(B)	35.07	115.57	49	2319	107	93	1.5	100	106	33	56	55
临沂	Ⅱ(A)	35.05	118.35	86	2375	70	100	1.7	102	104	33	56	56
河南省													
安阳	Ⅱ(B)	36.05	114.40	64	2309	131	93	1.3	99	105	33	57	54
孟津	Ⅱ(A)	34.82	112.43	333	2221	89	92	2.3	97	102	32	54	52
郑州	Ⅱ(B)	34.72	113.65	111	2106	125	88	2.5	99	106	33	56	56
卢氏	Ⅱ(A)	34.05	111.03	570	2516	30	103	1.5	99	104	32	53	53
西华	Ⅱ(B)	33.78	114.52	53	2096	110	77	2.4	93	97	31	53	50
四川省													
若尔盖	Ⅰ(B)	33.58	102.97	3441	5972	0	227	−2.9	161	142	47	83	82
松潘	Ⅰ(C)	32.65	103.57	2852	4218	0	156	−0.1	136	132	41	71	70
色达	Ⅰ(A)	32.28	100.33	3896	6274	0	228	−3.8	166	154	53	97	94
马尔康	Ⅱ(A)	31.90	102.23	2666	3390	0	115	1.3	137	139	43	72	73
德格	Ⅰ(C)	31.80	98.57	3185	4088	0	156	0.8	125	119	37	64	63
甘孜	Ⅰ(C)	31.62	100.00	3394	4414	0	173	−0.2	162	163	52	93	93
康定	Ⅰ(C)	30.05	101.97	2617	3873	0	141	0.6	119	117	37	61	62
理塘	Ⅰ(B)	30.00	100.27	3950	5173	0	188	−1.2	167	154	50	86	90
巴塘	Ⅱ(A)	30.00	99.10	2589	2100	0	50	3.8	149	156	49	79	81
稻城	Ⅰ(C)	29.05	100.30	3729	4762	0	177	−0.7	173	175	60	104	109
贵州省													
毕节	Ⅱ(A)	27.30	105.23	1511	2125	0	70	3.7	102	101	33	54	54
威宁	Ⅱ(A)	26.87	104.28	2236	2636	0	75	3.0	109	108	34	57	57
云南省													
德钦	Ⅰ(C)	28.45	98.88	3320	4266	0	171	0.9	143	126	41	73	72
昭通	Ⅱ(A)	27.33	103.75	1950	2394	0	73	3.1	135	136	42	69	74
西藏自治区													
拉萨	Ⅱ(A)	29.67	91.13	3650	3425	0	126	1.6	148	147	46	80	79
狮泉河	Ⅰ(A)	32.50	80.08	4280	6048	0	224	−5.0	209	191	62	118	114
改则	Ⅰ(A)	32.30	84.05	4420	6577	0	232	−5.7	255	148	74	136	130
索县	Ⅰ(B)	31.88	93.78	4024	5775	0	215	−3.1	182	141	52	96	93
那曲	Ⅰ(A)	31.48	92.07	4508	6722	0	242	−4.8	147	127	43	80	75
丁青	Ⅰ(B)	31.42	95.60	3874	5197	0	194	−1.8	152	132	45	81	78
班戈	Ⅰ(A)	31.37	90.02	4701	6699	0	245	−4.2	183	152	53	97	94
昌都	Ⅱ(A)	31.15	97.17	3307	3764	0	140	0.6	120	115	37	64	64

续表 A.0.1-1

城 市	气候区属	气象站			HDD18 (℃·d)	CDD26 (℃·d)	计算采暖期					
		北纬度	东经度	海拔(m)			天数(d)	室外平均温度(℃)	太阳总辐射平均强度(W/m²)			
									水平	南向	北向	东向	西向
申扎	Ⅰ(A)	30.95	88.63	4670	6402	0	231	−4.1	189	158	55	101	98
林芝	Ⅱ(A)	29.57	94.47	3001	3191	0	100	2.2	170	169	51	94	90
日喀则	Ⅰ(C)	29.25	88.88	3837	4047	0	157	0.3	168	153	51	91	87
隆子	Ⅰ(C)	28.42	92.47	3861	4473	0	173	−0.3	161	139	47	86	81
帕里	Ⅰ(A)	27.73	89.08	4300	6435	0	242	−3.1	178	141	50	94	89
陕西省													
西安	Ⅱ(B)	34.30	108.93	398	2178	153	82	2.1	87	91	29	48	47
榆林	Ⅱ(A)	38.23	109.70	1157	3672	19	143	−2.9	108	118	36	61	59
延安	Ⅱ(A)	36.60	109.50	959	3127	15	127	−0.9	103	111	34	55	57
宝鸡	Ⅱ(A)	34.35	107.13	610	2301	86	91	2.1	93	97	31	51	50
甘肃省													
兰州	Ⅱ(A)	36.05	103.88	1518	3094	10	126	−0.6	116	125	38	64	64
敦煌	Ⅱ(A)	40.15	94.68	1140	3518	25	139	−2.8	121	140	40	67	70
酒泉	Ⅰ(C)	39.77	98.48	1478	3971	3	152	−3.4	135	146	43	77	74
张掖	Ⅰ(C)	38.93	100.43	1483	4001	6	155	−3.6	136	146	43	75	75
民勤	Ⅱ(A)	38.63	103.08	1367	3715	12	150	−2.6	135	143	43	73	75
乌鞘岭	Ⅰ(A)	37.20	102.87	3044	6329	0	245	−4.0	157	139	47	84	81
西峰镇	Ⅱ(A)	35.73	107.63	1423	3364	1	141	−0.3	106	111	35	59	57
平凉	Ⅱ(A)	35.55	106.67	1348	3334	1	139	−0.3	107	112	35	57	58
合作	Ⅰ(B)	35.00	102.90	2910	5432	0	192	−3.4	144	139	44	75	77
岷县	Ⅰ(C)	34.72	104.88	2315	4409	0	170	−1.5	134	132	41	73	70
天水	Ⅱ(A)	34.58	105.75	1143	2729	10	110	1.0	98	99	33	54	53
成县	Ⅱ(A)	33.75	105.75	1128	2215	13	94	3.6	145	154	45	81	79
青海省													
西宁	Ⅰ(C)	36.62	101.77	2296	4478	0	161	−3.0	138	140	43	77	75
冷湖	Ⅰ(B)	38.83	93.38	2771	5395	0	193	−5.6	145	154	45	80	81
大柴旦	Ⅰ(B)	37.85	95.37	3174	5616	0	196	−5.8	148	155	46	82	83
德令哈	Ⅰ(C)	37.37	97.37	2982	4874	0	186	−3.7	144	142	44	78	79
刚察	Ⅰ(A)	37.33	100.13	3302	6471	0	226	−5.2	161	149	48	87	84
格尔木	Ⅰ(C)	36.42	94.90	2809	4436	0	170	−3.1	157	162	49	88	87
都兰	Ⅰ(B)	36.30	98.10	3192	5161	0	191	−3.6	154	152	47	84	82
同德	Ⅰ(B)	35.27	100.65	3290	5066	0	218	−5.5	161	160	49	88	85
玛多	Ⅰ(A)	34.92	98.22	4273	7683	0	277	−6.4	180	162	53	96	94
河南	Ⅰ(A)	34.73	101.60	3501	6591	0	246	−4.5	168	155	50	89	88

续表 A.0.1-1

城市	气候区属	气象站			HDD18 (℃·d)	CDD26 (℃·d)	计算采暖期					
		北纬度	东经度	海拔(m)			天数(d)	室外平均温度(℃)	太阳总辐射平均强度(W/m²)			
									水平	南向	北向	东向	西向
托托河	Ⅰ(A)	34.22	92.43	4535	7878	0	276	−7.2	178	156	52	98	93
曲麻莱	Ⅰ(A)	34.13	95.78	4176	7148	0	256	−5.8	175	156	52	94	92
达日	Ⅰ(A)	33.75	99.65	3968	6721	0	251	−4.5	170	148	49	88	89
玉树	Ⅰ(B)	33.02	97.02	3682	5154	0	191	−2.2	162	149	48	84	86
杂多	Ⅰ(A)	32.90	95.30	4068	6153	0	229	−3.8	155	132	45	83	80
宁夏回族自治区													
银川	Ⅱ(A)	38.47	106.20	1112	3472	11	140	−2.1	117	124	40	64	67
盐池	Ⅱ(A)	37.80	107.38	1356	3700	10	149	−2.3	130	134	42	70	73
中宁	Ⅱ(A)	37.48	105.68	1193	3349	22	137	−1.6	119	127	41	67	66
新疆维吾尔自治区													
乌鲁木齐	Ⅰ(C)	43.80	87.65	935	4329	36	149	−6.5	101	113	34	59	58
哈巴河	Ⅰ(C)	48.05	86.35	534	4867	10	172	−6.9	105	116	35	60	62
阿勒泰	Ⅰ(B)	47.73	88.08	737	5081	11	174	−7.9	109	123	36	63	64
富蕴	Ⅰ(B)	46.98	89.52	827	5458	22	174	−10.1	118	135	39	67	70
和布克赛尔	Ⅰ(B)	46.78	85.72	1294	5066	1	186	−5.6	119	131	39	69	68
塔城	Ⅰ(C)	46.73	83.00	535	4143	20	148	−5.1	90	111	32	52	54
克拉玛依	Ⅰ(C)	45.60	84.85	450	4234	196	144	−7.9	95	116	33	56	57
北塔山	Ⅰ(B)	45.37	90.53	1651	5434	2	192	−6.2	113	123	37	65	64
精河	Ⅰ(C)	44.62	82.90	321	4236	70	148	−6.9	98	108	34	58	57
奇台	Ⅰ(C)	44.02	89.57	794	4989	10	161	−9.2	120	136	39	68	68
伊宁	Ⅱ(A)	43.95	81.33	664	3501	9	137	−2.8	97	117	34	55	57
吐鲁番	Ⅱ(B)	42.93	89.20	37	2758	579	234	−2.5	102	121	35	58	60
哈密	Ⅱ(B)	42.82	93.52	739	3682	104	143	−4.1	120	136	40	68	69
巴伦台	Ⅰ(C)	42.67	86.33	1739	3992	0	146	−3.2	90	101	32	52	52
库尔勒	Ⅱ(B)	41.75	86.13	933	3115	123	121	−2.5	127	138	41	71	73
库车	Ⅱ(B)	41.72	82.95	1100	3162	42	109	−2.7	127	141	41	71	72
阿合奇	Ⅰ(C)	40.93	78.45	1986	4118	0	109	−3.6	131	144	42	72	73
铁干里克	Ⅱ(B)	40.63	87.70	847	3353	133	128	−3.5	125	148	41	69	72
阿拉尔	Ⅱ(A)	40.50	81.05	1013	3296	22	129	−3.0	125	148	41	69	71
巴楚	Ⅱ(A)	39.80	78.57	1117	2892	77	115	−2.1	133	155	43	72	75
喀什	Ⅱ(A)	39.47	75.98	1291	2767	46	121	−1.3	130	150	42	72	72
若羌	Ⅱ(B)	39.03	88.17	889	3149	152	122	−2.9	141	150	45	77	80
莎车	Ⅱ(A)	38.43	77.27	1232	2858	27	113	−1.5	134	152	43	73	76
安德河	Ⅱ(A)	37.93	83.65	1264	2673	60	129	−3.3	141	160	45	76	79
皮山	Ⅱ(A)	37.62	78.28	1376	2761	70	110	−1.3	134	150	43	73	74
和田	Ⅱ(A)	37.13	79.93	1375	2595	71	107	−0.6	128	142	42	70	72

注：表格中气候区属Ⅰ(A)为严寒(A)区、Ⅰ(B)为严寒(B)区、Ⅰ(C)为严寒(C)区；Ⅱ(A)为寒冷(A)区、Ⅱ(B)为寒冷(B)区。

表 A.0.1-2 严寒和寒冷地区主要城市的建筑物耗热量指标

城 市	气候区属	建筑物耗热量指标(W/m²)			
		≤3层	(4~8)层	(9~13)层	≥14层
直辖市					
北京	Ⅱ(B)	16.1	15.0	13.4	12.1
天津	Ⅱ(B)	17.1	16.0	14.3	12.7
河北省					
石家庄	Ⅱ(B)	15.7	14.6	13.1	11.6
围场	Ⅰ(C)	19.3	16.7	15.4	13.5
丰宁	Ⅰ(C)	17.8	15.4	14.2	12.4
承德	Ⅱ(A)	21.6	18.9	17.4	15.5
张家口	Ⅱ(A)	20.2	17.7	16.2	14.5
怀来	Ⅱ(A)	18.9	16.5	15.1	13.5
青龙	Ⅱ(A)	20.1	17.6	16.2	14.4
蔚县	Ⅰ(C)	18.1	15.6	14.4	12.6
唐山	Ⅱ(A)	17.6	15.3	14.0	12.4
乐亭	Ⅱ(A)	18.4	16.1	14.7	13.1
保定	Ⅱ(B)	16.5	15.4	13.8	12.2
沧州	Ⅱ(B)	16.2	15.1	13.5	12.0
泊头	Ⅱ(B)	16.1	15.0	13.4	11.9
邢台	Ⅱ(B)	14.9	13.9	12.3	11.0
山西省					
太原	Ⅱ(A)	17.7	15.4	14.1	12.5
大同	Ⅰ(C)	17.6	15.2	14.0	12.2
河曲	Ⅱ(A)	17.6	15.4	14.0	12.3
原平	Ⅱ(A)	18.6	16.2	14.9	13.3
离石	Ⅱ(A)	19.4	17.0	15.6	13.8
榆社	Ⅱ(A)	18.6	16.2	14.8	13.2
介休	Ⅱ(A)	16.7	14.5	13.3	11.8
阳城	Ⅱ(B)	15.5	13.5	12.2	10.9
运城	Ⅱ(B)	15.5	14.4	12.9	11.4
内蒙古自治区					
呼和浩特	Ⅰ(C)	18.4	15.9	14.7	12.9
图里河	Ⅰ(A)	24.3	22.5	20.3	20.1
海拉尔	Ⅰ(A)	22.9	20.9	18.9	18.8
博克图	Ⅰ(A)	21.1	19.4	17.4	17.3
新巴尔虎右旗	Ⅰ(A)	20.9	19.3	17.5	17.2
阿尔山	Ⅰ(A)	21.5	20.1	18.0	17.7
东乌珠穆沁旗	Ⅰ(B)	23.6	20.5	19.0	17.6
那仁宝拉格	Ⅰ(A)	19.7	17.8	15.8	15.7
西乌珠穆沁旗	Ⅰ(B)	21.4	18.9	17.2	16.0
扎鲁特旗	Ⅰ(C)	20.6	17.7	16.4	14.4
阿巴嘎旗	Ⅰ(B)	23.1	20.4	18.6	17.2
巴林左旗	Ⅰ(C)	21.4	18.4	17.1	15.0
锡林浩特	Ⅰ(B)	21.6	19.1	17.4	16.1
二连浩特	Ⅰ(B)	17.7	15.9	14.0	13.8
林西	Ⅰ(C)	20.8	17.9	16.6	14.6
通辽	Ⅰ(C)	20.8	17.8	16.5	14.5
满都拉	Ⅰ(C)	19.2	16.6	15.3	13.4
朱日和	Ⅰ(C)	20.5	17.6	16.3	14.3
赤峰	Ⅰ(C)	18.5	15.9	14.7	12.9
多伦	Ⅰ(C)	19.2	17.1	15.5	14.3
额济纳旗	Ⅰ(C)	17.2	14.9	13.7	12.0
化德	Ⅰ(B)	18.4	16.3	14.8	13.6
达尔罕联合旗	Ⅰ(C)	20.0	17.3	16.0	14.0
乌拉特后旗	Ⅰ(C)	18.5	16.1	14.8	13.0
海力素	Ⅰ(C)	19.1	16.6	15.3	13.4
集宁	Ⅰ(C)	19.3	16.6	15.4	13.4
临河	Ⅱ(A)	20.0	17.5	16.0	14.3
巴音毛道	Ⅰ(C)	17.1	14.9	13.7	12.0
东胜	Ⅰ(C)	16.8	14.5	13.4	11.7
吉兰太	Ⅱ(A)	19.8	17.3	15.8	14.2
鄂托克旗	Ⅰ(C)	16.4	14.2	13.1	11.4
辽宁省					
沈阳	Ⅰ(C)	20.1	17.2	15.9	13.9
彰武	Ⅰ(C)	19.9	17.1	15.8	13.9
清原	Ⅰ(C)	23.1	19.7	18.4	16.1
朝阳	Ⅱ(A)	21.7	18.9	17.4	15.5
本溪	Ⅰ(C)	20.2	17.3	16.0	14.0
锦州	Ⅱ(A)	21.0	18.3	16.8	15.0
宽甸	Ⅰ(C)	19.7	16.9	15.6	13.7
营口	Ⅱ(A)	21.8	19.1	17.6	15.6
丹东	Ⅱ(A)	20.6	18.0	16.6	14.7
大连	Ⅱ(A)	16.5	14.3	13.0	11.5
吉林省					
长春	Ⅰ(C)	23.3	19.9	18.6	16.3
前郭尔罗斯	Ⅰ(C)	24.2	20.7	19.4	17.0
长岭	Ⅰ(C)	23.5	20.1	18.8	16.5
敦化	Ⅰ(B)	20.6	18.0	17.3	15.2
四平	Ⅰ(C)	21.3	18.2	17.0	14.9
桦甸	Ⅰ(B)	22.1	19.3	17.7	16.3
延吉	Ⅰ(C)	22.5	19.2	17.9	15.7
临江	Ⅰ(C)	23.8	20.3	19.0	16.7
长白	Ⅰ(B)	21.5	18.9	17.2	15.9
集安	Ⅰ(C)	20.8	17.7	16.5	14.4

续表 A.0.1-2

城 市	气候区属	建筑物耗热量指标(W/m²)			
		≤3层	(4~8)层	(9~13)层	≥14层
黑龙江省					
哈尔滨	Ⅰ(B)	22.9	20.0	18.3	16.9
漠河	Ⅰ(A)	25.2	23.1	20.9	20.6
呼玛	Ⅰ(A)	23.3	21.4	19.3	19.2
黑河	Ⅰ(A)	22.4	20.5	18.5	18.4
孙吴	Ⅰ(A)	22.8	20.8	18.8	18.7
嫩江	Ⅰ(A)	22.5	20.7	18.6	18.5
克山	Ⅰ(B)	25.6	22.4	20.6	19.0
伊春	Ⅰ(A)	21.7	19.9	17.9	17.7
海伦	Ⅰ(B)	25.2	22.0	20.2	18.7
齐齐哈尔	Ⅰ(B)	22.6	19.8	18.1	16.7
富锦	Ⅰ(A)	24.1	21.1	19.3	17.8
泰来	Ⅰ(B)	22.1	19.4	17.7	16.4
安达	Ⅰ(B)	23.2	20.4	18.6	17.2
宝清	Ⅰ(A)	22.2	19.5	17.8	16.5
通河	Ⅰ(A)	24.4	21.3	19.5	18.0
虎林	Ⅰ(A)	23.0	20.1	18.5	17.0
鸡西	Ⅰ(B)	21.4	18.8	17.1	15.8
尚志	Ⅰ(A)	23.0	20.1	18.4	17.0
牡丹江	Ⅰ(B)	21.9	19.2	17.5	16.2
绥芬河	Ⅰ(B)	21.2	18.6	17.0	15.6
江苏省					
赣榆	Ⅱ(A)	14.0	12.1	11.0	9.7
徐州	Ⅱ(A)	13.8	12.8	11.4	10.1
射阳	Ⅱ(B)	12.6	11.6	10.3	9.2
安徽省					
亳州	Ⅱ(B)	14.2	13.2	11.8	10.4
山东省					
济南	Ⅱ(B)	14.2	13.2	11.7	10.5
长岛	Ⅱ(A)	14.4	12.4	11.2	9.9
龙口	Ⅱ(A)	15.0	12.9	11.7	10.4
惠民	Ⅱ(A)	16.1	15.0	13.4	12.0
德州	Ⅱ(B)	14.4	13.4	11.9	10.7
成山头	Ⅱ(A)	13.1	11.3	10.1	9.0
陵县	Ⅱ(B)	15.9	14.8	13.2	11.8
海阳	Ⅱ(B)	14.7	12.7	11.5	10.2
潍坊	Ⅱ(B)	16.1	13.9	12.7	11.3
莘县	Ⅱ(B)	15.5	13.6	12.3	11.0
沂源	Ⅱ(B)	15.7	13.6	12.4	11.0
青岛	Ⅱ(A)	13.0	11.1	10.0	8.8

续表 A.0.1-2

城 市	气候区属	建筑物耗热量指标(W/m²)			
		≤3层	(4~8)层	(9~13)层	≥14层
兖州	Ⅱ(B)	14.6	13.6	12.0	10.8
日照	Ⅱ(A)	12.7	10.8	9.7	8.5
费县	Ⅱ(A)	14.0	12.1	10.9	9.7
菏泽	Ⅱ(B)	13.7	11.8	10.7	9.5
定陶	Ⅱ(B)	14.7	13.6	12.1	10.8
临沂	Ⅱ(A)	14.2	12.3	11.1	9.8
河南省					
郑州	Ⅱ(B)	13.0	12.1	10.7	9.6
安阳	Ⅱ(A)	15.0	13.9	12.4	11.0
孟津	Ⅱ(B)	13.7	11.8	10.7	9.4
卢氏	Ⅱ(A)	14.7	12.7	11.5	10.2
西华	Ⅱ(B)	13.7	12.7	11.3	10.0
四川省					
若尔盖	Ⅰ(B)	12.4	11.2	9.9	9.1
松潘	Ⅰ(C)	11.9	10.3	9.3	8.0
色达	Ⅰ(A)	12.1	10.6	8.5	8.1
马尔康	Ⅱ(A)	12.7	10.9	9.7	8.8
德格	Ⅰ(C)	11.6	10.0	9.0	7.8
甘孜	Ⅰ(C)	10.1	8.9	7.9	6.6
康定	Ⅰ(C)	11.9	10.4	9.3	8.0
巴塘	Ⅱ(A)	7.8	6.6	5.5	5.1
理塘	Ⅰ(B)	9.6	8.9	7.7	7.0
稻城	Ⅰ(A)	9.9	8.7	7.7	6.3
贵州省					
毕节	Ⅱ(A)	11.5	9.8	8.8	7.7
威宁	Ⅱ(A)	12.0	10.3	9.2	8.2
云南省					
德钦	Ⅰ(C)	10.9	9.4	8.5	7.2
昭通	Ⅱ(A)	10.2	8.7	7.6	6.8
西藏自治区					
拉萨	Ⅱ(A)	11.7	10.0	8.9	7.9
狮泉河	Ⅰ(A)	11.8	10.1	8.2	7.8
改则	Ⅰ(A)	13.3	11.4	9.6	8.5
索县	Ⅰ(B)	12.4	11.2	9.9	8.9
那曲	Ⅰ(A)	13.7	12.3	10.5	10.3
丁青	Ⅰ(B)	11.7	10.5	9.2	8.4
班戈	Ⅰ(A)	12.5	10.7	8.9	8.6
昌都	Ⅱ(A)	15.2	13.1	11.9	10.5
申扎	Ⅰ(A)	12.0	10.4	8.6	8.2
林芝	Ⅱ(A)	9.4	8.0	6.9	6.2

续表 A.0.1-2

城市	气候区属	建筑物耗热量指标(W/m²)			
		≤3层	(4~8)层	(9~13)层	≥14层
日喀则	Ⅰ(C)	9.9	8.7	7.7	6.4
隆子	Ⅰ(C)	11.5	10.0	9.0	7.6
帕里	Ⅰ(A)	11.6	10.1	8.4	8.0
陕西省					
西安	Ⅱ(B)	14.7	13.6	12.2	10.7
榆林	Ⅱ(A)	20.5	17.9	16.5	14.7
延安	Ⅱ(A)	17.9	15.6	14.3	12.7
宝鸡	Ⅱ(A)	14.1	12.2	11.1	9.8
甘肃省					
兰州	Ⅱ(A)	16.5	14.4	13.1	11.7
敦煌	Ⅱ(A)	19.1	16.7	15.3	13.8
酒泉	Ⅰ(C)	15.7	13.7	12.5	10.9
张掖	Ⅰ(C)	15.8	13.8	12.6	11.0
民勤	Ⅱ(A)	18.4	16.1	14.7	13.2
乌鞘岭	Ⅰ(A)	12.6	11.1	9.3	9.1
西峰镇	Ⅱ(A)	16.9	14.7	13.4	11.9
平凉	Ⅱ(A)	16.9	14.7	13.4	11.9
合作	Ⅰ(B)	13.3	12.0	10.7	9.9
岷县	Ⅰ(B)	13.8	12.0	10.9	9.4
天水	Ⅱ(A)	15.7	13.5	12.3	10.9
成县	Ⅱ(A)	8.3	7.1	6.0	5.5
青海省					
西宁	Ⅰ(C)	15.3	13.3	12.1	10.5
冷湖	Ⅰ(B)	15.2	13.8	12.3	11.4
大柴旦	Ⅰ(B)	15.3	13.9	12.4	11.5
德令哈	Ⅰ(C)	16.2	14.0	12.9	11.2
刚察	Ⅰ(A)	14.1	11.9	10.1	9.9
格尔木	Ⅰ(C)	14.0	12.3	11.2	9.7
都兰	Ⅰ(A)	12.8	11.6	10.9	9.5
同德	Ⅰ(B)	14.6	13.3	11.8	11.0
玛多	Ⅰ(A)	13.9	12.5	10.6	10.3
河南	Ⅰ(A)	13.1	11.0	9.2	9.0
托托河	Ⅰ(A)	15.4	13.4	11.4	11.1
曲麻莱	Ⅰ(A)	13.8	12.1	10.2	9.9
达日	Ⅰ(A)	13.2	11.2	9.4	9.1

续表 A.0.1-2

城市	气候区属	建筑物耗热量指标(W/m²)			
		≤3层	(4~8)层	(9~13)层	≥14层
玉树	Ⅰ(B)	11.2	10.2	8.9	8.2
杂多	Ⅰ(A)	12.7	11.1	9.4	9.1
宁夏回族自治区					
银川	Ⅱ(A)	18.8	16.4	15.0	13.4
盐池	Ⅱ(A)	18.6	16.2	14.8	13.2
中宁	Ⅱ(A)	17.8	15.5	14.2	12.6
新疆维吾尔自治区					
乌鲁木齐	Ⅰ(C)	21.8	18.7	17.4	15.4
哈巴河	Ⅰ(C)	22.2	19.1	17.8	15.6
阿勒泰	Ⅰ(B)	19.9	17.7	16.1	14.9
富蕴	Ⅰ(B)	21.9	19.5	17.8	16.6
和布克赛尔	Ⅰ(B)	16.6	14.9	13.4	12.4
塔城	Ⅰ(C)	20.2	17.7	16.1	14.3
克拉玛依	Ⅰ(C)	23.6	20.3	18.9	16.8
北塔山	Ⅰ(B)	17.8	15.8	14.3	13.3
精河	Ⅰ(C)	22.7	19.4	18.0	15.9
奇台	Ⅰ(C)	24.1	20.9	19.4	17.2
伊宁	Ⅱ(A)	20.5	18.0	16.5	14.8
吐鲁番	Ⅱ(B)	19.9	18.6	16.8	15.0
哈密	Ⅱ(B)	21.3	20.0	18.0	16.2
巴伦台	Ⅰ(C)	18.1	15.5	14.3	12.6
库尔勒	Ⅱ(B)	18.6	17.5	15.6	14.1
库车	Ⅱ(A)	18.8	16.5	15.0	13.5
阿合奇	Ⅰ(C)	16.0	13.9	12.8	11.2
铁干里克	Ⅱ(B)	19.8	18.6	16.7	15.2
阿拉尔	Ⅱ(A)	18.9	16.6	15.1	13.7
巴楚	Ⅱ(A)	17.0	14.9	13.5	12.3
喀什	Ⅱ(A)	16.2	14.1	12.8	11.6
若羌	Ⅱ(B)	18.6	17.4	15.5	14.1
莎车	Ⅱ(A)	16.2	14.2	12.9	11.7
安德河	Ⅱ(A)	18.5	16.2	14.8	13.4
皮山	Ⅱ(A)	16.1	14.1	12.7	11.5
和田	Ⅱ(A)	15.5	13.5	12.2	11.0

注：表格中气候区属Ⅰ(A)为严寒(A)区、Ⅰ(B)为严寒(B)区、Ⅰ(C)为严寒(C)区；Ⅱ(A)为寒冷(A)区、Ⅱ(B)为寒冷(B)区。

附录 B 平均传热系数和热桥线传热系数计算

B.0.1 一个单元墙体的平均传热系数可按下式计算：

$$K_m = K + \frac{\Sigma \psi_j l_j}{A} \quad (B.0.1)$$

式中：K_m——单元墙体的平均传热系数[W/(m²·K)]；

K——单元墙体的主断面传热系数[W/(m²·K)]；

ψ_j——单元墙体上的第j个结构性热桥的线传热系数[W/(m·K)]；

l_j——单元墙体第j个结构性热桥的计算长度（m）；

A——单元墙体的面积（m²）。

B.0.2 在建筑外围护结构中，墙角、窗间墙、凸窗、阳台、屋顶、楼板、地板等处形成的热桥称为结构性热桥（图 B.0.2）。结构性热桥对墙体、屋面传热的影响可利用线传热系数ψ描述。

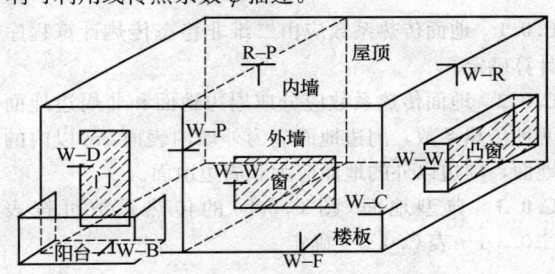

图 B.0.2 建筑外围护结构的结构性热桥示意图

W—D 外墙—门；W—B 外墙—阳台板；W—P 外墙—内墙；
W—W 外墙—窗；W—F 外墙—楼板；W—C 外墙角；
W—R 外墙—屋顶；R—P 屋顶—内墙

B.0.3 墙面典型的热桥（图 B.0.3）的平均传热系数（K_m）应按下式计算：

$$K_m = K + \frac{\psi_{W-P}H + \psi_{W-F}B + \psi_{W-C}H + \psi_{W-R}B + \psi_{W-W_L}h + \psi_{W-W_B}b + \psi_{W-W_R}h + \psi_{W-W_U}b}{A}$$

$$(B.0.3)$$

式中：ψ_{W-P}——外墙和内墙交接形成的热桥的线传热系数[W/(m·K)]；

ψ_{W-F}——外墙和楼板交接形成的热桥的线传热系数[W/(m·K)]；

ψ_{W-C}——外墙墙角形成的热桥的线传热系数[W/(m·K)]；

ψ_{W-R}——外墙和屋顶交接形成的热桥的线传热系数[W/(m·K)]；

ψ_{W-W_L}——外墙和左侧窗框交接形成的热桥的线传热系数[W/(m·K)]；

ψ_{W-W_B}——外墙和下边窗框交接形成的热桥的线传热系数[W/(m·K)]；

ψ_{W-W_R}——外墙和右侧窗框交接形成的热桥的线传热系数[W/(m·K)]；

ψ_{W-W_U}——外墙和上边窗框交接形成的热桥的线传热系数[W/(m·K)]。

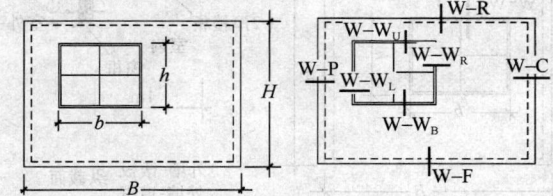

图 B.0.3 墙面典型结构性热桥示意图

B.0.4 热桥线传热系数应按下式计算：

$$\psi = \frac{Q^{2D} - KA(t_n - t_e)}{l(t_n - t_e)} = \frac{Q^{2D}}{l(t_n - t_e)} - KC$$

$$(B.0.4)$$

式中：ψ——热桥线传热系数[W/(m·K)]。

Q^{2D}——二维传热计算得出的流过一块包含热桥的墙体的热流（W）。该块墙体的构造沿着热桥的长度方向必须是均匀的，热流可以根据其横截面（对纵向热桥）或纵截面（对横向热桥）通过二维传热计算得到。

K——墙体主断面的传热系数[W/(m²·K)]。

A——计算Q^{2D}的那块矩形墙体的面积（m²）。

t_n——墙体室内侧的空气温度（℃）。

t_e——墙体室外侧的空气温度（℃）。

l——计算Q^{2D}的那块矩形的一条边的长度，热桥沿这个长度均匀分布。计算ψ时，l宜取 1m。

C——计算Q^{2D}的那块矩形的另一条边的长度，即$A = l·C$，可取$C \geq 1m$。

B.0.5 当计算通过包含热桥部位的墙体传热量（Q^{2D}）时，墙面典型结构性热桥的截面示意见图 B.0.5。

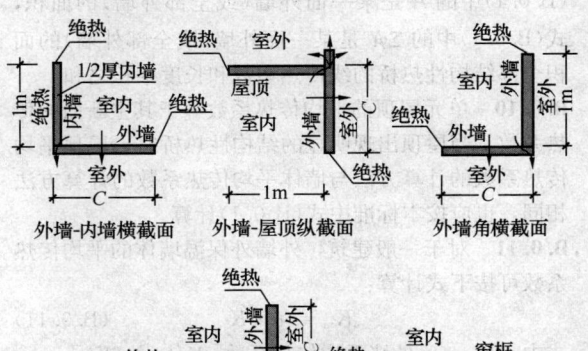

图 B.0.5 墙面典型结构性热桥截面示意图

B.0.6 当墙面上存在平行热桥且平行热桥之间的距离很小时,应一次同时计算平行热桥的线传热系数之和(图 B.0.6)。

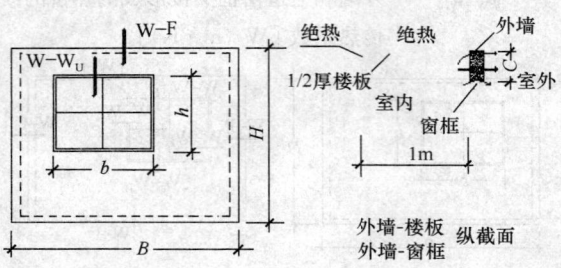

图 B.0.6 墙面平行热桥示意图

"外墙-楼板"和"外墙-窗框"热桥线传热系数之和应按下式计算:

$$\psi_{W-F} + \psi_{W-W_U} = \frac{Q^{2D} - KA(t_n - t_e)}{l(t_n - t_e)}$$

$$= \frac{Q^{2D}}{l(t_n - t_e)} - KC \quad (B.0.6)$$

B.0.7 线传热系数 ψ 可利用本标准提供的二维稳态传热计算软件计算。

B.0.8 外保温墙体外墙和内墙交接形成的热桥的线传热系数 ψ_{W-P}、外墙和楼板交接形成的热桥的线传热系数 ψ_{W-F}、外墙墙角形成的热桥的线传热系数 ψ_{W-C} 可近似取 0。

B.0.9 建筑的某一面外墙(或全部外墙)的平均传热系数,可先计算各个不同单元墙的平均传热系数,然后再依据面积加权的原则,计算某一面外墙(或全部外墙)的平均传热系数。

当某一面外墙(或全部外墙)的主断面传热系数 K 均一致时,也可直接按本标准中式(B.0.1)计算某一面外墙(或全部外墙)的平均传热系数,这时式(B.0.1)中的 A 是某一面外墙(或全部外墙)的面积,式(B.0.1)中的 $\Sigma\psi l$ 是某一面外墙(或全部外墙)的面积全部结构性热桥的线传热系数和长度乘积之和。

B.0.10 单元屋顶的平均传热系数等于其主断面的传热系数。当屋顶出现明显的结构性热桥时,屋顶平均传热系数的计算方法与墙体平均传热系数的计算方法相同,也应按本标准中式(B.0.1)计算。

B.0.11 对于一般建筑,外墙外保温墙体的平均传热系数可按下式计算:

$$K_m = \varphi \cdot K \quad (B.0.11)$$

式中:K_m——外墙平均传热系数[W/(m²·K)]。
K——外墙主断面传热系数[W/(m²·K)]。
φ——外墙主断面传热系数的修正系数。应按墙体保温构造和传热系数综合考虑取值,其数值可按表 B.0.11 选取。

表 B.0.11 外墙主断面传热系数的修正系数 φ

外墙传热系数限值 K_m [W/(m²·K)]	外保温	
	普通窗	凸窗
0.70	1.1	1.2
0.65	1.1	1.2
0.60	1.1	1.3
0.55	1.2	1.3
0.50	1.2	1.3
0.45	1.2	1.3
0.40	1.2	1.3
0.35	1.3	1.4
0.30	1.3	1.4
0.25	1.4	1.5

附录 C 地面传热系数计算

C.0.1 地面传热系数应由二维非稳态传热计算程序计算确定。

C.0.2 地面传热系数应分成周边地面和非周边地面两种传热系数,周边地面应为外墙内表面 2m 以内的地面,周边以外的地面应为非周边地面。

C.0.3 典型地面(图 C.0.3)的传热系数可按表 C.0.3-1~表 C.0.3-4 确定。

表 C.0.3-1 地面构造 1 中周边地面当量传热系数(K_d)[W/(m²·K)]

保温层热阻 (m²·K)/W	西安采暖期室外平均温度 2.1℃	北京采暖期室外平均温度 0.1℃	长春采暖期室外平均温度 −6.7℃	哈尔滨采暖期室外平均温度 −8.5℃	海拉尔采暖期室外平均温度 −12.0℃
3.00	0.05	0.06	0.08	0.08	0.08
2.75	0.05	0.07	0.09	0.09	0.09
2.50	0.06	0.07	0.10	0.09	0.11
2.25	0.08	0.07	0.11	0.10	0.11
2.00	0.09	0.08	0.12	0.11	0.12
1.75	0.10	0.09	0.14	0.13	0.14
1.50	0.11	0.11	0.15	0.14	0.15
1.25	0.12	0.12	0.16	0.15	0.17
1.00	0.14	0.14	0.19	0.17	0.20
0.75	0.17	0.17	0.22	0.20	0.22
0.50	0.20	0.20	0.26	0.24	0.26
0.25	0.27	0.26	0.32	0.29	0.31
0.00	0.34	0.38	0.38	0.40	0.41

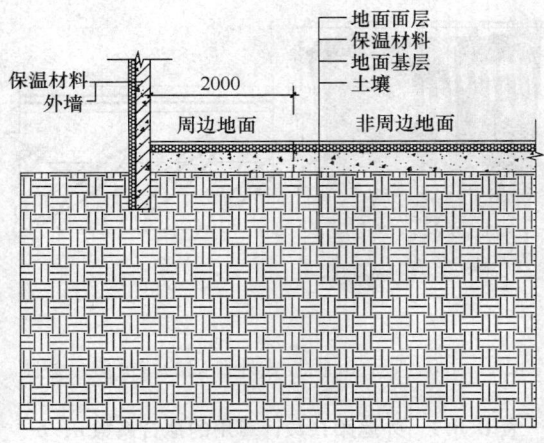

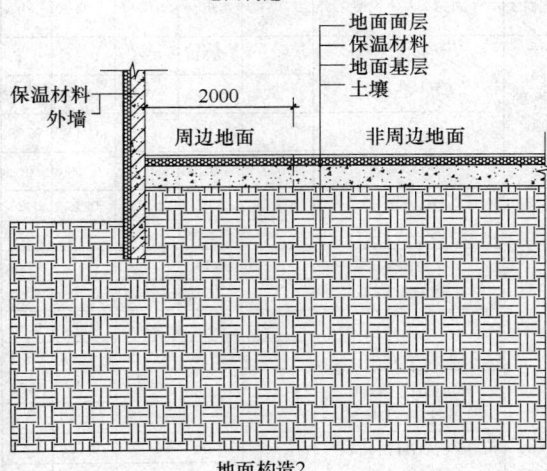

图 C.0.3 典型地面构造示意图

表 C.0.3-2 地面构造 2 中周边地面当量传热系数$(K_d)[W/(m^2·K)]$

保温层热阻 $(m^2·K)/W$	西安采暖期室外平均温度 2.1℃	北京采暖期室外平均温度 0.1℃	长春采暖期室外平均温度 −6.7℃	哈尔滨采暖期室外平均温度 −8.5℃	海拉尔采暖期室外平均温度 −12.0℃
3.00	0.05	0.06	0.08	0.08	0.08
2.75	0.05	0.07	0.09	0.08	0.09
2.50	0.06	0.07	0.10	0.09	0.11
2.25	0.08	0.07	0.11	0.10	0.11
2.00	0.08	0.07	0.11	0.11	0.12
1.75	0.09	0.08	0.12	0.11	0.13
1.50	0.10	0.09	0.14	0.13	0.14
1.25	0.11	0.11	0.15	0.14	0.15
1.00	0.12	0.12	0.16	0.15	0.17
0.75	0.14	0.14	0.19	0.17	0.20
0.50	0.17	0.17	0.22	0.20	0.22
0.25	0.24	0.23	0.29	0.25	0.27
0.00	0.31	0.34	0.34	0.36	0.37

表 C.0.3-3 地面构造 1 中非周边地面当量传热系数$(K_d)[W/(m^2·K)]$

保温层热阻 $(m^2·K)/W$	西安采暖期室外平均温度 2.1℃	北京采暖期室外平均温度 0.1℃	长春采暖期室外平均温度 −6.7℃	哈尔滨采暖期室外平均温度 −8.5℃	海拉尔采暖期室外平均温度 −12.0℃
3.00	0.02	0.03	0.08	0.06	0.07
2.75	0.02	0.03	0.08	0.06	0.07
2.50	0.03	0.03	0.09	0.06	0.08
2.25	0.03	0.04	0.09	0.07	0.07
2.00	0.03	0.04	0.10	0.07	0.08
1.75	0.03	0.04	0.10	0.07	0.08
1.50	0.03	0.04	0.11	0.07	0.09
1.25	0.04	0.05	0.11	0.08	0.09
1.00	0.04	0.05	0.12	0.08	0.10
0.75	0.04	0.06	0.13	0.09	0.10
0.50	0.05	0.06	0.14	0.09	0.11
0.25	0.06	0.07	0.15	0.10	0.11
0.00	0.08	0.10	0.17	0.19	0.21

表 C.0.3-4 地面构造 2 中非周边地面当量传热系数$(K_d)[W/(m^2·K)]$

保温层热阻 $(m^2·K)/W$	西安采暖期室外平均温度 2.1℃	北京采暖期室外平均温度 0.1℃	长春采暖期室外平均温度 −6.7℃	哈尔滨采暖期室外平均温度 −8.5℃	海拉尔采暖期室外平均温度 −12.0℃
3.00	0.02	0.03	0.08	0.06	0.07
2.75	0.02	0.03	0.08	0.06	0.07
2.50	0.03	0.03	0.09	0.06	0.08
2.25	0.03	0.04	0.09	0.07	0.07
2.00	0.03	0.04	0.10	0.07	0.08
1.75	0.03	0.04	0.10	0.07	0.08
1.50	0.03	0.04	0.11	0.07	0.09
1.25	0.04	0.05	0.11	0.08	0.09
1.00	0.04	0.05	0.12	0.08	0.10
0.75	0.04	0.06	0.13	0.09	0.10
0.50	0.05	0.06	0.14	0.09	0.11
0.25	0.06	0.07	0.15	0.10	0.11
0.00	0.08	0.10	0.17	0.19	0.21

附录 D 外遮阳系数的简化计算

D.0.1 外遮阳系数应按下列公式计算：

$$SD = ax^2 + bx + 1 \quad (D.0.1\text{-}1)$$
$$x = A/B \quad (D.0.1\text{-}2)$$

式中：SD——外遮阳系数；

x——外遮阳特征值，当 $x>1$ 时，取 $x=1$；

a、b——拟合系数，宜按表 D.0.1 选取；

A，B——外遮阳的构造定性尺寸，宜按图 D.0.1-1～图 D.0.1-5 确定。

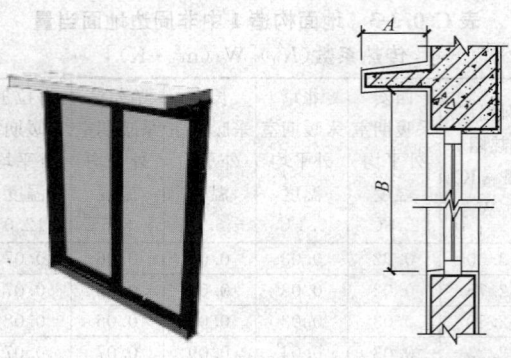

图 D.0.1-1 水平式外遮阳的特征值示意图

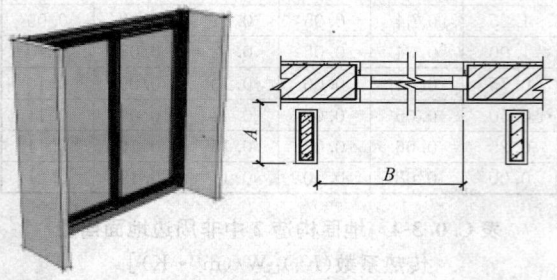

图 D.0.1-2 垂直式外遮阳的特征值示意图

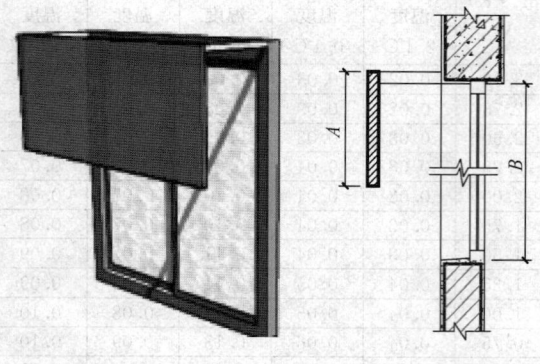

图 D.0.1-3 挡板式外遮阳的特征值示意图

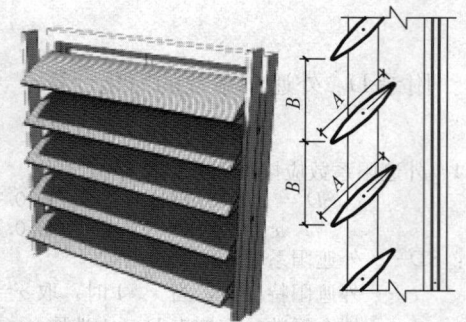

图 D.0.1-4 横百叶挡板式外遮阳的特征值示意图

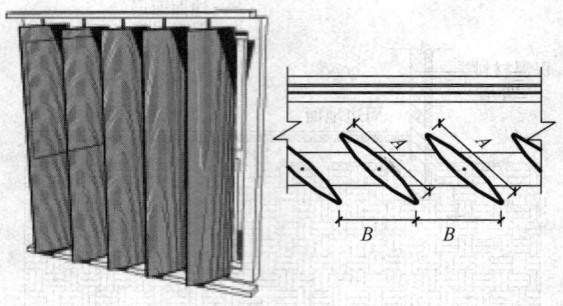

图 D.0.1-5 竖百叶挡板式外遮阳的特征值示意图

表 D.0.1 外遮阳系数计算用的拟合系数 a，b

气候区	外遮阳基本类型	拟合系数		东	南	西	北
严寒地区	水平式 (图 D.0.1-1)	a		0.31	0.28	0.33	0.25
		b		−0.62	−0.71	−0.65	−0.48
	垂直式 (图 D.0.1-2)	a		0.42	0.31	0.47	0.42
		b		−0.83	−0.65	−0.90	−0.83
寒冷地区	水平式 (图 D.0.1-1)	a		0.34	0.65	0.35	0.26
		b		−0.78	−1.00	−0.81	−0.54
	垂直式 (图 D.0.1-2)	a		0.25	0.40	0.25	0.50
		b		−0.55	−0.76	0.54	−0.93
	挡板式 (图 D.0.1-3)	a		0.00	0.35	0.00	0.13
		b		−0.96	−1.00	−0.96	−0.93
	固定横百叶挡板式 (图 D.0.1-4)	a		0.45	0.54	0.48	0.34
		b		−1.20	−1.20	−1.20	−0.88
	固定竖百叶挡板式 (图 D.0.1-5)	a		0.00	0.19	0.22	0.57
		b		−0.70	−0.91	−0.72	−1.18
	活动横百叶挡板式 (图 D.0.1-4)	冬	a	0.21	0.04	0.19	0.20
			b	−0.65	−0.39	−0.61	−0.62
		夏	a	0.50	1.00	0.54	0.50
			b	−1.20	−1.70	−1.30	−1.20
	活动竖百叶挡板式 (图 D.0.1-5)	冬	a	0.40	0.09	0.38	0.20
			b	−0.99	−0.54	−0.95	−0.62
		夏	a	0.06	0.38	0.13	0.85
			b	−0.70	−1.10	−0.69	−1.49

注：拟合系数应按本标准第 4.2.2 条有关朝向的规定在本表中选取。

D.0.2 各种组合形式的外遮阳系数，可由参加组合的各种形式遮阳的外遮阳系数的乘积来确定，单一形式的外遮阳系数应按本标准式(D.0.1-1)、式(D.0.1-2)计算。

D.0.3 当外遮阳的遮阳板采用有透光能力的材料制作时，应按下式进行修正：

$$SD = 1-(1-SD^*)(1-\eta^*) \quad (D.0.3)$$

式中：SD^*——外遮阳的遮阳板采用非透明材料制作时的外遮阳系数，应按本标准式(D.0.1-1)、式(D.0.1-2)计算；

η^*——遮阳板的透射比，宜按表 D.0.3 选取。

表 D.0.3 遮阳板的透射比

遮阳板使用的材料	规格	η^*
织物面料、玻璃钢类板	—	0.40
玻璃、有机玻璃类板	深色：$0<Se\leq0.6$	0.60
	浅色：$0.6<Se\leq0.8$	0.80
金属穿孔板	穿孔率：$0<\varphi\leq0.2$	0.10
	穿孔率：$0.2<\varphi\leq0.4$	0.30
	穿孔率：$0.4<\varphi\leq0.6$	0.50
	穿孔率：$0.6<\varphi\leq0.8$	0.70
铝合金百叶板	—	0.20
木质百叶板	—	0.25
混凝土花格	—	0.50
木质花格	—	0.45

附录 E 围护结构传热系数的修正系数 ε 和封闭阳台温差修正系数 ζ

E.0.1 太阳辐射对外墙、屋面传热系数的影响可采用传热系数的修正系数 ε 计算。

E.0.2 外墙、屋面传热系数的修正系数 ε 可按表 E.0.2 确定。

表 E.0.2 外墙、屋面传热系数修正系数 ε

城 市	气候区属	外墙、屋面传热系数修正值				
		屋面	南墙	北墙	东墙	西墙
直辖市						
北 京	Ⅱ(B)	0.98	0.83	0.95	0.91	0.91
天 津	Ⅱ(B)	0.98	0.85	0.95	0.92	0.92
河北省						
石家庄	Ⅱ(B)	0.99	0.84	0.95	0.92	0.92
围 场	Ⅰ(C)	0.96	0.86	0.96	0.93	0.93
丰 宁	Ⅰ(C)	0.96	0.85	0.95	0.92	0.92
承 德	Ⅱ(A)	0.98	0.86	0.95	0.93	0.93
张家口	Ⅱ(A)	0.98	0.85	0.95	0.92	0.92
怀 来	Ⅱ(A)	0.98	0.85	0.95	0.92	0.92
青 龙	Ⅱ(A)	0.97	0.86	0.95	0.92	0.92
蔚 县	Ⅰ(C)	0.97	0.86	0.96	0.93	0.93
唐 山	Ⅱ(A)	0.98	0.85	0.95	0.92	0.92
乐 亭	Ⅱ(A)	0.98	0.85	0.95	0.92	0.92
保 定	Ⅱ(B)	0.99	0.85	0.95	0.92	0.92
沧 州	Ⅱ(B)	0.98	0.84	0.95	0.91	0.91
泊 头	Ⅱ(B)	0.98	0.84	0.95	0.91	0.91
邢 台	Ⅱ(B)	0.99	0.84	0.95	0.91	0.92

续表 E.0.2

城 市	气候区属	外墙、屋面传热系数修正值				
		屋面	南墙	北墙	东墙	西墙
山西省						
太 原	Ⅱ(A)	0.97	0.84	0.95	0.91	0.92
大 同	Ⅰ(C)	0.96	0.85	0.95	0.92	0.92
河 曲	Ⅰ(C)	0.96	0.85	0.95	0.92	0.92
原 平	Ⅱ(A)	0.97	0.84	0.95	0.92	0.92
离 石	Ⅱ(A)	0.98	0.86	0.96	0.93	0.93
榆 社	Ⅱ(A)	0.97	0.84	0.95	0.92	0.92
介 休	Ⅱ(A)	0.97	0.84	0.95	0.91	0.91
阳 城	Ⅱ(A)	0.97	0.84	0.95	0.91	0.91
运 城	Ⅱ(B)	1.00	0.85	0.95	0.92	0.92
内蒙古自治区						
呼和浩特	Ⅰ(C)	0.97	0.86	0.96	0.92	0.93
图里河	Ⅰ(A)	0.99	0.92	0.97	0.95	0.95
海拉尔	Ⅰ(A)	1.00	0.93	0.98	0.96	0.96
博克图	Ⅰ(A)	1.00	0.93	0.98	0.96	0.96
新巴尔虎右旗	Ⅰ(A)	1.00	0.92	0.97	0.96	0.96
阿尔山	Ⅰ(A)	0.97	0.91	0.97	0.94	0.94
东乌珠穆沁旗	Ⅰ(B)	0.98	0.90	0.97	0.95	0.95
那仁宝拉格	Ⅰ(A)	0.98	0.89	0.97	0.94	0.94
西乌珠穆沁旗	Ⅰ(B)	0.99	0.89	0.97	0.94	0.94
扎鲁特旗	Ⅰ(C)	0.98	0.89	0.96	0.93	0.93
阿巴嘎旗	Ⅰ(B)	0.98	0.90	0.97	0.94	0.94
巴林左旗	Ⅰ(C)	0.97	0.88	0.96	0.93	0.93
锡林浩特	Ⅰ(B)	0.98	0.89	0.97	0.94	0.94
二连浩特	Ⅰ(A)	0.97	0.89	0.96	0.94	0.94
林 西	Ⅰ(C)	0.97	0.87	0.96	0.93	0.93
通 辽	Ⅰ(C)	0.98	0.88	0.96	0.94	0.94
满都拉	Ⅰ(C)	0.95	0.87	0.95	0.92	0.92
朱日和	Ⅰ(C)	0.96	0.86	0.96	0.92	0.93
赤 峰	Ⅰ(C)	0.97	0.86	0.96	0.93	0.93
多 伦	Ⅰ(B)	0.96	0.87	0.96	0.93	0.93
额济纳旗	Ⅰ(C)	0.95	0.84	0.95	0.91	0.91
化 德	Ⅰ(C)	0.96	0.87	0.96	0.93	0.93
达尔罕联合旗	Ⅰ(C)	0.95	0.85	0.95	0.92	0.92
乌拉特后旗	Ⅰ(C)	0.94	0.84	0.95	0.91	0.91
海力素	Ⅰ(C)	0.94	0.85	0.95	0.92	0.92
集 宁	Ⅰ(C)	0.95	0.86	0.95	0.92	0.92
临 河	Ⅱ(A)	0.95	0.84	0.95	0.92	0.92
巴音毛道	Ⅰ(C)	0.94	0.83	0.95	0.91	0.91

续表 E.0.2

城市	气候区属	外墙、屋面传热系数修正值				
		屋面	南墙	北墙	东墙	西墙
东 胜	Ⅰ(C)	0.95	0.84	0.95	0.92	0.91
吉兰太	Ⅱ(A)	0.94	0.83	0.95	0.91	0.91
鄂托克旗	Ⅰ(C)	0.95	0.84	0.95	0.91	0.91
辽宁省						
沈 阳	Ⅰ(C)	0.99	0.89	0.96	0.94	0.94
彰 武	Ⅰ(C)	0.98	0.88	0.96	0.93	0.93
清 原	Ⅰ(C)	1.00	0.91	0.97	0.95	0.95
朝 阳	Ⅱ(A)	0.99	0.87	0.96	0.93	0.93
本 溪	Ⅰ(C)	1.00	0.89	0.96	0.94	0.94
锦 州	Ⅱ(A)	1.00	0.87	0.96	0.93	0.93
宽 甸	Ⅰ(C)	1.00	0.89	0.96	0.94	0.94
营 口	Ⅱ(A)	1.00	0.88	0.96	0.94	0.94
丹 东	Ⅱ(A)	1.00	0.87	0.96	0.93	0.93
大 连	Ⅱ(A)	0.98	0.84	0.95	0.92	0.91
吉林省						
长 春	Ⅰ(C)	1.00	0.90	0.97	0.94	0.95
前郭尔罗斯	Ⅰ(C)	1.00	0.90	0.97	0.94	0.95
长 岭	Ⅰ(C)	0.99	0.90	0.97	0.94	0.94
敦 化	Ⅰ(B)	1.00	0.91	0.97	0.95	0.95
四 平	Ⅰ(C)	0.99	0.89	0.96	0.94	0.94
桦 甸	Ⅰ(B)	1.00	0.91	0.97	0.95	0.95
延 吉	Ⅰ(C)	1.00	0.90	0.97	0.94	0.94
临 江	Ⅰ(B)	1.00	0.91	0.97	0.95	0.95
长 白	Ⅰ(B)	1.00	0.91	0.97	0.95	0.95
集 安	Ⅰ(C)	1.00	0.90	0.97	0.94	0.95
黑龙江省						
哈尔滨	Ⅰ(B)	1.00	0.92	0.97	0.95	0.95
漠 河	Ⅰ(A)	0.99	0.91	0.97	0.95	0.95
呼 玛	Ⅰ(A)	1.00	0.92	0.97	0.96	0.96
黑 河	Ⅰ(A)	1.00	0.93	0.98	0.96	0.96
孙 吴	Ⅰ(A)	1.00	0.93	0.98	0.96	0.96
嫩 江	Ⅰ(A)	1.00	0.93	0.98	0.96	0.96
克 山	Ⅰ(B)	1.00	0.92	0.97	0.96	0.96
伊 春	Ⅰ(A)	1.00	0.93	0.98	0.96	0.96
海 伦	Ⅰ(B)	1.00	0.91	0.97	0.95	0.95
齐齐哈尔	Ⅰ(B)	1.00	0.92	0.97	0.95	0.95
富 锦	Ⅰ(B)	1.00	0.91	0.97	0.95	0.95
泰 来	Ⅰ(B)	1.00	0.91	0.97	0.95	0.95
安 达	Ⅰ(B)	1.00	0.91	0.97	0.95	0.95
宝 清	Ⅰ(B)	1.00	0.91	0.97	0.95	0.95
通 河	Ⅰ(B)	1.00	0.92	0.97	0.95	0.95
虎 林	Ⅰ(B)	1.00	0.91	0.97	0.95	0.95
鸡 西	Ⅰ(B)	1.00	0.91	0.97	0.95	0.95
尚 志	Ⅰ(B)	1.00	0.91	0.97	0.95	0.95
牡丹江	Ⅰ(B)	0.99	0.90	0.97	0.94	0.95
绥芬河	Ⅰ(B)	0.99	0.90	0.97	0.94	0.95
江苏省						
赣 榆	Ⅱ(A)	0.99	0.84	0.95	0.91	0.92
徐 州	Ⅱ(B)	1.00	0.84	0.95	0.92	0.92
射 阳	Ⅱ(B)	0.99	0.82	0.95	0.91	0.91
安徽省						
亳 州	Ⅱ(B)	1.01	0.85	0.95	0.92	0.92
山东省						
济 南	Ⅱ(B)	0.99	0.83	0.95	0.91	0.91
长 岛	Ⅱ(A)	0.97	0.83	0.95	0.91	0.91
龙 口	Ⅱ(A)	0.97	0.83	0.95	0.91	0.91
惠民县	Ⅱ(B)	0.98	0.84	0.95	0.92	0.92
德 州	Ⅱ(B)	0.96	0.82	0.94	0.90	0.90
成山头	Ⅱ(A)	0.96	0.81	0.94	0.90	0.90
陵 县	Ⅱ(B)	0.98	0.84	0.95	0.91	0.92
海 阳	Ⅱ(A)	0.97	0.83	0.95	0.91	0.91
潍 坊	Ⅱ(A)	0.97	0.84	0.95	0.91	0.91
莘 县	Ⅱ(B)	0.98	0.84	0.95	0.92	0.92
沂 源	Ⅱ(A)	0.98	0.84	0.95	0.92	0.92
青 岛	Ⅱ(A)	0.95	0.82	0.94	0.89	0.90
兖 州	Ⅱ(B)	0.99	0.83	0.95	0.91	0.91
日 照	Ⅱ(B)	0.94	0.81	0.93	0.88	0.89
费 县	Ⅱ(B)	0.98	0.83	0.94	0.91	0.91
菏 泽	Ⅱ(B)	0.97	0.83	0.95	0.91	0.91
定 陶	Ⅱ(B)	0.98	0.83	0.95	0.91	0.91
临 沂	Ⅱ(B)	0.98	0.84	0.95	0.91	0.92
河南省						
郑 州	Ⅱ(B)	0.98	0.82	0.94	0.90	0.91
安 阳	Ⅱ(B)	0.98	0.84	0.95	0.91	0.92
孟 津	Ⅱ(A)	0.99	0.83	0.95	0.91	0.91
卢 氏	Ⅱ(A)	0.98	0.84	0.95	0.92	0.92
西 华	Ⅱ(B)	0.98	0.84	0.95	0.91	0.92

续表 E.0.2

城 市	气候区属	外墙、屋面传热系数修正值				
		屋面	南墙	北墙	东墙	西墙
四川省						
若尔盖	Ⅰ(B)	0.90	0.82	0.94	0.90	0.90
松潘	Ⅰ(C)	0.93	0.81	0.94	0.90	0.90
色达	Ⅰ(A)	0.90	0.82	0.94	0.88	0.89
马尔康	Ⅱ(A)	0.92	0.78	0.93	0.89	0.89
德格	Ⅰ(C)	0.94	0.82	0.94	0.90	0.90
甘孜	Ⅰ(C)	0.89	0.77	0.93	0.87	0.87
康定	Ⅰ(C)	0.95	0.82	0.95	0.91	0.91
巴塘	Ⅱ(A)	0.88	0.71	0.91	0.85	0.85
理塘	Ⅰ(B)	0.88	0.79	0.93	0.88	0.88
稻城	Ⅰ(C)	0.87	0.76	0.92	0.85	0.85
贵州省						
毕节	Ⅱ(A)	0.97	0.82	0.94	0.90	0.90
威宁	Ⅱ(A)	0.96	0.81	0.94	0.90	0.90
云南省						
德钦	Ⅰ(C)	0.91	0.81	0.94	0.89	0.89
昭通	Ⅱ(A)	0.91	0.76	0.93	0.88	0.87
西藏自治区						
拉萨	Ⅱ(A)	0.90	0.77	0.93	0.87	0.88
狮泉河	Ⅰ(A)	0.85	0.78	0.93	0.87	0.87
改则	Ⅰ(A)	0.80	0.84	0.92	0.85	0.86
索县	Ⅰ(B)	0.88	0.83	0.94	0.88	0.88
那曲	Ⅰ(A)	0.93	0.86	0.95	0.91	0.91
丁青	Ⅰ(B)	0.91	0.83	0.94	0.89	0.90
班戈	Ⅰ(A)	0.88	0.82	0.94	0.89	0.89
昌都	Ⅱ(A)	0.95	0.83	0.94	0.90	0.90
申扎	Ⅰ(A)	0.87	0.81	0.94	0.88	0.88
林芝	Ⅱ(A)	0.85	0.72	0.92	0.85	0.85
日喀则	Ⅰ(C)	0.87	0.77	0.93	0.86	0.87
隆子	Ⅰ(C)	0.89	0.80	0.93	0.88	0.88
帕里	Ⅰ(A)	0.88	0.83	0.94	0.88	0.89
陕西省						
西安	Ⅱ(B)	1.00	0.85	0.95	0.92	0.92
榆林	Ⅱ(A)	0.97	0.85	0.96	0.92	0.93
延安	Ⅱ(A)	0.98	0.85	0.95	0.92	0.92
宝鸡	Ⅱ(A)	0.99	0.84	0.95	0.92	0.92
甘肃省						
兰州	Ⅱ(A)	0.96	0.83	0.95	0.91	0.91
敦煌	Ⅱ(A)	0.96	0.82	0.95	0.92	0.91
酒泉	Ⅰ(C)	0.94	0.82	0.95	0.91	0.91
张掖	Ⅰ(C)	0.94	0.82	0.95	0.91	0.91
民勤	Ⅱ(A)	0.94	0.82	0.95	0.91	0.91
乌鞘岭	Ⅰ(A)	0.91	0.84	0.94	0.90	0.90
西峰镇	Ⅱ(A)	0.97	0.84	0.95	0.92	0.92
平凉	Ⅱ(A)	0.97	0.84	0.95	0.92	0.92
合作	Ⅰ(C)	0.93	0.83	0.95	0.91	0.91
岷县	Ⅰ(C)	0.93	0.82	0.94	0.90	0.91
天水	Ⅱ(A)	0.98	0.85	0.95	0.92	0.92
成县	Ⅱ(A)	0.89	0.72	0.92	0.85	0.86
青海省						
西宁	Ⅰ(C)	0.93	0.83	0.95	0.90	0.91
冷湖	Ⅰ(B)	0.93	0.83	0.95	0.91	0.91
大柴旦	Ⅰ(C)	0.93	0.83	0.95	0.91	0.91
德令哈	Ⅰ(C)	0.93	0.83	0.95	0.91	0.90
刚察	Ⅰ(A)	0.91	0.84	0.94	0.90	0.91
格尔木	Ⅰ(A)	0.91	0.80	0.94	0.89	0.89
都兰	Ⅰ(B)	0.91	0.82	0.94	0.90	0.90
同德	Ⅰ(A)	0.91	0.83	0.94	0.90	0.90
玛多	Ⅰ(A)	0.89	0.83	0.94	0.90	0.90
河南	Ⅰ(A)	0.90	0.84	0.95	0.90	0.90
托托河	Ⅰ(A)	0.90	0.84	0.95	0.90	0.90
曲麻菜	Ⅰ(A)	0.90	0.84	0.95	0.90	0.90
达日	Ⅰ(A)	0.90	0.83	0.94	0.90	0.90
玉树	Ⅰ(B)	0.90	0.81	0.94	0.89	0.89
杂多	Ⅰ(A)	0.91	0.84	0.95	0.90	0.90
宁夏回族自治区						
银川	Ⅱ(A)	0.96	0.84	0.95	0.92	0.91
盐池	Ⅱ(A)	0.94	0.83	0.95	0.91	0.91
中宁	Ⅱ(A)	0.96	0.83	0.95	0.91	0.91
新疆维吾尔自治区						
乌鲁木齐	Ⅰ(C)	0.98	0.88	0.96	0.94	0.94
哈巴河	Ⅰ(C)	0.98	0.88	0.96	0.94	0.93
阿勒泰	Ⅰ(B)	0.98	0.88	0.96	0.94	0.94
富蕴	Ⅰ(B)	0.97	0.87	0.96	0.93	0.93
和布克赛尔	Ⅰ(B)	0.96	0.86	0.96	0.93	0.93
塔城	Ⅰ(C)	1.00	0.88	0.96	0.94	0.94
克拉玛依	Ⅰ(C)	0.99	0.88	0.97	0.94	0.94
北塔山	Ⅰ(B)	0.97	0.87	0.96	0.93	0.93

续表 E.0.2

城市	气候区属	外墙、屋面传热系数修正值				
		屋面	南墙	北墙	东墙	西墙
精河	Ⅰ(C)	0.99	0.89	0.96	0.94	0.94
奇台	Ⅰ(C)	0.97	0.87	0.96	0.93	0.93
伊宁	Ⅱ(A)	0.99	0.85	0.96	0.93	0.93
吐鲁番	Ⅱ(B)	0.98	0.85	0.96	0.93	0.92
哈密	Ⅱ(A)	0.99	0.84	0.96	0.92	0.92
巴伦台	Ⅰ(C)	1.00	0.88	0.96	0.94	0.94
库尔勒	Ⅱ(A)	0.95	0.82	0.95	0.91	0.91
库车	Ⅱ(A)	0.95	0.83	0.95	0.91	0.91
阿合奇	Ⅰ(C)	0.94	0.83	0.95	0.91	0.91
铁干里克	Ⅱ(A)	0.95	0.82	0.95	0.92	0.91
阿拉尔	Ⅱ(A)	0.95	0.82	0.95	0.91	0.91
巴楚	Ⅱ(A)	0.95	0.80	0.94	0.91	0.90
喀什	Ⅱ(A)	0.94	0.80	0.94	0.90	0.90
若羌	Ⅱ(B)	0.93	0.81	0.94	0.90	0.90
莎车	Ⅱ(A)	0.93	0.80	0.94	0.90	0.90
安德河	Ⅱ(A)	0.93	0.80	0.94	0.90	0.90
皮山	Ⅱ(A)	0.93	0.80	0.94	0.90	0.90
和田	Ⅱ(A)	0.94	0.80	0.90	0.90	0.90

注：表格中气候区属Ⅰ(A)为严寒(A)区、Ⅰ(B)为严寒(B)区、Ⅰ(C)为严寒(C)区；Ⅱ(A)为寒冷(A)区、Ⅱ(B)为寒冷(B)区。

E.0.3 封闭阳台对外墙传热的影响可采用阳台温差修正系数 ξ 来计算。

E.0.4 不同朝向的阳台温差修正系数 ξ 可按表 E.0.4 确定。

表 E.0.4 不同朝向的阳台温差修正系数 ξ

城市	气候区属	阳台类型	阳台温差修正系数			
			南向	北向	东向	西向
直辖市						
北京	Ⅱ(B)	凸阳台	0.44	0.62	0.56	0.56
		凹阳台	0.32	0.47	0.43	0.43
天津	Ⅱ(B)	凸阳台	0.47	0.61	0.57	0.57
		凹阳台	0.35	0.47	0.43	0.43
河北省						
石家庄	Ⅱ(B)	凸阳台	0.46	0.61	0.57	0.57
		凹阳台	0.34	0.47	0.43	0.43
围场	Ⅰ(C)	凸阳台	0.49	0.62	0.58	0.58
		凹阳台	0.37	0.48	0.44	0.44

续表 E.0.4

城市	气候区属	阳台类型	阳台温差修正系数			
			南向	北向	东向	西向
丰宁	Ⅰ(C)	凸阳台	0.47	0.62	0.57	0.57
		凹阳台	0.35	0.47	0.43	0.44
承德	Ⅱ(A)	凸阳台	0.49	0.62	0.58	0.58
		凹阳台	0.37	0.48	0.44	0.44
张家口	Ⅱ(A)	凸阳台	0.47	0.62	0.58	0.58
		凹阳台	0.35	0.47	0.44	0.44
怀来	Ⅱ(A)	凸阳台	0.46	0.62	0.57	0.57
		凹阳台	0.35	0.47	0.43	0.44
青龙	Ⅱ(A)	凸阳台	0.48	0.62	0.57	0.58
		凹阳台	0.36	0.47	0.44	0.44
蔚县	Ⅰ(C)	凸阳台	0.49	0.62	0.58	0.58
		凹阳台	0.37	0.48	0.44	0.44
唐山	Ⅱ(A)	凸阳台	0.47	0.62	0.57	0.57
		凹阳台	0.35	0.47	0.43	0.44
乐亭	Ⅱ(A)	凸阳台	0.47	0.62	0.57	0.57
		凹阳台	0.35	0.47	0.43	0.44
保定	Ⅱ(B)	凸阳台	0.47	0.62	0.57	0.57
		凹阳台	0.35	0.47	0.43	0.44
沧州	Ⅱ(B)	凸阳台	0.46	0.61	0.56	0.56
		凹阳台	0.34	0.47	0.43	0.43
泊头	Ⅱ(B)	凸阳台	0.46	0.61	0.56	0.57
		凹阳台	0.34	0.47	0.43	0.43
邢台	Ⅱ(B)	凸阳台	0.45	0.61	0.56	0.56
		凹阳台	0.34	0.47	0.42	0.43
山西省						
太原	Ⅱ(A)	凸阳台	0.45	0.61	0.56	0.57
		凹阳台	0.34	0.47	0.43	0.43
大同	Ⅰ(C)	凸阳台	0.47	0.62	0.57	0.57
		凹阳台	0.35	0.47	0.43	0.44
河曲	Ⅰ(C)	凸阳台	0.47	0.62	0.58	0.57
		凹阳台	0.35	0.47	0.44	0.43
原平	Ⅱ(A)	凸阳台	0.46	0.62	0.57	0.57
		凹阳台	0.34	0.47	0.43	0.43
离石	Ⅱ(A)	凸阳台	0.48	0.62	0.58	0.58
		凹阳台	0.36	0.47	0.44	0.44
榆社	Ⅱ(A)	凸阳台	0.46	0.61	0.57	0.57
		凹阳台	0.34	0.47	0.43	0.43

续表 E.0.4

城 市	气候区属	阳台类型	阳台温差修正系数			
			南向	北向	东向	西向
介 休	Ⅱ(A)	凸阳台	0.45	0.61	0.56	0.56
		凹阳台	0.34	0.47	0.43	0.43
阳 城	Ⅱ(A)	凸阳台	0.45	0.61	0.56	0.56
		凹阳台	0.33	0.47	0.43	0.43
运 城	Ⅱ(B)	凸阳台	0.47	0.62	0.57	0.57
		凹阳台	0.35	0.47	0.44	0.44
内蒙古自治区						
呼和浩特	Ⅰ(C)	凸阳台	0.48	0.62	0.58	0.58
		凹阳台	0.36	0.48	0.44	0.44
图里河	Ⅰ(A)	凸阳台	0.57	0.65	0.62	0.62
		凹阳台	0.43	0.50	0.47	0.47
海拉尔	Ⅰ(A)	凸阳台	0.58	0.65	0.63	0.63
		凹阳台	0.44	0.50	0.48	0.48
博克图	Ⅰ(A)	凸阳台	0.58	0.65	0.62	0.63
		凹阳台	0.44	0.50	0.48	0.48
新巴尔虎右旗	Ⅰ(A)	凸阳台	0.57	0.65	0.62	0.62
		凹阳台	0.43	0.50	0.47	0.47
阿尔山	Ⅰ(A)	凸阳台	0.56	0.64	0.60	0.60
		凹阳台	0.42	0.49	0.46	0.46
东乌珠穆沁旗	Ⅰ(B)	凸阳台	0.54	0.64	0.61	0.61
		凹阳台	0.41	0.49	0.46	0.46
那仁宝拉格	Ⅰ(A)	凸阳台	0.53	0.64	0.60	0.60
		凹阳台	0.40	0.49	0.46	0.46
西乌珠穆沁旗	Ⅰ(B)	凸阳台	0.53	0.64	0.60	0.60
		凹阳台	0.40	0.49	0.46	0.46
扎鲁特旗	Ⅰ(C)	凸阳台	0.51	0.63	0.58	0.59
		凹阳台	0.38	0.48	0.45	0.45
阿巴嘎旗	Ⅰ(B)	凸阳台	0.54	0.64	0.60	0.60
		凹阳台	0.41	0.49	0.46	0.46
巴林左旗	Ⅰ(C)	凸阳台	0.51	0.63	0.58	0.59
		凹阳台	0.38	0.48	0.45	0.45
锡林浩特	Ⅰ(B)	凸阳台	0.53	0.64	0.60	0.60
		凹阳台	0.40	0.49	0.46	0.46
二连浩特	Ⅰ(A)	凸阳台	0.52	0.63	0.59	0.59
		凹阳台	0.40	0.48	0.45	0.45
林 西	Ⅰ(C)	凸阳台	0.49	0.62	0.58	0.58
		凹阳台	0.37	0.48	0.44	0.44
哲里木盟	Ⅰ(C)	凸阳台	0.51	0.63	0.59	0.59
		凹阳台	0.38	0.48	0.45	0.45
满都拉	Ⅰ(C)	凸阳台	0.47	0.62	0.57	0.56
		凹阳台	0.35	0.47	0.43	0.43
朱日和	Ⅰ(C)	凸阳台	0.49	0.62	0.57	0.58
		凹阳台	0.37	0.47	0.44	0.44
赤 峰	Ⅰ(C)	凸阳台	0.48	0.62	0.58	0.58
		凹阳台	0.36	0.48	0.44	0.44
多 伦	Ⅰ(B)	凸阳台	0.50	0.63	0.58	0.59
		凹阳台	0.38	0.48	0.44	0.45
额济纳旗	Ⅰ(C)	凸阳台	0.45	0.61	0.56	0.57
		凹阳台	0.34	0.47	0.42	0.43
化 德	Ⅰ(B)	凸阳台	0.50	0.62	0.58	0.58
		凹阳台	0.37	0.48	0.44	0.44
达尔罕联合旗	Ⅰ(C)	凸阳台	0.47	0.62	0.57	0.57
		凹阳台	0.35	0.47	0.44	0.43
乌拉特后旗	Ⅰ(C)	凸阳台	0.45	0.61	0.56	0.56
		凹阳台	0.34	0.47	0.43	0.43
海力素	Ⅰ(C)	凸阳台	0.47	0.62	0.57	0.57
		凹阳台	0.35	0.47	0.43	0.43
集 宁	Ⅰ(C)	凸阳台	0.48	0.62	0.57	0.57
		凹阳台	0.36	0.47	0.43	0.44
临 河	Ⅱ(A)	凸阳台	0.45	0.61	0.56	0.56
		凹阳台	0.34	0.47	0.43	0.43
巴音毛道	Ⅰ(C)	凸阳台	0.44	0.61	0.56	0.56
		凹阳台	0.33	0.47	0.43	0.42
东 胜	Ⅰ(C)	凸阳台	0.46	0.61	0.56	0.56
		凹阳台	0.34	0.47	0.43	0.42
吉兰太	Ⅱ(A)	凸阳台	0.44	0.61	0.56	0.55
		凹阳台	0.33	0.47	0.43	0.42
鄂托克旗	Ⅰ(C)	凸阳台	0.45	0.61	0.56	0.56
		凹阳台	0.33	0.47	0.43	0.42
辽宁省						
沈 阳	Ⅰ(C)	凸阳台	0.52	0.63	0.59	0.60
		凹阳台	0.39	0.48	0.45	0.46
彰 武	Ⅰ(C)	凸阳台	0.51	0.63	0.59	0.59
		凹阳台	0.38	0.48	0.45	0.45

续表 E.0.4

城 市	气候区属	阳台类型	阳台温差修正系数			
			南向	北向	东向	西向
清 原	Ⅰ(C)	凸阳台	0.55	0.64	0.61	0.61
		凹阳台	0.42	0.49	0.47	0.47
朝 阳	Ⅱ(A)	凸阳台	0.50	0.62	0.59	0.59
		凹阳台	0.38	0.48	0.45	0.45
本 溪	Ⅰ(C)	凸阳台	0.53	0.63	0.60	0.60
		凹阳台	0.40	0.48	0.46	0.46
锦 州	Ⅱ(A)	凸阳台	0.50	0.63	0.58	0.59
		凹阳台	0.38	0.48	0.45	0.45
宽 甸	Ⅰ(C)	凸阳台	0.53	0.63	0.60	0.60
		凹阳台	0.40	0.48	0.46	0.46
营 口	Ⅱ(A)	凸阳台	0.51	0.63	0.59	0.59
		凹阳台	0.39	0.48	0.45	0.45
丹 东	Ⅱ(A)	凸阳台	0.50	0.63	0.59	0.58
		凹阳台	0.38	0.48	0.45	0.44
大 连	Ⅱ(A)	凸阳台	0.46	0.61	0.56	0.56
		凹阳台	0.34	0.47	0.43	0.42
吉林省						
长 春	Ⅰ(C)	凸阳台	0.54	0.64	0.60	0.61
		凹阳台	0.41	0.49	0.46	0.46
前郭尔罗斯	Ⅰ(C)	凸阳台	0.54	0.64	0.60	0.61
		凹阳台	0.41	0.49	0.46	0.46
长 岭	Ⅰ(C)	凸阳台	0.54	0.64	0.60	0.60
		凹阳台	0.41	0.49	0.46	0.46
敦 化	Ⅰ(B)	凸阳台	0.55	0.64	0.60	0.61
		凹阳台	0.41	0.49	0.46	0.46
四 平	Ⅰ(C)	凸阳台	0.53	0.63	0.60	0.60
		凹阳台	0.40	0.49	0.46	0.46
桦 甸	Ⅰ(B)	凸阳台	0.56	0.64	0.61	0.61
		凹阳台	0.42	0.49	0.47	0.47
延 吉	Ⅰ(C)	凸阳台	0.54	0.64	0.60	0.60
		凹阳台	0.41	0.49	0.46	0.46
临 江	Ⅰ(C)	凸阳台	0.56	0.64	0.61	0.61
		凹阳台	0.42	0.49	0.47	0.47
长 白	Ⅰ(B)	凸阳台	0.55	0.64	0.61	0.61
		凹阳台	0.42	0.49	0.46	0.46
集 安	Ⅰ(C)	凸阳台	0.54	0.64	0.60	0.61
		凹阳台	0.41	0.49	0.46	0.46

续表 E.0.4

城 市	气候区属	阳台类型	阳台温差修正系数			
			南向	北向	东向	西向
黑龙江省						
哈尔滨	Ⅰ(B)	凸阳台	0.56	0.64	0.62	0.62
		凹阳台	0.43	0.49	0.47	0.47
漠 河	Ⅰ(A)	凸阳台	0.58	0.65	0.62	0.62
		凹阳台	0.44	0.50	0.47	0.47
呼 玛	Ⅰ(A)	凸阳台	0.58	0.65	0.62	0.62
		凹阳台	0.44	0.50	0.48	0.48
黑 河	Ⅰ(A)	凸阳台	0.58	0.65	0.62	0.63
		凹阳台	0.44	0.50	0.48	0.48
孙 吴	Ⅰ(A)	凸阳台	0.59	0.65	0.63	0.63
		凹阳台	0.45	0.50	0.48	0.48
嫩 江	Ⅰ(A)	凸阳台	0.58	0.65	0.62	0.62
		凹阳台	0.44	0.50	0.48	0.48
克 山	Ⅰ(B)	凸阳台	0.57	0.65	0.62	0.62
		凹阳台	0.44	0.50	0.47	0.48
伊 春	Ⅰ(A)	凸阳台	0.58	0.65	0.62	0.63
		凹阳台	0.44	0.50	0.48	0.48
海 伦	Ⅰ(B)	凸阳台	0.57	0.65	0.62	0.62
		凹阳台	0.44	0.50	0.47	0.48
齐齐哈尔	Ⅰ(B)	凸阳台	0.55	0.64	0.61	0.61
		凹阳台	0.42	0.49	0.46	0.47
富 锦	Ⅰ(B)	凸阳台	0.57	0.64	0.62	0.62
		凹阳台	0.43	0.49	0.47	0.47
泰 来	Ⅰ(B)	凸阳台	0.55	0.64	0.61	0.61
		凹阳台	0.42	0.49	0.46	0.47
安 达	Ⅰ(B)	凸阳台	0.56	0.64	0.61	0.61
		凹阳台	0.42	0.49	0.47	0.47
宝 清	Ⅰ(B)	凸阳台	0.56	0.64	0.61	0.61
		凹阳台	0.42	0.49	0.47	0.47
通 河	Ⅰ(B)	凸阳台	0.57	0.65	0.62	0.62
		凹阳台	0.43	0.50	0.47	0.47
虎 林	Ⅰ(B)	凸阳台	0.56	0.64	0.61	0.61
		凹阳台	0.42	0.49	0.47	0.47
鸡 西	Ⅰ(B)	凸阳台	0.55	0.64	0.61	0.61
		凹阳台	0.42	0.49	0.46	0.46
尚 志	Ⅰ(B)	凸阳台	0.56	0.64	0.61	0.61
		凹阳台	0.42	0.49	0.47	0.47

续表 E.0.4

城　市	气候区属	阳台类型	阳台温差修正系数			
			南向	北向	东向	西向
牡丹江	Ⅰ(B)	凸阳台	0.55	0.64	0.61	0.61
		凹阳台	0.41	0.49	0.46	0.46
绥芬河	Ⅰ(B)	凸阳台	0.55	0.64	0.60	0.61
		凹阳台	0.41	0.49	0.46	0.46
江苏省						
赣榆	Ⅱ(A)	凸阳台	0.45	0.61	0.56	0.56
		凹阳台	0.33	0.47	0.43	0.43
徐州	Ⅱ(B)	凸阳台	0.46	0.61	0.57	0.57
		凹阳台	0.34	0.47	0.43	0.43
射阳	Ⅱ(B)	凸阳台	0.43	0.60	0.55	0.55
		凹阳台	0.32	0.46	0.42	0.42
安徽省						
亳州	Ⅱ(B)	凸阳台	0.47	0.62	0.57	0.58
		凹阳台	0.35	0.47	0.44	0.44
山东省						
济南	Ⅱ(B)	凸阳台	0.45	0.61	0.56	0.56
		凹阳台	0.33	0.46	0.42	0.43
长岛	Ⅱ(A)	凸阳台	0.44	0.60	0.55	0.55
		凹阳台	0.32	0.46	0.42	0.42
龙口	Ⅱ(A)	凸阳台	0.45	0.61	0.56	0.55
		凹阳台	0.33	0.46	0.42	0.42
惠民县	Ⅱ(B)	凸阳台	0.46	0.61	0.56	0.57
		凹阳台	0.34	0.47	0.43	0.43
德州	Ⅱ(B)	凸阳台	0.42	0.60	0.54	0.55
		凹阳台	0.31	0.46	0.41	0.41
成山头	Ⅱ(A)	凸阳台	0.41	0.60	0.54	0.54
		凹阳台	0.30	0.46	0.41	0.41
陵县	Ⅱ(B)	凸阳台	0.45	0.61	0.56	0.56
		凹阳台	0.33	0.47	0.43	0.43
海阳	Ⅱ(A)	凸阳台	0.44	0.61	0.55	0.55
		凹阳台	0.32	0.46	0.42	0.42
潍坊	Ⅱ(A)	凸阳台	0.45	0.61	0.56	0.56
		凹阳台	0.34	0.47	0.43	0.43
莘县	Ⅱ(A)	凸阳台	0.46	0.61	0.57	0.57
		凹阳台	0.34	0.47	0.43	0.43
沂源	Ⅱ(A)	凸阳台	0.46	0.61	0.56	0.56
		凹阳台	0.34	0.47	0.43	0.43

续表 E.0.4

城　市	气候区属	阳台类型	阳台温差修正系数			
			南向	北向	东向	西向
青岛	Ⅱ(A)	凸阳台	0.42	0.60	0.53	0.54
		凹阳台	0.31	0.46	0.40	0.41
兖州	Ⅱ(B)	凸阳台	0.44	0.61	0.56	0.56
		凹阳台	0.33	0.47	0.42	0.43
日照	Ⅱ(A)	凸阳台	0.41	0.59	0.52	0.53
		凹阳台	0.0	0.45	0.39	0.40
费县	Ⅱ(A)	凸阳台	0.44	0.61	0.55	0.55
		凹阳台	0.32	0.46	0.42	0.42
菏泽	Ⅱ(A)	凸阳台	0.44	0.61	0.55	0.55
		凹阳台	0.32	0.46	0.42	0.42
定陶	Ⅱ(A)	凸阳台	0.45	0.61	0.56	0.56
		凹阳台	0.33	0.47	0.42	0.43
临沂	Ⅱ(A)	凸阳台	0.44	0.61	0.55	0.56
		凹阳台	0.33	0.46	0.42	0.42
河南省						
郑州	Ⅱ(B)	凸阳台	0.43	0.60	0.55	0.55
		凹阳台	0.32	0.46	0.42	0.42
安阳	Ⅱ(B)	凸阳台	0.45	0.61	0.56	0.56
		凹阳台	0.33	0.47	0.42	0.43
孟津	Ⅱ(A)	凸阳台	0.44	0.61	0.56	0.56
		凹阳台	0.33	0.46	0.42	0.43
卢氏	Ⅱ(A)	凸阳台	0.45	0.61	0.57	0.56
		凹阳台	0.33	0.47	0.43	0.43
西华	Ⅱ(B)	凸阳台	0.45	0.61	0.56	0.56
		凹阳台	0.34	0.47	0.42	0.43
四川省						
若尔盖	Ⅰ(B)	凸阳台	0.43	0.60	0.54	0.54
		凹阳台	0.32	0.46	0.41	0.41
松潘	Ⅰ(C)	凸阳台	0.41	0.60	0.54	0.54
		凹阳台	0.30	0.46	0.41	0.41
色达	Ⅰ(A)	凸阳台	0.42	0.59	0.52	0.52
		凹阳台	0.31	0.45	0.39	0.39
马尔康	Ⅱ(A)	凸阳台	0.37	0.59	0.52	0.52
		凹阳台	0.27	0.45	0.39	0.39
德格	Ⅰ(C)	凸阳台	0.43	0.60	0.55	0.55
		凹阳台	0.32	0.46	0.41	0.42
甘孜	Ⅰ(C)	凸阳台	0.35	0.58	0.49	0.49
		凹阳台	0.25	0.44	0.37	0.37

续表 E.0.4

城 市	气候区属	阳台类型	阳台温差修正系数			
			南向	北向	东向	西向
康 定	Ⅰ(C)	凸阳台	0.43	0.61	0.55	0.55
		凹阳台	0.32	0.46	0.42	0.42
巴 塘	Ⅱ(A)	凸阳台	0.28	0.56	0.48	0.47
		凹阳台	0.19	0.42	0.36	0.35
理 塘	Ⅰ(B)	凸阳台	0.39	0.59	0.52	0.51
		凹阳台	0.28	0.45	0.39	0.38
稻 城	Ⅰ(C)	凸阳台	0.34	0.56	0.48	0.47
		凹阳台	0.24	0.43	0.36	0.35
贵州省						
毕 节	Ⅱ(A)	凸阳台	0.42	0.60	0.54	0.54
		凹阳台	0.31	0.46	0.41	0.41
威 宁	Ⅱ(A)	凸阳台	0.42	0.60	0.54	0.54
		凹阳台	0.31	0.46	0.41	0.41
云南省						
德 钦	Ⅰ(C)	凸阳台	0.41	0.59	0.53	0.53
		凹阳台	0.30	0.45	0.40	0.40
昭 通	Ⅱ(A)	凸阳台	0.34	0.58	0.51	0.50
		凹阳台	0.25	0.44	0.39	0.37
西藏自治区						
拉 萨	Ⅱ(A)	凸阳台	0.35	0.58	0.50	0.51
		凹阳台	0.25	0.44	0.38	0.38
狮泉河	Ⅰ(A)	凸阳台	0.38	0.58	0.49	0.50
		凹阳台	0.27	0.44	0.37	0.38
改 则	Ⅰ(A)	凸阳台	0.45	0.57	0.47	0.48
		凹阳台	0.34	0.43	0.35	0.36
索 县	Ⅰ(B)	凸阳台	0.44	0.59	0.51	0.52
		凹阳台	0.32	0.45	0.39	0.39
那 曲	Ⅰ(A)	凸阳台	0.48	0.61	0.55	0.56
		凹阳台	0.36	0.47	0.42	0.43
丁 青	Ⅰ(B)	凸阳台	0.44	0.60	0.53	0.54
		凹阳台	0.32	0.46	0.40	0.41
班 戈	Ⅰ(A)	凸阳台	0.43	0.60	0.52	0.53
		凹阳台	0.32	0.46	0.39	0.40
昌 都	Ⅱ(A)	凸阳台	0.44	0.60	0.55	0.55
		凹阳台	0.32	0.46	0.41	0.41
申 扎	Ⅰ(A)	凸阳台	0.42	0.59	0.51	0.52
		凹阳台	0.31	0.45	0.39	0.39

续表 E.0.4

城 市	气候区属	阳台类型	阳台温差修正系数			
			南向	北向	东向	西向
林 芝	Ⅱ(A)	凸阳台	0.29	0.56	0.46	0.47
		凹阳台	0.20	0.43	0.35	0.35
日喀则	Ⅰ(C)	凸阳台	0.36	0.58	0.49	0.50
		凹阳台	0.26	0.44	0.37	0.38
隆 子	Ⅰ(C)	凸阳台	0.40	0.59	0.51	0.52
		凹阳台	0.29	0.45	0.38	0.39
帕 里	Ⅰ(A)	凸阳台	0.44	0.60	0.52	0.53
		凹阳台	0.32	0.45	0.39	0.40
陕西省						
西 安	Ⅱ(B)	凸阳台	0.47	0.62	0.57	0.57
		凹阳台	0.35	0.47	0.43	0.44
榆 林	Ⅱ(A)	凸阳台	0.47	0.62	0.58	0.58
		凹阳台	0.35	0.47	0.44	0.44
延 安	Ⅱ(A)	凸阳台	0.47	0.62	0.57	0.57
		凹阳台	0.35	0.47	0.44	0.43
宝 鸡	Ⅱ(A)	凸阳台	0.46	0.61	0.56	0.57
		凹阳台	0.34	0.47	0.43	0.43
甘肃省						
兰 州	Ⅱ(A)	凸阳台	0.43	0.61	0.56	0.56
		凹阳台	0.32	0.46	0.42	0.42
敦 煌	Ⅱ(A)	凸阳台	0.43	0.61	0.56	0.56
		凹阳台	0.32	0.47	0.43	0.42
酒 泉	Ⅰ(C)	凸阳台	0.43	0.61	0.55	0.56
		凹阳台	0.32	0.47	0.42	0.42
张 掖	Ⅰ(C)	凸阳台	0.43	0.61	0.55	0.56
		凹阳台	0.32	0.47	0.42	0.42
民 勤	Ⅱ(A)	凸阳台	0.43	0.61	0.55	0.55
		凹阳台	0.31	0.46	0.42	0.42
乌鞘岭	Ⅰ(A)	凸阳台	0.45	0.60	0.54	0.55
		凹阳台	0.33	0.46	0.41	0.41
西峰镇	Ⅱ(A)	凸阳台	0.46	0.61	0.56	0.57
		凹阳台	0.34	0.47	0.43	0.43
平 凉	Ⅱ(A)	凸阳台	0.46	0.61	0.57	0.57
		凹阳台	0.34	0.47	0.43	0.43
合 作	Ⅰ(B)	凸阳台	0.44	0.61	0.55	0.55
		凹阳台	0.33	0.46	0.42	0.42
岷 县	Ⅰ(C)	凸阳台	0.43	0.61	0.54	0.55
		凹阳台	0.32	0.46	0.41	0.42

续表 E.0.4

城 市	气候区属	阳台类型	阳台温差修正系数			
			南向	北向	东向	西向
天 水	Ⅱ(A)	凸阳台	0.47	0.61	0.57	0.57
		凹阳台	0.35	0.47	0.43	0.43
成 县	Ⅱ(A)	凸阳台	0.29	0.57	0.47	0.48
		凹阳台	0.20	0.43	0.35	0.36
青海省						
西 宁	Ⅰ(C)	凸阳台	0.44	0.61	0.55	0.55
		凹阳台	0.32	0.46	0.41	0.42
冷 湖	Ⅰ(B)	凸阳台	0.44	0.61	0.56	0.56
		凹阳台	0.33	0.47	0.42	0.42
大柴旦	Ⅰ(B)	凸阳台	0.44	0.61	0.56	0.55
		凹阳台	0.33	0.47	0.42	0.42
德令哈	Ⅰ(C)	凸阳台	0.44	0.61	0.55	0.55
		凹阳台	0.33	0.46	0.42	0.42
刚 察	Ⅰ(A)	凸阳台	0.44	0.61	0.54	0.55
		凹阳台	0.33	0.46	0.41	0.42
格尔木	Ⅰ(C)	凸阳台	0.40	0.60	0.53	0.53
		凹阳台	0.29	0.46	0.40	0.40
都 兰	Ⅰ(B)	凸阳台	0.42	0.60	0.54	0.54
		凹阳台	0.31	0.46	0.41	0.41
同 德	Ⅰ(B)	凸阳台	0.43	0.61	0.54	0.55
		凹阳台	0.32	0.46	0.41	0.42
玛 多	Ⅰ(A)	凸阳台	0.44	0.61	0.54	0.54
		凹阳台	0.32	0.46	0.41	0.41
河 南	Ⅰ(A)	凸阳台	0.43	0.60	0.54	0.54
		凹阳台	0.32	0.46	0.41	0.41
托托河	Ⅰ(A)	凸阳台	0.45	0.61	0.54	0.55
		凹阳台	0.34	0.46	0.41	0.41
曲麻菜	Ⅰ(A)	凸阳台	0.44	0.60	0.54	0.54
		凹阳台	0.33	0.46	0.41	0.41
达 日	Ⅰ(A)	凸阳台	0.44	0.60	0.54	0.54
		凹阳台	0.33	0.46	0.41	0.41
玉 树	Ⅰ(B)	凸阳台	0.41	0.60	0.53	0.53
		凹阳台	0.30	0.45	0.40	0.40
杂 多	Ⅰ(A)	凸阳台	0.46	0.61	0.54	0.55
		凹阳台	0.34	0.46	0.41	0.41
宁夏回族自治区						
银 川	Ⅱ(A)	凸阳台	0.45	0.61	0.57	0.56
		凹阳台	0.34	0.47	0.43	0.42

续表 E.0.4

城 市	气候区属	阳台类型	阳台温差修正系数			
			南向	北向	东向	西向
盐 池	Ⅱ(A)	凸阳台	0.44	0.61	0.56	0.55
		凹阳台	0.33	0.46	0.42	0.42
中 宁	Ⅱ(A)	凸阳台	0.44	0.61	0.56	0.56
		凹阳台	0.33	0.46	0.42	0.42
新疆维吾尔自治区						
乌鲁木齐	Ⅰ(C)	凸阳台	0.51	0.63	0.59	0.60
		凹阳台	0.39	0.48	0.45	0.45
哈巴河	Ⅰ(C)	凸阳台	0.51	0.63	0.59	0.59
		凹阳台	0.38	0.48	0.45	0.45
阿勒泰	Ⅰ(B)	凸阳台	0.51	0.63	0.59	0.59
		凹阳台	0.38	0.48	0.45	0.45
富 蕴	Ⅰ(B)	凸阳台	0.50	0.63	0.60	0.59
		凹阳台	0.38	0.48	0.45	0.45
和布克赛尔	Ⅰ(B)	凸阳台	0.48	0.62	0.58	0.58
		凹阳台	0.36	0.48	0.44	0.44
塔 城	Ⅰ(C)	凸阳台	0.51	0.63	0.59	0.60
		凹阳台	0.38	0.49	0.46	0.46
克拉玛依	Ⅰ(C)	凸阳台	0.52	0.64	0.60	0.60
		凹阳台	0.39	0.49	0.46	0.46
北塔山	Ⅰ(B)	凸阳台	0.49	0.63	0.58	0.58
		凹阳台	0.37	0.48	0.44	0.45
精 河	Ⅰ(C)	凸阳台	0.52	0.63	0.60	0.60
		凹阳台	0.39	0.49	0.46	0.46
奇 台	Ⅰ(C)	凸阳台	0.50	0.63	0.59	0.59
		凹阳台	0.37	0.48	0.45	0.45
伊 宁	Ⅱ(A)	凸阳台	0.47	0.62	0.59	0.58
		凹阳台	0.35	0.48	0.45	0.44
吐鲁番	Ⅱ(B)	凸阳台	0.46	0.62	0.58	0.58
		凹阳台	0.35	0.47	0.44	0.44
哈 密	Ⅱ(B)	凸阳台	0.45	0.62	0.57	0.57
		凹阳台	0.34	0.47	0.43	0.43
巴伦台	Ⅰ(C)	凸阳台	0.51	0.63	0.59	0.59
		凹阳台	0.38	0.48	0.45	0.45
库尔勒	Ⅱ(B)	凸阳台	0.43	0.61	0.56	0.55
		凹阳台	0.32	0.47	0.42	0.42
库 车	Ⅱ(A)	凸阳台	0.44	0.61	0.56	0.55
		凹阳台	0.32	0.47	0.42	0.42

续表 E.0.4

城市	气候区属	阳台类型	阳台温差修正系数			
			南向	北向	东向	西向
阿合奇	Ⅰ(C)	凸阳台	0.44	0.61	0.56	0.56
		凹阳台	0.32	0.47	0.43	0.42
铁干里克	Ⅱ(B)	凸阳台	0.43	0.61	0.56	0.56
		凹阳台	0.32	0.47	0.43	0.42
阿拉尔	Ⅱ(A)	凸阳台	0.42	0.61	0.56	0.56
		凹阳台	0.31	0.47	0.43	0.42
巴楚	Ⅱ(A)	凸阳台	0.40	0.60	0.55	0.55
		凹阳台	0.29	0.46	0.42	0.41
喀什	Ⅱ(A)	凸阳台	0.40	0.60	0.55	0.54
		凹阳台	0.29	0.46	0.41	0.41
若羌	Ⅱ(B)	凸阳台	0.42	0.60	0.55	0.54
		凹阳台	0.31	0.46	0.41	0.41
莎车	Ⅱ(A)	凸阳台	0.39	0.60	0.55	0.54
		凹阳台	0.29	0.46	0.41	0.41
安德河	Ⅱ(A)	凸阳台	0.40	0.61	0.55	0.55
		凹阳台	0.30	0.46	0.41	0.41
皮山	Ⅱ(A)	凸阳台	0.40	0.60	0.54	0.54
		凹阳台	0.29	0.46	0.41	0.41
和田	Ⅱ(A)	凸阳台	0.40	0.60	0.54	0.54
		凹阳台	0.29	0.46	0.41	0.41

注：1 表中凸阳台包含正面和左右侧面三个接触室外空气的外立面，而凹阳台则只有正面一个接触室外空气的外立面。
2 表格中气候区属Ⅰ(A)为严寒(A)区、Ⅰ(B)为严寒(B)区、Ⅰ(C)为严寒(C)区；Ⅱ(A)为寒冷(A)区、Ⅱ(B)为寒冷(B)区。

附录 F 关于面积和体积的计算

F.0.1 建筑面积（A_0），应按各层外墙外包线围成的平面面积的总和计算，包括半地下室的面积，不包括地下室的面积。

F.0.2 建筑体积（V_0），应按与计算建筑面积所对应的建筑物外表面和底层地面所围成的体积计算。

F.0.3 换气体积（V），当楼梯间及外廊不采暖时，应按 $V=0.60V_0$ 计算；当楼梯间及外廊采暖时，应按 $V=0.65V_0$ 计算。

F.0.4 屋面或顶棚面积，应按支承屋顶的外墙外包线围成的面积计算。

F.0.5 外墙面积，应按不同朝向分别计算。某一朝向的外墙面积，应由该朝向的外表面积减去外窗面积构成。

F.0.6 外窗（包括阳台门上部透明部分）面积，应按不同朝向和有无阳台分别计算，取洞口面积。

F.0.7 外门面积，应按不同朝向分别计算，取洞口面积。

F.0.8 阳台门下部不透明部分面积，应按不同朝向分别计算，取洞口面积。

F.0.9 地面面积，应按外墙内侧围成的面积计算。

F.0.10 地板面积，应按外墙内侧围成的面积计算，并应区分为接触室外空气的地板和不采暖地下室上部的地板。

F.0.11 凹凸墙面的朝向归属应符合下列规定：
  1 当某朝向有外凸部分时，应符合下列规定：
    1）当凸出部分的长度（垂直于该朝向的尺寸）小于或等于1.5m时，该凸出部分的全部外墙面积应计入该朝向的外墙总面积；
    2）当凸出部分的长度大于1.5m时，该凸出部分应按各自实际朝向计入各自朝向的外墙总面积。
  2 当某朝向有内凹部分时，应符合下列规定：
    1）当凹入部分的宽度（平行于该朝向的尺寸）小于5m，且凹入部分的长度小于或等于凹入部分的宽度时，该凹入部分的全部外墙面积应计入该朝向的外墙总面积；
    2）当凹入部分的宽度（平行于该朝向的尺寸）小于5m，且凹入部分的长度大于凹入部分的宽度时，该凹入部分的两个侧面外墙面积应计入北向的外墙总面积，该凹入部分的正面外墙面积应计入该朝向的外墙总面积；
    3）当凹入部分的宽度大于或等于5m时，该凹入部分应按各实际朝向计入各自朝向的外墙总面积。

F.0.12 内天井墙面的朝向归属应符合下列规定：
  1 当内天井的高度大于等于内天井最宽边长的2倍时，内天井的全部外墙面积应计入北向的外墙总面积。
  2 当内天井的高度小于内天井最宽边长的2倍时，内天井的外墙应按各实际朝向计入各自朝向的外墙总面积。

附录 G 采暖管道最小保温层厚度（δ_{min}）

G.0.1 当管道保温材料采用玻璃棉时，其最小保温层厚度应按表 G.0.1-1、表 G.0.1-2 选用。玻璃棉材料的导热系数应按下式计算：

$$\lambda_m = 0.024 + 0.00018 t_m \quad (G.0.1)$$

式中：λ_m ——玻璃棉的导热系数 [W/(m·K)]。

表 G.0.1-1 玻璃棉保温材料的管道最小保温层厚度（mm）

气候分区	严寒(A)区 $t_{mw}=40.9℃$					严寒(B)区 $t_{mw}=43.6℃$				
公称直径	热价20元/GJ	热价30元/GJ	热价40元/GJ	热价50元/GJ	热价60元/GJ	热价20元/GJ	热价30元/GJ	热价40元/GJ	热价50元/GJ	热价60元/GJ
DN 25	23	28	31	34	37	22	27	30	33	36
DN 32	24	29	33	36	38	23	28	31	34	37
DN 40	25	30	34	37	40	24	29	32	36	38
DN 50	26	31	35	39	42	25	30	34	37	40
DN 70	27	33	37	41	44	26	31	36	39	43
DN 80	28	34	38	42	46	27	32	37	40	44
DN 100	29	35	40	44	47	28	33	38	42	45
DN 125	30	36	41	45	49	28	34	39	43	47
DN 150	30	37	42	46	50	29	35	40	44	48
DN 200	31	38	45	48	53	30	36	42	46	50
DN 250	32	39	45	50	54	31	37	43	47	52
DN 300	32	40	46	50	55	31	37	43	48	53
DN 350	33	40	46	51	56	31	38	44	49	53
DN 400	33	41	47	52	57	31	39	44	50	54
DN 450	33	41	47	52	57	32	39	45	50	55

注：保温材料层的平均使用温度 $t_{mw} = \frac{t_{ge}+t_{he}}{2} - 20$；$t_{ge}$、$t_{he}$ 分别为采暖期室外平均温度下，热网供回水平均温度（℃）。

表 G.0.1-2 玻璃棉保温材料的管道最小保温层厚度（mm）

气候分区	严寒(C)区 $t_{mw}=43.8℃$					寒冷(A)区或寒冷(B)区 $t_{mw}=48.4℃$				
公称直径	热价20元/GJ	热价30元/GJ	热价40元/GJ	热价50元/GJ	热价60元/GJ	热价20元/GJ	热价30元/GJ	热价40元/GJ	热价50元/GJ	热价60元/GJ
DN 25	21	25	28	31	34	20	24	28	30	33
DN 32	22	26	29	32	35	21	25	29	31	34
DN 40	23	27	30	33	36	22	26	29	32	35
DN 50	23	28	32	35	38	22	27	31	34	37
DN 70	25	30	34	37	40	24	29	32	36	39
DN 80	25	30	35	38	41	24	29	33	37	40
DN 100	26	31	36	39	43	25	30	34	38	41
DN 125	27	32	37	41	44	26	31	35	39	43
DN 150	27	33	38	42	45	26	32	36	40	44
DN 200	28	34	39	43	47	27	33	38	42	46
DN 250	28	35	40	45	48	29	34	39	43	47
DN 300	28	35	41	45	49	28	34	39	44	48
DN 350	29	36	41	46	50	28	35	40	44	48
DN 400	29	36	42	46	51	28	35	40	45	49
DN 450	29	36	42	47	51	28	35	40	45	49

注：保温材料层的平均使用温度 $t_{mw} = \frac{t_{ge}+t_{he}}{2} - 20$；$t_{ge}$、$t_{he}$ 分别为采暖期室外平均温度下，热网供回水平均温度（℃）。

G.0.2 当管道保温采用聚氨酯硬质泡沫材料时，其最小保温层厚度应按表 G.0.2-1、表 G.0.2-2 选用。聚氨酯硬质泡沫材料的导热系数应按下式计算：

$$\lambda_m = 0.02 + 0.00014 t_m \quad (G.0.2)$$

式中：λ_m ——聚氨酯硬质泡沫的导热系数 [W/(m·K)]。

表 G.0.2-1 聚氨酯硬质泡沫保温材料的管道最小保温层厚度（mm）

气候分区	严寒(A)区 $t_{mw}=40.9℃$					严寒(B)区 $t_{mw}=43.6℃$				
公称直径	热价20元/GJ	热价30元/GJ	热价40元/GJ	热价50元/GJ	热价60元/GJ	热价20元/GJ	热价30元/GJ	热价40元/GJ	热价50元/GJ	热价60元/GJ
DN 25	17	21	23	26	27	16	20	22	25	26
DN 32	18	21	24	26	28	17	20	23	25	27
DN 40	18	22	25	27	29	17	21	24	26	28
DN 50	19	23	26	28	30	18	22	25	27	30
DN 70	20	24	27	30	32	19	23	26	29	31
DN 80	20	25	28	30	33	19	24	27	29	32
DN 100	21	25	29	32	34	20	24	28	30	33
DN 125	21	26	30	32	35	20	25	28	31	34
DN 150	21	26	30	33	36	20	25	29	32	34
DN 200	22	27	31	34	37	21	26	30	33	36
DN 250	22	27	32	35	38	21	26	30	34	37
DN 300	23	28	32	35	38	21	27	31	34	37
DN 350	23	28	32	36	39	22	27	31	35	38
DN 400	23	28	33	36	39	22	27	31	35	38
DN 450	23	28	33	37	40	22	27	31	35	38

注：保温材料层的平均使用温度 $t_{mw} = \frac{t_{ge}+t_{he}}{2} - 20$；$t_{ge}$、$t_{he}$ 分别为采暖期室外平均温度下，热网供回水平均温度（℃）。

表 G.0.2-2 聚氨酯硬质泡沫保温材料的管道最小保温层厚度（mm）

气候分区	严寒(C)区 $t_{mw}=43.8℃$					寒冷(A)区或寒冷(B)区 $t_{mw}=48.4℃$				
公称直径	热价20元/GJ	热价30元/GJ	热价40元/GJ	热价50元/GJ	热价60元/GJ	热价20元/GJ	热价30元/GJ	热价40元/GJ	热价50元/GJ	热价60元/GJ
DN 25	15	19	21	23	25	15	18	20	22	24
DN 32	16	19	22	24	26	15	18	21	23	25
DN 40	16	20	22	25	26	16	19	22	24	26
DN 50	17	21	23	25	28	16	20	23	25	27
DN 70	18	21	24	27	29	17	20	24	26	28
DN 80	18	22	25	27	30	17	21	24	27	29
DN 100	19	23	26	28	31	18	22	25	27	30
DN 125	19	23	26	29	32	18	22	25	28	31
DN 150	19	24	27	30	32	19	23	26	29	31
DN 200	20	24	28	31	34	19	24	27	30	32
DN 250	20	25	28	31	34	19	24	27	30	33
DN 300	20	25	29	32	35	19	24	28	31	34
DN 350	20	25	29	32	35	19	24	28	31	34
DN 400	20	25	29	33	36	19	24	28	31	34
DN 450	20	25	29	33	36	20	24	28	31	34

注：保温材料层的平均使用温度 $t_{mw} = \frac{t_{ge}+t_{he}}{2} - 20$；$t_{ge}$、$t_{he}$ 分别为采暖期室外平均温度下，热网供回水平均温度（℃）。

本标准用词说明

1 为便于在执行本标准条文时区别对待，对要求严格程度不同的用词说明如下：
   1）表示很严格，非这样做不可的：
      正面词采用"必须"，反面词采用"严禁"；
   2）表示严格，在正常情况下均应这样做的：
      正面词采用"应"，反面词采用"不应"或"不得"；
   3）表示允许稍有选择，在条件许可时首先应这样做的：
      正面词采用"宜"，反面词采用"不宜"；
   4）表示有选择，在一定条件下可以这样做的，采用"可"。

2 条文中指明应按其他有关标准执行的写法为："应符合……的规定"或"应按……执行"。

引用标准名录

1 《公共建筑节能设计标准》GB 50189
2 《建筑外门窗气密、水密、抗风压性能分级及检测方法》GB/T 7106
3 《设备及管道绝热设计导则》GB/T 8175
4 《房间空气调节器能效限定值及能源效率等级》GB 12021.3
5 《多联式空调（热泵）机组能效限定值及能源效率等级》GB 21454
6 《转速可控型房间空气调节器能效限定值及能源效率等级》GB 21455

中华人民共和国行业标准

严寒和寒冷地区居住建筑节能设计标准

JGJ 26—2010

条 文 说 明

修 订 说 明

《严寒和寒冷地区居住建筑节能设计标准》JGJ 26-2010 经住房和城乡建设部 2010 年 3 月 18 日以第 522 号公告批准发布。

本标准是在《民用建筑节能设计标准（采暖居住建筑部分）》JGJ 26-95 的基础上修订而成，上一版的主编单位是中国建筑科学研究院，参编单位是中国建筑技术研究院、北京市建筑设计研究院、哈尔滨建筑大学、辽宁省建筑材料科学研究所，主要起草人员是杨善勤、郎四维、李惠茹、朱文鹏、许文发、朱盈豹、欧阳坤泽、黄鑫、谢守穆。本次修订的主要技术内容是：1."严寒和寒冷地区气候子区及室内热环境计算参数"按采暖度日数细分了我国北方地区的气候子区，规定了冬季采暖计算温度和计算换气次数。2."建筑与围护结构热工设计"规定了体形系数和窗墙面积比限值，并按新分的气候子区规定了围护结构热工参数限值；规定了围护结构热工性能的权衡判断的方法和要求；采用稳态计算方法，给出该地区居住建筑的采暖耗热量指标。3."采暖、通风和空气调节节能设计"提出对热源、热力站及热力网、采暖系统、通风与空气调节系统设计的基本规定，并与当前我国北方城市的供热改革相结合，提供相应的指导原则和技术措施。

为便于广大设计、施工、科研、学校等单位有关人员在使用本标准时能正确理解和执行条文规定，《严寒和寒冷地区居住建筑节能设计标准》编制组按章、节、条顺序编制了本标准的条文说明，对条文规定的目的、依据以及执行中需注意的有关事项进行了说明，还着重对强制性条文的强制性理由作了解释。但是，本条文说明不具备与标准正文同等的法律效力，仅供使用者作为理解和把握标准规定的参考。

目 次

1 总则 ………………………………… 50—42
2 术语和符号 ………………………… 50—43
  2.1 术语 …………………………… 50—43
3 严寒和寒冷地区气候子区与室内
  热环境计算参数 …………………… 50—43
4 建筑与围护结构热工设计 ………… 50—44
  4.1 一般规定 ……………………… 50—44
  4.2 围护结构热工设计 …………… 50—45
  4.3 围护结构热工性能的权衡判断 … 50—48
5 采暖、通风和空气调节
  节能设计 …………………………… 50—49
  5.1 一般规定 ……………………… 50—49
  5.2 热源、热力站及热力网 ……… 50—50
  5.3 采暖系统 ……………………… 50—55
  5.4 通风和空气调节系统 ………… 50—58
附录 B 平均传热系数和热桥线
  传热系数计算 ……………………… 50—60
附录 D 外遮阳系数的简化计算 ……… 50—61

1 总　则

1.0.1 节约能源是我国的基本国策，是建设节约型社会的根本要求。我国国民经济和社会发展第十一个五年规划规定，2010年单位国内生产总值能源消耗要比2005年降低20%左右，这是一个约束性的、必须实现的指标，任务相当艰巨。我国建筑用能已达到全国能源消费总量的1/4左右，并将随着人民生活水平的提高逐步增加。居住建筑用能数量巨大，并且具有很大的节能潜力。因此，抓紧居住建筑节能已是当务之急。根据形势发展的迫切需要，将1995年发布的行业标准《民用建筑节能设计标准（采暖居住建筑部分）》JGJ 26-95进行修订补充，提高节能目标，并更名为《严寒和寒冷地区居住建筑节能设计标准》。认真实施修改补充后的标准，必将有利于改善我国北方严寒和寒冷地区居住建筑的室内热环境，进一步提高采暖系统的能源利用效率，降低居住建筑的能源消耗，为实现国家节约能源和保护环境的战略，贯彻有关政策和法规作出重要贡献。

1.0.2 2007年末，我国严寒和寒冷地区城市实有住宅建筑面积共51.2亿m^2，规模十分巨大，而且每年新增的住宅建筑数量仍相当可观。现在我国人均国内生产总值已超过2000美元，正是人民生活消费加快升级的阶段，广大居民对居住热环境的要求日益提高，采暖和空调的使用越来越普遍。因此新建的居住建筑必须严格执行建筑节能设计标准，这样才能在满足人民生活水平提高的同时，减轻建筑耗能对国家的能源供应的压力。

当其他类型的既有建筑改建为居住建筑时，以及原有的居住建筑进行扩建时，都应该按照本标准的要求采取节能措施，必须符合本标准的各项规定。

本标准适用于各类居住建筑，其中包括住宅、集体宿舍、住宅式公寓、商住楼的住宅部分、托儿所、幼儿园等；采暖能源种类包括煤、电、油、气或可再生能源，系统则包括集中或分散方式供热。

近年来，为了落实既定的建筑节能目标，很多地方都开始了成规模的既有居住建筑节能改造。由于既有居住建筑的节能改造在经济和技术两个方面与新建居住建筑有很大的不同，因此，本标准并不涵盖既有居住建筑的节能改造。

1.0.3 各类居住建筑的节能设计，必须根据当地具体的气候条件，首先要降低建筑围护结构的传热损失，提高采暖、通风和照明系统的能源利用效率，达到节约能源的目的，同时也要考虑到不同地区的经济、技术和建筑结构与构造的实际情况。

居住建筑的能耗系指建筑使用过程中的能耗，主要包括采暖、空调、通风、热水供应、照明、炊事、家用电器、电梯等的能耗。对于地处严寒和寒冷地区的居住建筑，采暖能耗是建筑能耗的主体，尽管寒冷地区一些城市夏季也有空调降温需求，但是，对于有三四个月连续采暖的需求来说，仍然是采暖能耗占主导地位。因此，围护结构的热工性能主要从保温出发考虑。本条文只指出将建筑物耗热量指标控制在规定的范围内，至于空调节能内容，在第5章有所反映。

此外，在居住建筑的能源消耗中，照明能耗也占一定比例。对于照明节能，在《建筑照明设计标准》GB 50034-2004中已另有规定。

我国北方城市建筑供热在二三十年前还是以烧火炉采暖为主，一些城市的集中供热也是以小型锅炉供热为主，而现在已逐步转变为以集中供热为主，区域供热已经有了很大的发展。1996年全国各城市集中供热面积共计只有7.3亿m^2，到2005年各地区城市集中供热面积已达25.2亿m^2，采用不同燃料的分散锅炉供热也迅速增加。1997年城镇居民家庭平均每百户空调器拥有量北京为27.20台，到2005年已迅速增加到146.47台。由此可以看出，采暖和空调的日益普及，更要求建筑节能工作必须迅速跟上。由于居住建筑的照明往往由住户自行安排，难以由设计标准控制，只能通过宣传引导使居住者自觉采用节能灯具，因此，本标准未包括照明节能内容。

为了合理设定节能目标的基准值，并便于衔接与对比，本标准提出的节能目标的基准仍基本上沿用《民用建筑节能设计标准（采暖居住建筑部分）》JGJ 26-95的规定。即严寒地区和寒冷地区的建筑，以各地1980—1981年住宅通用设计、4个单元6层楼、体形系数为0.30左右的建筑物的耗热量指标计算值，经线性处理后的数据作为基准能耗。在此能耗值的基础上，本标准将居住建筑的采暖能耗降低65%左右作为节能目标，再按此目标对建筑、热工、采暖设计提出节能措施要求。

当然，这种全年采暖能耗计算，只可能采用典型建筑按典型模式运算，而实际建筑是多种多样、十分复杂的，运行情况也是千差万别。因此，在做节能设计时按照本标准的规定去做就可以满足要求，没有必要再花时间去计算分析所设计建筑物的节能率。

本标准的实施，既可节约采暖用能，又有利于提高建筑热舒适性，改善人们的居住环境。

1.0.4 本标准对居住建筑的建筑、围护结构以及采暖、通风设计中应该控制的、与能耗有关的指标和应采取的节能措施作出了规定。但居住建筑节能涉及的专业较多，相关专业均制定有相应的标准。因此，在进行居住建筑节能设计时，除应符合本标准外，尚应符合国家现行有关标准的规定。

2 术语和符号

2.1 术 语

2.1.1 本标准的采暖度日数以 18℃ 为基准，用符号 $HDD18$ 表示。某地采暖度日数的大小反映了该地寒冷的程度。

2.1.2 本标准的空调度日数以 26℃ 为基准，用符号 $CDD26$ 表示。某地空调度日数的大小反映了该地热的程度。

2.1.3 计算采暖期天数是根据当地多年的平均气象条件计算出来的，仅供建筑节能设计计算时使用。当地的法定采暖日期是根据当地的气象条件从行政的角度确定的。两者有一定的联系，但计算采暖期天数和当地法定的采暖天数不一定相等。

2.1.9 建筑围护结构的传热主要是由室内外温差引起的，但同时还受到太阳辐射、天空辐射以及地面和其他建筑反射辐射的影响，其中太阳辐射的影响最大。天空辐射、地面和其他建筑的反射辐射在此未予考虑。围护结构传热量因受太阳辐射影响而改变，改变后的传热量与未受太阳辐射影响原有传热量的比值，定义为围护结构传热系数的修正系数（ε_i）。

3 严寒和寒冷地区气候子区与室内热环境计算参数

3.0.1 将严寒和寒冷地区进一步细分成 5 个子区，目的是使得依此而提出的建筑围护结构热工性能要求更合理一些。我国地域辽阔，一个气候区的面积就可能相当于欧洲几个国家，区内的冷暖程度相差也比较大，客观上有必要进一步细分。

衡量一个地方的寒冷的程度可以用不同的指标。从人的主观感觉出发，一年中最冷月的平均温度比较直接地反映了当地的寒冷的程度，以前的几本相关标准用的基本上都是温度指标。但是本标准的着眼点在于控制采暖的能耗，而采暖的需求除了温度的高低这个因素外，还与低温持续的时间长短有着密切的关系。比如说，甲地最冷月平均温度比乙地低，但乙地冷的时间比甲地长，这样两地采暖需求的热量可能相同。划分气候分区的最主要目的是针对各个分区提出不同的建筑围护结构热工性能要求。由于上述甲乙两地采暖需求的热量相同，将两地划入一个分区比较合理。采暖度日数指标包含了冷的程度和持续冷的时间长度两个因素，用它作为分区指标可能更反映采暖需求的大小。对上述甲乙两地的情况，如用最冷月的平均温度作为分区指标容易将两地分入不同的分区，而用采暖度日数作为分区指标则更可能分入同一个分区。因此，本标准用采暖度日数（$HDD18$）结合空调度日数（$CCD26$）作为气候分区的指标更为科学。

欧洲和北美大部分国家的建筑节能规范都是依据采暖度日数作为分区指标的。

本标准寒冷地区的（$HDD18$）取值范围是 2000~3800，严寒地区（$HDD18$）取值范围分三段，C 区 3800~5000，B 区 5000~6000，A 区大于 6000。从上述这 4 段分区范围看，严寒 C 区和 B 区分得比较细，这其中的原因主要有两个：一是严寒地区居住建筑的采暖能耗比较大，需要严格地控制；二是处于严寒 C 区和 B 区的城市比较多。至于严寒 A 区的（$HDD18$）跨度大，是因为处于严寒 A 区的城市比较少，而且最大的（$HDD18$）也不超过 8000，没必要再细分了。

采用新的气候分区指标并进一步细分气候子区在使用上不会给设计者新增任何麻烦。因为一栋具体的建筑总是坐落在一个地方，这个地方一定只属于一个气候子区，本标准对一个气候子区提供一张建筑围护结构热工性能表格，换言之每一栋具体的建筑，在设计或审查过程中，只要查一张表格即可。

如何确定表 3.0.1 中各气候子区（$HDD18$）的取值范围，只能是相对合理。无论如何取值，总有一些城市靠近相邻分区的边界，如将分界的（$HDD18$）值一调整，这些城市就会被划入另一个分区，这种现象也是不可避免的。有时候这种情况的存在会带来一些行政管理上的麻烦，例如有一些省份由于一两个这样的城市的存在，建筑节能工作的管理中就多出了一个气候区，对这样的情况可以在地方性的技术和管理文件中作一些特殊的规定。

本标准采暖度日数（$HDD18$）计算步骤如下：

1 计算近 10 年每年 365 天的日平均温度。日平均温度取气象台站每天 4 次的实测值的平均值。

2 逐年计算采暖度日数。当某天的日平均温度低于 18℃ 时，用该日平均温度与 18℃ 的差值乘以 1 天，并将此乘积累加，得到一年的采暖度日数（$HDD18$）。

3 以上述 10 年采暖度日数（$HDD18$）的平均值为基础，计算得到该城市的采暖度日数（$HDD18$）值。

本标准空调度日数（$CDD26$）计算步骤如下：

1 计算近 10 年每年 365 天的日平均温度。日平均温度取气象台站每天 4 次的实测值的平均值。

2 逐年计算空调度日数。当某天的日平均温度高于 26℃ 时，用该日平均温度与 26℃ 的差值乘以 1 天，并将此乘积累加，得到一年的空调度日数（$CDD26$）。

3 以上述 10 年空调度日数（$CDD26$）的平均值为基础，计算得到该城市的空调度日数（$CDD26$）值。

目前，我国大部分气象台站提供每日 4 次的温度实测值，少量气象台站逐时记录温度变化。本标准作过比对，气象台站每天4次的实测值的平均值与每天24次的实测值的平均值之间差异不大，因此采用每天4次的实测值的平均值作为日平均气温。

3.0.2 室内热环境质量的指标体系包括温度、湿度、风速、壁面温度等多项指标。本标准只提了温度指标和换气次数指标，原因是考虑到一般住宅极少配备集中空调系统，湿度、风速等参数实际上无法控制。另一方面，在室内热环境的诸多指标中，对人体的舒适以及对采暖能耗影响最大的也是温度指标，换气指标则是从人体卫生角度考虑的一项必不可少的指标。

冬季室温控制在18℃，基本达到了热舒适的水平。

本条文规定的18℃只是一个计算能耗时所采用的室内温度，并不等于实际的室温。在严寒和寒冷地区，对一栋特定的居住建筑，实际的室温主要受室外温度的变化和采暖系统的运行状况的影响。

换气次数是室内热环境的另外一个重要的设计指标。冬季室外的新鲜空气进入室内，一方面有利于确保室内的卫生条件，另一方面又要消耗大量的能量，因此要确定一个合理的换气次数。

本条文规定的换气次数也只是一个计算能耗时所采用的换气次数数值，并不等于实际的换气次数。实际的换气量是由住户自己控制的。在北方地区，由于冬季室内外温差很大，居民很注意窗户的密闭性，很少长时间开窗通风。

4 建筑与围护结构热工设计

4.1 一般规定

4.1.1 建筑群的布置和建筑物的平面设计合理与否与建筑节能关系密切。建筑节能设计首先应从总体布置及单体设计开始，应考虑如何在冬季最大限度地利用自然能来取暖，多获得热量和减少热损失，以达到节能的目的。具体来说，就是要在冬季充分利用日照，朝向上应尽量避开当地冬季主导风向。

4.1.2 太阳辐射得热对建筑能耗的影响很大，冬季太阳辐射得热可降低采暖负荷。由于太阳高度角和方位角的变化规律，南北朝向的建筑冬季可以增加太阳辐射得热。计算证明，建筑物的主体朝向如果由南北改为东西向，耗热量指标明显增大。从本标准表E.0.2围护结构传热系数的修正系数ε值可见，南向外墙的ε值，远低于其他朝向。根据严寒和寒冷各地区夏季的最多频率风向，建筑物的主体朝向为南北向，也有利于自然通风。因此南北朝向是最有利的建筑朝向。但由于建筑物的朝向还要受到许多其他因素的制约，不可能都做到南北朝向，所以本条用了"宜"字。

各地区特别是严寒地区，外墙的传热耗热量占围护结构耗热量的28%以上，外墙面越多则耗热量越大，越容易产生结露、长毛的现象。如果一个房间有三面外墙，其散热面过多，能耗过大，对建筑节能极为不利。当一个房间有两面外墙时，例如靠山墙拐角的房间，不宜在两面外墙上均开设外窗，以避免增强冷空气的渗透，增大采暖耗热量。

4.1.3 本条文是强制性条文。

建筑物体形系数是指建筑物的外表面积和外表面积所包围的体积之比。

建筑物的平、立面不应出现过多的凹凸，体形系数的大小对建筑能耗的影响非常显著。体形系数越小，单位建筑面积对应的外表面积越小，外围护结构的传热损失越小。从降低建筑能耗的角度出发，应该将体形系数控制在一个较小的水平上。

但是，体形系数不只是影响外围护结构的传热损失，它还与建筑造型、平面布局、采光通风等紧密相关。体形系数过小，将制约建筑师的创造性，造成建筑造型呆板，平面布局困难，甚至损害建筑功能。因此，如何合理确定建筑形状，必须考虑本地区气候条件、冬、夏季太阳辐射强度、风环境、围护结构构造等各方面因素。应权衡利弊，兼顾不同类型的建筑造型，尽可能地减少房间的外围护面积，使体形不要太复杂，凹凸面不要过多，以达到节能的目的。

表4.1.3中的建筑层数分为四类，是根据目前大量新建居住建筑的种类来划分的。如（1~3）层多为别墅、托幼、疗养院，（4~8）层的多为大量建造的住宅，其中6层板式楼最常见，（9~13）层多为高层板楼，14层以上多为高层塔楼。考虑到这四类建筑本身固有的特点，即低层建筑的体形系数较大，高层建筑的体形系数较小，因此，在体形系数的限值上有所区别。这样的分层方法与现行《民用建筑设计通则》GB 50352-2005有所不同。在《民用建筑设计通则》中，（1~3）为低层，（4~6）为多层，（7~9）为中高层，10层及10层以上为高层。之所以不同是由于两者考虑如何分层的依据不同，节能标准主要考虑体形系数的变化，《民用建筑设计通则》则主要考虑建筑使用的要求和防火的要求，例如6层以上的建筑需要配置电梯，高层建筑的防火要求更严等。从使用的角度讲，本标准的分层与《民用建筑设计通则》的分层不同并不会给设计人员带来任何新增的麻烦。

体形系数对建筑能耗影响较大，依据严寒地区的气象条件，在0.3的基础上每增加0.01，能耗约增加2.4%~2.8%；每减少0.01，能耗约减少2.3%~3%。严寒地区如果将体形系数放宽，为了控制建筑物耗热量指标，围护结构传热系数限值将会变得很小，使得围护结构传热系数限值在现有的技术条件下实现有难度，同时投入的成本太大。本标准适当地将低层建筑的体形系数放大到0.50左右，将大量建造的6（4～8）层建筑的体形系数控制在0.30左右，有利于控制居住建筑的总体能耗。同时经测算，建筑设计也能够做到。高层建筑的体形系数一般在0.23左右。为了给建筑师更大的设计灵活空间，将严寒地区体形系数限值控制在0.25（≥14层）。寒冷地区体形系数控制适当放宽。

本条文是强制性条文，一般情况下对体形系数的要求是必须满足的。一旦所设计的建筑超过规定的体形系数时，则要求提高建筑围护结构的保温性能，并按照本章第4.3节的规定进行围护结构热工性能的权衡判断，审查建筑物的采暖能耗是否能控制在规定的范围内。

4.1.4 本条文是强制性条文。

窗墙面积比既是影响建筑能耗的重要因素，也受建筑日照、采光、自然通风等满足室内环境要求的制约。一般普通窗户（包括阳台的透明部分）的保温性能比外墙差很多，而且窗的四周与墙相交之处也容易出现热桥，窗越大，温差传热量也越大。因此，从降低建筑能耗的角度出发，必须合理地限制窗墙面积比。

不同朝向的开窗面积，对于上述因素的影响有较大差异。综合利弊，本标准按照不同朝向，提出了窗墙面积比的指标。北向取值较小，主要是考虑居室设在北向时减小其采暖热负荷的需要。东、西向的取值，主要考虑夏季防晒和冬季防冷风渗透的影响。在严寒和寒冷地区，当外窗K值降低到一定程度时，冬季可以获得从南向外窗进入的太阳辐射热，有利于节能，因此南向窗墙面积比较大。由于目前住宅客厅的窗有越开越大的趋势，为减少窗的耗热量，保证节能效果，应降低窗的传热系数，目前的窗框和玻璃技术也能够实现。因此，将南向窗墙面积比严寒地区放大至0.45，寒冷地区放大至0.5。

在严寒地区，南偏东30°～南偏西30°为最佳朝向，因此建筑各朝向偏差在30°以内时，按相应朝向处理；超过30°时，按不利朝向处理。比如：南偏东20°时，则认为是南向；南偏东30°时，则认为是东向。

本标准中的窗墙面积比按开间计算。之所以这样做主要有两个理由：一是窗的传热损失总是比较大的，需要严格控制；二是建筑节能施工图审查比较方便，只需要审查最可能超标的开间即可。

本条文是强制性条文，一般情况下对窗墙面积比的要求是必须满足的。一旦所设计的建筑超过规定的窗墙面积比时，则要求提高建筑围护结构的保温隔热性能（如选择保温性能好的窗框和玻璃，以降低窗的传热系数，加厚外墙的保温层厚度以降低外墙的传热系数等），并按照本章第4.3节的规定进行围护结构热工性能的权衡判断，审查建筑物耗热量指标是否能控制在规定的范围内。

一般而言，窗户越大可开启的窗缝越长，窗缝通常都是容易热散失的部位，而且窗户的使用时间越长，缝隙的渗漏也越厉害。再者，夏天透过玻璃进入室内的太阳辐射热是造成房间过热的一个重要原因。这两个因素在本章第4.3节规定的围护结构热工性能的权衡判断中都不能反映。因此，即使是采用权衡判断，窗墙面积比也应该有所限制。从节能和室内环境舒适的双重角度考虑，居住建筑都不应该过分地追求所谓的通透。

4.1.5 严寒和寒冷地区冬季室内外温差大，楼梯间、外走廊如果敞开肯定会增强楼梯间、外走廊隔墙和户门的散热，造成不必要的能耗，因此需要封闭。

从理论上讲，如果楼梯间的外表面（包括墙、窗、门）的保温性能和密闭性能与居室的外表面一样好，那么楼梯间不需要采暖，这是最节能的。

但是，严寒地区（A）区冬季气候异常寒冷，该地区的居住建筑楼梯间习惯上是设置采暖的。严寒地区（B）区冬季气候也非常寒冷，该地区的有些城市的居住建筑楼梯间习惯上设置采暖，有些城市的居住建筑楼梯间习惯上不设置采暖。本标准尊重各地的习惯。设置采暖的楼梯间采暖设计温度应该低一些，楼梯间的外墙和外窗的保温性能对保持楼梯间的温度和降低楼梯间采暖能耗很重要，考虑到设计和施工上的方便，一般就按居室的外墙和外窗同样处理。

4.2 围护结构热工设计

4.2.1 采用采暖度日数（$HDD18$）作为我国严寒和寒冷地区气候分区指标的理由已经在第3.0.1条的条文说明中陈述，空调度日数（$CDD26$）只是作为寒冷地区细分子区的辅助指标。附录A中一共列出了211个城市，尚不够全，各地在编制地方标准中，可以依据当地的气象数据，用本标准规定的方法计算统计出当地一些城市的采暖度日数和空调度日数，并根据这些度日数确定这些城市的气候分区区属。

4.2.2 本条文是强制性条文。

建筑围护结构热工性能直接影响居住建筑采暖和空调的负荷与能耗，必须予以严格控制。由于我国幅员辽阔，各地气候差异很大。为了使建筑物适应各地不同的气候条件，满足节能要求，应根据建筑物所处的建筑气候分区，确定建筑围护结构合理的热工性能参数。本标准按照5个子气候区，分别提出了建筑围护结构的传热系数限值以及外窗玻璃遮阳系数的限值。

确定建筑围护结构传热系数的限值时不仅应考虑节能率，而且也从工程实际的角度考虑了可行性、合理性。

严寒地区和寒冷地区的围护结构传热系数限值，是通过对气候子区的能耗分析和考虑现阶段技术成熟程度而确定的。根据各个气候区节能的难易程度，确定了不同的传热系数限值。我国严寒地区，在第二步节能时围护结构保温层厚度已经达到（6～10）cm厚，再单纯靠通过加厚保温层厚度，获得的节能收益已经很小。因此需通过提高采暖管网输送热效率和提高锅炉运行效率来减轻对围护结构的压力。理论分析表明，达到同样的节能效果，锅炉效率每增加1%，则建筑物的耗热量指标可降低要求1.5%左右，室外管网输送热效率每增加1%，则建筑物的耗热量指标可降低要求1.0%左右，并且当锅炉效率和室外管网输送热效率都提高时，总能耗的降低和锅炉效率、室外管网输送热效率的提高呈线性关系。考虑到各地节能建筑的节能潜力和我国的围护结构保温技术的成熟程度，为避免各地采用统一的节能比例的做法，而采取同一气候子区，采用相同的围护结构限值的做法。对处于严寒和寒冷气候区的50个城市的多层建筑的建筑物耗热量指标的分析结果表明，采用的管网输送热效率为92%，锅炉平均运行效率为70%时，平均节能率约为65%左右。此时，最冷的海拉尔的节能率为58%，伊春的节能率为61%。这对于经济不发达且到目前建筑节能刚刚起步的这些地区来讲，该指标是合适的。

为解决以往节能标准中高层和中高层居住建筑容易达到节能标准要求，而低层居住建筑难于达到节能标准要求的状况，分析中将建筑物分别按照≤3层建筑、（4～8）层的建筑、（9～13）层的建筑和≥14层建筑进行建筑物耗热量指标计算，分析中所采用的典型建筑条件见表1及表2。由于本标准室内计算温度与原标准JGJ 26-95有所不同，在本标准分析中，已经将原标准规定的1980～1981年通用建筑的耗热量指标按照下式进行了折算。

$$q'_{H1} = (q_{H1} + 3.8) \frac{t'_i - t_e}{t_i - t_e} - 3.8 \quad (1)$$

表1　体形系数

地区类别	建筑层数			
	3层	6层	11层	14层
严寒地区	0.41	0.32	0.28	0.23
寒冷地区	0.41	0.32	0.28	0.23

表2　窗墙面积比

地区类别		建筑层数			
		3层	6层	11层	14层
严寒地区	南	0.40	0.30～0.40	0.35～0.40	0.35～0.40
	东西	0.03	0.05	0.05	0.25
	北	0.15	0.20～0.25	0.20～0.25	0.25～0.30
寒冷地区	南	0.40	0.45	0.45	0.40
	东西	0.03	0.06	0.06	0.30
	北	0.15	0.30～0.35	0.30～0.35	0.35

严寒和寒冷地区冬季室内外温差大，采暖期长，提高围护结构的保温性能对降低采暖能耗作用明显。

各个朝向窗墙面积比是指不同朝向外墙面上的窗、阳台门的透明部分的总面积与所在朝向外墙面的总面积（包括该朝向上的窗、阳台门的透明部分的总面积）之比。

窗墙面积比的确定要综合考虑多方面的因素，其中最主要的是不同地区冬、夏季日照情况（日照时间长短、太阳总辐射强度、阳光入射角大小），季风影响、室外空气温度、室内采光设计标准以及外窗开窗面积与建筑能耗等因素。一般普通窗户（包括阳台门的透明部分）的保温隔热性能比外墙差很多，而且窗和墙连接的周边又是保温的薄弱环节，窗面积比越大，采暖和空调能耗也越大。因此，从降低建筑能耗的角度出发，必须限制窗墙面积比。本条文规定的围护结构传热系数和遮阳系数限值表中，窗墙面积比越大，对窗的热工性能要求越高。

窗（包括阳台门的透明部分）对建筑能耗高低的影响主要有两个方面：一是窗的传热系数影响冬季采暖、夏季空调时的室内外温差传热；另外就是窗受太阳辐射影响而造成室内得热。冬季，通过窗进入室内的太阳辐射有利于建筑节能，因此，减小窗的传热系数抑制温差传热是降低窗热损失的主要途径之一；而夏季，通过窗口进入室内的太阳辐射热成为空调降温的负荷，因此，减少进入室内的太阳辐射热以及减少窗或透明幕墙的温差传热都是降低空调能耗的途径。

在严寒和寒冷地区，采暖期室内外温差传热的热量损失占主要地位。因此，对窗的传热系数的要求较高。

本标准对窗的传热系数要求与窗墙面积比的大小联系在一起，由于窗墙面积比是按开间计算的，一栋建筑肯定会出现若干个窗墙面积比，因此就会出现一栋建筑要求使用多种不同传热系数窗的情况。这种情况的出现在实际工程中处理起来并没有大的困难。为简单起见可以按最严的要求选用窗户产品，当然也可以按不同要求选用不同的窗产品。事实上，同样的玻璃，同样的框型材，由于窗框比的不同，整窗的传热系数本身就是不同的。另外，现在的玻璃选择也非常多，外观完全相同的窗，由于玻璃的不同，传热系数差别也可以很大。

与土壤接触的地面的内表面，由于受二维、三维传热的影响，冬季时比较容易出现温度较低的情况，一方面造成大量的热量损失，另一方面也不利于底层居民的健康，甚至发生地面结露现象，尤其是靠近外墙的周边地面更是如此。因此要特别注意这一部分围护结构的保温、防潮。

在严寒地区周边地面一定要增设保温材料层。在寒冷地区周边地面也应该增设保温材料层。

地下室虽然不作为正常的居住空间，但也常会有人的活动，也需要维持一定的温度。另外增强地下室的墙体保温，也有利于减小地面房间和地下室之间的传热，特别是提高一层地面与墙角交接部位的表面温度，避免墙角结露。因此本条文也规定了地下室与土壤接触的墙体要设置保温层。

本标准中表4.2.2-1～表4.2.2-5中周边地面和地下室墙面的保温层热阻要求，大致相当于(2～6)cm厚的挤压聚苯板的热阻。挤压聚苯板不吸水，抗压强度高，用在地下比较适宜。

4.2.4 居住建筑的南向房间大都是起居室、主卧室，常常开设比较大的窗户，夏季透过窗户进入室内的太阳辐射热构成了空调负荷的主要部分。在南窗的上部设置水平外遮阳，夏季可减少太阳辐射热进入室内，冬季由于太阳高度角比较小，对进入室内的太阳辐射影响不大。有条件最好在南窗设置卷帘式或百叶窗式的外遮阳。

东西窗也需要遮阳，但由于当太阳东升西落时其高度角比较低，设置在窗口上沿的水平遮阳几乎不起遮挡作用，宜设置展开或关闭后可以全部遮蔽窗户的活动式外遮阳。

冬夏两季透过窗户进入室内的太阳辐射对降低建筑能耗和保证室内环境的舒适性所起的作用是截然相反的。活动式外遮阳容易兼顾建筑冬夏两季对阳光的不同需求，所以设置活动式的外遮阳更加合理。窗外侧的卷帘、百叶窗等就属于"展开或关闭后可以全部遮蔽窗户的活动式外遮阳"，虽然造价比一般固定外遮阳（如窗口上部的外挑板等）高，但遮阳效果好，且能兼顾冬夏，应当鼓励使用。

4.2.5 从节能的角度出发，居住建筑不应设置凸窗，但节能并不是居住建筑设计所要考虑的唯一因素，因此本条文提"不宜设置凸窗"。设置凸窗时，凸窗的保温性能必须予以保证，否则不仅造成能源浪费，而且容易出现结露、淌水、长霉等问题，影响房间的正常使用。

严寒地区冬季室内外温差大，凸窗更加容易发生结露现象，寒冷地区北向的房间冬季凸窗也容易发生结露现象，因此本条文提"不应设置凸窗"。

4.2.6 本条文是强制性条文。

为了保证建筑节能，要求外窗具有良好的气密性能，以避免冬季室外空气过多地向室内渗漏。《建筑外门窗气密、水密、抗风压性能分级及检测方法》GB/T 7106—2008中规定在10Pa压差下，每小时每米缝隙的空气渗透量q_1和每小时每平方米面积的空气渗透量q_2作为外门窗的气密性分级指标。6级对应的性能指标是：$0.5m^3/(m \cdot h) < q_1 \leqslant 1.5m^3/(m \cdot h)$，$1.5m^3/(m^2 \cdot h) < q_2 \leqslant 4.5m^3/(m^2 \cdot h)$。4级对应的性能指标是：$2.0m^3/(m^2 \cdot h) < q_1 \leqslant 2.5m^3/(m^2 \cdot h)$，$6.0m^3/(m^2 \cdot h) < q_2 \leqslant 7.5m^3/(m^2 \cdot h)$。

4.2.7 由于气候寒冷的原因，在北方地区大部分阳台都是封闭式的。封闭式阳台和直接联通的房间之间理应有隔墙和门、窗。有些开发商为了增大房间的面积吸引购买者，常常省去了阳台和房间之间的隔断，这种做法不可取。一方面容易造成过大的采暖能耗，另一方面如若处理不当，房间可能达不到设计温度，阳台的顶板、窗台下部的栏板还可能结露。因此，本条文第1款规定，阳台和房间之间的隔墙不应省去。本条文第2款则规定，如果省去了阳台和房间之间的隔墙，则阳台的外表面就必须当作房间的外围护结构来对待。

北方地区，也常常有些封闭式阳台作为冬天的储物空间，本条文的第3款就是针对这种情况提出的要求。

朝南的封闭式阳台，冬季常常像一个阳光间，本条文的第4款就是针对这种情况提出的要求。在阳台的外表面保温，白天有阳光时，即使打开隔墙上的门窗，房间也不会多散失热量。晚间关上隔墙上的门窗，阳台上也不会发生结露。阳台外表面的窗墙面积比放宽到0.60，相当于考虑3m层高、1.8m窗高的情况。

4.2.8 随着外窗（门）本身保温性能的不断提高，窗（门）框与墙体之间的缝隙成了保温的一个薄弱环节，如果为图省事，在安装过程中就采用水泥砂浆填缝，这道缝隙很容易形成热桥，不仅大大抵消了窗（门）的良好保温性能，而且容易引起室内侧窗（门）周边结露，在严寒地区尤其要注意。

4.2.9 通常窗、门都安装在墙上洞口的中间位置，这样墙上洞口的侧面就被分成了室内和室外两部分，室外部分的侧墙面应进行保温处理，否则洞口侧面很容易形成热桥，不仅大大抵消门窗和外墙的良好保温性能，而且容易引起周边结露，在严寒地区尤其要注意。

4.2.10 居住建筑室内表面发生结露会给室内环境带来负面影响，给居住者的生活带来不便。如果长时间的结露则还会滋生霉菌，对居住者的健康造成有害的影响，是不允许的。

室内表面出现结露最直接的原因是表面温度低于室内空气的露点温度。

一般说来，居住建筑外围护结构的内表面大面积结露的可能性不大，结露大都出现在金属窗框、窗玻璃表面、墙角、墙面、屋面上可能出现热桥的位置附近。本条文规定在居住建筑节能设计过程中，应注意外墙与屋面可能出现热桥的部位的特殊保温措施，核算在设计条件下可能结露部位的内表面温度是否高于露点温度，防止在室内温、湿度设计条件下产生结露现象。

外墙的热桥主要出现在梁、柱、窗口周边、楼板和外墙的连接等处，屋顶的热桥主要出现在檐口、女儿墙和屋顶的连接等处，设计时要注意这些细节。

另一方面，热桥是出现高密度热流的部位，加强热桥部位的保温，可以减小采暖负荷。

值得指出的是，要彻底杜绝内表面的结露现象有时也是非常困难的。例如由于某种特殊的原因，房间内的相对湿度非常高，在这种情况下就很容易结露。本条文规定的是在"室内空气设计温、湿度条件下"不应出现结露。"室内空气温、湿度设计条件下"就是一般的正常情况，不包括室内特别潮湿的情况。

4.2.11 变形缝是保温的薄弱环节，加强对变形缝部位的保温处理，避免变形缝两侧墙出现结露问题，也减少通过变形缝的热损失。

变形缝的保温处理方式多种多样。例如在寒冷地区的某些城市，采取沿着变形缝填充一定深度的保温材料的措施，使变形缝形成一个与外部空气隔绝的密闭空腔。在严寒地区的某些城市，除了沿着变形缝填充一定深度的保温材料外，还采取将缝两侧的墙做内保温的措施。显然，后一种做法保温性能更好。

4.2.12 地下室或半地下室的外墙，虽然外侧有土壤的保护，不直接接触室外空气，但土壤不能完全代替保温层的作用，即使地下室或半地下室少有人活动，墙体也应采取良好的保温措施，使冬季地下室的温度不至于过低，同时也减少通过地下室顶板的传热。

在严寒和寒冷地区，即使没有地下室，如果能将外墙外侧的保温延伸到地坪以下，也会有利于减少周边地面以及地面以上几十厘米高的周边外墙（特别是墙角）热损失，提高内表面温度，避免结露。

4.3 围护结构热工性能的权衡判断

4.3.1 第 4.1.3 条和第 4.1.4 条对严寒和寒冷地区各子气候区的建筑的体形系数和窗墙面积比提出了明确的限值要求，第 4.2.2 条对建筑围护结构提出了明确的热工性能要求，如果这些要求全部得到满足，则可认定设计的建筑满足本标准的节能设计要求。但是，随着住宅的商品化，开发商和建筑师越来越关注居住建筑的个性化，有时会出现所设计建筑不能全部满足第 4.1.3 条、第 4.1.4 条和第 4.2.2 条要求的情况。在这种情况下，不能简单地判定该建筑不满足本标准的节能设计要求。因为第 4.2.2 条是对每一个部分分别提出热工性能要求，而实际上对建筑物采暖负荷的影响是所有建筑围护结构热工性能的综合结果。某一部分的热工性能差一些可以通过提高另一部分的热工性能弥补回来。例如某建筑的体形系数超过了第 4.1.3 条提出的限值，通过提高该建筑墙体和外窗的保温性能，完全有可能使传热损失仍旧得到很好的控制。为了尊重建筑师的创造性工作，同时又使所设计的建筑能够符合节能设计标准的要求，故引入建筑围护结构总体热工性能是否达到要求的权衡判断法。权衡判断法不拘泥于建筑围护结构各局部的热工性能，而是着眼于总体热工性能是否满足节能标准的要求。

严寒和寒冷地区夏季空调降温的需求相对很小，因此建筑围护结构的总体热工性能权衡判断以建筑物耗热量指标为判据。

4.3.2 附录 A 中表 A.0.1-2 的严寒和寒冷地区各城市的建筑物耗热量指标限值，是根据低层、多层、高层一些比较典型的建筑计算出来的，这些建筑的体形系数满足表 4.1.3 的要求，窗墙面积比满足表 4.1.4 的要求，围护结构热工性能参数满足第 4.2.2 条对应表中提出的要求，因此作为建筑围护结构的总体热工性能权衡判断的基准。

4.3.3 建筑物耗热量指标相当于一个"功率"，即为维持室内温度，单位建筑面积在单位时间内所需消耗的热量，将其乘上采暖的时间，就得到单位建筑面积需要供热系统提供的热量。严寒和寒冷地区的建筑物耗热量指标采用稳态传热的方法来计算。

4.3.4 在设计阶段，要控制建筑物耗热量指标，最主要的就是控制折合到单位建筑面积上单位时间内通过建筑围护结构的传热量。

4.3.5 外墙传热系数的修正系数主要是考虑太阳辐射对外墙传热的影响。

外墙设置了保温层之后，其主断面上的保温性能一般都很好，通过主断面流到室外的热量比较小，与此同时通过梁、柱、窗口周边的热桥流到室外的热量在总热量中的比例越来越大，因此一定要用外墙平均传热系数来计算通过墙的传热量。由于外墙上可能出现的热桥情况非常复杂，沿用以前标准的面积加权法不能准确地计算，因此在附录 B 中引入了一种基于二维传热的计算方法，这与现行 ISO 标准是一致的。

附录 B 中引入的基于二维传热的计算方法比以前标准规定的面积加权计算方法复杂得多，但这是为了提高居住建筑的节能设计水平不得不付出的一个代价。

对于严寒和寒冷地区居住建筑大量使用的外保温墙体，如果窗口等节点处理得比较合理，其热桥的影响可以控制在一个相对较小的范围。为了简化计算方便设计，针对外保温墙体附录 B 中也规定了修正系数，墙体的平均传热系数可以用主断面传热系数乘以修正系数来计算，避免复杂的线传热系数计算。

遇到楼梯间时，计算楼梯间的外墙传热，不再计算房间与楼梯间的隔墙传热。计算楼梯间外墙传热，从理论上讲室内温度应取采暖设计温度（采暖楼梯间）或楼梯间自然热平衡温度（非采暖楼梯间），比较复杂。为简化计算起见，统一规定为直接取 12℃。封闭外走廊也按此处理。

4.3.6 屋顶传热系数的修正系数主要是考虑太阳辐射对屋顶传热的影响。

与外墙相比，屋顶上出现热桥的可能性要小得多。因此，计算中屋顶的传热系数就采用屋顶主断面的传热系数。如果屋顶确实存在大量明显的热桥，应该用屋顶的平均传热系数代替屋顶的传热系数参与计算。附录 B 中的计算方法同样可以用于计算屋顶的平均传热系数。

4.3.7 由于土壤的巨大蓄热作用，地面的传热是一个很复杂的非稳态传热过程，而且具有很强的二维或三维（墙角部分）特性。式（4.3.7）中的地面传热系数实际上是一个当量传热系数，无法简单地通过地面的材料层构造计算确定，只能通过非稳态二维或三维传热计算程序确定。式（4.3.7）中的温差项（$t_n - t_e$）也是为了计算方便取的，并没有很强的物理意义。

在本标准中，地面当量传热系数是按如下方式计算确定的：按地面实际构造建立一个二维的计算模型，然后由一个二维非稳态程序计算若干年，直到地下温度分布呈现出以年为周期的变化，然后统计整个采暖期的地面传热量，这个传热量除以采暖期时间、地面面积和采暖期计算温差就得出地面当量传热系数。

附录 C 给出了几种常见地面构造的当量传热系数供设计人员选用。

对于楼层数大于 3 层的住宅，地面传热只占整个外围护结构传热的一小部分，计算可以不求那么准确。如果实际的地面构造在附录 C 中没有给出，可以选用附录 C 中某一个相接近构造的当量传热系数。

低层建筑地面传热占整个外围护结构传热的比重大一些，应计算准确。

4.3.8 外窗、外门的传热分成两部分来计算，前一部分是室内外温差引起的传热，后一部分是透过外窗、外门的透明部分进入室内的太阳辐射得热。

式（4.3.8）与以前标准的引进太阳辐射修正系数计算外门、窗的传热有很大的不同，比以前的计算要复杂很多。之所以引入复杂的计算，是因为这些年来玻璃工业取得了长足的发展，玻璃的种类非常多。透过玻璃的太阳辐射得热不一定与玻璃的传热系数密切相关，因此用传热系数乘以一个系数修正太阳辐射得热的影响误差比较大。引入分开计算室内外温差传热和透明部分的太阳辐射得热这种复杂的方法也是为了提高居住建筑的节能设计水平不得不付出的一个代价。

太阳辐射具有很强的昼夜和阴晴特性，晴天的白天透过南向窗户的太阳辐射的热量很大，阴天的白天这部分热量又很小，夜间则完全没有这部分热量。稳态计算是一种昼夜平均、阴晴平均的计算。当窗的传热系数比较小时，稳态计算就容易地得出南向窗是净得热构件的结论，就是说南向窗越大对节能越有利。但仔细分析，这个结论站不住脚。当晴天的白天透过南向窗户的太阳辐射的热量很大时，直接的结果是造成室温超过设计温度（采暖系统没有那么灵敏，迅速减少暖气片的热水流量），热量"浪费"了，并不能

蓄存下来补充阴天和夜晚的采暖需求。正是基于这个原因，在计算式（4.3.8-2）中引入了一个综合考虑阴晴以及玻璃污垢的折减系数。

对于标准尺寸（1500mm×1500mm 左右）的 PVC 塑钢窗或木窗，窗框比可取 0.30，太阳辐射修正系数 $C_{mci}=0.87×0.7×0.7×$ 玻璃的遮阳系数×外遮阳系数＝$0.43×$玻璃的遮阳系数×外遮阳系数。

对于标准尺寸（1500mm×1500mm 左右）的无外遮阳的铝合金窗，窗框比可取 0.20，太阳辐射修正系数 $C_{mci}=0.87×0.7×0.8×$ 玻璃的遮阳系数×外遮阳系数＝$0.49×$玻璃的遮阳系数×外遮阳系数。

3mm 普通玻璃的遮阳系数为 1.00，6mm 普通玻璃的遮阳系数为 0.93，3+6A+3 普通中空玻璃的遮阳系数为 0.90，6+6A+6 普通中空玻璃的遮阳系数为 0.83，各种镀膜玻璃的遮阳系数可从产品说明书上获取。

外遮阳的遮阳系数按附录 D 确定。

无透明部分的外门太阳辐射修正系数 C_{mci} 取值 0。

凸窗的上下、左右边窗或边板的传热量也在此处计算，为简便起见，可以忽略太阳辐射的影响，即对边窗忽略太阳透射得热，对边板不再考虑太阳辐射的修正，仅计算温差传热。

4.3.9 通过非采暖封闭阳台的传热分成两部分来计算，前一部分是室内外温差引起的传热，后一部分是透过两层外窗（门）的透明部分进入室内的太阳辐射得热。

温差传热部分的计算引入了一个温差修正系数，这是因为非采暖封闭阳台实际上起到了室内外温差缓冲的作用。

太阳辐射得热要考虑两层窗的衰减，其中内侧窗（即分隔封闭阳台和室内的那层窗或玻璃门）的衰减还必须考虑封闭阳台顶板的作用。封闭阳台顶板可以看作水平遮阳板，其遮阳作用可以依据附录 D 计算。

4.3.10 式（4.3.10）计算室内外空气交换引起的热损失。空气密度可以按照下式计算：

$$\rho = \frac{1.293 \times 273}{t_e + 273} = \frac{353}{t_e + 273} (kg/m^3) \qquad (2)$$

5 采暖、通风和空气调节节能设计

5.1 一般规定

5.1.1 本条文是强制性条文。

根据《采暖通风与空气调节设计规范》GB 50019－2003 第 6.2.1 条（强制性条文）："除方案设计或初步设计阶段可使用冷负荷指标进行必要的估算之外，应对空气调节区进行逐项逐时的冷负荷计算"；和《公共建筑节能设计标准》GB 50189－2005 第 5.1.1 条（强制性条文）："施工图设计阶段，必须进行热负

荷和逐项逐时的冷负荷计算。"

在实际工程中，采暖或空调系统有时是按照"分区域"来设置的，在一个采暖或空调区域中可能存在多个房间，如果按照区域来计算，对于每个房间的热负荷或冷负荷仍然没有明确的数据。为了防止设计人员对"区域"的误解，这里强调的是对每一个房间进行计算而不是按照采暖或空调区域来计算。

5.1.2 严寒和寒冷地区的居住建筑，采暖设施是生活必须设施。寒冷（B）区的居住建筑夏天还需要空调降温，最常见的就是设置分体式房间空调器，因此设计时宜设置或预留设置空气调节设施的位置和条件。在我国西北地区，夏季干热，适合应用蒸发冷却降温方式，当然，条文中提及的空调设置和设施也包含这种方式。

5.1.3 随着经济发展，人民生活水平的不断提高，对空调、采暖的需求逐年上升。对于居住建筑设计时选择集中空调、采暖系统方式，还是分户空调、采暖方式，应根据当地能源、环保等因素，通过技术经济分析来确定。同时，还要考虑用户对设备及运行费用的承担能力。

5.1.4 居住建筑的供热采暖能耗占我国建筑能耗的主要部分。热源形式的选择会受到能源、环境、工程状况、使用时间及要求等多种因素影响和制约，为此必须客观全面地对热源方案进行分析比较后合理确定。有条件时，应积极利用太阳能、地热能等可再生能源。

5.1.5 居住建筑采用连续采暖能够提供一个较好的供热品质。同时，在采用了相关的控制措施（如散热器恒温阀、热力入口控制、供热量控制装置如气候补偿控制等）的条件下，连续采暖可以使得供热系统的热源参数、热媒流量等实现按需供应和分配，不需要采用间歇式供暖的热负荷附加，并可降低热源的装机容量，提高了热源效率，减少了能源的浪费。

对于居住区内的公共建筑，如果允许较长时间的间歇使用，在保证房间防冻的情况下，采用间歇采暖对于整个采暖季来说相当于降低了房间的平均采暖温度，有利于节能。但宜根据使用要求进行具体的分析确定。将公共建筑的系统与居住建筑分开，可便于系统的调节、管理及收费。

热水采暖系统对于热源设备具有良好的节能效益，在我国已经提倡了三十多年。因此，集中采暖系统，应优先发展和采用热水作为热媒，而不应以蒸汽等介质作为热媒。

5.1.6 本条文是强制性条文。

根据《住宅建筑规范》GB 50368-2005第8.3.5条（强制性条文）："除电力充足和供电政策支持外，严寒地区和寒冷地区的居住建筑内不应采用直接电热采暖。"

建设节约型社会已成为全社会的责任和行动，

高品位的电能直接转换为低品位的热能进行采暖，热效率低，是不合适的。同时，必须指出，"火电"并非清洁能源。在发电过程中，不仅对大气环境造成严重污染；而且，还产生大量温室气体（CO_2），对保护地球、抑制全球气候变暖非常不利。

严寒、寒冷地区全年有（4~6）个月采暖期，时间长，采暖能耗占有较高比例。近些年来由于采暖用电所占比例逐年上升，致使一些省市冬季尖峰负荷也迅速增长，电网运行困难，出现冬季电力紧缺。盲目推广没有蓄热配置的电锅炉，直接电热采暖，将进一步劣化电力负荷特性，影响民众日常用电。因此，应严格限制应用直接电热进行集中采暖的方式。

当然，作为自行配置采暖设施的居住建筑来说，并不限制居住者选择直接电热方式自行进行分散形式的采暖。

5.2 热源、热力站及热力网

5.2.1 建设部、国家发改委、财政部、人事部、民政部、劳动和社会保障部、国家税务总局、国家环境保护总局颁布的《关于进一步推进城镇供热体制改革的意见》（建城〔2005〕220号）中，在优化配置城镇供热资源方面提出"要坚持集中供热为主，多种方式互为补充，鼓励开发和利用地热、太阳能等可再生能源及清洁能源供热"的方针。集中采暖系统应采用热水作为热媒。当然，该条也包含当地没有设计直接电热采暖条件。

5.2.2 目前有些地区的很多城市都已做了集中供热规划设计，但限于经济条件，大部分规模较小，有不少小区暂时无网可入，只能先搞过渡性的锅炉房，因此提出该条文。

5.2.3 根据《民用建筑节能设计标准（采暖居住建筑部分）》JGJ 26-95中第5.1.2条：

1 根据燃煤锅炉单台容量越大效率越高的特点，为了提高热源效率，应尽量采用较大容量的锅炉；

2 考虑住宅采暖的安全性和可靠性，锅炉的设置台数应不少于2台，因此对于规模较小的居住区（设计供热负荷低于14MW），单台锅炉的容量可以适当降低。

5.2.4 本条文是强制性条文。

锅炉运行效率是以长期监测和记录的数据为基础，统计时期内全部瞬时效率的平均值。本标准中规定的锅炉运行效率是以整个采暖季作为统计时间的，它是反映各单位锅炉运行管理水平的重要指标。它既和锅炉及其辅机的状况有关，也和运行制度等因素有关。在《民用建筑节能设计标准》JGJ 26-95中规定锅炉运行效率为68%，实际上早在20世纪90年代我国有些单位锅炉房的锅炉运行效率就已经超过了73%。本标准在分析锅炉设计效率时，将运行效率取为70%。近些年我国锅炉设计制造水平有了很大的提高，锅炉房的设备配置也发生了很大的变化，已经为运行单位的管理水平的提高提供了基本条件，只要选择设计效率较高的锅炉，合理组织锅炉的运行，就可以使运行效率达到70%。本标准制定时，通过我国供暖负荷的变化规律及锅炉的特性分析，提出了锅炉设计效率达到70%时设计者所选用的锅炉的最低设计效率，最后根据目前国内企业生产的锅炉的设计效率确定表5.2.4的数据。

5.2.5 本条公式根据《民用建筑节能设计标准》JGJ 26-95第5.2.6条。热水管网热媒输送到各热用户的过程中需要减少下述损失：（1）管网向外散热造成散热损失；（2）管网上附件及设备漏水和用户放水而导致的补水耗热损失；（3）通过管网送到各热用户的热量由于网路失调而导致的各处室温不等造成的多余热损失。管网的输送效率是反映上述各个部分效率的综合指标。提高管网的输送效率，应从减少上述三方面损失入手。通过对多个供热小区的分析表明，采用本标准给出的保温层厚度，无论是地沟敷设还是直埋敷设，管网的保温效率是可以达到99%以上的。考虑到施工等因素，分析中将管网的保温效率取为98%。系统的补水，由两部分组成，一部分是设备的正常漏水，另一部分为系统失水。如果供暖系统中的阀门、水泵盘根、补偿器等，经常维修，且保证工作状态良好的话，测试结果证明，正常补水量可以控制在循环水量的0.5%。通过对北方6个代表城市的分析表明，正常补水耗热损失占输送热量的比例小于2%；各城市的供暖系统平衡效率达到95.3%~96%时，则管网的输送效率可以达到93%。考虑各地技术及管理上的差异，所以在计算锅炉房的总装机容量时，将室外管网的输送效率取为92%。

5.2.6 目前的锅炉产品和热源装置在控制方面已经有了较大的提高，对于低负荷的满足性能得到了改善，因此在有条件时尽量采用较大容量的锅炉有利于提高能效，同时，过多的锅炉台数会导致锅炉房面积加大、控制相对复杂和投资增加等问题，因此宜对设置台数进行一定的限制。

当多台锅炉联合运行时，为了提高单台锅炉的运行效率，其负荷率应有所限制，避免出现多台锅炉同时运行但负荷率都很低而导致效率较低的现象。因此，设计时应采取一定的控制措施，通过运行台数和容量的组合，在提高单台锅炉负荷率的原则下，确定合理的运行台数。

锅炉的经济运行负荷区通常为70%~100%；允许运行负荷区则为60%~70%和100%~105%。因此，本条根据习惯，规定单台锅炉的最低负荷为60%。对于燃煤锅炉来说，不论是多台锅炉联合运行还是只有单台锅炉运行，其负荷都不应低于额定负荷的60%。对于燃气锅炉，由于燃烧调节反应迅速，一般可以适当放宽。

5.2.7 燃气锅炉的效率与容量的关系不太大。关键是锅炉的配置、自动调节负荷的能力等。有时，性能好的小容量锅炉会比性能差的大容量锅炉效率更高。燃气锅炉房供热规模不宜太大，是为了在保持锅炉效率不降低的情况下，减少供热用户，缩短供热半径，有利于室外供热管道的水力平衡，减少由于水力失调形成的无效热损失，同时降低管道散热损失和水泵的输送能耗。

锅炉的台数不宜过多，只要具备较好满足整个冬季的变负荷调节能力即可。由于燃气锅炉在负荷率30%以上时，锅炉效率可接近额定效率，负荷调节能力较强，不需要采用很多台数来满足调节要求。锅炉台数过多，必然造成占用建筑面积过多，一次投资增大等问题。

首先，模块式组合锅炉燃烧器的调节方式均采用一段式启停控制，冬季变负荷调节只能依靠台数进行，为了尽量符合负荷变化曲线应采用合适的台数。台数过少易偏离负荷曲线，调节性能不好，8台模块式锅炉已可满足调节的需要。其次，模块式锅炉的燃烧器一般采用大气式燃烧，燃烧效率较低，比非模块式燃气锅炉效率低不少，对节能和环保均不利。另外，以楼栋为单位来设置模块式锅炉房时，因为没有室外供热管道，弥补了燃烧效率低的不足，从总体上提高了供热效率。反之则两种不利条件同时存在，对节能环保非常不利。因此模块式组合锅炉只适合小面积供热，供热面积很大时不应采用模块式组合锅炉，应采用其他高效锅炉。

5.2.8 低温供热时，如地面辐射采暖系统，回水温度低，热回收效率较高，技术经济很合理。散热器采暖系统回水温度虽然比地面辐射采暖系统高，但仍有热回收价值。

冷凝式锅炉价格高，对一次投资影响较大，但因热回收效果好，锅炉效率很高，有条件时应选用。

5.2.9 本条文是强制性条文。

2005年12月6日由建设部、发改委、财政部、人事部、民政部、劳动和社会保障部、国家税务总局、国家环境保护总局八部委发文《关于进一步推进城镇供热体制改革的意见》（建城［2005］220号），文件明确提出，"新建住宅和公共建筑必须安装楼前热计量表和散热器恒温控制阀，新建住宅同时还要具备分户热计量条件"。文件中楼前热表可以理解为是与供热单位进行热费结算的依据，楼内住户可以依据不同的方法（设备）进行室内参数（比如热量、温度）测量，然后，结合楼前热表的测量值对全楼的用热量进行住户间分摊。

行业标准《供热计量技术规程》JGJ 173-2009中第3.0.1条（强制性条文）："集中供热的新建建筑和既有建筑的节能改造必须安装热量计量装置"；第3.0.2条（强制性条文）："集中供热系统的热量结算

点必须安装热量表"。明确表明供热企业和终端用户间的热量结算，应以热量表作为结算依据。用于结算的热量表应符合相关国家产品标准，且计量检定证书应在检定的有效期内。

由于楼前热表为该楼所用热量的结算表，要求有较高的精度及可靠性，价格相应较高，可以按楼栋设置热量表，即每栋楼作为一个计量单元。对于建筑用途相同，建设年代相近，建筑形式、平面、构造等相同或相似，建筑物耗热量指标相近，户间热费分摊方式一致的小区（组团），也可以若干栋建筑，统一安装一个热量表。

有时，在管路走向设计时一栋楼会有 2 个以上入口，此时宜按 2 个以上热表的读数相加以代表整栋楼的耗热量。

对于既有居住建筑改造时，在不具备住户热费条件而只根据住户的面积进行整栋楼耗热量按户分摊时，每栋楼应设置各自的热量表。

5.2.10 户式燃气采暖炉包括热风炉和热水炉，已经在一定范围内应用于多层住宅和低层住宅采暖，在建筑围护结构热工性能较好（至少达到节能标准规定）和产品选用得当的条件下，也是一种可供选择的采暖方式。本条根据实际使用过程中的得失，从节能角度提出了对户式燃气采暖炉选用的原则要求。

对于户式供暖炉，在采暖负荷计算中，应该包括户间传热量，在此基础上可以再适当留有余量。但是若设备容量选择过大，会因为经常在部分负荷条件下运行而大幅度地降低热效率，并影响采暖舒适度。

另外，因燃气采暖炉大部分时间在部分负荷运行，如果单纯进行燃烧量调节而不相应改变燃烧空气量，会由于过剩空气系数增大使热效率下降。因此宜采用具有自动同时调节燃气量和燃烧空气量功能的产品。

为保证锅炉运行安全，要求户式供暖炉设置专用的进气及排气通道。

在目前的一些实际工程中，有些采用每户直接向大气排放废气的方式，不利于对建筑周围的环境保护；另外有一些建筑由于房间密闭，没有考虑专有进风通道，可能会导致由于进风不良引起的燃烧效率低下的问题；还有一些将户式燃气炉的排气直接排进厨房等的排风道中，不但存在一定的安全隐患，也直接影响到锅炉的效率。因此本条文提出对此要设置专有的进、排风道。但对于采用平衡式燃烧的户式锅炉，由于其方式的特殊性，只能采用分散就地进排风的方式。

5.2.11 根据《民用建筑节能设计标准（采暖居住建筑部分）》JGJ 26-95 第 5.2.1 条。本条强调，在设计采暖供热系统时，应详细进行热负荷的调查和计算，合理确定系统规模和供热半径，主要目的是避免出现"大马拉小车"的现象。有些设计人员从安全考虑，片面加大设备容量和散热器面积，使得每吨锅炉的供热面积仅在（5000～6000）m² 左右，最低仅 2000m²，造成投资浪费，锅炉运行效率很低。考虑到集中供热的要求和我国锅炉的生产状况，锅炉房的单台容量宜控制在（7.0～28.0）MW 范围内。系统规模较大时，建议采用间接连接，并将一次水设计供水温度取为（115～130）℃，设计回水温度取为（50～80）℃，主要是为了提高热源的运行效率，减少输配能耗，便于运行管理和控制。

5.2.12 水泵采用变频调速是目前比较成熟可靠的节能方式。

1 从水泵变速调节的特点来看，水泵的额定容量越大，则总体效率越高，变频调速的节能潜力越大。同时，随着变频调速的台数增加，投资和控制的难度加大。因此，在水泵参数能够满足使用要求的前提下，宜尽量减少水泵的台数。

2 当系统较大时，如果水泵的台数过少，有时可能出现选择的单台水泵容量过大甚至无法选择的问题；同时，变频水泵通常设有最低转速限制，单台设计容量过大后，由于低转速运行时的效率降低使得有可能反而不利于节能。因此这时应通过合理的经济技术分析后适当增加水泵的台数。至于是采用全部变频水泵，还是采用"变频泵+定速泵"的设计和运行方案，则需要设计人员根据系统的具体情况，如设计参数、控制措施等，进行分析后合理确定。

3 目前关于变频调速水泵的控制方法很多，如供回水压差控制、供水压力控制、温度控制（甚至供热量控制）等，需要设计人根据工程的实际情况，采用合理、成熟、可靠的控制方案。其中最常见的是供回水压差控制方案。

5.2.13 本条文是强制性条文。

供热系统水力不平衡的现象现在依然很严重，而水力不平衡是造成供热能耗浪费的主要原因之一，同时，水力平衡又是保证其他节能措施能够可靠实施的前提，因此对系统节能而言，首先应该做到水力平衡，而且必须强制要求系统达到水力平衡。

当热网采用多级泵系统（由热源循环泵和用户泵组成）时，支路的比摩阻与干线比摩阻相同，有利于系统节能。当热源（热力站）循环水泵按照整个管网的损失选择时，就应考虑环路的平衡问题。

环路压力损失差意味着环路的流量与设计流量有差异，也就是说，会导致各环路房间的室温有差异。《采暖居住建筑节能检验标准》JGJ 132-2009 中第 11.2.1 条规定，热力入口处的水力平衡度应达到 0.9～1.2。该标准的条文说明指出：这是结合北京地区的实际情况，通过模拟计算，当实际水量在 90%～120%时，室温在 17.6℃～18.7℃ 范围内，可以满足实际需要。但是，由于设计计算时，与计算各并联环路水力平衡度相比，计算各并联环路间压力损失比较方便，并与教科书、手册一致。所以，这里采取规定并联环路压力损失差值，要求应在15%之内。

除规模较小的供热系统经过计算可以满足水力平衡外，一般室外供热管线较长，计算不易达到水力平衡。对于通过计算不易达到环路压力损失差要求的，为了避免水力不平衡，应设置静态水力平衡阀，否则出现不平衡问题时将无法调节。而且，静态平衡阀还可以起到测量仪表的作用。静态水力平衡阀应在每个入口（包括系统中的公共建筑在内）均设置。

5.2.14 静态水力平衡阀是最基本的平衡元件，实践证明，系统第一次调试平衡后，在设置了供热量自动控制装置进行质调节的情况下，室内散热器恒温阀的动作引起系统压差的变化不会太大，因此，只在某些条件下需要设置自力式流量控制阀或自力式压差控制阀。

关于静态水力平衡阀，流量控制阀，压差控制阀，目前说法不一，例如：静态水力平衡阀也有称为"手动水力平衡阀"、"静态平衡阀"；流量控制阀也有称为"动态（自动）平衡阀"、"定流量阀"等。为了尽可能地规范名称，并根据城镇建设行业标准《自力式流量控制阀》CJ/T 179-2003 中对"自力式流量控制阀"的定义："工作时不依靠外部动力，在压差控制范围内，保持流量恒定的阀门"。因此，称流量控制阀为"自力式流量控制阀"；尽管目前还没有颁布压差控制阀行业标准，同样，称压差控制阀为"自力式压差控制阀"。至于手动或静态平衡阀，则统一称为静态水力平衡阀。

5.2.15 每种阀门都有其特定的使用压差范围要求，设计时，阀两端的压差不能超过产品的规定。

阀权度 S 的定义是："调节阀全开时的压力损失 ΔP_{min} 与调节阀所在串联支路的总压力损失 ΔP_0 的比值"。它与阀门的理想特性一起对阀门的实际工作特性起着决定性作用。当 $S=1$ 时，ΔP_0 全部降落在调节阀上，调节阀的工作特性与理想特性是一致的；在实际应用场所中，随着 S 值的减小，理想的直线特性趋向于快开特性，理想的等百分比特性趋向于直线特性。

对于自动控制的阀门（无论是自力式还是其他执行机构驱动方式），由于运行过程中开度不断在变化，为了保持阀门的调节特性，确保其调节品质，自动控制阀的阀权度宜在 0.3~0.5 之间。

对于静态水力平衡阀，在系统初调试完成后，阀门开度就已固定，运行过程中，其开度并不发生变化；因此，对阀权度没有严格要求。

对于以小区供热为主的热力站而言，由于管网作用距离较长，系统阻力较大，如果采用动态自力式控制阀串联在总管上，由于阀权度的要求，需要该阀门的全开阻力较大，这样会较大地增加水泵能耗。因为设计的重点是考虑建筑内末端设备的可调性，如果需

要自动控制，我们可以将自动控制阀设置于每个热力入口（建筑内的水阻力比整个管网小得多，这样在保证同样的阀权度情况下阀门的水流阻力可以大为降低，同样可以达到基本相同的使用效果和控制品质。因此，本条第二款规定在热力站出口总管上不宜串联设置自动控制阀。考虑到出口可能为多个环路的情况，为了初调试，可以根据各环路的水力平衡情况合理设置静态水力平衡阀。静态水力平衡阀选型原则：静态水力平衡阀是用于消除环路剩余压头、限定环路水流量用的，为了合理地选择平衡阀的型号，在设计水系统时，一定仍要进行管网水力计算及环网平衡计算，选取平衡阀。对于旧系统改造时，由于资料不全并为方便施工安装，可按管径尺寸配用同样口径的平衡阀，直接以平衡阀取代原有的截止阀或闸阀。但需要作压降校核计算，以避免原有管径过于富裕使流经平衡阀时产生的压降过小，引起调试时由于压降过小而造成仪表较大的误差。校核步骤如下：按该平衡阀管辖的供热面积估算出设计流量，按管径求出设计流量时管内的流速 v（m/s），由该型号平衡阀全开时的 ζ 值，按公式 $\Delta P=\zeta\ (v^2 \cdot \rho/2)$（Pa），求得压降值 ΔP（式中 $\rho=1000 kg/m^3$），如果 ΔP 小于（2~3）kPa，可改选用小口径型号平衡阀，重新计算 v 及 ΔP，直到所选平衡阀在流经设计水量时的压降 $\Delta P \geqslant$（2~3）kPa 时为止。

尽管自力式恒流量控制阀具有在一定范围内自动稳定环路流量的特点，但是其水流阻力也比较大，因此即使是针对定流量系统，对设计人员的要求也首先是通过管路和系统设计来实现各环路的水力平衡（即"设计平衡"）；当由于管径、流速等原因的确无法做到"设计平衡"时，才应考虑采用静态水力平衡阀通过初调试来实现水力平衡的方式；只有当设计认为系统可能出现由于运行管理原因（例如水泵运行台数的变化等）有可能导致的水量较大波动时，才宜采用阀权度要求较高、阻力较大的自力式恒流量控制阀。但是，对于变流量系统来说，除了某些需要特定定流量的场所（例如为了保护特定设备的正常运行或特殊要求）外，不应在系统中设置自力式流量控制阀。

5.2.16 规定耗电输热比（EHR）的目的是为了防止采用过大的水泵以使得水泵的选择在合理的范围。

本条文的基本思路来自《公共建筑节能设计标准》GB 50189-2005 第5.2.8条。但根据实际情况对相关的参数进行了一定的调整：

1 目前的国产电机在效率上已经有了较大的提高，根据国家标准《中小型三项异步电动机能效限定值及节能评价值》GB 18613-2002 的规定，7.5kW以上的节能电机产品的效率都在89%以上。但是，考虑到供热规模的大小对所配置水泵的容量（即由此引起的效率）会产生一定的影响，从目前的水泵和电机来看，当 $\Delta t=20℃$ 时，针对2000kW以下的热负荷

所配置的采暖循环水泵通常不超过 7.5kW,因此水泵和电机的效率都会有所下降,因此将原条文中的固定计算系数 0.0056 改为一个与热负荷有关的计算系数 A 表示(表 5.2.16)。这样一方面对于较大规模的供热系统,本条文提高了对电机的效率要求;另一方面,对于较小规模的供热系统,也更符合实际情况,便于操作和执行。

2 考虑到采暖系统实行计量和分户供热后,水系统内增加了相应的一些阀件,其系统实际阻力比原来的规定会偏大,因此将原来的 14 改为 20.4。

3 原条文在不同的管道长度下选取的 $a\Sigma L$ 值不连续,在执行过程中容易产生一些困难,也不完全符合编制的思路(管道较长时,允许 EHR 值加大)。因此,本条文将 a 值的选取或计算方式变成了一个连续线段,有利于条文的执行。按照条文规定的 $a\Sigma L$ 值计算结果比原条文的要求略为有所提高。

4 由于采暖形式的多样化,以规定某个供回水温差来确定 EHR 值可能对某些采暖形式产生不利的影响。例如当采用地板辐射供暖时,通常的设计温差为 10℃,这时如果还采用 20℃ 或 25℃ 来计算 EHR,显然是不容易达到标准规定的。因此,本条文采用的是"相对法",即同样系统的评价标准一致,所以对温差的选择不作规定,而是"按照设计要求选取"。

5.2.17 引自原《民用建筑节能设计标准(采暖居住建筑部分)》JGJ 26-95 第 5.3.1 条。一、二次热水管网的敷设方式,直接影响供热系统的总投资及运行费用,应合理选取。对于庭院管网和二次网,管径一般较小,采用直埋管敷设,投资较小,运行管理也比较方便。对于一次管网,可根据管径大小经过经济比较确定采用直埋或地沟敷设。

5.2.18 管网输送效率达到 92% 时,要求管道保温效率应达到 98%。根据《设备及管道绝热设计导则》中规定的管道经济保温层厚度的计算方法,对玻璃棉管壳和聚氨酯保温管分析表明,无论是直埋敷设还是地沟敷设,管道的保温效率均能达到 98%。严寒地区保温材料厚度有较大的差别,寒冷地区保温材料厚度差别不大。为此严寒地区每个气候子区分别给出了最小保温层厚度,而寒冷地区统一给出最小保温层厚度。如果选用其他保温材料或其导热系数与附录 G 中值差异较大时,可以按照式(5.2.18)对最小保温层厚度进行修正。

5.2.19 本条文是强制性条文。

锅炉房采用计算机自动监测与控制不仅可以提高系统的安全性,确保系统能够正常运行;而且,还可以取得以下效果:

1 全面监测并记录各运行参数,降低运行人员工作量,提高管理水平。

2 对燃烧过程和热水循环过程能进行有效的控制调节,提高并使锅炉在高效率下运行,大幅度地节省运行能耗,并减少大气污染。

3 能根据室外气候条件和用户需求变化及时改变供热量,提高并保证供暖质量,降低供暖能耗和运行成本。

因此,在锅炉房设计时,除小型固定炉排的燃煤锅炉外,应采用计算机自动监测与控制。

条文中提出的五项要求,是确保安全、实现高效、节能与经济运行的必要条件。它们的具体监控内容分别为:

1 实时检测:通过计算机自动检测系统,全面、及时地了解锅炉的运行状况,如运行的温度、压力、流量等参数,避免凭经验调节和调节滞后。全面了解锅炉运行工况,是实施科学调控的基础。

2 自动控制:在运行过程中,随室外气候条件和用户需求的变化,调节锅炉房供热量(如改变出水温度、或改变循环水量、或改变供汽量)是必不可少的,手动调节无法保证精度。

计算机自动监测与控制系统,可随时测量室外的温度和整个热网的需求,按照预先设定的程序,通过调节投入燃料量(如炉排转速)等手段实现锅炉供热量调节,满足整个热网的热量需求,保证供暖质量。

3 按需供热:计算机自动监测与控制系统可通过软件开发,配置锅炉系统热特性识别和工况优化分析程序,根据前几天的运行参数、室外温度,预测该时段的最佳工况,进而实现对系统的运行指导,达到节能的目的。

4 安全保障:计算机自动监测与控制系统的故障分析软件,可通过对锅炉运行参数的分析,作出及时判断,并采取相应的保护措施,以便及时抢修,防止事故进一步扩大,设备损坏严重,保证安全供热。

5 健全档案:计算机自动监测与控制系统可以建立各种信息数据库,能够对运行过程中的各种信息数据进行分析,并根据需要打印各类运行记录,储存历史数据,为量化管理提供了物质基础。

5.2.20 本条文是强制性条文。

本条文对锅炉房及热力站的节能控制提出了明确的要求。设置供热量控制装置(比如气候补偿器)的主要目的是对供热系统进行总体调节,使锅炉运行参数在保持室内温度的前提下,随室外空气温度的变化随时进行调整,始终保持锅炉房的供热量与建筑物的需热量基本一致,实现按需供热;达到最佳的运行效率和最稳定的供热质量。

设置供热量控制装置后,还可以通过在时间控制器上设定不同时间段的不同室温,节省供热量;合理地匹配供水流量和供水温度,节省水泵电耗,保证恒温阀等调节设备正常工作;还能够控制一次水回水温度,防止回水温度过低减少锅炉寿命。

由于不同企业生产的气候补偿器的功能和控制方法不完全相同,但必须具有能根据室外空气温度变化自动改变用户侧供（回）水温度、对热媒进行质调节的基本功能。

气候补偿器正常工作的前提，是供热系统已达到水力平衡要求，各房间散热器均装置了恒温阀，否则，即使采用了供热量控制装置也很难保持均衡供热。

5.3 采暖系统

5.3.1 引自《公共建筑节能设计标准》GB 50189-2005 中第 5.2.1 条。

5.3.2 要实现室温调节和控制，必须在末端设备前设置调节和控制的装置，这是室内环境的要求，也是"供热体制改革"的必要措施。双管系统可以设置室温调控装置。如果采用顺流式垂直单管系统，必须设置跨越管，采用顺流式水平单管系统时，散热器采用低阻力两通或三通调节阀，以便调控室温。

5.3.3 本条文是强制性条文。

楼前热量表是该栋楼与供热（冷）单位进行用热（冷）量结算的依据，而楼内住户则需按户热（冷）量分摊，所以，每户应该有相应的装置作为对整栋楼的耗热（冷）量进行户间分摊的依据。

由于严寒地区和寒冷地区的"供热体制改革"已经开展，近年来已开发应用了一些户间采暖"热量分摊"的方法，并且有较大规模的应用。下面对目前在国内已经有一定规模应用的采暖系统"热量分摊"方法的原理和应用时需要注意的事项加以介绍，供选用时参考。

1 散热器热分配计方法

该方法是利用散热器热量分配计所测量的每组散热器的散热量比例关系，来对建筑的总供热量进行分摊。散热器热量分配计分为蒸发式热量分配计与电子式热量分配计两种基本类型。蒸发式热量分配计初投资较低，但需要入户读表。电子式热量分配计初投资相对较高，但该表具有入户读表与遥控读表两种方式可供选择。热分配计方法需要在建筑物热力入口设置楼栋热量表，在每台散热器的散热面上安装一台散热器热量分配计。在采暖开始前和采暖结束后，分别读取分配计的读数，并根据楼前热量表计量得出的供热量，进行每户住户耗热量计算。应用散热器热量分配计时，同一栋建筑物内应采用相同形式的散热器；在不同类型散热器上应用散热器热量分配表时，首先要进行刻度标定。由于每户居民在整幢建筑中所处位置不同，即便同样住户面积，保持同样室温，散热器热量分配计上显示的数字却是不相同的。所以，收费时，要将散热器热量分配计获得的热量进行住户位置的修正。

该方法适用于以散热器为散热设备的室内采暖系统，尤其适用于采用垂直采暖系统的既有建筑的热计量收费改造，比如将原有垂直单管顺流系统，加装跨越管，但这种方法不适用于地面辐射供暖系统。

建设部已批准《蒸发式热分配表》CJ/T 271-2007 为城镇建设行业产品标准。

欧洲标准 EN 834、835 中分配表的原文为 heat cost allocators，直译应为"热费分配器"，所以也可以理解为散热器热费分配计方法。

2 温度面积方法

该方法是利用所测量的每户室内温度，结合建筑面积来对建筑的总供热量进行分摊。其具体做法是，在每户主要房间安装一个温度传感器，用来对室内温度进行测量，通过采集器采集的室内温度经通信线路送到热量采集显示器；热量采集显示器接收来自采集器的信号，并将采集器送来的用户室温送至热量采集显示器；热量采集显示器接收采集显示器、楼前热量表送来的信号后，按照规定的程序将热量进行分摊。

这种方法的出发点是按照住户的平均温度来分摊热费。如果某住户在供暖期间的室温维持较高，那么该住户分摊的热费也较多。它与住户在楼内的位置没有关系，收费时不必进行住户位置的修正。应用比较简单，结果比较直观，它也与建筑内采暖系统没有直接关系。所以，这种方法适用于新建建筑各种采暖系统的热计量收费，也适合于既有建筑的热计量收费改造。

住房和城乡建设部已将《温度法热计量分配装置》列入"2008 年住房和城乡建设部归口工业产品行业标准制订、修订计划"。

3 流量温度方法

这种方法适用于共用立管的独立分户系统和单管跨越管采暖系统。该户间热量分摊系统由流量热能分配器、温度采集器处理器、单元热能仪表、三通测温调节阀、无线接收器、三通阀、计算机远程监控设备以及建筑物热力入口设置的楼栋热量表等组成。通过流量热能分配器、温度采集器处理器测量出的各个热用户的流量比例系数和温度系数，测算出各个热用户的用热比例，按此比例对楼栋热量表测量出的建筑物总供热量进行户间热量分摊。但是这种方法不适合在垂直单管顺流式的既有建筑改造中应用，此时温度测量误差难以消除。

该方法也需对住户位置进行修正。

4 通断时间面积方法

该方法是以每户的采暖系统通水时间为依据，分摊总供热量的方法。具体做法是，对于分户水平连接的室内采暖系统，在各户的分支支路上安装室温通断控制阀，用于对该用户的循环水进行通断控制来实现该户室温控制。同时在各户的代表房间里放置室内控制器，用于测量室内温度和供用户设定温度，并将这两个温度值传输给室温通断控制阀。室温通断控制阀根据实测室温与设定值之差，确定在一个控制周期内通断阀的开停比，并按照这一开停比控制通断调节阀的通断，以此调节送入室内热量，同时记录和统计各户通断控制阀的接通时间，按照各户的累计接通时间结合采暖面积分摊整栋建筑的热量。

这种方法适用于水平单管串联的分户独立室内采暖系统，但不适合于采用传统垂直采暖系统的既有建筑的改造。可以分户实现温控，但是不能分室温控。

5 户用热量表方法

该分摊系统由各户用热量表以及楼栋热量表组成。

户用热量表安装在每户采暖环路中，可以测量每个住户的采暖耗热量。热量表由流量传感器、温度传感器和计算器组成。根据流量传感器的形式，可将热量表分为：机械式热量表、电磁式热量表、超声波式热量表。机械式热量表的初投资相对较低，但流量传感器对轴承有严格要求，以防止长期运转由于磨损造成误差较大；对水质有一定要求，以防止流量计的转动部件被阻塞，影响仪表的正常工作。电磁式热量表的初投资相对机械式热量表要高，但流量测量精度是热量表所用的流量传感器中最高的、压损小。电磁式热量表的流量计工作需要外部电源，而且必须水平安装，需要较长的直管段，这使得仪表的安装、拆卸和维护较为不便。超声波热量表的初投资相对较高，流量测量精度高、压损小、不易堵塞，但流量计的管壁锈蚀程度、水中杂质含量、管道振动等因素将影响流量计的精度，有的超声波热量表需要直管段较长。

这种方法也需要对住户位置进行修正。它适用于分户独立式室内采暖系统及分户地面辐射供暖系统，但不适合于采用传统垂直系统的既有建筑的改造。

建设部已批准《热量表》CJ/128-2007为城镇建设行业产品标准。

6 户用热水表方法

这种方法以每户的热水循环量为依据，进行分摊总供热量。

该方法的必要条件是每户必须为一个独立的水平系统，也需要对住户位置进行修正。由于这种方法忽略了每户供暖供回水温差的不同，在散热器系统中应用误差较大。所以，通常适用于温差较小的分户地面辐射供暖系统，已在西安市有应用实例。

5.3.4 散热器恒温控制阀（又称温控阀、恒温器等）安装在每组散热器的进水管上，它是一种自力式调节控制阀，用户可根据对室温高低的要求，调节并设定室温。这样恒温控制阀就确保了各房间的室温，避免了立管水量不平衡，以及单管系统上层及下层室温不匀问题。同时，更重要的是当室内获得"自由热"（free heat，又称"免费热"，如阳光照射，室内热源——炊事、照明、电器及居民等散发的热量）而使室温有升高趋势时，恒温控制阀会及时减少流经散热器的水量，不仅保持室温合适，同时达到节能目的。目前北京、天津等地方节能设计标准已将安装散热器恒温阀作为强制性条文，根据实施情况来看，有较好的效果。

对于安装在装饰罩内的恒温阀，则必须采用外置传感器，传感器应设在能正确反映房间温度的位置。

散热器恒温控制阀的特性及其选用，应遵循行业标准《散热器恒温控制阀》JG/T 195-2006 的规定。

安装了散热器恒温阀后，要使它真正发挥调温、节能功能，特别在运行中，必须有一些相应的技术措施，才能使采暖系统正常运行。首先是对系统的水质要求，必须满足本标准5.2.13条的规定。因为散热器恒温阀是一个阻力部件，水中悬浮物会堵塞其流道，使得恒温阀调节能力下降，甚至不能正常工作。北京市地方标准《居住建筑节能设计标准》DBJ 11-602-2006（2007年2月1日实施）第6.4.9条规定，防堵塞措施应符合以下规定：1. 供热采暖系统水质要求应执行北京市地方标准《供热采暖系统水质及防腐技术规程》DBJ 01-619-2004 的有关规定。2. 热力站换热器的一次水和二次水入口应设过滤器。3. 过滤器具体设置要求详见《供热采暖系统水质及防腐技术规程》DBJ 01-619-2004 的有关规定。同时，不应该在采暖期后将采暖水系统的水卸去，要保持"湿式保养"。另外，对于在原有供热系统热网中并入了安装有散热器恒温阀的新建造的建筑后，必须对该热网重新进行水力平衡调节。因为，一般情况下，安装有恒温阀的新建筑水力阻力会大于原来建筑，导致新建建筑的热水量减少，甚至降低供热品质。

5.3.5 引自《公共建筑节能设计标准》GB 50189-2005 第5.2.4条。

5.3.6 对于不同材料管道，提出不同的设计供水温度。对于以热水锅炉作为直接供暖的热源设备来说，降低供水温度对于降低锅炉排烟温度、提高传热温差具有较好的影响，使得锅炉的热效率得以提高。采用换热器作为采暖热源时，降低换热器二次水供水温度可以在保证同样的换热量情况下减少换热面积，节省投资。由于目前的一些建筑存在大流量、小温差运行的情况，因此本标准规定采暖供回水温差不应小于25℃。在可能的条件下，设计时应尽量提高设计温差。

热塑性塑料管的使用条件等级按5级考虑，即正常操作温度80℃时的使用时间为10年；60℃时为25年；20℃（非采暖期）为14年。

以北京为例：采暖期不足半年，通常，采暖供水温度随室外气温进行调节，在50年使用期内，各种水温下的采暖时间为25年，非采暖期的水温取20℃，累积也为25年。当散热器采暖系统的设计供回水温度为85℃/60℃时，正常操作温度下的使用年限为：85℃时为6年；80℃时为3年；60℃时为7年。相当于80℃时为9.6年；60℃时为25年；20℃时为14.4年。这时，若选择工作压力为1.0MPa，相应的管系列为：PB 管-S4；PEX 管-S3.2。

对于非热熔连接的铝塑复合管，由于它是由聚乙烯和铝合金两种杨氏模量相差很大的材料组成的多层管，在承受内压时，厚度方向的管环应力分布是不等值的，无法考虑各种使用温度的累积作用，所以，不能用它来选择管材或确定管壁厚度，只能根据长期工作温度和允许工作压力进行选择。

对于热熔连接的铝塑复合管，在接头处，由于铝合金管已断开，并不连续，因此，真正起连接作用的实际上只是热塑性塑料；所以，应该按照热塑性塑料管的规定来确定供水温度与工作压力。

铝塑复合管的代号说明：

PAP——由聚乙烯/铝合金/聚乙烯复合而成；

XPAP——由交联聚乙烯/铝合金/交联聚乙烯复合而成；

XPAP1（一型铝塑管）——由聚乙烯/铝合金/交联聚乙烯复合而成；

XPAP2（二型铝塑管）——由交联聚乙烯/铝合金/交联聚乙烯复合而成；

PAP3（三型铝塑管）——由聚乙烯/铝合金/聚乙烯复合而成；

PAP4（四型铝塑管）——由聚乙烯/铝合金/聚乙烯复合而成；

RPAP5（新型的铝塑复合管）——由耐热聚乙烯/铝合金/耐热聚乙烯复合而成。

5.3.7 低温地板辐射采暖是国内近 20 年以来发展较快的新型供暖方式，埋管式地面辐射采暖具有温度梯度小、室内温度均匀、脚感温度高等特点，在热辐射的作用下，围护结构内表面和室内其他物体表面的温度，都比对流供暖时高，人体的辐射散热相应减少，人的实际感觉比相同室内温度对流供暖时舒适得多。在同样的热舒适条件下，辐射供暖房间的设计温度可以比对流供暖房间低（2～3）℃，因此房间的热负荷随之减小。

室内家具、设备等对地面的遮蔽，对地面散热量的影响很大。因此，要求室内必须具有足够的裸露面积（无家具覆盖）供布置加热管的要求，作为采用低温地板辐射供暖系统的必要条件。

保持较低的供水温度和供回水温差，有利于延长塑料加热管的使用寿命；有利于提高室内的热舒适感；有利于保持较大的热媒流速，方便排除管内空气；有利于保证地面温度的均匀。

有关地面辐射供暖工程设计方面规定，应遵循行业标准《地面辐射供暖技术规程》JGJ 142－2004 执行。

5.3.8 热网供水温度过低，供回水温差过小，必然会导致室外热网的循环水量、输送管道直径、输送能耗及初投资都大幅度增加，从而削弱了地面辐射供暖系统的节能优势。为了充分保持地面辐射供暖系统的节能优势，设计中应尽可能提高室外热网的供水温度，加大供回水的温差。

由于地面辐射供暖系统的供水温度不宜超过 60℃，因此，供暖入口处必须设置带温度自动控制及循环水泵的混水装置，让室内采暖系统的回水根据需要与热网提供的水混合至设定的供水温度，再流入室内采暖系统。当外网提供的热媒温度高于 60℃ 时（一般允许最高为 90℃），宜在各户的分集水器前设置混水泵，抽取室内回水混入供水，以降低供水温度，保持其温度不高于设定值。

5.3.9 分室控温，是按户计量的基础；为了实现这个要求，应对各个主要房间的室内温度进行自动控制。室温控制可选择采用以下任何一种模式：

模式 I："房间温度控制器（有线）+电热（热敏）执行机构+带内置阀芯的分水器"

通过房间温度控制器设定和监测室内温度，将监测到的实际室温与设定值进行比较，根据比较结果输出信号，控制电热（热敏）执行机构的动作，带动内置阀芯开启与关闭，从而改变被控（房间）环路的供水流量，保持房间的设定温度。

模式 II："房间温度控制器（有线）+分配器+电热（热敏）执行机构+带内置阀芯的分水器"

与模式 I 基本类似，差异在于房间温度控制器同时控制多个回路，其输出信号不是直接至电热（热敏）执行机构，而是到分配器，通过分配器再控制各回路的电热（热敏）执行机构，带动内置阀芯动作，从而同时改变各回路的水流量，保持房间的设定温度。

模式 III："带无线电发射器的房间温度控制器+无线电接收器+电热（热敏）执行机构+带内置阀芯的分水器"

利用带无线电发射器的房间温度控制器对室内温度进行设定和监测，将监测到的实际值与设定值进行比较，然后将比较后得出的偏差信息发送给无线电接收器（每间隔 10min 发送一次信息），无线电接收器将发送器的信息转化为电热（热敏）式执行机构的控制信号，使分水器上的内置阀芯开启或关闭，对各个环路的流量进行调控，从而保持房间的设定温度。

模式 IV："自力式温度控制阀组"

在需要控温房间的加热盘管上，装置直接作用式恒温控制阀，通过恒温控制阀的温度控制器的作用，直接改变控制阀的开度，保持设定的室内温度。

为了测得比较有代表性的室内温度，作为温控阀的动作信号，温控阀或温度传感器应安装在室内离地面 1.5m 处。因此，加热管必须嵌墙抬升至该高度处。由于此处极易积聚空气，所以要求直接作用恒温控制阀必须具有排气功能。

模式 V："房间温度控制器（有线）+电热（热敏）执行机构+带内置阀芯的分水器"

选择在有代表性的部位（如起居室），设置房间温度控制器，通过该控制器设定和监测室内温度；在分水器前的进水支管上，安装电热（热敏）执行器和二通阀。房间温度控制器将监测到的实际室内温度与设定值比较后，将偏差信号发送至电热（热敏）执行机构，从而改变二通阀的阀芯位置，改变总的供水流量，保证房间所需的温度。

本系统的特点是投资较少、感受室温灵敏、安装方便。缺点是不能精确地控制每个房间的温度，且需要外接电源。一般适用于房间控制温度要求不高的场所，特别适用于大面积房间需要统一控制温度的场所。

5.3.10 引自《采暖通风与空气调节设计规范》GB 50019-2003 第 4.8.6 条；在采暖季平均水温下，重力循环作用压力约为设计工况下的最大值的 2/3。

5.3.11 引自《公共建筑节能设计标准》GB 50189-2005 第 5.4.10 条第 3 款。

5.4 通风和空气调节系统

5.4.1 一般说来，居住建筑通风设计包括主动式通风和被动式通风。主动式通风指的是利用机械设备动力组织室内通风的方法，它一般要与空调、机械通风系统进行配合。被动式通风（自然通风）指的是采用"天然"的风压、热压作为驱动对房间降温。在我国多数地区，住宅进行自然通风是降低能耗和改善室内热舒适的有效手段，在过渡季室外气温低于 26℃ 高于 18℃ 时，由于住宅室内发热量小，这段时间完全可以通过自然通风来消除热负荷，改善室内热舒适状况。即使是室外气温高于 26℃，但只要低于 (30～31)℃ 时，人在自然通风条件下仍然会感觉到舒适。许多建筑设置的机械通风或空气调节系统，都破坏了建筑的自然通风性能。因此强调设置的机械通风或空气调节系统不应妨碍建筑的自然通风。

5.4.2 采用分散式房间空调器进行空调和采暖时，这类设备一般由用户自行采购，该条文的目的是要推荐用户购买能效比高的产品。国家标准《房间空气调节器能效限定值及能效等级》GB 12021.3 和《转速可控型房间空气调节器能效限定值及能源效率等级》GB 21455，规定节能型产品的能源效率为 2 级。

目前，《房间空气调节器能效限定值及能效等级》GB 12021.3-2010 于 2010 年 6 月 1 日颁布实施。与 2004 年版标准相比，2010 年版标准将能效等级分为三级，同时对能效限定值与能效等级指标已有提高。2004 版中的节能评价值（即能效等级第 2 级）在 2010 年版标准仅列为第 3 级。

鉴于当前是房间空调器标准新老交替的阶段，市场上可供选择的产品仍然执行的是老标准。本标准规定，鼓励用户选购节能型房间空调器，其意在于从用户需求端角度逐步提高我国房间空调器的能效水平，适应我国建筑节能形势的需要。

为了方便应用，表 3 列出了 GB 12021.3-2004、GB 12021.3-2010、GB 21455-2008 标准中列出的房间空气调节器能效等级为第 2 级的指标和转速可控型房间空气调节器能源效率等级为第 2 级的指标，表 4 列出了 GB 12021.3-2010 中空调器能效等级指标。

表 3　房间空调器能效等级指标节能评价值

类型	额定制冷量 CC (W)	能效比 EER (W/W)		制冷季节能源消耗效率 SEER [W·h/(W·h)]
		GB 12021.3-2004 标准中节能评价值（能效等级 2 级）	GB 12021.3-2010 标准中节能评价值（能效等级 2 级）	GB 21455-2008 标准中节能评价值（能效等级 2 级）
整体式	—	2.90	3.10	—
分体式	CC≤4500	3.20	3.40	4.50
	4500<CC≤7100	3.10	3.30	4.10
	7100<CC≤14000	3.00	3.20	3.70

表 4　房间空调器能效等级指标

类型	额定制冷量 CC (W)	GB 12021.3-2010 标准中能效等级		
		3	2	1
整体式	—	2.90	3.10	3.30
分体式	CC≤4500	3.20	3.40	3.60
	4500<CC≤7100	3.10	3.30	3.50
	7100<CC≤14000	3.00	3.20	3.40

5.4.3 本条文是强制性条文。

居住建筑可以采取多种空调采暖方式，如集中方式或者分散方式。如果采用集中式空调采暖系统，比如本条文所指的采用电力驱动、由空调冷热源站向多套住宅、多栋住宅楼甚至住宅小区提供空调采暖冷热源（往往采用冷、热水）；或者应用户式集中空调机组（户式中央空调机组）向一套住宅提供空调冷热源（冷热水、冷热风）进行空调采暖。

集中空调采暖系统中，冷热源的能耗是空调采暖系统能耗的主体。因此，冷热源的能源效率对节省能源至关重要。性能系数、能效比是反映冷热源能源效率的主要指标之一，为此，将冷热源的性能系数、能效比作为必须达标的项目。对于设计阶段已完成集中空调采暖系统的居民小区，或者按户式中央空调系统设计的住宅，其冷源能效的要求应该等同于公共建筑的规定。

国家质量监督检验检疫总局已发布实施的空调机组能效限定值及能源效率等级的标准有：《冷水机组能效限定值及能源效率等级》GB 19577-2004，《单元式空气调节机能效限定值及能源效率等级》GB 19576-2004，《多联式空调（热泵）机组能效限定值及能源效率等级》GB 21454-2008。产品的强制性国家能效标准，将产品根据机组的能源效率划分为5个等级，目的是配合我国能效标识制度的实施。能效等级的含义：1等级是企业努力的目标；2等级代表节能型产品的门槛（按最小寿命周期成本确定）；3、4等级代表我国的平均水平；5等级产品是未来淘汰的产品。

为了方便应用，以表5为规定的冷水（热泵）机组制冷性能系数（COP）值和表6规定的单元式空气调节机能效比（EER）值，这是根据国家标准《公共建筑节能设计标准》GB 50189-2005中第5.4.5、5.4.8条强制性条文规定的能效限值。而表7为多联式空调（热泵）机组制冷综合性能系数[IPLV（C）]值，是根据《多联式空调（热泵）机组能效限定值及能源效率等级》GB 21454-2008标准中规定的能效等级第3级。

表5　冷水（热泵）机组制冷性能系数（COP）

类型		额定制冷量CC (kW)	性能系数COP (W/W)
水冷	活塞式/涡旋式	CC<528 528<CC≤1163 CC>1163	3.80 4.00 4.20
	螺杆式	CC<528 528<CC≤1163 CC>1163	4.10 4.30 4.60
	离心式	CC<528 528<CC≤1163 CC>1163	4.40 4.70 5.10
风冷或蒸发冷却	活塞式/涡旋式	CC≤50 CC>50	2.40 2.60
	螺杆式	CC≤50 CC>50	2.60 2.80

表6　单元式空气调节机能效比（EER）

类型		能效比EER (W/W)
风冷式	不接风管	2.60
	接风管	2.30
水冷式	不接风管	3.00
	接风管	2.70

表7　多联式空调（热泵）机组制冷综合性能系数[IPLV（C）]

名义制冷量CC (W)	综合性能系数[IPLV（C）]（能效等级第3级）
CC≤28000	3.20
28000<CC≤84000	3.15
84000<CC	3.10

5.4.4　寒冷地区尽管夏季时间不长，但在大城市中，安装分体式空调器的居住建筑还为数不少。分体式空调器的能效除与空调器的性能有关外，同时也与室外机合理的布置有很大关系。为了保证空调器室外机功能和能力的发挥，应将它设置在通风良好的地方，不应设置在通风不良的建筑竖井或封闭的或接近封闭的空间内，如内走廊等地方。如果室外机设置在阳光直射的地方，或有墙壁等障碍物使进、排风不畅和短路，都会影响室外机功能和能力的发挥，而使空调器能效降低。实际工程中，因清洗不便，室外机换热器被灰尘堵塞，造成能效下降甚至不能运行的情况很多。因此，在确定安装位置时，要保证室外机有清洗的条件。

5.4.5　引自《公共建筑节能设计标准》GB 50189-2005中第5.3.14、5.3.15条。对于采暖期较长的地区，比如HDD大于2000的地区，回收排风热，能效和经济效益都很明显。

5.4.6　本条对居住建筑中的风机盘管机组的设置作出规定：

1　要求风机盘管具有一定的冷、热量调控能力，既有利于室内的正常使用，也有利于节能。三速开关是常见的风机盘管的调节方式，由使用人员根据自身的体感需求进行手动的高、中、低速控制。对于大多数居住建筑来说，这是一种比较经济可行的方式，可以在一定程度上节省冷、热消耗。但此方式的单独使用只针对定流量系统，这是设计中需要注意的。

2　采用人工手动的方式，无法做到实时控制。因此，在投资条件相对较好的建筑中，推荐采用利用温控器对房间温度进行自动控制的方式。（1）温控器直接控制风机的转速——适用于定流量系统；（2）温控器和电动阀联合控制房间的温度——适用于变流量系统。

5.4.7　按房间设计配置风量调控装置的目的是使得各房间的温度可调，在满足使用要求的基础上，避免部分房间的过冷或过热而带来的能源浪费。当投资允许时，可以考虑变风量系统的方式（末端采用变风量装置，风机采用变频调速控制）；当经济条件不允许时，各房间可配置方便人工使用的手动（或电动）装置，风机是否调速则需要根据风机的性能分析来确定。

5.4.8　本条文是强制性条文。

国家标准《地源热泵系统工程技术规范》GB 50366中对于"地源热泵系统"的定义为"以岩土体、地下水或地表水为低温热源，由水源热泵机组、地热能交换系统、建筑物内系统组成的供热空调系统。根据地热能交换系统形式的不同，地源热泵系统分为地埋管地源热泵系统、地下水地源热泵系统和地表水地源热泵系统。"2006年9月4日由财政部、建设部共同发文"关于印发《可再生能源建筑应用专项资金管理暂行办法》的通知"(财建[2006]460号)中第四条"专项资金支持的重点领域"中包含以下六方面：(1)与建筑一体化的太阳能供应生活热水、供热制冷、光电转换、照明；(2)利用土壤源热泵和浅层地下水源热泵技术供热制冷；(3)地表水丰富地区利用淡水源热泵技术供热制冷；(4)沿海地区利用海水源热泵技术供热制冷；(5)利用污水水源热泵技术供热制冷；(6)其他经批准的支持领域。地源热泵系统占其中两项。

要说明的是在应用地源热泵系统，不能破坏地下水资源。这里引用《地源热泵系统工程技术规范》GB 50366-2005 的强制性条文：即"3.1.1条：地源热泵系统方案设计前，应进行工程场地状况调查，并对浅层地热能资源进行勘察"，"5.1.1条：地下水换热系统应根据水文地质勘察资料进行设计，并必须采取可靠回灌措施，确保置换冷量或热量后的地下水全部回灌到同一含水层，不得对地下水资源造成浪费及污染。系统投入运行后，应对抽水量、回灌量及其水质进行监测"。

如果地源热泵系统采用地下埋管式换热器，要进行土壤温度平衡模拟计算，应注意并进行长期应用后土壤温度变化趋势的预测，以避免长期应用后土壤温度发生变化，出现机组效率降低甚至不能制冷或供热。

5.4.9 引自《公共建筑节能设计标准》GB 50189-2005 第5.3.28条。

5.4.10 引自《公共建筑节能设计标准》GB 50189-2005 第5.3.29条。

附录B 平均传热系数和热桥线传热系数计算

B.0.11 外墙主断面传热系数的修正系数值 φ 受到保温类型、墙主断面传热系数以及结构性热桥节点构造等因素的影响。表 B.0.11 中给出的外保温常用的保温做法中，对应不同的外墙平均传热系数值时，墙体主断面传热系数的 φ 值。

做法选用表中均列出了采用普通窗或凸窗时，不同保温层厚度所能够达到的墙体平均传热系数值。设计中，若凸窗所占外窗总面积的比例达到30%，墙体平均传热系数值则应按照凸窗一栏选用。

需要特别指出的是：相同的保温类型、墙主断面传热系数，当选用的结构性热桥节点构造不同时，φ 值的变化非常大。由于结构性热桥节点的构造做法多种多样，墙体中又包含多个结构性热桥，组合后的类型更是数量巨大，难以一一列举。表 B.0.11 的主要目的是方便计算，表中给出的只能是针对一般性的建筑，在选定的节点构造下计算出的 φ 值。

实际工程中，当需要修正的单元墙体的热桥类型、构造均与表 B.0.11 计算时的选定一致或近似时，可以直接采用表中给出的 φ 值计算墙体的平均传热系数；当两者差异较大时，需要另行计算。

下面给出表 B.0.11 计算时选定的结构性热桥的类型及构造。

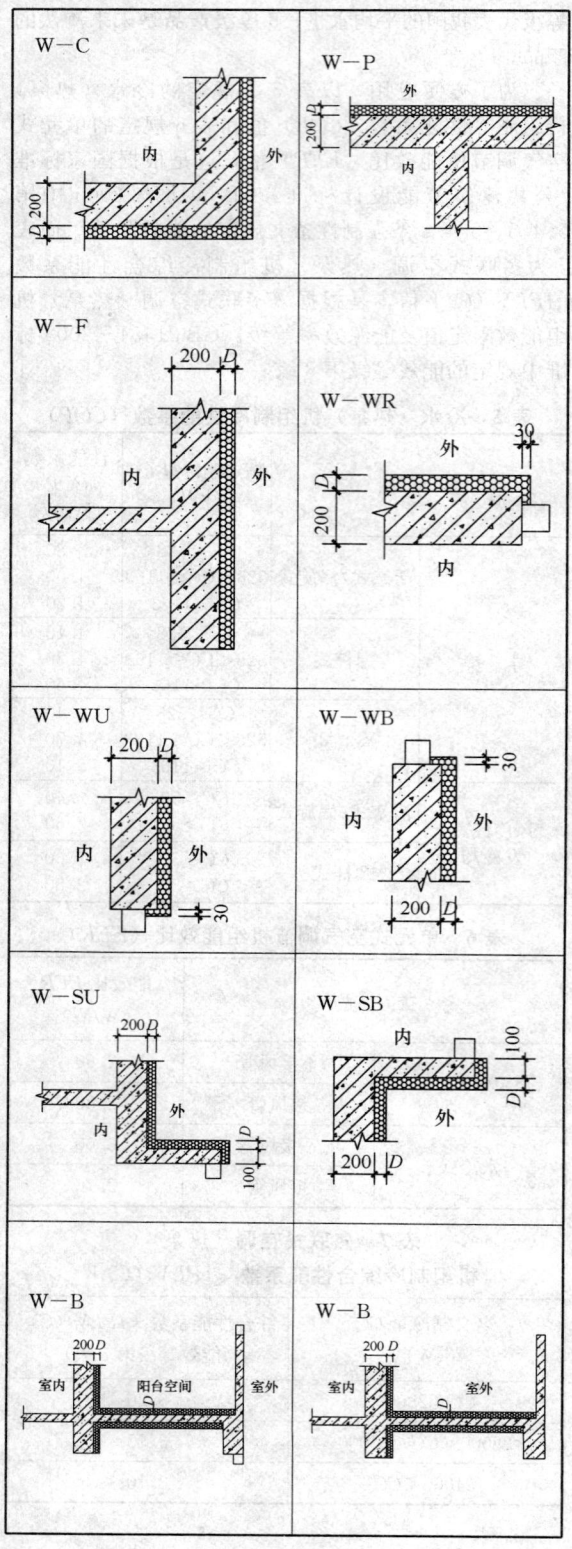

附录 D 外遮阳系数的简化计算

D.0.2 各种组合形式的外遮阳系数，可由参加组合的各种形式遮阳的外遮阳系数的乘积来近似确定。

例如：水平式＋垂直式组合的外遮阳系数＝水平式遮阳系数×垂直式遮阳系数

水平式＋挡板式组合的外遮阳系数＝水平式遮阳系数×挡板式遮阳系数

中华人民共和国行业标准

夏热冬暖地区居住建筑节能设计标准

Design standard for energy efficiency of residential buildings in hot summer and warm winter zone

JGJ 75—2012

批准部门：中华人民共和国住房和城乡建设部
施行日期：２０１３年４月１日

中华人民共和国住房和城乡建设部
公　告

第 1533 号

住房城乡建设部关于发布行业标准《夏热冬暖地区居住建筑节能设计标准》的公告

现批准《夏热冬暖地区居住建筑节能设计标准》为行业标准，编号为 JGJ 75 - 2012，自 2013 年 4 月 1 日起实施。其中，第 4.0.4、4.0.5、4.0.6、4.0.7、4.0.8、4.0.10、4.0.13、6.0.2、6.0.4、6.0.5、6.0.8、6.0.13 条为强制性条文，必须严格执行。原《夏热冬暖地区居住建筑节能设计标准》JGJ 75 - 2003 同时废止。

本标准由我部标准定额研究所组织中国建筑工业出版社出版发行。

中华人民共和国住房和城乡建设部
2012 年 11 月 2 日

前　言

根据原建设部《关于印发〈2007 年工程建设标准规范制订、修订计划（第一批）〉的通知》（建标[2007]125 号）的要求，标准编制组经广泛调查研究，认真总结实践经验，参考有关国际标准和国外先进标准，并在广泛征求意见的基础上，修订了本标准。

本标准的主要技术内容是：1. 总则；2. 术语；3. 建筑节能设计计算指标；4. 建筑和建筑热工节能设计；5. 建筑节能设计的综合评价；6. 暖通空调和照明节能设计。

本次修订的主要技术内容包括：将窗地面积比作为评价建筑节能指标的控制参数；规定了建筑外遮阳、自然通风的量化要求；增加了自然采光、空调和照明等系统的节能设计要求等。

本标准中以黑体字标志的条文为强制性条文，必须严格执行。

本标准由住房和城乡建设部负责管理和对强制性条文的解释，由中国建筑科学研究院负责具体技术内容的解释。执行过程中如有意见或建议，请寄送至中国建筑科学研究院（地址：北京市北三环东路 30 号，邮政编码：100013）。

本标准主编单位：中国建筑科学研究院
　　　　　　　　广东省建筑科学研究院
本标准参编单位：福建省建筑科学研究院
　　　　　　　　华南理工大学建筑学院
　　　　　　　　广西建筑科学研究设计院
　　　　　　　　深圳市建筑科学研究院有限公司
　　　　　　　　广州大学土木工程学院
　　　　　　　　广州市建筑科学研究院有限公司
　　　　　　　　厦门市建筑科学研究院
　　　　　　　　广东省建筑设计研究院
　　　　　　　　福建省建筑设计研究院
　　　　　　　　海南华磊建筑设计咨询有限公司
　　　　　　　　厦门合道工程设计集团有限公司

本标准主要起草人员：杨仕超　林海燕　赵士怀
　　　　　　　　　　孟庆林　彭红圃　刘俊跃
　　　　　　　　　　冀兆良　任　俊　周　荃
　　　　　　　　　　朱惠英　黄夏东　赖卫中
　　　　　　　　　　王云新　江　刚　梁章旋
　　　　　　　　　　于　瑞　卓晋勉
本标准主要审查人员：屈国伦　张道正　汪志舞
　　　　　　　　　　黄晓忠　李泽武　吴　薇
　　　　　　　　　　李　申　董瑞霞　李　红

目 次

1 总则 ············ 51—5
2 术语 ············ 51—5
3 建筑节能设计计算指标 ············ 51—5
4 建筑和建筑热工节能设计 ············ 51—6
5 建筑节能设计的综合评价 ············ 51—8
6 暖通空调和照明节能设计 ············ 51—8
附录 A 建筑外遮阳系数的计算方法 ············ 51—9
附录 B 反射隔热饰面太阳辐射吸收系数的修正系数 ············ 51—10
附录 C 建筑物空调采暖年耗电指数的简化计算方法 ············ 51—10
本标准用词说明 ············ 51—12
引用标准名录 ············ 51—12
附：条文说明 ············ 51—13

Contents

1 General Provisions ········· 51—5
2 Terms ········· 51—5
3 Calculation Index for Building Energy Efficiency Design ········· 51—5
4 Building and Building Thermal Design ········· 51—6
5 Comprehensive Evaluation for Building Energy Efficiency Design ········· 51—8
6 Energy Efficiency Design on HVAC System and Illumination ········· 51—8
Appendix A Calculation Method for Outside Shading Coefficient ········· 51—9
Appendix B Correction Factor of Solar Energy Absorptance for Reflective Surface ········· 51—10
Appendix C Simplified Calculation method of Building Annual cooling and Heating Electricity Consumption Factor ········· 51—10
Explanation of Wording in This Code ········· 51—12
List of Quoted Standards ········· 51—12
Addition: Explanation of Provisions ········· 51—13

1 总则

1.0.1 为贯彻国家有关节约能源、保护环境的法律、法规和政策,改善夏热冬暖地区居住建筑室内热环境,降低建筑能耗,制定本标准。

1.0.2 本标准适用于夏热冬暖地区新建、扩建和改建居住建筑的节能设计。

1.0.3 夏热冬暖地区居住建筑的建筑热工、暖通空调和照明设计,必须采取节能措施,在保证室内热环境舒适的前提下,将建筑能耗控制在规定的范围内。

1.0.4 建筑节能设计应符合安全可靠、经济合理和保护环境的要求,按照因地制宜的原则,使用适宜技术。

1.0.5 夏热冬暖地区居住建筑的节能设计,除应符合本标准的规定外,尚应符合国家现行有关标准的规定。

2 术语

2.0.1 外窗综合遮阳系数 overall shading coefficient of window

用以评价窗本身和窗口的建筑外遮阳装置综合遮阳效果的系数,其值为窗本身的遮阳系数 SC 与窗口的建筑外遮阳系数 SD 的乘积。

2.0.2 建筑外遮阳系数 outside shading coefficient of window

在相同太阳辐射条件下,有建筑外遮阳的窗口(洞口)所受到的太阳辐射照度的平均值与该窗口(洞口)没有建筑外遮阳时受到的太阳辐射照度的平均值之比。

2.0.3 挑出系数 outstretch coefficient

建筑外遮阳构件的挑出长度与窗高(宽)之比,挑出长度系指窗外表面距水平(垂直)建筑外遮阳构件端部的距离。

2.0.4 单一朝向窗墙面积比 window to wall ratio

窗(含阳台门)洞口面积与房间立面单元面积(即房间层高与开间定位线围成的面积)的比值。

2.0.5 平均窗墙面积比 mean of window to wall ratio

建筑物地上居住部分外墙面上的窗及阳台门(含露台、晒台等出入口)的洞口总面积与建筑物地上居住部分外墙立面的总面积之比。

2.0.6 房间窗地面积比 window to floor ratio

所在房间外墙面上的门窗洞口的总面积与房间地面面积之比。

2.0.7 平均窗地面积比 mean of window to floor ratio

建筑物地上居住部分外墙面上的门窗洞口的总面积与地上居住部分总建筑面积之比。

2.0.8 对比评定法 custom budget method

将所设计建筑物的空调采暖能耗和相应参照建筑物的空调采暖能耗作对比,根据对比的结果来判定所设计的建筑物是否符合节能要求。

2.0.9 参照建筑 reference building

采用对比评定法时作为比较对象的一栋符合节能标准要求的假想建筑。

2.0.10 空调采暖年耗电量 annual cooling and heating electricity consumption

按照设定的计算条件,计算出的单位建筑面积空调和采暖设备每年所要消耗的电能。

2.0.11 空调采暖年耗电指数 annual cooling and heating electricity consumption factor

实施对比评定法时需要计算的一个空调采暖能耗无量纲指数,其值与空调采暖年耗电量相对应。

2.0.12 通风开口面积 ventilation area

外围护结构上自然风气流通过开口的面积。用于进风者为进风开口面积,用于出风者为出风开口面积。

2.0.13 通风路径 ventilation path

自然通风气流经房间的进风开口进入,穿越房门、户内(外)公用空间及其出风开口至室外时可能经过的路线。

3 建筑节能设计计算指标

3.0.1 本标准将夏热冬暖地区划分为南北两个气候区(图 3.0.1)。北区内建筑节能设计应主要考虑夏季空调,兼顾冬季采暖。南区内建筑节能设计应考虑夏季空调,可不考虑冬季采暖。

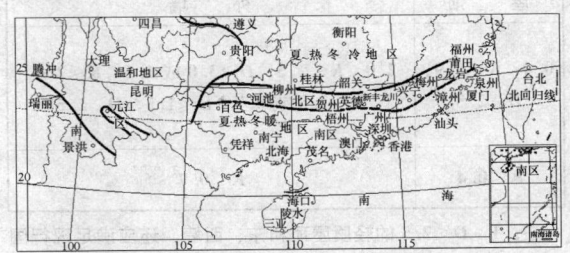

图 3.0.1 夏热冬暖地区气候分区图

3.0.2 夏季空调室内设计计算指标应按下列规定取值:

1 居住空间室内设计计算温度:26℃;
2 计算换气次数:1.0 次/h。

3.0.3 北区冬季采暖室内设计计算指标应按下列规定取值:

1 居住空间室内设计计算温度:16℃;
2 计算换气次数:1.0 次/h。

4 建筑和建筑热工节能设计

4.0.1 建筑群的总体规划应有利于自然通风和减轻热岛效应。建筑的平面、立面设计应有利于自然通风。

4.0.2 居住建筑的朝向宜采用南北向或接近南北向。

4.0.3 北区内,单元式、通廊式住宅的体形系数不宜大于0.35,塔式住宅的体形系数不宜大于0.40。

4.0.4 各朝向的单一朝向窗墙面积比,南、北向不应大于0.40;东、西向不应大于0.30。当设计建筑的外窗不符合上述规定时,其空调采暖年耗电指数(或耗电量)不应超过参照建筑的空调采暖年耗电指数(或耗电量)。

4.0.5 建筑的卧室、书房、起居室等主要房间的房间窗地面积比不应小于1/7。当房间窗地面积比小于1/5时,外窗玻璃的可见光透射比不应小于0.40。

4.0.6 居住建筑的天窗面积不应大于屋顶总面积的4%,传热系数不应大于$4.0W/(m^2·K)$,遮阳系数不应大于0.40。当设计建筑的天窗不符合上述规定时,其空调采暖年耗电指数(或耗电量)不应超过参照建筑的空调采暖年耗电指数(或耗电量)。

4.0.7 居住建筑屋顶和外墙的传热系数和热惰性指标应符合表4.0.7的规定。当设计建筑的南、北外墙不符合表4.0.7的规定时,其空调采暖年耗电指数(或耗电量)不应超过参照建筑的空调采暖年耗电指数(或耗电量)。

表4.0.7 屋顶和外墙的传热系数$K[W/(m^2·K)]$、热惰性指标D

屋 顶	外 墙
$0.4<K≤0.9$, $D≥2.5$	$2.0<K≤2.5$, $D≥3.0$ 或 $1.5<K≤2.0$, $D≥2.8$ 或 $0.7<K≤1.5$, $D≥2.5$
$K≤0.4$	$K≤0.7$

注:1 $D<2.5$的轻质屋顶和东、西墙,还应满足现行国家标准《民用建筑热工设计规范》GB 50176所规定的隔热要求。
2 外墙传热系数K和热惰性指标D要求中,$2.0<K≤2.5$, $D≥3.0$这一档仅适用于南区。

4.0.8 居住建筑外窗的平均传热系数和平均综合遮阳系数应符合表4.0.8-1和表4.0.8-2的规定。当设计建筑的外窗不符合表4.0.8-1和表4.0.8-2的规定时,建筑的空调采暖年耗电指数(或耗电量)不应超过参照建筑的空调采暖年耗电指数(或耗电量)。

表4.0.8-1 北区居住建筑建筑物外窗平均传热系数和平均综合遮阳系数限值

外墙平均指标	外窗平均传热系数 $K[W/(m^2·K)]$	外窗加权平均综合遮阳系数 S_W			
		平均窗地面积比 $C_{MF}≤0.25$ 或平均窗墙面积比 $C_{MW}≤0.25$	平均窗地面积比 $0.25<C_{MF}$ $≤0.30$ 或平均窗墙面积比 $0.25<C_{MW}$ $≤0.30$	平均窗地面积比 $0.30<C_{MF}$ $≤0.35$ 或平均窗墙面积比 $0.30<C_{MW}$ $≤0.35$	平均窗地面积比 $0.35<C_{MF}$ $≤0.40$ 或平均窗墙面积比 $0.35<C_{MW}$ $≤0.40$
$K≤2.0$ $D≥2.8$	4.0	≤0.3	≤0.2	—	—
	3.5	≤0.5	≤0.3	≤0.2	—
	3.0	≤0.7	≤0.5	≤0.4	≤0.3
	2.5	≤0.9	≤0.6	≤0.6	≤0.4
$K≤1.5$ $D≥2.5$	6.0	≤0.3	—	—	—
	5.5	≤0.4	—	—	—
	5.0	≤0.9	≤0.6	≤0.3	—
	4.5	≤0.9	≤0.7	≤0.5	≤0.2
$K≤1.5$ $D≥2.5$	4.0	≤0.9	≤0.8	≤0.6	≤0.4
	3.5	≤0.9	≤0.8	≤0.7	≤0.5
	3.0	≤0.9	≤0.9	≤0.8	≤0.6
	2.5	≤0.9	≤0.9	≤0.9	≤0.7
$K≤1.0$ $D≥2.5$ 或 $K≤0.7$	6.0	≤0.9	≤0.2	—	—
	5.5	≤0.9	≤0.7	≤0.4	—
	5.0	≤0.9	≤0.8	≤0.6	—
	4.5	≤0.9	≤0.9	≤0.7	≤0.5
	4.0	≤0.9	≤0.9	≤0.9	≤0.7
	3.5	≤0.9	≤0.9	≤0.9	≤0.8

表4.0.8-2 南区居住建筑建筑物外窗平均综合遮阳系数限值

外墙平均指标 ($ρ≤0.8$)	外窗的加权平均综合遮阳系数 S_W				
	平均窗地面积比 $C_{MF}≤0.25$ 或平均窗墙面积比 $C_{MW}≤0.25$	平均窗地面积比 $0.25<C_{MF}$ $≤0.30$ 或平均窗墙面积比 $0.25<C_{MW}≤0.30$	平均窗地面积比 $0.30<C_{MF}$ $≤0.35$ 或平均窗墙面积比 $0.30<C_{MW}$ $≤0.35$	平均窗地面积比 $0.35<C_{MF}$ $≤0.40$ 或平均窗墙面积比 $0.35<C_{MW}$ $≤0.40$	平均窗地面积比 $0.40<C_{MF}$ $≤0.45$ 或平均窗墙面积比 $0.40<C_{MW}$ $≤0.45$
$K≤2.5$ $D≥3.0$	≤0.5	≤0.4	≤0.3	≤0.2	—

续表 4.0.8-2

外墙平均指标 ($\rho \leq 0.8$)	外窗的加权平均综合遮阳系数 S_W				
	平均窗地面积比 $C_{MF} \leq 0.25$ 或平均窗墙面积比 $C_{MW} \leq 0.25$	平均窗地面积比 $0.25 < C_{MF} \leq 0.30$ 或平均窗墙面积比 $0.25 < C_{MW} \leq 0.30$	平均窗地面积比 $0.30 < C_{MF} \leq 0.35$ 或平均窗墙面积比 $0.30 < C_{MW} \leq 0.35$	平均窗地面积比 $0.35 < C_{MF} \leq 0.40$ 或平均窗墙面积比 $0.35 < C_{MW} \leq 0.40$	平均窗地面积比 $0.40 < C_{MF} \leq 0.45$ 或平均窗墙面积比 $0.40 < C_{MW} \leq 0.45$
$K \leq 2.0$ $D \geq 2.8$	≤ 0.6	≤ 0.5	≤ 0.4	≤ 0.3	≤ 0.2
$K \leq 1.5$ $D \geq 2.5$	≤ 0.8	≤ 0.7	≤ 0.6	≤ 0.5	≤ 0.4
$K \leq 1.0$ $D \geq 2.5$ 或 $K \leq 0.7$	≤ 0.9	≤ 0.8	≤ 0.7	≤ 0.6	≤ 0.5

注：1 外窗包括阳台门。
2 ρ 为外墙外表面的太阳辐射吸收系数。

4.0.9 外窗平均综合遮阳系数，应为建筑各个朝向平均综合遮阳系数按各朝向窗面积和朝向的权重系数加权平均的数值，并应按下式计算：

$$S_W = \frac{A_E \cdot S_{W,E} + A_S \cdot S_{W,S} + 1.25 A_W \cdot S_{W,W} + 0.8 A_N \cdot S_{W,N}}{A_E + A_S + A_W + A_N}$$

(4.0.9)

式中：A_E、A_S、A_W、A_N——东、南、西、北朝向的窗面积；

$S_{W,E}$、$S_{W,S}$、$S_{W,W}$、$S_{W,N}$——东、南、西、北朝向窗的平均综合遮阳系数。

注：各个朝向的权重系数分别为：东、南朝向取1.0，西朝向取1.25，北朝向取0.8。

4.0.10 居住建筑的东、西向外窗必须采取建筑外遮阳措施，建筑外遮阳系数 SD 不应大于 0.8。

4.0.11 居住建筑南、北向外窗应采取建筑外遮阳措施，建筑外遮阳系数 SD 不应大于0.9。当采用水平、垂直或综合建筑外遮阳构造时，外遮阳构造的挑出长度不应小于表4.0.11规定。

表 4.0.11 建筑外遮阳构造的挑出长度限值（m）

朝向	南			北		
遮阳形式	水平	垂直	综合	水平	垂直	综合
北区	0.25	0.20	0.15	0.40	0.25	0.15
南区	0.30	0.25	0.15	0.45	0.30	0.20

4.0.12 窗口的建筑外遮阳系数 SD 可采用本标准附录 A 的简化方法计算，且北区建筑外遮阳系数应取冬季和夏季的建筑外遮阳系数的平均值，南区应取夏季的建筑外遮阳系数。窗口上方的上一楼层阳台或外廊应作为水平遮阳计算；同一立面对相邻立面上的多个窗口形成自遮挡时应逐一窗口计算。典型形式的建筑外遮阳系数可按表 4.0.12 取值。

表 4.0.12 典型形式的建筑外遮阳系数 SD

遮阳形式	建筑外遮阳系数 SD
可完全遮挡直射阳光的固定百叶、固定挡板遮阳板等	0.5
可基本遮挡直射阳光的固定百叶、固定挡板、遮阳板	0.7
较密的花格	0.7
可完全覆盖窗的不透明活动百叶、金属卷帘	0.5
可完全覆盖窗的织物卷帘	0.7

注：位于窗口上方的上一楼层的阳台也作为遮阳板考虑。

4.0.13 外窗（包含阳台门）的通风开口面积不应小于房间地面面积的10%或外窗面积的45%。

4.0.14 居住建筑应能自然通风，每户至少应有一个居住房间通风开口和通风路径的设计满足自然通风要求。

4.0.15 居住建筑1～9层外窗的气密性能不应低于国家标准《建筑外门窗气密、水密、抗风压性能分级及检测方法》GB/T 7106-2008中规定的4级水平；10层及10层以上外窗的气密性能不应低于国家标准《建筑外门窗气密、水密、抗风压性能分级及检测方法》GB/T 7106-2008中规定的6级水平。

4.0.16 居住建筑的屋顶和外墙宜采用下列隔热措施：

1 反射隔热外饰面；
2 屋顶内设置贴铝箔的封闭空气间层；
3 用含水多孔材料做屋面或外墙面的面层；
4 屋面蓄水；
5 屋面遮阳；
6 屋面种植；
7 东、西外墙采用花格构件或植物遮阳。

4.0.17 当按规定性指标设计，计算屋顶和外墙总热阻时，本标准第4.0.16条采用的各项节能措施的当量热阻附加值，应按表4.0.17取值。反射隔热外饰面的修正方法应符合本标准附录B的规定。

表 4.0.17 隔热措施的当量附加热阻

采取节能措施的屋顶或外墙		当量热阻附加值 ($m^2 \cdot K/W$)
反射隔热外饰面	($0.4 \leq \rho < 0.6$)	0.15
	($\rho < 0.4$)	0.20

续表 4.0.17

采取节能措施的屋顶或外墙			当量热阻附加值 ($m^2 \cdot K/W$)
屋顶内部带有铝箔的封闭空气间层	单面铝箔空气间层 (mm)	20	0.43
		40	0.57
		60 及以上	0.64
	双面铝箔空气间层 (mm)	20	0.56
		40	0.84
		60 及以上	1.01
用含水多孔材料做面层的屋顶面层			0.45
用含水多孔材料做面层的外墙面			0.35
屋面蓄水层			0.40
屋面遮阳构造			0.30
屋面种植层			0.90
东、西外墙体遮阳构造			0.30

注：ρ为修正后的屋顶或外墙面外表面的太阳辐射吸收系数。

5 建筑节能设计的综合评价

5.0.1 居住建筑的节能设计可采用"对比评定法"进行综合评价。当所设计的建筑不能完全符合本标准第4.0.4条、第4.0.6条、第4.0.7条和第4.0.8条的规定时，必须采用"对比评定法"对其进行综合评价。综合评价的指标可采用空调采暖年耗电指数，也可直接采用空调采暖年耗电量，并应符合下列规定：

1 当采用空调采暖年耗电指数作为综合评定指标时，所设计建筑的空调采暖年耗电指数不得超过参照建筑的空调采暖年耗电指数，即应符合下式的规定：

$$ECF \leqslant ECF_{ref} \quad (5.0.1-1)$$

式中：ECF——所设计建筑的空调采暖年耗电指数；
ECF_{ref}——参照建筑的空调采暖年耗电指数。

2 当采用空调采暖年耗电量指标作为综合评定指标时，在相同的计算条件下，用相同的计算方法，所设计建筑的空调采暖年耗电量不得超过参照建筑的空调采暖年耗电量，即应符合下式的规定：

$$EC \leqslant EC_{ref} \quad (5.0.1-2)$$

式中：EC——所设计建筑的空调采暖年耗电量；
EC_{ref}——参照建筑的空调采暖年耗电量。

3 对节能设计进行综合评价的建筑，其天窗的遮阳系数和传热系数应符合本标准第4.0.6条的规定，屋顶、东西墙的传热系数和热惰性指标应符合本标准第4.0.7条的规定。

5.0.2 参照建筑应按下列原则确定：

1 参照建筑的建筑形状、大小和朝向均应与所设计建筑完全相同；

2 参照建筑各朝向和屋顶的开窗洞口面积应与所设计建筑相同，但当所设计建筑某个朝向的窗（包括屋顶的天窗）洞面积超过本标准第4.0.4条、第4.0.6条的规定时，参照建筑该朝向（或屋顶）的窗洞口面积应减小到符合本标准第4.0.4条、第4.0.6条的规定；

3 参照建筑外墙、外窗和屋顶的各项性能指标应为本标准第4.0.7条和第4.0.8条规定的最低限值。其中墙体、屋顶外表面的太阳辐射吸收系数应取0.7；当所设计建筑的墙体热惰性指标大于2.5时，参照建筑的墙体传热系数应取$1.5W/(m^2 \cdot K)$，屋顶的传热系数应取$0.9W/(m^2 \cdot K)$，北区窗的传热系数应取$4.0W/(m^2 \cdot K)$；当所设计建筑的墙体热惰性指标小于2.5时，参照建筑的墙体传热系数应取$0.7W/(m^2 \cdot K)$，屋顶的传热系数应取$0.4W/(m^2 \cdot K)$，北区窗的传热系数应取$4.0W/(m^2 \cdot K)$。

5.0.3 建筑节能设计综合评价指标的计算条件应符合下列规定：

1 室内计算温度，冬季应取16℃，夏季应取26℃。

2 室外计算气象参数应采用当地典型气象年。

3 空调和采暖时，换气次数应取1.0次/h。

4 空调额定能效比取3.0，采暖额定能效比应取1.7。

5 室内不应考虑照明得热和其他内部得热。

6 建筑面积应按墙体中轴线计算；计算体积时，墙仍按中轴线计算，楼层高度应按楼板面至楼板面计算；外表面积的计算应按墙体中轴线和楼板面计算。

7 当建筑屋顶和外墙采用反射隔热外饰面（ρ<0.6）时，其计算用的太阳辐射吸收系数应取按本标准附录B修正之值，且不得重复计算其当量附加热阻。

5.0.4 建筑的空调采暖年耗电量应采用动态逐时模拟的方法计算。空调采暖年耗电量应为计算所得到的单位建筑面积空调年耗电量与采暖年耗电量之和。南区内的建筑物可忽略采暖年耗电量。

5.0.5 建筑的空调采暖年耗电指数应采用本标准附录C的方法计算。

6 暖通空调和照明节能设计

6.0.1 居住建筑空调与采暖方式及设备的选择，应根据当地资源情况，充分考虑节能、环保因素，并经技术经济分析后确定。

6.0.2 采用集中式空调（采暖）方式或户式（单元式）中央空调的住宅应进行逐时逐项冷负荷计算；采用集中式空调（采暖）方式的居住建筑，应设置分室（户）温度控制及分户冷（热）量计量设施。

6.0.3 居住建筑进行夏季空调、冬季采暖时，宜采用电驱动的热泵型空调器（机组）、燃气、蒸汽或热水驱动的吸收式冷（热）水机组，或有利于节能的其他形式的冷（热）源。

6.0.4 设计采用电机驱动压缩机的蒸汽压缩循环冷水（热泵）机组，或采用名义制冷量大于7100W的电机驱动压缩机单元式空气调节机，或采用蒸汽、热水型溴化锂吸收式冷水机组及直燃型溴化锂吸收式冷（温）水机组作为住宅小区或整栋楼的冷（热）源机组时，所选用机组的能效比（性能系数）应符合现行国家标准《公共建筑节能设计标准》GB 50189中的规定值。

6.0.5 采用多联式空调（热泵）机组作为户式集中空调（采暖）机组时，所选用机组的制冷综合性能系数[IPLV（C）]不应低于现行国家标准《多联式空调（热泵）机组能效限定值及能源效率等级》GB 21454中规定的第3级。

6.0.6 居住建筑设计时采暖方式不宜设计采用直接电热设备。

6.0.7 采用分散式房间空调器进行空调和（或）采暖时，宜选择符合现行国家标准《房间空气调节器能效限定值及能效等级》GB 12021.3和《转速可控型房间空气调节器能效限定值及能源效率等级》GB 21455中规定的能效等级2级以上的节能型产品。

6.0.8 当选择土壤源热泵系统、浅层地下水源热泵系统、地表水（淡水、海水）源热泵系统、污水水源热泵系统作为居住区或户用空调（采暖）系统的冷热源时，应进行适宜性分析。

6.0.9 空调室外机的安装位置应避免多台相邻室外机吹出气流相互干扰，并应考虑凝结水的排放和减少对相邻住户的热污染和噪声污染；设计搁板（架）构造时应有利于室外机的吸入和排出气流通畅和缩短室内、外机的连接管路，提高空调器效率；设计安装整体式（窗式）房间空调器的建筑应预留其安放位置。

6.0.10 居住建筑通风宜采用自然通风使室内满足热舒适及空气质量要求；当自然通风不能满足要求时，可辅以机械通风。

6.0.11 在进行居住建筑通风设计时，通风机械设备宜选用符合国家现行标准规定的节能型设备及产品。

6.0.12 居住建筑通风设计应处理好室内气流组织，提高通风效率。厨房、卫生间应安装机械排风装置。

6.0.13 居住建筑公共部位的照明应采用高效光源、灯具并应采取节能控制措施。

附录 A 建筑外遮阳系数的计算方法

A.0.1 建筑外遮阳系数应按下列公式计算：

$$SD = ax^2 + bx + 1 \quad (A.0.1-1)$$

$$x = A/B \quad (A.0.1-2)$$

式中：SD——建筑外遮阳系数；

x——挑出系数，采用水平和垂直遮阳时，分别为遮阳板自窗面外挑长度 A 与遮阳板端部到窗对边距离 B 之比；采用挡板遮阳时，为正对窗口的挡板高度 A 与窗高 B 之比。当 $x \geq 1$ 时，取 $x = 1$；

a，b——系数，按表A.0.1选取；

A、B——按图A.0.1-1～图A.0.1-3规定确定。

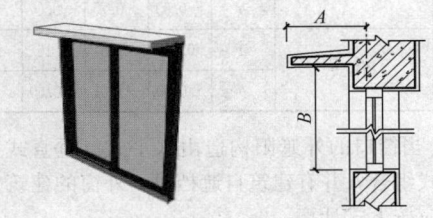

图 A.0.1-1 水平式遮阳

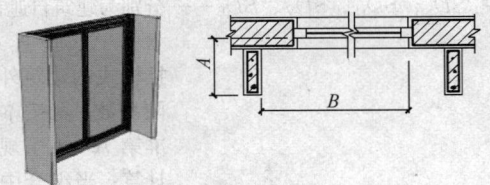

图 A.0.1-2 垂直式遮阳

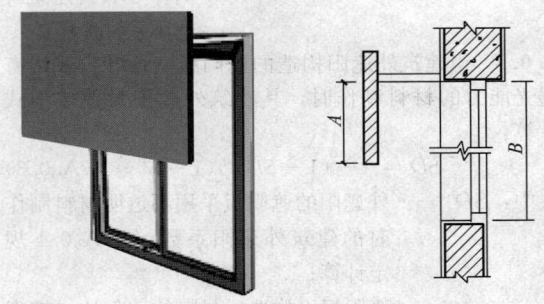

图 A.0.1-3 挡板式遮阳

表 A.0.1 建筑外遮阳系数计算公式的系数

气候区	建筑外遮阳类型		系数	东	南	西	北
夏热冬暖地区北区	水平式	冬季	a	0.30	0.10	0.20	0.00
			b	−0.75	−0.45	−0.45	0.00
		夏季	a	0.35	0.35	0.35	0.20
			b	−0.65	−0.65	−0.40	−0.40
	垂直式	冬季	a	0.30	0.25	0.25	0.05
			b	−0.75	−0.60	−0.60	−0.15
		夏季	a	0.25	0.40	0.30	0.30
			b	−0.60	−0.75	−0.60	−0.60
	挡板式	冬季	a	0.24	0.25	0.24	0.16
			b	−1.01	−1.01	−1.01	−0.95
		夏季	a	0.18	0.41	0.18	0.09
			b	−0.63	−0.86	−0.63	−0.92

续表 A.0.1

气候区	建筑外遮阳类型	系数	东	南	西	北
夏热冬暖地区南区	水平式	a	0.35	0.35	0.20	0.20
		b	−0.65	−0.65	−0.40	−0.40
	垂直式	a	0.25	0.40	0.30	0.30
		b	−0.60	−0.75	−0.60	−0.60
	挡板式	a	0.16	0.35	0.16	0.17
		b	−0.60	−1.01	−0.60	−0.97

A.0.2 当窗口的外遮阳构造由水平式、垂直式、挡板式形式组合,并有建筑自遮挡时,外窗的建筑外遮阳系数应按下式计算:

$$SD = SD_S \cdot SD_H \cdot SD_V \cdot SD_B \quad (A.0.2)$$

式中:SD_S、SD_H、SD_V、SD_B——分别为建筑自遮挡、水平式、垂直式、挡板式的建筑外遮阳系数,可按本标准第 A.0.1 条规定计算;当组合中某种遮阳形式不存在时,可取其建筑外遮阳系数值为1。

A.0.3 当建筑外遮阳构造的遮阳板(百叶)采用有透光能力的材料制作时,其建筑外遮阳系数按下式计算:

$$SD = 1 - (1 - SD^*)(1 - \eta^*) \quad (A.0.3)$$

式中:SD^*——外遮阳的遮阳板采用不透明材料制作时的建筑外遮阳系数,按 A.0.1 规定计算;
η^*——遮阳板(构造)材料的透射比,按表 A.0.3 选取。

表 A.0.3 遮阳板(构造)材料的透射比

遮阳板使用的材料	规格	η^*
织物面料	—	0.5 或按实测太阳光透射比
玻璃钢板	—	0.5 或按实测太阳光透射比
玻璃、有机玻璃类板	0<太阳光透射比≤0.6	0.5
	0.6<太阳光透射比≤0.9	0.8
金属穿孔板	穿孔率:0<φ≤0.2	0.15
	穿孔率:0.2<φ≤0.4	0.3
	穿孔率:0.4<φ≤0.6	0.5
	穿孔率:0.6<φ≤0.8	0.7
混凝土、陶土釉彩窗外花格	—	0.6 或按实际镂空比例及厚度
木质、金属窗外花格	—	0.7 或按实际镂空比例及厚度
木质、竹质窗外帘	—	0.4 或按实际镂空比例

附录 B 反射隔热饰面太阳辐射吸收系数的修正系数

B.0.1 节能、隔热设计计算时,反射隔热外饰面的太阳辐射吸收系数取值应采用污染修正系数进行修正,污染修正后的太阳辐射吸收系数应按式(B.0.1-1)计算。

$$\rho' = \rho \cdot a \quad (B.0.1-1)$$
$$a = 11.384(\rho \times 100)^{-0.6241} \quad (B.0.1-2)$$

式中:ρ——修正前的太阳辐射吸收系数;
ρ'——修正后的太阳辐射吸收系数,用于节能、隔热设计计算;
a——污染修正系数,当ρ<0.5时修正系数按式(B.0.1-2)计算,当ρ≥0.5时,取a为1.0。

附录 C 建筑物空调采暖年耗电指数的简化计算方法

C.0.1 建筑物的空调采暖年耗电指数应按下式计算:

$$ECF = ECF_C + ECF_H \quad (C.0.1)$$

式中:ECF_C——空调年耗电指数;
ECF_H——采暖年耗电指数。

C.0.2 建筑物空调年耗电指数应按下列公式计算:

$$ECF_C = \left[\frac{(ECF_{C.R} + ECF_{C.WL} + ECF_{C.WD})}{A} + C_{C.N} \cdot h \cdot N + C_{C.0}\right] \cdot C_C \quad (C.0.2-1)$$

$$C_C = C_{qc} \cdot C_{FA}^{-0.147} \quad (C.0.2-2)$$

$$ECF_{C.R} = C_{C.R} \sum_i K_i F_i \rho_i \quad (C.0.2-3)$$

$$ECF_{C.WL} = C_{C.WL.E} \sum_{i=1} K_i F_i \rho_i + C_{C.WL.S} \sum_i K_i F_i \rho_i$$
$$+ C_{C.WL.W} \sum_i K_i F_i \rho_i + C_{C.WL.N} \sum_i K_i F_i \rho_i$$
$$(C.0.2-4)$$

$$ECF_{C.WD} = C_{C.WD.E} \sum_i F_i SC_i SD_{C.i} +$$
$$C_{C.WD.S} \sum_i F_i SC_i SD_{C.i} +$$
$$C_{C.WD.W} \sum_i F_i SC_i SD_{C.i} + C_{C.WD.N} \sum_i F_i SC_i SD_{C.i}$$
$$+ C_{C.SK} \sum_i F_i SC_i$$
$$(C.0.2-5)$$

式中:A——总建筑面积(m²);
N——换气次数(次/h);
h——按建筑面积进行加权平均的楼层高度(m);

$C_{C.N}$——空调年耗电指数与换气次数有关的系数，$C_{C.N}$取4.16；

$C_{C.0}$，C_C——空调年耗电指数的有关系数，$C_{C.0}$取 -4.47；

$ECF_{C.R}$——空调年耗电指数与屋面有关的参数；

$ECF_{C.WL}$——空调年耗电指数与墙体有关的参数；

$ECF_{C.WD}$——空调年耗电指数与外门窗有关的参数；

F_i——各个围护结构的面积（m²）；

K_i——各个围护结构的传热系数[W/(m²·K)]；

ρ_i——各个墙面的太阳辐射吸收系数；

SC_i——各个外门窗的遮阳系数；

$SD_{C.i}$——各个窗的夏季建筑外遮阳系数，外遮阳系数按本标准附录A计算；

C_{FA}——外围护结构的总面积（不包括室内地面）与总建筑面积之比；

C_{qc}——空调年耗电指数与地区有关的系数，南区取1.13，北区取0.64。

公式（C.0.2-3）、公式（C.0.2-4）、公式（C.0.2-5）中的其他有关系数应符合表C.0.2的规定。

表C.0.2 空调耗电指数计算的有关系数

系 数	所在墙面的朝向			
	东	南	西	北
$C_{C.WL}$（重质）	18.6	16.6	20.4	12.0
$C_{C.WL}$（轻质）	29.2	33.2	40.8	24.0
$C_{C.WD}$	137	173	215	131
$C_{C.R}$（重质）	35.2			
$C_{C.R}$（轻质）	70.4			
$C_{C.SK}$	363			

注：重质是指热惰性指标大于等于2.5的墙体和屋顶；轻质是指热惰性指标小于2.5的墙体和屋顶。

C.0.3 建筑物采暖的年耗电指数应按下列公式进行计算：

$$ECF_H = \left[\frac{(ECF_{H.R}+ECF_{H.WL}+ECF_{H.WD})}{A} + C_{H.N} \cdot h \cdot N + C_{H.0}\right] \cdot C_H$$
(C.0.3-1)

$$C_H = C_{qh} \cdot C_{FA}^{0.370}$$
(C.0.3-2)

$$ECF_{H.R} = C_{H.R.K}\sum_i K_i F_i + C_{H.R}\sum_i K_i F_i \rho_i$$
(C.0.3-3)

$$ECF_{H.WL} = C_{H.WL.E}\sum_i K_i F_i \rho_i + C_{H.WL.S}\sum_i K_i F_i \rho_i$$
$$+ C_{H.WL.W}\sum_i K_i F_i \rho_i + C_{H.WL.N}\sum_i K_i F_i \rho_i$$
$$+ C_{H.WL.K.E}\sum_i K_i F_i + C_{H.WL.K.S}\sum_i K_i F_i$$
$$+ C_{H.WL.K.W}\sum_i K_i F_i + C_{H.WL.K.N}\sum_i K_i F_i$$
(C.0.3-4)

$$ECF_{H.WD} = C_{H.WD.E}\sum_i F_i SC_i SD_{H.i}$$
$$+ C_{H.WD.S}\sum_i F_i SC_i SD_{H.i}$$
$$+ C_{H.WD.W}\sum_i F_i SC_i SD_{H.i}$$
$$+ C_{H.WD.N}\sum_i F_i SC_i SD_{H.i}$$
$$+ C_{H.WD.K.E}\sum_i F_i K_i + C_{H.WD.K.S}\sum_i F_i K_i$$
$$+ C_{H.WD.K.W}\sum_i F_i K_i + C_{H.WD.K.N}\sum_i F_i K_i$$
$$+ C_{H.SK}\sum_i F_i SC_i SD_{H.i} + C_{H.SK.K}\sum_i F_i K_i$$
(C.0.3-5)

式中：A——总建筑面积（m²）；

h——按建筑面积进行加权平均的楼层高度（m）；

N——换气次数（次/h）；

$C_{H.N}$——采暖年耗电指数与换气次数有关的系数，$C_{H.N}$取4.61；

$C_{H.0}$，C_H——采暖的年耗电指数的有关系数，$C_{H.0}$取2.60；

$ECF_{H.R}$——采暖年耗电指数与屋面有关的参数；

$ECF_{H.WL}$——采暖年耗电指数与墙体有关的参数；

$ECF_{H.WD}$——采暖年耗电指数与外门窗有关的参数；

F_i——各个围护结构的面积（m²）；

K_i——各个围护结构的传热系数[W/(m²·K)]；

ρ_i——各个墙面的太阳辐射吸收系数；

SC_i——各个窗的遮阳系数；

$SD_{H.i}$——各个窗的冬季建筑外遮阳系数，外遮阳系数应按本标准附录A计算；

C_{FA}——外围护结构的总面积（不包括室内地面）与总建筑面积之比；

C_{qh}——采暖年耗电指数与地区有关的系数，南区取0，北区取0.7。

公式（C.0.3-3）、公式（C.0.3-4）、公式（C.0.3-5）中的其他有关系数见表C.0.3。

表C.0.3 采暖能耗指数计算的有关系数

系 数	东	南	西	北
$C_{H.WL}$（重质）	-3.6	-9.0	-10.8	-3.6
$C_{H.WL}$（轻质）	-7.2	-18.0	-21.6	-7.2
$C_{H.WL.K}$（重质）	14.4	15.1	23.4	14.6
$C_{H.WL.K}$（轻质）	28.8	30.2	46.8	29.2
$C_{H.WD}$	-32.5	-103.2	-141.1	-32.7
$C_{H.WD.K}$	8.3	8.5	14.5	8.5
$C_{H.R}$（重质）	-7.4			
$C_{H.R}$（轻质）	-14.8			
$C_{H.R.K}$（重质）	21.4			
$C_{H.R.K}$（轻质）	42.8			
$C_{H.SK}$	-97.3			
$C_{H.SK.K}$	13.3			

注：重质是指热惰性指标大于等于2.5的墙体和屋顶；轻质是指热惰性指标小于2.5的墙体和屋顶。

本标准用词说明

1 为便于在执行本标准条文时区别对待,对要求严格程度不同的用词说明如下:
  1) 表示很严格,非这样做不可的:
     正面词采用"必须",反面词采用"严禁";
  2) 表示严格,在正常情况下均应这样做的:
     正面词采用"应",反面词采用"不应"或"不得";
  3) 表示允许稍有选择,在条件许可时首先应这样做的:
     正面词采用"宜",反面词采用"不宜";
  4) 表示有选择,在一定条件下可以这样做的:
     采用"可"。

2 标准中指明应按其他有关标准执行的写法为:"应符合……的规定(或要求)"或"应按……执行"。

引用标准名录

1 《民用建筑热工设计规范》GB 50176
2 《公共建筑节能设计标准》GB 50189
3 《建筑外门窗气密、水密、抗风压性能分级及检测方法》GB/T 7106—2008
4 《房间空气调节器能效限定值及能效等级》GB 12021.3
5 《多联式空调(热泵)机组能效限定值及能源效率等级》GB 21454
6 《转速可控型房间空气调节器能效限定值及能源效率等级》GB 21455

中华人民共和国行业标准

夏热冬暖地区居住建筑节能设计标准

JGJ 75—2012

条 文 说 明

修 订 说 明

《夏热冬暖地区居住建筑节能设计标准》JGJ 75-2012，经住房和城乡建设部 2012 年 11 月 2 日以第 1533 号公告批准、发布。

本标准是在《夏热冬暖地区居住建筑节能设计标准》JGJ 75-2003 的基础上修订而成的。上一版的主编单位是中国建筑科学研究院，主要起草人是郎四维、杨仕超、林海燕、涂逢祥、赵士怀、彭红圃、孟庆林、任俊、刘俊跃、冀兆良、石民祥、黄夏东、李劲鹏、赖卫中、梁章旋、陆琦、张黎明、王云新。

本次修订的主要技术内容：1. 引入窗地面积比，作为与窗墙面积比并行的确定门窗节能指标的控制参数；2. 将东、西朝向窗户的建筑外遮阳作为强制性条文；3. 建筑通风的要求更具体；4. 规定了多联式空调（热泵）机组的能效级别；5. 对采用集中式空调住宅的设计，强制要求计算逐时逐项冷负荷。

本标准修订过程中，编制组进行了广泛深入的调查研究，总结了我国夏热冬暖地区近些年来开展建筑节能工作的实践经验，使修订后的标准针对性更强，更加合理，也便于实施。

为便于广大设计、施工、科研、学校等单位有关人员在使用本标准时能正确理解和执行条文规定，《夏热冬暖地区居住建筑节能设计标准》编制组按章、节、条顺序编制了条文说明，对条文规定的目的、依据以及执行中需注意的有关事项进行了说明，还着重对强制性条文的强制性理由作了解释。但是，本条文说明不具备与标准正文同等的法律效力，仅供使用者作为理解和把握标准规定的参考。

目 次

1 总则 …………………………… 51—16
2 术语 …………………………… 51—16
3 建筑节能设计计算指标 ………… 51—17
4 建筑和建筑热工节能设计 ……… 51—18
5 建筑节能设计的综合评价 ……… 51—25
6 暖通空调和照明节能设计 ……… 51—27
附录 A 建筑外遮阳系数的计算
方法 ……………………… 51—29

1 总　则

1.0.1　《中华人民共和国节约能源法》第十四条规定"建筑节能的国家标准、行业标准由国务院建设主管部门组织制定，并依照法定程序发布。省、自治区、直辖市人民政府建设主管部门可以根据本地实际情况，制定严于国家标准或者行业标准的地方建筑节能标准，并报国务院标准化主管部门和国务院建设主管部门备案。"第三十五条规定"建筑工程的建设、设计、施工和监理单位应当遵守建筑节能标准。不符合建筑节能标准的建筑工程，建设主管部门不得批准开工建设；已经开工建设的，应当责令停止施工、限期改正；已经建成的，不得销售或者使用。建设主管部门应当加强对在建建筑工程执行建筑节能标准情况的监督检查。"第四十条规定"国家鼓励在新建建筑和既有建筑节能改造中使用新型墙体材料等节能建筑材料和节能设备，安装和使用太阳能等可再生能源利用系统。"《民用建筑节能条例》第十五条规定"设计单位、施工单位、工程监理单位及其注册执业人员，应当按照民用建筑节能强制性标准进行设计、施工、监理。"第十四条规定"建设单位不得明示或者暗示设计单位、施工单位违反民用建筑节能强制性标准进行设计、施工，不得明示或者暗示施工单位使用不符合施工图设计文件要求的墙体材料、保温材料、门窗、采暖制冷系统和照明设备。"本标准规定夏热冬暖地区居住建筑的节能设计要求，并给出了强制性的条文，就是为了执行《中华人民共和国节约能源法》和国务院发布的《民用建筑节能条例》。

夏热冬暖地区位于我国南部，在北纬27°以南，东经97°以东，包括海南全境，广东大部，广西大部，福建南部，云南小部分，以及香港、澳门与台湾。其确切范围由现行《民用建筑热工设计规范》GB 50176-93规定。

该地区处于我国改革开放的最前沿。改革开放以来，经济快速发展，人民生活水平显著提高。该地区经济的发展，以沿海一带中心城市及其周边地区最为迅速，其中特别是珠江三角洲地区更为发达。

该地区为亚热带湿润季风气候（湿热型气候），其特征表现为夏季漫长，冬季寒冷时间很短，甚至几乎没有冬季，长年气温高而且湿度大，气温的年较差和日较差都小。太阳辐射强烈，雨量充沛。

近十几年来，该地区建筑空调发展极为迅速，其中经济发达城市如广州市，空调器早已超过户均2台，而且一户3台以上的非常普遍。冬季比较寒冷的福州等地区，已有越来越多的家庭用电采暖。在空调及采暖使用快速增加、建筑规模宏大的情况下，虽然执行节能设计标准已有8年，但新建建筑围护结构热工性能仍然不尽如人意，节能标准在执行中打折扣，从而空调采暖设备的电能浪费严重，室内热舒适状况依然不好，导致温室气体CO_2排放量的进一步增加。

该地区正在大规模建造居住建筑，有必要通过居住建筑节能设计标准的执行，改善居住建筑的热舒适程度，提高空调和采暖设备的能源利用效率，以节约能源，保护环境，贯彻国家建筑节能的方针政策。

由此可见，在夏热冬暖地区开展建筑节能工作形势依然不乐观，节能标准需要进行必要的修订，使得相关规定更加明确，更加方便执行。

1.0.2　本标准适用于夏热冬暖地区的各类新建、扩建和改建的居住建筑。居住建筑主要包括住宅建筑（约占90％）和集体宿舍、招待所、旅馆以及托幼建筑等。在夏热冬暖地区居住建筑的节能设计中，应按本标准的规定控制建筑能耗，并采取相应的建筑、热工和空调、采暖节能措施。

1.0.3　夏热冬暖地区居住建筑的设计，应考虑空调、采暖的要求，建筑围护结构的热工性能应满足要求，使得炎夏和寒冬室内热环境更加舒适，空调、采暖设备使用的时间短，能源利用效率高。

本标准首先要保证建筑室内热环境质量，提高人民居住舒适水平，以此作为前提条件；与此同时，还要提高空调、采暖的能源利用效率，以实现节能的基本目标。

1.0.5　本标准对夏热冬暖地区居住建筑的建筑、热工、空调、采暖和通风设计中所采取的节能措施和应该控制的建筑能耗做出了规定，但建筑节能所涉及的专业较多，相关的专业还制定有相应的标准。因此，夏热冬暖地区居住建筑的节能设计，除应执行本标准外，还应符合国家现行的有关标准、规范的规定。

2 术　语

2.0.1　窗口外各种形式的建筑外遮阳在南方的建筑中很常见。建筑外遮阳对建筑能耗，尤其是对建筑的空调能耗有很大的影响，因此在考虑外窗的遮阳时，将窗本身的遮阳效果和窗外遮阳设施的遮阳效果结合起来一起考虑。

窗本身的遮阳系数SC可近似地取为窗玻璃的遮蔽系数乘以窗玻璃面积除以整窗面积。

当窗口外面没有任何形式的建筑外遮阳时，外窗的遮阳系数S_w就是窗本身的遮阳系数SC。

2.0.4　参照《民用建筑热工设计规范》GB 50176，增加了该术语。这样修改，对于体形系数较大的建筑的外窗要求较高，而对于体形系数小的建筑的外窗要求与原标准一样。

2.0.6　本术语用于外窗采光面积确定时用。

2.0.7　本术语用于外窗性能指标确定时用。在第4章中查表4.0.8-1、表4.0.8-2，可以采用"平均窗墙面积比"，也可以采用"平均窗地面积比"，在制定地方标准时,可根据各地情况选用其中一个。

夏热冬暖地区,在体形系数没有限制的前提下,采用"窗墙面积比"在实际使用中被发现存在问题:对于外墙面积较大的建筑,即使窗很大,对窗的遮阳系数要求不严。用"窗墙面积比"作为参数时,体形系数越大,单位建筑面积对应的外墙面积越大,窗墙面积比就越小。建筑开窗面积决定了建筑室内的太阳辐射得热,而太阳辐射得热是夏热冬暖地区引起空调能耗的主要因素。因此,按照现有标准,体形系数越大,标准允许的单位建筑能耗就越大,节能率要求就"相对"越低。对于一些体形系数特别大的建筑,用窗墙面积比作为参数,在采用同样的遮阳系数时,将允许开较大面积的外窗,这种结果显然是不合理的。

在夏热冬暖地区,如果限制体形系数将大大束缚建筑设计,不符合本地区的建筑特点。南方地区,经济较发达,建筑形式呈现多样。同时,住宅设计中应充分考虑自然通风设计,通常要求建筑有较高的"通透性",此时建筑平面设计较为复杂,体形系数比较大。若限制体形系数,将会大大束缚建筑设计,不符合地方特色。

因此,在本地区采用"窗地面积比"可以避免以上问题。采用"窗地面积比",使建筑节能设计与建筑自然采光设计与建筑自然通风设计保持一致。建筑自然采光设计与自然通风设计不仅保证建筑室内环境,也是建筑被动式节能的重要手段。"窗地面积比"是控制这两个方面的重要参数。同时,设计人员对"窗地面积比"很熟悉,因为在人们提出建筑节能需求之前,窗地面积比已经被用来作建筑自然采光的评价指标。《住宅设计规范》GB 50096规定:为保证住宅侧面采光,窗地面积比值不得小于1/7。南方居住建筑对自然通风的需求也给"窗地面积比"的应用带来了可能性。为了保证住宅室内的自然通风,通常控制外窗的可开启面积与地面面积的比值来实现。《夏热冬暖地区居住建筑节能设计标准》JGJ 75-2003中为了保证建筑室内的自然通风效果,要求外窗可开启面积不应小于地面面积的8%。

相对"窗墙面积比","窗地面积比"很容易计算,简化了建筑节能设计的工作,减少了设计人员和审图人员的工作量,也降低了节能计算出现矛盾或错误的可能性。在修编过程中,编制组还对采用"窗地面积比"作为节能参数的使用进行了意向调查。针对广州市、东莞市、深圳市等20多家单位(其中包括设计院、节能办、审图等单位),关于窗地面积比使用意向等问题,进行了问卷调查,共收回问卷62份。调查结果显示,76%的人认为合适,仅有14%的人认为不合适,还有10%的人持有其他观点,部分认为"窗地比"与"窗墙比"均可作为夏热冬暖地区建筑节能设计的参数。

2.0.8 建筑物的大小、形状、围护结构的热工性能等情况是复杂多变的,判断所设计的建筑是否符合节能要求常常不太容易。对比评定法是一种很灵活的方法,它将所设计的实际建筑物与一个作为能耗基准的节能参照建筑物作比较,当实际建筑物的能耗不超过参照建筑物时,就判定实际建筑物符合节能要求。

2.0.9 参照建筑的概念是对比评定法的一个非常重要的概念。参照建筑是一个符合节能要求的假想建筑,该建筑与所设计的实际建筑在大小、形状等方面完全一致,它的围护结构完全满足本标准第4章的节能指标要求,因此它是符合节能要求的建筑,并为所设计的实际建筑定下了空调采暖能耗的限值。

2.0.10 建筑物实际消耗的空调采暖能耗除了与建筑设计有关外,还与许多其他的因素有密切关系。这里的空调采暖年耗电量并非建筑物的实际空调采暖耗电量,而是在统一规定的标准条件下计算出来的理论值。从设计的角度出发,可以用这个理论值来评判建筑物能耗性能的优劣。

2.0.11 实施对比评定法时可以用来进行对比评定的一个无量纲指数,也是所设计的建筑物是否符合节能要求的一个判断依据,其值与空调采暖年耗电量基本成正比。

2.0.12 通风开口面积一般包括外窗(阳台门)、天窗的有效可开启部分面积、敞开的洞口面积等。

2.0.13 通风路径是指从外窗进入居住房间的自然风气流通过房间流到室外所经过的路线。通风路径是确保房间自然通风的必要条件,通风路径具备的设计要件包括:通风入口(外窗可开启部分)、通风空间(居室、客厅、走廊、天井等)、通风出口(外窗可开启部分、洞口、天窗可开启部分等)。

3 建筑节能设计计算指标

3.0.1 本标准以一月份的平均温度11.5℃为分界线,将夏热冬暖地区进一步细分为两个区,等温线的北部为北区,区内建筑要兼顾冬季采暖。南部为南区,区内建筑可不考虑冬季采暖。在标准编制过程中,对整个区内的若干个城市进行了全年能耗模拟计算,模拟时设定的室内温度是16℃~26℃。从模拟结果中发现,处在南区的建筑采暖能耗占全年采暖空调总能耗的20%以下,考虑到模拟计算时内热源取为0(即没有考虑室内人员、电气、炊事的发热量),同时考虑到当地居民的生活习惯,所以规定南区内的建筑设计时可不考虑冬季采暖。处在北区的建筑的采暖能耗占全年采暖空调总能耗的20%以上,福州市更是占到45%左右,可见北区内的建筑冬季确实有采暖的需求。图3.0.1中的虚线为南北区的分界线,表1列出了夏热冬暖地区中划入北区的主要城市。

表1 夏热冬暖地区中划入北区的主要城市

省 份	划入北区的主要城市
福建	福州市、莆田市、龙岩市
广东	梅州市、兴宁市、龙川县、新丰县、英德市、怀集县
广西	河池市、柳州市、贺州市

表2 部分民用建筑主要房间人员所需的最小新风量参考值[m³/(h·人)]

房间类型			新风量	参考依据
旅游旅馆饭店	客房	3～5星级	≥30	GB 9663-1996
		2星级以下	≥20	GB 9663-1996
	餐厅、宴会厅、多功能厅	3～5星级	≥30	GB 9663-1996
		2星级以下	≥20	GB 9663-1996
	会议室、办公室、接待室	3～5星级	≥50	GB 9663-1996
		2星级以下	≥30	GB 9663-1996
中、小学	教室	小学	≥11	GB/T 17226-1998
		初中	≥14	GB/T 17226-1998
		高中	≥17	GB/T 17226-1998

3.0.2～3.0.3 居住建筑要实现节能，必须在保持室内热舒适环境的前提下进行。本标准提出了两项室内设计计算指标，即室内空气（干球）温度和换气次数，其根据是经济的发展，以及居住者在舒适、卫生方面的要求；从另一个角度来看，这两项设计计算指标也是空调采暖能耗计算必不可少的参数，是作为进行围护结构隔热、保温性能限值计算时的依据。

室内热环境质量的指标体系包括温度、湿度、风速、壁面温度等多项指标。标准中只规定了温度指标和换气次数指标，这是由于当前一般住宅较少配备户式中央空调系统，室内空气湿度、风速等参数实际上难以控制。另一方面，在室内热环境的诸多指标中，温度指标是一个最重要的指标，而换气次数指标则是从人体卫生角度考虑必不可少的指标，所以只提出空气温度指标和换气次数指标。

居住空间夏季设计计算温度规定为26℃，北区冬季居住空间设计计算温度规定为16℃，这和该地区原来恶劣的室内热环境相比，提高幅度比较大，基本上达到了热舒适的水平。要说明的是北区室内采暖设计计算温度规定为16℃，而现行国家标准《住宅设计规范》GB 50096 规定室内采暖计算温度为：卧室、起居室（厅）和卫生间为18℃，厨房为15℃。本标准在讨论北区采暖设计计算温度时，当地居民反映冬季室内保持16℃比较舒适。因此，根据当前现实情况，规定设计计算温度为16℃，当然，这并不影响居民冬季保持室内温度18℃，或其他适宜的温度。

换气次数是室内热环境的另外一个重要的设计指标，冬、夏季室外的新鲜空气进入建筑内，一方面有利于确保室内的卫生条件，另一方面又要消耗大量的能源，因此要确定一个合理的计算换气次数。由于人均住房面积增加，1小时换气1次，人均占有新风量应能达到卫生标准要求。比如，当前居住建筑的净高一般大于2.5m，按人均居住面积15m²计算，1小时换气1次，相当于人均占有新风会超过37.5m³/h。表2为民用建筑主要房间人员所需最小新风量参考数值，是根据国家现行的相关公共场所卫生标准（GB 9663～GB 9673）、《室内空气质量标准》GB/T 18883等标准摘录的，可供比较、参考。应该说，每小时换气1次已达到卫生要求。

潮湿是夏热冬暖地区气候的一大特点。在室内热环境主要设计指标中虽然没有明确提出相对湿度设计指标，但并非完全没有考虑潮湿问题。实际上，在空调设备运行的状态下，室内同时在进行除湿。因此在大部分时间内，室内的潮湿问题也已经得到了解决。

4 建筑和建筑热工节能设计

4.0.1 夏热冬暖地区的主要气候特征之一表现在夏热季节的（4～9）月盛行东南风和西南风，该地区内陆地区的地面平均风速为1.1m/s～3.0m/s，沿海及岛屿风速更大。充分地利用这一风力资源自然降温，就可以相对地缩短居住建筑使用空调降温的时间，达到节能目的。

强调居住区良好的自然通风主要有两个目的，一是为了改善居住区热环境，增加热舒适感，体现以人为本的设计思想；二是为了提高空调设备的效率，因为居住区良好的通风和热岛强度的下降可以提高空调设备的冷凝器的工作效率，有利于节省设备的运行能耗。为此居住区建筑物的平面布局应优先考虑采用错列式或斜列式布置，对于连排式建筑应注意主导风向的投射角不宜大于45°。

房间有良好的自然通风，一是可以显著地降低房间自然室温，为居住者提供有更多时间生活在自然室温环境的可能性，从而体现健康建筑的设计理念；二是能够有效地缩短房间空调器开启的时间，节能效果明显。为此，房间的自然进风设计应使窗口开启朝向和窗扇的开启方式有利于向房间导入室外风，房间的自然排风设计应能保证利用常开的房门、户门、外窗、专用通风口等，直接或间接地通过和室外连通的走道、楼梯间、天井等向室外顺畅地排风。本地区以夏季防热为主，一般不考虑冬季保温，因此每户住宅均应尽量通风良好，通风良好的标志应该是能够形成穿堂风。房间内部与可开启窗口相对应位置应有可以用来形成穿堂风的通道，如通过房门、门亮子、内墙可开启窗、走廊、楼梯间可开启外窗、卫生间可开启外窗、厨房可开启外窗等形成房间穿堂风的通道，通风通道上的最小通风面积不宜过小。单朝向的住宅通风不利，应采取特别通风措施。

另外，自然通风的每套住宅均应考虑主导风向，将卧室、起居室等尽量布置在上风位置，避免厨房、卫生间的污浊空气污染室内。

4.0.2 夏热冬暖地区地处沿海，（4～9）月大多盛行东南风和西南风，居住建筑物南北向和接近南北向布局，有利于自然通风，增加居住舒适度。太阳辐射得热对建筑能耗的影响很大，夏季太阳辐射得热增加空调制冷能耗，冬季太阳辐射得热降低采暖能耗。南北朝向的建筑物夏季可以减少太阳辐射得热，对本地区全年只考虑制冷降温的南区是十分有利的；对冬季要考虑采暖的北区，冬季可以增加太阳辐射得热，减少采暖消耗，也是十分有利的。因此南北朝向是最有利的建筑朝向。但随着社会经济的发展，建筑物风格也多样化，不可能都做到南北朝向，所以本条文严格程度用词采用"宜"。

执行本条文时应该注意的是，建筑平面布置时，尽量不要将主要卧室、客厅设置在正西、西北方向，不要在建筑的正东、正西和西偏北、东偏北方向设置大面积的门窗或玻璃幕墙。

4.0.3 建筑物体形系数是指建筑物的外表面积和外表面积所包围的体积之比。体形系数的大小影响建筑能耗，体形系数越大，单位建筑面积对应的外表面积越大，外围护结构的传热损失也越大。因此从降低建筑能耗的角度出发，应该要考虑体形系数这个因素。

但是，体形系数不只是影响外围护结构的传热损失，它也影响建筑造型，平面布局，采光通风等。体形系数过小，将制约建筑师的创作思维，造成建筑造型呆板，甚至损害建筑功能。在夏热冬暖地区，北区和南区气候仍有所差异，南区纬度比北区低，冬季南区建筑室内外温差比北区小，而夏季南区和北区建筑室内外温差相差不大，因此，南区体形系数大小引起的外围护结构传热损失影响小于北区。本条文只对北区建筑物体形系数作出规定，而对经济相对发达，建筑形式多样的南区建筑体形系数不作具体要求。

4.0.4 普通窗户的保温隔热性能比外墙差很多，而且夏季白天太阳辐射还可以通过窗户直接进入室内。一般说来，窗墙面积比越大，建筑物的能耗也越大。

通过计算机模拟分析表明，通过窗户进入室内的热量（包括温差传热和辐射得热），占室内总得热量的相当大部分，成为影响夏季空调负荷的主要因素。以广州市为例，无外窗常规居住建筑物采暖空调年耗电量为 30.6kWh/m²，当装上铝合金窗，平均窗墙面积比 $C_{MW}=0.3$ 时，年耗电量是 53.02kWh/m²，当 $C_{MW}=0.47$ 时，年耗电量为 67.19kWh/m²，能耗分别增加了 73.3% 和 119.6%。说明在夏热冬暖地区，外窗成为建筑节能很关键的因素。参考国家有关标准，兼顾到建筑师创作和住宅住户的愿望，从节能角度出发，对本地区居住建筑各朝向窗墙面积比作了限制。

本条文是强制性条文，对保证居住建筑达到节能的目标是非常关键的。如果所设计建筑的窗墙比不能完全符合本条的规定，则必须采用第 5 章的对比评定法来判定该建筑是否满足节能要求。采用对比评定法时，参照建筑的各朝向窗墙比必须符合本条文的规定。

本次修订，窗墙面积比采用了《民用建筑热工设计规范》GB 50176 的规定，各个朝向的墙面积应为各个朝向的立面面积。立面面积应为层高乘以开间定位轴线的距离。当墙面有凹凸时应忽略凹凸；当墙面整体的方向有变化时应根据轴线的变化分段处理。对于朝向的判定，各个省在执行时可以制订更详细的规定来解决朝向划分问题。

4.0.5 本条规定取自《住宅建筑规范》GB 50368-2005 第 7.2.2 条。该规范是全文强制的规范，要求卧室、起居室（厅）、厨房应设置外窗，窗地面积比不应小于 1/7。本标准要求卧室、书房、起居室等主要房间达到该要求，而考虑到本地区的厨房、卫生间常设在内凹部位，朝外的窗主要用于通风，采光系数很低，所以不对厨房、卫生间提出要求。

当主要房间窗地面积比较小时，外窗玻璃的遮阳系数要求也不高。而这时因为窗户较小，玻璃的可见光透射比不能太小，否则采光很差，所以提出可见光透射比不小于 0.4 的要求。

另外，在原《夏热冬暖地区居住建筑节能设计标准》JGJ 75-2003 的使用过程中，一些住宅由于外窗面积大，为了达到节能要求，选用了透光性能差遮阳系数小的玻璃。虽然达到了节能标准的要求，却牺牲了建筑的采光性能，降低了室内环境品质。对玻璃的遮阳系数有要求的同时，可见光透射比必须达到一定的要求，因此本条文在此方面做出强制性规定。

4.0.6 天窗面积越大，或天窗热工性能越差，建筑物能耗也越大，对节能是不利的。随着居住建筑形式多样化和居住者需求的提高，在平屋面和斜屋面上开天窗的建筑越来越多。采用 DOE-2 软件，对建筑物开天窗时的能耗做了计算，当天窗面积占整个屋顶面积 4%，天窗传热系数 $K=4.0W/(m^2·K)$，遮阳系数 $SC=0.5$ 时，其能耗只比不开天窗建筑物能耗多 1.6% 左右，对节能总体效果影响不大，但对开天窗的房间热环境影响较大。根据工程调研结果，原标准的遮阳系数 SC 不大于 0.5 要求较低，本次提高要求，要求应不大于 0.4。

本条文是强制性条文，对保证居住建筑达到节能目标是非常关键的。对于那些需要增加视觉效果而加大天窗面积，或采用性能差的天窗的建筑，本条文的限制很可能被突破。如果所设计建筑的天窗不能完全符合本条的规定,则必须采用第 5 章的对比评定法来判定该建筑是否满足节能要求。采用对比评定法时,参照建筑的天窗面积和天窗热工性能必须符合本条文的规定。

4.0.7 本条文为强制性条文,对保证居住建筑的节能舒适是非常关键的。如果所设计建筑的外墙不能完全符合本条的规定,在屋顶和东、西面外墙满足本条规定的前提下,可采用第 5 章的对比评定法来判定该建筑是否满足节能要求。

围护结构的 K、D 值直接影响建筑采暖空调房间冷热负荷的大小,也直接影响到建筑能耗。在夏热冬暖地区,一般情况下居住建筑南、北面窗墙比较大,建筑东、西面外墙开窗较少。这样,在东、西朝向上,墙体的 K、D 值对建筑保温隔热的影响较大。并且,东、西外墙和屋顶在夏季均是建筑物受太阳辐射量较大的部位,顶层及紧挨东、西外墙的房间较其他房间得热更多。用对比评定法来计算建筑能耗是以整个建筑为单位对全楼进行综合评价。当建筑屋顶及东、西外墙不满足表 4.0.7 中的要求,而使用对比评定法对其进行综合评价且满足要求时,虽然整个建筑节能设计满足本标准节能的要求,但顶层及靠近东、西外墙房间的能耗及热舒适度势必大大不如其他房间。这不论从技术角度保证每个房间获得基本一致的热舒适度,还是从保证每个住户获得基本一致的节能效果这一社会公正性方面来看都是不合适的。因此,有必要对顶层及东、西外墙规定一个最低限制要求。

夏热冬暖地区,外围护结构的自保温隔热体系逐渐成为一大趋势。如加气混凝土、页岩多孔砖、陶粒混凝土空心砌块、自隔热砌块等材料的应用越来越广泛。这类砌块本身就能满足本条文要求,同时也符合国家墙改政策。本条文根据各地特点和经济发展不同程度,提出使用重质外墙时,按三个级别予以控制。即:$2.0<K\leqslant2.5$,$D\geqslant3.0$ 或 $1.5<K\leqslant2.0$,$D\geqslant2.8$ 或 $0.7<K\leqslant1.5$,$D\geqslant2.5$。

本条文对使用重质材料的屋顶传热系数 K 值作了调整。目前,夏热冬暖地区屋顶隔热性能已获得极大改善,普遍采用了高效绝热材料。但是,对顶层住户而言,室内热环境及能耗水平相对其他住户仍显得较差。适当提高屋顶 K 值的要求,不仅在技术上容易实现,同时还能进一步改善屋顶住户的室内热环境,提高节能水平。因此,本条文将使用重质材料屋顶的传热系数 K 值调整为 $0.4<K\leqslant0.9$。

外墙采用轻质材料或非轻质自隔热节能墙材时,对达到标准所要求的 K 值比较容易,要达到较大的 D 值就比较困难。如果围护结构要达到较大的 D 值,只有采用自重较大的材料。围护结构 D 值和相关热容量的大小,主要影响其热稳定性。因此,过度以 D 值和相关热容量的大小来评定围护结构的节能性是不全面的,不仅会阻碍轻质保温材料的使用,还限制了非轻质自隔热节能墙材的使用和发展,不利于这一地区围护结构的节能政策导向和墙体材料的发展趋势。实践证明,按一般规定选择 K 值的情况下,D 值小一些,对于一般舒适度的空调房间也能满足要求。本条文对轻质围护结构只限制传热系数的 K 值,而不对 D 值做相应限定,并对非轻质围护结构的 D 值做了调整,就是基于上述原因。

4.0.8 本条文对保证居住建筑达到现行节能目标是非常关键的,对于那些不能满足本条文规定的建筑,必须采用第 5 章的对比评定法来计算是否满足节能要求。

窗户的传热系数越小,通过窗户的温差传热就越小,对降低采暖负荷和空调负荷都是有利的。窗的遮阳系数越小,透过窗户进入室内的太阳辐射热就越小,对降低空调负荷有利,但对降低采暖负荷却是不利的。

本条文表 4.0.8-1 和表 4.0.8-2 对建筑外窗传热系数和平均综合遮阳系数的规定,是基于使用 DOE-2 软件对建筑能耗和节能率做了大量计算分析提出的。

1 屋顶、外墙热工性能和设备性能的提高及室内换气次数的降低,达到的节能率,北区约为 35%,南区约为 30%。因此对于节能目标 50% 来说,外窗的节能将占相当大的比例,北区约 15%,南区约 20%。在夏热冬暖地区,居住建筑所处的纬度越低,对外窗的节能要求也越高。

2 本条文引入居住建筑平均窗地面积比 C_{MF}(或平均窗墙面积比 C_{MW})参数,使其与外窗 K、S_W 及外墙 K、D 等参数形成对应关系,使建筑节能设计简单化,给建筑师选择窗型带来方便。

(1) 为了简化节能设计计算、方便节能审查等工作,本条文引入了平均窗地面积比 C_{MF} 参数。考虑到夏热冬暖地区各省份的建筑节能设计习惯,且与这些地区现行节能技术规范不发生矛盾,本条文允许沿用平均窗墙面积比 C_{MW} 进行节能设计及计算。在进行建筑节能设计时,设计人员可根据对 C_{MF} 和 C_{MW} 熟练程度及设计习惯,自行选择使用。

(2) 经过编制组对南方大量的居住建筑的平均窗地面积比 C_{MF} 和平均窗墙面积比 C_{MW} 的计算表明,现在的居住建筑塔楼类的比较多,表面凹凸的比较多,所以 C_{MF} 和 C_{MW} 很接近。因此,窗墙面积比和窗地面积比均可作为判定指标,各省根据需要选择其一使用。

(3) 计算建筑物的 C_{MF} 和 C_{MW} 时,应只计算建筑物的地上居住部分,而不应包含建筑中的非居住部分,如商住楼的商业、办公部分。具体计算如下:

建筑平均窗地面积比 C_{MF} 计算公式为:

$$C_{MF}=\frac{外墙上的窗洞口及门洞口总面积}{地上居住部分总建筑面积} \quad (1)$$

建筑平均窗墙面积比 C_{MW} 计算公式为:

$$C_{MW}=\frac{外墙上的窗洞口及门洞口总面积}{地上居住部分外立面总面积} \quad (2)$$

3 外窗平均传热系数 K,是建筑各个朝向平均传热系数按各朝向窗面积加权平均的数值,按照以下公式计算：

$$K = \frac{A_E \cdot K_E + A_S \cdot K_S + A_W \cdot K_W + A_N \cdot K_N}{A_E + A_S + A_W + A_N} \quad (3)$$

式中：A_E、A_S、A_W、A_N ——东、南、西、北朝向的窗面积；

K_E、K_S、K_W、K_N ——东、南、西、北朝向窗的平均传热系数，按照下式计算：

$$K_X = \frac{\sum_i A_i \cdot K_i}{\sum_i A_i} \quad (4)$$

式中：K_X ——建筑某朝向窗的平均传热系数，即 K_E、K_S、K_W、K_N；

A_i ——建筑某朝向单个窗的面积；

K_i ——建筑某朝向单个窗的传热系数。

4 表4.0.8-1和表4.0.8-2使用了"虚拟"窗替代具体的窗户。所谓"虚拟"窗即不代表具体形式的外窗（如我们常用的铝合金窗和PVC窗等），它是由任意 K 值和 S_W 值组合的抽象窗户。进行节能设计时，拟选用的具体窗户能满足表4.0.8-1和表4.0.8-2中 K 值和 S_W 值的要求即可。

5 表4.0.8-1和表4.0.8-2主要差别在于：用于北区的表4.0.8-1对外窗的传热系数 K 值有具体规定，而用于南区的表4.0.8-2对外窗 K 值没有具体规定。南区全年建筑总能耗以夏季空调能耗为主，夏季空调能耗中太阳辐射得热引起的空调能耗又占相当大的比例，而窗的温差传热引起的空调能耗只占小部分，因此南区建筑节能外窗遮阳系数起了主要作用，而与外窗传热性能关系甚小，而北区建筑节能率与外窗传热性能和遮阳性能均有关系。

6 建筑外墙面色泽，决定了外墙面太阳辐射吸收系数 ρ 的大小。外墙采用浅色表面，ρ 值小，夏季能反射较多的太阳辐射热，从而降低房间的得热量和外墙内表面温度，但在冬季会使采暖耗电量增大。编制组在用DOE-2软件作建筑物能耗和节能分析时，基础建筑物和节能方案分析设定的外墙面太阳辐射吸收系数 $\rho=0.7$。经进一步计算分析，北区建筑外墙表面太阳辐射吸收系数 ρ 的改变，对建筑全年总能耗影响不大，而南区 $\rho=0.6$ 和0.8时，与 $\rho=0.7$ 的建筑总能耗差别不大，而 $\rho<0.6$ 和 $\rho>0.8$ 时，建筑能耗总差别较大。当 $\rho<0.6$ 时，建筑总能耗平均降低5.4%；当 $\rho>0.8$ 时，建筑总能耗平均增加4.7%。因此表4.0.8-1对 ρ 使用范围不作限制，而表4.0.8-2规定 ρ 取值≤0.8。当 $\rho>0.8$ 时，则应采用第5章对比评定法来判定建筑物是否满足节能要求。建筑外表面的太阳辐射吸收系数 ρ 值参见《民用建筑热工设计规范》GB 50176—93附录二附表2.6。

4.0.9 外窗平均综合遮阳系数 S_W，是建筑各个朝向平均综合遮阳系数按各朝向窗面积和朝向的权重系数加权平均的数值。

（1）在北区和南区，窗口的建筑外遮阳措施对建筑能耗和节能影响是不同的。在北区采用窗口建筑固定外遮阳措施，冬季会产生负影响，总体对建筑节能影响比较小，因此在北区采用窗口建筑活动外遮阳措施比采用固定外遮阳措施要好；在南区采用窗口建筑固定外遮阳措施，对建筑节能是有利的，应积极提倡。

（2）计算外窗平均综合遮阳系数 S_W 时，根据不同朝向遮阳系数对建筑能耗的影响程度，各个朝向的权重系数分别为：东、南朝向取1.0，西朝向取1.25，北朝向取0.8。S_W 计算公式如下：

$$S_W = \frac{A_E \cdot S_{W,E} + A_S \cdot S_{W,S} + 1.25 A_W \cdot S_{W,W} + 0.8 A_N \cdot S_{W,N}}{A_E + A_S + A_W + A_N} \quad (5)$$

式中：A_E、A_S、A_W、A_N ——东、南、西、北朝向的窗面积；

$S_{W,E}$、$S_{W,S}$、$S_{W,W}$、$S_{W,N}$ ——东、南、西、北朝向窗的平均综合遮阳系数，按照下式计算：

$$S_{W,X} = \frac{\sum_i A_i \cdot S_{W,i}}{\sum_i A_i} \quad (6)$$

式中：$S_{W,X}$ ——建筑某朝向窗的平均综合遮阳系数，即 $S_{W,E}$、$S_{W,S}$、$S_{W,W}$、$S_{W,N}$；

A_i ——建筑某朝向单个窗的面积；

$S_{W,i}$ ——建筑某朝向单个窗的综合遮阳系数。

4.0.10 本条文为新增强制性条文。规定居住建筑东西向必须采取外遮阳措施，规定建筑外遮阳系数不应大于0.8。目前居住建筑外窗遮阳设计中，出现了过分提高和依赖窗自身的遮阳能力轻视窗口建筑构造遮阳的设计势头，导致大量的外窗普遍缺少窗口应有的防护作用，特别是住宅开窗通风时窗口既不能遮阳也不能防雨，偏离了原标准对建筑外遮阳技术规定的初衷，行业负面反响很大，同时，在南方地区如上海、厦门、深圳等地近年来因住宅外窗形式引发的技术争议问题增多，有必要在本标准中进一步基于节能要求明确相关规定。窗口设计时应优先采用建筑构造遮阳，其次应考虑窗口采用安装构件的遮阳，两者都不能达到要求时再考虑提高窗自身的遮阳能力，原因在于单纯依靠窗自身的遮阳能力不能适应开窗通风时的遮阳需要，对自然通风状态来说窗自身遮阳是一种相对不可靠做法。

窗口设计时，可以通过设计窗眉（套）、窗口遮阳板等建筑构造，或在设计的凸窗洞口缩进窗的安装位置留出足够的遮阳挑出长度等一系列经济技术合理可行的做法满足本规定，即本条文在执行上普遍不存在技术难度，只有对当前流行的凸窗（飘窗）形式产生一定影响。由于凸窗可少许增大室内空间且按当前各地行业规定其不计入建筑面积，于是这种窗型流行很广，但因其相对增大了外窗面积或外围护结构的面积，导致了房间热环境的恶化和空调能耗增高以及窗边热胀开裂、漏雨等一系列问题也引起了行业的广泛关注。如在广州地区因安装凸窗，房间在夏季关窗时的自然室温最高可增加2℃，房间的空调能耗增加最高可达87.4%，在夏热冬暖地区设计简单的凸窗于节能不利已是行业共识。另外，为确保凸窗的遮阳性能和侧板保温能力符合现行节能标准要求所投入的技术成本也较大，大量凸窗必须采用Low-E玻璃甚至还要断桥铝合金的中空Low-E玻璃，并且凸窗板还要做保温处理才能达标，代价高昂。综合考虑，本标准针对窗口的建筑外遮阳设计，规定了遮阳构造的设计限值。

4.0.11 本条文规定建筑外遮阳挑出长度的最低限值和规定建筑外遮阳系数的最高限值是等效的，当不具备执行前者条件时才执行后者。规定的限值，兼顾了遮阳效果和构造实现的难易。计算表明，当外遮阳系数为0.9时，采用单层透明玻璃的普通铝合金窗，综合遮阳系数 S_w 可下降到0.81~0.72，接近中空玻璃铝合金窗的自身遮阳能力，此时对1.5m×1.5m的外窗采用综合式（窗套）外遮阳时，挑出长度不超过0.2m，这一尺度恰好与南方地区200mm厚墙体居中安装外窗，窗口做0.1m的挑出窗套时的尺寸相吻合［图1（a）］。

如表3所示，在规定建筑外遮阳系数限值为0.9时，单独采用水平遮阳或单独采用垂直遮阳，所需的挑出长度均较大，对于1.5m×1.5m的外窗一般需要挑出长度在0.20m~0.45m范围，而采用综合遮阳形式（窗套、凸窗外窗口）时所需的挑出长度最小，南、北朝向均需挑出0.15m~0.20m即可，这一尺度也适合凸窗形式的改良［图1（b）］。

条文中建筑外遮阳系数不应大于0.9的规定，是针对当建筑外窗不具备遮阳挑出条件时，可以按照本要求，在窗口范围内设计其他外遮阳设施。如对于在单边外廊的外墙上设置的外窗不宜设置挑出长度较大的外遮阳板时，设计采用在窗口的窗外侧嵌入固定式的百叶窗、花格窗等固定式遮阳设施也可以符合本条文要求。

表3 外窗的建筑外遮阳系数

季节	挑出长度(m) A	南 水平	南 垂直	南 综合	北 水平	北 垂直	北 综合
夏季	0.10	0.958	0.952	0.912	0.974	0.961	0.937
	0.15	0.939	0.929	0.872	0.962	0.943	0.907
	0.20	0.920	0.907	0.834	0.950	0.925	0.879
	0.25	0.901	0.886	0.799	0.939	0.908	0.853
	0.30	0.884	0.866	0.766	0.928	0.892	0.828
	0.35	0.867	0.847	0.734	0.918	0.876	0.804
	0.40	0.852	0.828	0.705	0.908	0.861	0.782
	0.45	0.837	0.811	0.678	0.898	0.847	0.761
	0.50	0.822	0.794	0.653	0.889	0.833	0.741
	0.55	0.809	0.779	0.630	0.880	0.820	0.722
	0.60	0.796	0.764	0.608	0.872	0.808	0.705
	0.65	0.784	0.750	0.588	0.864	0.796	0.688
	0.70	0.773	0.737	0.570	0.857	0.785	0.673
	0.75	0.763	0.725	0.553	0.850	0.775	0.659
	0.80	0.753	0.714	0.537	0.844	0.765	0.646
	0.85	0.744	0.703	0.523	0.838	0.756	0.633
	0.90	0.736	0.694	0.511	0.832	0.748	0.622
	0.95	0.729	0.685	0.499	0.827	0.740	0.612
	1.00	0.722	0.678	0.490	0.822	0.733	0.603
冬季	0.10	0.970	0.961	0.933	1.000	0.990	0.990
	0.15	0.956	0.943	0.901	1.000	0.986	0.986
	0.20	0.942	0.924	0.871	1.000	0.981	0.981
	0.25	0.928	0.907	0.841	1.000	0.976	0.976
	0.30	0.914	0.890	0.813	1.000	0.972	0.972
	0.35	0.900	0.874	0.787	1.000	0.968	0.968
	0.40	0.887	0.858	0.761	1.000	0.964	0.964
	0.45	0.874	0.843	0.736	1.000	0.960	0.960
	0.50	0.861	0.828	0.713	1.000	0.956	0.956
	0.55	0.848	0.814	0.690	1.000	0.952	0.952

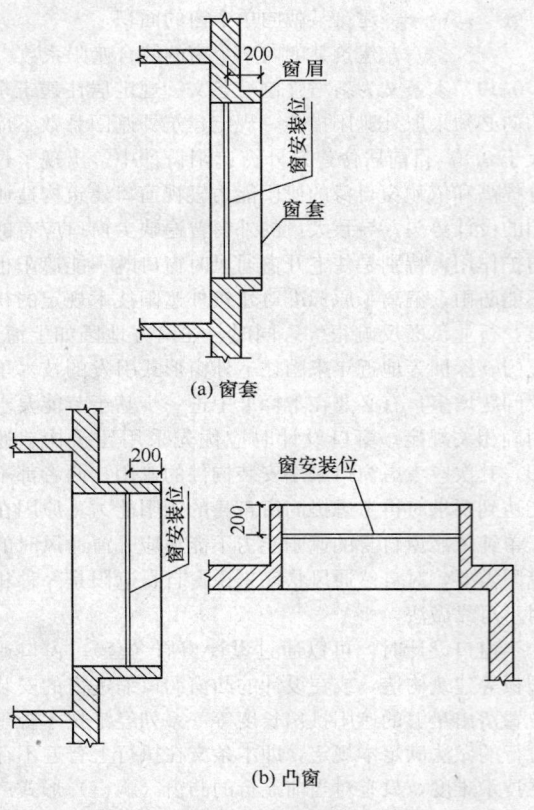

图1 窗口的综合式外遮阳

续表 3

季节	挑出长度（m） A	南 水平	南 垂直	南 综合	北 水平	北 垂直	北 综合
冬季	0.60	0.836	0.800	0.669	1.000	0.948	0.948
	0.65	0.824	0.787	0.648	1.000	0.944	0.944
	0.70	0.812	0.774	0.629	1.000	0.941	0.941
	0.75	0.800	0.763	0.610	1.000	0.938	0.938
	0.80	0.788	0.751	0.592	1.000	0.934	0.934
	0.85	0.777	0.740	0.575	1.000	0.931	0.931
	0.90	0.766	0.730	0.559	1.000	0.928	0.928
	0.95	0.755	0.720	0.544	1.000	0.925	0.925

注：1 窗的高、宽均为1.5m；
　　2 综合式遮阳的水平板和垂直板挑出长度相等。

4.0.12 建筑外遮阳系数的计算是比较复杂的问题，本标准附录 A 给出了较为简化的计算方法。根据附录 A 计算的外遮阳系数，冬季和夏季有着不同的值，而本章中北区应用的外遮阳系数为同一数值，为此，将冬季和夏季的外遮阳系数进行平均，从而得到单一的建筑外遮阳系数。这样取值是保守的，因为对于许多外遮阳设施而言，夏季的遮阳比冬季的好，冬季的遮阳系数比夏季的大，而遮阳系数大，总体上讲能耗是增加的。

窗口上一层的阳台或外廊属于水平遮阳形式。窗口两翼如有建筑立面的折转时会对窗口起到遮阳的作用，此类遮阳属于建筑自遮挡形式，按其原理也可以归纳为建筑外遮阳，计算方法见附录 A。规定建筑自遮挡形式的建筑外遮阳系数计算方法，是因为对单元立面上受到立面折转遮挡的窗口，特别是对位于立面凹槽内的外窗遮阳作用非常大，实践证明应计入其遮阳贡献，以避免此类窗口的外遮阳设计得过于保守反而影响采光。

本条还列出了一些常用遮阳设施的遮阳系数。这些遮阳系数的给出，主要是为了设计人员可以更加方便地得到遮阳系数而不必进行计算。采用规定性指标进行节能设计计算时，可以直接采用这些数值，但进行对比评定计算时，如果计算软件中有关于遮阳板的计算，则不要采用本条表格中的数值，从而使得节能计算更加精确。如果采用了本条表格中的数值，遮阳板等遮阳设施就由遮阳系数代替了，不可再重复构建遮阳设施的几何模型。

4.0.13 本条文为强制性条文，是原标准 4.0.10 条的修改和扩充条文。本条文强调南方地区居住建筑应能依靠自然通风改善房间热环境，缩短房间空调设备使用时间，发挥节能作用。房间实现自然通风的必要条件是外门窗有足够的通风开口。因此本条文从通风开口方面规定了设计做法。

房间外门窗有足够的通风开口面积非常重要。《住宅建筑规范》GB 50368-2005 也规定了每套住宅的通风开口面积不应小于地面面积的 5%。原标准条文要求房间外门窗的可开启面积不应小于房间地面面积的 8%，深圳地区还在地方节能标准中把这一指标提高到了 10%，并且随着用户节能意识的提高，使用需求已经逐渐从盲目追求大玻璃窗小开启扇，向追求门窗大开启加强自然通风效果转变，因此，为了逐步强化门窗通风的降温和节能作用，本条文提高了外门窗可开启比例的最低限值，深圳经验也表明，这一指标由原来的 8% 提高到 10% 实践上不会困难。另外，根据原标准使用中反映出的情况来看，门窗的开启方式决定着"可开启面积"，而"可开启面积"一般不等于门窗的可通风面积，特别是对于目前的各式悬窗甚至平开窗等，当窗扇的开启角度小于 45°时可开启窗口面积上的实际通风能力会下降 1/2 左右，因此，修改条文中使用了"通风开口面积"代替"可开启面积"，这样既强调了门窗应重视可用于通风的开启功能，对通风不良的门窗开启方式加以制约，也可以把通风路径上涉及的建筑洞口包括进来，还可以和《住宅建筑规范》GB 50368-2005 的用词统一便于执行。

因此，当平开门窗、悬窗、翻转窗的最大开启角度小于 45°时，通风开口面积应按外窗可开启面积的 1/2 计算。

另外，达到本标准 4.0.5 条要求的主要房间（卧室、书房、起居室等）外窗，其外窗的面积相对较大，通风开口面积应按不小于该房间地面面积的 10% 要求设计，而考虑到本地区的厨房、卫生间、户外公共走道外窗等，通常窗面积较小，满足不小于房间（公共区域）地面面积 10% 的要求很难做到，因此，对于厨房、卫生间、户外公共区域的外窗，其通风开口面积应按不小于外窗面积 45% 设计。

4.0.14 本条文对房间的通风路径进行了规定，房间可满足自然通风的设计条件为：1. 当房间由可开启外窗进风时，能够从户内（厅、厨房、卫生间等）或户外公用空间（走道、楼梯间等）的通风开口或洞口出风，形成房间通风路径；2. 房间通风路径上的进风开口和出风开口不应在同一朝向；3. 当户门设有常闭式防火门时，户门不应作为出风开口。

模拟分析和实测表明，房间通风路径的形成受平面和空间布局、开口设置等建筑因素影响，也受自然风来流风向等环境因素影响，实际的通风路径是十分复杂和多样的，但当建筑单元内的户型平面及对外开口（门窗洞口）形式确定后，对于任何一个可以满足自然通风设计条件的房间，都必然具备一条合理的通风路径，如图 2（a）所示，当房 1 的外窗 C1 受到来流风正面吹入时，显然可形成 C1→（C2+C5+C6）通风路径，表明该房间具备了可以形成穿堂风的必要条件。同理可以判断房 2、房 3 所对应的通风路径分别为 C4→（C3+C7）、C1→（C6）。

一般住宅房间均是通过房门开启与厅堂、过道等公用空间形成通风路径的，在使用者本人私密性允许的情况下利用开启房门形成通风路径是可行的，但对于房与房之间需要通过各自的房门都要开启才能形成通风路径的情况，因受限于他人私密性要求通风路径反而不能得到保证。同样，对于同一单元内的两户而言，都要依靠开启各自的户门才能形成通风路径也不能得到保证。因此，套内的每个居住房间只能独立和户内的公用空间组成通风路径，不应以居室和居室之间组成通风路径；单元内的各户只能通过户门独立地和单元公用空间组成通风路径，不应以户与户之间通过户门组成通风路径。

当单元内的公用空间出于防火需要设为封闭或部分的空间，已无对外开口或对外开口很小时，也不能作为各户的出风路径考虑。

要求每户至少有一个房间具备有效的通风路径，是对居住建筑自然通风设计的最低要求。

设计房间通风路径时不需要考虑房间窗口朝向和当地风向的关系，只要求以房间外窗作为进风口判断该房间是否具备合理的通风路径，目的是为了确保房间自然通风的必要条件。事实上，夏热冬暖地区属于季风气候，受季风、海洋与山地形成的局地风以及城市居住区形态等影响，居住建筑任何朝向的外窗均有迎风的可能，因此，按窗口进风设计房间通风路径，符合南方地区居住区风环境的特点。

套内房间通风路径上对外的进风开口和对外的出风开口如果在同一个朝向时，这条通风路径显然属于无效的，因此规定进风口所在的外立面朝向和出风口所在外立面朝向的夹角不应小于90°，如图2（a）所示。一般，对于只有一个朝向的套房，多在片面追求容积率、单元套数较多的情况下产生的，一旦单元内的公用空间对外无有效开口，这类单一朝向套房往往因为通风不良室内过热，且室内空气质量也得不到保证，正是本条文规定重点限制的单元平面类型，如图2（b）的D、E、F户。但是，通过设计一处单元内的公用空间的对外开口，这类单一朝向的户型也能够组织形成有效的通风路径，如图2（b）的C户。对于利用单元公用空间的对外开口形成的房间通风路径，出于鼓励通风设计考虑，暂时不对房间门窗进风口和设在单元公共空间出风口进行朝向规定，如图2（b）的A、B户。

4.0.15 为了保证居住建筑的节能，要求外窗及阳台门具有良好的气密性能，以保证夏季在开空调时室外热空气不要过多地渗漏到室内，抵御冬季室外冷空气过多的向室内渗漏。夏热冬暖地区，地处沿海，雨量充沛，多热带风暴和台风袭击，多有大风、暴雨天气，因此对外窗和阳台门气密性能要有较高的要求。

现行国家标准《建筑外门窗气密、水密、抗风压性能分级及检测方法》GB/T 7106-2008规定的4级

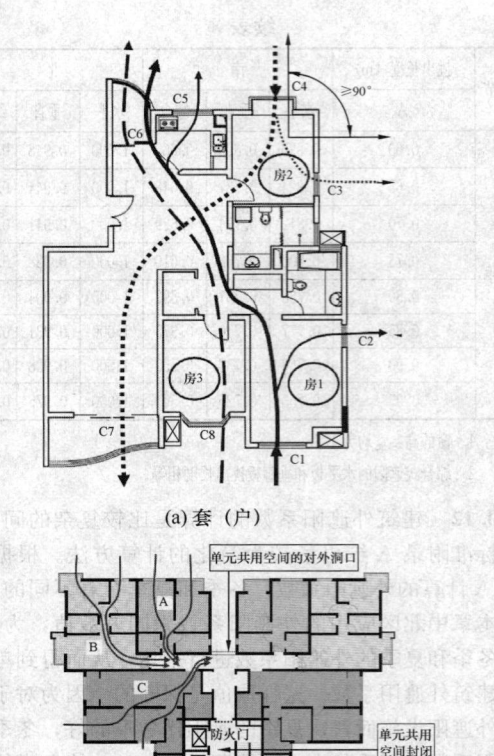

(a) 套（户）

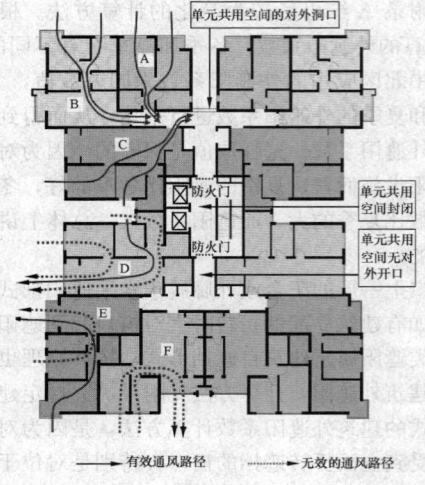

(b) 单元

图2 套内房间通风路径示意图

对应的空气渗透数据是：在10Pa压差下，每小时每米缝隙的空气渗透量在2.0m^3～2.5m^3之间和每小时每平方米面积的空气渗透量在6.0m^3～7.5m^3之间；6级对应的空气渗透数据是：在10Pa压差下，每小时每米缝隙的空气渗透量在1.0m^3～1.5m^3之间和每小时每平方米面积的空气渗透量在3.0m^3～4.5m^3之间。因此本条文的规定相当于1～9层的外窗的气密性等级不低于4级，10层及10层以上的外窗的气密性等级不低于6级。

4.0.16 采用本条文所提出的这几种屋顶和外墙的节能措施，是基于华南地区的气候特点，考虑充分利用气候资源达到节能目的而提出的，同时也是为了鼓励推行绿色建筑的设计思想。这些措施经测试、模拟和实际应用证明是行之有效的，其中有些措施的节能效果显著。

采用浅色饰面材料（如浅色粉刷，涂层和面砖等）的屋顶外表面和外墙面，在夏季能反射较多的太

阳辐射热，从而能降低室内的太阳辐射得热量和围护结构内表面温度。当白天无太阳时和在夜晚，浅色围护结构外表面又能把围护结构的热量向外界辐射，从而降低室内温度。但浅色饰面的耐久性问题需要解决，目前的许多饰面材料并没有很好地解决这一问题，时间长了仍然会使得太阳辐射吸收系数增加。所以本次修订把附加热阻减小了，而且把太阳辐射吸收系数小于 0.4 的材料一律按照 0.4 的材料对待，从而不致过分夸大浅色饰面的作用。

仍有些地区习惯采用带有空气间层的屋顶和外墙。考虑到夏热冬暖地区居住建筑屋顶设计形式的普遍性，架空大阶砖通风屋顶受女儿墙遮挡影响效果较差，且习惯上也逐渐被成品的带脚隔热砖所取代，故本条文未对其做特别推荐，其隔热效果也可以近似为封闭空气间层。研究表明封闭空气间层的传热量中辐射换热比例约占 70%。本条文提出采用带铝箔的空气间层目的在于提高其热阻，贴敷单面铝箔的封闭空气间层热阻值提高 3.6 倍，节能效果显著。值得注意的是，当采用单面铝箔空气间层时，铝箔应设置在室外侧的一面。

蓄水、含水屋面是适应本气候区多雨气候特点的节能措施，国外如日本、印度、马来西亚等和我国长江流域省份及台湾省都有普遍应用，也有一些地区如四川省等颁布了相关的地方标准。这类屋顶是依靠水分的蒸发消耗屋顶接收到的太阳辐射热量，水的主要来源是蓄存的天然降水，补充以自来水。实测表明，夏季采用上述措施屋顶内表面温度下降 3℃～5℃，其中蓄水屋面下降 3.3℃，含水屋面下降 3.6℃。含水屋面由于含水材料在含水状态下也具有一定热阻故表现为这种屋面的隔热作用优于蓄水屋面。当采用蓄水屋面时，储水深度应大于等于 200mm，水面宜有浮生植物或浅色漂浮物；含水屋面的含水层宜采用加气混凝土块、陶粒混凝土块等具有一定抗压强度的固体多孔建筑材料，其质量吸水率应大于 10%，厚度应大于等于 100mm。墙体外表面的含水层宜采用高吸水率的多孔面砖，厚度应大于 10mm，质量吸水率应大于 10%，通常采用符合国家标准《陶瓷砖》GB/T 4100 吸水率要求为Ⅲ类的陶质砖。

遮阳屋面是现代建筑设计中利用屋面作为活动空间所采取的一项有效的防热措施，也是一项建筑围护结构的节能措施。本标准建议两种做法：采用百叶板遮阳棚的屋面和采用爬藤植物遮阳棚的屋面。测试表明，夏季顶层空调房间屋面做有效的遮阳构架，屋顶热流强度可以降低约 50%，如果热流强度相同时，做有效遮阳的屋顶热阻值可以减少 60%。同时屋面活动空间的热环境会得到改善。强调屋面遮阳百叶板的坡向在于，夏热冬暖地区位于北回归线两侧，夏季太阳高度角大，坡向正北向的遮阳百叶片可以有效地遮挡太阳辐射，而在冬季由于太阳高度角较低时太阳辐射也能够通过百叶片间隙照到屋面，从而达到夏季防热冬季得热的热工设计效果，屋面采用植物遮阳棚遮阳时，选择冬季落叶类爬藤植物的目的也是如此。屋面采用百叶遮阳棚的百叶片宜坡向北向 45°；植物遮阳棚宜选择冬季落叶类爬藤植物。

种植屋面是隔热效果最好的屋面。本次标准修订对其增加了附加热阻，这符合实际测试的结果。通常，采用种植屋面，种植层下方的温度变化很小，表明太阳辐射基本被种植层隔绝。本次增加种植屋面的附加热阻，使得种植屋面不需要采取其他措施，就能够满足节能标准的要求，这有利于种植屋面的推广。

5 建筑节能设计的综合评价

5.0.1 本标准第 4 章"建筑和建筑热工节能设计"和本章"建筑节能设计的综合评价"是并列的关系。如果所设计的建筑已经符合第 4 章的规定，则不必再依据第 5 章对它进行节能设计的综合评价。反之，也可以依据第 5 章对所设计的建筑直接进行节能设计的综合评价，但必须满足第 4.0.5 条、第 4.0.10 条和第 4.0.13 条的规定。

必须指出的是，如果所设计的建筑不能完全满足本标准的第 4.0.4 条、第 4.0.6 条、第 4.0.7 条和第 4.0.8 条的规定，则必须通过综合评价来证明它能够达到节能目标。

本标准的节能设计综合评价采用"对比评定法"。采用这一方法的理由是：既然达到第 4 章的最低要求，建筑就可以满足节能设计标准，那么将所设计的建筑与满足第 4 章要求的参照建筑进行能耗对比计算，若所设计建筑物的能耗并不高出按第 4 章的要求设计的节能参照建筑，则同样应该判定所设计建筑满足节能设计标准。这种方法在美国的一些建筑节能标准中已经被广泛采用。

"对比评定法"是先按所设计的建筑物的大小和形状设计一个节能建筑（即满足第 4 章的要求的建筑），称之为"参照建筑"。将所设计建筑物与"参照建筑"进行对比计算，若所设计建筑的能耗不比"参照建筑"高，则认为它满足本节能设计标准的要求。若所设计建筑的能耗高于对比的"参照建筑"，则必须对所设计建筑物的有关参数进行调整，再进行计算，直到满足要求为止。

采用对比评定法与采用单位建筑面积的能耗指标的方法相比有明显的优点。采用单位建筑面积的能耗指标，对不同形式的建筑物有着不同的节能要求；为了达到相同的单位建筑面积能耗指标，对于高层建筑、多层建筑和低层建筑所要采取的节能措施显然有非常大的差别。实际上，第 4 章的有关要求是采用本地区的一个"基准"的多层建筑，按其达到节能 50% 而计算得到的。将这一"基准"建筑物节能

50%后的单位建筑面积能耗作为标准用于所有种类的居住建筑节能设计，是不妥当的。因为高层建筑和多层建筑比较容易达到，而低层建筑和别墅建筑则较难达到。采用"对比评定法"则是采用了一个相对标准，不同的建筑有着不同的单位建筑面积能耗，但有着基本相同的节能率。

本标准引入"空调采暖年耗电指数"作为对比计算的参数。这一指数为无量纲数，它与本标准规定的计算条件下计算的空调采暖年耗电量基本成正比。

本标准的"对比评定法"既可以直接采用空调采暖年耗电量进行对比，也可以采用空调采暖年耗电指数进行对比。采用空调采暖年耗电指数进行计算对比，计算上更加简单一些。本标准也可使用空调采暖年耗电指数或空调采暖年耗电量作为节能综合评价的判据。在采用空调采暖年耗电量进行对比计算时由于有多种计算方法可以采用，因而规定在进行对比计算时必须采用相同的计算方法。同样的理由需采用相同的计算条件。本条也为"对比评定法"专门列出了判定的公式。

本条特别规定天窗、屋面和轻质墙体必须满足第4章的规定，这是因为天窗、屋面的节能措施虽然对整栋建筑的节能贡献不大，但对顶层房间的室内热环境而言却是非常重要的。在自然通风的条件下，轻质墙体的内表面最高温度是控制值，这与节能计算的关系虽然不大，但对人体的舒适度有很大的关系。人不舒适时会采取降低空调温度的办法，或者在本不需要开空调的天气多开空调。因而规定轻质墙体必须满足第4章的要求，而且轻质墙体也较容易达到要求。

5.0.2 "参照建筑"是用来进行对比评定的节能建筑。首先，参照建筑必须在大小、形状、朝向等各个方面与所设计的实际建筑物相同，才可以作为对比之用。由于参照建筑是节能建筑，因而它必须满足第4章几条重要条款的最低要求。当所设计的建筑在某些方面不能满足节能要求时，参照建筑必须在这些方面进行调整。本条规定参照建筑各个朝向的窗墙比应符合第4章的规定。

非常重要的是，参照建筑围护结构的各项性能指标应为第4章规定性指标的限值。这样参照建筑是一个刚好满足节能要求的建筑。把所设计的建筑与之相比，即是要求所设计的建筑可以满足节能设计的最低要求。与参照建筑所不同的是，所设计的建筑会在某些围护结构的参数方面不满足第4章规定性指标的要求。

5.0.3 本标准第5章的目的是审查那些不完全符合第4章规定的居住建筑是否也能满足节能要求。为了在不同的建筑之间建立起一个公平合理的可比性，并简化审查工作量，本条特意规定了计算的标准条件。

计算时取卧室和起居室室内温度，冬季全天为不低于16℃，夏季全天为不高于26℃，换气次数为1.0次/h。本标准在进行对比计算时之所以取冬季室内不低于16℃，主要是因为本地区的居民生活中已经习惯了在冬天多穿衣服而不采暖。而且，由于本地区的冬季不太冷，因而只要冬季关好门窗，室内空气的温度已经足够高，所以大多数人在冬季不采暖。

采暖设备的额定能效比取1.7，主要是考虑冬季采暖设备部分使用家用冷暖型（风冷热泵）空调器，部分仍使用电热型采暖器；空调设备额定能效比取3.0，主要是考虑家用空调器国家标准规定的最低能效比已有所提高，目前已经完全可以满足这一水平。本标准附录中的空调采暖年耗电指数简化计算公式中已经包括了空调、采暖能效比参数。

在计算中取比较低的设备额定能效比，有利于突出建筑围护结构在建筑节能中的作用。由于本地区室内采暖、空调设备的配置是居民个人的行为，本标准实际上能控制的主要是建筑围护结构，所以在计算中适当降低设备的额定能效比对居住建筑实际达到节能50%的目标是有利的。

居住建筑的内部得热比较复杂，在冬季可以减小采暖负荷，在夏季则增大空调负荷。在计算时不考虑室内得热可以简化计算。

对于南区，由于采暖可以不考虑，因而本标准规定可不进行采暖部分的计算。这样规定与夏热冬暖地区的划定原则是一致的。对于北区，由于其靠近夏热冬冷地区，还会有一定的采暖，因而采暖部分不可忽略。

采用浅色饰面材料的屋顶外表面和外墙面，一方面能有效地降低夏季空调能耗，是一项有效的隔热措施，但对冬季采暖不利；另一方面，由于目前很多浅色饰面的耐久性问题没有得到解决，同时随着外界粉尘等污染物的作用，其太阳辐射吸收系数会有所增加。目前，不少地方出现了在使用"对比评定法"时取用低 ρ 值（有的甚至低于0.2）来通过节能计算的做法，片面夸大了浅色饰面材料的作用。所以本次修订在第4.0.16条中把附加热阻减小了，热反射饰面计算用的太阳辐射吸收系数应取按附录B修正之值，且不得重复计算其当量附加热阻。考虑了浅色饰面的隔热效果随时间和环境因素引起的衰减，比较符合实际情况，从而不致过分夸大浅色饰面的作用。

5.0.4 本标准规定，计算空调采暖年耗电量采用动态的能耗模拟计算软件。夏热冬暖地区室内外温差比较小，一天之内温度波动对围护结构传热的影响比较大。尤其是夏季，白天室外气温很高，又有很强的太阳辐射，热量通过围护结构从室外传入室内；夜里室外温度下降比室内温度快，热量有可能通过围护结构从室内传向室外。由于这个原因，为了比较准确地计算采暖、空调负荷，并与现行国家标准《采暖通风与空气调节设计规范》GB 50019保持一致，需要采用动态计算方法。

动态的计算方法有很多，暖通空调设计手册里冷负荷计算法就是一种常用的动态计算方法。本标准采用了反应系数计算方法，并采用美国劳伦斯伯克利国家实验室开发的DOE-2软件作为计算工具。

DOE-2用反应系数法来计算建筑围护结构的传热量。反应系数法是先计算围护结构内外表面温度和热流对一个单位三角波温度扰量的反应，计算出围护结构的吸热、放热和传热反应系数，然后将任意变化的室外温度分解成一个个可叠加的三角波，利用导热微分方程可叠加的性质，将围护结构对每一个温度三角波的反应叠加起来，得到任意一个时期围护结构表面的温度和热流。

DOE-2软件可以模拟建筑物采暖、空调的热过程。用户可以输入建筑物的几何形状和尺寸，可以输入室内人员、电器、炊事、照明等的作息时间，可以输入一年8760个小时的气象数据，可以选择空调系统的类型和容量等等参数。DOE-2根据用户输入的数据进行计算，计算结果以各种各样的报告形式来提供。目前，国内一些软件开发企业开发了多款基于DOE-2的节能计算软件。这些软件为方便建筑节能计算做出了很大贡献。

另外，清华大学开发的DeST动态模拟能耗计算软件也可以用于能耗分析。该软件也给出了全国许多城市的逐时气象数据，有着较好的输入输出界面，采用该软件进行能耗分析计算也是比较合适的。

5.0.5 尽管动态模拟软件均有了很好的输入输出界面，计算也不算太复杂，但对于一般的建筑设计人员来说，采用这些软件计算还有不少困难。为了使得节能的对比计算更加方便，本标准给出了根据DOE-2软件拟合的简化计算公式，以使建筑节能工作推广起来更加方便和迅速。建筑的空调采暖年耗电指数应采用本标准附录C的方法计算。

6 暖通空调和照明节能设计

6.0.1 夏热冬暖地区夏季酷热，北区冬季也比较湿冷。随着经济发展，人民生活水平的不断提高，对空调、采暖的需求逐年上升。对于居住建筑选择设计集中空调（采暖）系统方式，还是分户空调（采暖）方式，应根据当地能源、环保等因素，通过仔细的技术经济分析来确定。同时，该地区居民空调（采暖）所需设备及运行费用全部由居民自行支付，因此，还要考虑用户对设备及运行费用的承担能力。

6.0.2 2008年10月1日起施行的《民用建筑节能条例》第十八条规定"实行集中供热的建筑应当安装供热系统调控装置、用热计量装置和室内温度调控装置。"对于夏热冬暖地区采取集中式空调（采暖）方式时，也应计量收费，增强居民节能意识。在涉及具体空调（采暖）节能设计时，可以参考执行现行国家标准《公共建筑节能设计标准》GB 50189-2005中的有关规定。

6.0.3～6.0.4 当居住区采用集中供冷（热）方式时，冷（热）源的选择，对于合理使用能源及节约能源是至关重要的。从目前的情况来看，不外乎采用电驱动的冷水机组制冷，电驱动的热泵机组制冷及采暖；直燃型溴化锂吸收式冷（温）水机组制冷及采暖，蒸汽（热水）溴化锂吸收式冷热水机组制冷及采暖；热、电、冷联产方式，以及城市热网供热；燃气、燃油、电热水机（炉）供热等。当然，选择哪种方式为好，要经过技术经济分析比较后确定。《公共建筑节能设计标准》GB 50189-2005给出了相应机组的能效比（性能系数）。这些参数的要求在该标准中是强制性条款，是必须达到的。

6.0.5 为了方便应用，表4为多联式空调（热泵）机组制冷综合性能系数［IPLV（C）］值，是根据《多联式空调（热泵）机组能效限定值及能源效率等级》GB 21454-2008标准中规定的能效等级第3级。

表4 多联式空调（热泵）机组制冷综合性能系数［IPLV（C）］

名义制冷量（CC）W	综合性能系数［IPLV（C）］（能效等级第3级）
CC≤28000	3.20
28000＜CC≤84000	3.15
84000＜CC	3.10

6.0.6 部分夏热冬暖地区冬季比较温和，需要采暖的时间很短，而且热负荷也很低。这些地区如果采暖，往往可能是直接用电来进行采暖。比如电散热器采暖、电红外线辐射器采暖、低温电热膜辐射采暖、低温加热电缆辐射采暖，甚至电锅炉热水采暖等等。要说明的是，采用这类方式时，特别是电红外线辐射器采暖、低温电热膜辐射采暖、低温加热电缆辐射采暖时，一定要符合有关标准中建筑防火要求，也要分析用电量的供应保证及用户运行费用承担的能力。但毕竟火力发电厂的发电效率约为30%，用高品位的电能直接转换为低品位的热能进行采暖，在能源利用上并不合理。此条只是要求如果设计阶段将采暖方式、设备也在图纸上作了规定，那么，这种较大规模的应用从能源合理利用角度并不合理，不宜鼓励和认同。

6.0.7 采用分散式房间空调器进行空调和（或）采暖时，这类设备一般由用户自行采购，该条文的目的是要推荐用户购买能效比高的产品。目前已发布实施国家标准《房间空气调节器能效限定值及能效等级》GB 12021.3-2010和《转速可控型房间空气调节器能效限定值及能源效率等级》GB 21455-2008，建议用户选购节能型产品（即能源效率第2级）。

而新修订的《房间空气调节器能效限定值及能效等级》GB 12021.3-2010对于能效限定值与能源效率等级指标已有提高,能效等级分为三级,而 GB 12021.3-2004版中的节能评价值(即能效等级第 2 级)仅列为最低级(即第 3 级)。

为了方便应用,表5列出了GB 12021.3-2010房间空气调节器能源效率第 3 级指标,表6列出了GB 12021.3-2010 中空调器能源效率等级指标;表7列出了转速可控型房间空气调节器能源效率第 2 级指标。

表5 房间空调器能源效率等级指标

类型	额定制冷量（CC）W	节能评价值（能效等级3级）
整体式	—	2.90
分体式	CC≤4500	3.20
	4500＜CC≤7100	3.10
	7100＜CC≤14000	3.00

表6 房间空调器能源效率等级指标

类型	额定制冷量（CC）W	能效等级		
		3	2	1
整体式	—	2.90	3.10	3.30
分体式	CC≤4500	3.20	3.40	3.60
	4500＜CC≤7100	3.10	3.30	3.50
	7100＜CC≤14000	3.00	3.20	3.40

表7 能源效率2级对应的制冷季节能源消耗效率（SEER）指标（Wh/Wh）

类型	额定制冷量（CC）W	节能评价值（能效等级2级）
分体式	CC≤4500	4.50
	4500＜CC≤7100	4.10
	7100＜CC≤14000	3.70

6.0.8 本条文是强制性条文。

现行国家标准《地源热泵系统工程技术规范》GB 50366-2005中对于"地源热泵系统"的定义为:"以岩土体、地下水或地表水为低温热源,由水源热泵机组、地热能交换系统、建筑物内系统组成的供热空调系统。根据地热能交换形式的不同,地源热泵系统分为地埋管地源热泵系统、地下水地源热泵系统和地表水地源热泵系统"。地表水包括河流、湖泊、海水、中水或达到国家排放标准的污水、废水等。地源热泵系统可利用浅层地热能资源进行供热与空调,具有良好的节能与环境效益,近年来在国内得到了日益广泛的应用。但在夏热冬暖地区应用地源热泵系统时不能一概而论,应针对项目冷热需求特点、项目所处的资源状况选择合适的系统形式,并对选用的地源热泵系统类型进行适宜性分析,包括技术可行性和经济合理性的分析,只有在技术经济合理的情况下才能选用。

这里引用《地源热泵系统工程技术规范》GB 50366-2005的部分条文进行说明,第 3.1.1 条:"地源热泵系统方案设计前,应进行工程场地状况调查,并应对浅层地热能资源进行勘察";第 4.3.2 条:"地埋管换热系统设计应进行全年动态负荷计算,最小计算周期宜为 1 年。计算周期内,地源热泵系统总释热量宜与其总吸热量相平衡";第 5.1.2 条:"地下水的持续出水量应满足地源热泵系统最大吸热量或释热量的要求";第 6.1.1 条:"地表水换热系统设计前,应对地表水地源热泵系统运行对水环境的影响进行评估"。

特别地,全年冷热负荷基本平衡是土壤源热泵开发利用的基本前提,当计划采用地埋管换热系统形式时,要进行土壤温度平衡的模拟计算,保证全年向土壤的供冷量和取冷量相当,保持地温的稳定。

6.0.9 在空调设计阶段,应重视两方面内容:(1)布置室外机时,应保证相邻的室外机吹出的气流射程互不干扰,避免空调器效率下降;对于居住建筑开放式天井来说,天井内两个相对的主要立面一般不小于6m,这对于一般的房间空调器的室外机吹出气流射程不至于相互干扰,但在天井两个立面距离小于 6m 时,应考虑室外机偏转一定的角度,使其吹出射流方向朝向天井开口方向;对于封闭内天井来说,当天井底部无架空且顶部不开敞时,天井内侧不宜布置空调室外机;(2)对室内机和室外机进行隐蔽装饰设计有两个主要目的,一是提高建筑立面的艺术效果,二是对室外机有一定的遮阳和防护作用。有的商住楼用百叶窗将室外机封起来,这样会不利于夏季排放热量,大大降低能效比。装饰的构造形式不应对空调器室内机和室外机的进气和排气通道形成明显阻碍,从而避免室内气流组织不良和设备效率下降。

6.0.10～6.0.12 居住建筑应用空调设备保持室内舒适的热环境条件要耗费能量。此外,应用空调设备还会有一定的噪声。而自然通风无能耗、无噪声,当室外空气品质好的情况下,人体舒适度好(空气新鲜、风速风向随机变化、风力柔和),因此,应重视采用自然通风。欧洲国家在建筑节能和改善室内空气品质方面极为重视研究和应用自然通风,我国国家住宅与居住环境工程中心编制的《健康住宅建设技术要点》中规定:"住宅的居住空间应能自然通风,无通风死角"。当然,自然通风在应用上存在不易控制、受气象条件制约、要求室外空气无污染等局限,例如据气象资料统计,广州地区标准年室外干球温度分布在18.5℃～26.5℃的时数为3991小时,近半年的时间里可利用自然通风。对于某些居住建筑,由于客观原因使在气象条件符合利用自然通风的时间里而单纯靠自然通风又不能满足室内热环境要求时，应设计机械通风（一般是机械排风），作为自然通风的辅助技术措施。只有各种通风技术措施都不能满足室内热舒适环境要求时，才开启空调设备或系统。

目前，居住建筑的机械排风有分散式无管道系统、集中式排风竖井和有管道系统。随着经济的发展和人们生活水平的提高，集中式机械排风竖井或集中式有管道机械排风系统会得到较多的应用。

居住建筑中由于人（及宠物）的新陈代谢和人的活动会产生污染物，室内装修材料及家具设备也会散发污染物，因此，居住建筑的通风换气是创造舒适、健康、安全、环保的室内环境，提高室内环境质量水平的技术措施之一。通风分为自然通风和机械通风，传统的居住建筑自然通风方法是打开门窗，靠风压作用和热压作用形成"穿堂风"或"烟囱风"；机械通风则需要应用风机为动力。有效的技术措施是居住建筑通风设计采用机械排风、自然进风。机械排风的排风口一般设在厨房和卫生间，排风量应满足室内环境质量要求，排风机应选用符合标准的产品，并应优先选用高效节能低噪声风机。《中国节能技术政策大纲》提出节能型通用风机的效率平均达到84%；选用风机的噪声应满足居住建筑环境质量标准的要求。

近年来，建筑室内空气品质问题已经越来越引起人们的关注，建筑材料，建筑装饰材料及胶粘剂会散发出各种污染物如挥发性有机化合物（VOC），对人体健康造成很大的威胁。VOC中对室内空气污染影响最大的是甲醛。它们能够对人体的呼吸系统、心血管系统及神经系统产生较大的影响，甚至有些还会致癌，VOC还是造成病态建筑综合症（Sick Building Syndrome）的主要原因。当然，最根本的解决是从源头上采用绿色建材，并加强自然通风。机械通风装置可以有组织地进行通风，大大降低污染物的浓度，使之符合卫生标准。

然而，考虑到我国目前居住建筑实际情况，还没有条件在标准中规定居住建筑要普遍采用有组织的全面机械通风系统。本标准要求在居住建筑的通风设计中要处理好室内气流组织，即应该在厨房、无外窗卫生间安装局部机械排风装置，以防止厨房、卫生间的污浊空气进入居室。如果当地夏季白天与晚上的气温相差较大，应充分利用夜间通风，既达到换气通风、改善室内空气品质的目的，又可以被动降温，从而减少空调运行时间，降低能源消耗。

6.0.13 本条文引自全文强制的《住宅建筑规范》GB 50368。

附录 A 建筑外遮阳系数的计算方法

A.0.1～A.0.3 建筑外遮阳系数 SD 的计算方法

国内外均习惯把建筑窗口的遮阳形式按水平遮阳、垂直遮阳、综合遮阳和挡板遮阳进行分类，《中国土木建筑百科辞典》中载入了关于这几种遮阳形式的准确定义。随着国内建筑遮阳产业的发展，近年来出现了几种用于住宅建筑的外遮阳形式，主要有横百叶遮阳、竖百叶遮阳，而这两种遮阳类型因其特征仍然属于窗口前设置的有一定透光能力的挡板，也因其有百叶可调和不可调之分，分别称其为固定横（竖）百叶挡板式遮阳、活动横（竖）百叶挡板式遮阳。考虑到传统的综合遮阳是指由水平遮阳和垂直遮阳组合而成的一种形式，现代建筑遮阳设计中还出现了与挡板遮阳的组合，如南京万科莫愁湖小区住宅设计的阳台飘板+推拉式活动百叶窗就是典型的案例，因此本计算方法中给出了多种组合式遮阳的 SD 计算方法，其中包括了传统的综合遮阳。

本计算方法 A.0.1 中按国内外建筑设计行业和建筑热工领域的习惯分类，依窗口的水平遮阳、垂直遮阳、挡板遮阳、固定横（竖）百叶挡板式遮阳、活动横（竖）百叶挡板式遮阳的顺序，给出了各自的外遮阳系数的定量计算方法；A.0.2 给出了多种遮阳形式组合的计算方法；A.0.3 规定了透光性材料制作遮阳构件时，建筑外遮阳系数的计算方法，实际上本条规定相当于是对上述遮阳形式的计算结果进行一个材料透光性的修正。

1 窗口水平遮阳和垂直遮阳的外遮阳系数

水平和垂直外遮阳系数的计算是依据外遮阳系数 SD 的定义，建立一个简单的建筑模型，通过全年空调能耗动态模拟计算，按诸朝向外遮阳与不遮阳能耗计算结果反算得来建筑外遮阳系数，其计算式为：

$$SD = \frac{q_2 - q_3}{q_1 - q_3} \qquad (7)$$

式中：q_1——无外遮阳时，模拟得到的全年空调能耗指标（kWh/m²）；

q_2——某朝向所有外窗设外遮阳，模拟得到的全年空调指标（kWh/m²）；

q_3——上述朝向所有外窗假设窗的遮阳系数 $SC=0$，该朝向所有外窗不设遮阳措施，其他参数不变的情况下，模拟得到的全年累计冷负荷指标（kWh/m²）；

$q_1 - q_3$——某朝向上的所有外窗无外遮阳时由太阳辐射引起的全年累计冷负荷（kWh/m²）；

$q_2 - q_3$——某朝向上的所有外窗有外遮阳时由太阳辐射引起的全年累计冷负荷（kWh/m²）。

有无遮阳的模型建筑的能耗是通过DOE-2的计算拟合得到的。在进行遮阳板的计算过程中，本标准采用了一个比较简单的建筑进行拟合计算。其外窗为单层透明玻璃铝合金窗，传热系数5.61，遮阳系数0.9，单窗面积为4m²。为了使计算的遮阳系数有较广的适应性，故将窗定为正方形。采用这一建筑进行各个朝向的拟合计算。方法是在不同的朝向加遮阳板，变化遮阳板的挑出长度，逐一模拟公式 A.0.1-1 中空调能耗值并计算出 SD，再与遮阳板构造的挑出系数 $x=A/B$ 关联，拟合出一个二次多项式的系数 a、b。

2 挡板遮阳的遮阳系数

挡板的外遮阳系数按下式计算：

$$SD = 1-(1-SD^*)(1-\eta^*) \qquad (8)$$

式中：SD^*——采用不透明材料制作的挡板的建筑外遮阳系数；

η^*——挡板的材料透射比，按条文中表 A.0.3 确定。

其他非透明挡板各朝向的建筑外遮阳系数 SD^* 可按该朝向上的 4 组典型太阳光线入射角，采用平行光投射方法分别计算或实验测定，其轮廓透光比应取 4 个透光比的平均值。典型太阳入射角可按表 8 选取。

表 8 典型的太阳光线入射角（°）

窗口朝向		南				东、西				北			
		1组	2组	3组	4组	1组	2组	3组	4组	1组	2组	3组	4组
夏季	高度角	0	0	60	60	0	0	45	45	0	30	30	30
	方位角	0	45	0	45	75	90	75	90	180	180	135	−135
冬季	高度角			45	45			45	45				45
	方位角	0	45	0	45	75	90	75	90	180	135	−135	180

挡板遮阳分析的关键问题是挡板的材料和构造形式对外遮阳系数的影响。因当前现代建筑材料类型和构造技术的多样化，挡板的材料和构造形式变化万千，如果均要求建筑设计时按太阳位置角度逐时计算挡板的能量比例显然是不现实的。但作为挡板构造形式之一的建筑花格、漏花、百叶等遮阳构件，在原理上存在统一性，都可以看做是窗口外的一块竖板，通过这块板则有两个性能影响光线到达窗面，一个是挡板的轮廓形状和与窗面的相对位置，另一个是挡板本身构造的透光性能。两者综合在一起才能判断挡板的遮阳效果。因此本标准采用两个参数确定挡板的遮阳系数，一个是挡板的建筑外遮阳系数 SD^*，另一个是挡板构造透光比 η^*。

根据上述原理计算各个朝向的建筑外遮阳系数 SD 值，再将 SD 值与挡板的构造的特征值（挡板高与窗高之比）$x=A/B$ 关联，拟合出二次多项式的系数 a、b 载入表 A.0.1。计算中挡板设定为不透光的材料（如钢筋混凝土板材、金属板或复合装饰扣板等），但考虑这类材料本身的吸热后的二次辐射，取 $\eta^*=0.1$。挡板与外窗之间选取了一个典型的间距值为 0.6m，当这一间距增大时挡板的遮阳系数会增大遮阳效果会下降，但对于阳台和走廊设置挡板时距离一般在 1.2m，和挑出楼板组合后，在这一范围内仍然选用设定间距为 0.6m 时的回归系数是可行的。这样确定也是为了鼓励设计多采用挡板式这类相对最为有效的做法。

中华人民共和国行业标准

老年人建筑设计规范

Code for design of buildings for elderly persons

JGJ 122—99

主编单位：哈 尔 滨 建 筑 大 学
批准部门：中华人民共和国建设部
　　　　　中华人民共和国民政部
施行日期：１９９９年１０月１日

关于发布行业标准《老年人建筑设计规范》的通知

建标 [1999] 131 号

根据建设部《关于印发一九九五年城建、建工工程建设行业标准制订、修订项目计划（第二批）的通知》（建标 [1995] 661 号）的要求，由哈尔滨建筑大学主编的《老年人建筑设计规范》，经审查，批准为强制性行业标准，编号 JGJ 122—99，自 1999 年 10 月 1 日起施行。

本标准由建设部建筑设计标准技术归口单位中国建筑技术研究院负责管理，哈尔滨建筑大学负责具体解释，建设部标准定额研究所组织中国建筑工业出版社出版。

中华人民共和国建设部
中华人民共和国民政部
1999 年 5 月 14 日

前　言

根据建设部建标 [1995] 661 号文的要求，规范编制组在广泛调查研究，认真总结实践经验，参考有关国际标准和国外先进标准，并广泛征求意见基础上，制定了本规范。

本规范的主要技术内容是：1. 总则；2. 术语；3. 基地环境设计；4. 建筑设计；5. 建筑设备与室内设施。

本规范由建设部建筑设计标准技术归口单位中国建筑技术研究院建筑标准设计研究所归口管理，授权由主编单位负责具体解释。

本规范主编单位是：哈尔滨建筑大学（地址：哈尔滨市南岗区西大直街 66 号哈尔滨建筑大学 510 信箱；邮政编码：150006）。

本规范参加单位是：青岛建筑工程学院、大连理工大学、新艺华室内设计公司、吉林建筑工程学院、建设部居住建筑与设备研究所、中国城市规划设计研究院。

本规范主要起草人员是：常怀生、李健红、王　镛、陆　伟、麦裕新、王　亮、开　彦、王玮华、张　安、林文杰、刘学贤、白小鹏、吴冬梅。

目 次

1 总则 ·· 52—4
2 术语 ·· 52—4
3 基地环境设计 ······································ 52—4
4 建筑设计 ·· 52—4
　4.1 一般规定 ······································ 52—4
　4.2 出入口 ··· 52—4
　4.3 过厅和走道 ··································· 52—4
　4.4 楼梯、坡道和电梯 ························· 52—4
　4.5 居室 ·· 52—5
　4.6 厨房 ·· 52—5
　4.7 卫生间 ··· 52—5
　4.8 阳台 ·· 52—5
　4.9 门窗 ·· 52—5
　4.10 室内装修 ····································· 52—5
5 建筑设备与室内设施 ···························· 52—5
附录 A 老年人设施基础参数 ···················· 52—6
本规范用词说明 ······································ 52—6
条文说明 ··· 52—7

1 总则

1.0.1 为适应我国社会人口结构老龄化,使建筑设计符合老年人体能心态特征对建筑物的安全、卫生、适用等基本要求,制定本规范。

1.0.2 本规范适用于城镇新建、扩建和改建的专供老年人使用的居住建筑及公共建筑设计。

1.0.3 专供老年人使用的居住建筑和公共建筑,应为老年人使用提供方便设施和服务。具备方便残疾人使用的无障碍设施,可兼为老年人使用。

1.0.4 老年人建筑设计除应符合本规范外,尚应符合国家现行有关强制性标准的规定。

2 术语

2.0.1 老龄阶段 The Aged Phase
60周岁及以上人口年龄段。

2.0.2 自理老人 Self-helping Aged People
生活行为完全自理,不依赖他人帮助的老年人。

2.0.3 介助老人 Device-helping Aged People
生活行为依赖扶手、拐杖、轮椅和升降设施等帮助的老年人。

2.0.4 介护老人 Under Nursing Aged People
生活行为依赖他人护理的老年人。

2.0.5 老年住宅 House for the Aged
专供老年人居住,符合老年体能心态特征的住宅。

2.0.6 老年公寓 Apartment for the Aged
专供老年人集中居住,符合老年体能心态特征的公寓式老年住宅,具备餐饮、清洁卫生、文化娱乐、医疗保健服务体系,是综合管理的住宅类型。

2.0.7 老人院(养老院) Home for the Aged
专为接待老年人安度晚年而设置的社会养老服务机构,设有起居生活、文化娱乐、医疗保健等多项服务设施。

2.0.8 托老所 Nursery for the Aged
为短期接待老年人托管服务的社区养老服务场所,设有起居生活、文化娱乐、医疗保健等多项服务设施,可分日托和全托两种。

2.0.9 走道净宽 Net Width of Corridor
通行走道两侧墙面凸出物内缘之间的水平宽度,当墙面设置扶手时,为双侧扶手内缘之间的水平距离。

2.0.10 楼梯段净宽 Net Width of Stairway
楼梯段墙面凸出物与楼梯扶手内缘之间,或楼梯段双面扶手内缘之间的水平距离。

2.0.11 门口净宽 Net Width of Doorway
门扇开启后,门框内缘与开启门扇内侧边缘之间的水平距离。

3 基地环境设计

3.0.1 老年人建筑基地环境设计,应符合城市规划要求。

3.0.2 老年人居住建筑宜设于居住区,与社区医疗急救、体育健身、文化娱乐、供应服务、管理设施组成健全的生活保障网络系统。

3.0.3 专为老年人服务的公共建筑,如老年文化休闲活动中心、老年大学、老年疗养院、干休所、老年医疗急救康复中心等,宜选址临近居住区,交通进出方便,安静,卫生、无污染的周边环境。

3.0.4 老年人建筑基地应阳光充足,通风良好,视野开阔,与庭院结合绿化、造园,宜组合成若干个户外活动中心,备设坐椅和活动设施。

4 建筑设计

4.1 一般规定

4.1.1 老年人居住建筑应按老龄阶段从自理、介助到介护变化全程的不同需要进行设计。

4.1.2 老年人公共建筑应按老龄阶段介助老人的体能心态特征进行设计。

4.1.3 老年人公共建筑,其出入口、老年所经由的水平通道和垂直交通设施,以及卫生间和休息室等部位,应为老年人提供方便设施和服务条件。

4.1.4 老年人建筑层数宜为三层及三层以下;四层及四层以上应设电梯。

4.2 出入口

4.2.1 老年人居住建筑出入口,宜采取阳面开门。出入口内外应留有不小于1.50m×1.50m的轮椅回旋面积。

4.2.2 老年人居住建筑出入口造型设计,应标志鲜明,易于辨认。

4.2.3 老年人建筑出入口门前平台与室外地面高差不宜大于0.40m,并应采用缓坡台阶和坡道过渡。

4.2.4 缓坡台阶踏步踢面高不宜大于120mm,踏面宽不宜小于380mm,坡道坡度不宜大于1/12。台阶与坡道两侧应设栏杆扶手。

4.2.5 当室内外高差较大设坡道有困难时,出入口前可设升降平台。

4.2.6 出入口顶部应设雨篷;出入口平台、台阶踏步和坡道应选用坚固、耐磨、防滑的材料。

4.3 过厅和走道

4.3.1 老年人居住建筑过厅应具备轮椅、担架回旋条件,并应符合下列要求:

1 户室内门厅部位应具备设置更衣、换鞋用橱柜和椅凳的空间。

2 户室内面对走道的门与门、门与邻墙之间的距离,不应小于0.50m,应保证轮椅回旋和门扇开启空间。

3 户室内通过式走道净宽不应小于1.20m。

4.3.2 老年人公共建筑,通过式走道净宽不宜小于1.80m。

4.3.3 老年人出入经由的过厅、走道、房间不得设门坎,地面不宜有高差。

4.3.4 通过式走道两侧墙面0.90m和0.65m高处宜设φ40~50mm的圆杆横向扶手,扶手离墙表面间距40mm;走道两侧墙面下部应设0.35m高的护墙板。

4.4 楼梯、坡道和电梯

4.4.1 老年人居住建筑和老年人公共建筑,应设符合老年体能心态特征的缓坡楼梯。

4.4.2 老年人使用的楼梯间,其楼梯段净宽不得小于1.20m,不得采用扇形踏步,不得在平台区内设踏步。

4.4.3 缓坡楼梯踏步面宽度,居住建筑不应小于300mm,公共建筑不应小于 320mm；踏面高度，居住建筑不应大于 150mm，公共建筑不应大于 130mm。踏面前缘宜设高度不大于 3mm 的异色防滑警示条，踏面前缘前凸不宜大于 10mm。

4.4.4 不设电梯的三层及三层以下老年人建筑宜兼设坡道，坡道净宽不宜小于 1.50m，坡道长度不宜大于 12.00m，坡度不宜大于 1/12。坡道设计应符合现行行业标准《方便残疾人使用的城市道路和建筑物设计规范》JGJ50 的有关规定。并应符合下列要求：

1 坡道转弯时应设休息平台，休息平台净深度不得小于 1.50m。

2 在坡道的起点及终点，应留有深度不小于 1.50m 的轮椅缓冲地带。

3 坡道侧面凌空时，在栏杆下端宜设高度不小于 50mm 的安全档台。

4.4.5 楼梯与坡道两侧离地高 0.90m 和 0.65m 处应设连续的栏杆与扶手，沿墙一侧扶手应水平延伸。扶手设计应符合本规范第 4.3.4 条的规定。扶手宜选用优质木料或手感较好的其他材料制作。

4.4.6 设电梯的老年人建筑，电梯厅与轿厢尺度必须保证轮椅和急救担架进出方便，轿厢沿周边离地 0.90m 和 0.65m 高处设介助安全扶手。电梯速度宜选用慢速度，梯门宜采用慢关闭，并内装电视监控系统。

4.5 居 室

4.5.1 老年人居住建筑的起居室、卧室，老年人公共建筑中的疗养室、病房，应有良好朝向、天然采光和自然通风，室外宜有开阔视野和优美环境。

4.5.2 老年住宅、老年公寓、家庭型老人院的起居室使用面积不宜小于 14m²，卧室使用面积不宜小于 10m²。矩形居室的短边净尺寸不宜小于 3.00m。老年人基础设施参数应符合附录 A 的规定。

4.5.3 老人院、老人疗养室、老人病房等合居型居室，每室不宜超过三人，每人使用面积不应小于 6m²。矩形居室短边净尺寸不宜小于 3.30m。

4.6 厨 房

4.6.1 老年住宅应设独用厨房；老年公寓除设公共餐厅外，还应设各户独用厨房；老人院除设公共餐厅外，宜设少量公用厨房。

4.6.2 供老年人自行操作和轮椅进出的独用厨房，使用面积不宜小于 6.00m²，其最小短边净尺寸不应小于 2.10m。

4.6.3 老人院公用小厨房应分层或分组设置，每间使用面积为 6.00~8.00m²。

4.6.4 厨房操作台面高不宜于 0.75~0.80m，台面宽度不应小于 0.50m，台下净空高度不小于 0.60m，台下净空前后进深不应小于 0.25m。

4.6.5 厨房宜设吊柜，柜底离地高度宜为 1.40~1.50m；轮椅操作厨房，柜底离地高度宜为 1.20m。吊柜深度比案台应退进 0.25m。

4.7 卫 生 间

4.7.1 老年住宅、老年公寓、老人院应设紧邻卧室的独用卫生间，配置三件卫生洁具，其面积不宜小于 5.00m²。

4.7.2 老人院、托老所应分别设公用卫生间、公用浴室和公用洗衣间。托老所备有全托时，全托者卧室宜设紧邻的卫生间。

4.7.3 老人疗养室、老人病房，宜设独用卫生间。

4.7.4 老年人公共建筑的卫生间，宜临近休息厅，并应设便于轮椅回旋的前室，男女各设一具轮椅进出的厕位小间，男卫生间应设一具立式小便器。

4.7.5 独用卫生间应设坐便器、洗面盆和浴盆或淋浴器。坐便器高度不应大于 0.40m，浴盆及淋浴坐椅高度不大于 0.40m。浴盆一端应设不小于 0.30m 宽度坐台。

4.7.6 公用卫生间厕位间平面尺寸不宜小于 1.20m×2.00m，内设 0.40m 高的坐便器。

4.7.7 卫生间内与坐便器相邻墙面应设水平高 0.70m 的"L"形安全扶手或"Π"形落地式安全扶手。贴墙浴盆的墙面应设水平高度 0.60m 的"L"形安全扶手，入盆一侧应贴墙设安全扶手。

4.7.8 卫生间宜选用白色卫生洁具，平底防滑式浅浴盆。冷、热水混合式龙头宜选用杠杆式或搬压式开关。

4.7.9 卫生间、厕位间宜设平开门，门扇向外开启，留有观察窗口，安装双向开启的插销。

4.8 阳 台

4.8.1 老年人居住建筑的起居室或卧室应设阳台，阳台净深度不宜小于 1.50m。

4.8.2 老人疗养室、老人病房宜设净深度不小于 1.50m 的阳台。

4.8.3 阳台栏杆扶手高度不应小于 1.10m，寒冷和严寒地区宜设封闭式阳台。顶层阳台应设雨篷。阳台板底或侧壁，应设可升降的晾晒衣物设施。

4.8.4 供老人活动的屋顶平台或屋顶花园，其屋顶女儿墙护栏高度不应小于 1.10m；出平台的屋顶突出物，其高度不应小于 0.60m。

4.9 门 窗

4.9.1 老年人建筑公用外门净宽不得小于 1.10m。

4.9.2 老年人住宅户门和内门（含厨房门、卫生间门、阳台门）通行净宽不得小于 0.80m。

4.9.3 起居室、卧室、疗养室、病房等门扇应采用可观察的门。

4.9.4 窗扇宜镶用无色透明玻璃。开启窗口应设防蚊蝇纱窗。

4.10 室内装修

4.10.1 老年人建筑内部墙体阳角部位，宜做成圆角或切角，且在 1.80m 高度以下做与墙体粉刷齐平的护角。

4.10.2 老年人居室不应采用易燃、易碎、化纤及散发有害有毒气味的装修材料。

4.10.3 老年人出入和通行的厅室、走道地面，应选用平整、防滑材料，并应符合下列要求：

1 老年人通行的楼梯踏步面应平整防滑无障碍，界限鲜明，不宜采用黑色、显深色面料。

2 老年人居室地面宜用硬质木料或富弹性的塑胶材料，寒冷地区不宜采用陶瓷材料。

4.10.4 老年人居室不宜设吊柜，应设贴壁式贮藏壁橱。每人应有 1.00m³ 以上的贮藏空间。

5 建筑设备与室内设施

5.0.1 严寒和寒冷地区老年人居住建筑应供应热水和采暖。

5.0.2 炎热地区老年人居住建筑宜设空调降温设备。

5.0.3 老年人居住建筑居室之间应有良好隔声处理和噪声控制。允许噪声级不应大于 45dB，空气隔声不应小于 50dB，撞击声不应大于 75dB。

5.0.4 建筑物出入口雨篷板底或门口侧墙应设灯光照明。阳台应设灯光照明。

5.0.5 老年人居室夜间通向卫生间的走道、上下楼梯平台与踏步联结部位，在其临墙离地高 0.40m 处宜设灯光照明。

5.0.6 起居室、卧室应设多用安全电源插座，每室宜设两组，插孔离地高度宜为 0.60~0.80m；厨房、卫生间宜各设三组，插孔离地高度宜为 0.80～1.00m。

5.0.7 起居室、卧室应设闭路电视插孔。

5.0.8 老年人专用厨房应设燃气泄漏报警装置；老年公寓、老年院等老年人专用厨房的燃气设备宜设总调控阀门。

5.0.9 电源开关应选用宽板防漏电式按键开关，高度离地宜为 1.00～1.20m。

5.0.10 老年人居住建筑每户应设电话，居室及卫生间厕位旁应设紧急呼救按钮。

5.0.11 老人院床头应设呼叫对讲系统、床头照明灯和安全电源插座。

附录 A 老年人设施基础参数

A.0.1 老年人用床尺寸应符合下列要求：
1 单人床：长度 2.00m，宽度 1.10m，高度 0.40～0.45m；
2 双人床：长度 2.00m，宽度 1.60m，高度 0.40～0.45m。

A.0.2 急救担架尺寸为
长度 2.30m，宽度 0.56m。

A.0.3 轮椅应符合现行行业标准《方便残疾人使用的城市道路和建筑物设计规范》JGJ50 有关规定。

A.0.4 家具应圆角圆棱、坚固稳定、尺度适宜、便于扶靠和使用。

本规范用词说明

1.0.1 为便于在执行本规范条文时区别对待，对于要求严格程度不同的用词说明如下：
　　1 表示很严格，非这样做不可的：
　　　　正面词采用"必须"；
　　　　反面词采用"严禁"。
　　2 表示严格，在正常情况下均应这样做的：
　　　　正面词采用"应"；
　　　　反面词采有"不应"或"不得"。
　　3 表示允许稍有选择，在条件许可时，首先应这样做的：
　　　　正面词采用"宜"；
　　　　反面词采用"不宜"。
　　表示有选择在一定条件下可以这样做的采用"可"。

1.0.2 条文中指明应按其他有关标准执行的写法为，"应按……执行"或"应符合……要求（或规定）"。

中华人民共和国行业标准

老年人建筑设计规范

JGJ 122—99

条 文 说 明

前 言

　　《老年人建筑设计规范》(JGJ 122—99)，经建设部、民政部一九九九年五月十四日以建标〔1999〕131号文批准，业已发布。

　　为便于广大设计、施工、科研、学校等单位的有关人员在使用本规范时能正确理解和执行条文规定，《老年人建筑设计规范》编制组按章、节、条顺序编制了本规范的条文说明，供国内使用者参考。在使用中如发现本条文说明有不妥之处，请将意见函寄哈尔滨建筑大学建筑系（环境心理学研究实验中心）。

目 次

1 总则 ·················· 52—10
2 术语 ·················· 52—10
3 基地环境设计 ············ 52—10
4 建筑设计 ··············· 52—10
　4.1 一般规定 ············ 52—10
　4.2 出入口 ············· 52—11
　4.3 过厅和走道 ·········· 52—11
　4.4 楼梯、坡道和电梯 ····· 52—11
　4.5 居室 ··············· 52—11
　4.6 厨房 ··············· 52—11
　4.7 卫生间 ············· 52—11
　4.8 阳台 ··············· 52—12
　4.9 门窗 ··············· 52—12
　4.10 室内装修 ··········· 52—12
5 建筑设备与室内设施 ······· 52—12

1 总则

1.0.1 中华民族素有尊老扶幼的传统美德。我国现有老龄人口1.2亿，占全国人口的1/10，而这个比率在逐年增大。这就要求全社会都来关注这1/10人口的生活行为需求。这些人是"植树人"，是社会财富的创造者，今日社会的一切，都来自于昨天，来自于他们的双手。他们是社会功臣，今日社会理所当然地应怀着感激的心情关注他们，为他们提供参与社会生活安度晚年的一切方便。因此，所有建筑领域都应结合具体实际，为老年人参与行为，进行周密的规划、组织与设计，保证他们具有年轻人的平等参与机会。这不仅是老年族群的需要，也是社会文明建设的需要，这是本规范制定的原始依据。本规范是以方便老年人使用为目标的建筑设计规范。

由于年龄的变化，步入老年后人们的体能心态都会逐渐改变，形成老年特征。这种特征要求建筑设计必须突出强调使用中的安全性，消除隐患，避免可能发生的环境伤害，从而提高老年的生活质量。

人们随着年龄的增长，视力会衰退、眼花、色弱，甚至失明；步履蹒跚，行走障碍，抬腿困难，甚至需借助扶手、拐杖或轮椅；动作迟缓、准确度降低，常需要较宽松的空间环境；在心理上多有孤独感，更需关怀相互交往，提供参与社会的平等机会则十分必要。这些特征就构成了老年人建筑设计的前提。

1.0.2 专供老年人的居住建筑，包括老年住宅、老年公寓、干休所、老人院（养老院）和托老所等为老年人长期生活的场所，这些建筑必须满足老年体能心态特征要求；

老年人的公共建筑，是以老年人为主要服务对象的建筑，如老年文化休闲活动中心、老年大学、老年疗养院和老年医疗急救康复中心等，这些建筑都应为老年人使用提供方便设施。

1.0.4 老年人建筑设计规范是着眼于方便老年这一特定目标的建筑设计规范，它不构成规范单一的建筑类型，它实质上是对现行建筑类型设计规范的补充，是仅以方便老年人为特定目标的特殊性规范。建筑设计的共性要求，按民用建筑设计通则（JGJ37）；民用建筑热工设计规范（GB50176）；民用建筑节能设计标准（采暖居住建筑部分）（JGJ26）；建筑设计防火规范（GBJ16）；住宅建筑设计规范（GBJ96）以及相关建筑设计规范要求设计。

2 术语

2.0.9 走道净宽见图1。

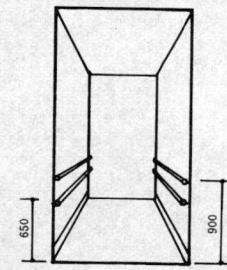

图1 走道净宽

2.0.10 楼梯段净宽见图2。

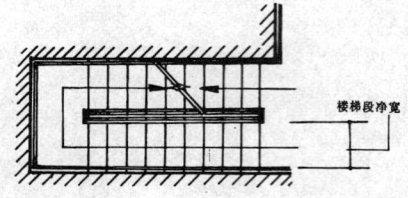

图2 楼梯段净宽

2.0.11 门口净宽见图3。

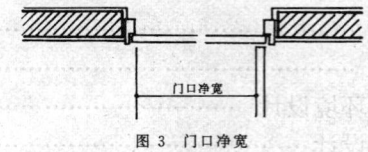

图3 门口净宽

3 基地环境设计

3.0.2 老年住宅、老年公寓、老人院应设置于居民区，使老年人不脱离社区生活。同时组成相应的生活保障网络系统，使老年人得到良好的社区服务，真正获得安度晚年的生活环境。

3.0.3、3.0.4 老年文化休闲活动中心，亦称离退休职工活动中心，是新形势下产生的一种新的建筑类型，是专门为老年人提供的综合性文化休闲活动建筑。其中设有不同规模、不同内容的活动厅室，如游艺厅、健身厅、舞厅；音乐欣赏、戏曲欣赏、书画欣赏；休息厅、餐厅、茶室、小卖部；有的设有游泳池，还有咨询服务室等，与之相配合的还有衣帽间、卫生间、接待、管理办公室等辅助设施。

老年大学，是专门为老年人提供的陶冶心境交流逸趣的学习园地，是一种特殊类型的学校建筑。根据学员的爱好常设有文学、历史、书法、绘画、雕塑、园艺、戏曲、音乐、舞蹈、体育保健、烹饪、社会学、心理学、政治学、经济学、法学、现代科技等专题讲座，相应设不同规模的多功能教室，还设有图书资料阅览室、学员作品陈列观摩室、健身室、休息室、医疗急救室，有的还设餐厅、茶室、小卖部，还有卫生间以及管理办公等辅助设施。

老年疗养院、干休所是专门接待老年人疗养的疗养院、休养所，除了具备一般疗养院所应具备的基本设施之外，应针对老年的体能和常见病，提供相应的疗养设施和方便服务条件。

老年医疗急救康复中心，是专门接待老年患者的医疗急救康复医院，应具备对老年患者的医疗急救和康复所需要的设施和服务条件。

上述直接服务于老年人的公共建筑，应能临近居民区，交通进出方便，便于老年人利用；或者能兼顾几个服务区，形成服务辐射网络中心，应具有良好的安静卫生环境。

离退休后的老年人，对户外活动的需要较高，他们聚在一起山南海北无所不侃，是老年生活的一大乐趣，在这里他们驱散了孤独感。庭院设计应提供这种便利，备设坐椅和必要的活动设施。

4 建筑设计

4.1 一般规定

4.1.1 每一个家庭，每一位老年人都存在从健康自理，发展到需要借助扶手、拐杖、轮椅，甚至于借助护理的可能性。这种变化，一般是渐变的，但也有由于意外伤害而发生突变。其引发变化的原因，除了体能自然衰退因素之外，还有由于地面不平、楼梯过陡、缺少安全扶手、用材不当等环境因素造成跌伤、挫伤、骨折、脑出血等等导致突变。

老年住宅、老年公寓、老人院（护理院、安怀院）的设计应按老龄阶段老年人变化的全过程设计，其中既含自理老人，也有介助老人生活行为所需要的设施，还应提供介护老人生活行为所需要的护理空间与设施条件。

4.1.2 老年人公共建筑仅考虑自理老人和介助老人参与活动，按介助老人体能心态需求进行设计，不考虑介护老人参与活动的可能性。

4.1.3 老年人由于体能衰退表现出与常人不同的特征，主要表现在水平与垂直交通行为上。而建筑物各个层面的高差是不可避免的，如何为老年人提供方便的设施则是设计者必须解决的课题。公共建筑都应为老年人提供方便进出的出入口、水平通道和楼梯间，还要为各种老年人使用卫生间提供便利。由于老年人体力衰弱，持续的站立行走都有困难，在公共建筑提供休息空间是必要的。

4.2 出入口

4.2.1 门前是老年人经常聚会的地方，为老年提供阴面出入口，对其心理健康有益。阴面设楼梯，阳面入口比较容易组织门内轮椅回旋空间。

4.2.2 出入口造型设计，并非仅从造型艺术考虑，主要着眼于老年记忆衰退，甚至于迷路忘家，突出标志性特色，是老年人建筑功能上的特殊需要。

4.2.3 建筑物的出入口是老年人进出建筑物的第一道关口，出入口是否方便老年人进出，直接影响老年人生活质量。

老年人体能衰退是自然规律，进入老龄阶段或早或迟大都会出现腿脚不便，抬腿高程降低，有的老年人上下台阶甚至两脚同踏一个踏面，常规台阶踏步尺度很难适应，因此将出入口门前台阶坡度调缓是必要的。

4.3 过厅和走道

4.3.1 户内通过式走道净宽略大于轮椅宽度，采取 1.20m。

4.3.2 老年人公共建筑通过式走道，按双排轮椅相并而行，总净宽 1.80m，且走道两侧墙面不应凸出障碍物。

4.3.4 通过式走道两侧墙面设介助扶手，对于年老体衰的老人或愈后康复的老人十分必要。在老年公寓、老人院、老年疗养院、老年医疗康复中心、综合医院老年病房等建筑的走道都应设置。在一般老年住宅，可预设安装介助扶手的基座，待实际需要时再装扶手。扶手以圆形断面最佳，可扶可抓握，成为老人行动依赖的可靠安全工具。

4.4 楼梯、坡道和电梯

4.4.3 体现老年人体能心态特征的方便老年人使用的建筑，最突出的一点就表现在楼梯设计上。楼梯设计是否合理，不仅直接影响老年人使用是否方便，而且直接关系到老年人的安全。每年都有老年人因楼梯不当，而跌倒摔伤致残，甚者致亡。现行的设计标准和设计实态对老年体能心态特征考虑不足，因而不尽合理。本规范作出新规定，直接为老年服务的建筑，应采用缓坡楼梯。

缓坡楼梯是依据自理老人体能逐渐衰退，抬腿高程降低，双脚共踏一步等现象而制定的。这种楼梯对借助拐杖的老人也比较适用。由于楼梯坡度较缓，使老人消除了向下俯视产生的倾覆恐惧感。

采用异色防滑条是基于老年人视力减弱后，对踏步边缘采取的警示性安全保护措施。

4.4.4 对于轮椅老人较多的老年公寓、老人院、老年疗养院，应设坡道；至于坡道设几层，应根据实际情况确定，若轮椅老人所居楼层可调性较大，可集中于底层，则不一定必须设层间坡道。

坡道宽度按双排轮椅并行确定。

4.5 居 室

4.5.1 起居室、卧室和疗养室是老年人久居的房间，其朝向直接影响居住者的健康，应力争保证良好朝向。室外景观对老年人的心理健康也有影响，充满阳光的卧室会增加人们的生活信心与活力。应为老年人创造优美的室外景观，使老人心理获取环境的强力支持。

4.5.2 老年人居住建筑久居人数比较稳定，或者双人或者单身。双人老年户常将起居室与卧室分设，而单身户经常是起居兼卧室合而为一。老年人几乎整日生活在居室中，他们的生活空间局限于居室之内。据实态调查对现行老人居室普遍嫌小，特别是对文化层次越来越高的老人，生活空间不宜太小。老年居住建筑一般房间数量不会太多，因而空间规模不能太小，否则会使老人如居斗室生活不快。老年人动作迟缓，准确度降低，也需要较宽松的空间环境。鉴于上述多方面因素，本规范规定最低面积指标。

就老年居住建筑而言，人口构成单一明确，因而套型组合也较简单。这里仅提供居室控制面积，具体组合构成应参照普通住宅设计规范要求。对于老年人集中居住的老年公寓和老人院的户型设计，应注意人口变化的可调性，采用近似标准尺度的房间，有利于互换和调整。根据居住者的经济条件，提供不同的面积选择自由度。

矩形卧室对短边净尺寸的限制，是考虑到在床端允许轮椅自由通过的必要空间，还稍有余地，不宜小于 3.00m。

4.5.3 老人疗养室和老人病房尚应按相关规范进行设计，其房间开间净宽在床端应具备轮椅回旋条件，不宜小于 3.30m。

4.6 厨 房

4.6.1 老年公寓每户设置的独用厨房，规模可适当缩小，不一定普遍要求轮椅进出。身居公寓的老人，当操作困难时，多依赖公共餐厅供餐。

老人院的公用厨房，主要是为个别人特殊需要而设置的，供需用者共同使用的厨房，可同时设几组灶具共同使用。

4.6.2 自行操作轮椅进出的独用厨房，其净宽度仅限轮椅回旋空间，考虑操作台所占空间，厨房开间应在 1.50m 之外再加 0.50～0.60m，宜有 2.10m 以上。

4.7 卫 生 间

4.7.1 老年人身患泌尿系统病症较普遍，卫生间位置离卧室越近越方便。

4.7.2 托老所的公用卫生间，应设置于老人居住活动区中心部位，能够使周边的老人都能方便地利用。

4.7.6 公用卫生间厕位间平面尺寸在考虑轮椅老人进出的同时，还要考虑可能有护理者协助操作，因此空间应加大到 1.20m×2.00m。

4.7.7 卫生间是老年事故多发地，设置尺度合适、安装牢靠的安全扶手十分必要。安全扶手是否牢固可靠，关键在于扶手基座是否坚固，必须先在墙内或地面预埋坚固的基座再装扶手（图 4-1、图 4-2）。

4.7.8 卫生间卫生洁具白色最佳，不宜用黄色或红色。白色不仅感觉清洁而且易于随时发现老年人的某些病变，黄色或红色还会产生不愉快的联想。

条件允许时安装温水净身风干式坐便器，对自理操作困难的老人比较方便。

杠杆式或掀压式龙头开关比较适用于老年人，一般老年人手的握力降低，圆形旋拧式开关使用不便。

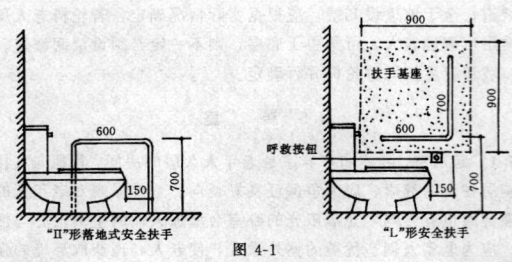

图 4-1　"Π"形落地式安全扶手　　"L"形安全扶手

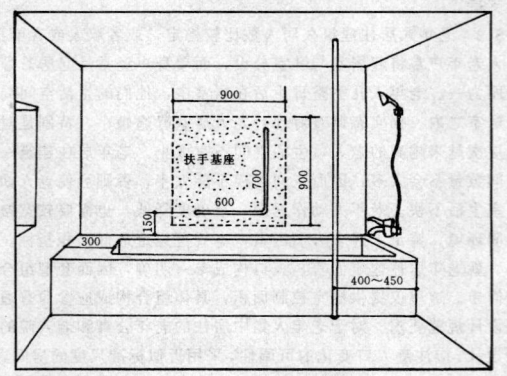

图 4-2　"L"形安全扶手，落地式立杆安全扶手

4.8　阳　　台

4.8.3　阳台栏杆高度适当加高，老年人随着年龄增长，恐高心理也趋增强，随着楼层增高，恐高心理越发严重，所以高层居住建筑的阳台，其栏杆高度还需相应提高。

4.9　门　　窗

4.9.2　老年住宅户内各门都应按轮椅进出要求设计，厨房、卫生间用门亦应如此，不能缩小。

4.9.4　老年视力普遍渐弱，不应选用有色玻璃，无色透明最受欢迎。

4.10　室内装修

4.10.2　容易造成视觉误导、眼花缭乱、碎裂伤人的玻璃质装修不宜用于老年人居住建筑，和老年人公共建筑楼梯间、休息厅等地。

老年居室更不宜采用纤维质软装修，特别是散发有毒有害气味的装修材料，应禁用。

4.10.3　硬质光滑材料，如磨光石材，不宜用于老年通行的通道、楼梯面料。生活中由于地面、楼梯面光滑导致老年滑倒摔伤事故时有发生，在这里必须把安全置于首位，美观居次。

地面，特别是楼梯踏步、平台，不宜选用黑色或显深色面料。黑色在视觉上属退后色，特别是对于老年人会产生如临深渊之感，小心翼翼不敢投足。一般来说楼梯间采光普遍较暗，老年人从亮处进入暗处，对暗适应的调节速度较慢，会使眼睛难以适应，更增加了投足恐惧心理。另外，黑色也是淹没色，藏污纳垢，难辨脏洁。黑色与黑暗相联，是一种失去希望丧失信心的色彩，对老年人不利。

4.10.4　有的养老院设备简陋，利用床下设简易柜橱，老年取用十分困难；吊柜也不可取，取用不安全。北方气候寒冷备用御寒衣物鞋帽较多，每人提供1.00m³ 的贮藏空间是必要的，南方相应可适当缩小。

5　建筑设备与室内设施

5.0.1　各地能源条件不尽相同，难以做到普遍供应冷热水，但对于老年居住建筑应力争创造供热水条件。厨房、卫生间、厕所都应采暖，特别是卫生间应具备更衣洗浴所要求的温度条件。

5.0.3　老年人睡眠较轻，微小的响动都会影响熟睡；而老年睡眠又常伴有鼾声，所以良好的隔声处理和噪声控制，应格外予以注意。对于老年公寓、老人院等应尽量提供单人居室或双人居室，多人同居会相互影响、有碍健康。

5.0.4　出入口照明对于老年人安全是必须的，灯光照明还有增强入口标志性的作用。阳台照明便于生活，特别是南方炎热，晚上多在阳台乘凉，照明是很需要的。

5.0.5　在非单人居室，为了防止由于某个人开灯上厕所，妨碍他人睡眠，在墙下设低位照明灯，是合适的。

在走道、楼梯平台与踏步联结部位设低位照明灯，有利于对老年人视力渐弱者示警，保证安全，又减少高灯亮度对周围造成的干扰（图5）。

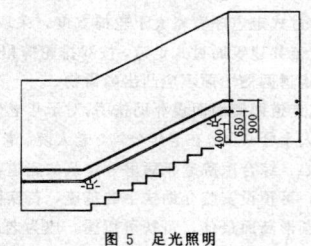

图 5　足光照明

中华人民共和国行业标准

既有居住建筑节能改造技术规程

Technical specification for energy efficiency retrofitting of existing residential buildings

JGJ/T 129—2012

批准部门：中华人民共和国住房和城乡建设部
施行日期：２０１３年３月１日

中华人民共和国住房和城乡建设部
公 告

第 1504 号

住房城乡建设部关于发布行业标准
《既有居住建筑节能改造技术规程》的公告

现批准《既有居住建筑节能改造技术规程》为行业标准，编号为 JGJ/T 129-2012，自 2013 年 3 月 1 日起实施。原行业标准《既有采暖居住建筑节能改造技术规程》JGJ 129-2000 同时废止。

本规程由我部标准定额研究所组织中国建筑工业出版社出版发行。

中华人民共和国住房和城乡建设部
2012 年 10 月 29 日

前 言

根据原建设部《关于印发〈2006 年工程建设标准规范制订、修订计划（第一批）〉的通知》（建标［2006］77 号）的要求，规程编制组经广泛调查研究，认真总结实践经验，并在广泛征求意见的基础上，对原行业标准《既有采暖居住建筑节能改造技术规程》JGJ 129-2000 进行了修订。

本规程的主要技术内容有：1. 总则；2. 基本规定；3. 节能诊断；4. 节能改造方案；5. 建筑围护结构节能改造；6. 严寒和寒冷地区集中供暖系统节能与计量改造；7. 施工质量验收。

本规程主要修订的技术内容是：1. 将规程的适用范围扩大到夏热冬冷地区和夏热冬暖地区；2. 规定了在制定节能改造方案前对供暖空调能耗、室内热环境、围护结构、供暖系统进行现状调查和诊断；3. 规定了不同气候区的既有建筑节能改造方案应包括的内容；4. 规定了不同气候区的既有建筑围护结构改造内容、重点以及技术要求；5. 规定了热源、室外管网、室内系统以及热计量的改造要求。

本规程由住房和城乡建设部负责管理，由中国建筑科学研究院负责具体技术内容的解释。执行过程中如有意见或建议，请寄送至中国建筑科学研究院（地址：北京市北三环东路 30 号，邮政编码：100013）。

本 规 程 主 编 单 位：中国建筑科学研究院

本 规 程 参 编 单 位：哈尔滨工业大学市政环境工程学院
中国建筑设计研究院
中国建筑西北设计研究院有限公司
中国建筑东北设计研究院有限公司
吉林省建苑设计集团有限公司
福建省建筑科学研究院
广东省建筑科学研究院
中国建筑西南设计研究院有限公司
重庆大学城市规划学院
上海市建筑科学研究院（集团）有限公司
北京市建筑设计研究院有限公司
西安建筑科技大学建筑学院
住房和城乡建设部科技发展促进中心
深圳市建筑科学研究院有限公司

本规程主要起草人员：林海燕　郎四维　方修睦
潘云钢　陆耀庆　金丽娜

吴雪岭　赵士怀　冯　雅　　　　　　潘　振
付祥钊　杨仕超　夏祖宏　本规程主要审查人员：吴德绳　罗继杰　杨善勤
刘明明　刘月莉　宋　波　　　　　　韦延年　陶乐然　张恒业
闫增峰　郝　斌　刘俊跃　　　　　　栾景阳　朱惠英　刘士清

目 次

1 总则 .... 53—6
2 基本规定 .... 53—6
3 节能诊断 .... 53—6
   3.1 一般规定 .... 53—6
   3.2 能耗现状调查 .... 53—6
   3.3 室内热环境诊断 .... 53—7
   3.4 围护结构节能诊断 .... 53—7
   3.5 严寒和寒冷地区集中
       供暖系统节能诊断 .... 53—7
4 节能改造方案 .... 53—8
   4.1 一般规定 .... 53—8
   4.2 严寒和寒冷地区节能改造方案 ... 53—8
   4.3 夏热冬冷地区节能改造方案 ...... 53—8
   4.4 夏热冬暖地区节能改造方案 ...... 53—8
5 建筑围护结构节能改造 .... 53—9
   5.1 一般规定 .... 53—9
   5.2 严寒和寒冷地区围护结构 .... 53—9
   5.3 夏热冬冷地区围护结构 .... 53—9
   5.4 夏热冬暖地区围护结构 .... 53—10
   5.5 围护结构节能改造技术要求 ...... 53—10
6 严寒和寒冷地区集中供暖系统
  节能与计量改造 .... 53—11
   6.1 一般规定 .... 53—11
   6.2 热源及热力站节能改造 .... 53—12
   6.3 室外管网节能改造 .... 53—12
   6.4 室内系统节能与计量改造 .... 53—13
7 施工质量验收 .... 53—13
   7.1 一般规定 .... 53—13
   7.2 围护结构节能改造工程 .... 53—13
   7.3 集中供暖系统节能改造工程 ...... 53—13
本规程用词说明 .... 53—14
引用标准名录 .... 53—14
附：条文说明 .... 53—15

Contents

1 General Provisions ················ 53—6
2 Basic Requirement ················ 53—6
3 Energy Saving Diagnosis ············· 53—6
   3.1 General Requirement ············· 53—6
   3.2 Energy Consumption Investigation ············· 53—6
   3.3 Indoor Thermal Environment Diagnosis ············· 53—7
   3.4 Building Envelope Energy Saving Diagnosis ············· 53—7
   3.5 Energy Saving Diagnosis of Centralized Heating System in the Severe Cold and Cold Zones ············· 53—7
4 Energy Saving Retrofit Plan ·········· 53—8
   4.1 General Requirement ············· 53—8
   4.2 Energy Saving Retrofit Plan in the Severe Cold and Cold Zones ············· 53—8
   4.3 Energy Saving Retrofit Plan in the Hot Summer and Cold Winter Zone ············· 53—8
   4.4 Energy Saving Retrofit Plan in the Hot Summer and Warm Winter Zones ············· 53—8
5 Building Envelope Energy Saving Retrofit ············· 53—9
   5.1 General Requirement ············· 53—9
   5.2 Building Envelope in Severe Cold and Cold Zones ············· 53—9
   5.3 Building Envelope in Hot Summer and Cold Winter Zones ············· 53—9
   5.4 Building Envelope in Hot Summer and Warm Winter Zones ············· 53—10
   5.5 Technical Requirements of Building Envelope Energy Saving Retrofit ············· 53—10
6 Energy Saving and Measurement Retrofit of Centralized Heating System in Severe Cold and Cold Zones ············· 53—11
   6.1 General Requirement ············· 53—11
   6.2 Heat Source and Supply Station Energy Saving Retrofit ············· 53—12
   6.3 Outdoor Pipe Network Energy Saving Retrofit ············· 53—12
   6.4 Indoor System Energy Saving and Measurement Retrofit ············· 53—13
7 Construction Acceptance ············· 53—13
   7.1 General Requirement ············· 53—13
   7.2 Building Envelope ············· 53—13
   7.3 Central Heating System ············· 53—13
Explanation of Wording in This Specification ············· 53—14
List of Quoted Standards ············· 53—14
Addition: Explanation of Provisions ············· 53—15

1 总 则

1.0.1 为贯彻国家有关建筑节能的法律、法规和方针政策，通过采取有效的节能技术措施，改变既有居住建筑室内热环境质量差、供暖空调能耗高的现状，提高既有居住建筑围护结构的保温隔热能力，改善既有居住建筑供暖空调系统能源利用效率，改善居住热环境，制定本规程。

1.0.2 本规程适用于各气候区既有居住建筑进行下列范围的节能改造：
    1 改善围护结构保温、隔热性能；
    2 提高供暖空调设备（系统）能效，降低供暖空调设备的运行能耗。

1.0.3 既有居住建筑节能改造应根据节能诊断结果，制定节能改造方案，从技术可靠性、可操作性和经济实用等方面进行综合分析，选取合理可行的节能改造方案和技术措施。

1.0.4 既有居住建筑节能改造，除应符合本规程外，尚应符合国家现行有关标准的规定。

2 基本规定

2.0.1 既有居住建筑节能改造应根据国家节能政策和国家现行有关居住建筑节能设计标准的要求，结合当地的地理气候条件、经济技术水平，因地制宜地开展全面的节能改造或部分的节能改造。

2.0.2 实施全面节能改造后的建筑，其室内热环境和建筑能耗应符合国家现行有关居住建筑节能设计标准的规定。实施部分节能改造后的建筑，其改造部分的性能或效果应符合国家现行有关居住建筑节能设计标准的规定。

2.0.3 既有居住建筑在实施全面节能改造前，应先进行抗震、结构、防火等性能的评估，其主体结构的后续使用年限不应少于20年。有条件时，宜结合提高建筑的抗震、结构、防火等性能实施综合性改造。

2.0.4 实施部分节能改造的建筑，宜根据改造项目的具体情况，进行抗震、结构、防火等性能的评估以及改造后的使用年限进行判定。

2.0.5 既有居住建筑实施节能改造前，应先进行节能诊断，并根据节能诊断的结果，制定全面的或部分的节能改造方案。

2.0.6 建筑节能改造的诊断、设计和施工，应由具有相应的建筑检测、设计、施工资质的单位和专业技术人员承担。

2.0.7 严寒和寒冷地区的既有居住建筑节能改造，宜以一个集中供热小区为单位，同步实施对建筑围护结构的改造和供暖系统的全面改造。全面节能改造后，在保证同一室内热舒适水平的前提下，热源端的节能量不应低于20%。当不具备对建筑围护结构和供暖系统实施全面改造的条件时，应优先选择对室内热环境影响大、节能效果显著的环节实施部分改造。

2.0.8 严寒和寒冷地区既有居住建筑实施全面节能改造后，集中供暖系统应具有室温调节和热量计量的基本功能。

2.0.9 夏热冬冷地区与夏热冬暖地区的既有居住建筑节能改造，应优先提高外窗的保温和遮阳性能、屋顶和西墙的保温隔热性能，并宜同时改善自然通风条件。

2.0.10 既有居住建筑外墙节能改造工程的设计应兼顾建筑外立面的装饰效果，并应满足墙体保温、隔热、防火、防水等的要求。

2.0.11 既有居住建筑外墙节能改造工程应优先选用安全、对居民干扰小、工期短、对环境污染小、施工工艺便捷的墙体保温技术，并宜减少湿作业施工。

2.0.12 既有居住建筑节能改造应制定和实行严格的施工防火安全管理制度。外墙改造采用的保温材料和系统应符合国家现行有关防火标准的规定。

2.0.13 既有居住建筑节能改造不得采用国家明令禁止和淘汰的设备、产品和材料。

3 节能诊断

3.1 一般规定

3.1.1 既有居住建筑节能改造前应进行节能诊断。并应包括下列内容：
    1 供暖、空调能耗现状的调查；
    2 室内热环境的现状诊断；
    3 建筑围护结构的现状诊断；
    4 集中供暖系统的现状诊断（仅对集中供暖居住建筑）。

3.1.2 既有居住建筑节能诊断后，应出具节能诊断报告，并应包括供暖空调能耗、室内热环境、建筑围护结构、集中供暖系统现状调查和诊断的结果，初步的节能改造建议和节能改造潜力分析。

3.1.3 承担节能诊断的单位应由建设单位委托。节能诊断涉及的检测方法应按现行行业标准《居住建筑节能检测标准》JGJ/T 132执行。

3.2 能耗现状调查

3.2.1 既有居住建筑节能改造前，应先进行供暖、空调能耗现状的调查统计。调查统计应符合现行行业标准《民用建筑能耗数据采集标准》JGJ/T 154的有关规定。

3.2.2 既有居住建筑应根据其供暖和空调能耗现状调查统计结果，为节能诊断报告提供下列内容：

1 既有居住建筑供暖能耗；
2 既有居住建筑空调能耗。

3.3 室内热环境诊断

3.3.1 既有居住建筑室内热环境诊断时，应按国家现行标准《民用建筑热工设计规范》GB 50176、《严寒和寒冷地区居住建筑节能设计标准》JGJ 26、《夏热冬冷地区居住建筑节能设计标准》JGJ 134、《夏热冬暖地区居住建筑节能设计标准》JGJ 75 以及《居住建筑节能检测标准》JGJ/T 132 执行。

3.3.2 既有居住建筑室内热环境诊断，应采用现场调查和检测室内热环境状况为主、住户问卷调查为辅的方法。

3.3.3 既有居住建筑室内热环境诊断应主要针对供暖、空调季节进行，夏热冬冷和夏热冬暖地区的诊断还宜包括过渡季节。针对过渡季节的室内热环境诊断，应在自然通风状态下进行。

3.3.4 既有居住建筑室内热环境诊断应调查、检测下列内容并将结果提供给节能诊断报告：
1 室内空气温度；
2 室内空气相对湿度；
3 外围护结构内表面温度，在严寒和寒冷地区还应包括热桥等易结露部位的内表面温度，在夏热冬冷和夏热冬暖地区还应包括屋面和西墙的内表面温度；
4 在夏热冬暖和夏热冬冷地区，建筑室内的通风状况；
5 住户对室内温度、湿度的主观感受等。

3.4 围护结构节能诊断

3.4.1 围护结构节能诊断前，应收集下列资料：
1 建筑的设计施工图、计算书及竣工图；
2 建筑装修和改造资料；
3 历年修缮资料；
4 所在地城市建设规划和市容要求。

3.4.2 围护结构进行节能诊断时，应对下列内容进行现场检查：
1 墙体、屋顶、地面以及门窗的裂缝、渗漏、破损状况；
2 屋顶结构构造：结构形式、遮阳板、防水构造、保温隔热构造及厚度；
3 外墙结构构造：墙体结构形式、厚度、保温隔热构造及厚度；
4 外窗：窗户型材种类、开启方式、玻璃结构、密封形式；
5 遮阳：遮阳形式、构造和材料；
6 户门：构造、材料、密闭形式；
7 其他：分户墙、楼板、外挑楼板、底层楼板等的材料、厚度。

3.4.3 围护结构节能诊断时，应按现行国家标准《民用建筑热工设计规范》GB 50176 的规定计算其热工性能，必要时应对部分构件进行抽样检测其热工性能。围护结构热工性能检测应符合现行行业标准《居住建筑节能检测标准》JGJ/T 132 的有关规定。围护结构热工计算和检测应包括下列内容：
1 屋顶的保温性能、隔热性能；
2 外墙的保温性能、隔热性能；
3 房间的气密性；
4 外窗的气密性；
5 围护结构热工缺陷。

3.4.4 外窗的传热系数应按现行行业标准《建筑门窗玻璃幕墙热工计算规程》JGJ/T 151 的规定进行计算；外窗的综合遮阳系数应按现行行业标准《夏热冬暖地区居住建筑节能设计标准》JGJ 75 和《建筑门窗玻璃幕墙热工计算规程》JGJ/T 151 的有关规定进行计算。

3.4.5 围护结构节能诊断应根据建筑物现状、围护结构现场检查和热工性能计算与检测的结果等对其热工性能进行判定，并为节能诊断报告提供下列内容：
1 建筑围护结构各组成部分的传热系数；
2 建筑围护结构可能存在的热工缺陷状况；
3 建筑物耗热量指标（严寒、寒冷地区集中供暖建筑）。

3.5 严寒和寒冷地区集中供暖系统节能诊断

3.5.1 供暖系统节能诊断前，应收集下列资料：
1 供暖系统设计施工图、计算书和竣工图纸；
2 历年维修改造资料；
3 供暖系统运行记录及 3 年以上能源消耗量。

3.5.2 供暖系统诊断时，应对下列内容进行现场检查、检测、计算并将结果提供给节能诊断报告：
1 锅炉效率、单位锅炉容量的供暖面积；
2 单位建筑面积的供暖耗煤量（折合成标准煤）、耗电量和水量；
3 根据建筑耗热量、耗煤量指标和实际供暖天数推算系统的运行效率；
4 供暖系统补水率；
5 室外管网输送效率；
6 室外管网水力平衡度、调控能力；
7 室内供暖系统形式、水力失调状况和调控能力。

3.5.3 对锅炉效率、系统补水率、室外管网水力平衡度、室外管网热损失率、耗电输热比等指标参数的检测应按现行行业标准《居住建筑节能检测标准》JGJ/T 132 执行。

4 节能改造方案

4.1 一般规定

4.1.1 对居住建筑实施节能改造前,应根据节能诊断结果和预定的节能目标制定节能改造方案,并应对节能改造方案的效果进行评估。

4.1.2 严寒和寒冷地区应按现行行业标准《严寒和寒冷地区居住建筑节能设计标准》JGJ 26 中的静态计算方法,对建筑实施改造后的供暖耗热量指标进行计算。计划实施全面节能改造的建筑,其改造后的供暖耗热量指标应符合现行行业标准《严寒和寒冷地区居住建筑节能设计标准》JGJ 26 的规定,室内系统应满足计量要求。

4.1.3 夏热冬冷地区应按现行行业标准《夏热冬冷地区居住建筑节能设计标准》JGJ 134 中的动态计算方法,对建筑实施改造后的供暖和空调能耗进行计算。

4.1.4 夏热冬暖地区应按现行行业标准《夏热冬暖地区居住建筑节能设计标准》JGJ 75 中的动态计算方法,对建筑实施改造后的空调能耗进行计算。

4.1.5 夏热冬冷地区和夏热冬暖地区宜对改造后建筑顶层房间的夏季室内热环境进行评估。

4.2 严寒和寒冷地区节能改造方案

4.2.1 严寒和寒冷地区既有居住建筑的全面节能改造方案应包括建筑围护结构节能改造方案和供暖系统节能改造方案。

4.2.2 围护结构节能改造方案应确定外墙、屋面等保温层的厚度并计算外墙平均传热系数和屋面传热系数,确定外窗、单元门、户门传热系数。对外墙、屋面、窗洞口等可能形成冷桥的构造节点,应进行热工校核计算,避免室内表面结露。

4.2.3 建筑围护结构节能改造方案应评估下列内容:
1 建筑物耗热量指标;
2 围护结构传热系数;
3 节能潜力;
4 建筑热工缺陷;
5 改造的技术方案和措施,以及相应的材料和产品;
6 改造的资金投入和资金回收期。

4.2.4 严寒和寒冷地区供暖系统节能改造方案应符合下列规定:
1 改造后的燃煤锅炉年均运行效率不应低于68%,燃气及燃油锅炉年均运行效率不应低于80%;
2 对于改造后的室外供热管网,管网保温效率应大于97%,补水率不应大于总循环流量的0.5%,系统总流量应为设计值的100%~110%,水力平衡度应在0.9~1.2范围之内,耗电输热比应符合现行行业标准《严寒和寒冷地区居住建筑节能设计标准》JGJ 26 的有关规定。

4.2.5 供暖系统节能改造方案应评估下列内容:
1 供暖期间单位建筑面积耗标煤量(耗气量)指标;
2 锅炉运行效率;
3 室外管网输送效率;
4 热源(热力站)变流量运行条件;
5 室内系统热计量仪表状况及系统调节手段;
6 供热效果;
7 节能潜力;
8 改造的技术方案和措施,以及相应的材料和产品;
9 改造的资金投入和资金回收期。

4.3 夏热冬冷地区节能改造方案

4.3.1 夏热冬冷地区既有居住建筑节能改造方案应主要针对建筑围护结构。

4.3.2 夏热冬冷地区既有建筑节能改造方案应确定外墙、屋面等保温层的厚度,计算外墙平均传热系数和屋面传热系数,确定外窗的传热系数和遮阳系数。必要时,应对外墙、屋面、窗洞口等可能形成热桥的构造节点进行结露验算。

4.3.3 夏热冬冷地区既有建筑节能改造方案的效果评估应包括能效评估和室内热环境评估,并应符合下列规定:
1 当节能方案满足现行行业标准《夏热冬冷地区居住建筑节能设计标准》JGJ 134 全部规定性指标的要求时,可认定节能方案达到该标准的节能水平;
2 当节能方案不完全满足现行行业标准《夏热冬冷地区居住建筑节能设计标准》JGJ 134 全部规定性指标的要求时,应按该标准规定的方法,计算节能改造方案的节能综合评价指标。

4.3.4 评估室内热环境时,应先按节能改造方案建立该建筑的计算模型,计算当地典型气象年条件下建筑室内的全年自然室温(t_n),再按表 4.3.4 的规定进行评估。

表 4.3.4 夏热冬冷地区节能改造方案的室内热环境评估

室内热环境评估等级	评估指标	
	冬季	夏季
良好	12℃≤$t_{n,min}$	$t_{n,max}$≤30℃
可接受	8℃≤$t_{n,min}$<12℃	30℃<$t_{n,max}$≤32℃
恶劣	$t_{n,min}$<8℃	$t_{n,max}$>32℃

4.4 夏热冬暖地区节能改造方案

4.4.1 夏热冬暖地区既有居住建筑节能改造方案应

主要针对建筑围护结构。

4.4.2 夏热冬暖地区既有居住建筑节能改造方案应确定外墙、屋面等保温层的厚度，计算外墙传热系数和屋面传热系数，确定外窗的传热系数和遮阳系数等。

4.4.3 夏热冬暖地区既有建筑节能改造方案的效果评估应包括能效评估和室内热环境评估，并应符合下列规定：

　　1 当节能改造方案满足现行行业标准《夏热冬暖地区居住建筑节能设计标准》JGJ 75 全部规定性指标的要求时，可认定该改造方案达到该标准的节能水平；

　　2 当节能改造方案不完全满足现行行业标准《夏热冬暖地区居住建筑节能设计标准》JGJ 75 全部规定性指标的要求时，应按现行行业标准《夏热冬暖地区居住建筑节能设计标准》JGJ 75 规定的对比评定法，计算改造方案的节能综合评价指标。

4.4.4 室内热环境评价应符合下列规定：

　　1 应按现行国家标准《民用建筑热工设计规范》GB 50176 计算改造方案中建筑屋顶、西外墙的保温隔热性能；

　　2 应按现行行业标准《建筑门窗玻璃幕墙热工计算规程》JGJ/T 151 计算改造方案中外窗隔热性能和保温性能；

　　3 应按现行行业标准《夏热冬暖地区居住建筑节能设计标准》JGJ 75 计算改造方案中外窗的可开启面积或采用流体力学计算软件模拟节能改造实施方案中建筑内部预期的自然通风效果；

　　4 室内热环境评价结论的判定应符合下列规定：

　　　1）当围护结构节能设计符合现行行业标准《夏热冬暖地区居住建筑节能设计标准》JGJ 75 的有关规定时，应判定节能方案的夏季室内热环境为良好；

　　　2）当围护结构节能设计不完全符合现行行业标准《夏热冬暖地区居住建筑节能设计标准》JGJ 75 的有关规定，但屋顶、外墙的隔热性能符合现行国家标准《民用建筑热工设计规范》GB 50176 的有关规定时，应判定节能方案的夏季室内热环境为可接受；

　　　3）当围护结构节能设计不完全符合现行行业标准《夏热冬暖地区居住建筑节能设计标准》JGJ 75 的有关规定，且屋顶、外墙的隔热性能也不符合现行国家标准《民用建筑热工设计规范》GB 50176 的有关规定时，应判定节能方案的夏季室内热环境为恶劣。

5 建筑围护结构节能改造

5.1 一般规定

5.1.1 围护结构节能改造应按制定的节能改造方案进行设计，设计内容应包括外墙、外窗、户门、不封闭阳台门和单元入口门、屋面、直接接触室外空气的楼地面、供暖房间与非供暖房间（包括不供暖楼梯间）的隔墙及楼板等。

5.1.2 围护结构节能改造时，不得随意更改既有建筑结构构造。

5.1.3 外墙和屋面节能改造前，应对相关的构造措施和节点做法等进行设计。

5.1.4 对严寒和寒冷地区围护结构的节能改造，应同时考虑供暖系统的节能改造，为供暖系统改造预留条件。

5.1.5 围护结构改造应遵循经济、适用、少扰民的原则。

5.1.6 围护结构节能改造所使用的材料、技术应符合设计要求和国家现行有关标准的规定。

5.2 严寒和寒冷地区围护结构

5.2.1 严寒和寒冷地区既有居住建筑围护结构改造后，其传热系数应符合现行行业标准《严寒和寒冷地区居住建筑节能设计标准》JGJ 26 的有关规定。

5.2.2 严寒和寒冷地区，在进行外墙节能改造时，应优先选用外保温技术，并应与建筑的立面改造相结合。

5.2.3 外墙节能改造时，严寒和寒冷地区不宜采用内保温技术。当严寒和寒冷地区外保温无法施工或需保持既有建筑外貌时，可采用内保温技术。

5.2.4 外墙节能改造采用内保温技术时，应进行内保温设计，并对混凝土梁、柱等热桥部位进行结露验算，施工前制定施工方案。

5.2.5 严寒和寒冷地区外窗改造时，可根据既有建筑具体情况，采取更换原窗户或在保留原窗户基础上再增加一层新窗户的措施。

5.2.6 严寒和寒冷地区居住建筑的楼梯间及外廊应封闭；楼梯间不供暖时，楼梯间隔墙和户门应采取保温措施。

5.2.7 严寒、寒冷地区的单元门应加设门斗；与非供暖走道、门厅相邻的户门应采用保温门；单元门宜安装闭门器。

5.3 夏热冬冷地区围护结构

5.3.1 夏热冬冷地区既有居住建筑围护结构改造后，所改造部位的热工性能应符合现行行业标准《夏热冬冷地区居住建筑节能设计标准》JGJ 134 的规定性指标的有关规定。

5.3.2 既有居住建筑外墙进行节能改造设计时，应根据建筑的历史和文化背景、建筑的类型和使用功能、建筑现有的立面形式和建筑外装饰材料等，确定采用外保温隔热或内保温隔热技术，并应符合下列规定：

    1 混凝土剪力墙应进行外墙保温改造；

    2 南北向板式（条式）建筑，应对东西山墙进行保温改造；

    3 宜采用外保温技术。

5.3.3 既有居住建筑的平屋面宜改造成坡屋面或种植屋面。当保持平屋面时，宜设置保温层和通风架空层。

5.3.4 外窗改造应在满足传热系数要求的同时，满足外窗的气密性、可开启面积和遮阳系数等要求。外窗改造可选择下列方法：

    1 用中空玻璃替代原单层玻璃；

    2 用中空玻璃新窗扇替代原窗扇；

    3 用符合节能标准的窗户替代原窗户；

    4 加一层新窗户或贴遮阳膜；

    5 东、西、南方向主要房间加设活动外遮阳装置。

5.3.5 外窗和阳台透明部分的遮阳，应优先采用活动外遮阳设施，且活动外遮阳设施不应对窗口通风特性产生不利影响。

5.3.6 更换外窗时，外窗的开启方式应有利于建筑的自然通风，可开启面积应符合现行行业标准《夏热冬冷地区居住建筑节能设计标准》JGJ 134 的有关规定。

5.3.7 阳台门不透明部分应进行保温处理。

5.3.8 户门改造时，可采取保温门替代旧钢制不保温门。

5.3.9 保温性能较差的分户墙宜采用各类保温砂浆粉刷。

5.4 夏热冬暖地区围护结构

5.4.1 夏热冬暖地区既有居住建筑围护结构改造后，所改造部位的热工性能应符合现行行业标准《夏热冬暖地区居住建筑节能设计标准》JGJ 75 的规定性指标的有关规定。

5.4.2 既有居住建筑外墙改造时，应优先采取反射隔热涂料、浅色饰面等，不宜采取单纯增加保温层的做法。

5.4.3 既有居住建筑的平屋面宜改造成坡屋面或种植屋面；当保持平屋面时，宜采取涂刷反射隔热涂料、设置通风架空层或遮阳等措施。

5.4.4 既有居住建筑的外窗改造时，可采取下列方法：

    1 外窗玻璃贴遮阳膜；

    2 东、西、南方向主要房间加设外遮阳装置；

    3 外窗玻璃更换为节能玻璃；

    4 增加开启窗扇；

    5 用符合节能标准的窗户替代原窗户。

5.4.5 节能改造更换外窗时，外窗的开启方式应有利于建筑的自然通风，可开启面积应符合现行行业标准《夏热冬暖地区居住建筑节能设计标准》JGJ 75 的有关规定。

5.5 围护结构节能改造技术要求

5.5.1 采用外保温技术对外墙进行改造时，材料的性能、构造措施、施工要求应符合现行行业标准《外墙外保温工程技术规程》JGJ 144 的有关规定。外墙外保温系统应包覆门窗框外侧洞口、女儿墙、封闭阳台栏板及外挑出部分等热桥部位，并应与防水、装饰相结合，做好保温层密封和防水。

5.5.2 采用外保温技术对外墙进行改造时，外保温施工前应做好相关准备工作，并应符合下列规定：

    1 外墙侧管道、线路应拆除，施工后需要恢复的设施应妥善保管；

    2 施工脚手架宜采用与墙面分离的双排脚手架；

    3 应修复原围护结构裂缝、渗漏，填补密实墙面的缺损、孔洞，更换损坏的砖或砌块，修复冻害、析盐、侵蚀所产生的损坏；

    4 应清理原围护结构表面油迹、酥松的砂浆，修复不平的表面；

    5 当采用预制外墙外保温系统时，应完成立面规格分块及安装设计构造详图设计。

5.5.3 外墙内保温的施工和保温材料的燃烧性能等级应符合现行行业标准《外墙内保温工程技术规程》JGJ/T 261 的有关规定。

5.5.4 采用内保温技术对外墙进行改造时，施工前应做好相关准备，并应符合下列规定：

    1 对原围护结构表面涂层、积灰油污及杂物、粉刷空鼓，应刮掉并清理干净；

    2 对原围护结构表面脱落、虫蛀、霉烂、受潮所产生的损坏，应进行修复；

    3 对原围护结构裂缝、渗漏，应进行修复，墙面的缺损、孔洞应填补密实；

    4 对原围护结构表面不平整处，应予以修复；

    5 室内各类管线应安装完成并经试验检测合格。

5.5.5 外门窗的节能改造应符合下列规定：

    1 严寒与寒冷地区的外窗节能改造应符合下列规定：

      1）当在原有单玻窗基础上再加装一层窗时，两层窗户的间距不应小于100mm；

      2）更新外窗时，可采用塑料窗、隔热铝合金窗、玻璃钢窗以及钢塑复合窗、木塑复合窗等，并应将单玻窗换成中空双玻或三

玻窗;

3) 更换新窗时，窗框与墙之间应设置保温密封构造，并宜采用高效保温气密材料和弹性密封胶封堵;

4) 阳台门的门芯板应为保温型，也可对原有阳台进行封闭处理;阳台门的玻璃宜采用节能玻璃;

5) 严寒、寒冷地区的居住建筑外窗框宜与基层墙体外侧平齐，且外保温系统宜压住窗框 20mm～25mm。

2 夏热冬冷地区的外窗节能改造应符合下列规定:

1) 当在原有单玻窗的基础上再加装一层窗时，两层窗户的间距不应小于 100mm;

2) 更新外窗时，应优先采用塑料窗，并应将单玻窗换成中空双玻窗;有条件时，宜采用隔热铝合金窗框;

3) 外窗进行遮阳改造时，应优先采用活动外遮阳，并应保证遮阳装置的抗风性能和耐久性能。

3 夏热冬暖地区的外窗节能改造应符合下列规定:

1) 整窗更换为节能窗时，应符合国家现行标准《民用建筑设计通则》GB 50352 和《夏热冬暖地区居住建筑节能设计标准》JGJ 75 的有关规定;

2) 增加开启窗扇改造后，可开启面积应符合现行行业标准《夏热冬暖地区居住建筑节能设计标准》JGJ 75 的有关规定;

3) 更换外窗玻璃为节能玻璃改造时，宜采用遮阳型 Low-e 玻璃;

4) 外窗玻璃贴遮阳膜时，应综合考虑膜的寿命、伸缩性、可维护性;

5) 东、西、南方向主要房间加设外遮阳装置时，应综合考虑遮阳装置对建筑立面外观、通风及采光的影响，同时还应考虑遮阳装置的抗风性能和耐久性能。

5.5.6 屋面节能改造施工准备工作应符合下列规定:

1 在对屋面状况进行诊断的基础上，应对原屋面上的损害的部品予以修复;

2 屋面的缺损应填补找平;

3 屋面上的设备、管道等应提前安装完毕，并应预留出外保温层的厚度;

4 防护设施应安装到位。

5.5.7 屋面节能改造应根据既有建筑屋面形式，选择下列改造措施:

1 原屋面防水可靠的，可直接做倒置式保温屋面;

2 原屋面防水有渗漏的，应铲除原防水层，重新做保温层和防水层;

3 平屋面改坡屋面时，宜在原有平屋面上铺设耐久性、防火性能好的保温层;

4 坡屋面改造时，宜在原屋顶吊顶上铺放轻质保温材料，其厚度应根据热工计算确定;无吊顶时，可在坡屋面下增加或加厚保温层或增设吊顶，并在吊顶上铺设保温材料，吊顶层应采用耐久性、防火性能好，并能承受铺设保温层荷载的构造和材料;

5 屋面改造时，宜同时安装太阳能热水器，且增设太阳能热水系统应符合现行国家标准《民用建筑太阳能热水系统应用技术规范》GB 50364 的有关规定;

6 平屋面改造成坡屋面或种植屋面应核算屋面的允许荷载。

5.5.8 屋面进行节能改造时，应保证防水的质量，必要时应重新做防水，防水工程应符合现行国家标准《屋面工程技术规范》GB 50345 的有关规定。

5.5.9 严寒和寒冷地区楼地面节能改造时，可在楼板底部设置保温层。

5.5.10 对外窗进行遮阳节能改造时，应优先采用外遮阳措施。增设外遮阳时，应确保增设结构的安全性。

5.5.11 遮阳设施的安装位置应满足设计要求。遮阳设施的安装应牢固、安全，可调节性能应满足使用功能要求。遮阳膜的安装方向、位置应正确。

5.5.12 节能改造施工过程中不得任意变更建筑节能改造施工图设计。当确实需变更时，应与设计单位洽商，办理设计变更手续。

5.5.13 对围护结构进行改造时，施工单位应先编制建筑节能改造工程施工技术方案并经监理单位或建设单位确认。施工现场应对从事建筑节能工程施工作业的专业人员进行技术交底和必要的实际操作培训。

6 严寒和寒冷地区集中供暖系统节能与计量改造

6.1 一般规定

6.1.1 供暖系统的热力站输出的热量不能满足热用户需求的，应改造、更换或增设热源设备。

6.1.2 供暖系统的锅炉房辅助设备无气候补偿装置、烟气余热回收装置、锅炉集中控制系统和风机变频装置等时，应根据需要加装其中的一种或多种装置。

6.1.3 燃煤锅炉不能采用连续供热辅以间歇调节的运行方式，不能实现根据室外温度变化的质调节或质、量并调方式时，应改造或增设调控装置。

6.1.4 燃煤锅炉房无燃煤计量装置时，应加装计量装置。

6.1.5 供暖系统的室外管网的输送效率低于 90%，正常补水率大于总循环流量的 0.5% 时，应针对降低漏损、加强保温等对管网进行改造。

6.1.6 室外供热管网循环水泵出口总流量低于设计值时，应根据现场测试数据校核，并在原有基础上进行调节或改造。

6.1.7 锅炉房循环水泵没有采用变频调速装置时，宜加装变频调速装置。

6.1.8 供热管网的水力平衡度超出0.9～1.2的范围时，应予以改造，并应在供热管网上安装具有调节功能的水力平衡装置。

6.1.9 当室外供暖系统热力入口没有加装平衡调节设备，导致建筑物室内供热系统水力不平衡，并造成室温达不到要求时，应改造或增设调控装置。

6.1.10 室内供暖系统无排气装置时，应加装自动排气阀。

6.1.11 室内供暖系统散热设备的散热量不能满足要求的，应增加或更换散热设备。

6.1.12 供暖系统安装质量不满足现行国家标准《建筑给水排水及采暖工程施工质量验收规范》GB 50242的有关规定时，应进行改造。

6.1.13 供暖系统热力站的一次侧和二次侧无热计量装置时，应加装热计量装置。

6.1.14 居住建筑的室内系统不能实现室温调节和热量分摊计量时，应改造或增设调控和计量装置。

6.2 热源及热力站节能改造

6.2.1 热源及热力站的节能改造可与城市热源的改造同步进行，也可单独进行。热源及热力站的节能改造应技术上合理，经济上可行，并应符合本规程第4章的相关规定。

6.2.2 更换锅炉时，应按系统实际负荷需求和运行负荷规律，合理确定锅炉的台数和容量。在低于设计运行负荷条件下，单台锅炉运行负荷不应低于额定负荷的60%。

6.2.3 热力站供热系统宜设置供热量自动控制装置，根据室外气温和室温设定等变化，调节热源侧的出力。

6.2.4 采用2台以上燃油、燃气锅炉时，锅炉房宜设置群控装置。

6.2.5 既有集中供暖系统进行节能改造时，应根据系统节能改造后的运行工况，对原循环水泵进行校核计算，满足建筑热力入口所需资用压头。需要更换水泵时，锅炉房及管网的循环水泵，应选用高效节能低噪声水泵。设计条件下输送单位热量的耗电量应满足现行行业标准《严寒和寒冷地区居住建筑节能设计标准》JGJ 26的规定。

6.2.6 当热源为热水锅炉房时，其热力系统应满足锅炉本体循环水量控制要求和回水温度限值的要求。当锅炉对供回水温度和流量的限定与外网在整个运行期对供回水温度和流量的要求不一致时，锅炉房直供系统宜按热源侧和外网配置两级泵系统，且二级水泵应设置调速装置，一、二级泵供回水管之间应设置连通管。

6.2.7 供热系统的阀门设置应符合下列规定：

1 在一个热源站房负担多个热力站（热交换站）的系统中，除阻力最大的热力站以外，各热力站的一次水入口宜配置性能可靠的自力式压差调节阀。热源出口总管上不应串联设置自力式流量控制阀。

2 一个热力站有多个分环路时，各分环路总管上可根据水力平衡的要求设置手动平衡阀。热力站出口总管上不应串联设置自力式流量控制阀。

6.2.8 热力站二次网调节方式应与其所服务的户内系统形式相适应。当户内系统形式全部或大多数为双管系统时，宜采用变流量调节方式；当户内系统形式仅少数为双管系统时，宜采用定流量调节方式。

6.2.9 改造后的系统应进行冲洗和过滤，水质应达到现行行业标准《严寒和寒冷地区居住建筑节能设计标准》JGJ 26的有关规定。系统停运时，锅炉、热网及室内系统宜充水保养。

6.2.10 热电联产热源厂、集中供热热源厂和热力站应在热力出口安装热量计量装置。改建、扩建或改造的供暖系统中，应确定供热企业和终端用户之间的热费结算位置，并在该位置上安装计量有效的热量表。

6.2.11 锅炉房、热力站应设置运行参数检测装置，并应对供热量、补水量、耗电量进行计量，宜对锅炉房消耗的燃料数量进行计量监测。锅炉房、热力站各种设备的动力用电和照明用电应分项计量。

6.3 室外管网节能改造

6.3.1 室外供热管网改造前，应对管道及其保温质量进行检查和检修，及时更换损坏的管道阀门及部件。室外管网应杜绝漏水点，供热系统正常补水率不应大于总循环流量的0.5%。室外管网上的阀门、补偿器等部位，应进行保温；管道上保温损坏部位，应采用高效保温材料进行修补或更换。维修或改造后的管网保温效率应大于97%。

6.3.2 室外管网改造时，应进行水力平衡计算。当热网的循环水泵集中设置在热源或二级网系统的循环水泵集中设置在热力站时，各并联环路之间的压力损失差值不应大于15%。当室外管网水力平衡计算达不到要求时，应根据热网的特点设置水力平衡阀。热力入口水力平衡度应达到0.9～1.2。

6.3.3 一级网采用多级循环泵系统时，管网零压差点之前的热用户应设置水力平衡阀。

6.3.4 既有供热系统与新建管网系统连接时，宜采用热交换站的方式进行间接连接；当直接连接时，应对新、旧系统的水力工况进行平衡校核。当热力入口资用压头不能满足既有供暖系统要求时，应采取提高管网循环水泵扬程或增设局部加压泵等补偿措施。

6.3.5 每栋建筑物热力入口处应安装热量表。对于用途相同、建设年代相近、建筑物耗热量指标相近、户间热费分摊方式一致的若干栋建筑，可统一安装一块热量表。

6.3.6 建筑物热量表的流量传感器应安装在建筑物热力入口处计量小室内的供水管上。热量表积算仪应设在易于读数的位置，不宜安装在地下管沟之中。热量表的安装应符合现行相关规范、标准的要求。

6.3.7 建筑物热力入口的装置设置应符合下列规定：

 1 同一供热系统的建筑物内均为定流量系统时，宜设置静态平衡阀；

 2 同一供热系统的建筑物内均为变流量系统时，供暖入口宜设自力式压差控制阀；

 3 当供热管网为变流量调节，个别建筑物内为定流量系统时，除应在该建筑供暖入口设自力式流量控制阀外，其余建筑供暖入口仍应采用自力式压差控制阀；

 4 当供热管网为定流量运行，只有个别建筑物内为变流量系统时，若该建筑物的供暖热负荷在系统中只占很小比例时，该建筑供暖入口可不设调控阀；若该建筑物的供暖热负荷所占比例较大会影响全系统运行时，应在该供暖入口设自力式压差旁通阀；

 5 建筑物热力入口可采用小型热交换站系统或混水站系统，且对这类独立水泵循环的系统，可根据室内供暖系统形式在热力入口处安装自力式流量控制阀或自力式压差控制阀；

 6 当系统压差变化量大于额定值的15％时，室外管网应通过设置变频措施或自力式压差控制阀实现变流量方式运行，各建筑物热力入口可不再设自力式流量控制阀或自力式压差控制阀，改为设置静态平衡阀；

 7 建筑物热力入口的供水干管上宜设两级过滤器，初级宜为滤径3mm的过滤器；二级宜为滤径0.65mm～0.75mm的过滤器，二级过滤器应设在热能表的上游位置；供、回水管应设置必要的压力表或压力表管口。

6.4 室内系统节能与计量改造

6.4.1 当室内供暖系统需节能改造，且原供暖系统为垂直单管顺流式时，应改为垂直单管跨越式或垂直双管系统，不宜改造为分户水平循环系。

6.4.2 室内供暖系统改造时，应进行散热器片数复核计算和水力平衡验算，并应采取措施解决室内供暖系统垂直及水平方向的失调。

6.4.3 室内供暖系统改造应设性能可靠的室温控装置，每组散热器的供水支管宜设散热器恒温控制阀。采用单管跨越式系统时，散热器恒温控制阀应采用低阻力两通或三通阀，产品性能应满足现行行业标准《散热器恒温控制阀》JG/T 195的规定。

6.4.4 当建筑物热力入口处设热计量装置时，室内供暖系统应同时安装分户热计量装置，计量装置的选择应符合现行行业标准《供热计量技术规程》JGJ 173的有关规定。

7 施工质量验收

7.1 一般规定

7.1.1 既有居住建筑节能改造后，应进行节能改造工程施工质量验收，并应符合现行国家标准《建筑节能工程施工质量验收规范》GB 50411的有关规定。

7.1.2 既有居住建筑节能改造施工质量验收应有业主方、设计单位、施工单位以及建设主管部门的代表参加。

7.1.3 既有居住建筑节能改造施工质量验收应在工程全部完成后进行，并应按照验收项目、验收内容进行分项工程和检验批划分。

7.2 围护结构节能改造工程

7.2.1 围护结构节能改造工程施工质量验收应提交有关文件和记录，并应符合下列规定：

 1 围护结构节能改造方案、设计图纸、设计说明、计算复核资料等应完整齐全；

 2 材料和构件的品种、规格、质量应符合设计要求和国家现行有关标准的规定，并应提交相应的产品合格证；

 3 材料和构件的技术性能应符合设计要求，并应提交相应的性能检验报告和进场验收记录、复验报告；

 4 施工质量应符合设计要求，并应提交相应的施工记录、各分项工程施工质量验收记录；

 5 隐蔽工程验收记录应完整，且符合设计要求；

 6 外墙和屋顶节能改造后，应提供节能构造现场实体检测报告；

 7 严寒、寒冷和夏热冬冷地区更换外窗时，应提供外窗的气密性现场检测报告。

7.3 集中供暖系统节能改造工程

7.3.1 建筑设备施工质量验收应提交有关文件和记录，并应符合下列规定：

 1 供暖系统节能改造方案、设计图纸、设计说明、计算复核资料等应完整齐全；

 2 供暖系统设备、材料、配件的质量应符合国家标准的要求，并应提交相应的产品合格证；

 3 设备、配件的规格、数量应符合设计要求；

 4 设备、材料、配件的技术性能应符合要求，并应提交相应的性能检验报告和进场验收记录、复验报告；

5 施工质量应符合设计要求,并应提交相应的施工记录、各分项工程施工质量验收记录;

6 建筑设备的安装应符合设计要求和国家现行有关标准的规定;

7 隐蔽工程验收记录应完整,且符合设计要求;

8 供暖系统的设备单机及系统联合试运转和调试记录应完整,且供暖系统的效果应符合设计要求。

本规程用词说明

1 为便于在执行本规程条文时区别对待,对要求严格程度不同的用词说明如下:

1)表示很严格,非这样做不可的:
　　正面词采用"必须",反面词采用"严禁";

2)表示严格,在正常情况下均应这样做的:
　　正面词采用"应",反面词采用"不应"或"不得";

3)表示允许稍有选择,在条件许可时首先应这样做的:
　　正面词采用"宜",反面词采用"不宜";

4)表示有选择,在一定条件下可以这样做的:
　　采用"可"。

2 条文中指明应按其他有关标准执行的写法为:"应符合……的规定"或"应按……执行"。

引用标准名录

1 《民用建筑热工设计规范》GB 50176
2 《建筑给水排水及采暖工程施工质量验收规范》GB 50242
3 《屋面工程技术规范》GB 50345
4 《民用建筑设计通则》GB 50352
5 《民用建筑太阳能热水系统应用技术规范》GB 50364
6 《建筑节能工程施工质量验收规范》GB 50411
7 《严寒和寒冷地区居住建筑节能设计标准》JGJ 26
8 《夏热冬暖地区居住建筑节能设计标准》JGJ 75
9 《居住建筑节能检测标准》JGJ/T 132
10 《夏热冬冷地区居住建筑节能设计标准》JGJ 134
11 《外墙外保温工程技术规程》JGJ 144
12 《建筑门窗玻璃幕墙热工计算规程》JGJ/T 151
13 《民用建筑能耗数据采集标准》JGJ/T 154
14 《供热计量技术规程》JGJ 173
15 《外墙内保温工程技术规程》JGJ/T 261
16 《散热器恒温控制阀》JG/T 195

中华人民共和国行业标准

既有居住建筑节能改造技术规程

JGJ/T 129—2012

条 文 说 明

修 订 说 明

《既有居住建筑节能改造技术规程》JGJ/T 129-2012，经住房和城乡建设部 2012 年 10 月 29 日以第 1504 号公告批准、发布。

本规程是在《既有采暖居住建筑节能改造技术规程》JGJ 129-2000 的基础上修订而成，上一版主编单位是北京中建建筑设计院，参编单位是中国建筑科学研究院、中国建筑一局（集团）有限公司技术部。主要起草人员有：陈圣奎、李爱新、周景德、沈韫元、董增福、魏大福、刘春雁。本次修订将规程的适用范围从原来的严寒和寒冷地区的既有供暖居住建筑扩展到各个气候区的既有居住建筑。本次修订的主要技术内容是：1."节能诊断"，规定在制定节能改造方案前对供暖空调能耗、室内热环境、围护结构、供暖系统进行现状调查和诊断；2."节能改造方案"，规定不同气候区的既有建筑节能改造方案应包括的内容；3."建筑围护结构节能改造"，规定不同气候区的既有建筑围护结构改造内容、重点以及技术要求；4."供暖系统节能与计量改造"，分别对热源、室外管网、室内系统以及热计量改造作出了规定。

本规程修订过程中，编制组进行了广泛深入的调查研究，总结了我国近些年来开展建筑节能和既有建筑节能改造的实践经验，同时也参考了国外相应的技术法规。

为便于广大设计、施工、科研、学校等单位有关人员在使用本规程时能正确理解和执行条文规定，《既有居住建筑节能改造技术规程》编制组按章、节、条顺序编制了本规程的条文说明，对条文规定的目的、依据以及执行中需注意的有关事项进行了说明。但是，本条文说明不具备与标准正文同等的法律效力，仅供使用者作为理解和把握标准规定的参考。

目 次

1 总则 ····················· 53—18
2 基本规定 ················· 53—18
3 节能诊断 ················· 53—19
  3.1 一般规定 ············· 53—19
  3.2 能耗现状调查 ········· 53—19
  3.3 室内热环境诊断 ······· 53—19
  3.4 围护结构节能诊断 ····· 53—20
  3.5 严寒和寒冷地区集中供暖
      系统节能诊断 ········· 53—20
4 节能改造方案 ············· 53—20
  4.1 一般规定 ············· 53—20
  4.2 严寒和寒冷地区节能改造方案 ··· 53—20
  4.3 夏热冬冷地区节能改造方案 ····· 53—20
  4.4 夏热冬暖地区节能改造方案 ····· 53—21
5 建筑围护结构节能改造 ····· 53—21
  5.1 一般规定 ············· 53—21
  5.2 严寒和寒冷地区围护结构 ······· 53—22
  5.3 夏热冬冷地区围护结构 ········· 53—22
  5.4 夏热冬暖地区围护结构 ········· 53—23
  5.5 围护结构节能改造技术要求 ····· 53—24
6 严寒和寒冷地区集中供暖系统
  节能与计量改造 ··········· 53—26
  6.2 热源及热力站节能改造 ········· 53—26
  6.3 室外管网节能改造 ············· 53—26
  6.4 室内系统节能与计量改造 ······· 53—27

1 总 则

1.0.1 至 2005 年年末全国城镇房屋建筑面积达 164.88 亿 m^2，其中城镇民用建筑面积 147.44 亿 m^2（居住建筑面积 107.69 亿 m^2，公共建筑面积 39.75 亿 m^2）。我国从 20 世纪 80 年代开始颁布实施居住建筑节能设计标准，首先在北方集中供暖地区，即严寒和寒冷地区于 1986 年试行新建居住建筑供暖节能率 30%的设计标准，1996 年实施供暖节能率 50%的设计标准，并于 2010 年实施供暖节能率 65%的设计标准。我国中部夏热冬冷地区居住建筑节能设计标准从 2001 年实施，节能率 50%；而南方夏热冬暖地区居住建筑节能设计标准是 2003 年实施，节能率 50%。由于种种原因，前些年建筑节能设计标准的实施并不尽人意。近年来，为贯彻落实党中央、国务院关于建设节约型社会、开展资源节约工作的精神，以及《国务院关于做好建设节约型社会近期重点工作的通知》要求，进一步推进建筑节能工作，住房和城乡建设部每年组织开展了全国城镇建筑节能专项检查。通过专项检查发现，全国对建筑（包括居住建筑和公共建筑）节能标准的重要性认识不断提高，标准的执行率也越来越高。2005 年第一次检查的时候，在设计阶段执行建筑节能强制性标准的只有 57%，而在施工阶段执行强制性标准的不到 24%。2006 年，设计阶段达到 65%，施工阶段达到 54%。2007 年全国城镇（1~10）月份新建建筑在设计阶段执行节能标准的比例为 97%，施工阶段执行节能标准的比例为 71%。2008 年新建建筑在设计阶段执行节能标准的比例为 98%，施工阶段执行节能标准的比例为 82%。2009 年新建建筑在设计阶段执行节能标准的比例为 99%，施工阶段执行节能标准的比例为 90%。但是，我国仍然还有大量既有建筑没有按照节能设计标准建成，或者，有相当数量的、位于严寒和寒冷地区的居住建筑是按照节能率 30%和 50%建造的，需要进行节能改造。

经济发展和人们生活水平的提高，居民必然会对室内热环境有所需求，冬季供暖和夏季空调在逐步普及，有些气候区已成为生存和生活的必需。要达到一定的室内热环境指标，能耗是必不可少的。建筑围护结构良好的保温隔热性能，以及供暖空调设备系统的高效运行，是节能减排和改善居住热环境的基本途径。为了规范地对于既有居住建筑进行节能改造，特制订本规程。

1.0.2 本规程适用于我国各气候区的既有居住建筑节能改造。气候区是指严寒地区、寒冷地区、夏热冬冷地区、夏热冬暖地区。由于温和地区的居住建筑目前实际的供暖和空调设备应用较少，所以没有单独列出章节。如果根据实际情况，温和地区有些居住建筑供暖空调能耗比较高，需要进行节能改造，则可以参照气候条件相近的相邻寒冷地区，夏热冬冷地区和夏热冬暖地区的规定实施。

"既有居住建筑"包括住宅、集体宿舍、住宅式公寓、商住楼的住宅部分、托儿所、幼儿园等。

节能改造的目的是为了满足室内热环境要求和降低供暖、空调的能耗。采取两条途径实现节能，首先，改善围护结构的保温（降低供暖热负荷）隔热（降低空调冷负荷）热工性能；其二则是提高供暖空调设备（系统）的能效。

1.0.3 既有居住建筑由于建造年代不同，围护结构各部件热工性能和供暖空调设备、系统的能效不同，在制订节能改造方案前，首先要进行节能改造的诊断，从技术经济比较和分析得出合理可行的围护结构改造方案，并最大限度地挖掘现有设备和系统的节能潜力。

1.0.4 既有居住建筑节能改造的设计、施工验收涉及建筑领域内的专业较多，因此，在进行居住建筑节能改造时，除应符合本规程的规定外，尚应符合国家现行有关标准的规定。

2 基 本 规 定

2.0.1 我国地域辽阔，气候条件和经济技术发展水平差别较大，既有居住建筑节能改造需要根据实际情况，对建筑围护结构、供暖系统进行全面或部分的节能改造。围护结构的全面节能改造包括外墙、屋面和外窗等各部分均进行改造，部分节能改造指根据技术经济条件只改造围护结构中的一项或几项。供暖系统的全面节能改造包括热源、室外管网、室内供暖系统、热计量等各部分均进行改造，部分节能改造指只改造其中的一项或几项。有条件的地方，可以选择全面改造，因为全面改造节能效果好，效费比高。

2.0.3、2.0.4 抗震、结构、防火关系到居住建筑安全和使用寿命，既有居住建筑节能改造当涉及这些问题时，应当根据国家现行的抗震、结构和防火规范进行评估，并根据评估结论确定是否开展单独的节能改造或同步实施安全和节能改造。既有居住建筑节能改造需要投入大量的人力物力，尤其是全面的改造成本较大，应该考虑投资回收期。因此，提出了实施节能改造后的建筑还要保证 20 年以上的使用寿命。实施部分节能改造的建筑，则应根据具体情况决定是否要进行全面的安全性能评估和改造后使用寿命的判定。例如，仅进行供暖系统的部分改造，可能不会影响建筑原有的安全性能。又如，在南方地区仅更换窗户和增添遮阳，显然也不会影响建筑主体结构原有的安全性能。

2.0.5 既有居住建筑量大面广，由于它们所处的气候区不同，建造年代不同，使用情况不同，情况很复杂。因此在对它们实施节能改造前，应先开展节能诊断，然后根据节能诊断的结果确定改造方案。节能改造的合理投资回收期是个很难回答的问题。一方面按目前的能源价格计算，投资回收期都比较长。另一方面节能改造后室内热环境的改善，建筑外观对市容街貌的影响，都无法量化成经济指标。因此，本条文未明确提出投资回收期，而是要求节能改造投资成本合理、效果明显。

2.0.7 在严寒和寒冷地区，以一个集中供热小区为单位，对既有居住建筑的供暖系统和建筑围护结构同步实施全面节能改造，改造完成后可以在热源端得到直接的节能效果。但由于各种原因使供暖系统和建筑围护结构不具备同步改造的条件时，应优先选择供暖系统或建筑围护结构中节能效果明显的项目进行改造，如根据具体条件，供暖系统设置供热量自动控制装置，围护结构更换性能差的外窗、增强墙体的保温等。

2.0.8 为满足供热计量的要求，本条文规定严寒地区和寒冷地区的既有居住建筑集中供暖系统改造应设置室温调节和热量计量设施。

2.0.9 在夏热冬冷地区和夏热冬暖地区，一般说来老旧的居住建筑，外窗的保温隔热性能都很差，是建筑围护结构中的薄弱之处，因此应该优先改造。另外，屋顶和西墙的隔热通常也是个问题，所以改造时也要优先给予关注。

2.0.12 既有居住建筑实施节能改造时，由于建筑内有大量居民，所以防火安全尤为重要。稍有不慎引发火灾，不仅造成财产损失，而且很可能造成大量的人员伤亡。因此，本条文规定，不仅外墙保温系统的设计和所采用的材料必须符合相关防火要求，而且必须制定和实行严格的施工防火安全管理制度。

3 节能诊断

3.1 一般规定

3.1.1 实地调查室内热环境、围护结构的热工性能、供暖或空调系统的能耗及运行情况等，是为了科学、准确地了解要进行节能改造的建筑的现状。如果调查还不能达到这个目的，应该辅之以一些测试。然后通过计算分析，对拟改造建筑的能耗状况及节能潜力作出分析，作为制定节能改造方案的重要依据。

3.1.3 为确保节能诊断结果科学、准确、公正，要求从事建筑节能诊断的测评机构应具备相应资质。

3.2 能耗现状调查

3.2.1、3.2.2 居住建筑能耗主要包括供暖空调能耗、照明及家电能耗、炊事和热水能耗等，由于居住建筑使用情况复杂，全面获得分项能耗比较困难。本规程主要针对围护结构热工及空调供暖系统能效，因此调查供暖和空调能耗。针对不同的供暖空调形式，能耗调查统计内容有所不同：

　　1 集中供暖的既有居住建筑，测量或统计供暖能耗；

　　2 集中供冷的既有居住建筑，测量或统计空调能耗；

　　3 非集中供热、供冷的既有居住建筑，测量或调查住户空调供暖设备容量、使用情况和能耗（耗电、耗煤、耗气等）；

　　4 如不能直接获得供暖空调能耗，可调查统计既有居住建筑总耗电量及其他类型能源的总耗量等，间接估算供暖空调能耗。

3.3 室内热环境诊断

3.3.1 改善居住建筑室内热环境是我国建筑节能的基本目标之一。居住建筑热环境状况也是其节能性能的综合表现，是其是否需要节能改造的主要判据之一。既有居住建筑室内热环境诊断是其节能改造必需的先导工作，它不仅判断是否需要改造，而且还要对怎样改造提出指导性意见，因此诊断内容、诊断方法和诊断过程必须符合建筑节能标准体系的相关规定。本条列出了应作为既有居住建筑室内热环境诊断根据的相关标准。

我国幅员辽阔，不同地区气候差异很大，居住建筑室内热环境诊断时，应根据建筑所处气候区，对诊断内容进行选择性检测。检测方法依据《居住建筑节能检验标准》JGJ/T 132 的有关规定。

3.3.4 室内热环境要素包括室内空气温度、室内空气相对湿度、室内气流速度和室内壁面温度等。住户的热环境感受又与住户的衣着、活动等物理量有关。因此，室内热环境诊断（现状评估）应通过实地现场调查室内热环境状况，同时，对住户进行问卷调查，了解住户的主观感受。

室内热环境有一定的基本要求，例如，室内的温度、湿度、气流和环境辐射温度应在允许范围之内。冬季，严寒和寒冷地区外围护结构内表面温度不应低于室内空气露点温度。夏季，夏热冬冷和夏热冬暖地区自然通风房间围护结构内表面最高温度不应高于当地夏季室外计算温度最高值。

既有居住建筑的实况与其图纸往往相差很大，只能通过现场调查进行评估。夏热冬冷和夏热冬暖地区过渡季节的居住建筑室内热环境状况是其热工性能的综合表现，对建筑能耗有重大影响，是该建筑是否应进行节能改造的重要判据。建筑的通风性能也是影响建筑热舒适、健康和能耗的重要因素。因此诊断评估报告应包括通风状况。

严寒和寒冷地区的居住建筑节能设计标准对室内相对湿度没有要求，但在对既有居住建筑进行现场调查时，测一下相对湿度也有好处，有时可以帮助判断外围护结构内表面结露发霉的原因。

3.4 围护结构节能诊断

3.4.1 节能诊断时，应将建筑地形图、总图、节能计算书及竣工图、建筑装修改造资料、历年修缮资料、所在地城市建设规划和市容要求等收集齐全，对分析既有建筑存在的问题及进行节能改造设计是十分必要的。当然，并非所有的建筑都保留有这么完整的图纸和资料，实际工作中只能尽量收集查阅。

3.4.2 围护结构的节能诊断应依据各地区现行的节能标准或相关规范，重点对围护结构中与节能相关的构造形式和使用材料进行调查，取得第一手资料，找出建筑高能耗的原因和导致室内热环境较差的各种可能因素。

3.4.3 围护结构热工性能可以经过计算获得，但有相当一部分建筑年代长远，相关的图纸资料不全，无法得到围护结构热工性能，在这种情况下必要时应委托有资质的检测机构对围护结构热工性能进行现场检测，作为节能评估的依据。

3.4.4 外窗外遮阳系数的计算方法可参照《夏热冬暖地区居住建筑节能设计标准》JGJ 75；外窗本身的遮阳和传热系数计算方法可参照《建筑门窗玻璃幕墙热工计算规程》JGJ/T 151进行，也可借助专业的门窗模拟计算软件进行模拟计算。对于部分建筑年代长远，相关外窗的图纸无法得到的建筑，由于无法根据外窗图纸确认外窗的构造及进行相关的建模计算，此类外窗可参照《建筑外门窗保温性能分级及检测方法》GB/T 8484规定的方法进行试验室检测。

3.4.5 对建筑围护结构节能性能进行判定，可以找出其薄弱环节，提出有针对性的节能改造建议，并对其节能潜力进行分析。

3.5 严寒和寒冷地区集中供暖系统节能诊断

3.5.1～3.5.3 提出了供暖系统节能改造前诊断的要求：如资料、重点诊断的内容等。

4 节能改造方案

4.1 一般规定

4.1.3 夏热冬冷地区居住建筑普遍是间歇式地使用供暖和空调。建筑热状况、建筑传热过程、供暖空调系统运行都是非稳态的。只有采用动态计算和分析方法，才能比较准确地评估各种改造方案的节能效果。

4.1.4 夏热冬暖地区居住建筑普遍是间歇式地使用供暖和空调。建筑热状况、建筑传热过程和供暖空调系统运行都是非稳态的。只有采用动态计算和分析方法，才能比较准确地评估各种改造方案的效果。

4.1.5 夏热冬冷和夏热冬暖地区的老旧居住建筑，顶层房间夏季的室内热环境一般都很差，因此节能改造方案应予以关注。

4.2 严寒和寒冷地区节能改造方案

4.2.2 在严寒和寒冷地区，对外墙、屋面、窗洞口等可能形成冷桥的构造节点进行热工校核计算非常重要，若计算得到的内表面温度低于露点温度，必须调整节点设计或增强局部保温，避免室内表面结露。

4.2.3 建筑物耗热量指标的高低直接反映了既有建筑围护结构节能改造的效果，是评估的主要指标；围护结构各部分的平均传热系数是考核建筑物耗热量指标能否实现的关键参数，也是需要在施工验收环节中进行监管的参数。严寒和寒冷地区，由于气候寒冷，如果改造措施不合理，将导致热桥部位出现结露等问题。对室内热缺陷进行评估，有利于杜绝此类现象发生。

4.2.5 供暖期间单位面积耗标煤量（耗气量）指标高低直接反映了建筑围护结构节能改造效果和供热系统节能改造效果，是评估既有建筑节能效果的关键指标；锅炉运行效率和热网输送效率高低直接反映了供热系统节能效果的高低。根据室外气象参数和热用户的用热需求，确定合理的运行调节方式，以实现按需供热和降低输送能耗。既有建筑节能改造是在满足热用户热舒适性的前提下降低能耗，按户热计量收费可调动热用户节能的积极性，减少用热需求。因此在节能改造方案评估中要对热源及热力站计划实施的调节方法（如等温差调节、质量综合调节、分阶段改变流量质调节等）、是否具备进行运行调节的手段（如供热量调节装置、变速水泵等）进行评估，要对室内系统是否安装了热计量设施及是否配备了必要的调节设备进行评估。

在保证热用户热舒适前提下，进行了节能改造后的建筑物及供热系统的节能效果，用节能率来表示。即节能率＝（改造前的耗煤量指标－改造后的耗煤量指标）/改造前的耗煤量指标。

4.3 夏热冬冷地区节能改造方案

4.3.2 夏热冬冷地区幅员辽阔，区内各地区之间的气候差异也不小，例如北部地区冬天的温度就很低，不良的构造节点有可能导致室内表面结露。因此有必要对外墙、屋面、窗洞口等可能形成冷桥的构造节点进行热工校核计算，避免室内表面结露。

4.3.3 节能改造方案的能效评价，参照建筑节能设计标准，推荐优先采用简便易行的规定性评价方法。当规定性评价方法不能评价时，才采用性能性指标评价方案的能效水平。

4.3.4 在夏热冬冷地区，由于建筑功能、建筑现有状况不一样，采用不同的节能改造实施方案会有不同的热环境效果，通常按照人体热舒适标准的要求，在自然通风条件下给出计算当地典型气象年条件下不同的居室内的全年自然室温 t_n，来作为人体在自然通风条件下的热舒适不同标准值。建筑热环境的参数很多，但室内空气温度是主导性参数，对相对湿度有制约作用，对室内辐射温度有很大的相关性。为了简化工程实践，以温度作为热环境评价的基本参数。参照建筑节能设计标准以及卫生学、心理学等，分别以8℃、12℃、30℃、32℃作为热环境质量的分界。

4.4 夏热冬暖地区节能改造方案

4.4.3 本条文规定了夏热冬暖地区既有建筑节能改造实施方案的预期节能效果评价方法及要求。该地区节能改造实施方案节能评价应优先采用"规定性指标法"，当满足"规定性指标法"要求时，可认为其节能率达标；当不满足"规定性指标法"要求时，应采用"对比评定法"，并计算出节能率。经节能效果评价得出的节能率可作为节能改造实施方案经济性评估的依据。

4.4.4 本条文规定了夏热冬暖地区既有建筑节能改造实施方案的预期热环境评价方法及要求。该地区热环境评价应包括围护结构保温隔热性能、建筑室内自然通风效果。

节能改造实施方案中屋顶、外墙的保温隔热性能对室内热环境的影响十分显著。架空屋面、剪力墙等是该地区既有居住建筑中常见的围护结构形式，建筑顶层及临东、西外墙的居住者在夏季会有明显的烘烤感，热舒适性较差。节能改造在针对此类围护结构进行改造设计时，应验算其传热系数和内表面最高温度，确保方案能有效改善室内热环境质量。

与屋顶、外墙相比，外窗的热稳定性较差。通过窗户进入室内的得热量有瞬变传热得热和日射得热量两部分，其中日射得热量是造成该地区夏季室内过热的主要原因之一。因此节能改造应重点考虑对外窗的遮阳性能进行改善，外窗外遮阳系数的计算方法可参照《夏热冬暖地区居住建筑节能设计标准》JGJ 75，外窗本身的遮阳和传热系数计算方法可参照《建筑门窗玻璃幕墙热工计算规程》JGJ/T 151。

良好的自然通风不仅有利于改善室内热环境，而且可以减少空调使用时间。节能改造可通过增大外窗可开启面积、调整窗扇的开启方式等措施来改善自然通风。室内通风的预期效果应采用 CFD 软件进行模拟计算，依据模拟计算结果分析比建筑改造前、后的通风效果，并对其进行评价。

在夏热冬暖地区，屋面、外墙的隔热性能是影响室内热环境的决定性因素，所以用其作为室内热环境是否恶劣的区分依据。由于节能设计标准充分考虑了热舒适性要求，所以采用围护结构是否满足节能标准来判定热环境是否良好，其中涉及屋面及外墙保温隔热性能、外窗保温隔热性能、外窗开启面积（或自然通风效果）等参数，可以采用"规定性指标法"和"对比评定法"进行判断。

5 建筑围护结构节能改造

5.1 一般规定

5.1.1 本条明确了围护结构节能改造设计的内容，设计的依据是节能改造判定的结论。在既有建筑节能改造中，提高围护结构的保温和隔热性能对降低供暖、空调能耗作用明显。在围护结构改造中，屋面、外墙和外窗应是改造的重点，架空或外挑楼板、分隔供暖与非供暖空间的隔墙和楼板是保温处理的薄弱环节，应给予重视。在施工图设计中，应依据节能改造判定的结论所确定的围护结构传热系数来选择屋面、外墙、架空或外挑楼板的保温构造和保温材料及保温层厚度，选择门窗种类，选择分隔供暖与非供暖空间的隔墙和楼板的保温构造，对不封闭阳台门和单元入口门也应采取相应的保温措施。

5.1.2 既有居住建筑由于建造年代不同，结构设计和抗震设计标准不同，施工质量也不同，在对围护结构进行节能改造时，可能会增加外墙和屋面的荷载，为保证结构安全，应对原建筑结构进行复核、验算；当结构安全不能满足节能改造要求时，应采取结构加固措施，以保证结构安全。

由于更换门窗和屋面结构层以上的保温及防水材料，不会影响结构安全，设计可根据需要进行更换；其他如梁、板、柱和基层墙体等对结构安全影响较大的构件，其构造和组成材料不得随意更改。

5.1.3 在对外墙和屋面进行节能改造前，对相关的构造措施和节点做法必须进行设计，使其构造合理，安全可靠并容易实施。

5.1.4 对严寒和寒冷地区围护结构保温性能的节能改造，如能同时考虑供暖系统的节能改造可使围护结构的保温性能与供暖系统相协调，以达到节能、经济的目的，同时进行还可省工时。当同时进行有困难时，可先进行围护结构改造，但在设计上应为供暖系统改造预留条件。

5.1.5 既有居住建筑的节能改造，量大面广，尤其是对围护结构的节能改造如改换门窗、做屋面和墙体保温及外立面的改造，一般投资都比较大，同时会影响居民的日常生活。为了能实现对既有居住建筑的节能改造，达到节能减排的目的，节省投资、方便施工、减少对居民生活的影响，应是节能改造的基本原则。

5.1.6 目前市场上各种保温材料、网格布、胶粘剂等用于对围护结构进行节能改造所使用的材料、技术种类繁多，其质量和技术性能良莠不齐。为保证围护结构节能改造的质量，施工图设计应提供所选用材料技术性能指标，且其指标应符合有关标准要求；施工应按施工图设计的要求及国家有关标准的规定进行。严禁使用国家明令禁止和淘汰使用的材料、技术。

5.2 严寒和寒冷地区围护结构

5.2.1 现行行业标准《严寒和寒冷地区居住建筑节能设计标准》JGJ 26-2010 对围护结构各部位的传热系数限值均作了规定。为了使既有建筑在改造后与新建建筑一样成为节能建筑，其围护结构改造后的传热系数应符合该标准的要求。

5.2.2 外保温技术有许多优点，特别是在既有建筑围护结构节能改造时因其在施工时不需要居民搬迁，对居民的生活干扰最小而更具优势，同时与建筑立面改造相结合，可使建筑焕然一新。因此应优先采用外保温技术进行外墙的节能改造。

目前常用的外保温技术有 EPS、XPS 板薄抹灰外保温技术、硬泡聚氨酯外保温技术、EPS 板与混凝土同时浇注外保温技术、聚苯颗粒保温浆料外保温技术等，这些保温技术已日趋成熟，国家已颁布行业标准——《外墙外保温工程技术规程》JGJ 144，各地区也有相关技术标准。为保证外保温的工程质量，其设计与施工都应满足标准的要求。另外还应满足公安部公通字〔2009〕46 号文件对外保温系统的防火要求。

5.2.3 由于内保温技术很难解决热桥问题，且施工扰民，占用室内使用面积等，在严寒地区不宜采用。在寒冷地区当要维持建筑外貌而不能采用外保温技术时，如重要的历史建筑或重要的纪念性建筑等，可以采用内保温技术。

5.2.4 采用内保温技术的难点就是如何避免热桥部位内表面结露，设计应对混凝土梁、柱、板等热桥部位进行热工计算，特别是对梁板、梁柱交界部位应采取有效的保温技术措施，施工也要有合理的施工方案，以保证整体的保温效果并避免内表面结露。

5.2.5 外窗的传热耗热量和空气渗透耗热量占整个围护结构耗热量的 50%以上，因此外窗的节能改造是非常重要的，也是最容易做到并易见到实效的。改造时可根据具体情况，如原有窗已无保留价值，则应更换新窗，新窗应选用符合标准传热系数的双玻窗或三玻窗。如原窗可以保留，可再增加一层新的单层窗或双玻窗，形成双层窗，可以起到很好的保温节能效果。窗框应采用保温性能好的材料，如塑料窗或采用断桥技术的金属窗等。应注意窗户不得任意加宽，若要调整原窗洞口的尺寸和位置，首先要与结构设计人员协商，以不影响结构安全为前提条件。

5.2.6、5.2.7 严寒和寒冷地区将居住建筑的楼梯间和外廊封闭，是很有效的节能改造措施。由于不封闭的楼梯间和外廊，其分户门是直对室外的，也就是说一栋住宅楼中有多少户就有多少个外门。在冬季外门的开启会造成室外大量冷空气进入室内，导致供暖能耗的增加，因此外门越多对保温节能越不利。另外不封闭的楼梯间隔墙是外墙，外墙面大对保温节能不利，将楼梯间封闭，其隔墙变为内墙，减少了外墙，将大大提高保温和节能的效果。

楼梯间不供暖时，对楼梯间隔墙采取保温措施，户门采用保温门可减少户内热量的散失，提高室内热环境质量。

2000 年以前，在沈阳以南地区，许多住宅建筑的楼梯间一般都不供暖，入口处也不设门斗。在大连、北京以南地区，住宅建筑的楼梯间有些没有单元门，有些甚至是开敞的，有些居住建筑的外廊也不设门窗，这样能耗是很大的。因此，从有利于节能并从实际情况出发，作出了本条规定。

严寒和寒冷地区，在冬季外门的开启会造成室外大量冷空气进入室内，导致供暖能耗的增加。设置门斗可以避免冷风直接进入室内，在节能的同时，也提高了居住建筑门厅或楼梯间的热舒适性，还可避免敷设在住宅楼梯间内的管道受冻。加设门斗是一个很好的节能改造措施。

分隔供暖房间与非供暖走道的户门，也是供暖房间散热的通道，应采取保温措施。一般住宅的户门都采用钢制防盗门，如果在门板内嵌入岩棉，既满足防火、防盗的要求，也可提高保温性能。

单元门宜安装闭门器，以避免单元门常开不关，而造成大量冷空气进入室内，热量散失过大，增加供暖能耗。造成室内温度降低，管道受冻。利用节能改造的时机，将单元门更换为防盗对讲门，可起到防盗、保温节能一举两得的效果。

5.3 夏热冬冷地区围护结构

5.3.1 在夏热冬冷地区，外窗、屋面是影响热环境和能耗最重要的因素，进行既有居住建筑节能改造时，节能投资回报率最高，因此，围护结构改造后的外窗传热系数、遮阳系数、屋面传热系数必须符合行业标准《夏热冬冷地区居住建筑节能设计标准》JGJ 134 的要求。外墙虽然也是影响热环境和能耗很重要的因素，但综合投资成本、工程难易程度和节能的贡献率来看，对外墙适当放宽要求，可能节能效果和经济性会最优，但改造后的传热系数应符合行业标准《夏热冬冷地区居住建筑节能设计标准》JGJ 134 的要求。

5.3.2 夏热冬冷地区外墙虽然也是影响热环境和能耗很重要的因素，但根据建筑的历史、文化背景、建筑的类型、使用功能、建筑现有的立面形式、工程难易程等考虑，所采用的技术措施是不同的。在夏热冬冷地区，居住建筑的外墙根据建筑结构不同，在城区高层为主的发展形势下，外墙多为钢筋混凝土剪力墙，此类墙保温隔热性极差，故必须改造。而从改造难易和费用研究，南北向的居住建筑，东西山墙应放在外墙改造的首位。在夏热冬冷地区外保温隔热或内保温隔热技术之间节能效果差不多，内保温隔热技术所形成的热桥也不像严寒和寒冷地区热损失那么大和发生结露问题，所以，可根据建筑的具体情况采用外保温隔热或内保温隔热技术。但从改造应少扰民的角度考虑，外墙外保温具有明显的优越性。

5.3.3 在夏热冬冷地区，居住建筑的屋顶根据建筑结构不同，20世纪70、80及90年代多层很多为平屋顶，有的有架空层，有的没有，直接暴露在太阳的辐射下。夏季室内屋顶表面温度大于人体表面温度，顶层居民苦不堪言，空调降温能耗极高。本条文提出的几种方法都非常有效，可根据不同情况采用。

5.3.4 建筑外窗对室内热环境和房间供暖空调负荷的影响最大，夏季太阳辐射如果未受任何控制地射入房间，将导致房间环境过热和空调能耗的增加。相反冬季太阳辐射有利于提高房间温度，降低供暖能耗。

窗对建筑能耗的损失主要有两个原因，一是窗的热工性能太差所造成夏季空调、冬季供暖室内外温差的热量损失的增加；另外就是窗因受太阳辐射影响而造成的建筑室内空调供暖能耗的增减。从冬季来看通过窗口进入室内的太阳辐射有利于建筑的节能，因此，减少窗的温差传热是建筑节能中窗口热损失的主要因素，而夏季由于这一地区窗对建筑能耗损失中，太阳辐射是其主要因素，应采取适当遮阳措施，以防止直射阳光的不利影响。活动外遮阳装置可根据季节及天气状况调节遮阳状况，同时某些外遮阳装置如卷帘放下时还能提高外窗的热阻，减低传热耗能。

外窗的空气渗透对建筑空调供暖能耗影响也较大，为了保证建筑的节能，因而要求外窗具有良好的气密性能。所以，本条文对外窗的传热系数、气密性、可开启面积和遮阳系数作出了规定。

外窗改造所推荐采取的方法是根据夏热冬冷地区近年来节能改造的工程经验和目前的节能改造的技术经济水平而确定的。

5.3.5 建筑外窗对室内热环境和房间空调负荷的影响最大，夏季太阳辐射如果未受任何控制地射入房间，将导致室内过热和空调能耗增加。因此，采取有效的遮阳措施对改善室内热环境和降低空调负荷效果明显，是实现居住建筑节能的有效方法。

由于冬夏两季透过窗户进入室内的太阳辐射对降低建筑能耗和保证室内环境的舒适性所起的作用是截然相反的。所以设置活动式的外遮阳兼顾冬夏二季，更加合理，应当鼓励使用。

夏季外遮阳在遮挡阳光直接进入室内的同时，可能也会阻碍窗口的通风，因此设计时要加以注意。同时要注意不遮挡从窗口向外眺望的视野以及它与建筑立面造型之间的协调，并且力求遮阳系统构造简单、经济耐用。

5.3.6 夏热冬冷地区居民无论是在冬、夏季还是在过渡季节普遍有开窗通风的习惯，通风还是夏热冬冷地区传统解决建筑潮湿闷热和通风换气的主要方法，对节约能源有很重要作用，适当的可开启面积，有利于改善建筑室内热环境和空气质量，尤其在夏季夜间或气候凉爽宜人时，开窗通风能带走室内余热。所以规定窗口面积不应过小，因此，条文对它也作出了规定。

5.3.8 夏热冬冷地区门的保温性一般很少考虑，改造时也应考虑。

5.3.9 夏热冬冷地区的分户墙节能要求不高，但混凝土结构传热能耗巨大，故也应考虑改造。

5.4 夏热冬暖地区围护结构

5.4.1 与新建居住建筑不同，既有居住建筑往往已有众多住户居住，围护结构节能改造协调工作、施工组织难度较大，造价也较高。因此围护结构节能改造宜一步到位，改造后改造部位热工性能应符合现行节能设计标准要求。

5.4.2 夏热冬暖地区墙体热工性能主要影响室内热舒适性，对节能的贡献不大。外墙改造采用保温层保温造价较高、协调工作和施工难度较大，因此应尽量避免采用保温层保温。此外，一般黏土砖墙或加气混凝土砌块墙的隔热性能已基本满足现行国家标准《民用建筑热工设计规范》GB 50176 要求，即使不满足，通过浅色饰面或其他墙面隔热措施进行改善一般均可达到规范要求。

5.4.3 夏热冬暖地区夏季漫长，且太阳辐射强烈。对于该地区建筑的屋顶而言，由于日照时间长，若屋顶不具备良好的隔热性能，在炎热的夏季，炽热的屋顶将给人以强烈的烘烤感，难以保障良好的室内舒适环境，需要开空调降温，这也就相应地引起建筑能耗的增加。因此做好屋顶的隔热对于建筑的节能、建筑室内的热环境的改善就显得尤为重要。

目前，夏热冬暖地区大多数居住建筑仍采用平屋顶，在夏天太阳高度角高、太阳辐射强的正午时间，由于太阳光线对平屋面是正射的，造成平屋面得热量大，而对于坡屋面，太阳光线刚好是斜射的，可以大大降低屋面的太阳得热量。同时，坡屋面可以大大增加顶层的使用空间（相对于平屋面顶层面积可增加60%），由于斜屋面不易积水，还可以有效地将雨水引导至地面。目前，坡屋面的坡瓦材料形式多，色彩选择广，可以改变目前建筑千篇一律的平屋面单调风格，有利于丰富建筑艺术造型。

对于某些居住建筑，由于某些原因仍需保留平屋面，可采取其他措施改善其隔热性能，如：

① 屋顶采取浅色饰面，太阳光反射率远大于深色屋顶，在夏季漫长的夏热冬暖地区，采用浅色屋面可以增加屋面对太阳光线的反射程度，降低屋面的太

阳得热。所以，对于夏热冬暖地区，居住建筑屋顶采用浅色饰面将大大降低居住建筑屋面内、外表面温度与顶层房间的热负荷，提高人们居住空间的舒适度。

② 屋顶设置通风架空层，一方面利用通风间层的外层遮挡阳光，使屋顶变成两次传热，避免太阳辐射热直接作用在围护结构上；另一方面利用风压和热压的作用，尤其是自然通风，带走进入夹层中的热量，从而减少室外热作用对内表面的影响。

③ 采用屋面遮阳措施，通过直接遮挡太阳辐射，达到降低屋面太阳辐射得热的目的，是夏热冬暖地区有效的改善屋面隔热性能的节能措施之一。设置屋面遮阳措施时，宜通过合理设计，实现夏季遮挡太阳辐射，冬季透过适量太阳辐射的目的。

④ 绿化屋面，可以大大增加屋面的隔热性能，降低屋面的传热量。植物叶面对太阳辐射的吸收与遮挡可以有效降低屋面附近的温度，改变室内外湿环境，同时，绿化屋面还可以增加屋面防水作用。此外，绿化屋面可以增加小区和城市的绿化面积，改善居住小区和城市生态环境。但采用绿化屋面，成本相对也较高，可重点考虑采用轻型绿化屋面。轻型绿化屋面是利用草坪、地被、小型灌木和攀援植物进行屋顶覆盖绿化，具有重量轻、建造和维护简单、成本低等优点，因此近年来轻型绿化屋面得到了越来越多的推广与应用。

5.4.4 夏热冬暖地区主要考虑窗户的遮阳性能、气密性能和可开启性能。改造时应根据具体情况，选择合适的改造方法。

5.4.5 在夏热冬暖地区，居住建筑的自然通风对改善室内热环境和缩短空调设备的实际运行时间都非常重要，因此作出本条的规定。

5.5 围护结构节能改造技术要求

5.5.1 采用外保温技术对外墙进行改造时，其外保温工程的质量是非常重要的，如果工程质量不好，会出现裂缝、空鼓甚至脱落，不仅影响建筑外观效果，还会影响保温效果，甚至会有安全隐患。外墙外保温是一个系统工程，其质量涉及外墙外保温系统构造是否合理、系统所用材料的性能是否符合要求，以及施工质量是否满足标准要求等等，每一个环节都很重要。

外墙外保温的做法很多，所用材料和施工方法也有多种。《外墙外保温工程技术规程》JGJ 144 是为了规范外墙外保温工程技术要求，保证工程质量而制定的行业标准。因此，采用外保温技术对外墙进行改造时，材料的性能、施工应符合现行行业标准《外墙外保温工程技术规程》JGJ 144 的规定。

5.5.2 为保证外墙外保温工程质量，使其不产生裂缝、空鼓、有害变形、脱落等质量问题，在施工前应做好准备工作。应拆除妨碍施工的管道、线路、空调室外机等，其中施工后要恢复的设施（如空调室外机）要妥善处置和保管。合理布置施工脚手架。对原围护结构破损和污染处进行修复和清理。为了避免产生热桥问题，应预先对热桥部位进行保温处理。

保温层的防水处理很重要，如处理不当，使保温层受潮，会直接影响保温效果，甚至会导致外墙内表面结露。因此，外保温设计应与防水、装饰相结合，做好保温层密封和防水设计。

目前预制保温装饰一体的外保温系统已在推广使用，为保证其工程质量和建筑立面装饰效果，设计上应根据建筑立面装饰效果和保温装饰材料的规格划分立面分格尺寸，并提供安装设计构造详图，特别是细部节点的安装构造。

近年来外墙外保温火灾事故多有发生，教训很大。究其原因，绝大多数都是由于管理混乱，缺乏施工防火安全管理造成的。公安部与住房和城乡建设部于 2009 年联合发布了公通字［2009］46 号文《民用建筑外保温系统及外墙装饰防火暂行规定》，对外墙外保温的材料、构造、施工及使用提出了防火要求。因此，在采用外墙外保温技术时，应满足该文件的要求。同时，必须根据工程的实际情况制定针对性强、切实可行的工地防火安全管理制度。

5.5.3 内保温系统所用的材料也涉及防火方面的问题，如聚苯板和挤塑板等大量用于外保温的材料，即使采用阻燃型的聚苯板和挤塑板，在火灾中仍会因高温而产生有毒气体使人窒息。采用外墙内保温技术时，保温材料的选取等应符合墙体内保温技术规程的规定。

5.5.4 夏热冬冷和夏热冬暖地区外墙内保温隔热技术同样是一种很好的节能技术措施，但采用内保温隔热技术对室内装修影响很大。为保证外墙内保温工程质量，在施工前也应做好准备工作，对原围护结构内表面破损和污染处进行修复和清理。与外保温不同，在内保温施工前，室内各类主要管线应先安装完成并经试验检测合格，然后再进行内保温施工，以免造成对内保温层的破坏及不必要的返工和浪费。

5.5.5 外门窗的传热耗热量加上空气渗透耗热量占建筑总耗热量的 50% 以上，所以外门窗的节能改造是既有建筑节能改造的重点，在构造上和材料上应严格要求。目前外门窗的框料和玻璃的种类很多，如塑料、断桥铝合金、玻璃钢以及钢塑复合、木塑复合窗等，玻璃有中空玻璃和 Low-e 玻璃，构造上可以是单框双玻和单框三玻等，在选用时应满足热工性能指标。在保温性能上，塑料、木塑复合的窗料比较好，在造价上塑料和钢塑复合的窗料价格较低。

严寒、寒冷地区当在原有单玻窗加装一层窗时，最好在原窗的内层加设，因新窗的气密性要比原窗好，可避免层间结露。

窗框与墙之间的保温密封很重要，常常因密封做得不好而产生开裂、结露、长毛的现象。对窗框与墙体之间的缝隙，宜采用高效保温气密材料如发泡聚氨酯等内弹性密封胶封堵。

严寒和寒冷地区的阳台最好做封闭阳台，封闭阳台的栏板及一层底板和顶层顶板应做保温处理。非封闭阳台的门如有门芯板应做保温型门芯板，即门板芯为保温材料，可提高门的保温性能。

本条文主要是想说明，综合外窗的热工性能，综合投资成本、工程难易程度和节能的贡献率来考虑，应采取不同的、最有效的外窗节能技术。

近年来，外窗玻璃贴膜改造是夏热冬暖地区采用相对较多的节能改造方式。随着使用的增多，不少问题暴露出来，主要有二：一是随着时间的推移，膜会缩小；二是因为膜可被硬质的清洁工具破坏，造成清洁维护较难。

在夏热冬暖地区采用外遮阳装置，除了考虑立面外观、通风采光及耐久性之外，还应考虑抗风性能，因为该气候区有不少地区处于台风区。

5.5.6 在对屋面进行节能改造施工前，为保证施工质量，应做好准备工作，修复损坏部位、安装好设备和管道及各种设施，预留出外保温层的厚度等，之后再进行屋面保温和防水的施工。

5.5.7 既有居住建筑的屋面形式有平屋面和坡屋面，现浇混凝土屋面和预制混凝土屋面等多种，破损情况也不相同，对不同的屋面形式和不同的破损情况，应采取不同的改造措施。

所谓倒置式屋面就是将保温层设于防水层的上面，在保温层上再作保护层。这种做法对于既有建筑的屋面改造，其施工简便，且比较经济，也就是在原有的屋面的防水层上直接做保温层，再做保护层。保温层的材料应选择吸水率较低的材料，如挤塑板、硬泡聚氨酯等。施工时应注意不能破坏原有的防水层。

平屋面改坡屋面，许多地方为了降低荷载和造价，采用在平屋面上设轻钢屋架，其上铺设复合保温层的压型钢板，这种做法应注意轻钢屋架和压型钢板的耐久性及保温材料的防火性能。

坡屋面改造时，如原屋顶吊顶可以利用，最好在原吊顶上重新铺设轻质保温材料，既施工简便又可以节省投资，其厚度应根据热工计算而定。无吊顶时在坡屋面上增加或加厚保温层，其保温效果最好，但需要重新做屋面防水和屋面瓦，其工程量和投资量较大。如增设吊顶，应考虑吊顶的构造和保温材料、吊顶板材的耐久性和防火性，以及周边热桥部位的保温处理。

既有居住建筑的节能改造，鼓励太阳能等可再生能源的利用，当安装太阳能热水器时，最好与屋面的节能改造同时进行，以保证屋面防水、保温的工程质量。其太阳能热水系统应符合《民用建筑太阳能热水系统应用技术规范》GB 50364 的规定。

平屋面改造成坡屋面或种植屋面势必会增加屋面的荷载，特别是改为种植屋面，还应考虑种植土的荷载。因此，为了保证结构安全，应核算屋面的允许荷载。种植屋面的防水材料应采用防根刺的防水材料，其设计与施工还应符合《种植屋面工程技术规程》JGJ 155 的规定。

5.5.8 在进行屋面节能改造时，如果需要重新做防水，其防水工程的设计和施工应与新建建筑一样，执行《屋面工程技术规范》GB 50345 的规定。

5.5.9 如果既有建筑楼板下为室外，如过街廊和外挑楼板；或底层下部为非供暖空间，如下部为非供暖地下室；或与下部房间的温差≥10℃，如下部房间为车库虽然供暖，但室内温度很低。在这些情况下，如不作保温处理，供暖房间内的热量会通过楼板向外大量散失，不仅会降低室内温度，增加供暖能耗，而且还会产生地面结露的问题，因此，应对其楼板加设保温层。与外墙一样，对楼板的保温处理也应采用外保温技术，其保温效果比较好。对有防火要求的下层空间如地下室，其保温材料应选择燃烧性能为 A 级即不燃性材料，如无机保温浆料、岩棉、加气混凝土等。

5.5.10 建筑遮阳的目的在于防止直射阳光透过玻璃进入室内，减少阳光过分照射和加热建筑围护结构，减少直射阳光造成的强烈眩光。建筑外遮阳能最有效地控制太阳辐射进入室内，施工也较方便，是夏热冬冷和夏热冬暖地区的建筑优先采用的遮阳技术。

冬夏两季透过窗户进入室内的太阳辐射对降低建筑能耗和保证室内环境的舒适性所起的作用是截然相反的。活动式外遮阳容易兼顾建筑冬夏两季对阳光的不同需求，所以设置活动式的外遮阳更加合理。窗外侧的卷帘、百叶窗等就属于"展开或关闭后可以全部遮蔽窗户的活动式外遮阳"，虽然造价比一般固定外遮阳（如窗口上部的外挑板等）高，但遮阳效果好，最能兼顾冬夏，应当鼓励使用。

对于寒冷地区，居住建筑的南向房间大都是起居室、主卧室，常常开设比较大的窗户，夏季透过窗户进入室内的太阳辐射热构成了空调负荷的主要部分。在对外窗进行遮阳改造时，有条件最好在南窗设置卷帘式或百叶式的活动外遮阳。

东西窗也需要遮阳，但由于当太阳东升西落时其高度角比较低，设置在窗口上沿的水平遮阳几乎不起遮挡作用，宜设置展开或关闭后可以全部遮蔽窗户的活动式外遮阳。

外遮阳除了保证遮阳效果和外观效果外，还必须满足建筑在使用过程中的安全性能，所以，对原围护结构结构安全进行复核、验算，必须综合考虑构件承载能力、结构的整体牢固性、结构的耐久安全性等。

当结构安全不能满足节能改造要求时，采取玻璃（贴）膜等技术是成本低、效果较好的遮阳方式。

5.5.11 建筑遮阳构件直接影响建筑的安全，遮阳装置需考虑与结构可靠连接，且设计应符合相关标准的要求。

5.5.12 由于材料供应、工艺改变等原因，建筑节能改造工程施工中可能需要变更设计。为了避免这些改变影响节能效果，本条对设计变更严格加以限制。

本条规定有两层含义：第一，不得任意变更建筑节能改造施工图设计；第二，对于建筑节能改造的设计变更，均须事前办理变更手续。

5.5.13 考虑到建筑节能改造施工中涉及的新材料、新技术较多，在对围护结构进行改造时，施工前应对采用的施工工艺进行评价，施工企业应编制专门的施工技术方案，并经监理单位和建设单位审批，以保证节能改造的效果。

从事建筑节能工程施工作业人员的操作技能对于节能改造施工效果的影响较大，且许多节能材料和工艺对于某些施工人员可能并不熟悉，故应在施工前对相关人员进行技术交底和必要的实际操作培训，技术交底和培训均应留有记录。

6 严寒和寒冷地区集中供暖系统节能与计量改造

6.2 热源及热力站节能改造

6.2.1 随着城市供热规模的扩大，城市热源需要进行改造。热源及热力站的节能改造与城市热源的改造同步进行，有利于统筹安排、降低改造费用。当热源及热力站的节能改造与城市热源改造不同步时，可单独进行。单独进行改造时，既要注意满足节能要求，还要注意与整个系统的协调。

6.2.2 锅炉是能源转换设备，锅炉转换效率的高低直接影响到燃料消耗量，影响到供热企业的运行成本。锅炉实际供热负荷与额定负荷之比，称为锅炉的负荷率g。一般情况下，$70\% \leqslant g \leqslant 100\%$为锅炉的高效率区；$60\% \leqslant g < 70\%$，$100\% < g \leqslant 105\%$为锅炉的允许运行负荷区。在选择锅炉和制定锅炉运行方案时，需要根据系统实际负荷需求，合理确定锅炉的台数和容量。此处规定的锅炉房改造后的锅炉年均运行效率与《严寒和寒冷地区居住建筑节能设计标准》JGJ 26 中的规定是一致的。

6.2.3 供热量自动控制装置可在整个供暖期间，根据供暖室外气象条件的变化调节供热系统的供热量，始终保持锅炉房的供热量与建筑物的需热量基本一致，实现按需供热；达到最佳的运行效率和最稳定的供热质量。

6.2.4 锅炉房设置群控装置或措施，主要是为了使得每台锅炉的能力得到充分的发挥和保证每台锅炉都处于较高的效率下运行。

6.2.5 供热系统的节能改造，可能遇到下述两种问题：(1) 原供热系统存在大流量小温差的现象，水泵流量及扬程比实际需要大得多；(2) 由于水力平衡设备及恒温阀的设置，导致原供热系统的水泵流量及扬程满足不了实际需要。因此需要通过管网的水力计算来校核原循环水泵的流量及扬程，使设计条件下输送单位热量的耗电量满足现行居住建筑节能设计标准的要求。

6.2.6 热水锅炉房所设置的锅炉的额定流量往往与热网的循环流量不一致，当热网循环流量大于锅炉的额定流量时，将导致锅炉房内阻力损失过大。常规的处理方法是在锅炉房供回水管之间设置连通管或在每台锅炉的省煤器处设置旁通管。当外网流量与锅炉需要流量差别较大时，锅炉及热网分别设置循环泵（两级泵）有利于降低总的循环水泵电耗。

6.2.7 本条规定了供热管路系统调节阀门的设置要求。

一个热源站房负担有多个热交换站的情况，与一个换热站负担多个环路的情况，从原理上是类似的。从设计上看，尽可能减少供热系统的水流阻力是节能的一个重要环节。因此在一个供热水系统中，总管上都不应串联流量控制阀。

（1）对于热源站房系统，考虑到各热交换站的距离比较远，管路水流阻力相对存在较大的差别。为了稳定各热交换站的一次水供水压差，宜在各热力站的一次水入口，配置性能可靠的自力式恒压差调节阀。但是，其最远的热交换站如果也设置该调节阀，则相当于总的系统上额外地增加了阀门的阻力。

（2）对于一个换热站所负担的各环路，为了实现阻力平衡，可以考虑设置手动平衡阀的方式。

6.2.11 为满足锅炉房、热力站运行管理需求，锅炉房、热力站需要设置运行参数监测装置，对供热量、循环流量、补水量、供水温度、回水温度、耗煤量、耗电量、锅炉排烟温度、炉膛温度、室外温度、供水压力、回水压力等参数进行监测。热源及热力站用电可分为锅炉辅机（炉排机、上煤除渣机、鼓引风机等）耗电、循环水泵和补水泵耗电和照明等用电。对各项用电分项计量，有利于加强对锅炉房及热力站的管理，降低电耗。

6.3 室外管网节能改造

6.3.1 热水管网热媒输送到各热用户的过程中需要减少下述损失：(1) 管网向外散热造成散热损失；(2) 管网上附件及设备漏水和用户放水而导致的补水耗热损失；(3) 通过管网送到各热用户的热量由于网路失调而导致的各处室温不等造成的多余热损失。管网的输送效率是反映上述各个部分效率的综合指标。提高管网的输送效率，应从减少上述三方面损失入手。新建管网无论是地沟敷设还是直埋敷设，管网的保温效率是可以达到99%以上的，考虑到既有管网的现状及改造的难度，因此将管网的保温效率下限取为97%。系统的补水由两部分组成，一部分是设备的正常漏水，另一部分为系统失水。如果供暖系统中的阀门、水泵盘根、补偿器等，经常维修，且保证工作状态良好的话，测试结果证明，正常补水量可以控制在循环水量的0.5%。管网的平衡问题，需要根据本规程第6.3.2条的要求进行改造。

6.3.2 供热系统水力不平衡是造成供热能耗浪费的主要原因之一，同时，水力平衡又是保证其他节能措施能够可靠实施的前提，因此对系统节能而言，首先应该做到水力平衡。现行行业标准《居住建筑节能检测标准》JGJ/T 132—2009中第5.2.6条规定，热力入口处的水力平衡度应达到0.9~1.2。该标准的条文说明指出：这是结合北京地区的实际情况，通过模拟计算，当实际水量在90%~120%时，室温在17.6℃~18.7℃范围内，可以满足实际需要。但是，由于设计计算时，与计算各并联环路水力平衡度相比，计算各并联环路间压力损失比较方便，并与教科书、手册一致。因此现行行业标准《严寒和寒冷地区居住建筑节能设计标准》JGJ 26规定并联环路压力损失差值，要求控制在15%之内。对于通过计算不易达到环路压力损失差要求的，为了避免水力不平衡，应设置水力平衡阀。

6.3.3 传统的设计方法是将热网总阻力损失由集中设置在热源的循环水泵来承担，将二级网系统的总阻力损失由集中设置在热力站的循环水泵来承担，通过在用户入口处设置平衡阀来消除管网的剩余压头的方法来解决管网的平衡问题。如果将热网总阻力损失由集中设置在热源（热力站）的循环水泵和用户入口处设置的循环泵（也称加压泵）来承担（图1），则可以将阀门所消耗的剩余压头节约下来。节约能量的多少，与热网中零压差点（供回水压差为零的点）的位置有关。热源（热力站）与零压差点之间的热用户，应通过设置水力平衡阀来解决管网水力平衡。管网零压差点之后的热用户要通过选择合适的用户循环泵来解决水力平衡问题。

6.3.5 现行行业标准《严寒和寒冷地区居住建筑节能设计标准》JGJ 26根据我国住宅的特点，规定集中供暖系统中建筑物的热力入口处，必须设置楼前热量表，作为该建筑物供暖耗热量的热量结算点。由于现有供热系统与建筑物的连接形式五花八门，有时无法在一栋建筑物的热力入口处设置一块热量表，此时对于建筑用途相同、建设年代相近、建筑形式、平面、构造等相同或相似、建筑物耗热量指标相近、户间热费分摊方式一致的若干栋建筑，可以统一安装一块热量表，依据该热量表计量的热量进行热费结算。

6.3.6 热量表设置在热网的供水管上还是回水管上，主要受热量表的流量传感器的工作温度制约。当外网供水温度低于热量表的工作温度时，热量表的流量传感器安装在供水管上，有利于减少用户的失水量。要

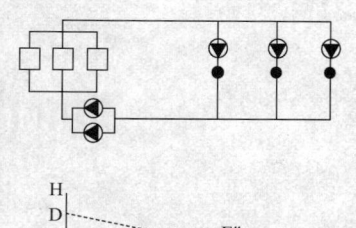

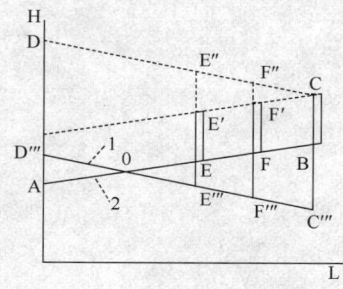

图1　二级循环泵系统
1—供水压力线；2—回水压力线；
B、C—用户损失；0—零压差点

使热量表正常工作，就要提供热量表所要求的工作条件，在建筑物热力入口处设置计量小室。有地下室的建筑，宜将计量小室设置在地下室的专用空间内；无地下室的建筑，宜在室外管沟入口或楼梯间下部设置计量小室。设置在室外计量小室要有防水、防潮措施。

6.4 室内系统节能与计量改造

6.4.1 当室内供暖系统需节能改造，且原供暖系统为垂直单管顺流式时，应充分考虑技术经济和施工方便等因素，宜采用新双管系统或带跨越管的单管系统。当确实需要采用共用立管的分户供暖系统时，应充分考虑用户室内系统的美观性、方便性，并且尽量减少对用户已有室内设施的损坏。

6.4.2 为了使室内供暖系统中通过各并联环路达到水力平衡，其主要手段是在干管、立管和支管的管径设计中进行较详细的阻力计算，而不是依靠阀门的手动调节来达到水力平衡。

6.4.3 室内供暖系统温控装置是计量收费的前提条件，为供暖用户提供主动控制、调节室温的手段。既有居住建筑改造时，宜将原有散热器罩拆除，确实拆除困难的，应采用温包外置式散热器恒温控制阀。改造后的室内系统应保证散热器恒温控制阀的正常工作条件，防止出现堵塞等故障，同时恒温控制阀应具有带水带压清堵或更换阀芯的功能。

6.4.4 楼栋热力入口安装热计量装置，可以确定室外管网的热输送效率，并可以确定用户的总耗热量，作为热计量收费的基础数据。楼栋热量计量装置的安装数量与位置应根据室外管网、室内计量装置等情况统筹考虑，在保证计量分摊的前提下，适度减少楼栋热量计量装置的数量。选择室内供暖系统计量方式应以达到热量合理分配为原则。

中华人民共和国行业标准

居住建筑节能检测标准

Standard for energy efficiency test of residential buildings

JGJ/T 132—2009

批准部门：中华人民共和国住房和城乡建设部
施行日期：２０１０年７月１日

中华人民共和国住房和城乡建设部
公 告

第 461 号

关于发布行业标准
《居住建筑节能检测标准》的公告

现批准《居住建筑节能检测标准》为行业标准，编号为 JGJ/T 132-2009，自 2010 年 7 月 1 日起实施。原《采暖居住建筑节能检验标准》JGJ 132-2001 同时废止。

本标准由我部标准定额研究所组织中国建筑工业出版社出版发行。

中华人民共和国住房和城乡建设部
2009 年 12 月 10 日

前　言

根据原建设部《关于印发〈二○○四年度工程建设城建、建工行业标准制订、修订计划〉通知》（建标[2004] 66 号）的要求，标准编制组经广泛调查研究，认真总结实践经验，参考有关国际标准和国外先进标准，并在广泛征求意见的基础上，修订了本标准。

本标准的主要技术内容是：1. 总则；2. 术语和符号；3. 基本规定；4. 室内平均温度；5. 外围护结构热工缺陷；6. 外围护结构热桥部位内表面温度；7. 围护结构主体部位传热系数；8. 外窗窗口气密性能；9. 外围护结构隔热性能；10. 外窗外遮阳设施；11. 室外管网水力平衡度；12. 补水率；13. 室外管网热损失率；14. 锅炉运行效率；15. 耗电输热比。

本标准修订的主要技术内容是：增加了检测项目 5 项（外窗窗口气密性能、外围护结构隔热性能、外窗外遮阳设施、锅炉运行效率和耗电输热比），删除检测项目 2 项（即原标准中"建筑物单位采暖耗热量"和"小区单位采暖耗煤量"），并对原标准其他各章进行了全面修订，重新调整了章节构成。

本标准由住房和城乡建设部负责管理，由中国建筑科学研究院负责具体技术内容的解释。执行过程中如有意见或建议，请寄送中国建筑科学研究院（地址：北京市北三环东路 30 号，邮政编码：100013）。

本标准主编单位：中国建筑科学研究院
本标准参编单位：哈尔滨工业大学
　　　　　　　　北京市建筑设计研究院
　　　　　　　　广东省建筑科学研究院
　　　　　　　　上海市建筑科学研究院
　　　　　　　　华南理工大学
　　　　　　　　河南省建筑科学研究院
　　　　　　　　陕西省建筑科学研究院
　　　　　　　　成都市建设工程质量监督站
　　　　　　　　成都市墙材革新建筑节能办公室
　　　　　　　　江苏省建筑科学研究院有限公司
　　　　　　　　住房和城乡建设部科技发展促进中心
　　　　　　　　北京振利节能环保科技股份有限公司
　　　　　　　　乐意涂料（上海）有限公司
　　　　　　　　苏州罗普斯金铝业股份有限公司
　　　　　　　　哈尔滨天硕建材工业有限公司
　　　　　　　　南京臣功节能材料有限责任公司
　　　　　　　　北京爱康环境节能技术公司

本标准主要起草人：徐选才　冯金秋　方修睦
　　　　　　　　　梁　晶　杨仕超　刘明明
　　　　　　　　　杨玉忠　赵立华　栾景阳
　　　　　　　　　孙西京　李晓岑　陈顺治
　　　　　　　　　许锦峰　刘幼农　黄振利
　　　　　　　　　邓　威　蔡炳基　康玉范
　　　　　　　　　张定干　卜维平　杨西伟

本标准主要审查人：吴元炜　许文发　狄洪发
　　　　　　　　　杨　淳　姜　红　冯　雅
　　　　　　　　　任　俊　张　旭　罗　英
　　　　　　　　　段　恺　林海燕　宋　波

目　次

1　总则 …………………………………………… 54—5
2　术语和符号 …………………………………… 54—5
　2.1　术语 ……………………………………… 54—5
　2.2　符号 ……………………………………… 54—6
3　基本规定 ……………………………………… 54—6
4　室内平均温度 ………………………………… 54—6
　4.1　检测方法 ………………………………… 54—6
　4.2　合格指标与判定方法 …………………… 54—6
5　外围护结构热工缺陷 ………………………… 54—7
　5.1　检测方法 ………………………………… 54—7
　5.2　合格指标与判定方法 …………………… 54—8
6　外围护结构热桥部位内表面温度 …………… 54—8
　6.1　检测方法 ………………………………… 54—8
　6.2　合格指标与判定方法 …………………… 54—8
7　围护结构主体部位传热系数 ………………… 54—8
　7.1　检测方法 ………………………………… 54—8
　7.2　合格指标与判定方法 …………………… 54—9
8　外窗窗口气密性能 …………………………… 54—9
　8.1　检测方法 ………………………………… 54—9
　8.2　合格指标与判定方法 …………………… 54—10
9　外围护结构隔热性能 ………………………… 54—10
　9.1　检测方法 ………………………………… 54—10
　9.2　合格指标与判定方法 …………………… 54—10
10　外窗外遮阳设施 ……………………………… 54—10
　10.1　检测方法 ………………………………… 54—10
　10.2　合格指标与判定方法 …………………… 54—10
11　室外管网水力平衡度 ………………………… 54—10
　11.1　检测方法 ………………………………… 54—10
　11.2　合格指标与判定方法 …………………… 54—11
12　补水率 ………………………………………… 54—11
　12.1　检测方法 ………………………………… 54—11
　12.2　合格指标与判定方法 …………………… 54—11
13　室外管网热损失率 …………………………… 54—11
　13.1　检测方法 ………………………………… 54—11
　13.2　合格指标与判定方法 …………………… 54—11
14　锅炉运行效率 ………………………………… 54—12
　14.1　检测方法 ………………………………… 54—12
　14.2　合格指标与判定方法 …………………… 54—12
15　耗电输热比 …………………………………… 54—12
　15.1　检测方法 ………………………………… 54—12
　15.2　合格指标与判定方法 …………………… 54—13
附录A　仪器仪表的性能要求 …………………… 54—13
附录B　单位采暖耗热量检测方法 ……………… 54—14
附录C　年采暖耗热量指标 ……………………… 54—14
附录D　年空调耗冷量指标 ……………………… 54—14
附录E　外围护结构热工缺陷
　　　　检测流程 ………………………………… 54—15
附录F　室外气象参数检测方法 ………………… 54—15
附录G　外窗窗口气密性能检测
　　　　操作程序 ………………………………… 54—16
本标准用词说明 …………………………………… 54—16
引用标准名录 ……………………………………… 54—16
附：条文说明 ……………………………………… 54—17

Contents

1 General Provisions ········· 54—5
2 Terms and Symbols ········· 54—5
   2.1 Terms ········· 54—5
   2.2 Symbols ········· 54—6
3 Basic Requirements ········· 54—6
4 Average Room Air Temperature ··· 54—6
   4.1 Testing Method ········· 54—6
   4.2 Criteria and Evaluating Method ········· 54—6
5 Thermal Irregularities in Exterior Envelopes ········· 54—7
   5.1 Detecting Method ········· 54—7
   5.2 Criteria and Evaluating Method ········· 54—8
6 Inside Surface Temperature of Thermal Bridge of Exterior Building Envelopes ········· 54—8
   6.1 Testing Method ········· 54—8
   6.2 Criteria and Evaluating Method ········· 54—8
7 Overall Heat Transfer Coefficients of Building Envelopes ········· 54—8
   7.1 Testing Method ········· 54—8
   7.2 Criteria and Evaluating Method ········· 54—9
8 Airtightness of Exterior Windows ········· 54—9
   8.1 Testing Method ········· 54—9
   8.2 Criteria and Evaluating Method ········· 54—10
9 Insulation Performance of Exterior Building Envelopes ········· 54—10
   9.1 Testing Method ········· 54—10
   9.2 Criteria and Evaluating Method ········· 54—10
10 Outside Shading Fixtures of Exterior Windows ········· 54—10
   10.1 Testing Method ········· 54—10
   10.2 Criteria and Evaluating Method ········· 54—10
11 Level of Hydraulic Balance in Outdoor Heating Network ········· 54—10
   11.1 Testing Method ········· 54—10
   11.2 Criteria and Evaluating Method ········· 54—11
12 Makeup Ratio ········· 54—11
   12.1 Testing Method ········· 54—11
   12.2 Criteria and Evaluating Method ········· 54—11
13 Heat Loss Ratio of Outdoor Heating Network ········· 54—11
   13.1 Testing Method ········· 54—11
   13.2 Criteria and Evaluating Method ········· 54—11
14 Operation Efficiency of Boilers ··· 54—12
   14.1 Testing Method ········· 54—12
   14.2 Criteria and Evaluating Method ········· 54—12
15 Ratio of Electricity Consumption to Transferred Heat Quantity ··· 54—12
   15.1 Testing Method ········· 54—12
   15.2 Criteria and Evaluating Method ········· 54—13
Appendix A Requirement to Testing Meters ········· 54—13
Appendix B Method of Testing Unit Heat Consumption for Space Heating ········· 54—14
Appendix C Index of Annal Heat Consumption for Space Heating ········· 54—14
Appendix D Index of Annal Energy Consumption for Space Cooling ········· 54—14
Appendix E Flow Chart for Detecting Thermal Irregularities in Exterior Envelopes ········· 54—15
Appendix F Method of Testing Weather Data ········· 54—15
Appendix G Flow Chart for Testing Airtightness of Exterior Windows ········· 54—16
Explanation of Wording in This standard ········· 54—16
Normative Standards ········· 54—16
Explanation of Provisions ········· 54—17

1 总 则

1.0.1 为了规范居住建筑节能检测方法，推进我国建筑节能的发展，制定本标准。

1.0.2 本标准适用于新建、扩建、改建居住建筑的节能检测。

1.0.3 从事节能检测的机构应具备相应资质，从事节能检测的人员应经过专门培训。

1.0.4 本标准规定了居住建筑节能检测的基本技术要求。当本标准与国家法律、行政法规的规定相抵触时，应按国家法律、行政法规的规定执行。

1.0.5 进行居住建筑节能检测时，除应符合本标准外，尚应符合国家现行有关标准的规定。

2 术语和符号

2.1 术 语

2.1.1 水力平衡度 level of hydraulic balance

在集中热水采暖系统中，整个系统的循环水量满足设计条件时，建筑物热力入口处循环水量检测值与设计值之比。

2.1.2 补水率 makeup ratio

集中热水采暖系统在正常运行工况下，检测持续时间内，该系统单位建筑面积单位时间内的补水量与该系统单位建筑面积单位时间设计循环水量的比值。

2.1.3 室内活动区域 occupied zone

在室内居住空间内，由距地面或楼板面100mm和1800mm，距内墙内表面300mm，距外墙内表面或固定的采暖空调设备600mm的所有平面所围成的区域。

2.1.4 室内平均温度 average room air temperature

在某房间室内活动区域内一个或多个代表性位置测得的，不少于24h检测持续时间内室内空气温度逐时值的算术平均值。

2.1.5 外窗窗口单位空气渗透量 air leakage rate of opening for exterior window

在标准空气状态下，当受检外窗所有可开启窗扇均已正常关闭且窗内外压差为10Pa时，单位窗口面积单位时间内由室外渗入的空气量。

2.1.6 附加渗透量 extraneous air leakage rate

当受检外窗内外压差为10Pa时，单位时间内通过检测装置及其密封装置与窗口四周的接合部渗入的空气量。

2.1.7 红外热像仪 Infrared camera

基于表面辐射温度原理，能产生热像的红外成像系统。

2.1.8 热像图 thermogram

用红外热像仪拍摄的表示物体表面表观辐射温度的图片。

2.1.9 噪声当量温度差 noise equivalent temperature difference

在热成像系统或扫描器的信噪比为1时，黑体目标与背景之间的目标-背景温度差，也称温度分辨率。

2.1.10 参照温度 reference temperature

在被测物体表面测得的用来标定红外热像仪的物体表面温度。

2.1.11 环境参照体 ambient reference object

用来采集环境温度的物体，它并不一定具有当时的真实环境温度，但具有与受检物相似的物理属性，并与受检物处于相似的环境之中。

2.1.12 正常运行工况 normal operation condition

处于热态运行中的集中热水采暖系统同时满足以下条件时，则称该系统处于正常运行工况。

1 所有采暖管道和设备均处于热状态；

2 某时间段中，任意两个24h内，后一个24h内系统补水量的变化值不超过前一个24h内系统补水量的10%；

3 采用定流量方式运行时，系统的循环水量为设计值的100%～110%；采用变流量方式运行时，系统的循环水量和扬程在设计规定的运行范围内。

2.1.13 静态水力平衡阀 hand-regulated hydraulic-balancing-valve

阀体上具有测压孔、开启刻度和最大开度锁定装置，且借助专用二次仪表，能手动定量调节系统水流量的调节阀。

2.1.14 热桥 thermal bridge

建筑物外围护结构中具有以下热工特征的部位，称为热桥。在室内采暖条件下，该部位内表面温度比主体部位低；在室内空调降温条件下，该部位内表面温度又比主体部位高。

2.1.15 热工缺陷 thermal irregularities

当围护结构中保温材料缺失、分布不均、受潮或其中混入灰浆时或当围护结构存在空气渗透的部位时，则称该围护结构在此部位存在热工缺陷。

2.1.16 采暖设计热负荷指标 index of design heat load for space heating of residential building

在采暖室外计算温度条件下，为保持室内计算温度，单位建筑面积在单位时间内需由室内散热设备供给的热量。

2.1.17 供热设计热负荷指标 index of design heat load for space heating of residential quarter

在采暖室外计算温度条件下，为保持室内计算温度，单位建筑面积在单位时间内需由锅炉房或其他采暖设施通过室外管网集中供给的热量。

2.1.18 年采暖耗热量指标 index of annual heat consumption for space heating

按照设定的计算条件，计算出的单位建筑面积在一个采暖期内所消耗的、需由室内采暖设备供给的热量。

2.1.19 年空调耗冷量指标 index of annual energy consumption for space cooling

按照设定的计算条件，计算出的单位建筑面积在夏季某段规定的时期内所消耗的、需由室内空调设备供给的冷量。

2.1.20 室外管网热损失率 heat loss ratio of outdoor heating network

集中热水采暖系统室外管网的热损失与管网输入总热量（即采暖热源出口处输出的总热量）的比值。

2.2 符　号

ACC ——年空调耗冷量指标；
AHC ——年采暖耗热量指标；
HB ——水力平衡度；
R_{mp} ——补水率；
q_a ——外窗窗口单位空气渗透量；
q_b ——采暖设计热负荷指标；
q_q ——供热设计热负荷指标；
$NETD$ ——噪声当量温度差；
t_{rm} ——室内平均温度；
α_{ht} ——室外管网热损失率；
β ——能耗增加比；
ψ ——相对面积；
θ_1 ——热桥部位内表面温度。

3 基 本 规 定

3.0.1 当居住建筑进行节能检测时，检测方法、合格指标和判定方法应符合本标准的有关规定。

3.0.2 节能检测宜在下列有关技术文件准备齐全的基础上进行：

    1 施工图设计文件审查机构审查合格的工程施工图节能设计文件；

    2 工程竣工图纸和相关技术文件；

    3 具有相关资质的检测机构出具的对施工现场随机抽取的外门（含阳台门）、户门、外窗及保温材料所作的性能复验报告，包括门窗传热系数、外窗气密性能等级、玻璃及外窗遮阳系数、保温材料密度、保温材料导热系数、保温材料比热容和保温材料强度报告；

    4 热源设备、循环水泵的产品合格证或性能检测报告；

    5 外墙墙体、屋面、热桥部位和采暖管道的保温施工做法或施工方案；

    6 与本条第5款有关的隐蔽工程施工质量的中间验收报告。

3.0.3 检测中使用的仪器仪表应具有法定计量部门出具的有效期内的检定合格证或校准证书。除本标准其他章节另有规定外，仪器仪表的性能指标应符合本标准附录A的有关规定。

3.0.4 居住建筑单位采暖耗热量的现场检测应符合本标准附录B的规定。

3.0.5 当竣工图中居住建筑物外围护结构的做法和施工图存在差异时，应根据气候区的不同分别对建筑物年采暖耗热量指标和（或）年空调耗冷量指标进行验算，且验算方法应分别符合本标准附录C和附录D的规定。

4 室内平均温度

4.1 检 测 方 法

4.1.1 室内平均温度的检测持续时间宜为整个采暖期。当该项检测是为配合其他物理量的检测而进行时，检测的起止时间应符合相应检测项目检测方法中的有关规定。

4.1.2 当受检房间使用面积大于或等于30m²时，应设置两个测点。测点应设于室内活动区域，且距地面或楼面（700～1800）mm范围内有代表性的位置；温度传感器不应受到太阳辐射或室内热源的直接影响。

4.1.3 室内平均温度应采用温度自动检测仪进行连续检测，检测数据记录时间间隔不宜超过30min。

4.1.4 室内温度逐时值和室内平均温度应分别按下列公式计算：

$$t_{rm,i} = \frac{\sum_{j=1}^{p} t_{i,j}}{p} \quad (4.1.4-1)$$

$$t_{rm} = \frac{\sum_{i=1}^{n} t_{rm,i}}{n} \quad (4.1.4-2)$$

式中：t_{rm} ——受检房间的室内平均温度（℃）；

    $t_{rm,i}$ ——受检房间第 i 个室内温度逐时值（℃）；

    $t_{i,j}$ ——受检房间第 j 个测点的第 i 个室内温度逐时值（℃）；

    n ——受检房间的室内温度逐时值的个数；

    p ——受检房间布置的温度测点的点数。

4.2 合格指标与判定方法

4.2.1 集中热水采暖居住建筑的采暖期室内平均温度应在设计范围内；当设计无规定时，应符合现行国家标准《采暖通风与空气调节设计规范》GB 50019中的相应规定。

4.2.2 集中热水采暖居住建筑的采暖期室内温度逐时值不应低于室内设计温度的下限；当设计无规定

时,该下限温度应符合现行国家标准《采暖通风与空气调节设计规范》GB 50019中的相应规定。

4.2.3 对于已实施按热量计量且室内散热设备具有可调节的温控装置的采暖系统,当住户人为调低室内温度设定值时,采暖期室内温度逐时值可不作判定。

4.2.4 当受检房间的室内平均温度和室内温度逐时值分别满足本标准第4.2.1条和第4.2.2条的规定时,应判为合格,否则应判为不合格。

5 外围护结构热工缺陷

5.1 检测方法

5.1.1 外围护结构热工缺陷检测应包括外表面热工缺陷检测、内表面热工缺陷检测。

5.1.2 外围护结构热工缺陷宜采用红外热像仪进行检测,检测流程宜符合本标准附录E的规定。

5.1.3 红外热像仪及其温度测量范围应符合现场检测要求。红外热像仪设计适用波长范围应为(8.0~14.0)μm,传感器温度分辨率(NETD)不应大于0.08℃,温差检测不确定度不应大于0.5℃,红外热像仪的像素不应少于76800点。

5.1.4 检测前及检测期间,环境条件应符合下列规定:

 1 检测前至少24h内室外空气温度的逐时值与开始检测时的室外空气温度相比,其变化不应大于10℃;

 2 检测前至少24h内和检测期间,建筑物外围护结构内外平均空气温度差不宜小于10℃;

 3 检测期间与开始检测时的空气温度相比,室外空气温度逐时值变化不应大于5℃,室内空气温度逐时值变化不应大于2℃;

 4 1h内室外风速(采样时间间隔为30min)变化不应大于2级(含2级);

 5 检测开始前至少12h内受检的外表面不应受到太阳直接照射,受检的内表面不应受到灯光的直接照射;

 6 室外空气相对湿度不应大于75%,空气中粉尘含量不应异常。

5.1.5 检测前宜采用表面式温度计在受检表面上测出参照温度,调整红外热像仪的发射率,使红外热像仪的测定结果等于该参照温度;宜在与目标距离相等的不同方位扫描同一个部位,并评估临近物体对受检外围护结构表面造成的影响;必要时可采取遮挡措施或关闭室内辐射源,或在合适的时间段进行检测。

5.1.6 受检表面同一个部位的红外热像图不应少于2张。当拍摄的红外热像图中,主体区域过小时,应单独拍摄1张以上(含1张)主体部位红外热像图。应用图说明受检部位的红外热像图在建筑中的位置,并应附上可见光照片。红外热像图上应标明参照温度的位置,并应随红外热像图一起提供参照温度的数据。

5.1.7 受检外表面的热工缺陷应采用相对面积(Ψ)评价,受检内表面的热工缺陷应采用能耗增加比(β)评价。二者应分别根据下列公式计算:

$$\Psi = \frac{\sum_{i=1}^{n} A_{2,i}}{\sum_{i=1}^{n} A_{1,i}} \quad (5.1.7\text{-}1)$$

$$\beta = \Psi \left| \frac{T_1 - T_2}{T_1 - T_0} \right| \times 100\% \quad (5.1.7\text{-}2)$$

$$T_1 = \frac{\sum_{i=1}^{n}(T_{1,i} \cdot A_{1,i})}{\sum_{i=1}^{n} A_{1,i}} \quad (5.1.7\text{-}3)$$

$$T_2 = \frac{\sum_{i=1}^{n}(T_{2,i} \cdot A_{2,i})}{\sum_{i=1}^{n} A_{2,i}} \quad (5.1.7\text{-}4)$$

$$T_{1,i} = \frac{\sum_{j=1}^{m}(A_{1,i,j} \cdot T_{1,i,j})}{\sum_{j=1}^{m} A_{1,i,j}} \quad (5.1.7\text{-}5)$$

$$T_{2,i} = \frac{\sum_{j=1}^{m}(A_{2,i,j} \cdot T_{2,i,j})}{\sum_{j=1}^{m} A_{2,i,j}} \quad (5.1.7\text{-}6)$$

$$A_{1,i} = \frac{\sum_{j=1}^{m} A_{1,i,j}}{m} \quad (5.1.7\text{-}7)$$

$$A_{2,i} = \frac{\sum_{j=1}^{m} A_{2,i,j}}{m} \quad (5.1.7\text{-}8)$$

式中:Ψ——受检表面缺陷区域面积与主体区域面积的比值;

β——受检内表面由于热工缺陷所带来的能耗增加比;

T_1——受检表面主体区域(不包括缺陷区域)的平均温度(℃);

T_2——受检表面缺陷区域的平均温度(℃);

$T_{1,i}$——第i幅热像图主体区域的平均温度(℃);

$T_{2,i}$——第i幅热像图缺陷区域的平均温度(℃);

$A_{1,i}$——第i幅热像图主体区域的面积(m^2);

$A_{2,i}$——第i幅热像图缺陷区域的面积,指与T_1的温度差大于或等于1℃的点所组成的面积（m²）；
T_0——环境温度（℃）；
i——热像图的幅数，$i=1\sim n$；
j——每一幅热像图的张数，$j=1\sim m$。

5.2 合格指标与判定方法

5.2.1 受检外表面缺陷区域与主体区域面积的比值应小于20%，且单块缺陷面积应小于0.5m²。

5.2.2 受检内表面因缺陷区域导致的能耗增加比值应小于5%，且单块缺陷面积应小于0.5m²。

5.2.3 热像图中的异常部位，宜通过将实测热像图与受检部分的预期温度分布进行比较确定。必要时可采用内窥镜、取样等方法进行确定。

5.2.4 当受检外表面的检测结果满足本标准第5.2.1条规定时，应判为合格，否则应判为不合格。

5.2.5 当受检内表面的检测结果满足本标准第5.2.2条规定时，应判为合格，否则应判为不合格。

6 外围护结构热桥部位内表面温度

6.1 检测方法

6.1.1 热桥部位内表面温度宜采用热电偶等温度传感器进行检测，检测仪表应符合本标准第7.1.4条的规定。

6.1.2 检测热桥部位内表面温度时，内表面温度测点应选在热桥部位温度最低处，具体位置可采用红外热像仪确定。室内空气温度测点布置应符合本标准第4.1.2条的规定。室外空气温度测点布置应符合本标准附录F的规定。

6.1.3 内表面温度传感器连同0.1m长引线应与受检表面紧密接触，传感器表面的辐射系数应与受检表面基本相同。

6.1.4 热桥部位内表面温度检测应在采暖系统正常运行后进行，检测时间宜选在最冷月，且应避开气温剧烈变化的天气。检测持续时间不应少于72h，检测数据应逐时记录。

6.1.5 室内外计算温度条件下热桥部位内表面温度应按下式计算：

$$\theta_1 = t_{di} - \frac{t_{rm}-\theta_{lm}}{t_{rm}-t_{em}}(t_{di}-t_{de}) \qquad (6.1.5)$$

式中：θ_1——室内外计算温度条件下热桥部位内表面温度（℃）；
t_{rm}——受检房间的室内平均温度（℃）；
θ_{lm}——检测持续时间内热桥部位内表面温度逐时值的算术平均值（℃）；
t_{em}——检测持续时间内室外空气温度逐时值的算术平均值（℃）；
t_{di}——冬季室内计算温度（℃），应根据具体设计图纸确定或按国家标准《民用建筑热工设计规范》GB 50176-93中第4.1.1条的规定采用；
t_{de}——围护结构冬季室外计算温度（℃），应根据具体设计图纸确定或按国家标准《民用建筑热工设计规范》GB 50176-93中第2.0.1条的规定采用。

6.2 合格指标与判定方法

6.2.1 在室内外计算温度条件下，围护结构热桥部位的内表面温度不应低于室内空气露点温度，且在确定室内空气露点温度时，室内空气相对湿度应按60%计算。

6.2.2 当受检部位的检测结果满足本标准第6.2.1条的规定时，应判为合格，否则应判为不合格。

7 围护结构主体部位传热系数

7.1 检测方法

7.1.1 围护结构主体部位传热系数的检测宜在受检围护结构施工完成至少12个月后进行。

7.1.2 围护结构主体部位传热系数的现场检测宜采用热流计法。

7.1.3 热流计及其标定应符合现行行业标准《建筑用热流计》JG/T 3016的规定。

7.1.4 热流和温度应采用自动检测仪检测，数据存储方式应适用于计算机分析。温度测量不确定度不应大于0.5℃。

7.1.5 测点位置不应靠近热桥、裂缝和有空气渗漏的部位，不应受加热、制冷装置和风扇的直接影响，且应避免阳光直射。

7.1.6 热流计和温度传感器的安装应符合下列规定：

1 热流计应直接安装在受检围护结构的内表面上，且应与表面完全接触。

2 温度传感器应在受检围护结构两侧表面安装。内表面温度传感器应靠近热流计安装，外表面温度传感器宜在与热流计相对应的位置安装。温度传感器连同0.1m长引线应与受检表面紧密接触，传感器表面的辐射系数应与受检表面基本相同。

7.1.7 检测时间宜选在最冷月，且应避开气温剧烈变化的天气。对设置采暖系统的地区，冬季检测应在采暖系统正常运行后进行；对未设置采暖系统的地区，应在人为适当地提高室内温度后进行检测。在其他季节，可采取人工加热或制冷的方式建立室内外温差。围护结构高温侧表面温度应高于低温侧10℃以上，且在检测过程中的任何时刻均不得等于或低于低温侧表面温度。当传热系数小于1W/(m²·K)时，高温侧表面温度宜高于低温侧 10/U℃以上。检测持续时间不应少于 96h。检测期间，室内空气温度应保持稳定，受检区域外表面宜避免雨雪侵袭和阳光直射。

注：U 为围护结构主体部位传热系数，单位为 [W/(m^2·K)]。

7.1.8 检测期间，应定时记录热流密度和内、外表面温度，记录时间间隔不应大于 60min。可记录多次采样数据的平均值，采样间隔宜短于传感器最小时间常数的 1/2。

7.1.9 数据分析宜采用动态分析法。当满足下列条件时，可采用算术平均法：

1 围护结构主体部位热阻的末次计算值与 24h 之前的计算值相差不大于 5%；

2 检测期间内第一个 INT(2×DT/3) 天内与最后一个同样长的天数内围护结构主体部位热阻的计算值相差不大于 5%。

注：DT 为检测持续天数，INT 表示取整数部分。

7.1.10 当采用算术平均法进行数据分析时，应按下式计算围护结构主体部位的热阻，并应使用全天数据（24h 的整数倍）进行计算：

$$R = \frac{\sum_{j=1}^{n}(\theta_{Ij} - \theta_{Ej})}{\sum_{j=1}^{n} q_j} \quad (7.1.10)$$

式中：R——围护结构主体部位的热阻（m^2·K/W）；

θ_{Ij}——围护结构主体部位内表面温度的第 j 次测量值（℃）；

θ_{Ej}——围护结构主体部位外表面温度的第 j 次测量值（℃）；

q_j——围护结构主体部位热流密度的第 j 次测量值（W/m^2）。

7.1.11 当采用动态分析方法时，宜使用与本标准配套的数据处理软件进行计算。

7.1.12 围护结构主体部位传热系数应按下式计算：

$$U = 1/(R_i + R + R_e) \quad (7.1.12)$$

式中：U——围护结构主体部位传热系数 [W/(m^2·K)]；

R_i——内表面换热阻，应按国家标准《民用建筑热工设计规范》GB 50176-93 中附录二附表 2.2 的规定采用；

R_e——外表面换热阻，应按国家标准《民用建筑热工设计规范》GB 50176-93 中附录二附表 2.3 的规定采用。

7.2 合格指标与判定方法

7.2.1 受检围护结构主体部位传热系数应满足设计图纸的规定；当设计图纸未作具体规定时，应符合国家现有有关标准的规定。

7.2.2 当受检围护结构主体部位传热系数的检测结果满足本标准第 7.2.1 条规定时，应判为合格，否则应判为不合格。

8 外窗窗口气密性能

8.1 检测方法

8.1.1 外窗窗口气密性能的检测应在受检外窗几何中心高度处的室外瞬时风速不大于 3.3m/s 的条件下进行。

8.1.2 外窗窗口气密性能检测操作程序应符合本标准附录 G 的规定。

8.1.3 对室内外空气温度、室外风速和大气压力等环境参数应进行同步检测。

8.1.4 在开始正式检测前，应对检测系统的附加渗透量进行一次现场标定。标定用外窗应为受检外窗或与受检外窗相同的外窗。附加渗透量不应大于受检外窗窗口空气渗透量的 20%。

8.1.5 在检测装置、人员和操作程序完全相同的情况下，在检测装置的标定有效期内，当检测其他相同外窗时，检测系统本身的附加渗透量不宜再次标定。

8.1.6 每樘受检外窗的检测结果应取连续三次检测值的平均值。

8.1.7 差压表、大气压力表、环境温度检测仪、室外风速计和长度尺的不确定度分别不应大于 2.5Pa、200Pa、1℃、0.25m/s 和 3mm。空气流量测量装置的不确定度不应大于测量值的 13%。

8.1.8 现场检测条件下且受检外窗内外压差为 10Pa 时，检测系统的附加渗透量（Q_{fa}）和总空气渗透量（Q_{za}）应根据回归方程计算，回归方程应采用下列形式：

$$Q = a(\Delta P)^c \quad (8.1.8)$$

式中：Q——现场检测条件下检测系统的附加渗透量或总空气渗透量（m^3/h）；

ΔP——受检外窗的内外压差（Pa）；

a、c——拟合系数。

8.1.9 外窗窗口单位空气渗透量应按下列公式计算：

$$q_a = \frac{Q_{st}}{A_w} \quad (8.1.9-1)$$

$$Q_{st} = Q_z - Q_f \quad (8.1.9-2)$$

$$Q_z = \frac{293}{101.3} \times \frac{B}{(t+273)} \times Q_{za} \quad (8.1.9-3)$$

$$Q_f = \frac{293}{101.3} \times \frac{B}{(t+273)} \times Q_{fa} \quad (8.1.9-4)$$

式中：q_a——外窗窗口单位空气渗透量 [m^3/(m^2·h)]；

Q_{fa}、Q_f——分别为现场检测条件和标准空气状态下，受检外窗内外压差为 10Pa 时，检测系统的附加渗透量（m^3/h）；

Q_{za}、Q_z——分别为现场检测条件和标准空气状态下，受检外窗内外压差为10Pa时，受检外窗窗口（包括检测系统在内）的总空气渗透量（m³/h）；

Q_{st}——标准空气状态下，受检外窗内外压差为10Pa时，受检外窗窗口本身的空气渗透量（m³/h）；

B——检测现场的大气压力（kPa）；

t——检测装置附近的室内空气温度（℃）；

A_w——受检外窗窗口的面积（m²），当外窗形状不规则时应计算其展开面积。

8.2 合格指标与判定方法

8.2.1 外窗窗口墙与外窗本体的结合部应严密，外窗窗口单位空气渗透量不应大于外窗本体的相应指标。

8.2.2 当受检外窗窗口单位空气渗透量的检测结果满足本标准第8.2.1条的规定时，应判为合格，否则应判为不合格。

9 外围护结构隔热性能

9.1 检测方法

9.1.1 居住建筑的东（西）外墙和屋面应进行隔热性能现场检测。

9.1.2 隔热性能检测应在围护结构施工完成12个月后进行，检测持续时间不应少于24h。

9.1.3 检测期间室外气候条件应符合下列规定：

1 检测开始前2天应为晴天或少云天气；

2 检测日应为晴天或少云天气，水平面的太阳辐射照度最高值不宜小于国家标准《民用建筑热工设计规范》GB 50176-93中附录三附表3.3给出的当地夏季太阳辐射照度最高值的90%；

3 检测日室外最高逐时空气温度不宜小于国家标准《民用建筑热工设计规范》GB 50176-93中附录三附表3.2给出的当地夏季室外计算温度最高值2.0℃；

4 检测日工作高度处的室外风速不应超过5.4m/s。

9.1.4 受检外围护结构内表面所在房间应有良好的自然通风环境，直射到围护结构外表面的阳光在白天不应被其他物体遮挡，检测时房间的窗应全部开启。

9.1.5 检测时应同时检测室内外空气温度、受检外围护结构内外表面温度、室外风速、室外水平面太阳辐射照度。室内空气温度、内外表面温度和室外气象参数的检测应分别符合本标准第4.1节、第7.1节和附录F的规定。白天太阳辐射照度的数据记录时间间隔不应大于15min，夜间可不记录。

9.1.6 内外表面温度传感器应对称布置在受检外围护结构主体部位的两侧，与热桥部位的距离应大于墙体（屋面）厚度的3倍以上。每侧温度测点应至少各布置3点，其中一点应布置在接近检测面中央的位置。

9.1.7 内表面逐时温度应取内表面所有测点相应时刻检测结果的平均值。

9.2 合格指标与判定方法

9.2.1 夏季建筑东（西）外墙和屋面的内表面逐时最高温度均不应高于室外逐时空气温度最高值。

9.2.2 当受检部位的检测结果满足本标准第9.2.1条的规定时，应判为合格，否则应判为不合格。

10 外窗外遮阳设施

10.1 检测方法

10.1.1 对固定外遮阳设施，检测的内容应包括结构尺寸、安装位置和安装角度。对活动外遮阳设施，还应包括遮阳设施的转动或活动范围以及柔性遮阳材料的光学性能。

10.1.2 用于检测外遮阳设施结构尺寸、安装位置、安装角度、转动或活动范围的量具的不确定度应符合下列规定：

1 长度尺：应小于2mm；

2 角度尺：应小于2°。

10.1.3 活动外遮阳设施转动或活动范围的检测应在完成5次以上的全程调整后进行。

10.1.4 遮阳材料的光学性能检测应包括太阳光反射比和太阳光直接透射比。太阳光反射比和太阳光直接透射比的检测应按现行国家标准《建筑玻璃 可见光透射比、太阳光直接透射比、太阳能总透射比、紫外线透射比及有关窗玻璃参数的测定》GB/T 2680的规定执行。

10.2 合格指标与判定方法

10.2.1 受检外窗外遮阳设施的结构尺寸、安装位置、安装角度、转动或活动范围以及遮阳材料的光学性能应满足设计要求。

10.2.2 受检外窗外遮阳设施的检测结果均满足本标准第10.2.1条的规定时，应判为合格，否则应判为不合格。

11 室外管网水力平衡度

11.1 检测方法

11.1.1 水力平衡度的检测应在采暖系统正常运行后进行。

11.1.2 室外采暖系统水力平衡度的检测宜以建筑物热力入口为限。

11.1.3 受检热力入口位置和数量的确定应符合下列规定：
   1 当热力入口总数不超过 6 个时，应全数检测；
   2 当热力入口总数超过 6 个时，应根据各个热力入口距热源距离的远近，按近端 2 处、远端 2 处、中间区域 2 处的原则确定受检热力入口；
   3 受检热力入口的管径不应小于 $DN40$。

11.1.4 水力平衡度检测期间，采暖系统总循环水量应保持恒定，且应为设计值的 100%～110%。

11.1.5 流量计量装置宜安装在建筑物相应的热力入口处，且宜符合产品的使用要求。

11.1.6 循环水量的检测值应以相同检测持续时间内各热力入口处测得的结果为依据进行计算。检测持续时间宜取 10min。

11.1.7 水力平衡度应按下式计算：

$$HB_j = \frac{G_{wm,j}}{G_{wd,j}} \qquad (11.1.7)$$

式中：HB_j ——第 j 个热力入口的水力平衡度；
   $G_{wm,j}$ ——第 j 个热力入口循环水量检测值(m^3/s)；
   $G_{wd,j}$ ——第 j 个热力入口的设计循环水量(m^3/s)。

11.2 合格指标与判定方法

11.2.1 采暖系统室外管网热力入口处的水力平衡度应为 0.9～1.2。

11.2.2 在所有受检的热力入口中，各热力入口水力平衡度均满足本标准第 11.2.1 条的规定时，应判为合格，否则应判为不合格。

12 补 水 率

12.1 检 测 方 法

12.1.1 补水率的检测应在采暖系统正常运行后进行。

12.1.2 检测持续时间宜为整个采暖期。

12.1.3 总补水量应采用具有累计流量显示功能的流量计量装置检测。流量计量装置应安装在系统补水管上适宜的位置，且应符合产品的使用要求。当采暖系统中固有的流量计量装置在检定有效期内时，可直接利用该装置进行检测。

12.1.4 采暖系统补水率应按下列公式计算：

$$R_{mp} = \frac{g_a}{g_d} \times 100\% \qquad (12.1.4\text{-}1)$$

$$g_d = 0.861 \times \frac{q_q}{t_s - t_r} \qquad (12.1.4\text{-}2)$$

$$g_a = \frac{G_a}{A_0} \qquad (12.1.4\text{-}3)$$

式中：R_{mp} ——采暖系统补水率；
   g_d ——采暖系统单位设计循环水量[$kg/(m^2 \cdot h)$]；
   g_a ——检测持续时间内采暖系统单位补水量 [$kg/(m^2 \cdot h)$]；
   G_a ——检测持续时间内采暖系统平均单位时间内的补水量(kg/h)；
   A_0 ——居住小区内所有采暖建筑物的总建筑面积（m^2），应按本标准附录 B 第 B.0.3 条的规定计算；
   q_q ——供热设计热负荷指标(W/m^2)；
   t_s、t_r ——采暖热源设计供水、回水温度(℃)。

12.2 合格指标与判定方法

12.2.1 采暖系统补水率不应大于 0.5%。

12.2.2 当采暖系统补水率满足本标准第 12.2.1 条规定时，应判为合格，否则应判为不合格。

13 室外管网热损失率

13.1 检 测 方 法

13.1.1 采暖系统室外管网热损失率的检测应在采暖系统正常运行 120h 后进行，检测持续时间不应少于 72h。

13.1.2 检测期间，采暖系统应处于正常运行工况，热源供水温度的逐时值不应低于 35℃。

13.1.3 热计量装置的安装应符合本标准附录 B 第 B.0.2 条的规定。

13.1.4 采暖系统室外管网供水温降应采用温度自动检测仪进行同步检测，温度传感器的安装应符合本标准附录 B 第 B.0.2 条的规定，数据记录时间间隔不应大于 60min。

13.1.5 室外管网热损失率应按下式计算：

$$\alpha_{ht} = \left(1 - \sum_{j=1}^{n} Q_{a,j}/Q_{a,t}\right) \times 100\% \qquad (13.1.5)$$

式中：α_{ht} ——采暖系统室外管网热损失率；
   $Q_{a,j}$ ——检测持续时间内第 j 个热力入口处的供热量（MJ）；
   $Q_{a,t}$ ——检测持续时间内热源的输出热量（MJ）。

13.2 合格指标与判定方法

13.2.1 采暖系统室外管网热损失率不应大于 10%。

13.2.2 当采暖系统室外管网热损失率满足本标准第 13.2.1 条的规定时，应判为合格，否则应判为不合格。

14 锅炉运行效率

14.1 检测方法

14.1.1 采暖锅炉日平均运行效率的检测应在采暖系统正常运行 120h 后进行，检测持续时间不应少于 24h。

14.1.2 检测期间，采暖系统应处于正常运行工况，燃煤锅炉的日平均运行负荷率应不小于 60%，燃油和燃气锅炉瞬时运行负荷率不应小于 30%，锅炉日累计运行时数不应少于 10h。

14.1.3 燃煤采暖锅炉的耗煤量应按批计量。燃油和燃气采暖锅炉的耗油量和耗气量应连续累计计量。

14.1.4 在检测持续时间内，煤样应用基低位发热值的化验批数应与采暖锅炉房进煤批次一致，且煤样的制备方法应符合现行国家标准《工业锅炉热工性能试验规范》GB/T 10180 的有关规定。燃油和燃气的低位发热值应根据油品种类和气源变化进行化验。

14.1.5 采暖锅炉的输出热量应采用热计量装置连续累计计量。

14.1.6 热计量装置中供回水温度传感器应靠近锅炉本体安装。

14.1.7 采暖锅炉日平均运行效率应按下列公式计算：

$$\eta_{2,a} = \frac{Q_{a,t}}{Q_i} \times 100\% \quad (14.1.7-1)$$

$$Q_i = G_c \cdot Q_c^y \cdot 10^{-3} \quad (14.1.7-2)$$

式中：$\eta_{2,a}$ ——检测持续时间内采暖锅炉日平均运行效率；

Q_i ——检测持续时间内采暖锅炉的输入热量（MJ）；

G_c ——检测持续时间内采暖锅炉的燃煤量（kg）或燃油量（kg）或燃气量（Nm³）；

Q_c^y ——检测持续时间内燃用煤的平均应用基低位发热值（kJ/kg）或燃用油的平均低位发热值（kJ/kg）或燃用气的平均低位发热值（kJ/Nm³）。

14.2 合格指标与判定方法

14.2.1 采暖锅炉日平均运行效率不应小于表 14.2.1 的规定。

表 14.2.1 采暖锅炉最低日平均运行效率（%）

锅炉类型、燃料种类		锅炉额定容量（MW）						
		0.7	1.4	2.8	4.2	7.0	14.0	≥28.0
燃煤	烟煤 II	—	—	65	66	70	70	71
	III	—	—	66	68	70	71	73
燃油、燃气		77	78	78	79	80	81	81

14.2.2 当采暖锅炉日平均运行效率满足本标准第 14.2.1 条的规定时，应判为合格，否则应判为不合格。

15 耗电输热比

15.1 检测方法

15.1.1 耗电输热比的检测应在采暖系统正常运行 120h 后进行，且应满足下列条件：

1 采暖热源和循环水泵的铭牌参数应满足设计要求；

2 系统瞬时供热负荷不应小于设计值的 50%；

3 循环水泵运行方式应满足下列条件：

　1）对变频泵系统，应按工频运行且启泵台数满足设计工况要求；

　2）对多台工频泵并联系统，启泵台数应满足设计工况要求；

　3）对大小泵制系统，应启动大泵运行；

　4）对一用一备制系统，应保证有一台泵正常运行。

15.1.2 耗电输热比的检测持续时间不应少于 24h。

15.1.3 采暖热源的输出热量应在热源机房内采用热计量装置进行累计计量，热计量装置的安装应符合本标准附录 B 第 B.0.2 条的规定。循环水泵的用电量应分别计量。

15.1.4 采暖系统耗电输热比应按下列公式计算：

$$EHR_{a,e} = \frac{3.6 \times \varepsilon_a \times \eta_m}{\Sigma Q_{a,e}} \quad (15.1.4-1)$$

当 $\Sigma Q_a < \Sigma Q$ 时，

$$\Sigma Q_{a,e} = \min\{\Sigma Q_p, \Sigma Q\} \quad (15.1.4-2)$$

当 $\Sigma Q_a \geq \Sigma Q$ 时，

$$\Sigma Q_{a,e} = \Sigma Q_a \quad (15.1.4-3)$$

$$\Sigma Q_p = 0.3612 \times 10^6 \times G_a \times \Delta t \quad (15.1.4-4)$$

$$\Sigma Q = 0.0864 \times q_q \times A_0 \quad (15.1.4-5)$$

式中：$EHR_{a,e}$ ——采暖系统耗电输热比（无因次）；

ε_a ——检测持续时间内采暖系统循环水泵的日耗电量（kWh）；

η_m ——电机效率与传动效率之和，直联取 0.85，联轴器传动取 0.83；

$\Sigma Q_{a,e}$ ——检测持续时间内采暖系统日最大有效供热能力（MJ）；

ΣQ_a ——检测持续时间内采暖系统的实际日供热量（MJ）；

ΣQ_p ——在循环水量不变的情况下，检测持续时间内采暖系统可能的日最大供热能力（MJ）；

ΣQ ——采暖热源的设计日供热量（MJ）；

G_a ——检测持续时间内采暖系统的平均

循环水量（m³/s）；

Δt ——采暖热源的设计供回水温差（℃）。

15.2 合格指标与判定方法

15.2.1 采暖系统耗电输热比（$EHR_{a,e}$）应满足下式的要求：

$$EHR_{a,e} \leq \frac{0.0062(14+a \cdot L)}{\Delta t} \quad (15.2.1)$$

式中：$EHR_{a,e}$——采暖系统耗电输热比；

L——室外管网主干线（从采暖管道进出热源机房外墙处算起，至最不利环路末端热用户热力入口止）包括供回水管道的总长度（m）；

a——系数，其取值为：当$L \leq 500$m时，$a=0.0115$；当500m$<L<1000$m时，$a=0.0092$；当$L \geq 1000$m时，$a=0.0069$。

15.2.2 当采暖系统耗电输热比满足本标准第15.2.1条的规定时，应判为合格，否则应判为不合格。

附录 A 仪器仪表的性能要求

表 A 仪器仪表的性能要求

序号	检测参数	功能	扩展不确定度（k=2）
1	空气温度	应具有自动采集和存储数据功能，并可以和计算机接口	≤ 0.5℃
2	空气温差	应具有自动采集和存储数据功能，并可以和计算机接口	≤ 0.4℃
3	相对湿度	应具有自动采集和存储数据功能，并可以和计算机接口	$\leq 10\%\{[0\sim10)\%RH@25$℃$\}$ $\leq 5\%\{[10\sim30)\%RH@25$℃$\}$ $\leq 3\%\{[30\sim70)\%RH@25$℃$\}$ $\leq 5\%\{[70\sim90)\%RH@25$℃$\}$ $\leq 10\%\{[90\sim100]\%RH@25$℃$\}$
4	供回水温度	应具有自动采集和存储数据功能，并可以和计算机接口	≤ 0.5℃（低温水系统） ≤ 1.5℃（高温水系统）
5	供回水温差	应具有自动采集和存储数据功能，并可以和计算机接口	≤ 0.5℃（低温水系统） ≤ 1.5℃（高温水系统）
6	循环水量	应能显示瞬时流量或累计流量、或能自动存储、打印数据、或可以和计算机接口	$\leq 5\%[Q_{min}\sim 0.2Q_{max}]$ $\leq 2\%[0.2Q_{max}\sim Q_{max}]$
7	补水量	应能显示瞬时流量或累计流量、或能自动存储、打印数据、或可以和计算机接口	$\leq 5\%[Q_{min}\sim 0.2Q_{max}]$ $\leq 2\%[0.2Q_{max}\sim Q_{max}]$
8	热量	宜具有自动采集和存储数据功能，并可以和计算机接口	$\leq 10\%$（测试值）
9	耗电量	应能显示累计电量或能自动存储、打印数据、或可以和计算机接口	$\leq 2\%$FS
10	耗油量	应能显示累计油量或能自动存储、打印数据、或可以和计算机接口	$\leq 5\%[Q_{min}\sim 0.2Q_{max}]$ $\leq 2\%[0.2Q_{max}\sim Q_{max}]$
11	耗气量	应能显示累计气量或能自动存储、打印数据、或可以和计算机接口	$\leq 3\%[Q_{min}\sim 0.2Q_{max}]$ $\leq 1.5\%[0.2Q_{max}\sim Q_{max}]$
12	耗煤量	—	$\leq 2\%$FS
13	风速	宜具有自动采集和存储数据功能，并可以和计算机接口	≤ 0.5m/s
14	太阳辐射照度	宜具有自动采集和存储数据功能，并可以和计算机接口	$\leq 5\%$FS

附录 B 单位采暖耗热量检测方法

B.0.1 单位采暖耗热量的检测应在采暖系统正常运行120h后进行,检测持续时间不应少于24h。

B.0.2 建筑物采暖供热量应采用热计量装置在建筑物热力入口处检测,供回水温度和流量传感器的安装宜满足相关产品的使用要求,温度传感器宜安装于受检建筑物外墙外侧且距外墙外表面2.5m以内的地方。采暖系统总采暖供热量宜在采暖热源出口处检测,供回水温度和流量传感器宜安装在采暖热源机房内,当温度传感器安装在室外时,距采暖热源机房外墙外表面的垂直距离不应大于2.5m。

B.0.3 单位采暖耗热量应按下式计算:

$$q_{ha} = \frac{Q_{ha}}{A_0} \cdot \frac{278}{H_r} \quad (B.0.3)$$

式中:q_{ha}——建筑物或居住小区单位采暖耗热量(W/m^2);

Q_{ha}——检测持续时间内在建筑物热力入口处或采暖热源出口处测得的累计供热量(MJ);

A_0——建筑物(含采暖地下室)或居住小区(含小区内配套公共建筑)的总建筑面积(该建筑面积应按各层外墙轴线围成面积的总和计算)(m^2);

H_r——检测持续时间(h)。

附录 C 年采暖耗热量指标

C.1 验算方法

C.1.1 受检建筑物外围护结构尺寸应以建筑竣工图为准。

C.1.2 受检建筑物外墙和屋面主体部位的传热系数应采用现场检测数据;当现场不具备检测条件时,可根据围护结构的实际做法经计算确定。外窗、外门的传热系数应以施工期间的复检结果为依据。其他参数均应以现场实际做法经计算确定。

C.1.3 当受检建筑物有地下室时,应按无地下室处理。受检建筑物首层设置的店铺应按居住建筑处理。

C.1.4 室内计算条件应符合下列规定:
 1 计算温度:16℃;
 2 换气次数:0.5次/h;
 3 不考虑照明得热或其他内部得热。

C.1.5 室外计算气象资料宜采用国家现行标准规定的当地典型气象年的逐时数据。

C.1.6 年采暖耗热量指标宜采用动态模拟软件计算,当条件不具备时,可采用简易方法计算。

C.1.7 年采暖耗热量指标计算的起止日期应符合国家现行有关标准的规定。

C.1.8 参照建筑物应按下列原则确定:
 1 参照建筑物的形状、大小、朝向均应与受检建筑物完全相同;
 2 参照建筑物各朝向和屋顶的开窗面积应与受检建筑物相同,但当受检建筑物某个朝向的窗(包括屋面的天窗)面积超过我国现行节能设计标准的规定时,参照建筑物该朝向(或屋面)的窗面积应减少到符合我国现行有关节能设计标准的规定;
 3 参照建筑物外墙、屋面、地面、外窗、外门的各项性能指标均应符合我国现行节能设计标准的规定。对于我国现行节能设计标准中未作规定的部分,应按受检建筑物的性能指标计入。

C.2 合格指标与判定方法

C.2.1 受检建筑物年采暖耗热量指标不应大于参照建筑物的相应值。

C.2.2 受检建筑物年采暖耗热量指标的验算结果满足本附录第C.2.1条规定时,应判为合格,否则应判为不合格。

附录 D 年空调耗冷量指标

D.1 验算方法

D.1.1 受检建筑物外围护结构尺寸应以建筑竣工图为准。

D.1.2 受检建筑物外墙和屋面主体部位传热系数应采用现场检测数据;当现场不具备检测条件时,可根据围护结构的实际做法经计算确定。外窗、外门的传热系数应以施工期间的复检结果为依据。其他参数均应以现场实际做法经计算确定。

D.1.3 当受检建筑物有地下室时,应按无地下室处理。受检建筑物首层设置的店铺应按居住建筑处理。

D.1.4 室内计算条件应符合下列规定:
 1 计算温度:26℃;
 2 换气次数:1.0次/h;
 3 不考虑照明得热或其他内部得热。

D.1.5 室外计算气象资料宜采用国家现行标准规定的当地典型气象年的逐时数据。

D.1.6 年空调耗冷量指标宜采用动态模拟软件计算,当条件不具备时,可采用简易方法计算。

D.1.7 年空调耗冷量指标计算的起止日期应符合当地空调季节惯例。

D.1.8 参照建筑物应按下列原则确定:
 1 参照建筑物的形状、大小、朝向均应与受检建筑物完全相同;
 2 参照建筑物各朝向和屋顶的开窗面积应与受检建筑物相同,但当受检建筑物某个朝向的窗(包括屋面的天窗）面积超过我国现行节能设计标准的规定时，参照建筑物该朝向（或屋面）的窗面积应减少到符合我国现行有关节能设计标准的规定；

3 参照建筑物外墙、屋面、地面、外窗、外门的各项性能指标均应符合我国现行节能设计标准的规定。对于我国现行节能设计标准中未作规定的部分，应按受检建筑物的性能指标计入。

D.2 合格指标与判定方法

D.2.1 受检建筑物年空调耗冷量指标不应大于参照建筑物的相应值。

D.2.2 受检建筑物年空调耗冷量指标的验算结果满足本附录第 D.2.1 条规定时，应判为合格，否则应判为不合格。

附录 E 外围护结构热工缺陷检测流程

E.0.1 外围护结构热工缺陷检测流程应符合图 E.0.1 的规定。

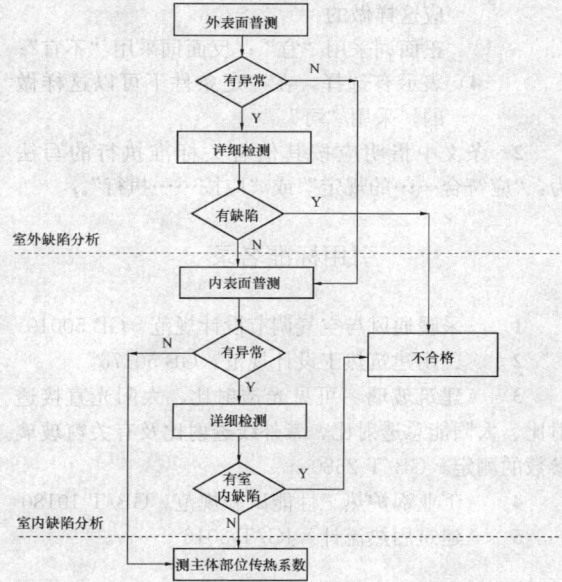

图 E.0.1 建筑物外围护结构热工缺陷检测流程

附录 F 室外气象参数检测方法

F.1 一般规定

F.1.1 室外气象参数测点的布置位置、数量、数据记录时间间隔应满足本附录的规定，检测起止时间应满足室内有关参数的检测需要。

F.1.2 需要同时检测室外空气温度、室外风速、太阳辐射照度等参数时，宜采用自动气象站。

F.1.3 室外气象参数检测仪的测量范围应满足测量地点气象条件的要求。

F.2 室外空气温度

F.2.1 室外空气温度的检测，宜采用温度自动检测仪逐时检测和记录。

F.2.2 室外空气温度传感器应设置在外表面为白色的百叶箱内，百叶箱应放置在距离建筑物（5～10）m 范围内；当无百叶箱时，室外空气温度传感器应设置防辐射罩，安装位置距外墙外表面宜大于 200mm，且宜在建筑物 2 个不同方向同时设置测点。超过 10 层的建筑宜在屋顶加设（1～2）个测点。温度传感器距地面的高度宜在（1500～2000）mm 的范围内，且应避免阳光直接照射和室外固有冷热源的影响。温度传感器的环境适应时间不应少于 30min。

F.2.3 室外空气温度逐时值应取所有测点相应时刻检测结果的平均值。

F.3 室外风速

F.3.1 室外风速宜采用旋杯式风速计或其他风速计逐时检测和记录。

F.3.2 室外风速测点应布置在距离建筑物（5～10）m、距地面（1500～2000）mm 的范围内。当工作高度和室外风速测点位置的高度不一致时，应按下式进行修正：

$$V = V_0 \left[0.85 + 0.0653 \left(\frac{H}{H_0} \right) - 0.0007 \left(\frac{H}{H_0} \right)^2 \right]$$

(F.3.2)

式中：V——工作高度（H）处的室外风速（m/s）；
V_0——室外风速测点布置高度（H_0）处的室外风速（m/s）；
H——工作高度（m）；
H_0——室外风速测点布置的高度（m）。

F.3.3 当使用热电风速仪检测时，测头上的小红点应迎风向。

F.4 太阳辐射照度

F.4.1 水平面太阳辐射照度应采用天空辐射表逐时检测和记录。在日照时间内，应根据需要在当地太阳时正点进行检测。

F.4.2 水平面太阳辐射照度的检测场地应选择在没有显著倾斜的平坦地方，东、南、西三面及北回归线以南的检测地点的北面离开障碍物的距离，宜为障碍物高度的 10 倍以上。在检测场地范围内，应避免有吸收或反射能力较强的材料存在。

F.4.3 天空辐射表的时间常数应小于 5s，分辨率和非线性误差应小于 1%。

F.4.4 天空辐射表的玻璃罩壳应保持清洁及干燥，引线柱应避免太阳光的直接照射。天空辐射表的环境适应时间不应少于 30min。

附录 G 外窗窗口气密性能检测操作程序

G.0.1 对受检外窗的观感质量应进行目检，当存在明显缺陷时，应停止该项检测。检测开始时应对室内外空气温度、室外风速和大气压力进行检测。

G.0.2 连续开启和关闭受检外窗 5 次，受检外窗应能工作正常。

G.0.3 检测装置应在受检外窗已完全关闭的情况下安装在外窗洞口处；当受检外窗洞口尺寸过大或形状特殊时，宜安装在受检外窗所在房间的房门洞口处。安装程序和质量应满足相关产品的使用要求。

G.0.4 正式检测前，应向密闭腔（室）中充气加压，使其内外压差达到 150Pa，稳定时间不应少于 10min，其间应采用手感法对密封处进行检查，不得有漏风的感觉。

G.0.5 检测装置的附加渗透量应进行标定，标定时外窗本身的缝隙应采用胶带从室外侧进行密封处理，密封质量的检查程序和方法应符合本附录第 G.0.4 条的规定。

G.0.6 应按照图 G.0.6 中减压顺序进行逐级减压，每级压差稳定作用时间不应少于 3min，记录逐级作用压差下系统的空气渗透量，利用该组检测数据通过回归方程求得在减压工况下，压差为 10Pa 时，检测装置本身的附加空气渗透量。

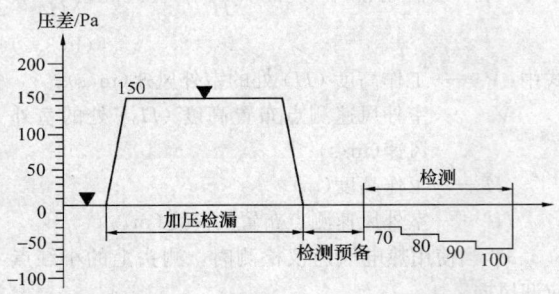

图 G.0.6 外窗窗口气密性能检测操作顺序图
注：▼表示检查密封处的密封质量。

G.0.7 将外窗室外侧胶带揭去，然后重复本附录第 G.0.6 条的操作，并计算压差为 10Pa 时外窗窗口总空气渗透量。

G.0.8 检测结束时应对室内外空气温度、室外风速和大气压力进行检测并记录，取检测开始和结束时两次检测结果的算术平均值作为环境参数的最终检测结果。

本标准用词说明

1 为便于在执行本标准条文时区别对待，对于要求严格程度不同的用词说明如下：
  1）表示很严格，非这样做不可的：
    正面词采用"必须"；反面词采用"严禁"；
  2）表示严格，在正常情况下均应这样做的：
    正面词采用"应"；反面词采用"不应"或"不得"；
  3）表示允许稍有选择，在条件许可时首先应这样做的：
    正面词采用"宜"；反面词采用"不宜"；
  4）表示有选择，在一定条件下可以这样做的，采用"可"。

2 条文中指明应按其他有关标准执行的写法为："应符合……的规定"或"应按……执行"。

引用标准名录

1 《采暖通风与空气调节设计规范》GB 50019
2 《民用建筑热工设计规范》GB 50176
3 《建筑玻璃 可见光透射比、太阳光直接透射比、太阳能总透射比、紫外线透射比及有关窗玻璃参数的测定》GB/T 2680
4 《工业锅炉热工性能试验规范》GB/T 10180
5 《建筑用热流计》JG/T 3016

中华人民共和国行业标准

居住建筑节能检测标准

JGJ/T 132—2009

条 文 说 明

制 订 说 明

《居住建筑节能检测标准》JGJ/T 132-2009，经住房和城乡建设部 2009 年 12 月 10 日以第 461 号文公告批准、发布。

本标准是在《采暖居住建筑节能检验标准》JGJ 132-2001 的基础上修订而成，上一版的主编单位是中国建筑科学研究院，参编单位是哈尔滨工业大学土木工程学院和北京市建筑设计研究院，主要起草人是徐选才、冯金秋、赵立华、梁晶。本次修订的主要技术内容是：1 在检测项目上，考虑了新增适用地域的气候特点和实际需求，选取易于操作且对居住建筑节能有较大影响的项目；2 增加了技术条件成熟、先进的检测技术；3 将居住建筑和集中采暖系统的固有热工性能作为检测重点；4 居住建筑能耗指标的检测采用与参考建筑比对验证的方法。

本标准修订过程中，编制组对我国居住建筑节能检测的现状进行了调查研究，总结了《采暖居住建筑节能检验标准》JGJ 132-2001 实施以来的实践经验、出现的问题，同时参考了国外先进技术法规、技术标准，结合我国居住建筑节能发展新形势的需求，扩大了适用地域。

为便于广大工程设计、施工、科研、学校等单位有关人员在使用本标准时能正确理解和执行条文规定，《居住建筑节能检测标准》编制组按章、节、条顺序编制了本标准的条文说明。对条文规定的目的、依据以及执行中需注意的有关事项进行了说明。但是，本条文说明不具备与标准正文同等的法律效力，仅供使用者作为理解和把握标准规定的参考。在使用过程中如果发现本条文说明有不妥之处，请将意见函寄中国建筑科学研究院。

目 次

1 总则 ················ 54—20
2 术语和符号 ············ 54—21
　2.1 术语 ············· 54—21
3 基本规定 ············· 54—21
4 室内平均温度 ··········· 54—22
　4.1 检测方法 ··········· 54—22
　4.2 合格指标与判定方法 ······ 54—23
5 外围护结构热工缺陷 ········ 54—23
　5.1 检测方法 ··········· 54—23
　5.2 合格指标与判定方法 ······ 54—24
6 外围护结构热桥部位内表面温度 ··· 54—25
　6.1 检测方法 ··········· 54—25
7 围护结构主体部位传热系数 ····· 54—25
　7.1 检测方法 ··········· 54—25
　7.2 合格指标与判定方法 ······ 54—28
8 外窗窗口气密性能 ········· 54—28
　8.1 检测方法 ··········· 54—28
　8.2 合格指标与判定方法 ······ 54—29
9 外围护结构隔热性能 ········ 54—29
　9.1 检测方法 ··········· 54—29
　9.2 合格指标与判定方法 ······ 54—29
10 外窗外遮阳设施 ·········· 54—30
　10.1 检测方法 ··········· 54—30
11 室外管网水力平衡度 ········ 54—30
　11.1 检测方法 ··········· 54—30
12 补水率 ·············· 54—31
　12.1 检测方法 ··········· 54—31
　12.2 合格指标与判定方法 ······ 54—31
13 室外管网热损失率 ········· 54—31
　13.1 检测方法 ··········· 54—31
　13.2 合格指标与判定方法 ······ 54—32
14 锅炉运行效率 ··········· 54—32
　14.1 检测方法 ··········· 54—32
　14.2 合格指标与判定方法 ······ 54—33
15 耗电输热比 ············ 54—33
　15.1 检测方法 ··········· 54—33
　15.2 合格指标与判定方法 ······ 54—34
附录A 仪器仪表的性能要求 ······ 54—34
附录B 单位采暖耗热量检测方法 ···· 54—34
附录C 年采暖耗热量指标 ······· 54—35
附录D 年空调耗冷量指标 ······· 54—36
附录F 室外气象参数检测方法 ····· 54—36
附录G 外窗窗口气密性能检测
　　　操作程序 ············ 54—37

1 总 则

1.0.1 本条为对原标准第 1.0.1 条的修改。

随着我国经济总量的持续稳步增长,能源供需矛盾日益凸现,现已演变成为制约我国经济持续健康发展的瓶颈。1978 年伊始,建筑业尤其是居住建筑业,便迅速发展成为我国经济发展的支柱产业之一。截止 2004 年底,我国城市实有住宅建筑面积共计 96.2 亿平方米,仅 2004 年我国城镇住宅竣工面积就达 5.7 亿平方米。另据 2005 年 1 月至 11 月的统计,全国当年共完成土地开发面积 14372 万平方米（即 143.72 平方公里）,完成房屋施工面积 14.9 亿平方米,其中住宅施工面积 11.6 亿平方米,约占年度总房屋施工面积的 77.8%。居住建筑竣工面积的增加,也带来了建筑能耗的加大。目前我国建筑用能已经超过全国能源消费总量的 1/4,并将随着人民生活水平的提高逐步增加到 1/3,这将势必严重影响我国经济和社会发展战略目标的实现。

为了实施"可持续发展"战略,早在 1998 年我国就颁布实施了《中华人民共和国节约能源法》,2006 年我国政府又提出了建设节约型社会的发展目标。我国国民经济和社会发展第十一个五年计划也明确规定:2010 年单位国内生产总值能源消耗要比 2005 年降低 20%。2006 年 1 月 1 日,建设部又以第 143 号令颁布了《民用建筑节能管理规定》。截至目前,我国已颁布实施了 3 部民用建筑节能设计标准。所有这些法律、条例、规定和标准规范的颁布实施,均有力地推动了我国建筑节能事业的向前发展。

为了配合《民用建筑节能设计标准（采暖居住建筑部分）》JGJ 26-95 的实施,2001 年 6 月 1 日,我国颁布实施了《采暖居住建筑节能检验标准》JGJ 132-2001。该节能检验标准的实施,改变了各地墙体改革及建筑节能办公室在执法工作中无法可依的被动局面,引导我国建筑业界初步走上了建筑节能性能量化检测的轨道。但我国的建筑节能事业任重而道远,仅 1996 至 1998 年 3 年间,全国城市新建住宅 11.1 亿平方米,但节能建筑仅为 4530 万平方米（占 4.08%）。从 1996 年 7 月实施《民用建筑节能设计标准（采暖居住建筑部分）》JGJ 26-95 至 2005 年底,我国三北地区新建节能居住建筑仅为竣工面积的 32%;从 2001 年 7 月至 2005 年底,我国南方新建节能居住建筑则仅为 12%。

另外从民众对建筑节能的理解水平来看,也不容乐观。据 2006 年原建设部就建筑节能所作的问卷调查结果显示,有 81.4% 的群众对建筑节能不甚了解,在夏热冬暖地区这一比例甚至超过了 90%。这充分说明,真正意义上的建筑节能在我国尚处于起步阶段。事实是只有民众提高了节能意识,广大业主也积极参与,才可以从市场的角度敦促房屋建设者增强节能意识,并在房屋的设计、施工中不折不扣地实施建筑节能的标准和规范,我国的建筑节能才能真正有希望。

为了保证建筑工程节能性能满足我国相关标准的规定,我国已于 2007 年 10 月 1 日颁布实施了《建筑节能工程施工质量验收规范》GB 50411-2007,该规范采用了"过程控制"和"现场检测"相结合的方法。为了科学地实施现场检测,急需"节能检测标准"的技术支持。纵观我国建筑工程质量管理的成效,不难发现,即使通过验收的工程还会出现这样那样的质量问题,更何况建筑节能验收? 为了应对此类"问题工程"的节能诊断和技术责任判定,也急需尽快出台节能检测标准。正是基于节能检测在我国建筑节能事业中的必要性和重要性,根据建设部建标 [2004] 66 号文的要求,对《采暖居住建筑节能检验标准》JGJ 132-2001 进行了修订。修订该标准的目的,就是为了通过规范居住建筑节能检测方法,实施对居住建筑热工性能和能耗的检测和验算,进一步促进《民用建筑节能设计标准（采暖居住建筑部分）》JGJ 26-95、《夏热冬冷地区居住建筑节能设计标准》JGJ 134-2001、《夏热冬暖地区居住建筑节能设计标准》JGJ 75-2003 和《建筑节能工程施工质量验收规范》GB 50411-2007 的有效实施,增强大众的节能意识和维权力度,合理维护建筑业各方的合法权益,促进我国建筑节能事业健康有序的发展。

1.0.2 本条为对原标准第 1.0.2 条的修改。

原标准仅适用于我国严寒和寒冷地区,但此次修订后本标准涵盖了我国所有五个气候区,即严寒地区、寒冷地区、夏热冬冷地区、夏热冬暖地区和温和地区。由于本标准是为了更好地贯彻落实我国居住建筑节能设计标准的精神而编制的,所以,本标准的适用范围涵盖了节能设计标准所适用的范围。因为既有居住建筑的节能检测工作与新建居住建筑的节能检测并无本质上的区别,所以,本标准也同样适用于改建的居住建筑和改建的集中热水采暖系统的节能检测。

1.0.3 本条为新增条文。

因为节能检测主要是现场检测和理论计算,所以它有两个特点:其一是每个工程均有其特殊性,现场条件各不相同,因而具有一定的复杂性;其二是节能检测涉及建筑热工、采暖空调、检测技术、误差理论等多方面的专业知识,并不是简单地丈量尺寸,见证有无,操作仪表,抄表记数,所以,要求现场检测人员具有一定理论分析和解决问题的能力,因此,本标准从技术的角度对从事节能检测的人员素质提出了基本要求。当然,检测机构也应该具有相应的检测资质要求,否则,便会出现检测市场鱼目混珠的局面,使建筑节能检测工作陷入一片混乱无序之中。基于上述理由,本标准作了上述规定。

1.0.5 本条为对原标准第1.0.3条的修改。

建筑热工性能和能耗指标仅仅是建筑产品众多质量特征的一个方面，因此，在按本标准进行节能检测时，尚应符合国家现行有关标准、规范的规定。

2 术语和符号

2.1 术　　语

2.1.3 本条为新增术语。

本条术语是参考美国采暖制冷空调工程师协会标准《可接受空气质量的通风》（Ventilation for acceptable indoor air quality）ASHRAE Standard 62—1989 提出的。该标准规定：室内活动区域是由距地面或楼面分别为75mm和1800mm，距墙面或固定的空调设备600mm的所有平面所围成的区域。在本标准有关"室内活动区域"定义中，有两点有别于该标准。其一，是距地面或楼面的距离，本标准规定为100mm，这样规定主要是便于应用；其二，本标准将距内墙内表面和距外墙内表面或固定的采暖空调设备的距离予以了区分。本标准规定距内墙内表面300mm，距外墙内表面或固定的采暖空调设备600mm。这样规定主要出于两方面的考虑：第一，一般来说，室内人员常常位于距内表面大于300mm的室内活动空间内；第二，检测室温时，尤其是在室内有人居住的情况下，要将温度传感器放置在距内墙内表面600mm以外的区域，操作起来较困难，所以，作了如是定义。

2.1.4 本条为新增术语。

本条术语是根据《采暖居住建筑节能检验标准》JGJ 132-2001实施过程中碰到的实际问题而增补的。早在2003年6月，中国建筑科学研究院建筑环境与节能研究院有关技术人员就曾向标准编制组提出过室内平均温度该如何定义的问题。因为随着大众维权意识日益增强，商品房的工程质量逐渐发展成为社会投诉的热点，业主和房屋开发商之间的维权纠纷呈上升趋势，为了便于本标准的操作和执行，在本次修订中特别增补了室内平均温度的定义。

2.1.6 本条为新增术语。

附加渗透量是指由非受检外窗窗口的缝隙处渗入系统的风量，这些缝隙包括风机吸入管段的连接处、吸气管与薄膜的结合部、薄膜与外窗（或房门）洞口墙面的结合部以及其他裂缝处。

2.1.20 本条为新增术语。

室外管网热损失率是本标准根据实际需要首次定义的，它综合反映了室外管网的保温和严密性能，但不包括室外管网的平衡损失。按照工程界的惯例，室外管网是指从距采暖热源机房外墙外表面垂直距离2.5m处的采暖管网出口位置起，算至采暖建筑物楼前热力入口且距建筑物外墙外表面垂直距离2.5m处的所有采暖管道。建筑物楼前热力入口是采暖系统内外划界的标志，距建筑物外墙外表面垂直距离2.5m以内算作室内系统，以外算作室外系统。为了便于操作且更好地贯彻执行本标准中的有关规定，所以，特别定义了室外管网热损失率。

3　基　本　规　定

3.0.1 本条为新增条文。

本条对居住建筑进行节能检测中所应遵循的原则进行规定。本标准并未规定居住建筑是否必须进行节能检测，也不规定具体的检测项目、检测数量、抽样规则和总体节能评判方法。它只规定当居住建筑进行节能检测时所应遵循的检测方法、合格指标和单项判定方法。

我国现已颁布实施的《建筑节能工程施工质量验收规范》GB 50411-2007采用"过程控制"和"现场检测"相结合的方法进行建筑工程的节能验收，该规范对检测项目、抽样规则、检测数量和总体节能验收评定方法进行规定，所以，在实施《建筑节能工程施工质量验收规范》GB 50411-2007现场检测部分的有关内容时，应按照本标准的规定执行。

在人们对节能验收的结论提出质疑的情况下，为维护居住建筑有关方的合法权益，有必要实施节能检测，所以，本标准为居住建筑工程的节能诊断、能源审计、司法鉴定提供了依据。

3.0.2 本条为对原标准第3.0.5条的修改。

本条主要规定了六方面的文件。第1款是为了把住节能建筑的设计关。在我国现阶段的基建程序中，设计院将设计蓝图提交给开发商后，按规定开发商要将该图纸送一家施工图审查机构进行节能设计的专项审查。审查机构的主要作用是检查我国现行的强制性标准中所规定的强制性条款是否在设计中得到了有效的执行。这里所说的审图机构对工程施工图节能设计的审查文件便是指这类文件；第2款涉及工程竣工图纸和技术文件。只有研读了工程竣工图纸和文件才能对工程有一个全面的了解，也才能着手下一步节能检测的方案设计工作；第3、4款是为了控制住用于建筑建造过程中的材料、设备的质量；第5款是为了协助对随后检测结果的分析而提出的。第6款是为了防止与节能有关的隐蔽工程出现施工质量问题。为了给小业主委托节能检测提供方便，切实维护大众的合法权益，本条使用了节能检测"宜"在有关技术文件准备齐全的基础上进行的提法。现实中发现，当小业主发现自身的房屋节能性能存在问题，委托有关部门实施节能检测时，常常在技术资料的提供上受到有关部门人为的阻碍，为了合理避免这种现象的出现，本条特使用了"宜"的措词。

3.0.3 本条为对原标准第3.0.6条的修改。

节能检测涉及检测数据，而数据又关联到仪器仪表的不确定度，不确定度的确定有待于仪器设备的标定或校准，只有这样，节能检测中所得到的数据的不确定度才能溯源，否则，检测所得到的数据将是毫无意义的。法定计量部门出具的证书有两种，即标定证书和校准证书。当国家对所要校准的仪器仪表颁布了相应的检定规程时，计量部门出具的是标定证书，而对于有些新型测试仪表，国家尚未制定出相应的检定规程，此时，计量部门只能出具校准证书。本标准附录A的有关仪器仪表的性能要求的规定是最低要求，不能突破。

3.0.4 本条为新增条文。

在原标准中曾规定了"建筑物单位采暖耗热量"的检测方法，但通过6年来的实施实践来看，操作难度太大，所以，本标准对此项予以了修订，将原标准中"建筑物单位采暖耗热量"的现场检测修改为本标准附录C"年采暖耗热量指标"。但考虑到我国节能检测工作的需要，对原标准中关于"建筑物单位采暖耗热量"的检测方法进行了修订，特将检测方法单独列出，安排在本标准的附录B中，以备有关人员需要时使用。

3.0.5 本条为新增条文，并删除原标准第3.0.7条~第3.0.10条。

本标准在附录C和附录D中分别规定了建筑物年采暖耗热量指标和年空调耗冷量指标的验算方法。为什么还要验算？主要是考虑竣工图纸常常与施工设计图纸存在差异，而这些差异又常常会对建筑能耗产生影响。在这种情况下，就有必要对业已竣工的居住建筑的能耗进行验算，以明确竣工的居住建筑是否满足节能设计标准的要求。

对于严寒和寒冷地区而言，居住建筑的采暖能耗占主要部分，所以，建筑物年采暖耗热量指标显得突出，所以，可以仅对年采暖耗热量指标进行验算。对于夏热冬暖地区则可以仅对建筑物年空调耗冷量指标进行验算。但是对于夏热冬冷地区，宜分别对前述的两个指标分别进行验算。

4 室内平均温度

4.1 检测方法

4.1.1 本条为对原标准第4.3.1条的修改。

建筑节能是在不牺牲室内热舒适度的情况下开展的，实际上具体操作过程中，靠牺牲居住建筑室内热舒适度来实现"省能"的供热管理部门尚有一定的比例。为了使我国建筑节能事业不偏离既定的轨道，切实保护房屋使用者的合法权益，室内平均温度的检测不可缺失。本条对室内平均温度的检测持续时间进行了规定。室内平均温度检测主要应用在如下两类情况：其一，由于我国严寒和寒冷地区居住建筑的采暖收费仍采用按面积收费的制度，也即热用户所负担的采暖费不与室内采暖供热品质的优劣挂钩。正因如此，少数供热部门一般对采暖系统的平衡问题不是特别关心，只要热用户不投诉就姑且认为采暖系统运行"合理"。但是，随着我国私有化进程的加快和人们思想的逐步解放，百姓的维权意识和维权信心日益增强，在北方地区因为冬季室内温度不达标而引发的司法纠纷会时有发生。这种局面的出现将会促使供热部门变粗放型管理为精细化服务，于建筑节能这一大局有利。为了解决供热部门和热用户之间采暖质量纠纷，要求对建筑物室内平均温度进行检测。在这种情况下，为了便于法院的经济赔偿裁定，室内平均温度的检测持续时间宜为整个采暖期。这样规定在技术上也是可行的。因为带计算机芯片的温度自动检测仪不仅价格合理，而且对住户的日常生活也没有影响，所以，实施起来较容易。其二，在检测围护结构热桥内表面温度和隔热性能等过程中，都要求对室内温度进行检测，在这种情况下检测时间应和这些物理量的检测起止时间一致。

4.1.2 本条为对原标准第4.3.2条的修改。

本标准规定，受检房间使用面积大于或等于30m²时应设置两个测点。因为不论对于散热器采暖还是地板辐射采暖而言，随着室内面积的增大，室内出现区域温差是正常的。此外，在现有新建的住宅建筑中，有的起居室建筑面积在（30~50）m²，所以，为了增强室内平均温度的代表性，应设置两个测点。

本条文同时也规定了温度测头布置的区域。这里主要强调了三点，其一，测点应布置在室内活动区域内，本标准已在第二章术语部分定义了室内活动区域。其二，距地面或楼面的距离应为（700~1800）mm。因为在室内有人居住的情况下，室内测点的布置常常要受到诸如室内装饰风格、家具式样、居住者习惯和素养等因素的制约，理想的测点位置往往是可望而不可及的，所以，从可操作性出发，本标准提出700mm的下限规定值，700mm这个数据是根据室内主要家具的高度确定的，1800mm是按照人的一般身高来确定的。所以，在室内活动区域内距地面（700~1800）mm范围内布置测点对室内温度的检测既有一定的代表性又具有可操作性。其三，不应受到太阳辐射或室内热源的直接影响，例如，温度传感器不能放在易被阳光直接照射的地方，不能靠近照明灯管、灯泡、散热器、采暖立管等处，为避免阳光的照射，应加装防护罩。

4.1.3 本条为新增条文。

计算机技术的发展也带动了检测仪器和仪表的革新和进步，现在温度自动检测仪的应用已变得十分普及，所以，本条要求室内平均温度应采用温度自动检测仪进行连续检测。检测数据记录时间间隔，推荐不宜超过 30min 的规定主要是考虑到室内逐时温度的代表性问题。原因之一是居民素有冬季开窗换气的习惯。根据 1997 年 1 月对哈尔滨地区 120 户居住建筑的入户调查结果来看，一般每天的通风换气时间为（15～20）min。在室外气温很低的情况下，如果室内通风换气，室温会骤降。原因之二是现在市场上供应的温度自动检测仪均是按照采样和记录同步的模式设计的，也就是说该类仪表的采样间隔和记录间隔是不加区分的。这样设计的好处是成本低，但缺点是记录的数据均是瞬时值而不是时段平均值，也就是说如果检测周期设定为 60min，则自动检测仪将会在某个数据储存 60min 后才打开采样器检测一次，并以本次检测的结果作为该 60min 的时段平均值记录在案。显然，在这种工作模式下，如果规定的记录间隔为 60min，那么，很有可能将室内通风换气期间室温骤降时的瞬时值误记为逐时平均温度。为了防止此类问题的发生，本标准作了如是规定。当然，如果使用的仪器仪表具有采样时间间隔和记录时间间隔分设功能的话，检测数据记录时间间隔超过 30min 也是可以的。

4.2 合格指标与判定方法

4.2.1 本条为对原标准第 5.2.2 条的修改。

本条是对设有集中热水采暖系统的居住建筑而言的，而对于采暖热源因户或室独立或根本就未设采暖设施的居住建筑物，本条不具约束力。本条要求采暖期室内平均温度应在设计范围内，这实际上对设计和运行均提出了要求。对于住宅小区集中热水采暖系统，如果采暖系统的末端不具备调控手段，或采暖系统投入运行前不进行水力平衡调试，或热源中心不能根据室外温度的变化而相应的调节水温或循环水量，常常会造成严重的冷热不均，从而会导致室内平均温度过低和过高二者并存的现象出现。一方面出于建筑节能的宏观考虑，另一方面又出于保护使用者权益的微观考虑，本标准作了如是规定。

4.2.2、4.2.3 为对原标准第 5.2.2 条的修改。

原标准首次提出了建筑物室内逐时温度的概念，本次修订继续支持这一提法。仅仅以室内平均温度进行约束，尚未充分体现"以人为本"的时代特征，不能着实保护房屋使用者的合法权益。尽管室内温度超出正常范围都是不舒适的，但若仅仅按照"室内平均温度"这一指标去评判，可能又是合格的。为了促使采暖系统进入精细化管理，节约能源，同时又提高采暖房间的热舒适度，所以，本标准规定采暖期"室内温度逐时值"最低值不应低于某一限值。设计图纸是本标准进行合格判定的第一依据，然后才是国家相应的标准规范。由于设计图纸本身采标是否正确的问题不属于本标准的管辖范围，所以，本标准作了如是规定。为防止在实际操作中产生歧义，本标准通过规定

检测数据记录时间间隔来说明"室内逐时温度"属于时段平均值的内涵。本次修订维持了原标准第 5.2.2 条的精神，但对于室内散热设施装有恒温阀的采暖居住建筑物，当住户人为地调低室内温度设定值，使室内逐时温度低于某个下限标准的，应另当别论。

4.2.4 本条为新增条文。

本条文规定以受检房间的室内平均温度和室内逐时温度作为判定的对象，而且采用一次判定的原则。这样规定的理由有两个：其一，室内温度的检测均采用温度自动检测仪，所以，检测数据的可靠度高，一致性强，检测误差可以得到有效控制；其二，室内温度的检测一般均在冬季进行，受季节的限制，一般不允许来回反复。基于此，本标准作了如是规定。

5 外围护结构热工缺陷

5.1 检测方法

5.1.1、5.1.2 为对原标准第 4.6.1 条的修改。

建筑物外围护结构热工缺陷是影响建筑物节能效果和热舒适性的关键因素之一。建筑物外围护结构热工缺陷，主要分外围护结构外表面和内表面热工缺陷。通过热工缺陷的检测，剔出存在严重热工缺陷的建筑，以减小节能检测的工作量。由于采用红外热像仪进行热工缺陷的检测，具有纵览全局的效果，所以，在对建筑物外围护结构进行深入检测之前，宜优先进行热工缺陷的检测。

5.1.3 本条为对原标准第 4.6.2 条的修改。

本条参照英国标准《保温-建筑围护结构中热工性能异常的定性检测-红外方法》（Thermal performance of buildings——Qualitative detection of thermal irregularities in buildings envelopes——Infrared method）BS EN 13187：1999，结合我国的检测实践编写。红外热像仪及其温度测量范围应符合现场测量要求。红外热像仪传感器的适用波长应处在（8.0～14.0）μm 之内。由于建筑领域检测时温差都很小，温度分辨率要求很高，才有好的效果。考虑到国内目前红外热像仪的现状和使用特点，在进行与建筑节能有关的温度场测试时，分辨率不应大于 0.08℃，对于室内外温差较小的地区，建议选用分辨率小于或等于 0.05℃的红外热像仪。本处所指的温差测量是指对同一目标重复测量的平均温差。

5.1.4 本条为新增条文。

红外检测结果准确与否，与发射率的选择、建筑物周边是否有障碍物或遮挡、距离系数的大小、气候因素、环境等因素有关。在气温或风力变化较明显时，都会对户外检测结果造成影响。环境中的粉尘、烟雾、水蒸气和二氧化碳会吸收红外辐射能量，影响测量结果，在户外检测应采取措施避开粉尘、烟雾、

力求测距短，宜在无雨、无雾、空气湿度低于75%的情况下进行检测。

一般情况下，太阳直射对检测结果是有影响的，所以本标准对太阳辐射的影响提出了要求。

对检测时间及检测时室内外空气温度的规定，是参照英国标准《保温-建筑围护结构中热工性能异常的定性检测-红外方法》（Thermal performance of buildings——Qualitative detection of thermal irregularities in building envelopes——Infrared method）BS EN 13187：1999 的附件中，关于斯堪的纳维亚的特定气候条件和建筑技术提出的检测条件和我国的检测实践编写的。关于建筑围护结构的两侧空气温差的规定，在1999年的版本中，已经将其改为5℃，考虑到我国重型结构建筑较多，红外诊断经验不足，温差大一些有利于热谱图的分析，因此定为"两侧空气温差不宜低于10℃"。对于重型结构的建筑，为消除蓄热的影响，外部空气温度的检测时间可适当加长。检测期间温度变化的影响，可以通过对同一对象检测结束时的图像与开始的图像的分析来检查，如果变化在(1～2)℃以内，那么就可以认为测试满足要求。

5.1.5、5.1.6 为新增条文。

用红外热像仪对围护结构进行检测时，为了消除发射率设置误差，需要对实际发射率进行现场测定。测定发射率的方法很多，现场诊断过程中主要采用涂料法和接触温度法。本标准推荐采用接触温度法，即采用表面式温度计在所检测的围护结构表面上测出参照温度，依此温度来调整红外热像仪的发射率。在实际检测中，也可以采用涂料法。在热谱图分析时，通过软件调整发射率，使红外热像仪的测定结果等于参照温度。为了便于检查数据，防止数据处理出现错误，本标准要求在红外热谱图上应标明参照温度的位置，并随热谱图一起提供参照温度的数据。红外检测时，临近物体对被测围护结构产生显著影响的情况有两种，一种是被测围护结构表面的粗糙度很低，它的发射率也很低，而反射率高；另一种情况是临近物体相对于被测围护结构表面的温差很大（如散热器或空调设备）。这两种情况都会在被测的围护结构表面上产生一个较强的发射辐射能量。从不同方位拍摄的目的是为了消除邻近辐射体的影响。遇有被测围护结构表面的粗糙度很低及临近物体相对于被测的围护结构表面的温差很大时，要注意选择仪器的测试位置和角度，必要时，采取遮挡措施或者关闭室内辐射源。

5.1.7 本条为新增条文。

在本标准中，将所检围护结构热工缺陷以外的面积称为主体区域。围护结构外表面缺陷在本标准中，是采用主体区域平均温度与缺陷区域平均温度之差 ΔT 来判定的，其原因在于，外表面红外检测受到气候因素及环境因素影响较大，要消除这些因素的影响，往往给检测带来很多限制，影响检测的效率。如果不采用温度，而采用温差来作为评价的依据，则可以消除气候因素及环境因素的影响。另外，围护结构外表面缺陷主要是相对主体区域而言的，采用红外热像仪，主体区域平均温度很容易确定，因此采用主体区域平均温度作为比较的基础，而将与主体区域平均温度（T_1）的温度差≥1℃的点所组成的区域定义为缺陷区域。

尽管 ΔT 可以反映缺陷的严重程度，但并不能说明由此缺陷造成的危害大小。相对面积 ψ 反映了缺陷的影响区域。A_1 是指受检部位所在房间外墙面（不包括门窗）或者屋面主体区域的面积。房间的高度从本层地面算到上层的地面（无地下室的建筑底层从室内地面垫层算起，有地下室的建筑从本层地面算起），最顶层房间高度，从最顶层地面算到平屋顶的外表面，有闷顶的斜屋面算到闷顶内保温层表面，无闷顶的斜屋面算到屋面的外表面。房间的平面尺寸，按照建筑的外廓尺寸计算，两相邻房间以内墙外边线计算，这样计算，可以使得每一个房间包括两个构造柱（如果有的话）。平屋顶面积按照房间外廓尺寸计算，两相邻房间以内墙外边线计算；斜屋顶按照建筑物外墙以内的实际面积计算。$\Sigma A_{2,i,j}$ 是指受检部位所在外墙面（不包括门窗）或者屋面上所有缺陷区域的面积。

围护结构内表面热工缺陷检测是围护结构热工缺陷检测的最后一个环节，围护结构内表面热工缺陷检测是在室内进行，采用能耗增加比作为热工缺陷检测的判据，有利于消除气候及环境条件的影响，提高检测精度。

5.2 合格指标与判定方法

5.2.1 本条对原标准第5.2.5条的修改。

围护结构外表面热工缺陷检测是建筑热工缺陷检测第一个环节，主要是为了查出严重影响建筑能耗和使用的缺陷建筑，因此将 ψ 定的范围较宽。由于圈梁、过梁、构造柱等容易形成热工缺陷的部位所占的相对面积一般在20%～26%，所以，将外表面热工缺陷区域与受检表面面积的比例限值定为20%。为了防止单块热工缺陷面积过大而对用户舒适性造成影响，特对单块缺陷面积进行限制。对于开间（3～6）m 的建筑来说，热桥面积小于 5.4m²。如果将单块缺陷面积取为热桥面积的 1/10，则为 0.54m²，所以取 0.5m² 作为限值。

5.2.2 本条为对原标准第5.2.5条的修改。

尽管围护结构内表面热工缺陷部位所占面积较小，但对热舒适影响较大。所以，规定因缺陷区域导致的能耗增加值应小于5%；为了防止单块缺陷面积过大对用户舒适性造成影响，与外表面一样，取单块缺陷面积 0.5m² 作为限值。

5.2.3 本条为新增条文。

热像图中所显示的异常通常代表了建筑围护结构的热工缺陷。但围护结构的构造差异、结构中设置的由通风空气层或埋设在围护结构中的热水（冷水）管道、热源等都会影响热像图。已知围护结构的预期温度分布，有利于建筑热工缺陷的判断。预期温度分布可通过所检测的建筑外围护结构和设备的相关图纸及其他结构文献，通过计算、经验、实验室试验、现场测试获得，也可以通过无缺陷的建筑围护热像图来获得。

5.2.4、5.2.5 为新增条文。

此两条规定了对检测结果的判断方法。

6 外围护结构热桥部位内表面温度

6.1 检 测 方 法

6.1.1 本条为对原标准第 4.5.1 条的修改。

由于热电偶反应灵敏、成本低、易制作和适用性强，在表面温度的测量中应用最广，所以，本标准优先推荐使用热电偶。

6.1.2 本条为对原标准第 4.5.2 条的修改。

红外热像仪具有测温功能，且属于非接触测量，使用十分方便。尽管红外热像仪在用于温度测量时常因受环境条件和操作人员技术水平的影响，存在±2℃左右的误差，不过，利用红外热像仪协助确定热桥部位温度最低处则是十分恰当的，因为测量表面相对温度分布状况恰恰是红外热像仪得以广泛应用的优势所在。

6.1.5 本条为原标准第 4.5.5 条。

《民用建筑节能设计标准（采暖居住建筑部分）》JGJ 26—95 中规定热桥部位内表面温度不应低于室内空气露点温度，这是相对于室内外冬季计算温度条件而言的。因此需将实际室内外温度条件下的测量值换算成室内外计算温度下的表面温度值。

7 围护结构主体部位传热系数

7.1 检 测 方 法

7.1.1 本条为新增条文

本条对受检墙体的干燥状态从时间上进行了定量规定。在围护结构主体刚施工完成时，无论是混凝土围护结构还是空心黏土砖墙体，都会因潮湿而影响最终的检测结果。为了减少水分对检测结果的影响，根据我国 20 多年来在围护结构传热系数检测中积累的实践经验确定了 12 个月这个推荐期限。

7.1.2 本条为对原标准第 4.4.1 条的修改。

热流计法是目前国内外常用的现场测试方法。国际标准《建筑构件热阻和传热系数的现场测量》（Thermal insulation——Building elements——In-situ measurement of thermal resistance and thermal transmittance）ISO 9869，美国 ASTM 标准《建筑围护结构构件热流和温度的现场测量》（Standard practice for in-site measurement of heat flux and temperature on building envelope components）ASTM C1046—95 和《由现场数据确定建筑围护结构构件热阻》（Standard pactice for determining thermal resistance of building envelope components from the in-site data）ASTM C1155—95 都对热流计法做了详细规定。另外，国内外也有关于用热箱法现场测试围护结构热阻和传热系数的研究报告或资料，但尚未发现现场测试使用热箱法的国际标准或国外先进国家或权威机构的标准，国内关于热箱现场检测法的相关研究尚在进行。为了适应我国建筑节能检测工作的迫切需要，同时又为了给层出不穷的新型检测技术和方法提供应用的平台，所以，本标准作了"宜采用热流计法"的规定。

本节主要依据国际标准《建筑构件热阻和传热系数的现场测量》（Thermal insulation——Building elements——In-situ measurement of thermal resistance and thermal transmittance）ISO 9869，编写而成，因篇幅关系做了若干删减。个别条款参考了国家标准《绝热　稳态传热性质的测定　标定和防护热箱法》GB/T 13475-2008。

7.1.4 本条为对原标准第 4.4.3 条和第 4.4.4 条的修改。

原标准对传感器测量误差和测量仪表的附加误差是分别规定的。考虑到目前大多数测量仪表都未给出附加误差，此次修订时改为规定温度测量的不确定度。

7.1.5～7.1.8 为对原标准第 4.4.5 条、第 4.4.6 条、第 4.4.7 条和第 4.4.8 条的修改。

这四条规定的目的在于缩短测量时间和减小测量误差。测量误差取决于下列因素：

1 热流计和温度传感器的标定误差。如果标定得好，该项误差约为 5%。

2 数据采集系统的误差。

3 由传感器与被测表面间热接触的轻微差别引起的随机误差。如果细心安装传感器，这种误差约为平均值的 5%。该项误差可通过多使用几个热流计来减小。

4 热流计的存在引起的附加误差。热流计的存在改变了原来的等温线分布。如果用适当的方法（例如有限元法）对该项误差进行估计并对测量数据进行修正，则误差可降为 2%～3%。

5 温度和热流随时间变化引起的误差，这种误差可能很大。减小室内温度波动，采用动态分析方法，保证测量持续时间足够长，可使该项误差小于10%。

如果以上条件得到满足，则总的误差估计可控制在14%的均方差和28%的算术误差之间。

下列情况可能使误差增大：

1) 在测量之前或测量期间，与构件内外表面温差相比，温度（尤其是室内温度）波动较大；
2) 构件厚重而检测持续时间又过短；
3) 构件受到太阳辐射或其他强烈的热影响；
4) 对热流计的存在引起的附加误差未做估算（在某些情况下可高达30%）。

进一步的误差分析可参见国际标准《建筑构件热阻和传热系数的现场测量》（Thermal insulation——Building elements——In-situ measurement of thermal resistance and thermal transmittance）ISO 9869 的正文和附录。

原标准的规定具有一定的局限性，不能适应建筑节能工程施工验收的要求。建筑节能工程施工验收要求一年四季都能检测，为此，本标准修订时采取了以下措施：

1 数据分析方法由算术平均法改为动态分析方法；

2 人为创造一定的室内外温差，可分为以下几种情况：①冬季室内用电加热器加热。为了减小室内温度波动，建议采用电散热器，不宜使用暖风机。②夏季室内用房间空调器降温。建议采用变频空调器，以减小室内温度波动。③春秋季在外墙、屋顶外表面覆盖电加热装置（例如电热毯），增大外墙、屋顶内外表面温差。由于动态分析方法计算程序的要求，在任何时刻都不得出现负温差。

7.1.11 本条为新增条文。

在温度和热流变化较大的情况下，采用动态分析方法可从对热流计测量数据的分析，求得建筑物围护结构的稳态热性能。动态分析方法是利用热平衡方程对热性能的变化进行分析计算的。在数学模型中围护结构的热工性能是用热阻 R 和一系列时间常数 τ 表示的。未知参数 ($R, \tau_1, \tau_2, \tau_3 \cdots$) 是通过一种识别技术利用所测得的热流密度和温度求得的。

动态分析方法基本步骤如下：

测量给出在时刻 t_i（i 从 1 至 N）测得的 N 组数据，其中包括热流密度 (q_i)，内表面温度 (θ_{Ii}) 和外表面温度 (θ_{Ei})。

两次测量的时间间隔为 Δt，定义为：

$$\Delta t = t_{i+1} - t_i \tag{1}$$

在 t_i 时的热流密度是在该时刻以及此前所有时刻下温度的函数：

$$q_i = \frac{1}{R}(\theta_{Ii} - \theta_{Ei}) + K_1 \dot{\theta}_{Ii} - K_2 \dot{\theta}_{Ei}$$

$$+ \sum_n P_n \sum_{j=i-p}^{i-1} \dot{\theta}_{Ij}(1-\beta_n)\beta_n^{(i-j)}$$

$$+ \sum_n Q_n \sum_{j=i-p}^{i-1} \dot{\theta}_{Ej}(1-\beta_n)\beta_n^{(i-j)} \tag{2}$$

其中内表面温度的导数为：

$$\dot{\theta}_{Ii} = (\theta_{Ii} - \theta_{I,i-1})/\Delta t \tag{3}$$

外表面温度的导数 $\dot{\theta}_{Ei}$ 与上式类似。

K_1, K_2 以及 P_n 和 Q_n 是围护结构的特性参数，没有任何特定意义。它们与时间常数 τ_n 有关。变量 β_n 是时间常数 τ_n 的指数函数。

$$\beta_n = \exp(-\Delta t/\tau_n) \tag{4}$$

公式（2）中的 n 项求和是对所有时间常数的，理论上是一个无限数。然而，这些时间常数 (τ_n) 和 β_n 一样，随着 n 的增加而迅速减小。因而只需几个时间常数（实际上有 1 至 3 个就够了）就足以正确地表示 q、θ_E 和 θ_I 之间的关系。

假定选取的时间常数为 m 个（$\tau_1, \tau_2, \cdots, \tau_m$），式（2）将包含 $2m+3$ 个未知参数，它们是：

$$R, K_1, K_2, P_1, Q_1, P_2, Q_2, \cdots, P_m, Q_m \tag{5}$$

对于 $2m+3$ 个不同时刻下的 ($2m+3$) 组数据将公式（2）写 $2m+3$ 次就得到一个线性方程组。对该方程组求解，就可确定这些参数，特别是热阻 R。然而为了完成公式（2）中的 j 项求和，尚需附加 p 组数据（图1）。最后，为了估计随机变化，还需要更多组测量数据。这样就形成了一个超定的线性方程组，该方程组可采用经典的最小二乘拟合法求解。

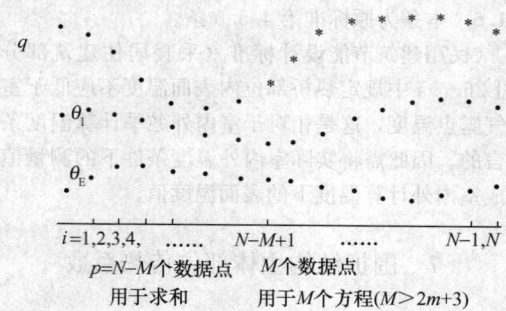

图1　动态分析方法中的数据利用

这个多于 $2m+3$ 个方程的方程组可以写成矩阵形式：

$$\vec{q} = (X)\vec{Z} \tag{6}$$

式中：$\vec{q}$——向量，其 M 个分量是最后的 M 个热流密度数据 q_i。这样，M 的值大于 $2m+3$，并且 i 取 $N-M+1$ 至 N；

$\vec{Z}$——向量，它的 $2m+3$ 个分量是公式（5）中所列的未知参数；

(X)——一个 M 行（$i=N-M+1$ 至 N），$2m+3$

列（1 至 $2m+3$）的矩形矩阵。矩阵的元素是

$$X_{i1} = \theta_{Ii} - \theta_{Ei}$$
$$X_{i2} = \dot\theta_I = (\theta_{Ii} - \theta_{I,i-1})/\Delta t$$
$$X_{i3} = \dot\theta_E = (\theta_{Ei} - \theta_{E,i-1})/\Delta t$$
$$X_{i4} = \sum_{j=i-p}^{i-1} \dot\theta_{Ij}(1-\beta_1)\beta_1(i-j)$$
$$X_{i5} = \sum_{j=i-p}^{i-1} \dot\theta_{Ej}(1-\beta_1)\beta_1(i-j) \quad (7)$$
$$X_{i6} = \sum_{j=i-p}^{i-1} \dot\theta_{Ij}(1-\beta_2)\beta_2(i-j)$$
$$X_{i7} = \sum_{j=i-p}^{i-1} \dot\theta_{Ej}(1-\beta_2)\beta_2(i-j)$$
$$\vdots$$
$$X_{i,2m+2} = \sum_{j=i-p}^{i-1} \dot\theta_{Ij}(1-\beta_m)\beta_m(i-j)$$
$$X_{i,2m+3} = \sum_{j=i-p}^{i-1} \dot\theta_{Ej}(1-\beta_m)\beta_m(i-j)$$

在 j 项求和中，p 足够大，使缺省项之和可以忽略不计。于是数据组的数目 N 必须大于 $M+p$，实际上 $p=N-M$，式中 N 足够大。

方程组给出向量 $\vec{Z}$ 的估计值 $\vec{Z}^*$：

$$\vec{Z}^* = [(X)'(X)]^{-1} (X)' \vec{q} \quad (8)$$

式中，$(X)'$ 是矩阵 (X) 的转置矩阵。

事实上，时间常数 τ_n 是未知的。它们可通过改变时间常数来寻找 $\vec{Z}$ 的最佳估计值的方法来确定。这可按以下方式进行：

1 选取时间常数的个数（m），通常不大于 3。

2 选取时间常数间的不变比率 r（通常在 3～10 之间），使满足：

$$\tau_1 = r\tau_2 = r^2\tau_3 \quad (9)$$

3 选取方程组（7）的方程个数 M。该值必须大于 $2m+3$，但要小于数据组的个数。通常 15 至 40 个方程就足够了。这就意味着至少需要 30 至 100 个数据点。

4 选取时间常数的最小值和最大值。因为计算机的精度是有限的，所以处理比 $\Delta t/10$ 还小的时间常数是没有意义的。另外，求和需要 $p=N-M$ 个点。如果时间常数大于 $p\Delta t$，求和将不会终止。最大时间常数最好在以下范围内选取：

$$\Delta t/10 < \tau_1 < p\Delta t/2 \quad (10)$$

5 在该区间内利用公式（8）用若干个时间常数值计算向量 $\vec{Z}$ 的估计值 $\vec{Z}^*$。对于 $\vec{Z}^*$ 的每一个值，热流向量的估计值 $\vec{q}$，将通过下式计算出来：

$$\vec{q}^* = (X)\vec{Z}^* \quad (11)$$

6 这些估计值与测量值间的总方差按下式计算：

$$S^2 = (\vec{q} - \vec{q}^*)^2 = \Sigma(q_i - q_i^*)^2 \quad (12)$$

7 能给出最小方差的时间常数组就是最佳时间常数组，这可由重复上述步骤 5 和 6 获得。

8 用此方法就可求得向量 $\vec{Z}$ 的最佳估计值 $\vec{Z}^*$。

它的第一个分量 Z_1 就是热阻的倒数（$1/R$）的最佳估计值。如果最佳估计值所对应的最大时间常数等于或大于其最大值（即 $p\Delta t/2$）的话，则说明方程个数太少或检测持续时间不足。同时说明利用该组数据和该时间常数比率是无法得到可靠的结果的。这一问题可以通过改变方程组中方程的个数或使时间常数不变比率值（r）变大或变小来加以解决。

当用单个测量值来估算热阻 R 值时，我们希望能有一个能给出其结果置信度的判定标准。即对于某个给定的单一测量值，当其满足该标准时，便存在某个好的置信度（比如说概率 90%），结果将逼近实际值（比如说在 ±10% 之内）。

在经典分析方法的情况下，唯一的判定标准就是要求有足够长的检测时间。但如果所记录的数据表明该传热过程处于准稳态，则测量结果的可靠度高。然而，如果在测量开始之前，与热流相关的温度变化显著，在这种情况下，如果测量时间太短以至于不能消除这一温度变化所带来的影响的话，那么最终的检测结果是不可信的。

在动态分析方法的情况下也存在这样一个判定标准。对于上述热阻的估计值，置信区间为：

$$I = \sqrt{\frac{S^2 Y(1,1)}{M-2m-4}} F(P, M-2m-5) \quad (13)$$

$$(Y) = [(X)'(X)]^{-1} \quad (14)$$

式中：S^2——由公式（12）得出的总方差；

$Y(1,1)$——由公式（14）转换的矩阵的第一个元素；

M——方程组（6）中方程的个数，而 m 是时间常数的个数；

F——t 分布的显著限，式中 P 是概率，而 $M-2m-5$ 是自由度。

如果对于 $P=0.9$，该置信区间小于热阻的 5%。则该热阻计算值通常是与实际值很接近的。在良好的测量条件（例如，对于轻型围护结构在夜间稳定状态下进行检测；而对于重型围护结构经过长时间的检测）下会出现这样的结果。对于一个给定的检测持续时间，置信区间越小，则若干次测量结果的分布就越窄。然而当检测持续时间较短时，测量结果的分布范围大且平均值可能不正确（一般是偏低）。因此，该判定标准是不充分的。

第二个要满足的条件是，检测持续时间不应少于 96h。

本条文是根据国际标准《建筑构件热阻和传热系数的现场测量》（Thermal insulation——Building elements——In-situ measurement of thermal resistance and thermal transmittance）ISO 9869 附录 B 编写成的。

7.1.12 本条为对原标准第 4.4.11 条的修改

在《民用建筑节能设计标准（采暖居住建筑部分）》JGJ 26-95 中，传热系数是由热阻按国家标准《民用

建筑热工设计规范》GB 50176-93（以下简称《规范》）中有关规定计算出来的。《规范》中规定了内表面换热阻和外表面换热阻的取值。为了和《民用建筑节能设计标准（采暖居住建筑部分）》JGJ 26-95中传热系数的计算方法相统一，增加数据的可比性，所以，本条对围护结构内外表面换热阻的取值依据进行了规定。

7.2 合格指标与判定方法

7.2.1 本条为对原标准第5.2.3条的修改。

本条规定了合格指标的选取次序。本标准规定应优先采用设计图纸中的设计值作为合格指标，当设计图纸中未具体规定时，才采用现行有关标准的规定值。这样规定的理由在于设计图纸是施工的第一依据。我国《建筑工程质量管理条例》第二十八条也明确规定："施工单位必须按照工程设计图纸和施工技术标准施工，不得擅自修改工程设计。"此外，我国建筑工程质量司法鉴定实践也表明：对于施工企业而言，设计图纸具有第一优先权。当设计图纸给出的是墙体平均传热系数而不是墙体主体部位传热系数时，可以通过建筑设计图纸得知墙体主体部位的材料构成和各种材料的厚度，然后通过计算获得主体部位传热系数的设计值，材料导热系数应按《民用建筑热工设计规范》GB 50176-93附录四附表4.1的规定采用。

8 外窗窗口气密性能

8.1 检 测 方 法

8.1.1 本条为新增条文。

为了保证检测过程中受检外窗内外压差的稳定，对室外风速提出了规定。当室外风速为3.3m/s时，在窗外表面产生的最大压强为6.5Pa，相当于检测期间平均压差（85Pa）的7.6%，所以，对室外风速作了如是规定。由于2级风以下的天数占全年的大多数，且风速范围为（1.6~3.3）m/s，所以，将3.3m/s定为室外风速的允许限值。

8.1.2 本条为新增条文。

本条规定在于增加现场检测的可操作性，当窗户的形状不规则时，可以将整个房间作为一个整体来检测，前提是要将外墙和内墙上的其他孔洞，例如电线管、采暖管、生活水管、空调冷媒管、通风管等形成的孔洞，采用各种方式进行严密封堵，以保证除受检外窗外，其他任何地方不漏风。

8.1.3 本条为新增条文。

环境参数要求进行同步检测的原因主要考虑有两点：其一，对室外风速环境状态进行检测，以确定检测数据的有效性；其二，环境数据要参与检测结果的计算。

8.1.4 本条为新增条文。

本条的规定主要是为了将检测数据的误差控制在一定范围内。如果在正式检测开始前，不对附加渗透量进行标定，所得的检测结果就缺乏一定的可比性。在本标准的编制过程中，编制组在中国建筑科学研究院空调所内选取一扇窗，进行了对比检测。该窗为1730mm×2000mm×80mm（宽×高×厚）的单框单玻塑钢窗，分别委托两个具有检测资质的检测单位对该窗窗口气密性能进行了现场检测。检测仪器、操作程序、检测时的室外风环境均相同，但出乎意料的是判定结果不同。一份报告称3级窗，另一份报告称4级窗。一扇窗具有两个结果，显然是不可能的。为此，本标准规定在正式检测开始前，应在首层或方便的位置选择一樘受检外窗或与受检外窗相同的外窗进行检测系统附加渗透量的现场标定。这种标定，实际上是对检测人员、操作步骤和检测仪器的综合标定。附加渗透量不超过外窗窗口空气渗透量的20%，实践表明是可以达到的。

8.1.5 本条为新增条文。

从理论上讲，对每一樘外窗进行检测前，均应该进行附加渗透量的标定，以保证所有检测数据均能真正地控制在允许的误差范围内。但客观现实是做不到的。一层以上的外窗要想从外侧进行密封，这本身就是不可操作的，因为不可能为了检测外窗的窗口气密性而专门架设脚手架，所以，在理论和实际的权衡下，本标准作了如是规定。这里应该注意"检测系统本身的附加渗透量不宜再次标定"的条件。首先，检测装置应该在其检定有效期内。检测装置按照规定每隔一年或两年都要进行标定，以保证检测数据的误差能控制在有效范围内。本条的含义是指某外窗附加渗透量的数据不能跨检测装置的检定有效期使用。其二，只能是在检测装置、人员和操作程序完全相同的情况下，相同外窗的附加渗透量才能引用。其三，所谓"相同外窗"是指5同的外窗，即同厂家、同材料、同系列、同规格和同分格。

8.1.7 本条为新增条文。

本条是根据误差综合分析计算的结果并结合我国质检部门现有检测手段提出的。

8.1.8、8.1.9 为新增条文。

本两条规定了计算受检外窗窗口空气渗透量的方法，为了比对的方便，本标准参考了《建筑外门窗气密、水密、抗风压性能分级及检测方法》GB/T 7106-2008，该标准采用压差值为10Pa时外窗单位缝长和单位面积的渗透量来对外窗进行分级。考虑到现场准确测量外窗的缝长较麻烦，所以，本标准仅采用面积指标。该面积即受检外窗窗洞口的面积，或当外窗的形状不规则时为该外窗的展开表面积。为了减少误差，便于操作，检测时受检外窗内外的起始压差定为70Pa，而不是10Pa，为了得到外窗在10Pa压差下的值，则需要通过回归方程来间接计算。

8.2 合格指标与判定方法

8.2.1 本条为新增条文。

建筑工程质量鉴定实践表明：由于我国工程施工质量监管机制有待完善，所以，外窗的安装质量堪忧，主要表现在外窗洞口和外窗边框的结合部的处理上，施工不规范、偷工减料、密封不实导致窗洞墙与外窗本体外框的结合部透气漏风，严重影响外围护结构的热工性能。随着我国第二步节能工作的全面推进，建筑物整体保温性能的加强，建筑物外窗窗口气密性能已成为降低采暖居住建筑冬季采暖能耗的关键因素之一。对于其他非采暖地区，作为建筑工程的基本质量，建筑物窗洞墙与外窗本体的结合部也不应漏风。

9 外围护结构隔热性能

9.1 检测方法

9.1.1 本条为新增条文。

由于《民用建筑热工设计规范》GB 50176-93对自然通风条件下围护结构的隔热要求仅限于建筑物屋面和东、西外墙，所以本标准作了如是规定。

9.1.2 本条为新增条文。

检测实践表明：在建筑物土建工程施工完成一年后，围护结构已基本干透，其含湿量已基本稳定，检测结果具有代表性，所以本标准作了如是规定。

9.1.3 本条为新增条文。

本条对天气条件的规定，目的是为了使实际检测条件接近或满足《民用建筑热工设计规范》GB 50176-93中规定的计算条件。

1 如果检测开始前连续两天与检测当天具有基本相同的天气条件，会更加符合周期传热计算的条件，与《民用建筑热工设计规范》GB 50176-93的计算结果将比较接近。

2 因为内表面最高计算温度是对夏季室内自然通风条件而言的，所以如果天气不晴朗的话，则检测结果将毫无意义，故本标准对检测期间的天气条件进行了规定。又因为即使室外温度相同，但若太阳辐射照度不同时，仍然会导致外围护结构外表面的温度差异，内表面温度也会因此而变化。水平面的太阳辐射照度比较容易测量，用其最高值评价天气条件是否满足《民用建筑热工设计规范》GB 50176-93给出的当地夏季太阳辐射照度最高值的要求比较合适。在夏季，如果天气晴朗，能见度高，太阳辐射照度的最高值达到《民用建筑热工设计规范》GB 50176-93所给数值的90%以上是可以实现的。

3 本标准对检测当天室外最高空气温度的规定也是为了满足《民用建筑热工设计规范》GB 50176-93给出的当地夏季室外计算温度最高值的要求。如果室外空气温度太低，不利于进行隔热性能检测。然而在实际检测时，室外空气最高温度不可能正好为当地计算最高温度，总会有些偏差，但是若偏差太大，将会影响理论计算值，为了减小这种变化所带来的影响，又兼顾可操作性，本标准给出了2℃的允许偏差范围值。

4 如果检测当天的室外风速高，自然通风条件好，有利于室内内表面最高温度的降低，但现实生活表明：当室外风速超过5.4m/s（即3级）时，住户往往会关窗防风，所以，在室外风速超过5.4m/s时所检测到的结果已无实际意义，因此，本标准作了如是规定。

9.1.4 本条为新增条文。

《民用建筑热工设计规范》GB 50176-93对围护结构隔热性能的规定是在自然通风条件下提出的，所以现场检测理应在房间具有良好的自然通风条件下进行。此外，围护结构外表面的直射阳光在白天也不应被其他物体遮挡，否则会影响内表面温度检测，因为围护结构内表面的温升主要来自太阳辐射。

9.1.6 本条为新增条文。

由于测点的布置常常受到现场条件的限制，所以要因现场条件而定。隔热性能的检测应该以围护结构的主体部位为限，存在热桥的部位不能客观地反映整体的情况。此外，从舒适度的角度来看，也应着眼于围护结构的主体部位。为了寻找到适宜的测点位置，建议采用红外热像仪，因为这是红外热像仪的优势所在。

9.1.7 本条为新增条文。

因为围护结构各测点的温度不可避免地会存在差异，采用平均值来评估更为客观合理。但是，温度的现场测试中，不同的测点有时会因为个别测点安装不正确或围护结构局部的严重不均匀，有可能出现离散，这样，在整理数据时有必要剔除异常测点。

9.2 合格指标与判定方法

9.2.1 本条为新增条文。

本条对夏季建筑物屋顶和东（西）外墙内表面温度提出了限制，这种限制的目的是要保证围护结构应有的隔热性能。在我国夏热冬冷和夏热冬暖地区，建筑物的隔热性能对于建筑节能而言，既是前提又是目标。隔热性能差的建筑物内表面盛夏烘烤感强，不利于提高室内舒适度，为了满足人们基本舒适度要求，必然会增加夏季空调运行时间，不利于节能。所以，本标准根据《民用建筑热工设计标准》GB 50176-93作了如是规定。

10 外窗外遮阳设施

10.1 检测方法

10.1.1 本条文为新增条文。

外窗外遮阳设施的位置和构件尺寸、角度以及遮阳材料光学特性等都对遮阳系数有直接的影响，而且在建筑遮阳设计图中，这些参数都已给出，所以对这些参数的检测是可行的。对于活动外遮阳装置，因为遮阳设施的转动或活动的范围均影响着遮阳设施的效果，所以，亦有必要进行现场检测。

10.1.2 本条为新增条文。

对量具不确定度的具体规定有利于增强数据的可比性。2mm 的不确定度对于工程检测中的常用量具（卷尺、钢直尺、游标尺）而言，是具有可操作性的。一般角度尺的不确定度亦能满足 2°的要求。

10.1.3 本条为新增条文。

本条规定目的在于检测前必须确认受检外遮阳设施的工作状态，只有能正常工作的外遮阳设施才能进入下一步的检测。

10.1.4 本条为新增条文。

《建筑玻璃 可见光透射比、太阳光直接透射比、太阳能总透射比、紫外线透射比及有关窗玻璃参数的测定》GB/T 2680-94 可以用于测试材料的反射率和透明材料的透射比。

11 室外管网水力平衡度

11.1 检测方法

11.1.1 本条为对原标准第 4.7.1 条的修改。

在实施水力平衡度的检测时，采暖系统必须处于正常运行状态，这样，才有利于增加检测结果的可信度，否则，当系统中存在管堵、存气、泄水现象时，检测结果就很难反映系统的真实状态。

11.1.2 本条为新增条文。

本条规定了室外采暖管网用户侧分支循环流量的检测位置。由于本标准仅涉及室外采暖管网水力平衡度的检测，而室内采暖系统的水力平衡与否不在本标准的范围之内，所以，宜以建筑物热力入口为限。

11.1.3 本条为对原标准第 5.2.6 条的部分修改。

原标准要求采暖系统的每个热力入口都要进行水力平衡度的检测，但这样推行起来难度大，所以，本次修订中对需要检测的热力入口数量进行了调整。本标准根据各个热力入口距热源中心距离的远近，采用近、中、远端热力入口抽样检测的方法。这样一方面可以将检测工作量控制在适度的水平，又可以对该室外采暖管网的水力平衡度进行基本评估，所以，具有可操作性。此外对受检热力入口的管径进行了限制，一方面因为当管径小于 DN40 时，即使由于资用压差过剩，管中流速增高，然而管中流量的增加量对整个系统的流量影响有限；另一方面采用小于 DN40 的管径作为热力入口引入管的案例不多。

11.1.4 本条为对原标准第 4.7.2 条的修改。

水力平衡度检测期间，采暖系统总循环水量应维持恒定且为设计值的 100%～110%。这样规定的目的在于力求遏制"大马拉小车"运行模式的继续存在。中国建筑科学研究院从 1991 年开始，一直致力于平衡供暖的实践工作。在实践中发现：在采暖系统中，"大马拉小车"的现象十分普遍。如北京市宣武区某住宅小区采暖系统实测总循环水量为设计值 1.36 倍；北京市朝阳区某住宅小区二次管网实测循环水量为设计值的 1.57 倍；保定市某小区单位采暖建筑面积的循环水量为设计值的 2.3 倍，达到了 5.5kg/(m²·h)。尽管采用"大马拉小车"的运行模式能解决让运行人员头痛的由于"末端用户不热"而带来的居民投诉问题，然而，这是以浪费能源为前提的。为了全面推广平衡采暖，提高我国采暖系统的运行管理水平，本条作了如是规定。

11.1.5 本条为对原标准第 4.7.3 条的修改。

原标准规定"流量计量装置应安装在建筑物相应的热力入口处，且应符合相应产品的使用要求。"将两处"应"改为"宜"是出于以下的考虑。就一般而言，将流量计量装置安装在热力入口处是最理想的，首先它是室外作业，不影响室内居住者的正常生活和工作，其次是没有分支管，只需检测一处便可以得出该热力入口的总流量。当热力入口处未因热计量事先安装固定流量装置的话，均采用便携式超声波流量计进行流量检测。在实际操作中，常常会碰到一些问题。例如，有的热力入口的有效直管段太短，不便于流量传感器的安装；有的热力入口井内积水很深，淤泥堆积，无法开展工作；有的热力入口处的管道锈蚀严重。这些均会影响流量计量装置在热力入口处的安装，所以，本标准采用了"宜"的措词。实际上，当热力入口没有条件时，可以根据采暖系统图在室内寻找其他位置。为了保证流量计量装置检测数据的准确，产品说明书中对直管段的长度作了具体规定，但对便携式超声波流量计而言，只要现场的条件基本满足要求，流量计通过自检后能正常工作即可，不必过分拘泥，所以，本标准作了如是修订。

11.1.6 本条为对原标准第 4.7.4 条的修改。

检测持续时间规定 10min，主要是考虑采用便携式超声波流量计进行检测的情况。因为在 10min 钟检测时间内，可以采用打印时间间隔为 1min，可得到共计 10 个连续数据，以此作为计算的基础。当然，如果因为热计量的缘故，在每个热力入口均安装有固定热量表的话，可通过该热量表来读取某相同时间段的累计流量，进而将这些数据应用于各个热力入口水力平衡度的计算中。我国热计量的工作正在积极地酝酿之中，热计量工作的全面展开将会使各个热力入口水力平衡度的检测工作更加方便。

12 补 水 率

12.1 检 测 方 法

12.1.1 本条为对原标准第4.8.1条的修改。

当采暖系统尚处于试运行时，由于整个系统内部的空气尚未全部排尽，所以会出现人为排气泄水的现象，然而这部分非正常泄水不属于正常运行补水量，所以，本标准规定应在采暖系统正常运行的基础上进行补水率的检测。

12.1.2 本条为对原标准第4.8.2条的修改。

原标准规定检测持续时间不应少于24h，在本次修订过程中，特将检测持续时间修订为"宜为整个采暖期"。这是因为延长检测持续时间，有利于较全面地评价采暖系统补水率的大小，此外，时间的延长从实际操作上也是可行的，不会给检测人员带来额外的工作负担，所以，本标准作了如是规定。

12.1.3 本条为对原标准第4.8.3条的修改。

在建筑节能实际检测过程中，不必要也不可能所有的检测仪表均属检测单位所有。为了保证检测数据的正确和有效，专业检测人员只要保证使用仪器仪表的方法正确且仪器仪表的不确定度满足本标准的规定即可。在对补水量进行检测时，完全可以使用系统中固有的水表进行检测，但若该水表没有符合本标准要求的有效标定证书的话，则在使用前必须进行标定。

12.2 合格指标与判定方法

12.2.1 本条与原标准第5.2.7条相同。

我国是一个缺水的国家，到1989年我国不同程度缺水的城市竟达300个，2000年我国各流域的缺水率见表1。随着我国工农业的迅速发展和城市化进程的加快以及工业污染的持续影响，水资源问题必将愈发突出，仅北京市从2001～2005年全市地下水储量累计减少就近30亿m³，如果按2006年北京市市区供水能力（268万m³/d）计算，可供北京市区供水1119天。正因为如此，我国政府提出了"节能、节水、节地、节材"的口号。2004年11月30日至2005年3月16日，中国建筑科学研究院建筑环境与节能研究院的科研人员对首都机场No.1换热站高温水供热管网的补水率进行了连续检测，检测发现系统平均补水率为实际循环水量的3.2%，若按系统设计循环水量计算这个比率还要高。所以，本标准认为继续实行对采暖供热系统补水率的检测不仅是大势所趋，而且从我国目前采暖供热系统运行管理水平来看

既是十分必要的，也是可行的。原标准实施过程中有关实践证明：只要采暖供热系统施工质量和运行管理水平切实得到提高，将补水率控制在0.5%的范围内是可行的。

表1 2000年我国各流域缺水率

序　号	地域名称	缺水率（%）
1	东北诸河	7.4
2	海河	23.6
3	淮河	9.5
4	黄河	5.2
5	长江	3.1
6	华南诸河	4.0
7	东南诸河	0.2
8	西南诸河	4.2
9	内陆河	2.7
10	全国	5.9

13 室外管网热损失率

13.1 检 测 方 法

13.1.1 本条为对原标准第4.9.1条的修改。

一般来说，在采暖系统初始运行时，因为采暖系统以及土壤本身均有一个吸热蓄热的过程，所以，若在此期间实施室外管网热损失率的检测，便会给出不真实的结果，因此，本标准给出了在采暖系统正常运行120h后的规定。检测持续时间在原标准"24h"的基础上修订为"不应少于72h"，当然可以延长检测持续时间至整个采暖期。这样修订的目的是为了较为全面地了解采暖系统室外管网的热损失率，而且，随着我国热计量制度的逐步贯彻执行，采暖系统各热力入口安装热表将会变成现实，所以，各个热力入口的热量检测不再是一件困难的事，所以，适当地增加检测持续时间不会给检测人员造成额外的工作负担。

13.1.2 本条为对原标准第4.9.2条的修改。

现在所有采暖系统均是实行连续采暖，系统循环泵全天连续运行，热源的出口温度随着室外温度的变化而相应进行调整。对于燃煤锅炉，一般中午采用压火的方式控制供水温度，而对于燃油和燃气锅炉，由于油价和气价的昂贵，再加上燃油和燃气炉点火容易，所以，常采用调节燃料量或间歇停炉的方式调温。经过对有关锅炉运行的水温监测，发现无论是哪种燃料的采暖锅炉在实际运行中，在采暖期大多数情况下一般在8：00～15：00期间处于几乎停止加热状态，而仅保持循环水泵的运行，其他时段靠保证回水

温度在某个范围内的方法来调节燃料量。2003年2月20日至3月1日，国家建筑工程质量监督检验中心对北京某采暖系统中有关热力入口的供回水温度进行了连续监测，结果发现供水温度为（56～22）℃，变化幅度为34℃；该中心2005年12月25日至2006年1月15日对保定市某采暖系统有关热力入口的供水温度亦进行了连续监测，检测得到的供水温度为（60～34）℃，变化幅度为26℃。尽管监测的采暖系统的数量有限，但落叶知秋，由此可以推知我国其他采暖锅炉的大致运行情况。为了兼顾采暖锅炉和热泵系统的运行实际，所以，本标准作出了检测期间热源供水温度的逐时值不应低于35℃的规定。

13.1.4 本条为新增条文。

采暖系统室外管网供水温降一直是业界关心的课题。由于缺乏必要的科学研究，尚提不出关于室外管网供水温降的合格指标。但为了通过我国建筑节能工作的开展积累有关数据，所以，本标准特别列出了本条。

13.1.5 本条为对原标准第4.9.4条的修改。

原标准采用了《民用建筑节能设计标准（采暖居住建筑部分）》JGJ 26-95中"室外管网输送效率"的概念，但仔细分析后发现，采用室外管网热损失率的概念更加妥帖，遂进行了如是修订。

13.2 合格指标与判定方法

13.2.1 本条为对原标准第5.2.8条的修改。

《民用建筑节能设计标准（采暖居住建筑部分）》JGJ 26-95中规定，室外管网输送效率一般取90%。实际运行中室外管网输送热损失、漏损损失、不平衡损失究竟分别有多大？到目前为止，尚未看到有关的报道，也没有权威性的结论。由于这项工作涉及的工作量大，成本高，周期长，开展起来难度极大，所以尽管从我国首次颁布实施《民用建筑节能设计标准（采暖居住建筑部分）》JGJ 26的1986年至今已有20多年的历史，其间三北地区完成的试点建筑和试点小区也为数不少，可是并没有开展针对室外管网输送效率的检测工作，主要原因也在于资金问题。所幸的是，近年来，受国家宏观政策的驱动，中国建筑科学研究院建筑环境与节能研究院受北京市市政管理委员会供热管理办公室委托，于2003～2005年进行了"北京市居住建筑供热系统热计量与节能技术研究之试点测试"，其间，科研人员分别对两个采暖供热系统的室外管网热输送效率进行了检测，结果发现一个系统为70%，而另一个系统为90%。后经对热输送效率70%的管网调查发现，该室外管网中有部分采暖管道已被沟内积水淹没。与此同步，2004～2005年采暖期，中国建筑科学研究院建筑环境与节能研究院的另一科研小组对首都机场地区供热系统的热源、热力站、热力管网以及23栋公共建筑进行了为期一个采暖期的热计量测试（该项目属于国务院机关事务管理局供热体制改革试点项目），即2004年11月30日至2005年3月16日对首都机场No.1换热站所负担的高温水供热管网（80/130℃）用户侧所有热力入口的热量进行了连续检测（该供热管网用户侧共有7个热用户），测得平均管网热损失率为12.8%（即管网热输送效率为87.2%）。鉴于北京地区在三北地区中尚属于供热管理水平上乘的地区之一，其管网热损失率尚不能完全满足国家有关节能标准的规定，更何况我国其他地区。针对我国运行管理水平的现状和我国节能形势的迫切要求，本标准仍然维持原标准规定的限值不变，即室外管网热输送效率不得小于90%，也即室外管网热损失率不应大于10%。

14 锅炉运行效率

14.1 检测方法

14.1.1 本条为新增条文。

采暖锅炉运行效率的检测持续时间规定为不应少于24h，主要是考虑可操作性问题。如果规定检测持续时间过长，则完成一个项目的检测所费时间太多，执行起来困难，特别是对于燃煤锅炉，需要燃煤称重，需要投入的人力太多，所以，本标准作了如是规定。

14.1.2 本条为新增条文。

如果检测期间，整个采暖系统运行不正常，得出的数据便会失去意义。燃煤锅炉的负荷率对锅炉的运行效率影响较大，所以，根据《民用建筑节能设计标准（采暖居住建筑部分）》JGJ 26-95的有关规定，本标准规定燃煤锅炉的日平均运行负荷应不小于60%。这里特别提出日平均运行负荷率的概念主要是便于操作。由于燃油和燃气锅炉的负荷特性好，当负荷率在30%以上时，锅炉效率可接近额定效率，所以，本标准规定燃油和燃气锅炉的瞬时运行负荷率应不小于30%。关于锅炉日累计运行时数的规定，也是出于控制锅炉运行效率的考虑。因为锅炉运行效率不仅和负荷率有关，而且还和连续运行时数有关。当日供热量相同的条件下，运行时数长的锅炉，其日平均运行效率高于运行时数短的锅炉，所以，为统一检测条件，本标准规定锅炉日累计运行时数不应少于10h。

14.1.3 本条为新增条文。

因为采暖锅炉房的给煤系统随锅炉房的规模大小而异，且在一个采暖期煤场的进煤批数往往不止一次，所以在本条的规定中，仅规定"耗煤量应按批计量"，而对采用的计量方式和计量仪表的种类并未作具体规定。"按批"的意思是要求每批煤的燃用量应分开计量和统计，不能混计在一起。这样规定是为了更准确地计算燃用煤的热值。耗煤量计量的总不确定度必须满足本标准附录A的要求。燃油和燃气锅炉的耗油量和耗气量可以通过专用的计量仪表进行计量，仪表的不确定度必须满足本标准附录A的要求。

14.1.4 本条为新增条文。

为了防止在检测期间，当每批煤煤质之间存在较大差异时而可能导致的粗大误差，所以本标准规定煤样应用基低位发热值的化验批数应与采暖锅炉房进煤批次相一致。燃油和燃气的低位发热值也应根据需要进行取样化验，以保证取得准确的数据。

14.2 合格指标与判定方法

14.2.1 本条为新增条文。

采暖锅炉日平均运行效率直接涉及采暖煤耗的节省，由于长期以来，对采暖锅炉运行管理工作重视不够，所以，导致技术投入和资金投入严重不足，司炉工"看天烧火"现象仍然存在，气候补偿技术尚未得到充分的重视。为了提高采暖锅炉的运行管理水平，本标准规定对采暖锅炉运行效率进行检测。

采暖锅炉运行效率采用日平均运行效率进行判定，这样规定的目的主要是使本标准具有较强的可操作性。

本标准按不同锅炉类型、燃料种类、额定出力和燃料发热值分别给出了锅炉最低日平均运行效率。

在燃料确定之后，锅炉的日平均运行效率与运行时数、平均负荷率等因素有关。早在编制行业标准《民用建筑节能设计标准（采暖居住建筑部分）》JGJ 26 的 1983～1984 年采暖期，编制组就曾对中国建筑科学研究院小区锅炉房内一台额定出力为 3.5MW 的热水锅炉的日平均运行效率针对不同的运行时数工况（即 7h、10h、14.5h、14.67h、21.5h 和 24h）分 22 天进行了一系列的测试，测试结果显示：在锅炉运行时数为 10h，日平均负荷率大于 60% 时，其锅炉的日平均运行效率能达到 51.7%～55.5%，而且发现在满足日平均负荷率大于 60% 的条件下，锅炉的日运行时数越长锅炉日平均效率越高，当锅炉 24h 连续运行时，其日平均运行效率可达 73.6%。20 多年后的今天，无论是采暖锅炉的运行管理水平还是锅炉的制造技术均取得了进步，从《民用建筑节能设计标准（采暖居住部分）》JGJ 26 的修订演变过程中，也可以看到这一点。在 1986 年 8 月 1 日前，锅炉最低采暖期平均运行效率设计值规定为 55%，1986 年 8 月 1 日～1996 年 6 月 30 日规定为 60%，1996 年 7 月 1 日～2009 年规定为 68%。从 1986～2009 年的 20 余年间，我国标准对锅炉最低采暖期平均运行效率设计值的规定提高了 13%，由 55% 提高到 68%。平均运行效率的提高也标志着采暖初寒期、末寒期内运行效率的提高。根据 1983～1984 年的测试结果和我国节能设计标准的要求，本标准规定容量为 4.2MW 且燃烧Ⅱ等烟煤的锅炉，采暖期间锅炉最低日平均运行效率不应小于 66%，而目前国内企业生产的锅炉的最低设计效率如表 2 所示。在该表中，容量为 4.2MW 且燃烧Ⅱ等烟煤的锅炉的最低设计效率为 74%，将 0.89（= 66/74）这一比率推而广之便得到不同容量的燃煤锅炉的最低日平均运行效率如本标准第 14.2.1 条表 14.2.1 所示。对于燃油燃气锅炉，由于其负荷调节能力较强，在负荷率 30% 以上时，锅炉效率可接近额定效率，所以，本标准取燃油燃气锅炉最低设计效率的 90% 作为其最低日平均运行效率的限定值。

表 2 锅炉最低设计效率（%）

锅炉类型、燃料种类		锅炉容量（MW）					
		0.7	1.4	2.8	4.2	7	14	≥28.0
燃煤	烟煤 Ⅱ	—	—	73	74	78	79	80
	Ⅲ	—	—	74	76	78	80	82
燃油、燃气		86	87	87	88	89	90	90

14.2.2 本条为新增条文。

锅炉运行效率对建筑能耗的影响至关重要，而且，20 余年建筑节能工作的实践表明：采暖系统运行管理是薄弱环节之一，为了尽快提高采暖锅炉的运行管理水平，本标准规定当检测结果不满足本标准第 14.2.1 条规定时，即判为不合格。

15 耗电输热比

15.1 检测方法

15.1.1 本条为新增条文。

1 这个规定的外延即采暖热源的铭牌参数应能满足设计要求，循环水泵要具备原设计所要求的流量和扬程。由于水泵出力仅仅满足部分供热负荷的条件时，按照本标准的规定计算所得到的耗电输热比仍然有合格的可能，所以，为了杜绝此类情况的发生，本标准要求检测前对水泵的铭牌参数进行校核。

2 从理论上讲，在采暖系统供热负荷率为 100% 时进行耗电输热比的检测最能体现采暖系统在设计工况下的性能，但如果那样的话，检测标准因可操作性差将会失去存在的意义。但如果检测时负荷率太低，又会给系统的正常运行带来一定的调节上的影响。那么，检测时采暖系统的供热负荷率应为多少较合适呢？通过分析我国三北地区 14 个代表城市的气象资料可知，在采暖期室外空气温度为 5℃ 时，我国严寒和寒冷地区采暖系统的供热负荷率就达到了 30%～60%，夏热冬冷地区入冬时采暖系统的供热负荷率均能达到50％或更高，也就是说如果按照50％的规定值执行的话，有的地区刚一入冬便可以实施检测，例如北京、甘孜、济南、西安、徐州等。对于最寒冷的地区，例如伊春地区，采暖起始负荷率虽然仅30％，但其全采暖期的平均负荷率为64.8％，至少有100天的时间是可以实施本项目的检测的。另一方面，当热源的供热负荷率达到50％时，系统的流量调节量和温差调整量均偏离设计值不大，所以，选定50％的负荷率作为耗电输热比检测的条件之一。

　　3　本标准对四种循环水泵的配备形式进行了规定。在采暖系统循环水泵的配备上，一般有本标准列举的四种方式，即变频制、多泵并联制、大小泵制和一用一备制。变频制水泵通过调节水泵电机的输入频率来跟踪系统阻力的变化，为采暖供热系统提供恒定的资用压头。这种系统由于采用了变频技术，使得耗电输热比较低。多泵并联制系统根据室外气温的变化，依次增加或减少水泵的台数，例如，严寒期启动两台泵，初寒期和末寒期启动一台泵，这样可以实现阶段量调节，再结合质调节便可以适应全采暖期负荷的变化。但这种运行方式下，当并联的水泵台数超过三台时，并联的效率降低显著。大小泵制也是一种行之有效的方式，严寒期使用大泵，初寒和末寒期使用小泵，小泵的流量为大泵的75％左右，扬程为大泵的60％左右，轴功率为大泵的45％左右。这种方式将负荷调节和设备的安全备用合二为一考虑，不失为一种智慧之举。一用一备制系统节能效果最差，但仍然有不少的系统在使用之中，因为它的安全余量大。但不管对何种系统，本标准建议水泵能在设计运行状态下进行检测，这样，系统的耗电输热比最大，也只有在这种状态下，才能鉴别系统的优劣。

15.1.2　本条为新增条文。

　　因为24小时属于一个完整的时间周期，所以，规定不应少于24小时。

15.1.4　本条为新增条文。

　　在本条中，需要注意的是ΣQ，它是采暖热源的设计日供热量，它等于建筑物的设计日热负荷和室外管网的设计日热损失之和，而不是指热源的额定出力。

15.2　合格指标与判定方法

15.2.1　本条为新增条文。

　　采暖系统的耗电输热比在1986年8月1日我国颁布实施的第一部采暖居住建筑节能设计标准中便已提及，当时是采用水力输送系数的术语，但由于缺乏有效的监管机制，实际执行情况并不理想。在本标准的第11章"室外管网水力平衡度"的条文说明中曾提及"大马拉小车"的现况。《采暖居住建筑节能检验标准》JGJ 132-2001对这个问题关注不够，不曾在标准中列入，但这个问题仍然具有相当的普遍性，

所以，在本次修订中，加入了此章。

　　耗电输热比是对采暖系统的设计、施工和水泵产品质量的综合检测，它和采暖系统设计耗电输热比形式一致，但内容上有区别。设计耗电输热比是以水泵的样本数据为依据，而本标准中的耗电输热比则是以水泵的实际耗电量和系统的实际可能的供热能力为依据。耗电输热比限值是根据1983～1984年《民用建筑节能设计标准（采暖居住建筑部分）》JGJ 26原编制组对北京四个试验小区的能耗检测数据，并充分考虑20多年来我国采暖系统用水泵开发生产业绩的基础上提出来的。本标准中提出的限值和《民用建筑节能设计标准（采暖居住建筑部分）》JGJ 26-95提出的有关设计耗电输热比的限值均出自1983～1984年《民用建筑节能设计标准（采暖居住建筑部分）》JGJ 26原编制组的试验数据。

　　耗电输热比和瞬时耗电输热比是不同的。瞬时耗电输热比是系统在运行过程中的瞬时值，对于某采暖系统中某种水泵运行制度而言，瞬时耗电输热比是不断变化的，也就是说它的值是随供热负荷率的变化而变化的。为了使该评价指标不因检测时间的变化而改变，所以，本标准规定了"耗电输热比"的计算方法。

附录A　仪器仪表的性能要求

　　本附录确定原则：其一是仪器仪表的档次以满足节能检测需要为前提；其二是积极采用新技术，努力提高检测仪表的自动化程度；其三是主张在满足本标准不确定度要求的前提下，仪器仪表因地制宜。所以本附录中要求的仪器仪表档次均是我国目前工程中普遍使用而市场上又易得的。

　　由于热量既是节能检测的终极目标之一，而且其检测手段又因价位不同而有别，为了因地制宜，便于本标准的推广实施，所以，对于该项参数检测用仪器仪表的扩展不确定度规定得较灵活，只要不大于检测值的10％即可。

　　本附录表A中还规定了覆盖因子（k）的取值，本标准取k等于2，即相当于置信水平约为95％。

附录B　单位采暖耗热量检测方法

B.0.2　本条为对原标准第4.1.2条的修改。

　　本条规定的热计量装置既包括由温度传感器、流量计和相应的二次仪表集约而成的一体化热表和非一体化的热表，也包括流量和温度分别测量，最后人工计算热量的测量方式。本条规定供回水温度宜安装在外墙外侧且距建筑物外墙外表面2.5m以内的位置

是根据工程惯例确定的。按规定：建筑物外墙轴线外 2.5m 以内属于室内系统，而 2.5m 以外属于室外管网系统。但考虑到使用"外墙轴线"不如使用"外墙外表面"更方便，所以，本次修订采用了"外墙外表面"的提法。

B.0.3 本条为对原标准第 4.1.5 条的修改。

原标准第 4.1.5 条给出了计算"建筑物单位采暖耗热量"的计算公式，在原标准实施的 6 年里，发现了该计算公式的局限性。当检测期间，天空云量的量以及变化规律、包括炊事、照明、家电和人体散热在内的建筑物内部得热、室内通风换气次数都满足设计条件时，采用原标准第 4.1.5 条的公式进行折算出的数据才有比较的意义。更何况准确的建筑物平均室温的检测本身就是不易之事。在这种情况下，本次修订删掉了原标准式（4.1.5-1）和式（4.1.5-2）。本标准不主张通过对建筑物耗热量的检测结果进行温度修正来折算采暖期平均实际耗热量指标。考虑到在建筑节能检测过程中，常常会遇到有关单位采暖耗热量的检测问题，所以，为了方便使用和统一起见，本标准以附录的形式规定了检测要求和计算公式。

附录 C　年采暖耗热量指标

C.1　验算方法

C.1.1 本条为新增条文。

在采用软件计算之前，要准备大量的有关数据，其中受检建筑物外围护结构的尺寸便是不可或缺的数据，一般来说建筑竣工图能提供全部数据，所以，本标准作了如是规定。

C.1.2 本条为新增条文。

一般情况下，要求对外墙和屋面主体部位的传热系数先进行检测，而后代入软件计算，但有时现场不具备传热系数的检测条件，例如对于未干透的墙体和屋面就很难实施检测，在诸如此类情况下，本标准规定可以根据实际做法经计算确定传热系数。这里的"实际做法"可能和设计图纸不相同，因为这种情况在我国时有发生。外门和外窗在安装之前，一般要经过抽样复检，所以，应该以复检的结果为依据。其他参数如地面的传热系数、节点的传热系数、外窗的遮阳系数等均应以实际为准。

C.1.3 本条为新增条文。

本条对实际建筑的建模条件进行了规定。居住建筑中地下室一般是作为辅助用房来设计的，即使有的地方将地下室改作旅馆、办公使用，但因不属于居住建筑的主流，所以，在计算时对地下室不用考虑。随着我国市场经济的发展，临街的居住建筑首层按店铺设计使用的比比皆是，为了统一起见，本标准规定对于首层的店铺一律按居住建筑对待。

C.1.4 本条为新增条文。

为了统一室内计算条件，本条作了如是规定。由于建筑物内部得热很难得出一个准确的数据，所以，这里取内部得热为零。因为本标准仅关心建筑物的年采暖耗热量指标的相对值，而并不关心建筑物年采暖耗热量绝对值的大小，所以，内部得热取零不会影响评判结果。

C.1.5 本条为新增条文。

中国建筑科学研究院会同全国各有关单位正在编制全国建筑能耗模拟用气象数据库的国家标准。与此同时，国家气象局信息中心和清华大学已经联合编制了一套供建筑能耗分析计算用的全年的逐时气象数据，共涉及 270 个城市，现已出版发行。这就是说各地开展建筑能耗模拟计算所必需的逐时气象数据已经具备。但为了统一起见，本标准要求采用国家现行标准规定的当地典型气象年的逐时数据，对于暂无逐时气象数据的地区可以采用邻近地区的数据进行计算。

C.1.6 本条为新增条文。

本标准推荐采用动态计算软件，这是因为动态计算软件考虑的影响因素多，计算方法更贴近实际，所以计算结果的可信度较高。在国内的软件市场上，既有中国建筑科学研究院自主开发的 PKPM 系列软件、清华大学研制的 DeST，也有 DOE-2，EngerPlus，Transys，HASP 等。但由于此类软件大都价格不菲，为推广使用带来了一定的障碍。软件的推广使用环境尚不能适应我国建筑节能工作的需要。鉴于我国目前的软件应用现状，为了推进建筑节能工作向前发展，对于条件尚不具备的用户，本标准规定可采用简易方法进行计算。

C.1.8 本条为新增条文。

本条对参照建筑物的确定原则进行了规定。

C.2　合格指标与判定方法

C.2.1 本条为新增条文。

原标准主张通过检测各个热力入口的供热量来折算标准规定状态下的耗热量指标，以此结果来评判该居住建筑的采暖耗热量是否满足设计标准的要求。实践证明：采用这种方法得到的结果和设计标准很难吻合；其次，在采暖系统供热计量尚未在全国实施的情况下，采用实测耗热量法做起来难度大，可操作性差。

设计标准中规定的计算条件是一种假定条件，在现实生活中未必能碰上。检测过程中，不能保证室内散热量正好是 $3.8W/m^2$，也很难测准某时的室内散热量的准确值，况且，测量室内散热量也没有太大的实际意义；同时，也很难测准室内的通风换气次数。由于建筑物的采暖耗热量不仅受太阳辐射强度、天空云量、室外风速、风向、室外空气温度的影响，而且还受室内内部散热量和居住者生活习惯的影响。由于室内外设计条件往往和检测时实际条件相去甚远，所以，给检测数据的折算和修正带来巨大的挑战。

为了解决这一对矛盾，最好的办法是当工程竣工图和施工图出现差异时，如同设计人员一样采用软件进行验算。只要通过软件计算，证明业已竣工的居住建筑物与其参照建筑相比，其年采暖耗热量不大于参照建筑即可。

附录 D 年空调耗冷量指标

D.1 验算方法

D.1.1~D.1.3 为新增条文。

该3条的说明请参见本标准附录C第C.1.1条~第C.1.3条的条文说明。

D.1.4 本条为新增条文。

为了统一室内计算条件，本条作了如是规定。首先，很难得出一个准确的建筑物内部得热值；其次，因为本标准仅关心建筑物的年空调耗冷量指标的相对值，并不关心建筑物年空调耗冷量指标绝对值的大小，所以，内部得热取零不会影响评判结果。为简化起见，取内部得热为零。

D.1.5 本条为新增条文。

请参见本标准附录C第C.1.5条的条文说明。

D.1.6 本条为新增条文。

本条说明可参照本标准附录C第C.1.6条的条文说明。

D.1.7 本条为新增条文。

对各地年空调耗冷量指标计算的起止日期，我国尚无标准规定，也无需标准规定。因为何时投入空调系统的运行完全取决于室外气候状况、业主的经济水平和对室内环境的适应能力，所以，本标准未进行具体规定，而只要求符合当地空调季节惯例即可。

D.1.8 本条为新增条文。

本条说明参见本标准附录C第C.1.8条的条文说明。

D.2 合格指标与判定方法

D.2.1 本条为新增条文。

对于居住建筑物年空调耗冷量指标，本标准主张通过验算来进行对比，而不主张采用实测居住建筑物耗冷量的方法。原因很简单。实测耗冷量的方法既需要花费大量的人力、物力，而得到的数据又受检测时气象条件的影响较大，可比性较差。本标准采用年空调耗冷量指标而没有采用年空调耗电量指标，主要是因为年耗冷量是空调期间内建筑物逐时冷负荷的累计值，所以，该指标仅反映建筑物热工性能的优劣，而不考虑空调系统的性能系数和使用者的使用习惯。事实上，对于一定的居住建筑物，在某种特定的室内外条件下，它的年耗冷量是一个常数。而居住建筑物的年空调耗电量指标却是随运行方式的不同而变化的，由于有人的因素在其中，所以，使得得出的数据不具备可比性。本标准只关心受检验建筑物的年空调耗冷量指标与参照建筑物的对比关系，而不关心其年空调耗冷量指标绝对值的大小。一栋建筑物通过节能检测，仅表明房屋开发商提供给用户的房屋产品满足我国节能设计标准的规定，但并不能说明该建筑物在使用过程中一定节能，因为，用户如何使用建筑物以及附属的空调系统，与最终是否节能关系密切。因为本标准关心的对象是房屋开发商交付的房屋产品本身的节能性能，而不是使用中所发生的实际能耗大小，所以，本标准作了如是规定。

附录 F 室外气象参数检测方法

F.1 一般规定

F.1.1 本条为新增条文。

在实施建筑物围护结构热桥部位内表面温度、建筑物围护结构热工缺陷、建筑物围护结构隔热性能的检测时，均涉及室外气象参数的检测。检测项目不同时，需要检测的室外参数的检测起止时间均有所不同，所以，本标准作了如是规定。

F.1.2 本条为新增条文。

目前国内外已有很多自动气象站产品，武汉惠普的GPRS自动气象站，中国气象局的ZQZ-CII型气象站，英国的Minimet自动气象站，美国HOBO小型气象站，澳大利亚的Monitor自动气象站，InteliMet自动气象站等。自动气象站具有风速、风向、雨量、温度、湿度等气象数据的采集、存储、显示、远距离数据传输通讯和计算机气象数据处理功能。因此自动气象站被目前国内建筑行业的一些检测单位广泛使用。本条文建议在测试室外气象参数时，优先采用自动气象站。但对于北方地区，需要检测的气象参数仅为室外空气温度，可不必采用自动气象站。

F.1.3 本条为新增条文。

我国幅员辽阔，各地区气象参数差异较大，极端最高温度和极端最低温度变化的幅度比较大（详见表3）。仪表的测量范围与测试不确定度及仪表价格有很大关系。在全国范围内仅规定一个气象参数范围，不仅没有必要，而且仪表的价格会较高，因此本标准仅要求检测仪表满足测量当地的气象条件即可。

表3 我国典型地区极端最高（低）温度一览表

地 名	极端最高温度（℃）	极端最低温度（℃）
漠河	36.8	−52.3
齐齐哈尔	40.1	−39.5
北京	40.6	−27.4
郑州	43.0	−17.9
上海	38.9	−10.1
广州	38.7	0.0
康定	28.9	−14.7

F.2 室外空气温度

F.2.1 本条为新增条文。

随着计算机技术的进步，智能型的检测仪得到了快速的发展，在国外，自动检测技术已用于空气温度、湿度、风速、太阳辐射照度、CO_2气体浓度等参数的检测中，在国内，中国建筑科学研究院、哈尔滨工业大学、清华大学也在生产功能类似的产品，而且体积越来越小，一个单点的温度自动检测仪的体积仅如火柴盒大小。对室外空气温度的测量，由于受到测试温度范围和测试现场条件的限制，以前采用温度自动检测仪的不多，过去经常采用的方法是采用温度传感器，如铂电阻、铜电阻、热敏电阻和热电偶和相应的二次仪表进行组合工作。该类二次仪表具有自动采集和存储数据的功能，并可以和计算机接口。但新型温度自动检测仪的问世，基本解决了以往的困难。

F.2.2 本条为新增条文。

百叶箱是安装温、湿度传感器用的防护装置，它的内外表面应为白色。百叶箱的作用是防止太阳辐射对传感器的直接辐射和地面对传感器的反射辐射，保护仪表免受强风、雨、雪等的影响，并使传感器有适当的通风，能真实地感应外界空气温度和湿度的变化。百叶箱应水平固定在一个特制的支架上。支架应牢固地固定在地面或埋入地下，顶端约高出地面1250mm；百叶箱要保持洁白，木质百叶箱视具体情况每一至三年重新油漆一次；内外箱壁每月至少定期擦洗一次。

F.3 室外风速

F.3.1 本条为新增条文。

气象部门测量风速的仪器主要有EL型电接风向风速计、EN型系列测风数据处理仪、海岛自动测风站、轻便风向风速表、单翼风向传感器和风杯风速传感器等。20世纪60年代后期起，EL型电接风向风速计一直被国家气象局指定为气象台站使用的测风仪器；自1991年起，EN型系列测风数据处理仪被国家气象局正式规定列为气象仪器。

杯形叶轮风速仪的叶轮结构牢固，机械强度大，测量范围为(1~20)m/s，叶轮风速仪测量的准确性和操作者的熟练程度有很大关系。使用前应检查风速仪的指针是否在零位，开关是否灵活可靠。测定时，必须使气流方向垂直于叶轮的平面，当气流推动叶轮转动(20~30)s后再启动开关开始测量，测定完毕后应将指针回零，读得风速值后还应在仪器所附的校正曲线上查得实际风速值。

F.3.2 本条为新增条文。

本条对风速测点的位置进行了规定。由于检测作业点常常不在距地面(1500~2000)mm的范围内，而室外风速随高度的变化又不容忽视，所以，本标准提供了风速随高度变化的修正公式。本修正公式适合于高度在100m以下的应用场合，拟合公式R^2为0.9813。

F.3.3 本条为新增条文。

建筑热工现场检测中所涉及的室外气流速度不大，所以常采用热电风速仪。热电风速仪由测头和指示仪表组成，操作简便，灵敏度高，反应速度快。测速范围有(0.05~5)m/s、(0.05~10)m/s、(0.05~20)m/s、(0.05~30)m/s等几种。正常使用条件的环境温度为(−10~40)℃，相对湿度小于85%。检测时，应将标记红色小点一面迎向气流，因为测头在风洞中标定时即为该位置。

F.4 太阳辐射照度

F.4.1 本条为新增条文。

因为检测水平面太阳辐射照度的最终结果与《民用建筑热工设计规范》GB 50176-93给出的当地夏季太阳辐射照度最高值对比，不参与计算，因此其检测时间不需要与室内检测时间同步。

F.4.2 本条为新增条文。

本条规定水平面太阳辐射照度检测场地选择的原则，要避免周围障碍物的影响，和周围吸收、反射能力强的材料和物体的影响。对于北回归线以南的地区，夏季太阳会出现在北面，因此测试时，应同时注意避免北面障碍物的影响。

F.4.4 本条为新增条文。

本条规定天空辐射表的使用注意事项，避免误操作引起检测误差。

附录G 外窗窗口气密性能检测操作程序

本节是结合《建筑外门窗气密、水密、抗风压性能分级及检测方法》GB/T 7106-2008和美国标准《建筑外门窗空气渗透现场检测方法》(Standard test method for field measurement of air leakage through installed exterior windows and doors) ASTM E783-91，并结合工程检测实践编写的，旨在统一建筑物外窗气密性能现场检测操作程序，使检测数据具有可比性。

G.0.1 本条为新增条文。

本条主要是强调受检外窗的观感质量要满足使用要求。如果发现受检外窗的外观存在明显的缺陷，诸如关闭不严、存在明显的缝隙、密封条缺失等，则应该停止检测工作或另选其他的外窗。

G.0.2 本条为新增条文。

连续开启和关闭受检外窗 5 次的提法是参照《建筑外门窗气密、水密、抗风压性能分级及检测方法》GB/T 7106-2008 提出来的，旨在检测该受检外窗是否能正常的工作。

G.0.3 本条为新增条文。

本标准规定了两种安装气密性能检测装置的方法，一种是外窗安装法，另一种是房门安装法。实际上第二种方法是将整个房间当作一个静压箱来处理，是第一种安装方法的拓展，所以说两种方法的原理都是一样的。现场检测中究竟采用何种安装方法，则要因现场制宜。当房间内除受检外窗外还有其他开口部位时，必须先对其他的开口部位进行封堵，并且对这些封堵的质量进行目测之后，才能决定是否采用房门安装方法。实践表明，这种方法常常会造成较大的附加空气渗透量。当然，处理得好，也是可以应用的。从安装方法上，它是一个补充。

G.0.4 本条为新增条文。

本条主要是对密闭腔（室）的周边密封质量进行带压检查，以期将明显的透风问题解决在正式检测之前，所以，规定内外压差达到 150Pa。150Pa 这个数据是根据近年来全国各检测部门实际检测中的惯例而确定的。10min 钟的稳定时间是本标准编制组根据 2006 年 7 月和 8 月组织的外窗整体气密性能检测实践中总结出来的，因为倘若时间过短，便不可能完成整个粘接处的检查工作，所以，规定检漏时间至少要 10min。

G.0.5 本条为新增条文。

对检测装置的附加渗透量进行标定时，密封质量检查的方法和本附录 G.0.4 条的规定相同。由于涉及附加渗透量的标定，所以，密封的质量要求更高。

G.0.6 本条为新增条文。

本条对检测时减压程序和稳定时间进行了规定，目的是通过数据回归求得压差为 10Pa 时检测装置本身的附加空气渗透量。这个附加空气渗透量将要和同一受检外窗揭去室外侧密封带后的外窗整体空气渗透量进行比较，所以，附加空气渗透量的检测至关重要。

中华人民共和国行业标准

夏热冬冷地区居住建筑节能设计标准

Design standard for energy efficiency of residential buildings in hot summer and cold winter zone

JGJ 134—2010

批准部门：中华人民共和国住房和城乡建设部
施行日期：2010年8月1日

中华人民共和国住房和城乡建设部
公 告

第 523 号

关于发布行业标准《夏热冬冷地区居住建筑节能设计标准》的公告

现批准《夏热冬冷地区居住建筑节能设计标准》为行业标准，编号为 JGJ 134-2010，自 2010 年 8 月 1 日起实施。其中，第 4.0.3、4.0.4、4.0.5、4.0.9、6.0.2、6.0.3、6.0.5、6.0.6、6.0.7 条为强制性条文，必须严格执行。原《夏热冬冷地区居住建筑节能设计标准》JGJ 134-2001 同时废止。

本标准由我部标准定额研究所组织中国建筑工业出版社出版发行。

中华人民共和国住房和城乡建设部
2010 年 3 月 18 日

前 言

根据原建设部《关于印发〈2005 年工程建设标准规范制订、修订计划（第一批）〉的通知》（建标〔2005〕84 号）的要求，标准编制组经广泛调查研究，认真总结实践经验，参考有关国际标准和国外先进标准，并在广泛征求意见的基础上，修订本标准。

本标准的主要技术内容是：1. 总则；2. 术语；3. 室内热环境设计计算指标；4. 建筑和围护结构热工设计；5. 建筑围护结构热工性能的综合判断；6. 采暖、空调和通风节能设计等。

本次修订的主要技术内容是：重新确定住宅的围护结构热工性能要求和控制采暖空调能耗指标的技术措施；建立新的建筑围护结构热工性能综合判断方法；规定采暖空调的控制和计量措施。

本标准中以黑体字标志的条文为强制性条文，必须严格执行。

本标准由住房和城乡建设部负责管理和对强制性条文的解释，由中国建筑科学研究院负责具体技术内容的解释。执行过程中如有意见或建议，请寄送中国建筑科学研究院（地址：北京市北三环东路 30 号，邮政编码：100013）。

本标准主编单位：中国建筑科学研究院
本标准参编单位：重庆大学
中国建筑西南设计研究院有限公司
中国建筑业协会建筑节能专业委员会
上海市建筑科学研究院（集团）有限公司
江苏省建筑科学研究院有限公司
福建省建筑科学研究院
中南建筑设计研究院
重庆市建设技术发展中心
北京振利高新技术有限公司
巴斯夫（中国）有限公司
欧文斯科宁（中国）投资有限公司
哈尔滨天硕建材工业有限公司
中国南玻集团股份有限公司
秦皇岛耀华玻璃钢股份有限公司
乐意涂料（上海）有限公司

本标准主要起草人员：郎四维　林海燕　付祥钊
　　　　　　　　　　冯　雅　涂逢祥　刘明明
　　　　　　　　　　许锦峰　赵士怀　刘安平
　　　　　　　　　　周　辉　董　宏　姜　涵
　　　　　　　　　　林燕成　王　稚　康玉范
　　　　　　　　　　许武毅　李西平　邓　威

本标准主要审查人员：李百战　陆善后　寿炜炜
　　　　　　　　　　杨善勤　徐金泉　胡吉士
　　　　　　　　　　储兆佛　张瀛洲　郭和平

目 次

1 总则 …………………………… 55—5
2 术语 …………………………… 55—5
3 室内热环境设计计算指标 …… 55—5
4 建筑和围护结构热工设计 …… 55—5
5 建筑围护结构热工性能的综合
   判断 …………………………… 55—6
6 采暖、空调和通风节能设计 …… 55—7
附录 A 面积和体积的计算 …………… 55—7
附录 B 外墙平均传热系数的
       计算 …………………………… 55—8
附录 C 外遮阳系数的简化计算 ……… 55—8
本标准用词说明 …………………………… 55—9
引用标准名录 ……………………………… 55—9
附：条文说明 ……………………………… 55—10

Contents

1 General Provisions ·············· 55—5
2 Terms ························· 55—5
3 Calculation Index for Indoor Thermal Environmental Design ·············· 55—5
4 Building and Building Envelope Thermal Design ·············· 55—5
5 Building Envelop Thermal Performance Trade-off ·············· 55—6
6 Energy Efficiency Design on HVAC System ·············· 55—7
Appendix A Building Area and Volume Calculation ·············· 55—7
Appendix B Calculation for the Mean Heat Transfer Coefficient of External Walls ·············· 55—8
Appendix C Simplification on Building Shading Coefficient ·············· 55—8
Explanation of Wording in This Code ·············· 55—9
List of Quoted Standards ·············· 55—9
Addition: Explanation of Provisions ·············· 55—10

1 总 则

1.0.1 为贯彻国家有关节约能源、保护环境的法律、法规和政策,改善夏热冬冷地区居住建筑热环境,提高采暖和空调的能源利用效率,制定本标准。

1.0.2 本标准适用于夏热冬冷地区新建、改建和扩建居住建筑的建筑节能设计。

1.0.3 夏热冬冷地区居住建筑必须采取节能设计,在保证室内热环境的前提下,建筑热工和暖通空调设计应将采暖和空调能耗控制在规定的范围内。

1.0.4 夏热冬冷地区居住建筑的节能设计,除应符合本标准的规定外,尚应符合国家现行有关标准的规定。

2 术 语

2.0.1 热惰性指标(D) index of thermal inertia
表征围护结构抵御温度波动和热流波动能力的无量纲指标,其值等于各构造层材料热阻与蓄热系数的乘积之和。

2.0.2 典型气象年(TMY) typical meteorological year
以近10年的月平均值为依据,从近10年的资料中选取一年各月接近10年的平均值作为典型气象年。由于选取的月平均值在不同的年份,资料不连续,还需要进行月间平滑处理。

2.0.3 参照建筑 reference building
参照建筑是一栋符合节能标准要求的假想建筑。作为围护结构热工性能综合判断时,与设计建筑相对应的,计算全年采暖和空气调节能耗的比较对象。

3 室内热环境设计计算指标

3.0.1 冬季采暖室内热环境设计计算指标应符合下列规定:
 1 卧室、起居室室内设计温度应取18℃;
 2 换气次数应取1.0次/h。

3.0.2 夏季空调室内热环境设计计算指标应符合下列规定:
 1 卧室、起居室室内设计温度应取26℃;
 2 换气次数应取1.0次/h。

4 建筑和围护结构热工设计

4.0.1 建筑群的总体布置、单体建筑的平面、立面设计和门窗的设置应有利于自然通风。

4.0.2 建筑物宜朝向南北或接近朝向南北。

4.0.3 夏热冬冷地区居住建筑的体形系数不应大于表4.0.3规定的限值。当体形系数大于表4.0.3规定的限值时,必须按照本标准第5章的要求进行建筑围护结构热工性能的综合判断。

表4.0.3 夏热冬冷地区居住建筑的体形系数限值

建筑层数	≤3层	(4~11)层	≥12层
建筑的体形系数	0.55	0.40	0.35

4.0.4 建筑围护结构各部分的传热系数和热惰性指标不应大于表4.0.4规定的限值。当设计建筑的围护结构中的屋面、外墙、架空或外挑楼板、外窗不符合表4.0.4的规定时,必须按照本标准第5章的规定进行建筑围护结构热工性能的综合判断。

表4.0.4 建筑围护结构各部分的传热系数(K)和热惰性指标(D)的限值

围护结构部位		传热系数 K [W/(m^2·K)]	
		热惰性指标 $D≤2.5$	热惰性指标 $D>2.5$
体形系数 ≤0.40	屋面	0.8	1.0
	外墙	1.0	1.5
	底面接触室外空气的架空或外挑楼板	1.5	
	分户墙、楼板、楼梯间隔墙、外走廊隔墙	2.0	
	户门	3.0(通往封闭空间) 2.0(通往非封闭空间或户外)	
	外窗(含阳台门透明部分)	应符合本标准表4.0.5-1、表4.0.5-2的规定	
体形系数 >0.40	屋面	0.5	0.6
	外墙	0.80	1.0
	底面接触室外空气的架空或外挑楼板	1.0	
	分户墙、楼板、楼梯间隔墙、外走廊隔墙	2.0	
	户门	3.0(通往封闭空间) 2.0(通往非封闭空间或户外)	
	外窗(含阳台门透明部分)	应符合本标准表4.0.5-1、表4.0.5-2的规定	

4.0.5 不同朝向外窗(包括阳台门的透明部分)的窗墙面积比不应大于表4.0.5-1规定的限值。不同朝向、不同窗墙面积比的外窗传热系数不应大于表

4.0.5-2规定的限值；综合遮阳系数应符合表4.0.5-2的规定。当外窗为凸窗时，凸窗的传热系数限值应比表4.0.5-2规定的限值小10%；计算窗墙面积比时，凸窗的面积应按洞口面积计算。当设计建筑的窗墙面积比或传热系数、遮阳系数不符合表4.0.5-1和表4.0.5-2的规定时，必须按照本标准第5章的规定进行建筑围护结构热工性能的综合判断。

表4.0.5-1 不同朝向外窗的窗墙面积比限值

朝 向	窗墙面积比
北	0.40
东、西	0.35
南	0.45
每套房间允许一个房间（不分朝向）	0.60

表4.0.5-2 不同朝向、不同窗墙面积比的外窗传热系数和综合遮阳系数限值

建筑	窗墙面积比	传热系数K [W/(m²·K)]	外窗综合遮阳系数SC_w（东、西向/南向）
体形系数≤0.40	窗墙面积比≤0.20	4.7	—/—
	0.20<窗墙面积比≤0.30	4.0	—/—
	0.30<窗墙面积比≤0.40	3.2	夏季≤0.40/夏季≤0.45
	0.40<窗墙面积比≤0.45	2.8	夏季≤0.35/夏季≤0.40
	0.45<窗墙面积比≤0.60	2.5	东、西、南向设置外遮阳 夏季≤0.25 冬季≥0.60
体形系数>0.40	窗墙面积比≤0.20	4.0	—/—
	0.20<窗墙面积比≤0.30	3.2	—/—
	0.30<窗墙面积比≤0.40	2.8	夏季≤0.40/夏季≤0.45
	0.40<窗墙面积比≤0.45	2.5	夏季≤0.35/夏季≤0.40
	0.45<窗墙面积比≤0.60	2.3	东、西、南向设置外遮阳 夏季≤0.25 冬季≥0.60

注：1 表中的"东、西"代表从东或西偏北30°(含30°)至偏南60°(含60°)的范围；"南"代表从南偏东30°至偏西30°的范围。
    2 楼梯间、外走廊的窗不按本表规定执行。

4.0.6 围护结构热工性能参数计算应符合下列规定：

1 建筑物面积和体积应按本标准附录A的规定计算确定。

2 外墙的传热系数应考虑结构性冷桥的影响，取平均传热系数，其计算方法应符合本标准附录B的规定。

3 当屋顶和外墙的传热系数满足本标准表4.0.4的限值要求，但热惰性指标$D≤2.0$时，应按照《民用建筑热工设计规范》GB 50176-93第5.1.1条来验算屋顶和东、西向外墙的隔热设计要求。

4 当砖、混凝土等重质材料构成的墙、屋面的面密度$ρ≥200kg/m²$时，可不计算热惰性指标，直接认定外墙、屋面的热惰性指标满足要求。

5 楼板的传热系数可按装修后的情况计算。

6 窗墙面积比应按建筑开间（轴距离）计算。

7 窗的综合遮阳系数应按下式计算：

$$SC = SC_C \times SD = SC_B \times (1 - F_K/F_C) \times SD \quad (4.0.6)$$

式中：SC——窗的综合遮阳系数；
SC_C——窗本身的遮阳系数；
SC_B——玻璃的遮阳系数；
F_K——窗框的面积；
F_C——窗的面积，F_K/F_C为窗框面积比，PVC塑钢窗或木窗窗框比可取0.30，铝合金窗窗框比可取0.20，其他框材的窗按相近原则取值；
SD——外遮阳的遮阳系数，应按本标准附录C的规定计算。

4.0.7 东偏北30°至东偏南60°、西偏北30°至西偏南60°范围内的外窗应设置挡板式遮阳或可以遮住窗户正面的活动外遮阳，南向的外窗宜设置水平遮阳或可以遮住窗户正面的活动外遮阳。各朝向的窗户，当设置了可以完全遮住正面的活动外遮阳时，应认定满足本标准表4.0.5-2对外窗遮阳的要求。

4.0.8 外窗可开启面积（含阳台门面积）不应小于外窗所在房间地面面积的5%。多层住宅外窗宜采用平开窗。

4.0.9 建筑物1～6层的外窗及敞开式阳台门的气密性等级，不应低于国家标准《建筑外门窗气密、水密、抗风压性能分级及检测方法》GB/T 7106-2008中规定的4级；7层及7层以上的外窗及敞开式阳台门的气密性等级，不应低于该标准规定的6级。

4.0.10 当外窗采用凸窗时，应符合下列规定：

1 窗的传热系数限值应比本标准表4.0.5-2中的相应值小10%；

2 计算窗墙面积比时，凸窗的面积按窗洞口面积计算；

3 对凸窗不透明的上顶板、下底板和侧板，应进行保温处理，且板的传热系数不应低于外墙的传热系数的限值要求。

4.0.11 围护结构的外表面宜采用浅色饰面材料。平屋顶宜采取绿化、涂刷隔热涂料等隔热措施。

4.0.12 当采用分体式空气调节器（含风管机、多联机）时，室外机的安装位置应符合下列规定：

1 应稳定牢固，不应存在安全隐患；

2 室外机的换热器应通风良好，排出空气与吸入空气之间应避免气流短路；

3 应便于室外机的维护；

4 应尽量减小对周围环境的热影响和噪声影响。

5 建筑围护结构热工性能的综合判断

5.0.1 当设计建筑不符合本标准第4.0.3、第

4.0.4和第4.0.5条中的各项规定时，应按本章的规定对设计建筑进行围护结构热工性能的综合判断。

5.0.2 建筑围护结构热工性能的综合判断应以建筑物在本标准第5.0.6条规定的条件下计算得出的采暖和空调耗电量之和为判据。

5.0.3 设计建筑在规定条件下计算得出的采暖耗电量和空调耗电量之和，不应超过参照建筑在同样条件下计算得出的采暖耗电量和空调耗电量之和。

5.0.4 参照建筑的构建应符合下列规定：

    1 参照建筑的建筑形状、大小、朝向以及平面划分均应与设计建筑完全相同；

    2 当设计建筑的体形系数超过本标准表4.0.3的规定时，应按同一比例将参照建筑每个开间外墙和屋面的面积分为传热面积和绝热面积两部分，并应使得参照建筑外围护的所有传热面积之和除以参照建筑的体积等于本标准表4.0.3中对应的体形系数限值；

    3 参照建筑外墙的开窗位置应与设计建筑相同，当某个开间的窗面积与该开间的传热面积之比大于本标准表4.0.5-1的规定时，应缩小该开间的窗面积，并应使得窗面积与该开间的传热面积之比符合本标准表4.0.5-1的规定；当某个开间的窗面积与该开间的传热面积之比小于本标准表4.0.5-1的规定时，该开间的窗面积不应作调整；

    4 参照建筑屋面、外墙、架空或外挑楼板的传热系数应取本标准表4.0.4中对应的限值，外窗的传热系数应取本标准表4.0.5中对应的限值。

5.0.5 设计建筑和参照建筑在规定条件下的采暖和空调年耗电量应采用动态方法计算，并应采用同一版本计算软件。

5.0.6 设计建筑和参照建筑的采暖和空调年耗电量的计算应符合下列规定：

    1 整栋建筑每套住宅室内计算温度，冬季应全天为18℃，夏季应全天为26℃；

    2 采暖计算期应为当年12月1日至次年2月28日，空调计算期应为当年6月15日至8月31日；

    3 室外气象计算参数应采用典型气象年；

    4 采暖和空调时，换气次数应为1.0次/h；

    5 采暖、空调设备为家用空气源热泵空调器，制冷时额定能效比应取2.3，采暖时额定能效比应取1.9；

    6 室内得热平均强度应取4.3W/m²。

6 采暖、空调和通风节能设计

6.0.1 居住建筑采暖、空调方式及其设备的选择，应根据当地能源情况，经技术经济分析，及用户对设备运行费用的承担能力综合考虑确定。

6.0.2 当居住建筑采用集中采暖、空调系统时，必须设置分室（户）温度调节、控制装置及分户热（冷）量计量或分摊设施。

6.0.3 除当地电力充足和供电政策支持、或者建筑所在地无法利用其他形式的能源外，夏热冬冷地区居住建筑不应设计直接电热采暖。

6.0.4 居住建筑进行夏季空调、冬季采暖，宜采用下列方式：

    1 电驱动的热泵型空调器（机组）；

    2 燃气、蒸汽或热水驱动的吸收式冷（热）水机组；

    3 低温地板辐射采暖方式；

    4 燃气（油、其他燃料）的采暖炉采暖等。

6.0.5 当设计采用户式燃气采暖热水炉作为采暖热源时，其热效率应达到国家标准《家用燃气快速热水器和燃气采暖热水炉能效限定值及能效等级》GB 20665－2006中的第2级。

6.0.6 当设计采用电机驱动压缩机的蒸气压缩循环冷水（热泵）机组，或采用名义制冷量大于7100W的电机驱动压缩机单元式空气调节机，或采用蒸气、热水型溴化锂吸收式冷水机组及直燃型溴化锂吸收式冷（温）水机组作为住宅小区或整栋楼的冷热源机组时，所选用机组的能效比（性能系数）应符合现行国家标准《公共建筑节能设计标准》GB 50189中的规定值；当设计采用多联式空调（热泵）机组作为户式集中空调（采暖）机组时，所选用机组的制冷综合性能系数（IPLV（C））不应低于国家标准《多联式空调（热泵）机组能效限定值及能源效率等级》GB 21454－2008中规定的第3级。

6.0.7 当选择土壤源热泵系统、浅层地下水源热泵系统、地表水（淡水、海水）源热泵系统、污水水源热泵系统作为居住区或户用空调的冷热源时，严禁破坏、污染地下资源。

6.0.8 当采用分散式房间空调器进行空调和（或）采暖时，宜选择符合国家标准《房间空气调节器能效限定值及能效等级》GB 12021.3和《转速可控型房间空气调节器能效限定值及能源效率等级》GB 21455中规定的节能型产品（即能效等级2级）。

6.0.9 当技术经济合理时，应鼓励居住建筑中采用太阳能、地热能等可再生能源，以及在居住建筑小区采用热、电、冷联产技术。

6.0.10 居住建筑通风设计应处理好室内气流组织、提高通风效率。厨房、卫生间应安装局部机械排风装置。对采用采暖、空调设备的居住建筑，宜采用带热回收的机械换气装置。

附录A 面积和体积的计算

A.0.1 建筑面积应按各层外墙外包线围成面积的总和计算。

A.0.2 建筑体积应按建筑物外表面和底层地面围成的体积计算。

A.0.3 建筑物外表面积应按墙面面积、屋顶面积和下表面直接接触室外空气的楼板面积的总和计算。

附录 B 外墙平均传热系数的计算

B.0.1 外墙受周边热桥的影响（图 B.0.1），其平均传热系数应按下式计算：

$$K_m = \frac{K_P \cdot F_P + K_{B1} \cdot F_{B1} + K_{B2} \cdot F_{B2} + K_{B3} \cdot F_{B3}}{F_P + F_{B1} + F_{B2} + F_{B3}} \quad (B.0.1)$$

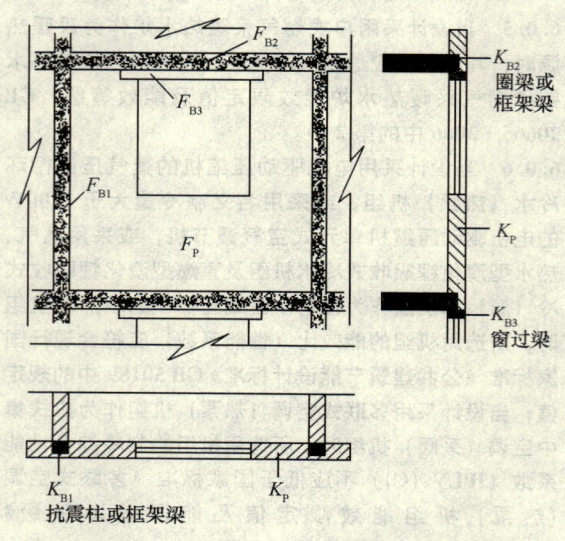

图 B.0.1 外墙主体部位与周边热桥部位示意

式中： K_m——外墙的平均传热系数 [W/(m²·K)]；
K_P——外墙主体部位的传热系数 [W/(m²·K)]，应按国家标准《民用建筑热工设计规范》GB 50176-93 的规定计算；
K_{B1}、K_{B2}、K_{B3}——外墙周边热桥部位的传热系数 [W/(m²·K)]；
F_P——外墙主体部位的面积（m²）；
F_{B1}、F_{B2}、F_{B3}——外墙周边热桥部位的面积（m²）。

附录 C 外遮阳系数的简化计算

C.0.1 外遮阳系数应按下式计算：

$$SD = ax^2 + bx + 1 \quad (C.0.1-1)$$
$$x = A/B \quad (C.0.1-2)$$

式中：SD——外遮阳系数；
x——外遮阳特征值，$x>1$ 时，取 $x=1$；
a、b——拟合系数，宜按表 C.0.1 选取；
A、B——外遮阳的构造定性尺寸，宜按图 C.0.1-1～图 C.0.1-5 确定。

 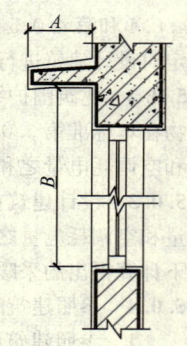

图 C.0.1-1 水平式外遮阳的特征值

 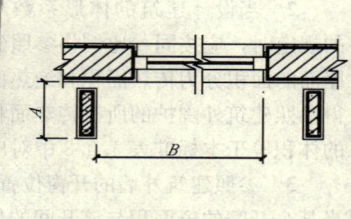

图 C.0.1-2 垂直式外遮阳的特征值

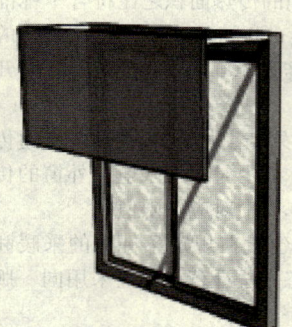 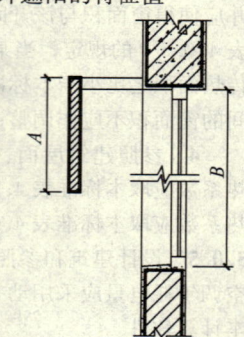

图 C.0.1-3 挡板式外遮阳的特征值

 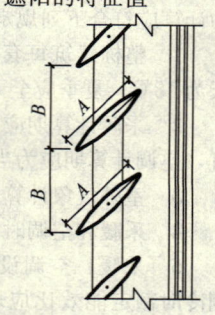

图 C.0.1-4 横百叶挡板式外遮阳的特征值

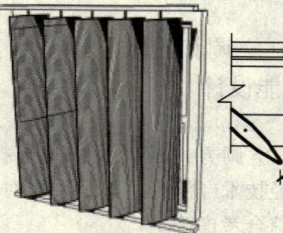 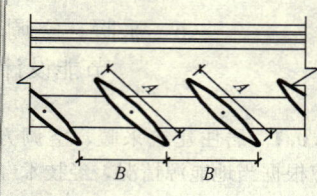

图 C.0.1-5 竖百叶挡板式外遮阳的特征值

表C.0.1　外遮阳系数计算用的拟合系数 a、b

气候区	外遮阳基本类型	拟合系数		东	南	西	北
夏热冬冷地区	水平式（图C.0.1-1）	a		0.36	0.50	0.38	0.28
		b		-0.80	-0.80	-0.81	-0.54
	垂直式（图C.0.1-2）	a		0.24	0.33	0.24	0.48
		b		-0.54	-0.72	-0.53	-0.89
	挡板式（图C.0.1-3）	a		0.00	0.35	0.00	0.13
		b		-0.96	-1.00	-0.96	-0.93
	固定横百叶挡板式（图C.0.1-4）	a		0.50	0.50	0.52	0.37
		b		-1.20	-1.20	-1.30	-0.92
	固定竖百叶挡板式（图C.0.1-5）	a		0.00	0.16	0.19	0.56
		b		-0.66	-0.92	-0.71	-1.16
	活动横百叶挡板式（图C.0.1-4）	a	冬	0.23	0.03	0.23	0.20
		b		-0.66	-0.47	-0.69	-0.62
		a	夏	0.56	0.79	0.57	0.60
		b		-1.30	-1.40	-1.30	-1.30
	活动竖百叶挡板式（图C.0.1-5）	a	冬	0.29	0.14	0.31	0.20
		b		-0.87	-0.64	-0.86	-0.62
		a	夏	0.14	0.42	0.15	0.84
		b		-0.75	-1.11	-0.73	-1.47

C.0.2　组合形式的外遮阳系数，可由参加组合的各种形式遮阳的外遮阳系数的乘积来确定，单一形式的外遮阳系数应按本标准式（C.0.1-1）、式（C.0.1-2）计算。

C.0.3　当外遮阳的遮阳板采用有透光能力的材料制作时，应按下式进行修正：

$$SD = 1-(1-SD^*)(1-\eta^*) \quad (C.0.3)$$

式中：SD^*——外遮阳的遮阳板采用非透明材料制作时的外遮阳系数，按本标准式（C.0.1-1）、式（C.0.1-2）计算。

η^*——遮阳板的透射比，按表C.0.3选取。

表C.0.3　遮阳板的透射比

遮阳板使用的材料	规　　　格	η^*
织物面料、玻璃钢类板	—	0.40
玻璃、有机玻璃类板	深色：$0<S_e\leqslant 0.6$	0.60
	浅色：$0.6<S_e\leqslant 0.8$	0.80
金属穿孔板	穿孔率：$0<\varphi\leqslant 0.2$	0.10
	穿孔率：$0.2<\varphi\leqslant 0.4$	0.30
	穿孔率：$0.4<\varphi\leqslant 0.6$	0.50
	穿孔率：$0.6<\varphi\leqslant 0.8$	0.70
铝合金百叶板	—	0.20

续表C.0.3

遮阳板使用的材料	规　　　格	η^*
木质百叶板	—	0.25
混凝土花格	—	0.50
木质花格	—	0.45

本标准用词说明

1　为便于在执行本标准条文时区别对待，对要求严格程度不同的用词说明如下：

　　1）表示很严格，非这样做不可的：
　　　　正面词采用"必须"，反面词采用"严禁"；
　　2）表示严格，在正常情况下均应这样做的：
　　　　正面词采用"应"，反面词采用"不应"或"不得"；
　　3）表示允许稍有选择，在条件许可时首先应这样做的：
　　　　正面词采用"宜"，反面词采用"不宜"；
　　4）表示有选择，在一定条件下可以这样做的，采用"可"。

2　条文中指明应按其他有关标准执行的写法为："应符合……的规定"或"应按……执行"。

引用标准名录

1　《民用建筑热工设计规范》GB 50176-93

2　《公共建筑节能设计标准》GB 50189

3　《建筑外门窗气密、水密、抗风压性能分级及检测方法》GB/T 7106-2008

4　《房间空气调节器能效限定值及能效等级》GB 12021.3

5　《家用燃气快速热水器和燃气采暖热水炉能效限定值及能效等级》GB 20665-2006

6　《多联式空调（热泵）机组能效限定值及能源效率等级》GB 21454-2008

7　《转速可控型房间空气调节器能效限定值及能源效率等级》GB 21455

中华人民共和国行业标准

夏热冬冷地区居住建筑节能设计标准

JGJ 134—2010

条 文 说 明

修 订 说 明

《夏热冬冷地区居住建筑节能设计标准》JGJ 134-2010 经住房和城乡建设部 2010 年 3 月 18 日以第 523 号公告批准、发布。

本标准是在《夏热冬冷地区居住建筑节能设计标准》JGJ 131-2001的基础上修订而成，上一版的主编单位是中国建筑科学研究院、重庆大学，参编单位是中国建筑业协会建筑节能专业委员会、上海市建筑科学研究院、同济大学、江苏省建筑科学研究院、东南大学、中国西南建筑设计研究院、成都市墙体改革和建筑节能办公室、武汉市建工科研设计院、武汉市建筑节能办公室、重庆市建筑技术发展中心、北京中建建筑科学技术研究院、欧文斯科宁公司上海科技中心、北京振利高新技术公司、爱迪士（上海）室内空气技术有限公司，主要起草人员是：郎四维、付祥钊、林海燕、涂逢祥、刘明明、蒋太珍、冯雅、许锦峰、林成高、杨维菊、徐吉浣、彭家惠、鲁向东、段恺、孙克光、黄振利、王一丁。

本次修订的主要技术内容是：1."建筑与围护结构热工设计"规定了体形系数限值、窗墙面积比限值和围护结构热工参数限值；并且规定体形系数、窗墙面积比或围护结构热工参数超过限值时，应进行围护结构热工性能的综合判断。2."建筑围护结构热工性能的综合判断"规定了围护结构热工性能的综合判断的方法，细化和固定了计算条件。3."采暖、空调和通风节能设计"在满足节能要求的条件下，提出冷源、热源、通风与空气调节系统设计的基本规定，提供相应的指导原则和技术措施。

为便于广大设计、施工、科研、学校等单位有关人员在使用本标准时能正确理解和执行条文规定，《夏热冬冷地区居住建筑节能设计标准》编制组按章、节、条顺序编制了本标准的条文说明，对条文规定的目的、依据以及执行中需注意的有关事项进行了说明，还着重对强制性条文的强制性理由作了解释。但是，本条文说明不具备与标准正文同等的法律效力，仅供使用者作为理解和把握标准规定的参考。在使用中如果发现本条文说明有不妥之处，请将意见函寄中国建筑科学研究院。

目 次

1 总则 …………………………… 55—13
3 室内热环境设计计算指标………… 55—13
4 建筑和围护结构热工设计………… 55—14
5 建筑围护结构热工性能的综合
  判断 …………………………… 55—17
6 采暖、空调和通风节能设计 ……… 55—18
附录 C 外遮阳系数的简化计算 ……… 55—21

1 总 则

1.0.1 新修订通过的《中华人民共和国节约能源法》已于2008年4月1日起施行。其中第三十五条规定"建筑工程的建设、设计、施工和监理单位应当遵守建筑节能标准"。国务院制定的《民用建筑节能条例》也自2008年10月1日起施行。该条例要求在保证民用建筑使用功能和室内热环境质量的前提下，降低其使用过程中能源消耗。原建设部《建筑节能"九五"计划和2010年规划》、《建筑节能技术政策》规定"夏热冬冷地区新建民用建筑2000年起开始执行建筑热环境及节能标准"。

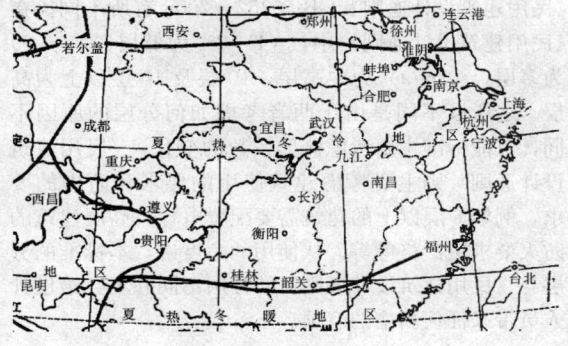

图1 夏热冬冷地区区域范围

夏热冬冷地区是指长江中下游及其周围地区（其确切范围由现行国家标准《民用建筑热工设计规范》GB 50176确定，图1是该规范的附录八'全国建筑热工设计分区图'中的夏热冬冷地区部分）。该地区的范围大致为陇海线以南，南岭以北，四川盆地以东，包括上海、重庆二直辖市，湖北、湖南、江西、安徽、浙江五省全部，四川、贵州二省东半部，江苏、河南二省南半部，福建省北半部，陕西、甘肃二省南端，广东、广西二省区北端，涉及16个省、市、自治区。该地区面积约180万平方公里，人口5.5亿左右，国内生产总值约占全国的48%，是一个人口密集、经济发达的地区。

该地区夏季炎热，冬季寒冷。改革开放以来，随着我国经济的高速增长，该地区的城镇居民越来越多地采取措施，自行解决住宅冬夏季的室内热环境问题，夏季空调冬季采暖日益普及。由于该地区过去一般不用采暖和空调，居住建筑的设计对保温隔热问题不够重视，围护结构的热工性能普遍很差。主要采暖设备也只是电暖器和暖风机，能效比很低，电能浪费很大。这种状况如不改变，该地区的采暖、空调能源消耗必然急剧上升，将会阻碍社会经济的发展，不利于环境保护。因此，推进该地区建筑节能、势在必行。该地区正在大规模建设居住建筑，有必要制定更加有效的居住建筑节能设计标准，更好地贯彻国家有关建筑节能的方针、政策和法规制度，节约能源，保护环境，改善居住建筑热环境，提高采暖和空调的能源利用效率。

1.0.2 本标准的内容主要是对夏热冬冷地区居住建筑从建筑、围护结构和暖通空调设计方面提出节能措施，对采暖和空调能耗规定控制指标。

当其他类型的既有建筑改建为居住建筑时，以及原有的居住建筑进行扩建时，都应该按照本标准的要求采取节能措施，必须符合本标准的各项规定。

本标准适用于各类居住建筑，其中包括住宅、集体宿舍、住宅式公寓、商住楼的住宅部分、托儿所、幼儿园等。

近年来，为了落实既定的建筑节能目标，很多地方都开始了成规模的既有居住建筑节能改造。由于既有居住建筑的节能改造在经济和技术两个方面与新建居住建筑有很大的不同，因此，本标准并不涵盖既有居住建筑的节能改造。

1.0.3 夏热冬冷地区过去是个非采暖地区，建筑设计不考虑采暖的要求，也谈不上夏季空调降温。建筑围护结构的热工性能差，室内热环境质量恶劣，即使采用采暖、空调，其能源利用效率也往往较低。本标准的要求，首先是要保证室内热环境质量，提高人民的居住水平；同时要提高采暖、空调能源利用效率，贯彻执行国家可持续发展战略。

1.0.4 本标准对居住建筑的有关建筑、热工、采暖、通风和空调设计中所采取的节能措施作出了规定，但建筑节能涉及的专业较多，相关专业均制定了相应的标准，也规定了节能规定。所以，该地区居住建筑节能设计，除符合本标准外，尚应符合国家现行的有关强制性标准、规范的规定。

3 室内热环境设计计算指标

3.0.1 室内热环境质量的指标体系包括温度、湿度、风速、壁面温度等多项指标。本标准只提了温度指标和换气指标，原因是考虑到一般住宅极少配备集中空调系统，湿度、风速等参数实际上无法控制。另一方面，在室内热环境的诸多指标中，对人体的舒适以及对采暖能耗影响最大的是温度指标，换气指标则是从人体卫生角度考虑必不可少的指标。所以只提了空气温度指标和换气指标。

本条文规定的18℃只是一个计算参数，在进行围护结构热工性能综合判断时用来计算采暖能耗，并不等于实际的室温。实际的室温是由住户自己控制的。

换气次数是室内热环境的另外一个重要的设计指标。冬季，室外的新鲜空气进入室内，一方面有利于确保室内的卫生条件，另一方面又要消耗大量的能量，因此要确定一个合理的换气次数。一般情况，住宅建筑的净高在2.5m以上，按人均居住面积20m²计算，1小时换气1次，人均占有新风50m³。

本条文规定的换气次数也只是一个计算参数，同样是在进行围护结构热工性能综合判断时用来计算采暖能耗，并不等于实际的新风量。实际的通风换气是由住户自己控制的。

3.0.2 本条文规定的26℃只是一个计算参数，在进行围护结构热工性能综合判断时用来计算空调能耗，并不等于实际的室温。实际的室温是由住户自己控制的。

本条文规定的换气次数也只是一个计算参数，同样是在进行围护结构热工性能综合判断时用来计算空调能耗，并不等于实际的新风量。实际的通风换气是由住户自己控制的。

潮湿是夏热冬冷地区气候的一大特点。在本节室内热环境主要设计计算指标中虽然没有明确提出相对湿度设计指标，但并非完全没有考虑潮湿问题。实际上，空调机在制冷工况下运行时，会有去湿功能而改善室内舒适程度。

4 建筑和围护结构热工设计

4.0.1 夏热冬冷地区的居住建筑，在春秋季和夏季凉爽时段，组织好室内外的自然通风，不仅有利于改善室内的热舒适程度，而且可减少空调运行的时间，降低建筑物的实际使用能耗。因此在建筑群的总体布置和单体建筑的设计时，考虑自然通风是十分必要的。

4.0.2 太阳辐射得热对建筑能耗的影响很大，夏季太阳辐射得热增加制冷负荷，冬季太阳辐射得热降低采暖负荷。由于太阳高度角和方位角的变化规律，南北朝向的建筑夏季可以减少太阳辐射得热，冬季可以增加太阳辐射得热，是最有利的建筑朝向。但由于建筑物的朝向还受到其他许多因素的制约，不可能都为南北朝向，所以本条用了"宜"字。

4.0.3 本条为强制性条文。

建筑物体形系数是指建筑物的外表面积与外表面积所包的体积之比。体形系数是表征建筑热工特性的一个重要指标，与建筑物的层数、体量、形状等因素有关。体形系数越大，则表现出建筑的外围护结构面积大，体形系数越小则表现出建筑外围护结构面积小。

体形系数的大小对建筑能耗的影响非常显著。体形系数越小，单位建筑面积对应的外表面积越小，外围护结构的传热损失越小。从降低建筑能耗的角度出发，应该将体形系数控制在一个较低的水平上。

但是，体形系数不只是影响外围护结构的传热损失，它还与建筑造型、平面布局、采光通风等紧密相关。体形系数过小，将制约建筑师的创造性，造成建筑造型呆板，平面布局困难，甚至损害建筑功能。因此应权衡利弊，兼顾不同类型的建筑造型，来确定体形系数。当体形系数超过规定时，则要求提高建筑围护结构的保温隔热性能，并按照本标准第5章的规定通过建筑围护结构热工性能综合判断，确保实现节能目标。

表4.0.3中的建筑层数分为三类，是根据目前本地区大量新建居住建筑的种类来划分的。如（1~3）层多为别墅，（4~11）层多为板式结构楼，其中6层板式楼最常见，12层以上多为高层塔楼。考虑到这三类建筑本身固有的特点，即低层建筑的体形系数较大，高层建筑的体形系数较小，因此，在体形系数的限值上有所区别。这样的分层方法与现行国家标准《民用建筑设计通则》GB 50352-2005 有所不同。在《民用建筑设计通则》中，（1~3）为低层，（4~6）为多层，（7~9）为中高层，10层及10层以上为高层。之所以不同是由于两者考虑如何分层的原因不同，节能标准主要考虑体形系数的变化，《民用建筑设计通则》则主要考虑建筑使用的要求和防火的要求，例如6层以上的建筑需要配置电梯，高层建筑的防火要求更严格等等。从使用的角度讲，本标准的分层与《民用建筑设计通则》的分层不同并不会给设计人员带来任何新增的麻烦。

4.0.4 本条为强制性条文。

本条文规定了墙体、屋面、楼地面及户门的传热系数和热惰性指标限值，其中分户墙、楼板、楼梯间隔墙、外走廊隔墙、户门的传热系数限值一定不能突破，外围护结构的传热系数如果超过限值，则必须按本标准第5章的规定进行围护结构热工性能的综合判断。

之所以作出这样的规定是基于如下的考虑：按第5章的规定进行的围护结构热工性能的综合判断只涉及屋面、外墙、外窗等与室外空气直接接触的外围护结构，与分户墙、楼板、楼梯间隔墙等无关。

在夏热冬冷地区冬夏两季的采暖和空调降温是居民的个体行为，基本上是部分时间、部分空间的采暖和空调，因此要减小房间和楼内公共空间之间的传热，减小户间的传热。

夏热冬冷地区是一个相当大的地区，区内各地的气候差异仍然很大。在进行节能建筑围护结构热工设计时，既要满足冬季保温，又要满足夏季隔热的要求。采用平均传热系数，是考虑了围护结构周边混凝土梁、柱、剪力墙等"热桥"的影响，以保证建筑在夏季空调和冬季采暖时通过围护结构的传热量小于标准的要求，不至于造成由于忽略了热桥影响而建筑耗热量或耗冷量的计算值偏小，使设计的建筑物达不到预期的节能效果。

将这一地区高于等于6层的建筑屋面和外墙的传热系数值统一定为1.0(或0.8)W/(m²·K)和1.5(或

1.0)W/(m²·K)，并不是没有考虑这一地区的气候差异。重庆、成都、湖北(武汉)、江苏(南京)、上海等的地方节能标准反映了这一地区的气候差异，这些标准对屋面和外墙的传热系数的规定与本标准基本上是一致的。

根据无锡、重庆、成都等地节能居住建筑几个试点工程的实际测试数据和 DOE—2 程序能耗分析的结果都表明，在这一地区改变围护结构传热系数时，随着 K 值的减小，能耗指标的降低并非按线性规律变化，当屋面 K 值降为 1.0W/(m²·K)，外墙平均 K 值降为 1.5W/(m²·K)时，再减小 K 值对降低建筑能耗的作用已不明显。因此，本标准考虑到以上因素和降低围护结构的 K 值所增加的建筑造价，认为屋面 K 值定为 1.0(或 0.8)W/(m²·K)，外墙 K 值为 1.5(或 1.0)W/(m²·K)，在目前情况下对整个地区都是比较适合的。

本标准对墙体和屋顶传热系数的要求并不太高的。主要原因是要考虑整个地区的经济发展的不平衡性。某些经济不太发达的省区，节能墙体主要靠使用空心砖和保温砂浆等材料。使用这类材料去进一步降低 K 值就要显著增加墙体的厚度，造价会随之大幅度增长，节能投资的回收期延长。但对于某些经济发达的省区，可能会使用高效保温材料来提高墙体的保温性能，例如采取聚苯乙烯泡沫塑料做墙体外保温。采用这样的技术，进一步降低墙体的 K 值，只要增加保温层的厚度即可，造价不会成比例增加，所以进一步降低 K 值是可行的，也是经济的。屋顶的情况也是如此。如果采用聚苯乙烯泡沫塑料做屋顶的保温层，保温层适当增厚，不会大幅度增加屋面的总造价，而屋面的 K 值则会明显降低，也是经济合理的。

建筑物的使用寿命比较长，从长远来看，应鼓励围护结构采用较高档的节能技术和产品，热工性能指标突破本标准的规定。经济发达的地区，建筑节能工作开展得比较早的地区，应该往这个方向努力。

本标准对 D 值作出规定是考虑了夏热冬冷地区的特点。这一地区夏季外围护结构严重地受到不稳定温度波作用，例如夏季实测屋面外表面最高温度南京可达 62℃，武汉 64℃，重庆 61℃以上，西墙外表面温度南京可达 51℃，武汉 55℃，重庆 56℃以上，夜间围护结构外表面温度可降至 25℃以下，对处于这种温度波幅很大的非稳态传热条件下的建筑围护结构来说，只采用传热系数这个指标不能全面地评价围护结构的热工性能。传热系数只是描述围护结构传热能力的一个性能参数，是在稳态传热条件下建筑围护结构的评价指标。在非稳态传热的条件下，围护结构的热工性能除了用传热系数这个参数之外，还应该用抵抗温度波和热流波在建筑围护结构中传播能力的热惰性指标 D 来评价。

目前围护结构采用轻质材料越来越普遍。当采用轻质材料时，虽然其传热系数满足标准的规定值，但热惰性指标 D 可能达不到标准的要求，从而导致围护结构内表面温度波幅过大。武汉、成都、重庆荣昌、上海径南小区等节能建筑试点工程建筑围护结构热工性能实测数据表明，夏季无论是自然通风、连续空调还是间歇空调，砖混等厚重结构与加气混凝土砌块、混凝土空心砌块等中型结构以及金属夹芯板等轻型结构相比，外围护结构内表面温度波幅差别很大。在满足传热系数规定的条件下，连续空调时，空心砖加保温材料的厚重结构外墙内表面温度波幅值为 (1.0~1.5)℃，加气混凝土外墙内表面温度波幅为 (1.5~2.2)℃，空心混凝土砌块加保温材料外墙内表面温度波幅为 (1.5~2.5)℃，金属夹芯板外墙内表面温度波幅为 (2.0~3.0)℃。在间歇空调时，内表面温度波幅比连续空调要增加 1℃。自然通风时，轻型结构外墙和屋顶的内表面使人明显地感到一种烘烤感。例如在重庆荣昌节能试点工程中，采用加气混凝土 175mm 作为屋面隔热层，屋面总热阻达到 1.07m²·kW，但因屋面的热稳定性差，其内表面温度达 37.3℃，空调时内表面温度最高达 31℃，波幅大于 3℃。因此，对屋面和外墙的 D 值作出规定，是为了防止因采用轻型结构 D 值减小后，室内温度波幅过大以及在自然通风条件下，夏季屋面和东西外墙内表面温度可能高于夏季室外计算温度最高值，不能满足《民用建筑热工设计规范》GB 50176-93 的规定。

将夏热冬冷地区外墙的平均传热系数 K_m 及热惰性指标分两个标准对应控制，这样更能切合目前外墙材料及结构构造的实际情况。

围护结构按体形系数的不同，分两档确定传热系数 K 限值和热惰性指标 D 值。建筑体形系数越大，则接受的室外热作用越大，热、冷损失也越大。因此，体形系数大者则理应保温隔热性能要求高一些，即传热系数 K 限值应小一些。

根据夏热冬冷地区实际的使用情况和楼地面传热系数便于计算考虑，对不属于同一户的层间楼地面和分户墙、楼底面接触室外空气的架空楼地面作了传热系数限值规定；底层为使用性质不确定的临街商铺的上层楼地面传热系数限值，可参照楼地面接触室外空气的架空楼地面执行。

由于采暖、空调房间的门对能耗也有一定的影响，因此，明确规定了采暖、空调房间通往室外的门（如户门、通往户外花园的门、阳台门）和通往封闭式空间（如封闭式楼梯间、封闭阳台等）或非封闭式空间（如非封闭式楼梯间、开敞阳台等）的门的传热系数 K 的不同限值。

4.0.5 本条为强制性条文。

窗墙面积比是指窗户洞口面积与房间立面单元面积（即建筑层高与开间定位线围成的面积）之比。

普通窗户（包括阳台门的透明部分）的保温性能

比外墙差很多，尤其是夏季白天通过窗户进入室内的太阳辐射热也比外墙多得多。一般而言，窗户面积比越大，则采暖和空调的能耗也越大。因此，从节约的角度出发，必须限制窗墙面积比。在一般情况下，应以满足室内采光要求作为窗墙面积比的确定原则，表4.0.5-1中规定的数值能满足较大进深房间的采光要求。

在夏热冬冷地区，人们无论是过渡季节还是冬、夏两季普遍有开窗加强房间通风的习惯。一是自然通风改善了室内空气品质；二是夏季在两个连晴高温期间的阴雨降温过程或降雨后连晴高温开始升温过程的夜间，室外气候凉爽宜人，加强房间通风能带走室内余热和积蓄冷量，可以减少空调运行时的能耗。因此需要较大的开窗面积。此外，南窗大有利于冬季日照，可以通过窗口直接获得太阳辐射热。近年来居住建筑的窗墙面积比有越来越大的趋势，这是因为商品住宅的购买者大都希望自己的住宅更加通透明亮，尤其是客厅比较流行落地门窗。因此，规定每套房间允许一个房间窗墙面积比可以小于等于0.60。但当窗墙面积比增加时，应首先考虑减小窗户（含阳台透明部分）的传热系数和遮阳系数。夏热冬冷地区的外窗设置活动外遮阳的作用非常明显。提高窗的保温性能和灵活控制遮阳是夏季防热、冬季保温、降低夏季空调冬季采暖负荷的重要措施。

条文中对东、西向窗墙面积比限制较严，因为夏季太阳辐射在东、西向最大。不同朝向墙面太阳辐射强度的峰值，以东、西向墙面为最大，西南（东南）向墙面次之，西北（东北）向又次之，南向墙更次之，北向墙为最小。因此，严格控制东、西向窗墙面积比限值是合理的，对南向窗墙面积比限值放得比较松，也符合这一地区居住建筑的实际情况和人们的生活习惯。

对外窗的传热系数和窗户的遮阳系数作严格的限制，是夏热冬冷地区建筑节能设计的特点之一。在放宽窗墙面积比限值的情况下，必须提高对外窗热工性能的要求，才能真正做到住宅的节能。技术经济分析也表明，提高外窗热工性能，比提高外墙热工性能的资金效益高3倍以上。同时，适当放宽每套房间允许一个房间有很大的窗墙面积比，采用提高外窗热工性能来控制能耗，给建筑师和开发商提供了更大的灵活性，以满足这一地区人们提高居住建筑水平和国家对建筑节能的要求。

4.0.7 透过窗户进入室内的太阳辐射热，夏季构成了空调降温的主要负荷，冬季可以减小采暖负荷，所以在夏热冬暖地区设置活动式外遮阳是最合理的。夏季太阳辐射在东、西向最大，在东、西向设置外遮阳是减少太阳辐射热进入室内的一个有效措施。近年来，我国的遮阳产业有了很大发展，能够提供各种满足不同需要的产品。同时，随着全社会节能意识的提高，越来越多的居民也认识到夏季遮阳的重要性。因此，在夏热冬暖地区的居住建筑上应大力提倡使用卷帘、百叶窗之类的外遮阳。

4.0.8 对外窗的开启面积作规定，避免"大开窗，小开启"现象，有利于房间的自然通风。平开窗的开启面积大，气密性比推拉窗好，可以保证采暖、空调时住宅的换气次数得到控制。

4.0.9 本条为强制性条文。

为了保证建筑的节能，要求外窗具有良好的气密性能，以避免夏季和冬季室外空气过多地向室内渗漏。在《建筑外门窗气密、水密、抗风压性能分级及检测方法》GB/T 7106-2008中规定用10Pa压差下，每小时每米缝隙的空气渗透量q_1和每小时每平方米面积的空气渗透量q_2作为外门窗的气密性分级指标。6级对应的性能指标是：$0.5m^3/(m \cdot h) < q_1 \leq 1.5m^3/(m \cdot h)$，$1.5m^3/(m^2 \cdot h) < q_2 \leq 4.5m^3/(m^2 \cdot h)$。4级对应的性能指标是：$2.0m^3/(m \cdot h) < q_1 \leq 2.5m^3/(m \cdot h)$，$6.0m^3/(m^2 \cdot h) < q_2 \leq 7.5m^3/(m^2 \cdot h)$。

本条文对位于不同层上的外窗及阳台门的要求分成两档，在建筑的低层，室外风速比较小，对外窗及阳台门的气密性要求低一些。而在建筑的高层，室外风速相对比较大，对外窗及阳台门的气密性要求则严一些。

4.0.10 目前居住建筑设计的外窗面积越来越大，凸窗、弧形窗及转角窗越来越多，可是对其上下、左右不透明的顶板、底板和侧板的保温隔热处理又不够重视，这些部位基本上是钢筋混凝土出挑构件，是外墙上热工性能最薄弱的部位。凸窗上下不透明顶板、底板及左右侧板同样按本标准附录B的计算方法得出的外墙平均传热系数，并应达到外墙平均传热系数的限值要求。当弧形窗及转角窗为凸窗时，也应按本条的规定进行热工节能设计。

凸窗的使用增加了窗户传热面积，为了平衡这部分增加的传热量，也为了方便计算，规定了凸窗的设计指标与方法。

4.0.11 采用浅色饰面材料的围护结构外墙面，在夏季有太阳直射时，能反射较多的太阳辐射热，从而能降低空调时的得热量和自然通风时的内表面温度，当无太阳直射时，它又能把围护结构内部在白天所积蓄的太阳辐射热较快地向外天空辐射出去，因此，无论是对降低空调耗电量还是对改善无空调时的室内热环境都有重要意义。采用浅色饰面外表面建筑物的采暖耗电量虽然会有所增大，但夏热冬冷地区冬季的日照率普遍较低，两者综合比较，突出矛盾仍是夏季。

水平屋顶的日照时间最长，太阳辐射照度最大，由屋顶传给顶层房间的热量很大，是建筑物夏季隔热的一个重点。绿化屋顶是解决屋顶隔热问题非常有效的方法，它的内表面温度低且昼夜稳定。当然，绿化屋顶在结构设计上要采取一些特别的措施。在屋顶上涂刷隔热涂料是解决屋顶隔热问题另一个非常有效的方法，隔热涂料可以反射大量的太阳辐射，从而降低屋顶表面的温度。当然，涂刷了隔热涂料的屋顶在冬季也会放射一部分太阳辐射，所以越是南方越适宜应用这种技术。

4.0.12 分体式空调器的能效除与空调器的性能有关外，同时也与室外机的合理布置有很大关系。室外机安装环境不合理，如设置在通风不良的建筑竖井内、设置在封闭或接近封闭的空间内、过密的百叶遮挡、过大的百叶倾角、小尺寸箱体内的嵌入式安装、多台室外机安装间距过小等安装方式使进、排风不畅和短路，都会造成分体式房间空调器在实际使用中的能效大幅降低，甚至造成保护性停机。

5 建筑围护结构热工性能的综合判断

5.0.1 第四章的第4.0.3、第4.0.4和第4.0.5条列出的是居住建筑节能设计的规定性指标。对大量的居住建筑，它们的体形系数、窗墙面积比以及围护结构的热工性能等都能符合第四章的有关规定，这样的居住建筑属于所谓的"典型"居住建筑，它们的采暖、空调能耗已经在编制本标准的过程中经过了大量的计算，节能的目标是有保证的，不必再进行本章所规定的热工性能综合判断。

但是由于实际情况的复杂性，总会有一些建筑不能全部满足本标准第4.0.3、第4.0.4和第4.0.5条中的各项规定，对于这样的建筑本标准提供了另外一种具有一定灵活性的办法，判断该建筑是否满足本标准规定的节能要求。这种方法称为"建筑围护结构热工性能的综合判断"。

"建筑围护结构热工性能的综合判断"就是综合地考虑体形系数、窗墙面积比、围护结构热工性能对能耗的影响。例如一栋建筑的体形系数超过了第4章的规定，但是它还是有可能采取提高围护结构热工性能的方法，减少通过墙、屋顶、窗户的传热损失，使建筑整体仍然达到节能50%的目标。因此对这一类建筑就必须经过严格的围护结构热工性能的综合判断，只有通过综合判断，才能判定其能否满足本标准规定的节能要求。

5.0.2 节能的目标最终体现在建筑物的采暖和空调能耗上，建筑围护结构热工性能的优劣对采暖和空调能耗有直接的影响，因此本标准以采暖和空调能耗作为建筑围护结构热工性能综合判断的依据。

除了建筑围护结构热工性能之外，采暖和空调能耗的高低还受许多其他因素的影响，例如受采暖、空调设备能效的影响，受气候条件的影响，受居住者行为的影响等。如果这些条件不一样，计算得到的能耗也肯定不一样，就失去了可以比较的基准，因此本条规定计算采暖和空调耗电量时，必须在"规定的条件下"进行。

在"规定条件下"计算得到的采暖和空调耗电量并不是建筑实际的采暖空调能耗，仅仅是一个比较建筑围护结构热工性能优劣的基础能耗。

5.0.3 "参照建筑"是一个与设计建筑相对应的假想建筑。"参照建筑"满足第4章第4.0.3、第4.0.4和第4.0.5条列出的规定性指标，是一栋满足本标准节能要求的节能建筑。因此，"参照建筑"在规定条件下计算得出的采暖年耗电量和空调年耗电量之和可以作为一个评判所设计建筑的建筑围护结构热工性能优劣的基础。

当在规定条件下，计算得出的设计建筑的采暖年耗电量和空调年耗电量之和不大于参照建筑的采暖年耗电量和空调年耗电量之和时，说明所设计建筑的建筑围护结构的总体性能满足本标准的节能要求。

5.0.4 "参照建筑"是一个用来与设计建筑进行能耗比对的假想建筑，两者必须在形状、大小、朝向以及平面划分等方面完全相同。

当设计建筑的体形系数超标时，与其形状、大小一样的参照建筑的体形系数一定也超标。由于控制体形系数的实际意义在于控制相对的传热面积，所以可通过将参照建筑的一部分表面积定义为绝热面积达到与控制体形系数相同的目的。

窗户的大小对采暖空调能耗的影响比较大，当设计建筑的窗墙面积比超标时，通过缩小参照建筑窗户面积的办法，达到控制窗墙面积比的目的。

从参照建筑的构建规则可以看出，所谓"建筑围护结构热工性能的综合判断"实际上就是允许设计建筑在体形系数、窗墙面积比、围护结构热工性能三者之间进行强弱之间的调整和弥补。

5.0.5 由于夏热冬冷地区的气候特性，室内外温差比较小，一天之内温度波动对围护结构传热的影响比较大，尤其是夏季，白天室外气温很高，又有很强的太阳辐射，热量通过围护结构从室外传入室内；夜间室外温度比室内温度下降快，热量有可能通过围护结构从室内传向室外。由于这个原因，为了比较准确地计算采暖、空调负荷，并与现行国标《采暖通风与空气调节设计规范》GB 50019保持一致，需要采用动态计算方法。

动态计算方法有很多，暖通空调设计手册里的冷负荷计算法就是一种常用的动态计算方法。

本标准在编制过程中采用了反应系数计算方法，并采用美国劳伦斯伯克利国家实验室开发的DOE-2软件作为计算工具。

DOE-2用反应系数法来计算建筑围护结构的传热量。反应系数法是先计算围护结构内外表面温度和热流对一个单位三角波温度扰量的反应，计算出围护结构的吸热、放热和传热反应系数，然后将任意变化的室外温度分解成一个个可叠加的三角波,利用导热微分方程可叠加的性质,将围护结构对每一个温度三角波的反应叠加起来,得到任意一个时刻围护结构表面的温度和热流。

DOE-2 用反应系数法来计算建筑围护结构的传热量。反应系数的基本原理如下:

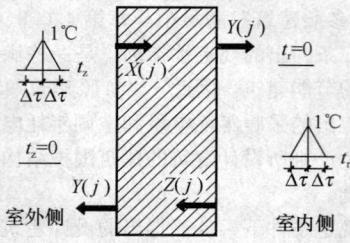

图 2 板壁的反应系数

参照图 2,当室内温度恒为零,室外侧有一个单位等腰三角波形温度扰量作用时,从作用时刻算起,单位面积壁体外表面逐时所吸收的热量,称为壁体外表面的吸热反应系数,用符号 $X(j)$ 表示;通过单位面积壁体逐时传入室内的热量,称为壁体传热反应系数,用符号 $Y(j)$ 表示;与上述情况相反,当室外温度恒为零,室内侧有一个单位等腰三角波形温度扰量作用时,从作用时刻算起,单位面积壁体内表面逐时所吸收的热量,称为壁体内表面的吸热反应系数,用符号 $Z(j)$ 表示;通过单位面积壁体逐时传至室外的热量,仍称为壁体传热反应系数,数值与前一种情况相等,固仍用符号 $Y(j)$ 表示;

传热反应系数和内外壁面的吸热反应系数的单位均为 W/(m²·℃),符号括号中的 $j=0,1,2\cdots\cdots$,表示单位扰量作用时刻以后 $j\Delta\tau$ 小时。一般情况 $\Delta\tau$ 取 1 小时,所以 $X(5)$ 就表示单位扰量作用时刻以后 5 小时的外壁面吸热反应系数。

反应系数的计算可以参考专门的资料或使用专门的计算机程序,有了反应系数后就可以利用下式计算第 n 个时刻,室内从室外通过板壁围护结构的传热得热量 $HG(n)$。

$$HG(n)=\sum_{j=0}^{\infty}Y(j)t_z(n-j)$$
$$-\sum_{j=0}^{\infty}Z(j)t_r(n-j)$$

式中:$t_z(n-j)$ 是第 $n-j$ 时刻室外综合温度;
$t_r(n-j)$ 是第 $n-j$ 时刻室内温度。

特别地当室内温度 t_r 不变时,此式还可以简化成:

$$HG(n)=\sum_{j=0}^{\infty}Y(j)t_z(n-j)-K\cdot t_r$$

式中的 K 就是板壁的传热系数。

DOE-2 软件可以模拟建筑物采暖、空调的热过程。用户可以输入建筑物的几何形状和尺寸,可以输入建筑围护结构的细节,可以输入一年 8760 个小时的气象数据,可以选择空调系统的类型和容量等参数。DOE-2 根据用户输入的数据进行计算,计算结果以各种各样的报告形式来提供。

5.0.6 本条规定了计算采暖和空调年耗电量时的几条简单的基本条件,规定这些基本条件的目的是为了规范和统一软件的计算,避免出现混乱。

需要强调指出的是,这里计算的目的是对建筑围护结构热工性能是否符合本标准的节能要求进行综合判断,计算规定的条件不是住宅实际的采暖空调情况,因此计算得到的采暖和空调耗电量并非建筑实际的采暖和空调能耗。

在夏热冬冷地区,住宅冬夏两季的采暖和空调降温是居民的个体行为,个体之间的差异非常大。目前,绝大部分居民还是采取部分空间、部分时间采暖和空调的模式,与北方住宅全部空间连续采暖的模式有很大的不同。部分空间、部分时间采暖和空调的模式是一种节能的模式,应予以鼓励和提倡。

6 采暖、空调和通风节能设计

6.0.1 夏热冬冷地区冬季湿冷夏季酷热,随着经济发展,人民生活水平的不断提高,对采暖、空调的需求逐年上升。对于居住建筑选择设计集中采暖、空调系统方式,还是分户采暖、空调方式,应根据当地能源、环保等因素,通过仔细的技术经济分析来确定。同时,该地区的居民采暖空调所需设备及运行费用全部由居民自行支付,因此,还应考虑用户对设备及运行费用的承担能力。对于一些特殊的居住建筑,如幼儿园、养老院等,可根据具体情况设置集中采暖、空调设施。

6.0.2 本条为强制性条文。

当居住建筑设计采用集中采暖、空调系统时,用户应该根据使用的情况缴纳费用。目前,严寒、寒冷地区的集中采暖系统用户正在进行供热体制改革,用户需根据其使用热量的情况按户缴纳采暖费用。严寒、寒冷地区采暖计量收费的原则是,在住宅楼前安装热量表,作为楼内用户与供热单位的结算依据。而楼内住户则进行按户热量分摊,当然,每户应该有相应的设施作为对整栋楼的耗热量进行户间分摊的依据。要按照用户使用热量情况进行分摊收费,用户应该能够自主进行室温的调节与控制。在夏热冬冷地区则可以根据同样的原则和适当的方法,进行用户使用热(冷)量的计量和收费。

6.0.3 本条为强制性条文。

合理利用能源、提高能源利用率、节约能源是我国的基本国策。用高品位的电能直接用于转换为低品位的热能进行采暖,热效率低,运行费用高,是不合适的。近些年来由于采暖用电所占比例逐年上升,致使一些省市冬季尖峰负荷也迅速增长，电网运行困难，出现冬季电力紧缺。盲目推广没有蓄热装置的电锅炉，直接电热采暖，将进一步恶化电力负荷特性，影响民众日常用电。因此，应严格限制设计直接电热进行集中采暖的方式。

当然，作为居住建筑来说，本标准并不限制居住者自行、分散地选择直接电热采暖的方式。

6.0.4 要积极推行应用能效比高的电动热泵型空调器，或燃气、蒸汽或热水驱动的吸收式冷（热）水机组进行冬季采暖、夏季空调。当地有余热、废热或区域性热源可利用时，可用热水驱动的吸收式冷（热）水机组为冷（热）源。此外，低温地板辐射采暖也是一种效率较高和舒适的采暖方式。至于选用何种方式采暖、空调，应由建筑条件、能源情况（比如，当燃气供应充足、价格合适时，应用溴化锂机组；在热电厂余热蒸汽可利用的情况下，推荐使用蒸汽溴化锂机组等）、环保要求等进行技术经济分析，以及用户对设备及运行费用的承担能力等因素来确定。

6.0.5 本条为强制性条文。

当以燃气为能源提供采暖热源时，可以直接向房间送热风，或经由风管系统送入；也可以产生热水，通过散热器、风机盘管进行采暖，或通过地下埋管进行低温地板辐射采暖。所应用的燃气机组的热效率应符合现行有关标准《家用燃气快速热水器和燃气采暖热水炉能效限定值及能效等级》GB 20665-2006 中的第 2 级。为了方便应用，表 1 列出了能效等级值。

表 1 热水器和采暖炉能效等级

类 型	热负荷	最低热效率值（%） 能效等级		
		1	2	3
热水器	额定热负荷	96	88	84
	≤50%额定热负荷	94	84	—
采暖炉（单采暖）	额定热负荷	94	88	84
	≤50%额定热负荷	92	84	—
热采暖炉（两用型） 供暖	额定热负荷	94	88	84
	≤50%额定热负荷	92	84	—
热水	额定热负荷	96	88	84
	≤50%额定热负荷	94	84	—

注：此表引自《家用燃气快速热水器和燃气采暖热水炉能效限定值及能效等级》GB 20665-2006。

6.0.6 本条为强制性条文。

居住建筑可以采取多种空调采暖方式，一般为集中方式或者分散方式。如果采用集中式空调采暖系统，比如，本条文所指的由冷热源站向多套住宅、多栋住宅楼、甚至住宅小区提供空调采暖冷热源（往往采用冷、热水）；或者，应用户式集中空调机组（户式中央空调机组）向一套住宅提供空调冷热源（冷热水、冷热风）进行空调采暖。分散式方式，则多以分体空调（热泵）等机组进行空调及采暖。

集中空调采暖系统中，冷热源的能耗是空调采暖系统能耗的主体。因此，冷热源的能源效率对节省能源至关重要。性能系数、能效比是反映冷热源能源效率的主要指标之一，为此，将冷热源的性能系数、能效比作为必须达标的项目。对于设计阶段已完成集中空调采暖系统的居民小区，或者按户式中央空调系统设计的住宅，其冷源能效的要求应该等同于公共建筑的规定。

国家质量监督检验检疫总局和国家标准化管理委员会已发布实施的空调机组能效限定值及能源效率等级的标准有：《冷水机组能效限定值及能源效率等级》GB 19577-2004，《单元式空气调节机能效限定值及能源效率等级》GB 19576-2004，《多联式空调（热泵）机组能效限定值及能源效率等级》GB 21454-2008。产品的强制性国家能效标准，将产品根据机组的能源效率划分为 5 个等级，目的是配合我国能效标识制度的实施。能效等级的含义：1 等级是企业努力的目标；2 等级代表节能型产品的门槛（按最小寿命周期成本确定）；3、4 等级代表我国的平均水平；5 等级产品是未来淘汰的产品。目的是能够为消费者提供明确的信息，帮助其购买时选择，促进高效产品的市场。

为了方便应用，以下表 2 为规定的冷水（热泵）机组制冷性能系数（COP）值；表 3 为规定的单元式空气调节机能效比（EER）值；表 4 为规定的溴化锂吸收式机组性能参数，这是根据国家标准《公共建筑节能设计标准》GB 50189-2005 中第 5.4.5 和第 5.4.8 条强制性条文规定的能效限值。而表 5 为多联式空调（热泵）机组制冷综合性能系数（IPLV(C)）值，是《多联式空调（热泵）机组能效限定值及能源效率等级》GB 21454-2008 标准中规定的能效等级第 3 级。

表 2 冷水（热泵）机组制冷性能系数

类 型		额定制冷量（kW）	性能系数（W/W）
水冷	活塞式/涡旋式	<528	3.80
		528~1163	4.00
		>1163	4.20
	螺杆式	<528	4.10
		528~1163	4.30
		>1163	4.60
	离心式	<528	4.40
		528~1163	4.70
		>1163	5.10

续表2

类型	额定制冷量(kW)	性能系数(W/W)
风冷或蒸发冷却	活塞式/涡旋式 ≤50	2.40
	活塞式/涡旋式 >50	2.60
	螺杆式 ≤50	2.60
	螺杆式 >50	2.80

注：此表引自《公共建筑节能设计标准》GB 50189-2005。

表3 单元式机组能效比

类型		能效比(W/W)
风冷式	不接风管	2.60
	接风管	2.30
水冷式	不接风管	3.00
	接风管	2.70

注：此表引自《公共建筑节能设计标准》GB 50189-2005。

表4 溴化锂吸收式机组性能参数

机型	名义工况			性能参数		
	冷(温)水进/出口温度(℃)	冷却水进/出口温度(℃)	蒸汽压力MPa	单位制冷量蒸汽耗量kg/(kW·h)	性能系数(W/W)	
					制冷	供热
蒸汽双效	18/13	30/35	0.25	≤1.40		
	12/7		0.4	≤1.40		
			0.6	≤1.31		
			0.8	≤1.28		
直燃	供冷 12/7	30/35			≥1.10	
	供热出口 60					≥0.90

注：直燃机的性能系数为：制冷量(供热量)/[加热源消耗量(以低位热值计)+电力消耗量(折算成一次能)]。此表引自《公共建筑节能设计标准》GB 50189-2005。

表5 能源效率等级指标——制冷综合性能系数(IPLV(C))

名义建冷量 CC (W)	能效等级第3级
CC≤28000	3.20
28000<CC≤84000	3.15
84000<CC	3.10

注：此表引自《多联式空调（热泵）机组能效限定值及能源效率等级》GB 21454-2008。

6.0.7 本条为强制性条文。

现行国家标准《地源热泵系统工程技术规范》GB 50366-2005中对于"地源热泵系统"的定义为"以岩土体、地下水或地表水为低温热源，由水源热泵机组、地热能交换系统、建筑物内系统组成的供热空调系统。根据地热能交换系统形式的不同，地源热泵系统分为地埋管地源热泵系统、地下水地源热泵系统和地表水地源热泵系统"。2006年9月4日由财政部、建设部共同发布的《关于印发〈可再生能源建筑应用专项资金管理暂行办法〉的通知》(财建[2006]460号)中第四条规定可再生能源建筑应用专项资金支持以下6个重点领域：①与建筑一体化的太阳能供应生活热水、供热制冷、光电转换、照明；②利用土壤源热泵和浅层地下水源热泵技术供热制冷；③地表水丰富地区利用淡水源热泵技术供热制冷；④沿海地区利用海水水源热泵技术供热制冷；⑤利用污水水源热泵技术供热制冷；⑥其他经批准的支持领域。其中，地源热泵系统占了两项。

要说明的是在应用地源热泵系统，不能破坏地下水资源。这里引用《地源热泵系统工程技术规范》GB 50366的强制性条文，即第3.1.1条："地源热泵系统方案设计前，应进行工程场地状况调查，并对浅层地热能资源进行勘察"；第5.1.1条："地下水换热系统应根据水文地质勘察资料进行设计，并必须采取可靠回灌措施，确保置换冷量或热量后的地下水全部回灌到同一含水层，不得对地下水资源造成浪费及污染。系统投入运行后，应对抽水量、回灌量及其水质进行监测"。另外，如果地源热泵系统采用地下埋管式换热器的话，要进行土壤温度平衡模拟计算，应注意并进行长期应用后土壤温度变化趋势的预测，以避免长期应用后土壤温度发生变化，出现机组效率降低甚至不能制冷或供热。

6.0.8 采用分散式房间空调器进行空调和采暖时，这类设备一般由用户自行采购，该条文的目的是要推荐用户购买能效比高的产品。国家标准《房间空气调节器能效限定值及能源效率等级》GB 12021.3和《转速可控型房间空气调节器能效限定值及能源效率等级》GB 21455规定节能型产品的能源效率为2级。

目前，《房间空气调节器能效限定值及能效等级》GB 12021.3-2010于2010年6月1日颁布实施。与2004年版相比，2010年版将能效等级分为三级，同时对能效限定值与能源效率等级指标已有提高。2004版中的节能评价值(即能效等级第2级)在2010年版中仅列为第3级。

鉴于当前是房间空调器标准新老交替的阶段，市场上可供选择的产品仍然执行的是老标准。本标准规定，鼓励用户选购节能型房间空调器，其意在于从用户需求端角度逐步提高我国房间空调器的能效水平，适应我国建筑节能形势的需要。

为了方便应用，表6列出了《房间空气调节器能效限定值及能源效率等级》GB 12021.3-2004、《房间空气调节器能效限定值及能效等级》GB 12021.3-2010 和《转速可控型房间空气调节器能效限定值及能源效率等级》GB 21455-2008 中列出的房间空气调节器能源效率等级为第2级的指标和转速可控型房间空气调节器能源效率等级为第2级的指标，表7列出了《房间空气调节器能效限定值及能效等级》GB 12021.3-2010 中空调器能源效率等级指标。

表6 房间空调器能源效率等级指标节能评价值

类型	额定制冷量CC (W)	能效比 EER (W/W) GB 12021.3-2004 中节能评价值（能效等级2级）	能效比 EER (W/W) GB 12021.3-2010 中节能评价值（能效等级2级）	制冷季节能源消耗效率 SEER [W·h/(W·h)] GB 21455-2008 中节能评价值（能效等级2级）
整体式	—	2.90	3.10	—
分体式	CC≤4500	3.20	3.40	4.50
分体式	4500<CC≤7100	3.10	3.30	4.10
分体式	7100<CC≤14000	3.00	3.20	3.70

表7 房间空调器能源效率等级指标

类型	额定制冷量CC (W)	GB 12021.3-2010 中能效等级		
		3	2	1
整体式	—	2.90	3.10	3.30
分体式	CC≤4500	3.20	3.40	3.60
分体式	4500<CC≤7100	3.10	3.30	3.50
分体式	7100<CC≤14000	3.00	3.20	3.40

6.0.9 中华人民共和国国务院于2008年8月1日发布、10月1日实施的《民用建筑节能条例》第四条指出："国家鼓励和扶持在新建建筑和既有建筑节能改造中采用太阳能、地热能等可再生能源"。所以在有条件时应鼓励采用。

关于《国民经济和社会发展第十一个五年规划纲要》中指出的十大节能重点工程中，提出"发展采用热电联产和热电冷联产，将分散式供热小锅炉改造为集中供热"。

6.0.10 目前居住建筑还没有条件普遍采用有组织的全面机械通风系统，但为了防止厨房、卫生间的污浊空气进入居室，应当在厨房、卫生间安装局部机械排风装置。如果当地夏季白天与晚上的气温相差较大，应充分利用夜间通风，达到被动降温目的。在安设采暖空调设备的居住建筑中，往往围护结构密闭性较好，为了改善室内空气质量需要引入室外新鲜空气（换气）。如果直接引入，将会带来很高的冷热负荷，大大增加能源消耗。经技术经济分析，如果当地采用热回收装置在经济上合理，建议采用质量好、效率高的机械换气装置（热量回收装置），使得同时达到热量回收、节约能源的目的。

附录C 外遮阳系数的简化计算

C.0.2 各种组合形式的外遮阳系数，可由参加组合的各种形式遮阳的外遮阳系数的乘积来近似确定。

例如：水平式＋垂直式组合的外遮阳系数＝水平式遮阳系数×垂直式遮阳系数

水平式＋挡板式组合的外遮阳系数＝水平式遮阳系数×挡板式遮阳系数

中华人民共和国行业标准

城市夜景照明设计规范

Code for lighting design of urban nightscape

JGJ/T 163—2008
J 822—2008

批准部门：中华人民共和国住房和城乡建设部
施行日期：２００９年５月１日

中华人民共和国住房和城乡建设部公告

第 141 号

关于发布行业标准《城市夜景照明设计规范》的公告

现批准《城市夜景照明设计规范》为行业标准，编号为 JGJ/T 163-2008，自 2009 年 5 月 1 日起实施。

本规范由我部标准定额研究所组织中国建筑工业出版社出版发行。

中华人民共和国住房和城乡建设部
2008 年 11 月 4 日

前 言

根据建设部《关于印发〈二〇〇四年工程建设城建、建工行业标准制订、修订计划〉的通知》（建标 [2004] 66 号）的要求，编制组对国内外大量夜景照明工程和规范文献资料进行了深入实测调查和分析研究，认真总结实践经验，并在广泛征求意见的基础上制定了本规范。

本规范主要技术内容：总则、术语、基本规定、照明评价指标、照明设计、照明节能、光污染的限制、照明供配电与安全等。

本规范由住房和城乡建设部负责管理，由中国建筑科学研究院负责具体技术内容的解释（地址：北京市西城区车公庄大街 19 号；中国建筑科学研究院建筑物理研究所；邮编：100044）。

本 规 范 主 编 单 位：中国建筑科学研究院
本 规 范 参 编 单 位：北京市建筑设计研究院
　　　　　　　　　　天津大学建筑学院
　　　　　　　　　　重庆大学建筑城规学院
　　　　　　　　　　北京照明学会
　　　　　　　　　　上海照明学会
　　　　　　　　　　东芝照明（北京）有限公司
　　　　　　　　　　欧司朗（中国）照明有限公司
　　　　　　　　　　上海同音灯光音响工程有限公司
　　　　　　　　　　上海广茂达灯光景观工程有限公司
　　　　　　　　　　深圳高力特通用电气有限公司
　　　　　　　　　　国际铜业协会（中国）

本规范主要起草人：赵建平　肖辉乾　李景色
　　　　　　　　　沈天行　汪　猛　杨春宇
　　　　　　　　　王大有　李铁楠　朱　红
　　　　　　　　　李奇峰　许东亮　刘剑平
　　　　　　　　　汪幼江　恽为民　高京泉
　　　　　　　　　施文勇

目　次

1　总则 …………………………………… 56—4
2　术语 …………………………………… 56—4
3　基本规定 ……………………………… 56—5
　　3.1　设计原则 ………………………… 56—5
　　3.2　照明光源及其电器附件的选择 …… 56—5
　　3.3　照明灯具选择 …………………… 56—6
4　照明评价指标 ………………………… 56—6
　　4.1　照度或亮度 ……………………… 56—6
　　4.2　颜色 ……………………………… 56—6
　　4.3　均匀度、对比度和立体感 ……… 56—6
　　4.4　眩光的限制 ……………………… 56—6
5　照明设计 ……………………………… 56—6
　　5.1　建筑物 …………………………… 56—6
　　5.2　构筑物和特殊景观元素 ………… 56—7
　　5.3　商业步行街 ……………………… 56—8
　　5.4　广场 ……………………………… 56—8
　　5.5　公园 ……………………………… 56—8
　　5.6　广告与标识 ……………………… 56—9
6　照明节能 ……………………………… 56—9
　　6.1　照明节能措施 …………………… 56—9
　　6.2　照明功率密度值（LPD）………… 56—10
7　光污染的限制 ………………………… 56—10
8　照明供配电与安全 …………………… 56—11
　　8.1　照明供配电 ……………………… 56—11
　　8.2　照明控制 ………………………… 56—11
　　8.3　安全防护与接地 ………………… 56—12
附录A　城市规模和环境区域的
　　　　划分 …………………………… 56—12
附录B　半柱面照度的计算、测
　　　　量和使用 ……………………… 56—12
附录C　嬉水池和喷水池区域的
　　　　划分 …………………………… 56—13
本规范用词说明 ………………………… 56—13
附：条文说明 …………………………… 56—14

1 总　　则

1.0.1 为在城市夜景照明设计中，贯彻国家的法律、法规和技术经济政策，塑造城市夜间形象，增加城市魅力，丰富人们夜间生活，做到技术先进、经济合理、节约能源、保护环境、使用安全、维护管理方便，实施绿色照明，制定本规范。

1.0.2 本规范适用于城市新建、改建和扩建的建筑物、构筑物、特殊景观元素、商业步行街、广场、公园、广告与标识等景物的夜景照明设计。

1.0.3 城市夜景照明设计除应符合本规范外，尚应符合国家现行有关标准的规定。

2 术　　语

2.0.1 夜间景观　landscape in night, nightscape

在夜间，通过自然光和灯光塑造的景观，简称夜景。

2.0.2 夜景照明　nightscape lighting

泛指除体育场场地、建筑工地和道路照明等功能性照明以外，所有室外公共活动空间或景物的夜间景观的照明，亦称景观照明（landscape lighting）。

2.0.3 泛光照明　floodlighting

通常由投光灯来照射某一情景或目标，使其照度比其周围照度明显高的照明。

2.0.4 轮廓照明　outline lighting, contour lighting

利用灯光直接勾画建筑物和构筑物等被照对象轮廓的照明方式。

2.0.5 内透光照明　lighting from interior lights

利用室内光线向室外透射的照明方式。

2.0.6 重点照明　accent lighting

为提高特定区域或目标的照度，使其比周围区域亮的照明。

2.0.7 动态照明　dynamic lighting

通过对照明装置的光输出的控制形成场景明、暗或色彩等变化的照明方式。

2.0.8 灯具效率　luminaire efficiency

在相同的使用条件下，灯具发出的总光通量与灯具内所有光源发出的总光通量之比。

2.0.9 照度　illuminance

表面上一点的照度是入射在包含该点面元上的光通量 $d\Phi$ 除以该面元面积 dA 之商，即

$$E = \frac{d\Phi}{dA} \quad (2.0.9)$$

该量的符号为 E，单位为 lx（勒克斯），$1lx = 1lm/m^2$。

2.0.10 亮度　luminance

由 $d\Phi/(dA \cdot \cos\theta \cdot d\omega)$ 定义的量，即单位投影面积上的发光强度，其公式为：

$$L = d\Phi/(dA \cdot \cos\theta \cdot d\omega) \quad (2.0.10)$$

式中　$d\Phi$——由指定点的光束元在包含指定方向的立体角 $d\omega$ 内传播的光通量；
　　　dA——包括给定点的光束截面积；
　　　θ——光束截面法线与光束方向间的夹角。

该量的符号为 L，单位为 cd/m^2（坎德拉每平方米）。

2.0.11 眩光　glare

由于视野中的亮度分布或亮度范围的不适宜，或存在极端的对比，以致引起不舒适感觉或降低观察细部或目标的能力的视觉现象。

2.0.12 阈值增量　threshold increment

失能眩光的度量。表示为存在眩光源时，为了达到同样看清物体的目的，在物体及背景之间的对比所需增加的百分比。该量的符号为 TI。

2.0.13 色温　colour temperature

当光源的色品与某一温度下黑体的色品相同时，该黑体的绝对温度为此光源的色温度。该量的符号为 T_c，单位为 K。

2.0.14 相关色温（度）　correlated colour temperature

当光源的色品点不在黑体轨迹上，且光源的色品与某一温度下黑体的色品最接近时，该黑体的绝对温度为此光源的相关色温。该量的符号为 T_{cp}，单位为 K。

2.0.15 一般显色指数　general colour rendering index

光源对国际照明委员会（CIE）规定的 8 种标准颜色样品特殊显色指数的平均值。通称显色指数。该量的符号为 R_a。

2.0.16 反射比　reflectance

在入射光线的光谱组成、偏振状态和几何分布指定条件下，反射的光通量与入射光通量之比。符号为 ρ。

2.0.17 亮度对比　luminance contrast

视野中识别对象和背景的亮度差与背景亮度之比，即

$$C = \frac{L_o - L_b}{L_b} \quad 或 \quad C = \frac{\Delta L}{L_b} \quad (2.0.17)$$

式中　C——亮度对比；
　　　L_o——识别对象亮度；
　　　L_b——识别对象的背景亮度；
　　　ΔL——识别对象与背景的亮度差。

当 $L_o > L_b$ 时为正对比；

$L_o < L_b$ 时为负对比。

2.0.18 颜色对比　chromatic contrast, colour contrast

同时或相继观察视野中相邻两部分颜色差异的主

观评价。色对比分为色调对比、明度对比和彩度对比等。

2.0.19 照度或亮度均匀度 uniformity of illuminance (luminance)

表示规定平面上的照度或亮度变化的量，该量的符号为 U。

照度或亮度均匀度有两种表示方法：
1) 最小照度或亮度与最大照度或亮度之比，符号为 U_1；
2) 最小照度或亮度与平均照度或亮度之比，符号为 U_2。

2.0.20 平均半柱面照度 average semi-cylindrical illuminance

光源在给定的空间一点上一个假想的半个圆柱面上产生的平均照度。圆柱体轴线通常是竖直的。该量的符号为 E_{sc}。

2.0.21 立体感 modeling

用光造成亮暗对比效果，显示物体三维形体及表面质地的能力。

2.0.22 绿色照明 green lights

节约资源、保护环境、有益于提高人们的学习、工作效率和生活质量以及保障身心健康的照明。

2.0.23 照明功率密度（LPD） lighting power density

单位面积上的照明安装功率（包括光源、镇流器或变压器等），单位为瓦特每平方米（W/m²）。

2.0.24 光污染 light pollution

指干扰光或过量的光辐射（含可见光、紫外和红外光辐射）对人、生态环境和天文观测等造成的负面影响的总称。

2.0.25 溢散光 spill light (spray light)

照明装置发出的光线中照射到被照目标范围外的部分光线。

2.0.26 干扰光 obtrusive light

由于光的数量、方向或光谱特性，在特定场合中引起人的不舒适、分散注意力或视觉能力下降的溢散光。

2.0.27 上射光通比（ULOR） upward light output ratio

当灯具安装在规定的设计位置时，灯具发射到水平面以上的光通量与灯具中全部光源发出的总光通量之比。

2.0.28 熄灯时段 curfew

为控制干扰光的光污染要求比较严格的时间段。

2.0.29 环境区域 environment zones

为限制光污染，根据环境亮度状况和活动的内容，对相应地区所作的划分。

2.0.30 维护系数 maintenance factor

照明装置在使用一定时间后，在规定表面上的平均照度或平均亮度与该装置在相同条件下新装时在规定表面上所得到的平均照度或平均亮度之比。

2.0.31 维持平均照度（亮度） maintained average illuminance (luminance)

照明装置必须进行维护时，在规定表面上的平均照度（亮度）值。

3 基本规定

3.1 设计原则

3.1.1 城市夜景照明设计应符合城市夜景照明专项规划的要求，并宜与工程设计同步进行。

3.1.2 城市夜景照明设计应以人为本，注重整体艺术效果，突出重点，兼顾一般，创造舒适和谐的夜间光环境，并兼顾白天景观的视觉效果。

3.1.3 照度、亮度及照明功率密度值应控制在本规范规定的范围内。

3.1.4 应合理选择照明光源、灯具和照明方式；应合理确定灯具安装位置、照射角度和遮光措施，以避免光污染。

3.1.5 应慎重选择彩色光。光色应与被照对象和所在区域的特征相协调，不应与交通、航运等标识信号灯造成视觉上的混淆。

3.1.6 照明设施应根据环境条件和安装方式采取相应的安全防范措施，并不得影响园林、古建筑等自然和历史文化遗产的保护。

3.2 照明光源及其电器附件的选择

3.2.1 选用的照明光源及其电器附件应符合国家现行相关标准的有关规定。

3.2.2 选择光源时，在满足所期望达到的照明效果等要求条件下，应根据光源、灯具及镇流器等的性能和价格，在进行综合技术经济分析比较后确定。

3.2.3 照明设计时宜按下列条件选择光源：
1 泛光照明宜采用金属卤化物灯或高压钠灯；
2 内透光照明宜采用三基色直管荧光灯、发光二极管（LED）或紧凑型荧光灯；
3 轮廓照明宜采用紧凑型荧光灯、冷阴极荧光灯或发光二极管（LED）；
4 商业步行街、广告等对颜色识别要求较高的场所宜采用金属卤化物灯、三基色直管荧光灯或其他高显色性光源；
5 园林、广场的草坪灯宜采用紧凑型荧光灯、发光二极管（LED）或小功率的金属卤化物灯；
6 自发光的广告、标识宜采用发光二极管（LED）、场致发光膜（EL）等低耗能光源；
7 通常不宜采用高压汞灯，不应采用自镇流荧光高压汞灯和普通照明白炽灯。

3.2.4 照明设计时应按下列条件选择镇流器：

1 直管荧光灯应配用电子镇流器或节能型电感镇流器；

2 高压钠灯、金属卤化物灯应配用节能型电感镇流器；在电压偏差较大的场所，宜配用恒功率镇流器；光源功率较小时可配用电子镇流器。

3.2.5 高强度气体放电灯的触发器与光源之间的安装距离应符合产品的相关规定。

3.3 照明灯具选择

3.3.1 选用的照明灯具应符合国家现行相关标准的有关规定。

3.3.2 在满足眩光限制和配光要求条件下，应选用效率高的灯具。其中泛光灯灯具效率不应低于65%。

3.3.3 安装在室外的灯具外壳防护等级不应低于IP54；埋地灯具外壳防护等级不应低于IP67；水下灯具外壳防护等级应符合本规范第8.3.6条和第8.3.7条的规定。

3.3.4 灯具及安装固定件应具有防止脱落或倾倒的安全防护措施；对人员可触及的照明设备，当表面温度高于70℃时，应采取隔离保护措施。

3.3.5 直接安装在可燃性材料表面上的灯具，应采用标有 ▽F▽ 标志的灯具。

4 照明评价指标

4.1 照度或亮度

4.1.1 建筑物、构筑物和其他景观元素的照明评价指标应采取亮度或与照度相结合的方式。步道和广场等室外公共空间的照明评价指标宜采用地面水平照度（简称地面照度 E_h）和距地面1.5m处半柱面照度（E_{sc}）。

4.1.2 本规范规定的照度或亮度值均应为参考面上的维持平均照度或维持平均亮度值。

4.1.3 在照明设计时，应根据环境特征、灯具的防护等级和擦拭次数从表4.1.3中选定相应的维护系数。

表4.1.3 维护系数

灯具防护等级	环境特征		
	清洁	一般	污染严重
IP5X、IP6X	0.65	0.6	0.55
IP4X及以下	0.6	0.5	0.4

注：1 环境特征可按下列情况区分：

清洁：附近无产生烟尘的工作活动，中等交通量，如大型公园、风景区；

一般：附近有产生中等烟尘的工作活动，交通量较大，如居住区及轻工业区；

污染严重：附近有产生大量烟尘的工作活动，有时可能将灯具尘封起来，如重工业区。

2 表中维护系数值以一年擦拭一次为前提。

4.2 颜 色

4.2.1 夜景照明光源色表可按其相关色温分为三组，光源色表分组应按表4.2.1确定。

表4.2.1 夜景照明的光源色表分组

色表分组	色温/相关色温（K）
暖色表	<3300
中间色表	3300~5300
冷色表	>5300

4.2.2 夜景照明光源显色性应以一般显色指数 R_a 作为评价指标，光源显色性分级应按表4.2.2确定。

表4.2.2 夜景照明光源的显色性分级

显色性分级	一般显色指数 R_a
高显色性	≥80
中显色性	60~80
低显色性	<60

4.3 均匀度、对比度和立体感

4.3.1 广场、公园等场所公共活动空间和采用泛光照明方式的广告牌宜将照度（或亮度）均匀度作为评价指标之一。

4.3.2 建筑物和构筑物的入口、门头、雕塑、喷泉、绿化等，可采用重点照明突显特定的目标，被照物的亮度和背景亮度的对比度宜为3~5，且不宜超过10~20。

4.3.3 当需要突出被照明对象的立体感时，主要观察方向的垂直照度与水平照度之比不应小于0.25。

4.3.4 夜景照明中不应出现不协调的颜色对比；当装饰性照明采用多种彩色光时，宜事先进行验证照明效果的现场试验。

4.4 眩光的限制

4.4.1 夜景照明应以眩光限制作为评价指标之一。对机动车驾驶员的眩光限制程度应以阈值增量（TI）度量，并应符合本规范第7.0.2条第3款的规定。

4.4.2 居住区和步行区的照明设施对行人和非机动车人员产生的眩光应符合本规范表7.0.2-3的规定。

5 照明设计

5.1 建 筑 物

5.1.1 建筑物夜景照明设计除应符合本规范第3.1节的规定外尚应符合下列要求：

1 应根据被照物功能、特征、周围环境，选择

适宜的视点,并应考虑光的投射方向、灯具的安装位置等因素的影响;

2 应根据建筑物表面色彩,合理选择光的颜色以使其与建筑物及周边环境相协调;

3 宜隐蔽灯具等照明设施;当隐蔽困难时,应使照明设施的形状、尺度和颜色与环境相协调;

4 夜景照明灯具应和建筑立面的墙、柱、檐、窗、墙角或屋顶部分的建筑构件相结合;

5 建筑物的入口不宜采用泛光灯直接照射。

5.1.2 不同城市规模及环境区域建筑物泛光照明的照度和亮度标准值应符合表5.1.2的规定。

5.1.3 对特别重要的建筑物,当需要提高其照度或亮度值时,只宜在该建筑物上局部提高。

5.1.4 建筑物的入口、特征构件、徽标或标识等部位的照度或亮度与周围照度或亮度的对比度应符合本规范第4.3.2条的规定。

表5.1.2 不同城市规模及环境区域建筑物泛光照明的照度和亮度标准值

建筑物饰面材料名称	反射比ρ	城市规模	平均亮度 (cd/m²)				平均照度 (lx)			
			E1区	E2区	E3区	E4区	E1区	E2区	E3区	E4区
白色外墙涂料,乳白色外墙釉面砖,浅色暖色外墙涂料,白色大理石等	0.6~0.8	大	—	5	10	25	—	30	50	150
		中	—	4	8	20	—	20	30	100
		小	—	3	6	15	—	15	20	75
银色或灰绿色铝塑板、浅色大理石、白色石材、浅色瓷砖、灰色或土黄色釉面砖、中等浅色涂料、铝塑板等	0.3~0.6	大	—	5	10	25	—	50	75	200
		中	—	4	8	20	—	30	50	150
		小	—	3	6	15	—	20	30	100
深色天然花岗石、大理石、瓷砖、混凝土、褐色、暗红色釉面砖、人造花岗石、普通砖等	0.2~0.3	大	—	5	10	25	—	75	150	300
		中	—	4	8	20	—	50	100	250
		小	—	3	6	15	—	30	75	200

注:1 城市规模及环境区域(E1~E4区)的划分可按本规范附录A进行;
  2 为保护E1区(天然暗环境区)生态环境,建筑立面不应设置夜景照明。

5.1.5 建筑物夜景照明可采用多种照明方式。当使用多种照明方式时,应分清照明的主次,注重相互配合及所形成的总体效果。

5.1.6 选择照明方式时应符合下列要求:

1 除有特殊照明要求的建筑物外,使用泛光照明时不宜采用大面积投光将被照面均匀照亮的方式;对玻璃幕墙建筑和表面材料反射比低于0.2的建筑,不应选用泛光照明;

2 对具有丰富轮廓特征的建筑物,可选用轮廓照明;当轮廓照明使用点光源时,灯具间距应根据建筑物尺度和视点远近确定;当使用线光源时,线光源的形状、线径粗细和亮度应根据建筑物特征和视点远近确定;

3 对玻璃幕墙以及外立面透光面积较大或外墙被照面反射比低于0.2的建筑,宜选用内透光照明;使用内透光照明应使内透光与环境光的亮度和光色保持协调,并应防止内透光产生光污染;

4 重点照明的光影特征、亮度和光色等应与建筑整体协调统一;

5 当采用光纤、导光管、激光、太空灯球、投影灯和火焰光等特种照明器材时,应对照明的必要性、可行性进行论证。

5.2 构筑物和特殊景观元素

5.2.1 构筑物和特殊景观元素(包括桥梁、雕塑、塔、碑、城墙、市政公共设施等)的夜景照明设计应在不影响其使用功能的前提下,展现其形态美感,并应与环境协调。

5.2.2 构筑物和特殊景观元素的照度和亮度标准值应符合本规范第5.1.2条的规定。

5.2.3 桥梁的照明设计应符合下列要求:

1 应避免夜景照明干扰桥梁的功能照明。

2 应根据主要视点的位置、方向,选择合适的亮度或照度。

3 应根据桥梁的类型,选择合适的夜景照明方式,展示和塑造桥梁的特色,并宜符合下列规定:

　1)塔式斜拉钢索桥的照明宜重点塑造桥塔、拉索、桥身侧面、桥墩等部位,并使照明效果具有整体感;

　2)园林中景观桥的照明应避免照明设施的暴露以及对游人的眩光影响;

　3)城市立交桥和过街天桥的照明应简洁自然,与周边环境和桥区绿地的照明相协调;

　4)城市中跨越江河桥梁的照明,应考虑与其在水中所形成的倒影相配合,应避免倒影产生的眩光;选择灯具及安装位置时,应考虑涨水时对灯具造成的影响。

4 应控制投光照明的方向以及被照面亮度以避免造成眩光及光污染。

5 桥梁夜景照明产生的光色、闪烁、动态、阴影等效果不应干扰车辆和船舶行驶的交通信号和驾驶作业。

6 通行重载机动车的桥梁照明装置应有防振措施。

5.2.4 雕塑及景观小品的照明应合理确定被照物亮度,并应与其背景亮度保持合适的对比度;应根据雕塑的主题、体量、表面材料的反光特性等来确定照明方案和选择照明方式。

5.2.5 塔的照明设计应兼顾远近不同观看位置上的需要，合理确定亮度和亮度分布，充分展现形体特点。

5.2.6 碑的照明设计应与碑的主体内涵相协调，并应控制周边的光环境氛围。

5.2.7 城墙的照明设计宜重点表现城楼、门洞、垛口、瞭望台等部位。

5.2.8 市政公共设施的夜景照明设计应与其功能照明相结合。

5.3 商业步行街

5.3.1 商业步行街的照明设计应符合下列要求：
1 购物环境应安全舒适；
2 街的出入口以及街内的道路、广场、公用设施、商店入口、橱窗、广告和标识均应设置照明；
3 商店立面应设置照明，并应与入口、橱窗、广告和标识以及毗邻建筑物的照明协调；
4 商业步行街的照明可选用多种光源和光色，采用动静结合的照明方式；
5 光污染的限制，应符合本规范第7.0.2条的要求。

5.3.2 商业步行街商店入口的照明设计应符合下列要求：
1 入口亮度与周围亮度的对比度应符合本规范第4.3.2条的规定；
2 应与店内照明、橱窗照明、广告标识照明以及建筑立面照明有所区别又相协调；
3 不应对进出商店的人员产生眩光。

5.3.3 商业步行街的道路照明设计应符合下列要求：
1 应能使行人看清路面、坡道、台阶、障碍物以及4m以外来人的面部；应能准确辨认建筑物标识、招牌和其他定位标识；
2 其评价指标及照明标准值应符合现行行业标准《城市道路照明设计标准》CJJ 45的相关规定；
3 不宜采用常规道路照明方式和常规道路照明灯具；
4 宜采用造型美观、上射光通比不超过25%、垂直面和水平面均有合理的光分布的装饰性和功能性相结合的灯具；
5 光源宜选择金属卤化物灯、细管径荧光灯、紧凑型荧光灯或其他高显色光源；
6 灯杆、支架、灯具外形、尺寸和颜色应整体设计，互相协调。

5.3.4 商业步行街市政公共设施的照明应统一设计，其亮度水平和光色应协调，并在视觉上保持良好的连续性和整体性。

5.3.5 商业步行街入口部位的大门或牌坊、建筑小品的照明亮度与街区其他部位亮度的对比度应符合本规范第4.3.2条的规定；街名牌匾等的照明应突出。

5.3.6 商业步行街建筑立面的照明设计应符合本规范第5.1.2条的规定。

5.3.7 商业步行街广告和标识的照明设计应符合本规范第5.6节的相关规定。

5.4 广 场

5.4.1 广场照明设计应符合下列规定：
1 广场照明所营造的气氛应与广场的功能及周围环境相适应，亮度或照度水平、照明方式、光源的显色性以及灯具造型应体现广场的功能要求和景观特征；
2 广场绿地、人行道、公共活动区及主要出入口的照度标准值应符合表5.4.1的规定；
3 广场地面的坡道、台阶、高差处应设置照明设施；
4 广场公共活动区、建筑物和特殊景观元素的照明应统一规划，相互协调；
5 广场照明应有构成视觉中心的亮点，视觉中心的亮度与周围环境亮度的对比度应符合本规范第4.3.2条的规定；

表5.4.1 广场绿地、人行道、公共活动区和主要出入口的照度标准值

照明场所	绿地	人行道	公共活动的区				主要出入口
			市政广场	交通广场	商业广场	其他广场	
水平照度(lx)	≤3	5~10	15~25	10~20	10~20	5~10	20~30

注：1 人行道的最小水平照度为2~5lx；
    2 人行道的最小半柱面照度为2lx。

6 除重大活动外，广场照明不宜选用动态和彩色光照明；
7 广场应选用上射光通比不超过25%且具有合理配光的灯具；除满足功能要求外，并应具有良好的装饰性且不得对行人和机动车驾驶员产生眩光和对环境产生光污染。

5.4.2 机场、车站、港口的交通广场照明应以功能照明为主，出入口、人行或车行道路及换乘位置应设置醒目的标识照明；使用的动态照明或彩色光不得干扰对交通信号灯的识别。

5.4.3 商业广场的照明应和商业街建筑、入口、橱窗、广告标识、道路、广场中的绿化、小品及娱乐设施的照明统一规划，相互协调，并应符合本规范第5.3节的相关规定。

5.5 公 园

5.5.1 公园照明设计应符合下列要求：
1 应根据公园类型（功能）、风格、周边环境和夜间使用状况，确定照度水平和选择照明方式；

　　2　应避免溢散光对行人、周围环境及园林生态的影响；

　　3　公园公共活动区域的照度标准值应符合表5.5.1的规定。

表 5.5.1　公园公共活动区域的照度标准值

区　　域	最小平均水平照度 $E_{h,min}$（lx）	最小半柱面照度 $E_{sc,min}$（lx）
人行道、非机动车道	2	2
庭园、平台	5	3
儿童游戏场地	10	4

注：半柱面照度的计算与测量可按本规范附录B进行。

5.5.2　公园树木照明设计应符合下列要求：

　　1　树木的照明应选择适宜的照射方式和灯具安装位置；应避免长时间的光照和灯具的安装对动、植物生长产生影响；不应对古树等珍稀名木进行近距离照明；

　　2　应考虑常绿树木和落叶树木的叶状及特征、颜色及季节变化因素的影响，确定照度水平和选择光源的色表；

　　3　应避免在人的观赏角度上产生眩光和对环境产生光污染。

5.5.3　公园绿地、花坛照明设计应符合下列要求：

　　1　草坪的照明应考虑对公园内人员活动的影响，光线宜自上向下照射，应避免溢散光对环境和人造成的光污染；

　　2　灯具应作为景观元素考虑，并应避免由于灯具的设置影响景观；

　　3　花坛宜采用自上向下的照明方式，以表现花卉本身；

　　4　应避免溢散光对观赏及周围环境的影响；

　　5　公园内观赏性绿地照明的最低照度不宜低于2lx。

5.5.4　公园水景照明设计应符合下列要求：

　　1　应根据水景的形态及水面的反射作用，选择合适的照明方式；

　　2　喷泉照明的照度应考虑环境亮度与喷水的形状和高度；

　　3　水景照明灯具应结合景观要求隐蔽，应兼顾无水时和冬季结冰时采取防护措施的外观效果；

　　4　光源、灯具及其电器附件必须符合本规范附录C规定的水中使用的防护与安全要求，并应便于维护管理；

　　5　水景周边应设置功能照明，防止观景人意外落水。

5.5.5　公园步道的坡道、台阶、高差处应设置照明设施。

5.5.6　公园的入口、公共设施、指示标牌应设置功能照明和标识照明。

5.6　广告与标识

5.6.1　广告与标识照明设计应符合下列要求：

　　1　应符合城市夜景照明专项规划中对广告与标识照明的要求；

　　2　应根据广告与标识的种类、结构、形式、表面材质、色彩、安装位置以及周边环境特点选择相应的照明方式；

　　3　光色运用应与广告与标识的文化内涵及周围环境相吻合，应注重昼夜景观的协调性，并达到白天和夜间和谐统一；

　　4　除指示性、功能性标识外，行政办公楼（区）、居民楼（区）、医院病房楼（区）不宜设置广告照明；

　　5　宜采用一般显色指数大于80的高显色性光源；

　　6　广告与标识照明不应产生光污染及影响机动车的正常行驶，不得干扰通信、交通等公共设施的正常使用。

5.6.2　广告与标识照明标准应符合下列规定：

　　1　不同环境区域、不同面积的广告与标识照明的平均亮度最大允许值应符合表5.6.2的规定；

表 5.6.2　不同环境区域、不同面积的广告与标识照明的平均亮度最大允许值（cd/m²）

广告与标示照明面积（m²）	环　境　区　域			
	E1	E2	E3	E4
S≤0.5	50	400	800	1000
0.5<S≤2	40	300	600	800
2<S≤10	30	250	450	600
S>10	—	150	300	400

注：环境区域（E1~E4区）的划分可按本规范附录A进行。

　　2　外投光广告与标识照明的亮度均匀度 U_1（L_{min}/L_{max}）宜为0.6~0.8；

　　3　广告与标识采用外投光照明时，应控制投射范围，散射到广告与标识外的溢散光不应超过20%；

　　4　应限制广告与标识照明对周边环境的光污染，并应符合本规范第7.0.2条的规定。

6　照　明　节　能

6.1　照明节能措施

6.1.1　应根据照明场所的功能、性质、环境区域亮度、表面装饰材料及所在城市的规模等，确定照度或亮度标准值。

6.1.2 应合理选择夜景照明的照明方式。

6.1.3 选用的光源应符合相应光源能效标准,并应达到节能评价值的要求。

6.1.4 应采用功率损耗低、性能稳定的灯用附件。镇流器按光源要求配置,并应符合相应能效标准的节能评价值。

6.1.5 应采用效率高的灯具。

6.1.6 气体放电灯灯具的线路功率因数不应低于0.9。

6.1.7 应合理选用节能技术和设备。

6.1.8 有条件的场所,宜采用太阳能等可再生能源。

6.1.9 应建立切实有效的节能管理机制。

6.2 照明功率密度值（LPD）

6.2.1 建筑物立面夜景照明应采用功率密度值作为照明节能的评价指标。

6.2.2 建筑物立面夜景照明的照明功率密度值不宜大于表6.2.2的规定。

表6.2.2 建筑物立面夜景照明的照明功率密度值（LPD）

建筑物饰面材料			E2区		E3区		E4区	
名称	反射比 ρ	城市规模	对应照度 (lx)	功率密度 (W/m²)	对应照度 (lx)	功率密度 (W/m²)	对应照度 (lx)	功率密度 (W/m²)
白色外墙涂料,乳白色外墙釉面砖、浅冷、暖色外墙涂料、白色大理石	0.6～0.8	大	30	1.3	50	2.2	150	6.7
		中	20	0.9	30	1.3	100	4.5
		小	15	0.7	20	0.9	75	3.3
银色或灰绿色铝塑板、浅色大理石、浅色瓷砖、灰色或土黄色釉面砖、中等浅色涂料、中等色铝塑板等	0.3～0.6	大	50	2.2	75	3.3	200	8.9
		中	30	1.3	50	2.2	150	6.7
		小	20	0.9	30	1.3	100	4.5
深色天然花岗石、大理石、瓷砖、混凝土、褐色、暗红色釉面砖、人造花岗石、普通砖等	0.2～0.3	大	75	3.3	150	6.7	300	13.5
		中	50	2.2	100	4.5	250	11.5
		小	30	1.3	75	3.3	200	8.9

注：1 城市规模及环境区域（E1～E4区）的划分可按本规范附录A进行；

2 为保护E1区（天然暗环境区）的生态环境,建筑立面不应设置夜景照明。

7 光污染的限制

7.0.1 光污染的限制应遵循下列原则：

1 在保证照明效果的同时,应防止夜景照明产生的光污染；

2 限制夜景照明的光污染,应以防为主,避免出现先污染后治理的现象；

3 对已出现光污染的城市,应同时做好防止和治理光污染工作；

4 应做好夜景照明设施的运行与管理工作,防止设施在运行过程中产生光污染。

7.0.2 光污染的限制应符合下列规定：

1 夜景照明设施在居住建筑窗户外表面产生的垂直面照度不应大于表7.0.2-1的规定值。

表7.0.2-1 居住建筑窗户外表面产生的垂直面照度最大允许值

照明技术参数	应用条件	环境区域			
		E1区	E2区	E3区	E4区
垂直面照度 (E_v)(lx)	熄灯时段前	2	5	10	25
	熄灯时段	0	1	2	5

注：1 考虑对公共（道路）照明灯具会产生影响,E1区熄灯时段的垂直面照度最大允许值可提高到1lx；

2 环境区域（E1～E4区）的划分可按本规范附录A进行。

2 夜景照明灯具朝居室方向的发光强度不应大于表7.0.2-2的规定值。

3 城市道路的非道路照明设施对汽车驾驶员产生的眩光的阈值增量不应大于15%。

表7.0.2-2 夜景照明灯具朝居室方向的发光强度的最大允许值

照明技术参数	应用条件	环境区域			
		E1区	E2区	E3区	E4区
灯具发光强度 I(cd)	熄灯时段前	2500	7500	10000	25000
	熄灯时段	0	500	1000	2500

注：1 要限制每个能持续看到的灯具,但对于瞬时或短时间看到的灯具不在此例；

2 如果看到光源是闪动的,其发光强度应降低一半；

3 如果是公共（道路）照明灯具,E1区熄灯时段灯具发光强度最大允许值可提高到500cd；

4 环境区域（E1～E4区）的划分可按本规范附录A进行。

4 居住区和步行区的夜景照明设施应避免对行人和非机动车人造成眩光。夜景照明灯具的眩光限制值应满足表7.0.2-3的规定。

表 7.0.2-3 居住区和步行区夜景照明灯具的眩光限制值

安装高度（m）	L 与 $A^{0.5}$ 的乘积
$H \leqslant 4.5$	$LA^{0.5} \leqslant 4000$
$4.5 < H \leqslant 6$	$LA^{0.5} \leqslant 5500$
$H > 6$	$LA^{0.5} \leqslant 7000$

注：1 L 为灯具在与向下垂线成 85°和 90°方向间的最大平均亮度（cd/m²）；

2 A 为灯具在与向下垂线成 90°方向的所有出光面积（m²）。

5 灯具的上射光通比的最大值不应大于表 7.0.2-4 的规定值。

表 7.0.2-4 灯具的上射光通比的最大允许值

照明技术参数	应用条件	环境区域			
		E1 区	E2 区	E3 区	E4 区
上射光通比	灯具所处位置水平面以上的光通量与灯具总光通量之比（%）	0	5	15	25

6 夜景照明在建筑立面和标识面产生的平均亮度不应大于表 7.0.2-5 的规定值。

表 7.0.2-5 建筑立面和标识面产生的平均亮度最大允许值

照明技术参数	应用条件	环境区域			
		E1 区	E2 区	E3 区	E4 区
建筑立面亮度 L_b(cd/m²)	被照面平均亮度	0	5	10	25
标识亮度 L_s(cd/m²)	外投光标识被照面平均亮度；对自发光广告标识，指发光面的平均亮度	50	400	800	1000

注：1 若被照面为漫反射面，建筑立面亮度可根据被照面的照度 E 和反射比 ρ，按 $L = E\rho/\pi$ 式计算出亮度 L_b 或 L_s。

2 标识亮度 L_s 值不适用于交通信号标识。

3 闪烁、循环组合的发光标识，在 E1 区和 E2 区里不应采用，在所有环境区域这类标识均不应靠近住宅的窗户设置。

7.0.3 光污染的限制应采取下列措施：

1 在编制城市夜景照明规划时，应对限制光污染提出相应的要求和措施；

2 在设计城市夜景照明工程时，应按城市夜景照明的规划进行设计；

3 应将照明的光线严格控制在被照区域内，限制灯具产生的干扰光，超出被照区域内的溢散光不应超过 15%；

4 应合理设置夜景照明运行时段，及时关闭部分或全部夜景照明、广告照明和非重要景观区高层建筑的内透光照明。

8 照明供配电与安全

8.1 照明供配电

8.1.1 应根据照明负荷中断供电可能造成的影响及损失，合理地确定负荷等级，并应正确地选择供电方案。

8.1.2 夜景照明设备供电电压宜为 0.23/0.4kV，供电半径不宜超过 0.5km。照明灯具端电压不宜高于其额定电压值的 105%，并不宜低于其额定电压值的 90%。

8.1.3 夜景照明负荷宜采用独立的配电线路供电，照明负荷计算需用系数应取 1，负荷计算时应包括电器附件的损耗。

8.1.4 当电压偏差或波动不能保证照明质量或光源寿命时，在技术经济合理的条件下，可采用有载自动调压电力变压器、调压器或专用变压器供电。当采用专用变压器供电时，变压器的接线组别宜采用 D, yn-11 方式。

8.1.5 照明分支线路每一单相回路电流不宜超过 30A。

8.1.6 三相照明线路各相负荷的分配宜保持平衡，最大相负荷电流不宜超过三相负荷平均值的 115%，最小相负荷电流不宜小于三相负荷平均值的 85%。

8.1.7 当采用三相四线配电时，中性线截面不应小于相线截面；室外照明线路应采用双重绝缘的铜芯导线，照明支路铜芯导线截面不应小于 2.5mm²。

8.1.8 对仅在水中才能安全工作的灯具，其配电回路应加设低水位断电措施。

8.1.9 对单光源功率在 250W 及以上者，宜在每个灯具处单独设置短路保护。

8.1.10 夜景照明系统应安装独立电能计量表。

8.1.11 有集会或其他公共活动的场所应预留备用电源和接口。

8.2 照明控制

8.2.1 同一照明系统内的照明设施应分区或分组集中控制，应避免全部灯具同时启动。宜采用光控、时控、程控和智能控制方式，并应具备手动控制功能。

8.2.2 应根据使用情况设置平日、节假日、重大节日等不同的开灯控制模式。

8.2.3 系统中宜预留联网监控的接口，为遥控或联网监控创造条件。

8.2.4 总控制箱宜设在值班室内便于操作处，设在室外的控制箱应采取相应的防护措施。

8.3 安全防护与接地

8.3.1 安装在人员可触及的防护栏上的照明装置应采用特低安全电压供电，否则应采取防意外触电的保障措施。

8.3.2 安装于建筑本体的夜景照明系统应与该建筑配电系统的接地型式相一致。安装于室外的景观照明中距建筑外墙 20m 以内的设施应与室内系统的接地型式相一致；距建筑物外墙 20m 以外的部分宜采用 TT 接地系统，将全部外露可导电部分连接后直接接地。

8.3.3 配电线路的保护应符合现行国家标准《低压配电设计规范》GB 50054 的要求，当采用 TN-S 接地系统时，宜采用剩余电流保护器作接地故障保护；当采用 TT 接地系统时，应采用剩余电流保护器作接地故障保护。动作电流不宜小于正常运行时最大泄漏电流的 2.0～2.5 倍。

8.3.4 夜景照明装置的防雷应符合现行国家标准《建筑物防雷设计规范》GB 50057 的要求。

8.3.5 照明设备所有带电部分应采用绝缘、遮拦或外护物保护，距地面 2.8m 以下的照明设备应使用工具才能打开外壳进行光源维护。室外安装照明配电箱与控制箱等应采用防水、防尘型，防护等级不应低于 IP54，北方地区室外配电箱内元器件还应考虑室外环境温度的影响，距地面 2.5m 以下的电气设备应借助于钥匙或工具才能开启。

8.3.6 嬉水池（游泳池）防电击措施应符合下列规定：

1 在 0 区内采用 12V 及以下的隔离特低电压供电，其隔离变压器应在 0、1、2 区以外；嬉水池区域划分应符合本规范附录 C 的规定；

2 电气线路采用双重绝缘；在 0 区及 1 区内不得安装接线盒；

3 电气设备的防水等级：0 区内不应低于 IPX8；1 区内不应低于 IPX5；2 区内不应低于 IPX4；

4 在 0 区、1 区及 2 区内应作局部等电位联结。

8.3.7 喷水池防电击措施应符合下列规定：

1 当采用 50V 及以下的特低电压（ELV）供电时，其隔离变压器应设置在 0、1 区以外；当采用 220V 供电时，应采用隔离变压器或装设额定动作电流 $I_{\Delta n}$ 不大于 30mA 的剩余电流保护器；喷水池区域划分应符合本规范附录 C 的规定；

2 水下电缆应远离水池边缘，在 1 区内应穿绝缘管保护；

3 喷水池应做局部等电位联结；

4 允许人进入的喷水池或喷水广场应执行本规范第 8.3.6 条的规定。

8.3.8 霓虹灯的安装设计应符合现行国家标准《霓虹灯安装规范》GB 19653 的规定。

附录 A 城市规模和环境区域的划分

A.0.1 城市规模根据人口数量可作下列划分：

1 城市中心城区非农业人口在 50 万以上的城市为大城市；

2 城市中心城区非农业人口为 20 万～50 万的城市为中等城市；

3 城市中心城区非农业人口在 20 万以下的城市为小城市。

A.0.2 环境区域根据环境亮度和活动内容可作下列划分：

1 E1 区为天然暗环境区，如国家公园、自然保护区和天文台所在地区等；

2 E2 区为低亮度环境区，如乡村的工业或居住区等；

3 E3 区为中等亮度环境区，如城郊工业或居住区等；

4 E4 区为高亮度环境区，如城市中心和商业区等。

附录 B 半柱面照度的计算、测量和使用

B.0.1 半柱面照度应按下式计算：

$$E_{sc} = \sum \frac{I(C,\gamma)(1+\cos\alpha_{sc})\cos^2\varepsilon \cdot \sin\varepsilon \cdot MF}{\pi(H-1.5)^2}$$

(B.0.1)

式中 E_{sc}——计算点上的维持半柱面照度（lx）；

$\sum$——所有有关灯具贡献的总和；

$I(C,\gamma)$——灯具射向计算点方向的光强（cd）；

α_{sc}——为光强矢量所在的垂直面和与半圆柱体的表面垂直的平面之间的夹角（图 B.0.1）；

γ——垂直光度角（°）；

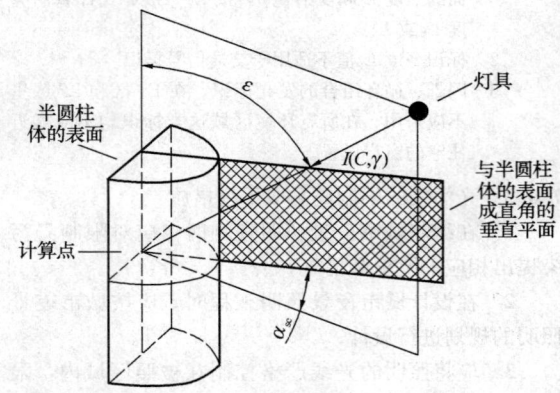

图 B.0.1 计算半柱面照度时所用的角

  C——水平光度角（°）；
  ε——入射光线与通过计算点的水平面法线间的角度（°）；
  H——灯具的安装高度（m）；
  MF——光源光通维护系数和灯具维护系数的乘积。

注：本规范中如未加说明，均指离地面1.5m处的半柱面照度。

B.0.2 半柱面照度宜按下列方法进行测量：

  1 半柱面照度可采用配置专用光度探测器的半柱面照度计进行直接测量；

  2 当照度的最低点在灯具的正下方时，在计算最小值时，也可选附近的其他点；

  3 当使用半柱面照度有困难时，可采用顺观察方向的 $2/\pi$ 倍垂直照度替代。

附录 C　嬉水池和喷水池区域的划分

C.0.1 嬉水池应根据电气危险程度划分区域（如图 C.0.1-1、图 C.0.1-2 所示）。

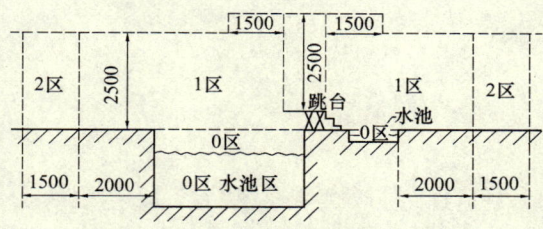

图 C.0.1-1　嬉水池区域划分

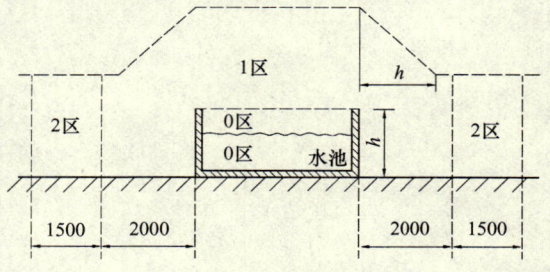

图 C.0.1-2　地上嬉水池区域划分

0区——水池内部；

1区——离水池边缘2m的垂直面内，其高度止于距地面或人能达到的水平面的2.5m处；对于跳台或滑槽，该区的范围包括离其边缘1.5m的垂直面内，其高度止于人能达到的最高水平面的2.5m处；

2区——1区至离1区1.5m的平行垂直面内，其高度止于离地面或人能达到的水平面的2.5m处。

C.0.2 喷水池应根据电气危险程度划分区域（如图 C.0.2 所示）。

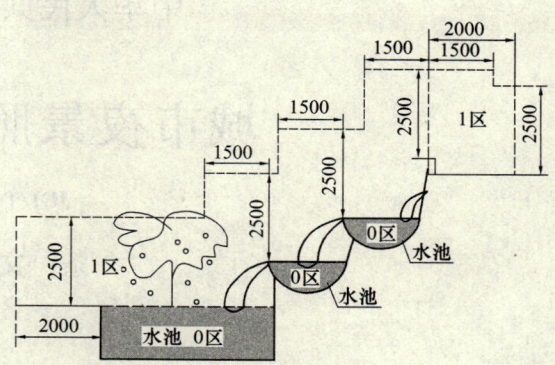

图 C.0.2　喷水池区域划分

0区——水池内部；

1区——离水池边缘2m的垂直面内，其高度止于距地面或人体能到达的水平面的2.5m处。

本规范用词说明

  1 为便于在执行本规范条文时区别对待，对要求严格程度不同的用词说明如下：

   1）表示很严格，非这样做不可的：
    正面词采用"必须"；
    反面词采用"严禁"。

   2）表示严格，在正常情况下均应这样做的：
    正面词采用"应"；
    反面词采用"不应"或"不得"。

   3）表示允许稍有选择，在条件许可时首先应这样做的：
    正面词采用"宜"；
    反面词采用"不宜"。

    表示有选择，在一定条件下可以这样做的，采用"可"。

  2 条文中指明应按其他有关标准执行时，写法为"应按……执行"或"应符合……的要求（规定）"。

中华人民共和国行业标准

城市夜景照明设计规范

JGJ/T 163—2008

条 文 说 明

前　言

《城市夜景照明设计规范》JGJ/T 163—2008，经住房和城乡建设部 2008 年 11 月 4 日以第 141 号公告批准发布。

为便于广大设计、施工、科研、企业和学校等单位有关人员在使用本规范时能正确理解和执行规范条文的规定，《城市夜景照明设计规范》编制组按正文的章、节、条顺序编制了本规范的条文说明，供使用者参考。在使用中如发现本条文说明有不妥之处，请将意见函寄中国建筑科学研究院建筑物理研究所（邮编：100044，地址：北京市西城区车公庄大街 19 号）。

目　次

1 总则 …………………………………… 56—17
2 术语 …………………………………… 56—17
3 基本规定 ……………………………… 56—17
　3.1 设计原则 ………………………… 56—17
　3.2 照明光源及其电器附件的
　　　选择 ……………………………… 56—17
　3.3 照明灯具选择 …………………… 56—18
4 照明评价指标 ………………………… 56—18
　4.1 照度或亮度 ……………………… 56—18
　4.2 颜色 ……………………………… 56—19
　4.3 均匀度、对比度和立体感 ……… 56—19
　4.4 眩光的限制 ……………………… 56—19
5 照明设计 ……………………………… 56—19
　5.1 建筑物 …………………………… 56—19
　5.2 构筑物和特殊景观元素 ………… 56—20
　5.3 商业步行街 ……………………… 56—21
　5.4 广场 ……………………………… 56—21
　5.5 公园 ……………………………… 56—22
　5.6 广告与标识 ……………………… 56—22
6 照明节能 ……………………………… 56—23
　6.1 照明节能措施 …………………… 56—23
　6.2 照明功率密度值（LPD） ……… 56—23
7 光污染的限制 ………………………… 56—24
8 照明供配电与安全 …………………… 56—26
　8.1 照明供配电 ……………………… 56—26
　8.2 照明控制 ………………………… 56—26
　8.3 安全防护与接地 ………………… 56—26
附录 A　城市规模和环境区域的
　　　　划分 …………………………… 56—27
附录 B　半柱面照度的计算、测
　　　　量和使用 ……………………… 56—27
附录 C　嬉水池和喷水池区域的
　　　　划分 …………………………… 56—27

1 总　则

1.0.1 在总结我国城市夜景照明工程设计、建设与管理经验和存在问题的基础上，并借鉴了国际和国外先进的夜景照明规范，简要地阐述了制定本规范的目的、要求和总的原则。

1.0.2 从我国实际情况出发，确定本规范的适用范围主要有建筑物、构筑物和特殊景观元素、商业步行街、广场、公园、广告与标识等景物的夜景照明设计。

1.0.3 明确了本规范与其他标准规范的关系，也就是城市夜景照明设计除应遵守本规范外，尚应符合国家现行有关标准规范的规定。

2 术　语

本章共列出了本规范出现的相关术语共31条。编列以上术语的原则：

1 便于设计和管理等相关人员查找和使用。考虑到使用本规范的初级、中级和高级设计人员的技术水平不一，而且初级和中级设计人员数量较多，因此在本规范中出现的相关术语基本上都编入到本章术语。

2 尽量压缩或减少引用国家标准《电工术语照明》GB/T 2900.65－2004和行业标准《建筑照明术语标准》JGJ/T 119－2008、《园林基本术语标准》CJJ/T 91－2002和《市容环境卫生术语标准》CJJ/T 65－2004中的术语。少数重复的术语，是因城市夜景照明设计中必不可少或是从城市夜景照明角度在内涵上有所扩展或变动而收录的。

编写时参考了下列与城市夜景照明相关的标准和技术资料：

  1) CIE出版物《国际照明术语》No.17.4(1987)；

  2) 行业标准《建筑照明术语标准》JGJ/T 119－2008；

  3) 国家标准《城市规划基本术语标准》GB/T 50280－98；

  4) 行业标准《园林基本术语标准》CJJ/T 91－2002；

  5) 行业标准《市容环境卫生术语标准》CJJ/T 65－2004。

本标准的术语的中英文名称和定义是通过对以上参考文献资料进行反复研究和广泛征求意见后确定的。

3 基本规定

3.1 设计原则

3.1.1 本条规定同步设计的原则，也就是根据当地城市夜景照明专项规划和相关法律、法规的要求，宜与被照明工程的规划、设计同步进行。

3.1.2 本条规定以人为本，彰显个性，注重夜景照明整体艺术效果的原则。

3.1.3 本条规定节约能源、保护环境，实施绿色照明的原则。

3.1.4 本条规定防止夜景照明产生光污染的原则。

3.1.5 本条规定慎用彩色光的原则。

3.1.6 本条规定安全的原则，其中照明设施应根据环境条件、安装方式设置相应的安全防范措施，并应有利于保护历史文化遗产、园林和古典建筑等被照对象免受损伤。

3.2 照明光源及其电器附件的选择

3.2.1 本条规定对选用照明光源最基本的要求。

3.2.2 在选择光源时，不单是比较光源价格，更应进行全寿命期的综合经济分析比较，因为一些高效、长寿命光源，虽价格较高，但使用数量减少，运行维护费用降低，经济上和技术上是合理的。

3.2.3 本条规定选择照明光源的一般原则：

  1 泛光照明多用于大面积的照明场所，而高强气体放电灯具有光效高、寿命长等优点，因而得到普遍应用。

  2 细管径直管形荧光灯、紧凑型荧光灯或发光二极管（LED）因体积小通常比较适用于内透光照明。

  3 紧凑型荧光灯、冷阴极管或发光二极管（LED）灯带体积小，并为线性光源，比较适用于轮廓照明。

  4 商业步行街、广告等场所对颜色的识别有一定要求，因此需选用高显色性光源，如金属卤化物灯、三基色荧光灯或其他高显色性光源。

  5 紧凑型荧光灯和小功率的高强气体放电灯亮度相对较低，比较适合于园林、广场的草坪灯，也有利于节约能源。

  6 强调自发光的广告、标识宜使用LED和EL光源，以节约照明用电。

  7 和其他高强气体放电灯相比，荧光高压汞灯光效较低，寿命也不长，显色指数也不高，故不宜采用。自镇流荧光高压汞灯和白炽灯光效低和寿命短，故不应采用。

3.2.4 本条说明选择镇流器的原则：

  1 直管形荧光灯应配用电子镇流器或节能电感镇流器，不应配用功耗大的传统电感镇流器，以提高能效。

  2 当采用高压钠灯和金属卤化物灯时，宜配用镇流器功耗占灯功率的百分比小于11%的节能型电感镇流器，它比普通电感镇流器节能；这类光源的电子镇流器尚不够稳定，暂不宜普遍推广应用，对于功率较小的高压钠灯和金属卤化物灯,可配用电子镇流器,目前市场上有这种产品。在电压偏差大的场所,采用高压钠灯和金属卤化物灯时,为了节能和保持光输出稳定,延长光源寿命,宜配用恒功率镇流器。

3.2.5 高强度气体放电灯的触发器,一般是与灯具装在一起的,但有时由于安装、维修上的需要或其他原因,也有分开设置的。此时,触发器与灯具间的距离越小越好。当两者间距大时,触发器不能保证气体放电灯正常启动,这主要是由于线路加长后,导线间分布电容增大,从而触发脉冲电压衰减而造成的,故触发器与光源的安装距离应符合制造厂家对产品的要求。

3.3 照明灯具选择

3.3.1 本条提出了选用照明灯具最基本的要求。

3.3.2 本条规定了泛光灯灯具的最低效率值,以利于节能。主要是根据调查的灯具的效率值,同时与《城市道路照明设计标准》CJJ 45-2006 的要求相一致。其他类型灯具效率应符合相关标准的规定。

3.3.3 主要是根据防护等级的划分原则及使用场所的条件制订,同时与《城市道路照明设计标准》CJJ 45-2006 的要求相一致。

3.3.4 出于对可能伤及人员安全考虑,特制定本条。

3.3.5 采用标有 ▽F 符号的灯具,强调夜景照明设施的安全要求。

4 照明评价指标

4.1 照度或亮度

4.1.1 本条规定了建筑物、构筑物和其他景观元素以及步行道、广场等室外开放空间的照明评价指标为亮度、照度和半柱面照度值。地面水平照度是为了看清地面上的障碍物和地面的起伏,以免绊跌或失足。本规范中的最低值规定为2lx,与CIE出版物《城区照明指南》No.136(2000)中推荐的最低值一致。离地面1.5m处的半柱面照度是为了行人晚间能够辨认其他趋近的,或附近离开一定距离的平均身高的来人脸部特征,以便提供必要的安全感。研究证明,4m的距离使行人能有足够的时间辨认和做好相应的防范准备,而在这个距离,辨认和估计一个人的企图所需的最小半柱面照度为0.8lx,本规范为使用者的便利,将最低要求规定为2lx。

在照明情况较为复杂时,垂直照度 E_v 与半柱面照度 E_{sc} 之间没有固定的换算关系。但是在单个点光源照射下:

$$E_{sc} = \frac{\Phi}{\pi r d}$$

$$E_v = \frac{\Phi}{2rd}$$

因此: $E_v = \frac{\pi}{2} E_{sc}$

本规范中半柱面照度与垂直照度之间的换算关系即是按照这一简化公式得出。

4.1.2、4.1.3 本条规定的照度或亮度均为参考面上维护周期末的维持照度值。在照明设计时,应根据环境特征、灯具的防护等级和擦洗周期,从本规范表4.1.3中选定相应的维护系数。

本规范的维持照度值是扣除下列假设的衰减后的照明值:

1 在计划更换光源时间内光源的流明衰减。

2 灯具在清洁周期末由于污染引起的输出流明的衰减。维护系数即是在灯具设备维护周期末,由于上述衰减后,参考面上的照明值与初始照明值之比,它是光源流明衰减因子与灯具污染衰减因子的乘积。

本规范中,光源的流明衰减因子按照其初始流明的70%计算;由于污染引起的灯具输出流明的衰减因子,则参考了CIE出版物《城区照明指南》No.136(2000)中给出的灯具污染衰减因子的推荐值,该推荐值如表1所示。

表1 灯具污染衰减因子

灯具的IP等级	环境特征	预期点燃时间(月)				
		12	18	24	30	36
IP2X	清洁	0.90	0.82	0.79	0.78	0.75
	一般	0.62	0.58	0.56	0.53	0.52
	污染严重	0.53	0.48	0.45	0.42	0.41
IP5X	清洁	0.92	0.91	0.90	0.89	0.88
	一般	0.90	0.88	0.86	0.84	0.82
	污染严重	0.89	0.87	0.84	0.80	0.76
IP6X	清洁	0.93	0.92	0.91	0.90	0.89
	一般	0.92	0.91	0.89	0.88	0.87
	污染严重	0.91	0.90	0.88	0.86	0.83

注:环境污染特征可按下列情况区分:

清洁:附近无产生烟尘的工作活动,中等交通量,环境颗粒水平不超过300μg/m³,如大型公园、风景区;

一般:附近有产生中等烟尘的工作活动,交通量较大,环境颗粒水平不超过600μg/m³,如居住区及轻工业地区;

污染严重:附近有产生大量烟尘的工作活动,有时可能将灯具尘封起来,如重工业地区。

本规范中的平均照度(average illuminance)的定义是"设定表面上有代表性的多点照度的平均值";平均亮度(average luminance)的定义是"设定表面上有代表性的多点亮度的平均值"。有代表性的点的数量和位置可参照国际照明委员会标准《光度学——物理光度学的CIE系统》S 010/E：2004和北京照明学会等编的《城市夜景照明技术指南》第16章夜景照明的测试和评价的有关规定确定。

4.2 颜 色

4.2.1 本条是根据CIE出版物《城区照明指南》No.136（2000）中的规定制定的。光源的色温或相关色温的选择在城市夜景照明设计中起着重要的作用，它涉及心理学、美学问题，也与气候环境、区域特色有关。城市中功能性照明的照度值较低，适宜采用低色温和中间色温光源，而对于规模较大的建筑物（构筑物）泛光照明，则适宜采用高色温光源。

4.2.2 本条将城市夜景照明光源的显色性以一般显色指数R_a作为评价指标，光源显色性应按本规范表4.2.2确定。

在CIE出版物《城区照明指南》No.136（2000）中，将光源的显色性分为5个级别，分别为：$A=90$以上；$B=80\sim90$；$C=60\sim80$；$D=40\sim60$；$E=40$以下。其中A类主要为白炽灯、卤钨灯等热辐射光源，D类主要为高压汞灯光源，这两类光源在城市夜景照明设计中已经不被推荐使用。故本标准中，将显色性的5个级别合并为3个级别。

4.3 均匀度、对比度和立体感

4.3.1 本条中照度或亮度均匀度的评价指标包括均匀度U_1和均匀度U_2。前者是给定平面上照度或亮度的最小值与最大值之比，即E_{min}/E_{max}或L_{min}/L_{max}，涉及视觉适应和地面上的显示；后者是给定平面上照度或亮度的最小值与平均值之比，即E_{min}/E_{av}或L_{min}/L_{av}，涉及视觉舒适感。

4.3.2 观察者主观上感觉的明亮程度，可以称之为"视亮度"，视亮度没有量纲，它与人眼的适应水平有关，与仪表测量得到的亮度是对数关系，即亮度增加10倍后，视亮度大约提高2.3倍。本条用加强照明表现特定的目标，如建筑物、构筑物、门头、雕塑、喷泉、绿化、入口等，其被照物的亮度和背景亮度或照度的对比度规定为3～5的主要依据：①综合考虑照明效果、节约能源和防止光污染等因素，特别是节约能源的因素；②相关的标准和调研成果，如英国《城市照明指南》和北美照明学会《照明手册》第九版规定的对比度为5时，可较好地凸显被照物；又如表2所示天津大学的调研结果表明1:5可达到强调的要求。

表2 需强调的被照物的亮度和环境亮度的对比度

照明效果	对比不强调	轻微强调	强调	很强调
亮度对比度	1:2	1:3	1:5	1:10

注：最大亮度对比度不应超过1:10。

4.3.3 城市夜景照明中的立体感评价主要是为了减少阴影，更好地展示被照对象的细节，比如对行人面部特征、城市设施的外观造型的辨识。检验被照对象立体感的指标有多种如照度矢量与标量照度比、平均柱面照度与水平照度之比以及垂直照度和水平照度之比等。本规范采用垂直照度与水平照度之比是其中一种较为简单易行，又比较有效的方法。

4.3.4 城市夜景照明中不应出现不和谐的颜色对比，当装饰性照明中采用多种彩色光线时，建议先进行现场试验，以检验照明效果。颜色的对比和适应能影响人的主观感觉，可以利用它的规律使照明设计获得良好的效果。不和谐的颜色对比则会扭曲照明对象的夜间形象，降低照明区域的吸引力，甚至对行人和车辆造成危害。

4.4 眩光的限制

4.4.1 城市夜景照明应将眩光限制作为一项评价指标。眩光的形成是由于视场中存在极高的亮度或亮度对比，而使视觉功能下降或使眼睛感到不舒适。阈值增量（TI）是描述道路照明眩光而提出的一个照明评价指标，涉及失能眩光；居住区和步行区内的灯具一般装得较低，而行人和自行车的行进速度较慢，故应限制灯具的亮度，并考虑不舒适眩光的影响。对机动车驾驶员的眩光限制应以阈值增量（TI）度量，并应符合本规范第7.0.2条的第3款的规定。

4.4.2 居住区和步行区的照明设施对行人和汽车驾驶员产生的不舒适眩光应符合本规范表7.0.2-3的规定。

5 照 明 设 计

5.1 建 筑 物

5.1.1 建筑物夜景照明除了符合本规范第3.1节的规定外，本条还补充规定应符合下列要求：

1 应根据被照建筑物的功能、特征和观赏视点，设计灯的投射方向、灯安装位置，达到安全、美观舒适和节能的效果，设计时就应充分考虑这些因素；

2 不同颜色光投射在建筑物上会产生不同的效果，建筑物色彩对彩色光也有一定选择性；建筑物不同的使用功能使其具有不同的性质，使用符合其性质的色光，能使建筑物得到更好体现；使用彩色光时还要考虑被彩色光照射的建筑物与相邻建筑、环境的色彩相协调；

3 对建筑物的照明应该是见光不见灯；有些灯具实在无法隐蔽时，灯具的形状、大小、颜色应与建筑、环境协调；使灯具与建筑物、环境融为一体；

4 强调建筑物夜景照明灯具宜与建筑物立面构件相结合，并融合为一体；

5 本款指出了建筑物入口不宜采用泛光照明方式直接照射。

5.1.2 本条根据 CIE、英国、美国、日本、德国、荷兰、澳大利亚和国内四个直辖市的照明标准以及大量夜景工程的调查资料提出了建筑物夜景照明照度或亮度设计值不应大于本规范表 5.1.2 的规定，并对设计值作了如下补充规定和说明。

1 根据大、中、小不同规模的城市确定与其相适应的照度或亮度等级，是基于背景亮度与目标物亮度的对比关系和节约能源关系考虑的。城市规模不同，建筑物的背景亮度不同，依次降低照度或亮度值并不影响建筑物夜景美观。

2 根据城市的不同功能区域将城市划分为城市中心和商业区，城郊的工业或居住区，乡村的工业或居住区和自然夜空保护区四类。本规范所推荐的是城市中心和商业区的照度和亮度值，城郊的工业或居住区约为城市中心和商业区照度和亮度的 40%，乡村的工业或居住区约为城市中心和商业区照度和亮度的 20%，为使自然夜空保护区免受光污染，建筑立面不设置夜景照明。

5.1.3 对于特别重要的建筑物需要提高其照度或亮度值时，可在本规范规定数值基础上对其局部提高。

5.1.4 对于建筑物的入口、特征构件、徽标或标识等部位的设计照度或亮度，与其相邻的部位或环境平均照度或亮度的对比度应符合本规范第 4.3.2 条的规定。

5.1.5 本条指出使用多种照明方式时，应分清主次，注意相互配合及所形成的总体效果。

5.1.6 本条提出选用照明方式应满足的要求：

1 建筑物被大面积投光将其均匀照亮既浪费电能又不生动。玻璃幕墙属于镜面高定向反射的透光材料，用泛光照明达不到美的效果，还可能形成强烈眩光和反射光干扰环境，或把室内照得很亮，造成危害。建筑表面材料反射比低于 0.2，用泛光照明既达不到照亮的目的又浪费电能。

2 使用点光源排列构成线状勾勒建筑物轮廓时，灯具间距太密会提高工程造价和浪费电能，太疏不易起到勾线作用。其间距就应根据建筑物尺度和观看点距离远近确定。使用线光源时，线光源形状、线径粗细和亮度都应符合建筑物特征并考虑观看点的远近确定。

3 玻璃幕墙以及外立面透光面积较大的建筑物，不宜用泛光照明，而宜选用内透光照明，但内透光也必须考虑其亮度、光色与环境和谐协调，内透光照明也应防止光污染。

4 对建筑物照明不宜平均对待，应分析建筑物特征，突出其建筑物重点部位。对建筑物重点部位宜对其局部进行多种形式和方法的重点照明。进行局部重点照明注意灯光照射在建筑物上形成的光影是否美观协调，产生的亮度和光色等方面要与建筑物本身的整体立面效果和谐统一。

5 特种照明方式要根据实际需要使用，光纤、导光管等在环境亮度较高的情况下不宜使用。激光、火焰光等表演性照明要根据特殊需要选用。使用特种照明时，需要对照明是否必要，技术是否可靠，有无可行性和其性能、质量、造价等多方面进行分析论证后运用。

5.2 构筑物和特殊景观元素

5.2.1 本条明确了构筑物和特殊景观元素的范围，并提出了对其进行夜景设计的总原则。

5.2.2 本条明确了构筑物和特殊景观元素照明的照度和亮度标准值应符合本规范第 5.1.2 条的规定。

5.2.3 本条提出了桥梁的照明设计应满足的要求：

1 桥梁的功能主要是供通行之用，因此，桥梁上通常都会设置功能照明，本款强调桥梁的功能照明是第一位的，景观照明不应对其形成干扰。

2 桥梁的主要观景点主要位于桥梁两侧的水面上或岸边的中远距离处，在这些位置上既能看到夜景观的全貌，也能兼顾到景观的一些细节，因此夜景的设计应主要考虑这些位置上的景观需要。

3 桥梁通常是一个地区的标志性建筑物，因此，其夜景设计应以突出特色来强化其地位。

1) 塔式拉索桥的特点主要体现在它的桥塔和拉索等部位，如果能让这些部位的夜景特点得到强调，那么，桥梁夜景的特点也就能够得到有效的体现；由于主要是从桥梁的外侧观看桥梁，因此桥身的夜景重点应塑造桥身的侧面；

2) 园林中的桥与游人距离较近，其夜景照明很容易产生眩光，因此，应在设计上予以充分的考虑；此外暴露的灯具会严重破坏园林景观桥的美观，必须予以避免；

3) 城市立交桥的作用主要是保障通行需要，因此，一些复杂或过度装饰的照明可能会对交通造成妨碍；

4) 水中倒影是桥梁夜景的重要组成部分，应予以重视，因此，需要在设计阶段进行考虑；由于位置关系，水中倒影很容易造成眩光，这也需要在设计阶段予以考虑并设法避免。

4 桥梁是交通枢纽，交通繁忙，因此桥梁上的夜景照明要保证车辆驾驶员和行人的视觉不会受到干扰，以保证交通安全和顺畅。

5 一些交通信号灯可能会设置在桥梁上，如城市立交等，因此，装饰照明的光和影就有可能对其造成干扰和妨碍，成为交通隐患，所以，应在设计阶段予以考虑避免。

6 夜景照明中的闪烁、动态、阴影等效果会对车辆驾驶员的视觉造成干扰，而车辆通过桥梁时，驾驶员需要高度集中精力，因此那些很容易造成驾驶员精力分散的特殊效果照明应予以限制。

5.2.4 雕塑和景观小品大多体量较小，且与环境关系密切，因此，其照明亮度与环境形成一定的比例关系，才能使景观既有合适的效果又与环境和谐。

5.2.5 塔往往是一个区域或城市的标志性建筑，会有远近不同距离上的观看，因此，设计时要考虑不同观看位置上的需求。

5.2.6 因碑具有纪念性质，与某些事件相关，所以，本条要求设计碑的夜景时，其照明效果要呼应碑所纪念的事件，要想获得对碑景的恰当感受，需要良好的环境氛围，本条要求应通过照明来营造相应的氛围。

5.2.7 城墙往往都有较长的长度和较大的体量，通过一些富于明暗变化的照明效果，可以避免单调；门洞、垛口、瞭望台等是城墙上富于变化的局部，应该在夜景中得到强调。

5.2.8 本条对市政公共设施的功能及照明作了原则的规定，并强调将景观照明与其自身的功能照明相结合，或在其功能照明上进行艺术化的设计。

5.3 商业步行街

5.3.1 本条提出了商业步行街的照明设计应符合的基本要求。

1 商业步行街是人们购物、休憩和观光的场所，照明要有助于创造一个安全舒适的购物和休憩环境；

2 街的入口以及街内的道路、广场、公园设施、商店入口、橱窗、广告和标识均应设置照明；

3 商店立面设置照明应与周围环境相协调；

4 商业步行街照明选用多种光源和光色，采用动静相结合的照明方式；

5 照明光污染的限制，应符合本规范第7.0.2条的要求。

5.3.2 本条规定了商业步行街商店入口的照明设计应符合的基本要求。

1 规定了入口照明的亮度与周围亮度的对比度，应符合本规范第4.3.2条的规定，目的是为了凸出入口，但又不能高得太多以免破坏整体效果和造成能源浪费；

2 商店入口的照明应与店内照明以及周围环境照明相协调；

3 商店入口的照明不应对进出商店的顾客产生眩光。

5.3.3 本条规定了商业步行街的道路照明设计应符合的要求。

1 应能使行人看清坡道、台阶、障碍物以及至少4m处来人的面部，同时应能准确辨认建筑物的标识、招牌或其他定位标识；

2 照明评价指标及标准应符合《城市道路照明设计标准》CJJ 45-2006的相关规定；

3 之所以规定不宜采用常规道路照明方式和常规道路照明灯具，是因为它们适合于机动车交通道路的照明，却不大适合只考虑行人要求的商业步行街的照明需要；主要问题是产生的垂直照明度低、灯具造型不够美观、布灯呆板，影响照明总体效果；

4 规定采用的灯具造型美观，上射光通比不超过25%，目的是为了减少光污染，提高灯具的光通利用率，要求垂直面有合理光分布，目的是提高垂直照度，从而有利于行人互相识别并看清垂直面上的各种标识、招牌；

5 规定了采用光源的类型；

6 要求采用的灯杆、支架、灯具外形、尺寸和颜色应作整体设计，相互协调。

5.3.4、5.3.5 分别规定了商业步行街的建筑、公用设施、"入口部位"的照明设计原则，除了执行本标准其他相关条文的规定外，尚补充了部分规定。

5.3.6 本条明确了商业步行街的立面照明设计应符合本规范第5.1.2条的相关规定。

5.3.7 本条明确了商业步行街的广告和标识照明设计应符合本规范第5.6节的相关规定。

5.4 广 场

5.4.1 本条提出了广场照明设计应符合的规定。

1 按中国大百科全书的《建筑 园林 城市规划》卷，广场主要有市政、交通、商业、纪念、宗教和休闲娱乐广场6大类，广场的功能和性质如下：

1）市政广场：用于政治、文化集会、庆典、游行、礼仪和节日活动的广场；

2）交通广场：城市中主要人流和车流、航流或机流集散点前的广场；

3）商业广场：位于商业中心，用于购物或休闲的广场；

4）纪念广场：纪念某一或某些人物或事件而修建的广场；

5）宗教广场：位于教室、寺庙及祠堂前，用于举行庆典、集会和游行的广场；

6）休闲娱乐广场：供人们休闲、游憩、约会或游乐活动的广场。

各类广场的功能要求和景观特征是不同的。因此第5.4.1条的第1款要求广场照明设计首先要体现各类广场的功能要求和景观特征。

2 根据编制组对车站、休闲、商业、宗教等多个广场的调查，广场地面照度为5lx时，调查对象的满意度为60%，地面照度为10lx时，调查对象的满意度为80%；广场的出入口处，照度为10lx时，调查对象的满意度约为65%；照度为15lx时，调查对象的满意度约为80%。在第5.4.1条第2款规定了广场公共活动区（广场绿地、人行道、公共活动区和主要出入口）的平均水平照度值和人行道的最小水平照度及最小半柱面照度，考虑和CIE出版物《城区照明指南》No.136（2000）相协调，对照明均匀度未作规定。

3 从行人安全角度出发，规定广场地面有坡道、台阶、高差处应设置照明设施。

4 本条款要求广场上的建筑和特殊景观元素的照明要统一规划，相互协调，避免对行人产生眩光和防止对环境产生光污染。

5 我国作为发展中国家，需综合考虑照明效果、节约能源和财政承受能力等因素，本条款规定了广场上构成视觉中心的亮度与周围环境亮度的对比度应符合本规范第4.3.2条的规定。

6 本条款规定了除重大活动外，广场不宜选用动态和彩色光照明。

7 本条款主要是考虑白天及夜晚的景观效果，并规定了各广场应避免照明对行人和司机产生眩光以及对环境造成光污染。

5.4.2 本条明确了交通广场照明设计应符合以下规定：

1 规定了对机场、车站、港口和码头的交通广场照明应以功能照明为主的原则；广场的出入口、步行或车行道路及换乘位置应利用醒目的照明标识，确保人流和车流畅通及安全；

2 规定了交通广场的机动车行驶区域的眩光限制应符合《城市道路照明设计标准》CJJ 45-2006的相关规定。

3 规定了各广场所使用闪烁多变的动态照明或彩色光照明不得干扰对交通信号灯的识别。

5.4.3 本条规定了商业广场照明设计应和商业街建筑、入口、橱窗、广告标识、道路、广场中的绿化、小品及娱乐设施的照明统一规划，相互协调，并符合本规范第5.3节的规定。

5.5 公　园

5.5.1 本条提出了对公园（园林）的照明设计应符合的要求，强调了既要考虑景观效果，同时要与人的活动相结合，并规定了公园公共活动区照明的最小平均水平照度和最小半柱面照度的标准值。标准值参考了CIE出版物《城区照明指南》No.136（2000）和上海市地方标准《城市环境（装饰）照明规范》DB 31/T 316-2004规定的数据。

5.5.2 本条提出了树木照明设计应满足的要求，强调了对树木的照明不应影响树木的生长，一般情况下应避免将灯具直接安装在树木上。灯具万不得已安装在树上时，应设置保护措施。

5.5.3 本条提出了草坪、花坛照明设计应满足的要求，强调了草坪、花坛照明的目的是表现其草坪、花卉的自然美，因此对光的投射方向和显色性提出了要求，应防止灯光本身的色彩变化。

5.5.4 本条提出了公园水景照明设计应满足的要求，强调了水景的照明要考虑水的反射效果，电器在水中的光效、安全性能，以及无水时的防护措施。

5.5.5 从安全考虑，本条规定公园步道的坡道、台阶、高差处应设置照明设施。

5.5.6 本条提出了公园的入口、公共设施、指示标牌应设置功能照明和标识照明。

5.6 广告与标识

5.6.1 本条提出了广告与标识照明设计应符合下列原则与要求：

1 在城市总体规划中对广告标识有总的规划和安排，广告、标识是城市夜景照明的重要组成部分，因此必须符合城市夜景照明专项规划中对广告、标识照明的要求。

2 应根据广告、标识的种类、结构、形式、表面材质、色彩、安装位置以及周边环境特点，选择相应的照明方式。

广告、标识照明在夜景照明中起相当重要的作用，和建筑物夜景照明是相辅相成的，因此应与夜景照明设计同步进行，否则既浪费能源又影响效果。

广告、标识的种类、结构、形式很多，一般都需要夜间照明，照明应配合广告、标识的内容为其服务。照明方法是多种多样的，要根据广告的材质、形状、位置和环境选择相应的照明方式。

3 光色运用应与广告与标识的文化内涵及周围环境相吻合，应注重昼夜景观的协调性，达到白天和夜间景观和谐统一。

夜间照明时，广告的文化内涵、传递的信息需通过与周围环境相吻合的、合理的照明光色运用才能达到最好的视觉效果，不同的文化内涵需要不同的光色去烘托。广告、标识昼夜都在起作用，白天其外观既要醒目又要与建筑物及周边环境很好地融合在一起；夜晚广告、标识的照明应与周边夜景照明效果相协调；同时夜晚广告、标识的照明比其他夜景照明设施开启的时间要长，因此尚需考虑广告、标识的照明在单独开启时的景观效果。

广告、标识的照明应注重昼夜景观的协调性，具有较好的白天、夜间景观的视觉效果，达到白天和夜间景观和谐统一。

4 除具有指示性、功能标识外，行政办公楼（区）、居民楼（区）、医院病房楼（区）不宜设置广告照明。

行政办公楼（区）、居民楼（区）、医院病房楼（区），是人们办公、休息、治病的场所，需要宁静、休闲、舒适、安全的环境。具有指示性、功能性标识的照明在夜间是人们所必需的,而广告照明易对居民楼形成光污染,破坏了宁静、休闲、舒适、安全的环境,因此不适宜设置。

5 应选择高效、节能的照明灯具和电器附件;应选用显色指数大于80、发光效能大于50lm/W的光源;自发光的广告、标识宜选用发光二极管。

外投光的广告、标识是被照亮的,应反映广告、标识自身的真实色彩,因此需要选用显色指数高的光源,且为节约能源需选用发光效率高的光源。

内透光、自发光的广告、标识是通过内部光源使表面直接发亮,表现广告、标识的内容,因此可选用相应颜色的发光二极管等低能耗光源。

6 广告与标识照明不应产生光污染,不应干扰通信、交通等公共设施的正常使用,不应影响机动车的正常行驶。

为使广告、标识发挥最大的广告和标识效应,一般设置在交通便利、人流量大、视野开阔的广场、车站、码头以及街道两边的建筑物上,而这些地方又是交通、通信等各种公共设施交叉、集中的地方,因此必须防止光污染和光干扰。

5.6.2 本条对广告与标识照明标准作了下列规定:

广告与标识是通过人的视觉而感受其内容和艺术效果,广告与标识照明有外投光和内透光两种基本方式,分别采用照度、亮度计量。在不同环境区域内,不同面积的广告与标识照明的两种基本方式,都应控制画面的表面亮度与环境谐调,控制最大亮度,防止光污染。

1 不同环境区域、不同面积的广告与标识照明的平均亮度最大允许值应符合表5.6.2的规定。

表中不同环境区域的数据是按CIE出版物《城区照明指南》No.136(2000)和《限制室外照明设施产生的干扰光影响指南》No.150(2003)制定的。各环境区域内的广告标识照明的最大亮度不允许超过规定的最大值,否则将会破坏广告与标识的艺术效果,形成光污染而且浪费能源。在E1区不应设置面积大于10m^2的广告与标识照明,否则将会破坏环境效果。

2 参考北美照明学会的照明手册,规定了外投光的广告与标识照明的亮度均匀度U_1(L_{min}/L_{max})宜为0.6~0.8。达到这一标准时,可获得满意的视觉效果。

3 规定了广告与标识照明的溢散光应控制在20%以下。

4 广告与标识照明对周边环境的影响应符合本规范第7.0.2条的规定。

6 照明节能

6.1 照明节能措施

6.1.1 设计时,应根据被照场所的功能、性质、环境区域亮度、表面装饰材料及所在城市的规模等,确定所需的照度或亮度的标准值。避免照度或亮度过高,浪费电能。

6.1.2 规定应合理选择夜景照明的照明方式,有利于照明节电。

6.1.3 对于不同的光源,国家制定了相应的能效标准和规范。选用的光源应符合相应光源能效标准,达到节能评价值的要求。

6.1.4 国家对灯用附件的功率损耗,制定了相应的能效标准和规范。照明设计时,应按光源要求配置符合相应能效标准的镇流器和电器附件。

6.1.5 由于气体放电灯配电感镇流器时,通常其功率因数很低,一般仅为0.4~0.5,所以应设置电容补偿,以提高功率因数。有条件时,宜在灯具内装设补偿电容,以降低照明线路电流值,降低线路能耗和电压损失。所选用的灯具的效率应符合本规范第3.3.2条的相关规定。

6.1.6 本条规定了气体放电灯灯具的线路功率因数不应低于0.9,以利于节能。

6.1.7 本条将选用节能控制技术和设备作为一项照明节能措施。

6.1.8 太阳能是取之不尽、用之不竭的能源,虽一次性投资大,但维护和运行费用很低,符合节能和环保要求。经核算证明技术经济合理时,宜利用太阳能作为照明能源。

6.1.9 切实有效的节能管理机制,有利于照明的维护管理和能源的节约。

6.2 照明功率密度值(LPD)

6.2.1 本条将照明功率密度值(LPD)作为夜景照明节能的重要评价指标,是参考了美国、日本、俄罗斯等国以及我国的《建筑照明设计标准》GB 50034-2004、《城市道路照明设计标准》CJJ 45-2006、北京市地方标准《绿色照明工程技术规程》DBJ 01-607-2001和北京市地方标准《城市夜景照明技术规范》DB 11/T 388.4-2006等均采用照明功率密度值(LPD)作为照明节能评价指标的做法提出的。

6.2.2 本条规定了不同规模和环境区域建筑物立面夜景照明的照明功率密度值(LPD)。并指出为了在建筑物夜景照明中推广和实施绿色照明,节约用电,解决目前普遍存在的建筑物立面夜景照明亮度偏高、不按照明标准建设夜景照明的问题,本规范强调按标准设计夜景照明的同时,建议还要按建筑被照面的单位面积功率限值,限制夜景照明的用电量。

建筑物立面夜景照明的表面照度或亮度与表面的反射比及洁净程度有关,同时随背景即环境亮度的高低发生变化。因此,建筑物立面夜景照明功率密度值也同样受建筑物立面材料反射比、洁净度和环境亮度这三个因素的影响。

本规范规定的建筑物立面夜景照明的照明功率密度值是通过国内外大量建筑夜景照明工程的调查，并参照国际上一些国家相应的规定制定的。

照明功率密度值的测算，先根据建筑立面夜景照明的照度或亮度标准，计算出照明的用灯数量，再由用灯数量算出照明消耗的总功率，最后用被照面的面积除以照明总功率所得的商为所求得照明功率密度值。

通过国内外大量建筑夜景照明工程的调查，国内北京、上海、深圳、天津和香港特别行政区部分建筑夜景照明的单位面积安装功率平均在 3.1～11W/m² 之间；法国巴黎和里昂的部分建筑夜景照明的单位面积安装功率在 2.6～3.7W/m² 之间；澳大利亚悉尼和堪培拉的部分建筑（含桥梁）夜景照明的单位面积安装功率在 1.8～3.1W/m² 之间；美国拉斯维加斯 6 栋建筑的泛光照明工程的平均单位面积安装功率为 18W/m²，可美国华盛顿 4 个建筑的夜景照明的单位面积安装功率才 2.4W/m²。不考虑拉斯维加斯的单位面积安装功率最大值，计算其他城市的平均单位面积安装功率为 3.3W/m²；美国规定为 2.67W/m²；加拿大规定为 2.4W/m²；我国北京市地方标准《绿色照明工程技术规程》DBJ 01-607-2001 规定为 3～5W/m²（该规程编制组通过对北京、上海、沈阳、青岛等 18 栋建筑物夜景照明功率密度值的调查，其平均值为 5.9W/m²）。北京市地方标准《城市夜景照明技术规范》DB 11/T 388.4-2006 规定的建（构）筑物夜景照明的照明功率密度值（LPD）见表 3。

表 3　建（构）筑物夜景照明的照明功率密度值（LPD）

反射比 %	低亮度背景		中亮度背景		高亮度背景	
	对应照度 (lx)	照明功率密度值 (W/m²)	对应照度 (lx)	照明功率密度值 (W/m²)	对应照度 (lx)	照明功率密度值 (W/m²)
70～85	50	3	100	5	150	7
45～70	75	4	150	7	200	9
20～45	150	7	200	9	300	14

注：特殊许可的地区与时段不受此表限制。

7 光污染的限制

7.0.1 城市夜景照明光污染的限制应满足以下要求：

1 强调在保证照明功能和景观要求下，防止夜景照明产生的光污染。

2 阐述了限制城市夜景照明光污染的防与治的关系，特别是对刚开始建设城市夜景照明的城市应强调以预防为主，避免出现先污染后治理的现象。

3 对已出现光污染的城市则应以防与治相结合为原则，同时做好光污染的防止和治理工作。

4 强调做好城市夜景照明设施的运行与管理工作，防止设施在运行过程中产生光污染。

7.0.2 本条说明限制光污染的标准。

限制城市室外照明设施产生的光污染目前已有国际标准。这就是 CIE 出版物《限制室外照明设施产生的干扰光影响指南》No.150（2003）和《城区照明指南》No.136（2000）的部分内容。按有关规定对已有国际标准，可根据实际情况，按不同等级可等同采用（IDT）、修改采用（MOD）或非等效采用（NEQ）的原则制定标准。鉴于 CIE 限制室外照明光污染标准是通过大量调研，总结了世界各国防治光污染的实践经验的基础上提出的，具有较高的权威性。因此本标准按等同采用（IDT）和修改采用（MOD）原则，使用了 CIE 的标准。本规范所指居住建筑主要包含住宅、公寓、旅馆和医院病房楼等。

1 关于居住建筑窗户外表面的垂直照度的限制标准。

照明对居住者的影响，通常与暗黑的居室里射入的户外照明光线在窗上形成的垂直照度相关。CIE 出版物《限制室外照明设施产生的干扰光影响指南》No.150（2003）将影响用窗户垂直面的照度表示。

对于低亮度光环境区域（E2 区），在熄灯时段（Curfew），国际照明委员会第 5 分部采纳了德国提出的建筑物窗户垂直面照度为 1lx 的建议。此标准是基于对德国 41 个地方的调查，考虑了大多数住民对窗户垂直面照度的反应。

1）对于户外照明不满的人约为对噪声不满者的 1/10 以下，回答者的 2.4% 表示感觉到有溢散光的干扰。

2）从测试房间的亮度与危害健康两方面分析，发现当窗户垂直面照度达到 1lx 时，开始反应不满。

3）窗户的垂直面照度大于 3lx 时，对房间过亮不满者显著增加，达到 5lx 以上时，感到危害健康的人群比例激增。

对熄灯时段之前，在中等亮度环境区域（E3 区）的垂直面照度最大允许值为 10lx。CIE 主要参考了澳大利亚布里斯班市议会的防止光污染条例。该条例根据实际经验，窗户垂直面照度限制为 8lx。同时参考了澳大利亚 1997 年制定的《限制室外照明光干扰》AS4282-1997，该标准也规定为 10lx。

2 关于夜景照明灯具朝向居室的发光强度的标准。

除窗面的垂直照度外，影响居住者的另外一个因素来源于可直接看到灯具的刺眼光线。一般而言，灯具的亮度为测量其影响的指标。而 CIE 第 150 号技术报告所提的标准使用的指标则不是亮度，而是判断观察者直接看到的灯具在该方向的光强（I）。

国际照明委员会第 5 分部所提标准是以德国和澳大利亚的试验为依据。该试验对周围环境较明亮的居民区域（环境区域 E3）的容许光强值如表 4 所示。

德国的数据以不舒适眩光的"舒适与不适的临界值"（BCD）为基础，通过对眩光光源的视角和背景亮度因素的分析，将眩光光源的最大容许亮度换算为容许光强。澳大利亚的数据基于记录人们反应频次（衡量不适感觉的尺度），若有 10％的回答者评价"过亮"，则将这个临界值的光强作为容许光强值。随着灯具距离的加大，澳大利亚与德国的光强容许值更为接近。

表 4　灯具的最大光强值
（住宅环境适应亮度 1.0cd/m² 时）

至灯具的距离（m）	最大光强（cd）和灯具直径（m）					
	0.15m		0.30m		0.50m	
	澳大利亚数据	德国数据	澳大利亚数据	德国数据	澳大利亚数据	德国数据
30	270	130	930	260	2500	430
100	470	430	1270	850	2900	1400
300	2200	1300	2800	2600	4700	4300

该技术委员会根据照明灯具的大小、观测距离等因素，采用 1000cd 为环境区域 E3 的熄灯时段的容许值为代表。按适应水平确定其他环境区域的容许光强值。但在熄灯时段前，该值过小而存在不适用的问题，这时可根据澳大利亚的研究成果，取高 1 级的光强容许值。

CIE 在确定此标准时，还直接参考了澳大利亚 1997 年制定的《限制室外照明光干扰》AS4282-1997，详见表 5。

表 5　熄灯时段室外灯具朝向居室方向的最大发光强度值

灯具的发光强度 I	推荐的最大值（cd）		
	商业和居住混合区	居 住 区	
		亮背景	暗背景
	2500	1000	500

3　城市道路的非道路照明设施主要指夜景照明和广告标识照明等设施，这些设施对汽车驾驶员产生眩光的阈值增量不应大于 15％的规定是根据 CIE 出版物《限制室外照明设施产生的干扰光影响指南》No.150（2003）确定的，见表 6；而 CIE 出版物《限制室外照明设施产生的干扰光影响指南》No.150（2003）又是根据 CIE 出版物《机动车和人行交通道路照明的建议》No.115（1995）和澳大利亚《限制室外照明光干扰》AS4282-1997 规定的阈值增量（TI）的控制值提出的。

表 6　非道路照明设施的阈值增量的最大值

照明技术参数	道 路 等 级			
	无道路照明	M5	M4/M3	M2/M1
阈值增量 TI	15％基于 0.1cd/m² 的适应亮度	15％基于 1cd/m² 的适应亮度	15％基于 2cd/m² 的适应亮度	15％基于 5cd/m² 的适应亮度

注：1　道路等级见 CIE 出版物《机动车和人行交通道路照明的建议》No.115（1995）。
　　2　阈值增量 TI 用于交通系统使用者在相关位置和视看方向，因非道路照明设施的光线引起识别基本信息的能力降低时使用。

4　本款规定了居住区和步行区的夜景照明设施对行人和骑自行车人员产生的不舒适眩光的限制标准。

确定这一标准的依据是 CIE 出版物《城区照明指南》No.136（2000）第 3.2（b）节关于灯具眩光的限制的规定。

在居住区或步行区中，对行人或移动得慢的骑自行车者或驾驶汽车者的不舒适眩光感觉，可能是由于靠近观察者视线的灯具亮度引起的。特别是对那些安装得较低，并且是安装在杆顶的灯具。

该指南对于不同安装高度，L 和 A 之间的关系提出了如下建议：

安装高度不大于 4.5m 时，$LA^{0.5}$ 不能超过 4000；

安装高度在 4.5m 至 6m 时，$LA^{0.5}$ 不能超过 5500；

安装高度超过 6m 时，$LA^{0.5}$ 不能超过 7000。

这里的 L 为在与向下垂线成 85°和 90°方向间的灯具最大平均亮度（cd/m²）；A 为灯具在与向下垂线成 90°方向的出光表面面积（m²）。该面积的所有表面包括直接可见或作为完整影像的无光源部分。如果灯具的发光面积具有很不均匀的亮度，应按照 CIE 出版物《道路照明设施的眩光和均匀度》No.31（1976）中所介绍的方法进行核算，即那些亮的部分的面积已并入相关的角度中，表明在同一角度下，小于最大亮度的 1/100 可忽略不计。

5　关于室外照明灯具的上射光通比最大值的限制。

上射光通过大气散射使夜空发亮，妨碍天文观测。室外照明灯具的上射光通比的最大值的限制标准是根据 CIE 出版物《防止夜天空发亮指南》No.126（1997）和 CIE 出版物《限制室外照明设施产生的干扰光影响指南》No.150（2003）提出的。

6　关于建筑立面与广告标识面的亮度标准。

对于装饰性投光照明的亮度水平在 CIE 出版物《泛光照明指南》No.94（1993）中推荐了不同环境所需的亮度。亮度值来源于经验的成分多于来自研究。具体数据是无良好照明环境为 4cd/m²，良好的照明环境为 6cd/m², 照得很亮的环境为12cd/m²。由于照明环境规定不够严格，而且不同照明光源和表面状况（材料种类和污染程度）的不同还要作修正，也就是乘以大于 1 的修正系数。另修正系数从 1.1 到 10，变化幅度大，情况复杂，操作起来也比较困难。相对而言，英国建筑设备注册工程师协会（CIBSE）和英国照明学会（ILE）的《城市照明指南》，根据不同的环境区规定建筑立面的平均亮度和最大亮度（见表7），比较简单，使用也较为方便。因此 CIE 出版物《限制室外照明设施产生的干扰光影响指南》No. 150（2003）中有关建筑立面照明的环境分区和亮度标准，基本上采用了英国标准的数据和做法。

表 7 英国《城市照明指南》建筑立面照明亮度标准

环境区（在文件使用了代号为E的分区）	平均亮度 (cd/m²)	最大亮度 (cd/m²)
E1（如：农村）	0	0
E2（如：市郊）	5	10
E3（如：城镇）	5~10	60
E4（如：城市）	10~25	150

广告与标识面的亮度值限制标准，主要是参考了 CIE 出版物《限制室外照明设施产生的干扰光影响指南》No. 150（2003）和英国照明工程师协会 1991 年出版的第 5 号报告《广告照明的亮度》以及 CIE 出版物《城区照明指南》No. 136（2000）提出的。

7.0.3 关于限制夜景照明光污染应采取的措施。

本条提出了 4 条防治夜景照明光污染的措施。这 4 条措施概括起来就是从城市夜景照明的规划、设计到夜景照明设施的控制、运行与管理，系统地考虑各个产生光污染的环节，应采取的相应措施。

8 照明供配电与安全

8.1 照明供配电

8.1.1 只有合理地确定负荷等级，正确地选择供电方案才能使照明用电保持在适当水平。经常举办大型夜间游园、娱乐、集会等活动的人员大量密集场所的夜景照明用电可按二级负荷供电，其余宜按三级负荷供电。

8.1.2 本条规定是考虑到部分夜景照明项目（如公园、城市商业街、立交桥等）区域较大，为了保证供电质量、减少供电线路损耗而制定的。

8.1.3 夜景照明的供电线路大多敷设在室外，较易受到天气和外力侵害，设置独立的线路保护可避免对其他负荷供电产生不必要的影响。

8.1.4 独立设置照明变压器的目的主要是为了保持电压稳定，提高照明质量，保证光源寿命，同时减小供电系统运行损耗。同时考虑到当前我国电力系统供电能力仍相当紧张，部分地区经常出现较大的电压偏移情况，可通过技术经济比较适当采用调压措施。

8.1.5 本条对每一单相回路的电流限值是现行各规范中的一致规定，已沿用多年。

8.1.6 本条是为保证三相负荷比较均衡，以使各相电压偏差不致产生过大的差别，同时减少中性线电流。

8.1.7 本条规定主要考虑照明负荷使用的不平衡性以及气体放电灯线路由于电流波形畸变产生高次谐波，即使三相平衡中性线中也会流过三的倍数的奇次谐波电流，有可能达到相电流的数值。

8.1.8 该类灯具的散热措施主要依靠灯体表面与水体间的热交换，不能在空气中长时间点燃。

8.1.9 采取每盏灯具加装短路保护可避免一个光源出现故障不会导致整条照明支路的其他灯具失电，从而将故障对整体景观的影响控制在最小程度上。

8.1.10 从有利于节电管理角度出发，在系统设计中应考虑安装电能表计量的可能性。

8.1.11 本条规定了有集会或其他公共活动场所应预备备用电源和接口。

8.2 照明控制

8.2.1 考虑到控制分路应满足使用要求，同时避免产生较大的故障影响面，减小对配电系统的电流冲击，做出本条规定。

8.2.2 设置平日、节假日、重大节日等不同的开灯控制模式，一是为了营造不同气氛下的景观效果，二是为了节约能源，三是为了有利于限制光干扰。

8.2.3 本条规定有条件时，对较大的夜景照明系统宜采用智能化控制。采用计算机网络技术实现对各子系统的监控和管理；实现灯光组合变化和照度变化的灵活控制；并可监测记录系统内电气参数的变化，发出故障警报、分析故障原因，也便于系统扩展。

8.2.4 从便于管理和维护考虑，规定总控制箱宜设在值班室内便于操作处，室外的控制箱应采取相应的防护措施。

8.3 安全防护与接地

8.3.1 本条主要是考虑到公园、立交桥等夜景照明项目供电线路较长，全部采用安全电压供电很不经济，因而可以在设有严密的防意外触电保护措施时，采用正常电压供电。

8.3.2 两个接地系统在电气上要真正分开，在地下必须满足一定的距离，否则两接地系统形式上是分开了，而实际（指电气上）仍未分开。且由于两个电气系统，通过接地装置的相互联系而产生强烈的干扰，严重时甚至造成两个接地系统都不能正常工作。这在实际工作中的例子是相当普遍的。有些地方将两接地系统间的距离规定仅有5m，这一般是不够的。在实际应用中，这样近的距离，发现相互干扰仍相当大，试验证明，在单根接地极情况下，距接地极20m远处才可看成零电位。在接地系统是多根接地极甚至是接地网的情况下，零电位处若按上述20m的规定距离，可能仍偏小，但对一般工程来说，两接地系统相距20m远时，相互间的影响已十分微弱，只要处理得当，是可正常工作的。

8.3.3 由于TT系统单相短路保护的灵敏度比TN系统低，熔断器和断路器拒绝动作的情况时有发生，致使外露可导电部分长时期带有接近110V危险电压，采用剩余电流动作保护装置，能大幅度提高TT系统触电保护的灵敏度，使TT系统更为安全可靠。

8.3.4 本条规定夜景照明装备的防雷应符合相关现行国家标准的规定。

8.3.5 为了防止无关人员有意识或无意识的触电危险制定本条。

8.3.6、8.3.7 本条是参照《建筑物电气装置 第7部分：特殊装置或场所的要求 第702节：游泳池和其他水池》GB 16895.19-2002中的相关规定制定的。

8.3.8 霓虹灯所用变压器是不同于其他类照明的特殊变压器。这种变压器必须供给10000～15000V的高压来击穿霓虹灯玻璃管内的气体介质，使管内开始放电发光。因此，变压器的高压配线及连接线、配线之间的距离、霓虹灯的安装场所、灯管支架、灯箱材料等均有特殊规定，应严格执行方能保证使用安全。

附录A 城市规模和环境区域的划分

A.0.1 本条说明城市规模的划分。

1 城市人口的组成。

从城市规划的角度来看，城市人口应是指那些与城市的活动有密切关系的人口。城市总体规划所指的城市人口规模是指城市建设用地范围内实际居住人口之和。它由三部分组成：①非农业人口；②农业人口；③暂住一年以上的暂住人口。

2 中国城市规模结构的变化（1980～2000年），见表8。

表8 中国城市规模结构的变化（1980～2000年）

规模级 (万人)	1980 城市数	1980 城市数比率(%)	1980 城市人口比率(%)	1990 城市数	1990 城市数比率(%)	1990 城市人口比率(%)	1997 城市数	1997 城市数比率(%)	1997 城市人口比率(%)	2000 城市数	2000 城市数比率(%)	2000 城市人口比率(%)
>100	15	3.7	38.7	31	6.6	45.7	34	5.1	35.0	40	6.0	38.1
50～100	30	13.5	24.6	28	6.0	12.6	47	7.0	15.2	54	8.2	15.1
20～50	69	30.9	23.1	119	25.5	24.6	203	30.4	28.5	217	32.7	28.4
<20	109	48.9	13.6	289	61.9	21.1	384	57.5	21.3	352	53.1	18.4
合计	223	100	100	467	100	100	668	100	100	663	100	100

3 本规范对大、中、小城市规模的划分和界定。

根据原《中华人民共和国城市规划法》第四条的规定和1980年至2000年我国城市规模结构的变化情况，在参考国家标准《城市公共设施规划规范》GB 50442-2008的规定，人口规模是以中心城区范围内非农业人口数量为基数划分的作法，本规范所指的大、中和小城市的规模的划分与界定如下：

大城市指城市中心城区非农业人口在50万以上的城市；

中等城市指城市中心城区非农业人口在20万以上，不满50万的城市；

小城市指城市中心城区非农业人口不满20万的城市。

A.0.2 本条说明环境区域的划分。

本规范对环境区域的划分依据为CIE出版物《限制室外照明设施的干扰光影响指南》No.150（2003）的第2.7.4节关于环境区域的定义和划分确定的。

附录B 半柱面照度的计算、测量和使用

半柱面照度的计算、测量和使用的依据为CIE出版物《城区照明指南》No.136（2000）、上海市地方标准《城市环境（装饰）照明规范》DB 31/T 316—2004和目前我国使用半柱面照度的现状调查。

附录C 嬉水池和喷水池区域的划分

嬉水池和喷水池区域划分的依据是《建筑物电气装置 第7部分：特殊装置或场所的要求 第702节：游泳池和其他水池》GB 16895.19-2002的规定。按电气危险程度，将嬉水池划分为3个区；将喷水池划分为2个区。

中华人民共和国行业标准

供热计量技术规程

Technical specification for heat metering of
district heating system

JGJ 173—2009

批准部门：中华人民共和国住房和城乡建设部
施行日期：２００９年７月１日

中华人民共和国住房和城乡建设部
公 告

第 237 号

关于发布行业标准《供热计量技术规程》的公告

现批准《供热计量技术规程》为行业标准，编号为 JGJ 173-2009，自 2009 年 7 月 1 日起实施。其中，第 3.0.1、3.0.2、4.2.1、5.2.1、7.2.1 条为强制性条文，必须严格执行。

本规程由我部标准定额研究所组织中国建筑工业出版社出版发行。

中华人民共和国住房和城乡建设部
2009 年 3 月 15 日

前 言

根据原建设部《关于印发〈二〇〇四年度工程建设城建、建工行业标准制订、修订计划〉的通知》（建标[2004]66 号）的要求，由中国建筑科学研究院为主编单位，会同有关单位共同编制本规程。

编制组经广泛调查研究，认真总结实践经验，参考国内外相关先进标准，在广泛征求意见的基础上，制定了本规程。

本规程共分 7 章，主要技术内容是：总则、术语、基本规定、热源和热力站热计量、楼栋热计量、分户热计量及室内供暖系统等。

本规程中以黑体字标志的条文为强制性条文，必须严格执行。

本规程由住房和城乡建设部负责管理和对强制性条文的解释，由中国建筑科学研究院负责具体技术内容的解释。

本规程在执行过程中，请各单位注意总结经验，积累资料，随时将有关意见和建议反馈给中国建筑科学研究院（地址：北京市北三环东路 30 号，邮政编码：100013），以供今后修订时参考。

本规程主编单位：中国建筑科学研究院
本规程参编单位：北京市建筑设计研究院
　　　　　　　　清华大学
　　　　　　　　哈尔滨工业大学
　　　　　　　　山东省建筑设计研究院
　　　　　　　　贵州省建筑设计研究院
　　　　　　　　中国建筑西北设计研究院
　　　　　　　　天津市建筑设计院
　　　　　　　　北京市热力集团有限责任公司
　　　　　　　　北京市计量检测科学研究院
　　　　　　　　北京华仪乐业节能服务有限公司
　　　　　　　　欧文托普阀门系统（北京）有限公司
　　　　　　　　北京金房暖通节能技术有限公司
　　　　　　　　丹佛斯（上海）自动控制有限公司
　　　　　　　　德国费特拉公司北京代表处
　　　　　　　　埃迈贸易（上海）有限公司
　　　　　　　　北京众力德邦智能机电科技有限公司
　　　　　　　　丹麦贝娜塔公司天津代表处
　　　　　　　　兰吉尔仪表系统（珠海）有限公司
　　　　　　　　伦敦弋阳联合有限公司
　　　　　　　　德国泰西姆能源服务（大连）有限公司

本规程主要起草人员：徐　伟　邹　瑜　黄　维
　　　　　　　　　　曹　越　狄洪发　方修睦
　　　　　　　　　　于晓明　孙延勋　宋　波
　　　　　　　　　　陆耀庆　伍小亭　董重成
　　　　　　　　　　俞英鹤　陈　明　张立谦
　　　　　　　　　　马学东　丁　琦　李晓鹏
　　　　　　　　　　王兆立　冯铁栓　俞　光
　　　　　　　　　　瓢　林　段晓军　李宝军
　　　　　　　　　　周品偌　李迎建

本规程主要审查人员：吴德绳　许文发　郎四维
　　　　　　　　　　陈贻谅　温　丽　金丽娜
　　　　　　　　　　刘伟亮　李德英　高明亮

目 次

1 总则 …………………………… 57—5
2 术语 …………………………… 57—5
3 基本规定 ……………………… 57—5
4 热源和热力站热计量 ………… 57—6
   4.1 计量方法 ………………… 57—6
   4.2 调节与控制 ……………… 57—6
5 楼栋热计量 …………………… 57—6
   5.1 计量方法 ………………… 57—6
   5.2 调节与控制 ……………… 57—6
6 分户热计量 …………………… 57—6
   6.1 一般规定 ………………… 57—6
   6.2 散热器热分配计法 ……… 57—6
   6.3 户用热量表法 …………… 57—7
7 室内供暖系统 ………………… 57—7
   7.1 系统配置 ………………… 57—7
   7.2 系统调控 ………………… 57—7
本规程用词说明 ………………… 57—7
引用标准名录 …………………… 57—7
附：条文说明 …………………… 57—8

Contents

1 General Provisions ·············· 57—5
2 Terms ·············· 57—5
3 Basic Requirements ·············· 57—5
4 Heat Metering for the Heat Source and Heat Exchange Substation ·············· 57—6
   4.1 Metering Mode ·············· 57—6
   4.2 Regulating and Controlling ·············· 57—6
5 Heat Metering for the Buildings ·············· 57—6
   5.1 Metering Mode ·············· 57—6
   5.2 Regulating and Controlling ·············· 57—6
6 Heat Metering in Consumers ·············· 57—6
   6.1 General Requirements ·············· 57—6
   6.2 Heat Allocation by Radiator Allocators ·············· 57—6
   6.3 Heat Metering by Household Heat Meters ·············· 57—7
7 Indoor Heating System ·············· 57—7
   7.1 System Configuring ·············· 57—7
   7.2 Regulating and Controlling ·············· 57—7
Explanation of Wording in This Specification ·············· 57—7
Normative Standards ·············· 57—7
Explanation of Provisions ·············· 57—8

1 总 则

1.0.1 为了对集中供热系统热计量及其相应调控技术的应用加以规范，做到技术先进、经济合理、安全适用和保证工程质量，制定本规程。
1.0.2 本规程适用于民用建筑集中供热计量系统的设计、施工、验收和节能改造。
1.0.3 各地应根据气候条件、经济发展、技术水平和工作基础等情况统筹考虑、科学论证，确定本地区的技术措施。
1.0.4 集中供热计量系统的设计、施工和验收，除应符合本规程外，尚应符合国家现行有关标准的规定。

2 术 语

2.0.1 热计量 heat metering
  对集中供热系统的热源供热量、热用户的用热量进行的计量。
2.0.2 集中供热计量系统 heat metering and controlling system for central heating system
  集中供热系统的热量计量仪表及其相应的调节控制系统。
2.0.3 热量结算点 heat settlement site
  供热方和用热方之间通过热量表计量的热量值直接进行贸易结算的位置。
2.0.4 热量计量装置 heat metering device
  热表以及对热量表的计量值进行分摊的、用以计量用户消费热量的仪表。
2.0.5 热量测量装置 heat testing device
  一般由流量传感器、计算器和配对温度传感器等部件组成，用于计量热源、热力站以及建筑物的供热量或用热量的仪表。
2.0.6 分户热计量 heat metering in consumers
  以住宅的户（套）为单位，以热量直接计量或热量分摊计量方式计量每户的供热量。热量直接计量方式是采用户用热量表直接结算的方法，对各独立核算用户计量热量。热量分摊计量方式是在楼栋热力入口处（或热力站）安装热量表计量总热量，再通过设置在住宅户内的测量记录装置，确定每个独立核算用户的用热量占总热量的比例，进而计算出用户的分摊热量，实现分户热计量。用户热分摊方法主要有散热器热分配法、流量温度法、通断时间面积法和户用热量表法。
2.0.7 室温调控 indoor temperature controlling
  通过设在供暖系统末端的调节装置，实现对室温的自动调节控制。
2.0.8 静态水力平衡阀 static hydraulic balancing valve
  具有良好流量调节特性、开度显示和开度限定功能，可以在现场通过和阀体连接的专用仪表测量流经阀门流量的手动调节阀门，简称水力平衡阀或平衡阀。
2.0.9 自力式压差控制阀 self-operate differential pressure control valve
  通过自力式动作，无需外界动力驱动，在某个压差范围内自动控制压差保持恒定的调节阀。
2.0.10 自力式流量控制阀 self-operate flow limiter
  通过自力式动作，无需外界动力驱动，在某个压差范围内自动控制流量保持恒定的调节阀。又叫流量限制阀（flow limiter）。
2.0.11 户间传热 heat transfer between apartments
  同一栋建筑内相邻的不同供暖住户之间，因室温差异而引起的热量传递现象。
2.0.12 供热量自动控制装置 automatic control device of heating load
  安装在热源或热力站位置，能够根据室外气候的变化，结合供热参数的反馈，通过相关设备的执行动作，实现对供热量自动调节控制的装置。

3 基 本 规 定

3.0.1 集中供热的新建建筑和既有建筑的节能改造必须安装热量计量装置。
3.0.2 集中供热系统的热量结算点必须安装热量表。
3.0.3 设在热量结算点的热量表应按《中华人民共和国计量法》的规定检定。
3.0.4 既有民用建筑供热系统的热计量及节能技术改造应保证室内热舒适要求。
3.0.5 既有集中供热系统的节能改造应优先实行室外管网的水力平衡、热源的气候补偿和优化运行等系统节能技术，并通过热量表对节能改造效果加以考核和跟踪。
3.0.6 热量表的设计、安装及调试应符合以下要求：
  1 热量表应根据公称流量选型，并校核在设计流量下的压降。公称流量可按照设计流量的80%确定。
  2 热量表的流量传感器的安装位置应符合仪表安装要求，且宜安装在回水管上。
  3 热量表安装位置应保证仪表正常工作要求，不应安装在有碍检修、易受机械损伤、有腐蚀和振动的位置。仪表安装前应将管道内部清扫干净。
  4 热量表数据储存宜能够满足当地供暖季供暖天数的日供热量的储存要求，且宜具备功能扩展的能力及数据远传功能。
  5 热量表调试时，应设置存储参数和周期，内部时钟应校准一致。
3.0.7 散热器恒温控制阀、静态水力平衡阀、自力式流量控制阀、自力式压差控制阀和自力式温度调节阀等应具备产品合格证、使用说明书和技术监督部门出具的性能检测报告；其调节特性等指标应符合产品标准的要求。

3.0.8 管网循环水应根据热量测量装置和散热器恒温控制阀的要求，采用相应的水处理方式，在非供暖期间，应对集中供热系统进行满水保养。

4 热源和热力站热计量

4.1 计量方法

4.1.1 热源和热力站的供热量应采用热量测量装置加以计量监测。

4.1.2 水—水热力站的热量测量装置的流量传感器应安装在一次管网的回水管上。

4.1.3 热量测量装置应采用不间断电源供电。

4.1.4 热源或热力站的燃料消耗量、补水量、耗电量均应计量。循环水泵耗电量宜单独计量。

4.2 调节与控制

4.2.1 热源或热力站必须安装供热量自动控制装置。

4.2.2 供热量自动控制装置的室外温度传感器应放置于通风、遮阳、不受热源干扰的位置。

4.2.3 变水量系统的一、二次循环水泵，应采用调速水泵。调速水泵的性能曲线宜为陡降型。循环水泵调速控制方式宜根据系统的规模和特性确定。

4.2.4 对用热规律不同的热用户，在供热系统中宜实行分时分区调节控制。

4.2.5 新建热力站宜采用小型的热力站或者混水站。

4.2.6 地面辐射供暖系统宜在热力入口设置混水站或组装式热交换机组。

4.2.7 热力站宜采用分级水泵调控技术。

5 楼栋热计量

5.1 计量方法

5.1.1 居住建筑应以楼栋为对象设置热量表。对建筑类型相同、建设年代相近、围护结构做法相同、用户热分摊方式一致的若干栋建筑，也可确定一个共用的位置设置热量表。

5.1.2 公共建筑应在热力入口或热力站设置热量表，并以此作为热量结算点。

5.1.3 新建建筑的热量表应设置在专用表计小室中；既有建筑的热量表计算器宜就近安装在建筑物内。

5.1.4 专用表计小室的设置，应符合下列要求：

　　1 有地下室的建筑，宜设置在地下室的专用空间内，空间净高不应低于2.0m，前操作面净距离不应小于0.8m。

　　2 无地下室的建筑，宜于楼梯间下部设置小室，操作面净高不应低于1.4m，前操作面净距离不应小于1.0m。

5.1.5 楼栋热计量的热量表宜选用超声波或电磁式热量表。

5.2 调节与控制

5.2.1 集中供热工程设计必须进行水力平衡计算，工程竣工验收必须进行水力平衡检测。

5.2.2 集中供热系统中，建筑物热力入口应安装静态水力平衡阀，并应对系统进行水力平衡调试。

5.2.3 当室内供暖系统为变流量系统时，不应设自力式流量控制阀，是否设置自力式压差控制阀应通过计算热力入口的压差变化幅度确定。

5.2.4 静态水力平衡阀或自力式控制阀的规格应按热媒设计流量、工作压力及阀门允许压降等参数经计算确定；其安装位置应保证阀门前后有足够的直管段，没有特别说明的情况下，阀门前直管段长度不应小于5倍管径，阀门后直管段长度不应小于2倍管径。

5.2.5 供热系统进行热计量改造时，应对系统的水力工况进行校核。当热力入口资用压差不能满足既有供暖系统要求时，应采取提高管网循环泵扬程或增设局部加压泵等补偿措施，以满足室内系统资用压差的需要。

6 分户热计量

6.1 一般规定

6.1.1 在楼栋或者热力站安装热量表作为热量结算点时，分户热计量应采取用户热分摊的方法确定；在每户安装户用热量表作为热量结算点时，可直接进行分户热计量。

6.1.2 应根据建筑类别、室内供暖系统形式、经济发展水平，结合当地实践经验及供热管理方式，合理地选择计量方法，实施分户热计量。分户热计量可采用楼栋计量用户热分摊的方法，对按户分环的室内供暖系统也可采用户用热量表直接计量的方法。

6.1.3 同一个热量结算点计量范围内，用户热分摊方式应统一，仪表的种类和型号应一致。

6.2 散热器热分配计法

6.2.1 散热器热分配计法可用于采暖散热器供暖系统。

6.2.2 散热器热分配计的质量和使用方法应符合国家相关产品标准要求，选用的热分配计应与用户的散热器相匹配，其修正系数应在实验室测算得出。

6.2.3 散热器热分配计水平安装位置应选在散热器水平方向的中心，或最接近中心的位置；其安装高度应根据散热器的种类形式，按照产品标准要求确定。

6.2.4 散热器热分配计法宜选用双传感器电子式热

分配计。当散热器平均热媒设计温度低于55℃时，不应采用蒸发式热分配计或单传感器电子式热分配计。

6.2.5 散热器热分配计法的操作应由专业公司统一管理和服务，用户热计量计算过程中的各项参数应有据可查，计算方法应清楚明了。

6.2.6 入户安装或更换散热器热分配计及读取数据时，服务人员应尽量减少对用户的干扰，对可能出现的无法入户读表或者用户恶意破坏热分配计的情况，应提前准备应对措施并告知用户。

6.3 户用热量表法

6.3.1 户用热量表法可用于共用立管的分户独立室内供暖系统和地面辐射供暖系统。

6.3.2 户用热量表应符合《热量表》CJ 128 的规定，户用热量表宜采用电池供电方式。

6.3.3 户内系统入口装置应由供水管调节阀、置于户用热量表前的过滤器、户用热量表及回水截止阀组成。

6.3.4 安装户用热量表时，应保证户用热量表前后有足够的直管段，没有特别说明的情况下，户用热量表前直管段长度不应小于5倍管径，户用热量表后直管段长度不应小于2倍管径。

6.3.5 户用热量表法应考虑仪表堵塞或损坏的问题，并提前制定处理方案。

7 室内供暖系统

7.1 系统配置

7.1.1 新建居住建筑的室内供暖系统宜采用垂直双管系统、共用立管的分户独立循环系统，也可采用垂直单管跨越式系统。

7.1.2 既有居住建筑的室内垂直单管顺流式系统应改成垂直双管系统或垂直单管跨越式系统，不宜改造为分户独立循环系统。

7.1.3 新建公共建筑的室内散热器供暖系统可采用垂直双管或单管跨越式系统；既有公共建筑的室内垂直单管顺流式散热器系统应改成垂直单管跨越式系统或垂直双管系统。

7.1.4 垂直单管跨越式系统的垂直层数不宜超过6层。

7.1.5 新建建筑散热器选型时，应考虑户间传热对供暖负荷的影响，计算负荷可附加不超过50%的系数，其建筑供暖总负荷不应附加。

7.1.6 新建建筑户间楼板和隔墙，不应为减少户间传热而作保温处理。

7.2 系统调控

7.2.1 新建和改扩建的居住建筑或以散热器为主的公共建筑的室内供暖系统应安装自动温度控制阀进行室温调控。

7.2.2 散热器恒温控制阀的选用和设置应符合下列要求：

1 当室内供暖系统为垂直或水平双管系统时，应在每组散热器的供水支管上安装恒温控制阀。

2 垂直双管系统宜采用有预设阻力功能的恒温控制阀。

3 恒温控制阀应具备产品合格证、使用说明书和质量检测部门出具的性能检测报告；其调节特性等指标应符合产品标准《散热器恒温控制阀》JG/T 195 的要求。

4 恒温控制阀应具有带水带压清堵或更换阀芯的功能，施工运行人员应掌握专用工具和方法并及时清堵。

5 恒温控制阀的阀头和温包不得被破坏或遮挡，应能够正常感应室温并便于调节。温包内置式恒温控制阀应水平安装，暗装散热器应匹配温包外置式恒温控制阀。

6 工程竣工之前，恒温控制阀应按照设计要求完成阻力预设定和温度限定工作。

7.2.3 散热器系统不宜安装散热器罩，一定要安装散热器罩时应采用温包外置式散热器恒温控制阀。

7.2.4 设有恒温控制阀的散热器系统，选用铸铁散热器时，应选用内腔无砂的合格产品。

本规程用词说明

1 为便于在执行本规程条文时区别对待，对要求严格程度不同的用词说明如下：

　1）表示很严格，非这样做不可的用词：
　　正面词采用"必须"，反面词采用"严禁"；
　2）表示严格，在正常情况下均应这样做的用词：
　　正面词采用"应"，反面词采用"不应"或"不得"；
　3）表示允许稍有选择，在条件许可时首先应这样做的用词：
　　正面词采用"宜"，反面词采用"不宜"；
　　表示有选择，在一定条件下可以这样做的，采用"可"。

2 条文中指明应按其他有关标准执行的写法为："应符合……的规定"或"应按……执行"。

引用标准名录

1 《散热器恒温控制阀》JG/T 195；

2 《热量表》CJ 128。

中华人民共和国行业标准

供热计量技术规程

JGJ 173—2009

条 文 说 明

制 订 说 明

《供热计量技术规程》JGJ 173-2009 经住房和城乡建设部 2009 年 3 月 15 日以住房和城乡建设部第 237 号公告批准、发布。

为便于广大设计、施工、科研、学校等单位有关人员在使用本规程时能正确理解和执行条文的规定，《供热计量技术规程》编制组按章、节、条顺序编制了本规程的条文说明，供使用者参考。在使用中如发现本条文说明有不妥之处，请将意见函寄中国建筑科学研究院环境与节能研究院标准规范室（地址：北京市北三环东路 30 号；邮政编码：100013；电子信箱：kts@cabr.com.cn）。

目 次

1 总则 ·· 57—11
2 术语 ·· 57—11
3 基本规定 ·· 57—11
4 热源和热力站热计量 ································ 57—12
　4.1 计量方法 ··· 57—12
　4.2 调节与控制 ······································· 57—12
5 楼栋热计量 ·· 57—13
　5.1 计量方法 ··· 57—13
　5.2 调节与控制 ······································· 57—14
6 分户热计量 ·· 57—14
　6.1 一般规定 ··· 57—14
　6.2 散热器热分配计法 ····························· 57—16
7 室内供暖系统 ··· 57—16
　7.1 系统配置 ··· 57—16
　7.2 系统调控 ··· 57—17

1 总　　则

1.0.1 供热计量的目的在于推进城镇供热体制改革，在保证供热质量、改革收费制度的同时，实现节能降耗。室温调控等节能控制技术是热计量的重要前提条件，也是体现热计量节能效果的基本手段。《中华人民共和国节约能源法》第三十八条规定：国家采取措施，对实行集中供热的建筑分步骤实行供热分户计量、按照用热量收费的制度。新建建筑或者对既有建筑进行节能改造，应当按照规定安装用热计量装置、室内温度调控装置和供热系统调控装置。因此，本规程以实现分户热计量为出发点，在规定热计量方式、计量器具和施工要求的同时，也规定了相应的节能控制技术。

1.0.2 本规程对于新建、改扩建的民用建筑，以及既有民用建筑的改造都适用。

1.0.3 本规程在紧紧围绕热计量和节能目标的前提下，留有较大技术空间和余地，没有强制规定热计量的方式、方法和器具，供各地根据自身具体情况自主选择。特别是分户热计量的若干方法都各有自己的缺点，没有十全十美的方法，需要根据具体情况具体分析，选择比较适用的计量方法。

2 术　　语

2.0.4 热量计量装置包括用于热量结算的热量表，还有针对若干不同的用户热分摊方法所采用的仪器仪表。

2.0.5 热量测量装置包括符合《热量表》CJ 128产品标准的热量表，也包括其他的用户自身管理使用的不作结算用的测量热量的仪表。

2.0.6 分户热计量从计量结算的角度看，分为两种方法，一种是采用楼栋热量表进行楼栋计量再按户分摊；另一种是采用户用热量表按户计量直接结算。其中，按户分摊的方法又有若干种。本术语条文列出了当前应用的四种分摊方法，排名不分先后，其工作原理分别如下：

散热器热分配计法是通过安装在每组散热器上的散热器热分配计（简称热分配计）进行用户热分摊的方式。

流量温度法是通过连续测量散热器或共用立管的分户独立系统的进出口温差，结合测算的每个立管或分户独立系统与热力入口的流量比例关系进行用户热分摊的方式。

通断时间面积法是通过控制安装在每户供暖系统入口支管上的电动通断阀门，根据阀门的接通时间与每户的建筑面积进行用户热分摊的方式。

户用热量表法是通过安装在每户的户用热量表进行用户热分摊的方式，采用户表作为分摊依据时，楼栋或者热力站需要确定一个热量结算点，由户表分摊总热量值。该方式与户用热量表直接计量结算的做法是不同的。采用户表直接结算的方式时，结算点确定在每户供暖系统上，设在楼栋或者热力站的热量表不可再作结算之用；如果公共区域有独立供暖系统，应要考虑这部分热量由谁承担的问题。

2.0.7 室温调控包括两个调节控制功能，一是自动的室温恒温控制，二是人为主动的调节设定温度。

3 基 本 规 定

3.0.1 本条是强制性条文。根据《中华人民共和国节约能源法》的规定，新建建筑和既有建筑的节能改造应当按照规定安装用热计量装置。目前很多项目只是预留了计量表的安装位置，没有真正具备热计量的条件，所以本条文强调必须安装热量计量仪表，以推动热计量工作的实现。

3.0.2 本条是强制性条文。供热企业和终端用户间的热量结算，应以热量表作为结算依据。用于结算的热量表应符合相关国家产品标准，且计量检定证书应在检定的有效期内。

3.0.3 《中华人民共和国计量法》第九条规定：县级以上人民政府计量行政部门对社会公用计量标准器具，部门和企业、事业单位使用的最高计量标准器具，以及用于贸易结算、安全防护、医疗卫生、环境监测方面的列入强制检定目录的工作计量器具，实行强制检定。未按照规定申请检定或者检定不合格的，不得使用。实行强制检定的工作计量器具的目录和管理办法，由国务院制定。其他计量标准器具和工作计量器具，使用单位应当自行定期检定或者送其他计量检定机构检定，县级以上人民政府计量行政部门应当进行监督检查。

依据《计量法》规定，用于热量结算点的热量表应该实行首检和周期性强制检定，不设置于热量结算点的热量表和热量分摊仪表如散热器热分配计应按照产品标准，具备合格证书和型式检验证书。

3.0.4 热计量和节能改造工作应采用技术和管理手段，不能一味为了供热节能，而牺牲了室内热舒适度，甚至造成室温不达标。当然，室内温度过高是不合理的，在改造中没有必要保持原来过高的室温。

3.0.5 只有在水力平衡条件具备的前提下，气候补偿和室内温控计量才能起到节能作用，在热源处真正体现出节能效果；这些节能技术之中，水力平衡技术是其他技术的前提；同时，既有住宅的室内温控改造工作量较大，对居民的生活干扰也比较大，应在供热系统外网节能和建筑围护结构保温节能达标的前提下开展进行。

本条文提倡在改造工程中热计量先行，是为了对于改造效果加以量化考核,避免虚假宣传等行为,鼓励节能市场公平,为能源服务创造良好的市场条件。同时,在关注热计量的同时,还应该关注热源的耗水、耗电的分项计量工作。

3.0.6 热量表的选型,不可按照管道直径直接选用,应按照流量和压降选用。理论上讲,设计流量是最大流量,在供热负荷没达到设计值时流量不应达到设计流量。因此,热量测量装置在多数工作时间里在低于设计流量的条件下工作,由此根据经验本条文建议按照80%设计流量选用热量表。目前热量表选型时,忽视热量表的流量范围、设计压力、设计温度等与设计工况相适应,不是根据仪表的流量范围来选择热量表,而是根据管径来选择热量表,从而导致热量表工作在高误差区。一般表示热量表的流量特性的指标主要有起始流量 qV_m (有的资料称为最小流量);最小流量 qV_t,即最大误差区域向最小误差区域过渡的流量(有的资料称为分界流量);最大流量 qV_{max},额定流量或常用流量 qV_n。选择热流量表,应保证其流量经常工作在 qV_t 与 qV_n 之间。机械式热量表流量特性如图1所示。

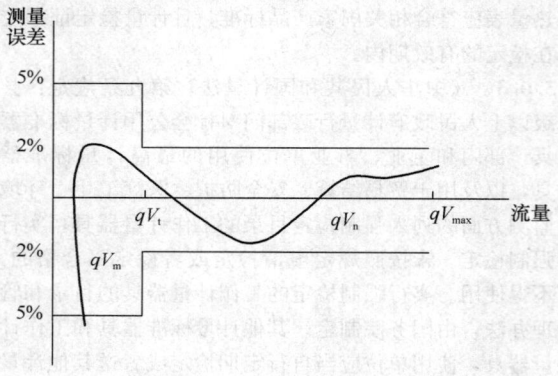

图1 机械式热量表流量特性

流量传感器安装在回水管上,有利于降低仪表所处环境温度,延长电池寿命和改善仪表使用工况。曾经一度有观点提出热量表安装在供水上能够防止用户偷水,实际上仅供水装表既不能测出偷水量,也不能挽回多少偷水损失,还令热量表的工作环境变得恶劣。

本条文规定热量表存储当地供暖季供暖天数的日供热量的要求,是为了对供暖季运行管理水平的考核和追溯。在住户和供热企业对供暖效果有争议的情况下,通过热量表可以进行追溯和判定,这种做法在北京已经有了成功的案例;通过室外实测日平均温度记录和日供热量记录的对照,可以考核供热企业的实际运行是否按照气象变化主动调节控制。本条文建议热量表具有数据远传扩展功能,也是为了监控、管理和读表方便的需要。

通常情况下,为了满足仪表测量精度的要求,需要有对直管段的要求。有些地方安装热量表虽然提供了直管段,但是把变径段设在直管段和仪表之间,这种做法是错误的。目前有些热量表的安装不需要直管段也能保证测量精度,这种方式也是可行的,而且对于供热系统改造工程非常有用。在仪表生产厂家没有特别说明的情况下,热量表上游侧直管段长度不应小于5倍管径,下游侧直管段长度不应小于2倍管径。

在试点测试过程中出现过这种情况,由于热量表的时钟没有校准一致,致使统计处理数据时出现误差,影响了工作,因此在此作出提醒。

3.0.7 目前伪劣的恒温控制阀和平衡阀在市场上占有很高比例,很多手动阀门冒充是恒温控制阀,很多没有测压孔和测量仪表的阀门也冒充是平衡阀,这些伪劣产品既不能实现调节控制的功能,又浪费了大量能量,本条文提出的目的是要求对此加以严格管理。

3.0.8 当前集中供热水质问题比较突出,致使散热器腐蚀漏水和调控设备阻塞等问题频频出现,迫切需要制定一个合理可行的标准并加以严格贯彻,有关系统水质要求的国家标准正在制定之中。

4 热源和热力站热计量

4.1 计量方法

4.1.1 热源包括热电厂、热电联产锅炉房和集中锅炉房;热力站包括换热站和混水站。在热源处计量仪表分为两类,一类为贸易结算用表,用于产热方与购热方贸易结算的热量计量,如热力站供应某个公共建筑并按表结算热费,此处必须采用热量表;另一类为企业管理用表,用于计算锅炉燃烧效率、统计输出能耗,结合楼栋计量计算管网损失等,此处的测量装置不用作热量结算,计量精度可以放宽,例如采用孔板流量计或者弯管流量计等测量流量,结合温度传感器计算热量。

4.1.2 本条文建议安装热量测量装置于一次管网的回水管上,是因为高温水温差大、流量小,管径较小,可以节省计量设备投资;考虑到回水温度较低,建议热量测量装置安装在回水管路上。如果计量结算有具体要求,应按照需要选取计量位置。

4.1.3 在热源或热力站,连接电源比较方便,建议采用有断电保护的市电供电。

4.1.4 在热源进行耗电量分项计量有助于分析能耗构成,寻找节能途径,选择和采取节能措施。

4.2 调节与控制

4.2.1 本条是强制性条文,为了有效地降低能源的浪费。过去,锅炉房操作人员凭经验"看天烧火",但是效果并不很好。近年来的试点实践发现,供热能耗浪费并不是主要浪费在严寒期,而是在初寒、末寒期,由于没有根据气候变化调节供热量,造成能耗大量浪费。供热量自动控制装置能够根据负荷变化自动调节供水温度和流量,实现优化运行和按需供热。

热源处应设置供热量自动控制装置,通过锅炉系统热特性识别和工况优化程序,根据当前的室外温度和前几天的运行参数等,预测该时段的最佳工况,实现对系统用户侧的运行指导和调节。

气候补偿器是供热量自动控制装置的一种,比较简单和经济,主要用在热力站。它能够根据室外气候变化自动调节供热出力,从而实现按需供热,大量节能。气候补偿器还可以根据需要设成分时控制模式,如针对办公建筑,可以设定不同时间段的不同室温需求,在上班时间设定正常供暖,在下班时间设定值班供暖。结合气候补偿器的系统调节做法比较多,也比较灵活,监测的对象除了用户侧供水温度之外,还可能包含回水温度和代表房间的室内温度,控制的对象可以是热源侧的电动调节阀,也可以是水泵的变频器。

4.2.3 水泵变频调速控制的要求是为了强调量调节的重要性,以往的供热系统多年来一直采用质调节的方式,这种调节方式不能很好地节省水泵电能,因此,量调节正日益受到重视。同时,随着散热器恒温控制阀等室内流量控制手段的应用,水泵变频调速控制成为不可或缺的控制手段。水泵变频调速控制是系统动态控制的重要环节,也是水泵节电的重要手段。

水泵变频调速技术目前普及很快,但是水泵变频调速技术并不能解决水泵设计选型不合理的问题,对水泵的设计选型不能因为有了变频调速控制而予以忽视。

调速水泵的性能曲线采用陡降型有利于调速节能。

目前,变频调速控制方式主要有以下三种:

1 控制热力站进出口压差恒定:该方式简便易行,但流量调节幅度相对较小,节能潜力有限。

2 控制管网最不利环路压差恒定:该方式流量调节幅度相对较大,节能效果明显;但需要在每个热力入口都设置压力传感器,随时检测、比较、控制,投资相对较高。

3 控制回水温度:这种方式响应较慢,滞后较长,节能效果相对较差。

4.2.4 本条文的目的是将住宅和公建等不同用热规律的建筑在管网系统分开,实现独立分时分区调节控制,以节省能量。对于系统管网能够分开的系统,可以在管网源头分开调节控制,对于无法分开的管网系统,可以在热用户热力入口通过调节阀分别调节。

4.2.5 过去由于热力站的人工值守要求和投资成本的增加限制了热力站的小型化,如今随着自动化程度的提高,热力站已经能够实现无人值守,同时,组装式热力站的普及也使得小型站的投资和占地大幅度下降,开始具备了推广普及的基础。随着建筑节能设计指标的不断提高,特别是在居住建筑实行三步节能之后,小型站和分级泵将成为一个重要的发展方向。

本条文推荐使用小型热力站技术的原因如下:

1 热力站的供热面积越小,调控设备的节能效果就越显著。

2 采用小型热力站之后,外网采用大温差、小流量的运行模式,有利于水泵节电;这种成功的案例非常多,节电效果也明显。

3 由于温差较小、流量较大,地面辐射供暖系统的输配电耗比散热器系统高出很多,造成了节热不节电的现状;通过采用楼宇热力站,在热源侧实现大温差供热,在建筑内实现小温差供暖,就可以大幅度降低外网的输配电耗。所以在此重点强调地暖系统。其中,混水站的优势更加明显。

4 采用小型热力站技术,水力平衡比较容易,特别是具备了分级泵的条件。

4.2.6 地面辐射供暖系统供回水温差较小,循环水量相应较大,长距离输送能耗较高。推荐在热力入口设置混水站或组装式热交换机组,可以降低地面辐射供暖系统长距离输送能耗。

4.2.7 分级水泵技术是在混水站或热力站的一次管网上应用二级泵,实现"以泵代阀",不但比较容易消除水力失调,还能够节省很多水泵电耗,也便于调节控制。调速的多级循环水泵选择陡降型水泵有利于节能。

5 楼栋热计量

5.1 计量方法

5.1.1 建筑物围护结构保温水平是决定供暖能耗的重要因素,供热系统水平和运行水平也是重要因素。当前的供热系统中,热源、管网对能耗所占的影响比重远大于室内行为作用。设在居住建筑热力入口处的楼栋热量表可以判断围护结构保温质量、判断管网损失和运行调节水平以及水力失调情况等,是判定能耗症结的重要依据。

从我国建筑的特点来看,建筑物的耗热量是楼内所有用户共同消耗的,只有将建筑物作为贸易结算的基本单位,才能够将复杂的热计量问题简单化,准确、合理地计量整栋建筑消耗的热量。在瑞典、挪威、芬兰等多数发达国家,实行的就是楼栋计量面积收费的办法。同时,楼栋计量结算还是户间分摊方法的前提条件,是供热计量收费的重要步骤,是近年来国内试点研究的重要成果和结论,符合原建设部等八部委颁布的《关于进一步推行热计量工作的指导意见》的要求。

由于入口总表为所耗热量的结算表,精度及可靠性要求高,如果在每个入口设置热量表,投资相对比较高昂。为了降低计量投资，应在一栋楼设置一个热力入口，以每栋楼作为一个计量单元。对于建筑结构相近的小区（组团），从降低热表投资角度，可以若干栋建筑物设置一个热力入口，以一块热表进行结算。

共用热量表的做法，既是为了节省热量表投资，还有一个考虑在其中，就是在同一小区之中，同样年代、做法的建筑，由于位置不同、楼层高度不同，能耗差距也较大，例如塔楼和板楼之间的差距较大，如果按照分栋计量结算的话，还会出现热费较大差异而引起的纠纷。因此，可以将这些建筑合并结算，再来分摊热费。

5.1.2 公建的情况不尽相同，作为热量结算终端对象，有可能一个建筑物是一个对象，也有可能一个建筑群是一个结算对象，还有可能一个建筑物中有若干结算对象，因此本条文只是推荐在建筑物或建筑群的热力入口处设立结算点进行计量，具体采取什么做法应该由结算双方进行协商和比较来确定。

5.1.3 一些地下管沟中的环境非常恶劣，潮湿闷热甚至管路被污水浸泡，因此建议采取措施保护热量表。若安装环境恶劣，不符合热量表要求时，应加装保护箱，计算器的防护等级应满足安装环境要求。有些地区将热量表计算器放置在建筑物热力入口的室外地平，并外加保护箱，起到防盗、防水和防冻的作用。

5.1.5 通常的机械式热量表表阻力较大、容易阻塞，易损件较多，检定维修的工作量也较大；超声波和电磁式热量表故障较少，计量精确度高，不容易堵塞，水阻力较小。而且作为楼栋热量表不像户用热量表那样数量较多，投资大一些对总成本增加不大。

5.2 调节与控制

5.2.1 本条是强制性条文。近年来的试点验证，供热系统能耗浪费主要原因还是水力失调。水力失调造成的近端用户开窗散热、远端用户室温偏低造成投诉现象在我国依然严重。变流量、气候补偿、室温调控等供热系统节能技术的实施，也离不开水力平衡技术。水力平衡技术推广了20多年，取得了显著的效果，但还是有很多系统依然没有做到平衡，造成了供热质量差和能源的浪费。水力平衡有利于提高管网输送效率，降低系统能耗，满足住户室温要求。

5.2.2 按照产品标准术语和体系，水力调控的阀门主要有静态水力平衡阀、自力式流量控制阀和自力式压差控制阀，三种产品调控反馈的对象分别是阻力、流量和压差，而不是互相取代的关系。

静态水力平衡阀又叫水力平衡阀或平衡阀，具备开度显示、压差和流量测量、调节线性和限定开度等功能，通过操作平衡阀对系统调试，能够实现设计要求的水力平衡，当水泵处于设计流量或者变流量运行时，各个用户能够按照设计要求，基本上能够按比例地得到分配流量。

静态水力平衡阀需要系统调试，没有调试的平衡阀和普通截止阀没有差别。

静态水力平衡阀的调试是一项比较复杂，且具有一定技术含量的工作。实际上，对一个管网水力系统而言，由于工程设计和施工中存在种种不确定因素，不可能完全达到设计要求，必须通过人工的调试，辅以必要的调试设备和手段，才能达到设计的要求。很多系统存在的问题都是由于调试工作不到位甚至没有调试而造成的。通过"自动"设备可以免去调试工作的说法，实际上是一种概念的混淆和对工作的不负责任。

通过安装静态水力平衡阀解决水力失调是供热系统节能的重点工作和基础工作，平衡阀与普通调节阀相比价格提高不多，且安装平衡阀可以取代一个截止阀，整体投资增加不多。因此无论规模大小，一并要求安装使用。

5.2.3 变流量系统能够大幅度节省水泵电耗，目前应用越来越广泛。在变流量系统的末端（热力入口）采用自力式流量控制阀（定流量阀）是不妥的。当系统根据气候负荷改变循环流量时，我们要求所有末端按照设计要求分配流量，而彼此间的比例维持不变，这个要求需要通过静态水力平衡阀来实现；当用户室内恒温阀进行调节改变末端工况时，自力式流量控制阀具有定流量特性，对改变工况的用户作用相抵触；对未改变工况的用户能够起到保证流量不变的作用，但是未变工况用户的流量变化不是改变工况用户"排挤"过来的，而主要是受水泵扬程变化的影响，如果水泵扬程有控制，这个"排挤"影响是较小的，所以对于变流量系统，不应采用自力式流量控制阀。

水力平衡调节、压差控制和流量控制的目的都是为了控制室温不会过高，而且还可以调低，这些功能都由末端温控装置来实现。只要保证了恒温阀（或其他温控装置）不会产生噪声，压差波动一些也没有关系，因此应通过计算压差变化幅度选择自力式压差控制阀，计算的依据就是保证恒温阀的阀权以及在关闭过程中的压差不会产生噪声。

5.2.5 对于既有供热系统，局部进行室温调控和热计量改造工作时，由于改造增加了阻力，会造成水力失调及系统压头不足，因此需要进行水力平衡及系统压头的校核，考虑增设加压泵或者重新进行平衡调试。

6 分户热计量

6.1 一般规定

6.1.1 以楼栋或者热力站为热量结算点时，该位置的热量表是供热量的热量结算依据，而楼内住户应理解为热量分摊，当然每户应设置相应的测量装置对整栋楼的耗热量进行户间分摊。当以户用热量表直接作为结算点时，则不必再度进行分摊。

6.1.2 用户热量分摊计量的方法主要有散热器热分配计法、流量温度法、通断时间面积法和户用热量表法。该四种方法及户用热量表直接计量的方法，各有不同特点和适用性，单一方法难以适应各种情况。分户热计量方法的选择基本原则为用户能够接受且鼓励用户主动节能，以及技术可行、经济合理、维护简便等。各种方法都有其特点、适用条件和优缺点，没有一种方法完全合理、尽善尽美，在不同的地区和条件下，不同方法的适应性和接受程度也会不同，因此分户热计量方法的选择，应从多方面综合考虑确定。

分户热计量方法中散热器热分配计法及户用热量表法，在国内外应用时间较长，应用面积较多，相关的产品标准已出台，人们对其方法的优缺点认识也较清。其他两种方法在国内都有项目应用，也经过了原建设部组织的技术鉴定，相关的产品标准尚未出台，有待于进一步扩大应用规模，总结经验。需要指出的是，每种方法都有其特点，有自己的适用范围和应用条件，工程应用中要因地制宜、综合考虑。四种分摊方法中有些需要专业公司统一管理和服务，这一点应在推广使用之中加以注意。

近几年供热计量技术发展很快，随着技术进步和热计量工程的推广，除了本文提及的方法，还有新的热计量分摊方法正在实验和试点，国家和行业也非常鼓励这些技术创新，各种方法都需要工程实践的检验，加以补充和完善。

以下对各种方法逐一阐述。

1 散热器热分配计法

散热器热分配计法是利用散热器热分配计所测量的每组散热器的散热量比例关系，来对建筑的总供热量进行分摊的。其具体做法是，在每组散热器上安装一个散热器热分配计，通过读取热分配计的读数，得出各组散热器的散热量比例关系，对总热量表的读数进行分摊计算，得出每个住户的供热量。

该方法安装简单，有蒸发式、电子式及电子远传式三种，在德国和丹麦大量应用。

散热器热分配计法适用于新建和改造的散热器供暖系统，特别是对于既有供暖系统的热计量改造比较方便、灵活性强，不必将原有垂直系统改成按户分环的水平系统。该方法不适用于地面辐射供暖系统。

采用该方法的前提是热分配计和散热器需要在实验室进行匹配试验，得出散热量的对应数据才可应用，而我国散热器型号种类繁多，试验检测工作量较大；居民用户还可能私自更换散热器，给分配计的检定工作带来了不利因素。该方法的另一个缺点是需要入户安装和每年抄表换表（电子远传式分配计无需入户读表，但是投资较大）；用户是否容易作弊的问题，例如遮挡散热器是否能够有效作弊，目前还存在着争议和怀疑；老旧建筑小区的居民很多安装了散热器罩，也会影响分配计的安装、读表和计量效果。

2 户用热量表法

热量表的主要类型有机械式热量表、电磁式热量表、超声波式热量表。机械式热量表的初投资相对较低，但流量测量精度相对不高，表阻力较大，容易阻塞，易损件较多，因此对水质有一定要求。电磁式热量表、超声波式热量表的初投资相对机械式热量表要高很多，但流量测量精度高、压损小、不易堵塞，使用寿命长。

户用热量表法适用于按户分环的室内供暖系统。该方法计量的是系统供热量，比较直观，容易理解。使用时应考虑仪表堵塞或损坏的问题，并提前制定处理方案，做到及时修理或者更换仪表，并处理缺失数据。

无论是采用户用热量表直接计量结算还是再行分摊总热量，户表的投资高或者故障率高都是主要的问题。户用热表的故障主要有两个方面，一是由于水质处理不好容易堵塞，二是仪表运动部件难以满足供热系统水温高、工作时间长的使用环境，目前在工程实践中，户用热量表的故障率较高，这是近年来推行热计量的一个重要棘手问题。同时，采用户用热量表需要室内系统为按户分环独立系统，目前普遍采用的是化学管材埋地布管的做法，化学管材漏水事故时有发生，而且为了将化学管埋在地下，需要大量混凝土材料，增加了投资、减少了层高、增加了建筑承重负荷，综合成本比较高。

3 流量温度法

流量温度法是利用每个立管或分户独立系统与热力入口流量之比相对不变的原理，结合现场测出的流量比例和各分支三通前后温差，分摊建筑的总供热量。流量比例是每个立管或分户独立系统占热力入口流量的比例。

该方法非常适合既有建筑垂直单管顺流式系统的热计量改造，还可用于共用立管的按户分环供暖系统，也适用于新建建筑散热器供暖系统。

采用流量温度法时，应注意以下问题：

1）采用的设备和部件的产品质量和使用方法应符合其产品标准要求。

2）测量入水温度的传感器应安装在散热器或分户独立系统的分流三通的入水端，距供水立管距离宜大于200mm；测量回水温度的传感器应安装在合流三通的出水端，距合流三通距离宜大于100mm，同时距回水立管的距离宜大于200mm。

3）测温仪表、计算处理设备和热量结算点的热量表之间，应实现数据的网络通信传输。

  4) 流量温度分摊法的系统供货、安装、调试和后期服务应由专业公司统一实施，用户热计量计算过程中的各项参数应有据可查、计算方法应清楚明了。

  该方法计量的是系统供热量，比较容易为业内人士接受，计量系统安装的同时可以实现室内系统水力平衡的初调节及室温调控功能。缺点是前期计量准备工作量较大。

  4 通断时间面积法

  通断时间面积法是以每户的供暖系统通水时间为依据，分摊建筑的总供热量。其具体做法是，对于接户分环的水平式供暖系统，在各户的分支支路上安装室温通断控制阀，对该用户的循环水进行通断控制来实现该户的室温调节。同时在各户的代表房间里放置室温控制器，用于测量室内温度和供用户设定温度，并将这两个温度值传输给室温通断控制阀。室温通断控制阀根据实测室温与设定值之差，确定在一个控制周期内通断阀的开停比，并按照这一开停比控制通断调节阀的通断，以此调节送入室内热量，同时记录和统计各户通断控制阀的接通时间，按照各户的累计接通时间结合供暖面积分摊整栋建筑的热量。

  该方法应用的前提是住宅每户须为一个独立的水平串联式系统，设备选型和设计负荷要良好匹配，不能改变散热末端设备容量，户与户之间不能出现明显水力失调，户内散热末端不能分室或分区控温，以免改变户内环路的阻力。该方法能够分摊热量、分户控温，但是不能实现分室的温控。

  采用通断时间面积法时，应注意以下问题：

  1) 采用的温度控制器和通断执行器等产品的质量和使用方法应符合国家相关产品标准的要求。

  2) 通断执行器应安装在每户的入户管道上，温度控制器宜放置在住户房间内不受日照和其他热源影响的位置。

  3) 通断执行器和中央处理器之间应实现网络连接控制。

  4) 通断时间面积法的系统供货、安装、调试和后期服务应由专业公司统一实施，用户热计量计算过程中的各项参数应有据可查、计算方法应清楚明了。

  5) 通断时间面积法在操作实施前，应进行户间的水力平衡调节，消除系统的垂直失调和水平失调；在实施过程中，用户的散热器不可自行改动更换。

  通断时间面积法应用较直观，可同时实现室温控制功能，适用按户分环、室内阻力不变的供暖系统。

  通断法的不足在于，首先它测量的不是供热系统给予房间的供热量，而是根据供暖的通断时间再分摊总热量，二者存在着差异，如散热器大小匹配不合理，或者散热器堵塞，都会对测量结果产生影响，造成计量误差。

  需要指出的是，室内温控是住户按照量计费的必要前提条件，否则，在没有提供用户节能手段的时候就按照计量的热量收费，既令用户难以接受，又不能起到促进节能的作用，因此对于不具备室温调控手段的既有住宅，只能采用按面积分摊的过渡方式。按面积分摊也需要有热量结算点的计量热量。

6.2 散热器热分配计法

6.2.1～6.2.6　散热器热分配计法是利用散热器热分配计所测量的每组散热器的散热量比例关系，来对建筑的总供热量进行分摊的。

  其具体做法是，在每组散热器上安装一个散热器热分配计，通过读取分配表分配计的读数，得出各组散热器的散热量比例关系，对总热量表的读数进行分摊计算，得出每个住户的供热量。

  热分配计法安装简单，有蒸发式、电子式及电子远传式三种。

  散热器热分配计法适用于新建和改造的散热器供暖的系统，特别是对于既有供暖系统的热计量改造比较方便，不必将原有垂直系统改成按户分环的水平系统。不适用于地面辐射供暖系统。

  散热器热分配计的产品国家标准正在组织制定中，将等同采用欧洲标准 EN834 和 EN835。

7 室内供暖系统

7.1 系统配置

7.1.2　既有建筑的分户改造曾经在北方一些城市大面积推行，多数室内管路为明装，其投入较大且扰民较多，本规程不建议这种做法继续推行，应采取其他计费的办法，而不应强行推行分户热表。

7.1.3　本条文所指的散热器系统，都是冬季以散热器为主要供暖方式的系统。

7.1.4　安装恒温阀时，从图 2 可以看出，散热器流量和散热量的关系曲线是与进出口温差有关的，温差

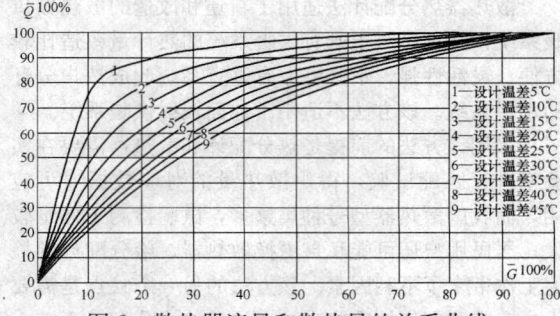

图 2　散热器流量和散热量的关系曲线

越大越接近线性。双管系统25℃温差时，比较接近线性，5层楼的单管，每组温差为5℃，已经是快开特性。为了使调节性能较好，增加跨越管，并在散热器支管上放恒温阀，使散热器的流量减少，增大温差。因此恒温阀用在双管中比较好，尤其像丹麦等国家采用40～45℃温差的双管系统，调节性能最好，几乎是线性了。在空调系统中，加热器的温差也比较小，一般采用调节性能为等百分比的电动阀加以配合，综合后形成线性特性。由于散热器恒温阀是接近线性的调节性能，因此只能采用加大散热器温差的办法。当系统温差为25℃时，对于6层以下的建筑，单管系统每层散热器的温差在4℃以上，流经散热器的流量减少到30%时，散热器的温差约为13℃以上，在图中曲线2与曲线3之间，性能并不够好。如果12层的单管，每层的温差只有2℃，要达到13℃的目标，散热器的流量只能是15%左右，如果达到25℃的目标，则流量减少到7.5%左右才行。而跨越管采用减小一号的做法，流经散热器的流量一般为30%左右。

减少流量后，散热器的平均温度将降低，其散热面积必须增加。对6层的单管系统计算表明，散热器面积约增加10%。层数越多，散热器需要增加的面积也越大，因此，垂直单管加跨越管的系统，比较适合6层以下多层建筑的改造。

7.1.5 我国开展供热计量试点工作近十余年，这期间积累了很多经验，针对供热计量所涉及的户间传热问题，目前尚存在不同的户间传热负荷设计计算方法。本条文提供以下户间传热负荷计算方法供参考：

1 计算通过户间楼板和隔墙的传热量时，与邻户的温差，宜取5～6℃。

2 以户内各房间传热量取适当比例的总和，作为户间总传热负荷。该比例应根据住宅入住率情况、建筑围护结构状况及其具体采暖方式等综合考虑。

3 按上述计算得出的户间传热量，不宜大于按《采暖通风与空气调节设计规范》GB 50019-2003第4.2节的有关规定计算出的设计采暖负荷的50%。

7.1.6 在邻户内墙做保温隔热处理的做法，既增加了投资，又减少了室内空间，不如将投资用作建筑外保温上。提高整个建筑的保温水平，真正实现建筑节能的目的。

7.2 系统调控

7.2.1 本条是强制性条文。供热体制改革以"多用热，多交费"为原则，实现供暖用热的商品化、货币化。因此，用户能够根据自身的用热需求，利用供暖系统中的调节阀主动调节室温、有效控制室温是实施供热计量收费的重要前提条件。按照《中华人民共和国节约能源法》第三十七条规定：使用空调采暖、制冷的公共建筑应当实行室内温度控制制度。

以往传统的室内供暖系统中安装使用的手动调节阀，对室内供暖系统的供热量能够起到一定的调节作用，但因其缺乏感调元件及自力式动作元件，无法对系统的供热量进行自动调节，从而无法有效利用室内的自由热，节能效果大打折扣。

散热器系统应在每组散热器安装散热器恒温阀或者其他自动阀门（如电动温控阀门）来实现室内温控；通断面积法可采用通断阀控制户内室温。散热器恒温控制阀具有感受室内温度变化并根据设定的室内温度对系统流量进行自力式调节的特性。正确使用散热器恒温控制阀可实现对室温的主动调节以及不同室温的恒定控制。散热器恒温控制阀对室内温度进行恒温控制时，可有效利用室内自由热、消除供暖系统的垂直失调从而达到节省室内供热量的目的。

低温热水地面辐射供暖系统分室温控的作用不明显，且技术和投资上较难实现，因此，低温热水地面辐射供暖系统应在户内系统入口处设置自动控温的调节阀，实现分户自动控温，其户内分集水器上每支环路上应安装手动流量调节阀；有条件的情况下宜实现分室自动温控。自动控温可采用自力式的温度控制阀、恒温阀或者温控器加热电阀等。

7.2.2 《散热器恒温控制阀》JG/T 195-2007行业标准已于2007年4月1日起实施，因我国行标与欧标中的要求有所不同（例如：规定的恒温控制阀调温上限不同，还增加了阀杆密封试验和感温包密闭试验，等等），所以应按照国内标准控制产品质量。

目前市场上比较关注恒温控制阀的调节性能，而忽视其机械性能，如恒温控制阀的阀杆密封性能和供热工况下的抗弯抗扭性能。因为恒温控制阀的阀杆经常动作，如果密封性能不好，就会造成在住户室内漏水，所以恒温控制阀的阀杆密封性能非常重要；在供热高温工况下，有些恒温控制阀的阀头会变软脱落。一些地区应用的散热器恒温控制阀已经出现机械性能方面的问题，这对恒温控制阀的推广使用产生了一定影响。

所谓记忆合金原理的恒温控制阀，均为不合格产品。因为记忆合金的动作原理和感温包相去甚远（只有开关动作，不能实现调节要求；只能在剧烈温度变化下动作，不能感应供暖室温变化而相应动作；开启温度和关闭温度误差6℃左右，不能实现恒温控制，等等），目前还没有记忆合金的阀门达到恒温控制阀标准的检测要求。

恒温控制阀一定是自动控温的产品，不能用手动阀门替代。因为室温调控节能分为自动恒温控制的利用自由热节能和人为主动调温的行为节能两部分，行为节能的节能潜力还有待商榷和验证，自动恒温的节能潜力比较重要和突出，而手动阀门达不到这样的节能效果。如果建设工程中要求使用恒温控制阀，那么一定要用自动温控的合格产品。

无论国内标准还是欧洲标准，都要求恒温控制阀能够带水带压清堵或更换阀芯。这一功能非常重要，能够避免恒温控制阀堵塞造成大面积泄水检修，而目前有很多产品没有这一功能，没有该功能的恒温控制阀均为不合格产品。

7.2.3 散热器罩影响散热器的散热量以及散热器恒温阀对室内温度的调节。基于以下原因，对既有采暖系统进行热计量改造时宜将原有的散热器罩拆除。

1 原有垂直单管顺流系统改造为设跨越管的垂直单管系统后，上部散热器特别是第一、二组散热器的平均温度有所下降。

2 单双管系统改造为设跨越管的垂直单管系统后，散热器水流量减小。

3 散热器罩影响感温元件内置式的恒温阀和热分配表分配计的正常工作。当散热器罩不能拆除时，应采用感温元件外置式的恒温阀。

4 计算表明散热器罩拆除后，所增加的散热量足以补偿由于系统变化对散热器散热量的不利影响。

7.2.4 要求选用内腔无砂的铸铁散热器，是为了避免恒温阀等堵塞。

中华人民共和国行业标准

公共建筑节能改造技术规范

Technical code for the retrofitting of public building on energy efficiency

JGJ 176—2009

批准部门：中华人民共和国住房和城乡建设部
施行日期：２００９年１２月１日

中华人民共和国住房和城乡建设部
公　　告

第 313 号

关于发布行业标准《公共建筑节能改造技术规范》的公告

现批准《公共建筑节能改造技术规范》为行业标准，编号为 JGJ 176-2009，自 2009 年 12 月 1 日起实施。其中，第 5.1.1、6.1.6 条为强制性条文，必须严格执行。

本规范由我部标准定额研究所组织中国建筑工业出版社出版发行。

中华人民共和国住房和城乡建设部
2009 年 5 月 19 日

前　　言

根据原建设部《关于印发〈2006 年工程建设标准规范制订、修订计划（第一批）〉的通知》（建标［2006］77 号）的要求，规范编制组经广泛调查研究，认真总结实践经验，参考国内外相关标准，并在广泛征求意见的基础上制定了本规范。

本规范主要技术内容是：1. 总则；2. 术语；3. 节能诊断；4. 节能改造判定原则与方法；5. 外围护结构热工性能改造；6. 采暖通风空调及生活热水供应系统改造；7. 供配电与照明系统改造；8. 监测与控制系统改造；9. 可再生能源利用；10. 节能改造综合评估。

本规范中用黑体字标志的条文为强制性条文，必须严格执行。

本规范由住房和城乡建设部负责管理和对强制性条文的解释，由中国建筑科学研究院负责具体技术内容的解释。

本规范主编单位：中国建筑科学研究院
（北京市北三环东路 30 号，邮政编码：100013）

本规范参编单位：同济大学
重庆大学
上海市建筑科学研究院（集团）有限公司
深圳市建筑科学研究院
中国建筑西南设计研究院
中国建筑业协会智能建筑专业委员会
北京市建筑设计研究院
浙江省建筑科学设计研究院
合肥工业大学建筑设计研究院
开利空调销售服务（上海）有限公司
远大空调有限公司
清华同方人工环境有限公司
达尔凯国际股份有限公司
贵州汇通华城楼宇科技有限公司
深圳市鹏瑞能源技术有限公司
南京丰盛能源环境有限公司
北京天正工程软件有限公司
北京振利高新技术有限公司
北京江河幕墙装饰工程有限公司
威固国际有限公司
欧文斯科宁（中国）投资有限公司
北京泰豪智能工程有限公司
上海大智科技发展有限公司
西门子楼宇科技（天津）有限公司

本规范主要起草人：徐　伟　邹　瑜　龙惟定
付祥钊　冯晓梅　朱伟峰
宋业辉　王　虹　卜增文
周　辉　冯　雅　毛剑瑛
万水娥　宋　波　潘金炎
万　力　张　勇　姜　仁
黄振利　袁莉莉　俞　菁

傅积阖　殷文强　邵康文　　　　　　　柳　松
王　稚　霍小平　李玉街　本规范主要审查人员：郎四维　顾同曾　伍小亭
熊江岳　陈光烁　李振华　　　　　　　许文发　毛红卫　杨仕超
张子平　傅立新　谢　峤　　　　　　　栾景阳　孙述璞　徐　义

目 次

1 总则 …………………………………… 58—6
2 术语 …………………………………… 58—6
3 节能诊断 ……………………………… 58—6
   3.1 一般规定 ………………………… 58—6
   3.2 外围护结构热工性能 …………… 58—6
   3.3 采暖通风空调及生活热水供
       应系统 …………………………… 58—6
   3.4 供配电系统 ……………………… 58—7
   3.5 照明系统 ………………………… 58—7
   3.6 监测与控制系统 ………………… 58—7
   3.7 综合诊断 ………………………… 58—7
4 节能改造判定原则与方法 …………… 58—7
   4.1 一般规定 ………………………… 58—7
   4.2 外围护结构单项判定 …………… 58—8
   4.3 采暖通风空调及生活热水供应系
       统单项判定 ……………………… 58—8
   4.4 供配电系统单项判定 …………… 58—9
   4.5 照明系统单项判定 ……………… 58—10
   4.6 监测与控制系统单项判定 ……… 58—10
   4.7 分项判定 ………………………… 58—10
   4.8 综合判定 ………………………… 58—10
5 外围护结构热工性能改造 …………… 58—10
   5.1 一般规定 ………………………… 58—10
   5.2 外墙、屋面及非透明幕墙 ……… 58—10
   5.3 门窗、透明幕墙及采光顶 ……… 58—11
6 采暖通风空调及生活热水供应
   系统改造 ……………………………… 58—12
   6.1 一般规定 ………………………… 58—12
   6.2 冷热源系统 ……………………… 58—12
   6.3 输配系统 ………………………… 58—12
   6.4 末端系统 ………………………… 58—13
7 供配电与照明系统改造 ……………… 58—13
   7.1 一般规定 ………………………… 58—13
   7.2 供配电系统 ……………………… 58—13
   7.3 照明系统 ………………………… 58—13
8 监测与控制系统改造 ………………… 58—14
   8.1 一般规定 ………………………… 58—14
   8.2 采暖通风空调及生活热水供应
       系统的监测与控制 ……………… 58—14
   8.3 供配电与照明系统的监测
       与控制 …………………………… 58—14
9 可再生能源利用 ……………………… 58—14
   9.1 一般规定 ………………………… 58—14
   9.2 地源热泵系统 …………………… 58—14
   9.3 太阳能利用 ……………………… 58—15
10 节能改造综合评估 …………………… 58—15
   10.1 一般规定 ………………………… 58—15
   10.2 节能改造效果检测与评估 ……… 58—15
附录 A 冷热源设备性能
       参数选择 ………………………… 58—16
本规范用词说明 ………………………… 58—17
引用标准名录 …………………………… 58—17
附：条文说明 …………………………… 58—18

Contents

1 General Provisions ········· 58—6
2 Terms ········· 58—6
3 Energy System Diagnose ········· 58—6
  3.1 General Requirements ········· 58—6
  3.2 Thermal Performance of Building Envelope ········· 58—6
  3.3 HVAC and Domestic Hot Water Supply Systems ········· 58—6
  3.4 Power Supply and Distribution Systems ········· 58—7
  3.5 Lighting ········· 58—7
  3.6 Monitoring and Control Systems ········· 58—7
  3.7 Compositive Diagnose ········· 58—7
4 Benchmark on Retrofitting of Energy Efficiency ········· 58—7
  4.1 General Requirements ········· 58—7
  4.2 External Envelope Benchmark ········· 58—8
  4.3 HVAC and Domestic Hot Water Supply Systems Benchmark ········· 58—8
  4.4 Power Supply and Distribution Systems Benchmark ········· 58—9
  4.5 Lighting Benchmark ········· 58—10
  4.6 Monitoring and Control Systems Benchmark ········· 58—10
  4.7 System Benchmark ········· 58—10
  4.8 Compositive Benchmark ········· 58—10
5 Retrofitting on Thermal Performance of External Envelope ········· 58—10
  5.1 General Requirements ········· 58—10
  5.2 External Wall, Roof and Opaque Curtain Wall ········· 58—10
  5.3 Door, Window, Transparent Curtain Wall and Skylight ········· 58—11
6 Retrofitting on HVAC and Domestic Hot Supply Systems ········· 58—12
  6.1 General Requirements ········· 58—12
  6.2 Heating and Cooling Source ········· 58—12
  6.3 Supply and Distribution Systems ········· 58—12
  6.4 Terminal Systems ········· 58—13
7 Retrofitting on Power Supply and Distribution Systems and Lighting ········· 58—13
  7.1 General Requirements ········· 58—13
  7.2 Power supply and Distribution ········· 58—13
  7.3 Lighting ········· 58—13
8 Retrofitting on Monitoring and Control Systems ········· 58—14
  8.1 General Requirements ········· 58—14
  8.2 HVAC and Domestic Hot Water Supply Systems ········· 58—14
  8.3 Power Supply, Distribution and Lighting ········· 58—14
9 Renewable Energy system ········· 58—14
  9.1 General Requirements ········· 58—14
  9.2 Ground-Source Heat Pump Systems ········· 58—14
  9.3 Solar Energy Using ········· 58—15
10 Measurements and Verification on Energy Savings ········· 58—15
  10.1 General Requirements ········· 58—15
  10.2 Measurements and Verification on Energy Savings ········· 58—15
Appendix A: The Performance of Heating and Cooling Equipments ········· 58—16
Explanation of Wording in This Code ········· 58—17
Normative Standards ········· 58—17
Explanation of Provisions ········· 58—18

1 总 则

1.0.1 为贯彻国家有关建筑节能的法律法规和方针政策，推进建筑节能工作，提高既有公共建筑的能源利用效率，减少温室气体排放，改善室内热环境，制定本规范。

1.0.2 本规范适用于各类公共建筑的外围护结构、用能设备及系统等方面的节能改造。

1.0.3 公共建筑节能改造应在保证室内舒适环境的基础上，提高建筑的能源利用效率，降低能源消耗。

1.0.4 公共建筑的节能改造应根据节能诊断结果，结合节能改造判定原则，从技术可靠性、可操作性和经济性等方面进行综合分析，选取合理可行的节能改造方案和技术措施。

1.0.5 公共建筑的节能改造，除应符合本规范的规定外，尚应符合国家现行有关标准的规定。

2 术 语

2.0.1 节能诊断 energy diagnosis

通过现场调查、检测以及对能源消费账单和设备历史运行记录的统计分析等，找到建筑物能源浪费的环节，为建筑物的节能改造提供依据的过程。

2.0.2 能源消费账单 energy expenditure bill

建筑物使用者用于能源消费结算的凭证或依据。

2.0.3 能源利用效率 energy utilization efficiency

广义上是指能源在形式转换过程中终端能源形式蕴含能量与始端能源形式蕴含能量的比值。本规范中是指公共建筑用能系统的能源利用效率。

2.0.4 冷源系统能效系数 energy efficiency ratio of cooling source system

冷源系统单位时间供冷量与冷水机组、冷水泵、冷却水泵和冷却塔风机单位时间耗能的比值。

3 节能诊断

3.1 一般规定

3.1.1 公共建筑节能改造前应对建筑物外围护结构热工性能、采暖通风空调及生活热水供应系统、供配电与照明系统、监测与控制系统进行节能诊断。

3.1.2 公共建筑节能诊断前，宜提供下列资料：
1 工程竣工图和技术文件；
2 历年房屋修缮及设备改造记录；
3 相关设备技术参数和近1~2年的运行记录；
4 室内温湿度状况；
5 近1~2年的燃气、油、电、水、蒸汽等能源消费账单。

3.1.3 公共建筑节能改造前应制定详细的节能诊断方案，节能诊断后应编写节能诊断报告。节能诊断报告应包括系统概况、检测结果、节能诊断与节能分析、改造方案建议等内容。对于综合诊断项目，应在完成各子系统节能诊断报告的基础上再编写项目节能诊断报告。

3.1.4 公共建筑节能诊断项目的检测方法应符合现行行业标准《公共建筑节能检验标准》JGJ 177 的有关规定。

3.1.5 承担公共建筑节能检测的机构应具备相应资质。

3.2 外围护结构热工性能

3.2.1 对于建筑外围护结构热工性能，应根据气候区和外围护结构的类型，对下列内容进行选择性节能诊断：
1 传热系数；
2 热工缺陷及热桥部位内表面温度；
3 遮阳设施的综合遮阳系数；
4 外围护结构的隔热性能；
5 玻璃或其他透明材料的可见光透射比、遮阳系数；
6 外窗、透明幕墙的气密性；
7 房间气密性或建筑物整体气密性。

3.2.2 外围护结构热工性能节能诊断应按下列步骤进行：

1 查阅竣工图，了解建筑外围护结构的构造做法和材料，建筑遮阳设施的种类和规格，以及设计变更等信息；

2 对外围护结构状况进行现场检查，调查了解外围护结构保温系统的完好程度，实际施工做法与竣工图纸的一致性，遮阳设施的实际使用情况和完好程度；

3 对确定的节能诊断项目进行外围护结构热工性能的计算和检测；

依据诊断结果和本规范第4章的规定，确定外围护结构的节能环节和节能潜力，编写外围护结构热工性能节能诊断报告。

3.3 采暖通风空调及生活热水供应系统

3.3.1 对于采暖通风空调及生活热水供应系统，应根据系统设置情况，对下列内容进行选择性节能诊断：
1 建筑物室内的平均温度、湿度；
2 冷水机组、热泵机组的实际性能系数；
3 锅炉运行效率；
4 水系统回水温度一致性；
5 水系统供回水温差；

6 水泵效率；
7 水系统补水率；
8 冷却塔冷却性能；
9 冷源系统能效系数；
10 风机单位风量耗功率；
11 系统新风量；
12 风系统平衡度；
13 能量回收装置的性能；
14 空气过滤器的积尘情况；
15 管道保温性能。

3.3.2 采暖通风空调及生活热水供应系统节能诊断应按下列步骤进行：

1 通过查阅竣工图和现场调查，了解采暖通风空调及生活热水供应系统的冷热源形式、系统划分形式、设备配置及系统调节控制方法等信息；
2 查阅运行记录，了解采暖通风空调及生活热水供应系统运行状况及运行控制策略等信息；
3 对确定的节能诊断项目进行现场检测；
4 依据诊断结果和本规范第 4 章的规定，确定采暖通风空调及生活热水供应系统的节能环节和节能潜力，编写节能诊断报告。

3.4 供配电系统

3.4.1 供配电系统节能诊断应包括下列内容：

1 系统中仪表、电动机、电器、变压器等设备状况；
2 供配电系统容量及结构；
3 用电分项计量；
4 无功补偿；
5 供用电电能质量。

3.4.2 对供配电系统中仪表、电动机、电器、变压器等设备状况进行节能诊断时，应核查是否使用淘汰产品、各电器元件是否运行正常以及变压器负载率状况。

3.4.3 对供配电系统容量及结构进行节能诊断时，应核查现有的用电设备功率及配电电气参数。

3.4.4 对供配电系统用电分项计量进行节能诊断时，应核查常用供电主回路是否设置电能表对电能数据进行采集与保存，并应对分项计量电能回路用电量进行校核检验。

3.4.5 对无功补偿进行节能诊断时，应核查是否采用提高用电设备功率因数的措施以及无功补偿设备的调节方式是否符合供配电系统的运行要求。

3.4.6 供用电电能质量节能诊断应采用电能质量监测仪在公共建筑物内出现或可能出现电能质量问题的部位进行测试。供用电电能质量节能诊断宜包括下列内容：

1 三相电压不平衡度；
2 功率因数；
3 各次谐波电压和电流及谐波电压和电流总畸变率；
4 电压偏差。

3.5 照 明 系 统

3.5.1 照明系统节能诊断应包括下列项目：

1 灯具类型；
2 照明灯具效率和照度值；
3 照明功率密度值；
4 照明控制方式；
5 有效利用自然光情况；
6 照明系统节电率。

3.5.2 照明系统节能诊断应提供照明系统节电率。

3.6 监测与控制系统

3.6.1 监测与控制系统节能诊断应包括下列内容：

1 集中采暖与空气调节系统监测与控制的基本要求；
2 生活热水监测与控制的基本要求；
3 照明、动力设备监测与控制的基本要求；
4 现场控制设备及元件状况。

3.6.2 现场控制设备及元件节能诊断应包括下列内容：

1 控制阀门及执行器选型与安装；
2 变频器型号和参数；
3 温度、流量、压力仪表的选型及安装；
4 与仪表配套的阀门安装；
5 传感器的准确性；
6 控制阀门、执行器及变频器的工作状态。

3.7 综 合 诊 断

3.7.1 公共建筑应在外围护结构热工性能、采暖通风空调及生活热水供应系统、供配电与照明系统、监测与控制系统的分项诊断基础上进行综合诊断。

3.7.2 公共建筑综合诊断应包括下列内容：

1 公共建筑的年能耗量及其变化规律；
2 能耗构成及各分项所占比例；
3 针对公共建筑的能源利用情况，分析存在的问题和关键因素，提出节能改造方案；
4 进行节能改造的技术经济分析；
5 编制节能诊断总报告。

4 节能改造判定原则与方法

4.1 一 般 规 定

4.1.1 公共建筑进行节能改造前，应首先根据节能诊断结果，并结合公共建筑节能改造判定原则与方法，确定是否需要进行节能改造及节能改造内容。

4.1.2 公共建筑节能改造应根据需要采用下列一种或多种判定方法：

    1 单项判定；
    2 分项判定；
    3 综合判定。

4.2 外围护结构单项判定

4.2.1 当公共建筑因结构或防火等方面存在安全隐患而需进行改造时，宜同步进行外围护结构方面的节能改造。

4.2.2 当公共建筑外墙、屋面的热工性能存在下列情况时，宜对外围护结构进行节能改造：

    1 严寒、寒冷地区，公共建筑外墙、屋面保温性能不满足现行国家标准《民用建筑热工设计规范》GB 50176 的内表面温度不结露要求；
    2 夏热冬冷、夏热冬暖地区，公共建筑外墙、屋面隔热性能不满足现行国家标准《民用建筑热工设计规范》GB 50176 的内表面温度要求。

4.2.3 公共建筑外窗、透明幕墙的传热系数及综合遮阳系数存在下列情况时，宜对外窗、透明幕墙进行节能改造：

    1 严寒地区，外窗或透明幕墙的传热系数大于 $3.8W/(m^2 \cdot K)$；
    2 严寒、寒冷地区，外窗的气密性低于现行国家标准《建筑外窗气密、水密、抗风压性能分级及检测方法》GB/T 7106 中规定的 2 级，透明幕墙的气密性低于现行国家标准《建筑幕墙》GB/T 21086 中规定的 1 级；
    3 非严寒地区，除北向外，外窗或透明幕墙的综合遮阳系数大于 0.60；
    4 非严寒地区，除超高层及特别设计的透明幕墙外，外窗或透明幕墙的可开启面积低于外墙总面积的 12%。

4.2.4 公共建筑屋面透明部分的传热系数、综合遮阳系数存在下列情况时，宜对屋面透明部分进行节能改造。

    1 严寒地区，屋面透明部分的传热系数大于 $3.5W/(m^2 \cdot K)$；
    2 非严寒地区，屋面透明部分的综合遮阳系数大于 0.60。

4.3 采暖通风空调及生活热水供应系统单项判定

4.3.1 当公共建筑的冷源或热源设备满足下列条件之一时，宜进行相应的节能改造或更换：

    1 运行时间接近或超过其正常使用年限；
    2 所使用的燃料或工质不满足环保要求。

4.3.2 当公共建筑采用燃煤、燃油、燃气的蒸汽或热水锅炉作为热源，其运行效率低于表 4.3.2 的规定，且锅炉改造或更换的静态投资回收期小于或等于 8 年时，宜进行相应的改造或更换。

表 4.3.2 锅炉的运行效率

锅炉类型、燃料种类		在下列锅炉容量(MW)下的最低运行效率(%)						
		0.7	1.4	2.8	4.2	7.0	14.0	≥28.0
燃煤	烟煤Ⅱ	—	—	60	61	64	65	67
	烟煤Ⅲ	—	—	61	63	64	67	68
燃油、燃气		76	76	76	78	78	80	80

4.3.3 当电机驱动压缩机的蒸气压缩循环冷水机组或热泵机组实际性能系数（COP）低于表 4.3.3 的规定，且机组改造或更换的静态投资回收期小于或等于 8 年时，宜进行相应的改造或更换。

表 4.3.3 冷水机组或热泵机组制冷性能系数

类 型		额定制冷量 (CC) kW	性能系数 (COP) W/W
水冷	活塞式/涡旋式	<528	3.40
		528～1163	3.60
		>1163	3.80
	螺杆式	<528	3.80
		528～1163	4.00
		>1163	4.20
	离心式	<528	3.80
		528～1163	4.00
		>1163	4.20
风冷或蒸发冷却	活塞式/涡旋式	≤50	2.20
		>50	2.40
	螺杆式	≤50	2.40
		>50	2.60

4.3.4 对于名义制冷量大于 7100W、采用电机驱动压缩机的单元式空气调节机、风管送风式和屋顶式空调机组，在名义制冷工况和规定条件下，当其能效比低于表 4.3.4 的规定，且机组改造或更换的静态投资回收期小于或等于 5 年时，宜进行相应的改造或更换。

表 4.3.4 机组能效比

类 型		能效比（W/W）
风冷式	不接风管	2.40
	接风管	2.10
水冷式	不接风管	2.80
	接风管	2.50

4.3.5 当溴化锂吸收式冷水机组实际性能系数（COP）不符合表 4.3.5 的规定，且机组改造或更换的静态投资回收期小于或等于 8 年时，宜进行相应的

改造或更换。

表4.3.5 溴化锂吸收式机组性能参数

机型	运行工况	性能参数		
	蒸汽压力（MPa）	单位制冷量蒸汽耗量[kg/(kW·h)]	性能系数（W/W）	
			制冷	供热
蒸汽双效	0.25	≤1.56	—	—
	0.4		—	—
	0.6	≤1.46	—	—
	0.8	≤1.42	—	—
直燃	—	—	≥1.0	≥0.80

注：直燃机的性能系数为：制冷量(供热量)/[加热源消耗量(以低位热值计)+电力消耗量(折算成一次能)]。

4.3.6 对于采用电热锅炉、电热水器作为直接采暖和空调系统的热源，当符合下列情况之一，且当静态投资回收期小于或等于8年时，应改造为其他热源方式：

　　1 以供冷为主，采暖负荷小且无法利用热泵提供热源的建筑；

　　2 无集中供热与燃气源，煤、油等燃料的使用受到环保或消防严格限制的建筑；

　　3 夜间可利用低谷电进行蓄热，且蓄热式电锅炉不在昼间用电高峰时段启用的建筑；

　　4 采用可再生能源发电地区的建筑；

　　5 采暖和空调系统中需要对局部外区进行加热的建筑。

4.3.7 当公共建筑采暖空调系统的热源设备无随室外气温变化进行供热量调节的自动控制装置时，应进行相应的改造。

4.3.8 当公共建筑冷源系统的能效系数低于表4.3.8的规定，且冷源系统节能改造的静态投资回收期小于或等于5年时，宜对冷源系统进行相应的改造。

表4.3.8 冷源系统能效系数

类型	单台额定制冷量（kW）	冷源系统能效系数（W/W）
水冷冷水机组	<528	1.8
	528～1163	2.1
	>1163	2.5
风冷或蒸发冷却	≤50	1.4
	>50	1.6

4.3.9 当采暖空调系统循环水泵的实际水量超过原设计值的20%，或循环水泵的实际运行效率低于铭牌值的80%时，应对水泵进行相应的调节或改造。

4.3.10 当空调水系统实际供回水温差小于设计值40%的时间超过总运行时间的15%时，宜对空调水系统进行相应的调节或改造。

4.3.11 采用二次泵的空调冷水系统，当二次泵未采用变速变流量调节方式时，宜对二次泵进行变速变流量调节方式的改造。

4.3.12 当空调风系统风机的单位风量耗功率大于表4.3.12的规定时，宜对风机进行相应的调节或改造。

表4.3.12 风机的单位风量耗功率限值[W/(m³/h)]

系统形式	办公建筑		商业、旅馆建筑	
	粗效过滤	粗、中效过滤	粗效过滤	粗、中效过滤
两管制定风量系统	0.46	0.53	0.51	0.57
四管制定风量系统	0.52	0.58	0.56	0.64
两管制变风量系统	0.64	0.70	0.68	0.75
四管制变风量系统	0.69	0.76	0.47	0.81
普通机械通风系统	0.32			

注：1 普通机械通风系统中不包括厨房等需要特定过滤装置的房间的通风系统；
　　2 严寒地区增设预热盘管时，单位风量耗功率可以再增加0.035W/(m³/h)；
　　3 当空调机组内采用湿膜加湿方法时，单位风量耗功率可以再增加0.053W/(m³/h)。

4.3.13 当公共建筑存在较大的冬季需要制冷的内区，且原有空调系统未利用天然冷源时，宜进行相应的改造。

4.3.14 在过渡季，公共建筑的外窗开启面积和通风系统均不能直接利用新风实现降温需求时，宜进行相应的改造。

4.3.15 当设有新风的空调系统的新风量不满足现行国家标准《公共建筑节能设计标准》GB 50189规定时，宜对原有新风系统进行改造。

4.3.16 当冷水系统各主支管路回水温度最大差值大于2℃，热水系统各主支管路回水温度最大差值大于4℃时，宜进行相应的水力平衡改造。

4.3.17 当空调系统冷水管的保温存在结露情况时，应进行相应的改造。

4.3.18 当冷却塔的实际运行效率低于铭牌值的80%时，宜对冷却塔进行相应的清洗或改造。

4.3.19 当公共建筑中的采暖空调系统不具备室温调控手段时，应进行相应改造。

4.3.20 对于采用区域性冷源或热源的公共建筑，当冷源或热源入口处没有设置冷量或热量计量装置时，宜进行相应的改造。

4.4 供配电系统单项判定

4.4.1 当供配电系统不能满足更换的用电设备功率、配电电气参数要求时，或主要电器为淘汰产品时，应对配电柜(箱)和配电回路进行改造。

4.4.2 当变压器平均负载率长期低于20%且今后不再增加用电负荷时,宜对变压器进行改造。

4.4.3 当供配电系统未根据配电回路合理设置用电分项计量或分项计量电能回路用电量校核不合格时,应进行改造。

4.4.4 当无功补偿不能满足要求时,应论证改造方法合理性并进行投资效益分析,当投资静态回收期小于5年时,宜进行改造。

4.4.5 当供用电电能质量不能满足要求时,应论证改造方法合理性并进行投资效益分析,当投资静态回收期小于5年时,宜进行改造。

4.5 照明系统单项判定

4.5.1 当公共建筑的照明功率密度值超过现行国家标准《建筑照明设计标准》GB 50034 规定的限值时,宜进行相应的改造。

4.5.2 当公共建筑公共区域的照明未合理设置自动控制时,宜进行相应的改造。

4.5.3 对于未合理利用自然光的照明系统,宜进行相应改造。

4.6 监测与控制系统单项判定

4.6.1 未设置监测与控制系统的公共建筑,应根据监控对象特性合理增设监测与控制系统。

4.6.2 当集中采暖与空气调节等用能系统进行节能改造时,应对与之配套的监测与控制系统进行改造。

4.6.3 当监测与控制系统不能正常运行或不能满足节能管理要求时,应进行改造。

4.6.4 当监测与控制系统配置的传感器、阀门及配套执行器、变频器等的选型及安装不符合设计、产品说明书及现行国家标准《自动化仪表工程施工及验收规范》GB 50093 中有关规定时,或准确性及工作状态不能满足要求时,应进行改造。

4.6.5 当监测与控制系统无用电分项计量或不能满足改造前后节能效果对比时,应进行改造。

4.7 分项判定

4.7.1 公共建筑经外围护结构节能改造,采暖通风空调能耗降低10%以上,且静态投资回收期小于或等于8年时,宜对外围护结构进行节能改造。

4.7.2 公共建筑的采暖通风空调及生活热水供应系统经节能改造,系统的能耗降低20%以上且静态投资回收期小于或等于5年时,或者静态投资回收期小于或等于3年时,宜进行节能改造。

4.7.3 公共建筑未采用节能灯具或采用的灯具效率及光源等不符合国家现行有关标准的规定,且改造静态投资回收期小于或等于2年或节能率达到20%以上时,宜进行相应的改造。

4.8 综合判定

4.8.1 通过改善公共建筑外围护结构的热工性能,提高采暖通风空调及生活热水供应系统、照明系统的效率,在保证相同的室内热环境参数前提下,与未采取节能改造措施前相比,采暖通风空调及生活热水供应系统、照明系统的全年能耗降低30%以上,且静态投资回收期小于或等于6年时,应进行节能改造。

5 外围护结构热工性能改造

5.1 一般规定

5.1.1 公共建筑外围护结构进行节能改造后,所改造部位的热工性能应符合现行国家标准《公共建筑节能设计标准》GB 50189 的规定性指标限值的要求。

5.1.2 对外围护结构进行节能改造时,应对原结构的安全性进行复核、验算;当结构安全不能满足节能改造要求时,应采取结构加固措施。

5.1.3 外围护结构进行节能改造所采用的保温材料和建筑构造的防火性能应符合现行国家标准《建筑内部装修设计防火规范》GB 50222、《建筑设计防火规范》GB 50016 和《高层民用建筑设计防火规范》GB 50045 的规定。

5.1.4 公共建筑的外围护结构节能改造应根据建筑自身特点,确定采用的构造形式以及相应的改造技术。保温、隔热、防水、装饰改造应同时进行。对原有外立面的建筑造型、凸窗应有相应的保温改造技术措施。

5.1.5 外围护结构节能改造过程中,应通过传热计算分析,对热桥部位采取合理措施并提交相应的设计施工图纸。

5.1.6 外围护结构节能改造施工前应编制施工组织设计文件,改造施工及验收应符合现行国家标准《建筑节能工程施工质量验收规范》GB 50411 的规定。

5.2 外墙、屋面及非透明幕墙

5.2.1 外墙采用可粘结工艺的外保温改造方案时,应检查基墙墙面的性能,并应满足表 5.2.1 的要求。

表 5.2.1 基墙墙面性能指标要求

基墙墙面性能指标	要 求
外表面的风化程度	无风化、酥松、开裂、脱落等
外表面的平整度偏差	±4mm 以内
外表面的污染度	无积灰、泥土、油污、霉斑等附着物,钢筋无锈蚀
外表面的裂缝	无结构性和非结构性裂缝
饰面砖的空鼓率	≤10%
饰面砖的破损率	≤30%
饰面砖的粘结强度	≥0.1MPa

5.2.2 当基墙墙面性能指标不满足本规范表5.2.1的要求时，应对基墙墙面进行处理，并可采用下列处理措施：

　　1 对裂缝、渗漏、冻害、析盐、侵蚀所产生的损坏进行修复；

　　2 对墙面缺损、孔洞应填补密实，损坏的砖或砌块应进行更换；

　　3 对表面油迹、疏松的砂浆进行清理；

　　4 外墙饰面砖应根据实际情况全部或部分剔除，也可采用界面剂处理。

5.2.3 外墙采用内保温改造方案时，应对外墙内表面进行下列处理：

　　1 对内表面涂层、积灰油污及杂物、粉刷空鼓应刮掉并清理干净；

　　2 对内表面脱落、虫蛀、霉烂、受潮所产生的损坏进行修复；

　　3 对裂缝、渗漏进行修复，墙面的缺损、孔洞应填补密实；

　　4 对原不平整的外围护结构表面加以修复；

　　5 室内各类主要管线安装完成并经试验检测合格后方可进行。

5.2.4 外墙外保温系统与基层应有可靠的结合，保温系统与墙身的连接、粘结强度应符合现行行业标准《外墙外保温工程技术规程》JGJ 144的要求。对于室内散湿量大的场所，还应进行围护结构内部冷凝受潮验算，并应按照现行国家标准《民用建筑热工设计规范》GB 50176的规定采取防潮措施。

5.2.5 非透明幕墙改造时，保温系统安装应牢固、不松脱。幕墙支承结构的抗震和抗风压性能等应符合现行行业标准《金属与石材幕墙工程技术规范》JGJ 133的规定。

5.2.6 非透明幕墙构造缝、沉降缝以及幕墙周边与墙体接缝处等热桥部位应进行保温处理。

5.2.7 非透明围护结构节能改造采用石材、人造板材幕墙和金属板幕墙时，除应满足现行国家标准《建筑幕墙》GB/T 21086和现行行业标准《金属与石材幕墙工程技术规范》JGJ 133的规定外，尚应满足下列规定：

　　1 面板材料应满足国家有关产品标准的规定，石材面板宜选用花岗石，可选用大理石、洞石和砂岩等，当石材弯曲强度标准值小于8.0MPa时，应采取附加构造措施保证面板的可靠性；

　　2 在严寒和寒冷地区，石材面板的抗冻系数不应小于0.8；

　　3 当幕墙为开放式结构形式时，保温层与主体结构间不宜留有空气层，且宜在保温层和石材面板间进行防水隔汽处理；

　　4 后置埋件应满足承载力设计要求，并应符合现行行业标准《混凝土结构后锚固技术规程》JGJ 145的规定。

5.2.8 公共建筑屋面节能改造时，应根据工程的实际情况选择适当的改造措施，并应符合现行国家标准《屋面工程技术规范》GB 50345和《屋面工程质量验收规范》GB 50207的规定。

5.3 门窗、透明幕墙及采光顶

5.3.1 公共建筑的外窗改造可根据具体情况确定，并可选用下列措施：

　　1 采用只换窗扇、换整窗或加窗的方法，满足外窗的热工性能要求；加窗时，应避免层间结露；

　　2 采用更换低辐射中空玻璃，或在原有玻璃表面贴膜的措施，也可增设可调节百叶遮阳或遮阳卷帘；

　　3 外窗改造更换外框时，应优先选择隔热效果好的型材；

　　4 窗框与墙体之间应采取合理的保温密封构造，不应采用普通水泥砂浆补缝；

　　5 外窗改造时所选外窗的气密性等级应不低于现行国家标准《建筑外门窗气密、水密、抗风压性能分级及检测方法》GB/T 7106中规定的6级；

　　6 更换外窗时，宜优先选择可开启面积大的外窗。除超高层外，外窗的可开启面积不得低于外墙总面积的12%。

5.3.2 对外窗或透明幕墙的遮阳设施进行改造时，宜采用外遮阳措施。外遮阳的遮阳系数应按现行国家标准《公共建筑节能设计标准》GB 50189的规定进行确定。加装外遮阳时，应对原结构的安全性进行复核、验算。当结构安全不能满足要求时，应对其进行结构加固或采取其他遮阳措施。

5.3.3 外门、非采暖楼梯间门节能改造时，可选用下列措施：

　　1 严寒、寒冷地区建筑的外门口应设门斗或热空气幕；

　　2 非采暖楼梯间门宜为保温、隔热、防火、防盗一体的单元门；

　　3 外门、楼梯间门应在缝隙部位设置耐久性和弹性好的密封条；

　　4 外门应设置闭门装置，或设置旋转门、电子感应式自动门等。

5.3.4 透明幕墙、采光顶节能改造应提高幕墙玻璃和外框型材的保温隔热性能，并应保证幕墙的安全性能。根据实际情况，可选用下列措施：

　　1 透明幕墙玻璃可增加中空玻璃的中空层数，或更换保温性能好的玻璃；

　　2 可采用低辐射中空玻璃，或采用在原有玻璃的表面贴膜或涂膜的工艺；

　　3 更换幕墙外框时，直接参与传热过程的型材应选择隔热效果好的型材；

4 在保证安全的前提下,可增加透明幕墙的可开启扇。除超高层及特别设计的透明幕墙外,透明幕墙的可开启面积不宜低于外墙总面积的12%。

6 采暖通风空调及生活热水供应系统改造

6.1 一般规定

6.1.1 公共建筑采暖通风空调及生活热水供应系统的节能改造宜结合系统主要设备的更新换代和建筑物的功能升级进行。

6.1.2 确定公共建筑采暖通风空调及生活热水供应系统的节能改造方案时,应充分考虑改造施工过程中对未改造区域使用功能的影响。

6.1.3 对公共建筑的冷热源系统、输配系统、末端系统进行改造时,各系统的配置应互相匹配。

6.1.4 公共建筑采暖通风空调系统综合节能改造后应能实现供冷、供热量的计量和主要用电设备的分项计量。

6.1.5 公共建筑采暖通风空调及生活热水供应系统节能改造后应具备按实际需冷、需热量进行调节的功能。

6.1.6 公共建筑节能改造后,采暖空调系统应具备室温调控功能。

6.1.7 公共建筑采暖通风空调及生活热水供应系统的节能改造施工和调试应符合现行国家标准《建筑节能工程施工质量验收规范》GB 50411、《通风与空调工程施工质量验收规范》GB 50243 和《建筑给水排水及采暖工程施工质量验收规范》GB 50242 的规定。

6.2 冷热源系统

6.2.1 公共建筑的冷热源系统节能改造时,首先应充分挖掘现有设备的节能潜力,并应在现有设备不能满足需求时,再予以更换。

6.2.2 冷热源系统改造应根据原有冷热源运行记录,进行整个供冷、供暖季负荷的分析和计算,确定改造方案。

6.2.3 公共建筑的冷热源进行更新改造时,应在原有采暖通风空调及生活热水供应系统的基础上,根据改造后建筑的规模、使用特征,结合当地能源结构以及价格政策、环保规定等因素,经综合论证后确定。

6.2.4 公共建筑的冷热源更新改造后,系统供回水温度应能保证原有输配系统和空调末端系统的设计要求。

6.2.5 冷水机组或热泵机组的容量与系统负荷不匹配时,在确保系统安全性、匹配性及经济性的情况下,宜采用在原有冷水机组或热泵机组上,增设变频装置,以提高机组的实际运行效率。

6.2.6 对于冷热需求时间不同的区域,宜分别设置冷热源系统。

6.2.7 当更换冷热源设备时,更换后的设备性能应符合本规范附录 A 的规定。

6.2.8 采用蒸汽吸收式制冷机组时,应回收所产生的凝结水,凝结水回收系统宜采用闭式系统。

6.2.9 对于冬季或过渡季存在供冷需求的建筑,在保证安全运行的条件下,宜采用冷却塔供冷的方式。

6.2.10 在满足使用要求的前提下,对于夏季空调室外计算湿球温度较低、温度的日较差大的地区,空气的冷却可考虑采用蒸发冷却的方式。

6.2.11 在符合下列条件的情况下,宜采用水环热泵空调系统:

1 有较大内区且有稳定的大量余热的建筑物;
2 原建筑冷热源机房空间有限,且以出租为主的办公楼及商业建筑。

6.2.12 当更换生活热水供应系统的锅炉及加热设备时,更换后的设备应根据设定的温度,对燃料的供给量进行自动调节,并应保证其出水温度稳定;当机组不能保证出水温度稳定时,应设置贮热水罐。

6.2.13 集中生活热水供应系统的热源应优先采用工业余热、废热和冷凝热;有条件时,应利用地热和太阳能。

6.2.14 生活热水供应系统宜采用直接加热热水机组。除有其他用汽要求外,不应采用燃气或燃油锅炉制备蒸汽再进行热交换后供应生活热水的热源方式。

6.2.15 对水冷冷水机组或热泵机组,宜采用具有实时在线清洗功能的除垢技术。

6.2.16 燃气锅炉和燃油锅炉宜增设烟气热回收装置。

6.2.17 集中供热系统应设置根据室外温度变化自动调节供热量的装置。

6.2.18 确定空调冷热源系统改造方案时,应结合建筑物负荷的实际变化情况,制定冷热源系统在不同阶段的运行策略。

6.3 输配系统

6.3.1 公共建筑的空调冷热水系统改造后,系统的最大输送能效比(ER)应符合表 6.3.1 的规定。

表 6.3.1 空调冷热水系统的最大输送能效比(ER)

管道类型	两管制热水管道			四管制热水管道	空调冷水管道
	严寒地区	寒冷地区/夏热冬冷地区	夏热冬暖地区		
$ER \times 10^{-3}$	5.77	6.18	8.65	6.73	24.10

注:1 表中的数据适用于独立建筑物内的空调冷热水系统,最远环路总长度一般在 200~500m 范围;区域供冷(热)或超大型建筑物设集中冷(热)站,管道总长过长的水系统可参照执行。

2 表中两管制热水管道系统中的输送能效比值,不适用于采用直燃式冷(温)水机组、空气源热泵、地源热泵等作为热源,供回水温差小于 10℃ 的系统。

6.3.2 公共建筑的集中热水采暖系统改造后，热水循环水泵的耗电输热比（EHR）应满足现行国家标准《公共建筑节能设计标准》GB 50189 的规定。

6.3.3 公共建筑空调风系统节能改造后，风机的单位风量耗功率应满足现行国家标准《公共建筑节能设计标准》GB 50189 的规定。

6.3.4 当对采暖通风空调系统的风机或水泵进行更新时，更换后的风机不应低于现行国家标准《通风机能效限定值及节能评价值》GB 19761 中的节能评价值；更换后的水泵不应低于现行国家标准《清水离心泵能效限定值及节能评价值》GB 19762 中的节能评价值。

6.3.5 对于全空气空调系统，当各空调区域的冷、热负荷差异和变化大、低负荷运行时间长，且需要分别控制各空调区温度时，宜通过增设风机变速控制装置，将定风量系统改造为变风量系统。

6.3.6 当原有输配系统的水泵选型过大时，宜采取叶轮切削技术或水泵变速控制装置等技术措施。

6.3.7 对于冷热负荷随季节或使用情况变化较大的系统，在确保系统运行安全可靠的前提下，可通过增设变速控制系统，将定水量系统改造为变水量系统。

6.3.8 对于系统较大、阻力较高、各环路负荷特性或压力损失相差较大的一次泵系统，在确保具有较大的节能潜力和经济性的前提下，可将其改造为二次泵系统，二次泵应采用变流量的控制方式。

6.3.9 空调冷却水系统应设置必要的控制手段，并应在确保系统运行安全可靠的前提下，保证冷却水系统能够随系统负荷以及外界温湿度的变化而进行自动调节。

6.3.10 对于设有多台冷水机组和冷却塔的系统，应防止系统在运行过程中发生冷水或冷却水通过不运行冷水机组而产生的旁通现象。

6.3.11 在采暖空调水系统的分、集水器和主管段处，应增设平衡装置。

6.3.12 在技术可靠、经济合理的前提下，采暖空调水系统可采用大温差、小流量技术。

6.3.13 对于设置集中热水水箱的生活热水供应系统，其供水泵宜采用变速控制装置。

6.4 末端系统

6.4.1 对于全空气空调系统，宜采取措施实现全新风和可调新风比的运行方式。新风量的控制和工况转换，宜采用新风和回风的焓值控制方法。

6.4.2 过渡季节或供暖季节局部房间需要供冷时，宜优先采用直接利用室外空气进行降温的方式。

6.4.3 当进行新、排风系统的改造时，应对可回收能量进行分析，并应合理设置排风热回收装置。

6.4.4 对于风机盘管加新风系统，处理后的新风宜直接送入各空调区域。

6.4.5 对于餐厅、食堂和会议室等高负荷区域空调通风系统的改造，应根据区域的使用特点，选择合适的系统形式和运行方式。

6.4.6 对于由于设计不合理，或者使用功能改变而造成的原有系统分区不合理的情况，在进行改造设计时，应根据目前的实际使用情况，对空调系统重新进行分区设置。

7 供配电与照明系统改造

7.1 一般规定

7.1.1 供配电与照明系统的改造不宜影响公共建筑的工作、生活环境，改造期间应有保障临时用电的技术措施。

7.1.2 供配电与照明系统的改造设计宜结合系统主要设备的更新换代和建筑物的功能升级进行。

7.1.3 供配电与照明系统的改造应在满足用电安全、功能要求和节能需要的前提下进行，并应采用高效节能的产品和技术。

7.1.4 供配电与照明系统的改造施工质量应符合现行国家标准《建筑节能工程施工质量验收规范》GB 50411 和《建筑电气工程施工质量验收规范》GB 50303 的要求。

7.2 供配电系统

7.2.1 当供配电系统改造需要增减用电负荷时，应重新对供配电容量、敷设电缆、供配电线路保护和保护电器的选择性配合等参数进行核算。

7.2.2 供配电系统改造的线路敷设宜使用原有路由进行敷设。当现场条件不允许或原有路由不合理时，应按照合理、方便施工的原则重新敷设。

7.2.3 对变压器的改造应根据用电设备实际耗电率总和，重新计算变压器容量。

7.2.4 未设置用电分项计量的系统应根据变压器、配电回路原设置情况，合理设置分项计量监测系统。分项计量电能表宜具有远传功能。

7.2.5 无功补偿宜采用自动补偿的方式运行，补偿后仍达不到要求时，宜更换补偿设备。

7.2.6 供用电电能质量改造应根据测试结果确定需进行改造的位置和方法。对于三相负载不平衡的回路宜采用重新分配回路上用电设备的方法；功率因数的改善宜采用无功自动补偿的方式；谐波治理应根据谐波源制定针对性方案，电压偏差高于标准值时宜采用合理方法降低电压。

7.3 照明系统

7.3.1 照明配电系统改造设计时各回路容量应按现行国家标准《建筑照明设计标准》GB 50034 的规定

对原回路容量进行校核，并应选择符合节能评价值和节能效率的灯具。

7.3.2 当公共区照明采用就地控制方式时，应设置声控或延时等感应功能；当公共区照明采用集中监控系统时，宜根据照度自动控制照明。

7.3.3 照明配电系统改造设计宜满足节能控制的需要，且照明配电回路应配合节能控制的要求分区、分回路设置。

7.3.4 公共建筑进行节能改造时，应充分利用自然光来减少照明负荷。

8 监测与控制系统改造

8.1 一般规定

8.1.1 对建筑物内的机电设备进行监视、控制、测量时，应做到运行安全、可靠、节省人力。

8.1.2 监测与控制系统应实时采集数据，对设备的运行情况进行记录，且应具有历史数据保存功能，与节能相关的数据应能至少保存12个月。

8.1.3 监测与控制系统改造应遵循下列原则：
 1 应根据控制对象的特性，合理设置控制策略；
 2 宜在原控制系统平台上增加或修改监控功能；
 3 当需要与其他控制系统连接时，应采用标准、开放接口；
 4 当采用数字控制系统时，宜将变配电、智能照明等机电设备的监测纳入该系统之中；
 5 涉及修改冷水机组、水泵、风机等用电设备运行参数时，应做好保护措施；
 6 改造应满足管理的需求。

8.1.4 冷热源、采暖通风空调系统的监测与控制系统调试，应在完成各自的系统调试并达到设计参数后再进行，并应确认采用的控制方式能满足预期的控制要求。

8.2 采暖通风空调及生活热水供应系统的监测与控制

8.2.1 节能改造后，集中采暖与空气调节系统监测与控制应符合现行国家标准《公共建筑节能设计标准》GB 50189 的规定。

8.2.2 冷热源监控系统宜对冷冻、冷却水进行变流量控制，并应具备连锁保护功能。

8.2.3 公共场合的风机盘管温控器宜联网控制。

8.2.4 生活热水供应监控系统应具备下列功能：
 1 热水出口压力、温度、流量显示；
 2 运行状态显示；
 3 顺序启停控制；
 4 安全保护信号显示；
 5 设备故障信号显示；
 6 能耗量统计记录；
 7 热交换器按设定出水温度自动控制进汽或进水量；
 8 热交换器进汽或进水阀与热水循环泵连锁控制。

8.3 供配电与照明系统的监测与控制

8.3.1 低压配电系统电压、电流、有功功率、功率因数等监测参数宜通过数据网关与监测与控制系统集成，满足用电分项计量的要求。

8.3.2 照明系统的监测及控制宜具有下列功能：
 1 分组照明控制；
 2 经济技术合理时，宜采用办公区域的照明调节控制；
 3 照明系统与遮阳系统的联动控制；
 4 走道、门厅、楼梯的照明控制；
 5 洗手间的照明控制与感应控制；
 6 泛光照明的控制；
 7 停车场照明控制。

9 可再生能源利用

9.1 一般规定

9.1.1 公共建筑进行节能改造时，有条件的场所应优先利用可再生能源。

9.1.2 当公共建筑采用可再生能源时，其外围护结构的性能指标宜符合现行国家标准《公共建筑节能设计标准》GB 50189 的规定。

9.2 地源热泵系统

9.2.1 公共建筑的冷热源改造为地源热泵系统前，应对建筑物所在地的工程场地及浅层地热能资源状况进行勘察，并应从技术可行性、可实施性和经济性等三方面进行综合分析，确定是否采用地源热泵系统。

9.2.2 公共建筑的冷热源改造为地源热泵系统时，地源热泵系统的工程勘察、设计、施工及验收应符合现行国家标准《地源热泵系统工程技术规范》GB 50366 的规定。

9.2.3 公共建筑的冷热源改造为地源热泵系统时，宜保留原有系统中与地源热泵系统相适合的设备和装置，构成复合式系统；设计时，地源热泵系统宜承担基础负荷，原有设备宜作为调峰或备用措施。

9.2.4 地源热泵系统供回水温度，应能保证原有输配系统和空调末端系统的设计要求。

9.2.5 建筑物有生活热水需求时，地源热泵系统宜采用热泵热回收技术提供或预热生活热水。

9.2.6 当地源热泵系统地埋管换热器的出水温度、地下水或地表水的温度满足末端进水温度需求时，应设置直接利用的管路和装置。

9.3 太阳能利用

9.3.1 公共建筑进行节能改造时，应根据当地的年太阳辐照量和年日照时数确定太阳能的可利用情况。

9.3.2 公共建筑进行节能改造时，采用的太阳能系统形式，应根据所在地的气候、太阳能资源、建筑物类型、使用功能、业主要求、投资规模及安装条件等因素综合确定。

9.3.3 在公共建筑上增设或改造的太阳能热水系统，应符合现行国家标准《民用建筑太阳能热水系统应用技术规范》GB 50364 的规定。

9.3.4 采用太阳能光伏发电系统时，应根据当地的太阳辐照参数和建筑的负载特性，确定太阳能光伏系统的总功率，并应依据所设计系统的电压电流要求，确定太阳能光伏电板的数量。

9.3.5 太阳能光伏发电系统生产的电能宜为建筑自用，也可并入电网。并入电网的电能质量应符合现行国家标准《光伏系统并网技术要求》GB/T 19939 的要求，并应符合相关的安全与保护要求。

9.3.6 太阳能光伏发电系统应设置电能计量装置。

9.3.7 连接太阳能光伏发电系统和电网的专用低压开关柜应有醒目标识。标识的形状、颜色、尺寸和高度应符合现行国家标准《安全标志》GB 2894 和《安全标志使用导则》GB 16179 的规定。

10 节能改造综合评估

10.1 一般规定

10.1.1 公共建筑节能改造后，应对建筑物的室内环境进行检测和评估，室内热环境应达到改造设计要求。

10.1.2 公共建筑节能改造后，应对建筑内相关的设备和运行情况进行检查。

10.1.3 公共建筑节能改造后，应对被改造的系统或设备进行检测和评估，并应在相同的运行工况下采取同样的检测方法。

10.1.4 公共建筑节能改造后，应定期对节能效果进行评估。

10.2 节能改造效果检测与评估

10.2.1 节能改造效果应采用节能量进行评估。改造后节能量应按下式进行计算：

$$E_{con} = E_{baseline} - E_{pre} + E_{cal} \quad (10.2.1)$$

式中　E_{con}——节能措施的节能量；

$E_{baseline}$——基准能耗，即节能改造前，1 年内设备或系统的能耗，也就是改造前的能耗；

E_{pre}——当前能耗，即改造后的能耗；

E_{cal}——调整量。

10.2.2 节能效果应按下列步骤进行检测和评估：

1 针对项目特点制定具体的检测和评估方案；
2 收集改造前的能耗及运行数据；
3 收集改造后的能耗和运行数据；
4 计算节能量并进行评估；
5 撰写节能改造效果评估报告。

10.2.3 节能改造效果可采用下列 3 种方法进行评估：

1 测量法；
2 账单分析法；
3 校准化模拟法。

10.2.4 符合下列情况之一时，宜采用测量法进行评估：

1 仅需评估受节能措施影响的系统的能效；
2 节能措施之间或与其他设备之间的相互影响可忽略不计或可测量和计算；
3 影响能耗的变量可以测量，且测量成本较低；
4 建筑内装有分项计量表；
5 期望得到单个节能措施的节能量；
6 参数的测量费用比采用校准化模拟法的模拟费用低。

10.2.5 符合下列情况之一时，宜采用账单分析法进行评估：

1 需评估改造前后整幢建筑的能效状况；
2 建筑中采取了多项节能措施，且存在显著的相互影响；
3 被改造系统或设备与建筑内其他部分之间存在较大的相互影响，很难采用测量法进行测量或测量费用很高；
4 很难将被改造的系统或设备与建筑的其他部分的能耗分开；
5 预期的节能量比较大，足以摆脱其他影响因素对能耗的随机干扰。

10.2.6 符合下列情况之一时，宜采用校准化模拟法进行评估：

1 无法获得整幢建筑改造前或改造后的能耗数据，或获得的数据不可靠；
2 建筑中采取了多项节能措施，且存在显著的相互影响；
3 采用多项节能措施的项目中需要得到每项节能措施的节能效果，用测量法成本过高；
4 被改造系统或设备与建筑内其他部分之间存在较大的相互影响，很难采用测量法进行测量或测量费用很高；
5 被改造的建筑和采取的节能措施可以用成熟的模拟软件进行模拟，并有实际能耗或负荷数据进行比对；

6 预期的节能量不够大，无法采用账单分析法通过账单或表计数据将其区分出来。

10.2.7 采用测量法进行评估时，应符合下列规定：

1 当被改造系统或设备运行负荷较稳定时，可只测量关键参数，其他参数宜估算确定；

2 当被改造系统或设备运行负荷变化较大时，应对与能耗相关的所有参数进行测量；

3 当实施节能改造的设备数量较多时，宜对被改造的设备进行抽样测量。

10.2.8 采用校准化模拟法进行评估时，应符合下列规定：

1 评估前应制定校准化模拟方案；

2 应采用逐时能耗模拟软件，且气象资料应为1年（8760h）的逐时气象参数；

3 除了节能改造措施外，改造前的能耗模型（基准能耗模型）和改造后的能耗模型应采用相同的输入条件；

4 能耗模拟输出的逐月能耗和峰值结果应与实际账单数据进行比对，月误差应控制在±15%之内，均方差应控制在±10%之内。

10.2.9 计算节能量时，应进行不确定性分析，并应注明计算得到节能量的不确定度或模型的精度。

附录 A 冷热源设备性能参数选择

A.0.1 当更换电机驱动压缩机的蒸汽压缩循环冷水机组或热泵机组时，在额定制冷工况和规定条件下，机组的制冷性能系数（COP）不应低于表A.0.1的规定。

表 A.0.1 冷水机组或热泵机组制冷性能系数

类	型	额定制冷量CC（kW）	性能系数COP（W/W）
水冷	活塞式/涡旋式	<528 528～1163 >1163	4.10 4.30 4.60
水冷	螺杆式	<528 528～1163 >1163	4.40 4.70 5.10
水冷	离心式	<528 528～1163 >1163	4.70 5.10 5.60
风冷或蒸发冷却	活塞式/涡旋式	≤50 >50	2.60 2.80
风冷或蒸发冷却	螺杆式	≤50 >50	2.80 3.00

A.0.2 当更换电机驱动压缩机的蒸汽压缩循环冷水机组或热泵机组时，机组综合部分负荷性能系数（IPLV）不应低于现行国家标准《公共建筑节能设计标准》GB 50189的规定。

A.0.3 当更换名义制冷量大于7100W、采用电机驱动压缩机的单元式空气调节机、风管送风式和屋顶式空调（热泵）机组时，在名义制冷工况和规定条件下，机组能效比（EER）不应低于表A.0.3中的规定。

表 A.0.3 机组能效比

类 型		能效比（W/W）
风冷式	不接风管	2.80
风冷式	接风管	2.50
水冷式	不接风管	3.20
水冷式	接风管	2.90

A.0.4 当更换蒸汽、热水型溴化锂吸收式冷水机组及直燃型溴化锂吸收式冷（温）水机组时，机组的性能系数不应低于现行国家标准《公共建筑节能设计标准》GB 50189的规定。

A.0.5 当更换多联式空调（热泵）机组时，机组的制冷综合性能系数不应低于表A.0.5的规定。

表 A.0.5 多联式空调（热泵）机组的制冷综合性能系数

名义制冷量CC（W）	制冷综合性能系数（W/W）
CC≤28000	3.20
28000<CC≤84000	3.15
CC>84000	3.10

注：1 多联式空调（热泵）机组包含双制冷循环和多制冷循环系统。

2 制冷综合性能系数按《多联式空调（热泵）机组》GB/T 18837规定的工况进行试验和计算。

A.0.6 当更换房间空调器时，其能效等级不应低于表A.0.6的规定。房间空调器的能效等级测试方法应按照现行国家标准《房间空气调节器》GB/T 7725、《单元式空气调节机》GB/T 17758的规定执行。

表 A.0.6 房间空调器能效等级

类型	额定制冷量CC（W）	能效等级EER（W/W）
整体式	—	2 2.90
分体式	CC≤4500	3.20
分体式	4500<CC≤7100	3.10
分体式	7100<CC≤14000	3.00

A.0.7 当更换转速可控型房间空调器时，其能效等级不应低于表 A.0.7 的规定。转速可控型房间空调器能效等级的测试方法应按照现行国家标准《房间空气调节器》GB/T 7725 的规定执行。

表 A.0.7 转速可控型房间空调器能效等级

类型	额定制冷量 CC (W)	能效等级 EER（W/W） 3
分体式	CC≤4500	3.90
	4500＜CC≤7100	3.60
	7100＜CC≤14000	3.30

注：能效等级的实测值保留两位小数。

A.0.8 当更换锅炉时，锅炉的额定效率不应低于现行国家标准《公共建筑节能设计标准》GB 50189 的规定。

本规范用词说明

1 为便于在执行本规范条文时区别对待，对要求严格程度不同的用词说明如下：
  1）表示很严格，非这样做不可的用词：
     正面词采用"必须"，反面词采用"严禁"；
  2）表示严格，在正常情况下均应这样做的用词：
     正面词采用"应"，反面词采用"不应"或"不得"；
  3）表示允许稍有选择，在条件许可时首先应这样做的用词：
     正面词采用"宜"，反面词采用"不宜"；
     表示有选择，在一定条件下可以这样做的用词，采用"可"。
2 规范中指明应按其他有关标准执行的写法为："应符合……的规定"或"应按……执行"。

引用标准名录

1 《建筑设计防火规范》GB 50016
2 《建筑照明设计标准》GB 50034
3 《高层民用建筑设计防火规范》GB 50045
4 《自动化仪表工程施工及验收规范》GB 50093
5 《民用建筑热工设计规范》GB 50176
6 《公共建筑节能设计标准》GB 50189
7 《屋面工程质量验收规范》GB 50207
8 《建筑内部装修设计防火规范》GB 50222
9 《建筑给水排水及采暖工程施工质量验收规范》GB 50242
10 《通风与空调工程施工质量验收规范》GB 50243
11 《建筑电气工程施工质量验收规范》GB 50303
12 《屋面工程技术规范》GB 50345
13 《民用建筑太阳能热水系统应用技术规范》GB 50364
14 《地源热泵系统工程技术规范》GB 50366
15 《建筑节能工程施工质量验收规范》GB 50411
16 《安全标志》GB 2894
17 《建筑外门窗气密、水密、抗风压性能分级及检测方法》GB/T 7106
18 《安全标志使用导则》GB 16179
19 《通风机能效限定值及节能评价值》GB 19761
20 《清水离心泵能效限定值及节能评价值》GB 19762
21 《光伏系统并网技术要求》GB/T 19939
22 《建筑幕墙》GB/T 21086
23 《金属与石材幕墙工程技术规范》JGJ 133
24 《外墙外保温工程技术规程》JGJ 144
25 《混凝土结构后锚固技术规程》JGJ 145
26 《公共建筑节能检验标准》JGJ 177

中华人民共和国行业标准

公共建筑节能改造技术规范

JGJ 176—2009

条 文 说 明

制 订 说 明

《公共建筑节能改造技术规范》JGJ 176—2009 经住房和城乡建设部 2009 年 5 月 19 日以第 313 号公告批准发布。

为便于广大设计、施工、科研、学校等单位的有关人员在使用本规程时能正确理解和执行条文规定，《公共建筑节能改造技术规范》编制组按章、节、条顺序编制了本规程的条文说明，供使用时参考。在使用中如发现本条文说明有不妥之处，请将意见函寄中国建筑科学研究院。

目 次

1 总则 …………………………………… 58—21
3 节能诊断 ……………………………… 58—21
　3.1 一般规定 ………………………… 58—21
　3.2 外围护结构热工性能 …………… 58—21
　3.3 采暖通风空调及生活热水
　　　供应系统 ………………………… 58—22
　3.4 供配电系统 ……………………… 58—22
　3.5 照明系统 ………………………… 58—22
　3.6 监测与控制系统 ………………… 58—23
　3.7 综合诊断 ………………………… 58—24
4 节能改造判定原则与方法 …………… 58—24
　4.1 一般规定 ………………………… 58—24
　4.2 外围护结构单项判定 …………… 58—24
　4.3 采暖通风空调及生活热水供应
　　　系统单项判定 …………………… 58—25
　4.4 供配电系统单项判定 …………… 58—26
　4.5 照明系统单项判定 ……………… 58—27
　4.6 监测与控制系统单项判定 ……… 58—27
　4.7 分项判定 ………………………… 58—27
　4.8 综合判定 ………………………… 58—28
5 外围护结构热工性能改造 …………… 58—28
　5.1 一般规定 ………………………… 58—28
　5.2 外墙、屋面及非透明幕墙 ……… 58—29
　5.3 门窗、透明幕墙及采光顶 ……… 58—30
6 采暖通风空调及生活热水
　　供应系统改造 ……………………… 58—30
　6.1 一般规定 ………………………… 58—30
　6.2 冷热源系统 ……………………… 58—31
　6.3 输配系统 ………………………… 58—32
　6.4 末端系统 ………………………… 58—34
7 供配电与照明系统改造 ……………… 58—35
　7.1 一般规定 ………………………… 58—35
　7.2 供配电系统 ……………………… 58—35
　7.3 照明系统 ………………………… 58—35
8 监测与控制系统改造 ………………… 58—36
　8.1 一般规定 ………………………… 58—36
　8.2 采暖通风空调及生活热水供应
　　　系统的监测与控制 ……………… 58—36
　8.3 供配电与照明系统的监测
　　　与控制 …………………………… 58—36
9 可再生能源利用 ……………………… 58—36
　9.1 一般规定 ………………………… 58—36
　9.2 地源热泵系统 …………………… 58—36
　9.3 太阳能利用 ……………………… 58—37
10 节能改造综合评估 …………………… 58—37
　10.1 一般规定 ………………………… 58—37
　10.2 节能改造效果检测与评估 ……… 58—38
附录 A 冷热源设备性能参数
　　　　选择 ……………………………… 58—39

1 总 则

1.0.1 据推算，我国现有公共建筑面积约 45 亿 m^2，为城镇建筑面积的 27%，占城乡房屋建筑总面积的 10.7%，但公共建筑能耗约占建筑总能耗的 20%。公共建筑单位能耗较居住建筑高很多，以北京市为例，普通居民住宅每年的用电能耗仅为 $10\sim20kWh/m^2$，而大型公共建筑平均每年的耗电量约为 $150kWh/m^2$，是普通居民住宅用电能耗的 7.5～15 倍，因此公共建筑节能潜力巨大。

对公共建筑，过去在节能降耗方面重视不够，规范也不健全，2005 年才正式颁布《公共建筑节能设计标准》GB 50189，对新建或改、扩建公共建筑节能设计进行了规范，而对于大量的没有达到现行国家标准《公共建筑节能设计标准》GB 50189 的既有公共建筑，如何进行节能改造，目前还没有标准可依。制定并实施公共建筑节能改造标准，将改善既有公共建筑用能浪费的状况，推进建筑节能工作的开展，为实现国家节约能源和保护环境的战略作出贡献。

1.0.2 公共建筑包括办公、旅游、商业、科教文卫、通信及交通运输用房等。在公共建筑中，尤以办公建筑、高档旅馆及大中型商场等几类建筑，在建筑标准、功能及空调系统等方面有许多共性，而且能耗高、节能潜力大。因此，办公建筑、旅游建筑、商业建筑是公共建筑节能改造的重点领域。

在公共建筑（特别是高档办公楼、高档旅馆建筑及大型商场）的全年能耗中，大约 50%～60% 消耗于采暖、通风、空调、生活热水，20%～30% 用于照明。而在采暖、通风、空调、生活热水这部分能耗中，大约 20%～50% 由外围护结构传热所消耗（夏热冬暖地区大约 20%，夏热冬冷地区大约 35%，寒冷地区大约 40%，严寒地区大约 50%），30%～40% 为处理新风所消耗。从目前情况分析，公共建筑在外围护结构、采暖通风空调生活热水及照明方面有较大的节能潜力。所以本规范节能改造的主要目标是降低采暖、通风、空调、生活热水及照明方面的能源消耗。电梯节能也是公共建筑节能的重要组成部分，但由于电梯设备在应用及管理上的特殊性，电器设备的节能主要取决于产品，因此本规范不包括电梯、电器设备、炊事等方面的内容。

电器设备是指办公设备（电脑、打印机、复印机、传真机等）、饮水机、电视机、监控器等与采暖、通风、空调、生活热水及照明无关的用电设备。

本规范仅涉及建筑外围护结构、用能设备及系统等方面的节能改造。改造完毕后，运行管理节能至关重要。但由于运行方面的节能不单纯是技术问题，很大程度上取决于运行管理的水平，因此，本规范未包括运行管理方面的内容。

1.0.3 公共建筑节能改造的目的是节约能源消耗和改善室内热环境，但节约能源不能以降低室内热舒适度作为代价，所以要在保证室内热舒适环境的基础上进行节能改造。室内热舒适环境应该满足现行国家标准《采暖通风与空气调节设计规范》GB 50019 和《公共建筑节能设计标准》GB 50189 的相关规定。

1.0.4 节能改造的原则是最大限度挖掘现有设备和系统的节能潜力，通过节能改造，降低高能耗环节，提高系统的实际运行能效。

1.0.5 本规范对公共建筑进行节能改造时的节能诊断、节能改造判定原则与方法、进行节能改造的具体措施和方法及节能改造评估等内容进行了规定，但公共建筑节能改造涉及的专业较多，相关专业均制定有相应的标准及规定，特别是进行节能改造时，应保证改造建筑在结构、防火等方面符合相关标准的规定。因此在进行公共建筑节能改造时，除应符合本规范外，尚应符合国家现行的有关标准的规定。

3 节能诊断

3.1 一般规定

3.1.2 建筑物的竣工图、设备的技术参数和运行记录、室内温湿度状况、能源消费账单等是进行公共建筑节能诊断的重要依据，节能诊断前应予以提供。室内温湿度状况指建筑使用或管理人员对房间室内温湿度的概括性评价，如舒适、不舒适、偏热、偏冷等。

3.1.3 子系统节能诊断报告中系统概况是对子系统工程（建筑外围护结构、采暖通风空调及生活热水供应系统、供配电与照明系统、监测与控制系统）的系统形式、设备配置等情况进行文字或图表说明；检测结果为子系统工程测试结果；节能诊断与节能分析是依据节能改造判定原则与方法，在检测结果的基础上发现子系统工程存在节能潜力的环节并计算节能潜力；改造方案与经济性分析要提出子系统工程进行节能改造的具体措施并进行静态投资回收期计算。项目节能诊断报告是对各子系统节能诊断报告内容的综合、汇总。

3.1.5 为确保节能诊断结果科学、准确、公正，要求从事公共建筑节能检测的机构需要通过计量认证，且通过计量认证项目中应包括现行行业标准《公共建筑节能检验标准》JGJ 177 中规定的项目。

3.2 外围护结构热工性能

3.2.1 我国幅员辽阔，不同地区气候差异很大，公共建筑外围护结构节能改造时应考虑气候的差异。严寒、寒冷地区公共建筑外围护结构节能改造的重点应关注建筑本身的保温性能，而夏热冬暖地区应重点关注建筑本身的隔热与通风性能，夏热冬冷地区则二者均需兼顾。因此不同地区公共建筑外围护结构节能诊断的重点应有所差异。外围护结构的检测项目可根据建筑物所处气候区、外围护结构类型有所侧重，对上述检测项目进行选择性节能诊断。检测方法参照国家现行标准《建筑节能工程施工质量验收规范》GB 50411 和《公共建筑节能检验标准》JGJ 177 的有关规定。

建筑物外围护结构主体部位主要是指外围护结构中不受热桥、裂缝和空气渗漏影响的部位。外围护结构主体部位传热系数测试时测点位置应不受加热、制冷装置和风扇的直接影响，被测区域的外表面也应避免雨雪侵袭和阳光直射。

3.3 采暖通风空调及生活热水供应系统

3.3.1 由于不同公共建筑采暖通风空调及生活热水供应系统形式不同，存在问题不同，相应节能潜力也不同，节能诊断项目应根据具体情况选择确定。节能诊断相关参数的测试参见现行行业标准《公共建筑节能检验标准》JGJ 177。由于冷源及其水系统的节能诊断是在运行工况下进行的，而现行国家标准《公共建筑节能设计标准》GB 50189—2005 中规定的集中热水采暖系统热水循环水泵的耗电输热比（EHR）和空调冷热水系统循环水泵的输送能效比（ER）是设计工况的数据，不便作为判定的依据，故在检测项目中不包含该两项指标，而是以水系统供回水温差、水泵效率及冷源系统能效系数代替此项性能。能量回收装置性能测试可参考现行国家标准《空气—空气能量回收装置》GB/T 21087的规定。

3.4 供配电系统

3.4.1 供配电系统是为建筑内所有用电设备提供动力的系统，因此用电设备是否运行合理、节能均从消耗电量来反映，因此其系统状况及合理性直接影响了建筑节能用电的水平。

3.4.2 根据有关部门规定应淘汰能耗高、落后的机电产品，检查是否有淘汰产品存在。

3.4.3 根据观察每台变压器所带常用设备一个工作周期耗电量，或根据目前正在运行的用电设备铭牌功率总和，核算变压器负载率，当变压器平均负载率在60%～70%时，为合理节能运行状况。

3.4.4 常用供电主回路一般包括：

1　变压器进出线回路；
2　制冷机组主供电回路；
3　单独供电的冷热源系统附泵回路；
4　集中供电的分体空调回路；
5　给水排水系统供电回路；
6　照明插座主回路；
7　电子信息系统机房；
8　单独计量的外供电回路；
9　特殊区供电回路；
10　电梯回路；
11　其他需要单独计量的用电回路。

以上这些回路设置是根据常规电气设计而定的，一般是指低压配电室内的配电柜的馈出线，分项计量原则上不在楼层配电柜（箱）处设置表计。基于这条原则，照明插座主回路就是指配电室内配电柜中的出线，而不包括层照明配电箱的出线。

对变压器进出线进行计量是为了实时监视变压器的损耗，因为负载损耗是随着建筑物内用电设备用电量的大小而变化的。

特殊区供电回路负载特性是指餐饮，厨房，信息中心，多功能区，洗浴，健身房等混合负载。

外供电是指出租部分的用电，也是混合负载，如一栋办公楼的一层出租给商场，包括照明、自备集中空调、地下超市的冷冻保鲜设备等，这部分供电费用需要与大厦物业进行结算，涉及内部的收费管理。

分项计量电能回路用电量校核检验采用现行行业标准《公共建筑节能检验标准》JGJ 177 规定的方法。

3.4.5 建筑物内低压配电系统的功率因数补偿应满足设计要求，或满足当地供电部门的要求。要求核查调节方式主要是为了保证任何时候无功补偿均能达到要求，若建筑内用电设备出现周期性负荷变化很大的情况，如果未采用正确的补偿方式很容易造成电压水平不稳定的现象。

3.4.6 随着建筑物内大量使用的计算机、各种电子设备、变频电器、节能灯具及其他新型办公电器等，使供配电网的非线性（谐波）、非对称性（负序）和波动性日趋严重，产生大量的谐波污染和其他电能质量问题。这些电能质量问题会引起中性线电流超过相线电流、电容器爆炸、电机的烧损、电能计量不准、变压器过热、无功补偿系统不能正常投运、继电器保护和自动装置误动跳闸等危害。同时许多网络中心，广播电视台，大型展览馆和体育场馆，急救中心和医院的手术室等大量使用的敏感设备对供配电系统的电能质量也提出了更高和更严格的要求，因此应重视电能质量问题。三相电压不平衡度、功率因数、谐波电压及谐波电流、电压偏差检验均采用现行行业标准《公共建筑节能检验标准》JGJ 177 规定的方法。

3.5 照明系统

3.5.1 灯具类型诊断方法为核查光源和附件型号，是否采用节能灯具，其能效等级是否满足国家相关标准。

荧光灯具包括光源部分、反光罩部分和灯具配件部分，灯具配件耗电部分主要是镇流器，国家对光源和镇流器部分的能效限定值都有相关标准，而我们使用灯具一般都配有反光罩，对于反光罩的反射效率国家目前没有相关规定，因此需要对灯具的整体效率有一个评判。照度值是测评照明是否符合使用要求的一个重要指标，防止有人为了达到规定的照明功率密度而使用照度水平低劣的产品，虽然可以满足功率密度指标而不能满足使用功能的需要。

照明功率密度值是衡量照明耗电是否符合要求的重要指标，需要根据改造前的实际功率密度值判断是否需要进行改造。

照明控制诊断方法为核查是否采用分区控制，公共区控制是否采用感应、声音等合理有效控制方式。目前公共区照明是能耗浪费的重灾区，经常出现长明灯现象，单靠人为的管理很难做到合理利用，因此需要对这部分照明加强控制和管理。

照明系统诊断还应检查有效利用自然光情况，有效利用自然光诊断方法为核查在靠近采光窗处的灯具能否在满足照度要求时手动或自动关闭。其采光系数和采光窗的面积比应符合规范要求。

照明灯具效率、照度值、功率密度值、公共区照明控制检验均采用《公共建筑节能检验标准》JGJ 177中规定的检验方法。

3.5.2 照明系统节电率是衡量照明系统改造后节能效果的重要量化指标，它比照明功率密度指标更直接更准确地反映了改造后照明实际节省的电能。

3.6 监测与控制系统

3.6.1 现行国家标准《公共建筑节能设计标准》GB 50189—2005中规定集中采暖与空气调节系统监测与控制的基本要求：

1 对于冷、热源系统，控制系统应满足下列基本要求：

　　1）冷、热量瞬时值和累计值的监测，冷水机组优先采用由冷量优化控制运行台数的方式；

　　2）冷水机组或热交换器、水泵、冷却塔等设备连锁启停；

　　3）供、回水温度及压差的控制或监测；

　　4）设备运行状态的监测及故障报警；

　　5）技术可靠时，宜考虑冷水机组出水温度优化设定。

2 对于空气调节冷却水系统，应满足下列基本控制要求：

　　1）冷水机组运行时，冷却水最低回水温度的控制；

　　2）冷却塔风机的运行台数控制或风机调速控制；

　　3）采用冷却塔供应空气调节冷水时的供水温度控制；

　　4）排污控制。

3 对于空气调节风系统（包括空气调节机组），应满足下列基本控制要求：

　　1）空气温、湿度的监测和控制；

　　2）采用定风量全空气空调系统时，宜采用变新风比焓值控制方式；

　　3）采用变风量系统时，风机宜采用变速控制方式；

　　4）设备运行状态的监测及故障报警；

　　5）需要时，设置盘管防冻保护；

　　6）过滤器超压报警或显示。

对间歇运行的空调系统，宜设自动启停控制装置；控制装置应具备按照预定时间进行最优启停的功能。

采用二次泵系统的空气调节水系统，其二次泵应采用自动变速控制方式。

对末端变水量系统中的风机盘管，应采用电动温控阀和三档风速结合的控制方式。

其中，空气温、湿度的监测和控制、供、回水压差的控制及末端变水量系统中的风机盘管控制性能检测均采用现行行业标准《公共建筑节能检验标准》JGJ 177中规定的检验方法。

通常，生活热水系统监测与控制的基本要求包括：

1 供水量瞬时值和累计值的监测；

2 热源及水泵等设备连锁启停；

3 供水温度控制或监测；

4 设备运行状态的监测及故障报警。

照明、动力设备监测与控制应具有对照明或动力主回路的电压、电流、有功功率、功率因数、有功电度（kW/h）等电气参数进行监测记录的功能，以及对供电回路电器元件工作状态进行监测、报警的功能。检测方法采用现行行业标准《公共建筑节能检验标准》JGJ 177中规定的检验方法。

3.6.2 阀门型号和执行器应配套，参数应符合设计要求，其安装位置、阀前后直管段长度、流体方向等应符合产品安装要求；执行器的安装位置、方向应符合产品要求。变频器型号和参数应符合设计要求及国家有关规定；流量仪表的型号和参数、仪表前后的直管段长度等应符合产品要求；压力和差压仪表的取压点、仪表配套的阀门安装应符合产品要求；温度传感器精度、量程应符合设计要求；安装位置、插入深度应符合产品要求等。传感器（包括温湿度、风速、流量、压力等）数据是否准确，量程是否合理，阀门执行器与阀门旋转方向是否一致，阀门开闭是否灵活，手动操作是否有效；变频器、节电器等设备是否处于自控状态，现场控制器是否工作正常（包括通信、输入输出点，电池等）等。监测与控制系统中安装了大量的传感器、阀门及配套执行器、变频器等现场设备，这些现场设备的安装直接影响控制功能和控制精度，因此应特别注意这些设备的安装和线路敷设方式，严格按照产品说明书的要求安装，产品说明中没有注明安装方式的应按照现行国家标准《自动化仪表工程施工及验收规范》GB 50093 的规定执行。

3.7 综合诊断

3.7.1 综合诊断的目的是为了在外围护结构热工性能、采暖通风空调及生活热水供应系统、供配电与照明系统、监测与控制系统分项诊断的基础上，对建筑物整体节能性能进行综合诊断，并给出建筑物的整体能源利用状况和节能潜力。

3.7.2 节能诊断总报告是在外围护结构、采暖通风空调及生活热水供应系统、供配电与照明系统、监测与控制系统各分报告的基础上，对建筑物的整体能耗量及其变化规律、能耗构成和分项能耗进行汇总与分析；针对各分报告中确定的主要问题、重点节能环节及其节能潜力，通过技术经济分析，提出建筑物综合节能改造方案。

4 节能改造判定原则与方法

4.1 一般规定

4.1.1 节能诊断涉及公共建筑外围护结构的热工性能、采暖通风空调及生活热水供应系统、供配电与照明系统以及监测与控制系统等方面的内容。节能改造内容的确定应根据目前系统的实际运行能效、节能改造的潜力以及节能改造的经济性综合确定。

4.1.2 单项判定是针对某一单项指标是否进行节能改造的判定；分项判定是针对外围护结构或采暖通风空调及生活热水供应系统或照明系统是否进行节能改造的判定；综合判定是综合考虑外围护结构、采暖通风空调及生活热水供应系统及照明系统是否进行节能改造的判定。

分项判定方法及综合判定方法是通过计算节能率及静态投资回收期进行判定，可以预测公共建筑进行节能改造时的节能潜力。

单项判定、分项判定、综合判定之间是并列的关系，满足任何一种判定原则，都可进行相应节能改造。

本规范提供了单项、分项、综合三种判定方法，业主可以根据需要选择采取一种或多种判定方法以及改造方案。

4.2 外围护结构单项判定

4.2.1 公共建筑在进行结构、防火等改造时，如涉及外围护结构保温隔热方面时，可考虑同步进行外围护结构方面的节能改造。但外围护结构是否需要节能改造，需结合公共建筑节能改造判定原则与方法确定。

4.2.2 严寒、寒冷地区主要考虑建筑的冬季防寒保温，建筑外围护结构传热系数对建筑的采暖能耗影响很大，提高这一地区的外围护结构传热系数，有利于提高改造对象的节能潜力，并满足节能改造的经济性综合要求。未设保温或保温破损面积过大的建筑，当进入冬季供暖期时，外墙内表面易产生结露现象，会造成外围护结构内表面材料受潮，严重影响室内环境。因此，对此类公共建筑节能改造时，应强化其外围护结构的保温要求。

夏热冬冷、夏热冬暖地区太阳辐射得热是造成夏季室内过热的主要原因，对建筑能耗的影响很大。这一地区应主要关注建筑外围护结构的夏季隔热，当公共建筑采用轻质结构和复合结构时，应提高其外围护结构的热稳定性，不能简单采用增加墙体、屋面保温隔热材料厚度的方式来达到降低能耗的目的。

外围护结构节能改造的单项判定中，外墙、屋面的热工性能考虑了现行国家标准《民用建筑热工设计规范》GB 50176 的设计要求，确定了判定的最低限值。

4.2.3 外窗、透明幕墙对建筑能耗高低的影响主要有两个方面，一是外窗和透明幕墙的热工性能影响冬季采暖、夏季空调室内外温差传热；另外就是窗和幕墙的透明材料（如玻璃）受太阳辐射影响而造成的建筑室内的得热。冬季，通过窗口和透明幕墙进入室内的太阳辐射有利于建筑的节能，因此，减小窗和透明幕墙的传热系数，抑制温差传热是降低窗口和透明幕墙热损失的主要途径之一；夏季，通过窗口透明幕墙进入室内的太阳辐射成为空调降温的负荷，因此，减少进入室内的太阳辐射以及减小窗或透明幕墙的温差传热都是降低空调能耗的途径。

外窗及透明幕墙的传热系数及综合遮阳系数的判定综合考虑了现行国家标准《采暖通风与空气调节设计规范》GB 50019 和原有《旅游旅馆建筑及空气调节节能设计标准》GB 50189—93（现已废止）的设计要求，并进行相应的补充，确定了判定外围护结构节能改造的最低限值。

许多公共建筑外窗的可开启率有逐渐下降的趋势，有的甚至使外窗完全封闭。在春、秋季节和冬、夏季的某些时段，开窗通风是减少空调设备的运行时间、改善室内空气质量和提高室内热舒适性的重要手段。对于有很多内区的公共建筑，扩大外窗的可开启面积，会显著增强建筑室内的自然通风降温效果。参考北京市《公共建筑节能设计标准》DBJ 01—621，采用占外墙总面积比例来控制外窗的可开启面积。而12%的外墙总面积，相当于窗墙比为 0.40 时，30%的窗面积。超高层建筑外窗的开启判定不执行本条规定。对于特别设计的透明幕墙，如双层幕墙，透明幕墙的可开启面积应按照双层幕墙的内侧立面上的可开启面积计算。

实际改造工程判定中，当遇到外窗及透明幕墙的热工性能优于条文规定的最低限值时，而业主有能力进行外立面节能改造的，也应在根据分项判定和综合判定后，确定节能改造的内容。

4.2.4 夏季屋面水平面太阳辐射强度最大，屋面的透明面积越大，相应建筑的能耗也越大，而屋面透明部分冬季天空辐射的散热量也很大，因此对屋面透明部分的热工性能改造应予以重视。

4.3 采暖通风空调及生活热水供应系统单项判定

4.3.1 按中国目前的制造水平和运行管理水平，冷、热源设备的使用年限一般为15年，但由于南北地域、气候差异等因素导致设备使用时间不同，在具体改造过程中，要根据设备实际运行状况来判定是否需要改造或更换。冷、热源设备所使用的燃料或工质要符合国家的相关政策。1991年我国政府签署了《关于消耗臭氧层物质的蒙特利尔协议书》伦敦修正案，成为按该协议书第五条第一款行事的缔约国。我国编制的《中国消耗臭氧层物质逐步淘汰国家方案》由国务院批准，其中规定，对臭氧层有破坏作用的CFC-11、CFC-12制冷剂最终禁用时间为2010年1月1日。同时，我国政府在《蒙特利尔议定书》多边基金执委会上申请并获批准加速淘汰CFC计划，定于2007年7月1日起完全停止CFC的生产和消费，比原规定提前了两年半。对于目前广泛用于空气调节制冷设备的HCFC-22以及HCFC-123制冷剂，按"蒙特利尔议定书缔约方第十九次会议"对第五条缔约方的规定，我国将于2030年完成其生产与消费的加速淘汰，至2030年削减至2.5%。

4.3.2 本条文中锅炉的运行效率是指锅炉日平均运行效率，其数值是根据现有锅炉实际运行状况确定的，且其值低于现行行业标准《居住建筑节能检测标准》JGJ 132—2009中规定的节能合格指标值，如表1所示。锅炉日平均运行效率测试条件和方法见现行行业标准《居住建筑节能检测标准》JGJ 132。

表1 采暖锅炉日平均运行效率

锅炉类型、燃料种类		在下列锅炉额定容量（MW）下的日平均运行效率（%）						
		0.7	1.4	2.8	4.2	7.0	14.0	>28.0
燃煤	烟煤 II	—	—	65	66	70	70	71
	III	—	—	66	68	70	71	73
燃油、燃气		77	78	78	79	80	81	81

4.3.3 现行国家标准《冷水机组能效限定值及能源效率等级》GB 19577—2004中，5级产品是未来淘汰的产品，所以本条文对冷水机组或热泵机组制冷性能系数的规定以5级或低于5级作为进行改造或更换的依据。其中，水冷螺杆式、水冷离心式、风冷或蒸发冷却螺杆式机组以5级作为进行改造或更换的依据；水冷活塞式/涡旋式、风冷或蒸发冷却活塞式/涡旋式机组以5级标准的90%作为进行改造或更换的依据。冷水机组或热泵机组实际性能系数的测试工况和方法见现行行业标准《公共建筑节能检验标准》JGJ 177。

4.3.4 现行国家标准《单元式空气调节机能效限定值及能源效率等级》GB 19576—2004中，5级产品是未来淘汰的产品，所以本条文对机组能效比的规定以5级作为进行改造或更换的依据。单元式空气调节机、风管送风式和屋顶式空调机组需进行送检，以测定其能效比。

4.3.5 本条文中溴化锂吸收式冷水机组实际性能系数（COP）约为《公共建筑节能设计标准》GB 50189—2005中规定数值的90%，其测试工况和方法见现行行业标准《公共建筑节能检验标准》JGJ 177。

4.3.6 用高品位的电能直接转换为低品位的热能进行采暖或空调的方式，能源利用率低，是不合适的。

4.3.7 当公共建筑采暖空调系统的热源设备无随室外气温变化进行供热量调节的自动控制装置时，容易造成冬季室温过高，无法调节，浪费能源。

4.3.8 本条文冷源系统能效系数的测试工况和方法见现行行业标准《公共建筑节能检验标准》JGJ 177。表4.3.8中的数值是综合考虑目前公共建筑中冷源系统的实际情况确定的，其值约为现行行业标准《公共建筑节能检验标准》JGJ 177中规定数值的80%左右。

4.3.9 在过去的30年内，冷水机组的效率提高很快，使其占空调水系统能耗的比例已降低了20%以上，而水泵的能耗比例却相应提高了。在实际工程中，由于设计选型偏大而造成的系统大流量运行的现象非常普遍，因此以减少水泵能耗为目的的空调水系统改造方案，值得推荐。

4.3.10 由于受气象条件等因素变化的影响，空调系统的冷热负荷在全年是不断变化的，因此要求空调水系统具有随负荷变化的调节功能。长时间小温差运行是造成运行能耗高的主要原因之一。本条中的总运行时间是指一年中供暖季或制冷季空调系统的实际运行时间。

4.3.11 本条文的规定是为了降低输配能耗，并且二次泵变流量的设置不影响制冷主机对流量的要求。但为了系统的稳定性，变流量调节的最大幅度不宜超过设计流量的50%。空调冷水系统改造为变流量调节方式后，应对系统进行调试，使得变流量的调节方式与末端的控制相匹配。

4.3.12 本条文风机的单位风量耗功率为风机实际耗电量与风机实际风量的比值。测试工况和方法见现行行业标准《公共建筑节能检验标准》JGJ 177。表4.3.12中的数值是综合考虑目前公共建筑中风机的单位风量耗功率的实际情况确定的，其值为现行国家标准《公共建筑节能设计标准》GB 50189—2005中规定数值的1.1倍左右。根据本条文进行改造的空调风系统服务的区域不宜过大，在办公建筑中，空调风管道通常不应超过 90m，商业与旅游建筑中，空调风管不宜超过 120m。

4.3.13 在冬季需要制冷时，若启用人工冷源，势必会造成能源的大量浪费，不符合国家的能源政策，所以需要采用天然冷源。天然冷源包括：室外的空气、地下水、地表水等。

4.3.14 在过渡季，当室外空气焓值低于室内焓值时，为节约能源，应充分利用室外的新风。本条文适合于全空气空调系统，不适合于风机盘管加新风系统。

4.3.15 空调系统需要的新风主要有两个用途：一是稀释室内有害物质的浓度，满足人员的卫生要求；二是补充室内排风和保持室内正压。2003 年中国经历了 SARS 事件，使得人们意识到建筑内良好通风的重要性。现行国家标准《公共建筑节能设计标准》GB 50189—2005 中明确规定了公共建筑主要空间的设计新风量的要求。鉴于新风量的重要性，本条文对不满足现行国家标准《公共建筑节能设计标准》GB 50189—2005 中规定的新风量指标的公共建筑，提出了进行新风系统改造或增设新风系统的要求。现行国家标准《公共建筑节能设计标准》GB 50189—2005 中对主要空间的设计新风量的规定如表 2 所示。

表 2　公共建筑主要空间的设计新风量

建筑类型与房间名称			新风量 [$m^3/(h \cdot p)$]
旅游旅馆	客房	5 星级	50
		4 星级	40
		3 星级	30
	餐厅、宴会厅、多功能厅	5 星级	30
		4 星级	25
		3 星级	20
		2 星级	15
	大堂、四季厅	4～5 星级	10
	商业、服务	4～5 星级	20
		2～3 星级	10
	美容、理发、康乐设施		30
旅店	客房	1～3 星级	30
		4 级	20
文化娱乐	影剧院、音乐厅、录像厅		20
	游艺厅、舞厅（包括卡拉 OK 歌厅）		30
	酒吧、茶座、咖啡厅		10
体育馆			20
商场（店）、书店			20
饭馆（餐厅）			20
办公			30
学校	教室	小学	11
		初中	14
		高中	17

4.3.16 各主支管路回水温度最大差值即主支管路回水温度的一致性反映了水系统的水力平衡状况。主支管路回水温度的一致性测试工况和方法见现行行业标准《公共建筑节能检验标准》JGJ 177。

4.3.17 从卫生及节能的角度，不结露是冷水管保温的基本要求。

4.3.19 《中华人民共和国节约能源法》第三十七条规定："使用空调采暖、制冷的公共建筑应当实行室内温度控制制度。"第三十八条规定："新建建筑或者对既有建筑进行节能改造，应当按规定安装用热计量装置、室内温度调控装置和供热系统调控装置。"为满足此要求，公共建筑必须具有室温调控手段。

4.3.20 集中空调系统的冷热量计量和我国北方地区的采暖热计量一样，是一项重要的节能措施。设置热量计量装置有利于管理与收费，用户也能及时了解和分析用能情况，及时采取节能措施。

4.4　供配电系统单项判定

4.4.1 当确定的改造方案中，涉及各系统的用电设备时，其配电柜（箱）、配电回路等均应根据更换的用电设备参数，进行改造。这首先是为了保证用电安全，其次是保证改造后系统功能的合理运行。

4.4.2 一般变压器容量是按照用电负荷确定的，但有些建筑建成后使用功能发生了变化，这样就造成了变压器容量偏大，造成低效率运行，变压器的固有损耗占全部电耗的比例会较大，用户消耗的电费中有很大一部分是变压器的固有损耗，如果建筑物的用电负荷在建筑的生命周期内可以确定不会发生变化，则应当更换合适容量的变压器。变压器平均负载率的周期应根据春夏秋冬四个季节的用电负荷计算。

4.4.3 设置电能分项计量可以使管理者清楚了解各种用电设备的耗电情况，进行准确的分类统计，制定科学的用电管理规定，从而节约电能。

4.4.4 在进行建筑供配电设计时设计单位均按照当地供电部门的要求设计了无功补偿，但随着建筑功能的扩展或变更，大量先进用电设备的投入，使原有无功补偿设备或调节方式不能满足要求，这时应制定详细的改造方案，应包含集中补偿或就地补偿的分析内容，并进行投资效益分析。

4.4.5 对于建筑电气节能要求，供用电电能质量只包含了三相电压不平衡度、功率因数、谐波和电压偏差。三相电压不平衡一般出现在照明和混合负载回路，初步判定不平衡可以根据 A、B、C 三相电流表示值，当某相电流值与其他相的偏差为 15% 左右时可以初步判定为不平衡回路。功率因数需要核查基波功率因数和总功率因数两个指标，一般我们所说的功率因数是指总功率因数。谐波的核查比较复杂，需要电气专业工程师来完成。电压偏差检验是为了考察是否具有节能潜力，当系统电压偏高时可以采取合理的改造措施实现节能。

4.5 照明系统单项判定

4.5.1 现行国家标准《建筑照明设计标准》GB 50034中对各类建筑、各类使用功能的照明功率密度都有明确的要求，但由于此标准是2004年才公布的，对于很多既有公共建筑照明照度值和功率密度都可能达不到要求，有些建筑的功率密度值很低但实际上其照度没有达到要求的值，如果业主对不达标的照度指标可以接受，其功率密度低于标准要求，则可以不改造；如果大于标准要求则必须改造。

4.5.2 公共区的照明容易产生长明灯现象，尤其是既有公共建筑的公共区，一般都没有采用合理的控制方式。对于不同使用功能的公共照明应采用合理的控制方式，例如办公楼的公共区可以采用定时与感应控制相结合的控制方式，上班时间采用定时方式，下班时间采用声控方式，总之不要因为采用不合理的控制方式影响使用功能。

4.5.3 对于办公建筑，可核查靠近窗户附近的照明灯具是否可以单独开关，若不能则需要分析照明配电回路的设置是否可以进行相应的改造，改造应选择在非办公时间进行。

4.6 监测与控制系统单项判定

4.6.1 目前很多公共建筑没有设置监测控制系统，全部依靠人力对建筑设备进行简单的启停操作，人为操作有很大的随意性，尤其是耗能在建筑中占很大比例的空调系统，这种人为操作会造成能源的浪费或不能满足人们工作环境的要求，不利于设备运行管理和节能考核。

4.6.2 当对既有公共建筑的集中采暖与空气调节系统，生活热水系统，照明、动力系统进行节能改造时，原有的监测与控制系统应尽量保留，新增的控制功能应在原监测与控制系统平台上添加，如果原有监测与控制系统已不能满足改造后系统要求，且升级原系统的性价比已明显不合理时，应更换原系统。

4.6.3 有些既有公共建筑的监测与控制系统由于各种原因不能正常运行，造成人力、物力等资源的浪费，没有发挥监测与控制系统的先进控制管理功能；还有一些系统虽然控制功能比较完善，但没有数据存储功能，不能利用数据对运行能耗进行分析，无法满足节能管理要求。这些现象比较普遍，因此应查明原因，尽量恢复原系统的监测与控制功能，增加数据存储功能，如果恢复成本过高性价比已明显不合理时，则建议更换原监测与控制系统。

4.6.4 监测与控制系统配置的现场传感器及仪表等安装方式正确与否直接影响系统的控制功能和控制精度，有些系统不能正常运行的原因就是现场设备安装不合理，造成控制失灵。因此应严格按照产品要求和国家有关规范执行，这样才能确保监测与控制系统的正常运行。

4.6.5 用电分项计量是实施节能改造前后节能效果对比的基本条件。

4.7 分项判定

4.7.1 公共建筑外围护结构的节能改造，应采取现场考察与能耗模拟计算相结合的方式，应按以下步骤进行判定：

1 通过节能诊断，取得外围护结构各部分实际参数。首先进行复核检验，确定外围护结构保温隔热性能是否达到设计要求，对节能改造重点部位初步判断。

2 利用建筑能耗模拟软件，建立计算模型。对节能改造前后的能耗分别进行计算，判断能耗是否降低10%以上。

3 综合考虑每种改造方案的节能量、技术措施成熟度、一次性工程投资、维护费用以及静态投资回收期等因素，进行方案可行性优化分析，确定改造方案。

公共建筑节能改造技术方案的可行性，不但要从技术观点评价，还必须用经济观点评价，只有那些技术上先进，经济上合理的方案才能在实际中得到应用和推广。

在工程中，评价项目的经济性通常用投资回收期法。投资回收期是指项目投资的净收益回收项目投资所需要的时间，一般以年为单位。投资回收期分为静态投资回收期和动态投资回收期，两者的区别为静态投资回收期不考虑资金的时间价值，而动态投资回收期考虑资金的时间价值。

静态投资回收期虽然不考虑资金的时间价值，但在一定程度上反映了投资效果的优劣，经济意义明确、直观，计算简便。动态投资回收期虽然考虑了资金的时间价值，计算结果符合实际情况，但计算过程繁琐，非经济类专业人员难以掌握，因此，本标准中的投资回收期均采用静态投资回收期。本标准中，静态投资回收期的计算公式如下：

$$T=\frac{K}{M} \tag{1}$$

式中 T——静态投资回收期，年；

K——进行节能改造时用于节能的总投资，万元；

M——节能改造产生的年效益，万元/年。

在编制现行国家标准《公共建筑节能设计标准》时曾有过节能率分担比例的计算分析，以20世纪80年代为基准，通过改善围护结构热工性能，从北方至南方，围护结构可分担的节能率约25%~13%。而对既有公共建筑外围护结构节能改造，经估算，改造前后建筑采暖空调能耗可降低5%~8%。而从工程技术经济的角度，外围护结构改造的投资回收期一般为15～20年。另外，本规范编制时参考了国外能源服务公司的实际经验，为规避投资风险性和提高收益率，能源服务公司一般也都将外围护结构节能改造合同的投资回收期签订在8年以内。综上分析，本规范采用两项指标控制外围护结构节能改造的范围，指标要求是比较严格的。

4.7.2 本条文对采暖通风空调及生活热水供应系统分项判定方法作了规定。当进行两项以上的单项改造时，可以采用本条文进行判定。分项判定主要是根据节能量和静态投资回收期进行判定。对一些投资少，简单易行的改造项目可仅用静态投资回收期进行判定。系统的能耗降低20%是指由于采暖通风空调及生活热水供应系统采取一系列节能措施后，直接导致采暖通风空调及生活热水供应系统的能源消耗（电、燃煤、燃油、燃气）降低了20%，不包括由于外围护结构的节能改造而间接导致采暖通风空调及生活热水供应系统的能源消耗的降低量。根据对现有公共建筑的调查情况，结合公共建筑节能改造经验，通过调节冷水机组的运行策略、变流量控制等节能措施，系统能耗可降低20%左右，静态投资回收期基本可控制在5年以内。同时大多数业主比较能接受的静态投资回收期在5～8年的范围内。对一些投资少，简单易行的改造项目，静态投资回收期基本可控制在3年以内。

4.7.3 目前国家对灯具的能耗有明确规定，现行国家标准有：《管形荧光灯镇流器能效限定值及节能评价值》GB 17896，《普通照明用双端荧光灯能效限定值及能效等级》GB 19043，《普通照明用自镇流荧光灯能效限定值及能效等级》GB 19044，《单端荧光灯能效限定值及节能评价值》GB 19415，《高压钠灯能效限定值及能效等级》GB 19573 等。这些标准规定了荧光灯和镇流器的能耗限定值等参数。如果建筑物中采用的灯具不是节能灯具或不符合能效限定值的要求，就应该进行更换。

4.8 综合判定

4.8.1 综合判定的目的是为了预测公共建筑进行节能改造的综合节能潜力。本规范中全年能耗仅包括采暖、通风、空调、生活热水、照明方面的能源消耗，不包括其他方面的能源消耗。

本规范中，进行节能改造的判定方法有单项判定、分项判定、综合判定，各判定方法之间是并列的关系，满足任何一种判定，都宜进行相应节能改造。综合判定涉及了外围护结构、采暖通风空调及生活热水供应系统、照明系统三方面的改造。

全年能耗降低30%是通过如下方法估算的：

以某一办公建筑为例，在分项判定中，通过进行外围护结构的改造，大概可以节约10%的能耗；通过采暖通风空调及生活热水供应系统的改造，可以节约20%的能耗；通过照明系统的改造，可以节约20%的照明能耗。而在上述全年能耗中，约有80%通过采暖通风空调及生活热水供应系统消耗，约有20%通过照明系统消耗。经过加权计算，通过进行外围护结构、采暖通风空调及生活热水供应系统、照明系统三方面的改造，大概可以节约28%以上的能耗。

静态投资回收期通过如下方法估算：在分项判定中，进行外围护结构的改造，静态投资回收期为8年；进行采暖通风空调及生活热水供应系统的改造，静态投资回收期为5年；进行照明系统的改造，静态投资回收期为2年。假定外围护结构、采暖通风空调及生活热水供应系统改造时，投资方面的比例约为4：6。采暖通风空调及生活热水供应系统的能耗与照明系统的能耗比例约为4：1。

根据以上条件，经过加权计算，进行外围护结构、采暖通风空调及生活热水供应系统、照明系统三方面的改造时，静态投资回收期为5.36年。

根据以上计算，若节约30%的能耗，则静态投资回收期为5.74年，取整后，规定为6年。

5 外围护结构热工性能改造

5.1 一般规定

5.1.1 公共建筑的外围护结构节能改造是一项复杂的系统工程，一般情况下，其难度大于新建建筑。其难点在于需要在原有建筑基础上进行完善和改造，而既有公共建筑体系复杂、外围护结构的状况千差万别，出现问题的原因也多种多样，改造难度、改造成本都很大。但经确认需要进行节能改造的建筑，要求外围护结构进行节能改造后，所改部位的热工性能需至少达到新建公共建筑节能水平。

现行国家标准《公共建筑节能设计标准》GB 50189对外围护结构的性能要求有两种方法：一是规定性指标要求，即不同窗墙比条件下的限值要求；二是性能性指标要求，即当不满足规定性指标要求时，需要通过权衡判断法进行计算确定建筑物整体节能性能是否满足要求。第二种方法相对复杂，不便于实施和监督。

为了便于判断改造后的公共建筑外围护结构是否满足要求，本规范要求公共建筑外围护结构经节能改造后，其热工性能限值需满足现行国家标准《公共建筑节能设计标准》GB 50189的规定性指标要求，而不能通过权衡判断法进行判断。

5.1.2 节能改造对结构安全影响，主要是施工荷载、施工工艺对原结构安全影响，以及改造后增加的荷载或荷载重分布等对结构的影响，应分别复核、验算。

5.1.3 根据建筑防火设计多年实践，以及发生火灾的经验教训，完善外保温系统的防火构造技术措施，并在公共建筑节能改造中贯彻这些防火要求，这对于防止和减少公共建筑火灾的危害，保护人身和财产的安全，是十分必要的。

建筑外墙、幕墙、屋顶等部位的节能改造时，所采用的保温材料和建筑构造的防火性能应符合现行国家标准《建筑内部装修设计防火规范》GB 50222、《建筑设计防火规范》GB 50016 和《高层民用建筑设计防火规范》GB 50045 等的规定和设计要求。

公共建筑的外墙外保温系统、幕墙保温系统、屋顶保温系统等应具有一定的防火攻击能力和防止火焰蔓延能力。

5.1.4 外围护结构节能改造要求根据工程的实际情况，具体问题具体分析。虽然不可能存在一种固定的、普遍适用的方法，但公共建筑的外围护结构节能改造施工应遵循"扰民少、速度快、安全度高、环境污染少"的基本原则。建筑自身特点包括：建筑的历史、文化背景、建筑的类型、使用功能、建筑现有立面形式、外装饰材料、建筑结构形式、建筑层数、窗墙比、墙体材料性能、门窗形式等因素。严寒、寒冷地区宜优先选用外保温技术。对于那些有保留外部造型价值的建筑物可采用内保温技术，但必须处理好冷热桥和结露。目前国内可选择的保温系统和构造形式很多，无论采用哪种，保温系统的基本要求必须满足。保温系统有 7 项要求：力学安全性、防火性能、节能性能、耐久性、卫生健康和环保性、使用安全性、抗噪声性能。针对既有公共建筑节能改造的特点，在保证节能要求的基础上，保温系统的其他性能要求也应关注。

5.1.5 热桥是外墙和屋面等外围护结构中的钢筋混凝土或金属梁、柱、肋等部位，因其传热能力强，热流较密集，内表面温度较低，故容易造成结露。常见的热桥有外墙周转的钢筋混凝土抗震柱、圈梁、门窗过梁、钢筋混凝土或钢框架梁、柱、钢筋混凝土或金属屋面板中的边肋或小肋，以及金属玻璃窗幕墙中和金属窗中的金属框和框料等。冬季采暖期时，这些部位容易产生结露现象，影响人们生活。因此节能改造过程中应对冷热桥采取合理措施。

5.1.6 外围护结构节能改造的施工组织设计应遵循下列几方面原则：

1 做好对现状的保护，包括道路、绿化、停车场、通信、电力、照明等设施的现状；

2 做好场地规划，安全措施：
  1) 通道安全及分流，包括施工人员通道、职工通道、施工车道；
  2) 施工安装中的安全；
  3) 室内工作人员的安全。

3 注意材料物品等堆放：
  1) 材料和施工工具的堆放；
  2) 拆除材料的堆放。

4 施工组织：
  1) 原有墙面的处理；
  2) 宜采用干作业施工，减少对环境的污染；
  3) 拆除材料。

5.2 外墙、屋面及非透明幕墙

5.2.1 公共建筑中常见的旧墙面基层一般分为旧涂层表面和旧瓷砖表面等。对于旧涂层表面，常见的问题有：墙面污染、涂层起皮剥落、空鼓、裂缝、钢筋锈蚀等；对于旧瓷砖表面，常见的问题有：渗水、空鼓、脱落等。因此，旧墙面的诊断工作应按不同旧基层墙面（混凝土墙面、混凝土小砌块墙面、加气混凝土砌块墙面等）、不同旧基层饰面材料（旧陶瓷锦砖、瓷砖墙面、旧涂层墙面、旧水刷石墙面、湿贴石材等）、不同"病变"情况（裂缝、脱落、空鼓、发霉等），分门别类进行诊断分析。

既有公共建筑外墙表面满足条件时，方可采用可粘结工艺的外保温改造方案。可粘结工艺的外保温系统包括：聚苯板薄抹灰、聚苯板外墙挂板、胶粉聚苯颗粒保温浆料、硬质聚氨酯外墙外保温系统。

5.2.4 公共建筑节能改造中外墙外保温的技术要求应符合现行行业标准《外墙外保温工程技术规程》JGJ 144 的规定。另外，公共建筑室内温湿度状况复杂，特别对于游泳馆、浴室等室内散湿量较大的场所，外墙外保温改造时还应考虑室内湿度的影响。

5.2.5 幕墙节能改造工程使用的保温材料，其厚度应符合设计要求，保温系统安装应牢固，不得松脱。当外围护结构改造为非透明幕墙时，其龙骨支撑体系的后加锚固埋件应与原主体结构有效连接，并应满足现行行业标准《金属与石材幕墙技术规范》JGJ 133 的相关规定。非透明幕墙的主体平均传热系数应符合现行国家标准《公共建筑节能设计标准》GB 50189 的相关规定。

5.2.8 公共建筑屋面节能改造比较复杂，应注意保温和防水两方面处理方式。

平屋面节能改造前，应对原屋面面层进行处理，清理表面、修补裂缝、铲去空鼓部位。根据实际现场诊断勘查，确定保温层含水率和屋面传热系数。

屋面节能改造基本可以分为四种情况：

1 保温层不符合节能标准要求，防水层破损；

2 保温层破损，防水层完好；

3 保温层符合节能标准要求，防水层破损；

4 保温层、防水层均完好，但保温隔热效果达不到要求。

上述四种情况可按下列措施进行处理：

情况 1，这是屋面改造中最难的情况。可加设坡屋面。如仍保持平屋面，则需彻底翻修。应清除原有保温层、防水层，重新铺设保温及防水构造。施工中要做到上要防雨、下要防水。

情况2，当建筑原屋面保温层含水率较低时，可采用直接加铺保温层的方式进行倒置式屋面改造或架空屋面做法。倒置式屋面的保温层宜采用挤塑聚苯板（XPS）等吸湿率极低的材料。

情况3，需要重新翻修防水层。对传统屋面，宜在屋面板上加铺隔汽层。

情况4，可设置架空通风间层或加设坡屋面。

改造中保温材料的选用不应选用低密度EPS板、高密度的多孔砖，宜选用低密度、高强度的保温材料或复合材料。

如条件允许，可将平屋面改造为绿化屋面。也可根据屋面结构条件和设计要求加装太阳能设施。

屋面节能改造时，应根据工程特点、地区自然条件，按照屋面防水等级的设防要求，进行防水构造设计。应注意天沟、檐口、檐沟、泛水等部位的防水处理。

5.3 门窗、透明幕墙及采光顶

5.3.1 在北方严寒、寒冷地区，采取必要的改造措施，加强外窗的保温性能有利于提高公共建筑节能潜力。而在南方夏热冬暖地区，加强外窗的遮阳性能是外围护结构节能改造的重点之一。

既有公共建筑的门窗节能改造，可采用只换窗扇、换整窗或加窗的方法。只换窗扇：当既有公共建筑门窗的热工性能经诊断达不到本规程4.2节的要求时，可根据现场实际情况只进行更换窗扇的改造。整窗拆换：当既有公共建筑中门窗的热工性能经诊断达不到本规程4.2节的要求，且无法继续利用原窗框时，可实施整窗拆换的改造。加窗改造：当不想改变原外窗，而窗台又有足够宽度时，可以考虑加窗改造方案。

更新外窗可根据设计要求，选择节能铝合金窗、未增塑聚氯乙烯塑料窗、玻璃钢窗、隔热钢窗和铝木复合窗。

为了提高窗框与墙、窗框与窗扇之间的密封性能，应采用性能好的橡塑密封条来改善其气密性，对窗框与墙体之间的缝隙，宜采用高效保温气密材料加弹性密封胶封堵。

室内可安装手动卷帘式百叶外遮阳、电动式百叶外遮阳，也可安装有热反射和绝热功能的布窗帘。

为了保证建筑节能，要求外窗具有良好的气密性能，以避免冬季室外空气过多地向室内渗漏。现行国家标准《建筑外门窗气密、水密、抗风压性能分级及检测方法》GB/T 7106中规定的6级对应的性能是：在10Pa压差下，每小时每米缝隙的空气渗透量不大于$1.5m^3$，且每小时每平方米面积的空气渗透量不大于$4.5m^3$。

5.3.2 由于现代公共建筑透明玻璃窗面积较大，因而相当大部分的室内冷负荷是由透过玻璃的日射得热引起的。为了减少进入室内的日射得热，采用各种类型的遮阳设施是必要的。从降低空调冷负荷角度，外遮阳设施的遮阳效果明显。因此，对外窗的遮阳设施进行改造时，宜采用外遮阳措施。可设置水平或小幅倾斜简易固定外遮阳，其挑檐宽度按节能设计要求。室外可使用软质篷布可伸缩外遮阳。东西向外窗宜采用卷帘式百叶外遮阳。南向外窗若无简易外遮阳，也可安装手动卷帘式百叶外遮阳。

遮阳设施的安装应满足设计和使用要求，且牢固、安全。采用外遮阳措施时应对原结构的安全性进行复核、验算；当结构安全不能满足节能改造要求时，应采取结构加固措施或采取玻璃贴膜等其他遮阳措施。

遮阳设施的设计和安装宜与外窗或幕墙的改造进行一体化设计，同步实施。

5.3.3 为了保证建筑节能，要求外门、楼梯间门具有良好的气密性能，以避免冬季室外空气过多地向室内渗漏。严寒地区若设电子感应式自动门，门外宜增设门斗。

5.3.4 提高保温性能可增加中空玻璃的中空层数，对重要或特殊建筑，可采用双层幕墙或装饰性幕墙进行节能改造。

更换幕墙玻璃可采用充惰性气体中空玻璃、三中空玻璃、真空玻璃、中空玻璃暖边等技术，提高玻璃幕墙的保温性能。

提高幕墙玻璃的遮阳性能采用在原有玻璃的表面贴膜工艺时，可优先选择可见光透射比与遮阳系数之比大于1的高效节能型窗膜。

宜优先采用隔热铝合金型材，对有外露、直接参与传热过程的铝合金型材应采用隔热铝合金型材或其他隔热措施。

6 采暖通风空调及生活热水供应系统改造

6.1 一般规定

6.1.1 考虑到节能改造过程中的设备更换、管路重新铺设等，可能会对建筑物装修造成一定程度的破坏并影响建筑物的正常使用，因此建议节能改造与系统主要设备的更新换代和建筑物的功能升级结合进行，以减低改造的成本，提高改造的可行性。

6.1.3 空调系统是由冷热源、输配和末端设备组成的复杂系统，各设备和系统之间的性能相互影响和制约。因此在节能改造时，应充分考虑各系统之间的匹配问题。

6.1.4 通过设置采暖通风空调系统分项计量装置，用户可及时了解和分析目前空调系统的实际用能情况，并根据分析结果，自觉采取相应的节能措施，提高节能意识和节能的积极性。因此在某种意义上说，实现用能系统的分项计量，是培养用户节能意识、提高我国公共建筑能源管理水平的前提条件。

6.1.6 室温调控是建筑节能的前提及手段，《中华人民共和国节约能源法》要求，"使用空调采暖、制冷的公共建筑应当实行室内温度控制制度。"因此，节能改造后，公共建筑采暖空调系统应具有室温调控手段。

对于全空气空调系统可采用电动两通阀变水量和风机变速的控制方式；风机盘管系统可采用电动温控阀和三挡风速相结合的控制方式。采用散热器采暖时，在每组散热器的进水支管上，应安装散热器恒温控制阀或手动散热器调节阀。采用地板辐射采暖系统时，房间的室内温度也应有相应控制措施。

6.2 冷热源系统

6.2.1 与新建建筑相比，既有公共建筑更换冷热源设备的难度和成本相对较高，因此公共建筑的冷热源系统节能改造应以挖掘现有设备的节能潜力为主。压缩机的运行磨损，易损件的损坏，管路的脏堵，换热器表面的结垢，制冷剂的泄漏，电气系统的损耗等都会导致机组运行效率降低。以换热器表面结垢，污垢系数增加为例，可能影响换热效率5%～10%，结垢情况严重则甚至更多。不注意冷、热源设备的日常维护保养是机组效率衰减的主要原因，建议定期（每月）检查机组运行情况，至少每年进行一次保养，使机组在最佳状态下运行。

在充分挖掘现有设备的节能潜力基础上，仍不能满足需求时，再考虑更换设备。设备更换之前，应对目前冷热源设备的实际性能进行测试和评估，并根据测评结果，对设备更换后系统运行的节能性和经济性进行分析，同时还要考虑更换设备的可实施性。只有同时具备技术可行性、改造可实施性和经济可行性时才考虑对设备进行更换。

6.2.2 运行记录是反映空调系统负荷变化情况、系统运行状态、设备运行性能和空调实际使用效果的重要数据，是了解和分析目前空调系统实际用能情况的主要技术依据。改造设计应建立在系统实际需求的基础上，保证改造后的设备容量和配置满足使用要求，且冷热源设备在不同负荷工况下，保持高效运行。目前由于我国空调系统运行人员的技术水平相对较低、管理制度不够完善，运行记录的重要性并未得到足够重视。运行记录过于简单、记录的数据误差较大、运行人员只是简单的记录数据，不具备基本的分析能力、不能根据记录结果对设备的运行状态进行调整是目前普遍存在的问题。针对上述情况，各用能单位应根据系统的具体配置情况制订详细的运行记录，通过对运行人员的培训或聘请相关技术人员加强对运行记录的分析能力，定期对空调系统的运行状态进行分析和评价，保证空调系统始终处于高效运行的状态。

6.2.3 冷热源更新改造确定原则可参照现行国家标准《公共建筑节能设计标准》GB 50189—2005 第5.4.1条的规定。

6.2.5 在对原有冷水机组或热泵机组进行变频改造时，应充分考虑变频后冷水机组或热泵机组运行的安全性问题。目前并不是所有冷水机组或热泵机组均可通过增设变频装置，来实现机组的变频运行。因此建议在确定冷水机组或热泵机组变频方案时，应充分听取原设备厂家的意见。另外，变频冷水机组或热泵机组的价格要高于普通的机组，所以改造前，要进行经济分析，保证改造方案的合理性。

6.2.6 由于所处内外区和使用功能的不同，可能导致部分区域出现需要提前供冷或供热的现象，对于上述区域宜单独设置冷热源系统，以避免由于小范围的供冷或供热需求，导致集中冷热源提前开启现象的发生。

6.2.7 附录A中部分冷热源设备的性能要求高于现行国家标准《公共建筑节能设计标准》GB 50189 中的相关规定。这主要是考虑到更换冷热源设备的难度较大、成本较高，因此在选择设备时，应具有一定的超前性，应优先选择高于现行国家标准《公共建筑节能设计标准》GB 50189 规定的产品。

6.2.9 冷却塔直接供冷是指在常规空调水系统基础上适当增设部分管路及设备，当室外湿球温度低至某个值以下时，关闭制冷机组，以流经冷却塔的循环冷却水直接或间接向空调系统供冷，提供建筑所需的冷负荷。由于减少了冷水机组的运行时间，因此节能效果明显。冷却塔供冷技术特别适用于需全年供冷或有需常年供冷内区的建筑如大型办公建筑内区、大型百货商场等。

冷却塔供冷可分为间接供冷系统和直接供冷系统两种形式，间接供冷系统是指系统中冷却水环路与冷水环路相互独立，不相连接，能量传递主要依靠中间换热设备来进行。其最大优点是保证了冷水系统环路的完整性，保证环路的卫生条件，但由于其存在中间换热损失，使供冷效果有所下降。直接供冷系统是指在原有空调水系统中设置旁通管道，将冷水环路与冷却水环路连接在一起的系统形式。夏季按常规空调水系统运行，转入冷却塔供冷时，将制冷机组关闭，通过阀门打开旁通，使冷却水直接进入用户末端。对于直接供冷系统，当采用开式冷却塔时，冷却水与外界空气直接接触被污染，污物易随冷却水进入室内空调水管路，从而造成盘管被污物阻塞。采用闭式冷却塔虽可满足卫生要求，但由于其靠间接蒸发冷却原理降温，传热效果会受到影响。目前在工程中通常采用冷却塔间接供冷的方式。对于同时需要供冷和供热的建筑，需要考虑系统分区和管路设置是否满足同时供冷和供热的要求。另外由于冷却塔供冷主要在过渡季节和冬季运行，因此如果在冬季温度较低地区应用，冷却水系统应采取相应的防冻设施。

6.2.11 水环热泵空调系统是指用水环路将小型的水/空气热泵机组并联在一起，构成一个以回收建筑物内部余热为主要特点的热泵供暖、供冷的空调系统。与普通空调系统相比，水环热泵空调系统具有建筑物余热回收、节省冷热源设备和机房、便于分户计量、便于安装、管理等特点。实际设计中，应进行供冷、供热需求的平衡计算，以确定是否设置辅助热源或冷源及其容量。

6.2.12 当更换生活热水供应系统的锅炉及加热设备时，机组的供水温度应符合以下要求：生活热水水温低于60℃；间接加热热媒水水温低于90℃。

6.2.13 对于常年需要生活热水的建筑，如旅游宾馆、医院等，宜优先采用太阳能、热泵供热水技术和冷水机组或热泵机组热回收技术；特别对于夏季有供冷需求，同时有生活热水需求的公共建筑，应充分利用冷水机组或热泵机组的冷凝热。

6.2.15 水冷冷水机组或热泵机组应考虑实际运行过程中机组换热器结垢对换热效果的影响，冷水机组或热泵机组在实际运行使用过程中，换热管管壁所产生的水垢、污垢及细菌、微生物膜会逐渐堵塞腐蚀管道，降低热交换效率，增加运行能耗。相关研究成果表明1mm污垢，可多导致30%左右的耗电量。污垢严重时还会影响设备正常安全运行，同时也产生军团菌等细菌病毒，危害公共环境卫生安全。目前解决的方法主要是采用人工化学清洗，通过平时加药进行水处理，停机人工清洗的方式。该方式存在随意性大、效果不稳定、需要停机、不能实现实时在线清污、对设备腐蚀磨损等问题，而且会产生大量的化学污水，严重污染环境。所以建议使用实时在线清洗技术。目前实时在线清洗技术有两种，一种是橡胶球清洗技术，一种是清洗刷清洗技术。

6.2.16 燃气锅炉和燃油锅炉的排烟温度一般在120～250℃，烟气中大量热量未被利用就被直接排放到大气中，这不仅造成大量的能源浪费同时也加剧了环境的热污染。通过增设烟气热回收装置可降低锅炉的排烟温度，提高锅炉效率。

6.2.17 室外温度的变化很大程度上决定了建筑物需热量的大小，也决定了能耗的高低。运行参数（供暖水温、水量）应随室外温度的变化时刻进行调整，始终保持供热量与建筑物的需热量相一致，实现按需供热。

6.2.18 冷热源运行策略是指冷热源系统在整个制冷季或供热季的运行方式，是影响空调系统能耗的重要因素。应根据历年冷热源系统运行的记录，对建筑物在不同季节、不同月份和不同时间的冷热负荷进行分析，并根据建筑物负荷的变化情况，确定合理的冷热源运行策略。冷热源运行策略既应体现设备随建筑负荷的变化进行调节的性能，也应保证冷热源系统在较高的效率下运行。

6.3 输配系统

6.3.4 通风机的节能评价值按表3～表5确定。

表3 离心通风机节能评价值

压力系数	比转速 n_s		使用区最高通风机效率 η_t(%)		
			2<机号<5	5≤机号<10	机号≥10
1.4～1.5	45<n_s≤65		61	65	—
1.1～1.3	35<n_s≤55		65	69	—
1.0	10≤n_s<20		69	72	75
	20≤n_s<30		71	74	77
0.9	5≤n_s<15		72	75	78
	15≤n_s<30		74	77	80
	30≤n_s<45		76	79	82
0.8	5≤n_s<15		72	75	78
	15≤n_s<30		75	78	81
	30≤n_s<45		77	80	82
0.7	10≤n_s<30		74	76	78
	30≤n_s<50		76	78	80
0.6	20≤n_s<45	翼型	77	79	81
		板型	74	76	78
	45≤n_s<70	翼型	78	80	82
		板型	75	77	79
0.5	10≤n_s<30	翼型	76	78	80
		板型	73	75	77
	30≤n_s<50	翼型	79	81	83
		板型	76	77	80
	50≤n_s<70	翼型	80	82	84
		板型	77	79	81
0.4	50≤n_s<65	翼型	81	83	85
		板型	78	80	82
	65≤n_s<80	/	机号<3.5	3.5≤机号<5	
		翼型	75	80	84	86
		板型	72	77	81	83
0.3	65≤n_s<85	翼型			81	83
		板型			78	80

表 4　轴流通风机节能评价值

毂比 γ	使用区最高通风机效率 η_f（%）		
	2.5≤机号<5	5≤机号<10	机号≥10
$\gamma<0.3$	66	69	72
$0.3\leq\gamma<0.4$	68	71	74
$0.4\leq\gamma<0.55$	70	73	76
$0.55\leq\gamma<0.75$	72	75	78

注：1　$\gamma=d/D$，γ——轴流通风机毂比；d——叶轮的轮毂外径；D——叶轮的叶片外径。
　　2　子午加速轴流通风机毂比按轮毂出口直径计算。
　　3　轴流通风机出口面积按圆面积计算。

表 5　采用外转子电动机的空调离心通风机节能评价值

压力系数	比转数 n_s	使用区最高总效率 η_e（%）				
		机号≤2	2<机号<2.5	2.5<机号<3.5	3.5≤机号≤4.5	机号>4.5
1.0～1.4	40<n_s≤65	43	—	—	—	—
1.1～1.3	40<n_s≤65	—	49	—	—	—
1.0～1.2	40<n_s≤65	—	—	50	—	—
1.3～1.5	40<n_s≤65	—	—	—	48	—
1.2～1.4	40<n_s≤65	—	—	—	55	59
1.0～1.4	40<n_s≤65	—	—	—	—	—

水泵的节能评价值按现行国家标准《清水离心泵能效限定值及节能评价值》GB 19762 中规定的方法确定。

6.3.5　变风量空调系统是通过改变进入房间的风量来满足室内变化的负荷，当房间低于设计额定负荷时，系统随之减少送风量，亦即降低了风机的能耗。当全年需要送冷风时，它还可以通过直接采用低温全新风冷却的方式来实现节能。故变风量系统比较适合多房间且负荷有一定变化和全年需要送冷风的场合，如办公、会议、展厅等；对于大堂公共空间、影剧院等负荷变化较小的场合，采用变风量系统的意义不大。

变风量系统的形式和控制方式较多，系统的运行状态复杂，设计和调试的难度较大。因此在选择设计和调试单位时应慎重。另外，在变风量空调系统的实际运行过程中，随着送风量的变化，送至空调区域的新风量也相应改变。为了确保新风量能符合卫生标准的要求，应采取必要的措施，确保室内的最小新风量。

6.3.6　水泵的配用功率过大，是目前空调系统中普遍存在的问题。通过叶轮切削技术和水泵变速技术，可有效地降低水泵的实际运行能耗，因此推荐采用。在水泵变速改造，特别是对多台水泵并联运行进行变速改造时，应根据管路特性曲线和水泵特性曲线，对不同状态下的水泵实际运行参数进行分析，确定合理的变速控制方案，保证水泵变速的节能效果，否则如果盲目使用，可能会事与愿违。而且变速调节不可能无限制调速，应结合水泵本身的运行特性，确定合理的调速范围。更换设备与增设变速装置，比较后选取。对于上述技术措施难以解决或经过经济分析，改造成本过高时，可考虑直接更换水泵。

6.3.7　一次泵变流量系统利用变速装置，根据末端负荷调节系统水流量，最大限度地降低了水泵的能耗，与传统的一次泵定流量系统和二次泵系统相比具有很大的节能优势。在进行系统变水量改造设计时，应同时考虑末端空调设备的水量调节方式和冷水机组对变水量系统的适应性，确保变水量系统的可行性和安全性。另外，目前大部分空调系统均存在不同程度的水力失调现象，在实际运行中，为了满足所有用户的使用要求，许多使用方不是采取调节系统平衡的措施，而是采用增大系统的循环水量来克服自身的水力失调，造成大量的空调系统处于"大流量、小温差"的运行状态。系统采用变水量后，由于在低负荷状态下，系统水量降低，系统自身的水力失调现象将会表现得更加明显，会导致不利端用户的空调使用效果无法保证。因此在进行变水量系统改造时，应采取必要的措施，保证末端空调系统的水力平衡特性。

6.3.8　二次泵系统冷源侧采用一次泵，定流量运行；负荷侧采用二次泵，变流量运行，既可保证冷水机组定水量运行的要求，同时也能满足各环路不同的负荷需求，因此适用于系统较大、阻力较高且各环路负荷特性和阻力相差悬殊的场合。但是由于需要增加耗能设备，因此建议在改造前，应根据系统历年来的运行记录，进行系统全年运行能耗的分析和对比，否则可能造成改造后系统的能耗反而增加。

6.3.9　对冷却水系统采取的节能控制方式有：
　1　冷却塔风机根据冷却水温度进行台数或变速控制；
　2　冷却水泵台数或变速控制。

冷却水系统改造时应考虑对主机性能的影响，确保水系统能耗的节省大于冷机增加的耗能，达到节能改造的效果。

6.3.10　为了适应建筑负荷的变化，目前大多数建筑物制冷系统都采用多台冷水机组、冷水泵、冷却水泵和冷却塔并联运行，并联系统的最大优势是可根据建筑负荷的变化情况，确定冷水机组开启的台数，保证冷水机组在较高的效率下运行，以达到节能运行的目的。对于并联系统，一般要求冷水机组与冷水泵、冷却水泵和冷却塔采用一对一运行，即开启一台冷水机组时，只需开启与其对应的冷水泵、冷却水泵和冷却塔。而目前大多数建筑的实际运行情况是冷水机组与冷水泵、冷却水泵和冷却塔采用一对多运行，即开启一台冷水机组时，同时开启多台冷水泵、冷却水泵和冷却塔，冷水和冷却水旁通导致的能耗浪费比较严重。造成冷水、冷却水旁通的主要原因是未开启冷水机组的进出口阀门未关闭或空调水系统未进行平衡调试，系统水量分配不平衡，开启单台水泵时，末端散热设备水量降低，系统水力失调现象加重，部分区域空调效果无法保证。因此在改造设计时，应采取连锁控制和水量平衡等必要的手段，防止系统在运行过程中发生冷水和冷却水旁通现象。

6.3.11 系统的平衡装置一般采用静态平衡阀。

6.3.12 大温差、小流量是相对于冬季采暖空调为10℃温差，夏季空调为5℃温差的系统而言的。该技术通过提高供、回水温差、降低系统循环水量，可以达到降低输送水泵能耗的目的。但是由于加大供、回温差会导致主机、水泵和末端设备的运行参数发生变化，因此采用该方案时，应在技术可靠、经济合理的前提下进行。

6.4 末端系统

6.4.1 在过渡季，空调系统采用全新风或增大新风比的运行方式，既可以节省空气处理所消耗的能量，也可有效地改善空调区域内的空气品质。但要实现全新风运行，必须在设备的选择、新风口和新风管的设置、新风和排风之间的相互匹配等方面进行全面的考虑，以保证系统全新风和可调新风比的运行能够真正实现。

6.4.2 公共建筑，特别是大型公共建筑，由于其外围护结构负荷所占比例较小，因此其内外区和不同使用功能的区域之间冷热负荷需求相差较大。对于人员、设备和灯光较为密集的内区存在过渡季或供暖季节需要供冷的情况，为了节约能源，推迟或减少人工冷源的使用时间，对于过渡季节或供暖季节局部房间需要供冷时，宜优先采用直接利用室外空气进行降温的方式。

6.4.3 空调区域排风中所含的能量十分可观，排风热回收装置通过回收排风中的冷热量来对新风进行预处理，具有很好的节能效益和环境效益。目前常用的排风热回收装置主要有转轮式热回收、板翅式热回收和热管式热回收等几种方式。在进行热回收系统的设计时，应根据当地的气候条件、使用环境等选用不同的热回收方式。不同热回收装置的主要优缺点详见表6。

表6 不同热回收装置的主要优缺点

热回收方式	优点	缺点
转轮式热回收	1 能同时回收潜热和显热； 2 排风和新风逆向交替过程中具有一定的自净作用； 3 通过转速控制，能适应不同室内外空气参数； 4 回收效率高，可达70%~80%； 5 能适用于较高温度的排风系统	1 接管位置固定，配管的灵活性差； 2 有传动设备，自身需要消耗动力； 3 压力损失较大，易脏堵，维护成本高； 4 有渗漏，无法完全避免交叉污染

续表6

热回收方式	优点	缺点
板翅式热回收	1 传热效率高； 2 结构紧凑； 3 没有传动设备，不需要消耗电力； 4 设备初投资低，经济性好	1 换热效率低于转轮式热回收； 2 设备体积较大，占用建筑面积和空间多； 3 压力损失较大，易脏堵，维护成本高
热管式热回收	1 结构紧凑，单位面积的传热面积大； 2 没有传动设备，不需要消耗电力； 3 不易脏堵，便于更换，维护成本低； 4 使用寿命长	1 只能回收显热，不能回收潜热； 2 接管位置固定，配管的灵活性差

由于使用排风热回收装置时，装置自身要消耗能量，因此应本着回收能量高于其自身消耗能量的原则进行选择计算，表7和表8给出了我国不同气候分区代表城市办公建筑中排风热回收装置回收能量与装置自身消耗能量相等时热回收效率的限定值，只有排风热回收装置的效率高于限定值时，集中空调系统使用该装置才能实现节能。

表7 代表城市显热效率限定值

状态	哈尔滨	乌鲁木齐	北京	上海	广州	昆明
制热	0.09	0.10	0.14	0.20	0.44	0.26

表8 代表城市全热效率限定值

状态	哈尔滨	乌鲁木齐	北京	上海	广州	昆明
制热	0.06	0.09	0.11	0.18	0.42	0.18
制冷	—	0.31	0.30	0.26	0.21	—

注：表中"—"表示不建议采用。

6.4.4 新风直接送入吊顶或新风与回风混合后再进入风机盘管是目前风机盘管加新风系统普遍采用的设置方式。前者会导致新风的再次污染、新风利用率降低、不同房间和区域互相串味等问题；后者风机盘管的运行与否对新风量的变化有较大影响，易造成浪费或新风不足；并且采用这种方式增加了风机盘管中风机的风量，不利于节能。因此建议将处理后的新风直接送入空调区域。

6.4.5 与普通空调区域相比，餐厅、食堂和会议室等功能性用房，具有冷热负荷指标高、新风量大、使用时间不连续等特点。而且在过渡季，当其他区域需要供热时，上述区域由于设备、人员和灯光的负荷较大，可能存在需要供冷的情况。近年的调查发现，在大型公共建筑中，上述区域虽然所占的面积不大，但其能耗较高，属高耗能区域。因此在进行空调通风系统改造设计时，应充分考虑上述区域的使用特点，采用调节性强、运行灵活、具有排风热回收功能的系统形式，在条件允许的情况下，应考虑系统在过渡季全新风运行的可能性。

7 供配电与照明系统改造

7.1 一般规定

7.1.1 进行改造之前，施工方要提前制定详细的施工方案，方案中应包括进度计划、应急方案等。

7.1.2 尤其是配电系统改造，当变压器、配电柜中元器件等仍然使用国家淘汰产品时，要考虑更换。

7.1.3 应采用国家有关部门推荐的绿色节能产品和设备。照明灯具的选择应符合现行国家标准《建筑节能工程施工质量验收规范》GB 50411 中规定的光源和灯具。

7.1.4 此条规定了改造施工应满足的质量标准。

7.2 供配电系统

7.2.1 配电系统改造设计要认真核查负荷增减情况，避免因用电设备功率变化引起断路器、继电器及保护元件参数的不匹配。

7.2.2 供配电系统改造线路敷设非常重要，一定要进行现场踏勘，对原有路由需要仔细考虑，一些老建筑的配电线路很多都经过二次以上的改造，有些图纸与实际情况根本不符，如果不认真进行现场踏勘会严重影响改造施工的顺利进行。

7.2.3 目前建筑供配电设计容量是一个比较矛盾的问题，既需要考虑长久用电负荷的增长又要考虑变压器容量的合理性，如果没有充分考虑负荷的增长就会造成运行一段时间后变压器容量不能满足用电要求，而如果变压器容量选择太大又会造成变压器损耗的增加，不利于建筑节能，这两者之间应该有一个比较合理的平衡点，需要电气设计人员与业主充分讨论并对未来用电设备发展有较深入的了解。随着可再生能源的运用和节能型用电设备的推广，变压器容量的预留应合理。若变压器改造后，变压器容量有所改变，则需按照国家规定的要求重新进行报审。

7.2.4 设置电能分项计量可以使管理者清楚了解各种用电设备的耗电情况，进行准确的分类统计，制定科学的用电管理规定，从而节约电能。建筑面积超过 2 万 m² 的为大型公共建筑，这类建筑的用电分项计量应采用具有远传功能的监测系统，合理设置用电分项计量是指采用直接计量和间接计量相结合的方式，在满足分项计量要求的基础上尽量减少安装表计的回路，以最少的投资获取数据。电能分项计量监测系统应包括下列回路的分项计量：

1 变压器进出线回路；
2 制冷机组主供电回路；
3 单独供电的冷热源系统附泵回路；
4 集中供电的分体空调回路；
5 给水排水系统供电回路；
6 照明插座主回路；
7 电子信息系统机房；
8 单独计量的外供电回路；
9 特殊区供电回路；
10 电梯回路；
11 其他需要单独计量的用电回路。

安装表计回路设置应根据常规电气设计而定。需要注意的是对变压器损耗的计量，但是否能在变压器进线回路上增加计量需要确定变配电室产权是属于业主还是属于供电部门，并与当地供电部门协商，是否具有增加表计的可能，需要特别注意的是在供电局计量柜中只能取其电压互感器的值，不能改动计量柜内的电流互感器，电流值需要取自变压器进线柜内单独设置 10kV 电流互感器，不要与原电流互感器串接。

7.2.5 无功补偿是电气系统节能和合理运行的重要因素，有些建筑虽然设计了无功补偿设备但不投入运行，或运行方式不合理，若补偿设备确实无法达到要求时，经过投资回收分析后可更换设备。

7.2.6 一般对谐波的治理可采用滤波器、增加电抗器等方法，采用何种方法需要对谐波源进行分析，最可靠的方法是首先对谐波源进行治理，例如节能灯是谐波源时，可对比直接改造灯具和增加各种谐波治理装置方案的优劣，最终确定改造方案。当照明回路的电压偏高时，有些节电设备的节能原理是利用智能化技术降低供电电压，既达到节电的目的又可延长灯管的使用寿命。

7.3 照明系统

7.3.1 照明回路配电设计应重新根据现行国家标准《建筑照明设计标准》GB 50034 中规定的功率密度值进行负荷计算，并核查原配电回路的断路器、电线电缆等技术参数。

7.3.2 面积较小且要求不高的公共区照明一般采用就地控制方式，这种控制方式价格便宜，能起到事半功倍的效果；大面积且要求较高公共区可根据需要设置集中监控系统，如已经具备楼宇自控系统的建筑可将此部分纳入其监控系统。

7.3.3 照明配电系统改造设计时要预留足够的接口，如果接口预留数量不足或不符合监测与控制系统要求，就无法实施对照明系统的控制，照明配电箱做成后若再增加接口，一是位置空间可能不合适，二是需要现场更改增加很多麻烦。在大型建筑内，照明控制系统应采用分支配电方式。在这种情况下，可以在过道内分布若干个同样类型的分支配电装置，由楼层配电箱负责分支配电装置的供电。由此可以使线路敷设简单而且层次分明。

7.3.4 除对靠近窗户附近的照明灯具单独设置开关外，还可以在条件具备的情况下，通过光导管技术，将太阳光直接导入室内。

8 监测与控制系统改造

8.1 一般规定

8.1.1 此条规定了监测与控制系统改造的总原则。

8.1.2 节能改造时最重要的是根据改造前后的数据对比，判断节能量，因此涉及节能运行的关键数据必须经过1个供暖季、供冷季和过渡季，所以至少需要12个月的时间。由于数据的重要性，本条文规定，无论系统停电与否，与节能相关的数据应都能至少保存12个月。

8.1.3 此条分别规定了改造时需遵循的原则。尤其是当进行节能优化控制时需要修改其他机电设备运行参数，如进行变冷水量调节等，尤其需要做好保护措施，避免冷机出现故障。

8.1.4 监测与控制系统的节能调试不同于其他系统，调试和验收是非常重要的环节，且这个系统是否能够合理运行并起到节能作用与其涉及的空调、照明、配电等系统密切相关，因此必须在这些系统手动运行正常的情况下才能投入自控运行，否则会使原系统运行更加混乱，反而造成系统振荡。当工艺达到要求时，方可进行自控调试。

8.2 采暖通风空调及生活热水供应系统的监测与控制

8.2.3 主要考虑公共区人员复杂，每个人要求的温度不尽相同，温控器容易被人频繁改动，例如医院就诊等候区等，曾发现病人频繁改变温度设定值，造成温度较大波动，温控器损坏，因此在公共区设置联网控制有利于系统的稳定运行和延长设备使用寿命。

8.2.4 此条给出生活热水的基本监控要求，但不限于此种监控。

8.3 供配电与照明系统的监测与控制

8.3.1 一般供配电系统会单独设置其监测系统，可采用数据网关的形式和监测与控制系统相连，此方法已在很多项目上实施，具有安全可靠、使用方便等优点。以往在监测与控制系统中再设置低压配电系统传感器采集数据的方式，费时费力，不可能在所有重要回路设置传感器，造成数据不全，不能满足用电分项计量的要求。

8.3.2 照明系统有两种控制方式，一种是照明系统单独设置的监控系统，一般用于大型照明调光系统，如体育场馆等，这种系统以满足照明功能需求为主要

条件，这种系统一般不和监测与控制系统相连。另一种照明系统只是单纯满足照度要求，不进行调光控制，这种系统一般应用于办公楼、酒店等一般建筑，这类建筑的公共区照明宜纳入监测与控制系统。

9 可再生能源利用

9.1 一般规定

9.1.1 在《中华人民共和国可再生能源法》中，国家将可再生能源的开发利用列为能源发展的优先领域，因此，本条文规定了公共建筑进行节能改造时，有条件的场所应优先利用可再生能源。可再生能源包括风能、太阳能、水能、生物质能、地热能、海洋能等非化石能源，其中与建筑用能紧密关联的主要有地热能和太阳能。目前，利用地热能的技术主要有地源热泵供热、制冷技术；利用太阳能的技术主要有被动式太阳房、太阳能热水、太阳能采暖与制冷、太阳能光伏发电及光导管技术等。

9.1.2 可再生能源的应用与其他常规能源相比，初投资较高，因此在利用可再生能源时，围护结构达到节能标准要求，可降低建筑物本身的冷、热负荷值，从而降低初投资及减少运行费用。可再生能源的应用与建筑外围护结构的节能改造相结合，可以最大限度地发挥可再生能源的节能、环保优势。

9.2 地源热泵系统

9.2.1 地源热泵系统包括地埋管、地下水及地表水地源热泵系统。工程场地状况调查及浅层地热能资源勘察的内容应符合现行国家标准《地源热泵系统工程技术规范》GB 50366 的相关规定。地源热泵系统技术可行性主要包括：

 1 地埋管地源热泵系统：当地岩土体温度适宜，热物性参数适合地埋管换热器换热，冬、夏取热量和排热量基本平衡；

 2 地下水地源热泵系统：当地政策法规允许抽灌地下水、水温适宜、地下水量丰富、取水稳定充足、水质符合热泵机组或换热设备使用要求、可实现同层回灌；

 3 地表水地源热泵系统：地表水源水温适宜、水量充足、水质符合热泵机组或换热设备使用要求。

改造的可实施性应综合考虑各类地源热泵系统的性能特点进行分析：

 1 地埋管地源热泵系统：是否具备足够的地埋管换热器设置空间、项目所在地地质条件是否适合地埋管换热器钻孔、成孔的施工；

 2 地下水地源热泵系统：是否具备进行地下水钻井的条件、取排水管道的位置、钻井是否会对建筑基础结构或防水造成影响、是否会破坏地下管道或构

筑物;

3 地表水地源热泵系统:调查当地水务部门是否允许建造取水和排水设施,是否具备设置取排水管道和取水泵站的位置;

4 进行改造可实施性分析时,还应同时考虑建筑物现有系统(如既有空调末端系统是否适应地源热泵系统的改造、供配电是否可以满足要求、机房面积和高度是否足够放置改造设备、穿墙孔洞及设备入口是否具备等)能否与改造后的地源热泵系统相适应。

改造的经济性分析应以全年为周期的动态负荷计算为基础,以建筑规模和功能适宜采用的常规空调的冷热源方式和当地能源价格为计算依据,综合考虑改造前后能源、电力、水资源、占地面积和管理人员的需求变化。

9.2.3 原有空调系统的冷热源设备,当与地源热泵系统可以较高的效率联合运行时,可以予以保留,构成复合式系统。在复合式系统中,地源热泵系统宜承担基础负荷,原有设备作为调峰或备用措施。另外,原有机房内补水定压设备和管道接口等能够满足改造后系统使用要求的也宜予以保留和再利用。

9.2.4 由于建筑节能改造,建筑物的空调负荷降低。因此,在进行地源热泵系统设计时,冬季可以适当降低供水温度,夏季可以适当提高供水温度,以提高地源热泵机组效率,减少主机电耗。供水温度提高或降低的程度应通过末端设备性能衰减情况和改造后空调负荷情况综合确定。

9.2.5 在有生活热水需求的项目中可将夏季供冷、冬季供暖和供应生活热水结合起来改造,并积极采用热回收技术在供冷季利用热泵机组的排热提供或预热生活热水。

9.2.6 当地埋管换热器的出水温度、地下水或地表水的温度可以满足末端需求时,应优先采用上述低位冷(热)源直接供冷(供热),而不应启动热泵机组,以降低系统的运行费用,当负荷增大,水温不能满足末端进水温度需求时,再启动热泵机组供冷(供热)。

9.3 太阳能利用

9.3.1 在太阳能资源丰富或较丰富的地区应充分利用太阳能;在太阳能资源一般的地区,宜结合建筑实际情况确定是否利用太阳能;在太阳能资源贫乏的地区,不推荐利用太阳能。各地区太阳能资源情况如表9所示。

表9 太阳能资源表

等级	太阳能条件	年日照时数(h)	水平面上年太阳辐照量[MJ/(m²·a)]	地 区
一	资源丰富区	3200~3300	>6700	宁夏北、甘肃西、新疆东南、青海西、西藏西

续表9

等级	太阳能条件	年日照时数(h)	水平面上年太阳辐照量[MJ/(m²·a)]	地 区
二	资源较丰富区	3000~3200	5400~6700	冀西北、京、津、晋北、内蒙古及宁夏南、甘肃中东、青海东、西藏南、新疆南
三	资源一般区	2200~3000	5000~5400	鲁、豫、冀东南、晋南、新疆北、吉林、辽宁、云南、陕北、甘肃东南、粤南
三	资源一般区	1400~2200	4200~5000	湘、桂、赣、苏、浙、沪、皖、鄂、闽北、粤北、陕南、黑龙江
四	资源贫乏区	1000~1400	<4200	川、黔、渝

9.3.2 目前,利用太阳能的技术主要有被动式太阳房、太阳能热水、太阳能采暖与制冷、太阳能光伏发电及光导管技术等。为了最大限度发挥太阳能的节能作用,太阳能应能实现全年综合利用。

9.3.3 太阳能热水系统设计、安装与验收等方面要符合现行国家标准《民用建筑太阳能热水系统应用技术规范》GB 50364 的规定。

9.3.5 电能质量包括电压偏差、频率、谐波和波形畸变、功率因数、电压不平衡度及直流分量等。

10 节能改造综合评估

10.1 一般规定

10.1.1 建筑物室内环境检测的内容包括室内温度、相对湿度和风速。检测方法参见《公共建筑节能检验标准》JGJ 177。

10.1.2 这样做便于发现改造前后运行工况或建筑使用等的变化。一旦发生变化,应对改造前或改造后的能耗进行调整。

10.1.3 被改造系统或设备的检测方法参见现行行业标准《公共建筑节能检验标准》JGJ 177,评估方法按本规范10.2节的规定进行。在相同的运行工况下采取相同的检测方法进行检测主要是为了保证测试结果的一致性。

10.1.4 定期对节能效果进行评估,是为了保证节能量的持续性,定期评估的时间一般为1年。节能效果不应是短期的,而应至少在回收期内保持同样的节能效果。

10.2 节能改造效果检测与评估

10.2.1 调整量的产生是因为测量基准能耗和当前能耗时，两者的外部条件不同造成的。外部条件包括：天气、入住率、设备容量或运行时间等，这些因素的变化跟节能措施无关，但却会影响建筑的能耗。为了公正科学地评价节能措施的节能效果，应把两个时间段的能耗量放到"同等条件"下考察，而将这些非节能措施因素造成的影响作为"调整量"。调整量可正可负。

"同等条件"是指一套标准条件或工况，可以是改造前的工况、改造后的工况或典型年的工况。通常把改造后的工况作为标准工况，这样将改造前的能耗调整至改造后工况下，即为不采取节能措施时建筑当前状况下的能耗（图 1 中调整后的基准能耗），通过比较该值与改造后实际能耗即可得到节能量，见图 1。

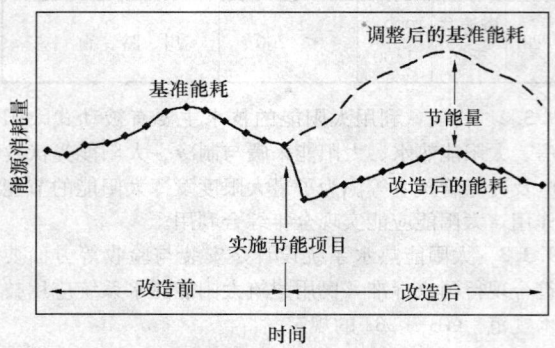

图 1 节能量的确定方法

10.2.2 节能改造项目实施前应编写节能效果检测与评估方案，节能检测和评估方案应精确、透明，具有可重复性。主要包括下列内容：

    1 节能目标；
    2 节能改造项目概况；
    3 确定测量边界；
    4 测量的参数、测点的布置、测量时间的长短、测量仪器的精度等；
    5 采用的评估方法；
    6 基准能耗及运行工况；
    7 改造后的能耗及其运行工况；
    8 建立标准工况；
    9 明确影响能耗的各个因素的来源、说明调整情况；
    10 能耗的计算方法和步骤、相关的假设等；
    11 规定节能量的计算精度，建立不确定性控制目标。

10.2.3 测量法是将被改造的系统或设备的能耗与建筑其他部分的能耗隔离开，设定一个测量边界，然后用仪表或其他测量装置分别测量改造前后该系统或设备与能耗相关的参数，以计算得到改造前后的能耗从而确定节能量。可根据节能项目实际需要测量部分参数或者对所有的参数进行测量。

一般来说，对运行负荷恒定或变化较小的设备进行节能改造可以只测量某些关键参数，其他的参数可进行估算，如，对定速水泵改造，可以只测量改造前后的功率，而对水泵的运行时间进行估算，假定改造前后运行时间不变。对运行负荷变化较大的设备改造，如冷机改造，则要对所有与能耗相关的参数进行测量。参数的测量方法参见《公共建筑节能检验标准》JGJ 177。

账单分析法是用电力公司或燃气公司的计量表及建筑内的分项计量表等对改造前后整幢大楼的能耗数据进行采集，通过分析账单和表计数据，计算得到改造前后整幢大楼的能耗，从而确定改造措施的节能量。

校准化模拟法是对采取节能改造措施的建筑，用能耗模拟软件建立模型（模型的输入参数应通过现场调研和测量得到），并对其改造前后的能耗和运行状况进行校准化模拟，对模拟结果进行分析从而计算得到改造措施的节能量。

测量法主要测量建筑中受节能措施影响部分的能耗量，因此该法侧重于评估具体节能措施的节能效果；账单分析法的研究对象是整幢建筑，主要用来评估建筑水平的节能效果。校准化模拟法既可以用来评估具体系统或设备的改造效果，也可用来评估建筑综合改造的节能效果，一般在前两种方法不适用的情况下才使用。

10.2.6 一般当测量法和账单分析法不适用时才使用校准化模拟法来计算节能效果。这主要是考虑到能耗模拟软件的局限性，目前很多建筑结构、空调系统形式、节能措施都无法进行模拟，如具有复杂外部形状的建筑、新型的空调系统形式等。

10.2.7 当设备的运行负荷较稳定或变化较小时（如照明灯具或定速水泵改造），可只测量影响能耗的关键参数，对其他参数进行估算，估算值可以基于历史数据、厂家样本或工程实际情况来判定。应确保估算值符合实际情况，估算的参数值及其对节能效果的影响程度应包含在节能效果评估报告中。如果参数估算导致误差较大，则应根据项目需要对其进行测量或采用账单分析法和校准化模拟法。对被改造的设备进行抽样测量时，抽样应能够代表总体情况，且测量结果具备统计意义的精确度。

10.2.8 校准化模拟方案应包括：采用的模拟软件的名称及版本、模拟结果与实际能耗数据的比对方法、比对误差。

"相同的输入条件"主要指改造前后的建筑模型、气象参数、运行时间、人员密度等参数应一致，这些数据应通过调研收集。此外，还应对主要用能系统和设备进行调研和测试。

校准化模拟法的模拟过程和节能量的计算过程应进行记录并以文件的形式保存。文件应详细记录建模和校准化的过程，包括输入数据和气象数据，以便其他人可以核查模拟过程和结果。

10.2.9 三种评估方法都涉及一些不确定因素，如测量法中对某些参数进行估算、抽样测量等会给计算结果引入误差，账单分析法用账单或表计数据对综合节能改造效果进行评估时，非节能措施的影响是主要的误差，一般会对主要影响因素（天气、入住率、运行时间等）进行分析和调整。以天气为例，可以根据采暖能耗与采暖度日数之间的线性关系，见式（2），将改造前的采暖能耗调整至改造后的气象工况下，或将改造前和改造后的采暖能耗均调整至典型气象年工况下：

$$E_{(h)ajusted} = \frac{HDD}{HDD_0} \times E_{h0} \quad (2)$$

式中 E_{h0}——改造前的采暖能耗；
$E_{(h)ajusted}$——调整后的改造前的采暖能耗；
HDD_0——改造前的采暖度日数；
HDD——改造后的采暖度日数。

相应地，也可以建立能耗与入住率和运行时间等参数的关系式，对非节能措施的影响进行调整。这些关系式本身存在一定的误差，而且被忽略的影响因素也是账单分析法的误差来源之一。校准化模拟法的误差主要来源于模拟软件、输入数据与实际情况不一致等因素。因此，对节能量进行计算和评估时，必须考虑到计算过程存在的不确定性并建立正确、合理的不确定性控制目标。

附录 A 冷热源设备性能参数选择

A.0.1 现行国家标准《冷水机组能效限定值及能源效率等级》GB 19577—2004 中，将产品分成1、2、3、4、5五个等级。能效等级的含义，1级是企业努力的目标；2级代表节能型产品的门槛；3、4级代表我国的平均水平，5级产品是未来淘汰的产品。本条文对冷水或热泵机组制冷性能系数的规定高于现行国家标准《公共建筑节能设计标准》GB 50189—2005 的规定，其中，水冷离心式机组以2级作为选择的依据；水冷螺杆式、风冷或蒸发冷却螺杆式机组以3级作为选择的依据；水冷活塞式/涡旋式、风冷或蒸发冷却活塞式/涡旋式机组以4级作为选择的依据。

A.0.3 本条文采用现行国家标准《单元式空气调节机能效限定值及能源效率等级》GB 19576—2004 中规定的3级产品的能效比。

A.0.5 本条文采用现行国家标准《多联式空调（热泵）机组能效限定值及能源效率等级》GB 21454—2008 中的3级标准，其他级别具体指标如表10所示。

表10 多联式空调（热泵）机组的制冷综合性能系数

名义制冷量 CC（W）	能效等级				
	5	4	3	2	1
$CC \leq 28000$	2.80	3.00	3.20	3.40	3.60
$28000 < CC \leq 84000$	2.75	2.95	3.15	3.35	3.55
$CC > 84000$	2.70	2.90	3.10	3.30	3.50

A.0.6 本条文的房间空调器适用于采用空气冷却冷凝器、全封闭型电动机-压缩机，制冷量在14000W及以下的空气调节器，不适用于移动式、变频式、多联式空调机组。本条文采用现行国家标准《房间空气调节器能效限定值及能源效率等级》GB 12021.3—2004中的2级标准。其他级别具体指标如表11所示。

表11 房间空调器能效等级

类型	额定制冷量 CC（W）	能效等级				
		5	4	3	2	1
整体式	—	2.30	2.50	2.70	2.90	3.10
分体式	$CC \leq 4500$	2.60	2.80	3.00	3.20	3.40
	$4500 < CC \leq 7100$	2.50	2.70	2.90	3.10	3.30
	$7100 < CC \leq 14000$	2.40	2.60	2.80	3.00	3.20

A.0.7 本条文采用现行国家标准《转速可控型房间空气调节器能效限定值及能源效率等级》GB 21455—2008 中的3级标准，其他级别具体指标如表12所示。

表12 转速可控型房间空调器能效等级

类型	额定制冷量 CC（W）	能效等级				
		5	4	3	2	1
分体式	$CC \leq 4500$	3.00	3.40	3.90	4.50	5.20
	$4500 < CC \leq 7100$	2.90	3.20	3.60	4.10	4.70
	$7100 < CC \leq 14000$	2.80	3.00	3.30	3.70	4.20

中华人民共和国行业标准

公共建筑节能检测标准

Standard for energy efficiency test of public buildings

JGJ/T 177—2009

批准部门：中华人民共和国住房和城乡建设部
施行日期：２０１０年７月１日

中华人民共和国住房和城乡建设部
公　告

第 460 号

关于发布行业标准
《公共建筑节能检测标准》的公告

现批准《公共建筑节能检测标准》为行业标准，编号为 JGJ/T 177-2009，自 2010 年 7 月 1 日起实施。

本标准由我部标准定额研究所组织中国建筑工业出版社出版发行。

中华人民共和国住房和城乡建设部
2009 年 12 月 10 日

前　言

根据原建设部《关于印发〈2006 年工程建设标准规范制订、修订计划（第一批）〉的通知》（建标[2006] 77 号）的要求，标准编制组经广泛调查研究，认真总结实践经验，参考有关国际标准和国外先进标准，并在广泛征求意见的基础上，制定了本标准。

本标准主要技术内容是：总则，术语，基本规定，建筑物室内平均温度、湿度检测，非透光外围护结构热工性能检测，透光外围护结构热工性能检测，建筑外围护结构气密性能检测，采暖空调水系统性能检测，空调风系统性能检测，建筑物年采暖空调能耗及年冷源系统能效系数检测，供配电系统检测，照明系统检测，监测与控制系统性能检测以及相关附录等。

本标准由住房和城乡建设部负责管理，由中国建筑科学研究院负责具体技术内容的解释。执行过程中如有意见或建议请寄送中国建筑科学研究院（地址：北京市北三环东路 30 号，邮政编码：100013，E-mail: kts@cabr.com.cn）。

本标准主编单位：中国建筑科学研究院
本标准参编单位：上海市建筑科学研究院（集团）有限公司
　　　　　　　　广东省建筑科学研究院
　　　　　　　　河南省建筑科学研究院
　　　　　　　　北京市建设工程安全质量监督总站
　　　　　　　　北京市建筑设计研究院
　　　　　　　　中国建筑材料检验认证中心
　　　　　　　　达尔凯国际股份有限公司（北京）
　　　　　　　　提赛（TSI）亚太公司（北京）
　　　　　　　　北京振利高新技术有限公司
　　　　　　　　深圳金粤幕墙装饰工程有限公司
　　　　　　　　安徽东合建筑节能工程研究有限公司

本标准主要起草人员：邹　瑜　徐　伟　曹　勇
　　　　　　　　　　王　虹　刘月莉　杨仕超
　　　　　　　　　　叶　倩　栾景阳　宋　波
　　　　　　　　　　张元勃　万水娥　王新民
　　　　　　　　　　王洪涛　徐选才　柳　松
　　　　　　　　　　俞　菁　周　楠　黄振利
　　　　　　　　　　万树春　朱永前　何仕英

本标准主要审查人员：许文发　冯　雅　付祥钊
　　　　　　　　　　龚延风　朱　能　林　洁
　　　　　　　　　　段　恺　郭维钧　孙述璞

目 次

1 总则 …………………………………… 59—6
2 术语 …………………………………… 59—6
3 基本规定 ……………………………… 59—6
4 建筑物室内平均温度、
　湿度检测 ……………………………… 59—6
5 非透光外围护结构热工
　性能检测 ……………………………… 59—7
　5.1 一般规定 ………………………… 59—7
　5.2 热流计法传热系数检测 ………… 59—7
　5.3 同条件试样法传热系数检测 …… 59—8
6 透光外围护结构热工性能检测 …… 59—8
　6.1 一般规定 ………………………… 59—8
　6.2 透明幕墙及采光顶热工性能
　　　计算核验 ………………………… 59—8
　6.3 透明幕墙及采光顶同条件试
　　　样法传热系数检测 ……………… 59—8
　6.4 外通风双层幕墙隔热性能检测 … 59—9
7 建筑外围护结构气密性能检测 …… 59—9
　7.1 一般规定 ………………………… 59—9
　7.2 外窗气密性能检测 ……………… 59—9
　7.3 透明幕墙气密性能检测 ………… 59—10
8 采暖空调水系统性能检测 ………… 59—10
　8.1 一般规定 ………………………… 59—10
　8.2 冷水（热泵）机组实际性能
　　　系数检测 ………………………… 59—10
　8.3 水系统回水温度一致性检测 …… 59—11
　8.4 水系统供、回水温差检测 ……… 59—11
　8.5 水泵效率检测 …………………… 59—11
　8.6 冷源系统能效系数检测 ………… 59—11
9 空调风系统性能检测 ……………… 59—12
　9.1 一般规定 ………………………… 59—12
　9.2 风机单位风量耗功率检测 ……… 59—12
　9.3 新风量检测 ……………………… 59—12
　9.4 定风量系统平衡度检测 ………… 59—12
10 建筑物年采暖空调能耗及年冷源系统
　　能效系数检测 …………………… 59—12
11 供配电系统检测 …………………… 59—13
　11.1 一般规定 ……………………… 59—13
　11.2 三相电压不平衡检测 ………… 59—13
　11.3 谐波电压及谐波电流检测 …… 59—13
　11.4 功率因数检测 ………………… 59—14
　11.5 电压偏差检测 ………………… 59—14
　11.6 分项计量电能回路用电量校
　　　 核检测 ………………………… 59—14
12 照明系统检测 ……………………… 59—14
　12.1 照明节电率检测 ……………… 59—14
　12.2 照度值检测 …………………… 59—15
　12.3 功率密度值检测 ……………… 59—15
　12.4 灯具效率检测 ………………… 59—15
　12.5 公共区照明控制检测 ………… 59—15
13 监测与控制系统性能检测 ………… 59—16
　13.1 送（回）风温度、湿度监控
　　　 功能检测 ……………………… 59—16
　13.2 空调冷源水系统压差控制
　　　 功能检测 ……………………… 59—16
　13.3 风机盘管变水量控制性能检测 … 59—16
　13.4 照明、动力设备监测与控制系
　　　 统性能检测 …………………… 59—16
附录 A 仪器仪表测量性能要求 ……… 59—17
附录 B 建筑外围护结构整体气密性能
　　　 检测方法 ……………………… 59—17
附录 C 水系统供冷（热）量检测
　　　 方法 …………………………… 59—17
附录 D 电机输入功率检测方法 ……… 59—17
附录 E 风量检测方法 ………………… 59—18
本标准用词说明 ……………………… 59—19
引用标准名录 ………………………… 59—19
附：条文说明 ………………………… 59—20

Contents

1 General Provisions ·················· 59—6
2 Terms ·················· 59—6
3 Basic Requirements ·················· 59—6
4 Average Indoor Air Temperature and Relative Humidity Test ·········· 59—6
5 Non-transparent Envelope Thermal Performance Test ·················· 59—7
   5.1 General Requirements ·················· 59—7
   5.2 Heat Transfer Coefficient Test by Heat flow Meter ·················· 59—7
   5.3 Heat Transfer Coefficicent Test by Samples in the Same Conditions ······ 59—8
6 Transparent Envelope Thermal Performance Test ·················· 59—8
   6.1 General Requirements ·················· 59—8
   6.2 Transparent Walls and Skylight Roof Thermal Performance Calculation and Verified ·················· 59—8
   6.3 Heat Transfer Coefficient Test by Samples in the Same Conditions ·················· 59—8
   6.4 Outside Ventilated Double Transparent Walls Heat Insulation Performance ·················· 59—9
7 Building Envelope Air Tightness Test ·················· 59—9
   7.1 General Requirements ·················· 59—9
   7.2 Exterior Window Air Tightness ······ 59—9
   7.3 Transparent Walls Air Tightness ··· 59—10
8 Heating and Air-conditioning Water System Performance Test ············ 59—10
   8.1 General Requirements ·················· 59—10
   8.2 Chiller/Heat Pump Actual Coefficient of Performance ·················· 59—10
   8.3 Return Water Temperature Consistency ·················· 59—11
   8.4 Temperature Difference of the Transfer Liquid ·················· 59—11
   8.5 Pump Efficiency ·················· 59—11
   8.6 Energy Efficiency Ratio of Cooling Source System ·················· 59—11
9 Air-conditioning Air System Performance Test ·················· 59—12
   9.1 General Requirements ·················· 59—12
   9.2 Fan Power Consumption Per Unit Air Volume ·················· 59—12
   9.3 Fresh Air Volume ·················· 59—12
   9.4 Constant Air Flow System Balance Ratio ·················· 59—12
10 Heating and Air-conditioning System Year Energy Consumption and Energy Efficiency Ratio of Cooling Source System Testing ·················· 59—12
11 Power Supply and Distribution System Test ·················· 59—13
   11.1 General Requirements ·················· 59—13
   11.2 Three-phase Voltage Unbalance ·················· 59—13
   11.3 Harmonic Voltage and Harmonic Current ·················· 59—13
   11.4 Power Factor ·················· 59—14
   11.5 Deviation of Supply Voltage ·········· 59—14
   11.6 Sub-metering of Power Circuit Verification ·················· 59—14
12 Lighting System Test ·················· 59—14
   12.1 Lighting Energy Saving Rate ·········· 59—14
   12.2 Illumination Value ·················· 59—15
   12.3 Power Density ·················· 59—15
   12.4 Lighting Efficiency ·················· 59—15
   12.5 Public Area Lighting Control ·········· 59—15
13 Monitoring and Control System Test ·················· 59—16
   13.1 Supply (Return) Air Temperature and Relativity Humidity Monitoring and Control ·················· 59—16
   13.2 Pressure Difference Control Function of Air-conditioning

		Water System ········· 59—16
13.3		Variable Water Control Performance on Fan Coil ········· 59—16
13.4		Lighting and Low Voltage Distribution System ········· 59—16

Appendix A   Apparatus Performance Requirements ········· 59—17

Appendix B   Testing Method of Overall Building Envelope Air Tightness Performance ······ 59—17

Appendix C   Testing Method of Heating or Cooling Capacity ········· 59—17

Appendix D   Testing Method of Input Power ················ 59—17

Appendix E   Testing Method of Air Flow ····················· 59—18

Explanation of Wording in This Standard ················· 59—19

Normative Standards ················· 59—19

Explanation of Provisions ··················· 59—20

1 总则

1.0.1 为了加强对公共建筑的节能监督与管理，规范建筑节能检测方法，促进我国建筑节能事业健康有序的发展，制定本标准。

1.0.2 本标准适用于公共建筑的节能检测。

1.0.3 从事节能检测的机构应具有相应检测资质，从事节能检测的人员应经过专门培训。

1.0.4 本标准规定了公共建筑节能检测的基本技术要求。当本标准与国家法律、行政法规的规定相抵触时，应按国家法律、行政法规的规定执行。

1.0.5 在进行公共建筑节能检测时，除应符合本标准外，尚应符合国家现行有关标准的规定。

2 术语

2.0.1 建筑采光顶 skylight roof

太阳光可直接透射入室内的屋面。

2.0.2 透光外围护结构 transparent envelope

外窗、外门、透明幕墙和采光顶等太阳光可直接透射入室内的建筑物外围护结构。

2.0.3 冷源系统能效系数 energy efficiency ratio of cooling source system（EER_{sys}）

冷源系统单位时间供冷量与单位时间冷水机组、冷水泵、冷却水泵和冷却塔风机能耗之和的比值。

2.0.4 同条件试样 samples in the same conditions

根据工程实体的性能取决于内在材料性能和构造的原理，在施工现场抽取一定数量的工程实体组成材料，按同工艺、同条件的方法，在实验室制作能够反映工程实体热工性能的试样。

3 基本规定

3.0.1 当进行公共建筑节能检测时，委托方宜提供工程竣工文件和有关技术资料。

3.0.2 检测中使用的仪器仪表应具有有效期内的检定证书、校准证书或检测证书。除另有规定外，仪器仪表的性能指标应符合本标准附录 A 的有关规定。

4 建筑物室内平均温度、湿度检测

4.0.1 室内温度、湿度的检测数量应符合下列规定：

  1 设有集中采暖空调系统的建筑物，温度、湿度检测数量应按照采暖空调系统分区进行选取。当系统形式不同时，每种系统形式均应检测。相同系统形式应按系统数量的 20% 进行抽检。同一个系统检测数量不应少于总房间数量的 10%。

  2 未设置集中采暖空调系统的建筑物，温度、湿度检测数量不应少于总房间数量的 10%。

  3 检测数量在符合本条第 1、2 款规定的基础上也可按照委托方要求增加。

4.0.2 室内温度、湿度的检测方法应符合下列规定：

  1 温度、湿度测点布置应符合下列原则：

    1）3 层及以下的建筑物应逐层选取区域布置温度、湿度测点；

    2）3 层以上的建筑物应在首层、中间层和顶层分别选取区域布置温度、湿度测点；

    3）气流组织方式不同的房间应分别布置温度、湿度测点。

  2 温度、湿度测点应设于室内活动区域，且应在距地面（700～1800）mm 范围内有代表性的位置，温度、湿度传感器不应受到太阳辐射或室内热源的直接影响。温度、湿度测点位置及数量还应符合下列规定：

    1）当房间使用面积小于 16m² 时，应设测点 1 个；

    2）当房间使用面积大于或等于 16m²，且小于 30m² 时，应设测点 2 个；

    3）当房间使用面积大于或等于 30m²，且小于 60m² 时，应设测点 3 个；

    4）当房间使用面积大于或等于 60m²，且小于 100m² 时，应设测点 5 个；

    5）当房间使用面积大于或等于 100m² 时，每增加（20～30）m² 应增加 1 个测点。

  3 室内平均温度、湿度检测应在最冷或最热月，且在供热或供冷系统正常运行后进行。室内平均温度、湿度应进行连续检测，检测时间不得少于 6h，且数据记录时间间隔最长不得超过 30min。

  4 室内平均温度应按下列公式计算：

$$t_{rm} = \frac{\sum_{i=1}^{n} t_{rm,i}}{n} \quad (4.0.2\text{-}1)$$

$$t_{rm,i} = \frac{\sum_{j=1}^{p} t_{i,j}}{p} \quad (4.0.2\text{-}2)$$

式中：t_{rm}——检测持续时间内受检房间的室内平均温度（℃）；

$t_{rm,i}$——检测持续时间内受检房间第 i 个室内逐时温度（℃）；

n——检测持续时间内受检房间的室内逐时温度的个数；

$t_{i,j}$——检测持续时间内受检房间第 j 个测点的第 i 个温度逐时值（℃）；

p——检测持续时间内受检房间布置的温度测点的个数。

  5 室内平均相对湿度应按下列公式计算：

$$\varphi_{\mathrm{rm}} = \frac{\sum\limits_{i=1}^{n} \varphi_{\mathrm{rm},i}}{n} \quad (4.0.2\text{-}3)$$

$$\varphi_{\mathrm{rm},i} = \frac{\sum\limits_{j=1}^{p} \varphi_{i,j}}{p} \quad (4.0.2\text{-}4)$$

式中：φ_{rm}——检测持续时间内受检房间的室内平均相对湿度（%）；

$\varphi_{\mathrm{rm},i}$——检测持续时间内受检房间第 i 个室内逐时相对湿度（%）；

n——检测持续时间内受检房间的室内逐时相对湿度的个数；

$\varphi_{i,j}$——检测持续时间内受检房间第 j 个测点的第 i 个相对湿度逐时值（%）；

p——检测持续时间内受检房间布置的相对湿度测点的个数。

4.0.3 室内温度、湿度合格指标与判别方法应符合下列规定：

1 建筑物室内平均温度、湿度应符合设计文件要求，当设计文件无具体要求时，应符合现行国家标准《公共建筑节能设计标准》GB 50189 的规定；

2 当室内平均温度、平均相对湿度检测值符合本条第 1 款的规定时，应判为合格。

5 非透光外围护结构热工性能检测

5.1 一般规定

5.1.1 非透光外围护结构热工性能检测应包括外围护结构的保温性能、隔热性能和热工缺陷等检测。

5.1.2 建筑物外围护结构热工缺陷、热桥部位内表面温度和隔热性能的检测应按照现行行业标准《居住建筑节能检测标准》JGJ/T 132 中的有关规定进行。

5.1.3 外围护结构传热系数应为包括热桥部位在内的加权平均传热系数。

5.1.4 非透光外围护结构热工性能检测可采用热流计法；当符合下列情况之一时，宜采用同条件试样法：

1 外保温材料层热阻不小于 $1.2\mathrm{m}^2 \cdot \mathrm{K/W}$；

2 轻质墙体和屋面；

3 自保温隔热砌筑墙体。

5.2 热流计法传热系数检测

5.2.1 热流计法传热系数检测数量应符合下列规定：

1 每一种构造做法不应少于 2 个检测部位；

2 每个检测部位不应少于 4 个测点。

5.2.2 热流计法传热系数检测方法应符合下列规定：

1 热流计法是利用红外热像仪进行外墙和屋面的内、外表面温度场测量，通过红外热成像图分析确定热桥部位及其所占面积比例，采用热流计法检测建筑外墙（或屋面）主体部位传热系数和热桥部位温度、热流密度，并通过计算分析得到包括热桥部位在内的外墙（或屋面）加权平均传热系数。

2 热流计法检测应在受检墙体或屋面施工完成至少 12 个月后进行。

3 检测时间宜选在最冷月进行，检测期间建筑室内外温差不宜小于 15℃。

4 外墙（或屋面）主体部位传热系数的检测原理、热流和温度传感器的使用及安装要求、检测条件和数据整理分析应符合现行行业标准《居住建筑节能检测标准》JGJ/T 132 中的有关规定。

5 外墙热桥部位热流和温度传感器的安装应充分考虑覆盖不同的受热面。热桥部位应根据红外摄像仪的室内热成像图进行分析确定。热流传感器的布置位置宜根据红外热成像图中的温度分布确定，且应布置在该受热面的平均温度点处。每个受热面应至少布置 2 个热流传感器，并相应布置温度传感器；内表面温度传感器应靠近热流计安装；热桥部位外表面应至少布置 2 个温度传感器。

6 红外热成像仪测量应在无雨、室外平均风速不高于 3m/s 的夜间环境条件下进行。测量时，应避免非待测物体进入成像范围，拍摄角度宜小于 30°；同时，宜采用表面式温度计测量受检部位表面温度，并记录建筑物室内、外空气温度及室外风速、风向。

7 应根据外墙（或屋面）主体部位和热桥部位所占面积的比例，通过现场检测的平均温度和平均热流密度计算得到主体部位传热系数和热桥部位各受热面平均热流密度，并应按下列公式计算外墙（或屋面）的平均传热系数：

$$K_{\mathrm{m}} = \frac{K_{\mathrm{p}} \cdot F_{\mathrm{p}} + \dfrac{\sum q_j \cdot F_j}{(T_{\mathrm{air \cdot in}} - T_{\mathrm{air \cdot out}})}}{F} \quad (5.2.2\text{-}1)$$

$$T_{\mathrm{air \cdot in}} = \frac{q}{8.7} + T_{\mathrm{in}} \quad (5.2.2\text{-}2)$$

$$T_{\mathrm{air \cdot out}} = T_{\mathrm{out}} - \frac{q}{23} \quad (5.2.2\text{-}3)$$

式中：K_{m}——建筑外围护结构平均传热系数（W/m²·K）；

K_{p}——建筑外围护结构主体部位传热系数（W/m²·K）；

q_j——热桥部位第 j 个受热面平均热流密度（W/m²·K）；

q——热桥部位各受热面平均热流密度之和的算术平均值（W/m²）；

F_{p}——红外热成像图中外围护结构主体部位所占面积比；

F_j——热桥部位第 j 个受热面对应的表面积（m²）；

$T_{air \cdot in}$——室内空气温度（℃）；
$T_{air \cdot out}$——室外空气温度（℃）；
F——检测区域的外围护结构计算面积（m^2）；
T_{in}——热桥部位平均内表面温度（℃）；
T_{out}——热桥部位平均外表面温度（℃）。

5.2.3 外墙（或屋面）平均传热系数合格指标与判别方法应符合下列规定：

1 外墙（或屋面）受检部位平均传热系数的检测值应小于或等于相应的设计值，且应符合国家现行有关标准的规定；

2 当外墙（或屋面）受检部位平均传热系数的检测值符合本条第1款的规定时，应判定为合格。

5.3 同条件试样法传热系数检测

5.3.1 同条件试样法传热系数检测数量应符合下列规定：

1 检测数量应以单体建筑物为单位随机抽取确定；

2 每种保温材料不应少于2组；

3 每种外围护结构构造做法不应少于2组，且应包括典型热桥部位。

5.3.2 同条件试样法传热系数检测方法应符合下列规定：

1 同条件试样法检测应在外围护结构保温施工时同步进行。同条件试样所对应的保温施工部位应由监理单位或建设单位与检测单位共同商定。

2 施工现场进行同条件试样的保温材料（包括砌体的砌块）、厚度尺寸等应与工程一致。保温浆料应同条件制作并养护试样。

3 轻质外围护结构可在现场抽取材料、构件，在实验室组装制作试样；自保温隔热砌体墙可在现场抽取砌块、砂浆，在实验室砌筑试样，并养护干燥。试样构造尺寸应与实物一致。

4 外围护结构热阻检测应按照现行国家标准《绝热 稳态传热性质的测定 标定和防护热箱法》GB/T 13475进行；保温材料导热系数检测应按照现行国家标准《绝热材料稳态热阻及有关特性的测定 防护热板法》GB 10294或《绝热材料稳态热阻及有关特性的测定 热流计法》GB 10295进行。其他材料可直接采用现行国家标准《民用建筑热工设计规范》GB 50176给出的有关参数。

5 传热系数应按现行国家标准《民用建筑热工设计规范》GB 50176给出的方法计算，也可采用传热学计算软件计算。

5.3.3 外墙（或屋面）平均传热系数合格指标与判别方法应符合下列规定：

1 外墙（或屋面）受检部位平均传热系数的检测值应小于或等于相应的设计值，且应符合国家现行有关标准的规定；

2 当外墙（或屋面）受检部位平均传热系数的检测值符合本条第1款的规定时，应判定为合格。

6 透光外围护结构热工性能检测

6.1 一般规定

6.1.1 透光外围护结构热工性能检测应包括保温性能、隔热性能和遮阳性能等检测。

6.1.2 建筑物外窗外遮阳设施的检测应按照现行行业标准《居住建筑节能检测标准》JGJ/T 132的有关规定进行。

6.1.3 当透明幕墙和采光顶的构造外表面无金属构件暴露时，其传热系数可采用现场热流计法进行检测。

6.2 透明幕墙及采光顶热工性能计算核验

6.2.1 透明幕墙及采光顶热工性能检测数量应符合下列规定：

1 每种面板、构造做法均应检测；

2 每种构造不应少于3处；

3 每种面板不应少于3件。

6.2.2 透明幕墙及采光顶热工性能检测方法应符合下列规定：

1 透明幕墙、采光顶构造尺寸应直接或剖开测量，幕墙的展开图、剖面图、节点构造图等应根据检测结果绘制或确认；

2 幕墙、采光顶面板（玻璃、附保温材料的金属板等）应从工程所用的材料中抽取试样，按照现行国家标准《建筑外门窗保温性能分级及检测方法》GB/T 8484规定的方法在实验室进行传热系数的检测；其他材料的导热系数可采取取样检测或与相应样品对比等方法获得；

3 每幅幕墙、采光顶的传热系数、遮阳系数、可见光透射比等参数应按照现行行业标准《建筑门窗玻璃幕墙热工计算规程》JGJ/T 151的规定计算确定，幕墙或采光顶整体热工性能应采用加权平均的方法计算。

6.2.3 透明幕墙及采光顶热工性能合格指标与判定方法应符合下列规定：

1 受检部位的传热系数应小于或等于相应的设计值，遮阳系数、可见光透射比应满足设计要求，且应符合国家现行有关标准的规定；

2 当受检部位的热工性能符合本条第1款的规定时，应判定为合格。

6.3 透明幕墙及采光顶同条件试样法传热系数检测

6.3.1 透明幕墙及采光顶同条件试样法传热系数的

检测数量应符合下列规定：
    1 每种幕墙、采光顶均应检测；
    2 每种构造不应少于一个。
6.3.2 透明幕墙及采光顶同条件试样法传热系数的检测方法应符合下列规定：
    1 对幕墙、采光顶进行构成单元分格，确定每单元应包括的构造和试样数量；
    2 每个幕墙、采光顶试样应包括至少一个典型构造、典型节点、典型分格，且有关框、面板的尺寸应与对应的部位一致；
    3 试样的传热系数检测应按照现行国家标准《建筑外门窗保温性能分级及检测方法》GB/T 8484有关规定进行；采光顶检测时，其安装洞口宜为水平设置，热箱位于采光顶试样的下方，检测所采用的设备洞口尺寸应符合试样的安装要求；当无条件进行水平安装时，其检测结果应进行表面换热系数的修正；
    4 传热系数计算应按现行国家标准《民用建筑热工设计规范》GB50176规定进行，也可采用传热学计算软件。
6.3.3 透明幕墙及采光顶传热系数的合格指标与判定方法应符合下列规定：
    1 受检部位的传热系数应小于或等于相应的设计值，且应符合国家现行有关标准的规定；
    2 当受检部位的传热系数符合本条第1款的规定时，应判定为合格。

6.4 外通风双层幕墙隔热性能检测

6.4.1 外通风双层幕墙隔热性能检测数量应符合下列规定：
    应以房间为单位进行随机抽取确定；
    1 每种构造均应检测，且不宜少于2处。
6.4.2 外通风双层幕墙隔热性能检测应包括幕墙的室内表面温度、热通道通风量的检测。
6.4.3 幕墙的室内表面温度检测方法应符合下列规定：
    1 检测时温度传感器的布置应符合下列规定：
        1) 每种杆件或玻璃的室内表面温度测点均不应少于3个；
        2) 室内、外空气温度测点均不应少于2个，空气温度传感器应做好防辐射屏蔽。
    2 每个部位幕墙的室内表面温度应为测点的算术平均值，整幅幕墙的室内表面温度应按各部位面积进行加权平均。
6.4.4 热通道通风量检测方法应符合下列规定：
    1 热通道通风量应采用示踪气体恒定流量法检测；
    2 检测宜在最热月、晴朗无云且风力小于三级的天气下进行，检测时间应在当地太阳时10：00～15：00之间；检测期间室内空气温度宜为26℃，且应保持稳定；
    3 检测应在遮阳板角度为45°工况下进行；
    4 示踪气体应采用SF_6气体，释放位置应在热通道下部进风口处，且应均匀释放；
    5 通风量连续检测时间宜为15min，检测时间间隔宜为30s；
    6 热通道通风量应根据示踪气体的释放流量和出口处的检测浓度按下式计算：

$$G = 3600 \times \frac{M}{\frac{1}{n}\sum_{i=1}^{n} C_i} \quad (6.4.4)$$

式中：G——热通道通风量（m^3/h）；
    M——由质量流量控制器控制的恒定SF_6释放量（mg/s）；
    C_i——第i次检测测点浓度（mg/m^3）；
    n——测量次数，$n=30$。
6.4.5 外通风双层幕墙隔热性能合格指标与判定方法应符合下列规定：
    1 外通风双层幕墙的室内表面温度、热通道通风量检测结果应符合相应的设计要求；
    2 当检测结果符合本条第1款的规定时，应判定为合格。

7 建筑外围护结构气密性能检测

7.1 一般规定

7.1.1 建筑外围护结构气密性能检测宜包括外窗、透明幕墙气密性能及外围护结构整体气密性能检测。
7.1.2 外围护结构整体气密性能检测方法可按本标准附录B进行。

7.2 外窗气密性能检测

7.2.1 外窗气密性能的检测数量应符合下列规定：
    1 单位工程建筑面积5000m^2及以下（含5000m^2）时，应随机选取同一生产厂家具有代表性的窗口部位1组；
    2 单位工程建筑面积5000m^2以上时，应随机选取同一生产厂家具有代表性的窗口部位2组；
    3 每组应为同系列、同规格、同分格形式的3个窗口部位。
7.2.2 外窗气密性能的检测方法应按照现行行业标准《建筑外窗气密、水密、抗风压性能现场检测方法》JG/T 211规定的方法进行。
7.2.3 外窗气密性能的合格指标与判定方法应符合下列规定：
    1 受检外窗单位缝长分级指标值应小于或等于1.5$m^3/(m \cdot h)$或受检外窗单位面积分级指标值应小于或等于4.5$m^3/(m^2 \cdot h)$；

2 受检外窗检测结果符合本条第 1 款的规定时，应判定为合格。

7.3 透明幕墙气密性能检测

7.3.1 透明幕墙气密性能的检测数量应符合下列规定：

1 单位工程中面积超过 300m² 的每一种幕墙均应随机选取一个部位进行气密性能检测；

2 每个部位不应少于 1 个层高和 2 个水平分格，并应包括 1 个可开启部分。

7.3.2 透明幕墙气密性能的检测方法应按照现行行业标准《建筑外窗气密、水密、抗风压性能现场检测方法》JG/T 211 规定的方法进行。

7.3.3 合格指标与判定方法应符合下列规定：

1 受检幕墙开启部分气密性能分级指标值应小于或等于 1.5m³/(m·h)，受检幕墙整体气密性能分级指标值应小于或等于 2.0m³/(m²·h)；

2 受检幕墙检测结果符合本条第 1 款的规定时，应判定为合格。

8 采暖空调水系统性能检测

8.1 一般规定

8.1.1 采暖空调水系统各项性能检测均应在系统实际运行状态下进行。

8.1.2 冷水（热泵）机组及其水系统性能检测工况应符合以下规定：

1 冷水（热泵）机组运行正常，系统负荷不宜小于实际运行最大负荷的 60%，且运行机组负荷不宜小于其额定负荷的 80%，并处于稳定状态；

2 冷水出水温度应在（6~9）℃之间；

3 水冷冷水（热泵）机组冷却水进水温度应在（29~32）℃之间；风冷冷水（热泵）机组要求室外干球温度在（32~35）℃之间。

8.1.3 锅炉及其水系统各项性能检测工况应符合以下规定：

1 锅炉运行正常；

2 燃煤锅炉的日平均运行负荷率不应小于 60%，燃油和燃气锅炉瞬时运行负荷率不应小于 30%。

8.1.4 锅炉运行效率、补水率检测方法应按照现行行业标准《居住建筑节能检测标准》JGJ/T 132 的有关规定执行。

8.1.5 采暖空调水系统管道的保温性能检测应按照现行国家标准《建筑节能工程施工质量验收规范》GB 50411 的有关规定执行。

8.2 冷水（热泵）机组实际性能系数检测

8.2.1 冷水（热泵）机组实际性能系数的检测数量应符合下列规定：

1 对于 2 台及以下（含 2 台）同型号机组，应至少抽取 1 台；

2 对于 3 台及以上（含 3 台）同型号机组，应至少抽取 2 台。

8.2.2 冷水（热泵）机组实际性能系数的检测方法应符合下列规定：

1 检测工况下，应每隔（5~10）min 读 1 次数，连续测量 60min，并应取每次读数的平均值作为检测值。

2 供冷（热）量测量应符合本标准附录 C 的规定。

3 冷水（热泵）机组的供冷（热）量应按下式计算：

$$Q_0 = V\rho c \Delta t / 3600 \quad (8.2.2\text{-}1)$$

式中：Q_0——冷水（热泵）机组的供冷（热）量（kW）；

V——冷水平均流量（m³/h）；

Δt——冷水进、出口平均温差（℃）；

ρ——冷水平均密度（kg/m³）；

c——冷水平均定压比热[kJ/(kg·℃)]；

ρ、c 可根据介质进、出口平均温度由物性参数表查取。

4 电驱动压缩机的蒸气压缩循环冷水（热泵）机组的输入功率应在电动机输入线端测量。输入功率检测应符合本标准附录 D 的规定。

5 电驱动压缩机的蒸气压缩循环冷水（热泵）机组的实际性能系数（COP_d）应按下式计算：

$$COP_d = \frac{Q_0}{N} \quad (8.2.2\text{-}2)$$

式中：COP_d——电驱动压缩机的蒸气压缩循环冷水（热泵）机组的实际性能系数；

N——检测工况下机组平均输入功率（kW）。

6 溴化锂吸收式冷水机组的实际性能系数（COP_x）应按下式计算：

$$COP_x = \frac{Q_0}{(Wq/3600) + p} \quad (8.2.2\text{-}3)$$

式中：COP_x——溴化锂吸收式冷水机组的实际性能系数；

W——检测工况下机组平均燃气消耗量（m³/h），或燃油消耗量（kg/h）；

q——燃料发热值（kJ/m³ 或 kJ/kg）；

p——检测工况下机组平均电力消耗量（折算成一次能，kW）。

8.2.3 冷水（热泵）机组实际性能系数的合格指标与判定方法应符合下列规定：

1 检测工况下，冷水（热泵）机组的实际性能系数应符合现行国家标准《公共建筑节能设计标准》

GB 50189-2005 第 5.4.5、5.4.9 条的规定；

2 当检测结果符合本条第 1 款的规定时，应判定为合格。

8.3 水系统回水温度一致性检测

8.3.1 与水系统集水器相连的一级支管路均应进行水系统回水温度一致性检测。

8.3.2 水系统回水温度一致性的检测方法应符合下列规定：

1 检测位置应在系统集水器处；

2 检测持续时间不应少于 24h，检测数据记录间隔不应大于 1h。

8.3.3 水系统回水温度一致性的合格指标与判定方法应符合下列规定：

1 检测持续时间内，冷水系统各一级支管路回水温度间的允许偏差为 1℃；热水系统各一级支管路回水温度间的允许偏差为 2℃；

2 当检测结果符合本条第 1 款的规定时，应判定为合格。

8.4 水系统供、回水温差检测

8.4.1 检测工况下启用的冷水机组或热源设备均应进行水系统供、回水温差检测。

8.4.2 水系统供、回水温差的检测方法应符合下列规定：

1 冷水机组或热源设备供、回水温度应同时进行检测；

2 测点应布置在靠近被测机组的进、出口处，测量时应采取减少测量误差的有效措施；

3 检测工况下，应每隔（5~10）min 读数 1 次，连续测量 60min，并应取每次读数的平均值作为检测值。

8.4.3 水系统供、回水温差的合格指标与判定方法应符合下列规定：

1 检测工况下，水系统供、回水温差检测值不应小于设计温差的 80%；

2 当检测结果符合本条第 1 款的规定时，应判定为合格。

8.5 水泵效率检测

8.5.1 检测工况下启用的循环水泵均应进行效率检测。

8.5.2 水泵效率的检测方法应符合下列规定：

1 检测工况下，应每隔（5~10）min 读数 1 次，连续测量 60min，并应取每次读数的平均值作为检测值。

2 流量测点宜设在距上游局部阻力构件 10 倍管径，且距下游局部阻力构件 5 倍管径处。压力测点应设在水泵进、出口压力表处。

3 水泵的输入功率应在电动机输入线端测量，输入功率检测应符合本标准附录 D 的规定。

4 水泵效率应按下式计算：

$$\eta = V\rho g \Delta H \times 10^{-6}/3.6P \quad (8.5.2)$$

式中：η——水泵效率；

V——水泵平均水流量（m³/h）；

ρ——水的平均密度（kg/m³），可根据水温由物性参数表查取；

g——自由落体加速度，取 9.8（m/s²）；

ΔH——水泵进、出口平均压差（m）；

P——水泵平均输入功率（kW）。

8.5.3 水泵效率合格指标与判定方法应符合下列规定：

1 检测工况下，水泵效率检测值应大于设备铭牌值的 80%；

2 当检测结果符合本条第 1 款的规定时，应判定为合格。

8.6 冷源系统能效系数检测

8.6.1 所有独立冷源系统均应进行冷源系统能效系数检测。

8.6.2 冷源系统能效系数检测方法应符合下列规定：

1 检测工况下，应每隔（5~10）min 读数 1 次，连续测量 60min，并应取每次读数的平均值作为检测的检测值。

2 供冷量测量应符合本标准附录 C 的规定。

3 冷源系统的供冷量应按下式计算：

$$Q_0 = V\rho c \Delta t / 3600 \quad (8.6.2-1)$$

式中：Q_0——冷源系统的供冷量（kW）；

V——冷水平均流量（m³/h）；

Δt——冷水平均进、出口温差（℃）；

ρ——冷水平均密度（kg/m³）；

c——冷水平均定压比热[kJ/(kg·℃)]。

ρ、c 可根据介质进、出口平均温度由物性参数表查取。

4 冷水机组、冷水泵、冷却水泵和冷却塔风机的输入功率应在电动机输入线端同时测量；输入功率检测应符合本标准附录 D 的规定。检测期间各用电设备的输入功率应进行平均累加。

5 冷源系统能效系数（EER_{-sys}）应按下式计算：

$$EER_{-sys} = \frac{Q_0}{\Sigma N_i} \quad (8.6.2-2)$$

式中：EER_{-sys}——冷源系统能效系数（kW/kW）；

ΣN_i——冷源系统各用电设备的平均输入功率之和（kW）。

8.6.3 冷源系统能效系数合格指标与判定方法应符合下列规定：

1 冷源系统能效系数检测值不应小于表 8.6.3

的规定；
    2 当检测结果符合本条第 1 款的规定时，应判定为合格。

表 8.6.3 冷源系统能效系数限值

类型	单台额定制冷量 (kW)	冷源系统能效系数 (kW/kW)
水冷冷水机组	<528	2.3
	528～1163	2.6
	>1163	3.1
风冷或蒸发冷却	≤50	1.8
	>50	2.0

9 空调风系统性能检测

9.1 一般规定

9.1.1 空调风系统各项性能检测均应在系统实际运行状态下进行。

9.1.2 空调风系统管道的保温性能检测应按照现行国家标准《建筑节能工程施工质量验收规范》GB 50411 的有关规定执行。

9.2 风机单位风量耗功率检测

9.2.1 风机单位风量耗功率的检测数量应符合下列规定：
    1 抽检比例不应少于空调机组总数的 20%；
    2 不同风量的空调机组检测数量不应少于 1 台。

9.2.2 风机单位风量耗功率的检测方法应符合下列规定：
    1 检测应在空调通风系统正常运行工况下进行；
    2 风量检测应采用风管风量检测方法，并应符合本标准附录 E 的规定；
    3 风机的风量应为吸入端风量和压出端风量的平均值，且风机前后的风量之差不应大于 5%；
    4 风机的输入功率应在电动机输入线端同时测量，输入功率检测应符合本标准附录 D 的规定；
    5 风机单位风量耗功率（W_s）应按下式计算：

$$W_s = \frac{N}{L} \quad (9.2.2)$$

式中：W_s——风机单位风量耗功率[W/(m³/h)]；
    N——风机的输入功率（W）；
    L——风机的实际风量（m³/h）。

9.2.3 风机单位风量耗功率的合格指标与判定方法应符合下列规定：
    1 风机单位风量耗功率检测值应符合国家标准《公共建筑节能设计标准》GB 50189-2005 第 5.3.26 条的规定；
    2 当检测结果符合本条第 1 款的规定时，应判定为合格。

9.3 新风量检测

9.3.1 新风量的检测数量应符合下列规定：
    1 抽检比例不应少于新风系统数量的 20%；
    2 不同风量的新风系统不应少于 1 个。

9.3.2 新风量检测方法应符合以下规定：
    1 检测应在系统正常运行后进行，且所有风口应处于正常开启状态；
    2 新风量检测应采用风管风量检测方法，并应符合本标准附录 E 的规定。

9.3.3 新风量的合格指标与判别方法应符合下列规定：
    1 新风量检测值应符合设计要求，且允许偏差应为 ±10%；
    2 当检测结果符合本条第 1 款规定时，应判为合格。

9.4 定风量系统平衡度检测

9.4.1 定风量系统平衡度的检测数量应符合下列规定：
    1 每个一级支管路均应进行风系统平衡度检测；
    2 当其余支路小于或等于 5 个时，宜全数检测；
    3 当其余支路大于 5 个时，宜按照近端 2 个，中间区域 2 个，远端 2 个的原则进行检测。

9.4.2 定风量系统平衡度的检测方法应符合下列规定：
    1 检测应在系统正常运行后进行，且所有风口应处于正常开启状态；
    2 风系统检测期间，受检风系统的总风量应维持恒定且宜为设计值的 100%～110%；
    3 风量检测方法可采用风管风量检测方法，也可采用风量罩风量检测方法，并应符合本标准附录 E 的规定；
    4 风系统平衡度应按下式计算：

$$FHB_j = \frac{G_{a,j}}{G_{d,j}} \quad (9.4.2)$$

式中：FHB_j——第 j 个支路的风系统平衡度；
    $G_{a,j}$——第 j 个支路的实际风量（m³/h）；
    $G_{d,j}$——第 j 个支路的设计风量（m³/h）；
    j——支路编号。

9.4.3 定风量系统平衡度的合格指标与判别方法应符合下列规定：
    1 90% 的受检支路平衡度应为 0.9～1.2；
    2 检测结果符合本条第 1 款规定时，应判为合格。

10 建筑物年采暖空调能耗及年冷源系统能效系数检测

10.0.1 建筑物年采暖空调能耗检测应符合下列

原则：

    1 建筑物年采暖空调能耗应采用全年统计或计量的方式进行；

    2 建筑物年采暖空调能耗应包括采暖空调系统耗电量、其他类型的耗能量（燃气、蒸汽、煤、油等），及区域集中冷热源供热、供冷量；

    3 建筑物年采暖空调能耗的统计或计量应在建筑物投入正常使用一年后进行；

    4 当一栋建筑物的空调系统采用不同的能源时，宜通过换算将能耗计量单位进行统一。

10.0.2 对于没有设置用能分项计量的建筑，建筑物年采暖空调能耗可根据建筑物全年的运行记录、设备的实际运行功率和建筑的实际使用情况等统计分析得到。统计时应符合下列规定：

    1 对于冷水机组、水泵、电锅炉等运行记录中记录了实际运行功率或运行电流的设备，运行数据经校核后，可直接统计得到设备的年运行能耗；

    2 当运行记录没有有关能耗数据时，可先实测设备运行功率，并从运行记录中得到设备的实际运行时间，再分析得到该设备的年运行能耗。

10.0.3 对于设置用能分项计量的建筑，建筑物年采暖空调能耗可直接通过对分项计量仪表记录的数据统计，得到该建筑物的年采暖空调能耗。

10.0.4 单位建筑面积年采暖空调能耗应按下式进行计算：

$$E_0 = \frac{\sum E_i}{A} \quad (10.0.4)$$

式中：E_0 —— 单位建筑面积年采暖、空调能耗；

    E_i —— 各个系统一年的采暖、空调能耗；

    A —— 建筑面积（m^2），不应包含没有设置采暖空调的地下车库面积。

10.0.5 年冷源系统能效系数（EER_{SL}）应按下式进行计算：

$$EER_{SL} = \frac{Q_{SL}}{\sum N_{si}} \quad (10.0.5)$$

式中：EER_{SL} —— 年冷源系统能效系数；

    Q_{SL} —— 冷源系统供冷季的总供冷量（kW·h）；

    N_{si} —— 冷源系统供冷季各设备所消耗的电量（kW·h）。

11 供配电系统检测

11.1 一般规定

11.1.1 低压供配电系统电能质量检测宜包括三相电压不平衡、谐波电压及谐波电流、功率因数、电压偏差检测，各类参数测量宜选择在配电室内低压配电柜断路器下端进行。

11.1.2 电能质量检测应在负荷率大于20%的配电回路，且应在负载正常使用的时间内进行。应采用A级或B级的仪器并配置精度不小于0.5级的互感器进行测量；当对测量结果有异议时，应采用A级测量仪器进行复检。

11.2 三相电压不平衡检测

11.2.1 初步判定的不平衡回路均应检测。

11.2.2 三相电压不平衡检测方法应符合下列规定：

    1 检测前应初步判定不平衡回路。观察变压器低压出口的多功能电表上负序电压值，出线回路三相电流值，当负序电压超过4%，或三相电流之间偏差超过15%时，可初步判定此回路为不平衡回路。

    2 对初步判定为不平衡的回路应采用直接测量方法，测量方法应按国家标准《电能质量 三相电压不平衡》GB/T 15543-2008中规定的方法进行。

11.2.3 合格指标与判别方法应符合下列规定：

    1 三相电压不平衡允许值不超过2%，短时不得超过4%；

    2 当检测结果符合本条第1款规定时，应判为合格。

11.3 谐波电压及谐波电流检测

11.3.1 谐波电压及谐波电流检测数量应符合下列规定：

    1 变压器出线回路应全部测量；

    2 照明回路应抽测5%，且不得少于2个回路；

    3 配置变频设备的动力回路应抽测2%，且不得少于1个回路；

    4 配置大型UPS的回路应抽测2%，且不得少于1个回路。

11.3.2 谐波电压及谐波电流检测方法应符合下列规定：

    1 检测仪器宜采用新型数字智能化仪器，窗口宽度为10个周期并采用矩形加权，时间窗应与每一组的10个周期同步。仪器应保证其电压在标称电压±15%，频率在49Hz~51Hz范围内电压总谐波畸变率不超过8%的条件下能正常工作。

    2 测量时间间隔宜为3s（150周期），测量时间宜为24h。

    3 谐波测量数据应取测量时段内各相实测量值的95%概率值中最大相值，作为判断的依据。对于负荷变化慢的谐波源，宜选5个接近的实测值，取其算术平均值。

11.3.3 谐波电压及谐波电流合格指标与判别方法应符合下列规定：

    1 谐波电压检测数据应按照国家标准《公用电网谐波》GB 14549-1993中附录A、附录B规定的换算和计算方法进行计算；谐波电压计算结果总谐波畸变率应为5.0%，其中奇次谐波电压含有率为4.0%，偶次谐波电压含有率为2.0%。

2 谐波电流计算结果应满足表11.3.3允许值的要求。

3 当谐波电压和谐波电流检测结果分别符合本条第1款和第2款规定时，应判为合格。

表11.3.3 谐波电流允许值

标准电压 (kV)	基准短路容量 (MVA)	谐波次数及谐波电流允许值 (A)											
		2	3	4	5	6	7	8	9	10	11	12	13
0.38	10	78	62	39	62	26	44	19	21	16	28	13	24
		谐波次数及谐波电流允许值 (A)											
		14	15	16	17	18	19	20	21	22	23	24	25
		11	12	9.7	18	8.6	16	7.8	8.9	7.1	14	6.5	12

11.4 功率因数检测

11.4.1 补偿后功率因数均应检测。

11.4.2 功率因数检测方法应符合下列规定：

1 检测前应对补偿后功率因数进行初步判定。初步判定应采用读取补偿后功率因数表读数的方式，读值时间间隔宜为1min，读取10次取平均值。

2 对初步判定为不合格的回路应采用直接测量的方法，采用数字式智能化仪表在变压器出线回路进行测量。

3 直接测量时间间隔宜为3s（150周期），测量时间宜为24h。

4 功率因数测量宜与谐波测量同时进行。

11.4.3 功率因数合格指标与判别方法应符合下列规定：

1 功率因数不应低于设计值，当设计无要求时不应低于当地电力部门规定值；

2 当检测结果符合本条第1款的规定时，应判为合格。

11.5 电压偏差检测

11.5.1 电压偏差检测数量应符合下列规定：

1 电压（380V）时，变压器出线回路应全部测量；

2 电压（220V）时，照明出线回路应抽测5%，且不应少于2个回路。

11.5.2 电压偏差检测方法应符合下列规定：

1 检测前应进行初步判定。电压（380V）偏差测量应采用读取变压器低压进线柜上电能表中三相电压数值的方法；电压（220V）偏差测量应采用分别读取包含照明出线的低压配电柜上三相电压表数值的方法。读值时间间隔宜为1min，读取10次取平均值。

2 对初步判定为不合格的回路应采用直接测量的方法，电压（380V）偏差测量应采用数字式智能化仪表在变压器出线回路进行测量，且宜与谐波测量同时进行；电压（220V）偏差测量应采用数字式智能化仪表在照明回路断路器下端测量。

3 直接测量时间间隔宜为3s（150周期），测量时间宜为24h。

11.5.3 电压偏差合格指标与判别方法应符合下列规定：

1 电压（380V）偏差允许偏差应为标称电压的±7%，电压（220V）偏差允许偏差应为标称电压的+7%～-10%。

2 当检测结果符合本条第1款的规定时，应判为合格。

11.6 分项计量电能回路用电量校核检测

11.6.1 安装分项计量电能回路应全数检测。

11.6.2 分项计量电能回路用电量校核检测方法应符合下列规定：

1 低压配供电系统的有功最大需量检测应与当地电力部门测量方法相一致；

2 校核时应采用0.2级标准三相或单相电能表作为标准电能表；标准电能表的采样时间应与分项计量安装的电能表采样时间一致，且累计采样时间不应小于1h。

11.6.3 分项计量电能回路用电量校核合格指标与判别方法应符合下列规定：

1 在标准电能表与分项计量安装的电能表时间一致的条件下，同一时刻开始数据采集，累计时间大于或等于1h后，两者测量值的测量误差应小于1%；

2 当检测结果符合本条第1款的规定时，应判为合格。

12 照明系统检测

12.1 照明节电率检测

12.1.1 改造区域的照明主回路应全部测量。

12.1.2 照明节电率检测方法应符合下列规定：

1 检测前应从区域配电箱中断开除照明外其他用电设备电源，或关闭检测线路上除照明外的其他设备电源。

2 检测时应开启所测回路上所有灯具，并待光源的光输出达到稳定后开始测量。检测时间不应少于2h，数据采样间隔不应大于15min。

3 检测仪表应采用0.5级功率计或单相电能表。

4 照明回路改造前后耗电量应分别检测。

5 照明总耗电量应按下列公式计算：

$$e_n = \sum_{i=1}^{j} p_i \quad (12.1.2-1)$$

$$E_0 = e_1 + e_2 + \cdots\cdots + e_n \quad (12.1.2-2)$$

$$E_1 = E_0 + (e_{t1} + e_{t2} + \cdots\cdots + e_{tn})$$
$$(12.1.2-3)$$

式中：e_n——所测区域的照明总耗电量（kW·h）；

p_i——第 i 条照明回路耗电量（kW·h）；

E_0——层照明耗电量（kW·h）；

E_1——照明总耗电量（kW·h）；

e_{tn}——特殊区域照明耗电量；

t_n——特殊区域编号。

6 当因故无法全部断开其他用电设备电源时，应记录未断开电源的其他正常工作设备功率和工作规律，在计算节电率时作为调整量（A）予以修正。照明系统节电率应按下式计算：

$$\eta = 1 - \frac{E'_z + A}{E_z} \times 100(\%) \quad (12.1.2-4)$$

式中：η——节电率（%）；

E_z、E'_z——改造前后照明电耗量（kW·h）；

A——调整量（kW·h）。

7 照明系统改造前后检测条件应相同，检测宜选择在非工作时间进行。

12.2 照度值检测

12.2.1 每类房间或场所应至少抽测 1 个进行照度值检测。

12.2.2 照度值检测方法应采用现行国家标准《照明测量方法》GB/T 5700 中规定的照度值检测方法。

12.2.3 照度值合格指标与判别方法应符合下列规定：

1 检测照度值与设计要求或现行国家标准《建筑照明设计标准》GB 50034 中的照明标准值的允许偏差应为±10%；

2 当检测结果符合本条第 1 款的规定时，应判为合格。

12.3 功率密度值检测

12.3.1 每类房间或场所应至少抽测 1 个进行功率密度值检测。

12.3.2 照明功率密度值检测方法应采用现行国家标准《照明测量方法》GB/T 5700 中规定的照明功率密度值检测方法。

12.3.3 照明功率密度值应按下式计算：

$$\rho = \frac{P}{S} \quad (12.3.3)$$

式中：ρ——照明功率密度（kW/m²）；

P——实测照明功率（kW）；

S——被检测区域面积（m²）。

12.3.4 功率密度值合格指标与判别方法应符合下列规定：

1 照明功率密度应符合设计文件的规定；设计无要求时，应符合现行国家标准《建筑照明设计标准》GB 50034 的规定；

2 当检测结果符合本条第 1 款的规定时，应判为合格。

12.4 灯具效率检测

12.4.1 同类型灯具应抽取 5%，且不应少于 1 套。

12.4.2 灯具效率检测方法应参照《室内灯具光度测试》GB 9467 规定的光通量测试方法，在标准条件下分别测试灯具光通量与此条件下测得的裸光源（灯具内所包含的光源）的光通量之和，计算其比值即为灯具效率。

12.4.3 灯具效率合格指标与判别方法应符合下列规定：

1 灯具效率检测结果应满足表 12.4.3 的要求；

2 当检测结果符合本条第 1 款的规定时，应判为合格。

表 12.4.3 灯具效率合格指标

灯具出光口形式	开敞式	保护罩（玻璃或塑料）		格栅	透光罩
		透明	磨砂、棱镜		
荧光灯灯具	75%	65%	55%	60%	—
高强度气体放电灯灯具	75%	—	—	60%	60%

12.5 公共区照明控制检测

12.5.1 每类公共区至少抽测 1 个房间或场所。

12.5.2 公共区照明控制检测方法应符合下列规定：

1 公共会议室应按照会议、投影等模式，公共走廊、卫生间应按照设置的控制要求，设定为节能控制模式，并应分别检测切换功能；

2 当采用感应控制时，应检测人员进入感应区域时灯具开启灵敏度，人员应能及时看清空间情况；

3 当采用声音控制时，检测人员采用击掌、跺脚等正常动作产生声音应能够使灯具开启；所有控制方式在人员离开时均应有延时，延时时间应满足人员安全离开区域的要求；

4 当采用多参数控制时，应分别对各个参数及联合控制的合理性进行检测。

12.5.3 公共区照明控制合格指标与判别方法应符合下列规定：

1 根据不同使用功能设置分区控制，控制方式应合理有效；当采用多参数控制照明开关时，不应影响使用功能，并符合管理的要求；

2 当检测结果符合本条第 1 款的规定时，应判为合格。

13 监测与控制系统性能检测

13.1 送（回）风温度、湿度监控功能检测

13.1.1 送（回）风温度、湿度监控功能检测数量应符合下列规定：
1 每类机组应按总数的20%抽测，且不应少于3台；
2 机组数不足3台时，应全部检测。

13.1.2 送（回）风温度、湿度监控功能检测方法应符合下列规定：
1 夏季工况检测时，应在中央监控计算机上，将温度、相对湿度起始值设定为空调设计参数，待控制系统稳定到此参数后，人为调高温度设定值2℃，降低相对湿度设定值10%；
2 冬季工况检测时，应在中央监控计算机上，将温度、相对湿度起始值设定为空调设计参数，待控制系统稳定到此参数后，人为降低温度设定值2℃，调高相对湿度设定值10%；
3 调整完成2s，应开始记录送（回）风温度、相对湿度，记录时间不应少于30min，记录间隔宜5min。

13.1.3 送（回）风温度、湿度监控功能合格指标与判别方法应符合下列规定：
1 送（回）风温度控制允许偏差应为±2℃；控制系统动态响应时间不宜大于30min；
2 送（回）风相对湿度控制允许偏差应为±15%；控制系统稳定时间不宜大于20min；
3 当检测结果符合本条第1款和第2款的规定时，应判为合格。

13.2 空调冷源水系统压差控制功能检测

13.2.1 空调冷源水系统压差控制功能应全部检测。

13.2.2 空调冷源水系统压差控制功能检测方法应符合下列要求：
1 应在中央监控计算机上，将压差设定值调整到合理范围内并稳定30min，然后在计算机上关闭50%的空调末端，并同时记录计算机上显示的压差值；
2 应在中央监控计算机上，开启20%的空调末端，并同时记录计算机上显示的压差值；
3 记录间隔宜为5min，记录时间应不少于30min。

13.2.3 空调冷源水系统压差控制功能合格指标与判别方法应符合下列规定：
1 压差控制值应满足空调设计要求；当设计无要求时，压差设定值应设置在水泵的额定扬程之内，控制偏差不宜大于设定值的10%，动态响应时间宜大于30min；
2 当检测结果符合本条第1款的规定时，应判为合格。

13.3 风机盘管变水量控制性能检测

13.3.1 风机盘管变水量控制性能检测数量应符合下列规定：
1 抽测数量应为总数的20%；
2 不足10套时，应全部检测。

13.3.2 风机盘管变水量控制性能检测方法应符合下列要求：
1 检测中应保证检测区域环境温度和风速稳定，且风机盘管冷（热）水管路供水温度应满足设计要求；
2 检测应在中档风速条件下进行；
3 夏季工况检测时，应将温度起始值设定为夏季空调设计参数，待此参数稳定后，调高温控器温度设定值5℃；
4 冬季工况检测时，应将温度起始值设定为冬季空调设计参数，待此参数稳定后，调低温控器温度设定值5℃；
5 应在系统稳定运行至少20min后，检测房间回风口温度。

13.3.3 风机盘管变水量控制性能合格指标与判别方法应符合下列规定：
1 房间回风口温度检测值与温控器设定值允许偏差应为±2℃；
2 当检测结果符合本条第1款的规定时，应判为合格。

13.4 照明、动力设备监测与控制系统性能检测

13.4.1 照明、动力设备监测与控制系统性能检测数量应符合下列规定：
1 照明主回路总数的20%，且不应小于2个回路；
2 动力主回路总数的20%，且不应小于2个回路。

13.4.2 照明、动力设备监测与控制系统性能检测方法应符合下列要求：
1 应采用测量仪表对所抽测回路中央计算机上的所有电气参数进行比对；
2 比对时间不应少于10min。

13.4.3 照明、动力设备监测与控制系统性能合格指标与判别方法应符合下列规定：
1 监测与控制系统应具有对照明或动力主回路的电压、电流、有功功率、功率因数、有功电度等电气参数进行监测记录的功能，以及对供电回路电器元件工作状态进行监测、报警的功能；

2 比对数值误差不应大于1%；
3 当检测结果符合本条第1、2款的规定时，应判为合格。

附录A 仪器仪表测量性能要求

A.0.1 仪器仪表测量性能应符合表A.0.1的规定。

表 A.0.1 仪器仪表测量性能要求

序号	检测参数	仪表准确度等级（级）	最大允许偏差
1	空气温度	—	≤0.5℃
2	空气相对湿度	—	≤5%(测量值)
3	采暖水温度	—	≤0.5℃
4	空调水温度	—	≤0.2℃
5	水流量	—	≤5%(测量值)
6	水压力	2.0	≤5%(测量值)
7	热量及冷量	3.0	≤5%(测量值)
8	耗电量	1.0	≤1.5%(测量值)
9	耗油量	1.0	≤1.5%(测量值)
10	耗气量	2.0(天然气) 2.5(蒸汽)	≤5%(测量值)
11	风速	—	≤5%(测量值)
12	太阳辐射照度	—	≤10%(测量值)
13	电功率	1.0	≤1.5%(测量值)
14	质量流量控制器	—	≤1%(测量值)

附录B 建筑外围护结构整体气密性能检测方法

B.0.1 本方法适用于鼓风门法进行建筑物外围护结构整体气密性能的检测。

B.0.2 鼓风门法的检测应在50Pa和-50Pa压差下测量建筑物换气量，通过计算换气次数量化外围护结构整体气密性能。

B.0.3 采用鼓风门法检测时，宜同时采用红外热成像仪拍摄红外热成像图，并确定建筑物的渗漏源。

B.0.4 建筑外围护结构整体气密性能的检测应按下列步骤进行：
1 将调速风机密封安装在房间的外门框中；
2 利用红外热成像仪拍摄照片，确定建筑物渗漏源；
3 封堵地漏、风口等非围护结构渗漏源；
4 启动风机，使建筑物内外形成稳定压差；
5 测量建筑物的内外压差，当建筑物内外压差稳定在50Pa或-50Pa时，测量记录空气流量，同时记录室内外空气温度、室外大气压。

B.0.5 建筑外围护结构整体气密性能的检测值的处理应符合下列规定：
1 换气次数应按下式计算：

$$N_{50}^{\pm} = L/V \qquad (B.0.5-1)$$

式中：N_{50}^{+}、N_{50}^{-} ——50Pa，-50Pa压差下房间的换气次数(h^{-1})；
L ——空气流量的平均值(m^3/h)；
V ——被测房间换气体积(m^3)。

2 房间换气次数应按下式计算：

$$N = (N_{50}^{+} + N_{50}^{-})/34 \qquad (B.0.5-2)$$

式中：N ——房间换气次数(h^{-1})。

附录C 水系统供冷（热）量检测方法

C.0.1 水系统供冷（热）量应按现行国家标准《容积式和离心式冷水（热泵）机组性能试验方法》GB/T 10870规定的液体载冷剂法进行检测。

C.0.2 检测时应同时分别对冷水（热水）的进、出口水温和流量进行检测，根据进、出口温差和流量检测值计算得到系统的供冷（热）量。检测过程中应同时对冷却侧的参数进行监测，并应保证检测工况符合检测要求。

C.0.3 水系统供冷（热）量测点布置应符合下列规定：
1 温度计应设在靠近机组的进出口处；
2 流量传感器应设在设备进口或出口的直管段上，并应符合产品测量要求。

C.0.4 水系统供冷（热）量测量仪表宜符合下列规定：
1 温度测量仪表可采用玻璃水银温度计、电阻温度计或热电偶温度计；
2 流量测量仪表应采用超声波流量计。

附录D 电机输入功率检测方法

D.0.1 电机输入功率检测应按现行国家标准《三相异步电动机试验方法》GB/T 1032规定方法进行。

D.0.2 电机输入功率检测宜采用两表（两台单相功率表）法测量，也可采用一台三相功率表或三台单相功率表测量。

D.0.3 当采用两表（两台单相功率表）法测量时，电机输入功率应为两表检测功率之和。

D.0.4 电功率测量仪表宜采用数字功率表。功率表精度等级宜为1.0级。

附录E 风量检测方法

E.1 风管风量检测方法

E.1.1 风管风量检测宜采用毕托管和微压计；当动压小于10Pa时，宜采用数字式风速计。

E.1.2 风量测量断面应选择在机组出口或入口直管段上，且宜距上游局部阻力部件大于或等于5倍管径（或矩形风管长边尺寸），并距下游局部阻力构件大于或等于2倍管径（或矩形风管长边尺寸）的位置。

E.1.3 测量断面测点布置应符合下列规定：

1 矩形断面测点数及布置方法应符合表E.1.3-1和图E.1.3-1的规定；

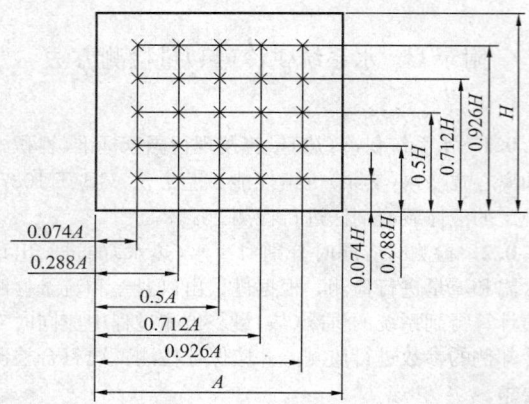

图E.1.3-1 矩形风管25个测点时的测点布置

2 圆形断面测点数及布置方法应符合表E.1.3-2和图E.1.3-2的规定。

表E.1.3-1 矩形断面测点位置

横线数或每条横线上的测点数目	测 点	测点位置 X/A 或 X/H
5	1	0.074
	2	0.288
	3	0.500
	4	0.712
	5	0.926
6	1	0.061
	2	0.235
	3	0.437
	4	0.563
	5	0.765
	6	0.939
7	1	0.053
	2	0.203
	3	0.366
	4	0.500
	5	0.634
	6	0.797
	7	0.947

注：1 当矩形截面的纵横比（长短边比）小于1.5时，横线（平行于短边）的数目和每条横线上的测点数目均不宜少于5个。当长边大于2m时，横线（平行于短边）的数目宜增加到5个以上。
2 当矩形截面的纵横比（长短边比）大于或等于1.5时，横线（平行于短边）的数目宜增加到5个以上。
3 当矩形截面的纵横比（长短边比）小于或等于1.2时，也可按等截面划分小截面，每个小截面边长宜为(200~250)mm。

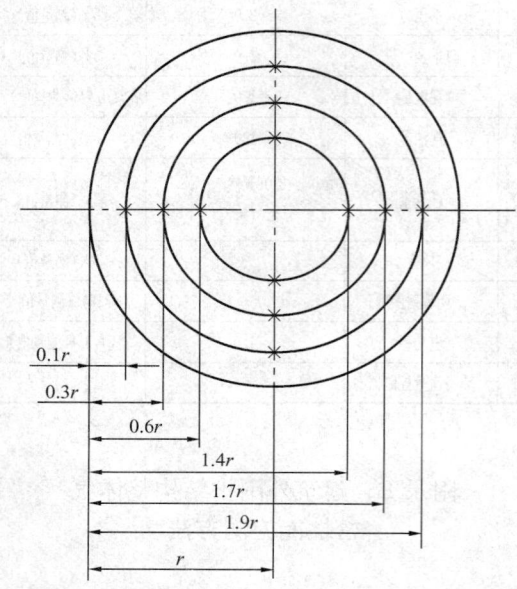

图E.1.3-2 圆形风管3个圆环时的测点布置

表E.1.3-2 圆形截面测点布置

风管直径	≤200mm	(200~400)mm	(400~700)mm	≥700mm
圆环个数	3	4	5	5~6
测点编号	测点到管壁的距离（r的倍数）			
1	0.10	0.10	0.05	0.05
2	0.30	0.20	0.20	0.15
3	0.60	0.40	0.30	0.25
4	1.40	0.70	0.50	0.35
5	1.70	1.30	0.70	0.50
6	1.90	1.60	1.30	0.70
7	—	1.80	1.50	1.30
8	—	1.90	1.70	1.50
9	—	—	1.80	1.65
10	—	—	1.95	1.75
11	—	—	—	1.85
12	—	—	—	1.95

E.1.4 测量时，每个测点应至少测量2次。当2次测量值接近时，应取2次测量的平均值作为测点的测量值。

E.1.5 当采用毕托管和微压计测量风量时，风量计算应按下列方法进行：

1 平均动压计算应取各测点的算术平均值作为平均动压。当各测点数据变化较大时，应按下式计算动压的平均值：

$$P_v = \left(\frac{\sqrt{P_{v1}} + \sqrt{P_{v2}} + \cdots\cdots \sqrt{P_{vn}}}{n} \right)^2 \quad (E.1.5\text{-}1)$$

式中： P_v ——平均动压（Pa）；
P_{v1}、P_{v2}……P_{vn} ——各测点的动压（Pa）。

2 断面平均风速应按下式计算：

$$V = \sqrt{\frac{2P_v}{\rho}} \quad (E.1.5\text{-}2)$$

式中：V ——断面平均风速（m/s）；
ρ ——空气密度（kg/m³），$\rho = 0.349B/(273.15+t)$；
B ——大气压力（hPa）；
t ——空气温度（℃）。

3 机组或系统实测风量应按下式计算：

$$L = 3600VF \quad (E.1.5\text{-}3)$$

式中：F ——断面面积（m²）；
L ——机组或系统风量（m³/h）。

E.1.6 采用数字式风速计测量风量时，断面平均风速应取算术平均值；机组或系统实测风量应按式(E.1.5-3)计算。

E.2 风量罩风口风量检测方法

E.2.1 风量罩安装应避免产生紊流，安装位置应位于检测风口的居中位置。

E.2.2 风量罩应将待测风口罩住，并不得漏风。

E.2.3 应在显示值稳定后记录读数。

本标准用词说明

1 为便于在执行本标准条文时区别对待，对要求严格程度不同的用词说明如下：

　　1）表示很严格，非这样做不可的：
　　　　正面词采用"必须"，反面词采用"严禁"；
　　2）表示严格，在正常情况下均应这样做的：
　　　　正面词采用"应"，反面词采用"不应"或"不得"；
　　3）表示允许稍有选择，在条件许可时首先应这样做的：
　　　　正面词采用"宜"，反面词采用"不宜"；
　　4）表示有选择，在一定条件下可以这样做的采用"可"。

2 条文中指明应按其他有关标准执行的写法为："应符合……的规定"或"应按……执行"。

引用标准名录

1 《三相异步电动机试验方法》GB/T 1032
2 《照明测量方法》GB/T 5700
3 《建筑外门窗保温性能分级及检测方法》GB/T 8484
4 《室内灯具光度测试》GB 9467
5 《绝热材料稳态热阻及有关特性的测定　防护热板法》GB 10294
6 《绝热材料稳态热阻及有关特性的测定　热流计法》GB 10295
7 《容积式和离心式冷水（热泵）机组性能试验方法》GB/T 10870
8 《绝热　稳态传热性质的测定　标定和防护热箱法》GB/T 13475
9 《公用电网谐波》GB 14549
10 《电能质量　三相电压不平衡》GB/T 15543
11 《建筑照明设计标准》GB 50034
12 《民用建筑热工设计规范》GB 50176
13 《公共建筑节能设计标准》GB 50189
14 《建筑节能工程施工质量验收规范》GB 50411
15 《居住建筑节能检测标准》JGJ/T 132
16 《建筑门窗玻璃幕墙热工计算规程》JGJ/T 151
17 《建筑外窗气密、水密、抗风压性能现场检测方法》JG/T 211

中华人民共和国行业标准

公共建筑节能检测标准

JGJ/T 177—2009

条文说明

制 订 说 明

《公共建筑节能检测标准》JGJ/T 177-2009，经住房和城乡建设部 2009 年 12 月 10 日以第 460 号公告批准、发布。

为便于广大设计、施工、科研、学校等单位有关人员在使用本标准时能正确理解和执行条文规定，《公共建筑节能检测标准》编制组按章、节、条顺序编制了本标准的条文说明，对条文规定的目的、依据以及执行中需注意的有关事项进行了说明。但是，本条文说明不具备与标准正文同等的法律效力，仅供使用者理解和把握标准规定的参考。

目 次

1 总则 … 59—23
3 基本规定 … 59—23
4 建筑物室内平均温度、湿度检测 … 59—23
5 非透光外围护结构热工性能检测 … 59—23
   5.1 一般规定 … 59—23
   5.2 热流计法传热系数检测 … 59—24
   5.3 同条件试样法传热系数检测 … 59—24
6 透光外围护结构热工性能检测 … 59—24
   6.1 一般规定 … 59—24
   6.2 透明幕墙及采光顶热工性能计算核验 … 59—24
   6.3 透明幕墙及采光顶同条件试样法传热系数检测 … 59—24
   6.4 外通风双层幕墙隔热性能检测 … 59—24
7 建筑外围护结构气密性能检测 … 59—25
   7.1 一般规定 … 59—25
   7.2 外窗气密性能检测 … 59—25
   7.3 透明幕墙气密性能检测 … 59—26
8 采暖空调水系统性能检测 … 59—26
   8.1 一般规定 … 59—26
   8.2 冷水（热泵）机组实际性能系数检测 … 59—26
   8.3 水系统回水温度一致性检测 … 59—27
   8.4 水系统供、回水温差检测 … 59—27
   8.6 冷源系统能效系数检测 … 59—27
9 空调风系统性能检测 … 59—27
   9.1 一般规定 … 59—27
   9.2 风机单位风量耗功率检测 … 59—27
   9.4 定风量系统平衡度检测 … 59—28
10 建筑物年采暖空调能耗及年冷源系统能效系数检测 … 59—28
11 供配电系统检测 … 59—28
   11.1 一般规定 … 59—28
   11.2 三相电压不平衡检测 … 59—28
   11.3 谐波电压及谐波电流检测 … 59—28
   11.4 功率因数检测 … 59—28
   11.6 分项计量电能回路用电量校核检测 … 59—29
12 照明系统检测 … 59—29
   12.1 照明节电率检测 … 59—29
   12.2 照度值检测 … 59—29
   12.3 功率密度值检测 … 59—29
   12.4 灯具效率检测 … 59—29
   12.5 公共区照明控制检测 … 59—29
13 监测与控制系统性能检测 … 59—29
   13.4 照明、动力设备监测与控制系统性能检测 … 59—29
附录 A 仪器仪表测量性能要求 … 59—29
附录 B 建筑外围护结构整体气密性能检测方法 … 59—29
附录 C 水系统供冷（热）量检测方法 … 59—29
附录 D 电机输入功率检测方法 … 59—30
附录 E 风量检测方法 … 59—30

1 总 则

1.0.1 公共建筑包含办公建筑（包括写字楼、政府办公楼等），商场建筑（如商场、金融建筑等），旅游建筑（如旅馆饭店、娱乐场所等），科教文卫建筑（包括文化、教育、科研、医疗卫生、体育建筑等），通信建筑（如邮电、通信、广播用房等）以及交通运输用房（如机场、车站建筑等）。我国现有公共建筑面积约45亿m²，为城镇建筑面积的27%，占城乡房屋建筑总面积的10.7%，但据测算分析，公共建筑能耗约占建筑总能耗的20%，因此，公共建筑节能已成为目前建筑节能工作的重点。2005年、2007年先后颁布实施了国家标准《公共建筑节能设计标准》GB 50189、《建筑节能工程施工质量验收规范》GB 50411，从设计、施工两个环节对公共建筑节能进行了规范。为了强化大型公共建筑节能管理，2007年原建设部、国家发改委等五部委联合签发了《关于加强大型公共建筑工程建设管理的若干意见》，《意见》中明确要求："新建大型公共建筑必须严格执行《公共建筑节能设计标准》和有关的建筑节能强制性标准，建设单位要按照相应的建筑节能标准委托工程项目的规划设计，项目建成后应经建筑能效专项测评，凡达不到工程建设节能强制性标准的，有关部门不得办理竣工验收备案手续。"《民用建筑节能条例》自2008年10月1日起施行，《条例》中规定，国家机关办公建筑和大型公共建筑的所有权人应当对建筑的能源利用效率进行测评和标识。如何检测公共建筑是否达到节能标准，规范建筑节能检测方法，已成为落实公共建筑节能管理必需的支撑手段。

1.0.2 本标准不仅适用于新建、既有公共建筑的节能验收，也适用于公共建筑外围护结构、建筑用能系统的单项或多项节能性能的检测、鉴定及评估等。

1.0.3 检测机构应取得计量认证，且通过计量认证项目应符合本标准规定。节能检测是一项技术含量高、复杂程度高的工作，涉及建筑热工、采暖空调、检测技术、误差理论等多方面的专业知识，并不是简单地丈量尺寸、见证有无、操作仪表、抄表记数，所以，要求现场检测人员应具有一定理论分析和解决问题的能力。

3 基本规定

3.0.1 工程竣工文件和有关技术文件应包括下列内容：（1）审图机构对工程施工图节能设计提出的审查文件；（2）工程竣工图纸；（3）由具有相关资质的检测机构出具的对从施工现场见证取样送检的外门（含阳台门）、外窗、透明幕墙、建筑采光顶和保温材料的有关性能（即外门窗、透明幕墙及采光顶的气密性能、保温性能，玻璃的遮阳性能和保温材料的导热系数、密度、强度等）复验报告；（4）玻璃（或其他透明材料）、外门窗、建筑幕墙、遮阳设施、空调采暖、配电照明及监控系统设备以及保温材料的产品合格证、性能检测报告；（5）外墙、屋面（含建筑采光顶）、外门窗（含天窗）、建筑幕墙、热桥部位、空调采暖系统管道的保温施工方案及其隐蔽工程验收资料。

对既有建筑还应提供建筑维修资料、有关用能设备运行记录及维修记录等。

4 建筑物室内平均温度、湿度检测

4.0.2 通常在测点布置时，室内面积若不足16m²，在室内活动区域中央布测点1个；16m²及以上且不足30m²测2点时，将检测区域对角线三等分，其二个等分点作为测点；30m²及以上且不足60m²测3点时，将室内对角线四等分，其三个等分点作为测点；60m²及以上且不足100m²测5点时，在二对角线上成梅花布点；100m²及以上时，每增加（20~30）m²增加（1~2）个测点，均匀布置。

4.0.3 室内平均温度、湿度是指同一区域所有测点的平均温、湿度；国家标准《公共建筑节能设计标准》GB 50189规定：空气调节系统室内计算参数宜符合表1规定。

表1 空气调节系统室内计算参数

参数		冬季	夏季
温度（℃）	一般房间	20	25
	大堂、过厅	18	室内外温差≤10
风速（v）（m/s）		0.10≤v≤0.20	0.15≤v≤0.30
相对湿度（%）		30~60	40~65

5 非透光外围护结构热工性能检测

5.1 一般规定

5.1.1 本条文明确规定了非透光外围护结构热工性能检测的范围和内容。具体包括：外墙、屋面的传热系数、屋面和东西墙体的隔热性能、热工缺陷等检测。通常，夏热冬冷、夏热冬暖地区重点检测隔热性能，严寒、寒冷地区除重点检测外墙、屋面的传热系数外，还应检测其热工缺陷及热桥部位内表面温度。

5.1.2 行业标准《居住建筑节能检测标准》JGJ/T 132中对建筑物外围护结构热工缺陷、热桥部位内表面温度和隔热性能的检验作出了详细的规定，公共建筑外围护结构热工缺陷、热桥部位内表面温度检测可参照执行。

5.1.3 国家标准《公共建筑节能设计标准》GB 50189—2005 中明确规定了"外墙的传热系数为包括结构性热桥在内的平均值 k_m"。因此，本条文明确规定了外围护结构传热系数所应包含的范围和内容。

5.1.4 当保温材料的热阻大于或等于 $1.2m^2 \cdot K/W$ 时，其热阻远大于其他材料对保温的贡献；轻质墙体和屋面一般包含众多金属构件，热桥较多，形成多维传热，因而在现场较难准确测其传热系数；自保温砌体砖缝多，现场检测较难反映墙体保温性能。因此，本条文规定采用同条件试样法检测上述三类外围护结构的传热系数。同条件试样法仅适用于新建建筑。

5.2 热流计法传热系数检测

5.2.3 目前，国内外一般都采用热流计法进行外围护结构传热系数现场检测。国际标准《建筑构件热阻和传热系数的现场测量方法》ISO 9869、美国材料实验协会标准《现场测量建筑围护结构热流和温度的方法》ASTM C1046—95 (2001) 和《现场测量建筑构件热流和温度的操作规程》ASTM C1155—95 (2001) 以及行业标准《居住建筑节能检测标准》JGJ/T 132 等标准均对热流计法检测外围护结构传热系数作出详细规定。《居住建筑节能检测标准》JGJ/T 132 中，对外墙主体部位的传热系数检测作出了有关规定，但尚未考虑到热桥部位的检测。热桥部位是外围护结构阻抗传热的薄弱环节，其传热系数至少为主体部位的 1.2 倍以上，外墙的传热系数 k_m 是包括结构性热桥在内的传热系数平均值。因此，为了满足建筑节能检测工作的需要，经试验研究，本标准提出利用红外热成像仪配合热流计法进行现场检测，应用传热学及计算机图形学的有关技术计算分析得到外围护结构的平均传热系数的检测方法。该方法是根据红外热成像图分析确定建筑外围护结构主体部位和热桥部位各自所占面积比例，利用热流计法现场测得外围护结构主体部位的传热系数，通过现场测得的热桥部位内、外表面温度和热流密度计算得到其各受热面的平均热流密度。在此基础上根据现场检测的平均温度和平均热流密度对外围护结构保温层的厚度或导热系数进行修正，使得修正后的有关测点对应部位的温度和热流密度误差在 3% 以内，然后计算得到包括热桥部位在内的平均传热系数。计算中采用的室内、外空气温度为根据热桥部位受热面热流密度之和的算术平均值以及热桥部位平均内、外表面温度推算得到。为保证检测结果的准确，本条规定了检测期间的室内外温差。

5.3 同条件试样法传热系数检测

5.3.2 同条件试样法适用于外保温材料层热阻不小于 $1.2m^2 \cdot K/W$、轻质墙体和屋面以及自保温隔热砌筑墙体平均传热系数的检测，其中轻质墙体和屋面一般都有金属构件形成的热桥。因而，为保证试样构造尺寸与实物一致，应将外围护结构分割为若干个试件，每个试件代表一个典型构造。计算平均传热系数时，将各个典型构造的传热系数按其所代表的面积进行加权平均计算。

6 透光外围护结构热工性能检测

6.1 一般规定

6.1.1 本条文明确规定了透光外围护结构热工性能检测的范围和内容。具体包括：透明幕墙、采光顶的传热系数，双层幕墙的隔热性能及外窗外遮阳设施的检测。

6.1.2 行业标准《居住建筑节能检测标准》JGJ/T 132 中对外窗外遮阳设施的检测作出了详细的规定，公共建筑外窗外遮阳设施检测可参照执行。

6.1.3 对于隐框、全玻等类型玻璃幕墙及隐框采光顶，其构造无金属构件暴露在面板外表面。因此，可以按照本标准第 5.2 节的规定采用热流计法进行检测，计算时应采用日落后 1h 至次日日出前 1h 的检测数据处理得到受检部位的传热系数。

6.2 透明幕墙及采光顶热工性能计算核验

6.2.2 幕墙构造尺寸可采用钢卷尺、钢直尺、游标尺、超声波测厚仪等测量。幕墙、采光顶面板的传热系数在实验室采用标定热箱法检测得到，材料的导热系数可通过取样检测或对比等方法获得。在此基础上，按照《建筑门窗玻璃幕墙热工计算规程》JGJ/T 151 的规定计算确定每幅幕墙、采光顶的传热系数、遮阳系数、可见光透射比等参数，幕墙或采光顶整体热工性能采用加权平均的方法计算得到。

6.3 透明幕墙及采光顶同条件试样法传热系数检测

6.3.2 本条文为同条件试样法，即为实验室原型试验法。由于幕墙、采光顶的构成单元均相对较大，鉴于目前我国多数相应检测机构的保温性能检测装置不能满足其整体进行检测的规格尺寸要求，故对幕墙、采光顶进行构成单元分格，再将每单元的构造拆分成若干试件，采用标定热箱法进行传热系数的检测。然后根据实测值进行加权平均计算得到幕墙、采光顶的平均传热系数。因此，检测件已包括热桥部位，则检测结果为透明幕墙（或采光顶）的平均传热系数。

6.4 外通风双层幕墙隔热性能检测

6.4.1 考虑到检测结果的代表性，本条文规定了双层幕墙每一种构造做法检测数量不宜少于 2 处。

6.4.4 对本条文说明如下：

1 双层幕墙的隔热性能主要取决于热通道内空

气的流动性。因此，保持热通道内空气具有较好的流动特性非常重要。也就是在太阳辐射得热的作用下，热通道内的空气被加热、气温升高后，应能够利用烟囱效应快速地排出室外。而热通道的宽度、进出风口的设置以及通道内机构的设置（如遮阳百叶会改变空气流动方向和流场）等会对热通道内的空气流动产生一定的影响，因此，热通道通风量的准确测量难度较大。目前，国际上通用的通风量检测方法有三种：压差法、风速测量法和示踪气体法。

由于双层幕墙结构复杂，通风机等设备加压将改变热通道内空气固有的流场特性，与实际运行工况相差过大，故压差法导致检测误差较大；而利用风速仪在通风道的进、出风口处测量测点风速的方法，由于断面处涡流的影响，风速均匀性差，数据的读取准确性较差，同时多个风速探头价格相对较高；采用示踪气体恒定流量法进行双层幕墙热通道的通风量测量，能够较好地模拟双层幕墙热通道的流动特性，并可根据入口处示踪气体平均释放率及出口处示踪气体平均浓度计算得到热通道的通风量。

2 双层幕墙热通道通风量检测系统如图1所示。

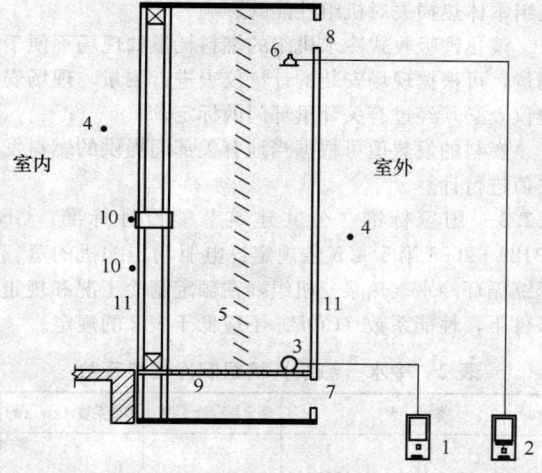

图 1 双层幕墙热通道通风量检测系统
1—气体释放控制仪；2—气体浓度测试仪；3—气体释放管；4—空气温度测点；5—遮阳百叶；6—气体浓度测点；7—进风口；8—出风口；9—格栅；10—表面温度测点；11—幕墙玻璃

在热通道下部通风进口（热压通风入口）处，设置示踪气体均匀释放管（直径为10cm，沿长度方向钻有(150～180)个/m、直径为1mm小孔的塑料管），通过质量流量控制器控制示踪气体（SF_6）的释放率，采用多通道示踪气体浓度检测仪连接距热通道出口下0.5m处的6个SF_6浓度检测点，计量SF_6气体浓度。

3 双层幕墙热通道内空气的流动主要体现在太阳辐射得热的作用下，热通道内的空气被加热后，气温升高并通过烟囱效应排出室外。因此，双层幕墙通风量的测量时间应在太阳辐射强烈时效果较佳，故根据幕墙立面的朝向不同，其适宜的时间（当地太阳时）为：东向幕墙10：00～11：00，南向幕墙11：30～12：30，西向14：00～15：00。

4 体积浓度与质量浓度单位的换算关系式为：

$$mg/m^3 = (M/22.4) \times ppm \times [273/(273+T)] \times (Ba/101325) \quad (1)$$

式中：M——气体分子量，SF_6为146.06；
T——测点温度（℃）；
Ba——测点空气压力（Pa）。

6.4.5 一般情况下，建筑设计对双层幕墙的室内表面温度、热通道通风量作出规定。因此，本条文规定了外通风双层幕墙的合格指标参数为室内表面温度和热通道的通风量。

7 建筑外围护结构气密性能检测

7.1 一般规定

7.1.2 公共建筑的结构形式多为框架、框剪结构。由于这类建筑围护结构渗漏热损失不仅与外门窗、幕墙的气密性有关，而且其外门窗框周边与墙体连接部位的缝隙，以及填充墙与柱子接合部位的缝隙填堵质量，也成为以对流方式进行室内外热量交换的通道，将导致建筑物采暖空调能耗升高。因此，围护结构整体气密性能是关系建筑节能的重要问题，本条文提出的围护结构整体气密性能检测方法，可为既有建筑节能改造提供设计依据。目前，国际上通用的气密性检测方法主要有两种：鼓风门法和示踪气体法。示踪气体法是模拟自然状态下的检测方法，该方法是在被测空间内释放示踪气体（通常采用SF_6气体），通过气体分析仪计量示踪气体浓度随时间的变化，进而计算得到该空间的换气次数。该方法的特点是：在自然状态下进行检测，与实际运行条件相近，检测结果比较符合自然条件下的情况；但是，其检测仪器设备价格较昂贵、操作较复杂、检测时间较长。鼓风门法是利用风机人为地制造一个室内、外较大的压差（一般为50Pa），使空气在压差的作用下从室内向室外（或室外向室内）渗透，通过流量表测得该压差下通过该空间的空气渗透量，进而计算得到该空间的换气次数。该方法具有设备价格相对低廉、操作简便、检测周期短、对检测环境条件要求不高等优点。本标准附录B给出了采用鼓风门法进行整体气密性能检测的方法，该方法在实际应用中简单易行。

7.2 外窗气密性能检测

7.2.1 检测数量每组三樘确定分级指标值是检测方法标准的规定，组批规则如果按照《建筑装饰装修工程质量验收规范》GB 50210的要求，会由于产品规格过多导致无法操作,因此按照单体工程的建筑面积对组批进行了规定。

7.2.2 检测方法与行业标准《建筑外窗气密、水密、抗风压性能现场检测方法》JG/T 211 规定的原理、方法一致。

7.2.3 国家标准《公共建筑节能设计标准》GB 50189-2005 要求外窗的气密性不应低于《建筑外门窗气密、水密、抗风压性能分级及检测方法》GB/T 7106 的 4 级。由于现场检测时气密性能包含了外窗与外围护结构连接部位的渗漏,本标准的分级指标采用行业标准《建筑外窗气密、水密、抗风压性能现场检测方法》JG/T 211 的分级指标值。

判定方法参考国家标准《建筑装饰装修工程质量验收规范》GB 50210 的有关规定。

7.3 透明幕墙气密性能检测

7.3.1 检测数量要求与国家标准《建筑幕墙》GB 21086 一致。

7.3.2 检测方法与行业标准《建筑外窗气密、水密、抗风压性能现场检测方法》JG/T 211 规定的原理、方法一致。

7.3.3 国家标准《公共建筑节能设计标准》GB 50189-2005 要求透明幕墙的气密性不应低于《建筑幕墙物理性能分级》GB/T 15225-1994 中 3 级要求。即固定部分单位缝长的空气渗透量 $q_{01} \leqslant 0.10\text{m}^3/(\text{m}\cdot\text{h})$,可开部分单位缝长的空气渗透量 $q_{02} \leqslant 2.5\text{m}^3/(\text{m}\cdot\text{h})$。目前,国家标准《建筑幕墙》GB 21086-2007 已取代《建筑幕墙物理性能分级》GB/T 15225-1994,本条文提出合格指标值与《建筑幕墙》GB 21086-2007 一致。

8 采暖空调水系统性能检测

8.1 一般规定

8.1.1 本标准是对系统实际运行性能进行检测,即根据系统的实际运行状态对系统的能效进行检测,但可以根据检测条件和要求对末端负荷进行人为调节,以利于实现对系统性能的判别。

8.1.2 根据研究和检测结果,冷水机组性能系数(COP)在负荷 80% 以上时,同冷水机组满负荷时的性能相比,变化相对较小,同时考虑空调冷源系统多台冷水机组的匹配运行情况,确定检测工况下冷源系统运行负荷宜不小于其实际运行最大负荷的 60%,且运行机组负荷宜不小于其额定负荷的 80%。

控制冷水机组性能系数(COP)变化在 10% 左右,同时考虑空调冷源系统现场检测的可行性,确定冷水出水温度及冷却水进水温度参数。根据研究和检测结果,当冷水出水温度以 7℃ 为基准时,冷水出水温度为 (6~9)℃ 之间,冷水机组的性能(COP)变化在 -2%~4%;当冷却水进水温度以 32℃ 为基准时,冷却水进水温度为 (29~32)℃ 之间,冷水机组的性能(COP)变化在 0~8%。

该现场检测工况满足或相对优于机组额定工况。

冷水(热泵)机组检测只针对采用冷却塔冷却的系统。对于地源热泵系统,由于其机组铭牌参数与其实际运行工况差距很大,检测工况很难达到。对低温工况机组,目前尚缺乏相应的检测研究。因此,本标准不包括用于地源热泵系统的机组及低温工况机组的检测。

8.2 冷水(热泵)机组实际性能系数检测

8.2.2 本检测是在本标准第 8.1.2 条规定的检测工况下进行的,所以反映的是冷水机组在实际空调系统下的实际性能水平。对于综合部分负荷性能系数的检测由于不同负荷下冷却水的进水温度不同,在现场检测过程中,不宜实现。因此,本标准没有要求对此项内容进行检测。

本检测方法是对现场安装后机组实际性能进行检测,不是对机组本身铭牌值的检测,所以不考虑冷水机组本体热损失对机组性能的影响。

溴化锂吸收式冷水机组的燃料耗量如现场不便于测量,可根据现场安装的计量仪表进行测量,现场安装仪表必须经过有关计量部门的标定。

燃料的发热值可根据当地有关部门提供的燃料发热值进行计算。

8.2.3 国家标准《公共建筑节能设计标准》GB 50189-2005 第 5.4.5 条规定:电驱动压缩机的蒸气压缩循环冷水(热泵)机组,在额定制冷工况和规定条件下,性能系数(COP)不应低于表 2 的规定。

表 2 冷水(热泵)机组制冷性能系数

类 型		额定制冷量 (kW)	性能系数 (kW/kW)
水冷	活塞式/涡旋式	<528	3.8
		528~1163	4.0
		>1163	4.2
	螺杆式	<528	4.1
		528~1163	4.3
		>1163	4.6
	离心式	<528	4.4
		528~1163	4.7
		>1163	5.1
风冷或蒸发冷却	活塞式/涡旋式	≤50	2.4
		>50	2.6
	螺杆式	≤50	2.6
		>50	2.8

国家标准《公共建筑节能设计标准》GB 50189-2005 第 5.4.9 条规定:溴化锂吸收式机组性能参数不应

低于表3的规定。

表3　溴化锂吸收式机组性能参数

机型	运行工况		性能参数	
	蒸汽压力(MPa)	单位制冷量蒸汽耗量[kg/(kW·h)]	性能系数(kW/kW)	
			制冷	供热
蒸汽双效	0.25	≤1.40		
	0.4	≤1.40		
	0.6	≤1.31		
	0.8	≤1.28		
直燃	—	—	≥1.10	
	—	—		≥0.90

注：直燃机的性能系数为：制冷量（供热量）/[加热源消耗量（以低位热值计）+电力消耗量（折算成一次能）]。

8.3　水系统回水温度一致性检测

8.3.1 因为水系统的集水器一般设在机房，便于操作，所以，仅规定与水系统集水器相连的一级支管路。

8.3.2 24h代表一个完整的时间循环，所以，便于得到比较全面的结果。1h作为数据的记录时间间隔的限值首先是便于对实际水系统的运行进行动态评估，另一方面实施起来也容易。

8.3.3 水系统回水温度一致性检测通过检测回水温度这一简便易行的方法，间接检测了系统水力平衡的状况。

8.4　水系统供、回水温差检测

8.4.2 测点尽量布置在靠近被测机组的进、出口处，可以减少由于管道散热所造成的热损失。当被检测系统预留安放温度计位置（或可将原来系统中安装的温度计暂时取出以得到放置检测温度计的位置）时，将导热油重新注入，测量水温。当没有提供安放温度计位置时，可以利用热电偶测量供回水管外壁面的温度，通过两者测量值相减得到供、回水温差。测量时注意在安放了热电偶后，应在测量位置覆盖绝热材料，保证热电偶和水管管壁的充分接触。热电偶测量误差应经校准确认符合测量要求，或保证热电偶是同向误差即同时保持正偏差或负偏差。

8.4.3 国家标准《公共建筑节能设计标准》GB 50189-2005第5.3.18条规定：冷水机组的冷水供回水设计温差不应小于5℃。检测工况为冷水机组达到80%负荷，冷水流量保持不变，则冷水供回水温差应达到4℃以上。

8.6　冷源系统能效系数检测

8.6.2、8.6.3 冷源系统用电设备包括制冷机房的冷水机组、冷水泵、冷却水泵和冷却塔风机，其中冷水泵如果是二次泵系统，一次泵和二次泵均包括在内。不包括空调系统的末端设备。

根据国内空调系统设计和实际运行过程中冷水机组占空调冷源系统总能耗的比例情况，综合考虑了冷水机组的性能系数限值，确定出检测工况的冷源系统能效系数限值。理论上不同容量的系统配置，冷机所占的能耗比率应该有所区别，但对不同类型公共建筑典型系统设计工况下理论计算结果表明，冷机容量配置对其所占比例影响较小，因此，各类型机组在系统中的能耗比例取值可按相同考虑。根据不同类型公共建筑典型系统设计工况下冷源系统能效系数及水冷冷水机组所占的能耗比率的计算结果，水冷冷水机组所占的能耗比率约占70%。根据理论计算分析，同时考虑目前国内实际运行水平，确定空调冷源系统能效系数限值计算参数为：对水冷冷水机组，检测工况下（机组负荷为额定负荷的80%）其能耗按占系统能耗的65%计算；对风冷或蒸发式冷却冷水机组，检测工况下其能耗按占系统能耗的75%计算；冷水（热泵）机组制冷性能系数满足国家标准《公共建筑节能设计标准》GB 50189-2005第5.4.5条的规定。

本检测方法是在检测工况下冷源系统能效系数，所以反映的是冷源系统接近设计工况下的实际性能水平。

9　空调风系统性能检测

9.1　一般规定

9.1.1 本标准是对系统实际运行性能进行检测，即根据系统的实际运行状态对系统的能效进行检测，但可以根据检测条件和要求对末端负荷进行人为调节，以利于实现对系统性能的判别。

9.2　风机单位风量耗功率检测

9.2.3 国家标准《公共建筑节能设计标准》GB 50189-2005第5.3.26条规定风机单位风量耗功率限值如表4所示。

表4　风机单位风量耗功率限值[W/(m³·h)]

系统形式	办公建筑		商业、旅馆建筑	
	粗效过滤	粗、中效过滤	粗效过滤	粗、中效过滤
两管制定风量系统	0.42	0.48	0.46	0.52
四管制定风量系统	0.47	0.53	0.51	0.58
两管制变风量系统	0.58	0.64	0.62	0.68
四管制变风量系统	0.63	0.69	0.67	0.74
普通机械通风系统	0.32			

注：1　普通机械通风系统中不包括厨房等需要特定过滤装置的房间的通风系统；

2　严寒地区增设预热盘管时，单位风量耗功率可增加0.035[W/(m³/h)]；

3　当空气调节机组内采用湿膜加湿方法时，单位风量耗功率可增加0.053[W/(m³/h)]。

9.4 定风量系统平衡度检测

9.4.2 由于变风量系统风平衡调试方法的特殊性，该方法不适用于变风量系统平衡度检测。

10 建筑物年采暖空调能耗及年冷源系统能效系数检测

10.0.1 能源换算表如表5所示。

表5 能源换算表

能源名称	平均低位发热量	折标准煤系数
原煤	20908kJ/kg	0.7143kg标准煤/kg
洗精煤	26344kJ/kg	0.9000kg标准煤/kg
洗中煤	8363kJ/kg	0.2857kg标准煤/kg
煤泥	8363~12545kJ/kg	0.2857~0.4286kg标准煤/kg
焦炭	28435kJ/kg	0.9714kg标准煤/kg
原油	41816kJ/kg	1.4286kg标准煤/kg
燃料油	41816kJ/kg	1.4286kg标准煤/kg
汽油	43070kJ/kg	1.4714kg标准煤/kg
煤油	43070kJ/kg	1.4714kg标准煤/kg
柴油	42652kJ/kg	1.4571kg标准煤/kg
液化石油气	50179kJ/kg	1.7143kg标准煤/kg
炼厂干气	45998kJ/kg	1.5714kg标准煤/kg
天然气	38931kJ/kg	1.3300kg标准煤/m³
焦炉煤气	16726~17981kJ/kg	0.5714~0.6143kg标准煤/m³
发生煤气	5227kJ/kg	0.1786kg标准煤/m³
重油催化裂解煤气	19235kJ/kg	0.6571kg标准煤/m³
重油热裂解煤气	35544kJ/kg	1.2143kg标准煤/m³
焦炭制气	16308kJ/kg	0.5571kg标准煤/m³
压力气化煤气	15054kJ/kg	0.5143kg标准煤/m³
水煤气	10454kJ/kg	0.3571kg标准煤/m³
炼焦油	33453kJ/kg	1.1429kg标准煤/kg
粗苯	41816kJ/kg	1.4286kg标准煤/kg
热力（当量）	—	0.03412kg标准煤/MJ
电力（等价）	—	上年度国家统计局发布的发电煤耗

注：此表平均低位发热量用千卡表示，如需换算成焦耳，只需乘4.1816即可。

表5为国家发展改革委、财政部印发的《节能项目节能量审核指南》中提供的能源换算表。2007年全国平均发电煤耗为357g/(kW·h)，全国6000kW及以上机组平均发电煤耗为334g/(kW·h)。

11 供配电系统检测

11.1 一般规定

11.1.2 要求在负荷率大于20%的回路进行测量，主要是考虑测量精度，如果负荷率太低，测量结果不能正确反映出供配电系统电能质量的问题。B级仪器可用于统计调查、故障检修，以及其他无需更高不确定度指标的应用，其测量不确定度和测量间隔时间等由制造商规定，且测量不确定度不应超过满刻度的±2.0%。A级仪器用于要求必须进行精确测量的地方。例如：在合同中应用，验证与标准的符合性，解决纠纷等。当对相同的信号进行测量时，使用两台符合A级要求的不同仪器对一个参数进行的任何测量，均在所规定的不确定度内得出一致的结果，且测量不确定度不应超过满刻度的±0.1%。

11.2 三相电压不平衡检测

11.2.2 容易产生不平衡的回路为照明、单相设备较多的回路。

11.3 谐波电压及谐波电流检测

11.3.3 一般大型公建至少配置2台变压器，需要对低压配电总进线柜断路器下口出线电缆或母排的谐波的测量；当变压器数量大于2台时，一般选取以照明为主的变压器和以安装变频设备较多的或大型UPS的网络机房变压器出线回路进行谐波测量，如果发现某条回路超标，则应分析其所带分支回路的设备类型，对可能产生谐波的分支回路再进行测量。商场、展览馆等照度要求高的建筑，由于大量使用荧光灯或装饰灯可能会造成谐波电流超标；大型UPS回路一般均由低压配电室中配电柜单独设置1条回路供网络机房使用，这种在线式UPS的容量一般能够达到50kVA以上，一般2万m²的大型公建变压器每台容量在(800~2000) kVA之间，因此大型UPS的容量占变压器容量的2.5%~6.25%之间，当其工作时产生的谐波对配电系统的影响还是比较大的；配置变频器的水泵、风机回路也会产生谐波，因此需要特别注意。要求在负载率大于20%的回路测量是为了保障测量的准确性。

谐波测量仪器和测量判定方法综合了国家标准《公用电网谐波》GB 14549-93和国际电工委员会电磁兼容性《检测与测量技术——电源系统及其相连设备的谐波、间谐波测量方法和测量仪器技术标准》IEC 61000-4-7：2002、《试验和测量技术——电源质量测量方法》IEC 61000-4-30的规定。

11.4 功率因数检测

11.4.3 设计人员在进行低压配电系统设计时，都会根据当地电力部门的要求进行功率因数补偿的计算，一般补偿后的功率因数不低于 0.9，室内照明回路的补偿后功率因数一般能达到 0.95 以上。对功率因数检测时应同时观察基波功率因数，对于基波功率因数的检测是为了判断是否有谐波存在，据此决定采用何种补偿方式，以达到最佳补偿效果。

11.6 分项计量电能回路用电量校核检测

11.6.2 用电分项计量安装完成后的采集数据校核很重要，如果不进行采集数据的校核，容易造成耗电数据不准确，无法准确得知建筑改造前后的节能量，也无法进行建筑耗电分析等工作。有功最大需量是衡量建筑内用电设备在需量周期内的最大平均有功负荷，一般电力公司取 15min 为需量周期，有功最大需量的测量是为了进行节能分析，可以将它与气象参数进行对比分析。

12 照明系统检测

12.1 照明节电率检测

12.1.2 为了使光源的光输出达到稳定，通常白炽灯需开启 5min，荧光灯需开启 15min，高强气体放电灯需开启 30min。照明节电率应仅测量照明负荷，其他负荷不应计入。改造前后灯具开启时间、工作规律等应尽量一致，当由于业主使用等原因不能满足一致条件时，则需要考虑调整量。调整量 A 是节能改造前后照明变化情况、灯具数量偏差等。

12.2 照度值检测

12.2.1 不同建筑不同房间或场所的划分原则可参照国家标准《建筑照明设计标准》GB 50034 中的规定。

12.3 功率密度值检测

12.3.1 不同建筑不同房间或场所的划分原则可参照国家标准《建筑照明设计标准》GB 50034 中的规定。

12.4 灯具效率检测

12.4.2 《室内灯具光度测试》GB 9467 中规定了灯具光度测试的精度和误差，测试仪器和实验室条件，测试用光源和被测灯具的选择，测试方法和过程，测试报告。灯具效率的检测需要严格按照标准执行，否则得出的结论偏差较大。采用光度的相对测量法测试光源和灯具的光通量。按照《室内灯具光度测试》GB 9467第 5.3 节光源相对光通量测量，测量每个光源的相对光通量，如果灯具内不止一个光源，则将测得的每个光源的相对光通量相加，得到裸光源的总相对光通量（$\phi_{光源}$）。按照《室内灯具光度测试》GB 9467 第 5.4 节灯具光强的测量，测量灯具的光强分布后折算出灯具光通量（$\phi_{灯具}$），其比值即得出灯具效率。灯具效率按式（2）计算。

$$\eta = \frac{\phi_{光源}}{\phi_{灯具}} \% \qquad (2)$$

12.5 公共区照明控制检测

12.5.1 不同建筑不同场所的划分原则可参照国家标准《建筑照明设计标准》GB 50034 中的规定。

13 监测与控制系统性能检测

13.4 照明、动力设备监测与控制系统性能检测

13.4.1 照明主回路、动力主回路总数均指低压配电室内配电柜中常用出线回路。

附录 A 仪器仪表测量性能要求

A.0.1 表 A.0.1 中水压力、耗电量、耗油量、耗气量检测仪表准确度等级要求参照《用能单位能源计量器具配备和管理通则》GB/17167 确定。

附录 B 建筑外围护结构整体气密性能检测方法

B.0.1 鼓风门法的原理是依据流体力学的理想气体流动及流体能量方程等有关理论，人为地使建筑物内和室外大气环境之间产生一个稳定的压差，室内空气在此压差的作用下，从高压的一侧向低压的一侧流动，检测房间气密性即在空气流速、工作压力较低时，可以假定空气是不可以压缩的理想气体，遵守理想流体能量方程。为了减少因为室外环境变化对检测结果的影响，采用在 50Pa 压差下进行检测。

附录 C 水系统供冷（热）量检测方法

C.0.3 温度计设在靠近机组的进出口处，可以减少由于管道散热所造成的热损失。通常超声波流量计应设在距上游局部阻力构件 10 倍管径，距下游局部阻力构件 5 倍管径处。若现场不具备上述条件，也可根据现场的实际情况确定流量测点的具体位置。

附录D 电机输入功率检测方法

D.0.3 两表法测量电机输入功率原理如图2所示。

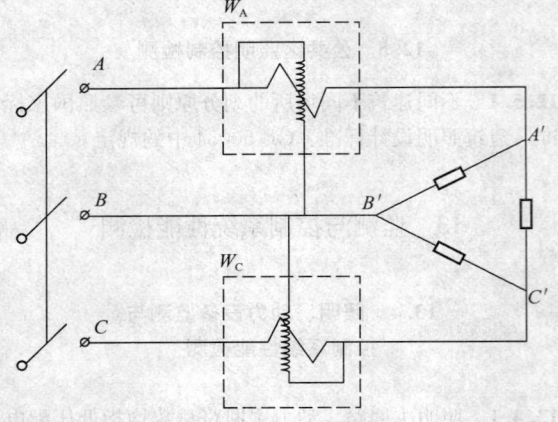

图2 两表法测量电机输入功率原理
A、B、C—电源接线接头；A'、B'、C'—电机进线接头；
W_A、W_C—单相功率表

附录E 风量检测方法

E.1 风管风量检测方法

E.1.2 检测截面应选在气流比较均匀稳定的地方。一般都选在局部阻力之后大于或等于5倍管径（或矩形风管长边尺寸）和局部阻力之前大于或等于2倍管径（或矩形风管长边尺寸）的直管段上，当条件受到限制时，距离可适当缩短，且应适当增加测点数量。

E.1.3 检测截面内测点的位置和数目，主要根据风管形状而定，对于矩形风管，应将截面划分为若干个相等的小截面，并使各小截面尽可能接近于正方形，测点位于小截面的中心处，小截面的面积不得大于$0.05m^2$。在圆形风管内测量平均速度时，应根据管径的大小，将截面分成若干个面积相等的同心圆环，每个圆环上测量4个点，且这4个点必须位于互相垂直的两个直径上。

E.1.5 当采用毕托管测量时，毕托管的直管必须垂直管壁，毕托管的测头应正对气流方向且与风管的轴线平行。测量过程中，应保证毕托管与微压计的连接软管通畅、无漏气。

中华人民共和国行业标准

民用建筑绿色设计规范

Code for green design of civil buildings

JGJ/T 229—2010

批准部门：中华人民共和国住房和城乡建设部
施行日期：２０１１年１０月１日

中华人民共和国住房和城乡建设部
公　告

第 806 号

关于发布行业标准
《民用建筑绿色设计规范》的公告

现批准《民用建筑绿色设计规范》为行业标准，编号为 JGJ/T 229-2010，自 2011 年 10 月 1 日起实施。

本规范由我部标准定额研究所组织中国建筑工业出版社出版发行。

中华人民共和国住房和城乡建设部
2010 年 11 月 17 日

前　言

根据住房和城乡建设部《关于印发〈2008 年工程建设标准规范制订、修订计划（第一批）〉的通知》（建标［2008］102 号）的要求，规范编制组经广泛调查研究，认真总结实践经验，参考有关国际标准和国外先进标准，并在广泛征求意见的基础上，制定本规范。

本规范的主要技术内容是：1. 总则；2. 术语；3. 基本规定；4. 绿色设计策划；5. 场地与室外环境；6. 建筑设计与室内环境；7. 建筑材料；8. 给水排水；9. 暖通空调；10. 建筑电气。

本规范由住房和城乡建设部负责管理，由中国建筑科学研究院负责具体技术内容的解释。执行过程中如有意见或建议，请寄送中国建筑科学研究院（地址：北京市北三环东路 30 号，邮政编码：100013）。

本规范主编单位：中国建筑科学研究院
　　　　　　　　深圳市建筑科学研究院有限公司

本规范参编单位：中国建筑设计研究院
　　　　　　　　上海市建筑科学研究院（集团）有限公司
　　　　　　　　中国建筑标准设计研究院
　　　　　　　　清华大学
　　　　　　　　北京市建筑设计研究院
　　　　　　　　万科企业股份有限公司

本规范主要起草人员：曾　捷　叶　青　仲继寿
　　　　　　　　　　曾　宇　鄢　涛　薛　明
　　　　　　　　　　刘圣龙　张宏儒　李建琳
　　　　　　　　　　盛晓康　刘俊跃　吴　燕
　　　　　　　　　　杨金明　张江华　许　荷
　　　　　　　　　　马晓雯　刘　丹　王莉芸
　　　　　　　　　　杨　杰　卜增文　施钟毅
　　　　　　　　　　冯忠国　林　琳　孙　兰
　　　　　　　　　　林波荣　宋晔皓　刘晓钟
　　　　　　　　　　王　鹏　张纪文　时　宇

本规范主要审查人员：杨　榕　吴德绳　叶耀先
　　　　　　　　　　张　桦　车　伍　程大章
　　　　　　　　　　徐永模　张　播　刘祖玲
　　　　　　　　　　冯　勇

目　次

1 总则 …………………………………… 60—5
2 术语 …………………………………… 60—5
3 基本规定 ……………………………… 60—5
4 绿色设计策划 ………………………… 60—5
  4.1 一般规定 …………………………… 60—5
  4.2 策划内容 …………………………… 60—5
5 场地与室外环境 ……………………… 60—6
  5.1 一般规定 …………………………… 60—6
  5.2 场地要求 …………………………… 60—6
  5.3 场地资源利用与生态环境保护 …… 60—6
  5.4 场地规划与室外环境 ……………… 60—7
6 建筑设计与室内环境 ………………… 60—7
  6.1 一般规定 …………………………… 60—7
  6.2 空间合理利用 ……………………… 60—7
  6.3 日照和天然采光 …………………… 60—8
  6.4 自然通风 …………………………… 60—8
  6.5 围护结构 …………………………… 60—8
  6.6 室内声环境 ………………………… 60—9
  6.7 室内空气质量 ……………………… 60—9
  6.8 工业化建筑产品应用 ……………… 60—9
  6.9 延长建筑寿命 ……………………… 60—9
7 建筑材料 ……………………………… 60—10
  7.1 一般规定 …………………………… 60—10
  7.2 节材 ………………………………… 60—10
  7.3 选材 ………………………………… 60—10
8 给水排水 ……………………………… 60—10
  8.1 一般规定 …………………………… 60—10
  8.2 非传统水源利用 …………………… 60—11
  8.3 供水系统 …………………………… 60—11
  8.4 节水措施 …………………………… 60—11
9 暖通空调 ……………………………… 60—11
  9.1 一般规定 …………………………… 60—11
  9.2 暖通空调冷热源 …………………… 60—12
  9.3 暖通空调水系统 …………………… 60—12
  9.4 空调通风系统 ……………………… 60—12
  9.5 暖通空调自动控制系统 …………… 60—13
10 建筑电气 ……………………………… 60—13
  10.1 一般规定 ………………………… 60—13
  10.2 供配电系统 ……………………… 60—13
  10.3 照明 ……………………………… 60—13
  10.4 电气设备节能 …………………… 60—13
  10.5 计量与智能化 …………………… 60—14
本规范用词说明 ………………………… 60—14
引用标准名录 …………………………… 60—14
附：条文说明 …………………………… 60—15

Contents

1 General Provisions .... 60—5
2 Terms .... 60—5
3 Basic Requirements .... 60—5
4 Green Design Planning .... 60—5
   4.1 General Requirements .... 60—5
   4.2 Planning Contents .... 60—5
5 Site and Outdoor Environment ...... 60—6
   5.1 General Requirements .... 60—6
   5.2 Site Requirements .... 60—6
   5.3 Site Resource Utilization and Eco-Environment Protection .... 60—6
   5.4 Site Planning and Outdoor Environment .... 60—7
6 Architectual Design and Indoor Environment .... 60—7
   6.1 General Requirements .... 60—7
   6.2 Rational Space Utilization .... 60—7
   6.3 Sunlight and Natural lighting .... 60—8
   6.4 Natural Ventilation .... 60—8
   6.5 Building Envelope .... 60—8
   6.6 Indoor Acoustical Environment .... 60—9
   6.7 Indoor Air Quality .... 60—9
   6.8 Using Industrialized Construction Products .... 60—9
   6.9 Buildings Life Extention .... 60—9
7 Building Material .... 60—10
   7.1 General Requirements .... 60—10
   7.2 Material Saving .... 60—10
   7.3 Material Selection .... 60—10
8 Water Supply and Drainage .... 60—10
   8.1 General Requirements .... 60—10
   8.2 Unconventional Water Sources Utilization .... 60—11
   8.3 Water Supply System .... 60—11
   8.4 Water Saving Measures .... 60—11
9 HVAC .... 60—11
   9.1 General Requirements .... 60—11
   9.2 Heat and Cold Source For HVAC .... 60—12
   9.3 Water System for HVAC .... 60—12
   9.4 Air-Conditioning Ventilation System .... 60—12
   9.5 Automatic Control System for HVAC .... 60—13
10 Building Electric .... 60—13
   10.1 General Requirements .... 60—13
   10.2 Power Supply and Distribution System .... 60—13
   10.3 Lighting .... 60—13
   10.4 Electrical Equipment Energy Saving .... 60—13
   10.5 Metering and Intelligentize .... 60—14
Explanation of Wording In This Code .... 60—14
List of Quoted Standards .... 60—14
Addition: Explanation of Provisions .... 60—15

1 总 则

1.0.1 为贯彻执行节约资源和保护环境的国家技术经济政策，推进建筑行业的可持续发展，规范民用建筑的绿色设计，制定本规范。

1.0.2 本规范适用于新建、改建和扩建民用建筑的绿色设计。

1.0.3 绿色设计应统筹考虑建筑全寿命周期内，满足建筑功能和节能、节地、节水、节材、保护环境之间的辩证关系，体现经济效益、社会效益和环境效益的统一；应降低建筑行为对自然环境的影响，遵循健康、简约、高效的设计理念，实现人、建筑与自然和谐共生。

1.0.4 民用建筑的绿色设计除应符合本规范的规定外，尚应符合国家现行有关标准的规定。

2 术 语

2.0.1 民用建筑绿色设计 green design of civil buildings

在民用建筑设计中体现可持续发展的理念，在满足建筑功能的基础上，实现建筑全寿命周期内的资源节约和环境保护，为人们提供健康、适用和高效的使用空间。

2.0.2 被动措施 passive techniques

直接利用阳光、风力、气温、湿度、地形、植物等现场自然条件，通过优化建筑设计，采用非机械、不耗能或少耗能的方式，降低建筑的采暖、空调和照明等负荷，提高室内外环境性能。通常包括天然采光、自然通风、围护结构的保温、隔热、遮阳、蓄热、雨水入渗等措施。

2.0.3 主动措施 active techniques

通过采用消耗能源的机械系统，提高室内舒适度，实现室内外环境性能。通常包括采暖、空调、机械通风、人工照明等措施。

2.0.4 绿色建筑增量成本 incremental cost of green building

因实施绿色建筑理念和策略而产生的投资成本的增加值或减少值。

2.0.5 建筑全寿命周期 building life cycle

建筑从建造、使用到拆除的全过程。包括原材料的获取，建筑材料与构配件的加工制造，现场施工与安装，建筑的运行和维护，以及建筑最终的拆除与处置。

3 基本规定

3.0.1 绿色设计应综合建筑全寿命周期的技术与经济特性，采用有利于促进建筑与环境可持续发展的场地、建筑形式、技术、设备和材料。

3.0.2 绿色设计应体现共享、平衡、集成的理念。在设计过程中，规划、建筑、结构、给水排水、暖通空调、燃气、电气与智能化、室内设计、景观、经济等各专业应紧密配合。

3.0.3 绿色设计应遵循因地制宜的原则，结合建筑所在地域的气候、资源、生态环境、经济、人文等特点进行。

3.0.4 民用建筑绿色设计应进行绿色设计策划。

3.0.5 方案和初步设计阶段的设计文件应有绿色设计专篇，施工图设计文件中应注明对绿色建筑施工与建筑运营管理的技术要求。

3.0.6 民用建筑在设计理念、方法、技术应用等方面应积极进行绿色设计创新。

4 绿色设计策划

4.1 一般规定

4.1.1 绿色设计策划应明确绿色建筑的项目定位、建设目标及对应的技术策略、增量成本与效益，并编制绿色设计策划书。

4.1.2 绿色设计策划宜采用团队合作的工作模式。

4.2 策划内容

4.2.1 绿色设计策划应包括下列内容：
 1 前期调研；
 2 项目定位与目标分析；
 3 绿色设计方案；
 4 技术经济可行性分析。

4.2.2 前期调研应包括下列内容：
 1 场地调研：包括地理位置、场地生态环境、场地气候环境、地形地貌、场地周边环境、道路交通和市政基础设施规划条件等；
 2 市场调研：包括建设项目的功能要求、市场需求、使用模式、技术条件等；
 3 社会调研：包括区域资源、人文环境、生活质量、区域经济水平与发展空间、公众意见与建议、当地绿色建筑激励政策等。

4.2.3 项目定位与目标分析应包括下列内容：
 1 明确项目自身特点和要求；
 2 确定达到现行国家标准《绿色建筑评价标准》GB/T 50378或其他绿色建筑相关标准的相应等级或要求；
 3 确定适宜的实施目标，包括节地与室外环境的目标、节能与能源利用的目标、节水与水资源利用的目标、节材与材料资源利用的目标、室内环境质量的目标、运营管理的目标等。

4.2.4 绿色设计方案的确定宜符合下列要求：
   1 优先采用被动设计策略；
   2 选用适宜、集成技术；
   3 选用高性能建筑产品和设备；
   4 当实际条件不符合绿色建筑目标时，可采取调整、平衡和补充措施。
4.2.5 经济技术可行性分析应包括下列内容：
   1 技术可行性分析；
   2 经济效益、环境效益与社会效益分析；
   3 风险评估。

5 场地与室外环境

5.1 一般规定

5.1.1 场地的规划应符合当地城乡规划的要求。
5.1.2 场地规划与设计应通过协调场地开发强度和场地资源，满足场地和建筑的绿色目标与可持续运营的要求。
5.1.3 应提高场地空间的利用效率，并应做到场地内及周边的公共服务设施和市政基础设施的集约化建设与共享。
5.1.4 场地规划应考虑室外环境的质量，优化建筑布局并进行场地环境生态补偿。

5.2 场地要求

5.2.1 建筑场地应优先选择已开发用地或废弃地。
5.2.2 城市已开发用地或废弃地的利用应符合下列要求：
   1 对原有的工业用地、垃圾填埋场等可能存在健康安全隐患的场地，应进行土壤化学污染检测与再利用评估；
   2 应根据场地及周边地区环境影响评估和全寿命周期成本评价，采取场地改造或土壤改良等措施；
   3 改造或改良后的场地应符合国家相关标准的要求。
5.2.3 宜选择具备良好市政基础设施的场地，并宜根据市政条件进行场地建设容量的复核。
5.2.4 场地应安全可靠，并应符合下列要求：
   1 应避开可能产生洪水、泥石流、滑坡等自然灾害的地段；
   2 应避开地震时可能发生滑坡、崩坍、地陷、地裂、泥石流及地震断裂带上可能发生地表错位等对工程抗震危险的地段；
   3 应避开容易产生风切变的地段；
   4 当场地选择不能避开上述安全隐患时，应采取措施保证场地对可能产生的自然灾害或次生灾害有充分的抵御能力；
   5 利用裸岩、石砾地、陡坡地、塌陷地、沙荒地、沼泽地、废窑坑等废弃场地时，应进行场地安全性评价，并应采取相应的防护措施。
5.2.5 场地大气质量、场地周边电磁辐射和场地土壤氡浓度的测定及防护应符合有关标准的规定。

5.3 场地资源利用与生态环境保护

5.3.1 场地规划与设计时应对场地内外的自然资源、市政基础设施和公共服务设施进行调查与评估，确定合理的利用方式，并应符合下列要求：
   1 宜保持和利用原有地形、地貌，当需要进行地形改造时，应采取合理的改良措施，保护和提高土地的生态价值；
   2 应保护和利用地表水体，禁止破坏场地与周边原有水系的关系，并应采取措施，保持地表水的水量和水质；
   3 应调查场地内表层土壤质量，妥善回收、保存和利用无污染的表层土；
   4 应充分利用场地及周边已有的市政基础设施和公共服务设施；
   5 应合理规划和适度开发地下空间，提高土地利用效率，并应采取措施保证雨水的自然入渗。
5.3.2 场地规划与设计时应对可利用的可再生能源进行调查与利用评估，确定合理利用方式，确保利用效率，并应符合下列要求：
   1 利用地下水时，应符合地下水资源利用规划，并应取得政府有关部门的许可；应对地下水系和形态进行评估，并应采取措施，防止场地污水渗漏对地下水产生污染；
   2 利用地热能时，应编制专项规划报当地有关部门批准，应对地下土壤分层、温度分布和渗透能力进行调查，评估地热能开采对邻近地下空间、地下动物、植物或生态环境的影响；
   3 利用太阳能时，应对场地内太阳能资源等进行调查和评估；
   4 利用风能时，应对场地和周边风力资源以及风能利用对场地声环境的影响进行调查和评估。
5.3.3 场地规划与设计时应对场地的生物资源情况进行调查，保持场地及周边的生态平衡和生物多样性，并应符合下列要求：
   1 应调查场地内的植物资源，保护和利用场地原有植被，对古树名木采取保护措施，维持或恢复场地植物多样性；
   2 应调查场地和周边地区的动物资源分布及动物活动规律，规划有利于动物跨越迁徙的生态走廊；
   3 应保护原有湿地，可根据生态要求和场地特征规划新的湿地；
   4 应采取措施，恢复或补偿场地和周边地区原有生物生存的条件。
5.3.4 场地规划与设计时应进行场地雨洪控制利用

的评估和规划，减少场地雨水径流量及非点源污染物排放，并应符合下列要求：

1 进行雨洪控制利用规划，保持和利用河道、景观水系的滞洪、蓄洪及排洪能力；

2 进行水土保持规划，采取避免水土流失的措施；

3 结合场地绿化景观进行雨水径流的入渗、滞蓄、消纳和净化利用的设计；

4 采取措施加强雨水渗透对地下水的补给，保持地下水自然涵养能力；

5 因地制宜地采取雨水收集与利用措施。

5.3.5 应将场地内有利用或保护价值的既有建筑纳入建筑规划。

5.3.6 应规划场地内垃圾分类收集方式及回收利用的场所或设施。

5.4 场地规划与室外环境

5.4.1 场地光环境应符合下列要求：

1 应合理地进行场地和道路照明设计，室外照明不应对居住建筑外窗产生直射光线，场地和道路照明不得有直射光射入空中，地面反射光的眩光限值宜符合相关标准的规定；

2 建筑外表面的设计与选材应合理，并应有效避免光污染。

5.4.2 场地风环境应符合下列要求：

1 建筑规划布局应营造良好的风环境，保证舒适的室外活动空间和室内良好的自然通风条件，减少气流对区域微环境和建筑本身的不利影响；

2 建筑布局宜避开冬季不利风向，并宜通过设置防风墙、板、防风林带、微地形等挡风措施阻隔冬季冷风；

3 宜进行场地风环境典型气象条件下的模拟预测，优化建筑规划布局。

5.4.3 场地声环境设计应符合现行国家标准《声环境质量标准》GB 3096 的规定。应对场地周边的噪声现状进行检测，并应对项目实施后的环境噪声进行预测。当存在超过标准的噪声源时，应采取下列措施：

1 噪声敏感建筑物应远离噪声源；

2 对固定噪声源，应采用适当的隔声和降噪措施；

3 对交通干道的噪声，应采取设置声屏障或降噪路面等措施。

5.4.4 场地设计时，宜采取下列措施改善室外热环境：

1 种植高大乔木为停车场、人行道和广场等提供遮阳；

2 建筑物表面宜为浅色，地面材料的反射率宜为 0.3～0.5，屋面材料的反射率宜为 0.3～0.6；

3 采用立体绿化、复层绿化，合理进行植物配置，设置渗水地面，优化水景设计；

4 室外活动场地、道路铺装材料的选择除应满足场地功能要求外，宜选择透水性铺装材料及透水铺装构造。

5.4.5 场地交通设计应符合下列要求：

1 场地出入口宜设置与周边公共交通设施便捷连通的人行通道、自行车道，方便人员出行；

2 场地内应设置安全、舒适的人行道路、自行车道，并应设便捷的自行车停车设施。

5.4.6 场地景观设计应符合下列要求：

1 场地水景的设计应结合雨洪控制设计，并宜进行生态化设计；

2 场地绿化宜保持连续性；

3 当场地栽植土壤影响植物正常生长时，应进行土壤改良；

4 种植设计应符合场地使用功能、绿化安全间距、绿化效果及绿化养护的要求；

5 应选择适应当地气候和场地种植条件、易养护的乡土植物，不应选择易产生飞絮、有异味、有毒、有刺等对人体健康不利的植物；

6 宜根据场地环境进行复层种植设计。

6 建筑设计与室内环境

6.1 一般规定

6.1.1 建筑设计应按照被动措施优先的原则，优化建筑形体和内部空间布局，充分利用天然采光、自然通风，采用围护结构保温、隔热、遮阳等措施，降低建筑的采暖、空调和照明系统的负荷，提高室内舒适度。

6.1.2 根据所在地区地理与气候条件，建筑宜采用最佳朝向或适宜朝向。当建筑处于不利朝向时，宜采取补偿措施。

6.1.3 建筑形体设计应根据周围环境、场地条件和建筑布局，综合考虑场地内外建筑日照、自然通风与噪声等因素，确定适宜的形体。

6.1.4 建筑造型宜简约，并应符合下列要求：

1 应符合建筑功能和技术的要求，结构及构造应合理；

2 不宜采用纯装饰性构件；

3 太阳能集热器、光伏组件及具有遮阳、导光、导风、载物、辅助绿化等功能的室外构件应与建筑进行一体化设计。

6.2 空间合理利用

6.2.1 建筑设计应提高空间利用效率，提倡建筑空间与设施的共享。在满足使用功能的前提下，宜减少交通等辅助空间的面积，并宜避免不必要的高大空间。

6.2.2 建筑设计应根据功能变化的预期需求，选择适宜的开间和层高。

6.2.3 建筑设计应根据使用功能要求，充分利用外部自然条件，并宜将人员长期停留的房间布置在有良好日照、采光、自然通风和视野的位置，住宅卧室、医院病房、旅馆客房等空间布置应避免视线干扰。

6.2.4 室内环境需求相同或相近的空间宜集中布置。

6.2.5 有噪声、振动、电磁辐射、空气污染的房间应远离有安静要求、人员长期居住或工作的房间或场所，当相邻设置时，应采取有效的防护措施。

6.2.6 设备机房、管道井宜靠近负荷中心布置。机房、管道井的设置应便于设备和管道的维修、改造和更换。

6.2.7 设电梯的公共建筑的楼梯应便于日常使用，该楼梯的设计宜符合下列要求：
　　1 楼梯宜靠近建筑主出入口及门厅，各层均宜靠近电梯候梯厅，楼梯间入口应设清晰易见的指示标志；
　　2 楼梯间在地面以上各层宜有自然通风和天然采光。

6.2.8 建筑设计应为绿色出行提供便利条件，并应符合下列要求：
　　1 应有便捷的自行车库，并应设置自行车服务设施，有条件的可配套设置淋浴、更衣设施；
　　2 建筑出入口位置应方便利用公共交通及步行者出行。

6.2.9 宜利用连廊、架空层、上人屋面等设置公共步行通道、公共活动空间、公共开放空间，且设置完善的无障碍设施，满足全天候的使用需求。

6.2.10 宜充分利用建筑的坡屋顶空间，并宜合理开发利用地下空间。

6.3 日照和天然采光

6.3.1 进行规划与建筑单体设计时，应符合现行国家标准《城市居住区规划设计规范》GB 50180 对日照的要求，应使用日照模拟软件进行日照分析。

6.3.2 应充分利用天然采光，房间的有效采光面积和采光系数除应符合现行国家标准《民用建筑设计通则》GB 50352 和《建筑采光设计标准》GB/T 50033 的要求外，尚应符合下列要求：
　　1 居住建筑的公共空间宜有天然采光，其采光系数不宜低于 0.5%；
　　2 办公、旅馆类建筑的主要功能空间室内采光系数不宜低于现行国家标准《建筑采光设计标准》GB/T 50033 的要求；
　　3 地下空间宜有天然采光；
　　4 天然采光时宜避免产生眩光；
　　5 设置遮阳设施时应符合日照和采光标准的要求。

6.3.3 可采取下列措施改善室内的天然采光效果：
　　1 采用采光井、采光天窗、下沉广场、半地下室等；
　　2 设置反光板、散光板和集光、导光设备等。

6.4 自然通风

6.4.1 建筑物的平面空间组织布局、剖面设计和门窗的设置，应有利于组织室内自然通风。宜对建筑室内风环境进行计算机模拟，优化自然通风系统。

6.4.2 房间平面宜采取有利于形成穿堂风的布局，避免单侧通风的布局。

6.4.3 严寒、寒冷地区与夏热冬冷地区的自然通风设计应兼顾冬季防寒要求。

6.4.4 外窗的位置、方向和开启方式应合理设计；外窗的开启面积应符合国家现行有关标准的要求。

6.4.5 可采取下列措施加强建筑内部的自然通风：
　　1 采用导风墙、捕风窗、拔风井、太阳能拔风道等诱导气流的措施；
　　2 设有中庭的建筑宜在适宜季节利用烟囱效应引导热压通风；
　　3 住宅建筑可设置通风器，有组织地引导自然通风。

6.4.6 可采取下列措施加强地下空间的自然通风：
　　1 设计可直接通风的半地下室；
　　2 地下室局部设置下沉式庭院；
　　3 地下室设置通风井、窗井。

6.4.7 宜考虑在室外环境不利时的自然通风措施。当采用通风器时，应有方便灵活的开关调节装置，应易于操作和维修，宜有过滤和隔声功能。

6.5 围护结构

6.5.1 建筑物的体形系数、窗墙面积比、围护结构的热工性能、外窗的气密性能、屋顶透明部分面积比等，应符合国家现行有关建筑节能设计标准的规定。

6.5.2 除严寒地区外，主要功能空间的外窗夏季得热负荷较大时，该外窗应设置外遮阳设施，并应对夏季遮阳和冬季阳光利用进行综合分析，其中天窗、东西向外窗宜设置活动外遮阳。

6.5.3 墙体设计应符合下列要求：
　　1 严寒、寒冷地区与夏热冬冷地区的外墙出挑构件及附墙部件等部位的外保温层宜闭合，避免出现热桥；
　　2 夹芯保温外墙上的钢筋混凝土梁、板处，应采取保温隔热措施；
　　3 连续采暖和空调建筑的夹芯保温外墙的内页墙宜采用热惰性良好的重质密实材料；
　　4 非采暖房间与采暖房间的隔墙和楼板应设置保温层；

5 温度要求差异较大或空调、采暖时段不同的房间之间宜有保温隔热措施。

6.5.4 外墙设计可采用下列保温隔热措施：
　　1 采用自身保温性能好的外墙材料；
　　2 夏热冬冷地区和夏热冬暖地区外墙采用浅色饰面材料或热反射型涂料；
　　3 有条件时外墙设置通风间层；
　　4 夏热冬冷地区及夏热冬暖地区东、西向外墙采取遮阳隔热措施。

6.5.5 严寒、寒冷地区与夏热冬冷地区的外窗设计应符合下列要求：
　　1 宜避免大量设置凸窗和屋顶天窗；
　　2 外窗或幕墙与外墙之间缝隙应采用高效保温材料填充并用密封材料嵌缝；
　　3 采用外墙保温时，窗洞口周边墙面应作保温处理，凸窗的上下及侧向非透明墙体应作保温处理；
　　4 金属窗和幕墙型材宜采取隔断热桥措施。

6.5.6 屋顶设计可采取下列保温隔热措施：
　　1 屋面选用浅色屋面或热反射型涂料；
　　2 平屋顶设置架空通风层，坡屋顶设置可通风的阁楼层；
　　3 设置屋顶绿化；
　　4 屋面设置遮阳装置。

6.6 室内声环境

6.6.1 建筑室内的允许噪声级、围护结构的空气声隔声量及楼板撞击声隔声量应符合现行国家标准《民用建筑隔声设计规范》GB/T 50118 的规定，环境噪声应符合现行国家标准《声环境质量标准》GB 3096 的规定。

6.6.2 毗邻城市交通干道的建筑，应加强外墙、外窗、外门的隔声性能。

6.6.3 下列场所的顶棚、楼面、墙面和门窗宜采取相应的吸声和隔声措施：
　　1 学校、医院、旅馆、办公楼建筑的走廊及门厅等人员密集场所；
　　2 车站、体育场馆、商业中心等大型建筑的人员密集场所；
　　3 空调机房、通风机房、发电机房、水泵房等有噪声污染的设备用房。

6.6.4 可采用浮筑楼板、弹性面层、隔声吊顶、阻尼板等措施加强楼板撞击声隔声性能。

6.6.5 建筑采用轻型屋盖时，屋面宜采取防止雨噪声的措施。

6.6.6 与有安静要求房间相邻的设备机房，应选用低噪声设备。设备、管道应采用有效的减振、隔振、消声措施。对产生振动的设备基础应采取减振措施。

6.6.7 电梯机房及井道应避免与有安静要求的房间紧邻，当受条件限制而紧邻布置时，应采取下列隔声和减振措施：
　　1 电梯机房墙面及顶棚应作吸声处理，门窗应选用隔声门窗，地面应作隔声处理；
　　2 电梯井道与安静房间之间的墙体作隔声处理；
　　3 电梯设备应采取减振措施。

6.7 室内空气质量

6.7.1 室内装修设计时宜进行室内空气质量的预评价。

6.7.2 室内装饰装修材料必须符合相应国家标准的要求，材料中甲醛、苯、氨、氡等有害物质含量应符合现行国家标准《室内装饰装修材料人造板及其制品中甲醛释放限量》GB 18580～《室内装饰装修材料混凝土外加剂释放氨的限量》GB 18588、《建筑材料放射性核素限量》GB 6566 和《民用建筑工程室内环境污染控制规范》GB 50325 的要求。

6.7.3 吸烟室、复印室、打印室、垃圾间、清洁间等产生异味或污染物的房间应与其他房间分开设置。

6.7.4 公共建筑的主要出入口宜设置具有截尘功能的固定设施。

6.7.5 可采用改善室内空气质量的功能材料。

6.8 工业化建筑产品应用

6.8.1 建筑设计宜遵循模数协调的原则，住宅、旅馆、学校等建筑宜进行标准化设计。

6.8.2 建筑宜采用工业化建筑体系或工业化部品，可选择下列构件或部品：
　　1 预制混凝土构件、钢结构构件等工业化生产程度较高的构件；
　　2 整体厨卫、单元式幕墙、装配式隔墙、多功能复合墙体、成品栏杆、雨篷等建筑部品。

6.8.3 建筑宜采用现场干式作业的技术及产品；宜采用工业化的装修方式。

6.8.4 用于砌筑、抹灰、建筑地面工程的砂浆及各类特种砂浆，宜选用预拌砂浆。

6.8.5 建筑宜采用结构构件与设备、装修分离的方式。

6.9 延长建筑寿命

6.9.1 建筑体系宜适应建筑使用功能和空间的变化。

6.9.2 频繁使用的活动配件应选用长寿命的产品，并应考虑部品组合的同寿命性；不同使用寿命的部品组合在一起时，其构造应便于分别拆换、更新和升级。

6.9.3 建筑外立面应选择耐久性好的外装修材料和建筑构造，并宜设置便于建筑外立面维护的设施。

6.9.4 结构设计使用年限可高于现行国家标准《工程结构可靠性设计统一标准》GB 50153 的规定。结构构件的抗力及耐久性应符合相应设计使用年限的要求。

6.9.5 新建建筑宜通过采用先进技术，适当提高结构的可靠度水平，提高结构对建筑功能变化的适应能力及承受各种作用效应的能力。

6.9.6 改、扩建工程宜保留原建筑的结构构件，必要时可对原建筑的结构构件进行维护加固。

7 建筑材料

7.1 一般规定

7.1.1 绿色设计应提高材料的使用效率，节省材料的用量。

7.1.2 严禁采用高耗能、污染超标及国家和地方限制使用或淘汰的材料。

7.1.3 应选用对人体健康有益的材料。

7.1.4 建筑材料的选用应综合其各项指标对绿色目标的贡献与影响。设计文件中应注明与实现绿色目标有关的材料及其性能指标。

7.2 节 材

7.2.1 在满足使用功能和性能的前提下，应控制建筑规模与空间体量，并应符合下列要求：
   1 建筑体量宜紧凑集中；
   2 宜采用较低的建筑层高。

7.2.2 绿色建筑的装修应符合下列要求：
   1 建筑、结构、设备与室内装修应进行一体化设计；
   2 宜采用无需外加饰面层的材料；
   3 应采用简约、功能化、轻量化装修。

7.2.3 在保证安全性与耐久性的情况下，应通过优化结构设计降低材料的用量，并应符合下列要求：
   1 根据受力特点选择材料用量少的结构体系，宜采用节材节能一体化、绿色性能较好的新型建筑结构体系；
   2 在高层和大跨度结构中，合理采用钢结构、钢与混凝土混合结构及组合构件；
   3 对于由变形控制的钢结构，应首先调整并优化钢结构布置和构件截面，增加钢结构刚度；对于由强度控制的钢结构，应优先选用高强钢材；
   4 在跨度较大的钢筋混凝土结构中，采用预应力混凝土技术、现浇混凝土空心楼板技术等；
   5 基础形式应根据工程实际，经技术经济比较合理确定，宜选择埋深较浅的天然地基或采用人工处理地基和复合地基。

7.2.4 应合理采用高性能结构材料，并应符合下列规定：
   1 高层混凝土结构的下部墙柱及大跨度结构的水平构件宜采用高强混凝土；
   2 高层钢结构和大跨度钢结构宜选用高强钢材；
   3 受力钢筋宜选用高强钢筋。

7.2.5 当建筑因改建、扩建或需要提高既有结构的可靠度标准而进行结构整体加固时，应采用加固作业量最少的结构体系加固或构件加固方案，并应采用节材、节能、环保的加固技术。

7.3 选 材

7.3.1 在满足功能要求的情况下，材料的选择宜符合下列要求：
   1 宜选用可再循环材料、可再利用材料；
   2 宜使用以废弃物为原料生产的建筑材料；
   3 应充分利用建筑施工、既有建筑拆除和场地清理时产生的尚可继续利用的材料；
   4 宜采用速生的材料及其制品；采用木结构时，宜选用速生木材制作的高强复合材料；
   5 宜选用本地的建筑材料。

7.3.2 材料选择时应评估其资源的消耗量，选择资源消耗少、可集约化生产的建筑材料和产品。

7.3.3 材料选择时应评估其能源的消耗量，并应符合下列要求：
   1 宜选用生产能耗低的建筑材料；
   2 宜选用施工、拆除和处理过程中能耗低的建筑材料。

7.3.4 材料选择时应评估其对环境的影响，应采用生产、施工、使用和拆除过程中对环境污染程度低的建筑材料。

7.3.5 设计宜选用功能性建筑材料，并应符合下列要求：
   1 宜选用减少建筑能耗和改善室内热环境的建筑材料；
   2 宜选用防潮、防霉的建筑材料；
   3 宜选用具有自洁功能的建筑材料；
   4 宜选用具有保健功能和改善室内空气质量的建筑材料。

7.3.6 设计宜选用耐久性优良的建筑材料。

7.3.7 设计宜选用轻质混凝土、木结构、轻钢以及金属幕墙等轻量化建材。

8 给水排水

8.1 一般规定

8.1.1 在方案设计阶段应制定水资源规划方案，统筹、综合利用各种水资源。水资源规划方案应包括中水、雨水等非传统水源综合利用的内容。

8.1.2 设有生活热水系统的建筑，宜优先采用余热、废热、可再生能源等作为热源，并合理配置辅助加热系统。

8.2 非传统水源利用

8.2.1 景观用水、绿化用水、车辆冲洗用水、道路浇洒用水、冲厕用水等不与人体接触的生活用水，宜采用市政再生水、雨水、建筑中水等非传统水源，且应达到相应的水质标准。有条件时应优先使用市政再生水。

8.2.2 非传统水源供水系统严禁与生活饮用水管道连接，必须采取下列安全措施：

  1 供水管道应设计涂色或标识，并应符合现行国家标准《建筑中水设计规范》GB 50336、《建筑与小区雨水利用工程技术规范》GB 50400 的要求；

  2 水池、水箱、阀门、水表及给水栓、取水口等均应采取防止误接、误用、误饮的措施。

8.2.3 使用非传统水源应采取下列用水安全保障措施，且不得对人体健康与周围环境产生不良影响：

  1 雨水、中水等非传统水源在储存、输配等过程中应有足够的消毒杀菌能力，且水质不得被污染；

  2 供水系统应设有备用水源、溢流装置及相关切换设施等；

  3 雨水、中水等在处理、储存、输配等环节中应采取安全防护和监测、检测控制措施；

  4 采用海水冲厕时，应对管材和设备进行防腐处理，污水应处理达标后排放。

8.2.4 应根据气候特点及非传统水源供应情况，合理规划人工景观水体规模，并进行水量平衡计算，人工景观水体的补充水不得使用自来水，应优先采用雨水作为补充水，并应采取下列水质及水量安全保障措施：

  1 场地条件允许时，采取湿地工艺进行景观用水的预处理和景观水的循环净化；

  2 采用生物措施净化水体，减少富营养化及水体腐败的潜在因素；

  3 可采用以可再生能源驱动的机械设施，加强景观水体的水力循环，增强水面扰动，破坏藻类的生长环境。

8.2.5 雨水入渗、积蓄、处理及利用的方案应通过技术经济比较后确定，并应符合下列规定：

  1 雨水收集利用系统应设置雨水初期弃流装置和雨水调节池，收集、处理及利用系统可与景观水体设计相结合；

  2 处理后的雨水宜用于空调冷却水补水、绿化、景观、消防等用水，水质应达到相应用途的水质标准。

8.3 供水系统

8.3.1 供水系统应节水、节能，并应采取下列措施：

  1 充分利用市政供水压力；高层建筑生活给水系统合理分区，各分区最低卫生器具配水点处的静水压不大于 0.45MPa；

  2 采取减压限流的节水措施，建筑用水点处供水压力不大于 0.2MPa。

8.3.2 热水用水量较小且用水点分散时，宜采用局部热水供应系统；热水用水量较大、用水点比较集中时，应采用集中热水供应系统，并应设置完善的热水循环系统。热水系统设置应符合下列规定：

  1 住宅设集中热水供应时，应干、立管循环；用水点出水温度达到 45℃ 的放水时间不应大于 15s；

  2 医院、旅馆等公共建筑用水点出水温度达到 45℃ 的放水时间不应大于 10s；

  3 公共浴室淋浴热水系统应采取节水措施。

8.4 节水措施

8.4.1 避免管网漏损应采取下列措施：

  1 给水系统中使用的管材、管件，必须符合现行国家标准的要求。管道和管件的工作压力不得大于产品标准标称的允许工作压力，管件与管道宜配套提供；

  2 选用高性能的阀门；

  3 合理设计供水系统，避免供水压力过高或压力骤变；

  4 选择适宜的管道敷设及基础处理方式。

8.4.2 卫生器具、水嘴、淋浴器等应符合现行行业标准《节水型生活用水器具》CJ 164 的要求。

8.4.3 绿化灌溉应采用喷灌、微灌等高效节水灌溉方式，并应符合下列规定：

  1 宜采用湿度传感器或根据气候变化调节的控制器；

  2 采用微灌方式时，应在供水管路的入口处设过滤装置。

8.4.4 水表应按照使用用途和管网漏损检测要求设置，并应符合下列规定：

  1 住宅建筑每个居住单元和景观、灌溉等不同用途的供水均应设置水表；

  2 公共建筑应对不同用途和不同付费单位的供水设置水表。

9 暖通空调

9.1 一般规定

9.1.1 暖通空调系统的形式，应根据工程所在地的地理和气候条件、建筑功能的要求，遵循被动措施优先、主动措施优化的原则合理确定。

9.1.2 暖通空调系统设计时，宜进行全年动态负荷和能耗变化的模拟，分析能耗与技术经济性，选择合理的冷热源和暖通空调系统形式。

9.1.3 暖通空调系统的设计，应结合工程所在地的能源结构和能源政策，统筹建筑物内各系统的用能情况，通过技术经济比较，选择综合能源利用率高的冷热源和空调系统形式，并宜优先选用可再生能源。

9.1.4 室内环境设计参数的确定应符合下列规定：

    1 除工艺要求严格规定外，舒适性空调室内环境设计参数应符合节能标准的限值要求；

    2 室内热环境的舒适性应考虑空气干球温度、空气湿度、空气流动速度、平均辐射温差和室内人员的活动与衣着情况；

    3 应采用符合室内空气卫生标准的新风量，选择合理的送、排风方式和流向，保持适当的压力梯度，有效排除室内污染与气味。

9.1.5 空调设备数量和容量的确定，应符合下列规定：

    1 应以热负荷、逐时冷负荷和相关水力计算结果为依据，确定暖通空调冷热源、空气处理设备、风水输送设备的容量；

    2 设备选择应考虑容量和台数的合理搭配，使系统在经常性部分负荷运行时处于相对高效率状态。

9.1.6 下列情况下宜采用变频调速节能技术：

    1 新风机组、通风机宜选用变频调速风机；

    2 变流量空调水系统的冷源侧，在满足冷水机组设备运行最低水量要求前提下，经技术经济比较分析合理时，宜采用变频调速水泵；

    3 在采用二次泵系统时，二次泵宜采用变频调速水泵；

    4 空调冷却塔风机宜采用变频调速型。

9.1.7 集中空调系统的设计，宜计算分析空调系统设计综合能效比，优化设计空调系统的冷热源、水系统和风系统。

9.2 暖通空调冷热源

9.2.1 在技术经济合理的情况下，建筑采暖、空调系统应优先选用电厂或其他工业余热作为热源。

9.2.2 暖通空调系统的设计宜通过计算或计算机模拟的手段优化冷热源系统的形式、容量和设备数量配置，并确定冷热源的运行模式。

9.2.3 在空气源热泵机组冬季制热运行性能系数低于1.8的情况下，不宜采用空气源热泵系统为建筑物供热。

9.2.4 在严寒和寒冷地区，集中供暖空调系统的热源不应采用直接电热方式，冬季不宜使用制冷机为建筑物提供冷量。

9.2.5 全年运行中存在供冷和供热需求的多联机空调系统宜采用热泵式机组。

9.2.6 当公共建筑内区较大，且冬季内区有稳定和足够的余热量，通过技术经济比较合理时，宜采用水环热泵空调系统。在建筑中同有供冷和供热要求的，当其冷、热需求基本匹配时，宜合并为同一系统并采用热回收型机组。

9.2.7 热水系统宜充分利用燃气锅炉烟气的冷凝热，采用冷凝热回收装置或冷凝式炉型。燃气锅炉宜选用配置比例调节燃烧控制的燃烧器。

9.2.8 根据当地的分时电价政策和建筑物暖通空调负荷的时间分布，经过经济技术比较合理时，宜采用蓄能形式的冷热源。

9.2.9 在夏季室外空气干燥的地区，经过计算分析合理时，宜采用蒸发式冷却技术去除建筑物室内余热。

9.3 暖通空调水系统

9.3.1 暖通空调系统供回水温度的确定应符合下列规定：

    1 除温、湿度独立调节系统外，电制冷空调冷水系统的供水温度不宜高于7℃，供回水温差不应小于5℃；

    2 当采用四管制空调水系统时，除利用太阳能热水、废热或热泵系统外，空调热水系统的供水温度不宜低于60℃，供回水温差不应小于10℃；

    3 当采用冰蓄冷空调冷源或有不高于4℃的冷水可利用，空调末端为全空气系统形式时，宜采用大温差空调冷水系统；

    4 当暖通空调的水系统供应距离大于300m，经过技术经济比较合理时，宜加大供回水温差。

9.3.2 空调水系统的设计应符合下列规定：

    1 除采用蓄冷蓄热水池和空气处理需喷水处理等情况外，空调冷热水均应采用闭式循环水系统；

    2 应根据当地的水质情况对水系统采取必要的过滤除污、防腐蚀、阻垢、灭藻、杀菌等水处理措施。

9.3.3 以蒸汽作为暖通空调系统及生活热水热源的汽水换热系统，蒸汽凝结水应回收利用。

9.3.4 旅馆、餐饮、医院、洗浴等生活热水耗量较大且稳定的场所，宜采用冷凝热回收型冷水机组，或采用空调冷却水对生活热水的补水进行预热。

9.3.5 利用室外新风在过渡季节和冬季不能全部消除室内余热、经过技术经济比较合理时，冬季可利用冷却水自然冷却制备空调用冷水。

9.3.6 民用建筑当采用散热器热水采暖时，应采用水容量大、热惰性好、外形美观、易于清洁的明装散热器。

9.4 空调通风系统

9.4.1 经技术经济比较合理时，新风宜经排风热回收装置进行预冷或预热处理。

9.4.2 当吊顶空间的净空高度大于房间净高的1/3时，房间空调系统不宜采用吊顶回风的形式。

9.4.3 在过渡季节和冬季，当部分房间有供冷需要时，应优先利用室外新风供冷。舒适性空调的全空气系统，应具备最大限度利用室外新风作冷源的条件。新风入口、过滤器等应按最大新风量设计，新风比可调节以满足增大新风量运行的要求。排风系统的设计和运行应与新风量的变化相适应。

9.4.4 通风系统设计宜综合利用不同功能的设备和管道。消防排烟系统和人防通风系统在技术合理、措施可靠的前提下，宜综合利用平时通风的设备和管道。

9.4.5 矩形空调通风干管的宽高比不宜大于4，且不应大于8；高层建筑同一空调通风系统所负担的楼层数量不宜超过10层。

9.4.6 吸烟室、复印室、打印室、垃圾间、清洁间等产生异味或污染物的房间，应设置机械排风系统，并应维持该类房间的负压状态。排风应直接排到室外。

9.4.7 室内游泳池空调应采用全空气空调系统，并应具备全新风运行功能；除夏热冬暖地区外，冬季排风应采取热回收措施，游泳池冷却除湿设备的冷凝热应回收用于加热空气或池水。

9.5 暖通空调自动控制系统

9.5.1 应对建筑采暖通风空调系统能耗进行分项、分级计量。在同一建筑中宜根据建筑的功能、物业归属等情况，分别对能耗进行计量。

9.5.2 冷热源中心应能根据负荷变化要求、系统特性或优化程序进行运行调节。

9.5.3 集中空调系统的多功能厅、展览厅、报告厅、大型会议室等人员密度变化相对较大的房间，宜设置二氧化碳检测装置，该装置宜联动控制室内新风量和空调系统的运行。

9.5.4 应合理选择暖通空调系统的手动或自动控制模式，并应与建筑物业管理制度相结合，根据使用功能实现分区、分时控制。

9.5.5 设置机械通风的汽车库，宜设一氧化碳检测和控制装置控制通风系统运行。

10 建筑电气

10.1 一般规定

10.1.1 在方案设计阶段应制定合理的供配电系统、智能化系统方案，合理采用节能技术和设备。

10.1.2 太阳能资源、风能资源丰富的地区，当技术经济合理时，宜采用太阳能发电、风力发电作为补充电力能源。

10.1.3 风力发电机的选型和安装应避免对建筑物和周边环境产生噪声污染。

10.2 供配电系统

10.2.1 对于三相不平衡或采用单相配电的供配电系统，应采用分相无功自动补偿装置。

10.2.2 当供配电系统谐波或设备谐波超出国家或地方标准的谐波限值规定时，宜对建筑内的主要电气和电子设备或其所在线路采取高次谐波抑制和治理，并应符合下列规定：

  1 当系统谐波或设备谐波超出谐波限值规定时，应对谐波源的性质、谐波参数等进行分析，有针对性地采取谐波抑制及谐波治理措施；

  2 供配电系统中具有较大谐波干扰的地点宜设置滤波装置。

10.2.3 10kV及以下电力电缆截面应结合技术条件、运行工况和经济电流的方法来选择。

10.3 照 明

10.3.1 应根据建筑的照明要求，合理利用天然采光。

  1 在具有天然采光条件或天然采光设施的区域，应采取合理的人工照明布置及控制措施；

  2 合理设置分区照明控制措施，具有天然采光的区域应能独立控制；

  3 可设置智能照明控制系统，并应具有随室外自然光的变化自动控制或调节人工照明照度的功能。

10.3.2 应根据项目规模、功能特点、建设标准、视觉作业要求等因素，确定合理的照度指标。照度指标为300 lx及以上，且功能明确的房间或场所，宜采用一般照明和局部照明相结合的方式。

10.3.3 除有特殊要求的场所外，应选用高效照明光源、高效灯具及其节能附件。

10.3.4 人员长期工作或停留的房间或场所，照明光源的显色指数不应小于80。

10.3.5 各类房间或场所的照明功率密度值，宜符合现行国家标准《建筑照明设计标准》GB 50034规定的目标值要求。

10.4 电气设备节能

10.4.1 变压器应选择低损耗、低噪声的节能产品，并应达到现行国家标准《三相配电变压器能效限定值及节能评价值》GB 20052中规定的目标能效限定值及节能评价值的要求。

10.4.2 配电变压器应选用[D，yn11]结线组别的变压器。

10.4.3 应采用配备高效电机及先进控制技术的电梯。自动扶梯与自动人行道应具有节能拖动及节能控制装置，并设置感应传感器以控制自动扶梯与自动人行道的启停。

10.4.4 当3台及以上的客梯集中布置时，客梯控制系统应具备按程序集中调控和群控的功能。

10.5 计量与智能化

10.5.1 根据建筑的功能、归属等情况，对照明、电梯、空调、给水排水等系统的用电能耗宜进行分项、分区、分户的计量。

10.5.2 计量装置宜集中设置，当条件限制时，宜采用远程抄表系统或卡式表具。

10.5.3 大型公共建筑应具有对公共照明、空调、给水排水、电梯等设备进行运行监控和管理的功能。

10.5.4 公共建筑宜设置建筑设备能源管理系统，并宜具有对主要设备进行能耗监测、统计、分析和管理的功能。

本规范用词说明

1 为便于在执行本规范条文时区别对待，对要求严格程度不同的用词说明如下：

　　1）表示很严格，非这样做不可的：
　　　　正面词采用"必须"，反面词采用"严禁"；
　　2）表示严格，在正常情况下均应这样做的：
　　　　正面词采用"应"，反面词采用"不应"或"不得"；
　　3）表示允许稍有选择，在条件许可时首先应这样做的：
　　　　正面词采用"宜"，反面词采用"不宜"；
　　4）表示有选择，在一定条件下可以这样做的，采用"可"。

2 条文中指明应按其他有关标准执行的写法为："应符合……的规定"或"应按……执行"。

引用标准名录

1 《建筑采光设计标准》GB/T 50033
2 《建筑照明设计标准》GB 50034
3 《民用建筑隔声设计规范》GB/T 50118
4 《工程结构可靠性设计统一标准》GB 50153
5 《城市居住区规划设计规范》GB 50180
6 《民用建筑工程室内环境污染控制规范》GB 50325
7 《建筑中水设计规范》GB 50336
8 《民用建筑设计通则》GB 50352
9 《绿色建筑评价标准》GB/T 50378
10 《建筑与小区雨水利用工程技术规范》GB 50400
11 《声环境质量标准》GB 3096
12 《建筑材料放射性核素限量》GB 6566
13 《室内装饰装修材料人造板及其制品中甲醛释放限量》GB 18580
14 《室内装饰装修材料溶剂木器涂料中有害物质限量》GB 18581
15 《室内装饰装修材料内墙涂料中有害物质限量》GB 18582
16 《室内装饰装修材料胶粘剂中有害物质限量》GB 18583
17 《室内装饰装修材料木家具中有害物质限量》GB 18584
18 《室内装饰装修材料壁纸中有害物质限量》GB 18585
19 《室内装饰装修材料聚氯乙烯卷材地板中有害物质限量》GB 18586
20 《室内装饰装修材料地毯、地毯衬垫及地毯用胶粘剂中有害物质释放限量》GB 18587
21 《室内装饰装修材料混凝土外加剂释放氨的限量》GB 18588
22 《三相配电变压器能效限定值及节能评价值》GB 20052
23 《节水型生活用水器具》CJ 164

中华人民共和国行业标准

民用建筑绿色设计规范

JGJ/T 229—2010

条 文 说 明

制 定 说 明

《民用建筑绿色设计规范》JGJ/T 229 - 2010 经住房和城乡建设部 2010 年 11 月 17 日以第 806 号公告批准、发布。

本规范制定过程中，编制组进行了广泛的调查研究，总结了我国绿色建筑的实践经验，同时参考了国外先进技术法规、技术标准。

为便于广大设计、施工、科研、学校等单位有关人员在使用本规范时能正确理解和执行条文规定，《民用建筑绿色设计规范》编制组按章、节、条顺序编制了本标准的条文说明，对条文规定的目的、依据以及执行中需注意的有关事项进行了说明。但是，本条文说明不具备与标准正文同等的法律效力，仅供使用者作为理解和把握标准规定的参考。

目　次

1 总则 ································ 60—18
3 基本规定 ···························· 60—18
4 绿色设计策划 ······················ 60—19
　4.1 一般规定 ························ 60—19
　4.2 策划内容 ························ 60—20
5 场地与室外环境 ····················· 60—20
　5.1 一般规定 ························ 60—20
　5.2 场地要求 ························ 60—21
　5.3 场地资源利用与生态环境保护 ···· 60—21
　5.4 场地规划与室外环境 ············· 60—22
6 建筑设计与室内环境 ················ 60—24
　6.1 一般规定 ························ 60—24
　6.2 空间合理利用 ··················· 60—25
　6.3 日照和天然采光 ················· 60—25
　6.4 自然通风 ························ 60—26
　6.5 围护结构 ························ 60—27
　6.6 室内声环境 ······················ 60—27
　6.7 室内空气质量 ··················· 60—28
　6.8 工业化建筑产品应用 ············ 60—29
　6.9 延长建筑寿命 ··················· 60—30
7 建筑材料 ···························· 60—30
　7.1 一般规定 ························ 60—30
　7.2 节材 ···························· 60—31
　7.3 选材 ···························· 60—31
8 给水排水 ···························· 60—34
　8.1 一般规定 ························ 60—34
　8.2 非传统水源利用 ················· 60—35
　8.3 供水系统 ························ 60—36
　8.4 节水措施 ························ 60—36
9 暖通空调 ···························· 60—36
　9.1 一般规定 ························ 60—36
　9.2 暖通空调冷热源 ················· 60—38
　9.3 暖通空调水系统 ················· 60—38
　9.4 空调通风系统 ··················· 60—38
　9.5 暖通空调自动控制系统 ·········· 60—39
10 建筑电气 ··························· 60—39
　10.1 一般规定 ······················· 60—39
　10.2 供配电系统 ····················· 60—40
　10.3 照明 ··························· 60—40
　10.4 电气设备节能 ··················· 60—41
　10.5 计量与智能化 ··················· 60—42

1 总 则

1.0.1 建筑活动是人类对自然资源、环境影响最大的活动之一。我国正处于经济快速发展阶段,资源消耗总量逐年迅速增长,环境污染形势严峻,因此,必须牢固树立和认真落实科学发展观,坚持可持续发展理念,大力发展低碳经济,在建筑行业推进绿色建筑的发展。建筑设计是建筑全寿命周期的一个重要环节,它主导了建筑从选材、施工、运营、拆除等环节对资源和环境的影响,制定本规范的目的是从规划设计阶段入手,规范和指导绿色建筑的设计,推进建筑行业的可持续发展。

1.0.2 本规范不仅适用于新建民用建筑的绿色设计,同时也适用于改建和扩建民用建筑的绿色设计。既有建筑的改建和扩建有利于充分发掘既有建筑的价值、节约资源、减少对环境的污染,在中国既有建筑的改造具有很大的市场,绿色建筑的理念也应当应用到既有建筑的改造中去。

1.0.3 建筑从建造、使用到拆除的全过程,包括原材料的获取,建筑材料与构配件的加工制造,现场施工与安装,建筑的运行和维护,以及建筑最终的拆除与处置,都会对资源和环境产生一定的影响。关注建筑的全寿命周期,意味着不仅在规划设计阶段充分考虑保护并利用环境因素,而且确保施工过程中对环境的影响最低,运营阶段能为人们提供健康、舒适、低耗、无害的活动空间,拆除后又对环境危害降到最低。

绿色建筑要求在建筑全寿命周期内,在满足建筑功能的同时,最大限度地节能、节地、节水、节材与保护环境。处理不当时这几者会存在彼此矛盾的现象,如为片面追求小区景观而过多地用水,为达到节能的单项指标而过多地消耗材料,这些都是不符合绿色建筑理念的;而降低建筑的功能要求、降低适用性,虽然消耗资源少,也不是绿色建筑所提倡的。节能、节地、节水、节材、保护环境及建筑功能之间的矛盾,必须放在建筑全寿命周期内统筹考虑与正确处理,同时还应重视信息技术、智能技术和绿色建筑的新技术、新产品、新材料与新工艺的应用。绿色建筑最终应能体现出经济效益、社会效益和环境效益的统一。

绿色建筑最终的目的是要实现与自然和谐共生,建筑行为应尊重和顺应自然,绿色建筑应最大限度地减少对自然环境的扰动和对资源的耗费,遵循健康、简约、高效的设计理念。

1.0.4 符合国家的法律法规与相关标准是进行建筑绿色设计的必要条件。本规范未全部涵盖通常建筑物所应有的功能和性能要求,而是着重提出与绿色建筑性能相关的内容,主要包括节能、节地、节水、节材与保护环境等方面。因此建筑的基本要求,如结构安全、防火安全等要求不列入本规范。设计时除应符合本规范要求外,还应符合国家现行的有关标准的规定。

3 基 本 规 定

3.0.1 绿色建筑是在全寿命周期内兼顾资源节约与环境保护的建筑,绿色设计应追求在建筑全寿命周期内,技术经济的合理和效益的最大化。为此,需要从建筑全寿命周期的各个阶段综合评估建筑场地、建筑规模、建筑形式、建筑技术与投资之间的相互影响,综合考虑安全、耐久、经济、美观、健康等因素,比较、选择最适宜的建筑形式、技术、设备和材料,应避免过度追求奢华的形式或配置。

3.0.2 绿色设计过程中应以共享、平衡为核心,通过优化流程、增加内涵、创新方法实现集成设计,全面审视、综合权衡设计中每个环节涉及的内容,以集成工作模式为业主、工程师和项目其他关系人创造共享平台,使技术资源得到高效利用。

绿色设计的共享有两个方面的内涵:第一是建筑设计的共享,建筑设计是共享参与的过程,在设计的全过程中要体现权利和资源的共享,关系人共同参与设计。第二是建筑本身的共享,建筑本是一个共享平台,设计的结果是要使建筑本身为人与人、人与自然、物质与精神、现在与未来的共享提供一个有效、经济的交流平台。

实现共享的基本方法是平衡,没有平衡的共享可能会造成混乱。平衡是绿色建筑设计的根本,是需求、资源、环境、经济等因素之间的综合选择。要求建筑师在建筑设计时改变传统设计思想,全面引入绿色理念,结合建筑所在地的特定气候、环境、经济和社会等多方面的因素,并将其融合在设计方法中。

集成包括集成的工作模式和技术体系。集成工作模式衔接业主、使用者和设计师,共享设计需求、设计手法和设计理念。不同专业的设计师通过调研、讨论、交流的方式在设计全过程捕捉和理解业主和(或)使用者的需求,共同完成创作和设计,同时达到技术体系的优化和集成。

绿色设计强调全过程控制,各专业在项目的每个阶段都应参与讨论、设计与研究。绿色设计强调以定量化分析与评估为前提,提倡在规划设计阶段进行如场地自然生态系统、自然通风、日照与天然采光、围护结构节能、声环境优化等多种技术策略的定量化分析与评估。定量化分析往往需要通过计算机模拟、现场检测或模型实验等手段来完成,这样就增加了对各类设计人员特别是建筑师的专业要求,传统的专业分工的设计模式已经不能适应绿色建筑的设计要求。因此,绿色建筑设计是对现有设计管理和运作模式的创造性变革，是具备综合专业技能的人员、团队或专业咨询机构的共同参与，并充分体现信息技术成果的过程。

绿色设计并不忽视建筑学的内涵，尤为强调从方案设计入手，将绿色设计策略与建筑的表现力相结合，重视建筑的精神功能和社会功能，重视与周边建筑和景观环境的协调以及对环境的贡献，避免沉闷单调或忽视地域性和艺术性的设计。

3.0.3 我国地域辽阔，不同地区的气候、地理环境、自然资源、经济发展与社会习俗等都存在差异。绿色建筑重点关注建筑行为对资源和环境的影响，因此绿色建筑的设计应注重地域性特点，因地制宜、实事求是，充分分析建筑所在地域的气候、资源、自然环境、经济、文化等特点，考虑各类技术的适用性，特别是技术的本土适宜性。设计时应因地制宜、因势利导地控制各类不利因素，有效利用对建筑和人的有利因素，以实现极具地域特色的绿色建筑设计。

绿色设计还应吸收传统建筑中适应生态环境、符合绿色建筑要求的设计元素、方法乃至建筑形式，采用传统技术、本土适宜技术实现具有中国特色的绿色建筑。

3.0.4 建筑设计是建筑全寿命周期中最重要的阶段之一，它主导了后续建筑活动对环境的影响和资源的消耗，因此在设计阶段应进行绿色设计策划。设计策划是对建筑设计进行定义的阶段，是发现并提出问题的阶段。方案设计阶段又是设计的首要环节，对后续设计具有主导作用，方案设计阶段需要结合策划提出的目标确定设计方案，因此最好在规划和单体方案设计阶段进行设计策划。如果在设计的后期才开始绿色设计，很容易陷入简单的产品和技术的堆砌，并不得不以高成本、低效益作为代价。因此，在方案设计阶段进行绿色建筑设计策划是很有必要的。

策划规定或论证了项目的设计规模、性质、内容和尺度，其结论是后续设计的依据。不同的策划结论，会对同一项目带来不同的设计思想甚至空间内容，甚至建成之后会引发人们在使用方式、价值观念、经济模式上的变更以及新文化的创造。

在设计的前期进行绿色设计策划，可以通过统筹考虑项目自身的特点和绿色建筑的理念，在对各种技术方案进行技术经济性的统筹对比和优化的基础上，达到合理控制成本、实现各项指标的目的。

3.0.5 在方案和初步设计阶段的设计文件中，通过绿色设计专篇对采用的各项技术进行比较系统的分析与总结；在施工图设计文件中注明对项目施工与运营管理的要求和注意事项，会引导设计人员、施工人员以及使用者关注设计成果在项目的施工、运营管理阶段的有效落实。

绿色设计专篇中一般包括下列内容：

1 工程的绿色目标与主要策略；

2 符合绿色施工的工艺要求；

3 确保运行达到绿色建筑设计目标的使用说明书。

3.0.6 随着建筑技术的不断发展，绿色建筑的实现手段更趋多样化，层出不穷的新技术和适宜技术促进了绿色建筑综合效益的提高，包括经济效益、社会效益和环境效益。因此，在提高建筑经济效益、社会效益和环境效益的前提下，绿色建筑鼓励结合项目特征在设计方法、新技术利用与系统整合等方面进行创新设计，如：

1 有条件时，优先采用被动措施实现设计目标；

2 各专业宜利用现代信息技术协同设计；

3 通过精细化设计提升常规技术与产品的功能；

4 新技术应用应进行适宜性分析；

5 设计阶段宜定量分析并预测建筑建成后的运行状况，并设置监测系统。

当然，在设计创新的同时，应保证建筑整体功能的合理落实，同时确保结构、消防等基本安全要求。

4 绿色设计策划

4.1 一般规定

4.1.1 绿色设计策划的目的是指明绿色设计的方向，预见并提出设计过程中可能出现的问题，完善建筑设计的内容，将总体规划思想科学地贯彻到设计中去，以达到预期的目标。

绿色设计策划的成果将直接决定下一阶段方案设计策略的选择，对于优化绿色建筑设计方案至关重要。

绿色设计策划时宜提倡采用本土、适宜的技术，提倡采用性能化、精细化与集成化的设计方法，对设计方案进行定量验证、优化调整与造价分析，保证在全寿命周期内经济技术合理的前提下，有效控制建设工程的投资。

绿色建筑强调资源的节约与高效利用。过大的建筑面积设置、不必要的功能布置，造成空间闲置，以及设施、设备的过分高端配置等都是对资源的浪费，也是建筑在运行过程中资源消耗大、效率低的重要原因。而这些问题往往可以在策划阶段得到解决。

4.1.2 设计策划目标的确定和实现，需要建筑全寿命周期内所有利益相关方的积极参与，需综合平衡各阶段、各因素的利益，积极协调各参与方、各专业之间的关系。通过组建"绿色团队"确立项目目标，是实现绿色建筑最基础的步骤。

"绿色团队"的组成可包括建筑开发商、业主、建筑师、工程师、咨询顾问、承包商等。传统的设计流程，是由每个成员完成他们的职责，然后传递给下一家。而在绿色建筑设计中，应从分阶段、划区块的工作模式，转换到多学科融合的工作模式，"绿色团队"成员要在充分理解绿色建筑目标的基础上协调一致，确保项目目标的完整实现。

4.2 策划内容

4.2.1 绿色设计策划阶段的基本流程如图1所示：

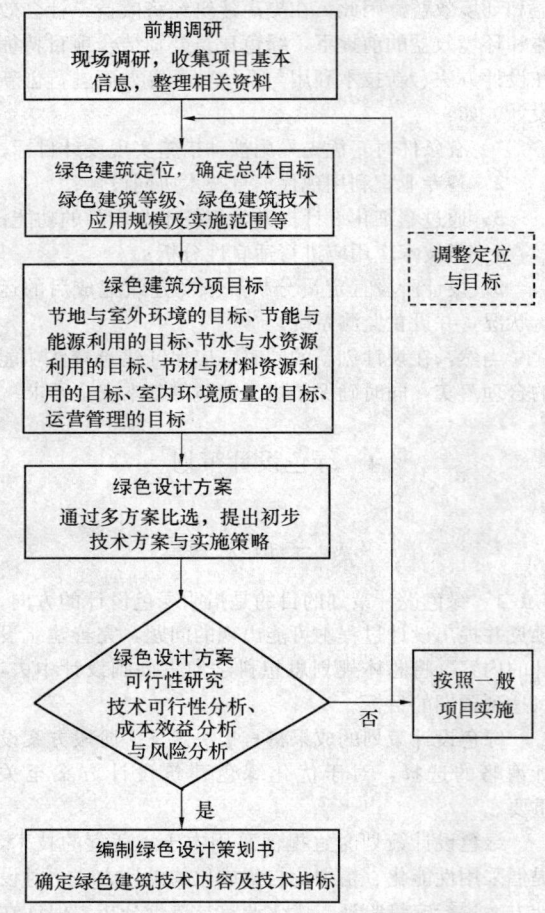

图1 绿色设计策划流程图

绿色设计策划是设计团队知识管理和创新增值的过程。通过策划，可以对项目开发中的各个方面进行充分调查和研究，为项目目标的实现提供解决途径。

4.2.2 绿色设计前期调研的主要目的是了解项目所处的自然环境、建设环境（能源、资源、基础设施）、市场环境以及建筑环境等，结合政策环境与宏观经济环境，为项目的定位和目标的确定提供支撑。

绿色设计前期调研工作的主要内容包括市场调查、场地分析和对开发企业或业主的调查等。首先对用地环境进行分析与研究，包括场地状况、周边环境、道路交通等，由此得出绿色设计策划的环境分析，包括人流、绿地构成及与周边道路的关系等；其次进行市场环境分析与研究，并考虑市场需求，使策划具有市场适应性。

4.2.3 确定绿色建筑的目标与定位，是建设单位和设计师们面临的首要任务，是实现绿色建筑的第一步。绿色建筑目标包括总体目标和分项目标。

绿色建筑总体目标和定位主要取决于自然条件（如地理、气候与水文等）、社会条件（如经济发展水平、文化教育与社会认识等）、项目的基础条件（是否满足国家绿色建筑评价标准控制项要求）等方面。项目的总体目标应满足绿色建筑的基本内涵，项目的规模、组成、功能和标准应经济适宜。

在明确绿色建筑建设的总体目标后，可进一步确定符合项目特征的节能率、节水率、可再生能源利用率、绿地率及室内外环境质量等分项目标，为下一步的技术方案的确定提供基础。

4.2.4 明确绿色建筑建设目标后，应进一步确定节地、节能、节水、节材、室内环境和运营管理等指标值，确定被动技术优先原则下的绿色建筑方案，采用适宜、集成的技术体系，选择合适的设计方法和产品。

优先通过场地生态规划、建筑形态与平面布局优化等规划设计手段和被动技术策略，利用场地与气候特征，实现绿色建筑性能的提升；无法通过规划设计手段和被动技术策略实现绿色建筑目标时，可考虑增加高性能的建筑产品和设备的使用。

应基于保证场地安全、保持场地及周边生态平衡、维持生物多样性、保护文化遗产等原则，判断场地内是否存在不适宜建设的区域。当需要在不适宜建设的区域进行项目建设时，应采取相应措施进行调整、恢复或补偿场地及周边地区原有地形、地物与生态系统。

4.2.5 在确定绿色设计技术方案时，应进行经济技术可行性分析，包括技术可行性、成本效益和风险等分析与评估。首先，可将方案与绿色建筑相关认证控制项或相关强制要求一一对比，审查项目有无成为绿色建筑的可能性，可根据需要编制并填写绿色设计可行性控制表。如果初步判断不满足，可寻求解决方案并分析解决方案的成本或调整设计目标。

其次，应进行技术方案的成本效益和风险分析，对于投资回收期较长和投资额度较大的技术方案应充分论证。当然，分析时应兼顾经济效益、环境效益和社会效益，不能只关注某一方面效益而使得项目存在潜在风险。风险评估一般包括政策风险、经济风险、技术风险、组织管理风险等的评估。

5 场地与室外环境

5.1 一般规定

5.1.2 场地资源包括自然资源、生物资源、市政基础设施和公共服务设施等。

为实现场地和建筑的可持续运营的要求，需要确定场地的资源条件是否能够满足预定的场地开发强度。场地资源条件对开发强度的影响包括：周边城市地下空间规划（管沟、地铁等地下工程）对场地地下空间的开发限制；地下水条件对建筑地源热泵技术应用的影响；雨水涵养利用对场地绿化的要求；城市交通条件对建筑容量的限制；动植物生存环境对建筑场地的要求等。

5.1.3 土地的不合理利用导致土地资源的浪费，为了促进土地资源的节约和集约利用，鼓励提高场地的空间利用效率，可采取适当开发地下空间、充分利用绿地等开放空间滞蓄、渗透和净化雨水等方式提高土地空间利用效率。应积极实现公共服务设施和市政基础设施的共享，减少重复建设，降低资源能源消耗。鼓励制定相关激励政策，开放场地内绿地等空间作为城市公共活动空间。在新建区域宜设置市政共同管沟，统一规划开发利用地下空间实现区域设施资源共享和可持续开发。

5.1.4 场地规划应考虑建筑布局对建筑室外风、光、热、声、水环境和场地内外动植物等环境因素的影响，考虑建筑周围及建筑与建筑之间的自然环境、人工环境的综合设计布局，考虑场地开发活动对当地生态系统的影响。

生态补偿是指对场地整体生态环境进行改造、恢复和建设，以弥补开发活动引起的不可避免的环境变化影响。室外环境的生态补偿重点是改造、恢复场地自然环境，通过采取植物补偿等措施，改善环境质量，减少自然生态系统对人工干预的依赖，逐步恢复系统自身的调节功能并保持系统的健康稳定，保证人工-自然复合生态系统的良性发展。

5.2 场地要求

5.2.1 选择已开发用地或利用废弃地，是节地的首选措施。废弃地包括不可建设用地（由于各种原因未能使用或尚不能使用的土地，如裸岩、石砾地、陡坡地、塌陷地、盐碱地、沙荒地、沼泽地、废窑坑等）、仓库与工厂弃置地等。利用废弃地前，应对原有场地进行检测并作相应处理后方可使用。

5.2.2 对原有的工业用地、垃圾填埋场等场地进行再生利用时，应提供场地检测与再利用评估报告，为场地改造措施的选择和实施提供依据。

5.2.3 市政基础设施应包括供水、供电、供气、通信、道路交通和排水排污等基本市政条件。应根据市政条件进行场地建设容量的复核，建设容量的指标包括城市空间、紧急疏散空间、交通流量等。如果复核后不满足条件，应与上层规划条件的编制和审批单位进行协调，保障场地的可持续发展。

5.2.4 风切变（WindShear）简单的定义是空间任意两点之间风向和风速的突然变化，属于气象学范畴的一种大气现象。除了大气运动本身的变化所造成的风切变外，地理、环境因素也容易造成风切变，或由两者综合形成。这里的地理、环境因素主要是指山地地形、水陆界面、高大建筑物、成片树林与其他自然的和人为的因素，这些因素也能引起风切变现象。其风切变状况与当时的盛行风状况（方向和大小）有关，也与山地地形的大小和复杂程度、场地迎风背风位置、水面的大小和建筑场地离水面的距离、建筑物的大小和外形等有关。一般山地高差大、水域面积大、建筑物高大，不仅容易产生风切变，而且其强度也较大。

5.2.5 场地环境质量包括大气质量、噪声、电磁辐射污染、放射性污染和土壤氡浓度等，应通过调查，明确相关环境质量指标。当相关指标不符合现行国家标准要求时，应采取相应措施，并对措施的可操作性和实施效果进行评估。

与土壤氡浓度的测定、防护、控制相关的国家标准为《民用建筑工程室内环境污染控制规范》GB 50325，该规范 4.1.1 条规定"新建、扩建的民用建筑工程设计前，必须进行建筑场地土壤中氡浓度的测定，并提供相应的检测报告"；在 4.2 节中提出了民用建筑工程地点土壤中氡浓度的测定方法及防氡措施。

5.3 场地资源利用与生态环境保护

5.3.1 应对可利用的自然资源进行勘察，包括地形、地貌和地表水体、水系以及雨水资源等。应对自然资源的分布状况、利用和改造方式进行技术经济评价，为充分利用自然资源提供依据。

1 保持和利用原有地形，尽量减少开发建设过程对场地及周边环境生态系统的改变，包括原有植被和动物栖息环境。

2 建设场地应避免靠近水源保护区；应尽量保护并利用原有场地水面。在条件许可时，尽量恢复场地原有河道的形态和功能。场地开发不能破坏场地与周边原有水系的关系，尽量维持原有水文条件，保护区域生态环境。

3 应保护并利用场地浅层土壤资源和植被资源。场地表层土的保护和回收利用是土壤资源保护、维持生物多样性的重要方法之一。

4 充分利用场地及周边已有的市政基础设施和绿色基础设施，可减少基础设施投入，避免重复投资。应调查分析周边地区公共服务设施的数量、规模和服务半径，避免重复建设，提高公共服务设施的利用效率和服务质量。

5 保证雨水能自然渗透涵养地下水，合理规划地下空间的开发利用。

5.3.2 应对可资利用的可再生能源进行勘察，包括太阳能、风能、地下水、地热能等。应对资源分布状况和资源利用进行技术经济评价，为充分利用可再生能源提供依据。

利用地下水应通过政府相关部门的审批，应保持原有地下水的形态和流向，不得过量使用地下水，避免造成地下水位下降或场地沉降。

场地建筑规划设计，不仅应符合国家相关的日照标准要求，还应为太阳能热利用和光伏发电提供有利条件。太阳能利用应防止建筑物的相互遮挡、自遮挡、局部热环境和集热器或电池板表面积灰等因素对利用效率的影响。应对太阳能资源利用的区域适应性、季节平衡等进行定量评估。

利用风能发电时应进行风能利用评估，包括选择适宜的风能发电技术、评估对场地声环境和动物生存环境的影响等。

5.3.3 生物资源包括动物资源、植物资源、微生物资源和生态湿地资源。场地规划应因地制宜，与周边自然环境建立有机共生关系，保持或提升场地及周边地区的生物多样性指标。

5.3.4 雨洪控制利用是生态景观设计的重要内容，即充分利用河道、景观水体和绿化空间的容纳功能，通过场地竖向设计和不同季节的水位控制，减少市政雨洪排放压力，也为雨水利用、渗透地下提供可能。另外，通过充分利用开放的绿地空间滞蓄、渗透和净化雨水可提高土地利用效率。

5.3.5 旧城改造和城镇化进程中，既有建筑的保护和利用规划是节能减排的重要内容之一，也是保护建筑文化和生态文明的重要措施之一。大规模拆迁重建与绿色建筑的理念是矛盾的。

5.3.6 场地内的建筑垃圾和生活垃圾包括开发建设过程和建筑运营过程中产生的垃圾。分类收集是回收利用的前提。

5.4 场地规划与室外环境

5.4.1 应根据室外环境最基本的照明要求进行室外照明规划及场地和道路照明设计。建筑物立面、广告牌、街景、园林绿地、喷泉水景、雕塑小品等景观照明的规划，应根据道路功能、所在位置、环境条件等确定景观照明的亮度水平，同一条道路上的景观照明的亮度水平宜一致；重点建筑照明的亮度水平及其色彩应与园林绿地、喷泉水景、雕塑小品等景观照明亮度以及它们之间的过渡空间亮度水平应协调。

在运动场地和道路照明的灯具选配时，应分析所选用的灯具的光强分布曲线，确定灯具的瞄准角（投射角、仰角），控制灯具直接射向空中的光线及数量。建筑物立面采用泛光照明时应考核所选用的灯具的配光是否合适，设置位置是否合理，投射角度是否正确，预测有多少光线溢出建筑物范围以外。还应考核建筑物立面照明所选用的标准是否合适。场地和道路照明设计中，所选用的路灯和投光灯的配光、挡光板设置、灯具的安装高度、设置位置、投光角度等都可

能会对周围居住建筑窗户上的垂直照度产生眩光影响，需要通过分析研究确定。

玻璃幕墙所产生的有害光反射，是白天光污染的主要来源，应考虑所选用的玻璃产品、幕墙的设计、组装和安装、玻璃幕墙的设置位置等是否合适，并应符合《玻璃幕墙光学性能》GB/T 18091 的规定。

5.4.2 建筑布局不仅会产生二次风，还会严重地阻碍风的流动，在某些区域形成无风区或涡旋区，这对于室外散热和污染物排放是非常不利的，应尽量避免。

建筑布局采用行列式、自由式或采用"前低后高"和有规律地"高低错落"，有利于自然风进入到小区深处，建筑前后形成压差，促进建筑自然通风。当然具体工程中最好采用计算机模拟手段优化设计。

计算机模拟辅助设计是解决建筑复杂布局条件下风环境评估和预测的有效手段。实际工程中应采用可靠的计算机模拟程序，合理确定边界条件，基于典型的风向、风速进行建筑风环境模拟，并达到下列要求：

1 在建筑物周围行人区 1.5m 处风速小于 5m/s；

2 冬季保证建筑物前后压差不大于 5Pa；

3 夏季保证 75% 以上的板式建筑前后保持 1.5Pa 左右的压差，避免局部出现旋涡或死角，从而保证室内有效的自然通风。

由于风向风速的统计方法十分复杂，尚无典型风环境气象条件的定义可循，国外进行风环境模拟时多采用风速风向联合概率密度作为依据，因此，如果能取得当地冬季、夏季和过渡季各季风速风向联合概率密度数据时，可选用此数据作为场地风环境典型气象条件。若无法取得风速风向联合概率密度数据时，可选取当地的冬季、夏季和过渡季各季中月平均风速最大月的风向风速作为场地风环境典型气象条件。

关于风环境模拟，建议参考 COST（欧洲科技研究领域合作组织）和 AIJ（日本建筑学会）风工程研究小组的研究成果进行模拟，具体要求如下：

1 计算区域：建筑覆盖区域小于整个计算域面积 3%；以目标建筑为中心，半径 $5H$ 范围内为水平计算区域。建筑上方计算区域要大于 $3H$；

2 模型再现区域：目标建筑边界 H 范围内应以最大的细节要求再现；

3 网格划分：建筑的每一边人行区 1.5m 或 2m 高度应划分 10 个网格或以上；重点观测区域要在地面以上第 3 个网格和更高的网格以内；

4 入口边界条件：给定入口风速的分布（梯度风）进行模拟计算，有可能的情况下入口的 k/e 也应采用分布参数进行定义；

5 地面边界条件：对于未考虑粗糙度的情况，采用指数关系式修正粗糙度带来的影响；对于实际建筑的几何再现，应采用适应实际地面条件的边界

条件；对于光滑壁面应采用对数定律。

5.4.3 根据不同类别的居住区，要求对场地周边的噪声现状进行检测，并对规划实施后的环境噪声进行预测，使之符合国家标准《声环境质量标准》GB 3096中对于不同类别住宅区环境噪声标准的规定（见表1）。对于交通干线两侧的居住区域，应满足白天$LA_{eq}\leqslant 70dB$（A），夜间$LA_{eq}\leqslant 55dB$（A）。当不能满足时，需要在临街建筑外窗和围护结构等方面采取额外的隔声措施。

表1 不同区域环境噪声标准

类别	0类	1类	2类	3类	4类
昼间（dB）	50	55	60	65	70
夜间（dB）	40	45	50	55	55

注：0类——疗养院、高级别墅区、高级旅馆；
　　1类——居住、文化机关为主的区域；
　　2类——居住、商业、工业混杂区；
　　3类——工业区；
　　4类——城市中的道路干线两侧区域。

总平面规划中应注意噪声源及噪声敏感建筑物的合理布局，注意不把噪声敏感性高的居住用建筑安排在临近交通干道的位置，同时确保不会受到固定噪声源的干扰。通过对建筑朝向、位置及开口的合理布置，降低所受外部环境噪声影响。

临街的居住和办公建筑的室内声环境应符合国家标准《民用建筑隔声设计规范》GB/T 50118中规定的室内噪声标准。采用适当的隔离或降噪措施，如道路声屏障、低噪声路面、绿化降噪、限制重载车通行等隔离和降噪措施，减少环境噪声干扰。对于可能产生噪声干扰的固定的设备噪声源采取隔声和消声措施，降低其环境噪声。

当拟建噪声敏感建筑不能避开临近交通干线，或不能远离固定的设备噪声源时，应采取措施来降低噪声干扰。

声屏障是指在声源与接收者之间插入的一个设施，使声波的传播有一个显著的附加衰减，从而减弱了接收者所在一定区域内的噪声影响。

声屏障主要用于高速公路、高架桥道路、城市轻轨地铁以及铁路等交通市政设施中的降噪处理，也可应用于工矿企业和大型冷却设备等噪声源的降噪处理。采用声屏障时应保证建筑处于声屏障有效屏蔽范围内。

5.4.4 地面铺装材料的反射率对建设用地内的室外平均辐射温度有显著影响，从而影响室外热舒适度，同时地面反射会影响周围建筑物的光、热环境。

屋顶材料的反射率同样对建设用地内的室外平均辐射温度产生显著影响，从而影响室外热舒适度。另外，低层建筑的屋面反射还会影响周围建筑物的光、热环境。因此，需要根据建筑的密度、高度和布局情况，选择地面铺装材料和屋面材料，以保证良好的局部微气候。

绿化遮阳是有效的改善室外微气候和热环境的措施，植物的搭配选择应避免对建筑室内和室外活动区的自然通风和视野产生不利影响。

水景的设置可有效降低场地热岛。水景在场地中的位置与当地典型风向有关，避免将水景放在夏季风向的下风区和冬季风向的上风区。水景设计和植物种类选择应有机搭配。

可通过计算机模拟手段进行室外景观园林设计对热岛的影响分析，这项工作应由景观园林师和工程师合作完成，以便指导设计。

5.4.5 场地交通设计应处理好区域交通与内部交通网络之间的关系，场地附近应有便利的公共交通系统；规划建设用地内应设置便捷的自行车停车设施；交通规划设计应遵循环保原则。

道路系统应分等级规划，避免越级连接，保证等级最高的道路与区域交通网络联系便捷。

建设用地周围至少有一条公共交通线路与城市中心区或其他主要交通换乘站直接联系。场地出入口到邻近公交站点的距离控制在合理范围（500m）内。

5.4.6 水景的设计应从科学、合理的生态原则出发，充分考虑场地的情况，合理确定水景规模及形式，从驳岸、自然水底、水生植物、水生动物等各角度综合考虑，进行优化设计，例如用缓坡植被驳岸取代硬质堤岸，恢复水岸的生态环境；尽可能采用自然池底；种植水生植物；充分利用雨水及再生水等。

场地绿化的连续性是指绿地系统的水平生态过程和垂直生态过程的连续性。水平生态过程的连续性是指要把分散绿地组成一个连贯的绿化生态走廊，与周边自然环境建立有机共生关系，保持或提升场地及周边地区的生物多样性指标。垂直生态过程的连续性是指同一绿地单元，不同植物之间的互相协调和联系，注重垂直方向上植物群落林缘线的分布，采用健康、稳定的乔木、灌木、藤本、地被复层绿化组合，增强垂直生态过程的连续性和稳定性。因此，场地绿化的连续性设计要结合城市规划、场地布局和场地交通系统等进行合理安排，使大地景观形成一个有机的系统，构成统一的绿化体系。

乡土植物，指本地区原有天然分布或长期生长于本地、适应本地自然条件并融入本地自然生态系统的植物。

植物种类的选择与当地气候条件，如温度、湿度、降雨量等有关；还与场地种植条件，如原土场地条件、地下工程上方的覆土层厚度、种植方式、种植位置等有关。

就种植位置而言，垂直绿化植物材料的选择应考虑不同习性的攀援植物对环境条件的不同要求，结合攀援植物的观赏效果和功能要求进行设计，并创造满足其生长的条件。屋顶绿化的植物选择应根据屋顶绿化形式，选择维护成本较低、适应屋顶环境的植物材料；生态水景中水生植物的选择应根据场地微气候条件，选择具有良好的生态适应能力和生态营建功能的植物。

种植设计应满足场地使用功能的要求。如，室外活动场地宜选用高大乔木，枝下净空不低于2.2m，且夏季乔木蔽荫面积宜大于活动范围的50%；停车场宜选用高大乔木蔽荫，树木种植间距应满足车位、通道、转弯、回车半径的要求，场地内种植池宽度应大于1.5m，并应设置保护措施。

种植设计应满足安全距离的要求。如，植物种植位置与建筑物、构筑物、道路和地下管线、高压线等设施的距离应符合相关要求。

种植设计应满足绿化效果的要求。如，集中绿地应栽植多种类型植物，采用乔、灌、草复层绿化。上下层植物的配置应符合植物的生态习性要求，优化草、灌木的位置和数量，增加乔木的数量。

6 建筑设计与室内环境

6.1 一般规定

6.1.1 绿色建筑的建筑设计非常重要。设计时应根据场地条件和当地的气候条件，在满足建筑功能和美观要求的前提下，通过优化建筑外形和内部空间布局以及优先采用被动式的构造措施，为提高室内舒适度并降低建筑能耗提供前提条件。

如何优化建筑外形和内部空间布局以及采用被动式的天然采光、自然通风、保温、隔热、遮阳等构造措施，可以通过定性分析的手段来判断，更科学的则是采用计算机模拟的定量分析手段。条件许可时，可进行全年动态负荷变化的模拟，优化建筑外形和内部空间布局设计。

采用计算机的全年动态负荷模拟的方法目前已经基本成熟，但还有待完善。应该鼓励绿色建筑，尤其是规模较大、目标级别较高的绿色建筑在建筑设计阶段就引入计算机全年动态负荷模拟，一方面有利于绿色建筑节能指标的提高，另一方面也有利于全年动态负荷模拟方法的不断完善。

6.1.2 建筑朝向的选择，涉及当地气候条件、地理环境、建筑用地情况等，必须全面考虑。选择的总原则是：在节约用地的前提下，冬季争取较多的日照，夏季避免过多的日照，并有利于形成自然通风。建筑朝向应结合各种设计条件，因地制宜地确定合理的范围，以满足生产和生活的需求。表2是我国部分地区建议建筑朝向表。

建筑朝向与夏季主导季风方向宜控制在30°到60°间。建筑朝向应考虑可迎纳有利的局部地形风，例如海陆风等。

在非炎热地区，为了尽量减少风压对房间气温的影响，建筑物尽量避免迎向当地冬季的主导风向。

表2 我国部分地区建议建筑朝向表

地 区	最佳朝向	适宜朝向	不利朝向
北京地区	南至南偏东30°	南偏东45°范围内 南偏西35°范围内	北偏西30°~60°
上海地区	南至南偏东15°	南偏东30°，南偏西15°	北、西北
石家庄地区	南偏东15°	南至南偏东30°	西
太原地区	南偏东15°	南偏东至东	西北
呼和浩特地区	南至南偏东 南至南偏西	东南、西南	北、西北
哈尔滨地区	南偏东15°~20°	南至南偏东15° 南偏西15°	西北、北
长春地区	南偏东30° 南偏西10°	南偏东45° 南偏西45°	北、东北、西北
沈阳地区	南、南偏东20°	南偏东至东 南偏西至西	东北东至西北西
济南地区	南、南偏东10°~15°	南偏东30°	西偏北5°~10°
南京地区	南、南偏东15°	南偏东25° 南偏西10°	西、北
合肥地区	南偏东5°~15°	南偏东15° 南偏西5°	西
杭州地区	南偏东10°~15°	南、南偏东30°	北、西
郑州地区	南偏东15°	南偏东25°	西北
武汉地区	南、南偏西15°	南偏东15°	西、西北
长沙地区	南偏东9°左右	南	西、西北
重庆地区	南偏东30°至南偏西30°范围内	南偏东45°范围内	西、西北
福州地区	南、南偏东5°~10°	南偏东20°以内	西
深圳地区	南偏东15° 南偏西15°范围内	南偏东45° 南偏西30°范围内	东、西北

注：以上数据部分来源于各地区建筑节能设计标准或规范，还未实施建筑节能地方设计标准或细则的地区，可取相近地区推荐值。

建筑朝向受各方面条件的制约，有时不能均处于最佳或适宜朝向。当建筑采取东西向和南北向拼接时，应考虑两者接受日照的程度和相互遮挡的关系。对朝向不佳的建筑可增加下列补偿措施：

1 将次要房间放在西面，适当加大西向房间的进深；

2 在西面设置进深较大的阳台，减小西窗面积，设遮阳设施，在西窗外种植枝大叶茂的落叶乔木；

3 住宅建筑尽量避免纯朝西户的出现，并组织好穿堂风，利用晚间通风带走室内余热。

6.1.3 建筑形体与日照、自然通风与噪声等因素都有密切的关系，在设计中仅仅孤立地考虑形体因素是不够的，需要与其他因素综合考虑，才能处理好节能、节地、节材等要求之间的关系。建筑形体的设计应充分利用场地的自然条件，综合考虑建筑的朝向、间距、开窗位置和比例等因素，使建筑获得良好的日照、通风、采光和视野。

可采用下列措施：

1 利用计算机日照模拟分析等方法，以建筑周边场地以及既有建筑为边界条件，确定满足建筑物日照标准的形体，并结合建筑节能和经济成本权衡分析；

2 夏热冬冷和夏热冬暖地区宜通过改变建筑形体，如合理设计底层架空来改善夏排住宅的通风；

3 建筑单体设计时，在场地风环境分析的基础上，通过调整建筑长宽高比例，使建筑迎风面压力合理分布，避免背风面形成涡旋区，并可适度采用凹凸面设计，降低下沉风速；

4 建筑造型宜与隔声降噪有机结合，可利用建筑裙房或底层凸出设计等遮挡沿路交通噪声，且面向交通主干道的建筑面宽不宜过宽。

6.1.4 有些建筑由于体形过于追求形式新异，造成结构不合理、空间浪费或构造过于复杂等情况，引起建造材料大量增加或运营费用过高。这些做法为片面追求美观而以巨大的资源消耗为代价，不符合绿色建筑的原则，应该在建筑设计中避免。在设计中应控制造型要素中没有功能作用的装饰构件的应用，有功能作用的室外构件和室外设备应在设计时就与建筑进行一体化设计，避免后补造成的防水、荷载、稳固、材料浪费等问题。

6.2 空间合理利用

6.2.1 建筑中休息空间、交往空间、会议设施、健身设施等的共享，可以有效提高空间的利用效率，节约用地、节约建设成本及减少对资源的消耗。应通过精心设计，避免过多的大厅、走廊等交通辅助空间，避免因设计不当形成一些很难使用或使用效率低的空间。建筑设计中追求过于高大的大厅、过高的建筑层高、过大的房间面积等做法，会增加建筑能耗、浪费土地和空间资源，宜尽量避免。

6.2.2 为适应预期的功能变化，设计时应选择适宜的开间和层高，并应尽可能采用轻质内隔墙。公共建筑宜考虑使用功能、使用人数和使用方式的未来变化。居住建筑宜考虑如下预期使用变化：

1 家庭人口的预期变化，包括人数及构成的变化；

2 考虑住户的不同需求，使室内空间可以进行灵活分隔。

6.2.3 各功能空间要充分利用各种自然资源，例如充分利用直射或漫射的阳光，发挥其采光、采暖和杀菌的作用；充分利用自然通风降低能耗，提高舒适性。窗户除了有自然通风和天然采光的功能外，还具有在从视觉上起到沟通内外的作用，良好的视野有助于使用者心情愉悦，可适当加大拥有良好景观视野朝向的开窗面积以获得景观资源，但必须对可能出现的围护结构热工性能、声环境质量下降采取补偿措施。城市中建筑间距一般较小，住宅卧室、医院病房、旅馆客房等空间布置应避免视线干扰。

6.2.4 将需求相同或相近的空间集中布置，有利于统筹布置设备管线，减少能源损耗，减少管道材料的使用。根据房间声环境要求的不同，对各类房间进行布局和划分，可以达到区域噪声控制的良好效果。

6.2.5 有噪声、振动、电磁辐射、空气污染的水泵房、空调机房、发电机房、变配电房等设备机房和停车库，宜远离住宅、宿舍、办公室、旅馆客房、医院病房、学校教室等人员长期居住或工作的房间或场所。当受条件限制无法避开时，应采取隔声降噪、减振、电磁屏蔽、通风等措施。条件许可时，宜将噪声源设置在地下，宜避免将水泵房布置在住宅的正下方，空调机房门宜避免直接开向办公空间。

6.2.6 设备机房布置在负荷中心以利于减少管线敷设量及管路耗损。设备和管道的维修、改造和更换应在机房和管道井的设计时就加以充分考虑，留好检修门、检修通道、扩容空间、更换通道等，以免使用时空间不足，或造成拆除墙体、空间浪费等现象。

6.2.7 设置便捷、舒适的日常使用楼梯，可以鼓励人们减少电梯的使用，在健身的同时节约电梯能耗。日常使用楼梯的设置应尽量结合消防疏散楼梯，并提高其舒适度，使其便于人们使用。

6.2.8 自行车库的停车数量应满足实际需求。配套的淋浴、更衣设施可以借用建筑中其他功能的淋浴、更衣设施，但要便于骑自行车人的使用。要充分考虑班车、出租车停靠、等候和下车后步行到建筑入口的流线。

6.2.9 有条件的建筑开放一些空间给社会公众使用，增加公众的活动与交流空间，使建筑服务于更多的人群，提高建筑的利用效率，节约社会资源，节约土地，为人们提供更多的沟通和休闲的机会。

6.2.10 建筑的坡屋顶空间可以用作储存空间，还可以作为自然通风间层，在夏季遮挡阳光直射并引导通风降温，冬季作为温室加强屋顶保温。地下空间宜充分利用，可以作为车库、机房、公共设施、超市、储藏等空间；人防空间应尽量做好平战结合设计。为地下空间引入天然采光和自然通风，将使地下空间更加舒适、健康，并节约通风和照明能耗，有利于地下空间的充分利用。

6.3 日照和天然采光

6.3.1 不同类型的建筑如住宅、医院、中小学校、幼儿园等设计规范都对日照有具体明确的规定，设计时应执行国家和地方现行的法规和标准规范。

6.3.2 《建筑采光设计标准》GB/T 50033 和《民用建筑设计通则》GB 50352 规定了各类建筑房间采光系数的最低值。

一般情况下住宅各房间的采光系数与窗地面积比密切相关，因此可利用窗地面积比的大小调节室内天然采光。房间采光效果还与当地的光气候条件有关，《建筑采光设计标准》GB/T 50033 根据年平均总照度的大小，将我国分成 5 类光气候区，每类光气候区有不同的光气候系数 K，K 值小说明当地的天空比较"亮"，因此达到同样的采光效果，窗墙面积比可以小一些，反之亦然。

办公、旅馆类建筑主要功能空间不包括储藏室、机房、走廊、楼梯间、卫生间及其他人员不经常停留和不需要阳光的房间。

6.3.3 建筑功能的复杂性和土地资源的紧缺，使建筑进深不断加大，为满足人们心理和生理的健康需求并节约人工照明的能耗，可以通过一些技术手段将天然光引入地上采光不足的建筑空间和地下建筑空间。

为改善室内的天然采光效果，可以采用反光板、棱镜窗等措施将室外光线反射、折射、衍射到进深较大的室内空间。无天然采光的室内大空间，尤其是儿童活动区域、公共活动空间，可使用导光管、光导纤维等技术，将阳光从屋顶或侧墙引入，以改善室内照明舒适度和节约人工照明能耗。

地下空间充分利用天然采光可节省白天人工照明能耗，创造健康的光环境。可设计下沉式庭院、采光窗井、采光天窗来实现地下室的天然采光，但要处理好排水、防水等问题。使用镜面反射式导光管时，地下车库的覆土厚度不宜大于 3m。也可将地下室设计为半地下室，直接对外开窗洞口，从而获得天然采光和自然通风，提高地下空间的品质，减少照明和通风能耗。

6.4 自然通风

6.4.1 为有效利用自然通风，需要进行合理的室内平面设计、室内空间组织以及门窗位置、尺寸与开启方式的精细化设计。考虑建筑冬季防寒时，宜使主要房间，如卧室、起居室、办公室等主要工作与生活房间，避开冬季主导风向，防止冷风渗透。夏季需要通过自然通风为建筑降温，宜使主要房间迎向夏季主导风向。

宜采用室内气流模拟设计的方法进行室内平面布置和门窗位置与开口的设计，综合比较不同建筑设计及构造设计方案，确定最优的自然通风系统方案。

6.4.2 穿堂通风可有效避免单侧通风中出现的进排气流参混、短路、进气气流不能充分深入房间内部等缺点，因此房间的平面布局宜有利于形成穿堂通风。

同时，要取得好的室内空气品质，还应尽量使主要房间处于上游段，避免厨房、卫生间等房间的污浊空气随气流进入其他房间。要获得良好的自然穿堂风，需要如下一些基本条件：室外风要达到一定的强度；室外空气首先进入卧室、客厅等主要房间；穿堂气流通道上，应避免出现喉部；气流通道宜短而直；减小建筑外门窗的气流阻力。

6.4.3 为了避免冬季因自然通风而导致的室内热量流失，可采取必要的防寒措施，如设置门斗、自然通风器、双层玻璃幕墙以及对新风进行预热等措施。

6.4.4 开窗位置宜选在周围空气清洁、灰尘较少、室外空气污染小的地方，避免开向噪声较大的地方。高层建筑应考虑风速过高对窗户开启方式的影响。

建筑能否获取足够的自然通风与通风开口面积的大小密切相关，近来有些建筑为了追求外窗的视觉效果和建筑立面的设计风格，外窗的可开启率有逐渐下降的趋势，有的甚至使外窗完全封闭，导致房间自然通风不足，不利于室内空气的流通和散热，不利于节能。

《绿色建筑评价标准》GB/T 50378－2006 中要求居住空间的"通风开口面积在夏热冬暖和夏热冬冷地区不小于该房间地板面积的 8%，在其他地区不小于 5%"，公共建筑要求"建筑外窗可开启面积不小于外窗总面积的 30%，建筑幕墙具有可开启部分或设有通风换气装置"。《住宅设计规范》GB 50096－1999（2003 年版）中规定"厨房的通风开口面积不应小于该房间地板面积的 10%，并不得小于 0.60 m^2"。透明幕墙也应具有可开启部分或设通风换气装置，结合幕墙的安全性和气密性要求，幕墙可开启面积宜不小于幕墙透明面积的 10%。

办公建筑与教学楼内的室内人员密度比较大，建筑室内空气流动，特别是自然、新鲜空气的流动，对提高室内工作人员与学生的工作、学习效率非常关键。日本绿色建筑评价标准（CASBEE for New Construction）对办公建筑和学校的外窗可开启面积设定了 3 个等级：1）确保可开启窗户的面积达到居室面积的 1/10 以上；2）确保可开启窗户的面积达到居室面积的 1/8 以上；3）确保可开启窗户的面积达到居室面积的 1/6 以上。为了取得较好的自然通风效果，提高工作与学习效率，宜采用 1/6 的数值。

自然通风的效果不仅与开口面积有关，还与通风开口之间的相对位置密切相关。在设计过程中，应考虑通风开口的位置，尽量使之有利于形成穿堂风。

6.4.5 中庭的热压通风，是利用空气相对密度差加强通风，中庭上部空气被太阳加热，密度较小，而下部空气从外墙进入后温度相对较低，密度较大，这种由于气温不同产生的压力差会使室内热空气升起，通过中庭上部的开口逸散到室外，形成自然通风过程的烟囱效应，烟囱效应的抽吸作用会强化自然对流换热,以达到室内通风降温的目的。中庭上部可开启窗的设置,应注意避免中庭热空气在高处倒灌进入功能房间的情况,以免影响高层房间的热环境。在冬季中庭宜封闭,以便白天充分利用温室效应提高室温。拔风井、通风器等的设置应考虑在自然环境不利时可控制、可关闭的措施。

6.4.6 地下空间(如地下车库、超市)的自然通风,可提高地下空间品质,节省机械通风能耗。设置下沉式庭院不仅促进了天然采光通风,还可以丰富景观空间。地下停车库的下沉庭院要注意避免汽车尾气对建筑使用空间的影响。

6.4.7 夏季暴雨时、冬季采暖季节等室外环境不利时,多数用户会关闭外窗,造成室内通风不畅、新风不足,影响室内空气品质。设计时可以采用自然通风器等在室外环境不利时仍能保证自然通风的措施。

对于毗邻交通干道、长期处于门窗密闭状态下的住宅,在夜间休息时段,室内空气质量显著降低,因此宜通过安装有消声降噪功能的通风器来满足新风的需求。

6.5 围护结构

6.5.1 建筑围护结构节能设计达到国家和地方节能设计标准的规定,是保证建筑节能的关键,在绿色建筑中更应该严格执行。我国由于地域气候差异较大,经济发展水平也很不平衡,在符合国家建筑节能设计标准的基础上,各地也制定了相应的地方建筑节能设计标准;此外,不同建筑类型如公共建筑和住宅建筑,在节能特点上也有差别,因此体形系数、窗墙面积比、外围护结构热工性能、外窗气密性、屋顶透明部分面积比的规定限值应符合相应建筑类型的要求。

体形系数控制建筑的表面面积,有利于减少热损失。窗户是建筑外围护结构的薄弱环节,控制窗墙面积比,是提高整个外围护结构热工性能的有效途径。围护结构热工性能通常包括屋顶、外墙、外窗等部位的传热系数、遮阳系数、热惰性指标等参数。屋顶透明部分的夏季阳光辐射热量对制冷负荷影响很大,对建筑的保温性能也影响较大,因此建筑应控制屋顶透明部分的面积比。建筑中庭常设的透明屋顶天窗,应适当设置可开启扇,在适宜季节利用烟囱效应引导热压通风,使热空气从中庭顶部排出。

鼓励绿色建筑的围护结构节能率高于国家和地方的节能标准,在设计时可利用计算机软件模拟分析的方法计算其节能率,以定量地判断其节能效果。

6.5.2 西向日照对夏季空调负荷影响最大,西向主要使用空间的外窗应做遮阳。可采取固定或活动外遮阳措施,也可借助建筑阳台、垂直绿化等措施进行遮阳。

南向宜设置水平遮阳,西向宜采取竖向遮阳等形式。

如果条件允许,外窗、玻璃幕墙或玻璃采光顶宜设置可调节式外遮阳,设置部位可优先考虑西向、玻璃采光顶、东向、南向。

可提高玻璃的遮阳性能,如南向、西向外窗选用低辐射镀膜(Low-E)玻璃。

可利用绿化植物进行遮阳,在建筑物的南向与西向种植高大乔木对建筑进行遮阳,还可在外墙种植攀缘植物,利用攀缘植物进行遮阳。

6.5.4 自身保温性能好的外墙材料如加气混凝土。外墙遮阳措施可采用花格构件或爬藤植物等方式。一般而言外墙设置通风间层代价比较大,需作综合经济分析,有些墙体构造(例如外挂石材类的幕墙)应该设置通风间层,一般的墙体采用浅色饰面材料或太阳辐射反射涂料可能是更经济的措施。

6.6 室内声环境

6.6.1 随着城市建筑、交通运输的发展,机械设施的增多,以及人口密度的增长,噪声问题日益严重,甚至成为污染环境的一大公害。人们每天生活在噪声环境中,对身心造成诸多危害:损害听力、降低工作效率甚至引发多种疾病,控制室内噪声水平已经成为室内环境设计的重要工作之一。

尽管建筑的隔声在技术上基本都可以解决,而且实施难度也不是特别大,但现实设计中却往往不被重视,绿色建筑倡导营造健康舒适的室内环境,因此设计人员应依据现行国家标准《民用建筑隔声设计规范》GB/T 50118 中的要求,对各类功能的建筑进行室内环境的隔声降噪设计。

建筑空间的围护结构一般包括内墙、外墙、楼(地)面、顶板(屋面板)、门窗,这些都是噪声的传入途径,传入整个空间的总噪声级与各面的隔声性能、吸声性能、传声性能以及噪声源密切相关。所以室内隔声设计应综合考虑各种因素,对各部位进行构造设计,才能满足《民用建筑隔声设计规范》GB/T 50118 中的要求。

2008 年我国颁布实施《声环境质量标准》GB 3096,为防治环境噪声污染、保护和改善工作生活环境、保障人身健康,规定了环境噪声的最高允许数值。

建筑受到环境噪声与室内噪声的影响,可以通过计算机模拟与噪声地图等创新技术对项目的环境噪声现状进行模拟分析,同时对不同的降噪措施进行综合评估与选型,从而寻求一个科学的解决方案。

6.6.2 城市交通干道是建筑常见的噪声源,设计时应对外窗、外门等提出整体隔声性能要求,对外墙的材料和构造应进行隔声设计。除选用隔声性能较好的产品和材料外,还可使用声屏障、阳台板、广告牌等设施来阻隔交通噪声。

6.6.3 人员密集场所及设备用房的噪声多来自使用

者和设备，噪声源来自房间内部，针对这种情况降噪措施应以吸声为主同时兼顾隔声。

顶棚的降噪措施多采用吸声吊顶，根据质量定律，厚重的吊顶比轻薄的吊顶隔声性能更好，因此宜选用面密度大的板材。吊顶板材的种类很多，选择时不但要考虑其隔声性能，还要符合防火的要求。另外，在满足房间使用要求的前提下吊顶与楼板之间的空气层越厚隔声越好；吊顶与楼板之间应采用弹性连接，这样可以减少噪声的传递。

墙体的隔声及吸声构造类型比较多、技术也相对成熟，在不同性质的房间及不同部位选用时，要结合噪声源的种类，针对不同噪声频率特性选用适合的构造，同时还要兼顾装饰效果及防火的要求。

6.6.4 民用建筑的楼板大多为普通钢筋混凝土楼板，具有较好的隔绝空气声性能。据测定，120mm厚的钢筋混凝土楼板的空气声隔声量为48dB～50dB，但其计权标准化撞击声压级却在80dB以上，所以在工程设计中应着重解决楼板撞击声隔声问题。

以前多采用弹性面层来解决这个问题，即在混凝土楼板上铺设地毯或木地板，经测定其撞击声压级可达到小于或等于65dB的标准。

在楼板下做隔声吊顶也是切实可行的方法，但为减弱楼板向室内传递空气声，吊顶要离开楼板一定的距离，对层高不大的房间净高影响较大。

目前各种各样的浮筑隔声楼板被越来越广泛地采用，其做法是在混凝土楼板上铺设隔声减振垫层，在垫层之上做不小于40mm厚细石混凝土，然后根据设计要求铺装各种面层。经测定这种构造的楼板可达到隔绝撞击声小于或等于65dB的标准。

铺设隔声减振垫层时要防止混凝土水泥浆渗入垫层下，四周与墙交界处要用隔声垫将上层的细石混凝土与混凝土楼板隔开，否则会影响隔声效果。目前市场上各种隔声减振垫层的种类比较繁多，可根据不同工程要求进行选择。

6.6.5 近年来轻型屋盖在各种大型建筑（车站、机场航站楼、体育馆、商业中心等）中被广泛采用，在隔绝空气声和撞击声两方面轻型屋盖本身都很难达到要求，在轻型屋面铺设阻尼材料、吸声材料或设置吊顶能够达到降低噪声尤其是雨噪声的目的。

6.6.6 有安静要求的房间如住宅居住空间、宿舍、办公室、旅馆客房、医院病房、学校教室等。

基础隔振主要是消除设备沿建筑构件的固体传声，是通过切断设备与设备基础的刚性连接来实现的。目前国内的减振装置主要包括弹簧和隔振垫两类产品。基础隔振装置宜选用定型的专用产品，并按其技术资料计算各项参数，对非定型产品，应通过相应的实验和测试来确定其各项参数。

管道减振主要是通过管道与相关构件之间的软连接来实现的，与基础减振不同，管道内介质振动的再生贯穿整个传递过程，所以管道减振措施也一直延伸到管道的末端。管道与楼板或墙体之间采用弹性构件连接，可以减少噪声的传递。

暖通空调系统可通过下列方式降低噪声：

1 选用低噪声的暖通空调设备系统；

2 同一隔断或轻质墙体两侧的空调系统控制装置应错位安装，不可贯通；

3 根据相邻房间的安静要求对机房采取合理的吸声和隔声、隔振措施；

4 管道系统的隔声、消声和隔振措施应根据实际要求进行合理设计。空调系统、通风系统的管道宜设置消声器，靠近机房的固定管道应做隔振处理，管道与楼板或墙体之间采用弹性构件连接。管道穿过墙体或楼板时应设减振套管或套框，套管或套框内径大于管道外径至少50mm，管道与套管或套框之间的应采用隔声材料填充密实。

给水排水系统可通过下列方式降低噪声：

1 合理确定给水管管径，管道内水流速度符合《建筑给水排水设计规范》GB 50015的规定；

2 选用内螺旋排水管、芯层发泡管等有隔声效果的塑料排水管；

3 优先选用虹吸式冲水方式的坐便器；

4 降低水泵房噪声：选择低转速（不大于1450r/min）水泵、屏蔽泵等低噪声水泵；水泵基础设减振、隔振措施；水泵进出管上装设柔性接头；水泵出水管上采用缓闭式止回阀；与水泵连接的管道吊架采用弹性吊架等。

另外，应选用低噪声的变配电设备，发电机房采取可靠的消声、隔声降噪措施。

6.6.7 有安静要求的房间如住宅居住空间、宿舍、办公室、旅馆客房、医院病房、学校教室等，电梯噪声对相邻房间的影响可以通过一系列的措施缓解，井道与相邻房间可设置隔声墙或在井道内做吸声构造隔绝井道内的噪声，机房和井道之间可设置隔声层来隔离机房设备通过井道向下部相邻房间传递噪声。

6.7 室内空气质量

6.7.1 根据室内环境空气污染的测试数据，目前室内环境空气中以化学性污染最为严重，在公共建筑和居住建筑中，TVOC、甲醛气体污染严重，同时部分人员密集区域由于新风量不足而造成室内空气中二氧化碳浓度超标。通过调查，造成室内环境空气污染的主要有毒有害气体（氡气污染除外）主要是通过装饰装修工程中使用的建筑材料、装饰材料、家具等释放出的。其中，机拼细木工板（大芯板）、三合板、复合木地板、密度板等板材类，内墙涂料、油漆等涂料类，各种粘合剂均释放出甲醛气体、非甲烷类挥发性有机气体，是造成室内环境空气污染的主要污染源。室内装修设计时应少用人造板材、胶粘剂、壁纸、化纤地毯等，禁止使用无合格报告的人造板材、劣质胶水等不合格产品，尽量不使用添加甲醛树脂的木质和家用纤维产品。

为避免过度装修导致的空气污染物浓度超标，在进行室内装修设计时，宜进行室内环境质量预评价，设计时根据室内装修设计方案和空间承载量、材料的使用量、室内新风量等因素，对最大限度能够使用的各种材料的数量做出预算。根据设计方案的内容，分析、预测建成后存在的危害室内环境质量因素的种类和危害程度，提出科学、合理和可行的技术对策措施，作为该工程项目改善设计方案和项目建筑材料供应的主要依据。

完善后的装修设计应保证室内空气质量符合现行国家标准的要求，空气的物理性、化学性、生物性、放射性参数必须符合现行国家标准《室内空气质量标准》GB/T 18883 等标准的要求。室外环境空气质量较差的地区，室内新风系统宜采取必要的处理措施以提高室内空气品质。

6.7.2 因使用的室内装修材料、施工辅助材料以及施工工艺不合规范，造成建筑建成后室内环境长期污染难以消除，也对施工人员健康产生危害，是目前较为普遍的问题。为杜绝此类问题，必须严格按照《民用建筑工程室内环境污染控制规范》GB 50325 和现行国家标准关于室内建筑装饰装修材料有害物质限量的相关规定，选用装修材料及辅助材料。鼓励选用比国家标准更健康环保的材料，鼓励改进施工工艺。

目前主要采用的有关建筑材料放射性和有害物质的国家标准有：

1 《建筑材料放射性核素限量》GB 6566

2 《室内装饰装修材料人造板及其制品中甲醛释放限量》GB 18580

3 《室内装饰装修材料溶剂木器涂料中有害物质限量》GB 18581

4 《室内装饰装修材料内墙涂料中有害物质限量》GB 18582

5 《室内装饰装修材料胶粘剂中有害物质限量》GB 18583

6 《室内装饰装修材料木家具中有害物质限量》GB 18584

7 《室内装饰装修材料壁纸中有害物质限量》GB 18585

8 《室内装饰装修材料聚氯乙烯卷材地板中有害物质限量》GB 18586

9 《室内装饰装修材料地毯、地毯衬垫及地毯用胶粘剂中有害物质释放限量》GB 18587

10 《室内装饰装修材料混凝土外加剂释放氨的限量》GB 18588

11 《民用建筑工程室内环境污染控制规范》GB 50325

6.7.3 产生异味或空气污染物的房间与其他房间分开设置，可避免其影响其他空间的室内空气品质，便于设置独立机械排风系统。

6.7.4 在人流较大建筑的主要出入口，在地面采用至少 2m 长的固定门道系统，阻隔带入的灰尘、小颗粒等，使其无法进入该建筑。固定门道系统包括格栅、格网、地垫等。地垫宜每周保洁清理。

6.7.5 目前较为成熟的这类功能材料包括化学分解法的除醛涂料、产生负离子功能材料、稀土激活抗菌材料、温度调节材料等。

6.8 工业化建筑产品应用

6.8.1 模数协调是标准化的基础，标准化是建筑工业化的根本，建筑的标准化应该满足社会化生产的要求，不同设计单位、生产厂家、建设单位应能在统一平台上共同完成建筑的工业化建造。不依照模数设计，尺度种类过多，就难以进行工业化的生产，对应的模数协调问题显得尤为重要。

建筑工业化应遵循《建筑模数协调统一标准》GBJ 2、《住宅厨房家具及厨房设备模数系列》JG/T 219 等相关标准进行设计。房屋的建筑、结构、设备等设计宜遵循模数设计原则，并协调部件及各功能部位与主体间的空间位置关系。强化建筑模数协调的推广应用将有利于推动建筑工业化的快速发展。

住宅、旅馆、学校等建筑的相当数量的房间平面、功能、装修相同或相近，对于这些类型的建筑宜进行标准化设计。标准化设计的内容不仅包括平面空间，还应对建筑构件、建筑部品等进行标准化、系列化设计，以便进行工业化生产和现场安装。

6.8.2 大部分建筑部品和部件在工厂生产完成，在现场仅需要进行相对简单的拼装工作，是国际建筑业的发展方向，也是我国建筑业的努力方向。这样做可以保证建筑质量，提高建筑的施工精度，缩短工期，提高材料的使用效率，降低施工能耗，同时减少建造过程中产生的垃圾和减轻对环境的污染。

工业化建筑体系主要包括预制混凝土体系（由预制混凝土板、梁、柱、墙、楼梯等构件组成）、钢结构体系、复合木结构等及其配套产品体系，其特点是主要构件在工厂生产加工、现场连接组装。

工业化部品包括装配式隔墙、复合外墙、整体厨卫等以及成品门、窗、栏杆、百叶、雨棚、烟道以及水、暖、电、卫生设备等。

6.8.3 现场干式作业与湿作业相比可更有效保证施工质量，降低现场劳动强度，施工过程更环保、卫生，同时还能缩短工期，符合建筑工业化的发展方向。

工业化的装修方式是将装修部分从结构体系中拆分出来，合理地分为隔墙系统、顶棚系统、地面系统、厨卫系统等若干系统，最大限度地推进这些系统中相关部品的工业化生产，减少现场湿作业，这样做可大大提高部品的加工和安装精度，减少材料浪费，保证装修工程质量，缩短工期，并有利于建筑的维护及改造工作，是绿色建筑的发展方向。

6.8.4 预拌砂浆（或称商品砂浆）包括干拌砂浆和湿拌砂浆，由专业化工厂生产，在生产时添加各种外加剂，能保证砂浆性能且质量稳定。同时，预拌砂浆可以利用工业固体废弃物制造成人工机制砂石代替天然砂石，既可以回收利用废弃物，减少原材料消耗，又可以减少对环境的破坏。

现浇混凝土施工采用预拌混凝土在我国已经比较普遍，且主要由政府有关建设施工管理法规及施工规范管理，不在设计范围。而预拌砂浆的分类及性能等级较多，需要在设计文件中作出明确规定，故列入本规范。

6.8.5 为了使建筑的室内分隔方式可以更加灵活多样，设备的维护、更新可以更加方便，宜采用结构构件与设备、装修分离的方式，以保证结构主体不被设备管线、装修破坏，装修空间不受结构主体约束。

6.9 延长建筑寿命

6.9.1 建筑建成之后在使用过程中因为各种条件的变化，会出现建筑设备更新、平面布置变化的情况。在设计阶段考虑为这些情况预留变更、改善的可能，是符合全寿命周期原则的。具体措施有：选择适宜的开间和层高，室内分隔采用轻质隔墙、隔断，设备布置便于灵活分区，空间设计上考虑方便设备、管道的更新等等。

6.9.2 建筑的各种五金配件、管道阀门、开关龙头等应考虑选用长寿命的优质产品，构造上易于更换。幕墙的结构胶、密封胶等也应选用长寿命的优质产品。同时设计还应考虑为维护、更换操作提供方便条件。

6.9.3 在选择外墙装饰材料时（特别是高层建筑时），宜选择耐久性较好的材料，以延长外立面维护、维修的时间间隔。我国建筑因为造价低廉，外墙装饰材料选用涂料、面砖的比较多。涂料每隔5年左右需要重新粉刷，维护费用较高，高层建筑尤为突出。面砖则因为施工质量的原因经常脱落，应用在高层建筑上容易形成安全隐患，所以在仅使用化学胶粘剂固定面砖时，应采取有效措施防止其脱落。此外室外露出的钢制部件宜使用不锈钢、热镀锌等进行表面处理或采用铝合金等防腐性能较好的产品替代。空调室外机应采取可靠措施固定于钢筋混凝土板上。

为便于外立面的维护，高层建筑宜设置擦窗机，低层建筑可考虑在屋顶女儿墙处设置不锈钢制圆环（应保证强度），便于固定维护人员使用的安全带。此外，窗的开启方式便于擦窗，设置维护用阳台或走道等也是较好的方式。

6.9.4 建筑寿命周期越长，单位时间内对资源消耗、能源消耗和环境影响越小，绿色性能越好。而我国建筑的平均使用寿命与国外相比普遍偏短，因此提倡适当延长建筑寿命周期。

现行国家标准《工程结构可靠性设计统一标准》GB 50153，根据建筑的重要性对结构设计使用年限作了相应规定。这个规定是最低标准，结构设计不能低于此标准。但为延长建筑寿命，业主可以适当提高结构设计使用年限，此时结构构件的抗力及耐久性设计应符合相应设计使用年限的要求。

6.9.5 国家规范规定的结构可靠度是最低要求，可以根据业主要求，在国家规范的基础上适当提高结构的荷载富余度、抗风抗震设防水准等，这也是提高结构的适应性、延长建筑寿命的一个方面。但对绿色建筑设计，实现上述目标，宜依靠先进技术而不是增加建筑材料消耗，如采用隔震和消能减震技术提高结构抵御地震作用的能力等。

6.9.6 对改扩建工程，应尽可能保留原建筑结构构件，应进行结构技术检测鉴定，根据鉴定结果，进行必要的维修加固，满足结构可靠度及耐久性要求后仍可继续使用。经鉴定确实需要拆除时，方可实施拆除作业。避免对结构构件大拆大改。

7 建筑材料

7.1 一般规定

7.1.1 绿色建筑设计应通过控制建筑规模、集中体量、减小体积，优化结构体系与设备系统，使用高性能及耐久性好的材料等手段，减少在施工、运行和维护过程中的材料消耗总量，同时考虑材料的循环利用，以达到节约材料的目标。

7.1.2 此条是为了促进资源节约和环境保护，推广应用符合国家和地方标准要求的建筑材料，强制淘汰不符合节能、节地、节水、节材和环保要求的材料。

高能耗材料是指从获取原料、加工运输、成品制作、施工安装、维护、拆除、废弃物处理的全寿命周期中消耗大量能源的建筑材料。应选择在此过程中耗能少的材料以更有利于实现建筑的绿色目标。

建筑材料中有害物质含量应符合现行国家标准GB 18580～18588、《建筑材料放射性核素限量》GB 6566和《室内空气质量标准》GB/T 18883的规定，民用建筑工程所选用的建筑材料和装修材料必须符合《民用建筑工程室内环境污染控制规范》GB 50325的规定。应通过对材料的释放特性和生产、施工、拆除过程的环境污染控制，达到绿色建筑全寿命周期的环境保护目标。环境污染控制的标准是随着技术和经济的发展而变化的，应按照最新的相关标准选用材料。

消防气体灭火系统应采用ODP=0的洁净气体作为灭火剂。空调制冷设备应采用符合环保要求的制冷剂。

7.1.3 绿色建筑应营造有利于人的身心健康的良好室内外环境，因此，不但要考虑其满足建筑功能的需要，还应考虑通过人的视觉、触觉等感官引起生理和心理的良性反应。例如：在寒冷地区多采用暖色材料，在休息区域采用色调柔和的材料；接触人体的部位采用传热慢、触感柔和的材料；人员长时间站立的地面采用有一定弹性的材料等。

7.1.4 每种材料都牵涉到重量、能耗、可回收性、运输、污染性、功能、性能、施工工艺等多个方面的指标，影响总体绿色目标的实现。因此不可仅按照材料的单一或几项指标进行选用，而忽视其他指标的负面影响，而应通过对材料的综合评估进行比较和筛选，在可能的条件下达到最优的绿色效应。

在施工图中明确对材料性能指标的要求，可以保证实际使用材料以及工程预算的准确性。节材计算等预评估计算是绿色建筑设计必需的控制手段，应保证计算输入的材料参数与施工图设计文件中要求的一致，设计文件中应注明与实现绿色目标有关的材料及其性能指标，并与相关计算一致，以保证计算的有效性。

7.2 节　材

7.2.1 绿色建筑设计应避免设置超出需求的建筑功能及空间，材料的节省首先有赖于建筑空间的高效利用；每一功能空间的大小应根据使用需求来确定，不应设置无功能空间，或随意扩大过渡性和辅助性空间。

建筑体量过于分散，则其地下室、屋顶、外墙等的外围护材料和施工、维护耗材等都将大量增加，因此应尽量将建筑集中布置；另一方面，由于高层建筑单位面积的结构、设备等材料消耗量较高，所以在集中的同时尚应注意控制高层建筑的数量。

层高的增加会带来材料用量的增加，尤其高层建筑的层高需要严格控制。层高的降低需综合平衡，降低层高的手段包括优化结构设计和设备系统设计、不设装饰吊顶等。

7.2.2 首先，一体化设计是节省材料用量、实现绿色目标的重要手段之一。土建和装修一体化设计可以事先统一进行建筑构件上的孔洞预留和装修面层固定件的预埋，避免在装修施工阶段对已有建筑构件打凿、穿孔和拆改，既保证了结构的安全性，又减少了噪声、能耗和建筑垃圾；一体化设计可减少材料消耗，并降低装修成本。一体化设计也应考虑用户个性化的需求。

设备系统已成为现代建筑中必不可少的组成部分。给水、排水、热水、直饮水、采暖、通风、空调、燃气、照明、电力、电话、网络、有线电视等，构成了建筑设备工程丰富的内容，通过优化设备系统的设计可以减少材料的用量。

管线综合设计可以避免在施工过程中出现碰撞、难于排放甚至返工等问题，从而避免材料的浪费。建筑设备管线综合设计在遵守各专业的工艺、规范要求的前提下，应注重相互避让关系，如：拟建管线让现状管线，可弯曲管线让不易弯曲管线，压力管线让重力流管线，分支管线让主干管线，小管径管线让大管径管线，临时管线让长期管线等。

其次，鼓励建筑设计中采用本身具有装饰效果的建筑材料，目前此类材料中应用较多的有：清水混凝土、清水砌块、饰面石膏板等。这类材料的使用大幅度减少了涂料、饰面等装饰材料的用量，从而减少了装饰材料中有害气体的排放。

最后，建筑装修应遵循形式简约、高度功能化的设计理念，并尽量减少使用重质装修材料，如石材等，提倡使用轻质隔断、轻质地板等，以减少结构荷载、施工消耗及拆除时的建筑垃圾。室内装修应围绕建筑使用功能进行设计，过度装修使用太多的装修材料、涂料，使本来宽敞的空间变得狭窄，还可能影响通风和采光等使用性能。

7.2.3 建筑材料用量中绝大部分是结构材料。在设计过程中应根据建筑功能、层数、跨度、荷载等情况，优化结构体系、平面布置、构件类型及截面尺寸的设计，充分利用不同结构材料的强度、刚度及延性等特性，减少对材料尤其是不可再生资源的消耗。

当地基土承载力偏低压缩性偏大时，基础形式的选择需综合分析比选。对地基进行人工处理，采用复合地基可减少建筑材料的消耗；预制桩或预应力混凝土管桩等在节材方面具有优势。

7.2.4 采用高强混凝土可以减小构件截面尺寸和混凝土用量，增加使用空间；梁、板及层数较低的结构可采用普通混凝土。

选用高强钢材可减轻结构自重，减少材料用量。在普通混凝土结构中，受力钢筋优先选用 HRB400 级或更高级热轧带肋钢筋；在预应力混凝土结构中，宜使用中、高强螺旋肋钢丝以及三股钢绞线。

7.2.5 建筑改建、扩建，包括建筑功能改变、建筑加层或平面加大等。某些情况下，采用结构体系加固方案，如增设剪力墙（或支撑）将纯框架结构改造成框-剪（支撑）结构；采用隔震和消能减震技术提高结构抗震能力等；可减少构件加固的数量，减少材料消耗及对环境的影响。

目前结构构件的加固方法较多，对需要加固的结构构件，在保证安全性及耐久性的前提下，应采用节约资源、节约能源及保护环境的加固方案及技术。

7.3 选　材

7.3.1 首先，建筑中可再循环材料包含两部分内容，一是使用的材料本身就是可再循环材料；二是建筑拆除时能够被再循环利用的材料。钢材、铜材等金属材料属于可再循环材料，除此之外还包括：铝合金型材、玻璃、石膏制品、木材等。

可再利用材料指在不改变所回收物质形态的前提下进行材料的直接再利用，或经过再组合、再修复后再利用的材料。可再利用材料的使用可延长还具有使用价值的建筑材料的使用周期，降低材料生产的资源消耗，同时可减少材料运输对环境造成的影响。可再利用材料包括从旧建筑拆除的材料以及从其他场所回收的旧建筑材料。可再利用材料包括砌块、砖石、管道、板材、木地板、木制品（门窗）、钢材、钢筋、部分装饰材料等。

充分使用可再循环材料及可再利用材料，可以减少新材料的使用及生产加工新材料带来的资源、能源消耗和环境污染。

其次，用于生产制造再生材料的废弃物主要包括建筑废弃物、工业废弃物和生活废弃物。在满足使用性能的前提下，鼓励使用利用建筑废弃物再生骨料制作的混凝土砌块、水泥制品和配制再生混凝土；鼓励使用利用工业废弃物、农作物秸秆、建筑垃圾、淤泥为原料制作的水泥、混凝土、墙体材料、保温材料等建筑材料；鼓励使用生活废弃物经处理后制成的建筑材料。

第三，在设计过程中，应最大限度利用建设用地内拆除的或其他渠道收集得到的既有建筑的材料，以及建筑施工和场地清理时产生的废弃物等，延长其使用期，达到节约原材料、减少废物的目的，同时也降低由于更新所需材料的生产及运输对环境的影响。设计中需考虑的回收物包括木地板、木板材、木制品、混凝土预制构件、金属、装饰灯具、砌块、砖石、保温材料、玻璃、石膏板、沥青等。

第四，可快速再生的天然材料指持续的更新速度快于传统的开采速度（从栽种到收获周期不到10年）。可快速更新的天然材料主要包括树木、竹、藤、农作物茎秆等在有限时间阶段内收获以后还可再生的资源。我国目前主要的产品有：各种轻质墙板、保温板、装饰板、门窗等。快速再生天然材料及其制品的应用一定程度上可节约不可再生资源，并且不会明显地损害生物多样性，不会影响水土流失和影响空气质量，是一种可持续的建材，它有着其他材料无可比拟的优势。但是木材的利用需要以森林的良性循环为支撑，采用木结构时，应利用速生丰产林生产的高强复合工程用木材，在技术经济允许的条件下，利用从森林资源已形成良性循环的国家进口的木材也是可以的。

第五，宜选用距离施工现场500km以内的本地的建筑材料。绿色建筑除要求材料优异的使用性能外，还要注意材料运输过程中是否节能和环保，因此应充分了解当地建筑材料的生产和供应的有关信息，以便在设计和施工阶段尽可能实现就地取材，减少材料运输过程资源、能源消耗和环境污染。

7.3.2 为降低建筑材料生产过程中天然和矿产资源的消耗，本条鼓励建筑设计时选择节约资源的建筑材料。

对建筑材料评价体系的研究目前在我国还处于起步阶段，需要大量的实践数据和经验积累，又由于我国地域辽阔，目前还很难获得全面的、最新的、精确的和适应性强的数据。下列提供的公式及数据，可为设计者初步设计阶段选择资源消耗小的建筑材料提供参考依据。

根据初步设计阶段（建筑概算书）提供的建筑材料清单，计算建筑物单位建筑面积所用建筑材料生产过程中消耗的天然及矿产资源量 C（t/m^2）：

$$C = \sum_{i=1}^{n} X_i B_i (1-\alpha)/S \qquad (1)$$

式中：X_i——第 i 种建筑材料生产过程中单位重量消耗资源的指标（见表3）；

B_i——单体建筑用第 i 种建筑材料的总重量（t）；

S——单体建筑的建筑面积（m^2）；

α——单体建筑所用第 i 种建筑材料的回收系数（见表4）。

表3　单位重量建筑材料生产过程中消耗资源的指标 X_i（t/t）

钢材	铝材	水泥	建筑玻璃	建筑卫生陶瓷	混凝土砌块	实心黏土砖	木材制品
1.8	4.5	1.6	1.4	1.3	1.2	1.9	0.1

注：本表中的 X_i 值来源于《绿色奥运建筑评估体系》(2003年)。

表4　可再生材料的回收系数 α

型钢	钢筋	铝材
0.90	0.50	0.95

注：本表中的 α 值来源于《绿色奥运建筑评估体系》(2003年)。

设计阶段必须考虑的主要建筑材料包括钢材、铝材、水泥、建筑玻璃、建筑卫生陶瓷、实心黏土砖、混凝土砌块、木材制品等。在计算建筑材料资源消耗时必须考虑建筑材料的可再生性。具备可再生性的建筑材料包括：钢筋、型钢、建筑玻璃、铝合金型材、木材等。其中建筑玻璃和木材虽然可全部或部分回收，但回收后的玻璃一般不再用于建筑，木材也很难不经处理而直接应用于建筑中。因此，计算时可不考虑玻璃和木材的回收再利用因素。

采用砌体结构时，结构的材料应严格限制黏土砖的使用，少用其他黏土制品，设计中宜选用本地工业、矿业、农业废料制成的墙材产品。如：混凝土小型空心砌块、粉煤灰砖、粉煤灰空心砌块、灰砂砖、煤矸石砖、页岩砖、海泥砖、植物纤维石膏渣增强砌块等。通过这些材料的选用有利于资源的综合利用。

7.3.3 首先，建筑材料从获取原料、加工运输、成品制作、施工安装、维护、拆除、废弃物处理的全寿命周期中会消耗大量能源。在此过程中耗能少的材料更有利于实现建筑的绿色目标。

为降低建筑材料生产过程中能源的消耗，本条鼓励建筑设计阶段选择生产能耗少的建筑材料。以下提供的公式及数据，可为初步设计阶段选择能耗低的建筑材料提供参考依据。

根据初步设计阶段（建筑概算书）提供的建筑材料清单，计算建筑物单位建筑面积所用建筑材料生产过程中消耗的能源量 E（GJ/m²）：

$$E = \sum_{i=1}^{n} B_i [X_i(1-\alpha) + \alpha X_{ri}]/S \quad (2)$$

式中：X_i——第 i 种建筑材料生产过程中单位重量消耗能源的指标（GJ/t）（见表5）；
B_i——单体建筑所用第 i 种建筑材料的总重量（t）；
S——单体建筑的建筑面积（m²）；
α——单体建筑所用第 i 种建筑材料的回收系数（见表4）；
X_{ri}——单体建筑所用第 i 种建筑材料的回收后再利用过程的生产能耗指标（GJ/t）。

表5 单位重量建筑材料生产过程中消耗能源的指标 X_i（GJ/t）

钢材	铝材	水泥	建筑玻璃	建筑卫生陶瓷	实心黏土砖	混凝土砌块	木材制品
29.0	180.0	5.5	16.0	15.4	2.0	1.2	1.8

注：1 本表中的 X_i 值来源于《绿色奥运建筑评估体系》（2003年）；
2 其中混凝土砌块的生产能耗中未计入原材料的生产能耗。

在设计阶段必须考虑的主要建筑材料有钢材、铝材、水泥、建筑玻璃、建筑卫生陶瓷、实心黏土砖、砌体材料、木材制品等。在计算建筑材料生产能耗时也必须考虑建筑材料的可再生性。与资源消耗不同的是，回收的建筑材料循环再生过程同样需要消耗能源。我国回收钢材重新加工的能耗为钢材原始生产能耗的20%～50%，取40%进行计算；可循环再生铝生产能耗占原生铝的5%～8%，取6%进行计算。建筑材料回收后循环利用的生产能耗指标为：钢材为11.6GJ/t，铝材为10.8GJ/t。

建筑材料的生产能耗在建筑能耗中所占比例很大。因此，使用生产能耗低的建筑材料对降低建筑能耗具有重要意义。在评价建筑材料的生产能耗时必须考虑建筑材料的可再生性，用建筑材料全生命周期的观点看，像钢材、铝材这样高初始生产能耗的建筑材料其综合能耗并不高。

其次，鼓励使用施工及拆除能耗低的建筑材料，施工和拆除时采用不同的建筑材料对能源的消耗有着明显的差别，例如：混凝土装饰保温承重空心砌块可简化施工工序，节约施工能耗；建筑模网混凝土施工过程中免支模、免振捣、免拆模，采用机械化施工，简单、方便，减少了模板的消耗和浪费；永久性模板在灌入模板的混凝土达到拆模强度时不再拆除，而是作为结构的一部分或者作为其表面装饰、保护材料而成为建筑物的永久结构或构造，避免了一般模板的反复支、拆和周转使用。

7.3.4 为降低建筑材料生产过程中对环境的污染，最大限度地减少温室气体排放，保护生态环境，本条鼓励建筑设计阶段选择对环境影响小的建筑体系和建筑材料，以下提供的公式及数据，可为设计者初步设计阶段选择对环境污染小的建筑材料提供参考依据。

根据初步设计阶段（建筑概算书）提供的建筑材料清单，计算建筑物单位建筑面积所用建筑材料生产过程中排放的 CO_2 量 P(t/m²)（其他排放污染物如 SO_2、NO_x、粉尘等因数量相对较小，与排放 CO_2 量存在数量级上的差别，故仅以排放 CO_2 的量表示）：

$$P = \sum_{i=1}^{n} B_i [X_i(1-\alpha) + \alpha X_{ri}]/S \quad (3)$$

式中：X_i——第 i 种建筑材料生产过程中单位重量排放 CO_2 的指标（t/t）（见表6）；
B_i——单体建筑所用第 i 种建筑材料的总重量（t）；
S——建筑单体的建筑面积总和（m²）；
α——单体建筑所用第 i 种建筑材料的回收系数（见表4）；
X_{ri}——单体建筑所用第 i 种建筑材料的回收过程排放 CO_2 指标（t/t）。

在设计阶段必须考虑的主要建筑材料有钢材、铝材、水泥、建筑玻璃、建筑卫生陶瓷、实心黏土砖、混凝土砌块、木材制品等。在计算建筑材料生产过程排放 CO_2 量时也必须考虑建筑材料的可再生性。与资源消耗不同的是，回收的建筑材料循环再生过程同样要排放 CO_2，我国回收钢材重新加工的 CO_2 排放量为钢材原始生产 CO_2 排放量的20%～50%，取40%进行计算；可循环再生铝生产 CO_2 排放量占原生铝的5%～8%，取6%进行计算。因此，建筑材料回收后再利用的生产过程排放 CO_2 的指标为：钢材为0.8t/t，铝材为0.57t/t，参见表6。

表6 单位重量建筑材料生产过程中排放 CO_2 的指标 X_i（t/t）

钢材	铝材	水泥	建筑玻璃	建筑卫生陶瓷	实心黏土砖	混凝土砌块	木材制品
2.0	9.5	0.8	1.4	1.4	0.2	0.12	0.2

注：本表中的 X_i 值来源于《绿色奥运建筑评估体系》（2003年）。

7.3.5 功能性建材是在使用过程中具有利于环境保护或有益于人体健康功能的，对地球环境负荷相对较小的建筑材料。它的主要特征是：①在使用过程中具有净化、治理、修复环境的功能；②在其使用过程中不形成二次污染；③其本身易于回收或再生。此类产品具有多种功能，如防腐、防蛀、防霉、除臭、隔热、调湿、抗菌、防射线、抗静电等，甚至具有调节人体机能的作用。例如：抗菌材料、空气净化材料、保健功能材料、电磁波防护材料等。

1 随着人们对室内环境的热舒适要求越来越高，建筑能耗也相应随之增大，造成能源消耗持续增长，为达到舒适和节能的双赢，人们正进行着积极的探索。如：在建筑围护结构中加入相变储能构件，提供了一种改善室内热舒适性、降低能耗和缓解对大气环境负面影响的有效途径。

2 建筑物的地下室和不设地下室的首层地面因直接与地基相连，故在春天或雨季时常常"回潮"，在我国南方和沿海地区，建筑物的防潮问题尤为突出，若不采取有效的防潮措施，建筑材料很容易霉变，在通风不畅的情况下易产生霉菌，影响室内人员的身体健康，同时建筑材料的耐久性受到较大的影响。根据不同的需要，防潮材料的种类有很多，如：防潮石膏墙体材料、聚乙烯薄膜、烧结灰砂砖等。

3 鼓励采用具有自洁功能的建筑材料。近年来各种新型表面自洁材料相继问世，应用较多的有表面自洁玻璃、表面自洁陶瓷洁具、表面自洁型涂料等，它们的使用可提高表面抗污能力，减少清洁建材表面污染带来的浪费，达到节能和环保的目的。

4 室内空气中甲醛、苯、甲苯、有机挥发物、人造矿物纤维是危害人体健康的主要污染物。为积极提供有利于人体健康的环境，鼓励选用具有改善居室生态环境和保健功能的建筑材料。现在国内开发了很多有利于改善室内环境及人体健康的材料，如：防腐、防蛀、防霉、除臭、隔热、调湿、抗菌、防射线、抗静电等功能的多功能材料。这些新材料的研究开发为营造良好室内环境提供了新的途径。

7.3.6 绿色建筑提倡采用耐久性好的建筑材料，可保证建筑材料维持较长的使用功能，延长建筑使用寿命，减少建筑的维修次数，从而减少对社会对材料的需求量，也减少废旧拆除物的数量，采用耐久性好的建筑材料是最大的节约措施之一。

7.3.7 轻质混凝土包括轻骨料混凝土、多孔混凝土（如加气混凝土、泡沫混凝土）和大孔混凝土（如无砂或少砂的大孔混凝土等）。轻骨料混凝土是以天然轻骨料（如浮石、凝灰岩）、工业废渣轻骨料（如炉渣、粉煤灰陶粒、自燃煤矸石等）、人造轻骨料（页岩陶粒、黏土陶粒、膨胀珍珠岩等）取代普通骨料所制成的混凝土材料。采用轻质混凝土是建材轻量化的重要手段之一，轻质混凝土大量应用于工业与民用建筑及其他工程，可以节约材料用量、减轻建筑自重、减小地基荷载及地震作用。同时使用轻质混凝土还可提高构件运输和吊装效率等。

在主要建筑材料中，木材是唯一可再生利用的、具有最好环境效益的材料。木结构房屋从木构件的采集、加工成型到现场拼装对环境影响最小，几乎不产生任何有害气体，是完全环保型的建筑体系。建筑废弃后，建筑的大部分构件可以得到再次利用或其他利用，做到资源的永续循环。我国木结构研究尚处于初级阶段，在木结构住宅的开发方面，尚有许多工作要做，随着我国经济的不断发展和人们对生活环境要求的不断提高，木结构建筑的发展，将进入新阶段。

采用轻钢以及金属幕墙等建材是建材轻量化的最直接有效的办法，直接降低了建材使用量，进而减少建材生产能耗和碳排放。

8 给水排水

8.1 一般规定

8.1.1 在《绿色建筑评价标准》GB/T 50378中，方案设计阶段制定水资源规划方案的要求是作为控制项提出的。在进行绿色建筑设计前，应充分了解项目所在区域的市政给排水条件、水资源状况、气候特点等客观情况，综合分析研究各种水资源利用的可能性和潜力，制定水资源规划方案，提高水资源循环利用率，减少市政供水量和雨、污水排放量。

制定水资源规划方案是绿色建筑给排水设计的必要环节，是设计者确定设计思路和设计方案的可行性论证过程。

水资源规划方案，包括但不限于下列内容：

1 当地政府规定的节水要求、地区水资源状况、气象资料、地质条件及市政设施情况等的说明；

2 用水定额的确定、用水量估算（含用水量计算表）及水量平衡表的编制；

3 给水排水系统设计说明；

4 采用节水器具、设备和系统的方案；

5 污水处理设计说明；

6 雨水及再生水等非传统水源利用方案的论证、确定和设计计算与说明。

8.1.2 绿色建筑设计中应优先采用废热回收及可再生能源作为热源以达到节能减排的目的。

当采用太阳能热水系统时，应综合考虑场地环境、用水量及水电配备条件等情况，合理配置其辅助加热系统使其确实达到节能效果；根据建筑物的使用需求及集热器与储水箱的相对安装位置等因素确定太阳能热水系统的运行方式，并符合《太阳能热水系统设计安装及工程验收技术规范》GB/T 18713和《民用建筑太阳能热水系统应用技术规范》GB 50364中有关系统设计的规定。除太阳能资源贫乏区（Ⅳ类区）外，均可采用太阳能热水系统。

8.2 非传统水源利用

8.2.1 设置分质供水系统是建筑节水的重要措施之一。

在《绿色建筑评价标准》GB/T 50378 中，对住宅、办公楼、商场、旅馆类建筑均提出了非传统水源利用率的要求。该标准中规定凡缺水城市均应参评此项。参考联合国系统制定的一些标准，我国提出的缺水标准为：人均水资源量低于 1700m³～3000m³ 为轻度缺水；1000m³～1700m³ 为中度缺水；500m³～1000m³ 为重度缺水；低于 500m³ 的为极度缺水；300m³ 为维持适当人口生存的最低标准。

采用非传统水源时，应根据其使用性质采用不同的水质标准：

1 采用雨水或中水用于冲厕、绿化灌溉、洗车、道路浇洒，其水质应满足《污水再生利用工程设计规范》GB 50335 中规定的城镇杂用水水质控制指标。

2 采用雨水、中水作为景观用水时，其水质应满足《污水再生利用工程设计规范》GB 50335 中规定的景观环境用水的水质控制指标。

中水包括市政再生水（以城市污水处理厂出水或城市污水为水源）和建筑中水（以生活排水、杂排水、优质杂排水为水源），应结合城市规划、城市中水设施建设管理办法、水量平衡等，从经济、技术和水源水质、水量稳定性等各方面综合考虑确定。项目周围存在市政再生水供应时，使用市政再生水达成节水目的，具有较高的经济性。当不具备市政供水条件时，建筑内可自建中水处理站，设计应明确中水原水量、原水来源、水处理设备规模、水处理流程、中水供应位置、系统设计、防止误接误饮措施。建筑中水水源可依次考虑建筑优质杂排水、杂排水、生活排水等。

雨水和中水利用工程应依据《建筑与小区雨水利用工程技术规范》GB 50400 和《建筑中水设计规范》GB 50336 进行设计。

8.2.2 为确保非传统水源的使用不带来公共卫生安全事件，供水系统应采取可靠的防止误接、误用、误饮措施。其措施包括：非传统水源供水管道外壁涂成浅绿色，并模印或打印明显耐久的标识，如"中水"、"雨水"、"再生水"；对设在公共场所的非传统水源取水口，设置带锁装置；用于绿化浇洒的取水龙头，明显标识"不得饮用"，或安装供专人使用的带锁龙头。

8.2.3 本条文主要是针对非传统水源的用水及水质保障而制定。中水及雨水利用应严格执行《建筑中水设计规范》GB 50336 和《建筑与小区雨水利用工程技术规范》GB 50400 的规定。

海水利用是指通过一定的技术手段在某些用水领域采用海水替代宝贵的淡水资源。沿海城市的冲洗厕所、消防等用水，也在逐渐使用海水。海水的直接利用为解决淡水资源不足提供了新的途径。

在海水利用方面，持续、充分加氯以保证余氯浓度，对于抑制供水系统内海生物等的沉积是很有必要的。

由于海水中的氯化物和硫酸盐含量甚高，是强电解质溶液，对金属有较强的腐蚀作用，海水冲厕供应系统的每个部分（包括调蓄水池），均需以适用于海水的材料制造。在内部供水设施方面，常采用球墨铸铁管及低塑性聚氯乙烯水管，或者在凡海水流经的管道内敷贴衬里，最常用的衬里有：橡胶衬里、焦油环氧基树脂涂层和聚乙烯衬里。

利用海水冲厕后的污水，应与其他水源的生活污水分开处理，不宜排入同一收集系统。

8.2.4 当住宅项目场地内设有景观水体时，根据《绿色建筑评价标准》GB/T 50378 中的要求，不得采用市政给水作为景观用水。

根据雨水或再生水等非传统水源的水量和季节变化的情况，设置合理的住区水景面积，避免美化环境的同时却大量浪费宝贵的水资源。景观水体的规模应根据景观水体所需补充的水量和非传统水源可提供的水量确定，非传统水源水量不足时应缩小水景规模。

景观水体补水采用雨水时，应考虑旱季景观，确保雨季观水、旱季观石；住区景观水体补水采用中水时，应采取措施避免发生景观水体的富营养化问题。

采用生物措施就是在水域中人为地建立起一个生态系统，并使其适应外界的影响，处在自然的生态平衡状态，实现良性可持续发展。景观生态法主要有三种，即曝气法、生物药剂法及净水生物法。其中净水生物法是最直接的生物处理方法。目前利用水生动、植物的净化作用，吸收水中养分和控制藻类，将人工湿地与雨水利用、中水处理、绿化灌溉相结合的工程实例越来越多，已经积累了很多的经验，可以在有条件的项目中推广使用。

当采用曝气或提升等机械设施时，可使用太阳能风光互补发电等可再生能源提供电源，在保证水质的同时综合考虑节水、节能措施。

8.2.5 目前在我国部分缺水地区，水务部门对雨水利用已形成政府文件，要求在设计中统一考虑；同时《建筑与小区雨水利用工程技术规范》GB 50400 也于 2006 年发布，因此在绿色建筑设计中雨水利用作为一项有效的节水措施被推荐采用。

我国幅员辽阔，地区差异巨大，降雨分布不均，因此在雨水的综合利用中一定要进行技术经济比较，制定合理、适用的方案。

建议在常年降雨量大于 800mm 的地区采用雨水收集的直接利用方式；而低于上述年降雨量地区采用以渗透为主的间接雨水利用方式。

在征得当地水务部门的同意下，可利用自然水体作为雨水的调节设施。

8.3 供水系统

8.3.1 合理的供水系统是给水排水设计中达到节水、节能目的的保障。

为减少建筑给水系统超压出流造成的水量浪费，应从给水系统的设计、合理进行压力分区、采取减压措施等多方面采取对策。另外，设施的合理配置和有效使用，是控制超压出流的技术保障。减压阀作为简便易用的设施在给水系统中得到广泛的应用。

充分利用市政供水压力，作为一项节能条款《住宅建筑规范》GB 50368 中明确"生活给水系统应充分利用城镇给水管网的水压直接供水"。加压供水可优先采用变频供水、管网叠压供水等节能的供水技术；当采用管网叠压供水技术时应获得当地供水部门的同意。

在执行本条款过程中还需做到：掌握准确的供水水压、水量等可靠资料；满足卫生器具配水点的水压要求；高层建筑分区供水压力应满足《建筑给水排水设计规范》GB 50015-2003（2009 年版）中第 3.3.5 条及第 3.3.5A 条的要求。

8.3.2 用水量较小且分散的建筑如：办公楼、小型饮食店等。热水用水量较大，用水点比较集中的建筑，如：高级住宅、旅馆、公共浴室、医院、疗养院等。

在设有集中供应生活热水系统的建筑，应设置完善的热水循环系统。

《建筑给水排水设计规范》GB 50015 中提出了建筑集中热水供应系统的三种循环方式：干管循环（仅干管设对应的回水管）、立管循环（立管、干管均设对应的回水管）和干管、立管、支管循环（干管、立管、支管均设对应的回水管）。同一座建筑的热水供应系统，选用不同的循环方式，其无效冷水的出流量是不同的。

集中热水供应系统的节水措施有：保证用水点处冷、热水供水压力平衡的措施，最不利用水点处冷、热水供水压力差不宜大于 0.02MPa；宜设带调节压差功能的混合器、混合阀；公共浴室可设置感应式或全自动刷卡式淋浴器。

设有集中热水供应的住宅建筑中考虑到节水及使用舒适性，当因建筑平面布局使得用水点分散且距离较远时，宜设支管循环以保证使用时的冷水出流时间较短。

8.4 节水措施

8.4.1 小区管网漏失水量包括：室内卫生器具漏水量、屋顶水箱漏水量和管网漏水量。住宅区漏损率应小于自身最高日用水量的 5%，公共建筑其漏损率应小于自身最高日用水量的 2%。可采用水平衡测试法检测建筑或建筑群管道漏损量。同时适当地设置检修阀门也可以减少检修时的排水量。

8.4.2 本着"节流为先"的原则，根据用水场合的不同，合理选用节水水龙头、节水便器、节水淋浴装置等。

节水器具可作如下选择：

1 公共卫生间洗手盆应采用感应式水嘴或延时自闭式水嘴；

2 蹲式大便器、小便器宜采用延时自闭冲洗阀、感应式冲洗阀；

3 住宅建筑中坐式大便器宜采用设有大、小便分档的冲洗水箱；不得使用一次冲洗水量大于 6L 的坐式大便器；

4 水嘴、淋浴喷头宜设置限流配件。

8.4.3 绿化灌溉鼓励采用喷灌、微灌等节水灌溉方式；鼓励采用湿度传感器或根据气候变化调节的控制器。

喷灌是充分利用市政给水、中水的压力通过管道输送将水通过喷头进行喷洒灌溉，或采用雨水以水泵加压供应喷灌用水。微灌包括滴灌、微喷灌、涌流灌和地下渗灌等。微灌是高效的节水灌溉技术，它可以缓慢而均匀的直接向植物的根部输送计量精确的水量，从而避免了水的浪费。

喷灌比地面漫灌省水约 30%～50%，安装雨天关闭系统，可再节水 15%～20%。微灌除具有喷灌的主要优点外，比喷灌更节水（约 15%）、节能（50%～70%）。

8.4.4 按使用性质设水表是供水管理部门的要求。绿色建筑设计中应将水表适当分区集中设置或设置远传水表；当建筑项目内设建筑自动化管理系统时，建议将所有水表计量数据统一输入该系统，以达到漏水探查监控的目的。

公共建筑应对不同用途和不同付费单位的供水设置水表，如餐饮、洗浴、中水补水、空调补水等。

9 暖通空调

9.1 一般规定

9.1.1 建筑设计应充分利用自然条件，采取保温、隔热、遮阳、自然通风等被动措施减少暖通空调的能耗需求。建筑物室内采暖空调系统的形式、技术措施应根据建筑功能、空间特点、使用要求，并结合建筑所采取的被动措施综合考虑确定。

9.1.2 采用计算机能耗模拟技术能优化建筑节能设计，便于在设计过程中的各阶段对设计进行节能评估。利用建筑物能耗分析和动态负荷模拟等计算机软件，可估算建筑物整个使用期能耗费用；提供建筑能耗计算及优化设计、建筑设计方案分析及能耗评估分析，使得设计可以从传统的单点设计拓展到全工况设计。当建筑有高于现行节能标准的要求时，宜通过计算机模拟手段分析建筑物能耗，改进和完善空调系统设计。

9.1.3 冷热源形式的确定，影响能源的使用效率；而各地区的能源种类、能源结构和能源政策也不尽相同。任何冷热源形式的确定都不应该脱离工程所在地的具体条件。同时对整个建筑物的用能效率应进行整体分析，而不只是片面地强调某一个机电系统的效率。如利用热泵系统在提供空调冷冻水的同时提供生活热水、回收建筑排水中的余热作为建筑的辅助热源（污废水热泵系统）等。

绿色建筑倡导可再生能源的利用，但可再生能源的利用也受到工程所在地的地理条件、气候条件和工程性质的影响。

邻近河流、湖泊的建筑，在征得当地主管部门许可的前提下，经过技术经济比较合理时，宜采用地表水水源热泵作为建筑的集中冷热源。在征得当地主管部门许可的前提下，经过技术经济比较合理时，宜采用土壤源热泵或水源热泵作为建筑空调、采暖系统的冷热源。

9.1.4 室内环境参数标准涉及舒适性和能源消耗，科学合理地确定室内环境参数，不仅是满足室内人员舒适的要求，也是为了避免片面追求过高的室内环境参数标准而造成能耗的浪费。鼓励通过合理、适宜的送风方式、气流组织和正确的压力梯度，提高室内的舒适度和空气品质。

9.1.5 强调设备容量的选择应以计算为依据。全年大多时间，空调系统并非在100%空调设计负荷下工作。部分负荷工作时，空调设备、系统的运行效率同100%负荷下工作的空调设备和系统有很大差别。确定空调冷热源设备和空调系统形式时，要求充分考虑和兼顾部分负荷时空调设备和系统的运行效率，应力求全年综合效率最高。

9.1.6 为了满足部分负荷运行的需要，能量输送系统，无论是水系统还是风系统，经常采用变流量的形式。通过采用变频节能技术满足变流量的要求，可以节省水泵或风机的输送能耗；夜间冷却塔的低速运行还可以减少其噪声对周围环境的影响。

9.1.7 空调系统的节能设计是空调节能的前提。《公共建筑节能设计标准》GB 50189-2005对空调系统的节能设计进行了相关规定，如：冷水机组的性能系数（COP）、冷水系统的输送能效比（ER）和风系统风机的单位风量耗功率（WS）均应满足相关限值要求，即分别对空调系统的冷源系统、水系统、风系统等子系统的节能设计提出了要求，但没有体现子系统之间的匹配和关联关系。

空调各子系统相互耦合而非孤立，子系统最优，并非空调系统综合最优，某个子系统能效高可能会降低其他子系统的能效。所以空调系统的节能设计关键是空调系统各子系统的合理匹配与优化，使空调系统综合能效最高。因此，评价空调系统的节能优劣，应以空调系统综合能效比来衡量。

空调系统设计综合能效比（Designing comprehensive energy efficiency ratio）（以下简称$CEER$）反映一个空调系统在设计负荷下的总能耗水平。本条文提出了空调系统设计综合能效比的理论计算方法，以供空调系统节能设计时参考。

空调系统设计综合能效比限值采用的理论计算公式详见表7：

表7 空调系统综合能效比限值的理论计算式

分项	理论计算式
空调系统的综合能效比 $CEER$	$$CEER = \frac{Q_C}{N_C + N_{CP} + N_{CT} + N_{CWP} + \Sigma N_k + \Sigma N_x + \Sigma N_{FP}}$$ 或者， $$CEER = \frac{1}{\frac{N_C + N_{CP} + N_{CT}}{Q_C} + \frac{N_{CWP}}{Q_C} + \frac{\Sigma N_k + \Sigma N_x + \Sigma N_{FP}}{Q_C}}$$ 或者， $$CEER = \frac{1}{\frac{1}{CEER_1} + \frac{1}{CEER_2} + \frac{1}{CEER_3}}$$ 式中，Q_C为空调系统的总供冷量（kW）；N_C为冷水机组的耗电量（kW）；N_{CP}为冷却水泵的耗电量（kW）；N_{CT}为冷却塔风机的耗电量（kW）；N_{CWP}为冷水泵的耗电量（kW）；ΣN_k为所有末端空气处理机组的耗电量（kW）；ΣN_x为所有末端新风处理机组的耗电量（kW）；ΣN_{FP}为所有末端风机盘管机组的耗电量（kW）。
冷源系统的综合能效比 $CEER_1$	$$CEER_1 = \frac{1}{\frac{1}{COP} + \frac{(1+COP) \cdot g \cdot H_C}{1000 \cdot COP \cdot \Delta T_2 \cdot C_W \cdot \eta_{CP}} + \frac{0.035 \times 3600 \times (1+COP)}{COP \cdot \Delta T_2 \cdot C_W \cdot \rho_W}}$$ 式中，COP为冷水机组的性能参数（W/W）；ΔT_2为冷却水的供回水温差（℃）；H_C为冷却水泵的扬程（m）；η_{CP}为冷却水泵的效率；C_W为水的比热容，取4.1868kJ/kg；ρ_W为水的密度，取1×10^3kg/m³。
冷水系统的综合能效比 $CEER_2$	$$CEER_2 = \frac{1000 \cdot \Delta T_1 \cdot C_W \cdot \eta_{CWP}}{g \cdot H_{CW}}$$ 或者， $$CEER_2 = \frac{1}{ER_{CW}}$$ 式中，ΔT_1为冷水供回水温差（℃）；H_{CW}为冷水泵的扬程（m）；η_{CWP}为冷水泵的效率；g为重力加速度，取9.8067m/s²。
风系统的综合能效比 $CEER_3$	$$CEER_3 = \frac{1}{\Sigma \frac{a \cdot P_k}{1000 \cdot \rho_a \cdot \Delta i_k \cdot \eta_k} + \Sigma \frac{b \cdot P_x}{1000 \cdot \rho_a \cdot \Delta i_x \cdot \eta_x} + \Sigma \frac{c \cdot W_{SFD} \cdot 3600}{\rho_a \cdot \Delta i_{FP}}}$$ 或者， $$CEER_3 = \frac{1}{\Sigma \frac{a \cdot W_{Sk} \cdot 3600}{\rho_a \cdot \Delta i_k} + \Sigma \frac{b \cdot W_{Sx} \cdot 3600}{\rho_a \cdot \Delta i_x} + \Sigma \frac{c \cdot W_{SFD} \cdot 3600}{\rho_a \cdot \Delta i_{FP}}}$$ 式中，P_k、η_k、Δi_k分别为空气处理机组风机的全压（Pa）、风机的总效率和空气处理机组进出口空气的焓差（kJ/kg）；P_x、η_x、Δi_x分别为新风机组风机的全压（Pa）、风机的总效率和新风机组进出口空气的焓差（kJ/kg）；Δi_{FP}为风机盘管机组进出口空气的焓差（kJ/kg）；ρ_a为空气的密度（kg/m³）；W_{Sk}、W_{Sx}、W_{SFD}分别为空气处理机组、新风机组、风机盘管机组单位风量耗功率W_{Sx}[W/(m³/h)]；a、b、c分别为空气处理机组、新风机组、风机盘管机组承担系统冷负荷的比例（$a+b+c=1$）。

9.2 暖通空调冷热源

9.2.1 余热利用是节能手段之一。城市供热网多由电厂余热或大型燃煤供热中心提供，其一次能源利用效率较高，污染物治理可集中实现。优先使用此类热源，有利于大气环境的保护和节能。

9.2.2 计算机技术的发展为建筑物全年空调负荷的计算、各种冷热源和系统形式能耗的模拟分析提供了可能，能够帮助我们更加科学、合理地确定负荷、冷热源和设备系统形式。

9.2.3 当室外环境温度降低时，风冷热泵的制热性能系数随之降低。虽然热泵机组能够在很低的环境温度下启动或工作，但当制热运行性能系数低至1.8时，已经不及一次能源的燃烧发热的效率。所以在冬季室外空调计算温度下，如果空气源热泵的冬季制热运行性能系数小于1.8，其一次能源的综合利用率不如直接燃烧化石能源。

9.2.4 没有热电联产、工业余热和废热可资利用的严寒、寒冷地区，应建设以集中锅炉房为热源的供热系统。为满足严寒和寒冷地区冬季内区供冷要求，应优先考虑利用室外空气消除建筑物内区的余热，或采用自然冷却水系统消除室内余热。

9.2.5 采用多联机空调系统的建筑，当不同时间存在供冷和供热需求时，采用热泵型变制冷剂流量多联分体空调系统比分别设置冷热源节省设备材料投入、节能效果明显。如果部分时间同时有供冷和供热需求，在经过技术经济比较分析合理时，应优先采用热回收型变制冷剂流量多联分体空调系统。

9.2.6 在冬季建筑物外区需要供热的地区，大型公共建筑的内区在冬季仍然需要供冷。消耗少量电能采用水环热泵空调，将内区多余热量转移至建筑物外区，分别同时满足外区供热和内区供冷的空调需要比同时运行空调热源和冷源两套系统更节能。但需要注意冷热负荷的匹配，当水环热泵系统的供冷和供热能力不能匹配建筑物的冷热负荷时，应设置其他冷热源给予补充。

9.2.7 通常锅炉的烟气温度可达到180℃以上，在烟道上安装烟气冷凝器或省煤器可以用烟气的余热加热或预热锅炉的补水。供水温度不高于80℃的低温热水锅炉，可采用冷凝锅炉，以降低排烟温度，提高锅炉的热效率。

9.2.8 蓄能空调系统虽然对建筑物本身不是节能措施，但是可以为用户节省空调系统的运行费用，同时对电网起到移峰填谷作用，提高电厂和电网的综合效率，也是社会节能环保的重要手段之一。

9.2.9 在我国西北等部分夏季炎热、空气干燥的地区，湿球温度较低。采用循环水蒸发冷却空气，当送风温度低于室内设计温度时，可采用此方式，减少一次设备投资并节省制冷机耗电。

9.3 暖通空调水系统

9.3.1 建筑物空调冷冻水的供水温度如果高于7℃，对空调设备末端的选型不利，同时也不利于夏季除湿。供回水温差小于5℃，将增大水流量，冷冻水管径增大，消耗更多的水泵输送能耗，于材和节能都不利。由于空调冷热水系统管道夏季输送冷水，冬季输送热水，管径多依据冷水流量确定，所以以本条没有规定空调冷热水系统的热水供回水温差。但当采用四管制空调水系统时，热水管道的管径依据热水流量确定，所以规定四管制时的空调热水温度及温差。

9.3.2 开式空调水系统已经较少使用，原因是其水质保证困难、增加系统排气的困难、增加循环水泵电耗。保证水系统的水质和管路系统的清洁可以提高换热效率、减少流动阻力、避免细菌和病毒滋生，故提出对水质处理的要求。

9.3.3 蒸汽锅炉的补水通常经过软化和除氧，成本较高，其凝结水温度高于生活热水所需要的温度，所以无论从节能，还是从节水的角度来讲，蒸汽凝结水都应回收利用。

9.3.4 旅馆、餐饮、医院、洗浴等建筑全年生活热水耗量大，生活热水的能耗巨大。利用空调系统的排热对生活热水在空调季节进行加热，可以节省大量能耗，现有空调设备技术也支持这一系统形式。或设置单独的换热系统，利用37℃的空调冷却水至少可将生活热水的补水加热至30℃。但在严寒和寒冷地区，由于没有冬季空调冷负荷或负荷很小，其排热在冬季往往不能满足生活热水加热的要求，冬季通常需要配备其他形式的热源。由此可见，空调系统全年运行时间越长，生活热水采用此类预热系统效益越显著。

9.3.5 利用冬季室外新风消除室内余热虽然直接、简单、成本低，但由于风系统在分区域或分室调节、控制方面的困难，不能满足个性化控制调节的要求。采用冷却制冷提供"免费"冷冻水，可以适用于各分区域的空调末端，利用其原有的控制方法实现个性化调节目的。

9.3.6 散热器暗装，特别是安装方式不恰当时会影响散热器的散热效果，既浪费材料，也不利于节能，与绿色建筑所倡导的节材和节能相悖，故应限制这种散热器暗装的方式，鼓励采用外形美观、散热效果好的明装散热器。

9.4 空调通风系统

9.4.1 在大部分地区，空调系统的新风能耗占空调系统总能耗的1/3，所以减少新风能耗对建筑物节能的意义非常重大。室内外温差越大、温差大的时间越长，排风能量回收的效益越明显。由于在回收排风能量的同时也增加了空气侧的阻力和风机能耗，所以本条规定一方面强调在过渡季节设置旁通，减少风侧阻力；在另一方面，由于热回收的效益与各地气候关系很大，所以应经过技术经济比较分析，满足当地节能标准，确定是否采用、采用何种排风能量回收形式对新风进行预冷（热）处理。

9.4.2 封闭吊顶的上、下两个空间通常存在温度差，吊顶回风的方式使得吊顶上、下两空间的温度基本趋于一致，增加了空调系统的负荷。当吊顶空间较大时，增加的空调负荷也相应加大。采用吊顶回风的方式时多是由于吊顶空间紧张，一般不会超过层高的 1/3；而当吊顶空间高度超过 1/3 层高时，吊顶空间已经比较大了，应可以采用风管回风的方式。

9.4.3 当室外空气焓值低于室内空气焓值时，有可能利用室外新风消除室内热湿负荷。在过渡季和冬季，当部分房间有供冷需要时，空调通风系统的设计应优先考虑为实现利用室外新风消除室内热湿负荷创造必要条件，包括新风口的大小、风机的大小、排风量的变化能够适应新风量的改变从而维持房间的空气平衡。全空气定风量系统新风量的变化在满足人员卫生标准的前提下，也应根据室外气候和室内负荷适当改变新风送风量，实现在过渡季节或冬季利用室外新风消除室内热湿负荷，同时由于提高了新风量而改善了室内空气品质。

9.4.4 不同的通风系统，利用同一套通风管道，通过阀门的切换、设备的切换、风口的启闭等措施实现不同的功能，既可以节省通风系统的管道材料，又可以节省风管所占据的室内空间，是满足绿色建筑节材、节地要求的有效措施。

9.4.5 相同截面积、长宽比不同的风管，其比摩阻可能相差几倍以上。为减少风管高度而单纯的改变长宽比，忽略了比摩阻的差别而造成风压不足，或者由于系统阻力过大使得单位风量的风机耗功率不满足节能标准要求的做法是不可取的。所以在此强调风管的长宽比和风系统的规模不应过大。高层建筑空调通风系统竖向所负担的楼层数，通过计算仍然经济合理时，可不受 10 层的限制。

9.4.6 本条强调这些特殊房间排风的重要性，因为个别房间的异味如果不能及时、有效地迅速排除，可能影响整个建筑的室内空气品质。吸烟室必须设置无回风的排气装置，使含烟草烟雾（ETS）的空气不循环到非吸烟区。在吸烟室门关闭，启动排风系统时，使吸烟室相对于相邻空间应至少有平均 5Pa 的空气负压，最低负压也应大于 1Pa。

9.4.7 游泳池的室内空气湿度控制需要依赖全空气系统，地板采暖仅可用于冬季供暖的一部分并增加冬季地面舒适性。冬季除湿的游泳池如果不采用热回收机组，除湿的制冷耗电和加热新风的能耗都非常巨大。由于冬季游泳池室内温度较高，所以新风能耗巨大；如果再加上对除湿空气的再热，则使得游泳池的冬季能耗数倍于其他功能的建筑。采用除湿热回收机组，可将湿空气的冷凝热和电机能耗用于加热送风，节能效果显著。

9.5 暖通空调自动控制系统

9.5.1 建筑物暖通空调能耗的计量和统计是反映建筑物实际能耗和判别是否节能的客观手段，也是检验节能设计合理、适用与否的标准；通过对各类能耗的计量、统计和分析可以发现问题、发掘节能的潜力，同时也是节能改造和引导人们行为节能的手段。

9.5.2 如果建筑的冷热源中心缺乏必要的调节手段，则不能随时根据室外气候的变化、室内的使用要求进行必要和有效的调节，势必造成不必要的能源浪费。本条的出发点在于，提倡在设计上提供必要的调控手段，为采用不同的运行模式提供手段。

9.5.3 在人员密度相对较大，且变化较大的房间，为保证室内空气质量并减少不必要的新风能耗，宜采用新风量需求控制。即在不利于新风作冷源的季节，应根据室内二氧化碳浓度监测值增加或减少新风量，在二氧化碳浓度符合卫生标准的前提下减少新风冷热负荷。

9.5.4 空调冷源系统的节能，可结合使用和运行的实际情况，采用模糊调节、预测调节等智能型控制方案。同时由于机电系统运行维护单位的技术水平、管理经验不一，不应一味强调自动控制运行。应根据工程项目的实际情况、气候条件和特点、设备系统的形式采取因地制宜的控制策略，不断总结和完善运行措施，逐步取得节能效果。

9.5.5 汽车库不同时间使用频率有很大差别，室内空气质量随使用频率变化较大。为了避免片面强调节能和节省运行费用而置室内空气品质于不顾，长时间不运转通风系统，在条件许可时宜设置一氧化碳浓度探测传感装置，控制机械车库通风系统的运行，或采用分级风量通风的措施兼顾节能与车库内空气品质的保证。

10 建筑电气

10.1 一般规定

10.1.1 在方案设计阶段，应制定合理的供配电系统方案，优先利用市政提供的可再生能源，并尽量设置变配电所和配电间居于用电负荷中心位置，以减少线路损耗。在《绿色建筑评价标准》GB/T 50378－2006 中，"建筑智能化系统定位合理，信息网络系统功能完善"作为一般项要求，因此绿色建筑应根据《智能建筑设计标准》GB 50314 中所列举的各功能建筑的智能化基本配置要求，并从项目的实际情况出发，选择合理的建筑智能化系统。

在方案设计阶段，应合理采用节能技术和节能设备，最大化的节约能源。

10.1.2 太阳能是常用的可再生能源之一，其中太阳能光伏发电是具发展潜力的能源开发领域，但目前其高昂的成本阻碍了太阳能光伏技术的实际应用。近年来，太阳能光伏发电发展很快，光伏发电初始投资每年以10%的速度下降，随着技术工艺的不断改进、制造成本降低、光电转换效率提高，光伏发电成本将大大降低。

我国风能资源丰富，居世界首位。风力发电是一种主要的风能利用形式，虽然风力发电较太阳能而言，它的成本优势明显，但应用在建筑上也会有一些特殊要求：如风力发电和建筑应进行一体化设计、在建筑周围设置小型风力发电机不能影响声环境质量等。

综上所述，在项目地块的太阳能资源或风能资源丰富时，应进行技术经济比较分析，合理时，宜采用太阳能光伏发电系统或风力发电系统作为电力能源的补充。

当项目地块采用太阳能光伏发电系统或风力发电系统时，应征得有关部门的同意，优先采用并网型系统。因为风能或太阳能是不稳定的、不连续的能源，采用并网型系统与市政电网配套使用，则系统不必配备大量的储能装置，可以降低系统造价使之更加经济，还增加了供电的可靠性和稳定性。当项目地块采用太阳能光伏发电系统和风力发电系统时，建议采用风光互补发电系统，如此可综合开发和利用风能、太阳能，使太阳能与风能充分发挥互补性，以获得更好的社会经济效益。

此外，在条件许可时，景观照明和非主要道路照明可采用小型太阳能路灯和风光互补路灯。

10.1.3 风力发电装置一般设置在风力条件较好的地块周围或建筑屋顶，或者没有遮挡的城市道路及公园，其噪声问题是限制其发展的主要原因之一，因此，风力发电机在选型和安装时均应避免产生噪声污染。建议采取下列措施：

1 在建筑周围或城市道路及公园安装风力发电机时，单台功率宜小于50kW；

2 若在建筑物之上架设风力发电机组时，风机风轮的下缘宜高于建筑物屋面2.4m，风力发电机的总高度不宜超过4m，单台风机安装容量宜小于10kW；

3 风力发电机应选用静音型产品；

4 风机塔架应根据环境条件进行安全设计，安装时应有可靠的基础。

10.2 供配电系统

10.2.1 在民用建筑中，由于大量使用了单相负荷，如照明、办公用电设备等，其负荷变化随机性很大，容易造成三相负载的不平衡，即使设计时努力做到三相平衡，在运行时也会产生差异较大的三相不平衡，因此，作为绿色建筑的供配电系统设计，宜采用分相无功自动补偿装置，否则不但不节能，反而浪费资源，而且难以对系统的无功补偿进行有效补偿，补偿过程中所产生的过、欠补偿等弊端更是对整个电网的正常运行带来了严重的危害。

10.2.2 采用高次谐波抑制和治理的措施可以减少电气污染和电力系统的无功损耗，并可提高电能使用效率。目前，国家标准有《电能质量、公用电网谐波》GB/T 14549-1993、《电磁兼容限值对额定电流小于16A的设备在低压供电系统中产生的谐波电流的限制》GB/Z 17625.1-2003、《电磁兼容限值对额定电流大于16A的设备在低压供电系统中产生的谐波电流的限制》GB/Z 17625.3-2003，地方标准有北京市地方标准《建筑物供配电系统谐波抑制设计规程》DBJ/T 11-626-2007及上海市地方标准《公共建筑电磁兼容设计规范》DG/TJ 08-1104-2005，有关的谐波限值、谐波抑制、谐波治理可参考以上标准执行。

10.2.3 电力电缆截面的选择是电气设计的主要内容之一，正确选择电缆截面应包括技术和经济两个方面，《电力工程电缆设计规范》GB 50217-2007第3.7.1条提出了选择电缆截面的技术性和经济性的要求，但在实际工程中，设计人员往往只单纯从技术条件选择。对于长期连续运行的负荷应采用经济电流选择电缆截面，可以节约电力运行费和总费用，可节约能源，还可以提高电力运行的可靠性。因此，作为绿色建筑，设计人员应根据用电负荷的工作性质和运行工况，并结合近期和长远规划，不仅依据技术条件还应按经济电流来选择供电和配电电缆截面。经济电流截面的选用方法可参照《电力工程电缆设计规范》GB 50217-2007附录B。

10.3 照 明

10.3.1 在照明设计时，应根据照明部位的自然环境条件，结合天然采光与人工照明的灯光布置形式，合理选择照明控制模式。

当项目经济条件许可的情况下，为了灵活地控制和管理照明系统，并更好的结合人工照明与天然采光设施，宜设置智能照明控制系统以营造良好的室内光环境、并达到节电目的。如当室内天然采光随着室外光线的强弱变化时，室内的人工照明应按照人工照明的照度标准，利用光传感器自动启闭或调节部分灯具。

10.3.2 选择适合的照度指标是照明设计合理节能的基础。在《建筑照明设计标准》GB 50034中，对居住建筑、公共建筑、工业建筑及公共场所的照度指标分别作了详细的规定，同时规定可根据实际需要提高或者降低一级照度标准值。因此，在照明设计中，应首先根据各房间或场合的使用功能需求来选择适合的照度指标，同时还应根据项目的实际定位进行调整。此外，对于照度指标要求较高的房间或场所，在经济条件允许的情况下，宜采用一般照明和局部照明结合的方式。由于局部照明可根据需求进行灵活开关控制，从而可进一步减少能源的浪费。

10.3.3 选用高效照明光源、高效灯具及其节能附件，不仅能在保证适当照明水平及照明质量时降低能耗，而且还减少了夏季空调冷负荷从而进一步达到节能的目的。下列为光源、灯具及节能附件的一些参考资料，供设计人员参考。

  1 光源的选择
    1）紧凑型荧光灯具有光效较高、显色性好、体积小巧、结构紧凑、使用方便等优点，是取代白炽灯的理想电光源，适合于为开阔的地方提供分散、亮度较低的照明，可被广泛应用于家庭住宅、旅馆、餐厅、门厅、走廊等场所；
    2）在室内照明设计时，应优先采用显色指数高、光效高的稀土三基色荧光灯，可广泛应用于大面积区域且分布均匀的照明，如办公室、学校、居所、工厂等；
    3）金属卤化物灯具有定向性好、显色能力非常强、发光效率高、使用寿命长、可使用小型照明设备等优点，但其价格昂贵，故一般用于分散或者光束较宽的照明，如层高较高的办公室照明、对色温要求较高的商品照明、要求较高的学校和工厂、户外场所等；
    4）高压钠灯具有定向性好、发光效率极高、使用寿命很长等优点，但其显色能力很差，故可用于分散或者光束较宽、且光线颜色无关紧要的照明，如户外场所、工厂、仓库，以及内部和外部的泛光照明；
    5）发光二极管（LED）灯是极具潜力的光源，它发光效率高且寿命长，随着成本的逐年减低，它的应用将越来越广泛。LED适合在较低功率的设备上使用，目前常被应用于户外的交通信号灯、紧急疏散灯、建筑轮廓灯等。

  2 高效灯具的选择
    1）在满足眩光限制和配光要求的情况下，应选用高效率灯具，灯具效率不应低于《建筑照明设计标准》GB 50034中有关规定；
    2）应根据不同场所和不同的室空间比 RCR，合理选择灯具的配光曲线，从而使尽量多的直射光通落到工作面上，以提高灯具的利用系数；由于在设计中 RCR 为定值，当利用系数较低（0.5）时，应调换不同配光的灯具；
    3）在保证光质的条件下，首选不带附件的灯具，并应尽量选用开启式灯罩；
    4）选用对灯具的反射面、漫射面、保护罩、格栅材料和表面等进行处理的灯具，以提高灯具的光通维持率，如涂二氧化硅保护膜及防尘密封式灯具、反射器采用真空镀铝工艺、反射板选用蒸镀银反射材料和光学多层膜反射材料等；
    5）尽量使装饰性灯具功能化。

  3 灯具附属装置选择
    1）自镇流荧光灯应配用电子镇流器；
    2）直管形荧光灯应配用电子镇流器或节能型电感镇流器；
    3）高压钠灯、金属卤化物灯等应配用节能型电感镇流器，在电压偏差较大的场所，宜配用恒功率镇流器；功率较小者可配用电子镇流器；
    4）荧光灯或高强度气体放电灯应采用就地电容补偿，使其功率因数达0.9以上。

10.3.4 在《建筑照明设计标准》GB 50034 中规定，长期工作或停留的房间或场所，照明光源的显色指数（Ra）不宜小于80。《建筑照明设计标准》GB 50034中的显色指数（Ra）值是参照 CIE 标准《室内工作场所照明》S008/E‐2001制定的，而且当前的光源和灯具产品也具备这种条件。作为绿色建筑，应更加关注室内照明环境质量。此外，在《绿色建筑评价标准》GB/T 50378‐2006中，建筑室内照度、统一眩光值、一般显示指数等指标应满足现行国家标准《建筑照明设计标准》GB 50034 中有关要求，是作为公共建筑绿色建筑评价的控制项条款来要求的。因此，我们将《建筑照明设计标准》GB 50034 中规定的"宜"改为"应"，以体现绿色建筑对室内照明质量的重视。

10.3.5 在《建筑照明设计标准》GB 50034 中，提出 LPD 不超过限定值的要求，同时提出了 LPD 的目标值，此目标值要求可能在几年之后会变成限定值要求，而作为绿色建筑应有一定的前瞻性和引导性，因此，本条提出 LPD 值符合《建筑照明设计标准》GB 50034 规定的目标值要求。

10.4 电气设备节能

10.4.1 作为绿色建筑，所选择的油浸或干式变压器不应局限于满足《三相配电变压器能效限定值及节能评价值》GB 20052‐2006 里规定的能效限定值，还应达到目标能效限定值。同时，在项目资金允许的条件下，亦可采用非晶合金铁心型低损耗变压器。

10.4.2 ［D，yn11］结线组别的配电变压器具有缓解三相负荷不平衡、抑制三次谐波等优点。

10.4.3 乘客电梯宜选用永磁同步电机驱动的无齿轮曳引机，并采用调频调压（VVVF）控制技术和微机控制技术。对于高速电梯，在资金充足的情况下，优先采用"能量再生型"电梯。

对于自动扶梯与自动人行道，当电动机在重载、轻载、空载的情况下均能自动获得与之相适应的电压、电流输入，保证电动机输出功率与扶梯实际载荷始终得到最佳匹配，以达到节电运行的目的。

感应探测器包括红外、运动传感器等。当自动扶梯与自动人行道在空载时，电梯可暂停或低速运行，当红外或运动传感器探测到目标时，自动扶梯与自动人行道转为正常工作状态。

10.4.4 群控功能的实施，可提高电梯调度的灵活性，减少乘客等候时间，并可达到节约能源的目的。

10.5 计量与智能化

10.5.1 作为绿色建筑，针对建筑的功能、归属等情况，对照明、电梯、空调、给排水等系统的用电能耗宜采取分区、分项计量的方式，对照明除进行分项计量外，还宜进行分区或分层、分户的计量，这些计量数据可为将来运营管理时按表进行收费提供可行性，同时，还可为专用软件进行能耗的监测、统计和分析提供基础数据。

10.5.2 一般来说，计量装置应集中设置在电气小间或公共区等场所。当受到建筑条件限制时，分散的计量装置将不利于收集数据，因此采用卡式表具或远程抄表系统能减轻管理人员的抄表工作。

10.5.3 在《绿色建筑评价标准》GB/T 50378-2006 中，"建筑通风、空调、照明等设备自动化监控系统技术合理，系统高效运行"作为一般项要求，因此，当公共建筑中设置有空调机组、新风机组等集中空调系统时，应设置建筑设备监控管理系统，以实现绿色建筑高效利用资源、管理灵活、应用方便、安全舒适等要求，并可达到节约能源的目的。

10.5.4 在条件许可时，公共建筑设置建筑设备能源管理系统，如此可利用专用软件对以上分项计量数据进行能耗的监测、统计和分析，以最大化地利用资源、最大限度地减少能源消耗。同时，可减少管理人员配置。此外，在《民用建筑节能设计标准》JGJ 26 要求其对锅炉房、热力站及每个独立的建筑物设置总电表，若每个独立的建筑物设置总电表较困难时，应按照照明、动力等设置分项总电表。

中华人民共和国行业标准

城镇排水管道维护安全技术规程

Technical specification for safety of urban sewer maintenance

CJJ 6—2009

批准部门：中华人民共和国住房和城乡建设部
施行日期：２０１０年７月１日

中华人民共和国住房和城乡建设部
公告

第 408 号

关于发布行业标准《城镇排水管道维护安全技术规程》的公告

现批准《城镇排水管道维护安全技术规程》为行业标准，编号为 CJJ 6-2009，自 2010 年 7 月 1 日起实施。其中，第 3.0.6、3.0.10、3.0.11、3.0.12、4.2.3、5.1.2、5.1.6、5.1.8、5.1.10、5.3.6、6.0.1、6.0.3、6.0.5、7.0.1、7.0.4 条为强制性条文，必须严格执行。原《排水管道维护安全技术规程》CJJ 6-85 同时废止。

本规程由我部标准定额研究所组织中国建筑工业出版社出版发行。

中华人民共和国住房和城乡建设部
2009 年 10 月 20 日

前　言

根据原建设部《关于印发〈2007 年工程建设标准规范制定、修订计划（第一批）〉的通知》（建标[2007] 125 号）的要求，规程编制组经广泛调查研究，认真总结实践经验，参考有关国际标准和国外先进标准，并在广泛征求意见的基础上修订了本规程。

本规程主要技术内容：1. 总则；2. 术语；3. 基本规定；4. 维护作业；5. 井下作业；6. 防护设备与用品；7. 事故应急救援。

本次修订的主要技术内容：1. 增加了涉及安全方面的共性要求；2. "维护作业"中增加了"开启与关闭井盖"、"清掏作业"等内容；3. 增加了"事故应急救援"等内容。

本规程中以黑体字标志的条文为强制性条文，必须严格执行。

本规程由住房和城乡建设部负责管理和对强制性条文的解释。由天津市排水管理处负责具体技术内容解释。在执行过程中如有意见或建议，请寄送天津市排水管理处（地址：天津市河西区南京路 1 号，邮政编码：300202）。

本规程主编单位：天津市排水管理处
本规程参编单位：天津市市政公路管理局
　　　　　　　　北京市市政工程管理处
　　　　　　　　上海市排水管理处
　　　　　　　　重庆市市政设施管理局
　　　　　　　　杭州市排水有限公司
　　　　　　　　哈尔滨排水有限责任公司
　　　　　　　　石家庄市排水管理处
本规程主要起草人：孙连起　张俊生　王宝森
　　　　　　　　　王令凡　穆浩学　盛　阳
　　　　　　　　　杜树发　迟　莹　王　雨
　　　　　　　　　范崇清　苏银锁　孙和平
　　　　　　　　　吕　坤　陈其楠　杨　宏
　　　　　　　　　王　虹　谷为民　陈　萍
本规程主要审查人：王　岚　李　军　宋序彤
　　　　　　　　　马卫国　李胜海　王春顺
　　　　　　　　　王少林　李耀杰　王国庆

目　次

1 总则 …………………………………… 61—5
2 术语 …………………………………… 61—5
3 基本规定 ……………………………… 61—5
4 维护作业 ……………………………… 61—6
　4.1 作业场地安全防护 ………………… 61—6
　4.2 开启与关闭井盖 …………………… 61—6
　4.3 管道检查 …………………………… 61—6
　4.4 管道疏通 …………………………… 61—6
　4.5 清掏作业 …………………………… 61—7
　4.6 管道及附属构筑物维修 …………… 61—7
5 井下作业 ……………………………… 61—8

　5.1 一般规定 …………………………… 61—8
　5.2 通风 ………………………………… 61—8
　5.3 气体检测 …………………………… 61—8
　5.4 照明和通信 ………………………… 61—9
6 防护设备与用品 ……………………… 61—9
7 事故应急救援 ………………………… 61—9
附录 A　下井作业申请表和作业票 …… 61—10
本规程用词说明 ………………………… 61—12
引用标准名录 …………………………… 61—12
附：条文说明 …………………………… 61—13

Contents

1 General Provisions .... 61—5
2 Terms .... 61—5
3 Basic Requirements .... 61—5
4 Maintenance Works .... 61—6
   4.1 Safety Guard of Working Field .... 61—6
   4.2 Open and Close of Manhole Cover ... 61—6
   4.3 Inspection of Sewer .... 61—6
   4.4 Sewer Cleaning .... 61—6
   4.5 Cleaning Works .... 61—7
   4.6 Repair of Sewers and Appurtenances .... 61—7
5 Inside Manhole Works .... 61—8
   5.1 General Requirements .... 61—8
   5.2 Ventilation .... 61—8
   5.3 Gas Monitoring .... 61—8
   5.4 Lighting and Communication .... 61—9
6 Safeguard and Equipments .... 61—9
7 Emergency Rescue .... 61—9
Appendix A Operation to Go Down the Application Form and Operating Votes .... 61—10
Explanation of Wording in This Specification .... 61—12
Normative Standards .... 61—12
Explanation of Provisions .... 61—13

1 总则

1.0.1 为加强城镇排水管道维护的管理，规范排水管道维护作业的安全管理和技术操作，提高安全技术水平，保障排水管道维护作业人员的安全和健康，制定本规程。

1.0.2 本规程适用于城镇排水管道及其附属构筑物的维护安全作业。

1.0.3 本规程规定了城镇排水管道及附属构筑物维护安全作业的基本技术要求。当本规程与国家法律、行政法规的规定相抵触时，应按国家法律、行政法规的规定执行。

1.0.4 城镇排水管道维护作业除应符合本规程外，尚应符合国家现行有关标准的规定。

2 术语

2.0.1 排水管道 drainage pipeline
汇集和排放污水、废水和雨水的管渠及其附属设施所组成的系统。

2.0.2 维护作业 maintenance
城镇排水管道及附属构筑物的检查、养护和维修的作业，简称作业。

2.0.3 检查井 manhole
排水管道中连接上下游管道并供养护人员检查、维护或进入管内的构筑物。

2.0.4 雨水口 catch basin
用于收集地面雨水的构筑物。

2.0.5 集水池 sump
泵站水泵进口和出口集水的构筑物。

2.0.6 闸井 gate well
在管道与管道、泵站、河岸之间设置的闸门井，用于控制管道排水的构筑物。

2.0.7 推杆疏通 push rod cleaning
用人力将竹片、钢条、沟棍等工具推入管道内清除堵塞的疏通方法，按推杆的不同，又分为竹片疏通、钢条疏通或沟棍疏通等。

2.0.8 绞车疏通 winch bucket sewer cleaning
采用绞车牵引通沟牛清除管道内积泥的疏通方法。

2.0.9 通沟牛 cleaning bucket
在绞车疏通中使用的桶形、铲形等式样的铲泥工具。

2.0.10 电视检查 CCTV inspection
采用闭路电视进行管道检测的方法。

2.0.11 井下作业 inside manhole works
在排水管道、检查井、闸井、泵站集水池等市政排水设施内进行的维护作业。

2.0.12 隔离式潜水防护服 submersible guard suit
井下作业人员所穿戴的、全身封闭的潜水防护服。

2.0.13 隔离式防毒面具 oxygen mask
供压缩空气的全封闭防毒面具。

2.0.14 悬挂双背带式安全带 suspensible safety belt with safety harness
在作业人员腿部、腰部和肩部都佩有绑带，并能将其在悬空中拖起的防护用品。

2.0.15 便携式空气呼吸器 portable inspirator
可随身佩戴压缩空气瓶和隔离式面具的防护装置。

2.0.16 便携式防爆灯 hand explosion proof lamp
可随身携带的符合国家防爆标准的照明工具。

2.0.17 路锥 traffic cone mark
路面作业使用的一种带有反光标志的交通警示、隔离防护装置。

3 基本规定

3.0.1 维护作业单位应不少于每年一次对作业人员进行安全生产和专业技术培训，并应建立培训档案。

3.0.2 维护作业单位应不少于每两年一次对作业人员进行健康体检，并应建立健康档案。

3.0.3 维护作业单位应配备与维护作业相应的安全防护设备和用品。

3.0.4 维护作业前，应对作业人员进行安全交底，告知作业内容、安全注意事项及应采取的安全措施，并应履行签认手续。

3.0.5 维护作业前，作业人员应对作业设备、工具进行安全检查，当发现有安全问题时应立即更换，严禁使用不合格的设备、工具。

3.0.6 在进行路面作业时，维护作业人员应穿戴配有反光标志的安全警示服并正确佩戴和使用劳动防护用品；未按规定穿戴安全警示服及佩戴和使用劳动防护用品的人员，不得上岗作业。

3.0.7 维护作业人员在作业中有权拒绝违章指挥，当发现安全隐患时应立即停止作业并向上级报告。

3.0.8 维护作业中所使用的设备和用品必须符合国家现行有关标准，并应具有相应的质量合格证书。

3.0.9 维护作业中所使用的设备、安全防护用品必须按有关规定定期进行检验和检测，并应建档管理。

3.0.10 维护作业区域应采取设置安全警示标志等防护措施；夜间作业时，应在作业区域周边明显处设置警示灯；作业完毕，应及时清除障碍物。

3.0.11 维护作业现场严禁吸烟，未经许可严禁动用明火。

3.0.12 当维护作业人员进入排水管道内部检查、维护作业时，必须同时符合下列各项要求：

1 管径不得小于0.8m;
2 管内流速不得大于0.5m/s;
3 水深不得大于0.5m;
4 充满度不得大于50%。

3.0.13 管道维护作业宜采用机动绞车、高压射水车、真空吸泥车、淤泥抓斗车、联合疏通车等设备。

4 维护作业

4.1 作业场地安全防护

4.1.1 当在交通流量大的地区进行维护作业时,应有专人维护现场交通秩序,协调车辆安全通行。

4.1.2 当临时占路维护作业时,应在维护作业区域迎车方向前放置防护栏。一般道路,防护栏距维护作业区域应大于5m,且两侧应设置路锥,路锥之间用连接链或警示带连接,间距不应大于5m。

4.1.3 在快速路上,宜采用机械维护作业方法;作业时,除应按本规程第4.1.2条规定设置防护栏外,还应在作业现场迎车方向不小于100m处设置安全警示标志。

4.1.4 当维护作业现场井盖开启后,必须有人在现场监护或在井盖周围设置明显的防护栏及警示标志。

4.1.5 污泥盛器和运输车辆在道路停放时,应设置安全标志,夜间应设置警示灯,疏通作业完毕清理现场后,应及时撤离现场。

4.1.6 除工作车辆与人员外,应采取措施防止其他车辆、行人进入作业区域。

4.2 开启与关闭井盖

4.2.1 开启与关闭井盖应使用专用工具,严禁直接用手操作。

4.2.2 井盖开启后应在迎车方向顺行放置稳固,井盖上严禁站人。

4.2.3 开启压力井盖时,应采取相应的防爆措施。

4.3 管道检查

4.3.1 检查管道内部情况时,宜采用电视检查、声纳检查和便携式快速检查等方式。

4.3.2 采用潜水检查的管道,其管径不得小于1.2m,管内流速不得大于0.5m/s。

4.3.3 从事潜水作业的单位和潜水员必须具备相应的特种作业资质。

4.3.4 当人员进入管道、检查井、闸井、集水池内检查时,必须按本规程第5章的相关规定执行。

4.4 管道疏通

4.4.1 当采用穿竹片牵引钢丝绳疏通时,不宜下井操作。

4.4.2 疏通排水管道所使用的钢丝绳除应符合现行国家标准《起重机用钢丝绳检验和报废实用规范》GB/T 5972的相关规定外,还应符合表4.4.2的规定。

表4.4.2 疏通排水管道用钢丝绳规格

疏通方法	管径 (mm)	钢丝绳		
		直径 (mm)	允许拉力 kN(kbf)	100m重量 (kg)
人力疏通 (手摇绞车)	150~300 550~800	9.3	44.23~63.13 (4510~6444)	30.5
	850~1000	11.0	60.20~86.00 (6139~8770)	41.4
	1050~1200	12.5	78.62~112.33 (8017~11454)	54.1
机械疏通 (机动绞车)	150~300 550~800	11.0	60.20~86.00 (6139~8770)	41.4
	850~1000	12.5	78.62~112.33 (8017~11454)	54.1
	1050~1200	14.0	99.52~142.08 (10148~14498)	68.5
	1250~1500	15.5	122.86~175.52 (12528~17898)	84.6

注:1 当管内积泥深度超过管半径时,应使用大一级的钢丝绳;
2 对方砖沟、矩形砖沟、拱砖石沟等异形沟道,可按断面积折算成圆管后选用适合的钢丝绳。

4.4.3 当采用推杆疏通时,应符合下列规定:
1 操作人员应戴好防护手套;
2 竹片和沟棍应连接牢固,操作时不得脱节;
3 打竹片与拔竹片时,竹片尾部应由专人负责看护,并应注意来往行人和车辆;
4 竹片必须选用刨平竹心的青竹,截面尺寸不应小于4cm×1cm,长度不应小于3m。

4.4.4 当采用绞车疏通时,应符合下列规定:
1 绞车移动时应注意来往行人和作业人员安全,机动绞车应低速行驶,并应严格遵守交通法规,严禁载人;
2 绞车停放稳妥后应设专人看守;
3 使用绞车前,首先应检查钢丝绳是否合格,绞动时应慢速转动,当遇阻力时应立即停止,并及时查找原因，不得因绞断钢丝发生飞车事故；

  4 绞车摇把摇好后应及时取下，不得在倒回时脱落；

  5 机动绞车应由专人操作，且操作人员应接受专业培训，持证上岗；

  6 作业中应设专人指挥，互相呼应，遇有故障应立即停车；

  7 作业完成后绞车应加锁，并应停放在不影响交通的地方；

  8 绞车转动时严禁用手触摸齿轮、轴头、钢丝绳，作业人员身体不得倚靠绞车。

4.4.5 当采用高压射水车疏通时，应符合下列规定：

  1 当作业气温在0℃以下时，不宜使用高压射水车冲洗；

  2 作业机械应由专人操作，操作人员应接受专业培训，持证上岗；

  3 射水车停放应平稳，位置应适当；

  4 冲洗现场必须设置防护栏；

  5 作业前应检查高压泵的开关是否灵敏，高压喷管、高压喷头是否完好；

  6 高压喷头严禁对人和在平地加压喷射，移位时必须停止工作，不得伤人；

  7 将喷管放入井内时，喷头应对准管底的中心线方向；将喷头送进管内后，操作人员方可开启高压开关；从井内取出喷头时应先关闭加压开关，待压力消失后方可取出喷头，启闭高压开关时，应缓开缓闭；

  8 当高压水管穿越中间检查井时，必须将井盖盖好，不得伤人；

  9 高压射水车工作期间，操作人员不得离开现场，射水车严禁超负荷运转；

  10 在两个检查井之间操作时，应规定准确的联络信号；

  11 当水位指示器降至危险水位时，应立即停止作业，不得损坏机件；

  12 高压管收放时应安放卡管器；

  13 夜间冲洗作业时，应有足够的照明并配备警示灯。

4.5 清掏作业

4.5.1 当使用清疏设备进行清掏作业时，应符合下列规定：

  1 清疏设备应由专人操作，操作人员应接受专业培训，并持证上岗；

  2 清疏设备使用前，应对设备进行检查，并确保设备状态正常；

  3 带有水箱的清疏设备，使用前应使用车上附带的加水专用软管为水箱注满水；

  4 车载清疏设备路面作业时，车辆应顺行车方向停泊，打开警示灯、双跳灯，并做好路面围护警示工作；

  5 当清疏设备运行中出现异常情况时，应立即停机检查，排除故障。当无法查明原因或无法排除故障时，应立即停止工作，严禁设备带故障运行；

  6 车载清疏设备在移动前，工况必须复原，再至第二处地点进行使用；

  7 清疏设备重载行驶时，速度应缓慢、防止急刹车；转弯时应减速，防止惯性和离心力作用造成事故；

  8 清疏设备严禁超载；

  9 清疏设备不得作为运输车辆使用。

4.5.2 当采用真空吸泥车进行清掏作业时，除应符合本规程第4.5.1条规定外，还应符合下列规定：

  1 严禁吸入油料等危险品；

  2 卸泥操作时，必须选择地面坚实且有足够高度空间的倾卸点，操作人员应站在泥缸两侧；

  3 当需要翻缸进入缸底进行检修时，必须用支撑柱或挡扳垫实缸体；

  4 污泥胶管销挂应牢固。

4.5.3 当采用淤泥抓斗车清掏时，除应符合本规程4.5.1条的规定外，还应符合下列规定：

  1 泥斗上升时速度应缓慢，应防止泥斗勾住检查井或集水池边缘，不得因斗抓崩出伤人；

  2 抓泥斗吊臂回转半径内禁止任何人停留或穿行；

  3 指挥、联络信号（旗语、口笛或手势）应准确。

4.5.4 当采用人工清掏时，应符合下列规定：

  1 清掏工具应按车辆顺行方向摆放和操作；

  2 清掏作业前应打开井盖进行通风；

  3 作业人员应站在上风口作业，严禁将头探入井内；当需下井清掏时，应按本规程第5章的相关规定执行。

4.6 管道及附属构筑物维修

4.6.1 管道维修应符合现行国家标准《给水排水管道工程施工及验收规范》GB 50268的相关规定。

4.6.2 当管道及附属构筑物维修需掘路开挖时，应提前掌握作业面地下管线分布情况；当采用风镐掘路作业时，操作人员应注意保持安全距离，并戴好防护眼镜。

4.6.3 当需要封堵管道进行维护作业时，宜采用充气管塞等工具并应采取支撑等防护措施。

4.6.4 当加砌检查井或新老管道封堵、拆堵、连接施工时，作业人员应按本规程第5章的相关规定执行。

4.6.5 排水管道出水口维修应符合下列规定：

1 维护作业人员上下河坡时应走梯道；
　　2 维修前应关闭闸门或封堵，将水截流或导流；
　　3 带水作业时，应侧身站稳，不得迎水站立；
　　4 运料采用的工具必须牢固结实，维护作业人员应精力集中，严禁向下抛料。
4.6.6 检查井、雨水口维修应符合下列规定：
　　1 当搬运、安装井盖、井箅、井框时，应注意安全，防止受伤；
　　2 当维修井口作业时，应采取防坠落措施；
　　3 当进入井内维修时，应按本规程第5章的相关规定执行。
4.6.7 抢修作业时，应组织制定专项作业方案，并有效实施。

5 井下作业

5.1 一般规定

5.1.1 井下清淤作业宜采用机械作业方法，并应严格控制人员进入管道内作业。
5.1.2 下井作业人员必须经过专业安全技术培训、考核，具备下井作业资格，并应掌握人工急救技能和防护用具、照明、通信设备的使用方法。作业单位应为下井作业人员建立个人培训档案。
5.1.3 维护作业单位应不少于每年一次对下井作业人员进行职业健康体检，并应建立健康档案。
5.1.4 维护作业单位必须制定井下作业安全生产责任制，并在作业中落实。
5.1.5 井下作业时，必须配备气体检测仪器和井下作业专用工具，并培训作业人员掌握正确的使用方法。
5.1.6 井下作业必须履行审批手续，执行当地的下井许可制度。
5.1.7 井下作业的《下井作业申请表》及下井许可的《下井安全作业票》宜符合本规程附录A的规定。
5.1.8 井下作业前，维护作业单位必须检测管道内有害气体。井下有害气体浓度必须符合本规程第5.3节的有关规定。
5.1.9 下井作业前，维护作业单位应做好下列工作：
　　1 应查清管径、水深、潮汐、积泥厚度等；
　　2 应查清附近工厂污水排放情况，并做好截流工作；
　　3 应制定井下作业方案，并应避免潜水作业；
　　4 应对作业人员进行安全交底，告知作业内容和安全防护措施及自救互救的方法；
　　5 应做好管道的降水、通风以及照明、通信等工作；
　　6 应检查下井专用设备是否配备齐全、安全有效。
5.1.10 井下作业时，必须进行连续气体检测，且井上监护人员不得少于两人；进入管道内作业时，井室内应设置专人呼应和监护，监护人员严禁擅离职守。
5.1.11 井下作业除必须符合本规程第5.1.10条的规定外，还应符合下列规定：
　　1 井内水泵运行时严禁人员下井；
　　2 作业人员应佩戴供压缩空气的隔离式防护装具、安全带、安全绳、安全帽等防护用品；
　　3 作业人员上、下井应使用安全可靠的专用爬梯；
　　4 监护人员应密切观察作业人员情况，随时检查空压机、供气管、通信设施、安全绳等下井设备的安全运行情况，发现问题应及时采取措施；
　　5 下井人员连续作业时间不得超过1h；
　　6 传递作业工具和提升杂物时，应用绳索系牢，井底作业人员应躲避；
　　7 潜水作业应符合现行行业标准《公路工程施工安全技术规程》JTJ 076的相关规定；
　　8 当发现有中毒危险时，必须立即停止作业，并组织作业人员迅速撤离现场；
　　9 作业现场应配备应急装备、器具。
5.1.12 下列人员不得从事井下作业：
　　1 年龄在18岁以下和55岁以上者；
　　2 在经期、孕期、哺乳期的女性；
　　3 有聋、哑、呆、傻等严重生理缺陷者；
　　4 患有深度近视、癫痫、高血压、过敏性气管炎、哮喘、心脏病等严重慢性病者；
　　5 有外伤、疮口尚未愈合者。

5.2 通 风

5.2.1 通风措施可采用自然通风和机械通风。
5.2.2 井下作业前，应开启作业井盖和其上下游井盖进行自然通风，且通风时间不应小于30min。
5.2.3 当排水管道经过自然通风后，井下气体浓度仍不符合本规程第5.3.2、5.3.3条的规定时，应进行机械通风。
5.2.4 管道内机械通风的平均风速不应小于0.8m/s。
5.2.5 有毒有害、易燃易爆气体浓度变化较大的作业场所应连续进行机械通风。
5.2.6 通风后，井下的含氧量及有毒有害、易燃易爆气体浓度必须符合本规程第5.3节的有关规定。

5.3 气体检测

5.3.1 气体检测应测定井下的空气含氧量和常见有毒有害、易燃易爆气体的浓度和爆炸范围。
5.3.2 井下的空气含氧量不得低于19.5%。

5.3.3 井下有毒有害气体的浓度除应符合国家现行有关标准的规定外，常见有毒有害、易燃易爆气体的浓度和爆炸范围还应符合表5.3.3的规定。

表5.3.3 常见有毒有害、易燃易爆气体的浓度和爆炸范围

气体名称	相对密度(取空气相对密度为1)	最高容许浓度(mg/m^3)	时间加权平均容许浓度(mg/m^3)	短时间接触容许浓度(mg/m^3)	爆炸范围(容积百分比%)	说明
硫化氢	1.19	10	—	—	4.3~45.5	—
一氧化碳	0.97	—	20	30	12.5~74.2	非高原
		20	—	—		海拔2000m~3000m
		15	—	—		海拔高于3000m
氰化氢	0.94	1	—	—	5.6~12.8	—
溶剂汽油	3.00~4.00	—	300	—	1.4~7.6	—
一氧化氮	1.03	—	15	—	不燃	—
甲烷	0.55	—	—	—	5.0~15.0	—
苯	2.71	—	6	10	1.45~8.0	—

注：最高容许浓度指工作地点、在一个工作日内、任何时间有毒化学物质均不应超过的浓度。时间加权平均容许浓度指以时间为权数规定的8h工作日、40h工作周的平均容许接触浓度。短时间接触容许浓度指在遵守时间加权平均容许浓度前提下容许短时间(15min)接触的浓度。

5.3.4 气体检测人员必须经专项技术培训，具备检测设备操作能力。

5.3.5 应采用专用气体检测设备检测井下气体。

5.3.6 气体检测设备必须按相关规定定期进行检定，检定合格后方可使用。

5.3.7 气体检测时，应先搅动作业井内泥水，使气体充分释放，保证测定井内气体实际浓度。

5.3.8 检测记录应包括下列内容：
1 检测时间；
2 检测地点；
3 检测方法和仪器；
4 现场条件（温度、气压）；
5 检测次数；
6 检测结果；
7 检测人员。

5.3.9 检测结论应告知现场作业人员，并应履行签字手续。

5.4 照明和通信

5.4.1 作业现场照明应使用便携式防爆灯，照明设备应符合现行国家标准《爆炸性气体环境用电气设备 第14部分：危险场所分类》GB 3836.14的相关规定。

5.4.2 井下作业面上的照度不宜小于50lx。

5.4.3 作业现场宜采用专用通信设备。

5.4.4 井上和井下作业人员应事先规定明确的联系方式。

6 防护设备与用品

6.0.1 井下作业时，应使用隔离式防毒面具，不应使用过滤式防毒面具和半隔离式防毒面具以及氧气呼吸设备。

6.0.2 潜水作业时应穿戴隔离式潜水防护服。

6.0.3 防护设备必须按相关规定定期进行维护检查。严禁使用质量不合格的防毒和防护设备。

6.0.4 安全带、安全帽应符合现行国家标准《安全带》GB 6095和《安全帽》GB 2811的规定，应具备国家安全和质检部门颁发的安鉴证和合格证，并应定期进行检验。

6.0.5 安全带应采用悬挂双背带式安全带。使用频繁的安全带、安全绳应经常进行外观检查，发现异常应立即更换。

6.0.6 夏季作业现场应配置防晒及防暑降温药品和物品。

6.0.7 维护作业时配备的皮叉、防护服、防护鞋、手套等防护用品应及时检查、定期更换。

7 事故应急救援

7.0.1 维护作业单位必须制定中毒、窒息等事故应急救援预案，并应按相关规定定期进行演练。

7.0.2 作业人员发生异常时，监护人员应立即用作业人员自身佩戴的安全带、安全绳将其迅速救出。

7.0.3 发生中毒、窒息事故，监护人员应立即启动应急救援预案。

7.0.4 当需下井抢救时，抢救人员必须在做好个人安全防护并有专人监护下进行下井抢救，必须佩戴好便携式空气呼吸器、悬挂双背带式安全带，并系好安全绳，严禁盲目施救。

7.0.5 中毒、窒息者被救出后应及时送往医院抢救；在等待救援时，监护人员应立即施救或采取现场急救措施。

附录 A 下井作业申请表和作业票

表 A-1 下井作业申请表

单位：

作业项目			
作业单位			
作业地点		作业任务	
作业单位负责人		安全负责人	
作业人员		项目负责人	
作业日期		主管领导签字	
安全防护措施			
作业现场情况说明	作业管径：_____ m 井深：_____ m 性质：_____ 下井座次：_____ 座 是否潜水作业：___		
上级主管部门意见			

申报日期： 年 月 日

表 A-2　下井安全作业票

单位：_____

作业单位		作业票填报人		填报日期	
作业人员				监护人	
作业地点		区　　　路道街		井号	
作业时间				作业任务	
管径		水深		潮汐影响	
工厂污水排放情况					

防护措施	1　提前开启井盖自然通风情况（井数和时间） 2　井下降水和照明情况 3　井下气体检测结果 4　拟采取的防毒、防爆手段（穿戴防护装具、人工通风情况）

项目负责人意见 （签字）	安全员意见 （签字）

作业人员身体状况	
附注	

本规程用词说明

1 为便于在执行本规程条文时区别对待，对于要求严格程度不同的用词说明如下：
　　1）表示很严格，非这样做不可的用词：
　　　　正面词采用"必须"，反面词采用"严禁"；
　　2）表示严格，在正常情况下均应这样做的用词：
　　　　正面词采用"应"，反面词采用"不应"或"不得"；
　　3）表示允许稍有选择，在条件许可时首先应这样做的用词：
　　　　正面词采用"宜"或"可"，反面词采用"不宜"；
　　4）表示有选择，在一定条件下可以这样做的用词，采用"可"。

2 条文中指明应按其他有关标准执行的写法为"应按……执行"或"应符合……的规定"。

引用标准名录

1 《给水排水管道工程施工及验收规范》GB 50268
2 《安全帽》GB 2811
3 《爆炸性气体环境用电气设备 第14部分：危险场所分类》GB 3836.14
4 《起重机用钢丝绳检验和报废实用规范》GB/T 5972
5 《安全带》GB 6095
6 《公路工程施工安全技术规程》JTJ 076

中华人民共和国行业标准

城镇排水管道维护安全技术规程

CJJ 6—2009

条 文 说 明

修 订 说 明

《城镇排水管道维护安全技术规程》CJJ 6-2009经住房和城乡建设部2009年10月20日以第408号公告批准发布。

本规程是在《排水管道维护安全技术规程》CJJ 6-85的基础上修订而成，上一版的主编单位是天津市市政工程局，主要起草人是龚绍基、王家瑞。本次修订的主要内容是：

1 原规程第一章1.0.3条、1.0.6条的相关内容调整至新增加的第三章"基本规定"中，在第三章中增加了涉及安全方面的共性要求。

2 增加了第二章"术语"。

3 删除原规程第二章"地面作业"，相关内容调整为第四章"维护作业"中，并增加了"开启与关闭井盖"、"清掏作业"等内容。

4 原规程第三章"井下作业"调整为第五章，将原"降水和通风"内容中的"降水"部分调整至第一节，将"通风"内容单独调整为一节。

5 删除原规程第四章"防毒用具和防护用品"，相关内容调整至第六章"防护设备与用品"中。

6 删除原规程第五章"附则"，相关内容调整至第七章，并增加了"事故应急救援"等内容。

本规程修订过程中，编制组对我国城镇排水管道维护作业的现状进行了调查研究，总结了20多年来我国排水管道维护安全技术和检测方法的实践经验。

为便于广大设计、施工、科研、学校等单位有关人员在使用本规程时能正确理解和执行条文规定，《城镇排水管道维护安全技术规程》编制组按章、节、条顺序编制了本规程的条文说明，对条文规定的目的、依据以及执行中需注意的有关事项进行了说明，还着重对强制性条文的强制性理由作了解释。但是，本条文说明不具备与规程正文同等的法律效力，仅供使用者作为理解和把握标准规定的参考。在使用中如果发现本条文说明有不妥之处，请将意见函寄天津市排水管理处。

目　次

1 总则 …………………………… 61—16
2 术语 …………………………… 61—16
3 基本规定 ……………………… 61—16
4 维护作业 ……………………… 61—17
　4.1 作业场地安全防护 ………… 61—17
　4.2 开启与关闭井盖 …………… 61—17
　4.3 管道检查 …………………… 61—17
　4.4 管道疏通 …………………… 61—17
　4.5 清掏作业 …………………… 61—18
　4.6 管道及附属构筑物维修 …… 61—19
5 井下作业 ……………………… 61—19
　5.1 一般规定 …………………… 61—19
　5.2 通风 ………………………… 61—20
　5.3 气体检测 …………………… 61—20
　5.4 照明和通信 ………………… 61—21
6 防护设备与用品 ……………… 61—21
7 事故应急救援 ………………… 61—22

1 总　则

1.0.1 改革开放以来，我国城镇建设发展迅猛，市政排水管道、设施成倍增长，但由于技术、经济、设备、人员等原因，各城镇对排水管道、设施的维护安全技术标准不统一，特别是近年来在排水管道维护作业中连续发生硫化氢中毒事故以及道路交通事故，造成作业人员重大伤亡，因此迫切需要制定适用于全国的、具有可操作性的排水管道维护安全技术规程，以保证维护作业人员的安全和健康。我国地域辽阔，气象、地理环境差异很大，经济发展水平也不平衡，因此建议各地还应在本规程的基础上结合当地实际，制定相应的地方标准。

1.0.2 本规程所指排水管道包括雨水管道、污水管道、合流管道以及暗渠等。本规程所指的附属构筑物包括检查井、闸井、雨水口、管道出水口、泵站集水池等。

2 术　语

2.0.1 排水管道是指汇集和排放城镇污水、废水和雨水的管道及暗渠。

2.0.2 维护作业是指维护人员在地面和地面以下对排水管道及附属构筑物进行检查、养护和维修的作业。

2.0.3 检查井又称窨井、马葫芦，是连接上下游排水管道，供维护作业人员检查、清掏或出入管道的构筑物。

2.0.5 集水池主要指泵站进水池和出水池，供水泵吸水和出水管排水以及人员进入检查和维修的构筑物，一般分为敞开式和封闭式两种。

2.0.6 闸井是指为安装、维修、维护闸门所建的构筑物，按照结构分为敞开式和封闭式两种。通过启闭闸门可以控制泵站进出水量以及管道直接排入河道的水量，一般按照管道性质分为雨水闸门、污水闸门。

2.0.7 推杆疏通又分为竹片疏通、钢条疏通和沟棍疏通，主要采用疏通杆直推前来来打通管道堵塞，推杆的另一个作用是在绞车疏通前将竹片或钢索从一个检查井引到下一个检查井，简称"引钢索"。

2.0.8 绞车疏通是目前我国许多城市的主要疏通方法。绞车主要分为人力绞车和机动绞车，疏通方法是将通沟牛在两端钢索的牵引下，在管道内用人手推或机械牵引来回拖动，从而将污泥推拉至检查井内，然后再进行清掏。

2.0.9 通沟牛又称铁牛、橡皮牛、刮泥器，是在绞车疏通中使用的桶形、铲形等式样的铲泥工具。通常为钢板制成的圆筒，中间隔断，还有用铁板夹橡胶板制成的圆板橡皮牛、钢丝刷牛、链条牛等。通沟牛直径一般小于管道内径5cm。

2.0.10 电视检查是目前国内外普遍采用的管道检查方法，具有图像清晰、操作安全、资料便于计算机管理等优点，避免和减少了人员进入雨污水管道内检查的频率和发生中毒、窒息的潜在危险。电视检查目前分为车载式、便携式和杆式三种。

2.0.11 井下作业是维护作业人员在维护作业中需要进入排水管道、检查井、闸井、泵站集水池等市政排水设施内进行检查、维修、清掏等采用的一种作业方式，该井下作业可分为潜水作业、非潜水作业两种，作业方法可分为人工下井作业和机械掏挖作业。由于作业环境比较恶劣，劳动强度大，具有一定的危险性，容易发生作业人员中毒事故，因此井下作业尽量采用机械作业的方法，避免人员下井作业。

2.0.12 隔离式潜水防护服指轻潜水防护服，井下作业有时需带水作业，一般检查井内水深在3m以内潜水作业时，作业人员需穿戴的全身封闭潜水防护服。

2.0.13 隔离式防毒面具，非潜水井下作业的人员需佩戴长管式供压缩空气的全隔离防毒面具。该面具分两种，一种带通信，一种不带通信，井下作业尽量采用带通信的防毒面具，以便随时掌握井下人员工作情况。

2.0.15 便携式空气呼吸器是一种供作业人员随身佩戴正压式压缩空气瓶和隔离式面具的防护装置，由于供气量最多只能维持50min，故一般在短时间内井下作业和突发事故应急抢险中使用。

2.0.16 便携式防爆灯是一种体积小、重量轻、便于携带且具有防爆功能的照明灯具，适合于井下作业使用。由于井下作业较深、光线昏暗、作业环境潮湿，有时含有易燃易爆气体，为此，采用的井下照明必须为在潮湿环境下具有防爆功能，以保证井下人员作业安全。

2.0.17 路锥一般采用锥形和塔形两种，并且带有反光标志，两锥之间可用连接链或警示带连接，在道路排水维护作业时用以把作业区域和车辆、行人隔离开来，以保证作业安全。

3 基本规定

3.0.1 定期对维护作业人员进行安全教育、培训的目的是使其能够熟练掌握排水管道维护安全操作技能，提高作业中安全意识和自我保护能力，确保作业安全，作业前未进行安全教育培训的人员不可以上岗作业。

3.0.2 排水管道维护作业属于高危劳动作业，按照国家有关卫生标准，必须定期对作业人员进行职业健康体检，目的是及时发现和保障作业人员的身体健康情况，有效地进行职业病防治。

3.0.5 维护作业前和作业中对人员和设备、工具的安全要求是为加强和提高安全预防、预知、预控能力，有效地消除设备不安全状态，确保人员在安全环境中作业。

3.0.6 管道维护作业大多在道路机动车道和慢车道上进行，作业人员穿戴配有反光标志的警示服在路面上作业能起到明显警示作用，并能与一般行人区别开来，可有效地防止交通事故的发生。

3.0.10 在道路上进行维护作业易发生交通事故，因此维护作业区域应设置安全警示标志和警示灯等防护措施，保护作业人员以及道路上行驶的车辆和行人的安全。路面作业安全防护的标志属于临时性安全设施，维护作业中使用的安全设施有锥形交通路标、警示带、防护栏、挡板、移动式标志车、警示灯和夜间照明等，安全设施和规格、颜色、品种、性能要符合《道路交通标志和标线》GB 5768 和《公路养护安全作业规程》JTG H30 的相关要求。

3.0.11 维护作业现场的作业人员与所维护的设施比较接近或身处其中，如：排水管道、检查井、闸井、泵站集水池等，这些设施大多为长期封闭或半封闭式，通气性较差，气体成分较为复杂，其中有的含有大量有毒、易燃、易爆气体，当浓度较高时，如作业中对该作业现场安全环境缺乏确认或不了解，贸然动用明火容易造成爆炸伤人事故，所以，维护作业现场严禁吸烟。如需动用明火必须严格执行当地动火审批制度，未经当地有关部门许可严禁动用明火。

3.0.12 该条规定中的 4 个条件为并列关系，只要其中有一个条件不具备，作业人员就不得进入管道内作业。

由于维护作业人员躬身高度一般在 1m 左右，如在管径小于 0.8m 管道中，作业人员必然长期躬身、行动不便、呼吸不畅、无法进行操作；当管道内水深大于 0.5m 和充满度大于 50% 且管径越小、进深越长时，管道内氧气含量越低；流速大于 0.5m/s 时，作业人员无法站稳，作业难度和危险性随之增加，作业人员人身安全没有保证。

3.0.13 机械化作业是提高管道维护作业效率、改善劳动条件、降低作业人员劳动强度、减少生产安全事故的有效手段，也是排水管道维护作业发展方向，各地排水管理部门应加大这方面的投入。

4 维护作业

4.1 作业场地安全防护

4.1.2 疏通作业时应在作业区域来车方向前放置防护栏，一般道路应在 5m 以外，是指在机动车道和非机动车道，不断交通情况下的作业，由于受作业区域的限制，防护栏和路锥设置不要过多、过远。

4.1.3 近年来全国各省市快速路建设发展较快，由于快速路来往车辆速度较快，在其路面人工维护作业具有发生交通事故的潜在危险，因此在快速路上作业要优先采用机械维护作业方法，尽量减少和避免人工作业和夜间作业，确需人工作业时应按该条规定执行，以保障作业人员人身安全。

4.2 开启与关闭井盖

4.2.1 开闭井盖要采用具有一定刚性的专用工具，由于井盖型号、材料、重量不一，如需两人启闭时，要用力一致，轻开轻放，防止受伤。

4.2.3 主要指管道压力井盖、带锁井盖和排水泵站出水压力池盖板等，由于压力井盖长年暴露在外或长期封闭地下，风吹日晒、潮湿，容易锈蚀，正常开启比较困难，又因井内气体情况不便检测、无法确认其是否有易燃易爆气体存在，因而无法保证安全作业环境，如贸然动用电气焊等明火作业容易发生爆炸事故，造成人员伤害，因此，开启压力井盖时应采取防爆措施。

4.3 管道检查

4.3.1 近年来我国许多城市已采用了排水管道电视检查、声纳检查和便携式快速检查的方法，并取得良好的效果，减少了人员进入管道检查的频率。

由于电视检查多用于已建成的排水管道或经过清理后的旧有管道，其旧有管道内气体比较复杂，人员进入检查有一定的难度和危险性，因此宜采用电视检查方法，人员尽量不进入管道检查。管道检查可分为新管道交接验收检查、运行管道状况检查和应急事故检查等，其中管道状况检查和应急事故检查，由于受管道现状影响较大，检查有一定难度，并存在一定的危险性。

4.3.3 潜水作业一般包括潜水检查和潜水清掏作业。对管道内的潜水作业，因作业面比较狭窄，管内情况比较复杂，一旦作业出现问题，潜水员很难及时撤离，存在一定安全隐患，所以作业单位尽量不安排潜水员进入管道内作业。同时，凡从事潜水作业的单位和潜水员必须具备特种作业资质。

4.3.4 人员进入管道、检查井、闸井、集水池内检查属于进入密闭空间作业。近年来也曾发生过检查人员中毒、缺氧窒息伤亡事故，要尽量减少人员进入管道内检查，如确需人员进入管道内检查，应按本规程第 5 章的相关规定执行。

4.4 管道疏通

4.4.2 钢丝绳使用的安全程度引用现行国家标准《起重机用钢丝绳检验和报废实用规范》GB/T 5972 的相关规定进行判断：

1 断丝的性质和数量；
2 绳端断丝；

3 断丝的局部聚集；
4 断丝的增加率；
断丝数超过表1（选自《起重机用钢丝绳检验和报废实用规范》GB/T 5972-2006）的规定时要予以报废；

5 绳股断裂；
如果出现整根绳股的断裂，钢丝绳应予以报废。断丝数超过表2（选自《起重机用钢丝绳检验和报废实用规范》GB/T 5972-2006）的规定时要予以报废。

表1 钢制滑轮上工作的圆股钢丝绳中断丝根数的控制标准

外层绳股承载钢丝数[a] n	钢丝绳典型结构示例[b] (GB 8918-2006 GB/T 20118-2006)[e]	起重机用钢丝绳必须报废时与疲劳有关的可见断丝数[c]							
		机构工作级别							
		M1、M2、M3、M4				M5、M6、M7、M8			
		交互捻		同向捻		交互捻		同向捻	
		长度范围[d]				长度范围[d]			
		$\leq 6d$	$\leq 30d$	$\leq 6d$	$\leq 30d$	$\leq 6d$	$\leq 30d$	$\leq 6d$	$\leq 30d$
≤ 50	6×7	2	4	1	2	4	8	2	4
$51 \leq n \leq 75$	6×19S*	3	6	2	3	6	12	3	6
$101 \leq n \leq 120$	8×19S* 6×25Fi*	5	10	2	5	10	19	5	10
$221 \leq n \leq 240$	6×37	10	19	5	10	19	38	10	19

a 填充钢丝不是承载钢丝，因此检验中要予以扣除，多层绳股钢丝绳仅考虑可见的外层，带钢芯的钢丝绳，其绳芯作为内部绳股对待，不予考虑。
b 统计绳中的可见断丝数时，圆整至整数值。对外层绳股的钢丝直径大于标准直径的特定结构的钢丝绳，在表中做降低等级处理，并以*号表示。
c 一根断丝可能有两处可见端。
d d 为钢丝绳公称直径。
e 钢丝绳典型结构与国际标准的钢丝绳典型结构是一致的。

表2 钢制滑轮上工作的抗扭钢丝绳中断丝根数的控制标准

起重机用钢丝绳必须报废时与疲劳有关的可见断丝数[a]			
机构工作级别 M1、M2、M3、M4		机构工作级别 M5、M6、M7、M8	
长度范围[b]		长度范围[b]	
$\leq 6d$	$\leq 30d$	$\leq 6d$	$\leq 30d$
2	4	4	8

a 一根断丝可能有两处可见端。
b d 为钢丝绳公称直径。

6 绳径减少，包括绳芯损坏所致的情况；
7 弹性降低；
8 外部磨损；
9 外部及内部腐蚀；
10 变形；
11 由于热或电弧造成的损坏；
12 永久伸长的增加率。

4.4.3 推杆疏通又分为竹片疏通、钢条疏通和沟棍疏通，是目前较为普通的排水管道人工疏通作业的方法，具有设备简单、成本低、能耗省、操作方便、适用范围广的优点，因此在全国各省市排水行业仍被普遍使用。但随着城市建设高速发展，排水机械化在维护作业中使用率不断提高，竹片、沟棍疏通作业将逐步由机械化作业所替代。

4.4.4 制定本规定主要考虑绞车疏通过程中常见的事故，包括道路交通事故、钢丝绳断飞车事故、齿轮和钢丝绳夹手事故以及坠物砸脚事故等。由于该作业工具属非定型产品，各城市使用的不一样，因此作业时，建议在本条规定执行基础上制定相应的安全操作规程。

4.4.5 目前，高压射水车在国内排水维护作业中的应用正在不断增多，射水车利用高达15MPa左右的高压水来将管道污泥冲到井内，然后再用吸泥车等方法取出，是养护机械化作业的发展方向，但因其操作技术要求高，作业程序较为复杂，必须由专人操作和管理。

4.5 清掏作业

4.5.1 目前国内市政排水设施清掏作业中各省市使用的设备各不相同。一般包括真空吸泥车、抓泥车、联合疏通车等设备。

 1 排水管道疏通、清掏作业的机械设备和车辆属于市政行业特种作业车辆，其操作人员除要具备交通管理部门发放的车辆驾驶人员有效证件外，还应经特种车辆上级主管部门进行的专项技术培训并取得有效操作证，作业时持证上岗。

4.6 管道及附属构筑物维修

4.6.2 管道及附属构筑物维修掘路前，要了解清楚作业面的地下管线（电缆、自来水、燃气、热力等）情况，不能盲目掘路施工，同时要加强作业人员自身安全防护和路面交通安全防护。

4.6.3 管道维修，检查需要用橡胶充气管塞进行封堵作业时，要采取以下措施：

 1 放置气堵时，井下作业人员要穿戴好防护装具，佩戴安全带，系好安全绳，井上要设置2～3名监护人员。

 2 堵水作业前，要对管道进行清理清洗，要求管道内部无砖块、石屑、钢筋、钢丝、玻璃屑等尖锐杂物，保证管壁光洁；需清理的管道长度要为橡胶管塞长度的1.5倍。

 3 橡胶充气管塞使用前要按相应尺寸规定的工作压力进行充气试压试验，要求充气后其直径不得超过管塞规格的最大直径，且48h不漏气；确保橡胶充气管塞表面伸缩均匀，无明显损伤痕迹。

 4 橡胶管塞距管口一端的位置，一般距管口边缘20cm～30cm；使用钢丝绳或足够拉力的绳索栓系橡胶管塞作牵引，绳索的另一端与地面上的物体连接固定或采取支撑措施。

 5 橡胶充气管塞充气时，必须注意观察压力读数，要使其压力保持在相应工作压力范围内；密切注意固定绳索变化以及水位状况，固定绳索不得移滑，上下游水位差不要超过4.5m。

 6 橡胶充气管塞堵塞完毕后，置塞井井上必须设专人值班，密切注意橡胶充气管塞受压压力变化以及水位变化，压力低于限值时，必须及时充气至规定范围；水位高于限值时，则应及时排水或采取其他措施降低水位。

 7 取出橡胶充气管塞前，应加装阻挡装置，以防管塞冲没。同时必须保证井管内确无滞留人员，方可对橡胶充气管塞进行放气，此过程中，仍需注意固定绳索的变化，条件允许时，要采取橡胶充气管塞下游增高水位法，降低其前后水位落差，减轻压力。

 8 橡胶充气管塞不耐酸、碱、油，其保管和使用均要减少或避免与上述物质接触；橡胶充气管塞使用完毕，要晾干后使用滑石粉涂抹管体，并置于干燥处保存。

 9 使用橡胶充气管塞时，必须指定专人负责安全工作。

4.6.4 近年来，在排水管道维修施工中加砌检查井或新老管道连接时，频繁发生硫化氢中毒事故，因在做工程管道最后连接工序时，一般需人员下井操作。在打破老管前，老管道处于长期封闭状态，一旦破口打开，管道内污水和气体一起释放出来，随着水体流动，这时瞬间产生的有毒气体浓度极高，有时硫化氢气体可达到（700～1000）ppm，一旦作业人员没有防护，极易造成中毒事故，因此，该作业项目不能盲目施行，必须严格按照井下作业安全规定执行。

4.6.7 抢修作业一般指市政排水设施突发事故，造成路面塌陷，影响管道正常排水和道路交通安全，要求短时间内必须修复的施工作业项目。相对日常设施的维修，抢修作业具有一定的时限性、危险性，容易发生坍塌、中毒等事故，因此抢修作业前，作业单位应制定详细的抢修作业方案，按照《给水排水管道工程施工及验收规范》GB 50268和本规程第5章的相关规定执行。

5 井下作业

5.1 一般规定

5.1.2 井下作业是市政排水管道维护作业中经常遇到的一种特殊作业项目，其作业的特殊环境，作业中的危险性较大，作业人员容易出现硫化氢中毒和窒息事故。本条井下作业要求主要是针对作业单位和作业人员，是对进行井下作业安全最基本的要求。由于井下作业环境比较恶劣，劳动强度大，操作困难并且作业时间较长，因此对作业人员的技术素质、安全素质和身体素质以及自我保护和自救能力要求比较高，对作业单位的现场安全监督管理，作业组织能力，设备配备和使用以及应急救援措施等要求比较严格。对此应保证每年不少于一次进行井下作业安全专项技术培训，对井下作业的操作、监护人员实行操作证制度。

5.1.6 根据近年在全国排水行业管道维护作业中发生的硫化氢中毒事故分析，大多数为作业单位和相关人员盲目和随意安排该作业项目，没有任何报告和审批手续，更没有采取任何安全防护措施，对井下作业现场的危险性缺乏辨识和认知，更没有当作危险作业项目来抓，麻痹大意、缺乏警惕，因此，为避免井下作业中发生安全事故，作业前必须履行审批手续，执行下井许可制度，有效预防井下作业项目安排的随意性和盲目性，杜绝私自下井作业。

 审批主要内容包括：作业时间、作业地点、作业单位、作业项目、作业人员、安全防护措施、管径、水深、潮汐、作业人员身体状况、作业负责人、主管部门意见等。

5.1.7 各省市排水维护单位可根据《下井作业申请表》和《下井安全作业票》（附录A）在作业中参考

使用。

5.1.8 下井作业前作业单位必须先检测管道内气体情况，必须坚持先检测后作业的程序，该规定是作业中预防硫化氢中毒的有效手段，通过气体检测可以使现场作业人员对该作业环境有一个正确的辨识和认知，以便及时采取安全预防措施，杜绝盲目下井作业。

5.1.9 本条6项规定，是在作业前作业单位必须了解、掌握和完成的各项准备工作，是作业安全的保证。

5.1.10 由于排水管道内水体流动没有规律且气体比较复杂，当井下作业人员工作时造成井内泥水搅动，有毒气体可随时发生变化并释放，因此进行全过程气体检测可保证作业单位及时掌握井内气体情况，一旦发生变化可及时采取防护措施，保证作业人员安全。

井下作业必须设有监护人员，并且不得少于两人，是因为监护人员在地面既要随时观察井内作业人员情况，又要随时观察地面设备运转情况，还要掌握好供气管、安全绳，潜水作业时还要掌握好通信线缆等，特别是一旦井下作业出现异常，监护人员可立即帮助井下人员迅速撤离。监护人员的工作直接关系到井下作业人员安全，责任重大，所以要求监护人员必须经过专业培训，并具备一定的安全素质、操作技能、管理能力、抢救方法，工作中必须严肃、认真、负责。

进入管道内的作业，监护人员要下到井室内的管道口处进行监护，应以随时能观察管内人员工作情况并能保证通话正常，一般不能超过监护人员视线，一旦出现异常情况以能够保证迅速将管内作业人员救出为准，井下作业未结束时监护人员不得撤离。

5.1.11 本条9项规定，是为保证作业人员在安全的环境中作业所采取的有效预防、预控措施。

　　2 为预防井下作业人员发生中毒和窒息事故，最安全有效的方法就是为作业人员佩戴好供压缩空气的隔离式防护面具，系好安全带、安全绳，使其作业人员呼吸的气体完全与井内各种气体隔离，所呼吸的气体完全是地面上空气压缩机、送风机以及压缩空气瓶供给的新鲜空气。

5.2 通 风

5.2.3 通风是井下作业采取安全措施的必要手段，由于作业前的检查井、闸井、集水池等设施长期处于封闭状态，其内部聚集大量的污泥、污水，并伴有一定浓度的有毒气体或缺少氧气，作业前如不采取通风措施，盲目下井作业，容易造成作业人员中毒窒息事故，因此凡是确定的井下作业项目，作业前应采取自然通风或必要的机械强制通风，有效降低作业井内的有毒气体浓度和提高氧气含量，以达到井下作业气体安全规定的标准，从而为作业人员创造一个安全、良好的作业环境。

5.3 气体检测

5.3.1 气体检测是井下作业重要的安全措施，是对作业现场进行危险情况及程度确定的最有效的方法，作业前通过气体检测，可随时了解和掌握井内气体情况及时采取有效的防护措施，杜绝操作人员盲目下井作业而造成中毒事故的发生。因此，正确地配备和使用气体检测设备，正确掌握气体检测的方法，落实检测人员的责任尤为重要。

气体检测主要是对管道内硫化氢、一氧化碳、可燃性气体和氧气含量等气体的测试。

5.3.3 依据现行国家标准《工作场所有害因素职业接触限值 第1部分：化学有害因素》GBZ 2.1的有关规定，对本条说明如下：

最高容许浓度的应用：最高容许浓度主要是针对具有明显刺激、窒息或中枢神经系统抑制作用，可导致严重急性损害的化学物质而制定的不应超过的最高容许接触限值，即任何情况都不容许超过的限值。最高浓度的检测应在了解生产工艺过程的基础上，根据不同工种和操作地点采集能够代表最高瞬间浓度的空气样品再进行检测。

时间加权平均容许浓度的应用：时间加权平均容许浓度是评价工作场所环境卫生状况和劳动者接触水平的主要指标。职业病危害控制效果评价，如建设项目竣工验收、定期危害评价、系统接触评估、因生产工艺、原材料、设备等发生改变需要对工作环境影响重新进行评价时，尤应着重进行时间加权平均容许浓度的检测、评价。个体检测是测定时间加权平均容许浓度比较理想的方法，尤其适用于评价劳动者实际接触状况，是工作场所化学有害因素职业接触限值的主体性限值。定点检测也是测定时间加权平均容许浓度的一种方法，要求采集一个工作日内某一工作地点各时段的样品，按各时段的持续接触时间与其相应浓度乘积之和除以8，得出8h工作日的时间加权平均容许浓度。定点检测除了反映个体接触水平，也适于评价工作场所环境的卫生状况。

短时间接触容许浓度的应用：短时间接触容许浓度是与时间加权平均容许浓度相配套的短时间接触限值，可视为对时间加权平均容许浓度的补充。只用于短时间接触较高浓度可导致刺激、窒息、中枢神经抑制等急性作用，及其慢性不可逆性组织损伤的化学物质。在遵守时间加权平均容许浓度的前提下，短时间接触容许浓度水平的短时间接触不引起：①刺激作用；②慢性或不可逆性损伤；③存在剂量-接触次数依赖关系的毒性效应；④麻醉程度足以导致事故率升高、影响逃生和降低工作效率。即使当日的时间加权平均容许浓度符合要求时，短时间接触浓度也不应超过短时间接触容许浓度。当接触浓度超过时间加权平均容许浓度，达到短时间接触容许浓度水平时，一次持续接触时间不应超过15min，每个工作日接触次数不应超过4次，相继接触的间隔时间不应短于60min。

5.3.6 目前，市政行业井下作业采用的气体检测仪一般有复合式（四合一）的，即：硫化氢、一氧化碳、氧气、可燃性气体和单一式的，即：硫化氢、氧气、一氧化碳、可燃性气体等，保证该仪器正确操作和正常使用，检测数据的及时和准确性，使作业单位根据检测数据采取相应防护措施，对井下作业人员安全起着至关重要作用，因此根据有关规定和该仪器应达到的相关技术参数要求，必须对气体检测仪器定期进行检定和校准。

5.3.7 作业井内气体检测在泥水静止和经搅动后检测的结果截然不同，有时差别很大，因作业人员下井内工作时，势必造成井内泥水不断搅动，有毒气体很容易挥发出来，可视为工作人员实际所处的工作环境，因而，作业前所采用的该检测方法是为了使作业井内有毒气体通过人员用木棍不断地搅动使气体充分释放出来，以测定井内实际浓度，从而使作业人员采取有效防护措施。

5.4 照明和通信

5.4.2 井下作业照明，一般白天自然光线可满足，如作业井较深、光线较暗，作业需照明时，作业人员可采用随身佩带便携式防爆灯或由井上照明即可，但照明灯具必须符合该规定要求。

5.4.3 由于路面作业现场的车辆和空压机供气系统噪声较大，人员通过喊话保持联系的方式会受到一定的影响，因此宜采用专用通信设备保持地面与井下通信联络，该联络方式是地面监护人员对井下作业人员工作状况随时掌握的最好方法。

6 防护设备与用品

6.0.1 目前排水维护作业中井下作业供气方式主要有两种，一种为供压缩空气的专用空压机和便携式压缩空气瓶，一种为直接供气的供气泵，二者提供的气源均为空气，但专用的空压机具有空气过滤和油水分离器，能够保持为下井作业人员供气的纯度，更为重要的是，空压机气缸容量具备贮气功能，一旦设备出现问题，机器停止工作，空压机汽缸容量内存贮的气量能够维持（3~5）min的正常供气，仍能保证井下人员正常呼吸需要，从而使井下作业人员能够及时撤离，而供气泵则无此项功能。因此，井下作业供气尽量采用安全可靠的专用空气压缩机或便携式压缩空气瓶供气方式。

空气压缩机选择要符合下列要求：

  1 采用移动式具有空气净化和过滤功能的，供给的空气纯度不低于98%，氧气含量在20%~22%之间；

  2 气缸容积一般在20L以上，工作压力在0.4MPa~0.8MPa，按常压计算，每分钟供气量不少于8L；

  3 空压机故障停机时，气缸压力和气量应满足井下作业人员3min~5min的供气，以保证井下作业人员及时升井；

  4 供气管应为抗压、抗折、防腐，长度不大于40m的橡胶管。

通过多年对排水管道内进行气体监测，分析结果显示排水管道内中普遍存在硫化氢气体，有的监测点硫化氢气体浓度甚至达到150ppm以上（现行国家标准《工作场所有害因素职业接触限值》GBZ 2-2007规定作业场所硫化氢最高允许浓度为10mg/m³，即相当于6.6ppm）。近年来各地连续发生硫化氢中毒也进一步说明井下作业属于IDLH（高危）环境下作业。根据标准必须使用隔绝式全面罩正压供气（携气）防护用品。同时依据现行国家标准《缺氧危险作业安全规程》GB 8958-2006中"缺氧作业必须选用隔绝式呼吸防护用品"的规定，在井下作业中严禁使用"气幕式"面罩作为呼吸防护用品。

过滤式呼吸防护用品具有单一性，即每一种过滤式呼吸器只能过滤一种有毒有害气体，由于排水管道中水质复杂，容易产生多种有毒有害气体，如硫化氢、一氧化碳、氰化氢、有机气体等，很难保证井下作业人员的安全，所以根据标准规定在IDLH（高危）环境中作业不应使用过滤式呼吸防护用品。

此外，由于使用氧气呼吸装具时呼出的气体中氧气含量较高，造成排水管道内的氧含量增加，当管道内存在易燃易爆气体时，氧含量的增加导致发生燃烧和爆炸的可能性加大。基于以上因素，下井作业应使用供压缩空气的全隔离式防护装具作为防毒用具，不应使用过滤式防毒面具和半隔离式防护面具以及氧气呼气设备。

6.0.3 根据实践经验，防护设备长期在恶劣的环境中使用，容易出现老化、损坏，降低防护功能，所以要定期进行维护检查，确保设备的安全有效使用。

6.0.4 安全带中包括安全绳，并应同时使用，安全带和安全绳材料、技术要求及使用引自现行国家标准《安全带》GB 6095的相关规定：

  1 安全带和绳必须用锦纶、维纶、蚕丝材料；

  2 安全绳直径不小于13mm，捻度为（8.5~9.0）花/100mm；

  3 安全带使用时应高挂低用，注意防止摆动碰撞；

  4 安全带上的各种部件不得任意拆掉，更换新绳时要注意加绳套。

6.0.5 井下作业一般都在距地面2m以下，属于高空作业范畴，安全带应选择悬挂式安全带；同时由于井下作业空间有限，作业人员进出需要伸直躯体，双背带式安全带受力点在背后，使用时可以将人伸直拉出；另外悬挂双背带式安全带配有背带、胸带、腿带，可以将拉力分解至肩、腰和双腿，避免将作业人员拉伤。基于以上原因安全带应采用悬挂双背带式安全带。安全带使用期为（3～5）年，发现异常应提前报废。

6.0.6 夏季天气闷热，气压低，井下有毒气体挥发性高，井下作业现场一般在路面上，四周无任何遮阳设施，长时间作业人员容易出现中暑现象，因此要尽量避免暑期井下作业项目，如必须作业，要合理安排好作业时间，作业现场要配置防晒伞，既保证作业人员的防晒、防止中暑，又起到路面作业明显的警示作用。

7 事故应急救援

7.0.1 近年来，全国排水行业在市政排水管道维护作业中，发生多起硫化氢中毒事故，特别是发生一人中毒，现场多人盲目施救造成群死群伤事故，从而，暴露出有关省市排水行业用人单位和作业单位在预防中毒和窒息等事故上相关知识匮乏、制度不健全、责任不清、重视不够、措施不力、培训教育不及时，在应急救援方面存在问题，特别是缺少专项预防中毒和窒息事故应急救援预案，在排水管道维护作业中，不能很好和有效地遏制中毒、窒息事故的发生。因此，按照《安全生产法》规定，维护作业单位必须制定相应的中毒、窒息等事故应急救援预案。

作业单位要保持每年进行一次中毒、窒息事故救援现场演练，演练要包括如下内容：
1 参加演练人员必须熟知演练内容；
2 参加演练人员应熟练掌握应急救援设备的配备和使用方法；
3 作业现场一旦出现中毒、窒息应采取的救援措施、方法和程序；
4 演练人员应掌握自救、互救的方法；
5 演练中发现问题应及时调整预案内容，做到持续改进。

7.0.4 该项规定是井下作业现场发生中毒或窒息事故后确需人员下井抢救所采取的必要应急措施，是保证施救人员在井内不再发生二次中毒事故、避免因一时冲动不采取任何防护措施盲目施救而造成人员伤亡事故扩大的重要保证。

中华人民共和国行业标准

城市桥梁设计规范

Code for design of the municipal bridge

CJJ 11—2011

批准部门：中华人民共和国住房和城乡建设部
施行日期：２０１２年４月１日

中华人民共和国住房和城乡建设部
公　告

第 993 号

关于发布行业标准
《城市桥梁设计规范》的公告

现批准《城市桥梁设计规范》为行业标准，编号为 CJJ 11-2011，自 2012 年 4 月 1 日起实施。其中，第 3.0.8、3.0.14、3.0.19、8.1.4、10.0.2、10.0.3、10.0.7 条为强制性条文，必须严格执行。原行业标准《城市桥梁设计准则》CJJ 11-93 同时废止。

本规范由我部标准定额研究所组织中国建筑工业出版社出版发行。

中华人民共和国住房和城乡建设部
2011 年 4 月 22 日

前　言

根据原建设部《关于印发〈二〇〇四年度工程建设城建、建工行业标准制订、修订计划〉的通知》（建标［2004］66 号）的要求，规范编制组经广泛调查研究，认真总结实践经验，参考有关国际标准和国外先进标准，并在广泛征求意见的基础上，修订本规范。

本规范的主要技术内容是：1. 总则；2. 术语和符号；3. 基本规定；4. 桥位选择；5. 桥面净空；6. 桥梁的平面、纵断面和横断面设计；7. 桥梁引道、引桥；8. 立交、高架道路桥梁和地下通道；9. 桥梁细部构造及附属设施；10. 桥梁上的作用。

本规范修订的主要技术内容是：

1. 补充了工程结构可靠度设计内容有关的条文，明确了桥梁结构应进行承载能力极限状态和正常使用极限状态设计；桥梁设计应区分持久状况、短暂状况和偶然状况三种设计状况。

2. 修改了桥梁设计荷载标准。

3. 对桥梁分类标准、桥上及地下通道内管线敷设的规定、跨越桥梁的架空电缆线、桥位附近的管线以及紧靠下穿道路的桥梁墩位布置要求等进行了调整。

4. 增加节能、环保、防洪抢险、抗震救灾等方面的条文；增加涉及桥梁结构耐久性设计以及斜、弯、坡等特殊桥梁设计的条文。

5. 对桥梁的细部构造及附属设施的设计提出了更为具体的要求和规定。

6. 制定了强制性条文。

本规范中以黑体字标志的条文是强制性条文，必须严格执行。

本规范由住房和城乡建设部负责管理和对强制性条文的解释，由上海市政工程设计研究总院负责具体技术内容的解释。执行过程中如有意见或建议，请寄送上海市政工程设计研究总院（地址：上海市中山北二路 901 号，邮政编码：200092）。

本规范主编单位：上海市政工程设计研究总院

本规范参编单位：北京市市政工程设计研究总院
　　　　　　　　天津市市政工程设计研究院
　　　　　　　　兰州市城市建设设计院
　　　　　　　　重庆市设计院
　　　　　　　　广州市市政工程设计研究院
　　　　　　　　南京市市政设计研究院
　　　　　　　　杭州市城建设计研究院
　　　　　　　　沈阳市市政工程设计研

	究院		
	同济大学		

本规范主要起草人员：程为和　马 翯　沈中治
　　　　　　　　　都锡龄　秦大航　崔健球
　　　　　　　　　袁建兵　贾军政　张剑英
　　　　　　　　　刘旭锴　陈翰新　纪　诚

本规范主要审查人员：古秀丽　郑宪政　宁平华
　　　　　　　　　张启伟
　　　　　　　　　周　良　韩振勇　赵君黎
　　　　　　　　　段　政　刘新痴　刘　敏
　　　　　　　　　彭栋木　毛应生　王今朝
　　　　　　　　　李国平

目 次

1 总则 ………………………………… 62—6
2 术语和符号 ………………………… 62—6
　2.1 术语 …………………………… 62—6
　2.2 符号 …………………………… 62—6
3 基本规定 …………………………… 62—6
4 桥位选择 …………………………… 62—9
5 桥面净空 …………………………… 62—9
6 桥梁的平面、纵断面和横断面
　设计 ………………………………… 62—9
7 桥梁引道、引桥 …………………… 62—10
8 立交、高架道路桥梁和地下
　通道 ………………………………… 62—10
　8.1 一般规定 ……………………… 62—10
　8.2 立交、高架道路桥梁 ………… 62—11
　8.3 地下通道 ……………………… 62—11
9 桥梁细部构造及附属设施 ………… 62—12
　9.1 桥面铺装 ……………………… 62—12
　9.2 桥面与地下通道防水、排水 … 62—12
　9.3 桥面伸缩装置 ………………… 62—13
　9.4 桥梁支座 ……………………… 62—13
　9.5 桥梁栏杆 ……………………… 62—13
　9.6 照明、节能与环保 …………… 62—13
　9.7 其他附属设施 ………………… 62—14
10 桥梁上的作用 …………………… 62—14
附录 A　特种荷载及结构验算 …… 62—16
本规范用词说明 ……………………… 62—19
引用标准名录 ………………………… 62—19
附：条文说明 ………………………… 62—20

Contents

1　General Provisions ················· 62—6
2　Terms and Symbols ················ 62—6
　2.1　Terms ························· 62—6
　2.2　Symbols ······················· 62—6
3　Basic Reguirement ················ 62—6
4　Bridge Site Arrangement ········· 62—9
5　Clearance above Bridge Floor ········ 62—9
6　Horizontal Alignment, Vertical Alignment and Cross Section of Bridge Floor ······················· 62—9
7　Bridge Approach ·················· 62—10
8　Grade Separation Junction, Viaduct and Underpass ············ 62—10
　8.1　General Reguirement ········ 62—10
　8.2　Grade Separation Junction and Viaduct ······················ 62—11
　8.3　Underpass ···················· 62—11
9　Bridge Detailings and Attachments ······················· 62—12
9.1　Pavement of Bridge Deck ·········· 62—12
9.2　Drainage and Waterproofing Design of Bridge Deck and Underpass ········ 62—12
9.3　Bridge Expansion Joints ············ 62—13
9.4　Bridge Bearing ······················ 62—13
9.5　Bridge Railing ······················ 62—13
9.6　Lighting, Energy Saving and Environment Protection ············ 62—13
9.7　Other Attachments ················· 62—14
10　Loads on Bridge ······················ 62—14
Appendix A　Requirements of Special Loads and Structural Evaluation ··················· 62—16
Explanation of Wording in This Code ································· 62—19
List of Quoted Standards ············· 62—19
Addition: Explanation of Provisions ··························· 62—20

1 总则

1.0.1 为使城市桥梁设计符合安全可靠、适用耐久、技术先进、经济合理、与环境协调的要求，制定本规范。

1.0.2 本规范适用于城市道路上新建永久性桥梁和地下通道的设计，也适用于镇（乡）村道路上新建永久性桥梁和地下通道的设计。

1.0.3 城市桥梁设计应根据城乡规划确定的道路等级、城市交通发展需要，遵循有利于节约资源、保护环境、防洪抢险、抗震救灾的原则进行设计。

1.0.4 城市桥梁设计除应执行本规范外，尚应符合国家现行有关标准的规定。

2 术语和符号

2.1 术语

2.1.1 可靠性 reliability
结构在规定的时间内，在规定条件下，完成预定功能的能力。

2.1.2 可靠度 degree of reliability
结构在规定的时间内，在规定条件下，完成预定功能的概率。

2.1.3 设计洪水频率 design flood freguency
设计采用的等于或大于某一强度的洪水出现一次的平均时间间隔为洪水重现期，其倒数为洪水频率。

2.1.4 设计基准期 design period
在进行结构可靠性分析时，为确定可变作用及与时间有关的材料性能等取值而选用的时间参数。

2.1.5 设计使用年限 design working life
设计规定的结构或结构构件不需进行大修即可按预定目的使用的年限。

2.1.6 作用（荷载） action (load)
施加在结构上的集中力或分布力（直接作用，也称为荷载）和引起结构外加变形或约束变形的原因（间接作用）。

2.1.7 永久作用 permanent action
在结构使用期间，其量值不随时间而变化，或其变化值与平均值比较可忽略不计的作用。

2.1.8 可变作用 variable action
在结构使用期间，其量值随时间变化，且其变化值与平均值比较不可忽略的作用。

2.1.9 偶然作用 accidental action
在结构使用期间出现的概率很小，一旦出现，其值很大且持续时间很短的作用。

2.1.10 作用效应 effect of action
由作用引起的结构或结构构件的反应，例如内力、变形、裂缝等。

2.1.11 作用效应的组合 combination for action effects
结构或在结构构件上几种作用分别产生的效应随机叠加。

2.1.12 设计状况 design situation
代表一定时段的一组物理条件，设计时应做到结构在该时段内不超越有关的极限状态。

2.1.13 极限状态 limit state
结构或构件超过某一特定状态就不能满足设计规定的某一功能要求，此特定状态为该功能的极限状态。

2.1.14 承载能力极限状态 ultimate limit states
对应于桥梁结构或其构件达到最大承载能力或出现不适于继续承载的变形或变位的状态。

2.1.15 正常使用极限状态 serviceability limit states
对应于桥梁结构或其构件达到正常使用或耐久性能的某项规定限值的状态。

2.1.16 安全等级 safety classes
为使结构具有合理的安全性，根据工程结构破坏所产生后果的严重程度而划分的设计等级。

2.1.17 高架桥 viaduct
通过架空于地面修建的城市道路称为高架道路。其构筑物称为高架桥。

2.1.18 地下通道 underpass
穿越道路或铁路线的构筑物，称为地下通道。

2.1.19 小型车专用道路 compacted car-only road
只允许小型客（货）车通行的道路。

2.2 符号

L——加载长度；
P_k——车道荷载的集中荷载；
q_k——车道荷载的均布荷载；
W——单位面积的人群荷载；
W_p——单边人行道宽度；在专用非机动车桥上为1/2桥宽。

3 基本规定

3.0.1 桥梁设计应符合城乡规划的要求。应根据道路功能、等级、通行能力及防洪抗灾要求，结合水文、地质、通航、环境等条件进行综合设计。因技术经济上的原因需分期实施时，应保留远期发展余地。

3.0.2 桥梁按其多孔跨径总长或单孔跨径的长度，可分为特大桥、大桥、中桥和小桥等四类，桥梁分类应符合表3.0.2的规定。

表 3.0.2 桥梁按总长或跨径分类

桥梁分类	多孔跨径总长 L (m)	单孔跨径 L_o (m)
特大桥	L>1000	L_o>150
大桥	1000≥L≥100	150≥L_o≥40
中桥	100>L>30	40>L_o≥20
小桥	30≥L≥8	20>L_o≥5

注：1 单孔跨径系指标准跨径。梁式桥、板式桥以两桥墩中线之间桥中心线长度或桥墩中线与桥台台背前缘线之间桥中心线长度为标准跨径；拱式桥以净跨径为标准跨径。
2 梁式桥、板式桥的多孔跨径总长为多孔标准跨径的总长；拱式桥为两岸桥台起拱线间的距离；其他形式的桥梁为桥面系的行车道长度。

3.0.3 城市桥梁设计宜采用百年一遇的洪水频率，对特别重要的桥梁可提高到三百年一遇。

城市中防洪标准较低的地区，当按百年一遇或三百年一遇的洪水频率设计，导致桥面高程较高而引起困难时，可按相交河道或排洪沟渠的规划洪水频率设计，但应确保桥梁结构在百年一遇或三百年一遇洪水频率下的安全。

3.0.4 桥梁孔径应按批准的城乡规划中的河道及（或）航道整治规划，结合现状布设。当无规划时，应根据现状按设计洪水流量满足泄洪要求和通航要求布置。不宜过大改变水流的天然状态。

设计洪水流量可按国家现行标准的规定进行分析、计算。

3.0.5 桥梁的桥下净空应符合下列规定：

1 通航河流的桥下净空应按批准的城乡规划的航道等级确定。通航海轮桥梁的通航水位和桥下净空应符合现行行业标准《通航海轮桥梁通航标准》JTJ 311 的规定。通航内河轮船桥梁的通航水位和桥下净空应符合现行国家标准《内河通航标准》GB 50139 的规定，并应充分考虑河床演变和不同通航水位航迹线的变化。

2 不通航河流的桥下净空应根据计算水位或最高流冰面加安全高度确定。

当河流有形成流冰阻塞的危险或有漂浮物通过时，应按实际调查的数据，在计算水位的基础上，结合当地具体情况酌留一定富余量，作为确定桥下净空的依据。对淤积的河流，桥下净空应适当增加。

在不通航或无流放木筏河流上及通航河流的不通航桥孔内，桥下净空不应小于表 3.0.5 的规定。

表 3.0.5 非通航河流桥下最小净空表

桥梁的部位		高出计算水位 (m)	高出最高流冰面 (m)
梁底	洪水期无大漂流物	0.50	0.75
	洪水期有大漂流物	1.50	—
	有泥石流	1.00	—
支承垫石顶面		0.25	0.50
拱脚		0.25	0.25

3 无铰拱的拱脚被设计洪水淹没时，水位不宜超过拱圈高度的 2/3，且拱顶底面至计算水位的净高不得小于 1.0m。

4 在不通航和无流筏的水库区域内，梁底面或拱顶底面离开水面的高度不应小于计算浪高的 0.75 倍加 0.25m。

5 跨越道路或公路的城市跨线桥梁，桥下净空应分别符合现行行业标准《城市道路设计规范》CJJ 37、《公路工程技术标准》JTG B01 的建筑限界规定。跨越城市轨道交通或铁路的桥梁，桥下净空应分别符合现行国家标准《地铁设计规范》GB 50157 和《标准轨距铁路建筑限界》GB 146.2 的规定。

桥梁墩位布置同时应满足桥下道路或铁路的行车视距和前方交通信息识别的要求，并应按相关规范的规定要求，避开既有的地下构筑物和地下管线。

6 对桥下净空有特殊要求的航道或路段，桥下净空尺度应作专题研究、论证。

3.0.6 桥梁建筑应符合城乡规划的要求。桥梁建筑重点应放在总体布置和主体结构上，结构受力应合理，总体布置应舒展、造型美观，且应与周围环境和景观协调。

3.0.7 桥梁应根据城乡规划、城市环境、市容特点，进行绿化、美化市容和保护环境设计。对特大型和大型桥梁、高架道路桥、大型立交桥梁在工程建设前期应作环境影响评价，工程设计中应作相应的环境保护设计。

3.0.8 桥梁结构的设计基准期应为 100 年。

3.0.9 桥梁结构的设计使用年限应按表 3.0.9 的规定采用。

表 3.0.9 桥梁结构的设计使用年限

类别	设计使用年限（年）	类别
1	30	小桥
2	50	中桥、重要小桥
3	100	特大桥、大桥、重要中桥

注：对有特殊要求结构的设计使用年限，可在上述规定基础上经技术经济论证后予以调整。

3.0.10 桥梁结构应满足下列功能要求：
1 在正常施工和正常使用时，能承受可能出现的各种作用；
2 在正常使用时，具有良好的工作性能；
3 在正常维护下，具有足够的耐久性能；
4 在设计规定的偶然事件发生时和发生后，能保持必需的整体稳定性。

3.0.11 桥梁结构应按承载能力极限状态和正常使用极限状态进行设计，并应同时满足构造和工艺方面的要求。

3.0.12 根据桥梁结构在施工和使用中的环境条件和影响，可将桥梁设计分为以下三种状况：
1 持久状况：在桥梁使用过程中一定出现，且持续期很长的设计状况。
2 短暂状况：在桥梁施工和使用过程中出现概率较大而持续期较短的状况。
3 偶然状况：在桥梁使用过程中出现概率很小，且持续期极短的状况。

3.0.13 桥梁结构或其构件：对 3.0.12 条所述三种设计状况均应进行承载能力极限状态设计；对持久状况还应进行正常使用极限状态设计；对短暂状况及偶然状况中的地震设计状况，可根据需要进行正常使用极限状态设计；对偶然状况中的船舶或汽车撞击等设计状况，可不进行正常使用极限状态设计。

当进行承载能力极限状态设计时，应采用作用效应的基本组合和作用效应的偶然组合；当按正常使用极限状态设计时，应采用作用效应的标准组合、作用短期效应组合（频遇组合）和作用长期效应组合（准永久组合）。

3.0.14 当桥梁按持久状况承载能力极限状态设计时，根据结构的重要性、结构破坏可能产生后果的严重性，应采用不低于表 3.0.14 规定的设计安全等级。

表 3.0.14　桥梁设计安全等级

安全等级	结构类型	类　　别
一级	重要结构	特大桥、大桥、中桥、重要小桥
二级	一般结构	小桥、重要挡土墙
三级	次要结构	挡土墙、防撞护栏

注：1 表中所列特大、大、中桥等系按本规范表 3.0.2 中单孔跨径确定，对多跨不等跨桥梁，以其中最大跨径为准；冠以"重要"的小桥、挡土墙系指城市快速路、主干路及交通特别繁忙的城市次干路上的桥梁、挡土墙。
2 对有特殊要求的桥梁，其设计安全等级可根据具体情况另行确定。

3.0.15 桥梁结构构件的设计应符合国家现行有关标准的规定。地下通道结构的设计应符合本规范第 8.3 节的有关规定。

3.0.16 桥梁结构应符合下列规定：

1 构件在制造、运输、安装和使用过程中，应具有规定的强度、刚度、稳定性和耐久性。
2 构件应减小由附加力、局部力和偏心力引起的应力。
3 结构或构件应根据其所处的环境条件进行耐久性设计。采用的材料及其技术性能应符合相关标准的规定。
4 选用的形式应便于制造、施工和养护。
5 桥梁应进行抗震设计。抗震设计应按国家现行标准《中国地震动参数区划图》GB 18306、《城市道路设计规范》CJJ 37 和《公路工程技术标准》JTG B01 的规定进行。对已编制地震小区划的城市，可按行政主管部门批准的地震动参数进行抗震设计。

地震作用的计算及结构的抗震设计应符合国家现行相关规范的规定。

6 当受到城市区域条件限制，需建斜桥、弯桥、坡桥时，应根据其具体特点，作为特殊桥梁进行设计。
7 桥梁基础沉降量应符合现行行业标准《公路桥涵地基与基础设计规范》JTG D63 的规定。对外部为超静定体系的桥梁，应控制引起桥梁上部结构附加内力的基础不均匀沉降量，宜在结构设计中预留调节基础不均匀沉降的构造装置或空间。

3.0.17 对位于城市快速路、主干路、次干路上的多孔梁（板）桥，宜采用整体连续结构，也可采用连续桥面简支结构。

设计应保证桥梁在使用期间运行通畅，养护维修方便。

3.0.18 桥梁应根据工程规模和不同的桥型结构设置照明、交通信号标志、航运信号标志、航空障碍标志、防雷接地装置以及桥面防水、排水、检修、安全等附属设施。

3.0.19 桥上或地下通道内的管线敷设应符合下列规定：

1 不得在桥上敷设污水管、压力大于 0.4MPa 的燃气管和其他可燃、有毒或蚀性的液、气体管。条件许可时，在桥上敷设的电信电缆、热力管、给水管、电压不高于 10kV 配电电缆、压力不大于 0.4MPa 燃气管必须采取有效的安全防护措施。
2 严禁在地下通道内敷设电压高于 10kV 配电电缆、燃气管及其他可燃、有毒或蚀性液、气体管。

3.0.20 对特大桥和重要大桥竣工后应进行荷载试验，并应保留作为运行期间监测系统所需的测点和参数。

3.0.21 桥梁设计必须严格实施质量管理和质量控制，设计文件的组成应符合有关文件编制的规定，对涉及工程质量的构造设计、材料性能和结构耐久性及需特别指明的制作或施工工艺、桥梁运行条件、养护维修等应提出相应的要求。

4 桥位选择

4.0.1 桥位选择应根据城乡规划，近远期交通流向和流量的需要，结合水文、航运、地形、地质、环境及对邻近建筑物和公用设施的影响进行全面分析、综合比较后确定。

4.0.2 特大桥、大桥的桥位应选择在河道顺直、河床稳定、河滩较窄、河槽能通过大部分设计流量且地质良好的河段。桥位不宜选择在河滩、沙洲、古河道、急弯、汇合口、渡口、港口作业区及易形成流冰、流木阻塞的河段以及活动性断层、强岩溶、滑坡、崩塌、地震易液化、泥石流等不良地质的河段。

中小桥桥位宜按道路的走向进行布置。

4.0.3 桥梁纵轴线宜与洪水主流流向正交；当不能正交时，对中小桥宜采用斜交或弯桥。

4.0.4 通航河流上桥梁的桥位选择，除应符合城乡规划，选择在河道顺直、河床稳定、水深充裕、水流条件良好的航段上外，还应符合下列规定：

1 桥梁墩台沿水流方向的轴线，应与最高通航水位的主流方向一致，当为斜交时，其交角不宜大于5°；当交角大于5°时，应加大通航孔净宽。对变迁性河流，应考虑河床变迁对通航孔的影响。

2 位于内河航道上的桥梁，尚应符合现行国家标准《内河通航标准》GB 50139 中关于水上过河建筑物选址的要求。

3 通航海轮的桥梁、桥位选择应符合现行行业标准《通航海轮桥梁通航标准》JTJ 311 的规定。

4.0.5 非通航河流上相邻桥梁的间距除应符合洪水水流顺畅，满足城市防洪要求外，尚应根据桥址工程地质条件、既有桥梁结构的状态、与运营干扰等因素来确定。

4.0.6 当桥址处有两个及以上的稳定河槽，或滩地流量占设计流量比例较大，且水流不易引入同一座桥时，可在主河槽、河汊和滩地上分别设桥，不宜采用长大导流堤强行集中水流。桥轴线宜与主河槽的水流流向正交。天然河道不宜改移或截弯取直。

4.0.7 桥位应避开泥石流区。当无法避开时，宜建大跨径桥梁跨过泥石流区。当没有条件建大跨桥时，应避开沉积区，可在流通区跨越。桥位不宜布置在河床的纵坡由陡变缓、断面突然变化及平面上的急弯处。

4.0.8 桥位上空不宜设有架空高压电线，当无法避开时，桥梁主体结构最高点与架空电线之间的最小垂直距离，应符合国家现行标准《城市电力规划规范》GB 50293 和《110～550kV架空送电线路设计技术规程》DL/T 5092 的规定。

当桥位旁有架空高压电线时，桥边缘与架空电线之间的水平距离应符合国家现行相关标准的规定。

4.0.9 桥位应与燃气输送管道、输油管道，易燃、易爆和有毒气体等危险品工厂、车间、仓库保持一定安全距离。当距离较近时，应设置满足消防、防爆要求的防护设施。

桥位距燃气输送管道、输油管道的安全距离应符合国家现行相关标准的规定。

5 桥面净空

5.0.1 城市桥梁的桥面净空限界、桥面最小净高、机动车车行道宽度、非机动车车行道宽度、中小桥的人行道宽度、路缘带宽度、安全带宽度、分隔带宽度应符合现行行业标准《城市道路设计规范》CJJ 37 的规定。

特大桥、大桥的单侧人行道宽度宜采用 2.0m～3.0m。

5.0.2 城市桥梁中的小桥桥面布置形式及净空限界应与道路相同，特大桥、大桥、中桥的桥面布置及净空限界中的车行道及路缘带的宽度应与道路相同，分隔带宽度可适当缩窄，但不应小于现行行业标准《城市道路设计规范》CJJ 37 规定的最小值。

6 桥梁的平面、纵断面和横断面设计

6.0.1 桥梁在平面上宜做成直桥，当特殊情况时可做成弯桥，其线形布置应符合现行行业标准《城市道路设计规范》CJJ 37 的规定。

6.0.2 对下承式和中承式桥的主梁、主桁或拱肋，悬索桥、斜拉桥的索面及索塔，可设置在人行道或车行道的分隔带上，但必须采取防止车辆直接撞击的防护措施。悬索桥、斜拉桥的索面及索塔亦可设置在人行道或检修道栏杆外侧。

6.0.3 桥面车行道路幅宽度宜与所衔接道路的车行道路幅宽度一致。当道路现状与规划断面相差很大，桥梁按规划车行道布置难度较大时，应按本规范第 3.0.1 条规定分期实施。

当两端道路上设有较宽的分隔带或绿化带时，桥梁可考虑分幅布置（横向组成分离式桥），桥上不宜设置绿化带。特大桥、大桥、中桥的桥面宽度可适当减小，但车行道的宽度应与两端道路车行道有效宽度的总和相等并在引道上设变宽缓和段与两端道路接顺。小桥的机动车道平面线形应与道路保持一致。

6.0.4 当特大桥、大桥、中桥与两端道路为新建时，桥面车行道布设应根据规划道路等级，按现行行业标准《城市道路设计规范》CJJ 37 的规定和交通流量来确定。

6.0.5 桥梁宽度应按本规范第 5 章的规定确定。

6.0.6 桥面最小纵坡不宜小于 0.3%。桥面最大纵

坡、坡度长度与竖曲线布设应符合现行行业标准《城市道路设计规范》CJJ 37的规定。

桥梁纵断面设计时，应考虑到长期荷载作用下的构件挠曲和墩台沉降的影响。

6.0.7 桥梁横断面布置除桥面净空应符合本规范第5章规定外，尚应符合下列规定：

1 桥梁人行道或检修道外侧必须设置人行道栏杆。

2 对主干路和次干路的桥梁，当两侧无人行道时，两侧应设检修道，其宽度宜为0.50m～0.75m。

3 对桥面上机动车道与非机动车道上有永久性分隔带的桥或专用非机动车的桥，其两旁的人行道或检修道缘石宜高出车行道路面0.15m～0.20m。

4 对主干路、次干路、支路的桥梁，桥面为混合行车道或专用机动车道时，人行道或检修道缘石宜高出车行道路面0.25m～0.40m。当跨越急流、大河、深谷、重要道路、铁路、主要航道或桥面常有积雪、结冰时，其缘石高度宜取较大值，外侧应采用加强栏杆。

5 对快速路桥、机动车专用桥的桥面两侧应设置防撞护栏，防撞护栏应符合本规范第9.5.2条规定。

6.0.8 桥面车行道应按现行行业标准《城市道路设计规范》CJJ 37的规定设置横坡，在快速路和主干路桥上，横坡宜为2%；在次干路和支路桥上横坡宜为1.5%～2.0%，人行道上宜设置1%～2%向车行道的单向横坡。在路缘石或防撞护栏旁应设置足够数量的排水孔。在排水孔之间的纵坡不宜小于0.3%～0.5%。

7 桥梁引道、引桥

7.0.1 桥梁引道应按现行行业标准《城市道路设计规范》CJJ 37的规定要求布设；引桥应按本规范的有关要求布设。

7.0.2 桥梁引道的设计应与引桥的设计统一，从安全、经济、美观等方面进行综合比较。

7.0.3 桥梁引道及引桥的布设应遵循下列原则：

1 桥梁引道及引桥与两侧街区交通衔接，并应预留防洪抢险通道。

2 当引道为填土路堤时，宜将城市给水、排水、燃气、热力等地下管道迁移至桥梁填土范围以外或填土影响范围以外布设。

3 位于软土地基上的引道填土路堤最大高度应予以控制。

4 引桥墩台基础设计应分析基础施工及基础沉降对邻近永久性建筑物的影响。

5 在纵坡较大的桥梁引道上，不宜设置平交道口和公共交通车辆的停靠站及工厂、街区出入口。

7.0.4 当引道采用填土路堤，且两侧采用较高挡土墙时，两侧应设置栏杆，其布置可按本规范第6.0.7条有关规定执行。

7.0.5 特大桥、大桥、中桥的桥头应避免分隔带路缘石突变。路缘石在平面上应设置缓和接顺段，折角处应采用平曲线接顺。

7.0.6 当主孔斜交角度较大、引桥较长时，宜根据桥址的地形、地物在引桥与主桥衔接处布设若干个过渡孔，使其后的引桥均按正交布置。

7.0.7 桥台侧墙后端深入桥头锥坡顶点以内的长度不应小于0.75m。

位于城市快速路、主干路和次干路上的桥梁，桥头宜设置搭板，搭板长度不宜小于6m。

7.0.8 桥头锥体及桥台后5m～10m长度的引道，可采用砂性土等材料填筑。在非严寒地区当无透水性材料时，可就地取土填筑，也可采用土工合成材料或其他轻质材料填筑。

8 立交、高架道路桥梁和地下通道

8.1 一般规定

8.1.1 立交、高架道路桥梁和地下通道应按城市规划和现行行业标准《城市道路设计规范》CJJ 37中的有关规定设置。

8.1.2 立交、高架道路桥梁和地下通道的布设应综合考虑下列因素：

1 宜按规划一次兴建，分期建设时应考虑后期的实施条件；

2 应减少工程占用的土地、房屋拆迁及重要公共设施的搬迁；

3 充分考虑与街区间交通的相互关系；

4 结构形式及建筑造型应与城市景观协调，桥下空间利用应防止可能产生的对交通的干扰，墩台的布置应考虑桥下空间的净空利用，以及转向交通视距等要求；

5 应密切结合地形、地物、地质、地下水情况以及地下工程设施等因素；

6 应密切结合规划及现有的地上、地下管线；

7 应综合分析设计中所采用的立交形式、桥梁结构和施工工艺对周围现有建筑、道路交通以及规划中的新建筑的影响；

8 应根据环境保护的要求，采取工程措施减少工程建设对周围环境的影响。

8.1.3 立交、高架道路桥梁和地下通道的平面、纵断面、横断面设计，应满足下列要求：

1 平面布置应与其相衔接道路的标准相适应，应满足工程所在区域道路行车需要。

2 纵断面设计应与其衔接的道路标准相适应，

并应结合当地气候条件、车辆类型及爬坡能力等因素，选用适当的纵坡值。竖曲线最低点不宜设在地下通道暗埋段箱体内，凸曲线应满足行车视距。对混合交通应满足非机动车辆的最大纵坡限制值要求。

3 横断面设计应与其衔接的道路标准相适应。在机动车道与非机动车道之间，可设置分隔带疏导交通。对设有中间分隔带的宽桥，桥梁结构可设计成上下行分离的独立桥梁。

4 立交区段的各种杆、柱、架空线网的布置，应保持该区段的整洁、开阔。当桥面灯杆置于人行道靠缘石处，杆座边缘与车行道路面（路缘石外侧）的净距不应小于 0.25m。地下通道引道的杆、柱宜设置在分隔带上或路幅以外。

8.1.4 当立交、高架道路桥梁的下穿道路紧靠柱式墩或薄壁墩台、墙时，所需的安全带宽度应符合下列规定：

1 当道路设计行车速度大于或等于 60km/h 时，安全带宽度不应小于 0.50m；

2 当道路设计行车速度小于 60km/h 时，安全带宽度不应小于 0.25m。

8.1.5 当下穿道路路缘带外侧与柱、墩台、墙之间设有检修道，其宽度大于所需的安全带宽度时，可不再设安全带。

8.1.6 汽车撞击墩台作用的力值和位置可按现行行业标准《公路桥涵设计通用规范》JTG D60 的规定取值。对易受汽车撞击的相关部位应采取相应的防撞构造措施，但安全带宽度仍应符合本规范第 8.1.4 条的规定。

8.1.7 当高架道路桥梁的长度较长时，应考虑每隔一定距离在中央分隔带上设置开启式护栏，设置的最小间距不宜小于 2km。

8.2 立交、高架道路桥梁

8.2.1 当立交、高架道路桥梁与桥下道路斜交时，可采用斜交桥的形式跨越。当斜交角度较大时，宜采用加大桥梁跨度、减小斜交角度或斜桥正做的方式，同时应满足桥下道路平面线形、视距及前方交通信息识别的要求。

8.2.2 曲线梁桥的结构形式及横断面形状，应具有足够的抗扭刚度。结构支承体系应满足曲线桥梁上部结构的受力和变形要求，并采取可靠的抗倾覆措施。

8.2.3 对纵坡较大的桥梁或独柱支承的匝道桥梁，应分析桥梁向下坡方向累计位移的影响，总体设计时独柱墩连续梁分联长度不宜过长，中墩应采用适宜的结构尺寸，并应保证墩柱具有较大的纵横向抗推刚度。

8.2.4 当立交、高架道路桥梁的跨度小于 30m，且桥宽较大时，桥墩可采用柱式桥墩，柱数宜少，视觉应通透、舒适。

8.2.5 当立交、高架道路桥下设置停车场时，不得妨碍桥梁结构的安全，应设置相应的防火设施，并应满足有关消防的安全规定。

8.2.6 当立交、高架道路桥梁跨越城市轨道交通或电气化铁路时，接触网与桥梁结构的最小净距应符合国家现行标准《地铁设计规范》GB 50157 和《铁路电力牵引供电设计规范》TB 10009 的规定。

8.3 地下通道

8.3.1 采用地下通道方案前，应与立交跨线桥方案作技术、经济、运营等方面的比较。设计时应对建设地点的地形、地质、水文、地上、地下的既有构筑物及规划要求，地下管线，地面交通或铁路运营情况进行详细调查分析。位于铁路运营线下的地下通道，为保证施工期间铁路运营安全，地下通道位置除应按本规范第 8.1.1 条的规定设置外，还应选在地质条件较好、铁路路基稳定、沉降量小的地段。

8.3.2 地下通道净空应符合本规范第 5 章的规定。当地下通道中设置机动车道、非机动车道和人行道时，可将非机动车道、人行道和机动车道布置在不同的高程上。

在仅布置机动车道的地下通道内，应在一侧路缘石与墙面之间设置检修道，宽度宜为 0.50m～0.75m。当孔内机动车的车行道为四条及以上时，另一侧还应再设置 0.50m～0.75m 宽的检修道。

8.3.3 下穿城市道路或公路的地下通道，设计荷载应符合本规范及现行行业标准《公路桥涵设计通用规范》JTG D60 的规定，结构内力、截面强度、挠度、裂缝宽度计算及允许值的取用应符合现行行业标准《公路钢筋混凝土及预应力混凝土桥涵设计规范》JTG D62 的规定，裂缝宽度也可按现行国家标准《混凝土结构设计规范》GB 50010 的规定进行计算；抗震验算应符合相关抗震设计规范的规定。地下通道长度应根据地下通道上方的道路性质符合本规范及现行行业标准《公路桥涵设计通用规范》JTG D60 相关的道路净空宽度的规定。

8.3.4 下穿铁路的地下通道，其设计荷载、结构内力、截面强度、挠度、裂缝宽度计算及允许值的取用、抗震验算应符合国家现行标准《铁路桥涵设计基本规范》TB 10002.1、《铁路桥涵钢筋混凝土和预应力混凝土结构设计规范》TB 10002.3 和《铁路工程抗震设计规范》GB 50111 的规定。地下通道长度除应符合上跨铁路线路的净空宽度要求外，还应满足管线、沟漕、信号标志等附属设施和铁路员工检修便道的需求。

8.3.5 当地下通道轴线与置于地下通道上的道路或铁路轴线的斜交角 $\alpha \leq 15°$ 时，可按正交结构分析；当 $\alpha > 15°$ 时，应按斜交结构分析。

8.3.6 地下通道混凝土强度等级不宜低于 C30；当

地下通道及与其衔接的引道结构的最低点位于地下水位以下时，混凝土抗渗等级不应低于P8。下穿铁路的地下通道混凝土强度等级和抗渗等级应符合现行行业标准《铁路桥涵钢筋混凝土和预应力混凝土结构设计规范》TB 10002.3的规定。

8.3.7 地下通道结构连续长度不宜过长。当地下通道结构长度较长时，应设置沉降缝或伸缩缝。沉降缝或伸缩缝的间距应按地基土性质、荷载、结构形式及结构变化情况确定。

8.3.8 当地下通道采用顶进施工工艺时，宜布置成正交；当采用斜交时，斜交角不应大于45°。地下通道的结构尺寸应计入顶进时的施工偏差，角隅处的构造筋及中墙、侧墙的纵向钢筋宜适当加强。位于地下通道上的铁路线路的加固应满足保证铁路安全运营的要求。

8.3.9 当地下水位较高时，地下通道及与其衔接的引道结构应进行抗浮计算，并应采取相应的抗浮措施。

9 桥梁细部构造及附属设施

9.1 桥面铺装

9.1.1 桥面铺装的结构形式宜与所衔接的道路路面相协调，可采用沥青混凝土或水泥混凝土材料。

9.1.2 桥面铺装层材料、构造与厚度应符合下列规定：

1 当为快速路、主干路桥梁和次干路上的特大桥、大桥时，桥面铺装宜采用沥青混凝土材料，铺装层厚度不宜小于80mm，粒料宜与桥头引道上的沥青面层一致。水泥混凝土整平层强度等级不应低于C30，厚度宜为70mm～100mm，并应配有钢筋网或焊接钢筋网。

当为次干路、支路时，桥梁沥青混凝土铺装层和水泥混凝土整平层的厚度均不宜小于60mm。

2 水泥混凝土铺装层的面层厚度不应小于80mm，混凝土强度等级不应低于C40，铺装层内应配有钢筋网或焊接钢筋网，钢筋直径不应小于10mm，间距不宜大于100mm，必要时可采用纤维混凝土。

9.1.3 钢桥面沥青混凝土铺装结构应根据铺装材料的性能、施工工艺、车辆轮压、桥梁跨径与结构形式、桥面系的构造尺寸以及桥梁纵断面线形、当地的气象与环境条件等因素综合分析后确定。

9.2 桥面与地下通道防水、排水

9.2.1 桥面铺装应设置防水层。

沥青混凝土铺装底面在水泥混凝土整平层之上应设置柔性防水卷材或涂料，防水材料应具有耐热、冷柔、防渗、耐腐、粘结、抗碾压等性能。材料性能技术要求和设计应符合国家现行相关标准的规定。

水泥混凝土铺装可采用刚性防水材料，或底层采用不影响水泥混凝土铺装受力性能的防水涂料等。

9.2.2 圬工桥台台身背墙、拱桥拱圈顶面及侧墙背面应设置防水层。下穿地下通道箱涵等封闭式结构顶板顶面应设置排水横坡，坡度宜为0.5%～1%，箱体防水应采用自防水，也可在顶板顶面、侧墙外侧设置防水层。

9.2.3 桥面排水设施的设置应符合下列规定：

1 桥面排水设施应适应桥梁结构的变形，细部构造布置应保证桥梁结构的任何部分不受排水设施及泄漏水流的侵蚀；

2 应在行车道较低处设排水口，并可通过排水管将桥面水泄入地面排水系统中；

3 排水管道应采用坚固的、抗腐蚀性能良好的材料制成，管道直径不宜小于150mm；

4 排水管道的间距可根据桥梁汇水面积和桥面纵坡大小确定：

当纵坡大于2%时，桥面设置排水管的截面积不宜小于60mm²/m²；

当纵坡小于1%时，桥面设置排水管的截面积不宜小于100mm²/m²；

南方潮湿地区和西北干燥地区可根据暴雨强度适当调整；

5 当中桥、小桥的桥面设有不小于3%纵坡时，桥上可不设排水口，但应在桥头引道上两侧设置雨水口；

6 排水管宜在墩台处接入地面，排水管布置应方便养护，少设连接弯头，且宜采用有清除孔的连接弯头；排水管底部应作散水处理，在使用除冰盐的地区应在墩台受水影响区域涂混凝土保护剂；

7 沥青混凝土铺装在桥跨伸缩缝上坡侧，现浇带与沥青混凝土相接处应设置渗水管；

8 高架桥桥面应设置横坡及不小于0.3%的纵坡；当纵断面为凹形竖曲线时，宜在凹形竖曲线最低点及其前后3m～5m处分别设置排水口。当条件受到限制，桥面为平坡时，应沿主梁纵向设置排水管，排水管纵坡不应小于3%。

9.2.4 地下通道排水应符合下列规定：

1 地下通道内排水应设置独立的排水系统，其出水口必须可靠。排水设计应符合国家现行标准《室外排水设计规范》GB 50014、《城市道路设计规范》CJJ 37的规定。

2 地下通道纵断面设计除应符合本规范第8.1.3条第2款的规定外，应将引道两端的起点处设置倒坡，其高程宜高于地面0.2m～0.5m左右，并应加强引道路面排水，在引道与地下通道接头处的两侧应设一排截水沟。

3 地下通道内路面边沟雨水口间应有不小于 0.3%～0.5% 的排水纵坡。当较短地下通道内不设置雨水口时，地下通道纵坡不应小于 0.5%。引道与地下通道内车行道路面，应设不小于 2% 的横坡。

地下通道引道段选用的径流系数应考虑坡陡径流增加的因素，其雨水口的设置与选型应适应汇水快而急的特点。

4 当下穿地下通道不能自流排水时，应设置泵站排水，其管渠设计，降雨重现期应大于道路标准。排水泵站应保证地下通道内不积水。

5 采用盲沟排水和兼排雨水的管道和泵站，应保证有效、可靠。

9.3 桥面伸缩装置

9.3.1 桥面伸缩装置，应满足梁端自由伸缩、转角变形及使车辆平稳通过的要求。伸缩装置应根据桥梁长度、结构形式采用经久耐用、防渗、防滑等性能良好，且易于清洁、检修、更换的材料和构造形式。材料及其成品的技术要求应符合国家现行相关标准的规定。

在多跨简支梁间，可采用连续桥面。连续桥面的长度不宜大于 100m，连续桥面的构造应完善、牢固和耐用。

9.3.2 对变形量较大的桥面伸缩缝，宜采用梳板式或模数式伸缩装置。伸缩装置应与梁端牢固锚固。

城市快速路、主干路桥梁不得采用浅埋的伸缩装置。

9.3.3 当设计伸缩装置时，应考虑其安装的时间，伸缩量应根据温度变化及混凝土收缩、徐变、受荷转角、梁体纵坡及伸缩装置更换所需的间隙量等因素确定。

对异型桥的伸缩装置，必须检算其纵横向的错位量。

9.3.4 在使用除冰盐地区，对栏杆底座、混凝土铺装以及桥梁伸缩装置以下的盖梁、墩台帽等处，应进行耐久性处理。

9.3.5 地下通道的沉降缝、伸缩缝必须满足防水要求。

9.4 桥梁支座

9.4.1 桥梁支座可按其跨径、结构形式、反力力值、支承处的位移及转角变形值选取不同的支座。

桥梁可选用板式橡胶支座或四氟滑板橡胶支座、盆式橡胶支座和球形钢支座。不宜采用带球冠的板式橡胶支座或坡形板式橡胶支座。

支座的材料、成品等技术要求应符合国家现行相关标准的规定。

9.4.2 支座的设计、安装要求应符合有关标准的规定，且应易于检查、养护、更换，并应有防尘、清洁、防止积水等构造措施。

墩台构造应满足更换支座的要求，在墩台帽顶面与主梁梁底之间应预留顶升主梁更换支座的空间。

支座安装时应预留由于施工期间温度变化、预应力张拉以及混凝土收缩、徐变等因素产生的变形和位移，成桥后的支座状态应符合设计要求。

9.4.3 主梁应在墩、台部位处设置横向限位构造。

9.4.4 对大中跨径的钢桥、弯桥和坡桥等连续体系桥梁，应根据需要设置固定支座或采用墩梁固结，不宜全桥采用活动支座或等厚度的板式橡胶支座。

对中小跨径连续梁桥，梁端宜采用四氟滑板橡胶支座或小型盆式纵向活动支座。

9.5 桥梁栏杆

9.5.1 人行道或安全带外侧的栏杆高度不应小于 1.10m。栏杆构件间的最大净间距不得大于 140mm，且不宜采用横线条栏杆。栏杆结构设计必须安全可靠，栏杆底座应设置锚筋，其强度应满足本规范第 10.0.7 条的要求。

9.5.2 防撞护栏的设计可按现行行业标准《公路交通安全设施设计规范》JTG D81 的有关规定进行。

防撞护栏的防撞等级可按本规范第 10.0.8 条规定选择。

9.5.3 桥梁栏杆及防撞护栏的设计除应满足受力要求以外，其栏杆造型、色调应与周围环境协调。对重要桥梁宜作景观设计。

9.5.4 当桥梁跨越快速路、城市轨道交通、高速公路、铁路干线等重要交通通道时，桥面人行道栏杆上应加设护网，护网高度不应小于 2m，护网长度宜为下穿道路的宽度并各向路外延长 10m。

9.6 照明、节能与环保

9.6.1 桥上照明及地下通道照明不应低于两端道路的照明标准。道路照明标准应符合现行行业标准《城市道路设计规范》CJJ 37、《城市道路照明设计标准》CJJ 45 的规定。大型桥梁及长度较长的地下通道照明应进行专门设计。

9.6.2 桥梁与地下通道照明应满足节能、环保、防眩等要求。灯具宜采用黄色高光通量、无光污染的节能光源。

9.6.3 桥上应设置照明灯杆。根据人行道宽度及桥面照度要求，灯杆宜设置在人行道外侧栏杆处；当人行道较宽时，灯杆可设置在人行道内侧或分隔带中，杆座边缘距车行道路面的净距不应小于 0.25m。

当采用金属杆的照明灯杆时，应有可靠接地装置。

9.6.4 照明灯杆灯座的设计选用应与环境、桥型、栏杆协调一致。

9.6.5 当高架道路桥梁沿线为医院、学校、住宅等对声源敏感地段时，应设置防噪声屏障等降噪设施。对防噪声屏障结构应验算风荷载作用下的强度、抗倾覆稳定以及其所依附构件的强度安全。当其依附构件为防撞护栏时，可考虑风荷载与车辆撞击力不同时作用。

9.7 其他附属设施

9.7.1 特大桥、大桥宜根据桥梁结构形式设置检修通道及供检查、养护使用的专用设施，并宜配置必要的管理用房。斜拉桥、悬索桥索塔顶部应设置防雷装置，并应按航空管理规定设置航空障碍标志灯。当主梁、索塔为钢箱结构时，宜设置内部抽湿系统。

9.7.2 特大桥、大桥宜根据需要布置测量标志，跨河、跨海的特大桥、大桥宜设置水尺或水位标志，通航孔宜设置导航标志。标志设置应符合国家现行有关标准的规定。

9.7.3 特大桥、大桥及中长地下通道宜考虑在桥梁、地下通道两端或其他取用方便的部位设置消防、给水设施。

9.7.4 照明、环保、消防、交通标志等附属设施不得侵入桥梁、地下通道的净空限界，不得影响桥梁和地下通道的安全使用。

9.7.5 对符合本规范第3.0.19条规定而设置的各种管线，尚应符合下列规定：
　　1 口径较大的管道不宜在桥梁立面上外露。
　　2 应妥善安排各类管线，在敷设、养护、检修、更换时不得损坏桥梁。刚性管道宜与桥梁上部结构分离。
　　3 电力电缆与燃气管道不得布置在同一侧。
　　4 各类管线不得侵入桥面和桥下净空限界。
　　5 敷设在地下通道内的各类管线，应便于维修、养护、更换。宜敷设在非机动车道或人行道下。

10 桥梁上的作用

10.0.1 桥梁设计采用的作用应按永久作用、可变作用、偶然作用分类。除可变作用中的设计汽车荷载与人群荷载外，作用与作用效应组合均应按现行行业标准《公路桥涵设计通用规范》JTG D60的有关规定执行。

10.0.2 桥梁设计时，汽车荷载的计算图式、荷载等级及其标准值、加载方法和纵横向折减等应符合下列规定：
　　1 汽车荷载应分为城—A级和城—B级两个等级。
　　2 汽车荷载应由车道荷载和车辆荷载组成。车道荷载应由均布荷载和集中荷载组成。桥梁结构的整体计算应采用车道荷载，桥梁结构的局部加载、桥台和挡土墙压力等的计算应采用车辆荷载。车道荷载与车辆荷载的作用不得叠加。

　　3 车道荷载的计算（图10.0.2-1）应符合下列规定：

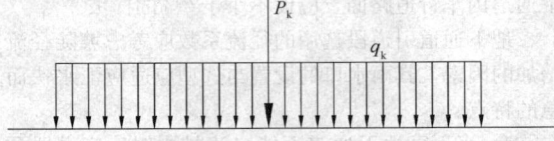

图10.0.2-1 车道荷载

　　1）城—A级车道荷载的均布荷载标准值（q_k）应为10.5kN/m。集中荷载标准值（P_k）的选取：当桥梁计算跨径小于或等于5m时，$P_k=180$kN；当桥梁计算跨径等于或大于50m时，$P_k=360$kN；当桥梁计算跨径在5m～50m之间时，P_k值应采用直线内插求得。当计算剪力效应时，集中荷载标准值（P_k）应乘以1.2的系数。

　　2）城—B级车道荷载的均布荷载标准值（q_k）和集中荷载标准值（P_k）应按城—A级车道荷载的75%采用；

　　3）车道荷载的均布荷载标准值应满布于使结构产生最不利效应的同号影响线上；集中荷载标准值应只作用于相应影响线中一个最大影响线峰值处。

　　4 车辆荷载的立面、平面布置及标准值应符合下列规定：

　　1）城—A级车辆荷载的立面、平面、横桥向布置（图10.0.2-2）及标准值应符合表10.0.2的规定：

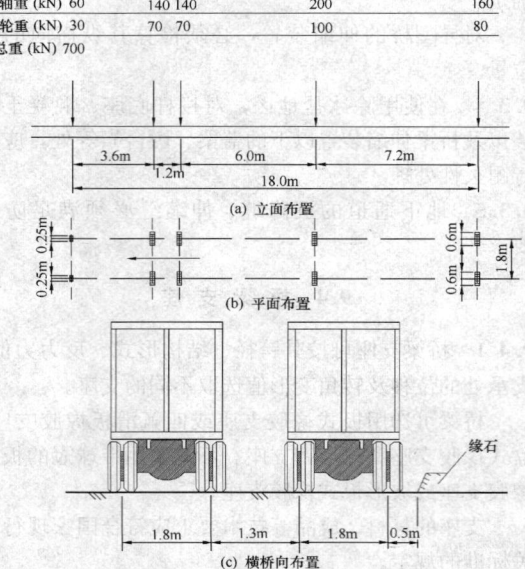

图10.0.2-2 城—A级车辆荷载立面、平面、横桥向布置

表 10.0.2 城—A 级车辆荷载

车轴编号	单位	1	2	3	4	5
轴重	kN	60	140	140	200	160
轮重	kN	30	70	70	100	80
纵向轴距	m		3.6	1.2	6	7.2
每组车轮的横向中距	m	1.8	1.8	1.8	1.8	1.8
车轮着地的宽度×长度	m	0.25×0.25	0.6×0.25	0.6×0.25	0.6×0.25	0.6×0.25

　　2）城—B 级车辆荷载的立面、平面布置及标准值应采用现行行业标准《公路桥涵设计通用规范》JTG D60 车辆荷载的规定值。

　　5 车道荷载横向分布系数、多车道的横向折减系数、大跨径桥梁的纵向折减系数、汽车荷载的冲击力、离心力、制动力及车辆荷载在桥台或挡土墙后填土的破坏棱体上引起的土侧压力等均应按现行行业标准《公路桥涵设计通用规范》JTG D60 的规定计算。

10.0.3 应根据道路的功能、等级和发展要求等具体情况选用设计汽车荷载。桥梁的设计汽车荷载应根据表 10.0.3 选用，并应符合下列规定：

表 10.0.3 桥梁设计汽车荷载等级

城市道路等级	快速路	主干路	次干路	支路
设计汽车荷载等级	城—A 级或城—B 级	城—A 级	城—A 级或城—B 级	城—B 级

　　1 快速路、次干路上如重型车辆行驶频繁时，设计汽车荷载应选用城—A 级汽车荷载；

　　2 小城市中的支路上如重型车辆较少时，设计汽车荷载采用城—B 级车道荷载的效应乘以 0.8 的折减系数，车辆荷载的效应乘以 0.7 的折减系数；

　　3 小型车专用道路，设计汽车荷载可采用城—B 级车道荷载的效应乘以 0.6 的折减系数，车辆荷载的效应乘以 0.5 的折减系数。

10.0.4 在城市指定路线上行驶的特种平板挂车应根据具体情况按本规范附录 A 中所列的特种荷载进行验算。对既有桥梁，可根据过桥特重车辆的主要技术指标，按本规范附录 A 的要求进行验算。

　　对设计汽车荷载有特殊要求的桥梁，设计汽车荷载标准应根据具体交通特征进行专题论证。

10.0.5 桥梁人行道的设计人群荷载应符合下列规定：

　　1 人行道板的人群荷载按 5kPa 或 1.5kN 的竖向集中力作用在一块构件上，分别计算，取其不利者。

　　2 梁、桁架、拱及其他大跨结构的人群荷载（W）可采用下列公式计算，且 W 值在任何情况下不得小于 2.4kPa：

　　当加载长度 $L<20\text{m}$ 时：

$$W = 4.5 \times \frac{20 - w_p}{20} \quad (10.0.5\text{-}1)$$

　　当加载长度 $L \geq 20\text{m}$ 时：

$$W = \left(4.5 - 2 \times \frac{L-20}{80}\right)\left(\frac{20 - w_p}{20}\right)$$

$$(10.0.5\text{-}2)$$

式中：W——单位面积的人群荷载，(kPa)；
　　　L——加载长度，(m)；
　　　w_p——单边人行道宽度，(m)；在专用非机动车桥上为 1/2 桥宽，大于 4m 时仍按 4m 计。

　　3 检修道上设计人群荷载应按 2kPa 或 1.2kN 的竖向集中荷载，作用在短跨小构件上，可分别计算，取其不利者。计算与检修道相连构件，当计入车辆荷载或人群荷载时，可不计检修道上的人群荷载。

　　4 专用人行桥和人行地道的人群荷载应按现行行业标准《城市人行天桥与人行地道技术规范》CJJ 69 的有关规定执行。

10.0.6 桥梁的非机动车道和专用非机动车桥的设计荷载，应符合下列规定：

　　1 当桥面上非机动车与机动车道间未设置永久性分隔带时，除非机动车道上按本规范第 10.0.5 条的人群荷载作为设计荷载外，尚应将非机动车道与机动车道合并后的总宽作为机动车道，采用机动车布载，分别计算，取其不利者；

　　2 桥面上机动车道与非机动车道间设置永久性分隔带的非机动车道和非机动车专用桥，当桥面宽度大于 3.50m，除按本规范第 10.0.5 条的人群荷载作为设计荷载外，尚应采用本规范第 10.0.3 条规定的小型车专用道路设计汽车荷载（不计冲击）作为设计荷载，分别计算，取其不利者；

　　3 当桥面宽度小于 3.50m，除按本规范第 10.0.5 条的人群荷载作为设计荷载外，再以一辆人力劳动车（图 10.0.6）作为设计荷载分别计算，取其不利者。

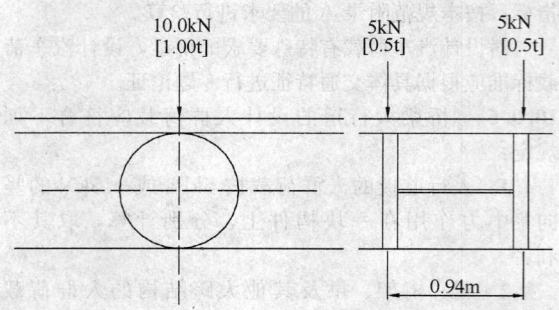

图 10.0.6 一辆人力劳动车荷载图

10.0.7 作用在桥上人行道栏杆扶手上竖向荷载应为 1.2kN/m；水平向外荷载应为 2.5kN/m。两者应分别计算。

10.0.8 防撞护栏的防撞等级可按表 10.0.8 选用。与防撞等级相应的作用于桥梁护栏上的碰撞荷载大小可按现行行业标准《公路交通安全设施设计规范》JTG D81 的规定确定。

表 10.0.8 护栏防撞等级

道路等级	设计车速(km/h)	车辆驶出桥外有可能造成的交通事故等级	
		重大事故或特大事故	二次重大事故或二次特大事故
快速路	100、80、60	SB、SBm	SS
主干路	60		SA、SAm
	50、40	A、Am	SB、SBm
次干路	50、40、30	A	SB
支路	40、30、20	B	A

注：1 表中 A、Am、B、SA、SB、SAm、SBm、SS 等均为防撞等级代号。
  2 因桥梁线形、运行速度、桥梁高度、交通量、车辆构成和桥下环境等因素造成更严重碰撞后果的区段，应在表 10.0.8 基础上提高护栏的防撞等级。

附录 A 特种荷载及结构验算

A.0.1 特种平板挂车主要技术指标应符合表 A.0.1 的规定，特种荷载（图 A.0.1）可包括下列内容：

  1 特—160：1600kN（160t）特种平板挂车荷载；
  2 特—220：2200kN（220t）特种平板挂车荷载；
  3 特—300：3000kN（300t）特种平板挂车荷载；
  4 特—420：4200kN（420t）特种平板挂车荷载。

表 A.0.1 特种平板挂车的主要技术指标

主要指标	单位	特—160	特—220	特—300	特—420
车头（牵引车）自重	kN(t)	350(35)	350(35)	420(42)	420(42)
平板（挂车）自重	kN(t)	250(25)	350(35)	580(58)	780(78)
装载重量	kN(t)	1000(100)	1500(150)	2000(200)	3000(300)
平板车车轴数	个	5排10轴	7排14轴	9排18轴	12排24轴
每个车轴压力	kN(t)	125(12.5)	132(13.2)	143.5(14.35)	157.5(15.75)
纵向轴距	m	4×1.6	1.575+4×1.5+1.575	8×1.5	11×1.5
每个车轴的车轮组数	个	2	2	2	2
每组车轴的横向中轴	m	2.17	2.17	2.20	2.20
每组车轮着地的宽度和长度	m	0.5(宽)×0.2(长)	0.5(宽)×0.2(长)	0.5(宽)×0.2(长)	0.5(宽)×0.2(长)

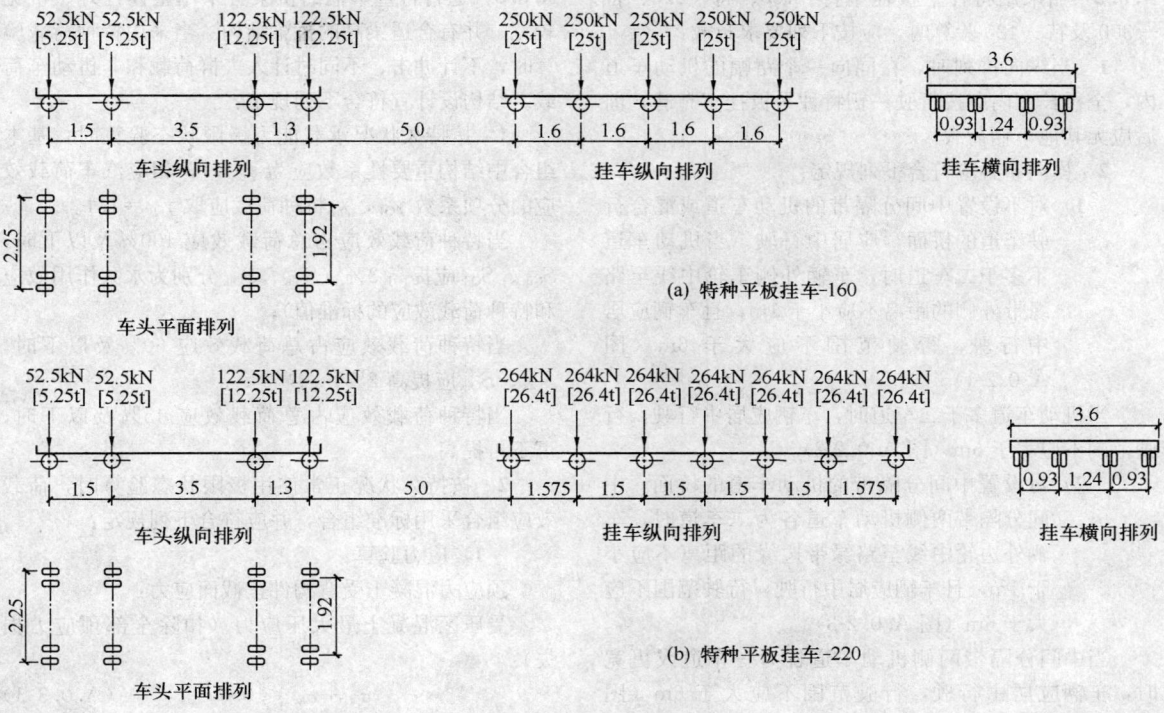

图 A.0.1 特种平板挂车-160、220、300、420 的纵向排列和横向（或平面）布置（一）

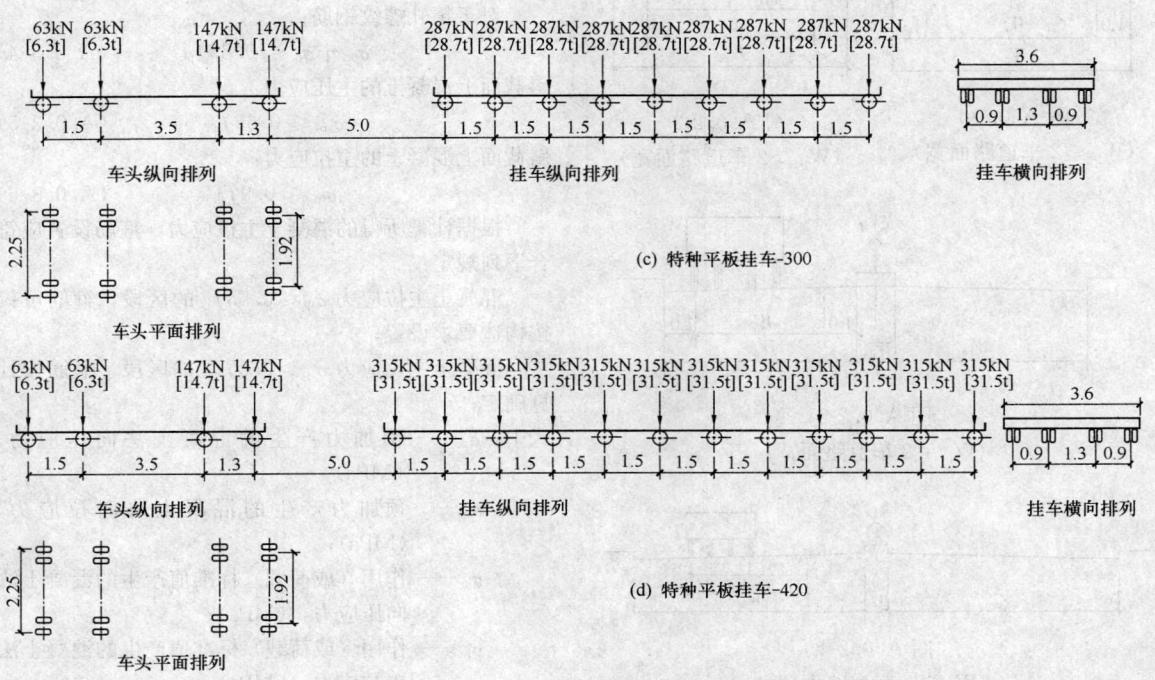

图 A.0.1 特种平板挂车-160、220、300、420 的纵向排列和横向（或平面）布置（二）

注：为使计算方便，挂车各个轴重取相同数值，其总和与挂车称号略有出入。图中尺寸，以 m 为单位。

A.0.2 当采用特种平板挂车特—160、特—220、特—300及特—420验算时，应按下列要求布载：

   1 当纵向排列时，在同向一个路幅的机动车道内，全桥长度内应按行驶一辆特种平板挂车布载，前后应无其他车辆荷载。

   2 横向布置应符合下列规定：

   1）对不设置中间分隔带的机动车道或混合行驶车道的桥面，应居中行驶。当机动车道不多于二车道时，车辆外侧车轮中线至路缘带外侧的距离不应小于1m，且车辆应居中行驶，行驶范围不应大于6m（图A.0.2-1）。

   当机动车道多于二车道时，车辆应居中行驶，行驶范围不应大于6m（图A.0.2-2）。

   2）对设置中间分隔带的机动车道的桥面，中间分隔带两侧机动车道各为二车道时，车辆外边轮中线至路缘带边缘的距离不应小于1m，且车辆应居中行驶，行驶范围不应大于6m（图A.0.2-3）。

   当中间分隔带两侧机动车道各为三车道或更宽时，车辆应居中行驶，行驶范围不应大于6m（图A.0.2-4）。

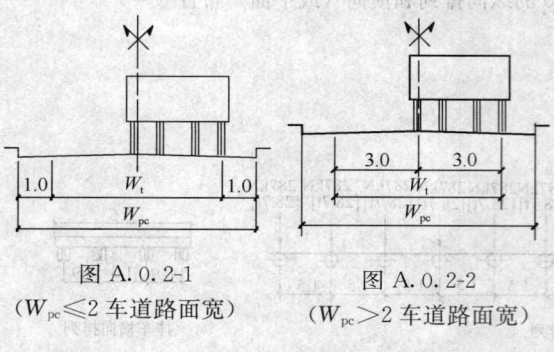

图A.0.2-1　　　　　图A.0.2-2
($W_{pc} \leqslant$2车道路面宽)　　($W_{pc} >$2车道路面宽)

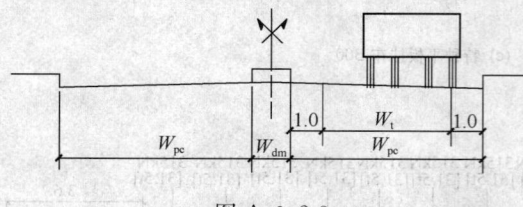

图A.0.2-3
($W_{pc} =$2车道路面宽)

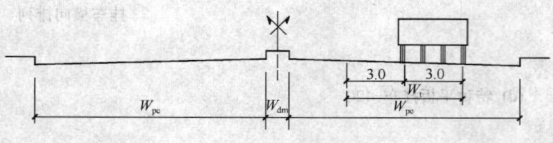

图A.0.2-4
($W_{pc} \geqslant$3车道路面宽)

注：图中尺寸以m为单位；W_t—特种挂车行驶范围；W_{pc}—车行道总宽度；W_{dm}—分隔带宽度。

A.0.3 通行特重车辆的桥梁宜采用整体性好、桥宽较宽、并有合适梁高的桥梁结构。当采用特种荷载验算时，不计冲击、不同时计入人群荷载和非机动车荷载。结构设计宜符合下列规定：

   1 按持久状况承载能力极限状态验算时，基本组合中结构重要性系数应为$\gamma_0=1$，相应汽车荷载效应的分项系数γ_{Q1}，对特种荷载应取$\gamma_{Q1}=1.1$。

   当特种荷载效应占总荷载效应100%及以下时，S_{Gik}、S_{Qik}应提高3%（S_{Gik}、S_{Qik}分别为永久作用效应和特种荷载效应的标准值）；

   当特种荷载效应占总荷载效应60%及以下时，S_{Gik}、S_{Qik}应提高2%；

   当特种荷载效应占总荷载效应45%及以下时，可不再提高。

   2 按持久状况正常使用极限状态验算时，荷载效应组合采用标准组合，并应符合下列规定：

   1）应力验算：

   预应力混凝土受弯构件正截面应力：

   受压区混凝土最大压应力（扣除全部预应力损失）：

$$\sigma_{pt} + \sigma_{kc} \leqslant 0.6 f_{ck} \quad (A.0.3-1)$$

   受拉区混凝土最大拉应力（扣除全部预应力损失）：

$$\sigma_{pc} + \sigma_{kt} \leqslant 0.9 f_{tk} \quad (A.0.3-2)$$

   受拉区预应力钢筋最大拉应力：

   对于钢丝、钢绞线：

$$\sigma_{pe} + \sigma_p \leqslant 0.7 f_{pk} \quad (A.0.3-3)$$

   对于精轧螺纹钢筋：

$$\sigma_{pe} + \sigma_p \leqslant 0.85 f_{pk} \quad (A.0.3-4)$$

   斜截面上混凝土的主压应力：

$$\sigma_{cp} \leqslant 0.65 f_{ck} \quad (A.0.3-5)$$

   斜截面上混凝土的主拉应力：

$$\sigma_{tp} \leqslant 0.9 f_{tk} \quad (A.0.3-6)$$

   根据计算所得的混凝土主拉应力，箍筋设置应符合下列规定：

   混凝土主拉应力$\sigma_{tp} \leqslant 0.55 f_{tk}$的区段，箍筋可仅按构造要求设置；

   混凝土主拉应力$\sigma_{tp} > 0.55 f_{tk}$的区段，箍筋按计算确定。

   式中：σ_{pc}——预加力产生的混凝土法向压应力，(MPa)；

   σ_{pt}——预加力产生的混凝土法向拉应力，(MPa)；

   σ_{kc}——作用（或荷载）标准值产生的混凝土法向压应力，(MPa)；

   σ_{kt}——作用（或荷载）标准值产生的混凝土法向拉应力，(MPa)；

   σ_{pe}——截面受拉区纵向预应力钢筋的有效预应力，(MPa)；

σ_p——作用（或荷载）标准值预应力的应力或应力增量，（MPa）；

σ_{cp}——构件混凝土中的主压应力，（MPa）；

σ_{tp}——构件混凝土中的主拉应力，（MPa）；

f_{ck}、f_{tk}——分别为混凝土抗压、抗拉强度的标准值，（MPa）；

f_{pk}——为预应力钢筋抗拉强度的标准值，（MPa）。

2）钢结构的强度和稳定性验算：

钢材和各种连接件的容许应力限值可按国家现行相关标准的规定提高。

3）裂缝宽度验算：

钢筋混凝土构件和B类预应力混凝土构件，其计算的最大裂缝宽度不应超过下列限值：

钢筋混凝土构件Ⅰ类和Ⅱ类环境 0.25mm

     Ⅲ类和Ⅳ类环境 0.15mm

采用精轧螺纹钢筋的预应力混凝土构件

    Ⅰ类和Ⅱ类环境 0.25mm

    Ⅲ类和Ⅳ类环境 0.15mm

采用钢丝或钢绞线的预应力混凝土构件

    Ⅰ类和Ⅱ类环境 0.15mm

根据现行行业标准《公路钢筋混凝土及预应力混凝土桥涵设计规范》JTG D62的规定Ⅲ类和Ⅳ类环境不得进行带裂缝的B类构件设计。

4）挠度验算：

钢筋混凝土、预应力混凝土受弯构件在特种荷载作用下的挠度限值可按现行行业标准《公路钢筋混凝土及预应力混凝土桥涵设计规范》JTG D62规定的限值提高20%。

钢结构的挠度限值可按国家现行相关标准规定的限值提高。

本规范用词说明

1 为便于在执行本规范条文时区别对待，对要求严格程度不同的用词说明如下：

 1）表示很严格，非这样做不可的：

  正面词采用"必须"，反面词采用"严禁"。

 2）表示严格，在正常情况下均应这样做的：

  正面词采用"应"，反面词采用"不应"或"不得"。

 3）表示允许稍有选择，在条件许可时，首先应这样做的：

  正面词采用"宜"，反面词采用"不宜"。

 4）表示有选择，一定条件下可以这样做的，采用"可"。

2 条文中指明应按其他有关标准执行的写法为"应符合……的规定"或"应按……执行"。

引用标准名录

1 《混凝土结构设计规范》GB 50010
2 《室外排水设计规范》GB 50014
3 《铁路工程抗震设计规范》GB 50111
4 《内河通航标准》GB 50139
5 《地铁设计规范》GB 50157
6 《城市电力规划规范》GB 50293
7 《标准轨距铁路建筑限界》GB 146.2
8 《中国地震动参数区划图》GB 18306
9 《城市道路设计规范》CJJ 37
10 《城市道路照明设计标准》CJJ 45
11 《城市人行天桥与人行地道技术规范》CJJ 69
12 《公路工程技术标准》JTG B01
13 《公路桥涵设计通用规范》JTG D60
14 《公路钢筋混凝土及预应力混凝土桥涵设计规范》JTG D62
15 《公路桥涵地基与基础设计规范》JTG D63
16 《公路交通安全设施设计规范》JTG D81
17 《通航海轮桥梁通航标准》JTJ 311
18 《铁路桥涵设计基本规范》TB 10002.1
19 《铁路桥涵钢筋混凝土和预应力混凝土结构设计规范》TB 10002.3
20 《铁路电力牵引供电设计规范》TB 10009
21 《110～550kV架空送电线路设计技术规程》DL/T 5092

中华人民共和国行业标准

城市桥梁设计规范

CJJ 11—2011

条 文 说 明

修 订 说 明

《城市桥梁设计规范》CJJ 11-2011，经住房和城乡建设部 2011 年 4 月 22 日以第 993 号公告批准、发布。

本规范是在《城市桥梁设计准则》CJJ 11-93 的基础上修订而成，上一版的主编单位是上海市政工程设计研究院，参编单位是北京市市政工程设计研究院、南京市勘测设计院、天津市市政工程勘测设计院、广州市市政设计研究院、沈阳市市政设计研究院、杭州市城建设计院、兰州市勘测设计院，主要起草人员是胡克治、黎宝松、姜维龙、傅丛立。本次修订的主要技术内容是：

1. 补充了工程结构可靠度设计内容有关的条文，明确了桥梁结构应进行承载能力极限状态和正常使用极限状态设计；桥梁设计应区分持久状况、短暂状况和偶然状况三种设计状况。

2. 修改了桥梁设计荷载标准。

3. 对桥梁分类标准、桥上及地下通道内管线敷设的规定、跨越桥梁的架空电缆线、桥位附近的管线以及紧靠下穿道路的桥梁墩位布置要求等进行了调整。

4. 增加节能、环保、防洪抢险、抗震救灾等方面的条文；增加涉及桥梁结构耐久性设计以及斜、弯、坡等特殊桥梁设计的条文。

5. 对桥梁的细部构造及附属设施的设计提出了更为具体的要求、规定。

6. 制定了必须严格执行的强制性条文。

本规范修订过程中，编制组进行了广泛的调查研究，总结了我国桥梁建设的实践经验，同时参考了国外先进技术法规、技术标准。

为便于广大设计、施工、科研、学校等单位有关人员在使用本标准时能正确理解和执行条文规定，《城市桥梁设计规范》编制组按章、节、条顺序编制了本标准的条文说明，对条文规定的目的、依据以及执行中需注意的有关事项进行了说明，还着重对强制性条文的强制性理由作了解释。但是，本条文说明不具备与标准正文同等的法律效力，仅供使用者作为理解和把握标准规定的参考。

目 次

1 总则 …………………………………… 62—23
3 基本规定 ……………………………… 62—23
4 桥位选择 ……………………………… 62—25
5 桥面净空 ……………………………… 62—26
6 桥梁的平面、纵断面和横断面
  设计 …………………………………… 62—26
7 桥梁引道、引桥 ……………………… 62—27
8 立交、高架道路桥梁和地下
  通道 …………………………………… 62—28
  8.1 一般规定 ………………………… 62—28
  8.2 立交、高架道路桥梁 …………… 62—29
  8.3 地下通道 ………………………… 62—29
9 桥梁细部构造及附属设施 …………… 62—30
  9.1 桥面铺装 ………………………… 62—30
  9.2 桥面与地下通道防水、排水 …… 62—30
  9.3 桥面伸缩装置 …………………… 62—31
  9.4 桥梁支座 ………………………… 62—31
  9.5 桥梁栏杆 ………………………… 62—32
  9.6 照明、节能与环保 ……………… 62—32
  9.7 其他附属设施 …………………… 62—32
10 桥梁上的作用 ………………………… 62—32

1 总 则

1.0.1 本规范是在原《城市桥梁设计准则》CJJ 11-93（以下简称《准则》）的基础上修订而成的。在修订过程中吸取了自《准则》施行以来，反映城市桥梁发展和设计技术水平提高的经验和成果，同时亦考虑了近年来相关行业标准的技术内容更新与变化，使城市桥梁设计标准统一，并符合安全可靠、适用耐久、技术先进、经济合理、与环境协调的要求。

安全可靠、适用耐久是设计的目的和功能需求，技术先进要求城市桥梁设计积极采用新技术、新材料、新工艺、新结构，大型城市桥梁、高架道路桥梁、立交桥梁的设计应注意工程总体的经济合理，除桥梁主体结构的造价外，还应综合考虑桥梁附属设施、征地拆迁、施工工艺、建设周期、维修养护等诸多影响工程总投资的因素。城市桥梁建设主要是解决交通功能的需求，但大多数情况下城市大型桥梁还将成为城市中一座比较突出的景观建筑，在安全可靠、适用耐久、技术先进、经济合理的前提下，设计中应对其与周围环境的协调、总体布局的舒展、造型的美观予以足够重视。

1.0.2 本规范是按照《工程结构可靠性设计统一标准》GB 50153 等标准规定的基本原则和方法编制的，适用于城市道路上新建永久性桥梁和地下通道的设计，也适用于镇（乡）村道路上新建永久性桥梁和地下通道的设计。对城市中其他有特殊用途的桥梁，如管线专用桥、人行天桥、港口码头、厂矿专用桥以及施工便桥不在本规范范围内。对于城市道路上的旧桥改建，往往需要利用部分旧桥，而旧桥又有一定的局限性，要完全符合本规范有困难，鉴此未提出适用于改建桥梁。

1.0.3 城市桥梁设计应符合城乡规划的要求。鉴于我国是世界上人口最多的国家，也是最大的发展中国家，众多的人口、蓬勃发展的经济与现有资源、生态环境的矛盾日趋突出。土地、淡水、能源、矿产资源和环境状况已严重制约了经济的发展，环境污染和生态环境的恶化影响了人民生活质量的提高，危及人民财产和生命安全的自然灾害亦时有发生。节约资源、保护环境、提高防灾减灾能力、构建资源节约型、环境友好型社会是我国的基本国策。城市桥梁是一项重要的城市基础设施，城市桥梁设计应在安全、适用的前提下，遵循有利于节约资源、保护环境、防洪抢险、抗震救灾的原则，控制工程建设规模、工程用地、材料用量及工程投资，选用经济合理、与环境协调的总体布局和结构造型。

3 基 本 规 定

3.0.1 桥梁尤其是大型桥梁是城市交通中重要构筑物。应根据城乡规划、道路功能、等级、通行能力及抗洪、抗灾要求结合地形、河流水文、河床地质、通航要求、河堤防洪、环境影响等条件进行综合考虑。本条特别强调桥梁设计应按城乡规划要求、交通量预测，考虑远期交通量增长需求。在远期要求与近期现状发生较大矛盾时（如拆迁量过大等），或目前按规划要求建设有很大困难时（如工程规模大，一时难以实现等），则可按近期的交通量要求进行设计，但仍应在设计中保留远期发展的可能性，以使桥梁能长期充分地发挥它的作用。

3.0.2 本条与《公路桥涵设计通用规范》JTG D60 中的桥梁分类标准相同。单孔跨径反映技术复杂程度，跨径总长反映建设规模。除跨河桥梁外，城市跨线桥、立交桥、高架桥均应按此分类。

3.0.3 考虑到城市桥梁安全对确保城市交通的重要性，本规范特别规定不论特大、大、中、小桥设计洪水频率一般均采用百年一遇，条文中的特别重要桥梁主要是指位于城市快速路、主干路上的特大桥。

城市中有时会遇到建桥地区的总体防洪标准低于一百年一遇的洪水频率，若仍按此高洪水频率设计，桥面高程可能高出原地面很多，会引起布置上的困难，诸如拆迁过多，接坡太长或太陡，工程造价增加许多，甚至还会遇上两岸道路受淹，交通停顿，而桥梁高耸，此时可按当地规划防洪标准来确定梁底设计标高及桥面高程。而从桥梁结构的安全考虑，结构设计中如墩、台基础埋置深度，孔径的大小（满足泄洪要求），洪水时结构稳定等，仍须按本规范规定的洪水频率进行计算。

3.0.4 桥梁孔径布设，既要根据河道（泄洪、航运）规划，又要考虑桥位上、下游已建或拟建桥梁、水工建筑物及堤岸的状况。设计桥梁孔径时，过大改变河流水流的天然状态，将会给桥梁本身，甚至桥位附近地区造成严重后果。压缩孔径、缩短桥长、较大压缩过洪断面、提高流速的做法并不可取。根据各类桥梁的大量实际经验，这样做将会大大增加桥下冲刷，对桥梁基础不利。由于水文计算有一定的偶然性，一旦估计不足，在洪水到来时，会使桥梁基础面临危险境地，这在过去的建桥实践中是不乏先例的。

3.0.5 本条所规定的桥梁桥下净空，除跨越城市道路和轨道交通的桥下净空外其余均与现行《公路桥涵设计通用规范》JTG D60 的规定一致。对于桥下净空有特殊要求的航道或路段，桥下净空尺度应作专题研究、论证。计算水位根据设计水位，同时考虑壅水、浪高等因素确定。

3.0.6 《城市道路设计规范》CJJ 37 中对桥梁景观设计作了原则性规定，而本条强调桥梁建筑重点，应放在总体布置和主体结构上，主体结构设计应首先考虑桥梁受力合理，不应采用造型怪异、受力不合理、施工复杂、工程量大、造价昂贵的结构形式，亦不宜在主体结构之外过多增加装饰。

3.0.7 随着社会进步、经济发展和人民生活质量的不断提高，人们越来越重视对自然生态环境的保护。桥梁应根据城乡规划中所确定的保护和改善环境的目标和任务，结合城市环境的现状、市容特点，进行绿化、美化市容和保护环境设计。对于特大型、大型桥梁、高架道路桥梁和大型立交桥梁，在工程建设前期应对大气环境质量、交通噪声、振动环境质量、日照环境质量等作出评价，在工程设计中应根据环境评价的结论和建议进行环保设计。

3.0.8 以可靠性理论为基础的极限状态设计都需有一个确定的设计基准期。设计基准期是指结构可靠性分析时，为确定可变作用及与时间有关的材料性能取值而选用的时间参数，也就是可靠度定义中的"规定时间"。公路桥梁的设计基准期取为100年是根据我国公路桥梁使用的现状和以往的设计经验确定的，根据《公路工程结构可靠度设计统一标准》GB/T 50283-1999公路桥梁的车辆荷载统计参数都是按100年确定的，而未考虑材料性能随时间的变化。当设计基准期定为100年时，荷载效应最大值分布的0.95分位值接近于原《公路桥涵设计通用规范》JTJ 021-89规定的汽车荷载标准值。设计基准期不完全等同于使用年限，当结构的使用年限超过设计基准期后，并不等于结构丧失功能或报废，只表明结构的失效概率（指结构不能完成预定功能的概率）可能会比设计时的预期值增大。

本规范规定桥梁设计基准期为100年，符合《城市道路设计规范》CJJ 37中关于桥梁的设计基准期要求，同时也是为了与公路桥梁保持一致，但需对原《城市桥梁设计荷载标准》CJJ 77-98进行适当调整。

3.0.9 设计使用年限是设计规定的一个时期，在这一规定时期内结构只需进行正常维护（包括必要的检测、养护、维修等）而不需要进行大修就能按预期目的使用，完成预定功能，即桥梁主体结构在正常设计、正常施工、正常使用、正常维护下达到的使用年限。根据现行国家标准《工程结构可靠性设计统一标准》GB 50153附录A.3.3条文，对于桥梁结构使用年限应按本规范表3.0.9的规定采用。

3.0.10 本条为桥梁结构必须满足的四项功能，其中第1、第4两项是结构的安全性要求，第2项是结构的适用性要求，第3项是结构的耐久性要求，安全性、适用性、耐久性三者可概括为桥梁结构可靠性的要求。

足够的耐久性能系指桥梁在规定的工作环境中，在预定时间内，其材料性能的恶化不致导致桥梁结构出现不可接受的失效概率。从工程概念上说，足够的耐久性能就是指正常维护条件下桥梁结构能够正常使用到规定的期限。

整体稳定性，系指在偶然事件发生时和发生后桥梁结构仅产生局部的损坏而不致发生连续或整体倒塌。

3.0.11 承载能力极限状态关系到结构的破坏和安全问题，体现了桥梁结构的安全性。桥梁结构或结构构件出现下列状态之一时，应认为超过承载能力极限状态：

1 整个结构或结构的一部分作为刚体失去平衡（如倾覆、滑移等）；
2 结构构件或连接因材料强度被超过而破坏（包括疲劳破坏），或因过度变形而不适于继续承载；
3 结构转变为机动体系；
4 结构或结构构件丧失稳定（如压屈等）。

正常使用极限状态仅涉及结构的工作条件和性能，体现了桥梁结构的适用性和耐久性。当结构或结构构件出现下列状态之一时，应认为超过了正常使用极限状态：

1 影响正常使用或外观的变形；
2 影响正常使用或耐久性能的局部损坏（包括裂缝）；
3 影响正常使用的振动；
4 影响正常使用的其他特定状态。

显然，这两类极限状态概括了结构的可靠性，只有每项设计都符合有关规范规定的两类极限状态设计要求，才能使所设计的桥梁结构满足本规范第3.0.10条规定的功能要求。

3.0.12、3.0.13 第3.0.12条中"环境"一词含义是广义的，包括桥梁在施工和使用过程中所受的各种作用。

持久状况是指桥梁使用阶段适用于结构使用时的正常情况。这个阶段要对桥梁的所有预定功能进行设计，即必须进行承载能力极限状态和正常使用极限状态计算。

短暂状况所对应的是桥梁施工阶段及使用期间维修养护适用于结构出现的临时情况。与使用阶段相比施工阶段及维修养护的持续时间较短，桥梁结构体系，所承受的各种荷载亦与使用阶段不同，设计要根据具体情况而定。短暂状况除需进行承载能力极限状态计算外亦可根据需要进行正常使用极限状态计算。

偶然状况是指桥梁可能遇到的偶发事件如地震、撞击等的状况，适用于结构出现的异常情况。对此状况除地震设计状况外，其他设计状况只需作承载能力极限状态设计。

3.0.14 与公路桥梁相同，进行持久状况承载能力极限状态设计时，桥梁亦应按其重要性、破坏后果划分为三个设计安全等级。根据现行国家标准《工程结构可靠性设计统一标准》GB 50153-2008附录A.3.1条文，表3.0.14列出了不同安全等级所对应的桥梁类型。设计工程师也可根据桥梁的具体情况与业主商定，但不能低于表列等级。

3.0.16 对桥梁结构设计提出总的要求

桥梁结构设计除按 3.0.10 条规定满足强度、刚度、稳定性和耐久性要求外，还应考虑如何方便制造、简化施工、提供必要的养护条件以及在运输、安装、使用的过程中防止构件产生过大的变形或开裂。

对于钢结构应注意焊接时所产生的附加应力，预应力混凝土构件应注意锚固处的局部应力，当轴向力偏离构件轴线时还应考虑偏心力引起的附加弯矩等等，鉴此本条提出："构件应减小由附加力、局部力和偏心力引起的应力。"

桥梁结构的耐久性设计，可按国家现行标准《混凝土结构耐久性设计规范》GB/T 50476 和《公路工程混凝土结构防腐技术规范》JTG/TB 07-01 的规定进行。

地震作用计算及结构的抗震设计可按现行《公路工程抗震设计规范》JTJ 004、《公路桥梁抗震设计细则》JTG B02-01 的规定进行。住房和城乡建设部正在编制《城市桥梁抗震设计规范》，该规范正式颁布后，桥梁结构的抗震设计应执行此规范的规定。

斜桥、弯桥、坡桥的设计注意事项详见本规范第 8.2.1 条～第 8.2.3 条的条文及条文说明。

3.0.17 位于快速路、主干路、次干路上的多孔梁（板）桥，采用整体连续结构和连续桥面简支结构，可以少设伸缩缝，改善行车条件，增加行车舒适度。但在设计中宜优先考虑采用整体连续结构（见本规范第 9.3.1 条条文说明）。

本规范第 3.0.9 条规定了桥梁的设计使用年限，条文说明中已指出："设计使用年限是设计规定的一个时期，在这一规定时期结构只需进行正常维护（包括必要的检测、养护、维修等）而不需要进行大修就能按预定目的使用，完成预定功能。"而桥梁结构本身的工作条件和环境比较差，鉴此在规定的设计使用年限内，为保证结构具有良好的工作状态，不管建桥采用何种材料，经常的养护维修是非常重要的和必需的，本条强调设计应充分考虑便于养护维修。

3.0.18 桥梁建设应考虑各项必需的附属设施的布置和安排，以免桥梁建成后再重新设置，损伤桥梁结构或破坏桥梁外观。具体规定详见本规范第 9 章。

3.0.19 对桥上或地下通道内敷设的管线作出规定主要是确保桥梁或地下通道结构的运营安全，避免发生危及桥梁或地下通道自身和在桥上或地下通道内通行的车辆、行人安全的重大燃爆事故。国务院颁发的《城市道路管理条例》（1996 年第 198 号令）第四章第二十七条规定：城市道路范围内禁止"在桥梁上架设压力在 4 公斤/平方厘米（0.4 兆帕）以上的煤气管道，10 千伏以上的高压电力线和其他燃爆管线。"对于按本条规定允许在桥上通过的压力不大于 0.4 兆帕燃气管道和电压在 10kV 以内的高压电力线，其安全防护措施应分别满足现行的《城镇燃气设计规范》GB 50028、《电力工程电缆设计规范》GB 50217 的规定要求。

对于超过本条规定的管线，如因特殊需要在桥上或地下通道内通过，应作可行性、安全性专题论证，并报请主管部门批准。

3.0.20 城市重要桥梁竣工后应做荷载试验，测定桥梁的静力和动力特性，有关试验资料可作为桥梁运行期间继续监测和健康评估的依据。

3.0.21 为保证桥梁结构在设计基准期内有规定的可靠度，必须对桥梁设计严格实施质量管理和质量控制。根据现行《工程结构可靠性设计统一标准》GB/T 50153 附录 B 桥梁设计的质量控制应做到：勘察资料应符合工程要求、数据正确、结论可靠，设计方案、基本假定和计算模型合理、数据运用正确。设计文件的编制应符合《建设工程勘察设计管理条例》（中华人民共和国国务院令 2000 年 9 月 25 日）和现行《市政公用工程设计文件编制深度规定》的要求。

4 桥 位 选 择

4.0.1 我国大多数城市因河而建，有的山城依山傍水。城因河而兴，河以城为依托。桥梁建设应在城乡规划的指导下进行。桥位应按城市交通建设和发展需要，同时注意发挥近期作用的原则来选择。

城市河（江）道多属渠化河道，沿河（江）两岸，一般都有房屋、市政设施、驳岸、堤防等，桥位选择和布置应对上述建筑物的安全和稳定性给予高度重视和周密考虑。

4.0.2 桥梁是永久性的大型公共设施，应有一定的安全度和耐久性。一般情况下，狭窄的河槽，河床比较稳定，水流较顺畅，在这种河段上选择桥位，会减少桥长。不良地质河段，常会增加基础处理的难度，增加桥梁的造价，或影响桥梁的安全和使用寿命，因此桥位应尽量避免这些地段。河滩急弯、汇合处，水流流向多变，流速不稳定，对航运和桥梁墩台安全不利。在港口作业区，船舶载重较大，且各项作业交错进行，发生船舶撞击桥墩的机会较多，对船舶航运和桥梁安全运营非常不利，桥位亦应尽量避免这些地区。容易发生流冰的河段，小跨径桥梁容易遭受冰冻胀裂甚至冰毁，在选择桥位时也应该考虑这一因素。某市的一座公路桥，就因大面积流冰而遭毁。

4.0.3 一般情况下桥梁纵轴线以与河道水流流向正交（指桥梁纵轴线与水流流向法线的交角为 0°）布置为好，这样可简化结构布置、缩短桥长，降低造价。但城市桥梁常受两岸地形地物的限制，并受规划道路的影响，本规范第 4.0.2 条规定"中、小桥桥位宜按道路的走向进行布置"。鉴此，中、小桥梁如条件所限可考虑斜交或弯桥，但应同时考虑本规范第 3.0.16 条的有关要求。

4.0.4 通航河道的主流宜与桥梁纵轴线正交，如有困难时其偏角不宜大于 5°，这是从船舶航行安全考虑。通航净宽及加宽值，对内河航道、通航海轮的航道可分别按现行《内河通航标准》GB 50139、《通航海轮桥梁通航标准》JTJ 311 的有关规定计算确定。当桥位布置有困难，交角大于 5° 时，应加大通航孔的跨径。计算公式如下：

$$L_a = \frac{l + b\sin\alpha}{\cos\alpha} \quad (1)$$

式中：L_a——相应于计算水位的墩（台）边缘之间的净距（m）；

l——通航要求的有效跨径（m）（应不小于由航迹带宽度与富裕宽度组成的航道有效宽度）；

b——墩（台）的长度（m）；

α——内河桥为垂直于水流主流方向与桥梁纵轴线间的交角（°），跨海桥为垂直于涨、落潮流主流方向与桥轴线间的大角（°）。

通航河流上的桥梁的桥位选择，尚应符合现行《内河通航标准》GB 50139 中的下列规定：

1 桥位应避开滩险、通航控制河段、弯道、分流口、汇流口、港口作业区、锚地；其距离，上游不得小于顶推船队长度的 4 倍或拖带船队长度的 3 倍；下游不得小于顶推船队长度的 2 倍或拖带船队长度的 1.5 倍。

2 两座相邻桥梁轴线间距，对Ⅰ～Ⅴ级航道应大于代表船队长度与代表船队下行 5min 航程之和，Ⅳ～Ⅷ级航道应大于代表船队长度与代表船队下行 3min 航程之和。

若不能满足上述 1、2 条要求的距离时，应采取相应措施，保证安全通航。在不能满足 1、2 条要求，而其所处通航水域无碍航水流时，可靠近布置，但两桥相邻边缘的净距应控制在 50m 以内，且通航孔必须相互对应。水流平缓的河网地区相邻桥梁的边缘距离，经论证后可适当加大。

随着我国国民经济的持续发展，大江、大河及沿海近海水域上修建跨越通航海轮航道上的桥日趋增多，为了适应新形势的发展，有必要增加通行海轮桥梁的桥位选择的条文，并应遵循现行《通航海轮桥梁通航标准》JTJ 311 的规定："桥址应远离航道弯道、滩险、汇流口、渡口、港口作业区和锚地，其距离应能保证船舶安全通航。通航海轮的内河航道桥梁上游不得小于代表船型或控制性顶推船队长度 4 倍的大值，下游不得小于代表船型或控制性顶推船队长度 2 倍的大值；跨越海域的桥梁上、下游均不得小于代表船型长度的 4 倍；通航 10^4 DWT（船舶等级）以上船舶航道上的桥梁，远离的距离可适当加大。不能远离时需经实船试验或模型试验论证确实。在航道弯道上建桥宜一孔跨越或相应加大净空宽度。"

4.0.7 泥石流是一种携带大量泥、石、砂等物质，历时短暂的山洪急流，对桥梁等构筑物的破坏性极大。在泥石流地区选择桥位时应采取措施，以保证桥梁安全。一般选桥位时应尽量避开泥石流地区；不能避开时可采用大跨跨越。在没有条件建大跨时，应尽量避开河床纵坡由陡变缓，断面突然收缩或扩大，及平面急弯处，因这些地段容易使泥石流沉积、阻塞。

4.0.8 桥位上空若有架空高压送电线路通过或桥位旁有架空高压电线时，对桥梁的正常运营存在不安全因素，尤其在大风天或雷雨天，或极端低温时，更为严重。因此桥梁不宜在架空送电线路下穿越，桥梁边缘与架空电线之间的水平距离除国家现行标准《66kV 及以下架空电力线路设计规范》GB 50061 及《110～500kV 架空送电线路设计技术规程》DL/T 5092 有所规定外，现行行业标准《公路桥涵设计通用规范》JTG D60 规定不得小于高压电线的塔（杆）架高度。

4.0.9 桥位附近存在燃气输送管道、输油管道、易爆和有毒气体等危险品工厂、车间、仓库，对桥梁正常运营存在安全隐患。本规范第 3.0.19 条已根据国务院颁发的《城市道路管理条例》（1996 年第 198 号令）的规定提出："不得在桥上敷设污水管，压力大于 0.4MPa 的煤气管和其他可燃、有毒或腐蚀性的液、气体管。"因此不符合此规定的燃气输送管道，输油管道不得借桥过河。当桥位附近有燃气输送管道、输油管道时，桥位距管道的安全距离，应按国家现行标准《公路桥涵设计通用规范》JTG D60、《输油管道工程设计规范》GB 50253 等规范的规定执行。

5 桥面净空

5.0.1 特大桥、大桥桥长长、建设规模大、投资高，而从已建成的特大桥、大桥上行人通行情况来看，行人大多选择乘车过桥，步行过桥者为数不多，从经济适用角度考虑，特大桥、大桥人行道宽度不宜太宽，鉴此本规范 5.0.1 条提出特大桥、大桥人行道宽度宜采用 2.0m～3.0m。

5.0.2 本条条文按现行行业标准《城市道路设计规范》CJJ 37 的相关条文规定制订。

6 桥梁的平面、纵断面和横断面设计

6.0.1 桥梁在平面上宜做成直桥，这对于简化设计、方便施工、保证工程质量、降低工程造价等均较为有利。但由于城市原有道路系统并非十分理想，已有建筑比较密集，交通设施布设复杂，如将桥梁平面布置

为直桥，可能会遇到相当大的困难，或是满足不了道路线路上的技术要求，或是增加大量拆迁，或是较严重地影响已有的重要设施及重要建筑的使用等等。为此，可以在平面上做成弯桥。弯桥布置的线形应符合现行行业标准《城市道路设计规范》CJJ 37 的规定。

6.0.2 下承式、中承式桥的主梁、主桁或拱肋和悬索桥、斜拉桥的索面及索塔都是桥梁的主要承重构件，对桥梁结构的安全至关重要，本条规定主要是为了保证桥梁结构安全。

6.0.3 "桥面车行道路幅宽度宜与所衔接道路的车行道路幅宽度一致"，这是为了不致使桥上车行道路幅与道路车行道的路幅交接不顺。当道路现状与规划断面相差很大时，如桥梁一次按规划车行道建成，既造成兴建困难，又导致很大的浪费，则可按本规范第 3.0.1 条规定考虑近、远期结合，分期实施。

如城市道路的横断面按三幅或四幅布置，中间有较宽的分隔带或很宽的绿化带，整个路幅非常宽，此时，线路上的桥梁宽度布置要分别对待，妥善解决。

小桥的车行道路幅宽度（指路缘石之间）及线形取其与两端道路相同，目的是保证路、桥连接顺直，不使驾驶员在视野和行车条件的适应上发生变化，从而达到过桥交通与原道路线形一致舒适通畅，且投资增加不多。

在一般情况下，桥上不应设绿化分隔带，因绿化土层薄，树木易枯萎；土层厚则对桥梁增加不必要的荷重。

对特大桥、大桥、中桥，如果两端道路有较宽的分隔带，若桥面缘石间宽度与道路缘石间的宽度相同，将会使桥梁上、下部结构工程量增加，大大增加工程费用。因而，按本规范第 5.0.2 条规定，特大桥、大桥、中桥车行道宽度取相当于两端道路的车行道有效宽度（即不计分隔带或绿化带宽度）的总和。这样，桥面虽然收窄了，但并不影响车流通行。

6.0.6 桥梁纵断面布设不当，对安全、适用、经济、美观都有影响。

桥面最小纵坡不宜小于 0.3%，主要是考虑桥面排水顺畅。

桥面纵坡和竖曲线原则上应与道路的要求一致。

桥面最大纵坡、坡度长度与竖曲线的布设要求见现行行业标准《城市道路设计规范》CJJ 37 的相关规定。

长期荷载作用下的构件挠曲和墩台沉降，会改变桥面纵断面的线形，影响行车的舒适性和桥梁美观。

6.0.7 检修道指供执勤、养护、维修人员通行的专用通道。本条规定主要是为了保证桥上通行车辆和行人的安全，避免由于车辆失控，坠入桥下，造成重大伤亡事故和财产损失。

6.0.8 必须充分重视桥梁车行道排水问题。桥面积水既有碍观瞻，也影响行车安全。因排水不畅在桥面车道形成薄层水，当车速较高，制动时会导致车轮与路面打滑，易发生事故。

排水孔一般均在车道路缘石处，故不论纵坡多大，均需有横向排水坡度。

城市桥常较公路桥宽，从理论上讲，其横向排水要求应比公路桥高。

7 桥梁引道、引桥

7.0.1 桥梁引道本身属道路性质，故应按《城市道路设计规范》CJJ 37 的规定布设。引桥系桥梁结构，故应按本规范规定布设。

7.0.2 桥梁引道与引桥长度关系到桥梁工程的总投资和桥梁景观效果。为片面强调桥梁美观，某些桥梁布设采用长桥短引道，造成引桥下空间狭小，如不作封闭处理，保洁人员无法清洁，不利于城市管理。同样，为降低工程投资，采用短桥长引道会影响城市景观，位于软土地基上的高填土还会引起较大的路堤沉降。为合理布设桥梁的引道、引桥，应从安全、经济、美观等方面进行综合比较，避免不合理的长桥短引道或短桥长引道布设。

7.0.3 市区、特别是老市区受条件限制在布设引道、引桥时易造成两侧街区出入交通堵塞，为保证消防、救护、抢险等车辆进出畅通，应结合引道、引桥、街区支路和防洪抢险的要求布设必要的通道，处理好与两侧街区交通的衔接。

桥梁引道为填土路堤时，尤其是在软弱地基上设置较高的引道时，路基沉降会对附近建筑物和原有地下管道产生不利影响，同时城市给水排水等地下管道破坏后会造成桥梁引道、引桥塌陷，因此宜将给、排水等刚性地下管道移至桥梁引道范围以外布设。

引桥的墩、台沉降会影响附近建筑物。在墩、台施工时也会影响附近建筑物，特别在桩基施工时更容易影响附近建筑物。

具有较大纵坡的引道上不宜设置平交道口，工厂、街区出入口、车辆停靠站。

7.0.4 主要是为了提高桥梁使用时的安全性。

7.0.5 鉴于本规范第 5.0.2 条、第 6.0.3 条中已分别规定特大桥、大桥、中桥的桥面宽度可适当减小，为了确保行车安全，本条提出桥与路的缘石在平面上应设置缓和接顺段。

7.0.6 简化设计，改善桥梁立面景观效果。

7.0.7 桥台侧墙后端要深入桥头锥坡 0.75m（按路基和锥坡沉实后计），是为了保证桥台与引道路堤密切衔接。

台后设置搭板已在城市桥上使用多年，实践表明这是目前治理桥头跳车简单、实用且有效的办法。

7.0.8 桥头锥坡填土或实体式桥台背面的一段引道填土，宜用砂性土或其他透水性土，这对于台背排水和防止台背填土冻胀是十分必要的。在非严寒地区，桥头填土也可以就地取材，利用桥址附近的土填筑或采用土工合成材料及其他轻质材料填筑。

8 立交、高架道路桥梁和地下通道

8.1 一般规定

8.1.1 在城市交通繁忙的区域或路段是否需要建立交、高架道路桥梁或地下通道，应按城市道路等级（快速路、主干路等）、交叉线路的种类（城市道路、轨道交通、公路以及铁路）和等级（城市快速路、主干路、高速公路、一级公路、铁路干线、支线、专用线及站场区等）、车流量等条件综合考虑，作出规划，按现行行业标准《城市道路设计规范》CJJ 37 中的有关规定进行布置。

8.1.2 设计立交、高架道路桥梁和地下通道时，因受当地各种条件制约，其平面布置、跨越形式、跨径、结构布置等方案是比较多的，除应符合本规范第8.1.1 条的规定要求外，根据经验，提出应按以下各条进行综合比较分析：

1 城市立交、高架道路的交通量大、涉及面广，建成后改造拓宽、加长、提高标准比较困难。特别是地下通道，扩建难度更大，改建费用更高，故强调主体部分宜按规划一次修建。在特殊情况下（如相交道路暂不兴建等），次要部分（如立交匝道）可分期建设，但要考虑后建部分的可实施性。

2 城市征地、拆迁（尤其对城市中心区或较大建筑）是个大问题，拆迁费用巨大，有时往往是控制整个工程能否实施的关键，故提出特别注意。

3 本规范第7.0.3 条已提出"桥梁引道及引桥的布设，应处理好与两侧街区交通的衔接，并应预留防洪抢险通道。"同样对于立交、高架道路的匝道以及地下通道的引道布设亦可能会由于对邻近原有街区的交通出行考虑不周，特别是填土引道或下穿地下通道的引道往往会引起消防、救护、抢险车辆的出入困难，给邻近街区周边行人及非机动车交通带来不便。为解决这类问题，设计时常需在引道两侧另辟地方道路（辅道系统），解决周边车辆出入、转向及行人和非机动车辆通行的问题，增加了工程投资规模。因此，设计中应全面考虑。

4 立交、高架道路桥梁的总体布置和外形处理不当，会带来不良景观。高架道路桥下空间的利用也要综合考虑，如作为停车场，则桥下须满足车辆进、出口位置，出、入路线以及行车视距等要求，这样可能会影响桥跨布置和墩、台的形式。作为交通枢纽的立交桥梁、位于快速路上的高架道路桥梁在桥下不应设置商场、自由集市等，以免干扰交通，影响使用功能。

5 地形、地物将影响立交的平面布置（正、斜、直、弯）。地质、地下水情况及地下工程设施对选用上跨桥还是下穿地下通道起决定作用，在设计时应仔细衡量。

6 城市中各类重要管线较多，使用不能中断。在修建立交或高架道路时应考虑桥梁结构的施工工艺对城市管线的影响，对不能切断的城市管线会出现先期二次拆迁而增加整个工程投资。对于下穿结构会遇到重力流排水管的拆改等问题，在设计时应妥善解决。

7 在城市改造中，拟建立交附近会有较多的建筑物，立交形式、结构、施工工艺会对原有建筑和景观产生不同影响。

通常，总是在重要、交通繁忙的道路或道路交叉口、枢纽修建高架道路或立交，在施工中必须维持必要的交通，尤其是与铁路交会的立交要保证铁路所需的运行条件，在设计中必加以考虑。

在设计中选用的结构形式，特别是基础形式，要充分考虑拟建工程对规划中的邻近建筑物的影响。这方面也有一些教训。如某市的一座跨线铁路立交（建于20 世纪50 年代中期），其墩、台、引道挡土墙均采用天然地基（该工程位于铁路站场区，限于当时的技术条件，采用桩基等人工基础，将影响铁路运行），引道挡土墙高出地面8m 左右，在当时被认为是在软土地基上获得成功的一项优秀设计。后因交通需要，规划部门欲利用两侧既有道路，在立交两侧加建地下通道。但在具体设计时发现：如要保证原有墩、台、挡土墙的基础稳定，新开挖基坑需离原挡土墙15m 以外，不能按规划设想利用既有道路，只得另觅新址，并使邻近地区成为新建较大结构工程的禁区。

8 在城市建成区或居民集中区域修建立交或高架道路时，由于行车条件的改善，往往机动车的行车速度较高，其尾气、噪声对周边的影响不容忽视，必要时应采取工程措施（如增设隔声屏障等）减小对周边环境的影响。

8.1.3 立交、高架道路的平面、纵断面、横断面设计

1 提出了平面设计要求。

2 提出了纵断面设计要求。下穿地下通道设有凹形竖曲线，竖曲线最低点不宜设在地下通道暗埋段箱涵内，可将其设在敞开段引道内，这是为了使暗埋段地下通道内不易产生积水，地下通道内路面潮湿后易干，以免人、车打滑。因此一般在地下通道内常不设排水口，通常利用边沟纵向排水至设在竖曲线最低点的引道排水口，进入集水井，用泵将集水井中的水排出。一般在引道下设集水井要比地下通道下设集水

井方便。

根据《城市道路设计规范》CJJ 37规定。非机动车车行道坡度宜小于2.5%，大于或等于2.5%时，应按规定限制坡长。

3 提出了对横断面布置的要求。

4 立交区段的各种杆、柱、架空线网的布置，不要呈凌乱状，线网宜入地。照明灯具布置要与两端道路结合良好。

8.1.4 本条按现行行业标准《城市道路设计规范》CJJ 37的规定制订。

8.1.5 墩、柱受汽车撞击作用的力值、位置可按现行《公路桥涵设计通用规范》JTG D60的规定取值。对易受汽车撞击的相关部位应采用如增设钢筋或钢筋网、外包钢结构或柔性防撞垫等防护构造措施，对于采用外包钢结构或柔性防撞垫等防护构造措施，安全带宽度应从外包结构的外缘起算。

8.1.7 本条提出："高架道路桥梁长度较长时，应每隔一定距离在中央分隔带上设置开启式护栏，"主要是为了疏散因交通事故等原因造成车辆阻塞，为救援工作创造条件。

8.2 立交、高架道路桥梁

8.2.1 当桥梁与桥下道路斜交时，为满足桥下车辆的行车要求可采用斜桥方式跨越。当斜交角度较大（一般大于45°）时，主桥梁上部结构受力复杂。随着斜交角度的增大，钝角处支承力相应增大；而锐角处支承力相应减少，甚至可能会出现上拔力。由于斜桥在温度变化时会产生横向位移和不平衡的旋转力矩，从而导致"爬移现象"。因此，当斜交角度较大时，宜采用加大跨径改善斜交角度或采用斜桥正做（如独柱墩等）的方式改善桥梁的受力性能。同时，应满足桥下行车视距的要求。

8.2.2 弯扭耦合效应是曲线梁桥力学性质的最大特点，在外荷载作用下，梁截面产生弯矩的同时，必然伴随产生"耦合"扭矩。同样，梁截面内产生扭矩的同时，也伴随产生"耦合"弯矩。其相应的竖向挠度也与扭转角之间对应地产生耦合效应。因此，曲线梁桥在选择结构形式及横断面截面形状时，必须考虑具有足够的抗扭刚度。

对于曲线桥梁，特别是独柱支承的曲线梁桥。在温度变化、收缩、徐变、预加力、制动力、离心力等情况作用下，其平面变形与曲线梁桥的曲率半径、墩柱的抗推刚度、支承体系的约束情况及支座的剪切刚度密切相关，在设计中应采用满足梁体受力和变形要求的合理支承形式，并在墩顶设置防止梁体外移、倾覆的限位构造等。

在曲线梁桥施工和运营过程中，国内各地曾多次发生过上部结构的平面变形过大而发生破坏的情况。如某市一座匝道桥，上部结构为六孔一联独柱预应力连续弯箱梁。箱梁底宽5.0m，高2.2m，桥面全宽9.0m，桥梁中心线平曲线半径$R=255$m，桥梁中心线跨度分别为：22.8m、35m、55m、39.9m、55m、32m，全联长度为239.7m。该匝道桥在建成运营1年半后，突然发生梁体变位。各墩位处有不同程度的切向、径向和扭转变位。端部倾角达2.42°，最大水平位移达22cm，最大径向位移达47cm；各墩顶支座均受到不同程度的过量变形和损坏。边墩曲线内侧的板式橡胶支座脱空，造成外侧的板式橡胶支座超载后产生明显的压缩变形；独柱中墩盆式橡胶支座的大部分橡胶体从圆心挤出支座钢盆外。

8.2.3 当桥梁纵坡较大时，对于桥梁，特别是独柱支承的桥梁由于结构重力、制动力、收缩、徐变和温度变化的影响，有向下坡方向发生累计位移的潜在危险。如某地一座匝道桥，桥宽10.5m，墩柱高度12m左右，单箱单室箱形截面，纵向坡度3.5%，在建成通车5年后发生沿下坡方向的累计位移，致使伸缩缝挤死不能保证其使用功能。因此，在连续梁的分联长度、墩柱的水平抗推刚度上应引起重视。

8.2.4 30m以下跨径，并为宽桥跨越街道时，对于下穿道路上的人群，墙式桥墩会妨碍视线，同时由于墙面过大，产生压抑感。采用柱式墩效果较好，但应注意合理安排桥墩横向墩柱数、截面形状与尺寸大小，以免墩柱过多、尺寸过大影响视觉和景观。

8.3 地下通道

8.3.1 "位于铁路运营线下的地下通道，为保证施工期间铁路运营安全，地下通道位置除应按本规范第8.1.1条的规定设置外，还应选在地质条件较好、铁路路基稳定、沉降量小的地段。"主要是为了避免地下通道基坑施工时，铁路路基发生大体积滑坡。如果地质条件确实较差，施工困难，则应选地质条件较好的位置，并据此调整线路的走向或采用上跨方案。

8.3.2 较长的地下通道，在行驶机动车的车行道孔中，若无人行道，为了保证执勤、维修人员安全，应设置检修道。孔中车行道窄时，在一侧设检修道；车行道较宽时，应在两侧都设检修道。

8.3.3 地下结构的裂缝宽度一般按现行国家标准《混凝土结构设计规范》GB 50010的规定计算。

8.3.4 城市地下通道有时下穿铁路站场区或作业区，故在布置这类地下通道长度时，除满足上跨铁路线路的净空要求外，还应满足管线、沟渠、信号标志等附属设施和人行通道的需求。

8.3.6、8.3.7 为防止地面水、地下水渗入地下通道，要求地下通道箱涵能满足防水要求。根据现行《地铁设计规范》GB 50157的相关条文，由原北京地下铁道工程局提供的大量试验资料表明，采用普通级配配制强度为C30的混凝土其抗渗等级均大于P12。

鉴此本条提出地下通道箱体混凝土强度等级不低于C30，混凝土抗渗等级不应低于P8。箱体防水层设置、伸缩缝、沉降缝的防水要求见本规范第9.2.2条与第9.3.5条。

8.3.8 斜交角度过大会导致地下通道结构受力复杂、施工困难，据此本条提出斜交角度不应大于45°。

8.3.9 一般情况下，地下通道及与其衔接的引道结构下卧土层为黏土时，采用盲沟倒滤层形式的排水抗浮措施较为经济、合理；下卧层为砂性土层时宜根据抗浮计算采用其他形式的抗浮措施，抗浮安全系数宜取1.10。

9 桥梁细部构造及附属设施

9.1 桥面铺装

9.1.1 桥面铺装是车轮直接作用的部分，要求平整、防滑、有利排水。桥面铺装亦可以认为是桥梁行车道板的保护层，其作用在于分布车轮荷载、防止车轮直接磨损行车道板，使桥梁主体结构免受雨水侵蚀。为了保证行车舒适、平稳，便于连续施工，桥面铺装的结构形式宜与所在位置的道路路面相协调。综合行车条件、经济性和耐久性等因素，桥梁的桥面铺装材料宜采用沥青混凝土和水泥混凝土材料。

9.1.2 城市快速路、主干路桥梁和次干路上的特大桥、大桥，桥面铺装大多数采用沥青混凝土，一般为两层，上层为细粒式沥青混凝土，具有抗滑、耐磨、密实稳定的特性；下层为中粒式沥青混凝土，具有传力、承重作用。在沥青混凝土铺装以下设有水泥混凝土整平层，以起到保护桥面板和调整桥面标高、平整借以敷设桥面防水层的目的。

水泥混凝土铺装具有强度高、耐磨强、稳定性好、养护方便等优点，但接缝多，平整度差影响行车舒适，且存在修补困难等缺点，目前仅在道路为水泥混凝土路面时才采用。

为保证工程质量、行车安全、舒适、耐久，本条规定了各种铺装材料性能、最小的厚度及必要的构造要求。水泥铺装层的厚度仅为面层厚度，未包括整平层、垫层的厚度。

9.1.3 钢桥面铺装一般采用沥青混凝土材料，钢桥面沥青混凝土铺装的使用状况与铺装材料的性能（包括基本强度、变形性能、抗腐蚀性、水稳性、高温稳定性、低温抗裂性、粘结性、抗滑性等）、施工工艺、车轮轮压大小、结构的整体刚度（桥梁跨径、结构形式）、局部刚度（桥面系的构造尺寸）以及桥梁的纵断面线形、桥梁所在地的气象与环境条件有关。国内大跨径钢桥的沥青混凝土桥面铺装的使用时间不长，缺少成熟经验，因此钢桥面的沥青混凝土铺装应根据上述因素综合分析后确定。

9.2 桥面与地下通道防水、排水

9.2.1 由于桥梁在车辆、温度等荷载反复作用下桥面板的应力、变形、裂缝也随着周期性的变化，为适应这种情况，沥青混凝土桥面必须采用柔性防水层，而刚性防水层易造成开裂、脱落，最终起不到防水效果。

水泥混凝土由于构造的限制，目前尚无一种完善的防水层形式。根据目前使用的经验，建议采用渗透型或外掺剂型的刚性防水层形式。对于在水泥混凝土铺装和桥面板之间设置防水层的做法，应注意到防水层的厚度会影响水泥混凝土铺装的受力状态，对此设计应有切实的措施和对策。

9.2.3 桥面防水是桥梁耐久性的一个重要方面，对延长桥梁寿命起到关键性的作用。而桥面防水又是一个涉及铺装材料、设计、施工综合性的系统工程，还必须和桥面排水等配合，做到"防排结合"。

桥面应有完善的排水设施，必须设排水管将水排到地面排水系统中，不能直接将水排到桥下。过去对跨河桥梁不受限制，现在应重视环保净化水源，对跨河桥、跨铁路桥也不能直接将水排入河中或铁路区段上。

排水管直径不仅以排水量控制，还应考虑防止杂物堵塞。根据以往经验，最小直径为150mm。

排水管间距根据桥梁汇水面积和水平管纵坡而定。参照《公路排水设计规范》，全国地区的设计降雨量，以北京地区为例，5年一遇10min降雨强度$q_{5,10}$＝2.2mm/min（北京地区能包容全国80%以上），如按快速路、主干路桥梁设计重现期为5年；降雨历程为5min，则其降雨强度$q_{5,10}$＝3.03mm/min，按φ150泄水管其纵坡为$i=1$%和$i=2$%时，计算出每平方米桥面面积所需设置的排水管面积分别为43mm²和30mm²，如考虑两倍的安全率，则为86mm²和60mm²。以此作为确定排水管面积的依据。

根据美国规范，当降雨强度为100mm/h（1.67mm/min）时，横坡为3%，Φ150mm的氯乙烯管能排除汇水面积为390m²（坡度1:96）和557m²（坡度1:48）的水量（见下表）。折合相当的降雨强度，每平方米桥面排水管面积为81mm²/m²和58mm²/m²。如计算两倍安全率，则也和本条规定的数据相一致的。

管径 (mm)	容许的最大水平断面积(m²)		
	水平排水管		
	坡度1:96	坡度1:48	坡度1:24
100	144	200	238
125	251	334	502
150	390	557	780

续表

管径 (mm)	容许的最大水平断面积(m²)		
	水平排水管		
	坡度 1:96	坡度 1:48	坡度 1:24
200	808	1106	1616
250	1412	1821	2824
300	2295	2954	4589

根据南方潮湿地区如广东，$q_{5,10}=2.5\sim3.0$mm/min；西北干燥地区新疆、内蒙古、宁夏、青海等，$q_{5,10}=0.5\sim1.5$mm/min(详见《公路排水设计规范》JTJ018-97、图 3.07-1，对排水管面积作出适当调整)。

桥面排水必须设置纵坡和横坡，不宜设置平坡(坡度为零)，对于高架桥梁一般应设凸型竖曲线纵坡，当桥梁过长或其他原因需要凹形竖曲线纵坡时根据《公路排水设计规范》JTJ 018-97 在曲线最低处必须增加排水口数量。

参照《日本高等级公路设计规范》(1990年6月)，桥上排水管的纵坡原则上不小于3%，如纵坡过小会影响桥面径流水量的排泄，应加大排水管面积。

9.2.4 地下通道排水

1 通常情况下，地下通道内需设排水泵，采用雨水设计的重现期要比两端道路规划的重现期高一些。国家现行标准《室外排水设计规范》GB 50014、《城市道路设计规范》CJJ 37 对立交排水设计原则，设计重现期有明确规定，规定立交范围内高水高排、低水低排的设计原则。

2 提出为了不使地面水流入地下通道的一些措施。

3 条文中所提的措施是为了保证地下通道路面车道排水畅通，减少路面薄层水影响，以保证行车安全。

4 强调不能自流排水时设泵站的重要性。因为一般道路短时间内积一些水问题不大，而地下通道所处地形低，若路面积水较深，拦截无效流入地下通道，而排水泵能力不足，则地下通道有被水灌满的危险。某地下通道在一次暴雨时，积水深达 2.0m，这样容易引发安全事故，地下通道照明等设施亦会受到损坏。

5 采用盲沟排水的目的是降低地下水对结构的压力，若失效将危及地下通道结构的安全，故必须保证。

9.3 桥面伸缩装置

9.3.1 简支梁连续桥面，类似于连续梁，减少了多跨简支梁的伸缩缝，使桥面行车舒适，节省造价，方便养护，这是目前仍在采用的原因。但从使用效果看，简支梁端连续桥面部位的构造较弱，该处桥面容易开裂，从长远看是全桥"薄弱"环节，影响桥梁耐久性，破损后也难以修复，因此本条对使用范围作出一定的限制，并且对构造提出一定的要求。

9.3.2 桥梁伸缩装置使用至今已有很多类型，到目前为止比较成熟和常用的有模数式和梳板式。伸缩装置关键之一是和梁端的锚固，不少是由于锚固不善被破坏的。

对于浅埋嵌缝式伸缩装置，由于到目前为止，从材料、构造、机理等各方面都还存在着问题，从使用效果上也有不少失败的教训，因此在快速路、主干路上不能使用。

9.3.3 桥梁伸缩装置安装的时间温度是计算伸缩量的一个依据，另外还要考虑条文中列举的多方面因素。过去设计伸缩装置时，常仅只计及温度、收缩等 1~2 项，导致伸缩量不够，检查一些旧桥时发现伸缩装置拉断、拉脱的情况，因此除温度、收缩外其余伸缩因素也是不能忽视的。异型桥(包括斜、弯桥)是空间结构，结构变形大小和方向存在着任意性，因此必须检算纵横向的错位量。

9.3.4 对北方使用除冰盐地区，由于盐中氯离子渗入钢筋混凝土，破坏了钢筋钝化膜使钢筋锈蚀，混凝土受损，所以在桥梁容易受到水侵蚀的部位，应进行耐久性处理如采用钢筋阻锈剂等。

9.4 桥 梁 支 座

9.4.1 桥梁支座是联系上下部结构并传递上部结构反力的传力装置，也是形成结构体系的关键部件，如果支座不够完善会造成因体系受力变化带来的影响，因此支座的合理选择在设计中至关重要。

球形钢支座能适应较大的转动角度，但转动刚度较小，在弯桥设计中为增大主梁抗扭刚度，一般仍使用盆式橡胶支座，只有转角较大或其他特殊要求时才采用球形钢支座。

9.4.2 板式橡胶支座有规定的使用年限，而且比桥梁主体结构设计使用年限期短得多，根据北京市在 20 世纪 80 年代以后修建的桥梁检查，板式橡胶支座出现了多种形式的损坏，有一定数量的支座需要更换。因此设计时应在墩台帽顶预留更换空间。

支座安装时要考虑施工时的温度，以及施工阶段的其他影响(如预应力张拉等)，设计中若没有充分考虑这些因素，会使成桥后支座受力和变形"超量"，造成支座剪切变形过大，墩台顶面混凝土拉裂等现象。

9.4.3 一般情况下在主梁的墩、台部位处均需设置"横向限位"构造，特别是斜、弯、异型桥及采用四氟滑板橡胶支座的上部结构，根据其受力特点及四氟滑板橡胶支座的滑移特性，主梁端部会产生水平转动和横向位移，为保持梁体平面线型和桥梁伸缩装置的正常使用，保证梁体安全，更应在主梁的墩、台部位处设置横向限位设施。限位设施的间隙和强度应根据计算确定。

9.4.4 弯桥、坡桥必须具有一定的纵向水平刚度，以避免梁体在正常使用条件下，由于水平制动力、温度力或自重水平分力等的作用，产生纵向"飘移"（是累计的不可逆飘移）变位。大中跨钢桥如采用板式橡胶支座，由于梁底支座楔形钢板在施工制作时产生的微小坡面误差，在自重水平分力及反复温度力的叠加作用下，由于桥体水平刚度较小，微小的不平衡水平力就会累计产生不可逆的单向水平飘移变位。如1998年建成的某大桥为三孔62m＋95m＋62m钢箱连续梁，全桥采用板式橡胶支座，桥面纵坡仅为$i=0.28\%$，建成后第二年夏天发生梁体自东向西（下坡方向）移动，西侧伸缩缝挤死，东侧伸缩缝拉开7.5cm，梁端支座累计推移100mm。究其原因是胀缩力的不平衡作用，由于桥梁的纵坡产生微小的自重水平分力，叠加夏天较大的温差力，产生了向西方向的微量位移，日复一日，就累计成较大的不可逆的位移量。事后，在中墩上，将梁体与墩顶刚性固定后，加大了桥体水平刚度，至今再也没有发生"飘移"的现象。

对于中小跨径的多跨连续梁，梁端宜采用四氟乙烯板橡胶支座或小型盆式纵向活动支座的原因是为了释放水平变形简化梁端支座的受力状态。

9.5 桥梁栏杆

9.5.1 本规范第6.0.7条规定"桥梁人行道或检修道外侧必须设置人行道栏杆"。本条规定栏杆高度不小于1.10m，与《公路桥涵设计通用规范》JTG D60规定的一致。栏杆构件间的最大净间距不得大于140mm，与现行《城市人行天桥与人行地道技术规范》CJJ 69的有关规定相同。栏杆底座必须设置锚筋，满足栏杆荷载要求，这是为确保行人安全所必需的，以往在栏杆设计中，有的底座仅留槽。

9.5.4 桥梁跨越快速路、城市轨道交通、高速公路、重要铁路时为防止行人往桥下乱扔弃物、烟头引起火灾及确保桥下车辆安全，应设置护网，护网高度应从人行道面起算。这在以往的工程实践中已经得到建设、设计、养护多方认可，是行之有效的规定。

9.6 照明、节能与环保

9.6.1～9.6.5 根据本规范第1.0.3条、第3.0.7条、第3.0.18条的规定及现行的相关规范和标准提出桥梁设计中有关照明、节能与环保的一般要求。

9.7 其他附属设施

9.7.1～9.7.5 确保桥梁或地下通道能安全、正常使用，在正常维护时有足够的耐久性。

10 桥梁上的作用

10.0.1 根据《工程结构可靠性设计统一标准》GB 50153："结构上的作用应包括施加在结构上的集中力和分布力，和引起结构外加变形和约束变形的原因。"而"施加在结构上的集中力和分布力，可称为荷载。"《公路工程结构可靠度设计统一标准》GB/T 50283-1999："结构上的作用应分为直接作用和间接作用。直接作用为直接施加于结构上的集中力或分布力；间接作用为引起结构外加变形或约束变形的地震、基础变位、温度和湿度变化、混凝土收缩和徐变等。直接作用又称为荷载。"

本规范第3.0.8条规定："桥梁结构的设计基准期为100年"需对原《城市桥梁设计荷载标准》CJJ 77-98进行适当调整。在本规范修编过程中曾对城市桥梁车辆荷载标准、公路桥涵汽车荷载标准，以及两种荷载标准对梁式桥（包括简支梁、连续梁）产生的荷载效应和荷载效应组合进行了详细的比较分析：

1 现行荷载标准异同比较

《城市桥梁设计荷载标准》CJJ 77-98	《公路桥梁设计荷载标准》JTG D60-2004
（1）汽车荷载等级： 城—A级 城—B级 由车道荷载和车辆荷载组成。	（1）汽车荷载等级： 公路—Ⅰ级 公路—Ⅱ级 由车道荷载和车辆荷载组成。
（2）加载方式 桥梁的主梁、主拱和主桁等计算采用车道荷载，桥梁的横梁、行车道板桥台或挡土墙后土压力计算应采用车辆荷载。 不得将车道荷载和车辆荷载的作用叠加。	（2）加载方式 桥梁结构的整体计算采用车道荷载；桥梁结构的局部加载、涵洞、桥台和挡土墙土压力计算采用车辆荷载。 车道荷载与车辆荷载的作用不得叠加
（3）适用范围 适用于桥梁跨径或加载长度不大于150m的城市桥梁结构。	（3）适用范围 无跨径和加载长度的限制，但大跨径桥梁应考虑车道荷载的纵向折减系数，见（7）。

《城市桥梁设计荷载标准》CJJ 77-98　　　　　　　　《公路桥梁设计荷载标准》JTG D60-2004

（4）车道荷载的计算图式

跨径 2～20m 时

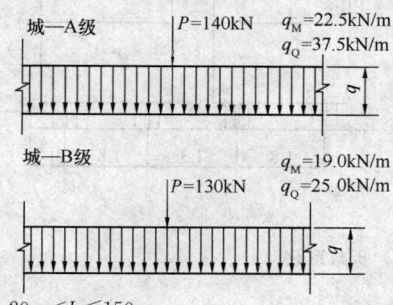

跨径 20m<L≤150m

城—A级

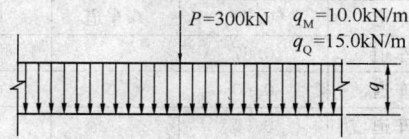

当车道数等于或大于 4 条时，计算弯矩不乘增长系数。计算剪力应乘增长系数 1.25。

城—B级

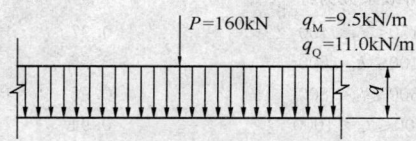

当车道数等于或大于 4 条时，计算弯矩不乘增长系数。计算剪力应乘增长系数 1.30。

（5）车辆荷载标准车的主要技术指标

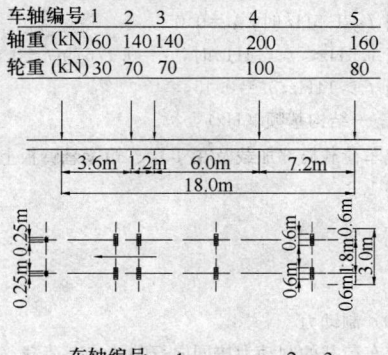

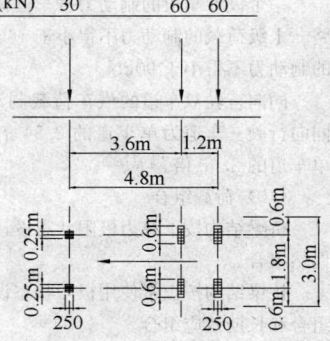

（4）车道荷载的计算图式：

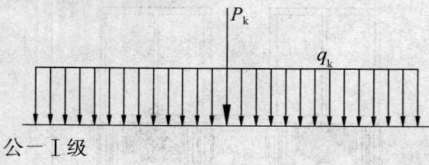

公—Ⅰ级

$$q_k = 10.5 \text{kN/m}$$

P_k：

桥梁计算跨径小于或等于 5m 时，$P_k = 180$kN

桥梁计算跨径等于或大于 50m 时，$P_k = 360$kN

桥梁计算跨径在 5m～50m 之间时，P_k 值采用直线内插求得。计算剪力时 P_k 值应乘以 1.2 的系数。

公路—Ⅱ级，按公路—Ⅰ级乘以 0.75 的系数。

车道荷载的均布荷载应满布于使结构产生最不利效应的同号影响线上，集中荷载只作用于相应影响线中一个最大影响线峰值处。

（5）车辆荷载标准车的主要技术指标

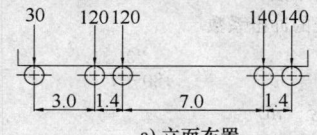

a) 立面布置

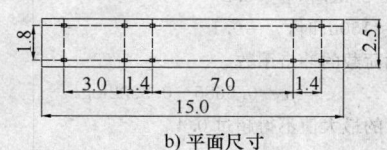

b) 平面尺寸

车辆荷载的主要技术指标

项　目	单位	技术指标
车辆重力标准值	kN	550
前轴重力标准值	kN	30
中轴重力标准值	kN	2×120
后轴重力标准值	kN	2×140
轴　距	m	3+1.4+7+1.4
轮　距	m	1.8
前轮着地宽度及长度	m	0.3×0.2
中、后轮着地宽度及长度	m	0.6×0.2
车辆外形尺寸（长×宽）	m	15×2.5

公路—Ⅰ级和公路—Ⅱ级的车辆荷载采用相同的标准车。

《城市桥梁设计荷载标准》CJJ 77-98	《公路桥梁设计荷载标准》JTG D60-2004
(6) 汽车荷载的横向布置 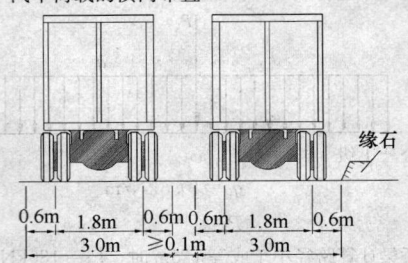	(6) 汽车荷载的横向布置 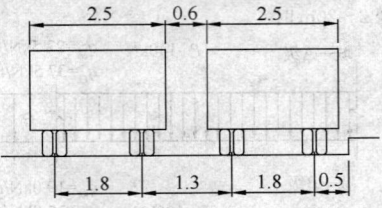

(7) 折减系数
横向折减系数

二车道	1.0
三车道	0.8
四车道	0.67
五车道	0.60
≥六车道	0.55

(7) 折减系数

二车道	1.0	七车道	0.52
三车道	0.78	八车道	0.50
四车道	0.67		
五车道	0.60		
六车道	0.55		

纵向折减系数
当计算跨径大于 150m 时汽车荷载应考虑纵向折减。
纵向折减系数为：

$150 < l_o < 400$	0.97
$400 \leq l_o < 600$	0.96
$600 \leq l_o < 800$	0.95
$800 \leq l_o < 1000$	0.94
$l_o \geq 1000$	0.93

其中 l_o(m) 为桥梁计算跨径。

(8) 冲击系数
车道荷载的冲击系数

$$\mu = \frac{20}{80+l}$$

l——跨径（m）

当 $l = 20$m 时，$\mu = 0.2$
当 $l = 150$m 时，$\mu = 0.1$
车辆荷载的冲击系数

$$\mu = 0.6686 - 0.3032 \log l$$

但 μ 的最大值不得超过 0.4。

(9) 制动力
一个设计车道的制动力（不计冲击力）
城—A级：应采用 160kN 或 10% 车道荷载并取两者中的较大值。
城—B级：应采用 90kN 或 10% 车道荷载，并取两者中的较大值。
当计算的加载车道为 2 条或 2 条以上时，应以 2 条车道为准，其制动力不折减。

(10) 荷载组合
与已废除的原《公路桥涵设计通用规范》JTJ 021-89 除组合Ⅲ外基本一致。

(8) 冲击系数
当 $f < 1.5$Hz 时，$\mu = 0.05$
当 1.5Hz $\leq f \leq 14$Hz 时，$\mu = 0.1767 \ln f - 0.0157$
当 $f > 14$Hz 时，$\mu = 0.45$
f——结构基频（Hz）
汽车荷载局部加载及在 T 梁、箱梁悬臂板上的冲击系数采用 1.3。

(9) 制动力
汽车荷载的制动力按同向行驶的汽车荷载（不计冲击力）计算。
一个设计车道的制动力按车道荷载的 10% 计算，但公路—Ⅰ级荷载的制动力不得小于 165kN，公路—Ⅱ级荷载的制动力不得小于 90kN。
同向行驶双车道的汽车荷载制动力为单车道的两倍；同向行驶三车道为单车道的 2.34 倍，同向行驶四车道为单车道的 2.68 倍。

(10) 荷载组合
桥梁结构按承载力极限状态设计时应采用基本组合和偶然组合。
桥梁结构按正常使用极限状态设计时应采用短期效应组合和长期效应组合。

《城市桥梁设计荷载标准》CJJ 77-98	《公路桥梁设计荷载标准》JTG D60-2004
（11）其他 《城市桥梁设计荷载标准》CJJ 77-98 中的汽车荷载标准是"根据现代城市桥梁车辆荷载的特点，参照加拿大安大略省桥梁设计规范中的有关规定"并"充分考虑了与公路桥梁荷载标准（指JTJ 021-89）的兼容性"制定的。（摘自何宗华：《城市桥梁设计荷载标准》简介）。"加拿大车辆荷载标准是以1975年交通调查为依据"，设计基准期为50年（见《城市桥梁设计荷载标准》P44）。	（11）其他 现行《公路桥梁设计荷载标准》（见《公路桥涵设计通行规范》JTG D60-2004）以我国近期大量的车辆调查统计、分析资料为依据，结合我国公路桥梁使用现状和以往经验测定的，相应的设计基准期为100年。

2 荷载及荷载效应组合比较

（1）荷载效应比较（以单车道计）

简支梁

比较项目	跨径（m）	6	10	15	20	22	25	30	35
城—A/公路—Ⅰ	跨中弯矩	0.963	1.000	1.033	1.058	1.127	1.087	1.028	0.982
	支点剪力	1.001	1.120	1.229	1.311	1.125	1.100	1.064	1.033
城—B/公路—Ⅱ	跨中弯矩	1.157	1.188	1.215	1.236	0.970	0.951	0.922	0.899
	支点剪力	1.083	1.163	1.235	1.289	0.907	0.894	0.879	0.864

比较项目	跨径（m）	40	45	50	55	60	70	80
城—A/公路—Ⅰ	跨中弯矩	0.943	0.911	0.884	0.886	0.889	0.892	0.898
	支点剪力	1.010	0.989	0.972	0.989	1.004	1.032	1.056
城—B/公路—Ⅱ	跨中弯矩	0.880	0.865	0.851	0.866	0.880	0.902	0.923
	支点剪力	0.853	0.843	0.835	0.856	0.874	0.908	0.938

两跨等跨连续梁

比较项目		跨径（m） 位置	10	15	20	25	30	35	40	50	60	70
城—A/公路—Ⅰ	弯矩	跨中	0.981	1.010	1.031	1.090	1.031	0.983	0.943	0.881	0.887	0.891
		中支点	1.283	1.362	1.412	1.039	1.000	0.971	0.947	0.911	0.916	0.920
	剪力	边支点	1.065	1.161	1.232	1.089	1.050	1.018	0.991	0.949	0.981	1.008
		中支点	1.228	1.361	1.459	1.121	1.091	1.066	1.045	1.611	1.043	1.072
城—B/公路—Ⅱ	弯矩	跨中	1.166	1.191	1.208	0.943	0.913	0.890	0.870	0.839	0.868	0.893
		中支点	1.488	1.572	1.621	1.039	1.025	1.015	1.007	0.994	1.019	1.038
	剪力	边支点	1.120	1.178	1.227	0.878	0.856	0.839	0.829	0.808	0.846	0.879
		中支点	1.251	1.344	1.413	0.926	0.916	0.907	0.897	0.881	0.923	0.959

三跨等跨连续梁

比较项目		位置	跨径（m）									
			10	15	20	25	30	35	40	50	60	70
城—A/公路—Ⅰ	弯矩	边跨中	0.966	1.027	1.051	1.087	1.029	0.982	0.943	0.883	0.889	0.893
		中支点	1.236	1.312	1.361	1.046	1.005	0.972	0.946	0.908	0.912	0.917
		中跨中	0.967	0.991	1.010	1.093	1.033	0.984	0.943	0.879	0.884	0.889
	剪力	边支点	1.075	1.173	1.249	1.091	1.051	1.022	0.995	0.954	0.986	1.012
		中支点左	1.216	1.354	1.439	1.120	1.088	1.064	1.041	1.008	1.041	1.070
		中支点右	1.195	1.320	1.416	1.116	1.082	1.058	1.035	0.999	1.034	1.059
城—B/公路—Ⅱ	弯矩	边跨中	1.184	1.210	1.229	0.949	0.921	0.898	0.878	0.850	0.877	0.902
		中支点	1.441	1.516	1.566	1.027	1.011	0.999	0.989	0.975	1.001	1.022
		中跨中	1.152	1.171	1.183	0.937	0.907	0.882	0.861	0.829	0.856	0.879
	剪力	边支点	1.129	1.189	1.236	0.882	0.860	0.846	0.833	0.814	0.851	0.885
		中支点左	1.239	1.338	1.398	0.426	0.911	0.904	0.893	0.879	0.919	0.954
		中支点右	1.229	1.309	1.377	0.916	0.904	0.893	0.883	0.868	0.911	0.943

四跨等跨连续梁

比较项目		位置	跨径（m）									
			10	15	20	25	30	35	40	50	60	70
城—A/公路—Ⅰ	弯矩	边跨1中	0.990	1.024	1.046	1.088	1.029	0.982	0.943	0.883	0.888	0.893
		边跨2中	0.984	1.016	1.034	1.089	1.031	0.983	0.943	0.881	0.887	0.891
		中支点B	1.248	1.321	1.371	1.045	1.004	0.972	0.946	0.908	0.913	0.917
		中跨点C	1.269	1.346	1.396	1.041	1.002	0.971	0.947	0.910	0.915	0.919
	剪力	边支点A	1.071	1.170	1.245	1.091	1.049	1.020	0.993	0.952	0.984	1.011
		中支点B左	1.213	1.351	1.439	1.120	1.088	1.064	1.041	1.007	1.041	1.069
		中支点B右	1.214	1.340	1.437	1.119	1.085	1.061	1.039	1.003	1.040	1.065
		中支点C左	1.180	1.307	1.391	1.112	1.078	1.053	1.029	0.994	1.027	1.059
城—B/公路—Ⅱ	弯矩	边跨1中	1.180	1.204	1.224	0.948	0.919	0.897	0.876	0.847	0.875	0.899
		边跨2中	1.170	1.195	1.211	0.941	0.914	0.892	0.871	0.840	0.868	0.891
		中支点B	1.456	1.529	1.577	1.029	1.015	1.003	0.993	0.980	1.005	1.025
		中跨点C	1.476	1.554	1.606	1.036	1.021	1.011	1.002	0.989	1.014	1.033
	剪力	边支点A	1.124	1.190	1.233	0.879	0.860	0.843	0.830	0.811	0.850	0.885
		中支点B左	1.239	1.338	1.395	0.926	0.913	0.901	0.893	0.880	0.919	0.954
		中支点B右	1.236	1.326	1.393	0.922	0.910	0.899	0.891	0.875	0.917	0.950
		中支点C左	1.207	1.299	1.359	0.915	0.900	0.889	0.879	0.863	0.903	0.941

五跨等跨连续梁

比较项目		跨径（m）位置	10	15	20	25	30	35	40	50	60	70
城—A/公路—Ⅰ	弯矩	边跨1中	0.993	1.023	1.047	1.087	1.029	0.982	0.943	0.883	0.888	0.893
		中跨2中	0.979	1.009	1.028	1.090	1.033	0.983	0.943	0.881	0.886	0.891
		中跨3中	1.002	1.034	1.058	1.086	1.029	0.982	0.943	0.863	0.889	0.893
		中支点B	1.245	1.321	1.369	1.045	1.004	0.972	0.946	0.908	0.913	0.917
		中支点C	1.281	1.360	1.409	1.040	1.001	0.971	0.947	0.911	0.916	0.920
	剪力	边支点A	1.071	1.170	1.245	1.089	1.052	1.020	0.993	0.952	0.983	1.012
		中支点B左	1.213	1.351	1.439	1.120	1.090	1.064	1.041	1.007	1.041	1.069
		中支点B右	1.207	1.335	1.430	1.117	1.085	1.061	1.038	1.003	1.039	1.063
		中支点C左	1.180	1.308	1.388	1.112	1.081	1.053	1.029	0.993	1.027	1.055
		中支点C右	1.205	1.331	1.422	1.115	1.083	1.057	1.037	1.000	1.035	1.063
城—B/公路—Ⅱ	弯矩	边跨1中	1.177	1.206	1.224	0.948	0.919	0.896	0.876	0.849	0.875	0.899
		中跨2中	1.165	1.189	1.256	0.942	0.913	0.889	0.868	0.838	0.865	0.889
		中跨3中	1.191	1.215	1.236	0.950	0.922	0.899	0.880	0.851	0.879	0.902
		中支点B	1.448	1.525	1.575	1.028	1.013	1.002	0.992	0.978	1.004	1.024
		中支点C	1.486	1.567	1.618	1.039	1.025	1.014	1.006	0.993	1.018	1.037
	剪力	边支点A	1.124	1.186	1.233	0.879	0.860	0.843	0.830	0.811	0.850	0.885
		中支点B左	1.239	1.338	1.395	0.926	0.913	0.901	0.893	0.878	0.916	0.954
		中支点B右	1.237	1.322	1.388	0.922	0.907	0.898	0.888	0.871	0.917	0.947
		中支点C左	1.207	1.299	1.355	0.915	0.901	0.889	0.876	0.862	0.903	0.936
		中支点C右	1.228	1.316	1.382	0.919	0.904	0.898	0.886	0.870	0.913	0.947

(2) 荷载效应组合比较（永久作用仅考虑结构重力，可变作用只计入车辆荷载）。

先张法预应力混凝土空心板
（板宽：中板1.00m，边板1.40m，车行道≥7.0m）

空心板计算数据

数据\板位	跨径	计算跨径(m)	板高(m)	横向分布系数 跨中（城市/公路）	横向分布系数 支点	冲击系数 城市—A/B	冲击系数 公路—I/II
中板	10	9.46	0.52	0.313/0.323	0.5	0.2	0.430
边板				0.357/0.368			
中板	13	12.46	0.62	0.306/0.313	0.5	0.2	0.351
边板				0.341/0.349			
中板	16	15.46	0.82	0.303/0.310	0.5	0.2	0.335
边板				0.353/0.361			
中板	18	17.46	0.82	0.301/0.306	0.5	0.2	0.292
边板				0.351/0.357			
中板	20	19.36	0.90	0.299/0.303	0.5	0.2	0.269
边板				0.344/0.349			
中板	22	21.56	0.90	0.297/0.301	0.5	0.197	0.240
边板				0.342/0.347			

以上数据摘自上海市市政工程标准设计《先张法预应力混凝土空心板（桥梁）》。

空心板　城—A/公路—Ⅰ表

跨径(m)	计算跨径(m)	组合\板位	基本组合 跨中弯矩	基本组合 支点剪力	短期效应组合 跨中弯矩	短期效应组合 支点剪力	长期效应组合 跨中弯矩	长期效应组合 支点剪力
10	9.46	中板	0.833	0.864	0.988	0.987	0.993	0.990
		边板	0.886	0.890	0.989	1.004	0.993	1.003
13	12.46	中板	0.944	0.939	1.003	1.011	1.002	1.008
		边板	0.944	0.958	1.002	1.022	1.001	1.016
16	15.46	中板	0.962	0.972	1.010	1.028	1.006	1.019
		边板	0.960	1.999	1.008	1.044	1.012	1.031
18	17.46	中板	0.987	1.006	1.014	1.036	1.010	1.026
		边板	0.985	1.032	1.012	1.053	1.008	1.036
20	19.36	中板	1.001	1.025	1.014	1.041	1.001	1.028
		边板	0.998	1.048	1.001	1.054	1.009	1.037
22	21.36	中板	1.035	1.036	1.031	1.039	1.020	1.027
		边板	1.034	1.037	1.031	1.038	1.020	1.027

空心板　　城—B/公路—Ⅱ表

跨径 (m)	计算跨径 (m)	组合／板位	基本组合 跨中弯矩	基本组合 支点剪力	短期效应组合 跨中弯矩	短期效应组合 支点剪力	长期效应组合 跨中弯矩	长期效应组合 支点剪力
10	9.46	中板	0.985	0.915	1.060	1.023	1.040	1.018
		边板	0.985	0.935	1.054	1.032	1.036	1.023
13	12.46	中板	1.029	0.971	1.056	1.030	1.036	1.020
		边板	1.026	0.986	1.051	1.036	1.033	1.023
16	15.46	中板	1.046	0.992	1.056	1.037	1.036	1.025
		边板	1.036	1.011	1.052	1.045	1.034	1.030
18	17.46	中板	1.059	1.017	1.057	1.039	1.037	1.028
		边板	1.056	1.035	1.054	1.049	1.035	1.032
20	19.36	中板	1.064	1.029	1.052	1.039	1.033	1.026
		边板	1.061	1.044	1.050	1.047	1.032	1.030
22	21.36	中板	0.976	0.919	0.992	0.957	0.996	0.971
		边板	0.976	0.929	0.992	0.963	0.995	0.976

后张预应力混凝土T梁
（梁距2.25m，桥宽12.75m）

T梁计算数据

数据／梁位	跨径 (m)	计算跨径 (m)	梁高 (m)	横向分布系数 跨中（城市/公路）	横向分布系数 支点（城市/公路）	冲击系数 城市	冲击系数 公路
中梁	25	24.30	1.25	0.554/0.561	0.811/0.811	0.1918	0.2233
边梁				0.635/0.648	0.444/0.489		
中梁	30	29.20	1.50	0.553/0.560	0.811/0.811	0.1832	0.1953
边梁				0.641/0.653	0.444/0.489		
中梁	35	34.10	1.75	0.552/0.560	0.811/0.811	0.1753	0.1710
边梁				0.644/0.656	0.444/0.489		
中梁	40	39.00	2.00	0.550/0.558	0.811/0.811	0.1681	0.1540
边梁				0.638/0.650	0.444/0.489		
中梁	45	43.90	2.25	0.550/0.558	0.811/0.811	0.1614	0.1348
边梁				0.640/0.651	0.444/0.489		

T梁　　城—A/公路—Ⅰ表

跨径 (m)	计算跨径 (m)	组合／梁位	基本组合 跨中弯矩	基本组合 支点剪力	短期效应组合 跨中弯矩	短期效应组合 支点剪力	长期效应组合 跨中弯矩	长期效应组合 支点剪力
25	24.30	中梁	1.021	1.026	1.021	1.027	1.013	1.018
		边梁	1.022	1.011	1.023	1.015	1.015	1.010
30	29.20	中梁	1.005	1.013	1.005	1.012	1.003	1.008
		边梁	1.003	1.007	1.005	1.007	1.003	1.005

续表

跨径(m)	计算跨径(m)	组合 / 梁位	基本组合		短期效应组合		长期效应组合	
			跨中弯矩	支点剪力	跨中弯矩	支点剪力	跨中弯矩	支点剪力
35	34.10	中梁	0.993	1.003	0.995	1.001	0.997	1.001
		边梁	0.989	1.003	0.992	1.001	0.995	1.001
40	39.00	中梁	0.984	0.994	0.988	0.993	0.992	0.995
		边梁	0.978	0.999	0.983	0.997	0.989	0.998
45	43.90	中梁	0.978	0.989	0.982	0.987	0.989	0.992
		边梁	0.971	0.998	0.976	0.993	0.985	0.996

T梁　　城—B/公路—Ⅱ表

跨径(m)	计算跨径(m)	组合 / 梁位	基本组合		短期效应组合		长期效应组合	
			跨中弯矩	支点剪力	跨中弯矩	支点剪力	跨中弯矩	支点剪力
25	24.30	中梁	0.973	0.928	0.989	0.960	1.013	1.018
		边梁	0.962	0.941	0.983	0.970	0.989	0.981
30	29.20	中梁	0.972	0.930	0.985	0.958	0.991	0.973
		边梁	0.961	0.948	0.978	0.970	0.986	0.981
35	34.10	中梁	0.971	0.933	0.982	0.958	0.962	0.973
		边梁	0.960	0.954	0.975	0.971	0.984	0.982
40	39.00	中梁	0.971	0.936	0.981	0.958	0.988	0.974
		边梁	0.960	0.958	0.973	0.972	0.983	0.983
45	43.90	中梁	0.971	0.938	0.980	0.957	0.988	0.973
		边梁	0.960	0.961	0.971	0.973	0.982	0.983

后张预应力混凝土小箱梁
（桥宽15.5m，单箱两室箱形断面、腹板间距5.25m）

小箱梁计算数据

数据 / 梁位	跨径(m)	计算跨径(m)	梁高(m)	横向分布系数		冲击系数	
				跨中（城市/公路）	支点（城市/公路）	城市	公路
中梁	22.52	21.76	1.60	0.916/0.916	1.41/1.41	0.197	0.32
边梁				1.04/1.05	1.60/1.64		
中梁	25.52	24.76	1.60	0.909/0.909	1.41/1.41	0.191	0.27
边梁				1.025/1.03	1.60/1.64		
中梁	28.52	27.76	1.60	0.904/0.904	1.41/1.41	0.186	0.23
边梁				1.01/1.02	1.6/1.64		
中梁	33.52	32.66	1.80	0.899/0.899	1.41/1.41	0.178	0.20
边梁				1.01/1.02	1.60/1.64		
中梁	38.52	37.56	2.00	0.884/0.884	1.41/1.41	0.176	0.170
边梁				1.00/1.01	1.60/1.64		

小箱梁　城—A/公路—Ⅰ表

跨径 (m)	计算跨径 (m)	组合/梁位	基本组合 跨中弯矩	基本组合 支点剪力	短期效应组合 跨中弯矩	短期效应组合 支点剪力	长期效应组合 跨中弯矩	长期效应组合 支点剪力
22.52	21.76	中梁	1.009	1.001	1.026	1.029	1.017	1.019
		边梁	1.006	0.990	1.027	1.025	1.017	1.016
25.52	24.76	中梁	1.006	1.002	1.017	1.020	1.011	1.013
		边梁	1.004	0.992	1.017	1.015	1.011	1.010
28.52	27.76	中梁	1.004	1.003	1.010	1.012	1.006	1.008
		边梁	1.000	0.993	1.008	1.007	1.005	1.004
33.52	32.66	中梁	0.996	0.998	1.000	1.002	1.000	1.002
		边梁	0.992	0.988	0.998	0.997	0.999	0.998
38.52	37.56	中梁	0.991	0.993	0.994	0.995	0.996	0.997
		边梁	0.986	0.984	0.991	0.989	0.994	0.993

小箱梁　城—B/公路—Ⅱ表

跨径 (m)	计算跨径 (m)	组合/梁位	基本组合 跨中弯矩	基本组合 支点剪力	短期效应组合 跨中弯矩	短期效应组合 支点剪力	长期效应组合 跨中弯矩	长期效应组合 支点剪力
22.52	21.76	中梁	0.966	0.918	0.996	0.971	0.998	0.981
		边梁	0.960	0.903	0.994	0.962	0.996	0.975
25.52	24.76	中梁	0.971	0.926	0.993	0.969	0.996	0.980
		边梁	0.966	0.912	0.991	0.960	0.995	0.974
28.52	27.76	中梁	0.975	0.932	0.991	0.967	0.994	0.979
		边梁	0.969	0.918	0.988	0.957	0.993	0.972
33.50	32.66	中梁	0.976	0.937	0.988	0.965	0.993	0.978
		边梁	0.971	0.924	0.985	0.956	0.991	0.972
38.52	37.56	中梁	0.978	0.943	0.987	0.965	0.992	0.978
		边梁	0.978	0.930	0.974	0.957	0.990	0.973

30m＋30m＋30m预应力混凝土连续箱梁

（梁高2.0m，桥宽25.5m，单箱三室，腹板间距5.16m、5.60m）

比较项目		组合	冲击系数 城市	冲击系数 公路	基本组合	短期效应组合	长期效应组合
城—A/公路—Ⅰ	边跨	跨中弯矩	0.18	0.31	0.978	1.006	1.004
		边支点剪力	0.18	0.31	1.059	1.056	1.035
	中跨	支点弯矩	0.18	0.41	0.978	1.008	1.005
		中支点剪力	0.18	0.31	1.058	1.051	1.031
	中跨	跨中弯矩	0.18	0.31	0.960	1.012	1.008
城—B/公路—Ⅱ	边跨	跨中弯矩	0.18	0.31	0.957	0.990	0.994
		边支点剪力	0.18	0.31	1.001	1.016	1.010
	中跨	支点弯矩	0.18	0.41	0.984	1.006	1.004
		中支点剪力	0.18	0.31	1.013	1.020	1.012
	中跨	跨中弯矩	0.18	0.31	0.907	0.969	0.980

＊　车道数≥4，按城市荷载计算剪力；城—A级乘增长系数1.25；城—B级乘增长系数1.30；冲击系数按跨径计。

35m＋42m＋35m预应力混凝土连续箱梁

(梁高2.0m，桥宽25.5m，单箱三室，腹板间距5.15m、5.60m)

比较项目	组合		冲击系数		基本组合	短期效应组合	长期效应组合
			城市	公路			
城—A/公路—Ⅰ	边跨	跨中弯矩	0.17	0.26	0.995	1.010	1.006
		边支点剪力	0.17	0.26	1.058	1.048	1.030
	中跨	支点弯矩	0.17	0.36	0.977	1.002	1.001
		中支点剪力	0.17	0.26	1.060	1.044	1.027
		跨中弯矩	0.17	0.26	0.982	1.004	1.002
城—B/公路—Ⅱ	边跨	跨中弯矩	0.17	0.26	0.972	0.994	0.996
		边支点剪力	0.17	0.26	1.006	1.014	1.008
	中跨	支点弯矩	0.17	0.36	0.984	1.002	1.001
		中支点剪力	0.17	0.26	1.021	1.019	1.012
		跨中弯矩	0.17	0.26	0.960	0.988	0.992

* 车道数≥4，按城市荷载计算剪力；城—A级乘增长系数1.25；城—B级乘增长系数1.30；冲击系数按跨径计。

52m＋70m＋52m变高度预应力混凝土连续箱梁

(桥宽16m，梁高支点3.65m，跨中2.0m，单箱单室)

比较项目	组合		冲击系数		基本组合	短期效应组合	长期效应组合
			城市	公路			
城—A/公路—Ⅰ	边跨	跨中弯矩	0.133	0.08	0.972	0.973	0.983
		边支点剪力	0.133	0.08	1.081	1.040	1.025
	中跨	支点弯矩	0.133	0.18	0.981	0.993	0.996
		中支点剪力	0.133	0.08	1.061	1.031	1.018
		跨中弯矩	0.133	0.08	0.970	0.966	0.978
城—B/公路—Ⅱ	边跨	跨中弯矩	0.133	0.08	0.973	0.975	0.984
		边支点剪力	0.133	0.08	1.008	1.011	1.007
	中跨	支点弯矩	0.133	0.18	0.995	1.000	1.000
		中支点剪力	0.133	0.08	1.034	1.015	1.009
		跨中弯矩	0.133	0.08	0.966	0.967	0.979

* 城市荷载冲击系数按跨径计。

7×50m预应力混凝土连续箱梁

(梁高3.0m，桥宽17.15m，单箱单室)

比较项目	组合		冲击系数		基本组合	短期效应组合	长期效应组合
			城市	公路			
城—A/公路—Ⅰ	边跨	跨中弯矩	0.154	0.202	0.956	0.981	0.988
		边支点剪力					
	第二跨	中支点弯矩	0.111	0.299	0.956	0.991	0.994
		中支点剪力	0.111	0.202	1.025	1.032	1.019
城—B/公路—Ⅱ	边跨	跨中弯矩	0.154	0.202	0.958	0.981	0.988
		边支点剪力					
	第二跨	中支点弯矩	0.111	0.299	0.975	0.998	0.999
		中支点剪力	0.111	0.202	1.002	1.014	1.008

* 城市荷载冲击系数按内力影响线加载长度算得。

6×60m 预应力混凝土连续箱梁

（梁高 3.4m，桥宽 16m，单箱单室）

比较项目	组合		冲击系数		基本组合	短期效应组合	长期效应组合
			城市	公路			
城—A/公路—I	边跨	跨中弯矩	0.143	0.171	0.964	0.982	0.989
		边支点剪力					
	第二跨	中支点弯矩	0.100	0.269	0.959	0.991	0.994
		中支点剪力	0.100	0.171	1.031	1.034	1.021
城—B/公路—II	边跨	跨中弯矩	0.143	0.171	0.968	0.984	0.991
		边支点剪力					
	第二跨	中支点弯矩	0.100	0.269	0.980	1.000	1.000
		中支点剪力	0.100	0.171	1.009	1.017	1.010

* 城市荷载冲击系数按内力影响线加载长度算得。

6×70m 预应力混凝土连续箱梁

（梁高 4.0m，桥宽 17.15m，单箱单室）

比较项目	组合		冲击系数		基本组合	短期效应组合	长期效应组合
			城市	公路			
城—A/公路—I	边跨	跨中弯矩	0.133	0.135	0.977	0.987	0.992
		边支点剪力					
	第二跨	中支点弯矩	0.100	0.233	0.972	0.993	0.996
		中支点剪力	0.100	0.135	1.032	1.031	1.019
城—B/公路—II	边跨	跨中弯矩	0.133	0.135	0.982	0.99	0.994
		边支点剪力					
	第二跨	中支点弯矩	0.100	0.233	0.989	1.001	1.001
		中支点剪力	0.100	0.135	1.015	1.017	1.010

* 城市荷载冲击系数按内力影响线加载长度算得。

69m＋120m＋120m＋69m 变高度预应力混凝土连续箱梁

（桥宽 16m，三车道，梁高：跨中 2.8m、支点 7m，单箱单室）

比较项目	组合		冲击系数		基本组合	短期效应组合	长期效应组合
			城市	公路			
城—A/公路—I	第二跨	跨中弯矩	0.10	0.05	0.988	0.977	0.995
		支点剪力	0.10	0.05	1.004	1.013	0.983
	第二跨	支点弯矩	0.10	0.05	0.999	0.997	0.998
城—B/公路—II		跨中弯矩	0.10	0.05	1.005	0.995	0.996
	第二跨	支点剪力	0.10	0.05	1.012	1.005	0.956
		支点弯矩	0.10	0.05	1.009	1.003	1.002

80m＋140m＋140m＋80m 变高度预应力混凝土连续箱梁

(桥宽 16m，三车道，梁高：跨中 3.5m，支点 8m，单箱单室)

比较项目	组合		冲击系数		基本组合	短期效应组合	长期效应组合
			城市	公路			
城-A/公路-Ⅰ	第二跨	跨中弯矩	0.10	0.05	0.983	0.980	0.987
		支点剪力	0.10	0.05	1.064	1.034	1.020
	第二跨	支点弯矩	0.10	0.05	0.996	0.995	0.997
城-B/公路-Ⅱ	第二跨	跨中弯矩	0.10	0.05	1.002	0.993	0.996
		支点剪力	0.10	0.05	1.044	1.023	1.014
	第二跨	支点弯矩	0.10	0.05	1.008	1.003	1.002

如以计算值差异 5% 作为比较控制值，就车道荷载而言通过以上比较可以清楚地看到：

①两种现行荷载标准荷载效应的差异：由于荷载图式的差异，对于城—A/公路—Ⅰ，超过 5% 比较控制值的范围为：简支梁跨径≤30m，等跨等高度连续梁跨径≤35m。对于城-B/公路-Ⅱ，超过 5% 比较控制值的范围为跨径≤20m。超过上述跨径范围有部分计算截面的剪力差异超过 5%。

②两种现行荷载标准荷载效应组合的差异：由于冲击系数与恒载权重的影响，仅在跨径≤20m 的简支结构有超过 5% 比较控制值的差异，最大为 6.4%。部分连续结构的剪力差异亦有少数计算截面超过 5%，最大为 8.1%。

但两种现行荷载标准的车辆荷载标准值有一定的差异。

鉴于上述比较，本条提出："除可变作用中的设计汽车荷载与人群荷载外，作用与作用效应组合均按现行行业标准《公路桥涵设计通用规范》JTG D60 的有关规定执行"。

10.0.2 现行《公路桥涵设计通用规范》中车辆荷载的标准值采用原规范汽车-超 20 级的加重车。车辆总重 550kN，轴重分别为 30kN、120kN、120kN、140kN、140kN。这是由于"对公路上行驶的单项汽车随机过程的统计分析表明，单车的前后轴重与原规范汽车-超 20 级的加重车相近。"但根据北京、天津、上海等城市相关部门提供的资料表明，尚有一定数量总重超过 550kN、轴重超过 140kN 的重型车辆频繁行驶在城区道路上。美国、加拿大、日本等国规范的车辆荷载轴重都大于 140kN，加拿大安大略省与日本规范车辆荷载的总重与轴重尚有增大的趋势。鉴此本规范规定城市—A 级、城市—B 级的车道荷载的计算图式、标准值与现行公路荷载标准中公路—Ⅰ级、公路—Ⅱ级的车道荷载计算图式、标准值相同。而城市—A 级的车辆荷载则采用原《城市桥梁设计荷载标准》CJJ 77-98 中的城—A 级车辆荷载，城市—B 级的车辆荷载采用公路荷载标准中的车辆荷载。

10.0.3 支路上如重型车辆较少时，采用的设计汽车荷载相当于原公路荷载标准汽车—15 级，小型车专用道路系指只允许小型客货车通行的道路，位于小型车专用道上的桥梁的设计汽车荷载相当于原公路荷载标准汽车—10 级。

10.0.4 特种荷载主要是应对通行次数较少特重车，故不作为设计荷载列入本规范正文。附录 A.0.2 条中提出"车辆应居中行驶"是要求特重车沿路面中线行驶，行驶速度一般控制在 5km/h。

10.0.5 鉴于城市人口稠密，人行交通繁忙，桥梁人行道的设计人群荷载仍沿用原《城市桥梁设计准则》规定的人群荷载。人行道板等局部构件可以一块板为单位进行计算。

10.0.6 2 原《准则》为原公路荷载标准汽车—10 级。

10.0.7 沿用现行《城市人行天桥与人行地道技术规范》CJJ 69 的规定，作用在人行道栏杆、扶手上的荷载仅考虑人群作用。这也是对局部构件的计算（只供计算栏杆、扶手用），不影响其他构件，而且规定水平和竖向荷载分别计算。这是符合结构实际受力情况的。

10.0.8 防撞护栏的设计要求可按现行行业标准《公路交通安全设施设计规范》JTG D81 的规定执行。防撞等级选用是按上述规范第 5.2.5 条的规定换算成城市道路等级改写而成的。

中华人民共和国行业标准

城市道路公共交通站、场、厂工程设计规范

Code for design of urban road public transportation stop, terminus and depot engineering

CJJ/T 15—2011

批准部门：中华人民共和国住房和城乡建设部
施行日期：２０１２年６月１日

中华人民共和国住房和城乡建设部
公 告

第 1182 号

关于发布行业标准《城市道路
公共交通站、场、厂工程设计规范》的公告

现批准《城市道路公共交通站、场、厂工程设计规范》为行业标准，编号为 CJJ/T 15 - 2011，自 2012 年 6 月 1 日起实施。原行业标准《城市公共交通站、场、厂设计规范》CJJ 15-87 同时废止。

本规范由我部标准定额研究所组织中国建筑工业出版社出版发行。

中华人民共和国住房和城乡建设部
2011 年 11 月 22 日

前　言

根据原建设部《关于印发〈2005 年工程建设标准规范制订、修订计划（第一批）〉的通知》（建标[2005]84 号）的要求，规范编制组经广泛调查研究，认真总结实践经验，参考有关国际标准和国外的先进标准，广泛征求了各方意见，在原行业标准《城市公共交通站、场、厂设计规范》CJJ 15-87 的基础上，修订了本规范。

本规范主要技术内容：1 总则；2 车站；3 停车场；4 保养场；5 修理厂；6 调度中心。

本规范修订的主要内容：
1　新增公共交通枢纽站和调度中心的设计；
2　对站、场、厂设施的功能和基本要求进行了细化；
3　对停车场总用地规模等概念不清和已过时指标进行了重新界定和调整；
4　新增了公共交通站、场、厂电动汽车、智能交通（ITS）、信息化建设等；
5　删除了城市水上公共交通方面的内容。

本规范由住房和城乡建设部负责管理，由武汉市交通科学研究所负责具体技术内容的解释。在执行过程中，如有意见和建议请寄交武汉市交通科学研究所（地址：武汉市发展大道 409 号五洲大厦 A 座 6 楼；邮政编码：430015）。

本规范主编单位：	武汉市交通科学研究所
本规范参编单位：	重庆市公共交通控股(集团)有限公司
	广州市交通站场建设管理中心公交站场管理公司
	武汉市公共交通(集团)有限责任公司
	武汉市客运出租汽车管理处
	武汉市轮渡公司

本规范主要起草人员：李志强　王有元　夏　涌
　　　　　　　　　　霍　斌　杜逸纯　刘依群
　　　　　　　　　　王尔义　张　铭　刘　俊
　　　　　　　　　　王定坚　段庆秋　杨云海
　　　　　　　　　　蔡振辉　胡惠民　张江路
　　　　　　　　　　朱义祥　张四九　胡支元

本规范主要审查人员：林　正　黄志耀　李成玉
　　　　　　　　　　童荣华　胡天羽　林　群
　　　　　　　　　　赵　杰　崔新书　叶　青
　　　　　　　　　　杨新苗

目次

1 总则 ················· 63—5
2 车站 ················· 63—5
 2.1 首末站 ············· 63—5
 2.2 中途站 ············· 63—6
 2.3 枢纽站 ············· 63—7
 2.4 出租汽车营业站 ······· 63—8
3 停车场 ··············· 63—8
 3.1 功能与选址 ·········· 63—8
 3.2 用地与布置 ·········· 63—9
 3.3 进出口 ············· 63—9
 3.4 建筑与设施 ·········· 63—9
 3.5 多层与地下停车库 ····· 63—10
 3.6 出租汽车停车场 ······· 63—11
4 保养场 ··············· 63—11
 4.1 功能与选址 ·········· 63—11
 4.2 用地与布置 ·········· 63—12
 4.3 建筑与设施 ·········· 63—12
5 修理厂 ··············· 63—13
 5.1 功能与选址 ·········· 63—13
 5.2 用地与布置 ·········· 63—13
 5.3 建筑与设施 ·········· 63—13
6 调度中心 ············· 63—14
本规范用词说明 ··········· 63—14
引用标准名录 ············· 63—14
附：条文说明 ············· 63—16

Contents

1 General Provisions ·················· 63—5
2 Station ···································· 63—5
   2.1 Origin Station and Terminal ··········· 63—5
   2.2 Stop ································· 63—6
   2.3 Junction ···························· 63—7
   2.4 Taxi Stand ·························· 63—8
3 Parking Lot ······························ 63—8
   3.1 Function and Location ··············· 63—8
   3.2 Land-use and Layout ················ 63—9
   3.3 Entrance and Exit ··················· 63—9
   3.4 Architecture and Facilities ··········· 63—9
   3.5 Multi-storey and Underground Parking Garage ····················· 63—10
   3.6 Taxi Parking Lot ···················· 63—11
4 Maintenance Shop ····················· 63—11
   4.1 Function and Location ··············· 63—11
   4.2 Land-use and Layout ················ 63—12
   4.3 Architecture and Facilities ··········· 63—12
5 Repairing Shop ························· 63—13
   5.1 Function and Location ··············· 63—13
   5.2 Land-use and Layout ················ 63—13
   5.3 Architecture and Facilities ··········· 63—13
6 Dispatch Center ························ 63—14
Explanation of Wording in This Code ··· 63—14
List of Quoted Standards ················ 63—14
Addition: Explanation of Provisions ···· 63—16

1 总 则

1.0.1 为使城市道路公共交通站、场、厂等设施与城市发展相适应,做到因地制宜、布局合理、技术先进、经济适用,保障城市道路公共交通安全高效运营,制定本规范。

1.0.2 本规范适用于新建、扩建和改建城市道路公共交通的站、场、厂的工程设计。

1.0.3 城市道路公共交通站、场、厂应纳入城市总体规划和综合交通规划。

1.0.4 城市道路公共交通站、场、厂的设计应有利于保障城市道路公共交通畅通和安全,节约资源和用地。在需设置公共交通设施的用地紧张地带,宜以立体布置为主,并可进行土地的综合开发利用。

1.0.5 城市道路公共交通站、场、厂应与城市轨道交通、快速公交和对外交通系统进行一体化设计。

1.0.6 城市道路公共交通站、场、厂的设计除应符合本规范外,尚应符合国家现行有关标准的规定。

2 车 站

2.1 首末站

2.1.1 首末站应与旧城改造、新区开发、交通枢纽规划相结合,并应与公路长途客运站、火车站、客运码头、航空港以及其他城市公共交通方式相衔接。

2.1.2 首末站的设置应根据综合交通体系的道路网系统和用地布局,并应按下列原则确定:

　　1 首末站应选择在紧靠客流集散点和道路客流主要方向的同侧;

　　2 首末站应临近城市公共客运交通走廊,且应便于与其他客运交通方式换乘;

　　3 首末站宜设置在居住区、商业区或文体中心等主要客流集散点附近;

　　4 在火车站、客运码头、长途客运站、大型商业区、分区中心、公园、体育馆、剧院等活动集聚地多种交通方式的衔接点上,宜设置多条线路共用的首末站;

　　5 长途客运站、火车站、客运码头主要出入口100m范围内应设公共交通首末站;

　　6 0.7万人~3万人的居住小区宜设置首末站,3万人以上的居住区应设置首末站;

　　7 在设置无轨电车的首末站时,应根据电力供应的可能性和合理性将首末站设置在靠近整流站的地方。

2.1.3 首末站的规模应按线路所配运营的车辆总数确定,并应符合下列规定:

　　1 线路所配运营车辆的总数宜考虑线路的发展需要;

　　2 每辆标准车首末站用地面积应按 $100m^2$ ~ $120m^2$ 计算;其中回车道、行车道和候车亭用地应按每辆标准车 $20m^2$ 计算;办公用地含管理、调度、监控及职工休息、餐饮等,应按每辆标准车 $2m^2$ ~ $3m^2$ 计算;停车坪用地不应小于每辆标准车 $58m^2$;绿化用地不宜小于用地面积的20%。用地狭长或高低错落等情况下,首末站用地面积应乘以1.5倍以上的用地系数;

　　3 当首站不用作夜间停车时,用地面积应按该线路全部运营车辆的60%计算;当首站用作夜间停车时,用地面积应按该线路全部运营车辆计算。首站办公用地面积不宜小于 $35m^2$;

　　4 末站用地面积应按线路全部运营车辆的20%计算。末站办公用地面积不宜小于 $20m^2$;

　　5 当环线线路首末站共用时,其用地应按本条3、4款合并计算,办公用地面积不宜小于 $40m^2$;

　　6 首末站用地不宜小于 $1000m^2$。

2.1.4 对有存车换乘需求的首末站,应另外增加自行车、摩托车、小汽车的存车用地面积。

2.1.5 当首末站建有加油、加气设施时,其用地应按现行国家标准《汽车加油加气站设计与施工规范》GB 50156的要求另行核算面积后加入首末站总用地面积中。

2.1.6 在设置无轨电车的首末站时,用地面积应乘以1.2的系数,并应同时考虑车辆转弯时的偏线距和架设触线网的可能性。无轨电车首末站的折返能力,应与线路的通过能力相匹配;两条及两条以上无轨电车共用一对架空触线的路段,应使其发车频率与车站通过能力、交叉口架空触线的通过能力相协调。无轨电车整流站的规模应根据其所服务的车辆型号和车数确定。整流站的服务半径宜为1.0km~2.5km。一座整流站的用地面积不应大于 $100m^2$。

2.1.7 首末站设施应符合表2.1.7的要求。

表 2.1.7 首末站设施

设 施		配置	
		首站	末站
信息设施	站 牌	✓	✓
	区域地图、公交线路图	○	○
信息设施	公交时刻表	○	○
	实时动态信息	○	○
便利设施	无障碍设施	✓	✓
	候车亭	✓	○
	站 台	✓	○
	座 椅	○	—
	非机动车存放	✓	○
	机动车停车换乘	○	—

续表2.1.7

设施		配置	
		首站	末站
安全环保	候车廊	○	○
	照明	√	√
	监控	○	—
	消防	√	√
	绿化	√	√
运营管理	站场管理室	○	—
	线路调度室	○	—
	智能监控室	○	—
	司机休息室	√	√
	卫生间	√	√
	餐饮间	○	○
	清洁用具杂务间	○	○
	停车坪	√	√
	回车道	√	√
	小修和低保	√	—

注："√"表示应有的设施，"○"表示可选择的设施，"—"表示不设的设施。

2.1.8 首末站站内应按最大运营车辆的回转轨迹设置回车道，且道宽不应小于7m。

2.1.9 远离停车场、保养场或有较大早班客运需求的首末站应建供夜间停车的停车坪，停车坪内应有明显的车位标志、行驶方向标志及其他运营标志。停车坪的坡度宜为0.3%～0.5%。

2.1.10 首末站的入口和出口应分隔开，且必须设置明显的标志。出入口宽度应为7.5～10m。当站外道路的车行道宽度小于14m时，进出口宽度应增加20%～25%。在出入口后退2m的通道中心线两侧各60°范围内，应能目测到站内或站外的车辆和行人。

2.1.11 首站应建候车亭，候车亭的设计应符合下列规定：

1 候车亭设施必须防雨、抗震、防风、防雷；

2 候车亭内应设置夜间照明装置；

3 候车亭高度不宜低于2.5m，候车亭顶棚宽度不宜小于1.5m，且与站台边线竖向缩进距离不应小于0.25m；

4 候车亭的建筑式样、材料、颜色等可根据本地的建筑特点和特定环境特征设计，宜实用与外形美观相结合。

2.1.12 站台长度不宜小于35m，宽度不宜小于2m，且应高出地面0.20m。首站站台应适量设置座椅。

2.1.13 首末站应在明显的位置设置站牌标志和发车显示装置。站牌设计应按现行国家标准《城市公共交通标志 第3部分：公共汽电车站牌和路牌》GB/T 5845.3的规定执行，并应符合下列规定：

1 普通站牌底边距地面不应小于1700mm；集合站牌最上面单元站牌的顶边距地面的距离不应大于2200mm，最下面单元站牌的底边距地面的距离不应小于400mm。

2 在站台设置站牌应符合站台的限界要求。在路边设置的站牌时，牌面应与车行道垂直，其侧边距路沿石的距离不应小于300mm；牌面面向车行道的站牌，其牌面距路沿石的距离不应小于500mm。

2.1.14 首站可设置候车廊，廊长宜为15m～20m。候车廊的隔离护栏应采用不易变形、防腐蚀性能好、易清洗的材料制作，隔离护栏与站台边线净距不得小于0.25m。

2.1.15 首末站停车区的道路宜采用混凝土路面结构，当采用沥青混凝土路面结构时，应作抗车辙增强处理。候车区宜设提示盲道和缘石坡道等无障碍设施。

2.1.16 首末站加油、加气合建站时，加油、加气站的设计应按现行国家标准《汽车加油加气站设计与施工规范》GB 50156的规定执行。

2.1.17 电动汽车首末站应设置充电设施，并应符合现行国家标准《电动车辆传导充电系统 电动车辆交流/直流充电机（站）》GB/T 18487.3的规定。

2.1.18 首末站的照明应符合现行行业标准《城市道路照明设计标准》CJJ 45的规定。

2.2 中途站

2.2.1 中途站应设置在公共交通线路沿途所经过的客流集散点处，并宜与人行过街设施、其他交通方式衔接。

2.2.2 中途站应沿街布置，站址宜选在能按要求完成运营车辆安全停靠、便捷通行、方便乘车三项主要功能的地方。

2.2.3 在路段上设置中途站时，同向换乘距离不应大于50m，异向换乘距离不应大于100m；对置设站，应在车辆前进方向迎面错开30m。

2.2.4 在道路平面交叉口和立体交叉口上设置的车站，换乘距离不宜大于150m，并不得大于200m。郊区站点与平交口的距离，一级公路宜设在160m以外，二级及以下公路宜设在110m以外。

2.2.5 几条公交线路重复经过同一路段时，其中途站宜合并设置。站的通行能力应与各条线路最大发车频率的总和相适应。中途站共站线路条数不宜超过6条或高峰小时最大通过车数不宜超过80辆，超过该规模时，宜分设车站。分设车站的距离不宜超过50m。当电、汽车并站时，应分设车站，其最小间距不应小于25m。具备条件的车站应增加车辆停靠通道。

2.2.6 中途站的站距宜为 500m～800m。市中心区站距宜选择下限值；城市边缘地区和郊区的站距宜选择上限值。

2.2.7 中途站候车亭、站台、站牌及候车廊的设计应按本规范第 2.1.11 条～第 2.1.14 条的规定执行。客流较少的街道上设置中途站时，应适当缩短候车廊，且廊长不宜小于 5m，也可不设候车廊。

2.2.8 中途站宜设置停靠区，并应符合下列规定：

  1 在大城市和特大城市，线路行车间隔在 3min 以上时，停靠区长度宜为 30m；线路行车间隔在 3min 以内时，停靠区长度宜为 50m。若多线共站，停靠区长度宜为 70m；

  2 在中小城市，停靠区的长度可按所停主要车辆类型确定。通过该站的车型在两种以上时，应按最大一种车型的车长加安全间距计算停靠区的长度；

  3 停靠区宽度不应小于 3m。

2.2.9 中途站宜采用港湾式车站，快速路和主干路应采用港湾式车站。港湾式车站沿路缘向人行道侧呈等腰梯形状的凹进不应小于 3m，长度应按本规程第 2.2.8 条计算，机动车应与非机动车隔离。

2.2.10 在车行道宽度为 10m 以下的道路上设置中途站时，宜建避车道。

2.2.11 中途站停车区、候车区应符合本规范第 2.1.15 条的规定。

2.2.12 中途站设施应符合表 2.2.12 的要求。

表 2.2.12 中途站设施

设 施		配 置
信息设施	站牌	√
便利设施	无障碍设施	√
	候车亭	○
	站台	○
	座椅	○
	自行车存放	○
安全设施	候车廊	○
	照明	√

注："√"表示应有的设施，"○"表示可选择的设施。

2.3 枢 纽 站

2.3.1 多条道路公共交通线路共用首末站时应设置枢纽站，枢纽站可按到达和始发线路条数分类，2 条～4 条线为小型枢纽站，5 条～7 条线为中型枢纽站，8 条线以上为大型枢纽站，多种交通方式之间换乘为综合枢纽站。

2.3.2 枢纽站设计应坚持人车分流、方便换乘、节约资源的基本原则。宜采用集中布置，统筹物理空间、信息服务和交通组织的一体化设计，且应与城市道路系统、轨道交通和对外交通有通畅便捷的通道连接。

2.3.3 枢纽站进出车道应分离，车辆宜右进右出。站内宜按停车区、小修区、发车区等功能分区设置，分区之间应有明显的标志和安全通道，回车道宽度不宜小于 9m。

2.3.4 发车区不宜少于 4 个始发站，候车亭、站台、站牌、候车廊的设计应按本规范第 2.1.11 条～第 2.1.14 条的规定执行。

2.3.5 换乘人行通道设施建设根据需要和条件，可选择平面、架空、地下等设计形式。

2.3.6 枢纽站应设置适量的停车坪，其规模应根据用地条件确定。具备条件的，除应按本规范首末站用地标准计算外，还宜增加设置与换乘基本匹配的小汽车和非机动车停车设施用地。不具备条件的，停车坪应按每条线路 2 辆运营车辆折成标台后乘以 200m² 累计计算。

2.3.7 大型枢纽站和综合枢纽站应在显著位置设置公共信息导向系统，条件许可时宜建电子信息显示服务系统。公共信息导向系统应符合现行国家标准《公共信息导向系统设置原则与要求 第 4 部分：公共交通车站》GB/T 15566.4 的规定。

2.3.8 当电、汽车共用枢纽站时，还应布置电车的避让线网和越车通道。

2.3.9 办公用地应根据枢纽站规模确定。小型枢纽站不宜小于 45m²；中型枢纽站不宜小于 90m²；大型枢纽站和综合枢纽站不宜小于 120m²。

2.3.10 绿化用地应结合绿化建设进行生态化设计，面积不宜少于总用地面积的 20%。

2.3.11 枢纽站的设施应符合表 2.3.11 的规定。

表 2.3.11 枢纽站设施

设 施		配 置		
		大型枢纽站	中、小型枢纽站	综合枢纽站
信息设施	公共信息牌	√	√	√
	站牌	√	√	√
	区域地图、公交线路图	√	√	√
	公交时刻表	√	√	√
	实时动态信息	√	√	√
便利设施	无障碍设施	√	√	√
	候车亭	√	√	√
	站台	√	√	√
	座椅	○	○	○
	人行通道	√	√	√
	非机动车存放	√	√	√
	机动车停车换乘	○	○	○

续表 2.3.11

设施		配置		
		大型枢纽站	中、小型枢纽站	综合枢纽站
安全环保	候车廊	○	○	○
	照 明	√	√	√
	监 控	√	√	√
	绿 化	√	√	√
运营管理	站场管理室	√	√	√
	线路调度室	√	√	√
	智能监控室	√	√	√
	司机休息室	√	√	○
	卫生间	√	√	√
	餐饮间	√	○	○
	清洁用具杂务间	√	√	√
	停车坪	√	√	√
	回车道	√	√	√
	小修和低保	√	√	○

注："√"表示应有的设施，"○"表示可选择的设施。

2.4 出租汽车营业站

2.4.1 在火车站、客运码头、机场、公路客运站等对外交通枢纽和医院、大型宾馆、商业中心、文化娱乐和游览活动中心、大型居住区及市内交通枢纽等地方应设置出租汽车营业站或候客点、停靠点，并应根据出租车方式乘客流量的需求确定用地规模。

2.4.2 营业站应符合下列规定：

1 营业站应配套相应的服务设施，服务设施可包括营业室、司机休息室、餐饮间、卫生间等；

2 营业站用地宜按每辆车占地不小于 32m² 计算。其中，停车场用地不宜小于每辆车 26m²；

3 营业站建筑用地不宜小于每辆车 6m²；

4 营业站的建筑式样、色彩、风格应具有出租汽车行业特点。

2.4.3 当出租汽车采用网点式营业服务时，营业站的服务半径不宜大于 1km，用地面积宜为 250m²～500m²。

2.4.4 出租汽车采用路抛制候客服务时，应在商业繁华地区、对外交通枢纽和人流活动频繁的集散地附近设置候客点，并应符合下列规定：

1 候客点宜设置在具备条件的道路两侧或街头巷尾；

2 候客点应划定车位，树立候客标牌；

3 候客点单向距离不宜大于 500m，每个候客点车位设置不宜少于 5 个。

2.4.5 出租汽车停靠点应符合下列规定：

1 在城市主要干道人流集中路段应设置出租汽车停靠点；

2 停靠点间距宜控制在 1km 以内；

3 每个停靠点宜设置 2 个～4 个车位。

3 停车场

3.1 功能与选址

3.1.1 停车场应具备为线路运营车辆下线后提供合理的停放空间、场地和必要设施等主要功能，并应能按规定对车辆进行低级保养和小修作业。停车场应包括停车坪（库）、洗车台（间）、试车道、场区道路以及运营管理、生活服务、安全环保等设施，其设施应符合表 3.1.1 的规定。

表 3.1.1 停车场设施

设 施		配 置
停车设施	停车坪（库）	√
	洗车台（间）	√
	试车道	√
	场区道路	√
	防冻防滑设施	√
运营管理设施	调 度	○
	票 务	√
	车队管理	√
	行政办公	√
	低保车库及附属工间	√
	库 房	√
	配电室	√
	供热设施	○
	油气站	√
	劳保后勤库	√
生活服务设施	单身宿舍	○
	文娱室	√
	医务室	○
	食 堂	√
	卫生间	√
安全环保设施	照 明	√
	监 控	√
	消 防	√
	绿 化	√

注：1 "√"表示应有的设施，"○"表示可选择的设施；
    2 无轨电车停车场需增加停车场线网、馈线、整流站供电设施，不需要油气站。

3.1.2 停车场应均匀地布置在各个区域性线网的重心处，与线网内各线路的距离宜控制在1km～2km以内。

3.1.3 停车场宜分散布局，可与首末站、枢纽站合建。

3.1.4 停车场用地应安排在水、电供应、消防和市政设施条件齐备的地区。

3.1.5 停车场可通过综合开发利用，建地下停车场或立体停车场。

3.1.6 停车场的照明应符合现行行业标准《城市道路照明设计标准》CJJ 45的规定。

3.2 用地与布置

3.2.1 停车场用地面积应根据公交车辆在停放饱和的情况下，每辆车仍可自由出入（无轨电车应顺序出车）而不受周边所停车辆的影响确定。

3.2.2 停车场用地面积宜按每辆标准车150m²计算。在用地特别紧张的大城市，停车场用地面积不应小于每辆标准车120m²。首末站、停车场、保养场的综合用地面积不应小于每辆标准车200m²，无轨电车还应乘以1.2的系数。因用地条件限制，当停车场利用率不高时，可根据具体情况增加用地。在设计道路公共交通总用地规模时，已有夜间停车的首末站、枢纽站的停车面积不应在停车场用地中重复计算。

3.2.3 停车场的洗车间（台）、油库用地应按有关标准的规定单独计算后再加进停车场的用地中。

3.2.4 停车场用地按生产工艺和使用功能宜划分为运营管理、停车、生产和生活服务区。生产区的建筑密度宜为45%～50%，运营管理及生活服务区的建筑密度不宜低于28%。各部分平面设计应符合下列规定：

　1　运营管理由调度室、车辆进出口、门卫、办公楼等机构和设施构成。

　2　车辆进出应有安全、宽敞、视野开阔的进出口和通道。

　3　停车坪应有良好的雨水、污水排放系统，并应符合现行国家标准《室外排水设计规范》GB 50014的规定。排水明沟与污水管线不得连通，停车坪的排水坡度（纵、横坡）不应大于0.5%。

　4　停车坪应采用画线标志指示停车位置和通道宽度。

　5　在寒冷地区，停车坪上应有热水加注装置，且宜建封闭式停车库。

　6　停车场应建回车道和试车道。停车场的回车道、试车道用地宜为26m²～30m²/标准车，无轨电车可适当增加回车道、试车道用地。

　7　生产区的平面布局应包括一、二级保养工间及其辅助工间和动力及能源供给工间两个部分。

　8　生产车间按工艺要求，宜采取顺车进、顺车出的平面布局，并应按生产性质及工艺确定建筑层数与层高，辅助工间不宜高于三层。

　9　生活服务区应包括文化娱乐、食堂、卫生间等。

3.2.5 停车场的车间必须符合安全生产要求，并应对地面和墙面进行耐油、耐碱、耐酸的防腐处理，地沟墙面应选用光洁的饰面材料。

3.2.6 停车场设施应达到抗震、消防、防雨、防风、防雷、防盗的要求，并必须配备安全照明设施。

3.2.7 室外停车场应确保场区的绿化用地，对全场绿化进行总体布局，可将种植树木、花卉、草坪和建水池、花坛、休息亭台结合起来，并宜适当地点缀反映公共交通特点的建筑小品。

3.2.8 靠近城市办公、生活、医院、学校、休闲区域的停车场，应结合实际用地形态和吸声隔声减噪设施布置绿化带。

3.2.9 停车场内应有良好的厂区环境和安全视距。在生产区和停车区应充分利用边角空地进行绿化，运营管理和生活服务区的绿地率不应低于20%。

3.3 进 出 口

3.3.1 停车场的进出口宜设置在停车坪一侧，其方向应朝向场外交通路线。

3.3.2 停车场内的交通路线应采用与进出口行驶方向相一致的单向行驶路线。停车场的进出口处必须安装限速、引导、警告、禁行和单行等交通标志。

3.3.3 停车场的车辆进出口和人员进出口应分开设置。

3.3.4 车辆的进出口应分开设置，停车场停放容量大于50辆时应另外设置一个备用进出口。

3.3.5 车辆进出口的宽度应符合本规范第2.1.10条的要求。

3.3.6 人员进出口可设置在车辆进出口的一侧或两侧，其使用宽度应大于1.6m。

3.3.7 无轨电车停车场内线网应统一按顺时针或逆时针行车方向布置。试车线在停车区域绕周设置。线网触线高度可为5.0m～5.5m。

3.4 建筑与设施

3.4.1 一、二级保养和小修作业应在停车场一并进行分管作业。进行作业的工位数，应根据每日所需一、二级保养车次和小修车次，按每工位数的日均一、二级保养车次和小修车次确定，且工位数不应少于2个。

3.4.2 每个工位面积可按下式核算，出租汽车可按单车的要求执行：

$$F = (L + H_1 + H_2) \times (b + a_1 + a_2)$$

(3.4.2)

式中：F——工位面积（m²）；

　　　L——车辆全长（m）；

　　　H_1——车前保留宽度（m），单车可按2.5m取值，铰接车可按3.0m取值；

H_2——车后保留宽度（m），单车可按 1.5m 取值，铰接车可按 2.0m 取值；

b——车辆全宽（m）；

a_1、a_2——分别为车辆两侧保留宽度（m），两侧保留总宽度可按 3.0m 取值。

3.4.3 主保修工间的建筑面积可根据工位面积、通道和保修作业区域计算，不宜小于全场保修工间面积的 50%～60%。

3.4.4 保修工间的修车地沟应根据工位数量确定。

3.4.5 通道式修车地沟的长度不应小于 2 倍车长；独立式修车地沟的长度不应小于 1 辆车长。修车地沟净宽不应小于 0.85m，有效深度不应小于 1m。并列修车地沟间的中心距不应小于 6.0m。地沟内墙应镶嵌瓷砖等光洁的饰面材料，墙内应设有照明灯具洞口和低压安全灯电源。

3.4.6 辅助工间宜采用卫星式、两翼式等排列整齐的布局，并应布置在主保修工间的周围或上层。

3.4.7 停车场应建室内洗车间或室外洗车台，北方地区宜建洗车间。洗车间或洗车台的用地面积宜为停车场用地的面积 1%～1.5%，也可单独计算。

3.4.8 洗车间内宜设置车辆远红外线干燥器。洗车间或洗车台宜设置水回收利用装置。

3.4.9 停车场办公及生活用建筑面积应为每标准车 $10m^2 \sim 15m^2$。

3.4.10 生活用建筑中应配备职工生活服务设施。

3.4.11 油气站应设置在停车场内安全的区域，并应按现行国家标准《汽车库、修车库、停车场设计防火规范》GB 50067 和《汽车加油加气站设计与施工规范》GB 50156 的规定执行。

3.4.12 油气站的储存能力应符合下列规定：

1 地下油罐的储油能力宜按 3d～4d 的用量确定；

2 液化石油气加气站储罐的储存能力宜按 2d～3d 的用量确定；

3 由管道天然气供气的加气站的储气能力不应超过 $18m^3$；由非管道供气的加气站的储气能力不应超过 $8m^3$；

4 车载储气瓶的总容积不应超过 $18m^3$。

3.4.13 加油加气站应有供管理人员值班休息的站房，其使用面积不应小于 $10m^2$。

3.4.14 加油加气站应设置加油加气的自动计量设施。

3.5 多层与地下停车库

3.5.1 在用地紧张的城市，停车场可向空间或向地下发展。

3.5.2 多层停车库的地质条件和基础工程必须符合多层建筑的设计要求，与周围易燃、易爆物体和高压电力设施的间距应符合现行国家标准《汽车库、修车库、停车场设计防火规范》GB 50067 的规定。

3.5.3 公共汽、电车多层停车库的建筑面积宜按 $100m^2 \sim 113m^2$/标准车确定，并应符合下列规定：

1 停车区的建筑面积宜为 $67m^2 \sim 73m^2$/标准车；

2 保修工间区的建筑面积宜为 $14m^2 \sim 17m^2$/标准车；

3 调度管理区的建筑面积宜为 $8m^2 \sim 10m^2$/标准车；

4 辅助区的建筑面积宜为 $6m^2 \sim 7m^2$/标准车；

5 机动和发展预留建筑面积宜为 $5m^2 \sim 6m^2$/标准车。

3.5.4 独立的多层停车库的布局可分为停车区、保修工间区、调度管理区和辅助区，并应符合下列规定：

1 停车区应包括停车位、车行道、人行道在内的停车部分，并应设置回车场地、坡道和升降机、车辆转盘、电梯等设施；

2 保修工间区应包括低保、小修、充电、更换轮胎等主保修工间及洗车间；

3 调度管理区应包括办公室、调度室、场务司机室；

4 辅助区应包括储藏室、卫生间等。

3.5.5 多层停车库停车区车辆的停放形式可按平行式停放，成 30°、45°、60°的斜列式停放，成 90°的垂直式停放。停放形式应结合停放区的平面形状，选用进出车最方便、占用停放区建筑面积最小的停放形式。

3.5.6 地下停车库应选在水文地质条件好、出口周围宽敞处，且停车库的排风口不宜朝向建筑物、公园、广场等公共场所。

3.5.7 地下停车库宜主要用于停车，其他建筑均可安排在地面上。地下停车库的建筑面积应按 $70m^2$/标准车确定，其地面建筑应另行计算。

3.5.8 地下停车库的埋深应适当，当停车库顶部的地面种植树木时，土层的最小厚度不应小于 2m；种植草坪、花卉或蔬菜时，土层的最小厚度不应小于 0.6m。

3.5.9 多层或地下停车库应根据所停车型、停放形式、所需的安全间隔、车行道布置选择结构合理、经济实用的停车区柱网形式，且柱网宜采用同一尺寸，并应符合下列规定：

1 在选定柱网时应首先确定柱网的单元尺寸、车位和车行道所需的合理跨度，应避免为减少柱的数量而使跨度或地下车库埋深过大；

2 当车位和车行道所需跨度尺寸无法统一时，柱网可分别采用不同尺寸，但不应超过 2 种；

3 当停放无轨电车时，其柱网必须考虑电车线网的张力对柱网强度的影响。

3.5.10 停车区的层高应考虑建筑结构和各类管道等设备的需要，但层高不应过大，停车区最小净高不应小于 3.40m。

3.5.11 停车区内应采用单向行车，车行道宜保持直线形，通视距离应为50m～80m范围内。车行道的宽度和转弯半径应能满足车辆的安全通行。

3.5.12 多层停车库的坡道宜布置在主体建筑之外。当条件不允许时，可采取布置在建筑物的中部、两侧或者两端，但应与停车用的主体建筑的柱网和结构相协调。

3.5.13 公共汽车、无轨电车库的坡道宜为直线形，并应符合下列规定：

    1 坡道的面层构造应采取防滑措施；

    2 公共汽车库直线坡道的纵坡应小于10%，曲线形坡道的纵坡应小于8%；无轨电车库直线坡道纵坡应小于8%，曲线形坡道的纵坡应小于6%；出租汽车库直线坡道纵坡应小于15%，曲线形坡道的纵坡应小于12%；

    3 坡道与行车交汇处、与平地相衔接的缓坡段的坡度应为正常坡度的1/2；其长度，标准车宜为6m，铰接车宜为10m，出租汽车宜为4m；

    4 直线坡道应设置纵向排水沟和1‰～2‰的横向坡度；

    5 当采用双行坡道时，公共汽车和无轨电车的直线双行坡道的最小宽度不应小于7.0m，曲线双行坡道的最小宽度不应小于10.0m；出租汽车的直线双行坡道最小宽度不应小于5.5m，曲线双行坡道最小宽度不应小于7.0m；

    6 公共汽、电车的坡道可在一侧设立宽度为1m的人行道。

3.5.14 多层或地下停车库的进出口必须分开设置，并应有限速、禁停车辆、禁止鸣笛等日夜能显示的标志标线。

3.5.15 多层或地下停车库的照明应符合现行行业标准《汽车库建筑设计规范》JGJ 100的规定。

3.5.16 多层或地下车库必须有完善的消防和通风设施，并应符合现行国家标准《汽车库、修车库、停车场设计防火规范》GB 50067的规定。

3.5.17 多层和地下停车库应有交通监控、导向、指挥等管理系统。

3.5.18 出租汽车的多层及地下停车库的建筑面积可按公交标准车的0.5倍进行折算。

3.6 出租汽车停车场

3.6.1 出租汽车停车场的设置应以位于所辖营业站的重心处、空驶里程最少、调度方便、进出口面向交通流量较少的次干道为原则。

3.6.2 出租汽车停车场的规模宜为100辆，且最多不应超过200辆。大城市可根据所拥有的出租汽车数量，分别设立若干停车场。

3.6.3 出租汽车停车场的功能应包括停放车辆、低级保养和小修。

3.6.4 车辆不超过100辆的中小城市，可在停车场内另建一座担负二级保养以上任务的保修车间，不再另建保养场。

3.6.5 出租汽车停车场不宜采用露天停车坪停放车辆，宜建有防冻和防曝晒的停车库。在用地紧张的城市，应建多层停车库。

3.6.6 出租汽车停车场的平面布置应包括停车库、低级保养保修工间、办公及生活区、绿化、机动及预留发展用地等。停车场用地可按车（长×宽）4.8m×1.8m作为标准车，不应小于50m²/标准车。当采用多层停车库时，其设计按本规范第3.5节的规定执行。

3.6.7 出租汽车停车场的进出口的朝向、宽度、安全标志应按本规范第3.3节的规定执行。

4 保 养 场

4.1 功能与选址

4.1.1 保养场应具有承担运营车辆的各级保养任务，并应具有相应的配件加工、修制能力和修车材料及燃料的储存、发放等的功能。保养场应包括生产管理设施、生产辅助设施、生活服务设施和安全环保设施等，保养场的设施应符合表4.1.1的要求。

表4.1.1 保养场设施

设　施		配　置
生产辅助设施	保养车库	√
	修理工间	√
	车辆检测线	√
	材料仓库	√
	动力系统	√
	油气站	√
	劳保后勤库	√
生产管理设施	技术管理	√
	保修机务调度	√
	行政办公	√
	停车设施	○
	待保停车坪（库）	√
	洗车台（间）	√
	试车道	√
	场区道路	√
生活服务设施	文体、食堂、卫生间	√
	单身宿舍、医务保健	○
安全环保设施	照明	√
	监控	√
	消防	√
	绿化	√

注：1 无轨电车保养场需增加保养场线网、馈线、整流站供电设施，不需要油气站。

    2 "√"表示应有，"○"表示可视具体情况选择。

4.1.2 城市建立保养场的数量应根据城市的发展规模和为其服务的公共交通的规模确定。

4.1.3 保养场应按企业运营车辆的保有量设置，并应符合下列规定：

    1 当企业运营车辆保有量在 600 辆以下时，可建 1 个综合性停车保养场；保有量超过 600 辆，可建 1 个大型保养场；

    2 中、小城市车辆较少，不应分散建保养场，可根据线网布置情况，适当集中车辆在合理位置建保养场。

4.1.4 中、小城市的保养场宜与停车场或修理厂合建；低级保养和小修设备较少时，保养场宜与停车场合建。

4.1.5 当停车场和保养场合建时，其设施应结合本规范表 3.1.1 和表 4.1.1 的规定进行综合设计；当停车场和修理厂合建时，应按本规范第 5 章的相关规定设置修理车间。

4.1.6 保养场应按下列原则进行选址：

    1 大城市的保养场宜建在城市的每一个分区线网的重心处，中、小城市的保养场宜建在城市边缘；

    2 保养场应距所属各条线路和该分区的各停车场均较近；

    3 保养场应避免建在交通复杂的闹市区、居住小区和主干道旁。宜选择在交通流量较小，且有两条以上比较宽敞、进出方便的次干道附近；

    4 保养场附近应具备齐备的城市电源、水源和污水排放管线系统；

    5 保养场应避免建在工程和水文地质不良的滑坡、溶洞、活断层、流沙、淤泥、永冻土和具有腐蚀性特征的地段；

    6 保养场应避免高填方或开凿难度大的石方地段；

    7 保养场应处在居住区常年主导风的下风方向。

4.2 用地与布置

4.2.1 保养场的纵轴朝向宜与主导风向一致，或成一个影响不大的较小交角。其主要建筑物不宜处于西晒、正迎北风的不利方向。

4.2.2 保养场平面布置应有明显的功能分区，并应符合下列规定：

    1 生产区与办公、生活区应分开布置；

    2 生产功能或性质相近，动力需要、防火、卫生等要求类似的车间应布置在同一功能分区内；

    3 保养车间及其附属的辅助车间应按工艺路线要求布置在相邻近的建筑物里，建筑物之间应既有防火等合理的间隔，又具有顺畅而方便的联系；

    4 保养场的办公及生活性建筑宜布置在场前区，建筑式样、风格、色彩等应与所在街景的美学特点要相谐和。

4.2.3 保养场应根据保养能力设置符合城市公共汽车技术条件要求的回车道、试车道。回车道、试车道用地总指标应按停放车辆数 $26m^2$/标准车～$30m^2$/标准车计算，分项建设时，回车道和试车道应按停放车辆数每标准车用地指标取 $12m^2$/标准车～$13m^2$/标准车计算。

4.2.4 保养场应设置不小于 50 辆运营车辆的待保停车坪（库）。停车坪（库）用地应按停放车辆数 $65m^2$/标准车～$80m^2$/标准车计算。

4.2.5 保养场区车行道路的宽度不应小于 7m，人行道的宽度不应小于 1m。

4.2.6 保养场应有供机动车进出的主大门，其宽度不应小于 12m，主大门两边应有宽度不小于 3m 的人员出入门，同时还应在适当处设置车辆紧急出入门。

4.2.7 保养场的配电房、锅炉房、空压机房、乙炔发生站等动力设施应设置在全场的负荷中心处。锅炉房应位于全场的下风处，并应有就近便于堆放、装卸燃煤的场地。

4.2.8 保养场用地应按所承担的保养车辆数计算，并应符合表 4.2.8 的规定。

表 4.2.8 保养场用地面积指标

保养能力（辆）	每辆车的保养用地面积（m²/辆）		
	单节公共汽车和电车	铰接式公共汽车和电车	出租小汽车
50	220	280	44
100	210	270	42
200	200	260	40
300	190	250	38
400	180	230	36

4.2.9 当保养场与停车场或修理厂合建时，其用地面积应在保养场的基础上，按本规范第 3 章中停车面积、修理厂中修理车间的用地要求增加所需面积。

4.2.10 保养场的油气站、变电房的用地应另行计算。

4.2.11 保养场应确保绿化用地规模，办公区和生活区的绿地率不应低于 20%，有特殊要求的城市可另行增加用地。

4.3 建筑与设施

4.3.1 保养场的生产车间应按生产性质及工艺确定建筑层数与层高，辅助工间不宜高于 3 层。

4.3.2 保养场应根据保修生产的工艺要求，可由保养车间、发动机修理间、底盘修理间、轮胎修理间及喷烤漆间等构成保修厂房，由电工间、蓄电池间、设备维修间、材料配件工具库、动力站等构成辅助车间，并应符合下列要求：

    1 各辅助车间应按工艺要求，紧凑地布置在主车间的四周；

    2 发动机修理、动力站等有较大噪声的车间应单独布置，并应采取隔噪措施；

3 各类建筑、设施的防火设计应符合现行国家标准《汽车库、修车库、停车场设计防火规范》GB 50067 的规定。

4.3.3 保养场应有固定的车身保养工作场所，并应单独建立车身保养车间（工段、组）。

4.3.4 保养场的保修厂房应根据南北方城市的不同情况因地制宜，采取相适应的形式，并应符合下列规定：

1 保修厂房宜采用通过式，顺车进房，顺车出房，利用房外通道回车。

2 厂房长度可因地制宜，厂房宽度可按每日保修车辆的台次确定。

3 保养场生产性建筑用地宜按 $50m^2$/标准车计算。各车间的用地应根据工艺设计确定。

4.3.5 汽车保养场的保修工位可按每 100 辆标准车 9 个确定，其中车身 2 个、机电 7 个；电车保养场的保修工位可按每 100 辆标准车 11 个确定，其中车身 4 个、机电 7 个。

4.3.6 保养场的保养车间、发动机修理间、底盘修理间、蓄电池间等与油和腐蚀性介质接触的厂房地面，应采用高标号混凝土面和耐机油、耐酸、耐腐蚀的非刚性材料面层。各车间的地沟外表面应选用光洁的饰面材料。

4.3.7 保养场的生产和生活污水应分开，生产污水必须经净化设施处理后，方可排入市政管线。机油、蓄电池液等不得排入污水管道，应统一回收、处理。

4.3.8 生产垃圾和生活垃圾应分开。生产垃圾应分类收集，有毒、腐蚀性垃圾应由相关专业垃圾处理厂进行处理。

4.3.9 保修设备的配备应按现行国家标准《汽车维修业开业条件 第1部分：汽车整车维修企业》GB/T 16739.1 的规定执行。

4.3.10 保养场设施应具有相应的抗震、防雨、防风、防雷、防盗措施。

4.3.11 办公楼用地宜占生活性建筑用地的 13%。办公楼的设计应符合现行行业标准《办公建筑设计规范》JGJ 67 的规定。

4.3.12 保养场宜配职工生活服务设施。

4.3.13 保养场噪声值应符合现行国家标准《声环境质量标准》GB 3096 和《工业企业厂界环境噪声排放标准》GB 12348 的有关规定，当不能满足要求时，应采取隔声、隔振措施。

4.3.14 保养场油气站的设计应按本规范第 3.4.11 条～第 3.4.14 条执行。

5 修理厂

5.1 功能与选址

5.1.1 中小城市的修理厂宜与保养场合建。

5.1.2 修理厂宜建在距离城市各分区位置适中、交通方便、交通流量较小的主干道旁，周围有一定发展余地和方便接入的给排水、电力等市政设施的市区边缘。

5.1.3 修理厂的建设应进行环境评价，其内容应包括噪声、废气排放、污水排放和固体废物等。

5.2 用地与布置

5.2.1 修理厂应根据运营车辆的数量及其大、中修间隔年限确定修理厂的规模、厂房面积等。大、中修间隔年限应由各城市按本地具体情况确定。

5.2.2 修理厂用地应按所承担年修理车辆数计算，宜按 $250m^2$/标准车进行设计。

5.2.3 修理厂的平面布置应按生产区、辅助区、厂前区、生活区进行设置，并应符合下列规定：

1 修理厂的生产区应以生产厂房为中心区域，宜布置在全厂总平面的中间；

2 辅助区宜靠近主厂房，围绕着主厂房布置；

3 厂前区应包括办公楼、营业区；

4 生活区应包括食堂等为职工生活服务的区域，并应与生产分开。

5.2.4 修理厂的全厂性仓库应布置在营业区，专用仓库宜靠近所服务的车间，易燃物品的仓库应布置在下风处和厂区边缘，并应靠近工厂道路。仓库应确保消防车能自由接近库房。

5.2.5 修理厂内的道路应符合下列规定：

1 回车场最小面积应按铰接车计算。

2 行车道的转弯半径不应小于 12m。

3 行车道的横向坡度宜为 2‰～3‰，纵横向坡度不应大于 5%。

4 主要道路应人车分道，宽度不应小于 10m。

5 修理厂人与车出入的大门必须分开设置。车辆进出的主大门宽不应小于 12m，净高不应小于 3.6m。

6 修理厂应设置应急备用大门。

5.2.6 厂区消火栓的布置应符合现行国家标准《汽车库、修车库、停车场设计防火规范》GB 50067 的规定。

5.2.7 修理厂应确保绿化用地，厂前区和生活区的绿地率不应低于 20%，修理厂内四周宜建宽度为 2.0m～2.5m 的绿化带。

5.3 建筑与设施

5.3.1 修理厂厂房的方位应按照采光及主导风向确定，应利用自然采光和通风。厂房的建筑宜采用组合式，应采用有利于运输和降低建筑费用的式样。

5.3.2 各车间、工作间的布局应符合下列规定：

1 修理厂应按工艺路线、工作顺序和便于生产上相互联系的要求安排各车间、工作间的位置。

2 各主要通道的布局应整齐,应照顾到各种运输方式的衔接,避免生产运输线路迂回往复以及跨越生产线的现象。

3 各车间、工作间应有与主通道直接连通的大门,且经常开启的大门不宜朝北。各车间的大门应能使车间最大设备通过或另设置最大设备通过的备用大门,经常开启的大门与备用大门宜结合设置。

4 热加工、锻压、铸造、电镀、喷漆等有有害气体排放的车间,置于全场常年主导风的下风向。

5 锻压、机加工等产生噪声的工艺应设置在单独的车间内,并应符合本规范第4.3.13条的规定。

6 车间办公室和生活间应就近布置在各车间内。

5.3.3 修理厂仓库的设计可按有关规范进行,占地面积可按下式计算:

$$S_Q = \frac{Q \times K \times n}{12 P_x} \quad (5.3.3)$$

式中:S_Q——修理厂仓库占地面积(m^2);
　　　Q——该厂年生产量(修车数/年);
　　　K——物料入库量占年生产量的百分比(%);
　　　n——材料储备期(月);
　　　P_x——仓库总面积上的平均荷量(t/m^2)。

5.3.4 修理厂的污水、垃圾的设施及处理应符合本规范第4.3.7条、第4.3.8条的规定。

5.3.5 修理厂各类建筑、设施的防火设计应符合现行国家标准《汽车库、修车库、停车场设计防火规范》GB 50067的规定。

5.3.6 修理厂设施应具有相应的抗震、防雨、防风、防雷、防盗措施。

6 调度中心

6.0.1 调度中心应具备运营动态管理、调度、监控和公共信息服务等功能。应配置调度工作平台、通信设施、在线服务设施和救援车辆等设备,包括若干调度终端、视频显示系统及机房等,其监控及调度系统应符合下列基本规定:

1 应能实现各级调度实时监视所辖线路全部运营车辆的运行状态;

2 应能实现运营车辆的远程调度、实时调度和应急调度;

3 应实现多条线路的集中统一调度,并应能提高相关线路的衔接配合能力;

4 应能为乘客提供动态乘车信息服务;

5 应能自动生成行车记录,并按统计期自动生成运营统计数据;

6 应能根据动态运营数据,实时提出调整行车计划和运营排班计划的建议方案。

6.0.2 调度中心应与公交企业的调度体制相协调,可根据交通方式特征,按不同类型或不同隶属关系分别建设总调度中心和分调度中心。

6.0.3 总调度中心应为总公司系统的指挥中心,应能监视监控及调度系统的所有运营车辆和指挥各分调度中心、线路调度室,并应具有临时取代分调度中心或线路调度室的调度职能的功能。总调度中心宜选址在靠近其服务的线网中心处,用地面积不宜小于5000m^2,设施建筑面积不宜小于5000m^2。

6.0.4 分调度中心应为分公司系统的指挥中心,应接受并执行总调度中心的命令和指挥各线路调度室;应能监视所辖区域、线路的运营车辆,并应具有临时取代线路调度室的职能的功能。分调度中心的工作半径不应大于8km,每处用地面积可按500m^2计算,且宜与大型枢纽站或停车场合建。

6.0.5 公交枢纽站、换乘站、停车场、保养场、首末站、中途站应配置通信调度设施设备和电子显示服务等装置。

6.0.6 中、小城市可根据需要配置调度中心及相关设施。

本规范用词说明

1 为便于在执行本规范条文时区别对待,对要求严格程度不同的用词说明如下:
　　1)表示很严格,非这样做不可的:
　　　正面词采用"必须",反面词采用"严禁";
　　2)表示严格,在正常情况下均应这样做的:
　　　正面词采用"应",反面词采用"不应"或"不得";
　　3)表示允许稍有选择,在条件许可时首先应这样做的:
　　　正面词采用"宜",反面词采用"不宜";
　　4)表示有选择,在一定条件下可以这样做的,采用"可"。

2 条文中指明应按其他有关标准执行的写法为"应符合……的规定"或"应按……执行"。

引用标准名录

1 《室外排水设计规范》GB 50014
2 《汽车库、修车库、停车场设计防火规范》GB 50067
3 《汽车加油加气站设计与施工规范》GB 50156
4 《声环境质量标准》GB 3096
5 《城市公共交通标志 第3部分:公共汽电车站牌和路牌》GB/T 5845.3
6 《工业企业厂界环境噪声排放标准》GB 12348
7 《公共信息导向系统设置原则与要求 第4部分:公共交通车站》GB/T 15566.4

8 《汽车维修业开业条件 第1部分：汽车整车维修企业》GB/T 16739.1

9 《电动车辆传导充电系统 电动车辆交流/直流充电机(站)》GB/T 18487.3

10 《城市道路照明设计标准》CJJ 45

11 《办公建筑设计规范》JGJ 67

12 《汽车库建筑设计规范》JGJ 100

中华人民共和国行业标准

城市道路公共交通站、场、厂工程设计规范

CJJ/T 15—2011

条 文 说 明

修 订 说 明

《城市道路公共交通站、场、厂工程设计规范》CJJ/T 15-2011，经住房和城乡建设部2011年11月22日以第1182号公告批准、发布。

本规范是在《城市公共交通站、场、厂设计规范》CJJ 15-87的基础上修订而成，上一版的主编单位是武汉市公用事业研究所（现武汉市交通科学研究所的前身），主要起草人员是胡润洲。

本次修订的主要技术内容是：新增公共交通枢纽站和调度中心的设计内容；对站、场、厂设施的功能和基本要求进行了细化；对停车场总用地规模等概念不清和已过时指标进行了重新界定和调整；新增了公共交通站、场、厂电动汽车、智能交通（ITS）、信息化建设等内容；删除了城市水上公共交通方面的内容。

本规范修订过程中，编制组进行了大量的调查研究，总结了我国城市道路公共交通站、场、厂的实践经验，同时参考了国外先进技术标准。

为便于广大设计、施工、科研、学校等单位有关人员在使用本规范时能正确理解和执行条文规定，《城市道路公共交通站、场、厂工程设计规范》编制组按章、节、条顺序编制了本规范的条文说明，对条文规定的目的、依据以及执行中需注意的有关事项进行了说明。但是，本条文说明不具备与规范正文同等的法律效力，仅供使用者作为理解和把握规范规定的参考。

目　次

1　总则 …………………………… 63—19
2　车站 …………………………… 63—19
　2.1　首末站 ……………………… 63—19
　2.2　中途站 ……………………… 63—21
　2.3　枢纽站 ……………………… 63—22
　2.4　出租汽车营业站 …………… 63—23
3　停车场 ………………………… 63—24
　3.1　功能与选址 ………………… 63—24
　3.2　用地与布置 ………………… 63—24
　3.3　进出口 ……………………… 63—24
　3.4　建筑与设施 ………………… 63—24
　3.5　多层与地下停车库 ………… 63—24
　3.6　出租汽车停车场 …………… 63—24
4　保养场 ………………………… 63—25
　4.1　功能与选址 ………………… 63—25
　4.2　用地与布置 ………………… 63—25
　4.3　建筑与设施 ………………… 63—25
5　修理厂 ………………………… 63—25
　5.1　功能与选址 ………………… 63—25
　5.2　用地与布置 ………………… 63—25
　5.3　建筑与设施 ………………… 63—25
6　调度中心 ……………………… 63—25

1 总 则

1.0.1 本规范是在原《城市公共交通站、场、厂设计规范》CJJ 15-87 的基础上修订的。修订本规范的目的主要体现四个方面：一是系统性，既要充分考虑城市道路公共交通子系统，又要考虑经济社会大系统，使道路公共交通的设计建设与城市总体规划、各专项规划相协调，适应经济社会发展要求，适应运营调度管理要求，适应乘客安全便捷出行需求；二是开放性，既要考虑服务区域范围的扩大，又要考虑与其他交通方式的整合，还要预留未来发展的余量，把功能放在十分突出的位置；三是应变性，体现产业发展政策取向和资源、环境约束，体现相关标准规范的新发展，体现安全环保新要求；四是创新性，国内外新技术、新材料、新工艺、新方式的研发和应用，在城市道路公共交通领域日趋成熟，吸纳最新发展成果拓展了新的发展空间。而旧版规范制定时间较早，且在这些方面存在较大缺陷，因此，为了使城市道路公共交通站、场、厂的设计建设符合新的发展要求，并指导未来一定时期的实践，本规范修订显得非常必要和及时。

1.0.2 本规范界定的适用范围为城市道路公共交通车站、停车场、保养场、修理厂的新建、扩建和改建设计和建设。快速公交、城市轨道交通、城市水上公共交通和城市其他公共交通的相应标准另行制定。

1.0.3 城市公共交通站、场、厂是保证城市公共交通运营生产能正常进行的重要后方设施，是城市基础设施的组成部分之一。因此，它不仅要符合城市总体规划和综合交通规划，与城市规划相互协调，与土地使用相互作用，合理布局，而且应纳入城市总体规划和综合交通规划，并在规划中占有相应的重要地位。

1.0.4 规定了城市道路公共交通站、场、厂设计的基本原则和要求。根据城市发展和土地利用实际，按照节约集约利用土地要求以及交通枢纽综合立体开发成功案例，提出了用地紧张地带道路公共交通设施设计建设模式，不局限于平面和单一功能，这样可以提高土地利用效率，同时解决公共交通用地无法落实问题。

特别强调在必须设置公共交通设施的用地紧张地带的土地开发模式，突破土地政策界限，鼓励综合开发利用，在这方面国内外有很好的案例。

1.0.5 本规范突出以人为本、无缝对接、零距离换乘理念，强调换乘枢纽的重要地位和作用，在综合交通枢纽设计时，更加注重交通设施和交通组织的一体化。一体化设计尤其要重视衔接换乘的物理设施、交通组织等。

1.0.6 在执行本规范条文时，不得与我国现行的其他有关标准和规范发生冲突。对引用的各有关标准的参数、计算方法和名词术语等一律不再作新的定义、解释或者重复叙述。

2 车 站

2.1 首 末 站

2.1.1 根据现代交通建设的要求，注重道路公共交通首末站设置、建设与城市土地利用及其他交通方式的相互关系，提出了随城市建设改造、大型客运交通枢纽设置与其他客运交通方式统一规划建设的模式及要求，主要目的是使城市公共交通与其他客运交通"无缝"衔接，方便换乘。

2.1.2 本条在总结城市公共汽、电车首末站设置经验的基础上，进一步明确了公共交通客运首末站在城市总体规划和综合交通体系网络中的优先设置理念。根据旧版设计规范的部分内容和大量实际车站设置的案例，以公共交通提供便捷、经济、舒适的客运服务为基本准则，界定了公共交通客运首末站的基本选址原则。并针对城市发展中大型居住区的规划建设模式，根据畅通工程、绿色交通示范城市考核标准说明或一般城市居住区域的公共交通出行发生率等，界定不同的居住规模等级相应的公共交通首末站设置要求。

对长途客运站、火车站、客运码头主要出入口内设置公共交通车站给出了范围控制指标。主要目的是使城市公共交通与对外交通资源整合共享、"无缝"衔接，方便换乘。在其他大型集散点附近设置首末站，也是快速疏散和提高效率的需要。

2.1.3 首末站规模主要指其建设用地规模，本次修编以运营车辆基准用地方法计算首末站建设用地规模，即按线路所配运营车辆总数及每标准车用地基数确定其规模。

随着经济社会发展，应逐步改善工作生活环境，并留有发展余地，同时，也便于规划设计人员准确把握使用尺度，提出首末站总用地规模和分项指标，适度增加办公、回车道面积。根据公共交通设施建设日益增长的环保要求和目前国内城市绿化的一般要求，城市绿化覆盖率要求一般不低于35%，结合《城市绿地分类标准》CJJ/T 85，将首末站绿化用地标准提高至20%。综合考虑城市公共交通首末站生产配套基础设施的实际需求，给出了首末站各项生产配套基础设施的基本用地规模控制指标。

首末站的占地面积按每辆标准车占地不应小于100m² 计算。这个指标是全国各大中城市从建站的经验中总结的实用数据。

首站有两种情况，一是不用作夜间停车，另一种是用作停车。在不用作夜间停车的情况下，站内停车坪主要用于高峰后调整下来的车辆停放和剩余运营车辆周转。根据各城市调查的资料，这两部分车辆同时在坪内周转停放的最大可能可达到50%以上。加上站内不能利用的死角和应留的车辆进出间距、通道，因而规定停车坪在不用作夜间停车的情况下，占地面积不应小于该线路全部运营车辆的60%所需用地规模。

依据《城市道路交通规划设计规范》GB 50220-95第3.3.7条，界定首末站用地的下限值。

为了改善运营调度管理和司乘人员生产生活条件，结合公共交通行业自身特点，必须高度重视基本的设施配置，体现以人为本。表1、表2列出了广州等城市公共交通站场建设经验数据。

表1 公交站场用地经验数据（不含智能监控）

站场分类		首末站	枢纽站	要求
公交站场	总面积(m²)	1000～3000	3000以上	站场以长方形为佳，出入口位于站场两侧，并与场外道路衔接
	容纳线路数(条)	1～4	5以上	
办公用地	总面积(m²)	35以上	75以上	每增加3条公交线路需增加10m²
	站场管理室面积(m²)	5	15	
	线路调度室面积(m²)	15	30	每增加3条公交线路需增加10m²
	司机休息室面积(m²)	10	15	
	卫生间(m²)	2	10	
	茶水间面积(m²)	3	5	
	清洁用具杂务间面积(m²)	3	6	

表2 公交站场用地经验数据（含智能监控）

站场分类		首末站	枢纽站	要求
公交站场	总面积(m²)	1000～3000	3000以上	站场以长方形为佳，出入口位于站场两侧，并与场外道路衔接
	容纳线路数	1～4条	5条以上	
办公用地	总面积(m²)	43以上	91以上	每增加3条公交线路需增加20m²
	站场管理室面积(m²)	5	15	
	线路调度室面积(m²)	15	30	每增加3条公交线路需增加10m²
	智能监控室面积(m²)	8	16	每增加3条公交线路需增加10m²
	司机休息室面积(m²)	10	15	
	卫生间(m²)	2	10	
	茶水间面积(m²)	3	5	
	清洁用具杂务间面积(m²)	3	6	

依据表1和表2，界定首末站办公用地规模下限。末站一般不含站场管理室、司机休息室和智能监控室，若需要，则相应增加面积。

总结各地在末站规划用地和建设规模上的经验数据。末站按该路线全部车辆的20%安排用地是必要和适宜的。

2.1.4 为增强公共交通吸引力，方便市民出行，特别需要考虑各种方式存车换乘需要，提出对存车换乘需求量较大的首末站，配套存车换乘条件，并在首末站设计时另外增加用地面积。

2.1.5 本条根据现行的国家标准《汽车库、修车库、停车场设计防火规范》GB 50067和《汽车加油加气站设计与施工规范》GB 50156，确定公共交通首末站在设计建设加油、加气设施时的用地规模设计准则和安全要求。

2.1.6 根据无轨电车的机电运行装置的物理特性，界定无轨电车首末站的一般设置基准和设计要求，尤其是明确给出了对无轨电车电力供应的可行性和经济技术合理性的设计要求。同时，明确根据《城市道路交通规划设计规范》GB 50220-95第3.4.4条，确定无轨电车整流站的规模、服务半径以及折返能力。

2.1.7 根据国内实践经验，参照美国相关设计标准，给出首末站设计的具体内容。

2.1.8 本条给出了首末站站内回车道的主要设计参数。由于在早、晚高峰时进出车辆较多，常有2辆车同时回车，加上每辆车行驶时两侧应留的安全间距（各750mm），还要留出车辆摆动安全距离，因此，回车道宽规定不应小于7m。

2.1.9 出于节约资源能源、减少空驶里程和方便运营调度管理需要，远离停车场保养场或有较大早班客运需求的首末站必须设计供车辆下线停靠和部分或全部车辆夜间停车的停车坪。

为了便于雨水排放，不造成积水，保障停车安全，根据城市规划相关规定，对停车坪的坡度提出了要求。

2.1.10 参考日本道路设计规范规定，非铰接车的出入口宽不应小于7.5m。因此，在小城市运营车均为非铰接车的，出入口宽度也确定以这一数值为设计标准。

考虑很多城市还有一定规模的铰接车运营车辆，今后该类型车辆还有增加的趋势，为了保证首末站出入口的交通安全，出入口的宽度不应小于标准车宽的3倍～4倍（7.5m～10m）。而且应通视良好，在出入口后退2m的通道中心线两侧构成的120度范围内能清楚地看到站内车辆或者道路上的车辆和行人。

2.1.11～2.1.14 候车亭、候车廊、站台是改善乘客候车条件和保障乘客安全的需要，其设计总结了佛山、北京等国内城市的实践经验，在对全国各主要城市公共汽车、电车中途站的调查中，廊长一般没有超过 20m。站牌设计在国家标准《城市公共交通标志 第 3 部分：公共汽电车站牌和路牌》GB/T 5845.3 中作出了详细规定。

2.1.15 首末站停车区路面使用频率高，为了保障路面完好和行车安全，对道路强度提出增强处理要求。对盲人和残疾人候车人性化设施也提出了设计要求。

2.1.16 本条根据现行的国家标准《汽车库、修车库、停车场设计防火规范》GB 50067 和《汽车加油加气站设计与施工规范》GB 50156，确定了公共交通首末站建加油设施的设计准则。

2.1.17 电动汽车首末站是本次规范修编增加的重要内容，电动汽车首末站除具备一般公共交通首末站的基本条件外，还应符合《电动车辆传导充电系统、电动车辆交流/直流充电机（站）》GB/T 18487.3 的规定。

2.2 中 途 站

2.2.1 在设置中途站时，以人性化设计理念为指导，增加了应在过街通道与站位之间留有足够安全距离的前提下，尽可能地与人行过街设施及其他交通方式近距离衔接的设计要求，以方便乘客换乘和过马路，尽可能"无缝"衔接。

2.2.2 设置中途站是专为公交车辆停靠，以方便让乘客上下。乘客上下完毕，车辆就应立即通过这个站，让后面的公共交通车辆停靠。因此，设置站址时，主要解决停和通的问题，同时避免非公交车辆的干扰。按照以人为本的原则，本条还增加了方便乘车的要求。

2.2.3 在路段上设置站点时，上、下行对称的站点宜在道路平面上错开，以免把车行道宽度缩小太多，造成瓶颈，影响道路畅通。如果路旁绿带较宽，则可采用港湾式停靠站。对称车站应错开的距离不宜太近，否则，对称车站同时停车和上下车乘客集中在车站就很容易造成瓶颈。

依据《城市道路交通规划设计规范》GB 50220-95 第 3.3.4 条，增加了对置设站、不同方向换乘距离的设计控制指标。

2.2.4 在交叉口附近设置站点时，应该考虑：使乘客乘车、换乘方便；不妨碍交叉口的交通和安全，即不阻挡交叉口视距三角形内的车辆和行人的视线，不影响停车线前车辆的停车候驶和通行能力；不影响站点本身的行车秩序和通行能力。路线的通行能力取决于站点的通行能力。保证站点能满足公共交通车辆通过的必要条件是 $t_{间} \geq t_{停}$。如果站点太靠近交叉口停车线，车辆上完乘客后，常会遇到交叉口红灯而不能出站。被迫继续停在站上，有 $t_{阻}$ 的时间。这样，站点的通行能力（$N_{站}$）

$$N_{站} = \frac{60}{t_{停} + t_{阻}} \quad （车次 / 小时）$$

因此，为了提高站点的通行能力，停靠站应与交叉口有一定的距离。使 $t_{阻} = 0$，最好是将停靠站设在过交叉口的 50m 以外。公安部从交通管理和交通安全出发，提出"公共汽、电车的中途站，应设在交叉路口的驶出段"。从提高公交站点的通行能力和交通安全出发，作了此条规定。

依据《城市道路交通规划设计规范》GB 50220-95 第 3.3.4 条，增加了交叉口（平面和立体）设置中途站的换乘距离设计控制指标。

郊区公路设公交站离平交路口距离也是从安全角度考虑的最低要求。

2.2.5 在道路上有几条路线重复经过时，它们的站点必然会发生联系，为了乘客换车方便，常常将几条路线的停靠站并在一起。这时，应该特别注意站点的通行能力是否与各条路线发车频率的总和相适应，否则容易产生站点堵塞，运送速度降低，车辆客运能力降低，站上秩序混乱。所以，在设置这类站点时，对于路线重复段较长的，除将几个乘客换车较多的站合在一起外，对其余换车较少的站，可以将站分设，前后间隔布置。只要站点通行能力允许，对于路线重复较短的交叉路线，其站址宜靠近或合并，以便乘客换车。对于无轨电车路线重复较多的站点，可在站上架设架空避让线，使后面不需要停站的车辆可以超越。

通过实地观察和测算，给出了中途站停靠线路条数和高峰小时通过车数的设计指标。站点设计理论和实践证明，停靠通道增加可以加快车辆快速进站和通过。

2.2.6 在市区道路上布置站距时，因受到道路系统、交叉口间距的影响，需要结合道路上的具体情况确定。因此在整条路线上，站距是不等的，市中心地区，客流密集，乘客上下频繁，站距宜小些；城市边缘地区和郊区人口分布相对分散，站距可适当增大。

随着优先发展城市公共交通战略的推进，合理的步行距离已经纳入公共交通服务质量管理范畴，绿色交通示范城市考核标准说明中也有类似要求。本条依据以上意见和各地的经验进行了总结。

《城市道路交通规划设计规范》GB 50220-95 第 3.3.1 条，对不同城市区域线路、各种常规公共交通运输方式的平均站距长度给出了控制标准。

2.2.7 在一些次要的线路和一些客流较少的中途站，由于车辆间隔长，候车的乘客也不多，实际执行情况一般没有候车廊，因此，设计时可以不设候车廊，如果为了规范站台秩序需要设置，廊长可以适当缩短，但不宜小于 5m。廊长的具体尺寸应根据车站的具体情况酌定。当共站停靠线路条数较多时，候车乘客量都很大，候车廊和站台设计时应适当加大。

2.2.8 《法国城市内部的道路规则》关于公共交通车一章中对公共汽车站作了这样的规定："汽车站的停车带宽度为 3m"。"停车带的延长长度，每停放一辆公共汽车至少要保证30m。前后15m范围内禁止停车"。

美国《公共交通设施标准手册》对停车站的长度作了如下规定和论述：公共汽车停车站的长度应反映出：在20min～30min的各高峰时间内，一个车站能同时容纳的车辆数；公共汽车进出车站的行驶要求。公共汽车上下乘客位置的大小取决于：公共汽车进站率及其特点，停车站的乘客量。公共汽车停车站的容纳能量标准：乘客服务时间在20s或20s以内的地方，要给大约每60辆高峰车提供一个车位，这是典型放射形干道的情况；在平均30s到40s的地方，要给大约每30辆高峰车提供一个车位；乘客服务时间很大的地方，要给大约每20辆高峰车提供一个车位。一辆单车长40英尺（12.19m），那么对于较长的铰接车来说，停车站长度应相应作修正。当线路公共汽车运营次数极少时（即高峰时少于4辆，基本间隔为每小时两辆车）就需要使公共汽车同时使用一个停车站时，那么每增加一辆车，停车站的长度则增加45英尺（13.72m）。单车停站时，停车站的长度标准：在交叉口驶出部分的路段上设立的公共汽车停车站的长度应为80英尺～100英尺（24.38m～30.48m）；在交叉口驶入部分公共汽车停车站长度为90英尺～105英尺（27.43m～32m），停站公共汽车前部至前一停车位始端的距离。公共汽车停车站应用6英寸～8英寸（152mm～203mm）宽的白色车道实线作标志，将公共汽车的停车区间与相邻行车道清晰地区别开来，在车流量大的路段，可采取路面停车站标志。

同时，《公共交通设施标准手册》对公共汽车停车站停车位置的容纳能力给出了参考数据。

从以上所述可知：

1 为了确保车辆在中途站能迅速进出站和安全停靠必须要划定一个停车区。在这个停车区前后还要留一个安全距离，这样车辆进出站才能迅速，才能不会因前后有东西阻碍不能停车或发生事故。我国目前大多数没有这样做，停靠站前后，甚至就在站上有时都出现障碍物，使车辆不能安全停靠，影响车辆正常运行。

2 车辆的停站时间按下述公式计算：

$$t_停 = t_减 + t_{上下} + t_加（分钟）$$

$t_减 = 2t_安/b$（$t_安 \approx 5m$，前车出站与后车进站的最小安全距离）

（$b \approx 1 \sim 1.5 m/s^2$ 车辆减速度）

$t_{上下}$——乘客上下车时间，约20s～40s；

$t_加$——车辆驶出停靠站的时间$(t_加)^2 = 2$车身$/a$，（$a \approx 0.8 \sim 1.2 m/s^2$，车辆启动加速度）

车辆停靠时间必须小于线路发车间隔时间，从而保证站点有较好的通行能力。这就必须根据停靠时间的长短和每一个车位在该停靠时间（服务时间）内的容纳能力确定停车区的长度，使两辆车在前后进站停靠的情况下都有停靠的地方。停靠时间在30s，150辆车也才需要3个车位。按我国情况，停车区长度最多不宜超过3辆车长加各5m的安全距离，这样，车辆进出站基本没有问题。

3 停车带宽度为3m，既能满足车辆停靠要求，也不影响其他机动车辆正常安全通行。

2.2.9 鉴于公共交通发展多年来的实际和中途调度的可能性，设中途调度站已经没有实际意义，随着信息化和智能化管理的进程，中途调度站的功能完全可以取代。

根据《城市道路交通规划设计规范》GB 50220-95第3.3.6条，增加了快速路、主干路及具备条件的次干路的公共交通停靠站设计准则和平面布置要求。对开凹长度，宽度规定了下限值，对上限值未加限制。

2.2.10 本条主要根据我国目前许多城市需要，并参照美国《公共交通设施标准手册》中对公共汽车避车道的规定。我国大城市的旧城区一般是商业、文娱活动中心，居民也多集中于此，交通流量因而较大，但道路又较窄，以至于一辆公共汽车停站，就要占去大半个车道，使后面的机动车、非机动车受阻，不仅影响通行能力，还容易造成交通事故。这样的道路如果能利用一点人行道，使车辆进入凹进的停车区，减少占据行车道的宽度，就能减少对城市道路交通的影响，保障交通畅通。

2.2.11 中途站停车区道路增强处理，理由见本规范第2.1.15条文说明。

2.3 枢 纽 站

本节为新增内容，主要突出枢纽站在城市公共交通系统中的重要功能、性质、地位和作用，它是公共交通线网和运营组织的核心，是客流转换和保障运输过程连续性的关键节点，是发挥多方式衔接联运和各自优势的重要环节，是车辆停放、低保、小修及调度的重要场所，其地位和作用不言而喻，因此，根据国内外实践经验，本章就枢纽站选址原则、内部功能布局及交通组织要求、与城市道路衔接、辅助设施以及用地需求等作出规定。基于当时的条件，枢纽站在旧版《规范》中第2.1.17条仅简要叙述，没有突出其应有的地位和作用，在认识上也未达到一定高度。《城市道路交通规划设计规范》GB 50220-95中第3.2.1条和绿色交通示范城市考核标准说明中涉及了枢纽站相关内容。

本节规定多条道路公共交通线路共用首末站形成换乘枢纽站的设计要求，明确了功能定位、分区、布局的原则和枢纽站内外交通组织必须考虑的因素，还包括提升服务质量的辅助设施配置。

随着城市范围的扩大，大量乘客的出行仅靠一种公共交通方式完成是不现实的，必然存在多方式换乘。为了发挥交通系统的整体效率，必须建立有效的交通衔接系统，将各种交通方式内部、各种交通方式之间、私人交通与公共交通、市内交通与对外交通有机衔接，这就是综合枢纽应起的作用，也是本规范新增相关内容的原因。通过枢纽设施和紧凑的站点设置，向公交乘客提供方便的换乘条件；通过"停车＋换乘"，实现公共交通与个体交通的有效转换；通过综合枢纽和连接市内的道路、轨道，将机场、港口、火车站和公路客运站等对外交通设施与市内交通紧密相连。

2.3.1 不同规模的枢纽站的配置和要求应视功能和具体情况有所不同，提出了枢纽站分类指标和设计建设规模依据。

2.3.2 枢纽换乘客流量大、多条线路汇集，需要在此设首末站，要求有良好的车辆进出站连通道，对城市主干道机动车流干扰最小。同时，枢纽是一个整体，属综合性设施，为了最大限度地整合土地、设施资源，各功能分区布局必须统筹安排、系统规划设计和建设。

2.3.3 枢纽站内进出车辆和行人流量大，为了保证通行安全，提出进出车道分开设置和右进右出设计要求，目的是避免进出车辆冲突，保证车流顺畅。同时，枢纽站兼具停车场的部分功能，承担该枢纽站服务的线路车辆停车周转、低级保养及小修任务，为了满足运营车辆的技术性能和调度管理要求，必须设置明显的标志，保障站内秩序和安全。因此，提出分区设置和安全要求，使站内功能分区配置相对独立，避免人车混行、运修混杂。

2.3.4 根据国内外经验，枢纽站的发车区始发站的数量取决于共站线路条数，一般一条线路用一个始发站，设一个发车位和一个候车位，随着线路条数的增加，一个始发站可以容纳两条线路发车，因此，考虑到需要与可能以及发展余地，始发站数量不宜少于4个。站台、雨阳篷、座椅等设施的配置主要是为了满足乘客候车的需要。

2.3.5 人行通道应尽量减少与机动车通道平面交织，与地下通道和人行天桥有机衔接整合，综合布局使用，保障行人安全。

2.3.6 枢纽站的首要功能是方便乘客换乘，但是，国内各城市道路公共交通枢纽实际用地都很紧张，特别是中心城区更加困难，因此，提出重点满足车辆周转，其次才是停车需求，依此原则考虑停车坪用地，并给出计算方法。为了发挥道路公共交通容量大、占地少的优势，吸引更多的出行转向公共交通方式，枢纽站宜根据站址用地可能性，另行配套安排自行车、摩托车、出租车、小汽车停车场，以方便存车换乘。

2.3.7 大型枢纽站运营线路多，客流量大，为了方便乘客辨识候车站台和乘车，应采用现代信息技术，在醒目的地方显示线路发车信息为乘客导乘。

2.3.8 在电、汽车共用枢纽站时，要充分考虑电车供电线网的特殊限制，合理安排行车运行通道。

2.3.9 为了满足枢纽站内车辆运营、调度、管理的需要，改善生产、生活条件，对办公用地面积作出了规定，详见条文说明2.1.3中的表1和表2。

2.3.11 对枢纽站和综合枢纽设施建设内容作出了规定，以满足乘客便捷换乘所需要的信息和服务，保障安全生产各项需要。

2.4 出租汽车营业站

2.4.1 为了方便乘客，实现"无缝"换乘，满足主要客流集散地各种乘车需求，根据《城市道路交通规划设计规范》GB 50220－95第3.3.8和第3.3.9条规定，增加了营业站设置要求，并根据乘客流量，确定建站规模。如流量集中且很大的火车站等，需要快速疏散，规模可能需要100辆～200辆，网点式服务需要的规模在10辆～20辆，一般停靠点的规模在5辆左右，而招手停靠点规模在2辆左右，就能满足驻车和候客需求。

2.4.2 出租汽车营业站的规划占地面积，以长4.8m，宽1.8m，车辆前留宽3.0m，后留宽0.5m，车辆两侧各留宽0.6m测算。

1 每一车位用地面积
全长 $4.8+3.0+0.5=8.3m$
全宽 $1.8+0.6+0.6=3m$
车位面积 $8.3\times3=24.9\approx25m^2$

2 停车场（或停车库）用地面积 A_e
S_y——单车投影面积 $S_y=4.8\times1.8=8.46m^2$
H_t——停车面积系数 $K_t=3$
A_0——每车位面积 $A_0=8.64\times3=25.92\approx26m^2$
$$A_e=A_0\times n=S_y\cdot K_t\cdot n$$

3 停车数量30辆的营业站，其生产、生活所需建筑面积（包括调度室、乘客候车室、司机候车室、餐饮间、厕所）为120m²，停车面积为630m²，共计面积为750m²。

每辆车平均所需建筑面积为4m²，换成为占地面积等于6m²。

由以上所述知，每车位占地面积最大为26m²，本条归纳为营业站的占地面积宜按不小于32m²/辆出租车计算，其中建筑占地面积不宜小于6m²/辆出租车。

2.4.3 为了扩大出租汽车服务范围，若采用网点式服务，本条给出了服务半径和规模指标值，以10辆～20辆车、可达范围1km为宜。

2.4.4、2.4.5 我国出租汽车大部分在运行中载客，平均空驶率已达40%以上。为了充分体现出租汽车"门到门"的优势和方便乘客，体现定点载客和流动性载客，应给出租汽车运营创造良好的条件，设置营业站、网点服务、候客点、停靠点的目的就在于此，既方便了乘客，又可以让部分车辆停车候客，减少空驶，节约能源，降低尾气排放，符合节能减排的要求。

3 停车场

3.1 功能与选址

3.1.1～3.1.4 根据建设节约型社会和科学发展观的要求，增加了"停车场宜分散布局，可与首末站、枢纽站合建"、"综合开发利用"等内容，目前，很多城市已经成功地实施了这种模式。结合国内外相关经验，给出了停车场设施明细表。

从经济角度考虑，停车场到其服务的线路和分区保养场的距离不宜太远，否则，过高的空驶里程会造成巨大的浪费。

3.2 用地与布置

3.2.1、3.2.2 为了满足交通发展的需要。除应增加一定数量的道路用地外，还要有足够的用地供车辆停放。车辆若无固定地点停放，势必沿着道路到处停歇，既妨碍交通，又影响市容；或者侵占人行道，影响行人交通。所以要保证停车场用地，并提出了停车场规模。因各地情况不同，有的只有单车，增加标准车规模更直观明确。

增加了"在用地特别紧张的大城市，停车场用地不宜小于每辆标准车用地 $120m^2$"等内容，一是考虑停车规模小型化、分散化特殊情况需要。二是主要考虑保修工间与办公及生活建筑立体叠加，综合开发利用。三是中心城区用地紧张的实际情况。

从节约集约利用土地角度，综合安排停车用地，避免重复安排，给出综合用地指标下限值。采用多层停车库时，也不应重复计算。

3.2.4～3.2.6 增加了停车场平面布局、建筑、交通组织和安全相关要求，以利安全生产和环境保护。

3.2.7～3.2.9 增加了利用绿化带减少场区噪声扰民要求，体现以人为本、与环境融和，并给出绿化率指标。

3.3 进 出 口

3.3.1～3.3.5 《汽车库、修车库、停车场设计防火规范》GB 50067"安全疏散"中从防火出发，为保证一般汽车库在发生火灾事故时人员和车辆能安全疏散，对疏散出口作了规定。结合公共交通车辆进出停车场的特殊情况，本规范作出了规定。

3.4 建筑与设施

3.4.1、3.4.2 根据现行行业标准《城市客运车辆保养通用技术条件》CJ/T 3052 规定，凡公交车行驶里程达到 3000km，必须进行一级保养，行驶 16000km，必须进行二级保养，结合国内多年来的实践经验数据，2 个工位可以保障 200 辆运营公交车的一、二级保养需求。按照停车场小型化、分散化原则，一般停车场不会超过停车 200 辆。此外，部分首站具备低保功能，也可完成一定量的低保任务。对于超过 200 辆车的情况，工位数也未定死。

3.4.3～3.4.5 修车地沟有通道式敞开地沟和独立式敞开地沟两种。沟的长度根据实践经验而得。保修工间占地面积一般为停车场总占地面积的 14%～17%。主保修工间建筑占地面积不应小于保修工间建筑占地面积的 50%～60%。

3.4.8 按照资源节约型、环境友好型社会建设要求，增加了水回收再利用新要求。

3.4.9、3.4.10 从办公用地不宜过大，生活性建筑用地保证够用出发，提出了办公及生活性建筑最低限界，即不应小于 $10m^2$～$15m^2$/标准车。由于办公及生活都可以上接，因此，建筑面积可以依照需要和投资的可能从增加楼层上加以解决。由于我国已经停止福利分房以及生活服务设施社会化程度的提高，所以，职工住宅和生活服务设施应执行国家及地方相关政策和标准，不再作为必须配套设施规定。

3.4.11～3.4.14 参照上海、北京等城市公交企业建设和使用油库的经验数据，根据发展新型清洁能源的趋势和应用实际，液化石油气和天然气已广泛应用于城市公共交通领域，所以，将油库改为油气站，并执行最新版国家标准《汽车库、修车库、停车场设计防火规范》GB 50067 和《汽车加油加气站设计与施工规范》GB 50156（2006 年版）的要求。

3.5 多层与地下停车库

3.5.1～3.5.17 通过综合开发利用，建地下或地上立体停车场等立体形式，节约集约利用土地资源，已经成为国内外建设停车场成功的发展模式。主要参考美国、英国的多层停车场资料和我国《汽车库建筑设计规范》JGJ 100 中关于多层车库的论述，结合实际编制了多层与地下停车库一节的各条。具体设计建设时，应按《汽车库建筑设计规范》JGJ 100 执行。

为了提高安全性，增加了车辆进出多层和地下停车场的监控、导向、交通组织及消防设施要求，并执行相应国家标准规范规定。

3.6 出租汽车停车场

3.6.1～3.6.7 根据国家标准《城市道路交通规划设计规范》GB 50220-95 第 8.1.7 条机动车公共停车场用地面积，宜按当量小汽车停车位数计算。地面停车场用地面积，每个停车位宜为 $25m^2$～$30m^2$；停车楼和地下停车库的建筑面积，每个停车位宜为 $30m^2$～$35m^2$。

本规范提出出租汽车停车场用地面积不应小于 $50m^2$/标准车，其中包括停车、维修、办公、绿化、发展预留和机动用地。当采用多层停车库时，用地面积不应重复计算。

4 保养场

4.1 功能与选址

4.1.1～4.1.5 保养场的功能主要是承担运营车辆的高保任务及相应的配件加工、修制和修车材料，燃料的储存，发放等。按工程标准要求，加强了保养场用地、安全环保及设计项目等内容要求。

为了节约集约用地，提高保养场使用效率，对保养场建设提出分建或合建要求。

4.1.6 对保养场的选址规定了相应的原则要求。

4.2 用地与布置

4.2.3、4.2.4 增加了建设保养场回车道、试车道和停车坪的具体指标。

4.2.8 《城市道路交通规划设计规范》GB 50220-95 中第3.4.3条对公共交通车辆保养场用地面积指标作出了设计界定。

4.2.9 充分考虑具体情况下，给出保养场与停车场或修理厂合建时，综合用地可合并和调剂使用。

4.3 建筑与设施

4.3.1～4.3.3 随着经济社会发展，乘客对公共交通服务质量和安全要求越来越高，公交车辆作为城市流动的风景线，应高度重视车身的保养和维修工作，有条件的企业，车身应单独进保进修，使车辆面貌和车况经常保持完好状况，延长车辆的使用寿命。

根据工艺特点，便于生产安全，给出建筑层数、层高一般要求。

4.3.4 依照各个城市的意见以及实践经验，规定为生产性房屋建筑占地以每标准车占地50m²为计算指标。由于各城市的具体情况不同，各车间（包括库房、动力站）的用地不加限定，只规定根据工艺设计确定，从而使各地能因地制宜。

4.3.6 增加了地沟和墙面用材相关要求。

4.3.7～4.3.10 根据国家现行关于保修设备、安全消防和环境保护要求，增加了相应内容。

4.3.11～4.3.13 根据目前企业管理模式及有关建筑标准，合理安排生活性建筑用地。为落实环境保护相关要求，在设计时，应预先考虑周全，以改善生产、生活条件，减少对周边环境的影响。

5 修理厂

5.1 功能与选址

5.1.1～5.1.3 随着分工的社会化、专业化，车辆修理的小型化和分散化，以及节约资源的要求，城市道路公共交通车辆的修理要么与运营分离，交给专营企业，要么与保养场合并建设，这已经成为客观现实，因此，不主张单独建修理厂，特别是中小城市。

根据修理厂的特点，其选址应满足生产和环保要求。

5.2 用地与布置

5.2.1～5.2.7 根据国内实际经验数据，主要对修理厂厂区内布局、道路及安全生产和绿化等提出了要求。

5.3 建筑与设施

5.3.1～5.3.3 根据修理厂的生产工艺流程，对厂房、车间、工作间的布局提出相应规定和要求。

5.3.4～5.3.6 提出保障安全生产和环境保护方面的设计要求。

6 调度中心

本章为新增内容，随着节约型社会建设和科技进步，最大限度地发挥资源效率不仅变得越来越紧迫和必须，而且变成了可能。公共交通已经从原来的单线调度发展成区域调度，从人工调度发展成智能调度。在城市交通越来越拥挤、各种大型活动越来越频繁、突发事件越来越多，而乘客对服务质量需求越来越高的态势下，调度中心的地位和作用也日益显现，新增道路公共交通调度中心的设计建设意义重大而深远。《城市道路交通规划设计规范》GB 50220-95中第3.4.1条和第3.4.6条有所规定，即将颁布的《城市公共交通条例》和《公共汽电车行车监控及集中调度系统技术规程》中也有明确的要求。

6.0.1 城市公共交通设置调度中心，目的是通过运营组织和人员调度的快速反应，优化运力配置，处理突发事件发生时的客流疏散，保障安全，降低成本，提高经济效益和社会效益。为了保障运营调度快速、及时和有效，调度中心最关键环节是信息的准确、及时和通畅，现代化的通信手段为信息传递提供了便利，可为乘客提供出行信息服务，也为突发事件的紧急救援创造了指挥条件，因此，通信技术和设施至关重要，救援车辆及设备也非常必要。本条对调度中心的设施和基本功能要求作出了规定。

6.0.2 不同交通方式的特征不尽相同，隶属关系、管理模式和调度方式也有差别，根据条件许可，分别建设调度中心是必要和可行的。

6.0.3 在突发客流高峰或紧急情况发生时，要求以最短的时间到达现场指挥增援，因此，总调度中心选址在其服务的线网中心是最恰当的，其规模应能满足救援和工作车辆停放、信息处理交换、监控系统及工作人员办公基本要求。根据实践经验确定总调度中心用地面积和设施建筑面积均不小于 5000m²。

6.0.4 根据城市用地和公交线网覆盖范围大小合理设置分调度中心，在大城市，因为城市范围较大，一个调度中心难以满足适时快速调度要求，依据《城市道路交通规划设计规范》GB 50220-95 中第 3.4.6 条的规定，可适当设置分调度中心，而大型枢纽站或停车场一般也在分区或线网的重心，因此，分调度中心与大型枢纽站或停车场合建成为必要和可能。

6.0.5 为了实现信息化调度，建立信息网络及设施是基础，充分利用公交枢纽站、换乘站、停车场、保养场、首末站、中途站等在线网中的广覆盖来获取和反馈信息，能为科学调度提供最快捷的途径，为乘客提供准确的乘车信息服务，也为智能调度创造了条件。

6.0.6 因为中、小城市的人口、用地、公交线网、运力及客流规模有限，是否配置调度中心及相关设施，应根据需要与可能确定。

中华人民共和国行业标准

环境卫生设施设置标准

Standard for setting of environmental sanitation facilities

CJJ 27—2012

批准部门：中华人民共和国住房和城乡建设部
施行日期：２０１３年５月１日

中华人民共和国住房和城乡建设部
公 告

第 1558 号

住房城乡建设部关于发布行业标准
《环境卫生设施设置标准》的公告

现批准《环境卫生设施设置标准》为行业标准，编号为CJJ 27-2012，自2013年5月1日起实施。其中，第2.0.4、2.0.8、3.4.1、3.4.6、4.6.2条为强制性条文，必须严格执行。原《城镇环境卫生设施设置标准》CJJ 27-2005同时废止。

本标准由我部标准定额研究所组织中国建筑工业出版社出版发行。

中华人民共和国住房和城乡建设部
2012年12月24日

前 言

根据住房和城乡建设部《关于印发〈2009年工程建设标准制订、修订计划〉的通知》（建标〔2009〕88号）的要求，标准编制组经广泛调查研究，认真总结实践经验，参考有关国际标准和国外先进标准，并在广泛征求意见的基础上，修订了本标准。

本标准的主要技术内容是：1. 总则；2. 基本规定；3. 环境卫生公共设施；4. 环境卫生工程设施；5. 其他环境卫生设施。

本标准修订的主要技术内容是：1. 调整了原标准的适用范围；2. 修订了环境卫生车辆专用通道、储粪池、化粪池、车辆清洗站等内容；3. 增加了垃圾处理技术的选用原则、垃圾处理设施的用地指标等内容；4. 其他垃圾处理设施中增加了餐厨垃圾处理设施的内容；5. 根据新的研究成果和实践经验修订了原标准执行过程中发现的一些问题。

本标准中以黑体字标志的条文为强制性条文，必须严格执行。

本标准由住房和城乡建设部负责管理和对强制性条文的解释，由上海市环境工程设计科学研究院有限公司负责具体技术内容的解释。执行过程中如有意见和建议请寄送上海市环境工程设计科学研究院有限公司（地址：上海市徐汇区石龙路345弄11号；邮政编码：200232）。

本标准主编单位：上海市环境工程设计科学研究院有限公司

本标准参编单位：北京市环境卫生设计科学研究所
　　　　　　　　武汉市环境卫生科学设计研究院
　　　　　　　　天津市环境卫生工程设计研究所

本标准主要起草人员：张　益　吴冰思　万云峰
　　　　　　　　　　冯　蒂　吴文伟　韩振华
　　　　　　　　　　昝文安　余　毅　谭和平
　　　　　　　　　　邰　俊　刘　竞　张文伟
　　　　　　　　　　王　敏　李雄伟　严镝飞

本标准主要审查人员：郭祥信　王志国　徐海云
　　　　　　　　　　陈朱蕾　姚　辉　张束空
　　　　　　　　　　严　勃　宋欣幸　郭树波

目 次

1 总则 ································ 64—5
2 基本规定 ·························· 64—5
3 环境卫生公共设施 ·············· 64—5
　3.1 一般规定 ······················ 64—5
　3.2 废物箱 ························· 64—5
　3.3 垃圾收集点 ··················· 64—5
　3.4 公共厕所 ······················ 64—5
4 环境卫生工程设施 ·············· 64—7
　4.1 一般规定 ······················ 64—7
　4.2 垃圾收集站 ··················· 64—7
　4.3 垃圾转运站 ··················· 64—7
　4.4 垃圾、粪便码头 ············· 64—8
　4.5 水域保洁及垃圾收集设施 ·· 64—8
　4.6 生活垃圾处理设施 ··········· 64—8
　4.7 其他垃圾处理设施 ··········· 64—9
5 其他环境卫生设施 ·············· 64—9
　5.1 基层环境卫生机构 ··········· 64—9
　5.2 环境卫生车辆停车场 ········ 64—9
　5.3 环境卫生清扫、保洁工人
　　　作息场所 ······················ 64—9
　5.4 洒水（冲洗）车供水器 ···· 64—10
附录 A 垃圾日排出量及垃圾容器
　　　　设置数量计算方法 ········ 64—10
本标准用词说明 ····················· 64—10
引用标准名录 ························ 64—10
附：条文说明 ························ 64—11

Contents

1 General Provisions ············· 64—5
2 Basic Requirements ············· 64—5
3 Environmental Sanitation Public
　Facilities ····················· 64—5
　3.1 General Requirements ········ 64—5
　3.2 Litter Bin ················· 64—5
　3.3 Refuse Collection Spot ······ 64—5
　3.4 Public Toilet ·············· 64—5
4 Environmental Sanitation
　Engineering Facilities ········· 64—7
　4.1 General Requirements ········ 64—7
　4.2 Refuse Collection & Distributing
　　　Centre ···················· 64—7
　4.3 Refuse Transfer Station ····· 64—7
　4.4 Refuse & Nightsoil Transfer
　　　Wharf ····················· 64—8
　4.5 Waters Cleaning and Refuse
　　　Collection Facilities ······· 64—8
　4.6 Domestic Waste Treatment
　　　Facilities ················· 64—8
　4.7 Other Waste Treatment Facilities ······ 64—9
5 Other Environmental Sanitation
　Facilities ····················· 64—9
　5.1 Environmental Sanitation Primary
　　　Organization ·············· 64—9
　5.2 Parking Lot for Sanitation Truck ······ 64—9
　5.3 Rest Site for Environmental Sanitation
　　　Sweeper & Cleaner ·········· 64—9
　5.4 Water Feeder for Street Sprinkler &
　　　Roadway Flusher ··········· 64—10
Appendix A　Calculation for Generation
　　　　　　Quantity of Daily Refuse
　　　　　　and Setting Number of
　　　　　　Litter Bin ··········· 64—10
Explanation of Wording in This
　Standard ···················· 64—10
List of Quoted Standards ········· 64—10
Addition: Explanation of
　　　　　Provisions ············ 64—11

1 总则

1.0.1 为合理设置环境卫生设施，使环境卫生设施的规划和建设符合日常生活需要和管理要求，改善环境卫生质量，制定本标准。

1.0.2 本标准适用于城乡环境卫生设施的设置。

1.0.3 环境卫生设施设置除应符合本标准外，尚应符合国家现行有关标准的规定。

2 基本规定

2.0.1 环境卫生设施的设置应符合城乡规划，坚持布局合理、卫生适用、节能环保、便于管理的原则，应有利于环境卫生作业和对环境污染的控制。

2.0.2 环境卫生设施设置应与生活废物的分类投放、分类收集、分类运输、分类处理体系相适应。

2.0.3 环境卫生设施应统一规划和设置，其规模与形式应根据生活废物产量、收集方式和处理工艺等确定。

2.0.4 城乡新区开发与旧区改造时，环境卫生设施必须同步规划、同步建设、同期交付。

2.0.5 垃圾处理设施的设置宜考虑区域共享、城乡共享，实现设施的优化配置。

2.0.6 环境卫生设施必须具有应对突发公共卫生事件的生活废物收集、运输和处置功能。

2.0.7 环境卫生设施的建设应列入城乡建设计划。

2.0.8 替代环境卫生设施未交付前，不得停止使用或拆除原有的环境卫生设施。

3 环境卫生公共设施

3.1 一般规定

3.1.1 居住区、商业文化街、城镇道路以及商场、集贸市场、影剧院、体育场（馆）、车站、客运码头、大型公共绿地等场所附近及其他公众活动频繁处，应设置垃圾收集点、废物箱、公共厕所等环境卫生公共设施。环境卫生公共设施的设置应方便居民使用，不应影响市容观瞻。

3.1.2 生活废物中的有害垃圾应使用可封闭容器，单独收集、运输和处理，其相关容器、设备应具有标志，标志的图案和色泽应符合现行国家标准《城市生活垃圾分类标志》GB/T 19095 的规定。

3.2 废物箱

3.2.1 道路两侧或路口以及各类交通客运设施、公共设施、广场、社会停车场等的出入口附近应设置废物箱。废物箱应卫生、耐用、美观，并应能防雨、抗老化、防腐、阻燃。

3.2.2 废物箱应有明显标识并易于识别。

3.2.3 城市道路两侧的废物箱的设置间隔宜符合下列规定：

1 商业、金融业街道：50m～100m；
2 主干路、次干路、有辅道的快速路：100m～200m；
3 支路、有人行道的快速路：200m～400m。

3.2.4 镇（乡）建成区的道路两侧以及各类交通客运设施、公共设施、广场、社会停车场等的出入口附近等应设置废物箱。

3.2.5 镇（乡）建成区道路两侧设置废物箱间隔宜符合本章第 3.2.3 条的规定，并应乘以 1.2～1.5 的调整系数计算。

3.2.6 广场应按每 300m²～1000m² 设置一处。

3.3 垃圾收集点

3.3.1 垃圾收集点的位置应固定，其标志应清晰、规范、便于识别。

3.3.2 城市垃圾收集点的服务半径不宜超过 70m，镇（乡）建成区垃圾收集点的服务半径不宜超过 100m，村庄垃圾收集点的服务半径不宜超过 200m。

3.3.3 垃圾容器的容量和数量应按使用人口、各类垃圾日排出量、种类和收集频率计算。垃圾存放的总容纳量应满足使用需要，垃圾不得溢出而影响环境。垃圾日排出量及垃圾容器设置数量的计算方法应符合本标准附录 A 的规定。

3.3.4 垃圾容器间设置应规范，宜设有给排水和通风设施。混合收集垃圾容器间占地面积不宜小于 5m²，分类收集垃圾容器间占地面积不宜小于 10m²。

3.4 公共厕所

3.4.1 城镇中居住区内部公共活动区、城镇商业街、文化街、港口客运站、汽车客运站、机场、轨道交通车站、公交首末站、文体设施、市场、展览馆、开放式公园、旅游景点等人流聚集的公共场所，必须设置配套公共厕所，并应满足流动人群如厕需求。

3.4.2 公共厕所设置密度宜符合表 3.4.2 的规定。

表 3.4.2 公共厕所设置密度指标

城市用地类别	设置密度（座/km²）	备注
居住用地（R）	3～5	旧城区宜取密度指标的高限，新区宜取中、低限

续表 3.4.2

城市用地类别	设置密度（座/km²）	备注
公共管理与公共服务用地（A）、商业服务业设施用地（B）	4~11	公共管理与公共服务用地（A）中的文化设施用地（A2）、体育用地（A4）、医疗卫生用地（A5），以及商业服务业设施用地（B）中的商业设施用地（B1）、娱乐康体用地（B3）等人流量大的区域取密度指标的高限；其他人流稀疏区域宜取低限
交通设施用地（S）、绿地（G）	5~6	交通设施用地（S）中的综合交通枢纽用地（S3）、公共交通设施用地（S41）、社会停车场用地（S42）以及绿地（G）中的公园用地（G1）、广场用地（G3）的公共厕所设置以当地公共设施的布局情况而定
工业用地（M）、仓储用地（W）、公用设施用地（U）	1~2	—

注：1 城市用地类别按照现行国家标准《城市用地分类与规划建设用地标准》GB 50137的规定。
  2 公共厕所用地面积、建筑面积和等级根据现场用地情况、人流量和区域重要性确定。
  3 交通设施用地指标不含城市道路用地（S1）和轨道交通线路用地（S2）。

3.4.3 公共厕所设置间距宜符合表3.4.3的规定。

表 3.4.3 公共厕所设置间距指标

类别	设置位置	设置间距	备注
城市道路	商业性路段	<400m设1座	步行（5km/h）3min内进入厕所
	生活性路段	400m~600m设1座	步行（5km/h）4min内进入厕所
	交通性路段	600m~1200m设1座	宜设置在人群停留聚集处

续表 3.4.3

类别	设置位置	设置间距	备注
城市休憩场所	开放式公园（公共绿地）	≥2hm²应设置	数量应符合国家现行标准《公园设计规范》CJJ 48的相关规定
	城市广场	<200m服务半径设1座	城市广场至少应设置1座公共厕所，厕位数应满足广场平时人流量需求；最大人流量时可设置活动式公共厕所应急
	其他休憩场所	600m~800m服务半径设1座	主要是旅游景区等
镇（乡）	建成区	400m~500m设1座	可参照城市相关规定
	有公共活动区的村庄	每个村庄设1座	—

注：1 公共厕所沿城镇道路设置的，应根据道路性质选择公共厕所设置密度：
  ① 商业性路段：沿街的商业型建筑物占街道上建筑物总量的50%以上；
  ② 生活性道路：沿街的商业型建筑物占街道上建筑物总量的15%~50%；
  ③ 交通性道路：沿街商业型建筑物在15%以下。
  2 路边公共厕所宜与加油站、停车场等设施合建。

3.4.4 城镇公共厕所分为公共场所配套公共厕所、社会对外开放公共厕所、环卫公共厕所。配套公共厕所建设中有下列情况之一的，应采用改建现有公共厕所、内部厕所对外开放、另建公共厕所等措施。

1 各类公共场所未建设为室外人群服务的配套公共厕所的；

2 原有公共场所配套公共厕所规模不能满足室外人群如厕需求的；

3 已建公共场所配套公共厕所设施设备配置不能满足国家现行标准要求的。

3.4.5 城镇新建、改建区域的公共厕所的规划、设计和建设应符合国家现行标准《城市公共厕所设计标准》CJJ 14的有关规定，并应符合下列规定：

1 公共厕所建筑形式应以固定式公共厕所为主、活动式公共厕所为辅；公共厕所建设形式应以附属式公共厕所为主、独立式公共厕所为辅。

2 大中型商场、餐饮场所、娱乐场所及其他公共建筑内的厕所，繁华道路及人流量较高地区单位内的厕所，应向路人开放。

3 附属式公共厕所宜设在建筑物底层或外部场地，应有单独出入口及管理室。

4 公共厕所均应设置公共厕所标志及相应的指引标志，并应符合国家现行标准《环境卫生图形符号标准》CJJ/T 125 的相关规定。

5 公共厕所内部应空气流通、光线充足、沟通路平；应有防臭、防蛆、防蝇、防鼠等技术措施。

3.4.6 公共厕所的粪便严禁直接排入雨水管、河道或水沟内。

3.4.7 有污水管网的地区，公共厕所的粪便宜排入污水管网；无污水管网的地区，公共厕所粪便应排入化粪池。

4 环境卫生工程设施

4.1 一般规定

4.1.1 环境卫生工程设施应根据安全、环保、经济的原则选址，并应设置在交通运输方便、市政条件较好并对周边居民影响较小的地区；生活垃圾及其他垃圾处理、处置设施宜位于城市规划建成区夏季最小频率风向的上风侧及城市水系的下游，并应符合城市建设项目环境影响评价的要求。

4.1.2 垃圾处理设施等应按其相应的适用条件，遵循因地制宜、技术可行、设备可靠、综合利用的原则，合理选择卫生填埋、焚烧、堆肥等单一工艺或组合工艺的规划布局。垃圾处理设施技术选择应符合下列规定：

1 对于拥有相应土地资源且具有较好的污染控制条件的地区，可采用卫生填埋方式实现生活垃圾无害化处理。

2 当生活垃圾热值大于 5000kJ/kg 且卫生填埋场选址困难时宜设置焚烧处理设施。

3 对于进行分类回收可降解有机垃圾的地区，且易生物降解的有机物含量大于 70% 时，可采用适宜的生物处理技术；对于生活垃圾混合收集的地区，应审慎采用生物处理技术。

4.1.3 其他垃圾处理设施应按分类收集、综合处理和利用的要求合理布置。

4.1.4 垃圾处理设施绿化隔离带应符合下列规定：

1 卫生填埋设施、焚烧处理设施、堆肥处理设施、餐厨垃圾处理设施绿化隔离带宽度不应小于 10m 并沿周边布置。

2 粪便处理厂绿化隔离带宽度不应小于 5m 并沿周边布置。

4.2 垃圾收集站

4.2.1 垃圾收集站设置应符合下列规定：

1 封闭的居住小区内，宜设置收集站。

2 居住小区或村庄超过 5000 人时，应设置收集站。

3 居住小区少于 5000 人时，可与相邻区域联合设置收集站。

4 镇（乡）建成区垃圾日产量超过 4t/d 时，宜设置收集站。

4.2.2 收集站的服务半径应符合下列规定：

1 采用人力收集，服务半径宜为 0.4km 以内，最大不宜超过 1km。

2 采用小型机动车收集，服务半径不宜超过 2km。

4.2.3 收集站的规模应根据服务区域内规划人口数预测的垃圾产生高峰月的平均日产生量确定。

4.2.4 收集站宜设置在服务区域内市政设施较完善、方便环卫车辆安全作业的地方。

4.2.5 垃圾收集站应密闭且设置给排水设施，并应有除臭措施。现有敞开式收集站应逐步改造为密闭式收集站。

4.2.6 垃圾收集站的设备配置应根据其规模、垃圾车厢容积及日运输车次来确定。建筑面积不宜小于 80m²。

4.2.7 垃圾收集站的布置应满足作业要求并与周边环境协调，外围宜设置绿化隔离带。

4.3 垃圾转运站

4.3.1 垃圾转运站的设计日转运能力，可按规模划分为大、中、小型三大类，和Ⅰ、Ⅱ、Ⅲ、Ⅳ、Ⅴ五小类。

4.3.2 当垃圾运输距离超过经济运距且运输量较大时，宜设置垃圾转运站。垃圾转运站的设置应符合下列规定：

1 服务范围内垃圾运输平均距离超过 10km，宜设置垃圾转运站；平均距离超过 20km 时，宜设置大、中型转运站。

2 镇（乡）宜设置转运站。

3 采用小型转运站转运的城镇区域宜按每 2km²～3km² 设置一座小型转运站。

4 垃圾转运站的用地指标应根据日转运量确定，并应符合表 4.3.2 的规定。

表 4.3.2 垃圾转运站用地标准

类型		设计转运量（t/d）	用地面积（m²）	与站外相邻建筑间距（m）	转运作业功能区退界距离（m）	绿地率（%）
大型	Ⅰ类	1000～3000	≤20000	≥30	≥5	20～30
	Ⅱ类	450～1000	10000～15000	≥20	≥5	
中型	Ⅲ类	150～450	4000～10000	≥15	≥5	
小型	Ⅳ类	50～150	1000～4000	≥10	≥5	
	Ⅴ类	≤50	800～1000	≥8	—	—

注：1 表内用地面积不包括垃圾分类和堆放作业用地。
2 与站外相邻建筑间隔自转运站边界起计算。
3 转运作业功能区指垃圾收集车回转、垃圾压缩装箱、转运车牵箱及转运车回转等功能区域。
4 以上规模类型Ⅱ、Ⅲ、Ⅳ类含下限值不含上限值，Ⅰ类含下限值。

4.3.3 垃圾转运站外形应美观，并应与周围环境相协调，应采用先进设备，作业时应能实现封闭、减容、压缩。飘尘、噪声、臭气、排水等指标应符合国家相关环境保护标准要求。

4.3.4 大、中型垃圾转运站内应设置垃圾称重计量系统和监控系统，小型转运站可设置垃圾称重计量系统和监控系统。

4.4 垃圾、粪便码头

4.4.1 垃圾、粪便码头应设置供卸料、停泊、吊档的岸线和陆上作业区。陆上作业区包括装卸车道、计量装置、大型装卸机械、仓储、管理等用地。

4.4.2 码头泊位长度应满足船舶安全靠离、系缆和装卸作业的要求，码头泊位长度应根据不同布置形式按下列公式计算：

1 独立布置的单个泊位（图4.4.2-1）的泊位长度应按下式计算：

$$L_b = L + 2d \quad (4.4.2-1)$$

式中：L_b——泊位长度（m）；
L——设计船型长度（m）；
d——泊位富裕长度（m）。

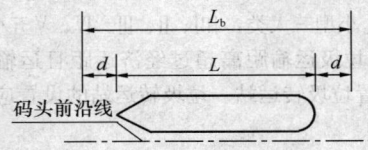

图4.4.2-1 单个泊位长度

2 在同一码头前沿线连续布置多个泊位（图4.4.2-2）的泊位长度应按下式计算：

$$L_{b1} = L + 1.5d \quad (4.4.2-2)$$
$$L_{b2} = L + d \quad (4.4.2-3)$$

式中：L_{b1}——端部泊位长度（m）；
L_{b2}——中间泊位长度（m）；
L——设计船型长度（m）；
d——泊位富裕长度（m）。

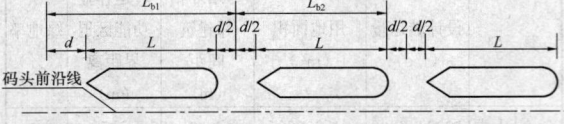

图4.4.2-2 多个泊位长度

3 有移档作业或吊档作业的泊位长度（图4.4.2-3）：

$$L_b = L_y + 1.5d \quad (4.4.2-4)$$

式中：L_b——泊位长度（m）；
L_y——船舶移动所需的水域长度（m），移档作业时取1.5倍~1.6倍设计船型长度（L），吊档作业时取2倍设计船型长度；
d——泊位富裕长度（m）。

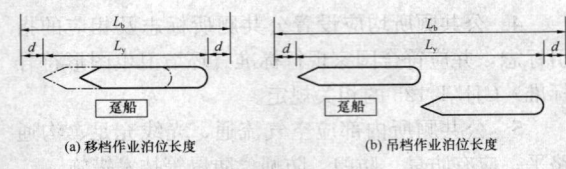

图4.4.2-3 移档吊档泊位长度

4.4.3 垃圾粪便码头泊位富裕长度取值应符合表4.4.3的规定。

表4.4.3 垃圾粪便码头泊位富裕长度

设计船型长度 L（m）		$L \leq 40$	$40 < L \leq 85$
富裕长度 d（m）	直立式码头	5	8~10
	斜坡码头或浮码头	8	9~15

注：相邻两泊位船型不同时，d值应按较大船型选取。

4.4.4 垃圾、粪便码头所需陆上面积每米岸线不应少于15m²。在有条件的码头，应预留改建为集装箱专业码头的用地。码头应有防尘、防臭、防垃圾、粪便、污水散落下河（海）设施，粪便码头应建造封闭式防渗储粪池。

4.5 水域保洁及垃圾收集设施

4.5.1 根据河道走向、水流变化规律，宜在水面垃圾易聚集处设置水面垃圾拦截设施。除拦截库区外，拦截设施应采取遮盖措施，避免垃圾暴露影响周边环境。

4.5.2 打捞的垃圾可通过设置水域保洁管理站或水域垃圾上岸点驳运。水域垃圾上岸点宜结合转运站设置，应配备垃圾收集容器及滤水设施。水域垃圾上岸点应有专人管理，负责日常保洁和维护。

4.5.3 在城市规划区内，水域保洁管理站应按河道分段设置，宜按每12km~16km河道长度设置一座。水域保洁管理站应有满足水域保洁打捞垃圾上岸转运、保洁及监察船舶停靠、水域保洁监管办公及保洁工人休息等功能所需的岸线和陆上用地。水域保洁管理站使用岸线每处不宜小于50m，陆上实际用地面积不宜少于800m²。

4.6 生活垃圾处理设施

4.6.1 卫生填埋设施的设置应符合下列规定：

1 卫生填埋设施污染源距居民居住区或人畜供水点等区域应大于0.5km。

2 卫生填埋设施使用年限不应小于10年，库容利用系数不应小于8m³/m²。

4.6.2 卫生填埋设施应位于地质情况较为稳定、取土条件方便、具备运输条件、人口密度低、土地及地下水利用价值低的地区，不得设置在水源保护区、地下蕴矿区内。

4.6.3 焚烧处理设施的设置应符合下列规定：

1 焚烧处理设施污染源距离居民点等区域应大

于 0.3km。

　　2 焚烧处理设施综合用地指标采用（50～200）m²/(t·d)。

4.6.4 堆肥处理设施的设置应符合下列规定：

　　1 堆肥处理设施污染源距离居民点等区域应大于 0.5km。

　　2 堆肥处理设施综合用地指标采用（85～300）m²/(t·d)。

4.7 其他垃圾处理设施

4.7.1 餐厨垃圾处理设施的设置应符合下列规定：

　　1 餐厨垃圾应进行源头单独分类收集、密闭运输，餐厨垃圾总产生量大于 50t/d 的地区宜建设集中餐厨垃圾处理设施。

　　2 餐厨垃圾处理设施宜与生活垃圾处理设施合建。

　　3 集中餐厨垃圾处理设施污染源距居民点等区域应大于 0.5km。

　　4 餐厨垃圾处理设施综合用地指标应根据不同工艺合理确定，宜采用（85～300）m²/(t·d)。

4.7.2 大件垃圾处理设施的设置应符合下列规定：

　　1 大、中城市宜设置区域性大件垃圾处理设施。

　　2 大件垃圾处理设施宜与其他环境卫生工程设施合建。

　　3 大件垃圾储存场所应符合现行国家标准《一般工业固体废物储存、处置场污染控制标准》GB 18599 的有关规定。

4.7.3 建筑垃圾转运调配和处理设施的设置应符合下列规定：

　　1 建筑垃圾处理设施污染源距居民居住区或人畜供水点等区域应大于 0.5km，转运调配设施可参照执行。

　　2 建筑垃圾处理设施使用年限不应小于 10 年，库容利用系数不宜小于 8m³/m²。转运调配设施堆放高度不宜超过周围地坪 3m，并应保证堆体稳定和周边设施安全。

4.7.4 粪便处理设施的设置应符合下列规定：

　　1 粪便应逐步纳入城市污水管网，统一处理。在城市污水管网不健全地区，未纳管粪便应由粪便处理设施处理后排放或纳入污水厂。

　　2 粪便处理设施规模不宜小于 50t/d。

　　3 粪便处理设施应优先选择在污水处理厂或主干管网、生活垃圾卫生填埋场的用地范围内或附近。

　　4 粪便处理设施用地指标应根据处理量、处理工艺确定，并应符合表 4.7.4 的规定。

表 4.7.4　粪便处理设施用地指标

处理方式	厌氧消化（m²/t）	絮凝脱水（m²/t）	固液分离预处理（m²/t）
用地指标	20～25	12～15	6～10

5 其他环境卫生设施

5.1 基层环境卫生机构

5.1.1 基层环境卫生机构应按当地环境卫生管理体系（镇、街道）的划分进行设置，其用地面积和建筑面积应按行政区划范围和服务人口确定。

5.1.2 城镇基层环境卫生机构宜与环境卫生车辆停车场、垃圾转运站合建。基层环境卫生机构的用地指标应按表 5.1.2 确定。

表 5.1.2　基层环境卫生机构用地指标

用地规模（m²/万人）	建筑面积（m²/万人）
190～470	160～240

注：1　表中"万人指标"中的"万人"，系指居住地区的人口数量。
　　2　用地面积计算指标中，人口密度大的取下限，人口密度小的取上限。
　　3　表内用地面积不包括环境卫生停车场、垃圾转运站用地。

5.1.3 基层环境卫生机构应设有管理及就餐场所等。

5.2 环境卫生车辆停车场

5.2.1 环境卫生车辆停车场宜设置在服务区范围内，应避开人口稠密和交通繁忙区域。

5.2.2 场内设施宜包括管理用房、修理工棚、清洗设施。

5.2.3 环境卫生车辆停车场用地可按表 5.2.3 计算，环境卫生车辆数可按 2.5 辆/万人估算。

表 5.2.3　环境卫生车辆停车场用地指标

车辆类型	停车场用地面积指标（m²/辆）
微型	50
小型	100
大中型	150

5.3 环境卫生清扫、保洁工人作息场所

5.3.1 在露天、流动作业的环境卫生清扫、保洁工人工作区域内，应设置工人作息场所。

5.3.2 工人作息场所宜与垃圾收集站、垃圾转运站、环境卫生车辆停车场、独立式公共厕所合建。工人作息场所的设置数量和面积，宜根据清扫保洁服务半径和环境卫生工人数量确定。作息场所设置指标应符合表 5.3.2 的规定。

表 5.3.2　环境卫生清扫、保洁工人作息场所设置指标

作息场所设置数（座/km）	环境卫生清扫、保洁工人平均占有建筑面积（m²/人）	每处空地面积（m²）
1/0.5～1.5	2～4	20～60

注：1　表中 km 系指环卫工人的清扫保洁服务半径。
　　2　设置数量计算指标中，人口密度大的取下限，人口密度小的取上限。

5.4 洒水（冲洗）车供水器

5.4.1 洒水车和冲洗道路专用车辆的给水，可利用市政给水管网及地表水、地下水、中水作为水源，其水质应符合现行国家标准《城市污水再生利用 城市杂用水水质》GB/T 18920 的规定。

5.4.2 供水器可利用消防栓等其他城镇供水设施资源。

5.4.3 供水器的间隔应根据道路宽度和专用车辆吨位确定。供水器宜设置在次干道和支路上，间距不宜大于 1500m。

附录 A 垃圾日排出量及垃圾容器设置数量计算方法

A.0.1 垃圾容器收集范围内的垃圾日排出重量应按下式计算：

$$Q = A_1 A_2 RC \qquad (A.0.1)$$

式中：Q——垃圾日排出重量（t/d）；
A_1——垃圾日排出重量不均匀系数 $A_1 = 1.1 \sim 1.5$；
A_2——居住人口变动系数 $A_2 = 1.02 \sim 1.05$；
R——收集范围内规划人口数量（人）；
C——预测的人均垃圾日排出重量[t/（人·d）]。

A.0.2 垃圾容器收集范围内的垃圾日排出体积应按下式计算：

$$V_{ave} = \frac{Q}{D_{ave} A_3} \qquad (A.0.2\text{-}1)$$

$$V_{max} = K V_{ave} \qquad (A.0.2\text{-}2)$$

式中：V_{ave}——垃圾平均日排出体积（m³/d）；
A_3——垃圾密度变动系数 $A_3 = 0.7 \sim 0.9$；
D_{ave}——垃圾平均密度（t/m³）；
K——垃圾高峰时日排出体积的变动系数，$K = 1.5 \sim 1.8$；
V_{max}——垃圾高峰时日排出最大体积（m³/d）。

A.0.3 收集点所需设置的垃圾容器数量应按下式计算：

$$N_{ave} = \frac{V_{ave}}{EB} A_4 \qquad (A.0.3\text{-}1)$$

$$N_{max} = \frac{V_{max}}{EB} A_4 \qquad (A.0.3\text{-}2)$$

式中：N_{ave}——平均所需设置的垃圾容器数量；
E——单只垃圾容器的容积（m³/只）；
B——垃圾容器填充系数，$B = 0.75 \sim 0.9$；
A_4——垃圾清除周期（d/次）；当每日清除 2 次时，$A_4 = 0.5$；每日清除 1 次时，$A_4 = 1$；每 2 日清除 1 次时，$A_4 = 2$，以此类推；
N_{max}——垃圾高峰时所需设置的垃圾容器数量。

本标准用词说明

1 为便于在执行本标准条文时区别对待，对要求严格程度不同的用词说明如下：
　　1）表示很严格，非这样做不可的：
　　　　正面词采用"必须"；反面词采用"严禁"。
　　2）表示严格，在正常情况下均应这样做的：
　　　　正面词采用"应"；反面词采用"不应"或"不得"。
　　3）表示允许稍有选择，在条件许可时首先应这样做的：
　　　　正面词采用"宜"；反面词采用"不宜"。
　　4）表示有选择，在一定条件下可以这样做的，采用"可"。

2 条文中指明应按其他有关标准执行的写法为："应符合……的规定"或"应按……执行"。

引用标准名录

1 《城市用地分类与规划建设用地标准》GB 50137
2 《一般工业固体废物储存、处置场污染控制标准》GB 18599
3 《城市污水再生利用 城市杂用水水质》GB/T 18920
4 《城市生活垃圾分类标志》GB/T 19095
5 《城市公共厕所设计标准》CJJ 14
6 《公园设计规范》CJJ 48
7 《环境卫生图形符号标准》CJJ/T 125

中华人民共和国行业标准

环境卫生设施设置标准

CJJ 27—2012

条 文 说 明

修 订 说 明

《环境卫生设施设置标准》CJJ 27-2012 经住房和城乡建设部 2012 年 12 月 24 日以第 1558 号公告批准、发布。

本标准是在《城镇环境卫生设施设置标准》CJJ 27-2005 的基础上修订而成的。上一版的主编单位是上海市环境工程设计科学研究院，参编单位是北京市环境卫生设计科学研究所、武汉市环境卫生科学设计研究院、天津市环境卫生工程设计研究所。主要起草人是：张益、秦峰、吴冰思、冯蒂、吴文伟、冯其林、张范、张艳、罗毅、昝文安、朱炳诚。

本标准修订过程中，编制组进行了大量的调查研究，总结了我国环卫设施设置的实践经验，同时参考和借鉴了有关现行国家和行业标准，本次修订的主要内容是：1. 调整了原标准的适用范围；2. 修订了环境卫生车辆专用通道、储粪池、化粪池、车辆清洗站等内容；3. 增加了垃圾处理技术的选用原则、垃圾处理设施的用地指标等内容；4. 其他垃圾处理设施中增加了餐厨垃圾处理设施的内容；5. 根据新的研究成果和实践经验修订了原标准执行进程中发现的一些问题。

为方便广大设计、施工、科研、学校等单位的有关人员在使用本标准时能正确理解和执行条文规定，《环境卫生设施设置标准》编制组按章、节、条顺序编制了本标准的条文说明，对条文规定的目的、依据以及执行中需要注意的有关事项进行了说明，还着重对强制性条文的强制性理由进行了解释。但是，本条文说明不具备与标准正文同等的法律效力，仅供使用者作为理解和把握条文内容的参考。

目　次

1 总则 …………………………………… 64—14
2 基本规定 ……………………………… 64—14
3 环境卫生公共设施 …………………… 64—14
　3.1　一般规定 ………………………… 64—14
　3.2　废物箱 …………………………… 64—14
　3.3　垃圾收集点 ……………………… 64—14
　3.4　公共厕所 ………………………… 64—15
4 环境卫生工程设施 …………………… 64—16
　4.1　一般规定 ………………………… 64—16
　4.2　垃圾收集站 ……………………… 64—17
　4.3　垃圾转运站 ……………………… 64—17
　4.4　垃圾、粪便码头 ………………… 64—18
　4.5　水域保洁及垃圾收集设施 ……… 64—18
　4.6　生活垃圾处理设施 ……………… 64—18
　4.7　其他垃圾处理设施 ……………… 64—19
5 其他环境卫生设施 …………………… 64—19
　5.1　基层环境卫生机构 ……………… 64—19
　5.2　环境卫生车辆停车场 …………… 64—19
　5.3　环境卫生清扫、保洁工人作息
　　　场所 ……………………………… 64—19
　5.4　洒水（冲洗）车供水器 ………… 64—20

1 总 则

1.0.1 本条款说明了本标准编制的指导思想，强调了环卫设施的必要性和目的性。

1.0.2 为加强农村地区环境卫生管理，将适用范围从城镇扩大至农村地区。本标准中涉及的范围概念有城乡、城市、城镇、镇（乡）、镇（乡）建成区、农村、村庄等。其中城乡包括城市和镇（乡）；镇（乡）包括镇（乡）建成区和农村；城镇包括城市和镇（乡）建成区；农村的村民聚集区为村庄。

1.0.3 设置环境卫生设施，应执行国家现行的有关标准。

2 基本规定

2.0.1 该标准适用于城乡规划，包括城镇体系规划、城市规划、镇规划、乡规划和村庄规划；城市规划、镇规划分为总体规划和详细规划；详细规划分为控制性详细规划和修建性详细规划。环境卫生设施的设置不仅要与城市、村镇总体规划相协调，尤其是要与城市详细规划以及村镇建设规划相协调，以便于落实环境卫生设施用地。

2.0.2 规定了环境卫生设施设置时应考虑垃圾分类投放、分类收集、分类运输和分类处理的系统性，是实现垃圾处理减量化、资源化、无害化的重要保证。参照国家现行标准《市容环境卫生术语标准》CJJ/T 65，生活废物指人类在生活活动过程中产生的废物，而生活垃圾是指人类在生活活动过程中产生的垃圾，是生活废物的重要组成部分。

2.0.3 规定了各种环境卫生设施应统一进行规划和设置，并要因地制宜。

2.0.4 在新区开发和旧区改造过程中，环境卫生设施设置必须与主体工程进度保持一致。

2.0.5 规定了区域性规划和垃圾处理设施资源共享的重要性。

2.0.6 规定垃圾处理设施设置中必须具备应对突发公共卫生事件的能力。

2.0.7 为确保项目实施，环境卫生设施的建设应列入城乡建设计划。

2.0.8 本条是为了限制旧城改造中，被改建、拆除的环境卫生设施还建不到位的现象，明确了在替代环境卫生设施未交付前不得停止使用或拆除原有的环境卫生设施。

3 环境卫生公共设施

3.1 一般规定

3.1.1 本条规定了设置环境卫生公共设施重点应考虑的场所。本次修订将"应设置垃圾收集容器或垃圾收集容器间、公共厕所等环境卫生公共设施"调整为"应设置废物箱、垃圾收集点、公共厕所等环境卫生公共设施"，以与本章中提到的各类环境卫生公共设施名称统一。

3.1.2 本标准中生活废物包括生活垃圾和其他垃圾，其中其他垃圾包括餐厨垃圾、大件垃圾、建筑垃圾和粪便。由于有害垃圾收集涉及3.2、3.3节，故将有害垃圾内容调整至本节。在原标准执行中各地管理部门反映有害垃圾相关内容作为强制性条文难以执行，故本次修订将其调整为非强制性条文。

3.2 废物箱

3.2.1 废物箱俗称果皮箱，是设置在道路两侧和公共场所等处一种特殊的垃圾收集点。其设置主要为解决流动人员的废弃物，设在路旁便于丢弃，同样由于设在路旁，其造型美观、风格与周围环境协调就很重要。

3.2.2 公共场所的废物箱，由于其接纳的垃圾的成分不同于居民生活垃圾，因而其分类方式也不同于居住区的分类方式，应根据所在场所的流动人员的活动特征，有针对性地设置分类收集废物箱，并有明显易懂的标志。

3.2.3 原标准中废物箱的设置间距考虑主要出于方便行人随时丢弃垃圾，间距较小，影响景观，随着市民行为规范的提高，除旅游景点、步行街、交通站、体育场（馆）等人流集散场所的废物箱设置间距可较小外，其余道路应放宽间距。本次修订增加了村镇的相关规定，并且对道路和广场废物箱设置分别进行了规定。

3.2.4 镇（乡）建成区道路两侧以及各类交通客运设施、公共设施、广场、社会停车场等公共场所也应该设置废物箱，且废物箱的设置间距应按道路功能来确定。

3.2.5 由于镇（乡）建成区相比城市人流量少，同样功能的道路两侧废物箱设置密度应较城市低，因此本条规定参照城市道路两侧的废物箱的设置间隔，乘以1.2～1.5的调整系数。

3.2.6 按照每个废物箱服务半径约为10m～20m设置，即相当于设置间隔约为20m～40m，但是广场上的废物箱一般大多沿广场周边设置，若将广场按圆形来考虑，则300m²～1000m²设置一处即相当于沿周边约60m～110m设置一处废物箱。具体取值需根据广场面积大小来确定，面积大的宜取上限，面积小的宜取下限。

3.3 垃圾收集点

3.3.1 垃圾收集点指按规定设置的收集垃圾的地点。垃圾收集点主要包括两种形式，一种是设有建构筑物的垃圾容器间的形式,另一种为不设建构筑物仅放置垃圾容器的形式。垃圾容器包括废物箱(见3.2节)、垃圾桶、垃圾箱等;垃圾容器间一般为内设垃圾容器的建构筑物。本条增加了垃圾收集点的标志要求,并明确垃圾收集点、垃圾分类标志应符合国家现行标准。其中垃圾收集点标志应符合国家现行标准《环境卫生图形符号标准》CJJ/T 125 的规定,垃圾分类图形标志应符合现行国家标准《城市生活垃圾分类标志》GB/T 19095 的规定。参照《市容环境卫生术语标准》CJJ/T 65-2004 的规定,垃圾收集点服务半径及收集量较小,一般是直接提供使用者投放垃圾的设施。

3.3.2 生活垃圾收集点的服务半径不宜过大,以便于垃圾的收集和投放,同时也要避免垃圾收集点面积过大,根据环境条件、经济发展水平及生活习性等采取具体的垃圾收集点形式。由于现在住宅形式较多,因此难以根据住宅形式规定收集点设置位置,故删除了原标准"在规划建造新住宅区时,未设垃圾收集站的多层住宅每4幢应设置一个垃圾收集点,并建造垃圾容器间,安置活动垃圾箱(桶)"的规定。

城市居民区住宅集中,人口密度大,为方便垃圾的收集和投放,收集点的服务半径不宜超过70m。本次修订范围扩展到农村地区,其中镇(乡)建成区居民住宅较分散,人口密度较城市小,垃圾收集点的服务半径放大至100m;村庄多为独立住宅,人口密度更小,垃圾收集点的服务半径放大至200m。为方便收集作业,收集点应该设置在收集车易于停靠的路边等地。

3.3.3 垃圾量由生活习惯、生活质量等因素确定,此外再根据人口数量、收集频率、垃圾种类等确定存放容器的容量。

3.3.4 分类收集垃圾容器间需根据分类方式放置分类收集容器,并考虑废旧物品的存放用地。

3.4 公共厕所

3.4.1 城镇各类公共场所是吸引大量人流的主要设施,为其所吸引的人群提供如厕服务,是各类公共场所的义务。根据对城镇各种公共场所现行的设计标准、规范进行统计,铁路旅客车站、电影院等公共场所的厕所设置要求规定得比较具体;公园、剧场、旅馆、商场等公共场所的标准规范规定较模糊;而港口客运站、公交始末站、地铁、步行商业街等公共场所的标准规范未提及厕所的设置要求;另外汽车客运站、社会停车场、体育建筑等公共场所对建筑内部厕所作了规定,但对其外部场地的厕所未作要求。部分现行标准规范对厕所的规定摘录如下:

《铁路旅客车站建筑设计规范》GB 50226-2007 第4.0.12条:车站广场应设置厕所,最小使用面积可根据最高聚集人数或高峰小时发送量按每千人不宜小于25m²或4个厕位确定。当车站广场面积较大时宜分散布置。

《旅馆建筑设计规范》JGJ 62-90 第3.3.1条:一、二、三级旅馆建筑门厅内或附近应设厕所、休息会客、外币兑换、邮电通讯、物品寄存及预订票证等服务设施;四、五、六级旅馆建筑门厅内或附近应设厕所、休息、接待等服务设施。

《剧场建筑设计规范》JGJ 57-2000 第4.0.6条:剧场应设观众使用的厕所,厕所应设前室。厕所门不得开向观众厅。男女厕位数比率为1:1,卫生器具应符合下列规定:(1)男厕:应按每100座设一个大便器,每40座设一个小便器或0.60m长小便槽,每150座设一个洗手盆;(2)女厕:应按每25座设一个大便器,每150座设一个洗手盆;(3)男女厕均应设残疾人专用蹲位。

《电影院建筑设计规范》JGJ 58-2008 第4.3.1条:公共区域宜由门厅、休息厅、售票处、小卖部、衣物存放处、厕所等组成。第4.3.8条:电影院内应设厕所,厕所的设置应符合现行行业标准《城市公共厕所设计标准》CJJ 14 中的有关规定。

《博物馆建筑设计规范》JGJ 66-91 第3.1.2条:观众服务设施应包括售票处、存物处、纪念品出售处、食品小卖部、休息处、厕所等。

《镇规划标准》GB 50188-2007 第12.3.5条:镇区主要街道两侧、公共设施以及市场、公园和旅游景点等人群密集场所宜设节水型公共厕所。

从目前国内各城镇公共厕所服务系统反映出的问题来看,主要是各人流集中的公共场所附近公共厕所缺乏。造成问题的原因主要是公共场所建造时对厕所重视不够,有的建设了公共厕所,但是布局和规模不合理;有的仅考虑了室内厕所,未考虑为室外流动人群提供如厕服务。

3.4.2 为方便不同层次的预测公共厕所的数量,保留了设置密度指标,并按照国家标准《城市用地分类与规划建设用地标准》GB 50137-2011 的规定,对用地分类类别进行了更新,对新的用地类别的公共厕所密度指标进行了修正。

3.4.3 根据近几年城镇公共厕所建设经验,公共厕所主要服务于城市公共场所的人群,公共厕所设置位置与公共场所和人有关,人流集中的公共场所必须设置相应的公共厕所,因此,公共厕所的间距和数量与公共场所的位置和数量有关,与人口和用地规模关系不大。但对于城镇范围内的一般性区域,如道路、城市休憩场所等处也有人群流动,需要设置公共厕所以满足人群如厕需求。因此,本次修编将公共厕所的设置间距调整到与人流相关的道路和公共场所范围内。

根据人行走的路线和停留的场所,公共厕所设置位置分为城市道路、城市休憩场所。根据人流量的大小,本标准将城市道路分为商业性路段、生活性路段和交通性路段。商业性路段是指沿街商业型建筑物占街道上建筑物总量的50%以上的路段，单边步行人流量约在（3000～5000）人次/h；生活性道路是指沿街商业型建筑物占街道上建筑物总量的15%～50%，单边步行人流量约为（1000～3000）人次/h；交通性道路是指沿街商业型建筑物在15%以下，单边步行人流量1000人次/h以下的道路。

根据对行人如厕意愿的调查研究表明，人产生如厕生理需求后，大多数希望在2min～3min之内找到厕所。因此，本标准以人急步行走2min～3min到达厕所为依据，计算公共厕所的分布间距。

3.4.4 公共厕所是为城乡公共人群服务的，根据人群所处场所的不同，公共厕所分为配套公共厕所、对外开放公共厕所、环卫公共厕所三类。

配套公共厕所是指在城镇中人流聚集的公共场所（居住区内部公共活动区、城市商业街、文化街、火车客运站、汽车客运站、机场、港口客运站、轨交站、公交始末站、文体设施、集贸市场、展览馆、公园、旅游景点等），按照公共场所的设计规定（规范、标准等）配套建造的公共厕所。城镇公共场所为所辖范围内的人群提供如厕服务，是公共场所（管理者或业主）的义务。

对外开放公共厕所是指城市中的经营性场所（酒店、宾馆、餐馆、饭店、商场、茶馆、咖啡馆、网吧等）或公共写字楼、办公楼等的内部厕所向外部人群开放的厕所。各地环卫部门应当鼓励经营性场所业主将内部厕所对外开放。

环卫公共厕所是指在城市道路、市政广场、公共绿地等人流通行区域（周边一定范围内没有公共场所配套公共厕所和对外开放公共厕所），由环卫部门主导建造的公共厕所。环卫公共厕所以固定式为主（根据需要选择附属式公共厕所或者独立式公共厕所），若建设固定式厕所比较困难时，可设置活动式公共厕所。

人群的如厕需求主要仍需由配套公共厕所及对外开放公共厕所来满足，且依据公共厕所建设难度大、落点难等实际难题，本条提出了加强城市公共场所配套公共厕所的配套服务功能的要求。要提高城市公共厕所的服务水平，首先应该规范城市各类公共场所配套公共厕所的设置，明确配套公共厕所设置要求，特别是为室外流动人群提供服务的配套公共厕所的设置要求。

3.4.5 本条对公共厕所建设提出了规范化要求。公共厕所的设计、建造应该按照国家现行标准《城市公共厕所设计标准》CJJ 14的有关要求进行，厕位数、建设标准、配套设施等的设计应该符合公共场所的人流量、公共场所所在区域的特点，以及其他设计标准、规范的规定。村庄的公共活动区应该设置公共厕所，建设形式可以参照城镇地区公共厕所的要求。

1 本条对公共厕所的建筑形式和建设形式提出了要求。为了减少公共厕所单独占用土地，应与主体建筑合建；同时为了提高公共厕所的服务水平，应采用固定式公共厕所。

2 本条提出了大中型商场、餐饮场所、娱乐场所及其他公共建筑内的厕所，繁华道路及人流量较高地区单位内的厕所，应由政府主管部门主导，各级单位配合，积极将内部厕所对外开放。

3～5 规定了公共厕所辅助设施的要求。

3.4.6、3.4.7 不允许公共厕所产生的粪便污水不经过处理直接排入城镇市政雨水管道和河流水沟。没有污水处理厂的地区，水冲式公共厕所应设化粪池以便粪便污水排放。

4 环境卫生工程设施

4.1 一般规定

4.1.1 环境卫生工程设施指用于收集、运输、转运、处理和最终处置城市生活垃圾、粪便、建筑垃圾、餐厨垃圾等不同垃圾的工程设施，包括垃圾收集站、垃圾转运站、垃圾粪便码头、水域保洁及垃圾收集设施、生活垃圾处理设施、其他垃圾处理设施等。本条增加环境卫生工程设施的选址通用条件，删除转运站的选址条件；增加了生活垃圾处理、处置设施选址的风向及水源要求，并提出了选址的环评要求。

4.1.2 明确了卫生填埋、焚烧、堆肥等技术的选用原则和技术选用要求：

1 规定了生活垃圾卫生填埋设施的设置原则，对于拥有相应土地资源且具有较好的污染控制条件的地区，可采用卫生填埋方式。

2 规定了生活垃圾焚烧设施的设置原则，当生活垃圾热值大于5000kJ/kg且卫生填埋场选址困难时宜设置。

3 规定了生物处理设施的设置原则，对于进行分类回收可降解有机垃圾的地区，且易生物降解的有机物含量大于70%时，可采用适宜的生物处理技术。对于生活垃圾混合收集的地区，应审慎采用生物处理技术。

4.1.3 规定了其他垃圾（餐厨垃圾、大件垃圾、建筑垃圾、粪便等）处理设施的设置原则。

4.1.4 规定了垃圾处理设施绿化隔离带及绿地率设置要求：

1 规定了卫生填埋设施绿化隔离带宽度不应小于10m（《城市环境卫生设施规划规范》GB 50337—2003规定为20m，《生活垃圾卫生填埋技术规范》CJJ 17—2004规定8m，《生活垃圾卫生填埋建设标准》建标124—2009规定10m）。规定了焚烧处理设施、堆肥处理设施、餐厨垃圾处理设施绿化隔离带宽度不应小于10m（《城市环境卫生设施规划规范》GB 50337—2003规定为10m）。

2 规定了粪便处理厂绿化隔离带宽度不应小于5m。

4.2 垃圾收集站

4.2.1 原标准中未明确设置的条件，操作中较难实施。为此，本次修订进一步细化了垃圾收集站的设置条件。为便于管理，封闭式小区宜单独设置收集站；当垃圾产量超过4t/d时设置收集站较为合理，若小于4t/d，可联合设置或设置收集点，本条中明确的5000人居住小区或村庄，其垃圾产量一般也在4t/d以上；小于5000人的居住小区，垃圾量一般小于4t/d。参照《市容环境卫生术语标准》CJJ/T 65的规定，垃圾收集站指"将分散收集的垃圾集中后由收集车清运出去的小型垃圾收集设施"，服务半径及收集量较大，一般其前端还需设置分散的垃圾收集点供使用者直接投放，然后采用人力、非机动车、电瓶车进行收集，再通过机动车将垃圾运出。

4.2.2 原标准中主要按人力收集方式确定的服务半径。近年来，随着各地小型机动车收集方式的普及，其服务范围可适当扩大，为此，本次修订中对两种不同收集方式确定了不同的服务范围。原则上居住区内收集站的设置数量按人力收集最大服务距离不超过1km或小型机动车（通常为电瓶车）收集最大服务距离不宜超过2km来确定，但也可按不跨越行政区域（街道）、不跨越交通主干道及河道等形成的自然区域并结合该区域内垃圾日排出量来确定。

4.2.3 本条提出了收集站的规模应根据服务区域高峰月的垃圾量来确定。

4.2.4 原标准中未明确收集站选址的基本要求，本次修订中增加了收集站选址的基本要求，首先要满足作业需求，方便车辆进出；其次，要求市政设施完善，包括道路、供电、上下水等基本条件。

4.2.5 原标准中只规定了设置给排水设施，未明确收集站的环保要求。随着居民环境意识的提高，对收集站的环境也提出了更高要求，为此，从发展趋势上看，收集站应向密闭式方向发展，同时，收集站还应有除臭措施，为此，本次修订中增加了相应的内容。

4.2.6 本条提出了收集站的设备数量根据收集站收集的垃圾量及收集站专用垃圾容器垃圾装载量确定，并且设备数量不同需要不同的建筑面积。按照设置一台压缩机及一只专用垃圾箱，并考虑放置分类收集容器，提出收集站建筑面积一般不小于$80m^2$。

4.2.7 收集站是城市居民居住区的公共服务设施，其布置不仅影响收集站的运营和作业安全，而且影响居住小区交通与环境，应合理布局。另外收集站与居民住房及公共建筑物距离较近，其建筑物设计及外部装饰应与周围环境相协调，并且由于收集站作业时会产生一定的噪声及臭气，在条件允许的情况下，宜设置绿化隔离带以减小对周围环境的影响。

4.3 垃圾转运站

4.3.1 原标准中，转运站规模分为三类，根据《生活垃圾转运站技术规范》CJJ 47-2006，转运站规模可分为三大类或五小类，为此，本次修订对转运站规模分类进行相应调整。将转运站的选址要求作为环境卫生工程设施的选址要求一并纳入一般规定。

4.3.2 本条对转运站设置条件进行了细化，并对用地指标进行了适当调整。

研究发现，在诸多区域，垃圾直接运输和中小型转运站转运的临界点距离通常在10km左右；中小型转运站转运与大中型转运转运的临界点距离通常在20km左右，为此，在本次调整中增加了对不同类型转运站设置的推荐运输距离。

设置条件中增加了镇（乡）宜设置转运站的内容，主要是随着处理设施的规范，镇（乡）通常无处理设施，需要运往距离较远的处理设施。目前镇（乡）的垃圾收运模式一般是村庄收集、镇（乡）转运。为便于镇（乡）垃圾的收运管理，推荐镇（乡）宜设置转运站。

对于采用小型转运站模式的区域，建议按$2km^2$～$3km^2$设置一座小型转运站，以便垃圾的收运作业。

对于垃圾转运站用地指标，基本参照《生活垃圾转运站技术规范》CJJ 47-2006的用地指标，主要区别在于对Ⅱ类和Ⅲ类转运站的指标进行了调整。通过对近年来国内建成的大中型转运站（主要为Ⅱ类和Ⅲ类）的用地进行分析，结合目前采用的主要工艺形式，认为《生活垃圾转运站技术规范》CJJ 47中Ⅱ类和Ⅲ类用地指标偏高，为此，对其用地指标进行了相应调整，适当降低，可节约土地资源。

另外，原标准中规定了绿化隔离带宽度，该条件太严格，若按此条件执行，诸多转运站将无法建设。鉴于目前建设的转运站，特别是中大型转运站，其卸料和转运作业基本在室内进行，并采取了相应的环保措施，为此，在项目审批过程中，相应管理部门也并不强求绿化隔离带宽度的要求，通常按照相应规范要求转运站建筑进行适当退界，对于站内需要设置消防通道的转运站，一般要求建筑物退界距离不小于5m；对于站内不需要设置消防通道的转运站，一般要求建筑物退界距离不小于3m。为进一步减少对周围环境影响，在本次修订中要求转运作业功能区（包括建筑物和回转场地）退界距离不小于3m～5m。对于Ⅴ类转运站，通常借用市政道路作为回转场地，甚至有些为附建式，故对该类转运站的退界距离不做要求。

关于绿地率，为节约土地资源，以及根据近年来实施的转运站的实际情况，建议绿地率控制在20%～30%。

4.3.3 本条阐明了转运站的环境保护要求。

4.3.4 建立称重计量系统有利于环卫作业走向市场，实现转运站企业化管理，掌握服务区内垃圾产出量的变化规律和增长趋势，是必不可少的管理手段。监控系统的建立对于大型转运站的自动化操作系统是必不可少的。

4.4 垃圾、粪便码头

4.4.1 本条款叙述了垃圾、粪便码头应具备的基本功能。

4.4.2 原标准中适用的船只吨位偏小，已不满足发展的需要。且根据近年来实施的垃圾、粪便码头情况来看，基本参照现行行业标准《河港工程总体设计规范》JTJ 212 计算泊位长度，为此，对该部分内容按《河港工程总体设计规范》JTJ 212 进行了修订。

4.4.3 本条规定了针对不同船型的垃圾、粪便码头的泊位富裕长度计算方法。

4.4.4 本条规定了垃圾、粪便码头的陆域面积、防护设施等，未作调整。

4.5 水域保洁及垃圾收集设施

4.5.2 水域保洁打捞垃圾除了可通过垃圾收集船驳运外，一般大多从陆地驳运，目前大部分城镇采用直接将打捞垃圾堆放在岸边，经滤水后用垃圾车运走的方式，没有专门的水域保洁打捞垃圾上岸及驳运设施，造成水体污染且影响市容观瞻。水域保洁打捞垃圾上岸及驳运设施目前主要有两类，一是水域保洁管理站，其具备水域保洁打捞垃圾的上岸及驳运、保洁及监察船舶停靠、水域保洁监管办公等功能；二是水域垃圾上岸点，仅作为水域保洁打捞垃圾的上岸及驳运设施，不一定有设施和机械设备，不作为工程设施，无需单独占用地，一般设置在河道等水域岸边，可根据河道等水域面积大小、宽窄及保洁方式等确定其设置位置，需配备垃圾收集容器和滤水装置。

4.5.3 水域保洁管理站是具有水域保洁打捞垃圾的上岸及转运、保洁及监察船舶停靠、水域保洁监管办公等多种功能的工程设施，需要一定的岸线及陆上用地。根据上海市河道保洁调研统计数据及船舶的保洁行驶里程确定了水域垃圾收集设施的设置指标，按中等清扫船一航班行驶距离（单程）一般不宜超过日保洁河道长度6km～8km考虑。

按中型清扫船配置，12km～16km河道长度约配置5艘（按30m～50m河道宽度），并配置监察船只1艘，按每艘停泊岸线20m，共120m，另外垃圾上岸转运一般需30m～50m岸线，可合并建设，故总使用岸线约120m。

若按人工保洁船配置，12km～16km河道长度约配置11艘（按30m～50m河道宽度），每艘停泊岸线需5m，共55m，并配置监察船只1艘，岸线20m，另外垃圾上岸转运一般需30m～50m岸线，可合并考虑，故总使用岸线约需80m。

水域保洁管理站所需要的岸线长度应根据船只长度、河道允许船只停泊档数确定，若停一档，使用岸线每处80m～120m，若停二档或以上，使用岸线可适当减少，但一般不少于50m，由于目前城市岸线紧张、控制较严，故本标准规定了每处使用岸线50m的下限。

陆上用地面积包括垃圾转运设施用地（约150m²），管理用房、工人休息用房、维修及仓库等，绿化率不低于30%。

4.6 生活垃圾处理设施

4.6.1 本条规定了卫生填埋设施的设置要求：

1 参照《生活垃圾卫生填埋技术规范》CJJ 17，规定了卫生填埋设施污染源（垃圾填埋库区、渗沥液处理区、填埋气处理及利用区、臭气处理区等）距居民居住区或人畜供水点等区域应大于0.5km。

2 参照《城市生活处理和给水与污水处理工程项目建设用地指标》（建标〔2005〕157号）以及《生活垃圾卫生填埋处理工程项目建设标准》（建标124-2009）规定了卫生填埋设施用地面积应满足使用年限不小于10年，库容利用系数不宜小于8m³/m²。

4.6.2 本条规定了卫生填埋设施场址选择应满足的基本条件，应位于地质情况较为稳定、取土条件方便、具备运输条件、人口密度低、土地及地下水利用价值低的地区，并不得设置在水源保护区、地下蕴矿区内。

4.6.3 规定了焚烧处理设施的设置要求：

1 规定了焚烧处理设施污染源（垃圾卸料与处理区、烟气处理车间及烟囱、灰渣处理区、渗沥液处理区、臭气处理区及排气筒等）选址距离居民点等区域应大于0.3km。

2 参照《城市生活垃圾处理和给水与污水处理工程项目建设用地指标》（建标〔2005〕157号）规定了焚烧处理设施综合用地指标，采用（50～200）m²/（t·d）。

4.6.4 规定了堆肥处理设施的设置要求：

1 规定了堆肥处理设施污染源（垃圾卸料与处理区、渗沥液处理区、臭气处理区及排气筒等）距离居民点等区域应大于0.5km（参照相近处理设施填埋场选取）。

2 参照《城市生活垃圾处理和给水与污水处理工程项目建设用地指标》（建标〔2005〕157号）规定了堆肥处理设施综合用地指标，采用（85～300）m²/（t·d）。

4.7 其他垃圾处理设施

4.7.1 本条规定了餐厨垃圾处理设施的设置要求：

1 规定了餐厨垃圾收运处理原则，必须进行源头单独分类收集、密闭运输，餐厨垃圾总产生量大于50t/d的地区宜建设集中餐厨垃圾处理设施。

2 规定了餐厨垃圾宜与生活垃圾处理设施集中设置，便于资源共享、污染集中控制。

3 规定了集中餐厨垃圾处理设施设置位置，污染源（餐厨垃圾卸料与处理区、渗沥液处理区、臭气处理区及排气筒等）距居民点等区域应大于0.5km（参照相近设施堆肥厂选取）。

4 规定了餐厨垃圾处理设施综合用地指标，参照堆肥处理设施，宜采用(85～300)$m^2/(t\cdot d)$。

4.7.2 规定了大件垃圾处理设施的设置要求：

1 规定了大、中城市宜设置区域性大件垃圾处理设施。

2 规定了大件垃圾处理设施宜与其他环境卫生工程设施集中设置。

3 规定了大件垃圾储存设施的要求，按一般工业固体废物要求执行。

4.7.3 本条规定了建筑垃圾转运调配和处理设施的设置要求：

1 规定了建筑垃圾处理设施污染源（垃圾填埋库区、渗沥液处理区、臭气处理区等）与居民居住区或人畜供水点等区域的距离，参考卫生填埋设施，应大于0.5km，转运调配设施距离参照处理设施执行。

2 规定了建筑垃圾处理设施用地面积和库容利用系数，参照卫生填埋设施，库容应满足使用年限不小于10年，库容利用系数不宜小于$8m^3/m^2$。转运调配设施堆高及边坡除了应保证本身堆体稳定外，尚应保证周边设施（建构物等）的安全，堆放高度不宜超过周围地坪3m。

4.7.4 本条规定了粪便处理设施的设置要求：

1 规定了粪便应逐步纳入城市污水管网，统一处理。在城市污水管网不健全地区，未纳管粪便应由粪便处理设施处理后排放或纳入污水厂。

2 规定粪便处理设施规模不宜小于50t/d。

3 规定的粪便处理设施厂址选择原则，应优先选择在生活垃圾卫生填埋场、污水处理厂或主干管网的用地范围内或附近。

4 规定了粪便处理设施用地面积确定方法，根据处理量、处理工艺确定。

5 其他环境卫生设施

5.1 基层环境卫生机构

5.1.1 基层环境卫生机构是指按环境卫生管理体系如镇、街道设置的环境卫生机构。用地面积计算指标中，人口密度大的取下限，人口密度小的取上限。

5.1.2 为了土地资源的集约利用，有利于基层环境卫生机构的落实，增加基层环境卫生机构选址的相关内容，即与环卫停车场和转运站等合建。考虑到目前城市化进程的加快，很多街道的人口增幅较大，根据上海市基础设施建设用地指标，调整万人设置指标，降低基层环境卫生机构设置数量。由于环境卫生车辆停车场应含有修理工棚，因此基层环境卫生机构中用地规模的下限扣除了修理工棚的面积。基层环卫机构的个数往往还与行政管理体制有关，不完全与人口成正比，因此删除基层环卫机构设置个数的指标。

5.1.3 对基层环境卫生机构的设施配套提出要求。

5.2 环境卫生车辆停车场

5.2.1 环境卫生车辆停车场的位置既要考虑作业方便，又要不影响周围环境。

5.2.2 明确了环卫停车场的功能定位。

5.2.3 环卫车辆大小差别较大，停车场用地适当考虑环卫设施绿化要求、参照停车场规划设计规则核定测算。大中型车辆是指大于4t的机动车辆，小型车辆是指小于5t大于1t的车辆，微型车辆是指小于1t的车辆。根据建设部《城市环境卫生当前产业政策实施办法》提出的要求计算，环卫车辆拥有量是2.5辆/万人（以5t车计）。

5.3 环境卫生清扫、保洁工人作息场所

5.3.1 为了供工人休息、更衣、洗浴和停放小型车辆、工具等，应设置环境卫生清扫、保洁工人作息场所。在作业服务市场化的条件下，该设施可由企业自建，但位置由规划确定。

5.3.2 本条提倡环卫作业场所与垃圾收集站、垃圾转运站、环境卫生车辆停车场、独立式公共厕所等合建。将环境卫生清扫、保洁工人作息场所设置数量的测算依据调整为清扫保洁服务半径，根据全国城镇市容环境卫生统一劳动定额，人力手推车的行走速度为4km/h，保洁作业人员的准备结束时间为30min～60min（机械化程度不同），再综合人力所及的行走距离、道路通行条件等因素可测算清扫保洁服务半径约0.5km～1.5km，其中人口密度低、污染程度小、保洁次数少的工业园区适用于上限。

环卫作业场所的建筑面积主要与该作息场所的功能配置、环境卫生工人数量等有关，但环卫作业场所的建筑面积与工人的数量并不成正比，在功能配置满足需求的同等条件下，人数多的环卫作息场所面积人均指标要小于人数少的环卫作息场所面积人均指标。根据测算，将环卫作息场所人均建筑用地指标的下限略下调。

鉴于目前手推型保洁设备的日益增多，原有作息场所的空地面积已不能完全满足需求，因此上调其空地面积上限，以增强其适应性。

5.4 洒水（冲洗）车供水器

5.4.1 供水器的位置既要方便取水，又不能设在交通繁忙的主干道。

5.4.2 根据各地实际供水情况，本着资源共享的原则，增加了关于消防及其他途径供水的规定。

5.4.3 给机动车辆供水，明确了供水器设置间距。

中华人民共和国行业标准

城镇供热管网设计规范

Design code for city heating network

CJJ 34—2010

批准部门：中华人民共和国住房和城乡建设部
施行日期：2 0 1 1 年 1 月 1 日

中华人民共和国住房和城乡建设部
公　　告

第 703 号

关于发布行业标准
《城镇供热管网设计规范》的公告

现批准《城镇供热管网设计规范》为行业标准，编号为 CJJ 34 - 2010，自 2011 年 1 月 1 日起实施。其中，第 4.3.1、7.4.1、7.4.2、7.4.3、7.4.4、7.5.4、8.2.8、8.2.9、8.2.20、8.2.21、8.2.22、8.2.23、10.4.1、12.3.3、12.3.4、14.3.11 条为强制性条文，必须严格执行。原《城市热力网设计规范》CJJ 34 - 2002 同时废止。

本规范由我部标准定额研究所组织中国建筑工业出版社出版发行。

中华人民共和国住房和城乡建设部
2010 年 7 月 23 日

前　　言

根据原建设部《关于印发〈二〇〇四年度工程建设城建、建工行业标准制订、修订计划〉的通知》（建标 [2004] 第 66 号）的要求，规范编制组经广泛调查研究，认真总结实践经验，参考有关国际标准和国外先进标准，并在广泛征求意见的基础上，修订了本规范。

本规范的主要技术内容是：1. 总则；2. 术语和符号；3. 耗热量；4. 供热介质；5. 供热管网形式；6. 供热调节；7. 水力计算；8. 管网布置与敷设；9. 管道应力计算和作用力计算；10. 中继泵站与热力站；11. 保温与防腐涂层；12. 供配电与照明；13. 热工检测与控制；14. 街区热水供热管网。

本次修订的主要内容为增加街区热水供热管网内容，列为本规范第 14 章。

本规范中以黑体字标志的条文为强制性条文，必须严格执行。

本规范由住房和城乡建设部负责管理和对强制性条文的解释，由北京市煤气热力工程设计院有限公司负责具体技术内容的解释。执行过程中如有意见或建议，请寄送北京市煤气热力工程设计院有限公司（地址：北京市西单北大街小酱坊胡同甲 40 号，邮政编码：100032）。

本规范主编单位：北京市煤气热力工程设计院有限公司
本规范参编单位：天津市热电设计院
中国船舶重工集团公司第七二五研究所
北京豪特耐管道设备有限公司
北京翠坤沃商贸有限公司
沈阳太宇机电设备有限公司
本规范主要起草人员：段洁仪　冯继蓓　贾震　孙蕾　刘芃　郭幼农　高少东　韩铁宝
本规范主要审查人员：狄洪发　蔡启林　姚约翰　吴玉环　曹越　王淮　董益波　李庆平　杨健　董乐意　李国祥

目 次

1 总则 ·················· 65—5
2 术语和符号 ············ 65—5
　2.1 术语 ················ 65—5
　2.2 符号 ················ 65—5
3 耗热量 ················ 65—6
　3.1 热负荷 ·············· 65—6
　3.2 年耗热量 ············ 65—7
4 供热介质 ·············· 65—8
　4.1 供热介质选择 ········ 65—8
　4.2 供热介质参数 ········ 65—8
　4.3 水质标准 ············ 65—8
5 供热管网形式 ·········· 65—8
6 供热调节 ·············· 65—9
7 水力计算 ·············· 65—9
　7.1 设计流量 ············ 65—9
　7.2 水力计算 ············ 65—10
　7.3 水力计算参数 ········ 65—10
　7.4 压力工况 ············ 65—11
　7.5 水泵选择 ············ 65—12
8 管网布置与敷设 ········ 65—12
　8.1 管网布置 ············ 65—12
　8.2 管道敷设 ············ 65—12
　8.3 管道材料及连接 ······ 65—14
　8.4 热补偿 ·············· 65—15
　8.5 附件与设施 ·········· 65—15
9 管道应力计算和作用力计算 ··· 65—16
10 中继泵站与热力站 ····· 65—16
　10.1 一般规定 ··········· 65—16
　10.2 中继泵站 ··········· 65—17
　10.3 热水热力网热力站 ··· 65—17
　10.4 蒸汽热力网热力站 ··· 65—19
11 保温与防腐涂层 ······· 65—19
　11.1 一般规定 ··········· 65—19
　11.2 保温计算 ··········· 65—19
　11.3 保温结构 ··········· 65—21
　11.4 防腐涂层 ··········· 65—21
12 供配电与照明 ········· 65—21
　12.1 一般规定 ··········· 65—21
　12.2 供配电 ············· 65—21
　12.3 照明 ··············· 65—21
13 热工检测与控制 ······· 65—21
　13.1 一般规定 ··········· 65—21
　13.2 热源及供热管线参数检测
　　　 与控制 ············· 65—22
　13.3 中继泵站参数检测与控制 ··· 65—22
　13.4 热力站参数检测与控制 ··· 65—22
　13.5 供热管网调度自动化 ··· 65—23
14 街区热水供热管网 ····· 65—23
　14.1 一般规定 ··········· 65—23
　14.2 水力计算 ··········· 65—23
　14.3 管网布置与敷设 ····· 65—23
　14.4 管道材料 ··········· 65—24
　14.5 调节与控制 ········· 65—24
本规范用词说明 ·········· 65—24
引用标准名录 ············ 65—24
附：条文说明 ············ 65—26

Contents

1 General Provisions .... 65—5
2 Terms and Symbols .... 65—5
  2.1 Terms .... 65—5
  2.2 Symbols .... 65—5
3 Heat Consumption .... 65—6
  3.1 Heating Load .... 65—6
  3.2 Annual Heat Consumption .... 65—7
4 Heating Medium .... 65—8
  4.1 Heating Mediums .... 65—8
  4.2 Parameters of Heating Medium .... 65—8
  4.3 Water Quality .... 65—8
5 Heating Network Types .... 65—8
6 Heat-supply Regulation .... 65—9
7 Hydraulical Analysis .... 65—9
  7.1 Design Flow .... 65—9
  7.2 Hydraulical Analysis .... 65—10
  7.3 Parameter of Calculation .... 65—10
  7.4 Pressure State .... 65—11
  7.5 Pump Selection .... 65—12
8 Network Layout and Bury Method .... 65—12
  8.1 Network Layout .... 65—12
  8.2 Bury Method of Pipeline .... 65—12
  8.3 Materials and Connecting of Pipeline .... 65—14
  8.4 Compensation of Thermal Expansion .... 65—15
  8.5 Accessories and Components .... 65—15
9 Calculation of Stresses and Actions .... 65—16
10 Booster Pump Station and Substation .... 65—16
  10.1 General Requirements .... 65—16
  10.2 Booster Pump Station .... 65—17
  10.3 Hot-water Substation .... 65—17
  10.4 Steam Substation .... 65—19
11 Insulation and Anticorrosion .... 65—19
  11.1 General Requirements .... 65—19
  11.2 Insulation Calculation .... 65—19
  11.3 Insulation Construction .... 65—21
  11.4 Anticorrosion Coating .... 65—21
12 Power Supply and Lighting .... 65—21
  12.1 General Requirements .... 65—21
  12.2 Power Supply and Distributing .... 65—21
  12.3 Lighting .... 65—21
13 Thermal Monitoring and Control .... 65—21
  13.1 General Requirements .... 65—21
  13.2 Parameter Monitoring and Control of Heating Source and Network .... 65—22
  13.3 Parameter Monitoring and Control of Booster Pump Station .... 65—22
  13.4 Parameter Monitoring and Control of Substation .... 65—22
  13.5 Automation Adjustment of Heating System .... 65—23
14 Block Hot-water Heating Network .... 65—23
  14.1 General Requirements .... 65—23
  14.2 Hydraulical Analysis .... 65—23
  14.3 Network Layout and Bury Method .... 65—23
  14.4 Materials of Pipeline .... 65—24
  14.5 Regulation and Control .... 65—24
Explanation of Wording in This Code .... 65—24
List of Quoted Standards .... 65—24
Addition: Explanation of Provisions .... 65—26

1 总　　则

1.0.1 为节约能源，保护环境，促进生产，改善人民生活，发展我国城镇集中供热事业，提高集中供热工程设计水平，做到技术先进、经济合理、安全适用，制定本规范。

1.0.2 本规范适用于供热热水介质设计压力小于或等于 2.5MPa，设计温度小于或等于 200℃；供热蒸汽介质设计压力小于或等于 1.6MPa，设计温度小于或等于 350℃的下列城镇供热管网的设计：

　　1 以热电厂或锅炉房为热源，自热源至建筑物热力入口的供热管网；

　　2 供热管网新建、扩建或改建的管线、中继泵站和热力站等工艺系统。

1.0.3 城镇供热管网设计应符合城镇规划要求，并宜注意美观。

1.0.4 在地震、湿陷性黄土、膨胀土等地区进行城镇供热管网设计时，除应符合本规范外，尚应符合现行国家标准《室外给水排水和燃气热力工程抗震设计规范》GB 50032、《湿陷性黄土地区建筑规范》GB 50025、《膨胀土地区建筑技术规范》GBJ 112 的规定。

1.0.5 城镇供热管网的设计除应符合本规范外，尚应符合国家现行相关标准的规定。

2　术语和符号

2.1　术　　语

2.1.1 输送干线　transmission mains

　　自热源至主要负荷区且长度超过 2km 无分支管的干线。

2.1.2 输配干线　distribution pipelines

　　有分支管接出的干线。

2.1.3 动态水力分析　dynamical hydraulic analysis

　　运用水力瞬变原理，分析由于供热管网运行状态突变引起的瞬态压力变化。

2.1.4 多热源供热系统　heating system with multi-heat sources

　　具有多个热源的供热系统。多热源供热系统有三种运行方式，即：多热源分别运行、多热源解列运行、多热源联网运行。

2.1.5 多热源分别运行　independently operation of multi-heat sources

　　在采暖期或供冷期用阀门将供热系统分隔成多个单热源供热系统，由各个热源分别供热的运行方式。

2.1.6 多热源解列运行　separately operation of multi-heat sources

　　采暖期或供冷期基本热源首先投入运行，随气温变化基本热源满负荷后，分隔出部分管网划归尖峰热源供热，并随气温变化，逐步扩大或缩小分隔出的管网范围，使基本热源在运行期间接近满负荷的运行方式。

2.1.7 多热源联网运行　pooled operation of multi-heat sources

　　采暖期或供冷期基本热源首先投入运行，随气温变化基本热源满负荷后，尖峰热源投入与基本热源共同在供热管网中供热的运行方式。基本热源在运行期间保持满负荷，尖峰热源承担随气温变化而增减的负荷。

2.1.8 最低供热量保证率　minimum heating rate

　　保证事故工况下用户采暖设备不冻坏的最低供热量与设计供热量的比率。

2.1.9 热力网　district heating network

　　以热电厂或区域锅炉房为热源，自热源经市政道路至热力站的供热管网。

2.1.10 街区热水供热管网　block hot-water heating network

　　自热力站或用户锅炉房、热泵机房、直燃机房等小型热源至建筑物热力入口，设计压力小于或等于 1.6MPa，设计温度小于或等于 95℃，与热用户室内系统连接的室外热水供热管网。

2.1.11 无补偿敷设　installation no compensator

　　直管段不采取人为的热补偿措施的直埋敷设方式。

2.2　符　　号

A——建筑面积；

B——燃料耗量；

b——单位产品耗标煤量；

c——水的比热容；

D——生产平均耗汽量；

G——供热介质流量；

h——焓；

N——采暖期天数；

Q——热（冷）负荷；

Q'——全年耗热量；

q——热（冷）指标；

T——小时数；

t_1——供热管网供水温度；

t_2——供热管网回水温度；

t_a——采暖期室外平均温度；

t_i——室内计算温度；

t_o——室外计算温度；

t_w——生活热水设计温度；

t_{w0}——冷水计算温度；

W——产品年产量；

η——效率;
θ_1——用户采暖系统设计供水温度;
ψ——回水率。

3 耗热量

3.1 热负荷

3.1.1 热力网支线及用户热力站设计时,采暖、通风、空调及生活热水热负荷,宜采用经核实的建筑物设计热负荷。

3.1.2 当无建筑物设计热负荷资料时,民用建筑的采暖、通风、空调及生活热水热负荷,可按下列公式计算:

1 采暖热负荷

$$Q_h = q_h A_c \cdot 10^{-3} \quad (3.1.2\text{-}1)$$

式中:Q_h——采暖设计热负荷(kW);
  q_h——采暖热指标(W/m²),可按表 3.1.2-1 取用;
  A_c——采暖建筑物的建筑面积(m²)。

表 3.1.2-1 采暖热指标推荐值(W/m²)

建筑物类型	采暖热指标 q_h	
	未采取节能措施	采取节能措施
住宅	58~64	40~45
居住区综合	60~67	45~55
学校、办公	60~80	50~70
医院、托幼	65~80	55~70
旅馆	60~70	50~60
商店	65~80	55~70
食堂、餐厅	115~140	100~130
影剧院、展览馆	95~115	80~105
大礼堂、体育馆	115~165	100~150

注:1 表中数值适用于我国东北、华北、西北地区;
  2 热指标中已包括约5%的管网热损失。

2 通风热负荷

$$Q_v = K_v \cdot Q_h \quad (3.1.2\text{-}2)$$

式中:Q_v——通风设计热负荷(kW);
  Q_h——采暖设计热负荷(kW);
  K_v——建筑物通风热负荷系数,可取0.3~0.5。

3 空调热负荷

1) 空调冬季热负荷

$$Q_a = q_a A_k \cdot 10^{-3} \quad (3.1.2\text{-}3)$$

式中:Q_a——空调冬季设计热负荷(kW);
  q_a——空调热指标(W/m²),可按表3.1.2-2取用;
  A_k——空调建筑物的建筑面积(m²)。

2) 空调夏季热负荷

$$Q_c = \frac{q_c A_k \cdot 10^{-3}}{COP} \quad (3.1.2\text{-}4)$$

式中:Q_c——空调夏季设计热负荷(kW);
  q_c——空调冷指标(W/m²),可按表3.1.2-2取用;
  A_k——空调建筑物的建筑面积(m²);
  COP——吸收式制冷机的制冷系数,可取0.7~1.2。

表 3.1.2-2 空调热指标、冷指标推荐值(W/m²)

建筑物类型	热指标 q_a	冷指标 q_c
办公	80~100	80~110
医院	90~120	70~100
旅馆、宾馆	90~120	80~110
商店、展览馆	100~120	125~180
影剧院	115~140	150~200
体育馆	130~190	140~200

注:1 表中数值适用于我国东北、华北、西北地区;
  2 寒冷地区热指标取较小值,冷指标取较大值;严寒地区热指标取较大值,冷指标取较小值。

4 生活热水热负荷

1) 生活热水平均热负荷

$$Q_{w.a} = q_w A \cdot 10^{-3} \quad (3.1.2\text{-}5)$$

式中:$Q_{w.a}$——生活热水平均热负荷(kW);
  q_w——生活热水热指标(W/m²),应根据建筑物类型,采用实际统计资料,居住区生活热水日平均热指标可按表3.1.2-3取用;
  A——总建筑面积(m²)。

表 3.1.2-3 居住区采暖期生活热水
日平均热指标推荐值(W/m²)

用水设备情况	热指标 q_w
住宅无生活热水设备,只对公共建筑供热水时	2~3
全部住宅有沐浴设备,并供给生活热水时	5~15

注:1 冷水温度较高时采用较小值,冷水温度较低时采用较大值;
  2 热指标中已包括约10%的管网热损失。

2) 生活热水最大热负荷

$$Q_{w.max} = K_h Q_{w.a} \quad (3.1.2\text{-}6)$$

式中:$Q_{w.max}$——生活热水最大热负荷(kW);
  $Q_{w.a}$——生活热水平均热负荷(kW);
  K_h——小时变化系数,根据用热水计算单位数按现行国家标准《建筑给水排水设计规范》GB 50015 规定取用。

3.1.3 工业热负荷应包括生产工艺热负荷、生活热负荷和工业建筑的采暖、通风、空调热负荷。生产工艺热负荷的最大、最小、平均热负荷和凝结水回收率应采用生产工艺系统的实际数据,并应收集生产工艺系统不同季节的典型日(周)负荷曲线图。对各热用户提供的热负荷资料进行整理汇总时,应按下列公式对由各热用户提供的热负荷数据分别进行平均热负荷的验算:

1 按年燃料耗量验算

1)全年采暖、通风、空调及生活燃料耗量

$$B_2 = \frac{Q^a}{Q_L \eta_b \eta_s} \quad (3.1.3-1)$$

式中:B_2——全年采暖、通风、空调及生活燃料耗量(kg);
Q^a——全年采暖、通风、空调及生活耗热量(kJ);
Q_L——燃料平均低位发热量(kJ/kg);
η_b——用户原有锅炉年平均运行效率;
η_s——用户原有供热系统的热效率,可取 0.9~0.97。

2)全年生产燃料耗量

$$B_1 = B - B_2 \quad (3.1.3-2)$$

式中:B——全年总燃料耗量(kg);
B_1——全年生产燃料耗量(kg);
B_2——全年采暖、通风、空调及生活燃料耗量(kg)。

3)生产平均耗汽量

$$D = \frac{B_1 Q_L \eta_b \eta_s}{[h_b - h_{ma} - \psi(h_{rt} - h_{ma})]T_a} \quad (3.1.3-3)$$

式中:D——生产平均耗汽量(kg/h);
B_1——全年生产燃料耗量(kg);
Q_L——燃料平均低位发热量(kJ/kg);
η_b——用户原有锅炉年平均运行效率;
η_s——用户原有供热系统的热效率,可取 0.90~0.97;
h_b——锅炉供汽焓(kJ/kg);
h_{ma}——锅炉补水焓(kJ/kg);
h_{rt}——用户回水焓(kJ/kg);
ψ——回水率;
T_a——年平均负荷利用小时数(h)。

2 按产品单耗验算

$$D = \frac{Wb Q_n \eta_b \eta_s}{[h_b - h_{ma} - \psi(h_{rt} - h_{ma})]T_a} \quad (3.1.3-4)$$

式中:D——生产平均耗汽量(kg/h);
W——产品年产量(t 或件);
b——单位产品耗标煤量(kg/t 或 kg/件);
Q_n——标准煤发热量(kJ/kg),取 29308kJ/kg;
η_b——锅炉年平均运行效率;

η_s——供热系统的热效率,可取 0.90~0.97;
h_b——锅炉供汽焓(kJ/kg);
h_{ma}——锅炉补水焓(kJ/kg);
h_{rt}——用户回水焓(kJ/kg);
ψ——回水率;
T_a——年平均负荷利用小时数(h)。

3.1.4 当无工业建筑采暖、通风、空调、生活及生产工艺热负荷的设计资料时,对现有企业,应采用生产建筑和生产工艺的实际耗热数据,并考虑今后可能的变化;对规划建设的工业企业,可按不同行业项目估算指标中典型生产规模进行估算,也可按同类型、同地区企业的设计资料或实际耗热定额计算。

3.1.5 热力网最大生产工艺热负荷应取经核实后的各热用户最大热负荷之和乘以同时使用系数。同时使用系数可按 0.6~0.9 取值。

3.1.6 计算热力网设计热负荷时,生活热水设计热负荷应按下列规定取用:

1 对热力网干线应采用生活热水平均热负荷;

2 对热力网支线,当用户有足够容积的储水箱时,应采用生活热水平均热负荷;当用户无足够容积的储水箱时,应采用生活热水最大热负荷,最大热负荷叠加时应考虑同时使用系数。

3.1.7 以热电厂为热源的城镇供热管网,应发展非采暖期热负荷,包括制冷热负荷和季节性生产热负荷。

3.2 年耗热量

3.2.1 民用建筑的全年耗热量应按下列公式计算:

1 采暖全年耗热量

$$Q_h^a = 0.0864 N Q_h \frac{t_i - t_a}{t_i - t_{o.h}} \quad (3.2.1-1)$$

式中:Q_h^a——采暖全年耗热量(GJ);
N——采暖期天数(d);
Q_h——采暖设计热负荷(kW);
t_i——室内计算温度(℃);
t_a——采暖期室外平均温度(℃);
$t_{o.h}$——采暖室外计算温度(℃)。

2 采暖期通风耗热量

$$Q_v^a = 0.0036 T_v N Q_v \frac{t_i - t_a}{t_i - t_{o.v}} \quad (3.2.1-2)$$

式中:Q_v^a——采暖期通风耗热量(GJ);
T_v——采暖期内通风装置每日平均运行小时数(h);
N——采暖期天数(d);
Q_v——通风设计热负荷(kW);
t_i——室内计算温度(℃);
t_a——采暖期室外平均温度(℃);
$t_{o.v}$——冬季通风室外计算温度(℃)。

3 空调采暖耗热量

$$Q_a^a = 0.0036 T_a N Q_a \frac{t_i - t_a}{t_i - t_{o.a}} \quad (3.2.1-3)$$

式中：Q_a^a——空调采暖耗热量（GJ）；
T_a——采暖期内空调装置每日平均运行小时数（h）；
N——采暖期天数（d）；
Q_a——空调冬季设计热负荷（kW）；
t_i——室内计算温度（℃）；
t_a——采暖期室外平均温度（℃）；
$t_{o.a}$——冬季空调室外计算温度（℃）。

4 供冷期制冷耗热量

$$Q_c^a = 0.0036 Q_c T_{c.max} \quad (3.2.1-4)$$

式中：Q_c^a——供冷期制冷耗热量（GJ）；
Q_c——空调夏季设计热负荷（kW）；
$T_{c.max}$——空调夏季最大负荷利用小时数（h）；

5 生活热水全年耗热量

$$Q_w^a = 30.24 Q_{w.a} \quad (3.2.1-5)$$

式中：Q_w^a——生活热水全年耗热量（GJ）；
$Q_{w.a}$——生活热水平均热负荷（kW）。

3.2.2 生产工艺热负荷的全年耗热量应根据年负荷曲线图计算。工业建筑的采暖、通风、空调及生活热水的全年耗热量可按本规范第 3.2.1 条的规定计算。

3.2.3 蒸汽供热系统的用户热负荷与热源供热量平衡计算时，应计入管网热损失后再进行焓值折算。

3.2.4 当热力网由多个热源供热，对各热源的负荷分配进行技术经济分析时，应绘制热负荷延续时间图。各个热源的年供热量可由热负荷延续时间图确定。

4 供热介质

4.1 供热介质选择

4.1.1 承担民用建筑物采暖、通风、空调及生活热水热负荷的城镇供热管网应采用水作供热介质。

4.1.2 同时承担生产工艺热负荷和采暖、通风、空调、生活热水热负荷的城镇供热管网，供热介质应按下列原则确定：

1 当生产工艺热负荷为主要负荷，且必须采用蒸汽供热时，应采用蒸汽作供热介质；

2 当以水为供热介质能够满足生产工艺需要（包括在用户处转换为蒸汽），且技术经济合理时，应采用水作供热介质；

3 当采暖、通风、空调热负荷为主要负荷，生产工艺又必须采用蒸汽供热，经技术经济比较认为合理时，可采用水和蒸汽两种供热介质。

4.2 供热介质参数

4.2.1 热水供热管网最佳设计供、回水温度，应结合具体工程条件，考虑热源、供热管线、热用户系统等方面的因素，进行技术经济比较确定。

4.2.2 当不具备条件进行最佳供、回水温度的技术经济比较时，热水热力网供、回水温度可按下列原则确定：

1 以热电厂或大型区域锅炉房为热源时，设计供水温度可取 110℃～150℃，回水温度不应高于 70℃。热电厂采用一级加热时，供水温度取较小值；采用二级加热（包括串联尖峰锅炉）时，供水温度取较大值。

2 以小型区域锅炉房为热源时，设计供回水温度可采用户内采暖系统的设计温度。

3 多热源联网运行的供热系统中，各热源的设计供回水温度应一致。当区域锅炉房与热电厂联网运行时，应采用以热电厂为热源的供热系统的最佳供、回水温度。

4.3 水质标准

4.3.1 以热电厂和区域锅炉房为热源的热水热力网，补给水水质应符合表 4.3.1 的规定。

表 4.3.1 热力网补给水水质要求

项 目	要 求
浊度（FTU）	≤5.0
硬度（mmol/L）	≤0.60
溶解氧（mg/L）	≤0.10
油（mg/L）	≤2.0
pH（25℃）	7.0～11.0

4.3.2 开式热水热力网补给水水质除应符合本规范第 4.3.1 条的规定外，还应符合现行国家标准《生活饮用水卫生标准》GB 5749 的规定。

4.3.3 对蒸汽热力网，由用户热力站返回热源的凝结水水质应符合表 4.3.3 的规定。

表 4.3.3 蒸汽热力网凝结水水质要求

项 目	要 求
总硬度（mmol/L）	≤0.05
铁（mg/L）	≤0.5
油（mg/L）	≤10

4.3.4 蒸汽管网的凝结水排放时，水质应符合现行行业标准《污水排入城市下水道水质标准》CJ 3082。

4.3.5 当供热系统有不锈钢设备时，供热介质中氯离子含量不宜高于 25mg/L，否则应对不锈钢设备采取防腐措施。

5 供热管网形式

5.0.1 热水供热管网宜采用闭式双管制。

5.0.2 以热电厂为热源的热水热力网，同时有生产工艺、采暖、通风、空调、生活热水多种热负荷，在生产工艺热负荷与采暖热负荷所需供热介质参数相差较大，或季节性热负荷占总热负荷比例较大，且技术经济合理时，可采用闭式多管制。

5.0.3 当热水热力网满足下列条件，且技术经济合理时，可采用开式热力网：
    1 具有水处理费用较低的丰富的补给水资源；
    2 具有与生活热水热负荷相适应的廉价低位能热源。

5.0.4 开式热水热力网在生活热水热负荷足够大且技术经济合理时，可不设回水管。

5.0.5 蒸汽供热管网的蒸汽管道，宜采用单管制。当符合下列情况时，可采用双管或多管制：
    1 各用户间所需蒸汽参数相差较大或季节性热负荷占总热负荷比例较大且技术经济合理；
    2 热负荷分期增长。

5.0.6 蒸汽供热系统应采用间接换热系统。当被加热介质泄漏不会产生危害时，其凝结水应全部回收并设置凝结水管道。当蒸汽供热系统的凝结水回收率较低时，是否设置凝结水管道，应根据用户凝结水量、凝结水管网投资等因素进行技术经济比较后确定。对不能回收的凝结水，应充分利用其热能和水资源。

5.0.7 当凝结水回收时，用户热力站应设闭式凝结水箱并应将凝结水送回热源。当热力网凝结水管采用无内防腐的钢管时，应采取措施保证凝结水管充满水。

5.0.8 供热建筑面积大于 $1000 \times 10^4 m^2$ 的供热系统应采用多热源供热，且各热源热力干线应连通。在技术经济合理时，热力网干线宜连接成环状管网。

5.0.9 供热系统的主环线或多热源供热系统中热源间的连通干线设计时，各种事故工况下的最低供热量保证率应符合表 5.0.9 的规定。并应考虑不同事故工况下的切换手段。

表 5.0.9 事故工况下的最低供热量保证率

采暖室外计算温度 t（℃）	最低供热量保证率（%）
$t > -10$	40
$-10 \leqslant t \leqslant -20$	55
$t < -20$	65

5.0.10 自热源向同一方向引出的干线之间宜设连通管线。连通管线应结合分段阀门设置。连通管线可作为输配干线使用。

连通管线设计时，应使故障段切除后其余热用户的最低供热量保证率符合本规范表 5.0.9 的规定。

5.0.11 对供热可靠性有特殊要求的用户，有条件时应由两个热源供热，或者设置自备热源。

6 供热调节

6.0.1 热水供热系统应采用热源处集中调节、热力站及建筑引入口处的局部调节和用热设备单独调节三者相结合的联合调节方式，并宜采用自动化调节。

6.0.2 对于只有单一采暖热负荷且只有单一热源（包括串联尖峰锅炉的热源），或尖峰热源与基本热源分别运行、解列运行的热水供热系统，在热源处应根据室外温度的变化进行集中质调节或集中"质—量"调节。

6.0.3 对于只有单一采暖热负荷，且尖峰热源与基本热源联网运行的热水供热系统，在基本热源未满负荷阶段应采用集中质调节或"质—量"调节；在基本热源满负荷以后与尖峰热源联网运行阶段，所有热源应采用量调节或"质—量"调节。

6.0.4 当热水供热系统有采暖、通风、空调、生活热水等多种热负荷时，应按采暖热负荷采用本规范第 6.0.2 条和第 6.0.3 条的规定在热源处进行集中调节，并保证运行水温能满足不同热负荷的需要，同时应根据各种热负荷的用热要求在用户处进行辅助的局部调节。

6.0.5 对于有生活热水热负荷的热水供热系统，当按采暖热负荷进行集中调节时，除另有规定生活热水温度可低于60℃外，应符合下列规定：
    1 闭式供热系统的供水温度不得低于70℃；
    2 开式供热系统的供水温度不得低于60℃。

6.0.6 对于有生产工艺热负荷的供热系统，应采用局部调节。

6.0.7 多热源联网运行的热水供热系统，各热源应采用统一的集中调节方式，并应执行统一的温度调节曲线。调节方式的确定应以基本热源为准。

6.0.8 对于非采暖期有生活热水负荷、空调制冷负荷的热水供热系统，在非采暖期应恒定供水温度运行，并应在热力站进行局部调节。

7 水力计算

7.1 设计流量

7.1.1 采暖、通风、空调热负荷热水供热管网设计流量及生活热水热负荷闭式热水热力网设计流量，应按下式计算：

$$G = 3.6 \frac{Q}{c(t_1 - t_2)} \quad (7.1.1)$$

式中：G——供热管网设计流量（t/h）；
Q——设计热负荷（kW）；
c——水的比热容 [kJ/(kg·℃)]；
t_1——供热管网供水温度（℃）；

t_2——各种热负荷相应的供热管网回水温度（℃）。

7.1.2 生活热水热负荷开式热水热力网设计流量，应按下式计算：

$$G = 3.6 \frac{Q}{c(t_1 - t_{w0})} \quad (7.1.2)$$

式中：G——生活热水热负荷热力网设计流量（t/h）；
　　　Q——生活热水设计热负荷（kW）；
　　　c——水的比热容[kJ/(kg·℃)]；
　　　t_1——热力网供水温度（℃）；
　　　t_{w0}——冷水计算温度（℃）。

7.1.3 当热水供热管网有夏季制冷热负荷时，应分别计算采暖期和供冷期供热管网流量，并取较大值作为供热管网设计流量。

7.1.4 当计算采暖期热水热力网设计流量时，各种热负荷的热力网设计流量应按下列规定计算：

1 当热力网采用集中质调节时，承担采暖、通风、空调热负荷的热力网供热介质温度应取相应的冬季室外计算温度下的热力网供、回水温度；承担生活热水热负荷的热力网供热介质温度应取采暖期开始（结束）时的热力网供水温度。

2 当热力网采用集中量调节时，承担采暖、通风、空调热负荷的热力网供热介质温度应取相应的冬季室外计算温度下的热力网供、回水温度；承担生活热水热负荷的热力网供热介质温度应取采暖室外计算温度下的热力网供水温度。

3 当热力网采用集中"质—量"调节时，应采用各种热负荷在不同室外温度下的热力网流量曲线叠加得出的最大流量值作为设计流量。

7.1.5 计算承担生活热水热负荷热水热力网设计流量时，当生活热水换热器与其他系统换热器并联或两级混合连接时，仅应计算并联换热器的热力网流量；当生活热水换热器与其他系统换热器两级串联连接时，热力网设计流量取值应与两级混合连接时相同。

7.1.6 计算热水热力网干线设计流量时，生活热水设计热负荷应取生活热水平均热负荷；计算热水热力网支线设计流量时，生活热水设计热负荷应根据生活热水用户有无储水箱按本规范第3.1.6条规定取生活热水平均热负荷或生活热水最大热负荷。

7.1.7 蒸汽热力网的设计流量，应按各用户的最大蒸汽流量之和乘以同时使用系数确定。当供热介质为饱和蒸汽时，设计流量应考虑补偿管道热损失产生的凝结水的蒸汽量。

7.1.8 凝结水管道的设计流量应按蒸汽管道的设计流量乘以用户的凝结水回收率确定。

7.2 水 力 计 算

7.2.1 水力计算应包括下列内容：
1 确定供热系统的管径及热源循环水泵、中继泵的流量和扬程；
2 分析供热系统正常运行的压力工况，确保热用户有足够的资用压头且系统不超压、不汽化、不倒空；
3 进行事故工况分析；
4 必要时进行动态水力分析。

7.2.2 水力计算应满足连续性方程和压力降方程。环网水力计算应保证所有环线压力降的代数和为零。

7.2.3 当热水供热系统多热源联网运行时，应按热源投产顺序对每个热源满负荷运行的工况进行水力计算并绘制水压图。

7.2.4 热水热力网应进行各种事故工况的水力计算，当供热量保证率不满足本规范第5.0.9条的规定时，应加大不利段干线的直径。

7.2.5 对于常年运行的热水供热管网应进行非采暖期水力工况分析。当有夏季制冷负荷时，还应分别进行供冷期和过渡期水力工况分析。

7.2.6 蒸汽管网水力计算时，应按设计流量进行设计计算，再按最小流量进行校核计算，保证在任何可能的工况下满足最不利用户的压力和温度要求。

7.2.7 蒸汽供热管网应根据管线起点压力和用户需要压力确定的允许压力降选择管道直径。

7.2.8 具有下列情况之一的供热系统除进行静态水力分析外，还宜进行动态水力分析：
1 具有长距离输送干线；
2 供热范围内地形高差大；
3 系统工作压力高；
4 系统工作温度高；
5 系统可靠性要求高。

7.2.9 动态水力分析应对循环泵或中继泵跳闸、输送干线主阀门非正常关闭、热源换热器停止加热等非正常操作发生时的压力瞬变进行分析。

7.2.10 动态水力分析后，应根据分析结果采取下列相应的主要安全保护措施：
1 设置氮气定压罐；
2 设置静压分区阀；
3 设置紧急泄水阀；
4 延长主阀关闭时间；
5 循环泵、中继泵与输送干线的分段阀连锁控制；
6 提高管道和设备的承压等级；
7 适当提高定压或静压水平；
8 增加事故补水能力。

7.3 水力计算参数

7.3.1 供热管道内壁当量粗糙度应按表7.3.1选取。
对现有供热管道进行水力计算，当管道内壁存在腐蚀现象时，宜采取经过测定的当量粗糙度值。

表 7.3.1　供热管道内壁当量粗糙度

供热介质	管道材质	当量粗糙度（m）
蒸汽	钢管	0.0002
热水	钢管	0.0005
凝结水、生活热水	钢管	0.001
各种介质	非金属管	按相关资料取用

7.3.2 确定热水热力网主干线管径时，宜采用经济比摩阻。经济比摩阻数值宜根据工程具体条件计算确定，主干线比摩阻可采用 30Pa/m～70Pa/m。

7.3.3 热水热力网支干线、支线应按允许压力降确定管径，但供热介质流速不应大于 3.5m/s。支干线比摩阻不应大于 300Pa/m，连接一个热力站的支线比摩阻可大于 300Pa/m。

7.3.4 蒸汽供热管道供热介质的最大允许设计流速应符合表 7.3.4 的规定。

表 7.3.4　蒸汽供热管道供热介质最大允许设计流速

供热介质	管径（mm）	最大允许设计流速（m/s）
过热蒸汽	≤200	50
	>200	80
饱和蒸汽	≤200	35
	>200	60

7.3.5 以热电厂为热源的蒸汽热力网，管网起点压力应采用供热系统技术经济计算确定的汽轮机最佳抽（排）汽压力。

7.3.6 以区域锅炉房为热源的蒸汽热力网，在技术条件允许的情况下，热力网主干线起点压力宜采用较高值。

7.3.7 蒸汽热力网凝结水管道设计比摩阻可取 100Pa/m。

7.3.8 热力网管道局部阻力与沿程阻力的比值，可按表 7.3.8 取值。

表 7.3.8　管道局部阻力与沿程阻力比值

管线类型	补偿器类型	管道公称直径（mm）	局部阻力与沿程阻力的比值	
			蒸汽管道	热水及凝结水管道
输送干线	套筒或波纹管补偿器（带内衬筒）	≤1200	0.2	0.2
	方形补偿器	200～350	0.7	0.5
		400～500	0.9	0.7
		600～1200	1.2	1.0

续表 7.3.8

管线类型	补偿器类型	管道公称直径（mm）	局部阻力与沿程阻力的比值	
			蒸汽管道	热水及凝结水管道
输配管线	套筒或波纹管补偿器（带内衬筒）	≤400	0.4	0.3
	套筒或波纹管补偿器（带内衬筒）	450～1200	0.5	0.4
	方形补偿器	150～250	0.8	0.6
		300～350	1.0	0.8
		400～500	1.0	0.9
		600～1200	1.2	1.0

7.4　压力工况

7.4.1 热水热力网供水管道任何一点的压力不应低于供热介质的汽化压力，并应留有 30kPa～50kPa 的富裕压力。

7.4.2 热水热力网的回水压力应符合下列规定：
    1 不应超过直接连接用户系统的允许压力；
    2 任何一点的压力不应低于 50kPa。

7.4.3 热水热力网循环水泵停止运行时，应保持必要的静态压力，静态压力应符合下列规定：
    1 不应使热力网任何一点的水汽化，并应有 30kPa～50kPa 的富裕压力；
    2 与热力网直接连接的用户系统应充满水；
    3 不应超过系统中任何一点的允许压力。

7.4.4 开式热水热力网非采暖期运行时，回水压力不应低于直接配水用户热水供应系统静水压力再加上 50kPa。

7.4.5 热水热力网最不利点的资用压头，应满足该点用户系统所需作用压头的要求。

7.4.6 热水热力网的定压方式，应根据技术经济比较确定。定压点应设在便于管理并有利于管网压力稳定的位置，宜设在热源处。当供热系统多热源联网运行时，全系统应仅有一个定压点起作用，但可多点补水。

7.4.7 热水热力网设计时，应在水力计算的基础上绘制各种主要运行方案的主干线水压图。对于地形复杂的地区，还应绘制必要的支干线水压图。

7.4.8 对于多热源的热水热力网，应按热源投产顺序绘制每个热源满负荷运行时的主干线水压图及事故工况水压图。

7.4.9 中继泵站的位置及参数应根据热力网的水压图确定。

7.4.10 蒸汽热力网，宜按设计凝结水量绘制凝结水管网的水压图。

7.4.11 供热管网的设计压力，不应低于下列各项之和：
 1 各种运行工况的最高工作压力；
 2 地形高差形成的静水压力；
 3 事故工况分析和动态水力分析要求的安全裕量。

7.5 水泵选择

7.5.1 供热管网循环水泵的选择应符合下列规定：
 1 循环水泵的总流量不应小于管网总设计流量，当热水锅炉出口至循环水泵的吸入口装有旁通管时，应计入流经旁通管的流量；
 2 循环水泵的扬程不应小于设计流量条件下热源、供热管线、最不利用户环路压力损失之和；
 3 循环水泵应具有工作点附近较平缓的"流量—扬程"特性曲线，并联运行水泵的特性曲线宜相同；
 4 循环水泵的承压、耐温能力应与供热管网设计参数相适应；
 5 应减少并联循环水泵的台数；设置3台或3台以下循环水泵并联运行时，应设备用泵；当4台或4台以上泵并联运行时，可不设备用泵；
 6 多热源联网运行或采用集中"质—量"调节的单热源供热系统，热源的循环水泵应采用调速泵。

7.5.2 热力网循环水泵可采用两级串联设置，第一级水泵应安装在热网加热器前，第二级水泵应安装在热网加热器后。水泵扬程的确定应符合下列规定：
 1 第一级水泵的出口压力应保证在各种运行工况下不超过热网加热器的承压能力；
 2 当补水定压点设置于两级水泵中间时，第一级水泵出口压力应为供热系统的静压力值；
 3 第二级水泵的扬程不应小于按本规范第7.5.1条第2款计算值扣除第一级泵的扬程值。

7.5.3 热水热力网补水装置的选择应符合下列规定：
 1 闭式热力网补水装置的流量，不应小于供热系统循环流量的2%；事故补水量不应小于供热系统循环流量的4%；
 2 开式热力网补水装置的流量，不应小于生活热水最大设计流量和供热系统泄漏量之和；
 3 补水装置的压力不应小于补水点管道压力加30kPa～50kPa，当补水装置同时用于维持管网静态压力时，其压力应满足静态压力的要求；
 4 闭式热力网补水泵不应少于2台，可不设备用泵；
 5 开式热力网补水泵不宜少于3台，其中1台备用；
 6 当动态水力分析考虑热源停止加热的事故时，事故补水能力不应小于供热系统最大循环流量条件下，被加热水自设计供水温度降至设计回水温度的体积收缩量及供热系统正常泄漏量之和；

 7 事故补水时，软化除氧水量不足，可补充工业水。

7.5.4 热力网循环泵与中继泵吸入侧的压力，不应低于吸入口可能达到的最高水温下的饱和蒸汽压力加50kPa。

8 管网布置与敷设

8.1 管网布置

8.1.1 城镇供热管网的布置应在城镇规划的指导下，根据热负荷分布、热源位置、其他管线及构筑物、园林绿地、水文、地质条件等因素，经技术经济比较确定。

8.1.2 城镇供热管网管道的位置应符合下列规定：
 1 城镇道路上的供热管道应平行于道路中心线，并宜敷设在车行道以外，同一条管道应只沿街道的一侧敷设；
 2 穿过厂区的供热管道应敷设在易于检修和维护的位置；
 3 通过非建筑区的供热管道应沿公路敷设；
 4 供热管网选线时宜避开土质松软地区、地震断裂带、滑坡危险地带以及高地下水位区等不利地段。

8.1.3 管径小于或等于300mm的供热管道，可穿越建筑物的地下室或用开槽施工法自建筑物下专门敷设的通行管沟内穿过。用暗挖法施工穿过建筑物时可不受管径限制。

8.1.4 热力网管道可与自来水管道、电压10kV以下的电力电缆、通信线路、压缩空气管道、压力排水管道和重油管道一起敷设在综合管沟内。在综合管沟内，热力网管道应高于自来水管道和重油管道，并且自来水管道应做绝热层和防水层。

8.1.5 地上敷设的供热管道可与其他管道敷设在同一管架上，但应便于检修，且不得架设在腐蚀性介质管道的下方。

8.2 管道敷设

8.2.1 城镇街道上和居住区内的供热管道宜采用地下敷设。当地下敷设困难时，可采用地上敷设，但设计时应注意美观。

8.2.2 工厂区的供热管道，宜采用地上敷设。

8.2.3 热水供热管道地下敷设时，宜采用直埋敷设。

8.2.4 热水或蒸汽管道采用管沟敷设时，宜采用不通行管沟敷设。穿越不允许开挖检修的地段时，应用通行管沟敷设。当采用通行管沟困难时，可采用半通行管沟敷设。

8.2.5 当蒸汽管道采用直埋敷设时，应采用保温性能良好、防水性能可靠、保护管耐腐蚀的预制保温管直埋敷设，其设计寿命不应低于25年。

8.2.6 直埋敷设热水管道应采用钢管、保温层、保护外壳结合成一体的预制保温管道，其性能应符合本规范第11章的有关规定。

8.2.7 管沟敷设相关尺寸应符合表8.2.7的规定。

表8.2.7 管沟敷设相关尺寸（m）

管沟类型	管沟净高	人行通道宽	管道保温表面与沟墙净距	管道保温表面与沟顶净距	管道保温表面与沟底净距	管道保温表面间的净距
通行管沟	≥1.8	≥0.6*	≥0.2	≥0.2	≥0.2	≥0.2
半通行管沟	≥1.2	≥0.5	≥0.2	≥0.2	≥0.2	≥0.2
不通行管沟	—	—	≥0.1	≥0.05	≥0.15	≥0.2

注：*指当必须在沟内更换钢管时，人行通道宽度还不应小于管子外径加0.1m。

8.2.8 工作人员经常进入的通行管沟应有照明设备和良好的通风。人员在管沟内工作时，管沟内空气温度不得超过40℃。

8.2.9 通行管沟应设事故人孔。设有蒸汽管道的通行管沟，事故人孔间距不应大于100m；热水管道的通行管沟，事故人孔间距不应大于400m。

8.2.10 整体混凝土结构的通行管沟，每隔200m宜设一个安装孔。安装孔宽度不应小于0.6m且应大于管沟内最大管道的外径加0.1m，其长度应满足6m长的管子进入管沟。当需要考虑设备进出时，安装孔宽度还应满足设备进出的需要。

8.2.11 热力网管沟的外表面、直埋敷设热水管道或地上敷设管道的保温结构表面与建筑物、构筑物、道路、铁路、电缆、架空电线和其他管线的最小水平净距、垂直净距应符合表8.2.11-1和表8.2.11-2的规定。

表8.2.11-1 地下敷设热力网管道与建筑物（构筑物）或其他管线的最小距离（m）

建筑物、构筑物或管线名称		最小水平净距	最小垂直净距
建筑物基础	管沟敷设热力网管道	0.5	—
	直埋闭式热水热力网管道 DN≤250	2.5	—
	直埋闭式热水热力网管道 DN≥300	3.0	—
	直埋开式热水热力网管道	5.0	—
铁路钢轨		钢轨外侧3.0	轨底1.2
电车钢轨		钢轨外侧2.0	轨底1.0
铁路、公路路基边坡底脚或边沟的边缘		1.0	—
通信、照明或10kV以下电力线路的电杆		1.0	—
桥墩（高架桥、栈桥）边缘		2.0	—
架空管道支架基础边缘		1.5	—
高压输电线铁塔基础边缘 35kV～220kV		3.0	—
通信电缆管块		1.0	0.15

续表8.2.11-1

建筑物、构筑物或管线名称		最小水平净距	最小垂直净距
直埋通信电缆（光缆）		1.0	0.15
电力电缆和控制电缆	35kV以下	2.0	0.5
	110kV	2.0	1.0
燃气管道	管沟敷设热力网管道 燃气压力<0.01MPa	1.0	钢管0.15 聚乙烯管在上0.2 聚乙烯管在下0.3
	燃气压力≤0.4MPa	1.5	
	燃气压力≤0.8MPa	2.0	
	燃气压力>0.8MPa	4.0	
	直埋敷设热水热力网管道 燃气压力≤0.4MPa	1.0	钢管0.15 聚乙烯管在上0.5 聚乙烯管在下1.0
	燃气压力≤0.8MPa	1.5	
	燃气压力>0.8MPa	2.0	
给水管道		1.5	0.15
排水管道		1.5	0.15
地铁		5.0	0.8
电气铁路接触网电杆基础		3.0	—
乔木（中心）		1.5	—
灌木（中心）		1.5	—
车行道路面		—	0.7

注：1 表中不包括直埋敷设蒸汽管道与建（构）物或其他管线的最小距离的规定；
2 当热力网管道的埋设深度大于建（构）物基础深度时，最小水平净距应按土壤内摩擦角计算确定；
3 热力网管道与电力电缆平行敷设时，电缆处的土壤温度与月平均土壤自然温度比较，全年任何时候对于电压10kV的电缆不高出10℃，对于电压35kV～110kV的电缆不高出5℃时，可减小表中所列距离；
4 在不同深度并列敷设各种管道时，各种管道间的水平净距不应小于其深度差；
5 热力网管道检查室、方形补偿器壁龛与燃气管道最小水平净距亦应符合表中规定；
6 在条件不允许时，可采取有效技术措施并经有关单位同意后，可以减小表中规定的距离，或采用埋深较大的暗挖法、盾构法施工。

表8.2.11-2 地上敷设热力网管道与建筑物（构筑物）或其他管线的最小距离（m）

建筑物、构筑物或管线名称		最小水平净距	最小垂直净距
铁路钢轨		轨外侧3.0	轨顶一般5.5 电气铁路6.55
电车钢轨		轨外侧2.0	—
公路边缘		1.5	—
公路路面		—	4.5
架空输电线（水平净距：导线最大风偏时；垂直净距：热力网管道在下面交叉通过导线最大垂度时）	<1kV	1.5	1.0
	1kV～10kV	2.0	2.0
	35kV～110kV	4.0	4.0
	220kV	5.0	5.0
	330kV	6.0	6.0
	500kV	6.5	6.5
树冠		0.5（到树中不小于2.0）	

8.2.12 地上敷设的供热管道穿越行人过往频繁地区时，管道保温结构下表面距地面的净距不应小于 2.0m；在不影响交通的地区，应采用低支架，管道保温结构下表面距地面的净距不应小于 0.3m。

8.2.13 供热管道跨越水面、峡谷地段时应符合下列规定：

1 在桥梁主管部门同意的条件下，可在永久性的公路桥上架设。

2 供热管道架空跨越通航河流时，航道的净宽与净高应符合现行国家标准《内河通航标准》GB 50139 的规定。

3 供热管道架空跨越不通航河流时，管道保温结构表面与 50 年一遇的最高水位的垂直净距不应小于 0.5m。跨越重要河流时，还应符合河道管理部门的有关规定。

4 河底敷设供热管道必须远离浅滩、锚地，并应选择在较深的稳定河段，埋设深度应按不妨碍河道整治和保证管道安全的原则确定。对于 1~5 级航道河流，管道（管沟）的覆土深度应在航道底设计标高 2m 以下；对于其他河流，管道（管沟）的覆土深度应在稳定河底 1m 以下。对于灌溉渠道，管道（管沟）的覆土深度应在渠底设计标高 0.5m 以下。

5 管道河底直埋敷设或管沟敷设时，应进行抗浮计算。

8.2.14 供热管道同河流、铁路、公路等交叉时应垂直相交。特殊情况下，管道与铁路或地下铁路交叉角度不得小于 60°；管道与河流或公路交叉角度不得小于 45°。

8.2.15 地下敷设供热管道与铁路或不允许开挖的公路交叉，交叉段的一侧留有足够的抽管检修地段时，可采用套管敷设。

8.2.16 供热管道套管敷设时，套管内不应采用填充式保温，管道保温层与套管间应留有不小于 50mm 的空隙。套管内的管道及其他钢部件应采取加强防腐措施。采用钢套管时，套管内、外表面均应作防腐处理。

8.2.17 地下敷设供热管道和管沟坡度不应小于 0.002。进入建筑物的管道宜坡向干管。地上敷设的管道可不设坡度。

8.2.18 地下敷设供热管线的覆土深度应符合下列规定：

1 管沟盖板或检查室盖板覆土深度不应小于 0.2m。

2 直埋敷设管道的最小覆土深度应考虑土壤和地面活荷载对管道强度的影响，且管道不得发生纵向失稳，应按现行行业标准《城镇直埋供热管道工程技术规程》CJJ/T 81 的规定执行。

8.2.19 当给水、排水管道或电缆交叉穿入热力网管沟时，必须加套管或采用厚度不小于 100mm 的混凝土防护层与管沟隔开，同时不得妨碍供热管道的检修和管沟的排水，套管伸出管沟外的长度不应小于 1m。

8.2.20 热力网管沟内不得穿过燃气管道。

8.2.21 当热力网管沟与燃气管道交叉的垂直净距小于 300mm 时，必须采取可靠措施防止燃气泄漏进管沟。

8.2.22 管沟敷设的热力网管道进入建筑物或穿过构筑物时，管道穿墙处应封堵严密。

8.2.23 地上敷设的供热管道同架空输电线或电气化铁路交叉时，管道的金属部分（包括交叉点两侧 5m 范围内钢筋混凝土结构的钢筋）应接地。接地电阻不应大于 10Ω。

8.3 管道材料及连接

8.3.1 城镇供热管网管道应采用无缝钢管、电弧焊或高频焊焊接钢管。管道及钢制管件的钢材钢号不应低于表 8.3.1 的规定。管道和钢材的规格及质量应符合国家现行相关标准的规定。

表 8.3.1 供热管道钢材钢号及适用范围

钢 号	设计参数	钢板厚度
Q235AF	$P\leqslant1.0$MPa $t\leqslant95℃$	$\leqslant8$mm
Q235A	$P\leqslant1.6$MPa $t\leqslant150℃$	$\leqslant16$mm
Q235B	$P\leqslant2.5$MPa $t\leqslant300℃$	$\leqslant20$mm
10、20、低合金钢	可用于本规范适用范围的全部参数	不限

8.3.2 凝结水管道宜采用具有防腐内衬、内防腐涂层的钢管或非金属管道。非金属管道的承压能力和耐温性能应满足设计要求。

8.3.3 热力网管道的连接应采用焊接，管道与设备、阀门等连接宜采用焊接；当设备、阀门等需要拆卸时，应采用法兰连接；公称直径小于或等于 25mm 的放气阀，可采用螺纹连接，但连接放气阀的管道应采用厚壁管。

8.3.4 室外采暖计算温度低于－5℃地区露天敷设的不连续运行的凝结水管道放水阀门，室外采暖计算温度低于－10℃地区露天敷设的热水管道设备附件均不得采用灰铸铁制品；室外采暖计算温度低于－30℃地区露天敷设的热水管道，应采用钢制阀门及附件；蒸汽管道在任何条件下均应采用钢制阀门及附件。

8.3.5 弯头的壁厚不应小于直管壁厚。焊接弯头应采用双面焊接。

8.3.6 钢管焊制三通应对支管开孔进行补强；承受干管轴向荷载较大的直埋敷设管道，应对三通干管进行轴向补强，其技术要求应按现行行业标准《城镇直埋供热管道工程技术规程》CJJ/T 81 的规定执行。

8.3.7 变径管的制作应采用压制或钢板卷制，壁厚不应小于管道壁厚。

8.4 热补偿

8.4.1 供热管道的温度变形应充分利用管道的转角管段进行自然补偿。直埋敷设热水管道自然补偿转角管段应布置成60°～90°角,当角度很小时应按直线管段考虑,小角度数值应按现行行业标准《城镇直埋供热管道工程技术规程》CJJ/T 81的规定执行。

8.4.2 选用管道补偿器时,应根据敷设条件采用维修工作量小、工作可靠和价格较低的补偿器。

8.4.3 采用弯管补偿器或波纹管补偿器时,设计应考虑安装时的冷紧。冷紧系数可取0.5。

8.4.4 采用套筒补偿器时,应计算各种安装温度下的补偿器安装长度,并应保证管道可能出现的最高、最低温度下,补偿器留有不小于20mm的补偿余量。

8.4.5 采用波纹管轴向补偿器时,管道上应安装防止波纹管失稳的导向支座。采用其他形式补偿器,补偿管段过长时,亦应设导向支座。

8.4.6 采用球形补偿器、铰链型波纹管补偿器,且补偿管段较长时,宜采取减小管道摩擦力的措施。

8.4.7 当两条管道垂直布置,且上面管道的托架固定在下面管道上时,应考虑两管道在最不利运行状态下的不同热位移,上面的管道支座不得自托架上滑落。

8.4.8 直埋敷设热水管道宜采用无补偿敷设方式,并应按现行行业标准《城镇直埋供热管道工程技术规程》CJJ/T 81的规定执行。

8.5 附件与设施

8.5.1 热力网管道干线、支干线、支线的起点应安装关断阀门。

8.5.2 热水热力网干线应装设分段阀门。输送干线分段阀门的间距宜为2000m～3000m;输配干线分段阀门的间距宜为1000m～1500m。蒸汽热力网可不安装分段阀门。

8.5.3 热力网的关断阀和分段阀均应采用双向密封阀门。

8.5.4 热水、凝结水管道的高点(包括分段阀门划分的每个管段的高点)应安装放气装置。

8.5.5 热水、凝结水管道的低点(包括分段阀门划分的每个管段的低点)应安装放水装置。热水管道的放水装置应满足一个放水段的排放时间不超过表8.5.5的规定。

表8.5.5 热水管道放水时间

管道公称直径(mm)	放水时间(h)
DN≤300	2～3
DN350～500	4～6
DN≥600	5～7

注:严寒地区采用表中规定的放水时间较小值。停热期间供热装置无冻结危险的地区,表中的规定可放宽。

8.5.6 蒸汽管道的低点和垂直升高的管段前应设启动疏水和经常疏水装置。同一坡向的管段,顺坡情况下每隔400m～500m,逆坡时每隔200m～300m应设启动疏水和经常疏水装置。

8.5.7 经常疏水装置与管道连接处应聚集凝结水的短管,短管直径应为管道直径的1/2～1/3。经常疏水管应连接在短管侧面。

8.5.8 经常疏水装置排出的凝结水,宜排入凝结水管道。当不能排入凝结水管时,应按本规范第4.3.4条的规定降温后排放。

8.5.9 工作压力大于或等于1.6MPa,且公称直径大于或等于500mm的管道上的闸阀应安装旁通阀。旁通阀的直径可按阀门直径的1/10选用。

8.5.10 当供热系统补水能力有限,需控制管道充水流量或蒸汽管道启动暖管需控制汽量时,管道阀门应装设口径较小的旁通阀作为控制阀门。

8.5.11 当动态水力分析需延长输送干线分段阀门关闭时间以降低压力瞬变值时,宜采用主阀并联旁通阀的方法解决。旁通阀直径可取主阀直径的1/4。主阀和旁通阀应连锁控制,旁通阀必须在开启状态主阀方可进行关闭操作,主阀关闭后旁通阀才可关闭。

8.5.12 公称直径大于或等于500mm的阀门,宜采用电动驱动装置。由监控系统远程操作的阀门,其旁通阀亦应采用电动驱动装置。

8.5.13 公称直径大于或等于500mm的热水热力网干管在低点、垂直升高管段前、分段阀门前宜设阻力小的永久性除污装置。

8.5.14 地下敷设管道安装套筒补偿器、波纹管补偿器、阀门、放水和除污装置等设备附件时,应设检查室。检查室应符合下列规定:

1 净空高度不应小于1.8m;
2 人行通道宽度不应小于0.6m;
3 干管保温结构表面与检查室地面距离不应小于0.6m;
4 检查室的人孔直径不应小于0.7m,人孔数量不应少于2个,并应对角布置,人孔应避开检查室内的设备,当检查室净空面积小于4m²时,可只设1个人孔;
5 检查室内至少应设1个集水坑,并应置于人孔下方;
6 检查室地面应低于管沟内底不小于0.3m;
7 检查室内爬梯高度大于4m时应设护栏或在爬梯中间设平台。

8.5.15 当检查室内需更换的设备、附件不能从人孔进出时,应在检查室顶板上设安装孔。安装孔的尺寸和位置应保证需更换设备的出入和便于安装。

8.5.16 当检查室内装有电动阀门时,应采取措施保证安装地点的空气温度、湿度满足电气装置的技术要求。

8.5.17 当地下敷设管道只需安装放气阀门且埋深很小时，可不设检查室，只在地面设检查井口，放气阀门的安装位置应便于工作人员在地面进行操作；当埋深较大时，在保证安全的条件下，也可只设检查人孔。

8.5.18 中高支架敷设的管道，安装阀门、放水、放气、除污装置的地方应设操作平台。在跨越河流、峡谷等地段，必要时应沿架空管道设检修便桥。

8.5.19 中高支架操作平台的尺寸应保证维修人员操作方便。检修便桥宽度不应小于0.6m。平台或便桥周围应设防护栏杆。

8.5.20 架空敷设管道上，露天安装的电动阀门，其驱动装置和电气部分的防护等级应满足露天安装的环境条件，为防止无关人员操作应有防护措施。

8.5.21 地上敷设管道与地下敷设管道连接处，地面不得积水，连接处的地下构筑物应高出地面0.3m以上，管道穿入构筑物的孔洞应采取防止雨水进入的措施。

8.5.22 地下敷设管道固定支座的承力结构宜采用耐腐蚀材料，或采取可靠的防腐措施。

8.5.23 管道活动支座应采用滑动支座或刚性吊架。当管道敷设于高支架、悬臂支架或通行管沟内时，宜采用滚动支座或使用减摩材料的滑动支座。

当管道运行时有垂直位移且对邻近支座的荷载影响较大时，应采用弹簧支座或弹簧吊架。

9 管道应力计算和作用力计算

9.0.1 管道应力计算应采用应力分类法。管道由内压、持续外载引起的一次应力验算应采用弹性分析和极限分析；管道由热胀冷缩及其他位移受约束产生的二次应力和管件上的峰值应力应采用满足必要疲劳次数的许用应力范围进行验算。

9.0.2 进行管道应力计算时，供热介质计算参数应按下列规定取用：

1 蒸汽管道应取用锅炉、汽轮机抽（排）汽口的最大工作压力和温度作为管道计算压力和工作循环最高温度；

2 热水供热管网供、回水管道的计算压力均应取用循环水泵最高出口压力加上循环水泵与管道最低点地形高差产生的静水压力，工作循环最高温度应取用供热管网设计供水温度；

3 凝结水管道计算压力应取用户凝结水泵最高出水压力加上地形高差产生的静水压力，工作循环最高温度应取用户凝结水箱的最高水温；

4 管道工作循环最低温度，对于全年运行的管道，地下敷设时应取30℃，地上敷设时应取15℃；对于只在采暖期运行的管道，地下敷设时应取10℃，地上敷设时应取5℃。

9.0.3 地上敷设和管沟敷设供热管道的许用应力取值、管壁厚度计算、补偿值计算及应力验算应按现行行业标准《火力发电厂汽水管道应力计算技术规程》DL/T 5366的规定执行。

9.0.4 直埋敷设热水管道的许用应力取值、管壁厚度计算、热伸长量计算及应力验算应按现行行业标准《城镇直埋供热管道工程技术规程》CJJ/T 81的规定执行。

9.0.5 计算供热管道对固定点的作用力时，应考虑升温或降温，选择最不利的工况和最大温差进行计算。当管道安装温度低于工作循环最低温度时应采用安装温度计算。

9.0.6 管道对固定点的作用力计算时应包括下列三部分：

1 管道热胀冷缩受约束产生的作用力；
2 内压产生的不平衡力；
3 活动端位移产生的作用力。

9.0.7 固定点两侧管段作用力合成时应按下列原则进行：

1 地上敷设和管沟敷设管道

  1) 固定点两侧管段由热胀冷缩受约束引起的作用力和活动端位移产生的作用力的合力相互抵消时，较小方向作用力应乘以0.7的抵消系数；

  2) 固定点两侧管段内压不平衡力的抵消系数应取1；

  3) 当固定点承受几个支管的作用力时，应考虑几个支管不同时升温或降温产生作用力的最不利组合。

2 直埋敷设热水管道

直埋敷设热水管道应按现行行业标准《城镇直埋供热管道工程技术规程》CJJ/T 81的规定执行。

10 中继泵站与热力站

10.1 一般规定

10.1.1 中继泵站、热力站应降低噪声，不应对环境产生干扰。当中继泵站、热力站设备的噪声较高时，应加大与周围建筑物的距离，或采取降低噪声的措施，使受影响建筑物处的噪声符合现行国家标准《声环境质量标准》GB 3096的规定。当中继泵站、热力站所在场所有隔振要求时，水泵基础和连接水泵的管道应采取隔振措施。

10.1.2 中继泵站、热力站的站房应有良好的照明和通风。

10.1.3 站房设备间的门应向外开。热水热力站当热力网设计水温大于或等于100℃、站房长度大于12m时，应设2个出口。蒸汽热力站均应设置2个出口。安装孔或门的大小应保证站内需检修更换的最大设备出入。多层站房应考虑用于设备垂直搬运的安装孔。

10.1.4 站内地面宜有坡度或采取措施保证管道和设备排出的水引向排水系统。当站内排水不能直接排入室外管道时，应设集水坑和排水泵。

10.1.5 站内应有必要的起重设施，并应符合下列规定：

  1 当需起重的设备数量较少且起重重量小于 2t 时，应采用固定吊钩或移动吊架；

  2 当需起重的设备数量较多或需要移动且起重重量小于 2t 时，应采用手动单轨或单梁吊车；

  3 当起重重量大于 2t 时，宜采用电动起重设备。

10.1.6 站内地坪到屋面梁底（屋架下弦）的净高，除应考虑通风、采光等因素外，尚应考虑起重设备的需要，且应符合下列规定：

  1 当采用固定吊钩或移动吊架时，不应小于 3m；

  2 当采用单轨、单梁、桥式吊车时，应保持吊起物底部与吊运所越过的物体顶部之间有 0.5m 以上的净距；

  3 当采用桥式吊车时，除符合本条第 2 款规定外，还应考虑吊车安装和检修的需要。

10.1.7 站内宜设集中检修场地，其面积应根据需检修设备的要求确定，并在周围留有宽度不小于 0.7m 的通道。当考虑设备就地检修时，可不设集中检修场地。

10.1.8 站内管道及管件材质应符合本规范第 8.3.1 条的规定，选用的压力容器应符合国家现行相关标准的规定。

10.1.9 站内各种设备和阀门的布置应便于操作和检修。站内各种水管道及设备的高点应设放气阀，低点应设放水阀。

10.1.10 站内架设的管道不得阻挡通道，不得跨越配电盘、仪表柜等设备。

10.1.11 管道与设备连接时，管道上宜设支、吊架，应减小加在设备上的管道荷载。

10.1.12 位置较高而且需经常操作的设备处应设操作平台、扶梯和防护栏杆等设施。

10.2 中继泵站

10.2.1 中继泵站的位置、泵站数量及中继水泵的扬程，应在管网水力计算和管网水压图详细分析的基础上，通过技术经济比较确定。中继泵站不应建在环状管网的环线上。中继泵站应优先考虑采用回水加压方式。

10.2.2 中继泵应采用调速泵且应减少中继泵的台数。设置 3 台或 3 台以下中继泵并联运行时应设备用泵，设置 4 台或 4 台以上中继泵并联运行时可不设备用泵。

10.2.3 水泵机组的布置应符合下列规定：

  1 相邻两个机组基础间的净距应符合下列要求：

    1）当电动机容量小于或等于 55kW 时，不应小于 0.8m；

    2）当电动机容量大于 55kW 时，不应小于 1.2m；

  2 当考虑就地检修时，至少在每个机组一侧应留有大于水泵机组宽度加 0.5m 的通道。

  3 相邻两个机组突出部分的净距以及突出部分与墙壁间的净距，应保证泵轴和电动机转子在检修时能拆卸，并不应小于 0.7m；当电动机容量大于 55kW 时，不应小于 1.0m。

  4 中继泵站的主要通道宽度不应小于 1.2m。

  5 水泵基础应高出站内地坪 0.15m 以上。

10.2.4 中继泵吸入母管和压出母管之间应设装有止回阀的旁通管。

10.2.5 中继泵吸入母管和压出母管之间的旁通管，宜与母管等径。

10.2.6 中继泵站水泵入口处应设除污装置。

10.3 热水热力网热力站

10.3.1 热水热力网民用热力站最佳供热规模，应通过技术经济比较确定。当不具备技术经济比较条件时，热力站的规模宜按下列原则确定：

  1 对于新建的居住区，热力站最大规模以供热范围不超过本街区为限。

  2 对已有采暖系统的街区，在减少原有采暖系统改造工程量的前提下，宜减少热力站的个数。

10.3.2 用户采暖系统与热力网连接的方式应按下列原则确定：

  1 有下列情况之一时，用户采暖系统应采用间接连接：

    1）大型集中供热热力网；

    2）建筑物采暖系统高度高于热力网水压图供水压力线或静水压线；

    3）采暖系统承压能力低于热力网回水压力或静水压力；

    4）热力网资用压头低于用户采暖系统阻力，且不宜采用加压泵；

    5）由于直接连接，而使管网运行调节不便、管网失水率过大及安全可靠性不能有效保证。

  2 当热力网水力工况能保证用户内部系统不汽化、不超过用户内部系统的允许压力、热力网资用压头大于用户系统阻力时，用户系统可采用直接连接。采用直接连接，且用户采暖系统设计供水温度等于热力网设计供水温度时，应采用不降温的直接连接；当用户采暖系统设计供水温度低于热力网设计供水温度时，应采用有混水降温装置的直接连接。

10.3.3 在有条件的情况下，热力站应采用全自动组合换热机组。

10.3.4 当生活热水热负荷较小时，生活热水换热器与采暖系统可采用并联连接；当生活热水热负荷较大时，生活热水换热器与采暖系统宜采用两级串联或两级混合连接。

10.3.5 间接连接采暖系统循环泵的选择应符合下列规定：

　　1 水泵流量不应小于所有用户的设计流量之和；

　　2 水泵扬程不应小于换热器、站内管道设备、主干线和最不利用户内部系统阻力之和；

　　3 水泵台数不应少于2台，其中1台备用；

　　4 当采用"质—量"调节或考虑用户自主调节时，应选用调速泵。

10.3.6 采暖系统混水装置的选择应符合下列规定：

　　1 混水装置的设计流量应按下列公式计算：

$$G'_h = uG_h \quad (10.3.6-1)$$

$$u = \frac{t_1 - \theta_1}{\theta_1 - t_2} \quad (10.3.6-2)$$

式中：G'_h——混水装置设计流量（t/h）；

　　　G_h——采暖热负荷热力网设计流量（t/h）；

　　　u——混水装置设计混合比；

　　　t_1——热力网设计供水温度（℃）；

　　　θ_1——用户采暖系统设计供水温度（℃）；

　　　t_2——采暖系统设计回水温度（℃）。

　　2 混水装置的扬程不应小于混水点以后用户系统的总阻力；

　　3 采用混合水泵时，台数不应少于2台，其中1台备用。

10.3.7 当热力站入口处热力网资用压头不满足用户需要时，可设加压泵；加压泵宜布置在热力站回水管道上。

　　当热力网末端需设加压泵的热力站较多，且热力站自动化水平较低时，应设热力网中继泵站，取代分散的加压泵；当热力站自动化水平较高能保证用户不发生水力失调时，可采用分散的加压泵且应采用调速泵。

10.3.8 间接连接采暖系统补水装置的选择应符合下列规定：

　　1 补水能力应根据系统水容量和供水温度等条件确定，可按下列规定取用：

　　　1）当设计供水温度高于65℃时，可取系统循环流量的4%～5%；

　　　2）当设计供水温度等于或低于65℃时，可取系统循环流量的1%～2%。

　　2 补水泵的扬程不应小于补水点压力加30kPa～50kPa。

　　3 补水泵台数不宜少于2台，可不设备用泵。

　　4 补给水箱的有效容积可按15min～30min的补水能力考虑。

10.3.9 间接连接采暖系统定压点宜设在循环水泵吸入口侧。定压值应保证管网中任何一点采暖系统不倒空、不超压。定压装置宜采用高位膨胀水箱或氮气、蒸汽、空气定压装置等。空气定压宜采用空气与水用隔膜隔离的装置。成套氮气、空气定压装置中的补水泵性能应符合本规范第10.3.8条的规定。定压系统应设超压自动排水装置。

10.3.10 热力站换热器的选择应符合下列规定：

　　1 间接连接系统应选用工作可靠、传热性能良好的换热器，生活热水系统还应根据水质情况选用易于清除水垢的换热设备。

　　2 列管式、板式换热器计算时应考虑换热表面污垢的影响，传热系数计算时应考虑污垢修正系数。

　　3 计算容积式换热器传热系数时应按考虑水垢热阻的方法进行。

　　4 换热器可不设备用。换热器台数的选择和单台能力的确定应能适应热负荷的分期增长，并考虑供热可靠性的需要。

　　5 热水供应系统换热器换热面积的选择应符合下列规定：

　　　1）当用户有足够容积的储水箱时，应按生活热水日平均热负荷选择；

　　　2）当用户没有储水箱或储水容积不足，但有串联缓冲水箱（沉淀箱，储水容积不足的容积式换热器）时，可按最大小时热负荷选择；

　　　3）当用户无储水箱，且无串联缓冲水箱（水垢沉淀箱）时，应按最大秒流量选择。

10.3.11 热力站换热设备的布置应符合下列规定：

　　1 换热器布置时，应考虑清除水垢、抽管检修的场地。

　　2 并联工作的换热器宜按同程连接设计。

　　3 换热器组一、二次侧进、出口应设总阀门，并联工作的换热器，每台换热器一、二次侧进、出口宜设阀门。

　　4 当热水供应系统换热器热水出口装有阀门时，应在每台换热器上设安全阀；当每台换热器出口不设阀门时，应在生活热水总管阀门前设安全阀。

10.3.12 间接连接采暖系统的补水质量应保证换热器不结垢，当不能满足要求时应对补给水进行软化处理或加药处理。当采用化学软化处理时，水质标准应符合本规范第4.3.1条的规定，当采暖系统中没有钢板制散热器时可不除氧；当采用加药处理时，水质标准应符合表10.3.12的规定。

表 10.3.12 间接连接采暖系统加药处理水质要求

项 目	要 求
浊度（FTU）	≤20.0
硬度（mmol/L）	≤6.0
油（mg/L）	≤2.0
pH（25℃）	7.0～11.0

10.3.13 热力网供、回水总管上应设阀门。当供热系统采用质调节时宜在热力网供水或回水总管上装设自动流量调节阀；当供热系统采用变流量调节时宜装设自力式压差调节阀。

热力站内各分支管路的供、回水管道上应设阀门。在各分支管路没有自动调节装置时宜装设手动调节阀。

10.3.14 热力网供水总管上及用户系统回水总管上应设除污器。

10.3.15 水泵基础高出地面不应小于 0.15m；水泵基础之间、水泵基础与墙的距离不应小于 0.7m；当地方狭窄，且电动机功率不大于 20kW 或进水管管径不大于 100mm 时，两台水泵可做联合基础，机组之间突出部分的净距不应小于 0.3m，但两台以上水泵不得做联合基础。

10.3.16 热力站内软化水、采暖、通风、空调、生活热水系统的设计，应按现行国家标准《锅炉房设计规范》GB 50041、《采暖通风与空气调节设计规范》GB 50019、《建筑给水排水设计规范》GB 50015 的规定执行。

10.4 蒸汽热力网热力站

10.4.1 蒸汽热力站应根据生产工艺、采暖、通风、空调及生活热负荷的需要设置分汽缸，蒸汽主管和分支管上应装设阀门。当各种负荷需要不同的参数时，应分别设置分支管、减压减温装置和独立安全阀。

10.4.2 热力站的汽水换热器宜采用带有凝结水过冷段的换热设备，并应设凝结水水位调节装置。

10.4.3 蒸汽系统应按下列规定设疏水装置：
1 蒸汽管路的最低点、流量测量孔板前和分汽缸底部应设启动疏水装置；
2 分汽缸底部和饱和蒸汽管路安装启动疏水装置处应安装经常疏水装置；
3 无凝结水水位控制的换热设备应安装经常疏水装置。

10.4.4 蒸汽热力网用户宜采用闭式凝结水回收系统，热力站中应采用闭式凝结水箱。当凝结水量小于 10t/h 或热力站距热源小于 500m 时，可采用开式凝结水回收系统，此时凝结水温度不应低于 95℃。

10.4.5 凝结水箱的总储水量宜按 10min～20min 最大凝结水量计算。

10.4.6 全年工作的凝结水箱宜设置 2 个，每个水箱容积应为总储水量的 50%；当凝结水箱季节工作且凝结水量在 5t/h 以下时，可只设 1 个凝结水箱。

10.4.7 凝结水泵不应少于 2 台，其中 1 台备用，并应符合下列规定：
1 凝结水泵的适用温度应满足介质温度的要求；
2 凝结水泵的流量应按进入凝结水箱的最大凝结水流量计算，扬程应按凝结水管网水压图的要求确定，并应留有 30kPa～50kPa 的富裕压力；
3 凝结水泵吸入口的压力应符合本规范第 7.5.4 条的规定；
4 凝结水泵的布置应符合本规范第 10.3.15 条规定。

10.4.8 热力站内应设凝结水取样点。取样管宜设在凝结水箱最低水位以上、中轴线以下。

10.4.9 热力站内其他设备的选择、布置应符合本规范第 10.3 节的有关规定。

11 保温与防腐涂层

11.1 一般规定

11.1.1 供热管道及设备的保温结构设计，除应符合本规范的规定外，还应符合现行国家标准《设备及管道绝热技术通则》GB/T 4272、《设备及管道绝热设计导则》GB/T 8175 和《工业设备及管道绝热工程设计规范》GB 50264 的有关规定。

11.1.2 供热介质设计温度高于 50℃ 的管道、设备、阀门应进行保温。在不通行管沟敷设或直埋敷设条件下，热水回水管道、与蒸汽管道并行的凝结水管道以及其他温度较低的热水管道，在技术经济合理的情况下可不保温。

11.1.3 对操作人员需要接近维修的地方，当维修时，设备及管道保温结构的表面温度不得超过 60℃。

11.1.4 保温材料及其制品的主要技术性能应符合下列规定：
1 平均温度为 25℃ 时，导热系数值不应大于 0.08W/(m·℃)，并应有明确的随温度变化的导热系数方程或图表；松散或可压缩的保温材料及其制品，应具有在使用密度下的导热系数方程或图表。
2 密度不应大于 300kg/m³。
3 硬质预制成型制品的抗压强度不应小于 0.3MPa，半硬质的保温材料压缩 10% 时的抗压强度不应小于 0.2MPa。

11.1.5 保温层设计时宜采用经济保温厚度。当经济保温厚度不能满足技术要求时，应按技术条件确定保温层厚度。

11.2 保温计算

11.2.1 保温厚度计算应按现行国家标准《设备及管

道绝热设计导则》GB/T 8175 的规定执行。

11.2.2 按规定的散热损失、环境温度等技术条件计算双管或多管地下敷设管道的保温层厚度时，应选取满足技术条件的最经济的保温层厚度组合。

11.2.3 计算地下敷设管道的散热损失时，当管道中心埋深大于 2 倍管道保温外径（或管沟当量外径）时，环境温度应取管道（或管沟）中心埋深处的土壤自然温度；当管道中心埋深小于 2 倍管道保温外径（或管沟当量外径）时，环境温度可取地表面的土壤自然温度。

11.2.4 计算年散热损失时，供热介质温度和环境温度应按下列规定取值：

 1 供热介质温度
  1）热水供热管网应取运行期间运行温度的平均值；
  2）蒸汽供热管网应取逐管段年平均蒸汽温度；
  3）凝结水管道应取设计温度。

 2 环境温度
  1）地上敷设的管道，应取供热管网运行期间室外平均温度；
  2）不通行管沟、半通行管沟和直埋敷设的管道，应取供热管网运行期间平均土壤（或地表）自然温度；
  3）经常有人工作，有机械通风的通行管沟敷设的管道应取 40℃；无人工作的通行管沟敷设的管道，应取供热管网运行期间平均土壤（或地表）自然温度。

11.2.5 蒸汽管道按规定的供热介质温度降条件计算保温层厚度时，应选择最不利工况进行计算。供热介质温度应取计算管段在计算工况下的平均温度，环境温度应按下列规定取值：

 1 地上敷设时，应取计算工况下相应的室外空气温度；
 2 通行管沟敷设时，应取 40℃；
 3 其他类型的地下敷设时，应取计算工况下相应的月平均土壤（或地表）自然温度。

11.2.6 按规定的土壤（或管沟）温度条件计算保温层厚度时，供热介质温度和环境温度应按下列规定取值：

 1 蒸汽供热管网应按下列两种工况计算，并取保温层厚度较大值。
  1）供热介质温度取计算管段的最高温度，环境温度取同时期的月平均土壤（或地表）自然温度；
  2）环境温度取最热月平均土壤（或地表）自然温度，供热介质温度取同时期的最高运行温度。

 2 热水供热管网应按下列两种供热介质温度和环境温度计算，并取保温层厚度较大值。
  1）冬季供热介质温度取设计温度，环境温度取最冷月平均土壤（或地表）自然温度；
  2）夏季环境温度取最热月平均土壤（或地表）自然温度，供热介质温度取同时期的运行温度。

11.2.7 当按规定的保温层外表面温度条件计算保温层厚度时，蒸汽供热管网的供热介质温度和环境温度应按下列规定取值：

 1 供热介质温度应取可能出现的最高运行温度；
 2 环境温度取值应符合下列规定：
  1）地上敷设时，应取夏季空调室外计算日平均温度；
  2）室内敷设时，应取室内可能出现的最高温度；
  3）不通行管沟、半通行管沟和直埋敷设时，应取最热月平均土壤（或地表）自然温度；
  4）检查室和通行管沟内，当人员进入维修时，可取 40℃。

11.2.8 当按规定的保温层外表面温度条件计算保温层厚度时，热水供热管网应分别按下列两种供热介质温度和环境温度计算，并取保温层厚度较大值。

 1 冬季时，供热介质温度应取设计温度；环境温度取值应符合下列规定：
  1）地上敷设时，应取供热介质按设计温度运行时的最高室外日平均温度；
  2）室内敷设时，应取室内设计温度；
  3）不通行管沟、半通行管沟和直埋敷设时，应取最冷月平均土壤（或地表）自然温度；
  4）检查室和通行管沟内，当人员进入维修时，可取 40℃。

 2 夏季时，供热介质温度应取同时期的运行温度；环境温度取值应符合下列规定：
  1）地上敷设时，应取夏季空调室外计算日平均温度；
  2）室内敷设时，应取室内可能出现的最高温度；
  3）不通行管沟、半通行管沟和直埋敷设时，应取最热月平均土壤（或地表）自然温度；
  4）检查室和通行管沟内，当人员进入维修时，可取 40℃。

11.2.9 当采用复合保温层时，耐温高的材料应作内层保温，内层保温材料的外表面温度应等于或小于外层保温材料的允许最高使用温度的 0.9 倍。

11.2.10 采用软质保温材料计算保温层厚度时，应按施工压缩后的密度选取导热系数，保温层的设计厚度应为施工压缩后的保温层厚度。

11.2.11 计算管道总散热损失时，由支座、补偿器和其他附件产生的附加热损失可按表 11.2.11 给出的热损失附加系数计算。

表 11.2.11 管道散热损失附加系数

管道敷设方式	散热损失附加系数
地上敷设	0.15～0.20
管沟敷设	0.15～0.20
直埋敷设	0.10～0.15

注：当附件保温较好、管径较大时，取较小值；当附件保温较差、管径较小时，取较大值。

11.3 保温结构

11.3.1 保温层外应有性能良好的保护层，保护层的机械强度和防水性能应满足施工、运行的要求，预制保温结构还应满足运输的要求。

11.3.2 直埋敷设热水管道应采用钢管、保温层、外护管紧密结合成一体的预制管。其技术要求应符合现行行业标准《高密度聚乙烯外护管聚氨酯泡沫塑料预制直埋保温管》CJ/T 114 和《玻璃纤维增强塑料外护层聚氨酯泡沫塑料预制直埋保温管》CJ/T 129 的规定。

11.3.3 管道采用硬质保温材料保温时，直管段每隔 10m～20m 及弯头处应预留伸缩缝，缝内应填充柔性保温材料，伸缩缝的外防水层应采用搭接。

11.3.4 地下敷设管道严禁在沟槽或管沟内用吸水性保温材料进行填充式保温。

11.3.5 阀门、法兰等部位宜采用可拆卸式保温结构。

11.4 防腐涂层

11.4.1 地上敷设和管沟敷设的热水（或凝结水）管道、季节运行的蒸汽管道及附件，应涂刷耐热、耐湿、防腐性能良好的涂料。

11.4.2 常年运行的蒸汽管道及附件，可不涂刷防腐涂料。常年运行的室外蒸汽管道及附件，可涂刷耐常温的防腐涂料。

11.4.3 架空敷设的管道宜采用镀锌钢板、铝合金板、塑料外护等做保护层，当采用普通薄钢板作保护层时，钢板内外表面均应涂刷防腐涂料，施工后外表面应涂敷面漆。

12 供配电与照明

12.1 一般规定

12.1.1 供热管网供配电与照明系统的设计，应与工艺设计相互配合，选择合理的供配电系统及电机控制方式。应采用效率高的光源和灯具。应做到供电可靠，节约能源，布置合理，便于运行维护。

12.1.2 供热管网的供配电和照明系统设计，除应遵守本章规定外，尚应符合电气设计有关标准的规定。

12.2 供配电

12.2.1 中继泵站及热力站的负荷分级及供电要求，应根据各站在供热管网中的重要程度，按现行国家标准《供配电系统设计规范》GB 50052 的规定确定。

12.2.2 供热管网中按一级负荷要求供电的中继泵站及热力站，当主电源电压下降或消失时应投入备用电源，并应采用有延时的自动切换装置。

12.2.3 中继泵站的高低压配电设备应布置在专用的配电室内。热力站的低压配电设备容量较小时，可不设专用的低压配电室，但配电设备应设置在便于观察和操作且上方无管道的位置。

12.2.4 中继泵站及热力站的配电线路宜采用放射式布置。

12.2.5 低压配线应符合现行国家标准《低压配电设计规范》GB 50054 对电源与供热管道净距的规定，并宜采用桥架或钢管敷设。在进入电机接线盒处应设置防水弯头或金属软管。

12.2.6 中继泵站及热力站的水泵宜设置就地控制按钮。

12.2.7 中继泵站及热力站的水泵采用变频调速时，应符合现行国家标准《电能质量 公用电网谐波》GB/T 14549 对谐波的规定。

12.2.8 用于供热管网的电气设备和控制设备的防护等级应适应所在场所的环境条件。

12.3 照明

12.3.1 照明设计应符合现行国家标准《建筑照明设计标准》GB 50034 的规定。

12.3.2 除中继泵站、热力站以外的下列地方应采用电气照明：

1 有人工作的通行管沟内；

2 有电气驱动装置等电气设备的检查室；

3 地上敷设管道装有电气驱动装置等电气设备的地方。

12.3.3 在通行管沟和地下、半地下检查室内的照明灯具应采用防潮的密封型灯具。

12.3.4 在管沟、检查室等湿度较高的场所，灯具安装高度低于 2.2m 时，应采用 24V 以下的安全电压。

13 热工检测与控制

13.1 一般规定

13.1.1 城镇供热管网应具备必要的热工参数检测与控制装置。规模较大的城镇供热管网应建立完备的计算机监控系统。

13.1.2 多热源大型供热系统应按热源的运行经济性实现优化调度。

13.1.3 城镇供热管网检测与控制系统硬件选型和软件设计应满足运行控制调节及生产调度要求，并应安全可靠、操作简便和便于维护管理。

13.1.4 检测、控制系统中的仪表、设备、元件，设计时应选用先进的标准系列产品。安装在管道上的检测与控制部件，宜采用不停热检修的产品。

13.1.5 供热管网自动调节装置应具备信号中断或供电中断时维持当前值的功能。

13.1.6 供热管网的热工检测和控制系统设计，除应遵守本章规定外尚应符合热工检测与控制设计有关标准的规定。

13.2 热源及供热管线参数检测与控制

13.2.1 热水供热管网在热源与供热管网的分界处应检测、记录下列参数：

1 供水压力、回水压力、供水温度、回水温度、供水流量、回水流量、热功率和累计热量以及热源处供热管网补水的瞬时流量、累计流量、温度和压力。

2 供回水压力、温度和流量应采用记录仪表连续记录瞬时值，其他参数应定时记录。

13.2.2 蒸汽供热管网在热源与供热管网的分界处应检测、记录下列参数：

1 供汽压力、供汽温度、供汽瞬时流量和累计流量（热量）、返回热源的凝结水温度、压力、瞬时流量和累计流量。

2 供汽压力和温度、供汽瞬时流量应采用记录仪表连续记录瞬时值，其他参数应定时记录。

13.2.3 供热介质流量的检测应考虑压力、温度补偿。流量检测仪表应适应不同季节流量的变化，必要时应安装适应不同季节负荷的两套仪表。

13.2.4 用于供热企业与热源企业进行贸易结算的流量仪表的系统精度，热水流量仪表不应低于1%；蒸汽流量仪表不应低于2%。

13.2.5 热源的调速循环水泵宜采用维持供热管网最不利资用压头为给定值的自动或手动控制泵转速的方式运行。多热源联网运行的基本热源满负荷后，其调速循环水泵应采用保持满负荷的调节方式，此时调峰热源的循环水泵应按供热管网最不利资用压头控制泵转速的方式运行。

循环水泵的入口和出口应具有超压保护装置。

13.2.6 热力网干线的分段阀门处、除污器的前后以及重要分支节点处，应设压力检测点。对于具有计算机监控系统的热力网应实时监测热力网干线运行的压力工况。

13.3 中继泵站参数检测与控制

13.3.1 中继泵站的参数检测应符合下列规定：

1 应检测、记录泵站进、出口母管的压力；

2 应检测除污器前后的压力；

3 应检测每台水泵吸入口及出口的压力；

4 应检测泵站进口或出口母管的水温；

5 在条件许可时，宜检测水泵轴承温度和水泵电机的定子温度，并应设报警装置。

13.3.2 大型供热系统输送干线的中继泵宜采用工作泵与备用泵自动切换的控制方式，工作泵一旦发生故障，连锁装置应保证启动备用泵。上述控制与连锁动作应有相应的声光信号传至泵站值班室。

13.3.3 中继泵宜采用维持其供热范围内热力网最不利资用压头为给定值的自动或手动控制泵转速的方式运行。

中继泵的入口和出口应设有超压保护装置。

13.4 热力站参数检测与控制

13.4.1 热力站参数检测应符合下列规定：

1 热水热力网热力站应检测、记录热力网和用户系统总管和各分支系统供水压力、回水压力、供水温度、回水温度，热力网侧总流量和热量，用户系统补水量，生活热水耗水量。有条件时宜检测热力网侧各分支系统流量和热量。

2 蒸汽热力网热力站应检测、记录总供汽瞬时和累计流量、压力、温度和各分支系统压力、温度，需要时应检测各分支系统流量。凝结水系统应检测凝结水温度、凝结水回收量。有二次蒸发器、汽水换热器时，还应检测其二次侧的压力、温度。

13.4.2 热水热力网热力站宜根据不同类型的热负荷按下列方案进行自动控制：

1 对于直接连接混合水泵采暖系统，应根据室外温度和温度调节曲线，调节热力网流量使采暖系统水温维持室外温度下的给定值。

2 对于间接连接采暖系统宜采用质调节。调节装置应根据室外温度和质调节温度曲线，调节换热器（换热器组）热力网侧流量使采暖系统水温维持室外温度下的给定值。

3 对于生活热水热负荷应采用定值调节，并应符合下列规定：

　1）应调节热力网流量使生活热水供水温度控制在设计温度±5℃以内；

　2）应控制热力网流量使热力网回水温度不超标，并以此为优先控制。

4 对于通风、空调热负荷，其调节方案应根据工艺要求确定。

5 热力站内的排水泵、生活热水循环泵、补水泵等应根据工艺要求自动启停。

13.4.3 蒸汽热力网热力站自动控制应符合下列规定：

1 对于蒸汽负荷应根据用热设备需要设置减压、减温装置并进行自动控制；

2 汽水换热系统的控制方式应符合本规范第

13.4.2 条的规定；

3 凝结水泵应自动启停。

13.4.4 当热力站采用流量（热量）进行贸易结算时，其流量仪表的系统精度，热水流量仪表不应低于1%；蒸汽流量仪表不应低于2%。

13.5 供热管网调度自动化

13.5.1 城镇供热管网宜建立包括监控中心和本地监控站的计算机监控系统。

13.5.2 本地监控装置应具备检测参数的显示、存储、打印功能，参数超限、设备事故的报警功能，并应将以上信息向上级监控中心传送。本地监控装置还应具备供热参数的调节控制功能和执行上级控制指令的功能。

监控中心应具备显示、存储及打印热源、供热管线、热力站等站、点的参数检测信息和显示各本地监控站的运行状态图形、报警信息等功能，并应具备向下级监控装置发送控制指令的能力。监控中心还应具备分析计算和优化调度的功能。

13.5.3 供热管网计算机监控系统的通信网络，宜利用公共通信网络。

14 街区热水供热管网

14.1 一般规定

14.1.1 街区热水供热管网设计时，应计算建筑物的设计热负荷。对既有建筑应调查历年实际热负荷、耗热量及建筑节能改造情况，按实际耗热量确定设计热负荷。

14.1.2 采暖、通风、空调系统供热管网水质应符合下列规定：

1 热力站间接连接系统街区热水供热管网水质，应满足本规范第10.3.12条的要求；

2 连接锅炉房等热源的街区热水供热管网水质，应满足现行国家标准《工业锅炉水质》GB/T 1576对热水锅炉水质的要求；

3 应满足室内系统散热设备、管道及附件的要求。

14.1.3 用于生活热水系统的管网水质的卫生指标，应符合现行国家标准《生活饮用水卫生标准》GB 5749的规定。

14.2 水力计算

14.2.1 管网管径和循环泵的设计参数应根据水力计算结果确定。当热用户分期建设时，应分期进行管网水力计算，应按规划期设计流量选择管径，分期确定循环泵运行参数。

14.2.2 对全年运行的空调系统管道，应分别计算采暖期和供冷期设计流量和管网压力损失，分别确定循环泵运行参数。

14.2.3 用于采暖、通风、空调系统的管网，设计流量应按本规范第7.1.1条计算。用于生活热水系统的管网，设计流量应按现行国家标准《建筑给水排水设计规范》GB 50015确定。

14.2.4 用于采暖、通风、空调系统的管网，确定主干线管径时，宜采用经济比摩阻。经济比摩阻数值宜根据工程具体条件计算确定。主干线比摩阻可采用60Pa/m～100Pa/m。

14.2.5 用于采暖、通风、空调系统的管网，支线管径应按允许压力降确定，比摩阻不宜大于400Pa/m。

14.2.6 用于采暖、通风、空调系统的管网设计，应保证循环水泵运行时管网压力符合下列规定：

1 系统中任何一点的压力不应超过设备、管道及管件的允许压力；

2 系统中任何一点的压力不应低于10kPa；

3 循环水泵吸入口压力不应低于50kPa。

14.2.7 用于采暖、通风、空调系统的管网设计，应保证循环水泵停止运行时管网静态压力符合下列规定：

1 系统中任何一点的压力不应超过设备、管道及管件的允许压力；

2 系统中任何一点的压力，当设计供水温度高于65℃时，不应低于10kPa；当设计供水温度等于或低于65℃时，不应低于5kPa。

14.2.8 用于采暖、通风、空调系统的管网最不利用户的资用压头，应考虑用户系统安装过滤装置、计量装置、调节装置的压力损失。

14.3 管网布置与敷设

14.3.1 居住建筑管网的水力平衡调节装置和热量计量装置应设置在建筑物热力入口处。

14.3.2 当建筑物热力入口不具备安装调节和计量装置的条件时，可根据建筑物使用特点、热负荷变化规律、室内系统形式、供热介质温度及压力、调节控制方式等，分系统设置管网。

14.3.3 当系统较大、阻力较高、各环路负荷特性或阻力相差悬殊、供水温度不同时，宜在建筑物热力入口设二次循环泵或混水泵。

14.3.4 生活热水系统应设循环水管道。

14.3.5 街区热水供热管网宜采用枝状布置。

14.3.6 在满足室内各环路水力平衡和供热计量的前提下，宜减少建筑物热力入口的数量。

14.3.7 民用建筑区的管道宜采用地下敷设。

14.3.8 当采用直埋敷设时，应采用无补偿敷设方式，设计计算应按现行行业标准《城镇直埋供热管道工程技术规程》CJJ/T 81的规定执行。

14.3.9 当采用管沟敷设时，宜采用通行管沟或半通行管沟。管沟尺寸及设施应符合本规范第8.2.5～8.2.7条的规定。安装阀门、补偿器处应设人孔。

14.3.10 街区热水供热管网管道可与空调冷水、冷却水、生活给水、消防给水、电力、通信管道敷设在综合管沟内。当运行期间管沟内的温度超过其他管线运行要求时，应采取隔热措施或设置自然通风设施。

14.3.11 街区热水供热管网管沟与燃气管道交叉敷设时，必须采取可靠措施防止燃气泄漏进管沟。

14.3.12 当室外管沟敷设管道进入建筑物地下室或室内管沟时，宜在进入建筑物前设置长度为1m～2m的直埋管段。当没有条件设置直埋管段时，应在管道穿墙处封堵严密。

14.3.13 管沟应采取可靠的防水措施，并应在低点设排水设施。

14.3.14 建筑物热力入口装置宜设在建筑物地下室、楼梯间，当设在室外检查室内时，检查室的防水及排水设施应能满足设备、控制阀和计量仪表对使用环境的要求。

14.4 管道材料

14.4.1 街区热水供热管网管道材料应符合本规范第8章的规定。用于生活热水供应的管道材料，应符合现行国家标准《建筑给水排水设计规范》GB 50015的规定。

14.4.2 直埋保温管的技术要求应符合现行行业标准《高密度聚乙烯外护管聚氨酯泡沫塑料预制直埋保温管》CJ/T 114或《玻璃纤维增强塑料外护层聚氨酯泡沫塑料预制直埋保温管》CJ/T 129的规定。直埋保温管件的技术要求应符合现行行业标准《高密度聚乙烯外护管聚氨酯硬质泡沫塑料预制直埋保温管件》CJ/T 155的规定。

14.4.3 供热管道及管路附件均应保温。在综合管沟内敷设的管道，当同沟敷设的其他管道要求控制沟内温度时，应按管沟温度条件校核保温层厚度。

14.4.4 直埋敷设管道及管路附件等连接应采用焊接，管路附件应能够承受管道的轴向作用力。

14.4.5 管沟敷设管道连接应采用焊接，阀门等可采用焊接或法兰连接。

14.5 调节与控制

14.5.1 在建筑物热力入口处，供、回水管上应设阀门、温度计、压力表，供、回水管之间宜设连通管，在供水入口和调节阀、流量计、热量表前的管道上应设过滤器。

14.5.2 在建筑物热力入口处，采暖、通风、空调系统应分系统设水力平衡调节装置，生活热水系统循环管上宜设水力平衡调节装置。水力平衡调节装置的安装应符合产品的要求。

14.5.3 当公共建筑室内系统间歇运行时，在建筑物热力入口宜设自动启停控制装置，并应按预定时间分区分时控制。

14.5.4 当在建筑物热力入口设二次循环泵或混水泵时，循环泵和混水泵应采用调速泵。

14.5.5 热量表应符合现行行业标准《热量表》CJ 128的规定。热量表的安装位置、过滤器的规格应符合热量表产品要求。

14.5.6 管网上的各种设备、阀门、热量表及热力入口装置的使用要求和防水等级，应满足安装环境条件。

14.5.7 有条件时，建筑物热力入口处的温度、压力、流量、热量信号宜传至集中控制室。

本规范用词说明

1 为便于在执行本规范条文时区别对待，对要求严格程度不同的用词说明如下：

 1）表示很严格，非这样做不可的：
  正面词采用"必须"，反面词采用"严禁"；
 2）表示严格，在正常情况下均应这样做的：
  正面词采用"应"，反面词采用"不应"或"不得"；
 3）表示允许稍有选择，在条件许可时首先应这样做的：
  正面词采用"宜"，反面词采用"不宜"；
 4）表示有选择，在一定条件下可以这样做的，采用"可"。

2 条文中指定应按其他有关标准执行的写法为"应按……执行"或"应符合……的规定（或要求）"。

引用标准名录

1 《建筑给水排水设计规范》GB 50015
2 《采暖通风与空气调节设计规范》GB 50019
3 《湿陷性黄土地区建筑规范》GB 50025
4 《室外给水排水和煤气热力工程抗震设计规范》GB 50032
5 《建筑照明设计标准》GB 50034
6 《锅炉房设计规范》GB 50041
7 《供配电系统设计规范》GB 50052
8 《低压配电设计规范》GB 50054
9 《膨胀土地区建筑技术规范》GBJ 112
10 《内河通航标准》GB 50139
11 《工业设备及管道绝热工程设计规范》GB 50264
12 《工业锅炉水质》GB/T 1576
13 《声环境质量标准》GB 3096
14 《设备及管道绝热技术通则》GB/T 4272
15 《生活饮用水卫生标准》GB 5749

16 《设备及管道绝热设计导则》GB/T 8175

17 《电能质量 公用电网谐波》GB/T 14549

18 《城镇直埋供热管道工程技术规程》CJJ/T 81

19 《高密度聚乙烯外护管聚氨酯泡沫塑料预制直埋保温管》CJ/T 114

20 《热量表》CJ 128

21 《玻璃纤维增强塑料外护层聚氨酯泡沫塑料预制直埋保温管》CJ/T 129

22 《高密度聚乙烯外护管聚氨酯硬质泡沫塑料预制直埋保温管件》CJ/T 155

23 《污水排入城市下水道水质标准》CJ 3082

24 《火力发电厂汽水管道应力计算技术规程》DL/T 5366

中华人民共和国行业标准

城镇供热管网设计规范

CJJ 34—2010

条 文 说 明

修 订 说 明

《城镇供热管网设计规范》CJJ 34-2010 经住房和城乡建设部 2010 年 7 月 23 日以第 703 号公告批准、发布。

本规范是在《城市热力网设计规范》CJJ 34-2002 的基础上修订而成，上一版的主编单位是北京市煤气热力工程设计院，参编单位是天津市热电设计院、中国建筑科学研究院空调所、中国船舶重工集团公司第七研究院第七二五研究所、北京豪特耐集中供热设备有限公司、兰州石油化工机器总厂板式换热器厂、沈阳市热力工程设计研究院，主要起草人员是：尹光宇、段洁仪、冯继蓓、何方渝、赵海涌、郭幼农、徐邦煦、韩铁宝。本次修订的主要内容是增加了街区热水供热管网内容，提出街区热水管网与热力网不同的技术要求，针对街区热水管网运行调节的特点提出了现实可行的技术要求，并提出水力平衡、变流量等节能运行要求。

为便于广大设计、施工、科研、学校等单位的有关人员在使用本规范时能正确理解和执行条文规定，《城镇供热管网设计规范》编制组按章、节、条顺序编制了本标准的条文说明，对条文规定的目的、依据以及执行中需注意的有关事项进行了说明，还着重对强制条文的强制性理由作了解释。但是，本条文说明不具备与标准正文同等的法律效力，仅供使用者作为理解和把握标准规定的参考。在使用中如果出现本条文说明有不妥之处，请将意见函寄北京市煤气热力工程设计院有限公司。

目　次

1 总则 ·· 65—29
2 术语和符号 ··· 65—29
　2.1 术语 ·· 65—29
3 耗热量 ·· 65—29
　3.1 热负荷 ·· 65—29
　3.2 年耗热量 ··· 65—34
4 供热介质 ·· 65—35
　4.1 供热介质选择 ·································· 65—35
　4.2 供热介质参数 ·································· 65—35
　4.3 水质标准 ··· 65—36
5 供热管网形式 ······································ 65—36
6 供热调节 ·· 65—37
7 水力计算 ·· 65—39
　7.1 设计流量 ··· 65—39
　7.2 水力计算 ··· 65—39
　7.3 水力计算参数 ·································· 65—39
　7.4 压力工况 ··· 65—40
　7.5 水泵选择 ··· 65—41
8 管网布置与敷设 ·································· 65—41
　8.1 管网布置 ··· 65—41
　8.2 管道敷设 ··· 65—42
　8.3 管道材料及连接 ······························· 65—43
　8.4 热补偿 ·· 65—44
　8.5 附件与设施 ······································ 65—44
9 管道应力计算和作用力计算 ················ 65—45
10 中继泵站与热力站 ···························· 65—46

　10.1 一般规定 ······································· 65—46
　10.2 中继泵站 ······································· 65—47
　10.3 热水热力网热力站 ························· 65—47
　10.4 蒸汽热力网热力站 ························· 65—48
11 保温与防腐涂层 ································ 65—48
　11.1 一般规定 ······································· 65—48
　11.2 保温计算 ······································· 65—49
　11.3 保温结构 ······································· 65—50
　11.4 防腐涂层 ······································· 65—50
12 供配电与照明 ···································· 65—50
　12.2 供配电 ·· 65—50
　12.3 照明 ··· 65—50
13 热工检测与控制 ································ 65—50
　13.1 一般规定 ······································· 65—50
　13.2 热源及供热管线参数检测
　　　 与控制 ·· 65—50
　13.3 中继泵站参数检测与控制 ··············· 65—51
　13.4 热力站参数检测与控制 ··················· 65—51
　13.5 供热管网调度自动化 ······················ 65—51
14 街区热水供热管网 ···························· 65—51
　14.1 一般规定 ······································· 65—51
　14.2 水力计算 ······································· 65—52
　14.3 管网布置与敷设 ···························· 65—52
　14.4 管道材料 ······································· 65—53
　14.5 调节与控制 ···································· 65—53

1 总　　则

1.0.2 原规范本条第 1 款将城市热力网定义为由供热企业经营，对多个用户供热，自热源至热力站的热力网。本次修订增加了第 14 章，对用户街区热水供热管网设计给予相应的规定，主要用于自用户热力站或直接供热的小型热源至用热建筑物的低温热水管网，适用于一般采暖、空调及生活热水系统，温度不高于 95℃，压力不高于 1.6MPa。因此，修订后的规范适用范围包括自热源至建筑热力入口的城镇供热管网系统，即包括自热源至热力站的热力网、热力站和自热力站至建筑物的街区供热管网。原规范第 1 款还规定了适用于以热电厂和锅炉房为热源的城镇供热管网，因为这样的城镇供热管网已有多年的设计、运行经验。热泵机房、直燃机房等常规热源的供热管网可执行本规范。对于以地热或工业余热为热源的供热管网，其设计的特殊要求，尚需总结设计、运行经验才能得出，故本规范的适用范围中暂未包括此类供热管网。

本条第 2 款规定了本规范适用的设计范围。

本条规定了本规范适用的供热介质参数。目前我国已进行过约 200℃ 高温水热力网的试验工作，技术上是可行的。故本规范热水热力网供热介质参数适用范围定为温度不高于 200℃。200℃ 热水对应的饱和蒸汽压力约为 1.56MPa，故将其工作压力定为不高于 2.5MPa。同时近些年出现了一些大高差、长距离的热网，也需要将热网的设计压力提高到 2.5MPa 的水平。城镇蒸汽热力网的供热介质参数，目前我国一般为压力不高于 1.3MPa，温度不高于 300℃，可以满足一般工业用户的要求。本规范为了设计参数留有适当余地，并从不考虑钢材蠕变、简化设计出发，将蒸汽热力网供热介质的参数定为：压力不高于 1.6MPa，温度不高于 350℃。

1.0.3 本条规定了城镇供热管网设计的基本原则。其中"注意美观"的规定，体现了城镇供热管网的特殊性，也是一条重要的设计原则。

1.0.4 本规范的内容只包括一般地区城镇供热管网的设计规定。对于地震、湿陷性黄土、膨胀土等特殊地区进行城镇供热管网工程设计时，还应注意遵守针对这些地区专门的设计规范的规定。

2 术语和符号

2.1 术　　语

2.1.9 本规范规定的热力网是城镇供热管网的一部分，指以热电厂或区域锅炉房为热源，自热源至热力站的区域供热管网，包括蒸汽及热水管线、中继泵站和热力站。

2.1.10 本规范规定的街区热水供热管网指用户供热系统的室外低温热水管网，包括热水管线和建筑物热力入口。街区热水管网的供热半径较小，热水来自热力站、用户锅炉房、热泵机房、直燃机房等小型热源。街区热水管网的主要热负荷类型为采暖、通风、空调、生活热水，一般散热器采暖系统设计供水温度为 80℃～95℃，空调系统采暖设计供水温度为 60℃～65℃，生活热水设计供水温度为 50℃～65℃。

2.1.11 供热管道设计时将管道分为三类管段：三通、弯管和直管。三通处因支线开孔管道强度削弱，不论采用何种敷设方式，设计时均需要采取保护措施。弯管段本身为补偿装置，设计时需要将补偿量控制在补偿能力之内。在以上三类管段中，只有直管段设计时需要考虑热补偿问题。因此，供热管道设计采用的热补偿方式，指直管段的热补偿方式。无补偿敷设方式主要用于直埋敷设供热管道设计，定义为直管段不采取任何人为的热补偿措施的直埋敷设方式。其中，人为的热补偿措施包括设置补偿器、预热、一次性补偿器覆土后预热等措施。

3 耗热量

3.1 热负荷

3.1.1 进行热力网支线及用户热力站设计时，考虑到各建筑物用热的特殊性，采用建筑物的设计热负荷比采用热指标计算更符合实际。

目前建筑物的设计采暖热负荷，在城镇供热管网连续供热情况下，往往数值偏大。全国各热力公司实际供热统计资料的一致结论是：在城镇供热管网连续供热条件下，实际热负荷仅为建筑物设计热负荷的 0.7 倍～0.8 倍，这里面有建筑物设计时考虑间歇供暖的因素，也有设计计算考虑最不利因素同时出现等原因。但作为供热管网设计规范，规定采用建筑物的设计热负荷是合理的。针对上述采暖设计热负荷偏大的问题，条文中以"宜采用经核实的建筑物设计热负荷"的措辞来解决。"经核实"的含义是：①建筑物的设计部门提供城镇供热管网连续供热条件下，符合实际的设计热负荷；②若采用以前偏大的设计数据时，应加以修正。

3.1.2 没有建筑物设计热负荷资料时，各种热负荷可采用概略计算方法。对于热负荷的估算，本规范采用单位建筑面积热指标法，这种方法计算简便，是国内经常采用的方法。本节提供的热指标和冷指标的依据为我国"三北"地区的实测资料，南方地区应根据当地的气象条件及相同类型建筑物的热（冷）指标资料确定。

1 采暖热负荷

采暖热负荷主要包括围护结构的耗热量和门窗缝隙渗透冷空气耗热量。设计选用热指标时，总建筑面积大，围护结构热工性能好，窗户面积小，采用较小值；反之采用较大值。

表 3.1.2-1 所列热指标中包括了大约 5%的管网热损失在内。因热损失的补偿为流量补偿，热指标中包括热损失，计算出的热网总流量即包括热损失补偿流量，对设计计算工作是十分简便的。

近年来国家制定了一批法律法规和标准规范，通过在建筑设计和采暖供热系统设计中采取有效的技术措施，降低采暖能耗。本条采暖热指标的推荐值提供两组数值，按表中给出的热指标计算热负荷时，应根据建筑物及其采暖系统是否采取节能措施分别计算。

未采取节能措施的建筑物采暖热指标与原规范相同。住宅采暖热指标采用中国建筑科学研究院空调所《城市集中供热采暖热指标推荐值初步研究》的结论，即我国"三北"地区目前城市住宅的采暖热指标（包括 5%的管网热损失在内）可采用 $58W/m^2 \sim 64W/m^2$。为便于使用，还给出了居住区综合热指标，这个热指标包含居住区级、街区级公共建筑采暖耗热量在内，该热指标是根据住宅、公共建筑热指标及人均建筑面积计算得出的。公共建筑采暖热指标参考《全国民用建筑工程设计技术措施》的估算指标。

表 3.1.2-1 中采取节能措施后的建筑物是指按照《民用建筑节能设计标准（采暖居住建筑部分）》JGJ 26-95 规定设计的建筑物及其采暖系统。对于按照《严寒和寒冷地区居住建筑节能设计标准》JGJ 26-2010 规定设计的建筑物，热指标应更低，由于该标准实施时间较短，实测统计数据较少，本规范未提供热指标推荐值，设计时可根据建筑物实际情况确定。考虑到在建筑设计中采取墙体保温和提高门窗气密性等措施，减少围护结构耗热量；在供热系统设计中采用流量控制阀、平衡阀、温控阀等自动化调节设备，使水力失调大大改善；加之使用预制直埋保温管，减少管网热损失，整个供热系统的耗热量有了明显下降。尤其是住宅设计采取以上节能措施后，采暖热指标下降较大；公共建筑围护结构设计虽也采取了节能措施，但因体形系数增大，其本身的耗热量下降不多，主要考虑供热系统的节能效果，其采暖热指标也略有下降。

下表是根据北京市城镇供热管网 1992 年至 1998 年 6 个采暖季的实测资料统计分析，将连续最冷日（即室外日平均气温小于 −4℃ 天气）的耗热量，折算为采暖室外设计温度为 −9℃ 且采暖室内计算温度为 18℃ 时的综合热指标。由下表可见热指标及其变化趋势，连续最冷日的折算热指标平均每年降低 $2.4W/m^2$。

采暖季	92～93	93～94	94～95	95～96	96～97	97～98
折算热指标（W/m^2）	75.4	72.7	65.4	64.1	60.8	60.7

2 通风热负荷

通风热负荷为加热从机械通风系统进入建筑物的室外空气的耗热量。

3 空调热负荷

空调冬季热负荷主要包括围护结构的耗热量和加热新风耗热量。因北方地区冬季室内外温差较大，加热新风耗热量也较大，设计选用时严寒地区空调热指标应取较高值。

空调夏季冷负荷主要包括围护结构传热、太阳辐射、人体及照明散热等形成的冷负荷和新风冷负荷。设计时需根据空调建筑物的不同用途、人员的群集情况、照明等设备的使用情况确定空调冷指标。表 3.1.2-2 所列面积冷指标应按总建筑面积估算，表中数值参考了建筑设计单位常用的空调房间冷指标，考虑空调面积占总建筑面积的百分比为 70%～90% 及室内空调设备的同时使用系数 0.8～0.9 计算，当空调面积占总建筑面积的比例过低时，应适当折算。

吸收式制冷机的制冷系数应根据制冷机的性能、热源参数、冷却水温度、冷水温度等条件确定。一般双效溴化锂吸收式制冷机组 COP 可达 1.0～1.2，单效溴化锂吸收式制冷机组 COP 可达 0.7～0.8。

4 生活热水热负荷

生活热水热负荷可按两种方法进行计算，一种是按用水单位数计算，适用于已知规模的建筑区或建筑物，具体方法见现行国家标准《建筑给水排水设计规范》GB 50015。

另一种计算生活热水热负荷的方法是热指标法，可用于居住区生活热水热负荷的估算，表 3.1.2-3 给出了居住区生活热水日平均热指标。住宅无生活热水设备，只对居住区公共建筑供热水时，按居住区公共建筑千人指标，参考现行国家标准《建筑给水排水设计规范》GB 50015 热水用水定额估算耗水量，并按居住区人均建筑面积折算为面积热指标，取 $2W/m^2 \sim 3W/m^2$；有生活热水供应的住宅建筑标准较高，故按人均建筑面积 $30m^2$、60℃ 热水用水定额为每人每日 85L～130L 计算并考虑居住区公共建筑耗热水量，因住宅生活热水热指标的实际统计资料不多，为增加选用时的灵活性，面积热指标取 $5W/m^2 \sim 15W/m^2$。以上计算中冷水温度取 5℃～15℃。

3.1.3 我国建设的城市蒸汽供热系统大多达不到设计负荷。这里面有两个因素，一个是同时系数取用过高，另一个是用户申报用汽量偏大。热负荷的准确统计，是整个供热管网设计的基础，因此应收集生产工艺系统不同季节的典型日（周）负荷曲线，日（周）负荷曲线应能反映热用户的生产性质、运行天数、昼夜生产班数和各季节耗热量不同等因素。为了使统计的生产工艺热负荷能够相对准确、落实，特推荐本条款中对平均热负荷核实验算的两种方法，把这两种验算方法的结果与用户提供的平均耗汽量相比较，如果误差较大，应找出原因反复校验、分析，调整负荷曲线，直到最后得出较符合实际的热负荷。最大、最小负荷及负荷曲线应按核实后的平均负荷进行调整。

式中生活耗热量包括生活热水、饮用水、蒸饭等的耗热量。

3.1.4 本条为没有工业建筑采暖、通风、空调、生活及生产工艺热负荷设计资料时，概略计算热负荷的方法。由于工业建筑和生产工艺的千差万别，难于给出类似民用建筑热指标性质的统计数据，故可采用按不同行业项目估算指标中典型生产规模进行估算（对于纺织业和轻工业可参考表1、表2）或采用相似企业的设计（实际）耗热定额估算热负荷的方法。

表1　纺织业用汽量估算指标

序号	名称	规模		建筑面积（万 m²）	用地面积（万 m²）	用汽量（t/h）	单位用汽量（t/h用地万 m²）	备注
1	棉纺厂	30000 锭		8	15	5.5	0.37	
		50000 锭		12	23	8.8	0.38	
2	棉纺织厂	30000 锭	44 寸	11	21	10.5	0.5	
			75 寸	12	24	10.7	0.45	
		50000 锭	56 寸	18	35	17.8	0.5	
			75 寸	20	37	17.8	0.48	
3	毛条厂	年产 1800t		4	11	15.7	1.43	
		年产 3000 t		6	16	21.4	1.34	
4	粗梳毛纺织厂	1000 锭 40 台		5	11	16	1.45	
		2000 锭 80 台		7	17	21	1.24	
5	精梳毛纺织厂	5000 锭 90 台		6	13	14.2	1.1	
		10000 锭 192 台		10	21	21	1	
6	漂染厂	年产 1500 万 m		2.67	6.26	19.5	3.12	
7	印染厂	年产 2500 万 m		3.89	8.9	32.4	3.64	
8	丝织厂	200 台织机		3.15	5.47	1.4	0.26	
		400 台织机		5.61	7.37	3.36	0.46	
9	丝绸印染厂	印染年产 1000 万 m		3.97	7.6	11.78	1.55	
		练染年产 2000 万 m		3.09	7.1	16.47	2.32	
10	缫丝厂	2400 绪		1.8	4	5.4	1.35	
		4800 绪		3.27	6.8	9.3	1.37	
11	苎麻纺织厂	2500 锭		6.05	12.93	12	0.93	
		纺 5000 锭织 230 台		7.93	18.53	18.7	1	
		纺 10000 锭织 476 台		13.43	27	28	1.04	
12	亚麻厂	纺 5000 锭织 140 台		7.2	15.85	18.61	1.17	
		纺 10000 锭织 280 台		13.35	29.02	26.9	0.93	
		年产 500t		1.97	42.23	3.59	0.09	
		年产 1000t		2.97	69.21	6.5	0.094	
13	麻袋厂	年产 400 万条		3.03	6.73	3.85	0.57	
		年产 800 万条		5.07	11.2	7	0.625	

续表1

序号	名称	规模		建筑面积(万 m²)	用地面积(万 m²)	用汽量(t/h)	单位用汽量(t/h用地万 m²)	备注
14	棉针织厂	纬编厂	500万件	3.75	5.71	10.36	1.8	
			800万件	5.33	8.13	13	1.6	
		经编厂	30台	1.78	2.95	6.5	2.2	
			50台	2.73	4.42	9.73	2.2	
15	毛针织厂	50万件		3.51	5.65	0.83	0.15	
		80万件		4.86	8.22	1.65	0.2	
16	真丝针织厂	年产320t		4.19	8.03	6.07	0.76	
17	西服厂	6万套		1.44	2	2	1	
		15万套		2.05	2.7	3	1.1	
18	衬衫厂	60万件		1.34	2	2	1	
		150万件		1.95	2.7	3	1.1	
19	粘胶长丝厂	年产3000t		12.76	27.1	73	2.7	
20	粘胶短纤维厂	年产10000t		8.57	19.13	71	3.7	
21	锦纶长丝厂	年产8000t		17.88	40.4	46	1.14	
22	锦纶帘子布厂	年产13000t		12.84	36.6	58	1.6	
23	涤纶长丝厂	年产5000t		5.14	10.57	8	0.8	
		年产7500t		6.91	13.54	11	0.8	
		年产10000t		8.35	16.2	16	1	
24	涤纶短纤维厂	年产7500t		3.22	7.9	15	2	
		年产15000t		4.93	10.66	25	2.35	

上表引自原纺织工业部1990年版《纺织工业工程建设投资估算指标》。

表2 轻工业用汽量估算指标

序号	名称	规模		建筑面积(万 m²)	用地面积(万 m²)	用汽量 t(汽)/t(品)	备注
1	新闻纸	年产6.8万t	漂白化机浆	6.46	30	0.7	制浆造纸
			新闻纸			2.6	
		年产10万t	漂白化机浆	9.5	33	0.7	
			新闻纸			2.6	
2	胶印书刊纸	年产3.4万t	漂白苇浆	5.65	48	3.5	制浆造纸
			漂白竹浆			3.7	
			胶印书刊纸			3.5	
		年产5.1万t	漂白苇浆	7.4	55	3.5	
			漂白竹浆			3.7	
			胶印书刊纸			3.5	

续表 2

序号	名 称	规 模		建筑面积（万 m²）	用地面积（万 m²）	用汽量 t(汽)/t(品)	备注
3	牛皮箱纸板	年产 5.1 万 t		3.6	10	3.2	制浆造纸
		年产 6.8 万 t		4.3	12	3.2	
4	涂料白纸板	年产 5.1 万 t		4	10	3.4	制浆造纸
		年产 10 万 t		5.2	12	3.4	
5	漂白硫酸盐木浆板	年产 5.1 万 t	硫酸盐木浆	7.5	55	3.5	制浆造纸
			硫酸盐木浆板			2.5	
		年产 10 万 t	硫酸盐木浆	10.2	75	3.5	
			硫酸盐木浆板			2.5	
6	洗衣粉	年产 5 万 t		2.44	8	0.11	合成洗涤剂
		年产 3~4 万 t		2.2	4.5		
7	三聚磷酸钠	年产 7 万 t	年产 3 万 t 黄磷	11	36.5	1.4	三聚磷酸钠
			年产 7 万 t 五钠			0.72	
8	咸牛肉罐头	1000t/a		0.079	0.3	1.2	肉类罐头
9	午餐肉罐头	3000t/a		0.48		2.5	
10	糖水苹果罐头	1000t/a		0.096	0.32	1.2	水果类罐头
11	菠萝罐头	5000t/a		1.4	4	0.2	
		10000t/a		2.18	6.25		
12	青刀豆罐头	5000t/a		2.45	7	0.27	蔬菜类罐头
		10000t/a		3.52	9.4		
13	芦笋罐头	5000t/a		2.45	7	0.35	
		10000t/a		3.52	9.4		
14	蘑菇罐头	3000t/a		0.25		1.5	
15	酒精	年产 1 万 t		0.84	4.3	7.34	酒精
		年产 3 万 t		1.77	7.1		
16	酒糟饲料	年产 2 万 t		0.17	0.126	3.25	酒糟饲料
17	易拉罐装饮料	300 罐/min		0.24	0.3	0.21	易拉罐装饮料
18	淀粉	160t/a 加工玉米		1.8	4.5	2.4	淀粉
		250t/a 加工玉米		2.75	8.58		
19	消毒乳	40t/d		0.5	1.4	0.17	乳制品
20	全脂加糖乳粉	年产约 0.2 万 t		0.5~0.8	1.8~2.3	9.5	
21	全脂淡乳粉					8.5	
22	脱脂乳粉					9	
23	电冰箱	年产 30 万台		3	5	0.02~0.03/台	电冰箱
24	空调器	年产 60 万台		5	7	0.02~0.03/台	空调器
25	制革	年产 30 万张		1.2	2.13	20~36/km²	制革
		年产 60~100 万张		3.31	5.6		

续表2

序号	名 称	规 模		建筑面积（万 m²）	用地面积（万 m²）	用汽量t(汽)/t(品)	备注
26	果汁饮料	年产2万t	橙加工浓缩汁	0.86	4.3	1.2	果汁饮料
			1500ml 聚酯瓶饮料			0.21	
			250ml 玻璃瓶饮料			0.21	

上表引自中国轻工总会规划发展部、中国轻工业勘察设计协会1996年7月版《轻工业建设项目技术与经济》。

3.1.5 对于同时系数的选取，考虑到在目前市场经济的条件下，用户多以销定产，因此本条将同时系数下限范围较原《城市热力网设计规范》CJJ 34-90扩大，以便根据不同的情况，在同时系数选取时有较大的余地。根据蒸汽管网上各用户的不同情况，当各用户生产性质相同、生产负荷平稳且连续生产时间较长，同时系数取较高值，反之取较低值。

3.1.6 计算热力网干线生活热水热负荷时，无论用户有无储水箱，均按平均热负荷计算。其理由是：

1 生活热水用户数量多，最大负荷同时出现的可能性小，即小时变化系数小；

2 目前生活热水热负荷占总热负荷的比例较小，同时生活热水高峰出现时间也较短，故生活热水负荷波动对其他负荷的影响较小。

而支线则不一定具备上述条件，对个别用户，生活热水热负荷占的比例可能较大。故在支线设计时应根据生活热水用户有无储水箱，按实际可能出现的最大负荷进行计算。

3.1.7 供热式汽轮机组，在非采暖期热负荷较小，热电联产的经济效益较低。在非采暖期发展制冷（吸收式或蒸汽喷射式）热负荷可提高热电联产供热系统的经济效益。

对于蒸汽热力网发展制冷负荷和季节性夏季生产负荷，不但可以提高供热机组的经济效益，还可减少管网沿途热损失和凝结水量，提高管网的运行效益。

热水热力网为了提高制冷机组的制冷系数，需要提高热力网非采暖期的运行参数，这又会降低供热发电的经济性，所以只有制冷负荷足够大时，才是经济合理的。

3.2 年耗热量

3.2.1 全年耗热量计算公式推导如下：

1 采暖期采暖平均热负荷本应由下式精确计算：

$$Q_{h.a} = Q_h \left[\frac{t_i - t'_a}{t_i - t_{o.h}} \times \frac{N-5}{N} + \frac{5}{N} \right] \quad (1)$$

式中：$Q_{h.a}$——采暖期采暖平均热负荷；
Q_h——采暖设计热负荷；
t_i——室内计算温度；
$t_{o.h}$——采暖室外计算温度；

t'_a——采暖期除去最冷五天（采暖历年平均不保证天数）后的平均室外温度；
N——采暖期天数。

因 t'_a 需根据历年气象资料统计计算，比较繁琐，故在年耗热量概略计算时本条推荐采用近似公式

$$Q_{h.a} = Q_h \frac{t_i - t_a}{t_i - t_{o.h}} \quad (2)$$

此式中 t_a 为采暖期室外平均温度，在《暖通空调气象资料集》中可以方便地查到此项数据。近似计算公式的误差不大，根据北京市气象资料计算，误差不超过1%，对于一般工程计算这样的误差是完全允许的。

同样道理，通风、空调的平均热负荷计算公式也是近似公式，经试算其误差不大于1%。故本规范推荐近似公式。

2 采暖全年耗热量

$$Q_h^a = Q_{h.a} \times N \times 24 \times 3600 \times 10^{-6} \quad (GJ)$$
$$= 0.0864 N Q_h \frac{t_i - t_a}{t_i - t_{o.h}} \quad (GJ) \quad (3)$$

当用户采暖系统采用分室控制、分户计量后，全年耗热量比集中连续供热时减少，设计计算时应适当考虑，但由于实测资料较少，规范中暂不规定具体数值。

3 采暖期通风耗热量

$$Q_v^a = Q_{v.a} \times T_v \times N \times 3600 \times 10^{-6} \quad (GJ)$$
$$= 0.0036 T_v N Q_v \frac{t_i - t_a}{t_i - t_{o.v}} \quad (GJ) \quad (4)$$

式中：$Q_{v.a}$——采暖期通风平均热负荷；
T_v——通风装置每日平均运行小时数；
Q_v——通风设计热负荷；
$t_{o.v}$——冬季通风室外计算温度，当采暖建筑物设置机械通风系统时，为保持冬季采暖室内温度，选择机械送风系统的空气加热器时，室外计算参数宜采用采暖室外计算温度。

4 空调采暖耗热量

$$Q_a^a = Q_{a.a} \times T_a \times N \times 3600 \times 10^{-6} \quad (GJ)$$
$$= 0.0036 T_a N Q_a \frac{t_i - t_a}{t_i - t_{o.a}} \quad (GJ) \quad (5)$$

式中：$Q_{a.a}$——采暖期空调平均热负荷；

T_a——空调装置每日平均运行小时数；
$t_{o.a}$——冬季空调室外计算温度；
Q_a——空调冬季设计热负荷。

5 供冷期空调制冷耗热量

$$Q_c^a = Q_c \times T_{c.max} \times 3600 \times 10^{-6} \quad (GJ)$$
$$= 0.0036 Q_c T_{c.max} \quad (GJ) \quad (6)$$

式中：Q_c——空调夏季设计热负荷；
$T_{c.max}$——为空调最大负荷利用小时数，取决于制冷季室外气温、建筑物使用性质、室内得热情况、建筑物内人员的生活习惯等。

6 生活热水全年耗热量

$$Q_w^a = Q_{w.a} \times 350 \times 24 \times 3600 \times 10^{-6} \quad (GJ)$$
$$= 30.24 Q_{w.a} \quad (GJ) \quad (7)$$

式中 350 为全年（除去 15 天检修期）工作天数。生活热水热负荷的全年耗热量应按不同季节的统计资料计算，如生活热水热负荷占总热负荷的比例不大，可不考虑随季节的变化按平均值计算。

3.2.2 生产工艺热负荷，由于其变化规律差别很大，难于给出年耗热量计算的统一公式。故本条只提出年耗热量的计算原则。生产工艺的年负荷曲线应根据不同季节的典型日（周）负荷曲线绘制；当不能获得典型日（周）负荷曲线时，全年耗热量可根据采暖期和非采暖期各自的最大、最小热负荷及用汽小时数，按线性关系近似计算。

采暖期热负荷线性方程如下：

$$Q = \frac{Q_{max.w}(T^w - T) + Q_{min.w} T}{T^w} \quad (8)$$

非采暖期热负荷线性方程如下：

$$Q = \frac{Q_{max.s}(T^a - T) + Q_{min.s}(T - T^w)}{T^a - T^w} \quad (9)$$

式中：Q——热负荷（kW）；
$Q_{max.w}$、$Q_{min.w}$——采暖期最大、最小热负荷（kW）；
$Q_{max.s}$、$Q_{min.s}$——非采暖期最大、最小热负荷（kW）；
T——延续小时数（h）；
T^w——采暖期小时数（h）；
T^a——全年用汽小时数（h）。

3.2.3 一般在设计时蒸汽热力网的负荷按用户需要的蒸汽量计算，当需要按焓值折算时，应计入管网热损失。

3.2.4 热负荷延续时间图，可以直观方便地分析各种热负荷的年耗热量。特别是在制定经济合理的供热方案时，它是简便、科学的分析计算手段。

4 供热介质

4.1 供热介质选择

4.1.1 本条为民用热力网供热介质的选择原则。优先采用水作供热介质的理由是：

1 热能利用率高，避免了蒸汽系统因疏水器性能不好或管理不善造成的漏汽损失和凝结水回收损失等热能浪费；

2 便于按主要热负荷进行集中调节；

3 由于水的热容量大，在短时水力工况失调时，不会引起显著的供热状况的改变；

4 输送的距离远，供热半径比蒸汽系统大；

5 在热电厂供热的情况下，可以充分利用汽轮机的低压抽汽，得到较高的经济效益。

4.1.2 生产工艺热负荷与其他热负荷共存时，供热介质的选择是尽量只采用一种供热介质，这样可以节约投资、便于管理。

1 当生产工艺为主要热负荷，并且必须采用蒸汽时，应采用蒸汽作为统一的供热介质。当用户采暖系统以水为供热介质时，可在用户热力站处用蒸汽换热方式解决。

2 参数较高的高温水不仅能供给采暖、通风、空调和生活热水用热，在很多情况下也可满足生产工艺要求。即使生产工艺必须以蒸汽为供热介质，也可由高温水利用蒸汽发生器转换为蒸汽，满足生产需要，这种情况下宜统一用高温水作为供热介质。输送高温水在节能和远距离输送方面具有很多优越性。但要将水转换为蒸汽时会增加用户设备投资，且高温水必须恒温运行，所以，是否采用高温水，必须经技术经济比较确定。

3 当采暖、通风、空调等热负荷为主要负荷，生产工艺又必须以蒸汽供热时，应从能源利用、管网投资和设备投资等方面进行技术经济比较，确定认为合理时才可采用蒸汽和热水两种供热介质。

4.2 供热介质参数

4.2.1 本条是热水供热管网最佳供热介质温度的确定原则。

当热水热力网以热电厂为热源时，热量由汽轮机组抽（排）汽供给，因而最佳供、回水温度的确定，涉及热电联产的经济性问题。提高供水温度，就要相应提高汽轮机抽汽压力，蒸汽在汽轮发电机内变为电能的焓降就要减少，使供热发电量降低，对节约燃料不利，但提高供水温度，却减小了热力网设计流量和相应的管径，降低了热力网的投资、电耗以及用户设备费用。因此，存在一个最佳供、回水温度的选择问题。

对于以区域锅炉房为热源的供热管网，提高供水温度，加大供水温差，可以减小供热管网流量，降低管网投资和运行费用，而对锅炉运行的煤耗影响不大，从这方面看，应提高区域锅炉房供热的介质温度。但当介质温度高于热用户系统的设计温度时，用户入口要增加换热或降温装置，故提高供热介质温度也存在技术经济合理的问题。

通过对以上两种热源的分析，本条提出应结合具体的工程条件，综合热源、供热管线、热用户系统几方面的因素进行技术经济比较来确定热水供热管网供热介质的最佳温度。

4.2.2 当不具备确定最佳供、回水温度的技术经济比较条件时，本条推荐的热水热力网供、回水温度的依据是：

1 以热电厂（不包括凝汽式汽轮机组低真空运行）为热源时，热力网供、回水温度推荐值，主要根据清华大学热能工程系 1987 年完成的《城市热电厂热水供热系统最佳供回水温度的研究》，该研究报告认为：采用单级抽汽汽轮机组供热时，热化系数 0.9 以上（即基本上不设串联尖峰锅炉的条件下）供热系统供水温度 110℃～120℃，回水温度 60℃～70℃较合理；随着热化系数的降低（即随着串联尖峰锅炉二级加热量的增加）合理的供水温度相应增加，当热化系数由 0.9 降低至 0.5 时，最佳供水温度由 120℃ 增加至 150℃；采用高、低压抽汽机组对热力网水两级加热时，在没有尖峰锅炉的条件下，热力网供水温度 150℃ 最佳。而串联尖峰锅炉也是两级加热，因而统一规定：一级加热取较小值；两级加热取较大值。

2 以区域锅炉房为热源时，供水温度的高低对锅炉运行的经济性影响不大。当供热规模较小时，与户内采暖系统设计参数一致，可减少用户入口设备投资。当供热规模较大时，为降低管网投资，宜扩大供回水温差，采用较高的供水温度。

3 多个热源联网运行的供热系统，为了保证水力汇合点处用户供热参数的稳定，热源的供热介质温度应一致；当区域锅炉房与热电厂联网运行时，由于热电厂的经济性与供热介质温度关系密切，而锅炉的运行温度与运行的经济性关系不大，所以这种联网运行的设计供、回水温度应以热电厂的最佳供、回水温度为准。

4.3 水 质 标 准

4.3.1 为防止热水供热系统热网加热器和管道产生腐蚀、沉积水垢，对供热管网水质应进行控制。我国一些城市的供热管网，由于补水率高，有的甚至直接补充工业水、江水，结果使热网加热设备、管道以致用户散热器结垢、腐蚀，甚至造成堵塞，严重影响供热效果，并降低了供热管网寿命。因此在控制供热管网补水率的同时还必须对供热管网补给水的水质严格要求。

本条热力网补给水水质标准采用《工业锅炉水质》GB/T 1576 对热水锅炉水质标准的规定，理由是：①热水热力网往往设尖峰锅炉（热水锅炉）或与区域锅炉房联网运行，水质应符合锅炉水质的国家标准要求；②由于锅炉水质标准的要求比热力网严格，满足热水锅炉要求的水质，必然满足热力网管道的要求。《工业锅炉水质》GB/T 1576－2008 规定热水锅炉给水 pH 值 7.0～11.0，《火力发电机组及蒸汽动力设备水汽质量》GB/T 12145－2008 规定锅炉炉水 pH 值 9.0～11.0，规定热力网补给水 pH 值为 7～11，即可利用热电厂锅炉排污水作热力网补给水。

4.3.2 本条规定考虑开式热水热力网直接取用热力网中的供热介质作为生活热水使用。《建筑给水排水设计规范》GB 50015 中明确规定，"生活用热水的水质应符合现行的《生活饮用水卫生标准》GB 5749 的要求。"

4.3.3 本条采用原苏联《热力网规范》的规定。该水质标准低于我国低压锅炉给水水质的要求，当然更不能满足热电厂高压锅炉的给水标准。所以用户返回的凝结水尚需进行处理才能作为锅炉给水使用。要求用户返回凝结水的质量过高是不现实的，不进行处理直接使用也是不可能的。应根据《火力发电机组及蒸汽动力设备水汽质量》GB/T 12145 的要求，并进行技术经济比较，且与热源单位协议确定凝结水回收的可行的、经济的指标。

4.3.4 蒸汽供热系统的凝结水应尽量回收，当在生产工艺过程中被有害物质污染或因其他原因不适宜回收时，对于必须排放的蒸汽凝结水应符合污水排放标准，特别应注意防止凝结水温度对排放点的热污染。《污水排入城市下水道水质标准》CJ 3082 对各种污染物排放的规定较多，条文中不宜一一列出，其中规定温度应小于等于 35℃。

4.3.5 供热管网管线中不锈钢设备逐年增多，Cl^- 引起的应力腐蚀事故已发生多起。介质中 Cl^- 含量不大于 25mg/L 是一般不锈钢产品的要求，除控制供热介质中的 Cl^- 含量外，还可采用在不锈钢设备内衬防止 Cl^- 腐蚀的材料等措施解决。

5 供热管网形式

5.0.1 本条为热水供热管网的一般形式的规定，闭式管网只供应用户所需热量，水作为供热介质不被取出。采用闭式管网，管网补水量很小，可以减少水处理费用和水处理设备投资；供热系统的严密性也便于检测。但用户引入口需要设置生活热水的加热设备，使用户引入口装置复杂，投资较大，维修费用较高。由于国内城镇供热管网目前生活热水负荷的比例尚不高，用户投资大的缺点不十分突出，又加上城市水源、水质方面因素的限制，所以目前采用闭式双管制管网是合适的。

5.0.2 本条为闭式热水热力网采用多管制的原则。当需要高位能供热介质供给生产工艺热负荷时，若采用一根管道供热，则必须提高采暖、通风、空调等热负荷的供热介质参数，这对热电联产的经济性不利。

同时在非采暖期管网热损失也加大。采用分管供热，针对不同负荷，采用不同的介质参数，可提高热电厂的经济性，非采暖季将一根管停用也减少了热损失，若提高热电厂经济性和非采暖季减少的热损失的费用，可以补偿增加的管道投资时，采用多管制是合理的。

5.0.3 城镇开式热水热力网，目前在我国使用不多。本条只确定了选择原则。开式热水热力网主要特点是直接取用热力网的供热介质作为生活热水使用，不需在热力站设生活热水换热器等设备，用户热力站投资减小。当城镇具有足够大廉价的低位能源时（例如大量的低温工业余热），应采用开式热水热力网，大力发展生活热水负荷，这样做可以节约大量燃料，降低能源消耗，提高生活水平（如不供生活热水，居民和某些生产部门要用大量燃料来加热热水）。由于直接取用热力网供热介质，所以热力网补水量很大，而且水质要求高，这就要求具有充足而且质量良好的水源，以降低水处理成本。这是采用开式热水热力网的基础条件。

是否采用开式热水热力网，应从燃料节约、管网投资等方面进行技术经济比较确定。在做技术经济比较时，应考虑这时给水管网投资可以减少这一因素。开式热力网不仅节约燃料还可以降低环境污染，具有很大的社会效益。

5.0.4 本条为采用开式单管制热力网的原则。前提是热水负荷必须足够大，且有廉价的低温热源。采用开式单管热力网实质上就是敷设了供热水的给水管网，冬季首先用热水采暖，然后作为生活热水使用。由于其替代了部分自来水管网，所以是很经济的。如果热水负荷不够大，为了保证采暖要大量放掉热水，就不一定经济了。

5.0.5 本条为蒸汽供热管网形式的确定原则。

当各用户之间所需蒸汽参数相差不大，或季节性负荷占总负荷比例不大时，一般都采用一根蒸汽管道供汽，这样最经济，也比较可靠，采用的比较普遍。

当用户间所需蒸汽参数相差较大，或季节性负荷较大时，与本规范第5.0.2条同样的道理。可以采用双管或多管。

当用户分期建设，热负荷增长缓慢时，若供热管道按最终负荷一次建成，不仅造成投资积压，而且有时运行工况也难以满足设计要求，这是很不合理的。在这种情况下，应采用双管或多管分期建设。

5.0.6 本条为不设凝结水管的条件。由于生产工艺过程的特殊情况，有时很难保证凝结水回收质量和数量，此时建造凝结水管投资很大，凝结水处理费用也很高，在这种情况下，坚持凝结水回收是不经济的。但为节约能源和水资源应在用户处，对凝结水本身及其热量加以充分利用。

5.0.7 本条为凝结水回收系统的设计要求，主要考虑热力网凝结水管道采用钢管时，防止管道的腐蚀。用户凝结水箱采用闭式水箱主要考虑防止凝结水溶氧，同时凝结水管采用满流压力回水，这时就不会形成严重的腐蚀条件。强调管中要充满水，其含义是即使用户不开泵时，管中亦应充满水。现在有些新型管材或钢管内衬耐腐蚀材料，当选用这些耐腐蚀管材时，可采用非充满水的形式。

5.0.8 供热建筑面积大于 $1000 \times 10^4 \mathrm{m}^2$ 的大型供热系统，一旦发生事故，影响面大，因此对可靠性要求较高。多热源供热，热源之间可互为备用，不仅提高了供热可靠性，热源间还可进行经济调度，提高了运行经济性。各热源干线间连通，或热力网干线连成环状管网，可提高管网可靠性，同时也使热源间的备用更加有效。环状管网投资较大，但降低了各热源备用设备的投资，故是否采用应根据技术经济比较确定。

5.0.9 供热干线或环状管网设计时留有余量并具备切换手段才能使事故状态下热量可以自由调配。

由于供热是北方地区的生存条件之一，供热系统的可靠性是衡量保证安全供热能力的重要指标，应尽可能提高供热可靠性，事故时至少应保证最低的供热保证率，以使事故状态下供热管线、设备及室内采暖系统不冻坏。在经济条件允许的情况下，可提高表5.0.9规定的供热保证率。

5.0.10 本条建议同一热源向同一方向引出的干线间宜设连通线，可在投资增加不多的情况下增加热力网的后备能力，提高供热的可靠性。

连通管线同时作为输配干线使用，比建设专用连通线节约投资。结合分段阀门的设置来设置连通管线的目的是在事故状态下，利用分段阀门切除故障段，保证其他用户限量供热。

5.0.11 本条主要考虑特殊条件下的重要用户设计原则，并不适用于一般用户。例如北京人民大会堂、国宾馆等重要政治、外事活动场所，在任何情况下，不允许中断供热。

6 供热调节

6.0.1 国内外的经验证明，热水供热系统实现高质量供热，必须采用在热源处进行集中调节、在热力站或热力入口处进行局部调节和在用热设备处进行单独调节相结合的联合调节方式。在热源处进行的集中调节是满足供热质量要求、保证热源设备经济合理运行的必要手段。集中调节是粗略的调节，只能解决各种热负荷的共同需求。即使只有单一采暖负荷，各建筑物、各采暖系统对供热的需求也不是完全一致的。集中调节只能满足热负荷的共性要求。在热力站特别是在单栋建筑入口的局部调节可根据单一负荷的需求进行较为精确的供热调节。在用热设备处的单独调节是满足用户要求的供热品质的最终调节。上述几种调节方式是相互依存、相互补充的，联合采用才能实现高质量供热。以上所述的各种调节只有借助自动化装置才能达到理想的效果。特别是实行分户计量后，用户有了自主调节的手段，使在用户设备处进行的单独调节变得十分活跃。用户自主调节的实质是热负荷值根据用户的自主需要而改变，供热系统要适应这种热负荷随机变动的情况，而保持供热系统供热质量的稳定就更加需要提高调节的自动化水平。

6.0.2 本条为单一采暖负荷、单一热源在热源处进行的集中调节的规定。单一采暖负荷采用集中质调节对于热电厂抽汽机组供热较为合理。这种调节方式的优点是采暖期大部分时间运行水温较低，可以充分利用汽轮机的低压抽汽，提高热电联产的经济性。同时集中质调节在局部调节自动化水平不高的条件下可使采暖供热效果基本满意。质调节基于用供热介质温度的调节适应气温变化保持用户室内温度不变的原理，而不改变循环流量，故其缺点是采暖期水泵耗电量较大。"质一量"综合调节供水温度和管网流量随天气变冷逐渐加大，可较单纯质调节降低循环水泵耗电量。"质一量"调节相对于单纯质调节供水温度的调节幅度较小，整个采暖期供水平均温度较高，所以相对于单纯质调节热电联产的节煤效果稍差。若选择恰当的温度、流量调节范围，"质一量"调节可以得到很好的节能效果。因为锅炉运行的经济性与供水温度的高低关系不大，所以"质一量"调节对锅炉房供热是较好的供热调节方式。

用户自主调节和供热系统进行的供热调节是性质完全不同的调节。存在用户自主调节不会改变供热调节方式的性质。用户自主调节导致热需求的改变，当然引起热负荷的改变，但这不是室外气温改变导致的负荷改变。用户热需求增大即相当用户增多，用户热需求减小即相当用户减少，这会使供热系统的循环流量改变，并不意味着实施了量调节，集中质调节（或质一量调节）方式并未改变。但用户自主调节造成的负荷波动却会对供热调节质量产生影响。若供热系统的集中调节采用质调节，在热负荷稳定的情况下，管网循环流量不变，只要及时根据室外气温按给定的温度调节曲线准确调整供水温度即可得到较高的调节质量。当用户自主调节活跃时，虽然还是质调节，但热网流量会产生波动，如果供热调节未实现自动化，那么在室外气温不变的情况下，热网供水温度将受影响而波动，降低了调节质量；同时，流量的波动也带来全网分布压头不稳定，在局部调节自动化程度低时，将进一步降低用户的供热质量。分户计量实施后，对供热调节（包括在热源处进行的集中调节和在热力站、用户入口处进行的局部调节）的自动化水平提出了较高的要求，以适应用户自主调节带来的流量波动，保证较高的供热调节的质量。

6.0.3 本条为单一采暖负荷在热源处进行集中调节的规定。基本热源与尖峰热源联网运行的热水供热系统，在基本热源未满负荷前尖峰热源不投入运行，基本热源单独供热，负担全网负荷。这个阶段，为单热源供热，可按本规范第6.0.2条规定进行集中供热调节，当基本热源为热电厂时，一般采用集中质调节方式运行，但基本热源满负荷时其运行供水温度应达到或接近该热源的设计最高值，否则可能造成满负荷时循环流量超过设计能力，这就要求该运行阶段的质调节在基本热源满负荷时运行水温接近最高值。随着热负荷的增长尖峰热源投入与基本热源联网运行。联网运行时，从便于调节出发应采用改变热源循环水泵扬程的方法进行热源间的热网流量（即热负荷）调配。基本热源单独运行采用集中质调节，当其满负荷时供水温度已达到或接近最高值，故联网运行阶段不可能继续实施质调节，只能进行量调节。这时，供热系统供水温度基本不变而流量随热负荷的增加而加大，增大的负荷（增加的流量）由尖峰热源承担，基本热源维持满负荷运行。量调节阶段，热力站的热力网（一次水）流量随室外气温变化而改变，但一次水供水温度基本不变，而用户内部采暖系统（二次水）一般仍按质调节（或质一量调节）运行，这就要求局部调节的自动化水平较高，这在已实现联网运行的现代化供热系统应是不成问题的。

基本热源单独运行阶段和尖峰热源投入联网运行阶段也可采用统一的"质一量"调节曲线，但"质一量"调节的温度变化范围应较小，而流量变化范围应较大，以保证基本热源单独运行负担全网用户供热而满负荷时，热力网循环流量不致超过其循环水泵设备的能力。

6.0.4 一般采暖负荷在热水供热系统中是主要负荷，因此应按采暖负荷的用热规律进行供热的集中调节。为了多种负荷的需要，水温调节还要满足其他负荷的要求。

6.0.5 为满足生活热水60℃的供水温度标准，考虑10℃的换热器端差，闭式热力网供水温度最低不得低于70℃（开式热力网供水温度不得低于60℃）。当生活热水供水温度标准可以低于60℃时，热力网最低供水温度可相应降低。

6.0.6 生产工艺热负荷是多种多样的，甚至每一台设备的用热规律都不同，因此不便于集中调节，应采用局部调节。

6.0.7 多热源联网运行的热力网，各热源供热范围的汇合点随热负荷的变化而变动，若各热源的调节方式不同，水温差异过大，则在各汇合点附近的用户处水温波动很大，无法保证用户正常用热。即使安装了自动调节装置，由于扰动过大自动调节装置也无法正常工作。所以各热源应该采用统一的调节方式，执行同一温度调节曲线。因为担负基本负荷的热源在供热期内始终投入运行，供热量大，从它的运行经济性考虑，应以它为准来确定调节方式。确定调节方式的原则应按本章第6.0.2～第6.0.5条的条文执行。

6.0.8 热水供热系统非采暖季对生活热水负荷、空调制冷负荷供热时，因生活热水负荷随机波动很大，空调制冷机组运行需要较高水温，所以热源不进行集中调节而采用供水温度定温运行，为适应负荷的变化，应在热力站进行局部调节。

7 水力计算

7.1 设计流量

7.1.4 热力网设计流量应取各种热负荷的热力网流量叠加得出的最大流量，其计算方法与供热调节方式有关。

1 采用集中质调节时，采暖热负荷热力网流量在采暖期中保持不变；通风、空调热负荷与采暖热负荷的调节规律相似，热力网流量在采暖期中变化不大；因采暖期开始（结束）时热力网供水温度最低，这时生活热水热负荷的热力网流量最大。

2 采用集中量调节时，生活热水热负荷热力网流量在采暖期中保持不变；采暖、通风、空调热负荷的热力网流量，随室外温度下降而提高，达到室外计算温度时，热力网流量最大。

3 采用集中"质—量"调节时，各种热负荷的热力网流量随室外温度的变化都在改变，由于调节规律和各种热负荷的比例难于事先确定，故无法预先给出计算方法。

4 开式热水热力网，直接取用热力网的供热介质作为生活热水使用，双管开式热力网由于有一部分水在用户处被用掉，热力网供水管和回水管的流量不同。在原《城市热力网设计规范》CJJ 34-90中考虑到两管分别进行水力计算不方便，采用一个生活热水等效流量系数0.6，取供、回水管的平均压力降统一进行水力计算。因目前计算机已普及，供、回水管分别进行水力计算已无困难，所以条文中不再规定等效流量系数。

7.1.5 生活热水换热器与采暖、通风、空调或吸收式制冷机系统的连接方式，分为并联和两级串联或两级混合连接等方式。当生活热水热负荷较小时，一般采用并联方式。当生活热水热负荷较大时，为减少热网的设计流量，可采用两级串联或两级混合连接方式。两级串联或两级混合连接方式，其第一级换热器与其他系统串联，用其他系统的回水做第一级加热，而不额外增加热力网的流量，第二级换热器或串联在其他系统以前供水管上或与其他系统并联，这一级换热器需要增加热力网的流量。计算热力网设计流量时，只计算因生活热水热负荷增加的热力网流量。

7.1.6 生活热水热负荷的热力网支线与干线设计流量计算方法相同，在计算支线设计流量时，应按本规范第3.1.6条规定取用平均热负荷或最大热负荷，作为设计热负荷。

7.1.7 蒸汽热力网生产工艺负荷较大，其负荷波动亦大，故应用同时系数的方法计算热力网最大流量。同时系数推荐值的说明详见本规范第3.1.5条。

对于饱和蒸汽管道，由于管道热损失，沿途生成凝结水，应考虑补偿这部分凝结水的蒸汽量，对于过热蒸汽，管道的热损失由蒸汽过热度的热焓补偿。

7.1.8 本条为凝结水管道设计流量的确定方法，因蒸汽管道的设计流量为管道可能出现的最大流量，故以此计算出的凝结水流量，也是凝结水管的最大流量。

7.2 水力计算

7.2.1 水力计算分设计计算、校核计算和事故分析计算等三类。它是供热管网设计和已运行管网压力工况分析的重要手段。进行事故工况分析十分重要，无论在设计阶段还是已运行管网都是提高供热可靠性的必要步骤。为保证管道安全、提高供热可靠性对一些管网还应进行动态水力分析。

7.2.3 多热源联网运行时，各热源同时在共同的管网上对用户供热，这时管网、各热源的循环泵必须能够协调一致地工作，这就要进行详细的水力工况分析。特别是当一个热源满负荷，下一个热源即将投入运行时的水压图是确定热源循环泵参数的重要依据。

7.2.4 事故情况下应满足必要的供热保证率。为了热源之间进行供热量的调配，管线留有适当的余量是必要的前提。

7.2.5 采暖期、供冷期、过渡期供热管网水力工况分析的目的是确定或核算循环泵在上述运行期的流量、扬程参数。

7.2.8 对于本条提出的特殊情况，例如，长距离输送干线由于沿途没有用户，一旦干线上的阀门误关闭，则运行会突然完全中断；地形高差大的管网，低处管网承压较大；系统工作压力高时往往管道强度储备小；系统工作温度高时易汽化等等。在这些情况下供热系统极易发生动态水力冲击（或称水锤、水击）事故。水击发生时压力瞬变会造成巨大破坏，而且是突发事故，应引起高度重视。因此有条件时应进行动态水力分析，根据计算结果采取相应措施，有利于提高供热系统的可靠性。

7.2.10 本条列出一些防止压力瞬变破坏的安全保护措施，供设计参考，哪种措施是有效的，应由动态水力分析的结果确定。这些措施的作用是防止系统超压和汽化。

7.3 水力计算参数

7.3.1 关于管壁当量粗糙度，还比较缺乏这方面的试验、统计资料，本条规定采用一般沿用的数值。北京市城市热水管网曾根据实测压力降推算出管壁当量粗糙度约为 0.0004m（管网运行约 20 余年，管道内表面无腐蚀现象），与本条规定值接近。

7.3.2 经济比摩阻是综合考虑管网及泵站投资与运行电耗及热损失费用得出的最佳管道设计比摩阻值。它是热力网主干线（包括环状管网的环线）设计的合理依据。经济比摩阻应根据工程具体条件计算确定。为了便于应用，本条给出推荐比摩阻数据。推荐比摩阻是采用我国采暖地区平均的价格因素粗略计算的经济比摩阻并适当考虑供热系统水力稳定性给出的数据。

7.3.3 由于主干线已按经济比摩阻设计，支干线及支线设计比摩阻的确定不再是技术经济合理的问题，而是充分利用主干线提供的作用压头，满足用户用热需要的问题，因此应按允许压力降的原则确定支干线、支线管径。

当管网提供的作用压头很大用户需要的压头又很小时，允许比压降很大，管径可选得很小，出现管内流速过高问题。过去设计中管内允许流速低，支管直径偏大，用户往往需用节流手段消除很大的剩余压头。由于用户节流手段不佳，往往造成循环流量过大，用户过热。因此提高管内流速不仅可节约管道投资，还可减少用户过热现象。

3.5m/s 的流速限制主要是限制 DN400 以上的大管，由于 3.5m/s 流速的约束，DN400 以上管道的允许比摩阻由 300Pa/m 逐步下降。还可以看到由于 300Pa/m 的允许比压降的限制，实质上是限制了 DN400 以下管道的允许流速，即 DN400 以下小管由允许流速 3.5m/s，下降到 DN50 的管道只允许 0.90m/s。规定两个设计指标，实质上等于提出一系列设计指标，即对 DN400 以上大管规定了一系列的允许比摩阻值；对 DN400 以下小管规定了一系列允许流速数值。DN400 以上大管允许比摩阻较低是出于水力稳定性的考虑。随管径加大，连接的用户越多，管道水力稳定的要求较高，故设计比摩阻不宜过高。限制小管流速，根据同济大学《城市热力网介质极限流速研究》一文，不是振动、噪声和冲刷等问题，可能是考虑引射作用影响三通分支管流量分配的原因。

本规范只对连接两个以上热力站的支干线，提出比摩阻不应大于 300Pa/m 的规定，对只连接一个热力站的支线，可以放宽限制，只受 3.5m/s 的约束。也就是说对于 DN50 的小管从 0.90m/s 提高到 3.5m/s，相当允许比摩阻约 400Pa/m。这对消除管网首端用户处的剩余压头，防止"过热"有利，同时还可节约管线投资。提高小直径管道（≥50mm）流速到 3.5m/s 在噪声、振动等方面不存在问题，同济大学的实验工作完全证实了这点。由于是无分支管道，不存在三通处流量分配的问题，进入用户后内部设计的管径放大，也不会对用热造成影响。这样做实质上是用一段小管，取代用户入口的节流装置，起到消除剩余压头的作用，技术上不会发生不良影响，只能带来节约投资的良好效果。

7.3.4 本条推荐的蒸汽管道设计最大流速沿用过去的规定。

7.3.5 本条是以热电厂为热源的蒸汽管网的设计原则。蒸汽热力网管道选择按照允许压力降的原则，所以确定管道起始点压力是管网设计是否合理的前提。蒸汽管网起始点压力就是汽轮机抽（排）汽压力，这个压力的高低，对热电联产的经济效益影响很大。网内用户所需蒸汽参数确定后，若将汽轮机抽（排）汽压力定得过高，则使发电煤耗提高，降低热电联产的节煤量，但另一方面可以增加管道的允许压力降，减小管径，降低热力网投资和热损失。因此这是一个抽（排）汽参数的优化问题。正确的设计应选择最佳汽轮机抽（排）汽压力，作为热力网的起始点压力。

7.3.6 本条是以区域锅炉房为热源的蒸汽热力网设计原则。锅炉运行压力的高低，对热源的经济效益影响不大，但对热力网造价的影响很大，起始压力高则可减少管径、降低管道投资。所以在技术条件允许的情况下，宜采用较高的锅炉出口压力。

7.3.7 凝结水管网的动力消耗、投资之间的关系与热水热力网基本相近，因不需考虑水力稳定性问题，推荐比摩阻值可比热水管略大，故取 100Pa/m。

7.3.8 城镇供热管网设计，尤其是在初步设计中，由于管道设备附件的布置没有确定，局部阻力估算是经常采用的，即用以往工程统计出的局部阻力与沿程阻力的比值进行计算。关于局部阻力数据，我国目前尚无自己的实验数值。有关部门曾计划测定，但因耗费的人力、财力巨大，且时间很长而未能进行。城镇供热管网设计采用的局部阻力数据多来自原苏联资料。本条推荐的数据参考原苏联《热力网设计手册》，根据多年的设计经验和工程统计，我们认为这个数据是比较准确的。对于新型管网设备的局部阻力，建议生产厂家在型式检验时测定，并在产品说明中提供。

7.4 压力工况

7.4.1 本条规定的原则是为了确保供水管在水温最高时，任何一点都不发生汽化。

7.4.2 本条考虑直接连接用户的使用安全，也考虑到压力波动时不致产生负压造成回水管路中的水汽化，确保热力网的正常运行。规定中未提到"回水压力应保证直接连接用户不倒空"，因这不是确定回水压力的必要条件。若出现倒空问题，许多情况下，可以用壅流调节（即在用户回水总管节流，工程实施应采用自动调节阀）的方法解决，是选择用户连接方式时的一种技术措施。

7.4.3 当热力网水泵因故停止运转时，应保持必要的静压力，以保证管网和管网直接连接的用户系统不汽化、不倒空、且不超过用户允许压力，以使管网随时可以恢复正常运行。

7.4.4 开式热力网在采暖期的运行压力工况，必须满足采暖系统的要求，同时也就满足了生活热水系统的要求。而在非采暖期生活热水为主要热负荷时，热源的循环水泵通常扬程很低，压力工况发生变化，此时开式热力网回水压力如低于直接配水用户生活热水系统静水压力，就不能保证正常供水。加50kPa是考虑最高配水点有2m的压头和考虑管网压力波动留有不小于3m的富裕压头。

7.4.6 目前城镇热水热力网采用补给水泵定压，定压点设在热源处的比较多。但是，由于各地具体条件不同，定压方式及定压点位置有不同要求，故只提出基本原则。

多热源联网运行时，全网水力连通是一个整体，它可以有多个补水点，但只能有一个定压点。

7.4.7 水压图能够形象直观地反映热力网的压力工况。城镇热水热力网供热半径一般较大，用户众多，如果只进行水力计算而不利用水压图进行各点压力工况的分析，在地形复杂地区往往会导致采取不合理的用户连接方式、中继泵站设置不当等设计失误。

7.4.10 城镇蒸汽热力网一般是多个热力站凝结水泵并网工作，向热源送回凝结水，所以必须合理地选择各热力站的凝结水泵扬程，绘制凝结水管网的水压图，有助于正确选择热力站的凝结水泵，保证所有凝结水泵协调一致地工作。

7.5 水泵选择

7.5.1 本条第1款考虑：城镇供热管网的热损失采用流量补偿。在热负荷和流量计算中已经包括了热损失的补偿流量。热网循环水泵一般较大，考虑水泵一般有一定的超载能力，故在水泵选择时不再进行流量附加。有的热水锅炉为了提高锅炉入口水温，在锅炉出口至循环水泵入口装有混水用的旁路管，循环水泵的选择应计入这部分流量。

第5款规定循环水泵3台或3台以下时应设备用泵，目的是保证任何情况下正常供热。在设有4台以上循环水泵时，如有1台水泵因故障停止运行，其余水泵的工作点会自动发生变化，出力提高，尽管水泵效率可能降低，但总的出力下降不大，在短时期内不致影响正常供热，故可不设备用泵。

第6款多热源联网运行时，调节热源循环泵扬程是热源间负荷调配的手段，采用调速泵是最佳选择。

7.5.2 热力网采用两级循环水泵串联设置目的是将热网加热器设置于两级泵中间，以降低热网加热器承压。所以第一级泵的出口压力不应高于加热器的承压能力。第2款规定是考虑高温热水供热系统建立可靠的静压系统。将热网循环泵分为两级串联，定压补水点放在两级循环泵中间，设定压值与静压值一致，这时如果定压系统设备可靠，则供热系统同时也有了可靠的静压系统。一旦循环泵突然停泵，系统可以维持静压，保证管中热水不汽化，故障排除后可迅速恢复运行。若没有可靠的静压系统，例如循环泵跳闸，供热系统不能维持静压，管中热水汽化，如若迅速启动循环泵恢复运行，管中汽穴弥合会产生巨大的压力瞬变，有可能导致管网破坏事故。两级循环泵设置，第一级泵的出口压力应等于静压力，一般宜选用定速泵，第二级泵应采用调速泵。

基于上述优点，国外采用两级循环泵的较多。其缺点是投资较大，且定压补水耗能较大。

7.5.3 本条第1款的规定主要是参考国家行业标准《火力发电厂设计技术规程》DL 5000-2000而制定的。该规程规定，补给水设备的容量，应保证供给热网循环水量的4%，其中2%的水量（但不少于20t/h）应采用除过氧的化学软化水以及锅炉排污水，而其余2%的水量，则采用工业用水（或生活水）。

第4款考虑事故补水不是经常发生的，设置2台水泵即可保证正常补水不致停止，但应及时排除水泵故障，以备事故状态2台水泵同时工作。

第5款开式热力网补水量大，且生活热水波动较大，设置多台水泵，易于调整，节约电能。为了保证供应生活热水，应设备用泵。

第6款规定是防止补水能力不足导致压力降低，造成管中存在的高温水汽化，很难恢复正常运行。

7.5.4 本条考虑主要是减少热力网循环水泵的汽蚀。

8 管网布置与敷设

8.1 管网布置

8.1.1 影响城镇供热管网布置的因素是多种多样的。过去提出供热管网管线应通过负荷重心等，有时很难实现，故本条不再提出具体规定，而只提出考虑多种因素，通过技术经济比较确定管网合理布置方案的原则性规定。有条件时应对管网布置进行优化。

8.1.2 本条提出了供热管网选线的具体原则。提出这些原则的出发点是：节约用地；降低造价；运行安全可靠；便于维修。

8.1.3 本条规定的目的是增加管道选线的灵活性，并考虑300mm以下管线穿越建筑物时，相互影响较小。如地下室净高2.7m时，管道敷设于顶部，管下尚有约2m的高度，一般不致影响地下室的使用功能。同时300mm以下管道的通行管沟也便于从建筑物3m以上开间承重墙间的地下通过。300mm以下较小直径的管道，万一发生泄漏等事故，对建筑物的影响较小，并便于抢修。本条规定同原苏联《热力网规范》，有一些工程实例安全运行在 20 年以上。近些年暗挖法施工普遍采用，它是穿越不允许拆迁建筑物的较好的施工方法，也不受管径的限制。

8.1.4 综合管沟是解决现代化城市地下管线占地多的一种有效办法。本条将重力排水管和燃气管道排除在外，是从重力排水管道对坡度要求严格，不宜与其他管道一起敷设和保证安全等方面考虑的。

8.1.5 本条为城镇供热管网管道地上敷设节约占地的措施。

8.2 管 道 敷 设

8.2.1 从市容美观要求，居住区和城镇街道上供热管道宜采用地下敷设。鉴于我国城镇的实际状况，有时难于找到地下敷设的位置，或者地下敷设条件十分恶劣，此时可以采用地上敷设。但应在设计时采取措施，使管道较为美观。城镇供热管网管道地上敷设在国内、国外都有先例。

8.2.2 对于工厂区，供热管道地上敷设优点很多，投资低、便于维修、不影响美观，且可使工厂区的景观增色。

8.2.3 为了节约投资和节省占地，强调地下敷设优先采用直埋敷设。因为《城镇直埋供热管道工程技术规程》CJJ/T 81 已颁布执行，同时国内许多厂家可以提供高质量的符合行业标准的产品，再加上直埋敷设的优越性，理应大力推广。

8.2.4 不通行管沟敷设，在施工质量良好和运行管理正常的条件下，可以保证运行安全可靠，同时投资也较小，是地下管沟敷设的推荐形式。通行管沟可在沟内进行管道的检修，是穿越不允许开挖地段的必要的敷设形式。因条件所限采用通行管沟有困难时，可代之以半通行管沟，但沟中只能进行小型的维修工作，例如更换钢管等大型检修工作，只能打开沟盖进行。半通行管沟可以准确判定故障地点、故障性质、可起到缩小开挖范围的作用。

8.2.5 蒸汽管道管沟敷设有时存在困难，例如地下水位高等，因此最好也采用直埋敷设。近些年不少单位做了很多蒸汽管道直埋敷设的试验工作，但也存在一些尚待解决的问题。因此，本规范很难提出蒸汽管道直埋敷设的具体规定，只能提出原则要求，希望大家继续探索。提出蒸汽管道直埋敷设预制保温管道的寿命 25 年是根据供热企业提取管道折旧费率（管道建设费用 4%）的规定得出的，否则会造成供热企业的亏损，这比热水直埋预制保温管保证寿命 30 年以上的规定放宽了要求。

8.2.6 经验证明保护层、保温层、钢管相互脱开的直埋敷设热水管道缺点很多。最主要的问题是一旦保温结构在一个点有缺陷，水分就会沿着钢管扩散，造成大面积腐蚀，因此早已被保护层、保温层、钢管结合成一体的整体式预制保温管所代替。整体式预制保温管可以利用土壤与保温管间的摩擦力约束管道的热伸长，从而实现无补偿敷设，但同时也对预制保温管三层材料间的粘合力提出很高的要求。直埋预制保温管转角管段热变形时，弯头及其附近管道对保温层的挤压力量很大，要求保温层有足够的强度。作为市政基础设施的城镇供热管网，对管道的可靠性要求较高，因此对热水直埋敷设预制保温管质量提出了较高的要求。

8.2.7 本条规定的尺寸是保证施工和检修操作的最小尺寸，根据需要可加大尺寸。例如，自然补偿管段，管道横向位移大，可以加大管道与沟墙的净距。

8.2.8 经常有人进入的通行管沟，为便于进行工作应采用永久性的照明设备。为保证必要的工作环境，可采用自然通风或机械通风措施，使沟内温度不超过 40℃。当没有人员在沟内工作时，允许停止通风，温度允许超过 40℃以减少热损失。

8.2.9 通行管沟设置事故人孔是为了保证进入人员的安全，蒸汽管道发生事故时对人的危险性较大，因此规定沟内敷设有蒸汽管道的管沟事故人孔间距较小，沟内全部为热水管道的管沟事故人孔间距适当放大。

8.2.10 在通行管沟内进行的检修工作包括更换管道，因此安装孔的尺寸应保证所有检修器材的进出。当考虑设备的进出时，安装孔的宽度还应稍大于设备的法兰及补偿器的外径。

8.2.11 表 8.2.11 的规定与国内有关规范和原苏联规范基本相同。几点说明如下：

1 本条规定对于管沟敷设与建筑物基础水平净距为 0.5m，我们考虑管沟敷设有沟墙和底板的隔离，一旦管道大量漏水，不会直接冲刷建筑物基础及其以下的土壤，一般不会威胁建筑物的安全。净距 0.5m 仅考虑施工操作的需要。当然与建筑物基础靠近，使管沟落入建筑物施工后的回填土区内，需要设计时采取地基处理措施，在城镇用地紧张的条件下，减少水平净距的规定是必要的，可给设计带来较大的灵活性。管沟敷设与建筑物距离很近的设计实例是不少的，至今尚未发现不良影响。

2 对于直埋敷设供热管道，因其漏水时对土壤的冲刷力大，威胁建筑物的安全，故与建筑物基础水平净距应较大。尤其是开式热水供热系统，补水能力很大，漏水时管网压力下降较小，对土壤的冲刷严重。

8.2.12 本条为地上敷设管道的敷设要求。低支架敷设时，管道保温结构距地面 0.3m 的要求是考虑安装放水装置及防止地面水溅湿保温结构。管道距公路及铁路的距离已在表 8.2.11 中列入。

8.2.13 本条未规定在铁路桥梁上架设供热管道的理由是：

1 铁路桥梁没有检修管道的足够位置；

2 当管道发生较大故障时，铁路很难停止运行配合管道的抢修工作；

3 列车运行和管道事故对双方的安全运行影响较大。某些支线铁路桥有时也有条件敷设较小的供热管道，但规范不宜推荐，设计时可与铁道部门协商确定。

管道跨越不通航河道时，因管道寿命不超过 50 年，按 50 年一遇的最高洪水位设计较为合理。

本条有关通航河道的规定参照现行国家标准《内河通航标准》GB 50139 制订。

8.2.14 本条规定是为了减少交叉管段的长度，以减少施工和日常维护的困难。本条主要参考原苏联《热力网规范》制订。当交叉角度为 60°时，交叉段长约为垂直交叉长度的 1.15 倍；当交叉角度为 45°时，交叉段长约为垂直交叉长度的 1.41 倍。

8.2.15 采用套管敷设可以降低成本，并有利于穿越尺寸有限的交差地段，但必须留有事故抽管检修的余地。抽管和更换新管可采用分段切割或分段连接的方式施工，但分段不宜过短，本条不便于作硬性规定，由设计人考虑决定。

8.2.16 由于套管腐蚀漏水，或水分自套管端部侵入，极易使保温层潮湿，造成管道腐蚀。本条规定在于保证套管敷设段的管道具有较长的寿命。

8.2.17 地下敷设因考虑管沟排水以及在设计时确定放气、排水点，故宜设坡度。

地上敷设时，采用无坡度敷设，易于设计、施工，国内有不少设计实例，运行中未发现不良影响。

8.2.18 本条第 1 款盖板最小覆土深度 0.2m，仅考虑满足城镇道路人行步道的地面铺装和检查室井盖高度的要求。当盖板以上地面需要种植草坪、花木时应加大覆土深度。本条第 2 款直埋敷设管道最小覆土深度规定应按《城镇直埋供热管道工程技术规程》CJJ/T 81 的规定执行。

8.2.19 允许给排水管道及电缆交叉穿入热力网管沟，但应采取保护措施。

8.2.20、8.2.21 这几条规定是关于热力网管道与燃气管道交叉处理的技术要求，规定比较严格。因为热力网管沟通向各处，一旦燃气进入管沟，很容易渗入与之连接的建筑物，造成燃烧、爆炸、中毒等重大事故。这类事故国内外都曾发生过。因此规定不允许燃气管道进入热力网管沟，且当燃气管道在热力网管沟外的交叉距离较近时也必须采取可靠措施，保证燃气管道泄漏时，燃气不会通过沟墙缝隙渗漏进管沟。

8.2.22 室外管沟不得直接与室内管沟或地下室连通，以避免室外管沟内可能聚集的有害气体进入室内。此外管道穿过构筑物时也应封堵严密，例如穿过挡土墙时不封堵严密，管道与挡土墙间的缝隙会成为排水孔，日久会有泥浆排出。

8.2.23 关于地上供热管道与电气架空线路交叉的规定，主要是考虑安全问题，参考原苏联《热力网规范》制订。

8.3 管道材料及连接

8.3.1 相关标准对材料选用的规定如下：《钢制压力容器》GB 150-1998 在 2002 年第 1 号修改单中取消了 Q235AF 和 Q235A 两种钢板，规定 Q235B 钢板的适用范围为设计压力≤1.6MPa，使用温度 0℃～350℃，厚度≤20mm。《工业金属管道设计规范》GB 50316-2000 在 2008 年局部修订条文中规定，Q235A 及 Q235B 材料宜用于设计压力≤1.6MPa、温度 0℃～350℃管道；Q235AF 材料宜用于设计压力≤1.0MPa、温度 0℃～186℃管道。《压力管道规范工业管道 第 2 部分：材料》GB/T 20801.2-2006 中规定，选用 Q235A 时，设计压力≤1.6MPa，设计温度≤350℃，厚度≤16mm；选用 Q235B 时，设计压力≤3.0MPa，设计温度≤350℃，厚度≤20mm；选用沸腾钢和半镇静钢时，厚度≤12mm。《火力发电厂汽水管道设计技术规定》DL/T 5054-1996 中推荐使用温度 Q235AF 为 0℃～200℃，Q235A 及 Q235B 为 0℃～300℃，10 及 20 为－20℃～425℃，16Mng 为－40℃～400℃。

供热管道在使用安全上的要求不同于压力容器。压力容器容积较大，且一般置于厂、站中，容器破坏时直接危及生产设备和操作人员的安全。而城镇供热管网管道一般敷设于室外地下，其破坏时的危害远小于压力容器。基于以上考虑，供热管道材料的选择不应与压力容器采用同一标准，而应将标准适当降低，但亦应保证必要的使用安全。本条主要参考工业管道和电厂汽水管道标准的要求，并结合供热管网参数范围，保留碳钢 Q235A 沸腾钢和镇静钢。本次修订将沸腾钢 Q235AF 使用范围定为压力≤1.0MPa，温度≤95℃，厚度≤8mm，基本满足低温热水管网需要；镇静钢 Q235A 使用范围定为压力≤1.6MPa，温度≤150℃，厚度≤16mm，适用于一般高温热水管网和蒸汽管网；Q235B 使用范围定为压力≤2.5MPa，温度≤300℃，厚度≤20mm，适用于较高参数的热水管网和蒸汽管网；优质碳素钢和低合金钢使用范围定为压力≤2.5MPa，温度≤350℃。

8.3.2 本条为针对凝结水一般情况下溶解氧较高，易造成钢管腐蚀而采取的措施。

8.3.3 供热管网管道工作时管道受力较大，采用焊接是经济、可靠的连接方法。有条件时，不易损坏的设备、质量良好的阀门都可以采用焊接。对于口径不大于 25mm 的放气阀门，考虑阀门产品的实际情况，一般为螺纹接头，故允许采用螺纹连接。为了防止放气管根部潮湿易腐蚀而折断，规定采用厚壁管。

8.3.4 本条规定主要是根据冻害调查结果制订的。大连、抚顺、吉林等地区（室外采暖计算温度均为

—10℃以下）架空敷设的灰铸铁放水阀门，均发生过冻裂事故。而北京地区（采暖室外计算温度—9℃），一般热水架空管道未发生过铸铁放水阀门冻裂事故。故以采暖室外计算温度—10℃作为分界温度是可行的，但北京地区发生过不连续运行的凝结水管道放水阀冻结问题，故对间断运行的露天敷设管道灰铸铁放水阀的禁用界限，划在采暖室外计算温度—5℃以下地区，本规定与原苏联规范的规定基本相同。采暖室外计算温度—30℃以下地区，在我国仅为个别地区，未对其进行过冻害调查。为了规范的完整性，这部分规定参照原苏联《热力网规范》制订。

热水管道地下敷设时，因检查室内温度较高，事故停热时也不会迅速冷却至0℃以下，故对地下敷设管道附件材质不作规定。

蒸汽管道发生泄漏时危险性高，从安全考虑，不论任何敷设形式，任何气候条件，都应采用钢制阀门和附件。这方面是有教训的，北京地区1960年曾因铸铁阀门框架断裂发生过重大人身事故。

8.3.5 弯头工作时内压应力大于直管，同时弯头部分往往补偿应力很大，所以对弯头质量有较高要求。为了便于加工和备料可以使用与管道相同的材料和壁厚。对于焊接弯头，由于受力较大的原因，应双面焊接，以保证焊透。实际上焊接弯头由于扇形节的长度较小，无论大管、小管都可以进行双面焊。

8.3.6 三通开孔处强度削弱很大，工作时出现较大应力集中现象，故设计时应按有关规定予以补强。直埋敷设时，由于管道轴向力很大，补强方式与受内压为主的三通有别，设计时应按相关规范执行。

8.3.7 本条规定主要是不允许采用钢管抽条法制作大小头。因其焊缝太密集，无法满足焊接技术要求，不能保证质量。

8.4 热 补 偿

8.4.1 本条为热补偿设计的基本原则。直埋敷设热水管道的规定理由详见直埋管道规范。

8.4.2 采用维修工作量小和价格较低的补偿器是管道建设的合理要求，应力求做到。各种补偿器的尺寸和流体阻力差别很大，选型时应根据敷设条件权衡利弊，尽可能兼顾。

8.4.3 采用弹塑性理论进行补偿器设计时，从疲劳强度方面虽可不考虑冷紧的作用，为了降低管道初次启动运行时固定支座的推力和避免波纹管补偿器波纹失稳，应在安装时对补偿器进行冷紧。

8.4.4 套筒补偿器是城镇供热管网常用的补偿器。它的优点是占地小，补偿能力大，价格较低，但维修工作量大，工作压力高时这种补偿器易泄漏，目前适用于工作压力1.6MPa以下。套筒补偿器安装时应随管子温度的变化，调整套筒补偿器的安装长度，以保证在热状态和冷状态下补偿器安全工作，设计时宜以5℃的间隔给出不同温度下的安装长度。

8.4.5 波纹管轴向补偿器导向支座的设置，一般按厂家规定。球形补偿器、铰接波纹补偿器以及套筒补偿器的补偿能力很大，当其补偿段过长时（超过正常的固定支座间距时），应在补偿器处和管段中间设导向支座，防止管道纵向失稳。

8.4.6 球型补偿器、铰接波纹补偿器补偿能力很大，有时补偿管段达300m～500m，为了降低管道对固定支座的推力，宜采取降低管道与支架摩擦力的措施。例如采用滚动支座、降低管道自重等。

8.4.7 两条管道上下布置，上面管道支撑在下面管道上，这种敷设方式节省支架投资和占地，但上、下管道运行时热位移可能不同步，设计管道支座时应按最不利条件计算上、下管道相对位移，避免发生上面管道支座滑落事故。

8.4.8 直埋敷设管道上安装许多补偿器不仅管理工作量大，而且也降低了直埋敷设的经济性，另外，无论是管沟敷设型补偿器还是直埋敷设型补偿器都是管道的薄弱环节，降低了管道的安全性，因此有条件时宜采用无补偿敷设方式。

8.5 附件与设施

8.5.1 管线起点装设阀门，主要是考虑检修和切断故障段的需要。

8.5.2 热水管道分段阀门的作用是：①减少检修时的放水量（软化、除氧水），降低运行成本；②事故状态时缩短放水、充水时间，加快抢修进度；③事故时切断故障段，保证尽可能多的用户正常运行，即增加供热的可靠性。根据第三项理由，输配干线的分段阀门间距要小一些。

8.5.3 供热管网上的关断阀和分段阀在管网检修关断时，压力方向与正常运行时的水流方向可能不同，因此应采用双向密封阀门。

8.5.4 放气装置除排放管中空气外，也是保证管道充水、放水的必要装置。只有放气点的数量和管径足够时，才能保证充水、放水在规定的时间内完成。

8.5.5 放水装置的放水时间主要考虑冬季事故状态下能迅速放水，缩短抢修时间，以免采暖系统发生冻害。本条考虑较大管径的管道抢修恢复供热能在24h以内完成，较小管径能在12h内完成。本条规定较原苏联《热力网规范》有所放宽，因我国气候除东北、西北部地区与前苏联相似外，大部分地区气温较高，放水时间可以延长。所以本条放水时间均给出一定的幅度，严寒地区可以采用较小值。为了解决供热管网干管供水管高温热水放水困难的问题，可以采取暂停热源的加热、循环泵继续运转的办法，直至回水充满放水管段再行放水，一般只需推迟放水1h～2h。

放水管管径与放水量、管道坡度、放水点数目、放气管设置情况、允许放水时间等因素有关，故本条只规定放水时间，不宜规定放水管管径。

8.5.6 本条规定与原苏联《热力网规范》相同。

8.5.7 本条规定考虑便于凝结水的聚集，可防止污物堵塞经常疏水装置。

8.5.8 本条规定考虑尽可能减少凝结水损失。但疏水器凝结水的排放压力高于凝结水管压力才有可能实现。

8.5.9 为降低闸阀开启力矩，应按规定设旁通阀。

8.5.10 旁通阀可作蒸汽管启动暖管用，气候较暖地区，为缩短暖管时间，适当加大旁通阀直径。

热水供热系统用软化除氧水补水，一般受制水能力的限制，补水量不能太大。特别是管道检修后充水时，控制充水流量是必要的。这时可以采用在管道阀门处设较小口径旁通阀的办法，充水时使用小阀，以便于调节流量。

8.5.11 当动态水力分析结果表明阀门关闭过快时引起的压力瞬变值过高，可采用并联较小口径旁通阀的办法，以确保阀门不至关闭过快。

8.5.12 大口径阀门开启力矩大，手动阀要采用传动比很大的齿轮传动装置，人工开启时间很长，劳动强度大，这就需要采用电动驱动装置。原苏联规定直径500mm及500mm以上阀门用电动驱动装置。考虑我国国情，DN500管道很多，都采用电动阀门投资较高，故只作推荐性的规定。较小阀门是否采用电动装置，可根据情况设计人员自定。

8.5.13 考虑运行过程中，新的支管不断建设，施工时的焊渣等杂物不可避免地会部分残留于管道中，故建议干管设阻力小的永久性除污装置。例如在管道底部设一定深度的除污短管。

8.5.14 检查室的尺寸和技术要求是从便于操作、存储部分管沟漏水和保证人员安全考虑的。一般情况下，设两个人孔是为了采光、通风和人员安全。干管距离检查室地面0.6m以上是考虑事故情况下，一侧人孔已无法使用，人员可从管下通过，迅速自另一人孔撤离。检查室内爬梯高度大于4m时，使用爬梯的人员脱手可能跌伤，故建议安装护栏或加平台。

8.5.15 本条主要考虑检查室设备更换问题。当检查室采用预制装配盖板时，可用活动盖板作为安装孔用。

8.5.16 阀门电动驱动装置的防护能力一般能满足地下检查室的环境条件，但供电装置的防护能力可能较低，设计时应加以注意。

9 管道应力计算和作用力计算

管道应力计算的任务是验算管道由于内压、持续外载作用和热胀冷缩及其他位移受约束产生的应力，以判明所计算的管道是否安全、经济、合理；计算管道在上述荷载作用下对固定点产生的作用力，以提供管道承力结构的设计数据。

9.0.1 本条规定了管道应力计算的原则，明确提出采用应力分类法。《城市热力网设计规范》CJJ 34-90也是采用这一方法，但未明确提出。应力分类法是目前国内外供热管道应力验算的先进方法。

管道中由不同荷载作用产生的应力对管道安全的影响是不同的。采用应力分类法以前，笼统的将不同性态的应力组合在一起，以管道不发生屈服为限定条件进行应力验算，这显然是保守的。随着近代应力分析理论和实验技术的发展，出现了应力分类法。应力分类法对不同性态的应力分别给以不同的限定值，用这种方法进行管道应力验算，能够充分发挥管道的承载能力。

应力分类法的主要特点在于将管道中的应力分为一次应力、二次应力和峰值应力三类，分别采用相应的应力验算条件。

管道由内压和持续外载引起的应力属于一次应力。它是结构满足静力平衡条件而产生的，当应力达到或超过屈服极限时，由于材料进入屈服，静力平衡条件得不到满足，管道将产生过大的变形甚至破坏。一次应力的特点是变形是非自限性的，对管道有很大的危险性，应力验算应采用弹性分析或极限分析。

管道由热胀冷缩等变形受约束而产生的应力属于二次应力。这是结构各部分之间的变形协调而引起的应力。当材料超过屈服极限时，产生少量的塑性变形，变形协调得到满足，变形就不再继续发展。二次应力的特点是变形具有自限性。对于采用塑性良好材料的供热管道，小量塑性变形对其正常使用没有很大影响，因此二次应力对管道的危险性较小。二次应力的验算采用安定性分析。所谓安定性是指结构不发生塑性变形的连续循环，结构在有限塑性变形之后留有残余应力的状态下，仍能安定在弹性状态。安定性分析允许的最大的应力变化范围是屈服极限的2倍。直埋供热管道锚固段的热应力就是典型的二次应力。

峰值应力是指管道或附件（如三通等）由于局部结构不连续或局部热应力等产生的应力增量。它的特点是不引起显著的变形，是一种导致疲劳裂纹或脆性破坏的可能原因，应力验算应采用疲劳分析。但目前尚不具备进行详细疲劳分析的条件，实际计算时对出现峰值应力的三通、弯头等应力集中处采用简化公式计入应力加强系数，用满足疲劳次数的许用应力范围进行验算。

应力分类法早已在美国机械工程师协会（ASME）1971年的《锅炉及受压容器规范》中应用。我国《火力发电厂汽水管道应力计算技术规定》1978年版亦参考国外相关规范改为采用应力分类法。1990年版《城市热力网设计规范》已经规定管道应力计算采用应力分类法，2002年版用条文将此法正式明文规定下来。

9.0.2 将原规范中"计算温度"改为"工作循环最高温度"。这样"工作循环最高温度"与"工作循环最低温度"的用词一致，形成一个计算温度循环范围。

计算压力和工作循环最高温度取用热源设备可能出现的压力和温度。这样的考虑是必要的，因为设备可能因某种原因出现最高压力和温度，同时也为管道提升起点压力或温度留有必要的余地。工作循环最低温度取用正常工作循环的最低温度，即停热时经常出现的温度，而不采用可能出现的最低温度，例如较低的安装温度。因为供热管道一次应力加二次应力加峰值应力验算时，应力的限定并不取决于一时的应力水平，而是取决于交变的应力范围和交变的循环次数。安装时的低温只影响最初达到工作循环最高温度时材料塑性变形量，对管道寿命几乎没有影响。

管道工作循环最低温度取决于停热时出现的温度。全年运行的管道停热检修一般在采暖期以后，此时气温、地温已较高，可达10℃以上。对于地下敷设由于保温效果好，北京地区实际测定停热一个月后，管壁温度仍达30℃；地上敷设由于管道也是保温的，停热一个月后气温上升管壁温度亦不会低于15℃。对于只在采暖期运行的管道，停热时日平均气温不会低于5℃，同样道理，地下敷设管壁温度不会低于10℃；地上敷设不会低于5℃。

9.0.3 本条为地上敷设和地下管沟敷设管道应力计算依据方法的具体规定。采用《火力发电厂汽水管道应力计算技术规程》DL/T 5366（以下简称《规程》）的理由是：

　　1 该《规程》是我国第一个采用应力分类法进行管道应力计算的技术标准；

　　2 该《规程》是国内管道行业的权威性标准，广泛为其他部门所采用；

　　3 地上敷设和管沟敷设的供热管网管道应力计算目前尚无具体的技术标准，而《规程》中的管道工作条件、敷设条件与之基本一致。

根据以上理由，故暂时采用《火力发电厂汽水管道应力计算技术规程》DL/T 5366。

9.0.4 直埋敷设热水管道的应力分析与计算不同于地上敷设和管沟敷设，有其特殊的规律。《城镇直埋供热管道工程技术规程》CJJ/T 81，根据直埋热水管道的特点，采用应力分类法对管道应力分析与计算作了详细的规定。故直埋敷设热水管道的应力计算应按上述标准执行。

9.0.5 供热管道对固定点的作用力是承力结构的设计依据，故应按可能出现的最大数值计算，否则将影响安全运行。

9.0.6 本条为供热管道对固定点作用力的计算规定，管道对固定点的3种作用力解释如下：

　　1 管道热胀冷缩受约束产生的作用力包括：地上敷设、管沟敷设活动支座摩擦力在管道中产生的轴向力；直埋敷设过渡段土壤摩擦力在管道中产生的轴向力、锚固段的轴向力等。

　　2 内压产生的不平衡力指固定点两侧管道横截面不对称在内压作用下产生的不平衡力，内压不平衡力按设计压力值计算。

　　3 活动端位移产生的作用力包括：弯管补偿器、波纹管补偿器、自然补偿管段的弹性力、套筒补偿器的摩擦力和直埋敷设转角管段升温变形的轴向力等。

9.0.7 本条规定了固定点两侧管段作用力合成的原则。

第1款第1）项是规定地上敷设和管沟敷设管道固定点两侧方向相反的作用力不能简单地抵消，因为管道活动支座的摩擦表面状况并不完全一样，存在计算误差，同时管道启动时两侧管道不会同时升温，因此热胀受约束引起的作用力和活动端作用力的合力不能完全抵消。计算时应在作用力较小一侧乘以小于1的抵消系数再进行抵消计算。根据大多数设计单位的经验，目前抵消系数取0.7较妥。

第1款第2）项规定内压不平衡力的抵消系数为1，即完全抵消。因为计算管道横截面和内压值较准确，同时压力在管道中的传递速度非常快，固定点两侧内压作用力同时发生，可以考虑完全抵消。

第1款第3）项计算几个支管对固定点的作用力时，支管作用力应按其最不利组合计算。

10 中继泵站与热力站

10.1 一般规定

10.1.1 中继泵站、热力站设备、水泵噪声较高时，对周围居民及机关、学校等有较大干扰。当噪声较高时，应加大与周围建筑的距离。当条件不允许时，可采取选用低噪声设备、建筑进行隔声处理等办法解决。当中继泵站、热力站所在场所有隔振要求时，水泵机组等有振动的设备应采用减振基础、与振动设备连接的管道设隔振接头并且附近的管道支吊点应选用弹簧支吊架。为避免管道穿墙处管道的振动传给建筑结构，应采取隔振措施。例如，管道与墙体间留有空隙、管道与墙体间填充柔性材料。当管道与墙体必须刚性接触时，振源侧的管道应加装隔振接头。

10.1.2 中继泵站、热力站内管道、设备、附件等较多，散热量大，应有良好的通风。为保证管理人员的安全和检修工作的需要应有良好的照明设备。

10.1.3 站房设备间门向外开主要考虑事故时便于人员迅速撤离现场，当热力站站房长度大于12m时为便于人员迅速撤离应设2个出口。水温100℃以下的热水热力站由于水温较低，没有二次蒸发问题，危险性较低可只设 1 个出口。蒸汽热力站事故时危险性较大，任何情况都应设 2 个出口。以上规定与现行国家标准《锅炉房设计规范》GB 50041 和原苏联《热力网规范》相同。

10.1.4 站内地面坡度是为了将设备运行或检修泄漏的水引向排水沟，保持地面干燥。也可在设备、管道的排水点设地漏而地面不作坡度。

10.1.11 站内设备强度储备有限，不能承受过大的外加荷载，管道布置时应加以注意。

10.2 中继泵站

10.2.1 一般来说，对于大型的热水供热管网是需要设置中继泵站的，有时甚至设置多个中继泵站。中继泵站设置的依据是管网水力计算和水压图。设置中继泵站能够增大供热距离，而不用加大管径，从而节省管网建设投资，在一定条件下可以降低系统能耗，对整个供热系统的工况和管网的水力平衡也有一定的好处。但是，设置中继泵站需要相应地增加泵站投资，因此是否设置中继泵站，应根据具体情况经过技术经济比较后确定。

另外，就国内和国外的一些大型热水供热管网来看，其管网系统的设计压力一般均在 1.6MPa 等级范围内，这对于城镇供热管网的安全性和节省建设投资是大有好处的。如不设中继泵站将使管网管径增大或管网设计压力等级提高，这些对管网建设都是不利的。

再有，当管网上游端有较多用户时，设中继泵站有利于降低供热系统水泵（循环水泵、中继泵）总能耗。

中继泵不能设在环状运行的管段上，否则，只能造成管网的环流，不能提升管网的资用压头。中继泵站建在回水管上由于水温较低（一般不超过 80℃）可不选用耐高温的水泵，降低建设投资。

10.2.2 中继泵为适应不同时期负荷增长的需要并便于调节应采用调速泵。

10.2.3 本条主要参考现行国家标准《室外给水设计规范》GB 50013 泵房设计部分制定。

10.2.4 本条主要考虑减缓停泵时引起的压力冲击，防止水击破坏事故。

10.2.5 当旁通管口径与水泵母管口径相同时，可以最大限度地起到防止水击破坏事故的作用。

10.3 热水热力网热力站

10.3.1 热水热力网民用热力站的最佳供热规模应按各地具体条件经技术经济比较确定。对于热力站的最佳规模，由于各地的城镇建设及经济发展水平不一，难以统一。因此只有根据本地条件，经技术经济比较确定适合于本地实际情况的热力站最佳规模。但是从工程建设投资，运行调节手段，供热实际效果，安全可靠度等方面看，一般来说，热力站规模不宜过大。

本条对新建的居住区，以不超过本街区供热范围为最大规模，一是考虑街区供热管网不宜跨出本街区的市政道路；二是考虑热力站的供热半径不超过 500m，便于管网的调节和管理。

10.3.2 对于大型城镇供热系统，从便于管理、易于调节等方面考虑，应采取间接连接方式。对于小型的供热系统，当满足本条第 2 款规定时可采用直接连接方式。

10.3.3 全自动组合换热机组具有传热效率高、占地小、现场安装简便、能够实现自动调节、节约能源等特点。有条件时应采用具备无人值守功能的设备。无人值守热力站一般具备以下基本功能：

系统水流量的调节及限制；系统温度、压力的监测与控制；热量的计算及累计；系统的安全保护；系统自动启、停功能等。另外还应具备各运行参数的远程监测、主要动力设备的运行状态及事故诊断、报警等远传通信功能。

10.3.4 本条规定考虑到生活热水热负荷较大时，热力网设计流量要增加很多，使热力网投资加大。例如 150/70℃ 闭式热水热力网，当生活热水热负荷为采暖热负荷的 20%，采用质调节时，其热力网流量已达采暖热负荷热力网流量的 50%；若生活热水热负荷为采暖热负荷的 40%（例如所有用户都有浴盆时），两种负荷的热力网流量基本相等。为减少热力网流量，降低热力网造价，本条规定当生活热水热负荷较大时，应采用两级加热系统，即第一级首先用采暖回水加热。采取这一措施可减少生活热水热负荷的热力网流量约 50%，但这要增加热力站设备的投资。

10.3.5 采暖系统循环泵的选择在流量和扬程上均不考虑额外的余量，以防止选泵过大。目前大多数采暖系统循环泵都偏大，往往是大流量小温差运行，很难降低热网回水温度，这对供热管网运行是十分不利的。随着技术进步调速泵在我国应用已很普遍，本规范规定采暖系统采用"质—量"调节时应选用调速泵。当考虑采暖用户分户计量，用户频繁进行自主调节时，也应采用调速泵，以最不利用户处保持给定的资用压头来控制其转速，可以最大限度地节能。

10.3.7 用户分别设加压泵，没有自动调节装置时，各加压泵不能协调工作，易造成水力工况紊乱。集中设置中继泵站对于热力网水力工况的稳定和节能都是较合理的措施。当用户自动化水平较高，开动加压泵能自动维持设计流量时，采用分散加压泵可以节能。

10.3.8 采暖系统补水泵的流量应满足正常补水和事故补水（或系统充水）的需要。本条规定与现行国家标准《锅炉房设计规范》GB 50041 协调一致。正常补水量按系统水容量计算较合理，但热力站设计时统计系统水容量有时有一定难度。本次修订给出按循水量和水温估算的参考值。

10.3.9 采暖系统定压点设在循环泵入口侧的理由是：水泵入口侧是循环系统中压力最低点，定压点设在此处可保证系统中任何一点压力都高于定压值。定压值的大小主要是保证系统充满水（即不倒空）和不超过散热器的允许压力。高位膨胀水箱是简单可靠的定压装置，但有时不易实现，此时可采用蒸汽、氮气或空气定压装置。空气定压应选用空气与水之间用隔膜隔离的定压装置，以避免补水中溶氧高而腐蚀系统中的管道及设备。现在许多系统采用调速泵进行补水定压，这种方式的优点是设备简单，缺点是一旦停电，很难长时间维持定压，使系统倒空，恢复运行困难。只能用于一般情况下不会停电的系统。

10.3.10 本条为换热器的选择原则。列管式、板式换热器传热系数高，属于快速换热器，其换热表面的污垢对传热系数值影响很大，设计时不宜按污垢厚度计算传热热阻，否则就不成其为快速换热器了。因此宜按污垢修正系数的办法考虑传热系数的降低。容积式换热器用于生活热水加热，由于其传热系数低，按水垢厚度计算热阻的方法进行传热计算较为合理。

热交换器的故障率很低，同时采暖系统为季节负荷，有足够的检修时间，生活热水系统又非停热造成重大影响的负荷，为了降低造价所以一般可以不考虑备用设备。为了提高供热可靠性，可采取几台并联的办法，这样即使一台发生故障，可不致完全中断供热，亦可适应负荷分期增长，进行分期建设。

10.3.11 本条考虑换热器并联连接时，采用同程连接可以较好的保证各台换热器的负荷均衡。在不可能每台换热器安装完备的检测仪表进行仔细调节的条件下，这种措施是简单易行的。

并联工作的换热器，每台换热器一、二次侧进出口都安装阀门的优点是当一台换热器检修时不影响其他换热器的工作，故推荐采用这种设计方案。

热水供应系统换热器安装安全阀，主要是考虑阀门关闭或用户完全停止用水的情况下，继续加热将造成容器超压，发生爆破事故。本规定为压力容器安全监察的要求。

10.3.12 为保证间接连接采暖系统的换热器不结垢，对采暖系统的水质提出要求，本条采用现行国家标准《工业锅炉水质》GB/T 1576 的标准。当采暖系统中有钢板制散热器时，因其板厚较薄，极易腐蚀穿孔，故要求补水应除氧，没有上述情况时可不除氧。

10.3.13 热力网中很多热力站进口处热力网供回水压差过大，如果不具备必要的调节手段，很可能超出设计流量，造成用户过热以至使整个管网发生水力失调现象。对于采用质调节的供热系统最好在热力站入口的供水或回水管上安装自动流量控制阀，以自动维持热力站的设计流量，防止失调。对于变流量调节的供热系统，热力站入口最好安装自力式压差控制阀，以维持合理的压差保证自动控制系统调节阀的正常工作，同时在因停电而自控系统不工作时，也可自动维持一定压差，使该热力站不致严重失调。

热力站各分支管路应装设关断阀门以便于分别关断进行检修。各分支管路在没有单独自动调节系统时，最好安装手动调节阀以便于初调节，达到各分支管路系统的水力平衡。

10.3.14 本条考虑防止供热管网由于冲洗不净而残留的污物进入热力站系统，损坏流量计量仪表，堵塞换热器的通道。同时也防止用户采暖系统的污物进入热力站设备。

10.3.15 本条规定主要考虑保证必要的维护检修条件。

10.4 蒸汽热力网热力站

10.4.1 蒸汽热力站是蒸汽分配站，通过分汽缸对各分支进行控制、分配，并提供了分支计量的条件。分支管上安装阀门，可使各分支管路分别切断进行检修，而不影响其他管路正常工作，提高供热的可靠性。蒸汽热力站也是转换站，根据热负荷的不同需要，通过减温减压可满足不同参数的需要，通过换热系统可满足不同介质的需要。

10.4.2 采用带有凝结水过冷段的换热设备较串联水—水换热器方案可以节约占地，简化系统，节省投资。

10.4.3 蒸汽热力网凝结水管网投资较大，应设法延长其使用寿命。本条规定的目的在于减少凝结水溶氧，提高凝结水管寿命。

10.4.5、10.4.6 这两条规定参考原苏联《热力网规范》制订。凝结水箱容量过大会增加建设投资，过小会使凝结水泵开停过于频繁。

10.4.7 因凝结水箱较小，凝结水泵应时刻处于良好的状态，故应设备用泵。

10.4.8 凝结水箱设取样点是检查凝结水质量的必要设施。设于水箱中部以下位置，可保证经常能取出水样。

10.4.9 蒸汽热力站内有时装有汽水换热器、水泵等设备，其选择和布置要求基本与热水热力站相同。

11 保温与防腐涂层

11.1 一 般 规 定

11.1.2 从节能角度看，供热介质温度大于 40℃ 即有设保温层的价值。实际上，大于 50℃ 的供热介质是大量的，所以本条规定大于 50℃ 的管道及设备都应保温。

对于不通行管沟或直埋敷设条件下的回水管道、与蒸汽管并行敷设的凝结水管道，因土壤有良好的保温作用，在多管共同敷设的条件下，这些温度低的管道热损失很小，有时不保温是经济的。在这种情况下，经技术经济比较认为合理时，可不保温。

11.1.3 本条规定系参照现行国家标准《设备及管道绝热技术通则》GB/T 4272 的规定制订。

经卫生部门验证，接触温度高于 70℃ 的物体易发生烫伤。60℃～70℃ 的物体也能造成轻度烫伤。因此以 60℃ 作为防止烫伤的界限。

据文献资料介绍，烫伤温度与接触烫伤表面的时间有关，详见下表：

接触烫伤表面的时间(s)	温度(℃)	接触烫伤表面的时间(s)	温度(℃)
60	53	5	60
15	56	2	65
10	58	1	70

参考上表，防烫伤温度取 60℃ 比较合适。

对于管沟敷设的供热管道，可采取机械通风等措施，保证当操作人员进入管沟维修时，设备及管道保温结构表面温度不超过 60℃。

11.1.4 本条规定采用现行国家标准《设备及管道绝热技术通则》GB/T 4272-2008 的规定。

20 世纪 60 年代一般把导热系数小于 0.23W/(m·℃) 的材料定为保温材料。但我国近年来保温材料生产技术发展较快，能生产性能良好的保温材料，因此把导热系数规定得低一些，可以用较少的保温材料，达到较好的保温效果，不应采用保温性能低劣的产品。

对于松散或可压缩的保温材料，只有具备压缩状态下的导热系数方程式或图表，才能满足设计需要。

第 2 款规定的密度值，符合国内生产的保温材料实际情况，是适应对导热系数的控制而制订的，密度大于 300kg/m³ 的材料不应列入保温材料范围。保温材料密度过大，导致支架荷载增加，据统计资料，支架荷重增加一吨，支架投资增加近千元，因此应优先选用密度小的保温材料和保温制品。

第 3 款规定的硬质保温材料抗压强度值是考虑低于此值会造成运输或施工过程中破损率过高，不仅经济损失大，也影响施工进度和施工质量。半硬质保温材料亦应具有一定强度，否则变形会过大，影响使用。

对保温材料的其他要求，如吸水率低、对环境和人体危害小、对管道及其附件无腐蚀等，也应在设计中综合考虑，但不宜作为主要技术性能指标在条文中规定。

11.1.5 经济保温厚度是指保温管道年热损失费用与保温投资分摊费用之和为最小值时相应的保温层厚度值。保温层厚度增加，热阻增加，散热量减少。但其热阻增加率随厚度加大而逐渐变小，即保温效果随厚度加大而增加得越来越慢。因保温投资和保温材料的体积大致是成正比的，随着管道保温厚度的增大所增加的保温层圆筒形体积增加得越来越快。从以上直观的分析看，盲目增加保温厚度是不经济的。经济保温厚度是综合了热损失费用和投资费用两方面因素的最合理的保温层厚度值，应优先选用。

11.2 保温计算

11.2.1 现行国家标准《设备和管道绝热设计导则》GB/T 8175 中经济保温厚度的计算方法，不但考虑了传热基本原理，而且也考虑了气象、材料价格、热价、贷款利率及偿还年限等因素，是比较好的计算方法。但《设备和管道绝热设计导则》GB/T 8175 中没有给出管沟多管敷设和直埋敷设的设计公式，执行时可参考其基本方法，加以运用。

11.2.2 地下多管敷设的管道，满足给定的技术条件，可以有多种管道保温厚度的组合方案，设计时应选择最经济的各管道保温厚度组合，也就是保温设计按有约束条件（技术要求）的经济厚度优化设计。

11.2.4 经济保温厚度计算及年散热损失计算都是采用全年热损失。故计算时无论介质温度，还是环境温度都应采用运行期间平均值。

11.2.5 按规定的供热介质温度降计算保温厚度时，应按最不利条件计算。蒸汽管道的最不利工况应根据用汽性质分析确定，通常最小负荷为最不利工况。

热水管道运行温度较低热损失小，且水的热容量比较大，因此热水温度降较小，一般不按允许温度降条件计算。

11.2.6 按规定的土壤（或管沟）温度条件计算保温层厚度时，应选取使土壤（或管沟）温度达到最高值的供热介质温度和土壤自然温度。冬季供热介质温度高但土壤自然温度低，而夏季土壤自然温度高但介质温度低，故应进行两种计算，取其保温厚度较大者。计算结果与供热介质运行温度、各地区土壤自然温度的变化规律有关，本规范难于给出确定的规律。

11.2.7、11.2.8 按规定的保温层外表面温度条件计算保温层厚度时，应选取使保温层外表面温度达到最高值的供热介质温度和环境温度。理由同第 11.2.6 条。

11.2.9 为保证外层保温材料在运行时不超温，设计时界面温度取值应略低于保温材料的最高允许温度。

11.2.10 软质或半硬质保温材料在施工捆扎时，必然会压缩，厚度减少，密度增加，相应也就改变了材料的导热系数。设计时应考虑这些因素，使设计计算条件符合实际。

11.2.11 因国内目前尚无完整的统计、测试资料，本条规定系参照原苏联《热力网规范》制订。

11.3 保温结构

11.3.1 本条主要强调对保护层的要求，保温结构的使用效果和使用寿命在很大程度上取决于保护层。提高保护层的质量是十分重要的。

11.3.2 直埋敷设供热管道可以节约投资，是近代各国迅速发展的敷设方式。但直埋敷设管道设计必须认真处理好其保温结构，否则将适得其反。本条规定直埋敷设热水管道的技术要求应符合《高密度聚乙烯外护管聚氨酯泡沫塑料预制直埋保温管》CJ/T 114 和《玻璃纤维增强塑料外护层聚氨酯泡沫塑料预制直埋保温管》CJ/T 129 的规定，此标准符合国内预制直埋保温管生产的较高水平。

11.3.3 本条考虑由于钢管的线膨胀系数比保温材料的线膨胀系数大，在热状态下，由于管道升温膨胀时会破坏保温层的完整性，产生环状裂缝。不仅裂缝处增加了热损失，而且水汽易于侵入加速保温层的破坏。因此要求设置伸缩缝，并要求做好伸缩缝处的防水处理。

11.3.4 地下敷设采用填充式保温时，使用吸水性保温材料，是有过惨痛教训的。即使保温结构外设有柔性防水层也无济于事。对于供热管道，防水层由于温度变化很难保持完整，一旦一处漏水，则大面积保温材料潮湿，使管道腐蚀穿孔。故本条规定十分严格，使用"严禁"的措辞。

11.3.5 本条规定考虑到便于阀门、设备的检修，可节约重新做保温结构的费用。

11.4 防腐涂层

11.4.1、11.4.2 蒸汽管道表面温度高，运行期间即使管子表面无防腐涂料，管子也不会腐蚀。室外蒸汽管道如果常年运行，为解决施工期间的锈蚀问题可涂刷一般常温防腐涂料。对于室外季节运行的蒸汽管道，为避免停热时期管子表面的腐蚀，应涂刷满足运行温度要求的防腐涂料。

11.4.3 架空敷设管道采用铝合金薄板、镀锌薄钢板和塑料外护是较为理想的保护层材料，其防水性能好，机械强度高，重量轻，易于施工。当采用普通铁皮替代时，应加强对其防腐处理。

12 供配电与照明

12.2 供配电

12.2.1 中继泵站及热力站的负荷分级及供电要求，视其在热力网中的重要程度而定，如热力站供热对象是重要政治活动场所，一旦停止供热会造成不良政治影响，其供电要求应是一级；大型中继泵站担负着很大的供热负荷，中断供电会造成重大影响以致发生安全事故时，其供电要求也应是一级。一般中继泵站及热力站则不一定是一级。在设计过程中可以根据实际情况确定负荷分级及供电要求。

12.2.2 电网中的事故有时是瞬时的，故障消除后又恢复正常。这种情况下，中继泵站及热力站的备用电源不一定马上投入。自动切换装置设延时的目的，就是确认主电源为长时间的故障时，再投入备用电源。

12.2.3 设专用配电室是为了便于维护，保证运行安全、供电可靠。

12.2.4 本条规定主要是为了保证供电可靠并使保护简单。

12.2.5 本条规定主要考虑塑料管易老化，且易受外力破坏，不能保证供电可靠。

泵和管道在运行或检修过程中难免漏水，为防止水溅落到配电管线中，应采用防水弯头，以保证供电的安全可靠。

12.2.6 本条规定考虑便于运行人员紧急处理事故，同时检修试泵时启停泵方便，并可保证人员的安全。

12.2.7 在设计中采用大功率变频器应充分考虑谐波造成的危害，并采取相应措施满足国家标准《电能质量 公用电网谐波》GB/T 14549 的规定。

12.2.8 本条规定主要是为了保证设备安全可靠运行。

12.3 照 明

12.3.2 为保证供热管网安全运行、维护检修方便，照度应视场所需要由设计人员按有关规范确定。

12.3.3 管沟、地下、半地下阀室、检查室等处环境湿热，采用防潮型灯具以保证照明系统的安全可靠。

12.3.4 地下构筑物内照明灯具安装较低处，人员和工具易触及玻璃灯具，造成损坏触电，故应采用安全电压。

13 热工检测与控制

13.1 一般规定

13.1.1 我国城镇集中供热事业发展很快，供热规模不断扩大，但随之而来的供热失调造成用户冷热不均，缺少系统运行数据资料无法进行分析判断等等问题普遍存在。因此供热管网建立计算机监控系统已成为迫切需要。当前建立计算机监控系统的经济、技术条件已基本成熟，但因供热系统规模大小不一，不能强求一致，故本条只对规模较大的城镇供热管网应建立完备的计算机监控系统作了较严格的规定。

13.1.2 本条为城镇供热管网监控系统基本任务的规定。

13.1.6 本章内容主要是供热管网工艺系统对"热工检测与控制"的设计要求，而自控专业本身的设计仍执行自控专业设计标准和规范。

13.2 热源及供热管线参数检测与控制

13.2.1～13.2.4 规定了热源出口处供热参数的检测

内容和检测要求。热源温度、压力参数是供热管网运行温度、压力工况的基本数据。流量、热量不仅是重要的运行参数，还是供热管网与热用间热能贸易结算的依据，应尽可能提高检测的精确度。上述参数不仅要在仪表盘上显示而且应连续记录以备核查、分析使用。

13.2.5 热源调速循环水泵根据供热管网最不利资用压头自动或手动控制泵转速的方式运行，使最不利的资用压头满足用户正常运行需要。这种控制方式在满足用户正常运行的条件下可最大限度地节约水泵能耗，同时，热源联网运行时，调峰热源循环泵按此方式控制可自动调整负荷。

循环水泵入口和出口的超压保护装置是降低非正常操作产生压力瞬变的有效保护措施之一。

13.2.6 供热管网干线的压力检测数据是绘制管网实际运行水压图的基础资料，是分析管网水力工况十分重要的数据。计算机监控系统实时监测管网压力，甚至自动显示水压图是理想的监测方式。

13.3 中继泵站参数检测与控制

13.3.1 本条第1款检测的是中继泵站最基本、最重要的运行数据，应显示并记录。第2款检测的压力值为判断除污器是否堵塞的分析用数据，可只安装就地检测仪表。第3款规定是在单台水泵试验检测水泵空负荷扬程时使用，其检测点应设在水泵进、出口阀门间靠近水泵侧，并可只安装就地检测仪表。

13.3.2 本条为可使泵站基本不间断运行的自动控制方式，但设计时应有保证水泵自动启动时不会伤及泵旁工作人员的措施。

13.3.3 本条规定是以中继泵承担管网资用压头调节任务的控制方式。理由同第13.2.5条。

13.4 热力站参数检测与控制

13.4.1 热力站的参数检测是运行、调节和计量收费必要的依据。

13.4.2 热力站和热力入口的供热调节（局部调节）是热源处集中调节的补充，对保证供热质量有重要作用。从保证高质量供热出发采用自动调节是最佳方式。

本条第1款规定了直接连接水泵混水降温采暖系统的调节方式。这种系统一般采用集中质调节，由于集中调节兼顾了其他负荷（如生活热水负荷）不可能使热力网的温度调节完全满足采暖负荷的需要，再加上集中调节有可能不够精确，所以在热力站进行局部调节可以解决上述问题，提高供热质量。间接连接采暖系统每栋建筑热力入口也可以采用这种方式进行补充的局部调节。

本条第2款规定了间接连接采暖系统的调节方式。当采用质调节时，应按质调节水温曲线根据室外温度调节水温。第3款为对生活热水负荷采用定值调节的规定。即调节热力网流量使生活热水的温度维持在给定值，因热水供应流量波动很大，维持调节精度±5℃已属不低的要求。在对生活热水温度进行调节的同时，还应对换热器热力网侧的回水温度加以限定，以防止热水负荷为零时，换热器中的水温过高。因为此时换热器中的被加热水为死水，出口水温不能反映出换热器内的温度，用换热器热力网侧回水温度进行控制，可以很好地解决这个问题。

13.5 供热管网调度自动化

13.5.1 本条为建立供热管网监控系统的原则性建议。

13.5.2 本条为对各级监控系统的功能要求。

13.5.3 计算机监控系统的通信网络可以采用有线和无线两种方式。专用通信网由供热企业专门敷设和维修管理，要消耗大量的人力物力。近年来，随着我国通信系统的不断发展，GPRS、CDMA、ADSL、电话拨号等通信方式已经被应用到供热管网监控系统中，因此利用公共通信网络是合理的方案。

14 街区热水供热管网

14.1 一般规定

本章的内容主要针对用户热水供热管网，热水来自城镇供热管网系统的热力站、小型锅炉房、热泵机房、直燃机房等，主要热负荷类型为采暖、通风、空调、生活热水。适用参数范围为设计压力小于或等于1.6MPa，设计温度小于或等于95℃，对设计参数较高的热水管网及蒸汽管网，应遵守其他章节的规定。

本章仅对用户街区热水供热管网与大型供热管网设计的不同之处作出规定，与本规范其他章节相同之处不再重复规定。

14.1.1 本规范第3章热负荷计算方法，主要用于热源和大型供热管网干线设计，推荐热指标是平均数据。街区热水供热管网直接与室内系统连接，由于建筑物具体情况的差异较大，设计热负荷应根据建筑物散热量和得热量逐项计算确定，不宜采用单位建筑面积热指标法估算。对既有建筑进行管网或热源改造时，应分析实际运行资料确定设计热负荷。

14.1.2 热力站间接连接采暖系统没有燃烧设备，对水质要求可以低于锅炉房，因此分别提出水质要求。锅炉房直接连接的采暖系统水质应满足热水锅炉的水质要求。室内系统采用的散热器、调节控制阀、计量表等设备、管道及附件的形式和材质，可能对水质指标有特殊的要求，对新型材料应了解其性能，正确选择水处理方法。

14.1.3 与现行国家标准《建筑给水排水设计规范》GB 50015的规定一致。

14.2 水力计算

14.2.1 水力计算的目的是合理确定管网管径和循环泵扬程,保证最不利用户的流量、压力和整个管网的水力平衡。采暖系统管网、生活热水系统供水管网和循环水管网均应进行水力计算,并采取水力平衡措施。

当热用户建筑分期建设时,供热管网一般按最终设计规模建设,随着负荷逐步发展,水力工况变化较大。管网设计时,需要根据分期水力计算结果,确定循环泵的配置和运行调节方案。

14.2.2 现行国家标准《采暖通风与空气调节设计规范》GB 50019 规定,两管制空调水系统宜分别设置冷水和热水循环泵。由于空调水系统冬、夏季流量及系统阻力相差很大,如不单独进行采暖期水力计算,直接按供冷期管网设计压差确定热水循环泵扬程,必然造成电能浪费。

14.2.3 管网的设计流量按设计热负荷计算,不必计算同时使用系数和管网热损失。现行国家标准《建筑给水排水设计规范》GB 50015 规定,生活热水系统供水干管管径按设计小时流量确定,建筑物引入管管径需保证户内系统的设计秒流量;定时供应生活热水系统的循环流量,可按循环管网中的水每小时循环 2 次～4 次计算;全日供应生活热水系统的循环流量,应按配水管道热损失和配水点允许最低水温计算。

14.2.4 按经济比摩阻确定热网主干线管径,在管网设计时比较容易实施。街区热水供热管网供热范围较小,经济比摩阻数值高于大型热水管网,本条建议取 60Pa/m～100Pa/m,当主干线长度较长时取较小值。我国现行的建筑节能设计标准对循环水泵的耗电输热比进行控制,其控制指标折算为比摩阻与本条规定值接近。

14.2.5 支线设计应充分利用主干线提供的作用压头,提高管内流速,不仅可节约管道投资,还可减少用户水力不平衡现象。最高比摩阻取 400Pa/m 符合一般暖通设计对最高流速的控制要求。管道流速与比摩阻对照见下表。

14.2.6 室外管网定压系统设计应结合建筑内部采暖系统和热源系统的情况统筹考虑,保证系统中任何一点不超压、不汽化、不倒空,还应保证循环水泵吸入口不发生汽蚀。

管径	DN25	DN32	DN50	DN100	DN150	DN200	DN300
比摩阻 400Pa/m 时的流速 (m/s)	0.7	0.8	1.1	1.6	2.2	2.6	3.4
热水管道常用流速 (m/s)	0.5～1.0			1.0～2.0		2.0～3.0	

14.2.7 当系统循环水泵停止运行时,应有维持系统静压的措施。管网的静态压力应保证系统中任何一点不超压、不倒空。现行国家标准《采暖通风与空气调节设计规范》GB 50019－2003 第 6.4.13 条规定,空气调节水系统定压点最低压力应使系统最高点压力高于大气压力 5kPa 以上,空调系统推荐水温 40℃～65℃。《锅炉房设计规范》GB 50041－2008 第 10.1.12 条规定,高位膨胀水箱的最低水位,应高于系统最高点 1m 以上。

14.2.8 按照现行国家标准《采暖通风与空气调节设计规范》GB 50019－2003 的规定,"新建住宅集中采暖系统,应设置分户热计量和室温控制装置","应在建筑物热力入口处设置热量表、差压或流量调节装置、除污器或过滤器等"。对于尚未安装的系统,在室外管网及热源设计时也应预留今后改造的可能性。因此室外管网计算时,应考虑用户楼口和户内系统安装过滤装置、计量装置、调节装置的压力损失,留有足够的资用压头。

14.3 管网布置与敷设

14.3.1、14.3.2 为便于运行调节和控制,应根据热用户的系统形式和使用规律划分供热系统,并分系统控制,如散热器采暖系统,地板辐射采暖系统,风机盘管系统,分时段采暖系统,有、无室内温度控制的采暖系统,高、低压采暖系统等,可以达到节能和提高供热质量的目的。但分系统设置管网会增加建设投资并占用地下空间,建议在热力入口划分系统并分系统安装调节控制装置和计量装置,避免同一路由敷设多条供热管线。只有热力入口不具备上述条件时,才在热力站分设系统。具体工程方案应通过技术经济比较确定。

14.3.3 在建筑物热力入口设二次循环泵或混水泵,适用于分系统敷设管网有困难的多种热负荷性质系统,以及采用地板辐射采暖、风机盘管等温差小、流量大的系统。可以降低管网循环泵的流量和扬程,减少管网水力失调现象,保证室内系统供热参数,提高用户的舒适度,节省管网运行电耗。对于生活热水系统,在用户入口设循环泵可分别控制循环量,保证用水点水温。

14.3.4 提高用户供热质量和节约用水的要求,与现行国家标准《建筑给水排水设计规范》GB 50015 的规定一致。

14.3.5 街区热水供热管网规模较小,采用枝状布置能满足一般用户要求,管网投资较少,设计计算较简单。当用户对供热可靠性有特殊要求时,可采用环状布置。

14.3.6 管网分支数量过多,会增加管路附件及检查室的数量,因此建议尽量减少分支数量。

14.3.7 街区热水供热管网敷设在街区庭院内部,为了美观宜敷设在地下。但街区地下管网及构筑物较多，当地下敷设有困难时，可采用地上架空敷设或敷设在地下室内。

14.3.8 目前无补偿直埋敷设的设计方法已很成熟，现行行业标准《城镇直埋供热管道工程技术规程》CJJ/T 81 对管道计算作了详细的规定。设计时应进行详细的分析，尽量减少补偿器和固定墩数量，提高供热管网运行的可靠性。

14.3.9 街区热水供热管网一般分为多个系统，同沟敷设的管道数量较多，管道走向复杂。采用通行管沟敷设便于人员进入检查维修，保障运行安全。管沟内管道与管道、管道与沟墙之间的尺寸，应满足管道及附件安装、检修的需要。通行管沟内安装阀门、补偿器处可不设检查室，但应设检查人孔。

14.3.10 因用户庭院管线种类数量多，建议采用综合管沟，节省用地。

14.3.11 街区地下管线种类多、空间有限、间距较近，在管线布置时应特别注意供热管沟与燃气管道交叉敷设距离较近时，必须采取隔绝措施，避免燃气泄漏进供热管沟。

14.3.12 街区内地下管线数量较多、距离较近，燃气及污水等管线内的有害气体一旦渗入供热管沟，就有可能从沟口进入室内管沟或地下室，威胁室内人身安全，必须采取隔绝措施。比较可靠的隔绝手段是设置一段直埋管段，根据具体条件，直埋段可以设在热力入口检查室与管沟之间或检查室与建筑物之间。无条件布置直埋管段时，至少应设隔墙封堵。

14.3.13 管沟进水会浸泡保温材料，造成热损失及管道腐蚀，管沟结构应做好防水处理，管沟应设坡度，并应在低点设集水井或集中坑，避免沟内积水。

14.3.14 热力入口需设置控制阀门、计量仪表、控制器等装置，还可能设有电动调节阀和水泵。热力入口装置设在建筑物地下室或楼梯间内，可有效地防止地下水和潮气。当室内无条件布置热力入口装置时，一般在室外地下设检查室，地下设检查室应具有防水及排水设施，保证检查室内温、湿度满足控制设备和仪表的要求。当地下设检查室不能保证上述要求时，也可在地面设检查室。

14.4 管道材料

14.4.1 本次修订对本规范第 8.3.1 条钢材的使用条件作了部分调整，按供热管网设计参数分别规定了材质要求。用于生活热水供应的管道，应根据当地的水质条件选择材料，应符合有关标准的规定。

14.4.2 目前国内预制整体直埋保温管的材料和生产能力均能满足本条规定的标准要求，直埋管道设计标准中推荐数据均来源于合格的保温管。街区热水管道使用的直埋保温管质量也应符合国家行业标准。

14.4.3 保温计算应符合本规范第 11 章的规定。地下敷设管道保温计算时，由于土壤热阻较大，综合管沟内的温度可能超过其他管线对环境温度的要求，因此在计算保温层厚度时，应控制管沟温度。

14.4.4 直埋敷设管道由于土壤作用，管道、管件、阀门等承受作用力较高，为避免附件损坏或漏水，建议补偿器、阀门、管件等均采用焊接连接。

14.4.5 管沟敷设管道及设备、阀门等环境条件较差，不宜采用螺纹连接，没有条件全部焊接连接时，可采用法兰连接。

14.5 调节与控制

14.5.1 现行国家标准《采暖通风与空气调节设计规范》GB 50019－2003 第 4.8.3 条规定，热水采暖系统，应在热力入口处的供水、回水总管上设置温度计、压力表及过滤器。设置过滤器是为了保护控制装置及仪表，过滤网的规格应符合控制装置及仪表的要求。

14.5.2 根据建筑物使用特点、热负荷变化规律、室内系统形式、供热介质温度及压力、调节控制方式等，在热力入口分系统设置管网时，应分系统设调控和计量装置。生活热水系统循环管网也宜设调节装置，平衡各支路循环水量，以保证用水点的供水温度。调节装置时安装位置应根据产品要求保证前后直管段长度和检修空间。

14.5.3 很多公共建筑可以采用分时段供热，可在热力入口安装控制装置。控制装置应具备按预定时间进行自动启停的功能，根据建筑使用规律设置供热时间和供热温度。

14.5.4 当在热力入口设二次循环泵或混水泵时，应设变频器调节水泵转速，自动控制系统运行参数。

14.5.5 本条没有限制热量表的流量传感器安装在供水或回水管上，但安装位置应保证前后直管段和检修空间的要求。

14.5.6 管网上的各种设备、阀门、热量表及热力入口装置，可能安装在地下室或室外地下检查室内，热网运行期间温度较高，非运行期间湿度较高，环境条件恶劣，因此耐温和防水等级应提高要求。

14.5.7 有条件时，集中控制室可根据调节方案监视或控制各系统的供热参数。

中华人民共和国行业标准

城镇道路养护技术规范

Technical code of maintenance for urban road

CJJ 36—2006
J 528—2006

批准部门：中华人民共和国建设部
施行日期：2006年10月1日

中华人民共和国建设部
公 告

第 430 号

建设部关于发布行业标准
《城镇道路养护技术规范》的公告

现批准《城镇道路养护技术规范》为行业标准，编号为CJJ 36-2006，自2006年10月1日起实施。其中，第3.0.8、4.2.7、4.4.1、10.1.1、10.2.1、11.4.1、14.1.1条为强制性条文，必须严格执行。原行业标准《城市道路养护技术规范》CJJ 36-90同时废止。

本标准由建设部标准定额研究所组织中国建筑工业出版社出版发行。

中华人民共和国建设部
2006年5月18日

前 言

根据建设部建标〔2003〕104号文的要求，规范编制组在深入调查研究，认真总结国内外科研成果和大量实践经验，并在广泛征求意见的基础上，修订了本规范。

本规范的主要技术内容是：总则、基本规定、道路检测评价、路基养护、路面养护、人行道养护、掘路修复、道路附属设施的养护、养护状况的评定、养护工程的检查与验收、养护作业安全防护。

本规范修订的主要技术内容是：
1 路面使用性能检测评价；
2 道路及附属设施的养护技术要求；
3 养护作业安全防护技术要求。

本规范由建设部负责管理和对强制性条文的解释，由主编单位负责具体技术内容的解释。

本规范主编单位：北京市市政工程管理处
（地址：北京市海淀区厂西门路2号 邮政编码：100097）

本规范参编单位：上海市市政工程管理处
天津市道路桥梁管理处
沈阳市市政工程养护管理处
西安市市政工程管理处
成都市市政工程管理处
广州市市政工程维修处
太原市市政工程管理处
兰州市市政工程管理处
北京建筑工程学院

主要起草人员：杨树丛 任明星 赵晓光
商国平 高金礽 任 辉
王德信 叶 蓁 罗时柳
董宝柱 陈进箎 张新天
张列学 白晓瑾 陈祖勋

目　次

1　总则 ·············· 66—5
2　符号、代号 ·············· 66—5
　2.1　符号 ·············· 66—5
　2.2　代号 ·············· 66—5
3　基本规定 ·············· 66—5
4　道路检测、评价和养护对策 ·············· 66—6
　4.1　一般规定 ·············· 66—6
　4.2　经常性巡查 ·············· 66—6
　4.3　定期检测 ·············· 66—6
　4.4　特殊检测 ·············· 66—7
　4.5　路面技术状况评价 ·············· 66—7
　4.6　路面养护对策 ·············· 66—9
5　路基养护 ·············· 66—10
　5.1　一般规定 ·············· 66—10
　5.2　路基翻浆 ·············· 66—10
　5.3　路肩 ·············· 66—10
　5.4　边坡 ·············· 66—10
　5.5　挡土墙 ·············· 66—11
　5.6　边沟、排水沟、截水沟 ·············· 66—11
　5.7　特殊土质路基 ·············· 66—11
6　沥青路面养护 ·············· 66—12
　6.1　一般规定 ·············· 66—12
　6.2　常见破损的维修 ·············· 66—12
　6.3　路面上封层 ·············· 66—13
　6.4　路面补强 ·············· 66—13
7　水泥混凝土路面养护 ·············· 66—14
　7.1　一般规定 ·············· 66—14
　7.2　路面的日常养护 ·············· 66—14
　7.3　常见破损的维修 ·············· 66—14
　7.4　翻修及路面改善 ·············· 66—15
8　其他路面养护 ·············· 66—15
　8.1　块石铺砌路面 ·············· 66—15
　8.2　水泥混凝土预制砌块路面 ·············· 66—16
9　人行道的养护 ·············· 66—16
　9.1　一般规定 ·············· 66—16
　9.2　面层养护 ·············· 66—16
　9.3　基础养护 ·············· 66—17
　9.4　缘石养护 ·············· 66—17
　9.5　树池、踏步养护 ·············· 66—17

10　掘路修复 ·············· 66—18
　10.1　一般规定 ·············· 66—18
　10.2　回填 ·············· 66—18
　10.3　基层修复 ·············· 66—18
　10.4　路面修复 ·············· 66—19
11　道路附属设施的养护 ·············· 66—19
　11.1　分隔带及护栏 ·············· 66—19
　11.2　标志牌 ·············· 66—19
　11.3　检查井、雨水口 ·············· 66—19
　11.4　涵洞 ·············· 66—19
12　养护状况的评定 ·············· 66—20
　12.1　一般规定 ·············· 66—20
　12.2　病害与缺陷的界定 ·············· 66—20
　12.3　养护状况调查方法 ·············· 66—21
　12.4　养护状况评定指标 ·············· 66—21
　12.5　养护状况评定 ·············· 66—22
　12.6　检查记录与资料管理 ·············· 66—23
13　养护工程的检查与验收 ·············· 66—23
　13.1　一般规定 ·············· 66—23
　13.2　沥青路面养护工程的检查与验收 ·············· 66—24
　13.3　水泥混凝土路面养护工程的检查与验收 ·············· 66—24
　13.4　人行道养护工程的检查与验收 ·············· 66—24
　13.5　其他路面养护工程的检查与验收 ·············· 66—25
　13.6　掘路修复的检查与验收 ·············· 66—26
　13.7　道路附属设施养护工程的检查与验收 ·············· 66—26
14　道路养护作业安全防护 ·············· 66—26
　14.1　一般规定 ·············· 66—26
　14.2　交通安全措施 ·············· 66—26
　14.3　道路养护流动作业要求 ·············· 66—26
附录A　城镇道路巡查表 ·············· 66—27
附录B　城镇道路资料卡 ·············· 66—27
附录C　沥青路面、水泥混凝土路面、人行道路面损坏类型 ·············· 66—28
附录D　沥青路面、水泥混凝土路面、人行道路面损坏单项扣分表 ·············· 66—29
附录E　沥青路面、水泥混凝土路面、

	人行道路面损坏调查表 …… 66—29	附录 J　设施分类年报表 …………… 66—31
附录 F	损坏评价权函数曲线 ………… 66—30	附录 K　水泥混凝土路面修补材料 …… 66—31
附录 G	沥青路面和水泥路面状况指数 PCI 计算方法 ………………… 66—30	附录 L　城镇道路养护状况检查 　　　　记录表 …………………………… 66—33
附录 H	人行道状况指数 FCI 计算 方法 …………………………… 66—30	本规范用词说明 ……………………………… 66—34 条文说明 ……………………………………… 66—35

1 总 则

1.0.1 为加强城镇道路的养护工作，保持道路设施的功能，统一技术标准、提高城镇道路的服务水平，保证道路完好和安全运行，使城镇道路的养护管理工作进一步科学化、规范化和制度化，制定本规范。

1.0.2 本规范适用于竣工验收后交付使用的城镇道路的养护。城镇道路中的桥梁养护应符合国家现行标准《城市桥梁养护技术规范》CJJ 99 的规定。

1.0.3 城镇道路的养护除应执行本规范外，尚应符合国家现行有关标准的规定。

2 符号、代号

2.1 符 号

2.1.1 城镇道路养护状况的评定指标符号：

C_L——车行道完好率；
F_1——检查单元车行道总面积；
F_{1i}——检查单元车行道各类破损的实际面积；
F_2——检查单元人行道总面积；
F_{2i}——检查单元人行道各类破损的实际面积；
K_i——路面各类破损换算系数；
P_L——人行道完好率；
Q_L——其他设施完好程度；
SD_L——路基与排水设施完好程度；
S_{sd}——路基与排水设施破损累积扣分；
S_f——其他设施破损累积扣分；
β——路龄系数；
λ_{bi}——道路各类设施合格率；
λ_z——道路综合完好率；
μ_i——道路各类设施综合比例系数。

2.2 代 号

2.2.1 PCI（Pavement Condition Index）——路面状况指数，以表征路面的完好程度。
2.2.2 PQI（Pavement Quality Index）——综合评价指数，表征路面完好与行驶舒适程度的综合指标。
2.2.3 RQI（Riding Quality Index）——路面行驶质量指数，表征路面行驶的舒适程度。
2.2.4 FQI（Footpath Quality Index）——人行道质量指数，表征人行道的平整程度。
2.2.5 FCI（Footpath Condition Index）——人行道状况指数，以表征人行道的完好程度。
2.2.6 IRI（International Roughness Index）——国际平整度指数。
2.2.7 BPN（British Polishing Number）——摆式仪摆值，表征路面的抗滑能力。
2.2.8 SFC（Sideway Force Coefficient）——横向力系数。
2.2.9 SMA（Stone Matrix Asphalt）——沥青玛琋脂碎石混合料。

3 基本规定

3.0.1 城镇道路的养护应包括道路设施的检测评定、养护工程和档案资料。道路设施应包括车行道、人行道、路基、停车场、广场、分隔带及其他附属设施。

3.0.2 城镇道路应根据快速路、主干路、次干路、支路等类别和技术状况进行养护和评价。

3.0.3 根据各类道路在城镇中的重要性，宜将城镇道路分为下列三个养护等级：

Ⅰ等养护的城镇道路：快速路、主干路和次干路、支路中的广场、商业繁华街道、重要生产区、外事活动及游览路线；

Ⅱ等养护的城镇道路：次干路及支路中的商业街道、步行街、区间联络线、重点地区或重点企事业所在地；

Ⅲ等养护的城镇道路：支路、社区及工业区的连接主次干路的支路。

3.0.4 城镇道路的技术状况评价应分为四级：A——优级、B——良好、C——合格、D——不合格。

3.0.5 城镇道路应根据不同的技术状况进行预防性养护工作，其主要内容应包括：恢复磨耗层的功能、提高抗滑能力、早期出现的裂缝处理等。

3.0.6 城镇道路养护工程应根据其工程性质、技术状况、工程规模、工程量等内容分为保养小修、中修工程、大修工程和改扩建工程四类。并可按下列规定划分：

1 保养小修——为保持道路功能和设施完好所进行的日常保养。对路面轻微损坏的零星修补，其工程数量不宜大于 400m²。

2 中修工程——对一般性磨损和局部损坏进行定期的维修工程。以恢复道路原有技术状况，其工程数量宜大于 400m²，且不宜超过 8000m²。

3 大修工程——对道路的较大损坏进行的全面综合维修、加固，以恢复到原设计标准或进行局部改善以提高道路通行能力的工程，其工程数量宜大于 8000m² 或含基础施工的工程宜大于 5000m²。

4 改扩建工程——对道路及其设施不适应交通量及载重要求而需要提高技术等级和提高通行能力的工程。

3.0.7 人行道的改扩建工程，应设置道路无障碍设施，并应符合国家现行标准《城市道路和建筑物无障碍设计规范》JGJ 50 的有关要求。

3.0.8 城镇道路的掘路开挖断面严禁上窄下宽。道路结构修复时应满足其使用功能和结构安全。

3.0.9 城镇快速路的养护、维修应符合下列规定：

　　1 快速路的养护维修作业应以机械化施工为主。

　　2 快速路的养护管理部门应备有应急、抢险、救援人员及设备，保证快速清除事故车辆、路障、冰雪，恢复道路畅通。

　　3 快速路上的声屏障、防眩、防撞、隔离、诱导等设施出现破损、缺失应立即维修、补齐。

3.0.10 城镇道路的养护应按养护里程配备养护设备、检测设备及专业养护技术人员。

3.0.11 城镇道路养护单位应建立养护技术档案，并应符合下列要求：

　　1 城镇道路应以每条道路为单位建立档案。

　　2 养护技术档案应包括道路的基本技术数据，各类施工技术文件，巡检、年检的检测资料和图片等。

　　3 城镇道路养护单位宜实行计算机管理，并宜建立城镇道路养护管理系统。

4 道路检测、评价和养护对策

4.1 一般规定

4.1.1 对使用中的城镇道路必须按规定进行检测和评价，及时掌握道路的技术状况，并应采取相应的养护措施。

4.1.2 城镇道路的检测应根据其内容、周期分为经常性巡查、定期检测和特殊检测，并应根据检测结果进行评价。

4.1.3 城镇道路检测和评价的对象应包括沥青混凝土、水泥混凝土和砌块路面等类型的机动车道、非机动车道以及沥青类、水泥类和石材类等铺装类型的人行道。

4.1.4 城镇道路的检测和评价工作应包括下列内容：

　　1 记录道路当前状况；

　　2 了解车辆和交通量的改变给设施运行带来的影响；

　　3 跟踪结构与材料的使用性能变化；

　　4 对道路检测结果进行评价；

　　5 将评价结果提供给养护、设计部门。

4.1.5 城镇道路的技术状况应根据检测和评价结果按本规范第4.5节的规定划分等级。

4.2 经常性巡查

4.2.1 经常性巡查应由经过培训的专职道路管理人员或养护技术人员负责。

4.2.2 经常性巡查应对结构变化、道路施工作业情况、各种标志及其附属设施等状况进行检查。

4.2.3 经常性巡查宜以目测为主，并应按本规范附录A中表A-1现场填写城镇道路巡查表。

4.2.4 经常性巡查应按道路类别、级别、养护等级分别制定巡查周期。Ⅰ等养护的道路宜每日一巡，Ⅱ等养护的道路宜二日一巡，Ⅲ等养护的道路宜三日一巡。经常性巡查记录应定期整理归档，并提出处理意见。

4.2.5 巡查过程中发现设施明显损坏，影响车辆和人行安全，应及时采取相应养护措施，特殊情况可设专人看护，并应按本规范附录A中表A-2填写设施损坏通知单。

4.2.6 经常性巡查应包括下列内容：

　　1 路面及附属设施外观完好情况，包括下列内容：

　　　　1）沉陷、坑槽、拥包、车辙、松散、搓板、翻浆、错台、检查井框与路面高差、剥落、啃边、缺失、破损、淤塞等损坏；

　　　　2）检查井盖、雨水箅完好情况；

　　　　3）积水情况。

　　2 路基沉陷、变形、破损等。

　　3 检查在道路范围内的施工作业对道路设施的影响。

　　4 其他损坏及不正常现象。

4.2.7 在经常性巡查中，当发现道路沉陷、空洞或大于100mm的错台以及井盖、雨水口箅子丢失等影响道路安全运营情况时，第一发现人应按应急预案处置，立即上报、设置围挡，并应在现场监视。

4.3 定期检测

4.3.1 定期检测可分为常规检测和结构强度检测。常规检测应每年一次。结构强度检测，快速路、主干路宜2~3年一次，次干路、支路宜3~4年一次。

4.3.2 常规检测应由专职道路养护技术人员负责。

4.3.3 常规检测应符合下列规定：

　　1 对照城镇道路资料卡的基本情况，现场校核城镇道路的基本数据，资料卡格式应符合本规范附录B中表B-1的规定；

　　2 检测损坏情况，判断损坏原因，确定养护范围和方案；

　　3 对难以判断损坏程度和原因的道路，提出进行特殊检测的建议。

4.3.4 常规检测应包括下列内容：

　　1 车行道、人行道、广场铺装的平整度；

　　2 车行道、人行道、广场设施的病害与缺陷；

　　3 基础损坏状况；

　　4 附属设施损坏状况。

4.3.5 定期检测的评价单元应符合下列规定：

　　1 道路的每二个相邻交叉口之间的路段应作为一个单元，交叉口本身宜作为一个单元；当二个相邻交叉口之间的路段大于500m时，每200~500m作为一个单元,不足200m的按一个单元计。

2 每条道路应选择若干个单元进行检测和评价,应以所选单元的使用性能的平均状况代表该条道路路面的使用性能。当一条道路中各单元的使用性能状况差异大于两个技术等级时,则应逐个单元进行检测和评价。

3 历次检测和评价所选取的单元应保持相对固定。

4.3.6 定期检测可采用下列仪器设备:

1 平整度的检测宜采用激光平整度仪等检测设备;次干路、支路可采用平整度仪或3m直尺等常规检测设备。

2 路面损坏的检测宜采用路况摄像仪等检测设备;次干路、支路可采用常规方法量测。

4.3.7 沥青路面、水泥混凝土路面和人行道路面的损坏类型应符合本规范附录C的规定,并应分别按本规范附录D和附录E填写损坏单项扣分表和路面损坏调查表。

4.3.8 根据定期检测的结果,应按本规范4.5节进行道路评价和定级。

4.3.9 定期检测的情况记录、评价及对养护维修措施的建议,应及时整理、归档、上报。

4.3.10 结构强度检测应由专业单位承担,并应由具有城镇道路养护、管理、设计、施工经验的技术人员参加。检测负责人应具有5年以上城镇道路专业工作经验。

4.3.11 结构强度检测应以路表回弹弯沉值表示。检测设备宜采用落锤式弯沉仪、贝克曼梁等检测设备。

4.3.12 城镇快速路、主干路应进行路面抗滑性能检测,并以粗糙度表示,检测设备可选用锁轮拖车或摆式仪等。

4.4 特 殊 检 测

4.4.1 当出现下列情况之一时,应进行特殊检测:

1 道路大修、进行改扩建时;

2 道路发生不明原因的沉陷、开裂、冒水;

3 在道路下进行管涵顶进、降水作业、隧道开挖等工程施工期间;

4 道路超过设计使用年限时。

4.4.2 特殊检测单位、参加人员和检测负责人应符合本规范第4.3.10条的要求。

4.4.3 特殊检测应包括下列内容:

1 收集道路的设计和竣工资料;历年养护、检测评价资料;材料和特殊工艺技术、交通量统计等资料;

2 检测道路结构强度;

3 调查道路沉陷原因,检测道路空洞等;

4 对道路结构整体性能、功能状况进行评价。

4.5 路面技术状况评价

4.5.1 评价内容和指标应符合下列规定:

1 沥青路面技术状况评价内容应包括路面行驶质量、路面损坏状况、路面结构强度、路面抗滑能力和综合评价,相应的评价指标为路面行驶质量指数(RQI)、路面状况指数(PCI)、路表回弹弯沉值、抗滑系数(BPN或SFC)和综合评价指数(PQI)。沥青路面技术状况评价体系如图4.5.1-1所示。

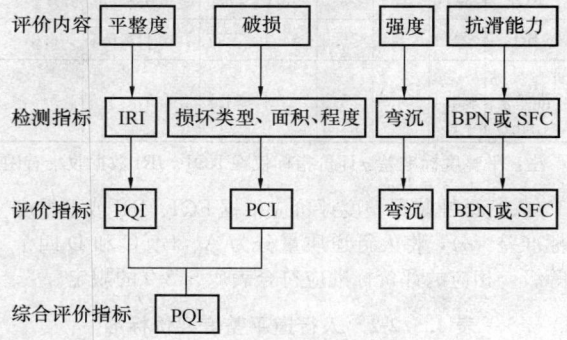

图 4.5.1-1 沥青路面技术状况评价体系

2 水泥路面技术状况评价内容应包括路面行驶质量、路面损坏状况和综合评价,相应的评价指标为路面行驶质量指数(RQI)、路面状况指数(PCI)和综合评价指数(PQI)。水泥路面技术状况评价体系如图4.5.1-2所示。

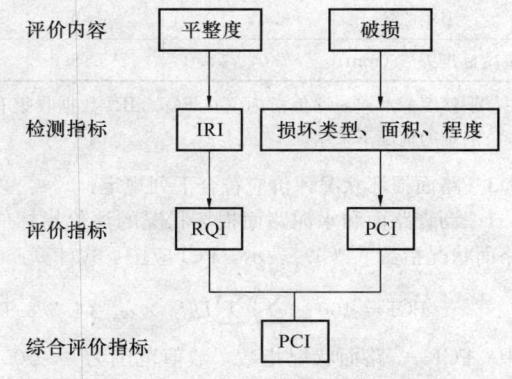

图 4.5.1-2 水泥路面技术状况评价体系

3 人行道铺装技术状况评价内容应包括平整度评价和损坏状况评价,相应的评价指标为人行道质量指数(FQI)和人行道状况指数(FCI)。

4.5.2 路面行驶质量和人行道铺装质量评价应符合下列规定:

1 路面行驶质量指数(RQI)和人行道质量指数(FQI)应采用下式计算:

$$RQI 或 FQI = 4.98 - 0.34 \times IRI \quad (4.5.2)$$

式中 IRI——国际平整度指数。

RQI或FQI的数值范围为0~5。如果计算值为负值，则 RQI 或 FQI 取为 0。

2 沥青路面和水泥路面行驶质量评价应根据 RQI、IRI 或平整度标准差（σ），将城镇道路路面行驶质量分为 A、B、C 和 D 四个等级，相应的评价标准应符合表 4.5.2-1 的规定。

表 4.5.2-1 沥青路面和水泥路面行驶质量评价标准

评价指标	A			B			C			D		
	快速路	主干、次干路	支路	快速路	主干、次干路	支路	快速路	主干、次干路	支路	快速路	主干、次干路	支路
RQI	≥3.6	≥3.2	≥3.0	≥3.0,<3.6	≥2.8,<3.2	≥2.6,<3.0	≥2.5,<3.0	≥2.4,<2.8	≥2.2,<2.6	<2.5	<2.4	<2.2
IRI	≤4.1	≤5.4	≤6.0	>4.1,≤5.7	>5.4,≤6.6	>6.0,≤7.2	>5.7,≤7.3	>6.6,≤7.8	>7.2,≤8.3	>7.3	>7.8	>8.3
平整度标准差 σ (mm)	≤3.4	≤4.5	≤5.0	>3.4,≤4.7	>4.5,≤5.5	>5.0,≤6.0	>4.7,≤6.1	>5.5,≤6.5	>6.0,≤7.0	>6.1	>6.5	>7.0

注：平整度标准差 σ 评价指标仅在 RQI、IRI 数据收集有困难的情况下采用。

3 人行道铺装平整度评价应根据 FQI、IRI 或平整度标准差（σ），将人行道质量分为 A、B、C 和 D 四个等级。相应的评价标准应符合表 4.5.2-2 的规定。

表 4.5.2-2 人行道平整度评价标准

评价指标	A	B
FQI	≥2.6	≥2.1，<2.6
IRI	≤7.1	>7.1，≤8.4
平整度标准差 σ（mm）	≤6.0	>6.0，≤7.0

评价指标	C	D
FQI	≥1.8，<2.1	<1.8
IRI	>8.4，≤9.5	>9.5
平整度标准差 σ（mm）	>7.0，≤8.0	>8.0

注：平整度标准差 σ 评价指标仅在 FQI、IRI 数据收集有困难的情况下采用。

4.5.3 路面损坏状况评价应符合下列规定：

1 沥青路面和水泥路面损坏状况的评价指标应以路面状况指数（PCI）表示，PCI 应按下式计算：

$$PCI = 100 - \sum_{i=1}^{n}\sum_{j=1}^{m} DP_{ij} \times \omega_{ij} \quad (4.5.3-1)$$

式中 PCI——路面状况指数，数值范围为 0～100。如出现负值，则 PCI 取为 0；

n——单类损坏类型数，对沥青路面，n 取值为 4，分别对应裂缝类、变形类、松散类和其他类；对水泥路面，n 取值为 4，分别对应裂缝类、接缝破坏类、表面破坏类和其他类；

m——某单类损坏所包含的单项损坏类型数，对沥青路面的裂缝类损坏，m 取值为 3，分别对应线裂、网裂和碎裂；其他单类损坏所包含的单项损坏类型数根据损坏类型表依此类推；

DP_{ij}——第 i 单类损坏中的第 j 单项损坏类型的单项扣分值，具体数值根据损坏密度，由损坏单项扣分表中的值内插求得；

ω_{ij}——第 i 单类损坏中的第 j 单项损坏类型的权重，其值与该单项损坏扣分值和该单类损坏所包含的所有单项损坏扣分值总和之比或与该单类损坏扣分值和所有单类损坏扣分值总和之比有关，具体数值应按本规范附录 F 确定。

2 路面损坏状况评价标准应根据路面损坏状况指数（PCI），将道路路面损坏状况分为 A、B、C 和 D 四个等级，相应的评价标准应符合表 4.5.3-1 的规定。

表 4.5.3-1 沥青路面和水泥路面损坏状况评价标准

评价指标	A			B		
	快速路	主干、次干路	支路	快速路	主干、次干路	支路
PCI	≥90	≥85	≥80	≥75,<90	≥70,<85	≥65,<80

评价指标	C			D		
	快速路	主干、次干路	支路	快速路	主干、次干路	支路
PCI	≥65,<75	≥60,<70	≥60,<65	<65	<60	<60

3 人行道损坏状况评价指标应以人行道状况指数（FCI）表示，FCI 应按下式计算：

$$FCI = 100 - \sum_{i=1}^{n} DP_i \times \omega_i \quad (4.5.3-2)$$

式中 FCI——人行道状况指数，数值范围为 0～100。如出现负值，则 FCI 取为 0；

n——损坏类型总数，对人行道，n 取值为 3，分别对应裂缝、松动或变形和残缺三种损坏；

DP_i——第 i 类损坏的单项扣分值,具体数值根据损坏密度,由损坏单项扣分表中的值内插求得;

ω_i——第 i 类损坏的权重,其值与单项扣分值和所有单项扣分值总和之比有关,具体数值应根据本规范附录 F 确定。

4 人行道损坏状况评价标准应符合表 4.5.3-2 的规定。

表 4.5.3-2 人行道损坏状况评价标准

评价指标	A	B	C	D
FCI	≥80	≥65,<80	≥50,<65	<50

5 沥青路面、水泥路面和人行道的 PCI、FCI 的具体计算方法应符合本规范附录 G、H 的规定。

4.5.4 沥青路面结构强度评价应根据沥青路面路表回弹弯沉值,将不同基层类型和交通量等级的沥青路面结构强度分为足够、临界和不足三个等级。相应的评价标准应符合表 4.5.4-1 的规定,交通量等级划分标准应符合表 4.5.4-2 的规定。

表 4.5.4-1 结构强度评价标准
(弯沉值以轴重 100kN 车为标准)(0.01mm)

基层评价 交通量等级	碎砾石基层			半刚性基层		
	足够	临界	不足	足够	临界	不足
很轻	<98	98~126	>126	<77	77~98	>98
轻	<77	77~98	>98	<56	56~77	>77
中	<60	60~81	>81	<42	42~59	>59
重	<46	46~67	>67	<31	31~46	>46
特重	<35	35~56	>56	<21	21~35	>35

表 4.5.4-2 交通量等级划分标准(pcu)

交通量等级	很轻	轻	中	重	特重
交通量(AADT)	<2000	2000~5000	5000~10000	10000~20000	>20000

道路断面的年平均日交通量可按下式计算:

$$AADT = \sum N_i K_i \quad (4.5.4)$$

式中 AADT——年平均日交通量;
N_i——实测交通量;
K_i——换算系数,应按表 4.5.4-3 规定选用。

表 4.5.4-3 交通量换算系数

车辆类型	小客车	中客车/大客车	铰接车	平板车	货 3-10	货 12-15	挂 7-8
K_i	0.5	1	2	4	1	1.5	1

4.5.5 沥青路面抗滑性能评价应以摆值(BPN)或横向力系数(SFC)表示。根据 BPN 或 SFC,可将沥青路面抗滑能力分为 A、B、C 和 D 四个等级,相应的评价标准应符合表 4.5.5 的规定。

表 4.5.5 沥青路面抗滑能力评价指标

评价指标	A			B		
	快速路	主干、次干路	支路	快速路	主干、次干路	支路
BPN	≥42	≥40	≥38	≥37,<42	≥35,<40	≥33,<38
SFC	≥0.42	≥0.4	≥0.38	≥0.37,<0.42	≥0.35,<0.4	≥0.33,<0.38
评价指标	C			D		
	快速路	主干、次干路	支路	快速路	主干、次干路	支路
BPN	≥34,<37	≥32,<35	≥30,<33	<34	<32	<30
SFC	≥0.34,<0.37	≥0.32,<0.35	≥0.3,<0.33	<0.34	<0.32	<0.3

4.5.6 沥青路面和水泥路面的综合评价指数 PQI 应按下式计算,并应符合表 4.5.6 的规定。

$$PQI = T \times \omega_1 \times RQI + PCI \times \omega_2 \quad (4.5.6)$$

式中 PQI——综合评价指数,数值范围为 0~100;
T——RQI 分值转换系数,T 取值为 20;
ω_1、ω_2——分别为 RQI、PCI 的权重;对快速路或主干路,ω_1 取值为 0.6,ω_2 取值为 0.4;对次干路或支路,ω_1 取值为 0.4,ω_2 取值为 0.6。

4.5.7 道路技术状况评价结果应按本规范附录 J 的要求记录于设施分类年报表中。

表 4.5.6 综合评价标准

评价指标	A			B		
	快速路	主干、次干路	支路	快速路	主干、次干路	支路
PQI	≥90	≥85	≥80	≥75,<90	≥70,<85	≥65,<80
评价指标	C			D		
	快速路	主干、次干路	支路	快速路	主干、次干路	支路
PQI	≥65,<75	≥60,<70	≥60,<65	<65	<60	<60

4.6 路面养护对策

4.6.1 沥青路面养护对策应符合表 4.6.1 的规定。
4.6.2 水泥路面养护对策应符合表 4.6.2 的规定。

表 4.6.1 沥青路面养护对策

评价指标	PCI	RQI	PCI	RQI	PCI	RQI	PCI	RQI	结构强度	BPN、SFC
等级	A,B	A,B	B,C	B,C	C	C	D	D	不足	D
养护对策	保养小修		保养小修或中修		中修或局部大修		大修或改扩建工程			

表 4.6.2 水泥路面养护对策

PCI评价等级	A	B	C	D
养护对策	保养小修	保养小修或中修	中修或局部大修	大修或改扩建工程

4.6.3 人行道养护对策应符合表 4.6.3 的规定。

表 4.6.3 人行道养护对策

FCI评价等级	A	B	C	D
养护对策	保养小修	保养小修或中修	中修或大修	大修或改扩建工程

5 路基养护

5.1 一般规定

5.1.1 城镇道路路基养护应包括路基结构、路肩、边坡、挡土墙、边沟、排水明沟、截水沟等。

5.1.2 路基应保持稳定、密实、排水性能良好。

5.1.3 路基养护应符合下列规定：
1 路肩应无坑槽、沉陷、积水、堆积物，边缘应直顺平整。
2 土质边坡应平整、坚实、稳定，坡度应符合设计规定。
3 挡土墙及护坡应完好，泄水孔应畅通。
4 边沟、明沟、截水沟等排水设施坡度应顺适，无杂草，排水应畅通。
5 对翻浆路段应及时维护处理。

5.2 路基翻浆

5.2.1 对易发生翻浆的路段应加强预防性养护工作。雨季前，应检查整修路肩、边沟，补修路面碎裂和坑槽；雨季后应疏掏排水设施，修理边沟水毁；冬季应及时清除路面积雪，填灌修补裂缝。

5.2.2 翻浆路段必须查明原因，对病害的范围、一般发生时间、气候变化、病害表面特征、路面结构、平时的养护情况等进行详细调查分析，作出记录，并应确定其治理方案。

5.2.3 处理翻浆可采取下列措施：
1 交通量小的路段或支路，可采取换土回填的措施。
2 钻孔灌注生石灰桩，或干拌碎石等其他措施。
3 设置砂桩，桩距和根数可根据翻浆的严重程度确定。
4 有翻浆迹象的路段，应采取以下措施：
　1）在路肩上开挖横沟，及时排除表面积水，横沟间距宜为 3～5m，沟宽宜为 300～400mm，沟深应至路面基层以下，且应高于边沟沟底；
　2）路面坑洼严重路段，应设横纵向相连的盲沟并与边沟相通，当受边沟高程等条件所限，不能利用边沟排水时，可设置渗水井；
　3）挖补翻浆土基，可换填水稳定性良好的材料，压实后重铺路面。

5.3 路肩

5.3.1 路肩应平整、坚实。

5.3.2 路肩出现车辙、坑槽、路肩边缘积土，应及时处理。

5.3.3 路肩应有横坡，硬路肩横坡应大于路面横坡，土路肩横坡应大于路面横坡 1%～2%。

5.3.4 对土质松散的路肩，可采取以下稳定措施：
1 采用石灰土或砾料石灰土稳定、硬化路肩；
2 撒铺石屑或其他粒料进行养护；
3 在路肩外侧，用块石或水泥混凝土预制块安砌护肩带，其最小宽度宜大于 350mm；
4 沿路面边缘安砌路缘石，其顶高与路边相同。

5.3.5 城镇道路的路肩宜改建成硬路肩。

5.4 边坡

5.4.1 边坡的坡面养护应保持设计的坡度，表面平顺、坚实。应经常观察路堑边坡的稳定情况，及时处理危岩，清除浮石。

5.4.2 边坡养护应符合下列规定：
1 边坡出现冲沟、缺口、沉陷及塌落时应进行整修；
2 路堑边坡出现冲沟、裂缝时，应及时填塞捣实；如出现潜流涌水，应隔断水源，或采取其他措施将水引向路基以外。

5.4.3 边坡防护与加固应符合下列规定：
1 边坡防护应根据路基质条件选用不同治理方法。可分为植被防护和坡面治理两类，亦可混合使用；
2 对植物易生长的边坡，可采用种草、铺草皮及植树等植被防护措施；

3 对陡边坡和风化严重的岩石边坡可采用抹面、喷浆、勾缝、灌浆、石砌边坡等坡面处理方法；

4 采用片（块）石、卵石及混凝土预制块等材料铺砌护坡，在坡面径流流速小于1.5m/s地段可采用干砌，其厚度宜大于250mm；坡面径流流速大于1.5m/s或有风浪地段应采用浆砌，其厚度宜大于350mm；

5 对岩石开裂并有坍塌危险的边坡，应采用混凝土或钢筋混凝土修筑；

6 对岩石挖方受雨水浸蚀出现剥落或崩塌不稳定的地方，可采用锚喷法加固。在加固范围应设置泄水孔，涌水地段应挖水平泄水沟；

7 对路堑或路堤边坡高差大，且受条件限制，坡度达不到土壤稳定要求的边坡，应修筑挡土墙。

5.4.4 边坡经加固后形成的护坡，应加强养护与检查，发现损坏应及时修理。

5.4.5 对滑坡地段应加强观测，作好观测记录，分析可能出现的异常情况，并应及时采取下列措施：

1 在滑坡体上方设置截水沟，滑塌范围内修建竖向（主沟）及斜向（支沟）排水沟；

2 当滑坡体位于地下水位充沛的地段时，应设置盲沟或截断水源；

3 修建抗衡坡体滑塌的挡土墙等构筑物。

5.5 挡 土 墙

5.5.1 挡土墙应定期检查。发现异常现象，应及时采取措施，并应及时去除挡土墙上的草木。

5.5.2 挡土墙应坚固、耐用、整齐和美观。

5.5.3 墙体及坡面出现裂缝或断缝，应先做稳定处理，再进行补缝。

5.5.4 挡土墙出现风化剥落时，应处置。

5.5.5 挡土墙的泄水孔应保持畅通。挡土墙出现严重渗水，应增设泄水孔或墙后排水设施。

5.5.6 挡土墙发生倾斜、凹凸、滑动及下沉时，应先消除侧压因素，再选择锚固法、套墙加固法或增建支撑墙等加固措施。

5.5.7 严重损坏的挡土墙，应将损坏部分拆除重建。

5.6 边沟、排水沟、截水沟

5.6.1 边沟、排水沟和截水沟的淤积物应及时清除，沟内流水应畅通，断面完好。对沟断面破损应及时整修恢复。

5.6.2 土质边沟的纵坡坡度应大于0.5%，平原地区排水困难地段不宜小于0.2%。当土质为细砂质土及粉砂土且纵坡在1%～2%时，或粉砂质黏土且纵坡为3%～4%，或流量大时，必须加固边沟。

5.6.3 对有可能被冲刷的土质边沟、排水沟、截水沟，其加固类型应结合地形、地质、纵坡等实际情况，可按表5.6.3-1和表5.6.3-2选用。

表5.6.3-1 排水沟渠加固类型

型式	加固类型	加固厚度（mm）
简易	夯实沟底沟壁	—
	黏土碎（砾）石加固	100～150
	石灰三合土碎（砾）石加固	100～150
干砌	干砌片石	150～250
	干砌片石水泥砂浆抹平	150～250
浆砌	浆砌片石	150～250
	浆砌混凝土预制块	100～150
	砖砌	60～120

表5.6.3-2 边沟加固类型与纵坡关系

纵坡(%)	<1	1～3	3～5	5～7	>7
加固类型	不加固	1 土质好不加固 2 土质不好简易加固	干砌	干砌或浆砌	浆砌

5.7 特殊土质路基

5.7.1 对盐渍土、湿陷性黄土、软土、多年冻土等特殊土质路基的养护，应因地制宜，做好保养小修。

5.7.2 盐渍土路基排水系统应经常保持良好状态，出现坍塌、溶陷、路基发软、强度降低等病害，应采取下列防护及治理措施：

1 加密排水沟，沟底应保持0.5%～1%纵坡；对路基填土低、排水困难地段，应加宽加深边沟或在边沟外增设横向排水沟，其间距不宜大于500m，沟底应有向外倾斜2%～3%的横坡；

2 换填风积沙或矿料，其厚度不宜小于300mm；

3 打石灰桩或砂桩，深度应达冰冻线以下且呈梅花状排列，并应符合设计要求。

5.7.3 湿陷性黄土路基出现的裂缝、剥落、沟槽、坍方、沉陷等病害，应根据不同情况，采取下列加固措施治理：

1 减缓坡面，采取植被防护加固措施治理；

2 冲刷不严重的路段，可采用黏土掺拌铡草进行抹面，并应每隔300～400mm打入木楔；

3 雨雪量较大的地区，应对坡面进行加固防护，形成护坡；

4 路基出现坑穴，可采用灌砂、灌浆或挖开填塞孔道后夯实，且应事先导水或排水；

5 路肩出现坑凹，可采用砂、土混合料改善表层，或采取硬化措施；路肩未硬化地段，应每隔20～30m设盲沟一处，盲沟应与边沟急流槽相接。

5.7.4 软土路基的沉降、冻胀、弹软、沉陷、滑动等病害，应根据不同情况，采取下列防治措施：

1 降低水位。当在路基两侧开挖沟渠的工程量不大时,可加深路堤两侧边沟;

2 反压护道。当路堤下沉,两侧或一侧隆起时,可采取在路堤两侧或一侧填筑适当高度与宽度的护道;

3 换土。将路堤病害处软土全部挖除,换填强度较高,透水性较好的砂砾石、碎石;

4 抛石挤淤。当软土液性指数大,层厚较薄,石料能沉至硬层处时,选用片(块)石块径不宜小于300mm。抛石自路堤中部开始,逐步向两侧展开,挤出淤泥应予清除;抛石至一定高度经碾压后,在其上铺设反滤层,再填土至路基原有高度;

5 侧向压缩。在路堤坡脚砌筑纵向结构,限制软土侧向挤出,可采用板桩、木排桩、钢筋混凝土桩及片石齿墙等;

6 除以上治理方法外,还可采用砂石垫层、石灰桩、砂桩、袋状砂井、塑料排水板以及土工织物垫等方法。

5.7.5 多年冻土路基的路堑边坡坍塌、路基不均匀沉陷、冻胀、翻浆、开裂、变形等病害,应根据不同情况,采取下列防治措施:

1 应采取保护冻土的原则,除满足最小高度外,应另加500mm保护层。路基填方高度不得小于1m;

2 养护材料应选用砂砾等非冻胀性材料;

3 应加强排水,保持路基干燥;

4 当受地形限制,路基填筑高度不够时,应铺筑保温隔离层;

5 防护构造物应选用耐冻融性材料。

6 沥青路面养护

6.1 一般规定

6.1.1 沥青路面必须进行经常性和预防性养护。当路面出现裂缝、松散、坑槽、拥包、啃边等病害时,应及时进行保养小修。

6.1.2 沥青混合料出厂时应有出厂合格证明。混合料外观应拌合均匀、色泽一致,无明显油团、花白或烧焦。

6.1.3 铺筑沥青混合料时,大气温度宜在10℃以上。低温施工时应有保证质量的相应技术措施;雨天时不得施工。

6.1.4 沥青路面铣刨、挖除的旧料宜再生利用。

6.1.5 沥青路面面层不得采用水泥混凝土进行修补。

6.1.6 当沥青路面摊铺面积大于500m² 时,宜采用摊铺机铺筑。

6.1.7 沥青路面维修边线、纵横缝接茬宜使用机械切割。

6.1.8 采用铣刨机铣刨的路面,在修补前应将残料和粉尘清除干净。粘层油宜选择乳化沥青。

6.1.9 沥青路面小修、中修质量,应符合本规范第13.2.2条的要求。

6.2 常见破损的维修

6.2.1 裂缝的维修应符合下列规定:

1 缝宽在10mm以内的,应采用热沥青灌缝,缝内潮湿时应采用乳化沥青灌缝;

2 缝宽在10mm以上时,应采用细粒式热拌沥青混合料或乳化沥青混合料填缝。

6.2.2 坑槽的维修应符合下列规定:

1 坑槽深度已达基层,应先处治基层,再修复面层;

2 在低温寒冷季节,可采用沥青冷补材料处治;

3 当采用热修补方法时,应先沿加热边线退回100mm,翻松被加热面层,喷洒乳化沥青,加入新的沥青混合料,整平压实;

4 修补的坑槽应为顺路方向的矩形,坑槽四壁不得松动且必须涂刷粘层油,槽深大于50mm时必须分层摊铺压实。

6.2.3 拥包的维修应符合下列规定:

1 拥包峰谷高差不大于15mm时,可采用机械铣刨平整;

2 拥包峰谷高差大于15mm且面积大于2m²时,应采用铣刨机将拥包全部除去,并低于路表面至少30mm,清扫干净后,喷洒粘层油,并采用热沥青混合料重铺面层;

3 基础变形形成的拥包,应更换已变形的基层,再重铺面层。

6.2.4 沉陷的维修应符合下列规定:

1 当土基和基层已经密实稳定,可只修补面层;

2 土基或基层被破坏时,应先修补基层,再重铺面层;

3 桥涵台背填土沉降时,应先处理台背填土后再修补面层。正常沉降时,可直接加铺面层。

6.2.5 车辙的维修应符合下列规定:

1 车辙在15mm以上时,可采用铣刨机械清除;

2 当联结层损坏,应将损坏部位全部挖除,重新修补;

3 因基层局部下沉而造成的车辙,应先修补基层。

6.2.6 波浪(搓板)的维修应符合下列规定:

1 波浪(搓板)的波峰与波谷高差起伏大于15mm时,应采用铣刨机削平;

2 当铣刨后的路面露出粗骨料或底面层时,应重铺面层,且厚度应大于30mm;

3 当局部强度不足时,应先修补基层,再重铺面层。

6.2.7 麻面与松散的维修应符合下列规定

1 已成松散状态的面层,应将松散部分全部挖除,重铺面层,或按 0.8～1.0kg/m² 的用量喷洒沥青,撒布石屑或粗砂进行处治;

2 沥青面层因不贫油出现的轻微麻面,可在高温季节撒布适当的嵌缝料处治;

3 大面积麻面应喷洒沥青,并撒布适当粒径的嵌缝料处治;

4 城区可采用稀浆封层或微表处等方法维修。

6.2.8 泛油的维修应符合下列规定:

1 轻微泛油的路段,可撒 3～5mm 粒径的石屑或粗砂处治;

2 较重泛油的路段,可先撒 5～10mm 粒径的石屑采用压路机碾压。待稳定后,再撒 3～5mm 粒径的石屑或粗砂处治;

3 严重泛油路段,应将含油量过高的软层铣刨清除后,重铺面层。

6.2.9 脱皮的维修应符合下列规定:

1 封层的脱皮,应清除已脱落和松动的部分,再重新做上封层;

2 沥青面层层间产生脱皮,应将脱落及松动部分清除,在下层沥青面上涂刷粘层油,并重铺沥青层。

6.2.10 啃边的维修应将破损的沥青面层挖除,补砌路缘石,在接茬处涂刷粘结沥青,再恢复面层。

6.2.11 当路面抗滑性能低于本规范表 4.5.5 要求时,应加铺磨耗层。

6.3 路面上封层

6.3.1 遇有下列情况时,应在沥青路面上铺筑上封层:

1 沥青面层的空隙较大,透水严重;

2 路面轻微裂缝,但路面强度能满足要求;

3 需加铺磨耗层改善抗滑性能的旧沥青路面;

4 按周期需进行预防性养护的沥青面。

6.3.2 上封层可采用下列类型:

1 单层或多层式沥青表面处治;

2 乳化沥青稀浆封层;

3 微表处(聚合物改性乳化沥青稀浆封层)。

6.3.3 单层或多层式沥青表面处治应符合下列规定:

1 用于路面裂缝病害的单层沥青表面处治厚度不应超过 15mm;

2 用于网裂病害的多层式表面处治厚度不应超过 30mm;

3 沥青表面处治宜在郊区道路上使用。

6.3.4 乳化沥青稀浆封层宜用于城镇次干路、支路工程,并应符合下列规定:

1 稀浆封层不得作为路面补强层使用;

2 稀浆封层施工时,其施工、养生期内的气温应高于 10℃,并不得在雨天施工;

3 各种材料和施工方法应符合国家现行标准《路面稀浆封层施工规程》CJJ 66 的规定。

6.3.5 微表处(聚合物改性乳化沥青稀浆封层)宜用于城镇快速路、主干路的上封层,并应符合下列规定:

1 对原路面应进行整平处理;

2 改性乳化沥青中的沥青应符合道路石油沥青标准;

3 采用的集料应坚硬、耐磨、棱角多、表面粗糙、不含杂质,砂当量宜大于 65%;

4 微表处应采用稀浆封层摊铺机进行施工,施工方法和质量要求应符合国家现行标准《路面稀浆封层施工规程》CJJ 66 的规定。

6.4 路面补强

6.4.1 道路路面补强应符合下列规定:

1 对原有沥青路面必须作全面的技术调查,调查内容应包括:

1) 旧路破损及病害的程度;
2) 旧路的设计、施工养护技术资料;
3) 年平均双向日交通量;
4) 交通量增长率;
5) 旧路回弹弯沉测试值。

2 补强设计平纵线型应符合国家现行标准《城市道路设计规范》CJJ 37 的要求,并应与道路两边构筑物的连接以及道路排水相互协调。

3 补强结构层与原路面结构的联结应牢固。

4 提出补强设计的道路使用年限。

6.4.2 路面补强材料应根据道路的技术状况、养护等级选用。

6.4.3 路面补强结构组合形式的选择应符合下列规定:

1 对城镇快速路或主干路的补强,可采用半刚性基层加沥青混合料面层的结构形式;

2 对次干路或支路的补强,在不提高道路等级的情况下,可采用单层或多层补强结构;如需提高道路等级时,宜采用半刚性基层加沥青混合料面层的补强结构形式;

3 在路口、港湾、码头、车站等地,沥青混凝土面层可采用粗粒式与中粒式或粗粒式与细粒式的组合结构。使用沥青石屑的最大厚度不宜超过 30mm;

4 面层选用 SMA 改性沥青混凝土时,其厚度不宜小于 40mm。

6.4.4 路面补强层的施工应符合下列规定:

1 必须处理原有路面的病害损坏部位;

2 当选用单层补强结构时,旧路面应做铣刨拉毛处理,并喷洒乳化沥青粘层油,待破乳后方可摊铺;

3 检查井、雨水口、缘石应采取防护措施,不得被乳化沥青污染；

　　4　对沥青贯入式路面的整平处理及高程调整，不得扰动沥青碎石结构层。

7　水泥混凝土路面养护

7.1　一般规定

7.1.1　水泥混凝土路面养护应包括下列主要内容：
　　1　日常巡查、小修、养护；
　　2　周期性的灌缝；
　　3　对路面发生的病害及时进行处理；
　　4　按周期有计划地安排中修、大修、改扩建项目，提高道路的技术状况。

7.1.2　水泥混凝土路面的大修、改扩建工程项目应进行专项工程设计。

7.1.3　对Ⅰ、Ⅱ等养护的道路宜采用专用机械及相应的快速维修方法施工。

7.1.4　水泥混凝土路面养护维修的常规和专用材料，应具有足够的强度、耐久性和稳定性，养护维修的主要材料应进行试验，并应符合本规范附录K的要求。

7.1.5　水泥混凝土路面的养护质量应符合本规范第13.3.2条的规定。

7.1.6　水泥混凝土路面常见病害的维修除应符合本规范外，尚应符合国家现行标准《公路水泥混凝土路面养护技术规范》JTJ 073.1 的有关规定。

7.2　路面的日常养护

7.2.1　水泥混凝土路面必须经常清除泥土、石块、砂砾等杂物，严禁在路面上拌合砂浆或混凝土等作业。

7.2.2　对有化学制剂或油污污染的水泥混凝土路面应及时清洗。

7.2.3　水泥混凝土路面缘石缺失应及时补齐。

7.2.4　接缝的养护应符合下列要求：
　　1　填缝料凸出板面时应及时处理，对城镇快速路、主干路不得超出板面，对次干路和支路超过3mm时应铲平；
　　2　杂物嵌入接缝时应予清除；
　　3　填缝料外溢流淌到面板应予清除；
　　4　填缝料的更换周期宜为2～3年；
　　5　填缝料局部脱落时应进行灌缝填补；脱落缺失大于1/3缝长应立即进行整条接缝的更换；
　　6　清缝、灌缝宜使用专用机具，更换后的填缝料应与面板粘结牢固；
　　7　填缝料技术要求应符合本规范附录K中第K.2节的规定；
　　8　填缝料的更换宜选在春秋两季，或在当地气温居中且较干燥的季节进行。

7.3　常见破损的维修

7.3.1　路面板出现小于3mm的轻微裂缝，可采用直接灌浆方法处治。对大于或等于3mm且小于15mm贯穿板厚的中等裂缝，可采取扩缝补块的方法处治。对大于或等于15mm的严重裂缝可采用挖补方法全深度补块。

7.3.2　裂缝的维修应符合下列规定：
　　1　扩缝补块的最小宽度不得小于100mm；
　　2　采用挖补方法全深度补块时，基层强度应符合要求。

7.3.3　板边、板角修补应符合下列规定：
　　1　当水泥混凝土路面板边轻度剥落时，快速路、主干路的养护不得采用沥青混合料修补；
　　2　板角断裂应按破裂面确定切割范围。在后补的混凝土上，对应原板块纵横切开；
　　3　凿除破损部分时，应保留原有钢筋，新旧板面间应涂刷界面剂；
　　4　与原有路面板的接缝面，应涂刷沥青，如为胀缝，应设置接缝板；
　　5　当混凝土养生达到设计强度后，方可通行车辆。

7.3.4　水泥混凝土路面板块脱空，可采用弯沉仪、探地雷达等设备测定。其弯沉值超过 0.2mm 时应确定为面板脱空。

7.3.5　面板脱空可采用灌浆方法处置，且灌浆孔的布设应符合下列规定：
　　1　灌浆孔与面板边的距离不应小于0.5m，灌注孔的数量在一块板上宜为3～5个；
　　2　孔的直径应和灌注嘴直径一致；
　　3　灌注压力宜为1.5～2.0MPa；
　　4　灌注作业应从沉陷量大的地方开始。当相邻孔或接缝处冒浆即可停止泵送。每灌完一孔应采用木楔堵孔。

7.3.6　水泥混凝土路面唧泥病害，应采取压浆处理。处理后应对接缝及时灌筑。

7.3.7　错台的维修应符合下列规定：
　　1　当Ⅰ等养护的道路错台高差大于8mm，Ⅱ、Ⅲ等养护的道路错台高差大于12mm时，应及时处治；
　　2　高差大于20mm的错台，应采用适当材料修补，且接顺的坡度不得大于1%；
　　3　修补时应将下沉板凿成 20～50mm 深的槽，并涂刷界面剂。

7.3.8　面板沉陷的维修应符合下列规定：
　　1　采用面板顶升，顶升值应经测量计算确定。原板复位后，按板下脱空进行处治；
　　2　面板整块沉陷并发生碎裂，应采取整板翻修；
　　3　当沉陷处经常积水，可在适当位置增设雨水口。

7.3.9 相邻路面板板端拱起的维修，应根据拱起的高度，将拱起板两侧横缝切宽，释放应力，使板逐渐恢复原位，修复后应再检查此段路面的伸缝，如有损坏应按本规范第7.3.11条要求维修。

7.3.10 坑洞的补修应符合下列规定：

1 深度小于30mm且数量较多的浅坑，或成片的坑洞可采用适宜材料修补；

2 深度大于或等于30mm的坑槽，应先做局部凿除，再补修面层。

7.3.11 接缝的维修应符合下列规定：

1 接缝填料的损坏维修应符合本规范第7.2.4条的要求；

2 接缝处因传力杆设置不当所引起的损坏，应将原传力杆纠正到正确位置；

3 在伸缩缝修理时，应先将热沥青涂刷缝壁，再将接缝板压入缝内。对接缝板接头及接缝板与传力杆之间的间隙，必须采用沥青或其他接缝料填实抹平，上部采用嵌缝条的接缝板应及时嵌入嵌缝条；

4 在低温季节或缝内潮湿时应将接缝烘干；

5 当纵向接缝张开宽度在10mm及以下时，宜采用加热式填缝料；

6 当纵向接缝张开宽度在10mm以上时，宜采用聚氨酯类填缝料常温施工。当纵向接缝张开宽度超过15mm时，可采用沥青砂填缝；

7 当接缝出现碎裂时，应先扩缝补块，再做接缝处理。

7.4 翻修及路面改善

7.4.1 水泥混凝土路面整块面板翻修应符合下列规定：

1 旧板凿除时，不得造成相邻块破损、错位，应保留原有拉杆；

2 基层损坏或强度不足时，宜采用不低于C15混凝土补强，基层补强层顶面标高应与基层顶面标高相同；

3 在混凝土路面板接缝处的基层上，宜涂刷一道宽200mm沥青带；

4 应根据通车时间要求选用路面的修补材料，进行配合比设计。

7.4.2 部分路段的翻修应符合下列规定：

1 必须依据路段的检测评价报告确定翻修的等级和标准；

2 路段的翻修应有维修设计文件；

3 路段翻修应统一规划；

4 翻修时，新旧水泥混凝土板交接处应设传力杆，并对损坏的拉杆进行修复。

7.4.3 表面功能修复应符合下列规定：

1 水泥混凝土路面出现较大面积的磨光、起皮、剥落、露骨等病害，应及时安排大、中修工程予以维修；

2 城镇次干、支路可采用表面处理、稀浆封层或加铺沥青磨耗层的方法维修；

3 路面磨光时宜采用刻槽机对路面板重新刻槽，槽深宜为3~5mm，槽宽宜为3~5mm，缝距宜为10~20mm。

7.4.4 水泥混凝土路面改善应因地制宜，可加铺水泥混凝土面层，或加铺沥青混凝土面层。

7.4.5 加铺水泥混凝土面层应符合下列规定：

1 水泥混凝土加铺层的标高控制应与周边环境、临路建筑标高协调，不得影响正常雨水排除；

2 对原混凝土路面的各类病害必须进行维修；

3 新旧混凝土路面间应设置隔离层，隔离层可选用沥青混凝土、土工布或沥青油毡等种类；

4 加铺层的厚度应通过设计计算确定，并不得小于180mm；

5 桥面荷载或标高受到限制的路段可采用钢纤维混凝土加铺层或沥青混凝土加铺层。

7.4.6 加铺沥青混凝土层应符合下列规定：

1 加铺前应对原水泥混凝土路面进行检测，当强度处于不足状态时，应做补强层厚度计算，且应对路面板损坏部位进行维修；

2 反射裂缝的防治可采用土工格栅、改性沥青油毡、土工布等材料；

3 喷洒乳化沥青粘层油时，应在破乳后进行摊铺作业；

4 在水泥混凝土路面上加铺沥青混凝土的厚度不得小于80mm。

8 其他路面养护

8.1 块石铺砌路面

8.1.1 块石铺砌路面应设置基层、垫层（整平层），且强度满足交通荷载要求。石块之间应采用填缝料嵌填密实。

8.1.2 块石铺砌路面的养护应符合下列规定：

1 应保持路面整洁；

2 填缝应保证饱满；

3 填缝料破碎时应重新勾缝；

4 春季和雨季应增加巡检次数，排水系统应通畅。

8.1.3 块石铺砌路面的维修应符合下列规定：

1 当发现路面边缘损坏、低洼沉陷、路面隆起、坑洞、错台时应及时维修；

2 当基层强度不足而造成路面损坏，应清除软弱基层，换填新的基层材料再恢复面层；

3 更新的块石材质、规格应与原路面一致；

4 施工时整平层砂浆应饱满,严禁在块石下垫碎砖、石屑找平;

5 铺砌后的块石应夯平实,并应采用小于5mm砂砾填缝。

8.1.4 块石路面补修质量应符合本规范第13.4.2条的规定。

8.1.5 当块石路面粗糙条纹深度小于2mm时,应凿毛处理,条纹应垂直于路面,间距宜为10～30mm,深度宜为3～5mm。

8.1.6 在广场、步行街的块石路面(花岗石、大理石),不宜采用抛光、机创的石材。

8.2 水泥混凝土预制砌块路面

8.2.1 砌块路面的养护应符合本规范第13.4.2条的要求。

8.2.2 砌块路面的小修应包括下列内容:

1 局部砌块的松动、缺损、错台;

2 局部沉陷、压碎,检查井四周烂边;

3 砌块路面上的局部掘路修复工作。

8.2.3 当砌块路面出现下列情况时,应及时安排中修或大修工程:

1 纵横坡度不满足设计要求,出现大面积积水;

2 砌块路面状况指数 PCI 小于 50;

3 掘动道路宽度超过 2/3,面积大于该路段总面积的 1/2;

4 彩色砌块颜色大面积脱落。

8.2.4 大中修工程必须进行施工维修设计或施工方案设计。

8.2.5 局部更换的砌块,其颜色、图案、材质、规格宜与原路面一致,路面砖强度和最小厚度应符合表8.2.5的规定。

表8.2.5 路面砖强度和最小厚度

道路分类	抗压强度(MPa)		最小厚度 mm
	平均	单块	
主干路	60	50	100
次干路	60	50	80
支路	50/35	42/30	80

注:"/"下方为支路中街坊路的取值。

8.2.6 当选用砌块的长边与厚度之比大于或等于5时,除应满足上述规定外,其抗折强度不得低于4.0MPa。

8.2.7 当选用彩色砌块时,其颜料应符合国家现行标准《混凝土和砂浆用颜料及其试验方法》JC/T539的规定。砌块的防滑指标(BPN)不得小于60,砌块的渗透指标应大于或等于50mL/min。寒冷地区应增加冻融试验。

8.2.8 砌块路面的外观质量应符合下列规定:

1 铺砌必须平整、稳定,灌缝应饱满,不得有翘动现象;

2 面层与其他构筑物应接顺,不得有积水现象。

8.2.9 砌块路面的检查验收质量应符合本规范第13.4.2条的规定。

9 人行道的养护

9.1 一般规定

9.1.1 人行道养护应包括人行道基层、面层及人行道无障碍设施、人行道缘石、树池和踏步等。

9.1.2 对人行道及其附属设施应经常巡查,并应符合本规范第4.2.4条的要求。

9.1.3 人行道及其附属设施应处于完好状态,人行道的养护应符合下列规定:

1 表面平整,无积水,砌块无松动、残缺,相邻块高差符合要求;

2 缘石、踏步稳定牢固,不得缺失;

3 树池框不得凸起、残缺;

4 人行道上检查井不得凸起、沉陷,检查井盖不得缺失;

5 盲道上的导向砖、止步砖位置应安装正确。

9.2 面层养护

9.2.1 面层砌块为振捣成型、挤压成型和加工的石材均可用作人行道面层的铺装。

9.2.2 人行道面层砌块铺装必须设置足够强度的基层和垫层。面层砌块发现松动应及时补充填缝料,充填稳固,若垫层不平,应重新铺砌。

9.2.3 垫层材料可采用干砂、石屑、石灰砂浆、水泥砂浆等。

9.2.4 面层养护应包括下列内容:

1 砌块填缝料散失的补充;

2 路面砖松动、破损、错台、凸起或凹陷的维修;

3 较大面积的沉陷、隆起或错台、破损的维修;

4 检查井沉陷和凸起的维修。

9.2.5 面层砌块缝隙应填灌饱满,砌块排列应整齐,面层应稳固平整,排水应通畅。

9.2.6 面层养护应符合下列规定:

1 更换的砌块色彩、强度、块型、尺寸应与原面层砌块一致;

2 面层砌块发生错台、凸出、沉陷时,应将其取出,整理垫层,重新铺装面层,填缝。修理的部位应与周围的面层砌块砖相接平顺;

3 对基层强度不足产生的沉陷、破碎损坏,应先加固基层，再铺砌面层砌块；

4 砌块的修补部位宜大于损坏部位一整砖；

5 检查井周围或与构筑物接壤的砌块宜切块补齐，不宜切块补齐的部分应及时填补平整；

6 盲道砌块缺失、损坏应及时修补。提示盲道的块型、位置应安装正确。

9.2.7 人行道养护质量标准应符合本规范第13.4.2条的要求。

9.2.8 人行道面层砌块应具有防滑性能，其材质标准应符合表9.2.8的要求。

表9.2.8 人行道面层砌块材质标准

项　　目	技　术　要　求
抗折强度（MPa）	不低于设计要求
抗压强度（MPa）	≥30
对角线长度（mm）	±3（边长＞350mm），±2（边长＜350mm）
厚　度（mm）	±3（厚度＞80mm），±2（厚度＜80mm）
边　长（mm）	±3（边长＞250mm），±2（边长＜250mm）
缺边掉角长度（mm）	≤10（边长＞250mm），≤5（边长＜250mm）
其　他	颜色一致，无蜂窝、露石、脱皮、裂缝等

9.2.9 沥青混凝土面层的人行道养护应按本规范第6章的规定执行。

9.2.10 水泥混凝土人行道的养护应按本规范第7章规定执行。

9.3 基础养护

9.3.1 人行道两侧立缘石不得缺失。形成坑槽的路面砖及安装话亭、报箱、灯杆、工作排架等形成的洞穴，应及时修补。

9.3.2 当人行道变形下沉和拱胀凸起时，应对基础进行维修。

9.3.3 修复挖掘的人行道基础，应符合下列规定：

1 沟槽回填的最小宽度应满足夯实机械的最小工作宽度，且不得小于600mm；应分层回填夯实，分层的厚度应小于夯实机械最大振实厚度；

2 当不能满足回填最小宽度时，可采用灌筑混凝土等方法回填密实；

3 沟槽回填应高于原路床，夯实后再整平，恢复面层。

9.3.4 人行道基础维修质量应符合表9.3.4的规定。

表9.3.4 人行道基础维修质量标准

项　目		技术要求	检验频率		检查方法（取最大值）
			范围	点数	
压实度（重型击实）	路基	≥90%	20m	1	环刀法灌砂法
	基层	≥93%			
平整度		≤10mm			3m直尺
厚度		±10mm			钢尺
宽度		不小于设计规定			钢尺
横坡		±0.3%			水准仪

9.4 缘石养护

9.4.1 缘石应保持清洁，冬季应及时清除含有盐类、除雪剂的融雪。

9.4.2 混凝土缘石应经常保持稳固、直顺，发生挤压变形，拱胀变形应予以调整，调整后的缘石应及时勾缝。

9.4.3 更换的缘石规格、材质应与原路缘石一致。

9.4.4 花岗石、大理石类的缘石其缝宽不得小于3mm，最大缝宽不得超过10mm。

9.4.5 道路翻修、人行道改造时，砌筑缘石应采取C15水泥混凝土做立缘石背填。

9.4.6 缘石养护质量标准应符合表9.4.6的规定。

表9.4.6 人行道缘石养护质量标准

项　目	技术要求	检验频率		检查方法取最大值
		范围	点数	
直顺度	≤10mm	20m	1	20m小线
相邻块高差	≤3mm	20m	3	钢尺
缝宽	±3mm	20m	1	钢尺
高程	±10mm	20m	1	水准仪

9.4.7 缘石标准应符合表9.4.7的规定。

表9.4.7 缘石标准

项　　目	技　术　要　求
抗折强度（MPa）	不低于设计要求
抗压强度（MPa）	≥30
长　度（mm）	±5
宽度与厚度（mm）	±2
缺边掉角（mm）	＜20，外露面、边、棱角完整
其　他	颜色一致，无蜂窝、露石、脱皮、裂缝等

9.5 树池、踏步养护

9.5.1 人行道树池尺寸应根据步道宽度确定，且不得不小于1m×1m。

9.5.2 未绿化的人行道预留的树池，树池边框距路缘石的间距宜大于300mm。

9.5.3 树池的养护应符合下列规定：
  1 树池边框应与人行道相接平整；
  2 混凝土树池出现剥落、露筋、翘角、拱胀变形，铸铁类、再生塑料类的树池出现断裂、缺失应及时维修更换。

9.5.4 踏步破损或失稳，应及时维修。

9.5.5 维修踏步每阶高度应一致。当踏步顶面为贴面时，应具有防滑性能。

10 掘路修复

10.1 一般规定

10.1.1 掘路前应查明地下管线状况，挖槽时不得损坏原有的地下管线。

10.1.2 掘路的宽度应满足压实机械宽度要求，当宽度不适宜压实机械作业时，其结构修复必须按原标准提高一个等级进行，或对土基进行加固处理。

10.1.3 掘路的槽底最小宽度宜为所埋设施的外侧宽度加两侧夯实机具的工作宽度。

10.1.4 当顺向掘路宽度达到原路1/2时，面层宜为全幅修复。当顺向掘路宽度超过原路1/2时，应进行专项掘路修复设计。

10.1.5 掘路埋设各种管线的管顶埋深应大于路床下300mm，否则应采取加固措施。

10.1.6 掘路修复的技术资料应归入该条道路的技术档案。

10.1.7 城镇道路的管线敷设宜采用非开挖施工技术。

10.2 回填

10.2.1 掘路沟槽回填，严禁使用淤泥、腐殖土、垃圾杂物和冻土。

10.2.2 回填土质量应符合现场试验的击实标准和最佳含水量要求。分层回填的层厚应小于200mm，也可根据碾压、夯实机具的性能确定分层厚度。

10.2.3 当沟槽分段填土时，交接处应做成阶梯形，阶梯长度应大于层厚的两倍。

10.2.4 雨季回填时沟槽内不得有积水。

10.2.5 槽底至设施顶部以上500mm范围内回填时，应从两侧对称进行，同时还土的高度差不得大于一层。

10.2.6 沟槽回填土的压实度应根据回填土的深度和部位（图10.2.6）确定压实度，并应符合下列规定：
  1 填土部位Ⅰ（轻型击实）压实度应大于90%；

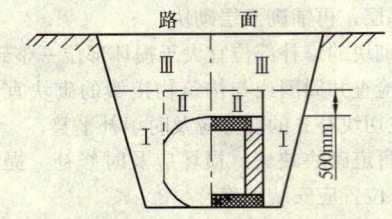

图 10.2.6 回填土部位
Ⅰ、Ⅱ、Ⅲ——填土部位

  2 设施顶部以上500mm范围内填土部位Ⅱ（轻型击实）压实度应大于85%；
  3 设施顶部500mm以上至路床以下部位Ⅲ填土压实度应符合表10.2.6的规定。

表10.2.6 设施顶部500mm以上至路床以下沟槽回填质量标准

项目 回填深度(m)	压实度（重型击实）			检验频率		压实度检查方法
	快速路主干路	次干路	支路	每层	点数	
0～0.8	≥95%	≥94%	≥93%	20m	1	环刀法
0.8～1.5	≥92%	≥91%	≥90%			
>1.5	≥90%	≥90%	≥90%			

10.2.7 回填土时对沟槽内原有的管线设施应采取保护措施。

10.2.8 掘路回填遇有特殊情况时应采取下列措施：
  1 当采用掘路土回填不能保证质量时，可采用砂、天然级配砂砾或水泥混凝土等材料回填；
  2 沟槽发生塌方时，宜加大沟槽断面后，再回填；
  3 当槽内设施顶部以上回填厚度小于设计规定时，应对所埋设施进行加固保护。

10.2.9 直埋线缆沟槽回填时，其线缆上方应有保护层。回填材料可采用粗砂、混凝土等回填灌注。

10.3 基层修复

10.3.1 修复基层的各类材料应具有出厂合格证明，且应经现场试验合格后才能使用。

10.3.2 基层修复宜采用石灰、粉煤灰、砂砾混合料或水泥、砂砾混合料等半刚性材料，其中未消解的生石灰块粒径不得大于10mm，砂砾的最大粒径不得大于40mm。

10.3.3 使用石灰、粉煤灰类材料碾压成型的基层，养生时间不得少于7d。冬季不宜使用此类材料；雨季应合理控制施工段落，应当天摊铺，当天碾压成型。

10.3.4 掘路的基层修复应在开挖断面两侧各加宽300～500mm。

10.3.5 基层的修复质量应符合表10.3.5的要求。

表10.3.5 基层修复质量标准

项 目	道路类别	技术要求	检验频率 范围	检验频率 点数	检查方法
压实度（重型击实）	快速路、主干路	≥97%	20m	1	环刀法 灌砂法
	次干路	≥96%			
	支路	≥95%			
平整度		≤10mm			3m直尺
厚度		±10%			钢尺

10.4 路面修复

10.4.1 沥青混凝土面层修复应符合下列规定：
 1 面层的修复宽度应大于基层宽度，每侧宜大于200mm；
 2 接茬粘层油应涂刷在切割立面，溅洒在路表面的粘层油应清除干净；
 3 接茬宜采用直茬热接方法，应平顺、密实；
 4 宜采用振动压路机或振动夯实机具，分层碾压。

10.4.2 应急抢修或冬季修补掘路面层，可采用混凝土预制砌块，或冷拌沥青混凝土修补平整，可在气温转暖后再做二次修复。

10.4.3 当水泥混凝土路面掘路宽度超过1/3板宽时，应按整板恢复；当不足1/3板宽时应做加固处理，并应符合本规范第7章的规定。

10.4.4 砌块类面层的修复，应将掘路施工期间被扰动的砌块全部拆除重新铺砌。

11 道路附属设施的养护

11.1 分隔带及护栏

11.1.1 分隔带及护栏应保持整齐、清洁、无缺损。当损坏或丢失，应按原设计的样式、颜色及时修补。

11.1.2 防撞墩类分隔带应保持整齐、醒目，定期清洗。

11.1.3 路缘石类分隔带，应按路缘石维修标准进行检查、维护。

11.1.4 金属类护栏，宜定期清洗。当油漆脱落面积较大、有锈蚀现象，应重新刷涂油漆。

11.2 标 志 牌

11.2.1 道路的起点、终点和与主要道路的交叉口处应设置路铭牌。

11.2.2 路铭牌应设置在路口曲线起点上。牌底距地面高度应大于2m，立杆埋设应距路缘石约0.3m，并应垂直于地面，深度不得小于0.5m。

11.2.3 路铭牌、指示牌等设施，不得安设在路口无障碍坡道上，不得妨碍行人正常通行。

11.2.4 路铭牌、指示牌应经常保持整齐、清洁。

11.2.5 路铭牌、指示牌出现松动或倾斜等现象时应及时进行修复，对严重破损的路铭牌应及时更换。

11.3 检查井、雨水口

11.3.1 路面上的检查井盖、雨水口，应安装牢固并保持与路面平顺相接。检查井及其周围路面1.5m×1.5m范围内不得出现沉陷或突起。

11.3.2 检查井井座、雨水口出现松动，或发现井座、井盖、井箅断裂、丢失，应立即维修补装完整。

11.3.3 在路面上设置的其他种类的检查井，应符合国家现行标准《铸铁检查井盖》CJ/T 3012的规定。

11.3.4 检查井、雨水口的沉陷处理应符合下列规定：
 1 井筒腐蚀、损坏或井墙塌帮，应拆除到完好界面重新砌筑；
 2 砌筑材料宜采用页岩砖、建筑砌块或预制混凝土检查井；
 3 整平、调整井口高度时不得使用碎砖、卵石或土块支垫。

11.3.5 检查井、雨水口的井座砌筑砂浆强度不应小于20MPa。

11.3.6 检查井井座与路面的安装高差，应控制在±5mm之间。

11.3.7 维修后的检查井、雨水口，在养生期间应设置围挡和安全标志加以保护。

11.3.8 维修后的检查井、雨水口在修补路面以前，井座周围、面层以下道路结构部分应夯填密实，其强度和稳定性应不小于该处道路结构的强度。

11.3.9 雨水口的安装高度，应低于该处路面标高20mm。应在雨水口向外不小于1m范围内顺坡找齐。

11.3.10 改建或增设的雨水口，其连接管坡度不应小于1%，长度应小于25m，深度宜为0.7m。

11.4 涵 洞

11.4.1 每年洪水和冰雪季节前后，应对涵洞进行检查，检查内容应包括：
 1 洞内的淤积程度；
 2 涵洞主体结构的开裂、漏水、变形、位移、下沉及冻胀程度；
 3 涵顶及涵背填土沉陷程度。

11.4.2 涵洞及其构筑物应完好，排水应通畅。

11.4.3 涵洞保养应符合下列规定：
 1 洞口铺砌与上下游渠道坡度应平顺。及时清除涵台及坡锥体的杂草和树根；

2 大雨或大雪后，应及时清除洞内外的淤积物或积雪；

3 暴雨后，应及时修复排水构筑物的水毁，并应及时清除涵洞内淤泥和洞口堆积物；

4 涵洞的裂缝、局部脱落和缺损，应及时进行修补；

5 当砖石拱涵或混凝土箱涵的沉降缝填料脱落时，应采用沉降缝专用填料及时修补。不得采用灰浆抹缝，不得采用泡沫材料填塞。

11.4.4 当涵顶及涵背的填土出现下沉时，应立即检查涵体结构，并应采取修复措施。

11.4.5 涵洞的修复应符合下列规定：

1 当涵洞洞口冲刷严重时，可采用浆砌块石铺底并以水泥砂浆勾缝。铺砌末端应设置抑水墙，或在出水口做消力池或消力槛等缓和流速设施；

2 当出现涵体结构破坏时，应挖开填土，按涵洞原结构进行修复；

3 当涵洞端墙鼓肚或倾斜时，应挖开填土，加固或重新砌筑墙身；

4 对非结构损坏引起的涵顶路面下沉，应采用水稳性良好的土壤填补夯实。

11.4.6 当道路加宽或提高路基而需要接长涵洞时，应充分利用原有涵洞结构，并应在新旧结构之间做沉降缝。

11.4.7 当涵洞荷载等级低于实际需要时，可依据设计计算，结合原结构形式进行加固或新建。

12 养护状况的评定

12.1 一般规定

12.1.1 城镇道路养护状况评定的范围，应包括所有等级城镇道路养护状况的阶段检查与年度检查。阶段检查可由城镇道路养护管理基层单位自检，上级主管部门进行抽检；年度检查可由道路养护主管部门主持进行，提出检查分析报告。

12.1.2 城镇道路养护状况评定指标应包括道路各设施合格率和综合完好率，且应符合下列规定：

1 城镇道路各设施合格率（λ_{bi}）应按下式计算：

$$\lambda_{bi} = \frac{m_i}{n_i} \times 100\% \quad (12.1.2\text{-}1)$$

式中 λ_{bi}——道路各设施合格率（%），其中 i 取值为1~4，分别表示车行道、人行道、路基与排水、其他设施；

m_i——各类设施的优、良、合格单元数；

n_i——各类设施总检查单元数。

2 城镇道路综合完好率（λ_z）应按下式计算：

$$\lambda_z = \sum_{i=1}^{4} \lambda_{bi} \cdot \mu_i \quad (12.1.2\text{-}2)$$

式中 λ_z——城镇道路综合完好率（%）；

μ_i——各类设施综合比例系数，i 取值为1~4，宜按表12.1.2确定。

表 12.1.2 各类设施综合比例系数

设施种类	综合比例系数	设施种类	综合比例系数
车行道设施	$\mu_1=0.35$	路基与排水设施	$\mu_3=0.25$
人行道设施	$\mu_2=0.25$	其他设施	$\mu_4=0.15$

12.1.3 城镇道路设施的评定检查单元划分，在同一道路上应以200~500m为一个检查单元，不足500m长度的道路可单独作为一个检查单元。对同一单元内的各类道路设施的养护状况应分别进行评定。

12.2 病害与缺陷的界定

12.2.1 沥青路面病害与缺陷的界定应符合下列规定：

1 坑槽：路面破坏成坑洼深度大于20mm，面积在0.04m²以上。如小面积坑槽较多又相距0.2m以内，应合在一起丈量。此项包括井框高差。计算方法应符合本规范附录D中表D-1的规定；

2 松散：路面结合料失去粘结力、集料松动，面积0.1m²以上；

3 拥包：路面局部隆起，坡峰坡谷高差在15mm以上；

4 翻浆：路面、路基湿软出现弹簧、破裂、冒泥浆现象；

5 沉陷：路面、路基有竖向变形，路面下凹，深度30mm以上；

6 脱皮：路面面层层状脱落，面积0.1m²以上；

7 啃边：路面边缘破碎脱落，宽度0.1m以上，数量按单侧长度累加乘以平均宽度；

8 泛油：高温季节沥青被挤出，表面形成薄油层，行车出现轮迹；

9 车辙：路面上沿行车轮迹产生的纵向带状凹槽，深度15mm以上，面积按实有长度乘以0.4m计。对深度大于30mm的应按本规范附录D中表D-1计算；

10 龟裂：缝宽3mm以上，且多数缝距100mm以内，面积在1m²以上的块状不规则裂缝；

11 网裂：缝宽1mm以上或缝距0.4m以下，面积在1m²以上的网状裂缝。

路面上出现的长度1m以上、缝宽1mm以上的单条裂缝或深度在5mm以上的划痕也应纳入网裂病害中，其数量按单缝累计长度乘以0.2m计；

12 波浪（搓板）：路面纵向产生连续起伏，其峰谷高差大于15mm的变形；

13 横坡不适：路面横坡小于1%或大于3%，或中线偏移，以及应设超高而无超高或出现反超高的；

14 平整度差：用 3m 直尺沿路面纵向每 100m 至少量三尺。尺底间隙：沥青表面处治路面 12mm 以上，沥青贯入式路面 10mm 以上，沥青混凝土及沥青碎石路面 8mm 以上的，按整尺（3m）长度计算病害。也可采用连续式平整度仪检测的均方差值与规定标准值比较，大于标准值按病害计。同一横断面内只计最严重的一处。

12.2.2 水泥混凝土路面病害与缺陷的界定应符合下列规定：

1 沉陷：路面连续数块板下沉，低于相邻路面板平面（或设计高程）、深度在 30mm 以上的，按全部下沉板块数量计算面积；

2 严重破碎板：裂缝将整块面板分割开，并有严重剥落或沉陷。碎裂面积小于半块按半块计面积，大于半块按一块计面积；

3 坑洞：路面板粗集料脱落形成局部凹坑，面积在 0.01m² 以上。计算方法应符合本规范附录 D 中表 D-2 的规定；

4 板角断裂：裂缝与纵横缝相交将板角切断，当其二个交点距角隅均大于 150mm，而边长一半并伴有沉陷或碎裂时，按板角断裂部分计算面积；

5 露骨：路面板表面细集料散失、粗集料暴露，面积在 1m² 以上的；

6 拱胀：纵向相邻两块板或多块板相对其邻近板向上突起在 30mm 以上的，按突出的全部板块计病害面积；

7 平整度差：用 3m 直尺沿路面纵向每 100m 至少量三尺，尺底空隙在 8mm 以上的，按整尺（3m）长度计算病害。也可采用连续式平整度仪检测的均方差值与规定标准值比较，大于标准值按病害计。同一横断面内只计最严重一处；

8 错台：接缝处相邻两块板垂直高度差在 8mm 以上，按其中不正常板块的全部长度计算病害；

9 唧泥：基层材料形成泥浆从接缝处或板边缘挤出，板底出现脱空，按挤出泥浆的接缝或板边长度计，并应符合本规范附录 D 中表 D-2 的规定；

10 裂缝：面板内长度 1m 以上的各种开裂。按其对行车的影响程度分为轻微、中等、严重裂缝三种。轻微裂缝缝宽度小于 2mm，无剥落；中等裂缝缝宽度 2~5mm，并有轻度剥落；严重裂缝缝宽度大于 5mm，并有严重剥落和沉陷。接缝边有长 0.5m、宽度 50mm 以上剥落时，也作为严重裂缝计算；

11 接缝养护差：接缝内无填缝料，或出现填缝料与板边脱离、凹陷（凸出）在 10mm 以上的。

12.2.3 人行道及其他构造物病害与缺陷的界定应符合下列规定：

1 当人行道及广场、停车场等构造物道面铺装为沥青类或水泥混凝土类时，应符合本规范第 12.2.1、12.2.2 条的规定；

2 坑洞：人行道及其他构造物道面（含路缘石）的破损深度大于 20mm。

3 错台：道面铺装接缝处相邻板垂直高差大于 6mm。

4 拱起：多块板相对周围板向上突起，最大突起量在 30mm 以上。

5 沉陷：道面铺装连续数块下沉低于相邻块（或设计高程）深度大于 20mm，面积在 1m² 内。

6 缺失：道面铺装的预制块或路缘石缺损。

12.2.4 路基与排水构造物病害与缺陷的界定应符合下列规定：

1 路肩不整：路肩与路面衔接不平顺，低于路面 20mm 以上（黑色硬化路肩低于 10mm）或高于路面；横坡小于路面横坡；不平整、不密实影响横向排水；路肩宽度小于设计宽度；路肩外缘不顺适，宽度差大于 0.2m 以上；

2 边坡破损：边坡坍方 3m³ 以上；边坡有冲沟、缺口宽 0.3m 以上；溜坡使边坡坡度陡于设计坡度；

3 构造物损坏：挡墙、护坡等圬工体断裂、沉陷、倾斜、局部塌陷、松动，较大面积勾缝脱落；

4 排水设施破损：雨水口、检查井产生断裂、沉陷、倾斜、局部塌陷、松动，较大面积勾缝脱落或井盖、箅子残缺的；

5 淤塞：边沟、截水沟、排水沟有淤积影响排水者，以及应有排水沟渠而缺少者。

12.2.5 附属构筑物、标志、防护等其他设施病害与缺陷的界定应符合下列规定：

1 设施变形、缺损：设施残缺、位置不当、式样尺寸颜色不规范、不鲜明等；

2 设施损坏：设施出现断裂、沉陷、倾斜、脱落等局部损毁者；

3 设施功能失效：道路附属构筑物因各种原因无法正常使用。

12.3 养护状况调查方法

12.3.1 城镇道路养护状况调查内容应包括车行道、人行道（含路缘石）、路基、排水设施、其他设施的破损状况，调查可采用全面或抽样调查方式，大城市较大规模调查工作宜采用先进仪器设备快速检查，其他可采用人工调查方法。

12.3.2 城镇道路养护状况调查数据采集应由城镇道路养护管理机构组织进行，也可委托专门检测机构进行。参与数据采集人员应熟悉路面病害类型区分，界定各类病害，准确丈量损坏面积，不规则形状的损坏面积应按当量面积计算，调查结果应记录于本规范附录 L。

12.4 养护状况评定指标

12.4.1 城镇道路养护状况评定指标应由车行道完好率、人行道（含路缘石）完好率、路基与排水设施完好程度评分和其他设施完好程度评分构成。评价指标体系如图12.4.1所示。

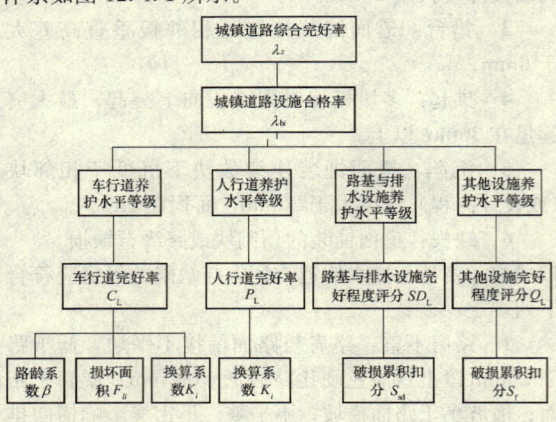

图12.4.1 评价指标体系图

12.4.2 分类检查项目与评定指标应符合下列规定：

1 车行道养护状况的检查评定应将所调查车行道单元破损状况记录于本规范附录L表L-1中，然后按下式计算车行道完好率：

$$C_L = \frac{F_1 - \beta \sum F_{1i} K_i}{F_1} \times 100\% \quad (12.4.2-1)$$

式中 C_L——车行道完好率（%）；
F_1——检查单元车行道总面积（m²）；
F_{1i}——各类破损的实际面积（m²），同一地点有两种以上病害时只记一次严重者（K_i取大者）；
K_i——路面各类破损换算系数，应符合表12.4.2-1的规定；
β——路龄系数，应符合表12.4.2-2的规定。

表12.4.2-1 车行道各类破损换算系数 K_i 值

破损类型	沥青路面	水泥混凝土路面
裂缝	0.5	3
碎裂（网、龟裂）	1	3
断裂	—	10
松散	1	—
脱皮、泛油、露骨	1	1
坑槽、啃边	3	3
井框高差	3	3
车辙	0.5	—
沉陷	3	3
拥包	2	—
搓板或波浪	2	—
翻浆	6	—
唧泥	6	6
缝料散失	—	2
错台	—	6

表12.4.2-2 路龄系数 β 值

路龄		路龄系数 β
设计年限内		1.0
超设计年限（年）	1～5	0.9
	6～10	0.8
	11～15	0.7

注：路龄为该路建成年与检查年之差值。

2 人行道养护状况的评定应将所调查人行道单元（单元划分与车行道同，含路缘石）破损状况记录于本规范附录L表L-2，然后按下式计算人行道完好率：

$$P_L = \frac{F_2 - \sum F_{2i}}{F_2} \times 100\% \quad (12.4.2-2)$$

式中 P_L——人行道完好率（%）；
F_2——检查单元人行道总面积（m²）；
F_{2i}——各类破损的实际面积（m²）。

3 路基与排水设施养护状况的检查评定应按所调查路基与排水设施单元（单元划分与车行道同）破损状况记录于本规范附录L表L-3中，进行累积扣分后，按下式计算路基与排水设施完好程度得分值：

$$SD_L = 100 - S_{sd} \quad (12.4.2-3)$$

式中 SD_L——路基与排水设施完好程度（分）；
S_{sd}——路基与排水设施破损累积扣分。

4 其他设施养护状况的检查评定应按所调查其他设施单元（单元划分与车行道同）破损状况记录于本规范附录L表L-4中，进行累积扣分后，按下式计算其他设施完好程度得分值。

$$Q_L = 100 - S_f \quad (12.4.2-4)$$

式中 Q_L——其他设施完好程度（分）；
S_f——其他设施破损累积扣分。

12.5 养护状况评定

12.5.1 城镇道路养护状况评定等级应按车行道、人行道、路基与排水、其他设施四类设施单元分别确定优、良、合格、不合格四级，以优、良、合格单元数占总检查单元数的百分比为该类设施的合格率（λ_{bi}），对每条城镇道路的四类设施合格率的加权平均值为该路养护状况综合完好率（λ_z）。

12.5.2 车行道、人行道、路基与排水设施、其他设施养护状况及道路综合完好率的评定等级应符合表12.5.2-1～表12.5.2-5的规定。当出现结构强度不足时，设施养护状况评定等级不得为优、良。

表12.5.2-1 车行道养护状况评定等级标准

养护状况等级	完好率 C_L（%）			
	快速路	主干路	次干路	支路及其他
优	≥99	≥98.5	≥98	≥95
良	98≤C_L<99	97≤C_L<98.5	96≤C_L<98	90≤C_L<95
合格	95≤C_L<98	93≤C_L<97	91≤C_L<96	85≤C_L<90
不合格	<95	<93	<91	<85

表 12.5.2-2 人行道养护状况评定等级标准

养护状况等级	完好率 P_L(%)	养护状况等级	完好率 P_L(%)
优	≥98	合格	91≤P_L<96
良	96≤P_L<98	不合格	<91

表 12.5.2-3 路基与排水设施养护状况评定等级标准

养护状况等级	完好程度 SD_L(分)	养护状况等级	完好程度 SD_L(分)
优	≥90	合格	60≤SD_L<75
良	75≤SD_L<90	不合格	<60

表 12.5.2-4 其他设施养护状况评定等级标准

养护状况等级	完好程度 Q_L(分)	养护状况等级	完好程度 Q_L(分)
优	≥90	合格	60≤Q_L<75
良	75≤Q_L<90	不合格	<60

表 12.5.2-5 城镇道路养护状况综合评定等级标准

养护状况等级	完好率 λ_z(%)			
	快速路	主干路	次干路	支路及其他
优	≥95.5	≥95	≥94.5	≥94
良	88.5≤λ_z<95.5	88≤λ_z<95	87.5≤λ_z<94.5	85.5≤λ_z<94
合格	80≤λ_z<88.5	79≤λ_z<88	78.5≤λ_z<87.5	76.5≤λ_z<85.5
不合格	<80	<79	<78.5	<76.5

12.6 检查记录与资料管理

12.6.1 城镇道路养护状况评定检查中所收集的原始数据应记录于本规范附录L中,并以每条道路为单位汇总,按表 12.6.1 填写。

表 12.6.1 城镇道路养护状况评定检查总表

道路名称: 管养单位:
检查评定时间: 检查评定部门:

单元序号	车行道养护状况		人行道养护状况		路基与排水设施养护状况		其他设施养护状况		道路综合完好率 λ_z
	完好率 C_L	等级	完好率 P_L	等级	完好程度得分 SD_L	等级	完好程度得分 Q_L	等级	
设施合格率 λ_{bi}									
加权系数	0.35		0.25		0.25		0.15		

12.6.2 城镇道路养护状况检查评定原始资料与评定结果应整理造册,收入城镇道路养护管理档案。

已建立城镇道路养护管理系统数据库的城市,应以电子文档形式将各条道路历年养护状况评定结果保存,并应保存原始数据。

13 养护工程的检查与验收

13.1 一般规定

13.1.1 城镇道路养护工程的检查与验收应包括:保养小修、中修工程、大修工程、加固、改扩建工程等。

13.1.2 养护单位应对保养小修质量进行自查,并建立自查技术档案,将自查结果报管理单位备案,管理单位应进行质量抽检。

13.1.3 中修工程检查与验收应符合下列规定:
   1 养护单位、管理单位的质量管理人员应对施工过程和隐蔽部分的施工进行检查和验收;
   2 工程完成后,养护单位、管理单位应对工程外观质量及整体恢复程度提出验收意见;
   3 中修工程竣工资料应及时验收归档;
   4 中修工程宜由有相应资质的监理单位对工程全过程进行监理。

13.1.4 大修工程检查与验收应符合下列规定:
   1 大修工程应由有相应资质的监理单位对工程全过程进行监理;
   2 大修工程应按分项工程逐项进行验收;
   3 大修工程竣工验收应符合下列程序:
      1) 工程竣工后,施工单位应按设计文件和城市道路维修作业验收标准进行自检,作出质量自评,并组织初验;
      2) 监理单位应对工程质量作出监理评价,设计单位应对工程质量按设计要求作出评价;
      3) 管理单位接到施工单位申请办理正式验收的报告后,应及时组织竣工验收及进行质量评定,并报有关单位备案;
      4) 如工程未达到验收标准,管理单位应提出整改意见,由施工单位及时整改,达到标准再行复验;
      5) 当工程内容符合设计文件、工程质量符合验收标准、竣工文件齐全完整时,管理单位应及时办理交验手续;
      6) 大修工程竣工资料应及时验收,应由管理单位归档。

13.1.5 城镇道路的加固、改扩建工程检查与验收应依据新建工程的质量与验收标准进行。

13.2 沥青路面养护工程的检查与验收

13.2.1 沥青道路养护工程检查内容应包括：凿边质量、铺筑质量、平整度、接茬质量、路框差、横坡度等。

13.2.2 沥青道路养护质量验收应符合表13.2.2的规定。

表 13.2.2 沥青道路养护质量验收标准

项目	规定值及允许偏差	检验方法
凿边	1. 四周用切割机切割，整齐不斜； 2. 如采用铣刨机或其他工程机械施工，边口应整齐不斜； 3. 四周修凿垂直不斜，凿边宽度不小于50mm，深度不小于30mm	用尺量
铺筑	1. 面层铺筑厚度 —5mm，+10mm； 2. 细粒式沥青混凝土面层厚度不得低于30mm，粗粒式沥青混凝土面层厚度不得低于50mm，中粒式沥青混凝土面层厚度不得低于40mm； 3. 表面粗细均匀，无毛细裂缝，碾压紧密，无明显轮迹	用尺量
平整度	路面平整，人工摊铺不大于7mm，机械摊铺不大于5mm	3m直尺量
接茬	1. 接茬密实，无起壳、松散； 2. 与平石相接不得低于平石，高不得大于5mm； 3. 新老接茬密实，平顺直，不得低于原路面，高不得大于5mm	1m直尺量
路框差	1. 各类井框周围路面无沉陷； 2. 各类井框与路面高差不得大于5mm	1m直尺量
横坡度	与原路面横坡相一致，不得有积水	目测

13.3 水泥混凝土路面养护工程的检查与验收

13.3.1 水泥混凝土道路养护检查内容应包括：切割质量、铺筑质量、平整度、相邻板差、伸缩缝、路框差、纵横坡度等。

13.3.2 水泥混凝土道路养护质量验收应符合表13.3.2的规定。

表 13.3.2 水泥混凝土道路养护质量验收标准

项目	规定值及允许偏差	检验方法
切割	四周切割整齐垂直，不得附有损伤碎片，切角不得小于90°	用尺量
铺筑	1. 抗压、抗折强度不低于原有路面强度，板厚度允许误差+10mm，—5mm； 2. 路面无露骨、麻面，板边蜂窝麻面不得大于3%，面层拉毛应整齐	试块测试及用尺量
平整度	路面平整度高差不大于3mm	3m直尺量
抗滑	抗滑值BPN≥45或横向力系数SFC≥0.38	测试
相邻板差	新板块接边，高差不得大于5mm	1m直尺量
伸缩缝	1. 顺直，深度、宽度不得小于原规定； 2. 嵌缝密实，高差不大于3mm	1m直尺量
路框差	1. 座框四周宜设置混凝土保护边； 2. 座框或护边与路面高差不得大于3mm	1m直尺量
纵横坡度	与原路面纵坡、横坡相一致，不得有积水	目测

13.4 人行道养护工程的检查与验收

13.4.1 人行道养护检查内容应包括：材料质量、铺筑质量、平整度、路框差、接茬质量、凿边及滚花质量等。

13.4.2 人行道养护质量验收应符合表13.4.2的规定。

表 13.4.2 人行道养护质量验收标准

项目	规定值及允许偏差	检验方法
铺筑	1. 预制块、块石铺筑平整不摇动，缝隙饱满； 2. 纵横缝顺直，排列整齐，纵向偏差不得大于10mm； 3. 铺筑人行道板完整，一块板不超过一条裂缝，有缺角用混凝土补平	用10m线量测
强度	1. 现浇水泥人行道强度、厚度符合设计要求，振捣坚实； 2. 表面无露骨、麻面。厚度偏差+10mm、—5mm	试块检验用尺量

续表13.4.2

项目	规定值及允许偏差	检验方法
平整度	预制块和现浇水泥人行道的平整度不得大于5mm	3m直尺量
路框差	1. 检查井及公用事业井盖框和人行道高差不得大于5mm； 2. 现浇水泥人行道不得大于3mm	1m直尺量
接茬	1. 新老接茬齐平，高差不得大于5mm； 2. 人行道面应高出侧石顶面5mm	1m直尺量
凿边及滚花	1. 现浇水泥人行道四周凿边整齐不斜，四周不得有损伤碎石； 2. 现浇混凝土粗底完成后紧跟做细砂浆，表面平整美观； 3. 纵横划线垂直齐整、缝宽和缝深均匀，滚花整齐	目测

13.4.3 道路无障碍设施养护检查应符合下列规定：

1 无障碍设施应包括缘石坡道、缓坡道、盲道等；

2 应检查盲道类型、位置、宽度等；

3 应检查坡道位置、宽度、坡度、接茬平顺等。

13.4.4 道路无障碍设施养护质量验收应符合下列规定：

1 盲道养护质量验收应符合表13.4.4-1的要求。

表13.4.4-1 盲道养护质量验收标准

项目	规定值及允许偏差	检验方法
位置	1. 设置盲道的城镇道路人行道宽度不宜小于3500mm； 2. 避开各类地面障碍物并距人行道边线250~600mm； 3. 盲道中应无障碍物，检查井盖框高低差不超过10mm	用尺量
宽度	1. 人行道铺设盲道宽度宜为300~600mm； 2. 在人行道转弯处设置的全宽式无障碍坡道形式，设置提示盲道，宽度应大于行进盲道的宽度	用尺量

2 无障碍坡道养护质量验收应符合表13.4.4-2的规定。

表13.4.4-2 无障碍坡道养护质量验收标准

项目	规定值及允许偏差	检验方法
坡度	1. 缘石坡道正面坡的坡度不得大于1:12； 2. 缘石坡道两侧面坡的坡度不得大于1:12； 3. 缓坡道正面坡的坡度不得大于1:20	用尺量
高度	缘石坡道正面坡中缘石外露高度不得大于20mm	用尺量
宽度	1. 三面坡缘石坡道的正面坡道宽度不得小于1200mm； 2. 扇面式缘石坡道的下口宽度不得小于1500mm； 3. 转角处缘石坡道的上口宽度不宜小于2000mm； 4. 其他形式的缘石坡道的宽度不应小于1200mm	用尺量

13.5 其他路面养护工程的检查与验收

13.5.1 其他路面养护检查应包括下列内容：

1 其他路面应包括水泥混凝土预制块、彩色预制板、广场砖、大理石、花岗石等；

2 其他路面检查内容应包括：平整度、相邻块高差、路框差、缝宽、纵横缝线中心偏差等。

13.5.2 其他路面养护质量验收应符合表13.5.2的规定。

表13.5.2 其他路面养护质量验收标准

项目	规定值及允许偏差	检验范围	检验方法
平整度	大理石、花岗石0~5mm 彩色预制块、广场砖0~7mm	10m检1点（取最大值）	3m直尺量
相邻块高差	大理石、花岗岩（光面）1mm （毛面）2mm 彩色预制块、广场砖2mm	10m检3点（取最大值）	用尺量
路框差	大理石、花岗石2mm 彩色预制块、广场砖3mm	每井检1点	用尺量
缝宽误差	大理石、花岗石±2mm 彩色预制块、广场砖±2mm	10m检3点（取最大值）	10m线用尺量
纵横缝线中心偏差	大理石、花岗石±1mm 彩色预制块、广场砖±2mm	10m检1处，量测3点（取最大值）	10m线用尺量

13.6 掘路修复的检查与验收

13.6.1 掘路修复应符合下列规定：
1 掘路修复所采用的基层、面层材料不应低于原结构强度；
2 紧急抢修的掘路，当一次修复达不到规定压实度时，应进行两次修复；
3 掘路修复应做到快速、坚实、平整，现场清洁。

13.6.2 掘路修复的质量验收标准应符合下列规定：
1 小型掘路修复的质量要求，应符合沥青路面、水泥混凝土路面、人行道的养护质量评定标准；
2 大型掘路修复的质量要求，应依据新建工程的质量标准进行。

13.7 道路附属设施养护工程的检查与验收

13.7.1 道路附属设施养护检查应符合下列规定：
1 附属设施应包括隔离护栏、路铭牌等；
2 隔离护栏检查内容应包括：设置位置、顺直度、高度、固定式垂直度、相邻隔栅错缝高差等；
3 路铭牌检查内容应包括：字体、指向、高度、垂直度、位置等。

13.7.2 道路附属设施养护质量验收应符合下列规定：
1 隔离护栏养护质量验收应符合表 13.7.2-1 的规定。

表 13.7.2-1 隔离护栏养护质量标准

项 目	允许偏差 (mm)	检验频率 范围(m)	检验频率 点数	检验方法
护栏顺直度	20	100	1	用20m线量取最大值
护栏高度	+20，-10	100	3	用钢尺量
固定式垂直度	10	100	3	用垂线吊量
相邻隔栅错缝高差	±5	100	3	用钢尺量

2 路铭牌养护质量验收应符合表 13.7.2-2 的规定。

表 13.7.2-2 路铭牌养护质量验收标准

项目	允许偏差 (mm)	检查频率 范围	检查频率 点数	检验方法
高度	20	每块	2	用尺量
垂直度	10	每块		用垂线吊量
位置	30	每块	2	用尺量

14 道路养护作业安全防护

14.1 一般规定

14.1.1 养护作业人员上岗前必须进行安全教育和技术培训。进入养护作业现场内的人员，必须穿戴具有反光功能的安全标志服和防护帽。

14.1.2 养护作业现场应设置明显安全标志和采取有效的安全防护措施。

14.1.3 应由专职的安全人员对施工作业安全进行监督，可由经过安全培训的人员进行现场交通疏导。

14.1.4 养护作业人员不得随意走出安全保护区，不得将施工机具和材料置于安全保护区外。如需穿越行车道，应在确保安全的情况下通过。

14.1.5 进入养护作业现场的作业车辆，应配置警示标志、灯具，车身两侧应注有"道路养护"字样，其规格、颜色、品种、性能应符合国家现行标准《道路作业交通安全标志》GA182 及《道路交通标志和标线》GB 5768 的规定。

14.1.6 当遇大雾、大雨、冰雪天气时，应暂停养护作业。在应急抢险、排除道路积水、消除冰雪时，宜封闭交通或疏导交通。

14.2 交通安全措施

14.2.1 中修、大修、加固改扩建的工程项目应有交通疏导方案。小修维护作业现场应采用锥形交通标、护栏划分出作业区和行驶区，夜间应设黄色频闪警示标志。

14.2.2 养护作业时应依据施工宽度和现场交通条件，采取局部封闭、单车道封闭、半幅路封闭或全幅路封闭。

14.2.3 采取道路局部封闭时，安全保护区的布设应按顺序分别为警告区、上游过渡区、缓冲区、作业区、下游过渡区、终止区。每个区域布设的交通标志的种类、规格、颜色、安置的距离、位置应符合现行国家标准《道路交通标志和标线》GB 5768 的规定。

14.2.4 采取道路全幅封闭时，应在绕行路口的前方设置指路标志，在安全保护区的两端设置路障及警示标志。

14.3 道路养护流动作业要求

14.3.1 道路养护流动作业宜包括道路养护车、道路检测车、清扫车、牵引车、洒水车、冲水车、绿化浇水养护车、吊车、登高车等施工车辆的行走作业。作业车辆后方必须悬挂移动性施工标志。

14.3.2 行走作业车辆必须开启双侧转向指示灯、警示灯或箭式导向灯牌。

14.3.3 作业车辆应限速行驶，不得任意调头、倒车

14.3.4 随车作业人员必须在车辆前方区域内作业；如需停留作业时，应在车辆后方设置锥形交通标。

附录 A 城镇道路巡查表

表 A-1 城镇道路巡查表

年 月 日

巡视路线	时间	公里
	时间	公里
	时间	公里
	时间	公里
发现存在问题（可附照片）		

主管：　　　填报人：

表 A-2 设施损坏通知单

通知号	设施名称	班
损坏部位	整修　月　日	
损坏原因		
处理意见		
	班长	

一、存根　二、交工段　三、交班

技术员：　　　巡视员：
　　　　　　　年　月　日

附录 B 城镇道路资料卡

表 B-1 城镇道路资料卡

道路名称：

基本情况	起止地点	长度(m)	路面宽度(m)	路面面积(m²)	修建年月	道路等级	路面结构
历年调查情况	时间	交通量(双向标准车辆/昼夜)	平整度值	弯沉值(mm)	时间	交通量(双向标准车辆/昼夜)	平整度值	弯沉值(mm)

审核：　　　填表：　　　日期：

附录 C 沥青路面、水泥混凝土路面、人行道路面损坏类型

表 C-1 沥青路面损坏类型

计量单位：m²

损坏类型		定义	计量标准
裂缝类	线裂	指单根/条裂缝，包括横缝、纵缝以及斜缝等	裂缝长度等于或大于1m，宽度等于或大于3mm。按裂缝长（m）×0.2（m）计量
裂缝类	网裂	交错裂缝，把路面分割成近似矩形的块，网块直径小于3m	按一边平行于道路中心线的外接矩形面积计量
裂缝类	碎裂	裂缝成片出现，缝间路面已裂成碎块，碎块直径小于0.3m。包括井边碎裂	开裂成网格状，外围面积小于或等于1m²不计，井框面积不计。按其外边界长（m）×宽（m）计量
变形类	车辙	在行车作用下沿车轮带形成的相对两侧的凹槽	以3m直尺横向测量。凹槽深大于30mm时，按车辙长度（m）×车道（轮迹）全宽（m）计量
变形类	沉陷	路面局部下沉	在3m直尺范围内沉陷深度大于5mm。按长（m）×宽（m）计量
变形类	拥包	路面面层材料在车辆推挤作用下形成的路面局部拱起	路面局部隆起，在1m范围内隆起不小于15mm。按长（m）×宽（m）计量
松散类	剥落	面层细料散失	面层材料散失深度不大于2cm。外围面积小于0.1m²不计。按散失范围长度（m）×宽度（m）计量
松散类	坑槽	路面材料散失后形成的凹坑	路面材料散失形成坑洞，凹坑深度大于或等于20mm。按长（m）×宽（m）计量
松散类	啃边	由于行车荷载作用致使路面边缘出现损坏	路面边缘材料剥落破损或形成坑洞，凸凹差大于5mm。按宽度（m）×长度（m）计量
其他类	路框差	路表与检查井框顶面的相对高差（高或低）	路面与路框差等于或大于15mm。按井数×1m²计量
其他类	修补损坏	路面在修补位置产生的损坏或病害	按修补后的损坏面积计量

表 C-2 水泥路面损坏类型

计量单位：m²

损坏类型		定义	计量标准
裂缝类	线裂	路面因不均匀沉陷或胀缩而造成板体断裂。包括纵向裂缝、横向裂缝和斜向裂缝，裂缝将板分成两块	裂缝长度等于或大于1m，宽度等于或大于3mm。按裂缝长（m）×0.2（m）计量
裂缝类	板角断裂	垂直贯穿整块板厚，与接缝相交的裂缝。板角到裂缝两端的距离小于或等于板长的一半	按板角到裂缝两端的距离乘积计量
裂缝类	D裂缝	与接缝、自由边或线裂平行的新月形裂缝，细小裂缝处呈暗色	按裂缝平行于接缝或自由边的外接矩形面积计量
裂缝类	交叉裂缝和破碎板	裂缝将板分成三块或三块以上	按其外边界长（m）×宽（m）计量
接缝破坏类	接缝料损坏	填缝料剥落、挤出、老化和缝内无填缝料	散失深度在表面下等于或大于5mm。按长度×1m计
接缝破坏类	边角剥落	临近接缝0.6m内，或板角0.15m内，混凝土开裂或成碎块	按其外边界长（m）×宽（m）计量
表面破坏类	坑洞	面板表面出现直径为25~100mm，深为12~50mm的坑洞	按外围面积计
表面破坏类	表面纹裂与层状剥落	路面表面有网状浅而细的裂纹或层状剥落	按一边平行于道路中心线的外接矩形面积计量
其他类	错台	在接缝或裂缝两边出现高差	高差等于或大于15mm。按错台板块的边长（m）×1m计量
其他类	拱起	横缝或接缝两侧的板体发生明显抬高	按拱起板块的面积计量
其他类	唧泥	荷载作用时板发生弯沉，水和细料在轮载的作用下从接缝或裂缝中唧出	按唧泥板块的边长（m）×1m计量
其他类	修补	路面在修补位置产生的损坏或病害	按修复面积计量
其他类	路框差	路表与检查井框顶面的相对高差（高或低）	路面与路框差等于或大于15mm。按井数×1m²计量

表 C-3 人行道铺装损坏类型

计量单位：m²

损坏类型	定 义	计量标准
裂 缝	路面上出现的各类裂缝	按裂缝长（m）×0.2（m）计量
松动或变形	人行道块件出现松动、脱空、下陷或拱起	按松动及变形的块件面积计量
残 缺	人行道块件破碎散失	按残缺面积计量

附录 D 沥青路面、水泥混凝土路面、人行道路面损坏单项扣分表

表 D-1 沥青路面损坏单项扣分表

损坏类型	损 坏 密 度（%）					
	0.01	0.1	1	10	50	100
线裂	3	5	8	16	38	48
网裂	5	8	10	20	45	70
碎裂	8	10	15	30	55	80
沉陷	3	5	12	25	47	63
车辙	2	7	12	25	45	55
拥包	3	10	15	30	52	65
坑槽	10	15	25	40	65	72
啃边	2	4	8	15	30	40
剥落	2	5	8	15	35	45
路框差	3	8	12	12	12	12
修补损坏	2	5	8	15	25	33

表 D-2 水泥路面损坏单项扣分表

线裂损坏密度（%）	0.1	1	5	10	20	≥20
线裂单项扣分值	4	9	38	62	70	80
板角断裂损坏密度（%）	0.5	1	3	5	7	≥7
板角断裂单项扣分值	12	25	33	44	55	65
D 裂缝损坏密度（%）	0.5	1	3	5	7	≥7
D 裂缝单项扣分值	5	12	17	23	29	35
交叉裂缝和破碎板损坏密度（%）	1	5	10	30	50	100
交叉裂缝和破碎板单项扣分值	8	17	27	55	65	75
错台损坏密度（%）	0.1	1	5	10	20	≥20
错台单项扣分值	4	7	23	29	36	41
拱起损坏密度（%）	1	5	10	30	50	100
拱起单项扣分值	7	15	25	48	58	68

续表 D-2

唧泥损坏密度（%）	0.1	1	5	10	20	≥20
唧泥单项扣分值	2	3	13	18	23	25
边角剥落损坏密度（%）	0.5	1	3	5	7	≥7
边角剥落单项扣分值	4	11	15	21	27	35
坑洞损坏密度（%）	0.02	0.1	0.2	0.6	1	≥1
坑洞单项扣分值	9	19	30	60	70	80
修补损坏密度（%）	0.5	1	10	50	100	
修补单项扣分值	8	17	34	52	71	80
表面纹裂与层状剥落损坏密度（%）	0.5	1	5	10	50	100
表面纹裂与层状剥落单项扣分值	5	8	10	16	33	42
接缝料损坏损坏密度（%）	0.1	1	5	10	20	≥20
接缝料损坏单项扣分值	1	3	5	7	10	12
路框差损坏密度（%）	0.01	0.1	1	10	50	100
路框差单项扣分值	3	8	12	12	12	12

表 D-3 人行道路面损坏单项扣分表

损坏类型	损 坏 密 度（%）					
	0.01	0.1	1	10	50	100
裂 缝	12	20	25	42	64	80
松动或变形	10	18	25	40	62	75
残 缺	9	15	21	38	54	64

附录 E 沥青路面、水泥混凝土路面、人行道路面损坏调查表

表 E-1 沥青路面损坏调查表

路名：　　　　　　起止：

检查面积（F_1）：（长　　×宽　　）＝m²

损坏类型		损坏面积 F_{1i}（m²）	损坏密度（%）$\rho = \dfrac{F_{1i}}{F_1}$	单项扣分值	备注
裂缝类	线裂				
	网裂				
	碎裂				
变形类	车辙				
	沉陷				
	拥包				
松散类	剥落				
	坑槽				
	啃边				
其他类	路框差				
	修补损坏				

调查人员：　　　调查日期：　　年　月　日

表 E-2 水泥路面损坏调查表

路名：　　　　　　　　起止：

被查面积（F_1）：（长　　　×宽　　　）＝m^2

损坏类型		损坏面积 F_{1i} (m^2)	损坏密度 (%) $\rho=\dfrac{F_{1i}}{F_1}$	单项扣分值	备注
裂缝类	线裂				
	板角断裂				
	D 裂缝				
	交叉裂缝和破碎板				
接缝破坏类	接缝料损坏				
	边角剥落				
表面破坏类	坑洞				
	表面纹裂与层状剥落				
其他类	错台				
	拱起				
	唧泥				
	修补				
	路框差				

调查人员：　　　　调查日期：　　　　年　月　日

表 E-3 人行道铺装损坏调查表

路名：　　　　　　　　起止：

被查面积（F_2）：（长　　　×宽　　　）＝m^2

损坏类型	损坏面积 F_{2i} (m^2)	损坏密度 (%) $\rho=\dfrac{F_{2i}}{F_2}$	单项扣分值	备注
裂缝				
松动或变形				
残缺				

调查人员：　　　　调查日期：　　　　年　月　日

附录 F 损坏评价权函数曲线

沥青路面、水泥路面和人行道的损坏评价权函数曲线宜符合图 F 的要求。

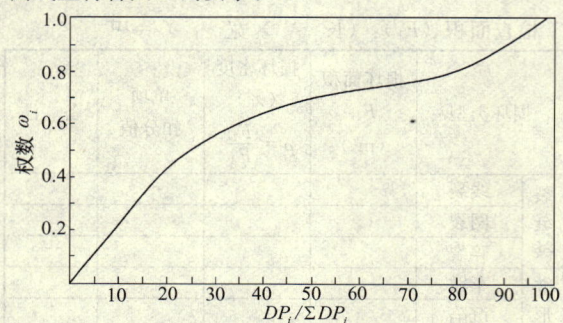

单项扣分占该类损坏扣分或总扣分的比值

图 F 损坏评价权函数曲线

权函数由下式计算确定：

$$\omega_i = 3.0 u_i^3 - 5.5 u_i^2 + 3.5 u_i$$

其中　　$u_i = \dfrac{DP_i}{\sum\limits_{i=1}^{n} DP_i}$

附录 G 沥青路面和水泥路面状况指数 PCI 计算方法

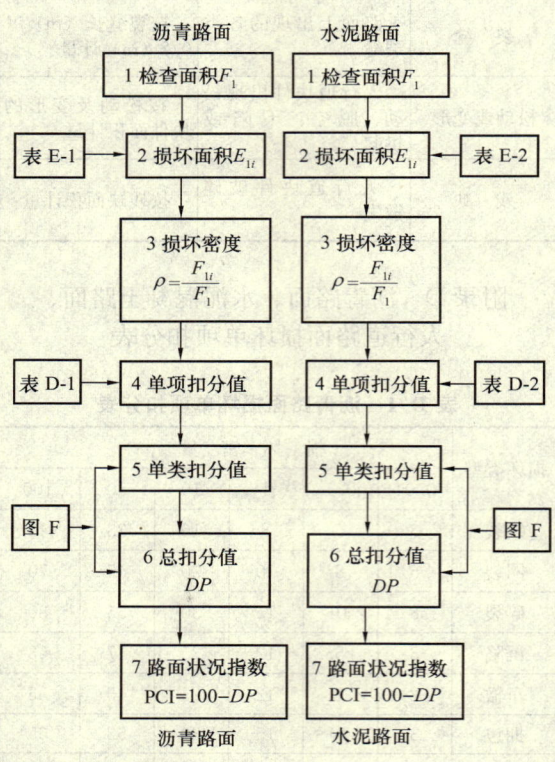

图 G 沥青路面和水泥路面状况指数 PCI 计算方法

附录 H 人行道状况指数 FCI 计算方法

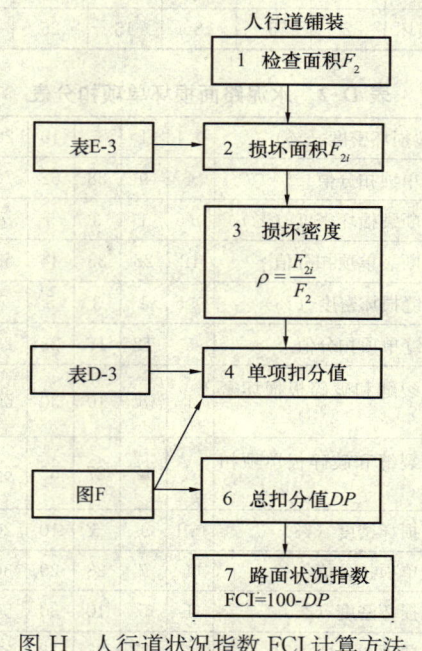

图 H 人行道状况指数 FCI 计算方法

附录J 设施分类年报表

表J 设施分类年报表

填报单位：　　　　　　　　　　　年度：　　　　　　　　　　　表号：

项目\数量\内容	道路类别				道路等级			道路级别																											合计
								RQI				FQI				PCI				FCI				BPN			SFC			PQI			结构强度			
	快速路	主干路	次干路	支路	Ⅰ等	Ⅱ等	Ⅲ等	A	B	C	D	A	B	C	D	A	B	C	D	A	B	C	D	A	B	C	A	B	C	A	B	C	D	足够	临界	不足	
数量（条）																																					
长度（m）																																					
面积（m²）																																					
备注																																					

附录K 水泥混凝土路面修补材料

K.1 裂缝修补材料

K.1.1 裂缝修补材料根据其功能可分为补强材料和密封材料。当水泥混凝土路面因裂缝造成强度不足时，应选用补强材料。当水泥混凝土路面仅出现贯穿裂缝，而板面强度仍能满足使用要求时，应选用密封修补材料，将裂缝封闭。

K.1.2 用于水泥混凝土路面裂缝修补的高模量补强材料宜选用经过改性的环氧树脂类材料或经乳化反应过的环氧树脂乳液，其主要技术要求应符合表K.1.2的规定。

表K.1.2 补强材料技术要求

性　　能	技　术　要　求
灌入稠度（s）	<20
拉伸强度（MPa）	≥5
粘结强度（MPa）	≥3
断裂伸长率（%）	2～5

灌入稠度试验方法可按国家现行标准《公路水泥混凝土路面接缝材料》JT/T 203的方法进行，其他性能指标试验方法应按国家现行标准《公路水泥混凝土路面养护技术规范》JTJ 073执行，并应符合下列规定：

1 拉伸长度及断裂伸长率试验方法应符合下列规定：

1）试样

试样尺寸见图K.1.2-1，每组试样不少于5个。

2）试验标准条件

试验环境温度（20±5）℃，相对湿度65%±5%。

试验设备：

试验机测量范围为0～1000N，分度值为2N，示值精度为±1%，试验机上夹具的移动速度为80～500mm/min。

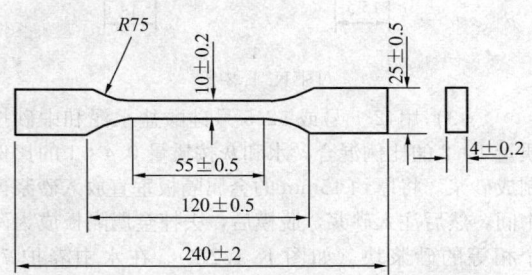

图K.1.2-1 拉伸试样图（单位：mm）

3）试验程序

将按工艺要求配好的胶液直接浇入试样模内，固化后加工成标准试样。试样表面应平整、光滑，无气泡、裂纹、明显杂质和加工损伤等缺陷。在实验室标准条件下，放置4h。将合格试样编号，测量试样工作段中部和离标线为5mm之内处各任取一点的宽度和厚度，准确到0.05mm，取算术平均值。夹持试样，使试样的中心轴线与上下夹具的对准中心线一致，安上防护罩，按规定速度（250±50）mm/min均匀、连续加载，直到破坏，读取试样断裂时的荷载，同时量取试样断裂瞬间标距线间的长度L_1。若试样断裂在标距外，则该试样作废，另取试样补做。

4）结果计算

试样的拉伸强度按下式计算：

$$\sigma_t = \frac{P}{B \cdot d} \times 100 \quad \text{(K.1.2-1)}$$

式中　σ_t——试样拉伸强度(MPa，精确到0.1MPa)；

P——试样断裂时的荷载（N）；
B——试样标距段的宽度（mm）；
d——试样标距段的厚度（mm）。
试样的断裂拉伸率按下式计算：

$$\varepsilon_t = \frac{L_1 - L}{L} \times 100 \quad (K.1.2-2)$$

式中 ε_t——试样的断裂伸长率（%）；
L——试样标距线间初始有效长度（mm）；
L_1——试样断裂瞬间标距线间的长度（mm）。
分别计算并报告5个试样纵向和横向的算术平均值（精确到1%）。

2 粘结强度试验方法应符合下列规定：
1) 仪器及材料
抗张仪：单杠杆；
抗拉试验砂浆块。
2) 试件制备

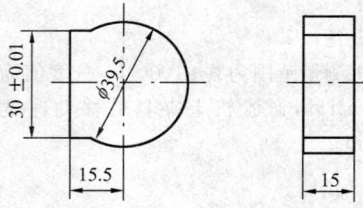

图 K.1.2-2

3) 用42.5号或52.5号硅酸盐水泥和中砂按质量1:2的比例混合，水和灰按质量0.4:1的比例制成砂浆。将厚约15mm的金属隔板垂直放入砂浆模中间，然后注入砂浆，脱模后，去掉金属隔板成为两个相等的砂浆块（如图 K.1.2-2）。在水中养护7d后，自然风干备用。

取两个砂浆块清除浮砂，在横断面上涂刷0.5～1mm的补强材料使其全部粘结，在（40±2）℃下干燥24h备用，每组试件6块。

取已充分干燥的试件在（20±1）℃条件下放置1h，然后于抗张仪上拉断。记录破坏时读数。

4) 结果计算
每个粘结强度的数值按下式计算：

$$f = \frac{P}{S} \quad (K.1.2-3)$$

式中 f——粘结强度（MPa）；
P——拉力读数（N）；
S——粘结面积（按实际粘结面积计）（mm²）。

5) 结果评定
在6块试件中选取4块数值接近的平均值作为粘结强度的试验结果。

K.1.3 用于水泥混凝土路面裂缝修补的密封材料宜选用聚氨酯类灌浆材料，技术性能应符合表 K.1.3 的规定。

表 K.1.3 密封材料技术要求

性 能	技 术 要 求
灌入稠度（s）	＜20
拉伸强度（MPa）	≥4
粘结强度（MPa）	≥4
断裂伸长率（%）	≥50

K.2 接缝材料

K.2.1 用于水泥混凝土路面修补的接缝材料，应符合国家现行标准《公路水泥混凝土路面接缝材料》JT/T 203 的规定。

K.2.2 用于水泥混凝土路面接缝修补的接缝板应具有一定的压缩性及弹性，当混凝土板高温膨胀时不被挤出；当混凝土板低温收缩时，能与混凝土板缝壁连接，不被拉断，不产生缝隙，在混凝土路面施工时不变形，且具有较高的耐腐蚀性，并应符合下列规定：

1 接缝板的品种可采用杉木板、泡沫橡胶板、泡沫树脂板和纤维板。其技术要求应符合表 K.2.2 的规定。

表 K.2.2 接缝板的技术要求

试验项目	接缝板种类		
	木 类	泡沫类	纤维类
压缩应力（MPa）	5.0～20.0	0.2～0.6	2.0～10.0
复原率（%）	＞55	＞90	＞65
挤出量（mm）	＜5.5	＜5.0	＜4.0
弯曲荷载（N）	100～400	0～50	5～40

注：对复原率在吸水后不应小于不吸水的90%。

2 接缝板的厚度误差范围不应大于5%，长度与宽度误差范围不应大于2%。

3 木板类应挖出板上的树节，并用原质木材修补。该类材料不宜在高等级公路上使用。

K.2.3 填缝料可分为加热施工式填缝料和常温施工式填缝料，并应符合下列规定：

1 用于水泥混凝土路面修补的填缝料应具备下列技术性能：

1) 与水泥混凝土板缝壁具有较好的粘结力。当混凝土板伸缩时，填缝料能与混凝土板缝壁粘结牢固，而不致从混凝土缝壁上拉脱。

2) 具有较高的拉伸率，填缝料必须能随混凝土板伸缩，而不致被拉断。

3) 耐热及耐嵌入性好，在夏季高温时，填缝料不发生流淌。填缝料应耐砂石杂物嵌入，保证混凝土板伸胀不受阻。

4) 具有较好的低温塑性。在冬季低温时，填缝料不发生脆裂，仍具有一定的延伸性。

5) 耐久性好。填缝料应能在较长时间保持良好的实用性能，即耐磨、耐水等，不易老化。填缝料寿命不得低于3年。

2 加热施工式填缝料的品种可采用聚氯乙烯胶泥、沥青橡胶类和沥青玛𤦎脂等，其技术要求应符合表 K.2.3-1 的规定。

表 K.2.3-1 加热施工式填缝料的技术要求

试验项目	低弹性型	高弹性型
针入度（0.1mm）	＜50	＜90
弹性（复原率）（%）	＞30	＞60
流动度（mm）	＜5	＜2
拉伸量（mm）	＞5	＞15

3 常温施工式填缝料的品种可采用聚氨酯焦油类、氯丁橡胶类、乳化沥青橡胶类等。其技术要求应符合表 K.2.3-2 的规定。

表 K.2.3-2 常温施工式填缝料的技术要求

试验项目	技术要求
灌入稠度（s）	＜20
失黏时间（h）	6～24
弹性（复原率）（%）	＞75
流动度（mm）	0
拉伸量（mm）	＞15

附录 L 城镇道路养护状况检查记录表

表 L-1 车行道养护状况检查记录表

道路名称：

单元序号	项目	破损面积 F_{1i}（实测/换算）(m²) 换算系数 K_i（沥青路面/水泥混凝土路面）											换算破损面积 (m²)			检查面积 F_1 (m²)	完好率（%）	评定等级
		裂缝	碎裂	断裂	松散	脱皮	坑槽等	车辙	沉陷	拥包	搓板	翻浆	唧浆	缝料散失	错台	$\sum F_{1i}K_i$	β	$\beta\sum F_{1i}K_i$		$\dfrac{F_1-\beta\sum F_{1i}K_i}{F_1}$	
		0.5/3	1/3	1/10	1	1/1	3/3	0.5	3/3	2	2	6	6/6	2	1/6						

审核：　　　检查：　　　计算：　　　　　　　　　　　　　　　　日期：

表 L-2 人行道养护状况检查记录表

道路名称：

单元序号	项目	破损面积 F_{2i}				破损面积合计 $\sum F_{2i}$	检查面积 F_2	完好率 P_L	评定等级
		坑洞	错台	拱起	沉陷 预制件缺失				

审核：　　检查：　　计算：　　日期：

表 L-3 路基与排水设施养护状况检查记录表

道路名称：

单元序号	项目	路基（路肩、边坡、护坡、挡墙）（处）			排水设施（明沟、暗沟、井）（处）		S_{sd}（分）	完好程度 SD_L	评定等级
		不整、冲沟 ×5	边坡破损 ×5	构筑物损坏 ×10	破损 ×5	淤塞 ×10			

审核：　　检查：　　计算：　　日期：

表 L-4 其他设施养护状况检查记录表

道路名称：

单元序号	项目	附属结构物（涵洞、通道）（处）			附属设施（防护栏栅、标志）（处）		S_f（分）	完好程度 Q_L	评定等级
		变形×5	破损×5	功能失效×10	破损×5	功能失效×10			

审核：　　　　检查：　　　　计算：　　　　日期：

本规范用词说明

1　为便于在执行本规范条文时区别对待，对要求严格程度不同的用词说明如下：

　　1）表示很严格，非这样做不可的：
　　　　正面词采用"必须"，反面词采用"严禁"；
　　2）表示严格，在正常情况下均应这样做的：
　　　　正面词采用"应"，反面词采用"不应"或"不得"；
　　3）表示允许有选择，在条件许可时首先应这样做的：
　　　　正面词采用"宜"，反面词采用"不宜"；
　　　　表示有选择，在一定条件下可以这样做的，采用"可"。

2　条文中指明应按其他有关标准执行的写法为"应符合……的规定"或"应按……执行"。

中华人民共和国行业标准

城镇道路养护技术规范

CJJ 36—2006

条 文 说 明

前 言

《城镇道路养护技术规范》CJJ 36-2006 经建设部 2006 年 5 月 18 日以建设部第 430 号公告批准发布。

为便于广大设计、施工、科研、学校等单位有关人员在使用本标准时能正确理解和执行条文规定，《城镇道路养护技术规范》编制组按章、节、条顺序编制了本标准的条文说明，供使用者参考。在使用中如发现本条文说明有不妥之处，请将意见函寄北京市市政工程管理处（地址：北京市海淀区厂西门路 2 号，邮编：100097）。

目　次

1 总则 …………………………………… 66—38
3 基本规定 ……………………………… 66—38
4 道路检测、评价和养护对策 ………… 66—39
　4.1 一般规定 …………………………… 66—39
　4.2 经常性巡查 ………………………… 66—39
　4.3 定期检测 …………………………… 66—39
　4.4 特殊检测 …………………………… 66—39
　4.5 路面技术状况评价 ………………… 66—39
5 路基养护 ……………………………… 66—39
　5.1 一般规定 …………………………… 66—39
　5.2 路基翻浆 …………………………… 66—39
　5.3 路肩 ………………………………… 66—40
　5.4 边坡 ………………………………… 66—40
　5.5 挡土墙 ……………………………… 66—40
　5.6 边沟、排水沟、截水沟 …………… 66—41
　5.7 特殊土质路基 ……………………… 66—41
6 沥青路面养护 ………………………… 66—42
　6.1 一般规定 …………………………… 66—42
　6.2 常见破损的维修 …………………… 66—42
　6.3 路面上封层 ………………………… 66—42
　6.4 路面补强 …………………………… 66—43
7 水泥混凝土路面养护 ………………… 66—43
　7.1 一般规定 …………………………… 66—43
　7.2 路面的日常养护 …………………… 66—43
　7.3 常见破损的维修 …………………… 66—43
　7.4 翻修及路面改善 …………………… 66—44
8 其他路面养护 ………………………… 66—44
　8.1 块石铺砌路面 ……………………… 66—44
　8.2 水泥混凝土预制砌块路面 ………… 66—44
9 人行道的养护 ………………………… 66—45
　9.1 一般规定 …………………………… 66—45
　9.2 面层养护 …………………………… 66—45
　9.3 基础养护 …………………………… 66—45
　9.4 缘石养护 …………………………… 66—45
　9.5 树池、踏步养护 …………………… 66—45
10 掘路修复 …………………………… 66—45
　10.1 一般规定 ………………………… 66—45
　10.2 回填 ……………………………… 66—46
　10.3 基层修复 ………………………… 66—46
　10.4 路面修复 ………………………… 66—46
11 道路附属设施的养护 ……………… 66—46
　11.3 检查井、雨水口 ………………… 66—46
　11.4 涵洞 ……………………………… 66—46
12 养护状况的评定 …………………… 66—46
　12.1 一般规定 ………………………… 66—46
　12.2 病害与缺陷的界定 ……………… 66—47
　12.3 养护状况调查方法 ……………… 66—47
　12.4 养护状况评定指标 ……………… 66—47
　12.5 养护状况评定 …………………… 66—47
　12.6 检查记录与资料管理 …………… 66—47
13 养护工程的检查与验收 …………… 66—47
14 道路养护作业安全防护 …………… 66—48
　14.1 一般规定 ………………………… 66—48
　14.2 交通安全措施 …………………… 66—48
　14.3 道路养护流动作业要求 ………… 66—48
附录 G 沥青路面和水泥路面状况指数
　　　 PCI 计算方法 ………………… 66—48
附录 H 人行道状况指数 FCI 计算
　　　 方法 ……………………………… 66—51

1 总 则

1.0.1 本条规定了制定本规范的目的。

城镇道路是城市建设的动脉，随着交通量的迅速增长，人民群众对城镇道路的需求和服务要求日益提高，因此，必须加强城镇道路的养护，保证道路设施的使用功能和服务水平。为达到这一目的，根据近十几年养护技术的发展情况、在总结成功经验的基础上统一技术标准、提高养护技术水平，在原规范的基础上修订而成。

1.0.2 本规范适用于城镇道路的养护，城镇道路是指城镇规划范围内的市区道路设施，尚未实现规划的城市可参照本规范执行。

1.0.3 城镇道路养护所涉及的技术领域较大，除应执行本规范外，还应符合国家现行的有关标准的规定。如各类材料的检验、试验，各类检测设备的使用、检验、保管的规定以及施工、验收的规范等。

3 基本规定

3.0.1~3.0.4 规定了城镇道路的养护范围及应分类、分等、分级的养护原则，使有限的养护费用发挥更大的经济效益。条文中道路分类是按城镇道路在道路系统中的地位、交通功能、服务功能划分的，其中的支路包含了街坊道路。依据道路分类和其在城镇中不同的位置及重要性，把城镇道路分为三个养护等级，在技术上可行，经济上合理。分类、分等、分级养护体现了保证重点、养好一般、预防为主、防治结合的养护方针。

3.0.5 城镇道路预防性养护，即在道路投入使用后，没有损坏之前的预防性养护工作。经多年的养护实践证明，预防性养护工作是延长道路使用年限的重要措施。其主要内容包括：恢复磨耗层的功能，提高抗滑能力，表面磨光的处理，早期出现的裂缝处理等。主要方法有沥青稀浆封层、微表处、超薄磨耗层的加铺、冬期的灌缝工作等。

3.0.6 本条规定了养护工程的分类。因城市的发展水平不同，道路养护管理体制不同，只对各类养护工程的工程量做了定量的规定，经济发展较快的城市，可将专项综合治理工程纳入养护工程范围，专项综合治理工程是以道路设施的改造为主，配合园林、绿化、杆线拆移、街景照明等综合性治理项目，如各城市的景观大道、步行街、亮丽工程等。

3.0.7 人行道改、扩建工程必须设置盲道和无障碍设施，体现城市建设以人为本的原则，是城市文明高度发展的必然。尤其是无障碍设施，使盲人、残疾人、老年人、所有的健康人都感觉到便捷，使道路设施的功能得到充分利用，增加了社会效益和经济效益。盲道、无障碍设施的建设、维修除执行本规范外，还应符合国家现行标准《城市道路和建筑物无障碍设计规范》JGJ 50 的规定。

3.0.8 本条规定了城镇道路掘路结构修复的要求。"马路拉锁"现象在各城市十分普遍。这种现象加快了道路损坏、缩短了道路使用年限。因为按原结构修复达不到原路的质量水平。所以对掘路修复的质量控制要采取以下三条措施：

1 对煤、水、热、电、气的各种管线横穿道路，要提倡使用非开挖技术，各种管线设施周围所产生的空隙应进行注浆处理；

2 掘路按原结构修复不能满足使用功能时应提高一个等级进行修复或依据掘路修复设计修复；

3 加强对施工过程的质量控制，跟踪监督，必要时进行二次修复。

3.0.9 城镇快速路的养护、维修有与高速公路既相同又不同的特点。在任何情况下都应保持快速路的畅通。在作业中应以机械化施工为主，包括日常的小修维护作业，如用定型的机械切缝、清缝、灌缝，对坑洞的修补宜用综合养护车进行热修补。

3.0.10 本条规定了城镇道路养护应具有的基本设备。各城市应根据经济发展水平选择不同的设备型号，见表1。在选择检测设备时应满足检测需要而配备，也可租用或委托检测。

表 1 城镇道路每 100km 主要养护机械设备配置参考表

项目	机械设备名称	规格	数量	备注
专用养护维修机械	路面切割机	400mm	1~2	用于掘路，坑坎补修
	平板振动夯	≥90kg	2~4	小面积接茬夯实
	路面铣刨机	0.5~2m	1	用于路面修复
	巡视车	3~6座	1	用于日常巡查
	路面破碎机械		1	液压或气动的破碎装置
	路面综合养护车		1	城镇道路的快速补修设备，可根据需要配置
	热修补机械		1	用于路面坑坎的修补
	稀浆封层机	摊铺宽度 3.5~4m	1	用于路表处理
	切缝机	刀宽 2.5~6mm	1~2	用于裂缝的处理
	灌缝机	≥500L	1	用于裂缝的处理
	夯实机械	100~200kg	1~3	内燃式冲击夯，用于小型掘路的修补

续表1

项目	机械设备名称	规 格	数量	备 注
检测设备	平整度仪	激光或普通		养护部门按需配置一套
	弯沉仪	落锤式车载		
	摆式仪或横向力测试车	车载或便携式		
	路面破损综合检测车			

注：此表所列设备不包括通用筑路设备，如摊铺、碾压、搅拌、运输、装载等设备。

4 道路检测、评价和养护对策

4.1 一般规定

4.1.2 为了便于操作和保证评价结果的正确性、科学性，路面使用性能的评价宜采用专用的计算机软件进行。

4.2 经常性巡查

4.2.1 道路养护管理单位应设置专职道路管理人员，养护技术人员负责所管辖道路的日常巡查工作。未设置专职道路管理人员的城镇，道路养护管理单位应由有经验的养护技术人员负责日常巡查。

4.2.4 巡查周期应根据实际需要制定，重要道路可加密巡查次数。

4.2.6 第3款是指巡查人员应记录各类违章，并转管理人员处理。

4.2.7 巡查中发现道路损坏已危及交通安全时，必须立即处理，明确了第一发现人应负的职责。

4.3 定期检测

4.3.6 定期检测设备的操作使用指南中已规定仪器标定周期，则按仪器的操作使用指南对仪器进行标定；若仪器的操作使用指南中没有规定仪器标定周期，则按检测和评价的时间周期，在每个检测周期前对仪器进行标定。

4.3.12 快速路和主干路应进行抗滑能力检测，次干路和支路可在必要时进行抗滑能力检测。

大修或大修以上的工程应进行路面技术状况检测后方可实施。

4.4 特殊检测

4.4.1 2 对冒水和下沉地段，要检测道路下的管道是否因破裂漏水或塌陷形成空洞。

3 道路下的顶进、暗挖等掏挖施工，应先申报并委托道路养护管理单位监测路面是否下沉、路基是否发生空洞等病害。检测出病害要及时处理，杜绝因病害造成交通事故和中断交通。检测地下空洞的方法很多，可因地制宜地采用有效手段检测。

4.5 路面技术状况评价

4.5.2 国际平整度指数 IRI 定义：标准化的平整度指标，采用数学模型模拟 1/4 车（即单轮，类似于拖车）以规定速度行驶在道路路面上，分析具有特定特征参数的悬挂系在行驶距离内由于动态反应产生的悬挂系统的累积竖向变形，可由下式计算：

$$IRI = a + b \times BI$$

式中 BI——平整度量测设备的测定结果（如平整度标准差 σ）；

a、b——标定系数。

路面行驶质量指数 RQI 定义：反映路面行驶舒适性的指标，是乘客对路面不平状况的主观评价。

人行道铺装质量指数 FQI 定义：反映人行道铺装行走舒适性的指标，是行人对人行道铺装不平整状况的主观评价。

4.5.3 路面损坏状况评价中损坏密度的定义：损坏面积占检查面积的百分比（%）。

4.5.6 在用于评价路面技术状况的各评价指标中，路面行驶质量指数和路面损坏状况指数是最能反映路面使用性能的两个指标，所以在进行路面综合评价时，没有采用所有的指标计算 PQI，而只采用 RQI 和 PCI 两个指标计算 PQI。

5 路基养护

5.1 一般规定

5.1.1 本条结合城镇道路的特点，规定了城镇道路路基的养护内容。

5.1.2 路基是道路的重要组成部分，是路面的基础。它与路面共同承担车辆荷载，并把车辆荷载通过其本身传递到地基。路基的强度和稳定性直接影响路面的平整度，是保证路面稳定的基本条件。本条规定了路基养护总的要求和目标。

5.1.3 为了保证路基的坚实和稳定，排水性能良好，使各部分尺寸和坡度符合规定，应加强路基养护，并采取有效措施进行修复和加固。本条对路基养护应符合的基本要求作了规定，以使路基发挥正常有效的作用。

5.2 路基翻浆

5.2.1、5.2.2 路基翻浆主要发生在季节性冰冻地区的春融时节，以及盐渍、沼泽、水网等地区。因地下水位高、排水不畅、路基土质不良等致使路基含水量超过塑限或含水量过多，经行车反复作用，路基会出现弹软、裂缝、冒泥浆等翻浆现象。

5.2.3 对路基翻浆的处理，应根据导致翻浆的水类来源和翻浆高峰时期路面变形破坏程度，确定处理措施。

石灰桩是一种将生石灰块填充到路基中，产生吸水膨胀、发热及离子交换作用，使桩体硬化，从而形成复合路基，达到加固路基的效果。

砂桩防治。当路基出现翻浆迹象时，可在行车部位开挖渗水井，随时将渗入井内的水掏出，边掏水，边加深，直至冰冻层以下；当渗水基本停止，即可填入粗砂或碎（砾）石，形成砂桩。砂桩可做成圆形或矩形，一般直径（或边长）为 300~500mm。

5.3 路 肩

5.3.1、5.3.2 路肩是保证道路路基整体稳定性的重要结构，路肩养护的好坏，直接关系到路面的强度、稳定性和行车的畅通。本条明确了路肩养护的基本目标和要求。

5.3.4 土质路肩易出现车辙、坑槽、路面与缘石错位等病害，除了加强日常养护外，对土质松散的路肩应有计划、有步骤地采取稳定措施以利于路肩完好。

5.3.5 为了减少土路肩的养护工作量和改善城市环境，对城郊及混合交通行驶的路段，可用沥青或水泥、砂砾混合料等材料建成硬路肩。硬路肩所产生的病害，应按本规范第 6、7 章的相关条文规定维修。

5.4 边 坡

5.4.1 在各种自然和人为因素的作用和影响下，边坡会出现缺口、冲沟、沉陷、塌落、岩石风化、崩落等病害。因此，必须加强养护管理，保持原有的稳定状态。

5.4.2 边坡因雨水冲刷易形成冲沟和缺口等病害，应及时整修。对较大的冲沟和缺口，修理时应将原坡挖成台阶形，然后分层填筑压实，并注意与原坡面衔接平顺。

5.4.3 边坡防护又称坡面防护，是为了保证路基边坡表面免受降水、日照、气温、风力等自然力的破坏，从而提高边坡的稳固性，还可美化路容，增加行车舒适感。应根据气候环境、工程地质和材料及坡面状况等，选用适合的防护与加固类型（见图 1、图 2）。

5.4.5 边坡岩土因被浸湿或下部支撑力量受到削弱，在重力作用下沿一定的软弱面整体向下滑动的现象，叫做滑坡。本条对滑坡地段的养护作出规定。

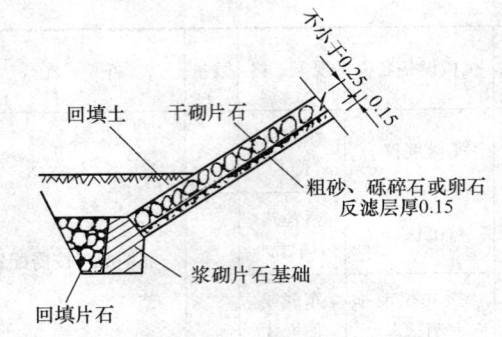

图 1 干砌片石护坡
（单位：m）

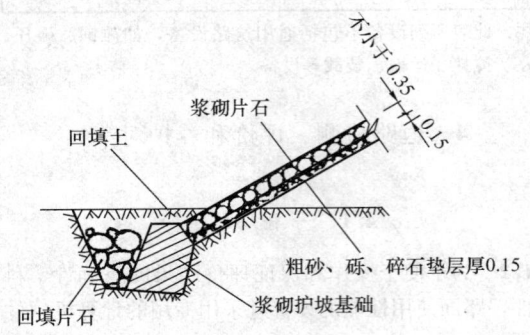

图 2 浆砌片石护坡
（单位：m）

5.5 挡 土 墙

5.5.1 经常性的检查，发现问题及时处理是挡土墙养护工作的主要内容。此外，每年的春秋两季应进行一次定期检查。冰冻严重地区主要检查在冰冻融化后挡土墙的墙身及基础的变化情况，以及冰冻前采取防护措施的效果。另外，若遇反常的气候、地震或重型车辆通过等异常情况，应随时进行检查。

5.5.2 规定了挡土墙养护工作的基本目标和对外观的基本要求。

5.5.3、5.5.4 发现挡土墙病害，应查明原因，并观察其发展情况，然后根据结构种类，针对损坏情况，采取合理的修理加固措施。对检查和维修加固情况，应作好记录，归入技术档案备查。

5.5.5 挡土墙的泄水孔如无法疏通，应另行选择适当位置增设泄水孔，或在墙背后沿挡墙增做墙后排水设施，一般可增设盲沟将水引出路基以外，以防止墙后积水，引起土压力增加或冻胀。

5.5.6 挡土墙若发生失稳或显示失稳征兆时，应调查其地形、地质和水文条件，结合现状确定合理的加固方案。

锚固法：采用高强钢筋作锚杆，穿入预先钻好的孔内，用水泥砂浆灌满锚杆插入岩体部位，固定锚杆，待砂浆达到一定强度后，对锚杆进行张拉，然后用锚头固紧（见图3）。

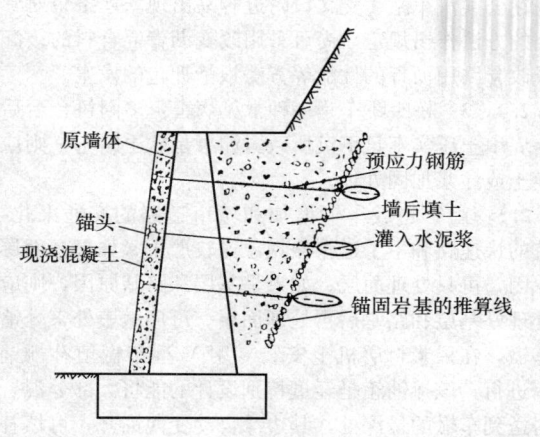

图3 锚固法加固挡墙

采用套墙加固法：在原墙外侧加宽基础，加厚墙身（见图4）。施工时应先挖除一部分墙后填土，减小土压力，同时应注意新旧基础和墙身的结合。方法是凿毛旧基础和旧墙身，必要时设置钢筋锚栓或石榫，以增强联结。墙后填土必须分层填筑并夯实。原挡土墙损坏严重，需拆除损坏部分重建时，为防止不均匀沉降，新旧墙之间应设置沉降缝。

增建支撑墙加固法：在挡墙外侧，每隔一定的间距，增建支撑墙。支撑墙的基础埋置深度、尺寸和间距应通过计算确定（见图5）。

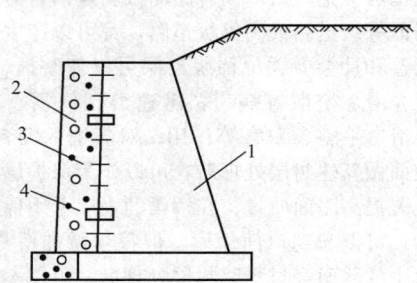

图4 套墙
1—原挡墙；2—套墙；3—钢筋锚栓；
4—联系石榫

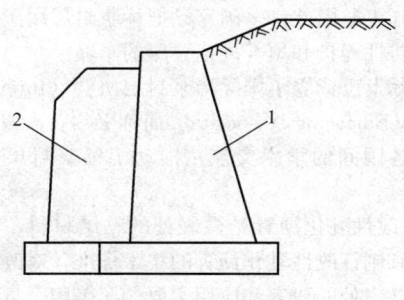

图5 支撑墙
1—原挡墙；2—支撑墙

5.6 边沟、排水沟、截水沟

5.6.1 边沟、排水沟、截水沟是路基的地面排水设施。边沟是设置在路基边的排水沟，主要用以汇集和排除路基范围内和流向路基的少量的地面水，它是矮路堤和路堑不可缺少的排水设施；排水沟是将路基范围内的各种水源的水流，引至路基范围以外指定地点的排水设施；截水沟，一般设置于路基边坡坡顶之外，用以拦截路基上方流向路基的地面水，减轻边沟的水流负担，保护挖方边坡和填方边坡不受水流的冲刷。

5.6.2、5.6.3 当边沟纵坡不能满足需要时，则应调整边沟纵坡。当边沟长度过长，应分段将水流引出路基以外（一般地区不超过500m，多雨地区不超过300m），或设置排水沟、涵洞等将水排出，避免边沟内积水，影响路基稳定。

在土质疏松、透水性大的地段，为阻止水流下渗，沟槽应予加固防护。沟底纵坡较大的土质沟渠，为避免冲毁，也应防护。另外，土质边沟易生长杂草，导致淤塞，加大了养护工作量，路容也不美观，因此，城郊结合部土质边沟宜全部进行防护。

5.7 特殊土质路基

5.7.1 特殊土质路基包括盐渍土地区、湿陷性黄土地区、软土地区、多年冻土地区和沙漠地区的路基。因建设在沙漠地区的城市道路极少，故未编入本节。

5.7.2 盐渍土主要分布在我国东北、西北的干旱气候地区及沿海地区。这些地方的土地含盐量通常达到5%～20%，少数地区高达60%～70%。由于土中含有溶盐，土的物理、力学性质和筑路性质发生了变化，如受到雨水、冰雪融化的淋湿易出现湿化坍塌、沉陷、路基发软，致使路基强度降低，丧失稳定，甚至失去承载力。此外还会出现道路泥泞、路基翻浆及冻胀等多种路基病害。

5.7.3 湿陷性黄土主要分布在秦岭、山东半岛、昆仑山等干旱和半干旱地区，其中以黄土高原的沉积最典型。黄土具有疏松、湿陷、遇水崩解、膨胀等特性，所以黄土地区的路基容易出现裂缝、剥落、沟槽、坍方、陷穴等多种病害。

5.7.4 软土地区的路基，多因地面坑洼、降水充足、地下水位高，所以含水饱和、透水性小、压缩性大、抗剪强度低，在填土荷载和行车荷载下，容易出现沉降、冰冻膨胀、弹软、滑动、基底向两侧挤出等病害。

5.7.5 我国东北、西北及青藏高原的高寒地区，年平均气温在零摄氏度以下，地下形成一层能长期保持在冻结状态的土，这种土叫冻土。低温地带的多年冻土往往含有大量水分，或夹有冰层，并有一些不良的物理地质现象，易引起路基病害，主要有路堑边坡坍塌、路基底不均匀沉陷；由于水分向路基上部积聚而引起的冻胀、翻浆；路基底的冰丘、冰堆使路基鼓胀，引起路面干裂变形，而溶解后又发生不均匀沉陷等。

6 沥青路面养护

6.1 一般规定

6.1.1 路面养护的好坏对于道路的使用寿命有着至关重要的影响。路面养护方法主要分为针对性养护和预防性养护两大类。针对性养护是一种被动的养护方式，而预防性养护是一种积极主动的养护方法。国外的研究结果表明，对路面进行有计划的预防性养护的费用可以大大低于针对性养护的费用，而且路面使用状况长期保持良好。

6.1.3 铺筑沥青混合料的气温低于5℃时，应视为低温施工（冬期），冬期施工应提高沥青混合料的拌合温度，石油沥青为160～170℃。运输车辆应有保温层苦盖严密，到达施工现场的温度不宜低于140～160℃。施工作业时应做到卸料快、摊铺快、接平快、及时找细、及时碾压。碾压成型的温度不宜低于40℃（普通石油沥青）。

6.1.4 沥青旧料的再生利用是节约材料、节约能源的有效措施，是养护材料应用的发展方向。无论是热再生还是冷再生，在各城市都有不同程度的试验性应用。由于再生成本较高，应用还不是很普及，希望广大城市在不断实践中积累数据，总结经验，以便再次修编时参考。

6.1.9 本条规定了沥青路面小修的质量要求，主要参照上海、广州、杭州等城市的城市道路养护规程。

6.2 常见破损的维修

6.2.1 我国目前生产的沥青含蜡量较高，导致我国多数沥青材料延伸度小，与石料的粘附性不好，热稳定性也较差。即使基层无问题，在低温情况下，大多数沥青路面都会出现一些裂缝，但在夏天，细小的裂缝可以自行愈合，不必处理。

6.2.2 1 坑槽维修应采用挖补方法，不宜采用贴补方法维修。当基层有损坏时，应将损坏部位全部挖出，回填新的材料压实后再修复面层。

2 在连续低温潮湿季节，采用常规方法补坑槽效果不好，可采用沥青冷补材料修补，并在天气好转后重新检查，如不符合规范要求应重新处理。

3 热修补方法是指利用红外线加热或微波加热旧路面，加入部分新料重新翻拌后整平压实的维修方法，四周接茬应结合密实无明显痕迹。

6.2.3 面层局部沥青混合料中细集料过多，含油量过大，在行车水平推力作用下，容易产生拥包，特别是在公共汽车站、交叉口附近容易出现，本条只对常用的方法作出规定，尚可采用改变沥青混合料的级配或改善路用沥青的性能等方法根治拥包的发生。

6.2.4 3 桥头跳车是一种常见病害，多因桥台台后路堤填土压实不足下沉所致，如果是软土路基，则应换土或注浆加固处理。

6.2.5 由于超载车辆增加和城市道路的交通渠化，有的快速路和主干道车辙现象比较严重，如果是面层原因，可只处理面层；如果是基层和路基原因，则应处理好基层和路基后再处理面层。可用微表处来处治车辙，在稀浆封层机上安装专用V型车辙填补摊铺箱进行。该摊铺箱是经过特别设计的能将大部分混合料送到车辙的最深处，其边缘自动变薄铺开，可填补深达50mm的车辙，而且十分稳定，不产生塑性变形。

6.2.6 3 如果基层强度不足，或基层本身已有波浪，而面层厚度较薄，则基层的波浪和搓板必然会反映到面层上，应先对基层进行处理。

6.2.7 麻面与松散属于同一种病害，只不过麻面在松散程度上比较轻微，但继续发展就可能成为松散，所以要防微杜渐，及时进行处理。

6.3 路面上封层

6.3.4 沥青稀浆封层是指普通沥青稀浆封层。稀浆封层施工法无论是对旧沥青路面或新建沥青路面，无论是对低等级道路或高等级道路，都可以产生显著的经济效益和社会效益。稀浆封层可以使磨损、老化、裂缝、光滑、松散等病害，迅速得到修复，起到防水、防滑、平整、耐磨等作用。对新铺的沥青路面，在其表面做新建封层处理后，可以作为保护层与磨耗层，显著提高路面质量。在桥梁的表层上用稀浆封层处理后，可以起到罩面作用，但很少增加桥身自重。在隧道中的路面经过稀浆封层处理后，可以不影响隧道的净空高度。因此，稀浆封层施工法在道路工程中有着广阔的发展前景。

稀浆封层摊铺机越来越大型化、自动化，能准确控制各种成分的配比，有的还能边摊铺边上料，连续不间断施工。因此许多国家已把稀浆封层用于高速公路的预防性养护和填补高速公路的车辙。

国际上已成立了国际稀浆封层协会（International Slurry Surfacing Association 简称ISSA），该协会经常进行各国间的学术交流，推动了稀浆封层技术的发展。

6.3.5 改性乳化沥青是微表处的粘结材料，我国目前还没有制订改性乳化沥青的技术标准，对改性乳化沥青和微表处的研究和应用主要参照美国、日本和国际稀浆封层协会的有关技术标准。当前推荐的技术要求如表2所示。

表2 改性乳化沥青（微表处用）技术要求

项目		单位	技术要求 南方	技术要求 北方	试验方法
筛上剩余量(1.18mm)		%	≤0.1		T0652
储存稳定性(1d)		%	≤1		T0655
黏度	道路标准黏度 C25.3	s	18～75		T0621
黏度	恩格拉黏度(25℃)		5～28		T0622
黏度	塞波特黏度(25℃)	s	20～100		T0623
蒸发残留物性质	残留物含量	%	≥62		ASTM D244
蒸发残留物性质	针入度(25℃,100g,5s)	0.1mm	40～90	60～100	T0604
蒸发残留物性质	延度(15℃,100g,5cm/min)	cm	≥40		T0605
蒸发残留物性质	软化点	℃	≥57	≥55	T0606
蒸发残留物性质	溶解度	%	≥97.5		T0607
蒸发残留物性质	60℃动力黏度	Pa·s	≥800		T0620

6.4 路面补强

6.4.1 1 补强设计中应做好原有道路的技术状况调查，同时也为路面管理系统的使用积累资料。弯沉调查可采用落锤式弯沉仪进行快速测定。

2 城镇道路由于受到两边建筑物地面高程限制，一般多采用挖除旧沥青面层和基层，换填强度较高的半刚性基层进行补强，当在原路上加铺补强层时应协调好两侧建筑物标高，道路两侧不得有积水现象。

4 在补强设计中，如果是挖除原路面的部分结构层，就不能用原有路面整体强度来进行计算，而应按实际挖除后的路面强度进行计算。

7 水泥混凝土路面养护

7.1 一般规定

7.1.1 水泥混凝土路面的特点是在养护良好的条件下，使用年限比其他路面长。但如疏于养护，一旦开始破坏，会引起破损迅速发展，且修复困难。因此，必须认真巡查，发现问题，查明原因，采取针对性治理对策，进行及时有效地养护，才能发挥水泥混凝土路面使用寿命长的优点。

水泥混凝土路面检查的最佳时间是从初冬到初春的寒冷季节。因为，路面的损坏处冬季最明显，这时接缝和裂缝都最宽。同时还可以在气温较好的温暖季节里安排必要的养护和维修工作。

7.1.4 常规材料主要指水泥、砂石、沥青、钢材、外掺剂等；专用材料主要指接缝材料、修补材料等。各种材料技术要求应符合有关设计、施工规范的规定。

7.1.5 本条规定的水泥混凝土路面养护质量标准是指这种路面在使用中的较低标准。亦即要求路面的维修养护大于（如：抗滑）或小于（如：平整度、相邻板高差）本规范中表13.3.2中的规定；否则采取技术措施，加以修理或改善提高。鉴于路面接缝的重要性，突出接缝的维修养护，表中将填缝料高差列为养护质量标准之一。

当水泥混凝土路面在使用中不符合本规范中表13.3.2规定的质量标准，而需要进行大、中修或改善时，其修复和改善工程的质量标准，可参照《水泥混凝土路面施工及验收规范》GBJ 97相关条文执行。

7.2 路面的日常养护

7.2.4 接缝是水泥混凝土路面的特有构造，由于接缝处是路面最容易和首先损坏的地方，接缝养护的好坏，直接影响路面的使用质量和使用寿命。

接缝的养护，最经常和不能忽视的工作是防止填缝料失效（脱落、挤出、老化、缺损），必须使填料保持良好状况，以防止泥土、砂石、水等进入接缝内，造成接缝碎裂、拱起等损坏，以及接缝中渗入水后，导致基层软弱和唧泥、错台、脱空等病害。

7.3 常见破损的维修

7.3.1 直接灌浆材料，宜采用聚氯乙烯胶泥、焦油类填缝料、橡胶沥青等加热式施工填缝料或选用聚氨酯焦油类常温施工式填缝料。

扩缝补块的方法可顺裂缝两侧可采取低限150mm或高限200mm，且平行于缩缝进行切缝，切缝深度不得超过2/3板厚。

严重裂缝应采取全深度补块。有条件的地方，应采取设置传力杆法。

7.3.4 确定板块脱空的方法，国内外普遍采用弯沉测定方法，或在现场，当载重车通过板时发出"咚咚"响的脱空声音，来判断板块是否脱空。

混凝土路面板块弯沉测定应采用5.4m长杆弯沉仪，BZZ-100标准轴载检测车，弯沉仪测点与支点应放在交叉板块上。

7.3.6 水泥混凝土面板进行压浆处理后，对面板脱空进行了充填，但对面板下细小的间隙很难达到充实，如果对接缝不及时灌缝，地面水一旦渗入基层，经车辆行驶一段时间，仍会出现唧泥现象，所以对面板的接缝及时灌缝，是防止唧泥的有效方法。

7.3.9 拱起板块切除的宽度应视面板拱起的高低程度而定。横缝切宽不应大于50mm，横缝切宽过大，易产生错台式板角断裂。消除拱起后应检查附近伸缝是否有损坏。

伸缝间因传力杆在施工时设置不当,使板受热时不能自由伸长而发生拱起,应重新设置伸缝。

7.3.10 坑洞补修的切割图形边线应与路中心线平行或垂直;切割的深度应在60mm以上,并将切割面内的光滑面凿毛;清理槽内混凝土碎屑;混凝土拌合物填入槽内,振捣密实,并保持与原混凝土面板齐平。

7.4 翻修及路面改善

7.4.1 由于局部修补面积较小,混凝土施工应采用快速修补材料,以减少交通管制时间。宜采用可移动式的强制式搅拌机,在施工现场拌合混凝土,减少混凝土的运输时间。

7.4.2 当采用压路机进行基础碾压时,应在压路机上、下路槽处设过渡装置,以免压坏接头板。

整段翻修时,在路面基层上做下封层,有利于提高路基的水稳性。

在新旧混凝土接头处安设传力杆,可使新老混凝土板形成整体,以提高水泥混凝土路面的传荷能力。

7.4.3 2 沥青磨耗层主要用于水泥混凝土路面大面积的磨光、露骨、脱皮的处治。要求水泥混凝土路面板必须稳定,表面清洁、干燥,可采用铣刨机拉毛处理,以保证水泥路面与沥青路面层间结合牢固。沥青层施工温度应控制在10℃以上,宜采用改性沥青,以提高沥青路面的抗裂性能。

采用稀浆封层施工时,宜采用慢裂快凝型改性乳化沥青,既可以缩短交通管制时间,又能提高路面的使用功能。

改性沥青稀浆封层的施工程序与普通稀浆封层基本相同,其不同点在于:

1) 必须使用改性稀浆封层机。
2) 摊铺前应在老路面上洒一层粘结剂作为粘层油,以保证层间的良好粘结。
3) 改性沥青稀浆混合料(ARL 材料)摊铺后,固化时间短,一般在30min以内即可通车。

3 刻槽机对水泥混凝土路面磨光处治效果较为显著。由于老混凝土强度较高,刻槽机的刀片磨损较为严重,养护费用较高。对位于陡坡、急弯路段的水泥混凝土路面可采用刻槽的方法提高路面的抗滑能力。

7.4.5 3 隔离层主要起到新旧混凝土板之间的过渡作用,以减少反射裂缝的影响。由于沥青隔离层较薄(一般10~20mm),为了不损伤旧混凝土板,且保证联结层碾压密实,宜采用轮胎式压路机进行碾压。

5 钢纤维混凝土路面适用于桥面、桥头引道、城市道路等标高受到限制的路段。钢纤维混凝土路面板厚设计应按照《公路水泥混凝土路面设计规范》JTGD40进行计算。钢纤维混凝土施工过程中必须防止纤维结团,在制备钢纤维混凝土时,要采用振动筛或采取分级投料,采用先干拌后湿拌的工艺,以防止钢纤维结团。在钢纤维混凝土摊铺过程中一旦发现钢纤维结团应立即取出,以避免混凝土形成孔洞,影响混凝土强度。

7.4.6 2 迄今为止,对反射裂缝的问题还没有真正解决。现有的防治反射裂缝的措施只能延缓反射裂缝的发生。目前国内防治反射裂缝常用的做法有:

铺设土工格栅、铺贴土工布、粘贴改性沥青油毡、切缝加灌接缝材料、设置半刚性基层等。

8 其他路面养护

8.1 块石铺砌路面

8.1.1 块石路面指经粗加工或精加工成各种规格的天然石材铺砌的高级路面。各城市都有不同程度的应用。在主、次干路或公共广场应选择整齐块石,即六面精细加工的块石,在其他路面可选择粗加工(少于六面)的半整齐块石。

8.1.6 应用在公共广场、步行街的块石路面(花岗石、大理石)不宜采用抛光、机刨的石材。主要考虑人员聚集的地方,雨雪天气的地面防滑要求,在保证平整度的前提下,可将石材机刨成细条纹或用火烧、电击等方法将表面处理成麻面,其抗滑指标 BPN 不得低于35。

8.2 水泥混凝土预制砌块路面

8.2.3 预制砌块路面出现大面积积水,会影响路基的稳定性,降低道路的整体强度,使路面过早地损坏。在维修时不仅要调整纵、横坡度,使其达到设计要求,还要对路面的排水设施进行检查,疏通雨水口支管,在低洼处、交叉口处增建雨水口,使路面排水顺畅。

当砌块路面的状况指数 PCI≤50 时,说明道路的各种损坏程度已降至不合格等级,因此要及时安排中修或大修工程。

8.2.4 砌块路面的大中修工程规定了必须有维修设计。这是提高养护施工水平、保证施工质量的重要措施,也为砌块路面的养护维修积累经验提供了保证。

8.2.6、8.2.7 砌块路面因其具有色彩鲜艳、美观大方、较高强度、维修便捷的特点,被越来越多地应用在各种场所。其品种规格较多,在质量上有很大的差异,作为路用材料,除颜色、规格的要求外,在强度、厚度块形上也作了规定,用于路面的砌块首先要满足行车荷载的要求，不仅抗压强度指标要达到，抗折、抗滑指标也必须满足标准的规定。

9 人行道的养护

9.1 一般规定

9.1.1 城镇道路人行道是直接为行人步行服务的设施，在城镇道路系统中起着十分重要的作用。因此，加强人行道无障碍设施的养护，保持人行道设施完好，改善人行的条件，是以人为本的体现，同时对于改善城镇道路环境和面貌也起着重要作用。

9.1.3 人行道养护要及时修复破损的设施，要分析破损的原因，如自然损坏、人为损坏、行道树根拱起损坏、自然现象侵蚀等，应针对不同损坏原因进行有效的修复和日常养护维修。

9.2 面层养护

9.2.1 人行道面层铺装材料按制作工艺分为振捣、挤压及天然石材加工而成，另外还有烧制而成的陶砖（广场砖），及水磨石砖，品种较多，此类材料由于块型较小，厚度很薄，且较光滑，养护、维修、备料均不方便，故不宜用作人行道面层铺装。

9.2.3 本条规定了垫层材料的使用品种，由于南方、北方气候差异很大，对面层透水的需求不同，使用干砂、石屑的厚度宜为40～60mm，使用石灰砂浆、水泥砂浆的厚度宜为20～30mm。

9.2.4 本条规定了面层养护的基本内容，当人行道出现较大面积的沉陷和隆起时，要先查明原因，再进行修补，基础长时间受水浸泡，垫层料散失（石屑、砂）均会引起路面下沉，刚性基层、水泥砂浆因冻胀、热胀均会造成路面拱起。

9.2.6 砌块维修只修损坏部位，不易满足平整度要求，因此维修部位要适当扩大一些。盲道的修补除块型、位置安装正确外，在弯道位置的行进盲道宜切块变线，以减少过多的直角折点，便于盲人行走。

9.2.8 对人行道砌块的材质做了一般性的规定，对透水性能和防滑性只有定性的要求，砌块可分若干等级，可根据不同的道路类别选用更高的标准。

9.3 基础养护

9.3.1 人行道表面长时间积水，是造成基础损坏的重要原因。因此保持路面平整，纵横坡度顺适，及时修补人行道上施工造成的坑洞是基础养护的重要内容。

9.3.2 基础修复的材料品种很多，各地应因地置宜合理选用。半刚性的石灰土类材料，现场拌合不易符合城市环保要求，故不宜使用。刚性材料中的低强度等级混凝土应做伸缩缝是因为温度的变化会造成面层错台和拱起。

9.3.3 人行道上的掘路修复除符合本条规定外，还应符合本规范第10章的规定。

9.4 缘石养护

9.4.1、9.4.2 规定了缘石养护的基本内容和要求。缘石应经常保持整洁、美观、无缺失。对被污染的缘石要冲刷清理。连锁型砌块铺砌的人行道内外侧缘石是对砌块的约束，如有缺失，将造成填缝料散失，砌块松动，强度降低，继而出现大面积损坏。因此对缘石的缺失，要求及时快速地修补完整。

9.4.4 花岗石缘石，最小缝间距的规定，是考虑了因温度变化，缘石拱胀，造成边角崩坏的情况，施工时宜掌握在5mm左右。

9.4.5 在砌筑缘石背后填筑低强度等级混凝土，是考虑位于绿地一侧缘石的稳定，常因浇水、翻土，造成缘石沉陷，基础被浸泡冲刷。此项规定是保护缘石稳固的一项措施，亦可采用L形缘石砌筑。

9.5 树池、踏步养护

9.5.1 当人行道宽度较窄又有路树时，其树池可做成封闭式树池，便于行人通行。封闭式树池的材料可用草皮砖或带网孔的混凝土砌块直接砌筑，当人行道较宽时可根据树径、树根生长情况做成异型树池。

9.5.4、9.5.5 人行道上维修踏步做了"每阶高度应一致"的规定。考虑了人们在踏步上行走习惯，突然出现半阶踏步，极易墩脚伤人。因此在维修时每阶的高度应均匀分配。除此之外，在每阶高度上以不超过150mm为宜，在宽度上以不小于300mm为宜，同时要有相应的防滑措施。

10 掘路修复

10.1 一般规定

10.1.1 掘路埋设管线，不仅降低道路强度，同时对城市道路交通和卫生环境造成影响。为此，应鼓励采用非开挖技术进行管线施工，但必须在施工前对所在位置的地下管线进行详细的调查。

10.1.2、10.1.3 对于掘路埋设管线的沟槽宽度要求，是为保证掘路修复的质量，其掘路开槽最小宽度为：埋设管线的外侧宽度加上管线两侧的夯实机具的工作宽度为掘路宽度。是考虑到埋设管线的两侧管腔曲面空隙较大，需要分层进行夯实，夯实机具的工作宽度随施工专用机具压实质量而定。

10.1.5 对于掘路埋设管线的顶部应在基底层以下不小于0.3m处设置，是道路结构设计标准和城市规划的规定。不能满足此项要求，应采取相应的加固措施。

10.1.7 非开挖施工技术是建设部推广应用的新技术，对于穿越道路的各种管线设施都很适用。一般方法有：使用水平定向钻穿越道路后再用回扩头装置将预埋管线带回。应用非开挖技术施工的各类工作坑应按掘路要求进行恢复。

10.2 回 填

10.2.1、10.2.2 本条对掘路回填的土质和密实度作了规定。现场击实试验应根据挖出的不同土质分段落试验。

冬季掘路回填不当，极易造成修复后的路面塌陷、下沉。因此保证冬期施工回填质量通常的做法有：
1 用于回填的土宜在暂存土场大堆堆放；
2 当时回填不完的沟段应用岩棉被苫盖；
3 小型掘路宜当日完成回填，大型掘路宜分段开挖，倒仓回填。

10.2.4 雨季在槽两侧设挡水围堰，回填用土可用塑料布苫盖，需备必要的水泵，对沟槽内积水抽净排干后再回填。

10.2.5 所埋设施胸腔及顶部以上500mm范围，要求对称还土，是保证设施安全的重要措施。如不对称还土会造成滚管、位移、错口，影响设施的正常运行。

10.2.9 对直埋线缆沟槽的回填和不够夯实机具宽度的沟槽回填，除用低强度等级混凝土回填外，还可用砂、砾石进行水撼回填。使用此种方法应在砂砾材料中加入适量的"稳定剂"或"固化剂"，以保持土体结构的稳定，防止在临界处进行设施维修，或做其他管线时造成塌方。

10.3 基层修复

10.3.4 修复基层时沿开挖断面向两侧各加宽300~500mm，可以延缓掘路的下沉和裂缝（如图6所示）。

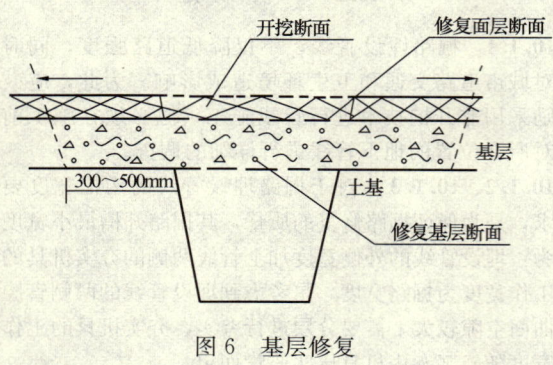

图 6 基层修复

10.4 路面修复

10.4.2 采用混凝土预制砌块或冷拌沥青混凝土修补掘路面层是冬季修复或应急抢修的一项措施。可减少对掘路的日常养护工作和满足环保的要求。

10.4.3 挖掘水泥混凝土路面不足1/3板宽时，应做加固处理，是因为掘路改变了整板受力状况，在接缝处易产生错台。加固的方法，可采用在原板边植筋与补块相接，达到共同受力的目的。

11 道路附属设施的养护

11.3 检查井、雨水口

11.3.5 砌筑砂浆强度，应大于等于预制井筒的强度。一般预制井筒的强度为20MPa。

11.3.6 在北方地区，为了不妨碍除雪机械作业，道路上所有检查井的安装高度，都不应高于路面5mm。当检查井低于或高于路面10mm以上时，高速行车会产生强烈的颠簸。同时，也会对检查井自身产生撞击，造成松动或安装破坏。

11.3.8 检查井的升降维修宜使用灌浆安装法，先调整并固定检查井高度、后灌入连接砂浆的施工方法。其最大优点是，能够精确控制安装高度，保证连接界面砂浆饱满。

11.4 涵 洞

11.4.1 本章所说的涵洞，是特指道路之下用于排水的预制板涵、预制管涵和砖石砌筑的拱涵。

12 养护状况的评定

12.1 一般规定

12.1.1 城镇道路养护状况是指城镇道路设施在使用过程中，在一定的养护与管理工作下所保持的质量状况和服务水平，并以城镇道路设施完好程度反映。城镇道路养护状况的评定是对城镇道路客观现状的全面说明，也是对城镇道路养护管理工作现况的全面考核。

城镇道路养护状况评定的阶段检查与年度检查采用相同的标准与方法，仅在检查责任单位、检查道路数量（频度）上（如全面检查与抽查之分）有所区别，需各城镇根据具体情况确定，以满足可操作性。

12.1.2 根据本规范所涉及的城镇道路组成内容，将城镇道路设施划分为车行道、人行道、路基与排水及其他设施四类，养护状况等级的评定为各部分设施等级评定方式。考虑到在城镇道路使用过程中，车行道是影响养护质量的主要部分，人行道、路基与排水均次之，其他设施所占比例较低，其技术状况对路用性能的影响相对最小，所以对城镇道路总体综合完好率的确定分别以 0.35、0.25、0.25 和 0.15 作为权重系数。

12.1.3 城镇道路养护状况评定检查单元确定为200~500m，不足500m的道路亦自成一个单元考虑，从而易于在实际评定检查工作中划分检查单元。

12.2 病害与缺陷的界定

12.2.1 城镇道路病害与缺陷的界定一般都由定性和定量界限两部分内容构成。定性标准从病害的性状和表象上加以说明，从而在外观上区别病害类型；提出定量界限标准则便于检查工作的实际操作，超过界限值则作为病害缺陷并统计其数量，不超过界限值也应视为病害缺陷，但在检查评定中不统计数量。沥青路面病害与缺陷界定中虽提出了横坡不适和平整度差两项，但它们对路用性能的影响不显著，同时也不是因城市道路养护管理中形成的问题，故而在后文车行道养护状况的评定检查中未将其列入。

原规范中的裂缝项列在网裂中予以界定，在后文车行道养护状况的评定检查中龟裂、网裂均归为碎裂项确定破损类型换算系数。

城镇道路中出现井框高差属常见现象，基于类似性对其界定同坑槽类型。

原规范未提及的城镇道路泛油、露骨病害归于脱皮类型，据此确定破损类型换算系数。

12.2.2 水泥混凝土路面病害与缺陷界定中，严重破损板项包含板的断裂，在确定破损类型换算系数时均考虑为断裂；坑洞与坑槽类同；拱起与拥包类同；接缝养护差与缝料散失类同。

12.2.5 其他设施指城镇道路配套的附属构筑物包括涵洞、标志、防护设施等（包括栏杆、隔离墩等）。

12.3 养护状况调查方法

12.3.1 考虑到城镇道路路况调查仪器设备的发展、使用现况，对大城市道路年度检查的普查工作宜采用先进仪器设备快速检查，大部分城镇仍以人工调查方法为主。

为保证调查内容完整、体系清楚，将城镇道路养护状况调查分为车行道、人行道、路基与排水、其他设施四部分，分别调查评定破损状况以反映城镇道路养护水平，而后加以综合。

12.3.2 为调查评定的准确与方便，本条提出了规格化的调查记录表，其中对各病害简略标注了类别，需根据界定一节进行实际判定与量测，病害中大部分为以面积表示类，对线状类病害规定了宽度涉及范围。

12.4 养护状况评定指标

12.4.1 评定指标体系仍沿用原规范中车行道、人行道完好率、路基与排水、其他设施的完好程度评分的评定方法。

为表现路面破损对使用性能与寿命的不同影响程度以及养护工作量的不同比重，规定了车行道各类破损的相应换算系数，从而加权确定当量破损面积。

车行道各类破损换算系数中，由于水泥混凝土路面裂缝并非板的断裂，故本规范将该系数调整减小；错台损坏的换算系数通过与其他损坏类型程度类比分析，予以调整减小。

12.4.2 城镇道路车行道的养护技术状况评定，应以路面现有状况为依据。在行车荷载的重复作用下和自然因素的影响下，路面的使用性能和结构完好程度将随使用时间的增长而恶化，而及时的养护工作可以延缓这一衰减速度，使道路在其设计年限内提供应有的良好服务水平，甚至超期仍维持一定的路用性能。据此，在检查评定城镇道路养护状况时，应计入路龄因素的影响，路龄系数反映道路养护技术水平的优劣，考虑路龄系数利于延长大修周期。车行道、人行道完好率、路基与排水、其他设施的完好程度检查记录表为调查工作原始数据表，以检查单元为单位进行记录，可表示出破损类面积或破损处数量，从而计算出完好率（％）和完好程度（分），在此基础上评定状况等级。

12.5 养护状况评定

12.5.1 根据各城市养护状况评定的惯例，评定标准仍划分为优、良、合格、不合格四级，等级标准仍沿用原规范的规定。

12.6 检查记录与资料管理

12.6.1 为满足存档与数据使用的需要，本规范提出了城镇道路养护状况检查记录总表，可完整反映出一条道路的养护状况现况以及各分项设施养护状况等级。

综合完好率加权系数根据各设施在城市道路功能中所起作用程度、易损程度、养修工作量不同等因素确定，各城市可根据实际情况调整。

12.6.2 城镇道路养护状况评定资料应作文字档案保存和数据库保存。对于城镇道路养护管理系统，该资料为城镇道路养护管理决策提供重要依据。城镇道路养护状况评定资料保存年限、密级等要求由各城镇自定。

13 养护工程的检查与验收

13.1.2 为了便于城镇道路养护管理，本章节按照养护单位、管理单位划分进行阐述，以进一步明确养护与管理职责。

13.1.3 4 中修工程可根据工程量的数量、规模、技术程度、质量要求等因素确定所选监理单位的资质等级。

13.1.4 大修工程一般以管理单位为工程项目建设单位,所以建设、竣工程序实施应由管理单位负责。实施代建制的大修工程应参照本条执行。

1 大修工程应根据工程量的数量、规模、技术难度、质量要求等因素确定所选择监理单位的资质等级。

14 道路养护作业安全防护

14.1 一般规定

14.1.1、14.1.2 在保证车辆通行情况下进行的城镇道路养护维修作业,具有较高的风险性。在城镇道路上进行养护维修作业,除了通常的施工操作的安全问题外,还应做好交通组织及安全保护措施。对养护作业人员进行安全教育时,应有事故隐患分析和安全防患的内容。

养护作业人员身穿的安全标志服和头戴防护帽应是鲜艳的橙红色,并具有反光功能。具体样品可由公安交通管理部门提供。

14.1.3 专职的安全人员是经过培训取得安全员上岗证书的人员。

14.1.4 养护作业人员在作业时严禁违反交通规则。

14.2 交通安全措施

14.2.1 交通疏导方案是保证施工交通安全的重要措施。主要内容应包括:交通导流平面图;交通安全组织机构、人员、职责;各项交通安全措施等等。

14.2.3 道路局部封闭是指单车道或多车道及半幅路的封闭。警告区应有"前方施工"的规范化标志。

设置过渡区是为了防止车流在改变车道时发生突变,使车流变化缓和平滑。

缓冲区的设置主要是防止驾驶员判断失误,直接从过渡区闯入作业区,由缓冲区提供一个缓冲的空间,在车辆到达作业区之前采取紧急制动措施,以避免事故发生。缓冲区内不准堆放物品,在缓冲区与上游过渡区之间应设路障。

作业区是养护作业工作、堆放筑路材料、停放施工机械的地方,其长度根据作业需要而定。在作业区与开放交通的车道之间要有明显的隔离装置,夜间应看清楚作业区的轮廓。各区域之间安全标志、交通标志设置距离应按交通限制的车速进行计算确定。

14.2.4 道路全封闭是指道路横断面上所有车道的封闭。封闭时应在有绕行路口的前方设置指路标志,如"前方施工车辆绕行"。必要时应在安全保护区的两侧修建临时绕行道路。

14.3 道路养护流动作业要求

14.3.1 道路养护流动作业是指不间断的作业如路面清扫、路面保洁和有间断性的流动作业,如吊车作业、道路检测作业、综合养护车的维修作业等,间断性作业应设置临时保护区。

14.3.2 本条规定了作业车辆除要遵守交通规则外,无论白日还是夜间作业都要开启施工安全的警示灯具,道路检测车辆拖拉检测设备时,在其后方应有交通疏导车辆跟随以保护设备和人员的安全。

14.3.3 流动作业车辆的限速行驶,应根据作业的内容和质量要求而定,需临时停留而下车作业的人员应在前进方向的内侧下车。行进在中间车道时不得下车。在车辆后方设置锥型交通标志的人员应手持安全旗帜。

附录 G 沥青路面和水泥路面状况指数 PCI 计算方法

1 沥青路面 PCI 计算范例:

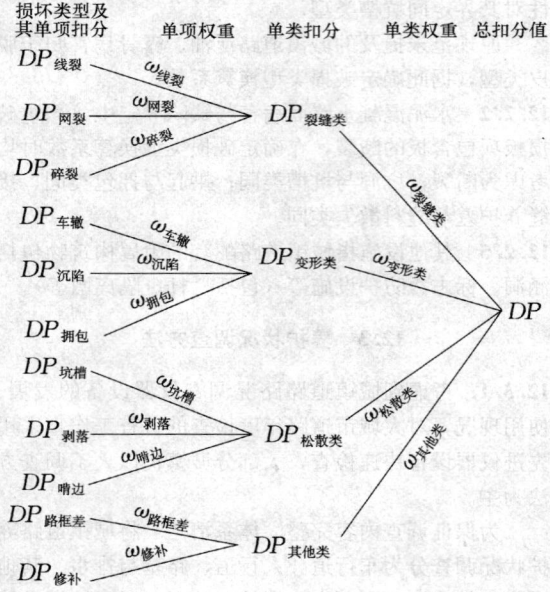

$$DP_{裂缝类} = DP_{线裂} \times \omega_{线裂} + DP_{网裂} \times \omega_{网裂} + DP_{碎裂} \times \omega_{碎裂}$$

$$DP_{变形类} = DP_{车辙} \times \omega_{车辙} + DP_{沉陷} \times \omega_{沉陷} + DP_{拥包} \times \omega_{拥包}$$

$$DP_{松散类} = DP_{坑槽} \times \omega_{坑槽} + DP_{剥落} \times \omega_{剥落} + DP_{啃边} \times \omega_{啃边}$$

$$DP_{其他类} = DP_{路框差} \times \omega_{路框差} + DP_{修补} \times \omega_{修补}$$

$$DP = DP_{裂缝类} \times \omega_{裂缝类} + DP_{变形类} \times \omega_{变形类} +$$

$$DP_{松散类} \times \omega_{松散类} + DP_{其他类} \times \omega_{其他类}$$

$$PCI = 100 - DP$$

原始调查表：

沥青路面损坏调查表

路名：迎宾一路
起止：K0+072～K0+145
调查面积(F_1)：(长 73m × 宽 24m) = 1752m²

损坏类型		损坏面积 F_{1i} (m²)	损坏密度 (%) $\rho = \dfrac{F_{1i}}{F_1}$	单项扣分值	备注
裂缝类	线裂	3.00	0.17	5.24	
	网裂	0.00	0.00	0.00	
	碎裂	0.00	0.00	0.00	
变形类	车辙	6.50	0.370	8.50	
	沉陷	0.09	0.010	1.50	
	拥包	0.00	0.00	0.00	
松散类	剥落	1.50	0.08	4.52	
	坑槽	0.32	0.02	10.45	
	啃边	0.00	0.00	0.00	
其他类	路框差	1.00	0.06	5.61	
	修补	7.20	0.41	6.04	

调查人员：第二组成员　调查日期：2005年3月8日

计算步骤：

1) 插值计算得单项扣分值

损坏密度 $\rho_{线裂} = \dfrac{F_{1i}}{F_1} = 3/1752 \times 100\% = 0.17\%$

由附录 E 表 E-1 沥青路面损坏单项扣分表查得，当损坏密度为 0.1% 时，单项扣分值为 5，当损坏密度为 1% 时，单项扣分值为 8。

内插，得单项扣分值

$$DP_{线裂} = 5 + \dfrac{0.17\% - 0.1\%}{1\% - 0.1\%} \times (8-5) = 5.24$$

其他损坏形式单项扣分值算法同上。计算得：$DP_{线裂} = 0.00$，$DP_{网裂} = 0.00$。

2) 同种损坏类型不同损坏形式权重计算

权函数曲线：$\omega_i = 3.0u_i^3 - 5.5u_i^2 + 3.5u$

线裂属裂缝类，同种损坏类型下还有网裂、碎裂，共三种损坏形式。

$$u_{线裂} = \dfrac{DP_{线裂}}{DP_{线裂} + DP_{网裂} + DP_{碎裂}} = \dfrac{5.24}{5.24 + 0 + 0} = 1.00$$

$$\omega_{线裂} = 3.0u_{线裂}^3 - 5.5u_{线裂}^2 + 3.5u_{线裂}$$
$$= 3.0 \times 1.00^3 - 5.5 \times 1.00^2 + 3.5 \times 1.00 = 1.00$$

其他损坏形式权重算法同上。计算得：$\omega_{网裂} = 0.00$, $\omega_{碎裂} = 0.00$。

3) 各损坏类型扣分

裂缝类：共有三种损坏，线裂、网裂和碎裂。

$$DP_{裂缝类} = \sum_{i=1}^n DP_i \times \omega_i = DP_{线裂} \times \omega_{线裂} + DP_{网裂} \times \omega_{网裂} + DP_{碎裂} \times \omega_{碎裂}$$
$$= 5.24 \times 1 + 0 \times 0 + 0 \times 0 = 5.24$$

其他损坏类型扣分值算法同上。

计算得：$DP_{变形类} = 7.79$，$DP_{松散类} = 11.08$，$DP_{其他类} = 8.74$。

4) 不同损坏类型权重

权函数曲线：$\omega_i = 3.0u_i^3 - 5.5u_i^2 + 3.5u$

$$u_{裂缝类} = \dfrac{DP_{裂缝类}}{DP_{裂缝类} + DP_{变形类} + DP_{松散类} + DP_{其他类}}$$
$$= \dfrac{5.24}{5.24 + 7.79 + 11.08 + 8.74} = 0.16$$

$$\omega_{裂缝类} = 3.0u_{裂缝类}^3 - 5.5u_{裂缝类}^2 + 3.5u_{裂缝类}$$
$$= 3.0 \times 0.16^3 - 5.5 \times 0.16^2 + 3.5 \times 0.16 = 0.43$$

其他损坏类型权重算法同上。计算得：$\omega_{变形类} = 0.62$，$\omega_{松散类} = 0.76$，$\omega_{其他类} = 0.60$。

5) 综合加权

综合扣分值

$$DP = \sum_{i=1}^n DP_i \times \omega_i$$
$$= DP_{裂缝类} \times \omega_{裂缝类} + DP_{变形类} \times \omega_{变形类} + DP_{松散类} \times \omega_{松散} + DP_{其他类} \times \omega_{其他类}$$
$$= 5.24 \times 0.43 + 7.79 \times 0.62 + 11.08 \times 0.76 + 8.74 \times 0.60$$
$$= 20.73$$

6) PCI 评分值

PCI = 100 - 综合扣分值 = 100 - 20.73 = 79.27

计算结果表：

损坏类型	损坏形式	单项扣分值	损坏形式权重	损坏类型扣分	损坏类型权重	综合扣分	PCI
裂缝类	线裂	5.24	1.00	5.24	0.43	20.73	79.27
	网裂	0.00	0.00				
	碎裂	0.00	0.00				
变形类	车辙	8.50	0.84	7.79	0.62		
	沉陷	1.50	0.41				
	拥包	0.00	0.00				
松散类	剥落	4.53	0.64	11.08	0.76		
	坑槽	10.45	0.78				
	啃边	0.00	0.00				
其他类	路框差	5.62	0.75	8.74	0.60		
	修补	6.04	0.75				

2　水泥路面 PCI 计算范例：

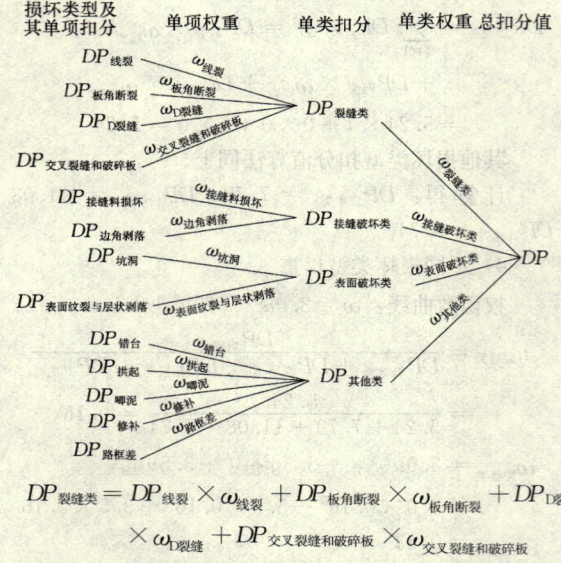

$$DP_{裂缝类} = DP_{线裂} \times \omega_{线裂} + DP_{板角断裂} \times \omega_{板角断裂} + DP_{D裂缝} \times \omega_{D裂缝} + DP_{交叉裂缝和破碎板} \times \omega_{交叉裂缝和破碎板}$$

$$DP_{接缝破坏类} = DP_{接缝料损坏} \times \omega_{接缝料损坏} + DP_{边角剥落} \times \omega_{边角剥落}$$

$$DP_{表面破坏类} = DP_{坑洞} \times \omega_{坑洞} + DP_{表面纹裂与层状剥落} \times \omega_{表面纹裂与层状剥落}$$

$$DP_{其他类} = DP_{错台} \times \omega_{错台} + DP_{拱起} \times \omega_{拱起} + DP_{唧泥} \times \omega_{唧泥} + DP_{修补} \times \omega_{修补} + DP_{路框差} \times \omega_{路框差}$$

$$DP = DP_{裂缝类} \times \omega_{裂缝类} + DP_{接缝破坏类} \times \omega_{接缝破坏类} + DP_{表面破坏类} \times \omega_{表面破坏类} + DP_{其他类} \times \omega_{其他类}$$

$$PCI = 100 - DP$$

原始调查表:

水泥路面损坏调查表

路名:迎宾一路　　　　起止:K1+059~K1+136
被查面积(F_1):(长77m×宽24m)=1848m²

损坏类型		损坏面积(F_{1i})	损坏密度(%) $\rho = \dfrac{F_{1i}}{F_1}$	单项扣分值	备注
裂缝类	线裂	6.60	0.36	5.44	
	板角断裂	9.61	0.52	12.52	
	D裂缝	0.00	0.00	0.00	
	交叉裂缝和破碎板	0.00	0.00	0.00	
接缝破坏类	接缝料损坏	67.50	3.65	4.33	
	边角剥落	10.20	0.55	4.70	
表面破坏类	坑洞	0.42	0.02	9.00	
	表面纹裂与层状剥落	0.00	0.00	0.00	
其他类	错台	5.25	0.28	4.60	
	拱起	0.00	0.00	0.00	
	唧泥	0.00	0.00	0.00	
	修补	5.43	0.29	4.64	
	路框差	1.00	0.05	5.22	

调查人员:第三组成员　　调查日期:2005年3月14日

计算步骤:

1) 插值计算得单项扣分值

损坏密度 $\rho_{线裂} = \dfrac{F_{1i}}{F_1} = 6.60/1848 \times 100\% = 0.36\%$

由附录E水泥路面损坏单项扣分表查得,当损坏密度为0.1%时,单项扣分值为4,当损坏密度为1%时,单项扣分值为9。

内插,得单项扣分值 $DP_{线裂} = 4 + \dfrac{0.36\% - 0.1\%}{1\% - 0.1\%} \times (9 - 4) = 5.44$

其他损坏形式单项扣分值算法同上。

计算得: $DP_{板角断裂} = 12.52$, $DP_{D裂缝} = 0.00$, $DP_{交叉裂缝和破碎板} = 0.00$

2) 同种损坏类型不同损坏形式权重计算

权函数曲线:$\omega_i = 3.0u_i^3 - 5.5u_i^2 + 3.5u$

线裂属裂缝类,同种损坏类型下还有板角断裂、D裂缝、交叉裂缝和破碎板,共四种损坏形式。

$$u_{线裂} = \dfrac{DP_{线裂}}{DP_{线裂} + DP_{板角断裂} + DP_{D裂缝} + DP_{交叉裂缝和破碎板}}$$

$$= \dfrac{5.44}{5.44 + 12.52 + 0 + 0} = 0.30$$

$\omega_{线裂} = 3.0u_{线裂}^3 - 5.5u_{线裂}^2 + 3.5u_{线裂}$

$= 3.0 \times 0.30^3 - 5.5 \times 0.30^2 + 3.5 \times 0.30 = 0.64$

其他损坏形式权重算法同上。计算得:$\omega_{板角断裂} = 0.78$, $\omega_{D裂缝} = 0$, $\omega_{交叉裂缝和破碎板} = 0$。

3) 各损坏类型扣分

裂缝类共有四种损坏,线裂、板角断裂、D裂缝、交叉裂缝和破碎板。

$$DP_{裂缝类} = \sum_{i=1}^{n} DP_i \times \omega_i$$

$$= DP_{线裂} \times \omega_{线裂} + DP_{板角断裂} \times \omega_{板角断裂} + DP_{D裂缝} \times \omega_{D裂缝} + DP_{交叉裂缝和破碎板} \times \omega_{交叉裂缝和破碎板}$$

$$= 5.44 \times 0.64 + 12.52 \times 0.78 + 0 \times 0 + 0 \times 0 = 13.28$$

其他损坏类型扣分值算法同上。

计算得: $DP_{接缝破坏类} = 6.77$, $DP_{表面破坏类} = 9.00$, $DP_{其他类} = 9.64$

4) 不同损坏类型权重

权函数曲线:$\omega_i = 3.0u_i^3 - 5.5u_i^2 + 3.5u$

$$u_{裂缝类} = \dfrac{DP_{裂缝类}}{DP_{裂缝类} + DP_{接缝破坏类} + DP_{表面破坏类} + DP_{其他类}}$$

$$= \dfrac{13.28}{13.28 + 6.77 + 9.00 + 9.64} = 0.34$$

$\omega_{裂缝类} = 3.0u_{裂缝类}^3 - 5.5u_{裂缝类}^2 + 3.5u_{裂缝类}$

$= 3.0 \times 0.34^3 - 5.5 \times 0.34^2 + 3.5 \times 0.34$

$= 0.67$

其他损坏类型权重算法同上。

计算得：$\omega_{接缝破坏类}=0.46$，$\omega_{表面破坏类}=0.55$，$\omega_{其他类}=0.58$。

5）综合加权
综合扣分值

$$DP=\sum_{i=1}^{n}DP_i\times\omega_i$$

$$=DP_{裂缝类}\times\omega_{裂缝类}+DP_{接缝破坏类}\times\omega_{接缝破坏类}+DP_{表面破坏类}\times\omega_{表面破坏类}+DP_{其他类}\times\omega_{其他类}$$

$$=13.28\times0.67+6.77\times0.46+9.00\times0.55+9.64\times0.58=22.62$$

6）PCI 评分值

PCI = 100 − 综合扣分值 = 100 − 22.62 = 77.38

计算结果表：

损坏类型	损坏形式	单项扣分值	损坏形式权重	损坏类型扣分	损坏类型权重	综合扣分	PCI
裂缝类	线裂	5.44	0.64	13.28	0.67	22.62	77.38
	板角断裂	12.52	0.78				
	D 裂缝	0.00	0.00				
	交叉裂缝和破碎板	0.00	0.00				
接缝破坏类	接缝料损坏	4.33	0.74	6.77	0.46		
	边角剥落	4.70	0.75				
表面破坏类	坑洞	9.00	1.00	9.00	0.55		
	表面纹裂与层状剥落	0.00	0.00				
其他类	错台	4.60	0.66	9.64	0.58		
	拱起	0.00	0.00				
	唧泥	0.00	0.00				
	修补	4.64	0.66				
	路框差	5.22	0.69				

附录 H 人行道状况指数 FCI 计算方法

1 人行道 FCI 指数计算范例：

损坏类型及其单项扣分　单项权重　总扣分

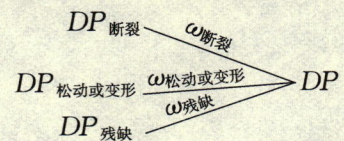

$$DP=DP_{断裂}\times\omega_{断裂}+DP_{松动或变形}\times\omega_{松动或变形}+DP_{残缺}\times\omega_{残缺}$$

FCI = 100 − DP

原始调查表

人行道铺装损坏调查表

路名：　迎宾一路
起止：　K0+072～K0+145
调查面积（F_2）：（长73m×宽1.50m）=109.50m²

损坏类型	损坏面积（F_{2i}）	损坏密度（%）$\rho=\dfrac{F_{2i}}{F_2}$	单项扣分值	备注
裂缝	5.32	4.86	32.29	
松动或变形	2.25	2.06	26.99	
残缺	1.20	1.10	21.18	

调查人员：第二组成员　　调查日期：2005 年 3 月 8 日

计算步骤：

1）插值计算得单项扣分值

损坏密度 $\rho_{裂缝}=\dfrac{F_{2i}}{F_2}=5.32/109.50\times100\%=4.86\%$

由附录 E 人行道路面损坏单项扣分表查得，当损坏密度为 1% 时，单项扣分值为 25，当损坏密度为 10% 时，单项扣分值为 42。

内插，得单项扣分值 $DP_{裂缝}=5+\dfrac{4.86\%-1\%}{10\%-1\%}\times(42-25)=32.29$

其他损坏形式单项扣分值算法同上。计算得：$DP_{松动或变形}=26.99$，$DP_{残缺}=21.18$。

2）不同损坏形式权重计算

权函数曲线：$\omega_i=3.0u_i^3-5.5u_i^2+3.5u_i$

$$u_{裂缝}=\dfrac{DP_{裂缝}}{DP_{裂缝}+DP_{松动或变形}+DP_{残缺}}$$

$$=\dfrac{32.29}{32.29+26.99+21.18}=0.40$$

$$\omega_{裂缝}=3.0u_{裂缝}^3-5.5u_{裂缝}^2+3.5u_{裂缝}$$

$$=3.0\times0.40^3-5.5\times0.40^2+3.5\times0.40=0.71$$

其他损坏形式权重算法同上。计算得：$\omega_{松动或变形}=0.69$，$\omega_{残缺}=0.59$。

3）综合加权
综合扣分值

$$DP=\sum_{i=1}^{n}DP_i\times\omega_i=DP_{裂缝}\times\omega_{裂缝}+$$

$DP_{松动或变形} \times \omega_{松动或变形} + DP_{残缺} \times \omega_{残缺}$
$= 32.29 \times 0.71 + 26.99 \times 0.69 + 21.18 \times 0.59$
$= 53.66$

4) FCI 评分值

FCI $= 100 -$ 综合扣分值 $= 100 - 53.66 = 46.34$

计算结果表：

损坏类型	单项扣分值	权重	综合扣分值	FCI
裂缝	32.29	0.71		
松动或变形	26.99	0.69	53.66	46.34
残缺	21.18	0.59		

中华人民共和国行业标准

城市道路工程设计规范

Code for design of urban road engineering

CJJ 37 — 2012
(2016年版)

批准部门：中华人民共和国住房和城乡建设部
施行日期：2 0 1 2 年 5 月 1 日

中华人民共和国住房和城乡建设部
公　告

第 1193 号

住房城乡建设部关于发布行业标准《城市道路工程设计规范》局部修订的公告

现批准《城市道路工程设计规范》CJJ 37-2012局部修订的条文，经此次修改的原条文同时废止。

局部修订的条文及具体内容，将刊登在我部有关网站和近期出版的《工程建设标准化》刊物上。

中华人民共和国住房和城乡建设部
2016年6月28日

修 订 说 明

本次局部修订是根据住房和城乡建设部《关于印发2016年工程建设标准规范制订、修订计划的通知》（建标函［2015］274号）的要求，由北京市市政工程设计研究总院有限公司会同有关单位对《城市道路工程设计规范》CJJ 37-2012进行修订而成。

本次局部修订依据海绵城市建设对城市道路提出的相关要求，对原有条文中道路分隔带及绿化带宽度、道路横坡坡向、路缘石形式、道路路面以及绿化带入渗及调蓄要求、道路雨水排除原则等相应修改或补充规定。本次局部修订条文合计9条，修订的主要技术内容是：

1. 补充了需要在道路绿化带或分隔带中设置低影响开发设施时，绿化带或分隔带的宽度要求，以及各种设施间的设计要求。
2. 增加立缘石的类型和布置型式。
3. 细化了道路横坡的坡向规定。
4. 按海绵城市建设的要求补充道路雨水低影响开发设计的原则和要求。
5. 按《室外排水设计规范》GB 50014修订的内容，调整了道路排水采用的暴雨强度的重现期规定。
6. 补充了低影响开发设施内植物的种植要求。

本规范中下划线为修改的内容，用黑体字表示的条文为强制性条文，必须严格执行。

本规范由住房和城乡建设部负责管理和对强制性条文的解释，由北京市市政工程设计研究总院有限公司负责具体技术内容的解释。执行过程中如有意见和建议，请寄送北京市市政工程设计研究总院有限公司（地址：北京市海淀区西直门北大街32号3号楼（市政总院大厦），邮政编码：100082）

本次局部修订的主编单位、参编单位、主要起草人员、主要审查人员：

主 编 单 位：北京市市政工程设计研究总院有限公司
参 编 单 位：天津市市政工程设计研究院
　　　　　　重庆市设计院
主要起草人员：和坤玲　王晓华　杨　斌
　　　　　　盛国荣
审 查 人 员：张　辰　包琦玮　李俊奇
　　　　　　赵　锂　白伟岚　任心欣

中华人民共和国住房和城乡建设部
公 告

第 1248 号

关于发布行业标准 《城市道路工程设计规范》的公告

现批准《城市道路工程设计规范》为行业标准，编号为CJJ 37-2012，自2012年5月1日起实施。其中，第3.4.2、3.4.3、13.3.4条为强制性条文，必须严格执行。原行业标准《城市道路设计规范》CJJ 37-90同时废止。

本规范由我部标准定额研究所组织中国建筑工业出版社出版发行。

中华人民共和国住房和城乡建设部
2012年1月11日

前　　言

根据原建设部《关于印发〈二〇〇二～二〇〇三年度工程建设城建、建工行业标准制订、修订计划〉的通知》（建标〔2003〕104号）的要求，编制组在广泛调查研究，认真总结实践经验，吸取科研成果，参考国外现行标准，并在广泛征求意见的基础上，修订了本规范。

本规范的主要技术内容是：1　总则；2　术语和符号；3　基本规定；4　通行能力和服务水平；5　横断面；6　平面和纵断面；7　道路与道路交叉；8　道路与轨道交通线路交叉；9　行人和非机动车交通；10　公共交通设施；11　公共停车场和城市广场；12　路基和路面；13　桥梁和隧道；14　交通安全和管理设施；15　管线、排水和照明；16　绿化和景观。

本规范修订的主要技术内容是：

1. 本规范作为通用规范，在章节编排和内容深度组成上较《城市道路设计规范》CJJ 37-90有较大的变化，章节的编排上主要由城市道路工程涵盖的内容组成，内容深度上主要是对城市道路设计中的一些共性要求和主要技术指标进行规定。

2. 修订了原《规范》中的通行能力、道路分类与分级、设计速度、机动车单车道宽度、路基压实标准等内容。

3. 增加了道路服务水平、设计速度100km/h的平纵面设计技术指标、景观设计等内容。

4. 明确了平面交叉和立体交叉的分类和适用条件。

5. 突出了"公交优先"、"以人为本"的设计理念。

6. 强化了交通安全和管理设施的设计内容。

本规范中以黑体字标志的条文为强制性条文，必须严格执行。

本规范由住房和城乡建设部负责管理和对强制性条文的解释，由北京市市政工程设计研究总院负责具体技术内容的解释。执行过程中如有意见和建议，请寄送北京市市政工程设计研究总院（地址：北京市海淀区西直门北大街32号3号楼（市政总院大厦），邮政编码：100082）。

本 规 范 主 编 单 位：北京市市政工程设计研究总院

本 规 范 参 编 单 位：上海市政工程设计研究总院（集团）有限公司
　　　　　　　　　　天津市市政工程设计研究院
　　　　　　　　　　深圳市市政设计研究院有限公司
　　　　　　　　　　重庆市设计院
　　　　　　　　　　同济大学
　　　　　　　　　　北京工业大学

本规范主要起草人员：和坤玲　朱兆芳　王士林
　　　　　　　　　　徐　波　方守恩　杨　斌
　　　　　　　　　　荣　建　刘　勇　张慧敏
　　　　　　　　　　崔新书　王晓华　赵建新
　　　　　　　　　　凌建明　许志鸿　欧阳全裕

蒋善宝　盛国荣　邵长桥　　　本规范审查人员：崔健球　张　仁　刘伟杰
陈艳艳　谈至明　汪凌志　　　　　　　　　　　　程为和　杨副成　刘　敏
袁建兵　薛　勇　张　琦　　　　　　　　　　　　吴瑞麟　郭锋钢　刘国茂
张欣红　李际胜　冯　芳　　　　　　　　　　　　李建民　魏立新
陈少华

目　次

- 1 总则 ·················· 67—8
- 2 术语和符号 ··········· 67—8
  - 2.1 术语 ·············· 67—8
  - 2.2 符号 ·············· 67—8
- 3 基本规定 ············· 67—8
  - 3.1 道路分级 ·········· 67—8
  - 3.2 设计速度 ·········· 67—9
  - 3.3 设计车辆 ·········· 67—9
  - 3.4 道路建筑限界 ······ 67—9
  - 3.5 设计年限 ·········· 67—10
  - 3.6 荷载标准 ·········· 67—10
  - 3.7 防灾标准 ·········· 67—10
- 4 通行能力和服务水平 ··· 67—10
  - 4.1 一般规定 ·········· 67—10
  - 4.2 快速路 ············ 67—10
  - 4.3 其他等级道路 ······ 67—11
  - 4.4 自行车道 ·········· 67—11
  - 4.5 人行设施 ·········· 67—11
- 5 横断面 ··············· 67—12
  - 5.1 一般规定 ·········· 67—12
  - 5.2 横断面布置 ········ 67—12
  - 5.3 横断面组成及宽度 ·· 67—12
  - 5.4 路拱与横坡 ········ 67—13
  - 5.5 缘石 ·············· 67—13
- 6 平面和纵断面 ········· 67—14
  - 6.1 一般规定 ·········· 67—14
  - 6.2 平面设计 ·········· 67—14
  - 6.3 纵断面设计 ········ 67—15
  - 6.4 线形组合设计 ······ 67—15
- 7 道路与道路交叉 ······· 67—15
  - 7.1 一般规定 ·········· 67—15
  - 7.2 平面交叉 ·········· 67—16
  - 7.3 立体交叉 ·········· 67—16
- 8 道路与轨道交通线路交叉 · 67—17
  - 8.1 一般规定 ·········· 67—17
  - 8.2 立体交叉 ·········· 67—17
  - 8.3 平面交叉 ·········· 67—17
- 9 行人和非机动车交通 ··· 67—18
  - 9.1 一般规定 ·········· 67—18
  - 9.2 行人交通 ·········· 67—18
  - 9.3 非机动车交通 ······ 67—19
- 10 公共交通设施 ········ 67—19
  - 10.1 一般规定 ········· 67—19
  - 10.2 公共交通专用车道 · 67—19
  - 10.3 公共交通车站 ····· 67—19
- 11 公共停车场和城市广场 · 67—20
  - 11.1 一般规定 ········· 67—20
  - 11.2 公共停车场 ······· 67—20
  - 11.3 城市广场 ········· 67—20
- 12 路基和路面 ·········· 67—21
  - 12.1 一般规定 ········· 67—21
  - 12.2 路基 ············· 67—21
  - 12.3 路面 ············· 67—21
  - 12.4 旧路面补强和改建 · 67—23
- 13 桥梁和隧道 ·········· 67—23
  - 13.1 一般规定 ········· 67—23
  - 13.2 桥梁 ············· 67—23
  - 13.3 隧道 ············· 67—24
- 14 交通安全和管理设施 ·· 67—24
  - 14.1 一般规定 ········· 67—24
  - 14.2 交通安全设施 ····· 67—25
  - 14.3 交通管理设施 ····· 67—25
  - 14.4 配套管网 ········· 67—25
- 15 管线、排水和照明 ···· 67—26
  - 15.1 一般规定 ········· 67—26
  - 15.2 管线 ············· 67—26
  - 15.3 排水 ············· 67—26
  - 15.4 照明 ············· 67—26
- 16 绿化和景观 ·········· 67—27
  - 16.1 一般规定 ········· 67—27
  - 16.2 绿化 ············· 67—27
  - 16.3 景观 ············· 67—27
- 本规范用词说明 ········· 67—28
- 引用标准名录 ··········· 67—28
- 附：条文说明 ··········· 67—29

Contents

1 General Provisions ················ 67—8
2 Terms and Symbols ············· 67—8
  2.1 Terms ····························· 67—8
  2.2 Symbols ·························· 67—8
3 Basic Requirements ············· 67—8
  3.1 Roadway Functional Classification ··· 67—8
  3.2 Design Speed ···················· 67—9
  3.3 Design Vehicle ··················· 67—9
  3.4 Boundary Line of Road
      Construction ····················· 67—9
  3.5 Design Life ······················· 67—10
  3.6 Load Standard ··················· 67—10
  3.7 Anti-disaster Standard ············ 67—10
4 Capacity and Level of Service ······ 67—10
  4.1 General Requirements ············· 67—10
  4.2 Freeway ·························· 67—10
  4.3 Other Urban Roads ··············· 67—11
  4.4 Bicycle Lane ····················· 67—11
  4.5 Pedestrian Facility ················ 67—11
5 Cross Section ····················· 67—12
  5.1 General Requirements ············· 67—12
  5.2 Cross Section Type ··············· 67—12
  5.3 Cross Section Element and Width ··· 67—12
  5.4 Road Crown and Cross Slope ······ 67—13
  5.5 Curbs ···························· 67—13
6 Horizontal and Vertical
  Alignment ························ 67—14
  6.1 General Requirements ············· 67—14
  6.2 Horizontal Alignment ············· 67—14
  6.3 Vertical Alignment ················ 67—15
  6.4 Combinations of Horizontal and
      Vertical Alignment ················ 67—15
7 Road-Road Intersection ·········· 67—15
  7.1 General Requirements ············· 67—15
  7.2 At-grade Intersection ·············· 67—16
  7.3 Grade Separations and
      Intersections ····················· 67—16
8 Road-Railroad Intersection ······· 67—17
  8.1 General Requirements ············· 67—17
  8.2 Road-railroad Grade Crossings ········ 67—17
  8.3 Road-railroad and Road-tram at-grade
      Intersections ····················· 67—17
9 Pedestrian and Bicycle ············ 67—18
  9.1 General Requirements ············· 67—18
  9.2 Pedestrian ······················· 67—18
  9.3 Bicycle ··························· 67—19
10 Public Transport Facility ········ 67—19
  10.1 General Requirements ············ 67—19
  10.2 Reserved Bus Lanes ·············· 67—19
  10.3 Bus Stop ······················· 67—19
11 Public Parking Lot and City
  Square ·························· 67—20
  11.1 General Requirements ············ 67—20
  11.2 Public Parking Lot ··············· 67—20
  11.3 City Square ····················· 67—20
12 Subgrade and Pavement ········· 67—21
  12.1 General Requirements ············ 67—21
  12.2 Subgrade ······················· 67—21
  12.3 Pavement ······················· 67—21
  12.4 Pavement Rehabilitation and
       Reconstruction ·················· 67—23
13 Bridge and Tunnel ·············· 67—23
  13.1 General Requirements ············ 67—23
  13.2 Bridge ·························· 67—23
  13.3 Tunnel ························· 67—24
14 Traffic Safety and Traffic
  Control Devices ················· 67—24
  14.1 General Requirements ············ 67—24
  14.2 Traffic Safety Facility ············ 67—25
  14.3 Traffic Control Devices ·········· 67—25
  14.4 Complementary Pipeline
       Network ························ 67—25
15 Pipeline, Drainage and
  Lighting ························ 67—26
  15.1 General Requirements ············ 67—26
  15.2 Pipeline ························· 67—26
  15.3 Drainage ······················· 67—26
  15.4 Lighting ························ 67—26

16 Vegetation and Landscape ········ 67—27	Code ·· 67—28	
16.1 General Requirements ············· 67—27	List of Quoted Standards ················· 67—28	
16.2 Vegetation ······························ 67—27	Addition: Explanation of	
16.3 Landscape ······························ 67—27	Provisions ························· 67—29	

Explanation of Wording in This

1 总　　则

1.0.1 为适应我国城市道路建设和发展的需要，规范城市道路工程设计，统一城市道路工程设计主要技术指标，指导城市道路专用标准的编制，制定本规范。

1.0.2 本规范适用于城市范围内新建和改建的各级城市道路设计。

1.0.3 城市道路工程设计应根据城市总体规划、城市综合交通规划、专项规划，考虑社会效益、环境效益与经济效益的协调统一，合理采用技术标准。遵循和体现以人为本、资源节约、环境友好的设计原则。

1.0.4 城市道路工程设计除应符合本规范外，尚应符合国家现行有关标准的规定。

2 术语和符号

2.1 术　　语

2.1.1 主路　main road

快速路或主干路中与辅路分隔，供机动车快速通过的道路。

2.1.2 辅路　side road

集散快速路或主干路交通，设置于主路两侧或一侧，单向或双向行驶交通，可间断或连续设置的道路。

2.1.3 设计速度　design speed

道路几何设计（包括平曲线半径、纵坡、视距等）所采用的行车速度。

2.1.4 设计年限　design life

包括确定路面宽度而采用的远期交通量的年限与为确定路面结构而采用的保证路面结构不需进行大修即可按预定目的使用的设计使用年限两种。

2.1.5 通行能力　traffic capacity

在一定的道路和交通条件下，单位时间内道路上某一路段通过某一断面的最大交通流率。

2.1.6 服务水平　level of service

衡量交通流运行条件及驾驶人和乘客所感受的服务质量的一项指标，通常根据交通量、速度、行驶时间、行驶（步行）自由度、交通中断、舒适和方便等指标确定。

2.1.7 彩色沥青混凝土路面　colorful asphalt concrete pavement

脱色沥青与各种颜色石料或树脂类胶结料、色料和添加剂等材料在特定的温度下拌合形成的具有一定强度和路用性能的新型沥青混凝土路面。

2.1.8 降噪路面　reducing noise pavement

具有减低轮胎和路面摩擦产生的噪声功能的路面。

2.1.9 透水路面　pervious pavement

能使降水通过空隙率较高、透水性能良好的道路结构层路面。

2.2 符　　号

H_c——机动车车行道最小净高；
H_b——非机动车车行道最小净高；
H_p——人行道最小净高；
E——建筑限界顶角宽度；
W_r——红线宽度；
W_c——机动车道或机非混行车道的车行道宽度；
W_b——非机动车道的车行道宽度；
W_{pc}——机动车道或机非混行车道的路面宽度；
W_{pb}——非机动车道的路面宽度；
W_{mc}——机动车道路缘带宽度；
W_{mb}——非机动车道路缘带宽度；
W_l——侧向净宽；
W_{sc}——安全带宽度；
W_{dm}——中间分隔带宽度；
W_{sm}——中间分车带宽度；
W_{db}——两侧分隔带宽度；
W_{sb}——两侧分车带宽度；
W_a——路侧带宽度；
W_p——人行道宽度；
W_g——绿化带宽度；
W_f——设施带宽度；
V/C——在理想条件下，最大服务交通量与基本通行能力之比；
S_c——铁路平交道口机动车驾驶员侧向最小瞭望视距；
S_s——铁路平交道口机动车距路口停止线的距离。

3 基 本 规 定

3.1 道 路 分 级

3.1.1 城市道路应按道路在道路网中的地位、交通功能以及对沿线的服务功能等，分为快速路、主干路、次干路和支路四个等级，并应符合下列规定：

1 快速路应中央分隔、全部控制出入、控制出入口间距及形式，应实现交通连续通行，单向设置不应少于两条车道，并应设有配套的交通安全与管理设施。

快速路两侧不应设置吸引大量车流、人流的公共建筑物的出入口。

2 主干路应连接城市各主要分区，应以交通功能为主。

主干路两侧不宜设置吸引大量车流、人流的公共建筑物的出入口。

3 次干路应与主干路结合组成干路网,应以集散交通的功能为主,兼有服务功能。

4 支路宜与次干路和居住区、工业区、交通设施等内部道路相连接,应解决局部地区交通,以服务功能为主。

3.1.2 在规划阶段确定道路等级后,当遇特殊情况需变更级别时,应进行技术经济论证,并报规划审批部门批准。

3.1.3 当道路为货运、防洪、消防、旅游等专用道路使用时,除应满足相应道路等级的技术要求外,还应满足专用道路及通行车辆的特殊要求。

3.1.4 道路应做好总体设计,并应处理好与公路以及不同等级道路之间的衔接过渡。

3.2 设计速度

3.2.1 各级道路的设计速度应符合表3.2.1的规定。

表3.2.1 各级道路的设计速度

道路等级	快速路			主干路			次干路			支路		
设计速度(km/h)	100	80	60	60	50	40	50	40	30	40	30	20

3.2.2 快速路和主干路的辅路设计速度宜为主路的0.4倍~0.6倍。

3.2.3 在立体交叉范围内,主路设计速度应与路段一致,匝道及集散车道设计速度宜为主路的0.4倍~0.7倍。

3.2.4 平面交叉口内的设计速度宜为路段的0.5倍~0.7倍。

3.3 设 计 车 辆

3.3.1 机动车设计车辆及其外廓尺寸应符合表3.3.1的规定。

表3.3.1 机动车设计车辆及其外廓尺寸

车辆类型	总长(m)	总宽(m)	总高(m)	前悬(m)	轴距(m)	后悬(m)
小客车	6	1.8	2.0	0.8	3.8	1.4
大型车	12	2.5	4.0	1.5	6.5	4.0
铰接车	18	2.5	4.0	1.7	5.8+6.7	3.8

注:1 总长:车辆前保险杠至后保险杠的距离。
2 总宽:车厢宽度(不包括后视镜)。
3 总高:车厢顶或装载顶到地面的高度。
4 前悬:车辆前保险杠至前轴轴中线的距离。
5 轴距:双轴车时,为从前轴轴中线到后轴轴中线的距离;铰接车时分别为前轴轴中线至中轴轴中线、中轴轴中线至后轴轴中线的距离。
6 后悬:车辆后保险杠至后轴轴中线的距离。

3.3.2 非机动车设计车辆及其外廓尺寸应符合表3.3.2的规定。

表3.3.2 非机动车设计车辆及其外廓尺寸

车辆类型	总长(m)	总宽(m)	总高(m)
自行车	1.93	0.60	2.25
三轮车	3.40	1.25	2.25

注:1 总长:自行车为前轮前缘至后轮后缘的距离;三轮车为前轮前缘至车厢后缘的距离;
2 总宽:自行车为车把宽度;三轮车为车厢宽度;
3 总高:自行车为骑车人骑在车上时,头顶至地面的高度;三轮车为载物顶至地面的高度。

3.4 道路建筑限界

3.4.1 道路建筑限界应为道路上净高线和道路两侧侧向净宽边线组成的空间界线(图3.4.1)。顶角抹角宽度(E)不应大于机动车道或非机动车道的侧向净宽(W_l)。

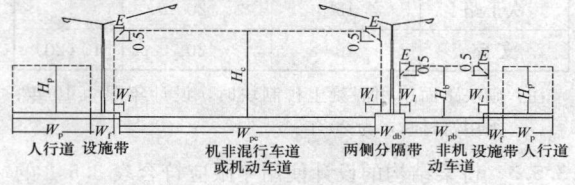

(a) 无中间分隔带

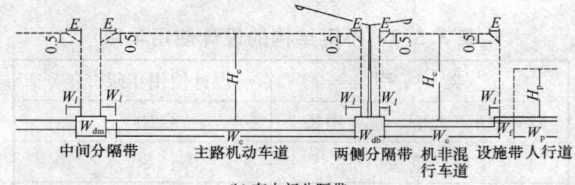

(b) 有中间分隔带

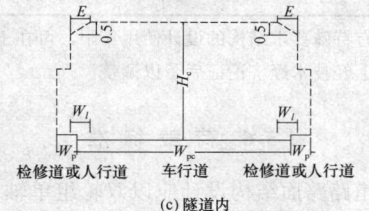

(c) 隧道内

图3.4.1 道路建筑限界

3.4.2 道路建筑限界内不得有任何物体侵入。

3.4.3 道路最小净高应符合表3.4.3的规定。

表3.4.3 道路最小净高

道路种类	行驶车辆类型	最小净高(m)
机动车道	各种机动车	4.5
	小客车	3.5
非机动车道	自行车、三轮车	2.5
人行道	行人	2.5

3.4.4 对通行无轨电车、有轨电车、双层客车等其他特种车辆的道路,最小净高应满足车辆通行的要求。

3.4.5 道路设计中应做好与公路以及不同净高要求的道路间的衔接过渡，同时应设置必要的指示、诱导标志及防撞等设施。

3.5 设计年限

3.5.1 道路交通量达到饱和状态时的道路设计年限为：快速路、主干路应为20年；次干路应为15年；支路宜为10年～15年。

3.5.2 各种类型路面结构的设计使用年限应符合表3.5.2的规定。

表3.5.2 路面结构的设计使用年限（年）

道路等级	路面结构类型		
	沥青路面	水泥混凝土路面	砌块路面
快速路	15	30	—
主干路	15	30	—
次干路	15	20	—
支路	10	20	10（20）

注：砌块路面采用混凝土预制块时，设计年限为10年；采用石材时，为20年。

3.5.3 桥梁结构的设计使用年限应符合表3.5.3的规定。

表3.5.3 桥梁结构的设计使用年限

类 别	设计使用年限（年）
特大桥、大桥、重要中桥	100
中桥、重要小桥	50
小桥	30

注：对有特殊要求结构的设计使用年限，可在上述规定基础上经技术经济论证后予以调整。

3.6 荷载标准

3.6.1 道路路面结构设计应以双轮组单轴载100kN为标准轴载。对有特殊荷载使用要求的道路，应根据具体车辆确定路面结构计算荷载。

3.6.2 桥涵的设计荷载应符合现行行业标准《城市桥梁设计规范》CJJ 11 的规定。

3.7 防灾标准

3.7.1 道路工程应按国家规定工程所在地区的抗震标准进行设防。

3.7.2 城市桥梁设计宜采用百年一遇的洪水频率，对特别重要的桥梁可提高到三百年一遇。

对城市防洪标准较低的地区，当按百年一遇或三百年一遇的洪水频率设计，导致桥面高程较高而引起困难时，可按相交河道或排洪沟渠的规划洪水频率设计，且应确保桥梁结构在百年一遇或三百年一遇洪水频率下的安全。

3.7.3 道路应避开泥石流、滑坡、崩塌、地面沉降、塌陷、地震断裂活动带等自然灾害易发区；当不能避开时，必须提出工程和管理措施，保证道路的安全运行。

4 通行能力和服务水平

4.1 一般规定

4.1.1 道路通行能力和服务水平分析应符合下列规定：

1 快速路的路段、分合流区、交织区段及互通式立体交叉的匝道，应分别进行通行能力分析，使其全线服务水平均衡一致。

2 主干路的路段和与主干路、次干路相交的平面交叉口，应进行通行能力和服务水平分析。

3 次干路、支路的路段及其平面交叉口，宜进行通行能力和服务水平分析。

4.1.2 交通量换算应采用小客车为标准车型，各种车辆的换算系数应符合表4.1.2的规定。

表4.1.2 车辆换算系数

车辆类型	小客车	大型客车	大型货车	铰接车
换算系数	1.0	2.0	2.5	3.0

4.2 快速路

4.2.1 快速路应根据交通流行驶特征分为基本路段、分合流区和交织区，应分别采用相应的通行能力和服务水平。

4.2.2 快速路基本路段一条车道的基本通行能力和设计通行能力应符合表4.2.2的规定。

表4.2.2 快速路基本路段一条车道的通行能力

设计速度（km/h）	100	80	60
基本通行能力（pcu/h）	2200	2100	1800
设计通行能力（pcu/h）	2000	1750	1400

4.2.3 快速路基本路段服务水平分级应符合表4.2.3的规定，新建道路应按三级服务水平设计。

表4.2.3 快速路基本路段服务水平分级

设计速度（km/h）	服务水平等级	密度[pcu/(km·ln)]	平均速度（km/h）	负荷度 V/C	最大服务交通量[pcu/(h·ln)]
100	一级（自由流）	≤10	≥88	0.40	880
	二级（稳定流上段）	≤20	≥76	0.69	1520
	三级（稳定流）	≤32	≥62	0.91	2000
	四级（饱和流）	≤42	≥53	≈1.00	2200
	（强制流）	>42	<53	>1.00	—

续表 4.2.3

设计速度(km/h)	服务水平等级	密度[pcu/(km·ln)]	平均速度(km/h)	负荷度 V/C	最大服务交通量[pcu/(h·ln)]
80	一级(自由流)	≤10	≥72	0.34	720
	二级(稳定流上段)	≤20	≥64	0.61	1280
	三级(稳定流)	≤32	≥55	0.83	1750
	四级(饱和流)	≤50	≥40	≈1.00	2100
	四级(强制流)	>50	<40	>1.00	—
60	一级(自由流)	≤10	≥55	0.30	590
	二级(稳定流上段)	≤20	≥48	0.55	990
	三级(稳定流)	≤32	≥44	0.77	1400
	四级(饱和流)	≤57	≥30	≈1.00	1800
	四级(强制流)	>57	<30	>1.00	—

4.2.4 快速路设计时采用的最大服务交通量应符合下列规定：

1 双向四车道快速路折合成当量小客车的年平均日交通量为 40000pcu～80000pcu。

2 双向六车道快速路折合成当量小客车的年平均日交通量为 60000pcu～120000pcu。

3 双向八车道快速路折合成当量小客车的年平均日交通量为 100000pcu～160000pcu。

4.3 其他等级道路

4.3.1 其他等级道路根据交通流特性和交通管理方式，可分为路段、信号交叉口、无信号交叉口等，应分别采用相应的通行能力和服务水平。

4.3.2 其他等级道路路段一条车道的基本通行能力和设计通行能力应符合表 4.3.2 的规定。

表 4.3.2 其他等级道路路段一条车道的通行能力

设计速度(km/h)	60	50	40	30	20
基本通行能力(pcu/h)	1800	1700	1650	1600	1400
设计通行能力(pcu/h)	1400	1350	1300	1300	1100

4.3.3 信号交叉口服务水平分级应符合表 4.3.3 的规定，新建道路应按三级服务水平设计。

表 4.3.3 信号交叉口服务水平分级

指标 \ 服务水平	一级	二级	三级	四级
控制延误(s/veh)	<30	30～50	50～60	>60
负荷度 V/C	<0.6	0.6～0.8	0.8～0.9	>0.9
排队长度(m)	<30	30～80	80～100	>100

4.3.4 无信号交叉口可分为次要道路停车让行、全部道路停车让行和环形交叉口三种形式。次要道路停车让行交叉口通行能力应保证次要道路上车辆可利用的穿越空档能满足次要道路上交通需求。

4.4 自行车道

4.4.1 不受平面交叉口影响的一条自行车道的路段设计通行能力，当有机非分隔设施时，应取 1600veh/h～1800veh/h；当无分隔时，应取 1400veh/h～1600veh/h。

4.4.2 受平面交叉口影响的一条自行车道的路段设计通行能力，当有机非分隔设施时，应取 1000veh/h～1200veh/h；当无分隔时，应取 800veh/h～1000veh/h。

4.4.3 信号交叉口进口道一条自行车道的设计通行能力可取为 800veh/h～1000veh/h。

4.4.4 路段自行车道服务水平分级应符合表 4.4.4 的规定，设计时宜采用三级服务水平。

表 4.4.4 路段自行车道服务水平分级

指标 \ 服务水平	一级(自由骑行)	二级(稳定骑行)	三级(骑行受限)	四级(间断骑行)
骑行速度(km/h)	>20	20～15	15～10	10～5
占用道路面积(m²)	>7	7～5	5～3	<3
负荷度	<0.40	0.55～0.70	0.70～0.85	>0.85

4.4.5 交叉口自行车道服务水平分级应符合表 4.4.5 的规定，设计时宜采用三级服务水平。

表 4.4.5 交叉口自行车道服务水平分级

指标 \ 服务水平	一级	二级	三级	四级
停车延误时间(s)	<40	40～60	60～90	>90
通过交叉口骑行速度(km/h)	>13	13～9	9～6	6～4
负荷度	<0.7	0.7～0.8	0.8～0.9	>0.9
路口停车率(%)	<30	30～40	40～50	>50
占用道路面积(m²)	8～6	6～4	4～2	<2

4.5 人行设施

4.5.1 人行设施的基本通行能力和设计通行能力应符合表 4.5.1 的规定。行人较多的重要区域设计通行能力宜采用低值，非重要区域宜采用高值。

表 4.5.1 人行设施基本通行能力和设计通行能力

人行设施类型	基本通行能力	设计通行能力
人行道，人/(h·m)	2400	1800～2100
人行横道，人/(hg·m)	2700	2000～2400
人行天桥，人/(h·m)	2400	1800～2000
人行地道，人/(h·m)	2400	1440～1640
车站码头的人行天桥、人行地道，人/(h·m)	1850	1400

注：hg 为绿灯时间。

4.5.2 人行道服务水平分级应符合表 4.5.2 的规定，设计时宜采用三级服务水平。

表 4.5.2　人行道服务水平分级

服务水平 指　标	一级	二级	三级	四级
人均占用面积(m²)	≥2.0	1.2~2.0	0.5~1.2	<0.5
人均纵向间距(m)	≥2.5	1.8~2.5	1.4~1.8	<1.4
人均横向间距(m)	≥1.0	0.8~1.0	0.7~0.8	<0.7
步行速度(m/s)	≥1.1	1.0~1.1	0.8~1.0	<0.8
最大服务交通量[人/(h·m)]	1580	2500	2940	3600

5　横断面

5.1　一般规定

5.1.1　横断面设计应按道路等级、服务功能、交通特性，结合各种控制条件，在规划红线宽度范围内合理布设。

5.1.2　横断面设计应满足远期交通功能需要。分期修建时应近远期结合，使近期工程成为远期工程的组成部分，并应预留管线位置，控制道路用地，给远期实施留有余地。城市建成区道路不宜分期修建。

5.1.3　改建道路应采取工程措施与道路交通管理相结合的方法布设横断面。

5.2　横断面布置

5.2.1　横断面可分为单幅路、两幅路、三幅路、四幅路及特殊形式的断面(图5.2.1)。

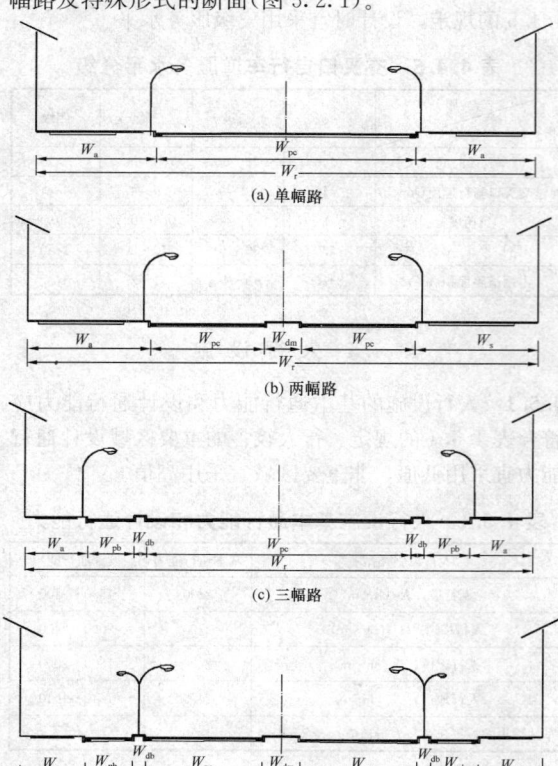

图 5.2.1　横断面形式

5.2.2　当快速路两侧设置辅路时，应采用四幅路；当两侧不设置辅路时，应采用两幅路。

5.2.3　主干路宜采用四幅路或三幅路；次干路宜采用单幅路或两幅路，支路宜采用单幅路。

5.2.4　对设置公交专用车道的道路，横断面布置应结合公交专用车道位置和类型全断面综合考虑，并应优先布置公交专用车道。

5.2.5　同一条道路宜采用相同形式的横断面。当道路横断面变化时，应设置过渡段。

5.2.6　桥梁与隧道横断面形式、车行道及路缘带宽度应与路段相同。

5.2.7　特大桥、大中桥分隔带宽度可适当缩窄，但应满足设置桥梁防护设施的要求。

5.3　横断面组成及宽度

5.3.1　横断面宜由机动车道、非机动车道、人行道、分车带、设施带、绿化带等组成，特殊断面还可包括应急车道、路肩和排水沟等。

5.3.2　机动车道宽度应符合下列规定：

　　1　一条机动车道最小宽度应符合表5.3.2的规定。

表 5.3.2　一条机动车道最小宽度

车型及车道类型	设计速度(km/h)	
	>60	≤60
大型车或混行车道(m)	3.75	3.50
小客车专用车道(m)	3.50	3.25

　　2　机动车道路面宽度应包括车行道宽度及两侧路缘带宽度，单幅路及三幅路采用中间分隔物或双黄线分隔对向交通时，机动车道路面宽度还应包括分隔物或双黄线的宽度。

5.3.3　非机动车道宽度应符合下列规定：

　　1　一条非机动车道宽度应符合表5.3.3的规定。

表 5.3.3　一条非机动车道宽度

车辆种类	自行车	三轮车
非机动车道宽度(m)	1.0	2.0

　　2　与机动车道合并设置的非机动车道，车道数单向不应小于2条，宽度不应小于2.5m。

　　3　非机动车专用道路面宽度应包括车道宽度及两侧路缘带宽度，单向不宜小于3.5m，双向不宜小于4.5m。

5.3.4　路侧带可由人行道、绿化带、设施带等组成(图5.3.4)，路侧带的设计应符合下列规定：

　　1　人行道宽度必须满足行人安全顺畅通过的要求，并应设置无障碍设施。人行道最小宽度应符合表5.3.4的规定。

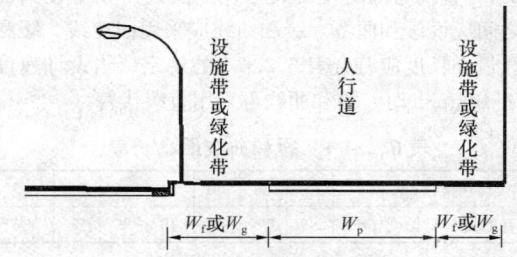

图 5.3.4 路侧带

表 5.3.4 人行道最小宽度

项 目	人行道最小宽度(m)	
	一般值	最小值
各级道路	3.0	2.0
商业或公共场所集中路段	5.0	4.0
火车站、码头附近路段	5.0	4.0
长途汽车站	4.0	3.0

2 绿化带的宽度应符合现行行业标准《城市道路绿化规划与设计规范》CJJ 75 的相关要求。当绿化带内设置雨水调蓄设施时，绿化带的宽度还应满足所设置设施的宽度要求。

3 设施带宽度应包括设置护栏、照明灯柱、标志牌、信号灯、城市公共服务设施等的要求，各种设施布局应综合考虑。设施带可与绿化带结合设置，但应避免各种设施间，以及与树木的相互干扰。当绿化带设置雨水调蓄设施时，应保证绿化带内设施及相邻路面结构的安全，必要时，应采取相应的防护及防渗措施。

5.3.5 分车带的设置应符合下列规定：

1 分车带按其在横断面中的不同位置及功能，可分为中间分车带（简称中间带）及两侧分车带（简称两侧带），分车带由分隔带及两侧路缘带组成（图5.3.5）。

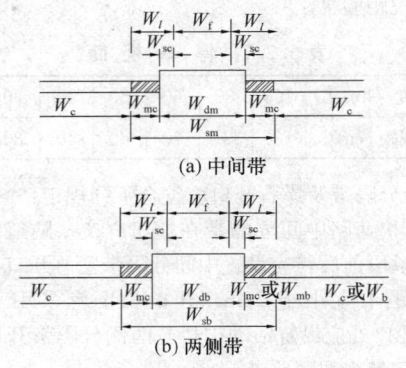

图 5.3.5 分车带

2 分车带最小宽度应符合表 5.3.5 的规定。

表 5.3.5 分车带最小宽度

类 别		中间带		两侧带	
设计速度(km/h)		≥60	<60	≥60	<60
路缘带宽度(m)	机动车道	0.50	0.25	0.50	0.25
	非机动车	—	—	0.25	0.25
安全带宽度 W_{sc}(m)	机动车道	0.25	0.25	0.25	0.25
	非机动车	—	—	0.25	0.25
侧向净宽 W_l(m)	机动车道	0.75	0.50	0.75	0.50
	非机动车	—	—	0.50	0.50
分隔带最小宽度(m)		1.50	1.50	1.50	1.50
分车带最小宽度(m)		2.50	2.00	2.50(2.25)	2.00

注：1 侧向净宽为路缘带宽度与安全带宽度之和；
  2 两侧带分隔带宽度中，括号外为两侧均为机动车道时取值；括号内数值为一侧为机动车道，另一侧为非机动车道时的取值；
  3 分隔带最小宽度值系按设施带宽度为 1m 考虑的，具体应用时，应根据设施带实际宽度确定。
  4 当分隔带内设置雨水调蓄设施时，宽度还应满足所设置设施的宽度要求。

3 分隔带应采用立缘石围砌，需要考虑防撞要求时，应采用相应等级的防撞护栏。当需要在道路分隔带中设置雨水调蓄设施时，立缘石的设置形式应满足排水的要求。

5.3.6 当快速路单向机动车道数小于 3 条时，应设不小于 3.0m 的应急车道。当连续设置有困难时，应设置应急停车港湾，间距不应大于 500m，宽度不应小于 3.0m。

5.3.7 路肩设置应符合下列规定：

1 采用边沟排水的道路应在路面外侧设置保护性路肩，中间设置排水沟的道路应设置左侧保护性路肩。

2 保护性路肩宽度自路缘带外侧算起，快速路不应小于 0.75m；其他等级道路不应小于 0.50m；当有少量行人时，不应小于 1.50m。当需设置护栏、杆柱、交通标志时，应满足其设置要求。

5.4 路拱与横坡

5.4.1 道路横坡应根据路面宽度、路面类型、纵坡及气候条件确定，宜采用 1.0%～2.0%。快速路及降雨量大的地区宜采用 1.5%～2.0%；严寒积雪地区、透水路面宜采用 1.0%～1.5%。保护性路肩横坡度可比路面横坡度加大 1.0%。

5.4.2 单幅路应根据道路宽度采用单向或双向路拱横坡；多幅路应采用由路中线向两侧的双向路拱横坡、人行道宜采用单向横坡，坡向应朝向雨水设施设置位置的一侧。

5.5 缘 石

5.5.1 缘石应设置在中间分隔带、两侧分隔带及路侧带两侧，缘石可分为立缘石和平缘石。

5.5.2 立缘石宜设置在中间分隔带、两侧分隔带及路侧带两侧。当设置在中间分隔带及两侧分隔带时，外露高度宜为15cm～20cm；当设置在路侧带两侧时，外露高度宜为10cm～15cm。排水式立缘石尺寸、开孔形状等应根据设计汇水量计算确定。

5.5.3 平缘石宜设置在人行道与绿化带之间，以及有无障碍要求的路口或人行横道范围内。

6 平面和纵断面

6.1 一般规定

6.1.1 平面和纵断面设计应符合城市路网规划、道路红线、道路功能，并应综合考虑土地利用、文物保护、环境景观、征地拆迁等因素。

6.1.2 平面和纵断面应与地形地物、地质水文、地域气候、地下管线、排水等要求结合，并应符合各级道路的技术指标，应与周围环境相协调，线形应连续与均衡。

6.1.3 城市快速路、主干路应做好路线的线形组合设计，各技术指标应恰当、平面顺适、断面均衡、横断面合理；各结构物的选型与布置应合理、实用、经济。

6.2 平面设计

6.2.1 道路平面线形由直线、平曲线组成，平曲线由圆曲线、缓和曲线组成，应处理好直线与平曲线的衔接，合理地设置缓和曲线、超高、加宽等。

6.2.2 道路圆曲线最小半径应符合表6.2.2的规定。一般情况下应采用大于或等于不设超高最小半径值；当地形条件受限制时，可采用设超高最小半径的一般值；当地形条件特别困难时，可采用设超高最小半径的极限值。

表6.2.2 圆曲线最小半径

设计速度（km/h）		100	80	60	50	40	30	20
不设超高最小半径(m)		1600	1000	600	400	300	150	70
设超高最小半径(m)	一般值	650	400	300	200	150	85	40
	极限值	400	250	150	100	70	40	20

注："一般值"为正常情况下的采用值；"极限值"为条件受限时，可采用的值。

6.2.3 平曲线与圆曲线最小长度应符合表6.2.3的规定。

表6.2.3 平曲线与圆曲线最小长度

设计速度（km/h）		100	80	60	50	40	30	20
平曲线最小长度(m)	一般值	260	210	150	130	110	80	60
	极限值	170	140	100	85	70	50	40
圆曲线最小长度(m)		85	70	50	40	35	25	20

6.2.4 直线与圆曲线或大半径圆曲线与小半径圆曲线之间应设缓和曲线。缓和曲线应采用回旋线，缓和曲线最小长度应符合表6.2.4-1的规定。当设计速度小于40km/h时，缓和曲线可采用直线代替。

表6.2.4-1 缓和曲线最小长度

设计速度（km/h）	100	80	60	50	40	30	20
缓和曲线最小长度(m)	85	70	50	45	35	25	20

当圆曲线半径大于表6.2.4-2不设缓和曲线的最小圆曲线半径时，直线与圆曲线可直接连接。

表6.2.4-2 不设缓和曲线的最小圆曲线半径

设计速度（km/h）	100	80	60	50	40
不设缓和曲线的最小圆曲线半径(m)	3000	2000	1000	700	500

6.2.5 当圆曲线半径小于本规范表6.2.2中不设超高最小半径时，在圆曲线范围内应设超高。最大超高横坡度应符合本规范表6.2.5的规定。当由直线段的正常路拱断面过渡到圆曲线上的超高断面时，必须设置超高缓和段。

表6.2.5 最大超高横坡度

设计速度（km/h）	100，80	60，50	40，30，20
最大超高横坡（%）	6	4	2

6.2.6 当圆曲线半径小于或等于250m时，应在圆曲线内侧加宽，并应设置加宽缓和段。

6.2.7 视距应符合下列规定：

1 停车视距应大于或等于表6.2.7规定值，积雪或冰冻地区的停车视距宜适当增长。

2 当车行道上对向行驶的车辆有会车可能时，应采用会车视距，其值应为表6.2.7中停车视距的两倍。

3 对货车比例较高的道路，应验算货车的停车视距。

4 对设置平、纵曲线可能影响行车视距路段，应进行视距验算。

表6.2.7 停车视距

设计速度（km/h）	100	80	60	50	40	30	20
停车视距(m)	160	110	70	60	40	30	20

6.2.8 分隔带及缘石开口应符合下列规定：

1 快速路中间分隔带在枢纽立交、隧道、特大桥及路堑段前后，应设置中间分隔带紧急开口。开口最小间距不宜小于2km，开口长度宜采用20m～30m，开口处应设置活动护栏。两侧分隔带开口应符合进出口最小间距要求。

2 主干路的两侧分隔带断口间距宜大于或等于300m，路侧带缘石开口距交叉口间距应大于出入口道展宽段长度。

6.3 纵断面设计

6.3.1 机动车道最大纵坡应符合表6.3.1的规定，并应符合下列规定：

表6.3.1 机动车道最大纵坡

设计速度(km/h)		100	80	60	50	40	30	20
最大纵坡(%)	一般值	3	4	5	5.5	6	7	8
	极限值	4	5	6	7	8		

1 新建道路应采用小于或等于最大纵坡一般值；改建道路、受地形条件或其他特殊情况限制时，可采用最大纵坡极限值。

2 除快速路外的其他等级道路，受地形条件或其他特殊情况限制时，经技术经济论证后，最大纵坡极限值可增加1.0%。

3 积雪或冰冻地区的快速路最大纵坡不应大于3.5%，其他等级道路最大纵坡不应大于6.0%。

6.3.2 道路最小纵坡不应小于0.3%；当遇特殊困难纵坡小于0.3%时，应设置锯齿形边沟或采取其他排水设施。

6.3.3 纵坡的最小坡长应符合表6.3.3规定。

表6.3.3 最 小 坡 长

设计速度(km/h)	100	80	60	50	40	30	20
最小坡长(m)	250	200	170	130	110	85	60

6.3.4 当道路纵坡大于本规范表6.3.1所列的一般值时，纵坡最大坡长应符合表6.3.4的规定。道路连续上坡或下坡，应在不大于表6.3.4规定的纵坡长度之间设置纵坡缓和段。缓和段的纵坡不应大于3%，其长度应符合本规范表6.3.3最小坡长的规定。

表6.3.4 最 大 坡 长

设计速度(km/h)	100	80		60			50			40	
纵坡(%)	4	5	6	6.5	7	6	6.5	7	6.5	7	8
最大坡长(m)	700	600	400	350	300	350	300	250	300	250	200

6.3.5 非机动车道纵坡宜小于2.5%；当大于或等于2.5%时，纵坡最大坡长应符合表6.3.5的规定。

表6.3.5 非机动车道最大坡长

纵坡(%)		3.5	3.0	2.5
最大坡长(m)	自行车	150	200	300
	三轮车	—	100	150

6.3.6 各级道路纵坡变化处应设置竖曲线，竖曲线宜采用圆曲线，竖曲线最小半径与竖曲线最小长度应符合表6.3.6规定。一般情况下应大于或等于一般值；特别困难时可采用极限值。

表6.3.6 竖曲线最小半径与竖曲线最小长度

设计速度(km/h)		100	80	60	50	40	30	20
凸形竖曲线(m)	一般值	10000	4500	1800	1350	600	400	150
	极限值	6500	3000	1200	900	400	250	100
凹形竖曲线(m)	一般值	4500	2700	1500	1050	700	400	150
	极限值	3000	1800	1000	700	450	250	100
竖曲线长度(m)	一般值	210	170	120	100	90	60	50
	极限值	85	70	50	40	35	25	20

6.3.7 在设有超高的平曲线上，超高横坡度与道路纵坡度的合成坡度应小于或等于表6.3.7的规定。

表6.3.7 合 成 坡 度

设计速度(km/h)	100, 80	60, 50	40, 30	20
合成坡度(%)	7.0	7.0	7.0	8.0

注：积雪或冰冻地区道路的合成坡度应小于或等于6.0%。

6.4 线形组合设计

6.4.1 线形组合应满足行车安全、舒适以及与沿线环境、景观协调的要求，平面、纵断面线形应均衡，路面排水应通畅。

6.4.2 线形组合设计应符合下列规定：

1 应使线形在视觉上能自然地诱导驾驶员的视线，并应保持视觉的连续性。

2 应避免平面、纵断面、横断面极限值的相互组合设计。

3 平、纵面线形应相互对应，技术指标大小均衡连续，以及与之相邻路段各技术指标的均衡、连续。

4 条件受限时选用平面、纵断面的各接近或最大、最小值及其组合时，应考虑前后地形、技术指标运用等对实际运行速度的影响。

5 横坡与纵坡应组合得当，并应利于路面排水和行车安全。

7 道路与道路交叉

7.1 一 般 规 定

7.1.1 道路与道路交叉可分为平面交叉和立体交叉。交叉形式应根据道路网规划、相交道路等级及有关技术、经济和环境效益的分析合理确定。

7.1.2 道路交叉口设计应符合下列规定：

1 应保障交通安全，使交叉口车流有序、畅通、舒适，并应兼顾景观。

2 应兼顾所有交通使用者的需求，处理好与其他交通方式的衔接。

3 应合理确定建设规模，分期建设时，应近远期结合。

4　应综合考虑交通组织、几何设计、交通管理方式和交通工程设施等内容。
　　5　除考虑本交叉口流量、流向以外，还应分析相邻或相关交叉口的影响。
　　6　改建设计应同时考虑原有交叉口情况，合理确定改建规模。
7.1.3　道路交叉口设计应符合现行行业标准《城市道路交叉口设计规程》CJJ 152 的规定。

7.2　平 面 交 叉

7.2.1　平面交叉口应按交通组织方式分类，并应符合下列规定：
　　1　平A类：信号控制交叉口
　　平A_1类：交通信号控制，进口道展宽交叉口；
　　平A_2类：交通信号控制，进口道不展宽交叉口。
　　2　平B类：无信号控制交叉口
　　平B_1类：支路只准右转通行的交叉口；
　　平B_2类：减速让行或停车让行标志管制交叉口；
　　平B_3类：全无管制交叉口。
　　3　平C类：环形交叉口。
7.2.2　平面交叉口的选型，应符合表7.2.2的规定。

表7.2.2　平面交叉口选型

平面交叉口类型	选　　型	
	推荐形式	可选形式
主干路-主干路	平A_1类	—
主干路-次干路	平A_1类	—
主干路-支路	平B_1类	平A_1类
次干路-次干路	平A_1类	—
次干路-支路	平B_2类	平A_1类或平B_1类
支路-支路	平B_2类或平B_3类	平C类或平A_2类

7.2.3　平面交叉口设计应符合下列规定：
　　1　新建平面交叉口不得出现超过4叉的多路交叉口、错位交叉口、畸形交叉口以及交角小于70°（特殊困难时为45°）的斜交叉口。已有的错位交叉口、畸形交叉口应加强交通组织与管理，并应加以改造。
　　2　平面交叉口的交通组织和渠化方式应根据相交道路等级、功能定位、交通量、交通管理条件等因素确定。信号交叉口平面设计应与信号控制方案协调一致，渠化设计不应压缩行人和非机动车的通行空间。
　　3　交叉口附近设置公交停靠站时，应根据公交线路走向、道路类型、交叉口交通状况，结合站点类别、规模、用地条件合理确定。应保证乘客安全，方便换乘、过街，有利于公交车安全停靠、顺利驶出，且不影响交叉口的通行能力。
　　4　地块及建筑物机动车出入口不得设在交叉口范围内，且不宜设在主干路上，宜经支路或专为集散车辆用的地块内部道路与次干路相通。
　　5　桥梁、隧道两端不宜设置平面交叉口。
7.2.4　平面交叉口范围内道路平面线形宜采用直线；当需采用曲线时，其曲线半径不宜小于不设超高的最小圆曲线半径。
7.2.5　平面交叉口范围内道路竖向设计应保证行车舒顺和排水通畅，交叉口进口道纵坡不宜大于2.5%，困难情况下不应大于3%，山区城市道路等特殊情况，在保证安全的情况下可适当增加。
7.2.6　交叉口渠化进口道车道数应大于上游路段的车道数，每条车道的宽度不宜小于3.0m；出口道车道数应与上游各进口道同一信号相位流入的最大进口车道数相匹配，车道宽度宜与路段一致。
7.2.7　交叉口视距三角形范围内不得存在任何妨碍驾驶员视线的障碍物。

7.3　立 体 交 叉

7.3.1　立体交叉口应根据相交道路等级、直行及转向（主要是左转）车流行驶特征、非机动车对机动车干扰等分类，主要类型及交通流行驶特征宜符合表7.3.1的规定，分类应符合下列规定：
　　1　立A类：枢纽立交
　　立A_1类：主要形式为全定向、喇叭形、组合式全互通立交；
　　立A_2类：主要形式为喇叭形、苜蓿叶形、半定向、组合式全互通立交。
　　2　立B类：一般立交
　　主要形式为喇叭形、苜蓿叶形、环形、菱形、迂回式、组合式全互通或半互通立交。
　　3　立C类：分离式立交。

表7.3.1　立体交叉口类型及交通流行驶特征

立体交叉口类型	主路直行车流行驶特征	转向车流行驶特征	非机动车及行人干扰情况
立A类（枢纽立交）	连续快速行驶	较少交织，无平面交叉	机非分行，无干扰
立B类（一般立交）	主要道路连续快速行驶，次要道路存在交织或平面交叉	部分转向车流存在交织或平面交叉	主要道路机非分行，无干扰；次要道路机非混行，有干扰
立C类（分离式立交）	连续行驶	不提供转向功能	—

7.3.2 立体交叉口选型应根据交叉口在道路网中的地位、作用、相交道路的等级，结合交通需求和控制条件确定，并应符合表7.3.2的规定。

表7.3.2 立体交叉口选型

立体交叉口类型	选 型	
	推荐形式	可选形式
快速路-快速路	立 A_1 类	—
快速路-主干路	立 B 类	立 A_2 类、立 C 类
快速路-次干路	立 C 类	立 B 类
快速路-支路	—	立 C 类
主干路-主干路		立 B 类

注：当城市道路与公路相交时，高速公路按快速路、一级公路按主干路、二级和三级公路按次干路、四级公路按支路，确定与公路相交的城市道路交叉口类型。

7.3.3 立交范围内快速路主路基本车道数应与路段基本车道数连续一致，匝道车道数应根据匝道交通量确定，进出口前后应保持主路车道数平衡，不能保证时应在主路车道右侧设置辅助车道。

7.3.4 立交范围内主路横断面车行道布置宜与主路路段相同。当设集散车道时，集散车道应布置在主路机动车道右侧，其间宜设分车带。主路变速车道路段的横断面应根据变速车道平面设计形式确定。

7.3.5 立交范围内主路平面线形标准不应低于路段标准，在进出立交的主路路段，其行车视距宜大于或等于1.25倍的停车视距。

7.3.6 立交匝道出入口处，应设置变速车道。变速车道分直接式与平行式两种，减速车道宜采用直接式，加速车道宜采用平行式。

7.3.7 立交范围内出入口间距应能保证主路交通不受分合流交通的干扰，并应为分合流交通加减速及转换车道提供安全可靠的条件。立交出入口间距不足时，应设置集散车道。

7.3.8 设有辅路系统的道路相交，当交叉口设置为枢纽立交时，立交区应设置与主路分行的辅路系统；当交叉口设置为具有明显集散作用的一般立交时，其辅路系统可与匝道布置结合考虑。

7.3.9 立交范围内非机动车系统应连续，可采用机非混行或机非分行的形式。

7.3.10 立交范围内人行系统应满足人行道最小宽度要求，并应布设无障碍设施。

7.3.11 立交范围内公交车站的设置应与路段综合考虑，并应设置为港湾式。

8 道路与轨道交通线路交叉

8.1 一般规定

8.1.1 道路与轨道交通线路交叉可分为平面交叉和立体交叉。交叉形式应根据道路与轨道交通线路的性质、等级、交通量、地形条件、安全要求等因素综合确定，应优先采用立体交叉。

8.1.2 道路与轨道交通线路交叉工程需分期修建时，应考虑近远期结合。

8.1.3 道路与轨道交通线路交叉设计应合理利用地形，减少工程量，节约用地。

8.1.4 道路与轨道交通线路交叉宜采用正交，当需斜交时，交叉角应大于或等于45°。

8.2 立体交叉

8.2.1 道路与铁路交叉时，应符合下列规定：
 1 快速路和重要的主干路与铁路交叉时，必须设置立体交叉。
 2 对行驶有轨电车或无轨电车的道路与铁路交叉，必须设置立体交叉。
 3 主干路、次干路、支路与铁路交叉，当道口交通量大或铁路调车作业繁忙时，应设置立体交叉。
 4 各级道路与旅客列车设计行车速度大于或等于120km/h的铁路交叉，应设置立体交叉。
 5 当受地形等条件限制，采用平面交叉危及行车安全时，应设置立体交叉。
 6 道路与铁路交叉，机动车交通量不大，但非机动车和行人流量较大时，可设置人行立体交叉或非机动车与行人合用的立体交叉。

8.2.2 各级道路与城市轨道交通线路交叉时，必须设置立体交叉。

8.2.3 道路与轨道交通立体交叉的建筑限界应符合下列规定：
 1 道路下穿时，道路的建筑限界应符合本规范第3.4节的要求。
 2 道路上跨时，轨道交通的建筑限界应符合现行铁路和城市轨道交通建筑限界标准的要求。

8.2.4 桥梁等构筑物的设置应满足道路、轨道交通视距的要求。

8.2.5 与轨道交通立体交叉的道路应设置交通安全防护设施，同时应符合国家现行相关规范的要求。

8.3 平面交叉

8.3.1 次干路、支路与运量不大的铁路支线、地方铁路、工业企业铁路交叉时，可设置平交道口。平交道口不应设置在铁路道岔处、站场范围内、铁路曲线段以及道路与铁路通视条件不符合行车安全要求的路段上。

8.3.2 通过道口的道路平面线形应为直线。从最外侧钢轨外缘算起的道路直线段最小长度应大于或等于30m。

8.3.3 道路与铁路平交时，应优先设置自动信号控制或有人值守道口。

8.3.4 无人值守或未设置自动信号的平交道口视距三角形范围内（图 8.3.4），严禁有任何妨碍机动车驾驶员视线的障碍物，机动车驾驶员要求的最小瞭望视距（S_c）应符合表 8.3.4 规定。

表 8.3.4 平交道口最小瞭望视距

路段旅客列车设计行车速度（km/h）	机动车驾驶员侧向最小瞭望视距 S_c（m）
100	340
80	270
70	240
55	190
40	140

注：机动车驾驶员侧向视距系按停车视距 50m 计算的，如有特殊应另行计算确定。

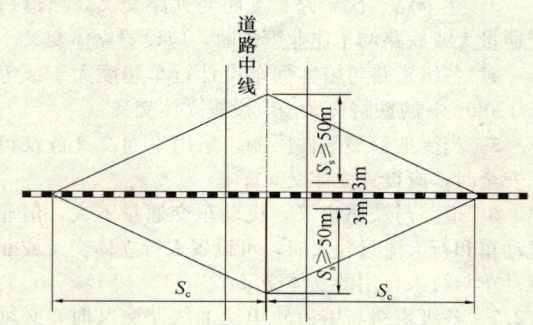

图 8.3.4 道口视距三角形

8.3.5 道口两侧应设平台，并应符合下列规定：
 1 自最外侧钢轨外缘至最近竖曲线切点间的平台长度应大于或等于 16m。
 2 紧接道口平台两端的道路纵坡不应大于表 8.3.5 的数值。

表 8.3.5 紧接道口平台两端的道路纵坡（%）

道路类型	机动车与非机动车混行车道	机动车道
一般值	2.5	3.0
极限值	3.5	5.0

8.3.6 道口铺面铺设应符合现行国家标准《铁路线路设计规范》GB 50090 的规定。

8.3.7 道口安全防护设施应符合下列规定：
 1 有人看守道口应设置道口看守房，并应设置电力照明以及栏木、有线或无线通信、道口自动通知、道口自动信号、遮断信号等安全预警设备。
 2 无人看守道口应设置警示标志，并应根据需要设置道口自动信号和道口监护设施。
 3 道口两侧的道路上除应按规定设置护桩外，还应设置交通标志、路面标线、立面标志，电气化铁路的道口应在道路上设置限界架。

8.3.8 道路与有轨电车道交叉道口应符合下列规定：
 1 交叉道口处的通视条件应符合道路与道路平面交叉的规定。
 2 交叉道口处的道路线形宜为直线。
 3 道口有轨电车道的轨面标高宜与道路路面标高一致。
 4 应作好平交道口的交通组织设计，处理好车流、人流的关系，合理布设人行道、车行道及有轨电车车站出入通道，并应按规定设置道口信号、行车标志、标线等交通管理设施。交叉道口信号应按有轨电车优先的原则设置。

9 行人和非机动车交通

9.1 一般规定

9.1.1 行人及非机动车交通系统应安全、连续、舒适，不宜中断或缩减人行道及非机动车道的有效通行宽度。

9.1.2 行人及非机动车交通系统应与道路沿线的居住区、商业区、城市广场、交通枢纽等内部的相关设施紧密结合，构成完整的交通系统。

9.1.3 行人交通系统应设置无障碍设施，并应符合现行行业标准《城市道路和建筑物无障碍设计规范》JGJ 50 的规定。

9.2 行人交通

9.2.1 行人交通设施应包括人行道、步行街以及人行横道、人行天桥和人行地道等过街设施，设施的设置应根据行人流量和流线确定。

9.2.2 人行过街设施的布设应与公交车站的位置结合。在学校、幼儿园、医院、养老院等附近，应设置人行过街设施。

9.2.3 人行道的设计应符合本规范第 5.3 节的规定。

9.2.4 人行横道的设置应符合下列规定：
 1 交叉口处应设置人行横道，路段内人行横道应布设在人流集中、通视良好的地点，并应设醒目标志。人行横道间距宜为 250m～300m。
 2 当人行横道长度大于 16m 时，应在分隔带或道路中心线附近的人行横道处设置行人二次过街安全岛，安全岛宽度不应小于 2.0m，困难情况下不应小于 1.5m。
 3 人行横道的宽度应根据过街行人数量及信号控制方案确定，主干路的人行横道宽度不宜小于 5m，其他等级道路的人行横道宽度不宜小于 3m。宜采用 1m 为单位增减。
 4 对视距受限制的路段和急弯陡坡等危险路段以及车行道宽度渐变路段，不应设置人行横道。

9.2.5 人行天桥和人行地道的设置应符合下列规定：

1 快速路行人过街必须设置人行天桥或人行地道，其他道路应根据机动车交通量和行人过街需求设置人行天桥或人行地道。

2 在商业或车站、码头等区域人行天桥或人行地道的设置宜与两侧建筑物或地下开发相结合。有特殊需要时，可设置专用过街设施。

3 当自行车过街交通量不大时，人行天桥和人行地道可设置推行自行车过街的坡道。

4 人行天桥和人行地道的其他设置条件应符合现行行业标准《城市人行天桥与人行地道技术规范》CJJ 69 的规定。

9.2.6 步行街的设计应符合下列规定：

1 步行街的规模应适应各重要吸引点的合理步行距离，步行距离不宜超过 1000m。

2 步行街的宽度可采用 10m～15m，其间可配置小型广场。步行道路和广场的面积，可按每平方米容纳 0.8 人～1.0 人计算。

3 步行街与两侧道路的距离不宜大于 200m，步行街进出口距公共交通停靠站的距离不宜大于 100m。

4 步行街附近应有相应规模的机动车和非机动车停车场，机动车停车场距步行街进出口的距离不宜大于 100m，非机动车停车场距步行街进出口的距离不宜大于 50m。

5 步行街应满足消防车、救护车、送货车和清扫车等的通行要求。

9.3 非机动车交通

9.3.1 主干路非机动车道应与机动车道分隔设置；当次干路设计速度大于或等于 40km/h 时，非机动车道宜与机动车道分隔设置。

9.3.2 非机动车道的设计应符合本规范第 5.3 节的规定。

9.3.3 非机动车专用路的设计速度宜采用 15km/h～20km/h，并应设置相应的交通安全、排水、照明、绿化等设施。

10 公共交通设施

10.1 一般规定

10.1.1 道路设计中应包括与道路相关的公共交通专用车道和车站的设计。

10.1.2 公交专用车道的设计应与城市道路功能相匹配，合理使用道路资源。

10.1.3 公交车站应与周边行人、非机动车系统统一设计，并根据需求设置非机动车停车区域。

10.2 公共交通专用车道

10.2.1 公共交通专用车道可分为快速公交专用车道和常规公交专用车道。

10.2.2 快速公交专用车道的设计应符合下列规定：

1 快速公交专用车道可布置在道路中央或道路两侧，中央专用车道按上下行有无物体隔离又可分为分离式和整体式，应优先选用中央整体式专用车道。

2 快速公交专用车道当单独布置时，设计速度可采用 40km/h～60km/h；当与其他车道同断面布置时应与道路的设计速度协调统一。

3 快速公交专用车道单车道宽度不应小于 3.5m。

4 快速公交专用车道与其他车道应采用物体或标线分隔，分离式单车道物体隔离连续长度不应大于 300m。

5 快速公交系统应优先通过平交路口。

6 快速公交专用车道的设计应符合现行行业标准《快速公共汽车交通系统设计规范》CJJ 136 的有关规定。

10.2.3 常规公交专用车道的设计应符合下列规定：

1 主、次干路每条车道交通量大于 500pcu/h 及公交车辆大于 90 辆/h 时，宜设置常规公交专用车道。

2 常规公交专用车道宜设置在最外侧车道上。

3 常规公交专用车道单车道宽度不应小于 3.5m。

4 常规公交专用车道在平交路口宜连续设置。

10.3 公共交通车站

10.3.1 快速公交车站的设计应符合下列规定：

1 车站应结合快速公交规划设置，同时应与常规公交及城市轨道交通等其他交通系统合理衔接。

2 车站可分为单侧停靠车站和双侧停靠车站，双侧停靠的站台宽度不应小于 5m，单侧停靠的站台宽度不应小于 3m。

3 多条线路在停靠车站区间应单独布置停车道，停车道的宽度不应小于 3m。

4 站台长度应满足车辆停靠、人流集散及相关设施布设的要求。

5 车辆停靠长度应根据车辆停靠数量和车型确定，最小长度应满足两辆车同时停靠的要求，车辆长度应根据选择的车型确定。

6 乘客过街可采用平面或立体过街方式。

7 车站设计应符合现行行业标准《快速公共汽车交通系统设计规范》CJJ 136 的有关规定。

10.3.2 常规公交车站的设计应符合下列规定：

1 车站应结合常规公交规划、沿线交通需求及城市轨道交通等其他交通站点设置。城区停靠站间距宜为 400m～800m，郊区停靠站间距应根据具体情况确定。

2 车站可为直接式和港湾式，城市主、次干路和交通量较大的支路上的车站，宜采用港湾式。

　　3　道路交叉口附近的车站宜安排在交叉口出口道一侧，距交叉口出口缘石转弯半径终点宜大于50m。

　　4　站台长度最短应按同时停靠两辆车布置，最长不应超过同时停靠4辆车的长度，否则应分开设置。

　　5　站台高度宜采用0.15m～0.20m，站台宽度不宜小于2m；当条件受限时，站台宽度不得小于1.5m。

10.3.3　出租车停靠站的设计应符合下列规定：

　　1　交通繁忙、行人流量大、禁止随意停车的地段，应设置出租车停靠站。

　　2　停靠站应结合人行系统设置，方便上落，同时应减少对道路交通的干扰。

　　3　停靠站应根据道路交通条件宜采用直接式或港湾式。

10.3.4　公共交通车站应设置无障碍设施，并应符合现行行业标准《城市道路和建筑物无障碍设计规范》JGJ 50的规定。

11　公共停车场和城市广场

11.1　一般规定

11.1.1　公共停车场和城市广场的位置、规模应符合城市规划布局和道路交通组织需要，合理布置。

11.1.2　公共停车场和城市广场的内部交通组织及竖向设计应与周边的交通组织和竖向条件相适应。

11.1.3　公共停车场和城市广场应设置无障碍设施，并应符合现行行业标准《城市道路和建筑物无障碍设计规范》JGJ 50的规定。

11.2　公共停车场

11.2.1　在大型公共建筑、交通枢纽、人流车流量大的广场等处均应布置适当容量的公共停车场。

11.2.2　公共停车场的规模应按服务对象、交通特征等因素确定。

11.2.3　停车场平面设计应有效地利用场地，合理安排停车区及通道，应满足消防要求，并留出辅助设施的位置。

11.2.4　按停放车辆类型，公共停车场可分为机动车停车场与非机动车停车场。

11.2.5　机动车停车场的设计应符合下列规定：

　　1　机动车停车场设计应根据使用要求分区、分车型设计。如有特殊车型，应按实际车辆外廓尺寸进行设计。

　　2　机动车停车场内车位布置可按纵向或横向排列分组安排，每组停车不应超过50veh。当各组之间无通道时，应留出大于或等于6m的防火通道。

　　3　机动车停车场的出入口不宜设在主干路上，可设在次干路或支路上，并应远离交叉口；不得设在人行横道、公共交通停靠站及桥隧引道处。出入口的缘石转弯曲线切点距铁路道口的最外侧钢轨外缘不应小于30m。距人行天桥和人行地道的梯道口不应小于50m。

　　4　停车场出入口位置及数量应根据停车容量及交通组织确定，且不应少于2个，其净距宜大于30m；条件困难或停车容量小于50veh时，可设一个出入口，但其进出口应满足双向行驶的要求。

　　5　停车场进出口净宽，单向通行的不应小于5m，双向通行的不应小于7m。

　　6　停车场出入口应有良好的通视条件，视距三角形范围内的障碍物应清除。

　　7　停车场的竖向设计应与排水相结合，坡度宜为0.3%～3.0%。

　　8　机动车停车场出入口及停车场内应设置指明通道和停车位的交通标志、标线。

11.2.6　非机动车停车场的设计应符合下列规定：

　　1　非机动车停车场出入口不宜少于2个。出入口宽度宜为2.5m～3.5m。场内停车区应分组安排，每组场地长度宜为15m～20m。

　　2　非机动车停车场坡度宜为0.3%～4.0%。停车区宜有车棚、存车支架等设施。

11.3　城市广场

11.3.1　城市广场按其性质、用途可分为公共活动广场、集散广场、交通广场、纪念性广场与商业广场等。

11.3.2　广场设计应按城市总体规划确定的性质、功能和用地范围，结合交通特征、地形、自然环境等进行，应处理好毗连道路及主要建筑物出入口的衔接，以及和四周建筑物协调，并应体现广场的艺术风貌。

11.3.3　广场设计应按高峰时间人流量、车流量确定场地面积，按人车分流的原则，合理布置人流、车流的进出通道、公共交通停靠站及停车等设施。

11.3.4　广场竖向设计应符合下列规定：

　　1　竖向设计应根据平面布置、地形、周围主要建筑物及道路标高、排水等要求进行，并兼顾广场整体布置的美观。

　　2　广场设计坡度宜为0.3%～3.0%。地形困难时，可建成阶梯式。

　　3　与广场相连接的道路纵坡宜为0.5%～2.0%。困难时纵坡不应大于7.0%，积雪及寒冷地区不应大于5.0%。

　　4　出入口处应设置纵坡小于或等于2.0%的缓坡段。

11.3.5 广场与道路衔接的出入口设计应满足行车视距的要求。

11.3.6 广场应布置分隔、导流等设施，并应配置完善的交通标识系统。

11.3.7 广场排水应结合地形、广场面积、排水设施，采用单向或多向排水，且应满足城市防洪、排涝的要求。

12 路基和路面

12.1 一般规定

12.1.1 路基、路面设计应根据道路功能、类型和等级，结合沿线地形地质、水文气象及路用材料等条件，因地制宜、合理选材、节约资源。应使用节能降耗型路面设计和积极应用路面材料再生利用技术，并应选择技术先进、经济合理、安全可靠、方便施工的路基路面结构。

12.1.2 路基、路面应具有足够的强度和稳定性以及良好的抗变形能力和耐久性。同时，路面面层还应满足平整和抗滑的要求。

12.1.3 快速路、主干路的路基、路面不宜分期修建。对初期交通量较小的道路，以及软土地区、湿陷性黄土地区等可能产生较大沉降的路段，可按"一次设计，分期修建"的原则实施。

12.1.4 路基、路面排水设计应根据道路排水总体设计的要求，结合沿线水文、气象、地形、地质等自然条件，设置必要的地表排水和地下排水设施，并应形成合理、完整的排水系统。

12.2 路 基

12.2.1 道路路基应符合下列规定：

1 路基必须密实、均匀，应具有足够的强度、稳定性、抗变形能力和耐久性；并应结合当地气候、水文和地质条件，采取防护措施。

2 路基工程应节约用地、保护环境，减少对自然、生态环境的影响。

3 路基断面形式应与沿线自然环境和城市环境相协调，不得深挖、高填；同时应因地制宜，合理利用当地材料和工业废料修筑路基。

4 路基工程应包括排水系统、防排水设施和防护设施的设计。

5 对特殊路基，应查明情况，分析危害，结合当地成功经验，采取相应措施，增强工程可靠性。

12.2.2 路基设计回弹模量和湿度状况应符合下列规定：

1 快速路和主干路路基顶面设计回弹模量值不应小于30MPa；次干路和支路不应小于20MPa；当不满足上述要求时，应采取措施提高回弹模量。

2 路基设计中，应充分考虑道路运行中的各种不利因素，采取措施减小路基回弹模量的变异性，保证其持久性。

3 道路路基应处于干燥或中湿状态；对潮湿或过湿路基，必须采取措施改善其湿度状况或适当提高路基回弹模量。

12.2.3 路基设计高度应符合下列规定：

1 路基设计高度应使路肩边缘的路基相对高度不低于路基土的毛细水上升高度，并应满足冰冻的要求。

2 沿河及浸水路段的路基边缘标高，不应低于路基设计洪水频率的水位加壅水高、波浪侵袭高度和0.5m的安全高度。

12.2.4 土质路基压实度应符合表12.2.4规定。对以下情形，可通过试验路检验或综合论证，在保证路基强度和稳定性要求的前提下，适当降低路基压实度标准。

1 特殊干旱或特殊潮湿地区。

2 专用非机动车道、人行道。

表 12.2.4 土质路基压实度

填挖类型	路床顶面以下深度(cm)	路基最小压实度（%）			
		快速路	主干路	次干路	支路
填方	0~80	96	95	94	92
	80~150	94	93	92	91
	>150	93	92	91	90
零填方或挖方	0~30	96	95	94	92
	30~80	94	93	—	—

注：表中数值均为重型击实标准。

12.2.5 路基防护应根据道路功能，结合当地气候、水文、地质等情况，采取相应防护措施，并应符合下列规定：

1 路基防护应采取工程防护与植物防护相结合的防护措施，并应与景观相协调。

2 深挖、高填、沿河等路段的路基边坡，必须根据其工程特性进行路基防护设计。对存在稳定性隐患的路基，应进行稳定性分析；当稳定性不满足要求时，必须采取加固措施。

3 路基支挡结构设计应满足各种设计荷载组合下支挡结构的稳定、坚固和耐久；结构类型选择及设置位置的确定应安全可靠、经济合理、便于施工养护；结构材料应符合耐久、耐腐蚀的要求。

12.2.6 对软土、黄土、膨胀土、红黏土、盐渍土等特殊土地区的路基设计，应查明特殊土的分布范围与地层特征、特殊土的物理、力学和水理特性，以及道路沿线的水文与地质条件；进行路基变形分析和稳定性验算；应合理确定特殊地基处理或处治的设计方案，满足路基变形和稳定性要求。

12.3 路 面

12.3.1 路面可分为面层、基层和垫层。路面结构层所选材料应满足强度、稳定性和耐久性的要求，并应符合下列规定：

1 面层应满足结构强度、高温稳定性、低温抗裂性、抗疲劳、抗水损害及耐磨、平整、抗滑、低噪声等表面特性的要求。

2 基层应满足强度、扩散荷载的能力以及水稳定性和抗冻性的要求。

3 垫层应满足强度和水稳定性的要求。

12.3.2 路面面层类型的选用应符合表 12.3.2 的规定，并应符合下列规定：

表 12.3.2 路面面层类型及适用范围

面层类型	适用范围
沥青混凝土	快速路、主干路、次干路、支路、城市广场、停车场
水泥混凝土	快速路、主干路、次干路、支路、城市广场、停车场
贯入式沥青碎石、上拌下贯式沥青碎石、沥青表面处治和稀浆封层	支路、停车场
砌块路面	支路、城市广场、停车场

1 道路经过景观要求较高的区域或突出显示道路线形的路段，面层宜采用彩色。

2 综合考虑雨水收集利用的道路，路面结构设计应满足透水性的要求，并应符合现行行业标准《透水砖路面技术规程》CJJ/T 188、《透水沥青路面技术规程》CJJ/T 190 和《透水水泥混凝土路面技术规程》CJJ/T 135 的有关规定。

3 道路经过噪声敏感区域时，宜采用降噪路面。

4 对环保要求较高的路段或隧道内的沥青混凝土路面，宜采用温拌沥青混凝土。

12.3.3 沥青混凝土路面设计应符合下列规定：

1 沥青混凝土路面的设计应包括面层类型选择与结构层组合设计，各结构层材料组成设计，材料与结构层设计参数确定，结构层厚度计算，路面内部排水设计等。

2 沥青混凝土路面设计应选用多种损坏模式作为临界状态，并应选用多项设计指标进行控制。

3 城市广场、停车场、公交车站、路口或通行特种车辆的路段，沥青路面结构应根据车辆运行要求进行特殊设计。

12.3.4 水泥混凝土路面设计应符合下列规定：

1 水泥混凝土路面的设计应包括面层类型选择与结构层组合设计，接缝构造、配筋和排水设计，各结构层材料组成设计，路面厚度计算，路面表面特性设计等。

2 水泥混凝土路面结构应采用行车荷载和温度梯度综合作用产生的疲劳断裂为设计指标。

3 水泥混凝土面层应满足强度和耐久性的要求，表面应抗滑、耐磨、平整。面层宜选用设接缝的普通水泥混凝土。面层水泥混凝土的抗弯拉强度不得低于 4.5MPa，快速路、主干路和重交通的其他道路的抗弯拉强度不得低于 5.0MPa。混凝土预制块的抗压强度非冰冻地区不宜低于 50MPa，冰冻地区不宜低于 60MPa。

4 当水泥混凝土路面总厚度小于最小防冻厚度，或路基湿度状况不佳时，需设置垫层。

5 水泥混凝土路面应设置纵、横向接缝。纵向接缝与路线中线平行，并应设置拉杆。横向接缝可分为横向缩缝、胀缝和横向施工缝，快速路、主干路的横向缩缝应加设传力杆；在邻近桥梁或其他固定构筑物处、板厚改变处、小半径平曲线等处，应设置胀缝。

6 水泥混凝土面层自由边缘，承受繁重交通的胀缝、施工缝，小于 90°的面层角隅，下穿市政管线路段，以及雨水口和地下设施的检查井周围，面层应配筋补强。

7 其他水泥混凝土面层类型可根据适用条件按表 12.3.4 选用。

表 12.3.4 其他水泥混凝土面层类型的适用条件

面层类型	适用条件
连续配筋混凝土面层、预应力水泥混凝土路面	特重交通的快速路、主干路
沥青上面层与连续配筋混凝土或横缝设传力杆的普通水泥混凝土下面层组成的复合式路面	特重交通的快速路
钢纤维混凝土面层	标高受限制路段、收费站、桥面铺装
混凝土预制块面层	广场、步行街、停车场、支路

12.3.5 非机动车道路面设计应符合下列规定：

1 非机动车道的路面应根据筑路材料、施工最小厚度、路基土类型、水文地质条件及当地工程经验，确定结构层组合和厚度，满足整体强度和稳定性的要求。

2 非机动车道同时有机动车行驶时，路面结构应满足机动车行驶的要求。

3 处于潮湿地带及冰冻地区的道路，非机动车道路面应设垫层。

12.3.6 人行道和广场的铺面应满足稳定、抗滑、平整、生态环保和城市景观的要求，其设计应实用、经济、美观、耐久。

12.3.7 停车场铺面应满足稳定、耐久、平整、抗滑和排水的要求，其设计应符合下列要求：

1　设计内容和方法与相应的机动车道水泥混凝土路面、沥青混凝土路面相同。
　　2　根据停车场各区域性质和功能的不同，铺面结构的设计荷载应视实际情况确定。
　　3　采用沥青混凝土面层，宜提高沥青面层的抗车辙性能。
　　4　采用水泥混凝土面层，应设置胀缝，其间距及要求均与车行道相同。

12.4　旧路面补强和改建

12.4.1　当路面的结构承载能力、平整度、抗滑能力等使用性能退化、其承载能力不能满足交通需求时，应进行结构补强或改建。

12.4.2　旧路面结构补强和改建设计，应调查旧路面的结构性能、使用历史，以及路面环境条件，并应依据路面的交通需求，以及材料、施工技术、实践经验和环境保护要求等，通过技术经济分析论证确定。

12.4.3　旧路面的补强和改建设计应符合下列要求：
　　1　当路面平整度不佳，抗滑能力不足，但路面结构强度足够，结构损坏轻微时，沥青路面宜采用稀浆封层、薄层加铺等措施，水泥混凝土路面宜采用刻槽、板底灌浆和磨平错台等措施恢复路面表面使用性能。
　　2　当路面结构破损较为严重或承载能力不能满足未来交通需求时，应采用加铺结构层补强。
　　3　当路面结构破损严重，或纵、横坡需作较大调整时，宜采用新建路面，或将旧路面作为新路面结构层的基层或下基层。

12.4.4　旧沥青混凝土路面的加铺层宜采用沥青混合料。加铺层厚度应按补足路面结构层总承载能力要求确定，新旧路面之间必须满足粘结要求。

12.4.5　当旧水泥混凝土路面的断板率较低、接缝传荷能力良好，且路面纵、横坡基本符合要求，板的平面尺寸和接缝布置合理时，可选用直接式水泥混凝土加铺层；否则，应采用分离式水泥混凝土加铺层。

　　当旧水泥混凝土路面强度足够，且断板和错台病害少时，可选择直接加铺沥青面层的方案，并应根据交通荷载、环境条件和旧路面的性状等，选择经济有效的防治反射裂缝的措施。

13　桥梁和隧道

13.1　一般规定

13.1.1　桥梁设计应符合城市规划的要求，根据道路功能、等级、通行能力及防洪抗灾要求，结合水文、地质、通航、环境等条件进行综合设计。当需分期实施时，应保留远期发展余地。

13.1.2　隧道设计应符合城市规划、城市地下空间利用规划、环境保护和城市景观的要求，并应综合考虑区域内人文环境、地形、地貌、地质与地质灾害、水文、气象、地震、交通量及其组成，以及运营和施工条件。

13.1.3　桥上或隧道内的管线敷设应符合下列规定：
　　1　不得在桥上敷设污水管、压力大于0.4MPa的燃气管和其他可燃、有毒或腐蚀性的液体、气体管。当条件许可时，可在桥上敷设电讯电缆、热力管、给水管、电压不高于10kV配电电缆、压力不大于0.4MPa的燃气管，但必须按国家有关现行标准的要求采取有效的安全防护措施。
　　2　严禁在隧道内敷设电压高于10kV配电电缆、燃气管及其他可燃、有毒或腐蚀性液体、气体管。

13.2　桥　　梁

13.2.1　城市桥梁设计应符合下列规定：
　　1　特大桥、大桥桥位应选择河道顺直稳定、河床地质良好、河槽能通过大部分设计流量的河段，不宜选择在断层、岩溶、滑坡、泥石流等不良地质地带。中小桥桥位宜按道路的走向进行布置。
　　2　桥梁设计应遵循安全、适用、经济、美观和有利环保的原则，并应因地制宜、就地取材、便于施工和养护。
　　3　桥梁建筑应符合城市规划的要求，并应与周围环境协调。
　　4　桥梁应根据工程规模和不同的桥型结构设置照明、交通信号标志、航运信号标志、航空障碍标志，防雷接地装置以及桥面防水、排水、检修、安全等附属设施。

13.2.2　桥梁可按其多孔跨径总长或单孔跨径的长度，分为特大桥、大桥、中桥和小桥等四类，桥梁分类应符合表13.2.2的规定。

表13.2.2　桥梁分类

桥梁分类	多孔跨径总长 L（m）	单孔跨径 L_k（m）
特大桥	$L>1000$	$L_k>150$
大桥	$1000 \geqslant L \geqslant 100$	$150 \geqslant L_k \geqslant 40$
中桥	$100 > L > 30$	$40 > L_k \geqslant 20$
小桥	$30 \geqslant L \geqslant 8$	$20 > L_k \geqslant 5$

注：1　单孔跨径系指标准跨径，梁式桥、板式桥为两桥墩中线之间桥中心线的长度或桥墩中线与桥台台背前缘线之间桥中心线的长度，拱式桥为净跨径。
　　2　梁式桥、板式桥的多孔跨径总长为多孔标准跨径的总长，拱式桥为两岸桥台内起拱线间的距离，其他形式桥梁为桥面系车道长度。

13.2.3　桥梁的桥面净空限界应符合本规范第3.4节的规定。

13.2.4　桥下净空应符合下列规定：

1 通航河流的桥下净空应符合国家现行通航标准的要求。

2 不通航河流的桥下净空应根据设计洪水位、壅水和浪高或最高流冰面确定；当在河流中有形成流冰阻塞的危险或有流放木筏、漂浮物通过时，应按当地的具体情况确定。

3 立交、跨线桥桥下净空应符合被交叉的城市道路、公路、城市轨道交通和铁路等建筑限界的规定。

13.2.5 桥梁及其引道的平、纵、横技术指标应与路线总体布设相协调，各项技术指标应符合路线布设的要求，并应符合下列规定：

1 桥上纵坡机动车道不宜大于 4.0%，非机动车道不宜大于 2.5%；桥头引道机动车道纵坡不宜大于 5.0%。

2 高架桥桥面应设不小于 0.3% 的纵坡；当条件受到限制，桥面为平坡时，应沿主梁纵向设置排水管，排水管纵坡不小于 0.3%。

3 当桥面纵坡大于 3.0% 时，桥上可不设排水口，但应在桥头引道上两侧设置雨水口。

13.3 隧 道

13.3.1 隧道设计应符合下列规定：

1 隧道设计应处理好与地面建筑、地下管线、地下构筑物之间的关系。

2 隧道设计应减少施工阶段和运营期间对环境的不利影响，并应符合同期规划的近、远期城市建设对隧道及行车安全的影响。

3 隧道的埋深、平面和出入口位置应根据道路总体规划、交通疏解与周边道路服务能力、环境、地形及可能发生的变化条件确定。

4 对特长隧道应作防灾专项设计。

13.3.2 隧道可按其封闭段长度 L 分类，并应符合表 13.3.2 的规定。

表 13.3.2 隧道分类

隧道分类	特长隧道	长隧道	中隧道	短隧道
隧道长度 L (m)	$L>3000$	$3000≥L>1000$	$1000≥L>500$	$L≤500$

注：封闭段长度系指隧道两端洞口之间暗埋段的长度。

13.3.3 隧道建筑限界除应符合本规范第 3.4 节道路建筑限界的规定，尚应符合下列规定：

1 对单向小于 3 车道的长及特长隧道，应设置应急车道，其宽度和距离应符合本规范第 5.3.6 条的规定，在施工方法受到限制的条件下，可采取其他措施。

2 单向单车道隧道必须设应急车道。

3 处于软土地层的隧道应满足长期运营后隧道变形、维修养护对建筑限界影响的要求。

4 隧道内设置的设备系统和管线等设施不得侵入道路建筑限界。

13.3.4 对长度大于 1000m、行驶机动车的隧道，严禁在同一孔内设置非机动车道或人行道；对长度小于等于 1000m 的隧道当需要设置非机动车道或人行道时，必须设安全隔离设施。

13.3.5 隧道及其洞口两端的道路平、纵、横技术指标除应符合本规范相关条款外，尚应符合下列规定：

1 隧道洞口内外侧在不小于 3s 设计速度的行程长度范围内均应保持一致的平纵线形。当条件困难时，应在洞口内外设置线形诱导和光过渡等保证行车安全的措施。

2 洞口外与之相连接的路段应设置距洞口不小于 3s 设计速度的行程长度，且不应小于 50m，宜保持横断面过渡的顺适。

3 当隧道长度大于 100m 时，隧道内的道路最大纵坡不宜大于 3.0%；当受条件限制时，经技术经济论证后最大纵坡可适当加大，但不应大于 5.0%。

4 洞口外道路应满足相应等级道路中视距的要求；当引道设中间分隔带时应采用停车视距。

5 隧道横断面不宜采用对向行车同一孔中的布置；不宜采用同一行驶方向分孔的布置。

13.3.6 隧道应根据地质条件、周边环境等，合理确定结构形式和适应于地层特性和环境要求的施工方法。

13.3.7 隧道防排水设计应保证隧道结构、设备和行车的正常运行和安全，并应防止水土流失和环境保护。

13.3.8 隧道交通工程及沿线设施的技术标准应根据道路功能、类别、交通量、隧道长度等确定，并应符合交通工程及沿线设施总体设计的要求。

13.3.9 对长度大于 500m 的隧道，应拟定发生交通或火灾事故的应急处理预案。

13.3.10 对长度大于 1000m 的隧道，应设隧道管理用房，管理用房选址应符合规划要求，并应有利于对隧道进行维护管理。

13.3.11 隧道必须进行防火设计，其防火要求应符合现行国家标准《建筑设计防火规范》GB 50016 的规定。

13.3.12 隧道出入口、通风设施等设计应满足国家有关环保的要求，应与周边环境景观相协调。

14 交通安全和管理设施

14.1 一般规定

14.1.1 交通安全和管理设施的设计应确保交通"有序、安全、畅通、低公害"。各项设施应统筹规划、总体设计，并结合城市路网的建设情况等逐步补充、完善。

14.1.2 道路交通安全和管理设施设计应与道路同步规划，同步设计。并应与当地城市规划和交通管理部门相协调和配合。

14.1.3 新建交通安全和管理设施应与现有设施协调和匹配，必要时应对现有设施进行调整和完善。

14.1.4 交通安全和管理设施等级分为A、B、C、D四级，各级道路交通安全和管理设施等级与适用范围应符合表14.1.4的规定。

表14.1.4 交通安全和管理设施等级与适用范围

交通安全和管理设施等级	适用范围
A	快速路，中、长、特长隧道及特大型桥梁
B	主干路
C	次干路
D	支路

14.2 交通安全设施

14.2.1 当交通安全和管理设施等级为A级时，应配置系统完善的标志、标线、隔离和防护设施，并应符合下列规定：

 1 中间带必须连续设置中央分隔护栏和必需的防眩设施。

 2 桥梁与高路堤路段必须设置路侧护栏。

 3 互通式立交及其周边路网应连续设置预告、指路、禁令等标志。

 4 分合流路段宜连续设置反光突起路标。

 5 进出口分流三角端应有醒目的提示和防撞设施。

14.2.2 当交通安全和管理设施等级为B级时，应配置完善的标志、标线、隔离和防护设施，并应符合下列规定：

 1 当主干路无中间带时，应连续设置中间分隔设施；当无两侧带时，两侧应连续设置机动车与非机动车分隔设施。

 2 当次干路无中间带时，宜连续设置中间分隔设施；当无两侧带时，两侧宜连续设置机动车与非机动车分隔设施。

 3 桥梁与高路堤路段必须设置路侧护栏。

 4 互通式立交及其周边地区路网应设置指路、禁令等标志。

 5 隔离设施的端头应有明显的提示。

 6 平面交叉口应进行交通渠化、人车隔离和设置交通信号灯；支路接入应有限制措施。

14.2.3 当交通安全和管理设施等级为C级时，应配置较完善的标志、标线、隔离和防护设施，并应符合下列规定：

 1 主干路宜连续设置中间分隔设施。

 2 主、次干路无分隔设施的路段必须施画路面中心线。

 3 桥梁与高路堤应设置路侧护栏。

 4 平面交叉口应进行交通渠化，并应设置交通信号灯；宜设置行人和机动车、非机动车分隔设施。

14.2.4 当交通安全和管理设施等级为D级时，应配置较完善的标志、标线；宜设置分隔和防护设施；平面交叉口宜进行交通渠化，并宜设置行人和机动车、非机动车分隔设施。

14.2.5 其他情况下配置的交通安全设施，应符合下列规定：

 1 在冰、雪、风、沙、坠石、有雾路段等危及运行安全处，应设置警告、禁令标志、视线诱导标柱、反光突起路标等交通安全设施。

 2 对窄路、急弯、陡坡、视线不良、临崖、临水等危险路段，应设置视线诱导、警告、禁令标志和安全防护设施。

 3 当学校、幼儿园、医院、养老院门前附近的道路，没有过街设施时，应画人行横道线，设置提示标志，必要时应设置交通信号灯。

 4 铁路与道路平面交叉的道口，应设置警示灯、警告和禁令标志以及安全防护设施。对无人值守的铁路道口，应在距道口一定距离设置警告和禁令标志。

 5 道路上跨铁路时，应按铁路的要求设置相应防护设施。

 6 快速路、主干路两侧的交通噪声超过国家现行标准《声环境质量标准》GB 3096的规定时，应有消减噪声措施。

14.2.6 道路两侧和隔离带上的绿化、广告牌、管线等不得遮挡路灯、交通信号灯、交通标志。

14.3 交通管理设施

14.3.1 当交通安全和管理设施等级为A级时，应配置完善的信息采集、交通异常自动判断、交通监视、诱导、主线及匝道控制、信息处理及发布等设施。

14.3.2 当交通安全和管理设施等级为B级时，宜配置基本的信息采集、交通监视、简易信息处理及发布等监控设施。平面交叉口信号灯形成路网的区域，可采用线控和区域控制。

14.3.3 当交通安全和管理设施等级为C级时，在交通繁杂路段、交叉口应设置交通监视装置和信号控制设施。

14.3.4 当交通安全和管理设施等级为D级时，可视交通状况设置信号灯等设施。

14.4 配套管网

14.4.1 交通信号机、视频监视器、交通信息诱导装置以及交通信息检测器等电器设备应有可靠的防雷和接地措施。

14.4.2 交通信号及监控设施的供电线路宜就近采用公用变压器。

14.4.3 对设置交通监控和信号控制的交叉路口和人行横道路段，应预埋相应的过街管道。

14.4.4 在城市快速路、主干路上的交通监控设施管线应预留交通监控专用管孔。在次干路上宜预留交通监控专用管孔。

15 管线、排水和照明

15.1 一般规定

15.1.1 道路工程设计应满足各类管线工程的要求，管线工程与道路工程应同步规划、同步设计。

15.1.2 排水工程设计应与区域排水系统相协调，并应满足城市防洪要求。

15.1.3 道路应有安全、高效、美观的照明设施。

15.2 管 线

15.2.1 新建道路应按规划位置敷设所需管线，且宜埋地敷设。

15.2.2 管线工程设计应遵循以下原则：

  1 管线类别、管线走向、规模容量、预留接口和敷设方式应满足城市总体规划和管线工程专业规划的要求，并为远期发展适当留有余地。

  2 应统筹安排各类管线，合理分配管道走廊，合理处理管线交叉，满足相关专业技术规范的要求。

  3 地上杆线宜设置在道路设施带内。架空管线不得侵入道路建筑限界，距离地面高度应符合相关专业技术规范的规定。地下管线除支管接口外，其余部分不应超出道路红线范围。

  4 地下管线宜优先考虑布置在非车行道下，不得沿快速路主路车行道下纵向敷设。当其他等级道路车行道下敷设管线时，井盖不应影响行车安全性和舒适性，且宜布置在车辆轮迹范围之外。人行道上井盖等地面设施不应影响行人通行。

15.2.3 各类管线应按规划要求预埋过街管道，过街管道规模宜适当并留有发展余地。重要交叉口宜设置过街共用管沟。在建成后的快速路、主干路下实施过街管道时，宜采用非开挖施工技术。

15.2.4 当管线不便于分别直埋敷设、且条件许可时，可建设综合管沟。综合管沟应符合各类管线的专业技术要求和消防、环保、景观、交通等方面的要求，且便于管理维护。

15.2.5 各种地下管线的埋设深度、结构强度和沟槽回填土的压实度应满足道路施工荷载与路面行车荷载的要求。

15.2.6 对道路范围内输送流体的管渠系统，应采取防止渗漏措施。对输送腐蚀性流体的管渠系统还应采取耐腐蚀措施。

15.2.7 当管线跨越桥梁或穿过隧道敷设时，必须符合国家现行有关标准的规定。

15.3 排 水

15.3.1 城市道路排水设计应根据区域排水规划、道路设计和沿线地形环境条件，综合考虑道路排水方式。城市建成区内道路排水应采用管道形式，城市外围道路可采用边沟排水。在满足道路基本功能的前提下，应达到相关规划提出的低影响开发控制目标与指标要求。

15.3.2 道路的地面水必须采取可靠的措施，迅速排除。

15.3.3 当道路的地下水可能对道路造成不良影响时，应采取适当的排除或阻隔措施。道路结构层内可根据需要采取适当的排水或隔水措施。

15.3.4 城市道路排水设计重现期、径流系数等设计参数应按现行国家标准《室外排水设计规范》GB 50014 中的相关规定执行。

15.3.5 道路雨水口的形式、设置间距和泄水能力应满足道路排水要求。雨水口的布置方式应确保有效收集雨水，雨水不应流入路口范围，不应横向流过车行道，不应由路面流入桥面或隧道。一般路段应按适当间距设置雨水口，路面低洼点应设置雨水口，易积水地段的雨水口宜适当加大泄水能力。

15.3.6 边坡底部应设置边沟等排水设施，路堑边坡顶部必要时应设置截水沟。

15.3.7 隧道内当需将结构渗漏水、地面冲洗废水和消防废水等排至洞外时，应设置排水设施；当洞外水可能进入隧道内时，洞口上方应设置截水、排水设施。

15.3.8 排水设计应符合现行国家标准《室外排水设计规范》GB 50014 的规定。

15.4 照 明

15.4.1 道路照明应采用安全可靠、技术先进、经济合理、节能环保、维修方便的设施。

15.4.2 道路照明应满足平均亮度（照度）、亮度（照度）均匀度和眩光限制指标的要求。此外，道路照明设施还应有良好的诱导性。

15.4.3 曲线路段、平面交叉、立体交叉、铁路道口、广场、停车场、桥梁、坡道等特殊地点应比平直路段连续照明的亮度（照度）高、眩光限制严、诱导性好。

15.4.4 道路照明布灯方式应根据道路横断面形式、宽度、照明要求等进行布置；对有特殊要求的机场、航道、铁路、天文台等附近区域，道路照明还应满足相关专业的要求。

15.4.5 道路照明应根据所在地区的地理位置和季节变化合理确定开关灯时间，并应根据天空亮度变化进行必要修正。宜采用光控和时控相结合的智能控制方式，有条件时宜采用集中控制系统。

15.4.6 照明光源应选择高光效、长寿命、节能及环保的产品。

15.4.7 道路照明设施应满足白天的路容景观要求；灯杆灯具的色彩和造型应与道路景观相协调。

15.4.8 除居住区和少数有特殊要求的道路以外，深夜宜有降低路面亮度（照度）的节能措施。

15.4.9 道路照明设计应符合现行行业标准《城市道路照明设计标准》CJJ 45 的规定。

16 绿化和景观

16.1 一般规定

16.1.1 绿化和景观设计应符合交通安全、环境保护、城市美化等要求，量力而行，并应与沿线城市风貌协调一致。

16.1.2 绿化和景观设施不得进入道路建筑限界，不得进入交叉口视距三角形，不得干扰标志标线、遮挡信号灯以及道路照明，不得有碍于交通安全和畅通。

16.1.3 绿化和景观设计应处理好与道路照明、交通设施、地上杆线、地下管线的关系。

16.1.4 道路设计时，宜保留有价值的原有树木，对古树名木应予以保护。

16.2 绿 化

16.2.1 绿化设计应包括路侧带、中间分隔带、两侧分隔带、立体交叉、平面交叉、广场、停车场以及道路用地范围内边角空地等处的绿化。绿化应根据城市性质、道路功能、自然条件、城市环境等，合理地进行设计。

16.2.2 道路绿化设计应符合下列规定：

1 道路绿化设计应选择种植位置、种植形式、种植规模，采用适当的树种、草皮、花卉。绿化布置应将乔木、灌木与花卉相结合，层次鲜明。

2 道路绿化应选择能适应当地自然条件和城市复杂环境的地方性树种，应避免不适合植物生长的异地移植。设置雨水调蓄设施的道路绿化用地内植物宜根据水分条件、径流雨水水质等进行选择，宜选择耐淹、耐污等能力较强的植物。

3 对宽度小于 1.5m 分隔带，不宜种植乔木。对快速路的中间分隔带上，不宜种植乔木。

4 主、次干路中间分车绿带和交通岛绿地不应布置成开放式绿地。

5 被人行横道或道路出入口断开的分车绿带，其端部应满足停车视距要求。

16.2.3 广场绿化应根据广场性质、规模及功能进行设计。结合交通导流设施，可采用封闭式种植。对休憩绿地，可采用开敞式种植，并可相应布置建筑小品、坐椅、水池和林荫小路等。

16.2.4 停车场绿化应有利于汽车集散、人车分隔、保证安全、不影响夜间照明，并应改善环境，为车辆遮阳。

16.2.5 绿化设计应符合现行行业标准《城市道路绿化规划与设计规范》CJJ 75 的规定。

16.3 景 观

16.3.1 景观设计应包括道路景观、桥梁景观、隧道景观、立交景观、道路配套设施以及道路红线范围内和道路风貌、环境密切相关的设施景观。

16.3.2 道路景观的设计应符合下列规定：

1 快速路及标志性道路应反映城市形象。景观设施尺度宜大气、简洁明快，绿化配置强调统一，道路范围视线开阔。应以车行者视觉感受为主。

2 立交选型应兼顾城市景观要求，立交范围的景观设计应突出识别性，体现城市特点。

3 主干路、次干路及快速路的辅路应反映区域特色。景观设施宜简化、尺度适中、道路范围视线良好，车行和步行者视觉感受兼顾。

4 次干路应反映街道特色和商业文化氛围。景观设施宜多样化，绿化配置多层次且不强调统一。尺度应以行人视觉感受为主，兼顾车行者视觉感受。

5 支路应反映社区生活场景、街道的生活氛围。景观设施小品宜生活化，绿化配置宜生动活泼，多样化，应以自然种植方式为主。

6 滨水道路应以亲水性和休闲服务为主，有条件时，在道路和水岸之间宜布置绿地，保护河岸原始的景观。

7 风景区道路应避免大量挖填，应保护天然植被，景观设计应以借景为主，宜将道路和自然风景融为整体。

8 步行街应以宜人尺度设置各种景观要素。景观设施应以休闲、舒适为主，绿化配置应多样化，铺砌宜选用地方材料。

9 道路范围内的各种设施应符合整体景观的要求，宜进行一体化设计，集约化布置。

10 公交站台应提供宜人的候车环境，宜强调识别性并与周边环境相协调。

16.3.3 桥梁景观的设计应符合下列规定：

1 跨江河的大桥应结合自然环境和城市空间进行设计，宜展示桥梁的结构之美，注重其与整体环境和谐。

2 跨线桥梁应结合道路景观和街道建筑景观进行设计，应体现轻巧、空透。注重其细部设计。涂装色彩应与环境相协调。

3 人行天桥应体现结构轻盈，造型美观。

4 桥头广场、公共雕塑、桥名牌、栏杆、灯具和铺装等桥梁附属设施，宜统一设计。

16.3.4 隧道景观的设计应符合下列规定：

1 洞门设计应突出标志性，便于记忆，并应与周边景观和谐统一。

2 洞身内部应考虑车行者视觉感受，装饰应自然简洁。

本规范用词说明

1 为便于在执行本规范条文时区别对待，对要求严格程度不同的用词说明如下：

　1）表示很严格，非这样做不可的：
　　正面词采用"必须"，反面词采用"严禁"；
　2）表示严格，在正常情况下均应这样做的：
　　正面词采用"应"，反面词采用"不应"或"不得"；
　3）表示允许稍有选择，在条件许可时首先应这样做的：
　　正面词采用"宜"，反面词采用"不宜"；
　4）表示有选择，在一定条件下可以这样做的，采用"可"。

2 条文中指明应按其他有关标准执行的写法为"应符合……的规定"或"应按……执行"。

引用标准名录

1 《室外排水设计规范》GB 50014
2 《建筑设计防火规范》GB 50016
3 《铁路线路设计规范》GB 50090
4 《声环境质量标准》GB 3096
5 《城市桥梁设计规范》CJJ 11
6 《城市道路照明设计标准》CJJ 45
7 《城市人行天桥与人行地道技术规范》CJJ 69
8 《城市道路绿化规划与设计规范》CJJ 75
9 《快速公共汽车交通系统设计规范》CJJ 136
10 《城市道路交叉口设计规程》CJJ 152
11 《城市道路和建筑物无障碍设计规范》JGJ 50

中华人民共和国行业标准

城市道路工程设计规范

CJJ 37—2012
(2006年版)

条 文 说 明

修 订 说 明

《城市道路工程设计规范》CJJ 37-2012 经住房和城乡建设部于 2012 年 1 月 11 日以第 1248 号公告批准、发布。

本规范是在《城市道路设计规范》CJJ 37-90 的基础上修订而成，上一版的主编单位是北京市市政设计研究院（现更名为北京市市政工程设计研究总院），参编单位有上海市政工程设计院（现更名为上海市政工程设计研究总院（集团）有限公司）、天津市市政工程勘测设计院（现更名为天津市市政工程设计研究院）、同济大学、东南大学等。主要起草人有林治远、田霈、杨鸿远、林绣贤、杨春华、赵坤耀等。

本次修订的主要技术内容是：

1. 本规范作为通用标准，在章节编排和内容深度组成上较《城市道路设计规范》CJJ 37-90 有较大的变化，章节的编排上主要由城市道路工程涵盖的内容组成，内容深度上主要是对城市道路设计中的一些共性标准和主要技术指标进行规定。

2. 修订了原《规范》中的通行能力、道路分类与分级、设计速度、道路最小净高、机动车单车道宽度、路基压实标准等内容。

3. 增加了道路服务水平、设计速度 100km/h 的平纵技术指标、景观设计等内容。

4. 明确了平面交叉口和立体交叉口的分类和适用条件。

5. 突出了"公交优先"、"以人为本"的设计理念。

6. 强化了交通安全与管理设施的设计内容。

本规范在修订过程中，对通行能力、立体交叉的进出口间距、加减速车道的长度、立交区的平纵线形指标、公交专用车道的设置等技术问题争议较大。这些都是城市道路设计的关键技术，本标准作为通用标准，由于课题经费、时间周期等原因，未能得以深入的研究。建议在专用标准的编制中，对相关问题进一步深入研究。

本规范在修订过程中，编制组进行了广泛的调查研究，总结了实践经验，吸取科研成果，对一些关键性问题进行了专题研究，编制了《城市和城镇的定义分析》、《道路分类分级和设计速度》、《设计车辆及净空标准的确定》及《道路限速、设计车速和汽车的设计速度》专题研究报告，同时参考了国外现行标准。

为便于广大设计、施工、科研、学校等单位有关人员在使用本规范时能正确理解和执行条文规定，编制组按章、节、条顺序编制了本规范的条文说明，对条文规定的目的、依据以及执行中需注意的有关事项进行了说明，还对强制性条文的强制性理由做了解释。但是，本条文说明不具备与规范正文同等的法律效力，仅供使用者理解和把握标准规定时参考。

目　次

1　总则 …………………………………… 67—32
2　术语和符号 …………………………… 67—32
　2.1　术语 ……………………………… 67—32
　2.2　符号 ……………………………… 67—32
3　基本规定 ……………………………… 67—32
　3.1　道路分级 ………………………… 67—32
　3.2　设计速度 ………………………… 67—33
　3.3　设计车辆 ………………………… 67—34
　3.4　道路建筑限界 …………………… 67—34
　3.5　设计年限 ………………………… 67—35
　3.6　荷载标准 ………………………… 67—35
　3.7　防灾标准 ………………………… 67—36
4　通行能力和服务水平 ………………… 67—36
　4.1　一般规定 ………………………… 67—36
　4.2　快速路 …………………………… 67—36
　4.3　其他等级道路 …………………… 67—37
　4.4　自行车道 ………………………… 67—37
　4.5　人行设施 ………………………… 67—37
5　横断面 ………………………………… 67—38
　5.1　一般规定 ………………………… 67—38
　5.2　横断面布置 ……………………… 67—38
　5.3　横断面组成及宽度 ……………… 67—38
　5.4　路拱与横坡 ……………………… 67—41
　5.5　缘石 ……………………………… 67—41
6　平面和纵断面 ………………………… 67—41
　6.1　一般规定 ………………………… 67—41
　6.2　平面设计 ………………………… 67—41
　6.3　纵断面设计 ……………………… 67—45
　6.4　线形组合设计 …………………… 67—47
7　道路与道路交叉 ……………………… 67—47
　7.1　一般规定 ………………………… 67—47
　7.2　平面交叉 ………………………… 67—47
　7.3　立体交叉 ………………………… 67—48
8　道路与轨道交通线路交叉 …………… 67—49
　8.1　一般规定 ………………………… 67—49
　8.2　立体交叉 ………………………… 67—49
　8.3　平面交叉 ………………………… 67—50
9　行人和非机动车交通 ………………… 67—51
10　公共交通设施 ………………………… 67—51
　10.2　公共交通专用车道 ……………… 67—51
　10.3　公共交通车站 …………………… 67—51
11　公共停车场和城市广场 ……………… 67—52
　11.2　公共停车场 ……………………… 67—52
　11.3　城市广场 ………………………… 67—52
12　路基和路面 …………………………… 67—52
　12.1　一般规定 ………………………… 67—52
　12.2　路基 ……………………………… 67—52
　12.3　路面 ……………………………… 67—53
　12.4　旧路面补强和改建 ……………… 67—54
13　桥梁和隧道 …………………………… 67—54
　13.1　一般规定 ………………………… 67—54
　13.2　桥梁 ……………………………… 67—55
　13.3　隧道 ……………………………… 67—55
14　交通安全和管理设施 ………………… 67—56
　14.1　一般规定 ………………………… 67—56
　14.2　交通安全设施 …………………… 67—57
　14.3　交通管理设施 …………………… 67—57
15　管线、排水和照明 …………………… 67—58
　15.1　一般规定 ………………………… 67—58
　15.2　管线 ……………………………… 67—58
　15.3　排水 ……………………………… 67—58
　15.4　照明 ……………………………… 67—59
16　绿化和景观 …………………………… 67—59
　16.1　一般规定 ………………………… 67—59
　16.2　绿化 ……………………………… 67—59
　16.3　景观 ……………………………… 67—59

1 总 则

1.0.1 本条为制定本规范的目的。在原建设部2003年颁布的《工程建设标准体系（城乡规划、城镇建设、房屋建筑部分）》中，本规范原名为《城镇道路工程技术标准》属于通用标准。在送审过程中，根据《工程建设标准体系》相关内容的调整，《城镇道路工程技术标准》更名为《城市道路工程设计规范》。从通用标准的作用来说，是针对某一类标准化对象制定的覆盖面较大的共性标准，主要为制定专用标准的依据。因此，本规范在章节编排和内容深度组成上较《城市道路设计规范》CJJ 37-90有较大的变化，章节的编排上主要由城市道路工程涵盖的内容组成，内容深度上主要是对城市道路设计中的一些共性标准和主要技术指标进行规定，重在规定控制道路工程规模和技术标准有关的指标，其他相关的技术指标均在相应的专用标准中。考虑到各专用标准的编制进度不一致，本规范的内容既要提纲挈领地反映道路工程覆盖面较大的共性标准，又要适度考虑已编和正在编写中的几本专用规范的具体内容，因此，各章的内容深度稍有差异。

1.0.2 本条为本规范的适用范围。《城市道路设计规范》CJJ 37-90中适用范围描述为"适用于大、中、小城市以及大城市的卫星城等规划区内的道路、广场、停车场设计"。本次编制中考虑到"大、中、小城市以及大城市的卫星城等规划区"均为"城市范围"，因此在文字描述上进行了调整，适用范围没有变化。

1.0.3 本条对道路工程设计的共性要求进行了规定，强调了社会、环境与经济效益的协调统一。同时，提出了以人为本、资源节约、环境友好的设计理念，在综合考虑行人、非机动车、机动车的通行要求下，应优先为非机动车和行人以及公共交通提供舒适良好的环境。

2 术语和符号

2.1 术 语

近20多年来，随着城市道路工程建设的发展，出现了许多《道路工程术语标准》GBJ 124-88中未能定义的术语，同时，随着设计理念的更新、认识的深入，原有一些术语的定义也不尽恰当，有必要进行修订。因此在本节中，给出了《道路工程术语标准》GBJ 124-88中没有定义的术语，或者在本规范编制过程中认为需要对原有术语定义进行修订的术语。对于在现行标准中已有定义或修订过的直接引用。

2.1.1、2.1.2 主路、辅路两术语最早出现在城市快速路建设过程中，在《城市快速路设计规程》CJJ 129-2009中对于辅路已有定义，但对于主路没有定义。当快速路设置辅路时，习惯上将专供机动车快速通过的道路，称为主路。因此，主路一词是相对于辅路来说的。结合目前的道路工程建设情况，将主路、辅路的设置范围扩展到主干路。

2.1.3 设计速度与计算行车速度、设计车速表述的都是同一定义，在《城市道路设计规范》CJJ 37-90中采用了计算行车速度，但是从定义上来说，设计速度更符合其本意，因此本规范将"计算行车速度"修订为"设计速度"。

2.1.4 《城市道路设计规范》CJJ 37-90在交通量预测和路面结构设计中，均采用"设计年限"表述。本次修订中，依据《工程结构可靠性设计统一标准》GB 50153中的定义，在路面结构设计中的设计年限，采用"设计使用年限"表述。

2.1.5、2.1.6 对《道路工程术语标准》GBJ 124-88中的定义进行修订，与现有的国内外研究成果更为吻合。

2.1.7～2.1.9 近年来，随着城市道路工程的建设，出现了许多采用新材料、新技术的路面结构类型，有必要明确各种路面类型的定义。

2.2 符 号

本规范图、表中出现的所有符号，统一在此文字表述。

3 基 本 规 定

3.1 道 路 分 级

3.1.1 《城市道路设计规范》CJJ 37-90根据城市道路在道路网中的地位、交通功能以及对沿线建筑物的服务功能等，分为四类：快速路、主干路、次干路、支路。各类道路除城市快速路外，根据城市规模、设计交通量、地形等分为Ⅰ、Ⅱ、Ⅲ级。

本次规范编制通过对国内外城市道路以及公路的分类或分级对比，以及国内目前使用情况的调研，编制了专题报告《道路分类分级和设计速度》，依据专题报告的成果，认为原来的分级只是在道路分类的基础上规定了不同规模的城市可采用的设计速度。不同的设计速度对应不同的通行能力和服务水平，而设计速度是道路线形设计指标的基础，更多的受地形条件的控制，按城市规模确定道路分级，再选用相应的设计速度是没有实际意义的。因此，在编制中，将原来的分类与分级综合考虑，将原来的"分类"采用"分级"表述，取消原来的分级。这样规定与目前我国公路及国外采用分级表述的方式统一。各级道路的定义、功能仍沿用原规定。

3.1.2 道路等级是道路设计的先决条件，是确定道路功能、选择设计速度的基本条件。每条道路在路网中承担的作用应由整个路网决定。因此，道路等级一般在规划阶段确定。在设计阶段，需要对规划道路等级提高或降低时，均需经规划或相关主管部门审批后方可变更。本条规定是为了切实落实规划，保证规划的严肃性和路网的完整性而制定的。

3.1.3 城市道路的功能一般是综合性的，规范也是在此基础上编制的，带有普遍的适用性。当道路作为货运、防洪、消防、旅游等单一功能使用时，由于在道路的设计车辆、交通组成、功能要求等方面存在一些特殊性需求，因此规定有规划等级时除按相应的技术要求执行外，还需满足其特殊性的使用要求。

3.2 设 计 速 度

3.2.1 设计速度是道路设计时确定几何线形的基本要素。它是在气候条件良好，车辆行驶只受道路本身条件影响时，具有中等驾驶技术水平的人员能够安全、舒适驾驶车辆的速度。因此，它与运行速度有密切关系。根据国内外观测研究，当设计速度高时，运行速度低于设计速度；而设计速度低时，运行速度高于设计速度。这也说明设计速度与运行安全有关。

设计速度一经选定，道路设计的所有相关要素如平曲线半径、视距、超高、纵坡、竖曲线半径等指标均与其配合以获得均衡设计。目前，道路设计中采用基于设计速度的路线设计方法。但是，经过多年来的实践，设计人员发现，这种设计方法本身存在一定的缺陷。因为设计速度对一特定路段而言是一固定值，这一值作为基础参数，用于规定路段的最低设计指标，但在实际驾驶行为中，没有一个驾驶员能自始至终的遵守这一固定车速。实际观测结果表明，设计速度的设计方法不能保证线形标准的一致性。针对设计速度方法存在的主要问题，发达国家已广泛运用了以运行速度概念为基础的路线设计方法。运行速度的引入，可以有效地解决路线设计指标与实际行驶速度所要求的线形指标脱节的问题，但由于目前我国尚未对此进行深入的研究，因此，本规范仍采用设计速度的设计方法。但提出了运行速度的概念，以便设计人员在设计中对指标的运用和选取更有针对性和灵活性。

同时，根据专题报告《道路分类分级和设计速度》的结论意见，对《城市道路设计规范》CJJ 37-90 中的相关规定，进行了以下修订：

1 为了与国内外术语取得一致性，将《城市道路设计规范》CJJ 37-90 采用的"计算行车速度"改为"设计速度"，与其定义更相匹配。

2 快速路设计速度在原规定的 80km/h、60km/h 基础上，增加了 100km/h，与《城市快速路设计规程》CJJ 129-2009 一致。

3 主干路设计速度原规定 60km/h、50km/h、40km/h、30km/h，本次编制取消了 30km/h。

4 次干路设计速度原规定 50km/h、40km/h、30km/h、20km/h，本次编制取消了 20km/h。

5 支路设计速度范围不做调整。

同等级道路设计速度的选定应根据交通功能、交通量、控制条件以及工程建设性质等因素综合确定。

3.2.2 我国城市快速路和部分以交通功能为主的主干路通常在主路一侧或两侧设置辅路系统，并通过进出口与主路交通进行转换。辅路在路段上一般与主路并行，通常情况下线形设计能满足主路的设计速度要求，但是考虑到其运行的特征，以及为建成后交通管理的限速提供依据，因此有必要规定辅路与主路设计速度的关系。

《城市快速路设计规程》CJJ 129-2009 规定"辅路设计速度宜为 30km/h～40km/h"。根据国内大量的快速路与主干路辅路设计以及交通管理部门实际管理情况调查，辅路设计可以采用支路、次干路或主路等级，实际管理中最高限速已达到 70km/h，为快速路最高设计速度 100km/h 的 0.7 倍。本次规范修编考虑到辅路的运行状况与主路较为密切，采用具体数值规定不太合理，改为以比值的方式规定，对速度取值范围也进行了扩大。因此，规定辅路设计速度为主路的 0.4 倍～0.6 倍，涵盖了支路、次干路、主干路的所有设计速度。

3.2.3 该条规定基本与《城市道路设计规范》CJJ 37-90 一致。

立交范围内为了保证全线运行的安全性、连续性和畅通性，强调了其主路设计速度应与路段设计速度保持一致。

匝道及集散车道的取值考虑其交通运行特点，应低于主路的设计速度，而且应与主路设计速度取值有关联性。《城市道路设计规范》CJJ 37-90 中立交匝道设计速度根据不同相交道路主路速度对应给出范围，取值在 20km/h～60km/h，基本为主路设计速度的 0.4 倍～0.75 倍。《公路工程技术标准》JTG B01-2003 根据立交类型和匝道形式确定匝道设计速度，基本为主线设计速度的 0.5 倍～0.7 倍。本次规范修编考虑采用具体数值规定不太合理，改为以比值的方式规定，结合城市道路特点，适当控制立交规模和用地，规定匝道设计速度为驶出主路速度的 0.4 倍～0.7 倍，大致范围为 20km/h～70km/h，使用中应结合立交等级和匝道形式确定。

集散车道为减少出入口对主路交通的影响，通过设置加减速车道与主路相连，其设计速度规定与匝道一致，在设计中宜取中高值。

3.2.4 本条规定与《城市道路设计规范》CJJ 37-90 中一致。

城市道路中的平面交叉口多受信号控制及人行、非机动车的干扰，为保证行车安全，考虑降速行驶。

直行机动车在绿灯信号期间除受左转车（机动

车、非机动车）干扰外，较为通畅，可取高值。

左转机动车受转弯半径及对向直行机动车与非机动车的干扰，车速降低较多，可取低值。右转机动车受交叉口缘石半径的控制，另外不论是否设右转专用车道，都受非机动车及行人过街等干扰，要降速，甚至停车，可取低值。

3.3 设计车辆

控制道路几何设计的关键因素是行驶车辆的物理性能和各种车辆的组成比例。研究各种类型的车辆，建立类型分级，并选择具有代表性的车辆用于设计。这些用于控制道路几何设计，符合国家车辆标准的，具有代表性质量、外廓尺寸和运行性能的车辆，称之为设计车辆。城市道路的服务对象主要为机动车、非机动车和行人，因此本节规定了机动车、非机动车的设计车辆及其外廓尺寸。

在我国南方较多城市中，摩托车出行也占有一定的比例，虽然其交通行驶特性与一般机动车差别较大，但由于所占比例不大，交通管理上均按机动车进行管理，而且也不是鼓励发展的交通工具。因此，未作为专门的类型考虑。

近十几年来，出现了一种外形和普通自行车类似的电动自行车，其具有价格便宜、操作简单、节约能源、占用空间小、低噪声等特点，对于追求机动化出行而又买不起汽车的人们来说，成为首选目标，因此，增长趋势较快，目前电动自行车保有量已经达到1.2亿辆。从能耗角度看，电动自行车只有摩托车的八分之一、小轿车的十二分之一。从占有空间看，一辆电动自行车占有的空间只有一般私家车的二十分之一，成为非常有效的节能交通工具。但是目前电动自行车在使用和管理上存在两大问题。一是，虽然我国1997年6月20日发布了《电动自行车安全通用技术条件》GB 17761-1999，其中规定"电动自行车最高车速为20km/h"，在《道路交通安全法实施条例》（2004年5月1日实施）中尚未有相应的管理条例，参照电瓶车的要求，最高限速为15km/h，目前与非机动车共用路权。但目前在国内市场上，部分电动自行车车速已达到40km/h～50km/h，对非机动车的行驶造成了极大的威胁。二是电动自行车的电池所带来的污染问题尚没有有效的处理方法。基于目前我国对于电动自行车的发展方向尚未有明确的政策和管理手段，因此，在本次规范编制中也未作为专门的类型考虑。

3.3.1 《城市道路设计规范》CJJ 37-90中按照国家标准《汽车外廓尺寸限界》GB 1589-79拟定了小型汽车、普通汽车与铰接车三种设计车辆。该标准已在1989年和2004年进行了两次修订，目前现行标准为《道路车辆外廓尺寸、轴荷及质量限值》GB 1589-2004。本次规范编制对设计车辆的确定进行了调研分析，编制了专题报告《设计车辆的确定》，根据专题报告的结论意见，并结合目前的实际情况，对《城市道路设计规范》CJJ 37-90中的相关规定，进行了以下修订：

1 依据中华人民共和国公共安全行业标准《机动车类型 术语和定义》GA 802-2008中对车辆类型术语的规定，《城市道路设计规范》CJJ 37-90中设计车辆类型术语中"小型汽车"应为"小型普通客车"或"轻型普通货车"，规范中为了与车辆换算系数的标准车型名称以及现行《公路工程技术标准》JTG B01-2003中的规定取得一致，简称为"小客车"；"普通汽车"应为"大型普通客车"或"重型普通货车"，简称为"大型车"；"铰接车"应为"铰接客车"，简称为"铰接车"。

2 《道路车辆外廓尺寸、轴荷及质量限值》GB 1589-2004只规定了"乘用车及客车"外廓尺寸最大限值，并且与《城市道路设计规范》CJJ 37-90采用的普通汽车与铰接车外廓尺寸规定一致，因此，本次编制中，"大型车"及"铰接车"的外廓尺寸仍与原规定一致。由于其中对于小客车没有相应的规定值，根据《城市客车等级技术要求与配置》CJ/T 162-2002中的规定，用于城市客运的小客车的车长为大于3.5m，小于7m，但未有相应的其他外廓尺寸规定。依据专题报告《设计车辆的确定》研究成果，小客车车辆外廓尺寸较原规定范围扩大，本次修订中采用《公路工程技术标准》JTG B01-2003中规定的小客车外廓尺寸，车长由5m调整为6m，车高由1.6m调整为2.0m，车宽1.8m不变。

设计车辆不包括超长、超宽、超高和超重的车辆，实际使用中应根据道路功能和服务对象选定。

3.3.2 《城市道路设计规范》CJJ 37-90中非机动车设计车辆拟定了自行车、三轮车、板车和兽力车四种。目前我国城市道路中非机动车出行主要以自行车为主，本次编制中保留了自行车和三轮车两种，取消了板车和兽力车。

3.4 道路建筑限界

道路建筑限界是为保证车辆和行人正常通行，规定在道路一定宽度和高度范围内不允许有任何设施及障碍物侵入的空间范围。本次编制中将《城市道路设计规范》CJJ 37-90中的条文分为三条规定。

3.4.1 规定了不同路幅形式的建筑限界，与《城市道路设计规范》CJJ 37-90一致。

3.4.2 该条为强制性条文，强调为了确保道路上的车辆和行人的安全，同时也为保证桥隧结构、道路附属设施等的安全，道路建筑限界内不允许有任何物体侵入。

3.4.3 该条为强制性条文，主要为保证行车及桥梁结构的安全。依据专题报告《净空高度标准的确定》

结论意见，对《城市道路设计规范》CJJ 37-90 规定的最小净高进行了以下修订。

1 《城市道路设计规范》CJJ 37-90 中规定了无轨电车、有轨电车的最小净高标准，其标准高于规定的设计车辆，主要是考虑其架空线及轨道的设置要求。从目前的调查情况来看，由于技术的提高，其最小净高可减少。本次编制中考虑到最小净高是针对设计车辆制定的，因此，取消了《城市道路设计规范》CJJ 37-90 中无轨电车、有轨电车的最小净高标准。设计中若考虑无轨电车、有轨电车的通行，应根据选定的车辆类型确定其最小净高。

2 《城市道路设计规范》CJJ 37-90 中通行机动车的道路只规定了 4.5m 的最小净高，在实际的运用中，已满足不了所有的需求。首先，随着城市规模的扩大，在交通管理上，实行了区域化管理，限定了大型车的行驶范围，若按最小净高设计，不仅浪费投资，而且不少工程受条件所限，竖向线形指标较低。其次，对现有道路的改扩建工程中，需保留既有桥梁结构的，受既有结构高度的限制，不能满足最小净高的要求。从规范拟定的设计车辆来看，车辆总高从 1.6m～4m，相差 2.4m，跨度较大。而总高在 3m 以下的车辆大约占 50%，北京、上海等城市已达到 90% 以上。因此，在这些城市中，已出现了限高 2.5m、3m、3.2m、3.5m 等工程实例。因此，在编制中，最小净高增加了只满足小客车通行的 3.5m 标准。同时为了保证桥梁结构的安全，避免设计中随便采用低于标准的规定，将其列为强制性条文。

设计车辆最小净高标准根据设计车辆总高加上 0.5m 竖向安全行驶距离确定，不包括以后加铺、积雪等因素的影响。但小客车的最小净高标准除了考虑设计车辆的车高要求外，同时还考虑了驾驶员的视觉感受，以及结合城市消防和应急车辆特殊通行的要求，因此最小净高规定高于一般原则。

3.4.4 特种车辆是指外廓尺寸、重量等方面超过设计车辆限界的及特殊用途的车辆。从目前的调查分析，常见的几种特种车辆总高均大于设计车辆总高的最大值，如双层公交车辆的车高限制值为 4.2m，消防车个别车高略超 4m，但不超过 4.2m。因此，如经常通行某种特殊超高车辆或专用道路时，在设计中净空高度应按实际通行车辆考虑。

3.4.5 我国城市道路规范与公路规范设计车辆总高均为 4m，而在最小净空高度的规定上不一致，城市道路规范采用 4.5m；公路规范中高速公路、一级和二级公路采用 5m，其他等级道路采用 4.5m。因此，出现了许多起从公路驶入城市道路撞坏桥梁设施的交通事故，许多人认为是由于城市道路低于公路净高标准所致。根据《道路交通安全法实施条例》(2004 年 5 月 1 日实施) 中规定"重型、中型载货汽车，半挂车载物，高度从地面起不得超过 4 米，载运集装箱

车辆不得超过 4.2 米"，并通过实际调查分析，事故车辆均为超高装载。考虑到城市道路的建设特点，若增加 0.5m 的净高标准，不仅增加投资，而且会影响到技术指标的选取和工程的可实施性。因此，编制中，未对原规范最小净高进行修订，但是提出了城市道路与公路衔接段设计中应考虑的一些要求。

3.5 设计年限

3.5.1、3.5.2 这两条规定基本与《城市道路设计规范》CJJ 37-90 一致。

设计年限包括确定路面宽度而采用的计算交通量增长年限与为确定路面结构而采用的计算累计标准当量轴次的基准年限两种。

1 在确定道路横断面车行道宽度时，远期交通量的年限作为道路设计年限的指标。道路交通量达到饱和时的设计年限按道路等级分为三种：快速路、主干路为 20 年；次干路为 15 年；支路为 10 年～15 年。道路等级高则设计年限长。在设计年限内，车行道的宽度应满足道路交通增长的要求，保证车辆能安全、舒适、通畅地行驶。

2 路面结构的设计使用年限是设计规定的一个时期，即路面结构在正常设计、正常施工、正常使用、正常维护下按预期目的使用，完成预定功能的使用年限。不同路面类型选用不同的设计使用年限，以保证在设计使用年限内路面平整并具有足够强度。设计使用年限应与路面等级、面层类型及交通量相适应。

3.6 荷载标准

3.6.1 该条规定基本与《城市道路设计规范》CJJ 37-90 一致。

路面上行驶的车辆种类很多，轴载大小不同，对路面造成的损害相差很大。因而，对路面结构设计来说，不单是总的累计作用次数，更重要的是轴载的大小和各级轴载在整个车辆组成中所占的比例。为方便计算，必须选用一种轴载作为标准轴载，一般来说应选用道路轴载中所占比例较大，对路面的影响也较大的轴载作为标准轴载。目前我国城市道路和公路标准中均采用双轮组单轴载 100kN 为标准轴载，相当于国际的中等水平。

标准轴载计算参数为：双轮组单轴载 100kN，以 BZZ-100 表示，轮胎压强为 0.7MPa，单轴轮迹当量圆半径 r 为 10.65cm，双轮中心间距为 $3r$。

近几年发展起来的快速公共交通专用道，以及一些连接工业区、码头、港口或仓储区的城市道路上，其上运行的车辆以重载、超载车为主，其接地压强可达 0.8MPa～1.1MPa，相应的接地面积也有一定的增加。设计时可根据实测汽车的轴重、轮胎压力、当量圆半径资料，经论证适当提高荷载参数。

3.7 防灾标准

3.7.2 考虑到城市桥梁安全对确保城市交通的重要性，本规范特别规定不论特大、大、中、小桥设计洪水频率一般均采用百年一遇，条文中的特别重要桥梁主要是指位于城市快速路、主干路上的特大桥。

城镇中有时会遇到建桥地区的总体防洪标准低于一百年一遇的洪水频率，若仍按此高洪水频率设计，桥面高程可能高出原地面很多，会引起布置上的困难，诸如拆迁过多，接坡太长或太陡，工程造价增加许多，甚至还会遇上两岸道路受淹，交通停顿，而桥梁高耸，此时可按当地规划防洪标准来确定梁底设计标高及桥面高程。而从桥梁结构的安全考虑，结构设计中如墩、台基础埋置深度，孔径的大小（满足泄洪要求），洪水时结构稳定等，仍须按本规范规定的洪水频率进行计算。

4 通行能力和服务水平

4.1 一般规定

4.1.1 由于道路条件、交通条件、控制条件和交通环境等都会影响道路通行能力和服务水平。因此，需要对条件不同的道路设施及其各组成部分分别进行通行能力和服务水平的分析。本条根据道路设施的重要程度，规定了需要进行通行能力和服务水平分析的道路设施类型。进行通行能力和服务水平分析的目的是确定在特定的运行状况条件下，疏导交通需求所需的道路几何构造，如车道数、车道宽度、交叉类型等，从而更好地指导设计。

1 道路条件包括车道数、车道、路缘带和中央分隔带等的宽度以及侧向净宽、设计速度、平纵线形和视距等。

交通条件包括交通流中的交通组成、交通量以及在不同车道中的交通量分布和上、下行方向的交通量分布。

控制条件是指交通控制设施的形式及特定设计和交通规则。

交通环境主要是指横向干扰程度以及交通秩序等。

2 根据道路设施和交通实体的不同，通行能力可分为机动车道通行能力、非机动车道通行能力和人行设施通行能力。从规划设计和运营的角度，通行能力可分为基本通行能力、实际通行能力和设计通行能力三种。

基本通行能力是指在一定的时段，在理想的道路、交通、控制和环境条件下，道路的一条车道或一均匀段或一交叉路口，期望能通过人或车辆的合理的最大小时流率。

实际通行能力是指在一定的时段，在具体的道路、交通、控制和环境条件下，道路的一条车道或一均匀段上或一交叉路口，期望能通过人或车辆的合理的最大小时流率。

设计通行能力是指在一定时段，在具体的道路、交通、控制及环境条件下，一条车道或一均匀段上或一交叉路口，对应设计服务水平下的最大服务交通流率。

3 服务水平是衡量交通流运行条件及驾驶员和乘客所感受的服务质量的一项指标，通常根据交通量、速度、行走时间、行驶（走）自由度、交通间断、舒适和方便等指标确定。根据服务设施的不同可对道路设施的服务水平分级。服务水平分级是为了说明道路设施在不同交通负荷条件下的运行质量，不同的道路设施，其服务水平衡量指标是不同的。

4.1.2 本次编制中将《城市道路设计规范》CJJ 37-90 中车辆换算系数的规定进行以下修订。

1 将路段及路口的换算系数统一按一个标准考虑。

2 将大型车（原规范中为普通车辆，车辆换算系数为 1.5）分为客、货两类型，车辆换算系数分别采用 2.0 和 2.5。

5 铰接车的车辆换算系数由 2.0（路段）或 2.5（路口）修订为 3.0。

4.2 快 速 路

4.2.1 本条规定了在快速路设计时，不仅要对路段通行能力和服务水平进行分析、评价，还必须对分合流区及交织区进行分析、评价，避免产生"瓶颈"地段，确保整条道路的通行能力和服务水平保持一致。

关于快速路分合流区以及交织区的通行能力分析、评价，由于目前国内尚未有成熟的研究成果，本规范只提出了设计要求，未给出具体的分析方法和内容，可参阅美国《道路通行能力手册》中的相关内容。

4.2.2 本规范快速路通行能力采用国家"十五"重点科技攻关计划《智能交通系统关键技术开发和示范工程》项目（2002BA404A02）—《快速路系统通行能力研究》的成果，与《城市快速路设计规程》CJJ 129-2009 中的规定一致。

4.2.3 城市快速路服务水平分为四级：一级服务水平时，交通处于自由流状态；二级服务水平时，交通处于稳定流中间范围；三级服务水平时，交通处于稳定流下限；四级服务水平时，交通处于不稳定流状态。

城市道路规划、设计既要保证道路服务质量，还要兼顾道路建设的成本与效益。设计时采用的服务水平不必过高，但也不能以四级服务水平作为设计标准，否则将会有更多时段的交通流处于不稳定的强制运行状态,并因此导致更多时段内发生经常性拥堵。因此,规定新建道路采用三级服务水平,与《城市快速路设计规程》CJJ 129-2009 中的规定一致。

4.2.4 目前国内各大中城市均在建设或拟建城市快速路,本规范规定不同规模的快速路适应交通量供参考,以避免不合理的建设。设计适应交通量范围根据设计速度及不同服务水平下的设计交通量确定。

双向四车道、六车道的快速路适应交通量低限采用60km/h设计速度时二级服务水平情况下的最大服务交通量,预留一定的交通量增长空间;双向八车道的快速路考虑断面规模较大,标准太低性价比较差,适应交通量低限采用80km/h设计速度时二级服务水平情况下的最大服务交通量;高限均为100km/h设计速度时三级服务水平情况下的最大服务交通量,与设计服务水平一致。

年平均日交通量按下式计算:

$$AADT = \frac{C_D N}{K} \quad (1)$$

式中:$AADT$——预测年的平均日交通量(pcu/d);
　　　C_D——一条车道的设计通行能力(pcu/h);
　　　N——双向车道数;
　　　K——设计小时交通量系数:设计高峰小时交通量与年平均日交通量的比值。当不能取得年平均日交通量时,可用代表性的平均日交通量代替;新建道路可参照性质相近的同类型道路的数值选用。参考范围取值0.07~0.12。

按公式(1)计算后,快速路能适应的年平均日交通量如表1。

表1　快速路能适应的年平均日交通量

设计速度(km/h)	一条车道设计通行能力(pcu/h)	年平均日交通量(pcu/d)		
		四车道	六车道	八车道
100	2000(三级服务水平)	80000	120000	160000
80	1280(二级服务水平)	—	—	102000
60	990(二级服务水平)	39600	59400	—

4.3　其他等级道路

4.3.1 关于其他等级道路通行能力和服务水平的分析、评价,由于目前国内尚未有成熟的研究成果,本规范只提出了设计要求,未给出具体的分析方法和内容,可参阅美国《道路通行能力手册》中的相关内容。

4.3.2 路段一条车道的基本通行能力规定与《城市道路设计规范》CJJ 37-90 一致。设计通行能力受自行车、车道宽度、交叉口、车道数等的影响,《城市道路设计规范》CJJ 37-90 中道路分类系数为0.75~0.9,本次编制中道路分类系数统一采用0.8。

4.3.3 信号交叉口服务水平是根据车辆在信号交叉口受阻情况确定的,一般情况下采用控制延误作为服务水平分级标准。控制延误包括由于信号灯引起的停车延误以及车辆停止和启动经历的减、加速延误。根据实际调查内容的不同,也可选择采用交通负荷系数和排队长度进行分级,使用时可根据情况灵活选择合理适用的指标。

4.4　自行车道

4.4.1~4.4.3 这三条规定基本与《城市道路设计规范》CJJ 37-90 一致。

规定了不同道路状况的路段及信号交叉口处,自行车道的设计通行能力。设计时根据道路条件灵活选用。

4.4.4、4.4.5 路段上,自行车道服务水平采用骑行速度、占用道路面积、交通负荷与车流状况等指标衡量;交叉口自行车道服务水平增加了停车延误时间、路口停车率等指标,使用时可根据情况灵活选用指标。

4.5　人行设施

4.5.1 人行设施的基本通行能力一般以 1h、1m 宽道路上通过的行人数(人/h·m)表示。人行道、人行横道、人行天桥、人行地道等单位宽度内的基本通行能力可根据行走速度、纵向间距和占用宽度计算。计算公式如下:

$$C_p = \frac{3600 v_p}{S_p b_p} \quad (2)$$

式中:C_p——人行设施的基本通行能力,人/(h·m);
　　　v_p——行人步行速度,可按表2取值;
　　　S_p——行人行走时纵向间距,取1.0m;
　　　b_p——一队行人占用的横向宽度,m,可按表2取值。

表2　不同人行设施通行能力计算参数推荐值

人行设施	步行速度 v_p (m/s)	一队行人的宽度 b_p (m)
人行道	1.00	0.75
人行横道	1.00~1.20	0.75
人行天桥、地道	1.00	0.75
车站、码头处的人行天桥、通道	0.50~0.80	0.90

注:1　人行横道的基本通行能力计算结果为绿灯小时行人通行能力。
　　2　不同人行设施的可能通行能力可通过基本通行能力乘以综合折减系数后得到,推荐的综合折减系数范围为0.5~0.7。

4.5.2 人行道采用人均占用面积作为服务水平分级标准。根据实际调查内容的不同,可参考行人纵向间距、横向间距和步行速度等指标进行分级。

5 横 断 面

5.1 一般规定

5.1.1 横断面设计应在了解规划意图、红线宽度、道路性质后，首先调查收集交通量（车流量与人流量）、流向、车辆组成种类、行车速度等，推算道路设计通行能力。同时根据交通性质、交通发展要求与地形条件，并考虑地上、地下管线的敷设、沿街绿化布置等要求，以及结合市内的通风、日照、城市用地条件等。综合研究分析确定横断面形式与各组成部分尺寸，在规划部门确定的道路红线宽度范围内进行，并考虑节约用地。

5.1.2 城市道路与城市用地、市政管网设施关系较为密切，改扩建工程难度都较大。因此，在横断面设计时，应尽可能按规划断面一次实施。受投资、拆迁限制，需分期实施时，应做多方案比较，按远期需求预留发展条件。近期应根据现有交通量，考虑正常增长及建成后交通发展确定路面宽度及结构，并根据市政管网规划预留管线位置或预埋过街管线，以免远期实现规划断面时伐树、挪杆或掘路。

5.1.3 在道路改建工程中，若仅靠工程措施提高道路通行能力，难度较大、投资较高，效果也不一定显著。应充分利用已形成的城市道路网，采取工程措施与交通管理措施相结合的办法来提高道路通行能力和保证交通安全。除增辟车行道、展宽道路等工程措施外，还可采取交通管理措施，如设置分隔设施、单向行驶交通组织等。在商业性街道，还可采取限制除公共交通外的机动车及非机动车通行的措施，以保障行人安全。

5.2 横断面布置

5.2.1~5.2.3 影响道路横断面形式与组成部分的因素很多，如城市规模、道路红线宽度、交通量、车辆类型与组成、设计速度、地理位置、排水方式、结构物的位置、相交道路交叉形式等等。从横向布置分类，目前使用的横断面从单幅路到八幅路均有，较为常见的是单幅路、两幅路、三幅路和四幅路。从竖向布置分类，有地面式、高架式或路堑式。本节主要针对横向分类描述。

1 单幅路：机动车与非机动车混合行驶，适用于机动车与非机动车交通量不大的城市道路。由于单幅路断面车道布置的灵活性，在中心城区红线受限时，车道划分可以根据机动车与非机动车高峰错时调剂使用。但应注意在公共汽车停靠站处应采取交通管理措施，以便减少非机动车对公共汽车的干扰。

单幅路适用于机动车交通量不大、非机动车较少、红线较窄的次干路；交通量较少、车速低的支路；以及用地不足、拆迁困难的老城区道路；集文化、旅游、商业功能为一体的且红线宽度在40m以上，具有游行、迎宾、集合等特殊功能的主干路，推荐采用单幅路断面。

2 两幅路：机动车与非机动车混合行驶，适用于单向两条机动车道以上，非机动车较少的道路，对绿化、照明、管线敷设均较有利。如中心商业区、经济开发区、风景区、高科技园区或别墅区道路、郊区道路、城市出入口道路。对于横向高差大、地形特殊的道路，可利用地形优势采用上、下行分离式断面。两幅路之间需设分隔带，可采用绿化带分隔。

两幅路适用于机动车交通量不大、非机动车较少的主干路；红线宽度较宽的次干路。

3 三幅路：机动车（设置辅路时，为主路机动车）与非机动车分行，保障了交通安全，提高了机动车的行驶速度。机非分行适用于机动车及非机动车交通量大，红线宽度大于或等于40m的道路。主辅分行适用于两侧机动车进出需求量大，红线宽度大于或等于50m的主干路。主、辅路或机、非之间需设分隔带，可采用绿化带分隔。

三幅路适用于机动车和非机动车交通量较大的主干路；需设置辅路的主干路；红线宽度较宽的次干路。

4 四幅路：机动车（设置辅路时，为主路机动车）与非机动车分行，保障了交通安全，提高了机动车的行驶速度。适用于机动车车速高，单向机动车车道2条以上，非机动车多的快速路与主干路。双向机动车道中间设有中央分隔带，机动车道与非机动车道或辅路间设有两侧带分隔，能保障行车安全。当有较高景观要求时人行道、两侧带、中央分隔带的宽度可适当增加。

四幅路适用于需设置辅路的快速路和主干路；机动车及非机动车交通量较大的主干路。

5.2.4 公交专用车道分为常规公交专用车道和快速公交专用车道两种，常规公交专用车道又分为分时段和全天公交专用车道两种。由于其运行特点不同，对道路和车站设置的要求也相应不同，对横断面的布置影响也较大。因此，在道路上需设置公交专用车道时，应先根据公交专用车道的类型，结合车站布置、道路功能综合选定横断面形式。

5.2.6、5.2.7 道路设计中，为了打造美好的绿化景观效果，在用地允许的条件下，常设置较宽的分隔带。特大桥、大中桥跨度大、投资多，如果整个横断面宽度与道路一致，势必过多的增加投资。为保证行车安全，车行道宽度、路缘带宽度应与道路一致。分隔带宽度在满足桥梁防护设施设置要求的前提下可适当压窄。

5.3 横断面组成及宽度

5.3.2 机动车车道的宽度主要取决于设计车辆车身

的宽度、横向安全距离（车身边缘与相邻部分边缘之间横向净距）以及车辆行驶时的摆动宽度。横向安全距离取决于车辆在行驶中摆动与偏移的宽度，以及车身与相邻车道或人行道路缘石边缘必要的安全间隔。其值与车速、路面质量、驾驶技术以及交通秩序等因素有关。

根据中国道路交通安全协会经验交流会反映出的信息显示，近年来国内许多城市已就缩窄车道宽度问题做了试点，3.25m～3.5m 的车道宽度已较普遍地用在改建和条件受限的新建工程中。如上海的高架道路等等，部分地区采取了较为明显的措施，将车道宽度减至 2.7m～2.8m。并且也有不少的研究成果，如北京市市政工程设计研究总院 2008 年完成的《北京市城市道路机动车单车道宽度的研究》，针对北京市的具体情况，对车道宽度变化对运行车辆速度、安全及通过量方面的影响进行研究，提出了车道宽度的合理取值。

从目前的研究成果分析，可以得出以下结论。

1 由于城市交通状况及车辆组成的变化，尤其是车辆性能的提高，横向安全距离以及车速行驶时的摆动宽度，可以适当减小。

2 目前我国的公路和城市道路规范规定的机动车车道宽度标准高于许多国家或地区的车道宽度水平，一些主要国家或地区车道宽度规定值详见表3。

表3 主要国家或地区车道宽度表（m）

道路等级	国家或地区	中国	美国	日本	香港	英国	德国
高速公路		3.75	3.6~3.9	3.5	3.65	3.65~3.7	3.5~3.75
城市快速路		3.75	3.6~3.9	3.5	3.65	3.65~3.7	3.5
城市主干路	大型汽车或大、小型汽车混行（V≥40km/h）	3.75	3.3~3.6	3.5	3.65	3.65	3.5
	大型汽车或大、小型汽车混行（V<40km/h）	3.5	3.25~3.6	3.25	3.32	3.5	3.5
	小客车车道	3.5	3.25~3.6	3.25	3.32	3.35	3.25
城市次干路与支路		3.5	3.3	2.75~3	3.32	3.35	2.75~3.25

3 《城市道路设计规范》CJJ 37-90，表4中规定的机动车车道宽度标准高于《公路工程技术标准》JTG B01-2003 中表5的规定。

表4 《城市道路设计规范》CJJ 37-90 规定的机动车车道宽度

车型及行驶状态	计算行车速度（km/h）	车道宽度（m）
大型汽车或大、小型汽车混行	≥40	3.75
	<40	3.50
小型汽车专用线	—	3.50
公共汽车停靠站	—	3.00

表5 《公路工程技术标准》JTG B01-2003 规定的机动车车道宽度

设计速度（km/h）	120	100	80	60	40	30	20
车道宽度（m）	3.75	3.75	3.75	3.50	3.50	3.25	3.00

综合考虑目前的实际情况，结合相关研究成果和工程实例，车道宽度以设计速度 60km/h 分界，编制中对《城市道路设计规范》CJJ 37-90 的规定修订如下。

设计速度小于或等于 60km/h 时，大型车或混行车道为 3.5m，小客车专用道为 3.25m。虽然这与《城市快速路设计规程》CJJ 129-2009 中规定的大型车或混行车道为 3.75m，小客车专用道为 3.5m 不一致。但考虑这么多年来对于车道宽度有了较为深入的研究成果和较为成功的工程实例，因此在本次编制中进行了修订。

设计速度大于 60km/h 时，大型车或混行车道为 3.75m，小客车专用道为 3.5m。

机动车道路面宽度除包括车行道宽度及两侧路缘带宽度外，还应根据具体的断面布置，包括应急车道、变速车道以及分隔物等设施所需的宽度。

5.3.3 该条规定基本与《城市道路设计规范》CJJ 37-90 一致。

本次编制中非机动车设计车辆取消了兽力车和板车，因此只规定了自行车和三轮车的车道宽度。

一条自行车道的宽度，按自行车车身宽度 0.6m 和根据《中华人民共和国道路交通安全法实施条例》规定的载物宽度，左右各不得超出车把 0.15m 计算，一条自行车车道宽度为 0.95m（0.6+0.15×2），考虑行驶时的左右摆幅宽度，规定自行车车道宽度采用 1.0m。一般一个方向不少于 2 条自行车道。

一条三轮车道的宽度，按三轮车车身宽度 1.25m 和根据《中华人民共和国道路交通安全法实施条例》规定的载物宽度，左右各不得超出车身 0.2m 计算，一条三轮车车道宽度为 1.65m（1.25+0.2×2），考虑行驶时的左右摆幅宽度，规定三轮车车道宽度采用 2.0m。

靠边行驶的非机动车，受道路的缘石、护栏、侧墙、雨水进水口、路面平整度和绿化植物的影响，要求设置 0.25m 的安全距离。路侧设置停车时还应充分考虑对其影响。

5.3.4 该条规定与《城市道路设计规范》CJJ 37-90 一致。

车行道最外侧路缘石至道路红线范围为路侧带。路侧带宽度包括人行道、绿化带和设施带。

1 人行道宽度指专供行人通行的部分，应满足行人通行的安全和顺畅。人行道宽度按下式计算：

$$W_p = N_w / N_{w1} \quad (3)$$

式中：W_p——人行道宽度（m）；

N_w——人行道高峰小时行人流量,(P/h);
N_{w1}——1m宽人行道的设计通行能力,(P/h·m)。

根据调查资料,我国城市道路中人行道宽度一般为2m~10m,商业街、火车站、长途汽车站附近路段人流密度大,携带的东西多,因此应比一般路段人行道宽。

人行道宽度除了满足通行需求外,还应结合道路景观功能,力求与横断面中各部分的宽度协调,各类道路的单侧人行道宽度宜与道路总宽度之间有适当的比例,其合适的比值可参考表6选用。对行人流量大的道路应采用大值。

表6 单侧人行道宽度与道路总宽度之比值参考表

道路类别	横断面形式			道路类别	横断面形式		
	单幅式	两幅式	三幅式		单幅式	两幅式	三幅式
快速路		1/6~1/8		次干路	1/4~1/6		
主干路	1/5~1/7		1/5~1/8	支路	1/3~1/5		

2 绿化带是指在道路路侧为行车及行人遮阳并美化环境,保证植物正常生长的场地。当种植单排行道树时,绿化带最小宽度为1.5m。

3 设施带是指在道路两侧为护栏、灯柱、标志牌等公共服务设施等提供的场地。不同设施独立设置时占用宽度见表7。

表7 不同设施独立设置时占用宽度

项目	宽度(m)
行人护栏	0.25~0.5
灯柱	1.0~1.5
邮箱、垃圾箱	0.6~1.0
长凳、座椅	1.0~2.0
行道树	1.2~1.5

根据调查我国各城市设置杆柱的设施带宽度多数为1.0m,有些城市为0.5m~1.5m,考虑有些杆线需设基础,宽度较大,设计时应根据实际情况确定,并可与绿化带结合设置。

根据上面所述,绿化带及设施带是人行道的重要组成部分,而现有城市道路中,人行道的宽度规划设计仅为3m~5m宽,未考虑设施和绿化要求,如考虑后人行的有效宽度所剩不多。要求设计中应保证行人、绿化、设施三方面的功能,并给予一定的宽度,这样才能充分体现"以人为本"的原则。

道路范围内采用的低影响开发设施主要以调蓄和截污为主,包括透水路面、下凹式绿化带、生态树穴、环保型雨水口、雨水弃流井、排水U槽、渗透溢流井、渗水盲沟(管)、排水式立缘石等,根据断面布局、市政管线的布置等条件组合设置。若在道路绿化带或分隔带中设置设施,需根据当地降雨和地质条件计算具体尺寸,同时不同类型的设施从构造上对宽度有不同要求,因此对设置低影响开发设施的绿化带或分隔带的宽度在规范中不做具体规定,需根据实际情况计算,满足所设置设施的宽度之和。

当绿化带或分隔带内设置调蓄时,除了应避免各种设施与树木、调蓄设施间,包括构造物基础等宽度之间的干扰外。由于下沉式绿地具有蓄水、净化和缓排功能,雨季水位高,平时湿度大,各种设施除应确保结构稳定安全以外,还要根据防水防潮需求采取适当措施,特别是电气类设施。同时也要防止雨水下渗对道路路基的强度和稳定性造成破坏。

5.3.5 分隔带为沿道路纵向设置的分隔车行道用的带状设施,其作用是分隔交通、安设交通标志、公用设施与绿化等,此外还可在路段为设置港湾停车站,在交叉口为增设车道提供场地以及保留远期路面展宽的可能。分隔带及两侧路缘带组成分车带。路缘带是位于车行道两侧与车道相衔接的用标线或不同的路面颜色划分的带状部分,其作用是保障行车安全。

本次编制中,在满足行车安全的前提下,对《城市道路设计规范》CJJ 37-90中路缘带、安全带按设计速度80km/h、60km/h和50km/h、40km/h三档规定,修订为按设计速度60km/h为界分为两档,与车道宽度的分界一致,也更便于使用。取值除了设计速度50km/h的路缘带宽度由原规定的0.5cm修订为0.25m外,其余规定均未变化。

为满足道路行车安全的需要,车行道边一般设置立缘石。当在道路分隔带中设置下沉式绿地时,车行道雨水需汇集进入下沉式绿地,立缘石应设置开口、开孔形式或间断设置,以满足路面雨水通过立缘石流入绿化带的要求。

5.3.6 该条规定与《城市快速路设计规程》CJJ 129-2009的规定稍有不同,结合目前快速路使用中的具体情况将"连续或不连续停车带"的定义,延伸为"应急车道"的概念,其作用不仅仅是停车,交通拥堵时也可作为交管、消防、救护等特殊车辆通行的车道,因此将原规定的2.5m宽度调整为3.0m。

目前我国已建成的快速路中,从单向两车道与三车道的使用效果看。两车道快速路未设应急车道的,受车辆故障影响较大易造成交通堵塞。而三车道快速路此现象不太严重,这说明其三车道道路在交通量不太大时,其最外侧车道可临时起应急停车带的作用,因此提出交通流量较大时,为保证快速路通行能力、行车安全通畅,单向车道数小于3条时,应设3.0m宽的应急车道。设置时应结合市中心区建筑红线及投资限制,也可按每500m左右设应急停车港湾,以便故障车临时停放而不影响正常车辆行驶。

5.3.7 路肩具有保护及支撑路面结构的功能,城市道路一般与两侧建筑或广场相接,不需要路肩。如果城市道路两侧为自然地面或排水边沟时,应设保护性路肩，以保护路基的稳定和设置护栏、栏杆、交通标志等设施，路肩的宽度应满足设置设施的要求。

5.4 路拱与横坡

5.4.1 路拱坡度的确定应以有利于路面排水和保障行车安全平稳为原则。坡度大小主要视路面种类、表面平整度、粗糙度、道路纵坡大小等而定。道路纵坡大时横坡取小值，纵坡小时取大值；严寒地区路拱设计坡度宜采用小值。路肩的坡度加大 1% 以利于排水。

5.4.2 【条文说明】 采用单向坡时一般采用直线形路拱，双向坡时应采用抛物线加直线的路拱。为便于雨水的收集，道路坡向应朝向雨水设施设置位置的一侧。当道路设置超高时，雨水设施应按道路超高坡向的位置设置，保证道路的安全行驶。

5.5 缘 石

5.5.1～5.5.3 缘石为设在路面边缘的界石。分为平缘石和立缘石。

平缘石是指顶面与路面平齐的路缘石，有标定路面范围、整齐路容、保护路面边缘的作用。适用于出入口、人行道两端及人行横道两端，便于推车、轮椅及残疾人通行。有路肩时，路面边缘也采用平缘石。

立缘石是指顶面高出路面的路缘石，有标定车行道范围和纵向引导排除路面水的作用。其外露高度是考虑满足行人上下及车门开启的要求确定的，一般高出路面 10cm～20cm。排水式立缘石尺寸、开孔形状或间断设置的距离应根据汇水量计算确定。

6 平面和纵断面

6.1 一般规定

本次编制按照通用标准的深度和内容要求，依据《城市道路设计规范》CJJ 37-90 "平面与纵断面设计"章节，只规定了与控制道路技术标准和建设规模有关的主要技术指标，同时依据《城市快速路设计规程》CJJ 129-2009 补充了设计速度 100km/h 的平纵线形指标，其他的相关技术指标详见行业标准《城市道路路线设计规范》。由于道路平面和纵断面指标主要由车辆性能决定，本次编制中设计车辆没有变化，因此，本章中的规定基本与《城市道路设计规范》CJJ 37-90 及《城市快速路设计规程》CJJ 129-2009 中的相关内容一致。

6.1.1 城市道路的平面定线受到城市道路网布局、地区控制性详细规划、道路规划红线宽度和沿街已有建筑物等因素的约束，平面线形只能局限在一定范围内调整，定线的自由度要比公路小得多。因此，城市道路网规划对道路定线的指导应充分考虑。

城市道路线形还受用地开发、征地拆迁、社会环境、景观、美学、文物保护、社区、公众参与等因素的影响，对于文物、名树要考虑保留，特别是改建道路，应考虑各方面的综合要求。

6.1.2 道路线形对交通安全、行驶顺适具有重要作用。不适当的线形将会造成事故，并增加养护及运行费用。因此设计时，应根据地形、地质、地物及各控制条件，按照道路等级和设计速度，采用适当的线形技术指标。处理好直线与平曲线的衔接，合理设置缓和曲线、超高、加宽、平纵线形组合，避免相邻线形指标变化过大，正确处理好线形的连续与均衡性。

城市道路的纵断面设计受道路网规划控制标高、道路净空、沿街建筑高程、地下管线布置、沿线地面排水等因素的控制，应综合考虑各控制条件，兼顾汽车营运经济效益等因素影响，山地城市道路还需考虑土石方平衡、合理确定路面设计标高。

道路分期实施时，应满足近期使用要求，兼顾远期发展，减少废弃工程。

6.1.3 城市快速路和主干路与其他等级道路相比，不仅设计速度高，而且设置有各类型立交。不仅要求道路的平纵线形指标高，而且要求各指标间的连续、均衡。因此，要求其路线位置与各控制点、路线平纵线形与地形及各种构造物、路线交叉设置位置、间距等的衔接，协调与横断面之间的关系，从安全性、舒适性角度，强调线形组合及总体设计的要求。

6.2 平面设计

6.2.1 道路平面线形由直线和平曲线组成。直线的几何形态灵活性差，有僵硬不协调的缺点，并很难适应地形的变化。直线段太长，驾驶员会感到厌倦，注意力不易集中，成为交通肇事的起因。平曲线间的直线长度亦不宜过短，过短直线段使驾驶员操纵方向盘有困难，对行车不安全。

平曲线由圆曲线和缓和曲线组成，为使汽车能安全、顺适地由直线段进入曲线，要合理选用圆曲线半径，并根据半径大小设置超高和加宽。同时车辆从直线段驶入平曲线或平曲线驶入直线段，为了缓和行车方向和离心力的突变，确保行车的舒适和安全，在直线和圆曲线间或半径相差悬殊的圆曲线之间需设置符合车辆转向行驶轨迹和离心力渐变的缓和曲线。

因此，在平面线形设计中，不仅要合理选用各种线形指标，更重要的是还要处理好各种线形间的衔接，以保证车辆安全、舒适地行驶。设计人员应根据地形、地物、环境、安全、景观，合理运用直线、圆曲线、缓和曲线。对线形要求高的道路，应采用透视图法或三维手段检查设计路段线形，特别是避免断背曲线。

6.2.2 圆曲线最小半径

本规范规定了圆曲线最小半径有三类：不设超高

最小半径、设超高最小半径一般值及极限值。在设计中应首先考虑安全因素，其次要考虑节约用地及投资，结合工程情况合理选用指标。采用小于不设超高最小半径时，曲线段应设置超高，超高过渡段内应满足路面排水要求。

圆曲线最小半径是以汽车在曲线部分能安全而又顺适地行驶所需要的条件而确定的，即车辆行驶在道路曲线部分所产生的离心力等横向力不超过轮胎与路面的摩阻力所允许的界限。圆曲线半径的通用计算公式为：

$$R = \frac{V^2}{127(\mu + i)} \tag{4}$$

式中：R——曲线半径（m）；
  V——设计速度（km/h）；
  μ——横向力系数，取轮胎与路面之间的横向摩阻系数；
  i——路面横坡度或超高横坡度，以小数表示，反超高时用负值。

横向力系数的大小影响着汽车的稳定程度、乘客的舒适感、燃料和轮胎的消耗以及其他方面，所以 μ 值的选用应保证汽车在圆曲线上行驶时的横向抗滑稳定性，以及乘客的舒适和经济的要求。表 8 为不同 μ 值对乘客的舒适程度反映。

表 8 汽车在弯道上行驶时对乘客的舒适感

μ 值	乘客舒适感程度
<0.10	转弯时不感到有曲线存在，很平稳
0.15	转弯时略感到有曲线存在，但尚平稳
0.20	转弯时已感到有曲线存在，并略感不稳定
0.35	转弯时明显感到有曲线存在，并明显感不稳定
≥0.40	转弯时感到非常不稳定，站立不住而有倾倒危险感

μ 值的选用还应考虑汽车营运的经济性。根据试验分析，汽车在弯道上行驶时与在直线上行驶相比，当 $\mu=0.10$ 时，燃料消耗增加 10%，轮胎磨耗增加 1.2 倍；当 $\mu=0.15$ 时，燃料消耗增加 20%，轮胎磨耗增加 2.9 倍。因此，在计算最小圆曲线半径时，μ 值小于 0.15 为宜。

1 不设超高最小半径

我国《公路工程技术标准》JTG B01-2003 采用的 μ 值较小，不设超高的圆曲线最小半径 μ 值按 0.035~0.040 取用，计算出的不设超高的最小半径值较大。以设计速度 60km/h 为例，横坡度 $i \leq 2.0\%$ 时，不设超高圆曲线最小半径为 1500m，这样小于 1500m 的半径均需设超高。在城市道路建成区由于两侧建筑已形成，如设超高，与两侧建筑物标高不好配合且影响街景美观，因此城市道路可适当降低标准。结合我国城市道路大型客货车较多、车道机非混行、交叉口多的特点，μ 值可适当加大些，城市道路不设超高的经验数据 $\mu=0.067$，虽然比公路 0.040 大些，但对乘客舒适感程度差别不大，为减少超高，该取值对城市道路是合适的。圆曲线半径计算值与规范采用值见表 9。

2 设超高最小半径一般值

设超高最小半径一般值计算中，μ 值采用 0.067，超高值为 0.02~0.06。圆曲线半径计算值与规范采用值见表 9。

3 设超高最小半径极限值

设超高最小半径极限值计算中，μ 值采用 0.14~0.16，超高值为 0.02~0.06。圆曲线半径计算值与规范采用值见表 9。

表 9 圆曲线半径计算表

	设计速度（km/h）	100	80	60	50	40	30	20
不设超高最小半径（m）	横向力系数 μ	0.067	0.067	0.067	0.067	0.067	0.067	0.067
	路面横坡度 i	-0.02	-0.02	-0.02	-0.02	-0.02	-0.02	-0.02
	$R = \frac{V^2}{127(\mu+i)}$	1675	1072	603	419	268	151	67
	R 采用值	1600	1000	600	400	300	150	70
设超高最小半径（m）一般值	横向力系数 μ	0.067	0.067	0.067	0.067	0.067	0.067	0.067
	路面横坡度 i	0.06	0.06	0.04	0.04	0.02	0.02	0.02
	$R = \frac{V^2}{127(\mu+i)}$	620	397	265	184	145	81	36
	R 采用值	650	400	300	200	150	85	40
设超高最小半径（m）极限值	横向力系数 μ	0.14	0.14	0.15	0.16	0.16	0.16	0.16
	路面横坡度 i	0.06	0.06	0.06	0.06	0.02	0.02	0.02
	$R = \frac{V^2}{127(\mu+i)}$	394	252	149	98	70	39	17
	R 采用值	400	250	150	100	70	40	20

6.2.3 平曲线与圆曲线最小长度

规定平曲线与圆曲线最小长度的目的是避免驾驶员在平曲线上行驶时，操纵方向盘变动频繁，高速行驶危险，加上离心加速度变化率过大，使乘客感到不舒适。因此，必须确定不同设计速度条件下的平曲线及圆曲线最小长度。

1 平曲线最小长度

《日本公路技术标准的解说与运用》中规定平曲线最小长度为车辆 6s 的行驶距离，能达到缓和曲线最小长度的 2 倍。这实际上是一种极限状态，此时曲线为凸形曲线，驾驶者会感到操作突变且视觉不舒顺。因此最小平曲线长度理论上应大于 2 倍缓和曲线最小长度，即保证平曲线设置缓和曲线最小长度后，还能保留一段长度的圆曲线。在《公路路线设计规范》JTG D20-2006 中，规定了平曲线最小长度的"最小值"，为 2 倍缓和曲线最小长度，"一般值"为"最小值"的 3 倍。本次编制中根据城市道路设计的具体情况，将原规范中的规定作为"极限值"，将缓和曲线的 3 倍作为"一般值"。

2 圆曲线最小长度

圆曲线最小长度为车辆 3s 的行驶距离。

3 平曲线及圆曲线最小长度计算公式为：

$$L_{\min} = \frac{1}{3.6}V_a t \quad (5)$$

式中：$L_{\min}$——行驶距离（m）；
V_a——设计速度（km/h）；
t——行驶时间（s）。

平曲线及圆曲线最小长度计算值与规范采用值见表10。

表10 平曲线及圆曲线最小长度计算表

设计速度（km/h）		100	80	60	50	40	30	20
平曲线最小长度	计算值（m）	166.7	133	100	83	67	50	33
	采用值（m）	170	140	100	85	70	50	40
圆曲线最小长度	计算值（m）	83.3	67	50	41.7	33.3	25	16.7
	采用值（m）	85	70	50	45	35	25	20

6.2.4 缓和曲线

车辆从直线段驶入平曲线或平曲线驶入直线段，由大半径的圆曲线驶入小半径的圆曲线或由小半径的圆曲线驶入大半径的圆曲线，为了缓和行车方向和离心力的突变，确保行车的舒适和安全，在直线和圆曲线间或半径相差悬殊的圆曲线之间需设置符合车辆转向行驶轨迹和离心力渐变的缓和曲线。行车道的超高或加宽应在缓和曲线内完成，在超高缓和段内逐渐过渡到全超高或在加宽缓和段内逐渐过渡到全加宽。

缓和曲线采用回旋线，是由于汽车行驶轨迹非常近似回旋线，它既能满足转向角和离心力逐渐变化的要求，同时又能在回旋线内完成超高和加宽的逐渐过渡，所以本规范中采用回旋线。回旋线的基本公式如下：

$$RL_s = A^2 \quad (6)$$

式中：R——与回旋线相连接的圆曲线半径（m）；
L_s——回旋线长度（m）；
A——回旋线参数（m）。

1 缓和曲线最小长度

1) 按离心加速度变化率计算

即离心加速度从直线上的零增加到进入圆曲线时的最大值，离心加速度变化率限制在一定的范围内。

离心加速度变化率为 $a_p = 0.0214 \frac{V^3}{RL_s}$（m/s³）

从乘客舒适角度，离心加速度变化率 a_p 经测试知在 (0.5~0.75) m/s³ 为好，我国道路设计中采用 $a_p = 0.6$ m/s³，则

$$L_s = 0.035 \frac{V^3}{R}(m) \quad (7)$$

式中：V——设计速度（km/h）；
R——设超高最小半径（m）。

2) 按驾驶员操作反应时间计算

汽车在缓和曲线上行驶时，行车时间不应过短，应使驾驶员有足够的时间适应线形的变化，也使乘客感到舒适。缓和曲线上行驶时间采用3s，按下式计算：

$$L_s = \frac{1}{3.6}Vt = 0.833V(m) \quad (8)$$

回旋线参数及长度应根据线形设计以及对安全、视距、超高、加宽、景观等的要求，选用较大的数值。缓和曲线最小长度系曲率变化需要的最小长度，按公式（7）及公式（8）两者计算的大者，按5m的整倍数作为缓和曲线最小长度采用值，见表11。

表11 缓和曲线最小长度

设计速度（km/h）		100	80	60	50	40	30	20
缓和曲线最小长度（m）	$L_s = 0.035\frac{V^3}{R}$	87.5	71.7	50.4	43.8	32.0	23.6	14.0
	$L_s = \frac{3V}{3.6} = 0.833V$	83.3	66.6	50.0	41.7	33.3	25.0	16.7
	采用值	85	70	50	45	35	25	20

2 不设缓和曲线的最小圆曲线半径

在直线和圆曲线之间插入缓和曲线后，将产生一个位移量 ΔR，当此位移量 ΔR 与已包括在车道中的富裕宽度相比为很小时，则可将缓和曲线省略，直线与圆曲线可径相连接。设置缓和曲线的 ΔR 以 0.2m 的位移量为界限。当 $\Delta R < 0.2$m 可不设缓和曲线，当 $\Delta R \geq 0.2$m 时设缓和曲线。从回旋线数学表达式可知：

$$\Delta R = \frac{1}{24} \times \frac{L_s^2}{R}, \text{而 } L_s = \frac{V}{3.6} \times t$$

当采用 $\Delta R = 0.2$m 及 $t=3$s 行驶时，即可得出不设缓和曲线的临界半径为：

$$R = 0.144V^2 (m) \quad (9)$$

为不影响驾驶员在视觉和行程上的顺适，不设缓和曲线的最小半径值为式（9）计算值的2倍，不设缓和曲线的最小圆曲线半径计算值及采用值见表12。

表12 不设缓和曲线的最小圆曲线半径

设计速度（km/h）		100	80	60	50	40	30	20
不设缓和曲线的最小圆曲线半径（m）	2R	2880	1843	1037	720	461	260	115
	采用值	3000	2000	1000	700	500	300	150

设计速度小于40km/h时，缓和曲线可用直线代替，用以完成超高或加宽过渡。直线缓和段一端应与圆曲线相切，另一端与直线相接，相接处予以圆顺。

6.2.5 超高和超高缓和段

1 超高值

当采用的圆曲线半径小于不设超高的最小半径时，汽车在圆曲线上行驶时受到的横向力会使汽车产生滑移或倾覆。为了抵消车辆在曲线路段上行驶时所产生的离心力，将圆曲线部分的路面做成向内侧倾斜的超高横坡度，形成一个向圆曲线内侧的横向分力，使汽车能安全、稳定、满足设计速度和经济、舒适地通过圆曲线。超高横坡度由车速确定，但过大的超高

往往会引起车辆的横向滑移，尤其在潮湿多雨以及冰冻地区，当弯道车速慢或停止在圆曲线上时，车辆有可能产生向内侧滑移的现象，所以应对超高横坡度加以限制。快速路上行驶的汽车为了克服行车中较大的离心力，超高横坡度可较一般规定值略高。我国《公路路线设计规范》JTG D20-2006规定，一般地区高速公路、一级公路最大超高横坡度为8%或10%，其他等级公路为8%，积雪或冰冻地区为6%较安全。

城市道路由于受交叉口、非机动车以及街坊两侧建筑的影响，不宜采用过大的超高横坡度。综合各方面的情况，拟定城市道路最大超高横坡度如下：设计速度100km/h、80km/h为6.0%；设计速度60km/h、50km/h为4.0%，设计速度小于等于40km/h为2.0%。

2　超高缓和段

由直线上的正常路拱断面过渡到圆曲线上的超高断面时，必须在其间设置超高缓和段。超高缓和段长度按下式计算：

$$L_e = b \cdot \Delta i / \varepsilon \quad (10)$$

式中：L_e——超高缓和段长度（m）；
　　　b——超高旋转轴至路面边缘的宽度（m）；
　　　Δi——超高横坡度与路拱坡度的代数差（%）；
　　　ε——超高渐变率，超高旋转轴与路面边缘之间相对升降的比率，见表13。

表13　超高渐变率

设计速度（km/h）	100	80	60	50	40	30	20
超高渐变率	1/175	1/150	1/125	1/115	1/100	1/75	1/50

超高缓和段应在回旋线全长范围内进行。当回旋线较长时，超高缓和段可设在回旋线的某一区段范围内，其超高过渡段的纵向渐变率不得小于1/330，全超高断面宜设在缓圆点或圆缓点处。超高缓和段起、终点处路面边缘出现的竖向转折，应予以圆顺。

对设超高的城市道路，一般双向四车道沿中线轴旋转的超高缓和段长度基本能包含适用的一般情况。但是，对以车行道边缘线为旋转轴的或车道数较多或较宽的道路，则可能超高所需的缓和段长度大于曲率变化的缓和段长度，因此在超高缓和段长度与缓和曲线长度两者中取大值作为缓和曲线的计算长度。

对线形要求高的高等级道路，如城市快速路、高架路，回旋线长度应根据线形设计以及对安全、视距、景观等的要求，选用较大的数值。

超高的过渡方式应根据地形状况、车道数、超高横坡度值、横断面形式、便于排水、路容美观等因素决定。单幅路路面宽度及三幅路机动车道路面宜绕中线旋转；双幅路路面及四幅路机动车道路面宜绕中间分隔带边缘旋转，使两侧车行道各自成为独立的超高横断面。

6.2.6　加宽和加宽缓和段

1　加宽值

汽车在曲线上行驶时，各车轮行驶的轨迹不相同。靠曲线内侧后轮的行驶半径最小，靠曲线外侧前轮的行驶曲线半径则最大。所以，汽车在曲线上行驶时所占的车道宽度，比直线段的大。为适应汽车在平曲线上行驶时后轮轨迹偏向曲线内侧的需要，通常小于250m半径的曲线加宽均设在弯道内侧。城市道路弯道上，常因为节省用地或拆迁房屋困难而设置小半径弯道，考虑到对称于设计中心线设置加宽较为有利，而采用弯道内外两侧同时加宽，其每侧的加宽值为全加宽值的1/2。采用外侧加宽势必造成线形不顺，因此宜将外缘半径与渐变段边缘线相切，有利于行车。若弯道加宽值较大，应通过计算确定加宽方式和加宽值。

在规范条文中，未规定具体的加宽值。为便于设计人员使用，在该处给出加宽值的计算方法，供设计人员根据具体情况选用。

根据汽车在圆曲线上的相对位置关系所需的加宽值 b_{w1} 和不同车速汽车摆动偏移所需的加宽值 b_{w2}，城市道路每车道加宽值计算公式如下：

小型及大型车的加宽值 b_w 为：

$$b_w = b_{w1} + b_{w2} = \frac{a_{gc}^2}{2R} + \frac{0.05V}{\sqrt{R}} \quad (11)$$

铰接车的加宽值 b'_w 为：

$$b'_w = b'_{w1} + b'_{w2} = \frac{a_{gc}^2 + a_{cr}^2}{2R} + \frac{0.05V}{\sqrt{R}} \quad (12)$$

式中：a_{gc}——小型及大型车轴距加前悬的距离，或铰接车前轴距加前悬的距离（m）；
　　　a_{cr}——铰接车后轴距的距离（m）；
　　　V——设计速度（km/h）；
　　　R——设超高最小半径（m）。

2　加宽缓和段

在圆曲线范围内加宽，为不变的全加宽值，两端设置加宽缓和段，其加宽值由直线段加宽为零逐渐按比例增加到圆曲线起点处的全加宽值。

加宽缓和段的长度可按下列两种情况确定：

1）设置缓和曲线或超高缓和段时，加宽缓和段长度应采用与回旋线或超高缓和段长度相同的数值。

2）不设回旋线或超高缓和段时，加宽缓和段长度应按加宽侧路面边缘宽度渐变率为1:15～1:30，且长度不得小于10m的要求设置。

6.2.7　视距

为了保证行车安全，应使驾驶员能看到前方一定距离的道路路面，以便及时发现路面上有障碍物或对向来车，使汽车在一定的车速下能及时制动或避让，从而避免事故。驾驶人从发现障碍物开始到决定采取某种措施的这段时间段内汽车沿路面所行驶的最短行车距离，称为视距。

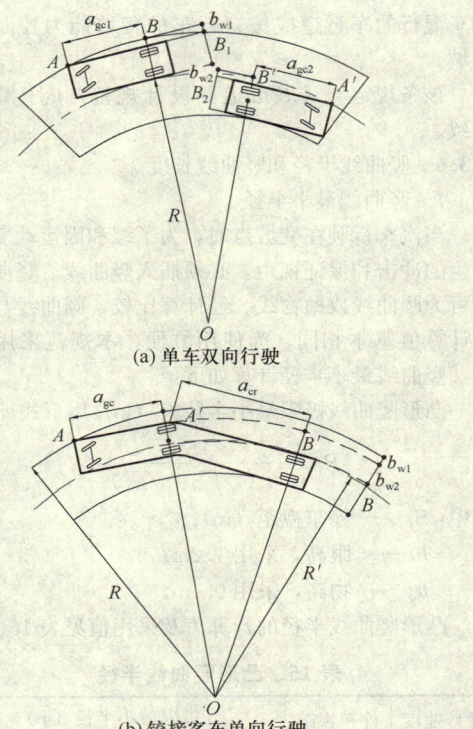

(a) 单车双向行驶

(b) 铰接客车单向行驶

图 1 圆曲线上路面加宽示意图

视距是道路设计的主要技术指标之一，在道路的平面上和纵断面上都应保证必要的视距。如平面上挖方路段的弯道和内侧有障碍物的弯道，以及在纵断面上的凸形竖曲线顶部、立交桥下凹形竖曲线底部处，均存在视距不足的问题，设计时应加以验算。验算时物高规定为 0.1m，眼高对凸形竖曲线规定为 1.2m，对凹形竖曲线规定为 1.9m。货车存在空载时制动性能差、轴间荷载难以保证均匀分布、一条轴侧滑会引起汽车车轴失稳、半挂车铰接刹车不灵等现象，尤其是下坡路段。货车停车视距的眼高规定为 2.0m，物高规定为 0.1m。

视距有停车视距、会车视距、错车视距和超车视距等。在城市道路设计中，主要考虑停车视距。若车行道上对向行驶的车辆有会车可能时，应采用会车视距，会车视距为停车视距的 2 倍。

停车视距由反应距离、制动距离及安全距离组成，按式（13）、式（14）计算：

$$S_s = S_r + S_b + S_a \quad (13)$$

式中：S_r——反应距离（m）；
S_b——制动距离（m）；
S_a——安全距离，取 5m。

$$S_s = \frac{Vt}{3.6} + \frac{\beta_s V^2}{254\mu_s} + S_a \quad (14)$$

式中：V——设计速度（km/h）；
t——反应时间，取 1.2s；
β_s——安全系数，取 1.2；
μ_s——路面摩擦系数，取 0.4。

停车视距的计算值及采用值见表 14。

表 14 停车视距

设计速度 （km/h）	S_r（m）	S_b（m）	S_a（m）	S_s 计算值 （m）	S_s 采用值 （m）
100	33.34	118.00	5	156.34	160
80	26.67	75.52	5	107.26	110
60	20.00	42.48	5	67.52	70
50	16.67	29.50	5	51.17	60
40	13.33	18.88	5	37.21	40
30	10.00	10.62	5	25.62	30
20	6.67	4.72	5	16.39	20

在平曲线范围内为使停车视距规定值得到保证，应将平曲线内侧横净距范围内的障碍物予以清除，根据视距线绘出包络线图进行检验。

6.2.8 中央分隔带开口是为了使车辆在必要时可通过开口到反方向车道行驶，以供维修、养护、应急抢险时使用。中央分隔带开口间距应视需要而定，本规范只规定了最小间距。开口处应设置活动护栏，避免车辆调头。

两侧分隔带开口是为了使车辆进出道路使用，开口间距应视需要而定，但应保证不影响正常交通的行驶，本规范只规定了最小间距及距离路口的距离。

6.3 纵断面设计

6.3.1 机动车道最大纵坡

该条规定与《城市道路设计规范》CJJ 37-90 一致。

为保证车辆能以适当的车速在道路上安全行驶，即上坡时顺利，下坡时不致发生危险的纵坡最大限制值为最大纵坡。道路最大纵坡的大小直接影响行车速度和安全、道路的行车使用质量、运输成本以及道路建设投资等问题，它与车辆的行驶性能有密切关系。

目前，许多国家都以单位载重量所拥有的马力数（HP/t），即比功率作为衡量汽车爬坡能力的指标，认为 HP/t 数值相同的汽车，其爬坡能力大致相同。

小汽车爬坡能力大，纵坡大小对小汽车影响较小，而载重汽车及铰接车的爬坡能力低，纵坡大小对其影响较大。如以小汽车爬坡能力为准确定最大纵坡，则载重汽车及铰接车均需降速行驶，使汽车性能不能充分发挥，是不经济的；而且还会降低道路通行能力，下坡时更危险。在汽车选型时，既要考虑现状又要考虑发展。

设计最大纵坡应考虑各种机动车辆的动力性能、道路等级、设计速度、地形条件等选用规范中最大纵坡一般值。当受条件限制纵坡大于一般值时应限制坡长，但最大纵坡不得超过最大纵坡极限值。

6.3.2 机动车道最小纵坡

城市道路通常低于两侧街坊，两侧街坊的雨水排向车行道两侧的雨水口，再由地下的连管通到雨水管道排入水体。因此，道路最小纵坡应是能保证排水和防止管道淤塞所需的最小纵坡，其值为0.3%。若道路纵坡小于最小纵坡值，则管道的埋深必将随着管道的长度而加深。为避免其埋设过深所致的土方量增大和施工困难，所以，规定城市道路的最小纵坡不应小于0.3%。

6.3.3 机动车道最小坡长

最小坡长的限制是从汽车行驶平顺度、乘客的舒适性、纵断视距和相邻两竖曲线的布设等方面考虑的。如果纵坡太短，转坡太多，纵向线形呈锯齿状，不仅路容不美观，影响临街建筑的布置，而且车辆行驶时驾驶员变换排档会过于频繁而影响行车安全，同时导致乘客感觉不舒适。所以，纵坡坡长应保持一定的最小长度。

《城市道路设计规范》CJJ 37-90中规定坡长采用不小于10s的汽车行驶距离，另外，在一段坡长设置的两个竖曲线不得搭接，故规范采用最小竖曲线半径值与最大纵坡验算最小坡长。根据计算结果，设计速度≤60km/h时，最小坡长由10s的汽车行驶距离决定；设计速度>60km/h时，最小坡长由竖曲线半径值与最大纵坡计算值决定。由竖曲线半径值与最大纵坡计算方法，使用了两个极限值。在目前的设计理念中，应尽可能避免各种极限指标的组合使用，而且从实际情况看，原指标也偏大，对于平原区的城市道路设计有一定困难。该指标相对《公路工程技术标准》JTG B01-2003中规定的最小坡长也偏大。因此，在编制中，统一规定最小坡长为10s的汽车行驶距离。该取值与现行《公路工程技术标准》JTG B01-2003及《城市快速路设计规程》CJJ 129-2009一致。

加罩道路、老桥利用接坡段、尽端道路及坡差小的路段，最小坡长的规定可适当放宽。

6.3.4 机动车道最大坡长

最大坡长为纵坡大于最大纵坡一般值时，对纵坡坡长的限制长度。本规范采用的纵坡坡长是根据汽车加、减速行程求得，并参考《公路路线设计规范》JTG D20-2006与《日本公路技术标准的解说与运用》综合确定。根据不同设计速度、不同坡度做出坡长限制值。当设计速度≤30km/h时，由于车速低，爬坡能力大，坡长可不受限制。

该条规定与《城市道路设计规范》CJJ 37-90一致。

6.3.5 非机动车道纵坡和坡长

城市中非机动车主要是指自行车，其爬坡能力低，车道应考虑恰当的纵坡度与坡长，机动车和非机动车混行的车行道应按自行车的爬坡能力控制道路纵坡。

该条规定与《城市道路设计规范》CJJ 37-90一致。

6.3.6 竖曲线半径和竖曲线长度

1 竖曲线最小半径

当汽车行驶在变坡点时，为了缓和因动量变化而产生的冲击和保证视距，必须插入竖曲线。竖曲线形式可为圆曲线或抛物线。经计算比较，圆曲线与抛物线计算值基本相同，为使用方便，本规范采用圆曲线。竖曲线最小半径计算如下：

凸形竖曲线极限最小半径 R_v(m) 用下式计算：

$$R_v = \frac{S_s^2}{2(\sqrt{h_e}+\sqrt{h_o})^2} \quad (15)$$

式中：S_s——停车视距（m）；
　　　h_e——眼高，采用1.2m；
　　　h_o——物高，采用0.1m。

凸形竖曲线半径的计算值及采用值见表15。

表15 凸形竖曲线半径

设计速度 (km/h)	停车视距 (m)	极限最小半径（m）	
		计算值	采用值
100	160	6421	6500
80	110	3035	3000
60	70	1229	1200
50	60	903	900
40	40	401	400
30	30	226	250
20	20	100	100

凹形竖曲线极限最小半径 R_c(m) 用下式计算：

$$R_c = \frac{V^2}{13a_0} \quad (16)$$

式中：V——设计速度（km/h）；
　　　a_0——离心加速度，采用0.28m/s²。

凹形竖曲线半径的计算值及采用值见表16。

表16 凹形竖曲线半径

设计速度 (km/h)	V^2	$13a_0$	极限最小半径（m）	
			计算值	采用值
100	10000	3.64	2747	3000
80	6400	3.64	1785	1800
60	3600	3.64	989	1000
50	2500	3.64	686	700
40	1600	3.64	439	450
30	900	3.64	247	250
20	400	3.64	109	100

竖曲线一般最小半径为极限最小半径的1.5倍，国内外均使用此数值。"极限值"是汽车在纵坡变更处行驶时，为了缓和冲击和缓和视距所需的最小半径的计算值，设计时受地形等特殊情况限制方可采用。

2　竖曲线最小长度

为了使驾驶员在竖曲线上顺适地行驶，竖曲线不宜过短，应在竖曲线范围内有一定的行驶时间，日本规定行驶时间3s的行驶距离。本规范竖曲线最小长度极限值采用3s的行驶距离，按下式计算：

$$l_v = \frac{V}{3.6} \times 3 = 0.83V \quad (17)$$

式中：l_v——竖曲线最小长度（m）；
　　　V——设计速度（km/h）。

设计中，为了行车安全和舒适，应采用竖曲线最小长度的"一般值"。"一般值"规定为"极限值"的2.5倍。

6.3.7　合成坡度

纵坡与超高或横坡度组成的坡度称为合成坡度。将合成坡度限制在某一范围内的目的是尽可能地避免陡坡与急弯的组合对行车产生的不利影响。道路设计常以合成坡度控制，合成坡度按下式计算：

$$j_r = \sqrt{i_s^2 + j^2} \quad (18)$$

式中：j_r——合成坡度（％）；
　　　i_s——超高横坡度（％）；
　　　j——纵坡度（％）。

6.4　线形组合设计

6.4.1　道路线形设计的习惯做法是先进行平面设计，后进行纵断面设计，这样只能以纵断面来迁就平面。因此，在平面设计时要考虑纵断面设计；同样在纵断面设计时也要与平面线形协调配合。平纵线形组合是指在满足汽车运动学和力学要求的前提下，研究如何满足视觉和心理方面的连续性、舒适感，研究与周围环境的协调和良好的排水条件。所以，线形设计不仅要符合技术指标要求，还应结合地形、景观、视觉、安全、经济性等进行协调和组合，使道路线形设计更加合理。

6.4.2　线形组合设计强调的是在平面设计的同时，考虑纵断面设计的协调性，甚至横断面设计的配合问题。

平纵线形组合原则上应"相互对应"，且平曲线稍长于竖曲线，即所谓的"平包竖"。国内外研究资料表明，当平曲线半径小于2000m、竖曲线半径小于15000m时，平、竖曲线的相互对应对线形组合显得十分重要；随着平、竖曲线半径的增大，其影响逐渐减小；当平曲线半径大于6000m、竖曲线半径大于25000m时，对线形的影响显得不很敏感。因此，线形设计的"相互对应、且平包竖"的基本要求需视平、竖曲线的半径而掌握其符合的程度。

城市道路由于限制条件多，对于低等级道路不必强求平纵线形的相互对应。

7　道路与道路交叉

7.1　一般规定

7.1.1~7.1.3　道路与道路交叉设计是城市道路设计中比较重要的一部分内容，其交叉形式的选择、交叉口平纵面设计、交叉口的交通管理方式等等，对整条道路甚至周边路网的通行能力和服务水平都有较大的影响。行业标准《城市道路交叉口设计规程》CJJ 152-2010于2011年3月实施，对于道路与道路交叉设计的相关要求，在其中已有详细的规定，本章只对交叉口形式的分类、一些共性的要求以及主要的技术指标进行规定。

7.2　平面交叉

7.2.1　平面交叉口的交通组织通过平面布局来组织分配各交通流的通行路径，通过交通管理来组织分配各交通流的通行次序。平面交叉口设计应包括平面布局方案及交通管理方式，本次编制中，结合交叉口平面布局方案及交通管理方式将平面交叉口分为三大类五小类。

7.2.2　本条按相交道路的等级规定了宜采用的平面交叉口类型。但在城市道路设计中，一般情况下在道路规划阶段已确定平面交叉口类型及用地范围。因此在具体设计中应依据规划条件，结合功能要求与控制条件，选定合适的交叉口类型。

7.2.3　平面交叉口的形式有十字形、T形、Y形、X形、环形交叉、多路交叉、错位交叉、畸形交叉等。通常采用最多的是十字形，形式简单，交通组织方便，适用范围广。由于交叉口形状，在规划阶段已大体确定，设计阶段应在不影响总体布局的前提下予以优化调整。道路交叉角度较小时，交叉口需要的面积较大，并使视线受到限制，行驶不安全且不方便。

《城市道路交通规划设计规范》GB 50220-95及《城市道路设计规范》CJJ 37-90规定交叉口的最小交叉角为45°。根据实际情况，交叉角太小，不利于交通组织管理、不利于土地利用，本次编制参考美国文献将最小交叉角改为70°。

目前在城市道路平交路口的渠化设计中，常采用压缩行人和非机动车的通行空间来增加机动车道，对行人和非机动车的通行带来较大的不便。本次明确规定在路口渠化设计中，应保证行人和非机动车通行空间的连续性和完整性。

7.2.4、7.2.5　交叉口范围应包括整个交叉口功能区，即：所有相交道路的重叠部分和其上游和下游车道的延伸，包括拓宽和渐变段以及非机动车道、人行道和过街设施，见图2。

　　交叉口功能区的定义对交叉口本身的交通运行的机动性和安全性有着重要意义。机动车进入交叉口要进行一系列复杂的操作：反应、减速、排队等待、转向或穿越、加速等等，功能区则是实施这一系列复杂操作的面积范围，或者说是交叉口对其相交道路的影响区域范围。在交叉口功能区之外，车辆以正常速度行驶，其特征符合路段交通特征。因此，对于交叉口的功能区的设计指标要求高于路段的设计标准。

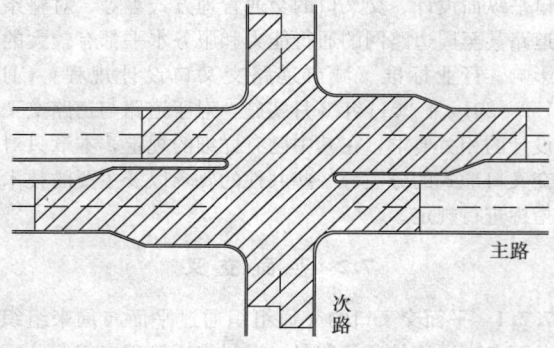

图2　交叉口范围示意图

7.2.6　交叉口范围内，受相交道路不同流向车流的影响，进口道车流的速度降低，交叉口进口道成为交通瓶颈。为使进口道通行能力与路段的通行能力相匹配，进口车道数应大于路段基本车道数。同时为防止车辆在进口道内因车道过宽而发生抢道现象，可将进口道车道宽度适当减窄。

7.2.7　汽车驶近平面交叉口时，驾驶员应能看清整个交叉道路上车辆的行驶情况，以便能顺利地驶过交叉口或及时停车，避免发生碰撞。这段距离必须大于或等于停车视距（S_s）。视距三角区应以最不利情况绘制，在三角形范围内，不准有任何妨碍视线的各种障碍物。十字形和X形交叉口视距三角形范围如图3。

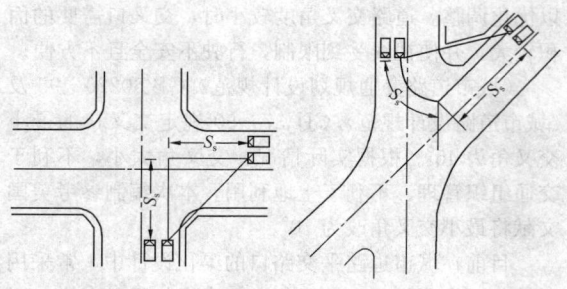

图3　交叉口视距三角形

7.3　立体交叉

7.3.1　现行的规范中道路立体交叉分为互通式和分离式两大类。《城市道路设计规范》CJJ 37-90中将互通式立体交叉按照交通流线的交叉情况和道路互通的完善程度分为完全互通式、不完全互通式和环行三种。《公路工程技术标准》JTG B01-2003按照交通流线的交叉情况、线形的标准将互通式立交分为枢纽互通式和一般互通式，其分类参照欧美国家的方法，较为符合交通流的运行特征。

　　本规范通过收集大量国内已建立交资料，参照公路及国外相关规范的成果，结合城市道路的交通运行特点，认为《城市道路设计规范》CJJ 37-90中仅按立交的互通情况分为完全互通和部分互通，不能满足立交的设计要求。由于不同的立交形式，立交的互通标准会形成较大的差异，对通行能力和服务水平都有较大的影响。因此本次编制中将立体交叉按照交通流线的交叉情况，采用直行交通、转向交通和机非干扰程度指标分为枢纽立交和一般立交，更接近于实际情况。

7.3.2　城市道路立交分类及选型直接影响立交功能、规模和工程造价，是立交规划、设计的重要依据之一。以往立交修建使用中出现少数因规模、标准欠妥而致占地、投资过大，或难以适应规划年限内交通需求增长而出现过早饱和、发生交通堵塞等问题。为此，7.3.1条规定了各类型立交宜选用的立交形式；本条依据交叉口相交道路的等级，规定了宜采用的立交类型。

7.3.3　车道数取决于道路设计通行能力和服务水平，条文不仅规定了立交桥区主路基本车道数应与路段基本车道数一致，而且在主路分合流处，还必须保持车道数的平衡。一般情况下，分合流前后的主线车道数应大于等于分合流后前的主线车道数与匝道车道数之和减1，当不满足时，应设置辅助车道。

7.3.4　设置集散车道是为了将立交区的交织运行转移至集散车道，集散车道车速较主线低，因此需与主线分隔设置。

7.3.5　立交范围受匝道设置及进出口影响，为提高行驶安全性，线形设计应采用比路段高的技术指标。《公路路线设计规范》JTG D20-2006中对互通式立交范围线形指标的规定比路段线形指标提高很多。城市道路目前对立交范围的线形指标缺少相关的研究，若采用《公路路线设计规范》JTG D20-2006的指标，由于城市道路立交及进出口间距较密，交通运行状态与公路不一致，建设条件制约因素较多，很难按其规定值实施。因此，规定互通式立交范围主线线形指标不应低于路段设计的一般值，有条件时尽量取高值。分离式立交主线可不受立交范围线形指标要求的控制。

7.3.6　由于主线的设计速度高于匝道，因而交通流驶出主线需要减速，驶入主线需要加速，为了满足车辆变速行驶的要求，减少对主线正常行驶交通流的干扰，应设置变速车道。

　　变速车道通常设计成直接式和平行式两种。直接式是以平缓的角度为原则进行设计，变速车道与匝道连接，车辆行驶轨迹平滑。平行式是以增设一条平行主线的变速车道，采用有适当流出角度的三角段与主线连接进行设计。与直接式相比，其起终点明确，三角段部分虽然与车辆的行驶轨迹相符合，但在通过整个变速车道时必须走"S"形路线。不论哪一种形式，只要适当地对主线线型进行分析，并进行合理设计，均能满足变速的要求。

直接式变速车道能提供驾驶员合适的直接驶离主线的行车轨迹，研究表明大部分车辆都能以比较高的速度驶离直行车道，从而减少了由于在直行车道上开始减速而引起追尾事故的发生，故较为广泛地用于减速车道。对于加速车道，驾驶员同样希望由直接式流入，而不愿走"S"形，但是当主线交通量大时，车辆在找流入主线机会的同时需要使用加速车道的全长，而平行式车道除了提供车辆加速功能外，还能给汇流车辆提供更多的时间和机会去寻找空档插入，故加速车道一般采用平行式。因此规定"减速车道宜采用直接式，加速车道宜采用平行式"。

7.3.7 根据交通流流入、流出主路的交通特征，车辆通过出入口时，要经过加速、减速、交织等过程，整个过程中将产生紊流，合理的出入口间距是交通畅通的可靠保障。《快速路设计规程》CJJ 129-2009 及《城市道路交叉口设计规程》CJJ 152-2010 中对于出入口的合理间距均有明确规定。城市道路控制条件较多，设计中经常会遇到不能满足出入口间距的要求，在这种情况下，需设置集散车道，调整出入口的位置，以满足间距需要。

7.3.8 设有辅路系统的快速路与主干路或主干路与主干路相交设置的一般立交，其辅路系统可与匝道布置结合考虑。如两层的苜蓿叶立交、菱形立交等，一般结合路段出入口设置，采用与匝道结合的方式布置辅路系统。对于枢纽型立交要求其系统的连续，桥区内的辅路系统必须单独设置。

7.3.9～7.3.11 立交范围内由于占地较大，行人和非机动车的通行要求不高，在建设条件受限的情况下，经常采用降低行人和非机动车的设计标准解决，造成系统不连续或宽度不足。而且立交区对于公交车站的设置往往考虑不周。因此，在编制中对这三部分设计要求进行了明确规定。

8 道路与轨道交通线路交叉

8.1 一般规定

8.1.1 根据铁路道口事故统计资料和《中华人民共和国铁路法》的有关规定，考虑铁路运量逐年增加，行车速度逐年提高的特点，为减少平交道口人身事故发生，确保行车安全，铁路与道路交叉时，应当优先考虑立交。

8.1.4 轨道线路与道路平面交叉应尽量设计为正交或接近正交，但由于地形条件或拆迁工程等限制需要斜交时，交叉锐角应大于45°，以缩短道口的长度和宽度，并避免小型机动车和非机动车的车轮陷入轮缘槽内的不安全因素。

8.2 立体交叉

8.2.1 道路与铁路立体交叉

1 城市快速路和重要的主干路都是交通功能强，服务水平高，交通量大的骨干道路，进出口实行全控制或部分控制。这些道路和铁路交叉如果采用平面交叉，当道口处于开放状态时，汽车通过道口需限速行驶，严重影响道路的交通功能；当道口处于封闭状态时，会造成严重的交通堵塞。故规定必须采用立交。

2 有轨电车与铁路同为轨道交通，而轨道、结构各异，相交时必须是立交。无轨电车道虽无轨道，但其与铁路交叉处的供电接触网、柱与铁路界限相冲突，也必须设置立体交叉。

3 主干路、次干路、支路与铁路交叉，为避免城市道口因铁路调车作业繁忙而封闭道口累计时间较长，或道路在交通高峰时间内经常发生一次封闭时间较长，而引起道路交通堵塞，避免因延误时间而造成的城市社会经济损失，应设置立体交叉。

4 路段旅客列车设计行车速度 120km/h 的地段，列车速度高、密度大，列车追踪间隔时间仅几分钟，铁路与道路平面交叉的安全可靠性差，故规定应设置立体交叉。

8.2.2 目前城市轨道交通发展迅速，种类较多，《城市公共交通分类标准》CJJ/T 114-2007 中，将城市轨道交通大类分为：地铁、轻轨、单轨、有轨电车、磁浮、自动导向轨道和市域快速轨道等七大系统。因城市轨道交通行车间隔时间短，车流密集，为了保证轨道与道路的通行安全，要求城市各级道路与除有轨电车道外的城市轨道交通线路交叉时，必须设置立体交叉。

8.2.3 道路上跨铁路时，铁路的建筑限界除应符合现行国标《标准轨距铁路建筑限界》GB 146.2 的规定外，还应考虑所跨不同类别铁路的具体要求，如有双层集装箱运输要求的铁路，应满足双层集装箱运输限界的要求；近些年来修建的较高时速客货共线铁路和高速客运专线等对基本建筑限界高度也有不同要求，详见表17。

道路上跨城市轨道交通时，城市轨道交通建筑限界需根据采用的车辆类型及其设备限界、设备安装尺寸、安全间隙和有无人行通道、有无隔声屏障、供电制式及接触网柱结构设计尺寸等计算确定，现行国家标准《城市轨道交通技术规范》GB 50490 中有相应规定。

表 17 不同类别铁路基本建筑限界（mm）

铁路类别		限界高度（自轨面以上）	限界宽度（自线路中心外侧）	依据规范或文号
既有铁路	内燃（蒸汽）牵引	5500	2440	《标准轨距铁路建筑限界》GB 146.2
	电力牵引	6550（困难6200）	2440	《标准轨距铁路建筑限界》GB 146.2
新建时速200km客货共线铁路	内燃牵引	5500	2440	《新建时速200km客货共线铁路设计暂行规定》铁建设函〔2005〕285号
	电力牵引	7500	2440	
200km/h客货共线双层集装箱运输	内燃牵引	6050	2440	"关于发布《铁路双层集装箱运输装载限界（暂行）》和《200km/h客货共线铁路双层集装箱运输建筑限界（暂行）》的通知"铁科技函〔2004〕157号
	电力牵引	7960	2440	
京沪高速铁路（电力牵引）		7250	2440	《京沪高速铁路设计暂行规定》铁建设〔2004〕157号

注：表中限界宽度指单线铁路直线地段，当为双线或多线铁路和曲线地段，须计算确定限界宽度。

8.3 平面交叉

8.3.1 铁路车站是列车交汇、越行、摘挂、集结、编解的场所，道口如设在车站内，由于列车作业的需要，关闭道口的次数增多，封闭时间延长，影响道路的通行能力；另外，在车站上经常有列车阻挡，严重恶化道口瞭望条件，容易造成事故。现行《铁路技术管理规程》规定"在车站内不应设置道口"。《铁路道口管理暂行规定》规定"对现有道口必须整顿，……逐步取消站内道口"。故本条规定在站内不应设置道口。

如果道口设在道岔、桥头和隧道附近，一旦发生道口事故，被撞的机动车和脱轨的列车颠覆在道岔区内、桥下或隧道内时，救援困难，中断铁路行车时间长，造成的损失更大，因此在这些处所不应设置道口。

道口设在铁路曲线上除恶化瞭望条件外，还由于铁路曲线外轨超高破坏道路纵断面的平顺性，超高大时还会因局部坡度过大造成机动车熄火，引发道口事故。故本条规定道口不宜设在曲线上。

8.3.4 据统计，道口事故率与道口瞭望视距相关，当道口交通量相同时，瞭望视距不足的道口事故率偏高。为了提高道口的安全度，降低道口事故率，道口宜设在瞭望条件良好的地点。本条规定的机动车驾驶员侧向最小瞭望视距是指机动车驾驶员在距道口相当于该段道路停车视距并不小于50m处的侧向最小瞭望视距，应大于机动车自该处起以规定速度通过道口的时间内，火车驶至道口的最大距离。

瞭望视距是要求如图4所示两个由视距构成的最小视线三角形范围内要保持良好的视线条件。

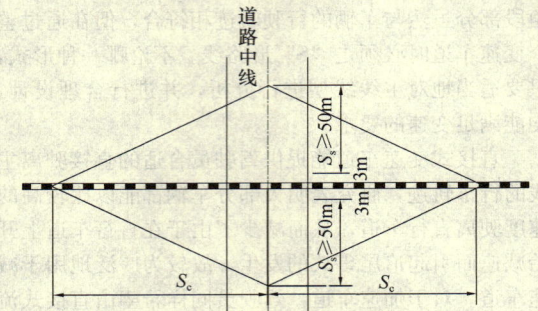

图 4 机动车驾驶员在道口前的瞭望视距示意图

S_s是当汽车在公路上行驶时，驾驶员发现有火车驶向道口，立即采取制动措施，使汽车在道口前停下来的最小距离，国家现行标准规定为50m。

S_c是在汽车通过道口所需的时间内火车行驶的最大距离，即：

$$S_c = \frac{V_1}{3.6}T \quad (19)$$

式中：S_c——火车行驶的最大距离（m）；
V_1——火车行驶速度，km/h；
T——汽车驾驶员在道口前50m发现火车后，匀速通过道口所需的时间（s）。

如图所示，汽车在道口前50m处行驶速度取30km/h，$T=12s$。代入上式得

$$S_c = 3.3V_1 \quad (20)$$

火车司机最小瞭望视距取火车司机反应时间内列车的走行距离与列车的制动距离之和。

8.3.7 有人看守道口除设置道口看守房、栏木和道口照明外，还应设置有线或无线通信、道口自动通知、道口自动信号等安全预警设备。道口看守人员通过这些设备预先了解列车接近道口的情况，及时关闭道口、疏导在道口内的车辆和行人，使列车安全顺利通过道口，这对于瞭望视距不足的道口尤为重要。当道口上有障碍物妨碍列车通过时，道口看守人员还须及时通过无线电话通知相邻的车站和列车，同时开通遮断信号，这样才能保证道口行车安全。

道口自动信号和道口监护设施可以向道路方向发出列车接近的声响和灯光信号，使道路上的车辆、行人及时避让，提高无人看守道口的安全度，故规定无人看守道口可根据需要设置道口自动信号和道口监护设施。

8.3.8 有轨电车道与城市次干道、支路同属城市地面交通系统，且交叉较频繁，考虑次干道、支路的车流量一般比城市快速路、主干道要小，行车速度也较低，故其相交时以设置平面交叉为宜，以避免多处立

交工程，可节省大量工程投资，并减小对周边环境和城市景观的影响。道路与有轨电车道平面交叉时，对道路线形及直线段长度的要求，考虑有轨电车速度比火车速度低，同时考虑到城市道路条件的诸多实际困难，对直线段长度不做具体规定，可因地制宜确定。

对于道路与沿道路敷设的有轨电车道交叉时，因有轨车道与城市次干路，支路不同，它属于客运专线性质，客流量较大，为充分发挥有轨电车的作用，节省乘客出行时间和体现社会效益，故其平面交叉道口应设置有轨电车优先通行信号。

9 行人和非机动车交通

行人和非机动车交通系统是城市交通的重要组成部分，然而目前无论从规划、建设还是管理上看，考虑较多的是机动车交通系统，主要解决的也是机动车交通问题，而对于最基本的交通方式——行人和非机动车交通，考虑得相对较少，造成行人和非机动车交通环境逐渐恶化，"人车混行"较为普遍，行人和非机动车路权被侵害，交通事故时有发生，行人和非机动车安全没有保障等等。因此，为了将行人和非机动车交通系统设计提高到一个较高的层面，规范编制中将其作为独立章节编写。

条文强调了行人和非机动车交通系统的连续性和完整性，要求设计中应提供明确的路权，保障必需的通行空间。此外，应同时考虑无障碍设施、附属设施、景观及环境设施，为行人和非机动车创造安全、良好、舒适的环境。

具体的条文主要沿用《城市道路设计规范》CJJ 37-90 中的相关规定，以及参照《城市道路交通规划设计规范》GB 50220-95 及《城市人行天桥与人行地道技术规范》CJJ 69-95 中的相关规定。

10 公共交通设施

伴随着区域化、城市化和机动化的快速发展，我国各大中城市交通出行需求迅速增长，道路交通面临巨大压力，为实现发展城市公共交通的战略目标，有效引导城市交通结构向公共交通转化，在城市道路规划设计中，必须考虑与道路相关的公共交通通道和场站设计。不同的公共交通系统对城市道路设计有其特殊的要求，根据《城市公共交通分类标准》CJJ/T 114-2007 中规定，城市道路公共交通包括常规公交、快速公交、无轨电车、出租车四类，其中无轨电车和常规公交的道路设计标准是一致的。因此，规范按快速公交、普通公交和出租车三类规定。

具体的条文主要沿用《城市道路设计规范》CJJ 37-90 中的相关规定，以及参照《城市道路公共交通站、场、厂工程设计规范》CJJ/T 15 及《快速公共汽车交通系统设计规范》CJJ 136 中的相关规定。

10.2 公共交通专用车道

10.2.1 目前国内外公交系统专用通道根据使用特点，主要包括以下四种形式。

公交专用路：道路上，公交车拥有全部的、排他的使用权，包括单向道路系统中公交逆行专用道，全部封闭的专用通道等。

公交专用车道：在特定的路段上，通过标志、标线画出一条或几条车道给公交车专用，但公交车同时拥有在其他车道的行驶权，根据公交专用车道在道路断面的位置主要可以分为中央公交专用车道和路侧专用车道。

公交专用进口道：在交叉路口进口，专门为公交车设置的进口道，包括只允许公交车转向的管理设施。

公交优先道路：在混合交通中，公交车比其他车辆具有优先使用某条道路的权利，当其他车辆影响公交车的运行时，必须避让公交车辆。

规范只对公交专用车道的内容进行了相关规定。根据我国实际情况，结合不同的公共交通系统对道路的使用要求，将公共交通专用车道统一划分为快速公交专用车道和普通公交专用车道两类。

10.2.2 规定了快速公交专用车道的一般设计原则。

1 中央专用车道受其他车辆干扰最小，路侧专用车道根据道路路幅形式，还可分为主路路侧和辅路内、外侧形式，受其他车辆干扰程度也依次增加。因此优先选用中央专用车道。中央专用车道按上下行有无物体隔离分为整体式和分离式，整体式占用道路空间小，公交车辆运行中车辆有需求时可以借道行驶，故优选中央整体式。

2 由于快速公交专用车道和车站占用较大的城市空间资源，城市支路一般不具备设置大容量公交系统的条件。因此，规定设计速度为 40km/h～60km/h。

3 经调研，目前国内大容量快速公交车车体宽度一般为 2.55m，根据行驶及安全性要求，单车道的车道不应小于 3.5m。

4 分离式单车道当运营车辆发生故障时，会阻碍其他运营车辆。为及时排除故障，应迅速将故障车辆移出专用道。考虑牵引车进出和疏散车上乘客的方便，物体隔离连续长度不应超过 300m。

10.2.3 参照行业标准《公交专用车道设置》GA/T 507-2004 中的相关规定。

10.3 公共交通车站

10.3.1 考虑建筑结构、出入口通道、售检票亭宽度等因素，双侧停靠站台宽度不应小于 5m，单侧停靠站台宽度不应小于 3m。

10.3.3 根据目前出租车的运营情况，为了避免乘客上下对道路上正常交通的干扰，该条对出租车站的设置进行了原则规定。

11 公共停车场和城市广场

条文主要沿用《城市道路设计规范》CJJ 37-90 中的相关规定。

11.2 公共停车场

11.2.2 确定公共停车场规模的依据为服务对象的要求、车辆到达与离去的交通特征、高峰日平均吸引车次总量、停车场地日有效周转次数、平均停放时间、车辆停放不均匀性等，同时要结合城市的性质、规模、服务公共建筑物的位置、城市交通发展规划等综合考虑。

11.2.4 停车场根据停放车辆的类型分为机动车停车场和非机动车停车场；根据停放车辆的场地分为路上停车场和路外停车场；根据服务对象分为公用停车场和专用停车场。规范规定的内容为停放机动车和非机动车的公共停车场。

11.3 城 市 广 场

11.3.1 城市广场是指与城市道路相连接的社会公共用地部分，是车辆和行人交通的枢纽场所，或是城市居民社会活动和政治活动的中心。规范按其用途和性质将其分为公共活动广场、集散广场、交通广场、纪念性广场与商业广场五类。虽然各类广场的功能特性是有差异的，但在广场分类中严格区分各类广场，明确其含义是有困难的。城市中有些广场由于其所处位置及历史形成原因，往往具有多种功能，为了充分发挥广场的作用及使用效益，节约城市用地，应注意结合实际需要，规划多功能综合性广场。

11.3.2、11.3.3 规定了各类广场设计的一般原则。

1 公共活动广场多布置在城市中心地区，作为城市政治、文化活动中心及群众集会场所。应根据群众集会、游行检阅、节日联欢的规模，容纳人数来估算需要场地，并适当考虑绿化及通道用地。

2 集散广场为布置在火车站、港口码头、飞机场、体育馆以及展览馆等大型公共建筑物前面的广场，是人流、车辆集散停留较多的广场。

3 交通广场设在交通频繁的多条道路交叉的大型交叉口或交汇地点的广场，有组织与分散车流的功能。

4 纪念性广场应以纪念性建筑物为主。

5 商业广场应以人行活动为主，合理布置商业、人流活动区。

11.3.4 广场竖向设计不仅要解决场内排水，还要与广场周围的道路标高相衔接，兼顾地形条件、土方工程量大小、地下管线的覆土要求等，并应考虑广场整体布置的美观。

广场最小纵坡控制是为了满足径流排水。最大纵坡控制是考虑停车时手闸制动不溜车。

12 路基和路面

12.1 一 般 规 定

12.1.1、12.1.2 路基路面性能不仅取决于其结构和材料，而且与路基相对高度、压实状况、排水设施及自然因素密切相关。条文强调路基路面结构方案的设计应做好前期调查、分析工作，结合沿线地形、地质、材料等自然条件，因地制宜、合理选材，保证路基路面具有足够的强度、稳定性和耐久性。

12.1.3 快速路、主干路的路基路面不宜分期修建的原因主要是快速路、主干路的交通量大，对路面性能要求高，分期修建不仅影响交通运营及行车安全，而且易造成路面的损坏，产生不良社会影响。

12.1.4 合理、良好的排水对于保证路基路面使用性能和使用寿命具有重要作用。路基路面排水是整个道路排水系统的一个重要部分，不仅应满足道路排水总体设计的要求和标准，而且应形成合理、完整的排水系统，及时排除路表降水和路面结构层的内部积水，疏干路基和边坡，以确保路基路面的长期性能。

12.2 路 基

12.2.2 路基回弹模量是路面厚度计算中唯一的路基参数，极其重要。对照欧美等国家的相关规范，我国《城市道路设计规范》CJJ 37-90 中规定"路槽底面土基设计回弹模量值宜大于或等于 20MPa，特殊情况下不得小于 15MPa。"的标准明显偏低；而且调查表明，近年来我国城市道路的轴载不断增大，车辆荷载作用于路基的应力水平和传递深度显著提高。因此，条文将快速路和主干路的土基设计回弹模量值提高到 30MPa，以增强路基的抗变形能力，优化路基路面结构的模量组合，不仅可以改善路面结构的受力状况，提高其使用性能，而且可以适当减薄路面厚度，节约投资。

路基干湿类型的确定方法如下：

1 路基干湿类型应根据不利季节路床顶面以下 80cm 深度内路基土的湿度状况确定。

2 非冰冻地区路基的湿度状况主要受地表积水、地下水位或空气相对湿度控制。对新建道路，路基湿度状况可以根据当地的实际条件，结合路基的土组类型，由基质吸力进行预估；对既有道路，路基湿度状况应在不利季节现场测定。

3 冰冻地区路基湿度状况的确定应考虑冰冻的影响。

12.2.3 路基设计高度应考虑相应路段的地表积水和地下水位、路基土的毛细水上升高度和冰冻状况等。沿河路基应考虑洪水的影响。

12.2.4 路基压实度是影响路基性能的重要指标。在路基工作区范围内，压实度越高，回弹模量越高，在行车荷载作用下的永久变形越小；对填方路基而言，压实度越高，由于路堤自身压密变形而引起的工后沉降越小。

《城市道路设计规范》CJJ 37-90 编制时，从必要性、有效性、现实性三方面分析了采用重型压实标准的可行性，提出了采用重型压实标准具有明显的技术、经济优势。但是考虑到当时我国多数城市重型压路机的数量只占总数的 40%～60%，一律执行重型压实标准，会有较大困难，因此，原规范并列了轻型、重型两种压实度标准。经过近 20 年的发展，目前施工中已普遍采用重型压路机，因此，条文取消了轻型压实度标准，统一按重型压实度指标控制。

路基压实度一直备受关注。通过广泛调查，普遍认为原压实度标准偏低，并主张应适当提高路基压实度标准。条文根据各地的建设经验，将路基压实度标准分别提高了 1%～3%，并将填方路基压实度标准控制到路床顶面以下深度 150cm。

为增强条文的适用性和经济性，对几种特殊情形作了补充规定：

1 对于处在特殊气候地区，或者存在重要管线保护等的路基，如施工确有困难，条文规定，在不影响路基基本性能的前提下，本着可靠、可行、经济的原则，适当放宽重型击实的标准。

2 专用非机动车道和人行道的路基荷载相对较低，故压实度标准可按机动车道降低一个等级执行，但必须避免不同部位压实差异可能造成的稳定性隐患或者不均匀变形。

3 对于零填方或挖方以及填方高度小于 80cm 路段，在整个路床（0～80cm）范围内按照一个标准来控制压实，可能操作难度大或者不经济。考虑到车辆荷载沿路基深度的分布特征，可以采用"过渡性压实"的方法来控制不同深度的路基压实，下路床部分的压实标准较上路床部分可略有降低。

12.2.5 路基防护工程是防止路基病害、保证路基稳定的重要措施。规定中强调了应根据道路功能，结合当地气候、水文、地质等情况，采取相应的防护措施，保证路基稳定。

深挖、高填路基边坡路段，往往存在着稳定性隐患，因此强调必须查明工程地质情况，根据地质勘察成果进行稳定性分析，针对其工程特性进行路基防护设计，保证边坡稳定。

12.2.6 软土、黄土、膨胀土、红黏土、盐渍土等特殊土路基多为特殊路基，其稳定、变形及可能产生的工程问题与特殊土的地层特征、物理、力学、水理特性，以及道路沿线工程地质、水文地质条件有关。因此，条文强调特殊土路基设计应充分重视岩土工程勘察与分析，应进行个别验算与设计。

考虑到特殊路基类型多，不同特殊路基的工程特性和问题各不相同，本条文仅作了原则规定。

12.3 路　面

12.3.2 路面面层类型的选用不仅要考虑道路的类型和等级，更需要考虑不同面层的适用范围。道路设计中应针对不同性质、功能的场所选用相应的铺面类型。

近年来，随着对城市道路环保和景观要求的日益提高，科研人员研发了一批新型沥青混合料，并得到成功应用，如温拌沥青混凝土、大孔隙沥青混凝土、彩色沥青混凝土、透水水泥混凝土路面、透水沥青路面、透水砖路面等。并且已有相应的专用规范。因此，本规范只对各种路面结构的使用条件做原则规定，具体的设计要求，可详见相关规范。

12.3.3 沥青混凝土路面的损坏模式主要有裂缝类、变形类和表层损坏类等三大类。不同损坏模式对应不同的临界状态，因而，采用单一指标进行沥青混凝土路面设计具有明显的局限性。本规范根据国际、国内的研究成果与发展趋势，提倡采用多指标沥青路面设计方法。

关于沥青路面设计方法，从第九版开始的美国的沥青协会设计法、英国的设计法、比利时的设计法等，多指标体系的力学设计法已成为主流；我国近十年来也在不断地研究、完善和推动这一设计方法。该方法采用双圆垂直均布荷载作用下的多层弹性连续体系理论，按设计荷载所产生的应力、应变和位移量不超过路面任一结构层所容许的临界值来选择和确定路面结构的组合和结构层厚度。设计流程如图 5 所示。

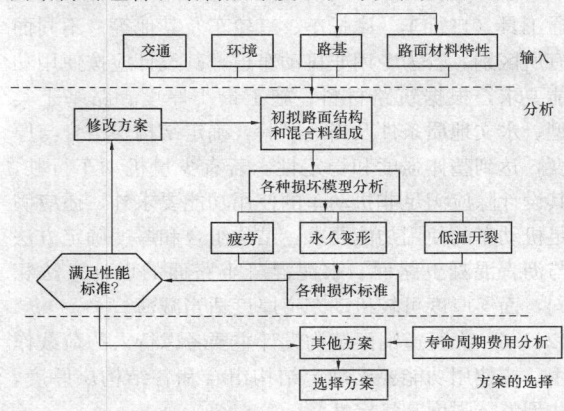

图 5　沥青路面设计流程

12.3.4 水泥混凝土路面结构设计以控制水泥混凝土板不出现结构断裂作为基本准则。引起水泥混凝土路面结构断裂的因素可归纳为行车荷载与环境温度变化。因此，将行车荷载和温度梯度综合作用产生的疲劳断裂作为路面结构设计的极限状态和设计标准。

水泥混凝土路面结构分析采用弹性地基板理论，应考虑各层之间的相互作用，按行车荷载与环境温度变化引起的路面结构层（面层、基层）临界荷位综合疲劳应力不超过材料的弯拉强度来选择和确定结构组合和各结构层厚度。

水泥混凝土面层的耐久性主要指抗冻性。关于面层类型的选择，连续配筋混凝土面层、沥青上面层与连续配筋混凝土或横缝设传力杆的普通水泥混凝土下面层组成复合式路面两种面层类型，具有承载能力大、行车舒适及使用寿命长等优点，但其造价较高。因此，前者仅推荐用于特重交通的快速路、主干路，而后者仅推荐用于特重交通的快速路。

垫层主要设置在温度和湿度状态不良的路段上，以改善路面结构的使用性能。季节性冰冻地区，路面总厚度小于最小防冻厚度时，用垫层厚度补差，可有效地避免或减轻冻胀和翻浆病害；潮湿、过湿路基，设置排水垫层，可疏干路床土，保证基层处于干燥状态。

我国过去出于降低造价和迁就落后的施工技术等原因，水泥混凝土路面绝大多数不设传力杆。不设传力杆的水泥混凝土路面易发生唧泥、错台，进而造成路面板裂断，为了提高水泥混凝土路面使用寿命长和行车舒适性，本条文规定了快速路、主干路的横向缩缝应加设传力杆。

水泥混凝土面层的自由边缘、雨水口和地下设施的检查井周围是薄弱区域，应采用配筋补强。

对面层的水泥混凝土强度、主要技术指标作出最低规定，以保证水泥混凝土路面的基本性能要求，减少设计缺陷的发生。

12.3.5 非机动车道路面结构设计视路面上行驶的交通工具（自行车、摩托车、三轮车及其他等）不同而有所区别。若为专用非机动车道，其设计应按使用功能要求，根据筑路材料、施工最小厚度、路基土类型、水文地质条件及当地经验，确定结构层组合与厚度，达到整体强度和稳定性。若有少量机动车行驶，其设计除应满足非机动车的使用功能要求外，还应满足机动车的使用功能要求，结构组合和厚度确定方法与沥青混凝土路面、水泥混凝土路面的设计方法相同，面层厚度可较机动车道厚度适当减薄。

12.3.6 人行道铺面结构设计主要考虑行人的荷载作用，按使用功能要求确定结构组合和各结构层厚度，达到整体强度和稳定性。

广场铺面设计应视广场的性质、功能和分区不同而有所区别，铺面一般按使用功能要求进行设计，通过铺面结构组合，达到整体强度和稳定性。可采用条石、水泥混凝土步道方砖或机砖、缸砖等作为广场铺面面层。

广场铺面设计采用水泥混凝土或沥青混凝土面层，其设计方法和内容与沥青混凝土路面、水泥混凝土路面相同。

12.3.7 停车场铺面作为停放车辆的场所，其上作用的车辆荷载与一般道路基本相同，因此，铺面设计可参照沥青混凝土路面、水泥混凝土路面的设计方法和内容进行。

根据停车场的性质与功能不同，停车场铺面结构的设计荷载应视实际情况确定。停车场驶入、驶出的车速较小，荷载冲击系数可比车行道路面结构的设计值小。停车场的出入口路面与车场内停车部位的路面重复荷载作用不同，一般应予以区别考虑和加强。停车处主要受静荷作用，受荷时间长，路面承重的工作状态与车行道不同，另外，停车场内车辆启动、制动频繁，采用沥青混凝土面层，应提高路面面层的抗车辙能力，以免夏季路面变形。采用水泥混凝土面层，无论现浇或预制铺装，均应设置胀缝，其胀缝间距及要求与车行道相同，纵、横缝则都要设。

12.4 旧路面补强和改建

12.4.1 路面在使用过程中，由于行车荷载和环境因素不断作用，路面平整度、抗滑能力、承载能力等性能逐渐退化。当不能满足交通的需求时，需采取结构补强或改建以恢复或提高。在旧路面结构补强和改建时，充分利用旧路面的剩余强度，可有效地减少投资。因此，本条文对旧路面补强和改建的条件作了原则规定。

12.4.2 本条规定了旧路面结构补强和改建方案设计中应考虑的因素，强调了技术经济分析的重要性；规定了对不同旧路面状况应采取的补强或改建方案的原则要求。

12.4.3 补强和改建适用于不同的旧路面路况条件。其中，补强适用于路面结构破损较为严重或路面承载能力不能满足未来交通需求的情况；改建适用于路面结构破损严重，或路面纵、横坡需作较大调整的情况。

12.4.5 水泥混凝土路面上加铺沥青面层的技术关键是如何预防旧路面的接缝、裂缝反射穿透加铺面层而形成贯穿性反射裂缝。因此，必须根据道路所在地区的气候特点、交通荷载的大小和繁忙程度、旧路面的性能，尤其是接缝、裂缝两侧的弯沉差等，考察各种防反射裂缝措施的适用性和效果，然后通过技术经济比较作出决策。

13 桥梁和隧道

13.1 一般规定

13.1.1 桥梁的设置，尤其是特大桥、大桥的设置应根据城市道路功能及其等级、通行能力，结合地形、河流水文、河床地质、通航要求、河堤防洪、环境影响等进行综合考虑，并设置完善的防护设施，增强桥梁的抗灾能力。

13.1.2 随着我国经济的发展，城市道路建设中采用隧道穿越水域和山岭的方案越来越多，为指导设计，本次修订对隧道的建设规模与技术标准作了原则性的规定。

隧道位置的选择，直接影响到隧道设计、施工和投资以及竣工后的运营安全和养护管理。因此，对隧道所在区域的地质勘察、地下管线和障碍物探测、水域河床自然变化、人工整治状况及航运、航道规划、城市规划、地下空间利用规划、景观和环境保护、城市道路、交通网络、道路功能定位等工作必须进行深入细致调研和掌握，力求准确、全面。

是否采用隧道方案应综合考虑社会、经济、地质、环保、工程造价等因素进行比选。一般应进行明挖与暗挖隧道施工方案的比较，穿越山岭地区或建筑物等可考虑采用矿山法或盾构法等；穿越水域可考虑围堰明挖法、盾构法、沉管法等；隧道位于路面等无建筑物的环境条件下可采用明挖法、盖挖法等。比选不仅要考虑建设成本和建设难度、城市景观和环境保护，还要考虑建成后车辆的行驶安全、运营费用，以及运营管理和养护维修的费用。

13.1.3 根据国务院颁发的《城市道路管理条例》（1996年第198号令）第四章第二十七条规定：城市道路范围内禁止"在桥梁上架设压力在4公斤/平方厘米（0.4兆帕）以上的煤气管道，10千伏以上的高压电力线和其他燃爆管线。"对于允许在桥上通过的压力小于0.4兆帕燃气管道和电压在10kV以内的高压电力线，其安全防护措施应分别符合现行国家标准《城镇燃气设计规范》GB 50028、《电力工程电缆设计规范》GB 50217的规定要求。为此本条规定主要是确保桥梁或隧道结构的运营安全，避免发生危及桥梁或隧道自身和在桥上隧道内通行的车辆、行人安全的重大燃爆事故。

13.2 桥　　梁

13.2.1 本条规定了城市桥梁设计应考虑的一般原则。

1 特大桥、大桥的桥位应选择在顺直的河道段，避免设在河湾处，以防止冲刷河岸。同时要求河槽稳定，主槽不宜变迁，大部分流量能在所布置桥梁的主河槽内通过。桥位的选择要求河床地质条件良好、承载能力高、不易冲刷或冲刷深度小。桥位若处在断层地带，要分析断层的性质，如为非活动断层，宜将墩台设置在同一盘上。桥位应尽力避免选择在有溶洞、滑坡和泥石流的地段，否则应采取工程防护措施，确保岸坡稳定。

2 城市桥梁应根据所在城市道路的使用任务、性质和将来发展的需要，按照"安全、适用、经济、美观和有利环保"的原则进行设计。安全是设计的目的，适用是设计的功能需要，必须首先满足；在满足安全和适用的前提下，应根据具体情况考虑经济和美观的要求。同时应注意工程设计的环保要求。

3 城市桥梁设计应按城市规划要求、交通量预测，考虑远期交通量增长需求。城市桥梁应和城市发展环境、风貌相协调。

4 城市桥梁建设应考虑各项必需的附属设施的布置和安排，以免桥梁建成后再重新设置，损伤桥梁结构，或破坏桥梁外观。

13.2.2 与国家现行标准《公路桥涵设计通用规范》JTG D60-2004中的桥梁分类标准一致。

13.2.4 通航河流的桥下净空，应符合国家现行标准《内河通航标准》GB 50139、《通航海轮桥梁通航标准》JTJ 311的规定。

非通航河流的桥下净空高度，应根据设计水位、壅水高、浪高、最高流冰面确定，并给以一定的安全储备量。

非通航河流的桥梁跨径，除了应根据水流平面形态特征、河床演变趋势、河段地形地质条件确定外，还应考虑流冰、流木等从桥孔通过。

13.2.5 桥上最大纵坡主要从桥梁结构受力和构造方面考虑，而引道最大纵坡则主要考虑行车方面的要求。在具体应用时，应根据桥型、结构受力特点和构造要求，选用合适的桥上纵坡。通行非机动车时需满足非机动车的行车要求。

桥上最小纵坡主要从满足排水要求考虑，《城市道路设计规范》CJJ 37-90和《城市快速路设计规程》CJJ 129-2009中规定最小纵坡为0.3%。编制中，考虑到目前城市道路建设中高架桥的应用越来越多，桥梁较长，如果以最小纵坡为0.3%控制，为了满足竖向设计指标要求，造成桥梁线形起伏，影响美观。因此，规定了条件受限时，可采用平坡，但要满足排水的要求。

13.3 隧　　道

13.3.1 隧道埋深的确定对控制建设规模、环境保护、施工安全、运营便捷等方面进行考虑，确定时应根据道路等级、隧道交通功能和服务对象，综合考虑路线走向、路线平纵线形、隧址处环境、洞口、匝道及接线道路、隧道内附属设施的布置等因素。同时，应对隧道出入口位置进行比选。

13.3.2 采用《公路工程技术标准》JTG B01-2003及《公路隧道设计规范》JTG D70-2004中的规定。

目前除国际隧道协会按长度将隧道分为特长、长、中、短隧道外，其他像瑞士仅对隧道长度分布范围作了区分，但没有长短之分。德国、澳大利亚仅按长度的不同对隧道内应设置的安全设施提出了要求。其他各国如英国、挪威、日本、法国、瑞典等都是按照隧道长度与交通量这两个指标进行分级的，其目的主要还是为隧道内安全、运营管理设施设置规模提供标准。

我国公路与铁路部门都是按隧道长度进行分类，但其分类长度不同。另外在《公路隧道交通工程设计规范》JTG/T D71-2004 中提出了公路隧道交通工程分级根据隧道长度和隧道交通量两个因素划分为A、B、C、D 四级。

从国内外隧道分类（级）现状来看，多数国家没有隧道长短之分，隧道内安全设施根据隧道长度、交通量与通行车辆类型，即火灾可能规模及逃生救援的难易程度确定。由此采用的隧道分级有5个级别、4个级别与3个级别等多种情况，各级隧道起点长度也不一致，这主要与各国道路等级、交通组成和交通量是相对应的。

单按隧道长度来划分，主要是给人们一个宏观的概念，此种分类方式称为隧道分类。按隧道长度与交通量这两个指标类划分，主要是解决隧道内应设置的营运安全设施规模，体现隧道的安全与重要性，此种分类方式称为隧道分级。

13.3.3 本条参照《公路工程技术标准》JTG B01-2003 中的规定，同时考虑软土中某些隧道工法的技术经济指标以及城市用地紧张，条件受限，并考虑城市隧道交通量大，城市隧道运营维护设施较为完善，管理要求和水平也较高，因此，规定比《公路工程技术标准》要求略低。

13.3.4 长度大于1000m 行驶机动车的隧道考虑汽车尾气的污染对通风的要求比较高，目前技术条件下，慢速交通通过隧道存在较大的安全隐患，因此禁止与机动车在同一孔内设置非机动车和行人通道；长度小于等于1000m 的隧道若要求设置非机动车和行人通道时，必须有安全隔离设施。

13.3.5 隧道洞口由于光线的剧烈变化以及道路宽度和行车环境的改变，隧道进出洞口是事故多发地段。因此，洞内一定距离与洞外一定距离保持线形一致是必要的，以保持横断面过渡的顺适，满足车辆行驶轨迹的要求。

隧道入洞前一定距离内，应设置必要的安全设施和视线诱导设施，例如标志、标线、安全护栏、警示牌、信号等，使驾驶人员能预知并逐渐适应驾驶环境的变化。

由于城市中行驶车辆性能较好，车辆爬坡能力等提高，同时考虑城市环境条件较为苛刻，因此隧道纵坡可以适当放宽，在上海、广州等地区一些隧道已有实例。

参照国外相关标准以及国内的科研成果，最大纵坡可适当加大，尽管对最大纵坡值作了适当的放宽，但从行车安全角度考虑，隧道内纵坡仍应尽可能采用较小的纵坡值。当受地形、地质、环境、出入口道路衔接条件等限制，拟加大隧道纵坡时，应根据道路类别、级别、隧道长度，考虑隧道所在地区的气候、海拔、主要车辆类型和交通流组成、隧道运营管理水平、隧道内安全设施配备标准等因素，对纵坡值进行充分论证后，再慎重使用，但隧道最大纵坡不应大于5%。

隧道平面线形应与隧道前后路线线形协调一致，并尽量均衡。影响隧道行车安全的重要因素是停车视距和车速，因此线形设计必须保证停车视距。长、中隧道以及短隧道的隧道线形应服从路线布设的需要。采用曲线隧道方案时，必须对停车视距进行验算，并尽量避免采用需设加宽的圆曲线半径。

13.3.7 为了预防或消除地表水和地下水对隧道产生的危害，要求隧道设计应进行专门的防水、排水设计，使隧道洞内、洞口与洞外构成完整的防水、排水系统，以保证隧道结构、附属设施的正常使用，以及行车安全。

排、防、截、堵和限量排放措施应综合考虑，根据多年来隧道建设的经验，隧道内的防排水应以"排"为主。以防助排，可以使水流集中，安排地下水流按无害路径排走。截是为了减少对洞内排水防水的负担，截得越彻底，排防越有利，同时应充分考虑排水对周围环境的影响，因此提出"限量排放"的要求，如隧道周边附近地表植被、地上和地下建（构）筑物及路面沉降等。

13.3.9 城市道路公交车辆等人员交通流量较大，尤其上、下班高峰期间，因此应特别强调隧道事故报警、救援逃生设施等的布置。

13.3.10 城市道路隧道需设置管理用房，在多条隧道邻近的条件下，为考虑资源优化配置，节省土地和人力、物力，设置一处管理用房便于集中管理。

13.3.12 由于城市内建筑物布置和人员较为密集，环境和景观要求较高，道路隧道出入口建筑设计、通风设施的布置不仅必须满足污染空气的排放环保要求，而且应与景观相协调。

14 交通安全和管理设施

14.1 一般规定

14.1.1 交通安全和管理设施是维护交通秩序、预防和减少交通事故、发挥城市道路运输效率的基础设施，是"以人为本"、"方便群众"的具体体现，也是反映城市交通建设、管理水平和文明程度的一个重要方面。交通安全和管理设施的建设规模与技术标准应结合国内生产实际的需要和适度超前；同时要相互匹配，协调发展，形成统一的整体。防止追求过高的技术标准或者随意降低技术标准。交通安全和管理设施应按总体规划、分期实施的原则配置，最重要的是做好前期基础工作，即总体规划设计，依据路网的实施情况逐步补充、完善。

14.1.2 交通安全和管理设施易被人忽视，有时往往到了工程快竣工时，才想到要设置标志、标线等安全设施。特别是当经费不足时，交通安全和管理设施项目往往"首砍其冲"。因此本条强调规划设计，在规划设计指导下工程才有保障。同时交通安全和管理设施是保障道路行车安全的重要手段，同时也是体现城市交通管理的一个窗口，因此，强调在规划设计时，应与当地规划和交管部门协调配合。

14.1.3 在城市道路的设计与建设过程中，一般是随着城市的发展，分条、分段由不同的建设单位建设。一条道路或一段道路的建成通车，都会对一定区域的交通格局带来影响，因此，需对周边已有的一些交通设施进行调整，为了更好地发挥道路使用功能，在此强调应加强对现有设施的协调和匹配。

14.1.4 为了明确各级道路交通安全和管理设施的建设规模和技术标准，将交通安全和管理设施等级划分为 A、B、C、D 四级。规定了道路开通运营时，各级道路交通安全和管理设施必须配置的水平。本条系结合我国城市道路的现状特点和实践经验，参照我国现行的公路设计相关标准制定的。

14.2 交通安全设施

14.2.1 A级配置是针对专供汽车连续行驶、控制出入的城市快速路而作的规定。

14.2.2 B级配置是供交通性主干路、次干路而作的规定。这里强调设置机动车与非机动车分离；机动车与非机动车以及行人分离的隔离设施；平面交叉口强调路口的交通渠化以及设置交通信号控制；对沿线支路接入的限制措施是指在支路上设置减速让行或停车让行标志或设置减速路拱或设人行横道线和信号灯控制等。

14.2.3 C级配置是为集散性、服务性的主干路、次干路而作的规定，这类道路往往路口多，人车混行，机非混流，为了维护道路秩序和交通安全更宜交通渠化、信号管理，人车分离，各行其道。

14.2.4 D级配置是为次干路与支路的连接线而作的规定，重点在平交路口和危及安全行车的路段。

14.2.5 其他情况下应配置的交通安全设施作如下说明：

1 我国幅员辽阔，复杂多变的气候条件常给交通运行和安全带来困扰和影响，为了减少这种困扰和影响，各地应结合本地自然条件配置交通安全设施。

2 在危险路段为防止车辆失控或越出道路而造成严重伤害，应当设置视线诱导、警告、禁令标志和安全防护设施。

3 是对交通弱势群体的特殊保护。施画人行横道线，设置提示标志是法律上强制的，必须设置。但这种设置的前提是"没有行人过街设施"。如果有过街设施，则可以让这部分人通过过街设施。

4 是关于铁路与道路平面交叉道口设置交通安全设施的规定。

5 为了保证铁路运营的安全，铁路的设计规范中，对于上跨铁路的桥梁安全设施的设置有相关的规定，因此本条规定了上跨铁路桥梁设施的设置要求。

6 交通噪声要引起人们关注和有所应对。现在道路工程建设中，大多是道路建成后居民受到噪声困扰时才引起注意，因此要求设计者事先应有所预见，主动采取一些降噪措施，如设置绿化带、隔声墙、低噪声路面等等。

14.2.6 绿化是城市道路的一个重要组成部分；若分隔带上的绿篱高而密，会阻隔了驾车人一侧行车视线，作为城市道路还不能完全控制行人从绿篱中横出的情况下，驾车人和行人往往会猝不及防，酿成事故，这类教训是很多的。其次绿篱高而密，驾车人和坐车人的视觉也受到了压抑，因此在交叉口、人行横道和弯道内侧等道路绿化应不妨碍行车视距。

14.3 交通管理设施

交通管理设施在维护城镇交通秩序和安全中起着越来越重要的作用。管理设施的目标是依靠科技手段，使交通管理者同交通参与者之间建立一个"信息"交换系统；强化快速反应能力，充分发挥现有道路设施的作用，以向路网争空间、要速度、抢时间，为市民出行和交通运输服务。

14.3.1 A级管理设施是针对快速路配置的。快速路是城市交通网络中的骨架，交通量很大，一旦建成开通就成为离不开、断不得的交通命脉，因此齐全、完善的管理设施是完全必要的。但在开通初期，具体设施可根据服务水平等因素进行降级配置。A级配置首要要加强交通流基本参数（如流量、速度、密度）的检测，配置视频监视器等基础设备，加强信息的采集和处理；以后视交通量增长情况，配置二期设备，最终达到中等或较高规模的设施。

14.3.2 B级管理设施主要在平面交叉口上。纵观国内外城市交通矛盾都集中在平面交叉口上，人车分离、路口渠化是首要工作；交通信号灯控制是规范平交路口各个方向同时到达且相互冲突（或交织）的人车流、在时间上进行通行权分配最常见和最有效的方法；同时也是对道路交通流、快速路的匝道和路段上人行横道等通行权进行分配、控制、疏导、合理组织的有效措施。对信号灯控已形成路网的区域，应考虑协调控制。

14.3.3、14.3.4 C、D级管理设施视需要而定。

15 管线、排水和照明

15.1 一般规定

15.1.1 城市道路是综合管线的载体,应尽量为管线工程提供技术条件。管线种类往往较多,需要统一协调、同步规划、同步设计才能确保总体布局合理。

15.1.2 道路排水工程往往结合区域排水工程建设,是城市排水工程的一部分,应符合城市排水工程的一般要求。

15.1.3 道路照明能为驾驶员及行人创造良好的视看环境,从而达到减少交通事故、保障交通安全、提高运输效率和美化城市环境的效果。

15.2 管 线

本节从配合道路建设的角度对管线工程设计提出原则性要求,以协调管线与道路之间的关系。各类管线的具体技术要求属相关专业规范范畴,不在本规范规定之列。

15.2.1 管线埋地敷设可以改善市容景观,净化城市空间,同时提高管线的安全可靠性。

15.2.2 本条对道路管线工程设计提出原则性要求。

　　1 符合总体规划才能协调各管线单位意见,符合专业规划才能满足管线专业技术要求。

　　2 指管廊路幅分配和管线交叉的处理应符合相关专业规范对管线排列顺序、覆土深度、水平和垂直净距、防干扰等方面的规定。

　　3 本条规定了对管线限界的总体要求。

　　4 为保证行车安全舒适,便于管道检修维护,管线应优先考虑布置在非车行道下。快速路主路上车速较快,井盖可能影响行车,管线管理维护难度大;其余车行道上的井盖通常由于与路面不齐平、井盖盗失、承载力不足或松动等原因,对行车的安全和舒适性有较大影响;人行道上的井盖和其他地上设施由于设置位置不合理以及上述原因,会影响盲人、残疾人轮椅的通行和正常人在光线较暗情况下的通行。

15.2.3 过街管数量不足将影响管线的服务效率,道路建成使用后再施工的难度非常大。规定过街管实施时宜采用非开挖技术,目的是避免开挖破坏路面,影响交通,造成不良社会影响。

15.2.4 综合管沟断面一般较大,一次性投资较多,管理要求较高,其建设往往需结合具体情况论证,本规范不对其设置的条件作具体规定。"条件许可"主要指的是沟道不受地下障碍物影响,不影响城市地下空间的综合开发利用,技术上可行,资金有保障。

15.2.5 管线覆土过深或过浅、交叉净距不足可能对管线安全构成隐患,可能导致管线之间相互干扰,必须采取加固和保护措施。管线及其构筑物侵入道路结构时对路基路面的强度有所削弱,应根据削弱程度采取适当的加固和补强措施。

15.2.6 专业规范从管道工程安全的角度都对此有严格规定,本条从道路和交通安全的角度提出基本要求。

15.2.7 电力、燃气管线跨越桥梁的问题近年来争议较多,相关规范标准进行了适当调整,但设计中仍应注意其限制条件。现行《建筑设计防火规范》GB 50016对城市交通隧道内高压电线电缆和可燃气体管道的穿行有严格限制。

15.3 排 水

本规范所指的"道路排水工程"是指直接服务于道路,用于排除地面水、地下水和道路结构层含水的一系列排水设施,而不是指道路范围所有的"城市排水工程"。

15.3.1 道路排水工程往往结合区域排水工程建设,是城市排水工程的一部分,应符合城市排水工程的一般要求。海绵城市建设涉及城市水系、排水防涝、绿地系统、道路交通等多方面,需要从径流源头、中途和末端综合控制,因此,海绵城市建设应贯彻规划引领、统筹建设的原则,控制目标和指标必须从规划层面统筹考虑,分解到相关的专项规划之中,在建筑与小区、城市道路、绿地与广场、水系等的建设中具体落实。城市道路应在不削弱道路基本功能的前提下,落实海绵城市建设规划提出的控制目标。

15.3.2 "道路地面水"包括道路范围内的车行道、人行道、分隔带、绿地、边坡的地面水,以及其他可能进入道路范围内的地面水。

15.3.3 "地下水"包括通过绿化分隔带和路面缝隙渗入地下的地表水。

15.3.4 道路排水设计的具体指标采用现行国家标准《室外排水设计规范》GB 50014中的相关规定,本规范不另行规定。

15.3.5 利用道路横坡和纵坡、偏沟和雨水口相结合,是城市道路地面水最重要的收集方式。《室外排水设计规范》GB 50014对雨水口有详细规定,本条仅提出概括性要求,但此处的"雨水口"并非仅指标准图集中的"专用雨水口",而是泛指各种有拦渣措施、能收集地面水的排水设施。

设置超高的弯道可能使外侧路面形成向内侧倾斜的横坡,有中间分隔带时应设置雨水口,避免雨水穿过分隔带横向流入内侧车道或从下游横向流过外侧车道;在横坡方向转换的地方应设置雨水口,避免中间或路侧偏沟的雨水横向流过车行道。

15.3.6 由于特殊的地形条件或者道路先行建设,城市道路沿线难免出现永久或临时边坡,需要适当设置边沟和截水沟。

15.4 照 明

15.4.2 本条规定了道路照明设计应满足的基本要求。其各项具体参数应以现行行业标准《城市道路照明设计标准》CJJ 45 为准。

15.4.6 照明光源的选择应与国家的相关政策法规结合，应符合我国能源及环境可持续发展的战略思想。

16 绿化和景观

16.1 一般规定

16.1.1 道路绿化景观工程实质是道路装修，随着城市经济发展逐步提升品质，应在国家基本建设方针政策指导下进行设计，不宜过度超前。

16.1.2 城市道路用地紧张，往往交叉口的设计不注意视距三角形的验算，植物和建筑一样不得进入视距三角形。分隔带与路侧带上的行道树的枝叶不得侵入道路限界。弯道内侧及交叉口三角形范围内，不得种植高于最外侧机动车车道中线处路面标高 1m 的树木，弯道外侧应加密种植以诱导视线。

16.2 绿 化

16.2.1 该条规定了道路绿化设计的范围，一般指道路用地范围内的功能性用地外区域。

16.2.2 道路绿化设计应综合考虑沿街建筑性质、环境、日照、通风等因素，分段种植。在同一路段内的树种、形态、高矮与色彩不宜变化过多，并做到整齐规则和谐一致。绿化布置应注意乔木与灌木、落叶与常绿、树木与花卉草皮相结合，色彩和谐，层次鲜明，四季景色不同。<u>设置调蓄设施的道路绿化带内的植物选择还应考虑植物的耐淹、耐盐、耐污等要求。</u>

根据城市绿化养护单位较多提出中央隔离带植物养护难的问题，本条规定种植树木的中央隔离带的最小宽度不应小于 1.5m；是对窄隔离带上种植植物品种的限制，应选便于养护的品种。

16.3 景 观

16.3.1 该条规定了道路景观设计的范围。

16.3.2 该条规定了道路景观设计的一般原则。

1 根据道路的性质和功能，从城市设计和使用者的视觉感受出发，构成城市主骨架的标志性道路在大城市一般为快速路，在中小城市一般为主干路。其决定着城市空间布局，对城市景观有很强的控制作用。

2 城市立交占地面积较大，立交形式是景观设计的重点，可以配合有特色的绿化造景形成城市标志。同时应布置好人行设施，处理好结构物的细部。

3 车辆以快速通过性为主的主次干路，人流量相对较少，行人驻留时间较短，重点考虑以行车速度的视觉感受来设计街道景观。

4 车辆以中低速通过为主的次干路，平面叉口较多，过街行人较多，商业繁荣，人在街区驻留时间长，重点以行人的视觉感受来设计，突出识别性，反映街区特色。还宜把店招、商业广告统一纳入景观设计。

5 以步行为主的服务性支路，宜充分体现人文关怀，形成方便、舒适、有人情味的道路空间。

6 我国大多数城市有河流和湖泊，滨水道路应成为城市景观的风景线，而不是成为隔离江岸与城市的屏障。让市民共享自然江岸资源，要根据水位涨落布置休闲场所和亲水空间，修建临水步道或梯道与城市人行道相通。

7 步行街主要指繁华市中心的商业街。由于高楼林立，建筑尺度大，景观设计强调以树木和水景软化环境，在混凝土森林中增添点绿意。

9 道路相关设施主要布置在人行道上。由于权属部门多，实施时序不同，对街道景观影响大。要根据街区特色统一规划设计，集约化布置，并严格按设计要求实施，才能实现道路景观的整体美化。

16.3.3 该条规定了桥梁景观设计的一般原则。

1 大桥尤其是特大桥，主要结构本身就是强烈的景观符号。应针对桥位周边的城市环境选择桥型，并贯彻安全、适用、经济、美观的八字方针，对主体结构和附属设施统一进行景观设计，不宜在主体结构上再作过度装饰。

2 城市的跨线桥数量多，可考虑涂装和细部装饰，增添构筑物的美感。

16.3.4 该条规定了隧道景观设计的一般原则。

1 洞门的识别性很重要，往往会形成城市的地标。

2 在繁华城区的短隧道，洞身可设置灯箱广告或橱窗，营造商业氛围。

中华人民共和国行业标准

城市道路照明设计标准

Standard for lighting design of urban road

CJJ 45—2015

批准部门：中华人民共和国住房和城乡建设部
施行日期：2　0　1　6　年　6　月　1　日

中华人民共和国住房和城乡建设部
公 告

第 946 号

住房城乡建设部关于发布行业标准《城市道路照明设计标准》的公告

现批准《城市道路照明设计标准》为行业标准，编号为 CJJ 45-2015，自 2016 年 6 月 1 日起实施。其中，第 7.1.2 条为强制性条文，必须严格执行。原《城市道路照明设计标准》CJJ 45-2006 同时废止。

本标准由我部标准定额研究所组织中国建筑工业出版社出版发行。

中华人民共和国住房和城乡建设部

2015 年 11 月 9 日

前 言

根据住房和城乡建设部《关于印发〈2013 年工程建设标准规范制订、修订计划〉的通知》（建标[2013] 6 号）的要求，标准编制组经广泛调查研究，认真总结实践经验，参考有关国际标准和国外先进标准，并在广泛征求意见的基础上，编制了本标准。

本标准的主要技术内容是：1 总则；2 术语和符号；3 照明标准；4 光源、灯具及其附属装置选择；5 照明方式和设计要求；6 照明供电和控制；7 节能标准和措施。

本标准修订的主要技术内容是：增加了部分术语和符号章节；适当调整了次干路和人行道路照明标准值；调整了部分节能标准和措施；增加了光源和灯具选择规定；调整了与道路相关场所照明要求中的部分内容等。

本标准中以黑体字标志的条文为强制性条文，必须严格执行。

本标准由住房和城乡建设部负责管理和对强制性条文的解释，由中国建筑科学研究院负责具体技术内容的解释。执行过程中如有意见或建议请寄送中国建筑科学研究院建筑环境和节能研究院（地址：北京市朝阳区北三环东路 30 号，邮编：100013）。

本 标 准 主 编 单 位：中国建筑科学研究院
安徽鲁班建设投资集团有限公司

本 标 准 参 编 单 位：北京市城市照明管理中心
成都市城市照明管理处

深圳市灯光环境管理中心
上海市路灯管理中心
飞利浦（中国）投资有限公司
通用电气照明有限公司
东莞勤上光电股份有限公司
广州奥迪通用照明有限公司
山西光宇半导体照明股份有限公司
江苏天楹之光光电科技有限公司
东莞市鑫诠光电技术有限公司
广州中龙交通科技有限公司
江苏宏力光电科技有限公司
深圳市洲明科技股份有限公司

本标准主要起草人员：李铁楠　赵建平　王鑫杰
孙卫平　吴春海　于景萍
秦名胜　姚梦明　王书晓
李　媛　汤传余　李　牧
李旭亮　关旭东　许　敏

章道波　王　乾　庞　云　　　　　　王晓华　李景色　张　华
吕国峰　李江海　丛福祥　　　　　　王小明　陈春光　汪　猛
本标准主要审查人员：李国宾　周太明　和坤玲　　　　贾竞一　邴树奎

目　次

目　次

1 总则 …………………………………… 68—6
2 术语和符号 …………………………… 68—6
　2.1 术语 ……………………………… 68—6
　2.2 符号 ……………………………… 68—7
3 照明标准 ……………………………… 68—8
　3.1 道路照明分类 …………………… 68—8
　3.2 道路照明评价指标 ……………… 68—8
　3.3 机动车道照明标准值 …………… 68—8
　3.4 交会区照明标准值 ……………… 68—8
　3.5 人行及非机动车道照明标准值 … 68—8
4 光源、灯具及其附属装置选择 ……… 68—9
　4.1 光源选择 ………………………… 68—9
　4.2 灯具及其附属装置选择 ………… 68—9
5 照明方式和设计要求 ………………… 68—10
　5.1 照明方式及选择 ………………… 68—10
　5.2 道路特殊区段及与道路相关场所
　　　照明设计要求 …………………… 68—11
　5.3 道路两侧设置非功能性照明时的
　　　设计要求 ………………………… 68—13
6 照明供电和控制 ……………………… 68—13
　6.1 照明供电 ………………………… 68—13
　6.2 照明控制 ………………………… 68—14
7 节能标准和措施 ……………………… 68—14
　7.1 节能标准 ………………………… 68—14
　7.2 节能措施 ………………………… 68—14
附录 A　路面亮度系数和简化
　　　　亮度系数表 ……………………… 68—14
本标准用词说明 ………………………… 68—17
引用标准名录 …………………………… 68—17
附：条文说明 …………………………… 68—18

Contents

1 General Provisions .... 68—6
2 Terms and Symbols .... 68—6
  2.1 Terms .... 68—6
  2.2 Symbols .... 68—7
3 Lighting Standard .... 68—8
  3.1 Road Lighting Classification .... 68—8
  3.2 Quality Criteria of Road Lighting .... 68—8
  3.3 Lighting Standard for Motor Traffic Road .... 68—8
  3.4 Lighting Standard for Conflict Area .... 68—8
  3.5 Lighting Standard for Pedestrian and Bicycle Road .... 68—8
4 Selection of Light Source, Lighting Fixtureand Its Accessories .... 68—9
  4.1 Selection of Light Source .... 68—9
  4.2 Selection of Lighting Fixture and Its Accessories .... 68—9
5 Lighting Styles and Lighting Design Requirements .... 68—10
  5.1 Lighting Styles and Selection .... 68—10
  5.2 Lighting Design Requirement of Road and Some Areas Related .... 68—11
  5.3 Requirements of non-function Lighting Surrounding Road .... 68—13
6 Lighting Power Supply and Lighting Control .... 68—13
  6.1 Lighting Power Supply .... 68—13
  6.2 Lighting Control .... 68—14
7 Standard and Measures for Energy Conservation .... 68—14
  7.1 Standard for Energy Conservation .... 68—14
  7.2 Measures of Energy Conservation .... 68—14
Appendix A Pavement Luminance Coefficient and Reduced Luminance Coefficient Tables .... 68—14
Explanation of Wording in This Standard .... 68—17
List of Quoted Standards .... 68—17
Addition: Explanation of Provisions .... 68—18

1 总　　则

1.0.1 为确保城市道路照明给各种车辆的驾驶人员以及行人创造良好的视觉环境，达到保障交通安全、提高交通运输效率、方便人民生活、满足治安防范需求和美化城市环境的目的，制定本标准。

1.0.2 本标准适用于新建、扩建和改建的城市道路及与道路相关场所的照明设计。

1.0.3 道路照明的设计应按安全可靠、技术先进、经济合理、节能环保、维修方便的原则进行。

1.0.4 道路照明设计除应符合本标准外，尚应符合国家现行有关标准的规定。

2 术语和符号

2.1 术　　语

2.1.1 交会区　conflict areas

道路的出入口、交叉口、人行横道等区域。在这种区域，机动车之间、机动车和非机动车或行人之间、车辆与固定物体之间的碰撞有增加的可能。

2.1.2 道路建筑限界　boundary line of road construction

道路上净高线和道路两侧侧向净宽边线组成的空间界线。

2.1.3 常规照明　conventional road lighting

灯具安装在高度通常为15m以下的灯杆上，按一定间距有规律地连续设置在道路的一侧、两侧或中间分隔带上进行照明的一种方式。采用这种照明方式时，灯具的纵轴垂直于路轴，灯具发出的大部分光射向道路的纵轴方向。

2.1.4 高杆照明　high mast lighting

一组灯具安装在高度大于或等于20m的灯杆上进行大面积照明的一种照明方式。

2.1.5 半高杆照明　semi-high mast lighting

一组灯具安装在高度为15m～20m的灯杆上进行照明的一种照明方式，可按常规照明方式或高杆照明方式配置灯具。通常用于道路交会区等场所的照明。

2.1.6 护栏照明　parapet lighting

灯具安装在比较低矮（高度一般为1m左右）的栏杆或防撞墙中，用于照明路面或起导向作用的照明方式。

2.1.7 截光型灯具　cut-off luminaire

灯具的最大光强方向与灯具向下垂直轴夹角在0°～65°之间，90°角和80°角方向上的光强最大允许值分别为10cd/1000lm和30cd/1000lm的灯具，且不管光源光通量的大小，其在90°角方向上的光强最大值不超过1000cd。

2.1.8 半截光型灯具　semi-cut-off luminaire

灯具的最大光强方向与灯具向下垂直轴夹角在0°～75°之间，90°角和80°角方向上的光强最大允许值分别为50cd/1000lm和100cd/1000lm的灯具，且不管光源光通量的大小，其在90°角方向上的光强最大值不超过1000cd。

2.1.9 非截光型灯具　non-cut-off luminaire

灯具的最大光强方向不受限制，90°角方向上的光强最大值不超过1000cd的灯具。

2.1.10 泛光灯　floodlight

光束扩散角（光强为峰值光强的1/10的两个方向之间的夹角）大于10°、作泛光照明用的灯具，通常可转动并将照射方向指向任意方向。

2.1.11 灯具效率　luminaire efficiency

在相同的使用条件下，灯具发出的总光通量与灯具内所有光源发出的总光通量之比，也称灯具光输出比。

2.1.12 灯具效能　luminous efficacy of luminaire

在规定的使用条件下，灯具发出的总光通量与其所输入的功率之比。单位为流明每瓦特（lm/W）。

2.1.13 维护系数　maintenance factor

照明装置使用一定时期之后，在规定表面上的平均照度或平均亮度与该装置在相同条件下新安装时在同一表面上的平均照度或平均亮度之比。

2.1.14 光源光通量维持率　maintenance factor of lamp luminous flux

光源在其寿命期内给定时间点的光通量与初始光通量之比。

2.1.15 色品　chromaticity

用国际照明委员会（CIE）标准色度系统所表示的颜色性质，由色品坐标定义的色刺激性质。

2.1.16 色品坐标　chromaticity coordinates

每个三刺激值与其总和之比。在X、Y、Z色度系统中，由三刺激值计算出色品坐标x、y、z。

2.1.17 色品容差　chromaticity tolerance

表征一批光源中各光源与光源额定色品或平均色品的偏离，用颜色匹配标准偏差（SDCM）表示。

2.1.18 灯具的安装高度　luminaire mounting height

灯具的光中心至路面的垂直距离。

2.1.19 灯具的安装间距　luminaire mounting spacing

沿道路的中心线测得的相邻两个灯具之间的距离。

2.1.20 悬挑长度　overhang

灯具的光中心至邻近一侧缘石的水平距离，即灯具伸出或缩进缘石的水平距离。

2.1.21 灯臂长度　bracket projection

从灯杆的垂直中心线至灯臂插入灯具那一点之间的水平距离。

2.1.22 路面有效宽度　effective road width

用于道路照明设计的路面理论宽度，它与道路的实际宽度、灯具的悬挑长度和灯具的布置方式等有关。当灯具采用单侧布置方式时，道路有效宽度为实际路宽减去一个悬挑长度。当灯具采用双侧（包括交错和相对）布置方式时，道路有效宽度为实际路宽减去二个悬挑长度。当灯具在双幅路中间分隔带上采用中心对称布置方式时，道路有效宽度为道路实际宽度。

2.1.23 诱导性 guidance

沿道路恰当安装灯杆和灯具，能为驾驶员提供前方道路的走向、线型、坡度等视觉信息，是道路照明设施的一项评价指标。

2.1.24 路面平均亮度 average road surface luminance

按国际照明委员会（CIE）有关规定在路面上预先设定的点上测得的或计算得到的各点亮度的平均值。

2.1.25 路面亮度总均匀度 overall uniformity of road surface luminance

路面上最小亮度与平均亮度的比值。

2.1.26 路面亮度纵向均匀度 longitudinal uniformity of road surface luminance

路面上各车道的中心线上最小亮度与最大亮度的比值的最小值。

2.1.27 路面平均照度 average road surface illuminance

按国际照明委员会（CIE）有关规定在路面上预先设定的点上测得的或计算得到的各点照度的平均值。

2.1.28 路面照度均匀度 uniformity of road surface illuminance

路面上最小照度与平均照度的比值。

2.1.29 路面维持平均亮度（照度） maintained average luminance (illuminance) of road surface

即路面平均亮度（照度）维持值。它是在计入光源计划更换时光通量的衰减以及灯具因污染造成效率下降等因素（即维护系数）后设计计算时所采用的平均亮度（照度）值。

2.1.30 灯具的上射光通比 upward light ratio

灯具安装就位时，其发出的位于水平方向及以上的光通量占灯具发出的总光通量的百分比。

2.1.31 眩光 glare

由于视野中的亮度分布或者亮度范围的不适宜，或存在极端的对比，以致引起不舒适感觉或降低观察目标或细部的能力的视觉状态。

2.1.32 失能眩光 disability glare

降低视觉对象的可见度，但不一定产生不舒适感觉的眩光。

2.1.33 阈值增量 threshold increment

失能眩光的度量。表示为存在眩光源时，为了达到同样看清物体的目的，在物体及其背景之间的亮度对比所需要增加的百分比。

2.1.34 环境比 surround ratio

机动车道路缘石外侧带状区域内的平均水平照度与路缘石内侧等宽度机动车道上的平均水平照度之比。带状区域的宽度取机动车道路半宽度与机动车道路缘石外侧无遮挡带状区域宽度二者之间的较小者，但不超过5m。

2.1.35 半柱面照度 semicylindrical illuminance

光源在给定的空间一点上一个假想的很小的半个圆柱体的曲面上产生的照度。圆柱体轴线通常是竖直的，半圆柱体的朝向为半圆柱体平背面的内法线方向。其计算方法为落在半圆柱体曲面上的总光通量除以该曲面面积。

2.1.36 照明功率密度 lighting power density

单位路面面积上的照明安装功率（包括光源功率和灯的电器附件的功耗）。

2.1.37 远动终端 remote terminal unit

由主站监控的子站，按规约完成远动数据采集、处理、发送、接收以及输出执行等功能的设备。

2.1.38 浪涌 surge

沿线路或电路传送的电流、电压或功率的瞬态波，其特征是先快速上升后缓慢下降。由于雷电等因素形成的电磁感应作用使电网的输电回路中形成瞬态过电压，进而引起对电器设备很大的冲击电流。

2.1.39 平均负载系数 average load coefficient

一定时间内，变压器平均输出的视在功率与变压器额定容量之比。

2.1.40 最佳经济运行区 optimal economical operation area

综合功率损耗率接近变压器经济负载系数时的综合功率损耗率的负载区间。

2.2 符　号

$E_{h,av}$——路面平均照度；

$E_{h,min}$——路面最小照度；

$E_{sc,min}$——最小半柱面照度；

$E_{v,min}$——最小垂直照度；

H——灯具安装高度；

I_{max}——最大光强；

L_{av}——路面平均亮度；

S——灯具安装间距；

SR——环境比；

TI——阈值增量；

U_E——路面照度均匀度；

U_L——路面亮度纵向均匀度；

U_0——路面亮度总均匀度；

W_{eff}——路面有效宽度；

β_{jz}——综合功率经济负载系数。

3 照明标准

3.1 道路照明分类

3.1.1 根据道路使用功能,城市道路照明可分为主要供机动车使用的机动车道照明和交会区照明以及主要供行人使用的人行道照明。

3.1.2 机动车道照明应按快速路与主干路、次干路、支路分为三级。

3.1.3 人行道照明应按交通流量分为四级。

3.2 道路照明评价指标

3.2.1 机动车道照明应采用路面平均亮度或路面平均照度、路面亮度总均匀度和纵向均匀度或路面照度均匀度、眩光限制、环境比和诱导性为评价指标。

3.2.2 交会区照明应采用路面平均照度、路面照度均匀度和眩光限制为评价指标。

3.2.3 人行道照明和非机动车道照明应采用路面平均照度、路面最小照度、垂直照度、半柱面照度和眩光限制为评价指标。

3.3 机动车道照明标准值

3.3.1 设置连续照明的机动车道的照明标准值应符合表3.3.1的规定。

3.3.2 应根据本标准附录A中的平均亮度系数,计算求得为获得路面平均亮度而在沥青路面和水泥混凝土路面分别需要的平均照度。

3.3.3 计算路面的维持平均亮度或维持平均照度时应按本标准第4.2.9条确定维护系数。

表3.3.1 机动车道照明标准值

级别	道路类型	路面亮度			路面照度		眩光限制阈值增量 TI (%) 最大初始值	环境比 SR 最小值
		平均亮度 L_{av} (cd/m²) 维持值	总均匀度 U_O 最小值	纵向均匀度 U_L 最小值	平均照度 $E_{h,av}$ (lx) 维持值	均匀度 U_E 最小值		
I	快速路、主干路	1.50/2.00	0.4	0.7	20/30	0.4	10	0.5
II	次干路	1.00/1.50	0.4	0.5	15/20	0.4	10	0.5
III	支路	0.50/0.75	0.4	—	8/10	0.3	15	—

注:1 表中所列的平均照度仅适用于沥青路面。若系水泥混凝土路面,其平均照度值相应降低约30%。
2 表中各项数值仅适用于干燥路面。
3 表中对每一级道路的平均亮度和平均照度给出了两档标准值,"/"的左侧为低档值,右侧为高档值。
4 迎宾路、通向大型公共建筑的主要道路、位于市中心和商业中心的道路,执行I级照明。

3.3.4 在设计道路照明时,应确保其具有良好的诱导性。

3.3.5 应根据交通流量大小和车速高低,以及交通控制系统和道路分隔设施完善程度,确定同一级道路的照明标准值。当交通流量大或车速高时,可选择本标准表3.3.1中的高档值;对交通控制系统和道路分隔设施完善的道路,宜选择本标准表3.3.1中的低档值。

3.3.6 仅供机动车行驶的或机动车与非机动车混合行驶的快速路和主干路的辅路,其照明等级应与相邻的主路相同;仅行驶非机动车的辅路应执行本标准第3.5.2条的标准。

3.4 交会区照明标准值

3.4.1 交会区的照明标准值应符合表3.4.1的规定。

表3.4.1 交会区照明标准值

交会区类型	路面平均照度 $E_{h,av}$(lx),维持值	照度均匀度 U_E	眩光限制
主干路与主干路交会	30/50	0.4	在驾驶员观看灯具的方位角上,灯具在90°和80°高度角方向上的光强分别不得超过10cd/1000lm和30cd/1000lm
主干路与次干路交会			
主干路与支路交会			
次干路与次干路交会	20/30		
次干路与支路交会			
支路与支路交会	15/20		

注:1 灯具的高度角是在现场安装使用姿态下度量。
2 表中对每一类道路交会区的路面平均照度分别给出了两档标准值,"/"的左侧为低档照度值,右侧为高档照度值。

3.4.2 当相交会道路为低档照度值时,相应的交会区应选择本标准表3.4.1中的低档照度值,否则应选择高档照度值。

3.5 人行及非机动车道照明标准值

3.5.1 主要供行人和非机动车使用的道路的照明标准值应符合表3.5.1-1的规定,眩光限值应符合表3.5.1-2的规定。

表3.5.1-1 人行及非机动车道照明标准值

级别	道路类型	路面平均照度 $E_{h,av}$(lx) 维持值	路面最小照度 $E_{h,min}$(lx) 维持值	最小垂直照度 $E_{v,min}$(lx) 维持值	最小半柱面照度 $E_{sc,min}$(lx) 维持值
1	商业步行街;市中心或商业区行人流量高的道路;机动车与行人混合使用、与城市机动车道连接的居住区出入道路	15	3	5	3
2	流量较高的道路	10	2	3	2
3	流量中等的道路	7.5	1.5	2.5	1.5
4	流量较低的道路	5	1	1.5	1

注:最小垂直照度和半柱面照度的计算点或测量点均位于道路中心线上距路面1.5m高度处。最小垂直照度需计算或测量通过该点垂直于路轴的平面上两个方向上的最小照度。

表 3.5.1-2　人行及非机动车道照明眩光限值

级别	最大光强 I_{max}（cd/1000lm）			
	≥70°	≥80°	≥90°	>95°
1	500	100	10	<1
2	—	100	20	—
3	—	150	30	—
4	—	200	50	—

注：表中给出的是灯具在安装就位后与其向下垂直轴形成的指定角度上任何方向上的发光强度。

3.5.2 机动车道一侧或两侧设置的、与机动车道无实体分隔的非机动车道的照明应执行机动车道的照明标准；与机动车道有实体分隔的非机动车道的平均照度宜为相邻机动车道的照度值的1/2，但不宜小于相邻的人行道（如有）的照度。

3.5.3 机动车道一侧或两侧设置的人行道照明，当人行道与非机动车道混用时，宜采用人行道路照明标准，并满足机动车道路照明的环境比要求。当人行道与非机动车道分设时，人行道的平均照度宜为相邻非机动车道的1/2。同时，人行道照明还应执行本标准第3.5.1条的规定。当按两种要求分别确定的标准值不一致时，应选择高标准值。

4 光源、灯具及其附属装置选择

4.1 光源选择

4.1.1 光源的选择应符合下列规定：
   1 快速路和主干路宜采用高压钠灯，也可选择发光二极管灯或陶瓷金属卤化物灯；
   2 次干路和支路可选择高压钠灯、发光二极管灯或陶瓷金属卤化物灯；
   3 居住区机动车和行人混合交通道路宜采用发光二极管灯或金属卤化物灯；
   4 市中心、商业中心等对颜色识别要求较高的机动车交通道路可采用发光二极管灯或金属卤化物灯；
   5 商业区步行街、居住区人行道路、机动车交通道路两侧人行道或非机动车道可采用发光二极管灯、小功率金属卤化物灯或细管径荧光灯、紧凑型荧光灯。

4.1.2 道路照明不应采用高压汞灯和白炽灯。

4.1.3 当采用发光二极管（LED）灯光源时，应符合下列规定：
   1 光源的显色指数（R_a）不宜小于60；
   2 光源的相关色温不宜高于5000K，并宜优先选择中或低色温光源；
   3 选用同类光源的色品容差不应大于7SDCM；
   4 在现行国家标准《均匀色空间和色差公式》GB/T 7921规定的CIE 1976均匀色度标尺图中，在寿命周期内光源的色品坐标与初始值的偏差不应超过0.012。

4.2 灯具及其附属装置选择

4.2.1 机动车道照明必须采用功能性灯具，并应根据照明等级、道路形式及道路宽度等选择灯具的光度参数。

4.2.2 商业步行街、人行道路、人行地道、人行天桥以及有必要单独设灯的机动车交通道路两侧的非机动车道和人行道，在满足照明标准值的前提下，宜采用与道路环境协调的功能性和装饰性相结合的灯具。当采用装饰性灯具时，其上射光通比不应大于25%，其眩光控制值宜满足本标准的相关要求，且机械强度应符合现行国家标准《灯具　第1部分：一般要求与试验》GB 7000.1和《灯具　第2-3部分：特殊要求　道路与街路照明灯具》GB 7000.203的规定。

4.2.3 采用高杆照明时，应根据场所的特点，选择具有合适功率和配光的泛光灯或截光型灯具。

4.2.4 配置高强度气体放电灯的密闭式道路照明灯具，光源腔的防护等级不应低于IP54。环境污染严重、维护困难的道路和场所，光源腔的防护等级不应低于IP65。灯具电气腔的防护等级不应低于IP43。

4.2.5 空气中酸碱等腐蚀性气体含量高的地区或场所宜采用耐腐蚀性能好的灯具。

4.2.6 通行机动车的大型桥梁等易发生强烈振动的场所，采用的灯具应符合现行国家标准《灯具　第1部分：一般要求与试验》GB 7000.1和《灯具　第2-3部分：特殊要求　道路与街路照明灯具》GB 7000.203所规定的防振要求，并应加设防坠落装置。

4.2.7 高强度气体放电灯应配用节能型电感镇流器，功率较小的光源可配用电子镇流器。

4.2.8 高强度气体放电灯的触发器和镇流器与光源的安装距离应符合国家现行相关产品标准要求。

4.2.9 道路照明灯具的维护系数可按表4.2.9确定。

表 4.2.9　道路照明灯具维护系数

灯具防护等级	维护系数
≥IP65	0.70
<IP65	0.65

4.2.10 当灯具采用发光二极管光源时，应符合下列规定：
   1 灯具的功率因数不应小于0.9；
   2 灯具效能不应小于表4.2.10的要求；

表 4.2.10 发光二极管灯具效能限值

色温 T_c (K)	$T_c \leq 3000$	$3000 < T_c \leq 4000$	$4000 < T_c \leq 5000$
灯具效能限值 (lm/W)	90	95	100

3 在标称工作状态下，灯具连续燃点3000小时的光源光通量维持率不应小于96%，灯具连续燃点6000小时的光源光通量维持率不应小于92%；

4 灯具的电源模组应符合现行国家标准《灯的控制装置 第14部分：LED模块用直流或交流电子控制装置的特殊要求》GB 19510.14 的要求，且可现场替换，替换后防护等级不应降低；

5 灯具的无线电骚扰特性应符合现行国家标准《电气照明和类似设备的无线电骚扰特性的限制和测量方法》GB 17743 的要求，谐波电流限值应符合现行国家标准《电磁兼容 限值 谐波电流发射限值（设备每相输入电流≤16A）》GB 17625.1 的要求，电磁兼容抗扰度应符合现行国家标准《一般照明用设备电磁兼容抗扰度要求》GB/T 18595 的要求；

6 灯具的防护等级不宜低于IP65；

7 灯具电源应通过国家强制性产品认证。

5 照明方式和设计要求

5.1 照明方式及选择

5.1.1 应根据道路和场所的特点及照明要求，选择常规照明方式、半高杆照明方式或高杆照明方式进行道路照明设计。

5.1.2 任何道路照明设施不得侵入道路建筑限界内。

5.1.3 常规照明灯具的布置可分为单侧布置、双侧交错布置、双侧对称布置、中心对称布置和横向悬索布置五种基本方式（图5.1.3）。采用常规照明方式时，应根据道路横断面形式、道路宽度及照明要求进行选择，并应符合下列规定：

1 灯具的悬挑长度不宜超过安装高度的1/4，灯具的仰角不宜超过15°；

2 灯具的布置方式、安装高度和间距可按表5.1.3经计算后确定。

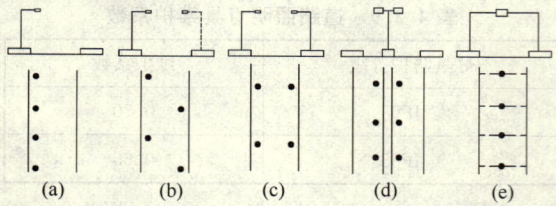

图5.1.3 常规照明灯具布置的五种基本方式
(a) 单侧布置；(b) 双侧交错布置；(c) 双侧对称布置；
(d) 中心对称布置；(e) 横向悬索布置

表 5.1.3 灯具的配光类型、布置方式与灯具的安装高度、间距的关系

配光类型	截光型		半截光型		非截光型	
布置方式	安装高度 H(m)	间距 S(m)	安装高度 H(m)	间距 S(m)	安装高度 H(m)	间距 S(m)
单侧布置	$H \geq W_{eff}$	$S \leq 3H$	$H \geq 1.2W_{eff}$	$S \leq 3.5H$	$H \geq 1.4W_{eff}$	$S \leq 4H$
双侧交错布置	$H \geq 0.7W_{eff}$	$S \leq 3H$	$H \geq 0.8W_{eff}$	$S \leq 3.5H$	$H \geq 0.9W_{eff}$	$S \leq 4H$
双侧对称布置	$H \geq 0.5W_{eff}$	$S \leq 3H$	$H \geq 0.6W_{eff}$	$S \leq 3.5H$	$H \geq 0.7W_{eff}$	$S \leq 4H$

5.1.4 采用高杆照明方式时，灯具及其配置方式、灯杆位置、高度、间距以及最大光强的瞄准方向等，应符合下列规定：

1 可按场地情况选择平面对称、径向对称和非对称的灯具配置方式（图5.1.4）。布置在宽阔道路及大面积场地周边的高杆灯宜采用平面对称配置方式；布置在场地内部或车道布局紧凑的立体交叉的高杆灯宜采用径向对称配置方式；布置在多层大型立体交叉或车道布局分散的立体交叉的高杆灯宜采用非对称配置方式。对各种灯具配置方式，灯杆间距和灯杆高度均应根据灯具的光度参数通过计算确定。

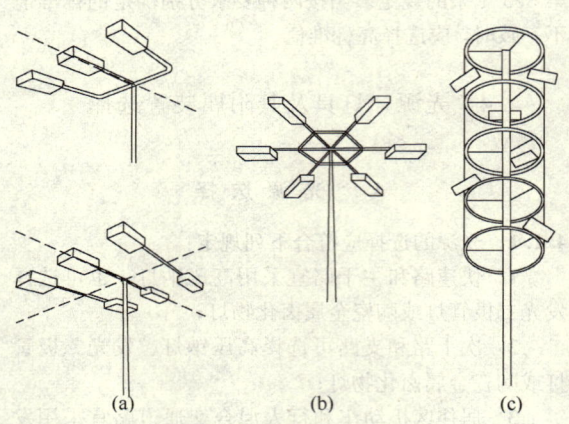

图5.1.4 高杆灯灯具配置方式
(a) 平面对称；(b) 径向对称；(c) 非对称

2 灯杆不宜设置在路边易于被机动车刮碰的位置或维护时会妨碍交通的地方。

3 灯具的最大光强瞄准方向和垂线夹角不宜超过65°。

4 在环境景观区域设置的高杆灯，应在满足照明功能要求前提下与周边环境协调。

5.1.5 道路照明方式选择应符合下列规定：

1 应采用常规照明方式，并应符合本标准第5.1.3条的规定；

2 路面宽阔的快速路和主干路可采用高杆照明方式，并应符合本标准第5.1.4条的规定；

3 在行道树遮光严重的道路，可选择横向悬索布置方式；

4 楼群区内难以安装灯杆的狭窄街道，可选择横向悬索布置方式或墙壁安装方式。

5.2 道路特殊区段及与道路相关场所照明设计要求

5.2.1 平面交叉路口的照明应符合下列规定：

1 平面交叉路口的照明水平应符合本标准第3.4节的规定，且交叉路口外5m范围内的平均照度不宜小于交叉路口平均照度的1/2。

2 交叉路口可采用与相连道路不同色表的光源、不同外形的灯具、不同的灯具安装高度或不同的灯具布置方式。

3 十字交叉路口的灯具可根据道路的具体情况和照明要求，分别采用单侧布置、交错布置或对称布置等方式，并应根据路面照明需要增加杆上的灯具。大型交叉路口可另设置附加照明，附加照明可选择常规照明方式或半高杆照明方式，并应限制眩光。

4 T形交叉路口应在道路尽端设置灯具（图5.2.1-1），并应显现道路形式和结构。

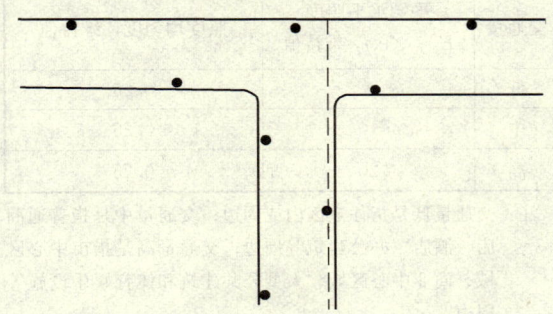

图 5.2.1-1 T形交叉路口灯具设置

5 环形交叉路口的照明应显现环岛、交通岛和路缘石，当采用常规照明方式时，宜将灯具设在环形道路的外侧（图5.2.1-2）。通向每条道路的出入口的照明应符合本标准第3.4节的要求。当环岛的直径较大时，可在环岛上设置高杆灯，并应按车行道亮度高于环岛亮度的原则选配灯具和确定灯杆位置。

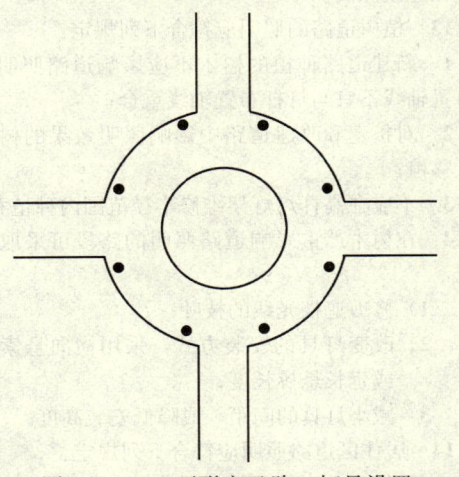

图 5.2.1-2 环形交叉路口灯具设置

5.2.2 曲线路段的照明应符合下列规定：

1 半径在1000 m及以上的曲线路段，其照明可按直线路段处理。

2 半径在1000 m以下的曲线路段，灯具应沿曲线外侧布置，灯具间距宜为直线路段灯具间距的50%～70%（图5.2.2-1）。悬挑的长度也应相应缩短。在反向曲线路段上，宜固定在一侧设置灯具，产生视线障碍时可在曲线外侧增设附加灯具（图5.2.2-2）。

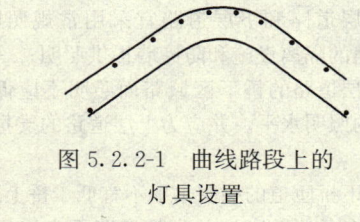

图 5.2.2-1 曲线路段上的灯具设置

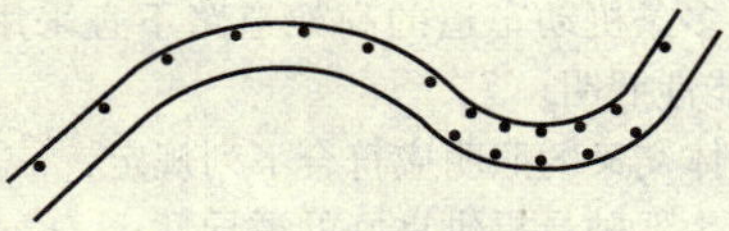

图 5.2.2-2 反向曲线路段上的灯具设置

3 当曲线路段的路面较宽需采取双侧布置灯具时，宜采用对称布置。

4 转弯处的灯具不得安装在直线路段灯具的延长线上（图5.2.2-3）。

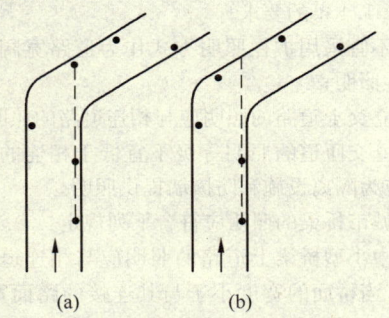

图 5.2.2-3 转弯处的灯具设置
(a) 不正确；(b) 正确

5 急转弯处安装的灯具应为车辆、路缘石、护栏以及邻近区域提供充足的照明。

5.2.3 在坡道上设置照明时，应使灯具在平行于路轴方向上的配光对称垂直于路面。在凸形竖曲线坡道范围内，应减小灯具的安装间距，并应采用截光型灯具。

5.2.4 上跨道路与下穿道路的照明应符合下列规定：

1 采用常规照明时应使下穿道路上设置的灯具在下穿道路上产生的亮度（或照度）和上跨道路两侧的灯具在下穿道路上产生的亮度（或照度）有效地衔接。下穿道路桥下区段路面的平均亮度（照度）应与其桥外区段路面相同。下穿道路上的灯具不应在上跨道路上产生眩光。上跨道路路面的平均亮度（或照度）及均匀度应与相连的道路路面相同。应为上跨道路的支撑结构提供照明。

  2 大型上跨道路与下穿道路可采用高杆照明，并应符合本标准第5.1.4条的要求。
5.2.5 高架道路的照明应符合下列规定：
  1 上层道路和下层道路的照明应分别与连接道路的照明等级一致，并应符合本标准第3.3.1条的要求；
  2 上层道路和下层道路宜采用常规照明方式，并应为道路的隔离设施和防撞墙提供照明；
  3 下层道路的桥下区域路面照明不应低于桥外区域路面的照明水平。并应为上层道路的支撑结构提供照明；
  4 上下桥匝道的照明水平不宜低于桥上道路；
  5 有多条机动车道的高架道路不宜采用护栏照明作为功能性照明。
5.2.6 立体交叉的照明应符合下列规定：
  1 应为驾驶员提供良好的诱导性；
  2 应提供无干扰眩光的环境照明；
  3 交叉口、出入口、并线区等交会区域的照明应符合本标准第3.4节的规定；曲线路段、坡道等交通复杂路段的照明应加强；
  4 小型立交可采用常规照明，大型立交可选择常规照明或高杆照明，当采用高杆照明时，应符合本标准第5.1.4条的要求；
  5 不宜采用护栏照明方式作为道路宽阔的立交的功能性照明；
  6 立交上道路的照明应与相连道路的照明相同；
  7 立交匝道的照明等级不宜低于相连的桥上道路，并应为隔离设施和防撞墙提供照明。
5.2.7 城市桥梁的照明应符合下列规定：
  1 中小型桥梁上道路的照明应与相连道路的照明一致；当桥面的宽度小于与其连接的路面宽度时，应为桥梁的栏杆和缘石提供垂直面照明，并在桥梁的入口处设置灯具；
  2 大型桥梁和具有艺术、历史价值的中小型桥梁的照明应进行专项设计；
  3 桥梁照明应限制眩光，可采用配置遮光板或格栅的灯具；
  4 有多条机动车道的桥梁不宜将护栏照明作为功能照明。
5.2.8 人行地道的照明应符合下列规定：
  1 天然光充足的短直线人行地道，可只设夜间照明；
  2 附近不设路灯的人行地道出入口，应专设照明装置；台阶上的平均水平照度宜为30lx，最小水平照度宜为15lx；
  3 人行地道内的平均水平照度，夜间宜为30lx、白天宜为100lx；最小水平照度，夜间宜为15lx、白天宜为50lx。并应提供垂直照度。
5.2.9 人行天桥的照明应符合下列规定：
  1 跨越有照明设施道路的人行天桥可不另设照明，宜根据桥面照明的需要，调整天桥两侧紧邻的常规照明的灯杆高度、安装位置以及光源灯具的配置。当桥面照度小于2lx、阶梯照度小于5lx时，宜专门设置人行天桥照明；
  2 专门设置照明的人行天桥桥面的平均水平照度不应低于5lx，阶梯照度宜相应提高，且阶梯踏板的水平照度与踢板的垂直照度的比值不应小于2:1；
  3 应避免天桥照明设施给行人和机动车驾驶员造成眩光影响。
5.2.10 公共停车场的照明应符合下列规定：
  1 公共停车场的照明标准宜符合表5.2.10的规定；

表 5.2.10 公共停车场的照明标准值

交通量	平均水平照度 $E_{h,av}$ (lx)，维持值	照度均匀度，维持值
低	5	0.25
中	10	0.25
高	20	0.25

注：交通量低是指住宅区内或周边；交通量中是指普通商店、酒店、办公建筑等周边；交通量高是指市中心区域、商业中心区域、大型公共建筑和体育娱乐设施等周边。

  2 停车场出入口的照明应加强，宜为交通标志和标线提供照明，并应与相连道路照明衔接。
5.2.11 当道路与湖泊或河流等水面接界，且灯具为单侧布置时，宜将灯杆设在邻水一侧。
5.2.12 路面平均亮度高于$1.0cd/m^2$的道路与无照明设施的道路相连接，且行车限速高于50km/h时，应设置过渡照明。
5.2.13 植树道路的照明应符合下列规定：
  1 新建道路种植的树木不应影响道路照明，树木布置轴线不宜与灯杆布置轴线重合；
  2 对扩建和改建道路中影响照明效果的树木应进行移植；
  3 不应在高杆灯灯架维修半径范围内种植乔木；
  4 在树木严重影响道路照明的路段可采取下列措施：
    1）修剪遮挡光线的枝叶；
    2）改变灯具的安装方式，采用横向悬索布置或延长悬挑长度；
    3）减小灯具的间距，或降低安装高度。
5.2.14 居住区道路照明应符合下列规定：
  1 居住区人行道路的照明水平应符合本标准第

3.5.1 条的要求；

  2 居住区人行道路照明灯具的安装高度不宜低于 3.5m。不应把裸灯设置在视平线上；

  3 居住区人车混行道路的照明宜分为两类，与城市道路相连的居住区道路宜按机动车道路要求提供照明，兼顾行人交通需求，并应符合本标准第 3.3.1 条的要求；居住区内连接各建筑的道路宜按人行道路要求提供照明，兼顾机动车交通需求，并应符合本标准第 3.5.1 条的要求。

  4 居住区及其附近道路的照明，应合理选择灯杆位置、光源、灯具及照明方式，在居住建筑窗户外表面产生的垂直面照度和灯具朝居室方向的发光强度最大允许值应符合现行行业标准《城市夜景照明设计规范》JGJ/T 163 的相关规定，必要时应对灯具采取相应的遮光措施。

5.2.15 人行横道的照明应符合下列规定：

  1 平均水平照度不得低于人行横道所在道路的 1.5 倍；

  2 应为人行横道上朝向来车的方向提供垂直照度；

  3 人行横道宜增设附加灯具，可在人行横道附近设置与所在机动车交通道路相同的常规道路照明灯具，也可在人行横道上方安装定向窄光束灯具，但不应给行人和机动车驾驶员造成眩光影响，可根据需要在灯具内配置专用的挡光板或控制灯具安装的倾斜角度；

  4 可采用与所在道路照明不同类型的光源。

5.2.16 公交车沿线停靠站的照明宜加强，并应提供垂直面照明；港湾式停靠站的进站处和出站处宜设置灯具。

5.2.17 宜为路边专门设置的停车带提供地面照明和垂直面照明，并应防止车身阴影影响路面照明效果。

5.2.18 城市隧道照明应符合下列规定：

  1 隧道内道路白天的照明应分为入口段、过渡段、中间段和出口段进行设计，并应根据行车速度和交通流量确定其照明标准，具体设计宜按现行国家标准《城市道路交通设施设计规范》GB 50688 的相关规定执行；

  2 隧道内道路夜晚的照明标准应与隧道外相连道路相同，并可根据相连道路的调光安排以及交通流量等因素的变化在深夜调节路面亮度。

5.3 道路两侧设置非功能性照明时的设计要求

5.3.1 当道路两侧的建（构）筑物、行道树、绿化带、人行天桥、桥梁、立体交叉等处设置装饰照明时，不应与道路上的功能照明相冲突，不得降低功能照明效果；宜将装饰照明和功能照明结合进行设计。

5.3.2 应合理选择装饰照明的光源、灯具及照明方式。装饰照明亮度应与路面及环境亮度协调，不应采用多种光色或多种灯光图式频繁变换的动态照明，装饰照明的光色、图案和阴影等不应干扰机动车驾驶员的视觉。

5.3.3 设置在灯杆上及道路两侧的广告灯光不得干扰驾驶员的视觉或妨碍对交通信号及标识的辨认。

6 照明供电和控制

6.1 照明供电

6.1.1 城市道路照明电力负荷应为三级负荷，城市中的重要道路、交通枢纽及人流集中的广场等区段的照明可为二级负荷。不同等级负荷的供电要求应符合现行国家标准《供配电系统设计规范》GB 50052 的规定。

6.1.2 道路照明供配电系统的设计应符合下列规定：

  1 供电网络设计应符合规划的要求。宜采用路灯专用变压器供电。变压器和照明配电箱宜设置在靠近照明负荷中心且便于操作维护的位置。

  2 变压器应选用结线组别为 D，y_{n11} 的三相配电变压器，并应正确选择变压比和电压分接头。

  3 变压器应在最佳经济运行区运行，双绕组变压器的平均负载系数上限宜为 0.75，下限宜为 $1.33\beta_{jz}^2$，且不宜小于 0.3。

  4 宜使三相负荷平衡。最大相负荷不宜超过三相负荷平均值的 115%，最小相负荷不宜小于三相负荷平均值的 85%。

6.1.3 正常运行情况下，照明灯具端电压应为额定电压的 90%～105%。

6.1.4 道路照明配电系统宜采用地下电缆线路供电，当采用架空线路时，宜采用架空绝缘配电线路。中性线的截面不应小于相线的导线截面，且应满足不平衡电流及谐波电流的要求。

6.1.5 道路照明配电系统应具有短路保护和过负荷保护，并应符合现行国家标准《低压配电设计规范》GB 50054 的要求。各单相回路应单独进行控制和保护。每个灯具应设有单独保护装置。

6.1.6 低压配电箱的母线上，宜按现行国家标准《低压电涌保护器（SPD） 第 12 部分：低压配电系统的电涌保护器 选择和使用导则》GB/T 18802.12 的规定，选择和设置浪涌保护装置（SPD）。

6.1.7 对安装高度在 15m 以上或其他安装在高耸构筑物上的照明装置，应按现行国家标准《建筑物防雷设计规范》GB 50057 的规定配置避雷装置。

6.1.8 道路照明配电系统的接地形式应采用 TT 系统或 TN-S 系统，并应符合现行国家标准《低压配电设计规范》GB 50054 的相关规定。当采用剩余电流保护装置时，还应满足现行国家标准《剩余电流动作保护装置安装和运行》GB 13955 的相关要求。

6.1.9 金属灯杆及构件、灯具外壳、配电及控制箱等的外露可导电部分均应与保护导体相连接。接地应符合国家现行相关标准的规定。在满足接地电阻要求的情况下，应利用路灯基础钢筋等自然接地体。

6.1.10 有条件时，间接接触防护亦可采用双重绝缘或加强绝缘的电气设备（Ⅱ类设备）。

6.1.11 道路照明供电线路的人孔井盖及手孔井盖、照明灯杆的检修门及路灯户外配电箱，均应设置需使用专用工具开启的闭锁装置。

6.2 照明控制

6.2.1 应根据所在地区的地理位置和季节变化合理确定道路照明的开关灯时间，宜采用根据天空亮度变化进行修正的光控与时控相结合的控制方式。

6.2.2 立交或高架道路的下层道路照明，应根据该道路的实际亮度确定开关灯时间，可适当提前开灯和延后关灯。

6.2.3 当道路照明采用集中遥控系统时，远动终端应具有在通信中断的情况下自动开关路灯的控制功能和手动应急控制功能。

6.2.4 宜根据照明系统的实际情况、城市不同区域的气象变化、道路交通流量变化、照明设计和管理的需求，选择片区控制、回路控制或单灯控制方式。

6.2.5 道路照明开灯和关灯时的天然光照度水平，快速路和主干路宜为30lx，次干路和支路宜为20lx。

7 节能标准和措施

7.1 节能标准

7.1.1 机动车道照明应以照明功率密度（LPD）作为照明节能的评价指标。

7.1.2 对于设置连续照明的常规路段，机动车道的照明功率密度限值应符合表7.1.2的规定。当设计照度高于表7.1.2的照度值时，照明功率密度（LPD）值不得相应增加。

表7.1.2 机动车道的照明功率密度限值

道路级别	车道数（条）	照明功率密度(LPD)限值（W/m²）	对应的照度值（lx）
快速路主干路	≥6	≤1.00	30
	<6	≤1.20	
	≥6	≤0.70	20
	<6	≤0.85	
次干路	≥4	≤0.80	20
	<4	≤0.90	
	≥4	≤0.60	15
	<4	≤0.70	

续表7.1.2

道路级别	车道数（条）	照明功率密度(LPD)限值（W/m²）	对应的照度值（lx）
支路	≥2	≤0.50	10
	<2	≤0.60	
	≥2	≤0.40	8
	<2	≤0.45	

7.1.3 当不能确定灯具的电器附件功耗时，高强度气体放电灯灯具的电器附件功耗可按光源功率的15%计算，发光二极管灯具的电器附件功耗可按光源功率的10%计算。

7.2 节能措施

7.2.1 进行照明设计时，应提出多种符合照明标准要求的设计方案，进行技术经济综合分析比较，从中选择技术先进、经济合理又节约能源的最佳方案。

7.2.2 路灯专用配电变压器应选用符合现行国家标准《三相配电变压器能效限定值及能效等级》GB 20052规定的节能产品。

7.2.3 照明器材的选择应符合下列规定：

1 光源及镇流器的能效指标应符合国家现行有关能效标准的要求；

2 选择灯具时，在满足灯具国家现行相关标准以及光强分布和眩光限制要求的前提下，采用传统光源的常规道路照明灯具效率不得低于70%；泛光灯效率不得低于65%。

7.2.4 气体放电灯应在灯具内设置补偿电容器，或在配电箱内采取集中补偿，补偿后系统的功率因数不应小于0.85。

7.2.5 宜根据所在道路的照明等级、夜间路面实时照明水平以及不同时间段的交通流量、车速、环境亮度的变化等因素，确定相应时段需要达到的照明水平，通过智能控制方式，调节路面照度或亮度。但经过调节后的快速路、主干路、次干路的平均照度不得低于10lx，支路的平均照度不得低于8lx。

7.2.6 采用双光源灯具照明的道路，可通过在深夜关闭一只光源的方法降低路面照明水平。中小城市中的道路可采用关闭不超过半数灯具的方法来降低路面照明水平，且不应同时关闭沿道路纵向相邻的两盏灯具。

7.2.7 应制定维护计划，定期进行灯具清扫、光源更换及其他设施的维护。

附录A 路面亮度系数和简化亮度系数表

A.0.1 可根据亮度系数（q）按下列公式进行亮度计算

(图 A.0.1)：

$$L = qE = q(\beta,\gamma)E(c,\gamma) \quad (A.0.1-1)$$

或

$$L = \frac{q(\beta,\gamma)I(c,\gamma)}{H^2} \cdot \cos^3\gamma \quad (A.0.1-2)$$

或

$$L = r(\beta,\gamma)\frac{I(c,\gamma)}{H^2} \quad (A.0.1-3)$$

式中：$r(\beta,\gamma) = q(\beta,\gamma)\cos^3\gamma$ —— 简化亮度系数；

$I(c,\gamma)$ ——灯具指向 c、γ 所确定的方向上的光强；

L ——路面上某点的亮度；

E ——路面上某点的照度。

A.0.2 沥青路面的简化亮度系数可按表 A.0.2-1 取值，水泥混凝土路面的简化亮度系数可按表 A.0.2-2 取值。

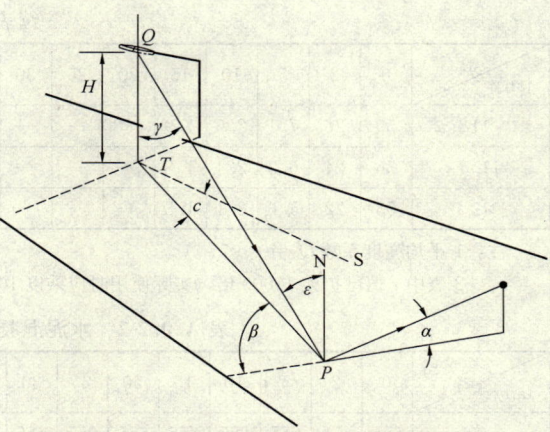

图 A.0.1 确定路面亮度系数的角度关系

注：图中 β 为光的入射平面和观察平面之间的角度，γ 为入射光线的垂直角。

表 A.0.2-1 沥青路面的简化亮度系数 (r)

tanγ \ β(°)	0	2	5	10	15	20	25	30	35	40	45	60	75	90	105	120	135	150	165	180
0	294	294	294	294	294	294	294	294	294	294	294	294	294	294	294	294	294	294	294	294
0.25	326	326	326	321	317	312	308	308	303	298	294	280	271	262	258	253	249	244	240	240
0.5	344	344	339	339	326	317	308	298	289	276	262	235	217	204	199	199	199	199	194	194
0.75	357	353	353	339	321	303	285	267	244	222	204	176	158	149	149	149	145	136	136	140
1	362	362	352	326	276	249	226	204	181	158	140	118	104	100	100	100	100	100	100	100
1.25	357	357	348	298	244	208	176	154	136	118	104	83	73	70	71	74	77	77	77	78
1.5	353	348	326	267	217	176	145	117	100	86	78	72	60	57	58	60	60	60	61	62
1.75	339	335	303	231	172	127	104	89	79	70	62	51	45	44	45	46	45	45	46	47
2	326	321	280	190	136	100	82	71	62	54	48	39	34	34	34	35	36	36	37	38
2.5	289	280	222	127	86	65	54	44	38	34	25	23	22	23	24	24	24	24	24	25
3	253	235	163	85	53	38	31	25	23	20	18	15	15	14	15	15	16	16	17	17
3.5	217	194	122	60	35	25	22	19	16	15	13	9.9	9.0	9.0	9.9	11	11	12	12	13
4	190	163	90	43	26	20	16	14	12	9.9	9.0	7.4	7.0	7.1	7.5	8.3	8.7	9.0	9.0	9.9
4.5	163	136	73	31	20	15	12	9.9	9.0	8.3	7.7	5.4	4.8	4.9	5.4	6.1	7.0	7.7	8.3	8.5
5	145	109	60	24	16	12	9.0	8.2	7.7	6.8	6.1	4.3	3.2	3.3	3.7	4.3	5.2	6.5	6.9	7.1
5.5	127	94	47	18	14	9.9	7.7	6.9	6.1	5.7	—	—	—	—	—	—	—	—	—	—
6	133	77	36	15	11	9.0	8.0	6.5	5.1	—	—	—	—	—	—	—	—	—	—	—
6.5	104	68	30	11	8.3	6.4	5.1	4.3	—	—	—	—	—	—	—	—	—	—	—	—
7	95	60	24	8.5	6.4	5.1	4.3	3.4	—	—	—	—	—	—	—	—	—	—	—	—
7.5	87	53	21	7.1	5.3	4.4	3.6	—	—	—	—	—	—	—	—	—	—	—	—	—
8	83	47	17	6.1	4.4	3.6	3.1	—	—	—	—	—	—	—	—	—	—	—	—	—
8.5	78	42	15	5.2	3.7	3.1	2.6	—	—	—	—	—	—	—	—	—	—	—	—	—
9	73	38	12	4.3	3.2	2.4	—	—	—	—	—	—	—	—	—	—	—	—	—	—
9.5	69	34	9.9	3.8	3.5	2.2	—	—	—	—	—	—	—	—	—	—	—	—	—	—
10	65	32	9.0	3.3	2.4	2.0	—	—	—	—	—	—	—	—	—	—	—	—	—	—
10.5	62	29	8.0	3.0	2.1	1.9	—	—	—	—	—	—	—	—	—	—	—	—	—	—

续表 A.0.2-1

tanγ\β(°)	0	2	5	10	15	20	25	30	35	40	45	60	75	90	105	120	135	150	165	180
11	59	26	7.1	2.6	1.9	1.8	—	—	—	—	—	—	—	—	—	—	—	—	—	—
11.5	56	24	6.3	2.4	1.8	—	—	—	—	—	—	—	—	—	—	—	—	—	—	—
12	53	22	5.6	2.1	1.8	—	—	—	—	—	—	—	—	—	—	—	—	—	—	—

注：1 平均亮度系数 $Q_0 = 0.07$。
　　2 表中 r 值已扩大 10000 倍，实际使用时应乘以 10^{-4}。

表 A.0.2-2　水泥混凝土路面的简化亮度系数（r）

tanγ\β(°)	0	2	5	10	15	20	25	30	35	40	45	60	75	90	105	120	135	150	165	180
0	655	655	655	655	655	655	655	655	655	655	655	655	655	655	655	655	655	655	655	655
0.25	619	619	619	619	610	610	610	610	610	610	610	610	610	601	601	601	601	601	601	601
0.5	539	539	539	539	539	539	521	521	521	521	521	503	503	503	503	503	503	503	503	503
0.75	431	431	431	431	431	431	431	431	431	431	431	395	386	371	371	371	371	371	386	395	395
1	341	341	341	341	323	323	305	296	287	287	278	269	269	269	269	269	269	278	278	278
1.25	269	269	269	260	251	242	224	207	198	189	189	180	180	180	180	180	189	198	207	224
1.5	224	224	224	215	198	180	171	162	153	148	144	144	139	139	139	144	148	153	162	180
1.75	189	189	189	171	153	139	130	121	117	112	108	103	99	99	103	108	112	121	130	139
2	162	162	157	135	117	108	99	94	90	85	85	83	84	84	86	90	94	99	103	111
2.5	121	121	117	95	79	66	60	57	54	52	51	50	51	52	54	58	61	65	69	75
3	94	94	86	66	49	41	38	36	34	33	32	31	31	33	35	38	40	43	47	51
3.5	81	80	66	46	33	28	25	23	22	22	21	21	22	22	24	27	29	31	34	38
4	71	69	55	32	23	20	18	16	15	14	14	14	15	17	19	20	22	23	25	27
4.5	63	59	43	24	17	14	13	12	12	11	11	11	12	13	14	14	16	17	19	21
5	57	52	36	19	14	12	10	9.0	9.0	8.8	8.7	8.7	9.0	10	11	13	14	15	16	16
5.5	51	47	31	15	11	9.0	8.1	7.8	7.7	7.7	—	—	—	—	—	—	—	—	—	—
6	47	42	25	12	8.5	7.2	6.5	6.3	6.2	—	—	—	—	—	—	—	—	—	—	—
6.5	43	38	22	10	6.7	5.8	5.2	5.0	—	—	—	—	—	—	—	—	—	—	—	—
7	40	34	18	8.1	5.6	4.8	4.4	4.2	—	—	—	—	—	—	—	—	—	—	—	—
7.5	37	31	15	6.9	4.7	4.0	3.8	—	—	—	—	—	—	—	—	—	—	—	—	—
8	35	28	14	5.7	4.0	3.6	3.2	—	—	—	—	—	—	—	—	—	—	—	—	—
8.5	33	25	12	4.8	3.6	3.1	2.9	—	—	—	—	—	—	—	—	—	—	—	—	—
9	31	23	10	4.1	3.2	2.8	—	—	—	—	—	—	—	—	—	—	—	—	—	—
9.5	30	22	9.0	3.7	2.8	2.5	—	—	—	—	—	—	—	—	—	—	—	—	—	—
10	29	20	8.2	3.2	2.4	2.2	—	—	—	—	—	—	—	—	—	—	—	—	—	—
10.5	28	18	7.3	3.0	2.2	1.9	—	—	—	—	—	—	—	—	—	—	—	—	—	—
11	27	16	6.6	2.7	1.9	1.7	—	—	—	—	—	—	—	—	—	—	—	—	—	—
11.5	26	15	6.1	2.4	1.7	—	—	—	—	—	—	—	—	—	—	—	—	—	—	—
12	25	14	5.6	2.2	1.6	—	—	—	—	—	—	—	—	—	—	—	—	—	—	—

注：1 平均亮度系数 $Q_0 = 0.10$。
　　2 表中 r 值已扩大 10000 倍，实际使用时应乘以 10^{-4}。

本标准用词说明

1 为便于在执行本标准条文时区别对待,对要求严格程度不同的用词说明如下:
　　1)表示很严格,非这样做不可的:
　　　正面词采用"必须",反面词采用"严禁"。
　　2)表示严格,在正常情况下均应这样做的:
　　　正面词采用"应",反面词采用"不应"或"不得"。
　　3)表示允许稍有选择,在条件许可时首先应这样做的:
　　　正面词采用"宜",反面词采用"不宜"。
　　4)表示有选择,在一定条件下可以这样做的,采用"可"。
2 条文中指明应按其他有关标准执行的写法为"应符合……规定"或"应按……执行"。

引用标准名录

1 《供配电系统设计规范》GB 50052
2 《低压配电设计规范》GB 50054
3 《建筑物防雷设计规范》GB 50057
4 《城市道路交通设施设计规范》GB 50688
5 《灯具 第1部分:一般要求与试验》GB 7000.1
6 《灯具 第2-3部分:特殊要求 道路与街路照明灯具》GB 7000.203
7 《均匀色空间和色差公式》GB/T 7921
8 《剩余电流动作保护装置安装和运行》GB 13955
9 《电磁兼容 限值 谐波电流发射限值(设备每相输入电流≤16A)》GB 17625.1
10 《电气照明和类似设备的无线电骚扰特性的限制和测量方法》GB 17743
11 《一般照明用设备电磁兼容抗扰度要求》GB/T 18595
12 《低压电涌保护器(SPD) 第12部分:低压配电系统的电涌保护器 选择和使用导则》GB/T 18802.12
13 《灯的控制装置 第14部分:LED模块用直流或交流电子控制装置的特殊要求》GB 19510.14
14 《三相配电变压器能效限定值及能效等级》GB 20052
15 《城市夜景照明设计规范》JGJ/T 163

中华人民共和国行业标准

城市道路照明设计标准

CJJ 45—2015

条 文 说 明

修 订 说 明

《城市道路照明设计标准》CJJ 45－2015 经住房和城乡建设部 2015 年 11 月 9 日以 946 号公告批准、发布。

本标准是在《城市道路照明设计标准》CJJ 45－2006 的基础上修订而成的，上一版的主编单位是中国建筑科学研究院，参编单位是北京市路灯管理中心、成都市城市照明管理处、飞利浦照明（中国）有限公司、艾迪照明集团公司、东芝照明（北京）有限公司、佑昌西特科照明（廊坊）有限公司、索恩照明（天津）有限公司、宁波帅康灯具股份有限公司。主要起草人员是李铁楠、李景色、孙卫平、郗书堂、张建平、姚梦明、宋文凯、许东亮、庄坚毅、袁景玉、陈利清。

本次修订的主要内容是：增加了部分术语和符号章节；适当调整了次干路和人行道路照明标准值；调整了部分节能标准和措施；增加了光源和灯具选择规定，调整了与道路相关场所照明要求中的部分内容等。

本标准修订过程中，编制组进行了广泛的调查研究，总结了我国城市道路照明工程的实践经验，同时参考了国外一些道路照明水平先进国家以及国际照明委员会的技术法规、技术标准，通过产品调查和工程现场调查，取得了照明标准和节能标准等重要技术参数。

为便于广大设计、施工、科研、学校等单位有关人员在使用本标准时能正确理解和执行条文规定，《城市道路照明设计标准》编制组按章、节、条顺序编制了本标准的条文说明，对条文规定的目的、依据以及执行中需注意的有关事项进行了说明，还着重对强制性条文的强制性理由作了解释。但是，本条文说明不具备与标准正文同等的法律效力，仅供使用者作为理解和把握标准规定的参考。

目 次

1 总则 ·················· 68—21
2 术语和符号 ············ 68—21
3 照明标准 ·············· 68—21
   3.1 道路照明分类 ········ 68—21
   3.2 道路照明评价指标 ···· 68—21
   3.3 机动车道照明标准值 ·· 68—22
   3.4 交会区照明标准值 ···· 68—23
   3.5 人行及非机动车道照明标准值 ······· 68—23
4 光源、灯具及其附属装置选择 ······ 68—24
   4.1 光源选择 ············ 68—24
   4.2 灯具及其附属装置选择 ······ 68—24
5 照明方式和设计要求 ···· 68—25
   5.1 照明方式及选择 ······ 68—25
   5.2 道路特殊区段及与道路相关场所照明设计要求 ······ 68—26
   5.3 道路两侧设置非功能性照明时的设计要求 ······ 68—30
6 照明供电和控制 ········ 68—30
   6.1 照明供电 ············ 68—30
   6.2 照明控制 ············ 68—31
7 节能标准和措施 ········ 68—32
   7.1 节能标准 ············ 68—32
   7.2 节能措施 ············ 68—33
附录 A 路面亮度系数和简化亮度系数表 ············ 68—34

1 总　　则

1.0.1 本条为制定本标准的目的。
1.0.2 本条为本标准的适用范围。本标准是针对城市道路中的普通路段和特殊区段以及那些与城市道路关系密切的场所，而不是全部场所。所谓道路的特殊区段是指道路上的交叉口、人行横道、立交桥等，与道路相关的场所是指人行地道、人行天桥、停车场等，它们与道路的普通路段上的道路使用者的视觉特点不同，照明要求不同，因此都需要分别提出相应的照明要求。
1.0.3 本条为城市道路照明的设计原则。
1.0.4 本条为本标准与其他相关标准的关系。

2　术语和符号

本章列出了本标准所采用的专门术语，分别参考了《道路工程术语标准》GBJ 124、《城市道路工程设计规范》CJJ 37、《建筑照明术语标准》JGJ/T 119、国际照明委员会以及一些国家的相关标准或规范。

3　照　明　标　准

3.1　道路照明分类

3.1.1 根据道路使用功能的不同，城市道路照明分为机动车道照明和人行道照明两类。由于这两类照明的评价指标及数值要求都有很大不同，因此要分别进行规定；另外，在机动车道路上，包括普通路段和交会区，这两部分道路照明的评价指标和数值也不相同，也需要分别进行规定。
3.1.2 本条为城市机动车道照明的分级。本标准根据现行行业标准《城市道路工程设计规范》CJJ 37 对城市道路的分类，并结合道路照明本身的特点，将城市机动车道照明按快速路与主干路、次干路、支路分为三级。本次修编有建议细分照明级别，经研究和广泛征求意见决定维持上一版的级别划分，便于与道路设计级别划分统一，否则照明设计依据不好确定。至于影响道路照明等级的各种因素，已在照明标准的高低档中给予考虑，并在节能措施的调光控制中予以体现和实施。
3.1.3 本条为人行道照明的分级。国际照明委员会(CIE)等国际组织和很多国家主要是依据行人流量来进行人行道照明的分级，因此本标准把行人流量作为照明分级的依据。

3.2　道路照明评价指标

3.2.1 本条规定了机动车道照明的评价指标。

1 本条中规定把亮度作为道路照明的评价系统，即以亮度为依据制定道路照明标准。这是由于机动车驾驶员行车作业时，眼睛直接感受到的是路面亮度，因此以亮度为依据制定标准更为科学合理。目前国际照明委员会和世界上多数国家也都是以亮度为依据制定道路照明标准。

2 本条中规定在把亮度作为道路照明评价系统的同时也接受照度这一评价系统。这是针对我国国情而采用的一种办法。在国际上也有这种类似的作法，如北美照明工程学会(IESNA)在其颁布的标准中也规定了亮度和照度两套评价系统和标准值。但是在有条件进行亮度计算和测量的情况下，还应以亮度为准。

3 本条所规定的亮度评价系统的各项评价指标与国际照明委员会(CIE)相关文件中的规定相同，包括平均亮度、亮度总均匀度、亮度纵向均匀度和环境比等指标，眩光限制采用阈值增量指标。这样的规定能够全面反映机动车道路照明的效果评价，从科学和规范的角度，应该选择这样的评价指标系统进行规定。通过本标准 2006 年版颁布后的使用情况，就我国目前大多数从事道路照明设计的技术人员和管理单位的水平，进行这样的规定是可行而且能够被接受的。

3.2.2 本条规定了道路交会区照明的评价指标。规定在交会区应该采用照度作为评价指标。这是由于在交会区车辆密集，驾驶员往往看不到前方路面，只能看到前方车辆的车身和车尾部，无法进行亮度的测量，这种情况在我们国家的大中城市道路上更为普遍；此外，交会区的道路形式及灯具布置比较复杂，路面亮度难于计算，因而无法采用路面亮度指标来进行照明评价。

3.2.3 本条规定了人行道和非机动车道照明的评价指标。

人行道路的使用者主要是行人，行人的视觉工作特点与机动车驾驶员不同，而且不能规定统一的观察位置，路面的反光特性又有很大不同，因此采用亮度指标是不适宜的，所以此处的照明评价采用了照度指标。国际照明委员会(CIE)、北美照明工程学会(IESNA)、英国、意大利和日本等国际组织和国家在其相应的标准中也有相同的考虑和规定。评价指标中的平均照度和最小照度是基于行人观察路面的需要；在人行道路上，行人的一项重要视觉活动是辨识对面来人的面部，通常是以半柱面照度来评价，因此提出了半柱面照度指标要求；另外还要对周围环境进行观察，因此，提出了垂直照度评价指标，另外垂直照度对行人面部识别也有帮助；为了行人的视觉舒适需要，本次修编增加了眩光限制的要求，是通过对不同高度角的光强限制来达到眩光限制的目的。

非机动车驾驶员的移动速度较低，更接近行人的步行速度，更重要的是，其视觉工作特点与行人基本相同，另外，我们国家的很多城市道路是非机动车道和人行道紧邻或混合使用，因此非机动车道照明评价指标应与人行道路相同。

3.3 机动车道照明标准值

3.3.1 本条规定了设置连续照明的机动车道路的照明标准值。

1 本条的亮度评价系统标准包括路面平均亮度、亮度总均匀度、亮度纵向均匀度、阈值增量以及环境比的标准值。这些数值的确定参考了国际照明委员会（CIE）、北美照明工程学会（IESNA）等国际照明组织以及一些国家的照明标准，体现了与国际标准接轨。考虑到国内道路照明建设和管理的水平和现实情况，在本标准中同时规定了照度评价系统，照度评价系统标准则规定了路面平均照度及照度均匀度的标准值。

2 标准数值的提出充分考虑了目前我国的经济发展水平、城市道路照明状况，同时也考虑了我国城市道路交通的现实情况。通过对国内城市道路照明的调查和现场实际测量，结果表明，目前我国部分城市一些新建道路的平均亮度（或照度）已达到或超过本标准所规定的高档值的要求。从本标准 2006 版颁布至今的使用情况来看，这些标准值是比较合适的，因此，本次修订，仍将维持上一版标准的亮度范围。此外，对比国际照明委员会（CIE）以及其他国家新近颁布的道路照明标准值，也基本上都是维持在与此相当的水平上。

3 本次修订对其中的次干路照明标准做了一些微调，即：向上提高了一级。其原因是，在城市道路网中，次干路是承上启下的一个环节，承担着非常繁重的交通功能和服务功能，而且，这一级道路设施的完善程度往往不及主干路，在次干路上，不同类型交通的混行情况也比较突出，因此，决定将其标准作适当提高，由原来的 15lx/10lx 提高到 20lx/15lx。

4 本标准中规定的平均亮度（或照度）值是维持值，这一点与国际照明委员会（CIE）的规定有所不同，同样的数值在国际照明委员会（CIE）推荐标准中称之为最小维持值。研究结果表明，这一数值基本上是满足机动车驾驶员视觉作业要求的合理数值，再提高路面亮度水平对驾驶员的视觉作业没有太多的帮助，反而会造成能源浪费、光污染、光干扰等负面问题。国内有些道路有追求高亮度的趋势，这是认识上的误区，需要通过标准的规定加以纠正，因此，在标准中，规定其为维持值，其含义是，在进行照明设计时，应以标准规定的这一数值为基准，避免进行更高亮度的攀比。

5 表中的各项数值之所以仅适用于干燥路面是因为路面的反光特性在潮湿状态下和干燥状态下有很大的不同，干燥状态下的照明指标在潮湿状态下就达不到，比如亮度总均匀度，干燥状态下为 0.4 的路面在潮湿状态下要达到 0.2 都很困难。因此对潮湿路面要另外规定一套指标。但是由于国际上的路面研究工作包括国内的路面研究工作也都尚未完全成熟，所以在本标准中不考虑潮湿路面的照明问题。

6 本标准中对同一级道路规定了两种平均亮度值和平均照度值，即低档值和高档值，它们分别对应于具有不同道路设施状况和道路交通状况的道路。

7 在我国的城市道路中，还有一些比较特殊的道路，如迎宾路、位于市中心或商业中心的道路、通向大型公共建筑的道路等，它们或者由于道路性质比较重要，承担着重要的城市交通，或者道路的交通量比较高，或者交通构成情况比较复杂，另外，有些道路的周边环境亮度比较高，因此，规定在这类道路的照明设计中，执行Ⅰ级照明标准。

3.3.2 本条规定了沥青路面和水泥混凝土路面上平均亮度和平均照度之间的换算关系。在同样的照明条件下，路面的亮度水平和路面材料有很大关系。同样得到 $1cd/m^2$ 的平均亮度所需要的平均照度在各种路面上是不一样的，严格说来还与路面的磨损程度、灯具的配光类型等因素有关。由于我国城市中的道路除了少数水泥混凝土路面外，多数道路都采用沥青路面，为便于设计人员使用，本标准中只给出了适用于沥青路面的平均照度值，若系水泥混凝土路面，因其平均亮度系数约为沥青路面的 1.4 倍，故其所需的平均照度约为沥青路面的 70%。

3.3.3 本条为计算路面的维持平均亮度或维持平均照度时确定维护系数的规定。

3.3.4 道路照明的诱导性是一项重要的评价指标，但由于这一指标不能用光度参数来进行表示，故不包含在表 3.3.1 中，而将其单独列为一条。

3.3.5 道路照明标准值是根据车辆行驶速度、交通流量等因素来确定的，与城市的性质和规模没有必然的联系，但一般来说，规模小的城市，车辆的数量会相对少一些，所以原标准采取了根据城市规模的大小来选择照明的分级的方法，这样做方便使用。但是，现在中小城市的交通量也在快速增长，另外，城市规模的划分也不容易界定，再按城市规模来选择标准会有很多问题。因此，本次修订规定了在进行照明设计时按照交通流量大小来选择照明标准。交通流量的大小按设计小时交通量来划分，各城市宜根据当地交通量总体情况和峰谷变化来确定其交通流量大小。

本条所言交通控制系统是指交通信号灯、交通标志、方向标志以及道路标志等。道路分隔设施是指道路中间或两侧的分隔带以及机动车、非机动车和行人之间的其他分隔设施，如护栏等。若交通控制系统和道路分隔设施完善，不同类型的道路使用者的分隔状况良好，交通冲突减少，机动车驾驶员就能在很放松的心态下进行驾驶作业,精神压力较小,因而对照明要求可以适当降低,此时可以采用低档值;反之宜采用高档值。

3.3.6 本条规定了城市主干路和快速路的辅路照明标准。按照城市快速路和主干路的功能定位,它们主要承载城市各主要分区之间的交通,为长距离快速交通服务,但为了兼顾这些道路沿途的服务功能,进行了主路辅路的划分。辅路重点承担沿途的服务功能,以保证主路完成路网赋予的基本功能。从行车速度来看,辅路仅为主路的0.5倍左右,但辅路承担的功能更为复杂,包括:自身的交通功能、集散主路交通、集散与其相关的其他道路的交通、车辆进出停靠车站等,因此,综合考虑,辅路照明采用与主路相同的照明等级;但对于有些城市的快速路主干路的辅路,或者某些区段的辅路,可能只要求通行非机动车,此时,就可以按照非机动车道照明标准提供照明。

3.4 交会区照明标准值

3.4.1 本条规定了交会区照明的标准值。

本标准所规定的交会区的照明水平和相交会的主要道路的照明水平成正比,而且比平常路段高出50%~100%。在作这样的规定时,重点参考了国际照明委员会(CIE)和北美照明工程学会(IESNA)等标准。

3.4.2 为了使交会区的照明水平和交会前后路段的照明水平相匹配,也规定了交会区照明标准的高档值和低档值。

3.5 人行及非机动车道照明标准值

3.5.1 本条规定了主要供行人和非机动车使用的道路的照明标准值。在作本条规定时,重点参考了国际照明委员会(CIE)、北美照明工程学会(IESNA)、日本、德国、英国等国家和国际组织的照明标准及技术文件。

与2006版标准相比,本次修订对各级人行道路的照明标准进行了适当调整,其中,路面的照度标准值有所降低,只是将最高级别的照度由20lx降为15lx,而最低级别的照度仍旧维持为5lx。考虑到金属卤化物灯、紧凑型荧光灯、发光二极管等白光光源在此类道路上越来越多的使用,由于人行道路的照度较低,国内外研究成果表明,相比于高压钠灯,白光有更好的显色性,能更容易分别细节,因此,在适当降低照明数量的前提下,并不会影响可见度,还能起到节能和降低光污染的作用,这一点在英国《道路照明设计标准》BS 5489-2013中已有体现。基于这样的考虑,再结合本次修编时我们对国内道路和交通状况的调查分析,调查结果表明,目前人行道路照明的平均值普遍偏低,对于那些达到了本标准所提出的数值进行照明设计的道路,完全能满足行人的需要,因此,本次修订进行了这样的调整。关于垂直照度的规定,基本上维持与原标准相当的水平,一些数值略有提升,这一方面是考虑到垂直照度涉及行人的人身安全和环境观察的需要,我们国家的城市道路行人流量比较大,交通构成又比较复杂,根据对国内一些城市的调查,结合国际照明委员会(CIE)等相关文件的内容,做了这样的规定。本次修订中新增加的半柱面照度评价指标,是为了满足行人面部识别要求的照明指标,对于保障行人的人身安全十分重要,虽然垂直照度对此也有一定的作用,但半柱面照度还是更合适的指标,关于半柱面照度的数值则是参考了国际照明委员会(CIE)和英国等有关标准文件的规定。

在本次修订中,增加了眩光限制的内容要求,这样可以使人行道路照明的效果评价更全面,更能保证行人的舒适和安全。此外,由于发光二极管光源越来越多地使用在人行道路照明中,其表面的高亮度极易造成眩光干扰,因此很有必要增加眩光限制的要求。通过限制高角度光强来限制眩光是国际照明委员会(CIE)和许多国家都采用的方法,其中数值的规定也是参考了国际照明委员会(CIE)技术文件等资料。

3.5.2 本条是对机动车道路一侧或两侧设置的非机动车道的照明要求。当非机动车道与机动车道之间没有实体分隔时,应统一执行机动车道的照明标准;而当两者用实体分隔带进行分隔时,两者各行其道,互不干扰,可以降低非机动车道的照明水平,同时又考虑到机动车道照明环境比的要求,所以,非机动车道的照度值宜为相邻机动车道照度值的1/2。但如该非机动车道另一侧有紧邻的人行道,非机动车道的照度值也不宜低于人行道。

3.5.3 本条为对机动车道一侧或两侧设置的人行道的照明要求。机动车道外侧是人行道时,先以满足人行道的照明要求来选择标准,如果所选择的标准值低于机动车道照明中的环境比要求,就执行环境比要求的照明水平,这样就可以兼顾机动车道和人行道两者的照明要求了。

需要说明的一点是,如果机动车道路的断面形式是"机动车道/非机动车道/人行道"的构成时,"机动车道/非机动车道"的关系已在本标准第3.5.2条中予以考虑;而此时人行道和机动车道没有相邻,不必考虑环境比,人行道照明标准可在非机动车道照明标准基础上降低一半,但同时,还需要满足本标准第3.5.1条关于人行道路照明标准值的要求,如果两者之间不一致,就选择其中的较高者。

如果机动车道路的断面形式是"机动车道/(非机动车道+人行道)"的构成时,即,行人与非机动车混合使用同一车道,此时,在照明中要同时考虑机动车道路照明环境比要求和人行道照明要求,因此,也是要在本标准第3.5.1条关于人行道照明标准值的要求和环境比要求中选择数值较高者。

4 光源、灯具及其附属装置选择

4.1 光源选择

4.1.1 本条为道路照明设计中选择光源时应符合的规定。本条中各款规定的依据如下：

（1）通过对各种光源性能参数的比较，同时考虑道路照明的要求，高压钠灯具有光效高、寿命长、质量性能稳定、规格型号统一的特点，偏低的显色性并不会影响一般机动车道路照明的要求，所以本次修订中将高压钠灯作为机动车交通道路照明中重要的选择光源，可在各类的城市机动车道路上使用。陶瓷金属卤化物灯具有光效较高、寿命较长、性能稳定的特点，也可用于机动车道路照明，另外，它所具有的良好显色性，使其在市中心或商业区等对颜色辨别有一定要求的道路上更有优势，所以也可以选择陶瓷金卤灯光源。发光二极管光源在光效、寿命等方面具有很大的潜在优势，而且现阶段也正处于性能快速提高的时期，其中一些性能水平较高的产品已经达到了满足道路照明使用需求的水平，因此也可以选择发光二极管光源。

（2）居住区人车混行道路的照明，可考虑选择金属卤化物灯或发光二极管光源，因为这些光源具有良好的显色性，能提高视看目标对象的识别性，也能提供良好的光环境氛围，在居住区环境要尊重人的感受，强调以人为本的理念，因此，提出了选择这些光源的规定。

（3）市中心、商业中心等区域中对颜色识别要求较高的机动车交通道路，出于显色性方面的考虑，推荐使用金属卤化物灯和发光二极管光源。研究工作的结果表明，与高压钠灯相比，金属卤化物灯和发光二极管等白光光源的光谱分布有较高的蓝绿成分，因此，在道路照明（非明视）条件下可以产生更高的可见度，因此达到相同的视觉效果所需要的照明数量，此类白光光源就要比高压钠灯低。但是这方面的相关工作还处于研究阶段，尚未取得可以推广的成果。所以在本标准中推荐使用此类光源是基于它们具有良好的显色性而不是考虑它可以产生较高的可见度。

（4）商业区步行街、居住区人行道路、机动车交通道路两侧的人行道等，出于显色性和需要良好环境氛围的要求，建议使用发光二极管光源、小功率金属卤化物灯或细管径荧光灯、紧凑型荧光灯。

4.1.2 由于高压汞灯和白炽灯的光效过低，使用这些光源会造成能源的浪费，而且路面的照明水平也很难达到标准的要求。近些年虽然陆续开展淘汰白炽灯和淘汰汞灯的活动，但在一些地区的道路上仍有使用这些光源的情况，因此本标准提出不应采用这两类光源的要求。

4.1.3 对于道路照明领域的应用来说，发光二极管是一种新的光源，而且它还处在性能改善和技术水平提高的阶段，鉴于目前国内正在逐渐推广应用的现实情况，本标准针对道路照明使用的 LED 光源提出了性能要求。

1 由于发光二极管是白光光源，所以需要对其颜色特性进行规定。目前来看，提出显色性的要求，对于机动车道路照明来说，并不是要求其提高机动车驾驶员的视觉辨识能力，更多的是出于舒适性方面的考虑，并且，在市中心或商业区的道路上，良好的显色性有益于营造好的氛围。但是，在人行道路上，良好的显色性会对提高视觉辨识能力有实质性的帮助。

2 根据道路照明的亮度水平，光源色温不宜过高，否则，会影响舒适性。此外，发光二极管光源也需要进行光生物方面的考虑，国外的研究结果证明色温高于 4000K 可能出现光生物安全性问题，考虑到在室外道路上使用，人与光源的距离以及停留时间等因素，对此做了适当放宽，另外，高色温光源的效能更高一些，考虑到国内产品的实际情况，故将色温上限放宽到 5000K。同时，考虑到低色温光源更适合道路照明的特点，又提出了优先选择中低色温光源的要求，目的是提倡和鼓励选择中低色温光源。

3 选用光源之间的颜色偏差应该尽可能小，以达到良好的照明效果。当驾驶员驾车行驶时，会有同一条道路上的多个灯具同时进入驾驶员视野，如果它们之间有明显的色温差别，除了感觉不适之外，还可能会造成诱导性混淆，因此，要尽量保证不同灯具的光源颜色相同或相近。参考美国国家标准研究院《荧光灯的色度要求》ANSIC 78.376 要求的荧光灯的色容差小于 4SDCM，美国能源部（DOE）紧凑型荧光灯（CFL）能源之星要求的荧光灯的色容差小于 7SDCM，以及美国国家标准研究院《固态照明产品的色度要求》ANSI C38.377 的 LED 产品色容差小于 7SDCM，根据国内已经完成的发光二极管光源照明项目的使用情况，色容差 7SDCM 是能够觉察出颜色差别的界限，所以，本标准提出了本条的规定。

4 根据国家标准《均匀色空间和色差公式》GB/T 7921 规定，在视觉上，CIE1976 均匀色度标尺图比 CIE1931 色品图颜色空间更均匀，为控制和衡量 LED 灯在寿命期内的颜色漂移和变化，参考美国能源部（DOE）《LED 灯具能源之星认证的技术要求》的规定，结合发光二极管光源现状发展情况以及使用要求，提出了发光二极管光源在 3000 小时使用期内的色偏差应在 CIE1976 均匀色度标尺图不超过 0.012 的要求。

4.2 灯具及其附属装置选择

4.2.1 道路及与其相关的场所使用的灯具按用途可分为功能性灯具和装饰性灯具。在机动车道路上，只有采用装有重新分配光源光通量的反光器或折光器等控光部件的功能性灯具，才能保证路面上的照明数量和照明质量符合本标准的要求。

（1）道路照明设计是一项要求严格的功能性照明设计，既要满足照明质量和数量要求，同时还必须满足节能标准的要求，是需要认真对待、并通过科学的流程才能完成的工作，那种想借助经验、规定标准的光源功率和灯具配光、规定标准的道路照明设计参数布置的所谓设计方式，是不可能取得良好效果的。所以，在进行照明设计时，应根据道路的具体情况和照明要求，结合照明布置，参考标准要求，选择相应的灯具配光类型，再通过计算之后确定。

（2）在原标准中曾提出按照快速路、主干路、次干路、支路等不同级别的道路选择不同截光类型的灯具，这样规定的目的是为了定性满足各类道路对眩光限制的不同要求，这种规定明确直接，便于操作。但如果要确认所选择的设备选择和照明布置是否能满足眩光限制的定量要求，仍需要通过计算来确定，随着照明设计人员的设计水平提高和照明计算的普及，设计过程越来越规范，设计工作已经不仅仅局限在根据道路级别来选择某种特定类型灯具的这种初步阶段，而是要强调通过计算结果来决定所选择的灯具光度参数是否适合一条具体的道路和满足标准要求，因此，本次修订进行相应的调整。

4.2.2 在禁止机动车通行的商业步行街、人行道路、人行地道、人行天桥等场所，对眩光限制不必过分严格，灯光有适度的耀眼效果反而有利于创造一种活跃的气氛，因此对灯具的配光性能要求可以适当放宽，在此类场所可以采用兼顾功能性和装饰性两方面要求的灯具或者是装饰性灯具。由于这些场所的灯具安装高度一般都比较低，人为损坏的可能性较大，因此选用装饰性灯具时，要求它应具有较高的机械强度。特别是玻璃和其他透明罩等易碎部件，应能通过现行国家标准《灯具 第2—3部分 特殊要求道路与街道照明灯具》GB 7000.203中所规定的冲击检验。之所以要求上射光通比不应超过25%，是为了减少射向天空的光通量、降低光污染。

4.2.3 制定本条的目的是为了控制高杆灯的照射范围和限制眩光，提高照射到路面范围内的光通量比例，使照射范围内的平均照度和照度均匀度符合本标准的要求。

4.2.4 在本条中，关于配置高强度气体放电灯的密闭灯具的使用，针对一般道路环境和污染严重且维护困难的道路环境，分别规定选择其光学腔不应低于防尘防溅水级别（IP54）和尘密防喷水级别（IP65）的灯具。采用这种防护等级的灯具可以做到有效地减少维护的工作量，提高灯具的维护系数，有利于节约能源。

4.2.5、4.2.6 在某些特殊的环境中，通过有针对性地选用具有特殊性能的灯具，可以达到延长灯具和光源的使用寿命、减少维护费用的目的。

4.2.7 与普通电感镇流器相比，节能型电感镇流器虽然价格稍高，但节能效果好，本标准提出了建议使用的规定。与150W以下高强度气体放电灯配用的电子镇流器已经成熟，节能效果良好，所以本标准提出"功率较小的光源可配用电子镇流器"的规定。

4.2.8 高强度气体放电灯的镇流器、触发器（统称电器附件）一般是与灯具安装在一起的，但也有分开设置的。分设的电器附件与光源的距离应该是越小越好，最大不能超过生产厂商对其产品所作的规定要求，目的是确保气体放电灯能正常启动。

4.2.9 本条规定了道路照明灯具的维护系数。道路照明灯具的维护系数为光源的光衰系数和灯具因污染的光衰系数的乘积；根据光源和灯具的品质及环境状况，在每年对灯具进行一次擦拭的条件下，维护系数可按本条规定来确定。

4.2.10 本条提出了使用发光二极管灯具时的相关规定。

1 综合各种因素提出了发光二极管灯具功率因素不应低于0.9的规定。

2、3 目前，发光二极管光源正处于快速发展的阶段，为了规范现阶段的使用，同时也考虑到未来的发展，在充分调研的基础上，提出了这些规定。

4 本款为对于灯具电源模组的要求，以及针对发光二极管灯具的特点提出的便于维护管理的要求。

5 本款为关于灯具的无线电骚扰特性、谐波电流限值、电磁兼容抗扰度以及额定冲击电压值的相关要求。

6 本款为针对发光二极管光源的特点和保证照明要求规定的发光二极管灯具的防护等级。

7 根据中国国家认证认可监督管理委员会发布的2014年第23号公告《国家认监委关于发布〈强制性产品认证实施规则 照明电器〉》的文件规定，对发光二极管电源纳入到3C强制认证的范围，所以，本标准提出了发光二极管灯具电源应通过国家强制性产品认证的要求。

5 照明方式和设计要求

5.1 照明方式及选择

5.1.1 常规照明和高杆照明这两种照明方式的分类和命名是许多国家的通用作法。它们是道路照明的主要照明方式，半高杆照明在一些道路交叉口等区域的照明中是一种比较有效的照明方式，应根据要设置照明的道路或场所的特点及照明要求进行选择。除此之外，还有一种纵向（沿道路轴线方向）链式照明方式，主要用于高速公路，在欧洲很多城市之间的高速公路上时有设置，由于这种照明方式的设置和后期的维护对道路的断面形式有相应的要求，因此，在城市道路上较少采用，故本标准中未予列入。

5.1.2 道路建筑限界是位于道路上的一定宽度和高度的空间范围。为了保证车辆和行人的正常通行，在道路设计中规定不允许有任何设施和障碍物侵入这个空间，因此本条提出了不允许道路照明设施侵入道路建筑限界的规定。

5.1.3 本条归纳了常规照明灯具布置的五种基本方式，规定了采用常规照明方式时应符合的要求。

1 如果灯具的悬挑长度过长，会降低灯具所在一侧路缘石和人行道的照度；并且由于悬臂的机械强度限制，可能会造成灯具和光源发生振动，影响它们的稳定性和使用寿命，故悬挑长度不宜过长。

增大灯具的仰角，虽然会增加到达灯具对面一侧路面光线的数量，可路面亮度并不会显著增加，相反，有可能会降低路面亮度；特别是在弯道上，如果灯具仰角过大，产生眩光的可能性就会增加，光污染也会增加。因此灯具的仰角应予以限制。

悬挑长度不宜超过安装高度的 1/4 及仰角不宜超过 15°的规定是参考了国际照明委员会（CIE）的文件及有关国家的标准确定的。

2 与灯具安装有关的各种参数，只要满足表 5.1.3 的要求，便可基本接近本标准所规定的路面照明质量要求。给出该表的目的是方便照明设计人员能够尽快选择各个参数并进行设计和计算，但切记，各个参数数值的最终选择还应该通过计算确定，而不能简单地照搬表 5.1.3。

5.1.4 本条规定了采用高杆照明方式时应符合的规定。

1 根据受照场地情况及其周围环境条件针对性地选择灯具及其配置方式，是高杆照明设计的基本原则之一，不能不顾场合千篇一律采用径向对称一种模式，这样，才能达到既保证照明效果，又经济合理、节约能源的目的。

2 高杆灯安装位置的选择非常重要，如果选择得不合适会带来诸多问题，包括：维修时比较困难或者影响正常交通、可能会发生汽车撞杆事故、不利于限制眩光等。因此一般都不把高杆灯设在路缘石附近或道路中央宽度有限的分隔带上。

3 限制灯具的最大光强投射方向是为了确保眩光限制符合本标准的要求。

4 高杆照明是功能性很强的一种照明方式。设计的基本原则之一就是首先要考虑功能，在满足功能要求的前提下可以适当兼顾美观，但是不能为了追求美观而牺牲功能。在市区广场、风貌景区等强调环境景观的区域设置的高杆灯，可以适当考虑高杆灯的造型，使其尽量与环境协调，而在郊区的道路或立交设置的高杆灯应主要强调功能，没有过多装饰或造型限

制的高杆灯更便于根据现场的照明需要来配置灯具，以充分保证照明效果，并可节省费用。

5.1.5 本条规定了选择道路照明方式的要求。

1 由于常规道路照明灯具的配光适合一般机动车道路的照明要求，也就是它能够提供更多的有效照明，产生更高的亮度，并且对于满足标准中的其他要求也有一定优势，而且，常规照明方式经济性较好，维护管理比较方便，故一般道路照明中应主要考虑采用常规照明方式。

2 路面宽阔的快速路和主干路也可选择采用高杆照明方式，这对于国内有些城市的宽阔道路也是一种经济有效的方式。

3 采用横向悬索布灯时，灯具容易摇摆或转动（特别是在刮风时），以致对驾驶员造成间歇性的闪烁眩光，但是，在行道树多、遮光严重的道路上，采用其他布置方式难以避免树木遮光的矛盾，横向悬索布置灯具不失为一种有效的解决方式。

4 有些建筑楼群区内的街道比较狭窄，安装灯杆有困难，可以采用横向悬索布置，这在国外的一些古老城市街道上是一种十分普遍的方式。也可以采取墙壁安装方式，其实这相当于单侧布置或双侧布置。

5.2 道路特殊区段及与道路相关场所照明设计要求

5.2.1 本条规定了平面交叉路口的照明应符合的要求。

1 平面交叉路口的照明水平之所以要求比较高，是因为：

1）为了突出交叉路口，使驾驶员在停车视距之外就可以清晰地看到交叉路口，以尽早提醒驾驶员注意；

2）交叉路口属于交会区，交通要繁忙得多，驾驶员的视觉作业难度更高，所以，注意力需要更为集中才行。

2 本款所列的各种措施，目的都是为了突出交叉路口，即提供良好的诱导性。

3 本款列出了交叉路口可能的布灯方式。在大型交叉路口，若采用规则布灯的方式，路口中心区的亮度（照度）有可能达不到标准的要求，这时就有必要另行安装附加灯杆和灯具。这种附加的灯具有时需要经过专门设计。采用的泛光灯要配置挡光板或格栅等限制眩光措施，否则，尽管提高了亮度（照度），但眩光限制却达不到标准要求。

4 在 T 形交叉路口的道路尽端设灯，既能有效地照亮交叉区域，也有利于驾驶员识别道路的尽端，避免误认为道路继续向前延伸，从而减少发生交通事故的概率。通过照明显现道路路型和结构，有利于驾驶员的行车判断，具体照明数量和照明方式应根据现场情况和路型结构来定。

5 如果有多条道路通向大型环形交叉路口，因

每个出入口都是交会区域，车辆密集，交通复杂，因此，加强通向每条道路的出入口的照明就很有必要，这有助于驾驶员驾车绕环岛行驶时更容易分辨出他所需要的出口。通过照明对环岛、交通岛和路缘石的显现有利于驾驶员的判断，具体照明数量和照明方式应根据现场情况和路型结构来定。

5.2.2 本条为曲线路段照明应符合的要求。

（1）灯具沿曲线外侧布置比沿内侧布置所具有的优点是：

① 灯具对提高道路表面亮度的贡献更大；

② 灯具能更好地标示道路的走向，即诱导性好。

缩小灯具间距的目的是为了更清晰地标示道路走向，并确保路面亮度均匀度。曲率半径越小，灯具间距也需相应减小。基于同样原因也要缩短悬挑长度。如果是单侧布灯，在反向曲线路段上宜在固定的一侧设置灯具（即：如果灯具布置在行进方向的左侧，就固定在左侧，而不应变为右侧），其目的是为了提高诱导性，也便于照明设施的安装和维护。

（2）当曲线路段的路面比较宽而必须采用双侧布灯时，则不宜采用交错布置，因为采用交错布置有可能失去诱导，导致交通事故。

（3）转弯处的灯具不得安装在直线路段的延长线上，以免驾驶员误认为是道路向前延伸而导致事故。

（4）在道路的急转弯处，由于视距短，一旦出现紧急情况，需要驾驶员快速反应，因此需提高对照明的要求，让道路的形式及环境状况尽可能清楚地显示出来。

5.2.3 要求灯具在平行于路轴方向上的配光对称面垂直于路面，目的是使灯具发出的光束等距离地到达坡道路面，从而保证光分布达到最大的均匀度，同时又能起到降低眩光的作用。

在凸形竖曲线坡道范围内，因为没有可以显示障碍物的背景，而且远处灯具看起来安装得很低，因而常常妨碍驾驶员获得清晰的视场图像，因此处理其照明问题时要非常小心。本条中的规定就是为了避免对路面障碍物的误判，并降低灯具的眩光。

5.2.4 由于上跨道路对光线的遮挡，上跨道路上设置的照明会在下穿道路上造成阴影，因此在下穿道路上设置照明时就要考虑设法消除这些阴影，从而确保其亮度和照度均匀度达到标准的要求。

上跨道路路面的平均亮度（或照度）及均匀度应与相连的道路路面相同以及下穿道路桥下区段路面的平均亮度（或照度）应与其桥外区段路面相同，都是为了保证整条道路照明效果的连续性。

对上跨道路来说，在下穿道路上设置的灯具的安装高度已大大降低，容易产生眩光，因此要设法加以控制。

为上跨道路的支撑结构提供垂直照度，是为了更清楚地呈现支撑结构，便于驾驶员对其进行辨认，避免行驶在下穿道路上的车辆发生碰撞，至于应提供的照明数量，应该根据路面亮度和环境亮度来定，目的就是要让这些垂直结构能很容易地被驾驶员发现并判断出其相对位置。

5.2.5 本条为高架道路照明应符合的要求。

1 高架道路只是道路中的一段，因此应使其照明与相连的道路照明保持一致，执行相同的道路照明标准，保证整条道路的照明效果统一和连续。

2 高架道路路型往往比较简单，采用常规道路照明，从满足照明标准和经济性等方面都比较合适。

3 桥下区域空间局促，其路面亮度适当高一些，能提升开敞感。桥柱照明目的是呈现柱身以提醒驾驶员避免碰撞。

4 上下桥匝道比较曲折复杂，因此，不宜降低照明标准，宜保持与主路相同的照明标准。

5 对于比较宽的道路而言，护栏照明往往无法满足路面照明标准的要求，因此一般不建议使用这种照明方式作为其功能照明。

5.2.6 本条为立体交叉照明应符合的要求。

1 由于立交的车道多，车道的转弯、起伏及穿叉很复杂，所以当立体交叉采用常规照明时，不宜设置太多的光源和灯具，即要尽量减少发光点，以避免发光点太多引起驾驶员的视觉混乱，于诱导不利。

2 环境照明有利于为驾驶员在复杂的立交车道上行驶时提供参照。

3 对于立交上的一些主要区域加强照明，是为了满足其相对复杂的视看辨别需要。

4 大型立体交叉采用高杆照明可以避免杆林立的现象，还可以使整个立交区域获得充分的环境照明，创造出类似于白天的照明条件，有利于提高驾驶员的视觉功效；降低撞杆事故发生概率；还可以减少维护点和维护工作量等。因此，大型立体交叉可考虑采用高杆照明方式。但高杆照明方式会有较多的光照射到车道外边，因此在设计中，要通过选择灯杆位置、灯具配光和灯具瞄准点等措施，在满足环境照明要求的前提下，尽量把灯具的出射光控制在路面范围内。

5 护栏照明因其高度限制，很难获得良好的照明均匀度，还有产生眩光的可能，因此，一般在路面较宽情况下不建议采用这种照明方式来做立交的功能照明。

6 立交是重要的交通枢纽，需要足够且合适的照明来予以保证其使用，让立交上的车道照明与相连道路的照明保持连续有利于驾驶作业，由于立交本身具有复杂性，适当提高其照明会更为有利。当与立交连接的各条道路照明等级不同时，应选择其中的照明等级最高者作为立交上道路的照明等级。

7 保证匝道和与其相连的桥上道路照明的连续性。对隔离设施和防撞墙提供合适的照明是为了安全行车定位的需要。

5.2.7 本条为桥梁照明应符合的要求。

1 桥梁上车道照明与相连道路照明保持一致，有利于形成良好的照明连续性。较窄的桥面使得桥梁栏杆可能位于与其相连的道路内，所以需要提供足够的栏杆立面照明或在入口处直接安装灯具以引起驾驶员的注意。

2 大型桥梁和一些具有艺术、历史价值的中小型桥梁往往被作为城市的重要景观来加以照明，因此有必要进行专项设计。通过专项设计，能协调功能性照明和景观性照明的关系，需要强调的是，设计中应首先保证满足道路的交通功能需求。

3 桥梁照明产生眩光的可能性大，而且所造成的危害也更严重，所以桥梁照明限制眩光十分重要。特别是当桥面出现较陡的坡度、桥面的高度和与其连接的或附近的道路路面高度相差比较大或为了突出大桥造型而采用一些装饰照明的情况下，尤其要注意这一点。一是要避免给桥上行车的驾驶员造成眩光影响；二是要避免给与其连接或邻近的道路上的驾驶员造成眩光影响；三是当桥下有船只通航时要避免给船上的领航员造成眩光影响。为此，必要时应采用安装挡光板或格栅的灯具。

4 将灯具直接安装在栏杆上的优点是不会给在桥下的道路上行驶的驾驶员或桥下航道航行的船只领航员造成眩光；克服了灯杆林立的现象；在某种意义上讲不会破坏桥梁及其附近环境景观，同时具有良好的诱导性。缺点主要是灯具安装位置低，导致桥面亮度和照度均匀度难于达到标准要求，并且容易受到污染而变脏，使照明效果大为降低，也导致清扫周期大大缩短，维护工作量增加；灯具也容易遭到人为破坏；对在桥上行驶车辆的驾驶员造成的眩光不易限制。因此一般不宜将灯具直接安装在栏杆上，只是当桥面很窄（通常不超过 2 车道），对照明要求又不高（比如只要求它起到导向作用）或将白天景观摆在首位的情况下才可这样做。

5.2.8 本条为人行地道照明应符合的要求。

（1）地道出入口设置照明可以在夜间照亮上下阶梯；也可以在白天起到指示的作用，方便人们使用地道。基于看清楚台阶结构和与地道内照明保持衔接的原则，在夜晚，台阶上的照度不宜低于地道内地面的照度水平，据此提出了相应的照度标准值要求。

（2）根据国际照明委员会（CIE）文件及美、俄、英等国的标准，结合我国人行地道实际达到的照明水平，确定了人行地道的水平照度标准值。人行地道内有压抑感，不开阔，因而地道内照度起码不应比地道外路面照度低。考虑到夜间地道外路面上的平均照度在 30lx 或以下，所以将地道内夜间的照度定为 30lx；在白天，地道外路面照度很高，考虑到人眼的明暗适应要求，因此地道内的照度要得高一些；如果地道内存在较暗的区域或角落，会不利于看清行人以及获得安全感和开阔感，因此提出了最小照度的规定；提出垂直照度的要求是为行人之间的面部识别和安全防范提供条件，另外垂直照度也能为地道空间边缘界面提供适当的照明，提供安全感，并便于行走和导向。

5.2.9 本条为人行天桥的照明应符合的要求。

1 规定跨越有照明设施道路的人行天桥一般可不另设照明，这是基于利用道路上已有的常规照明设施即可兼顾人行天桥的照明，从而达到节省费用和能源的目的。但往往需要对紧邻天桥两侧的常规照明设施作相应调整，否则不易达到人行天桥照明标准的要求。当桥面照度小于 2lx、阶梯照度小于 5lx 时，就建议专设人行天桥（包括桥面和阶梯）照明，否则，会影响人行天桥的安全使用。

2 参考国际照明委员会（CIE）的相关文件，提出桥面的水平照度不应低于 5lx 的要求。阶梯照度应比桥面照度高，这是因为看清阶梯比看清桥面更重要，视觉要求更高。国际照明委员会（CIE）文件还提出"应使踢板和踏板的照度值之间有明显差别，以确保有适当对比，使行人看得清楚"。据此，本标准作出了"阶梯踏板的水平照度与踢板的垂直照度之比不应小于 2∶1"的规定。

3 本款中涉及的眩光干扰包括对使用天桥的行人和道路上的机动车驾驶员的眩光干扰。

5.2.10 本条为公共停车场的照明要求。

1 停车场的照明与交通量或使用频率有密切关系，因此，本标准规定了按交通量的不同提供相应的照明，而交通量往往与停车场所处区域的性质有关，一般来说，居住区交通量低一些，商业区、多功能商务区、体育休闲娱乐区等交通量要高一些，机关办公学校等区域的交通量介于上述二者之间。标准值的规定参考了现行国家标准《室外作业场地照明设计标准》GB 50582 和英国等国家的标准。BS 5489-2013 中规定的高交通流量情况下的标准即为 20lx，同时根据对国内停车场照明状况的调查，照明状况较好的大多为几个勒克斯到十几勒克斯之间，比较突出的问题是整个停车场地内照明均匀度比较差，而且灯具布置点少（有很多场地采用高杆灯或半高杆灯照明），停车辆稍多时，就会形成遮挡阴影，加重其不均匀；而对一些照度不是很高（平均照度几个勒克斯）但灯具分布合理、灯具选择方面有针对性考虑、照度均匀性较好的停车场地的调查发现，这样的场地使用起来更为方便，人们反映更好。所以，综合考虑。选择（5~20）lx 的照度标准，同时保证良好的照明均匀性，是比较合适的，过高的照明会对停车场周边道路和建筑造成光干扰。

2 停车场的出入口需要查验证件、收费等，因此，照明应适当加强，并为这些作业提供针对性的照明。停车场出入口与道路连接，因此，出入口的照明应该与道路照明做好衔接和过渡。

5.2.11 本条为道路与水面接界的照明布置要求，目的是更清楚地照亮水岸边界，并以照明设施的布置起到提示作用，保障行车安全。

5.2.12 本条为增设过渡照明的要求。

从亮环境到暗环境，或从暗环境到亮环境，人的视觉需要有一个适应过程，前者称为暗适应，后者称为明适应。暗适应比明适应所需的时间要长。所要求的适应时间与亮度差有关。道路照明主要考虑暗适应。

因此，从装设照明的路段到不设照明的路段中间往往要增设过渡照明，即要把照明路段延长并逐渐降低照明水平，只有这样才能使驾驶员的视力保持不变。对 2cd/m² 路面亮度水平而言，人眼的暗适应一般需要 10s，若行车速度为 70km/h，则过渡照明路段的长度大约为 200m。过渡照明的设置方法通常是保持灯具原来的安装高度和间距，以 3∶1 的梯度，逐渐减少光源的功率直至 0.3cd/m² 的亮度水平。

若装设照明路段路面的平均亮度低于 1cd/m²，行车速度低于 50km/h，就不必考虑过渡照明。

5.2.13 本条为植树道路的照明应符合的要求。

（1）在新建道路上植树时考虑日后树木长大后不会和照明产生太大的矛盾，这是解决问题的根本方法。所以，在植树时，要求道路照明的管理部门和园林绿化的管理部门应该充分协商，合理选择树种，以避免或尽量减少日后树木对道路照明的影响；另外，把树木布置轴线与灯杆布置轴线错开，向后边相对移位，也是降低树木遮光影响的一个办法。

（2）适当修剪枝叶，以消除或减少对光线的遮挡。实践证明这是解决树木和道路照明已经存在矛盾的有效办法。通常并不需要剪掉灯具周围的全部枝叶，只需要修剪低于灯具的那部分枝叶即可。

（3）在树木严重影响道路照明的路段采取调整灯具安装高度的方法，包括降低和提高安装高度，目的是使灯具错开树冠，降低安装高度方法用得更多一些。

（4）由于目前使用的高杆灯大多为灯盘升降形式，为便于维修，下部必须留有作业空间，地面绿化不能影响灯盘升降和维护作业。

5.2.14 本条为居住区道路照明应符合的要求。

1 本款为对居住区道路照明水平的要求。

2 行人和非机动车交通道路对眩光限制的要求不是很严格，光线适当有点耀眼反而可以活跃气氛，增加环境的吸引力，因此，重点是要限制在视平线方向不能有太强的光线。本款中关于安装高度和裸光源的规定就是针对这一问题而提出的，特别是 LED 光源的推广使用，其所具有的表面高亮度特点，更是容易在安装高度较低的居住区人行道路照明中造成严重的眩光问题，因此需要予以特别的注意。本款中所言

裸灯并非专指光源裸露在空气中的形式，也包括灯具外罩采用清水玻璃一类的高透明度材料，眼睛能透过灯具外罩直接看到光源或发光体。

3 居住区道路上往往是人车混行，根据我国居住区的特点，按照现行国家标准《城市居住区规划设计规范》GB 50180 的规定，可以把这类道路分为与城市道路相连的居住区道路以及居住区内建筑之间的连接道路两类。与城市道路相连的居住区道路重点考虑行车要求，按照机动车道路照明标准提出要求，同时兼顾行人要求；居住区内建筑之间的连接道路则重点照顾行人，按人行道路照明标准进行要求，同时兼顾机动车通行要求。

4 随着我们国家城市建设的快速发展，在居住区，光干扰问题越来越突出，应该加以控制，需要在设计阶段有效预防，在照明设施调试或投入运行初期应该解决。光污染和光干扰需要专门的标准加以限制，我国现行行业标准《城市夜景照明设计规范》JGJ/T 163 对此作了相应规定。对居住建筑而言，其内容包括两个方面，即限制照明设施在居住建筑窗户外表面产生的垂直面照度最大值和限制朝向居住建筑居室方向的灯具发光强度，其具体规定见现行行业标准《城市夜景照明设计规范》JGJ/T 163 中关于光污染限制的章节。关于"必要时应对灯具采取相应的遮光措施"的规定，是指在设计时需要兼顾满足道路照明需要和防止干扰光侵扰居民两方面要求，有时候难以两全，按常规方式布置灯具和选择产品以满足道路照明需要时，就可能产生光干扰问题，这时就应该考虑对灯具采取遮光措施。

5.2.15 本条为人行横道照明应符合的要求。

人行横道属于机动车和行人的交会区，是交通事故易发区域，直接关系到人身安全，因此，人行横道的照明特别重要。本次修订标准时主要参考了 CIE136 号出版物等文件。

本条第 1 款是对人行横道地面照度水平的要求。第 2 款提出了对人行横道垂直照度的要求，目的是方便驾驶员更容易对人行横道上行人的观察，以便根据情况及时采取针对性措施。第 3 款规定了人行横道应增设附加灯具以及所选用灯具的类型和安装方式，目的是保障照明要求，另外还提出了限制眩光的要求。第 4 款规定的目的是为了突出人行横道，以警示机动车和行人，有助于交通安全。

5.2.16 本条为公交车站照明应符合的要求。

要求公交站地面的照明应该高于其所在道路的照度，是由于此处乘客上下车时驾驶员的作业更复杂，需要更高的照明来保障。提出当公交车站为按港湾式进行设计的停靠站时的灯具设置要求，是为了满足驾驶员和乘客的观察和行动需求。

5.2.17 本条为路边停车带照明的要求。目的是保证停车就位和取车离开时要进行视觉观察的需要，并通

过合理设计避免车身阴影干扰路面的照明效果。

5.2.18 本条为城市隧道的照明应符合的要求。因城市隧道逐渐增多，它们和城市道路联系越来越密切，需要进行相应的照明规定。本条中关于隧道照明标准要求应根据行车速度和交通流量确定，具体设计宜按现行国家标准《城市道路交通设施设计规范》GB 50688的相关内容来执行。除了要考虑隧道内道路照明的要求之外，还要考虑隧道内外环境亮度的影响和道路亮度的关系，白天需要考虑隧道和道路之间的明暗适应，夜间主要考虑隧道和相连道路之间的照明连续性。

5.3 道路两侧设置非功能性照明时的设计要求

5.3.1 驾驶员驾车行驶时，正常观察路面的视野范围内，如果有不适宜的亮度分布或亮度及色彩变化，会分散其视觉注意；道路周边环境亮度过高会提高驾驶员视野范围内的适应亮度，进而影响其对路面障碍物的视觉辨识。由于靠近道路的建筑物等会出现在驾驶员的视野内，因此，本条提出了在道路两侧的这些载体上设置装饰照明时，不应干扰道路上的功能照明，也就是应该避免产生前述的那些问题。把功能照明和装饰照明结合起来进行设计是比较合适的协调方法，可以在不影响道路照明效果的前提下，完成装饰照明的设计。

5.3.2 本条针对机动车交通道路两侧设置的装饰照明可能造成对驾驶员视觉干扰，规定了所应采取的措施和基本要求。

5.3.3 本条是对机动车交通道路两侧设置广告灯光的基本要求，是针对目前国内在机动车道两侧及灯杆上广告及灯光设置的混乱无序状态作出的规定。

6 照明供电和控制

6.1 照明供电

6.1.1 本条明确了城市道路照明负荷分级及供电要求。本次修订从安全和经济损失两方面综合考虑，调整了对城市中的重要道路、交通枢纽及人流集中的广场等区段照明的供电要求。

6.1.2 本条规定了道路照明供配电系统设计的基本原则。

1 路灯供电网络设计既要符合城市道路规划的要求，也应符合城市电力规划规范的要求。鉴于城市供电线路通道资源的匮乏，以及从资源共享、提高资源综合效益等角度考虑，现在未采用10kV专线供电的城市既无可能也不宜投资建设10kV路灯供电专线。同时，国内原采用10kV路灯供电专线的城市，基本上均转为10kV城市公网供电。但为了降低城市公共负荷的峰谷变化对路灯供电质量的影响，本标准推荐以城市公网上的路灯专用变压器供电。

2 D，yn11结线组别的三相配电变压器是指高压绕组为三角形、低压绕组为星形且有中性点和"11"结线组别的三相配电变压器。D，yn11结线有利于抑制高次谐波，且比Y，yn0结线的零序阻抗要小得多，有利于单相接地短路故障的切除。另外，Y，yn0结线变压器要求中性线电流不超过低压绕组额定电流的25%，严重地限制了接用路灯这类单相负荷的平衡度，影响了变压器设备能力的充分利用，因而在道路照明配电系统中，推荐采用D，yn11结线组别的配电变压器。

由于电网各点的电压水平高低不一，合理选择变压器的变压比和电压分接头，可将供配电系统的电压调整到合理的水平上。

3 为了最大限度地降低变压器的电能损耗，应合理配置变压器的负载，使变压器的平均负载系数β在变压器最佳经济运行区内。变压器平均负载系数β的计算公式如下：

$$\beta = \frac{P_2}{S_N \cos\psi} \quad (1)$$

式中：P_2——一定时间内变压器平均输出的有功功率（kW）；

S_N——变压器的额定容量（kVA）；

$\cos\psi$——一定时间内变压器负载侧平均功率因数。

道路照明变压器多数采用单独运行的双绕组变压器，按照《电力变压器经济运行》GB/T 13462-2008的规定，双绕组变压器最佳经济运行区平均负载系数β上限为0.75，下限为$1.33\beta_{jz}^2$。β_{jz}为综合功率经济负载系数，其计算公式如下：

$$\beta_{jz} = \sqrt{\frac{P_0 + K_Q Q_0}{K_T (P_K + K_Q Q_K)}} \quad (2)$$

式中：P_0——变压器空载功率损耗（kW）；

P_K——变压器额定负载功率损耗（kW）；

Q_0——变压器空载励磁功率（kvar），其计算公式如下，其中I_0为变压器空载电流百分比：

$$Q_0 = \sqrt{\left(\frac{S_N I_0}{100}\right)^2 - P_0^2} \quad (3)$$

Q_K——变压器额定负载漏磁功率（kvar），其计算公式如下，其中U_K为变压器短路阻抗百分比：

$$Q_K = \sqrt{\left(\frac{S_N U_K}{100}\right)^2 - P_K^2} \quad (4)$$

K_Q——无功经济当量（kW/kvar），取0.1；

K_T——负载波动损耗系数，对于城市道路照明，可近似取2。

变压器技术参数应参见现行国家标准《油浸式电力变压器技术参数和要求》GB/T 6451或《干式电力

变压器技术参数和要求》GB/T 10228或产品生产厂家提供的数据。

通过对道路照明常用变压器进行计算的结果来看，最佳经济运行区平均负载系数 β 的下限在0.15左右，综合考虑变压器的电能损耗、设备能力的充分利用和路灯的运行规律，本标准规定变压器平均负载系数 β 不宜小于0.3。

4 在三相四线制中，如三相负荷分布不均（相线对中性线），将产生零序电压，使零点移位，其中的一相电压降低，另一相电压升高，增大了电压偏差，因此应尽量使三相负荷平衡。

6.1.3 为保证照明光源在正常电压条件下工作，确保光源电器的使用寿命及效率，对正常运行情况下灯具端电压的偏差允许值提出了限制要求，设计时应保证线路的始、末端电压均符合要求。

6.1.4 采用电缆供电，可以减少电压损失，从而缩小电压偏差范围。城市中线路通道资源紧张，线路与树木间距不易保证且人流、车流密集，采用绝缘架空导线有利于保证安全运行。为了尽可能减少电路故障对照明的影响，在进行路灯的供配电设计时，一般采用单相保护元件，当发生过载或短路故障时，可能会造成单相运行。同时道路照明电路中存在着一定的谐波电流，为了保证运行安全，特别是电缆线路原则上不允许过负荷，所以应该按照最不利的情况来考虑。此外，中性线截面与相线截面相等也有利于满足压降要求并能减低线损。

6.1.5 照明负荷主要是单相负荷，当采用三相电器进行保护时，如其中一相发生故障，会引起三相跳闸，扩大了故障影响范围。每个灯具设置保护的目的是避免单灯故障事故扩大造成大面积灭灯，尽可能减小故障影响范围。根据相关电气标准的要求，除非是上一级线路的保护电器已能保护截面减小的那一段线路或分支线，或配电回路的电流在20A以下时，才可以不必单独设置保护。

6.1.6 道路照明设备和线路均设置在户外，由于受雷电等因素的影响，发生浪涌的概率较大。设置浪涌保护装置可以减少系统的故障率，有利于延长设备的寿命。

6.1.7 根据相关规范的定义，高度超过15m的孤立的建（构）筑物、建筑群中高于其他建筑或处于边缘地带的高度为20m及以上的民用和一般工业建筑物均属于三类防雷建筑，此类建筑物的防直击雷的一般要求是在建筑物易雷击部位装设避雷带或避雷针。

6.1.8 TT系统的优点是发生接地故障时可以减少故障电压的蔓延；缺点是接地故障电流小，熔断器或断路器的瞬时过电流脱扣器不能兼做间接接触防护，必须采用剩余电流保护器才能满足切断电源的时间要求。

TN-S系统的优点是当系统正常运行时，保护导体上没有电流，电气设备金属外壳对地没有电压，而发生接地故障时其故障电流较TT系统大，在一定条件下熔断器或断路器的瞬时过电流脱扣器可能动作。其缺点是系统内任一处发生接地故障时，故障电压可沿PE线传导至他处而可能引起危害。

设计时应根据系统的以上特点，结合路灯供电系统的具体情况，按照现行国家标准《低压配电设计规范》GB 50054的相关规定，选择采用TT系统或TN-S系统。当采用TT系统时，应设置剩余电流保护器做间接接触防护。当采用TN-S系统且熔断器或断路器不能满足间接接触防护要求时，也可设置剩余电流保护器进行防护。剩余电流保护装置的选用、安装、运行和管理应满足现行国家标准《剩余电流动作保护装置安装和运行》GB 13955的相关要求，其额定动作电流要充分考虑电气线路和设备的对地泄漏电流值，必要时可通过实际测量取得被保护线路或设备的对地泄漏电流。因季节性变化引起对地泄漏电流值变化时，应考虑采用动作电流可调式剩余电流保护装置。TN-S系统应注意PE线不得接入剩余电流保护器。

6.1.9 与保护导体相连接可以降低接触电压值，亦可以提高保护电器的动作灵敏度。为尽可能降低接触电压值，路灯金属部件宜进行接地。

6.1.10 采用双重绝缘或加强绝缘的电气设备，有利于提高道路照明设施的电气安全性，但会增加设备造价，所以在有条件时可考虑采用。

6.1.11 由于道路照明设施均设置在人员容易接触的位置，为保证电气安全和防盗防破坏，有必要采取一定的防护措施。

6.2 照明控制

6.2.1 城市道路照明控制宜以时控为基础，并辅以光控功能。首先应根据所在地区的地理位置（经纬度）和季节变化，参照国家天文台提供的民用晨昏蒙影时刻或道路照明管理单位总结的一年内每天早晚时段与照度的对应关系的资料，合理确定路灯的开关灯时间。除此之外，还要考虑由于天气变化所造成的偏离平均值的情况，比如：有时在白天可能会遇到浓云蔽日、突降暴雨的情况，这时就需要开启路灯提供照明，在这种情况下就需要有辅助的光控功能自动开启路灯，而当天气恢复正常后又能适时地将路灯关闭。对于那些暂时还不能实施时控加光控以应对临时开灯需要的城市，应适当启用人工干预手动控制的功能以便使道路照明的开、关准确合理。

6.2.2 立交桥和高架桥等区域的下层道路由于受到遮挡，可能无法获得与桥外无遮挡区域相同的天然光照度，因此需要通过错时开关灯来对桥下照明予以补充，以保证桥下区域的路面和桥外区域路面照明相同。

6.2.3 针对目前普遍采用的道路照明"三遥"系统，为保证在通信线路发生故障的情况下或监控中心瘫痪时不至于造成大面积长时间灭灯，应在控制系统中配置此功能，以保证道路照明的正常运行。

6.2.4 为了更好地兼顾道路照明效果和节能，应该充分利用照明控制手段，实现按需照明。由于LED光源的使用以及控制技术和设备的水平提高，使得照明控制越来越方便，因此，可以根据使用设备的情况以及被照明道路的具体需求，灵活地选择控制方式，以达到更有效节能的目的。

6.2.5 本条规定了开关灯时的天然光照度水平，原标准规定的开灯照度水平为15lx，关灯照度为30/20lx，经过几年的使用，本次修订结果为：快速路和主干路的开灯和关灯照度均为30lx，次干路和支路的开灯和关灯照度均为20lx，也就是提高了快速路和主干路的开灯照度。其理由如下：

提高开灯照度水平，即提早了开灯时间，在开灯的时间段，城市道路正是逐渐进入交通繁忙状态的时段，早一点开灯，能更好地保证交通高峰期道路上的光环境满足驾驶员的视觉要求。参考国外有关标准规定的开、关灯照度水平，如澳大利亚标准推荐的开、关灯照度水平在(30~60)lx，德国标准推荐开灯照度为70lx。本标准把开灯照度定为与该道路照明标准规定的照度的高档值相同，是为了更好地保证天然光照度与纯人工照明时的照度有效衔接，减少由于明暗变化带来的视觉适应问题。

把开灯照度定为道路照明标准规定的照度，对于半导体光源来说，天然光照度可以直接过渡到道路照明标准的稳定状态；对于高强度气体放电灯来说，由于有延迟效应，要在点燃15min后才能达到其90%～100%光通量，因此本次修编对于开灯照度的提高，可以减少明暗适应的时间和幅度。

一般来说，不同级别道路照明有不同的照度水平，因此关灯时的照度水平原则上也应分别与其对应。但为了便于管理和控制，规定了30lx和20lx两种照度水平。

7 节能标准和措施

7.1 节能标准

7.1.1 本标准采用了照明功率密度（LPD）作为机动车交通道路照明的节能评价指标，其单位为瓦特每平方米（W/m^2）。需要注意的是，安装功率应将传统光源的镇流器或LED光源的驱动电源等电器附件的功耗包括在内。

7.1.2 本条规定了各级机动车交通道路的照明功率密度值。各级道路照明的实际能耗不得超过此限值。本条中的常规路段系指除了各种交叉口等特殊区域之外，道路宽度及道路横断面形式保持一致的道路区段。

（1）本标准对同一级道路规定了两挡亮度、照度标准值，因而也相应规定了两挡功率密度值。

（2）由于照明功率密度与路面宽度即车道数有密切关系，而路面宽度又有多种变化，为方便使用，先选定出现得比较多的车道数作为某级道路宽度的代表，然后把路宽归为两类，大于或等于此车道数为一类，小于此车道数为另一类。比如，快速路中出现得比较多的是6车道，则大于或等于6为一类，小于6为另一类，设计时就能根据具体道路参数很容易确定所对应的LPD值。

（3）本标准规定的各级机动车交通道路的照明功率密度值系采用高压钠灯的参数进行计算的结果。理论上讲，若采用其他光源，则应将LPD乘以适当的系数。比如，采用金属卤化物灯时，应乘以1.3，它是高压钠灯与金属卤化物灯的光通量之比，在2006年版中就是采取的这种规定方式。对于照明节能而言，肯定是要选择光效高的光源，之所以在道路照明中还要考虑金属卤化物灯，是基于它的良好显色性。现在，LED光源快速发展，并且逐渐走向成熟，已经成为道路照明可选择光源中的一种，其所具有的高光效和高显色性会在道路照明不逊于其他光源，所以，在本次修订中，对所有光源统一规定功率密度值。

（4）由于本次修订对道路中的次干路照明标准提高了一级，因此其照明功率密度也要按照该照明等级进行规定。

（5）为了规定本标准中的LPD值，我们对我国部分城市道路照明耗能现状进行了调研，同时研究并参考了美国有关资料的内容和计算方法，最终导出了各级道路的LPD值。表1为成都市部分道路的照明功率密度折算值。由于不少道路的平均照度超过了30lx，为了便于比较，均折合成100lx、30lx、20lx时的LPD，而不是实际照度下的LPD。表2为Journal of the IES, 1990 Winter, "IES Guidelines for Unit Power Density (UPD) for New Roadway Lighting Installation"（北美照明工程学会杂志，1990，冬季刊，北美照明工程学会关于新道路照明设施的单位功率密度的指引）提供的不同宽度道路的照明功率密度折算值。

表1 成都市不同宽度道路的LPD平均折算值

道路宽度(m)	车道数	LPD平均折算值						道路数
		100lx	30lx	20lx	15lx	10lx	8lx	
≥21	≥6	3.30	0.99	0.66	—	—	—	14
14~20	4~5	3.50	1.05	0.70	0.53	0.35	—	20
8~13	2~3	4.17	1.25	0.83	0.63	0.42	0.33	23
<8	1~2				0.79	0.52	0.42	5

注：表中的LPD值系在成都市城市照明管理处所提供的资料基础上经光源光通量、镇流器能耗、灯具维护系数等修正后所得到的数值。

表 2 美国资料提供的不同宽度道路的 LPD 折算值

道路宽度 (m)	车道数	LPD 折算值					
		100lx	30lx	20lx	15lx	10lx	8lx
24～30	>6	3.8	0.95	0.63	—	—	—
22	6	3.61	1.08	0.72	—	—	—
16～20	4～5	4.1	1.23	0.82	0.61	0.41	—
14	4	4.50	1.35	0.90	0.68	0.45	—
10～12	3～4	5.67	—	—	0.85	0.56	0.45
8	2	6.36	—	—	—	0.63	0.50

本标准的表 7.1.2 中各级机动车交通道路的 LPD 值是在表 1 的基础上作必要的修正并参考表 2 导出的。

通过对我国 22 座城市的 161 条道路的照明功率密度进行了统计分析，再根据路宽分类、并折算成产生 100lx 照度情况下，统计约有 60% 道路的 LPD 值符合本标准的要求。具体到某一条道路，如果其平均照度高于标准值，其 LPD 值多半就会超过本标准规定的限值，但在进行照明设计时，只要将照明水平控制在标准范围内，并进行认真计算，其 LPD 值完全能够达到本标准的要求。

表 2 中所列出的内容是 1990 年 IES 学报刊登的文章，这是本领域具有代表性的成果，其主要意义是它确立了一种计算方法，自那时至今，其所针对的道路形式并无变化，只是文章中采用的高压钠灯光效有一些提升，因此，其计算方法仍然适用。编制本标准时参考了他们的计算方法，但在具体计算中是依据我们国家道路的形式和路宽进行的，光源和灯具的有关光度数据也是依据最新数据。基于光源光效水平的提升以及 LED 照明光源的引入，在本次修编中，又进行了深入的调研和计算，根据调研和计算结果，对功率密度进行了相应的调整，其目的是进一步提高节能效果。

7.1.3 计算道路照明的功率密度，除了要考虑光源的功率之外，还要考虑灯具的电器附件功耗。如 HID 光源配置的镇流器等附件以及 LED 光源配置的驱动电源等附件，这些附件的功耗因品牌型号不同会有些许差异，但总的来说差别不大，对计算结果影响不大。为便于设计计算，本条对电器附件功耗作了统一规定，通过广泛调查，作出了 HID 灯具功耗可按光源功率的 15% 计算，LED 灯具功耗可按光源功率的 10% 计算的规定。

7.2 节 能 措 施

7.2.1 照明设计是实现节能的核心环节，必须给予高度的重视。在进行照明设计时，要同时提出多套方案，进行设计计算，在确定它们都符合照明标准的要求后，再进行综合经济分析比较，从中选取最佳的方案。要摒弃那种整理出固定参数表格，然后进行套用的做法。

7.2.2 变压器是路灯供配电系统中的一个重要设备，其能效值对整个系统能效的影响较大。加之路灯运行的特点，路灯专用变压器空载工作时长比一般大于 50%。因此本次修订增加了选用低损耗变压器的要求。由于参照的《三相配电变压器能效限定值及能效等级》GB 20052 标准适用于三相 10kV 电压等级、无励磁调压、额定容量 30kVA～1600kVA 的油浸式配电变压器和额定容量 30kVA～2500kVA 的干式配电变压器。虽然绝大多数路灯变压器在此范围内，但部分地区可能会有非 10kV 电压等级或单相变压器应用，设计选型时不受此条规定限制，但也应选用节能型变压器。

7.2.3 合理选择照明器材是实现节能的有效手段之一。

1 本款为对光源、镇流器进行选择的要求。

目前我国已制定了《普通照明用双端荧光灯能效限定值及能效等级》GB 19043、《单端荧光灯能效限定及节能评价值》GB 19415、《高压钠灯能效限定值及能效等级》GB 19573、《管形荧光灯镇流器能效限定值及能效等级》GB 17896、《高压钠灯用镇流器能效限定值及节能评价值》GB 19574、《金属卤化物灯能效限定值及能效等级》GB 20054 等标准。为了节约能源，应选择符合这些标准中关于节能评价值规定的光源和镇流器。

2 本款为对灯具进行选择的要求。

在选择灯具时，首先要满足灯具相关标准以及光强分布和眩光限制的要求，在此前提条件下再选择高效率者。为了这次修订，编制组又进行了调研，结果发现，采用传统光源的灯具的光效基本上维持在 2006 年版编制时的水平。所以，本次修编，对泛光灯和常规道路照明灯具效率的规定仍维持原来的要求。

7.2.4 气体放电灯的功率因数一般在 0.4～0.6，可通过实施电容补偿或配用电子镇流器来予以提高。从目前的实际情况考虑，补偿后的功率因数在 0.8～0.9 为宜，本标准规定其不应小于 0.85。

7.2.5 在深夜普遍降低路面亮度或照度是节能效果最为明显的一项措施。采取过和正在采取这种措施的国家也不少，国内很多城市采用这一措施，也获得了明显的效果。由于道路照明的亮度或照度标准是与道路上的交通流量、环境亮度等因素相关，因此，在深夜时，也应根据这些因素的变化来确定相应时间段的路面亮度或照度。

一般情况下，相比于傍晚，深夜的交通流量和环境亮度都会有明显的降低，因此，可根据不同时间段的实际道路交通状况以及环境亮度，实时调节路面照明水平。

从照明系统投入运行到灯具维护时,路面的照明水平会高于标准值约30%,因此前半夜就可以降照度或亮度。

在夜间,一些道路在特定时间段可能会出现提高照明水平的要求,比如体育场馆或大型观演场所等附近的道路,在散场时人流车流急剧增加,就需要相应提高道路的照明亮度或照度。

综上所述,在设计中,可根据所在道路的照明等级、夜间路面实时照明水平以及不同时间段的交通流量、车速、环境亮度的变化等因素,确定相应时段需要的照明水平,通过智能控制,调节路面照度或亮度,达到"适宜照明"的效果,国际照明委员会把这种措施称为 adaptive lighting,英国将其称为 variable lighting。

7.2.6 有一些道路使用双光源灯具,深夜时的交通流量小,关闭一支光源,无疑是一种简便易行的方法,既可以达到节能目的,又不影响路面照明的均匀性。

还可以采用在深夜关掉一些灯具的办法来降低路面亮度或照度,其优点是简单实用,缺点是会降低道路路面亮度(或照度)均匀度,因此,只建议在一些中小城市中次要区域或交通量不大的道路使用这种方法。采取这种办法时要注意的是不允许关掉道路纵向相邻的两盏灯具,以避免均匀度降低得过多。

7.2.7 清扫和维护灯具等照明设备对节能有着重要的现实意义。对灯具来说,若能按半年或一年周期进行一次彻底擦拭的话,保持0.65以上的维护系数应该是没有问题的。但是,若长期不进行擦拭或擦拭不彻底,同时灯具的防护等级又较低的话,其维护系数甚至有可能减低到0.3~0.4。即可以通过擦拭灯具来提高光源光通量利用率,这样就有可能在满足照明数量和质量要求的前提下,通过选用功率较小的光源,从而达到节能的目的。

附录 A 路面亮度系数和简化亮度系数表

A.0.2 进行路面亮度计算,需要灯具的光度数据和路面亮度系数(q)或简化亮度系数(r)。实际路面的q或r只有通过测量才能获得。由于我国目前尚没有自己的路面亮度系数,因此,本标准建议采用国际照明委员会(CIE)和道路代表大会国际常设委员会(PIARC)共同推荐的简化亮度系数表(即表 A.0.2-1 和表 A.0.2-2)。由于不同路面的Q_0值差别较大,为了得到精确的照明计算结果,也可采用实测的Q_0值,测试方法可参考国际照明委员会(CIE)相关技术文件。

中华人民共和国行业标准

城镇供水厂运行、维护及安全技术规程

Technical specification for operation, maintenance
and safety of city and town waterworks

CJJ 58—2009

批准部门：中华人民共和国住房和城乡建设部
施行日期：２０１０年８月１日

中华人民共和国住房和城乡建设部
公 告

第 444 号

关于发布行业标准《城镇供水厂运行、维护及安全技术规程》的公告

现批准《城镇供水厂运行、维护及安全技术规程》为行业标准，编号为 CJJ 58-2009，自 2010 年 8 月 1 日起实施。其中，第 2.1.4、2.2.1、2.7.1、2.8.6、3.1.2、3.1.4、4.1.1、4.1.3、4.13.2、4.13.4、9.1.1、9.1.5、9.2.2、9.2.3、9.3.1、9.3.2、9.3.3、9.3.4、9.3.5、9.3.7、9.3.8、9.3.9、9.3.11、9.3.12、9.3.13、9.3.14、9.3.16、9.4.1、9.4.3、9.5.2、9.5.5、9.5.6、9.5.8、9.5.9、9.5.10 条为强制性条文，必须严格执行。原《城镇供水厂运行、维护及安全技术规程》CJJ 58-94 同时废止。

本规程由我部标准定额研究所组织中国建筑工业出版社出版发行。

中华人民共和国住房和城乡建设部
2009 年 11 月 24 日

前 言

根据原建设部《关于印发〈二〇〇四年工程建设城建、建工行业标准制订、修订计划〉的通知》（建标[2004]66 号文）的要求，规程编制组经广泛调查研究，认真总结实践经验，参考有关国际标准和国外先进标准，并在广泛征求意见的基础上，修订了本规程。

本规程的主要技术内容是：1 总则；2 水质监测；3 制水生产工艺；4 供水设施运行；5 供水设备运行；6 供水设施维护；7 供水设备维护；8 自动化系统的运行与维护；9 安全。

本次修订的主要内容是：增加了在线监测、预处理和深度处理工艺、污泥处理、地下水处理、防雷保护装置及自动化系统等相关内容。

本规程中以黑体字标志的条文为强制性条文，必须严格执行。

本规程由住房和城乡建设部负责管理和对强制性条文的解释，由中国城镇供水排水协会负责具体技术内容的解释。执行过程中如有意见或建议，请寄送中国城镇供水排水协会（地址：北京市海淀区三里河路 9 号，住房和城乡建设部院内；邮政编码：100835）。

本规程主编单位：中国城镇供水排水协会
　　　　　　　　北京市自来水集团有限责任公司

本规程参编单位：天津市自来水集团有限公司
　　　　　　　　上海市自来水市北有限公司
　　　　　　　　武汉市水务集团有限公司
　　　　　　　　深圳市水务（集团）有限公司

本规程主要起草人员：刘志琪　宁瑞珠　徐　扬
　　　　　　　　　　刘永康　刘百德　赵顺萍
　　　　　　　　　　舒复兴　王富菊　赵桂芝
　　　　　　　　　　顾军农　宋　涛　梁再辉
　　　　　　　　　　徐　岩　王宝林　韩砚萍
　　　　　　　　　　孙有春　田宝义　杨祖萍
　　　　　　　　　　鲍士荣　陆宇骏　范爱丽
　　　　　　　　　　卢益新　曾　卓　余少先

本规程主要审查人员：王占生　宋仁元　洪觉民
　　　　　　　　　　何文杰　岳舜琳　韩庆祥
　　　　　　　　　　张金松　樊康平　王　强

目 次

1 总则 ·· 69—7
2 水质监测 ·· 69—7
　2.1 一般规定 ····································· 69—7
　2.2 原水 ··· 69—7
　2.3 净化工序水 ·································· 69—7
　2.4 水质检验项目和频率 ····················· 69—7
　2.5 检验方法 ····································· 69—8
　2.6 在线监测 ····································· 69—8
　2.7 净水药剂及材料 ··························· 69—8
　2.8 质量控制 ····································· 69—9
3 制水生产工艺 ···································· 69—9
　3.1 一般规定 ····································· 69—9
　3.2 质量控制 ····································· 69—9
4 供水设施运行 ·································· 69—11
　4.1 取水口 ······································· 69—11
　4.2 原水输水管线 ····························· 69—11
　4.3 预处理 ······································· 69—11
　4.4 加药和消毒 ································ 69—12
　4.5 混合、絮凝 ································ 69—13
　4.6 沉淀 ·· 69—13
　4.7 澄清池 ······································· 69—14
　4.8 普通滤池 ··································· 69—15
　4.9 臭氧接触池 ································ 69—15
　4.10 活性炭滤池 ······························ 69—16
　4.11 臭氧系统 ·································· 69—16
　4.12 臭氧发生器气源系统 ················· 69—16
　4.13 清水池 ····································· 69—17
　4.14 污泥处理系统 ··························· 69—17
　4.15 地下水处理系统 ······················· 69—17
　4.16 厂级调度 ································· 69—17
5 供水设备运行 ·································· 69—17
　5.1 水泵 ·· 69—17
　5.2 电动机 ······································· 69—19
　5.3 变压器 ······································· 69—20
　5.4 配电装置 ··································· 69—22
　5.5 低压配电装置 ····························· 69—24
　5.6 防雷保护装置 ····························· 69—24
　5.7 电力电缆 ··································· 69—24
　5.8 10kV及其以下架空电力线路 ······· 69—25
　5.9 室内配电线路、电气及照明设备 ······ 69—27
　5.10 配电线路的异常运行与事故处理 ··· 69—27
　5.11 直流电源 ·································· 69—27
　5.12 变频器 ····································· 69—27
　5.13 继电综合保护装置 ···················· 69—27
6 供水设施维护 ·································· 69—28
　6.1 一般规定 ··································· 69—28
　6.2 取水口设施 ································ 69—28
　6.3 原水输水管线 ····························· 69—28
　6.4 预处理设施 ································ 69—29
　6.5 投药设施 ··································· 69—29
　6.6 混合絮凝设施 ····························· 69—30
　6.7 沉淀、澄清设施 ························· 69—30
　6.8 普通滤池 ··································· 69—32
　6.9 臭氧接触池 ································ 69—32
　6.10 活性炭滤池 ······························ 69—33
　6.11 臭氧发生器 ······························ 69—33
　6.12 臭氧发生器气源系统 ················· 69—33
　6.13 清水池 ····································· 69—33
　6.14 消毒设施 ·································· 69—34
　6.15 污泥处理系统 ··························· 69—34
　6.16 地下水处理设施 ······················· 69—35
　6.17 排水设施 ·································· 69—35
7 供水设备维护 ·································· 69—35
　7.1 一般规定 ··································· 69—35
　7.2 水泵 ·· 69—35
　7.3 电动机 ······································· 69—38
　7.4 变压器 ······································· 69—39
　7.5 高压配电装置 ····························· 69—40
　7.6 高压断路器 ································ 69—40
　7.7 高压隔离开关、负荷开关 ············ 69—41
　7.8 高压熔断器 ································ 69—41
　7.9 高压电流、电压互感器 ··············· 69—41
　7.10 电力电容器 ······························ 69—41
　7.11 低压配电装置 ··························· 69—42
　7.12 二次回路系统 ··························· 69—42
　7.13 防雷与过电压保护装置 ············· 69—42
　7.14 接地装置 ·································· 69—43
　7.15 10kV及以下架空线路 ··············· 69—43
　7.16 10kV及以下电力电缆线路 ········· 69—43

7.17 变频器……………………………69—43	9.1 水质安全保障…………………………69—45
8 自动化系统的运行与维护……………69—44	9.2 制水生产工艺安全……………………69—46
8.1 一般规定………………………………69—44	9.3 氯气、氨气、氧气及臭氧使
8.2 控制室…………………………………69—44	用安全………………………………69—46
8.3 现场监控站……………………………69—45	9.4 二氧化氯及次氯酸钠使用安全………69—46
8.4 不间断电源及蓄电池…………………69—45	9.5 电气安全………………………………69—47
8.5 在线仪器仪表…………………………69—45	本规程用词说明……………………………69—47
8.6 执行器和驱动器………………………69—45	引用标准名录………………………………69—47
8.7 防雷与防电磁涌流……………………69—45	附：条文说明…………………………………69—49
8.8 视频系统………………………………69—45	
9 安全……………………………………69—45	

CONTENTS

1 General Provisions .... 69—7
2 Water Quality Monitoring .... 69—7
  2.1 General Requirement .... 69—7
  2.2 Raw Water .... 69—7
  2.3 Quality Check Point in Water Purification Processes .... 69—7
  2.4 The Indicator and Frequency of Water Quality Test .... 69—7
  2.5 Test Method .... 69—8
  2.6 Online Monitoring .... 69—8
  2.7 Water Purification Chemical and Material .... 69—8
  2.8 Quality Control .... 69—9
3 Water Producing Process .... 69—9
  3.1 General Requirement .... 69—9
  3.2 Quality Control .... 69—9
4 Operation of Water Supply Facilities .... 69—11
  4.1 Water Intake .... 69—11
  4.2 Raw Water Supply Pipeline .... 69—11
  4.3 Pretreatmemt .... 69—11
  4.4 Dosing and Disinfection .... 69—12
  4.5 Mix and Flocculation .... 69—13
  4.6 Precipitation .... 69—13
  4.7 Clarification Tank .... 69—14
  4.8 Ordinary Filter .... 69—15
  4.9 Ozonic Contacting Tank .... 69—15
  4.10 Activated Carbon Filter Tank .... 69—16
  4.11 Ozonic System .... 69—16
  4.12 Ozonizer Source System .... 69—16
  4.13 Clean Water Tank .... 69—17
  4.14 Sludge Treatment System .... 69—17
  4.15 Underground Water Treatment System .... 69—17
  4.16 Pactory Scheduling .... 69—17
5 Operation of Water Supply Equipment .... 69—17
  5.1 Water-pump .... 69—17
  5.2 Motor .... 69—19
  5.3 Transformer .... 69—20
  5.4 Distribution Equipment .... 69—22
  5.5 Low-voltage Distribution Equipment .... 69—24
  5.6 Lightning Protection Device .... 69—24
  5.7 Power Cable .... 69—24
  5.8 Overhead Power Line ($\leqslant 10kV$) .... 69—25
  5.9 Indoor Distribution Lines, Electrical Appliances and Lighting Equipment .... 69—27
  5.10 Abnormal Operation of Distribution Lines and Accident Disposal .... 69—27
  5.11 DC Power Supply .... 69—27
  5.12 Frequency-Converter .... 69—27
  5.13 Relay Protection Device .... 69—27
6 Maintenance of Water Supply Facility .... 69—28
  6.1 General Requirement .... 69—28
  6.2 Water Intake Facility .... 69—28
  6.3 Raw Water Distribution Pipeline .... 69—28
  6.4 Pre-Treatment Facility .... 69—29
  6.5 Dosing Facility .... 69—29
  6.6 Mix and Flocculation Facility .... 69—30
  6.7 Precipitation and Clarification Facilities .... 69—30
  6.8 Ordinary Filter Tank .... 69—32
  6.9 Ozonic Contacting Tank .... 69—32
  6.10 Activated Carbon Filter Tank .... 69—33
  6.11 Ozonizer .... 69—33
  6.12 Ozonizer Source System .... 69—33
  6.13 Clean Water Tank .... 69—33
  6.14 Disinfection Facility .... 69—34
  6.15 Sludge Treatment System .... 69—34
  6.16 Underground Water Treatment System .... 69—35
  6.17 Drainage Facility .... 69—35
7 Maintenance of Water Supply Equipment .... 69—35
  7.1 General Requirement .... 69—35

7.2	Water-pump		69—35
7.3	Motor		69—38
7.4	Transformer		69—39
7.5	High-voltage Distribution Equipment		69—40
7.6	High-voltage Circuit Breaker		69—40
7.7	High-voltage Isolation, Load Switch		69—41
7.8	High-voltage Fusegear		69—41
7.9	High-voltage Current and Voltage Transformer		69—41
7.10	Power Capacitor		69—41
7.11	Low-Voltage Distribution Equipment		69—42
7.12	Secondary Circuit System		69—42
7.13	Lightning and Overvoltage Protection Device		69—42
7.14	Grounding Device		69—43
7.15	Overhead Line ($\leqslant 10kV$)		69—43
7.16	Power Cable Line ($\leqslant 10kV$)		69—43
7.17	Frequency Converter		69—43
8	Operation and Maintenance Automated System		69—44
8.1	General Requirement		69—44
8.2	Control Room		69—44
8.3	Onsite Monitoring Station		69—45
8.4	UPS and the Accumulator		69—45
8.5	Instruments and Meters		69—45
8.6	Actuators and The Drivers		69—45
8.7	Lightning and Electromagnetic Flow Protection		69—45
8.8	Video System		69—45
9	Safety		69—45
9.1	Water Quality and Safety Safeguard		69—45
9.2	Safety of Water Producing Process		69—46
9.3	Safe Usage of Chlorine Gas, Ammonia Gas, Oxygen and Ozone		69—46
9.4	Safe Usage of Chlorine Dioxide and Sodium Hypochlorite		69—46
9.5	Electrical Safety		69—47
Explanation of Wording in This Specification			69—47
Normative Standards			69—47
Explanation of Provisions			69—49

1 总 则

1.0.1 为加强和规范城镇供水厂管理，确保安全、稳定、优质、低耗供水，制定本规程。

1.0.2 本规程适用于以地表水和地下水为水源的城镇供水厂的运行、维护及安全管理。

1.0.3 本规程规定了城镇供水厂运行、维护与安全的基本技术要求，当本规程与国家法律、行政法规的规定相抵触时，应按国家法律、行政法规的规定执行。

1.0.4 城镇供水厂的运行、维护及安全，除应执行本规程外，尚应符合国家现行有关标准的规定。

2 水 质 监 测

2.1 一 般 规 定

2.1.1 供水厂应设立水质化验室，并应配备与供水规模和水质检验要求相适应的检验人员和仪器设备，还应负责检验原水、净化工序出水、出厂水和管网水水质。供水厂水质检验工作可由供水厂化验室单独完成或与其所属单位的水质监测中心共同承担完成。

2.1.2 当供水厂选用地表水或地下水作为供水水源时，其水质应分别符合国家现行标准《地表水环境质量标准》GB 3838、《地下水质量标准》GB/T 14848 和《生活饮用水水源水质标准》CJ 3020 的要求。

2.1.3 水质不符合要求的水源，不应作为供水水源。当限于条件必需利用时，供水厂必须增加相应的处理工艺，并应加强对相关指标的监测。

2.1.4 出厂水水质必须达到使管网水质符合现行国家标准《生活饮用水卫生标准》GB 5749 规定的要求。

2.2 原 水

2.2.1 供水厂必须按照现行国家标准《生活饮用水卫生标准》GB 5749 的有关规定，并结合本地区的原水水质特点对进厂原水进行水质检验。当原水水质发生异常变化时，应根据需要增加检验项目和频率。

2.2.2 以地表水为水源的供水厂宜在取水口附近或水源保护区内建立原水水质在线监测及预警系统，原水水质在线监测及预警项目可根据当地原水特性和条件选择。未建立原水水质在线监测及预警系统的供水厂应在适当的范围内划定原水水质监测段，在监测段内应设置有代表性的水质监测点。

2.2.3 以地下水为水源的供水厂应在汇水区域或井群中选择有代表性的水源井和全部补压井作为原水水质监测点。

2.3 净化工序水

2.3.1 供水厂应在每一个净化工序中设置水质监测点。当生产需要、工艺调整或者水质异常变化时，可增加工序水质检验项目和频率。

2.4 水质检验项目和频率

2.4.1 供水厂水质检验项目和频率应符合表 2.4.1 的规定。

表 2.4.1 水质检验项目和频率

水样		检验项目	检验频率
水源水	地表水、地下水	浑浊度、色度、臭和味、肉眼可见物、COD_{Mn}、氨氮、细菌总数、总大肠菌群、大肠埃希氏菌或耐热大肠菌群	每日不少于1次
	地表水	现行国家标准《地表水环境质量标准》GB 3838 中规定的水质检验基本项目、补充项目及特定项目	每月不少于1次
	地下水	现行国家标准《地下水质量标准》GB/T 14848 中规定的所有水质检验项目	每月不少于1次
沉淀、过滤等各净化工序		浑浊度及特定项目	每1~2小时1次
		浑浊度、余氯、pH	在线监测或每小时1~2次
出厂水		浑浊度、色度、臭和味、肉眼可见物、余氯、细菌总数、总大肠菌群、大肠埃希氏菌或耐热大肠菌群、COD_{Mn}	每日不少于1次
		现行国家标准《生活饮用水卫生标准》GB 5749 规定的表1、表2全部项目和表3中可能含有的有害物质	每月不少于1次
		现行国家标准《生活饮用水卫生标准》GB 5749 规定的全部项目	以地表水为水源：每半年检验1次；以地下水为水源：每年检验1次
管网水		色度、嗅和味、浑浊度、余氯、细菌总数、总大肠菌群，管网末梢水还应包括COD_{Mn}	每月不少于2次
管网末梢水		现行国家标准《生活饮用水卫生标准》GB 5749 规定的表1、表2全部项目和表3中可能含有的有害物质	每月不少于1次

2.4.2 水质检验项目和频率可在本规程表 2.4.1 的基础上根据条件和需要酌情增加。

2.4.3 对于部分检验频率低、所需仪器昂贵、检验成本较高的水质指标，无条件开展检验的单位可委托具有相关资质的机构进行检验。

2.5 检验方法

2.5.1 检验方法应符合现行国家标准《生活饮用水标准检验方法》GB/T 5750 或现行行业标准的规定。

2.5.2 当尚无标准方法时，可采用其他非标方法，但应经过方法确认。

2.6 在线监测

2.6.1 供水厂应设置适当数量的浑浊度、余氯、pH 等水质在线监测仪表，并应根据经济发展水平选择配置其他水质在线监测仪表。

2.6.2 在线监测仪器设备应达到所需的灵敏度和准确度，并应符合相应标准的要求。

2.6.3 水质在线监测数据应及时传递到控制中心进行监控和处理。

2.6.4 当在线仪表数据不能适时传递到供水厂的控制中心时，其运行管理人员应定期查看、记录并反馈在线仪表数据。

2.6.5 在线仪器设备应有专人定期进行校准及维护。当仪表读数波动较大时，应增加校对次数。

2.7 净水药剂及材料

2.7.1 供水厂使用的输配水设备、防护材料、水处理材料、水处理药剂，应具有生产许可证、省级以上卫生许可证、产品合格证及化验报告，并应执行索证及验收制度。

2.7.2 供水厂采用的水化学处理剂、输配水设备及防护材料应分别符合现行国家标准《饮用水化学处理剂卫生安全性评价》GB/T 17218 和《生活饮用水输配水设备及防护材料的安全性评价标准》GB/T 17219 的规定。

2.7.3 每批净水药剂及材料在进厂时、久存后和投入使用前必须按照国家现行有关标准进行抽检；未经检验或者检验不合格的产品，不得投入使用。

2.7.4 主要净水药剂及材料的检验项目和检验方法应符合表 2.7.4 的规定。

表 2.7.4 主要净水药剂及材料的检验项目和检验方法

种类	名称	检验项目	检验方法标准
絮凝剂助凝剂	聚合氯化铝	氧化铝的质量分数、盐基度、密度、水不溶物的质量分数、pH、氨态氮的质量分数、砷的质量分数、铅的质量分数、汞的质量分数、镉的质量分数、六价铬的质量分数	《生活饮用水用聚氯化铝》GB 15892
絮凝剂助凝剂	硫酸铝	氧化铝的质量分数、pH、不溶物的质量分数、铁的质量分数、铅的质量分数、砷的质量分数、汞的质量分数、铬（六价）的质量分数、镉的质量分数	《水处理剂硫酸铝》HG 2227
	硫酸铝钾	硫酸铝钾含量、重金属（以 Pb 计）含量、铁含量、砷含量、水不溶物含量、水分	《工业硫酸铝钾》HG/T 2565
	氯化铁	氯化铁的质量分数、氯亚铁的质量分数、不溶物的质量分数、游离酸（以 HCl 计）的质量分数、砷的质量分数、铅的质量分数、汞的质量分数、铬（六价）的质量分数、镉的质量分数	《水处理剂氯化铁》GB 4482
	硫酸亚铁	硫酸亚铁的质量分数、二氧化钛的质量分数、水不溶物的质量分数、游离酸（以 H_2SO_4 计）的质量分数、砷的质量分数、铅的质量分数	《水处理剂硫酸亚铁》GB 10531
	聚合硫酸铁	密度、全铁的质量分数、还原性物质（以 Fe^{2+} 计）的质量分数、盐基度、不溶物的质量分数、pH、砷的质量分数、汞的质量分数、铬（六价）的质量分数、镉的质量分数	《水处理剂聚合硫酸铁》GB 14591
	聚丙烯酰胺（PAM）	外观、固含量、丙烯酰胺单体含量、溶解时间、筛余物	《水处理剂聚丙烯酰胺》GB 17514
氧化剂消毒剂	高锰酸钾	高锰酸钾含量、镉含量、铬含量、汞含量、流动性、粒度	《工业高锰酸钾》GB/T 1608
	稳定性二氧化氯溶液	二氧化氯（ClO_2）的质量分数、密度、pH、砷的质量分数、铅的质量分数	《稳定性二氧化氯溶液》GB/T 20783
	漂白粉	有效氯、水分、总氯量与有效氯之差、热稳定系数	《漂白粉》HG/T 2496
过滤（吸附）材料	无烟煤滤料、石英砂滤料、高密度矿石滤料、砾石承托料、高密度矿石承托料	破碎率、磨损率、密度、含泥量、密度小于 $2g/cm^3$ 的轻物质含量（石英砂滤料）、灼烧减量（石英砂滤料）、盐酸可溶率、筛分、明显扁平、细长颗粒含量（承托料）、密度大于 $1.8g/cm^3$ 的重物质含量（无烟煤滤料）、含硅物质（石英砂滤料）	《水处理用滤料》CJ/T 43
	木质活性炭	碘吸附值、亚甲基蓝率、强度、表观密度、粒度、水分、pH、灰分	《木质净水用活性炭》GB/T 13803.2
	煤质颗粒活性炭	外观、孔容积、比表面积、漂浮率、pH、苯酚吸附值、水分、强度、碘吸附值、亚甲基蓝吸附值、灰分、装填密度、粒度	《净水用煤质颗粒活性炭》GB/T 7701.4

2.8 质量控制

2.8.1 供水厂应建立健全包括水质、净水药剂及材料、实验室质控在内的质量控制体系。

2.8.2 对水质可实行职能部门、供水厂两级管理，班组、水厂化验室和中心化验室三级检验。

2.8.3 各级化验室应采取有效的质量控制方式进行内部质量控制与管理，并应贯穿于检验的全过程。

2.8.4 中心化验室应进行计量资质认证。

2.8.5 中心化验室应每年至少参加一次由国际、国内有关机构组织的实验室比对或能力验证活动。

2.8.6 化验室所用的计量分析仪器必须定期进行计量检定，经检定合格方可使用。计量分析仪器在日常使用过程中应定期进行校验和维护。

2.8.7 供水厂的水质检验及数据报送人员必须经专业培训合格、持证上岗。

3 制水生产工艺

3.1 一般规定

3.1.1 供水厂应按本规程的有关规定制定符合本厂制水生产工艺特点的工艺过程水质控制标准、企业工艺规程、操作规程和安全规程。

3.1.2 制水生产工艺应保证连续地向城市供水管网供水，水压应符合国家现行有关法规和标准的规定，并应保证管网末梢压力。

3.1.3 对制水生产工艺中的主要工序必须进行工序参数检测和动态控制，并应符合下列规定：

1 净水各工序的水质检测应符合本规程第 2 章的规定，并应根据检测结果进行工序质量控制。

2 对制水生产工艺中各工序的水质、水位、压力等主要运行参数，应配置在线连续测定仪，并应根据检测结果进行工序质量控制。对检测仪表应定期进行校准。

3 进厂原水和出厂水必须计量，且流量仪表计量率应达 95% 以上。制水工艺过程应根据需要配置流量计。流量计应按其等级要求定期进行校准。

4 制水工艺中的投药系统应优先选用计量泵，以便于进行自动控制，根据计量泵或计量装置的特性，定期进行校准。

5 制水生产过程的电量消耗应按工序分别进行计量。输配水泵组应按单机组分别配置电量表，并依据当地计量部门量值传递的要求，定期对其进行检测。

6 对制水生产中的主要设施、设备的运行情况及其运行中的动态技术参数，必须制定和实施质量控制点检验制度，并应对其主要技术参数进行控制。

3.1.4 净水药剂必须计量投加。

3.1.5 供水厂的生产排水及其处理系统应与相应的制水生产能力相匹配，并满足制水生产工艺的要求。

3.1.6 制水系统及其构筑物不宜超设计负荷运行。特殊情况超负荷运行应视池型和系统运行要求确定，当超负荷运行时，应以保证出水水质符合控制标准的下限值为最大负荷量。

3.2 质量控制

3.2.1 预处理工序质量控制应符合下列规定：

1 生物预处理技术应根据水源水质、水温变化，按照设计要求，控制水力停留时间、运行水位、冲洗周期、气水比、生化水力负荷和排泥周期等工艺参数。

2 粉末活性炭投加量、投加点和投加方式应符合下列要求：

   1) 粉末活性炭的投加点应在考虑粉末活性炭与其他药剂相互抵消和协同作用的影响后合理确定。粉末活性炭的投加点应与氯等氧化剂的投加点保持一定的距离。投加点的设置还应保证足够的吸附时间。

   2) 粉末活性炭投加时必须采取防粉尘爆炸措施。当采用干式投加时，应以粉末活性炭在水中快速均匀分散开、减少结团、提高粉末活性炭利用率为原则。当采用湿式投加时，应有专用设备，并应先配成浆状，搅拌均匀后再投加。

   3) 投加量应根据原水水质进行搅拌试验后合理确定。实际投加量还应依据水力条件进行适当的调整。

3 预氧化（包括预氯化、高锰酸钾和臭氧氧化）使用的各种氧化剂，应根据水源水质和试验结果确定药剂投加量、投加方式和投加点。同时，应定期监测消毒副产物的影响，当副产物有超标现象时应采取相应的措施。

4 当原水浑浊度较高时，应采取预沉淀使高浑浊度降到常规工艺可接受的浑浊度标准。

5 当原水 pH 偏离混凝剂适宜范围，或为去除某种污染物时，均应经实验确定合理的 pH 调值量。pH 应能使混凝剂充分发挥其药效，并使污染物去除效果达到最佳。

3.2.2 常规处理工艺、工序质量控制应符合下列规定：

1 净水药剂投加工序质量控制应符合下列规定：

   1) 投加量应以当日原水的混凝搅拌试验推荐值为参考进行投加，并应依据其混凝效果进一步调整，确定合理的加注率。

   2) 投加浓度应按制水生产工艺、药剂种类和计量装置的需要进行配制、计量投加。

3) 投加点应根据不同药剂的特点和对混合强度的要求及其在制水工艺中的作用进行选择。混凝剂应加在混合的最佳处，有机高分子助凝剂应加在混合工序之后、絮凝工序的始端。

4) 投加方式应依据原水水质和混凝效果选择，并应因地制宜地选用流量比例投加或其他自动控制方式投加。

2 混合工序质量控制应符合下列规定：

1) 混合强度应满足投加的净水药剂快速均匀扩散到水中。

2) 利用进水泵进行混合的工艺，药剂投加点的设置应防止因带入气体而影响水泵及其后序的工作质量。

3 絮凝工序质量控制应符合下列规定：

1) 应按设计要求和实际生产水量，通过调整絮凝工序设施和设备运行数量控制进出口流速、运行水位、停留时间等工艺参数。

2) 应对絮凝效果进行控制，可采用对投药后水样做烧杯实验、观察絮凝池出口絮体的形态及与水体的分离度来判断絮凝效果，并调整絮凝剂的投加量。

3) 应定期排除絮凝池的积泥。

4 沉淀、澄清、气浮工序质量控制应符合下列规定：

1) 应严格控制沉淀、澄清、气浮工序的运行水位。

2) 沉淀池应根据原水水质情况控制连续排泥时间和排泥周期。澄清池应根据泥渣的沉降比控制回流量、排泥和排泥时间。气浮池应根据浮渣厚度和出水水质确定清渣时间和周期。

3) 应定期停池清理池中死区积泥。

4) 应严格控制沉淀池、澄清池、气浮池出水水质，并使其符合工艺规程的要求。

5 过滤工序质量控制应符合下列规定：

1) 应按生产实际情况并依据设计要求控制滤池滤速、运行水位、冲洗周期、冲洗时间、冲洗强度等工艺参数。

2) 滤后水质应符合工艺规程的要求。滤后水浊度应优于出厂水浊度标准。

3) 滤池冲洗后应采取措施控制投入运行时滤池的初滤水浊度符合工艺规程要求。

4) 应定期测定滤池滤料层、承托层的相关技术参数。

5) 应对定期测定的参数进行分析，对测定的技术参数严重偏离设计要求的应对滤池进行维修。

6 消毒工序质量控制应符合下列规定：

1) 化学法消毒剂的投加量应以消毒试验推荐值为参考进行投加。并依据处理水量、水的pH、水温和接触时间等参数调整投加量。

2) 氯消毒时可采用一点加氯法或多点加氯法，并应严格控制游离氯与水体的接触时间大于30min，严禁将液氯向水体中直接投加。必须具备安全、可靠、启动有效的氯气吸收或中和的设施。

3) 当采用次氯酸钠消毒时，应将有效氯在水体中的浓度作为消毒的控制指标，有效氯与水体的接触时间应大于30min。

4) 当采用二氧化氯消毒时，应在使用现场制备并应严格控制制备原料的稀释浓度，同时应对水中二氧化氯含量建立快速、灵敏、适合现场操作的检测方法，实现对二氧化氯消毒工艺的有效控制。

5) 出厂前加氨的工艺系统应严格控制氯、总氨的比例为3∶1～4∶1，并具备安全、可靠、启动有效的氨气吸收设施。

7 清水池工序质量控制应符合下列规定：

1) 根据设计和生产实际的要求，严格控制清水池的水位，严禁超上、下限（最高、最低水位）运行。应装有在线连续检测水位计或固定式水尺。

2) 当供水量低于最高设计负荷时，清水池应在24h内有最高水位和最低水位的运行过程。

3) 应定期对清水池进行清洗，地下式清水池排空时应按设计要求对其抗浮采取相应的措施。

3.2.3 深度处理工序质量控制应符合下列规定：

1 生物活性炭的反冲洗不宜采用含氯水，宜采用砂滤池出水或炭吸附池出水。

2 活性炭滤池进水应严格控制浑浊度小于1NTU。

3 应根据生产实际情况、依据设计要求控制活性炭滤池滤速、接触时间、运行周期、反冲洗强度等工艺参数。

4 活性炭失效的评价指标应主要以去除污染物效果能否达到目标值为依据。

5 活性炭经评价失效后，应再生处理或更换。

6 臭氧的投加量，宜控制水中余臭氧量为0.2mg/L。

3.2.4 供水厂污泥处理工序质量控制应符合下列规定：

1 经浓缩、脱水后的污泥干固率不应小于22%。

2 当滤池冲洗水经沉淀后的上清液和污泥浓缩上清液回用时,回流量与原水比宜为5%~10%。其沉淀、浓缩过程加注有机絮凝剂为阳离子聚合物的上清液严禁回用。回用水经与原水掺混后应符合三类水体的标准,并应具有防止原虫、病毒富集的有效措施方可回用。

3 污泥脱水后的脱水液严禁回用,当排入下水道时应符合排放标准,脱水液中残留有机絮凝剂不应对下水道造成影响。

3.2.5 地下水处理工序质量控制应符合下列规定:

1 取水构筑物应布置长期观测设施监测地下水开采动态。长期观测网、长期观测孔的设置应符合国家有关法规和标准的规定。

2 地下水水源保护区、构筑物的防护范围,应根据水源地的地理位置、水文地质条件、供水量、开采方式和污染源分布来确定。

3 在单井或井群保护区范围内,不得使用工业废水或生活污水灌溉,不得修建渗水坑,不得堆放废渣或铺设污水管道,不得破坏深层土层。

4 地下水净水处理设施应严格按照设计要求运行。

5 地下水铁锰去除工艺质量控制应符合下列规定:

　　1)当采用自然氧化法和接触氧化法时,在生产运行过程中必须保证曝气量。
　　2)当采用化学氧化法直接过滤时,应进行实验室试验确定投加量。

6 地下水膜处理工艺质量控制应符合下列规定:

　　1)当采用纳滤膜处理装置时,应采用超滤膜(或微滤、砂滤)作为前处理工艺。
　　2)当膜系统停止运行时,不得使膜变干,必须对膜进行定期清洗。
　　3)纳滤膜处理过程中当进水水质稳定,膜装置的进出口压差明显增加时,应进行冲洗。

7 地下水氟处理工艺质量控制应符合下列规定:

　　1)当采用絮凝沉淀法工艺时,硫酸铝除氟混凝最佳pH应为6.4~7.2,投加量宜为(100~300)mg/L。聚铝絮凝沉淀的pH范围应为5~8,当采用铝盐且处理后的水pH低于6.5时,应进行调pH处理后出厂。
　　2)当采用吸附过滤工艺,且低于正常吸附容量时,应进行吸附再生或更换。

8 消毒工序质量标准应符合本规程第3.2.2条第6款的规定。

9 清水池工序质量标准应符合本规程第3.2.2条第7款的规定。

4 供水设施运行

4.1 取 水 口

4.1.1 在水源保护区或地表水取水口上游1000m至下游100m范围内(有潮汐的河道可适当扩大),必须依据国家有关法规和标准的规定定期进行巡视。

4.1.2 汛期应组织专业人员了解上游汛情,检查地表水取水口构筑物的完好情况,防止洪水危害和污染。冬季结冰的地表水取水口应有防结冰措施及解冻时防冰凌冲撞措施。

4.1.3 在固定式取水口上游至下游适当地段应装设明显的标志牌。在有船只来往的河道,还应在取水口上装设信号灯。

4.1.4 固定式取水口的运行应符合下列规定:

1 取水口应设有格栅,并应设专人专职定时检查;当有杂物时,应及时进行清除处理。

2 当清除格栅污物时,应有充分的安全防护措施,操作人员不得少于2人。

3 藻类、杂草较多的地区应保证格栅前后的水位差不超过0.3m。

4 取水口应每(2~4)h巡视一次,预沉池和水库应至少每8h巡视一次。

4.1.5 移动式取水口的运行应符合下列规定:

1 取水头部应符合本规程第4.1.2条的规定。

2 应加设防护桩并装设信号灯或其他形式的明显标志。

3 在杂草旺盛季节,应设专人及时清理取水口。

4.2 原水输水管线

4.2.1 承压输水管道每次通水时均应先检查所有排气阀,正常后方可投入运行。

4.2.2 输水管线运行应符合下列规定:

1 严禁在管线上圈、压、埋、占;沿线不应有跑、冒、外溢现象。应设专人并佩戴标志定期进行全线巡视。发现危及城市输水管道的行为应及时制止并上报有关主管部门。

2 承压输水管线应在规定的压力范围内运行,沿途管线宜装设压力检测设施进行监测。

3 原水输送过程中不得受到环境水体污染,发现问题应及时查明原因并采取措施。

4 根据当地水源情况,可采取适当的措施防止水中生物生长。

4.2.3 对低处装有排泥阀的管线应定期排放积泥。其排放频率应依据当地原水的含泥量而定,宜为每年(1~2)次。

4.3 预 处 理

4.3.1 自然预沉运行应符合下列规定:

1 正常水位控制应保证经济运行。

2 高寒地区在冰冻期间应根据本地区的具体情况制定水位控制标准和防冰凌措施。

3 应根据原水水质、预沉池的容积及沉淀情况确定适宜的挖泥频率。

4.3.2 沉砂池应设挖泥、排砂设施。根据地区和季节的不同，可调整排砂、挖泥的频率，运行中的排砂宜按 8h～24h 进行一次，挖泥宜每年进行（1～2）次。

4.3.3 生物预处理应符合下列规定：

1 生物预处理池进水浑浊度不宜高于 40NTU。

2 生物预处理池出水溶解氧应在 2.0mg/L 以上。曝气量应根据原水水质中可生物降解有机物、氨氮含量及进水溶解氧的含量而定，气水比宜为 0.5：1～1.5：1。

3 生物预处理池初期挂膜时水力负荷应减半。应以氨氮去除率大于 50% 为挂膜成功的标志。

4 生物预处理池应观察水体中填料的状态是否有水生物生长。填料流化应正常，填料堆积应无加剧；水流应稳定，出水应均匀，并应减少短流及水流阻塞等情况发生。当生物预处理池反冲洗时应观察水体中填料的状态，应无短流及水流阻塞等情况发生，布水应均匀。

5 运行时应对原水水质及出水水质进行检测。有条件的应设置自动检测装置。测试项目应包括水温、DO、NH_4^+-N、NO_2^--N 等。

6 反冲洗周期不宜过短，冲洗前的水头损失宜控制在(1.0～1.5) m，过滤周期宜为（5～10）d。

7 反冲洗强度应根据所选填料确定，应为(10～20)L/(s·m²)。反冲洗时间应符合普通快滤池的反冲洗规定，当为颗粒填料时，膨胀率应控制在 10%～20%。

4.3.4 氧化预处理应符合下列规定：

1 氧化剂应主要采用氯气、臭氧、高锰酸钾、二氧化氯等。

2 所有与氧化剂或溶解氧化剂的水体接触的材料必须耐氧化腐蚀。

3 预氧化处理过程中氧化剂的投加点和加注量应根据原水水质状况并结合试验确定，但必须保证有足够的接触时间。

4 预臭氧接触池应符合下列规定：

  1）臭氧接触池应定期清洗。

  2）当接触池人孔盖开启后重新关闭时，应及时检查法兰密封圈是否破损或老化，当发现破损或老化应及时更换。

  3）臭氧投加量应根据实验确定。

  4）接触池出水端应设置水中余臭氧监测仪，臭氧工艺应保持水中剩余臭氧浓度在 0.2mg/L。

5 高锰酸钾预处理池应符合下列规定：

  1）高锰酸钾宜投加在混凝剂投加点前，且接触时间不应低于 3min。

  2）高锰酸钾投加量应控制在（0.5～2.5）mg/L。实际投加量应通过烧杯搅拌实验确定。

  3）高锰酸钾配制浓度应为 1‰～5‰，且应计量投加，配制好的高锰酸钾溶液不宜长期存放。

4.4 加药和消毒

4.4.1 混凝剂配制应符合下列规定：

1 对固体混凝剂的配制，其溶解时应在溶解池内经机械或空气搅拌，使其充分混合、稀释，药剂的质量浓度宜控制在 5%～20% 范围内，药液配好后，应继续搅拌 15min，并静置 30min 以上方可使用。

2 对液体混凝剂的配制，原液可直接投加或按一定的比例稀释后投加。

4.4.2 混凝剂投加应符合下列规定：

1 混凝剂宜自动投加，控制模式可根据各供水厂条件自行决定。

2 采用重力式投加应在加药管的始端装设压力水冲洗装置。

3 吸入与重力相结合式投加应符合下列规定：

  1）泵前加药，药管宜装在吸水口前 0.5m 处；

  2）高位罐的药液进入转子流量计前，应安装恒压设施。

4 压力式投加药剂应符合下列规定：

  1）采用手动方式应根据絮凝、沉淀效果及时调节；

  2）定期清洗泵前过滤器和加药泵或计量泵；

  3）更换药液前，必须清洗泵体和管道。

5 各种形式的投加工艺均应配置计量器具，并定期进行检定。

6 当需要投加助凝剂时，应根据试验确定投加量和投加点。

4.4.3 消毒应符合下列规定：

1 消毒剂可选用液氯、氯胺、次氯酸钠、二氧化氯等。小水量时也可使用漂白粉。

2 加氯应在耗氯量试验指导下确定采用氯胺形式消毒还是游离氯形式消毒。

3 当采用氯胺形式消毒时，有效接触时间应大于 2h；当采用游离氯形式消毒时，接触时间应大于 30min。

4 加氯自动控制可根据各厂条件自行决定。

5 当供水厂供水范围较大或输配距离较长时，出厂水宜以化合氯为好，但出厂水氨氮值仍应符合水质标准。

6 消毒必须设置消毒质量控制点，各控制点应每小时检测一次或自动监测，余氯量应达到控制点设定值。

7 消毒剂加注管应保证一定的入水深度。

4.4.4 采用液氯时应符合下列规定：

1 液氯的气化应根据供水厂实际用氯量情况选用合适、安全的气化方式。

2 电热蒸发器工作时，水箱或油箱内的温度、压力应控制在安全范围，应定期清洗。蒸发器维护应按产品维护手册要求执行。

3 当采用真空式加氯机和水射器装置时，水射器的水压应大于 0.3MPa。

4 加氯的所有设备、管道必须采用耐氯气腐蚀的材料。

5 加氯设备应按该设备的操作规定进行操作。

4.4.5 采用次氯酸钠时应符合下列规定：

1 储存设施应配置可靠的液位显示装置。

2 次氯酸钠储存量应满足（5～7）d的用量。

3 投加次氯酸钠的所有设备、管道必须采用耐次氯酸钠腐蚀的材料。

4 采用高位罐加转子流量计时，高位罐的药液进入转子流量计前应配置恒压装置，并应定期对转子流量计计量管清洗。

5 当采用压力投加时，应定期清洗加药泵或计量泵。

6 次氯酸钠加注时应配置计量器具，并应定期进行检定。

7 应定期测定次氯酸钠的有效氯浓度，作为调节加注量的依据。

4.4.6 采用二氧化氯时应符合下列规定：

1 二氧化氯消毒系统应采用包括原料调制供应、二氧化氯发生、投加的成套设备，必须有相应有效的各种安全设施。

2 二氧化氯与水应充分混合，有效接触时间不得少于30min。

3 二氧化氯的制备、投加设备及管道、管配件必须有良好的密封性和耐腐蚀性；操作台、操作梯及地面均应有耐腐蚀的表层处理。设备间内应有每小时换气（8～12）次的通风设施，并应配备二氧化氯泄漏的检测仪和报警设施及稀释泄漏溶液的快速水冲洗设施。设备间应与储存库房毗邻。

4.4.7 泄氯吸收装置应符合下列规定：

1 当采用氢氧化钠溶液中和时，浓度应保持在12%以上，并保证溶液不结晶结块。

2 用氯化亚铁进行还原的溶液中应有足够的铁件。

3 吸收系统采用探测报警，溶液泵、风机联动时应先启动溶液泵再启动风机。

4 风机风量应满足气体循环次数（8～12）次/h。

5 泄氯报警仪设定值应在0.1mg/L。

6 泄氯报警仪探头应保持整洁、灵敏。

7 泄氯吸收装置应定期联动一次。

4.5 混合、絮凝

4.5.1 混合应符合下列规定：

1 混合宜控制好GT值，当采用机械混合时，GT值应在供水厂搅拌试验指导基础下确定。

2 当采用高分子絮凝剂预处理高浑浊度水时，混合不宜过分急剧。

3 混合设施与后续处理构筑物的距离应靠近，并采用直接连接方式，混合后进入絮凝，最长时间不宜超过2min。

4.5.2 絮凝应符合下列规定：

1 当初次运行隔板、折板絮凝池时，进水速度不宜过大。

2 定时监测絮凝池出口絮凝效果，做到絮凝后水体中的颗粒与水分离度大、絮体大小均匀、絮体大而密实。

3 絮凝池宜在GT值设计范围内运行。

4 定期监测积泥情况，并避免絮粒在絮凝池中沉淀；当难以避免时，应采取相应排泥措施。

4.6 沉 淀

4.6.1 平流式沉淀池运行应符合下列规定：

1 平流式沉淀池必须严格控制运行水位，沉淀池出水不得淹没出水槽。

2 平流式沉淀池必须做好排泥工作。当采用排泥车排泥时，排泥周期应根据原水浑浊度和排泥水浑浊度确定；当采用其他形式排泥时，可依具体情况确定。

3 平流式沉淀池的出口应设质量控制点。

4 平流式沉淀池出水浑浊度指标宜控制在3NTU以下。

5 平流式沉淀池的停止和启用操作应减少滤前水的浑浊度的波动。

6 藻类繁殖旺盛时期，应采取投氯或其他有效除藻措施。

4.6.2 斜管、斜板沉淀池运行应符合下列规定：

1 必须做好排泥工作，并应保持排泥阀的完好、灵活，排泥管道的畅通。排泥周期应根据原水浑浊度和排泥水浑浊度确定。

2 启用斜管、斜板时，初始的上升流速应缓慢。清洗时，应缓慢排水。

3 斜管、斜板表面及斜管管内沉积产生的絮体泥渣应定期进行清洗。

4 斜管、斜板沉淀池的出口应设质量控制点。

5 斜管、斜板沉淀池出水浑浊度指标宜控制在3NTU以下。

4.6.3 气浮池运行应符合下列规定：
　　1 气浮池宜连续运行。
　　2 气浮池宜采用刮渣机排渣。刮渣机的行车速度不宜大于 5m/min。
　　3 气浮池底部应定期排泥。

4.7 澄清池

4.7.1 机械搅拌澄清池的运行应符合下列规定：
　　1 机械搅拌澄清池宜连续运行。
　　2 机械搅拌澄清池初始运行时应符合下列规定：
　　　　1）运行水量应为正常水量的 50%～70%；
　　　　2）投药量应为正常运行投药量的（1～2）倍；
　　　　3）当原水浑浊度偏低时，在投药的同时可投加石灰或黏土，或在空池进水前通过排泥管把相邻运行的澄清池内的泥浆压入空池内，然后再进原水；
　　　　4）第二反应室沉降比达 10% 以上和澄清池出水基本达标后，方可减少加药量、增加水量；
　　　　5）增加水量应间歇进行，间隔时间不应少于 30min，增加水量应为正常水量的 10%～15%，直至达到设计能力；
　　　　6）搅拌强度和回流提升量应逐步增加到正常值。
　　3 短时间停用后重新投运时应符合下列规定：
　　　　1）短时间停运期间搅拌叶轮应继续低速运行；
　　　　2）重新投运期间搅拌叶轮应继续低速运行；
　　　　3）恢复运行量不应大于正常水量的 70%；
　　　　4）恢复运行时宜用较大的搅拌速度以加大泥渣回流量，增加第二反应室的泥浆浓度；
　　　　5）恢复运行时应适当增加加药量；
　　　　6）当第二反应室内泥浆沉降比达到 10% 以上后，可调节水量至正常值，并减少加药量至正常值。
　　4 机械搅拌澄清池在正常运行期间每 2h 应检测第二反应室泥浆沉降比值。
　　5 当第二反应室内泥浆沉降比达到或超过 20% 时，应及时排泥，沉降比值宜控制在 10%～15%。
　　6 机械搅拌澄清池不宜超负荷运行。
　　7 机械搅拌澄清池的出口应设质量控制点。
　　8 机械搅拌澄清池出水浑浊度指标宜控制在 3NTU 以下。

4.7.2 脉冲澄清池的运行应符合下列规定：
　　1 脉冲澄清池宜连续运行。
　　2 脉冲澄清池初始运行时应符合下列规定：
　　　　1）初始运行时水量宜为正常水量的 50% 左右；
　　　　2）投药量应为正常投药量的（1～2）倍；
　　　　3）当原水浑浊度偏低时，在投药的同时可投加石灰或黏土，或在空池进水前通过底阀把相邻运行澄清池的泥渣压入空池内，然后再进原水；
　　　　4）应调节好冲放比，初运行时冲放比宜调节到 2:1；
　　　　5）当悬浮层泥浆沉降比达到 10% 以上，出水浑浊度基本达标后，方可逐步增加水量，每次增水间隔不应少于 30min，且量不大于正常水量的 20%；
　　　　6）当出水浑浊度基本达标后，方可逐步减少加药量，直到正常值；
　　　　7）当出水浑浊度基本达标后，应适当提高冲放比至正常值。
　　3 短时间停运后重新投运时应符合下列规定：
　　　　1）应打开底阀，先排除少量底泥；
　　　　2）恢复运行时水量不应大于正常水量的 70%；
　　　　3）恢复运行时，冲放比宜调节到 2:1；
　　　　4）宜适当增加投药量，为正常投药量的 1.5 倍；
　　　　5）当出水浑浊度达标后，应逐步增加水量至正常值；
　　　　6）当出水浑浊度达标后，应逐步减少投药量至正常值。
　　4 在正常运行期间，脉冲澄清池应定时排泥；或在浓缩室设泥位计，根据浓缩室泥位适时排泥。
　　5 应适时调节冲放比。冬季水温低时，宜用较小冲放比。
　　6 脉冲澄清池不宜超负荷运行。
　　7 脉冲澄清池的出口应设质量控制点，浑浊度指标宜控制在 3NTU 以下。

4.7.3 水力循环澄清池的运行应符合下列规定：
　　1 水力循环澄清池宜连续运行。
　　2 水力循环澄清池初始运行时应符合下列规定：
　　　　1）初始运行时水量宜为正常水量的 50%～70%；
　　　　2）投药量应为正常投加量的（2～3）倍；
　　　　3）原水浑浊度偏低时，可投加石灰或黏土，或者在空池进水前通过底阀把相邻运行的池子中的泥浆压入空池，然后再进水；
　　　　4）初始运行前，应调节好喷嘴和喉管的距离；
　　　　5）当澄清池开始出水后，应观察出水水质，当水质不好时，应排放掉，不让其进入滤池；
　　　　6）当澄清池出水后应检测第二反应室泥

水的沉降比，当沉降比达到10%以上时方可逐步减少投药量并逐渐增加进水量。

3 水力循环澄清池正常运行时，水量应稳定在设计范围内，并应保持喉管下部喇叭口处的真空度，且保证适量污泥回流。

4 水力循环澄清池正常运行时，应每2h测定1次第一反应室出口处的沉降比。

5 当第一反应室出口处沉降比达到20%以上时，应及时排泥。

6 短时间停运后恢复投运时，应先开启底阀排除少量积泥。

7 短时停运后恢复投运时，应适当增加投药量，进水量控制在正常水量的70%，待出水水质正常后，逐步增加到正常水量，同时减少投药量至正常投加量。

8 恢复启用前，应打开底阀先排出少量泥渣，初始水量不应大于正常水量的2/3。

9 泥渣层恢复后方可调整水量至正常值。

10 水力循环澄清池的出口应设质量控制点，浑浊度指标宜控制在3NTU以下。

4.8 普通滤池

4.8.1 普通快滤池的运行应符合下列规定：

1 冲洗滤池前，在水位降至距滤料层200mm左右时，应关闭出水阀，缓慢开启冲洗阀，待气泡全部释放完毕，方可将冲洗阀逐渐开至最大。

2 砂滤池单水冲洗强度宜为$(12\sim15)L/(s\cdot m^2)$。当采用双层滤料时，单水冲洗强度宜为$(14\sim16)L/(s\cdot m^2)$。

3 有表层冲洗的滤池表层冲洗和反冲洗间隔应一致。

4 冲洗滤池时，排水槽、排水管道应畅通，不应有壅水现象。

5 冲洗滤池时，冲洗水阀门应逐渐开大，高位水箱不得放空。

6 滤池冲洗时的滤料膨胀率宜为30%~40%。

7 用泵直接冲洗滤池时，水泵填料不得漏气。

8 冲洗结束时，排水的浑浊度不宜大于10NTU。

9 滤池进水浑浊度宜控制在3NTU以下。

10 滤池运行中，滤床的淹没水深不得小于1.5m。

11 正常滤速宜控制在9m/h以下；当采用双层滤料时，正常滤速宜控制在12m/h以下。滤速应保持稳定，不宜产生较大波动。

12 滤池应在过滤后设置质量控制点，滤后水浑浊度应小于设定目标值。设有初滤水排放设施的滤池，在滤池冲洗结束重新进入过滤后，应先进行初滤水排放，待滤池初滤水浑浊度符合企业标准时，方可结束初滤水排放和开启清水阀。

13 滤池反冲洗周期应根据水头损失、滤后水浑浊度、运行时间确定。

14 滤池新装滤料后，应在含氯量30mg/L以上的水中浸泡24h消毒，并应经检验滤后水合格后，冲洗两次以上方能投入使用。

15 滤池初用或冲洗后上水时，池中的水位不得低于排水槽，严禁暴露砂层。

16 应每年对每格滤池做滤层抽样检查，含泥量不应大于3%，并应记录归档。采用双层滤料时，砂层含泥量不应大于1%，煤层含泥量不应大于3%。

17 应定期观察反冲洗时是否有气泡，全年滤料跑失率不应大于10%。

18 当滤池停用一周以上时，应将滤池放空；恢复时必须进行反冲洗后才能重新启用。

4.8.2 V型滤池（气水冲洗滤池）的运行应符合下列规定：

1 滤速宜为10m/h以下。

2 反冲洗周期应根据水头损失、滤后水浑浊度、运行时间确定。

3 反冲洗时应将水位降到排水槽顶后进行。滤池应采用气-气水-水冲洗方式进行反冲洗，同时用滤前水进行表面扫洗。气冲强度宜为$(13\sim17)L/(s\cdot m^2)$，历时$(2\sim4)$min；气水冲时，气冲强度宜为$(13\sim17)L/(s\cdot m^2)$，水冲强度宜为$(2\sim3)L/(s\cdot m^2)$，历时$(3\sim4)$min；单独水冲时，冲洗强度宜为$(4\sim6)L/(s\cdot m^2)$，历时$(3\sim4)$min，表面扫洗强度宜为$(2\sim3)L/(s\cdot m^2)$。

4 运行时滤层上水深应大于1.2m。

5 滤池进水浑浊度宜控制在3NTU以下，应设置质量控制点，滤后水浑浊度应小于设定目标值。设有初滤水排放设施的滤池，在滤池冲洗结束重新进入过滤后，不得先开启清水阀，应先进行初滤水排放，待滤池初滤水浑浊度符合企业标准时，方可结束初滤水排放和开启清水阀。

6 当滤池停用一周以上恢复时，必须进行有效的消毒、反冲洗后方可重新启用。

7 滤池新装滤料后，应在含氯量30mg/L以上的溶液中浸泡24h消毒，并经检验滤后水合格后，冲洗两次以上方可投入使用。

8 滤池初用或冲洗后上水时，严禁暴露砂层。

9 每年对每格滤池做滤层抽样检查，含泥量不应大于3%，并应记录归档。

4.9 臭氧接触池

4.9.1 接触池应定期清洗。

4.9.2 接触池排空之前必须确保进气和尾气排放管路已切断。切断进气和尾气管路之前必须先用压缩空气将布气系统及池内剩余臭氧气体吹扫干净。

4.9.3 接触池压力人孔盖开启后重新关闭时，应及时检查法兰密封圈是否破损或老化，当发现破损或老化时应及时更换。

4.9.4 接触池出水端应设置水中余臭氧监测仪，臭氧工艺应保持水中剩余臭氧浓度在 0.2mg/L。

4.9.5 臭氧尾气处置应符合下列规定：

　　1 臭氧尾气消除装置应包括尾气输送管、尾气中臭氧浓度监测仪、尾气除湿器、抽气风机、剩余臭氧消除器，以及排放气体臭氧浓度监测仪及报警设备等。

　　2 臭氧尾气消除装置的处理气量应与臭氧发生装置的处理气量一致。抽气风机宜设有抽气量调节装置，并可根据臭氧发生装置的实际供气量适时调节抽气量。

　　3 应定时观察臭氧浓度监测仪，尾气最终排放臭氧浓度不应高于 0.1mg/L。

4.10 活性炭滤池

4.10.1 冲洗活性炭滤池前，在水位降至距滤料表层 200mm 时，应关闭出水阀。有气冲过程的活性炭滤池还应确保冲洗总管(渠)上的放气阀处于关闭状态。

4.10.2 有气冲过程的活性炭滤池必须先进行气冲洗，待气冲停止后方可进行水冲。气冲洗强度宜为 (11～14)L/(s·m²)。

4.10.3 没有气冲过程的活性炭滤池水冲洗强度宜为 (11～13)L/(s·m²)，有气冲过程的活性炭滤池水冲洗强度宜为 (6～12)L/(s·m²)。

4.10.4 活性炭滤池冲洗水宜采用活性炭滤池的滤后水作为冲洗水源。

4.10.5 冲洗活性炭滤池时，排水阀门应处于全开状态，且排水槽、排水管道应畅通，不应有壅水现象。

4.10.6 用高位水箱供冲洗水时，高位水箱不得放空。

4.10.7 活性炭滤池冲洗时的滤料膨胀率应控制在设计确定的范围内。

4.10.8 用泵直接冲洗活性炭滤池时，水泵填料不得漏气。

4.10.9 活性炭滤池运行中，滤床上部的淹没水深不得小于设计确定的设定值。

4.10.10 活性炭滤池空床停留时间宜控制在 10min 以上。

4.10.11 活性炭滤池滤后水浑浊度不得大于 1NTU，设有初滤水排放设施的滤池，在活性炭滤池冲洗结束重新进入过滤后，清水阀不能先开启，应先进行初滤水排放，待活性炭滤池初滤水浑浊度符合企业标准时，方可结束初滤水排放和开启清水阀。

4.10.12 活性炭滤池反冲洗周期应根据水头损失、滤后水浑浊度、运行时间确定。

4.10.13 活性炭滤池初用或冲洗后进水时，池中的水位不得低于排水槽，严禁滤料暴露在空气中。

4.10.14 活性炭滤池新装滤料宜选用净化水用煤质颗粒活性炭。活性炭的技术性能应满足现行国家标准和设计规定的要求。新装滤料应冲洗后方可投入运行。

4.10.15 应每年对每格滤池做滤层抽样检查。

4.10.16 应加强活性炭滤池生物相检测，并确保出水生物安全性。

4.10.17 全年的滤料损失率不应大于 10%。

4.11 臭氧系统

4.11.1 臭氧发生系统的运行应符合下列规定：

　　1 臭氧发生系统的操作运行必须由经过严格专业培训的人员进行。

　　2 臭氧发生系统的操作运行必须严格按照设备供货商提供的操作手册中规定的步骤进行。

　　3 臭氧发生器启动前必须保证与其配套的供气设备、冷却设备、尾气破坏装置、监控设备等状态完好和正常，必须保持臭氧气体输送管道及接触池内的布气系统畅通。

　　4 操作人员应定期观察臭氧发生器运行过程中的电流、电压、功率和频率，臭氧供气压力、温度、浓度，冷却水压力、温度、流量，并作好记录。同时还应定期观察室内环境氧气和臭氧浓度值，以及尾气破坏装置运行是否正常。

　　5 设备运行过程中，臭氧发生器间和尾气设备间内应保持一定数量的通风设备处于工作状态；当室内环境温度大于 40℃ 时，应通过加强通风措施或开启空调设备来降温。

　　6 当设备发生重大安全故障时，应及时关闭整个设备系统。

4.12 臭氧发生器气源系统

4.12.1 空气气源系统的操作运行应按臭氧发生器操作手册所规定的程序进行。操作人员应定期观察供气的压力和露点是否正常；同时还应定期清洗过滤器、更换失效的干燥剂以及检查冷凝干燥器是否正常工作。

4.12.2 租赁的氧气气源系统（包括液氧和现场制氧）的操作运行应由氧气供应商远程监控。供水厂生产人员不得擅自进入该设备区域进行操作。

4.12.3 供水厂自行采购并管理运行的氧气气源系统，必须取得使用许可证，由经专门培训并取得上岗证书的生产人员负责操作。操作程序必须按照设备供货商提供的操作手册进行。

4.12.4 供水厂自行管理的液氧气源系统在运行过程中，生产人员应定期观察压力容器的工作压力、液位刻度、各阀门状态、压力容器以及管道外观情况等，并做好运行记录。

4.12.5 供水厂自行管理的现场制氧气源系统在运行过程中，生产人员应定期观察风机和泵组的进气压力和温度、出气压力和温度、油位以及振动值、压力容器的工作压力、氧气的压力、流量和浓度、各阀门状态等，并做好运行记录。

4.13 清 水 池

4.13.1 水位控制应符合下列规定：
   1 清水池必须安装液位仪；
   2 清水池液位仪宜采用在线式液位仪连续监测；
   3 严禁超上限或下限水位运行。

4.13.2 清水池的检测孔、通气孔和人孔必须有防水质污染的防护措施。

4.13.3 清水池的卫生防护除符合第4.13.2条规定外，还应符合下列规定：
   1 清水池顶及周围不得堆放污染水质的物品和杂物；
   2 清水池顶种植植物时，严禁施放各种肥料；
   3 清水池应定期排空清洗，清洗完毕经消毒合格后，方可蓄水。清洗人员必须持有健康证；
   4 应定期检查清水池结构，确保清水池无渗漏。

4.13.4 清水池的排空、溢流等管道严禁直接与下水道连通。

4.13.5 汛期应保证清水池四周的排水畅通，防止污水倒流和渗漏。

4.14 污泥处理系统

4.14.1 浓缩池（含预浓缩池）的运行应符合下列规定：
   1 浓缩池的刮泥机和排泥泵或排泥阀必须保持完好状态，排泥管道应畅通。排泥频率或持续时间应按浓缩池排泥浓度来控制，并宜控制在2%～10%。预浓缩池则应按1%左右浓度控制。
   2 设有斜管、斜板的浓缩池，初始进水速度或上升流速应缓慢。
   3 浓缩池正常停运重新启动前，应保证池底积泥浓度不能过高，不应超过10%。
   4 设有斜管（板）的浓缩池应定期清洗斜管（板）表面及内部沉积产生的絮体泥渣。
   5 浓缩池上清液中的悬浮固体含量不应大于预定的目标值。当达不到预定目标值时，应适当增加投药量。
   6 浓缩池长期停用时，应将浓缩池放空。

4.14.2 污泥脱水设备的运行应符合下列规定：
   1 各种脱水设备的基本运行程序应按设备制造商提供的操作手册执行。
   2 脱水设备运行之前应确保设备本身及其上下游设施和辅助设施处于正常状态。
   3 操作人员应定期观察脱水设备运行过程中进泥浓度、出泥干固率、加药量、加药浓度及分离水的悬浮物的浓度以及各种设备的状态是否正常，并作好记录。
   4 当脱水设备停止运行后，应对溅落到场地和设备上面的污泥进行清洗。当脱水设备停运间隔超过24h时，应对脱水设备与泥接触的部件、输泥管路，以及加药管线和设备进行清洗。
   5 当脱水设备及其辅助设备长时间处于停运状态时，应按设备制造商提供的操作手册，对设备部件及管道进行彻底清洗。

4.15 地下水处理系统

4.15.1 取水水源地应根据所在地区状况，确定卫生防护地带。

4.15.2 取水设施应设置取样和观测点。

4.15.3 对水源井必须每天进行巡视检查，检查项目应包括水质、电流、电压、声音、振动等。

4.15.4 水源井应设置测量水位的装置，水位观测管宜加设防护装置；水源井的动、静水位测定每月宜进行两次。

4.15.5 取水设施取水量不得超过允许开采量。

4.15.6 原水输水管线应符合本规程第4.2节的规定。

4.15.7 清水池的运行应符合本规程第4.13节的规定。

4.16 厂级调度

4.16.1 制水系统水量应统一调度，并应保持水量平衡。

4.16.2 制水系统各种阀门应统一调度，并应掌控运行状态。

4.16.3 采集、分配、储存各工艺设施、供电设施的运行数据，应包括：水质、水量、水压、水位、电压、电流、电量等参数。

4.16.4 对工艺设施进行检修时，应执行停水、生产运行调度方案。

4.16.5 各种设备大修后投入生产时应进行验收。

4.16.6 对制水系统中出现的重大设备、水质和运行事故应进行分析处理。

4.16.7 供水厂运行必须执行企业中心调度室的指令。

5 供水设备运行

5.1 水 泵

5.1.1 各种泵的运行应符合下列规定：
   1 水泵工况点长期在低效区工作时，应对水泵进行更新或改造，使泵工作在高效区范围内。

2 水泵运行中，进水水位不应低于规定的最低水位。

3 水泵出水阀关闭的情况下，电机功率小于或等于110kW时，离心泵连续工作时间不应超过3min；大于110kW时，不宜超过5min。

4 泵的振动不应超过现行国家标准《泵的振动测量与评价方法》JB/T 8097振动烈度C级的规定。

5 轴承温升不应超过35℃，滚动轴承内极限温度不得超过75℃，滑动轴承瓦温度不得超过70℃。

6 除机械密封及其他无泄漏密封外，填料室应有水滴出，宜为（30～60）滴/min。

7 水流通过轴承冷却箱的温升不应大于10℃，进水水温不应超过28℃。

8 输送介质含有悬浮物质的泵的轴封水，应有单独的清水源，其压力应比泵的出口压力高0.05MPa以上。

9 新装或大修后的水泵首次启动时，应对其配电设备、继电保护、线路及接地线、远程装置和操作装置、电气仪表等进行检查，对电动机的绝缘电阻进行测量，并检查电源三相电压是否在合格范围内。

5.1.2 离心泵的运行应符合下列规定：

 1 启动时应符合下列规定：

  1）启动前检查清水池或吸水井的水位是否适于开机；

  2）检查来水阀门是否开启，出水阀门是否关闭；

  3）检查轴承处油位，确保油量满足要求、油路畅通；

  4）设计采用非淹没式进水时应用真空泵引水或向泵内注满水形成真空后方可开启电机；

  5）当水泵运行平稳，压力表、电流表显示正常时，应缓慢开启出水阀。

 2 运转时应符合下列规定：

  1）运转过程中必须观察仪表读数、轴承温度、填料室滴水和温升、泵的振动和声音等是否正常，发现异常情况应及时处理；

  2）巡查进水水位，当水位低于规定的最低水位时应立即查找原因并及时处理。

 3 停泵时应符合下列规定：

  1）停泵前应先关闭出水阀；

  2）环境温度低于0℃时应将泵内水排净以免冻裂。

5.1.3 立式混流泵的运行应符合下列规定：

 1 启动时应符合下列规定：

  1）启动前应盘车检查其转动是否灵活；

  2）立式混流泵宜开阀启动；

  3）检查轴承处油位，确保油量满足要求、油路畅通；

  4）向填料室上接管引注清洁压力水或向机械密封注入清洁压力水。

 2 运转时应符合下列规定：

  1）运转过程中必须观察仪表读数、轴承温度、填料室滴水和温升、泵的振动和声音等是否正常，发现异常情况应及时处理；

  2）检查进水水位，当水位低于规定的最低水位时立即查找原因并及时处理。

 3 停泵时应符合下列规定：

  1）当采用虹吸式的出水管路在停机同时，应开启真空破坏阀防止水倒流；

  2）在冰冻季节停泵后，叶轮不应浸入水中。

5.1.4 轴流泵的运行应符合下列规定：

 1 启动时应符合下列规定：

  1）在启动前应盘车检查其转动是否灵活；

  2）打开出水阀；

  3）检查轴承处油位，并应确保油量满足要求、油路畅通；

  4）向填料室上的注水管引注清洁压力水。

 2 运转时应符合下列规定：

  1）运转过程中必须观察仪表读数，轴承温度、填料室滴水和温升及泵的振动和声音等是否正常，发现异常情况应及时处理；

  2）检查进水水位，当水位低于规定的最低水位时，应立即查找原因并及时处理。

 3 停泵时应符合下列规定：

  1）采用虹吸式的出水管路，在停机同时应开启真空破坏阀防止水倒流；

  2）在冰冻季节，停泵后叶轮不应浸入水中。

5.1.5 长轴深井泵的运行应符合下列规定：

 1 启动时应符合下列规定：

  1）启动前应检查电机润滑油油面高度，并盘车检查其转动是否灵活；

  2）用压力清水或用预润清水箱等容器向泵润滑水孔灌水，灌水超过 $0.1m^3$ 后方可启动电机。

 2 运转时应符合下列规定：

  1）运转过程中必须观察各仪表读数、轴承温度、泵的振动和声音是否正常，发现异常情况应及时处理；

  2）定期测量深井的静、动水位；

  3）第一级叶轮必须浸入动水位以下（3～5）m。

 3 停泵时应符合下列规定：

  1）在电机停止后应检查润滑油油面高度，油量不足时及时补充；

  2）检查出水管路止回阀是否严密，当有回水现象时应及时处理。

5.1.6 潜水电泵的运行应符合下列规定：

1 启动时应符合下列规定：
  1）启动后观测电流声音、振动情况，开阀时应注意电流变化，并控制运行电流在电动机额定电流之内；
  2）新装或大修后第一次运行时，运行4h后应停机，并迅速测试热态绝缘电阻，当其值大于设备规定值时方可继续投入运行；
  3）潜水电泵停机后如需再启动，间隔应在5min以上。
2 运转时应符合下列规定：
  1）运行过程中必须观察仪表读数、振动、声音、出水量是否正常，发现异常情况应及时处理；
  2）定期测量动、静水位；
  3）潜水电泵应在动水位下运行。
3 当出水管路无止回阀装置时，停泵前应先将出水阀门关闭再停机。

5.1.7 水泵异常情况的处理应符合下列规定：
1 运行中出现下列情况之一时应立即停机：
  1）水泵不吸水，压力表无压力或压力过低；
  2）突然发生极强烈的振动和噪声；
  3）轴承温度过高或轴承烧毁；
  4）水泵发生断轴故障；
  5）冷却水进入轴承油箱；
  6）机房管线、阀门发生爆破，大量漏水；
  7）阀门阀板脱落；
  8）水锤造成机座移动；
  9）电气设备发生严重故障；
  10）井泵动水位过低，形成抽空现象或大量出沙；
  11）不可预见的自然灾害危及设备安全；
  12）影响设备安全运行的其他突发事故。
2 水泵发生异常情况，应详细记录并及时上报。

5.2 电动机

5.2.1 电动机应在额定电压的±10%范围内运行。
5.2.2 电动机除启动过程外，运行电流不应超过额定值；在不同冷却温度下，电动机运行电流应符合表5.2.2的规定。

表5.2.2 电动机运行电流

冷却空气（进风）温度（℃）	≤25	30	35	40	45	50
允许运行电流（A）相当额定电流I_m的倍数	1.080	1.050	1.000	0.950	0.900	0.850

5.2.3 在冷却空气最大计算温度为40℃时，电动机各部允许运行温度和温升应符合表5.2.3的规定。

表5.2.3 电动机各部允许运行温度和温升（℃）

名称		允许温度	允许温升	测定方式
定子绕组	A级绝缘	100	60	电阻法
	E级绝缘	110	70	
	B级绝缘	120	80	
	F级绝缘	140	100	
	H级绝缘	165	125	
转子绕组	A级绝缘	105	60	电阻法
	E级绝缘	120	75	
	B级绝缘	130	85	
	F级绝缘	140	100	
	H级绝缘	165	125	
定子铁心	A级绝缘	105	60	温度法（用酒精温度计）
	E级绝缘	120	75	
	B级绝缘	130	85	
	F级绝缘	140	100	
	H级绝缘	165	125	
滑环		150	70	温度计法
轴承	滚动	95	—	温度计法
	滑动	80		

5.2.4 电动机运行时轴承振动允许值，不应超过表5.2.4规定数值。

表5.2.4 电动机运行时轴承振动允许值

额定转速（r/min）	3000	1500	1000	750及以下
振动允许双振幅（mm）	0.050	0.085	0.100	0.120

5.2.5 运行中的电动机当采用熔丝保护时，熔丝容量不应大于电动机额定电流的（1.5～2.5）倍。当采用热继电器保护时，热继电器容量不应大于电动机额定电流的（1.1～1.25）倍。当二次回路系统采用继电保护装置时，其保护的整定值应按设计手册的计算要求确定。

5.2.6 由室外供给冷却空气的电动机，在停机后应立即停止冷却空气的供给。

5.2.7 水冷电动机，开机前应先开冷却水，停机时顺序相反；当环境温度低于0℃时，应放掉冷却水。

5.2.8 防爆通风的电动机与通风系统应有连锁装置。运行时必须先开通风系统。仅当在预通风的时间内，通过的新鲜空气量不少于电动机及其通风系统容积的5倍时，方可接通电动机的主电源。

5.2.9 同步电机或绕线式电机的电刷与滑环（或整流子）的接触面不应小于80%，滑环（或整流子）表面应无凹痕、清洁平滑；同步电动机的滑环极性应每年更换（2～3）次，同一极性不应使用不同品质的电刷。

5.2.10 当采用无功率因数补偿装置时，同步电动机应通过励磁调节电流，在超前的功率因数下运行（即过励方式），励磁电流不应超过转子绕组的额定电流。

5.2.11 水冷却的轴承，其水流通过轴承冷却箱的温升不应大于10℃，进水水温不应超过28℃。

5.2.12 在线备用电动机应按其所处环境不同制定合理的防潮日期，并按期防潮运行。超过防潮期限的电动机在投入运行前，应先做防潮处理，再作绝缘检测。测试项目应按现行行业标准《电力设备预防性试验规程》DL/T 596 执行。

5.2.13 电动机的运行应符合下列规定：

1 启动时应符合下列规定：
  1) 检查三相电源电压；
  2) 检查轴承油位及冷却系统；
  3) 同步电机或绕线式电机应检查滑环与电刷的接触状态；
  4) 检查启动装置；
  5) 不同型式的电动机均应按规定的操作方式合闸启动；
  6) 交流电动机的带负载启动次数应符合产品技术条件的规定；当产品技术条件无规定时，应符合下列规定：在冷态时，可启动2次，每次间隔时间不得小于5min；在热态时，可启动1次；当在处理事故以及电动机启动时间不超过（2～3）s时，可再启动1次。

2 运行时应符合下列规定：
  1) 检查电动机的温升及发热情况；
  2) 检查轴承温度、轴承的油位、油色及油环的转动状况；
  3) 检查同步机励磁系统运行是否正常；
  4) 检查工作电压、电流是否正常。

3 停机时应符合下列规定：
  1) 鼠笼型异步电动机应从电源侧断电；
  2) 绕线式异步电动机应从电源侧断电，变阻器应由短路恢复到启动位置；
  3) 同步电动机应从电源侧断电，励磁绕组连接灭磁电阻灭磁。

5.2.14 异常情况的处理应符合下列规定：

1 运行中有下列情况之一时，应立即停机：
  1) 电动机及控制系统发生打火或冒烟；
  2) 电动机剧烈振动或撞击、扫膛以及电动机所拖动的机械设备发生故障；
  3) 电动机温度或轴承温度超过允许温度；
  4) 缺相运行；
  5) 同步电动机出现异步运行；
  6) 滑环严重灼伤；
  7) 滑环与电刷产生严重火花及电刷剧烈振动；
  8) 励磁机整流子环火；
  9) 影响设备正常运行的其他突发事故。

2 运行中出现下列情况之一者，可根据情况先启动备用机组后再停机：
  1) 铁芯和出口空气温度升高较快；
  2) 电动机出现不正常的声响；
  3) 定子电流超过额定允许值；
  4) 电流表指示发生周期性摆动或无指数；
  5) 同步电动机连续发生追逐现象。

3 电动机在运行中发生自动跳闸时，在未查明原因前，不得重新启动。

5.3 变压器

5.3.1 无励磁调压变压器在额定电压±5%范围内改变分接位置运行时，其额定容量不应改变。当为－7.5%和－10%分接时，其容量应按制造厂的规定；当制造厂无规定，则容量应相应降低2.5%和5%。有载调压变压器分接位置容量应按制造厂规定。

5.3.2 变压器的运行电压不应高于该运行分接额定电压的105%。

5.3.3 变压器的工作负荷应符合下列规定：

1 当变压器三相负荷不平衡时，应监视负荷最大一相的电流。接线为Ynyno的大、中型变压器允许的中性线电流，应符合制造厂及有关规定；接线为Yyno（或Ynyno）和Yzn11（或Ynzn11）的配电变压器，中性线电流的允许值应分别为额定电流的25%和40%，或按制造厂规定。

2 油浸式变压器顶层油温不应超过表5.3.3规定，或按制造厂规定。

表5.3.3 油浸式变压器顶层油温规定限值

冷却方式	冷却介质最高温度（℃）	最高顶层油温（℃）
自然循环自冷、风冷	40	95
强迫油循环风冷	40	85
强迫油循环水冷	30	70

3 干式变压器的温度限值应符合制造厂的规定。

4 变压器允许正常和事故过负荷情况下运行，变压器过负荷运行时应密切注视运行温度，当变压器过负荷或顶层油温达到报警温度时，应降低负荷，并做记录。

5 油浸风冷变压器的正常负荷为额定容量的70%以上时，风扇应自动或手动投入运行，制造厂另有规定除外。

6 强迫冷却变压器的运行条件应符合下列规定：
  1) 强油循环冷却变压器运行时，必须投入冷却器；各种负载下投入冷却器的相应台数，应符合制造厂的规定，按温度和（或）负载投切冷却器的自动装置应保持正常；
2) 油浸风冷和干式风冷变压器，风扇停止工作时，允许的负载和运行时间，应符合制造厂规定；油浸风冷变压器当冷却系统故障停风扇后，顶层油温不超过65℃时，可带额定负载运行；当顶层油温超过85℃而风扇不能恢复运行时，应立即减负荷；
3) 强油循环风冷和强油循环水冷变压器，当冷却系统故障时，应按制造厂规定执行。

5.3.4 变压器运行应符合下列规定：

1 有人值班变电站每班至少巡视1次，无人值班变电站每周至少巡视1次。

2 在接班时必须检查油枕和气体继电器的油面。

3 在下列情况下应对变压器进行特殊巡视检查，增加巡视检查次数：
  1) 新装或经过检修的变压器，在投运72h内；
  2) 有严重缺陷时；
  3) 气象异常；
  4) 高温季节、高峰负载期间。

4 变压器运行巡视检查应包括以下内容：
  1) 变压器油温和温度计应正常，储油柜的油位应与温度相对应，各部位无渗油、漏油；
  2) 套管油位应正常，套管外部无破损裂纹，无严重油污，无放电痕迹及其他异常现象；
  3) 变压器声响应正常；
  4) 冷却器温度正常，风扇、油泵、水泵运转正常，油流继电器工作正常；
  5) 水冷却器的油压应大于水压，制造厂另有规定者除外；
  6) 呼吸器应完好，吸附剂应干燥；
  7) 有载分接开关的分接位置及电源指示应正常；
  8) 各控制箱和二次端子箱应关严；
  9) 干式变压器的环氧树脂层应完好无龟裂、破损，外部表面应无积污；
  10) 变压器室的门、窗、照明应完好，房屋不漏水；
  11) 变压器外壳接地应完好。

5 变压器停运和投运的操作程序应遵守下列规定：
  1) 人工操作时应严格执行各电站的操作票制度；
  2) 利用"五防"模拟屏或计算机"五防"软件必须先进行模拟操作。

6 新投运的变压器安装检验合格后，试运行时应按下列规定进行检查：
  1) 新品变压器第一次投入时，可全电压冲击合闸，冲击合闸时，变压器应由高压侧投入；
  2) 新品变压器应进行5次空载全电压冲击合闸，并应无异常情况；第一次受电后持续时间不应小于10min，励磁涌流不应引起保护装置的误动作；
  3) 变压器并列前，应先核对相位；
  4) 带电后，变压器各焊缝和连接面无渗油现象；
  5) 接于中性点接地系统的变压器在进行冲击合闸时，其中性点必须接地。

7 新装、大修、事故检修或换油等情况下，重新注油后施加电压前，变压器静置时间应符合下列规定：
  1) 110kV及以下变压器静置时间不应少于24h；
  2) 主变压器初次投入运行应空载运行24h，运行正常后方可带负荷运行。

8 变压器停运半年及以上准备投入运行时，应做超期试验，合格后方可投入运行。

9 在110kV及以上中性点接地系统中，变压器投入运行时，220kV及110kV侧中性点必须先接地，如该变压器正常运行时中性点不接地，则在变压器投入运行后，必须立即将中性点断开。

10 对于正常运行的中性点接地的110kV及以上变压器，在停电操作时，低压侧（中压侧）无电源的一律先将变压器一次侧中性点接地，再由高压侧拉开空载变压器；三绕组变压器，当低压或中压侧无电源时按两绕组变压器操作；低压侧或中压侧有电源的（包括两台变压器并列的电源），停电操作应按当地供电局规定执行。

11 气体保护装置的运行应符合下列规定：
  1) 变压器运行时，气体保护装置应接信号和跳闸，有载分接开关的气体保护应接跳闸；用一台断路器控制两台变压器时，如其中一台转入备用，则应将备用变压器重瓦斯改接信号；
  2) 变压器在运行中滤油、补油、更换净油器和呼吸器的吸附剂时，应将其重瓦斯改接信号，此时其他保护装置仍应接跳闸，作业结束后，应立即改回原运行方式；
  3) 当油位计的油面异常升高或呼吸系统有异常现象需要打开放气或放油阀门时，应先将重瓦斯改接信号。

12 无励磁调压变压器在变换分接时，应作多次转动。35kV及以上变压器在确认分接正确并锁紧后，应测量绕组直流电阻。

13 有载分接开关的操作应符合下列规定：
　　1）应逐级调压，同时监视分接位置及电压电流的变化；
　　2）有载调压变压器并列运行时，其调压操作应轮流逐级或同步进行；单相变压器组和三相变压器分相安装的有载分接开关，应三相同步电动操作；
　　3）有载调压变压器与无励磁调压变压器并列运行时两台变压器的分接电压应靠近。

14 变压器并列运行条件应符合下列规定：
　　1）联接组标号相同；
　　2）电压比相等；
　　3）短路阻抗相等，允许误差为±0.5%；
　　4）配电变压器容量比不应超过 3:1。

15 新装或变动过内外连线的变压器，并列运行前必须核定相位。

16 变压器并列运行后应检查负荷分配情况。

5.3.5 变压器的不正常运行和处理应符合下列规定：

1 变压器运行中出现下列情况之一时，应立即停运：
　　1）变压器内部有强烈的、不均匀的声响和爆裂声；
　　2）在正常负荷和正常冷却条件下，变压器温度不正常并不断上升；
　　3）油枕向外喷油或防爆管喷油；
　　4）变压器严重漏油；
　　5）套管上出现大量碎块和裂纹、滑动放电或套管有闪络痕迹；
　　6）变压器冒烟着火。

2 当变压器附近的设备着火、爆炸或发生其他情况，对变压器构成严重威胁时，应立即将变压器停运。

3 当发生危及变压器安全的故障，而变压器的有关保护装置拒动时，应立即将变压器停运。

4 当发现变压器的油面较当时油温所应有的油位显著降低时，应补同牌号的新油，如牌号不一致，应做混油试验，补油时应遵守本规程第 5.3.4. 条第 11 款第 2 项的规定，严禁从变压器下部补油。

5 瓦斯继电器动作时，应立即对变压器进行检查，查明动作的原因，判断故障的性质，若气体继电器内的气体无色、无臭且不可燃，色谱判断为空气则变压器可继续运行，并应及时消除进气缺陷；若气体是可燃的或油中溶解气体分析结果异常，应综合判断确定变压器是否停运。当瓦斯继电器保护动作跳闸时，在查明原因消除故障前，不得将变压器投入运行。

6 变压器其他保护装置动作跳闸后，在未查明原因消除故障前不得重新投入运行。

5.4 配 电 装 置

5.4.1 工作电压与工作负荷应符合下列规定：

1 配电装置是指 35kV 及以下成套配电装置，其运行电压应在装置的额定电压（即最高电压）以内。配电装置运行电流不应超过额定电流值。母线最大电流不应大于安全载流量允许值。电流互感器不得长期超过额定电流运行。

2 电容器长期运行中的工作电压不能超过电容器额定电压的 105%。电容器长期运行中的工作电流不能超过电容器额定电流的 1.3 倍。

3 整流装置应在 -10% ~ +5% 额定电压范围内运行。

4 电缆线路的正常工作电压，不应超过电缆额定电压的 10%。电力电缆负荷电流不得超过安全载流量允许值。

5.4.2 配电装置的运行应符合下列规定：

1 倒闸操作应符合下列规定：
　　1）执行现行行业标准《电业安全工作规程》DL 408 的有关规定；
　　2）操作前对"分"、"合"位置进行检查；
　　3）送电时，先合隔离开关，后合断路器；停电时，断开顺序与此相反。断路器两侧装有隔离开关，送电时，先合电源侧隔离开关，再合负荷侧隔离开关，后合断路器；停电时，断开顺序与此相反。变压器送电时，先合电源侧，后合负荷侧；停电时与此相反（另有规定者除外）。具有单级刀闸开关或跌落熔断器的装置，停电时，先拉开中相，后拉开两边相，送电时与此相反；
　　4）电动操作或弹簧储能合闸操作的断路器不得使用手动合闸；
　　5）自动切换装置的断路器，在断路器拉开之前，先停用"自切"；合上断路器后，使用"自切"。

2 配电装置运行检查应包括下列项目：
　　1）绝缘体有无碎裂、闪络、放电痕迹；
　　2）油面指示是否正确，油标管等部位是否渗漏油；
　　3）真空断路器的真空度是否正常；
　　4）SF_6 断路器的气体压力是否正常；
　　5）少油断路器软铜片有无断片，出气孔有无堵塞，是否漏油；
　　6）隔离开关触头的接触及合闸和断开后的手柄状态；
　　7）硬母线的接头和刀闸等连接点有无过热或变色；
　　8）有无异常声响和放电声，有无气味；

9）仪表指示，信号、指示灯、继电器等指示位置是否正确，压板及转换开关的位置是否与运行要求一致；继电器外壳有无损伤，感应型继电器铝盘转动是否正常，线圈和附加电阻有无过热，定值是否正确；继电综合保护装置及综合电量变送仪工作是否正常；

10）二次回路系统各刀闸、开关、熔断器操作手把等的接点是否过热变色，熔断器是否熔断，二次线导线及电缆是否正常；

11）电器设备接地是否完好；

12）电缆沟是否积水；

13）断路器"分"、"合"状态机械指示是否正确；

14）门窗护网、照明设备是否完整可用，消防器材是否齐全，有无损坏或失效。

3 隔离开关除可拉合空载变压器外，还可直接拉合以下设备：

1）电压互感器和避雷器；

2）母线充电电流和开关的旁路电流；

3）变压器中性点直接接地点；

4）可拉合的线路应符合表 5.4.2-1、5.4.2-2、5.4.2-3 的规定。

表 5.4.2-1　35kV 隔离开关拉合空载架空线路

	35kV 带消弧角三联隔离开关	35kV 室外单极隔离开关	35kV 室内三极隔离开关
拉合架空线路（km）	32	12	5
拉合人工接地后无负荷接地线（km）	20	12	5

表 5.4.2-2　10kV 隔离开关和跌开式熔断器拉合空载架空线路范围

	室外三极或单极隔离开关	室内三联隔离开关	跌落式熔断器
拉合空载架空线路（km）	10	5	10

表 5.4.2-3　10kV 隔离开关和跌开式熔断器拉合空载电缆线路长度

电缆截面（mm×mm）	3×35	3×50	3×70	3×95	3×120	3×150	3×185	3×240
室外隔离开关或跌落式熔断器（m）	4400	3900	3400	3000	2800	2500	2200	1900
室内三联隔离开关	1500	1500	1200	1200	1000	1000	800	

4 自投装置投入运行应按以下顺序操作：

1）先投交流电源，后投直流电源；

2）先投合闸压板，后投掉闸压板；

3）停用时相反。

5 运行电力设备发生故障或事故等异常时，运行人员应准确记录，并立即报调度及有关人员，记录内容应包括：

1）掉闸的时间、调度号、相别；

2）保护装置信号和光字牌动作情况；

3）自动装置信号和光字牌动作情况；

4）电力系统的电流、电压及功率波动情况；

5）一次设备直流系统及二次回路的异常情况。

6 高压配电装置中对电缆的检查应包括下列项目：

1）电缆终端头的绝缘套管是否完整清洁和有无放电痕迹；

2）尾线连接卡子有无发热和变色；

3）电缆终端头有无渗油和绝缘胶漏出。

7 断路器发生下列异常情况之一时，应立即停电检修：

1）套管有严重破损和放电现象；

2）真空断路器出现真空损坏的咝咝声、不能可靠合闸、合闸后声音异常、合闸铁芯上升后不返回、分闸脱扣器拒动；

3）SF_6 断路器的气室严重漏气发出操作闭锁信号；

4）断路器操动机构有不正常现象，分、合闸失灵；

5）断路器故障跳闸。

8 发生其他异常情况的处理，应符合下列规定：

1）断路器动作分闸，应判明故障原因并消除故障后，方可投入；

2）断路器故障分闸时发生拒动，应将断路器脱离系统保持原状，待查清拒动原因并消除缺陷后方可投入；

3）隔离开关触头发热变色时，应断开断路器、切断电源；

4）发现接地指示信号时，应对配电装置进行检查；在断开接地点时，应使用断路器，并有明显的断开点。

5.4.3 电容器运行应符合下列规定：

1 电容器室运行温度及运行的电容器本体温度不得超过制造厂的规定值。

2 电容器组分闸后再次合闸，其间隔时间不应小于 5min。

3 当新投入的电容器组第一次充电时，应在额定电压下冲击合闸 3 次。

4 电容器组停电工作，必须合接地刀闸及星形接线的中性点接地刀闸，处理电容器事故时，必须对每台电容器逐台放电，装在绝缘支架上的电容器外壳应对地放电。

  5 应视功率因数要求，合理投入电容器。
  6 电容器检查应包括下列项目：
    1）外壳有无鼓肚、喷油、渗油现象；
    2）外壳温度、接头是否发热；
    3）运行电压和电流是否正常，三相电流是否平衡；
    4）套管是否清洁，有无放电痕迹；
    5）放电装置及其回路是否完好；
    6）接地是否完好；
    7）通风装置是否良好。
  7 电容器发生下列情况之一时，应立即退出运行：
    1）电容器发生喷油、爆炸、起火；
    2）瓷套管严重放电闪络；
    3）内部或放电设备有严重的异常声响；
    4）连接点严重过热或熔化等。
  8 保护电容器的熔丝熔断后，允许更换投入一次，再次熔断未查明原因前，不得更换熔丝送电。
  9 电容器组发生故障拆除时，各相应均匀拆除，拆除容量不得超过总容量的20%，有串联电抗器时不得拆除。

5.5 低压配电装置

5.5.1 低压配电装置的运行应进行巡视检查，检查周期与高压配电装置相同，巡视检查情况和发现问题应记入巡视记录，检查内容应符合下列规定：
  1 配电装置应在额定电压以内运行，并应检查三相电压是否平衡、线路末端配电装置电压降是否超出规定。
  2 各配电装置和低压电器内部有无异响、异味。
  3 检查空气开关、启动器和接触器的运行是否正常、噪声是否过大、线圈是否过热。
  4 带灭弧罩的电器，三相灭弧罩是否完整无损、有无松动。
  5 电路中各连接点有无过热现象，母线固定卡子有无松脱，低压绝缘子有无损伤及放电痕迹。
  6 接地线连接是否完好。
  7 雨天应检查室外配电箱是否渗漏雨水，室内缆线沟是否进水，房屋是否漏雨。
5.5.2 低压配电装置异常运行及事故处理应符合下列规定：
  1 当低压母线和设备连接点超过允许温度时，应迅速停次要负荷，并及时对缺陷进行检修。
  2 当各种电器触头和接点过热时，应检查触头压力或接触连接点紧固程度，并应消除氧化层、打磨接点、调整压力、拧紧连接处。

  3 当电磁铁噪声过大时，应检查铁芯接触面是否平整，对齐，有无污垢、杂质和铁芯锈蚀，检查短路环是否断裂，检查电压是否降低等。
  4 低压电器内发生放电声响，应立即停止运行。
  5 当灭弧罩或灭弧栅损坏或掉落时，应停止该设备的运行。
  6 当三相电源发生缺相或电流互感器二次开路时，应立即停电处理。
  7 当空气断路器等产生越级跳闸时，应校验定值配合是否正确。

5.6 防雷保护装置

5.6.1 防雷保护装置巡视检查内容应符合下列规定：
  1 避雷器外绝缘及金属法兰应清洁完好，无裂纹及放电痕迹。
  2 避雷器引线连接螺栓及结合处应严密无裂缝。
  3 避雷器接地线不应锈蚀或断裂，与接地网连接可靠。
  4 避雷器周围5m范围内不得搭设临时建筑物。
  5 避雷针本体不得有断裂、锈蚀或倾斜。
  6 避雷针接地引下线是否完好，引下线保护管应完好无损。
  7 避雷装置的架构上严禁装设未采取保护措施的通信线、广播线和低压电力照明线。
  8 排气型（管形）避雷器应检查管身有无裂纹、闪络和放电烧伤痕迹，排气孔上包盖的纱布是否完整，接地引下线是否完好。
5.6.2 防雷保护装置的异常运行及事故处理应符合下列规定：
  1 当发现避雷器有下列情况之一时，应及时处理：
    1）内部有异常声响及放电声；
    2）外瓷套严重破裂或放电闪络；
    3）引线接触不良。
  2 当发现避雷器有下列情况之一时，应及时更换：
    1）运行中发现避雷器瓷套有裂纹时；
    2）运行中避雷器发生爆炸；
    3）避雷器内部有异常声响或瓷套炸裂；
    4）避雷器动作记录器内部烧黑、烧毁或接地引下线连接点处有烧痕、烧断等现象。

5.7 电力电缆

5.7.1 电缆正常运行应符合下列规定：
  1 电缆线路的正常工作电压不应超过电缆额定电压的10%。
  2 电缆导体的长期允许工作温度不应超过表5.7.1规定；当与制造厂规定有出入时，应以制造厂规定为准。

表 5.7.1 电缆导体的长期允许工作温度（℃）

电缆种类	额定电压（kV）				
	3及以下	6	10	30～35	110～330
天然橡胶绝缘	65	65	—	—	—
黏性纸绝缘	80	65	60	50	—
聚氯乙烯绝缘	65	65	—	—	—
聚乙烯绝缘	—	70	70	—	—
交联聚乙烯绝缘	90	90	90	90	90
充油绝缘	—	—	—	75	75

3 长期允许的载流量不允许过负荷。

5.7.2 巡视检查周期应符合下列规定：
1 变配电所内的电缆终端头按高压配电装置的巡视周期进行。
2 室外电缆终端头每月巡视检查一次。
3 敷设在地下、隧道中、沟道中及沿桥梁架设的电缆，条件许可每 3 个月巡视检查一次。

5.7.3 电缆线路巡视检查的内容应符合下列规定：
1 对于敷设于地下的电缆线路，应查看路面是否正常，有无挖掘及标桩是否完整无缺，是否搭建建筑物，是否堆置有碍安全运行的材料及笨重的物件。
2 室外露出地面的电缆保护管等是否锈蚀、移位，固定是否牢固可靠。
3 沟道及隧道内的电缆架是否牢固，有无锈蚀，是否有积水或杂物；电缆铠装是否完整、有无锈蚀，引入室内电缆穿管是否封堵严密，裸铅包电缆的铅包有无腐蚀，塑料护套电缆有无被鼠咬伤等。
4 电缆的各种标示牌是否脱落。
5 终端头的绝缘套管应完整、清洁、无闪络现象，附近无鸟巢，引线与接线端子的接触应良好，无发热现象，电缆终端头出线应保持固定位置，其带电裸露部分之间至接地部分距离不得小于表 5.7.3 规定。

表 5.7.3 电缆终端头出线与接地部分的距离

电压（kV）	1～3	6	10	35	110
户内（mm）	75	100	125	300	850/900
户外（mm）	200	200	200	400	900/1000

注：110kV 及以上为接地系统，其数据中分子为相对地距离，分母为相间距离。

6 接地线应良好，无松动及断股现象。
7 隧道内的电缆中间接头应无变形，温度应正常。

5.8 10kV 及其以下架空电力线路

5.8.1 架空线路巡视周期应根据线路具体情况、绝缘水平、环境污染程度、季节特点及线路负荷情况，由运行单位确定各种巡视周期，6kV 以上架空线路应每月至少巡视一次。

5.8.2 架空线路巡视的主要内容应符合下列规定：
1 杆塔巡视应包括下列内容：
　1）杆塔是否倾斜，铁塔构件有无丢失、变形、锈蚀、螺栓有无松动；混凝土杆有无裂纹、疏松、钢筋外露，焊接缝有无开裂锈蚀，脚钉是否缺少；
　2）基础有无损坏、下沉，周围土壤有无挖掘或沉陷，保护设施是否完好，标志是否清晰，杆塔周围有无危及安全运行的异常情况。
2 横担及金具巡视应包括下列内容：
　1）横担有无锈蚀、歪斜、变形；
　2）金具有无锈蚀、变形，螺栓是否紧固，开口销有无锈蚀、断裂、脱落。
3 绝缘子巡视应包括下列内容：
　1）瓷件有无脏污、损伤、裂纹和闪络；
　2）铁脚、铁帽有无锈蚀、松动、弯曲；
　3）绝缘子有无爆裂；
　4）绝缘子串是否偏斜、开口销及弹簧销是否缺少或脱出。
4 裸导线（包括避雷线）巡视应包括下列内容：
　1）有无断裂、损伤、烧伤痕迹，化工污染地区有无腐蚀现象；
　2）三相弛度是否平衡，有无过紧、过松现象；
　3）接头是否良好，有无过热现象，连接线夹螺帽是否紧固、脱落等；
　4）过（跳）引线有无损伤、断股、歪斜，与杆塔、架构及其他引线间距离是否符合规定；
　5）固定导线用绝缘子上的绑线有无松弛、开断现象；
　6）导线上有无抛扔物。
5 绝缘导线巡视应包括下列内容：
　1）绝缘导线的外层绝缘是否完整，有无鼓包、变形、磨损、龟裂及过热烧熔等；
　2）各相绝缘线引垂是否一致，有无过松或过紧；
　3）沿线有无树枝或外物刮蹭绝缘导线；
　4）各绝缘子上的绑线有无松弛或开断现象；
　5）接头是否过热，连接线夹螺帽等是否齐全紧固。
6 防雷设施巡视应包括下列内容：

1）避雷器瓷套有无裂纹、损伤、闪络痕迹、表面是否脏污；
　　2）避雷器固定是否牢固，各部分附件是否锈蚀，引线连接是否良好，接地端焊接处有无开裂脱落；
　　3）保护间隙有无烧损，锈蚀或被外物短接。
7 接地装置巡视应包括下列内容：
　　1）接地引下线有无断股、损伤，保护管是否完整；
　　2）接头接触是否良好，线夹螺栓有无松动、锈蚀；
　　3）接地体有无外露，在埋设范围内有无土方工程。
8 拉线顶（撑）杆、拉线柱巡视应包括下列内容：
　　1）拉线有无锈蚀、松弛、断股和张力分配不均等现象；
　　2）拉线绝缘子是否损伤或缺少；
　　3）水平拉线对地距离是否符合要求；
　　4）拉线棒、抱箍等金具有无变形、锈蚀；
　　5）拉线固定是否牢固，接线基础周围土壤有无突起沉陷、缺土现象；
　　6）顶（撑）杆、拉线柱、护桩等有无损坏、开裂、腐朽等。
9 柱上开关设备巡视应包括下列内容：
　　1）套管有无破损、裂纹、严重脏污和闪络放电的痕迹；
　　2）开关固定是否牢固，引线连接和接地是否良好；
　　3）固定金属件有无锈蚀。
10 隔离开关、熔断器巡视应包括下列内容：
　　1）瓷件有无裂纹、闪络、破损及脏污；
　　2）触头间接触是否良好，有无过热、烧损、熔化现象；
　　3）各部件组装是否良好，有无松动、脱落；
　　4）引线接点是否良好；
　　5）操动机构是否灵活，有无锈蚀现象；
　　6）熔断器的消弧管是否受潮、变形而失效。
11 线路变压器巡视应包括下列内容：
　　1）套管是否清洁，有无裂纹、损伤、放电的痕迹；
　　2）油温、油色、油面是否正常，有无异响、异味；
　　3）呼吸器是否正常，有无堵塞现象；
　　4）各电气连接点有无锈蚀、过热和烧损现象；
　　5）各部密封垫有无老化、开裂、缝隙有无渗漏油现象；
　　6）各部螺栓是否完整，有无松动，外壳有无脱漆锈蚀，焊缝有无裂纹、渗油，接地是否良好；
　　7）变压器台架有无锈蚀、倾斜、下沉，木构架有无腐朽、砖石结构有无裂缝和倒塌的可能，地面安装的变压器围栏是否完好；
　　8）台架周围有无杂草丛生、杂物堆积，有无生长较高的植物接近带电体；
　　9）铭牌及其他标志是否完好齐全。
12 沿线情况巡视应包括下列内容：
　　1）沿线有无易燃、易爆物品和腐蚀液、气体；
　　2）导线对地、对道路、公路、铁路、管道、河流、建筑物、电力线、通信线等距离是否符合规定，有无可能触及导线的铁烟囱、天线等；
　　3）有无威胁线路安全的工程设施；
　　4）导线与树、农作物距离是否符合规定；
　　5）查看线路的污秽情况。
5.8.3 架空线路运行应符合下列规定：
1 杆塔位移与倾斜的允许范围应满足下列要求：
　　1）杆塔偏离线路中心线不应大于 0.1m；
　　2）混凝土杆倾斜度：转角杆、直线杆不应大于 15‰，转角杆不应向内角倾斜，终端杆不应向线路侧倾斜；向拉线侧倾斜应小于 200mm。
2 混凝土杆不应有严重裂纹，流铁锈水等现象，保护层不应脱落、疏松、钢筋外露，不应有纵向裂纹，横向裂纹不应超过 1/3 周长，且裂纹宽度不应大于 0.5mm，铁塔不应严重锈蚀，主柱弯曲度不得超过 5‰，各部螺栓应紧固，混凝土基础不应有裂纹、疏松、钢筋外露等现象。
3 铁横担、金具锈蚀不应起皮和出现严重麻点，锈蚀表面积不应超过 1/2，木担不应腐朽变形。
4 横担上下倾斜、左右偏歪不应大于横担长度的 2%。
5 导（地）线接头无变色和严重腐蚀，连接线夹螺栓应紧固。
6 当导线在同一处损伤并同时符合下列情况时，应将损伤处棱角与毛刺用 0 号砂纸磨光，可不做修补：
　　1）单股损伤深度小于 1/2；
　　2）钢芯铝绞线、钢芯铝合金绞线损伤截面积小于导电部分截面积的 5% 且强度损失小于 4%；
　　3）单金属绞线损伤截面积小于 4%。
7 导线引流线、引下线对电杆构件、拉线电杆间的净空距离（1～10）kV 不小于 0.2m，1kV 以下不小于 0.1m；每相导线引流线、引下线对邻相导体引流线、引下线的净空距（1～10）kV 不小于 0.3m，

1kV 以下不小于 0.15m。(1~10) kV 引下线与 1kV 以下引下线线间距不应小于 0.2m。

8 三相导线弛度应力求一致,弛度误差应在设计值的-5%~+10%之间,10kV 以下线路一般档距导线弛度相差不应超过 50mm。

9 绝缘子无裂纹,釉面剥落面积不应大于 100mm²。

10 拉线无断股、松弛和严重锈蚀。

11 水平拉线对通车路面中心的垂直距离不小于 6m。

12 拉线棒无严重锈蚀、变形、损伤及上拔等现象。

13 拉线基础牢固,周围土壤无突起、淤陷、缺土等现象。

5.9 室内配电线路、电气及照明设备

5.9.1 1kV 以下室内配线、配电盘及闸箱每月进行一次巡视检查。

5.9.2 巡视检查内容应符合下列规定:

1 导线与建筑物等是否摩擦、相蹭,绝缘支撑物是否有损坏和脱落。

2 车间裸导线各相的弛度和线间距离是否符合要求,裸导线的防护网(板)与裸导线距离有无变动。

3 明敷电线管及槽板等是否破损,铁管接地是否完好。

4 电线管防水弯头有无脱落或导线蹭管口等现象。

5 各连接头接触是否良好,导线发热是否正常。

6 配电盘及闸箱内各接头是否过热,各仪表及指示灯是否正常完好。

7 闸箱及箱门是否破损,室外箱盘有无漏雨进水等现象。

8 箱、盘金属外皮应良好接地。

9 清除内部的灰尘,检查开关接点是否紧固,闸刀和操作杆连接应紧固,动作灵活可靠。

5.10 配电线路的异常运行与事故处理

5.10.1 当配电系统发生下列情况时,必须迅速查明原因并及时处理:

1 断路器掉闸(不论重合是否成功)和熔断器跌落(熔丝熔断)。

2 发生永久性接地和频发性接地。

3 线路变压器一次和二次熔丝熔断。

4 线路发生倒杆、断线、触电伤亡等意外事件。

5 用电端电压异常。

5.10.2 当线路变压器、断路器有冒烟、冒油、外壳过热等现象时,应断开电源、待冷却后处理。

5.10.3 事故处理应遵守本规程第 5.10.1、5.10.2 条的规定,但紧急情况下,在保障人身安全和设备安全的前提下,可采取临时措施,并在事后及时处理。

5.11 直流电源

5.11.1 直流电源的巡检应包括下列内容:

1 直流系统母线电压。

2 合闸母线和控制母线的直流电压。

3 浮充运行时的浮充电压和浮充电流。

4 电池的外观及各连线接点及各元件的检查。

5 直流系统的绝缘检查。

5.12 变频器

5.12.1 变频器的工作电压(输入电压)不应超出额定值±10%范围内。

5.12.2 变频器的运行环境不应有腐蚀性气体及尘土,环境温度不应超过 40℃、湿度应小于 80%,并不得结露,必要时采用降温、降湿设备。

5.12.3 对于长期未使用的变频器应每隔半年通电一次,通电时间宜为(30~60)min。

5.12.4 值班人员每班应至少对运行中的变频器巡检 3 次,在环境潮湿或湿度较高的夏季应增加巡检次数。

5.12.5 运行检查的项目及异常处理应符合下列规定:

1 变频器各运行参数。

2 变频器有无异常的气味、异响。

3 带有变频器的变压器,应依照变压器的运行检查内容巡检。

4 检查冷却风机是否运行正常,当风机停运时,应立即停运变频器。

5 检查冷却风道是否畅通,风冷过滤器是否堵塞而影响冷却效果;当不畅通时,应及时清理或停运变频器。

6 变频器除遇紧急情况外,不应使用直接切断输入电压的方式关断运行中的变频器。

5.13 继电综合保护装置

5.13.1 继电综合保护装置使用与维护应注意防止静电损伤。

5.13.2 在使用中运行人员巡检以及维修维护中的拆装,均不得触及电路板的原器件或电路板的导电部分。当必须接触时,操作人员应有接地保护,并采取防静电措施。

5.13.3 安装在控制柜和配电柜的继电综合保护装置,维护周期应与仪表所连接的主要设备的检修周期一致。

5.13.4 继电综合保护装置必须遵从当地供电局的运行规程中相应校验周期的规定。

5.13.5 继电综合保护装置的液晶显示器,应避免强

光照射。

5.13.6 对于有后台管理机的继电综合保护装置，每年应至少进行2次软件维护。

6 供水设施维护

6.1 一般规定

6.1.1 供水设施维护检修，应建立日常保养、定期维护和大修理三级维护检修制度。

6.1.2 日常保养应检查供水设施运行状况，使设备、环境卫生清洁，传动部件按规定润滑。

6.1.3 定期维护应对设施进行检查（包括巡检），对异常情况及时检修或安排计划检修。对设施进行全面强制性的检修，宜列入年度计划。

6.1.4 大修理（恢复性修理）应有计划地对设施进行全面检修及对重要部件进行修复或更换，使设施恢复到良好的技术状态。

6.2 取水口设施

6.2.1 取水口设施日常保养项目、内容应符合下列规定：

1 格栅、格网、旋转滤网等，应由专人清除栅渣，保持场地清洁。

2 应检查传动部件、阀门运行情况，按规定加注润滑油，调整阀门填料，并擦拭干净。

3 应检查液位仪或液位差仪是否正常。

6.2.2 取水口设施定期维护项目、内容应符合下列规定：

1 对格栅、格网、旋转滤网、阀门及其附属设备，应每季检查一次；长期开或长期关的阀门每季应开关一次，并进行保养。

2 对取水口的构件、格网、格栅、旋转滤网、莲蓬头、平台、护桩、钢筋混凝土构筑物等，应每年检修一次，清通垃圾、修补钢筋混凝土构筑物、油漆锈蚀铁件。

3 对取水口河床深度每年应至少锤测一次，作好记录，并根据锤测结果及时进行疏浚。

6.2.3 取水口设施大修理项目、内容、质量应符合下列规定：

1 取水口及其附属设备每三年大修一次，对设备进行全面检修及重要部件的修复或更换。

2 土建和机械大修理质量，符合国家有关标准的规定。

6.3 原水输水管线

6.3.1 原水输水管线日常保养项目、内容，应符合下列规定：

1 进行沿线巡视，消除影响输水安全的因素。

2 检查、处理管线的各项附属设施有无失灵、漏水现象，井盖有无损坏、丢失等。

6.3.2 原水输水管线定期维护项目、内容，应符合下列规定：

1 每季对管线附属设施巡视检修一次，使其保持完好。

2 每年对管线钢制外露部分进行防腐处理。

3 输水明渠应定期检查运行、水生物、积泥和污染情况，并采取相应预防措施。

6.3.3 原水输水管线大修理项目、内容，应符合下列规定：

1 当管道和管桥严重腐蚀、漏水时，必须更换新管，其更新管段的外防腐及内衬符合相关标准的规定，较长距离的更新管段按规定进行打压试验。

2 当输水管渠大量漏水时，必须排空检修，更换或检修内壁防护层、伸缩缝等。

3 有条件的城市，每隔2～3年做全线的停水检修，测定管内淤泥的沉积情况、沉降缝（伸缩缝）变化情况、水生物（贝类）繁殖情况，并制定出相应的处理方案。

4 钢管外防腐质量检测应符合下列规定：

1）包布涂层不折皱、不空鼓、不漏包、表面平整、涂膜饱满；

2）焊缝填、嵌结实平整；

3）焊缝通过探伤抽检；

4）厚度达到设计要求。

5 金属管水泥砂浆衬里质量检测应符合下列规定：

1）管线大修后，管子的水泥砂浆内衬厚度及允许公差应符合国家现行标准和表6.3.3的规定；

表6.3.3 内衬厚度及允许公差（mm）

管径	内衬厚度		允许公差	
	机械喷涂	手工涂抹	机械喷涂	手工涂抹
DN500～700	8	—	±2	—
DN800～1000	10	—	±2	—
DN1100～1500	12	14	+3或-2	+3或-2
DN1600～1800	14	16	+3或-2	+3或-2
DN2000～2200	15	17	+4或-3	+4或-3
DN2400～2600	16	18	+4或-3	+4或-3
DN2600以上	18	20	+4或-3	+4或-3

2）水泥（强度32.5级以上）与砂的重量比应为1:1～1:2，坍落度应为（60～80）mm；

3）水泥砂浆内衬厚度及允许公差应符合国家现行有关标准的规定，但内衬缝大于

0.6mm 时应处理；
4）表面平整度可用 300mm 直尺平行管线测定，内衬表面和直尺之间的间隙不应大于 1.6mm；
5）表面粗糙度，应以手感光滑、无砂粒感为合格。

6.4 预处理设施

6.4.1 生物预处理设施日常保养项目、内容，应符合下列规定：

1 每日检查生物预处理池、进出水阀门、排泥阀门及排泥设施运行情况，检查易松动、易损部件，减少阀门的滴、漏情况。

2 每日检查生物滤池的曝气设施、反冲洗设施、电器仪表及附属设施的运行状况，做好设备、环境的清洁工作和传动部件的润滑保养工作。

6.4.2 生物预处理设施定期维护项目、内容，应符合下列规定：

1 每月对阀门、曝气设施、冲洗设备、池体建筑及附属设施、电气仪表及附属设备等检修一次，并及时排除各类故障。

2 定期对生物滤池性能进行检测，测定生物预处理池填料的生物量。

3 每年对阀门、冲洗设备、曝气设施、电气仪表及附属设备等检修一次或部分更换；对暴露铁件每年进行一次防腐处理。

6.4.3 生物预处理设施大修理项目、内容，应符合下列规定：

1 每 5 年对滤池、土建构筑物、机械等检修一次。

2 生物预处理池大修理项目应符合下列规定：
1）对滤池曝气设施进行全面检修，检查曝气设施的曝气性能，防止曝气不均匀性，并对损坏设施进行检修或更换；
2）检查填料生物承载能力、填料物理性能，并适当补充或更换填料；
3）检修或更换集水和配水设施；
4）检修或更换控制阀门、管道及附属设施。

3 生物预处理池大修理质量应符合下列规定：
1）生物填料性能、填充率及填料的承载设施符合工艺设计要求；
2）配水系统应配水均匀，配水阻力损失符合设计要求；
3）曝气设备完好，布气设施连接完好，接触部位连接紧密，曝气气泡符合设计要求；鼓风机应按照设备有关修理规定进行；
4）生物预处理排泥设施符合相关设计规范和要求。

6.4.4 高锰酸钾氧化处理设施日常保养项目、内容，应符合下列规定：

1 每日检查高锰酸钾配制池、储存池及附属的搅拌设施运行状况，并进行相应的维护保养。

2 检查高锰酸钾混合处理设施运行状况，并进行相应的维护保养。

3 每日检查投加管路上各种阀门及仪表的运行状况，并相应进行必要的清洁和保养工作。

6.4.5 高锰酸钾氧化处理设施定期维护项目、内容，应符合下列规定：

1 每（1～2）年对高锰酸钾溶解稀释设施放空清洗一次，并进行相应的检修。

2 每月对稀释搅拌设施、静态混合设施进行检修一次。

3 每月按照相应的规范和设备维护手册要求对投加管路及法兰连接、阀门、仪器仪表进行检查和校验一次。

4 每月对相应的电气、仪表设施进行清洁。

6.4.6 高锰酸钾氧化处理设施大修理项目、内容，应符合下列规定：

1 定期将高锰酸钾配制、投加相关的阀门解体，更换易损部件，对溶解配制池进行全面检修，并重新进行防腐处理。

2 每（1～2）年对投加管路、管路混合设施进行解体检修一次。

3 对提升泵、计量泵及附属设施每年解体检修一次，更换易损部件、润滑脂。

4 对系统中的暴露铁件每年进行一次防腐处理。

6.5 投 药 设 施

6.5.1 投药设施日常保养项目、内容，应符合下列规定：

1 每日检查投药设施运行是否正常，储存、配制、输送设备有否堵塞、泄漏。

2 每日检查设备的润滑、加注和计量是否正常，并进行清洁保养及场地清扫。

6.5.2 应每年检查储存、配制、输送和加注计量设备一次，做好清洗、修漏、防腐和附属机械设备检修工作，钢制栏杆、平台、管道应按色标进行油漆。

6.5.3 投药设施大修理项目、内容，应符合下列规定：

1 仓库、构筑物每 5 年大修一次，质量应符合建筑工程有关标准的规定。

2 储存设备重做防腐处理。

6.5.4 次氯酸钠加注设备的维护保养应符合下列规定：

1 日常保养项目、内容应符合下列规定：
1）每日检查储存输送管道、阀门是否泄漏，并检修、清洁；
2）每日检查加注系统设备是否正常并检修；

3）每日检查相关计量仪器、电气设备是否正常并检修、清洁。

2 定期保养项目、内容应符合下列规定：
1）加注设备每年检修一次，更换磨损部件、润滑脂、密封件；
2）次氯酸钠输送管道阀门每年检修一次；
3）相关的电气设备每年清扫一次；
4）相关的计量设备每年校验一次；
5）暴露的支架铁件每年做防腐处理一次；
6）加注室墙面、门窗、地坪每3年清洗检修一次。

6.5.5 二氧化氯设备的维护保养应符合下列规定：
1 日常保养项目、内容应符合下列规定：
1）每日检查二氧化氯发生设备、投加设备、计量设备是否运行正常；
2）每日检查二氧化氯原料储备库房情况，看是否有异常；
3）每日检查管道、接口等的密封情况，并注意环境卫生。

2 定期维护项目、内容应符合下列规定：
1）每年对二氧化氯发生设备进行维护检修一次；
2）定期维护二氧化氯投加和计量设备，可按液氯投加和计量设备进行维护；
3）每年对二氧化氯投加管路进行检修维护。

3 大修理项目、内容应符合下列规定：
1）每3年对二氧化氯发生装置维修一次；
2）每（1～3）年对二氧化氯管路进行检修维护，必要时进行全面更换；
3）二氧化氯投加和计量装置的大修理项目，可按液氯的投加和计量装置的大修理项目规定进行。

6.5.6 泄氯吸收装置维护保养应符合下列规定：
1 日常保养项目、内容应符合下列规定：
1）每日检查吸收液（碱、氯化亚铁）、提升泵、储液箱及管道是否泄漏并检修、清洁；
2）每日检查吸收装置电气电路是否正常，并做好清洁工作。

2 定期保养项目、内容应符合下列规定：
1）定期测试吸收装置系统的有效性；
2）每年测定一次吸收液有效成分浓度：用碱液中和吸收的，氢氧化钠浓度宜在12%以上，且不出现结晶块；用氯化亚铁反复吸收的，储液箱内应有足够的固体铁质还原剂。

3 大修理项目、内容应符合下列规定：
1）提升泵应每年解体检修一次，更换易损部件、润滑脂；

2）风机（包括电机）的轴承应更换润滑脂，并做防腐处理；
3）系统中暴露的铁件每年进行一次防腐处理；
4）吸收装置所在房间或遮阳棚每3年检修一次。

6.6 混合絮凝设施

6.6.1 混合絮凝的机械混合装置应每日检查电机、变速箱、搅拌装置运行状况，定期加注润滑油，做好环境和设备的清洁工作。

6.6.2 混合絮凝设施的定期维护项目、内容应符合下列规定：
1 机械电气每月检修一次。
2 混合池、絮凝池、机械、电气每年检修或更换部件，隔板、网格、静态混合器每年检查一次。
3 金属部件每年防腐处理一次。

6.6.3 混合设施（包括机械传动设备）应（1～3）年进行检修或更换，大修后质量应分别符合机电和建筑工程有关标准的规定。

6.7 沉淀、澄清设施

6.7.1 平流式沉淀池维护应符合下列规定：
1 日常保养项目、内容应符合下列规定：
1）每日检查进、出水阀门，排泥阀，排泥机械运行状况，定期加注润滑油，进行相应保养；
2）检查排泥机械电源，传动部件、抽吸机械等的运行状况，并进行相应保养。

2 定期维护项目、内容应符合下列规定：
1）无机械排泥设施的平流沉淀池，应人工清洗，每年不得少于2次；有机械排泥设施的，每年安排人工清洗一次；
2）排泥机械、电气，每月检修一次；
3）排泥机械、阀门，每年解体检修或更换部件。沉淀池每年排空一次，对混凝土池底、池壁，应每年检查修补一次，金属部件应每年油漆一次。

3 沉淀池、排泥机械（3～5）年进行检修或更换。

6.7.2 斜管、斜板沉淀池维护应符合下列规定：
1 日常保养项目、内容应符合下列规定：
1）每日检查进、出水阀门，排泥阀，排泥机械运行状况并进行保养，定期加注润滑油；
2）检查机械、电气装置，并进行相应保养。

2 定期维护项目、内容应符合下列规定：
1）每月对机械、电气检修一次，对斜管、斜板每3个月或半年冲洗清通一次；

2) 排泥机械、阀门每年解体检修或更换部件。沉淀池每年排空一次，检查斜管、斜板、支托架、池底、池壁等，并进行检修、油漆等。
3 大修理项目、内容应符合下列规定：
 1) 斜管、斜板沉淀池（3～5）年进行检修，支承框架、斜板局部更换；
 2) 大修施工允许偏差应符合表 6.7.2 的规定。

表 6.7.2 沉淀池大修理施工允许偏差（mm）

项　　目		允　许　偏　差
泥斗斜面的平整度		±3
出水堰口高程	混凝土	±5
	钢　制	±2
出水堰堰口水平度		±2/L
轨道混凝土基础（高程）		±5
轨道正面、侧面的直顺度		L/1500 且不大于 2
轨道轴线位置		<5
轨道高程		±2
轨道接头间缝宽		±0.5
轨基螺栓对轨道中心线距离		±2

注：L 为出水堰堰口长度。

6.7.3 机械搅拌澄清池维护应符合下列规定：
1 日常保养项目、内容应符合下列规定：
 1) 机械搅拌装置、刮泥机每日检查电机、变速箱温度、油位及运行状况，定期加注规定牌号的润滑油，做好环境和设备的卫生清洁工作；
 2) 每日检查进水阀门、排泥阀。
2 定期维护的项目、内容应符合下列规定：
 1) 机械电气每月检查一次；
 2) 加装斜管的每 3 个月或半年冲洗斜管一次；
 3) 金属部件每年进行防腐处理一次；
 4) 澄清池每年放空清泥、疏通管道一次；
 5) 变速箱每年解体清洗，更换润滑油一次；
 6) 传动部件每年检修一次；
 7) 加装斜管的，每年放空检查斜管、斜板托架、池底及池壁并进行检修和防腐处理。
3 大修理项目，内容应符合下列规定：
 1) 搅拌设备、刮泥机械易损部件（3～5）年进行检修更换；
 2) 加装斜管、斜板的（3～5）年进行检修，支撑框架、斜管、斜板局部更换；
 3) 大修理施工允许偏差符合表 6.7.3 的规定。

表 6.7.3 澄清池大修理施工允许偏差（mm）

项　　目		允许偏差
集水槽堰口高程	钢筋混凝土	±5
	钢　制	±2
集水槽孔眼水平度		±2
稳流管和配水管的位置和高程		±10
进水管、集水槽堰口高度		±2
反应室、导流室和分流室隔墙高程		±5

6.7.4 脉冲澄清池维护，应符合下列规定：
1 日常保养项目、内容应符合下列规定：
 1) 每日检查进、出水阀门；
 2) 清除池面垃圾，集水孔孔口垃圾；
 3) 清扫澄清池走道，保持整洁；
 4) 检查脉冲发生器支架钟罩等；
 5) 采用真空虹吸式的，检查其机械工作是否正常。
2 定期维护项目、内容应符合下列规定：
 1) 加装斜管、斜板的，每 3 个月或半年清洗一次；
 2) 金属部件每年进行防腐处理一次；
 3) 澄清池每年放空清洗一次，并疏通所有管道；
 4) 稳流板损坏的应更换；
 5) 每年检修进、出水阀门一次；
 6) 机电设备，可按机械搅拌澄清池相关项目进行。
3 大修理项目、内容应符合下列规定：
 1) 脉冲发生器每（5～7）年部分检修或更换；
 2) 稳流板每（5～7）年部分检修或更换；
 3) 加装斜管、斜板的，每（3～5）年进行检修，支撑框架、斜管、斜板局部更换；
 4) 大修理施工允许偏差应符合表 6.7.3 的规定。

6.7.5 水力循环澄清池的日常保养、定期维护及大修理项目，可按机械搅拌、脉冲澄清池相关内容进行。

6.7.6 气浮池维护应符合下列规定：
1 日常保养项目、内容应符合下列规定：
 1) 压力容器系统：每日检查压力容器罐压力是否在设计位置，泵和空压机是否运行正常，压力容器系统阀门、管道接口密封状况，机械传动部件定时加油保养；
 2) 气浮池：每日检查刮泥机运行是否正常，释放器运行状况，电机温度等；
 3) 每日检查气浮系统阀门、接口密封状况，同时注意环境卫生。

2 定期维护项目、内容应符合下列规定：
1）每（1~3）年放空清洗一次；
2）刮泥机每年检查维修一次，传动部件每年检查加油维护一次；
3）底部排泥系统每年检查维修一次，检查排气管道是否松动，排泥孔是否堵塞等；
4）压力容器罐按照压力容器管理规定进行检修，释放器每半年检查一次，空压机系统每半年加油维修保养一次；
5）气浮池系统所涉及使用的仪器仪表类，可按相应的仪器仪表维护要求进行定期维护保养。

3 大修理项目、内容应符合下列规定：
1）每3年将气浮池放空，对气浮池构筑物、刮泥设备、底部排泥系统进行全面检修；
2）压力容器罐按照压力容器管理规定进行大修理；
3）与气浮系统相关的设备、仪器等的大修理项目可按相关规定进行。

6.8 普通滤池

6.8.1 滤池、阀门、冲洗设备（水冲、气水冲洗、表面冲洗）、电气仪表及附属设备（空压机系统等）的运行状况应每日检查，并应做好设备、环境的清洁工作和传动部件的润滑保养工作。

6.8.2 普通滤池定期维护项目、内容，应符合下列规定：

1 每月对阀门、冲洗设备、电气仪表及附属设备等保养一次，并及时排除各类故障。

2 每季测量一次砂层厚度，当砂层厚度下降10%时，必须补砂且一年内最多一次。

3 每年对阀门、冲洗设备、电气仪表及附属设备等检修一次或部分更换；铁件应做防腐处理一次。

6.8.3 普通滤池大修理项目、内容，应符合下列规定：

1 滤池、土建构筑物、机械设备，5年内必须进行一次大修，且当发生下列情况时必须立即大修：
1）滤层含泥量超过3%；
2）滤池冲洗不均匀，大量漏砂；
3）过滤性能差，滤后水浑浊度长期超标；
4）结构损坏等。

2 滤池大修项目、内容应符合下列规定：
1）检查滤料、承托层，按情况更换；
2）检查、更换集水滤管、滤砖、滤板、滤头、尼龙网等；
3）阀门、管道和附属设施进行恢复性检修；
4）土建构筑物进行恢复性检修；

5）行车及传动机械应解体检修或部分更新；
6）钢制排水槽做防腐处理调整；
7）检查清水渠，清洗池壁、池底。

3 滤池大修理质量应符合下列规定：
1）滤池壁与砂层接触面的部位凿毛；
2）滤池排水槽高程允许偏差为±3mm；
3）滤池排水槽水平度允许偏差为±2mm；
4）集水滤管或滤砖、滤头、滤板安装平整、完好，固定牢固；
5）配水系统铺填滤料及承托层前进行冲洗，以检查接头紧密状态及孔口、喷嘴的均匀性，孔眼畅通率大于95%；
6）滤料及承托层按级配分层铺填，每层平整，厚度偏差不得大于10mm；
7）滤料经冲洗后抽样检验，不均匀系数符合设计的工艺要求；
8）滤料全部铺设后进行整体验收，经过冲洗后的滤料平整，并无裂缝和与池壁分离的现象；
9）新铺滤料洗净后对滤池进行消毒、反冲洗，然后试运行，待滤后水合格后方可投入运行；
10）冲洗水泵、空压机、鼓风机等附属设施及电气仪表设备的检修应按相关规定要求进行。

6.9 臭氧接触池

6.9.1 臭氧接触池的进气管路、尾气管路应每日检查，水样采集管路上各种阀门及仪表的运行状况应每日检查，并应进行必要的清洁和保养工作。

6.9.2 臭氧接触池定期维护项目、内容应符合下列规定：

1 每（1~3）年放空清洗一次。

2 检查池内布气管路是否移位松动，布气盘或扩散管出气孔是否堵塞，并重新固定布气管路和清通布气盘或扩散管堵塞的出气孔。

3 清洗用水排至下水道。

4 后臭氧接触池在清洗水池恢复运行前，进行消毒处理，消毒浓氯水排到下水道。

5 按设备制造商维护手册的要求，定期对与臭氧气接触的阀门、布气盘、扩散管检修一次，并对长期开或关的阀门操作一次。

6 其他阀门每月检修一次，长期开或关的其他阀门操作一次。

7 按设备制造商提供的维护手册要求，定期对各类仪表进行校验和检修。

8 每（1~3）年对水池内壁、池底、池顶、伸缩缝、压力人孔等检修一次，并解体检修除臭氧系统外的阀门，铁件做防腐处理一次。

6.9.3 臭氧接触池大修理项目、内容应符合下列规定：

1 每5年将除臭氧系统外的阀门解体，更换易损部件，对池底、池顶、池壁伸缩缝和压力人孔进行全面检修。

2 接触池大修后，必须进行满水试验，渗水量应按设计水位下浸润的池壁和池底总面积计算，不得超过2L/(m²·d)；在满水试验时，地上部分应进行外观检查，当发生漏水、渗水时，必须修补。

3 设置在接触池内外的臭氧系统设备大修周期、项目、内容及质量应符合设备制造商维护手册上的规定。

6.10 活性炭滤池

6.10.1 活性炭滤池、阀门、冲洗设备（水冲、气水冲洗、表面冲洗）、电气仪表及附属设备（空压机系统等）的运行状况应每日检查，并应做好设备、环境的清洁工作和传动部件的润滑保养工作。

6.10.2 活性炭滤池定期维护项目、内容应符合下列规定：

1 每月对阀门、冲洗设备、电气仪表及附属设备等检修一次，并及时排除各类故障。

2 每年对阀门、冲洗设备、电气仪表及附属设备等检修一次或部分更换，铁件做防腐处理一次。

6.10.3 活性炭滤池大修理项目、内容应符合下列规定：

1 滤池、土建构筑物、机械，5年内必须进行大修一次。

2 滤池大修项目、内容应符合下列规定：

1）检查配水系统、滤料，并根据情况更换；

2）控制阀门、管道和附属设施的恢复性检修；

3）土建构筑物进行恢复性检修；

4）检查清水渠，清洗池壁、池底。

3 滤池大修质量应符合下列规定：

1）滤池壁与滤料层接触面的部位凿毛；

2）滤料及承托层按级配分层铺填，每层应平整；

3）滤料经冲洗后抽样检验，不均匀系数符合设计的工艺要求；

4）滤料全部铺设后进行整体验收，经过冲洗后的滤料应平整，并无裂缝和与池壁分离的现象；

5）活性炭滤料的装填或卸出宜采用专用设备或水射器方式进行，水和滤料的体积比宜大于4:1；输送管道的转弯半径宜大于5倍的管径，且每格滤池一次装卸的时间不宜大于24h；

6）新铺滤料前对滤池清洗、消毒，新铺滤料后进行反冲洗，然后试运行，待滤后水合格后方可投入运行；

7）冲洗水泵、空压机、鼓风机等附属设施及电气仪表设备的维护按相关规定要求进行。

6.11 臭氧发生器

6.11.1 臭氧发生器及其冷却设备、与臭氧发生器相连的管路上各种阀门及仪表，以及臭氧和氧气（以氧气为气源）泄漏探头和报警装置运行状况应每日检查，同时检查尾气破坏装置运行状况。

6.11.2 臭氧发生器的定期维护项目、内容，应符合下列规定：

1 按设备制造商提供的维护手册的要求定期对臭氧发生器及其冷却设备和尾气破坏设备进行检修，对长期开或关的阀门操作一次。

2 定期维护工作宜委托制造商进行。

6.11.3 臭氧发生器的大修理项目、内容，应符合下列规定：

1 臭氧发生设备和尾气破坏设备大修周期、项目、内容及质量符合设备制造商提供的维护手册上的规定。

2 臭氧发生器和尾气破坏设备大修理工作宜委托制造商进行。

6.12 臭氧发生器气源系统

6.12.1 空压机或鼓风机、过滤器、干燥器以及供气管路上各种阀门及仪表的运行状况应每日检查。

6.12.2 每月应对空压机或鼓风机、过滤器、干燥器、消声器及各种阀门检修一次，长期开或关的阀门应操作一次；各种仪表每月检修和校验一次。

6.12.3 空气气源设备的大修理宜委托设备制造商进行。

6.12.4 氧气气源设备的日常保养、定期维护和大修理工作应符合下列规定：

1 租赁设备的日常保养、定期维护和大修理工作由氧气供应商负责，供水厂人员不得擅自进行。

2 供水厂自行采购的设备日常保养工作，由供水厂专职人员按设备制造商提供的维护手册规定的要求进行；定期维护和大修理工作宜委托设备制造商进行。

6.13 清 水 池

6.13.1 对清水池液位仪等应定时进行检查，场地定时进行清扫。

6.13.2 清水池的定期维护项目、内容应符合下列规定：

1 每（1~2）年清洗一次；当水质良好时可适当延长，但不得超过5年。

2 清洗时应先将清水池水位降至下限运行水位后再进行清洗，清洗用水应排至生产排水系统或下水道。

3 在清洗水池恢复运行前进行消毒处理。

4 地下清水池清洗时必须做好抗浮措施。

5 每月对阀门检修一次，每季对长期开和关的阀门操作一次，液位仪检修一次。

6 液位仪检修根据其规定的校验周期进行，机械传动水位计宜每年进行校对和检修一次。

7 每（1～2）年对水池内壁、池底、池顶、通气孔、液位仪、伸缩缝等检修一次，并检修阀门，铁件做防腐处理一次。

6.13.3 清水池的大修理项目、内容应符合下列规定：

1 每5年将阀门解体，更换易损部件，对池底、池顶、池壁、伸缩缝进行全面检修。

2 清水池大修后，必须进行满水试验，渗水量按设计水位下浸润的池壁和池底总面积计算，钢筋混凝土清水池不得超过 $2L/(m^2 \cdot d)$，砖石砌体水池不得超过 $3L/(m^2 \cdot d)$；在满水试验时，地上部分应进行外观检查，发生漏水、渗水时，必须修补。

6.14 消毒设施

6.14.1 消毒设施的日常保养项目、内容应符合下列规定：

1 每日检查氯瓶（氨瓶）针形阀是否泄漏，安全部件是否完好，并保持氯瓶、氨瓶清洁。

2 每日检查称重设备是否准确，并保持干净。

3 加氯机（加氨机）：随时检查、处理泄漏，并每日检查调整密封垫片，检查弹簧膜阀、压力水、水射器、压力表和转子流量计是否正常，并擦拭干净。

4 每日检查蒸发器电源、水位、循环水泵、水温传感器、安全装置等是否正常，并保持清洁。

5 输氯（氨）系统：每日检查管道、阀门是否漏氯（氨）并检修。

6 起重行车：定期或在使用前检查钢丝绳、吊钩、传动装置是否正常，并保养。

6.14.2 消毒设施的定期保养项目、内容应符合下列规定：

1 氯瓶、氨瓶可委托生产厂在充装前进行维护保养。

2 加氯（氨）机：定期清洗转子流量计、平衡箱、中转玻璃罩、水射器，检修过滤管、控制阀、压力表等。

3 蒸发器按设备供货商规定的要求进行检查检修。

4 输氯（氨）系统管道阀门，应定时清通和检修一次。

5 起重行车符合现行国家标准《起重机械安全规程》GB 6067 的规定。

6.14.3 消毒设施的大修理项目、内容应符合下列规定：

1 称重设备每年彻底检修一次，并校验。

2 氯瓶、氨瓶每年交由生产厂家进行彻底的检修一次，并油漆。

3 加氯（氨）机每年更换安全阀、弹簧膜阀、针形阀、压力表，并进行标定和油漆；进口自动加氯机根据产品说明书要求维护保养。

4 每年对蒸发器内胆用热水清洁、烘干，检查是否锈蚀，并对损坏部件进行调换，检修电路系统；进口蒸发器根据产品说明书要求维护。

5 输氯（氨）系统的管道阀门每年检修一次。

6.15 污泥处理系统

6.15.1 浓缩池（含预浓缩池）日常保养项目、内容应符合下列规定：

1 每日检查进、出水阀门、排泥阀、排泥泵以及排泥机械运行状况并进行保养，定期加注润滑油。

2 检查机械、电气装置，并进行相应保养。

6.15.2 浓缩池定期维护项目、内容，应符合下列规定：

1 每月对机械、电气检修一次。

2 设有斜管、斜板的浓缩池，每月对斜管、斜板冲洗清通一次。

3 排泥机械、阀门及泵每年解体检修或更换部件，浓缩池每年排空一次；应检查斜管、斜板、支托架、池底、池壁等，并进行检修、防腐处理等。

6.15.3 浓缩池（含预浓缩池）大修理项目、内容应符合下列规定：

1 每（3～5）年进行大修理，支撑框架、斜管、斜板局部更换。

2 大修理施工允许偏差应符合表 6.15.3 的规定。

表 6.15.3 浓缩池（含预浓缩池）大修理施工允许偏差 (mm)

项 目		允许偏差
池底找坡平整度		±3
出水堰高程	混凝土	±5
	钢制	±2
出水堰堰口水平度		±2/L

注：L 为出水堰堰口长度。

6.15.4 污泥脱水设备日常保养项目、内容应符合以下规定：

1 每日检查脱水机、进泥设备、加药设备以及出泥设备的运行状况。

2 按设备制造商提供的维护手册的要求定期对脱水设备、进泥设备、出泥设备以及加药设备进行检修,对长期开或关的阀门操作一次。

3 定期维护工作宜委托制造商进行。

6.15.5 污泥脱水设备大修理项目、内容应符合下列规定:

1 脱水设备、进泥设备、出泥设备以及加药设备的大修理周期、项目、内容及质量符合设备制造商维护手册上的规定;

2 脱水设备大修理工作宜委托制造商进行。

6.16 地下水处理设施

6.16.1 水源井静水位测试应停泵 0.5h 以后进行,动水位测试应在水泵启动 0.5h 以后进行。

6.16.2 水源井达到下列条件之一时应进行修理:

1 滤管堵塞,出水量明显减少。

2 管井淤积达 5m 以上。

3 单井流量少于上次洗井流量 30% 以上。

4 过滤器损坏,滤料溢入井内。

6.16.3 水源井符合下列条件之一时应报废:

1 水源受到污染,水质恶化,不符合有关标准,且难以治理。

2 出水量少,无开采价值。

3 滤料大量进入井管、井管断裂,难以修复。

4 受地理环境限制等其他不能保证安全供水的水源井。

6.16.4 原水输水管线维护要求应符合本规程第 6.3 节的规定。

6.16.5 投药、消毒设施维护要求应符合本规程第 6.5、6.14 节的相关规定。

6.16.6 清水池维护要求应符合本规程第 6.13 节的规定。

6.17 排水设施

6.17.1 排水沟渠应每年疏通一次。

6.17.2 排水机泵、阀门应定期检修。

6.17.3 排水设施的机电部分应按本规程第 7 章的有关条款进行日常保养和定期维护。

7 供水设备维护

7.1 一般规定

7.1.1 供水设备维护检修应建立日常保养、定期维护和大修理三级维护检修制度。

7.1.2 供水设备日常保养应由运行值班人员负责对设备进行经常性的保养和清扫灰尘。

7.1.3 供水设备定期维护应由维修人员负责,并应每年进行(1~2)次专业性的检查、清扫、维修、测试。电气设备(包括电力电缆)预防性试验可(1~3)年进行一次,继电保护装置的校验应每年进行一次,接地装置和测试接地电阻值的检查每年春季进行,避雷器应每年进行检查和试验。

7.1.4 供水设备大修理应由专业检修人员负责,并应符合下列规定:

1 各类机泵设备可自行制定大修周期标准。

2 电动机应与主机大修同时进行。

3 变压器大修周期应根据历年预防性试验结果经分析后确定。35kV 及以上的,应在运行 5 年后大修一次,以后每隔(5~10)年大修一次;10kV 及以下的,可每 10 年左右大修一次。

4 配电装置大修周期应根据开关存在的缺陷和实际运行条件来确定。新投入运行的高压断路器应在运行一年后大修一次。以后,35kV 及以上断路器宜每 5 年大修一次,(3~10)kV 配电系统断路器宜每(1~3)年大修一次,(3~10)kV 启动电机用断路器宜每年大修一次。故障掉闸 3 次或严重喷油、喷烟,均应解体检修。

5 高压架空线路大修周期,应根据其完好情况、电气及机械性能是否符合有关规定来确定。

7.2 水 泵

7.2.1 水泵日常保养项目、内容应符合下列规定:

1 应按设备使用说明书的要求及时补充轴承内的润滑油剂,对使用润滑油的水泵,应保证油位正常,并定期检测油质变化情况,必要时换用新油。

2 根据运行情况,及时调整填料压盖松紧度。

3 根据填料磨损情况应及时更换填料;当更换填料时,每根相邻填料接口应错开大于 90°,水封管应对准水封环,最外层填料开口应向下。

4 当使用软填料密封时,根据使用情况随时添加填料,防止泄漏。

5 监测机泵振动,超标时,应查明原因,及时处理。

6 定期检查电动阀门的限位开关、手动与电动的连锁装置。

7 检查、调整、更换阀门填料,做到不漏水、无油污、无锈迹。

8 设备外露零部件应做到防腐有效,无锈蚀、不漏油、不漏水、不漏电、真空管道不漏气。

9 设备铭牌标志应清楚。

7.2.2 水泵定期维护项目、内容应符合下列规定:

1 可根据运行的技术状态监测数据确定检修项目,也可按周期进行预防性检查,对有问题的零部件进行修理或更换。

2 当解体更换主要零部件时,应达到大修质量标准。

7.2.3 水泵大修理项目、内容、质量应符合下列

规定：

1 泵壳或导流壳、叶轮的检修应符合下列规定：
  1) 去除积垢、铁锈，非加工面可涂无毒耐水防锈涂层；
  2) 冷却水孔、压力表孔、排气孔畅通；
  3) 当壳壁或导叶蚀损厚度超过原壁厚1/3时，应修补或更换；
  4) 外形与配合公差应符合图纸技术要求：长轴深井泵叶轮导流壳过流部位尺寸偏差应符合国家现行标准《长轴离心深井泵技术条件》JB/T 443 的规定；潜水泵叶轮导流壳过流部位尺寸偏差应符合现行国家标准《井用潜水泵技术条件》GB/T 2817 的规定；
  5) 当叶轮修复后或更换叶轮时，应做静平衡试验，叶轮最大直径上的静平衡允许偏差，应符合现行国家标准《单级单吸清水离心泵技术条件》GB 5657 的规定；
  6) 去除静不平衡重量时，应磨削均匀、保持平滑，最大磨削厚度不大于原盖板厚度的1/3；
  7) 闭式叶轮与轴配合公差应符合现行国家标准《公差与配合》GB 1801 中 H8/h7 配合要求；
  8) 半开式叶轮与锥形套的锥度应相符，接触面积不应小于配合面积的60%；
  9) 闭式叶轮密封环与叶轮配合的运转间隙，单级双吸离心水泵应符合表 7.2.3-1 规定，长轴深井泵和井用潜水泵应符合表 7.2.3-2 规定；当磨损超过表中规定间隙50%以上时，应更换密封环；

表 7.2.3-1 单级双吸离心水泵叶轮密封环与叶轮配合的允许间隙（mm）

密封环直径	$D\leq 75$	$75<D\leq 110$	$110<D\leq 140$	$140<D\leq 180$	$180<D\leq 220$	$220<D\leq 280$	$280<D\leq 340$	$D>340$
直径间隙	0.25	0.30	0.35	0.40	0.45	0.50	0.55	0.60

表 7.2.3-2 长轴深井泵和井用潜水泵叶轮密封环与叶轮配合的允许间隙（mm）

密封环直径	$D\leq 75$	$75<D\leq 110$	$110<D\leq 160$	$160<D\leq 200$	$200<D\leq 250$	$D>250$
直径间隙	0.25	0.30	0.35	0.40	0.45	0.50

  10) 闭式叶轮键槽应完整、清洁、无锈蚀，槽与键的公差应符合现行国家标准《平键 键槽的剖面尺寸》GB/T 1095 和《普通型平键》GB/T 1096 的规定；
  11) 长轴深井泵、井用潜水泵叶轮在轴上的装配应符合说明书的要求。

2 泵轴的检查、修整、更换应符合下列规定：
  1) 泵轴光洁、无残损、丝扣无锈蚀；
  2) 与轴承配合处表面粗糙度不低于 1.6μm；
  3) 卧式泵、轴流泵、混流泵泵轴径向跳动允许公差小于 0.02mm；
  4) 当镀铬泵轴、传动轴的镀铬层脱落或磨损严重时，应更换；
  5) 对长轴深井泵的每根泵轴，均应测量径向全跳动偏差，并符合表 7.2.3-3 的规定；
  6) 各类泵轴两端面应平整，中心孔完好，运输中应保护轴头丝扣并防止弯曲变形；

表 7.2.3-3 长轴深井泵泵轴径向全跳动允许偏差（mm）

轴径	径向全跳动允许偏差		
	传动装置轴	叶轮轴	传动轴
$D<36$	0.15	0.15	0.25
$30<D<46$	0.12	0.12	0.20
$40<D<60$	0.10	0.10	0.15

  7) 非加工配合面应涂无毒、耐水防锈涂层。

3 滑动巴氏合金轴承的检查、修整、更换应符合下列规定：
  1) 应检查有无裂纹和斑点；
  2) 轴承应磨损均匀、无显著划痕，轴间隙应在允许范围内；
  3) 对局部损坏部位的修复应严格掌握修补工艺，在质量有保证的情况下方可进行；
  4) 大修加工后应进行刮研，在负荷面60°±5°范围内应达到每平方厘米不少于2个接触点；
  5) 轴承与轴的间隙在检修前后均应精确测量并记录；
  6) 轴承与轴间隙应符合表 7.2.3-4 和表 7.2.3-5 的规定。

表 7.2.3-4 套筒式轴承与轴间隙（mm）

轴径	$n<1500r/min$		$n>1500r/min$	
	最小值	最大值	最小值	最大值
$18<D\leq 30$	0.040	0.100	0.060	0.118
$30<D\leq 50$	0.050	0.112	0.075	0.142
$50<D\leq 80$	0.065	0.135	0.095	0.175

表 7.2.3-5 分解式轴承与轴间隙（mm）

轴 径	n<1500r/min		n>1500r/min	
	最小值	最大值	最小值	最大值
30<D≤50	0.08	0.16	0.17	0.34
50<D≤80	0.10	0.20	0.20	0.40
80<D≤120	0.12	0.24	0.23	0.46
120<D≤180	0.15	0.30	0.26	0.53
180<D≤200	0.20	0.35	0.30	0.60

4 滚动轴承的检查、修整、更换应符合下列规定：
　1）内外座圈、滚道、滚动体、保持架应无残损磨蚀；
　2）当滚道有麻坑、保持架磨损、滚动体破碎或有麻点时，应更换；
　3）当过热变色时，应更换；
　4）当径向摆动超标时，应更换；
　5）长轴深井泵、井用潜水泵、轴流泵橡胶轴承，应符合国家现行标准《长轴离心深井泵技术条件》JB/T 443 的规定。

5 轴套的检查、修整、更换应符合下列规定：
　1）应检测轴套外径磨损情况，保持光洁、无残损，并作记录；
　2）轴套、轴、锁紧螺母相配合的螺纹应完好，配合间隙应适当；
　3）轴套与泵轴的配合公差，应符合现行国家标准《公差与配合》GB 1801 中 H8/h7 配合公差要求；
　4）轴套键槽应完好，键槽公差应符合现行国家标准《平键 键槽的剖面尺寸》GB/T 1095 和《普通型平键》GB/T 1096 的规定；
　5）轴套与压母丝扣应完好，配合间隙应适当。

6 弹性圈柱销联轴器的检查，修整应符合下列规定：
　1）表面应光洁、无残损；
　2）联轴器与轴配合应符合现行国家标准《公差与配合》GB 1801 中 K7/h6 配合公差要求；
　3）电机联轴器与水泵的联轴器之间的间距及两轮缘上下允许偏差应符合表 7.2.3-6 规定；

表 7.2.3-6 联轴器间距允许公差（mm）

联轴器外径	间 距	上下左右允许偏差
≤300	3～4	≤0.03
300～500	4～6	≤0.04
>500	6～8	≤0.05

　4）对较大型机泵，应在运行中实测电机轴线升高值，并予以调整，保证电机和水泵在运行中达到同心；
　5）水泵联轴器与电机联轴器外径应相同，轮缘对轴的跳动偏差应小于 0.05mm；
　6）其他联轴器应按说明书及图纸要求检修；
　7）长轴深井泵、井用潜水泵的扬水管法兰或丝扣应完好，管内外除锈后应涂无毒、耐水防锈涂层。

7.2.4 水泵大修后技术要求应符合下列规定：
1 检修记录应包括下列内容：
　1）检修中发现的问题、修复的主要内容和更换零件明细表；
　2）关键部件和电气设备检修记录；
　3）填装的润滑剂牌号；
　4）因故未能解决的问题；
　5）有关技术参数。

2 应测定压力、真空度、流量、电流、电压、功率、温度等，并对机组运行效率作出评价。

3 卧式离心泵、混流泵的振动测量与评价应符合下列规定：
　1）测量方法符合现行国家标准《泵的振动测量与评价方法》JB/T 8097 的规定；
　2）泵的振动级别评价符合现行国家标准《泵的振动测量与评价方法》JB/T 8097 的有关规定，大修后的水泵振动验收标准不应低于上述标准中的 C 级；
　3）测试记录应分别记录振动速度和最大位移两种参数；
　4）当振动超过标准规定时，应查找原因并修复。

4 长轴深井泵和井用潜水泵的振动测量应符合下列规定：
　1）振动测量方法符合现行国家标准《泵的振动测量与评价方法》JB/T 8097 的规定；
　2）泵的振动级别评价符合现行国家标准《泵的振动测量与评价方法》JB/T 8097 的规定，验收标准应为第二类的 C 级。

5 机泵及附属设备密封应无漏水、漏气、漏油现象。

6 长轴深井泵、轴流泵运行前，应测定叶轮与导流壳及喇叭管的间隙。深井泵试车前，应将间隙调大一些，试运行后，应将间隙调小一些，最后间隙应符合下列规定：
　1）闭式叶轮长轴深井泵调整后，叶轮上下口与导流壳两侧密封环间隙应一致；
　2）半开式叶轮与导流壳的间隙宜在（0.2～0.5）mm 之间；

3) 轴流泵的间隙应根据说明书的要求调整。

7 应测试运行中轴承的润滑、声音、滑动轴承油位及带油环的带油情况，并观测轴承温升。

7.3 电 动 机

7.3.1 电动机日常保养项目、内容，应符合下列规定：

1 电动机与附属设备外壳以及周围环境应整洁。

2 设备铭牌以及有关标志应清楚。

3 应保持正常油位，缺油时应及时补充同样油质润滑油，对油质应定期检测，发现漏油、甩油现象应及时处理，当油质不符合要求时，应换用新油。

4 当绕线式异步电动机和同步电动机的电刷磨损达到 2/3 时，应更换电刷。

5 井用潜水电机每月应测一次引线及绕组绝缘电阻，其值应符合国家现行标准《电力设备预防性试验规程》DL/T 596 的规定。

7.3.2 电动机应每年至少维护一次。

7.3.3 电动机定期维护项目、内容应符合下列规定：

1 清除外壳灰尘、油垢，机壳、端盖应无裂纹、损伤。

2 检查引出线接线端不得有过热、烧伤、腐蚀，线间距离符合安全要求，绝缘子完好无损，导线绝缘性能保持良好。

3 测量绝缘电阻和吸收比，其值应符合国家现行标准《电力设备预防性试验规程》DL/T 596 的规定。

4 电刷、刷架和集电环的检查、擦拭应符合下列规定：

1) 电刷不得露铜辫，软铜线完整，连接良好，接触紧密，不得与外壳相碰，电刷不得有晃动、振动或卡涩现象，清除电刷与刷架之间的积灰；
2) 集电环表面光洁，无伤损；
3) 电刷与集电环之间接触紧密，其弧度接触面不小于电刷截面的 80%；
4) 非恒压的电刷弹簧应调整到刷架上同一位置，使每个电刷压力均匀，压力数值及其他有关技术数据均按制造厂使用维护说明书规定执行。

5 轴承与油环和润滑剂的检查、更换应符合下列规定：

1) 轴承与轴之间间隙不得大于允许值，并做详细记录；
2) 油环完好，带油正常，接头处光滑无毛刺；
3) 更换润滑脂或润滑油，必须将油箱、轴承内的油清理干净，并清洗风干；
4) 必须按原用牌号或按照厂家要求选用更换新润滑脂或润滑油；
5) 润滑油应加至油杯标线，防止油滴溅在绕组上；润滑脂应填充轴承容积的 2/3；
6) 应记录添加油量、油号。

6 长轴深井泵电动机的止逆销与止逆盘的检查、修整应符合下列规定：

1) 表面光洁、无残损；
2) 止逆销钉在销孔内跳动无阻滞；
3) 止逆盘上的止逆槽道光滑无损伤，槽深磨损过大时应更换。

7 应检查清理通风系统，进出风口应无堵塞和污物，管道应无漏损。

8 应检查冷却水系统，压力应正常，管道应无渗漏，阀门应转动灵活，开、关位置应正确。

9 启动和励磁装置的清扫、检查应符合下列规定：

1) 内、外部清理干净；
2) 操动机构动作灵活可靠，零部件无损坏，各部位螺丝紧固，销子无脱落；
3) 油质变黑必须更换，箱壳漏油应及时处理；
4) 开关触头有烧痕应打磨，严重时应更换；
5) 导线连接应紧固，有断股应及时处理；
6) 损坏的元器件必须更换；
7) 操作的标示字样应清楚。

10 启动装置和灭磁电阻的对地绝缘电阻应符合国家现行标准《电力设备预防性试验规程》DL/T 596 的规定。

11 外壳接地应良好牢固，不得有氧化或腐蚀现象。

12 转动检查应符合下列规定：

1) 盘车应轻快并转动正常，转向必须正确；
2) 长轴深井泵电动机振动测量，应符合现行国家标准《泵的振动测量与评价方法》JB/T 8097 的规定。

7.3.4 电动机大修理项目、内容、质量应符合下列规定：

1 电动机解体、抽出转子和清扫内部应符合下列规定：

1) 清除各部位灰尘、油垢和异物，必要时可使用专用清洗剂进行清洗；
2) 井用潜水电动机，应清洗掉机壳内外锈垢和其他异物，壳外应涂无毒、耐水防锈涂层；
3) 定、转子铁芯、轴颈、集电环和风扇等应清洁、完好、无锈蚀，通风沟应畅通无堵塞。

2 定、转子绕组绝缘及固定的检查应符合下列

规定：
1) 绝缘层完好，绑线扎紧，垫片牢固，槽中绕组必须压紧；
2) 井用潜水泵电动机定子绕组表面清洁无锈垢，空隙间无异物，当绝缘有局部碰损时，应进行修补，绝缘电阻值应执行厂家提供的使用维护说明书的规定，当无说明时，应执行国家现行标准。

3 检查定、转子槽楔，应无断裂、凸出、松动、脱落或损伤，端部槽楔必须固定牢固；磁性槽泥不得松散、脱落或变质，脱落的碎块必须清理干净。

4 应检查引线及分绕组接头，所有接头应无过热烧焦、脱焊、放电痕迹。井用潜水电动机引出电缆与各接头必须密封完好。

5 转子和风扇的检查、修理应符合下列规定：
1) 表面光洁、无残损；
2) 转子端环与导电条焊接必须良好、无脱焊和断条，铸铝条无断裂；
3) 平衡衬重和风扇螺丝应紧固，风扇方向正确，叶片无裂纹和弯曲变形。

6 井用潜水电动机的检查、修整、更换机械部件应符合下列规定：
1) 各部件光洁无残损，非加工面和止推轴承涂无毒防锈涂层；
2) 转子轴（或轴套）与导轴承的间隙、导轴承与导轴体及止口同轴度的偏差，应按制造厂使用维护说明书规定执行；
3) 止推轴承与止推盘（滑板）接触应平整光滑，磨损严重时应更换；止推盘（滑板）一面磨损可使用另一面，两面磨损时应更换；
4) 止推钢珠或支柱损坏腐蚀时，应更换；
5) 环键有裂纹或变形时应更换，其尺寸与机壳及连接盘的槽道配合应合适，连接盘丝扣应完好；
6) 应检查、修整呼吸器、防沙罩，更换密封圈；
7) 当井用潜水电动机转子防护漆脱落时，应重新喷涂；当端环转子铜条或铸铝及铁芯严重腐蚀无法修理时，应更换新转子。

7 同步电动机的磁极绕组和阻尼绕组检查应符合下列规定：
1) 磁极绕组和键应紧固，接头焊接应良好，对地绝缘电阻应按制造厂提供的使用维护说明书的规定执行；
2) 阻尼绕组应无开焊、断裂和位移，阻尼端环焊接良好。

8 测量大型电动机轴承对机座的绝缘电阻应符合下列规定：
1) 按制造厂提供的使用维护说明书的规定执行；
2) 当有油管连接时，应在油管安装后进行。

9 大中型电动机组装后定子与转子之间间隙的测量，可用塞尺测量电动机前、后两端，上、下、左、右各4处的定子与转子间隙，最大值、最小值与平均值之差应符合制造厂家的规定。

10 大修后试验应符合国家现行标准《电力设备预防性试验规程》DL/T 596 的规定。

7.3.5 电动机大修后技术要求应符合下列规定：
1 空转试机应符合下列规定：
1) 空转(0.5～1.0)h 无异状；
2) 在电源电压平衡，测三相空载电流时，任一相与三相平均值偏差均不应大于10%，制造厂有规定者按厂规定执行；
3) 测振动应符合现行国家标准《旋转电机振动测定方法及振动极限》GB 10068 的规定；
4) 井用潜水电动机内腔必须充满清水，放置12h后，测量引出电缆及绕组绝缘电阻，其值应符合本规程第 7.3.3 条的规定；通电后，电动机应转动平稳，无异响，无卡阻停滞现象。
2 带负荷试机应符合下列规定：
1) 各部位检查无异状，运行电流、各部分温度和振动符合规定；
2) 试运行 24h，正常后，方可转入正式运行。

7.4 变 压 器

7.4.1 变压器日常保养项目、内容应符合下列规定：
1 保持变压器及周围环境的整洁；
2 当油枕的油位低于正常范围时，应及时补充同牌号、合格的绝缘油；变压器油的简化试验应按国家现行标准《电力设备预防性试验规程》DL/T 596 的规定执行；
3 吸潮剂失效时应及时更换；
4 防爆管隔膜有裂纹应更换；
5 渗漏油处应及时处理；
6 当有载调压变压器的切换开关动作次数达到制造厂的规定时，应进行检修。

7.4.2 变压器定期维护应每年至少一次。

7.4.3 变压器定期维护项目、内容，应符合下列规定：
1 瓷套管应清除尘土、油垢，并应无裂纹、破损、闪络放电痕迹和松动；密封胶垫应无老化龟裂，渗漏油时应压紧或更换。
2 油箱外壳及附属装置的清扫、检查应符合下列规定：

1) 各部位涂层完好、清洁，油箱与油枕、散热器、防爆管和气体继电器等各接合面应紧密；

2) 清除油枕集泥器中的水和污泥，油位计玻璃管应清晰透明、无破裂，不渗油；油量不足时，应按本规程第7.4.1条的规定执行；

3) 瓦斯继电器油路畅通，挡板式瓦斯继电器试验跳闸触点应灵活可靠；

4) 呼吸器玻璃罩应完整清晰，出气瓣不得堵塞；

5) 油温计应指示正确，温度报警整定值应符合要求，测温管内必须清除水和污物，应充满变压器油；

6) 各阀门不应堵塞、不渗漏油，转动部分必须灵活，开关位置标注应明显，实际开、关位置应符合运行要求；

7) 冷却风扇应无变形和受损，转动灵活，风扇电动机外部应清洁无油污。

3 各连接处连接应紧密，导线应无损伤、断股。

4 测量变压器绕组绝缘电阻和吸收比，其数值应符合国家现行标准《电力设备预防性试验规程》DL/T 596 的规定。

5 接地装置连接紧固、可靠，无锈蚀，多股导线应无断股。

7.4.4 变压器预防性试验应符合国家现行标准《电力设备预防性试验规程》DL/T 596 的规定。

7.4.5 运行中的变压器是否需要检修、大修，以及检修和大修项目及要求，应在综合分析下列因素的基础上确定：

1 制造厂推荐的检修周期和项目。
2 运行中存在的缺陷及其影响程度。
3 负载和绝缘老化情况。
4 历次电气试验和绝缘油分析结果。
5 与变压器有关的事故和故障。
6 变压器的重要性。

7.4.6 运行中的变压器有载分接开关是否需要检修及检修项目和要求，应在综合分析下列因素的基础上确定：

1 制造厂推荐的检修周期和项目。
2 有载分接开关动作次数。
3 运行中存在的缺陷和影响程度。
4 历次电气试验和绝缘油分析的结果。

7.4.7 运行中的变压器是否需要干燥，应在出现下列现象时，经综合分析作出判断：

1 折算至同一温度下的 $tg\delta$ 值超过电力设备预防性试验规程的参考限值，或较上次测得值增高30%以上。

2 换算至同一温度下的绝缘电阻值较上次测得值降低30%以上，吸收比和极化指数低于电力设备预防性试验规程的参考限值。

3 变压器有明显进水受潮迹象。

7.5 高压配电装置

7.5.1 高压配电装置日常保养项目、内容，应符合下列规定：

1 保持配电装置区域内的整洁。
2 严格监视其运行状态。
3 充油设备油量不足应补充，油质变坏应更换。
4 出现故障时应进行维护检修。

7.5.2 高压配电装置定期维护应每年至少进行一次。

7.5.3 高压配电装置维护项目、内容，应符合下列规定：

1 应清除各部位、各部件的积尘、污垢。

2 母线表面应光洁平整、无裂损；软母线应无断股、无烧伤，弧垂应符合设计要求；硬母线软连接有断片应剪掉，超过1/4应更换，有腐蚀层应处理。

3 架构及各部位螺栓紧固，混凝土架构应无严重裂纹和脱落，钢架构应无锈蚀。

4 瓷绝缘应完好，无爬闪痕迹，瓷铁胶合处无松动。

5 各导电部分连接点应紧密。

6 充油设备出气孔应畅通。

7 操作和传动机构的各部件应完好、无变形，各部位销子、螺丝等紧固件不得松动和短缺，分、合闸必须灵活可靠。

8 各处接地线应完好，连接紧固，接触良好。

9 测量二次回路导线绝缘电阻，其值应符合国家现行标准《电力设备预防性试验规程》DL/T 596 的规定。

7.5.4 中置移开式和手车式配电柜的检查应符合下列规定：

1 应推、拉灵活、轻便，无卡阻和碰撞现象。
2 动、静触头中心线应一致，接触紧密。
3 机械和电气连锁动作必须准确、可靠。
4 触头盒的安全隔板启闭应灵活。
5 控制回路插件连接应紧密，接触良好。
6 柜内照明应完好。
7 柜内控制电缆固定应牢固，不得妨碍手车的进出。

7.5.5 高压配电装置预防性试验应符合国家现行标准《电力设备预防性试验规程》DL/T 596 的规定。

7.6 高压断路器

7.6.1 高压断路器应每年至少检查、清扫一次。

7.6.2 高压断路器的检查、清扫，应符合下列规定：

1 升降器、滑轮及钢丝绳等应完好，且动作灵活。

2 缓冲器固定牢固，动作灵活，无卡阻回跳现象，缓冲作用良好，分闸弹簧特性应符合产品技术要求。

3 油指示器、油阀完整，油阀应转动灵活，油标管应透明、无裂损。

4 框架各部位螺丝必须紧固，焊缝不得开裂，各部位无锈蚀。

5 软铜连接片有断裂时应剪掉，超过3片应更换。

6 绝缘拐臂有损伤时应更换，受潮时应干燥处理。

7 可用工频耐压法检查真空断路器的真空度，当耐压低于其产品规定数值时，应更换新灭弧室。

8 SF_6断路器充气压力表的指示值，不应低于其产品最低运行压力。

9 测量绝缘电阻，其值不宜小于国家现行标准《电力设备预防性试验规程》DL/T 596的规定。

10 直流接触器及辅助开关应动作准确、可靠，触头应无烧痕，灭弧罩应无损伤、变形。

7.6.3 高压断路器预防性试验应符合国家现行标准《电力设备预防性试验规程》DL/T 596的规定。

7.7 高压隔离开关、负荷开关

7.7.1 高压隔离开关、负荷开关检查清扫每年应至少进行一次。

7.7.2 高压隔离开关、负荷开关的检查、清扫，应符合下列规定：

1 动触头与固定触头应无烧痕或麻点，接触面应平整、清洁；负荷开关灭弧罩应完好，并应清除罩内炭质。

2 动、静触头间应接触紧密，两侧的接触压力应均匀，且符合本产品的技术规定。

3 三相联动的隔离开关，触头接触时，不同期值应符合产品的技术规定，当无明确规定时，应符合表7.7.2规定。

表7.7.2 三相不同期允许值

电压（kV）	相差值（mm）
10~35	5
63~110	10

4 开关的导电部分应以 0.05mm×10mm 的塞尺检查，对于线接触应塞不进去，对于面接触，其塞入深度在接触面宽度为 50mm 及以下时，不应超过 4mm；在接触面宽度为 60mm 及以上时，不应超过 6mm。

5 分闸时，动、静触头间垂直距离及动触头转动角度应符合产品技术标准的规定。

6 支持绝缘子及传动杆的绝缘电阻应符合国家现行标准《电力设备预防性试验规程》DL/T 596的规定。

7 经5次分、合闸操作试验应无异状。

7.8 高压熔断器

7.8.1 高压熔断器检查清扫每年应至少进行一次。

7.8.2 高压熔断器的检查、清扫应符合下列规定：

1 熔丝管应完好、焊接应严密，保护环应牢固。

2 熔丝规格应与负荷相匹配，不包括电压互感器一次熔丝。

3 跌落式熔断器应完好，熔丝管无变形、堵塞；消弧角（罩）应无变形、变位和烧伤情况，拉、合应灵活，动、静触头应接触良好、可靠。

7.9 高压电流、电压互感器

7.9.1 互感器的检查与清扫每年应至少进行一次。

7.9.2 高压电流、电压互感器的检查、清扫，应符合下列规定：

1 环氧树脂绝缘电压、电流互感器，应无放电、烧伤痕迹，铁芯应紧密，无变形、锈蚀现象；

2 电压互感器一、二次熔丝规格应符合要求；

3 互感器油面或 SF_6 气体压力应合格，呼吸器应畅通，吸潮剂不应潮解，箱体应无渗漏油；

4 绝缘电阻值应符合国家现行标准《电力设备预防性试验规程》DL/T 596的规定；

5 引线、一、二次接线应牢固，接地应完好；

6 投入运行后表计应正常，无异常。

7.9.3 高压电流、电压互感器预防性试验应符合国家现行标准《电力设备预防性试验规程》DL/T 596的规定。

7.10 电力电容器

7.10.1 电力电容器检查清扫周期每年应至少进行一次。

7.10.2 电力电容器的检查、清扫，应符合下列规定：

1 油箱应无明显凹凸、渗油、锈蚀和掉漆现象。

2 熔断器应完好无损，固定接触应良好，其额定电流应符合保护要求。

3 电容器室的运行温度及运行的本体温度不得超过制造厂的规定值。

4 放电回路及指示灯应完好。

5 通风道应畅通，风机运行应正常无异响。

6 双极对外壳绝缘电阻值不应小于国家现行标准《电力设备预防性试验规程》DL/T 596的规定。

7 应检查电容器外壳的保护接地线是否完好，不允许接地的除外。

7.10.3 电力电容器预防性试验应符合国家现行标准

《电力设备预防性试验规程》DL/T 596 的规定。

7.11 低压配电装置

7.11.1 低压配电装置清扫每年应至少进行一次。

7.11.2 低压配电装置的检查、清扫，应符合下列规定：

 1 刀开关的动、静触头应接触良好，无蚀伤、氧化过热痕迹，大电流的开关触头间可适量涂些导电膏；双投开关在分闸位置，动触头应可靠固定，不得使动触头有自行滑落的可能；铁壳开关闭锁应正常可靠，速断弹簧应无锈蚀变形。

 2 熔断器的指示器方向应装在便于观察处；当瓷质熔断器安装在金属板上时，其底座应垫软绝缘衬垫；无填料式熔断器应紧固接触点，插座刀口应涂导电膏；当熔管内部有烧损时，应清除积炭，必要时应更换。

 3 当空气断路器、交流接触器的主触头压力弹簧过热失效时，应更换；检查其触头接触应良好，有电弧烧伤应磨光，当磨损厚度超过 1mm 时，应更换；动、静触头应对准，三相应同时闭合；分、合闸动作应灵活可靠，电磁铁吸合应无异常、错位现象，应检查吸合线圈的绝缘和接头有无损伤或不牢固现象，若短路环烧损则应更换，应清除消弧室的积尘、炭质及金属细末。

 4 自动开关、磁力启动器热元件的连接处应无过热，电流整定值应与负荷相匹配；可逆启动器连锁装置必须动作准确、可靠。

 5 装有电源连锁的配电装置，必须做传动试验，动作应正确、可靠。

 6 电流互感器铁芯应无异状，线圈应无损伤。

 7 校验空气断路器的分励脱扣器在线路电压为额定值的 75%～105% 时，应能可靠工作，当电压低于额定值的 35% 时，失压脱扣器应能可靠释放。

 8 校验交流接触器的吸引线圈，在线路电压为额定值的 85%～105% 时，应能可靠工作，当电压低于额定值的 40% 时，应能可靠释放。

 9 检查电器的辅助触头有无烧损现象，通过的负荷电流有无超过额定电流值。

 10 测量布线的绝缘电阻，其值应符合国家现行标准《电力设备预防性试验规程》DL/T 596 的规定；测量电力布线的绝缘电阻时，应将熔断器、用电设备、电器和仪表等断开。

7.12 二次回路系统

7.12.1 二次回路的清扫应与配电装置同步进行。

7.12.2 二次回路系统的检查、清扫，应符合下列规定：

 1 各控制、转换开关动作应灵活、可靠，接触应良好，损伤失灵的应更换。

 2 信号灯、光字牌应无损坏，与灯口接触应良好，指示应明显、正确，附件应齐全完好。

 3 熔断器应完整、无损伤，熔丝规格应符合保护要求。

 4 汇流母线涂色应鲜明，标志应清楚。

 5 指示仪表应无损伤，指针动作正常，指示正确；数字仪表显示应正确无误。

 6 试验传动报警音响和灯光信号应灵敏、正确、可靠。

 7 二次回路的每一支路和断路器、隔离开关操动机构的电源回路等绝缘电阻均不应小于 1MΩ，在比较潮湿的地方，可不小于 0.5MΩ。

 8 当带有操作模拟板时，应检查与现场电气设备的运行状态是否对应。

 9 继电保护装置的检查、清扫、校验应符合下列规定：

  1）电器进行机械部分检查、清理及电气特性试验；

  2）进行二次回路绝缘电阻测量及接线牢固性检查试验；

  3）晶体管继电器保护装置应检测各个回路的有关参数；

  4）进行保护装置的整组动作试验，判明整体动作的正确性。

 10 直流设备的检查、清扫应符合下列规定：

  1）直流设备的电源均按制造厂家使用维护说明书的规定，定期进行均衡充电，核对性充放电；

  2）对装置进行清扫，并检查连接引线应无松动、无腐蚀、绝缘完好，导线焊点无脱焊；

  3）蓄电池壳体无破裂、无漏液、无爬碱，电池极板无弯曲、无变形、活性物质无脱落、无硫化，极板无腐蚀，极板颜色应正常，允许补液的电池液面应正常；

  4）各元件、部件完整无损，各插接件、印刷线路板无变形、无腐蚀、无损伤；

  5）按制造厂提供的使用维护说明书要求测量绝缘电阻值，当无特殊说明时不应小于 1MΩ，绝缘试验前，对回路中的电子元器件应短接，印刷电路等弱点回路在做绝缘试验时，可将其插件板拔出。

7.13 防雷与过电压保护装置

7.13.1 过电压保护装置检查清扫应与供配电装置或电力线路的检查清扫同步进行。

7.13.2 过电压保护装置的检查、清扫应符合下列规定：

 1 阀型避雷器的瓷套有裂纹或密封不严应及时

更换，表面有轻微碰伤应进行泄露和工频耐压试验，合格后，方可投入运行，当FZ、FCD型内部并联电阻接触不良时，应及时更换。

  2 当管型避雷器的内部有污物或昆虫堵塞时，应抽出棒型电极用特制探针清除；外部间隙电极有放电、烧伤痕迹的，应及时磨光或更换电极；管子漆层有裂纹、发黑和起皱纹，避雷器有损伤及动作3次以上，应及时更换；清扫检查后，应按其产品技术标准的规定或设计规定调整外部间隙。

  3 避雷器动作记录器应完好，动作可靠，当内部烧黑烧毁，或接地引下线连接点处有烧痕、烧断等现象时，应对避雷器做电气特性试验或解体检查。

  4 避雷针和架构应除锈防腐。

7.13.3 过电压保护装置预防性试验应符合国家现行标准《电力设备预防性试验规程》DL/T 596 的规定。

7.14 接地装置

7.14.1 变配电所的接地网、各防雷装置的接地引下线、独立避雷针的接地装置应每年检查一次；车间电气设备的接地线及中性线每年应至少检查2次。

7.14.2 接地装置的检查，应符合下列规定：
  1 接地线应接触良好，无松动脱落、砸伤、碰断及腐蚀现象。
  2 地面以下 50cm 以上部分的接地线腐蚀严重时，应及时处理。
  3 明敷设的接地线或接零线（包括三相五线制的保护零线）表面涂层脱落时，应及时补漆。
  4 接地线截面应符合设计要求。
  5 接地体被扰动露出地面，应及时进行恢复维修，其周围不得堆放有强烈腐蚀性的物质，对含有重酸碱、盐或金属矿岩等化学成分土壤地带以及面灰焦渣地带的接地装置，每10年应挖开局部地面进行检查，观察接地体腐蚀情况，对有电腐蚀地区的接地装置，不超过5年应挖开检查，接地体腐蚀1/3时，应更换接地体。
  6 测量接地电阻值，应符合国家现行标准《电力设备预防性试验规程》DL/T 596 的规定。

7.15 10kV 及以下架空线路

7.15.1 10kV 及以下架空线路日常保养项目、内容，应符合下列规定：
  1 线路名称及杆号的标示应保持清楚。
  2 线路附近的树木与导线之间的距离小于规定时，应及时剪枝或伐树。
  3 电杆杆身的倾斜，使杆梢的位移大于杆高的1‰时，应正杆；偏离线路中心线（错位）不得大于100mm。
  4 钢筋混凝土电杆有露筋或混凝土脱落时，应将钢筋上的铁锈清除后补抹混凝土，严重时应换杆。
  5 拉线松弛应绷紧，戗杆不正的应调正并固定牢固。
  6 损坏的接地引下线与接地极连接的修复应牢固，接触必须良好。
  7 线路避雷器绝缘子等发生严重破损甚至炸裂均应更换。

7.15.2 10kV 及以下架空线路定期检修维护周期、项目、内容，应符合下列规定：
  1 检查、清扫每年应至少进行一次。
  2 检查、清扫项目应符合下列规定：
    1) 架空线路登杆检查、清扫，凡不符合本规程第5.8.3节规定的均应及时处理；
    2) 线路油断路器油面应正常，缺油应补充合格的绝缘油，渗油应处理；
    3) 线路配电设备、防雷装置及接地装置的检查、清扫应执行本规程有关条款；
    4) 线路配电设备、防雷装置及接地装置的预防性试验，应符合国家现行标准《电力设备预防性试验规程》DL/T 596 的规定。

7.16 10kV 及以下电力电缆线路

7.16.1 10kV 及以下电力电缆线路日常保养项目、内容，应符合下列规定：
  1 电力系统上的备用电缆应长期充电，防止受潮；电缆停用再次启用时，应按国家现行标准《电力设备预防性试验规程》DL/T 596 的规定进行超期试验，合格后方可启用；
  2 电缆终端头如有漏油，应擦净并加固密封，如有漏气，应予清除，并用同型号绝缘剂填充，并同时监视另一侧高处电缆头的绝缘干枯情况；
  3 遇有危胁电缆安全的隐患应及时消除。

7.16.2 10kV 及以下电力电缆线路定期清扫维护周期、项目、内容，应符合下列规定：
  1 维护每年应至少进行一次。
  2 检查、清扫内容应符合下列规定：
    1) 电缆头瓷套管应无尘土、污物、裂纹、破损和放电痕迹；
    2) 油浸纸绝缘电缆的电缆头不应渗、漏油；
    3) 充有绝缘胶的室外电缆头应打开盖堵检查，绝缘胶不应塌陷，内部不应结露积水；
    4) 引线接头不应发热、锈蚀；
    5) 电缆头接地线连接处应接触良好、牢固。

7.16.3 10kV 及以下电力电缆线路预防性试验应符合国家现行标准《电力设备预防性试验规程》DL/T 596 的规定。

7.17 变频器

7.17.1 变频器日常保养项目、内容应符合下列

规定：
    1 带有变频器的变压器，应按照变压器的日常保养规定执行。
    2 保持变频器室内的环境整洁。
    3 变频器的指示仪表灵敏准确。
    4 应及时清理更换防尘过滤网。

7.17.2 变频器定期检查、维护内容应符合下列规定：
    1 每年定期检查 2 次，重点应放在变频器运行时无法检查的部位。
    2 定期清洁冷却风机，保证出风口无异物，保证良好散热；冷却风机的轴承应根据厂方提供的运行小时进行维护、添加润滑油。
    3 在正常使用条件下，散热器每年至少清洁 2 次；运行在污染较严重的场合，散热器的清洁工作应频繁一些；当散热器不可拆卸时，应使用柔软的棉刷或风机进行清扫。
    4 接触器、继电器、充放电电阻、接线端子、数字接口插件、控制电源：应检查接触器、继电器触点是否粗糙，接触电阻值是否过大，充放电电阻是否有过热的痕迹，应检查螺丝、螺栓等紧固件是否有松动，并进行必要的紧固；电子线路接插件及通信接口是否松动，导体触点、绝缘物和变压器是否有腐蚀、过热的痕迹，是否变色或破损；应检查绝缘电阻是否在正常范围内，并确认控制电源电压是否正确；应确认保护、显示回路有无异常。
    5 检查电解电容时，应放电并核实无电后方可检查；查看电解电容安全阀是否胀出，外壳是否漏液和变形，其容值应大于额定值的 85%。
    6 检查熔断器接触是否良好，状态指示是否正确。熔断器更换时，应注意其类型；速熔与普通熔断器不应混淆。

8 自动化系统的运行与维护

8.1 一般规定

8.1.1 供水厂应制定自动化系统运行维护管理制度，保证运行维护工作的正常进行。

8.1.2 运行维护和值班人员应严格执行相关的运行管理制度，保持自动化系统、设备完好与正常使用，保证机房和周围环境的整齐清洁；在处理自动化系统故障、进行重要测试或操作时，不得交接班。

8.1.3 自动化系统的专责人员应定期对自动化系统和设备进行巡视、检查、测试和记录，定期核对自动化信息的准确性、完整性。每年应至少对自动化设备进行一次全面点检和清扫。对随机发现的异常情况应及时处理，做好记录并按有关要求进行汇报。

8.1.4 自动化系统工作站在进行相关工作时，如不能向相关运行部门传递自动化信息，应按规定提前通知受影响的相关部门，同时做好信息传递补救工作。

8.1.5 设备运行维护部门应保证设备的正常运行及信息的完整性和正确性，发现故障或接到设备故障通知后，应立即进行处理，并及时上报有关部门。应详细记录故障现象、原因及处理过程，必要时应写出分析报告。

8.1.6 对运行中的自动化系统做重大修改时，均应提出书面改进方案，并经技术论证，由相关部门与主管领导批准方可实施。技术改进后的设备和软件应经过测试与试运行，验收合格后方可投入运行，同时应对相关技术人员进行培训。

8.1.7 由于工艺调整、系统设备的变更，需修改相应的监控、操作画面、数据库和应用程序等内容时，应以经过批准的书面报告进行变更，并作好备份。

8.1.8 自动化系统的使用率应达到 99.8%。

8.1.9 供水厂自动化系统平均无故障时间（MTBF）应大于 8760h。自动化系统现场控制设备的平均无故障时间（MTBF）应大于 50000h。

8.1.10 供水厂自动化系统的可用性（Ap）应大于 98%。

8.1.11 在线检测仪表出现故障时，未经工艺工程师确认，不得随意变动已布设的检测点。

8.1.12 应根据生产工艺的要求及时对相关的运行参数的设定值进行调整。

8.2 控 制 室

8.2.1 控制室应建立工作日志，记录运行情况。发生故障时应记录故障发生时间、现象、处理经过、参加检修人员等。

8.2.2 应定期检查网络设备工作状态，网络速度、运行参数应与设计一致。

8.2.3 对工艺运行测量点的连锁值、报警值等监控参数修改、调整时应严格执行操作票制度，应先办理操作票，经技术人员签字确认后方可实施。

8.2.4 应采用口令登录方式来控制对 SCADA 系统的访问。并应设置不同权限级别的用户名和口令，不得越级操作。

8.2.5 自动化系统使用的系统安装盘、驱动程序、监控软件、防病毒软件等必须是正版软件，同时应存储备份。

8.2.6 操作员站（人/机监控界面计算机）只允许对现场工艺设施、设备进行监视、报警、控制和工艺运行参数设置等操作，严禁非专业人员修改或测试各种应用软件。

8.2.7 重要数据必须定期备份。

8.2.8 中央控制室内的空气应保持洁净，空气中的粒径应小于 10μm，噪声不宜超过 55dB，应采取防静电措施。控制室的温度、湿度及其变化率要求应符合表8.2.8的规定。

表 8.2.8 控制室温度、湿度、变化率

名 称	温度		温度变化率	相对湿度	相对湿度变化率
	冬季	夏季			
计算机	20℃±2℃	26℃±2℃	<5℃/h	40%～50%	<6%/h
服务器	20℃±2℃	26℃±2℃	—	≤85%	—
网络设备	20℃±2℃	26℃±2℃	—	≤85%	—

8.3 现场监控站

8.3.1 应定期检查供电电源，当不能满足现场监控站使用要求时，应采用 UPS 或稳压电源供电。

8.3.2 应定期检查现场监控站。各项指示应正常，接线端子应无脱落、松动、接触不良等现象，接地良好。

8.3.3 现场监控站应及时更换内置电池和损耗性器件。

8.4 不间断电源及蓄电池

8.4.1 主机环境应通风良好，并应定期检查排热风扇工作状态，至少每半年应清理一次风扇外部过滤网。对损坏的滤网应及时更换。

8.4.2 应每月检查一次 UPS 的输入、输出电源接线端子及电池接线端子，不应有松动、锈蚀、接触不良等现象。

8.4.3 应每半年检查一次 UPS 的输出电压、充电压，并应符合设备设计要求。

8.4.4 严禁混合使用不同容量、不同类型、不同制造厂家的电池。

8.4.5 应定期清理电池灰尘。

8.4.6 应定期检查电池组充电器是否完好，并应避免电池长期处于过充或不完全充电状态。

8.4.7 应避免电池过度放电。

8.4.8 对处于浮充状态的在线运行的 UPS 的电池，每半年应做一次维护性放电。

8.5 在线仪器仪表

8.5.1 应按国家规定或制造厂设定的仪表检定周期对在线仪表进行检定，并作好记录。

8.5.2 对在线仪表和采样系统应定期进行目视检查。

8.5.3 在线水质检测仪表应按规定的使用周期对传感器进行清洗，更换过滤器，并做好记录。

8.5.4 应每日检查一次在线水质检测仪表的进样管路和排水管路有无泄漏现象，确认样品的流动状态是否正常，仪器仪表显示屏上是否有误动作指示。

8.5.5 水质检测仪表应储备至少 2 次的试剂、清洗剂、标定液、过滤器、检测器等关键材料和备件。

8.6 执行器和驱动器

8.6.1 供水厂工艺设备接受自动化控制系统控制的执行器、驱动器的动力源可分为电动、气动、液压三种，对重点设备可配置冗余动力源。

8.6.2 应定期对执行器、驱动器进行检查、调整与维护，保证其能够可靠、准确地执行自动化控制系统的控制指令。

8.7 防雷与防电磁涌流

8.7.1 系统防雷的保护，应符合现行国家标准《建筑物防雷设计规范》GB 50057 的规定。

8.7.2 在导线进入室内到达信息系统前，应根据设备耐冲击电压大于电涌保护器保护水平同时大于电网最高波动电压的原则，采用多级保护，转移浪涌电流从而有效降低过电压。

8.7.3 对于由室外引入室内的通信、信号通道应设防雷与防过电压浪涌设备。

8.7.4 每年进入雷雨季节前必须检查与测试各类接地器（极）接地电阻，并应经常检查防雷与防电涌保护器。发生事故后必须查明原因，并重新测试、及时更换损坏或有问题的接地器（极）与保护器。

8.7.5 应定期对保护器进行检查、调整与维护，保证其完好可靠。检查内容应包括有无接触不良、漏电流是否过大、绝缘是否良好，发现故障应及时排除。

8.7.6 应保持各类保护器运行时有良好的环境。

8.8 视频系统

8.8.1 供水厂宜在加药混凝、消毒、过滤与变配电站等关键工艺部位以及安全保护防范系统需要监视的部位设置视频监控系统。

8.8.2 视频监控系统应由摄像机、模拟或数字传输系统、图像监视设备、磁盘（磁带）图像存储设备四部分组成，同时应配置主动式红外探测装置，并与报警主机声光报警器联动。

8.8.3 系统应 24h 连续运行，图像存储设备应满足各监控点 1 个月的存储容量，关键部位应连续录像，或定制录像时间。

8.8.4 视频监控系统应定期进行检查、调整与维护，保证其完好可靠。

8.8.5 摄像机应定期进行清洁、除垢，及时修剪遮挡"视线"的树枝、清理障碍物。

9 安 全

9.1 水质安全保障

9.1.1 供水厂必须建立水质预警系统，应制定水源和供水突发事件应急预案，完善应急净水技术与设施，并定期进行应急演练；当出现突发事件时，应按应急预案迅速采取有效的应对措施。

9.1.2 当发生突发性水质污染事故，尤其是有毒有害化学品泄漏事故时，检验人员应携带必要的安全防护装备及检验仪器尽快赶赴现场，立即采用快速检验手段鉴别、鉴定污染物的种类，给出定量或半定量的检验结果。现场无法鉴定或测定的项目应立即将样品送回实验室分析。应根据检验结果，确定污染程度和可能污染的范围，并及时上报水质检验情况。

9.1.3 在水源水质突发事件应急处理期间，供水厂应根据实际情况调整水质检验项目，并增加检验频率。

9.1.4 供水厂进行技术改造、设备更新或检修施工之前，应制定水质保障措施；净水系统投产前应严格清洗消毒，经水质检验合格后方可投入使用。

9.1.5 供水厂直接从事制水和水质检验的人员，必须经过卫生知识和专业技术培训且每年进行一次健康体检，并持证上岗。

9.2 制水生产工艺安全

9.2.1 为满足连续安全供水的要求，供水厂对关键设备应有一定的备用量，设备易损件应有足够量的备品备件。

9.2.2 制水生产工艺应保证出厂水水质的安全，并应符合下列规定：
　　1 供水厂根据各自的水源流域内可能的污染源，制定相应的水源污染时期的水处理技术预案。
　　2 供水厂具备临时投加粉末活性炭和各种药剂的应急设备与设施，落实人员技术培训和相关物料储备。

9.2.3 供水厂应针对地震、台风等自然灾害和大面积传染病流行等突发事件，制定安全生产应急预案。

9.3 氯气、氨气、氧气及臭氧使用安全

9.3.1 供水厂为加强气体的安全使用管理，应建立相应的岗位责任制度、巡回检查制度、交接班制度、气体投加车间的安全防护制度和事故处理报告制度。

9.3.2 供水厂使用各类气体前，应按规定到安全监管部门办理相关许可证件。

9.3.3 供水厂使用的高压气体钢瓶应符合国家有关气瓶安全监察的规定。

9.3.4 氯气、氨气和氧气的运输，应委托给具有危险品运输资质的单位承担，并应符合国家现行有关标准的规定。

9.3.5 氯气、氨气钢瓶的进、出库应进行登记。当气瓶外观出现明显变形、针形阀阀芯变形、防震圈不全、无针形阀防护罩时应拒绝入库。

9.3.6 氯气、氨气的使用应先进先出。气体库内钢瓶应按照使用情况分别挂上"在用"、"已用"和"待用"标志，并分区放置。钢瓶必须固定，防止滚动和撞击。

9.3.7 待用氯瓶的堆放不得超过两层。投入使用的卧置氯瓶，其两个主阀间的连线应垂直于地面。

9.3.8 对氯气、氨气阀门，气体输送管道系统阀门，法兰以及接头等部位应经常进行泄漏检查。

9.3.9 使用氯气的供水厂应按照现行国家标准《氯气安全规程》GB 11984 的有关规定配备防护和抢修器材。使用其他气体也应配备相应的防护和抢修器材。

9.3.10 投加氯、氨、臭氧的车间应安装有气体泄漏报警装置，并应定期检查。

9.3.11 加氯车间应安装与其加氯量相配套的泄氯吸收装置，并应定期检查吸收液的有效性及机电设备的完好性。加氨间应安装氨气泄漏时的吸收和稀释装置。

9.3.12 氧气气源设备的四周应设置隔离区域，除氧气供应商操作人员或供水厂专职操作人员外，其他人员不得进入隔离区域。

9.3.13 距氧气气源设备 30m 半径范围内，严禁放置易燃、易爆物品以及与生产无关的其他物品，不得在任何储备、输送和使用氧气的区域内吸烟或有明火。当确需动火时，应做好相应预案；动火作业前，应检测作业点空气中的氧气浓度，作业期间应派专人进行监管。

9.3.14 所有使用氧气的生产人员在操作时必须佩戴安全帽、防护眼罩及防护手套。操作、维修、检修氧气气源系统的人员所用的工具、工作服、手套等用品，严禁沾染油脂类污垢。

9.3.15 氧气及臭氧设备的紧急断电开关应安装在氧气及臭氧车间内生产人员易于接近的地方。

9.3.16 氧气以及臭氧输送投加管坑应避免与液氯、液氨、混凝剂等投加管坑相通，同时应防止油脂及易燃物漏入管坑内。

9.3.17 氧化气体投加车间应配备急救医药用品和设施。

9.3.18 氯气使用应符合现行国家标准《氯气安全规程》GB 11984 的规定。

9.4 二氧化氯及次氯酸钠使用安全

9.4.1 对稳定性二氧化氯、生产原料中的氧化剂、酸和次氯酸钠溶液等，应选择避光、通风、阴凉的地方分别存放。

9.4.2 稳定性二氧化氯及其生产原料、次氯酸钠溶液等的运输工作应由具有危险品运输资质的单位承担。

9.4.3 反应器、气路系统、吸收系统应确保气密性，并应防止气体逸出。对二氧化氯生产设备应定期进行

检修，同时应使生产环境保持通风。

9.5 电气安全

9.5.1 电气工作人员应执行现行行业标准《电业安全工作规程》DL 408 的有关规定。

9.5.2 变电站、配电室应建立岗位责任、交接班、巡回检查、倒停闸操作、安全用具管理和事故报告等规章制度。并应做好运行、交接、传事、设备缺陷故障、维护检修以及操作票、工作票等各项原始记录。

9.5.3 变电站、配电室应具备电气线路平面图、布置图、隐蔽工程竣工图以及一、二次系统接线图等有关技术文件。

9.5.4 试验周期应符合现行行业标准《电业安全工作规程》DL 408的有关规定。

9.5.5 变电站、配电室安全用具必须配备齐全，并应保证安全可靠地使用。变电站、配电室应设置符合一次线路系统状况的显示装置、操作模拟板或模拟图、微机防误装置、微机监控装置。

9.5.6 值班人员应定时进行高压设备的巡视检查。

9.5.7 高压设备巡视检查中应遵守现行行业标准《电业安全工作规程》DL 408 的有关规定。倒闸操作必须符合现行行业标准《电业安全工作规程》DL 408 的规定。

9.5.8 当高压设备全部或部分停电检修时，必须遵守工作票制度，工作许可制度，工作监护制度，工作间断、转移和终结制度；必须按要求在完成停电、验电、装设接地线、悬挂标示牌和装设遮拦等保证安全的技术措施后，方可进行工作。

9.5.9 高压设备和架空线路不得带电作业。低压设备带电工作应符合国家现行有关标准的规定，并应经主管电气负责人批准，同时应设专人监护。

9.5.10 遇有五级以上大风以及大雨、雷电等情况，应停止架空线路检修作业。

9.5.11 电气设备试验、二次回路上的操作及电力电缆敷设、维护和检修，必须符合国家现行标准《电业安全工作规程》DL 408 的有关规定。

9.5.12 临时用电或施工用电，必须符合国家现行标准《电力建设安全工作规程》DL 5009.3 的有关规定。

9.5.13 当架空线路进行检修时，供水厂变电站、配电室中的操作应符合现行行业标准《电业安全工作规程》DL 408 的有关规定；检修人员必须按照本规程第 9.5.8 条的规定执行。

本规程用词说明

1 为便于在执行本规程条文时区别对待，对要求严格程度不同的用词说明如下：

1) 表示很严格，非这样做不可的：
正面词采用"必须"，反面词采用"严禁"；
2) 表示严格，在正常情况下均应这样做的：
正面词采用"应"，反面词采用"不应"或"不得"；
3) 表示允许稍有选择，在条件许可时首先应这样做的：
正面词采用"宜"，反面词采用"不宜"；
4) 表示有选择，在一定条件可以这样做的，采用"可"。

2 条文中指定应按其他有关标准执行时，写法为"应符合……的规定"或"应按……执行"。

引用标准名录

1 《室外给水设计规范》GB 50013
2 《建筑物防雷设计规范》GB 50057
3 《平键 键槽的剖面尺寸》GB/T 1095
4 《普通型平键》GB/T 1096
5 《工业高锰酸钾》GB/T 1608
6 《公差与配合》GB 1801
7 《井用潜水泵技术条件》GB/T 2817
8 《地表水环境质量标准》GB 3838
9 《水处理剂氯化铁》GB 4482
10 《单级单吸清水离心泵技术条件》GB 5657
11 《生活饮用水卫生标准》GB 5749
12 《生活饮用水标准检验方法》GB/T 5750
13 《起重机械安全规程》GB 6067
14 《净水用煤质颗粒活性炭》GB/T 7701.4
15 《污水综合排放标准》GB 8978
16 《旋转电机振动测定方法及振动极限》GB 10068
17 《水处理剂硫酸亚铁》GB 10531
18 《氯气安全规程》GB 11984
19 《木质净水用活性炭》GB/T 13803.2
20 《地下水质量标准》GB/T 14848
21 《水处理剂聚合硫酸铁》GB 14591
22 《生活饮用水用聚氯化铝》GB 15892
23 《饮用水化学处理剂卫生安全性评价》GB/T 17218
24 《生活饮用水输配水设备及防护材料的安全性评价标准》GB/T 17219
25 《水处理剂聚丙烯酰胺》GB 17514
26 《稳定性二氧化氯溶液》GB/T 20783
27 《含藻水给水处理设计规范》CJJ 32
28 《高浊度水给水设计规范》CJJ 40
29 《水处理用滤料》CJ/T 43
30 《城市供水水质标准》CJ/T 206

31 《生活饮用水水源水质标准》CJ 3020
32 《电业安全工作规程》DL 408
33 《电力设备预防性试验规程》DL/T 596
34 《电力建设安全工作规程》DL 5009.3
35 《水处理剂硫酸铝》HG 2227
36 《漂白粉》HG/T 2496
37 《工业硫酸铝钾》HG/T 2565
38 《长轴离心深井泵技术条件》JB/T 443
39 《泵的振动测量与评价方法》JB/T 8097

中华人民共和国行业标准

城镇供水厂运行、维护及安全技术规程

CJJ 58 - 2009

条 文 说 明

修 订 说 明

《城镇供水厂运行、维护及安全技术规程》CJJ 58-2009 经住房和城乡建设部 2009 年 11 月 24 日以第 444 号公告批准、发布。

本规程是在《城镇供水厂运行、维护及安全技术规程》CJJ 58-94 的基础上修订而成。上一版的主编单位是北京市自来水公司，参编单位是天津市自来水公司、上海市自来水公司、城市建设研究院，主要起草人员是周景印、宁瑞珠、赵新民、张忠桢、杜尚义、杨培荣、杨凯人、周其昌、竺国平、平柏年、陈永洲、赵树模、王宝林、韩砚萍、郭菁。本次修订的主要技术内容是：1 结合新发布的《生活饮用水卫生标准》GB 5749 的规定，对水质化验指标提出新要求，特别是水质合格率的考核变为管网水。2 增加了预处理工艺方面的技术要求。3 增加了活性炭、臭氧等处理工艺和设备方面的运行维护要求。4 增加了污泥处理设备设施运行维护的要求。5 增加了地下水处理设备设施运行维护的要求。6 对配电装置的运行和维护的要求进一步细化，增加了防雷保护装置、直流电源等装置运行和维护的要求。7 增加了变频设备运行和维护的要求。8 增加了制水生产工艺自动化系统的运行与维护。9 增加和完善了安全方面的内容。

本规程修订过程中，编制组对我国城镇供水厂运行、维护及安全技术管理情况进行了调查研究，总结了近年来一些新工艺、新技术和新设备应用的实践经验，同时考虑了全国不同地区发展不平衡的现状。

为便于广大设计、施工、科研、学校等单位有关人员在使用本规程时能正确理解和执行条文规定，《城镇供水厂运行、维护及安全技术规程》编制组按章、节、条顺序编制了本规程的条文说明，对条文规定的目的、依据以及执行中需注意的有关事项进行了说明，还着重对强制性条文的强制性理由做了解释。但是，本条文说明不具备与标准正文同等的法律效力，仅供使用者作为理解和把握标准规定的参考。

目　次

1 总则 …………………………… 69—52
2 水质监测 ……………………… 69—52
　2.1 一般规定 ………………… 69—52
　2.2 原水 ……………………… 69—52
　2.4 水质检验项目和频率 …… 69—53
　2.6 在线监测 ………………… 69—53
　2.7 净水药剂及材料 ………… 69—53
　2.8 质量控制 ………………… 69—53
3 制水生产工艺 ………………… 69—53
　3.1 一般规定 ………………… 69—53
　3.2 质量控制 ………………… 69—54
4 供水设施运行 ………………… 69—54
　4.1 取水口 …………………… 69—54
　4.2 原水输水管线 …………… 69—54
　4.4 加药和消毒 ……………… 69—55
　4.5 混合、絮凝 ……………… 69—55
　4.6 沉淀 ……………………… 69—55
　4.7 澄清池 …………………… 69—55
　4.8 普通滤池 ………………… 69—55
　4.9 臭氧接触池 ……………… 69—55
　4.10 活性炭滤池 …………… 69—55
　4.11 臭氧系统 ……………… 69—55
　4.12 臭氧发生器气源系统 … 69—55
　4.13 清水池 ………………… 69—55
　4.14 污泥处理系统 ………… 69—56
5 供水设备运行 ………………… 69—56
　5.1 水泵 ……………………… 69—56
　5.2 电动机 …………………… 69—56
　5.3 变压器 …………………… 69—56
　5.4 配电装置 ………………… 69—56
　5.8 10kV及其以下架空电力线路 …… 69—56
　5.11 直流电源 ……………… 69—56
　5.12 变频器 ………………… 69—56
6 供水设施维护 ………………… 69—56
　6.1 一般规定 ………………… 69—56
　6.2 取水口设施 ……………… 69—57
　6.3 原水输水管线 …………… 69—57
7 供水设备维修 ………………… 69—57
　7.2 水泵 ……………………… 69—57
　7.3 电动机 …………………… 69—57
　7.17 变频器 ………………… 69—57
8 自动化系统的运行与维护 …… 69—57
　8.2 控制室 …………………… 69—57
　8.7 防雷与防电磁涌流 ……… 69—58
9 安全 …………………………… 69—58
　9.1 水质安全保障 …………… 69—58
　9.2 制水生产工艺安全 ……… 69—58
　9.3 氯气、氨气、氧气及臭氧使用安全
　9.4 二氧化氯及次氯酸钠使用安全 …… 69—58
　9.5 电气安全 ………………… 69—59

1 总 则

1.0.1 本条为编制本规程的目的。1994年颁布的《城镇供水厂运行、维护及安全技术规程》CJJ 58-94已经实施了15年，规程实施以来，对全国城镇供水厂的管理工作起到了重要作用。近年来随着我国城市建设的飞速发展，城市的规模越来越大，数量越来越多，随着人民生活水平的不断提高，社会发展对水质标准的要求越来越高，2006年底我国发布了新修订的《生活饮用水卫生标准》GB 5749，新标准水质指标由原来的35项增加到106项，增加了71项，修订了8项。另外，城市水资源日益短缺，水污染问题越来越突出，因此对城镇供水厂提出了挑战。为适应原水的变化，许多城镇供水厂不断进行改造，采用新型的处理工艺和工艺组合以期达到合格的水质指标要求，显然原规程已经不能满足各地的需要。一大批采用新技术、新工艺、新设备、新材料的新建或改建的城镇供水厂急需运行维护和安全方面的标准，因此对该规程进行修订是非常必要和及时的。本次修订主要在以下几个方面开展了工作：

1 结合新发布的《生活饮用水卫生标准》GB 5749的要求，对水质化验指标提出新要求，特别是对出厂水和管网末梢水质化验的要求更加严格。

2 增加了预处理工艺方面的技术要求。

3 增加了活性炭、臭氧等处理工艺和设备方面的运行维护要求。

4 增加了污泥处理方面设备设施的要求。

5 增加了地下水处理方面设备设施的要求。

6 对配电装置的运行和维护的要求进一步细化，增加了防雷保护装置、直流电源等装置运行和维护的要求。

7 增加了变频设备的运行和维护的要求。

8 增加了自动化系统的运行和维护。

9 增加和完善了安全方面的内容。

综上所述，本次修订充分考虑了我国供水厂的现状和发展，按照能够满足各地的使用，争取（3～5）年不落后的目标完成本规程修订工作。

1.0.2 本规程的适用范围主要为以地表水厂和地下水为水源的城镇供水企业。

1.0.3 城镇供水厂运行维护和安全管理工作除水处理专业外还涉及许多工种和岗位，如电气、机械、暖通等，这些专业都有许多相关的国家和行业标准，例如《变压器运行规程》DL/T 572、《电业安全工作规程》DL 408等，水处理专业相关的现行国家标准主要有《生活饮用水卫生标准》GB 5749、《生活饮用水标准检验方法》GB/T 5750、《室外给水设计规范》GB 50013、《污水综合排放标准》GB 8978，现行行业标准有《含藻水给水处理设计规范》CJJ 32、《高浊度水给水设计规范》CJJ 40等。

2 水质监测

2.1 一般规定

2.1.1 净化工序是指供水厂在处理自来水过程中采用的混凝、沉淀或澄清、过滤、消毒等工艺单元。中心化验室是指当一个公司下辖多个供水厂时，在各个供水厂分别建立自己的水质检验室的基础上，由公司单独成立的检验技术能力更强、层次更高，承担公司下属各个供水厂水质检验及对供水厂检验室提供技术指导的水质检验机构；当一个公司下辖只有一个供水厂时，其供水厂水质检验室可视为中心化验室。

2.1.3 本条规定了当水源中个别指标无法达标时，应区别对待，如对水体环境功能影响严重的指标超标，则不宜作为饮用水水源；但对水质影响程度有限的指标，如个别地区饮用水源粪大肠菌群超标或富营养化程度较严重，但经供水厂处理后能达到饮用水的标准，这类水源经地方供水主管部门批准后可以作为饮用水水源。

2.1.4 该条为强制性条款。主要依据：

1 2007年7月1日卫生部、国家标准委联合发布实施的《生活饮用水卫生标准》GB 5749的前言中明确规定该标准的全部技术内容为强制性条款。

2 《生活饮用水卫生标准》GB 5749中第9.1.2条规定"城市集中式供水单位水质监测的采样点选择、检测项目和频率、合格率的计算按《城市供水水质标准》CJ/T 206执行。"而《城市供水水质标准》CJ/T 206的第6.4节规定：城市公共集中式供水企业负责检验水源水、净化构筑物出水、出厂水和管网水的水质，必要时应抽样检验用户受水点的水质。

上述规定强调了管网水水质必须达到《生活饮用水卫生标准》GB 5749，因此，相对的出厂就要更严，才能使管网水符合该标准要求，也才能使用户真正用上符合国家标准的饮用水，保证人民群众的饮水安全。

2.2 原 水

2.2.1 该条为强制性条款。主要依据：

1 《生活饮用水卫生标准》GB 5749中第9.1.2条和《城市供水水质标准》CJ/T 206中第7.2节对城市公共集中式供水企业和自建设施供水单位应依据有关标准，对饮用水水源水质定期检测和评价，建立水源水质资料库。第7.3节当原水水质出现异常和污染物质超过有关标准时，要加强水质监测频率，并应及时报告城市供水行政主管部门和卫生监督部门。

2 建设部部令第156号《城市供水水质管理规定》第8条：城市供水单位应当做好原水水质检测工

作。发现原水水质不符合生活饮用水水源水质标准时，应当及时采取相应措施，并报告所在地直辖市、市、县人民政府城市供水、水利、环境保护和卫生主管部门。

原水是供水的原材料，水源水质是保障供水安全的重要前提条件，没有符合标准要求的原材料，供水企业不能掌握原材料质量，也将无法保证供水的安全，依据上述规定，考虑到水源水质对保障供水安全的重要性，规定这一条为强制性条款十分必要。

2.2.2 本条强调了以地表水为水源的供水厂应对原水进行超前监测，以便水质突变时，能提前考虑采取措施进行处理。超前的时间宜足够长，使供水厂有时间采取应对措施。适当范围是指按照国家规定的水源一级、二级保护区的范围。

2.4 水质检验项目和频率

2.4.3 供水厂水质检验项目和频率不得低于表2.4.1的要求。虽然各地区经济发展不平衡，检验条件和技术水平也有所不同，但对暂不具备条件的供水厂，仍应不断创造条件增加新的检验项目，并根据需要增加检验频率。

2.6 在线监测

2.6.1 本条规定了供水厂应根据需要设置一定数量的在线监测仪器，以便及时指导工艺生产，优化供水厂运行。一般进厂水及出厂水须安装在线浊度仪，出厂水须安装在线余氯仪，但对沉淀池出水、滤后水的在线浊度仪，或加氯后的沉淀池、滤后水的在线余氯仪，或进厂水、反应池和出厂水的在线pH计以及氨氮在线仪表，各供水厂可根据质控的需要和条件选择安装。浑浊度、余氯等主要运行参数宜设定越限报警，能在供水厂调度室监控，以便及时发现问题，采取措施。

2.7 净水药剂及材料

2.7.1 该条为强制性条款。主要依据：

建设部部令第156号《城市供水水质管理规定》第9条：净水剂及与制水有关的材料等实施生产许可证管理的，城市供水单位应当选用获证企业的产品。城市供水单位所用的净水剂及与制水有关的材料等，在使用前应当按照国家有关质量标准进行检验；未经检验或检验不合格的，不得投入使用。第10条：城市供水设备、管网应当符合保障水质安全的要求。

要求各供水单位应认真执行《城市供水水质管理规定》，对涉水的所有材料设备实行严格的制度，以确保其不影响供水质量与安全，为此将本条列为强制性条款。

2.7.2 该条主要依据：

1 《生活饮用水卫生标准》GB 5749的第8.1节处理生活饮用水采用的絮凝、助凝、消毒、氧化、吸附、pH调节、防锈、阻垢等化学处理剂不应污染生活饮用水，应符合GB/T 17218和GB/T 17219的要求。

2 建设部第156号部令《城市供水水质管理规定》第9条：城市供水单位所用的净水剂及与制水有关的材料等应当符合国家有关标准。

鉴于《生活饮用水卫生标准》GB 5749和《城市供水水质管理规定》都有明确规定，为防止二次污染，净水药剂必须符合标准，这是保证饮用水安全的重要环节。

2.7.4 本表列出了主要净水原材料，对于表中未列的其他原材料参照相关标准执行。

2.8 质量控制

2.8.6 该条为强制性条款。主要依据：

1 《中华人民共和国计量法》第2章第9条规定部门和企业事业单位使用的最高计量标准的器具，以及用于贸易结算、安全防护、医疗卫生、环境监测方面列入强制检定目录的工作计量器具，实行强制检定。

2 《中华人民共和国计量法》实施细则第33条产品质量检验机构计量认证的内容：1）计量检定，测试设备的工作性能；2）计量检定，测试设备的工作环境和人员的操作技能；3）保证量值统一，准确的措施及监测数据公正可靠的管理制度。

供水水质检验是保障水质安全的重要手段，但首先是计量分析仪器必须准确合格，否则水质检验的质量就无法保证，因此该条款为强制性。

3 制水生产工艺

3.1 一般规定

3.1.1 各供水厂水源水质不同，供水厂生产工艺不同，从可操作性出发，各供水厂必须有针对自己水厂生产特点的工艺规程和作业指导书。其中的"工艺过程水质控制标准"应高于国家标准。

3.1.2 该条为强制性条款。主要依据：

《城市供水条例》第21条规定：城市自来水供水企业和自建设施对外供水的企业，应当按照国家有关规定设置管网测压点，做好水压检测工作，确保供水管网的压力符合国家规定的标准。第22条：城市自来水供水企业和自建设施对外供水的企业应当不间断供水。

不间断地供水是对水厂的基本要求，同时水压不达到要求就无法保证供水，因此该条款为强制性。

3.1.3 本条是强调应对投入运行的系统进行优化，以实现优质、安全、高效、节能的目的。同时强调制水工序的质量控制要有计量,如主要水质参数和压力、水位、电量等参数,要配置在线监测仪表;进出厂水均应以表计量,以实现对单耗、制水成本的正确核算。出厂水计量还将为产销差率的计算提供依据。执行本条文应注意在制水工艺系统选择计量泵时,要优先考虑是否便于进行自动控制。

3.1.4 该款为强制性条款。主要依据:

《供水排水设计手册》（第 3 册,城市给水）6.1.2 药剂投加量,必须设置计量设备进行较准确的计量。并应注意对计量设备本身的标定和经常校验。另外,各地区供水企业的管理办法中对净水药剂投加量都有规定,并分别对投加药剂的计量泵也有要求。

因为药剂投加量和投加药剂类别的选择,对供水厂优化处理工艺的调试起着很重要的作用,是保证出厂水水质最重要的环节,因此,这条应当为强制性。

3.1.5 本条明确了供水厂的生产排水及其处理系统的能力与制水生产能力相匹配,其目的是要求生产排水及其处理系统应作为生产运行的一部分,作为常规处理的延伸进行管理。

3.2 质量控制

3.2.1 本条对常见的预处理工艺的工序质量标准进行了规定,由于原水水质差异较大,因此,工艺运行的技术参数控制差异较大,不能简单一概而论。

3.2.2 本条分述了净水药剂投加、混合、絮凝、沉淀、过滤、消毒和清水池储存成品水各工序的运行质量要求,由于全国各水厂净化设备、设施的多样化、原水水质差异较大,对上述各工序均未提出具体技术参数,只是分别明确了工艺参数项目。由各供水厂按照本规程的要求,结合本厂具体工艺形式、水源状况制定好各工艺的控制参数。

本条第 5 款第 4)项中过滤工序的质量控制应对滤池滤料层、承托层进行相关技术参数的测定。如:要注意从滤料层的厚度、承托层的平整度、滤床冲洗膨胀率、滤料级配和滤料含泥量等方面进行测定。

3.2.3 当前用于水的深度处理有颗粒活性炭吸附法、臭氧—活性炭联用法或生物活性炭法、合成树脂吸附法、光化学氧化法以及膜分离法等。

本条主要对应用较为成熟的臭氧、活性炭技术质量标准进行了规定。由于全国各地原水水质和地区的差异,本条仅进行了部分原则性的规定,采用深度处理工艺时应根据原水水质,进行动态中试,依据实验结果选择应用。

3.2.4 本条对脱水后污泥含固率控制在不小于 22%是因为装车外运时,不产生泥水外溢、不造成污染环境的要求。浓缩上清液回用的水质,以不对水处理产生影响为原则,并且强调浓缩过程加注的有机絮凝剂为阴离子时可回用,主要是考虑有机絮凝剂单体毒性的影响。

3.2.5 本条第 6 款第 2)项中当膜系统停止运行时,要注意不能使膜变干,应定期对膜进行冲洗,以防止微生物的繁殖。

4 供水设施运行

4.1 取 水 口

4.1.1 该款为强制性条款。主要依据:

《生活饮用水卫生标准》GB 5749 第 6 条规定:集中式供水单位的卫生要求应按照卫生部《生活饮用水集中式供水单位卫生规范》执行。该规范中第 10 条指出:地表水水源卫生防护必须遵守以下规定:1 取水点周围半径 100m 的水域内,严禁捕捞、网箱养鱼,停靠船只、游泳和从事其他可能污染水源的任何活动。2 取水点上游 1000m 至下游 100m 的水域不得排入工业废水和生活污水;其沿岸防护范围内不得堆放废渣,不得使用工业废水或生活污水灌溉及使用难降解或剧毒农药等,污染该段水源水质的活动。3 根据需要可把取水点上游 1000m 以外的一定范围河段划为水源保护区,严格控制上游污染物排放量。4 受潮汐影响的河流,其生活饮用水取水点上下游及其沿岸的水源保护区范围应相应扩大,其范围由供水单位及其主管部门会同卫生、环保、水利部门研究确定。该规范的第 28 条指出:集中式供水单位应针对取水、输水、净水、蓄水和配水等可能发生污染的环节,制定和落实防护措施,加强检查,严防污染事件发生。

按《生活饮用水集中式供水单位卫生规范》的要求,同时也是考虑水源保护的重要性,所以规定该条款为强制性。

4.1.3 该款为强制性条款。主要依据:

卫生部《生活饮用水集中式供水单位卫生规范》第八条:生活饮用水水源保护区,由环保、卫生、公安、城建、水利等部门共同划定,报当地人民政府批准公布,供水单位在防护地带设置固定的告示牌,落实相应的水源保护工作。规定该条为强制性也是保护水源所必需的。

本条规定了在取水口上游和下游适当范围内应设置明显的标志牌,一般可考虑在上游 1000m、下游 100m 的地段内选择。

4.1.5 本条第 2 款中移动式取水口在运行时,应加防护桩及信号灯或其他形式的明显标志,以避免来往船只冲击取水口的事故发生。

4.2 原水输水管线

4.2.1 本条规定了输水管线每次通水前必须待气排净后,才能投入运行使用。此项规定在实施时应有专人负责。要检查排气装置是否完好有效,日常巡视时应检查排气设施情况。

4.2.2 本条要求安排专人巡视原水输水管线，这是鉴于当前在管线上圈、压、埋、占的现象日益增多，有的已直接影响到输水安全，因此，各供水厂执行中应注意此点，并应尽快纳入法制管理轨道。

4.4 加药和消毒

4.4.2 本条文规定与原规程相比增加了混凝剂最佳投加量应在搅拌试验指导下确定和自动投加控制模式的确定等内容，目的是为了使供水厂投加混凝剂的生产运行与现状水厂加药系统更新后的实际情况相适应，保证水厂投药更加科学合理和安全可靠。

4.4.3 为了确保合理、有效和可靠地消毒，保证出水水质的卫生安全，结合近年来国内的生产经验，提出了氯消毒可采用一次加氯法和多次加氯法的规定，并分别对氯或氯胺消毒的接触时间作出了规定，同时要求加氯量应在耗氯量试验指导下确定。

4.4.5 本条文针对新增的消毒剂次氯酸钠在生产运行中的储存、加注设备、计量方式和运行控制等方面作了相应规定。

4.4.6 本条文针对新增的消毒剂二氧化氯在生产运行中的储存、加注设备和运行控制等方面作了相应规定。

4.5 混合、絮凝

4.5.1 本规定分别对混合时间、GT值控制和高浊度水的混合，以及混合设施的位置等作出了规定。由于混合是混凝工艺中非常重要的一个生产环节，混合效果的好坏将直接影响到絮凝效果，国内许多供水厂的生产实践也证实了这一现象。

4.5.2 本条第1款规定絮凝池初运行时进水速度不宜过大，防止隔板和折板倒塌、变形。

4.6 沉 淀

4.6.1 本条文规定与原规程相应部分的内容相比作了一些调整，主要对平流式沉淀池运行水位的控制和出口浊度指标控制作出了更严格的规定，以适应水质提高的需要。此外，对沉淀池停止和启用操作中尽可能减少滤前水的浊度波动所采取的措施不作具体规定。

4.6.2 本条第2款规定在启用斜管、斜板时，初始的上升流速应缓慢，防止斜管、斜板漂起。清洗时，应缓慢排水，防止斜管、斜板塌陷。

4.7 澄 清 池

4.7.1~4.7.3 本节所列各条款与原规程相应部分的内容相比作了较大的调整和补充。除对机械加速澄清池的内容作了调整和补充外，还增设了脉冲澄清池和水力循环澄清池的运行规定。

为适应水质提高的需要，本节还提出了澄清池不宜超负荷运行以及应设置出口质量控制点的规定，同时对澄清池出水浊度指标作出了具体的规定。

4.8 普 通 滤 池

4.8.1、4.8.2 本节所规定的内容除保留了原规程已有的普通快滤池运行规定以及对部分规定（如滤池冲洗时滤料膨胀率、冲洗结束时排水浊度、滤池进水浊度、平均滤速、滤池进行反冲洗时的条件、出水浊度等）作了调整外，主要增补了近十几年来在国内得到普遍应用的V型滤池（气水冲洗滤池）的运行规定。

4.9 臭氧接触池

4.9.1~4.9.5 本节系新增内容，主要是为规范近年来国内部分地区采用的臭氧活性炭处理工艺的供水厂的生产运行。

4.10 活性炭滤池

4.10.1~4.10.17 本节系新增内容，主要是考虑到近年来国内部分地区采用的臭氧活性炭处理工艺的供水厂已投产运行。本节重点对活性炭滤池的反冲洗程序、反冲洗水源、进水和出水浊度、反冲洗时的条件、活性炭滤料的质量控制等方面作了规定。

4.11 臭 氧 系 统

4.11.1 本节系新增内容。由于臭氧发生系统生产操作运行的专业性很强，设备造价高，国外引进设备较多，国内供水厂生产人员的成熟经验很少，因此，要求生产运行人员必须经过严格的专业培训，并严格按照设备供货商提供操作手册规定的步骤操作。

4.12 臭氧发生器气源系统

4.12.1~4.12.5 本节系新增内容。臭氧发生器气源系统只有空气和氧气两种。通常空气气源系统的设备由臭氧发生器设备供应商配套供应，因此，要求按照臭氧发生器操作手册规定的程序进行生产运行。此外，由于露点是供气质量的主要控制指标，故要求定期观察露点值，并定期维护气源系统中确保供气露点正常的设备部件。而氧气供气系统通常情况下由氧气供应商租赁给用户，并负责全部的生产运行和维护，且氧气站危险性较高。为了安全起见，要求租赁用户的生产人员不得自行操作，自行采购使用的用户必须取得使用许可证，而且其生产人员须经培训并取得上岗证。

4.13 清 水 池

4.13.2 该条为强制性条款。主要依据：

《给水排水设计手册（第二册）》6.4.1（3）污染通过敞开设备进入。在人孔、通气孔、溢流管等结构不合理或固定施工和维护管理不当,污染物灰尘、蚊蝇、小动物等进入,水质被污染。

另外,有些供水厂在厂级管理制度中分别规定清水池及其他设备的检测孔和人孔加防护罩,防止污染物侵入。但往往因施工和使用者认识不够而忽视,造成严重后果,所以规定该条为强制性,避免污染水质。

4.13.4 该条为强制性条款。主要依据:

1 卫生部《生活饮用水集中式供水单位卫生规范》第十七条,生活饮用水的输水、蓄水和配水等设施应密封,严禁与排水设施及非生活饮用水的管网相连接。

2 参考《北京市新建、改建、扩建生活饮用水供水设施预防性卫生监督管理办法》第八条规定,水箱的溢流管、排水管不得与水管或雨水管直接连通。

国家和地方都有相关规定,此条为强制性也是保障清水池水质不受污染所必需的。

4.14 污泥处理系统

本节系新增内容。主要对污泥处理系统的处理设施中的浓缩池(含预浓缩池)和脱水设备的操作运行作出了相应规定。

4.14.2 按照本条第2款的规定,脱水设备运行之前应确保污泥平衡池、脱水设备、污泥输送泵、污泥切割机、干泥输送设备、加药进泥和出泥等设备均应处于正常状态。

5 供水设备运行

5.1 水 泵

本节各条款的编制目的是为了使水泵运行工人正确掌握水泵的使用、操作、巡视及故障排除。本节中所列的操作要点,运行巡视和异常情况处理等方面的内容,适用于输送清水和输送含有固体颗粒悬浮物体的离心泵、混流泵或长轴深井泵。

5.1.1 对本条说明如下:

1 提出了泵的运行工况点及调节的要求,以确保水泵运行在高效区。

2 提出了进水水位的要求。进水水位不符合要求,是泵产生汽蚀的重要原因之一。

5.2 电 动 机

5.2.9 本条规定更换滑环极性是考虑了正负滑环的电刷磨蚀速度不同,变换极性,以保持其磨损率接近。

5.2.10 本条规定是考虑了改善供电系统的功率因数和提高负载变化时运行的稳定性。

5.2.11 冷却水的水质及检测周期,要符合生产厂家使用说明书的要求。

5.3 变 压 器

5.3.3 本条第2款规定变压器上层油温是从防止油的过速老化出发的,根据试验,温度每增高10℃,油的氧化速度增加1倍。

5.3.4 本条第9、10款只是规定了我国现有电力系统主变压器投入运行或退出运行时的操作规定。若10kV~35kV由不接地系统(或小电流接地系统)改为接地系统(大电流接地系统),应按电力部门要求进行操作。

5.4 配电装置

5.4.1~5.4.3 本节主要规定了35kV及以下成套配电装置运行的一般要求。对于35kV及其以上分列布置的配电装置的附属设备,诸如断路器的各种操作机构,为操作机构供油、气的液压装置等应按制造厂要求进行检查与维护。对于主设备的一般巡视检查及运行异常处理如无厂家特殊规定,应参照本条执行。

5.8 10kV及其以下架空电力线路

5.8.1~5.8.3 35kV及其以上架空线路委托供电部门巡视及维护,故本节只规定了10kV及其以下架空线路。

5.11 直流电源

5.11.1 目前直流电源装置种类较多,由于电源种类不同要求也不尽相同,应根据厂家使用说明书的要求,合理运行及巡检。

5.12 变 频 器

5.12.1~5.12.5 变频器的种类较多,性能指标各异,随着电力电子技术的不断发展,各种产品的性能也逐步提高,其运行应结合产品生产厂家的说明制定详细运行规程以指导运行和维护,本节就变频器的共性问题,制定出运行规程。

6 供水设施维护

6.1 一 般 规 定

6.1.1~6.1.4 这4条分别规定了供水设施的日常保养、定期维护和大修理三档内容,从而规范了全国供水设施维护、检修的工作。鉴于供水厂的供水设施,大部分是长期处于潮湿或腐蚀的环境中,这对设施的正常运行、安全供水会带来不利影响,甚至产生不良后果,因此对其进行维护、检修是一项重要的经常性工作,各供水厂应制定实施细则,按规定进行。

6.2 取水口设施

6.2.2 对本条第 3 款说明如下：

本款规定了对进水口河床深度，每年至少锤测一次，其目的主要是掌握河床淤积的情况，以便及时进行疏浚，保证取水口的进水量。

6.3 原水输水管线

6.3.2 对本条第 1、3 款说明如下：

1 本款规定了对输水管线附属设施，如：排气阀、自动阀、排空阀、管桥等，每季应巡视检修一次。该款规定的巡视周期是最基本要求，有条件的供水厂，特别是远距离取水的供水厂，对输水管线的巡视周期应力争缩短，以确保输水管线的安全。巡检的各种附属设施中，重点之一要看自动排气装置是否灵敏有效。

3 本款规定了输水明渠要定期检查运行、水生物、积泥和污染情况。此款规定的"定期"可由使用明渠输水的各供水厂结合自己实际情况确定。应形成定期明文制度，对检查出的问题应当及时处理，这样方能保证供水厂取水水质和取水水量。

7 供水设备维修

7.2 水 泵

7.2.2 本条规定了水泵的定期维护项目、内容，其根据是设备的运行时间，也可根据技术状态检测的数据来确定检修项目。如果按预定周期检修，则它的内容基本上就是现在各供水厂称之为"二级保养"或"设备中修"的内容。本规定将二级保养和中修统一定名为定期维护，但其具体项目、内容未作统一规定。

7.2.3 对本条说明如下：

第 1 款第 7) 项规定了闭式叶轮与轴配合公差应符合《公差与配合》GB 1801 中 H8/h7 配合要求，故各供水厂均应按国家标准将本厂不同直径的叶轮、泵轴的公差要求列出表格以便检查人员掌握执行。

第 1 款第 10) 项规定了键、键槽公差应符合《平键 键槽的剖面尺寸》GB/T 1095、《普通型平键》GB/T 1096 的规定，其配合松紧程度，可按上述规定中"一般键联结"松紧程度要求。

第 5 款第 3) 项规定了轴套与泵轴的配合公差应符合《公差与配合》GB 1801 中 H8/h7 配合公差要求。各供水厂可根据本规定要求，结合本单位实际，自行列表以便检修人员检修时掌握。

7.2.4 对本条第 1、2 款说明如下：

1 本款规定了大修后应具有 5 个方面的检修记录。这主要是从检修记录的数据判断设备在检修后达到的水平，并为掌握各种零部件的更换周期，做好备件的储备管理，以及为经济核算提供有用的资料，也为下次检修提供依据。

2 本款规定了大修后应检测的有关参数，从检测的参数可以看出检修后的质量。通过检测的数据和检修前的数据对比，可清楚地了解检修前问题解决如何，检修后设备的技术性能是否得到了恢复和提高，还可为下次检修和进行技术状态监测提供基础资料。

7.3 电 动 机

7.3.4 本条的第 9 款规定是指对电动机端部留有测量位置的电动机，对于新型箱式结构的电动机，端部无测量位置，因此，在组装前必须认真测量，确认轴承装配公差在制造厂规定的范围内，确保在组装之后其定子与转子间隙均匀度在规定的要求之内。

7.3.5 本条解释如下：

第 1 款中的 1) 规定空转时间（0.5～1.0）h 是指在供水厂内进行电动机的大修理不更换绕组，或少量更换易损件（如轴承等）的前提下，根据部分供水厂的修理经验而制定的，专业修理厂有规定时，应按专业修理厂的规定执行。

第 2 款中的 2) 试运行时间是根据部分供水厂对水泵机组大修后进行验收的普遍做法而规定的。

7.17 变 频 器

7.17.2 本条第 5 款规定检查电解电容时，应放电并核实无电后方可检查。查看电解电容安全阀是否胀出，外壳是否漏液和变形，其容值应大于额定值的 85%。因电解电容寿命与温度是指数关系，运行温度下降实际寿命可延长。使用中注意控制电解电容的温度非常重要。大容量电容器在中间直流回路中使用，由于脉冲电流等因素的影响，其性能劣化同时受周围环境温度及尘土的影响，一般使用周期为 5 年。

8 自动化系统的运行与维护

8.2 控 制 室

8.2.6 应用软件的开发和修改，以及数据库修改、图形显示和报表格式的生成应在工程师站上进行，防止对正常运行系统的干扰。

8.2.7 该条主要参考依据如下：

北京市人民政府令第 163 号《北京市公共服务网络与信息系统安全管理规定》第 9 条，运营单位应当依据网络与信息系统安全管理要求，对信息系统和信息数据进行备份。网络和信息数据的标准或管理办法，国家目前还没有具体的规定，但是按照各地方的要求，同时考虑到供水信息数据对供水厂及整个城镇供水系统安全运行的重要性，规定此条是十分必要的。

8.7 防雷与防电磁涌流

8.7.1 为了防止雷击电磁脉冲、开关电磁脉冲和静电放电等原因对电子设备造成的破坏，应执行《建筑物防雷设计规范》GB 50057 标准。

8.7.6 本条中"良好的环境"是指适合的温度、湿度等。

9 安 全

安全生产对城镇供水厂来说极为重要，特别是在当前供水安全问题已引起各方面高度关注的情况下更是如此，水厂的安全运行也是这次修订工作的重点，原《规程》只是从严重威胁安全运行的氯、氨使用及电气安全等方面做了规定。修订后的《规程》安全部分增加了水质安全保障、制水生产工艺安全，增加了氧气、臭氧、二氧化氯、次氯酸钠等安全规定的内容，并在使用和存储方面都有详细的规定，每一条对保证供水安全都十分重要。

9.1 水质安全保障

9.1.1 该条为强制性条款，主要依据是国务院《国家突发性公共事件总体应急预案》。水质突发事件应急预案应当包括以下内容：1 突发事件的应急管理工作机制；2 突发事件的监测与预警；3 突发事件信息的收集、分析、报告、通报制度；4 突发事件应急处理技术和监测机构及其任务；5 突发事件的分级和应急处理工作方案；6 突发事件预防与处理措施；7 应急供水设施、设备及其他物资和技术的储备与调度；8 突发事件应急处理专业队伍的建设和培训。

9.1.5 该条为强制性条款，主要依据是卫生部和建设部《生活饮用水卫生监督管理办法》。凡患有痢疾、伤寒、病毒性肝炎、活动性肺结核、化脓性或渗出性皮肤病及其他有碍饮用水卫生的疾病和病原携带者，不得在供水厂直接从事制水和水质检验工作。

9.2 制水生产工艺安全

9.2.3 该条为强制性条款，主要依据是国务院《国家突发性公共事件总体应急预案》。

9.3 氯气、氨气、氧气及臭氧使用安全

9.3.1 本条明确了气体车间应建立、健全规章制度，目的主要是为了严格管理，确保安全，因此对工作岗位需要建立的最基本的"五项制度"做了原则规定。由于全国供水厂的供水规模、运行方式、设备、设施繁简的不同，其制度、规程的内容也不相同，因此要根据本厂的实际和特点，加以健全和完善，使岗位明确职责，做到办事有程序，操作有规程，工作有标准。

安全生产制度应包含高压气瓶的入库验收及使用、投加系统定期检修、突发事件应急措施等内容。供水厂应根据以上制度，建立各种原始记录表格，由运行人员做好日常运行记录。

气体投加车间还应建立运行记录、交接班记录、维护检修记录、高压钢瓶登记使用等各项原始记录。这些记录是反映岗位工作基本情况的第一手资料，通过日常原始记录的积累、统计和分析，达到合理使用原材料，发现使用管理方面的薄弱环节，从而采取相应的措施予以排除。当设备、设施发生异常或故障时，也利于分析原因和责任。

9.3.2、9.3.3、9.3.5 这几条是强制性条款，主要依据为原国家质量技术监督局颁发的《气瓶安全监察规程》（质技监局锅发［2000］250号）的要求。

9.3.4 危险品运输应符合国家现行标准《道路运输危险货物车辆标志》GB 13392、《汽车运输、装卸危险货物作业规程》JT 618 和《汽车运输危险货物规则》JT 617 的规定。

9.3.7、9.3.9 为强制性条款，主要依据为《氯气安全规程》GB 11984。

9.3.8 检查氯气有无泄漏，可以用氨水观察有无雾态氯化铵生成，检查其他气体可以使用洗衣粉或者肥皂溶液，观察在涂抹处有无气泡产生。

9.3.11 为强制性条款，供水厂要安装符合环保要求的，以铁—氯化亚铁为吸收物质或以氢氧化钠中和的氯气吸收装置，并按照使用说明，定期检验吸收液的有效性。

9.3.12、9.3.13、9.3.14、9.3.16 为强制性条款，依据国家《易燃易爆化学危险品消防安全监督管理办法》和《爆炸危险品场所安全规定》的要求。

9.4 二氧化氯及次氯酸钠使用安全

9.4.1 该条为强制性条款，根据中华人民共和国国务院令 第 344 号《危险化学品安全管理条例》确定。二氧化氯、次氯酸钠、亚氯酸钠均属于强氧化剂，应储存在避光、通风、干燥的室温环境里。不得与易燃物、可氧化物质（有机物）及还原剂共储共运。

9.4.3 为强制性条款，工业上二氧化氯的制备一般采用由亚氯酸钠或亚氯酸钠在过量浓盐酸的介质中反应制取的。如盐酸投加过快，会导致二氧化氯的生成速度加快。这样会造成反应液中二氧化氯的过饱和状态，而使二氧化氯逸出到反应系统中，导致反应系统承压增加。若密封性较差，二氧化氯就会逸出到空气中，同时，反应系统气相压力超过反应器承压极限时，还会发生爆炸事故。

此外，亚氯酸钠必须配成一定浓度的溶液，不能将盐酸直接与固体原料接触，否则会因剧烈反应而产

生爆炸。

9.5 电气安全

9.5.2、9.5.6、9.5.8、9.5.10 为强制性条款，电气安全中所有强制性条款其主要依据为《电业安全工作规程》DL 408 的要求。

9.5.5 为强制性条款，操作模拟板（模拟图或微机防误装置、微机监控装置）要明确展示供电方式与电气设备的相互连接状态，作为实际操作前的预演示，防止误操作。

9.5.9 为强制性条款，本条规定了高压设备及架空线不准带电作业，主要是由于供水厂没有技术条件。

中华人民共和国行业标准

城市地下管线探测技术规程

Technical specification for detecting and
surveying underground pipelines and cables in city

CJJ 61—2003

批准部门：中华人民共和国建设部
施行日期：2003年10月1日

中华人民共和国建设部
公 告

第 152 号

建设部关于发布行业标准
《城市地下管线探测技术规程》的公告

现批准《城市地下管线探测技术规程》为行业标准，编号为 CJJ 61—2003，自 2003 年 10 月 1 日起实施。其中，第 3.0.6、3.0.12、4.6.2、4.6.4、5.6.1（1）、A.0.1、A.0.4、A.0.5、A.0.6、A.0.7、A.0.9 条（款）为强制性条文，必须严格执行。原行业标准《城市地下管线探测技术规程》CJJ 61—94 同时废止。

本规程由建设部标准定额研究所组织中国建筑工业出版社出版发行。

中华人民共和国建设部
2003 年 6 月 3 日

前 言

根据建设部建标〔2000〕53 号文的要求，规程编制组在广泛调查研究，认真总结实践经验，参考有关国家标准和国外先进技术，并充分征求意见的基础上，对《城市地下管线探测技术规程》CJJ 61—94 进行了修订。

规程的主要技术内容是：1. 总则；2. 术语；3. 基本规定；4. 地下管线探查；5. 地下管线测量；6. 地下管线图的编绘；7. 地下管线信息管理系统；8. 报告书编写和成果验收。

规程主要修订技术内容是：1. 增加了术语一章；2. 增加地下管线信息管理系统一章；3. 地下管线测量一章中增加 GPS 测量技术和地下管线数字测绘的内容；4. 在地下管线图的编绘一章增加计算机绘图的内容；5. 附录中增加了附录 G 地下管线及其附属物的分类编码表；附录 H 地下管线成果表数据库的基本结构等。

本规程由建设部负责管理和对强制性条文的解释，由主编单位负责具体技术内容的解释。

本规程主编单位：北京市测绘设计研究院（地址：北京市复外羊坊店路 15 号，邮政编码 100038）

本规程参编单位：上海岩土工程勘察设计研究院
广州市规划局
中国地质大学
宁波市测绘设计研究院
保定金迪地下管线探测工程有限公司
山东正元地理信息工程有限责任公司
国家测绘局地下管线勘测工程院

本规程主要起草人：洪立波 周凤林 区福邦
李学军 王 磊 施宝湘
江贻芳 李四维 刘雅东
黄永进 张亚南 李见阳
孟 武 金善焜

目　次

1　总则 …………………………………… 70—4
2　术语 …………………………………… 70—4
3　基本规定 ……………………………… 70—4
4　地下管线探查 ………………………… 70—6
　4.1　一般规定 ………………………… 70—6
　4.2　实地调查 ………………………… 70—6
　4.3　地下管线探查物探方法和技术 …… 70—8
　4.4　探查仪器技术要求 ……………… 70—9
　4.5　地面管线点标志设置 …………… 70—9
　4.6　探查工作质量检验 ……………… 70—9
5　地下管线测量 ………………………… 70—10
　5.1　一般规定 ………………………… 70—10
　5.2　控制测量 ………………………… 70—10
　5.3　已有地下管线测量 ……………… 70—11
　5.4　地下管线定线测量与竣工测量 …… 70—12
　5.5　地下管线数字测绘 ……………… 70—12
　5.6　测量成果质量检验 ……………… 70—13
6　地下管线图编绘 ……………………… 70—13
　6.1　一般规定 ………………………… 70—13
　6.2　专业地下管线图编绘 …………… 70—14
　6.3　综合地下管线图编绘 …………… 70—15
　6.4　管线断面图编绘 ………………… 70—15
　6.5　地下管线成果表编制 …………… 70—15
　6.6　地下管线图编绘检验 …………… 70—15
7　地下管线信息管理系统 ……………… 70—15
　7.1　一般规定 ………………………… 70—15
　7.2　系统总体结构与数据标准 ……… 70—16
　7.3　系统的基本功能 ………………… 70—16
　7.4　系统的建立与维护 ……………… 70—16
8　报告书编写和成果验收 ……………… 70—17
　8.1　一般规定 ………………………… 70—17
　8.2　报告书编写 ……………………… 70—18
　8.3　成果验收 ………………………… 70—18
　8.4　成果提交 ………………………… 70—18
附录A　地下管线探测安全保护
　　　　规定 …………………………… 70—18
附录B　地下管线探测附表 …………… 70—19
　附表B.0.1　地下管线探查记录表 …… 70—19
　附表B.0.2　地下管线探查质量
　　　　　　检查表 …………………… 70—19
附录C　探查地下管线的物探
　　　　方法 …………………………… 70—20
附录D　地下管线的代号和颜色 ……… 70—22
附录E　地下管线图图例 ……………… 70—22
附录F　地下管线图样图 ……………… 插页
　附图F.0.1　××市专业地下管线图（给水）
　　　　　　 ………………………………… 插页
　附图F.0.2　××市综合地下管线图 …… 插页
　附图F.0.3　××市地下管线横断面图 … 70—24
附录G　地下管线点成果表 …………… 70—25
附录H　地下管线成果表数据库的
　　　　基本结构 …………………… 70—25
附录I　地下管线及其附属物的分类
　　　　编码 …………………………… 70—26
本规程用词说明 ………………………… 70—27
条文说明 ………………………………… 70—28

1 总　则

1.0.1 为了统一城市地下管线探查、测量、图件编绘和信息系统建设的技术要求，及时、准确地为城市规划、设计、施工以及建设和管理提供各种地下管线现状资料，保证其成果的质量，以适应现代化城市建设发展的需要，制定本规程。

1.0.2 本规程适用于城市市政建设和管理的各种不同用途的金属、非金属管道及电缆等地下管线的探查、测绘及其信息管理系统的建设。

1.0.3 本规程以中误差作为衡量探测精度的标准，二倍中误差作为极限误差。

1.0.4 城市地下管线探测，应积极采用高新技术、新方法和新仪器，但应满足本规程的精度要求。

1.0.5 城市地下管线探测，除应符合本规程外，尚应符合国家现行有关强制性标准的规定。

2 术　语

2.0.1 地下管线探测 Underground Pipeline Detecting and Surveying

确定地下管线属性、空间位置的全过程。

2.0.2 地下管线普查 General Survey of Underground Pipeline

按城市规划建设管理要求，采取经济合理的方法查明城市建成区或城市规划发展区内的地下管线现状，获取准确的管线有关数据，编绘管线图、建立数据库和信息管理系统，实施管线信息资料计算机动态管理的过程。

2.0.3 现况调绘 Actuality Survey and Drawing

由各专业管线权属单位负责组织有关专业人员对已埋设的地下管线进行资料收集，并分类整理、调绘编制现况调绘图，为野外探测作业提供参考和有关地下管线属性依据的过程。

2.0.4 管线点 Surveying Point of Underground Pipeline

地下管线探查过程中，为准确描述地下管线的走向特征和附属设施信息，在地下管线探查或调查工作中设立的测点。

2.0.5 偏距 Setover

管线点与地下管线中心线的地面投影之间的垂直距离。

2.0.6 图幅无缝拼接 Seamless Jointing of Map Sheet

对两侧原本相连的图形作精确的衔接，使其在逻辑上和几何上融成连续一致的数据体的过程。

2.0.7 拓扑结构 Topological Structure

在地下管线信息管理系统中，对管线和管线点等目标体之间空间连接关系的描述即拓扑关系；目标体之间的拓扑关系总称为拓扑结构。

2.0.8 实时动态定位技术（RTK）Real Time Kinematic

一种基于载波相位观测值的实时差分 GPS 定位测量技术。

2.0.9 地下管线信息管理系统 Underground Pipeline Information System

在计算机软件、硬件、数据库和网络的支持下，利用 GIS 技术实现对地下管线及其附属设施的空间和属性信息进行输入、编辑、存储、查询统计、分析、维护更新和输出的计算机管理系统。

3 基 本 规 定

3.0.1 地下管线探测的对象应包括埋设于地下的给水、排水、燃气、热力、工业等各种管道以及电力、电信电缆。

3.0.2 地下管线探测应查明地下管线的平面位置、走向、埋深（或高程）、规格、性质、材料等，编绘地下管线图，并宜建立地下管线信息管理系统。

3.0.3 地下管线探测按探测任务可分为城市地下管线普查、厂区或住宅小区管线探测、施工场地管线探测和专用管线探测四类。各类探测的要求和范围应符合下列规定：

1 城市地下管线普查应根据城市规划管理部门或公用设施建设部门的要求、依据本规程进行，其范围包括道路、广场等主干管线通过的区域；

2 厂区或住宅区管线探测应根据工厂或住宅小区管线探测设计、施工和管理部门的要求，参照本规程规定进行，其探测范围应大于厂区、住宅小区所辖区域或要求指定的其他区域；

3 施工场地管线探测应在专项工程施工开始前参照本规程规定进行，其范围应包括开挖、可能受开挖影响的地下管线安全以及为查明地下管线所必需的区域；

4 专业管线探测应根据某项管线工程的规划、设计、施工和管理部门的要求、参照本规程规定进行，其探测范围应包括管线工程敷设的区域。

3.0.4 地下管线探测的基本程序宜包括：接受任务（委托），搜集资料，现场踏勘，仪器检验和方法试验，编写技术设计书，实地调查，仪器探查，建立测量控制，地下管线点测量与数据处理，地下管线图编绘，编写技术总结报告和成果验收。探测任务较简单及工作量较小时，上述程序可简化。

3.0.5 地下管线探测任务宜由专业探测单位的上级主管部门以任务形式下达，或由用户单位以委托方式进行。但都应签订合同书，明确责任。合同书的内容宜包括：任务编号，工程名称，测区位置和范围，作业内容和技术要求，工作期限和应提交的成果，工程造价和付款方式，有关责任和奖罚规定等。

3.0.6 城市地下管线普查采用的平面坐标和高程系统必须与当地城市平面坐标和高程系统相一致。当厂区或住宅小区地下管线探测和施工场地管线探测采用非当地城市统一坐标系统时，应与当地城市坐标系统建立换算关系。

3.0.7 城市地下管线探测采用的地形图比例尺，应与城市基本地形图比例尺一致，施工场地管线探测地形图比例尺可按实际情况而定。

3.0.8 地下管线探测的管线点包括线路特征点和附属设施（附属物）中心点，可分为明显管线点和隐蔽管线点二类。明显管线点应进行实地调查和量测有关参数。隐蔽管线点应采用物探方法，利用仪器探测或通过打样洞方法探查其位置及埋深。对地下管线探测的所有管线点均应在地面设置明显标志。

3.0.9 地下管线探测的取舍标准应根据各城市的具体情况、管线的疏密程度和委托方的要求确定。地下管线普查取舍宜符合表3.0.9的要求。

表3.0.9 地下管线普查取舍标准

管线类别	需探测的管线
给 水	管径≥50mm 或≥100mm
排 水	管径≥200mm 或方沟≥400mm×400mm
燃 气	管径≥50mm 或≥75mm
工 业	全 测
热 力	全 测
电 力	全 测
电 信	全 测

3.0.10 地下管线探查应积极采用经方法试验证明行之有效并达到本规程第3.0.12条第1款所规定的精度要求的新方法、新技术。

3.0.11 对于探查、测绘的仪器和工具应精心使用与爱护，做到定期检验校正，经常维护保养，使其保持良好状态。野外探测和信息管理系统建设应符合附录A的安全规定。

3.0.12 城市地下管线探测的精度应符合下列规定：

1 地下管线隐蔽管线点的探查精度：
平面位置限差 δ_s：0.10h；埋深限差 δ_h：0.15h。
（式中 h 为地下管线的中心埋深，单位为厘米，当 $h<100cm$ 时则以100cm代入计算）
注：特殊工程精度要求可由委托方与承接方商定，并以合同形式书面确定。

2 地下管线点的测量精度：平面位置中误差 m_s 不得大于±5cm（相对于邻近控制点），高程测量中误差 m_h 不得大于±3cm（相对于邻近控制点）；

3 地下管线图测绘精度：地下管线与邻近的建筑物、相邻管线以及规划道路中心线的间距中误差 m_c 不得大于图上±0.5mm。

3.0.13 地下管线现场探测前，应全面搜集和整理测区范围内已有的地下管线资料和有关测绘资料，宜包括下列内容：

1 已有的各种地下管线图；

2 各种管线的设计图、施工图、竣工图及技术说明资料；

3 相应比例尺的地形图；

4 测区及其邻近测量控制点的坐标和高程。

3.0.14 现场踏勘应在搜集、整理和分析已有资料的基础上进行。踏勘应包括：

1 核查搜集的资料，评价资料的可信度和可利用程度；

2 察看测区的地物、地貌、交通和地下管线分布出露情况、地球物理条件及各种可能的干扰因素；

3 核查测区内测量控制点的位置及保存状况。

3.0.15 踏勘结束后，应选定合理的探测方法并进行必要的方法试验。在此基础上编写技术设计书，其内容应包括：

1 探测工作的目的、任务、范围和期限；

2 测区地形与测量控制资料分析、交通条件及相关的地球物理特征、地下管线概况；

3 探查方法有效性分析，工作方法及具体技术要求；

4 测量控制及管线点连测与数据处理、管线图编绘的工作方法及具体要求；

5 作业质量保证体系与具体措施；

6 存在的问题和对策；

7 工作量估算及工作进度；

8 人员组织、仪器、设备、材料计划；

9 拟提交的成果资料。

注：探测任务较简单或工作量较小时，技术设计书可简化，直至可简化成施工方案。

3.0.16 地下管线普查宜采用在专业管线单位提供已有地下管线现况资料基础上，以开井调查与仪器探查，结合解析法测绘、机助成图的内外一体化作业，获取管线数据成果，同步建立地下管线信息管理系统，实行动态管理的技术方案和统一领导，统一组织实施，实行工程监理的管理工作模式。

3.0.17 地下管线普查应包括下列内容：

1 地下管线现况调绘及资料的搜集；

2 地下管线探测；

3 成果验收与归档；

4 建立地下管线信息管理系统与动态管理机制。

3.0.18 已有地下管线的现况调绘是地下管线普查的重要环节和基础，是作为地下管线探测时实地参考和编制地下管线属性数据的依据。

3.0.19 地下管线现况调绘应符合下列要求：

1 搜集已有地下管线资料：地下管线设计图，报批的红线图，地下管线施工图及技术说明，地下管线竣工图及成果表等；

2 对所搜集的资料进行整理、分类。将管线位置转绘到城市基础地形图上，编制成现况调绘图。

3.0.20 地下管线现况调绘图的编制应符合下列要求：

1 已有地下管线现况调绘图应根据管线竣工图所示尺寸及坐标数据展绘，如无竣工图及竣工测量资料的管线，可根据其设计图和施工图及管线与邻近的建（构）筑物、明显地物点、现有路边线的相互关系展绘；

2 已有地下管线现况调绘图应采用透明色笔进行颜色转绘，线粗不应大于 0.7mm。转绘图式按附录 E 规定的图例进行。现况调绘图必须注明管线的权属单位、管线类别、规格、材质和埋设年代。如有管线线路特征点和附属设施中心点的坐标、高程等数据，应编列相应的管线成果表，并注明数据来源和精度。

3.0.21 作业单位应建立质量管理体系，必须实行"三检"的质检制度，并提交各工序质量检查报告。地下管线普查工作应建立工程监理制，实行全过程的质量监控，工程监理机构应在作业单位完成各工序自检合格的基础上，对作业过程各工序进行质量检查，并提交工程监理报告。

3.0.22 地下管线普查成果资料应按档案管理统一的档案载体、装订规格和组卷要求，分为文字、表、图、数据盘四大类进行整理组卷，成果验收后由普查工程部门移交给地下管线管理部门管理，管理部门应对归档后的地下管线普查成果资料进行动态管理，将已拆除或新建的地下管线资料及时更新。

3.0.23 地下管线普查的数据采集应满足建立地下管线信息管理系统的数据格式要求，建库部门进行计算机数据监理后，同时置入地下管线数据库实施信息系统的管理与应用。进行动态管理采集的地下管线资料应符合本规程的规定。

4 地下管线探查

4.1 一般规定

4.1.1 地下管线探查应在现场查明各种地下管线的敷设状况，即管线在地面上的投影位置和埋深，同时应查明管线类别、材质、规格、载体特征、电缆根数、孔数及附属设施等，绘制探查草图并在地面上设置管线点标志。

4.1.2 管线点宜设置在管线的特征点在地面的投影位置上。管线特征点包括交叉点、分支点、转折点、变材点、变坡点、变径点、起讫点、上杆、下杆以及管线上的附属设施中心点等。

4.1.3 在没有特征点的管线段上，视地下管线探测任务不同，地下管线的管线点间距应符合下列规定：

1 城市地下管线普查和专用管线探测，宜按相应比例尺设置管线点，管线点在地形图上的间距应小于或等于 15cm；

2 厂区或住宅小区管线探测，宜按相应比例尺设置管线点，管线点在地形图上的间距应小于或等于 10cm；

3 施工场地管线探测，宜在现场按小于或等于 10m 间距设置管线点；

4 当管线弯曲时，管线点的设置应以能反映管线弯曲特征为原则。

4.1.4 地下管线探查应在充分搜集和分析已有资料的基础上，采用实地调查与仪器探查相结合的方法进行。

4.1.5 管线点的编号宜由管线代号和管线点序号组成，管线代号可用汉语拼音字母标记，管线点序号用阿拉伯数字标记。管线点编号在同一测区内应是惟一的。

4.1.6 管线探查现场应使用墨水钢笔或铅笔按管线探查记录所列项目填写清楚，并应详细地将各种管线的走向、连接关系、管线点编号等标注在相应大比例尺（如 1：500）地形图上，形成探查草图交付地下管线测量工序使用。一切原始记录、记录项目应填写齐全、正确、清晰，不得随意擦改、涂改、转抄。确需修改更正时，可在原记录数据内容上划一"——"线后，将正确的数据内容填写在其旁边，并注记原因，以便查对。

4.2 实地调查

4.2.1 对明显管线点上所出露的地下管线及其附属设施应作详细调查、记录和量测，并按附录 B.0.1 的格式填写管线点调查结果。各种地下管线实地调查的项目可按表 4.2.1 选择。

4.2.2 在实地调查时，应查明每一条管线的性质和类型，并应符合下列规定：

1 给水管道可按给水的用途分为生活用水、生产用水和消防用水；

2 排水管道可按排泄水的性质分为污水、雨水和雨污合流；

3 燃气管道可按其所传输的燃气性质分为煤气、液化气和天然气；按燃气管道的压力 P 大小分为低压、中压和高压；

低压　$P \leqslant 5kPa$；

中压　$P > 5kPa$，$\leqslant 0.4MPa$；

高压 $P>0.4MPa$，$\leq1.6MPa$。

4 工业管道可按其所传输的材料性质分为氢、氧、乙炔、石油、排渣等；按管内压力大小分为无压（或自流）、低压、中压和高压：

无压（或自流）压力＝0；
低压 $P>0$，$\leq1.6MPa$；
中压 $P>1.6MPa$，$\leq10MPa$；
高压 $P>10MPa$。

5 热力管道可按其所传输的材料分为热水和蒸汽；

6 电力电缆可按其功能分为供电（输电或配电）、路灯、电车等；按电压的高低可分为低压、高压和超高压：

低压 $V\leq1kV$；
高压 $V>1kV$，$\leq110kV$；
超高压 $V>110kV$。

7 电信电缆可按其功能分为电话电缆、有线电视和其他专用电信电缆等。

4.2.3 在明显管线点上应实地量测地下管线的埋深，单位用米表示，误差不得超过±5cm。

4.2.4 地下管线的埋深可分为内底埋深、外顶埋深和外底埋深。量测何种埋深应根据地下管线的性质可按表 4.2.1 或委托方的要求确定，并应符合下列规定：

表 4.2.1　各种地下管线实地调查项目

管线类别		埋深		断面		根数	材质	构筑物	附属物	载体特征			埋设年代	权属单位
		内底	外顶	管径	宽×高					压力	流向	电压		
给水			△	△			△	△	△				△	△
排水	管道	△		△			△	△	△				△	△
	方沟	△			△		△	△	△				△	△
燃气			△	△			△	△	△	△			△	△
工业	自流	△		△			△	△	△				△	△
	压力		△	△			△	△	△				△	△
热力	有沟道	△			△		△	△	△				△	△
	无沟道		△	△			△	△	△				△	△
电力	管块		△		△	△	△	△	△			△	△	△
	沟道	△			△	△	△	△	△			△	△	△
	直埋		△			△	△	△	△			△	△	△
电信	管块		△		△	△	△	△	△				△	△
	沟道	△			△	△	△	△	△				△	△
	直埋		△			△	△	△	△				△	△

注：表中"△"示应实地调查的项目。

1 地下沟道或自流的地下管道应量测其内底埋深；有压力的地下管道应量测其外顶埋深；

2 直埋电缆和管块应量测其外顶埋深；沟道应量测其内底埋深；

3 地下隧道或顶管工程施工场地的地下管线应量测其外底埋深。

4.2.5 在窨井（包括检查井、闸门井、阀门井、仪表井、人孔和手孔等）上设置明显管线点时，管线点的位置应设在井盖的中心。当地下管线中心线的地面投影偏离管线点，其偏距大于 0.2m 时，应以管线在地面的投影位置设置管线点，窨井作为专业管线附属物处理。

4.2.6 地下管道及埋设电缆的管沟应量测其断面尺寸。圆形断面应量测其内径；矩形断面应量测其内壁的宽和高，单位用毫米表示。

4.2.7 地下管道应查明其材质（铸铁管、钢管、混凝土管、钢筋混凝土管、塑料管、石棉水泥管、陶土管、陶瓷管、砖石沟等）。

4.2.8 埋设于地下管沟或管块中的电力电缆或电信电缆，应查明其电缆的根数或管块孔数。

4.2.9 在明显管线点上，应查明地下各种管线上的建（构）筑物和附属设施（见表 4.2.9）。

表 4.2.9 地下各种管线上的建（构）筑物和附属设施

管线类别	建（构）筑物	附属设施
给水	水源井、给水泵站、水塔、清水池、净化池	阀门、水表、消火栓、排气阀、排泥阀、预留接头、阀门井
排水（雨水、污水）	排水泵站、沉淀池、化粪池、净化构筑物、暗沟地面出口	检查井、跌水井、水封井、冲洗井、沉泥井、进出水口、污水笆、排污装置
燃气、热力及工业管道	调压房、煤气站、锅炉房、动力站、储气柜、冷却塔	涨缩器、排气（排水、排污）装置、凝水井、各种窨井、阀门
电力	变电所（站）、配电室、电缆检修井、各种塔（杆）	杆上变压器、露天地面变压器、各种窨井、人孔井
电信	变换站、控制室、电缆检修井、各种塔（杆）、增音站	交接箱、分线箱、各种窨井、检修井

4.2.10 工区内缺乏明显管线点或在已有明显管线点上尚不能查明实地调查中应查明的项目时，应邀请熟知本地区地下管线的人员参加或通过开挖进行实地调查和量测。

4.3 地下管线探查物探方法和技术

4.3.1 探查隐蔽地下管线的物探方法应具备以下条件：
1 被探查的地下管线与其周围介质之间有明显的物性差异；
2 被探查的地下管线所产生的异常场有足够的强度，能从干扰背景中清楚地分辨出来；
3 探查精度达到本规程第 3.0.12 条第 1 款的规定。

4.3.2 探查地下管线应遵循以下原则：
1 从已知到未知；
2 从简单到复杂；
3 方法有效、快捷、轻便；
4 相对复杂条件下根据复杂程度宜采用相应综合方法。

4.3.3 地下管线探查的物探方法应根据任务要求、探查对象和地球物理条件，可按本规程附录 C 选用。

4.3.4 地下管线探查前，应在探查区或邻近的已知管线上进行方法试验，确定该种方法技术和仪器设备的有效性、精度和有关参数。不同类型的地下管线、不同地球物理条件的地区，应分别进行方法试验。

4.3.5 探查金属管道和电缆应根据管线的类型、材质、管径、埋深、出露情况、地电环境等因素按下列规定选择探查方法：
1 金属管道，根据条件宜采用直接法、夹钳法及电磁感应法；
2 接头为高阻体的金属管道，宜采用频率较高的电磁感应法或夹钳法，亦可采用电磁波法，当探查区内铁磁性干扰小时，可采用磁场强度法或磁梯度法；
3 管径（相对埋深）较大的金属管道，宜采用直接法或电磁感应法，也可采用电磁波法、磁法或地震波法；
4 埋深（相对管径）较大的金属管道，宜采用功率（或磁矩）大、频率低的直接法或电磁感应法；
5 电力电缆宜先采用被动源工频法进行搜索，初步定位，然后用主动源法精确定位、定深，当电缆有出露端时，宜采用夹钳法；
6 电信电缆和照明电缆宜采用主动源电磁法，有条件时可施加断续发射信号。

4.3.6 非金属管道的探查方法宜采用电磁波法或地震波法，亦可按下列原则进行选择：
1 有出入口的非金属管道宜采用示踪电磁法；
2 钢筋混凝土管道可采用磁偶极感应法，但需加大发射功率（或磁矩）、缩短收发距离（应注意近场源影响）；
3 管径较大的非金属管道，宜采用电磁波法、地震波法，当具备接地条件时，可采用直流电阻率法（含高密度电阻率法）；
4 热力管道或高温输油管道宜采用主动源电磁法和红外辐射法。

4.3.7 在盲区探查管线时，应先采用主动源感应法及被动源法进行搜索，搜索方法有平行搜索法及圆形搜索法，发现异常后宜用主动源法进行追踪，精确定位、定深。

4.3.8 用管线仪定位时，可采用极大值法或极小值法。极大值法，即用管线仪两垂直线圈测定水平分量之差 ΔH_x 的极大值位置定位；当管线仪不能观测 ΔH_x 时，宜采用水平分量 H_x 极大值位置定位。极小值法，即采用水平线圈测定垂直分量 H_z 的极小值位置定位。两种方法宜综合应用，对比分析，确定管线平面位置。

4.3.9 用管线仪定深的方法较多，主要有特征点法（ΔH_x 百分比法、H_x 特征点法）、直读法及 45°法，探查过程中宜多方法综合应用，同时针对不同情况先进行方法试验，选择合适的定深方法。定深点的位置宜选择在管线点或其邻近被测管线前后各 3～4 倍管线中心埋深范围内是单一的直管线，中间无分支或弯曲，且相邻管线之间距离较大的地方。并应符合下列规定：

 1 不论用何种方法定深，应先在实地精确定出定深点的水平位置；
 2 直读法定深时，应保持接收机天线垂直，直读结果应根据方法试验确定的定深修正系数进行深度校正。

4.3.10 区分两条或两条以上平行管道或电缆时，宜采用直接法或夹钳法，通过分别直接对各条管线施加信号来加以区分；在采用电磁感应法时，宜通过改变发射装置的位置和状态以及发射的频率和磁矩，分析信号异常的强度和宽度等变化特征加以区分。

4.3.11 采用直接法或充电法探查地下管线时，应保持良好的电性接触；接地电极应布设合理，接地点上应有良好的接地条件。

4.3.12 采用电磁感应法探查地下管线时，应使发射机与管线处于最佳耦合状态，接收机与发射机保持最佳收发距；当周围有干扰存在时，应进行方法试验，确定减小或排除干扰的方法。

4.3.13 现场作业时，应按仪器的使用说明进行操作。并按附录 B.0.1 表格式填写探查结果。

4.4 探查仪器技术要求

4.4.1 选用何种管线探查仪器应与采用的方法技术相适应。探查金属地下管线宜选用电磁感应类管线探查仪器即管线仪。

4.4.2 管线仪应具备下列性能：

 1 对被探测的地下管线，能获得明显的异常信号；
 2 有较强的抗干扰能力，能区分管线产生的信号或干扰信号；
 3 满足本规程第 3.0.12 条第 1 款所规定的精度要求，并对相邻管线有较强的分辨能力；
 4 有足够大的发射功率（或磁矩），能满足探查深度的要求；
 5 有多种发射频率可供选择，以满足不同探查条件的要求；
 6 能观测多个异常参数；
 7 性能稳定，重复性好；
 8 结构坚固，密封良好，能在 -10°C 至 +45°C 的气温条件下和潮湿的环境中正常工作；
 9 仪器轻便，有良好的显示功能，操作简便。

4.4.3 非电磁感应类管线探查仪器（如地质雷达、浅层地震仪、电阻率仪、磁力仪及红外热辐射仪等），应符合相应物探技术标准的要求。

4.4.4 对新购置的、经过大修或长期停用后重新启用的仪器，在投入正式探查前应按说明书的要求作全面检查和校正。每天开工前或收工时应检查仪器的电池电压，不符合要求时应及时更换电池。

4.4.5 仪器使用、运输和保管过程中，应注意防水、防潮、防曝晒、防剧烈振动。

4.5 地面管线点标志设置

4.5.1 管线点均应设置地面标志，标志面宜与地面取平。选择何种地面标志（预制水泥桩、刻石、铁钉、木桩、油漆等）应根据标志需保留的时间长短和地面的实际情况确定。

4.5.2 管线点地面标志埋置后应在点位附近用颜色漆注出管线点编号，标注位置宜选择在明显且能较长时间保留的地方。

4.5.3 当管线点的实地位置不易寻找时，应在探查记录表中注记其与附近固定地物之间的距离和方位，实地栓点，并绘制位置示意图。

4.6 探查工作质量检验

4.6.1 地下管线探查必须按第 3.0.21 条进行质量检查与验收工作。各级检查工作必须独立进行，不能省略或代替。质量检查应按附录 B.0.2 表格式填写探查质量检查结果。

4.6.2 每一个工区必须在隐蔽管线点和明显管线点中分别抽取不少于各自总点数的 5%，通过重复探查进行质量检查。检查取样应分布均匀，随机抽取，在不同时间、由不同的操作员进行。质量检查应包括管线点的几何精度检查和属性调查结果检查。

4.6.3 管线点的几何精度检查包括隐蔽管线点和明显管线点的检查。对隐蔽管线点应复查地下管线的水平位置和埋深。对明显管线点应复查地下管线的埋深。根据重复探查结果，按公式（4.6.3-1）、（4.6.3-2）和（4.6.3-3）分别计算隐蔽管线点平面位置中误差 m_{ts} 和埋深中误差 m_{th} 及明显管线点的量测埋深中误差 m_{td}，m_{ts} 和 $2m_{th}$ 不得超过限差 δ_{ts} 和 δ_{th} 的 0.5 倍，限差 δ_{ts} 和 δ_{th} 按公式（4.6.3-4）和（4.6.3-5）计算。m_{td} 不得超过 ±2.5cm。

$$m_{ts} = \pm \sqrt{\frac{\sum \Delta s_{ti}^2}{2n_1}} \quad (4.6.3\text{-}1)$$

$$m_{th} = \pm \sqrt{\frac{\sum \Delta h_{ti}^2}{2n_1}} \quad (4.6.3\text{-}2)$$

$$m_{td} = \pm \sqrt{\frac{\sum \Delta d_{ti}^2}{2n_2}} \quad (4.6.3\text{-}3)$$

$$\delta_{ts} = \frac{0.10}{n_1}\sum_{i=1}^{n_1} h_i \quad (4.6.3-4)$$

$$\delta_{th} = \frac{0.15}{n_1}\sum_{i=1}^{n_1} h_i \quad (4.6.3-5)$$

式中 ΔS_{ti}——隐蔽管线点的平面位置偏差（cm）；

Δh_{ti}——隐蔽管线点的埋深偏差（cm）；

Δd_{ti}——明显管线点的埋深偏差（cm）；

δ_{ts}——隐蔽管线点重复探查平面位置限差（cm）；

δ_{th}——隐蔽管线点重复探查埋深限差（cm）；

n_1——隐蔽管线点检查点数；

n_2——明显管线点检查点数；

h_i——各检查点管线中心埋深（cm），当 h_i<100cm时，取 h_i=100cm。

4.6.4 对隐蔽管线点必须进行开挖验证，并应符合下列规定：

　　1 每一个工区应在隐蔽管线点中均匀分布、随机抽取不应少于隐蔽管线点总数的1%且不少于3个点进行开挖验证；

　　2 当开挖管线与探查管线点之间的平面位置偏差和埋深偏差超过本规程第3.0.12条第1款规定的限差的点数，小于或等于开挖总点数的10%时，该工区的探查工作质量合格；

　　3 当超差点数大于开挖总点数的10%，但小于或等于20%时，应再抽取不少于隐蔽管线点总数的1%开挖验证。两次抽取开挖验证点中超差点数小于或等于总点数的10%时，探查工作质量合格，否则不合格；

　　4 当超差点数大于总点数的20%，且开挖点数大于10个时，该工区探查工作质量不合格；

　　5 当超差点数大于总点数的20%，但开挖点数小于10个时，应增加开挖验证点数到10个以上，按上述原则再进行质量验证。

4.6.5 地下管线探查除对管线点的平面位置和埋深进行检查外，还应对管线点的属性调查进行检查。发现遗漏、错误应及时进行补充和更正，确保管线点属性资料的完整性和正确性。

4.6.6 经质量检查不合格的工区，应分析造成不合格的原因，并针对不合格原因采取相应的纠正措施，然后对不合格工区进行重新探查。在重新探查过程中，应验证所采取纠正措施的有效性。

4.6.7 各项检查工作应做好检查记录，并在检查工作结束后编写管线探查质量检查报告，检查报告内容应包括：

　　1 工程概况；

　　2 检查工作概述；

　　3 问题及处理措施；

　　4 精度统计；

　　5 质量评价。

5 地下管线测量

5.1 一般规定

5.1.1 地下管线测量一般包括以下内容：控制测量、已有地下管线测量、地下管线定线与竣工测量、测量成果的检查验收。

5.1.2 地下管线测量前，应收集测区已有控制和地形资料，对缺少控制点和地形图的测区，基本控制网的建立和地形图的施测，以及对已有控制和地形图的检测和修测，均应按现行的行业标准《城市测量规范》CJJ8的有关规定执行。

5.1.3 地下管线点的平面位置测定宜采用解析法或数字测绘法进行，其精度应符合本规程第3.0.12条第2款的规定。

5.1.4 地下管线点的高程测量宜采用水准测量，亦可采用电磁波三角高程测量，其精度应满足本规程第3.0.12条第2款的规定。

5.1.5 地下管线图的测绘，采用常规测图法、内外业一体化成图和其他数字测绘的方法进行，其精度应满足本规程第3.0.12条第3款的规定。

5.1.6 各项测量所使用的仪器设备，应经检验和校正。其检校及观测值的改正按现行的行业标准《城市测量规范》CJJ8的有关规定执行。

5.1.7 数字测绘法所采集的数据应符合数据库入库的要求。

5.2 控制测量

5.2.1 地下管线控制测量应在城市的等级控制网的基础上布设图根导线点。城市等级控制点密度不足时应按现行的行业标准《城市测量规范》CJJ8的要求加密等级控制点。

5.2.2 图根导线的主要技术要求应符合下列规定：

　　1 图根光电测距导线测量的技术要求应符合表5.2.2-1的规定；

表 5.2.2-1　图根光电测距导线测量的技术要求

附合导线长度(m)	平均边长(m)	导线相对闭合差	测回数 DJ$_6$	方位角闭合差(″)	测距 仪器类型	测距 方法与测回数
900	80	≤1/4000	1	≤±40$\sqrt{n}$	Ⅱ	单程观测1

注：n 为测站数。

　　2 图根钢尺量距导线测量的技术要求应符合表5.2.2-2的规定；

表 5.2.2-2 图根钢尺量距导线测量的技术要求

附合导线长度（m）	平均边长（m）	导线相对闭合差	测回数 DJ$_6$	方位角闭合差
500	75	≤1/2000	1	≤±60″$\sqrt{n}$

注：n 为测站数。

3 当进行 1：500、1：1000 测图时，附合导线长度可放长至表 5.2.2-2 规定值的 1.5 倍，此时方位角闭合差不应超过±40″$\sqrt{n}$，绝对闭合差不应超过图上±0.5mm。当导线长度短于上述两表规定的 1/3 时，其绝对闭合差不应大于图上±0.3mm。

5.2.3 采用 GPS 技术布测地下管线控制点，可采用静态、快速静态和动态等方法进行。静态测量的作业方法和数据处理按现行的行业标准《全球定位系统城市测量技术规程》CJJ 73 的要求执行。

5.2.4 采用 RTK 动态测量时应符合以下规定：

1 基准站的位置宜选择在高处；
2 准确求取基准站的 WGS—84 坐标；
3 根据测区大小应连测 3 个以上且分布均匀的等级控制点，求测区坐标的转换参数；
4 RTK 测量时应选择卫星较好时段和卫星数不少于 4 颗时进行作业，用户站（流动站）观测时，其观测精度应控制在±2cm 以内；
5 每点都应独立地测定两次，其较差应小于 5cm，否则应重测；
6 RTK 测定时的数据记录，不但要记三维坐标成果，还应记录原始的观测数据。

5.2.5 图根钢尺量距导线的边长丈量应采用检定过的钢尺，按双次丈量法进行。当尺常数大于 1/10000、温度大于 10℃、坡度大于 1.5‰时应加改正。新的或经检修后的测距仪在使用前应进行全面的检验与校正。当使用钢尺量距时，新尺使用前，每隔一定时间或遭受折损后均应进行校尺。

5.2.6 测距仪测距时可单方向测边，两次读数差值在 1cm 内取平均值。边长应加测距仪的加、乘常数改正，并用垂直角进行斜距改平。

5.2.7 因地形限制导线无法附合时，可布设不多于四条边的支导线。边长用测距仪测距时，总长不应超过表 5.2.2-1 规定长度的 1/2；用钢尺量距时，总长不应超过表 5.2.2-2 规定长度的 1/2。最大边长不应超过上述表中平均边长两倍。水平角观测应左右角各测一测回，测站圆周角闭合差不应大于±40″。用钢尺量边时，应往返量测。

5.2.8 导线计算可采用简易平差法，边长和坐标值取至毫米，角值取至秒。

5.2.9 高程控制测量应起算于等级高程点，宜沿地下管线布设附合水准路线，不应超过两次附合。使用精度不低于 DS$_{10}$ 型水准仪及普通水准尺单程观测，估读至毫米。水准路线闭合差不应超过±10mm$\sqrt{n}$（n 为测站数）。水准路线计算可采用简易平差法，高程计算至毫米。

5.2.10 高程控制测量可采用电磁波三角高程测量方法，与导线测量同时进行，仪高和镜高采用经检验的钢尺量取至毫米。其主要技术要求应符合表 5.2.10 的规定。

表 5.2.10 三角高程测量的主要技术要求

项 目	线路长度（km）	测距长度（m）	高程闭合差（mm）
限差	4	100	±10$\sqrt{n}$

5.2.11 垂直角观测测回数与限差应符合表 5.2.11 的规定。

表 5.2.11 垂直角观测的技术要求

等 级		测回数	指标差	垂直角互差
一次附合	DJ2	1	15″	
	DJ6	2	25″	25″
二次附合	DJ6	1	25″	

5.3 已有地下管线测量

5.3.1 已有地下管线测量内容应包括：对管线点的地面标志进行平面位置和高程连测；计算管线点的坐标和高程、测定地下管线有关的地面附属设施和地下管线的带状地形测量，编制成果表。

5.3.2 管线点的平面位置测量可采用 GPS、导线串连法或极坐标法。采用 GPS 和串连法的坐标采集的作业方法和精度要求按本规程第 5.2 节规定实施。采用极坐标法时，水平角观测一测回，钢尺量距应双次丈量，距离不宜超过 50m，光电测距不宜超过 150m。

5.3.3 管线点的高程宜采用直接水准连测。单独路线每个管线测点宜作为转点。管线测点密集时，可采用中视法。

5.3.4 采用全站仪同时测定管线点坐标与高程时，水平角和垂直角均宜测一测回。若又采用管线数字测绘时，则可观测半测回，测距长度不应超过 150m，仪器高和砚牌高量至毫米。

5.3.5 管线点的平面坐标和高程均计算至毫米，取至厘米。

5.3.6 横断面应垂直道路中心线布置。规划道路应测至两侧沿路建筑物或红线外，非规划道路可根据需要确定。在横断面上应测出道路的特征点、管线点高程，地面高程变化点以及遇到的各种设施，各高程点可按中视法实测，高程检测较差不应大于±4cm。

5.3.7 地下管线 1：500～1：2000 比例尺带状地形

图测绘的宽度：规划道路以测出两侧第一排建筑物或红线外 20m 为宜，非规划路根据需要确定。测绘内容按管线需要取舍，测绘精度与基本地形图相同。

5.4 地下管线定线测量与竣工测量

5.4.1 地下管线定线测量应符合下列规定：

1 地下管线定线测量应依据经批准的线路设计施工图和定线条件进行；

2 定线导线测量应符合下列规定：

1) 当在规划线路内定线时，定线导线应符合表 5.4.1-1 和表 5.4.1-2 的规定；

表 5.4.1-1 光电测距导线的主要技术要求

等级	闭合环或附合导线长度 (km)	平均边长 (m)	测距中误差 (mm)	方位角闭合差 (″)	导线全长相对闭合差
三级	1.5	120	≤±15	≤±24$\sqrt{n}$	≤1/6000

表 5.4.1-2 钢尺量距导线的主要技术要求

等级	符合导线长度 (km)	平均边长 (m)	往返丈量较差相对误差	方位角闭合差 (″)	导线全长相对闭合差
三级	1.2	120	≤1/10000	≤±24$\sqrt{n}$	≤1/5000

注：1. 当附合导线长度短于规定长度的 1/3 时，导线全长的绝对闭合差不应大于 13cm。
2. 光电测距导线的总长和平均边长可放长至 1.5 倍，但其绝对闭合差不应大于 26cm。

2) 当在非规划线路等定线时，定线导线应符合表 5.2.2-1 和表 5.2.2-2 的规定；

3) 在控制点比较稀少的地区，定线导线可同级附合一次。

3 定线导线距离测量应采用 Ⅱ 级光电测距仪单程观测一测回；用钢尺量距，应采用往返或单程双次丈量等方法，距离应加尺长、温度和倾斜改正；

4 定线测量宜采用解析法；

5 测定地物点坐标，应在两个测站上用不同的起始方向按极坐标法或两组前方交会法测量，交会角应控制在 30°～150°之间。当两组观测值之差小于 5cm 时，取两组观测值平均值作为最终观测值；

6 管线定线计算，方位可根据需要计算至 1″或 0.1″，距离、坐标计算至毫米；

7 管线桩位遇障碍物不能实钉时，可在管线中线上钉指示桩。各桩应写明桩号，指示桩与应钉桩位的距离应在有关资料中注明；

8 在测量过程中，应进行校核测量，包括控制点的校核、图形校核和坐标校核。并应符合下列规定：

1) 校核测量技术要求应符合表 5.4.1-3 的规定；

2) 用导线点测设的桩位，应采用图形校核，以及在不同测站（可是该导线的内分点或外分点）上后视不同的起始方向进行坐标校核测量。

表 5.4.1-3 校核测量技术要求

技术要求\项目 适用范围	异站检测点位坐标差 (cm)	直线方向点横向偏差 (cm)	条件角验测误差 (″)	条件边验测相对误差
规划线路	≤±5	≤±2.5	60	1/3000
山区一般工程及非规划线路	≤±10	≤±3.5	90	1/2000

5.4.2 地下管线竣工测量应符合下列规定：

1 新建地下管线竣工测量应在覆土前进行。当不能在覆土前施测时，应在覆土前按本规程第 4.1.2 条和第 4.1.3 条的规定，设置管线待测点并将设置的位置准确地引到地面上，做好点之记；

2 竣工测量以本规程第 5.2.2 条和第 5.2.3 条所规定控制点进行，也可利用原定线的控制点进行；

3 新建管线点坐标与高程施测的技术要求，应按本规程第 5.3 节的有关规定执行；

4 新建管线应按本规定第 4.2 节实地调查内容的有关规定和附录 B.0.1 表对照实地逐项填写；

5 竣工测量采集的数据应符合数据入库的要求。

5.5 地下管线数字测绘

5.5.1 地下管线数字测绘内容应包括：通过对已有测绘资料的收集，管线调查与外业测绘等手段采集的数据输入计算机，经数据处理，图形处理，输出综合（或单项）地下管线带状图（或分幅图）和各种成果表。

5.5.2 标识管线，数据属性的代码设计应具有科学性、可扩性、通用性、实用性、惟一性、统一性。

5.5.3 数据采集所生成的数据文件应便于检索、修改、增删、通讯与输出。数据文件的格式可自行规定，但应具有通用性，便于转换。

5.5.4 管线数字测绘软件应具有数据通讯、分类、标准化、计算、数据预处理、编辑、储存、绘制管线图，输出和数据转换等功能。

5.5.5 野外测量采集应符合下列规定：

1 采集数据的内容应包括：控制测量、管线点的测量、管线调查的测量；

2 数据采集所生成的数据文件应符合本规程 5.5.3 条规定的要求；

3 采集数据时，角度应读记至秒，距离应读记至毫米。仪器高、觇牌高应量记至毫米；

4 地下管线数字测绘的控制测量应符合本规程第5.2节的有关规定；

5 管线测点的坐标、高程测量应符合第5.3节有关条款的规定；

6 测量内容及取舍应符合本规程第4.1、4.2节的有关规定；

7 采集的数据应进行检查，删除错误数据，及时补测错、漏数据，超限的数据应重测，经检查完整正确的测量数据，生成管线测量数据文件；

8 地下管线调查应符合本规程第4.2节中的条款，管线调查可直接使用电子手簿记录或输入计算机，生成管线调查数据文件；

9 数据文件应及时存盘，并做备份。

5.5.6 数据处理与图形处理应符合下列规定：

1 数据处理与图形处理应包括地下管线属性数据的输入和编辑、元数据和管线图形文件的自动生成等；

2 地下管线属性的输入应按照调查的原始记录和探查的原始手簿进行；

3 数据处理后的成果应具有准确性、一致性、通用性；

4 对野外采集生成的管线图形数据和属性数据的修改、编辑能联动；

5 管线成图软件应具有生成管线数据文件、管线图形文件、管线成果表文件和管线统计表文件，并绘制地下管线（带状）图和分幅图，输出管线成果表与统计表等功能。所绘制的地下管线图，应符合国家和地方现行的图式符号标准；

6 地下管线的元数据生成应能从图形文件和数据库中部分自动获取以及编辑、查询、统计的功能；

7 数据文件和图形文件应及时存盘、备份。

5.5.7 对管线数据文件应进行处理，生成管线图形文件、管线属性数据文件与管线成果表文件，并绘制地下管线带状图或分幅图，输出管线成果表与统计表。并按本规程第5.6节的规定对地下管线数字化测绘的成果应进行检查与验收。

5.5.8 地下管线数字测绘应提交下列成果：

1 成果说明文件；
2 管线元数据文件；
3 管线探查数据文件；
4 管线测量数据文件；
5 管线属性数据文件；
6 管线图形文件；
7 管线成果表册。

5.6 测量成果质量检验

5.6.1 地下管线的测量成果必须进行成果质量检验，并符合下列要求：

1 测量成果质量检查时，应随机抽查测区管线点总数的5%进行复测。

2 复测管线点的平面位置和高程，应按公式（5.6.1-1）和（5.6.1-2）分别计算测量点位中误差m_{cs}和高程中误差m_{ch}。

$$m_{cs} = \pm\sqrt{\frac{\sum \Delta s_{ci}^2}{2n_c}} \quad (5.6.1\text{-}1)$$

$$m_{ch} = \pm\sqrt{\frac{\sum \Delta h_{ci}^2}{2n_c}} \quad (5.6.1\text{-}2)$$

式中 Δs_{ci}、Δh_{ci}——分别为重复测量的点位平面位置较差和高程较差；

n_c——重复测量的点数。

5.6.2 测量点位中误差m_{cs}和高程中误差m_{ch}不得超过本规程第3.0.12第2款的规定。否则应返工重测。

5.6.3 各级检查工作应做好检查记录，并在检查工作结束后编写地下管线测量的检查报告，检查报告应包括下列内容：

1 工程概况；
2 检查工作概述；
3 精度统计；
4 质量评价；
5 处理意见。

6 地下管线图编绘

6.1 一般规定

6.1.1 地下管线图的编绘应在地下管线数据处理工作完成并经检查合格的基础上，采用计算机编绘或手工编绘成图。计算机编绘工作应包括：比例尺的选定、数字化地形图和管线图的导入、注记编辑、成果输出等。手工编绘工作应包括：比例尺的选定、复制地形底图、管线展绘、文字数字的注记、成果表编绘、图廓整饰和原图上墨等。

6.1.2 地下管线图应分为专业管线图、综合管线图和管线横断面图。

6.1.3 专业管线图及综合管线图的比例尺、图幅规格及分幅应与城市基本地形图一致。

6.1.4 编绘用的地形底图应符合下列要求：

1 比例尺应与所绘管线图的比例尺一致；
2 坐标、高程系统应与管线测量所用系统一致；
3 图上地物、地貌基本反映测区现状；
4 质量应符合现行的行业标准《城市测量规范》CJJ8的技术标准；
5 数字化管线图的数据格式应与数字化地形图的数据格式一致。

6.1.5 数字化地形图的数据来源可采用现有城市基

本地形图的数字化图、底图数字化或数字化测图等方法。地形底图在使用前应进行质量检查，当不符合本规程第6.1.4条要求时，应按现行的行业标准《城市测量规范》CJJ8进行实测或修测。

6.1.6 数字化地形图的要素分类与代码应按现行国家标准《1：500、1：1000、1：2000地形图要素分类与代码》GB 14804的要求实施。

6.1.7 展绘管线或数字化管线应采用地下管线探测采集的数据或竣工测量的数据。

6.1.8 地下管线图编绘所采用的软件及所采用的设备，可按实际情况和需要选择，软件应具有下列功能：

　　1　数据输入或导入；

　　2　数据入库检查：对进入数据库中的数据应能进行常规错误检查；

　　3　数据处理：该软件应能根据已有的数据库自动生成管线图形、注记和管线点、线属性数据库和元数据文件；

　　4　图形编辑：对管线图形、注记应可进行编辑，可对管线图图形按任意区域进行裁减或拼接；

　　5　成果输出：软件应具有绘制任意多边形窗口内的图形与输出各种成果表的功能；

　　6　数据转换：软件应具有开放式的数据交换格式，应能将数据转换到地下管线信息管理系统中。

6.1.9 手工展绘所用的底图材料宜用厚为0.07～0.10mm、变形率小于0.2‰的经热处理的毛面聚酯薄膜。展绘限差应符合表6.1.9的规定。

6.1.10 综合地下管线图、专业地下管线图应以彩色绘制，断面图以单色绘制。地下管线按管线点的投影中心及相应图例连线表示，附属设施按实际中心位置用相应符号表示。

表6.1.9　展绘限差

项　　目	图上限差（mm）
方格网图上长度与名义长度差	0.2
控制点间图上长度与边长差	0.3
控制点和管线点的展点误差	0.3

6.1.11 在编辑管线图的过程中，应删去地形底图中与实测地下管线重合或矛盾的管线建（构）筑物。

6.1.12 地下管线图各种文字、数字注记不得压盖管线及其附属设施的符号。地下管线图注记应按表6.1.12执行。管线线上文字、数字注记应平行于管线走向，字头应朝向图的上方，跨图幅的文字、数字注记应分别注记在两幅图内。

表6.1.12　地下管线图注记

类型	方式	字体	字大（mm）	说明
管线点号	字符、数字化混合	正等线	2	
线注记	字符、数字化混合	正等线	2	
扯旗说明	汉字、数字化混合	细等线	3	
主要道路名	汉字	细等线	4	路面铺装材料注记2.5mm
街巷、单位名	汉字	细等线	3	
层数、结构	字符、数字化混合	正等线	2.5	分间线长10mm
门牌号	数字化	正等线	1.5	
进房、变径等说明	汉字	正等线	2	
高程点	数字化	正等线	2	
断面号	罗马数字化	正等线	3	由断面起、讫点号构成断面号：I-I'

6.1.13 符号、代码、图例应符合下列规定：

　　1　地物、地貌符号应符合现行国家标准《1：500、1：1000、1：2000地形图图式》GB/T7929规定；

　　2　管线代码和颜色应按本规程附录D规定执行；

　　3　管线及其附属设施的图例应按本规程附录E规定执行。

6.1.14 专业管线图、综合管线图和横断面图间相同要素应协调一致。

6.1.15 地下管线图图廓整饰样式应按本规程附录F执行。

6.2　专业地下管线图编绘

6.2.1 专业管线图的编绘宜一种专业一张图，也可按相近专业组合一张图。

6.2.2 采用计算机编绘成图时，专业管线图应根据专业管线图形数据文件与城市基本地形图的图形数据文件叠加、编辑成图。采用手工展绘时，应根据实测数据展绘。手工展绘应采用以下程序：

　　1　复制地形底图；

　　2　展绘管线及其附属设施，并注记管线点编号和管线线上注记；

    3 绘制管线断面图、放大示意图；
    4 图幅接边；
    5 绘制成果表、接图表、图例，编写说明书。
6.2.3 专业管线图上应绘出与管线有关的建（构）筑物、地物、地貌和附属设施（样图见附录图F.0.1）。
6.2.4 专业管线图上注记应符合下列规定：
    1 图上应注记管线点的编号；
    2 各种管道应注明管线规格和材质；
    3 电力电缆应注明电压和电缆根数。沟埋或管埋时，应加注管线规格；
    4 电信电缆应注明管块规格和孔数。直埋电缆注明缆线根数。

6.3 综合地下管线图编绘

6.3.1 综合地下管线图的编绘应包括下列内容：
    1 各专业管线；
    2 管线上的建（构）筑物；
    3 地面建（构）筑物；
    4 铁路、道路、河流、桥梁；
    5 主要地形特征。
6.3.2 编绘前应取得下列资料：
    1 测区地形底图或数字化地形图；
    2 经检查合格的地下管线探测、竣工测量的管线图形和注记文件或管线成果表。
6.3.3 各专业管线在综合管线图上应按本规程附录D的代号和色别及附录E的图例，用不同符号和着色符号表示。
6.3.4 当管线上下重叠或相距较近且不能按比例绘制时，应在图内以扯旗的方式说明。扯旗应垂直管线走向，扯旗内容应放在图内空白处或图面负载较小处。扯旗说明的方式、字体及大小应符合表6.1.12的规定。
6.3.5 综合管线图上注记应符合下列规定：
    1 图上应注记管线点的编号；
    2 各种管道应注明管线规格；
    3 电力电缆应注明电压。沟埋或管埋时，应加注管线规格；
    4 电信电缆应注明管块规格和孔数。直埋电缆注明缆线根数。

6.4 管线断面图编绘

6.4.1 管线横断面图应根据断面测量的成果资料编绘。
6.4.2 横断面图应表示的内容：地面地形变化、地面高程、管线与断面相交的地上、地下建（构）筑物、路边线、各种管线的位置及相对关系、管线高程、管线规格、管线点水平间距和断面号等。
6.4.3 横断面图比例尺的选定应按图上不作取舍和移位能清楚表示上述内容为原则，图上应标注比例尺。
6.4.4 横断面图的编号应采用城市基本地形图图幅号加罗马文顺序号表示。
6.4.5 断面图的各种管线应以2.5mm为直径的空心圆表示、直埋电力、电信电缆以1mm的实心圆表示，小于1m×1m(不含1m×1m)管沟，方沟以3mm×3mm的正方形表示；大于1m×1m（含1m×1m）的管沟、方沟按实际比例表示。各种建（构）筑物、地物、地貌按实际比例绘制（样图见本规程附录F附图F.0.3）。

6.5 地下管线成果表编制

6.5.1 地下管线成果表应依据绘图数据文件及地下管线的探测成果编制，其管线点号应与图上点号一致。
6.5.2 地下管线成果表的内容及格式应按本规程附录G的要求编制。
6.5.3 编制成果表时，对各种窨井坐标只标注井中心点坐标，但对井内各个方向的管线情况应按本规程附录G的要求填写清楚，并应在备注栏以邻近管线点号说明连接方向。
6.5.4 成果表应以城市基本地形图图幅为单位，分专业进行整理编制，并装订成册。每一图幅各专业管线成果的装订顺序应按下列顺序执行：给水、排水、燃气、热力、电力、电信、工业管道、其他专业管线，成果表装订成册后应在封面标注图幅号并编写制表说明。

6.6 地下管线图编绘检验

6.6.1 对地下管线图必须进行质量检验。地下管线图的质量检验应包括过程检查和转序检验。
6.6.2 过程检查应分为作业员自检和台组互检。过程检查应对所编绘的管线图和成果表进行100%检查校对。
6.6.3 转序检验应由授权的质量检验人员进行，转序检验的检查量应为图幅总数的30%。
6.6.4 地下管线图的质量检验应符合下列规定：
    1 管线没有遗漏；
    2 管线没有连接错误；
    3 各种图例符号和文字、数字注记没有错误，并符合表6.1.12的规定要求；
    4 图幅接边没有遗漏和错误；
    5 图廓整饰应符合要求。

7 地下管线信息管理系统

7.1 一般规定

7.1.1 地下管线信息管理系统是地下管线普查的重要组成部分。在地下管线普查时应建立地下管线信息管理系统。

7.1.2 地下管线信息管理系统应功能实用、信息规范、运行稳定、信息现势性好、技术先进。建立地下管线信息管理系统的同时，应建立系统数据实时更新和动态管理的机制。

7.1.3 地下管线信息管理系统应具备完善的安全保密管理措施。

7.2 系统总体结构与数据标准

7.2.1 地下管线信息管理系统的总体结构应包括基本地形图数据库、地下管线空间信息数据库、地下管线属性信息数据库、数据库管理子系统和管线信息分析处理子系统。

7.2.2 数据库建立是地下管线信息管理系统的核心。地下管线成果表数据库的基本结构宜按本规程附录 H 执行。管线信息数据库设计应包括下列内容：
1 数据分层设计；
2 数据在各层次上表达形式及格式；
3 管线属性信息内容设计。

7.2.3 地下管线普查后形成城市的地形信息及地下管线的空间和属性信息，应按照标准要求通过数据处理软件录入计算机，建立地形底图库、管线信息数据库，并经过查错程序检查、排查错误，确保数据库中数据和资料的准确。

7.2.4 地下管线信息管理系统内的各类信息，应具有统一性、精确性和时效性，而且应进行分类编码和标识编码，编码应标准化、规范化。

7.2.5 基本地形图要素的分类编码应按现行国家标准《1：500、1：1000、1：2000 地形图要素分类与编码》GB14804 实施。

7.2.6 地下管线的分类编码结构可图示为：

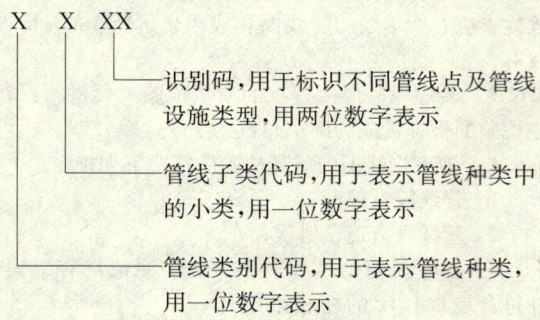

分类一般由数字、字符或者数字与字符混合构成，推荐采用数字形式，可提高检索速度。对各类管线的分类及编码的方法可按照本规程附录 I 规定执行。

7.2.7 每类地下管线的各要素都应用标识码进行标识存贮。其标识码可按现行国家标准《城市地理要素——城市道路、道路交叉口、街坊、市政工程管线编码结构规则》GB/T14395 的规定执行。

7.2.8 管线信息要素的标识码应由定位分区代码和各要素实体的顺序代码两个码段构成。

```
XX…X              XX…X
定位分区代码       要素分类和实体顺序代码
```

定位分区代码采用 3～4 位字符数字组成。要素实体代码根据管线各类要素的数量，采用若干位字符和序数混合编码而成。编码在每一个定位分区中必须保持惟一标识。

7.3 系统的基本功能

7.3.1 地下管线信息管理系统应具备下列功能：
1 地形图库管理功能；
2 管线数据输入与编辑功能；
3 管线数据检查功能；
4 管线信息查询、统计功能；
5 管线信息分析功能；
6 管线维护更新功能；
7 输出功能。

7.3.2 系统应具有海量图库管理能力，可对测区内的地形图统一管理（增加、删除、编辑、检索），具有图幅无缝拼接和可按多种方式调图的功能。

7.3.3 系统的基础地形图和管线信息的输入，应适应图形扫描矢量化、手扶跟踪数字化或实测数据直接输入或读入等多种输入方式。系统应具有对常用 GIS 平台双向数据转换功能。系统的编辑模块应具有完备的图形编辑工具，具有图形变换、地图投影方式转换和坐标转换功能。对管线数据的编辑应具有图形和属性联动编辑的功能以及对管线数据的拓扑建立和维护的功能。

7.3.4 系统的管线数据检查功能宜包括：点号和线号重号检查、管线点特征值正确性检查、管线属性内容合理性和规范性检查、测点超限检查、自流管线的管底埋深和高程正确性检查、管线交叉检查和管线拓扑关系检查等。

7.3.5 系统的管线信息查询、统计功能，应包括空间定位查询、管线空间信息和属性信息的双向查询，以及管线纵、横断面查询。管线属性信息的查询结果可用于统计分析。

7.3.6 系统的管线信息分析功能宜包括管线碰撞分析、事故分析、抢险分析、最短路径分析等。

7.3.7 系统的管线信息维护更新功能，应包括管线空间信息和属性信息的联动添加、删去和修改。

7.3.8 系统的输出功能；应包括基本地形图和管线图形信息的图形输出和属性查询统计的图表输出。

7.4 系统的建立与维护

7.4.1 建立地下管线信息管理系统应包括下列工作阶段：
1 立项可行性论证；

    2 需求分析；
    3 系统总体设计；
    4 系统详细设计；
    5 编码实现；
    6 样区实验；
    7 系统集成与试运行；
    8 成果提交与验收；
    9 系统维护。
7.4.2 立项可行性论证应由使用单位按照机构状况和工作的实际需要确定项目的建设目标与内容，落实项目的资金、选择数据采集和系统软件开发单位并选择软件平台。
7.4.3 需求分析应由使用者和实施方共同完成。需求分析确定的内容应包括：
    1 系统的功能需求；
    2 系统的性能需求；
    3 系统的设计约束；
    4 系统的属性，包括安全性、可用性、可维护性、可移植性和警告等内容；
    5 系统的外部的接口。
7.4.4 系统的总体设计（概念设计）应建立在需求分析的基础上，并包括下列内容：
    1 系统的目标，系统总体结构；
    2 子系统的划分和模块功能设计；
    3 系统结构设计、系统空间数据库的概念设计；
    4 系统标准化设计；
    5 系统的软、硬件配置和网络设计；
    6 系统开发计划。
7.4.5 系统的详细设计应建立在总体设计（概念设计）的基础上，它应包括下列内容：
    1 界面设计；
    2 子系统的划分和设计；
    3 模块的划分和设计；
    4 各类数据集的设计；
    5 数据库存储和管理结构设计。
7.4.6 地下管线信息管理系统的编码实现应在详细设计的基础上进行，应包括以下内容：
    1 各个子系统和模块的编码实现；
    2 进行模块测试和质量控制；
    3 完善用户操作手册。
7.4.7 系统建立全面展开之前应选择样区进行实验。样区实验的主要目的是：
    1 检验系统功能设计，数据结构设计的合理性；
    2 检查数据采集与输入的准确性；
    3 软、硬件的性能与系统的运行效率；
    4 输出结果的正确性。
7.4.8 系统的集成和试运行应符合下列规定：
    1 数据的入库和检验。管线数据在进入系统时应由系统数据检查工具对入库后的数据进行检查，确保数据完整、正确；
    2 系统建成后应进行不少于三个月的试运行来对系统作全方位的考核与磨合。在试运行过程中应逐步建立与完善系统的管理制度、系统的维护与信息更新制度。
7.4.9 系统在试运行合格后，应进行集成和包装，提交正式验收。验收应以需求分析报告和总体设计为依据，对软件的各种要求进行测试，确定系统是否满足需求分析和总体设计的要求。实施方应提交软件和全部数据的备份光盘、用户手册、项目报告等资料。
7.4.10 地下管线信息管理系统的数据库管理软件应满足以下要求：
    1 能对入库数据进行完整性检查，保持数据的一致性；
    2 对管线信息的使用应提供权限设置功能；
    3 应提供多媒体数据管理支持；
    4 应支持异构数据库互联及数据相互转换；
    5 应有事务并发处理机制，以满足网络和多用户使用要求；
    6 应有支持大容量的地理底图库管理软件模块，提供图幅接边、分幅、合幅、区域剪取等图库功能。
7.4.11 地下管线信息管理系统的数据组织必须按国家标准或行业标准制定的规范要求实施，以实现不同系统间的数据交换和数据共享。
7.4.12 地下管线信息管理系统的数据获取与采集应严格执行设计所规定的工艺流程和操作规程。数据必须进行百分之百重复检查，同时应实行全过程的质量控制。
7.4.13 地下管线信息管理系统的建设过程应实施有效的项目管理和质量监控。在系统建立过程中应进行系统使用与系统维护的培训。系统建成后应进行试运行来对系统作全方位的考核与磨合，并逐步建立与完善系统的管理制度、系统的维护与信息更新制度。
7.4.14 地下管线信息管理系统必须实行信息的动态更新维护。更新数据必须符合系统规定的数据格式与质量标准。

8 报告书编写和成果验收

8.1 一 般 规 定

8.1.1 地下管线探测工程结束后，作业单位应编写报告书。
8.1.2 地下管线探测成果的验收应在探查、测量、数据处理和地下管线图编绘以及地下管线信息管理系统建立等工序检验合格的基础上，由质量监理机构认可和提出监理报告后，由任务委托单位组织实施。
8.1.3 成果验收应依任务书或合同书、经批准的技术设计书、本规程以及有关技术标准。

8.2 报告书编写

8.2.1 报告书类型应包括地下管线探测报告书和地下管线信息管理系统报告书。

8.2.2 地下管线探测报告书应包括下列内容：

1 工程概况：工程的依据、目的和要求；工程的地理位置、地球物理和地形条件；开竣工日期；实际完成的工作量等；
2 技术措施：各工序作业的标准依据；坐标和高程的起算依据；采用的仪器和技术方法；
3 应说明的问题及处理措施；
4 质量评定：各工序质量检验与评定结果；
5 结论与建议；
6 提交的成果；
7 附图与附表。

注：小型工程的报告书可以从简。

8.2.3 地下管线信息管理系统报告书内容应包括下列内容：

1 立项背景；
2 项目目标与任务；
3 系统的总体结构、系统开发与关键技术；
4 数据来源与质量评定；
5 项目管理；
6 项目评估；
7 项目成果；
8 存在的问题与建议。

8.2.4 报告书应突出重点、文理通顺、表达清楚、结论明确。

8.3 成果验收

8.3.1 提交的探测成果应包括下列内容：

1 工作依据文件：任务书或合同书、技术设计书；
2 工程凭证资料：所利用的已有成果资料、坐标和高程的起算数据文件以及仪器的检验、校准记录；
3 探测原始记录：探查草图、管线点探查记录表、控制点和管线点的观测记录和计算资料、各种检查和开挖验证记录及权属单位审图记录等；
4 作业单位质量检查报告及精度统计表、质量评价表；监理单位监理报告、监理记录、精度统计表、质量评价表；
5 成果资料：综合管线图、各种专业管线图、管线断面图、控制点成果、管线点成果表及管线图形和属性数据文件；
6 地下管线信息系统软件；
7 地下管线探测报告书和地下管线信息管理系统报告书。

8.3.2 验收合格的探测成果应符合下列要求：

1 探测单位提交的成果资料应齐全；
2 探测的技术措施应符合本规程和经批准的技术设计书的要求，重要技术方案变动应提供充分的论证说明材料，并经任务委托单位批准；
3 所利用的已有成果资料应有资料提供单位出具的证明材料和监理机构的确认；
4 各项探测的原始记录、计算资料和起算数据的引用均应履行过检查审核程序，有抄录或记录、检查、审核者签名；
5 各种仪器检验和校准记录、各项质量检查记录齐全，发现的问题已作出处理和改正；
6 各种专业管线图、综合管线图、断面图均应有作业人员和专业人员进行室内图面检查、实地对照检查和仪器检查、开挖验证，并符合质量要求；
7 由计算机介入和产生的探测成果，其数据格式应符合地下管线信息管理系统的要求，图形和属性数据文件的数据应与提交的相应成果一致；
8 地下管线探测报告书内容齐全，能反映工程的全貌，结论正确、建议合理可行；
9 成果资料组卷装订应符合城建档案管理的要求；
10 地下管线信息管理系统应达到预期的设计要求。

8.3.3 验收后应提出验收报告书。验收报告书应包括下列内容：

1 验收目的；
2 验收组织：组织验收部门、参加单位、验收组成员；
3 验收时间及地点；
4 成果验收概况；
5 发现的问题及处理意见；
6 验收结论；
7 验收组成员签名表。

8.4 成果提交

8.4.1 成果提交应分为向用户提交和归档提交。向用户提交应按任务书或合同书的规定提交成果。归档提交应包括本规程第 8.3.1 条中除地下管线信息系统软件外的全部内容和验收报告书。

8.4.2 成果移交应列出清单或目录，逐项清点，并办理交接手续。

附录 A 地下管线探测安全保护规定

A.0.1 从事地下管线探测的作业人员，必须熟悉本工作岗位的安全保护规定，做到安全生产。

A.0.2 在市区或道路上进行地下管线探测的作业人员，必须穿戴安全标志服，遵守城市交通法规。

A.0.3 进入企业厂区进行地下管线探测的作业人员，必须熟悉该厂安全保护规定，遵守该企业工厂的厂规。

A.0.4 对规模较大的排污管道，在下井调查或施放探头、电极导线时，严禁明火，并应进行有害、有毒及可燃气体的浓度测定。超标的管道要采取安全保护措施后才能作业。

A.0.5 严禁在氧、煤气、乙炔等易燃、易爆管道上作充电点，进行直接法或充电法作业。

A.0.6 使用大功率仪器设备时，作业人员应具备安全用电和触电急救的基础知识。工作电压超过36V时，供电作业人员应使用绝缘防护用品。接地电极附近应设置明显警告标志，并委派专人看管。雷电天气严禁使用大功率仪器设备施工。井下作业的所有电气设备外壳必须接地。

A.0.7 打开窨井盖作实地调查时，井口必须有专人看管，或用设有明显标志的栅栏圈围起来。夜间作业时，应有安全照明标记。调查完毕必须立即盖好窨井盖，打开窨井盖后严禁作业人员离开现场。

A.0.8 发生人身事故时，除立即将受害者送到附近医院急救外，还必须保护现场，及时报告上级主管部门，组织有关人员进行调查，明确事故责任。

A.0.9 地下管线信息管理系统运行中应采取必要的措施，防止病毒和数据流失，确保数据安全。

附录 B 地下管线探测附表

附表 B.0.1 地下管线探查记录表

工程名称：　　　工程编号：　　　管线类型：　　　发射机型号、编号：
权属单位：　　　测区：　　　图幅编号：　　　接收机型号、编号：

管线点号	连接点号	管线点类别		材质	管线规格(mm)	载体特征		隐蔽点探查方法			埋深（cm）			偏距(cm)	埋设		备注
		特征	附属物			压力(电压)	流向(根数)	激发	定位	定深	外顶(内底)	中心			方式	年代	
												探测	修正后				
1	2	3	4	5	6	7	8	9	10	11	12	13	14	15	16	17	18

探查单位：　　　探查者：　　　探查日期：　　　校核者：　　　　　　第　页共　页

注：激发方式：1 直接连接；2 夹钳；3 感应（直立线圈）；4 感应（压线）；5 其他。
　　定位方式：1 电磁法；2 电磁波法；3 钎探；4 开挖；5 据调绘资料。
　　定深方法：1 直读；2 百分比；3 特征点；4 钎深；5 开挖；6 实地量测；7 雷达；8 据调绘资料；9 内插。

附表 B.0.2 地下管线探查质量检查表

工程名称：　　　检查单位：　　　检查单位：
工程编号：　　　探查仪器：　　　检查仪器：　　　检查方式：

检查点序号	点所在图幅号	管线点号	管类	材质	平面定位偏距(cm)	埋深（cm）			评定	备注
						探查	检查	差值		
1	2	3	4	5	6	7	8	9	10	11

探查日期：　　　探查者：　　　检查日期：　　　检查者：　　　校核者：　　　第　页共　页

附录 C 探查地下管线的物探方法

附表 C 探查地下管线的物探方法

方法名称			基本原理	特点	适用范围	示意图
电磁法	被动源法	工频法	利用动力电缆电源或工业游散电流对金属管线感应所产生的二次电磁场	方法简便，成本低，工作效率高	在干扰背景小的地区，用来探查动力电缆和搜查金属管线，是一种简便、快速的方法	
		甚低频法	利用甚低频无线电发射台的电磁场对金属管线感应所产生的二次电磁场	方法简便，成本低，工作效率高，但精度低、干扰大，其信号强度与无线电台和管线的相对方位有关	在一定条件下，可用来搜索电缆或金属管线	
	主动源法	直接法	利用发射机一端接被查金属管线，另一端接地或接金属管线另一端，直接加到被查金属管线上的场源信号	信号强，定位、定深精度高，且不易受邻近管线的干扰。但被查金属管线必须有出露点	金属管线有出露点时，用于定位、定深或追踪各种金属管线	
		夹钳法	利用专用地下管线仪配备的夹钳，夹套在金属管线上，通过夹钳上的感应线圈把信号直接加到金属管线上	信号强，定位、定深精度高，且不易受邻近管线的干扰，方法简便，但被查管线必须有管线出露点，且被测管线的直径受夹钳大小限制	用于管线直径较小且有出露点的金属管线，可作定位、定深或追踪	
		电偶极感应法	利用发射机两端接地产生的电磁场对金属管线感应产生的信号	信号强，不需管线出露点，但必须有良好的接地条件	在具备接地条件的地区，可用来搜索和追踪金属管线	
		磁偶极感应法	利用发射线圈产生的电磁场对金属管线感应所产生的二次电磁场	发射、接收均不需接地，操作灵活、方便、效率高、效果好	可用于搜索金属管线，也可用于定位、定深或追踪	环形／固定源感应法（非同步／同步）

续附表 C

方法名称		基本原理	特点	适用范围	示意图
电磁法	主动源法 示踪电磁法	将能发射电磁信号的示踪探头或电缆送入非金属管道内，在地面上用仪器追踪信号	能用探测金属管道的仪器探查非金属管道，但必须有放置示踪器的出入口	用于探查有出入口的非金属管道	
	电磁波法（或地质雷达法）	利用脉冲雷达系统，连续向地下发射脉冲宽度为几毫微秒的视频脉冲，接收反射回来的电磁波脉冲信号	既可探查金属管线，又可探查非金属管线，但仪器价格昂贵	在常规方法无法探查的情况下，可用来探查各种金属管线和非金属管线	
直流电法	电阻率法	利用直流电法勘探的原理，采用高密度或中间梯度装置在金属或非金属管道上产生低阻异常或高阻异常	可利用常规直流电法仪器探测地下管线，探测深度大，但供电和测量均需接地	在接地条件好的场地探测直径较大的金属或非金属管线	高密度电阻率法 四极 偶极 差分 联剖 固定源同步法
	充电法	利用直流电源的一端接被查金属管线，另一端接地，对金属管线充电后在其周围产生的电场	追踪地下金属管线精度高，探测深度大，但供电时金属管线必须有出露点，测量时必须接地	用于追踪具备接地条件和出露点的金属管线	
磁法	磁场强度法	利用金属管线与周围介质之间的磁性差异，测量磁场的强度	可利用常规磁法勘探仪器探查铁磁性管道，探测深度大，但易受附近磁性体干扰	在磁性干扰小的地区探查埋深较大的铁磁性管道	相对某点
	磁梯度法	测量单位距离内地磁场强度的变化	对铁磁性管道或井盖的灵敏度高，但受磁性体干扰大	用于探查掩埋的铁磁性管道或窨井盖	双探头相对测量
地震波法	浅层地震勘探法	利用地下管道与其周围介质之间的波阻抗差异，采用反射波法作浅层地震时间剖面	金属与非金属管道均能探查，探查深度大，时间剖面反映管道位置直观，但探查成本高	当其他方法探查无效时，用于探查直径较大的金属和非金属管道	震源 记录仪

续附表C

方法名称		基本原理	特 点	适用范围	示意图
地震波法	面波法	利用地下管道与其周围介质之间的面波波速差异,测量不同频率激振所引起的面波波速	探查设备和方法比浅层地震勘探法简便,可探查金属与非金属管道,但目前应用尚不广泛,方法技术还不够成熟	用于探查直径较大的非金属管道	
红外辐射法		利用管道或其填充物与周围土层之间的热特性的差异	探查方法简便,但必须具备相应的地球物理前提	用于探查暖气管道或水管漏水点	
备注	①T:发射机 ②R:接收机 ③✠:垂直、水平线框 ④E_N:磁测仪 ⑤E_H:辐射仪 ⑥G:管线				

附录D 地下管线的代号和颜色

管线名称		代 号		颜 色
给 水		JS		天蓝
排水	污水	PS	WS	褐
	雨水		YS	
	雨污合流		HS	
燃气	煤气	RQ	MQ	粉红
	液化气		YH	
	天然气		TR	
热力	蒸汽	RL	ZQ	桔黄
	热水		RS	
工业	氢	GY	Q	黑
	氧		Y	
	乙炔		YQ	
	石油		SY	
电力	供电	DL	GD	大红
	路灯		LD	
	电车		DC	
	交通信号		XH	

续表

管线名称		代 号		颜 色
电信	电话	DX	DX	绿
	广播		GB	
	有线电视		DS	
综合管沟		ZH		黑

附录E 地下管线图图例

附表E.0.1

符号名称	图 例	说 明
管线点	○ JS3	用直径为1mm的小圆圈表示
地下管线	DN200 —— WS ——	管道(或管沟)的直径或宽度依比例在图上小于2mm时,用单直线表示;大于2mm时,宜按实宽比例用双直线表示,线划粗0.2~0.3mm

续附表 E.0.1

符号名称		图 例	说 明
窨井	给水	⊖	1. 用直径为2mm的小圆圈表示，不同类型的窨井用圆圈中的不同符号表示 2. 窨井直径按比例尺在图上大于2mm时，依比例绘制
	污水(或排水)	⊕	
	雨水	⊕	
	燃气	⊙	
	工业	⊖	
	石油	⊕	
	热力	⊖	
	电力	⊙	
	电信人孔	⊗	
	电信手孔	⊠	小方块的边长为2mm
预留口		○—	
阀门		⊠	
水源井		⊕	建(构)筑物的尺寸按比例在图上大于2mm时，按比例绘制
水塔		⊙	
水池		□	
泵站		▭	长方块的边长为3mm×2mm

附表 E.0.2

符号名称	图 例	说 明
水表	⊗	
消火栓	⊥	
雨篦	▭	长方块的边长为3mm×1mm
盖堵	⊣	
变径	▷	
进水口	⊢	
出水口	→	
沉淀池	⊠	
化粪池	⊞	长方块的边长为3mm×2mm
水封井	⊕	
跌水井	⊖	
渗水井	⊕	
冲洗井	⊖	
通风井	◎	
凝水缸	|||	
调压箱	◣	
调压站	⊘	
煤气柜	⬤	
接线箱	⊤	
控制柜	⚡	
变电站	⊠	
电缆余线	—•—	
上杆(出土)	↑	

附图 F.0.3 ××市地下管线横断面图

所在道路：东风路
断面号：89.00-48.00-Ⅰ

比例尺　水平 1:200　垂直 1:100

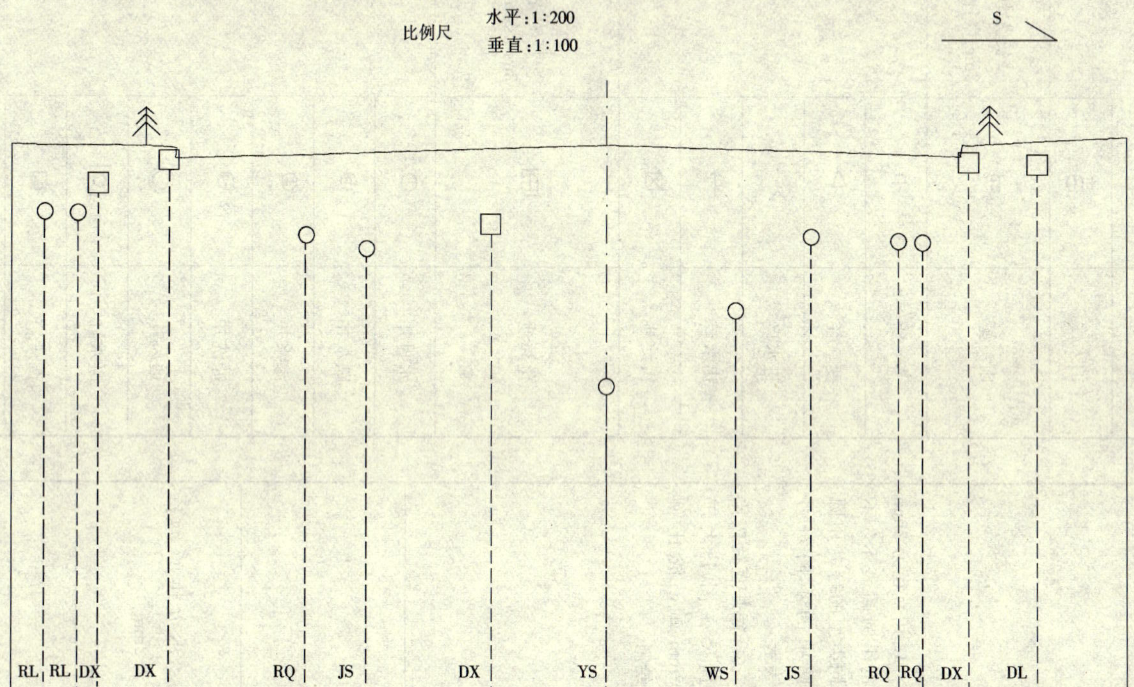

名称	RL	RL、DX	DX	RQ	JS	DX	YS	WS	JS	RQ	RQ、DX	DL
地面高程 (m)	8.429	8.423 8.424	8.397	8.276	8.309	8.377	8.772	8.362	8.337	8.290	8.280 8.422	8.480
管线高程 (m)	7.429	7.423 7.894	8.247	7.076	6.859	7.277	4.772	5.932	7.057	6.990	6.980 8.222	8.180
规程 (mm)	DN300	DN300 800×600	100×100	DN300	DN600	1000×360	DN800	DN300	DN300	DN200	DN200 100×100	800×800
间距 (m)	1.03	1.03 0.65	2.17	4.21	1.93	4.00	3.62 0.00	4.02	2.34	2.71	0.72 1.48	2.13

34.83

附录G 地下管线点成果表

工程名称：　　　　　　　　　　　　　　　　　　　　　　　　工程编号：
测区：　　　　　　　　　　　　　　　　　　　　　　　　　　图幅编号：

图上点号	物探点号	管线点			管线			压强(Pa)或电压(kV)	流向或根数	平面坐标(m)		埋深(cm)	地面高程(cm)	权属单位	埋设		备注
		编码	特征	附属物	类型	材质	规格			X	Y				方式	年代	
1	2	3	4	5	6	7	8	9	10	11	12	13	14	15	16	17	18

探测单位：　　　　制表者：　　　　校核者：　　　　日期：　　　　第　页共　页

附录H 地下管线成果表数据库的基本结构

附表 H.0.1

字段	字段名	类型	宽度	小数	输入格式
1	图上点号	字符	8		类型＋顺序号如DL2434
2	物探点号	字符	8		如上，要求此字段惟一
3	测量点号	数值	6		顺序号
4	管线材料	字符	8		
5	特征	字符	15		
6	附属物	字符	15		
7	X坐标	数值	15	2	
8	Y坐标	数值	15	2	
9	地面高程	数值	8	2	
10	井底高程	数值	8	5	
11	压强/电压	字符	10		
12	管顶高程	数值	8	2	

续表 H.0.1

字段	字段名	类型	宽度	小数	输入格式
13	管低高程	数值	8	2	
14	埋设方式	字符	10		
15	管径	字符	15		
16	埋深	数值	5	2	
17	电缆条数	数值	3		
18	光缆条数	数值	3		
19	总孔数	数值	2		
20	已用孔数	数值	2		
21	建设年代	字符	10		
22	权属单位	字符	50		
23	连接方向	字符	8		
24	图幅号	字符	15		
25	备注	字符	30		

附录 I 地下管线及其附属物的分类编码

I.0.1 管线信息的分类应包含各种管网信息，编码如下：

1 电力 (DL)

名 称	特征类型	编码	代码	说明
电力线	线	1000	DL	
高压	线	1001	GY	
中压	线	1002	ZY	
低压	线	1003	DY	
供电电缆	线	1100	GD	
高压	线	1101	GY	
中压	线	1102	ZY	
低压	线	1103	DY	
路灯电缆	线	1200	LD	
信号灯电缆	线	1300	XH	
电车电缆	线	1400	DC	
广告灯电缆	线	1500	GG	
电力电缆沟	线	1600	LG	
高压	线	1601	GY	
中压	线	1602	ZY	
低压	线	1603	DY	
直流专用线路	线	1700	ZX	
附属设施	点	1800		
变电站	点	1801	BD	
配电房	点	1802	PD	
变压器	点	1803	BY	
检修井	点	1804	JJ	
控制柜	点	1805	KZ	
灯杆	点	1806	DG	
线杆	点	1807	XG	
上杆	点	1808	SG	

2 电信管线 (DX)

名 称	特征类型	编码	代码	说明
电信电缆	线	2000	DX	
广播电缆	线	2100	GB	
军用电缆	线	2200	JY	
保密电缆	线	2300	BM	
附属设施	点	2400		
人孔	点	2410	RK	
手孔	点	2402	SK	
分线箱	点	2403	FX	
线杆	点	2404	XG	
上杆	点	2405	SG	

3 给水管道 (JS)

名 称	特征类型	编码	代码	说明
上水管线	线	3000	SS	
配水管线	线	3100	PS	
循环水管线	线	3200	XS	
专用消防水管线	线	3300	XF	
绿化水管线	线	3400	LH	
附属设施	点	3500		
检修井	点	3501	JJ	
阀门井	点	3502	FMJ	
水表（井）	点	3503	SB	
排气阀（井）	点	3504	PSF	
排污阀（井）	点	3505	PWF	
消防栓	点	3506	XFS	
阀门	点	3507	FM	
水源井	点	3508	SY	
水塔	点	3509	ST	
水池	点	3510	SC	
泵站	点	3511	BZ	
进出水口	点	3512	JSK	
沉淀池	点	3513	CD	

4 排水管道 (PS)

名 称	特征类型	编码	代码	说明
雨水管道	线	4000	YS	
污水管道	线	4100	WS	
雨污合流管道	线	4200	HS	
附属设施	点	4300		
检修井	点	4301	JJ	
雨篦	点	4302	YB	
出水口	点	4303	CSK	
污篦	点	4304	WB	
进水口	点	4305	JSK	
出气井	点	4306	CQJ	

5 燃气管道（RQ）

名 称	特征类型	编码	代码	说明
煤气管道	线	5000	MQ	
液化气管道	线	5100	YH	
天然气管道	线	5200	TR	
附属设施	点	5300		
阀门井	点	5301	FMJ	
阀门	点	5302	FM	
凝水缸	点	5303	NSG	
调压箱	点	5304	TYX	
调压站	点	5305	TYZ	

6 热力管道（RL）

名 称	特征类型	编码	代码	说明
蒸汽管道	线	6000	RZ	
热水管道	线	6100	RS	
附属设施		6200		
阀门井	点	6201	FMJ	
阀门	点	6202	FM	
检修井	点	6203	JJ	

7 工业管道（GY）

名 称	特征类型	编码	代码	说明
氢气管道	线	7000	Q	
氧气管道	线	7100	Y	
乙炔	线	7200	YQ	
石油	线	7300	SY	
附属设施		7400		
检修井	点	7401	JJ	
检修井（石油）	点	7402	SJ	

本规程用词说明

1 为便于在执行本规程条文时区别对待，对要求严格程度不同的用词，说明如下：
1）表示很严格，非这样做不可的：
正面词采用"必须"；反面词采用"严禁"。
2）表示严格，在正常情况均应这样做的：
正面词采用"应"；反面词采用"不应"或"不得"。
3）表示允许稍有选择，在条件许可时首先应这样做的：
正面词采用"宜"；反面词采用"不宜"。
表示有选择，在一定条件下可以这样做的，采用"可"。

2 条文中指明应按其他有关标准执行写法为"应符合……的规定（要求）"或"应按……执行"。

中华人民共和国行业标准

城市地下管线探测技术规程

CJJ 61—2003

条 文 说 明

前 言

《城市地下管线探测技术规程》CJJ 61—2003，经建设部 2003 年 6 月 3 日以第 152 号公告批准，业已发布。

本规程第一版的主编单位是上海市岩土工程勘察设计研究院，参加单位是：北京市测绘设计研究院、建设部综合勘察研究设计院、兵器工业勘察研究院、机电部勘察研究院、宁波市城乡建设规划局、沈阳地球物理勘察院。

为便于广大探测、施工、科研、学校等单位有关人员在使用本规程时能正确理解和执行条文规定，《城市地下管线探测技术规程》编制组按章、节、条顺序编制了本规程的条文说明，供国内使用者参考，在使用中如发现本条说明有不妥之处，请将意见函寄北京市测绘设计研究院。

目　次

1　总则 …………………………………………… 70—31
2　术语 …………………………………………… 70—31
3　基本规定 ……………………………………… 70—32
4　地下管线探查 ………………………………… 70—38
　　4.1　一般规定 ………………………………… 70—38
　　4.2　实地调查 ………………………………… 70—39
　　4.3　地下管线探查物探方法和技术 ………… 70—39
　　4.4　探查仪器技术要求 ……………………… 70—42
　　4.5　地面管线点标志设置 …………………… 70—42
　　4.6　探查工作质量检验 ……………………… 70—42
5　地下管线测量 ………………………………… 70—43
　　5.1　一般规定 ………………………………… 70—43
　　5.2　控制测量 ………………………………… 70—43
　　5.3　已有地下管线测量 ……………………… 70—45
　　5.4　地下管线定线测量与竣工测量 ………… 70—46
　　5.5　地下管线数字测绘 ……………………… 70—46
　　5.6　测量成果质量检验 ……………………… 70—47
6　地下管线图编绘 ……………………………… 70—47
　　6.1　一般规定 ………………………………… 70—47
　　6.2　专业地下管线图编绘 …………………… 70—48
　　6.3　综合地下管线图编绘 …………………… 70—48
　　6.4　管线断面图编绘 ………………………… 70—48
　　6.5　地下管线成果表编制 …………………… 70—48
　　6.6　地下管线图编绘检验 …………………… 70—49
7　地下管线信息管理系统 ……………………… 70—49
　　7.1　一般规定 ………………………………… 70—49
　　7.2　系统总体结构与数据标准 ……………… 70—49
　　7.3　系统的基本功能 ………………………… 70—50
　　7.4　系统的建立与维护 ……………………… 70—50
8　报告书编写和成果验收 ……………………… 70—51
　　8.1　一般规定 ………………………………… 70—51
　　8.2　报告书编写 ……………………………… 70—52
　　8.3　成果验收 ………………………………… 70—52
　　8.4　成果提交 ………………………………… 70—52

1 总则

1.0.1 本条阐明制定本规程的目的。城市地下管线是城市基础设施的重要组成部分，是现代化城市高质量，高效率运转的基本保证，被称为城市的"生命线"。城市地下管线现状资料是城市规划设计、施工、建设和管理的重要基础资料。

由于历史原因，我国许多城市地下管线资料残缺不全，有的资料精度不高或与现状不符等问题，以致影响地下管线规划建设的科学性和在工程建设过程中挖断、挖穿地下管线的事故时有发生。随着城市的飞速发展，地下管线敷设越来越多，城市建设中地上和地下矛盾越来越突出，地下管线探测任务也越来越多，探测队伍和探测人员不断增多，采用的探测方法、技术要求和所提交的成果各不相同，给资料使用部门带来很多不便。为此建设部要求："未开展城市地下管线普查的城市应尽快对城市地下管线进行一次全面普查，弄清城市地下管线的现状。有条件的城市应采用地理信息系统技术建立城市地下管线数据库，以便更好地对地下管线实行动态管理"。城市地下管线普查是一项涉及多权属单位和多学科、多专业的综合性与技术性很强的系统工程。为了统一地下管线探测工作的技术要求，特制定本规程。

1.0.2 本条规定了本规程的适用范围，即探测埋设于城镇市区或市郊区的各种不同用途的金属、非金属地下管道或电缆及其地下管线信息管理系统的建立。探测远离城镇的专用管线或电缆有一定的特殊性，因此不适用本规程，由相关的管理部门制定相应的技术规程。

1.0.3 本条规定了以中误差作为衡量探测精度的标准，并以二倍中误差作极限误差。因为探查和测量工作中，在良好状态的探测仪具和作业人员的情况下，作业中主要存在的是偶然误差，根据偶然误差出现的规律，二倍中误差的误差出现概率是很少量的，所以，以二倍中误差作极限误差是适宜的，以确保探测成果的质量。

1.0.4 本条规定了地下管线探测应积极采用新技术。随着科学技术发展，城市地下管线探测新方法、新技术、新仪器不断出现，只要经过试验，其探测精度可满足本规程的精度要求，经过有关部门的鉴定、评审，应积极采用，以促进科技进步，推动城市地下管线探测事业发展。

1.0.5 本条规程是城市地下管线探测技术的专业标准，突出了城市地下管线探测的特点。它与城市测绘、城市物探工作有密切关系，故在实施中尚应参照现行的行业标准《城市测量规范》CJJ8—99、《全球定位系统城市测量技术规程》CJJ73—97、《城市勘察物探规范》CJJ7—85。所以，本条明确规定，城市地下管线探测，除应符合本规程外，还应符合上述国家现行有关技术标准。

2 术语

2.0.1 地下管线探测

地下管线探测包括地下管线探查和地下管线测绘两个基本内容。地下管线探查是通过现场调查和不同的探测方法探寻各种管线的埋设位置和深度，并在地面上设立测量点，即管线点；地下管线测绘是对已查明的地下管线位置即管线点的平面位置和高程进行测量，并编绘地下管线图；也包括对新建管线的施工测量和竣工测量。

2.0.2 地下管线普查

城市地下管线，是城市基础设施的重要组成部分，是城市规划、建设、管理的重要基础信息，是城市赖以生存和发展的物质基础，被称为城市的"生命线"。由于历史的原因，我国城市的地下管线资料残缺不全；同时改革开放以来，随着城市建设的飞速发展，城市各类地下管线不断增加，但因管理不善，未能及时进行竣工测量，使地下管线资料不现状日趋增长，严重地制约和影响城市规划、建设、管理的科学化、现代化的进程。因此，在一定时期内，需要对城市建成区和规划发展区内的地下管线现状进行全面的探测，即地下管线普查，它应包括地下管线探查，地下管线测绘和地下管线信息管理系统建设三部分。

2.0.3 现状调绘

在地下管线普查工作初期，为模拟地下管线的现状，以便为野外探测作业和调查地下管线属性等提供参考或依据，由各专业管线权属单位负责组织有关专业人员对已埋设的地下管线进行资料收集，并分类整理，调绘编制现状调绘图，这整个过程统称为现状调绘，它是地下管线普查的前期基础工作之一。

2.0.4 管线点

为了正确地表示地下管线探查的结果，便于地下管线测绘工作的进行，在探查或调查过程中设立的测点，统称为管线点。它分明显管线点和隐蔽管线点。明显管线点的点位和埋深可以通过实地调查进行量测；隐蔽管线点的点位和埋深必须用仪器设备探查来确定。

2.0.5 偏距

在管线探测过程中，由于地形、地物等因素的影响，在调查或探测时设立的管线点位与管线中心线在地面的投影位置不一致时，必须量出之间的垂直距离即偏距，并注明偏离方向。这样可保证管线走向成果的精度。

2.0.6 图幅无缝拼接

由于数据采集和图形数字化过程中存在各种误差，致使两个相邻图幅的原本相连的基础地理信息图形或管线图在图幅结合处可能出现逻辑裂隙和几何裂隙，造成图形信息的分析和处理的错误。为减少或消除这种误差，依据有关操作规程对两侧原本相连的图形作精确的衔接，使其在逻辑上和几何上融成连续一致的数据体的过程称为图幅无缝拼接。

2.0.8 实时动态定位技术

这是一种基于载波相位观测值的实时差全球空间定位测量技术，目前采用的是美国的全球定位系统（即GPS）。它是在基准站安置一台GPS接收机，对所有可见卫星进行连续观测，并将观测数据和基准点的坐标信息，通过无线电讯实时地发送给流动站（即用户观测站）。流动站的GPS接收机在接收卫星信号的同时，通过无线电接收设备接收基准站传输来的信息，并在系统内组成差分观测值进行实时处理，快速获取流动站的点位坐标数据的定位技术。

3 基 本 规 定

3.0.1 本条规定明确了地下管线探测的对象。地下管线分为地下管道和地下电缆两大类，没有包括地下人防巷道。地下管道又分为：给水、排水、燃气、热力和工业等五类。地下电缆又分为：电力和电信两类。每类管线还可以按其传输的物质和用途分为若干种，例如排水可分为污水、雨水和雨污合流；燃气可分为煤气、液化气和天然气；热力可分为蒸汽和热水；工业可分为氢、氧、乙炔、石油、排渣等；电力可分为供电、路灯、电车等；电信可分为市内电话（简称市话）、长途电话（简称长话）、广播、有线电视等。

3.0.2 本条规定了地下管线探测的任务：查明地下管线的平面位置、走向、埋深（或高程）、规格、性质、材质等，并编绘地下管线图，有条件的城市应建立地下管线信息管理系统，以便对地下管线实行动态管理，以实现管理科学化、现代化、信息化，适应现代化城市建设的需要。除上述任务外，还应查明每条管线敷设的年代与产权单位，但由于历史原因，有一些管线已无法查明，所以，在规程正文中未列敷设年代和产权单位。

3.0.3 本条明确了地下管线探测的四种类型及其探测范围。按观测任务不同，地下管线探测分为四类，本条规定了各类探测的要求和范围。地下管线普查主要是为城市规划、建设和管理服务的，为科学化、现代化的城市规划、设计和管理提供可靠的基础信息的，是根据城市规划管理或公用设施建设部门的要求，进行地下管线普查的。其探测范围包括道路、广场等主干管线通过的区域，各大区域的地下管线综合管线。厂区或住宅区的地下管线探测是较小区域的综合管线。在实施地下管线探测时，要注意地下管线普查与厂区或住宅小区管线探测范围之间的衔接，以避免漏测和重复探测。施工场地管线探测是为某项工程施工在开挖前进行的探测，目的是保护地下管线，防止施工开挖造成地下管线破损，因此其探测范围应包括需要开挖的区域和可能受开挖影响威胁的地下管线安全的区域。例如，由于开挖基坑可能引起周围地面沉降，过大的沉降会导致地下管线破裂，这样的沉降区也应包括在探测范围内。为了查明地下管线的分布有时还需扩大范围，所以本条中还规定应包括"为查明地下管线所必需的区域"。为某一专业管线的规划设计、施工和运营需要提供现况资料而进行地下管线探测工作，探测管线的取舍标准应根据工程施工和管理的需要而定。如果是为了满足建立专业管线信息系统要求时，还要参照城市地下管线普查技术要求和专业信息系统更详细的专业信息内容进行管线数据的采集。

3.0.4 本条规定了地下管线探测的基本程序，任何工作都要有规章、程序和实施步骤，以便于科学化管理和确保工作质量。同样在进行地下管线探测这种比较复杂工程中，也要遵循相应的程序，它包括接受任务、搜集资料、现场踏勘、仪器检验、方法验证、编写技术设计书、实地调查、仪器探测、数据处理、成果验收等步骤。这是加强地下管线探测工作科学化管理和确保产品质量的保证。对于任务较简单或工作量较小，即一般是指探测管线简单，范围较小的小件工程，有些程序可以合并完成或省略。

3.0.5 本条规定了合同书的内容。地下管线探测任务的来源有两种：一种是由上级部门下达，即所谓"纵向任务"；另一种是有用户单位委托，即所谓"横向任务"。不管是"下达任务"或"委托任务"都应签订合同书以明确责任，便于开展工作和管理，为此，本条规定了合同书应包括工程名称、测区范围、作业内容、技术要求、工期、工程造价、责任与奖罚等内容。为使城市地下管线普查工作能在统一领导、统一要求和统一计划有组织地开展，地下管线探测任务应由管线普查管理部门统一组织委托进行为宜。

3.0.6 本条规定了地下管线测量采用的坐标系统的要求。根据建设部关于"一个城市只能有一个相对独立的平面坐标系统及高程系统"的要求，为城市工程建设服务的地下管线探测成果和作为城市规划、建设、管理基础资料的普查成果，必须采用本市统一的平面坐标及高程系统。以保持全市各类测绘成果的坐标系统的一致性、统一性。当某项工程的特定需要，采用非当地城市统一坐标系统时，为了便于全市统一管理和利用，也应建立城市坐标系统的转换关系。

3.0.7 本条规定了城市地下管线测图比例尺的要求。基本地形图是地下管线探测工作的基础。城市基本比例尺地形图，一般均能满足地下管线探测的要求，为确保地下管线地形图的坐标系统和地形图分幅与本城市相一致，同时避免重复测绘工作。所以此条规定地下管线探测采用的地形图比例尺应与城市基本地形图相一致。施工场地地下管线探测地形图比例尺可按实际情况而定，因管线密集，地下设施复杂，为确保安全和满足设计要求，可选用更大比例尺测图。

3.0.8 本条明确了管线点及其探测的要求。管线点是为测绘地下管线而在地下管线特征点及其附属设施中心点上设置的地面标志点。明显管线点如各种窨井、阀门井、消防栓……等一系列的附属设施，应进行实地开井调查和量测。隐蔽管线点是指埋设在地下的各种管道、电缆等，其探查工作必须采用物探仪器进行搜索定位和定深，或通过打墙洞量测。

3.0.9 本条规定了地下管线探测管线的取舍标准，这个取舍标准主要是对城市地下管线大面积探测（即普查）而言；各城市可按本市城市规划管理的具体要求，再作具体的规定。对于有管径规格规定的管线取舍，在实际探测中，应注意同一管线上连续变径时应考虑管线表示的连续性。

3.0.10 本条规定了地下管线探查应积极采用新方法、新技术。由于地下管线探查的方法，技术发展很快，新的探查仪器不断涌现，为地下管线探查工作开展创造良好条件，将有利于探查效率和质量的提高。所以本规程提出应积极推行经试验证明行之有效的新方法、新技术。但不论何种新方法、新技术，在探查精度方面必须达到本规程第3.0.12条第1款所规定的基本精度要求，并在以下某一方面或几方面有所提高和改进的都应该给予积极推行。

1 提高探查地下管线的定位或定深精度方面；
2 加大探查深度和探测距离方面；
3 提高相邻平行或重叠地下管线的分辨能力方面；
4 改进探查地下非金属管道的方法技术方面；
5 抑制干扰，提高信噪比方面；
6 适应各种复杂条件下的探测和一机多用方面；
7 适应恶劣环境（严寒、高温、潮湿等）方面；
8 改善操作员的操作环境和显示功能方面；
9 数据处理、记录、成图、数据贮存等方面；
10 性能价格比方面。

3.0.11 本条规定了探测仪器，工具要定期进行检验与养护。探查、测量的仪器和工具保持良好状态是确保探测工作顺利进行的必备条件，也是提高探测效率和质量的保证。因此，日常应加强对探测仪器、工具的养护，定期检校，确保其完好率达100%。以免影响探测作业的正常进行或延误工期，从而保证探测成果质量的良好。

3.0.12 本条规定了地下管线探测的精度要求。由于地下管线探测工作包括：地下管线探查、地下管线测量和管线图测绘。因此，在规定精度要求时也分为三种情况的精度：隐蔽管线点探查精度、管线点测量精度和管线图测绘的点位精度。下面分别说明如下：

1 隐蔽管线点探查精度：

隐蔽管线点的探查精度是指通过仪器探查确定隐蔽管线点点位与管线实际位置之间的误差。

1994年12月5日由建设部批准的行业标准《城市地下管线探测技术规程》CJJ61—94第2.0.5条第一款对隐蔽管线点的探测精度分为三个等级。如表1所示

表1 隐蔽管线点的探查精度

精度等级	水平位置限差 δ_{ts}（cm）	埋深限差 δ_{th}（cm）
Ⅰ	±（5+0.05h）	±（5+0.07h）
Ⅱ	±（5+0.08h）	±（5+0.12h）
Ⅲ	±（5+0.12h）	±（5+0.18h）

注：1. h 为地下管线的中心埋深，以厘米计；
2. 当 $h \leqslant 70$cm，埋深限差 δ_{th} 用 $h=70$cm 代入计算；水平位置限差 δ_{ts} 仍用实际埋深 h 值代入计算；
3. 如果对探查精度有特殊要求，可根据工程需要确定。

上述三种等级探查精度规定，在实际使用中不直观、不快捷、比较麻烦，等级精度的应用在市场上不易实施。因探查价格与等级精度不配套，所以此次《规程》修订经大量的调查研究和理论探讨确定，不再分为三个等级精度，只采用一个精度指标；原限差规定都有一个加常数，从理论上说也不甚科学。在实际探查过程中由于多种因素的影响和干扰，其观测读数值受许多因素影响，非常复杂，目前还没有一个比较科学的估算公式来评定其误差，因此，在规定探查精度指标时仍采用最大误差的限差来衡量。引起误差的因素很多，如仪器精度、技术方法、环境干扰、埋深等因素，而管线的埋深影响最大。从一些城市地下管线普查成果看，隐蔽管线点的探查精度与埋深直接有关，由统计结果看，探查最大误差一般在埋深的10%～15%左右，即探测的限差可以用一个与管线埋深有关的公式来表示。为此，新《规程》规定隐蔽管线点探查精度为：

平面位置限差：$\delta_{ts}=0.10h$

埋深限差：$\delta_{th}=0.15h$

（式中 h 为地下管线中心埋深，单位为cm，当 $h<100$cm时，则以100cm代入计算）

上述规定的依据是：

1）电磁场理论：

目前用于地下管线探查中最广泛，最常用的方法是电磁法。该方法的理论依据是电磁场理论，无论是主动源法还是被动源法都是通过在地面测定地下管线在一次场作用下，感应电流产生的二次场的变化来确定地下管线的空间位置。一般讲，较平直的管线产生的交变电磁场，可近似看成无限长直导线产生的电磁场，由毕奥-沙代尔定理可知，在地面上离开管线中

心距离 r 处的磁场强度（H）为：

$$H = \frac{2I}{r} \quad (1)$$

式中 I——流经管线的交变电流；
r——管线中心至地面某点的距离，见图1。

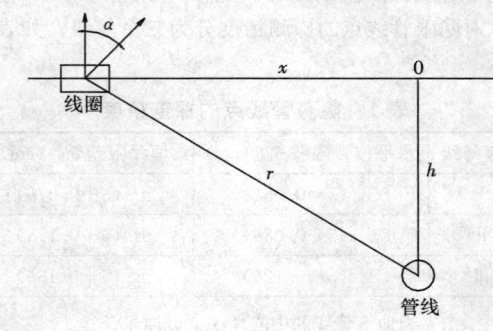

图1

在管线探查工作中一般是通过测定管线在地表产生的水平分量或垂直分量，根据其变化规律来确定地下管线在地表的投影位置和中心埋深，在磁偶源发射条件下，管线中产生感应电流大小为：

$$I = C\frac{\cos\alpha}{r} \quad (2)$$

式中 C——常数，与发射线圈的大小、形状、线圈匝数、材料等参数有关；
α——线圈面法线方向和二次场 β（P）之间的夹角；

在实际应用中，最常用的发射方式有两种：即
水平发射线圈（X向的水平磁偶极子），此时管线中感应产生的电流为：

$$I_x = C\frac{\cos\alpha}{r} = C\frac{1}{r} \cdot \frac{h}{r} = C\frac{h}{x^2+h^2} \quad (3)$$

垂直发射线圈Z向的垂直磁偶极子，此时管线中感应产生的电流为：

$$I_z = C\frac{1}{r} \cdot \frac{x}{r} = C\frac{x}{x^2+h^2} \quad (4)$$

当管线在地面的投影位置 O 点处 $X=0$，代入3.0.12-5式，则得

$$I_x = C\frac{1}{h} \quad h = C\frac{1}{I_x} \quad (5)$$

由（5）式可见，管线中的感生电流 I_x 与管线的埋深 h 成反比，即当管线埋深越大时，管线中的感生电流 I_x 越小，其变化值也小。因此，据其数值变化规律来定位、定深误差必然加大。故在其他条件不变的情况下，平面位置及埋深测定的误差与管线的埋深有关。因此，新《规程》制定的隐蔽管线点探查精度，其平面定位和埋深的限差与管线埋深成正比，这更符合电磁场分布规律的特点，弥补了原《规程》规定的不足；

2）已公布实施的有关城市地方标准：
广州、大连、上海、温州、杭州等城市先后制定的地下管线普查技术规程中规定的探查精度列于表2中。

表2　地方标准探测精度

地下管线中心埋深（m）	水平位置限差（cm）	埋深限差（cm）
$h \leq 1$	10	±15
$1 < h \leq 2$	±15	±(5+0.1h)
$h > 2$	±20	±(5+0.1h)

从表2中可以看出：
① 探查限差不分等级，是以管线中心埋深来划定限差。
② 水平位置限差不再加常数，使用方便，但埋深大于2m的管线其水平位置探查限差为20cm，这在实际探查工程中有一定难度。
③ 埋深大于1m的管线，其埋深限差中仍存有一个加常数，在实际应用中不够方便、直观。

3）地下管线探测工程实践：
全国许多城市已先后完成了地下管线普查工作，在一些主管单位支持下；施工单位配合下，"规程"编写组收集了许多城市在地下管线普查时进行质量检查的大量数据。举例如下：

① 广州市地下管线探测，其隐蔽管线点探查精度检验采用重复探查和开挖探查结合方式进行，由作业组自检和工程监理部门分别进行。以工程监理检验为例，见表3

表3　广州地下管线探查精度一览表

项 目		总数（点）	检查量（点）	抽验率（%）	精度（cm）		
					最大值	最小值	平均值
明显点检查（埋深）		244521	2681	1.1%	±2.49	±0.77	±1.73
隐蔽点重复检查	平面位置	216838	2597	1.2%	±5.66	±0.98	±3.70
	埋深				±8.22	±2.14	±5.24
隐蔽点开挖检查	平面位置	216838	2277	1.1%	±7.38	±2.21	±3.64
	埋深				±8.56	±1.95	±4.81

广州地下管线埋深一般都在0.5～2m之间，从上表精度统计表明，均能满足规程中规定的探查精度要求。

② 温州市地下管线探测，其隐蔽管线点探查精度采用重复探测方式进行。整个测区重复探测精度列于表4中及表5中。

表4　隐蔽管线点重复探测精度统计表

项目＼精度	中误差	限差
平面（cm）	±2.5	5.8
埋深（cm）	±4.1	7.9

表5　不同深度隐蔽管线点复测精度统计表

深度 h（m）	$h\leq0.7$	$0.7<h<1.4$	$1.4<h\leq2.1$
平面中误差（cm）	±2.1	±2.7	±4.9
埋深中误差（cm）	±3.0	±4.3	±6.3

由上二表可见：ⅰ　整个测区内管线埋深中误差均大于平面中误差；
　　　　　　　ⅱ　随管线深度加大其相应的平面及埋深中误差亦增大；
　　　　　　　ⅲ　平面及埋深中误差均满足规程中规定的精度要求。

③石家庄市地下管线普查物探监理各区隐蔽管线点探查精度。

石家庄市地下管线普查任务由多个单位分区承担，监理工作由广州市城市信息研究所有限公司监理组负责。监理组本着随机抽样、均匀分布和有代表性的原则对各测区物探探查质量进行检查，对隐蔽管线点用管线仪进行同精度重复探查，能开挖的地段进行开挖探查，即将5个测区隐蔽管线点探查质量检查的结果列于表6中。

4) 调研征集到的意见。

原"规程"自1995年7月施行以来，对指导、监督地下管线探测工程施工、保证工程质量起了重大作用。随着我国科技及市政建设的飞速发展，地下管线探查的方法技术也越来越成熟，工程项目也日益增多。通过多年的工程实践，许多从事地下管线探查的单位及技术人员，对规程的修编提出了宝贵的建议。这些建议归纳起来主要为：原规程中城市地下管线探测的隐蔽管线点的探查精度指标规定使用不太方便，不实用，应进行修改。

表6　物探监理各区隐蔽管线点探查精度统计表

方式	项目	精度	测区 04	06	10	11	12	16	17
复测	平面（cm）	中误差	4.1	1.9	2.5	2.4	2.4	1.2	2.9
		限差	7.5	6.6	7.1	7.1	6.6	7.3	7.5
		最大误差	9	6	9	7	5	4	8
	埋深（cm）	中误差	4.6	4.1	6	4.3	5.6	6.8	8.0
		限差	11.6	8.6	9.7	9.5	8.8	10.6	9.9
		最大误差	11	20	18	14	22	22	31
开挖	最大误差（cm）	平面	13	37	23	36	7	7	9
		埋深		19	10	17	15	27	18

由表可见：ⅰ　复测检查时埋深中误差及最大误差均大于平面位置中误差及最大误差。
　　　　　ⅱ　开挖检查时的平面及埋深中误差与最大误差均大于复测时的误差。
　　　　　ⅲ　复测和开挖检查的平面及埋深的探测精度均能满足规程中规定的隐蔽管线点探查精度。

特殊工程是指一些工程对探查精度要求超出了本规程第3.0.12条第1款规定的限差值，如桩基工程对管线平面位置精度要求高，顶管工程对管线埋深精度要求高，个别被探管线因其材质、结构特殊呈非良导体，探查难度大，这类特殊工程的探查精度，可由委托方与承接方共同商定。其达成一致的精度指标，应标注在委托协议或合同中。

2　本款规定了直接测解析坐标和高程的管线点的点位中误差和高程中误差。管线点的点位中误差是指裸露的管线中心点和检修井井盖中心等测点相对于邻近解析控制点而言的，管线测点的坐标大多数采用极坐标法施测，按传统的经纬仪测角钢尺量距的情况来说，其测量误差，包括测角误差、量距误差和取点误差。测角误差包括仪器对中、照准、读数误差，前后视目标的对中误差，起算方位角误差等，按DJ$_6$级仪器观测一测回的测角中误差$m_\beta±90''$计。钢尺量距误差包括尺长、温度、倾斜未改正及拉力、读数等误差，按量距长度$D=50$m双次丈量实际相对中误差$T=1/2000$计。另外，还有一个取点误差，主要是目估取管道中心（尤其是取大管径的弯管中心）或检修井井盖中心不准,还有弯曲管线的概括误差,特别是直埋电缆下线后在沟道中呈蛇曲状,但多取沟道中心作为管线中心,其误差可想而知,此项中误差按 m_k =3cm 考虑,则管线测点的点位中误差 m_P 估算得:

$$m_P = \sqrt{\left(\frac{m_\beta''}{\rho''}D\right)^2 + \left(\frac{D}{T}\right)^2 + m_k^2}$$

$$= \sqrt{\left(\frac{90'' \times 5000}{206265''}\right)^2 + \left(\frac{5000}{2000}\right)^2 + 3^2}$$

$$= 4.5 \text{cm} \qquad (6)$$

本规范取用为 5cm。

管线点的高程中误差是指裸露的管线的管外顶或管内底高程以及检修井井沿的高程测点相对于邻近高程控制点而言的,管线测点的高程大多数采用图根水准路线将测点作为转点或用中视法施测,目前实施地下管线数字化成图的单位,则采用光电测距三角高程方法由高程控制点单向测定,光电测距三角高程导线的精度已能替代四等水准和图根水准测量的精度,测定管线细部点高程不成问题。采用光电测距三角高程方法测定管线点的高程中误差按下式(大气折光的影响忽略不计)计算:

$$m_h = \pm \sqrt{\left(\frac{D}{\cos^2\alpha_v} \cdot \frac{m_{\alpha_v}''}{\rho''}\right)^2 + (tg\alpha_v \cdot m_D)^2 + m_i^2 + m_v^2} \qquad (7)$$

式中 D——测距水平距离;
α_v——垂直角观测值;
m_{α_v}——垂直角测角中误差;
m_D——测距中误差;
m_i——仪器高量取中误差;
m_v——棱镜高量取中误差。

按《城市测量规范》(CJJ8—99)在第 7.5.10 条第 3 款中规定数字测图测距长度不应超过 150m,即 $D=150$m,如 $\alpha_v=5°$,全站仪观测半测回,取 $m_{\alpha_v}=\pm30''$,$m_D=\pm10$mm 计,m_i、m_v 均按 ±10mm 计,这些数据代入上式得:

$$m_R = \pm 26.2 \text{mm}$$

所以,管线点高程测量中误差取用为 ±3cm。

3 地下管线图是采用解析法测绘和计算机辅助成图,因此影响地下管线成图精度的因素包括:地下管线点探查中误差 $m_{探}$(取定位最大限差的 0.5 倍,为图上 0.2mm)、地下管线点和地物的测量中误差 $m_{测}$(取图上 0.1mm)、方格网展绘误差 $m_{格}$(取图上 0.15mm)、线划概括误差 $m_{线}$(取图上 ±0.15mm)。故地下管线与邻近地物的间距中误差为:

$$m_{(物)} = \sqrt{m_{探}^2 + 2 \times (m_{测}^2 + m_{格}^2 + m_{线}^2)} \qquad (8)$$

$$= \sqrt{0.2^2 + 2 \times (0.1^2 + 0.15^2 + 0.15^2)}$$

$$= \pm 0.39 \text{mm}$$

相邻地下管线的间距中误差为:

$$m_{(线)} = \sqrt{2 \times (m_{探}^2 + m_{测}^2 + m_{格}^2 + m_{线}^2)} \qquad (9)$$

$$= \sqrt{2 \times (0.2^2 + 0.1^2 + 0.15^2 + 0.15^2)}$$

$$= \pm 0.44 \text{mm}$$

综合地下管线图的平面精度,除上述理论推导、还根据资料分析,采用解析法的各项垂距中误差如表 7

表 7 解析法综合地下管线图的各项垂距中误差
(图上单位:mm)

项 目	1:500	1:1000	1:2000
管线与邻近建筑物垂距中误差	±0.47	±0.40	±0.38
两相邻近平行管线的垂距中误差	±0.44	±0.33	±0.30
管线与规划路中的垂距中误差	±0.35	±0.29	±0.27

表列数值考虑地物的修测误差、管线的拼接误差等,若适当顾及,则各项垂距中误差规定不应大于图 ±0.5mm。

因此地下管线图上实际地下管线位与邻近地物及相邻地下管线的间距中误差不得大于图 ±0.5mm。

3.0.13 本条规定了地下管线探测前应收集的资料内容。作业单位在接受探测任务后,在野外作业前应先取得测区内已有地下管线资料和测绘资料,以便更好掌握测区现况利于作业。作业单位还应主动与有关管线权属单位取得联系和配合。

3.0.14 本条规定了现场踏勘的内容。作业单位在进场前,要先对作业范围进行现场踏勘,了解作业区内的各种情况和自然条件,核查分析已有各种资料的可利用程度,以指导野外生产,合理安排工程进度,制定切合实际的施工设计方案。

3.0.15 本条规定了编写技术设计书的内容。作业单位在作业区内,选择若干有代表性的路段,采用各种仪器和方法,进行探查方法试验,然后再有针对性地按本条内容要求,编写技术设计书,确定合适的探查方法。技术设计书经用户单位审定后方可进场作业。

3.0.16 本条规定了地下管线普查的作业方法和管理模式。建设部于 1994 年发出"关于加强城市地下空间规划管理的通知",要求各地城市规划部门必须加强对规划区地下空间和各地下工程建设(包括人防地下工程)的规划与管理工作,使城市地下空间与地面建设协调配合,构成一个有机整体。因此通过城市地下管线普查,要达到查清地下管线现状,建立城市完整的、准确的、科学的地下管线信息管理系统并实行动态管理的目的;一个城市在决定开展地下管线普查前,首先要按照上述要求来确定自己的具体目标,根据所能具备的条件,选择最经济和科学合理的普查技术方案与工作模式，这是决策的关键。如果仅仅考虑近期目标或方案未认真进行论证便组织普查工作，将会最终导致普查流于形式。

城市地下管线普查从组织来说，涉及不同系统的管线权属单位和不同技术水平的普查作业单位；从技术上来说，涉及多学科、多专业，因此是一项综合性和技术性很强的系统工程，需要有一个科学的决策和权威的领导机构来统一领导和组织实施。这各领导机构要由行政领导，也要有技术专家共同组成。以利于发挥更好的管理效应。

3.0.17 本条规定了地下管线普查的内容，地下管线普查不仅仅是地下管线探测，还要通过探测获取管线数据，查清了历史以来的管线状况，重新建立档案，同时建立地下管线信息系统并实行新建管线的竣工测量，及时更新数据，才真正能够达到为城市规划建设提供准确、完整的基础资料与实现现代化管理的目的。

3.0.18 本条阐明了地下管线现况调绘的作用和目的。城市地下管线现况调绘，是指在开展地下管线探测作业前，根据已有的地下管线竣工资料、施工资料、设计资料等，将已有地下管线现况标绘在1∶500地形图上，作为野外探测作业的参考，减少实地探查作业的盲目性，提高野外探查作业的质量和作业效率。同时，为地下管线探查作业提供有关地下管线的属性依据（如管径、管材、埋设年代、权属单位等）。

现况调绘是地下管线普查的前期工作，是城市地下管线普查的基础。埋设在城市道路下的各类地下管线纵横交错，在实地探查作业中，由于相邻管线信号的干扰和影响，致使管线探查的难度加大，现况调绘资料的提供，可指导探查作业进行，利于综合分析判断，提高地下管线探查的精度。

3.0.19 本条规定了地下管线现况调绘的技术要求。城市地下管线现况调绘一般由城市地下管线普查主管部门向各专业管线权属单位下达现况调绘任务，管线权属单位根据下达现况调绘的任务、范围和技术要求，组织熟悉管线敷设情况的专业技术人员进行已有地下管线现况调绘工作。目前城市的各类专业地下管线分属各个不同部门、单位管理，因此，现况调绘工作由各权属单位负责，有利于资料的充分利用和收集。

目前，国内多数城市地下管线敷设年代早、经历时间长。加上缺乏对管线资料管理。资料不全或丢失等，应尽量向熟悉管线敷设情况的老工人和老一辈技术人员调查了解和进行补充。

3.0.20 本条规定了地下管线现况调绘的技术要求。现况调绘图主要根据地下管线的竣工资料进行编绘。编绘方法一般有如下两种：

　　1 解析法

解析法是根据地下管线竣工资料所提供的地下管线的平面坐标及高程数据，转绘在工作底图上，并将地下管线的平面坐标及高程数据整理、装订成册。

　　2 几何作图法

几何作图法是根据地下管线竣工图，依据地下管线与道路边线、邻近地物或其他参照物的间距或相关的距离等相互关系，用支距法或交会法将管线特征及附属设施中心点转绘到工作底图上，再将有关管线点进行连线，形成现况调绘图。

按比例编绘现况调绘图时，要考虑图纸晒印的变形并加以改正。

地下管线现况调绘的编绘，如无管线的竣工资料，一般可根据管线的设计资料及施工资料进行编绘，编绘的方法与上述一致。如无任何资料时，可请当时参与地下管线设计施工的工作人员或其他熟悉情况的人员回忆介绍情况，根据回忆的情况，将管线的大致位置标绘在工作底图上。

地下管线现况调绘图编绘完毕后，还应根据地下管线的属性资料在现况调绘图上标注管线的属性，如材质、规格、埋深、载体特征、电缆根数、流向电压、埋设年代等。

现况调绘图上各项属性和名称注记，是编制普查成果的依据，是外业无法查明的，因此要求由各权属单位调查并必须注记完全和准确。

3.0.21 本条规定了地下管线探测工程质量管理要求。勘测行业对勘测成果的质量管理一般是采用三级检查验收制度，即作业组自检、部门各作业组间互检和施工单位主管部门复检。勘测行业经过多年的实践制定了一系列勘测成果质量管理制度和标准，特别是近几年推行全面质量管理，形成了较为完善的质量管理体系。但对于城市地下管线普查这种应用多种高新技术、工艺复杂、质量要求高的系统工程，仅要求作业单位完成规定的自检量还不够，实践证明，应采用普查工程监理，不仅可以促使普查施工队伍建立和完善内部质量管理体系，而且由于普查监理工作贯穿于普查工程作业（包括技术设计和方法试验）的全过程，是在施工队伍内部质量管理体系运作的基础上，对普查作业各工序作业质量、中间成果和最终成果，采用作业巡视和抽样检查等方法进行监控，从而达到了对普查工程作业质量和最终普查成果质量进行事先控制和验证，因此，在普查工程监理的基础上进行普查成果验收，可以对普查成果质量做出比较全面和客观的评价。

在城市地下管线普查中引入工程监理机制，是建立和完善地下管线普查质量体系、提高普查工程质量的需要。通过普查工程监理，普查组织机构可以对普查作业全过程进行各工序的质量控制和验收，达到全面了解、掌握和控制普查施工队伍质量管理体系的运作情况、普查作业质量情况和普查成果质量情况，对普查工程作业全面、客观评价，为普查成果验收提供可靠的依据。

工程监理的工作内容与程序一般为：

1 工程合同监理。在施工队伍进行踏勘、技术设计直至提交成果的全过程中，监督工程合同的履行，并协助施工队伍作好进场前的有关准备工作；

2 作业监理。从施工队伍进行测区踏勘开始直至成果成图编制的内、外业全过程中进行监理；

3 计算机成果监理。成果监理就是采用专业软件对施工队伍提交的数据软盘进行数据转换，此项工作是在施工队伍进行数据处理、数据转换的过程中，以及测绘作业建立完成后，施工队伍提交计算机成果时进行。经计算机成果监理合格后的数据直接进入地下管线数据库；

4 档案资料管理。此项工作是在施工队伍进行资料整理、组卷、装订的过程中，及提交全部成果资料时，对档案资料进行全面核对检查。其内容包括档案完整性检查、组卷方法检查、档案资料质量及载体规格检查、编目检查及档案目录检查等；

5 编写工程监理报告。工序监理工作完成后，各工序监理负责人应签署监理意见，提交本工序监理情况报告，由总监理编写测区工程监理报告。

1）任务概况；

2）监理工作概况；

3）发现的主要问题及处理情况；

4）对遗留问题的处理意见；

5）成果资料（包括：成果资料是否齐全、组卷装订是否符合要求、数据格式是否符合建库要求、软盘数据、文件与成果是否一致）；

6）精度统计和质量评定。

3.0.22 本条规定了地下管线普查成果管理的要求。城市地下管线是一个动态的信息源，城市建设的日新月异，地下管线也不断增加，原有不适应城市发展要求的管线要更新，如果不能使原有数据库能及时反映现况，将失去普查的意义。为保证地下管线普查成果的现势性，本条规定由城建档案管理部门对归档后的普查成果资料进行动态管理。有关部门将制定相应的管理规定，报建、竣工测量验收及资料档案归档，制定系统数据更新等制度或规定，以保证动态管理的实施。

3.0.23 本条规定了地下管线普查数据采集的数据格式要求。随着城市现代化建设的发展，必须要求城市管理实现现代化，因此必须建立地下管线数据库，实现地下管线的现代化管理。地下管线数据库的建立应以普查成果为基础，根据普查工作的进展分期分片进行。建库时如果采用非本次普查的成果资料、或者在更新补充时进入数据库的资料，均必须符合本规程的要求，以保证数据库的准确性和资料、数据、精度等的规范性。

规定统一的数据格式是建立地下管线数据库和计算机信息系统的前提条件。作业单位使用设备采集数据时，应按本规程规定的计算机数据格式记录与存储数据，这有利于一阶段的验核和验收工作。若外业采集数据不能遵循规定的格式时，也可在内业进行数据处理时，将数据转换为规定的格式。

4 地下管线探查

4.1 一般规定

4.1.1 本条规定了地下管线探查的任务及其与测量之间的分工和衔接关系。探查的任务是在现场查清各种地下管线的敷设情况、在地面上的投影位置及埋深等，绘制探查草图并在地面上设置管线点标志，以便测量管线点的坐标及高程，或进行地下管线图的测绘。地下管线测量工作的任务是建立测量控制，进行管线点连测，测得管线点的坐标和高程，或进行地下管线图的测绘。因此，探查和测量是地下管线探测的两个相互紧密衔接的不同阶段。在实施时可以分工，紧密配合。

4.1.2 本条规定了地下管线点的设置要求。地下管线探查中管线点的设置应尽量置于管线的特征点或其地面投影位置上，这样有利于控制管线点的敷设状况。特征点包括：交叉点、分支点、转折点、起讫点、变深点、变径点、变材点、上杆、下杆以及管线上的附属设施的中心点等。如果管线坡度或直径是渐变的，则可将特征点设置在变化最大的地方或变化段的中点。

4.1.3 本条规定了管线点间距的要求。如果在走向较稳定的管线段上没有特征点，则也应按一定间距设置管线点，以控制管线的走向。管线点的间距应根据探测任务的性质和管线的复杂程度而定。本条推荐了不同探测任务的管线点间距标准。

4.1.4 本条规定了地下管线探查方法的基本原则，就是采用实地调查与仪器探测相结合的方法。对于明显管线点，主要采用实地调查和量测。隐蔽管线点主要采用仪器探测，必要时配合开挖验证等。

4.1.5 本规程中规定，管线点的编号和标记宜采用由管线代号和管线点编号二部分组成的符号表示。管线代号采用两个汉语拼音字符组成，只有氢（Q）和氧（Y）用一个汉语拼音字符。管线点编号用阿拉伯数字标记。例如：JS2 表示给水管道的第 2 号管线点。

4.1.6 本条规定了野外作业时探查记录填写、探查草图绘制等的有关要求。探查记录中的数据或内容确需修改更正时，应在错误的数据或内容上划一横线"——"，在其旁边填写正确的数据或内容，以便于对照。

4.2 实地调查

4.2.1 本条规定了实地调查的任务：在明显管线点上对所出露的地下管线及其附属设施置作详细调查、记录和量测，填写管线点调查表（附录B.0.1）。本条规定了地下管线实地调查的项目。各种地下管线，其实地调查的项目也有所不同，可参考表4.2.1。

4.2.2 本条规定了实地调查应查明每一条管线的性质和类型，其中燃气和工业管道应分出压力大小、类别，电力电缆应分出低压、高压或超高压等。

4.2.3 本条规定了明显管线点量测的方法和精度要求。

4.2.4 本条阐明了地下管线的埋深、类型和量测方法。在明显管线点上量测地下管线埋深时，应根据不同类别或委托单位的要求量测不同的埋深。地下管线的埋深可分为内底埋深、外顶埋深和外底埋深。内底埋深是指管道内径的最低点到地面的垂直距离。外顶埋深是指管道外径的最高点到地面的垂直距离。外底埋深是指管线外径的最低点到地面的垂直距离。在市政公用管线探测时，一般情况下，地下沟道中自流的地下管道量测其内底埋深，而有压的地下管道量测其外顶埋深。直埋电缆和管块量测其外顶埋深，管沟量测其内底埋深。为地下隧道或顶管工程施工而进行的地下管线探测，主要是为了防止地下隧道和顶管施工引起管线的破损，为安全可靠，应量测所有管线的外底埋深。

4.2.5 本条规定了在窨井上设置管线点的要求。一般情况下，在上设置管线点时，其位置应设在井盖中心。当偏距大于0.2m时，应以管线在地面的投影位置设置管线点，窨井作为专业管线附属物处理。

4.2.6 本条规定了地下管道和管沟量测的要求。量测地下管沟断面尺寸时，圆形断面量测其内径，矩形断面量测其内壁的宽和高。

4.2.7 本条规定了地下管道应查明其材质。这是建立地下管线信息管理系统的属性信息之一，也是地下管线管理和维护的重要信息。

4.2.8 本条规定了管沟或管块探查要求。在管沟或管块内的电力电缆或电信电缆应查明其根数或管块孔数。

4.2.9 本条规定了明显管线点探查的要求。在明显管线点上应查明其建、构筑物及地下管线的附属设施或管件。

4.2.10 本条规定了缺乏明显管线点的探查要求。工区内缺乏明显管线点或在已有明显管线点上尚不能查明实地调查须查明的项目时，应邀请熟知本地区地下管线的人员参加，或开挖地下管线进行实地调查和量测，熟知有本地区地下管线的人员包括：管线管理部门所属区段的管理人员，曾参加规划、设计、施工和管理本地区管线的人员以及当地居民等。

4.3 地下管线探查物探方法和技术

4.3.1 本条规定了用于探查隐蔽地下管线的物探方法所必须具备的条件。

4.3.2 本条规定了在地下管线探查过程中应遵循的几项基本原则：

1 从已知到未知。不论采用何种物探方法，都应该在正式投入使用之前，在区内已知地下管线敷设情况的地方进行方法试验，评价其方法的有效性和精度，然后推广到未知区开展探查工作；

2 从简单到复杂。在一个地区开展探查工作时，应首先选择管线少、干扰小、条件比较简单的区域开展工作，然后逐步推进到相对复杂条件的地区；

3 如果有多种方法可以选择来探查本地区的地下管线，应首先选择效果好、轻便、快捷、安全和成本低的方法；

4 在管线分布相对复杂的地区，用单一的方法技术往往不能或难于辨别管线的敷设情况，这时应根据相对复杂程度采用适当的综合物探方法，以提高对管线的分辨率和探测结果的可靠程度。

4.3.3 本条阐明了物探方法选择应顾及的因素。地下管线探查的物探方法较多，应根据任务要求、探查对象、当地球物理条件和实际情况，并通过试验来选择。各种物探方法有其适用范围和优缺点，列于附表C中。

4.3.4 本条规定了在仪器探查工作开始前，应首先进行方法试验。方法试验应在探查区或其邻近的已知管线上进行。方法试验的目的是确定方法技术和所选用仪器的有效性、精度和有关参数。在用电磁感应法探查时，通过方法试验确定最小收发距、最佳收发距、最佳发射频率和功率、最佳磁矩，并确定定深修正系数。由于不同类型的管线探查仪器在不同地球物理条件的地区，方法技术的效果不同，因此应分别进行试验。在地下管线探查过程中遇到的不同管线情况或疑难问题，应随时进行方法试验，提高探查精度。

通过方法试验确定有关参数的具体方法如下：

1 最小收发距：在地下无管线、无干扰的正常地电条件下，固定发射机位置，将发射机置于正常工作状态，接收机沿发射机一定走向，观测发射机场源效应的范围、距离。然后改变发射机功率，确定不同发射功率的场源效应范围、距离。当正常探查管线时，收发距应大于该距离，即最小收发距；

2 最佳收发距：将发射机置于无干扰的已知单根管线上，接收机沿管线走向不同距离进行剖面观测，以管线异常幅度最大、宽度最窄的剖面至发射机之间的距离为最佳收发距。不同发射功率、不同工作频率及不同被探管线的敷设情况的最佳收发距亦不相同，需分别进行测试；

　　3　最佳发射频率：固定最佳收发距及发射机功率，接收机在最佳收发距的定位点上，改变发射机频率进行观测，视接收机偏转读数及灵敏度来确定最佳发射频率；

　　4　发射功率：固定最佳收发距及发射频率，接收机在最佳收发距的定位点上改变发射机不同功率视接收机读数满偏度及灵敏度来确定最合适的发射功率。

　　5　发射磁矩：对于发射线框封闭固定的仪器，无须选择。但对一些地球物理专业自制的仪器，可通过改变磁矩视接收机读数满偏度及灵敏度来确定发射磁矩。同时要确定出发射机在某一磁矩（频率、电流固定）条件下，发射机与接收机之间最小观测距、最佳观测距。

4.3.5　本条阐明了金属管道和电缆探查的方法。探查金属管道和电缆时，应根据管线类型、材质、埋深、管径、出露情况、接地条件及干扰因素来选择探查的方法。在目前技术条件下，简便、有效、快速地搜索金属管线的方法是磁偶极感应法。这种方法的基本原理是将发射机产生的交变电流信号输入发射线圈，使其周围产生电磁场，当地下存在金属管线时，金属管线在电磁场的激发下产生二次电磁场，用接收线圈接收二次电磁场，就可以发现地下金属管线。这种方法发射和接收都不需要接地，因此操作灵活方便，工作效率高，效果好，而且可根据需要灵活改变发射线圈和接受线圈的方位和位置，适应各种不同的情况，取得最佳接收效果。

4.3.6　本条阐明了非金属管道的探查方法。探查非金属管道是一个技术难题。经过多年的试验与应用，电磁波法（亦即地质雷达）是探查非金属管道快速有效的方法之一。它是利用脉冲雷达系统，连续地向地下发射脉冲宽度为毫微秒级的视频脉冲，然后接收从管壁反射回来的电磁波脉冲信号。电磁波法对金属管线或非金属管道都是有效的。其他方法如电磁感应法、弹性波法、电阻率法等也可用于搜索非金属地下管线，但电磁感应法只适用于钢筋混凝土管；电阻率法、弹性波法要有相应的施工条件，所以在城市道路上不方便。对钢筋混凝土结构的非金属管道，当其埋深不太大时，亦可采用磁偶极感应法，当其有出入口时，可采用示踪电磁法。

4.3.7　本条阐明了盲区探查管线的方法和要求。在盲区用磁偶极感应法搜索地下管线的方法。可采用两种工作方式：

　　1　平行搜索法。发射线圈可以呈水平偶极发射状态垂直放置，也可呈垂直偶极发射状态水平放置，发射机与接收机之间保持适当的距离（应根据方法试验确定最佳距离），两者对准成一直线，同时向同一方向前进。接收线圈与路线方向垂直，使其无法接收直接来自发射机的信号。当前进路线地下存在金属管线时，发射机产生的一次场会使该金属管线感应出二次电磁场，接收机接收到二次场便发出信号或在仪器表头中指示地下管线的存在位置；

　　2　圆形搜索法。原理同平行搜索法，其区别是发射机位置固定，接收机在距发射机适当距离的位置上，以发射机为中心，沿圆形路线扫测。水平偶极发射时，扫测要注意发射线圈与接收线圈对准成一条直线。此法在完全不了解当地管线分布状况的盲区搜索时最为有效、方便。

　　搜索电力电缆亦可采用工频法。这种方法是直接测量电力电缆本身的工频（50Hz）信号及其谐波在其周围形成的电磁场信号，达到搜索电力电缆的目的。

4.3.8　本条推荐了用电磁感应类管线仪定位的两种方法：极大值法和极小值法。两种方法宜综合应用，对比分析，确定管线位置。

　　1　极大值法：极大值法包括 ΔHx 极大值法、Hx 极大值法。ΔHx 是利用管线仪垂直线圈测量电磁场的水平分量之差，利用其能消除部分干扰的影响，且异常曲线形态幅度较大，宽度较窄，失真较小，所以利用 ΔHx 极大值法确定地下管线的平面位置较好（见图2a）。当管线仪不能观测 ΔHx 时，可用水平分量 Hx 极大值法定位，Hx 极大值法异常幅度大且宽，异常易被发现（见图2b）。ΔHx、Hx 的极大值处均为管线的地面投影位置；

　　2　极小值法：极小值法是利用管线仪水平线圈测量电磁场的垂直分量 Hz，由于在管线正上方垂直分量 Hz 等于零，故在地下管线正上方为极小值，或零值（见图2c）。有些部门称此法为"零值法"或"哑点法"。Hz 受来自垂直地面干扰或附近管线异常干扰的影响较大，故用极小值法定位有时误差较大，所以，极小值法定位应与其他方法配合使用。

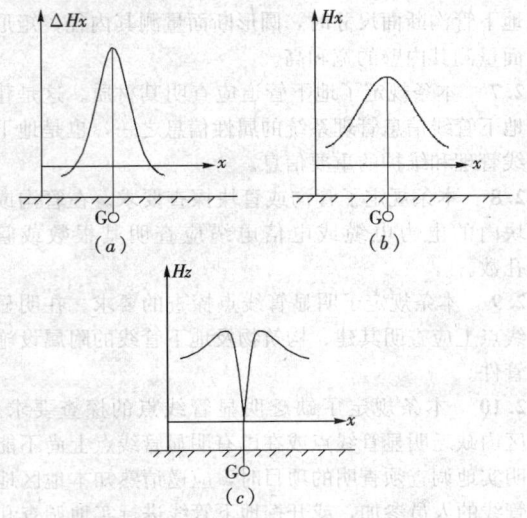

图2　电磁感应法管线定位示意图
(a) ΔHx 极大值法；(b) Hx 极大值法；(c) 极小值法

4.3.9 本条推荐了管线仪定深的方法及要求。定深方法有特征点法（ΔHx 百分比法、Hx 特征点法）、直读法及 45°法等。

    1　特征点法

    利用垂直管线走向的剖面，测得的管线异常曲线峰值两侧某一百分比值处两点之间的距离与管线埋深之间的关系，来确定地下管线路埋深的方法称其为特征点法。不同型号的仪器，不同的地区，可选用不同的特征点法。

    1) $\Delta Hx70\%$ 法：ΔHx 百分比与管线埋深具有一定的对应关系，利用管线 ΔHx 异常曲线上某一百分比处两点之间的距离与管线埋深之间的关系即可得出管线的埋深。有的仪器由于电路处理，使之实测异常曲线与理论异常曲线有一定差别，可采用固定 ΔHx 百分比法（如图3a 的 70% 法）定深；

    2) Hx 特征点法：

    ①80%法：管线 Hx 异常曲线在 80% 处两点之间的距离即为管线的埋深（见图3b）；

    ②50%法（半极值法）：管线 Hx 异常曲线在 50% 处两点之间的距离为管线埋深的两倍（见图3b）。

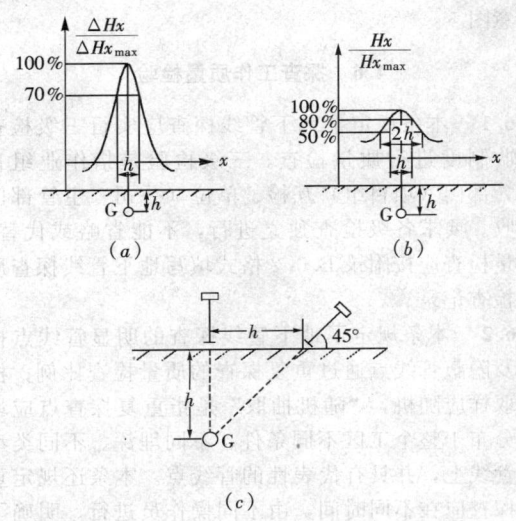

图3　管线定深示意图
(a) $\Delta Hx70\%$ 法；(b) $Hx80\%$、50%法；(c) 45°法

    2　直读法：有些管线仪利用上下两个线圈测量电磁场的梯度，而电磁场梯度与埋深有关，所以可以在接收机中设置按钮，用指针表头或数字式表头直接读出地下管线的埋深。这种方法简便，且在简单条件下有较高的精度。但由于管线周围介质的电性不同，可能影响直读埋深的数据，因此应在不同地段、不同已知管线上方通过方法试验，确定定深修正系数，进行深度校正，提高定深的精度；

    3　45°法（见图3c）：先用极小值法精确定位，然后将接收机与地面成 45°状态进行垂直管线移动测量，"零值"点与定位点的距离为地下管线埋深。因有些常用管线仪未对本方法作针对性精确设计，在现场作业时难以把握其与地面成 45°，对于此类管线仪一般在实际工作中不宜采用 45°法。如果管线仪进行了针对性设计则可使用 45°法。

    除了上述定深方法外，还有许多方法。方法的选用可根据仪器类型及方法试验结果确定。不论用何种方法，均应满足表第 3.0.12 条第 1 款的要求。为保证定深精度，定深点的平面位置必须精确；在定深点前后各 4m 范围内应是单一的直管线，中间不应有分支或弯曲，且相邻平行管线之间不要太近。

4.3.10 本条推荐了区分两条或两条以上平行管道或电缆时可采用的方法及具体做法。被测金属管线邻近管线分布较复杂时，可采用直接法或夹钳法。直接法是将发射机的输出端直接接到管线上，使发射信号直接输入管线，而不是通过线圈感应在管线中产生二次电流。直接法有三种连接方式：双端连接、单端连接和远接地单端连接（见图4）。双端连接效果较好，且可在复杂管线分布的条件下分辨单根管线，但必须有两个管线出露点。单端连接只需一个管线出露点，发射机的另一端在附近接地。当地下管道的接合部分为不良导体时，可采用远接地单端连接方式。

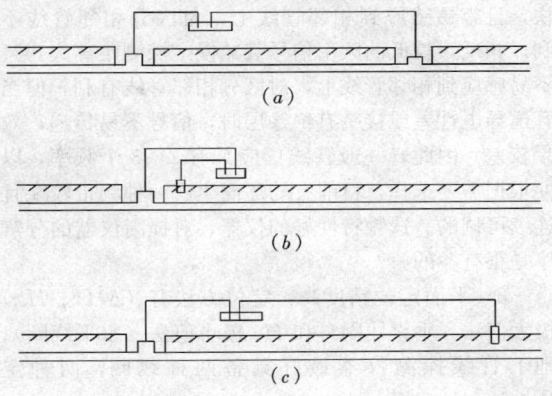

图4　直接法区分平行管道
(a) 双端连接；(b) 单端连接；(c) 远接地单端连接

4.3.11 本条规定采用直接法或充电法时的方法技术要求。无论是直接法或充电法，金属管线上的充电点与连接导线要有良好的电性接触，因此必须将金属管线上的绝缘层刮干净。接地电极的布设应合适。一般分布设在垂直管线走向的方向上，距离大于 10 倍埋深的地方，并尽量减小接地电阻。

4.3.12 本条规定采用电磁感应法探查管线时的操作方法以及减小干扰的方法，减小干扰的方法须经方法试验确定，如：探查钢筋混凝土地坪下的管线时，接收机应离地坪一定的高度，可减小钢筋网的干扰。

4.3.13 本条规定了野外作业时仪器操作应严格按

使用说明进行。并按照附录 B.0.2 格式填写探查记录。

4.4 探查仪器技术要求

4.4.1 选用哪种方法技术就应该采用与其相适应的仪器设备。在探测金属地下管线时，电磁感应类方法轻便灵活、异常清晰、工作效率高、成本低，因此管线仪一般都是根据电磁感应法原理设计制造的。

4.4.2 本条规定了管线仪应具备的性能。评价管线仪的优劣，应从适用性、耐用性、轻便性和性能价格比等几方面来评价。适用性是指仪器的功能、使用效果和适用程度，这是评价仪器优劣的基本标准。适用性好的仪器应具有以下特点：

1 功能多：既可作被动源法（50Hz法或甚低频法），又可作主动源法（磁偶极感应法、电偶极感应法、直接法等），一机多用，这样在探测地下管线中可以根据不同情况灵活选用不同的方法。有的管线仪配备一些附件，如示踪探头或示踪电缆可以用于非金属管道的探测。

2 工作频率合适：选择合适的工作频率对探测效果有很大影响。较高的频率灵敏度高，对管道接头有绝缘层的铁管仍有较好的探测效果，但信号衰减快，且容易感应到相邻管线上，对区分相邻管线不利。相反，较低的频率信号衰减慢，探测距离大，且不易感应到相邻管线上，对区分相邻管线有利，但当管道导电性差或接头有绝缘层时，信号不易传递，效果较差。因此，一般管线仪应具有 2～3 个频率，以便根据需要选择，目前有的厂商生产一种频带较窄且连续可调的、选频特性好的仪器，对提高仪器的分辨率是很有益的。

3 平面定位精度高：定位方法有（ΔH_x、H_x）极大值法（垂直线圈）和 H_z 极小值法（水平线圈）。地下管线探测仪器最好具备两种线圈，两种定位方法。

4 确定地下管线埋深的精度高：目前不少厂商生产可直读埋深的仪器，这对定深的操作是很方便的，但测量精度尚需通过方法试验确定，并应在方法试验时，求得定深的修正系数。

5 探测深度和探测距离大：仪器的最大探测深度取决于发射机的功率。好的管线仪发射机应有较大的输出功率，且是可调的，因为当接收机靠近发射机工作时，太大的功率使一次场信号太强，影响探测精度，功率可调就可以解决这个问题。

6 能在恶劣的环境下工作：一般应在—10℃至+45℃的气温条件下及湿度较大的环境下正常工作。

7 有良好的显示功能，使操作员读数和操作方便。

除了仪器的适用性外，耐用性、轻便性和性能价格比也是很重要的评价标准。由于管线仪是在野外或现场工地上操作，必须坚固耐用，有良好的密封性能，工作稳定。同时，整套设备应轻便，使操作员手握仪器操作时比较舒适，长时间工作不感疲劳。

4.5 地面管线点标志设置

4.5.1 本条规定了管线点设置和标志选择的要求。为了便于测量管线点的坐标和高程，或作为施工开挖的实地标志，在管线点上应设立标志。设立标志的方法很多，如预制水泥桩、刻石、铁钉、木桩、油漆。选用什么标志方法应根据标志需保留的时间长短和地面的实际情况确定。

4.5.2 本条规定了管线点标志及编号的要求。标志的编号一般用油漆标记在标志附近较醒目的地方，并注意油漆标记的保留。

4.5.3 本条规定了管线点实地设置不易寻找时的探查要求。有时管线点标志被建筑物掩盖或处于草丛、杂物中难以寻找，或处于交通要道、水面下或居住区中易被遗失。对这类管线点应在探查记录表中注记其与附近固定地物标志之间的距离和方位，并绘制位置示意图。

4.6 探查工作质量检验

4.6.1 本条规定了地下管线探查应实行三级检查验收制度进行质量检查。三级检验是指作业组自检，部门（项目组）互检、单位（公司）主管部门验收。要求各级检查独立进行，不能省略或代替。质量检查应按附录 B.0.2 格式填写地下管线探查质量检查记录。

4.6.2 本条规定了地下管线探查的明显管线点检查及隐蔽管线点通过重复探查的质量检查比例；检查取样应随机，"随机抽取"是指重复探查点应均匀分布于整个工区不同条件、不同埋深、不同类型的管线上，并具有代表性的管线点。本条还规定重复探查应在不同时间，由不同操作员进行。明确了检查内容包括管线点的几何精度检验和属性调查结果检验。

4.6.3 本条规定了管线点的几何精度检查的要求。隐蔽管线点用仪器复查地下管线的平面位置和埋深。明显管线点应在地下管线出露点上重复量测埋深。用复查的结果分别计算中误差。隐蔽管线点的平面位置和埋深中误差不得超过本规程 3.0.12 第 1 款规定的 0.5 倍限差。本条中给出了相应的计算公式。明显管线点的重复量测埋深中误差不得超过±2.5cm。

4.6.4 本条规定了检查探查工作质量的方法。开挖验证是评价探查工作质量的主要方法。

开挖验证点应符合以下规定：

1 开挖验证的点数不得少于工区内隐蔽管线点总数的1％，且不少于3个；

　　2 开挖验证点应"随机抽取、均匀分布"，即要考虑到不同埋深、不同类型、不同探查条件有代表性的点进行开挖验证；

　　3 开挖出来的实际管线与探查管线点之间的水平位置偏差和埋深偏差不得超过本规程3.0.12第1款规定的限差。

　　探查工作质量评定方法：

　　1 超过限差的点数小于或等于开挖总点数的10％时，则工区探查质量合格；

　　2 当超差点数大于10％小于或等于20％时，应再抽取不少于隐蔽管线点总数1％开挖验证。两次抽取点总和中超差点小于或等于10％时，探查工作质量合格，否则不合格；

　　3 当超差点数大于总数20％时，分两种情况：一种情况是总点数大于等于10个，则质量不合格；另一种情况是总点数少于10个，则应增加开挖验证点到10个以上，再进行质量评定。

4.6.5 本条规定了地下管线探查除对管线点的水平位置和埋深进行检查外，还应对管线点的属性调查进行检查，检查内容包括规定调查的所有项目，并对照管线种类进行检查。如发现遗漏、错误应及时进行补充和更正，确保管线点属性资料的完整性和正确性。

4.6.6 本条规定了地下管线探查经质量检验不合格的工区，应对不合格原因进行分析研究，之后返工重新探查。

4.6.7 本条规定了地下管线探查结束应编写管线探查质量检查报告，检查报告的内容应包括：

　　1 工程概况：包括任务接受、工区概况、工作内容、作业时间及工作量。

　　2 检查工作概述：检查工作组织、检查工作实施情况、检查工作量统计以及存在的问题。

　　3 问题及处理意见：检查中发现的质量问题，提出整改措施，问题处理结果；限于当前仪器、技术条件，未能解决的问题，并提出处理建议。

　　4 精度统计：精度统计是质量检查工作的重要内容，其中包括最大误差、平均误差、超差点比例、各中误差及中误差限差的统计。

　　5 质量评价：应根据精度统计评定工程质量情况。

5 地下管线测量

5.1 一般规定

5.1.1 本条规定了地下管线测量的基本内容，便于规范作业。

5.1.2 本条规定了地下管线测量前，首先应对测区内的控制与地形资料进行收集，以充分利用已有测量成果资料，以免重复测量造成浪费。并规定对缺少控制和地形图的测区或新建立控制网和新测地形图的测区应按现行行业标准《城市测量规范》的规定实施，目的是保持地下管线测量成果坐标系统和地形图比例尺与城市测量的一致性，以便于成果数据共享和使用。

5.1.3 本条规定解析法和数字测绘法作为地下管线平面位置测量的基本方法。顾及当年科技进步与发展，测绘新技术在全国已普遍得到应用，同时为地下管线信息的科学化、标准化、规范化的管理创造条件，取消图解法测绘的方法。这与现行的行业标准《城市测量规范》规定的精神是一致的。

5.1.4 本条规定直接水准测量作为地下管线高程测定的基本方法，但随着全站仪、电子经纬仪和测距仪的广泛应用，规定电磁波三角高程测量也可以作地下管线高程测量的另一种方法。

5.1.5 本条规定地下管线图测绘的基本方法，除了常规测图方法外，由于科技的进步与发展，内外业一体化的数字测图方法，已经成为先进测图方法，得到普遍的推广与应用，将为地下管线测量数据的科学化存储和管理以及建立地下管线信息管线系统创造条件。

5.1.6 本条规定为确保地下管线测量的各项测量成果的质量。应按现行的行业标准《城市测量规范》CJJ8的有关要求对各项测量所使用的仪器与设备进行必要的检验与校正。

5.1.7 本条规定数字测绘的数据格式的基本要求，为了确保地下管线数据的计算机管理的需要，要求数字测绘的数据格式应符合地下管线信息管理系统入库要求。

5.2 控制测量

5.2.1 本条款规定了地下管线控制测量的基本方法和种类。规定了地下管线控制测量应在城市等级控制网的基础上进行布设或加密，以确保地下管线测量成果平面坐标和高程系统与原城市系统的一致性，以便于成果共享和使用；同时也避免重复测量造成不必要的浪费。地下管线控制测量应在城市的等级控制网的基础上布设GPS控制点；一、二、三级导线；图根导线。城市等级控制点密度不足时应按现行的行业标准《城市测量规范》CJJ8要求补测等级控制点。补测等级控制点应符合以下技术要求：

　　1 采用GPS技术布测地下管线控制点，可采用静态、快速静态和动态RTK等方法进行。其作业方法和数据处理按现行行业标准《全球定位系统城市测量技术规程》CJJ73的要求执行。

　　2 静态GPS测量应符合表8的技术要求：

表8 GPS测量的主要技术要求

等级	平均点距（km）	最弱边相对中误差（km）	闭合环或附合路线边数	观测方法	卫星高度角（°）	有效卫星观测数	平均重复设站数	观测时间（min）	数据采样间隔（s）
一级	1	1/20000	≤10	静态	≥15	≥4	≥1.6	≥45	10～60
				快速静态		≥5		≥15	
二级	≤1	1/10000	≤10	静态	≥15	≥4	≥1.6	≥45	10～60
				快速静态		≥5		≥15	

注：1 当采用双频机进行快速静态观测时，时间长度可缩短为10min；
   2 当边长小于200m时，边长中误差应小于20mm；
   3 各等级的点位几何图形强度因子PDOP值应小于6。

3 一、二、三级光电测距导线应符合表9的技术要求。

表9 光电测距导线的主要技术要求

等级	附合导线长度（km）	平均边长（m）	每边测距中误差（mm）	测角中误差（″）	导线全长相对闭合差
一级	3.6	300	≤±15	≤±5	≤1/14000
二级	2.4	200	≤±15	≤±8	≤1/10000
三级	1.5	120	≤±15	≤±12	≤1/6000

注：1 一、二、三级导线的布设可根据高级控制点的密度、道路的曲折、地物的疏密等具体条件，选用两个级别；
   2 导线网中结点与高级点间或结点间的导线长度不应大于附合导线规定长度的0.7倍；
   3 当附合导线长度短于规定长度的1/3时，导线全长的绝对闭合差不应大于13cm；
   4 光电测距导线的总长和平均边长可放宽至1.5倍，但其绝对闭合差不应大于26cm。当附合导线的边数超过12条时，其测角精度应提高一个等级。

5.2.2 本条规定了地下管线控制测量图根导线的技术要求。地下管线控制测量一般都在城市测量的等级控制点基础上布设图根导线。当前测定图根导线的方法有图根光电测距和图根钢尺量距两种，本条规定了这两种方法的技术要求。

5.2.3 本条规定了采用GPS技术进行地下管线控制测量的三种基本方法。随着GPS技术的发展与应用，采用静态和快速静态的GPS定位测量已经广泛地用于城市等级控制测量中，实践证明它是一种高效、高速、高精度的定位技术，同样可以把这种新技术用于城市地下管线控制测量和测定管线点，其作业方法和数据处理参照现行的行业标准《城市全球定位系统城市测量技术规程》CJJ73的规定实施，观测时间可适当缩短。采用GPS动态测量，即RTK定位技术，是当前新发展起来的一种快速定位技术，《规程》编写组在某市进行大量试验说明，RTK定位技术用于城市导线测量及管线点测量是行之有效的，可满足本规程规定的技术要求。

5.2.4 本条规定采用RTK定位技术进行地下管线控制测量应遵守的技术要求，因RTK测定的精度、速度受卫星状况、大气状况、通讯质量、基准站和用户站（即流动站）点位情况等多种因素影响，且测定的点位相互独立，粗差检测比较困难。为此，在大量试验基础上，提出采用RTK测量时应注意的事项是必要。各使用单位可根据各自仪器性能、测区状况等具体情况，补充设计满足本规程技术要求的具体规定。

5.2.5 本条规定了对用于导线测量的测距仪和钢尺的检校要求。测距仪和钢尺是进行图根导线测量时长度丈量的主要工具，其标准长度或各项改正值的正确与否，直接关系导线的精度。本条规定了测前要对测距仪和钢尺进行全面的检验和校正，以确保导线的精度要求。具体检校方法和要求按《城市测量规范》CJJ 8的要求实施。

5.2.6 本条规定了测距仪进行图根导线测量的基本方法和数据处理要求。由于当前测距仪测距精度都在5～10mm，只要认真作业、精心测量，单方向测边可满足技术要求，为避免观测粗差，规定两次观测数据差值不大于10mm。

5.2.7 本条规定了布设支导线的技术要求：由于城市建筑密集，很多地方又不通行，在进行地形测量时，当受地形限制图根导线无法闭合的情况下，需布设支导线。为了适合用经纬仪测角、用钢尺量距或光电测距仪测距，乃至采用全站仪测量，本条规定，可布不多于四条边，长度不超过附合导线规定长度1/2，最大边长不应超过规定平均边长2倍的支导线。

大家知道，有n条边、总长为L的直伸等边支导线端点的纵向误差m_t、横向误差m_u和总的点位误差m_D为：

$$m_t = \sqrt{nm_s^2 + \lambda^2 L^2} \tag{10}$$

$$m_u = \frac{m''_\beta}{\rho} L \sqrt{\frac{(n+1)(2n+1)}{6n}} \quad (11)$$

$$m_D = \sqrt{m_t^2 + m_u^2} \quad (12)$$

采用等影响原则，即 $m_t = m_u$，则

$$m_D = \sqrt{2m_u^2} = \frac{m''_\beta}{\rho} L \sqrt{\frac{(n+1)(2n+1)}{3n}} \quad (13)$$

图根附合导线用 DJ_6 级仪器观测一测回的测角中误差为 $\pm 30''$，图根支导线按左、右角各观测一测回的测角中误差 $m''_\beta = \pm \frac{30''}{\sqrt{2}} = \pm 21.2''$，$m_D$ 为 $0.1M$mm（M 为测角比例尺分母），在公式（13）中 L、n 均为未知数，不可能同时求得，因此可以先假设 L 和 n，然后再估算结果，边长 $n \leq 4$，长度 $L \leq 1/2$ 规定的附合导线长度。

导线测站圆周角闭合差的限差 $\Delta_c = 2m''_\beta = 2 \times 21.2'' = \pm 42.4''$，取为 $\pm 40''$。

5.2.8 本条规定了导线内业计算的平差方法和计算取位具体规定。

5.2.9 本条规定了地下管线高程控制的技术要求：

1 地下管线高程控制技术要求制定的依据：

应满足管线点的高程中误差（指测点相对邻边高程起算点）不得大于 ± 3cm；

在测图区可直接利用各等级高程控制点包括图根点对管线点的高程进行测量；

在布设地下管线导线地区，一般沿地下管线导线点布设地下管线水准路线。

2 沿地下管线导线布置的水准路线最弱点高程中误差不超过 ± 3cm 的分析：

1) 地下管线水准路线闭合差 ± 10mm$\sqrt{n}$，n 为测站数的规定：

现行行业标准《城市测量规范》CJJ8 规定各等水准网中最弱点的高程中误差（相对起算点）不得大于 ± 2cm，水准路线一般沿地下管线导线布设，最长的导线长 $L = 3600$m ≈ 4km，用图根水准技术要求测量，路线闭合差 $\pm 40\sqrt{L}$（mm）（L 为路线长度，以 km 为单位），而最弱点的高程中误差

$$m = \frac{1}{2} m_{端} = \frac{1}{2} \left(\frac{1}{2} f_h \right) = \frac{1}{4} f_h \quad (14)$$

式中 $m_{端}$——水准路线端点高程中误差；
f_h——水准路闭合差，mm，

约定 $f_h = \pm 40\sqrt{4}$mm $= 80$mm 分别代入上式得

$$m = \frac{1}{4} f_h = 20\text{mm} \quad (15)$$

考虑城市地下管线水准路线环境条件复杂，把以 L 为闭合差变数的公式改变为测站数 n，约定 $f_h = \pm 10\sqrt{n} = \pm 40\sqrt{L}$

则 $n = 16L$ 即千米 16 站时两种评定闭合差的公式等价。

2) 当附合导线的平均边长约定为 300m 时，通常水准观测的视线长不大于 100m，则 300m 需作两站观测，而 3600m 的导线长相当于 12 条边、24 个测站，则水准路线的最弱点高程中误差

$$m = \frac{1}{4} 10 \sqrt{n} \approx 12\text{mm} < 3\text{cm}$$

3) 当为支线水准时，约定导线长 1800m，平均边长 450m，而支线水准最弱点在端点，$n = 3 \times 4 = 12$，则最弱点高程中误差

$$m = \frac{1}{2} 10 \sqrt{12} = 17\text{mm} < 3\text{cm}$$

5.2.10 本条规定光电测距三角高程测量方法建立高程控制的技术要求。根据很多生产实践的数据统计表明，光电测距三角高程导线的实测精度，在平坦地区可以代替四等水准测量。即完全满足图根水准测量要求。

5.2.11 本条规定光电测距三角高程导线垂直角观测的技术要求，它不但取决于等级和仪器精度，还取决于三角高程导线测量中每边的垂直角的观测次数。往测指每条边只测一次垂直角，往返测指每条边的两端都观测垂直角。

5.3 已有地下管线测量

5.3.1 本条规定了地下管线测量的内容以便于规范作业。

5.3.2 地下管线点平面位置测量目前主要采用的三种方法，即 GPS、导线串测法和极坐标法。

用 GPS 技术测量管线点平面位置时要顾及作业环境，可采用快速静态法或 RTK 快速动态法，参照 GPS 导线测量技术要求实施。

用串测法测量管线点平面位置时，管线点可视为导线点，前已说明最弱点点位中误差可满足管线点测定精度要求。

用极坐标法测量管线点位置时，当采用钢尺量距和经纬仪测角时，其点位中误差应为：

$$m = \pm \sqrt{m_s^2 + s^2 \left(\frac{m_\beta}{\rho} \right)^2} \quad (16)$$

式中，钢尺量距约定 $S = 50$m，$m_s = 20$mm
m_β——测角中误差，DJ_6 仪器一测回，$m_\beta = 60''$
代入上式，得

$$m = 24.7\text{mm}$$

当采用光电测距仪测距时，变换上式为：

$$S = \pm \sqrt{\frac{(m^2 - m_s^2)\rho^2}{m_\beta^2}} \quad (17)$$

式中 m——管线点点位中误差，约定为 ± 50mm；
m_s——测距中误差。

$$m_s = \pm \sqrt{m_{s1}^2 + m_{s2}^2 + m_{s3}^2} \quad (18)$$

式中 m_{s1}——仪器的标称精度，约定Ⅲ级仪器为 ± 20mm；
m_{s2}——仪器对中误差，以 ± 0.3cm 计；

m_{s3}——反光镜对中误差,以±1.2cm计；

m_β——测角中误差,约定 DJ_6 仪器一测回为60″；

分别代入上式得：

$$S=151.7m$$

即规定光电测距的距离不宜超过150m。

5.3.3 管线点的高程连测,可视为支线水准路线,前已论及。

5.3.4 采用全站仪连测管线点时,可同时测定管线点的平面坐标与高程,水平角和垂直角均测一测回即可,经过某实验区近500个的观测数据统计,管线点平面位置中误差为±3.0cm,高程中误差为±2.2cm均满足规定的精度要求。若又采用管线数字测量时,为了作业方便与效率,则可观测半测回即可,但应注意观测照准和读数的粗差问题,测距长度不超过150m,同时注意仪器高和觇牌高量测和输入的准确性。

5.3.5 本条规定了管线点坐标和高程计算的取位。

5.3.6 本条规定了横断面的施测要求。

5.3.7 本条规定了施测带状地形图的宽度,一般以红线外20m居多。

5.4 地下管线定线测量与竣工测量

5.4.1 本条规定了定线测量的基本要求和管线定线测量的两种精度：一种为规划路路内的管线采用规划路定线导线精度即三级导线精度,理由之一,1999年《城市测量规范》CJJ8 就是这样规定的："城市街坊道路网的放样工作——所加密各控制点的精度,不得低于三级导线测量"；理由之二,在市政修路中,路中线和各种管线同时定线,为保持精度一致,固采用三级导线；另一种为非规划路管线定线,用图根导线定线。阐明定线测量应采用的技术方法,强调了管线定线的过程中应注意的事项和必须进行各种校核,以确保管线定线准确无误。定线测量宜采用解析法,解析法通常有两种作业方法：

1 解析实钉法：根据定线条件或施工设计图中所列待定管线与现状地物的相对关系,实地用经纬仪定出管线中线位置,然后联测中线的端点、转角点、交叉点及长直线加点的坐标,再计算确定各线段的方位角和各点坐标。

2 解析拨定法：根据定线条件和施工设计图,布设导线、测定条件或施工图中所列出的指定的地物点坐标,以推算中线各主要点坐标及各段方位角。如果定线条件或施工设计图中拟定的是管线各主要点的解析坐标或图解坐标,应算出中线各段方位角。然后用导线点将中线各主要点及直线上每隔50～150m一点测设于实地,对于直线段各中线点应进行验直,记录偏差数,宜采用作图方法近似地求得最或是直线,量取改正数现场改正点位。

5.4.2 本条规定了竣工测量的基本要求。同时指出为了保证地下管线竣工图的精度,地下管线竣工测量应在覆土前进行,实在没有条件时,也应在覆土前把管线特征点引到地面上。此时的地面往往还没有完全做好,所引的管线点很容易被破坏,因此做好所引的管线点的点之记、量好管线与地面高程待测点间的高差是十分必要的。

5.5 地下管线数字测绘

5.5.1 本条阐明地下管线数字测绘的内容。地下管线数字化信息来源是：野外测量、管线调查以及已有测量资料的收集,并按有关技术规定把这些数据输入计算机,经数据处理和图形处理后,输出管线图和各种成果表。输出的地下管线图有两种：一是沿线路走向的带状图,除了测绘管线诸要素外,还要测绘管线两侧一定宽度内的地物；二是分幅图,将管线图套绘在地形图上,成为管线分幅图。

5.5.2 本条规定了管线数字测绘时管线标识及数据属性的代码的具体要求,目前,特征代码设计各行其是,从代码位数看,最少是2位,最多达38位数,这对数字化成图标准化很不利,基于数字化成图的现状与生产实践的经验,规定了代码设计应遵循的原则,是非常必要的。具体编码要求详见本规程第7.2.6条规定和附录G。

5.5.3 本条规定数据采集所生成的数据文件的技术要求。在当前数据文件的格式尚未统一的性情况下,在进行地下管线数字测绘时,数据文件的格式可自行规定,但要具有通用性,便于转换,以利于数据的使用和共享,为建立管线信息管理系统打下基础。

5.5.4 本条规定了管线数字测绘软件应具备的技术要求和功能。

5.5.5 本条款规定了地下管线数字测绘野外测量数据采集内容和技术要求。采集数据时,应对仪器高和觇牌高要进行重复测量,避免粗差、生成管线测量数据文件前,应保证管线测量采集数据完整性、正确地,同时,注意数据文件的备份防止数据丢失。

5.5.6 本条规定了数据处理与图形处理的基本内容和技术要求。数据处理的目的是将不同方法采集的数据进行转换、分类、计算、编辑,为图形处理提供必要的绘图信息数据文件。

数据通讯将电子手簿中的数据传递到计算机,生成原始数据文件。数据转换是将不同格式的原始数据文件进行转换,使之成为标准格式数据文件。数据编辑是将所有测点的坐标按其属性进行排列,建立绘图信息数据文件。

图形处理的成果是图形文件。图形文件与数据文件应保持对应关系,以便为建立图形数据库奠定基础。同时要求图形文件兼容性要好,以便于使用和共享。

5.5.7 本条规定了管线数据处理应生成的文件。在数据处理中绘制管线图软件系统与地形图软件系统是相互独立的，由这两个软件系统处理后，分别生成管线图形文件与地形图文件。如果欲绘制管线带状图或分幅图，应将管线图插入相应的地形图中，最后输出管线带状图或分幅图。同时数据处理还生成管线属性数据文件和管线成果文件。

5.5.8 本条规定了管线数字化测绘应提交的成果内容。

5.6 测量成果质量检验

5.6.1 本条规定了地下管线探测结果的成果质量检查和复测的具体要求。应对管线点探测成果，随机抽查管线点总点数 5% 进行实测检查，这是确保管线测量成果质量的重要手段和方法。特别在普查初期应认真实施，对质量一直保持比较好的专业队伍，抽查比例可酌减。

5.6.2 本条规定了管线点精度超差的处理方法。

5.6.3 本条规定了管线测量检查验收的方法和检查报告的内容：
  1 工程概况：包括任务接受、工区概况、工作内容、作业时间及工作量。
  2 检查工作概述：检查工作组织、检查工作实施情况、检查工作统计以及存在的问题。
  3 精度统计：精度统计是质量检查工作的重要内容。包括最大误差、平均误差、超差点比例、各项中误差及中误差限差的统计。
  4 质量评价：根据精度统计评定工程质量情况。
  5 问题处理意见：检查中发现的质量问题提出整改措施，问题处理结果；限于当前仪器、技术条件，未能解决的问题，并提出处理建议。

6 地下管线图编绘

6.1 一般规定

6.1.1 本条规定了地下管线图编绘的方法和内容。地下管线图编绘是地下管线数据处理的下道工序，为防止错误传递到下道工序，要求在编绘前应对管线图形文件或数据进行检验，在编绘所需的管线图形文件或数据经检验合格时，可开展编绘工作；否则，应查明不合格的原因，并采取相应的纠正措施，以保证编绘所需的管线图形文件或数据满足要求。地下管线图的编绘有二种方法，即计算机编绘和传统的手工编绘。随着新技术的发展与应用以及为了实现地下管线的动态化管理，应积极采用计算机编绘成图方法编绘地下管线图。各作业单位在条件允许的情况下应采用计算机编绘成图，编绘工作内容包括：比例尺的选定、数字化地形图和管线图的导入、注记编辑、成果输出等。考虑到有些地区由于条件的限制，仍然采用手工编绘管线图，因此，本条文保留了原规程规定的手工编绘方式。

6.1.2 本条规定了地下管线图编绘的种类。对于采用计算机编绘成图，由于现有的数字化成图或 GIS 软件可以实现对图形的任意放大和缩小，同时有一些管线无需用放大示意图，因此，本条文删除了原规程规定的放大示意图的编绘内容。传统手工编绘时，根据用户需要，必要时可编绘放大示意图。

6.1.3 本条规定了地下管线图编绘比例尺，图幅规格的具体要求。现在各单位在地下管线探测过程中，管线点成果、文字说明和图例一般不在图上表示，而是作为单独的成果提交。因此，在本规程中删除了原规程第 5.1.3 条款。同时为了探测资料的一致性以及便于资料的使用和管理，本规程规定了管线图的规格和分幅应与城市基本地形图一致。

6.1.4 本条规定了编绘用的地形底图的要求。城市基本地形图作为地下管线图的底图，比例尺、坐标和高程系统应与管线图一致，以保证资料的精度的一致性。为了保证资料的现势性和质量，本条款规定了地形图的现势性、数据格式和质量的要求。

6.1.5 本条规定了数字化地形图的质量要求。为确保数字化地形图的质量，数字化地形图在使用前应进行质量检查，在满足现行的行业标准《城市测量规范》CJJ8 要求时才能使用。

6.1.6 本条规定了数字化地形图的要素分类与代码的要求。为保证数据存储与交换的一致性，数字化地形图的地形图要素分类与代码宜按现行国家标准《1：500、1：1000、1：2000 地形图要素分类与代码》GB14804 的要求实施。

6.1.7 本条明确编绘管线图的数据来源。对于数字化管线图的数据来源，目前有几种方式：可通过专业作业单位开展地下管线探测工作采集数据；可通过竣工测量采集数据；可通过收集原有资料数字化。如果采用原有资料数字化方法，在数字化之前，应评估原有资料的质量，当不符合本规程的要求时，应按本规程的要求重新进行探测。

6.1.8 本条规定了数字化地下管线图机助成图采用的软件应具备的功能。由于软件和成图设备的技术发展迅速，各单位所使用的软件和成图设备也不同，因此本条款只对数据处理所采用的软件和成图设备作基本的规定。

6.1.9 本条规定了传统手工编绘所采用的底图材料和展绘的技术要求。目前国内大多数测绘单位用的绘图聚酯薄膜，厚度在 $0.07\sim0.10mm$ 之间的效果最佳。现行的《城市测量规范》CJJ8 规定，图上坐标格网的允许误差为 $0.2mm$，对于 $10cm$ 而言，其相对误差为 $1/500$，绘图薄膜的长度变形如能达到上述误差的 $1/10$ 即小于 $0.2‰$，其影响可以忽略，故要求绘图薄膜的变形率小于0.2‰。表6.1.9所规定的各项展绘误差与现行《城市测量规范》CJJ8的要求是一致的。

6.1.10 本条规定了地下管线图绘制的颜色要求。管线附属设施以实际中心位置表示，当管线附属设施的实际中心位置与几何中心位置（各种窨井井盖）有偏差时，应以实际中心位置表示，并记录其偏距。

6.1.11 本条规定了编辑管线图中的技术处理要求。由于地下管线测量的精度要高于地形图测量的精度，因此，当底图中管线的附属设施与实测的附属设施位置重合或有矛盾时，应删除底图中管线的附属设施，以保证管线图的一致性。

6.1.12 本条规定了地下管线图注记的要求。地下管线图是以管线为主体，因此，各种文字、数据注记不得压盖管线及其附属设施的符号，以保证管线的连续性和图面的清晰。

6.1.13 本条规定了地下管线图上各类图号、代码、图例等的要求。

6.1.14 本条规定了各类管线图相同要素应一致性的要求。专业管线图、综合管线图、纵横断面图都是根据实际探测或竣工测量的成果编绘，其资料来源相同，因此，其相同要素应协调一致。

6.1.15 本条规定了地下管线图图廓整饰的要求。地下管线图图廓外各项内容位置、字体类型及大小应符合现行国家标准《1∶500、1∶1000、1∶2000地形图图式》GB/T 7925附录C的规定。此外，在图上还应该说明地下管线探测单位、探测时间、计算机成图时间、探查者、测量者、绘图者和检查者，以便于追溯。

6.2 专业地下管线图编绘

6.2.1 本条规定了专业管线图编绘基本要求。专业管线图只表示一种管线，其图面负载量比综合图要轻，根据需要，有时也可按相近专业组合一张图。

6.2.2 本条规定了专业管线图两种编绘方法的程序和技术要求，其编绘原则应与综合管线图一致。

6.2.3 本条规定了专业管线图的内容要求。

6.2.4 本条规定了对专业管线图注记的基本要求。由于专业管线图的图面负载量比综合管线图要轻，根据需要，可增加属性注记内容，以便利于专业管线信息的管理和使用。

6.3 综合地下管线图编绘

6.3.1 本条规定了综合管线图编绘的内容。综合地下管线图是地下管线探测的最终成果之一，其所表示的对象重点是地下管线，地物和地形作为背景资料，宜表述其主要特征。

6.3.2 本条规定了综合管线图编绘前的资料准备内容。地形图是地下管线图编绘的工作底图，地下管线探测或竣工测量管线图形和注记文件是管线图编绘的惟一依据。因此，在管线图编绘前应取得上述资料。

6.3.3 本条款规定了综合地下管线图的代号、色别和图例的要求。

6.3.4 本条规定了综合管线图编绘中扯旗注记的方法与要求。由于目前各作业单位在编绘地下管线图时，是根据管线探查和测量成果，采用数据处理软件自动生成管线图，对管线作移位处理，会损失管线图的精度。因此，当管线相距较近或重叠不能依比例绘制时，应在图内以扯旗形式自上而下标注说明其相互之间的关系，图面不作移位处理。

6.3.5 本条规定了综合管线图注记的技术要求。编绘综合管线图的目的是为了在实际工作中使用，因此，综合管线图上的注记应满足城市规划、建设部门使用的基本要求。因此，本条款规定了对综合管线图上注记的技术要求。是以满足城建设计和管理部门的需要为主。如使用方另有需要，可另行增加。

6.4 管线断面图编绘

6.4.1 本条规定了管线断面图编绘的资料要求，地下管线断面图是为了提供和满足管线改、扩建施工设计的需要，因此，在编绘地下管线断面图时，必须根据实地断面测量数据成果来编绘，而不能用地形图量取或内插标高等资料作为绘图根据。

6.4.2 横断面图是表示同一断面里各种管线之间、管线与地面建、构筑物之间竖向关系的管线图。因此，本条规定了横断面图应表示的内容。

6.4.3 本条规定了绘制断面图比例尺的选择方法和规定。一般而言，比例尺的选定宜取整数，以方便使用者。

6.4.4 本条规定了横断面图编号方法要求。为了区分每幅图的断面以及确保整个测区横断面图编号是惟一的，横断面图的编号应采用城市基本地形图图幅号加罗马顺序号表示。

6.4.5 考虑到同一断面中各种管线规格大小不同，若按比例表示，图面比较零乱，为了便于绘制和阅读，本条规定了各种管线的统一表示方法。

6.5 地下管线成果表编制

6.5.1 本条规定了地下管线成果表编制的依据。规定了应以绘图数据文件及地下管线探测成果为依据，目的是保证数据库与管线图、成果表间惟一的对应关系。

6.5.2 地下管线成果表编制的内容一般包括：管线点号、管线点类别、管线类型、规格、材质、压力或电压、电缆根数或孔数、权属单位、埋设年代、埋深以及管线点的坐标、高程。

6.5.3 各种窨井是以其中心点设定管线点标志，其坐标和高程是指井盖的几何中心的坐标及高程。窨井内有多条管线时,对每一条管线分别在成果表中用一行记录表示,同时在备注栏以邻近管线点号说明连接方向。

6.5.4 成果表是地下管线探测最终的成果之一,成果表的归档要求是:

1 规格:编制成果表的纸张大小为 A4 规格。
2 成果表的装订顺序为:封面、目录、成果表正文、封底。

6.6 地下管线图编绘检验

6.6.1 地下管线图的编绘是地下管线探测工作的一个工序,地下管线图的质量检验是依据地下管线图编绘的要求,结合地下管线探测、竣工测量的管线图形和注记文件或管线成果表,通过观察和判断,适当时结合测量的方式,对地下管线图所进行的符合性评价。

6.6.2 地下管线图的编绘过程涉及的环节较多,只有强化对过程的检查才能保证工序成果的质量。本条还规定了过程检查的检查量要求,目的是为了保证工序成果的质量。

6.6.3 转序检验是为了评估工序质量是否达到规定的要求。所以应由授权的质量检验人员进行。

6.6.4 本条规定了地下管线图的质量检验内容。

7 地下管线信息管理系统

7.1 一般规定

7.1.1 本条阐明了地下管线信息管理系统的性质、作用,系统应具有的功能以及在地下管线普查中的地位。强调了地下管线普查的同时,应建立地下管线信息管理系统,为城市现代化管理提供服务。城市的公用事业机构根据专业管理的需要,也可建立专用的管线信息系统。但应与城市管线信息管理部门密切协作、共享信息、互相补充,共同做好信息更新工作。

7.1.2 本条规定了地下管线信息管理系统应到达的目标。地下管线信息管理系统是一个技术系统,也是一项系统工程,所以要求它应到达功能实用,运行稳定、可靠,技术先进等目标。同时由于城市建设的快速发展,基础建设面貌日新月异,所以要求在建立系统的同时,要对系统的各种基础信息建立及时更新机制,以保持信息的现势性。

7.1.3 本条规定了地下管线信息管理系统应具备完善的安全保密措施。地下管线信息管理系统所涉及的基础地图信息和各种管线信息它们的比例尺大、覆盖的面积广,信息量巨大。信息所涉及面宽,敏感度高,因此必须做好系统的安全保密工作。

系统的安全保密管理,主要有以下几个方面:

1 基础信息的保密,严防非法拷贝、复制,严禁泄露。

2 系统应建立严格的防病毒,防非法侵入的措施。

3 系统内部建立严格的使用权限授权,防止越权操作。

7.2 系统总体结构与数据标准

7.2.1 本条阐明地下管线信息管理系统的总体结构,根据系统目标和要求,应由以下部分组成,见系统总体结构图:

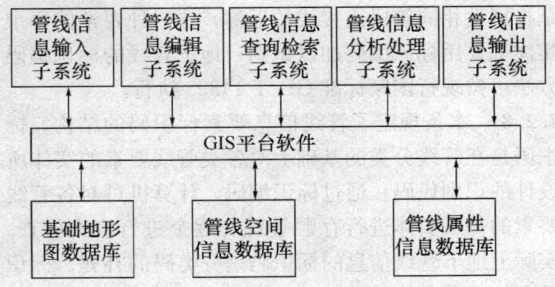

图 5 系统总体结构图

7.2.2 本条阐明数据库是建立地下管线信息管理系统的核心。地下管线空间信息库包括管线空间位置信息、图形信息和拓扑关系三部分。关系属性信息数据库分为管线库和管点库,其结构可参阅本规程附录 H。

7.2.3 本条规定地下管线普查后形成的地形信息,地下管线空间信息和属性信息应按标准要求录入计算机,建立各自的数据库,并应经过严格的检查,排错程序,确保数据库的数据资料的准确性。

7.2.4 本条规定了对地下管线数据信息的基本要求。信息的统一性是指地下管线信息管理系统应采和城市地理信息系统统一的基础地形底图作为管线信息定位的基础,各种管线信息应采用相同的比例尺和坐标起算值。

精确性是指系统中所管理的管线空间信息(水平坐标值和高程值)的精度,应该完全满足管线管理的要求。

时效性是指管线系统中的基础地理信息和管线信息仅反映某一特定时间的情况,所以要求对信息必须作定时更新,长期维护。

地下管线信息管理系统中管线信息有两类编码即管线分类编码和标识编码。

7.2.5 本条规定了基础地形图的分类编码应执行的国家现行标准。如某些要素类型在国标中尚未规定分类编码时可采用行业标准,或自编暂行标准分类,其目的是为了信息的共享和使用。

7.2.6 本条规定了分类编码的基本结构。管线分类编码是直接利用管线的分类结果,根据有关分类体系设计出的各种管线分类代码。它们用来标记不同类的管线信息。利用分类编码，计算机可以将管线数据按类别存入空间数据库，或从数据库中按类别查询检索管线数据。管线信息的分类编码直接影响空间数据库乃至整个管线信息系统的应用效率，应认真实施。分类编码详见本规程附录I。

7.2.7 本条规定了地下管线各要素标识码编码方法应执行的国标规定。地下管线要素一般分为管点、管段、管线。管点是指各种管件设备，管线连接点或转折点、管径变化点等的通称，也是管线探查点的位置。管段是两个同类管点之间连接管的通称；而管线是指属性相同管段连接线的近称，这三种要素的每个实体都要用标识编码加以识别，地下管线的标识编码方法可按现行国家标准GB/T 14395执行。

7.2.8 本条规定了管线信息要素标识码的结构。标识码是在管线分类的基础上对各类管线要素的实体所设计的识别代码。通过标识编码，计算机可对各管线要素的每一实体进行存贮管理和逐个进行查询检查。实际上地下管线信息的标识码是分类码的补充。标识码中包含了实体的定位分区信息，这是为了方便对管线信息进行定位查询。

7.3 系统的基本功能

7.3.1 本条规定了地下管线信息管理系统应具备的基本功能。由于地下管线信息系统专业的特殊性，要求系统除具备地理信息系统平台功能之外，还应具有满足地下管线管理需要的其他功能。

7.3.2 本条规定了系统应具备的地形图库管理功能。要求系统应具有海量图库管理能力，要对管线普查区域内的地形底图进行统一管理，包括增加、删去、编辑、检索等，同时可做到按多种方式调图，以满足各种用户的需要。

7.3.3 本条规定了系统的数据输入与编辑应具备的功能。要求系统应满足多种矢量化数据输入或读入方式，应具有与常用GIS平台的双向数据转换功能。在数据编辑方面，应具有各种图形变换的编辑功能，包括图形的放大、缩小、平移、复制、剪切、粘贴、旋转、恢复、裁减等。由于许多城市历史原因，控制网多次改造、扩建与更新投影方式和坐标系统也跟着变化，为此要求系统还应具有投影方式转换和坐标转换功能。对管线数据的编辑应具有图形和属性联动编辑的功能以及管线数据拓扑关系建立和维护功能。

7.3.4 本条规定了系统的数据检查功能。地下管线信息系统的数据种类多，信息量大，数据繁杂。数据获取和输入的关键是保证质量，必须确保数据输入的准确性、完整性，必须确保空间数据和属性数据的对应关系，数据质量是系统成功的基础。所以，要求系统的数据检查功能要完备，对各类图形数据和属性数据都要进行认真检查与校对，以确保各类数据的准确性。

7.3.5 本条规定了系统的查询与统计应具备的功能。

7.3.6 本条规定了系统的管理分析应具备的功能。管线管理分析功能在今后系统应用中具有积极的作用和意义，在管线工程设计中可以进行管线碰撞分析和最短路径分析；可以进行管线事故分析，以指导抢险工作等。

7.3.7 本条规定了系统的维护更新应具备的功能。为确保系统更新时数据的完整性，图形与属性连接的一致性，点号的惟一性等。所以，要求系统应具备空间信息和属性信息的联动添加、删除和移动的功能。

7.3.8 本条规定了系统的输出应具备的功能．要求系统对各类信息的查询、统计的结果都可输出到绘图仪、打印机，或输出到其他相关系统中以利于应用。

7.4 系统的建立与维护

7.4.1 本条规定了系统建立一般应经历的工作步骤。地下管线信息管理系统的建立是一个系统工程，是一项技术性很强的复杂工程，为了确保系统建立的顺利进行，即工程开展过程中应遵循的工作步骤。每个步骤的各个工作环节都需要使用方（甲方）和实施方（乙方）密切合作，共同配合，才能确保系统的成功建立。系统的建立过程可参阅图6地下管线信息管理系统流程图：

7.4.2 本条说明了系统的工程的立项可行性论证应做的工作内容。要求使用单位应根据实际需要确定建设目标、资金、质量要求等，进行统筹安排部署，确定数据采集方法，选择系统软件开发队伍，以便开展系统工程的建设。

7.4.3 本条规定了系统建立的需求分析的工作内容。需求分析是系统建立的重要工作内容之一，通过需求分析确定系统的功能需求、性能需求、设计约束、属性和外部接口，以便进行软件开发，和今后系统的应用。需求分析完成后，应编写需求分析报告，并经委托单位确认。

7.4.4 本条规定了系统的总体设计的工作内容。总体设计是根据需求分析后系统应到达的目标来规划系统规模，确定系统的组成部分，以及它们之间的相互关系。同时要规范和标准项目的实施安排计划等技术内容。

7.4.5 本条规定了系统的详细设计的工作内容。详细设计是系统建立的重要工作内容，也是系统建立能否成功的重要环节，它的内容包括系统中各子系统的划分与设计，软件模块的划分与设计，数据集的分析，数据库存储和管理结构的设计。

7.4.6 本条规定了系统的编码实现的程序和内容。

7.4.7 本条规定了系统的样区实验的目的和主要内容。样区实验是检验系统建立的总体设计和详细设计的正确性、完整性、可行性的重要手段。样区选择应

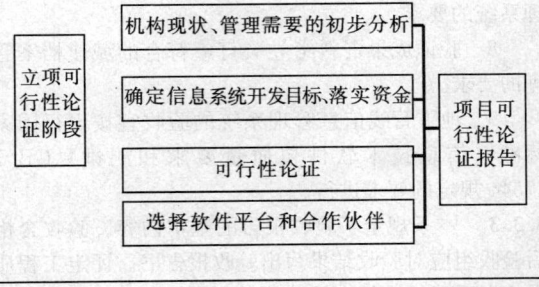

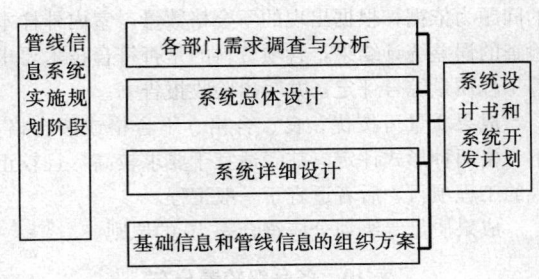

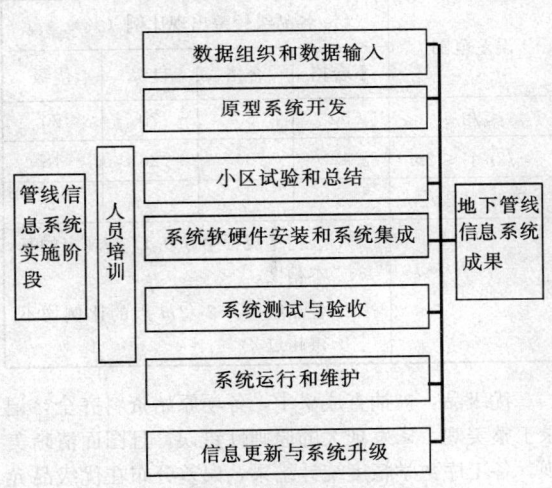

图6 地下管线信息管理系统流程

具有典型性和地域特征代表性的测区,要实施完整的系统建立全过程的实验,在实验过程中应及时进行总结,为系统的全面实施提供经验,为系统设计提出修改意见。

7.4.8 本条规定了系统的集成和试运行应做的工作内容。

7.4.9 本条规定了系统试运行合格后提供的成果与验收的依据和内容。

7.4.10 本条阐明了地下管线信息管理系统数据库管理软件的技术要求。

7.4.11 本条阐明地下管线信息管理系统的数据组织应遵循的基本原则,实现数据的标准化、规范化,以利于实现不同系统间的数据交换和数据共享。

7.4.12 本条阐明了地下管线信息管理系统的数据采集质量保证和质量控制。地下管线信息管理系统的数据获取和采集约占系统总投入50%～70%。数据的完整性和准确性是系统成功建立的基础,它直接影响系统的应用效果和应用价值。

数据的获取和采集涉及到许多工序,必须采取全过程的质量控制。属性数据的整理与获取需进行的百分之百重复检查。空间数据输入须严格执行工艺流程规定和操作规定。属性数据和空间数据对应关系要反复核对。系统的成果输出要进行一定比例的复核检查。要尽可能保证系统中各种数据信息的准确性和精确度。

7.4.13 系统的建立是一项庞大、繁杂的系统工程,它涉及到许多部门和人员,许多工作环节和复杂的工作过程,因此系统建立必须实施科学有效的项目管理,必须严格执行质量监控制度。

项目实施过程应组织多层次、多内容的培训工作,如平台使用培训,系统操作培训,系统维护培训和二次开发培训。用户培训可采用集中方式,也应把培训渗透在系统建立的全过程。

系统建成后试运行是对系统的全面考核,应积极鼓励倡导用户大胆使用系统。试运行由甲、乙双方共同负责,应及时总结所发现的问题并及时商议解决。试运行过程的另一重要任务是协助用户建立系统维护制度,运行管理制度,特别要注意建立与落实系统的数据更新制度。

7.4.14 本条强调了对地下管线信息管理系统的信息进行动态更新的重要性和必要性,城市建设管理机构应建立强有力的制度来保证信息动态更新的实现。数据更新要按系统的数据标准和质量要求进行。管线竣工测量的成果数据文件要提交建库部门经计算机查错排错后才能入库,以保证数据准确性。

8 报告书编写和成果验收

8.1 一般规定

8.1.1 报告书是项目工作的技术总结,是研究和使用工程成果资料,了解工程概况、存在的问题及纠正措施的综合性资料,是项目成果资料的重要组成部分。因此,地下管线探测工程结束后,作业单位应编写报告书。

8.1.2 成果验收是评估工程结果是否达到预期目标的手段,因此,需要在工程结束后对地下管线探测成果进行验收。地下管线探测工程涉及探查、测量、数据处理和系统建立等工序,为了防止上工序错误传递至下工序,保证最终成果的质量,在每个工序完成后,应由质量监理机构对该工序质量进行验证和检验,合格后方可开展下工序工作。工序验证和检验完成后,质量监理机构应编制监理报告。成果验收的目的是评估工程结果是否达到预期目标,因此,应由任务委托单位组织实施。

8.1.3 本条规定管线探测成果验收的依据。任务书或合同书、技术设计书和本规程规定了测区范围、取舍标准、工期目标、质量标准以及提交的成果类型和数量，成果验收是为了评估工作结果是否达到了上述目标。因此，成果验收应依据任务书或合同书、经批准的技术设计书进行。本条还规定了依据有关技术标准，主要是指任务书或合同书和技术设计书所引用的技术标准。

8.2 报告书编写

8.2.1 本条规定了报告书的类型。开展地下管线探测的目的，是为了对地下管线实施动态管理，确保地下管线的现势性。地下管线信息管理系统软件是管理地下管线数据的工具，是地下管线信息管理系统的重要组成部分。地下管线信息管理系统建立工作包括系统软件开发和软件与数据的集成。因此，在工作结束后，除了编制地下管线探测报告书外，还应编制地下管线信息管理系统建立报告书。

8.2.2 本条规定了地下管线探测报告书编写的主要内容及要求。

8.2.3 本条规定了地下管线信息管理系统建立报告书内容及要求。

8.3 成果验收

8.3.1 本条规定了探测成果验收的内容。

8.3.2 本条规定了验收工作的基本程序与方法

1 采用验证的方式，按 8.3.1 条规定的内容逐项检查成果资料是否齐全。

2 审查地下管线探测报告书、质量检验报告书和地下管线信息管理系统建立报告书，确认所采用的技术措施是否符合本规程和经批准的技术设计书的要求，对于重要技术方案变动，是否有充分的论证说明材料，和任务委托单位批准。

3 采用验证的方式，确认所利用的已有成果资料是否有资料提供单位出具的证明材料和监理机构的确认。

4 对各项探测原始记录、计算资料和起算数据，随机抽取 5% 的样本进行检查，确认是否有抄录或记录、检查、审核者签名。

5 对各种仪器检验和校准记录、各项质量检查记录，验证其是否齐全，并随机抽取 5% 的样本进行检查，确认对发现的问题是否已进行了处理和改正。

6 随机抽取 5% 各种专业管线图、综合管线图、断面图，与审图记录进行检查，确认对发现的问题是否已进行了处理和改正，并在地下管线信息管理系统中与相应的图形数据文件进行对比，验证是否一致。

7 由地下管线信息管理系统导入图形和属性数据文件，以确认其数据格式是否符合地下管线信息管理系统的要求。

8 验证成果资料组卷装订应符合的城建档案管理的要求。

9 地下管线信息管理系统的验收宜按现行国家标准《信息技术软件包质量要求和测试》GB/T 17544 规定的要求进行。

8.3.3 本条规定了验收报告的基本内容。验收合格后验收组应对验收结果写出验收报告书。评定工程质量应以质量标准规定的验收项目为主，以验收时发现的问题为依据，根据出现的不合格数量，室内外样本检查的误差统计结果，各项资料的是否符合技术要求等工程质量综合评定，并写出验收报告书。

成果质量可按优、良、合格、不合格或按合格、不合格两种形式评定。前者适宜于要求较高，且较正规的工程项目，后者适宜于一般工程。

成果质量等级划分应符合表 10 的原则。

表 10 各品级较差分布

误差范围	各品级较差出现比例（%）			
	不合格	合格	良级	优级
$\leqslant \sqrt{2}m$	50	60	70	80
$>\sqrt{2}m，\leqslant 2m$	42	34	26	18
$>2m，\leqslant 2\sqrt{2}m$	8	6	4	2
备注	1. m 指本规程第 3.0.11 条规定的基本精度； 2. 各品级中 $>2\sqrt{2}m$ 点的比例均不得超过 2%			

优级品：被抽查成果中，各项原始资料齐全，记录工整美观，未发现大的原则性错误，且图面清晰美观，各工序数学精度统计结果，误差分布在优级品允许范围；

良级品：被抽查成果中，各项原始资料齐全，但记录不够工整美观，有个别原则性错误，图面清晰，各工序数学精度统计结果，误差分布在良级品允许范围；

合格品：被抽查成果中，各项原始资料不够完整，差错稍多，图面表示一般，各工序数学精度统计结果，误差分布在合格品允许范围；

不合格品：被抽查成果中，各项原始资料不全，有较多差错，图面表示不规范，各工序数学精度统计结果，误差分布在有合格品允许范围；

8.4 成果提交

8.4.1 本条规定了成果提交和归档的要求。系统完整的技术成果是档案管理工作的基础，是现代化信息管理的需要，它对保证工作的内在质量，提高存贮、利用、更新具有重要的作用。为此，各作业单位在工程完成后，应及时、全面的将与工程有关的成果资料整理归档。成果整理一般可按工序分段进行，最后集中编排。归档的基本要求是：

1 基本规格：各类文件、资料的幅面宜按8开或16开。图件幅面除条图外，一般选用国际分幅。图纸折叠宜采用"手风琴式"，图签露在下角，折叠后尺寸应与文件大小一致。卷夹或卷盒，宜选耐用质地材料制作，规格为31cm×22cm。卷夹、卷盒正面应有卷案名称、编号和编制单位名称。

2 装帧顺序：封面（或副封）、卷案目录、工程报告书、验收报告书、工程依据文件、凭证文件、各工序原始资料、管线点成果表、管线点调查表、专业图、综合图、断面图、副封底、封底等。案卷装帧可根据资料数量多少，采用整组装、分组装，当采用盒装时，图纸可以散装，但不论用何种形式装帧，卷案所有文件、资料、图表，均应按顺序统一编写页码。

3 封面（含副封）——卷案名（工程名称）、编制单位、技术（工程）负责人、编制日期、密级、保管期限、档案编号。

目录——文件、资料名称、文件原编号、编制单位、本卷顺序号。

副封底——文件数量、总页数、立卷单位、接收单位、立卷人、接收人、日期。

中华人民共和国行业标准

城乡建设用地竖向规划规范

Code for vertical planning on urban and rural development land

CJJ 83—2016

批准部门：中华人民共和国住房和城乡建设部
施行日期：２０１６年８月１日

中华人民共和国住房和城乡建设部
公 告

第 1188 号

住房城乡建设部关于发布行业标准《城乡建设用地竖向规划规范》的公告

现批准《城乡建设用地竖向规划规范》为行业标准，编号为 CJJ 83-2016，自 2016 年 8 月 1 日起实施。其中，第 3.0.7、4.0.7、7.0.5、7.0.6 条为强制性条文，必须严格执行。原《城市用地竖向规划规范》CJJ 83-99 同时废止。

本规范由我部标准定额研究所组织中国建筑工业出版社出版发行。

中华人民共和国住房和城乡建设部

2016 年 6 月 28 日

前 言

根据住房和城乡建设部《关于印发〈2009 年工程建设标准规范制订、修订计划〉的通知》（建标[2009]88 号）的要求，规范编制组经广泛调查研究，认真总结实践经验，参考有关国际标准和国外先进标准，并在广泛征求意见的基础上，修订了本规范。

本规范的主要技术内容是：1. 总则；2. 术语；3. 基本规定；4. 竖向与用地布局及建筑布置；5. 竖向与道路、广场；6. 竖向与排水；7. 竖向与防灾；8. 土石方与防护工程；9. 竖向与城乡环境景观。

本规范修订的主要技术内容是：1. 名称修改为《城乡建设用地竖向规划规范》；2. 适用范围由城市用地扩展到城乡建设用地；3. 将"4 规划地面形式"和"5 竖向与平面布局"合并为"4 竖向与用地布局及建筑布置"；4. 将"6 竖向与城市景观"调为"9 竖向与城乡环境景观"；5. 新增"7 竖向与防灾"；6. 与其他相关标准协调对相关条文进行了补充修改；7. 进一步明确了强制性条文。

本规范中以黑体字标志的条文为强制性条文，必须严格执行。

本规范由住房和城乡建设部负责管理和对强制性条文的解释，由四川省城乡规划设计研究院负责日常管理，由四川省城乡规划设计研究院负责具体技术内容的解释。执行过程中如有意见或建议，请寄送四川省城乡规划设计研究院（地址：四川省成都市金牛区马鞍街 11 号，邮政编码：610081）。

本规范主编单位：四川省城乡规划设计研究院

本规范参编单位：沈阳市规划设计研究院
福建省城乡规划设计研究院
广州市城市规划勘测设计研究院

本规范主要起草人员：盈 勇 郑 远 杨玉奎
白 敏 檀 星 李 毅
韩 华 刘 丰 刘明宇
蔡新沧 徐靖文 陈 平
钟 辉 陈子金 曹珠朵
刘 威 赵 英 林三忠

本规范主要审查人员：高冰松 彭瑶玲 陈振寿
路雁冰 张 全 郑连勇
戴慎志 史怀昱 翁金标

目 次

1 总则 …………………………… 71—5
2 术语 …………………………… 71—5
3 基本规定 ……………………… 71—5
4 竖向与用地布局及建筑布置 … 71—6
5 竖向与道路、广场 …………… 71—6
6 竖向与排水 …………………… 71—7
7 竖向与防灾 …………………… 71—7
8 土石方与防护工程 …………… 71—7
9 竖向与城乡环境景观 ………… 71—8
本规范用词说明 ………………… 71—8
引用标准名录 …………………… 71—8
附：条文说明 …………………… 71—9

Contents

1 General Provisions .... 71—5
2 Terms .... 71—5
3 Basic Requirements .... 71—5
4 Vertical Planning for Land and Architectural Layout .... 71—6
5 Vertical Planning for Roads and Squares .... 71—6
6 Vertical Planning for Drainage ... 71—7
7 Vertical Planning for Disaster Prevention .... 71—7
8 Earthwork and Protection Engineering .... 71—7
9 Vertical Planning for Urban and Rural Environmental Landscape .... 71—8
Explanation of Wording in This Code .... 71—8
List of Quoted Standards .... 71—8
Addition: Explanation of Provisions .... 71—9

1 总 则

1.0.1 为规范城乡建设用地竖向规划，提高城乡规划编制和管理水平，制定本规范。

1.0.2 本规范适用于城市、镇、乡和村庄的规划建设用地竖向规划。

1.0.3 城乡建设用地竖向规划应遵循下列原则：
  1 安全、适用、经济、美观；
  2 充分发挥土地潜力，节约集约用地；
  3 尊重原始地形地貌，合理利用地形、地质条件，满足城乡各项建设用地的使用要求；
  4 减少土石方及防护工程量；
  5 保护城乡生态环境、丰富城乡环境景观；
  6 保护历史文化遗产和特色风貌。

1.0.4 城乡建设用地竖向规划应包括下列主要内容：
  1 制定利用与改造地形的合理方案；
  2 确定城乡建设用地规划地面形式、控制高程及坡度；
  3 结合原始地形地貌和自然水系，合理规划排水分区，组织城乡建设用地的排水、土石方工程和防护工程；
  4 提出有利于保护和改善城乡生态、低影响开发和环境景观的竖向规划要求；
  5 提出城乡建设用地防灾和应急保障的竖向规划要求。

1.0.5 城乡建设用地竖向规划除符合本规范要求外，尚应符合国家现行有关标准的规定。

2 术 语

2.0.1 城乡建设用地竖向规划 vertical planning on urban and rural development land
  城乡建设用地内，为满足道路交通、排水防涝、建筑布置、城乡环境景观、综合防灾以及经济效益等方面的综合要求，对自然地形进行利用、改造，确定坡度、控制高程和平衡土石方等而进行的规划。

2.0.2 高程 elevation
  以大地水准面作为基准面，并作零点（水准原点）起算地面各测量点的垂直高度。

2.0.3 土石方平衡 balancing of cut and fill
  组织调配土石方，使某一地域内挖方数量与填方数量基本相等，确定取土、弃土场地的工作。

2.0.4 防护工程 protection engineering
  防止用地受自然危害或人为活动影响造成岩土体破坏而设置的保护性工程。如护坡、挡土墙、堤坝等。

2.0.5 护坡 slope protection
  防止用地岩土体边坡变迁而设置的斜坡式防护工程，如土质或砌筑型等护坡工程。

2.0.6 挡土墙 retaining wall
  防止用地岩土体边坡坍塌而砌筑的墙体。

2.0.7 平坡式 tiny slope style
  用地经改造成为平缓斜坡的规划地面形式。

2.0.8 台阶式 stage style
  用地经改造成为阶梯式的规划地面形式。

2.0.9 混合式 comprehensive style
  用地经改造成平坡和台阶相结合的规划地面形式。

2.0.10 台地 stage
  台阶式用地中每块阶梯内的用地。

2.0.11 场地平整 field engineering
  使用地达到建设工程所需的平整要求的工程处理过程。

2.0.12 坡比值 grade of side slope
  坡面（或梯道）的上缘与下缘之间垂直高差与其水平距离的比值。

2.0.13 梯段平台 stair platform
  梯段平台是指连接两个或多个梯段之间的水平部分，分为转向平台、休息平台两类。转向平台用于梯段转折处，休息平台用于连续的直线梯段中。

2.0.14 填方区 filling section
  道路或场地设计高程高于原地面高程时，需在原地面填筑部分土石的用地区域。

2.0.15 挖方区 excavation section
  道路或场地设计高程低于原地面高程时，需从原地面挖去部分土石的用地区域。

3 基本规定

3.0.1 城乡建设用地竖向规划应与城乡建设用地选择及用地布局同时进行，使各项建设在平面上统一和谐、竖向上相互协调；有利于城乡生态环境保护及景观塑造；有利于保护历史文化遗产和特色风貌。

3.0.2 城乡建设用地竖向规划应符合下列规定：
  1 低影响开发的要求；
  2 城乡道路、交通运输的技术要求和利用道路路面纵坡排除超标雨水的要求；
  3 各项工程建设场地及工程管线敷设的高程要求；
  4 建筑布置及景观塑造的要求；
  5 城市排水防涝、防洪以及安全保护、水土保持的要求；
  6 历史文化保护的要求；
  7 周边地区的竖向衔接要求。

3.0.3 乡村建设用地竖向规划应有利于风貌特色保护。

3.0.4 城乡建设用地竖向规划在满足各项用地功能

要求的条件下，宜避免高填、深挖，减少土石方、建（构）筑物基础、防护工程等的工程量。

3.0.5 城乡建设用地竖向规划应合理选择规划地面形式与规划方法。

3.0.6 城乡建设用地竖向规划对起控制作用的高程不得随意改动。

3.0.7 同一城市的用地竖向规划应采用统一的坐标和高程系统。

4 竖向与用地布局及建筑布置

4.0.1 城乡建设用地选择及用地布局应充分考虑竖向规划的要求，并应符合下列规定：

1 城镇中心区用地应选择地质、排水防涝及防洪条件较好且相对平坦和完整的用地，其自然坡度宜小于20%，规划坡度宜小于15%；

2 居住用地宜选择向阳、通风条件好的用地，其自然坡度宜小于25%，规划坡度宜小于25%；

3 工业、物流用地宜选择便于交通组织和生产工艺流程组织的用地，其自然坡度宜小于15%，规划坡度宜小于10%；

4 超过8m的高填方区宜优先用作绿地、广场、运动场等开敞空间；

5 应结合低影响开发的要求进行绿地、低洼地、滨河水系周边空间的生态保护、修复及竖向利用；

6 乡村建设用地宜结合地形，因地制宜，在场地安全的前提下，可选择自然坡度大于25%的用地。

4.0.2 根据城乡建设用地的性质、功能，结合自然地形，规划地面形式可分为平坡式、台阶式和混合式。

4.0.3 用地自然坡度小于5%时，宜规划为平坡式；用地自然坡度大于8%时，宜规划为台阶式；用地自然坡度为5%～8%时，宜规划为混合式。

4.0.4 台阶式和混合式中的台地规划应符合下列规定：

1 台地划分应与建设用地规划布局和总平面布置相协调，应满足使用性质相同的用地或功能联系密切的建（构）筑物布置在同一台地或相邻台地的布局要求；

2 台地的长边宜平行于等高线布置；

3 台地高度、宽度和长度应结合地形并满足使用要求确定。

4.0.5 街区竖向规划应与用地的性质和功能相结合，并应符合下列规定：

1 公共设施用地分台布置时，台地间高差宜与建筑层高接近；

2 居住用地分台布置时，宜采用小台地形式；

3 大型防护工程宜与具有防护功能的专用绿地结合设置。

4.0.6 挡土墙高度大于3m且邻近建筑时，宜与建筑物同时设计，同时施工，确保场地安全。

4.0.7 高度大于2m的挡土墙和护坡，其上缘与建筑物的水平净距不应小于3m，下缘与建筑物的水平净距不应小于2m；高度大于3m的挡土墙与建筑物的水平净距还应满足日照标准要求。

5 竖向与道路、广场

5.0.1 道路竖向规划应符合下列规定：

1 与道路两侧建设用地的竖向规划相结合，有利于道路两侧建设用地的排水及出入口交通联系，并满足保护自然地貌及塑造城市景观的要求；

2 与道路的平面规划进行协调；

3 结合用地中的控制高程、沿线地形地物、地下管线、地质和水文条件等作综合考虑；

4 道路跨越江河、湖泊或明渠时，道路竖向规划应满足通航、防洪净高要求；道路与道路、轨道及其他设施立体交叉时，应满足相关净高要求；

5 应符合步行、自行车及无障碍设计的规定。

5.0.2 道路规划纵坡和横坡的确定，应符合下列规定：

1 城镇道路机动车车行道规划纵坡应符合表5.0.2-1的规定；山区城镇道路和其他特殊性质道路，经技术经济论证，最大纵坡可适当增加；积雪或冰冻地区快速路最大纵坡不应超过3.5%，其他等级道路最大纵坡不应大于6.0%。内涝高风险区域，应考虑排除超标雨水的需求。

表5.0.2-1 城镇道路机动车车行道规划纵坡

道路类别	设计速度（km/h）	最小纵坡（%）	最大纵坡（%）
快速路	60～100	0.3	4～6
主干路	40～60		6～7
次干路	30～50		6～8
支（街坊）路	20～40		7～8

2 村庄道路纵坡应符合现行国家标准《村庄整治技术规范》GB 50445的规定。

3 非机动车车行道规划纵坡宜小于2.5%。大于或等于2.5%时，应按表5.0.2-2的规定限制坡长。机动车与非机动车混行道路，其纵坡应按非机动车车行道的纵坡取值。

表5.0.2-2 非机动车车行道规划纵坡与限制坡长（m）

坡度（%）	车种 自行车	三轮车
3.5	150	—
3.0	200	100
2.5	300	150

4 道路的横坡宜为1%～2%。

5.0.3 广场竖向规划除满足自身功能要求外，尚应与相邻道路和建筑物相协调。广场规划坡度宜为0.3%～3%。地形困难时，可建成阶梯式广场。

5.0.4 步行系统中需要设置人行梯道时，竖向规划应满足建设完善的步行系统的要求，并应符合下列规定：

1 人行梯道按其功能和规模可分为三级：一级梯道为交通枢纽地段的梯道和城镇景观性梯道；二级梯道为连接小区间步行交通的梯道；三级梯道为连接组团间步行交通或入户的梯道；

2 梯道宜设休息平台，每个梯段踏步不应超过18级，踏步最大步高宜为0.15m。二、三级梯道连续升高超过5.0m时，除设置休息平台外，还宜设置转向平台，且转向平台的深度不应小于梯道宽度；

3 各级梯道的规划指标宜符合表5.0.4的规定。

表5.0.4 梯道的规划指标表

规划指标＼项目 级别	宽度(m)	坡度(%)	休息平台深度(m)
一	≥10.0	≤25	≥2.0
二	≥4.0, <10.0	≤30	≥1.5
三	≥2.0, <4.0	≤35	≥1.5

6 竖向与排水

6.0.1 城乡建设用地竖向规划应结合地形、地质、水文条件及降水量等因素，并与排水防涝、城市防洪规划及水系规划相协调；依据风险评估的结论选择合理的场地排水方式及排水方向，重视与低影响开发设施和超标径流雨水排放设施相结合，并与竖向总体方案相适应。

6.0.2 城乡建设用地竖向规划应符合下列规定：

1 满足地面排水的规划要求；地面自然排水坡度不宜小于0.3%；小于0.3%时应采用多坡向或特殊措施排水；

2 除用于雨水调蓄的下凹式绿地和滞水区等之外，建设用地的规划高程宜比周边道路的最低路段的地面高程或地面雨水收集点高出0.2m以上，小于0.2m时应有排水安全保障措施或雨水滞蓄利用方案。

6.0.3 当建设用地采用地下管网有组织排水时，场地高程应有利于组织重力流排水。

6.0.4 当城乡建设用地外围有较大汇水汇入或穿越时，宜用截、滞、蓄等相关设施组织用地外围的地面汇水。

6.0.5 乡村建设用地排水宜结合建筑散水、道路生态边沟、自然水系等自然排水设施组织场地内的雨水排放。

6.0.6 冰雪冻融地区的用地竖向规划宜考虑冰雪解冻时对城乡建设用地可能产生的威胁与影响。

7 竖向与防灾

7.0.1 城乡建设用地竖向规划应满足城乡综合防灾减灾的要求。

7.0.2 城乡建设用地防洪（潮）应符合下列规定：

1 应符合现行国家标准《防洪标准》GB 50201的规定；

2 建设用地外围设防洪（潮）堤时，其用地高程应按排涝控制高程加安全超高确定；建设用地外围不设防洪（潮）堤时，其用地地面高程应按设防标准的规定所推算的洪（潮）水位加安全超高确定。

7.0.3 有内涝威胁的城乡建设用地应结合风险评估采取适宜的排水防涝措施。

7.0.4 城乡建设用地竖向规划应控制和避免次生地质灾害的发生；减少对原地形地貌、地表植被、水系的扰动和损毁；严禁在地质灾害高、中易发区进行深挖高填。

7.0.5 城乡防灾设施、基础设施、重要公共设施等用地竖向规划应符合设防标准，并应满足紧急救灾的要求。

7.0.6 重大危险源、次生灾害高危险区及其影响范围的竖向规划应满足灾害蔓延的防护要求。

8 土石方与防护工程

8.0.1 竖向规划中的土石方与防护工程应遵循满足用地使用要求、节省土石方和防护工程量的原则进行多方案比较，合理确定。

8.0.2 土石方工程包括用地的场地平整、道路及室外工程等的土石方估算与平衡。土石方平衡应遵循"就近合理平衡"的原则，根据规划建设时序，分工程或分地段充分利用周围有利的取土和弃土条件进行平衡。

8.0.3 街区用地的防护应与其外围道路工程的防护相结合。

8.0.4 台阶式用地的台地之间宜采用护坡或挡土墙连接。相邻台地间高差大于0.7m时，宜在挡土墙墙顶或坡比值大于0.5的护坡顶设置安全防护设施。

8.0.5 相邻台地间的高差宜为1.5m～3.0m，台地间宜采取护坡连接，土质护坡的坡比值不应大于0.67，砌筑型护坡的坡比值宜为0.67～1.0；相邻台地间的高差大于或等于3.0m时，宜采取挡土墙结合放坡方式处理，挡土墙高度不宜高于6m；人口密度大、工程地质条件差、降雨量多的地区，不宜采用土质护坡。

8.0.6 在建（构）筑物密集、用地紧张区域及有装卸作业要求的台地应采用挡土墙防护。

8.0.7 城乡建设用地不宜规划高挡土墙与超高挡土墙。建设场地内需设置超高挡土墙时，必须进行专门技术论证与设计。

8.0.8 村庄用地内的防护工程宜采用种植绿化护坡，减少使用挡土墙。

8.0.9 在地形复杂的地区，应避免大挖高填；岩质建筑边坡宜低于30m，土质建筑边坡宜低于15m。超过15m的土质边坡应分级放坡，不同级之间边坡平台宽度不应小于2m。建筑边坡的防护工程设置应符合国家现行有关标准的规定。

9 竖向与城乡环境景观

9.0.1 城乡建设用地竖向规划应贯穿景观规划设计理念，并符合下列规定：

 1 保留城乡建设用地范围内具有景观价值或标志性的制高点、俯瞰点和有明显特征的地形、地貌；

 2 结合低影响开发理念，保持和维护城镇生态、绿地系统的完整性，保护有自然景观或人文景观价值的区域、地段、地点和建（构）筑物；

 3 保护城乡重要的自然景观边界线，塑造城乡建设用地内部的景观边界线。

9.0.2 城乡建设用地做分台处理时应重视景观要求，并应符合下列规定：

 1 挡土墙、护坡的尺度和线形应与环境协调；

 2 公共活动区宜将挡土墙、护坡、踏步和梯道等室外设施与建筑作为一个有机整体进行规划；

 3 地形复杂的山区城镇，挡土墙、护坡、梯道等室外设施较多，其风格、形式、材料、构造等宜突出地域特色，其比例、尺度、节奏、韵律等宜符合美学规律；

 4 挡土墙高于1.5m时，宜作景观处理或以绿化遮蔽。

9.0.3 滨水地区的竖向规划应结合用地功能保护滨水区生态环境，形成优美的滨水景观。

9.0.4 乡村竖向建设宜注重使用当地材料、采用生态建设方式和传统工艺。

本规范用词说明

1 为便于在执行本规范条文时区别对待，对要求严格程度不同的用词说明如下：

 1）表示很严格，非这样做不可的：
  正面词采用"必须"，反面词采用"严禁"；

 2）表示严格，在正常情况下均应这样做的：
  正面词采用"应"，反面词采用"不应"或"不得"；

 3）表示允许稍有选择，在条件许可时首先这样做的：
  正面词采用"宜"，反面词采用"不宜"；

 4）表示有选择，在一定条件下可以这样做的，可采用"可"。

2 条文中指明应按其他有关标准执行的写法为："应符合……的规定"或"应按……执行"。

引用标准名录

1 《防洪标准》GB 50201
2 《村庄整治技术规范》GB 50445

中华人民共和国行业标准

城乡建设用地竖向规划规范

CJJ 83—2016

条 文 说 明

修订说明

《城乡建设用地竖向规划规范》CJJ 83-2016 经住房和城乡建设部 2016 年 6 月 28 日以第 1188 号公告批准、发布。

本规范是在《城市用地竖向规划规范》CJJ 83-99 的基础上修订而成。上一版的主编单位是：四川省城乡规划设计研究院，参编单位是：沈阳市规划设计研究院、福建省城乡规划设计研究院、安徽省城乡规划设计研究院。主要起草人员是：曹球朵、严文复、胡一德、翁金镖、李祖舜、韩华、关增义、伍畏才、洪金石、王滨、盈勇、王永峰、徐昌华、马威、毛应稠、宋凌。

本规范修订过程中，编制组参考了大量国内外已有的相关法规、技术标准，征求了专家、相关部门和社会各界对于原规范以及规范修订的意见，并与相关国家标准相衔接。为便于广大规划设计、管理、科研、学校等有关单位人员在使用本规范时能正确理解和执行条文规定，《城乡建设用地竖向规划规范》编制组按章、节、条顺序编制了本规范的条文说明，对条文规定的目的、依据以及执行中需注意的有关事项进行了说明，还着重对强制性条文的强制性理由做了解释。但是，本条文说明不具备与规范正文同等的法律效力，仅供使用者作为理解和把握规范规定的参考。

目 次

1 总则 …………………………………… 71—12
3 基本规定 ……………………………… 71—13
4 竖向与用地布局及建筑布置 ………… 71—14
5 竖向与道路、广场 …………………… 71—15
6 竖向与排水 …………………………… 71—16
7 竖向与防灾 …………………………… 71—18
8 土石方与防护工程 …………………… 71—19
9 竖向与城乡环境景观 ………………… 71—20

1 总 则

1.0.1 城乡建设用地竖向规划为城乡各项建设用地的控制高程规划。城乡建设用地的控制高程如不综合考虑、合理控制，势必造成各项建设用地在平面与空间布局上的不协调，用地与建筑、道路交通、地面排水、工程管线敷设以及建设的近期与远期、局部与整体等的矛盾；只有通过建设用地的竖向科学规划才能统筹、解决和处理这些问题，达到整体控制、工程合理、科学经济、景观美好的效果。因此，城乡建设用地竖向规划是城乡规划的一个重要组成部分。

在《城乡规划技术标准体系》中，《城乡建设用地竖向规划规范》CJJ 83-2016 被划归为通用标准，属于"与基本方法有关的标准和规范"。

从《城市用地竖向规划规范》CJJ 83-99 颁布之后十多年的建设与实施来看，全国各地城乡建设用地的竖向规划和设计已普遍开展；尽管规划设计人员在实际工作中的指导思想、遵循的原则以及图纸、文字所表现的内容深度等等有差异，各规划阶段竖向规划的内容深度也具有较大的差异，但《城市用地竖向规划规范》CJJ 83-99 起到的规范引导作用是十分显著的。

2008年《中华人民共和国城乡规划法》颁布实施之后，提出了规划规范必须覆盖城乡的要求；因此，在原有的《城市用地竖向规划规范》的基础上，重新修编适用于城乡建设用地的《城乡建设用地竖向规划规范》CJJ 83-2016 并统一技术要求和做法，实为务实之举。

本规范的修订，为城乡建设用地竖向规划提供了技术准则和管理依据。

1.0.2 本规范以《中华人民共和国城乡规划法》为依据，适用范围为国家行政建制设立的城市、镇、乡和村庄，并覆盖城市、镇的总体规划（含分区规划）和详细规划（含控制性详细规划和修建性详细规划）以及乡、村的总体规划和建设规划；规范适应的重点主体是在城乡"规划建设用地"范围内。

根据《中华人民共和国城乡规划法》及《城市规划编制办法》的要求和实践经验，城乡建设用地竖向规划主要从高程上解决四个方面的问题：

1 用地地形的利用与整治，使之适合城乡建设的需要；

2 满足城乡道路、交通运输的需要；

3 解决好地表排水和满足防洪排涝的要求；

4 因地制宜，为美化城乡环境创造必要的条件。

竖向规划依其主要应解决的问题，决定了它的基本内容。

城乡建设用地竖向规划的工作内容、深度及其具体作法，与城乡规划相应的工作阶段所能提供的资料（如地形图比例大小、现状基础资料等）以及要求综合解决的问题相适应。

修建性详细规划或竖向专项规划应包括竖向规划的全部内容。

本规范的着重点放在"城乡建设用地"与"竖向规划"两个内涵上。

1.0.3 城乡建设用地竖向规划，有其应当遵循的基本原则。

建设用地竖向规划是城乡规划的重要组成部分，要坚持贯彻国家提出的"安全、适用、经济、美观"的基本建设方针。作为有统筹、改造、整治城乡建设用地任务的竖向规划，尤应重视工程的安全，过去由于规划和设计考虑不周所引起的滑坡、崩塌等次生灾害以及水土流失、生态环境被破坏的教训是不少的。

城乡建设用地竖向规划是在一定的规划用地范围内进行，它既要使城乡建设用地适宜布置建（构）筑物，满足防洪、排涝、交通运输、管线敷设的要求，又要充分利用地形、地质等环境条件。因此，必须从实际出发，因地制宜，结合其内在的用地要求和各自的环境特点，做好高程上的统筹安排。不能把城乡建设用地竖向规划当作平整土地、改造地形的简单过程，而是为了使各项建设用地在布局上合理、高程上协调、平面上和谐，以获得最大的社会效益、经济效益和环境效益为目的。

十分珍惜和合理利用每一寸土地和切实保护耕地是我国的基本国策，城乡建设用地竖向规划工作要努力切实执行好这一基本国策，充分发挥土地潜力，集约、节约用地。

整理用地竖向的目的是为了使规划建设用地能更有效、更好地满足城乡各项建设用地的地面使用要求，但应充分尊重原始地形地貌，发挥山水林田湖等原始地形地貌对降雨的积存作用。

在建设用地整理过程中，以较优的竖向方案来最大限度地减少竖向工程量（包括合理运距、土石方和防护工程量），是节约建设资金的重要手段与方法。

保护城乡生态环境、丰富城乡环境景观、保护历史文化遗产和特色风貌也是城乡建设用地竖向规划工作中的基本出发点。

1.0.4 根据《城市规划编制办法》、《村镇规划编制办法》的要求和实践经验，城乡建设用地竖向规划主要从高程上解决五个方面的问题：

1 尊重自然地形，合理利用自然地形与河流水系；对规划建设用地加以适度的利用与整治，使之适合城乡建设的需要。

2 通过优化调整用地竖向方案，确定合理的规划地面形式和控制高程（包括控制点高程、台地的规划地面高程、桥面高程以及通航桥梁的底部高程等），合理组织交通与场地竖向的衔接关系，给出适宜的场地规划高程与坡度。

3 划分原始地形地貌和规划后排水分区，结合竖向设计，明确地表径流的主要排放通道，解决好城乡建设用地排水、防涝、防地质灾害等问题，确保建设用地安全。

4 因地制宜，为美化和丰富城乡生态和环境景观创造必要的条件。

5 满足城乡建设用地综合防灾、应急救援与保障的需要，保护人们的生命及财产安全；确保用地安全。

城乡建设用地竖向规划的工作内容、深度及其具体做法，由城乡规划各个规划阶段所能提供的资料（如地形图比例大小、现状基础资料等）以及需要解决的问题所决定。

3 基 本 规 定

3.0.1 本条主要针对总体规划阶段，应在竖向上进行总体控制的内容提出规定。城乡建设用地选择与用地布局，是城乡总体规划的首要任务。这一阶段的竖向规划，首先要进行建设用地的选择，分析研究和充分利用地形、地貌，节约用地，尽量不占或少占耕地；其次对一些需要采取工程处理措施才能用于城乡建设的地段（区、块、街坊），要提出处理方案，包括建造桥梁、修筑防洪排涝设施、场地平整的总体意向以及治理不良地质等。

随着经济社会的发展，精神文化需求的不断提高，人们对城乡风貌、城乡空间环境质量提出了新的要求，与之相反，随着经济实力增强和施工技术的发展，近年出现很多大力改造地形的项目，有些已直接引发次生灾害，没直接引发灾害的，对生态环境的长远影响尚无法进行评估，因此竖向规划必须要在保护生态环境的前提下，提出改造用地和塑造景观的方案；针对一些城市为了防洪，将位于水滨的历史文化环境破坏殆尽，有些城市把立交桥修在重要的历史文物旁边，造成难以挽回的损失，本次增加这一条规定。

3.0.2 本条主要针对控制性详细规划阶段竖向规划需要与之协调的内容作出要求。

1 存在洪涝灾害威胁的城乡建设用地，竖向规划应使城乡建设用地不被淹没和侵害，确保用地安全。低影响开发是近年开始强调的生态建设理念；强调通过源头分散的小型控制设施，维持和保护场地自然水文功能，有效缓解不透水面积增加造成的洪峰流量增加、径流系数增大、面源污染负荷加重的城市雨水管理理念。因此，竖向规划在排水防涝、城市防洪的同时还要考虑满足雨水滞、蓄、渗、用要求的竖向措施。

2 有利生产、方便生活是城乡规划的基本原则，城乡的主要活动都是围绕车辆和人行交通进行的。与交通设施的高程相衔接，是竖向规划的关键工作之一，同时应结合低影响开发，合理利用道路路面纵坡排除超标雨水。

3 竖向规划就是统筹协调城乡用地的控制高程关系，综合分析与解决各类建设用地之间的高程关系，使各项建设在平面上统一和谐、竖向上相互协调。

4 竖向规划要满足城乡各类建设用地的使用要求，对建筑群体造型的好坏、景观效果的优劣也有相当的影响，竖向规划理应为城乡建筑群体空间布置和景观设计创造和谐、均衡、优美的条件，为城乡空间环境增辉、为城乡景观添色。增强城乡的可游赏性、可识别性。

5 城乡建设用地竖向规划应符合现行国家标准《开发建设项目水土保持技术规范》GB 50433 的规定，满足水土保持的要求。

6 城乡建设用地竖向规划应符合现行国家标准《历史文化名城保护规划规范》GB 50357 的规定。历史街区、地段与建筑的用地竖向是其历史文化环境的构成要素之一，是历史文化的保护内容。

7 规划区周边地区的竖向是该规划区竖向规划的主要依据之一，所以应与其相衔接。

3.0.4 竖向规划（尤其是山区、丘陵城镇的竖向规划）的土石方及防护工程，对建设工程投资和工期影响较大。因此，要求通过精心规划，既满足各项工程建设的需要，又使上述工程的工程量适度；充分利用和合理改造地形，尽量减少土石方工程量，进而达到工程合理、建设与使用安全、造价经济、景观美好的效果。

3.0.5 竖向规划方案要根据建筑规划布局、交通运输要求、地面排水与防洪排涝、市政工程管线敷设、土石方工程以及防护工程等的要求，结合地形地貌、地质与水文条件合理选择规划地面形式和竖向规划方法进行综合比较确定。

规划地面形式，是竖向规划的主要工作，对规划方案起着重要的作用，本规范第 4 章专门作了规定。

由于城乡规划的各阶段要求的内容深度以及自然地形条件和特征不同，故采用的竖向规划方法也有繁简不同。一般采用三种方法，即纵横断面法、设计等高线法、标高坡度结合法（又称"标高箭头法"，即直接定高程法）。

纵横断面法：按道路纵横断面设计原理，将用地根据需要的精度绘出方格网，在方格网的每一交点上注明原地面高程及规划设计地面高程。沿方格网长轴方向者称为纵断面，沿短轴方向者称为横断面。便于建立计算机三维地形模型及后续填挖方的计算。

设计等高线法：用设计等高线和标高表示建设用地改造后的地形。可以体现设计后的地形起伏和场地坡向情况，也容易算出规划设计范围内任一点的原地形及规划地面标高。

标高坡度结合法：根据竖向规划设计原则，在设计范围内直接定出各种建筑物、构筑物的场地（或室外地面）标高、道路交叉点、变坡点的标高、铁路轨顶标高、明沟沟底标高以及地形控制点的标高，将其标注在竖向规划图上，并以箭头表示各地面排水坡向。

根据调查，平原及微丘地形常用设计等高线法；山区、深丘地形常采用标高坡度结合法；丘陵地形前两法兼用；道路和带状用地宜采用纵横断面法；深丘、山区大的台块用地为适应特别精度要求，也可使用设计等高线法。塑造地形为目标的专项竖向规划宜兼用设计等高线法和纵横断面法。

3.0.6 城乡建设用地范围确定后，城乡规划一般在总体规划阶段首先要初步确定一些控制点高程，如防洪堤顶、公路与铁路交叉控制点、大中型桥梁、主要景观点等，这些控制点往往具有唯一性，对整个城区的路网和排水系统起着控制作用。这些点高程一旦改动可能带来系统性问题，因此局部区域的控制性详细规划、修建性详细规划不要轻易改动总体规划或专项规划确定的控制点位置和高程。如果上位规划没有给出这些点的高程，那么就需要扩大研究范围，研究与之相关的系统进行确定。

初步确定控制点标高时应特别慎重，要综合考虑各种因素和条件，在大比例（值）图上工作确定后再用小比例（值）的规划图表示；或者初定高程后经现场勘察并实测后决定，以保证其较为符合实际。

3.0.7 一些地方由于基础测绘工作的滞后，造成同一城镇甚至城镇中同一建设区域采用不同的坐标和高程系统，给城乡规划编制和管理带来不利影响，因此，在同一城镇尤其同一建设区域建立统一的坐标和高程系统是保障竖向规划技术质量的必需条件。坐标系统建议采用 1954 年北京坐标系、1980 年西安坐标系、CGCS2000 国家大地坐标系；高程系统建议采用 1956 黄海高程系、1985 国家高程基准、吴淞高程基准、珠江高程基准。表 1 "水准高程系统换算参数表"取值为全国平均值，为竖向规划工作提供一个参考值，具体工作中应采用当地精密水准网点高程基准换算值。

在进行城市竖向规划的同时可以构建 DEM 数据库。

表 1 水准高程系统换算参数表

换算参数 原高程系统	1956 黄海高程	1985 国家 高程基准	吴淞高程 基准	珠江高程 基准
1956 黄海高程		+0.029m	−1.688m	+0.586m
1985 国家高程基准	−0.029m		−1.717m	+0.557m
吴淞高程基准	+1.688m	+1.717m		+2.274m
珠江高程基准	−0.586m	−0.557m	−2.274m	

注：1 高程基准之间的差值为各地区精密水准网点之间的差值平均值；
　　2 转换后高程系统＝原高程系统＋换算参数。

4 竖向与用地布局及建筑布置

4.0.1 规划用地布局结构与用地的地形和地貌特征密切相关，而竖向规划所研究的就是将自然状态的用地改造为城乡建设用地。

本条规定主要针对总体规划阶段进行用地选择和确定功能分区时竖向上的总体控制。这里提到的自然坡度和规划坡度都是一定范围内的平均坡度。

规划坡度是指某一区域用地经改造后的平均坡度。通常这个坡度用于总体规划阶段确定主要控制点高程、初定排水方案。虽然这个坡度在最终修建时可能是不存在的，但山区丘陵城镇往往以此确定最大填挖高度和主次干道控制高程，排水困难的平原据此协调用地、道路与排水总体方案。因为这是一个平均坡度，所以采用的最大、最小坡度除铁路外都不是极限值。表 2 为城乡主要建设用地适宜规划坡度。表 2 将工业用地和居住用地规划适宜坡度由原来的 15%、30% 改为 10% 和 25%，主要考虑相对于过去，土石方工程及室外工程造价在项目总投资中占比越来越小，场地平整填挖高已普遍增大；而机动车使用频度越来越高，较为平坦的场地更经济环保。表中数据只是普适性参考值。特殊的山地城市、个别景观建筑几乎不受场地坡度限制。

表 2 城乡主要建设用地适宜规划坡度表（%）

用地名称	最小坡度	最大坡度
工业用地	0.2	10
仓储用地	0.2	10
铁路用地	0	2
港口用地		5
城镇道路用地	0.2	8
居住用地	0.2	25
公共设施用地	0.2	20
其他	—	—

乡村建设用地主要是居住功能，建筑以低层的单家独户型为主时，为了节约耕地，保证场地不受洪涝影响，往往选择建于山脚坡地或半山，其用地选择主要须避开有地质灾害隐患场地，在坡度方面可以放得开一些，类似一些山地别墅建设，采用小台地法进行建设。

在原规范编制调研时，深度超过 6m 即为高填方区，是业内普遍认可的。本次调研反映在地形复杂地区，填挖方远远超出预期控制目标，因此本次规范修编参照《建筑地基基础设计规范》GB 50007-2011 和《公路路基设计规范》JTG D30-2015，将填方深度大于 8m 区域定义为高填方区。

在目前高填方区大量增加的情况下，不均匀沉降带来路面开裂、管网破坏、楼歪楼塌等事故频发，因此本次将原条文"城市开敞空间"主动选择填方区，改为高填方区宜主动用作开敞空间。

从经济和安全角度，高填方区应尽可能不用作建设场地，但考虑填海造地、地下空间利用等因素，不可能完全不用高填方用地。

城乡建设用地选择及用地布局应充分考虑对绿地、低洼地区（包括低地、湿地、坑塘、下凹式绿地等）、滨河水系周边空间的生态保护、修复与竖向利用。

4.0.2 平原微丘地区通常规划为平坡式，山区通常规划为台阶式，丘陵地区则随其地形规划成平坡与台阶相间的混合式；滨河用地有时为了安全、客货运输方便和美化环境的需要往往规划为台阶式或低矮台阶与缓坡绿化相结合的平坡式。

4.0.3 当原始地面坡度超过8%时，地表水冲刷加剧，人们步行感觉不便，且普通的单排建筑用地的顺坡分台高差达1.5m左右，建设用地规划为台阶式较好。原始地面坡度为5%以下时，人行、车辆交通组织皆容易，稍加挖、填整理即能达到一般建（构）筑物及其室外场地的平整要求，故宜规划为平坡式；坡度为5%～8%时可规划为混合式。

4.0.4 台地的宽度、长度及台地间的高差与用地的使用性质、建筑物使用要求之间有着密不可分的关系，而台地的高度、宽度又是相互影响的。合理分台和确定台地的高度、宽度与长度是山区、丘陵乃至部分平原地区竖向规划的关键。

4.0.5 街区竖向规划主要解决如何改造街区内用地以满足街区（坊）用地与其外围道路及管线的联系及协调各地块之间的竖向关系。

1 人流较为集中的公共设施区，台地间高差若与层高接近，有利于室内外交通联系和无障碍设计。公共建筑层高大多接近4m，如果台地间高差达到两倍，已达8m，出现高挡土墙，已不属于普遍情况。

2 居住建筑体量小、重复形象较多、建筑空间功能单一、人流和车流量都小，采用小台地方式能较好地顺应地形变化，有利于居住区空间整体的丰富变化和形成局部的宜人尺度。

3 大型防护工程往往不仅是用地自身稳定的一般工程防护措施，常常会伴有减噪、除尘、防风、防沙、防洪甚至防火等特殊防护需求，需要配套具有特殊防护功能的专用绿化或其他措施，竖向规划中应因地制宜地使之有机结合，可更好地发挥其防护作用，并获得较好的景观效果。

4.0.6 鉴于近年由于相邻施工引发事故频有发生，本次修订增加本条规定，要求紧邻建筑的挡土墙应与建筑同时设计、施工，以减少在建建筑在施工中场地失稳，或已建建筑因其下方挡土墙施工开挖造成场地失稳。

4.0.7 挡土墙和护坡上、下缘距建筑物水平净距2m，已可满足布设建筑物散水、排水沟及边缘种植槽的宽度要求（图1）。但上、下缘有所不同的是：上缘与建筑物的水平净距还应包括挡土墙顶厚度，种植槽应可种植乔木，至少应有1.2m以上宽度，故应保证3m。下缘种植槽仅考虑花草、小灌木和爬藤植物种植。严格控制3m以上挡土墙与建筑物的水平净距除以上基本间距要求外，还应满足建筑日照标准控制要求，具体应依据当地日照标准规定执行。

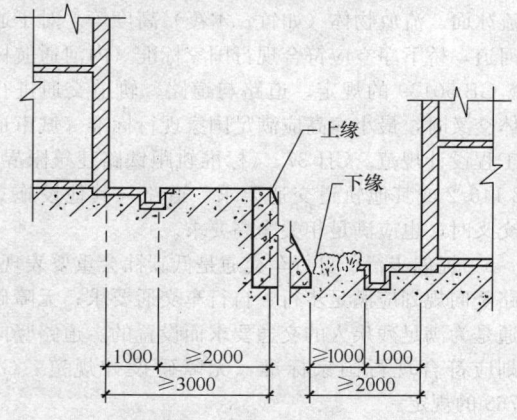

图1 挡土墙与建筑间的最小间距示意图（单位：mm）

另外，挡土墙、护坡与建筑物的水平净距还应考虑其上部建（构）筑物基础的侧压力、下部建筑基础开挖对挡土墙或护坡稳定性的影响等因素，如有管线等其他设施时还应满足有关规范要求，本条所定仅为不考虑任何特殊情况时的最小距离要求。

5 竖向与道路、广场

5.0.1 道路竖向规划是城乡建设用地竖向规划的重要内容之一。无论在规划设计过程或建设过程中，道路的竖向都是确定其他用地竖向规划的最重要的控制依据之一，也是规划管理的重要控制依据之一，基于道路竖向规划在整个城乡建设用地竖向规划中的地位和作用，道路竖向规划所遵循的原则，既包含自身的技术要求，又强调与其他用地在竖向上的协调。

1 道路服务于城乡各项建设用地，只有与两侧建设用地竖向规划的结合才能满足用地的交通和排水需要。同时，道路竖向高程的合理确定，对相邻用地及道路本身挖填方起着决定性作用，减少挖填方对保护自然地貌有着重要作用。另外，道路往往具有景观视线通廊和景观轴线的作用，道路竖向高程控制得当可以提升观景效果的作用。因此道路竖向应有利于塑造城乡景观。

2 道路的竖向规划与平面规划紧密相连、相互影响，平面线形变化往往带来竖向高程的变化，规划中通常通过调整平面规划来解决竖向中的矛盾关系。

因此竖向规划与平面规划相互反馈、交叉进行，是优化方案的必由之路，在山区城镇和乡村（庄）道路规划中这种结合更为重要。

3 城乡建设用地中已确定的某些控制高程是道路竖向规划的基础，如道路、立交枢纽、铁路、对外公路、主要景观点以及防洪（潮）堤高程等。

4 道路跨越江河、湖泊和明渠的净空要求考虑的因素有：是否通航、设计洪水位、壅水、浪高或最高流冰面、流放物体（如竹、木筏）高度等。对于通航河道，桥下净空应符合现行国家标准《内河通航标准》GB 50139 的规定。道路与道路、轨道交通进行立体交叉时，最小净高应满足国家现行标准《城市道路工程设计规范》CJJ 37、《标准轨距铁路建筑限界》GB 146.2 或其他轨道交通要求。道路与其他设施立体交叉时，也应满足相关净高要求。

5 提倡步行、自行车交通是低碳社会重要表现，道路竖向规划应满足步行、自行车交通要求；无障碍交通是为满足残疾人的交通要求而设置的。道路竖向规划应符合现行国家标准《无障碍设计规范》GB 50763 的规定。

5.0.2 本条为道路竖向规划的主要技术标准。

1 根据本次修订的调研反馈情况，各地规划设计部门均认为原规范部分内容与《城市道路工程设计规范》CJJ 37-2012 有冲突，诸如道路最小纵坡值、最大纵坡值、坡长等，同时认为最大纵坡值的控制在山区无法实现。由于我国山地、丘陵城镇众多，实际规划或建设的道路纵坡有些已达 15%，在调研和回函的意见中普遍提到应提高道路的规划最大纵坡。

按照国家现行标准《城市道路交通规划设计规范》GB 50220、《镇规划标准》GB 50188 和《城市道路工程设计规范》CJJ 37，镇的道路与小城市道路等级对应，所以《城市道路工程设计规范》CJJ 37 适用于镇。为与《城市道路工程设计规范》CJJ 37-2012 相协调，最小纵坡调整为 0.3%。同时为方便道路竖向规划，按照《城市道路工程设计规范》CJJ 37-2012 中有关纵坡的相关规定，按道路等级进行了概括，当各级道路设计速度明确时，应按《城市道路工程设计规范》CJJ 37-2012 确定规划道路纵坡及坡长。对于山区城镇道路或其他特殊性质道路，确实无法满足规范要求的，经相关技术经济论证，可根据当地实际情况适当提高最大纵坡值。

同时道路的纵坡应考虑排除超标雨水的要求进行水力计算确定，并应放向受纳水体。对于排涝压力大的城镇区域，当道路具备作为行泄通道的条件时，宜考虑将道路作为临时行洪通道，道路排水的路边径流深度不应大于 0.2m，径流深度与流速乘积应小于 0.5m²/s。

道路的下凹处应考虑设置排除超标雨水的行泄通道。特别是实际工程中立交下凹桥区易成为城市积滞水点，排水形式宜采用调蓄与强排相结合的方式，雨水口设置应满足下凹桥区雨水重现期标准，数量宜考虑 1.2~2.0 的安全系数，当条件许可时宜取上限。雨水调蓄设施的设计宜结合立交雨水泵站集水池建设，有效容积按立体交叉道路汇水区域内 7mm~15mm 降雨量确定；排水重现期应满足立交标准并提高 3 年以上；雨水调蓄设施排空时间不应超过 12h。

2 村庄道路纵坡规划依据现行国家标准《村庄整治技术规范》GB 50445。考虑我国山区村庄众多及各地规划设计部门反馈意见，山区村庄道路纵坡在确保安全前提下可以适当放宽处理。

3 路拱坡度的确定应以有利于路面排水和保障行车安全平稳为原则。道路横坡应根据路面宽度、路面类型、纵坡及气候条件确定，道路纵坡大时横坡取小值，纵坡小时取大值；严寒地区路拱设计坡度宜采用小值。在确定或验核道路两侧用地的竖向控制高程时一般是从道路中心线高程推算至红线高程，此时，需要考虑道路横坡影响。

5.0.3 广场的竖向规划与广场的平面布局和周边条件（道路、建筑物、地形、自然环境等）紧密相关。本条中广场的规定、规划坡度的规定引自《城市道路工程设计规范》CJJ 37-2012。

5.0.4 步行系统为城镇和乡村（庄）必不可少的交通设施，而人行梯道是山区步行系统的主要设施，为满足人们上、下坡时的心理和体力需要及景观要求，规定了人行梯道的坡度值、休息平台及转折平台等的技术指标。梯道宽度指人行的净宽度，不含梯道内绿化带及设施带。而上述指标和梯道的功能与级别相关，为此，本规范对梯道进行了分级，以便于规划设计时参照取值。

1 人行梯道分级参照住建部颁发的《城市步行和自行车交通系统规划设计导则》关于城市道路步行道分级标准分为三级，同时兼顾梯道景观要求。

2 要求设置休息平台、转向平台，主要为了满足人们生理和心理需要，尤其是为了老年和体弱者的需要。转向平台深度过小，将成为步行通道的卡口，可能形成交通阻塞，不利安全。

3 梯道的坡度系包括阶梯、休息平台、转向平台的全程坡度。参照现行行业标准《城市人行天桥与人行地道技术规范》CJJ 69、住房和城乡建设部颁发的《城市步行和自行车交通系统规划设计导则》，三级梯道休息平台深度最小值调为 1.5m，三级梯道宽度最小值调为 2m。

6 竖向与排水

6.0.1 对各类城乡建设用地而言，如何合理有效地组织建设用地的场地排水，当建设用地有可能受到洪水灾害威胁时，是采用"防"还是采用"排"，是选择筑堤还是选择回填建设用地方案。这些问题的慎重选择与妥善解决，都需要对建设用地所处场地的自然地形、地质、水文条件和所在地区的降水量（不同频率、不同城市设防标准所对应的降水量）等因素作综合分析，兼顾现状与规划、近期与远期、局部与整体的协调关系；在有可能受到内涝灾害威胁时，场地内应综合运用渗、滞、蓄、净、用、排等多种措施进行不同方案的技术经济比较后，合理地确定城乡建设用地的场地排水方式，并协调城乡建设用地区域的防洪、防涝规划方案。

严格保护和科学梳理自然排水水系是组织场地排水的最基础工作，系统地统筹、保留、适度整治或改造自然河流及湖塘沟渠作为受纳水体是先决条件；然后才可能有条件地、合理地选择场地排水方式，组织场地内的排水系统；进行不同方案的技术经济比较后，再优化确定城乡建设用地的系统性排水与雨水利用方案。

低影响开发是近几年借鉴发达国家雨水管理与利用经验提出的新的理念，低影响开发雨水系统是城市内涝防治综合体系的重要组成部分；为落实低影响开发的理念，建设自然积存、自然渗透、自然净化的海绵城市，住房和城乡建设部于2014年10月22日颁布了《海绵城市建设技术指南——低影响开发雨水系统构建（试行）》，并组织开展了海绵城市建设试点示范工作；竖向规划是直接关系到低影响开发的一个重要因素，因此竖向规划要重视与低影响开发模式的紧密结合。主要是与组织安排透水铺装、设置下凹式绿地、留辟生物滞留场地与设施、蓄水池、雨水罐、规划利用湖库、湿塘、湿地等进行系统的规划布局和竖向上的有机衔接。

6.0.2 本规范从建设用地竖向规划上怎样保证并协调与排水的关系方面作出了以下规定：

1 竖向规划先要满足地面雨水的排放要求；现行的各专业规范都明确规定最小地面排水坡度为0.3%，因此，本规范也将建设用地的最小自然排水坡度调整为0.3%，以便相互之间协调一致。

但在平原地区要确保所有建设用地的场地都能达到0.3%的地面自然排水坡度确有困难，尤其是原始地面坡度小于0.1%的特别平坦且又无土可取的地方，最小地面排水坡度很难做到0.3%；经调研和目前的建设及实施反馈情况表明：许多码头、大型货场、城市广场的规划地面坡度几乎接近零坡度。但当规划建设用地的地面自然排水坡度小于0.3%时，应采用多坡向或特殊措施组织用地的地面排水，也可以设置下凹式绿地或雨水滞蓄设施收集、储存雨水。硬化面积超过10000m²的建设项目可按有效调蓄容积$V(m^3) \geq 0.025 \times$ 硬化面积(m^2)配建雨水调蓄设施，地块内雨水须经过该调蓄设施后方可进入城市排水系统。

工业、仓储用地的排水坡度等应根据相关规范确定，如《石油化工厂区竖向布置设计规范》SH/T 3013-2000。

依据国家现行标准《城市居住区规划设计规范》GB 50180和《公园设计规范》CJJ 48，几种常见的生活性场地地面排水坡度见表3。

表3 各种场地的地面排水坡度（％）

场地名称	最小坡度	最大坡度
停车场	0.3	3.0
运动场	0.3	0.5
儿童游戏场地	0.3	2.5
栽植绿地	0.5	依地质
草地	1.0	33

注：停车场停车方向地面坡度宜小于0.5%。

2 为了有利于组织建设用地重力流往周边道路下的雨水管渠排除地面雨水，建设用地的高程最好多区段高于周边道路的设计高程；但在山冲或沟谷的地形条件下，规划道路高程往往普遍高于建设用地的规划地面高程，最好应保证建设用地高程至少比周边道路的某一处最低路段的地面高程或雨水收集点高出0.2m，防止建设用地成为积水"洼地"。当小于0.2m时，如果内涝风险评估为高风险区时，要采取防涝措施保证用地的使用安全。

0.2m系指路缘石高度（0.10m～0.15m）加上人行道横坡的降坡高度（0.05m～0.10m）的最低值。

下沉式广场如今在各地城乡（尤其是城市中）普遍推广，其主要用地的地面肯定低于周边道路的规划设计高程；因此，在无法组织下沉式广场重力流排水的时候，应采取适当的抽排措施与之配套。

凡用于雨水调蓄的下凹式绿地或滞水区（包括洪涝应急滞洪区）等，其规划高程或地面控制高程可不受本款的限制，与路面、广场等硬化地面相连接的下凹式绿地，宜低于硬化地面100mm～200mm，当有排水要求时，绿地内宜设置雨水口，其顶面标高应高于绿地50mm～100mm。

结合海绵城市理念，落实各建设用地年径流总量控制目标，从源头减排；各地块的年径流总量控制目标，需依据各地的海绵城市建设要求执行。

6.0.3 当采用地下管网有组织排水时，场地高程应有利于组织重力流排水，尽量避免出现泵站强排。雨水排出口内顶高于多年平均常水位才能保证雨水排放系统正常情况下排水顺畅。有时为了沿江（河）景观的需要，可将排出口做成淹没式，但必须保证排水管网的尾段设计水位高程要高于常水位。

6.0.4 在用地复杂的地区，城乡建设用地区域的外围可能还有较大的外来汇水需汇入或穿越城乡建设用地区域之后才能自然顺畅地排出去，因此，在做用地竖向规划时若不妥善组织，任由外围的雨水进入城乡建设用地区域内的雨水排放系统，则将大大增加城乡建设用地区域内的管网投资，甚至影响整个雨水排放系统的安全和正常使用。此时宜在城乡建设用地区域的外围设置截、滞、蓄等相关设施；当外围汇水必须穿越城乡建设用地才能排出去时，则应在城乡建设用地内设置排（导）洪沟。

6.0.5 村庄因其建设规模不大，为节省投资、方便组织地面雨水排向周边自然沟渠，因此其用地竖向规划宜结合建筑散水与道路生态边沟等自然排水设施建设用地的场地雨水排入村庄周边的自然水系；使用排水暗管（渠）反而不易与周边自然沟渠取得高程上的有利衔接；同时，为保证村庄的用地安全，可在场地外侧设置排水沟，截留并引导外围来水从建设场地外排出。在缺水地区可考虑雨水的回收利用方案，在进行用地竖向规划时注意利用地下水窖、洼地、池塘、湖库等蓄留一部分雨水，以利于雨水的资源化利用。城镇有条件的地区也应采用类似的生态集水、排水组织方式。

6.0.6 有冰雪冻融的地区，在做用地竖向规划时应考虑穿越建设用地的河流在解冻时可能形成冰坝而对城乡建设用地产生突发性洪水或内涝的威胁；同时，建设用地与容易形成内涝区（或集水区）之间的场地排水坡度宜适度加大。

7 竖向与防灾

7.0.1 城乡用地竖向规划是城乡综合防灾规划落实的重要因素，编制用地竖向规划，同时需要满足综合防灾的要求，应符合综合防灾规划和防洪排涝、地质灾害、抗震、消防等相关规范的规定要求。

7.0.2 城乡建设用地防洪（潮）的规定是保证城乡建设用地安全的基本条件。

1 城乡建设用地区域的防洪等级与设防标准的确定应当符合现行国家标准《防洪标准》GB 50201的规定；城乡建设用地区域的聚集人口规模和行政重要程度等级的不同，其相应的抗洪设防标准也不同。

2 在设防洪（潮）堤时，其防洪（潮）堤的堤顶高程应按能抗御相应设计频率洪（潮）水位的防洪（潮）堤的设防要求来确定，其建设用地高程重点考虑排涝要求，确保建设用地不受涝；在不设防洪（潮）堤时，沿江（河、海、湖）的城乡建设用地的地面设计高程应按能抗御相应设计频率洪（潮）水位的防洪（潮）堤的要求来确定。

安全超高考虑波浪侵袭或者壅水因素。有波浪或壅水影响时，波浪侵袭或壅水高度需按计算值或实际观测值为依据，若无上述有关资料作依据，在规划阶段中暂以 1.2m 取值；安全超高视构筑物级别和筑堤材料而定，一般取值为 0.4m～1.0m（不含土堤预留沉降值）；壅水高度以实际观测值为依据。

7.0.3 有内涝威胁的城乡建设用地应进行内涝风险评估，综合运用蓄、滞、渗、净、用、排等多种措施进行不同方案的技术经济比较后，确定场地适宜的排水防涝措施，结合排水防涝方案和应对措施来确定相应的用地竖向规划方案。

7.0.4 在城乡建设用地越来越紧张的大背景下，可供选择使用的城乡建设用地其条件越来越复杂，安全又适宜的建设用地越来越少，不可避免会选择一些有可能受地质灾害影响或存在地质灾害隐患的用地作为建设用地。

1 在建设用地的选址过程中应依据地灾评估资料和结论，充分考虑潜在的自然地质灾害影响的可能，尽量避让危险地带和可能受到影响的区段。用地选择应执行国家现行《城乡用地评定标准》CJJ 132、《城市规划工程地质勘察规范》CJJ 57 和综合防灾规划的相关规定。

如果现状建成区或规划的建设用地无法避让自然地质灾害影响区及威胁地带，则应对威胁现状建成区的地质灾害通过论证比较后，采取针对性的工程治理或消除措施；对威胁或可能影响规划建设用地的自然地质灾害采取"先治理、后建设"的工程治理或消除措施，消除安全隐患，确保用地安全。严禁在地质灾害高易发区和中易发区内采取深挖高填的用地整理方式。

2 在做用地竖向规划（尤其是场地大平台）时，应尽量减少深挖高填，保护性地进行竖向规划控制，避免对原有地形地貌做较大的改动，降低对原有地质稳定性的影响，防止次生地质灾害的发生。

减少对原地貌、地表植被、水系的扰动和损毁，保护自然景观要素；防止场地整理引起水土流失，参照执行现行国家标准《开发建设项目水土保持技术规范》GB 50433。

7.0.5 为更好地防灾、避灾、救灾需要，城乡防灾救灾设施（主要是医疗、消防、救灾物资储备库、防洪工程、防灾应急指挥中心、疾病预防与控制中心应急避难场所等）、基础设施（主要是排水、燃气、热力、电力、交通运输、邮电通信、广播电视等）、重要公共设施 [主要是体育场（馆）、文化娱乐中心、人流密集的大型商场、博物馆和档案馆、会展中心、教育、科学实验（研究、中试生产和存放具有高放射性物品以及剧毒的生物制品、化学制品、天然和人工细菌、病毒）等]，其建设用地的竖向规划应符合防御目标和设防标准的规定要求，具备抗御严重的次生灾害和潜在危险因素威胁的能力。

7.0.6 满足安全防护距离和卫生防护距离要求，并应符合相应行业设计规范在竖向设计上的特殊要求；防止泄漏和扩散等灾害的扩大与蔓延，是重大危险源区、次生灾害高危险区及其影响范围的竖向规划首先应考虑的重要影响因素。

8 土石方与防护工程

8.0.1 土石方与防护工程量是竖向规划方案是否合理、经济的重要评价指标，也是修建性详细规划中投资估算的必需依据。因此，在满足使用要求的前提下，多方案比较，使工程量最小，是我们应贯彻的基本原则。

8.0.2 鉴于规划阶段的条件所限，其土石方量的估算范围主要包括场地平整、道路及其他地面设施的土石方量。地下工程、管网、建（构）筑物基础等的土石方量不包括在内。

土石方量的计算要充分考虑到土石方松散系数、土石比、工程地质情况、压实系数、建设时序、弃土条件的影响，注意将参与平衡的挖方、填方换算成相同状态的土。

"就近合理平衡"的基本原则是利用各种有利条件，以能否提高用地的使用质量、节约土石方及防护工程投资、提高开发效益等为衡量，宜在街坊或小区内平衡，达到就近平衡、合理平衡、经济可行的土石方调运，不是指简单地、机械地要求分单个工程、分片、分段的土石方数量的平衡。

在规划设计中，对项目土石方与防护工程成果如实反映，并列出其主要指标（表4）。

表4 土石方与防护工程主要项目指标表

序号	项目		单位	数量	备注
1	土石方工程量	挖方	m³		
		填方	m³		
		总量	m³		
2	单位面积土石方量	挖方	m³/10⁴m²		
		填方	m³/10⁴m²		
		总量	m³/10⁴m²		
3	土石方平衡余缺量	余方	m³		
		缺方	m³		
4	挖方最大深度		m		
5	填方最大高度		m		
6	护坡最大高度		m		
7	护坡最大坡比值				标为1:n
8	挡土墙最大高度		m		
9	护坡工程量		m²		
10	挡土墙工程量		m³		
备注					

城乡建设用地土石方量定额指标，由于地区不同、地形坡度不同、规划地面形式不同和规划设计方法不同，使用地土石方工程量估算结果千变万化，很难从中找出明显规律性或合理的定额指标。用地土石方平衡，也由于各种条件和情况不同，难以制定统一合理的平衡标准。现仅从大多数的调查资料和少数规划设计单位提供的经验实例，提出初步的用地土石方量定额及其平衡标准指标列后，供参考。

1 城乡建设用地土石方工程量（填方和挖方之和）定额指标可为：

平原地区　　小于 10000m³/10⁴m²；
浅、中丘地区　20000m³/10⁴m²～30000m³/10⁴m²；
深丘、高山地区 30000m³/10⁴m²～50000m³/10⁴m²。

2 城乡建设用地土石方量平衡标准指标如下：

平原地区　　　5%～10%；
浅、中丘地区　7%～15%；
深丘、高山地区 10%～20%。

平衡标准为：（挖、填方量差÷土石方工程）×100%。

3 城乡建设用地土石方平衡与调运，关键在于经济运距，这与运输方式有密切关系。根据经验资料，提供如下经济运距供参考：

人工运输为 200m 以内；
机动工具运输为 1000m 以内。

影响大面积用地土石方调运方案制定的因素主要是地形与地质条件、借土与弃土条件、运输方式、是否同步建设等。大多数单位认为用地土石方宜在街坊或小区内平衡。以达到就近平衡、合理平衡、经济可行的土石方调运的基本原则。因此，运距以 250m～400m 为宜。

8.0.3 街区与邻接道路交接处的用地防护应统一规划，避免造成安全事故和资金浪费。防护工程一般用于地形变化较大的建设用地，对可能发生的塌方、滑坡常用挡土墙及护坡防护；对洪、潮、风沙、泥石流等以防洪（潮、风沙）堤及拦砂（石、泥石流）坝防护。除上述主要防护工程外，有时还应与上游的截流和下游的引水、排水工程结合规划设置，才能起到可靠的防护作用。

8.0.4 为保证台阶式用地的土石体稳定，要求台地间连接宜用护坡或挡土墙。参照《民用建筑设计通则》GB 50352-2005 中的"人流密集的场所台阶高度超过 0.70m 并侧面临空时，应有防护设施"的要求，为了确保人们安全，高差大于 0.7m 的挡土墙墙顶或坡比值大于 0.5 的护坡顶宜加设防护栏杆或绿篱等安全设施。

8.0.5 土质护坡分为挖方护坡和填方护坡两种，根据经验值，一般填方土质护坡坡率不大于 1:1.5，即坡比值为 0.67，挖方土质护坡坡率不大于 1:1，本规范选用填方护坡坡率值来控制，以确保护坡的安全性。此外，在《公路路基设计规范》JTG D 30-2015 中，对不同高度不同土质情况的坡比值有不同要求，可以参考使用。砌筑型护坡指干砌石、浆砌石或混凝土护坡，城乡建设用地中的护坡多属此类。为了提高城乡环境质量，对护坡的坡比值要求适当减小，土质护坡宜慎用。相邻台地间的高差大于或等于3.0m时，退台采取挡土墙结合放坡方式处理，有利于降低挡土墙高度，增加坡地绿化。挡土墙的高度规定主要考虑建用地中较普遍采用形式简单、施工方便的重力式挡土墙，参考《建筑地基基础设计规范》GB 50007-2011、《水工挡土墙设计规范》SL 379-2007及《公路路基设计规范》JTG D30-2015以及景观要求，综合确定挡土墙高度不宜大于6m。

8.0.6 在建（构）筑物密集、用地紧张区域及有装卸作业要求的台地对节约场地空间、货物堆放与运输有较突出的要求，因此，应采取挡土墙防护提高空间利用效率和运输组织的安全与便捷性。

8.0.7 结合各类挡土墙设计要求，高度一般不超过12m，故将6m～12m挡土墙定为高挡土墙，大于12m为超高挡土墙。建设场地内或周边无法避免将要建或者已经存在超高挡土墙时，可能出现或存在的不仅是景观问题，更多可能是安全问题，以及后续使用的遗留问题，此时，挡土墙的建设方案必须专门论证与设计，作为规划方案优化设计的依据。其工作步骤须在城乡规划方案阶段，可委托具有工程地质勘察和岩土工程设计资质的机构开展与规划阶段相适应的专门技术咨询，论证的内容可包括超高挡土墙建设的必要性、安全性、技术与经济可行性、建设方案与土地利用功能和景观的协调性等方面的内容，技术深度按岩土工程技术体系与城乡规划工作所处阶段相适应的深度为宜，论证结果须能支撑规划方案。

8.0.8 村庄总体建设规模和建设用地的使用开发强度远低于城市（镇），其景观控制要素更容易保留，用地平整的难度不大，防护工程及设施更可以做到"宜人的空间尺度"、"理性的工程尺度"。因此，通过各地反馈的意见和本次修订过程中典型案例调查，村庄一般减少使用挡土墙，宜采用种植绿化护坡；如确需采用挡土墙，宜采取挡土墙结合放坡方式处理，挡土墙高度一般为1.5m～3.0m；挡土墙宜就地取材砌筑，既降低工程造价，又能体现乡土特色。

8.0.9 在城乡规划中不倡导使用高边坡。本次修订对地形复杂山区的建筑边坡高度上限值作出规定，是各地在使用原《城市用地竖向规划规范》CJJ 83-99中提出的要求，为规划阶段提供依据，以避免山区建设中无成熟技术支持的高度过大的开挖或填筑。本次修订仅作为特殊个案参考，建议取值依据《建筑边坡工程技术规范》GB 50330-2013、参照《公路路基设计规范》JTG D30-2015，同时结合《关于进一步加强全市高切坡、深基坑和高填方项目勘察设计管理的意见》（渝建发〔2010〕166号）及相关实施经验，即建筑边坡高度上限取值按照在地形复杂的地区，岩质建筑边坡宜低于30m，土质建筑边坡宜低于15m。

对于土质高边坡$H>15m$，在地形复杂地区采用时，条件许可时宜尽量采用骨架或其他有利于生态环境保护美化的护面措施。

对于超过边坡高度上限的边坡需进行特殊设计。

9 竖向与城乡环境景观

9.0.1 城乡环境景观特色与竖向的关系在城乡建设用地选择和进行总体规划布局时就应该有比较完整的构思方案；竖向规划本身就是实现这些方案设想的重要手段。

1、2 原有地形特征、标志性地物、风景点、历史遗迹及文物保留下来，使住民有土生土长、根植于斯的认同感。城乡绿地系统一般都是与城乡的自然山系、水系和文物古迹相结合的完整体系，它既能保存、延续城乡历史文脉，更具保护自然生态环境、形成和调节小气候的作用。

3 城乡景观特色的塑造，最主要应源于对城乡自然环境要素（如地形、土壤、植被、水文等）的创造性利用。而城镇内部或周边重要自然景观边界线或人文等景观边界线特色是城乡无可取代的标志性景观。如美国芝加哥密歇根湖滨、上海的外滩、珠海及青岛的海滨大道等。人文景观边界线往往是对自然景观边界线进行长期的塑造经营而形成的。

9.0.2 城乡建设用地竖向规划将用地做分台处理时，台间防护工程不仅起着安全防护作用，而且是城乡建筑和室外环境的有机组成部分。随着经济、文化的发展，城乡建设中对环境与景观质量的要求越来越高，分台和室外工程（包括防护工程）应充分重视其景观效果的需求。

1 城乡一般地段功能较单一，对景观要求相对不高，但对挡土墙、护坡等的尺度、线形仍应考虑与环境协调、美观、安全及人们心理要求等因素。在用地和经济条件、管理条件允许时，宜多用与植被结合的护坡，少用挡土墙，以改善和提高环境质量。

2 公共活动区的外部空间是由建筑物外墙和室外工程设施（包括室外防护工程）构成的，对风貌和景观特色的构成具有重要的作用。因此分台和室外工程设施的设置应与建筑物统一规划，并充分体现景观设计的要求。

3 山区城镇的室外工程设施较多，出现频率高，其对构成城乡风貌特色的影响作用有时不亚于建筑物的影响作用，若能遵循一定规律并符合美学法则进行设计，并注重采用地方材料、传统工艺，可构成城镇独特的风貌。

4 挡土墙高度超过1.5m时，已构成对视野和空间较明显的围合感。根据环境设计的具体需要，用绿化进行遮挡或覆盖可将其影响弱化。如作一定的景观处理可增加空间层次，丰富景观内容。景观处理的方式可以是功能上的巧妙利用、形象的美化处理，也可以赋予一定文化内涵，如四川省德阳市利用滨江路大填方区的高挡土墙而建设的艺术墙，既节约土石方，又成为城市重要的景点和文化遗产。

9.0.3 水体对城乡生态环境和景观的作用是十分重要的，但城乡滨水空间的利用往往受制于防治水害及建设道路的需要，高高的防护堤和宽阔的滨水交通干道往往使水面可望而不可即，生态岸线和滨水活动空间极少，既未充分发挥水体对城乡生态环境改善的作用，更不可能满足人们的亲水、近水要求。

在调研过程中，许多规划工作者要求作一些更具体的规定，但在分析各地情况后，编制组认为滨水空间的建设不便作统一的硬性规定，只能因地制宜、创造性地利用自然条件，在满足用地功能要求的同时，尽量保护滨水区生态，创造更美好的环境景观。

9.0.4 乡村地区往往由于就地取材进行建设，为适应不同的材料和气候条件采用独特的施工工艺，久而久之形成独特的风貌。因此，有条件时，乡村建设用地的竖向建设应采用地方材料和传统工艺。

中华人民共和国行业标准

生活垃圾焚烧处理工程技术规范

Technical code for projects of municipal
solid waste incineration

CJJ 90—2009
J 184—2009

批准部门：中华人民共和国住房和城乡建设部
施行日期：２００９年７月１日

中华人民共和国住房和城乡建设部
公 告

第 238 号

关于发布行业标准《生活垃圾焚烧处理工程技术规范》的公告

现批准《生活垃圾焚烧处理工程技术规范》为行业标准，编号为 CJJ 90—2009，自 2009 年 7 月 1 日起实施。其中，第 3.1.1、4.2.1、5.2.6、5.3.2、5.3.4、6.2.2、6.2.5、6.5.2、7.3.2、7.6.6、10.2.5、10.3.4、10.4.5、10.5.1、12.3.9、16.2.10 条为强制性条文，必须严格执行。原行业标准《生活垃圾焚烧处理工程技术规范》CJJ 90—2002 同时废止。

本规范由我部标准定额研究所组织中国建筑工业出版社出版发行。

中华人民共和国住房和城乡建设部
2009 年 3 月 15 日

前　言

根据原建设部"关于印发《2006 年工程建设标准规范制订、修订计划（第一批）》的通知"（建标[2006]77 号）的要求，规范编制组在广泛调查研究，认真总结实践经验，参考有关国际标准和国内外先进标准，并在广泛征求意见的基础上，对《生活垃圾焚烧处理工程技术规范》CJJ 90—2002 进行了修订。

本规范的主要技术内容是：1. 总则；2. 术语；3. 垃圾处理量与特性分析；4. 垃圾焚烧厂总体设计；5. 垃圾接收、储存与输送；6. 焚烧系统；7. 烟气净化与排烟系统；8. 垃圾热能利用系统；9. 电气系统；10. 仪表与自动化控制；11. 给水排水；12. 消防；13. 采暖通风与空调；14. 建筑与结构；15. 其他辅助设施；16. 环境保护与劳动卫生；17. 工程施工及验收。

修订的主要内容包括：

1. 对术语进行了充实和完善；
2. 增加了对厂区道路设计和绿地率的要求；
3. 对垃圾焚烧系统增加了节能减排和安全要求的内容；
4. 对烟气净化系统工艺增加了干法和湿法的内容，并对布袋除尘、活性炭喷射和在线监测等内容进行了规定；
5. 对飞灰的处理增加了可进入生活垃圾卫生填埋场处理的条件；
6. 对电气和仪表控制作了进一步的技术要求；
7. 对给排水和消防增加了技术内容。

本规范由住房和城乡建设部负责管理和对强制性条文的解释，由主编单位负责具体技术内容的解释。

本规范主编单位：城市建设研究院（地址：北京市朝阳区惠新里 3 号；邮政编码：100029）

五洲工程设计研究院（地址：北京市西便门内大街 85 号；邮政编码：100053）

本规范参编单位：上海日技环境技术咨询有限公司

深圳市环卫综合处理厂

上海市环境工程设计科学研究院

本规范主要起草人：徐文龙　孙振安　郭祥信
陈海英　白良成　梁立军
杨宏毅　云　松　陈恩富
朱先年　龙吉生　金福青
吕德彬　陈　峰　蒋旭东
卜亚明　闫　磊　张小慧
龚柏勋　蔡　辉　张　益
张国辉　翟力新　李万修
孙　彦　曹学义　岳优敏

姜宗顺　程义军　骞瑞欢　　　　　　　姜鹏运　郭　琦　高　霞
安　淼　徐振新　杨承休　　　　　　　温穗卿　秦　峰　林桂鹏
黄益民　王素英　唐志革　　　　　　　朱　平

目　次

1 总则 ·· 72—6
2 术语 ·· 72—6
3 垃圾处理量与特性分析 ······················· 72—7
　3.1 垃圾处理量 ································· 72—7
　3.2 垃圾特性分析 ······························ 72—7
4 垃圾焚烧厂总体设计 ··························· 72—7
　4.1 垃圾焚烧厂规模 ··························· 72—7
　4.2 厂址选择 ···································· 72—7
　4.3 全厂总图设计 ······························ 72—7
　4.4 总平面布置 ································· 72—8
　4.5 厂区道路 ···································· 72—8
　4.6 绿化 ·· 72—8
5 垃圾接收、储存与输送 ························ 72—8
　5.1 一般规定 ···································· 72—8
　5.2 垃圾接收 ···································· 72—8
　5.3 垃圾储存与输送 ··························· 72—8
6 焚烧系统 ·· 72—9
　6.1 一般规定 ···································· 72—9
　6.2 垃圾焚烧炉 ································· 72—9
　6.3 余热锅炉 ···································· 72—9
　6.4 燃烧空气系统与装置 ···················· 72—9
　6.5 辅助燃烧系统 ······························ 72—9
　6.6 炉渣输送处理装置 ······················ 72—10
7 烟气净化与排烟系统 ·························· 72—10
　7.1 一般规定 ··································· 72—10
　7.2 酸性污染物的去除 ······················ 72—10
　7.3 除尘 ··· 72—11
　7.4 二噁英类和重金属的去除 ············· 72—11
　7.5 氮氧化物的去除 ························· 72—11
　7.6 排烟系统设计 ····························· 72—11
　7.7 飞灰收集、输送与处理系统 ·········· 72—11
8 垃圾热能利用系统 ····························· 72—11
　8.1 一般规定 ··································· 72—11
　8.2 利用垃圾热能发电及热电联产 ······· 72—12
　8.3 利用垃圾热能供热 ······················ 72—12
9 电气系统 ··· 72—12
　9.1 一般规定 ··································· 72—12

　9.2 电气主接线 ······························· 72—12
　9.3 厂用电系统 ······························· 72—12
　9.4 二次接线及电测量仪表装置 ········· 72—13
　9.5 照明系统 ·································· 72—13
　9.6 电缆选择与敷设 ························ 72—14
　9.7 通信 ·· 72—14
10 仪表与自动化控制 ··························· 72—14
　10.1 一般规定 ································ 72—14
　10.2 自动化水平 ····························· 72—14
　10.3 分散控制系统 ·························· 72—14
　10.4 检测与报警 ····························· 72—14
　10.5 保护和连锁 ····························· 72—15
　10.6 自动控制 ································ 72—15
　10.7 电源、气源与防雷接地 ············· 72—15
　10.8 中央控制室 ····························· 72—16
11 给水排水 ······································· 72—16
　11.1 给水 ······································ 72—16
　11.2 循环冷却水系统 ······················ 72—16
　11.3 排水及废水处理 ······················ 72—16
12 消防 ··· 72—16
　12.1 一般规定 ································ 72—16
　12.2 消防水炮 ································ 72—17
　12.3 建筑防火 ································ 72—17
13 采暖通风与空调 ······························ 72—17
　13.1 一般规定 ································ 72—17
　13.2 采暖 ······································ 72—17
　13.3 通风 ······································ 72—18
　13.4 空调 ······································ 72—18
14 建筑与结构 ···································· 72—18
　14.1 建筑 ······································ 72—18
　14.2 结构 ······································ 72—18
15 其他辅助设施 ································· 72—19
　15.1 化验 ······································ 72—19
　15.2 维修及库房 ····························· 72—19
　15.3 电气设备与自动化试验室 ·········· 72—19
16 环境保护与劳动卫生 ······················· 72—19
　16.1 一般规定 ································ 72—19
　16.2 环境保护 ································ 72—19

16.3　职业卫生与劳动安全 …………… 72—20
17　工程施工及验收 ……………………… 72—20
　　17.1　一般规定 ………………………… 72—20
　　17.2　工程施工及验收 ………………… 72—20

17.3　竣工验收 …………………………… 72—21
本规范用词说明 …………………………… 72—22
附：条文说明 ……………………………… 72—23

1 总　则

1.0.1 为规范生活垃圾（以下简称垃圾）焚烧处理工程建设的技术要求，做到焚烧工艺技术先进、运行可靠、控制污染、安全卫生、节约用地、维修方便、经济合理、管理科学，制定本规范。

1.0.2 本规范适用于以焚烧方法处理垃圾的新建和改扩建工程的规划、设计、施工及验收。

1.0.3 垃圾焚烧工程规模的确定和工艺技术路线的选择，应综合考虑城市社会经济发展、城市总体规划、环境卫生专业规划、垃圾产生量与特性、环境保护要求以及焚烧技术的适用性等方面合理确定。

1.0.4 垃圾焚烧工程建设，应采用先进、成熟、可靠的技术和设备，做到焚烧工艺技术先进、运行可靠、控制污染、安全卫生、节约用地、维修方便、经济合理、管理科学。垃圾焚烧产生的热能应充分加以利用。

1.0.5 垃圾焚烧处理工程的规划、设计、施工及验收，除应符合本规范外，尚应符合国家现行有关标准的规定。

2 术　语

2.0.1 垃圾焚烧炉（焚烧炉）　waste incinerator
利用高温氧化方法处理垃圾的设备。

2.0.2 垃圾焚烧余热锅炉（余热锅炉）　waste incineration boiler
利用垃圾燃烧释放的热能，将水加热到一定温度和压力的换热设备。

2.0.3 垃圾低位热值（低位热值）　low heat value (LHV)
单位质量垃圾完全燃烧时，当燃烧产物回复到反应前垃圾所处温度、压力状态，并扣除其中水分汽化吸热后，放出的热量。

2.0.4 设计垃圾低位热值（设计低位热值）　low heat value for design
在设计时，为确定焚烧炉的额定处理能力所采用的垃圾低位热值。

2.0.5 最大连续蒸发量　maximum continuous rating (MCR)
余热锅炉在额定蒸汽压力、额定蒸汽温度、额定给水温度和使用设计燃料条件下长期连续运行时所能达到的最大蒸发量。

2.0.6 额定垃圾处理量　rated waste treatment capacity
在额定工况下，焚烧炉的垃圾焚烧量。

2.0.7 焚烧炉上限垃圾低位热值　upper limit LHV of waste for incinerator
能够使焚烧炉正常运行的最大垃圾低位热值。

2.0.8 焚烧炉下限垃圾低位热值　lower limit LHV of waste for incinerator
能够使焚烧炉正常运行的最小垃圾低位热值。

2.0.9 炉膛　combustion chamber
垃圾焚烧炉中的燃烧空间。

2.0.10 二次燃烧室　reburning chamber
使燃烧气体进一步燃烬而设置的燃烧空间。即垃圾焚烧炉内自二次空气供入点所在的断面至余热锅炉第一通道入口断面的空间。

2.0.11 炉排热负荷　grate heat release rate
单位炉排面积、单位时间内的垃圾焚烧释热量。

2.0.12 炉排机械负荷　mass load of grate
单位炉排面积、单位时间内的垃圾焚烧量。

2.0.13 炉膛容积热负荷　combustion chamber volume heat release rate
单位炉膛容积、单位时间内的垃圾焚烧释热量。

2.0.14 连续焚烧方式　continuous incineration
通过送料器连续运动，将垃圾不断投入垃圾焚烧炉内进行焚烧的作业方式。

2.0.15 焚烧线　incineration line
为完成对垃圾的焚烧处理而配置的焚烧、热交换、烟气净化、排渣出渣、飞灰收集输送、控制等全部设备和设施的总称。

2.0.16 炉渣　slag
垃圾焚烧过程中，从排渣口排出的残渣。

2.0.17 锅炉灰　boiler ash
从余热锅炉下部排出的固态物质。

2.0.18 飞灰　fly ash
从烟气净化系统排出的固态物质。

2.0.19 漏渣　fall slag
从焚烧炉炉排间隙漏下的固态物质。

2.0.20 灰渣　residua (ash and slag)
在垃圾焚烧过程中产生的炉渣、漏渣、锅炉灰和飞灰的总称。

2.0.21 飞灰稳定化　fly ash stabilify
使飞灰转化为非危险废物的处理过程。

2.0.22 余热锅炉热效率　thermal efficiency of waste incineration boiler
余热锅炉输出的热量与输入的总热量之比。

2.0.23 炉渣热灼减率　loss of ignition
焚烧垃圾产生的炉渣在（600±25）℃下保持3h，经冷却至室温后减少的质量占在室温条件下干燥后的原始炉渣质量的百分比。

2.0.24 烟气净化系统　flue gas cleaning system
对烟气进行净化处理所采用的各种处理设施组成的系统。

2.0.25 二噁英类　dioxins
多氯代二苯并-对-二噁英（PCDDs）、多氯代二苯并呋喃（PCDFs）等化学物质的总称。

3 垃圾处理量与特性分析

3.1 垃圾处理量

3.1.1 垃圾处理量应按实际重量统计与核定。
3.1.2 垃圾处理量应按进厂量和入炉量分别进行计量和统计。

3.2 垃圾特性分析

3.2.1 垃圾特性分析应包括下列内容：
  1 物理性质：物理组成、重度、尺寸；
  2 工业分析：固定碳、灰分、挥发分、水分、灰熔点、低位热值；
  3 元素分析和有害物质含量。
3.2.2 垃圾物理组成分析应由下列项目构成：
  1 有机物：厨余、纸类、竹木、橡（胶）塑（料）、纺织物；
  2 无机物：玻璃、金属、砖瓦渣土；
  3 含水率；
  4 其他。
3.2.3 垃圾采样应具有代表性，特性分析结果应具有真实性。
3.2.4 垃圾采样和特性分析，应符合现行行业标准《城市生活垃圾采样和物理分析方法》CJ/T 3039 中的有关规定。
3.2.5 垃圾元素分析与测定，应符合下列要求：
  1 垃圾元素分析应包括：碳(C)、氢(H)、氧(O)、氮(N)、硫(S)、氯(Cl)；
  2 垃圾元素测定的样品粒度应小于 0.2mm。
3.2.6 垃圾元素分析可采用经典法或仪器法测定。采用经典法测定垃圾元素成分值时，可按煤的元素分析方法进行；采用仪器法测定元素分析成分值时，应按各类仪器的使用要求确定样品量。

4 垃圾焚烧厂总体设计

4.1 垃圾焚烧厂规模

4.1.1 垃圾焚烧厂应包括：接收、储存与进料系统、焚烧系统、烟气净化系统、垃圾热能利用系统、灰渣处理系统、仪表及自动化控制系统、电气系统、消防、给排水及污水处理系统、采暖通风及空调系统、物流输送及计量系统，以及启停炉辅助燃烧系统、压缩空气系统和化验、维修等其他辅助系统。
4.1.2 垃圾焚烧厂的处理规模应根据环境卫生专业规划或垃圾处理设施规划、服务区范围的垃圾产生量现状及其预测、经济性、技术可行性和可靠性等因素确定。
4.1.3 焚烧线数量和单条焚烧线规模应根据焚烧厂处理规模、所选炉型的技术成熟度等因素确定，宜设置 2～4 条焚烧线。
4.1.4 垃圾焚烧厂的规模宜按下列规定分类：
  1 特大类垃圾焚烧厂：全厂总焚烧能力 2000t/d 及以上；
  2 Ⅰ类垃圾焚烧厂：全厂总焚烧能力 1200～2000t/d（含 1200t/d）；
  3 Ⅱ类垃圾焚烧厂：全厂总焚烧能力 600～1200t/d（含 600t/d）；
  4 Ⅲ类垃圾焚烧厂：全厂总焚烧能力 150～600t/d（含 150t/d）。

4.2 厂址选择

4.2.1 垃圾焚烧厂的厂址选择应符合城乡总体规划和环境卫生专业规划要求，并应通过环境影响评价的认定。
4.2.2 厂址选择应综合考虑垃圾焚烧厂的服务区域、服务区的垃圾转运能力、运输距离、预留发展等因素。
4.2.3 厂址应选择在生态资源、地面水系、机场、文化遗址、风景区等敏感目标少的区域。
4.2.4 厂址条件应符合下列要求：
  1 厂址应满足工程建设的工程地质条件和水文地质条件，不应选在发震断层、滑坡、泥石流、沼泽、流沙及采矿陷落区等地区；
  2 厂址不应受洪水、潮水或内涝的威胁；必须建在该类地区时，应有可靠的防洪、排涝措施，其防洪标准应符合现行国家标准《防洪标准》GB 50201 的有关规定；
  3 厂址与服务区之间应有良好的道路交通条件；
  4 厂址选择时，应同时确定灰渣处理与处置的场所；
  5 厂址应有满足生产、生活的供水水源和污水排放条件；
  6 厂址附近应有必需的电力供应。对于利用垃圾焚烧热能发电的垃圾焚烧厂，其电能应易于接入地区电力网；
  7 对于利用垃圾焚烧热能供热的垃圾焚烧厂，厂址的选择应考虑热用户分布、供热管网的技术可行性和经济性等因素。

4.3 全厂总图设计

4.3.1 垃圾焚烧厂的全厂总图设计，应根据厂址所在地区的自然条件，结合生产、运输、环境保护、职业卫生与劳动安全、职工生活，以及电力、通信、燃气、热力、给水、排水、污水处理、防洪、排涝等设施环境，特别是垃圾热能利用条件，经多方案综合比较后确定。

4.3.2 焚烧厂的各项用地指标应符合国家有关规定及当地土地、规划等行政主管部门的要求。

4.3.3 垃圾焚烧厂人流和物流的出、入口设置，应符合城市交通的有关要求，并应方便车辆的进出。人流、物流应分开，并应做到通畅。

4.3.4 垃圾焚烧厂宜设置必要的生活服务设施，具备社会化条件的生活服务设施应实行社会化服务。

4.4 总平面布置

4.4.1 垃圾焚烧厂应以垃圾焚烧厂房为主体进行布置，其他各项设施应按垃圾处理流程、功能分区，合理布置，并应做到整体效果协调、美观。

4.4.2 油库、油泵房的设置应符合现行国家标准《石油库设计规范》GB 50074 中的有关规定。

4.4.3 燃气系统应符合现行国家标准《城镇燃气设计规范》GB 50028 中的有关规定。

4.4.4 地磅房应设在垃圾焚烧厂内物流出入口处，并应有良好的通视条件，与出入口围墙的距离应大于一辆最长车的长度，且宜为直通式。

4.4.5 总平面布置应有利于减少垃圾运输和处理过程中的恶臭、粉尘、噪声、污水等对周围环境的影响，防止各设施间的交叉污染。

4.4.6 厂区各种管线应合理布置、统筹安排。

4.5 厂区道路

4.5.1 垃圾焚烧厂区道路的设置，应满足交通运输和消防的需求，并应与厂区竖向设计、绿化及管线敷设相协调。

4.5.2 垃圾焚烧厂区主要道路的行车路面宽度不宜小于 6m。垃圾焚烧厂房周围应设宽度不小于 4m 的环形消防车道，厂区主干道路面宜采用水泥混凝土或沥青混凝土，道路的荷载等级应符合现行国家标准《厂矿道路设计规范》GBJ 22 中的有关规定。

4.5.3 通向垃圾卸料平台的坡道应按国家现行标准《公路工程技术标准》JTG B01 的规定执行。为双向通行时，宽度不宜小于 7m；单向通行时，宽度不宜小于 4m。坡道中心圆曲线半径不宜小于 15m，纵坡不大于 8%。圆曲线处道路的加宽应根据通行车型确定。

4.5.4 垃圾焚烧厂宜设置应急停车场，应急停车场可设在厂区物流出入口附近处。

4.6 绿化

4.6.1 垃圾焚烧厂的绿化布置，应符合全厂总图设计要求，合理安排绿化用地。

4.6.2 厂区的绿化率不宜大于 30%。

4.6.3 厂区绿化应结合当地的自然条件，厂区美化应选择适宜的植物。

5 垃圾接收、储存与输送

5.1 一般规定

5.1.1 垃圾接收、储存与输送系统应包括：垃圾称量设施、垃圾卸料平台、垃圾卸料门、垃圾池、垃圾抓斗起重机、除臭设施和渗沥液导排等垃圾池内的其他必要设施。

5.1.2 大件可燃垃圾较多时，可考虑在场内设置大件垃圾破碎设施。

5.2 垃圾接收

5.2.1 垃圾焚烧厂应设置汽车衡。设置汽车衡的数量应符合下列要求：

1 特大类垃圾焚烧厂设置 3 台或以上；
2 Ⅰ类、Ⅱ类垃圾焚烧厂设置 2～3 台；
3 Ⅲ类垃圾焚烧厂设置 1～2 台。

5.2.2 垃圾称量系统应具有称重、记录、打印与数据处理、传输功能。

5.2.3 汽车衡规格按垃圾车最大满载重量的 1.3～1.7 倍配置，称量精度不大于 20kg。

5.2.4 垃圾卸料平台的设置，应符合下列要求：

1 卸料平台垂直于卸料门方向的宽度应根据最大垃圾运输车的长度和车流密度确定，不宜小于 18m；
2 应有必要的安全防护设施；
3 应有充足的采光；
4 应有地面冲洗、废水导排设施和卫生防护措施；
5 应有交通指挥系统。

5.2.5 垃圾池卸料口处应设置垃圾卸料门。垃圾卸料门的设置应符合下列要求：

1 应满足耐腐蚀、强度高、寿命长、开关灵活的性能要求；
2 数量应以维持正常卸料作业和垃圾进厂高峰时段不堵车为原则，且不应少于 4 个；
3 宽度不应小于最大垃圾车宽加 1.2m，高度应满足顺利卸料作业的要求；
4 垃圾卸料门的开、闭应与垃圾抓斗起重机的作业相协调。

5.2.6 垃圾池卸料口处必须设置车挡和事故报警设施。

5.3 垃圾储存与输送

5.3.1 垃圾池有效容积宜按 5～7d 额定垃圾焚烧量确定。垃圾池净宽度不应小于抓斗最大张角直径的 2.5 倍。

5.3.2 垃圾池应处于负压封闭状态，并应设照明、消防、事故排烟及通风除臭装置。

5.3.3 与垃圾接触的垃圾池内壁和池底，应有防渗、防腐蚀措施，应平滑耐磨、抗冲击。垃圾池底宜有不小于1‰的渗沥液导排坡度。

5.3.4 垃圾池应设置垃圾渗沥液导排收集设施。垃圾渗沥液收集和输送设施应采取防渗、防腐措施，并应配置检修人员防毒装备。

5.3.5 垃圾抓斗起重机设置应符合下列要求：
    1 配置应满足作业要求，且不宜少于2台；
    2 应有计量功能；
    3 宜设置备用抓斗；
    4 应有防止碰撞的措施。

5.3.6 垃圾抓斗起重机控制室应有换气措施，相对垃圾池的一面应有密闭、安全防护的观察窗，观察窗的设计应有防反光、防结露及清洁措施。

6 焚烧系统

6.1 一般规定

6.1.1 垃圾焚烧系统应包括垃圾进料装置、焚烧装置、出渣装置、燃烧空气装置、辅助燃烧装置及其他辅助装置。

6.1.2 采用垃圾连续焚烧方式，焚烧线年可利用时间不应小于8000h。

6.1.3 焚烧系统各主要设备，应采用单元制配置方式。

6.1.4 焚烧炉设计垃圾低位热值应在对生活垃圾成分和热值的合理预测基础上确定。

6.1.5 焚烧系统设计应提供物料平衡图，物料平衡图应分别标示出下限工况、额定工况和上限工况，焚烧线各组成系统输入、输出物质的量化关系。

6.1.6 焚烧系统设计应提供焚烧炉的燃烧图，燃烧图应能反映该炉正常工作区域、短期超负荷工作区域以及助燃工作区域，并标明各工作区域的参数。

6.1.7 垃圾焚烧系统设计服务期限不应低于20a。

6.2 垃圾焚烧炉

6.2.1 新建垃圾焚烧厂宜采用相同规格、相同型号的垃圾焚烧炉。

6.2.2 垃圾在焚烧炉内应得到充分燃烧，燃烧后的炉渣热灼减率应控制在**5%**以内，二次燃烧室内的烟气在不低于**850℃**的条件下滞留时间不应小于**2s**。

6.2.3 垃圾焚烧炉的选择，应符合下列要求：
    1 在设计垃圾低位热值与下限低位热值范围内，应保证垃圾设计处理能力，并应适应全年内垃圾特性变化的要求；
    2 应有超负荷处理能力，垃圾进料量应可调节；
    3 正常运行期间，炉内应处于负压燃烧状态；
    4 可设置垃圾渗沥液喷入装置。

6.2.4 垃圾焚烧炉的进料装置，应符合下列要求：
    1 进料斗宜有不小于0.5～1h的垃圾储存量，进料口尺寸应按不小于垃圾抓斗最大张角的尺寸确定；
    2 料斗应设有垃圾搭桥破解装置；
    3 应设置垃圾料位监测或监视装置；
    4 料槽下口尺寸应大于上口尺寸，高度应能维持炉内负压，料槽宜采取冷却措施。

6.2.5 垃圾焚烧炉进料斗平台沿垃圾池侧应设置防护设施。

6.3 余热锅炉

6.3.1 余热锅炉的额定出力应根据额定垃圾处理量、设计垃圾低位热值和余热锅炉设计热效率等因素确定。

6.3.2 余热锅炉热力参数应根据热能利用方式、利用设备要求及锅炉安全运行要求确定。

6.3.3 利用余热发电的焚烧厂，余热锅炉蒸汽参数不宜低于400℃、4MPa。

6.3.4 对于配置余热锅炉的热能利用方式，应选用自然循环余热锅炉，并应有防止烟气对余热锅炉高温和低温腐蚀的措施。

6.3.5 余热锅炉对流受热面应设置有效的清灰设施。

6.4 燃烧空气系统与装置

6.4.1 垃圾焚烧炉的燃烧空气系统应由一次空气和二次空气系统及其他辅助系统组成。

6.4.2 一次空气应从垃圾池上方抽取；进风口处应设置过滤装置。

6.4.3 当入炉垃圾低位热值小于8000kJ/kg时，应对一、二次空气进行加热，加热温度应根据入炉垃圾低位热值确定。

6.4.4 一、二次空气管道设计应选择合理的管内空气流速，管道及其连接设备的布置应有利于减小管路阻力，并应保证管道系统气密性，管材应耐腐蚀和耐老化。空气预热器后的热空气管道和管件应设热膨胀吸收装置，并应做保温。

6.4.5 一、二次风机和炉墙风机的台数应根据垃圾焚烧炉的设计要求确定。一、二次风机和焚烧炉其他所配风机不应设就地备用风机。

6.4.6 垃圾焚烧炉出口的烟气含氧量应控制在6%～10%（体积百分数）。

6.4.7 焚烧炉一、二次空气量调节宜采取连续方式。

6.4.8 一、二次风机的最大流量，应为最大计算流量的110%～120%，风压应有不小于20%的余量。

6.5 辅助燃烧系统

6.5.1 垃圾焚烧炉必须配置点火燃烧器和辅助燃烧器。配置的点火燃烧器和辅助燃烧器应能满足炉温控制的要求，且具有良好的负荷调节性能和较高的燃烧效率。燃烧器的数量和安装位置可由焚烧炉设计确定。

6.5.2 燃料的储存、供应设施应配有防爆、防雷、防静电和消防设施。

6.5.3 采用油燃料时，储油罐的数量不宜少于2台。储油罐总有效容积，应根据全厂使用情况和运输情况综合确定，但不应小于最大一台垃圾焚烧炉冷启动点火用油量的1.5~2.0倍。

6.5.4 供油泵的设置不应少于2台，且应有一台备用。

6.5.5 供油、回油管道应单独设置，并应在供、回油管道上设有计量装置和残油放尽装置。

6.5.6 采用气体燃料时，应有可靠的气源，燃气供应和燃烧系统的设计应满足《城镇燃气设计规范》GB 50028的有关要求。

6.6 炉渣输送处理装置

6.6.1 炉渣处理系统应包括除渣冷却、输送、储存、除铁等设施。

6.6.2 垃圾焚烧过程产生的炉渣与飞灰应分别收集、输送、储存和处理。

6.6.3 在炉渣处理系统的关键设备附近，应设必要的检修设施和场地。

6.6.4 炉渣储存、输送和处理工艺及设备的选择，应符合下列要求：

 1 与垃圾焚烧炉衔接的除渣机，应有可靠的机械性能和保证炉内密封的措施；

 2 炉渣输送设备的输送能力应有足够裕量；

 3 炉渣储存设施的容量，宜按3~5d的储存量确定；

 4 应对炉渣进行磁选；

 5 炉渣宜进行综合利用。

6.6.5 漏渣应及时清理和处理。

7 烟气净化与排烟系统

7.1 一般规定

7.1.1 垃圾焚烧线必须配置烟气净化系统，并应采取单元制布置方式。

7.1.2 烟气排放指标限值应满足焚烧厂环境影响评价报告批复的要求。

7.1.3 烟气净化工艺流程的选择，应充分考虑垃圾特性和焚烧污染物产生量的变化及物理、化学性质的影响，并应注意组合工艺间的相互匹配。

7.1.4 烟气净化装置应有防止飞灰阻塞的措施，并有可靠的防腐蚀、防磨损性能。

7.2 酸性污染物的去除

7.2.1 氯化氢、氟化氢、硫氧化物、氮氧化物等酸性污染物，应选用适宜的处理工艺进行去除。

7.2.2 采用半干法工艺时，应符合下列要求：

 1 逆流式和顺流式反应器内的烟气停留时间分别不宜少于10s和20s；

 2 反应器出口的烟气温度应保证在后续管路和设备中的烟气不结露；

 3 雾化器的雾化细度应保证反应器内中和剂的水分完全蒸发；

 4 应配备可靠的中和剂浆液制备和供给系统。制浆用的粉料粒度和纯度应符合设计要求。浆液的浓度应根据烟气中酸性气体浓度和反应效率确定。

7.2.3 中和剂储罐的容量宜按4~7d的用量设计，并应满足下列要求：

 1 储罐应设有中和剂的破拱装置和扬尘收集装置；

 2 应有料位检测和计量装置。

7.2.4 中和剂浆液输送设施的设置，应符合下列要求：

 1 中和剂浆液输送泵泵体应易拆卸清洗；泵入口端应设置过滤装置且该装置不得妨碍管路系统的正常工作；

 2 中和剂浆液输送泵应设置2台，其中1台备用；

 3 浆液输送管路中的阀门宜选择中和剂浆液不易沉积的直通式球阀、隔膜阀，不宜选择闸阀、截止阀；

 4 管道应有坡敷设，并不得出现类似存水弯的管道段；

 5 管道内，中和剂浆液流速不应低于1.0m/s；

 6 中和剂浆液输送管道应设置便于定期清洗的管道和设备冲洗口；

 7 采用半干法、湿法去除酸性污染物的反应器，应具有防止内壁积垢和清理积垢的装置或措施；

 8 经常拆装和易堵的管段，应采用法兰连接；易堵、易磨的设备、部件宜设置旁通。

7.2.5 采用干法工艺时，应符合下列要求：

 1 中和剂喷入口的上游，应设置烟气降温设施；

 2 中和剂宜采用氢氧化钙，其品质和用量应满足系统安全稳定运行的要求；

 3 应有准确的给料计量装置；

 4 中和剂的喷嘴设计和喷入口位置确定，应保证中和剂与烟气的充分混合。

7.2.6 采用湿法工艺时，应符合下列要求：

 1 湿法脱酸设备应与除尘设备相互匹配，保证除尘效果满足要求；

 2 湿法脱酸设备的设计应使烟气与碱液有足够的接触面积和接触时间；

 3 湿法脱酸设备应具有防腐蚀和防磨损性能；

 4 应具有有效避免处理后烟气在后续管路和设备中结露的措施；

 5 应配备可靠的废水处理处置设施。

7.3 除 尘

7.3.1 除尘设备的选择，应根据下列因素确定：
　　1 烟气特性：温度、流量和飞灰粒度分布；
　　2 除尘器的适用范围和分级效率；
　　3 除尘器同其他净化设备的协同作用或反向作用的影响；
　　4 维持除尘器内的温度高于烟气露点温度20～30℃。

7.3.2 烟气净化系统必须设置袋式除尘器。

7.3.3 袋式除尘器宜采用脉冲喷吹清灰方式，并宜设置专用的压缩空气供应系统。

7.3.4 袋式除尘器的灰斗，应设有伴热措施。

7.3.5 袋式除尘器及其附属设施的设计应能保证焚烧系统启动、运行和停炉期间除尘器的安全运行。

7.4 二噁英类和重金属的去除

7.4.1 垃圾焚烧过程应采取下列控制二噁英的措施：
　　1 垃圾应完全焚烧，并应严格控制二次燃烧室内焚烧烟气的温度、停留时间和气流扰动工况；
　　2 应减少烟气在200～400℃温度区的滞留时间；
　　3 应设置吸附剂喷入装置。

7.4.2 采用活性炭粉作为吸附剂时，应配置活性炭粉输送、计量、防堵塞和喷入装置。活性炭储仓应有防爆措施。

7.5 氮氧化物的去除

7.5.1 应优先考虑通过垃圾焚烧过程的燃烧控制，抑制氮氧化物的产生。

7.5.2 宜设置选择性非催化还原法（SNCR）脱除氮氧化物。

7.6 排烟系统设计

7.6.1 引风机计算风量应包括下列内容：
　　1 在垃圾焚烧运行中，过剩空气条件下的湿烟气量；
　　2 控制烟温用的补充空气量；
　　3 烟气喷水降温时水蒸气增加量；
　　4 烟气净化系统投入药剂或增湿引起的烟气量的附加量；
　　5 引风机前漏入系统的空气量。

7.6.2 引风机风量宜按最大计算烟气量加15%～30%的余量确定，引风机风压余量宜为10%～20%。

7.6.3 引风机应设调速装置。

7.6.4 烟囱设置应符合现行国家标准《生活垃圾焚烧污染控制标准》GB 18485的规定。

7.6.5 烟气管道应符合下列要求：
　　1 管道内的烟气流速宜按10～20m/s设计；
　　2 应采取吸收热膨胀及防腐、保温措施，并保持管道的气密性。
　　3 连接焚烧装置与烟气净化装置的烟气管道的低点，应有清除积灰的措施。

7.6.6 排放烟气应进行在线监测，每条焚烧生产线应设置独立的在线监测系统，在线监测点的布置、监测仪表和数据处理及传输应保证监测数据真实可靠。

7.6.7 在线监测设施应能监测以下指标：烟气的流量、温度、压力、湿度、氧浓度、烟尘、氯化氢（HCl）、二氧化硫（SO_2）、氮氧化物（NO_x）和一氧化碳（CO），并宜监测氟化氢（HF）和二氧化碳（CO_2）。

7.6.8 烟气在线监测数据应传送至中央控制室，应根据在线监测结果对烟气净化系统进行控制，宜在焚烧厂显著位置设置排烟主要污染物浓度显示屏。

7.7 飞灰收集、输送与处理系统

7.7.1 飞灰收集、输送与处理系统应包括飞灰收集、输送、储存、排料、受料、处理等设施。

7.7.2 飞灰收集、储存与处理系统各装置应保持密闭状态。

7.7.3 飞灰的生成量，应根据垃圾物理成分、烟气净化系统物料投入量和焚烧垃圾量核定。

7.7.4 烟气净化系统采用干法或半干法方式脱除酸性污染物时，飞灰处理系统应采取机械除灰或气力除灰方式；采用湿法时，应将飞灰从污水中有效分离出来。

7.7.5 气力除灰系统应采取防止空气进入与防止灰分结块的措施。

7.7.6 收集飞灰用的储灰罐容量，以不少于3d飞灰额定产生量确定。储灰罐应设有料位指示、除尘、防止灰分板结的设施，并宜在排灰口附近设置增湿设施。

7.7.7 飞灰储存装置宜采取保温、加热措施。

7.7.8 飞灰应按危险废物处理，处理方式应选择下列两种方式之一：
　　1 危险废物处理厂处理；
　　2 在满足现行国家标准《生活垃圾填埋场污染控制标准》GB 16889规定的条件下，进入生活垃圾卫生填埋场处理。

7.7.9 飞灰收集和输送系统宜采用中央控制室控制方式，飞灰储存、外运或厂内预处理系统宜采用现场控制方式。

8 垃圾热能利用系统

8.1 一般规定

8.1.1 焚烧垃圾产生的热能应进行有效利用。

8.1.2 垃圾热能利用方式应根据焚烧厂的规模、垃圾焚烧特点、周边用热条件及经济性综合比较确定。

8.1.3 利用垃圾热能发电时，应符合可再生能源电力的并网要求。利用垃圾热能供热时，应符合供热热源和热力管网的有关要求。

8.2 利用垃圾热能发电及热电联产

8.2.1 汽轮发电机组型式的选用，应根据利用垃圾热能发电或热电联产的条件确定。汽轮发电机组的数量不宜大于2套；机组年运行时数应与垃圾焚烧炉相匹配。

8.2.2 当设置一套汽轮机组时，汽轮机旁路系统应按汽轮机组100%额定进汽量设置；当设置2套机组时，汽轮机旁路系统宜按较大一套汽轮机组120%额定进汽量设置。

8.2.3 垃圾焚烧余热锅炉给水温度不宜大于140℃。

8.2.4 当不设置高压加热器时，除氧器工作压力应根据余热锅炉给水温度确定。

8.2.5 汽轮发电机组的冷却方式，应结合当地水资源利用条件，并进行技术经济比较确定。对水资源贫乏的地区宜采取空冷冷却方式。

8.2.6 焚烧发电厂的热力系统中的设备与技术条件的选用，应符合下列条件：

  1 主蒸汽管道宜采用单母管制系统或分段单母管制系统。

  2 余热锅炉给水管道宜采用单母管制系统。

  3 其他设备与技术条件，应符合现行国家标准《小型火力发电厂设计规范》GB 50049 中的有关规定。

8.3 利用垃圾热能供热

8.3.1 利用垃圾热能供热的垃圾焚烧厂，应有稳定、可靠的热用户。

8.3.2 利用垃圾热能供热的垃圾焚烧厂，其热力系统中的设备与技术条件应符合现行国家标准《锅炉房设计规范》GB 50041 中的有关规定。

9 电气系统

9.1 一般规定

9.1.1 垃圾焚烧处理工程中，电气系统的一、二次接线和运行方式应首先保证垃圾焚烧处理系统的正常运行。

9.1.2 当利用垃圾焚烧热能发电并网、并接入地区电力网时，接入系统应符合电力行业的规定。

9.1.3 垃圾焚烧厂生产的电力应接入地区电力网，其接入电压等级应根据垃圾焚烧厂的建设规模、汽轮发电机的单机容量及地区电力网的具体情况，经技术经济比较后确定。有发电机电压直配线时，发电机额定电压应根据地区电力网的需要，采用 6.3kV 或 10.5kV。

9.1.4 需要由电力系统经主变压器倒送电且电压不满足厂用电条件时，经调压计算论证确有必要且技术经济合理情况下，主变压器可采用有载调压的方式。

9.1.5 发电机电压母线宜采用单母线或单母线分段接线方式。

9.1.6 利用垃圾热能发电时，发电机和励磁系统选型应分别符合现行国家标准《透平型同步电机技术要求》GB/T 7064 和《同步电机励磁系统》GB/T 7409.1～7409.3 中的有关规定。

9.1.7 高压配电装置、继电保护和安全自动装置、过电压保护、防雷和接地的技术要求，应分别符合现行国家标准《3～110kV 高压配电装置设计规范》GB 50060、《电力装置的继电保护和自动装置设计规范》GB 50062、《交流电气装置的过电压保护和绝缘配合》DL/T 620、《建筑物防雷设计规范》GB 50057 和《交流电气装置的接地》DL/T 621 中的有关规定。

9.1.8 垃圾焚烧厂的电气消防设计应符合现行国家标准《火力发电厂与变电所设计防火规范》GB 50229 和《建筑设计防火规范》GB 50016 中的有关规定。

9.1.9 在危险场所装设的电气设备（含现场仪表和控制装置），应符合现行国家标准《爆炸和火灾危险环境电力装置设计规范》GB 50058 的有关规定。

9.2 电气主接线

9.2.1 利用垃圾热能发电时，电气主接线的设计应符合现行国家标准《小型火力发电厂设计规范》GB 50049 的有关规定。

9.2.2 垃圾焚烧发电厂应至少有一条与电网连接的双向受、送电线路。当该线路发生故障时，应有能够保证安全停机和启动的内部电源或其他外部电源。

9.3 厂用电系统

9.3.1 垃圾焚烧厂厂用电接线设计应符合下列要求：

  1 高压厂用电压可采用 6kV 或 10kV。当利用余热发电时，高压厂用电压宜与发电机额定电压相同。

  2 高压厂用母线宜采用单母线接线，接于每段高压母线的垃圾焚烧炉的台数不宜大于4台。

  3 低压厂用母线应采用单母线接线。每条焚烧线宜由一段母线供电，并宜设置焚烧线公用段，每段母线宜由一台变压器供电。

  4 当全厂有2个及以上相对独立的、可互为备用的高压厂用电源时，不宜设专用高压厂用备用电源。当无发电机母线时，应从高压配电装置母线中电源可靠的低一级电压母线引接，并应保证在全厂停电情况下，能从电力系统取得足够电力。当技术经济合理时，专用备用电源也可从外部电网引接。

5 按炉分段的低压厂用母线，其工作变压器应由对应的高压厂用母线段供电。

6 当有发电机电压母线时，与发电机电气上直接连接的 6kV 回路中的单相接地故障电流大于 4A，或 10kV 回路中的单相接地故障电流大于 3A，且要求发电机带内部单相接地故障继续运行时，宜在厂用变压器的中性点经消弧线圈接地，或可在发电机的中性点经消弧线圈接地。

7 发电机与主变压器为单元连接时，厂用分支上应装设断路器。

8 接有Ⅰ类负荷的高压和低压厂用母线，应设置备用电源。备用电源采用专用备用方式时应装设自动投入装置。备用电源采用互为备用方式时，宜手动切换。接有Ⅱ类负荷的高压和低压厂用母线，备用电源宜采用手动切换方式。Ⅲ类用电负荷可不设备用电源。

9 厂用变压器应符合下列规定：

　　1）厂用变压器接线组别的选择，应使厂用工作电源与备用电源之间相位一致，接线组别宜为 D、yn11 型，低压厂用变压器宜采用干式变压器；

　　2）厂区高压备用变压器的容量，应根据焚烧线的运行方式或要求确定。厂区低压备用变压器的容量，应与最大一台低压厂用工作变压器容量相同；

　　3）低压厂用工作变压器数量为 8 台及以上时，低压厂用备用变压器可设置 2 台；

　　4）当技术经济合理时，应优先采用设置专用厂用备用变压器的备用方式；

　　5）当采用互为备用的低压厂用变压器时，不应再设置专用的低压厂用备用变压器。

10 低压厂用电接地形式宜采用 TN-C-S 或 TN-S 系统，室外路灯配电系统的接地形式宜采用 TT 系统。

11 高低压厂用电源的正常切换宜采用手动并联切换。在确认切换的电源合上后，应尽快手动断开或自动连锁切除被解列的电源。在需要的情况下，高压厂用电源与备用电源的切换操作应设置同期闭锁。

12 锅炉和汽轮发电机用的电动机，应分别连接到与其相应的高压和低压厂用母线上。互为备用的重要负荷，也可采用交叉供电的方式。对于工艺上有连锁要求的Ⅰ类电动机，应接于同一电源通道上。Ⅰ类公用负荷不应接在同一母线段上。

13 发电厂应设置固定的交流低压检修供电网络，并应在各检修现场装设检修电源箱，检修电源箱应设置漏电保护。

9.3.2 直流系统设计应符合国家现行标准《电力工程直流系统设计技术规程》DL/T 5044 中的有关规定。垃圾焚烧厂宜装设一组蓄电池。蓄电池组的电压宜采用 220V，接线方式宜采用单母线或单母线分段。

9.4 二次接线及电测量仪表装置

9.4.1 二次接线及电测量仪表装置设计应符合国家现行标准《火力发电厂、变电所二次接线设计技术规程》DL/T 5136、《电力装置的继电保护和自动装置设计规范》GB 50062、《电测量及电能计量装置设计技术规程》DL/T 5137 及《电力装置的电气测量仪表装置设计规范》GB 50063 中的有关规定。

9.4.2 电气网络的电气元件控制宜采用计算机监控系统。控制室的电气元件控制，宜采用与工艺自动化控制相同的控制水平及方式。

9.4.3 6kV 或 10kV 室内配电装置到各用户的线路和供辅助车间的厂用变压器，宜采用就地控制方式。

9.4.4 采用强电控制时，控制回路应设事故报警装置。断路器控制回路的监视，宜采用灯光或音响信号。

9.4.5 隔离开关与相应的断路器和接地刀闸应设连锁装置。

9.4.6 备用电源自动投入装置的接线原则应符合下列规定：

　　1 宜采用慢速自动切换，应保证工作电源断开后，方可投入备用电源。

　　2 厂用母线保护动作及工作分支断路器过电流保护动作发生时，工作电源断路器由手动分闸或 DCS 分闸时，应闭锁备用电源自动投入装置。

　　3 工作电源供电侧断路器跳闸时，应联动其负荷侧断路器跳闸。

　　4 装设专门的低电压保护，当厂用工作母线电压降低至 25% 额定电压以下，备用电源电压在 70% 额定电压以上时，应自动断开工作电源负荷侧断路器。

　　5 应设有切除备用电源自投功能的选择开关。

　　6 备用电源自动投入装置应保证只动作一次。

　　7 当高压厂用电系统由 DCS 控制时，事故切换应采用专门的自动切换装置来完成。

9.4.7 与电力网连接的双向受、送电线路的出口处应设置能满足电网要求的四相限关口电度表。

9.5 照　明　系　统

9.5.1 照明设计应符合现行国家标准《建筑照明设计标准》GB 50034 中的有关规定。

9.5.2 正常照明和事故照明应采用分开的供电系统，并宜采用下列供电方式：

　　1 当低压厂用电系统的中性点为直接接地系统时，正常照明电源应由动力和照明网络共用的低压厂用变压器供电。事故照明宜由蓄电池组或与直流系统共用蓄电池组的交流不停电电源供电。

　　2 垃圾焚烧厂房的主要出入口、通道、楼梯间以及远离垃圾焚烧主厂房的重要工作场所的事故照明，可采用自带蓄电池的应急灯。

　　3　生产工房内安装高度低于2.2m的照明灯具及热力管沟、电缆通道内的照明灯具，宜采用24V电压供电。当采用220V供电时，应有防止触电的措施。

　　4　手提灯电压不应大于24V，在狭窄地点和接触良好金属接地面上工作时，手提灯电压不应大于12V。

9.5.3　烟囱上应装设飞行标志障碍灯，并应符合焚烧厂所在地航管部门的要求。

9.5.4　锅炉钢平台应设置保证疏散用的应急照明，正常照明可采用装设在钢平台顶端的大功率气体放电灯。

9.5.5　照明灯具应采用发光效率较高的灯具，环境温度较高的场所宜采用耐高温的灯具。锅炉房、灰渣间的照明灯具，防护等级不应低于IP54。渗沥液集中的场所应采用防爆设计，防爆设计应符合现行国家标准《爆炸和火灾危险环境电力装置设计规范》GB 50058、《爆炸性气体环境用电气设备》GB 3836及《可燃性粉尘环境用电气设备》GB 12476中的有关规定。有化学腐蚀性物质的环境，应进行防腐设计。

9.6　电缆选择与敷设

9.6.1　电缆选择与敷设，应符合现行国家标准《电力工程电缆设计规范》GB 50217的有关规定。

9.6.2　垃圾焚烧厂房及辅助厂房电缆敷设，应采取有效的阻燃、防火封堵措施。易受外部着火影响区段的电缆，应采取防火阻燃措施，并宜采用阻燃电缆。

9.6.3　同一路径中，全厂公用重要负荷回路的电缆应采取耐火分隔，或采取分别敷设在互相独立的电缆通道中的措施。

9.6.4　电缆夹层不应有热水管道和蒸汽管道进入。电缆建（构）筑物中，严禁有可燃气、油管穿越。

9.7　通　　信

9.7.1　厂区通信设备所需电源宜与系统通信装置合用电源。

9.7.2　利用垃圾热能发电并与地区电力网联网时，是否装设为电力调度服务的专用通信设施，应与当地供电部门协调。

10　仪表与自动化控制

10.1　一　般　规　定

10.1.1　垃圾焚烧厂的自动化控制，必须适用、可靠、先进，应根据垃圾焚烧设施特点进行设计。应满足设施安全、经济运行和防止对环境二次污染的要求。

10.1.2　垃圾焚烧厂的自动化控制系统，应采用成熟的控制技术和可靠性高、性能价格比适宜的设备和元件。设计中采用的新产品、新技术，应有在垃圾焚烧厂成功运行的经验。

10.1.3　现场布置的控制设备应根据需要采取必要的防护措施。

10.2　自动化水平

10.2.1　垃圾焚烧处理应有较高的自动化水平，应能在少量就地操作和巡回检查配合下，在中央控制室由分散控制系统实现对垃圾焚烧线、垃圾热能利用及辅助系统的集中监视、分散控制等。

10.2.2　垃圾焚烧厂的自动化控制系统，宜包括焚烧线控制系统、热力与汽轮发电机组控制系统、车辆管制系统、公用工程控制系统和其他必要的控制系统。

10.2.3　对不影响整体控制系统的辅助装置，可设就地控制柜，但重要信息应送至主控系统。

10.2.4　焚烧线的重要环节及焚烧厂的重要场合，应设置现场工业电视监视系统。

10.2.5　垃圾焚烧厂的自动化控制系统应设置独立于主控系统的紧急停车系统。

10.2.6　可建立管理信息系统（MIS）和厂级监控信息系统（SIS）系统。

10.3　分散控制系统

10.3.1　垃圾焚烧厂的热力系统、发电机-变压器组、厂用电源的监视及程序控制，应进行集中监视管理和分散控制。焚烧线的控制系统可由设备供货商提供独立控制系统，但应与中央控制室的分散控制系统通信，实现集中监控。

10.3.2　分散控制系统的功能，应包括数据采集和处理、模拟量控制、顺序控制及热工保护。

10.3.3　分散控制系统的中央处理器、通信总线、电源，应有冗余配置；监控级应具有互为热备的操作员站，控制级应有冗余配置的控制站。

10.3.4　垃圾焚烧厂的自动化控制系统应设置独立于分散控制系统的紧急停车系统。

10.3.5　分散控制系统的响应时间应能满足设施安全运行和事故处理的要求。

10.4　检测与报警

10.4.1　垃圾焚烧厂的检测，应包括下列内容：

　　1　主体设备和工艺系统在各种工况下安全、经济运行的参数；

　　2　辅机的运行状态；

　　3　电动、气动和液动阀门的启闭状态及调节阀的开度；

　　4　仪表和控制用电源、气源、液动源及其他必

要条件的供给状态和运行参数;
    5 必要的环境参数。
10.4.2 渗沥液池、燃气调压间或液化气瓶组间,应设置可燃气体检测报警装置。
10.4.3 渗沥液池间可燃气体检测宜采用抽取法。
10.4.4 重要检测参数应选用双重化的输入接口。
10.4.5 测量油、水、蒸汽、可燃气体等的一次仪表不应引入控制室。
10.4.6 对于水分、灰尘较大的烟风介质,以接触式检测其参数(流量)的仪表宜设置吹扫装置。
10.4.7 垃圾焚烧厂的报警应包括下列内容:
    1 工艺系统主要工况参数偏离正常运行范围;
    2 保护和重要的连锁项目;
    3 电源、气源发生故障;
    4 监控系统故障;
    5 主要电气设备故障;
    6 辅助系统及主要辅助设备故障。
10.4.8 重要工艺参数报警的信号源,应直接引自一次仪表。
10.4.9 对重要参数的报警可设光字牌报警装置。当设置常规报警系统时,其输入信号不应取自分散控制系统的输出。报警器应具有闪光、音响、人工确认、试灯、试音功能。
10.4.10 分散控制系统功能范围内的全部报警项目应能在显示器上显示并打印输出,在机组启停过程中应抑制虚假报警信号。

10.5 保护和连锁

10.5.1 保护系统应有防误动、拒动措施,并应必要的后备操作手段。保护系统输出的操作指令应优先于其他任何指令,保护回路中不应设置供运行人员切、投保护的任何操作设备。
10.5.2 主体设备和工艺系统的重要保护动作原因,应设事件顺序记录和事故追忆功能。
10.5.3 主体设备和工艺系统保护范围及内容,应按现行国家标准《小型火力发电厂设计规范》GB 50049 的有关规定确定。
10.5.4 各工艺系统、设备保护用的接点宜单独设置发讯元件,不宜与报警等其他功能合用。重要保护的一次元件应多重化,直接用于停炉、停机保护的信号,宜按"三取二"方式选取。
10.5.5 当采用继电器系统或分散控制系统执行保护功能时,保护动作响应时间应满足设备安全运行和事故处理的要求。保护系统应有独立的输入/输出(I/O)通道和电隔离措施,并宜冗余配置,冗余的 I/O 信号应通过不同的 I/O 模块引入;机组跳闸命令不应通过通信总线传送。

10.6 自动控制

10.6.1 开关量控制的功能应满足机组的启动、停止及正常运行工况的控制要求,并应能实现机组在事故和异常工况下的控制操作。
10.6.2 顺序控制方式应由工艺及运行要求决定,应满足工艺过程控制要求。
10.6.3 顺序控制系统应设有工作状态显示及故障报警信号。顺序控制在自动进行期间,发生任何故障或运行人员中断时,应使工艺系统处于安全状态。
10.6.4 经常运行并设有备用的水泵、油泵、风机,或根据参数控制的水泵、油泵、风机、电动门、电磁阀门,应设有连锁功能。
10.6.5 对于不具备顺序控制条件的设备,应由控制系统的软手操实现远程控制。
10.6.6 模拟量控制的主要内容应根据垃圾焚烧厂的规模、各工艺系统设置情况、自动化水平的要求、主、辅设备的控制特点及机组的可控性等确定。
10.6.7 模拟量控制系统应能满足机组正常运行的控制要求,并应考虑在机组事故及异常工况下与相关连锁保护协同控制的措施。
10.6.8 重要模拟量控制项目的变送器宜双重或三重化设置。
10.6.9 受控对象应设置手动、自动操作手段及相应的状态显示,并应为双向无扰动切换。

10.7 电源、气源与防雷接地

10.7.1 仪表和控制系统用电源应配置不间断电源(UPS)。其供电电源负荷不应超过 60%,电压等级不应大于 220V,不间断时间宜维持 30~60min,应引自互为备用的两路专用的独立电源并能互相自动切换;热力配电箱应设两路 380V/220V 电源进线。
10.7.2 就地控制盘应设盘外照明,有人值班时还应设盘外事故照明。柜式盘应设盘内检修照明。
10.7.3 采用气动仪表时,气源品质和压力应符合现行国家标准《工业自动化仪表用气源压力范围和质量》GB 4830 中的有关规定。
10.7.4 仪表气源应有专用储气罐。储气罐容量应能维持 10~15min 的耗气量。仪表气源的耗气量应按总仪表额定耗气量的 2 倍计算。
10.7.5 垃圾焚烧厂仪表与控制系统的防雷应符合现行国家标准《建筑物电子信息系统防雷技术规范》GB 50343 中的有关规定。
10.7.6 电气设备外壳、不要求浮空的盘台、金属桥架、铠装电缆的铠装层等应设保护接地,保护接地应牢固可靠,不应串联接地。
    各计算机系统内不同性质的接地,应分别通过稳定可靠的总接地板(箱)接地,其接地网按计算机厂家的要求设计。
    计算机信号电缆屏蔽层必须接地。
10.7.7 在危险场所装设的电气设备、现场仪表、控制装置,应符合现行国家标准《爆炸和火灾危险环境电力装置设计规范》GB 50058 的有关规定。

10.8 中央控制室

10.8.1 垃圾焚烧厂控制室的设计应符合现行国家标准《小型火力发电厂设计规范》GB 50049 的有关规定。

10.8.2 全厂宜设一个中央控制室及电子设备间，中央控制室和电子设备间下面可设电缆夹层，其与主厂房相邻部分应封闭；在主厂房内可设仪表检修间。控制室内的通风和空气调节应符合相关标准的要求。

11 给水排水

11.1 给 水

11.1.1 垃圾焚烧余热锅炉补给水的水质，可按现行国家有关锅炉给水标准中相应高一等级确定。

11.1.2 厂内给水工程设计应符合现行国家标准《室外给水设计规范》GB 50013 和《建筑给水排水设计规范》GB 50015 的规定。

11.1.3 生活用水宜采用独立的供水系统，生活饮用水应符合现行国家标准《生活饮用水卫生标准》GB 5749 的水质要求，用水标准及定额应符合现行国家标准《建筑给水排水设计规范》GB 50015 的规定。

11.2 循环冷却水系统

11.2.1 垃圾焚烧厂设备冷却水系统的设计应符合现行国家标准《工业循环冷却水设计规范》GB/T 50102 和《工业循环冷却水处理设计规范》GB 50050 的有关规定。

11.2.2 垃圾焚烧厂循环冷却水水源宜使用自然水体，条件许可的可使用市政再生水。

11.2.3 水源选择时应对水源地、水质、水量进行勘察。

11.2.4 当水源为地表水时，设计枯水量的保证率不应小于95%。当采用地下水为水源时，应设备用水源井，备用井的数量宜为取水井数量的20%；取用水量不应超过枯水年或连续枯水年允许的开采量。

11.2.5 原水处理系统的工艺流程选择应根据原水水质、工艺生产要求与浓缩倍数确定。

11.2.6 原水处理系统过滤部分的处理能力宜包含循环水系统的旁流水量。

11.2.7 原水处理系统出水宜消毒，消毒剂的投加量应满足循环冷却水水质的要求。

11.2.8 循环冷却水补充水水质应根据设备冷却水水质要求确定。循环冷却水水质应符合表 11.2.8 的要求。

表 11.2.8 循环冷却水水质标准

序号	项目	标准值	备注
1	pH	6.5～9.5	
2	SS(mg/L)	≤20	
3	Ca^{2+}(mg/L)	30～200	
4	Fe^{2+}(mg/L)	≤0.5	
5	铁和锰(总铁量)(mg/L)	0.2～0.5	
6	Cl^-(mg/L)	≤1000	
7	SO_4^{2-}(mg/L)	≤1500	$SO_4^{2-}+Cl^-$
8	硅酸(mg/L)	≤175	
	Mg^{2+}与SiO_2的乘积(mg/L)	<15000	
9	石油类(mg/L)	≤5	
10	含盐量(μS/cm)	≤1500	
11	总硬度(以碳酸钙计)(mg/L)	≤450	
12	总碱度(以碳酸钙计)(mg/L)	≤500	
13	氨氮(mg/L)	<1	
14	S^{2-}	≤0.02	
15	溶解氧	<4	
16	游离余氧	0.5～1	

11.3 排水及废水处理

11.3.1 厂内排水工程设计应符合现行国家标准《室外排水设计规范》GB 50014 和《建筑给水排水设计规范》GB 50015 的规定。

11.3.2 生活垃圾焚烧厂室外排水系统应采用雨污分流制。在缺水或严重缺水地区，宜设置雨水利用系统。

11.3.3 雨水量设计重现期应符合现行国家标准《室外排水设计规范》GB 50014 的有关规定。

11.3.4 垃圾焚烧厂宜设置生产废水复用系统。

11.3.5 应设置渗沥液收集池储存来自垃圾池的渗沥液，渗沥液收集池在室内布置时应设强制排风系统，收集池内的电气设备应选防爆产品。

11.3.6 垃圾焚烧厂所产生的垃圾渗沥液在条件许可时可回喷至焚烧炉焚烧；当不能回喷焚烧时，焚烧厂应设渗沥液处理系统。

11.3.7 废水处理系统宜设置异味控制和处理系统。

12 消 防

12.1 一般规定

12.1.1 垃圾焚烧厂应设置室内、室外消防系统，并应符合现行国家标准《建筑设计防火规范》GB 50016、《火力发电厂与变电站设计防火规范》GB 50229 和《建筑灭火器配置设计规范》GB 50140 的有关规定。

12.1.2 油库及油泵房消防设施应符合现行国家标准《石油库设计规范》GB 50074 的有关规定。

12.1.3 焚烧炉进料口附近，宜设置水消防设施。

12.1.4 Ⅱ类及以上垃圾焚烧厂的消防给水系统宜采用独立的消防给水系统。

12.2 消防水炮

12.2.1 垃圾池间的消防设施宜采用固定式消防水炮灭火系统，其设置应符合现行国家标准《固定消防炮灭火系统设计规范》GB 50338 的要求，消防水炮应能实现自动或远距离遥控操作。

12.2.2 垃圾池间固定消防水炮设计消防水量不应小于 60L/s，延续时间不应小于 1h。

12.2.3 消防水炮室内供水系统宜采用独立的供水管网，其管网应布置成环状。

12.2.4 消防水炮室内供水系统应有不少于 2 条进水管与室外环状管网连接。当管网的 1 条进水管发生事故时，其余的进水管应能供给全部的消防水量。

12.2.5 消防水炮给水系统室内配水管道宜采用内外壁热镀锌钢管，管道连接应采用沟槽式连接件或法兰。

12.2.6 消防水炮的布置要求系统动作时整个垃圾池间内的任意位置均应同时被水柱覆盖；消防水炮的设置不应妨碍垃圾给料装置的运行；消防水炮设置场所应有设施维修通道。

12.2.7 暴露于垃圾池间内的消防水炮及其他消防设施的电机应采用防爆型电机。

12.3 建筑防火

12.3.1 垃圾焚烧厂房的生产类别应为丁类，建筑耐火等级不应低于二级。

12.3.2 垃圾焚烧炉采用轻柴油燃料启动点火及辅助燃料时，日用油箱间、油泵间应为丙类生产厂房，建筑耐火等级不应低于二级。布置在厂房内的上述房间，应设置防火墙与其他房间隔开。

12.3.3 垃圾焚烧炉采用气体燃料作为点火及辅助燃料时，燃气调压间应为甲类生产厂房，其建筑耐火等级不应低于二级，并应符合现行国家标准《城镇燃气设计规范》GB 50028 的有关规定。

12.3.4 垃圾焚烧厂房地上部分的防火分区的允许建筑面积不宜大于 4 条焚烧线的建筑面积，地下部分不应大于一条焚烧线的建筑面积。汽轮发电机组间与焚烧间合并建设时，应采用防火墙分隔。

12.3.5 设置在垃圾焚烧厂房的中央控制室、电缆夹层和长度大于 7m 的配电装置室，应设两个安全出口。

12.3.6 垃圾焚烧厂房的疏散楼梯梯段净宽不应小于 1.1m，疏散走道净宽不应小于 1.4m，疏散门的净宽不应小于 0.9m。

12.3.7 疏散用的门及配电装置室和电缆夹层的门，应向疏散方向开启；当门外为公共走道或其他房间时，应采用丙级防火门。配电装置室的中间门，应采用双向弹簧门。

12.3.8 垃圾焚烧厂房内部的装修设计，应符合现行国家标准《建筑内部装修设计防火规范》GB 50222 的有关规定。

12.3.9 中央控制室、电子设备间、各单元控制室及电缆夹层内，应设消防报警和消防设施，严禁汽水管道、热风道及油管道穿过。

13 采暖通风与空调

13.1 一般规定

13.1.1 垃圾焚烧厂各建筑物冬、夏季负荷计算的室外计算参数，应符合现行国家标准《采暖通风与空气调节设计规范》GB 50019 的有关规定。

13.1.2 设置采暖的各建筑物冬季采暖室内计算温度，应按下列规定确定：

1 焚烧间、烟气净化间、垃圾卸料平台应为 5～10℃；
2 渗沥液泵间、灰浆泵间应为 5～10℃；
3 中央控制室、垃圾抓斗起重机控制室、化验室、试验室应为 18℃；
4 垃圾制样间、石灰浆制备间应为 16℃。

其他建筑物冬季采暖室内计算温度，应符合现行国家标准《小型火力发电厂设计规范》GB 50049 的有关规定。

13.1.3 当工艺无特殊要求时，车间内经常有人工作地点的夏季空气温度应符合表 13.1.3 的规定。

表 13.1.3 工作地点的夏季空气温度（℃）

夏季通风室外计算温度	≤22	23	24	25	26	27	28	29～32	≥33
允许温差	10	9	8	7	6	5	4	3	2
工作地点温度	≤32			32				33～35	35

注：当受条件限制，在采用通风降温措施后仍不能达到本表要求时，允许温差可加大 1～2℃。

13.1.4 采暖热源采用单台汽轮机抽汽时，应设有备用热源。

13.2 采 暖

13.2.1 垃圾焚烧厂房的采暖热负荷，宜按室内温度加5℃计算，但不应计算设备散热量。

13.2.2 建筑物的采暖设计应符合现行国家标准《采暖通风与空气调节设计规范》GB 50019 的有关规定。

13.2.3 建筑物的采暖散热器宜选用易清扫并具有防腐性能的产品。

13.3 通 风

13.3.1 建筑物的通风设计应符合现行国家标准《小型火力发电厂设计规范》GB 50049 的有关规定。

13.3.2 垃圾焚烧厂房的通风换气量应按下列要求确定：

1 焚烧间应只计算排除余热量；
2 汽机间应同时计算排除余热量和余湿量；
3 确定焚烧厂房的通风余热，可不计算太阳辐射热。

13.4 空 调

13.4.1 建筑物的空调设计应符合现行国家标准《采暖通风与空气调节设计规范》GB 50019 的有关规定。

13.4.2 中央控制室、垃圾抓斗起重机控制室宜设置空调装置。

13.4.3 机械通风不能满足工艺对室内温度、湿度要求的房间，应设空调装置。

14 建筑与结构

14.1 建 筑

14.1.1 垃圾焚烧厂的建筑风格、整体色调应与周围环境相协调。厂房的建筑造型应简洁大方，经济实用。厂房的平面布置和空间布局应满足工艺设备的安装与维修的要求。

14.1.2 厂房各作业区应合理分隔，应组织好人流和物流线路，避免交叉；操作人员巡视检查路线应组织合理；竖向交通路线顺畅、避免重复。

14.1.3 厂房的围护结构应满足基本热工性能和使用的要求。

14.1.4 建筑抗震设计应符合现行国家标准《建筑抗震设计规范》GB 50011 的有关规定。垃圾焚烧厂房楼（地）面的设计，除满足工艺的使用要求外，应符合现行国家标准《建筑地面设计规范》GB 50037 的有关规定。对腐蚀介质侵蚀的部位，应根据国家标准《工业建筑防腐蚀设计规范》GB 50046，采取相应的防腐蚀措施。

14.1.5 垃圾焚烧厂房宜采用包括屋顶采光和侧面采光在内的混合采光，其他建筑物宜利用侧窗天然采光。厂房采光设计应符合现行国家标准《建筑采光设计标准》GB 50033 的有关规定。

14.1.6 垃圾焚烧厂房宜采用自然通风，窗户设置应避免排风短路，并有利于组织自然风。

14.1.7 严寒地区的建筑结构应采取防冻措施。

14.1.8 大面积屋盖系统宜采用钢结构，并应符合现行国家标准《屋面工程技术规范》GB 50345 的有关规定。屋顶承重结构的结构层及保温（隔热）层应采用非燃烧体材料；设保温层的屋面，应有防止结露与水汽渗透的措施，并应符合现行国家标准《建筑设计防火规范》GB 50016 的有关规定。

14.1.9 中央控制室和其他必需的控制室应设吊顶。

14.1.10 垃圾池内壁和池底的饰面材料应满足耐腐蚀、耐冲击荷载、防渗水等要求，外壁及池底应作防水处理。

14.1.11 垃圾池间与其他房间的连通口及屋顶维护结构，应采取密闭处理措施。

14.2 结 构

14.2.1 垃圾焚烧厂的结构构件应根据承载能力极限状态及正常使用极限状态的要求，按国家现行有关标准规定的作用（荷载）对结构的整体进行作用（荷载）效应分析，结构或构件按使用工况分别进行承载能力及稳定、疲劳、变形、抗裂及裂缝宽度计算和验算；处于地震区的结构，尚应进行结构构件抗震的承载力计算。

14.2.2 垃圾焚烧厂房框排架柱的允许变形值，应符合下列规定：

1 吊车梁顶面标高处，由一台最大吊车水平荷载标准值产生的计算横向变形值，当按平面结构图形计算时，不应大于 $H_t/1250$，当按空间结构图形计算时，不应大于 $H_t/2000$。

2 无吊车厂房柱顶高度大于或等于30m时，风荷载作用下柱顶位移不宜大于 $H/550$，地震作用下柱顶位移不宜大于 $H/500$；柱顶高度小于30m时，风荷载作用下柱顶位移不宜大于 $H/500$，地震作用下柱顶位移不宜大于 $H/450$。

14.2.3 垃圾焚烧厂房和垃圾热能利用厂房的钢筋混凝土或预应力混凝土结构构件的裂缝控制等级，应根据现行国家标准《混凝土结构设计规范》GB 50009 中规定的环境类别选用。

14.2.4 柱顶高度大于30m，且有重级工作制起重机厂房的钢筋混凝土框架结构，和框架-剪力墙结构中的框架部分，其抗震等级宜按照相应的抗震等级规定提高一级。

14.2.5 地基基础的设计，应按现行国家标准《建筑地基基础设计规范》GB 50007 的有关规定进行地基承载力和变形计算，必要时尚应进行稳定性计算。

14.2.6 垃圾焚烧厂的烟囱设计，应符合现行国家标准《烟囱设计规范》GB 50051 的规定。

14.2.7 垃圾抓斗起重机和飞灰抓斗起重机的吊车梁应按重级工作制设计。

14.2.8 垃圾池应采用钢筋混凝土结构，并应进行强度计算和抗裂度或裂缝宽度验算，在地下水位较高的地区应进行抗浮验算。

14.2.9 垃圾焚烧厂厂房应根据建筑物、构筑物的体形、长度、重量及地基的情况设置变形缝，变形缝的设置部位应避开垃圾池、渣池和垃圾焚烧炉体。垃圾池不宜设置变形缝，当平面长度大于相应规范的允许值时，应设置后浇带或采取其他有效措施以消除混凝土收缩变形的影响。

14.2.10 垃圾焚烧厂主厂房、垃圾焚烧锅炉基座、汽轮发电机组基座和烟囱，应设沉降观测点。

14.2.11 卸料平台的室外运输栈桥的主梁设计，应符合国家现行标准《公路钢筋混凝土及预应力混凝土桥涵设计规范》JTGD 62 的有关规定。

14.2.12 楼地面均布活荷载取值应根据设备、安装、检修、使用的工艺要求确定，同时应满足现行国家标准《建筑结构荷载规范》GB 50009 的有关规定。垃圾焚烧厂的一般性生产区域的活荷载也可按表14.2.12采用。

表 14.2.12 一般性生产区域的均布活荷载标准值

序号	名 称	标准值（kN/m²）
1	烟气净化区平台	8～10
2	垃圾焚烧炉楼面	8～12
3	垃圾焚烧炉地面	10
4	除氧器层楼面	4
5	垃圾卸料平台	15～20
6	汽机间集中检修区域地面	15～20
7	汽机间其他地面	10
8	汽轮发电机检修区域楼板和汽机基础平台	10～15
9	汽轮发电机岛中间平台	5
10	中央控制室	4
11	10kV 及 10kV 以下开关室楼面	4～7
12	35kV 开关室楼面	8
13	110kV 开关室楼面	8～10
14	化验室	3

注：1 表中未列的其他活荷载应按现行国家标准《建筑结构荷载规范》GB 50009 的规定采用。
  2 表中不包括设备的集中荷载。
  3 当设备荷载按静荷载计算时，以安装和检修荷载为主的平台活荷载，对主梁、柱和基础可取折减系数 0.70～0.85，但折减后的活荷载标准值不应小于 4kN/m²，地基沉降计算时，该活荷载的准永久值系数可取 0。
  4 垃圾卸料平台的均布荷载值，只适用于初步设计估算。在施工图详细设计时，应根据实际的垃圾运输车辆的最大载荷，按照最不利分布和组合计算。

15 其他辅助设施

15.1 化 验

15.1.1 垃圾焚烧厂应设置化验室，并应定期对垃圾热值、各类油品、蒸汽、水以及污水进行化验和分析。

15.1.2 化验室所用仪器的规格、数量及化验室的面积，应根据焚烧厂的运行参数、规模等条件确定。

15.2 维修及库房

15.2.1 维修间应具有全厂设备日常维护、保养与小修任务及工厂设施突发性故障时作为应急措施的功能。

15.2.2 维修间应配备必须的金工设备、机械工具、搬运设备和备用品、消耗品。

15.2.3 金属、非金属材料库以及备品备件，应与油料、燃料库，化学品库房分开设置。危险品库房应有抗震、消防、换气等措施。

15.3 电气设备与自动化试验室

15.3.1 厂区不宜设变压器检修间，但应为变压器就地或附近检修提供必要条件。

15.3.2 电气试验室设计应满足电测量仪表、继电器、二次接线和继电保护回路的调试与电测量仪表、继电器等机件修理的要求。

15.3.3 自动化试验室的设备配置，应满足对工作仪表进行维修与调试的需要。

15.3.4 自动化试验室不应布置在振动大、多灰尘、高噪声、潮湿和强磁场干扰的地方。

16 环境保护与劳动卫生

16.1 一般规定

16.1.1 垃圾焚烧过程中产生的烟气、灰渣、恶臭、废水、噪声及其他污染物的防治与排放，应符合国家现行的环境保护法规和标准的有关规定。

16.1.2 垃圾焚烧厂建设应贯彻执行《中华人民共和国职业病防治法》，焚烧厂工作环境和条件应符合《工业企业设计卫生标准》GBZ1 和《工作场所有害因素职业接触限值》GBZ2 的要求。

16.1.3 应根据污染源的特性和污染物产生量制定垃圾焚烧厂的污染物治理措施。

16.2 环境保护

16.2.1 烟气污染物的种类应按表 16.2.1 分类。

表 16.2.1 烟气中污染物分类

类别	污染物名称	符号
尘	颗粒物	PM
酸性气体	氯化氢	HCl
	硫氧化物	SO_x
	氮氧化物	NO_x
	氟化氢	HF
	一氧化碳	CO
重金属	汞及其化合物	Hg 和 Hg^{2+}
	铅及其化合物	Pb 和 Pb^{2+}
	镉及其化合物	Cd 和 Cd^{2+}
	其他重金属及其化合物	包括 Cu、Mg、Zn、Ca、Cr 等和非金属 As 及其化合物
有机类	二噁英	PCDDs(Dioxin)
	呋喃	PCDFs(Furan)
	多氯联苯	C_0-PCB_5
	多环芳香烃、氯苯和氯酚等其他有机碳	TOC

16.2.2 对焚烧工艺过程应进行严格控制,抑制烟气中各种污染物的产生。对烟气必须采取有效处理措施,并应符合现行国家标准《生活垃圾焚烧污染控制标准》GB 18485 的规定。

16.2.3 垃圾焚烧厂的生活废水应经过处理后回用。回用水质应符合国家现行标准《城市污水再生利用 城市杂用水水质》GB/T 18920 的有关规定。当废水需直接排入水体时,其水质应符合国家标准《污水综合排放标准》GB 8978 的要求。

16.2.4 垃圾渗沥液排入城市污水管网时,应按排入城市污水管网的标准要求,对垃圾渗沥液进行预处理。

16.2.5 灰渣处理必须采取有效的防止二次污染的措施。

16.2.6 当炉渣具备利用条件时,应采取有效的再利用措施。

16.2.7 垃圾焚烧厂的噪声治理应符合现行国家标准《声环境质量标准》GB 3096 和《工业企业厂界环境噪声排放标准》GB 12348 的有关规定。对建筑物的直达声源噪声控制应符合《工业企业噪声控制设计规范》GBJ 87 的有关规定。

16.2.8 垃圾焚烧厂的噪声治理,首先应对噪声源采取必要的控制措施。厂区内各类地点的噪声宜采取以隔声为主,辅以消声、隔振、吸声综合治理措施。

16.2.9 垃圾焚烧厂恶臭污染物控制与防治,应符合现行国家标准《恶臭污染物排放标准》GB 14554 的有关规定。

16.2.10 焚烧线运行期间,应采取有效控制和治理恶臭物质的措施。焚烧线停止运行期间,应有防止恶臭扩散到周围环境中的措施。

16.3 职业卫生与劳动安全

16.3.1 垃圾焚烧厂的劳动卫生,应符合现行国家标准《工业企业设计卫生标准》GBZ 1 的有关规定。

16.3.2 垃圾焚烧厂建设应采用有利于职业病防治和保护劳动者健康的措施。应在有关的设备醒目位置设置警示标识,并应有可靠的防护措施。在垃圾卸料平台等场所,应采取换气、除臭、灭蚊蝇及必要的消毒等措施。

16.3.3 职业病防护设备、防护用品应确保处于正常工作状态,不得擅自拆除或停止使用。

16.3.4 垃圾焚烧厂建设应有职业病危害与控制效果可行性评价。

16.3.5 垃圾焚烧厂应采取劳动安全措施。

17 工程施工及验收

17.1 一般规定

17.1.1 建筑、安装工程应符合施工图设计文件、设备技术文件的要求。

17.1.2 施工安装使用的材料、预制构件、器件应符合相关的国家现行标准及设计要求,并取得供货商的合格证明文件。严禁使用不合格产品。

17.1.3 余热锅炉的安装单位,必须持有省级技术质量监督机构颁发的与锅炉级别安装类型相符合的安装许可证。其他设备安装单位应有相应安装资质。

17.1.4 对工程的变更、修改应取得设计单位的设计变更文件后再进行施工。

17.1.5 在余热锅炉安装过程中发现受压部件存在影响安全使用的质量问题时,必须停止安装。

17.2 工程施工及验收

17.2.1 施工准备应符合下列要求:
   1 应具有经审核批准的施工图设计文件和设备技术文件,并有施工图设计交底记录。
   2 施工用临时建筑、交通运输、电源、水源、气(汽)源、照明、消防设施、主要材料、机具、器具等应准备充分。

3 施工单位应编制施工方案，并应通过审查。

4 应合理安排施工场地。

5 设备安装前，除必须交叉安装的设备外，土建工程墙体、屋面、门窗、内部粉刷应基本完工，设备基础地坪、沟道应完工，混凝土强度应达到不低于设计强度的75%。用建筑结构作起吊或搬运设备承力点时，应核算结构承载力，以满足最大起吊或搬运的要求。

6 应符合设备安装对环境条件的要求，否则应采取相应满足安装条件的措施。

17.2.2 设备材料的验收应包括下列内容：

1 到货设备、材料应在监理单位监督下开箱验收并作记录：

　　1）箱号、箱数、包装情况；
　　2）设备或材料名称、型号、规格、数量；
　　3）装箱清单、技术文件、专用工具；
　　4）设备、材料时效期限；
　　5）产品合格证书。

2 检查的设备或材料符合供货合同规定的技术要求，应无短缺、损伤、变形、锈蚀。

3 钢结构构件应有焊缝检查记录及预装检查记录。

17.2.3 设备、材料保管应根据其规格、性能、对环境要求、时效期限及其他要求分类存放。需要露天存放的物品应有防护措施。保管的物品不应使其变形、损坏、锈蚀、错乱和丢失。堆放物品的高度应以安全、方便调运为原则。

17.2.4 设备安装工程施工及验收应符合下列规定，对国外引进的专有设备，应按供货商提供的设备技术说明、合同规定及商检文件执行，并应符合国家现行有关标准的规定。

1 利用垃圾热能发电的垃圾焚烧炉、汽轮机机组设备，应符合国家现行电力建设施工验收标准的规定。其他生活垃圾焚烧厂的垃圾焚烧炉应符合现行国家标准《工业锅炉安装工程施工及验收规范》GB 50273的有关规定。

2 垃圾焚烧厂采用的输送、起重、破碎、泵类、风机、压缩机等通用设备应符合现行国家标准《机械设备安装工程施工及验收通用规范》GB 50231及相应各类设备安装工程施工及验收标准的有关规定。

3 袋式除尘器的安装与验收应符合国家现行标准《袋式除尘器安装技术要求与验收规范》JB/T 8471的有关规定。

4 采暖与卫生设备的安装与验收应符合现行国家标准《建筑给水排水及采暖工程施工质量验收规范》GB 50242的有关规定。

5 通风与空调设备的安装与验收应符合现行国家标准《通风与空调工程施工质量验收规范》GB 50243的有关规定。

6 管道工程、绝热工程应分别符合现行国家标准《工业金属管道工程施工及验收规范》GB 50235、《工业设备及管道绝热工程施工规范》GB 50126的有关规定。

7 仪表与自动化控制装置按供货商提供的安装、调试、验收规定执行，并应符合国家现行标准的有关规定。

8 电气装置应符合现行国家有关电气装置安装工程施工及验收标准的有关规定。

17.3 竣工验收

17.3.1 焚烧线及其全部辅助系统与设备、设施试运行合格，具备运行条件时，应及时组织工程验收。

17.3.2 工程竣工验收前，严禁焚烧线投入使用。

17.3.3 工程验收应依据：主管部门的批准文件，批准的设计文件及设计变更文件，设备供货合同及合同附件，设备技术说明书和技术文件，专项设备施工验收规范及其他文件。

17.3.4 竣工验收应具备下列条件：

1 生产性建设工程和辅助性公用设施、消防、环保工程、职业卫生与劳动安全、环境绿化工程已经按照批准的设计文件建设完成，具备运行、使用条件和验收条件。未按期完成，但不影响焚烧厂运行的少量土建工程、设备、仪器等，在落实具体解决方案和完成期限后，可办理竣工验收手续。

2 焚烧线、烟气净化及配套垃圾热能利用设施已经安装配套，带负荷试运行合格。垃圾处理量、炉渣热灼减率、炉膛温度、余热锅炉热效率、蒸汽参数、烟气污染物排放指标、设备噪声级、原料消耗指标均达到设计规定。

引进的设备、技术，按合同规定完成负荷调试、设备考核。

3 焚烧工艺装备、工器具、垃圾与原辅材料、配套件、协作条件及其他生产准备工作已适应焚烧运行要求。

4 具备独立运行和使用条件的单项工程，可进行单项工程验收。

17.3.5 重要结构部位、隐蔽工程、地下管线，应按工程设计标准与要求及验收标准，及时进行中间验收。未经中间验收，不得进行覆盖工程和后续工程。

17.3.6 初步验收前，施工单位应按国家有关规定整理好文件、技术资料，并向建设单位提出交工报告。建设单位收到报告后，应及时组织施工单位、调试单位、监理单位、设计单位、质量检验单位、主体设备供货商、环保单位、消防单位、劳动卫生单位和使用单位进行初步验收。

17.3.7 竣工验收前应完成下列准备工作：

1 制定竣工验收工作计划；

2 认真复查单项工程验收投入运行的文件；

3 全面评定工程质量和设备安装、运转情况，对遗留问题提出处理意见；

4 认真进行基本建设物资和财务清理工作，编制竣工决算，分析项目概预算执行情况，对遗留财务问题提出处理意见；

5 整理审查全部竣工验收资料，包括：
1) 开工报告，项目批复文件；
2) 各单项工程、隐蔽工程、综合管线工程的竣工图纸以及工程变更记录；
3) 工程和设备技术文件及其他必需文件；
4) 基础检查记录，各设备、部件安装记录，设备缺损件清单及修复记录；
5) 仪表试验记录，安全阀调整试验记录；
6) 水压试验记录；
7) 烘炉、煮炉及严密性试验记录；
8) 试运行记录。

6 妥善处理、移交厂外工程手续；

7 编制竣工验收报告，并于竣工验收前一个月报请上级部门批准。

本规范用词说明

1 为便于在执行本规范条文时区别对待，对要求严格程度不同的用词，说明如下：
1) 表示很严格，非这样做不可的：
   正面词采用"必须"，反面词采用"严禁"。
2) 表示严格，在正常情况均应这样做的：
   正面词采用"应"，反面词采用"不应"或"不得"。
3) 表示允许稍有选择，在条件许可时首先应这样做的：
   正面词采用"宜"，反面词采用"不宜"。
   表示有选择，在一定条件下可以这样做的，采用"可"。

2 条文中指定应按其他有关标准执行的写法为"应符合……的规定（要求）"或"应按……执行"。

中华人民共和国行业标准

生活垃圾焚烧处理工程技术规范

CJJ 90—2009

条 文 说 明

前　言

《生活垃圾焚烧处理工程技术规范》CJJ 90—2009，经住房和城乡建设部 2009 年 3 月 15 日以 238 号公告批准，业已发布。

本规范第一版的主编单位是五洲工程设计研究院。参编单位是：中国石化集团上海医药工业设计院、上海市环境工程设计科学研究院、深圳市环卫综合处理厂、宏发垃圾处理工程技术开发中心、江苏省溧阳市建委。

为便于广大设计、施工、科研、学校等单位的有关人员在使用本规范时能正确理解和执行条文规定，《生活垃圾焚烧处理工程技术规范》编制组按章、节、条顺序编制了本规范的条文说明，供使用者参考。在使用中如发现本条文说明有不妥之处，请将意见函寄城市建设研究院（北京朝阳区惠新里 3 号，邮政编码 100029）。

目　次

1　总则 ·················· 72—27
2　术语 ·················· 72—27
3　垃圾处理量与特性分析 ········ 72—27
　　3.1　垃圾处理量 ············ 72—27
　　3.2　垃圾特性分析 ··········· 72—27
4　垃圾焚烧厂总体设计 ········· 72—28
　　4.1　垃圾焚烧厂规模 ·········· 72—28
　　4.2　厂址选择 ············· 72—28
　　4.3　全厂总图设计 ··········· 72—29
　　4.4　总平面布置 ············ 72—29
　　4.5　厂区道路 ············· 72—29
　　4.6　绿化 ··············· 72—29
5　垃圾接收、储存与输送 ········ 72—29
　　5.1　一般规定 ············· 72—29
　　5.2　垃圾接收 ············· 72—30
　　5.3　垃圾储存与输送 ·········· 72—30
6　焚烧系统 ··············· 72—31
　　6.1　一般规定 ············· 72—31
　　6.2　垃圾焚烧炉 ············ 72—31
　　6.3　余热锅炉 ············· 72—32
　　6.4　燃烧空气系统与装置 ······· 72—32
　　6.5　辅助燃烧系统 ··········· 72—32
　　6.6　炉渣输送处理装置 ········ 72—33
7　烟气净化与排烟系统 ········· 72—33
　　7.1　一般规定 ············· 72—33
　　7.2　酸性污染物的去除 ········ 72—33
　　7.3　除尘 ··············· 72—34
　　7.4　二噁英类和重金属的去除 ···· 72—35
　　7.5　氮氧化物的去除 ·········· 72—35
　　7.6　排烟系统设计 ··········· 72—36
　　7.7　飞灰收集、输送与处理系统 ··· 72—36
8　垃圾热能利用系统 ·········· 72—37
　　8.1　一般规定 ············· 72—37
　　8.2　利用垃圾热能发电及热电联产 ·· 72—37
　　8.3　利用垃圾热能供热 ········ 72—37
9　电气系统 ··············· 72—37
　　9.1　一般规定 ············· 72—37
　　9.3　厂用电系统 ············ 72—37
　　9.4　二次接线及电测量仪表装置 ··· 72—42
　　9.5　照明系统 ············· 72—43
　　9.6　电缆选择与敷设 ·········· 72—43
　　9.7　通信 ··············· 72—43
10　仪表与自动化控制 ·········· 72—43
　　10.1　一般规定 ············· 72—43
　　10.2　自动化水平 ············ 72—43
　　10.3　分散控制系统 ··········· 72—44
　　10.4　检测与报警 ············ 72—45
　　10.5　保护和连锁 ············ 72—47
　　10.6　自动控制 ············· 72—48
　　10.7　电源、气源与防雷接地 ····· 72—48
　　10.8　中央控制室 ············ 72—49
11　给水排水 ··············· 72—49
　　11.1　给水 ··············· 72—49
　　11.2　循环冷却水系统 ·········· 72—50
　　11.3　排水及废水处理 ·········· 72—50
12　消防 ················· 72—50
　　12.1　一般规定 ············· 72—50
　　12.2　消防水炮 ············· 72—50
　　12.3　建筑防火 ············· 72—50
13　采暖通风与空调 ··········· 72—52
　　13.1　一般规定 ············· 72—52
　　13.2　采暖 ··············· 72—52
　　13.3　通风 ··············· 72—52
　　13.4　空调 ··············· 72—52
14　建筑与结构 ············· 72—52
　　14.1　建筑 ··············· 72—52
　　14.2　结构 ··············· 72—53
15　其他辅助设施 ············ 72—53
　　15.1　化验 ··············· 72—53
　　15.2　维修及库房 ············ 72—54
　　15.3　电气设备与自动化试验室 ···· 72—54
16　环境保护与劳动卫生 ········· 72—55

16.1 一般规定 …………………… 72—55
16.2 环境保护 …………………… 72—55
16.3 职业卫生与劳动安全 ……… 72—56
17 工程施工及验收 ………………… 72—56

17.1 一般规定 …………………… 72—56
17.2 工程施工及验收 …………… 72—57
17.3 竣工验收 …………………… 72—57

1 总 则

1.0.1 本条文阐述了编制和修订《生活垃圾焚烧处理工程技术规范》的目的。自原规范颁布实施以来，我国城市生活垃圾焚烧处理技术得到了快速发展。近些年，国内一些企业在引进消化国外技术的基础上，对大型垃圾焚烧炉及其成套技术进行了国产化开发应用。另外，经过十几年城市垃圾焚烧项目市场化的发展，城市垃圾焚烧处理产业化已初步形成。随着人们环保意识的提高，政府和公众对垃圾焚烧厂的技术和环保要求越来越高，原有技术规范的有些内容已不适应现在的技术发展和环保要求。在这种情况下，修订此技术规范是非常必要的。

1.0.2 本条文明确规定本规范适用范围。其中生活垃圾是指城市居民生活垃圾、行政事业单位垃圾、商业垃圾、集贸市场垃圾、公共场所垃圾以及街道清扫垃圾。本规范不适用于危险废物的处理，危险废物是指原国家环保局公布的《危险废物名录》中规定的物品。

一些城市中存在一批以私营企业为主的小型工厂，如制鞋厂、木器厂等，这些工厂产生的工业性废物具有较高热值且属于一般工业废物，废物产量又相对很低，不适合单独处理。对这种适合焚烧的普通工业垃圾经过当地环保部门认定，可允许与生活垃圾混烧。

不同行业产生的特殊垃圾的结构成分、理化指标、收运规律以及焚烧处理要求、二次污染防治等都有很大差异，这种垃圾在一般条件下不允许与生活垃圾混合处理。

1.0.3 垃圾焚烧工程的规模确定应考虑的因素很多，直接因素有：焚烧厂服务范围与人口、垃圾产生量及其变化趋势等；间接的因素有：城市规划、环卫规划、城市煤气化率、城市集中供热普及率、自然条件、垃圾收集转运情况等。焚烧技术路线的选择应考虑垃圾特性、环保要求、城市经济发展水平、技术适应性等因素。

1.0.4 本条文是对生活垃圾焚烧厂的基本规定。垃圾焚烧厂建设工程主要用于处理城市垃圾，因此焚烧工艺和设备的成熟性、可靠性和安全性是非常重要的，同时也要考虑经济性和环保等因素。另外在对城市生活垃圾进行焚烧处理的同时，有效利用垃圾热能，可以体现垃圾处理的无害化、减量化和资源化原则。

1.0.5 生活垃圾焚烧厂建设作为社会公益性事业，应适应国家技术经济总体要求，执行国家和当地有关的法规规定，如建筑物高度应符合航空器飞行和电信传播障碍的规定；建筑物与高压线之间安全距离的规定；军事设施及国家其他重要设施的要求等。应严格执行环境保护、环境卫生、消防、节能、劳动安全及职业卫生等方面法规和强制性标准。

2 术 语

由于近几年生活垃圾焚烧工程发展迅速，国内外技术交流增多，在技术术语方面出现"一词多义"或"多词同义"的现象，使技术人员产生混乱。本章对原规范的术语作了修改和补充，以便规范垃圾焚烧专业的技术术语，并增加一些在各章条款中出现的新名词和用语。

第2.0.2条的余热锅炉定义是针对目前垃圾焚烧所用的蒸气余热锅炉来描述的，用导热油作为传热介质的锅炉技术要求上与蒸汽锅炉不同，需要有些特殊规定。

3 垃圾处理量与特性分析

3.1 垃圾处理量

3.1.1 本条文为强制性条文。通过对一些城市调查，有些地方是按照垃圾运输车吨位统计的，5t集装箱垃圾运输车实际装载量大都不超过4t，造成统计的产量与实际产量的差别。因此需要确定其实际垃圾产生量，避免垃圾焚烧规模设计过大。

3.1.2 由于我国垃圾含水量普遍较大，特别是雨季，垃圾含水量可达60%。焚烧厂垃圾池一般可存5d以上的垃圾，在这几天时间里，垃圾中的水分要通过渗沥液收集沟渗出一部分。因此入焚烧炉的垃圾和入厂的垃圾在重量上就相差了一部分水分的重量，热值也不同了。为了管理方便和便于监督，本条文规定分别计量和统计入厂垃圾和入炉垃圾的重量。

3.2 垃圾特性分析

3.2.1 垃圾特性分析是生活垃圾焚烧厂建设及运行管理过程的重要基础资料。垃圾特性分析的重点是正确掌握生活垃圾的物理、化学性质及热值。特性分析结果的合理性主要取决于生活垃圾取样的代表性。

3.2.2 垃圾物理成分中：

厨余——主要指居民家庭厨房、单位食堂、餐馆、饭店、菜市场等处产生的高含水率、易腐烂的生活垃圾。由于厨余垃圾中含有大量水分，使生活垃圾的总含水率增加，热值下降。

纸类——主要指家庭、办公场所、流通领域等产生的纸类废物，属易燃有机物，热值高。一般说来，经济发展水平越高，垃圾中纸类成分的含量越高。

竹木类——主要指各种木材废物及树木落叶等，属纤维类有机物，易燃且热值较高。

橡塑——主要指垃圾中的塑料及皮革、橡胶等废物。橡塑垃圾也属于易燃有机物，热值高，生物降解困难。

纺织物——主要指纺织类废物，属易燃有机物，热值较高，中等可生物降解。

玻璃——主要指各种玻璃类废物，以废弃的玻璃瓶为多，有无色和有色之分。

金属——主要指各种饮料的金属包装壳及其他金属废物。

砖瓦渣土——主要指零星的碎砖瓦、陶瓷以及煤灰、土、碎石等，主要源于居民生活中废弃的物质及燃煤和街道清扫垃圾。这部分垃圾含量的多少，主要决定于生活能源结构。

其他——主要指上述各项目以外的垃圾，以及无法分类的垃圾。

3.2.6 采用经典法测定垃圾元素分析，可按照《煤的元素分析方法》GB/T 476 及《煤中氯的测定方法》GB/T 3558、《煤的水分测定方法》GB/T 15334、《煤中碳和氢的测定方法》GB/T 15460、《煤中全硫的测定方法》GB/T 214 等进行。

4 垃圾焚烧厂总体设计

4.1 垃圾焚烧厂规模

4.1.1 对采用连续焚烧方式的焚烧厂，条文规定的各系统都是应具备的，所适用的标准一般都要从严掌握。本次修订根据我国垃圾焚烧厂建设情况，对焚烧厂内的系统进行了细化。

4.1.2 对某一城市或区域，在建设垃圾焚烧厂前应制定该城市或区域的环卫专业规划或生活垃圾处理设施规划，规划应根据垃圾产量、城市区域及经济情况制定垃圾处理设施数量、规模和分布计划。垃圾焚烧厂应是该规划的一部分，因此焚烧厂规模应符合该规划要求。如该城市或区域无此规划，则应在焚烧厂立项时根据确定的服务范围内的垃圾产生量预测以及投融资水平、经济性测算、技术可行性和可靠性等因素确定处理规模。

4.1.3 垃圾焚烧厂建设和运行经验表明，在总处理规模确定的条件下，一般焚烧线越少、单台垃圾焚烧炉规模越大，焚烧厂建设和运行越经济。但焚烧线数量少，备用性差，全厂垃圾处理能力受影响。另外，单台垃圾焚烧炉规模过大，易受技术条件限制。因此焚烧线数量的确定既要考虑建设和运行费用，也要考虑备用性和设备成熟性。

4.1.4 由于目前我国城市化进程逐步加快，城市人口增加较快，城市生活垃圾产生量也增加较快，在一些特大城市，建设大型和特大型的垃圾焚烧厂的需求越来越大。另外国家提倡垃圾处理设施区域共享，因此将来区域化的垃圾焚烧厂将会增加，也需要建设大型和特大型垃圾焚烧厂。而小型垃圾焚烧厂被证明成本高、环保不易达标，国外一些发达国家也都逐步淘汰了小型垃圾焚烧厂。因此本条文删除了原规范的第Ⅳ类，增加了一类特大类（大于或等于2000t/d的），Ⅰ、Ⅱ、Ⅲ类的规模与原规范相同。

4.2 厂址选择

4.2.1 本条文为强制性条文。生活垃圾焚烧厂厂址一般位于城市规划范围之内，故厂址选择必须符合城市总体规划要求及城市环境卫生专业规划要求。

4.2.2 垃圾处理工程是一项涉及生活垃圾的收集、转运、压缩、运输等环节的系统工程，故厂址选择需要结合城市环境卫生规划综合考虑。应选择不少于1个备选厂址，结合垃圾产量分布，综合地形、工程地质与水文地质、地震、气象、环境保护、生态资源，以及城市交通、基础设施、动迁条件、群众参与等因素，经过多方案技术经济比较确定。

4.2.3 生活垃圾焚烧厂不同于一般意义上的工厂，也不同于火力发电厂，在选址时要考虑相关的社会文化背景，应避免生活垃圾焚烧厂对地面水系造成污染，避免对重点保护的文化遗址或风景区产生不良影响。

4.2.4 本条文对厂址提出了一些具体的要求：

1 厂址对工程地质条件和水文地质条件的基本要求。

2 生活垃圾焚烧厂投资相对较大，地下设施较多，厂址应考虑洪水、潮水或内涝的威胁。

由于Ⅲ类及Ⅲ类以上的生活垃圾焚烧厂多建在中等以上城市，中等城市的防洪标准为50～100年重现期；小型工业企业的防洪标准为10～20年重现期，中型工业企业的防洪标准为20～50年重现期，大型工业企业的防洪标准为50～100年重现期，兼顾两者，并考虑焚烧厂建设投资等因素，推荐生活垃圾焚烧厂的防洪标准如表1所示。

表1 推荐的防洪标准

焚烧厂规模	重现期（年）
特大类、Ⅰ类焚烧厂	50～100
Ⅱ类焚烧厂	30～50
Ⅲ类焚烧厂	20～30

3 生活垃圾焚烧厂，尤其是Ⅱ类以上焚烧厂，运输量大，来往车辆相对集中、频繁，若厂址与服务区之间没有良好的道路交通条件，不仅会影响垃圾的输送，还会对城市交通造成影响。

5 生活垃圾焚烧厂在运行过程中，无论是生产、生活还是消防，均需要可靠的水源。

6 无论是利用垃圾热能发电，还是其他垃圾热能利用形式的垃圾焚烧厂，在启动及停炉检修期间，都需要外部电力供应。此外，当利用垃圾热能发电时，电力需要上网，故应考虑高压电的上网方便。

7 由于供热管网越长，热损失越大，因此，利用垃圾热能供热的焚烧厂的选址应在技术可行的情况下尽可能靠近热用户。

4.3 全厂总图设计

4.3.1 本条文主要针对厂区各种基础设施，基础设施设置合理，不仅可以降低造价，还可以降低运营成本。利用垃圾热能发电的垃圾焚烧厂，不仅有市电的输入，还涉及电力的上网问题；利用垃圾热能供热的生活垃圾焚烧厂，涉及热能的外送问题，故强调要综合考虑。

4.3.2 《城市生活垃圾处理和给水与污水处理工程项目建设用地指标》规定了焚烧厂的各项用地指标。

4.3.3 垃圾焚烧厂运输量较大，特别是在垃圾没有压缩的情况下，再加之目前普遍存在垃圾运输车载重量小、装载率低、密闭性差、渗沥液滴漏等现象，因此在总体规划中，焚烧厂出入口应做到人流和物流分开。

4.3.4 为了避免环卫设施重复建设，造成人、财、物力浪费，如对垃圾物理成分，水质全分析，烟气污染物中的重金属、二噁英等项目分析不需要连续检测，但检测时又需要有齐全的设备，并且一些设备较为贵重，因此可通过社会化协作解决，厂内仅设置常规理化分析即可。对检修设施也是如此，厂区只要配备日常维护保养与小修的人员、设备即可，大、中修通过外协解决。

4.4 总平面布置

4.4.1 焚烧厂房在生活垃圾焚烧厂中起主导作用，并与周围的设施如室外运输栈桥、油泵房、冷却塔、废水处理站等联系密切，垃圾及原材料运入与残渣运出，又需要畅通的道路配合，故应以焚烧厂房为主体进行布置，结合焚烧工艺流程及焚烧厂的具体条件适当安排各项设施，确保相关设备稳定、可靠、高效运行。主厂房的位置还应考虑建成后的立面和整体效果，尽量使焚烧厂与周围城市环境相协调。

4.4.2 垃圾焚烧炉需要用辅助燃料实现启、停及运行中必要的辅助燃烧。采用燃料油时，需要在厂区设油库及油泵房，故应符合《石油库设计规范》GB 50074 的规定；采用重油燃料时，其供油系统比较复杂，运行操作也较复杂，因此要根据燃料来源慎重选择。

4.4.3 有的城市具备使用城镇燃气点火或辅助燃烧条件，可使用城镇燃气。燃气系统应符合现行国家标准《城镇燃气设计规范》GB 50028 的有关规定。

4.4.4 由于垃圾焚烧厂运输车辆出入频繁，为避免交通事故及交通拥堵，在出入口处除应有良好的通视条件外，地磅房与入口围墙间留出一辆最大车的车长作为缓冲，以改善出入口处的交通条件。

4.4.5 本条是要求在总平面布置时，各设施及建筑物的位置确定应考虑尽量使产生污染物的设施不影响到其他设施，还应考虑产生污染的设施之间不产生交叉污染。例如冷却塔要排放大量水蒸气，因此应尽量布置在其他设施的下风向。

4.4.6 由于焚烧厂室外专业管线多，各专业不能随意确定管线位置，应由总图专业人员对各种管线统一安排，使各管线布置既顺畅又符合各专业规范要求。

4.5 厂区道路

4.5.1 本条文为厂区通道设置的一般规定，要求道路的设置应考虑多种因素。

4.5.2 本条文为厂区道路宽度的具体规定。对焚烧主厂房四周的消防道路，根据新的《建筑设计防火规范》要求，由 3.5m 改为 4.0m。而且以设环行道路为好，可以更加方便炉渣、飞灰以及原材料的运输。当不具备设置环行道路时，应设有回车场地。

4.5.3 按《公路工程技术标准》JTGB01—2003 规定，进入垃圾焚烧厂的车辆交通量低于每日 500 辆，车速不高于 20km/h，厂内坡道的等级低于四级公路，根据该标准表 3.0.2 车道宽度规定，双车道宽度 6m，单车道 3.5m。因此本次修改时，将双车道宽度的下限由 8m 改为 7m，其他维持不变，在符合国家标准保证安全前提下，节约投资。

4.5.4 设置应急停车场的目的在于，垃圾收运高峰期，车辆多且相对集中，为不堵塞厂区外交通，车辆可以在此作停留。

4.6 绿 化

4.6.1 在合理安排厂区绿化用地时，尽可能利用厂区边角空地、坡面地进行绿化。

4.6.2 本条相对于原规范作了较大修改，主要是目前国家对用地控制更加严格。国家发改委新颁布了《城市生活垃圾处理和给水与污水处理工程项目建设用地指标》，该指标明确规定垃圾处理项目绿地率不应大于30%。

4.6.3 应根据当地自然条件和厂区不同区域特点，选择适宜的树种，如设有油罐区的焚烧厂，油罐区内不应栽种油性大的树种。

5 垃圾接收、储存与输送

5.1 一般规定

5.1.1 本条文是垃圾接收、储存与输送系统构成的一般规定。恶臭已经被列入世界七大环境公害之一而受到各国广泛的重视。为在垃圾焚烧厂建设和运营过程中，避免恶臭对环境的影响，特增加对除臭设施，特别是垃圾池除臭设施的规定。

5.1.2 应根据垃圾焚烧炉对垃圾的尺寸要求与城市垃圾中大件垃圾的量，确定是否设置大件垃圾破碎设施。

5.2 垃圾接收

5.2.1 对现代化焚烧厂需要从垃圾进厂就实施必要的量化管理。通常做法是在物流进厂处设置汽车衡，并根据垃圾焚烧厂处理规模，高峰期车流量的情况确定汽车衡台数。通过对国内外大量焚烧厂调查研究，本条文对设置汽车衡台数作出明确规定。

5.2.2 本条文是对垃圾称量系统功能的一般规定。

5.2.3 本条是对汽车衡规格和称量精度选择的规定，大型车取小值，小型车取大值。

5.2.4 垃圾卸料平台大小应以垃圾车一次掉头即可到达指定的卸料口，顺畅作业为原则。

目前，对卸料平台的卫生防护措施主要有：在垃圾卸料时采取喷射水雾降尘措施；采用水冲洗地面措施等。采用水冲洗地面时，地面要有坡度和污水收集设施。

本次修订增加了交通指挥系统。

5.2.5 垃圾池的卸料口是池内污染物扩散的主要途径，需要设置垃圾卸料门。垃圾池卸料门的数量参见表2。

表2 垃圾池卸料门的参考数量

垃圾处理规模(t/d)	150以下	150～200	200～300	300～400	400～600	600以上
垃圾卸料门的数量	3	4	5	6	8	大于10

对国内一些城市调查结果表明，垃圾运输车吨位多以5t为主，使用8t及以上的垃圾运输车辆较少。若采用非压缩式的垃圾运输车，载重量多在额定载重量70%及以下，致使厂区车流密度较大，因此，在确定卸料门数量时，应留有足够余地。

当垃圾池卸料口水平布置时，条文中提出的卸料门相应调整为卸料盖，卸料门的高度相应调整为卸料盖的长度。由于在此卸料门与卸料盖没有功能方面的根本区别，为精练条文规定，故不在条文中加以区别论述。

条文中"垃圾卸料门的开闭应与垃圾抓斗起重机的作业相协调"的规定，是为避免垃圾车卸料与垃圾抓斗起重机在同一区域内作业，造成对垃圾抓斗起重机的干扰，甚至破坏性的影响。

5.2.6 垃圾运输车辆在卸料时，要在卸料门等处安装红绿灯等操作信号；设置防止车辆滑落进垃圾池的车挡及防止车辆撞到门侧墙、柱的安全岛等设施。由于国内发生过卸料车辆安全事故，因此本条作为强制

性条文。

5.3 垃圾储存与输送

5.3.1 垃圾在储存过程中，会发生一系列物理、化学变化，并可能渗沥出部分垃圾水分。另外，由于垃圾来自不同行业和区域，应使垃圾在储存过程中尽量混合，使垃圾热值均匀，保证焚烧装置连续稳定运行等，特规定垃圾在垃圾池间的储存周期。新建厂的垃圾池有效容积一般采用上限值。垃圾池有效容积以卸料平台标高以下的池内容积为准，同时可考虑在不影响垃圾车卸料和垃圾抓斗起重机正常作业的条件下，采取如在远离卸料门或暂时关闭部分卸料门的区域，提高垃圾池储存高度，增加垃圾储存量的措施。在计算垃圾池存放垃圾的周期时，按实测垃圾重度确定。

考虑我国城市生活垃圾采取日产日清的情况，及保证垃圾焚烧炉连续运行的基本要求，取5d的储存量是比较经济可行的，但有条件的垃圾焚烧厂，适当增大垃圾池储存容积如达到7d的储存容积也是可以的，故本次修订适当放宽规定。

5.3.2 本条为强制性条文。垃圾池内储存的垃圾是焚烧厂主要恶臭污染源之一。防止恶臭扩散的对策是抽取垃圾池内的气体作为焚烧炉助燃空气，使恶臭物质在高温条件下分解，同时实现垃圾池内处于负压状态。

为防止垃圾焚烧炉内的火焰通过进料斗回燃到垃圾池内，以及垃圾池内意外着火，需要采取切实可行的防火措施。还需要加强对垃圾卸料过程的管理，严防火种进入垃圾池内；加强对垃圾池内垃圾的监视，一旦发现垃圾堆体自燃，应及时采取灭火措施。在垃圾池间设置必要的消防设施是很必要的。

停炉时焚烧炉一次风停止供给，这时垃圾池内不能保证负压状态，如垃圾池内有垃圾存在，则需要附加必要的通风除臭设施，故本条对此作出修订。

5.3.3 本条文规定是根据：

1 生活垃圾具有酸腐蚀性；

2 垃圾渗沥液成分复杂，一旦造成对地下水污染，则是永久性的；

3 因垃圾抓斗操作不当，可能发生撞击事故；

4 垃圾池底应有一定坡度，有利于渗沥液的导排和收集。

5.3.4 本条为强制性条文。我国生活垃圾含水量普遍偏高，特别是南方城市中更明显，且垃圾含水量具有随季节变化而变化的特征。垃圾渗沥液具有较高的黏性，因此，要有可靠的渗沥液收集系统，在渗沥液收集系统的进口采取防堵塞措施。同时渗沥液具有腐蚀性，因此渗沥液收集、储存设施应采取防腐、防渗措施。

5.3.5 垃圾抓斗起重机是保证焚烧系统正常运行的关键设备之一，一般设置2台，同时设置备用抓斗。

目前，垃圾抓斗主要有液压和钢丝绳两种提升方式，两种方式均可采用。

对垃圾抓斗起重机采用何种控制方式，主要受设备价格因素的制约。在满足工艺要求的条件下，各地可根据自己的经济情况确定采取哪种控制方式。推荐采用的控制方式见表3。

表3 推荐采用的垃圾抓斗起重机控制方式

焚烧处理规模	≤150t/d	150～600t/d	>600t/d
推荐采用的控制方式	手动	手动或半自动	半自动或自动

本条文修订考虑国内实际运行情况，降低了设置备用抓斗的规定。

5.3.6 本条文是对垃圾抓斗起重机控制室的基本要求。垃圾抓斗起重机控制室内的观察窗，需要使操作人员直接观察到垃圾池内的垃圾。观察窗应是固定的密闭窗，避免垃圾池内的异味进入控制室，另外观察窗应有安全防护措施，还需考虑清洁观察窗的设施。

本条文修订根据国内实际运行的垃圾抓斗起重机控制室的观察窗情况，作出明确要求。

6 焚烧系统

6.1 一般规定

6.1.1 本条文是焚烧系统构成的一般规定。

6.1.2 本条文规定是根据国内外垃圾焚烧线的运行经验制定的。因焚烧装置每年需要进行维护、保养，还需要定期维修，故年运行时间应为累计运行时间。

国外焚烧经验表明，当垃圾焚烧炉启动或停炉期间，烟气中的污染物含量明显高于正常运行期间的含量，特别是二噁英含量明显增加，因此，为达到年运行8000h的要求，应优先采用连续运行方式的焚烧厂。这也是基于环境保护的基本要求。

6.1.3 本条文是关于焚烧线设备配置的基本规定。

6.1.4 本条是要求在垃圾焚烧炉设计时，应如何根据垃圾特点和产生量变化确定合理的焚烧炉设计参数。主要是焚烧炉设计低位热值。

6.1.5 物流量应包括垃圾输入量、炉渣、飞灰及废金属输出量、烟气量、烟气污染物产生量与排放量、供水量、排水量、垃圾渗沥液量、压缩空气输入量、燃料油或燃气、石灰、活性炭输入量及其他必须的物流量。

6.1.6 燃烧图是焚烧炉设计、制造和运行时的动态指导图，对焚烧厂设计、建造和运行有重要指导作用。因此本条要求在焚烧炉设计时应提供燃烧图。

6.1.7 垃圾焚烧炉服务期主要根据其主体设备的使用寿命确定。根据实际运行经验以及生活垃圾焚烧炉标准的有关规定，垃圾焚烧炉服务期应在20年以上，国外不少在运行的垃圾焚烧炉已经服务25年以上。

6.2 垃圾焚烧炉

6.2.1 采用同容量、同规格的焚烧炉便于运行管理、维修保养。焚烧厂设置的焚烧设备越多，系统管理越复杂，并且占地面积增加；污染源增多，污染治理费用增高。

6.2.2 "2，3，7，8—四氯二噁英"分解温度大于700℃，为此我国焚烧垃圾污染物排放标准规定850℃以上时的烟气滞留时间不低于2s。当垃圾低位热值为4200～5000kJ/kg，要达到此要求，必须添加辅助燃料；若不添加辅助燃料，计算结果表明，炉温为750℃左右。为确保达到我国焚烧垃圾污染物排放标准，确保二噁英高温分解，在规定燃烧室燃烧温度条件下，热灼减率应能够达到3%。因此新建垃圾焚烧厂的炉渣热灼减率宜采取不大于3%～5%的指标。

国内外研究结果表明，较为理想的完全燃烧温度是在850～1000℃。若燃烧室烟气温度过高，烟气中颗粒物被软化或融化而黏结在受热面上，不但降低传热效果，而且易形成受热面腐蚀，也会对炉墙产生破坏性影响。若烟气温度过低，挥发分燃烧不彻底，恶臭不能有效分解，烟气中一氧化碳含量可能增加，而且热灼减率也可能达不到规定要求。另外有机挥发分的完全燃烧还需要足够的时间，因此本条还规定了烟气的滞留时间。本条要求的内容是焚烧炉的设计和运行的关键，因此作为强制性条文。

6.2.3 关于垃圾焚烧炉设计和运行的其他要求，条文说明如下：

1 生活垃圾产生过程具有不稳定性，当炉渣热灼减率恒定时，影响垃圾处理量的主要因素是垃圾热值，在设计的垃圾低位热值下限与设计工况之间，应达到额定处理能力。

2 为避免焚烧过程中未分解的恶臭或异味从焚烧装置向外扩散，而又不造成大量空气渗入而破坏焚烧工况，焚烧装置应采用微负压焚烧形式。

3 垃圾渗沥液的COD、BOD等项指标高、处理费用大、处理技术难度高，采取喷入炉内高温分解的方式，不但可以较好地解决渗沥液处理问题，而且可用于调节炉内温度。但是，当前我国生活垃圾热值普遍偏低，还不具备将渗沥液喷入炉内的条件。另外，采用连续焚烧方式的垃圾焚烧炉运行时间不低于20年，因此，在垃圾焚烧炉炉墙上预留渗沥液喷入装置是必要的。

6.2.4 垃圾焚烧炉进料装置包括进料斗、进料管、挡板门及其附件。进料斗及进料管除满足进料要求，还起到垃圾焚烧炉内密封的重要作用。

进料斗进口纵、横向尺寸可按垃圾抓斗全开尺寸加不小于0.5m确定。料斗内应有必要的料位指示；进料管宜有散热装置。当垃圾进料斗和进料管内储存的垃圾起不到密封作用时，应关断挡板门；应保证料斗内的垃圾堆积形成一定压力，使设在垃圾焚烧炉底部的推料器将垃圾均匀推入炉内。为避免垃圾在进料管内搭桥堵塞，应使其下口截面积大于上口截面积。

6.2.5 本条文是对进料斗平台安全要求的规定，作为强制性条文。

6.3 余热锅炉

6.3.1 本条是对确定焚烧炉的额定热出力提出的基本要求。

6.3.2 本条文是对锅炉热力参数提出的一般规定。

6.3.3 对于蒸汽轮发电机来说，蒸汽温度和压力越高，发电效率越高。但是对于垃圾焚烧的余热锅炉，蒸汽温度和压力过高时易产生高温腐蚀和使锅炉过热器寿命减少。根据目前国内外多年的运行经验，采用4MPa/400℃的蒸汽参数是比较稳定、可靠的。

6.3.4 垃圾特性决定了垃圾焚烧热能变化范围较大，故本条文规定宜选择蓄热能力大的自然循环余热锅炉。同时应充分注意焚烧烟气的高温腐蚀和低温腐蚀问题。

6.3.5 本条为新增条款，是对余热锅炉对流受热面清灰的规定。目前清灰方式主要有机械振打、蒸汽吹灰、激波清灰等，应根据具体情况选择一种有效、安全、可靠的清灰方式。

6.4 燃烧空气系统与装置

6.4.1 二次空气系统是用于调节炉膛温度，实现垃圾完全燃烧的重要措施。其他辅助系统如炉墙冷却风机等辅助风机，应根据垃圾焚烧设备要求配置。

6.4.2 由于垃圾池内的垃圾一般要存放5~7d，垃圾中的易腐有机物发酵产生大量臭味，如不对垃圾池间抽气，则臭味容易逸出，影响焚烧厂房内的环境，焚烧用一次空气从垃圾池上方抽取既能控制垃圾池间的臭气外逸，又能使抽出的臭气在炉内高温分解。另外，垃圾池内气体中含尘量较多，池上方吸风口处需要安装过滤装置。

6.4.3 当垃圾含水量大、热值过低时，不易使焚烧炉的炉膛温度达到规定要求。因此需要对一、二次空气进行加热，以改善垃圾在燃烧前的干燥效果和焚烧炉燃烧工况。

空气加热温度是根据垃圾低位热值，并考虑炉排表面温度工况等因素而确定的。表4是国外有关规范的规定，供参考。

表4 一次空气加热温度与垃圾低位热值参考表

垃圾低位热值 （kJ/kg）	≤5000	5000~8100	>8100
一次空气加热温度 （℃）	200~250	100~200	20~100

6.4.4 由于从垃圾池抽出的气体含有粉尘和一些酸性气体，有一定腐蚀性，应注意选择耐腐蚀材料和设备，并应采取必要的防护措施，防止管道和设备的磨损与腐蚀。另外，如气体管道及管件发生泄露，将使恶臭扩散到周围环境，造成环境污染，故应特别注意焊缝、检测孔、检查口等容易发生泄露部位的密封。

6.4.5 焚烧炉炉排下的一次风配风装置，多采用仓式配风形式，由1~2台一次风机供应一次燃烧空气。但也有的焚烧炉排下分段设置风机，每炉配多台一次风机分别送风。

6.4.6 焚烧炉出口烟气含氧量与过剩空气系数的关系可近似为 $\alpha=21/(21-O_2)$，因此，一般是通过监测烟气中含氧量来控制燃烧空气供应量，即过剩空气系数。本条要求焚烧炉出口烟气中含氧量控制在6%~10%，即过剩空气系数控制在1.4~2.0，近些年的运行实践证明对于我国低热值垃圾是适宜的。

一般地，当垃圾热值较高时，过剩空气系数 α 较低，反之 α 较高。我国台湾对连续焚烧方式的炉排型垃圾焚烧炉，一般取 α 不大于1.7；欧洲一些公司对于高热值垃圾，多按炉膛烟气含氧量6%~8%进行运行控制，即炉膛过剩空气系数在1.4~1.6之间；针对我国低热值垃圾，国外一些公司提供的焚烧技术中确定在1.6~2.0之间。

6.4.7 由于垃圾成分在不同季节变化范围较大，对采用连续焚烧方式的焚烧线，采取变频调节或液力耦合器等方式更有利于燃烧控制，也是一项节能措施，如条件许可，以采用变频调节方式为好。

6.4.8 由于垃圾成分与特性随季节变化，在选择风机时，应针对不同季节垃圾成分进行核算并按超负荷10%时的最大计算风量确定。在垃圾焚烧过程控制中，需要调整和控制一次风量及不同燃烧段的配风，对炉排型焚烧炉，在自动调整炉排运动速度的同时，进行风量调整和控制，因此需要有较大余量。一般来讲，垃圾焚烧厂的规模越大，余量相对越小。对仅通过二次风调节炉温时，需要较大二次风余量。

6.5 辅助燃烧系统

6.5.1 燃烧器主要用于垃圾焚烧炉的冷、热态启动点火和垃圾热值低时的助燃，要保证垃圾焚烧炉正常运行工况，在加热的一、二次空气温度仍不能满足时，需要投入辅助燃烧系统。一般燃烧器的负荷应能够确保在没有任何垃圾输入的情况下维持炉温850℃以上15min。对于大型垃圾焚烧炉，由于炉膛体积较大，一般需设置多台燃烧器，包括垃圾焚烧炉启动运行与辅助燃烧用，以保证炉温满足要求和垃圾的完全燃烧。

6.5.2 本条是对燃料储存、供应系统安全方面的要求，作为强制性条文。

6.5.3 一般垃圾焚烧炉冷态启动用油量最大，使用时间相对较短；辅助燃烧时耗油量相对较少，使用时间需要根据垃圾热值确定。因此应以最大一台垃圾焚烧炉冷态启动耗油量为基本条件，以辅助燃烧耗油量核算，并综合全厂用油情况统一合理确定储油罐容量。为便于倒换清理储油罐中残余物和水分，油罐数量宜设置 2 台，对应用重油的油罐应不少于 2 台。

6.5.4 本条文是对供油泵设置的一般规定。

6.5.5 本条文是对供油管道系统的一般规定。

6.5.6 本条增加了用气体燃料时的一般要求。

6.6 炉渣输送处理装置

6.6.1 本条文是对炉渣处理系统构成的一般规定。

6.6.2 炉渣主要成分有氧化锰、二氧化硅、氧化钙、三氧化二铝、三氧化二铁、氧化钠、五氧化二磷等化合物，还有随垃圾进炉的废金属、未燃尽的有机物等。炉渣经过鉴定不属于危险废物的可以利用。飞灰主要成分由二氧化硅、氧化钙、三氧化二铝、三氧化二铁以及硫酸盐等反应物组成，还有汞、锰、镁、锌、镉、铅、铬等重金属元素和二噁英等有毒物质。飞灰属于危险废物，应单独处理。

6.6.3 炉渣处理系统的主要设备需要就地检修，特作本条规定。

6.6.4 一般采用连续机械排灰装置的垃圾焚烧炉，从排渣口排出的炉渣，呈现高热状态，必须要浸水冷却。

据调查，目前国内已建的垃圾焚烧厂常有因除渣机故障导致焚烧线不能正常运转的情况，因此本条文规定除渣机应有可靠的机械性能和可靠的水封。

炉渣输送设施通常采用带式或振动输送方式，为防止炉渣在输送过程中散落，输送机应有足够宽度。另外，炉渣中含有废铁等金属物质，为了使这些物质作为资源再次得到利用，应对炉渣进行磁选。

6.6.5 对于炉排式焚烧炉，有少量细小颗粒物和未完全燃烧物质从炉排缝隙掉落，称为漏渣。该漏渣需要定期清理，否则会影响一次空气的供给。

7 烟气净化与排烟系统

7.1 一般规定

7.1.1 烟气净化是垃圾焚烧厂二次污染控制的首要环节，所以必须配置。

7.1.2 目前国内垃圾焚烧厂执行的烟气排放标准是《生活垃圾焚烧污染控制标准》GB 18485—2001，但有的垃圾焚烧厂所在区域环境要求较高，公众对垃圾焚烧厂越来越敏感，因此，垃圾焚烧厂烟气排放指标限值不但要满足国家标准，还应满足所在区域的环境要求。

7.1.3 烟气中污染物种类和浓度以及烟气排放指标限值是确定烟气净化工艺和设备的主要考虑因素。对于城市生活垃圾，其焚烧烟气中的污染物包括烟尘、HCl、SO_2、CO、NO_x、HF、重金属、二噁英等有机物，各污染物浓度随垃圾成分的变化不断变化，因此，烟气净化工艺和设备需要对污染物浓度波动有较宽的适应性。

7.1.4 以往在烟气净化系统中常有因设备腐蚀和磨损被迫停止运行的情况发生；也有过在飞灰排出时，形成系统堵塞的情况，这些均需要在烟气净化系统设计时予以重视。

7.2 酸性污染物的去除

7.2.1 焚烧烟气中含有氯化氢、二氧化硫、氟化氢、氮氧化物等酸性气体，一般情况氯化氢的浓度最高，二氧化硫和氟化氢的浓度相对较低，其中氯化氢、二氧化硫、氟化氢的化学性质都较活泼，可以用同一种碱性药剂进行中和反应加以去除。

氮氧化物用简单的中和反应无法去除，必须另外处理。

酸性气体的去除最常见的是半干法和干法，半干法对 HCl、HF、SO_2 的去除率都较高，是采用较多的工艺。干法烟气净化技术对酸性气体中的 HCl、HF 有较高的去除率，相对来说，SO_x 去除效率较低，但由于生活垃圾焚烧产生的 SO_x 浓度较低，针对现行的《生活垃圾焚烧污染控制标准》GB 18485—2001，干法工艺完全能够满足 HCl、HF、SO_x 等酸性气体的排放标准要求。由于干法烟气净化工艺简单，运行维护方便，初期投资和运行费用少，因此，该技术在现阶段是适宜的技术。湿法对酸性气体的去除率高，但由于产生大量污水，因此只用于对烟气排放标准要求非常高的工程。

7.2.2 半干法净化具有净化效率高且无需对反应产物进行二次处理的优点，可优先采用。停留时间是半干法设计中非常重要的参数，本规范根据运行经验并参考国外相应规范，确定逆流式和顺流式半干反应器的最小停留时间分别为不小于 10s 和 20s。反应塔出口温度不宜低于 130℃。

雾化器是半干式反应塔的关键设备，雾化器对中和剂的雾化细度直接影响中和反应效果和水分蒸发效果，因此本条对中和剂雾化细度作出要求。

我国尚未编制作为中和剂用的商品石灰的质量标准，而各地生产石灰的工艺普遍比较落后，石灰品质低且不稳定。石灰水化要求控制也不严，更影响了熟石灰（氢氧化钙）的品质，经常使设备和管道出现严重磨损和堵塞问题。因此应重视对石灰质量要求，设计中需要采取相应技术措施。宜在石灰水化后再增加一道过滤器，将杂质去除一部分以减少运行故障。

为了保证石灰水化的质量，可由焚烧厂运营方采购生石灰，自己进行水化。若直接采购氢氧化钙，更应注意确保该产品的质量。

7.2.3 要确保系统储罐中的中和剂连续稳定运行。因为常用的中和剂如粉状氢氧化钙等容易在储罐中"架桥",故在储罐设计时应采取必要的破拱措施,如专用的破拱装置或空气炮等。另外,在运行时要加强石灰用量的控制和统计,因此,储罐给料系统应采用必要的计量措施如定量螺旋仪等。

7.2.4 条文中提出关于石灰浆输送设施的有关条款,系根据过去运行中经常碰到的问题总结归纳而制定的。石灰浆输送泵是石灰浆输送系统中的重要设备,其工作环境比较恶劣,叶轮磨损严重,且容易在泵内发生沉淀,经常需要拆开清洗和修理。因此,对泵的选型应提出耐磨性好、泵壳开拆方便的要求。此外备用泵也是必不可少的。

7.2.5 本条中的干法,主要是指将吸收剂如消石灰[$Ca(OH)_2$]等碱性粉末吹入袋式除尘器前的烟道内,完全是干粉在烟道内及袋式除尘器滤袋上与烟气的反应,并且将反应生成物在干燥状态下回收的方法。此方法一般需在喷入吸收剂前对烟气进行降温,以便获得较好的酸性气体去除效果,并调节袋式除尘器入口的烟气温度(通常设置烟气降温塔)以保护滤袋。另外,由于是干粉直接进行中和反应,采用$Ca(OH)_2$从经济性和效果两方面综合较优。$Ca(OH)_2$的品质没有硬性规定,主要是考虑到所建厂相对接近的原料供应方所能提供的性价比比较高的原料。建议的原料品质如下:

$Ca(OH)_2$含量≥90%;

粒度:100目筛通过率≥95%。

喷入口的位置没有具体规定,主要是不同焚烧厂所具备的条件不同,且各技术提供方或成套设备供应商所采取的方案也不同,但必须确保吸收剂在进入袋式除尘器前与烟气充分混合,以得到较好的酸性气体去除效果。

7.2.6 本条文是对湿法脱酸工艺的要求。随着经济的发展和环保标准的提高,有些垃圾焚烧项目可能要执行干法和半干法均难以达到的烟气排放标准,因此湿法是一种可选方案。

7.3 除 尘

7.3.1 各种粉尘粒径和常用除尘器的性能,参见图1。

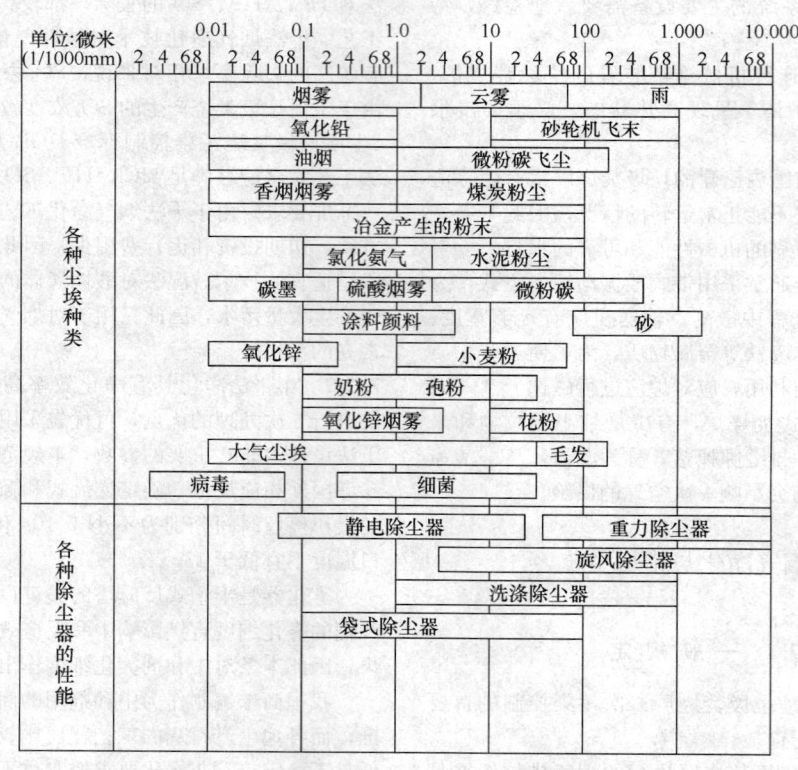

图1 各种粉尘粒径和常用除尘器的性能

由于厨余垃圾的比例较高,使垃圾水分较多,虽经挤压、堆酵,去除了一部分水分,但是入炉垃圾的水分还是很高,导致烟气的露点温度很高。烟气中有氯化钙、亚硫酸钙等易吸湿的盐类,极易吸收烟气中的水分而发黏,造成设备和管道的堵塞,严重的会使整个系统瘫痪。因此维持系统中烟气不结露是保证正常运行的重要条件。同样,除尘器收集下来的飞灰,在输送、储存的过程中也会发生类似的问题,需同等对待。

7.3.2 本条为强制性条文。烟气中的颗粒物控制,一般可分为静电分离、过滤、离心沉降及湿法洗涤等几种形式。常用的净化设备有静电除尘器和袋式除尘器等。由于飞灰粒径很小（$d<10\mu m$ 的颗粒物含量较高），必须采用高效除尘器才能有效控制颗粒物的排放。袋式除尘器可捕集粒径大于 $0.1\mu m$ 的粒子。烟气中汞等重金属的气溶胶和二噁英类极易吸附在亚微米粒子上，这样，在捕集亚微米粒子的同时，可将重金属气溶胶和二噁英类也一同除去。另外，袋式除尘器中，滤袋迎风面上有一层初滤层，内含有尚未参加反应的氢氧化钙和尚未饱和的活性炭粉，通过初滤时，烟气中残余的氯化氢、硫氧化物、氟化氢、重金属和二噁英类再次得到净化。袋式除尘器在净化生活垃圾焚烧烟气方面有其独特的优越性，但是袋式除尘器对烟气的温度、水分、烟气的腐蚀性较为敏感。不同的滤料有不同的使用范围，应慎重选用，以保证袋式除尘器能正常工作。

国外一些公司对半干法分别与袋式除尘器、静电除尘器组合的烟气净化工艺进行对比试验表明：当进入除尘器的烟气温度为 140～160℃时，采用袋式除尘器工艺，对二噁英类的去除率达到 99%以上，汞的排放浓度检测不出，均明显优于采用静电除尘器的工艺。从运行情况看，同静电除尘器相比，袋式除尘器阻力较大，滤袋易破损，需要定期更换，造成运行费较高。

由于袋式除尘器对粒径大于 $0.1\mu m$ 的颗粒有较佳的去除效果，因此，《生活垃圾焚烧污染控制标准》GB 18485—2001 中明确规定，生活垃圾焚烧炉的除尘设备必须采用袋式除尘器。

7.3.3 由于袋式除尘器的清灰压缩空气消耗量很大，若不设置单独的储气罐，会使其他压缩空气管路的压力产生较大波动。

7.3.4 本条文主要是为了防止飞灰结块而作出的要求。

7.3.5 本条是对袋式除尘器及其辅助设备成套设计作出的要求。例如在启炉时，由于烟气温度低，如果烟气经过袋式除尘器，则会给滤袋造成损害，因此设计时应考虑采取措施。

7.4 二噁英类和重金属的去除

7.4.1 二噁英类（Dioxins）是 $PCDD_S$ 和 $PSDF_S$ 二类化学构造上类似的化学物质总称，据新近研究结果认为，C_O-PCB_S 也是与上述化学结构类似的，它们分别有 75、135 和 209 个异构体，是在人类生存环境中较为普遍存在的超痕量的物质。其中毒性明显，并作为监测对象的分别有 7、10 和 12 种，毒性最大的是 2，3，7，8-TCDD。二噁英类有多种产生途径，均与人类生产活动密切相关，垃圾焚烧是来源之一。采用垃圾焚烧技术应重视对二噁英类的处理，以防治二噁英类的环境污染和对人体健康的影响。

在 250～400℃时，残碳和有机氯或无机氯在飞灰表面进行催化并通过有机前提物质（如多氯联苯）合成，而前提物质可能是气相中通过不完全燃烧和飞灰表面异相催化反应产生，特别以飞灰表面催化是二噁英类生成的主要机理。烟气中二噁英类以固态存在，大多吸附在微小颗粒物上。从垃圾焚烧炉和烟囱之间二噁英在飞灰颗粒物上形成过程发现，在 200℃二噁英类浓度没有变化，300℃时二噁英浓度增加 10 倍。在 600℃的条件下，二噁英降低到了可检测的水平之下，说明 300℃是二噁英形成的危险温度。从工业上考虑，一般这个温度定为 200～400℃。因此，为有效降低垃圾焚烧厂排出的二噁英浓度，应同时考虑以下措施：

1) 保证垃圾焚烧炉炉膛内的"3T"工况；
2) 避免或减少烟气在 200～400℃的时间段；
3) 采用有效的吸附剂对烟气中的二噁英进行吸附；
4) 采用高效除尘器对烟气中亚微米以上粒径的飞灰进行有效去除。

汞是低熔点金属，在烟气中大部分是气态，少部分是固态，也容易吸附在微小颗粒物上，因此只要用高效除尘器有效捕集亚微米飞灰，就能同时去除烟气中的汞金属。另外二噁英类和汞等重金属气溶胶能被多孔物质吸附，常用吸附剂为活性炭和氢氧化钙。烟气中的二噁英类和汞金属去除可用同一装置，采用共用技术，只是吸附剂的消耗量要考虑同时吸附的因素。

7.4.2 目前应用最广的吸附剂就是活性炭粉，它可以直接喷入烟道内，工艺简单、技术可靠。因活性炭粉属于爆炸性粉尘，因此在储存、输送时应考虑防爆。

7.5 氮氧化物的去除

7.5.1 氮氧化物的产生机理主要有以下几种：

1) 温度型 NO_x（T—NO_x），即在高温下空气中的 N_2 氧化成 NO，NO 再氧化成 NO_2；
2) 燃料型 NO_x（F—NO_x），即燃料中的 N 元素在燃烧过程中氧化成 NO，NO 再氧化成 NO_2；
3) 富氧型 NO_x（P—NO_x），即燃烧过程中富裕的氧与 N_2 或 N 元素反应产生的 NO_x。

对于垃圾焚烧过程中的生成机理，上述三种都有，但最主要的是第 1)和第 3)种，因此，控制焚烧炉炉膛的温度特别是局部高温和过剩空气系数是拟制氮氧化物产生的主要手段。

7.5.2 垃圾焚烧烟气中的氮氧化物以一氧化氮为主，采用添加各种化学药剂来去除氮氧化物的方法有湿式法和干式法二种。其中干式法又可分为无催化剂法和有催化剂法二种，即选择性非催化还原法（SNCR）、选择性催化还原法（SCR）；湿式法有氧化吸收法、吸收还原法等。

选择性非催化还原法（SNCR）是在烟气温度

800～1000℃，氨在与氧共存的条件下，与氮氧化物进行选择性的反应，以脱除烟气中的氮氧化物，喷入的药剂有氨水和尿素，其中尿素比氨水价格高，而且用尿素操作时危险性大。由于焚烧炉内各种药剂的脱氮率最多不超过60%，因而未反应的氨与氯化氢反应会生成白烟。

选择性催化还原法（SCR）是烟气温度在400℃以下时，将烟气通过催化剂层，与喷入的氨进行选择性的化学反应（同时需要氧），从而去除烟气中的氮氧化物。催化剂通常采用五氧化二钒（活性物）-氧化钛（载体），催化剂采用专为含尘烟气脱氮用的形状。在催化剂表面氨与氮氧化物基本上进行等摩尔数反应，在温度与催化剂量足够的情况下，基本上不残留未反应的氨，氮氧化物的去除率较高，该反应在700℃以上时无催化剂也可以进行化学反应，采用催化剂后400℃以下也能反应。

该方法存在问题有：① 催化剂长时间运行的情况不明，催化剂价格太高。② 为了维持良好的活性，五氧化二钒-氧化钛（V_2O_5-TiO_2）催化剂的温度必须在250℃以上，但是为了防止二噁英类的产生，要求烟气温度不断下调，但低温下氯化铵生成会对催化剂产生毒素。

湿式法是基于烟气中的氮氧化物基本上为一氧化氮，用氢氧化钠溶液进行洗烟处理不能去除一氧化氮，但如果将一氧化氮氧化成二氧化氮，则可以被碱溶液吸收，同时氯化氢和硫氧化物、汞也有很大的去除效果。氧化吸收法是在吸收剂溶液中加入如次氯酸钠强氧化剂，将一氧化氮转换成二氧化氮，再通过加入钠碱性溶液吸收，达到去除氮氧化物的目的。吸收还原法是在加入二价铁离子，使一氧化氮成为EDTA化合物，再与亚硫酸根或硫酸氢根反应，达到去除氮氧化物的目的。

其他去除氮氧化物的方法还有：①向烟气中注入臭氧。②电离辐射或使一氧化氮在气相条件下氧化。③强放电使一氧化氮酸化。

7.6 排烟系统设计

7.6.1 本条说明了计算引风机风量应包括的内容，其中过剩空气条件下的湿烟气量可根据垃圾的元素分析计算，其余部分是在焚烧线运行过程中增加的部分，需根据运行和设计经验由设计人员确定。

7.6.2 引风机余量确定依据：① 燃烧控制与炉温控制结果，即一、二次风量变化导致烟气量变化。②垃圾燃烧波动造成炉内温度变化，这种变化对喷水冷却的垃圾焚烧炉的烟气量影响较大，对采用余热锅炉冷却烟气的排放量可认为没有影响。③单台垃圾焚烧炉规模越大，相对空气漏入比例越小，反之亦然。采用余热锅炉冷却烟气的漏入空气量小于喷水冷却烟气的漏入空气量。

7.6.3 引风机采用变频调速装置是为了便于对焚烧工况的调节，保证垃圾完全燃烧并节省能源的重要措施。

7.6.4 烟囱高度设置应符合现行国家标准《生活垃圾焚烧污染物控制标准》GB 18485中的有关规定。

7.6.5 本条文是对烟气管道设计的一般规定。

7.6.6 本条为强制性条文。由于垃圾焚烧厂烟气是污染控制的重点，烟气排放是否达标是环保部门和公众最关心的问题。设置烟气在线监测设施是保证焚烧生产线正常运行及监督烟气排放是否达标的重要措施。

7.6.7 本条要求的在线监测项目包括对焚烧工况控制有用的参数和能够实现在线监测的污染物。

7.6.8 烟气在线监测数据传送至总控制室，有利于焚烧生产线的运行控制和管理。在焚烧厂显著位置设置排烟主要污染物浓度显示装置，有利于厂内和外界人员监督烟气的达标排放。

7.7 飞灰收集、输送与处理系统

7.7.1 本条是对飞灰处理系统的一般规定。

7.7.2 由于飞灰粒度小，并含有有害物质，因此收集、储存与处理系统的密闭性非常重要。

7.7.3 飞灰由烟尘、烟气净化喷入的中和剂颗粒物和活性炭颗粒组成。烟尘的多少与垃圾的灰分以及焚烧炉型有关系，流化床炉远高于炉排炉。一般情况下炉排炉的飞灰量是垃圾量的2%～5%，流化床炉的飞灰量是垃圾量的8%～12%

7.7.4 干式飞灰输送方式主要有机械输送与气力输送等方式，一般不宜用湿法除灰方式。不同输送方式受到环境条件、技术条件、经济条件制约，需经过综合比较确定。

7.7.5 当采用气力除灰系统时，应注意采取防止飞灰结块的措施。

7.7.6 飞灰极易向环境扩散，造成环境污染，因此需要采取密闭收集、储存系统。飞灰储存装置的大小需要根据飞灰产量、运输条件等因素确定。

7.7.7 当飞灰遇冷，空隙中的气体易结露而使飞灰结块，为避免飞灰在储存装置中结块和"搭桥"，需要对飞灰储存装置采取保温、加热措施。

7.7.8 目前垃圾焚烧飞灰被认定为危险废物，现行国家标准《生活垃圾填埋场污染控制标准》GB 16889规定如果稳定或固化后的飞灰能满足浸出毒性要求，就可以进入生活垃圾填埋场处理。

7.7.9 本条文所指的飞灰输送系统，系指袋式除尘器及半干法反应塔等收集的飞灰、输送到飞灰储仓为止的输送系统。由于本系统的运行直接与焚烧线相关，系统的运行与焚烧线有连锁等要求，故宜采用中央控制室控制方式。从飞灰储仓开始，所采取的处理措施一般由现场人员操作，并直接与外部联络，故飞灰储存、外运与处理系统宜采用现场控制方式。

8 垃圾热能利用系统

8.1 一般规定

8.1.1 为提高垃圾焚烧厂的经济性，并防止对大气环境的热污染，应对焚烧过程产生的热能进行回收利用。利用垃圾热能时，应充分注意垃圾特性的不稳定性，特别是垃圾热值的变化。

8.1.2 本条文是垃圾热能利用方式选择的基本原则，考虑到节能减排，垃圾焚烧厂应优先采用利用效率高的方式，如热电联产、冷热电三联供等方式。

8.1.3 本条为根据《中华人民共和国可再生能源法》的新增条款。

8.2 利用垃圾热能发电及热电联产

8.2.1 纯发电的焚烧厂可选择纯凝汽机组，热电联产的焚烧厂可选择背压或抽凝机组。本条文根据近年工程建设的实际情况，要求汽轮发电机组年运行时数应与垃圾焚烧炉相匹配。

8.2.2 汽轮机组检修及故障期间，为保持焚烧线正常运转，应设置主蒸汽旁路系统。对设置二套汽轮发电机组，考虑热力系统故障时仍可维持焚烧线的运行，并避免旁路系统设施过于庞大，特作此规定。

8.2.3 为了防止余热锅炉的省煤器进水温度过高，简化热力系统并考虑小型汽轮发电机组抽汽能力，同时参考目前引进的焚烧技术中，垃圾焚烧余热锅炉给水温度的工况经验，给水温度的经济温度为130～140℃。

8.2.4 当垃圾焚烧余热锅炉给水温度为104℃时，应采用大气式热力除氧器；当给水温度为130～140℃时，则可采用该饱和温度对应工作压力的除氧器，而无需高压加热器。

8.2.5 我国汽轮发电机组的凝汽器绝大多数是采用循环水冷却方式，而目前国外多采用空气冷却方式，两种方式各有优势，应根据当地条件和技术经济比较确定。对水资源贫乏的地区，应提倡采用风冷方式，以节约水资源的利用，特增加对风冷方式的规定。

8.2.6 本条文是对利用垃圾焚烧发电热力系统的一般规定。根据实际建设和运行经验，本次修订中增加了相关系统方面的内容。

8.3 利用垃圾热能供热

8.3.1 鉴于垃圾焚烧余热锅炉的低温腐蚀问题，烟侧温度不应过低，相应利用垃圾热能生产蒸汽温度应控制在200℃以上。如需要生产热水，需通过换热器将蒸汽转换为热水。因此本次修订中取消热水的规定。

8.3.2 本条是针对利用垃圾热能供热的垃圾焚烧厂提出的一般要求。

9 电气系统

9.1 一般规定

9.1.1 垃圾焚烧处理工程中，经常利用垃圾焚烧余热发电或供热，项目设计中，不能以发电或供热作为首要目标，而应该以焚烧垃圾为主，一次电气系统的一、二次接线和运行方式可能与小型发电厂有所区别。

9.1.2 如果利用余热发电并网并纳入电力部门管理时，电力部门一般会要求按照电力行业的习惯进行设计，工厂管理和运行人员一般有电力行业的工作背景。目前电力行业标准和国家标准还不完全一致，因此选择符合电力主管部门和业主习惯的设计标准是必要的。

9.1.3 垃圾焚烧厂以何种电压等级接入地区电力网，涉及地区电力网具体情况、机组容量等因素。目前我国生活垃圾焚烧厂配置的汽轮发电机组单机容量多为25MW及以下，总装机容量不超过50MW。根据此种配置，接入电力网电压不宜大于110kV。

9.1.4 垃圾焚烧厂无内部电源时，焚烧线应能在外部电源支持下连续运行。但由于垃圾焚烧厂一般处于电力系统末端，电压水平相对不稳定，当经主变压器倒送电，且系统电压降落或波动不满足厂用电要求时，可采用有载调压装置。

9.1.5 根据汽轮发电机组数量少、单机容量小、出线回路较少的特点，采用单元制接线不经济，故本条文规定发电机电压母线采用单母线或单母线分段接线方式。

9.1.6 本条文是发电机和励磁系统选型的一般规定。

9.1.7 本条文是高压配电装置、继电保护和安全自动装置、过电压保护、防雷和接地工程技术的一般规定。

9.3 厂用电系统

9.3.1 垃圾焚烧厂的垃圾热能利用方式多为供热或发电，用电设备对供电的连续性及可靠性要求高。

1 由于高压电动机数量较少及容量较小，发电机及高压厂用母线不宜设置两种电压等级。发电机出口电压应根据发电机、厂用变压器、高压电动机及电力电缆等设备运行参数、价格、当地电网情况等多方面因素综合比较确定。

2 根据目前国内外运行和在建垃圾焚烧厂电气接线，多为单母线接线。对接入系统、主接线及厂用电系统综合考虑，当设有2台及2台以上发电机时，可采用单母线分段接线。为方便焚烧厂的运行管理，简化电气接线，不推荐双母线或双母线分段接线方式。

3 通过对国内现有垃圾焚烧厂负荷统计，当单台垃圾焚烧炉小于300t/d时，低压母线以焚烧线为单元分段或分组，厂用变压器容量配置合理，运行方式较灵活。当设有保安柴油发电机组时，可设保安公用段，向全厂0Ⅰ、0Ⅱ及部分重要Ⅰ类负荷供电。正常工作时，厂用变压器可分列运行，也可并列运行，由发电机经厂用变压器供电，当工作段电源均断电时，柴油发电机组启动，向保安公用段供电。

当单台垃圾焚烧炉容量大于300t/d，根据负荷统计，应按照焚烧线分段，为使接线及运行方式更为合理，还需单独设置焚烧公用段，每段应由一台变压器供电。

4 外部电网引接专用线路作为高压厂用电备用电源，系指焚烧厂中有一级升高电压，向电网送电，而焚烧厂附近有较低电压等级的电网，且在垃圾焚烧厂停电时，能提供可靠电源。此时，可从该网引接专用线路作为备用电源。

5 当厂区高压电源失去以后，焚烧线的运行方式与汽轮机旁路的容量设置相关，高压备用电源容量应满足此时的焚烧线运行要求。

6 对于25MW及以下的机组，当采用发电机变压器组接线方式时，由于与发电机直接联系的电路距离较短，其单相接地故障电流很小，不会超过规定的允许值，因此采用发电机变压器组接线的发电机中性点，应采用不接地方式。

当有发电机电压母线时，尤其是当有电缆引出线时，发电机电压回路中的单相接地故障电流有超过允许值的可能，为了保护发电机和运行回路的安全供电，应以消弧线圈进行补偿，消弧线圈一般接在发电机中性点。

7 发电机的厂用分支线上装设断路器，可以提高垃圾焚烧厂用电的独立性，从而提高其可靠性，当发电机退出运行，焚烧线可通过备用电源继续运行。

8 目前引进设备MCC供电的负荷，既包括有按照本规范规定的Ⅰ、Ⅱ类负荷，也有部分Ⅲ类负荷，由于国内外设计思想的差别，接有Ⅰ、Ⅱ类负荷的MCC的供电是否必须双电源双回路供电，成为一个值得探讨的问题。当电动机中心远离动力中心，应对引进MCC的设备配电、控制方式提出要求，区分Ⅰ、Ⅱ、Ⅲ类负荷电动机的配电形式。当电动机中心与动力中心相邻，可将Ⅰ类负荷与Ⅱ、Ⅲ类负荷分开供电，即接有Ⅰ类负荷的MCC不允许接有Ⅱ、Ⅲ类负荷。对仅接有Ⅰ类或Ⅱ、Ⅲ类电动机的MCC采用专用单电源回路供电，电源直接接自动力中心，MCC上安装进线隔离开关。这样，当接有Ⅱ、Ⅲ类负荷的MCC发生故障，并不影响Ⅰ类负荷的供电，对Ⅰ类负荷而言，由于低压备用变压器为自动投入，仍可保证其双电源供电，从而保证了Ⅰ类负荷供电的可靠性。当Ⅰ类负荷出现问题，无论是一回出线、还是多回出线，停炉都在所难免，并不因多一回电源进线而更可靠。

焚烧厂厂用电包括下述几部分用电内容：

1) 焚烧线部分：包括垃圾焚烧炉、燃烧空气系统、烟气净化系统、除渣系统、除飞灰系统。

2) 垃圾输送与储存部分：包括称量系统、垃圾破碎、垃圾抓斗起重机、卸料门等。

3) 发电与热力系统部分：包括汽轮发电机及辅机系统、热力系统、二次线及继电保护、自动装置等。

4) 公用工程部分：包括循环水系统、压缩空气系统、供油系统、化学水处理系统、污水处理系统、消防系统、采暖通风及空调系统、直流系统、UPS系统、自控系统、照明系统、化验与维修等。

焚烧厂用电负荷按生产过程中的重要性可分为：

Ⅰ类负荷：短时（手动切换恢复供电所需的时间）停电可能影响人身或设备安全，使生产停顿、垃圾处理量或发电量大量下降的负荷。

Ⅱ类负荷：允许短时停电，但停电时间过长，有可能损坏设备或影响正常生产的负荷。

Ⅲ类负荷：长时间停电不会直接影响生产的负荷。

0Ⅰ类负荷：在机组运行期间以及停运（包括事故停运）过程中，甚至停运以后的一段时间内，需要连续供电的负荷，也称为不停电负荷。

0Ⅱ类负荷：在机组失去交流厂用电后，为保证机炉安全停运，避免主要设备损坏，重要自动控制失灵或推迟恢复供电，需保证持续供电的负荷，由蓄电池组供电。

焚烧厂厂用负荷分类参考表5常用厂用负荷特性表。

表5 常用厂用负荷特性表

序号	名 称	供电类别	是否易于过负荷	控制地点	运行方式	同时系数
	一、交流不停电负荷					
1	计算机监控系统	0Ⅰ	不易		经常、连续	1
2	自动化控制系统保护	0Ⅰ	不易		不经常、短时	0.5

续表 5

序号	名 称	供电类别	是否易于过负荷	控制地点	运行方式	同时系数
3	自动化控制系统检测和信号	0Ⅰ	不易		经常、断续	0.5
4	自动控制和调节装置	0Ⅰ	不易		经常、断续	0.5
5	电动执行机构	0Ⅰ	易		经常、断续	0.5
6	远程通信	0Ⅰ	不易		经常、连续	1
7	火灾自动报警系统	0Ⅰ	不易		经常、连续	1
二、事故保安负荷						
1	汽机直流润滑油泵	0Ⅱ	不易	集中或就地	不经常、短时	1
2	火焰检测器直流冷却风机	0Ⅱ	不易		不经常、短时	1
三、垃圾储存、输送与焚烧系统						
1	渗沥液泵	Ⅱ	不易	集中或就地	经常、连续	0.8
2	垃圾抓斗起重机	Ⅱ	不易	集中或就地	经常、短时	0.5
3	垃圾卸料门	Ⅱ	不易	集中或就地	经常、断续	0.1
4	大件垃圾破碎机	Ⅲ	易	就地	不经常、连续	0.1
5	水平旋转探测器	Ⅱ	不易	集中或就地	经常、连续	1
6	液压站	Ⅰ	不易	集中或就地	经常、连续	1
7	辅助燃烧器及调节系统	Ⅱ	不易	集中或就地	经常、短时	0.5
8	燃油泵	Ⅱ	不易	集中或就地	经常、短时	0.1
9	一次风机	Ⅰ	不易	集中或就地	经常、连续	1
10	二次风机	Ⅰ	不易	集中或就地	经常、连续	1
11	炉墙风机	Ⅱ	不易	集中或就地	经常、连续	1
12	渗沥液喷射泵	Ⅱ	不易	集中或就地	经常、断续	0.5
13	加药泵	Ⅱ	不易	集中或就地	经常、连续	0.8
14	搅拌器	Ⅱ	易	集中或就地	经常、连续	0.8
15	炉墙冷却风机	Ⅰ	不易	集中或就地	经常、连续	1
16	刮板输送机	Ⅱ	不易	集中或就地	经常、连续	0.8
17	炉渣抓斗起重机	Ⅱ	不易	就地	经常、短时	0.25
18	振打清灰装置	Ⅱ	不易	集中或就地	经常、断续	0.5
19	振动输送机	Ⅱ	不易	集中或就地	经常、连续	0.8
20	电磁除铁器	Ⅱ	不易	集中或就地	经常、连续	1
21	胶带输送机	Ⅱ	不易	集中或就地	经常、连续	0.8
22	金属打包机	Ⅲ	不易	就地	经常、断续	0.1

续表5

序号	名称	供电类别	是否易于过负荷	控制地点	运行方式	同时系数
23	除渣系统起重机	Ⅲ	不易	就地	不经常、短时	0.1
24	链式输送机	Ⅱ	不易	集中或就地	经常、连续	0.8
25	电加热装置	Ⅱ	不易	集中或就地	不经常、短时	0.1
26	飞灰储仓输送机	Ⅱ	不易	集中或就地	经常、短时	0.1
27	飞灰储仓螺旋输送机	Ⅱ	不易	集中或就地	经常、短时	0.1
	四、烟气净化系统					
1	引风机	Ⅰ	不易	集中或就地	经常、连续	1
2	预加热系统	Ⅱ	不易	集中或就地	不经常、短时	0.01
3	旋转雾化器	Ⅰ	不易	集中或就地	经常、连续	1
4	石灰浆泵	Ⅱ	不易	集中或就地	经常、连续	1
5	石灰浆加药计量泵	Ⅱ	不易	集中或就地	经常、连续	1
6	石灰浆配料槽搅拌器	Ⅱ	不易	集中或就地	经常、连续	1
7	石灰浆稀释槽搅拌器	Ⅱ	不易	集中或就地	经常、连续	1
8	袋式除尘器电气附件	Ⅱ	不易	集中或就地	经常、连续	1
9	袋式除尘器出灰输送机	Ⅱ	不易	集中或就地	经常、连续	1
10	活性炭储仓出料输送机	Ⅱ	不易	集中或就地	经常、连续	1
11	活性炭喷射风机	Ⅱ	不易	集中或就地	经常、连续	1
12	烟气在线监测装置	Ⅱ	不易	集中或就地	经常、连续	1
13	斗式提升机	Ⅱ	不易	集中或就地	经常、连续	1
14	双向螺旋输送机	Ⅱ	不易	集中或就地	经常、连续	1
15	储灰仓出料装置	Ⅱ	不易	集中或就地	经常、连续	1
16	增湿装置	Ⅱ	不易	集中或就地	经常、连续	1
17	埋刮板输送机	Ⅱ	不易	集中或就地	经常、连续	1
18	循环风机	Ⅱ	不易	集中或就地	不经常、短时	0.01
19	水泵	Ⅱ	不易	集中或就地	经常、连续	1
	五、热力系统					
1	给水泵	Ⅰ	不易	集中或就地	经常、连续	1
2	凝结水泵	Ⅰ	不易	集中或就地	经常、连续	0.8
3	射水泵	Ⅰ	不易	集中或就地	经常、连续	0.8
4	高压电动油泵	Ⅱ	不易	集中或就地	不经常、短时	0
5	低压润滑油泵	Ⅱ	不易	集中或就地	不经常、短时	0
6	调速电机	Ⅱ	不易	集中或就地	不经常、短时	0
7	盘车	Ⅱ	不易	集中或就地	不经常、短时	0
8	疏水泵	Ⅱ	不易	集中或就地	经常、连续	0.8
9	旁路凝结水泵	Ⅰ	不易	集中或就地	经常、连续	0.01
10	胶球清洗泵	Ⅲ	不易	就地	不经常、短时	0

续表 5

序号	名　称	供电类别	是否易于过负荷	控制地点	运行方式	同时系数
	六、电气及辅助设施					
1	充电装置	Ⅱ	不易	集中或就地	不经常、连续	1
2	浮充电装置	Ⅱ	不易	集中或就地	经常、连续	1
3	变压器冷却风机	Ⅰ	不易	就地	经常、连续	0.8
4	变压器强油水冷电源	Ⅰ	不易	变压器控制箱	经常、连续	0.8
5	自控电源	Ⅰ	不易		不经常、短时	0.5
6	自动化电动阀门	Ⅰ	不易		经常、短时	0.5
7	交流励磁机备用电源	Ⅰ	不易	发电机控制屏	不经常、连续	1
8	硅整流装置通风机	Ⅰ	不易	整流装置控制	经常、连续	1
9	通信电源		不易		经常、连续	1
10	空气压缩机	Ⅱ	不易	集中或就地	经常、连续	0.8
11	压缩空气干燥机	Ⅱ	不易	集中或就地	经常、连续	0.8
	七、化学水处理					
1	清水泵	Ⅱ	不易	就地	经常、连续	0.8
2	中间水泵	Ⅱ	不易	就地	经常、连续	0.8
3	除盐水泵	Ⅱ	不易	就地	经常、连续	0.8
4	卸酸泵	Ⅱ	不易	就地	经常、连续	0.8
5	卸碱泵	Ⅱ	不易	就地	经常、连续	0.8
6	卸氨泵	Ⅱ	不易	就地	经常、连续	0.8
7	氨计量泵	Ⅱ	不易	就地	经常、连续	0.8
8	除二氧化碳风机	Ⅱ	不易	就地	经常、连续	0.8
	八、给、排水					
1	变频供水机组	Ⅱ	不易	就地	经常、连续	0.8
2	循环水泵	Ⅰ	不易	集中或就地	经常、连续	1
3	冷却塔风机	Ⅱ	不易	就地	经常、连续	0.8
4	生活水泵	Ⅱ	不易	就地	经常、连续	0.8
5	补给水泵	Ⅱ	不易	就地	经常、连续	0.8
6	冲洗泵	Ⅱ	不易	就地	经常、连续	0.8
7	预处理提升机	Ⅱ	不易	就地	经常、连续	0.8
8	鼓风机	Ⅱ	不易	就地	经常、连续	0.8
9	厌氧污水泵	Ⅱ	不易	就地	经常、短时	0.5
10	好氧污水泵	Ⅱ	不易	就地	经常、短时	0.5
11	罗茨风机	Ⅱ	不易	就地	经常、短时	0.5
12	过滤系统水泵	Ⅱ	不易	就地	经常、连续	0.8
13	过滤加压泵	Ⅱ	不易	就地	经常、连续	0.8
14	反洗泵	Ⅱ	不易	就地	经常、短时	0.5
15	加药系统	Ⅱ	不易	就地	经常、连续	0.8
16	加压泵	Ⅱ	不易	就地	经常、短时	0.5

续表5

序号	名称	供电类别	是否易于过负荷	控制地点	运行方式	同时系数
17	搅拌机	Ⅱ	不易	就地	经常、短时	0.5
18	污泥脱水提升机	Ⅱ	不易	就地	经常、短时	0.5
19	压滤机	Ⅱ	不易	就地	经常、短时	0.5
	九、理化分析					
1	高温箱型电阻炉	Ⅲ	不易	就地	不经常、短时	
2	电热鼓风干燥箱	Ⅲ	不易	就地	不经常、短时	
3	远红外快速恒温干燥箱	Ⅲ	不易	就地	不经常、短时	
4	生化培养箱	Ⅲ	不易	就地	经常、短时	
5	普通电炉	Ⅲ	不易	就地	不经常、短时	
	十、其他					
1	电焊机	Ⅲ	不易	就地	不经常、断续	
2	其他机修设备	Ⅲ	不易	就地	不经常、连续	
3	电气实验室设备	Ⅲ	不易	就地	不经常、断续	
4	通风机	Ⅲ	不易	就地	经常、短时	0.5
5	事故通风机	Ⅱ	不易	就地	不经常、连续	0.8
6	起重设备	Ⅲ	不易	就地	不经常、断续	
7	排水泵	Ⅲ	不易	就地	不经常、断续	0.5
8	航空障碍灯	Ⅰ			经常、连续	1

注：连续——每次连续带负荷2h以上者。
　　短时——每次连续带负荷2h以内、10min以上者。
　　断续——每次使用从带负荷到空载或停止，反复周期地工作，每个工作周期不超过10min。
　　经常——系指与正常生产过程有关的，一般每天都要使用的电动机。
　　不经常——系指正常不用，只是在检修、事故或机炉启停期间使用的电动机。

9 本条规定是为了提高厂用备用变压器与工作变压器之间的独立性，防止高压母线发生故障时，使接于本段的工作和备用变压器同时失去电源，造成所带Ⅰ类负荷失电，影响焚烧炉正常运行。

厂用变压器接线组别应一致，以利工作电源与备用电源并联切换的要求。低压厂用变压器建议采用D，yn11接线组别，考虑其零序阻抗小，单相短路电流大，提高保护开关动作灵敏度及提高承受三相不平衡负荷的能力。

10 本条规定主要考虑目前电厂中，电机等设备的配电电缆不包含PE纤芯，设备的接地主要利用接地网络就地连接。因此将原条文改为推荐性条文。

11 并联切换在火力发电厂中被广泛应用，正常情况下，这种切换方式可以保证切换过程中不失去厂用电，对机炉的稳定运行是有益的。现在的高低压断路器的可靠性有了很大的提高，拒合的概率较低，因此产生不良后果的概率也较低。

12 本条规定目的是尽量保证各焚烧线的电源及辅机的独立性，一段电源断电时，不至于影响到其他焚烧线的正常运行。

9.3.2 设置蓄电池组向变配电设备或发电机的控制、信号、继电保护、自动装置以及保安动力负荷、事故照明负荷等供电。

根据调查，垃圾焚烧厂全厂事故时，厂用电停电时间按30min计算蓄电池容量，即可满足要求，为了留有余量，规定交流厂用电事故停电时间按1h计算，供交流不停电电源的直流负荷计算时间按0.5h计算。

9.4 二次接线及电测量仪表装置

9.4.2 本条文是对电气网络自动控制水平和控制方式的一般规定。

9.4.3 本条文为室内配电装置到各用户线路与厂用变压器控制方式的一般规定。

9.4.4 也可装设能重复动作并能延时自动解除音响的事故信号和预告信号装置。

9.4.5 本条文按《防止电气误操作装置管理规定》(试行)中的第十六条规定，高压开关柜及间隔式配电装置有网门时,应满足"五防"功能要求。

9.4.6 第2款本条规定是指在母线存在故障或人为分闸时,应保证备用电源不自动投入。

第7款通过切换装置可确保电气系统的可靠运行。

9.5 照明系统

9.5.1 本条文是垃圾焚烧厂的照明工程技术的一般规定。

9.5.2 第1、2款考虑低压厂用变压器采用中性点直接接地系统,正常照明由动力、照明共用的低压厂用变压器供给,国内工程大部分都是采用这种供电方式,多数运行单位认为是可行的,具有节省投资和维护量少的优点。全厂停电事故时,只有蓄电池可以继续对照明负荷供电,因此规定事故照明宜由蓄电池供电。工房的主要出入口、通道、楼梯间及远离主工房的重要场所等处也可以采用自带蓄电池的应急灯具。

第3款根据《安全电压》GB/T 3805的规定,当电气设备采用24V以上安全电压时,必须采取防止直接接触带电体的保护措施,因此本条规定安全电压采用24V。

9.5.3 应严格按航管部门设置障碍灯的要求,确保航空运输与焚烧厂的安全运行。

9.5.4 锅炉钢平台的正常照明,可在每层钢平台通道上装设小功率灯具,也可在钢平台顶端装设大功率气体放电灯。采用大功率气体放电灯简单可靠,易于维护,也可节省费用。

9.5.5 本条文为照明设计的一般规定。渗沥液集中处,含有一定量的甲烷气体和硫化氢气体,在通风情况不好的情况下,甲烷气体有可能积聚,从安全的角度出发,此处的灯具应选用防爆灯具,同时硫化氢气体具有腐蚀性,灯具应根据气体浓度确定防腐等级。

9.6 电缆选择与敷设

9.6.1 本条文是垃圾焚烧厂的电缆选择与敷设工程技术的一般规定。

9.6.2 本条规定考虑垃圾含有易燃物,防火、阻火十分重要,除采取防火的相应措施外,对电缆敷设应采取阻燃、防火封堵,目前普遍用的有防火包、防火堵料、涂料及隔火、阻火设施,已在电力部门、电厂、变电站广泛使用,效果良好。

9.7 通 信

9.7.1 本条文是对厂区通信电源的一般规定。

9.7.2 利用垃圾热能发电时,需要与地区电力网联网,是否需要设置专用调度通信设施应与地方供电部门协商解决。

10 仪表与自动化控制

10.1 一般规定

10.1.1 自动化控制是垃圾焚烧厂运行控制的重要手段。基于垃圾焚烧特性和环境保护的要求,垃圾焚烧厂应有较高的自动化水平。

10.1.2 为确保垃圾焚烧厂稳定、经济运行并严格达到环境保护的要求,本条文规定自动化系统应采用成熟的控制技术和可靠性高、性能价格比适宜的设备和元件,包括对引进的自动化系统和软件的基本要求,对未有成功运行经验的技术,不应在垃圾焚烧厂使用。

10.2 自动化水平

10.2.1 垃圾焚烧厂的主体控制系统多由DCS或PLC构成自动化控制系统(本规范统称分散控制系统),其具有较为丰富的系统软件与应用软件,合理的网络结构,并有硬件的冗余配置,能实现对大量开关量的程序控制、安全连锁,以及对复杂生产过程的直接数字控制,具有比较高的可靠性,组态方便、有自诊断和自动跟踪等功能,能组成复杂的自动控制系统。

通过燃烧控制系统以实现垃圾全量焚烧和完全燃烧;实现在垃圾焚烧过程中对运行参数调节并达到环境保护标准;实现垃圾焚烧炉非正常停运时,维持给水循环,保证系统安全运行。

自动化控制系统可包括下列内容:

1 监控管理系统

上位计算机(操作站)对传来的数据进行采集、监视、打印、显示器显示运行状态,对事故进行处理,根据设施运行状态发出控制指令。为便于管理,上位计算机(操作站)应根据数据处理结果作出日报、月报和年报。

日报表内容包括:

1) 垃圾接受量、残渣运出量日报(及它们的分车辆报表);
2) 垃圾焚烧炉与余热锅炉日报(垃圾焚烧量、垃圾热值的数据处理,余热锅炉蒸发量和相关数据处理);
3) 烟气净化日报(烟气数据、气象条件的数据整理);
4) 汽轮机日报(汽轮机有关数据处理的日报);
5) 电力日报(受变电,与电相关的数据处理);
6) 污水处理日报(与污水处理相关的数据处

7) 设备运行日报(各设备运转和故障情况);
8) 原材料消耗日报(各系统用水、用气、药品使用量的数据处理)。

2 主工艺过程控制系统
1) 垃圾焚烧炉启动、关闭前必要的准备及准备完毕后,根据炉升温、降温曲线要求,自动控制垃圾焚烧炉的启动和关闭,并用 CRT 显示。
2) 焚烧工艺系统控制:垃圾燃烧控制、烟气污染物控制、余热锅炉的汽包水位控制。
3) 烟气净化设备运行:自动调节烟气污染物的含量,在线监测烟气有害气体排放。
4) 汽轮发电机启动或停止:指令操作汽轮发电机启动或停止。
5) 自动同步启动:指令操作自动同步投入。
6) 自动功率控制:电功率控制在一定范围内。
7) 汽轮发电机使用时的负荷选择:发电机的输出根据产汽量自动选择。
8) 污水处理设备的运行:根据 pH 值与流量决定投药量。

3 垃圾抓斗起重机的运行系统:垃圾起重机的运行,并记录投料量。

4 炉渣抓斗起重机运行系统:炉渣起重机的运行,并记录炉渣产生量。

5 垃圾自动计量系统:自动进行垃圾计量及打印。在自动发生故障时,也可采用手动计量。

6 车辆管制系统:计量完成后,垃圾车被引导到投料门,投料门自动开启。小规模垃圾焚烧厂的进厂垃圾车数量少,所设垃圾池卸料门数量也少,可不设车辆引导设备,由员工直接指挥。但是大规模焚烧设备必须设指示灯指示投料门运作情况。

10.2.2 公用工程包括下列各系统:高低压电气系统、垃圾焚烧余热锅炉给水及热力系统、残渣处理系统、脱盐水系统、压缩空气系统、垃圾输送系统、垃圾计量系统、燃料油(气)系统、循环水系统、污水处理系统及渗沥液处理系统等。

10.2.3 就地操作盘可包括:燃烧器操作盘、吹灰器操作盘、气体分析操作盘、压缩空气站操作盘、垃圾抓斗起重机操作盘、磅站操作盘、除盐水操作盘等。

10.2.4 工业电视系统的设置应符合现行国家标准《工业电视系统工程设计规范》GBJ 115 中的有关规定。

工业电视系统摄像头安装位置与画面监视器位置一览如下,供工程设计参考。

监视对象	摄像头安装位置	数量	监视器位置	备注
出入车辆	车辆出入口(大门)	1~2个	中央控制室	
称重情况	地磅处	1~2个	中央控制室	
卸料车辆交通情况	卸料平台	2~3个	中央控制室/垃圾吊车控制室	
垃圾堆放情况	垃圾池	2~3个	垃圾吊车控制室	
垃圾料斗料位情况	焚烧炉料斗上方	1个/焚烧线	垃圾吊车控制室/中央控制室	
焚烧炉燃烧情况	焚烧炉炉膛火焰	1~2个/焚烧线	中央控制室	
汽包水位情况	锅炉汽包水位	1~2个/焚烧线	中央控制室	
灰渣堆放情况	除渣池	1~2个	灰渣吊车控制室/中央控制室	
排烟状况	烟囱排烟	1个	中央控制室	
汽机平台状况	汽机间	1个	中央控制室	
辅助车间运行总体情况	无人值守的辅助车间	1~2个/车间	中央控制室	

10.2.5 本条为强制性条文。一旦系统发生故障或需紧急停车时,紧急停车系统将确保设施和人员的安全。

10.2.6 焚烧厂厂级监控信息系统(SIS)是为厂级生产过程自动化服务的,一方面满足全厂生产过程综合自动化的需要和向厂内 MIS 系统提供实时数据,另一方面是厂内焚烧线、汽轮发电机组和公用辅助车间级自动化系统的上一级系统。SIS 主要处理全厂实时数据,完成厂级生产过程的监控和管理、厂级事故诊断、厂级性能计算、经济调度等,与全厂自动化程度密切相关。焚烧厂管理信息系统(MIS)是为焚烧厂现代化服务的,主要任务是厂内管理和向上级部门发送管理和生产信息(包括设备检修管理、财务管理、经营管理等),MIS 应由信息中心专人维护。

10.3 分散控制系统

10.3.1、10.3.2 分散控制系统可实现:
1 现场有效数据和测量值的采集;
2 连续动态模拟流程图显示装置各部分运行状态、报警和模拟量参数等;
3 数据的存储、复原和事故追忆;

4 报表编辑，历史和实时曲线记录；
5 报警编辑和实时信息编辑；
6 程序框图显示；
7 组和点的控制和设定值控制；
8 自动执行所有程序、管理功能和维护行为（操作指导，运行维护，操作步骤）；
9 发生重大故障时通过操作进行系统的调整和变更；
10 提供开放性的数据链接口。

对分散控制系统的性能规定与指标要求可参照《分散控制系统设计若干技术问题规定》与《火力发电厂电子计算机监视系统设计技术规定》NDGJ91中的相关内容。

10.3.3 控制系统的冗余配置应符合下列要求：
 1 操作员站和工程师站的通信总线应为冗余配置；
 2 I/O接口要有10%～15%的备用量，机柜内应留有10%的卡件安装空间并装有10%的备用接线端子；
 3 控制器的冗余配备原则为：
  1）重要控制回路1：1；
  2）次重要控制回路n：1（n为实际回路数）；
  3）控制回路和后备控制回路之间应有自动无扰动切换的功能。
 4 控制系统内部应配置冗余电源单元，每个电源单元的容量应不小于实际最大负载的125%，二套电源应能自动切换，切换时间应满足控制系统的要求。

10.3.4 本条为强制性条文。一旦系统发生故障或需紧急停车时，紧急停车系统将确保设施和人员安全。

10.4 检测与报警

检测与报警项目见检测、报警一览表（表6），供参考。

表6 检测、报警一览表

检测参数	控制检测对象	就地指示	计算机监视系统功能				备注
			指示	记录	累计	报警	
垃圾焚烧炉							
温度	炉膛烟气		✓	✓			
	焚烧炉入口烟气	✓	✓	✓		✓	
	焚烧炉出口烟气	✓	✓	✓		✓	
	空预器热空气出口		✓	✓			
	除尘器入口烟气	✓	✓	✓		✓	冗余设置
	炉排下一次风	✓	✓	✓		✓	
	二次风		✓				
	一次风机入口		✓				
	引风机出口烟气	✓	✓	✓			
压力	一次风机入口		✓				
	一次风机出口		✓				
	空气预热器出口		✓				
	炉排下空气压力		✓				
	炉膛烟气	✓	✓	✓		✓	
	除尘器入口烟气		✓				
	除尘器出口烟气		✓				
	引风机出口烟气		✓				
流量	一次风	✓	✓	✓			
	二次风		✓	✓			
	各炉排下一次空气		✓				
	炉温冷却空气		✓				
	排放的烟气		✓	✓			

续表6

垃圾焚烧炉							
检测参数	控制检测对象	就地指示	计算机监视系统功能				备注
			指示	记录	累计	报警	
料位	垃圾料斗内垃圾料位		√			√	
速度	各炉排	√	√				
阀门开度	一次风机出口	√	√				
	各炉排下一次空气		√				
	引风机出口	√	√				
烟气成分	烟囱出口烟气 SO_2 浓度		√	√			按11%的O_2含量换算
	烟囱出口烟气 NO_x 浓度		√	√			
	烟囱出口烟气 HCl 浓度		√	√			
	烟囱出口烟气 CO 浓度		√	√			
	烟囱出口烟气 CO_2 浓度		√	√			
	烟囱出口烟气 O_2 浓度		√	√			
	烟囱出口烟气 HF 浓度		√	√			
	烟囱出口烟气灰尘浓度		√	√			
其他	主灰料斗阻塞报警					√	
	垃圾抓斗起重机重量		√				
	飞灰抓斗起重机重量		√				
	垃圾料斗阻塞报警					√	
	垃圾仓、渗沥液池 CH_4 监测报警		√			√	

余热锅炉蒸汽和给水							
检测参数	控制检测对象	就地指示	计算机监视系统功能				备注
			指示	记录	累计	报警	
温度	锅炉给水		√				
	过热器出口蒸汽	√	√	√		√	
	减温减压器进出口	√					
压力	除氧器	√	√	√		√	
	锅炉蒸汽						
	过热器蒸汽	√	√	√		√	
	供热蒸汽	√	√				
	锅炉相关泵出口	√					
	给水母管压力	√	√			√	
流量	除盐水设备给水						
	锅炉补给水		√	√			
	锅炉给水	√	√	√	√		
	过热器出口蒸汽		√	√	√		
	供热蒸汽						
	减温减压器减温水	√		√			

续表6

检测参数	控制检测对象	就地指示	计算机监视系统功能				备注
			指示	记录	累计	报警	
液位	供水储罐					√	
	冷却水箱					√	
	除氧器	√				√	
	汽包	√	√			√	
	除氧器					√	
	锅炉加药储槽	√					
其他	锅炉水pH值					√	
	锅炉水电导率					√	
	除氧器给水含氧量		√	√			

注：1 垃圾焚烧炉的性能检验、烟气监测工况要求和烟尘、烟气监测采样及监测方法、大气污染物排放限值见《生活垃圾焚烧污染控制标准》。本表未列出焚烧线特殊配置的设备控制要求。
   2 检测系统的设计应对主辅机厂配套的显示、调节仪表、报警、保护装置元件进行统一考虑，避免重复设置。
   3 汽轮发电机部分及电气部分的热工检测参照《火力发电厂热工控制系统设计技术规定》DL/T 5175 和《火力发电厂热工自动化就地设备安装、管路、电缆设计技术规定》DL/T 5182 的有关规定。
   4 辅助系统的热工检测与控制参照《火力发电厂辅助系统（车间）热工自动化设计技术规定》DL/T 5227中的有关规定。
   5 重要报警参数[包括全厂停车、汽轮机故障、发电机故障、电(气)源故障等]可设置光字牌报警装置；重要显示参数（包括余热锅炉汽包液位、汽轮机转速等）可设置数字显示仪。
   6 对检测仪表的精度要求具体规定如下：
      a）运行中对额定值有严格要求的参数，其检测仪表的精度等级应优于0.5级；
      b）为计算效率或核收费用的经济考核参数，其检测仪表的精度等级应优于0.5级；
      c）一般参数仪表可选1.5级，就地指示仪表可选1.5～2.5级。
      d）分析仪表或特殊仪表的精度，可根据实际情况选择。

10.5 保护和连锁

10.5.1 本条为强制性条文。保护的目的在于消除异常工况或防止事故发生和扩大，保证工艺系统中有关设备及人员的安全。这就决定了保护要按照一定的规律和要求，自动地对个别或一部分设备，甚至一系列的设备进行操作。保护用接点信号的一次元件应选用可靠产品，保护信号源取自专用的无源一次仪表。接点可采用事故安全型触点（常闭触点）。保护的设计应稳妥可靠。按保护作用的程度和保护范围，设计可分下列三种保护：①停机保护；②改变机组运行方式的保护；③进行局部操作的保护。

10.5.2～10.5.4 机组停止运行的保护宜包括：垃圾焚烧炉及余热锅炉事故停炉保护；汽轮机事故停机保护；发电机主保护。垃圾焚烧炉及余热锅炉、汽轮机、发电机的保护项目内容主要根据主机设备要求、工艺系统的特点、安全运行要求、自动化设备的配置和技术性能确定。其中包括：垃圾焚烧炉炉膛应有负压保护，余热锅炉蒸汽系统应有主蒸汽压力超高保护；过热蒸汽压力超高保护；过热蒸汽温度过高喷水保护。

在运行中锅炉发生下列情况之一时，应发出总燃料跳闸指令，实现紧急停炉保护：

1) 手动停炉指令；
2) 全炉膛火焰丧失；
3) 炉膛压力过高/过低；
4) 汽包水位过高/过低；
5) 全部送风机跳闸；
6) 全部引风机跳闸；
7) 燃烧器投运时，全部一次风机跳闸；
8) 燃料全部中断；
9) 总风量过低；
10) 根据焚烧炉和余热锅炉特点要求的其他停炉保护条件。

在运行中汽轮发电机组发生下列情况之一时，应实现紧急停机保护：

1) 汽轮机超速；
2) 凝汽器真空过低；
3) 润滑油压力过低；
4) 轴承振动大；
5) 轴向位移大；
6) 发电机冷却系统故障

7) 手动停机；
8) 汽轮机数字电液控制系统失电；
9) 汽轮机、发电机等制造厂要求的其他保护项目。

汽轮机还应有下列保护：
1) 甩负荷时的防超转速保护；
2) 抽汽防逆流保护；
3) 低压缸排汽防超温保护；
4) 汽轮机防进水保护；
5) 汽轮机真空低保护；
6) 机组胀差大保护；
7) 机组轴承温度高保护等。

10.5.5 焚烧炉炉膛负压保护、垃圾焚烧炉炉膛出口烟气温度连锁系统、烟气脱酸反应塔出口温度连锁系统、引风机出口烟气压力连锁系统等重要连锁回路，宜采用3选2安全逻辑判断。

10.6 自动控制

10.6.1 本条文规定了开关量控制（ON/OFF 控制）的内容和范围。开关量控制应完成以下功能：
1 实现主/辅机、阀门、挡板的顺序控制、单个操作及试验操作；
2 大型辅机与其相关的冷却水系统、润滑系统、密封系统的连锁控制；
3 在发生局部设备故障跳闸时，连锁启动备用设备；
4 实现状态报警、联动及单台辅机的保护。

10.6.2 本条文系对顺序控制和连锁的要求。对袋式除尘器和吹灰器可采用矩阵控制，其控制的扫描周期应不大于100ms。

10.6.4 具体内容包括：
1 工作泵（风机）事故跳闸时，应自动投入备用泵（风机）；
2 相关工艺参数达到规定值时自动投入（切除）相应的泵（风机）；
3 相关工艺参数达到规定值时自动打开（关闭）相应的电动门、电磁阀门。

10.6.5 这些对象主要有：
1 运行中经常操作的辅机、阀门及挡板；
2 启动过程和事故处理需要及时操作的辅机、阀门及挡板；
3 改变运行方式时需要及时操作的辅机、阀门及挡板。

10.6.6 本条文是对垃圾焚烧厂主要模拟量控制回路的规定，主要控制宜包括：
1 炉排速度及垃圾给料速率控制；
2 自动燃烧控制（ACC）系统；
3 蒸汽-空气加热器出口温度和加热蒸汽凝结水出口温度控制；

4 烟气反应塔出口烟气温度控制；
5 袋式除尘器入口温度控制；
6 烟气 HCl、SO_2 污染物与烟尘的浓度控制；
7 辅助燃烧器燃烧控制；
8 其他控制；
9 一次风负荷分配系统；
10 二次风流量控制系统；
11 炉膛压力调节；
12 余热锅炉汽包水位三冲量调节；
13 过热器出口蒸汽温度调节；
14 除氧器压力、水位调节；
15 渗沥液池液位调节，pH 值调节；
16 除盐水设备的中和池 pH 值调节；
17 减温减压装置的压力、温度调节；
18 其他必要的调节。

10.6.8 余热锅炉汽包水位、炉膛压力、汽机前蒸汽压力等重要模拟控制项目变送器宜作三重化设置。给水流量、蒸汽流量、过热蒸汽温度、减温器后温度、总送风量、烟气含氧量、汽包压力、除氧器压力与水位、旁路压力与温度等主要模拟控制项目变送器宜作双重化设置。

由于垃圾热值不稳定，为了锅炉的安全稳定运行，对于汽轮机的控制应采用前压控制模式（至少有一台），并能完成在不同工况下汽轮机的前压、转速、功率等控制模式的转换；采用氧量校正的送风控制系统的氧量定值应能跟随负荷（主蒸汽流量）变化进行校正。

10.7 电源、气源与防雷接地

10.7.1 仪表和控制系统应从厂用低压配电装置及直流网络，取得可靠的交流与直流电源，并构成独立的仪表配电回路，电源主进线宜采用双电源自动切换开关（A.T.S），切换时间应不会使控制系统或保护系统因为电源的瞬断而导致数据丢失或系统误动。仪表和控制系统用电容量应按照其耗电总容量的1.5倍以上计算。

普通电源质量指标如下，供工程设计中参考：
1 交流电源
电压：$220V±10\%$，$24V±10\%$；
频率：$50±1Hz$；
波形失真率：小于10%。
2 直流电源（直流电源屏或直流稳压电源提供）
电压：$24V^{+10}_{-5}\%$；
纹波电压：小于5%；
交流分值（有效值）：小于100mV。
3 电源瞬断时间应小于用电设备的允许电源瞬断时间。
4 电压瞬间跌落：小于20%。

不间断电源（UPS）的技术指标可参照《火力发

电厂、变电所二次接线设计技术规程》DL/T 5136 中的有关规定。不间断（UPS）电源质量指标如下，供工程设计中参考：

电压稳定度：稳态时不大于±2%，动态过程中不大于±10%。

频率稳定度：稳态时不大于±1%，动态过程中不大于±2%。

波形失真度：不大于5%。

备用电源切换时间：不大于5ms。

厂用交流电源中断的情况下，不间断（UPS）电源系统应能保持连续供电30min。

配电箱两路电源分别引自厂用低压母线的不同段。在有事故保安电源的焚烧厂中，其中一路输入电源应引自厂用事故保安电源段。

10.7.3 本条是对仪表气源品质的规定，如有特殊要求，应与有关各方协调解决。

10.7.4 本条是对仪表气源消耗量等的具体规定。

10.8 中央控制室

10.8.1 控制室内可采用防静电活动地板，其下部空间高度不小于150mm；控制室位于一层地面时，其基础地面应高于室外地面300mm以上；控制室宽度超过6m时，应两端有门；控制室应有适度的工作照明、事故照明和检修电源插座。

10.8.2 控制室的净空高度宜不小于3.2m；电缆夹层的高度不小于3m且净高一般不小于1.8m，且应有两个出口。

控制室的空调要求：控制室应由空调设施保证室内温度在18～25℃范围，温度变化率应不大于5℃/h；相对湿度应在45%～65%范围内，任何情况下不允许结露。当空调设备故障时，应维持室温在24h内不超过制造厂允许值。

11 给水排水

11.1 给 水

11.1.1 本条文规定的垃圾焚烧余热锅炉补给水水质标准为《工业锅炉水质》GB/T 1576 和《火力发电机组及蒸汽动力设备水汽质量标准》GB/T 12145。对引进国外的垃圾焚烧余热锅炉所采用的给水水质，应按锅炉制造商规定的标准并不低于国家现行标准的有关规定执行。我国尚未制定垃圾焚烧余热锅炉给水相关标准，可借鉴的国内相关标准与引进技术设备国家规定的本行业规定又存在差距（部分对比项目见表7）。考虑垃圾焚烧余热锅炉的特殊性，本规范规定按现行电站锅炉汽水标准提高一个等级确定。

表7 水质标准对照表

项目名称	单 位	Von Roll 公司标准	德国标准 1988	欧洲标准 prEN 12952—12—1998	《火力发电机组及蒸汽动力设备水汽质量标准》GB/T 12145	
压力范围	MPa	—	≤6.8	total range	3.8～5.8	5.9～12.6
电导率 (25℃)	μs/cm	<0.2	<0.25	<0.2		
溶解 O_2	mg/L	<0.1	0.05～0.25	<0.1	≤0.015	≤0.007
总硬度	mg/L (μmol/L)	—	Ca+Mg 0.003mol/l	Ca+Mg—	(≤2.0)	(≤2.0)
pH 值 (25℃)		>9.0	7.0～9.0	>9.2	8.8～9.2	8.8～9.3
SiO_2	mg/L	<0.02	<0.02	<0.02	应保证蒸汽二氧化硅符合标准	
Fe	mg/L	<0.02	<0.02	<0.02	<0.050	<0.03
Cu	mg/L	<0.003	<0.003	<0.003	<0.010	<0.005

11.1.2 本条文是对厂区给水设计的一般规定。

11.1.3 生活垃圾焚烧厂生活用水量较小且集中,当厂区内设置给水调节设施时,生活用水如果和生产用水联合供给,存在二次污染的可能性,如有可能宜采用市政给水系统直接供给。

11.2 循环冷却水系统

11.2.1 本条是对循环冷却水系统的一般规定。

11.2.2 由于焚烧发电厂循环水补水量较大,若用地下水或城市自来水,成本很大,因此本条要求水源宜采用自然水体或城市污水处理厂处理后的中水,以降低成本,节约水资源。

11.2.4 对于不同的地表水源,其枯水流量应按下列要求确定:

    1 从河道取水时,应取取水点频率为95%的最小流量;

    2 从受水库调节的河道取水时,取水库频率为95%的最小放流量减去沿途的用水量;

    3 从水库取水时,应取频率为95%的枯水年水量。

11.2.8 根据《中小型热电联产工程设计手册》工业水的水质要求内容:pH值应不小于6.5,不宜大于9.5。在我国南方地区,当水源为地表水时,相当一部分地表水的pH值小于7.0,根据有关文献,国内外对直流冷却水pH值的下限一般定为6,故参照《中小型热电联产工程设计手册》。由于凝汽器的换热部分的材质一般为铜,氨氮与溶解氧的标准值宜根据《中小型热电联产工程设计手册》凝汽器对冷却水质的要求确定。

11.3 排水及废水处理

11.3.1 本条文是对厂区排水系统设计的基本规定。

11.3.2 室外排水采用雨水和污水分流是基本的要求,对于缺水地区,采用雨水回收利用对节约用水是很必要的。

11.3.4 生活垃圾焚烧厂各生产系统对工业用水的水质要求均不相同,焚烧炉除渣系统的灰渣冷却水对水质要求不高,一般生产性废水水质均能满足要求。宜将焚烧工房的地面冲洗水、除盐水制备系统的浓缩液等废水收集、回收,用于对灰渣的冷却。

11.3.5 目前我国生活垃圾的含水量普遍较高,垃圾在垃圾池内储存过程中有垃圾渗沥液产生,及时将垃圾池内的渗沥液导排出去,既可以增加入炉垃圾的热值,又能减少臭味散发,因此应特别重视对渗沥液的导排和收集。由于垃圾渗沥液是高浓度有机废水,收集池可能产生一些沼气,因此需要对收集池进行排风,防止沼气集聚,产生安全隐患,电气设备采用防爆产品可有效防止爆炸隐患。

11.3.6 生活垃圾焚烧厂所产生的垃圾渗沥液污染物浓度非常高,根据已建成运行的企业经验,其产生量高达进厂垃圾量的10%~20%,因此对渗沥液进行妥善处理是焚烧厂运行的一项重要内容。

12 消 防

12.1 一般规定

12.1.1 本条文是对焚烧厂消防系统的一般规定。

12.1.3 生活垃圾焚烧厂垃圾储存间内除储存有大量的生活垃圾外,焚烧炉垃圾进料口处也存在有一定量的生活垃圾,在特定的状况下,存在焚烧炉回火的可能性,为保证焚烧炉的运行,垃圾进料处的防回火措施一般采用水雾隔绝。

12.1.4 Ⅱ类及以上焚烧厂一般情况下综合厂房体量和高度较大,消防用水流量比生产用水流量大,若采用消防和生产给水合并的供水方式,则给水管网要按消防的水流量计算管径,这就造成正常生产时给水管网的管内流速过小;另外由于消防水流量大而出现消防给水的使用影响生产给水的稳定。因此对于大型焚烧厂(Ⅱ类及以上)消防给水系统和生产给水系统宜分开设置。对于Ⅱ类以下的焚烧厂可采用消防给水系统和生产给水系统合用的方式。

12.2 消防水炮

12.2.1 垃圾池间相对封闭,空气污染极其严重,且通道不畅,不适合人工消防,国内建成的生活垃圾焚烧厂,目前多采用远距离遥控操作固定消防水炮灭火系统。

12.2.2 本条是对设计消防水流量的要求。

12.2.3 由于消防水炮所需的水流量和压力较大,因此需要独立的环状管网来保证。

12.2.4 本条要求主要是为了保证消防水炮的可靠性。

12.2.6 本条是对消防水炮设计的规定。

12.2.7 由于生活垃圾的平均储存周期一般在5d左右,底部的垃圾储存时间更长,部分垃圾发酵难以避免。垃圾池间内有一定的发酵气体,发酵气体的主要成分为甲烷,在正常运行情况下,由于一次风机与二次风机从垃圾池间抽吸大量的空气,即使有微量的甲烷产生,会被及时地从垃圾池间排出,不会造成甲烷的富集,当停炉或部分停炉的情况下,由于储存间的排风量降低或不排风,不排除空气中有甲烷存在,故要求消防水炮装置的配套电机防爆。

12.3 建筑防火

12.3.1 根据现行国家标准《建筑设计防火规范》GB 50016规定,焚烧厂房的生产火灾危险性属于丁类,但由于主厂房体量较大,所以建筑物的耐火等级不应低于二级。垃圾池间内储存有大量的可燃固体,以日处理规模为1000t的生活垃圾焚烧厂为例，平均储存量约为5000t，按《建筑设计防火规范》第3.1.1条，垃圾池间宜按丙类设防。

12.3.2 油箱间和油泵间一般采用轻柴油作为点火和辅助燃料，属于丙类生产厂房，其建筑物耐火等级不应低于二级。上述房间布置在焚烧厂房内时，应设置防火墙与其他房间隔开。

12.3.3 天然气主要成分是甲烷（CH_4），相对密度为0.415（－164℃），在空气中的爆炸极限浓度为5%～15%，按规定爆炸极限浓度下限小于10%的可燃气体的生产类别为甲类，故天然气调压间属甲类生产厂房。其设置应符合现行国家标准《城镇燃气设计规范》GB 50028中的有关要求。

12.3.4 本条为新增条文。

1 垃圾焚烧厂房功能的基本划分

工业厂房在工具书中的解释，亦称"厂房或厂房建筑"，是用于从事工业生产的各种房屋。故垃圾焚烧厂主体建筑应称为垃圾焚烧厂房。从主要使用功能看，垃圾焚烧厂房划分为：

1) 垃圾卸料与储存间，其中垃圾卸料厅多采用单层或二层布置方式，其中一层功能根据设计，布置有污水处理、维修、储存、压缩空气、渗沥液收集与输送等不同设施；二层为卸料间，该部分多采用钢筋混凝土结构形式，屋面下弦标高多在15～20m之间。垃圾池为单层布置，主要设置有垃圾抓斗起重机、垃圾料斗等设施。该部分为钢筋混凝土结构，池底标高－5～－8m左右，屋面下弦标高根据垃圾进料斗高度确定，多在28～40m之间。

此功能区间与毗邻的垃圾焚烧间采用防火墙隔断且结构上互相独立。另考虑进料斗及溜管需要跨越此防火墙，应从工艺上考虑进料斗底部设置隔断挡板，正常运行期间，靠有足够高度的溜管及进料斗内的垃圾实现动态密封，同时在进料斗上部设置消防喷淋装置，以及在垃圾池处设置消防水炮措施解决防火墙两侧密封及消防问题。

2) 垃圾焚烧间与烟气净化间，其中焚烧间以焚烧炉及余热锅炉为主体并布置液压站、燃烧空气、炉渣收运、锅炉清灰、启停与辅助燃烧及其他辅助设施；烟气净化间布置有烟气净化、引风机、石灰与活性炭储存、飞灰稳定化等设施。烟气净化间与焚烧间主体设施大多为单层布置，但焚烧间根据工艺过程需布置有局部2～4层建筑平台或2～3层隔间，其建筑面积一般不超过焚烧与烟气净化间建筑面积的20%。该部分建筑结构形式目前较多采用钢结构，建筑地面标高±0.000m，焚烧间下弦标高多在42～55m，烟气净化间下弦标高多在28～45m之间。考虑到有些焚烧厂的烟气净化间采用多层钢筋混凝土布置方式，此时的防火分区需要分层考虑。

3) 辅助生产间与汽机间，其中辅助生产间主要包括中央控制室、电气设备间、高/低压电气、公用设施及生产办公等，为多层布置，建筑地面标高±0.000m，下弦标高多在24～32m；汽机间主要包括大量汽机辅助设施、热力系统设施、给水设施等，为二层布置且汽轮发电机组为孤岛布置，建筑地面标高±0.000m，下弦标高多为16～24m。辅助间与汽机间用防火墙及符合消防规定的防火门隔断。辅助间与汽机间和焚烧及烟气净化间相邻时，应用防火墙及符合消防规定的防火门隔断。

2 关于垃圾焚烧厂房的界定问题

综上所述，垃圾焚烧发电厂的特殊工艺决定其垃圾焚烧厂房不同于工业装配厂房等其他类别的高层厂房，且以单层为主，局部设有操作平台及隔间，楼层的概念不强烈，因此在以往设计中垃圾焚烧厂房多按单层局部多层界定。在《建筑设计防火规范》GB 50016第3.2.1条防火分区最大允许占地面积中按单层、多层与高层及厂房地下室和半地下室划分，但对这种特殊情况没有更加详细的规定。高层建筑在学术文献中定义为层数多、高度高的民用与工业建筑，1972年国际高层建筑会议规定出四类：第一类高层9～16层（最高到50m）、第二类高层17～25层（最高到75m）、第三类高层26～40层（最高到100m）、第四类高层40层以上（最高到100m以上）。世界各国对高层建筑的划分不一，如英国为22m，法国为50m，日本则以8层及31m两个指标界定。根据我国《高层建筑混凝土结构技术规程》JGJ 3规定，10层及10层以上或高度超过28m的建筑称为高层建筑。为此，按以往设计界定为单层局部多层建筑，在执行《建筑设计防火规范》时，显得不是十分严谨。但从垃圾焚烧厂基本功能考虑，按建筑高度界定焚烧厂房为高层厂房，因回避了层数问题，仍似有瑕疵。并且由于工艺要求，整个厂房被工艺管道联系为一个整体，对这种特殊情况，如执行《建筑设计防火规范》GB 50016第3.2.1条中的高层厂房规定，应按照4000m²作分区划分，在实际工程中又不十分吻合；但如前所述，烟气净化间采用多层钢筋混凝土布置方式时不在此列。总之，按上述条款的基本规定不能完全涵盖垃圾焚烧工程的各种情况。

3 关于垃圾焚烧厂房防火分区的划分规定

根据《建筑设计防火规范》GB 50016—2006 第1.0.3条规定，并考虑垃圾焚烧厂的垃圾焚烧、烟气净化与发电功能，本规范参照《火力发电厂与变电站设计防火规范》GB 50229—2006 第3.0.3条规定，并根据新建垃圾焚烧厂宜设置2~4条焚烧线的规定，制定本条防火分区规定。

按照本规定并结合焚烧工艺特点，可划分防火分区为：卸料大厅与垃圾池间、焚烧与烟气净化间、汽机间、生产辅助间，以及其他处理间（如有），其中汽机间与生产辅助间可按多层考虑。若实际设计面积超过本条规定，设置防火墙有困难时，按《建筑设计防火规范》GB 50016—2006 第3.0.1条规定处理。

12.3.5 本条文根据现行国家标准《建筑设计防火规范》GB 50016—2006 第3.5.4条制定。

12.3.6 本条规定是考虑发生事故时，运行人员能迅速离开事故现场。

12.3.7 本条规定门的开启方向是当配电室发生事故时，值班人员能迅速通过房门，脱离危险场所。

12.3.8 厂房内部装修使用易燃材料进行装修，极易引起火灾事故发生，特作此规定。

12.3.9 由于中央控制室、电子设备间、各单元控制室及电缆夹层内是焚烧厂控制的关键部位，如这些地方引起火灾，将给全厂造成很大损失，因此这些部位应设消防报警和消防设施。汽水管道、热风道及油管均是具有火灾隐患的设施，因此不能穿过这些消防重点部位。

13 采暖通风与空调

13.1 一般规定

13.1.1 本条文是确定生活垃圾焚烧厂采暖通风和空气调节室外空气计算参数、计算方法和确定设计方案等的依据。

13.1.2 本条文列出的垃圾焚烧厂各建筑物冬季采暖室内计算温度数据，是根据现行国家标准《采暖通风与空气调节设计规范》GB 50019，并参照《小型火力发电厂设计规范》GB 50049 制定的。

13.1.3 本条文是根据现行国家标准《工业企业设计卫生标准》GBZ 1，并参照现行国家标准《小型火力发电厂设计规范》GB 50049 而制定的。

13.1.4 本条文规定主要是考虑当单台汽轮机组故障时，为满足设备维护、检修的采暖热负荷，应设置备用热源。

13.2 采 暖

13.2.1 冬季计算采暖热负荷不考虑垃圾焚烧炉、汽轮发电机组、除氧器、管道等设备的散热量，即不按热平衡法而用"冷态"方法设计采暖。所谓"冷态"，是指在设备停运时保持室温为5℃，以保护设备和冷水管不被冻坏。

13.2.2 本条文是垃圾焚烧厂建筑物采暖的基本规定。

13.2.3 因垃圾卸料平台等环境的粉尘浓度较高，造成采暖设备积尘，影响采暖效果，特作此规定。

13.3 通 风

13.3.1 本条文是垃圾焚烧厂建筑物通风的基本规定。

13.3.2 本条文规定了焚烧厂房自然通风的计算原则。由于太阳辐射热的热量要比设备散热量少得多，故在计算焚烧厂房的通风量时可忽略不计。

13.4 空 调

13.4.1 本条文是垃圾焚烧厂建筑物空气调节的基本规定。

13.4.2 中央控制室与垃圾抓斗起重机控制室分别是全厂与垃圾储运系统的控制中心。在调查的几个生活垃圾焚烧厂中，焚烧线、汽机及热力、给水系统等的控制均设在中央控制室内，为了满足室内温、湿度的要求，控制室里基本都安装了空气调节装置。为改善控制室的运行条件，本条文规定设置空气调节装置。由于垃圾抓斗起重机控制室周围空气污染较严重，保持室内正压可防止受污染空气侵入控制室。

13.4.3 据调查，通信室、不停电电源室等这些工作场所环境的温度、湿度，均需要满足工艺和卫生的要求，当机械通风装置不能满足要求时，应设空气调节装置。

14 建筑与结构

14.1 建 筑

14.1.1 垃圾焚烧厂建筑物体量大，形状复杂，通常会成为一个地段的突出性建筑。因而，建筑风格和整体色调应该与周围环境协调统一。厂房在生产运行时，要进行经常性的维护保养，一些设备部件也需要维修更换。因此，在厂房的设计布置时，应该考虑到设备的安装、拆换与维护的要求。

14.1.2 垃圾的运输、堆放、焚烧、出渣及垃圾车进出路线都属于垃圾作业区，与垃圾地磅房及物流大门等处联系密切。汽轮发电机房及中央控制室属于清洁区，与厂部办公楼及人流大门联系密切。清洁区与垃圾作业区合理分隔，避免交叉，以改善操作人员的工作环境。

14.1.3 厂房围护结构的基本热工性能，应根据工艺生产的特征在不同的地区和不同的部位，选择适合的围护结构形式和材料，并应合理地组织开窗面积，满足生产和工作环境的需要。

14.1.4 楼（地）面的设计应根据生产特征和使用功能，并应符合现行国家标准《建筑地面设计规范》GB 50037 的要求。根据工艺需要在地坪上适当部位设置排水坡度、地漏，以及开设各类地沟，所以要求分门别类接入不同的下水道以便于收集和处理。

14.1.5 由于焚烧厂房大多采用组合厂房，厂房面积和跨度大，单侧面采光不能满足天然采光要求，所以除采用侧面采光外，还需要增加屋顶采光，才能满足采光要求。

14.1.6 主厂房焚烧部分是热车间，设计时要组织好自然通风，可利用穿堂风将室内的余热带走，改善车间内的生产环境。

14.1.7 本条文是对严寒地区建筑结构的基本规定。

14.1.8 为适应焚烧工艺设备的布置要求，对大面积的屋盖系统宜采用钢结构。屋顶承重结构的结构层及保温（隔热）层，应采用非燃烧体材料。对保温（隔热）屋面，应经过热工计算确定其材料厚度，并应有防止水汽渗透和结露的措施。

14.1.9 中央控制室和其他控制室应设吊顶，便于管线的敷设和创造完整、舒适的操作环境。

14.1.10 垃圾池内壁因垃圾中含有大量水分及其他腐蚀性介质会腐蚀池壁，并且垃圾抓斗在运行过程中可能会撞击池壁，所以在垃圾池设计时，内壁应考虑耐腐蚀、耐冲击、防渗水的问题。

14.1.11 垃圾池是厂区的主要污染源，为保证其密闭，围护体系采用密实墙体比采用轻型墙体更能保证密封效果。垃圾间与其他房间的连通口，为防止气味逸出，通常采用双道门（气闸间）。

14.2 结　　构

14.2.1 本条规定是厂房结构必须满足的基本要求，结构构件必须满足承载力、变形、耐久性等要求。对稳定、抗震、裂缝宽度有要求的结构，尚应进行以上内容的复核验算。

14.2.2 H_1 为柱脚底面至吊车梁顶面的高度，H 为柱脚底面至柱顶的高度。

焚烧厂房内的抓斗起重机为重级工作制，应对其排架柱在吊车轨顶标高处的横向变形作出限制。对无起重机的厂房，当柱顶高于 30m 时，已经相当于高层建筑物。

14.2.3 焚烧和垃圾热能利用厂房都有垃圾的气相或液相介质腐蚀，其工作条件类似于露天或室内高湿度环境。

14.2.4 现行国家标准《建筑抗震设计规范》GB 50011 只对高层框架结构和框架-剪力墙结构的抗震等级作了规定，对层高特殊的工业建筑则酌情调整。垃圾焚烧厂房等一般都采用排架、框排架或框架-剪力墙结构，当设有重级工作制起重机时，柱顶高度超过 30m 的特别高大的主厂房结构，当采用框架结构体系的结构和采用框架-剪力墙结构体系的框架部分，宜按照同类结构的抗震等级提高一级设计。但对框架-剪力墙结构体系中的剪力墙部分，则不要求提高抗震等级。

14.2.5 对不良地基、荷载差异大、建筑结构体形复杂、工艺要求高等情况，除进行地基承载力和变形计算外，必要时尚应进行稳定性计算。

14.2.6 通常，生活垃圾焚烧厂的烟囱形式是根据工艺专业的要求选择。目前，砖烟囱、单筒钢筋混凝土烟囱、套筒式和多管式烟囱等形式在实际工程中均有应用，鉴于现行国家标准《烟囱设计规范》GB 50051 中已有详尽规定，按规范执行即可。

14.2.7 由于垃圾抓斗起重机和炉渣抓斗起重机的环境条件比较差，且开停次数频繁，所以要求按重级工作制设计。

14.2.8 在近些年的垃圾焚烧厂设计中，由于工艺专业的布局要求，垃圾池与主体结构经常是无法分开设计的，且考虑到生活垃圾的特点，重度较轻，安息角较大，在设计中已有一定的工程实践经验，故本条取消了原规范中要求分开设计的规定。

14.2.9 为了防止垃圾池内的垃圾渗沥液污染环境，应对垃圾池有较高的防渗要求，而变形缝的处理要做到这一点困难比较大，一般不宜设置变形缝，但如果有经实践证明确实可靠的处理方法，也可以设置变形缝。

14.2.10 焚烧厂房、烟囱、汽轮机基座与垃圾焚烧炉基座等建筑物或构筑物体形大，且荷载大，所以该建筑物或构筑物应设沉降观测点，以便校验设计荷载与实际荷载之间的差异对地基沉降的影响，以及根据沉降变形的速率，控制和调整工艺设备、管道及起重机轨顶标高的偏差值在允许范围以内，从而保证设备运行和土建结构使用的安全和可靠。

14.2.11 卸料平台的室外运输栈桥跨度一般较小，用途单一，不完全等同于公共交通桥梁，因此在结构选型时可以采用与建筑物类似的形式，有条件时也可以采用与普通桥梁类似的形式，但无论采用何种结构形式，主梁设计均应符合现行国家《公路钢筋混凝土及预应力混凝土桥涵设计规范》JTGD 62 中的有关要求。

14.2.12 由于焚烧工艺路线和处理技术的不同，对活荷载的要求也不一样，应根据工艺、设备供货商所提的活荷载进行设计。如无明确规定时，对一般性生产区域的活荷载可按照本规定选用。

15 其他辅助设施

15.1 化　　验

15.1.1 化验室定期做以下化验、分析：

1 应定期对原水（自来水）、锅炉给水、锅水和蒸汽进行化验分析。分析的项目有悬浮物、硬度、碱度、pH 值、溶氧、含油量、溶解固形物（或氯化物）、磷酸盐、亚硫酸盐等。

2 垃圾分析的项目有：垃圾物理成分（包括垃圾含水量）、垃圾热值等。飞灰分析的项目有：固定碳、重金属。煤和油的分析项目有：水分、挥发分、固定碳、灰分、发热量、黏度等。

3 污水分析项目有：BOD_5、COD_{cr}、$HN_3\text{-}N$、SS 等。

15.1.2 常用的水汽、污水分析仪器参见表8。

表8 部分水汽、污水分析仪器表

序号	设 备 名 称	单位	数量
1	分析天平	台	2
2	工业天平	台	1
3	普通电炉	台	1
4	酸度计	台	2
5	水浴锅	台	1
6	溶解氧测定仪	台	1
7	干燥计	台	1
8	比重计	支	5
9	钠度计	台	2
10	分光光度计	台	1
11	微量硅比色计	台	1
12	BOD 分析仪	台	1
13	一氧化碳 D 分析仪	台	1
14	电子生物显微镜	台	1
15	台式离心机	台	1

垃圾、飞灰、烟气、燃油分析项目的主要设备和仪器参见表9。

表9 主要垃圾、飞灰、烟气、燃油分析设备和仪器

序号	设 备 名 称	单位	数量
1	分析天平	台	1
2	高温炉	台	1
3	电热恒温干燥箱	台	1
4	气体分析仪	台	1
5	氧弹热量计	台	1
6	挥发分坩埚	个	2

续表9

序号	设 备 名 称	单位	数量
7	白金蒸发皿和坩埚	克	60
8	标准筛	节	2
9	奥式气体分析仪	台	1
10	马沸炉	台	1
11	红外线吸收光谱仪	台	1
12	开口闪点测定仪	台	1
13	闭口闪点测定仪	台	1
14	紫外线吸收光谱仪	台	1
15	比重计	套	1
16	恩式黏度计	台	1
17	运动黏度计	台	1
18	凝固点测定仪	套	1
19	通风柜	台	1
20	原子吸光光度计	台	1

注：以上仪器设备项目可根据生活垃圾焚烧厂的规模进行选用。

15.2 维修及库房

15.2.1 垃圾焚烧厂的技术含量比较高，设备较多，设备运行环境差，因此发生故障的可能性高，这就要求有必需的日常维护、保养工作。

15.2.2 Ⅲ类及Ⅲ类以上垃圾焚烧厂的机修间一般设置钳工台、普通车床、铣床、普通钻床、砂轮机、手动试压泵及电焊机等基本设备。

15.2.3 本条文是对库房建设的一般规定。

15.3 电气设备与自动化试验室

15.3.1 一般情况下，厂区不设变压器检修间，原因是利用率低，增加投资及占地面积。变压器检修时可在汽机间或就地进行，若在汽机间检修时，应考虑变压器运输通道及进出大门方便。

15.3.2 该条规定实验室的功能、任务，即应配备相应的设备及仪器。如厂区已有相应设备满足各项实验要求时，可不另设电气试验室。

15.3.3 本条文是对自动化试验室功能、任务的规定。

15.3.4 本条文是对自动化试验室布置的基本规定。

16 环境保护与劳动卫生

16.1 一般规定

16.1.1 垃圾焚烧处理工程既是一项市政环卫工程，也是一项环保工程，因此必须严格执行国家和地方的各项环保法规，更不能在处理垃圾的同时，造成对环境的二次污染。

16.1.2 本条文是垃圾焚烧处理工程中的职业卫生与劳动安全方面的基本规定。

16.1.3 由于垃圾具有不稳定性，因此必须根据垃圾特性确定烟气、残渣、渗沥液等污染源的特性和产生量。

16.2 环境保护

16.2.1 本条文是烟气污染物分类的基本规定。

16.2.2 垃圾焚烧控制是抑制和减少烟气有害成分产生的重要措施之一，当垃圾在焚烧炉内助燃氧气满足燃烧工况要求并保持垃圾焚烧炉内烟气温度大于850℃，烟气在该温度条件下在炉膛内停留时间不少于2s，可使二噁英类和有机物充分进行分解，因而必须严格进行燃烧控制。

生活垃圾焚烧烟气中含有烟尘、氯化氢、氟化氢、硫氧化物、氮氧化物、汞、铬、铅、镉等金属，气溶胶以及二噁英类等多种有害成分。应依据现行国家标准《生活垃圾焚烧污染物控制标准》GB 18485进行治理。另外当地环保部门有相应规定的，一般都要严于国家标准，故应同时满足地方标准。对国外引进的技术设备，应同时满足我国和引进国家的标准。垃圾焚烧烟气污染物排放应符合现行国家标准《生活垃圾焚烧污染物控制标准》GB 18485 的有关规定。

16.2.3 为节约水资源，并减少对环境的影响，特作本条规定。回用水可用于残渣处理用水、烟气净化、冲洗地面及绿化等用水。

16.2.4 由于渗沥液中有害物具有浓度高、不稳定的特点，如要达污水排放标准，其处理难度很大。由于垃圾渗沥液产生量与城市污水量相比很小，预处理达到城市污水管网的纳管标准后送入城市污水管网或城市污水厂是较为经济的方法。

16.2.5 由于垃圾成分具有不确定性，因此炉渣和飞灰的组成成分也具有不确定性，其处理效果的稳定性可能会受到影响。飞灰由于含有一定量的重金属等有害物质，若未经有效处理直接排放，会污染土壤和地下水，因此要注意防止处理过程中的二次污染。

16.2.6 炉渣应尽可能因地制宜加以利用。目前，国内已有如制造灰渣砖等成功的经验可借鉴。

16.2.7 本条文是对噪声污染控制的基本规定。

16.2.8 噪声源控制应考虑如厂址与周围环境之间噪声影响的适应性；厂区工艺合理布置与高噪声设施相对集中的协调性；设备选择的低噪声与小振动的原则性等。

设备选择中对噪声的要求一般应不大于85dB（A），确实不能达要求的设备，应以隔声为主并根据设备噪声特性与应达到的噪声控制标准，采取适宜的消声、隔振或吸声的综合噪声控制措施。噪声控制设备选择应以噪声级、噪声频率为基本条件，并注意混响声的影响。

16.2.9 本条文是对恶臭污染控制与防治的基本规定。

16.2.10 本条为强制性条文。控制、隔离恶臭的重要措施有：采用封闭式的垃圾运输车；在垃圾池上方抽气作为燃烧空气，使池内区域形成负压，以防恶臭外溢；设置自动卸料门，使垃圾池密闭等。

生活垃圾所产生的恶臭主要成分为硫化物、低级脂肪胺等。防治方法主要有：吸附、吸收、生物分解、化学氧化、燃烧等。按治理的方式分成物理、化学、生物三类。主要防治措施有：

1 药液吸收法处理

药液吸收法应针对不同恶臭物质成分采用不同的药液。恶臭中的碱性成分如氨、三甲胺可用pH值为2～4的硫酸、盐酸溶液来处理；酸性成分如硫化氢、甲基硫醇可用pH值为11的氢氧化钠来处理；中性成分如硫化甲基、二硫化甲基、乙醛可用次氯酸钠来氧化，次氯酸钠也可用于胺、硫化氢等气体的处理。

药物处理中，药物量随着吸收反应的进行而下降，需要不断更新或补充。脱臭效率还取决于气液接触效率、液气比、循环液的pH值及生成盐的浓度，同时要防止塔内结垢以及游离硫析出的堆积。

气液接触设备设计时必须考虑如下几点：处理量；气体温度；气体中水分量；粉尘浓度及其形状；气体中主要恶臭物质及其浓度；嗅觉测得臭气浓度；处理气体浓度；装置运行时间；当地环境保护有关法规及恶臭排放标准；工业用水的质量；排放废水的处理；了解处理装置排放量最高情况及对周围环境影响。

2 燃烧法处理

高温燃烧法适用于高浓度、小气量的挥发性有机物场合，且净化效率在99%以上。高温燃烧法要求焚烧设备设计必须遵守"3T"原则：焚烧温度应高于850℃，臭气在焚烧炉内的停留时间应大于0.5s，臭气和火焰必须充分混合，这三个因素决定了高温燃烧净化脱臭效率。

催化燃烧流程是将含有恶臭的气体加热至大约300℃，然后通过催化剂发生高温氧化还原反应而脱臭。由于利用了催化剂表面强烈的活性，恶臭的氧化分解降低到 250～300℃ 就能反应，其燃料费用只有高温燃烧法的 1/3，而且缩短反应时间，比高温燃烧快 10 倍。

3 生物法处理

填充式生物脱臭装置一般由填充式生物脱臭塔、水分分离器、脱臭风机、活性炭吸附塔构成。在填充塔内喷淋水可将填充层生成的硫酸洗净排除；也可将氨、三甲胺等氨系恶臭物质被硝化菌氧化分解生成的亚硝酸铵或者硝酸铵等排除，同时喷淋也补充由于臭气干燥填充层水分的损失。

目前国内在运行的垃圾焚烧厂在停运检修期间，垃圾池内的恶臭污染物对周围环境影响较大，应采取有效措施尽可能减小其影响。

16.3 职业卫生与劳动安全

16.3.1 本条文是对垃圾焚烧厂劳动卫生的基本规定。

16.3.2 垃圾焚烧厂的卫生设施主要有：可设置值班宿舍，厂区应设置浴室、更衣间、卫生间等。建筑物内应设置必要的洒水、排水、洗手盆、遮盖、通风等卫生设施。不应采用对劳动者健康有害的技术、设备，确需采用可能对劳动者健康有害的技术、设备时，应在有关设备的醒目位置设置警示标识，并应有可靠的防护措施。在垃圾卸料平台等场所，宜采取喷药消毒、灭蚊蝇等防疫措施。

16.3.3、16.3.4 本条文是根据《中华人民共和国职业病防治法》制定的。

16.3.5 生活垃圾焚烧厂劳动安全措施主要包括：

1 道路、通道、楼梯均应有足够的通行宽度、高度与适当的坡度；应有必要的护栏、扶手等。一般不应有障碍物，必须设置管线穿行时，应有保证通行安全的措施。

2 高空作业平台应有足够的操作空间，应设置可吊挂的安全带及防止坠落的安全设施。大型槽罐类的设备内应有安全梯等紧急安全措施。

3 机电设备周围留有足够的检修场地与通道。旋转设备裸露的运动部位应设置网、罩等防护设施。

4 堆放物品之处，应有明显标记。重要场所、危险场所应设置明显的警示牌等标记。

5 进入工作场所的所有人员应佩带安全帽。

6 高噪声、明显振动的设备采取隔声、隔振、消声、吸声等综合治理措施，以及人员防护措施。

7 对人员可以接触到的，表面温度高于 50℃ 的设施，应采取保温或隔离措施。

8 需要进行内部人工维护修理的槽、罐类，应有固定或临时通风措施，并根据需要于出入口处设置供吊挂安全带的挂钩。垃圾焚烧炉检修时，应待炉内含氧量大于 19% 后，检修人员方可进入，且现场应有专门人员监护。

9 电气设备应尽可能设置在干燥场所，避免漏电。

10 对遥控设施，应设有紧急停车按钮。

11 人员疏散通道及其他重要通道处设置应急照明设施。

12 设备控制尽可能自动化，并设置设备故障或操作不当时的可靠安全装置。

13 设置电话、广播等通信设施，实现与各岗位迅速联系。

14 垃圾卸料平台外端设置护栏或护壁，以及操作人员安全工作地带。

15 为防止垃圾车辆坠落到垃圾池内，垃圾卸料门与垃圾池连接部位应设置车挡或其他安全措施。

16 吊车控制室位于垃圾池上方时，控制室的监视窗或窗前应设置金属框、护栏等安全防护设施。

17 应设置垃圾抓斗与钢缆绳维修场地，并不影响其他抓斗运行。

18 垃圾进料斗的进口处应高于楼板面，并可在其周围设置不影响抓斗运行的护栏。进料斗应有解除如"架桥"等故障的措施。进料斗下部溜管如受炉内热辐射影响产生高温，应采取水冷却措施。

19 各种管道、阀门应采取易于操作和识别的措施。烟囱检测口处设置采样平台与护栏。

20 飞灰排放、输送设施应采取防止飞灰扩散的密闭措施。

21 发生误操作时，系统可保证在安全范围运行与多余信息排除。异常信息及故障应准确传递给操作人员。

22 使用酸碱等化学品时，防止对人员伤害措施。

23 压力容器应严格按照《压力容器安全监察规程》的规定执行。

24 其他必要的安全措施。

17 工程施工及验收

17.1 一 般 规 定

17.1.1 本条文是工程施工及验收的基本规定。

17.1.2 本条文是保证设备安装质量的基本规定。

17.1.3 本条文是蒸汽锅炉安全技术监察规程及锅炉安装施工许可证制度的基本规定。

17.1.4 根据工程设计文件进行施工和安装是工程建设的基本原则，当设计单位按技术经济政策和现场实际情况进行设计变更时，应有设计变更通知，作为设计文件的组成部分。

17.1.5 本条文是根据我国锅炉安装工程施工及验收的基本要求制定的，是确保垃圾焚烧余热锅炉安装工程质量，防止继续施工造成更大损失，消除事故隐患的重要措施之一。当发生受压部件存在影响安全使用的质量问题，在停止安装的同时，应及时与有关部门研究解决和处理的办法。

17.2 工程施工及验收

17.2.4 根据目前国家关于生活垃圾焚烧厂建设的技术政策，以及国内工程建设经验和相应制定的技术规范、标准，制定本条规定。

17.3 竣 工 验 收

本节条文是按《建设项目（工程）竣工验收办法》（计建设［1990］1215号）文件精神制定的。

中华人民共和国行业标准

生活垃圾卫生填埋场运行维护技术规程

Technical specification for operation and maintenance
of municipal solid waste sanitary landfill

CJJ 93—2011

批准部门：中华人民共和国住房和城乡建设部
施行日期：２０１１年１２月１日

中华人民共和国住房和城乡建设部
公　告

第 992 号

关于发布行业标准《生活垃圾卫生填埋场运行维护技术规程》的公告

现批准《生活垃圾卫生填埋场运行维护技术规程》为行业标准，编号为 CJJ 93-2011，自 2011 年 12 月 1 日起实施。其中，第 3.1.6、3.3.4、3.3.7、3.3.8、3.3.11、5.1.18、5.3.1、6.3.4、6.3.5、8.3.5、9.1.1、9.3.6、9.3.8、10.0.2、11.0.1 条为强制性条文，必须严格执行。原行业标准《城市生活垃圾卫生填埋场运行维护技术规程》CJJ 93-2003 同时废止。

本规程由我部标准定额研究所组织中国建筑工业出版社出版发行。

中华人民共和国住房和城乡建设部
2011 年 4 月 22 日

前　言

根据住房和城乡建设部《关于印发〈2008 年工程建设标准规范制订、修订计划（第一批）〉的通知》（建标［2008］102 号）的要求，规程编制组经广泛调查研究，认真总结《城市生活垃圾卫生填埋场运行维护技术规程》CJJ 93-2003 的执行情况和国内外生活垃圾卫生填埋场运行维护的实践经验，并在广泛征求意见的基础上，修订了本规程。

本规程的主要技术内容是：1. 总则；2. 术语；3. 一般规定；4. 垃圾计量与检验；5. 填埋作业及作业区覆盖；6. 填埋气体收集与处理；7. 地表水、地下水、渗沥液收集与处理；8. 填埋作业机械；9. 填埋场监测与检测；10. 劳动安全与职业卫生；11. 突发事件应急处置；12. 资料管理。

本次修订的主要技术内容是：1. 修改了规程的名称；2. 增加了"术语"一章；3. 细化了生活垃圾填埋场填埋作业及阶段性封场要求；4. 补充了渗沥液收集与处置要求；5. 调整了部分章节内容，将生活垃圾填埋场"虫害控制"与"填埋场监测"合并为"填埋场监测与检测"一章，并对原内容进行了细化；6. 增加了"劳动安全与职业卫生"一章；7. 增加了"突发事件应急处置"一章；8. 增加了"资料管理"一章。

本规程中以黑体字标志的条文为强制性条文，必须严格执行。

本规程由住房和城乡建设部负责管理和对强制性条文的解释，由华中科技大学负责具体技术内容的解释。执行过程中如有意见与建议，请寄送华中科技大学（地址：武汉市武昌珞喻路 1037 号；邮政编码：430074）。

本规程主编单位：华中科技大学

本规程参编单位：杭州市固体废弃物处理有限公司
深圳市下坪固体废弃物填埋场
城市建设研究院
宁波市鄞州区绿州能源利用有限公司
上海野马环保设备工程有限公司
武汉华曦科技发展有限公司
深圳胜义环保有限公司
泰安市泰岳环卫设备制造有限公司

本规程主要起草人员：陈海滨　周靖承　梁顺文
王敬民　夏小洪　俞觊觎
周晓晖　姜　俊　张倚马
汪俊时　卢传功　郑学娟
冯向明　毛乾光　张　黎
宋　军　范唯美　刘晶昊
刘　涛　左　钢　王　辉
刘芳芳　杨　禹　张豪兰
胡　洋　任　莉

本规程主要审查人员：陶　华　张　益　吴文伟
张进锋　朱青山　胡康民
孟繁柱　熊　辉　徐　勤
陈增丰

目 次

1 总则 …………………………………… 73—5
2 术语 …………………………………… 73—5
3 一般规定 ……………………………… 73—5
　3.1 运行管理 ………………………… 73—5
　3.2 维护保养 ………………………… 73—5
　3.3 安全操作 ………………………… 73—5
4 垃圾计量与检验 ……………………… 73—6
　4.1 运行管理 ………………………… 73—6
　4.2 维护保养 ………………………… 73—6
　4.3 安全操作 ………………………… 73—7
5 填埋作业及作业区覆盖 ……………… 73—7
　5.1 运行管理 ………………………… 73—7
　5.2 维护保养 ………………………… 73—8
　5.3 安全操作 ………………………… 73—8
6 填埋气体收集与处理 ………………… 73—9
　6.1 运行管理 ………………………… 73—9
　6.2 维护保养 ………………………… 73—9
　6.3 安全操作 ………………………… 73—9
7 地表水、地下水、渗沥液收集与处理 …………………………… 73—9
　7.1 运行管理 ………………………… 73—9
　7.2 维护保养 ………………………… 73—9
　7.3 安全操作 ………………………… 73—9
8 填埋作业机械 ………………………… 73—10
　8.1 运行管理 ………………………… 73—10
　8.2 维护保养 ………………………… 73—10
　8.3 安全操作 ………………………… 73—10
9 填埋场监测与检测 …………………… 73—10
　9.1 运行管理 ………………………… 73—10
　9.2 维护保养 ………………………… 73—12
　9.3 安全操作 ………………………… 73—12
10 劳动安全与职业卫生 ……………… 73—12
11 突发事件应急处置 ………………… 73—12
12 资料管理 …………………………… 73—13
本规程用词说明 ………………………… 73—13
引用标准名录 …………………………… 73—13
附：条文说明 …………………………… 73—14

Contents

1 General Provisions ⋯⋯⋯⋯⋯⋯⋯ 73—5
2 Terms ⋯⋯⋯⋯⋯⋯⋯⋯⋯⋯⋯⋯ 73—5
3 General Requirements ⋯⋯⋯⋯⋯ 73—5
   3.1 Operational Management ⋯⋯⋯⋯ 73—5
   3.2 Maintenance ⋯⋯⋯⋯⋯⋯⋯⋯⋯ 73—5
   3.3 Safe Operation ⋯⋯⋯⋯⋯⋯⋯⋯ 73—5
4 Waste Measurement and Inspection ⋯⋯⋯⋯⋯⋯⋯⋯⋯⋯ 73—6
   4.1 Operational Management ⋯⋯⋯⋯ 73—6
   4.2 Maintenance ⋯⋯⋯⋯⋯⋯⋯⋯⋯ 73—6
   4.3 Safe Operation ⋯⋯⋯⋯⋯⋯⋯⋯ 73—7
5 Landfill Operation and Operational Zone Covering ⋯⋯⋯⋯⋯⋯⋯⋯ 73—7
   5.1 Operational Management ⋯⋯⋯⋯ 73—7
   5.2 Maintenance ⋯⋯⋯⋯⋯⋯⋯⋯⋯ 73—8
   5.3 Safe Operation ⋯⋯⋯⋯⋯⋯⋯⋯ 73—8
6 Landfill Gas Collection and Treatment ⋯⋯⋯⋯⋯⋯⋯⋯⋯⋯ 73—9
   6.1 Operational Management ⋯⋯⋯⋯ 73—9
   6.2 Maintenance ⋯⋯⋯⋯⋯⋯⋯⋯⋯ 73—9
   6.3 Safe Operation ⋯⋯⋯⋯⋯⋯⋯⋯ 73—9
7 Collection and Treatment of Surface Water, Underground Water and Leachate ⋯⋯⋯⋯⋯⋯⋯ 73—9
   7.1 Operational Management ⋯⋯⋯⋯ 73—9
   7.2 Maintenance ⋯⋯⋯⋯⋯⋯⋯⋯⋯ 73—9
   7.3 Safe Operation ⋯⋯⋯⋯⋯⋯⋯⋯ 73—9
8 Landfill Operational Machines ⋯⋯⋯⋯⋯⋯⋯⋯⋯⋯⋯ 73—10
   8.1 Operational Management ⋯⋯⋯⋯ 73—10
   8.2 Maintenance ⋯⋯⋯⋯⋯⋯⋯⋯⋯ 73—10
   8.3 Safe Operation ⋯⋯⋯⋯⋯⋯⋯⋯ 73—10
9 Landfill Monitoring and Detecting ⋯⋯⋯⋯⋯⋯⋯⋯⋯⋯ 73—10
   9.1 Operational Management ⋯⋯⋯⋯ 73—10
   9.2 Maintenance ⋯⋯⋯⋯⋯⋯⋯⋯⋯ 73—12
   9.3 Safe Operation ⋯⋯⋯⋯⋯⋯⋯⋯ 73—12
10 Labor Security and Vocational Sanitation ⋯⋯⋯⋯⋯⋯⋯⋯⋯⋯ 73—12
11 Emergent Events Processing ⋯⋯⋯⋯⋯⋯⋯⋯⋯⋯ 73—12
12 Data Management ⋯⋯⋯⋯⋯⋯ 73—13
Explanation of Wording in This Specification ⋯⋯⋯⋯⋯⋯⋯⋯⋯ 73—13
List of Quoted Standards ⋯⋯⋯⋯ 73—13
Addition: Explanation of Provisions ⋯⋯⋯⋯⋯⋯⋯⋯⋯⋯⋯ 73—14

1 总 则

1.0.1 为加强生活垃圾卫生填埋场（以下简称"填埋场"）的科学管理、规范作业、安全运行，提高效率、降低成本、有效防治污染，达到生活垃圾无害化，制定本规程。

1.0.2 本规程适用于填埋场的运行、维护及安全管理。

1.0.3 填埋场的运行、维护及安全管理除应执行本规程外，尚应符合国家现行有关标准的规定。

2 术 语

2.0.1 填埋场场区 landfill site

指垃圾填埋场（红线以内）的全部范围，不仅包括填埋场区（填埋库区），还包括配套设施、公用设施、其他设施占地范围。

2.0.2 填埋场区 landfill area

指填埋场中用于填埋垃圾的区域，又称填埋库区。填埋场区（库区）可以由一个或几个填埋区构成。

2.0.3 填埋区 landfill operation district

指进行垃圾填埋作业的范围。

3 一般规定

3.1 运行管理

3.1.1 填埋场管理人员应了解有关处理工艺和与之相关的质量、环境、安全规定；作业人员应掌握本岗位工作职责与任务要求，熟悉本岗位设施、设备的技术性能和运行维护、安全操作规程。

3.1.2 填埋场应建立完善的运行管理制度，并应符合下列要求：

1 应按照工艺技术路线设置岗位；

2 各岗位应制定操作规程和建立相应的安全制度；

3 应对各类作业人员进行岗前体检和分岗位培训，经培训考核合格后方可持证上岗。

3.1.3 填埋场管理人员应掌握填埋场主要技术指标及运行管理要求，并具备执行填埋场基本工艺技术要求和使用有关设施设备的技能，明确相关设施设备的主要性能、使用年限和使用条件的限制等。

3.1.4 填埋场作业人员应熟悉本岗位的主要技术指标及运行要求，遵守安全操作规程，并符合以下要求：

1 具备操作本岗位机械、设备、仪器、仪表的技能；

2 应坚守岗位，按操作要求使用各种机械、设备、仪器、仪表，认真做好当班运行记录；

3 应定期检查所管辖的设备、仪器、仪表的运行状况，认真做好检查记录；

4 运行管理中发现异常情况，应采取相应处理措施，登记记录并及时上报。

3.1.5 填埋场场区道路运输应符合现行国家标准《工业企业厂内铁路、道路运输安全规程》GB 4387 的要求，交通标志标识应符合现行国家标准《图形符号 安全色和安全标志 第1部分：工作场所和公共区域中安全标志的设计原则》GB/T 2893.1 和国家现行标准《环境卫生图形符号标准》CJJ/T 125 的规定，确保各类气候条件下全天安全通行条件并保持畅通。

3.1.6 填埋场严禁接纳未经处理的危险废物。

3.1.7 填埋场可根据填埋处理工艺的需要，接收适量的建筑垃圾作为修筑填埋场工作平台和临时道路的建筑材料，但应使其与生活垃圾分开存放。

3.1.8 垃圾作业车辆离场时应保持干净，特殊时期应对车辆进行消毒处理。

3.1.9 填埋场场区应绿化、美化，保持整洁，无积水。场内的各种建筑物、构筑物，凡可能积存雨水应加盖板或及时疏通、排干。作业车辆和场地的冲洗水不得随意排放，应单独收集，经预处理后排入填埋场附近的市政污水管网。

3.2 维护保养

3.2.1 填埋场场区内设施、设备维护应符合下列规定：

1 定期检查维护，发现异常应及时修复；

2 供电设施、电器、照明、监控设备、通信管线等应由专业人员定期检查维护；

3 各种处理机械、设备及作业车辆均应进行必要的日常维护保养，并应按有关规定进行大、中、小修；

4 道路、排水设施等应定期检查维护；

5 避雷、防爆等装置应由专业机构进行定期检测维护；

6 各种消防设施、设备应进行定期检查、维护，发现失效或缺失应及时更换或增补。

3.2.2 所有计量设备、仪器、仪表应委托计量部门定期核定，出具检验核定证书。使用过程中，应定期核定计量系统，校对精度和误差范围，确保计量结果准确。

3.2.3 填埋场场区内各种交通、警示标志应定期检查、维护或更换。

3.3 安全操作

3.3.1 填埋场作业过程安全卫生管理应符合现行国

家标准《生产过程安全卫生要求总则》GB/T 12801 的有关规定。

3.3.2 各岗位安全作业规章制度应落实到每个岗位的操作人员。

3.3.3 填埋场作业人员应配备和使用有效的劳动保护及卫生防疫用品、用具，填埋场区现场的生产作业人员应着反光背心、佩戴安全帽；填埋场夜间作业时应设置必要的照明设施。

3.3.4 填埋场场区内应设置明显的禁止烟火、防爆标志。填埋区等生产作业区严禁烟火，严禁酒后上岗。

3.3.5 严禁非本岗位人员启、闭机械设备，管理人员不得违章指挥。

3.3.6 场内电器操作、机电及控制设备检修应严格执行电工安全有关规定。电源电压超出额定电压±10%时，不得启动机电设备。

3.3.7 维修机械设备时，不应随意搭接临时动力线。因确实需要，必须在确保安全的前提下，方可临时搭接动力线；使用过程中应有专职电工在现场管理，并设置警示标志。使用完毕应立即拆除临时动力线，移除警示标志。

3.3.8 皮带传动、链传动、联轴器等传动部件必须有防护罩，不得裸露运转。机罩安装应牢固、可靠。

3.3.9 场内的消防设施应分别按中危险级和轻危险级设置，其中填埋区应按中危险级考虑，并应符合国家现行标准《生活垃圾卫生填埋技术规范》CJJ 17 的有关规定。

3.3.10 消防器材设置应符合现行国家标准《建筑灭火器配置设计规范》GB 50140 的有关规定。

3.3.11 填埋场场区内的封闭、半封闭场所，必须保证通风、除尘、除臭设施和设备完好，正常运行。

3.3.12 填埋场场区发生火灾时，应根据火情及时采取相应灭火对策。

3.3.13 当填埋区需动火时，应遵循动火审批制度，采取相应的灭火措施，并监测动火区填埋气体情况。动火作业完成后必须进行场地清理与检查，防止自燃。

3.3.14 场内防火隔离带应定期检查维护，每年不少于2次。

3.3.15 场内应配备必要的防护救生用品及药品，存放位置应有明显标志。备用的防护用品及药品应按相关规定应定期检查、更换、补充。

3.3.16 在急弯、陡坡等易发生事故地方和机械、电气设备安装、修理现场必须设置安全警示标志。

3.3.17 应根据实际情况分别制定防火、防爆、防冻、防雪、防汛、防风、防滑坡、防塌方、防溃坝、防运输通道中断等针对应急事件的相关措施。

3.3.18 在进场入口处应对出入填埋场场区的车辆和人员进行登记。

3.3.19 外来人员不得随意出入填埋场区（填埋库区）。参观人员应经安全教育并配备必要的安全防护用品（安全帽、口罩等）后方可进入填埋区（填埋作业区）。

3.3.20 运行维护人员进入存在安全隐患（如有甲烷气体的密闭空间）的场所之前，应采取下列防范措施：
 1 通风；
 2 测试气体成分、气体温度；
 3 测试水深；
 4 佩戴防护用品；
 5 多人协同作业；
 6 其他必要措施。

4 垃圾计量与检验

4.1 运行管理

4.1.1 进场垃圾应称重计量和登记，宜采用计算机控制系统。

4.1.2 垃圾计量、登记应符合下列规定：
 1 进场垃圾信息登记内容应包括垃圾运输车车牌号、运输单位、进场日期及时间、垃圾来源、性质、重量等情况；
 2 垃圾计量系统应保持完好，计量站房内各种设备应保持使用正常；
 3 垃圾计量作业人员应做好每日进场垃圾资料备份和每月统计报表工作；
 4 作业人员应做好当班工作记录和交接班记录；
 5 计量系统出现故障时，应立即启动备用计量方案，保证计量工作正常进行；当全部计量系统均不能正常工作时，应采用手工记录，待系统修复后及时将人工记录数据输入计算机，保证记录完整准确。

4.1.3 进场垃圾检验应符合下列规定：
 1 填埋场入口处操作人员应对进场垃圾适时观察、随机抽查；
 2 应定期抽取垃圾来进行理化成分检测；
 3 不符合现行国家标准《生活垃圾填埋场污染控制标准》GB 16889 中规定的填埋处置要求的各类固体废物，应禁止进入填埋区，并进行相应处理、处置。

4.1.4 填埋作业现场倾卸垃圾时，一旦发现生活垃圾中混有不符合填埋处置要求的固体废物，应及时阻止倾卸并做相应处置，同时对其做详细记录、备案，按照安全作业制度及时上报。

4.2 维护保养

4.2.1 应及时清除地磅表面、地磅槽内及周围的污水和异物。

4.2.2 应根据使用情况定期对地磅进行维护保养和校核工作。

4.2.3 应定期检查维护计量系统的计算机、仪表、录像、道闸和备用电源等设备。

4.3 安全操作

4.3.1 地磅前后方应设置醒目的限速标志。

4.3.2 地磅前方 5m~10m 处应设置减速装置。

5 填埋作业及作业区覆盖

5.1 运行管理

5.1.1 应按设计要求和实际条件制定填埋作业规划，内容应包括：

1 填埋场分期分区作业规划；
2 分单元分层填埋作业规划；
3 分阶段覆盖以及终场覆盖作业规划；
4 填埋场标高、容量和时间控制性规划等。

5.1.2 应按填埋作业规划制定的阶段性填埋作业方案，确定作业通道、作业平台，绘制填埋单元作业顺序图，并实施分区分单元逐层填埋作业。

5.1.3 填埋区作业面（填埋单元）面积不宜过大，可根据填埋场类型按下列要求分类控制作业区面积：

1 Ⅰ、Ⅱ类填埋场作业区面积（m^2）与日埋量（t）比值为 0.8~1.0，暴露面积与作业面积之比不应大于 1:3。

2 Ⅲ、Ⅳ类填埋场作业区面积（m^2）与日填埋量（t）比值为 1.0~1.2，暴露面积与作业面积之比不应大于 1:2。

5.1.4 垃圾卸料平台和填埋作业区域应在每日作业前布置就绪，平台数量和面积应根据垃圾填埋量、垃圾运输车流量及气候条件等实际情况分别确定。

5.1.5 垃圾卸料平台的设置应便于作业并满足下列要求：

1 卸料平台基底填埋层应预先压实；
2 卸料平台的构筑面积应满足垃圾车回转倒车的需要；
3 卸料平台整体应稳定结实，表面应设置防滑带，满足全天候车辆通行要求。

5.1.6 垃圾卸料平台可以是建筑垃圾、石料构筑的一次性卸料平台，也可由特制钢板基箱多段拼接、可延伸并重复使用的专用卸料平台或其他类型的专用平台。

5.1.7 填埋作业现场应有专人负责指挥调度车辆。

5.1.8 填埋作业区周边应设置固定或移动式防飞散网（屏护网）。

5.1.9 填埋机械操作人员应及时摊铺垃圾，压实前每层垃圾的摊铺厚度不宜超过 60cm；单元厚度宜为 2m~4m；最厚不得超过 6m。

5.1.10 宜采用填埋场专用垃圾压实机分层连续碾压垃圾，碾压次数不应少于 2 次；当压实机发生故障停止使用时，应使用大型推土机替代碾压垃圾，连续碾压次数不应少于 3 次。压实后应保证层面平整，垃圾压实密度不应小于 $600kg/m^3$。作业坡度宜为 1:4~1:5。

5.1.11 填埋作业区应按照填埋的不同阶段适时覆盖，应做到日覆盖、中间覆盖和终场覆盖，日覆盖或阶段性覆盖层厚度均应符合国家现行标准《生活垃圾卫生填埋技术规范》CJJ 17 的规定。

5.1.12 垃圾填埋区日覆盖可采用土、HDPE 膜、LDPE 膜、浸塑布或防雨布等材料进行覆盖。采用土覆盖，其覆盖厚度宜为 20cm~25cm；斜面日覆盖宜采用膜或布覆盖。用其他散体材料作覆盖替代物时，宜参照土的覆盖厚度和性能要求确定其覆盖厚度。

5.1.13 中间覆盖宜采用厚度不小于 0.5mm 的 HDPE 膜或 LDPE 膜覆盖为主，也可用黏土，并应符合下列要求：

1 当采用 HDPE 膜、LDPE 膜、防雨布等材料进行中间覆盖时，应采取有效的气体导排措施，检查覆盖物与雨水边沟的有效搭接，并留有雨水沿坡向流向边沟的坡度；

2 当采用黏土进行平面中间覆盖时，其覆盖层应摊平、压实、整形，厚度不宜小于 30cm，不宜使用黏土进行斜面中间覆盖。

5.1.14 膜覆盖材料的选用应符合下列规定：

1 覆盖膜宜选用厚度 0.5mm 及以上、幅宽为 6m 以上的黑色 HDPE 膜或厚度 5mm 以上的膨润土垫（GCL），日覆盖亦可用 LDPE 膜；

2 日覆盖时膜裁剪长度宜为 20m 左右，中间覆盖时应根据实际需要裁剪长度，不宜超过 50m。

5.1.15 膜覆盖作业程序应符合下列规定：

1 进行膜覆盖时，膜的外缘应拉出，宜开挖矩形锚固沟并在护道处进行锚固；应通过膜的最大允许拉力计算，确定沟深、沟宽、水平覆盖间距和覆土厚度；

2 日覆盖时应从当日作业面最远处的垃圾堆体逐渐向卸料平台靠近，中间覆盖时宜采取先上坡后下坡顺序覆盖；

3 日覆盖时膜与膜搭接的宽度宜为 0.20m 左右，中间覆盖时 0.08m~0.10m 左右，盖膜方向应顺坡搭接（图 5.1.15-1）；

4 填埋场边坡处的膜覆盖，应使膜与边坡接触

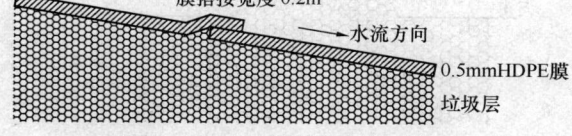

图 5.1.15-1 膜覆盖方向示意图

并有 0.5m～1m 宽度的膜盖住边坡，并铺至其上的锚固沟；

  5 中间覆盖时，膜搭接处宜采取有效的固定措施；

  6 覆盖后的膜应平直整齐，膜上需压放有整齐稳固的压膜材料；压膜材料应压在膜与膜的搭接处，摆放的直线间距 1m 左右；当日作业气候遇风力比较大时，也可在每张膜的中部摆上压膜袋，直线间距 2m～3m 左右（图 5.1.15-2、图 5.1.15-3）。

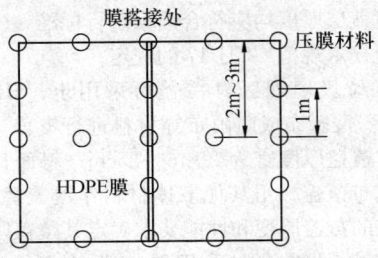

图 5.1.15-2 压膜材料摆放示意

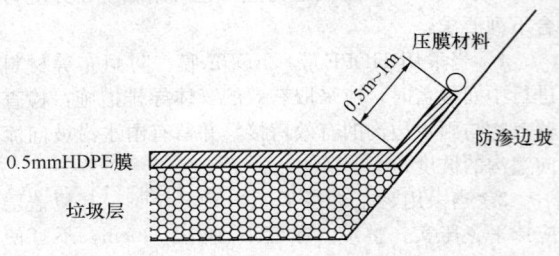

图 5.1.15-3 覆盖膜在防渗边坡上的示意

5.1.16 膜覆盖作业应符合下列规定：

  1 裁膜场地应宽敞、平整，不允许有碎石、树枝等尖锐物；

  2 覆盖前应先对垃圾堆体进行整平、压实，堆体坡度控制在不大于1：3；

  3 覆盖结束后，人员不宜在膜上行走；

  4 压膜材料应选择软性、不易风化的材料；膜覆盖作业及压膜作业应顺风操作；

  5 破损的压膜材料应及时修复或更换，并保持覆盖后的膜表面干净无杂物；

  6 垃圾堆体平整时，可根据实际情况开挖垃圾沟或填筑垃圾坝（图 5.1.16-1、图 5.1.16-2）。

5.1.17 达到设计终场标高的堆体应按照国家现行标准《生活垃圾卫生填埋场封场技术规程》CJJ 112 的

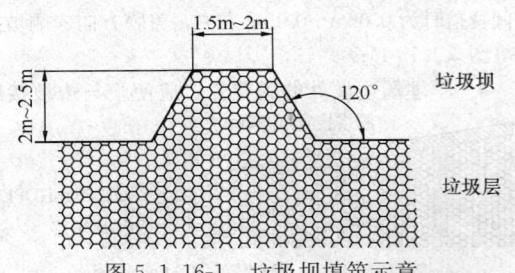

图 5.1.16-1 垃圾坝填筑示意

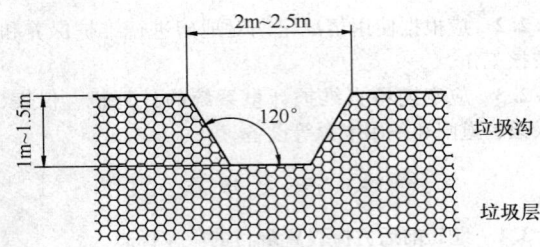

图 5.1.16-2 垃圾沟开挖示意

规定及时进行终场覆盖。

5.1.18 单元层垃圾填埋完成后，应保持雨污分流设施完好。

5.1.19 采取土工合成材料防渗的填埋场，填埋作业时应注意对防渗结构及填埋气体收集系统的保护，并符合下列规定：

  1 垃圾运输车倾倒垃圾点与压实机压实点的安全距离不应小于 10m；

  2 场底填埋作业应在第一层垃圾厚度 3m 以上时方可采用压实机作业；

  3 靠近场底边坡作业时，填埋作业机械距边坡的水平距离应大于 1m；

  4 压实机不应在填埋气体收集管周边 1m 范围内通过。

5.1.20 填埋场作业区臭气的控制应采取下列措施：

  1 减少和控制垃圾暴露面，及时覆盖；

  2 对渗沥液调节池进行封闭；

  3 提高填埋气体收集率；

  4 及时清除场区积水；

  5 对作业面及时进行消杀。

5.2 维护保养

5.2.1 填埋场场区内应有专人负责道路、截洪沟、排水渠、截洪坝、垃圾坝、洗车槽等设施的维护、保洁、清淤、除杂草等工作。

5.2.2 对场内边坡保护层、尚未填埋垃圾区域内防渗和排水等设施应定期进行检查、维护。

5.2.3 填埋单元阶段性覆盖乃至填埋场封场后，应对填埋场区（填埋库区）覆盖层及各设施定期进行检查、维护。

5.3 安全操作

5.3.1 填埋场区（填埋库区）内严禁捡拾废品，并严禁畜禽进入。

5.3.2 进场车辆倾倒垃圾时应有专人指挥，车辆后方 3m 内不得站人。

5.3.3 填埋区内作业车辆应服从调度人员指挥或按照规定路线及相关标识行驶，做到人车分流、车车分流，保证通行顺畅、有序。

5.3.4 当再次进行后续填埋作业、掀开已覆盖膜、布时，作业人员不应直接面对膜掀开处，应穿戴好劳动防护用品（必要时佩戴防护面具），同时依据具体情况采取局部喷洒水雾、除臭或灭虫药剂等处理措施。

5.3.5 填埋场区（填埋库区）应按规定配备消防器材，储备消防沙土，并应保持器材和设施完好。

5.3.6 填埋场区（填埋库区）发现火情应按安全应急预案及时灭火，事后应分析原因并重新评估应急预案，有针对性地改进预防措施。

5.3.7 当气温降至零度以下并出现冰冻现象时，应在填埋区坡道、弯道等处采取防滑措施。

6 填埋气体收集与处理

6.1 运行管理

6.1.1 单元式填埋作业在垃圾堆体加高过程中，应及时增高填埋气体收集井竖向高度，并应保持垂直。应在垃圾层达到 3m 以上厚度时，开始建设填埋气体收集井，并确保井内管道位置固定、连接密闭顺畅，避免填埋作业机械对填埋气体收集系统产生损坏。

6.1.2 填埋气体应合理利用；不具备利用条件的，应进行燃烧处理。

6.1.3 对各气体收集井、填埋分区干管及填埋场总管内的气体压力、流量、组分等基础数据应定期进行检测；填埋气体监测应符合现行国家标准《生活垃圾填埋场污染控制标准》GB 16889 的规定，所得数据应及时记录和存档。

6.2 维护保养

6.2.1 填埋气体收集井、管、沟应定期进行维护，清除积水、杂物，检查管道沉降，防止冷凝水堵塞，保持设施完好、管道畅通。

6.2.2 填埋气体燃烧和利用设施、设备应定期检查和维护。

6.3 安全操作

6.3.1 应保持填埋气体导排设施完好；应检查气体自然迁移和聚集情况，防止引起火灾和爆炸。

6.3.2 竖向收集管顶部应设顶罩；与填埋区临时道路交叉的表层水平气体收集管应采取加固与防护措施。

6.3.3 填埋气体收集井安装及钻井过程中应采用防爆施工设备。

6.3.4 填埋场区（填埋库区）上方甲烷气体浓度应小于 5%，临近 5% 时应立即采取相应的安全措施，及时导排收集甲烷气体，控制填埋区气体含量，预防火灾和爆炸。

6.3.5 填埋场区（填埋库区）及周边 20m 范围内不得搭建封闭式建筑物、构筑物。

7 地表水、地下水、渗沥液收集与处理

7.1 运行管理

7.1.1 填埋场场外积水应及时排导，场内应实行雨污分流，排水设施应定期检查维护，确保完好、畅通。

7.1.2 填埋场区未经污染的地表水应及时通过排水系统排走。

7.1.3 覆盖区域雨水应通过填埋场区内排水沟收集，经沉淀截除泥沙、杂物，水质达到填埋场所在区域水污染物排放要求后，汇入地表水系统排走。排水沟应保持坡度，确保排水畅通。

7.1.4 对非填埋区地表水应定期进行监测，被污染的地表水不得排入自然水体，也不得滞留进入填埋区，应及时排走。

7.1.5 填埋场区地下水收集系统应保持完好，地下水应顺畅排出场外。

7.1.6 填埋场应按照设计要求铺设竖向和水平渗沥液导排收集系统，层间导排收集沟（管）应保持大于 2% 的最小坡度，确保渗沥液及时导排。

7.1.7 应及时检查、评估、并疏通渗沥液导排系统。

7.1.8 填埋场渗沥液处理系统的运行管理应按照国家现行标准《城市污水处理厂运行、维护及安全技术规程》CJJ 60 的相关规定执行。

7.1.9 渗沥液处理后出水水质应符合现行国家标准《生活垃圾填埋场污染控制标准》GB 16889 的相关规定。

7.1.10 渗沥液处理系统产生的浓缩液及污泥应按照现行国家标准《生活垃圾填埋场污染控制标准》GB 16889 的相关规定进行处理。

7.1.11 应按照设计要求运行维护污水调节池，污水调节池产生的气体宜集中处理或利用。

7.1.12 大雨和暴雨期间，应有专人值班和巡查排水系统的排水情况，发现设施损坏或堵塞应及时组织人员处理。

7.2 维护保养

7.2.1 应定期全面检查、维护地表水、地下水、渗沥液导排收集系统，保持设施完好。

7.2.2 对场区内管、井、池、沟等难以进入的狭窄场所，应定期进行检查、维护，维护人员应配备必要的维护、检测与防护器具。

7.2.3 冬季场区内的管道所处环境温度降至 0℃ 以下时，应采取适当的保护措施，防止系统管道堵塞。

7.3 安全操作

7.3.1 填埋场场内贮水和排水设施竖坡、陡坡高差

超过 2m 时，应设置安全护栏和警示标志。

7.3.2 在检查井的入口处应设置警示或安全告示牌，设置踏步、扶手。人员进入前应先采取有效措施测试，在满足安全作业和通风条件下，配备有安全帽、救生绳、挂钩、吊带等安全用具时方可进入作业。

8 填埋作业机械

8.1 运行管理

8.1.1 作业前应对作业机械进行例行检查、保养。

8.1.2 作业机械操作前应观察各仪表指示是否正常；运转过程一旦发现异常，应立刻停机检查。

8.1.3 作业机械在斜面作业时宜使用低速挡，应避免横向行驶。

8.1.4 填埋作业机械应实行定车、定人、定机管理，并应执行交接班制度。

8.1.5 应对作业机械实行油耗定额管理，管理内容包括：

  1 根据机具的实际特点制定油耗定额，定期统计全场油料使用情况，并实行油耗考核制度；

  2 合理安排作业任务，准确核算机械行驶里程和燃油消耗情况，宜对生产用机械按任务量加油并计算日均作业油耗，非生产用车辆按月行驶里程（以百公里计）计算用油量；

  3 对机械或车辆实行定点加油，加油后驾驶人员应如实填写表单记录油料使用情况；

  4 提高驾驶人员节油意识，养成良好的驾驶习惯，监控防止高油耗的驾驶行为；

  5 各种废、旧油料应在指定的收集地点存放，不得随意倾倒。

8.2 维护保养

8.2.1 填埋作业机械设备应按要求进行日常或定期检查、维护、保养。

8.2.2 填埋作业机械停置期间，应对其定期清洗和保护性处理，履带、压实齿等易腐蚀部件应进行防腐、防锈。

8.2.3 作业机械的压实齿、履带磨损后应及时更换。

8.2.4 冬季填埋场场区环境温度低于 0℃ 时，应采取必要的防冻措施保护作业机械设备。

8.2.5 填埋作业完毕，应及时清理填埋作业机械上卡滞的垃圾杂物。

8.3 安全操作

8.3.1 作业人员应严格遵守填埋作业机械安全操作手册的规定，按照工序熟练进行操作。

8.3.2 失修、失保或有故障的填埋作业机械不得使用。

8.3.3 对填埋作业机械不宜拖、顶启动。

8.3.4 两台填埋作业机械在同一作业单元作业时，机械四周均应保证必要的安全作业间距。

8.3.5 填埋作业机械前、后方 2m、侧面 1m 范围内有人时，不得启动、行驶。

9 填埋场监测与检测

9.1 运行管理

9.1.1 填埋场开始运行前，应进行填埋场的本底监测，包括环境大气、地下水、地表水、噪声；填埋场运行过程中应依据现行国家标准《生活垃圾填埋场污染控制标准》GB 16889 进行环境污染、环境质量的监测以及填埋场运行情况的检测。

9.1.2 委托监测应由具备专业资质的环保、环卫监测部门（机构）进行并出具结果报告；委托监测项目应包括地下水、地表水、渗沥液、填埋气体、大气和场界噪声等内容；定期监测可选地表水、渗沥液、填埋气体等单一项目，每年宜进行 1 次全部项目的监测。

9.1.3 填埋场自行检测是以强化日常管理和污染控制为目的。自行检测项目应包括气象条件、填埋气体、臭气、恶臭污染物、降水、渗沥液、垃圾特性、堆体沉降、垃圾堆体内渗沥液水位、防渗衬层完整性、边坡稳定性、苍蝇密度等内容。检测项目与监测项目相同时，以监测为主，检测为辅；填埋场运营单位可根据运行需要选择检测项目和增减检测频次。

9.1.4 填埋场检测采用的采样、测试的内容、方法、仪器设备、标准物质等应符合国家现行相关标准的规定。

9.1.5 检测样品的采样点、样品名称、采样时间、采样人员、天气情况等有关信息应进行翔实记录。环境检测过程中还应有样品的唯一性标识和检测状态标识。

9.1.6 填埋场监测及检测报告宜按照年、季、月、日逐一分类整理归档。

9.1.7 已铺设的防渗衬层在其投入使用前，应对其进行防渗结构防漏探测，其检测方法应符合国家相关标准的规定。

9.1.8 渗沥液处理过程中应按下列要求进行工艺运行参数检测。

  1 渗沥液从进入调节池前至处理后外排，应进行流量、色度、pH 值、化学需氧量、生化需氧量、悬浮物、氨氮、大肠菌值的检测；应进行垃圾堆体渗沥液水位和调节池水位的检测；

  2 检测项目和方法应按照现行国家标准《生活垃圾卫生填埋场环境监测技术要求》GB/T 18772 的有关规定执行；

3 检测频率每月应不少于1次。

9.1.9 封场后渗沥液检测应按现行国家标准《生活垃圾卫生填埋场环境监测技术要求》GB/T 18772和国家现行标准《生活垃圾卫生填埋场封场技术规程》CJJ 112及封场设计文件的有关规定执行。

9.1.10 填埋场投入使用后应进行连续监测，直至填埋场封场后产生的渗沥液中水污染物浓度连续2年低于现行国家标准《生活垃圾填埋场污染控制标准》GB 16889中水污染物排放限值时为止。

9.1.11 地下水检测应符合下列规定：

1 采样点的布设：上游本底井（1个），以及下游污染监视井（2个）、污染扩散井（2个）和填埋库区防渗层下地下水导排口（排水井，1个）；大型填埋场可适当增加监测井的数量；

2 检测方法：应按照现行国家标准《生活垃圾卫生填埋场环境监测技术要求》GB/T 18772的有关规定执行；

3 检测项目：pH、肉眼可见物、浊度、嗅味、色度、总悬浮物、五日生化需氧量、硫酸盐、硫化物、总硬度、挥发酚、总磷、总氮、铵、硝酸盐、亚硝酸盐、大肠菌群、细菌总数、铅、铬、镉、汞、砷，及地下水水位变化；

填埋场运行过程中对地下水的自行检测，其检测项目则可以结合各地区地下水实际变化或影响情况适当选择；

4 检测频率：每年按照丰水期、枯水期、平水期各至少检测1次；地下水检测项目出现异常变化的，应对其增加检测频率，污染扩散井和污染监视井的检测不少于每月1次。

9.1.12 地表水检测应符合下列规定：

1 采样点：场界排放口；

2 检测方法：应按照现行国家标准《生活垃圾卫生填埋场环境监测技术要求》GB/T 18772的有关规定执行；

3 检测项目：pH、总悬浮物、色度、五日生化需氧量、化学需氧量、挥发酚、总氮、硝酸盐氮、亚硝酸盐氮、大肠菌群、硫化物；

填埋场运行过程中对地表水的自行检测，其检测项目则可结合各地区地表水实际变化或影响情况适当选择；

4 检测频率：每季度不少于1次；水处理后若出现连续外排不符合现行国家标准《生活垃圾填埋场污染控制标准》GB 16889规定时，每10日检测1次。

9.1.13 甲烷气体检测应符合下列规定：

1 填埋场应每天进行一次填埋区、填埋区构筑物、填埋气体排放口的甲烷浓度检测；

2 对甲烷的每日检测可采用符合现行国家标准《便携式热催化甲烷检测报警仪》GB 13486要求或具有相同效果的便携式甲烷测定器进行测定，对甲烷的监督性检测应按国家现行标准《固定污染源排气中非甲烷总烃的测定 气相色谱法》HJ/T 38中甲烷的测定方法进行测定。

9.1.14 场界恶臭污染物检测应符合下列规定：

1 采样点：在填埋作业上风向设1点，下风向至少布3点，采样方法应按现行国家标准《生活垃圾卫生填埋场环境监测技术要求》GB/T 18772和《恶臭污染物排放标准》GB 14554的有关规定执行；

2 检测项目：臭气浓度、氨气、硫化氢；

3 检测频率：应对场界恶臭污染物浓度每月检测1次。

9.1.15 总悬浮颗粒物检测应符合下列规定：

1 采样点：在填埋作业上风向布设1点，下风向布设4点，填埋场大气检测不应少于4点，采样方法应按现行国家标准《生活垃圾卫生填埋场环境监测技术要求》GB/T 18772的有关规定执行；

2 检测频率：应对场界总悬浮颗粒物浓度每季度检测1次。

9.1.16 填埋场应每季度对场界昼间和夜间噪声进行一次噪声检测。

9.1.17 苍蝇密度应符合下列要求：

1 检测点：填埋场内检测点总数不应少于10点，在作业面、临时覆土面、封场面设点检测，宜每隔30m～50m设点；每测面不应少于3点；用诱蝇笼采样检测；

2 检测方法：笼应离地1m，晴天监测，日出放笼，日落收笼，用杀虫剂杀死苍蝇，分类计数；

3 检测频率：应根据气候特征，在苍蝇活跃季节，一般4月～10月每月测2次，其他时间每月1次。

9.1.18 垃圾压实密度宜每2个月检测1次。

9.1.19 填埋作业覆土厚度应每月检测2次。取样部位和检测时间宜根据填埋作业实际制定，并注意垃圾沉降速率随填埋时间的非均匀性变化。

9.1.20 填埋作业区暴露面面积大小及其污染危害应每月检测2次。

9.1.21 填埋场区（填埋库区）边坡稳定性宜每月检测1次。

9.1.22 从填埋作业开始到封场期结束，对垃圾堆体沉降应每6个月检测1次。

9.1.23 降水、气温、气压、风向、风速等宜进行常年监测。

9.1.24 每月应对场区内的蚊蝇、鼠类等情况进行检查，并应对其危险程度和消杀效率进行评估，及时调整消杀方案。

1 鼠洞周围及鼠类必经之处应定期置放捕鼠器或灭鼠药，24h之后应及时回收捕鼠器和清理死鼠。

2 填埋区及其他蚊蝇密集区应定期进行消杀，

灭蝇应使用低毒、高效、高针对性药物，且定期调整灭蝇药物和施药方法。

9.2 维护保养

9.2.1 取样、检测仪器设备应按规定进行日常维护和定期检查，应有仪器状态标识。

9.2.2 检测仪器设备出现故障或损坏时，应及时检修。

9.2.3 贵重、精密仪器设备应安装电子稳压器，并由专人保管。

9.2.4 强制检定仪器应按规定要求检定。

9.2.5 仪器的附属设备应妥善保管，并应经常进行检查。

9.2.6 对填埋场区（填埋库区）监测井等设施应定期检查维护，监测井清洗频率不宜少于半年一次。

9.2.7 填埋场场区内设施、路面及绿地应定期进行卫生检查。

9.2.8 消杀机械设备应定期进行维护保养。

9.3 安全操作

9.3.1 填埋场区（填埋库区）各检测点应有可靠的安全措施。

9.3.2 填埋场场区内的易燃、易爆物品应置于通风处，与其他可燃物和易产生火花的设备隔离放置。剧毒物品管理应按有关规定执行。

9.3.3 化验带刺激性气味的项目必须在通风橱内进行，避免检测项目之间干扰。

9.3.4 测试、化验完毕，应及时关闭化验室的水、电、气、火源、门窗。

9.3.5 灭蝇、灭鼠消杀药物应按危险品规定管理。

9.3.6 消杀人员进行药物配备和喷洒作业应穿戴安全卫生防护用品，并应严格按照药物喷洒作业规程作业。

9.3.7 监测或检测人员进行样品采集和检验时应配备安全卫生防护用品。

9.3.8 各检测点以及易燃易爆物、化学品、药品等储放点应设置醒目的安全标示。

10 劳动安全与职业卫生

10.0.1 填埋场劳动安全与职业卫生工作应坚持预防为主的方针和防治结合的原则，应采取有效措施，消除或者减少有害生产人员安全和健康的因素，创造良好的劳动条件。

10.0.2 填埋场应建立健全劳动安全与职业卫生管理机制，确定专（兼）职管理人员，管理填埋场的劳动安全和卫生工作。应对新招收的人员进行健康检查，凡患有职业禁忌症的，不得从事与该禁忌症相关的有害作业；定期组织全场人员进行体检和复查工作；定期组织全场安全隐患的排查工作。

10.0.3 填埋场的劳动安全和职业卫生的防治工作应符合国家现行相关标准的规定。

10.0.4 填埋场管理人员应定期检查各部门的劳动安全与职业卫生的防治工作。

10.0.5 生产过程中有害因素控制应符合国家现行相关标准的规定。出现超过国家安全或卫生标准的，应制定治理规划，限期达标。治理规划及达标状况应按规定履行呈报程序并存档。

10.0.6 填埋场应将有害因素监控数据、生产事故记录情况及时报告当地安全监察部门；应将人员健康检查结果和职业性伤害的发生情况及时报告当地卫生防疫机构。遇有职业性严重伤害、中毒死亡或三人以上急性职业中毒情况的，以及重大安全事故造成严重伤亡情况的，应立即上报，并采取有效应对措施。

10.0.7 作业人员不得独自到存在安全隐患场所进行作业，应佩带安全防护用品、采取有效措施预防或对隐患进行安全处理之后方可进入。

10.0.8 填埋场应做好卫生清洁和免疫预防工作。工作结束后，各类人员应及时更换和清理工作服，将自己的日常服装、工作服装和个人的防护用品、设备分开存放。

10.0.9 填埋场应统一管理和配备工作服装与个人劳动防护用品、设备。各岗位作业人员应根据需要配备不同的劳动保护用品、设备，并按照要求正确使用和保管好劳动保护用品、设备。

11 突发事件应急处置

11.0.1 填埋场应建立健全突发事件应急处置制度，组建相应管理机构，制定应急预案及应急程序，落实专项费用、专职（或兼职）人员。

11.0.2 填埋场应根据其服务区（或所在城市）的社会经济情况与自然条件，对生活垃圾处理与管理系统可能遭遇的突发事件进行预判，根据自然灾害、事故灾难、公共卫生事件和社会安全事件等不同突发事件的性质、规模及可能的影响，制定多套应急预案及处置措施。

11.0.3 填埋场应根据危险分析和应急能力评估的结果，针对可能发生的灾害、事故和突发事件，参照《生产经营单位安全生产事故应急预案编制导则》AQ/T 9002的要求，划分应急级别，制定应急响应程序，明确参与应急处置的相应职能部门名称，以及在应急工作中的具体职责，编制应急预案。

11.0.4 填埋场应公布与社会相关突发事件报案联系方法，公告社会相关突发事件报告、处置的程序、方法及有关常识。

11.0.5 应定期组织管理和作业人员进行安全教育和应急演习，并进行检查、考核。

11.0.6 填埋场区内应划定一定面积的区域，以便在社会相关突发事件发生时作为接纳特种垃圾的临时堆存区。

填埋场本身出现事故或故障（如防渗层破裂、污水调节池漫坝、失火、爆炸，以及主要设备损毁等）而导致填埋场正常功能失效时，经上级批准后可以暂时关闭填埋场，在进场附近地点设置垃圾应急填埋区。

11.0.7 发生突发事件时，填埋场应立即启动应急预案，积极组织抢救、抢修等活动，防止事态扩大，最大限度减少人员伤亡、财产损失与环境污染，并及时向上级主管部门汇报和向相关部门通报突发事件性质、规模及处置情况。

11.0.8 场内突发事件处置完毕，填埋场应立即组织事故调查和受损程度评估，重新核定产能，积极恢复生产。

11.0.9 填埋场应通过签订协议、联合组队等形式与有关机构或单位建立突发事件协同处置机制。

12 资料管理

12.0.1 填埋场应建立运行维护技术档案，系统地记载填埋场运行期的全过程及主要事件。

12.0.2 填埋场应建立运行维护资料台账，主要内容应包括：
1 垃圾特性、类别及进场垃圾量；
2 填埋作业规划及阶段性作业方案进度实施记录；
3 填埋作业记录（倾卸区域、摊铺厚度、压实情况、覆盖情况等）；
4 污水收集、处理、排放记录；
5 填埋气体收集、处理记录；
6 环境监测与运行检测记录；
7 场区消杀记录；
8 填埋作业设备运行维护记录；
9 机械或车辆油耗定额管理和考核记录；
10 填埋场运行期工程项目建设记录；
11 环境保护处理设施污染治理记录；
12 上级部门与外来单位到访记录；
13 岗位培训、安全教育及应急演习等的记录；
14 劳动安全与职业卫生工作记录；
15 突发事件的应急处理记录；
16 其他必要的资料、数据。

12.0.3 应建立运行管理日报、月报和年报制度，系统、全面、及时进行数据、资料的收集、整理和报送工作。不得虚报、瞒报、迟报或伪造篡改。

12.0.4 归档文件资料保存形式应包括图表、文字数据材料、照片等纸质或电子载体。

12.0.5 工程建设的资料整理和保存应符合现行国家标准《城市建设档案著录规范》GB/T 50323 和《建设工程文件归档整理规范》GB/T 50328 的相关规定。运营管理的资料整理和保存应符合相关档案管理的要求。

本规范用词说明

1 为便于在执行本标准条文时区别对待，对于要求严格程度不同的用词说明如下：
 1）表示很严格，非这样做不可的：
  正面词采用"必须"；反面词采用"严禁"；
 2）表示严格，在正常情况下均应这样做的：
  正面词采用"应"；反面词采用"不应"或"不得"；
 3）表示允许稍有选择，在条件许可时首先应这样做的：
  正面词采用"宜"；反面词采用"不宜"；
  表示有选择，在一定条件下可以这样做的，采用"可"。

2 条文中指明应按其他有关标准执行的写法为："应符合……的规定（要求）"或"应按……执行"。

引用标准名录

1 《建筑灭火器配置设计规范》GB 50140
2 《城市建设档案著录规范》GB/T 50323
3 《建设工程文件归档整理规范》GB/T 50328
4 《图形符号 安全色和安全标志 第1部分：工作场所和公共区域中安全标志的设计原则》GB/T 2893.1
5 《工业企业厂内铁路、道路运输安全规程》GB 4387
6 《生产过程安全卫生要求总则》GB/T 12801
7 《便携式热催化甲烷检测报警仪》GB 13486
8 《恶臭污染物排放标准》GB 14554
9 《生活垃圾填埋场污染控制标准》GB 16889
10 《生活垃圾卫生填埋场环境监测技术要求》GB/T 18772
11 《生活垃圾卫生填埋技术规范》CJJ 17
12 《城市污水处理厂运行、维护及安全技术规程》CJJ 60
13 《生活垃圾卫生填埋场封场技术规程》CJJ 112
14 《环境卫生图形符号标准》CJJ/T 125
15 《生产经营单位安全生产事故应急预案编制导则》AQ/T 9002
16 《固定污染源排气中非甲烷总烃的测定 气相色谱法》HJ/T 38

中华人民共和国行业标准

生活垃圾卫生填埋场运行维护技术规程

CJJ 93—2011

条 文 说 明

修 订 说 明

《生活垃圾卫生填埋场运行维护技术规程》CJJ 93-2011，经住房和城乡建设部 2011 年 4 月 22 日以第 992 号公告批准、发布。

本规程是在《城市生活垃圾卫生填埋场运行维护技术规程》CJJ 93-2003 的基础上修订而成，上一版的主编单位是华中科技大学环境科学与工程学院，参编单位是深圳市下坪固体废弃物填埋场、建设部城市建设研究院、ONYX 环境技术服务有限公司、中山市环境卫生科技研究所、武汉华曦科技发展有限公司；主要起草人员是陈海滨、冯向明、李辉、王敬民、徐文龙、黎汝深、刘培哲、黎军、黄中林、张彦敏、汪俊时、钟辉、陈石、刘晶昊、刘涛。

本次修订的主要技术内容是：1.修改了规程的名称；2.增加了"术语"一章；3.细化了生活垃圾填埋场填埋作业及阶段性封场要求；4.补充了渗沥液收集与处置要求；5.调整了部分章节内容，将生活垃圾填埋场"虫害控制"与"填埋场监测"合并为"填埋场监测与检测"一章，并对原内容进行了细化；6.增加了"劳动安全与职业卫生"一章；7.增加了"突发事件应急处置"一章；8.增加了"资料管理"一章。

为便于广大设计、施工、科研等单位和学校有关人员在使用本标准时能正确理解和执行条文规定，《生活垃圾卫生填埋场运行维护技术规程》编制组按章、节、条顺序编制了本标准的条文说明，对条文规定的目的、依据以及执行中需注意的有关事项进行了说明。还着重对强制性条文的强制性理由作了解释。但是，本条文说明不具备与标准正文同等的法律效力，仅供使用者作为理解和把握标准规定的参考。

目　次

1　总则 …………………………………… 73—17
2　术语 …………………………………… 73—17
3　一般规定 ……………………………… 73—17
　　3.1　运行管理 ………………………… 73—17
　　3.2　维护保养 ………………………… 73—18
　　3.3　安全操作 ………………………… 73—18
4　垃圾计量与检验 ……………………… 73—19
　　4.1　运行管理 ………………………… 73—19
　　4.2　维护保养 ………………………… 73—19
　　4.3　安全操作 ………………………… 73—19
5　填埋作业及作业区覆盖 ……………… 73—20
　　5.1　运行管理 ………………………… 73—20
　　5.2　维护保养 ………………………… 73—21
　　5.3　安全操作 ………………………… 73—21
6　填埋气体收集与处理 ………………… 73—21
　　6.1　运行管理 ………………………… 73—21
　　6.2　维护保养 ………………………… 73—21
　　6.3　安全操作 ………………………… 73—21
7　地表水、地下水、渗沥液
　　收集与处理 …………………………… 73—22
　　7.1　运行管理 ………………………… 73—22
　　7.2　维护保养 ………………………… 73—22
　　7.3　安全操作 ………………………… 73—22
8　填埋作业机械 ………………………… 73—23
　　8.1　运行管理 ………………………… 73—23
　　8.2　维护保养 ………………………… 73—23
　　8.3　安全操作 ………………………… 73—23
9　填埋场监测与检测 …………………… 73—23
　　9.1　运行管理 ………………………… 73—24
　　9.2　维护保养 ………………………… 73—25
　　9.3　安全操作 ………………………… 73—25
10　劳动安全与职业卫生 ……………… 73—25
11　突发事件应急处置 ………………… 73—26
12　资料管理 …………………………… 73—26

1 总 则

1.0.1 编制本规程的目的在于加强和规范生活垃圾填埋场运行管理，提升管理人员和作业人员的业务水平，保证安全运行，规范作业，以提高效率，实现生活垃圾无害化处置的目的。

1.0.2 本条规定了规程的适用范围，即适用于生活垃圾卫生填埋场，并且包括城市垃圾综合处理厂中的填埋场；暂未达到卫生填埋场建设标准的一般垃圾填埋场和简易垃圾堆场应参照本规程执行。

1.0.3 本条规定了生活垃圾填埋场的运行、维护及安全管理除应执行本规程外，尚应执行现行国家和行业的有关标准。

2 术 语

本章对规程涉及的填埋场场区、填埋场区（填埋库区）、填埋区（填埋作业区）三个主要专业术语做出了定义。其他术语在《市容环境卫生术语标准》CJJ/T 65 等相关标准中已作定义或解释。

3 一般规定

3.1 运行管理

3.1.1 本条对填埋场各管理和生产人员完成本岗位工作提出了基本要求。

根据工作性和任务的不同，填埋场的人员可以划分为二类：（1）管理人员；（2）作业人员。其中，管理人员又可以划分为：行政管理人员与技术管理人员；作业人员可按照一线与二线进行划分，一线作业人员主要负责具体的岗位作业和设备操作，统称为生产作业人员；二线作业人员则主要负责设施设备的维护以及后勤辅助工作，统称为维护及后勤人员。考虑到填埋场实际的岗位划分，以及一部分人员配置时身兼多岗的需要，鼓励一专多能、办事责任心强和效率高的人员上岗。本规程对人员的划分不针对某一具体的填埋场，亦不涉及劳动工种划分，而只是强调人员及岗位的分配原则，同时为使本规程对人员及岗位划分的行文表述一致而在此说明。

3.1.2 本条对填埋场的运行管理制度提出要求，要以其工艺技术路线为主明确岗位需求，根据实际情况设定各岗位的操作手册和安全守则，建立健全操作规程和安全制度。同时，为较好地完成填埋场的垃圾处理、处置工作，要对各岗位人员进行上岗培训，明确提出考核和凭证上岗的要求。

3.1.3 本条对管理人员完成本职工作提出了基本要求，突出了掌握填埋场主要技术指标、熟悉和操纵设施、设备技能运行管理的要求。管理人员包括行政管理人员和技术管理人员，当然也包括填埋场负责人。

3.1.4 本条规定作业人员应按规定（如使用说明、操作规程、岗位责任制等）的要求，具备操作使用各种机械、设备、仪器、仪表的技能，也包括推土机、挖掘机、装载机、垃圾压实机等特种机械；应保持机械设备完好、整洁。

作业人员要坚守岗位，做好记录；记录应及时，记录内容应准确；并应定期检查管辖的设施设备及仪器仪表的运行状况。

不论是管理人员还是作业人员发现异常，应及时采取相应处理措施，并及时逐级上报。上报内容主要包括运行异常具体情况与原因、已采取的处理措施及效果、进一步的对策及请示上级解决的问题等。特殊或紧急情况可同时向多级领导部门报告。

3.1.5 本条规定填埋场场区道路应畅通，交通标志规范清楚，方便垃圾车辆快速进出。现行国家标准《工业企业厂内铁路、道路运输安全规程》GB 4387 就厂内道路、车辆装载、车辆行驶、装卸等各方面安全操作作出了具体规定。场区及填埋区内运输管理，应符合该规程的要求。交通标志同时应符合现行国家标准《图形符号 安全色和安全标志 第 1 部分：工作场所和公共区域中安全标志的设计原则》GB/T 2893.1 和《环境卫生图形符号标准》CJJ/T 125 的规定。

对于垃圾填埋场而言，控制进场垃圾车的车速非常重要。道路坡度大于 6% 或转弯半径小于 30m 时，车速不宜大于 15km/h。考虑到南北地理和气候差异，填埋场应根据具体情况，具备全天候安全通行条件并保持畅通运行的条件。

3.1.6 进入填埋场的固体废弃物应满足《生活垃圾填埋场污染控制标准》GB 16889 的相关规定。《国家危险废物名录》列入的各类危险废物均不得进入生活垃圾填埋场。此条为强制性条文。

家庭日常生活中产生的废药品及其包装物、废杀虫剂和消毒剂及其包装物、废油漆和溶剂及其包装物、废矿物油及其包装物、废胶片及废相纸、废荧光灯管、废温度计、废血压计、废镍镉电池和氧化汞电池以及电子类危险废物等，虽未列入《国家危险废物名录》，但也应尽量控制其不进入或少进入生活垃圾填埋场。不在控制危险废物名录下的家庭日常生活中所产生的废电池、化妆品等废品，应按照环保部门相关规定，进入符合要求的消纳场所。

3.1.7 因修筑填埋工作平台、临时道路、临时覆盖等需要，可允许接收适量建筑垃圾，但要与进场生活垃圾分开存放。

3.1.8 本条对出场垃圾车作出了规定，应进行必要冲洗以保持干净。在特殊时期，如有疫病控制要求时，为防止病毒、病菌传染扩散应进行消毒处理。

3.1.9 本条规定应保持填埋场场区干净整齐，绿化美化，消除蚊蝇滋生源，保持环境卫生，树立文明生产形象。并对填埋场内产生的积水和冲洗水的处理分别提出了要求，冲洗水不宜进入渗沥液处理设施，避免加重渗沥液处理的负荷。

3.2 维护保养

3.2.1 本条规定所指的设施、设备主要有各种路面、沟槽、护栏、爬梯、盖板、挡墙、挡坝、井管、监控系统、气体导排系统、渗沥液处理系统和其他各类机电装置等。各岗位人员负责辖区设施日常维护，部门及场部定期组织人员抽查。

各种供电设施、电器、照明设备、通信管线等应由专业人员定期检查维护；各种车辆、机械和设备日常维护保养及部分小修应由作业人员负责，中修或大修应由厂家或专业人员负责；避雷、防爆装置应由专业人员定期按有关行业标准检测。填埋场场区内的各种消防设施、设备应由岗位人员做好日常管理和场部专职人员定期检查。

3.2.2 地磅（或计量桥）应按要求定期由计量部门校核、检定，确保计量结果准确无误。操作人员应每日检查检验地磅的误差，保障称量准确。

3.2.3 本条规定对填埋场场区内各种交通告示或标志应定期进行检查，主要包括进场道路以及场区内交通标志、构筑物指示与安全告示或标志等。

3.3 安全操作

3.3.1 本条规定为达到实施全过程安全管理的目标，应严格按照现行国家标准《生产过程安全卫生要求总则》GB/T 12801 的基本要求，建立和完善全场范围内安全监督机制。

3.3.2 填埋场应根据本场实际情况和各岗位特点，制定具体明确的作业人员和管理人员安全与卫生管理规定，保障人员的安全和身体健康，如消杀岗位人员应规定连续工作 2 年需换岗；消杀时不得面对有人的方向近距离喷洒；不得在下风位置进行消杀作业；定期组织身体检查等。各岗位人员必须严格执行本岗位安全操作规程，这是防止安全事故的关键。

3.3.3 本条规定作业人员的劳动保护措施主要有：穿工作服、戴安全帽、佩戴口罩、使用卫生药品用具等；为保障夜间安全作业，现场的生产作业人员必须穿反光背心，并且要有必要的照明设施；女性作业人员不得穿裙子、披长发、穿高跟鞋等进行作业。

3.3.4 场内控制室、变电室、污水处理区、填埋区等区域是安全防范的重点区域，严禁烟火、严禁酒后上岗是安全生产的基本保证，所以作为强制性条文予以规定。

3.3.5 不熟悉本岗位机械设备性能和运行情况，易发生事故；管理人员违规指挥，也易损坏机械设备，甚至造成安全事故。作业人员有权拒绝执行管理人员的违规指挥。

3.3.6 启、闭电器开关、检修电器控制柜及机电设备操作不当，易发生事故，本条规定应按电工安全规定操作。

电机工作电源电压波动范围为±10%，因电压不稳会降低设备寿命，甚至烧毁电机。故此，机电设备的开机和使用时，应有安全运行保护措施。

3.3.7 本条规定维修机械设备时，不应随意搭接临时动力线，若确实需要，必须在安全前提下临时搭接动力线，并在使用过程应有专职电工在现场管理并设置临时警示标志，使用完毕应立即拆除。这是安全生产的基本保障措施之一，因而作为强制性条文予以规定。

3.3.8 本条规定皮带传动、链传动、联轴器等传动部件须有机罩安全措施，防止工伤事故；机罩安装应牢固、可靠，以防振脱、碰落。这是安全生产的基本保障措施之一，因而作为强制性条文予以规定。

3.3.9 填埋场运行阶段，应执行现行国家标准《建筑灭火器配置设计规范》GB 50140。根据规定的工业建筑灭火器配置场所的危险等级，应根据其生产、使用、储存物品的火灾危险性，可燃物数量，火灾蔓延速度，扑救难易程度等因素，划分为以下三级：

严重危险级：火灾危险性大，可燃物多，起火后蔓延迅速，扑救困难，容易造成重大财产损失的场所；

中危险级：火灾危险性较大，可燃物较多，起火后蔓延较迅速，扑救较难的场所；

轻危险级：火灾危险性小，可燃物较少，起火后蔓延较缓慢，扑救较易的场所。

对于生活垃圾填埋场而言，填埋区填埋气体中甲烷气含量高，化验室因有化学药品，火灾危险性较大，两者均按中危险级考虑。

火灾种类则根据《建筑灭火器配置设计规范》GB 50140 的要求，依其物质及其燃烧特性划分为 A、B、C、D、E 五类。

A 类火灾：固体物质火灾；

B 类火灾：液体火灾或可熔化固体物质火灾；

C 类火灾：气体火灾；

D 类火灾：金属火灾；

E 类火灾（带电火灾）：物体带电燃烧的火灾。

填埋场场区的消防措施应按 A、B、C、D、E 五类火灾考虑，其中填埋场区（填埋库区）应按 C 类火灾隐患考虑，而化验室可能涉及多类火灾隐患。

3.3.10 本条规定填埋场应按现行国家标准《建筑灭火器配置设计规范》GB 50140 的有关规定选择、设置消防器材，并应由专职人员负责日常维修管理和定期检查，及时更换失效或损坏的消防器材。

3.3.11 填埋场场区内的半封闭、封闭场都应该有通风措施，处于填埋场区（填埋库区）的半封闭、封闭场所易积聚甲烷气体，必须有良好通风措施，并保持通风设施和设备完好。这是根据填埋场特征提出的强制性条文。

在本规程第 6 章还规定了填埋场区（填埋库区）甲烷含量的安全浓度。

3.3.12 本条规定场区发生火灾应根据火灾性质、类别与着火地点，采用相应灭火对策，尤其是要重视气体火灾危害，做好预防工作。对于填埋区发生的气体火灾和非气体火灾，应采用不同的灭火方案进行处理。

3.3.13 本条明确了填埋区如因生产、施工等原因需动火时，动火前需要办理动火审批手续，做好相应动火准备，动火作业完成后必须对场地进行清理与检查。

3.3.14 本条明确应有必要措施防止填埋场火灾对周边树林的危害，如设置并维护防火隔离带（特别是顺风方向），或必要时设置起防火隔离作用的挡墙。

3.3.15 应在指定的、有明显标志的位置配备防护用品及药品，按照使用有效期限及时更换，以备突发事故或意外事故急用。备用的防护用品及药品应定期检查，必要时应更换、补充。

3.3.16 安全警示标志应符合《图形符号 安全色和安全标志 第 1 部分：工作场所和公共区域中安全标志的设计原则》GB/T 2893.1 和《环境卫生图形符号标准》CJJ/T 125 的相关规定。不同颜色可传递禁止、警告、指令、提示等信息，由安全色、几何图形和图形符号可构成表达特定安全信息的安全标志。安全标志不能代替安全操作规程和必要的防护措施，但可作为安全辅助措施，起到提醒和警示作用。

3.3.17 填埋场应根据《中华人民共和国突发事件应对法》、《突发公共卫生事件应急条例》、《生活垃圾应急处置技术导则》RISN-TG005－2008 等相关法规、标准，结合实际情况制订防火、防爆、防冻、防雪、防汛、防风、防滑坡、防塌方、防溃坝、防运输通道中断等方面应急方案和措施，如台风暴雨期间应有人员值班，应有应急抢险队员和器材。确保意外情况下将损失控制到最小。

3.3.18 本条规定了对进出填埋场场区的车辆进行管理的基本要求，有条件时应建立相应的自动记录归档系统，并与上级管理机构联网。

3.3.19 此条为保障外来人员和参观人员安全和填埋场安全的必要措施。应对参观人员进行必要的严禁烟火等安全教育。

3.3.20 本条所指存在安全隐患的场所包括：狭窄空间、封闭空间、有甲烷气体的容器（或密闭空间）、有溺水危险的地方等。

4 垃圾计量与检验

4.1 运行管理

4.1.1 由计算机自动计算和统计出进场垃圾重量及其他信息，提高智能化程度和作业效率。

4.1.2 本条规定应对进入填埋场的垃圾进行计量统计。

1 应登记进场垃圾运输车车牌号、运输单位、进场日期及时间、离场时间、垃圾来源、性质、重量等基本资料，及时掌握垃圾处理量和便于运输单位运输量查询，并为垃圾处理收费以及安全管理提供切实可靠数据。

2 垃圾计量系统主要设备有地磅（或计量桥）、仪表、传感器、计算机、录像机、道闸监控器等。

3 要求应做好每日记录资料备份工作，包括每日资料打印和计算机数据备份，同时做好每月统计报表工作。

4 应有当班工作记录和交换班记录，主要记录当班异常情况及注意事项，还应明确交接班人员及时间。

5 地磅系统出现故障应立即采取应急措施，如启动备用第二套磅桥、计算机或不间断电源等设备，保障系统正常使用。

全部计量系统发生故障时，应采用人工记录，同时由专职人员马上维修，系统修复后及时将人工记录数据录入计算机，保证记录完整准确。

4.1.3 本条规定定期进行生活垃圾的理化成分进行检测分析，必须参照《生活垃圾卫生填埋场环境监测技术要求》GB/T 18772 的规定，记录理化成分和变化，以保证填埋场的安全稳定运行。并且，对进入填埋场的固体废物（直接填埋的生活垃圾除外）也应符合《生活垃圾填埋场污染控制标准》GB 16889 的相关规定。

填埋场应对进入填埋场的垃圾，随时观察、随机抽查、检验，如发现混有违反国家相关标准规定的填埋固体废物时，应拒绝垃圾进场。生活垃圾中混有不满足进场要求的固体废物时，应经预处理后满足进场要求并经有资质的监测机构检测，在获得填埋场运营管理部门特许后，方可进入填埋区填埋。

4.2 维护保养

4.2.1 地磅（或汽车衡）的标准配置主要由承重传力机构（秤体）、高精度称重传感器、称重显示仪表三大主件组成。地磅上及周围有异物时会影响计量的准确度，因此要求作业人员应定期检查维护地磅，及时清除计量桥下面及周围的异物。

4.2.2 地磅易被腐蚀，需要定期维护保养，以保证其计量的准确。

4.2.3 除对在用计算机、仪表、录像、道闸等设施、设备开展日常维护外，还要定期对备用系统进行维护保养。

4.3 安全操作

4.3.1 地磅前后方设置过磅称量、出入通行、行车限速标志及车辆出入磅桥注意事项等标志说明，防止车辆碰撞地磅及附属设施。提示标识应符合《图形符号 安全色和安全标志 第1部分：工作场所和公共区域中安全标志的设计原则》GB/T 2893.1和《环境卫生图形符号标准》CJJ/T 125等现行国家标准的规定。

4.3.2 地磅前方设置减速装置，如减速带等，以便控制上磅车速不至于过快而影响正常称重。

5 填埋作业及作业区覆盖

5.1 运行管理

5.1.1 本条强调应有填埋作业规划。对大型填埋场应实行分区域填埋作业，利于实现科学管理，有效利用库容，实行雨污分流措施，减少渗沥液产生量。作业规划要依据填埋场设计、施工和实际情况制定，对于部分大型填埋场，会出现按照分区和分阶段要求建设和运行同时进行的情况，此时应对填埋作业制定更具针对性的规划要求。

5.1.2 本条强调应有填埋作业方案。对大型填埋场应实行分区域填埋作业，利于实现雨污分流措施，减少渗沥液产生量。作业方案依据填埋区分期分区要求，主要包括：作业通道、作业平台（含平台的设置数量、面积、材料、长度、宽度等参数要求）、场内运输、工作面转换、边坡（HDPE膜）保护、排水沟修筑、填埋气井安装、渗沥液导渗，还包括垃圾的摊铺、压实、覆盖等内容。

5.1.3 尽可能控制较小作业单元面积，有利于减少渗沥液量，减少作业暴露面，减轻臭气产生，提高压实效率。作业单元的大小主要依据每日进场垃圾量、推土机推运距等条件确定。对于Ⅰ、Ⅱ类填埋场，宜按照作业区面积与日填埋量两者数值之比0.8～1.0进行作业区面积的控制，并且按照暴露面积与作业面积之比不大于1：3进行暴露面积的控制；对于Ⅲ、Ⅳ类填埋场，宜按照作业区面积与日填埋量之比1.0～1.2进行作业区面积的控制，并且可按照暴露面积与作业面积之比不大于1：2进行暴露面积的控制。控制最小作业单元面积并做好当天及时覆盖，也是减少空气污染，控制虫害的关键。雨、雪季填埋区作业单元易打滑、陷车，应选择在填埋库区入口附近设置备用填埋作业区，以应对突发事件。

5.1.4 垃圾卸料平台和填埋区（填埋作业区）的大小主要依据垃圾运输车高峰期最大车流量和每日垃圾量以及气候等情况确定，在保障垃圾运输车及时卸料的前提下，尽可能控制较小作业平台，以节省费用，减轻污染。

5.1.5 本条明确规定了垃圾卸料平台设置时必须考虑的要求，目的是确保垃圾卸料作业安全、通畅。

5.1.6 垃圾作业平台的结构形式及其修筑材料可根据具体情况选用，而由钢板基箱拼装的专用卸料作业平台除了可重复使用，还具有较好的防沉陷能力，雨、雪期使用更能展现其特点和优势。

5.1.7 本条强调在填埋作业现场应有专人现场指挥垃圾定点倾倒工作，防止堵车和乱倒垃圾现象。

5.1.8 填埋作业区周边设置固定或移动式防飞散网（屏护网），目的是防止纸张、塑料等轻质垃圾的飘散，也降低大风天气对填埋作业的影响。

5.1.9 摊铺作业方式有由上往下、由下往上、平推三种，由下往上摊铺比由上往下摊铺难度大，但压实效果好。应依现场和设备情况选用，每层垃圾厚度为0.4m～0.6m为宜，单元厚度宜为2m～4m，最厚不得超过6m。

5.1.10 本条文明确了垃圾填埋压实作业具体要求。对于日填埋量小于200t的Ⅳ类填埋场，可采取推土机替代专用垃圾压实机完成压实垃圾作业，但应达到规定的压实密度。小型推土机来回碾压次数则按照垃圾压实密度要求，以大型推土机连续碾压的次数（不少于3次）进行相应的等量换算。

5.1.11 适时对填埋作业区进行覆盖的主要作用是防臭、防轻质、飞扬物质，减少蚊蝇及改善不良视觉环境。

日覆盖即每日填埋作业完成后应及时覆盖；中间覆盖即完成一个填埋单元或一个作业区作业时进行的阶段性覆盖；终场覆盖即填埋库区使用完毕，进行封场处理前对全部填埋堆体进行的覆盖。

《生活垃圾卫生填埋技术规范》CJJ 17中规定了日覆盖或阶段性覆盖层厚度。此外，冬季覆盖层厚度应保证掩埋好垃圾即可，夏季的日覆盖厚度应适当增加，以便掩盖住部分臭味，同时增加堆体的承载能力。

挖掘土和建筑渣土都可以用来作为覆盖材料（经建筑渣土的渗沥液由于其钙离子含量较高，导致处理更困难，因而一般不提倡使用），使用可降解塑料或可重复使用的聚乙烯膜进行覆盖也是经济可行的方法。日覆盖用土量应按计划要求，在尽可能接近工作面的位置卸车，不影响到垃圾摊铺和压实作业。可以在工作面的附近预备一些覆盖用土，以备在垃圾燃烧时隔绝空气灭火用或临时使用。

5.1.12 根据国内填埋场经验，采用黏土覆盖容易在压实设备上黏结大量土，对压实作业产生影响。因此日覆盖宜采用沙性土、堆肥产品甚至建筑垃圾（经筛选后）或其他能达到同等效果的材料。实践还表明，斜面日覆盖采用浸塑布或防雨布覆盖更合适。

5.1.13 中间（阶段）覆盖的主要目的是避免因较长时间垃圾暴露进入大量雨水，产生大量渗沥液，建议采用HDPE膜、LDPE膜、黏土或其他防渗材料进行中间（阶段）覆盖，黏土覆盖层厚度不小于30cm。

布、膜（特别是 HDPE、LDPE 膜）的拼装、覆盖应考虑其尺寸和理化特性。

5.1.14 本条是对膜覆盖所选用材料的类型、厚度，以及日覆盖与中间覆盖适宜的长、宽度分别作出了说明。

5.1.15 本条对生活垃圾填埋的膜覆盖作业的程序作出了规定，特别是对日覆盖、中间覆盖过程中覆膜顺序、搭接宽度、锚固和压膜等方面提出了具体要求，并采用图 5.1.15-1、图 5.1.15-2、图 5.1.15-3 分别对膜覆盖方向、压膜材料摆放位置及其在防渗边坡上作业方式进行了直观描述。

5.1.16 本条针对膜覆盖作业过程的注意事项提出了明确规定。

5.1.17 终场覆盖应按照《生活垃圾卫生填埋场封场技术规程》CJJ 112 的有关章节的要求执行。

5.1.18 保持填埋单元乃至场区雨污分流设施完好是实现雨污分流的前提与保证，所以将此内容作为强制性条文予以规定。

5.1.19 本条明确了采用土工合成材料防渗的填埋场，对库底首层和边坡作业时，应按设计文件、实际作业需要采取保护措施，尤其是注意场底首层垃圾的摊铺、填埋、压实作业，以防止后续若干层进行压实机（或其他作业车辆）作业时对场底防渗层和填埋气体收集系统带来破坏，也要注意防止作业机械进场地边坡作业给边坡防渗层和相应作业层带来的破坏。

5.1.20 本条明确了场区作业时对臭气进行防治的若干具体措施。

5.2 维护保养

5.2.1 本条强调应有专人负责各种设施日常维护保养工作，保持设施完好，正常发挥其功能。

5.2.2 边坡 HDPE 膜保护层、尚未填垃圾区域防渗和排水设施易损坏，应进行日常检查、维护管理。

5.2.3 本条规定即使完成填埋单元阶段性覆盖乃至封场后，也要对填埋场区（填埋库区）各种设施设备按设计要求定期检查、维护。

5.3 安全操作

5.3.1 当捡拾废品人员出现在填埋场区（填埋库区）或畜禽进入填埋场区，不仅影响填埋作业，而且还会损坏设施，甚至会产生人员安全事故，应对上述行为（现象）予以禁止，并作为强制性条文予以规定。

5.3.2 本条明确要求为保障作业人员安全，防止车辆倒车倾倒垃圾时出现工伤事故的措施。

5.3.3 本条规定了填埋区（填埋作业区）内车辆行驶作业要服从统一调度指挥，使人员和车辆分流，并遵守警示标识的限制要求。

5.3.4 本条规定了作业人员进行掀膜作业的安全操作要求。由于在使用 HDPE 膜、防雨布等覆盖的垃圾堆体中，会产生甲烷气、硫化氢等有害健康的气体。因此将其掀开时，必须有相应的防范措施。应注意覆盖材料的使用和回收，减低消耗。

5.3.5 填埋场区（填埋库区）应根据填埋场潜在火灾特性（参见本规程第 3.3.9 条）配备适用的消防器材，配备消防设施和消防材料，以备紧急情况下使用。

5.3.6 填埋场区（填埋库区）火情有不同类别与成因，如填埋气体收集井着火、垃圾体表层着火、垃圾体深层着火等情况，应按场内制订的安全应急预案采取有针对性地改进处理措施。

5.3.7 在坡道、弯道等处铺设砖石或建筑垃圾等都是冬季行车防滑的有效措施。

6 填埋气体收集与处理

6.1 运行管理

6.1.1 填埋气体收集井内管道连接顺畅是气体顺畅收集的基本保证，填埋作业过程中应对填埋气体收集系统及时加以保护。如设计中的气体收集系统的建设是在填埋过程中进行的，那么应在垃圾填埋层达到一定高度之后开始建设填埋气体收集系统，同时要确保垃圾层加高过程中及时增加气体收集井的竖向高度。

6.1.2 根据国外经验，填埋垃圾总量达 200 万 t 以上和填埋厚度达 20m 以上，具备利用条件可考虑回收利用。利用形式有发电、民用或充当汽车燃料等形式，有一定经济效益。不能利用的，应收集集中后燃烧处理，可采用火炬法。填埋气体中 50%～60% 是甲烷，30%～40% 是二氧化碳，还含有少量其他气体。甲烷和二氧化碳是产生温室效应的有害气体。

6.1.3 对填埋气体收集系统气压、流量等基础数据定期检测可找出产生气体的规律，为改进和完善气体收集系统提供依据。

6.2 维护保养

6.2.1 填埋气体收集井、管、沟易积杂物而堵塞，应定期检查维护，确保完好，清除积水、杂物，防止冷凝水堵塞；定期检查管道的沉降。

6.2.2 本条是对气体燃烧、利用设施或设备的维护保养所提出的要求，如开放式火炬、封闭式火炬、气体与处理系统、内燃式发电机等。由于填埋气体腐蚀性大、杂质多，维护保养是很重要的。

6.3 安全操作

6.3.1 填埋场区（填埋库区）应设置有效的填埋气体导排设施，并确保其运行安全有效。根据填埋场是否具备填埋气体利用条件的不同，填埋气体应及时采用主动或被动导排的方式，进行收集利用或集中燃烧处理。未达到卫生填埋安全稳定运行条件的旧填埋场，也应设置有效的填埋气体导排和处理设施，可以选择有效的被动控制的方式进行导排、燃烧处理。

6.3.2 为防止垃圾掉入或堵塞或雷击或阳光直射，引起燃烧、爆炸等事故，应在竖向收集管顶部设顶罩；表层水平方向气体收集管有重型机械设备通过易造成损坏，应采取加套钢管或加铺钢板等临时加固措施。

6.3.3 为防止填埋气体收集井加高、延伸及钻井施工过程发生火灾或爆炸，填埋气体收集井安装及钻井过程中应采用防爆施工设备。

6.3.4 填埋场区（填埋库区）内甲烷气体浓度大于5％时，应马上采取控制甲烷气体逸出或其他应对安全措施，预防发生火灾和爆炸事故。此条为强制性条文。

6.3.5 为避免填埋气体积聚并爆炸、着火，填埋场区（填埋库区）内及周边 20m 内不能建造封闭式建（构）筑物（如休息室、储物间等）。此条为强制性条文。

7 地表水、地下水、渗沥液收集与处理

7.1 运行管理

7.1.1 本条规定填埋场区（填埋库区）外及时实行积水排导，场内排水应实行雨污分流，并要求保持排水设施完好。填埋区渗沥液由收集系统收集后汇入调节池。填埋场区（填埋库区）覆盖面雨水由专门收集系统收集经沉沙后排入地表水系统。

7.1.2 进入填埋场区（填埋库区）后的任何水质，在不清楚其中成分的情况下，不得随意排放，必须经过严格的监测达标后方能外排，若不达标的可按渗沥液处理。填埋场内地表水也应通过各级台阶的排水沟和竖井排走。雨期时必要情形下可以考虑增加排水沟导排。

7.1.3 本条规定覆盖区地表水收集方式、排走途径等具体措施。

7.1.4 本条规定应定期对非填埋区地表水水质进行定期监测，地表水水质达到填埋场所在区域水污染物排放限值要求后，宜直接汇入地表水系统排走；地表水水质未达到填埋场所在区域水污染物排放限值要求的，不得排入自然水体，应经相应处理后排走；地表水有较多泥沙、杂物的，要经沉砂处理。

7.1.5 填埋场区（填埋库区）的地下水应通过场底收集系统排出场外，不得与渗沥液混流，以减少渗沥液处理量。地下水水质达到填埋场所在区域水污染物排放限值要求后，宜直接汇入地表水系统排走；地下水水质未达到填埋场所在区域水污染物排放限值要求的，不得排入自然水体，应经相应处理后排走。

7.1.6 为保证渗沥液导排收集系统的效果，水平导渗收集沟（管）应保持大于 2％的坡度。

7.1.7 本条是对渗沥液收集和处理工作出现异常情况时应采取的措施提出了要求，有效解决导排沟管堵塞、流量不足等问题。

7.1.8 目前国内规模化处理达标的渗沥液处理厂很少，采用的工艺、设备、自动化程度差别较大，尚难统一操作规程，在填埋场渗沥液处理技术标准正式颁布之前，填埋场渗沥液处理系统宜参照《城市污水处理厂运行、维护及安全技术规程》CJJ 60 运行管理。

7.1.9 鉴于填埋渗沥液处理工艺的多样化和复杂性，且国内已稳定运行的填埋渗沥液处理厂不多，本规程不对这部分内容作具体规定。填埋场附属渗沥液处理设施可按其设计文件并参照《生活垃圾填埋场污染控制标准》GB 16889 要求和其他相关标准规定，达到出水水质标准。

7.1.10 对于渗沥液处理站产生的浓缩液和污泥，应明确后续处理措施，如渗沥液回灌、污泥再填埋等处理方式，须确保处理效果，尽可能降低整个填埋处理系统负荷。

7.1.11 本条规定，对污水调节池应按设计要求进行运行管理，做好安全记录，对加盖的污水调节池产生的气体应及时收集处理，暂时不能资源化利用的也应经燃烧处理。

7.1.12 大雨和暴雨期间，排水系统易出现问题，应安排专人值班，来回巡查，发现问题及时报告并组织人员处理，确保排水畅通。

7.2 维护保养

7.2.1 本条所指的地表水、地下水系统设施主要有总截洪沟、各层锚固 HDPE 膜平台截洪沟、排水渠、沉沙池、检查井、急流槽、涵洞、格栅等。

7.2.2 本条所要求配备的器具和设备主要包括铁铲、编织袋、疏通管道专用工具及绳梯、安全带、安全帽、呼吸器等用具。

7.2.3 本条规定管道在环境温度降至零度以下时须有防冻的措施，如将其安装在室内、加裹保温层、排空管道等。

7.3 安全操作

7.3.1 沉砂池、调节池、储水池、集液井等贮水设施和竖坡、陡坡高差超过 2m 的，易发生安全事故，应设置安全护栏和警示标志。

7.3.2 检查井入口处设置的警示、告示牌应符合《图形符号 安全色和安全标志 第 1 部分：工作场所和公共区域中安全标志的设计原则》GB/T 2893.1 和《环境卫生图形符号标准》CJJ/T 125 等现行国家标准的规定；备有的安全器具的型号、规格及质量均应符合国家相关标准的规定或要求，必要时必须佩戴

防毒面具方可进入。

8 填埋作业机械

8.1 运行管理

8.1.1 压实机、推土机、挖掘机、装载机、自卸车等填埋作业机械工作前重点检查内容是：各系统管路有无裂纹或泄漏；各部分螺栓连接件是否紧固；各操纵杆和制动踏板的行程、履带的松紧程度是否符合要求；压实机的压实齿有无松动现象；制动装置的可靠性等。

8.1.2 仪表是标示启动和运转过程中机械设备状态的直接标志。

8.1.3 斜面作业有较大坡度，使用高速挡易损坏机械，摊铺和压实作业过程中，横向作业易发生翻车事故，应尽可能避免横向行驶。

8.1.4 填埋作业机械实行定人、定机管理和执行交接班制度，有利于落实责任，减少故障。每班作业完毕应记录当班机械使用情况、异常情况、注意事项、作业时间、操作人员等基本情况。

8.1.5 加强车辆油耗定额的制定、考核及管理，各单位应根据自身的实际特点制定定额，不断修订完善定额，保持定额处于合理水平，可以节约能源，可以降低运输成本，减少能耗和环境污染，提高车辆使用性能。

油耗定额水平的制定，定额过高而考核标准较松，容易出现跑、冒、滴、漏，导致油耗升高和浪费；定额过低，可能造成服务质量的下降或车辆机件设备的损坏，导致考核难于执行。合理的定额水平应是在正常的运行使用下，使大多数车辆能低于或接近控制线，少数超过或略超控制数的水平。这样的定额水平才能促进生产，及时发现车辆或人员的不正常使用状况，有效控制消耗。

实践证明，一般采用的"经验估工法"对企业制定油耗定额具有很强的借鉴作用，这种方法的优点是简单易行，工作量小，制订定额比较快。缺点是对组成定额的各种因素（如车辆、驾驶人、实载率、气候等）不能仔细分析和计算，技术根据相对不足，受估工人员主观的因素影响大，容易使定额出现偏高或偏低的现象，因而定额的准确性较差。为提高估工的准确性，则可采用"概率估工"法，计算公式为：

$$P = M + \lambda \cdot \sigma \quad (1)$$

式中，P 为估算的消耗定额；M 为平均消耗定额；λ 为标准偏差系数；σ 为标准偏差。

平均消耗定额 M 的计算公式为：

$$M = (a + 4c + b)/6 \quad (2)$$

式中，a 为先进消耗；b 为保守消耗；c 为有把握消耗。

标准偏差系数 λ 在通常情况下，可取值 1.5～2 较为适宜。

标准偏差 σ 的计算公式为：

$$\sigma^2 = (b-a)^2/6 \quad (3)$$

消耗定额的有效实施，要有与定额相配套的生产技术条件和组织措施：（1）以一定的生产技术条件为基础，加强生产技术和装备水平。（2）合理安排运输任务，协调好生产组织和劳动组织。（3）定点加油，收集废油，按时保养，定期检测是定额有效实施的前提条件。（4）加强驾驶人员技术培训，推广先进节油经验和节油常识。（5）加强定额执行情况的统计、检查和分析，同时积累资料，为进一步修订定额提供参考依据。

8.2 维护保养

8.2.1 填埋机械设备的日常维护、保养由操作设备的作业人员完成，定期检修、维修和零部件更换应有专业机械师会同作业人员完成。

8.2.2 填埋场内机械易腐蚀，停置时间较长的，要做好机械清理工作，对履带、压实齿等易蚀部件必须进行防腐、防锈处理。

8.2.3 履带、压实齿等磨损到一定程度，会影响压实效果，是维修保养乃至更换的重点。

8.2.4 有条件时宜将填埋机械设备停放在车库内（包括临时工棚），否则也应采取覆盖（覆裹）保暖层、排空机械设备自带水循环管路等措施。

8.2.5 填埋作业环境恶劣，作业完毕，应及时清理作业机械上杂物，保持干净，并做日常保养工作，如打黄油、检查部件有无松脱等。

8.3 安全操作

8.3.1 鉴于垃圾填埋场的特殊环境、填埋作业的特定工艺技术，以及填埋机械设备的专业性，作业人员应严格遵守安全操作手册的要求。

8.3.2 失修、失保、带故障的机械易发生机械和人身安全事故。

8.3.3 作业机械功率大，拖、顶启动易损坏机械。

8.3.4 本条规定多台机械在同一作业面作业时的安全距离。

8.3.5 此条作为强制性条文予以规定是为了保护现场作业人员。

9 填埋场监测与检测

监测与检测均是环境污染控制的重要措施，两者既有联系又有区别——前者通常是环境保护主管部门为了实施监督管理对项目进行环境背景条件、排污情况或环境质量等进行的检验、测试，而后者是环境管理的主体或客体为了掌握项目的环境背景条件、排污情况或环境质量等进行的测试。从技术层面看，监测与检测的内容（指标）总体上应是一致的，采用的方法、标准及其仪器设备应是相同的。

垃圾填埋场运行过程中污染控制涉及的环境检测属后者，即通过对特定项目（指标）检测，了解、判断填埋场各环节、各方面运行是否正常、稳定，进而采取正确的调控措施。因此，检测工作可由填埋场自行完成，也可委托专业机构完成。无论由谁承担特定项目（指标）的检测，都必须采用同样的测试方法与标准，符合国家现行法规、标准的有关规定。

9.1 运行管理

9.1.1 全过程监测与检测是掌控垃圾填埋场运行状态的必要措施，这需要以填埋垃圾前的本底监测作为参照，因而将本底监测、过程监测及检测的相关要求作为强制性条文予以规定。填埋过程检测要求见本节，封场后相关检测参见国家现行标准《生活垃圾卫生填埋场封场技术规程》CJJ 112 的规定。

9.1.2 本条对填埋场应进行的委托监测提出了总体要求，并进行了区分。监测是为了对填埋场运行进行监管，具有管理控制性。填埋全过程应控制的环境指标非常多，本条从垃圾填埋场涉及的环境影响诸方面内容，包括地下水、地表水、渗沥液、填埋气体、大气和场界噪声等提出监测的要求。具体指标应按照现行相关国家标准执行。

9.1.3 本条对填埋场应进行的自行检测提出了总体要求。填埋场自行检测是为了对填埋场的日常运行进行监控，具有生产指导性。自行检测项目规定的是填埋过程应检测的内容，便于随时掌握填埋作业情况，保证填埋场运行质量。本条列举了检测的内容，包括气象条件、填埋气体、臭气、恶臭污染物、降水、渗沥液、垃圾特性、堆体沉降、垃圾堆体内渗沥液水位、防渗衬层完整性、边坡稳定性、苍蝇密度等，根据需要还可增加覆土厚度、垃圾暴露面、边坡坡度、垃圾堆体高程、垃圾堆体沉降等检测项目。本条还指出检测项目与监测项目相同时，要以监测为主，检测为辅；填埋场运营单位可根据运行需要选择检测项目和增减检测频次。

9.1.4 本条规定所采用采样、测试的内容、方法、仪器设备、标准物质等都应符合本规程引用标准名录中所列相关标准的要求。按照标准执行次序的规则，有强制性标准（或条文）时，应首先选择国家、行业或地方强制性标准（或条文）中的内容、方法；无强制性标准时，宜参考选择国际标准或国外标准，以及国家推荐性标准、行业标准、地方标准、企业标准中的内容、方法。对非标准方法、自行设计（制定）的方法、超出其预定范围使用的标准方法、扩充和修改过的标准方法需进行确认，以证实该方法适用于预期的用途。

9.1.5 本条规定所采样品以及在样品流转时所应标明的具体内容。

9.1.6 本条规定编制检测报告及规范管理的具体要求，检测项目年报应上交场部资料室保存。

9.1.7 保持防渗衬层完整性是防止渗漏、保护地下水的基本条件，对其进行防漏探测非常必要。

对于生活垃圾填埋工程项目，一次铺设的防渗层达数千甚至数万平方米，但其防渗功能则在防渗膜铺设后的数年内分区分单元受纳垃圾时才逐步得以体现。因此，在填埋垃圾前应该再次进行防漏探测。

目前国内外已经开发了填埋场防渗结构潜在渗漏破损电学探测技术，并且有效地用于填埋场建设和运行。这一技术的检测原理是利用土工膜的电绝缘性和垃圾的导电性。如果土工膜没有被破坏，则由于土工膜的绝缘性不能形成电流回路，检测不到信号；如果土工膜破损，电流将通过破损处（漏洞）而形成电流回路，从而可以检测到电信号，根据检测信号的分布规律定位漏洞。目前用于 HDPE 土工膜电学渗漏检测主要两种方式：双电极法和水枪法。

9.1.8 本条规定了应对渗沥液检测的项目、采样量和采样方法的执行标准，以及渗沥液的检测频率。要求按照工艺控制要求进行，可利用在线监测系统进行检测或进行专门采样检测。

9.1.9 本条明确了封场后进行渗沥液检测的依据。

9.1.10 本条规定对渗沥液的监测应连续进行。按照监测期限，直至封场稳定出水达标排放，符合《生活垃圾填埋场污染控制标准》GB 16889 中水污染物排放限值的要求。

9.1.11 本条规定了检测项目采样点的布设点位应包含的地点和位置；规定了检测应按何种方法执行；规定应对地下水进行的检测项目（不同质量类型地下水监测项目应参照《地下水质量标准》GB/T 14848 中的规定）；规定了检测频率。

9.1.12 本条规定地表水监测采样点一般为场界排放口，但为了掌握场内地表水情况，也可根据情况和需要选择其他部位进行采样分析；规定了采样方法应按照何种标准执行；规定了地表水应检测项目及其频率。

9.1.13 本条规定应对填埋场甲烷进行定期检测的位置和应采用的检测方法。有条件的填埋场，在填埋气发电车间、泵房等密闭设施空间应设填埋气监测报警系统。

9.1.14 本条规定了场界恶臭污染物检测的采样点、检测项目和检测频率。

9.1.15 本条规定了对填埋场总悬浮颗粒物进行检测的采样点和检测频率。

9.1.16 本条规定对填埋场噪声的检测频率。

9.1.17 本条规定苍蝇密度检测点的布设方法、苍蝇密度检测采样方法以及苍蝇密度检测频率。

9.1.18 本条规定了填埋作业垃圾压实密度的检测频率。

9.1.19 本条规定了填埋覆土厚度的检测频率。垃圾沉降可以布点设置沉降标志，经沉降仪的对沉降标志刻度的测定，通过前后对同一地点的对比测定结果反映沉降变化情况。

9.1.20 本条规定了垃圾填埋作业区暴露面检测频率。

9.1.21 本条规定了垃圾填埋区边坡坡度检测频率。

9.1.22 本条规定了垃圾堆体沉降监测点的设置和监测频率。所用的沉降标志应用低碳钢钢桩埋入耐硫酸盐腐蚀混凝土桩管内，也可用水准仪设点测量。

9.1.23 填埋场在运行期应常年进行降水、气温、气压、风向、风速的监测，为填埋场的安全运行提供基础数据。

9.1.24 各填埋场可根据自身要求及地理、气候等多方面条件，摸清蚊蝇、鼠类繁衍规律并制定切实有效的消杀方案。提出了灭鼠具体措施，规定在 24h 之后应及时回收捕鼠器和清理死鼠是为了防止出现人员误伤和环境污染。经验表明，蚊蝇卵未成蝇前消杀（如在傍晚时分，在蚊蝇生长繁殖区域有针对性消杀，一周 2 次～3 次）能达到较好消杀效果。应采用低毒、高效、高针对性环保型药物灭蝇，以减少对生态环境的负面影响。由于存在抗药性问题，一般需半年左右调整药物，可取得较好消杀效果。

9.2 维护保养

9.2.1 应按有关要求对取样、分析化验及检测仪器设备进行日常维护保养和定期检查，确保正常使用和必要精确度。

9.2.2 仪器设备出现故障或损坏时，应及时查明原因，并进行维修，不得带故障使用。设备维修后，应检定合格方可使用。

9.2.3 贵重、精密仪器设备安装电子稳压器确保正常使用。专人保管，有利于落实责任。

9.2.4 强制检定的监测仪器，应送有检定资质的机构定期检定。

9.2.5 本条规定仪器的附属设备应妥善保管，并进行经常性检查维护。

9.2.6 本条规定监测井等监测设施应定期检查维护，监测设施清洗频率不少于半年一次。

9.2.7 从消除蚊蝇孳生地考虑，应定期对场区内设施、路面、绿地等范围进行环境卫生检查，消除积水。

9.2.8 消杀机械主要有消杀车、台式和背式消杀罐，各填埋场应根据情况选用。一般来说，小范围的用背式消杀罐较好，大范围的用消杀车或台式消杀罐可减轻劳动强度，提高效率。

9.3 安全操作

9.3.1 各检测点的安全措施包括防止检测点被破坏，采样过程防火、防爆、防滑等措施。

9.3.2 各种易燃易爆物的使用保存都应注意控制火源及起火的另外两个条件——氧和起燃温度，应将易燃易爆物置于阴凉通风处，与其他可燃物和易产生火花的设备隔离放置。剧毒物品严格履行审批手续。

9.3.3 带有刺激性气味的有害气体，会影响人体健康，应在通风橱中进行分析化验。避免检测项目之间有干扰。

9.3.4 本条规定在测试、化验结束后应进行的常规性工作。

9.3.5 目前所采用的灭蝇、灭鼠药物均对人体有不同程度影响，药物管理应符合远离办公、生活场所，单独房屋存放、专人保管等危险品管理规定。

9.3.6 本条规定了消杀人员在配药和劳动保护的具体措施。喷洒药物过程应与现场填埋作业人员保持 20m 以上距离，药物不得喷洒到人体和动物身上，并注意天气条件，如气温、风向等，遇大风、暴雨等特殊气候条件时不宜进行消杀作业。此条作为强制性条文予以规定是为了保护作业现场工作人员。

9.3.7 本条规定了监测人员在样品采集和检验中劳动保护的具体措施。

9.3.8 本条是强制性条文，强调应在各种监测点和各类检测仪器设备旁以及易燃易爆物、化学品、药品等储放点设置醒目警示标志。

10 劳动安全与职业卫生

10.0.1 本条规定了填埋场劳动安全和卫生保护工作遵循的原则。

10.0.2 本条作为强制性条文提出，是为了强化填埋场劳动安全和卫生管理，以保障人员健康。劳动卫生管理机构、专（兼）职管理人员的职责是：

  1 制定劳动安全和卫生方面的长期规划和年度计划；

  2 对作业场所有害因素进行监控；

  3 对人员的健康进行监护；

  4 负责劳动安全和卫生工作人员的培训和劳动卫生知识的宣传教育；

  5 负责劳动卫生与职业病的体检组织和报告工作；

  6 负责劳动安全措施监督实行，开展安全隐患排查工作，以及安全防护用具的配备、检查和更替等工作；

  7 负责所属填埋场的卫生防疫、医疗保健机构，开展劳动卫生与职业病防治工作。

10.0.3 本条规定了填埋场的劳动安全和卫生防治工

10.0.4 本条明确了填埋场的管理人员在劳动安全与卫生方面的责任。

10.0.5 本条指出填埋场对超过国家安全或卫生标准的有害因素要实行分期治理，限期整改。治理工作规划要得到上级主管部门的批准。

10.0.6 本条规定填埋场应实行安全和卫生的报告制度。对于出现的重大安全事故或健康危害，应立即上报，实行突发事件的应急预案，及时采取有针对性的措施进行处理，保障人员安全健康，保障资产安全。

10.0.7 本条规定了为确保人员安全，禁止作业人员在存在安全隐患场所单独作业。所指存在安全隐患的主要场合：自然通风不足或产生缺氧环境的、可能有危险气体的、进出通道可能受限制的、存在被洪水淹没危险的、存在失足落水危险的、存在触电危险的。

10.0.8 由于垃圾卫生填埋场会产生一些有害物质，因而在填埋场注意卫生清洁和免疫工作是保障人员健康安全的一个重要部分。

10.0.9 填埋场应配备必要的劳动防护用品、设备，进行统一管理，按照不同岗位需要分配到个人。应特别注意的是，作业人员在进入收集渗沥液的管道竖井或深井泵房时，要注意安全，由于渗沥液含有大量的有害物质，也会散发出强烈刺激性气味，容易造成人体伤害。另外，沼气也有可能进入这些部位。因此，除常规的急救用品、防护用品之外，还应戴上防毒面具，防止爆炸的便携照明灯，便携式的气体感应器等。

11 突发事件应急处置

11.0.1 本条作为强制性条文，明确要求填埋场应具备应对及处置突发事件引发的相关问题的能力。

垃圾填埋场涉及的突发事件包括场内突发事件和社会相关突发事件。场内突发事件主要是运行过程中出现的安全、环保、卫生事故，或机械设备故障等情况；社会相关突发事件则是与填埋场乃至生活垃圾处理系统有关的、存在潜在环境污染危害等负面影响的事件、事故、状况，包括特殊气候、洪灾、火灾、地质灾害、生产事故、公共卫生、社会安全等多种类型突发事件时出现的相关问题。

11.0.2 制定填埋场突发事件应急预案及处置措施的基本依据有《中华人民共和国突发事件应对法》、《国家突发环境事件应急预案》、《环境保护行政主管部门突发环境事件信息报告办法（试行）》、《突发公共卫生事件应急条例》、《生产经营单位安全生产事故应急预案编制导则》AQ/T 9002、《生活垃圾应急处置技术导则》RISN-TG005-2008 等。

制定填埋场突发事件应急预案及处置措施应考虑的主要因素有灾害性质、类别（自然灾害、事故灾难、公共卫生事件和社会安全事件）及影响、服务范围及生活垃圾排放情况、所在地区的气候条件（降雨、洪水、台风、潮汛、地震等）、重大社会活动、市政设施设备条件（道路、交通条件等）、相关垃圾处理设施布局、规模及工艺特征等。

11.0.3 本条规定，为预防重大自然灾害和作业事故，降低灾害或事故的危害，需要制定符合填埋场运行实际的应急预案并根据应急级别，建立应急响应体系，按照计划定期组织人员培训和应急演练。应急预案的编制和实施要明确各部门以及各岗位作业人员的具体职责。应急预案应按照综合预案、专项预案、现场预案三个层次进行编制，应急程序应分为基本应急程序和专项应急处置程序。

11.0.4 填埋场公布的社会相关突发事件报案联系方法应包括：受理机构名称、联系电话以及必要的其他信息。

11.0.5 定期组织进行防火、防爆、防雷安全教育和演习，适时进行考核，可有效提高管理和操作人员的安全意识和专业技能，及时防止安全事故发生。同时能够应对雨雪、雷电等恶劣天气条件，及时采取相关安全措施保障填埋作业及场区安全。

11.0.6 本条所说的特种垃圾是指突发事件中产生的非生活垃圾，其中部分垃圾理化性状不明或特别，不宜直接填埋处置，需做进一步处理。突发事件特种垃圾临时堆场的规模、结构及占地面积应因地制宜，根据备选应急预案及其工艺技术路线确定。

填埋场因本身的事故或设备故障导致其功能失效的情况出现时，同样应该有应急处置对策。在这种情况下，应就近设置应急填埋场临时堆存垃圾。在填埋场完全恢复运行后，再将垃圾转移至就近的填埋场进行处置。

11.0.7 本条强调填埋场在对发生的突发事件作应急处置时，应及时向上级部门、相关部门报告或通报相关情况，必要时还可向社会公布事态进展情况。

11.0.8 事故调查应尊重科学、实事求是，按照"四不放过"的原则进行，且应符合《生产安全事故报告和调查处理条例》（中华人民共和国国务院令第493号）的有关规定。

11.0.9 大部分突发事件单靠填埋场一家是难以应对的，因此建立协同应急处置机制非常必要。要明确填埋场场内、场外的协同措施，也要明确自然危害下或人为因素下的协同措施。协同组织形式包括与相关部门、机构共享信息资料；与专业运输企业统一运输工具调度；与其他垃圾处理设施互补产能、互换设备等。

12 资料管理

12.0.1 将各类原始记录（如机械、设备、仪器、仪表等）和技术资料分门别类归档有助于填埋场规范化管理和稳定运行，同时为新填埋场的设计、建设和运行管理提供依据。资料文献管理既要注意原始台账保留；又要进行必要的归纳、汇总处理。

12.0.2 本条对资料管理台账的范围和内容提出了基本要求。

垃圾填埋统计量：包括垃圾特性、类别及填埋量，既是反映处理场产能、产量的基础数据，又是核准完成任务量、计算处理费的依据，必须确保统计的准确性。垃圾填埋处理量须由主管（监管）部门（或其代理人）认可。有条件时，填埋场处理量统计系统应与上级主管（监管）部门（或其代理人）管理系统联网。

填埋作业规划及阶段性作业方案进度实施记录：

填埋作业记录：作业记录首先要说明填埋场作业按填埋规划和作业计划要求展开的，做好倾卸区域、摊铺厚度、压实情况、覆盖情况等日工作记录，保持记录清晰，易于识别和检索。记录应字迹清晰、真实、准确、完整、记录及时、签名齐全、不得涂改；记录不得用铅笔和圆珠笔书写，记录空白栏目应划去。

污水收集、处理、排放记录：包括污水收集的数量、水质，处理设施的运行情况、进水和出水水质，排放的水量和排放管道的运行维护情况等。

填埋气体收集、处理记录：包括填埋气体的收集设施运行情况、收集数量和气体组成分析，气体处理设施运行情况等。

环境监测与运行检测记录：监测与检测内容（项目）参见本规程第9章的相关条文。

场区消杀记录：主要是定期对蚊蝇进行喷洒药剂，除虫除害这一环节及其实施效果的记录。

填埋作业设备运行维护记录：包括各种填埋设备和机械的运行、维修记录。

机械或车辆油耗定额管理和考核记录：针对作业机械或车辆实施油耗定额管理的记录，包括实际油耗使用明细、油料库存量、废旧油料回收量、油料盈亏量、油料定额变更情况、油料使用奖惩考核情况等。

填埋场运行期工程项目建设记录：指填埋场正式投入运行之后，对增加的建设项目进行管理的记录。

环境保护处理设施污染治理记录：主要是指填埋场为达到环境保护控制指标，各种处理设施的污染治理情况以及运行、改造等的记录。

上级部门与外来单位到访记录：包括来访部门（单位）、人员（头衔、数量），来访主题（参观、考察项目、内容），陪同人员，交流记录（特别是提出的意见与建议）。

岗位培训、安全教育及应急演习等的记录：包括岗位培训、安全教育及应急演习的参加对象、内容、时间、地点、效果及评价等的记录。

劳动安全与职业卫生工作记录：包括劳动安全和卫生方面的长期规划和年度计划，安全与卫生重大事故情况报告，劳动安全工作日志，体检及复查记录，有害因素治理规划和实施记录等。

突发事件的应急处理记录等：填埋场处置（涉及）的各种突发事件的发生时间、处理过程和结果的记录。

12.0.3 运行管理日报文件（表）应在三天内整理完毕，并由当事人和报告人（或制表人）签名。

运行管理月报文件（表）应在第二个月的第一周内整理完毕，并由报告人（或制表人）签名。

运行管理年报文件（表）应在第二年度的第一个月内整理完毕，并由报告人（或制表人）签名。

12.0.4 特殊情况下，也可将少量实物样品归档保存，如理化特性稳定的膜、管等重要材料或零部件。

12.0.5 本条规定了工程建设项目资料管理和保存应执行的标准，并且应符合档案管理的具体要求。

中华人民共和国行业标准

城镇供热管网结构设计规范

Code for structural design of heating
pipelines in city and town

CJJ 105—2005
J 457—2005

批准部门：中华人民共和国建设部
实施日期：2005年12月1日

中华人民共和国建设部
公　告

第 367 号

建设部关于发布行业标准《城镇供热管网结构设计规范》的公告

现批准《城镇供热管网结构设计规范》为行业标准，编号为 CJJ 105 - 2005，自 2005 年 12 月 1 日起实施。其中，第 2.0.6、2.0.7、2.0.11、4.2.1、4.2.6、6.0.6（1）条（款）为强制性条文，必须严格执行。

本规范由建设部标准定额研究所组织中国建筑工业出版社出版发行。

中华人民共和国建设部
2005 年 9 月 16 日

前　言

根据建设部建标〔2002〕84 号文的要求，规范编制组在广泛调查研究，认真总结实践经验，参考有关标准的基础上，制定了本规范。

本规范的主要技术内容：1. 总则；2. 材料；3. 结构上的作用；4. 基本设计规定；5. 静力计算；6. 构造要求。

本规范由建设部负责管理和对强制性条文的解释，由主编单位负责具体技术内容的解释。

本规范主编单位：北京市煤气热力工程设计院有限公司（地址：北京市西单北大街小酱坊胡同甲 40 号；邮政编码：100032）。

本规范参编单位：北京市市政工程设计研究总院
北京交通大学
中国市政工程东北设计研究院
中国市政工程西北设计研究院
北京五维地下工程有限公司

本规范主要起草人：陆景慧　雷宜泰　翟荣申
杨成永　田韶英　刘　安
樊锦仁　陈浩生

目　次

1 总则 …………………………………… 74—4
2 材料 …………………………………… 74—4
3 结构上的作用 ………………………… 74—5
　3.1 作用分类及作用代表值 …………… 74—5
　3.2 永久作用标准值 …………………… 74—5
　3.3 可变作用标准值及准永久值系数 … 74—5
4 基本设计规定 ………………………… 74—7
　4.1 一般规定 …………………………… 74—7
　4.2 承载能力极限状态计算规定 ……… 74—8
　4.3 正常使用极限状态验算规定 ……… 74—10
5 静力计算 ……………………………… 74—11
　5.1 管沟及检查室 ……………………… 74—11
　5.2 架空管道支架 ……………………… 74—12
6 构造要求 ……………………………… 74—12

附录A 管沟及检查室结构受热温度
　　　 计算方法 ………………………… 74—13
附录B 管沟及检查室结构土压力标
　　　 准值的确定 ……………………… 74—15
附录C 地面车辆荷载对管沟及检查
　　　 室结构作用标准值的计算
　　　 方法 ……………………………… 74—15
附录D 柔性支架、刚性支架
　　　 的判别 …………………………… 74—16
附录E 钢筋混凝土矩形截面处于受弯
　　　 或大偏心受拉（压）状态时的
　　　 最大裂缝宽度计算 ……………… 74—17
本规范用词说明 ………………………… 74—17
条文说明 ………………………………… 74—19

1 总 则

1.0.1 为在城镇供热管网结构设计中贯彻执行国家的技术经济政策，做到技术先进、经济合理、安全适用、确保质量，制定本规范。

1.0.2 本规范适用于城镇供热管网工程中下列结构的设计：
 1 放坡开挖或护壁施工的明挖管沟及检查室；
 2 独立式管道支架，包括固定支架、导向支架及活动支架。

1.0.3 直埋敷设热力管道固定墩结构设计及检查室结构抗倾覆、抗滑移稳定验算应符合国家现行标准《城镇直埋供热管道工程技术规程》CJJ/T 81 的规定。

1.0.4 城镇供热管网结构设计，除应符合本规范外，尚应符合国家现行有关标准的规定。

2 材 料

2.0.1 结构工程材料应根据结构类型、受力条件、使用要求和所处环境等选用。

2.0.2 结构混凝土的最低强度等级应满足耐久性要求，且不应低于表 2.0.2 的规定。对于接触侵蚀性介质的混凝土，其最低强度等级尚应符合现行有关标准的规定。

表 2.0.2 结构混凝土的最低强度等级

结构类别		最低强度等级
管沟及检查室	盖板、底板、侧墙及梁、柱结构	C25
架空管道支架	柱下独立基础	C20
	支架结构	C30

注：非严寒和非寒冷地区露天环境的架空管道支架，其支架结构混凝土的最低强度等级可降低一个等级。

2.0.3 混凝土、钢筋的设计指标应符合现行国家标准《混凝土结构设计规范》GB 50010 的规定。

钢材的设计指标应符合现行国家标准《钢结构设计规范》GB 50017 的规定。

砌体材料的设计指标应符合现行国家标准《砌体结构设计规范》GB 50003 的规定。

2.0.4 位于地下水位以下的管沟及检查室，应采用抗渗混凝土结构，混凝土的抗渗等级应按表 2.0.4 的规定确定。相应混凝土的骨料应选择良好级配；水灰比不应大于 0.5。

当混凝土满足抗渗要求时，可不做其他防渗处理。对接触侵蚀性介质的混凝土，应按现行有关标准或进行专门试验确定防腐措施。

表 2.0.4 混凝土的抗渗等级

最大作用水头与混凝土构件厚度比值 i_w	抗渗等级 Pi
<10	P4
10～30	P6
>30	P8

注：抗渗等级 Pi 的定义系指龄期为 28d 的混凝土构件，施加 $i×0.1$MPa 水压后满足不渗水指标。

2.0.5 最低月平均气温低于 $-3℃$ 的地区，受冻融影响的结构混凝土应满足抗冻要求，并按表 2.0.5 的规定确定。

表 2.0.5 混凝土的抗冻等级

工作条件 最低月平均气温	位于水位涨落区及以下部位		位于水位涨落区以上部位
	冻融循环总次数 ≥100	冻融循环总次数 <100	
低于 $-10℃$	F300	F250	F200
-3～$-10℃$	F250	F200	F150

注：1 混凝土的抗冻等级 Fi，系指龄期为 28d 的混凝土试件经冻融循环 i 次作用后，其强度降低不超过 25%，重量损失不超过 5%；
 2 冻融循环总次数系指一年内气温从 $+3℃$ 以上下降至 $-3℃$ 以下，然后回升至 $+3℃$ 以上的交替次数。

2.0.6 结构混凝土中的碱含量不得大于 $3.0kg/m^3$。

2.0.7 结构混凝土中的氯离子含量不得大于 0.2%。

2.0.8 在混凝土中掺用外加剂的质量及应用技术应符合现行国家标准《混凝土外加剂》GB 8076、《混凝土外加剂应用技术规范》GB 50119 的规定。

2.0.9 在管道运行阶段，当受热温度超过 20℃ 时，管沟及检查室结构混凝土的强度值及弹性模量值应予以折减，不同温度作用下的折减系数应按表 2.0.9 的规定确定。结构构件的受热温度可按本规范附录 A 的规定计算确定。

表 2.0.9 混凝土在温度作用下强度值及弹性模量值的折减系数

折减项目	受热温度（℃）			受热温度的取值
	20	60	100	
轴心抗压强度	1.0	0.85	0.80	轴心受压及轴心受拉时取计算截面的平均温度，弯曲受压时取表面最高受热温度
轴心抗拉强度	1.0	0.80	0.70	
弹性模量	1.0	0.85	0.75	承载能力极限状态计算时，取构件的平均温度，正常使用极限状态验算时，取内表面最高温度

注：当受热温度为中间值时，折减系数值可线性内插求得。

2.0.10 位于地下水位以上的管沟及检查室可采用砌体结构。

2.0.11 砌体结构管沟及检查室的砌体材料，应符合下列规定：

1 烧结普通砖强度等级不应低于 MU10；砌筑砂浆应采用水泥砂浆，其强度等级不应低于 M7.5。

2 石材强度等级不应低于 MU30；砌筑砂浆应采用水泥砂浆，其强度等级不应低于 M7.5。

3 蒸压灰砂砖强度等级不应低于 MU15；砌筑砂浆应采用水泥砂浆，其强度等级不应低于 M10。

4 混凝土砌块强度等级不应低于 MU7.5；砌筑砂浆应采用砌块专用砂浆，其强度等级不应低于 M7.5。混凝土砌块砌体的孔洞应采用强度等级不低于 Cb20 的混凝土灌实。

3 结构上的作用

3.1 作用分类及作用代表值

3.1.1 结构上的作用可分为下列三类：

1 永久作用，主要包括结构自重、竖向土压力、侧向土压力、热力管道及设备自重、地基的不均匀沉降等。

2 可变作用，主要包括地面车辆荷载、地面堆积荷载、地表水或地下水的静水压力（包括浮托力）、固定支架的水平推力、导向支架的水平推力、管道位移在活动支架结构上产生的水平作用、架空管道支架上的风荷载、检修操作平台上的操作荷载、温度影响、吊装荷载、流水压力、融冰压力等。

3 偶然作用，指在使用期间不一定出现，但发生时其值很大且持续时间较短，如爆炸力、撞击力等，应根据工程实际情况确定需要计入的偶然作用。

3.1.2 结构设计时，对不同作用应采用不同的代表值；对永久作用应采用标准值作为代表值；对可变作用应根据设计要求采用标准值、组合值或准永久值作为代表值。

作用的标准值，应为设计采用的基本代表值。

对偶然作用应根据工程实际情况，按结构使用特点确定其代表值。

3.1.3 当结构承受两种或两种以上可变作用时，在承载能力极限状态按基本组合设计或正常使用极限状态按标准组合设计中，对可变作用应按组合规定，采用标准值或组合值作为代表值。

可变作用组合值，应为可变作用标准值乘以作用组合系数。

3.1.4 正常使用极限状态按准永久组合设计时，应采用准永久值作为可变作用的代表值。

可变作用准永久值，应为可变作用标准值乘以用准永久值系数。

3.1.5 使结构或构件产生不可忽略的加速度的作用，应按动态作用考虑，可将动态作用简化为静态作用乘以动力系数后按静态作用计算。

3.2 永久作用标准值

3.2.1 结构自重标准值，可按结构构件的设计尺寸与材料单位体积的自重计算确定。

3.2.2 管沟及检查室结构上的竖向土压力及侧向土压力标准值，应按本规范附录 B 的规定计算确定。

3.2.3 热力管道及设备自重标准值，应按下列规定计算确定：

1 热力管道及设备自重标准值，应为管材、保温层、管内介质及管道附件自重标准值之和。

2 蒸汽管道的管内介质自重标准值，在管道运行阶段，应根据管道运行工况和疏水设备布置情况进行分析，当可能有冷凝水积存时，应考虑管道内的冷凝水积存量；在管道试压阶段，应按管道充满水计算。

3 作用在管道支架结构上的管道自重标准值，应计入管道失跨的影响，作用标准值应按下式计算：

$$G = \lambda q L \qquad (3.2.3)$$

式中 G——支架结构上的管道自重标准值（kN）；

λ——管道失跨系数，一般取 1.5，当有可靠工程经验时，可适当减小；

q——单位长度管道自重标准值（kN/m）；

L——管道跨距（m），若支架两侧的跨距不等时，可取平均值。

对蒸汽管网紧邻管道阀门及弯头的管道支架，在管道运行阶段，作用在结构上的管道自重标准值应按动态作用考虑，动力系数可取 1.5。

3.2.4 地基的不均匀沉降，应按现行国家标准《建筑地基基础设计规范》GB 50007 的有关规定计算确定。

3.3 可变作用标准值及准永久值系数

3.3.1 地面车辆荷载对管沟及检查室结构的作用标准值及准永久值系数应按下列规定确定：

1 地面车辆载重等级、规格形式应根据地面车辆运行情况并结合规划确定。

2 地面车辆的载重、车轮布局、运行排列等，应按国家现行标准《公路桥涵设计通用规范》JTG D60 的规定确定。

3 地面车辆荷载对结构的竖向压力及侧向压力标准值，可按本规范附录 C 的规定计算确定。

4 地面车辆荷载准永久值系数 ψ_q 应取 0.5。

3.3.2 地面堆积荷载标准值可取 $10kN/m^2$，其准永久值系数 ψ_q 可取 0.5。

3.3.3 埋设在地表水或地下水以下的管沟及检查室结构，应计算作用在结构上的静水压力（包括浮托力），作用标准值及准永久值系数应按下列规定确定：

1 水压力标准值相应的设计水位，应按水文部门或勘察部门提供的数据采用。

2 地表水或地下水的静水压力标准值应按设计水位至计算点的水头高度与水的重力密度的乘积计算。

3 地表水的静水压力水位宜按设计频率1%采用。相应准永久值系数，当按最高洪水水位计算时，可取常年洪水位与最高洪水位水压头高度的比值。

4 地下水的静水压力水位，应考虑近期内变化的统计数据及对设计基准期内发展趋势的变化进行综合分析，确定其可能出现的最高及最低水位。

应根据对结构的作用效应，选定设计水位。相应的准永久值系数，当采用最高水位时，可取平均水位与最高水位的比值；当采用最低水位时，ψ_q 应取1.0。

5 浮托力标准值应按最高水位至结构底板底面（不包括垫层）的水头高度与水的重力密度的乘积计算。对岩石地基，当有可靠工程经验时，浮托力标准值可根据岩石的破碎程度适当折减。

6 地表水或地下水重力密度标准值可取 $10kN/m^3$。

3.3.4 固定支架的水平推力，其标准值应根据管网的布置及运行条件确定；相应的准永久值系数 ψ_q 可取1.0。

3.3.5 导向支架的水平推力，其标准值应根据管网的布置及运行条件确定；相应的准永久值系数 ψ_q 可取1.0。

3.3.6 管道位移在活动支架上产生的水平作用，其标准值应按下列规定确定；相应的准永久值系数 ψ_q 可取1.0。

1 对于支架柱嵌固于基础的独立式活动支架，应对支架结构进行刚性支架、柔性支架的判别，判别方法应符合本规范附录D的规定。

2 刚性支架上的水平作用，其标准值应按公式3.3.6-1和3.3.6-2计算，荷载作用点取管托底面。

$$F_{mx} = \frac{I_y \Delta_x}{\sqrt{(I_y \Delta_x)^2 + (I_x \Delta_y)^2}} \mu G \quad (3.3.6-1)$$

$$F_{my} = \frac{I_x \Delta_y}{\sqrt{(I_y \Delta_x)^2 + (I_x \Delta_y)^2}} \mu G \quad (3.3.6-2)$$

式中 F_{mx}、F_{my}——分别为管道位移在刚性支架柱上产生的沿截面 x、y 两主轴方向的水平作用标准值（kN）；

Δ_x、Δ_y——分别为管道在支架处沿支架柱截面 x、y 两主轴方向的位移值（mm），应根据管网的布置及运行条件确定；

μ——摩擦系数。不同材料之间的摩擦系数可按表3.3.6的规定确定；

I_x、I_y——分别为支架柱截面对于 x、y 两主轴的惯性矩（mm^4）。

表3.3.6 不同材料之间的摩擦系数

材料类别	摩擦系数
钢沿钢滑动	0.3~0.35
钢沿混凝土滑动	0.6
聚四氟乙烯沿不锈钢或镀铬钢滑动	0.1
钢沿钢滚动	0.1

注：位于管沟及检查室内或室外露天环境的活动支架，钢沿钢滑动摩擦系数宜按高限取值。

3 柔性支架上的水平作用，其标准值应按公式3.3.6-3和3.3.6-4计算，荷载作用点取管托底面。

$$F_{tx} = \frac{3EI_y \Delta_x}{H^3} \quad (3.3.6-3)$$

$$F_{ty} = \frac{3EI_x \Delta_y}{H^3} \quad (3.3.6-4)$$

式中 F_{tx}、F_{ty}——分别为管道位移在柔性支架柱上产生的沿截面 x、y 两主轴方向的水平作用标准值（N）；

EI_x、EI_y——分别为支架柱对于 x、y 两主轴的截面刚度（N·mm^2），对钢筋混凝土柱分别取 $0.85E_c I_x$、$0.85E_c I_y$，E 为支架柱材料的弹性模量（N/mm^2），E_c 为混凝土的弹性模量；

H——自支架基础顶面至管道管托底面的支架高度（mm）。

4 悬吊支架上的水平作用，其标准值应按公式3.3.6-5和3.3.6-6计算，荷载作用点取吊杆支座。

$$F_{dx} = G \frac{\Delta_x}{L_g} \quad (3.3.6-5)$$

$$F_{dy} = G \frac{\Delta_y}{L_g} \quad (3.3.6-6)$$

式中 F_{dx}、F_{dy}——分别为管道位移在悬吊支架吊杆上产生的沿截面 x、y 两主轴方向的水平作用力标准值（kN）；

L_g——吊杆长度（mm）。

5 管道滑动支墩上的水平作用，其标准值应按公式3.3.6-1和3.3.6-2计算，荷载作用点取管托底面。

3.3.7 架空管道支架结构设计应考虑由管道传来的横向风荷载，其标准值应按下列规定确定；相应的准永久值系数 ψ_q 可取0。

1 作用标准值应计入管道失跨的影响，并应按下式计算：

$$F_{wk} = \lambda w_k DL \quad (3.3.7)$$

式中 F_{wk}——管道支架上的风荷载标准值（kN）；

λ——管道失跨系数，应按本规范第3.2.3条的规定确定；

w_k——风荷载标准值（kN/m²），应按现行国家标准《建筑结构荷载规范》GB 50009 的规定确定；

D——含保温层的管道外径（m）；

L——管道跨距（m），若支架两侧的跨距不等时，可取平均值。

2 荷载作用点取管道中心。

3.3.8 热力管道检修操作平台上的操作荷载，包括操作人员、一般工具、零星材料的自重，可按均布荷载考虑，其标准值可取 2.0kN/m²；荷载准永久值系数 ψ_q 可取 0.6。

对于露天检修操作平台，当按本规定取用操作荷载时，可不考虑雪荷载的作用。

3.3.9 混凝土结构管沟及检查室，应考虑在管道运行阶段结构内、外壁面温差对结构的作用。壁面温差作用标准值可按本规范附录 A 的规定计算确定；温度影响作用的准永久值系数 ψ_q 可取 1.0。

3.3.10 对于通行管沟及检查室结构，应考虑管道安装及检修阶段的吊装荷载，荷载标准值采用所起吊管道、设备的自重标准值；荷载准永久值系数 ψ_q 可取 0。

3.3.11 跨越河流、湖泊的架空管道支架柱上的流水压力标准值，应根据设计水位按下式计算：

$$F_{dw,k} = K_f \frac{\gamma_w v_w^2}{2g} A \quad (3.3.11)$$

式中 $F_{dw,k}$——流水压力标准值（kN）；

K_f——支架柱形状系数，可按表 3.3.11 的规定确定；

v_w——水流的平均速度（m/s）；

g——重力加速度（m/s²）；

A——支架柱阻水面积（m²），应计算至最低冲刷线处。

表 3.3.11 支架柱形状系数 K_f

形状	方形	矩形	圆形	尖端形	长圆形
K_f	1.47	1.28	0.78	0.69	0.59

流水压力标准值的相应设计水位，应根据对结构的作用效应确定取最低水位或最高水位。当取最高水位时，相应的准永久系数可取常年洪水位与最高水位的比值，当取最低水位时，ψ_q 应取 1.0。

3.3.12 跨越河流、湖泊的架空管道支架柱上的融冰压力，其标准值可按下列规定确定。荷载的准永久值系数，东北地区和新疆北部地区 ψ_q 可取 0.5；其他地区 ψ_q 可取 0。

1 作用在具有竖直边缘支架柱上的融冰压力标准值，可按下式计算：

$$F_{lk} = m_h f_1 b t_1 \quad (3.3.12-1)$$

式中 F_{lk}——竖直边缘支架柱上的融冰压力标准值（kN）；

m_h——支架柱迎水面的体形系数，方形时为 1.0；圆形时为 0.9；尖端形时应按表 3.3.12 的规定确定；

f_1——冰的极限抗压强度（kN/m²），当初融流冰水位时可按 750kN/m² 采用；

b——支架柱在设计流冰水位线上的宽度（m）；

t_1——冰层厚度（m），应按实际情况确定。

表 3.3.12 尖端形支架柱体形系数 m_h

尖端形支架柱迎水流向角度	45°	60°	75°	90°	120°
m_h	0.6	0.65	0.69	0.73	0.81

2 作用在具有倾斜破冰棱的支架柱上的融冰压力标准值，可按下列公式计算：

$$F_{lv,k} = f_{lw} t_1^2 \quad (3.3.12-2)$$
$$F_{lh,k} = f_{lw} t_1^2 \tan\theta \quad (3.3.12-3)$$

式中 $F_{lv,k}$——竖向冰压力标准值（kN）；

$F_{lh,k}$——水平向冰压力标准值（kN）；

f_{lw}——冰的弯曲抗压极限强度（kN/m²），可按 $0.7f_1$ 采用；

θ——破冰棱对水平线的倾角（°）。

4 基本设计规定

4.1 一般规定

4.1.1 本规范采用以概率理论为基础的极限状态设计方法，除验算结构抗倾覆、抗滑移及抗浮外，均应采用含分项系数的设计表达式进行设计。

4.1.2 结构设计应计算下列两种极限状态：

1 承载能力极限状态：在管道安装、试压、运行及检修阶段，对应于结构达到最大承载能力，结构或结构构件及构件连接因材料强度被超过而破坏；结构因过量变形而不能继续承载或丧失稳定（如横截面压屈等）；结构作为刚体失去平衡（如滑移、倾覆、漂浮等）。

2 正常使用极限状态：在管道运行阶段，对应于结构或结构构件正常使用或耐久性能的某项规定限值，如结构变形、影响耐久性能的控制开裂或局部裂缝宽度限值等。

4.1.3 管沟及检查室结构及结构构件的承载能力极限状态设计，应包括下列内容：

1 管道运行阶段结构构件的承载力计算。对通行管沟及检查室，尚应进行管道安装或检修阶段起吊管道、设备时结构构件的承载力计算；对需揭开盖板进行管道检修的管沟及检查室，尚应进行管道检修阶段结构构件的承载力计算；对设有固定支架的管沟及检查室结构、蒸汽管网设有活动支架的管沟及检查室结构，尚应进行管道试压阶段结构构件的承载力计算。

  2 设有固定支架、导向支架及活动支架的管沟及检查室结构，管道运行阶段结构作为刚体的抗滑移、抗倾覆稳定验算。对设有固定支架的管沟及检查室结构、蒸汽管网设有活动支架的管沟及检查室结构，尚应进行管道试压阶段结构作为刚体的抗滑移、抗倾覆稳定验算。

  3 当结构位于地下水位以下时，管道运行阶段的结构抗浮稳定验算。对需揭开盖板进行管道检修的管沟及检查室，尚应进行管道检修阶段的结构抗浮稳定验算。

  4 预埋件设计。

4.1.4 固定支架、导向支架及活动支架结构及结构构件的承载能力极限状态设计，应包括下列内容：

  1 管道运行阶段结构构件的承载力计算。对固定支架及蒸汽管网的活动支架，尚应进行管道试压阶段结构构件的承载力计算。

  2 管道运行阶段架空管道支架基础的抗滑移、抗倾覆稳定验算及地基承载力计算。对固定支架及蒸汽管网的活动支架，尚应进行管道试压阶段支架基础的抗滑移、抗倾覆稳定验算及地基承载力计算。地基承载力计算应符合现行国家标准《建筑地基基础设计规范》GB 50007的有关规定。

  3 预埋件设计。

4.1.5 预制混凝土滑动支墩的结构设计，应包括下列内容：

  1 管道运行阶段墩体及其底部坐浆的承载力计算。对蒸汽管网尚应进行管道试压阶段墩体及其底部坐浆的承载力计算。坐浆承载力计算应符合现行国家标准《砌体结构设计规范》GB 50003的有关规定。

  2 管道运行阶段墩体的抗倾覆稳定验算。对蒸汽管网尚应进行管道试压阶段墩体的抗倾覆稳定验算。

  3 预埋件设计。

4.1.6 混凝土结构构件上的预埋件设计应符合现行国家标准《混凝土结构设计规范》GB 50010的有关规定。

4.1.7 管沟及检查室的预制盖板、钢筋混凝土预制装配式管道支架，应进行构件吊装的承载力验算，构件上的作用按其自重乘以动力系数计算，动力系数可取1.5。

4.1.8 架空管道独立式活动支架不宜采用铰接支架及半铰接支架。

4.1.9 对结构的内力分析，均应按弹性体系计算，不应考虑由非弹性变形所引起的塑性内力重分布。

4.2 承载能力极限状态计算规定

4.2.1 结构按承载能力极限状态进行设计时，除验算结构抗倾覆、抗滑移及抗浮外，均应采用作用效应的基本组合，并应采用下列设计表达式进行设计：

$$\gamma_0 S \leqslant R \qquad (4.2.1)$$

式中 γ_0——结构的重要性系数，不应小于1.0；
  S——作用效应基本组合的设计值；
  R——结构构件抗力的设计值。

4.2.2 作用效应基本组合的设计值，应按下式计算：

$$S = \sum_{i=1}^{m} \gamma_{Gi} S_{Gik} + \psi_c \sum_{j=1}^{n} \gamma_{Qj} S_{Qjk} \qquad (4.2.2)$$

式中 γ_{Gi}——第 i 个永久作用的分项系数；
  γ_{Qj}——第 j 个可变作用的分项系数；
  S_{Gik}——按第 i 个永久作用标准值 G_{ik} 计算的作用效应值；
  S_{Qjk}——按第 j 个可变作用标准值 Q_{jk} 计算的作用效应值；
  ψ_c——可变作用的组合系数，可取 $\psi_c=0.9$；
  m——参与组合的永久作用数；
  n——参与组合的可变作用数。

4.2.3 永久作用的分项系数，应符合下列规定：

  1 当作用效应对结构不利时，对结构自重应取1.2，其他永久作用均应取1.27。

  2 当作用效应对结构有利时，均应取1.0。

4.2.4 可变作用的分项系数均应取1.4。

4.2.5 结构上的作用组合工况应符合下列规定：

  1 管沟及检查室结构上的作用组合，应按表4.2.5-1的规定确定。

表 4.2.5-1 管沟及检查室结构上的作用组合

工况类别	永久作用				可变作用							
	结构自重	管道及设备自重	土压力竖向	土压力侧向	地基的不均匀沉降	地面车辆	地面堆积	静水压力（包括浮托力）	管道水平作用	温度影响	吊装荷载	操作荷载
(1)	√	√	√	√	△	√	√		√	√	—	△
(2)	√	—	√	√	△			√			—	△
(3)	√										√	
(4)	√	√	√	√	△				√			

注：1 工况类别：(1)为管道运行工况；(2)为揭开盖板进行管道检修工况；(3)为通行管沟及检查室在管道安装或检修阶段起吊管道、设备工况；(4)为管道试压工况；

  2 表中打"√"的作用为相应工况应予计算的项目；打"△"的作用应按具体设计条件确定采用；

  3 地面车辆荷载和地面堆积荷载不应同时计算，应根据不利设计条件计入其中一项；

  4 工况(2)在计算静水压力及浮托力时，地下水位不应高于侧墙顶端；

  5 工况(2)在计算结构自重时，不应计入预制盖板自重；

  6 管道水平作用，包括固定支架的水平推力、导向支架的水平推力及管道位移在活动支架结构上产生的水平作用；

  7 操作荷载系指检修操作平台上的操作荷载。

2 管道支架结构上的作用组合，应按表4.2.5-2的规定确定。

表4.2.5-2 管道支架结构上的作用组合

结构类型	工况及环境		永久作用			可变作用				
			结构自重	管道及设备自重	地基的不均匀沉降	管道水平作用	操作荷载	横向风荷载	流水压力	融冰压力
固定支架	管道运行工况	管沟或检查室内支架	√	√	—	√	—	—	—	—
		架空支架 陆上	√	√	△	√	△	△	—	—
		架空支架 水中	√	√	△	√	△	△	△	△
	管道试压工况	管沟或检查室内支架	√	√	—	—	—	—	—	—
		架空支架 陆上	√	√	△	—	—	△	—	—
		架空支架 水中	√	√	△	—	—	△	△	△
导向支架	管道运行工况	管沟或检查室内支架	√	√	—	√	—	—	—	—
		架空支架 陆上	√	√	△	√	△	△	—	—
		架空支架 水中	√	√	△	√	△	△	△	△
活动支架	管道运行工况	管沟或检查室内支架	√	√	—	√	—	—	—	—
		架空支架 陆上	√	√	△	√	△	△	—	—
		架空支架 水中	√	√	△	√	△	△	△	△
	管道试压工况	管沟或检查室内支架	√	√	—	√	—	—	—	—
		架空支架 陆上	√	√	△	√	—	△	—	—
		架空支架 水中	√	√	△	√	—	△	△	△

注：1 表中打"√"的作用为相应工况及环境应予计算的项目；打"△"的作用应按具体设计条件确定采用；
2 对于活动支架，在管道试压工况下应计入管道偏心安装的影响；在管道运行工况下应计入管道运行时热膨胀引起的偏心影响，管道偏心距应根据管网的布置及运行条件确定。

4.2.6 结构在组合作用下的抗倾覆、抗滑移及抗浮验算，均应采用含设计稳定性抗力系数（K_s）的设计表达式。K_s值不应小于表4.2.6的规定。验算时，抗力只计入永久作用；抗力和滑动力、倾覆力矩、浮托力均应采用作用的标准值。

表4.2.6 结构的设计稳定性抗力系数 K_s

结构失稳特征		设计稳定性抗力系数 K_s
结构承受水平作用，有沿基底滑动可能性		1.3
结构承受水平作用，有倾覆可能性	管沟、检查室	1.5
	滑动支墩、架空管道活动支架	2.0
	架空管道固定支架、导向支架	2.5
管沟或检查室漂浮	管道检修阶段	1.05
	管道运行阶段	1.1

4.2.7 进行结构承受水平作用的抗滑移稳定验算时，抗力应计入由管道及设备自重、结构自重、结构上的竖向土压力形成的摩阻力，对管沟及检查室结构，尚应计入侧向土压力形成的摩阻力；对岩石地基，当采取可靠嵌固措施时，尚应计入岩石对结构的嵌固作用。结构的抗滑移稳定验算应符合下列规定：

1 架空管道支架结构承受水平作用时的抗滑移稳定可按下式验算：

$$K_s\sqrt{F_{xk}^2+F_{yk}^2} \leqslant (N_k+G_k)\mu \quad (4.2.7-1)$$

式中 F_{xk}——沿支架结构 x 轴传至基础顶面的水平作用标准值（kN）；

F_{yk}——沿支架结构 y 轴传至基础顶面的水平作用标准值（kN）；

N_k——支架结构自重与管道及设备自重标准值之和（kN）；

G_k——基础自重和基础上的土重标准值（kN），位于地下水位以下部分应扣除浮托力；

μ——土对基础底面的摩擦系数，可按表4.2.7-1的规定确定。

表4.2.7-1 土对混凝土结构表面的摩擦系数

土 的 类 别		摩 擦 系 数
黏性土	可 塑	0.25～0.30
	硬 塑	0.30～0.35
	坚 硬	0.35～0.45
粉 土		0.30～0.40
中砂、粗砂、砾砂		0.40～0.50
碎石土		0.40～0.60
软质岩		0.40～0.60
表面粗糙的硬质岩		0.65～0.75

2 检查室及管沟结构承受管道水平作用时的抗滑移稳定可按下式验算（图4.2.7）：

$$\sqrt{(K_sF_{xk}-2\mu_1E_{ay,k})^2+(K_sF_{yk}-2\mu_1E_{ax,k})^2}$$
$$\leqslant G_{1k}\mu_2+(G_{1k}+G_{2k})\mu_3 \quad (4.2.7-2)$$

式中 F_{xk}——沿检查室结构 x 轴方向（或管沟结构纵向）的管道水平作用标准值（kN）；

F_{yk}——沿检查室结构 y 轴方向（或管沟结构横向）的管道水平作用标准值（kN）；

$E_{ay,k}$——作用在与检查室结构 y 轴垂直侧墙（或管沟结构侧墙）上的主动土压力标

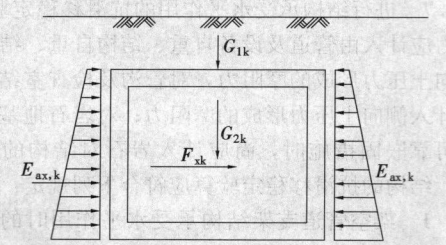

(a)沿检查室结构 x 轴方向(或管沟结构纵向)立面受力简图

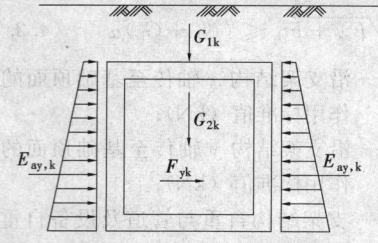

(b)沿检查室结构 y 轴方向(或管沟结构横向)立面受力简图

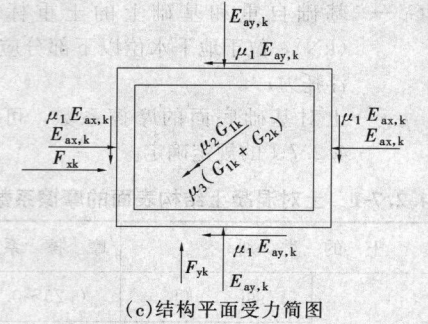

(c)结构平面受力简图

图 4.2.7 检查室(管沟)结构抗滑移稳定验算示意

准值(kN),应按本规范附录 B 的规定计算确定;

$E_{ax,k}$——作用在与检查室结构 x 轴垂直侧墙上的主动土压力标准值(kN),应按本规范附录 B 的规定计算确定;对于管沟结构,取 $E_{ax,k}=0$;

G_{1k}——检查室(或管沟)结构上部覆土重标准值(kN),位于地下水位以下部分应扣除浮托力;

G_{2k}——检查室(或管沟)结构自重与管道及设备自重标准值之和(kN),位于地下水位以下部分应扣除浮托力;

μ_1、μ_2、μ_3——分别为土对结构侧面、顶面、底面的摩擦系数,其中土对混凝土结构表面的摩擦系数可按表 4.2.7-1 的规定确定,土对砌体结构表面的摩擦系数可按表 4.2.7-2 的规定确定。

注:当 $K_s F_{xk} - 2\mu_1 E_{ay,k} < 0$ 时,取 $K_s F_{xk} - 2\mu_1 E_{ay,k} = 0$;当 $K_s F_{yk} - 2\mu_1 E_{ax,k} < 0$ 时,取 $K_s F_{yk} - 2\mu_1 E_{ax,k} = 0$。

表 4.2.7-2 土对砌体结构表面的摩擦系数

土的类别	摩擦面情况	
	干燥的	潮湿的
砂或卵石	0.60	0.50
粉土	0.55	0.40
黏性土	0.50	0.30

4.2.8 结构在管道试压及运行阶段承受水平作用时的抗倾覆稳定验算,抗力应计入管道及设备自重、结构自重及结构上的竖向土压力,并应对地下水位以下部分扣除水的浮托力。

4.2.9 管道运行阶段结构抗浮稳定验算,抗力应计入管道及设备自重、结构自重、结构上的竖向土压力。

管沟及检查室在管道检修阶段揭开盖板时的结构抗浮稳定验算,抗力应只计入结构(不包括预制盖板)自重。

当采取其他抗浮措施时,可计入其有利作用。

4.3 正常使用极限状态验算规定

4.3.1 结构的正常使用极限状态验算,应包括变形、抗裂及裂缝宽度等,并应控制其计算值不超过相应的规定限值。

4.3.2 结构穿越铁路、主要道路及建(构)筑物时,应按现行有关标准的规定进行受弯构件的挠度验算。

4.3.3 钢筋混凝土结构构件在组合作用下,计算截面的受力状态处于受弯或大偏心受拉(压)时,截面允许出现的最大裂缝宽度限值应为 0.2mm。

4.3.4 对正常使用极限状态,作用效应的标准组合设计值应按下式计算:

$$S = \sum_{i=1}^{m} S_{Gik} + S_{Q1k} + \psi_c \sum_{j=2}^{n} S_{Qjk} \qquad (4.3.4)$$

式中 S_{Q1k}——诸可变作用的作用效应中起控制作用者;

ψ_c——可变作用的组合系数,应按本规范第 4.2.2 条的规定确定。

4.3.5 正常使用极限状态验算时,结构上的作用组合工况应按本规范第 4.2.5 条中管道运行工况下的作用组合确定。

4.3.6 钢筋混凝土结构构件在标准组合作用下,计算截面处于受弯或大偏心受拉(压)时,其可能出现的最大裂缝宽度可按本规范附录 E 的规定计算确定,并应符合本规范第 4.3.3 条的规定。

4.3.7 钢筋混凝土结构构件在组合作用下,构件截面处于轴心受拉或小偏心受拉时,应按不允许裂缝出现控制,并应取作用效应的标准组合按下式验算:

$$N_k \left(\frac{e_0}{\gamma W_0} + \frac{1}{A_0} \right) \leqslant \alpha_{ct} f_{tk} \qquad (4.3.7)$$

式中 N_k——作用效应的标准组合下计算截面上的轴向力（N）；
　　　e_0——轴向力对截面重心的偏心距（mm）；
　　　γ——混凝土构件的截面抵抗塑性影响系数，按现行国家标准《混凝土结构设计规范》GB 50010 的规定确定。对矩形截面，$\gamma=1.75$；
　　　W_0——换算截面受拉边缘的弹性抵抗矩（mm^3）；
　　　A_0——计算截面的换算截面积（mm^2）；
　　　α_{ct}——混凝土拉应力限制系数，可取 0.87；
　　　f_{tk}——混凝土轴心抗拉强度标准值（N/mm^2）。

5 静力计算

5.1 管沟及检查室

5.1.1 钢筋混凝土整体现浇矩形管沟的结构计算简图，可按下列规定确定：

1 盖板与侧墙、侧墙与底板的连接均应视为刚接，应按闭合框架进行计算。

2 底板地基反力可按均匀分布简化计算。当管沟净宽度大于 3m 时，宜考虑结构与地基土的共同工作。

5.1.2 钢筋混凝土槽形管沟的结构计算简图，可按下列规定确定：

1 预制盖板可按两端与侧墙铰接的单向板计算。

2 侧墙与底板的计算应考虑管道运行及管道检修揭开盖板两种工况，荷载作用效应应按两种工况的不利者取用。

在管道运行阶段，侧墙上端可视为不动铰支承于盖板，侧墙下端与底板的连接应视为刚接。

在管道检修揭开盖板时，侧墙上端应视为自由端、下端与底板的连接应视为刚接。

3 底板地基反力可按均匀分布简化计算。当管沟净宽度大于 3m 时，宜考虑结构与地基土的共同工作。

5.1.3 砌体结构矩形管沟的结构计算简图，可按下列规定确定：

1 盖板可按两端与侧墙铰接的单向板计算。

2 侧墙与底板的计算应考虑管道运行和管道检修揭开盖板两种工况，荷载作用效应应按两种工况的不利者取用。

在管道运行阶段，侧墙上端可视为不动铰支承于盖板，侧墙下端与底板的连接，当管沟的净宽不大于 3m 时，可视为固定支承于底板；管沟的净宽大于 3m 时，侧墙与底板的连接宜视为刚接。

在管道检修揭开盖板时，侧墙应按上端自由、下端固定支承于底板进行计算。

3 底板地基反力可按均匀分布简化计算。当管沟净宽度大于 3m 时，宜考虑结构与地基土的共同工作。

5.1.4 钢筋混凝土结构检查室的结构计算简图，可按下列规定确定：

1 当盖板为预制装配时，盖板可按简支于侧墙进行计算；侧墙与底板计算应考虑管道运行和管道检修揭开盖板两种工况，荷载作用效应应按两种工况的不利者取用。

侧墙上端在管道运行阶段，可视为不动铰支承于盖板，在管道检修揭开盖板时应视为自由端，侧墙与侧墙、侧墙与底板的连接均可视为刚接。

2 盖板、底板与侧墙为整体浇注时，侧墙与盖板、侧墙与侧墙、侧墙与底板的连接均可视为刚接。

3 当盖板、底板或侧墙上开有孔洞时，其结构计算简图应根据洞口位置、洞口尺寸及洞口加强措施等条件具体确定。

4 底板地基反力可按均匀分布简化计算。当底板短边的净长度大于 3m 时，宜考虑结构与地基土的共同工作。

5.1.5 砌体结构检查室的结构计算简图，可按下列规定确定：

1 盖板可按简支于侧墙进行计算。

2 当盖板为预制装配，在管道检修阶段需要揭开盖板时，侧墙与底板计算应考虑管道运行和管道检修揭开盖板两种工况，荷载作用效应应按两种工况的不利者取用。

侧墙上端在管道运行阶段，可视为不动铰支承于盖板，在管道检修揭开盖板时应视为自由端，侧墙与侧墙的连接可视为铰接，侧墙下端可视为固定支承于底板。

3 盖板为整体现浇时，侧墙与盖板、侧墙与侧墙均可视为铰接，侧墙下端可视为固定支承于底板。

4 当盖板、底板或侧墙上开有孔洞时，其结构计算简图应根据洞口位置、洞口尺寸及洞口加强措施等条件具体确定。

5 底板地基反力可按均匀分布简化计算。当底板短边的净长度大于 3m 时，宜考虑结构与地基土的共同工作。

5.1.6 位于城市绿地或人行道下的砌体结构检查室，当净空高度不大于 2m、覆土深度不大于 2.4m 时，砌体侧墙厚度可按表 5.1.6 的规定确定。

表 5.1.6 砌体结构检查室侧墙厚度

侧墙净长度 L（m）	最小墙厚（mm）
$L<3.6$	370
$3.6 \leq L<5.6$	490

注：1 本表仅适用于块体为烧结普通砖或蒸压灰砂砖，砌筑砂浆为水泥砂浆的砌体侧墙；
　　2 材料强度等级应符合本规范第 2.0.11 条的规定。

5.2 架空管道支架

5.2.1 柔性支架及刚性支架结构的计算简图,可按下列规定确定:

　　1 单柱式支架结构,应按上端自由、下端固定进行计算。

　　2 沿管道纵向为单柱式、沿横向为框(排)架式的支架结构,沿管道纵向,应按上端自由、下端固定进行计算;沿管道横向,可按框(排)架进行计算。

　　3 沿管道纵、横向均为框(排)架的支架结构,可分解为单片平面框(排)架进行计算。

5.2.2 支架柱计算长度,可按下列规定确定:

　　1 钢筋混凝土结构支架柱计算长度,可按表5.2.2-1的规定确定。

　　2 钢结构支架柱,沿管道纵向计算长度,可按表5.2.2-1的规定确定;单层单跨钢结构支架柱沿管道横向计算长度,可按表5.2.2-2的规定确定。

表5.2.2-1 支架柱计算长度

结构简图		1	2	3
纵向	固定支架、导向支架	2.0H	2.0H	—
	活动支架 刚性支架	1.5H	1.5H	—
	活动支架 柔性支架	1.25H	1.25H	—
横向		2.0H	1.5H	—
结构简图		4	5	6
纵向		顶层1.5H、其他层1.25H	1.5H	1.0H
横向				

注:1 本表仅适用于柱与基础为刚性连接的情况;
　　2 简图2、4的计算长度值,只适用于梁与柱的线性刚度比≥2的情况;
　　3 H为支架柱的高度,可按下列规定取值:
　　　　1) 简图1、2的H值,为支架梁顶面至基础顶面的高度;
　　　　2) 简图3的H值,为支架柱顶面至基础顶面的高度;
　　　　3) 简图4、5、6的H值,为支架柱水平支点间的距离。

表5.2.2-2 钢结构支架柱沿横向计算长度

柱与基础连接方式	柱上端横梁线刚度与柱线刚度的比值							
	0	0.1	0.3	0.5	1	3	5	≥10
刚接	2.0H	1.67H	1.4H	1.28H	1.16H	1.06H	1.03H	1.0H
铰接	—	4.46H	3.01H	2.64H	2.33H	2.11H	2.07H	2.0H

注:1 本表仅适用于梁柱节点为刚接情况;
　　2 梁柱节点为铰接的多层钢结构支架柱,支架底层柱沿横向的计算长度按本表计算;当梁与柱的线性刚度比≥2时,其他层柱可按表5.2.2-1简图4取值。

5.2.3 矩形或圆形截面的钢筋混凝土结构支架柱,其最小截面尺寸应符合下列规定:

　　1 固定支架及导向支架按下列公式验算:

　　矩形截面:$\dfrac{H_{0x}}{b} \leqslant 30$ 且 $b \geqslant 300mm$ (5.2.3-1)

　　　　　　$\dfrac{H_{0y}}{h} \leqslant 30$ 且 $h \geqslant 300mm$ (5.2.3-2)

　　圆形截面:$\dfrac{H_0}{d} \leqslant 30$ 且 $d \geqslant 300mm$ (5.2.3-3)

式中　H_{0x}——支架柱对主轴x的计算长度(mm);
　　　H_{0y}——支架柱对主轴y的计算长度(mm);
　　　H_0——H_{0x}、H_{0y}二者中的较大值(mm);
　　　b——支架柱在x轴方向上的宽度尺寸(mm);
　　　h——支架柱在y轴方向上的宽度尺寸(mm);
　　　d——圆形柱截面直径(mm)。

　　2 活动支架按下列公式验算:

　　矩形截面:$\dfrac{H_{0x}}{b} \leqslant 40$ 且 $b \geqslant 300mm$ (5.2.3-4)

　　　　　　$\dfrac{H_{0y}}{h} \leqslant 40$ 且 $h \geqslant 300mm$ (5.2.3-5)

　　圆形截面:$\dfrac{H_0}{d} \leqslant 40$ 且 $d \geqslant 300mm$ (5.2.3-6)

5.2.4 钢结构支架柱,允许长细比应符合现行国家标准《钢结构设计规范》GB 50017的规定。

6 构 造 要 求

6.0.1 管沟及检查室结构防水应符合下列规定:

　　1 结构位于地下水位以下时,应采用抗渗混凝土结构,并根据需要增设附加防水层或其他防水措施。

　　2 位于地下水位以上的混凝土结构或砌体结构,应考虑地表水及毛细管水等作用,采取可靠的防水措施。

　　3 柔性防水层应设置保护层。

6.0.2 管沟沿线应设置伸缩缝。对土质地基,伸缩缝的间距应符合下列规定:

　　1 对钢筋混凝土结构管沟,其间距不宜大于25m。

2 对砌体结构管沟，其间距不宜大于40m。

6.0.3 管沟沉降缝的设置应符合下列规定：

1 管沟的地基土有显著变化或承受的荷载差别较大时，宜设置沉降缝加以分割。

2 检查室沟口外与管沟结合部应设置沉降缝，其距检查室结构外缘不宜大于2m。

3 沉降缝与伸缩缝可结合设置。

6.0.4 伸缩缝与沉降缝的构造，应符合下列规定：

1 缝宽不宜小于30mm，并应贯通全截面。

2 伸缩缝与沉降缝应由止水板材、填缝材料及嵌缝材料三部分构成，并应符合下列规定：

1）止水板材宜采用橡胶止水带。当采用中埋式止水带时，在缝两侧各不小于400mm范围内，混凝土结构的厚度不应小于300mm；对砌体结构管沟，在缝两侧各不小于400mm范围内，应采用混凝土整体现浇结构，其与砌体墙接触面应采用在砌体墙上预留马牙槎接合。

2）填缝材料应采用具有适应变形功能的板材。

3）嵌缝材料应采用具有适应变形功能、与混凝土表面粘结牢固的柔性材料，并具有在环境介质中不老化、不变质的性能。

6.0.5 管沟及检查室钢筋混凝土构件的施工缝设置，应符合下列规定：

1 施工缝宜设置在构件受力较小的截面处。

2 施工缝处应有可靠的措施，保证先后浇筑的混凝土间良好固结，必要时宜加设预埋止水板或设置遇水膨胀的橡胶止水条等止水构造。

6.0.6 钢筋的混凝土保护层厚度应符合下列规定：

1 钢筋混凝土结构构件纵向受力的钢筋，其混凝土保护层厚度不应小于钢筋的公称直径，并应符合表6.0.6的规定。

表6.0.6 纵向受力钢筋的混凝土保护层最小厚度

结构类别			保护层最小厚度（mm）
管沟及检查室	盖板	上层	30
		下层	35
	底板	上层	30
		下层	40
	侧墙内、外侧		30
	梁、柱		35
架空管道支架	柱下混凝土独立基础	有垫层的下层筋	40
		无垫层的下层筋	70
	混凝土支架结构		35

注：管沟及检查室底板下应设有混凝土垫层。

2 箍筋、分布筋和构造筋的混凝土保护层厚度不应小于20mm。

3 对接触侵蚀性介质的混凝土构件，其混凝土保护层厚度尚应符合现行有关标准的规定。

6.0.7 钢筋混凝土结构构件纵向受力钢筋的配筋率，应符合现行国家标准《混凝土结构设计规范》GB 50010的规定。

6.0.8 管沟结构的现浇钢筋混凝土构件，其纵向构造钢筋应符合下列规定：

1 构件里、外侧构造钢筋的配筋率均不应小于0.15%。

2 钢筋间距不宜大于200mm。

3 钢筋的搭接、锚固应符合现行国家标准《混凝土结构设计规范》GB 50010中对于受拉钢筋的有关规定。

4 当结构位于软弱地基以上时，其盖、底板纵向构造钢筋的配筋量应适当增加。

6.0.9 采用钢结构的管道支架、钢梯、钢平台及预埋件，其暴露在大气中的构件表面，应采取防锈措施。

6.0.10 管沟及检查室内管道支架采用钢结构时，支架立柱根部应采用混凝土包裹，其保护层厚度不应小于50mm，包裹的混凝土高出底板高度，在管沟内不应小于150mm，在检查室内不应小于300mm。

附录A 管沟及检查室结构受热温度计算方法

A.0.1 管沟及检查室内空气温度应采用管道运行阶段的最高温度。

A.0.2 地面空气温度应按下列规定确定：

1 确定混凝土的设计强度及弹性模量在温度作用下的折减系数时，应采用管网运行时的最高月平均气温。

2 计算衬砌内外壁温差时，应采用管网运行时的最低月平均气温。

A.0.3 结构层计算点的受热温度（图A.0.3），可采用平壁法按下式计算：

$$T_j = T_g - \frac{T_g - T_a}{R_t} \sum_{i=0}^{j} R_i \quad (A.0.3)$$

式中 T_j——计算点的受热温度（℃）；

T_g——管沟内空气温度（℃）；

T_a——地面空气温度（℃），当计算结构底板的受热温度时为地温；当计算底板最高受热温度时，取$T_a=15℃$；当计算底板内外壁温差时，取$T_a=10℃$；

R_t——结构层、防水层及计算土层等的总热阻（m²·℃/W）；

R_i——第i层热阻（m²·℃/W）。

A.0.4 结构层、防水层及计算土层等的总热阻应按下列公式计算：

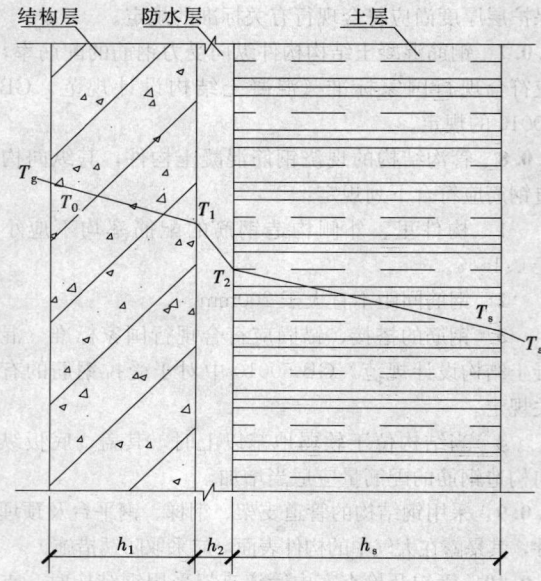

图 A.0.3 传热简图

表 A.0.5 干燥状态下常用材料的导热系数 λ

材料种类	导热系数 λ[W/(m·℃)]
烧结普通砖砌体	0.81
普通钢筋混凝土	1.74
普通混凝土	1.51
水泥砂浆	0.93
油毡	0.17
沥青	0.76
软质聚氯乙烯	0.052
硬质聚氯乙烯、聚乙烯、聚苯乙烯、聚氨酯	0.044
自然干燥砂土	0.35～1.28
自然干燥黏土	0.58～1.45
自然干燥黏土夹砂	0.69～1.26

$$R_t = R_g + \sum_{i=1}^{m} R_i + R_s + R_a \quad (A.0.4\text{-}1)$$

$$R_g = \frac{1}{\alpha_g} \quad (A.0.4\text{-}2)$$

$$R_i = \frac{h_i}{\lambda_i} \quad (A.0.4\text{-}3)$$

$$R_s = \frac{h_s}{\lambda_s} \quad (A.0.4\text{-}4)$$

$$R_a = \frac{1}{\alpha_a} \quad (A.0.4\text{-}5)$$

式中 R_g——结构层内表面的热阻（m²·℃/W）；
R_s——计算土层的热阻（m²·℃/W）；
R_a——计算土层外表面的热阻（m²·℃/W）；
α_g——结构层内表面的放热系数[W/(m²·℃)]，取 12W/(m²·℃)；
λ_i——结构层及防水层的导热系数 [W/(m·℃)]；
λ_s——计算土层的导热系数 [W/(m·℃)]；
h_i——结构层及防水层厚度（m）；
h_s——计算土层厚度（m）；
α_a——计算土层外表面的放热系数[W/(m²·℃)]，可按表 A.0.4 的规定确定。

表 A.0.4 计算土层外表面的放热系数 α_a

季节	放热系数 α_a [W/(m²·℃)]
夏季	12
冬季	23

A.0.5 结构层、防水层及计算土层等的导热系数，应按实际试验资料确定。当无试验资料时，对几种常用的材料，干燥状态下可按表 A.0.5 的规定确定。具体取值时应考虑湿度对材料导热性能的影响。

A.0.6 计算土层厚度（图 A.0.6）可按下列公式计算：

1 计算结构盖板时，取盖板顶面至设计地面的距离（m）。

2 计算结构侧墙时：

$$h_s = h_1 = 0.505H - 0.325 + 0.050B \cdot H \quad (A.0.6\text{-}1)$$

式中 h_1——侧墙外计算土层厚度（m）；
H——结构底板上皮至设计地面竖向距离（m）；
B——结构净宽（m）。

3 计算结构底板时：

$$h_s = h_2 \quad (A.0.6\text{-}2)$$

式中 h_2——底板下侧计算土层厚度（m），当计算底板最高受热温度时，取 $h_2 = 0.3$m；当计算底板内外壁温差时 $h_2 = 0.2$m。

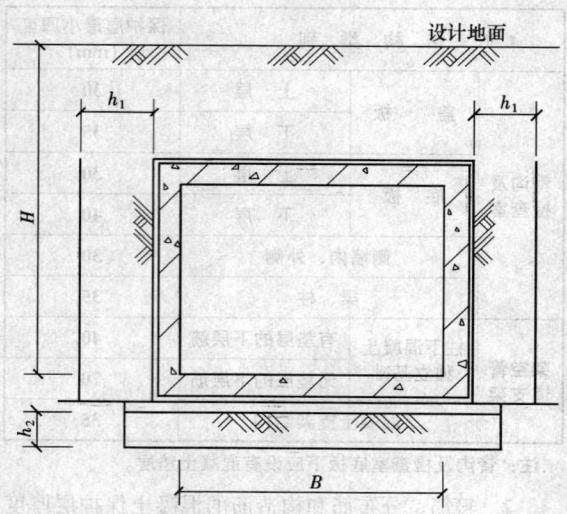

图 A.0.6 计算土层厚度示意图

附录B 管沟及检查室结构土压力标准值的确定

B.0.1 管沟和检查室结构上的竖向土压力标准值可按下列规定确定：

1 当设计地面高于原状地面，作用在结构上的竖向土压力标准值应按下式计算：

$$F_{sv,k} = C_c \gamma_s H_s \quad (B.0.1-1)$$

式中 $F_{sv,k}$——结构顶面每平方米的竖向土压力标准值（kN/m^2）；

C_c——填埋式土压力系数，与$\dfrac{H_s}{B_c}$、结构地基土及回填土的力学性能有关，可取1.2～1.4；

γ_s——回填土的重力密度（kN/m^3），可取$18kN/m^3$；

H_s——管沟或检查室盖板顶面至设计地面的距离（m）；

B_c——管沟或检查室的外缘宽度（m）。

2 对由设计地面开槽施工的管沟或检查室，作用在结构上的竖向土压力标准值可按下式计算：

$$F_{sv,k} = n_s \gamma_s H_s \quad (B.0.1-2)$$

式中 n_s——竖向土压力系数，通常当结构平面尺寸长宽比小于或等于10时，可取1.0；当结构平面尺寸长宽比大于10时，宜取1.2。

B.0.2 作用在管沟和检查室结构上的侧向土压力标准值，应按下列规定确定（图B.0.2）：

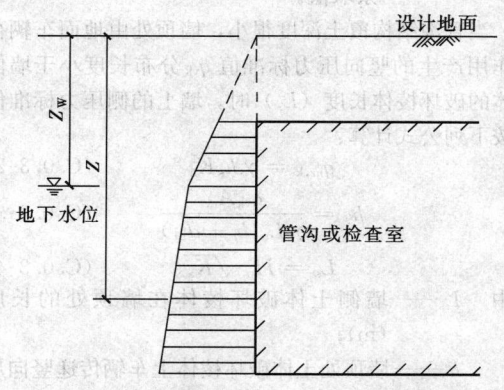

图B.0.2 管沟或检查室侧墙上的主动土压力分布图

1 应按主动土压力计算。

2 当地面平整、结构位于地下水位以上部分的主动土压力标准值可按下式计算：

$$E_{ep,k} = K_a \gamma_s Z \quad (B.0.2-1)$$

3 结构位于地下水位以下部分的侧向压力应为主动土压力与地下水静水压力之和，此时主动土压力标准值可按下式计算：

$$F'_{ep,k} = K_a[\gamma_s Z_w + \gamma'_s(Z - Z_w)] \quad (B.0.2-2)$$

式中 $E_{ep,k}$——地下水位以上的主动土压力标准值（kN/m^2）；

$F'_{ep,k}$——地下水位以下的主动土压力标准值（kN/m^2）；

K_a——主动土压力系数，应根据土的抗剪强度确定，当缺乏试验资料时，对砂类土或粉土可取$\dfrac{1}{3}$；对黏性土可取$\dfrac{1}{3} \sim \dfrac{1}{4}$；

Z——自设计地面至计算截面处的深度（m）；

Z_w——自设计地面至地下水位的距离（m）；

γ'_s——地下水位以下回填土的有效重度，可取$10kN/m^3$。

附录C 地面车辆荷载对管沟及检查室结构作用标准值的计算方法

C.0.1 地面车辆荷载传递到结构顶面的竖向压力标准值，可按下列规定确定：

1 单个轮压传递到结构顶面的竖向压力标准值可按下式计算（图C.0.1-1）：

$$q_{vk} = \frac{\mu_D Q_{vi,k}}{(a_i + 1.4H)(b_i + 1.4H)} \quad (C.0.1-1)$$

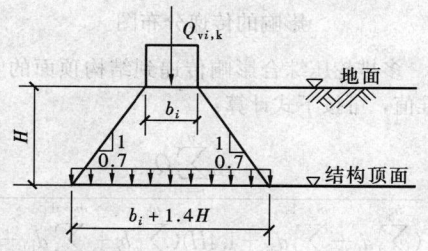

（a）顺轮胎着地宽度的分布

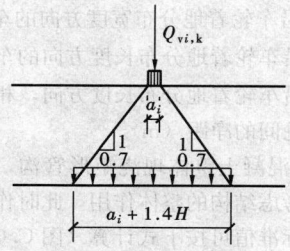

（b）顺轮胎着地长度的分布

图C.0.1-1 单个轮压的传递分布图

式中 q_{vk}——轮压传递到结构顶面处的竖向压力标准值（kN/m²）；
$Q_{vi,k}$——车辆的 i 个车轮承担的单个轮压标准值（kN）；
a_i——i 个车轮的着地分布长度（m）；
b_i——i 个车轮的着地分布宽度（m）；
H——覆土深度（m）；
μ_D——动力系数，可按表 C.0.1 的规定确定。

表 C.0.1 动力系数 μ_D

覆土深度 H (m)	0.25	0.30	0.40	0.50	0.60	≥0.70
动力系数 μ_D	1.30	1.25	1.20	1.15	1.05	1.00

2 两个或两个以上单排轮压综合影响传递到结构顶面的竖向压力标准值，可按下式计算（图 C.0.1-2）：

$$q_{vk} = \frac{\mu_D n Q_{vi,k}}{(a_i+1.4H)(nb_i+\sum_{j=1}^{n-1}d_{bj}+1.4H)} \quad (C.0.1-2)$$

式中 n——车轮的总数量；
d_{bj}——沿车轮着地分布宽度方向，相邻两个车轮间的净距（m）。

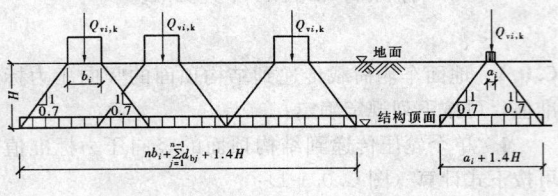

(a) 顺轮胎着地宽度的分布　　(b) 顺轮胎着地长度的分布

图 C.0.1-2 两个以上单排轮压综合影响的传递分布图

3 多排轮压综合影响传递到结构顶面的竖向压力标准值，可按下式计算：

$$q_{vk} = \frac{\mu_D \sum_{i=1}^{n} Q_{vi,k}}{(\sum_{i=1}^{m_a}a_i+\sum_{j=1}^{m_a-1}d_{aj}+1.4H)(\sum_{i=1}^{m_b}b_i+\sum_{j=1}^{m_b-1}d_{bj}+1.4H)} \quad (C.0.1-3)$$

式中 m_a——沿车轮着地分布宽度方向的车轮排数；
m_b——沿车轮着地分布长度方向的车轮排数；
d_{aj}——沿车轮着地分布长度方向，相邻两个车轮间的净距（m）。

C.0.2 对钢筋混凝土整体现浇矩形管沟，地面车辆荷载的影响可考虑结构的整体作用，此时作用在结构上的竖向压力标准值可按下式计算（图 C.0.2）：

$$q_{ve,k} = q_{vk}\frac{L_p}{L_e} \quad (C.0.2)$$

式中 $q_{ve,k}$——考虑结构整体作用时车辆轮压传递到结构底面的竖向压力标准值（kN/m²）；
L_p——轮压传递到结构顶面处沿管沟纵向的影响长度（m）；
L_e——管沟纵向承受轮压影响的有效长度（m），可取 $L_e=L_p+2H_p$，H_p 为管沟总高度（m）。

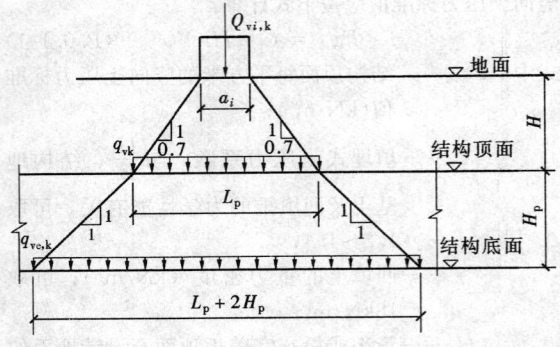

图 C.0.2 考虑结构整体作用时车辆荷载的竖向压力传递分布

C.0.3 地面车辆传递到结构上的侧压力标准值，可按下式计算：

$$q_{hz,k} = K_a q_{vz,k} \quad (C.0.3-1)$$

式中 $q_{hz,k}$——地面以下计算深度 z 处墙上的侧压力标准值（kN/m²）；
$q_{vz,k}$——地面以下计算深度 z 处的竖向压力标准值（kN/m²）；
K_a——主动土压力系数，按本规范第 B.0.2 条取值。

当管沟结构覆土深度很小，墙顶处由地面车辆荷载作用产生的竖向压力标准值 q_{vk} 分布长度小于墙侧土体的破坏棱体长度（L_s）时，墙上的侧压力标准值可按下列公式计算：

$$q_{hz,k} = \gamma_s h_s K_a \quad (C.0.3-2)$$
$$h_s = \frac{q_{vk}A_{cv}}{\gamma_s L_s(b_i+d_{bj})} \quad (C.0.3-3)$$
$$L_s = H_p\sqrt{K_a} \quad (C.0.3-4)$$

式中 L_s——墙侧土体破坏棱体在墙顶处的长度（m）；
h_s——墙顶处土体破坏棱体上车辆传递竖向压力的等代土高（m）；
A_{cv}——墙顶处土体破坏棱体上车辆传递竖向压力的作用面积（m²）。

附录 D 柔性支架、刚性支架的判别

D.0.1 本规范的柔性支架及刚性支架，均指支架柱

嵌固于基础的独立式活动支架。其中柔性支架系指支架的刚度较小，支架位移能适应管道变形要求，柱顶与管道没有相对位移；刚性支架系指支架的刚度较大，位移较小，管道通过管托在支架立柱或横梁上滑动或滚动。

D.0.2 柔性支架、刚性支架的判别，应按下列规定确定：

$$F_m > F_t 时，为柔性支架 \quad (D.0.2-1)$$
$$F_m \leqslant F_t 时，为刚性支架 \quad (D.0.2-2)$$
$$F_m = \mu G \quad (D.0.2-3)$$
$$F_t = \frac{3}{H^3}\sqrt{(EI_x\Delta_y)^2 + (EI_y\Delta_x)^2} \quad (D.0.2-4)$$

式中 F_m——作用在支架上的摩擦力（N）；
　　F_t——支架位移反弹力（N）；
　　μ——摩擦系数，可按本规范第 3.3.6 条取值；
　　G——作用在管道支架结构上的管道自重标准值（N），应按本规范第 3.2.3 条取值；
　　EI_x、EI_y——分别为支架柱对于 x、y 两主轴的截面刚度（N·mm²），对钢筋混凝土柱分别取 $0.85E_cI_x$、$0.85E_cI_y$，E 为支架柱材料的弹性模量（N/mm²），E_c 为混凝土的弹性模量；
　　H——支架高度(热力管道管托底面至支架基础顶面)(mm)；
　　Δ_x、Δ_y——分别为管道在支架处沿支架柱截面 x、y 两主轴方向的位移值（mm），应根据管网的布置及运行条件确定。

附录 E 钢筋混凝土矩形截面处于受弯或大偏心受拉（压）状态时的最大裂缝宽度计算

E.0.1 受弯、大偏心受拉（压）构件的最大裂缝宽度，可按下列公式计算：

$$w_{max} = 1.8\psi\frac{\sigma_{sk}}{E_s}\left(1.5c + 0.11\frac{d}{\rho_{te}}\right)(1+\alpha_1)\nu \quad (E.0.1-1)$$

$$\psi = 1.1 - \frac{0.65f_{tk}}{\rho_{te}\sigma_{sk}\alpha_2} \quad (E.0.1-2)$$

式中 w_{max}——最大裂缝宽度（mm）；
　　ψ——裂缝间受拉钢筋应变不均匀系数，当 $\psi < 0.4$ 时，应取 0.4；当 $\psi > 1.0$ 时，应取 1.0；
　　σ_{sk}——按标准组合作用计算的截面纵向受拉钢筋应力（N/mm²）；
　　E_s——钢筋的弹性模量（N/mm²）；
　　c——最外层纵向受拉钢筋的混凝土保护层厚度（mm）；
　　d——纵向受拉钢筋直径（mm）；当采用不同直径的钢筋时，应取 $d = \frac{4A_s}{u}$；u 为纵向受拉钢筋截面的总周长（mm）；
　　ρ_{te}——以有效受拉混凝土截面面积计算的纵向受拉钢筋配筋率，即 $\rho_{te} = \frac{A_s}{0.5bh}$；$b$ 为截面计算宽度（mm），h 为截面计算高度（mm）；A_s 为受拉钢筋的截面面积（mm²），对偏心受拉构件应取偏心力一侧的钢筋截面面积；
　　α_1——系数，对受弯、大偏心受压构件可取 $\alpha_1 = 0$；对大偏心受拉构件可取 $\alpha_1 = 0.28\left[\frac{1}{1+\frac{2e_0}{h_0}}\right]$；
　　ν——纵向受拉钢筋表面特征系数，对光面钢筋应取 1.0；对变形钢筋应取 0.7；
　　f_{tk}——混凝土轴心抗拉强度标准值（N/mm²）；
　　α_2——系数，对受弯构件可取 $\alpha_2 = 1.0$；对大偏心受压构件可取 $\alpha_2 = 1 - 0.2\frac{h_0}{e_0}$；对大偏心受拉构件可取 $\alpha_2 = 1 + 0.35\frac{h_0}{e_0}$；
　　e_0——纵向力对截面重心的偏心距（mm）。

E.0.2 受弯、大偏心受压、大偏心受拉构件的计算截面纵向受拉钢筋应力 σ_{sk}，可按下列公式计算：

1 受弯构件的纵向受拉钢筋应力：

$$\sigma_{sk} = \frac{M_k}{0.87A_sh_0} \quad (E.0.2-1)$$

式中 M_k——在标准组合作用下，计算截面处的弯矩（N·mm）；
　　h_0——计算截面的有效高度（mm）。

2 大偏心受压构件的纵向受拉钢筋应力：

$$\sigma_{sk} = \frac{M_k - 0.35N_k(h_0 - 0.3e_0)}{0.87A_sh_0} \quad (E.0.2-2)$$

式中 N_k——在标准组合作用下，计算截面上的纵向力（N）。

3 大偏心受拉构件的纵向钢筋应力：

$$\sigma_{sk} = \frac{M_k + 0.5N_k(h_0 - a')}{A_s(h_0 - a')} \quad (E.0.2-3)$$

式中 a'——位于偏心力一侧的钢筋合力点至截面近侧边缘的距离（mm）。

本规范用词说明

1 为便于在执行本规范条文时区别对待，对要求严格程度不同的用词说明如下：
  1）表示很严格，非这样做不可的用词：
    正面词采用"必须"，反面词采用"严禁"；
  2）表示严格，在正常情况下均应这样做的用词：
    正面词采用"应"，反面词采用"不应"或"不得"；
  3）表示允许稍有选择，在条件许可时首先应这样做的用词：
    正面词采用"宜"，反面词采用"不宜"；
    表示有选择，在一定条件下可以这样做的，采用"可"。
 2 规范中指定应按其他有关标准、规范执行时，写法为"应符合……的规定"或"应按……执行"。

中华人民共和国行业标准

城镇供热管网结构设计规范

CJJ 105—2005

条 文 说 明

前　言

《城镇供热管网结构设计规范》CJJ 105-2005 经建设部 2005 年 9 月 16 日以建设部第 367 号公告批准、发布。

为便于广大设计、施工、科研、学校等单位有关人员在使用本标准时能正确理解和执行条文规定，《城镇供热管网结构设计规范》编制组按章、节、条顺序编制了本规范的条文说明，供使用者参考。在使用中如发现本条文说明有不妥之处，请将意见函寄北京市煤气热力工程设计院有限公司（地址：北京市西单北大街小酱坊胡同甲 40 号；邮政编码：100032）。

目 次

1 总则 …………………………………… 74—22
2 材料 …………………………………… 74—22
3 结构上的作用 ………………………… 74—23
4 基本设计规定 ………………………… 74—24
5 静力计算 ……………………………… 74—25
6 构造要求 ……………………………… 74—26
附录 A 管沟及检查室结构受热温度
　　　　计算方法 …………………… 74—27

1 总　　则

1.0.2 城镇供热管网主要有三种敷设方式，即地下管沟敷设、直埋敷设及架空敷设。

地下管沟敷设根据施工方法可分为明挖及暗挖两大类，其中明挖施工主要有放坡开挖及采用护壁桩、地下连续墙或喷锚支护等护壁施工方式，暗挖施工目前主要有矿山法、顶进法等。

对暗挖施工的管沟及检查室结构，应根据结构或构件类型、使用条件及荷载特性，结合施工条件等，选用与其特点相近的结构设计规范和设计方法，并参照本规范进行设计。

热力管道架空支架可采用的结构形式较多，其中独立式支架是应用最为广泛的基本结构形式，本规范仅针对独立式支架提出了要求。为了加大管架间距，架空管道支架还可采用组合式跨越结构，如纵梁式、桁架式、悬索式、吊索式、悬臂式等，其结构设计应根据其结构类型、使用条件及受力特点进行结构分析与设计，并应符合现行有关标准的规定。

按本规范设计时，有关构件截面计算和地基基础设计等，应符合现行有关标准的规定；对于穿（跨）越河流、铁路的供热管网结构设计及兴建在地震区、湿陷性黄土或膨胀土等地区的供热管网结构设计，尚应符合现行有关标准的规定。

1.0.3 行业标准《城镇直埋供热管道工程技术规程》CJJ/T 81对直埋管道固定墩结构设计作出了具体规定，但对检查室结构设计未提出要求。考虑到直埋管道检查室在固定支架水平推力作用下允许出现一定的位移，以获得迎面被动土压力，提高结构抗倾覆、抗滑移稳定的能力，故本规范提出设有固定支架的直埋管道检查室，其结构抗倾覆、抗滑移稳定验算应符合现行行业标准《城镇直埋供热管道工程技术规程》CJJ/T 81中固定墩结构设计的有关规定，检查室结构设计的其他内容可参照本规范执行，但应考虑上述稳定验算所采用的迎面被动土压力对结构的作用。

2 材　　料

2.0.2 混凝土的最低强度等级要求，主要是根据供热管网结构的一般环境条件、现行有关标准的规定及工程实践提出的。

1 管沟及检查室结构，考虑到供热管网工程冬季供热的特点，且结构埋设于地下，即使是在严寒地区，通常情况下不需要考虑结构混凝土的冻融问题。

2 兴建在寒冷或严寒地区的架空管道支架，支架结构混凝土需要满足抗冻要求。

2.0.4～2.0.5 结构混凝土的抗渗及抗冻要求，主要是根据现行国家标准《给水排水工程构筑物结构设计规范》GB 50069-2002和行业标准《普通混凝土配合比设计规程》JGJ 55-2000的有关规定提出的。

2.0.6～2.0.7 根据工程调查，热力管沟及检查室的钢筋混凝土构件内表面主筋出现锈蚀、保护层混凝土崩落的情况较多，尤以蒸汽管网管沟盖板下表面为甚。主要原因是结构所处环境温度及湿度较高，结构设计对混凝土强度等级、材料耐久性、构件裂缝宽度控制及保护层厚度等要求偏低。为此，本规范对材料、温度作用、构件裂缝宽度控制、混凝土保护层厚度等分别作出了明确的要求，以确保结构的耐久性。本条文对混凝土中的碱含量及氯离子含量提出了具体限值要求。

目前，供热管网大量采用不锈钢材质的补偿设备，根据工程调查的情况，外部氯离子腐蚀是设备破坏的主要原因之一。适当控制管沟及检查室结构混凝土中的最大氯离子含量，减少氯离子的析出，有利于减轻其对设备的侵蚀。

混凝土中碱含量的计算方法参见《混凝土碱含量限值标准》CECS53的规定；结构混凝土中的最大氯离子含量系指其占水泥用量的百分率。

2.0.8 热力管沟从结构类型、荷载特性及受热环境条件等方面与地下烟道比较接近。本条主要是参照现行国家标准《烟囱设计规范》GB 50051-2002中的有关规定提出的，该规范给出了不同强度等级的混凝土在不同受热温度作用下的轴心抗压、轴心抗拉强度标准值及混凝土在温度作用下的材料分项系数。

为便于使用，本条对混凝土受热时的设计强度采用折减系数的方法确定，其基本值按《混凝土结构设计规范》GB 50010-2002采用。折减系数值是通过对《烟囱设计规范》所给出的混凝土在温度作用下的强度标准值及材料分项系数（取值为1.4）进行推导后得出的。同时，考虑到供热管网在运行状态下，沟内空气温度一般在40～80℃之间，且结构混凝土受热温度低于沟内空气温度，故本条仅给出了混凝土受热温度在20～100℃时的折减系数，满足设计需要。

按《烟囱设计规范》及本规范采用的受热混凝土设计强度值数据对比见表2.0.8-1及表2.0.8-2。

从表中数据对比结果看，最大相差约2.7%。

本条中提出的混凝土受热时的弹性模量折减系数，直接按《烟囱设计规范》采用。

表2.0.8-1 按《烟囱设计规范》采用的受热混凝土设计强度值（MPa）

受热温度	60℃				100℃			
混凝土强度等级	C20	C25	C30	C40	C20	C25	C30	C40
轴心抗压	8.07	10.14	11.86	15.85	7.64	9.57	11.14	14.93
轴心抗拉	0.89	1.01	1.12	1.33	0.77	0.88	0.98	1.16

表 2.0.8-2　按本规范采用的受热混凝土设计强度值（MPa）

受热温度	60℃				100℃			
混凝土强度等级	C20	C25	C30	C40	C20	C25	C30	C40
轴心抗压	8.16	10.12	12.16	16.24	7.68	9.52	11.44	15.28
轴心抗拉	0.88	1.02	1.14	1.37	0.77	0.89	1.00	1.20

2.0.10　位于地下水位以下的砌体结构管沟及检查室，根据以往工程实践，其防水问题难以解决，本规范不推荐采用。

2.0.11　本条主要是根据《砌体结构设计规范》GB 50003-2001 的有关规定提出的。

3　结构上的作用

3.2　永久作用标准值

3.2.2　本条是依据现行国家标准《给水排水工程管道结构设计规范》GB 50332-2002 提出的。

3.2.3　管道失跨，主要是考虑受管道支架顶面高程施工误差、管道与设备安装误差、不同支架间的地基沉降差及管道在运行时局部可能出现的竖向位移等因素的影响，同时管道自身具有一定的刚度，某些支架将不能充分发挥其支承作用甚至会退出工作。与其相邻的支架，实际承受的管道与设备自重作用值会大于按支架跨距分配的理论计算值。

管道失跨发生的位置是随机性的，支架设计时难以准确判断，故需要在结构设计时对每个支架结构均计入管道失跨的影响。在以往实际工程中，管道失跨系数一般取为 $\lambda=1.5$，当有可靠工程经验时可适当减小。

3.3　可变作用标准值及准永久值系数

3.3.1~3.3.3　本条是依据现行国家标准《给水排水工程管道结构设计规范》GB 50332-2002 提出的。

管沟及检查室结构上可能出现的地面可变荷载包括地面车辆荷载、地面堆积荷载及人群荷载。现行国家标准《给水排水工程管道结构设计规范》GB 50332-2002 规定地面堆积荷载标准值可取 $10kN/m^2$、人群荷载可取 $4kN/m^2$。正常情况下，地面车辆荷载与地面堆积荷载或人群荷载不同时出现，地面堆积荷载与人群荷载大面积同时出现的可能性也很小，故本条仅要求考虑地面车辆荷载与地面堆积荷载影响，同时在本规范第 4.2.5 条中规定，上述两项荷载不应同时计算，应根据不利设计条件计入其中一项。

3.3.4~3.3.6　固定支架的水平推力、导向支架的水平推力及活动支架处的管道位移，在管网运行中，其实际作用值的大小会随着运行工况的变化而出现变化。如在采暖季以采暖热负荷为主、非采暖季以热水供应或制冷热负荷为主的管网，其运行工况在采暖季与非采暖季会有很大变化，固定支架的水平推力、导向支架的水平推力及管道位移将会有明显差异；即使同在采暖季或非采暖季，供热介质参数的调整也会对其产生影响。因此将其列为可变作用比较适宜。

本条规定上述几种作用的准永久值系数均可取 1.0，主要是基于下列情况：

1　作为管沟及检查室结构内支架结构上的惟一水平作用及架空管道支架结构上的主要水平作用，上述几种作用在管网运行中是始终存在的；

2　对于热水管网，供热介质参数的调整对上述几种作用的影响程度与管网的运行调节方式有关，当采用某一特定的运行调节方式时，有可能出现管网长时间在不利工况下运行，从而使支架结构在相应的时间内所承受的作用接近或达到其标准值；

3　以工业用汽负荷为主的蒸汽管网有可能按设计热负荷常年基本稳定运行。

钢沿钢滑动摩擦系数的取值，有关规范多采用 0.3，第 3.3.6 条提出的摩擦系数值，主要依据是北京市煤气热力工程设计院的有关实验资料，该实验模拟了滑动支座的几种常见工作条件，如未加工的平钢板、滑动面上有焊渣、钢板外露面上涂樟丹等。实验结果见表 3.3.6。

根据实验结果，本条对摩擦系数的高限稍偏大取值为 0.35。

刚性支架、柔性支架在管道位移的约束影响下，沿支架柱截面两个主轴方向分别同时发生水平位移时，具有斜弯曲变形特征。本条及附录 D 均是根据斜弯曲问题的力学方法提出的。

表 3.3.6　钢沿钢滑动摩擦系数实测值

条件	件号	摩擦系数值		
		实测值	平均值	最大值
未加工的平钢板	1	0.266	0.266	0.266
	2	0.294	0.304	0.308
		0.308		
		0.308		
	3	0.277	0.265	0.277
		0.252		
		0.266		
有焊渣	4	0.294	0.301	0.308
		0.308		
		0.301		
	5	0.308	0.331	0.344
		0.337		
		0.344		
		0.337		

续表 3.3.6

条件	件号	摩擦系数值		
		实测值	平均值	最大值
有焊渣	6	0.308	0.315	0.323
		0.323		
		0.323		
涂樟丹	7	0.308	0.315	0.323
		0.323		
		0.323		
	8	0.238	0.245	0.260
		0.238		
		0.260		
	9	0.238	0.248	0.253
		0.252		
		0.253		

3.3.9 混凝土结构管沟及检查室，多为超静定结构，壁面温差作用会在结构内引起内力及变形。根据实际工程的计算，其作用效应通常比较明显，应计入在管网运行阶段其对结构的作用。

由于结构周围土壤的保温作用，结构壁面温差在管网运行期间，具有一定的稳定性。其对混凝土结构的作用，在管网运行期间是始终存在的。故本条规定其准永久值系数可取 1.0。

3.3.11~3.3.12 本条是依据现行国家标准《给水排水工程构筑物结构设计规范》GB 50069-2002 提出的。

4 基本设计规定

4.1 一般规定

4.1.1 对结构抗倾覆、抗滑移及抗漂浮稳定验算，本规范规定均采用含设计稳定性抗力系数（K_s）的设计表达式进行设计，与《建筑地基基础设计规范》GB 50007-2002 及《给水排水工程构筑物结构设计规范》GB 50069-2002 相协调。

4.1.3~4.1.5 本条规定当结构位于地下水位以下时，对需揭开盖板进行管道检修的管沟及检查室，尚应进行管道检修阶段的结构抗浮稳定验算，主要是针对常规的管道检修受环境条件限制，往往难以实施有效降水的情况提出的。但为了满足检修需要，本规范在第 4.2.5 条规定其地下水位不应高于侧墙顶端。

根据《城市热力网设计规范》CJJ 34-2002 的规定，计算固定支架的水平推力时，应考虑升温或降温，选择最不利的工况和最大温差进行计算。固定支架的水平推力值应包括下列三部分：

1 管道热胀冷缩受约束产生的作用力，对架空敷设、管沟敷设管道，系指活动支座摩擦力在管道中产生的轴向力；

2 内压产生的不平衡力，即固定支架两侧管道横截面不对称在内压作用下产生的不平衡力；

3 活动端位移产生的作用力，如补偿器弹性力等。

管道的试压压力均高于管道运行设计工作压力，同时介质温度远远低于管道运行阶段，根据以往实际工程情况，对于以承受管道内压产生的不平衡力为主的固定支架，在试压工况条件下上述三项作用力合成后的水平推力值可能会高于管道运行阶段。目前对于此类固定支架在管道试压阶段的结构处理主要有两种方法：其一，固定支架设计仅考虑管道运行阶段水平推力，管道试压时，对固定支架进行临时加固；其二，固定支架设计按管道试压、运行两个阶段分别进行结构及结构构件的承载力计算。此类固定支架的水平推力值往往很大，且对支架的临时加固应在永久结构已经完成、管道及设备安装完毕后进行，加固工作具有一定的难度，并需占用一定的工期，同时根据以往实际工程情况，采用临时加固的方法所耗费的材料量也较大，本规范不建议采用。故本条提出应按管道试压、运行两个阶段分别进行支架结构及结构构件的承载力计算。

蒸汽管道的固定支架及活动支架，因采用充水试压，在试压阶段其管道及设备自重标准值将明显大于管道运行阶段，应按管道试压、运行两个阶段分别进行支架结构及结构构件的承载力计算。

4.1.8 铰接支架系指支架柱脚沿纵向采用完全铰接构造，支架顶端沿纵向位移与管道位移相等，支架的位移反弹力为零；半铰接支架系指支架柱脚沿纵向采用不完全铰接（半铰接）构造，支架顶端沿纵向位移与管道位移相等，支架的位移反弹力可忽略不计。供热管网运行温度较高，管道热膨胀位移值较大，最大位移值往往会达到数百毫米。采用铰接支架或半铰接支架，管道位移后支架的倾斜度较大，视觉明显，易给人以误解或不安全感，本规范不建议采用。

4.2 承载能力极限状态计算规定

4.2.1 结构重要性系数 γ_0 的确定主要基于以下两个方面：首先，城镇供热管网工程结构破坏可能产生严重后果，如导致管道破坏，高温热水或蒸汽喷泻造成人身伤亡事故，停热造成较大社会影响等，根据《工程结构可靠度设计统一标准》GB 50153-92，将其安全等级确定为二级比较适宜；其次，考虑到以往实际工程结构设计能很好的满足安全使用要求，结构重要性系数 γ_0 按不小于 1.0 取值，可保证不低于原安全度水准。

4.2.2~4.2.4 供热管网结构的结构类型、荷载特性等均更接近于给水排水结构，故本条的制定主要依据《给水排水工程构筑物结构设计规范》GB 50069-2002。考虑到对不同的结构构件，其起控制作用的可变作用往往会不尽相同，为便于设计人使用，作用效应基本组合的设计值采用了简化计算公式，其结构安全度水准等同于《给水排水工程构筑物结构设计规范》。

对于固定支架的水平推力、导向支架的水平推力及管道位移在活动支架结构上产生的水平作用，因缺乏足够的实测数据，难以对其建立随机过程概率模型进行分析与描述。考虑到以往实际工程的支架结构设计能很好的满足安全使用要求，其荷载分项系数主要通过工程校准，维持原安全度水准确定。

本条规定可变作用的分项系数均应取1.4，组合系数可取0.9。对于钢筋混凝土结构管道支架，其工程校准过程可参见现行国家标准《给水排水工程构筑物结构设计规范》GB 50069-2002 有关条文说明。下面对钢结构管道支架，以受弯构件为例进行校准验算。

按原《钢结构设计规范》TJ 17-74 进行计算可得：

$$\frac{M}{W} = [\sigma] = 1700 \text{kg/cm}^2 = 170 \text{N/mm}^2$$

(4.2.4-1)

按《钢结构设计规范》GB 50017-2003 计算可得：

$$\frac{\gamma_G M_{Gk} + \gamma_Q \psi_c M_{Qk}}{W} = f = 215 \text{N/mm}^2$$

(4.2.4-2)

因 $M = M_{Gk} + M_{Qk}$ (4.2.4-3)

$$\psi_c = 0.9$$

可得：

$$\frac{\gamma_G M_{Gk} + 0.9 \gamma_Q M_{Qk}}{M_{Gk} + M_{Qk}} = \frac{215}{170} = 1.27$$

(4.2.4-4)

作用在支架上的永久作用有热力管道及设备自重、支架结构自重，其中支架结构自重一般情况下远远小于热力管道及设备自重，实际工程中通常可忽略不计，取 $\gamma_G = 1.27$，代入式 4.2.4-4 可得：

$$0.9 \gamma_Q = 1.27$$
$$\gamma_Q \approx 1.4$$

4.2.6 设计稳定性抗力系数（K_s）取值，主要是根据以往实际工程经验提出的，并与《建筑地基基础设计规范》GB 50007-2002 及《给水排水工程构筑物结构设计规范》GB 50069-2002 相协调。

需要揭开盖板进行管网检修的情况不多，且时间较短，故本条提出抗漂浮稳定验算的设计稳定性抗力系数（K_s）为1.05，略小于管网运行阶段的设计稳定性抗力系数。

4.2.7~4.2.8 管网采用管沟敷设时，管沟及检查室结构承受水平推力时的抗滑移、抗倾覆稳定验算，其抗力不包括迎面被动土压力。迎面被动土压力的产生以结构沿推力方向出现较大位移从而引起足够的土的压缩变形为前提，而设有固定支架的管沟或检查室结构，显然是不允许与相邻结构之间出现较大的相对位移的。

表 4.2.7-1、表 4.2.7-2 是分别根据《建筑地基基础设计规范》GB 50007-2002、《砌体结构设计规范》GB 50003-2001 给出的。

4.3 正常使用极限状态验算规定

4.3.1~4.3.2 结构穿越铁路及主要道路时，往往需遵照相关标准要求进行结构变形验算。现行行业标准《铁路桥涵设计基本规范》TB 10002.1-1999 等铁路桥涵设计系列规范及《公路桥涵设计通用规范》JTG D60-2004 等公路桥涵设计系列规范，分别对穿越铁路、公路的结构变形验算及变形限值等作出了具体规定，结构设计应遵照执行。

4.3.3 本条对构件的裂缝宽度控制提出了明确的要求，以确保结构的耐久性。相关说明见本规范第 2.0.6~2.0.7 条条文说明。

4.3.6 本条主要是根据《给水排水工程构筑物结构设计规范》GB 50069-2002 提出的。该规范对于计算截面处于受弯或大偏心受拉（压）的钢筋混凝土结构构件的最大裂缝宽度计算，沿用了《给水排水工程结构设计规范》GBJ 69-84 的计算模式。该计算模式经过20年来在给水排水工程实践中应用，情况良好。考虑到供热管网结构从结构类型、荷载特性、环境条件及裂缝控制等级等方面均更接近于给水排水结构，因此采用该计算模式是比较适宜的。

在供热管网工程中，很多结构构件的受力条件以可变作用为主，如管道支架结构以管道水平作用为主、位于城市主干道下且覆土深度很小的管沟或检查室盖板以地面车辆荷载为主。对此本条提出，结构构件的最大裂缝宽度按作用效应的标准组合进行计算，可保证计算结果与《给水排水工程结构设计规范》GBJ 69-84 基本一致。

4.3.7 设有固定支架的管沟或检查室，当固定支架的水平推力较大时，往往会出现管沟或检查室结构全截面受拉（轴心受拉或小偏心受拉）的情况，此时应进行结构的抗裂验算。本条是依据现行国家标准《给水排水工程管道结构设计规范》GB 50332-2002 提出的。

5 静力计算

5.1 管沟及检查室

5.1.1~5.1.6 本条主要是根据以往实际工程经验提

出的,并与有关的现行标准相协调。

钢筋混凝土槽形管沟系指采用现浇钢筋混凝土侧墙、底板及预制装配式钢筋混凝土盖板的矩形管沟。

表 5.1.6 是根据北京市煤气热力工程设计院的已有计算成果,已在大量工程中采用。

5.2 架空管道支架

5.2.2～5.2.3 本条给出的柱计算高度要求、钢筋混凝土结构支架柱允许长细比及最小截面尺寸要求,主要是综合《冶金工业管道支架设计规程》YS 13-77、《化工厂管架设计规定》HGJ 22-89、《钢结构设计规范》GB 50017-2003 等有关标准、资料后提出的,并已在以往实际工程中采用。

6 构造要求

6.0.1 采用管沟敷设的热力管道,其保温层往往不具有防水性能,在浸水或高湿环境下,保温性能将明显下降,同时也会引起管道锈蚀,影响管网的正常运行。管沟及检查室的防水应予以足够重视。

6.0.2～6.0.4 热力管沟在管网升温运行阶段,会产生一定的热膨胀;在管网检修期间,沟内温度显著下降,结构将发生冷缩,结构在冷缩过程中将受到周围土体约束,造成管沟结构沿纵向受拉。伸缩缝间距越大,其最不利截面上的拉力值也随之增加,直至开裂。

考虑到钢筋混凝土结构管沟需要有较高的结构自防水性能,在管网检修期间,针对结构因冷缩受到纵向拉力,管沟截面应按不允许裂缝出现控制。

下面以某一具体的整体现浇通行管沟为例,作近似的理论验算。

管沟覆土厚度 6m、净空尺寸 3.6m×1.8m、结构壁厚 0.35m,伸缩缝间距为 25m,最大拉应力出现在该沟段中间部位,其截面上的拉力为单侧 12.5m 长范围内土对结构表面的摩阻力之和。管网检修与管网运行两个阶段的结构平均受热温度的差值按 40℃计,该沟段沿管沟长度方向各点的收缩位移量呈三角形分布,端部的位移量最大,该点的位移量约为:

$$12500 \times 40 \times 1 \times 10^{-5} = 5mm$$

根据华南工学院、南京工学院等院校编写的《地基及基础》,相应于土对结构表面的摩阻力达到极限值所需的位移量约为 4～10mm(黏性土约为 4～6mm;砂土约为 6～10mm)。偏于安全并为简化计算取其 5mm,则结构外表面与土的摩阻力在该沟段12.5m 长范围内沿管沟长度方向可假定为三角形分布,端部摩阻力最大。按本规范第 3.2.2 条确定结构上的竖向土压力及侧向土压力,土对管沟底板的摩擦系数取 0.5、对侧墙及盖板的摩擦系数取 0.3,计算其端部每米管沟上的最大摩阻力标准值:

管沟盖板上的竖向土压力标准值

$$1.2 \times 18 \times 4.3 \times 6 = 557.3 kN/m$$

管沟侧墙上的侧向土压力标准值

$$\frac{1}{3} \times 18 \times \frac{6 \times 2 + 2.5}{2} \times 2 \times 2.5 = 217.5 kN/m$$

管沟自重标准值

$$(4.3 \times 2.5 - 3.6 \times 1.8) \times 25 = 134.4 kN/m$$

土对管沟底板的摩擦力标准值

$$(557.3 + 134.4) \times 0.5 = 345.8 kN/m$$

土对管沟侧墙及盖板的摩擦力标准值

$$(557.3 + 217.5) \times 0.3 = 232.4 kN/m$$

土对管沟端部的最大摩阻力标准值

$$345.8 + 232.4 = 578.2 kN/m$$

最大拉应力截面上的轴向拉力标准值

$$N_k = \frac{1}{2} \times 578.2 \times 12.5 = 3614 kN$$

混凝土按最低强度等级要求取 C25,按本规范第 4.3.7 条进行混凝土抗裂验算:

$$\frac{N_k}{A_0} = \frac{3614 \times 10^3}{4300 \times 2500 - 3600 \times 1800}$$
$$= 0.85 N/mm^2 < \alpha_{ct} f_{tk} = 0.87 \times 1.78$$
$$= 1.55 N/mm^2$$

根据验算结果,对钢筋混凝土结构管沟,当伸缩缝间距不大于 25m 时,在一般覆土条件下能够满足混凝土抗裂要求。

自 20 世纪 80 年代初期以来,北京市的供热管网工程中对钢筋混凝土结构管沟的伸缩缝间距大多按不大于 25m 采用,从工程调查情况看,尚未发现结构出现沿全截面的贯通裂缝。

在管网升温运行时,钢筋混凝土结构管沟的伸缩缝间距不大于 25m、伸缩缝宽度为 30mm,能够满足结构膨胀量的要求,且尚有较大余量。

对于砌体结构管沟,本条提出其间距不宜大于 40m,主要是基于以下几点:

1 根据工程调查,砌体结构管沟在管网检修揭开盖板时,通常会在砖墙上出现垂直的通长裂缝,墙体顶部裂缝宽度较底部略大,裂缝间距约在 10m 左右。同时,钢筋混凝土现浇底板也会出现横向通长裂缝,但与侧墙相比,其间距要大一些。

要从根本上解决这一问题,主要有两种处理方式:其一是将伸缩缝间距调整到 10m 左右;其二是在砖墙顶端设置钢筋混凝土压梁同时采用适当的伸缩缝间距。但两种处理方式均存在增加施工难度、提高工程造价等问题,难以在规范中规定采用。

2 位于地下水位以下的砌体结构管沟,因防水问题难以解决,本规范限制采用。位于地下水位以上的砌体结构管沟,即使因管网检修造成结构冷缩开裂,出现少量渗漏,一般可以通过定期的机械排水解决(热力管沟及检查室内均有不小于 2‰的纵向排水坡度坡向集水坑,集水坑上方设有人孔,具备集中排水条件）。而且在管网检修完毕重新恢复运行后，结构受热膨胀，裂缝会存在弥合的可能，对结构的正常使用影响不大。

伸缩缝间距不大于 40m，伸缩缝宽度采用 30mm，可确保在管道升温运行时管沟膨胀量能满足伸缩缝宽度条件。

6.0.6 本条对结构的混凝土保护层厚度提出了具体要求，相关说明见本规范第 2.0.6～2.0.7 条条文说明。

6.0.8 热力管沟在管道检修期间，结构将发生冷缩受拉。现浇钢筋混凝土构件的纵向构造钢筋除应满足一般构造要求外，尚应起到一定的抵抗温度收缩应力的作用，减少现浇混凝土因温度收缩而开裂的可能性。本条与现行标准《混凝土结构设计规范》GB 50010-2002，《给水排水工程管道结构设计规范》GB 50332-2002 的有关规定相协调。

附录 A 管沟及检查室结构受热温度计算方法

A.0.1 管沟内空气温度的具体取值，应根据管网布置、供热介质温度、管道保温设计及管道与衬砌内壁的距离等因素计算确定。

A.0.3 由于热力管沟断面一般为矩形，并且断面外轮廓的宽和高比衬砌厚度大得多，采用平壁法计算温度，计算结果能够满足工程精度要求。

平壁法的温度计算公式是根据热量平衡条件，在下列假设下推导出来的：热流传送稳定不随时间变化；管沟内空气的温度及热流大小保持恒定；材料为匀质体，且四周为无限长的平面墙壁（平壁）。

A.0.4 鉴于热力管沟内的空气温度一般不超过 80℃，且流动性很小，因此衬砌内表面的放热系数取 12W/（m²·℃）。

A.0.5 导热系数代表材料传递热量的能力，是建筑材料的热物理特性指标之一，单位是瓦（特）每平方米（摄氏）度[W/（m²·℃）]。导热系数的离散性较大，除与材料的重力密度、温度有关外，还与湿度有关。材料重力密度小，其导热系数小。材料受热温度高，导热系数增大。由于管沟温度一般不高，温度对导热系数的影响可以忽略。材料湿度大，其导热系数就愈大。由于管沟位于地下，致使材料均有一定湿度，所以应根据经验考虑湿度对导热系数的影响。

表 A.0.5 中的数据主要是参照《烟囱设计规范》GB 50051-2002 及 1994 年中国建筑工业出版社出版的《新型建筑材料施工手册》和 1991 年中国建筑工业出版社出版的《建筑材料手册》给出的。

A.0.6 管沟顶板、侧墙及底板计算土层厚度的确定直接采用了《烟囱设计规范》GB 50051-2002 的规定。

在本规范编制过程中采用 ANSYS 程序对管沟的温度场进行了二维数值模拟，在底板的计算土层厚度取值上得到的结果与《烟囱设计规范》有一定出入。但本规范编制在这方面的研究工作尚不充分，并且缺乏实测资料的支持，因此本规范直接采用了《烟囱设计规范》的有关规定。该问题在有条件时宜进行进一步研究。

中华人民共和国行业标准

城市市政综合监管信息系统
技术规范

Technical code for urban municipal supervision and
management information system

CJJ/T 106—2010

批准部门：中华人民共和国住房和城乡建设部
施行日期：２０１１年２月１日

中华人民共和国住房和城乡建设部
公　告

第 698 号

关于发布行业标准《城市市政综合监管信息系统技术规范》的公告

现批准《城市市政综合监管信息系统技术规范》为行业标准，编号为 CJJ/T 106-2010，自 2011 年 2 月 1 日起实施。原行业标准《城市市政综合监管信息系统技术规范》CJJ/T 106-2005 同时废止。

本规范由我部标准定额研究所组织中国建筑工业出版社出版发行。

中华人民共和国住房和城乡建设部
2010 年 7 月 20 日

前　言

根据住房和城乡建设部《关于印发〈2008 年工程建设标准规范制订、修订计划（第一批）〉的通知》（建标〔2008〕102 号）的要求，规范编制组经广泛调查研究，认真总结实践经验，参考有关国际标准和国外先进标准，并在广泛征求意见的基础上，修订本规范。

本规范的主要技术内容是：1. 总则；2. 术语；3. 系统建设与运行模式；4. 地理空间数据；5. 系统功能与性能；6. 系统运行环境；7. 系统建设与验收；8. 系统维护。

本规范修订主要技术内容是：1. 对系统的建设与运行模式作了必要的扩展；2. 对地理空间数据的要求作了细化，并增加了地理空间框架数据、元数据、数据建库和数据更新等内容；3. 对系统的功能和性能要求作了进一步的描述；4. 对系统建设和验收的要求作了较多的修改和扩充。

本规范由住房和城乡建设部负责管理，由北京市东城区城市管理监督中心负责具体技术内容的解释。执行过程中如有意见或建议，请寄送北京市东城区城市管理监督中心（北京市东城区钱粮胡同 3 号，邮政编码：100010）。

本 规 范 主 编 单 位：北京市东城区城市管理监督中心

本 规 范 参 编 单 位：北京数字政通科技股份有限公司
建设综合勘察研究设计院有限公司
中国移动通信集团公司

本规范主要起草人员：高　萍　王　丹　吴强华
　　　　　　　　　王洪深　李　晟　田　飞
　　　　　　　　　崔媛媛　李海明　孔少楠

本规范主要审查人员：崔俊芝　郝　力　曲成义
　　　　　　　　　蒋景瞳　方　裕　陈向东
　　　　　　　　　杨海英　郭　滨　张晓青

目次

1 总则 ·············· 75—5
2 术语 ·············· 75—5
3 系统建设与运行模式 ·············· 75—5
  3.1 一般规定 ·············· 75—5
  3.2 系统建设与运行基本要求 ·············· 75—6
  3.3 系统业务流程 ·············· 75—6
4 地理空间数据 ·············· 75—6
  4.1 一般规定 ·············· 75—6
  4.2 地理空间框架数据 ·············· 75—7
  4.3 单元网格数据 ·············· 75—7
  4.4 部件和事件数据 ·············· 75—7
  4.5 地理编码数据 ·············· 75—8
  4.6 元数据 ·············· 75—8
  4.7 数据建库 ·············· 75—8
  4.8 数据更新 ·············· 75—8
5 系统功能与性能 ·············· 75—9
  5.1 一般规定 ·············· 75—9
  5.2 监管数据无线采集子系统 ·············· 75—9
  5.3 监督中心受理子系统 ·············· 75—9
  5.4 协同工作子系统 ·············· 75—9
  5.5 监督指挥子系统 ·············· 75—9
  5.6 综合评价子系统 ·············· 75—10
  5.7 地理编码子系统 ·············· 75—10
  5.8 应用维护子系统 ·············· 75—10
  5.9 基础数据资源管理子系统 ·············· 75—10
  5.10 数据交换子系统 ·············· 75—10
6 系统运行环境 ·············· 75—10
  6.1 一般规定 ·············· 75—10
  6.2 机房 ·············· 75—10
  6.3 网络 ·············· 75—10
  6.4 服务器 ·············· 75—11
  6.5 显示设备 ·············· 75—11
  6.6 存储及备份设备 ·············· 75—11
  6.7 呼叫中心 ·············· 75—11
  6.8 操作系统 ·············· 75—11
  6.9 数据库及地理信息系统平台软件 ·············· 75—11
7 系统建设与验收 ·············· 75—11
  7.1 系统建设 ·············· 75—11
  7.2 系统验收 ·············· 75—12
8 系统维护 ·············· 75—12
  8.1 日常管理 ·············· 75—12
  8.2 软件和数据维护 ·············· 75—13
  8.3 应急预案 ·············· 75—13
本规范用词说明 ·············· 75—13
引用标准名录 ·············· 75—13
附：条文说明 ·············· 75—14

Contents

1 General Provisions ·················· 75—5
2 Terms ·················· 75—5
3 System Construction and Runing Model ·················· 75—5
   3.1 General Requirements ·················· 75—5
   3.2 Basic Requirements of System Construction and Runing ·················· 75—6
   3.3 System Workflow ·················· 75—6
4 Geospatial Data ·················· 75—6
   4.1 General Requirements ·················· 75—6
   4.2 Geospatial Framework Data ·················· 75—7
   4.3 Basic Management Grid Data ·················· 75—7
   4.4 Component and Event Data ·················· 75—7
   4.5 Geocoding Data ·················· 75—8
   4.6 Metadata ·················· 75—8
   4.7 Database Construction ·················· 75—8
   4.8 Data Updating ·················· 75—8
5 System Functions and Perfomance ·················· 75—9
   5.1 General Requirements ·················· 75—9
   5.2 Subsystem for Supervise Data Capturing ·················· 75—9
   5.3 Subsystem for Supervision Center Accepting ·················· 75—9
   5.4 Subsystem for Collaborative Work ·················· 75—9
   5.5 Subsystem for Supervision and Direction ·················· 75—9
   5.6 Subsystem for Comprehensive Evaluation ·················· 75—10
   5.7 Subsystem for Geocoding ·················· 75—10
   5.8 Subsystem for Application Maintenance ·················· 75—10
   5.9 Subsystem for Basic Data Management ·················· 75—10
   5.10 Subsystem for Data Exchange ·················· 75—10
6 System Runing Environment ·················· 75—10
   6.1 General Requirements ·················· 75—10
   6.2 Machine Room ·················· 75—10
   6.3 Network ·················· 75—10
   6.4 Server ·················· 75—11
   6.5 Display Equipment ·················· 75—11
   6.6 Storage and Backup Equipment ·················· 75—11
   6.7 Call Center ·················· 75—11
   6.8 Operation System ·················· 75—11
   6.9 Database and GIS Software ·················· 75—11
7 System Construction and Acceptance Check ·················· 75—11
   7.1 System Construction ·················· 75—11
   7.2 System Acceptance Check ·················· 75—12
8 System Maintenance ·················· 75—12
   8.1 Daily Management ·················· 75—12
   8.2 Software and Data Maintenace ·················· 75—13
   8.3 Emergency Plan in Advance ·················· 75—13
Explanation of Wording in This Code ·················· 75—13
List of Quoted Standards ·················· 75—13
Addition: Explanation of Provisions ·················· 75—14

1 总 则

1.0.1 为促进城市管理信息化建设，提高城市管理和公共服务水平，实现资源的整合与共享，规范城市市政综合监管信息系统建设，制定本规范。

1.0.2 本规范适用于城市市政综合监管信息系统的规划、实施、运行、维护和管理。

1.0.3 城市市政综合监管信息系统应使用全国建设事业公益服务专用电话号码12319。

1.0.4 城市市政综合监管信息系统建设中应注重整合和共享已有各种相关资源，并宜采用先进实用的新技术、新方法。

1.0.5 城市市政综合监管信息系统除应符合本规范外，尚应符合国家现行有关标准的规定。

2 术 语

2.0.1 城市市政综合监管信息系统 urban municipal supervision and management information system

基于计算机软硬件和网络环境，集成地理空间框架数据、单元网格数据、部件和事件数据、地理编码数据等多种数据资源，通过多部门信息共享、协同工作，实现对城市市政工程设施、市政公用设施、市容环境与环境秩序监督管理和对实施监督管理效果的专业部门进行综合绩效评价的计算机应用系统。本规范中简称为系统。

2.0.2 协同工作 cooperative work

将信息收集、案件建立、任务派遣、任务处理、处理反馈、核查结案、综合评价等环节相关联，实现监督中心、指挥中心、专业部门等之间的日常工作和相关信息协调一致的行为。

2.0.3 单元网格 basic management grid

城市市政监管的基本管理单元，是基于城市大比例尺地形数据，根据城市市政监管工作的需要，按照一定原则划分的、边界清晰的多边形实地区域（面积约为10000m^2）。

2.0.4 责任网格 duty grid

每个监督员负责巡查的单元网格的集合。

2.0.5 管理部件 management component

城市市政管理公共区域内的各项设施，包括公用设施类、道路交通类、市容环境类、园林绿化类、房屋土地类等市政工程设施和市政公用设施，简称部件。

2.0.6 事件 event

人为或自然因素导致城市市容环境和环境秩序受到影响或破坏，需要城市管理专业部门处理并使之恢复正常的现象和行为。

2.0.7 市政监管问题 urban municipal management problem

由监督员或公众发现并报告的管理部件丢失、损坏问题和事件问题的统称。

2.0.8 案件 case

需要处置的城市市政监管问题。

2.0.9 信息采集监督员 information collecting and supervising person

在指定网格内巡查、上报案件，以及对案件状况进行核实、核查的专门人员，简称监督员。

2.0.10 公众举报 citizen exposure

除监督员上报外，通过其他途径反映案件的方式，包括电话、网络、媒体曝光、领导批示、信访等。

2.0.11 监督中心 supervision center

按照城市市政监管需求，实现问题信息收集、问题处理结果监督及管理状况综合评价等功能的组织体系。

2.0.12 指挥中心 direction center

按照城市市政监管需求，实现指挥和协调专业部门、派遣问题处理任务、反馈问题处理结果等功能的组织体系。

2.0.13 专业部门 responsibility department

管理部件和事件问题的主管部门、部件的权属单位和养护单位。

2.0.14 监管数据无线采集设备 mobile device for supervise data capture

供监督员使用，实现城市市政综合监管数据的采集、报送，接收监督中心分配核实、核查任务信息的移动通信手持机。简称城管通。

2.0.15 地理空间数据 geospatial data

与地球上位置直接或间接相关的数据，包括地理空间框架数据、单元网格数据、部件和事件数据、地理编码数据以及相应的元数据等。

2.0.16 地理空间框架数据 urban geospatial framework data

基本的、公共的地理空间数据，包括行政区划、道路、建（构）筑物、水体、绿地、地名和地址数据以及数字正射影像数据等。

2.0.17 元数据 metadata

关于数据的数据，即数据的标识、覆盖范围、质量、空间和时间模式、空间参照系和分发等信息。

3 系统建设与运行模式

3.1 一般规定

3.1.1 城市市政综合监管信息系统应在建立独立的监督制度、精细化的处置制度和量化的长效考核制度等基础上运行。

3.1.2 系统可根据城市的规模和管理现状建立相应的管理模式，宜从下列管理模式中选用一种：

1 市一级监督，市一级指挥；
2 市一级监督，市、区（县）两级指挥；
3 市、区（县）两级监督，两级指挥；
4 市一级监督，区（县）一级指挥。

3.1.3 系统宜采用市、区（县）一体化建设方式，实现资源共享。

3.1.4 系统的绩效评价考核结果应纳入城市管理相关行政效能监察考核体系。

3.2 系统建设与运行基本要求

3.2.1 应实现监督、管理功能分离与协同，并应具有下列功能：

1 通过监督中心实施市政监管问题的核查监督；
2 通过指挥中心实施市政监管问题的指挥处置；
3 支持相关专业部门根据指挥中心的指令，及时处置市政监管问题并反馈处理结果。

3.2.2 应构建以行政区、街道、社区和单元网格为基础的区域精细化分层管理体系，并应符合现行行业标准《城市市政综合监管信息系统 单元网格划分与编码规则》CJ/T 213 的规定。

3.2.3 应构建以问题发现、立案和核查结案为核心内容的市政监管问题监督体系，并应符合现行行业标准《城市市政综合监管信息系统 管理部件和事件分类、编码及数据要求》CJ/T 214 和《城市市政综合监管信息系统 监管案件立案、处置与结案》CJ/T 315 的规定。

3.2.4 应构建以处置职责明确、处置时限精准和处置结果规范为核心内容的市政监管问题处置执行体系，并应符合现行行业标准《城市市政综合监管信息系统 监管案件立案、处置与结案》CJ/T 315 的规定。

3.2.5 应以系统中相关数据分析生成的评价结果为依据，建立对区域、部门和岗位量化的长效考核体系，并应符合现行行业标准《城市市政综合监管信息系统 绩效评价》CJ/T 292 的规定。

3.3 系统业务流程

3.3.1 系统业务主要流程（图 3.3.1）应包括信息收集、案件建立、任务派遣、任务处理、处理反馈和核查结案 6 个阶段。

3.3.2 信息收集阶段的信息来源应包括监督员上报和公众举报，并应符合下列规定：

1 当监督员在所负责的责任网格内发现市政监管问题后，应能通过监管数据无线采集设备及时上报监督中心，上报内容应符合现行行业标准《城市市政综合监管信息系统 监管数据无线采集设备》CJ/T 293 的规定；

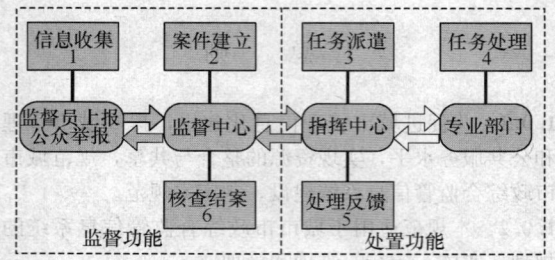

图 3.3.1 系统业务主要流程

2 对公众发现市政监管问题向监督中心的举报，监督中心应能登记公众举报信息，通知监督员现场核实，监督员应能通过监管数据无线采集设备上报核实结果；

3 有条件的城市，可通过自动信息采集技术发现市政监管问题，自动上报监督中心。

3.3.3 案件建立阶段，监督中心应审核接收的市政监管问题信息，立案后批转到指挥中心。

3.3.4 任务派遣阶段，指挥中心应接收从监督中心批转来的案件，并派遣至相关专业部门进行处置。

3.3.5 任务处理阶段，专业部门应按指挥中心的指令完成案件处置，并将处置结果反馈给指挥中心。

3.3.6 处理反馈阶段，指挥中心应将专业部门送达的案件处理结果反馈给监督中心。

3.3.7 核查结案阶段，监督中心应将案件的处置结果通知监督员进行核查；待监督员报送核查结果后，监督中心比对核查信息与处置信息，两者一致时应予以结案，否则应重新派遣处置。

4 地理空间数据

4.1 一般规定

4.1.1 城市市政综合监管信息系统中的地理空间数据应包括地理空间框架数据、单元网格数据、部件和事件数据、地理编码数据，宜包括相应的元数据。地理空间数据应完整覆盖系统的监管范围。

4.1.2 地理空间数据的空间参照系应与所在城市基础测绘所用空间参照系一致。

4.1.3 地理空间数据的存储和交换格式应符合现行国家标准《地理空间数据交换格式》GB/T 17798 的规定，或使用商用地理信息系统（GIS）平台软件可接受的格式。

4.1.4 地理空间数据质量检查验收应符合下列规定：

1 检查验收内容应包括数据的完整性、位置精度、属性正确性、逻辑一致性和现势性。

2 数据生产单位应采取"两级检查、一级验收"的方式对所获取的数据进行质量检查和内部验收。

3 监理单位应对数据获取的全过程进行质量和进度监理，并对数据生产单位提交的成果进行质量抽检。

4 应采取适当方式对数据生产单位提交的数据成果进行检查验收。数据生产单位应按检查验收提出的意见，对数据进行整改，直至合格。

5 数据检查验收结果应形成相应的技术文档。

4.1.5 地理空间数据存储与使用的安全、保密要求应符合国家现行相关标准的规定。

4.2 地理空间框架数据

4.2.1 地理空间框架数据应能为系统的运行提供统一的地理空间公共数据，为单元网格划分、部件和地理编码数据普查等提供工作基础，并应为市政监管问题提供空间位置参照。

4.2.2 地理空间框架数据的内容应符合下列规定：

1 应包含行政区划、道路、建（构）筑物、水体、绿地和地名等数据；

2 宜包含地址、数字正射影像数据；

3 数据的组织应符合现行行业标准《城市地理空间框架数据标准》CJJ 103 和《城市基础地理信息系统技术规范》CJJ 100 的规定。

4.2.3 行政区划、道路、建（构）筑物、水体、绿地数据应符合下列规定：

1 应采用矢量数据，其位置信息应符合表 4.2.3 的规定。行政区划、道路、水体和绿地数据的基本属性信息应符合表 4.2.3 的规定；建（构）筑物数据的基本属性信息宜符合表 4.2.3 的规定。

表 4.2.3 行政区划、道路、建（构）筑物、水体和绿地数据要求

数据种类	矢量形式	位置信息	基本属性信息
行政区划	面	行政区划边界	行政区划名称；行政区划等级
道路	面或线	道路边线组成的闭合多边形或道路中心线	道路名称
建（构）筑物	面	建（构）筑物边界	建（构）筑物名称；门牌地址
水体	面	水体边界	水体名称
绿地	面	绿地边界	绿地名称

2 应基于 1∶500～1∶2000 比例尺城市基础地理信息数据进行加工处理，必要时应进行实地调查和修测。

4.2.4 地名和地址数据应符合下列规定：

1 应包括行政区划名称、街巷名称、地片和区片名称、标志物名称以及门牌地址等的位置信息和基本属性信息；

2 位置信息宜使用地名和地址所代表实体的中心点坐标描述；基本属性信息应包括地名和地址的名称及分类；

3 宜从城市地名数据库或基础地理信息数据库中提取，必要时应进行实地调查。

4.2.5 数字正射影像数据应符合下列规定：

1 空间分辨率宜为 0.1m～0.5m；

2 平面位置中误差不宜大于 2.5m；

3 影像应纹理清晰，反差适中，色调均匀，无重影和漏洞。

4.2.6 地理空间框架数据的质量检查与验收应符合现行国家标准《数字测绘成果质量检查与验收》GB/T 18316 的规定。

4.2.7 地理空间框架数据宜通过所在城市的公共地理信息平台实现共享。

4.2.8 有条件的城市，地理空间框架数据可与地面近景影像数据结合使用。

4.3 单元网格数据

4.3.1 单元网格的划分、编码、属性信息及图示表达等应符合现行行业标准《城市市政综合监管信息系统 单元网格划分与编码规则》CJ/T 213 的规定。

4.3.2 单元网格数据应建立拓扑关系。单元网格应采用闭合多边形表达。

4.3.3 单元网格的多边形顶点应利用城市 1∶500～1∶2000 比例尺基础地理信息数据、地理空间框架数据或地形图结合实地调查获得，其点位中误差不应大于 1.0m。

4.4 部件和事件数据

4.4.1 部件和事件数据的分类、编码、属性信息及精度要求等应符合现行行业标准《城市市政综合监管信息系统 管理部件和事件分类、编码及数据要求》CJ/T 214 的规定。

4.4.2 各城市可根据市政监管的需要，对部件和事件类型及其属性项进行扩展和删减，且应符合现行行业标准《城市市政综合监管信息系统 管理部件和事件分类、编码及数据要求》CJ/T 214 的规定。

4.4.3 部件数据普查应符合下列规定：

1 应利用城市 1∶500、1∶1000 比例尺基础地理信息数据或地理空间框架数据，实地进行各种部件类型及其属性信息的普查，并借助相关地物关系和简易测量工具确定部件的位置。必要时，可使用专业测绘设备进行部件位置测定。对正在施工或因其他原因不能进行普查的区域，应标出范围，注明原因。

2 在实地普查和测绘的基础上，应根据记录图表，进行数据录入和处理，分类建立部件数据文件。

3 对获得的部件数据应进行质量检查。检查的内容应包括分类代码的正确性、属性信息的完整性和准确性、部件的定位精度，以及作业过程文档等。数据的质量检查与验收宜根据现行国家标准《数字测绘成果质量检查与验收》GB/T 18316 的规定进行。

4.4.4 事件数据应基于单元网格编号、地理编码数据等进行空间定位，并应确定其类型代码和相关属性数据。

4.5 地理编码数据

4.5.1 地理编码数据的基本要求及表达方式应符合现行行业标准《城市市政综合监管信息系统 地理编码》CJ/T 215 的规定。

4.5.2 地理编码数据的密度宜为每 5m～10m 一条记录，其地点的空间位置精度宜与地理空间框架数据一致。

4.5.3 地理编码数据可和地理空间框架数据中建（构）筑物数据的门牌地址信息及地名和地址数据同时使用。当地名、地址数据能满足或部分满足市政监管工作需求时，可不单独采集或少采集地理编码数据。

4.6 元数据

4.6.1 各类地理空间数据在采集、处理和更新的同时，宜按数据集建立相应的元数据。

4.6.2 元数据应描述地理空间数据的内容、质量及状况等信息，并应为数据的管理、维护、检索和应用提供支持。元数据的内容应符合现行行业标准《城市地理空间信息共享与服务元数据标准》CJJ/T 144 的规定。

4.6.3 元数据可采用纯文本或可扩展标记语言（XML）格式存储，其文件名称宜与所描述的地理空间数据文件名称建立联系。

4.7 数据建库

4.7.1 地理空间数据建库应包括地理空间框架数据库、单元网格数据库、部件数据库和地理编码数据库的建设，宜包括元数据库的建设。

4.7.2 根据系统的建设目标、任务和所在城市的实际，应按现行行业标准《城市基础地理信息系统技术规范》CJJ 100 的规定，对各类数据库进行详细设计，并应建立相应的设计文档。

4.7.3 地理空间框架数据库建设应符合下列规定：
  1 应按行政区划、道路、建（构）筑物、水体、绿地、地名和地址等类型分别进行数据的组织和管理。当覆盖区域大时，各类数据可分区域管理；
  2 数字正射影像数据可采用文件系统或影像数据库等方式进行组织管理。

4.7.4 单元网格数据库应包括单元网格的位置信息和属性信息。数据可按区域范围进行组织管理。

4.7.5 部件数据库应包括市政监管所涉及部件的位置信息和属性信息。数据可按部件类型或区域范围进行组织管理。

4.7.6 地理编码数据库应包括各类地理编码数据的位置信息和属性信息。数据可按覆盖的区域范围进行组织管理。

4.7.7 元数据库应包括与地理空间框架数据库、单元网格数据库、部件数据库和地理编码数据库对应的所有元数据。元数据库应与其描述的数据库建立对应关系。

4.7.8 数据入库前应进行检查。检查可采用程序辅助批量检查或人机交互检查方法进行，并应符合下列规定：
  1 对矢量数据，应进行拓扑关系检查，并应检查相邻图幅之间要素几何图形及属性的物理接边或逻辑接边，保证数据无缝、要素关系正确和要素属性一致；
  2 对数字正射影像数据，应对不同区域之间的影像进行必要的色调调整。

4.7.9 数据入库后的检查和测试应符合下列规定：
  1 检查的内容应包括数据表中数据的规范性、入库后数据的完整性、拼接无缝及逻辑一致性等；
  2 数据入库后，应建立高效率的数据索引；
  3 应按数据库设计方案，对数据库中各类数据的数量、范围和内容以及数据之间的集成关系等进行测试，并建立相应的测试文档。

4.8 数据更新

4.8.1 系统中的各种地理空间数据及其元数据应适时进行更新。

4.8.2 地理空间数据更新后的数据质量不应低于原有数据的质量。

4.8.3 地理空间框架数据的更新应符合下列规定：
  1 宜与城市基础地理信息数据的更新同步进行，更新周期不宜超过 1 年；
  2 对变化大的区域，应及时进行更新。

4.8.4 当覆盖区域的单元网格发生变动时，应及时进行单元网格数据的更新。

4.8.5 部件数据的更新应符合下列规定：
  1 应定期进行更新，更新周期不宜超过 6 个月；
  2 当监督员在日常监管巡查中发现新的部件、普查中遗漏的部件以及位置或属性发生变化的部件时，应报告相关部门。相关部门经核实后，应组织对这些部件数据及时进行更新。

4.8.6 地理编码数据的更新宜与部件数据更新同步进行。

4.8.7 当地理空间数据更新时，应同步更新相应的元数据。

4.8.8 更新后的各类地理空间数据，应进行质量检查验收。

4.8.9 数据更新后，应及时对相应的数据库进行更新和维护。

5 系统功能与性能

5.1 一般规定

5.1.1 城市市政综合监管信息系统基本结构框架（图5.1.1）应符合下列规定：
 1 应包括监管数据无线采集、监督中心受理、协同工作、监督指挥、综合评价、地理编码、应用维护、基础数据资源管理等子系统；
 2 当需与包括多级城市市政综合监管信息系统、各专业子系统等在内的外部信息系统进行数据交换时，应包括数据交换子系统；
 3 可根据用户需求扩展其他子系统。

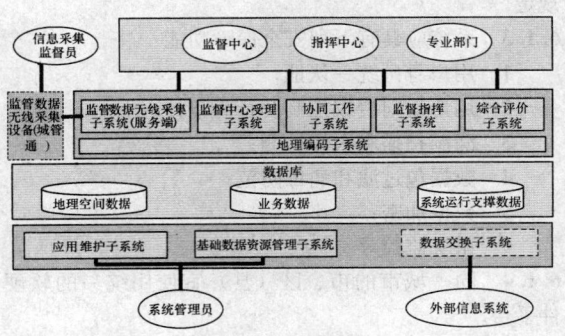

图5.1.1 系统基本结构框架

5.1.2 系统的主要性能应符合下列规定：
 1 市政监管问题空间位置查询和定位时间不宜超过5s；
 2 监督中心接收监督员上报市政监管问题传输和系统处理时间不宜超过30s；
 3 监督中心向监督员发送任务，系统处理和传输时间不宜超过10s。

5.1.3 应保证各个子系统间的协同工作和数据的一致性。

5.1.4 系统运行中的业务数据库应符合下列规定：
 1 应包含监督员上报、公众举报、监督员核实和核查、案件、流转、督办、业务表单、机构人员角色、绩效评价结果等数据；
 2 应对这些数据的分类和属性项等进行定义。

5.1.5 系统运行支撑数据库应符合下列规定：
 1 应包含机构人员角色配置、业务配置、工作流配置、工作表单定义、文号定义、数据字典定义、统计报表定义、物理图层配置、逻辑图层配置、专题图层配置、地图要素编码定义、地图使用配置、地图查询定义等数据；
 2 应对这些数据的分类和属性项等进行定义；
 3 运行支撑数据应由应用维护子系统和基础数据资源管理子系统配置生成。

5.1.6 系统应具有完备的信息安全保障体系。

5.2 监管数据无线采集子系统

5.2.1 监管数据无线采集子系统应包括服务器端和信息采集设备端，并应实现信息交互。

5.2.2 监管数据无线采集子系统应具有下列功能：
 1 接收监管数据无线采集设备报送的市政监管问题信息；
 2 下发监督中心分配的核实、核查、专项普查任务；
 3 管理和发布当日提示信息；
 4 提供信息查询、数据同步等功能。

5.2.3 监督员应配备使用监管数据无线采集设备采集数据。该设备的硬件和软件应符合现行行业标准《城市市政综合监管信息系统 监管数据无线采集设备》CJ/T 293的规定。

5.3 监督中心受理子系统

5.3.1 监督中心受理子系统应包括案件受理、地图操作、查询统计和参数设置等模块。

5.3.2 案件受理模块应具有接收监督员上报和公众举报的市政监管问题信息、建立案件、同时发送至协同工作子系统和向监督员发送核实、核查工作任务等功能。

5.3.3 地图操作模块应具有地理空间数据浏览、查询定位功能，宜实现地图量算、分析和统计等功能。

5.3.4 查询统计模块应具有案件查询与统计、监督员在岗情况查询与统计等功能。

5.3.5 参数设置模块应具有系统参数设置和用户信息设置等功能。

5.4 协同工作子系统

5.4.1 协同工作子系统应包括协同处理、地图操作、查询统计和参数设置等模块，并应提供延期、缓办、作废等的申请授权和授权操作功能。

5.4.2 协同处理模块应具有将信息收集、案件建立、任务派遣、任务处置、处置反馈、核查结案、综合评价等环节进行关联，实现监督中心、指挥中心、专业部门和各级领导之间信息同步、协同工作和协同督办等功能。

5.4.3 地图操作、查询统计和参数设置等模块的功能应符合本规范第5.3.3～5.3.5条的规定。

5.5 监督指挥子系统

5.5.1 监督指挥子系统应具有整合地理空间数据和业务数据信息、实现基于地图的监督指挥等功能，并应能对发生市政监管问题的位置、处置过程、监督员在岗情况、处置结果、综合绩效评价等信息进行实时监控。
5.5.2 监督指挥子系统应能在适合多人共享的显示设备上显示，且宜分为地图显示区和信息显示区两部分。

5.6 综合评价子系统

5.6.1 综合评价子系统应基于市政监管问题的工作过程、责任主体、工作绩效等评价模型，具有对区域、部门、岗位等进行综合统计、计算评估和生成可视化评价结果等功能。

5.6.2 综合评价子系统的绩效评价模型及评价结果表达应符合现行行业标准《城市市政综合监管信息系统 绩效评价》CJ/T 292 的规定。

5.7 地理编码子系统

5.7.1 地理编码子系统应具有地址描述、地址查询和地址匹配等功能，应能为监管数据无线采集子系统、监督中心受理子系统、协同工作子系统等提供地理编码服务。

5.7.2 地理编码子系统的响应时间宜小于1s。

5.8 应用维护子系统

5.8.1 应用维护子系统应具有对监督中心、指挥中心、专业部门、人员、业务、工作表单、地图、工作流等相关信息及查询、统计方式进行配置，完成系统的管理、维护和扩展的功能。

5.8.2 应用维护子系统应具有多级运行模式的工作流配置功能。

5.8.3 应用维护子系统应具有上级部门对下级部门的组织机构和权限等配置功能。

5.8.4 应用维护子系统的业务配置功能应符合现行行业标准《城市市政综合监管信息系统 监管案件立案、处置与结案》CJ/T 315 的规定。

5.9 基础数据资源管理子系统

5.9.1 基础数据资源管理子系统应具有地理空间数据管理和维护功能。

5.9.2 基础数据资源管理子系统应能对地理空间数据的查询、显示和统计功能进行配置和管理。

5.10 数据交换子系统

5.10.1 数据交换子系统应具有与多级城市市政综合监管信息系统、各专业子系统等进行数据交换的功能。交换的数据可包括案件数据、综合评价数据等。

5.10.2 数据交换子系统的数据传输应满足下列要求：
 1 应支持超文本传输协议（HTTP）；
 2 应支持简单对象访问协议（SOAP）；
 3 应具备数据交换和传输的并发能力；
 4 应保证数据传输的可靠性，避免传输的数据受到损失。

6 系统运行环境

6.1 一般规定

6.1.1 城市市政综合监管信息系统应具有基本的运行环境和安全保障功能。

6.1.2 系统基本运行环境宜应包括机房、网络、服务器、显示设备、存储及备份设备、安全设备、呼叫中心、操作系统、数据库及地理信息系统平台软件等，并应分别符合本规范第 6.2 节至第 6.9 节的规定。

6.1.3 系统应具有下列安全保障功能：
 1 用户身份统一认证；
 2 用户访问授权控制和行为审计；
 3 漏洞扫描和入侵检测；
 4 数据包过滤和病毒防范；
 5 数据加密；
 6 系统监控等。

6.1.4 同一城市的市、区（县）宜使用统一的软硬件平台。

6.2 机 房

6.2.1 机房的技术指标应符合现行国家标准《电子信息系统机房设计规范》GB 50174、《电子计算机场地通用规范》GB/T 2887 和《计算站场地安全要求》GB 9361 的规定。

6.2.2 机房的消防系统应通过地方消防主管部门及其指定的消防检测部门的建筑工程消防验收。

6.2.3 机房应安装雷电防护系统，并应对其性能进行定期检测。

6.2.4 机房的供电系统应能提供可靠的电力保障。服务器和网络设备应配有高性能的不间断电源设备，电力供应中断时的维持时间不应低于4h。

6.3 网 络

6.3.1 网络环境应具有开放性、可扩充性、可靠性和安全性。

6.3.2 监督中心、指挥中心和专业部门之间应实现网络互联；网络带宽不应低于 2Mbps。

6.3.3 监督中心应实现与无线通信网络的互联；网络带宽不宜低于 2Mbps。

6.3.4 网络交换应采用多层结构。

6.3.5 应建立网络管理制度和网络运行保障支持体系。

6.4 服务器

6.4.1 根据并发用户数和系统运行预期数据量等指标，服务器的配置性能宜满足运行和数量要求。

6.4.2 服务器应至少配置包括数据库服务、地图应用服务、业务应用服务、数据无线采集服务、统一认证服务和备份服务。

6.4.3 应建立日常管理维护机制，保证服务器的可靠运行。

6.5 显示设备

6.5.1 监督中心和指挥中心宜配置供多人共享的显示设备。具体配置应根据城市的实际需要和经济条件进行选择。

6.5.2 显示设备的技术指标应符合下列规定：
  1 屏幕分辨率不应低于1024×768像素；
  2 屏幕对比率不应低于600∶1；
  3 屏幕亮度不应低于1000cd/m²；
  4 水平视角不应低于150°，垂直视角不应低于60°。

6.6 存储及备份设备

6.6.1 存储设备应符合下列规定：
  1 应具有良好的节点扩充性和高传输速率；
  2 宜采用可伸缩的网络拓扑结构；
  3 宜具有高传输速率的光通道直接连接方式。

6.6.2 备份设备应符合下列规定：
  1 重要主机服务器应能进行无人值守备份；
  2 应具有灵活的备份和恢复策略，具有集中化的备份策略管理及备份任务监督功能；部件和地理编码等数据应进行异地备份；
  3 当系统出现意外损害时，应能快速及时地进行系统和数据的恢复。

6.7 呼叫中心

6.7.1 呼叫中心应设在监督中心内，通过电话形式接受公众举报、与监督员通话联系。呼叫中心应符合下列规定：
  1 应使用建设事业公益服务专用电话号码12319接入；
  2 应允许多名话务员并行受理；
  3 性能应稳定，易使用，易维护，并应具有可扩展性。

6.7.2 呼叫中心应具有基本坐席功能和特殊坐席功能，并应符合下列规定：
  1 基本坐席功能应包括应答、保持、转接、呼出、咨询、会议等基本操作功能，并可实时显示主叫号码；
  2 特殊坐席功能可包括话务质检、监听、协议跟踪、全程录音、放音、内部呼叫、强制插入、强制拆除、强制签出、强制示忙、强制示闲、拦截、服务指标统计等。

6.8 操作系统

6.8.1 计算机操作系统应具有稳定可靠的性能。

6.8.2 监管数据无线采集设备的操作系统应符合现行行业标准《城市市政综合监管信息系统 监管数据无线采集设备》CJ/T 293 的规定。

6.9 数据库及地理信息系统平台软件

6.9.1 数据库管理系统应具有下列功能：
  1 统一存储和管理地理空间数据与属性数据；
  2 数据库恢复；
  3 历史数据管理；
  4 数据备份和安全管理。

6.9.2 地理信息系统平台软件应符合下列规定：
  1 应能管理海量地理空间数据，并支持地理空间数据和属性数据的统一操作；
  2 应提供网络地理信息系统（WebGIS）服务，实现基于浏览器的地理空间数据查询、显示、分析；
  3 应支持通用编程语言进行二次开发；
  4 应支持常用数据格式的转换。

7 系统建设与验收

7.1 系统建设

7.1.1 城市市政综合监管信息系统建设应具备下列基本条件：
  1 应有明确的应用需求和经费保障；
  2 系统监管范围宜选择城市基础设施建设趋于稳定的区域；
  3 系统监管范围内应没有无线通信盲区。

7.1.2 系统建设应包括下列工作：
  1 建立项目管理组织体系；
  2 根据本规范第3.1.2条的规定选定建设与运行模式，制定项目总体方案，确定工作分工、进度安排和经费预算；
  3 编写系统建设实施方案；
  4 组建独立的监督中心和监督员队伍，组建指挥中心，落实处置体系，编制相关工作制度和实施办法；
  5 确定系统各项工作的建设单位；
  6 获取或制作地理空间框架数据，划分单元网格，开展部件和地理编码数据普查，建立相应的地理空间数据库；
  7 组织开发应用系统软件；
  8 采购监管数据无线采集设备，组织开发城管通软件；

  9 设计、采购、安装、集成和调试系统运行环境；

  10 测试系统运行环境、功能和性能；

  11 系统岗位人员业务和技术培训；

  12 系统试运行、验收和正式运行。

7.1.3 系统建设宜采取第三方监理方式对设备安装调试、地理空间数据建设、应用软件系统开发与系统集成的全过程进行监理。所有工作应形成相应的文档资料。

7.2 系统验收

7.2.1 系统验收应包括验收申请、现场考查和正式验收等环节。正式验收应在系统至少试运行3个月后进行。

7.2.2 系统正式验收的内容应包括建设与运行模式、地理空间数据、应用系统、运行效果和文档资料的验收。

7.2.3 建设与运行模式验收应包括下列内容：

  1 建立了代表政府的、独立的城市管理监督考核和综合协调部门，实现了市政监管问题的处置和监督考核的职责分离；

  2 组建了与城市监管范围、问题发生密度相适应的信息采集、呼叫中心和协调指挥的专职队伍；

  3 建立了符合本规范第3.3节规定的城市管理业务流程，各环节做到了分工明确、衔接紧密；

  4 建立并执行了有效的监督制度、处置制度、绩效评价制度，形成了城市管理长效机制。

7.2.4 地理空间数据验收应符合下列规定：

  1 验收依据应符合现行行业标准《城市市政综合监管信息系统 单元网格划分与编码规则》CJ/T 213、《城市市政综合监管信息系统 管理部件和事件分类、编码及数据要求》CJ/T 214、《城市市政综合监管信息系统 地理编码》CJ/T 215的规定；

  2 应提供数据采集、处理、建库的相关合同或协议、技术方案、技术总结报告、质量检查验收报告以及数据监理报告等文档；

  3 可采用调阅相关技术文档、现场质询的方式进行验收；必要时，可进行数据的实地抽查。

7.2.5 应用系统验收应符合下列规定：

  1 应对各个子系统的功能、性能及开发文档等进行验收；

  2 各子系统的功能和性能应符合本规范第5章的规定；

  3 应用系统应通过第三方软件测试。软件测试应符合现行行业标准《建设领域应用软件测评通用规范》CJJ/T 116的规定；

  4 对未经第三方测试的应用系统，验收前应进行专门的测试；

  5 开发文档应包括需求分析报告、总体设计书、详细设计书、用户手册、系统维护手册、系统测试报告等；

  6 验收可采用调阅相关技术文档、现场演示、质询的方式进行。

7.2.6 运行效果验收应符合下列规定：

  1 应对监管覆盖范围、专业部门接入和绩效评价结果进行验收；

  2 监管范围宜至少覆盖城市（城区）主要建成区范围；

  3 经过试运行，部件、事件问题的发现和处置达到合理的数量；

  4 验收可采用现场系统实际案例演示和数据统计方式进行；

  5 应对系统的绩效评价结果进行验收，并应符合现行行业标准《城市市政综合监管信息系统 绩效评价》CJ/T 292的规定。

7.2.7 文档资料验收应符合下列规定：

  1 文档资料应包括系统建设与运行模式文档、建设过程文档和总结报告等；

  2 系统建设与运行模式文档应包括项目建设、组织体系建设、运行管理、长效机制建立等相关的政府文件和管理制度文档；

  3 建设过程文档应包括系统集成、地理空间数据建设、应用系统开发、软硬件采购和安装调试、网络建设、信息安全体系建设、场地机房装修、监理等全过程技术文档；

  4 总结报告应针对验收评价的主要内容，重点说明项目概况、建设过程、组织体系建设、制度体系建设、信息系统建设、地理空间数据建设、试运行情况、运行效果，以及存在问题和进一步完善的方案等。

7.2.8 验收应由系统建设的上级主管部门组织相关专业专家进行，并应形成明确的书面验收意见。

8 系统维护

8.1 日常管理

8.1.1 应制定城市市政综合监管信息系统运行维护管理制度，配备系统管理员，监测系统运行状况、数据库状况、数据备份情况等。

8.1.2 应对操作系统、数据库系统、应用系统和网络设备设置权限，阻止非授权用户读取、修改、破坏或窃取数据。

8.1.3 应制定有效的备份管理制度，及时对各类地理空间数据和业务数据进行备份。在进行系统更新和维护时，应做好软件和数据的备份工作。

8.1.4 应定期分析应用系统日志、数据库日志和业务操作日志等系统运行日志，及时发现系统异常情况。

8.2 软件和数据维护

8.2.1 应通过应用维护子系统对系统进行维护，并通过基础数据资源管理子系统对地理空间数据进行管理和维护。

8.2.2 系统应具备快速适应能力。当机构、人员、工作流程、工作表单、地图等管理内容发生变化时，可通过应用维护子系统进行相应的调整，保证系统正常运行。

8.2.3 地理空间框架数据、单元网格数据、部件数据、地理编码数据的更新应符合本规范第 4.8 节的规定。

8.2.4 系统应具备对管理部件和事件类型进行扩展的能力。

8.3 应急预案

8.3.1 应制定有效的系统运行应急预案，并应由系统管理员定期组织演练。

8.3.2 应急预案应包括呼叫中心异常、网络异常、数据库服务器异常、应用服务器异常、磁盘阵列异常、平台软件系统异常、应用软件系统异常等情况的处置方案。

8.3.3 应急预案应能在系统出现异常后 8h 内恢复正常运行。

本规范用词说明

1 为便于在执行本规范条文时区别对待，对要求严格程度不同的用词说明如下：

　　1）表示很严格，非这样做不可的：
　　　　正面用词采用"必须"，反面词采用"严禁"；
　　2）表示严格，在正常情况下均应这样做的：
　　　　正面用词采用"应"，反面词采用"不应"或"不得"；
　　3）表示允许稍有选择，在条件许可时首先应这样做的：
　　　　正面用词采用"宜"，反面词采用"不宜"；
　　4）表示有选择，在一定条件下可以这样做的，采用"可"。

2 条文中指明应按其他有关标准执行的写法为："应符合……的规定"或"应按……执行"。

引用标准名录

1 《电子信息系统机房设计规范》GB 50174
2 《电子计算机场地通用规范》GB/T 2887
3 《计算站场地安全要求》GB 9361
4 《地理空间数据交换格式》GB/T 17798
5 《数字测绘成果质量检查与验收》GB/T 18316
6 《城市基础地理信息系统技术规范》CJJ 100
7 《城市地理空间框架数据标准》CJJ 103
8 《建设领域应用软件测评通用规范》CJJ/T 116
9 《城市地理空间信息共享与服务元数据标准》CJJ/T 144
10 《城市市政综合监管信息系统　单元网格划分与编码规则》CJ/T 213
11 《城市市政综合监管信息系统　管理部件和事件分类、编码及数据要求》CJ/T 214
12 《城市市政综合监管信息系统　地理编码》CJ/T 215
13 《城市市政综合监管信息系统　绩效评价》CJ/T 292
14 《城市市政综合监管信息系统　监管数据无线采集设备》CJ/T 293
15 《城市市政综合监管信息系统　监管案件立案、处置与结案》CJ/T 315

中华人民共和国行业标准

城市市政综合监管信息系统
技术规范

CJJ/T 106—2010

条 文 说 明

修 订 说 明

《城市市政综合监管信息系统技术规范》CJJ/T 106-2010 经住房和城乡建设部 2010 年 7 月 20 日以第 698 号公告批准、发布。

本规范是在《城市市政综合监管信息系统技术规范》CJJ/T 106-2005 的基础上修订而成。上一版的主编单位是北京市东城区人民政府，参编单位是北京数字政通科技有限公司、建设部信息中心、北京图盟科技有限公司、建设综合勘察研究设计院，主要起草人员是陈平、吴强华、郝力、高萍、倪东、董振宁、王丹、许欣、赵伟、霍文虎、张洁、陈大鹏、陈晔、赵铁汉、崔嫒嫒。

本次修订中，编制组进行了广泛的调查研究，认真总结了住房和城乡建设部在全国开展的三批共 51 个城市（城区）数字化城市管理新模式推广应用的经验，并积极吸收了相关科研和技术发展成果。

为便于广大城市管理以及数据生产、系统开发、科研、学校等单位有关人员在使用本规范时能正确理解和执行条文规定，《城市市政综合监管信息系统技术规范》编制组按章、节、条顺序编制了本规范的条文说明，对条文规定的目的、依据以及执行中需注意的有关事项进行了说明。但是，本条文说明不具备与规范正文同等的法律效力，仅供使用者作为理解和把握规范规定的参考。在使用中如果发现本条文说明有不妥之处，请将意见函寄北京市东城区城市管理监督中心。

目　次

1 总则 …………………………………… 75—17
2 术语 …………………………………… 75—17
3 系统建设与运行模式 ………………… 75—17
   3.1 一般规定 ………………………… 75—17
   3.2 系统建设与运行基本要求 ……… 75—17
   3.3 系统业务流程 …………………… 75—17
4 地理空间数据 ………………………… 75—17
   4.1 一般规定 ………………………… 75—17
   4.2 地理空间框架数据 ……………… 75—18
   4.3 单元网格数据 …………………… 75—18
   4.4 部件和事件数据 ………………… 75—18
   4.5 地理编码数据 …………………… 75—18
   4.6 元数据 …………………………… 75—18
   4.7 数据建库 ………………………… 75—19
   4.8 数据更新 ………………………… 75—19
5 系统功能与性能 ……………………… 75—19
   5.1 一般规定 ………………………… 75—19
   5.2 监管数据无线采集子系统 ……… 75—19
   5.3 监督中心受理子系统 …………… 75—19
   5.4 协同工作子系统 ………………… 75—19
   5.5 监督指挥子系统 ………………… 75—19
   5.6 综合评价子系统 ………………… 75—19
   5.7 地理编码子系统 ………………… 75—19
   5.8 应用维护子系统 ………………… 75—19
   5.9 基础数据资源管理子系统 ……… 75—20
   5.10 数据交换子系统 ………………… 75—20
6 系统运行环境 ………………………… 75—20
   6.1 一般规定 ………………………… 75—20
   6.2 机房 ……………………………… 75—20
   6.3 网络 ……………………………… 75—20
   6.4 服务器 …………………………… 75—20
   6.5 显示设备 ………………………… 75—20
   6.6 存储及备份设备 ………………… 75—20
   6.7 呼叫中心 ………………………… 75—21
   6.8 操作系统 ………………………… 75—21
   6.9 数据库及地理信息系统平台软件 … 75—21
7 系统建设与验收 ……………………… 75—21
   7.1 系统建设 ………………………… 75—21
   7.2 系统验收 ………………………… 75—21
8 系统维护 ……………………………… 75—21
   8.1 日常管理 ………………………… 75—21
   8.2 软件和数据维护 ………………… 75—21
   8.3 应急预案 ………………………… 75—22

1 总 则

1.0.1 随着城市现代化建设进程的加快，城市面貌变化巨大。网格化城市管理模式对于提高城市综合治理能力和城市服务水平，推动城市管理体制创新，落实科学发展观，建立和谐社会都具有重要意义。目前已在许多城市推广运行。为了规范和指导全国城市市政综合监管信息系统建设，实现资源的整合与共享，提高城市信息化水平，经过对网格化城市管理模式，以及住房和城乡建设部已经验收的数字化城市管理试点城市（城区）的运行经验进行总结、分析，在遵循国家相关法规、标准的基础上，编制了本规范。

1.0.2 本规范作为指导城市市政综合监管信息系统建设的技术标准，规定了市政综合监管信息系统设计、建设、运行、维护和管理的基本要求。城市其他有关管理应用系统，如果实行基于单元网格的全方位、全时段的管理方式，也可以借鉴本规范。

1.0.3 根据原中华人民共和国信息产业部［2002］422号文件精神，在建设城市市政综合监管信息系统时，其呼叫中心应使用统一专用号码12319。同时在使用该号码时，需遵守信息产业主管部门和地方通信管理局有关号码资源的规定，不得擅自转让、出租该专用号码或改变号码用途。

1.0.4 基于网格化的城市管理模式是实现全时段监控、全方位覆盖的现代化城市管理模式。实现政府资源和社会公共资源的共享是城市市政综合监管信息系统运行的基础。随着计算机和通信技术的不断发展，在城市市政综合监管信息系统的建设中，应积极倡导采用先进的技术方法，节约资源，提升系统运行效率，提高城市监管能力。

1.0.5 本规范是以国家现行有关标准为基础而制定的，因此在建设城市市政综合监管信息系统时，还应符合国家现行有关标准的规定。

2 术 语

本章对规范中使用的术语和涉及的一些重要概念，特别是城市市政综合监管信息系统运行模式中涉及的新概念作出定义，以便于对条文的理解和使用。这些术语考虑了与城市市政综合监管信息系统其他相关标准以及有关地理空间信息标准之间的协调。

3 系统建设与运行模式

3.1 一般规定

3.1.1 城市市政综合监管信息系统的运行基础是网格化城市管理新模式，新模式的核心就是通过建立独立的监督制度、精细化的处置制度和量化的考核评价制度，保证城市管理问题及时发现和处置。独立的监督制度需要保证监督和管理处置的两轴分离；精细化的处置制度需要保证案件分类明确、处置主体责任明确；量化的考核评价制度需要保证考核评价信息来自系统实际运行数据。基于三个管理制度运行城市市政综合监管信息系统，才能保证全方位、全时段城市管理的长效化。

3.1.2 这里列举的4种管理模式，是在总结全国各类不同城市实施数字城管的实践基础上提炼出来的，各城市可根据自身城市的规模和管理现状选用。

3.1.3 系统采用市、区（县）一体化建设方式，可以节约投资，有利于实现系统与数据标准的统一，特别是系统效能的发挥。这里的一体化主要是指在一个城市中，系统应自上而下统一建设，市、区（县）应使用统一的网络系统。

3.1.4 绩效评价考核结果纳入城市管理相关行政效能监察考核体系，是系统能够持续良好运行的重要保障。

3.2 系统建设与运行基本要求

3.2.1～3.2.3 城市市政综合监管的监督、管理功能分离与协作原则，单元网格精细化管理原则，部件和事件精确化管理原则，是城市市政综合监管模式的三大基本原则，是全方位、全时段实施城市管理新模式的工作基础。

3.2.4～3.2.5 为使市政监管问题及时得到处置，并实现管理的长效化，应建立必要的实施方案，具体可包括指挥手册、绩效考核办法的制订等。

3.3 系统业务流程

3.3.1 本条说明了新模式业务流程中的6个阶段，也说明了新模式业务涉及的监督员和社会公众、监督中心、指挥中心和专业部门等4个环节。新模式业务流程的特别之处是一个闭环管理流程，而且每个环节都有回路，能够监督每个问题是否已经解决。本流程是一个基本流程，是一个市、区（县）两级一体化的应用系统，根据本规范第3.1.2条中采用的管理模式不同，在监督中心、指挥中心环节会略有不同。

3.3.2～3.3.7 具体说明监督中心、指挥中心和专业部门在各个阶段的主要工作内容。

4 地理空间数据

4.1 一般规定

4.1.1 城市市政综合监管信息系统是一种城市空间信息管理系统。因此，系统的运行必须要有地理空间数据的支撑。这里的地理空间数据主要包括地理空间框架数据、单元网格数据、部件和事件数据以及地理编码数据。除这些数据外，应尽可能包括地理空间数据的元数据。本规范第 4.2 节至第 4.6 节对这些数据作了具体规定。为了保证市政监管问题能在系统中准确、完整定位，地理空间数据应完整地覆盖市政监管的整个区域范围。

4.1.2 城市地理空间数据与空间参照系密切相关。为了保证城市市政综合监管信息系统中地理空间数据的获取、更新、维护和应用，应该使用所在城市基础测绘所用的空间参照系。

4.1.3 国家标准《地理空间数据交换格式》GB/T 17798 规定了矢量数据转换格式、影像数据转换格式、数字高程模型数据转换格式，适用于矢量数据、影像数据和格网数据等的交换和存储。

4.1.4 关于地理空间数据的质量检查验收有以下几点说明：

　　1 "两级检查、一级验收"是数据生产单位为保证其所提供的数据质量符合要求而进行的检查和内部验收工作。"两级检查"指的是作业组检查和单位生产部门检查；"一级验收"指的是单位质检部门验收。

　　2 引入监理单位对数据获取全过程进行质量和进度监理是目前城市地理空间数据生产中较为普遍采用的方式，它对于保证最终成果的质量具有重要作用。

　　3 系统建设单位或监理单位形成的关于地理空间数据检查验收的技术文档一般应包括下列内容：

　　　　1）数据生产的基本情况，包括数据覆盖范围、数据内容和数量、利用的基础资料情况、执行的技术标准和方案、生产方法、使用的仪器设备、生产时间、生产单位名称和资质等级、生产单位内部检查验收结论等；

　　　　2）数据质量情况，包括数据生产监理的基本情况、数据质量抽检方法、样本数据质量统计和评价、发现的主要问题及处理情况、质量检查验收结论等。

4.2 地理空间框架数据

4.2.1 地理空间框架数据是城市的基本地理数据集，它为描述城市状况提供最基本的信息，为城市应用系统提供公用数据，并为非空间信息提供空间定位基准，以实现地理空间信息位置的整合。地理空间框架数据可以通过对基础地理信息数据进行加工和扩展来获得。

4.2.2 行政区划、道路、建（构）筑物、水体、绿地和地名数据是最基本的城市地理空间框架数据，也是城市市政综合监管信息系统运行中必不可少的信息内容。地址数据对于市政监管问题的定位具有重要作用，同时也可以减少地理编码数据的采集，因此在可能的条件下应尽量获取。现势性高的高分辨率数字正射影像数据可以为市政综合监管信息系统的运行和市政监管问题的定位提供更直观的支持，应尽可能获取。

4.2.3 目前绝大多数城市都有较高现势性的 1∶500～1∶2000 比例尺基础地理信息数据。利用这些数据可以提取行政区划、道路、建（构）筑物、水体和绿地等数据。当数据的现势性较差或内容不足时，应通过实地调查测量的方式予以修测。

4.2.5 0.1m～0.5m 分辨率的数字正射影像数据对应于 1∶1000～1∶5000 比例尺地形图，分辨率过低将影响市政综合监管信息系统运行和市政监管问题定位的效果。平面位置中误差 2.5m 相当于城市 1∶5000 比例尺地形图的平面精度要求。

4.2.7 从信息共享和经济性的角度考虑，为建设城市市政综合监管信息系统，地理空间框架数据应尽可能充分利用城市已有的基础地理信息数据或公共地理空间数据资源通过加工处理来获得。在建立公共地理信息平台的城市，宜直接通过该平台实现数据共享。

4.3 单元网格数据

4.3.1～4.3.3 有关单元网格数据的技术要求在现行行业标准《城市市政综合监管信息系统 单元网格划分与编码规则》CJ/T 213 中有明确具体的规定，建设市政综合监管信息系统时应严格执行。

4.4 部件和事件数据

4.4.1～4.4.4 有关部件和事件数据的技术要求在现行行业标准《城市市政综合监管信息系统管理部件和事件分类、编码及数据要求》CJ/T 214 中有明确具体的规定，建设市政综合监管信息系统时应严格执行。其中，数据的质量检查与验收等可以根据现行国家标准《数字测绘产品检查验收规定和质量评定》GB/T 18316 的相关规定结合系统建设技术方案的要求来进行。

4.5 地理编码数据

4.5.1～4.5.3 有关地理编码数据的技术要求在现行行业标准《城市市政综合监管信息系统 地理编码》CJ/T 215 中有明确具体的规定。为了保证市政监管问题的定位和处置，地理编码数据的密度不宜过稀，一般以每 5m～10m 一个记录为宜。需要说明的是，当地理空间框架数据中建筑物数据的门牌地址信息及地名和地址数据较多，能满足或部分满足市政监管工作需求时，可少采集甚至不单独采集地理编码数据。

4.6 元 数 据

4.6.1～4.6.3 元数据是关于数据的数据，包含有关于数据标识、覆盖范围、质量、空间和时间模式、空间参照系等特征描述性信息。它对于实现数据共享，更好地进行数据生产的组织和管理具有重要作用。为了保证元数据的质量和可用性，发挥元数据的应有作用，元数据在空间数据采集、处理和更新的同时建立并提供。元数据的内容应符合现行行业标准《城市地理空间信息共享与服务元数据标准》CJJ/T 144 的规定。该标准在条文说明中给出了城市部件数据采集的一个元数据示例，可供参考使用。

4.7 数据建库

4.7.2~4.7.7 地理空间数据库建设是城市市政综合监管信息系统建设的主要组成部分。有关数据库的设计、建设和检查等在现行行业标准《城市基础地理信息系统技术规范》CJJ 100 中有较详细的规定。对城市市政综合监管信息系统而言，根据数据的特点和容量以及数据库系统的情况，可以按数据类型、区域范围进行数据的组织和管理。

4.8 数据更新

4.8.3 地理空间框架数据是城市市政综合监管信息系统运行的重要基础数据。由于我国城市建设发展迅速，信息变化快，数据更新的周期不宜过长，一般以1年左右为宜。同时，框架数据的更新最好与城市基础地理信息或公共地理空间数据的更新同步进行。当然，对于监管范围内变化大的区域，应及时进行必要的数据更新。

4.8.5 部件数据是城市市政综合监管信息系统运行的核心数据之一，其现势性对于系统的运行效率具有重要影响，因此应及时更新。这里分为两种情况：一是定期更新，更新周期不宜超过 6 个月；二是日常更新，就是结合日常的监管巡查工作，对发现的新部件、普查中遗漏的部件以及位置或属性发生变化的部件，及时进行相应的更新。

5 系统功能与性能

5.1 一般规定

5.1.1 为满足数字化城市管理新模式实施的需要，系统建设应包括 9 大基本子系统，这里以图的形式表示出各子系统之间的关系及使用者。各城市进行系统建设时，可以根据实际需求扩展其他子系统，如专项普查子系统、视频监控子系统、移动督办子系统等。

5.1.2 这里的性能指标是根据系统需求及当前软硬件、网络环境实际性能状况制定的，能保证位置定位快速、信息传输及时。

5.1.3 城市市政综合监管信息系统中包含了多个子系统，系统设计时应基于统一的数据结构体系，以保证数据的一致性。

5.1.4、5.1.5 支撑数据和业务数据是系统运行中重要的两类数据，这里对其内容作了说明。

5.2 监管数据无线采集子系统

5.2.1~5.2.3 在《城市市政综合监管信息系统 监管数据无线采集设备》CJ/T 293 中详细说明了信息采集设备端的软硬件要求，这里着重说明监管数据无线采集子系统包括服务器端和信息采集设备端两部分及其两者之间的关系。

5.3 监督中心受理子系统

5.3.1~5.3.5 监督中心的工作人员主要使用监督中心受理子系统和本规范第 6.7 节所提到的呼叫中心。呼叫中心提供与社会公众和监督员通话功能，而监督中心受理子系统提供了与市政监管工作密切相关的案件受理模块，和其他辅助功能模块，包括地图操作、查询统计和参数设置。

5.4 协同工作子系统

5.4.1~5.4.3 协同工作子系统是城市市政综合监管信息系统核心子系统，是各级领导、各个部门业务人员主要使用的子系统，也是产生绩效评价数据的基础信息系统。在协同工作子系统中，可以使用地图操作、查询统计和参数设置等辅助功能模块。

5.5 监督指挥子系统

5.5.1、5.5.2 监督指挥子系统是信息实时监控和直观展示的可视化平台，提供给各级领导和业务人员进行现场监督指挥。系统的显示设备可以选择不同尺寸的大屏幕、投影仪或大画面平板电视，也可以使用一般计算机的显示器，各城市应根据经济条件和实际应用情况选择性价比合适的显示设备。

5.6 综合评价子系统

5.6.1、5.6.2 综合评价子系统是实现对城市市政综合监管工作中所涉及的监管区域、相关政府部门、岗位等实时的量化管理和绩效评价。具体的绩效评价体系及评价结果表达在现行行业标准《城市市政综合监管信息系统 绩效评价》CJ/T 292 中有明确规定。

5.7 地理编码子系统

5.7.1、5.7.2 地理编码子系统与其他几个子系统密切相关，该子系统通过标准接口，为其他子系统提供地理编码服务。

5.8 应用维护子系统

5.8.1~5.8.4 由于系统运行模式可能发生变化，市政监管的相关机构、人员、管理范畴、管理方式、业务流程在系统应用过程中可能逐步调整变化，因此，要求系统必须具有充分的适应能力，保证市政综合监管模式的各类要素变化时，可以快速通过应用维护子系统及时调整，满足系统发展的需要。同时，应用维护子系统必须能够支持根据相关标准要求进行的配置，如《城市市政综合监管信息系统 监管案件立案、处置与结案》CJ/T 315 所规定的处置标准。

5.9 基础数据资源管理子系统

5.9.1、5.9.2 系统建设包含各类空间数据的建设，一方面这些数据的类型和结构各不相同，另一方面这些数据在应用过程中需要不断更新和扩展，基础数据资源管理子系统可以适应空间数据管理和数据变化要求，通过配置完成空间数据库维护和管理工作。对于采用市区一体化集中式建设的系统，必须考虑到各区分别接入系统和更新系统时，按照区域范围更新数据的实际需求。

5.10 数据交换子系统

5.10.1、5.10.2 城市市政综合监管信息系统建设应实现与上一级市政综合监管信息系统和外部专业子系统的信息交换。通过数据交换子系统，可以实现不同信息系统之间市政监管问题、综合评价等信息的数据交换。在与其他系统进行数据交换时，应提供标准化的接口方案，要求与本系统进行交换的专业系统，应能按照数字化城市管理信息交换标准的要求进行数据交换，保证信息的转出和问题处置结果的转入。

6 系统运行环境

6.1 一般规定

6.1.1 系统运行环境是指支撑城市市政综合监管信息系统运行的软件、硬件和网络等设施，本规范对其主要技术基本要求进行了规定。在满足系统基本运行条件和实现安全保障的基础上，各城市可根据实际情况选择适当的设备配置。

6.1.2 本规范第 6.2 节至第 6.9 节对系统基本运行要求作了规定。

6.1.3 城市市政综合监管系统应该具备良好的安全保障功能。本条提出了最基本的安全保障要求。在系统建设中，应根据国家现有相关标准要求做好系统的安全工作。

6.1.4 从系统运行维护管理、信息共享和节约资源的角度看，同一个城市中，市级和区（县）级的系统最好能使用统一的软硬件平台。

6.2 机 房

6.2.1~6.2.4 关于信息系统建设中机房的技术指标规定，我国已制定了一系列技术标准。城市市政综合监管信息系统机房建设应遵守国家现行标准的规定。消防系统建设和验收除遵守国家现行标准外，还应符合地方相关消防主管部门的规定。由于机房的供电系统直接关系到城市市政综合监管信息系统的稳定性，且对系统运行、数据安全和完整性等有重要的影响，因此要求机房应采用可靠的电力保障措施，以确保系统在非正常运行条件或故障突发情况下，能够有足够的时间进行系统运行的维护工作，机房应配备较高性能的不间断电源设备。

6.3 网 络

6.3.1~6.3.5 应在已有或新建的网络基础上，建立一个覆盖所有涉及市政综合监管的相关部门并满足数据传输要求的网络环境，实现所有使用城市市政综合监管信息系统的部门之间的互联互通。网络建设应遵守国家现行标准的规定，有条件的城市可以根据实际需求采用更高的配置。监督中心和监督员（通过监管数据无线采集器）之间的数据传输主要依靠无线通信网络，因此需要建立监督中心与无线通信网络的互联。

6.4 服 务 器

6.4.1~6.4.3 服务器是系统运行环境中最主要组成部分之一。系统服务器分为数据服务器、网络服务器和应用服务器。服务器应能满足系统数据存储、安全性和数据吞吐等要求。各城市可结合自身需求，根据系统的用户数量和包含的数据量等实际状况对服务器的数量和配置等进行选择。

6.5 显 示 设 备

6.5.1、6.5.2 这里所指的显示设备就是供多人共享的监督、指挥子系统的显示设备，可以是一块或多块组合的显示屏、一台或多台组合的显示器（监视器或电视机）、一台或多台组合的投影仪，也可以是一台或多台组合的计算机终端，主要安装在监督中心。本条规定了显示设备的基本参数要求，各城市根据城市的实际需要和经济条件进行适当选择，不应单纯求大求高；也可以考虑与城市已有的城市应急指挥系统大屏幕显示设备共享使用。

6.6 存储及备份设备

6.6.1、6.6.2 城市市政综合监管信息系统以数据为中心，因此系统的存储和备份设备十分重要。存储设备采用可伸缩的网络拓扑结构，通过具有高传输速率的连接方式，具有较高的节点扩充性和传输速率，同时要避免一些常见的网络瓶颈。各城市可按照各自实际需求，制定存储备份管理机制，如对备份结果进行验证，并对备份存储介质进行标识等。

部件数据、地理编码数据是系统建设和运行中十分重要的数据，需要花费较大的代价进行采集和更新，因此应对其进行异地备份。其他数据（如地理空间框架数据）也是系统建设和运行中不可或缺的数据，如果不能通过方便的信息共享方式获得这些数据，也应对其进行异地备份。

6.7 呼叫中心

6.7.1 呼叫中心的建设可结合城市实际情况确定经济实用的配置。

6.7.2 呼叫中心应具有基本坐席功能和特殊坐席功能。具体要求和主要功能应满足本规范中第6.7.2条的规定。呼叫中心的特殊席位的功能主要是为了向社会公众提供更好的语音服务，并且提供方便的管理功能。

6.8 操 作 系 统

6.8.1、6.8.2 城市市政综合监管信息系统服务器端和终端所使用的操作系统应采用目前主流的商用操作系统，以保证系统的兼容性、可靠性和稳定性。

6.9 数据库及地理信息系统平台软件

6.9.1 城市市政综合监管信息系统中的数据需要通过数据库系统来进行管理。本条中对数据库系统的基本技术要求作了规定。

6.9.2 地理信息系统软件是城市市政综合监管信息系统的重要基础软件平台之一。它承担着海量空间数据的应用和管理工作，需要具备充分的空间数据管理、更新和服务能力，保证图文一体化的城市市政综合监管信息系统正常运转。本条对地理信息系统平台软件的基本功能要求作了规定。

7 系统建设与验收

7.1 系 统 建 设

7.1.1 应用需求明确保证系统建设周期可控制。基础设施建设趋于稳定才能实现对部件的精细化管理。监管数据无线采集设备（城管通）是数字化城市管理新模式的重要技术创新，没有无线通信盲区才能保证无线采集能够覆盖监管范围。

7.1.2 本条所列的系统建设工作步骤、内容和要求，是在多个地区实施城市市政综合监管系统建设的经验基础上总结提炼出来的。

7.1.3 大量实践证明，在信息化建设中引入第三方监理能够为项目成功实施提供帮助。

7.2 系 统 验 收

7.2.1 规定在系统至少运行3个月后进行正式验收是为了保证有足够长的时间来对应用系统、运行模式和数据成果进行磨合和检验。

7.2.2 本条规定了正式验收应包括的内容，可以分项验收，也可以总体策划和组织验收。

7.2.3 监管分离的组织机构建设和业务流程设计是系统建设与运行模式验收中应关注的重要内容。

7.2.4 地理空间数据符合标准才能够为系统运行提供良好的数据支撑。

7.2.5 应用系统是实施城市市政综合监管的技术基础和保障。对系统进行测试，保证系统稳定可靠运行。

7.2.6 对监管范围和专业部门接入情况进行验收，是为了保证系统具有一定的覆盖和应用范围；对绩效评价结果进行验收可以准确反映系统实际运行情况和运行效果。

7.2.7 翔实的文档资料能够为日后系统维护和扩展提供依据。

7.2.8 正式验收涉及的内容多，专业性较强，需要组织城市管理、地理空间信息技术、信息系统建设等方面的专家才能对系统建设进行全面考察和综合评价。

8 系 统 维 护

8.1 日 常 管 理

8.1.1 通过执行系统运行维护管理制度，明确系统管理员的工作内容和工作职责，使系统维护工作日常化、制度化。

8.1.2 系统中包含了大量重要的基础数据和业务数据，不同用户在系统中操作的内容不同，通过用户权限管理，对不同用户的数据访问严格控制。同时，还要充分利用操作系统、数据库、网络设备等提供的安全管理功能，配置合适的系统安全策略。

8.1.3 建立严格的数据备份机制，并根据数据类型的不同，制定合适的数据备份策略，对业务数据的备份周期要短，对基础数据的备份周期可以长一些，对一些重要的数据要采取异地备份的策略。

8.1.4 日常的系统维护就是要在问题出现前就解决问题，通过分析日志，可以及时发现系统异常情况及时解决问题。

8.2 软件和数据维护

8.2.1、8.2.2 在系统体系架构中包含应用维护子系统和基础数据资源管理子系统，这两个子系统都是提供给系统管理员使用的。系统中涉及机构、人员、业务、工作流、表单、地图使用等变化需求，需通过应用维护子系统进行配置维护；涉及地理空间框架、单元网格、部件、地理编码等数据变化通过基础数据资源管理子系统进行配置维护。

8.2.3 地理空间数据的更新是保证了数据的现势性，不同类型的地理空间数据更新方式和更新周期不同，应根据相关标准要求进行更新。

8.2.4 随着系统的逐步深化应用，系统中涉及的管理部件和事件类型也可能会逐步扩展。

8.3 应急预案

8.3.1～8.3.3 城市市政综合监管信息系统已经成为各级政府实施网格化城市管理模式的基本工具，需要保证系统的持续稳定可靠运行，但仍有可能因为各种原因出现一些问题。为将因系统异常对城市管理工作的影响降至最低，必须制定周全的应急预案，使得系统出现异常后能在规定时间内恢复正常运行。

中华人民共和国行业标准

房地产市场信息系统技术规范

Technical code for real estate market information system

CJJ/T 115—2007
J 662—2007

批准部门：中华人民共和国建设部
施行日期：2007年10月1日

中华人民共和国建设部
公 告

第 633 号

建设部关于发布行业标准
《房地产市场信息系统技术规范》的公告

现批准《房地产市场信息系统技术规范》为行业标准，编号为 CJJ/T 115-2007，自 2007 年 10 月 1 日起实施。

本规范由建设部标准定额研究所组织中国建筑工业出版社出版发行。

中华人民共和国建设部
2007 年 4 月 3 日

前 言

根据建设部《2005 年工程建设标准规范制订、修订计划》（建标函[2005]84 号）的要求，规范编制组在深入调查研究，认真总结国内外科研成果和大量实践经验，并在广泛征求意见的基础上，制定了本规范。

本规范的主要技术内容是：1. 总则；2. 术语和代号；3. 基本规定；4. 统计分析与信息发布子系统；5. 新建商品房网上备案子系统；6. 存量房网上备案子系统；7. 从业主体管理子系统；8. 项目管理子系统；9. 登记管理子系统；10. 测绘及成果管理子系统；11. 系统安全和保密技术要求；12. 系统验收。

本规范由建设部负责管理，由主编单位负责具体技术内容的解释。

本 规 范 主 编 单 位：上海市房地产交易中心（地址：上海市南泉北路 201 号；邮政编码：200120）。

本 规 范 参 加 单 位：杭州市房产信息中心
南京市房产管理局信息中心
成都市房管理局信息办
长沙市房产信息中心

本规范主要起草人员：蔡顺明　宋　唯　马　韧
曲　波　瞿　晖　季　雷
汪一琛　潘兰平　曹彤宇
崔晓东　林哲明　杨　光
陆绍波

目 次

1 总则 ·· 76—4
2 术语和代号 ·· 76—4
　2.1 术语 ··· 76—4
　2.2 代号 ··· 76—4
3 基本规定 ·· 76—4
　3.1 系统构成 ·· 76—4
　3.2 数据构成 ·· 76—4
　3.3 各子系统与数据之间的关系 ················ 76—5
　3.4 其他要求 ·· 76—5
4 统计分析与信息发布子系统 ···················· 76—5
　4.1 一般规定 ·· 76—5
　4.2 统计分析 ·· 76—5
　4.3 信息发布 ·· 76—5
5 新建商品房网上备案子系统 ···················· 76—6
　5.1 一般规定 ·· 76—6
　5.2 功能要求 ·· 76—6
　5.3 数据要求 ·· 76—6
6 存量房网上备案子系统 ·························· 76—6
　6.1 一般规定 ·· 76—6
　6.2 功能要求 ·· 76—6
　6.3 数据要求 ·· 76—6
7 从业主体管理子系统 ····························· 76—7
　7.1 一般规定 ·· 76—7
　7.2 功能要求 ·· 76—7
　7.3 数据要求 ·· 76—7
8 项目管理子系统 ··································· 76—7
　8.1 功能要求 ·· 76—7
　8.2 数据要求 ·· 76—7
9 登记管理子系统 ··································· 76—7
　9.1 一般规定 ·· 76—7
　9.2 功能要求 ·· 76—7
　9.3 数据要求 ·· 76—8
10 测绘及成果管理子系统 ························ 76—8
　10.1 功能要求 ······································· 76—8
　10.2 数据要求 ······································· 76—8
11 系统安全和保密技术要求 ····················· 76—8
　11.1 实体安全 ······································· 76—8
　11.2 运行安全 ······································· 76—9
　11.3 信息安全 ······································· 76—9
　11.4 权限管理 ······································· 76—9
12 系统验收 ·· 76—9
附录 A 数据采集要求 ······························ 76—9
　A.1 统计数据和发布数据 ························ 76—9
　A.2 业务数据 ·· 76—9
　A.3 从业主体数据 ································· 76—10
　A.4 基础数据 ······································· 76—10
本规范用词说明 ······································ 76—10
附：条文说明 ··· 76—11

1 总　　则

1.0.1　为规范房地产市场信息系统的建设，制定本规范。

1.0.2　本规范适用于房地产市场信息系统的规划、实施和验收。

1.0.3　房地产市场信息系统的规划、实施和验收除应符合本规范外，尚应符合国家现行有关标准的规定。

2 术语和代号

2.1 术　　语

2.1.1　房地产市场信息系统　real estate market information system

以计算机信息技术为基础，满足房地产开发、测绘、交易和登记等业务管理需要，并实现以上业务的信息采集、管理、统计和发布的信息系统。

2.1.2　物理数据　physical data

描述宗地、幢及户的自然特征的数据，包括物理图形数据和物理属性数据。

2.1.3　权属数据　property data

描述宗地、幢及户的权利特征的数据。

2.1.4　楼盘表　building table

描述物理数据及其关联关系，并可与权属数据等其他相关数据相关联的数据组织方式。

2.1.5　户　unit

幢内具有连续空间及边界的、具有独立户号、可独立登记的结构单元，也可称为套。

2.1.6　自然幢　natural building

一座独立的、包括不同结构和不同层次的房屋。

2.1.7　逻辑幢　logical building

根据数据组织和管理的需要，对自然幢按结构或类型进行逻辑分割而成的房屋。

2.1.8　销售表　sales table

在楼盘表的基础上，以逻辑幢为单位、用特定颜色标注每户的销售状态的二维图表。是楼盘表在新建商品房网上备案子系统中的一种具体应用形式。

2.1.9　预测绘　pre-survey

利用规划批准后的施工图，依据房地产测量规范，对房屋的自然特征进行计算，同时生成物理数据，为房屋预售管理提供依据的过程。

2.1.10　实测绘　survey

房屋竣工后，依据房地产测量规范，对房屋进行实地测绘得到包括建筑物在内的地形要素情况和房屋的物理属性等信息的过程。

2.2 代　　号

GIS　　（Geographic Information System）
　　　　——地理信息系统
WebGIS　（Web Geographic Information System）
　　　　——互联网地理信息系统

3 基本规定

3.1 系统构成

3.1.1　房地产市场信息系统应包括下列7个子系统：
　　——统计分析与信息发布子系统；
　　——新建商品房网上备案子系统；
　　——存量房网上备案子系统；
　　——从业主体管理子系统；
　　——项目管理子系统；
　　——登记管理子系统；
　　——测绘及成果管理子系统。

3.1.2　新建商品房网上备案子系统、存量房网上备案子系统、从业主体管理子系统和项目管理子系统的建立应以登记管理子系统和测绘及成果管理子系统为基础；统计分析与信息发布子系统的建立应以其他6个子系统为基础。

3.1.3　统计分析与信息发布子系统应实现统计、分析和发布房地产市场信息的功能。

3.1.4　新建商品房网上备案子系统应实现新建商品房预售许可管理和预定、预售、销售合同网上备案管理的功能。

3.1.5　存量房网上备案子系统应实现经纪机构备案、存量房买卖合同、租赁合同网上备案的功能，并为资金监管预留接口。

3.1.6　从业主体管理子系统应实现房地产企业、房地产从业人员的管理功能。

3.1.7　项目管理子系统应实现房地产项目建设管理的功能。

3.1.8　登记管理子系统应实现房地产登记业务管理的功能。

3.1.9　测绘及成果管理子系统应实现房地产测绘及业务管理、测绘成果更新管理的功能。

3.2 数据构成

3.2.1　房地产市场信息系统的管理数据应包括：基础数据、从业主体数据、业务数据、统计数据和发布数据5类。

3.2.2　基础数据应包括房地产物理数据和房地产权属数据。

3.2.3　从业主体数据应包括房地产企业和从业人员的数据。

3.2.4 业务数据应包括房地产市场活动中产生的各种必要的收件、流程、文档、收费等业务管理数据。
3.2.5 统计数据应在基础数据、从业主体数据和业务数据的基础上产生。
3.2.6 发布数据应在基础数据、从业主体数据、业务数据和统计数据的基础上产生。

3.3 各子系统与数据之间的关系

3.3.1 各子系统与数据之间的关系应如图3.3.1所示。

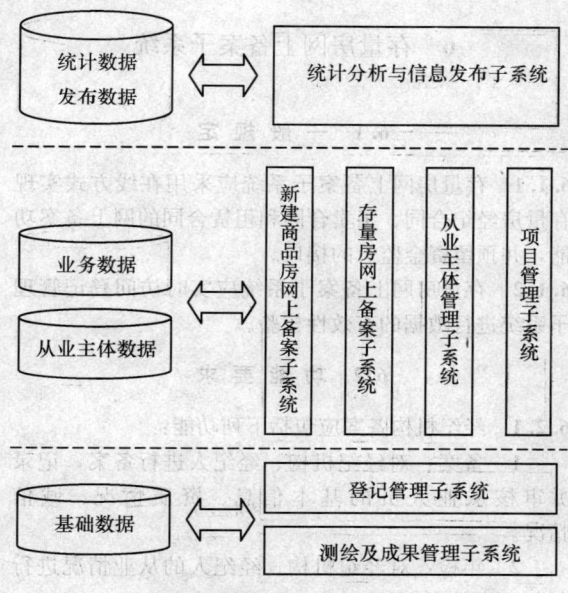

图 3.3.1 各子系统与数据之间的关系

3.3.2 统计分析与信息发布子系统应基于基础数据、从业主体数据和业务数据进行统计和分析,生成统计数据和发布数据。
3.3.3 新建商品房网上备案子系统、存量房网上备案子系统、从业主体管理子系统、项目管理子系统应生成并管理业务数据与从业主体数据,并引用基础数据。
3.3.4 测绘及成果管理子系统应生成和管理基础数据中的房地产物理数据,登记管理子系统应生成并管理基础数据中的房地产权属数据。
3.3.5 各子系统之间的数据交换宜采用数据库或数据文件方式实现。

3.4 其他要求

3.4.1 房地产市场信息系统应能同时运行于管理机构的内部网络(以下简称"内网")和国际互联网(以下简称"外网")上。
3.4.2 房地产市场信息系统应设计为内外网隔离。登记管理子系统和测绘及成果管理子系统应在内网运行。
3.4.3 房地产市场信息系统宜考虑与土地、规划、金融等关联业务系统的接口。

4 统计分析与信息发布子系统

4.1 一般规定

4.1.1 统计分析与信息发布子系统应按照公开、准确的原则发布现势性的市场信息。
4.1.2 统计分析与信息发布子系统应具有发布信息的查询功能。

4.2 统计分析

4.2.1 统计分析应包括套数、建筑面积、均价和指数等统计指标。
4.2.2 统计指标应按新建商品房/存量房、区域、时间段、价格段、面积段、房屋类型和购房对象等分类。

4.3 信息发布

4.3.1 统计分析与信息发布子系统应发布新建商品房网上备案信息、存量房网上备案信息、从业主体信息和项目管理信息。
4.3.2 新建商品房网上备案信息发布应包括下列内容:
 1 统计信息:
  1) 即时交易信息:应以项目为单位发布当日累计成交的套数和建筑面积等信息;
  2) 可售统计信息:应以行政区或样本区域为单位发布可售套数和可售建筑面积等信息;
  3) 成交统计信息:应以行政区或样本区域为单位发布成交套数、成交建筑面积和成交均价等信息。
 2 项目信息:
  1) 项目公示信息:应以项目为单位发布项目名称、项目地址、许可证号、用途、开始销售日期和拟售价格等信息;
  2) 项目基本信息:应以项目为单位发布项目基本情况、销售信息、价格信息和合同撤销情况等信息;
  3) 销售表信息:应以逻辑幢为单位发布各户的基本信息和销售状态等信息。
4.3.3 存量房网上备案信息发布应包括下列内容:
 1 统计信息:应发布现有出售和出租房屋的挂牌总套数和总面积,同时应以行政区域或样本区域为单位发布各个价格段、面积段和房屋类型的出售和出租房屋的挂牌套数和面积等信息;
 2 房源信息:应以户为单位发布房源信息,包括交易类型、所在区域、房屋坐落、房型、建筑面积和总价等信息。

4.3.4 从业主体信息发布应包括开发企业、经纪机构和经纪人的基本信息及相应的诚信记录。

4.3.5 项目管理信息发布应包括项目工程的基本信息、建设进度情况和预售批准记录等。

4.3.6 统计分析与信息发布子系统宜通过互联网地理信息系统（WebGIS）技术进行新建商品房和存量房的地理位置信息发布，同时宜发布管理需要的图件。

4.3.7 统计分析与信息发布子系统的数据要求应符合本规范附录 A 中第 A.1 节的规定。

5 新建商品房网上备案子系统

5.1 一般规定

5.1.1 新建商品房网上备案子系统应依托预售许可管理业务或新建商品房初始登记业务建立。

5.1.2 新建商品房网上备案子系统应采用在线方式实现新建商品房预定、预售、销售和相应的合同备案功能。

5.2 功能要求

5.2.1 预售许可管理应包括下列功能：
  1 预售申请、预售审批：应实现预售申请、预售审批流程的管理。新建商品房网上备案子系统应支持灵活的许可证数据设置。
  2 预售许可证注销：应实现注销预售许可证的功能。
  3 预售许可证变更：应实现暂停预售许可证或变更预售许可证的范围、使用期限的功能。
  4 预售许可证跟踪：应实现监视和跟踪预售许可证状态的功能。

5.2.2 预定、预售、销售合同网上备案应包括下列功能：
  1 合同制定：应使用经工商部门和建设部门认定的合同样本，制定定金合同、预售合同和销售合同模板，并在网上公示。
  2 合同签订：应按网上公示的统一合同模板签订定金合同、预售合同和销售合同。
  3 合同撤销：应实现合同撤销。
  4 合同跟踪：应实现合同状态的跟踪和分析。
  5 销售管理：应实现对销售活动的监督管理。

5.3 数据要求

5.3.1 新建商品房网上备案子系统的数据应包括预售许可证信息、房源信息、销售表信息、定金合同数据、预售合同数据、销售合同数据以及其他相关业务数据。

5.3.2 新建商品房网上备案子系统可为统计分析与信息发布子系统提供房源情况、房屋状态、成交情况、合同状态等信息。

5.3.3 新建商品房网上备案子系统可为登记管理系统提供预售合同、销售合同等数据。

5.3.4 新建商品房网上备案子系统应引用从业主体管理子系统的从业主体数据。

5.3.5 新建商品房网上备案子系统的数据采集应符合本规范附录 A 中第 A.2.1~A.2.3 条的要求。

6 存量房网上备案子系统

6.1 一般规定

6.1.1 存量房网上备案子系统应采用在线方式实现存量房经纪合同、买卖合同和租赁合同的网上备案功能，并预留资金监管的接口。

6.1.2 存量房网上备案子系统应实时访问登记管理子系统进行数据的有效性校验。

6.2 功能要求

6.2.1 经纪机构备案应包括下列功能：
  1 备案：对经纪机构、经纪人进行备案，记录并审核从业人员的基本信息、资质情况、诚信情况。
  2 年检：对经纪机构、经纪人的从业情况进行每年一度的审查。
  3 变更：变更经纪机构、经纪人的有关信息。
  4 注销：注销经纪机构。

6.2.2 存量房买卖合同、租赁合同网上备案应包括下列功能：
  1 挂牌委托：受理、核准、发布网上挂牌委托，包括出售挂牌委托和出租挂牌委托。
  2 合同备案：在线签订买卖合同和租赁合同。
  3 合同监督：对买卖合同和租赁合同的格式、条款、有效性进行监督。

6.2.3 存量房网上备案子系统宜提供资金监管、买卖、租赁参考价格的功能。

6.3 数据要求

6.3.1 存量房网上备案子系统的数据应包括房源数据、买卖合同数据和租赁合同数据等。

6.3.2 存量房网上备案子系统可为统计分析与信息发布子系统提供房源情况、房屋状态、成交情况、合同状态等信息。

6.3.3 存量房网上备案子系统可为登记管理子系统提供买卖合同等数据。

6.3.4 存量房网上备案子系统应引用从业主体管理

子系统的从业主体数据。

6.3.5 存量房网上备案子系统的数据采集应符合本规范附录 A 中第 A.2.2~A.2.4 条的要求。

7 从业主体管理子系统

7.1 一般规定

7.1.1 从业主体管理子系统应实现从业主体的统一认证管理。

7.1.2 从业主体管理子系统宜采用在线方式实现从业主体数据的申报功能。

7.1.3 从业主体管理子系统宜实现利用公共通信资源与从业主体进行信息交流的功能。

7.2 功能要求

7.2.1 房地产企业管理子系统应包括下列功能：
   1 企业基本信息管理：应实现企业新设立、企业投资主体变更、分立、合并、注销、资质申请、资质变更等情况的管理功能。
   2 企业内部人员管理：应实现企业的法定代表人、管理人员、专业销售人员等人员基本信息的管理功能。
   3 企业信息申报：应实现企业各类上报信息、申请信息的网上申报和办理功能。
   4 企业诚信行为管理：应实现房地产企业诚信情况的管理功能。
   5 查询统计：应实现灵活的企业情况查询和统计功能。

7.2.2 房地产从业人员管理子系统应包括下列功能：
   1 人员信息管理：应实现房地产从业人员基本信息的管理功能。
   2 变动管理：应实现房地产从业人员工作变动情况的管理功能。
   3 资质管理：应实现对房地产从业人员资质情况的管理功能。
   4 人员诚信行为管理：应实现房地产从业人员诚信情况的管理功能。
   5 查询和统计：应实现灵活的房地产从业人员情况查询和统计功能。

7.3 数据要求

7.3.1 从业主体管理子系统的数据应包括从业主体数据中的房地产企业数据、从业人员数据。

7.3.2 从业主体管理子系统可为统计分析与信息发布子系统提供房地产企业数据、从业人员数据等信息。

7.3.3 从业主体管理子系统的数据采集应符合本规范附录 A 中第 A.3 节的要求。

8 项目管理子系统

8.1 功能要求

8.1.1 房地产项目建设过程管理应实现下列功能：
   1 建设用地取得过程管理：应实现依法获得、登记土地使用权过程的管理功能。
   2 动拆迁进度管理：应实现动拆迁进度的管理功能。
   3 建设进度申报管理：应实现建设工程完成进度申报的管理功能。

8.1.2 企业上报数据应实现下列功能：
   1 上报数据：应实现房地产开发企业按月度上报项目数据的功能。
   2 修正数据：应实现对上报数据容错、纠错的功能。

8.2 数据要求

8.2.1 项目管理子系统中的数据应包括项目基本信息、项目建设进度情况、项目分割转让情况、预售批准记录、动拆迁主要事项信息等。

8.2.2 项目管理子系统可为统计分析与信息发布子系统提供项目信息。

8.2.3 项目管理子系统的数据采集应符合本规范附录 A 中第 A.2.5~A.2.10 条的要求。

9 登记管理子系统

9.1 一般规定

9.1.1 登记管理子系统应在楼盘表的基础上实现房地产登记业务流程。

9.1.2 登记管理子系统应对各业务节点的操作进行记录。

9.1.3 登记管理子系统应提供与其他相关业务系统的接口。

9.1.4 登记管理子系统在业务办理过程和权证输出等方面应具有较好的灵活性和扩展性。

9.2 功能要求

9.2.1 房地产登记业务流程应包括受理、审核、权证处理和归档，具体应符合下列要求：
   1 受理节点应实现接受申请、确定登记类别、收件、计费和收费的功能。
   2 审核节点应实现相关房地产物理数据、权属数据和申请材料的审核功能，宜包括初审、复审和终审等步骤。
   3 权证处理节点应实现缮证、发证的功能。

4 归档节点应实现申请材料和业务信息的归档功能。

9.2.2 登记管理子系统应实现撤回、不予办理和灵活多样的查询功能。

9.3 数据要求

9.3.1 登记管理子系统应产生和管理基础数据中的房地产权属数据，权属数据应分为临时、现势和历史三种状态。其中部分数据应来源于新建商品房网上备案子系统中的预售合同数据、销售合同数据和存量房网上备案子系统中的买卖合同数据。

9.3.2 登记管理子系统应实现基础数据中的房地产权属数据与房地产物理数据的关联。

9.3.3 登记管理子系统可为统计分析与信息发布子系统提供房地产权属数据和相关业务数据。

9.3.4 登记管理子系统的数据采集应符合本规范附录 A 中第 A.2.11～A.2.14 条以及第 A.4.1～A.4.2 条的要求。

10 测绘及成果管理子系统

10.1 功能要求

10.1.1 在测绘及成果管理子系统建设初期应实现基础数据中的房地产物理数据的初始建库，具体应符合下列要求：

1 房地产物理图形数据的初始建库工作可根据已有数据数量和质量情况采取不同的建库方案。

2 房地产物理属性数据的初始建库应进行数据汇总、数据清理、质量控制、格式转换和数据入库工作。

3 对房地产物理图形数据和物理属性数据应建立关联关系。

10.1.2 测绘及成果管理子系统应实现对基础数据中的房地产物理数据进行测绘采集的功能，具体应符合下列要求：

1 测绘采集应能实现土地勘测定界、地籍修测变更、房地产建筑面积预测绘和实测绘等业务类型的数据采集、变更测绘及测绘业务的管理功能。

2 测绘采集应能满足对预测绘和实测绘进行对应。

3 变更测绘应能在变更操作中自动记录删除、新增和修改等变更信息。

10.1.3 测绘及成果管理子系统应实现对基础数据中的房地产物理数据进行测绘成果更新管理的功能，具体应符合下列要求：

1 测绘成果更新管理应对房地产物理数据制定更新规则，保证数据的现势性。

2 测绘成果更新管理应能提供数据提取及变更后数据提交的接口功能，同时应能根据提交的变更信息进行数据的更新处理。

3 测绘成果更新管理应能记录变更过程的历史数据，保证数据的可追溯性。

10.1.4 测绘及成果管理子系统应采用地理信息系统（GIS）技术管理基础数据中的房地产物理图形数据，具体应符合下列要求：

1 应具有地理信息系统（GIS）的基本功能，包括图层管理、地图浏览、图属查询与定位等。

2 应具有制图功能，能生成宗地图、房屋分户平面图等。

10.2 数据要求

10.2.1 基础数据中的房地产物理数据应通过房地产调查和测绘获得。房地产物理图形数据可包括宗地图形、幢图形和房屋分户平面图；房地产物理属性数据可包括宗地、幢和户的描述信息。

10.2.2 宗地图形数据应按对象存储，应采用统一的坐标系。

10.2.3 幢图形和幢属性数据应符合下列要求：

1 幢的图形数据应以自然幢为单位管理，应按对象存储，应采用统一的坐标系。

2 幢的属性数据应以逻辑幢为单位管理。

10.2.4 房屋分户平面图和户属性数据应符合下列要求：

1 户属性数据应与房屋分户平面图关联。

2 户的编号应在本系统的管理范围内具有惟一值。

3 户应能通过与幢的关联关系确定其地理位置。

4 户的坐落应规范统一。

10.2.5 测绘及成果管理子系统宜增加地形数据，应符合下列要求：

1 地形数据宜采用数字线划图（DLG），也可以采用数字正射影像图（DOM）或数字栅格图（DRG）。

2 地形数据应采用统一的坐标系。

10.2.6 测绘及成果管理子系统的数据采集应符合本规范附录 A 中第 A.4.3～A.4.4 条的要求。

11 系统安全和保密技术要求

11.1 实体安全

11.1.1 计算机房安全应符合现行国家标准《计算站场地安全要求》GB/T 9361 的规定。

11.1.2 信息系统设备中的应用服务器、数据库服务器、网络设备、存储设备和个人计算机等应采取防盗、防毁、电源保护等安全保护措施。

11.2 运行安全

11.2.1 应制定系统运行维护管理制度，配备系统管理人员。

11.2.2 系统应记录和跟踪系统状态的变化。

11.2.3 系统应记录故意入侵系统和违反系统安全要求的行为，并保存、维护和管理审计日志，定位、监控和捕捉各种安全事件。

11.2.4 系统应提供备份和恢复系统数据的功能，可使用多种介质备份和恢复系统数据，包括纸介质、磁介质、微缩载体等。条件许可时，系统宜建立容错容灾机制。

11.2.5 系统应提供处理意外事件的应急措施。

11.2.6 内网和外网之间的数据隔离应采用防火墙、网闸或物理隔离等方式。

11.3 信息安全

11.3.1 系统应采用合理的安全配置参数，明确规定用户访问权限、身份和许可的安全策略，监控策略的实施情况，事先制止可能违反安全的隐患。

11.3.2 系统应防止非法访问或盗用数据库数据，防止数据被非法拷贝、篡改、删除和销毁，保证数据的完整性和一致性。

11.3.3 系统应提供设计、实现、使用及管理等各个阶段应遵循的网络安全策略。

11.4 权限管理

11.4.1 系统应实现权限的分散管理，按照功能进行授权管理，不应出现权限的漏洞，使得某些用户拥有本不该拥有的权限。

11.4.2 系统应提供用户身份鉴别功能。

11.4.3 系统对用户权限的控制应满足岗位调整和人员调动的需求。

11.4.4 系统应提供冻结和解冻用户账号的功能。

12 系统验收

12.0.1 系统验收应以系统试运行成功为前提。宜以测评机构的测评结果为参照，通过专家评审完成系统验收。

12.0.2 系统验收应包括初始建库的数据验收和应用系统验收。

12.0.3 初始建库的数据验收应符合下列要求：
   1 完整性原则：要求系统中的基础数据完整地覆盖真实对象。
   2 正确性原则：要求系统中的数据能够正确地描述真实对象。
   3 规范性原则：要求系统中的数据采用统一的标准。

12.0.4 应用系统验收应包括功能验收、性能验收以及开发文档验收等。

附录 A 数据采集要求

A.1 统计数据和发布数据

A.1.1 发布的项目基本信息应包括下列内容：
   1 基本情况：应包括项目编号、项目名称、所在区域、开始销售日期、企业名称、项目地址、售楼电话、售楼处、预售许可和规划设计情况。
   2 销售信息：应包括销售的套数和面积的统计信息，其中应按销售状态分为限制销售、可售、预定、已售和已登记。
   3 价格信息：应包括新建商品房网上备案合同均价，宜按住宅、商业、办公、其他等类型进行划分。
   4 合同撤销情况：应包括新建商品房网上备案合同撤销均价和撤销次数，宜按住宅、商业、办公、其他等类型进行划分。

A.1.2 发布的销售表信息应包括下列内容：
   1 逻辑幢的统计信息：应包括可售套数、预定套数、总套数等。
   2 逻辑幢的户销售状态，销售状态应按以下标准进行分类并以规定颜色标识：限制销售（RGB值：192，192，192——灰色）、可售（RGB值：0，255，0——绿色）、预定（RGB值：255，0，255——紫色）、已售（RGB值：255，255，0——黄色）、已登记（RGB值：255，0，0——红色）。
   3 户的详细信息：应包括房屋坐落、名义层/实际层、室号、房屋类型、户型、预测绘和实测绘的建筑面积（包括套内建筑面积和分摊面积）等。

A.2 业务数据

A.2.1 预售许可证数据应包括许可证号、房地产开发企业信息、项目信息、房屋类型、建筑类型、房屋结构、房屋坐落、房屋幢号、层数、套数、总建筑面积、住宅面积、批准预售面积、套数和具体幢室号、许可面积、许可套数、价格、币种、发证机构、日期、预售许可证状态信息等。

A.2.2 合同数据应包括所关联的楼盘表信息、出让人、受让人、中介人以及代理人、合同模板、合同时间、合同附属条款、合同状态等。

A.2.3 房源数据应包括交易类型、所在区域、房屋坐落、房型、建筑面积和总价等，新建商品房的房源数据还应包括项目名称等信息。

A.2.4 资金监管数据应包括资金监管协议信息、监管银行信息、付款计划信息、代发计划信息、付款信息、代发信息、结算信息、相关业务审核信息。

A.2.5 房地产项目数据应包括项目基本信息、项目建设进度信息、项目分割转让记录信息、动拆迁主要事项信息、预售批准记录信息。

A.2.6 项目基本信息应包括项目名称、联系人、项目地址、开发企业名称、开发企业地址、房地产开发资质等级、资质证书编号、开发企业法定代表人及电话、项目负责人及电话、项目总占地面积（平方米）、土地投资（万元）、项目用地取得方式、国有土地使用证号和批准日期、建设用地规划许可证号、计划总建筑面积（平方米）、计划总投资（万元）、计划开工时间和计划竣工时间、房屋分类、项目的楼盘表关联信息。

A.2.7 项目建设进度信息应包括项目投资记录（月投资额、累计投资额、住宅累计投资额等）信息。

A.2.8 项目分割转让记录信息应包括转让日期、土地面积、规划建筑面积、用地性质、转让去向等。

A.2.9 动拆迁主要事项信息应包括拆迁许可证号和发证日期、拆迁户数、动拆迁完工日期等。

A.2.10 预售批准记录信息应包括预售日期、预售许可证号、批准预售面积、批准预售范围等。

A.2.11 收费数据应包括收费类别信息、计算公式信息、收费单据信息。

A.2.12 收件数据应包括收件类别信息、证件/文件性质和名称信息、收件日期信息、件袋信息。

A.2.13 流程数据应包括与权属数据关联信息、与收费数据关联信息、与收件数据关联信息、流转信息、节点信息、操作人员信息、流程文档和表格信息、流程管理信息。

A.2.14 文档数据应包括许可证、权证、证明文件、档案文书、表单、合同等。

A.3 从业主体数据

A.3.1 房地产企业数据应包括企业基本情况、企业工商登记信息、企业资质信息、企业财务和经营情况、企业诚信记录、企业的其他相关信息。房地产企业数据主要包括：企业名称、法人代表、总经理、企业类型、电子邮件、电话、传真、邮政编码、经营地址、资质等级、资质证编号、资质发证日、批准从事房地产日期、注册类型、资质有效期、营业执照编号、经营范围、工商注册日、执照到期日、注册资本、注册地址、企业概况、在册人员情况等。

A.3.2 从业人员数据应包括人员的基本信息、主要从业经历、业务情况、主要教育和培训经历、专业证书和资格证书信息、诚信记录、其他相关信息。

A.4 基础数据

A.4.1 权属数据应包括与楼盘表的关联信息、权利人、权属价值、权属时间、证上房屋及土地信息、权属说明、权属状态等信息。

A.4.2 权属数据应包括土地使用权数据、房屋所有权数据、抵押权数据、租赁权数据、限制权数据，并应符合下列要求：

1 土地使用权数据应包括宗地面积、土地使用权人、权利面积、土地用途、使用起迄时间、登记核准机构和核准日期。

2 房屋所有权数据应包括产权编号、权证编号、产别、产权性质、证色、权利人、权利比例、坐落、许可证号、房地产价值、币种、人民币价值、产权生效日期和期限、核准登记机构、核准日期、证上房屋建筑面积（包括套内面积和分摊建筑面积）等信息。

3 抵押权数据应包括抵押权利编号、证号、类别、抵押权人、抵押人、债务履行期限、抵押价值、抵押币种、抵押人民币价值、抵押坐落、抵押面积、债权金额、债权币种、债权人民币价值、原产权编号、权证编号、核准登记机构、核准日期等信息。

4 租赁权数据应包括租赁编号、租赁证号、租金、租金币种、人民币租金、租金单位、租赁起始日期、租赁结束日期、租赁面积、租赁用途、出租人、承租人、转租人、同住人、房屋坐落、出租凭证名称、出租凭证号码、核准登记机构、核准日期等信息。

5 限制权数据应包括限制编号、限制证号、限制类型、限制方式、限制文件、限制人、被限制人、限制部位、预计限制结束时间等信息。

A.4.3 幢的物理属性数据应包括幢编号、宗地编号、自然幢号、逻辑幢号、门牌号、建筑面积、地下面积、占地面积、建筑类型、建筑结构、竣工日期、地上层数、地下层数等信息。

A.4.4 户的物理属性数据应包括户编号、幢编号、室号、建筑面积（包括套内建筑面积、分摊建筑面积）、户型、预测绘建筑面积（包括预测绘套内建筑面积、预测绘分摊建筑面积）、楼层、名义层、土地用途、房屋类型、房屋分类、房屋用途、房屋分户平面图编号等信息。

本规范用词说明

1 为便于在执行本规范条文时区别对待，对要求严格程度不同的用词说明如下：

  1）表示严格，在正常情况下均应这样做的：
    正面词采用"应"，反面词采用"不应"；

  2）表示允许稍有选择，在条件许可时首先应这样做的：
    正面词采用"宜"，反面词采用"不宜"；
    表示有选择，在一定条件下可以这样做的，采用"可"。

2 条文中指明应按其他有关标准执行的写法为"应符合……的规定"。

中华人民共和国行业标准

房地产市场信息系统技术规范

CJJ/T 115—2007

条 文 说 明

前 言

《房地产市场信息系统技术规范》CJJ/T 115-2007，经建设部 2007 年 4 月 3 日第 633 号公告批准、发布。

为便于广大单位有关人员在使用本规范时能正确理解和执行条文规定，《房地产市场信息系统技术规范》编制组按章、节、条顺序编写了本规范的条文说明，供使用者参考。在使用中如发现本条文说明有不妥之处，请将意见函寄上海市房地产交易中心（上海市南泉北路 201 号，邮政编码 200120）。

目 次

1 总则 ……………………………………… 76—14
2 术语和代号 ……………………………… 76—14
   2.1 术语 ………………………………… 76—14
   2.2 代号 ………………………………… 76—14
3 基本规定 ………………………………… 76—14
   3.1 系统构成 …………………………… 76—14
   3.2 数据构成 …………………………… 76—14
   3.3 各子系统与数据之间的关系 ……… 76—14
   3.4 其他要求 …………………………… 76—15
4 统计分析与信息发布子系统 …………… 76—15
   4.1 一般规定 …………………………… 76—15
   4.2 统计分析 …………………………… 76—15
   4.3 信息发布 …………………………… 76—15
5 新建商品房网上备案子系统 …………… 76—16
   5.1 一般规定 …………………………… 76—16
   5.2 功能要求 …………………………… 76—16
   5.3 数据要求 …………………………… 76—17
6 存量房网上备案子系统 ………………… 76—17
   6.1 一般规定 …………………………… 76—17
   6.2 功能要求 …………………………… 76—17
   6.3 数据要求 …………………………… 76—18
7 从业主体管理子系统 …………………… 76—18
   7.1 一般规定 …………………………… 76—18
   7.2 功能要求 …………………………… 76—18
   7.3 数据要求 …………………………… 76—18
8 项目管理子系统 ………………………… 76—18
   8.1 功能要求 …………………………… 76—18
   8.2 数据要求 …………………………… 76—19
9 登记管理子系统 ………………………… 76—19
   9.1 一般规定 …………………………… 76—19
   9.2 功能要求 …………………………… 76—19
   9.3 数据要求 …………………………… 76—20
10 测绘及成果管理子系统 ………………… 76—20
   10.1 功能要求 ………………………… 76—20
   10.2 数据要求 ………………………… 76—20
11 系统安全和保密技术要求 ……………… 76—21
   11.1 实体安全 ………………………… 76—21
   11.2 运行安全 ………………………… 76—21
   11.3 信息安全 ………………………… 76—21
   11.4 权限管理 ………………………… 76—21
12 系统验收 ………………………………… 76—21

1 总　　则

1.0.1 说明制订本规范的目的。
1.0.2 说明本规范的使用范围。
1.0.3 说明使用本规范的约束条件。

2 术语和代号

2.1 术　　语

定义了本规范中涉及的主要概念。

2.2 代　　号

列示了本规范中使用的主要专业名词代号。

3 基本规定

3.1 系统构成

3.1.1～3.1.9 说明房地产市场信息系统的构成以及7个子系统之间的依赖关系。

这7个子系统对应于房地产市场的7项业务。这些业务在实际操作中可能因各地的实际情况在名称和组成上有所不同，但在实际功能上，房地产市场信息系统均应该包括这些业务管理、统计分析和发布功能。

在子系统的排列顺序上，采用自上而下的方式，即：用于表现房地产市场形势的统计分析和信息发布子系统置于最前，用于业务管理的新建商品房网上备案子系统、存量房网上备案子系统、从业主体管理子系统和项目管理子系统置于中间，用于基础管理的登记管理子系统和测绘及成果管理子系统置于最后。这种方式体现了通过采集基础数据最终为描述房地产市场形势提供数据支持的思路。

在房地产市场信息系统的建设中，要注意各业务子系统的集成性。在系统技术架构、基础网络、数据库、业务应用和客户端这几个层次上，均应创造条件来保证系统在拓扑结构上和技术上的统一性和集成性。

测绘及成果管理子系统承担对房地产对象自然特征数据的管理，这些数据构成基础数据中的物理数据。登记管理子系统承担对房地产权利特征数据的管理，这些数据构成基础数据中的权属数据。新建商品房网上备案子系统、存量房网上备案子系统、从业主体管理子系统和项目管理子系统承担了对主要市场管理业务的实现。这些市场管理业务应以正确的物理数据和权属数据为基础。统计分析和信息发布子系统则以其他6个子系统的数据为基础，进一步计算、加工、提炼出统计数据和发布数据。

3.2 数据构成

3.2.1 说明房地产市场信息系统的数据构成。

房地产市场信息系统需要管理5大类数据：基础数据、从业主体数据、业务数据、统计数据和发布数据。其中，基础数据、从业主体数据和业务数据是由业务系统在业务处理过程中采集的，统计数据和发布数据则是根据这些数据进行计算或提取得到的。

3.2.2 说明基础数据的构成。

基础数据包括两部分：物理数据和权属数据。物理数据用于描述宗地、幢和户的自然特征，如户的坐落、房型、房屋平面图等，其表现形式为楼盘表；权属数据用于描述户的权利特征，如权利人、产权价值、权属状态等，楼盘表是权属数据依托的基础。

3.2.3 说明从业主体数据的构成。

从业主体数据是指房地产市场活动中相关从业主体的信息，主要包括房地产开发企业、测绘企业、经纪机构、评估机构、物业企业及从业人员信息。

3.2.4 说明业务数据的构成。

业务数据是指业务管理过程中产生的数据，包括业务流程、状态变化、文档和表单等。

房地产市场信息系统应统一考虑用流程、操作、凭证等要素来描述具体管理业务的特征，在数据库设计上应把具体的业务管理与作为业务管理对象的房屋管理数据相分离，适应业务不断发展的要求。

3.2.5 说明统计数据的构成。

统计分析数据是指对基础数据、从业主体数据以及业务数据进行计算、统计和分析而形成的数据。这些数据用于统计和分析，为管理和决策提供支持。

3.2.6 说明发布数据的构成。

发布数据是指对基础数据、从业主体数据、业务数据和统计分析数据进行提取或加工而产生的、用于对外发布的数据。这些数据可以提供公众使用，满足信息公开的需要。

3.3 各子系统与数据之间的关系

3.3.1～3.3.4 以图例说明各子系统与数据之间的关系。

7个子系统可以分为3个层次，测绘及成果管理子系统和登记管理子系统是基础服务层，从业主体管理子系统、项目管理子系统、新建商品房网上备案子系统和存量房网上备案子系统构成业务管理层，统计分析与信息发布子系统则是决策支持层。

统计分析与信息发布子系统负责管理两类数据：

（1）各类关于房地产市场状态的统计数据。

统计数据是以基础数据、从业主体数据和业务数据为依据。统计分析与信息发布子系统提供对房地产市场信息的全面分析，形成统计报表、指标和指数等的统计分析数据，并可以进一步通过数据仓库和数据挖掘技术的引入提供决策支持功能。

（2）各类关于房地产市场行情的发布数据。

发布数据是以基础数据、主体数据、业务数据和统计数据为依据。统计分析与信息发布子系统可通过日常通报和报表、网站、大屏幕、短信、报刊、电视和电台等途径对外发布房地产市场宜发布的各种信息以及计算得到的各种指标和指数。

新建商品房网上备案子系统、存量房网上备案子系统、从业主体管理子系统和项目管理子系统管理房地产市场活动中主要的业务数据，这个过程中将调用从业主体数据和基础数据。

测绘及成果管理子系统、登记管理子系统共同维护基础数据，其中测绘及成果管理子系统主要负责维护物理数据，登记管理子系统主要负责维护权属数据，二者共同维护物理数据和权属数据的关联关系。在管理物理数据和权属数据的同时，也会产生一部分业务数据。

在这5类数据中，业务数据分布在除统计分析和信息发布子系统之外的其他6个子系统中；基础数据中，由测绘及成果管理子系统提供物理数据，由登记管理子系统提供权属数据，二者共同为业务管理层和决策支持层的5个子系统提供基础的数据支持；从业主体的数据由从业主体管理子系统进行统一管理。统计数据是经过对基础数据、从业主体数据和业务数据进行统计计算后得到的结果，能反映房地产市场的总体情况。发布数据中包括部分统计数据，也包括部分基础数据、业务数据、从业主体数据，这些数据都是有选择发布的。

3.3.5 说明子系统之间数据交换的形式。

整个房地产市场信息系统是一个统一的系统，各业务之间应实现数据共享，避免不同的业务部门之间的数据隔离，形成"信息孤岛"的现象。

通过数据交换，可以实现子系统之间的数据共享。采用数据库的方式（如使用数据库镜像），能够保证数据的完整性，但成本比较高；而采用文件的方式（如使用 XML 文件）比较灵活，但数据比较零散。

房地产市场信息系统在业务子系统之间的数据交换和内外网的数据交换上，要设立统一的数据交换格式标准和统一的数据交换操作标准，确保数据交换的正确性和完整性。

在实际建设过程中，需要结合具体情况，选择合适的数据交换方式。

3.4 其他要求

3.4.1~3.4.2 说明内、外网的要求。

房地产市场信息系统的用户范围较大，有管理部门的管理人员，也有房地产企业及其从业人员，还有普通公众。管理人员一般在内部网络（即"内网"）实现业务管理，而房地产企业及其从业人员和普通公众一般在国际互联网（即"外网"）查询数据或提交请求。

为保证安全，内网和外网一般应设计为物理隔离方式，因此需要在内网和外网之间进行数据同步。

4 统计分析与信息发布子系统

4.1 一般规定

4.1.2 新建商品房要通过设定"所在区域"、"房屋类型"、"面积范围"和"项目名称"等条件进行查询，存量房要通过设定"所在区域"、"房屋坐落"、"房型"、"面积范围"、"总价范围"等条件进行查询。

4.2 统计分析

4.2.1 统计指标中的均价可采用算术平均价或加权平均价，其计算说明如下：

（1）算术平均价是总的成交价格和总的成交面积的比值。该价格受区域性交易结构变动等因素的影响较大。

（2）加权平均价是利用新建商品房的位置、楼层、朝向、景观、配套等因素为加权因子计算得到的平均价。该价格比较合理地反映市场的价格情况。

4.2.2 统计指标分类的说明如下：

（1）统计指标按房屋类型可分为：住宅、商业、办公和其他等，在此基础上各地可以根据需要进一步细化。

（2）统计指标按区域可分为：行政区域（如市、区、县等）和选定区域（如环线、样本区域等）等。

（3）统计指标按时间段可分为：年度、季度、月度、每日和选定时间段等。

4.3 信息发布

4.3.2 对于第2款第3项中有关房屋销售状态的解释如下：

（1）限制销售：由于各种政策原因不纳入新建商品房网上备案子系统中销售的房屋，例如物业用房、限制房屋等；

（2）可售：经管理部门批准，准予在新建商品房网上备案子系统中进行预售和销售的房屋；

（3）预定：已经在新建商品房网上备案子系统中签订定金合同的房屋；

（4）已售：已经在新建商品房网上备案子系统中签订预售合同或销售合同的房屋；

（5）已登记：已经在登记管理子系统中完成了产权登记的房屋。

销售表信息发布示例如下：

①逻辑幢的统计信息见表1。

表1

门牌号	可售套数	预定套数	总套数	……
×××	100	10	200	……
×××	100	10	200	……
×××	100	10	200	……
×××	100	10	200	……
……				

②逻辑幢的户销售状态见表2。

表2

房屋坐落				
实际层	室号			
4	401	402	403	404
3	301	302	303	304
2	201	202	203	204
1	101	102	103	104
……				
图例 限制销售： 可售： 预定： 已售： 已登记：				

③户的详细信息见表3。

表3

项目名称	房屋坐落
名义层/实际层	×××
室号	×××
房屋类型	×××
房型	×××
预测绘建筑面积（m²）	×××
预测绘套内建筑面积（m²）	×××
预测绘分摊建筑面积（m²）	×××
……	……

4.3.6 本子系统的 WebGIS 技术提供的功能一般包括项目和其他图件的查询、定位和分析功能：

（1）空间查询功能：通过各种方法选取并确定空间范围，实现符合条件的项目及其他图件信息的查询。

（2）定位功能：通过输入名称或菜单选择可快速定位目标，实现各类信息的空间定位。

（3）分析功能：实现对项目周边和特定地段的图件情况进行统计分析。

5 新建商品房网上备案子系统

5.1 一般规定

5.1.1 新建商品房网上备案子系统的目标是实现网上预定合同、预售合同和销售合同的在线备案管理，它必须在预售许可管理业务或新建商品房初始登记业务的基础上实现。

5.1.2 要求房地产开发企业申请预售时使用在线方式。

在线方式是指房地产开发企业通过登录本子系统（这时，本子系统通常部署在外网，或者跨内网和外网），使用系统提供的表单直接申请预售。

相对于在线方式，另一种申请方式为离线方式，即房地产开发企业在本地计算机填写好预售申请，保存为文件，再上传到本子系统中。

5.2 功能要求

5.2.1 说明预售许可管理功能包含的内容。

商品房预售许可证的申请、审批、发放是新建商品房网上备案子系统的重要过程。

预售许可证的信息在不同市场环境下是有差异的，系统应支持灵活的许可证数据设置。

本子系统还应提供预售许可证发放后的相关管理功能：

（1）撤销预售许可证。
（2）暂停预售许可证的使用。
（3）改变预售许可证的范围。
（4）改变预售许可证的使用期限。
（5）监视和跟踪预售许可证的状态。

5.2.2 说明预售合同、销售合同备案功能的内容。

合同备案是采集房地产市场交易信息的关键过程，本子系统应满足这个过程的数据采集要求。新建商品房网上备案子系统应与登记管理子系统实时联网，备案之前应查询房屋的权属，如果已经抵押或者查封，则不允许备案。

合同备案功能包括：

（1）合同制定时，预售合同和销售合同一般要满足以下要求：

①合同格式统一制定，由被授权的管理部门制订合同条款。
②允许对合同的某些条款进行适当修改。
③买卖双方在法律规定的范围内约定其他个别条款。
④改变合同条款时，保留合同条款的历史信息。

（2）合同签订支持合同的在线打印，打印的时间、份数记录在系统中。

合同签订后，合同数据不得随意修改。

已签订的合同信息要自动传送到登记管理子系统，实现自动申请和受理。这些合同信息保证真实、合法、有效，要与纸质合同保持一致。

本子系统应建立核对机制，在合同变更的时候，要及时、有效地通知登记管理子系统，避免纸质数据和电子数据的不一致。

（3）合同撤销时，要在登记管理子系统中进行相应的操作。

（4）合同跟踪功能要满足以下业务规则：

①管理部门能够在监管时效内及时查阅到合同数据。

②被销售的房屋是可销售的，禁止出现一房多售现象。

③房屋合同的撤销是可跟踪的。

④购买人的信息是可跟踪的。

⑤可查询购买人的房产信息。

⑥可查询购买人的贷款信息。

⑦自动监控房屋的价格，在出现明显不合理的价格时，要能够报警。

⑧跟踪项目的销售表信息。

⑨识别一个项目中异常的合同数量、撤销数量和比例并报警。

（5）销售管理应包括以下内容：

①控制在预售许可证之前的预定、预约行为。

②控制在正式开始销售之前的销售行为。

③控制在合同签订之前的非法转让行为。

④识别集中销售和集中撤销行为。

⑤识别人为炒作、惜售行为。

⑥识别保留房屋和违规销售行为。

5.3 数据要求

5.3.1～5.3.5 说明新建商品房网上备案子系统管理的数据范围，以及和其他数据的引用关系。

6 存量房网上备案子系统

6.1 一般规定

6.1.1 要求经纪合同、买卖合同和租赁合同网上备案采用在线方式。

该在线方式与新建商品房网上备案子系统的在线方式是一致的，是指经纪机构或经纪人通过登录本子系统（本子系统通常部署在外网，或者跨内网和外网），使用系统提供的合同备案功能直接完成合同备案。

6.1.2 存量房网上备案子系统需要调用基础数据，一般要实现以下功能：

（1）查询和选择挂牌的房屋。

（2）检查挂牌的有效性。

（3）锁定挂牌。

（4）撤牌时解锁挂牌。

（5）更新摘牌时的锁定状态。

（6）锁定合同备案。

（7）检查登记审核时监管资金的到账情况。

（8）资金监管结束后的解锁。

（9）确保登记管理子系统可及时获得合同信息。

（10）挂牌之前应查询房屋的权属，如果已经抵押或者查封，应不允许挂牌。

本子系统产生的合同信息要自动传送到登记管理子系统，实现自动申请和受理。在资金监管过程中，当资金全部到位后，要通知登记管理子系统进行最终确权操作。当确权完成后，通知本子系统进行资金支付。

6.2 功能要求

6.2.1 系统应实现对参与业务的经纪人、经纪机构的资质审查和准入的功能。在实际交易过程中，应能够确定每个经纪人、每个经纪机构参与市场活动的合法性。这些经纪人和经纪机构的数据应来源于从业主体管理子系统。

6.2.2 说明挂牌委托、合同备案和合同监督的功能。

挂牌委托是指受理、核准、发布网上挂牌委托的过程。挂牌包括出售挂牌和出租挂牌。

挂牌委托要满足以下业务规则：

（1）允许出让方在委托挂牌时选择是否委托经纪机构、是否选择经纪人的服务。

（2）允许出让方在委托挂牌时设置密码，并允许出让方在限定的范围内修改委托信息。

（3）挂牌时间要设定期限，允许出让方在到期之前续牌，逾期的自动撤牌。

（4）系统自动锁定挂牌的房屋，禁止该房屋的转移登记，只有在撤牌后或摘牌后才解锁。

（5）销售房屋的挂牌在签订资金监管协议以后，进入资金监管的锁定状态。

（6）挂牌、买卖合同、资金监管三项工作可独立执行。

（7）能够有效控制恶意挂牌，避免发布虚假的、违法的信息。

合同备案是指交易双方根据网上公布的房产信息达成购买意向后，在线签订相关合同，进行备案。

合同备案后，应通知房地产登记管理子系统对该房产进行锁定，在备案期间禁止除限制以外的其他登记。

合同监督是指系统应允许管理部门灵活设定合同条款，保证在一个时期使用统一格式的合同，避免使用不符合规定的合同，当交易双方对合同进行变更时，可以进行有效监督。

6.2.3 有条件的地方可以开展资金监管业务。

资金监管要满足以下业务规则：
（1）交易双方签订合同后，可连同管理部门三方一起签订资金监管协议。
（2）系统在处理资金监管的时候，同时处理各种税费，并把税费直接转给相关的政府部门。
（3）资金监管过程中，和银行的数据交换要保证真实、有效。在出现差错的时候，能进行有效的损失规避。
（4）只有资金全部到位后才能确权。
（5）只有在确权后才能将监管房款代发到出让方账户。

在委托挂牌的过程中，宜提供参考的买卖价格和租赁价格，可提高签约的效率。

6.3 数据要求

6.3.1～6.3.5 说明存量房网上备案子系统管理的数据范围，以及和其他数据的引用关系。

7 从业主体管理子系统

7.1 一般规定

7.1.1 房地产企业和从业人员应注册为房地产市场信息系统的用户，对他们在系统中的活动要实行统一的认证管理。

在认证形式上，简单的可以采用"用户名/密码"的方式，严格的可以采用 USB-KEY 认证等方式。一般应使用较严格的认证方式。

认证管理一般包括注册、变更和注销三项功能。注册是指申请成为系统中具有指定权限的用户，如果采用"用户名/密码"方式，需要提供给申请者用户名和密码；如果采用 USB-KEY 认证方式，需要发给申请者制作好的 USB-KEY。变更是指变更用户的基本信息。注销是指禁止该用户在系统中的任何活动，一般会将用户置为无效，或者直接删除用户数据。

本子系统要记录房地产企业和从业人员在房地产市场信息系统的活动情况。

7.1.2 与新建商品房网上备案子系统和存量房网上备案子系统相似，房地产企业申报其企业信息和从业人员信息一般要采用在线方式，而不是离线方式。

7.1.3 这里的公共通信资源指短消息、电子邮件、传真等通信方式，通过这些方式与房地产企业实现及时的信息交流。

7.2 功能要求

7.2.1～7.2.2 本子系统负责管理两个对象：房地产企业和房地产从业人员。

房地产企业一般包括：
——开发企业
——经纪机构
——评估机构
——测绘企业
——物业企业
——与房地产市场相关的企业

房地产从业人员一般包括：
——新建商品房销售人员
——经纪人
——房地产估价师
——测绘人员
——物业小区经理
——其他专业人员

房地产企业管理的主要功能包括：
（1）企业信息管理
管理企业新设立、企业投资主体变更、分立、合并、注销、资质申请、资质变更等情况。
（2）企业内部人员管理
企业应维护本企业人员的信息，管理部门应能够查询和统计企业人员。

房地产企业主要的内部人员一般包括：
——法定代表人
——企业管理人员
——专业销售人员
——房地产执业经纪人
——房地产估价师
——有技术职称的人员
——其他需要管理的从业人员

（3）网上申报要实现企业各类上报信息、申请信息的网上申报和办理。
网上申报要采用外网申报、内网审核、外网发布的方式，内网应与外网隔离，确保数据的安全性。
（4）查询统计要实现对企业情况的灵活查询和统计，能够灵活设定查询条件和查询结果的表现形式。

房地产从业人员管理的主要功能包括人员信息管理、人员查询和统计、人员变动管理、资格证书管理。应实现对人员灵活的查询和统计，能够灵活设定查询条件和查询结果的表现形式。

本子系统要记录房地产企业和房地产从业人员的诚信情况，这可作为对其审查与准入的依据之一。

7.3 数据要求

7.3.1～7.3.3 说明从业主体管理子系统管理的数据范围，以及和其他数据的引用关系。

8 项目管理子系统

8.1 功能要求

8.1.1 开发项目管理是指对开发项目全部过程中产

生的数据进行管理。这些过程包括：
(1) 获得土地使用权，并支付土地出让金。
(2) 依法登记土地使用权。
(3) 动拆迁进度。
(4) 取得商品房的建设工程规划许可证。
(5) 取得商品房的建设工程施工许可证。
(6) 建筑设计变更。
(7) 建设工程完成进度。
(8) 落实市政、公用、公共建筑设施。
(9) 项目分割转让。

在具体实现时，可以根据各地的实际情况对上述过程进行筛选和裁减，也可以增加新的过程。

8.1.2 房地产开发企业上报项目数据一般要满足以下要求：
(1) 企业按月度上报项目数据。
(2) 企业使用本子系统提供的上报功能上报项目数据。
(3) 上报项目数据体现完整性、及时性。
(4) 本子系统支持管理部门进行检验、核查，并在发现问题的时候可对数据作退回处理。
(5) 本子系统对上报数据采取容错、纠错措施。

8.2 数据要求

8.2.1～8.2.3 说明项目管理子系统管理的数据范围，以及和其他数据的引用关系。

9 登记管理子系统

9.1 一般规定

9.1.1 房地产权属信息依托于物理的房地产对象而存在，因此登记管理子系统需要以楼盘表为基础，记载和管理房地产对象的权属，同时正确地判断和处理各种房地产权属之间的关系。

9.1.2 系统要对业务全过程进行跟踪记录，对业务流程及关键操作进行记录，以确保业务过程的可追溯性，并提供对这些记录的检索。

9.1.3 登记管理子系统是其他业务子系统的基础。

可以建立访问基础数据的统一接口，使得其他子系统访问基础数据有统一的标准，保证数据的一致性。

9.1.4 在设计上，应提高登记管理子系统的灵活性和扩展性。
(1) 系统参数、业务规则、工作流程、收件标准、收费标准、输出权证或证明等在实际工作中可能随业务变化而需经常调整的内容，均应通过配置实现，以确保系统的稳定可靠。
(2) 为适应政策调整，在特定时期系统应兼容多种业务规范，即根据规定对不同时间段及不同类别业务可分别按不同业务规则进行处理，实现新老业务的并存。
(3) 管理人员可以通过对规则的自行设定来改变派件的原则（如派件给工作量最小者），从而对派件/流程流转进行管理。管理人员在系统派件/流程流转完成后，可以对结果进行手工的调整，确保派件/流程流转更加符合实际工作情况。
(4) 在用户需要的前提下系统应提供对条形码扫描枪、密码输入键盘、IC卡读卡器等设备的支持。

9.2 功能要求

9.2.1 登记管理业务的主体流程固定为受理节点、审核节点、权证处理节点。受理节点和权证处理节点的内部流程依据业务的规定是相对固定的，而审核节点将根据实际情况和业务类别可以具有一定的流程变化。上述的这些业务流程在实际建设中可能因各地的实际情况在名称和组成上有所不同，但在实际功能上，登记管理子系统均应该包括上述功能。

受理节点一般要满足以下要求：
(1) 采用基于楼盘表的受理模式，实现房地产各类登记业务。
(2) 受理时本子系统对所选择房屋及土地的各类权属情况进行判断。
(3) 根据当前业务类别自动生成相应信息：
①根据业务类别自动确定收费及收件标准并记录结果，操作人员可对结果进行人工干预。
②系统根据业务要求自动计算应缴税费等数据，操作人员可对结果进行人工干预。
③系统根据业务规则自动复制当前案件所需的信息，减少人工输入工作量，降低人工差错。
(4) 根据当前业务类别对相关信息进行校验：
①系统根据业务类别自动对输入的相关信息进行校验。
②系统对错误数据进行识别并进行相应处理。
(5) 考虑到各地实际情况，允许将收费操作放置在受理之后的节点进行。

审核节点一般要实现以下功能：
①查询和检查土地、房屋。
②查询和检查权属。
③检查其他申请材料。
④处理业务并获得业务数据。对需要进行房地产价格评估、现场勘察等业务处理的房地产登记申请，应提供相应的业务处理功能或提供接口从上述业务系统自动获得系统所需的相关业务信息。
⑤重新计费。可根据评估结果的金额、面积等信息确定或修改收费标准和收费金额，记录相关调整情况。
⑥审核意见模板。为提高工作效率，可以把常用的审核意见制作成模板，在使用时可自动填充房屋、

权属等基本信息。

⑦自动生成审核表。应根据当前登记业务类别，自动生成审核意见表，全面反映登记所涉房屋土地相关物理和权属情况及当前案件的相关信息，减少审核人员操作，避免遗漏信息。

⑧查看流程日志。可以通过查看流程日志回放登记业务的办理过程。

⑨流程定义。系统应提供灵活的流程定义功能，可根据各类登记的不同情况作出相应的流程定义。案件可按用户设定的流程和派件规则自动流转，案件流程可进行人工干预，对干预结果应进行记录。

权证处理节点一般要实现以下功能：

①自动配图。对因故未能完成自动配图的案件，可以提供手工配图功能进行房屋分户平面图或宗地图的配图。

②生成和打印证明文件。根据不同的登记类别，可以自动生成相应的权证或证明，以便用户打印输出。记录打印时间、次数等有关情况。

不同类别登记业务打印权证、证明或其他文件的类别可由用户定义。

③错误处理。对在打印或发证过程中发现的登记错误，可以提供方便可靠的错误处理机制，用户可通过一定的流程在不影响权属有效性的前提下对有问题案件进行处理。

④发证审查。发证时系统应自动对案件收费等情况进行审查，防止费用未结清案件的发证。

应提供必要的技术手段，对领证人基本信息及应发材料的正确性进行审查。

归档节点一般应实现以下功能：

① 应提供档案归档功能并可对档案的存放位置、出借归还等情况进行记录。

② 应提供对档案扫描文件的制作、存储和检索、阅读支持。

档案数字化是未来房地产信息管理的趋势，有条件的城市可以开展。

9.2.2 本子系统应提供提交、回退、不予登记、撤回等处理方式，以便针对不同情况分别进行相应处理。

本子系统应支持模糊查询、自定义查询、组合查询等查询方式，对办证状况、权属登记状况、房屋交易情况、办事进度等进行查询。包括：

(1) 实现物理图形数据和权属数据的图属互查。

(2) 统计设置：可设置统计的时间段和需要统计的项目。

(3) 查询业务的办理情况、当前所处的环节等登记状态信息。

9.3 数 据 要 求

9.3.1～9.3.4 说明登记管理子系统管理的数据范围，以及和其他数据的引用关系。

10 测绘及成果管理子系统

10.1 功 能 要 求

10.1.1 数据的初始建库应当遵循严格的标准。建库方案可有以下选择：

(1) 对已有符合 GIS 标准要求的图形数据，应进行数据清理、质量控制、格式转换和数据入库工作，同时可辅以局部地区进行实地数字化测绘。

(2) 对已有数据不符合 GIS 标准要求，但较为丰富且现势性好，宜对已有数据进行 GIS 标准化改造和处理。

(3) 对已有数据数量和质量都较差，不符合房地产市场信息系统的标准，应进行实地数字化补测或重测。

建库流程为：数据清理、质量控制、格式转换和数据入库，各地可根据数据的实际情况进行选择，具体环节可作出适当调整。初始建库流程的总体设计原则为：

①初始建库应作好充分的分析准备，尽量将各类迁移过程中可能出现的问题在迁移前进行分析，并拟定相应对策。

②自行组织完成初始建库过程。

③做好初始建库工作日志，发现问题及时反馈。

④初始建库实施时应对数据进行正确性和完整性检验。

10.1.2 本条第 3 款测绘成果数据应带有"变更标志"，可分别标识出删除、新增和修改等状态，状态的初始值为空。

10.1.3 本条第 2 款测绘成果更新管理功能一般可以通过如下机制进行：每一宗变更业务由本子系统提供的接口从中心数据库中获取有关的房地产物理数据，从而触发变更业务的开始；然后利用本子系统的变更测绘功能进行房地产物理数据的变更工作；将变更成果提交到相关部门进行审核；最后由本子系统提供的接口根据变更标识将测绘成果更新入库，以此作为变更业务的结束。

10.2 数 据 要 求

10.2.2 在 GIS 技术中图形数据有两种存放方式：按对象存储和不按对象存储。不按对象存储的图形数据由线条构成，线条与整体图形的关系以及整体图形代表的含义需要由用户进行人工识别。其他地形数据可不按对象存储。

宗地图形数据和幢图形数据一般按对象存储，是完整的图形实体，它有以下特征：

(1) 图形实体上可以加载编码，能与属性信息一一对应。

（2）是完整、独立的图形实体，而不是图形元素。

（3）面状对象图形数据的边界线必须满足拓扑要求。如：边界线必须封闭，相邻面边界线之间无空隙、不重叠，边界线内没有与本对象无关的点、线、面图形。

（4）面状对象允许由多个闭合多边形组成，形成"岛"和"飞地"等组合实体。

（5）在本系统中可以被识别、被操作。如被搜索、统计或改变显示状态等。

当现状地物围合的自然街坊太大时，一般可利用大单位的围墙等划分成几个地籍街坊；也可以把几个小的现状地物围合的自然街坊合并成一个地籍街坊。

10.2.4 该数据的附录信息的名义层和实际层解释如下：名义层为标识层名，例如"设备层"、"6B层"等；实际层为物理层数，例如因语言和生活习惯的原因，有些建筑物没有第4层、第14层等含有数字"4"的楼层，此时，如501室的实际层为"4"，而名义层是"5"。

房屋坐落一般可以通过五个级别进行描述，例如路—弄—支弄—号—室、路—号—栋—单元—室。

10.2.5 根据房地产管理需要，数字线划图（DLG）是较为合理的地形要素数据的表达方式。各地亦可根据具体情况采用数字正射影像图（DOM）、数字栅格图（DRG）等格式。

11 系统安全和保密技术要求

11.1 实体安全

11.1.1～11.1.2 说明计算机房和信息系统设备的安全要求。

11.2 运行安全

11.2.1～11.2.6 运行安全保护主要包括：

（1）具有防范内部和外部攻击的能力。

（2）对安全事件具有及时响应的能力。

（3）防止远程通信信息被截获。

（4）防止远程通信带宽的损失。

（5）防止信息发送过程中的时延异常、丢失和误传。

（6）防止数据流分析。

（7）防止通信干扰。

11.3 信息安全

11.3.1 操作系统是连接计算机硬件与上层软件及用户的桥梁，它的安全性至关重要。要想减少操作系统的安全漏洞，需要对操作系统予以合理配置、管理和监控。建议集中管理企业内部的操作系统安全，而不是人工管理每台机器。

要保证操作系统安全，应注意以下三个方面：

（1）需要集中式自动管理信息系统的操作系统配置。大多数安全入侵事件是由于没有合理配置操作系统而造成的。

（2）明确规定用户访问权限、身份和许可的安全策略，针对这些操作系统对用户进行配置。可以利用身份生命周期管理程序实现自动管理。

（3）一旦管理员制定了合适的安全策略，就要监控策略的实施情况，事先制止可能违反安全的隐患。

11.3.2 数据库服务器是信息系统的基础。必须建立数据的安全性策略、用户的安全性策略、数据库管理者的安全性策略、应用程序开发者的安全性策略以确保数据不会被非法访问和篡改。

11.3.3 可采取访问控制、数据加密、网络防火墙、抗病毒软件等网络安全措施，防止非法用户访问、数据丢失、病毒侵害等。

11.4 权限管理

11.4.1 权限是对计算机系统中的数据或者用数据表示的其他资源进行访问的许可。系统应支持将系统数据和功能划分为最小访问和操作权限单元，包括访问数据库中的表、视图以及操作流程和表单等。系统应提供多种权限组合功能，包括不同数据访问权限的组合和不同功能操作权限的组合等。

11.4.2 用户就是一个可以独立访问计算机系统中的数据或者用数据表示的其他资源的主体。

12 系统验收

12.0.3 初始建库的数据验收的三条原则是指：

（1）**完整性原则**：数据应足以描述现实对象。例如，土地数据要包含本辖区内所有应该登记的土地信息。

（2）**正确性原则**：数据要符合真实面貌。例如，土地的边界划分和实际情况要一致。

（3）**规范性原则**：采用的标准应一致。例如，记录权利人名称的时候，要按照权利人的真实姓名或者完整的工商登记核准的名称。

中华人民共和国行业标准

城镇排水系统电气与自动化
工程技术规程

Technical specification of electrical & automation engineering
for city drainage system

CJJ 120—2008
J 783—2008

批准部门：中华人民共和国建设部
施行日期：２００８年９月１日

中华人民共和国建设部
公 告

第 810 号

建设部关于发布行业标准《城镇排水系统电气与自动化工程技术规程》的公告

现批准《城镇排水系统电气与自动化工程技术规程》为行业标准,编号为 CJJ 120-2008,自 2008 年 9 月 1 日起实施。其中,第 3.10.11、5.8.1、6.11.5 条为强制性条文,必须严格执行。

本规程由建设部标准定额研究所组织中国建筑工业出版社出版发行。

中华人民共和国建设部
2008 年 2 月 26 日

前 言

根据建设部建标〔2004〕66 号文件的要求,标准编制组在深入调查研究,认真总结国内外科研成果和大量实践经验,并在广泛征求意见的基础上,制定了本规程。

本规程的主要技术内容是:1.泵站供配电;2.泵站自动化系统;3.污水处理厂供配电;4.污水处理厂自动化系统;5.排水工程的数据采集和监控系统。

本规程以黑体字标志的条文为强制性条文,必须严格执行。

本规程由建设部负责管理和对强制性条文的解释,由主编单位负责具体技术内容的解释。

本规程主编单位:上海市城市建设设计研究院(地址:上海浦东新区东方路 3447 号;邮政编码:200125)

本规程参编单位:上海电气自动化设计研究所有限公司
中国市政工程华北设计研究院

本规程主要起草人:陈 洪 李 红 戴孙放
郑效文 沈燕蓉 石 泉
黄建民 王 峰

目　次

1 总则 …………………………………… 77—4
2 术语、符号与代号 …………………… 77—4
　2.1 术语 ………………………………… 77—4
　2.2 符号 ………………………………… 77—5
　2.3 代号 ………………………………… 77—5
3 泵站供配电 …………………………… 77—6
　3.1 负荷调查与计算 …………………… 77—6
　3.2 供电电源 …………………………… 77—7
　3.3 系统结构 …………………………… 77—7
　3.4 无功功率补偿 ……………………… 77—7
　3.5 操作电源 …………………………… 77—7
　3.6 短路电流计算与继电保护 ………… 77—7
　3.7 设备选择 …………………………… 77—9
　3.8 设备布置 …………………………… 77—10
　3.9 照明 ………………………………… 77—11
　3.10 接地和防雷 ……………………… 77—12
　3.11 泵站电气施工及验收 …………… 77—13
4 泵站自动化系统 ……………………… 77—13
　4.1 一般规定 …………………………… 77—13
　4.2 泵站的等级划分 …………………… 77—13
　4.3 系统结构 …………………………… 77—13
　4.4 系统功能 …………………………… 77—14
　4.5 检测和测量技术要求 ……………… 77—14
　4.6 设备控制技术要求 ………………… 77—15
　4.7 电力监控技术要求 ………………… 77—19
　4.8 防雷与接地 ………………………… 77—19
　4.9 控制设备配置要求 ………………… 77—20
　4.10 安全和技术防卫 ………………… 77—20
　4.11 控制软件 ………………………… 77—20
　4.12 控制系统接口 …………………… 77—21
　4.13 系统技术指标 …………………… 77—21
　4.14 设备安装技术要求 ……………… 77—22
　4.15 系统调试、验收、试运行 ……… 77—23
5 污水处理厂供配电 …………………… 77—24
　5.1 负荷计算 …………………………… 77—24
　5.2 系统结构 …………………………… 77—24
　5.3 操作电源 …………………………… 77—25
　5.4 短路电流计算及保护 ……………… 77—25
　5.5 系统设备要求 ……………………… 77—25
　5.6 照明 ………………………………… 77—25
　5.7 接地与防雷 ………………………… 77—25
　5.8 防爆电器的应用 …………………… 77—25
　5.9 电气施工及验收 …………………… 77—25
6 污水处理厂自动化系统 ……………… 77—25
　6.1 一般规定 …………………………… 77—25
　6.2 规模划分与系统设置要求 ………… 77—25
　6.3 系统结构 …………………………… 77—26
　6.4 系统功能 …………………………… 77—26
　6.5 检测和监视点设置 ………………… 77—27
　6.6 检测和测量技术要求 ……………… 77—28
　6.7 设备控制技术要求 ………………… 77—29
　6.8 电力监控技术要求 ………………… 77—31
　6.9 防雷与接地 ………………………… 77—31
　6.10 控制设备配置要求 ……………… 77—32
　6.11 安全和技术防范 ………………… 77—32
　6.12 控制软件 ………………………… 77—32
　6.13 控制系统接口 …………………… 77—33
　6.14 系统技术指标 …………………… 77—34
　6.15 计量 ……………………………… 77—34
　6.16 设备安装技术要求 ……………… 77—34
　6.17 系统的调试、检验、试运行 …… 77—34
7 排水工程的数据采集和监控
　系统 …………………………………… 77—34
　7.1 系统建立 …………………………… 77—34
　7.2 系统结构 …………………………… 77—35
　7.3 系统功能 …………………………… 77—35
　7.4 系统指标 …………………………… 77—36
　7.5 系统设备配置 ……………………… 77—36
本规程用词说明 ………………………… 77—36
附：条文说明 …………………………… 77—37

1 总　则

1.0.1 为提高我国城镇排水行业电气自动化系统的技术水平，规范城镇排水和污水处理建设中电气自动化工程的建设标准，提高工程建设投资效益，改善生产和劳动环境，制定本规程。

1.0.2 本规程适用于城镇雨水与污水泵站、污水处理厂的供配电系统和自动化运行控制系统以及排水泵站群的数据采集和控制系统或区域性排水工程的中央监控系统的设计、施工、验收。

1.0.3 排水和污水处理工程的运行自动化程度，应根据管理的需要，设备器材的质量和供应情况，结合当地具体条件通过全面的技术经济比较确定。

1.0.4 城镇排水系统电气与自动化工程在设计、施工、验收中除应符合本规程的要求外，尚应符合国家现行有关标准的规定。

2 术语、符号与代号

2.1 术　语

2.1.1 瞬时流量　instantaneous flow rate
　　某一时刻的流量。

2.1.2 累积流量　accumulated flow rate
　　某一时间段的总流量。

2.1.3 操作界面　operation interface
　　操作人员和计算机进行工作交互的媒介。

2.1.4 数据采集　data acquisition
　　按预定的速率将现场信号（模拟量、离散量、频率）进行数字化送入计算机。

2.1.5 数据处理　data processing
　　将采集到的数据按照某一规律进行运算或变换。

2.1.6 接口　interface
　　两个不同系统的交接部分。

2.1.7 现场控制　site control
　　在设备安装位置附近实施设备控制箱上的手动控制（不依赖于自控系统的控制）。

2.1.8 配电盘控制　panel control
　　在电动机配电控制盘或MCC盘面上实施的手动控制。当电动机配电控制盘或MCC盘布置在现场设备附近时，可代替现场控制。

2.1.9 就地控制　local control
　　以PLC作为核心器件，完成本区域内相关的信息采集、指令执行以及监控方案实施等工作。

2.1.10 就地手动　local manual
　　利用现场控制站或RTU（remote terminal unit）柜面板上触摸屏或按钮，以人工按键操作控制设备。

2.1.11 就地自动　local automation
　　利用现场控制站的自动控制器和软件对设备进行控制。

2.1.12 远程控制　remote control
　　通过有线或无线通信，完成对远程区域内设备、仪表的数据采集、命令下达或控制功能。

2.1.13 就地控制站　local control station
　　一般以PLC作为核心器件，主要负责泵站或污水处理厂某一区域内涉及设备监控系统相关的信息收集、指令执行以及监控方案实施等工作的设备。

2.1.14 远程终端单元（RTU）remote terminal unit
　　一个控制系统中相对于控制中心所设置的控制站，一般以PLC作为核心器件，主要负责相对控制中心距离较远处设备的监控以及相关的信息收集、指令执行以及监控方案实施等工作。

2.1.15 设备层　equipment layer
　　现场的设备装置和现场仪表。以总线或硬接线的方式与控制层连接。

2.1.16 控制层　control layer
　　由分布在各区域的就地控制器与连接控制中心和该控制器的环网（或星型网）所组成。

2.1.17 信息层　information layer
　　整个系统中上层数据传输的链路及设备。

2.1.18 信息中心　information center
　　按排水系统或地域划分，管辖该系统或地域内的泵站和污水处理厂的设备状态、工艺参数等信息采集、处理、显示功能的场所。

2.1.19 区域监控中心　area control center
　　按地理位置划分，管辖部分泵站，具有信息采集、处理、显示和发布控制命令功能的场所，具有控制主站的功能。

2.1.20 远程子站　remote sub station
　　与主站相隔一定距离，通过有线或无线通信连接的远程终端。

2.1.21 系统软件　system software
　　一般指计算机操作系统，在购买计算机时由厂商提供。

2.1.22 编程语言　programming language
　　遵循特定的语法，编写程序所使用的语言。

2.1.23 应用软件　application software
　　使用编程语言编写的，解决某些特定问题的一个或一组程序，通常由用户程序和软件包组成。

2.1.24 图控组态软件　HMI software
　　提供图形方式对应用程序进行组态的一种操作界面，操作人员不需要掌握编程语言或语法就能进行应用软件的编程，国内通常称为图控组态软件。

2.1.25 事件登录　events login
　　设备、装置或者过程的状态发生变化，计算机记录此变化。

2.1.26 主站轮询　master station polling

主站按照某种顺序，轮流查询各从站的状态。

2.1.27 逢变则报（RBE）report by exception

从站的状态如有变化则上报，没有变化则不上报，这样可以允许主站采用较大的轮询周期（这就意味着可以访问更多的从站），但仍然能够保持较高的事件分辨率。

2.1.28 通信速率 baud rate

采用计算机通讯时，以每秒完成被传送数据的位数或字节数定义为数据传输的速率。

2.2 符　号

2.2.1 负荷

P_N——用电设备组的设备功率；
P_r——电动机额定功率；
P_{js}——有功计算功率；
Q_{js}——无功计算功率；
S_{js}——视在计算功率；
K_X——需要系数；
$K_{\Sigma P}$、$K_{\Sigma Q}$——有功功率、无功功率同时系数。

2.2.2 短路电路

I_{js}——计算电流；
i_{ch}——短路冲击电流；
I_{ch}——短路全电流最大有效值；
I''_2——两相短路电流的初始值；
I_{k2}——两相短路稳态电流；
I''_3——三相短路电流的初始值；
I_{k3}——三相短路稳态电流；
R_s、X_s——变压器高压侧系统的电阻、电抗；
R_T、X_T——变压器的电阻、电抗；
R_m、X_m——变压器低压侧母线段的电阻、电抗；
R_L、X_L——配电线路的电阻、电抗；
$\tan\varphi$——用电设备功率因数角的正切值；
T_f——短路电流非周期分量缩减时间常数；
U_r——用电设备额定电压（线电压）；
U_n——网络标称电压（线电压）；
U_e——额定电压；
Z_k、R_k、X_k——短路电路总阻抗、总电阻、总电抗；
X_Σ——短路电路总电抗（假定短路电路没有电阻的条件下求得）；
R_Σ——短路电路总电阻（假定短路电路没有电抗的条件下求得）；
ε_r——电动机额定负载持续率；
C——电压系数，计算三相短路电流时取 1.05。

2.2.3 照明负荷

P_{js}——照明计算负荷；
P_{max}——最大一相的装灯容量。

2.3 代　号

2.3.1 BOD（Biochemical Oxygen Demand）——生物需氧量

2.3.2 C/S（Client/Server）——客户机/服务器

2.3.3 COD（Chemical Oxygen Demand）——化学需氧量

2.3.4 C_2——氨氮、硝氮复合式检测的简称

2.3.5 CDMA（Code Division Multiple Access）——码分多址无线通信技术

2.3.6 DO（Dissolved Oxygen）——溶解氧

2.3.7 DDN（Digital Data Network）——数字式数据网

2.3.8 GPS（Global Positioning System）——全球定位系统

2.3.9 GSM（Global System for Mobile Communication）——全球移动通信系统

2.3.10 ISDN（Integrated Services Digital Network）——综合业务数字网

2.3.11 MCC（Motor Control Center）——马达控制中心

2.3.12 MTBF（Mean Time Between Failures）——平均故障间隔时间

2.3.13 MTTR（Mean Time to Repair）——平均修复时间

2.3.14 MIS（Management Information System）——管理信息系统

2.3.15 MLSS（Mixed Liquor Suspended Solids）——污泥浓度

2.3.16 NH_3-N（Ammonium Nitrogen）——氨氮

2.3.17 NO_3-N（Nitrate Nitrogen）——硝态氮

2.3.18 ORP（Oxidation-Reduction Potential）——氧化还原电位

2.3.19 PLC（Programmable Logic Controller）——可编程逻辑控制器

2.3.20 PSTN（Public Switched Telephone Network）——公共交换电话网络

2.3.21 pH/T（Pondus hydrogenii/Temperature）——酸碱度/温度

2.3.22 RTU（Remote Terminal Unit）——远程终端单元

2.3.23 SCADA（Supervisory Control and Data Acquisition）——数据采集和监视控制

2.3.24 SOE（Sequence of Events）——事件顺序记录

2.3.25 SS（Suspended Solid）——固体悬浮物浓度

2.3.26 TCP/IP（Transmission Control Protocol/Internet Protocol）——传输控制协议/网际协议

2.3.27 TOC（Total Organic Carbon）——总有机碳

2.3.28 TP（Total Phosphorus）——总磷

2.3.29 UPS（Uninterruptible Power Supply）——不间断电源

3 泵站供配电

3.1 负荷调查与计算

3.1.1 泵站负荷的设计调查应符合下列规定：

1 泵站规模的调查应根据城市雨水、污水系统专业规划和有关排水系统所规定的范围、设计标准，经工艺设计的综合分析计算后确定泵站的近期规模，包括泵站站址选择和总平面布置。

2 工艺的调查应包括工程性质、工艺流程图、工艺对电气控制的要求。

3 用电量的调查应包括机械设备正常工作用电（设备规格、型号、工作制）、仪表监控用电、正常工作照明、安全应急照明、室外照明、检修用电及其他场所的照明。

4 发展规划的调查应包括近期建设和远期发展的关系，远近结合，以近期为主，适当考虑发展的可能。

5 环境调查应包括周围环境对本工程的影响以及本工程实施后对居民生活可能造成的影响进行初步评估。

3.1.2 污水泵站、雨水泵站供电负荷等级应为二级负荷。特别重要的污水泵站、雨水泵站应定为一级负荷。

3.1.3 泵站负荷计算应符合下列规定：

1 负荷计算宜采用需要系数法。

2 在负荷计算时，应将不同工作制用电设备的额定功率换算成为统一计算功率。

3 泵站的水泵电机为主要设备，应按连续工作制考虑，其功率应按电机额定铭牌功率计算。

4 短时或周期工作制电动机的设备功率应统一换算到负载持续率（ε）为25%以下的有功功率，应按下式计算：

$$P_N = P_r \sqrt{\frac{\varepsilon_r}{0.25}} = 2P_r \sqrt{\varepsilon_r} \quad (3.1.3-1)$$

式中 P_N——用电设备组的设备功率（kW）；
P_r——电动机额定功率（kW）；
ε_r——电动机额定负载持续率。

5 采用需要系数法计算负荷，应符合下列要求：

1）设备组的计算负荷及计算电流应按下列公式计算：

$$P_{js} = K_X P_N \quad (3.1.3-2)$$

$$Q_{js} = P_{js} \tan\phi \quad (3.1.3-3)$$

$$S_{js} = \sqrt{P_{js}^2 + Q_{js}^2} \quad (3.1.3-4)$$

$$I_{js} = \frac{S_{js}}{\sqrt{3} U_r} \quad (3.1.3-5)$$

式中 P_{js}——用电设备有功计算功率（kW）；
K_X——需要系数，按表3.1.3的规定取值；
Q_{js}——用电设备无功计算功率（kvar）；
$\tan\phi$——用电设备功率因数角的正切值，按表3.1.3的规定取值；
S_{js}——用电设备视在计算功率（kva）；
I_{js}——计算电流（A）；
U_r——用电设备额定电压或线电压（kV）。

2）变电所的计算负荷应按下列公式计算：

$$P_{js} = K_{\Sigma P} \sum(K_X P_N) \quad (3.1.3-6)$$

$$Q_{js} = K_{\Sigma Q} \sum(K_X P_N \tan\phi) \quad (3.1.3-7)$$

$$S_{js} = \sqrt{P_{js} + Q_{js}} \quad (3.1.3-8)$$

式中 $K_{\Sigma P}$、$K_{\Sigma Q}$——有功功率、无功功率同时系数，分别取 0.8～0.9 和 0.93～0.97。

表 3.1.3 用电设备需要系数

用电设备组名称	需要系数（K_X）	$\cos\phi$	$\tan\phi$
水泵	0.75～0.85	0.80～0.85	0.75～0.62
生产用通风机	0.75～0.85	0.80～0.85	0.75～0.62
卫生用通风机	0.65～0.70	0.80	0.75
闸门	0.20	0.80	0.75
格栅除污机、皮带运输机、压榨机等	0.50～0.60	0.75	0.88
搅拌机、刮泥机	0.75～0.85	0.80～0.85	0.75～0.62
起重器及电动葫芦（ε=25%）	0.20	0.50	1.73
仪表装置	0.70	0.70	1.02
电子计算机	0.60～0.70	0.80	0.75
电子计算机外部设备	0.40～0.50	0.50	1.73
照明	0.70～0.85	—	—

6 变电所或配电所的计算负荷，应为各配电干线计算负荷之和再乘以同时系数；计算变电所高压侧负荷时，应加上变压器的功率损耗。

3.1.4 变压器的选择应符合下列规定：

1 变压器的容量应根据泵站的计算负荷以及机组的启动方式、运行方式，并充分考虑变压器的节能运行要求等综合因素来确定。从节能角度考虑，变压器负载率宜控制在0.6～0.7。

2 变压器台数应根据负荷特点和经济运行进行选择。一般城镇排水泵站宜装设两台及以上变压器。

3 低压为0.4kV单台变压器的容量不宜大于1250kVA。当用电设备容量较大，负荷集中且运行合理时，可选用较大容量的变压器。

4 当泵站配置二台变压器时,型号和容量应相同。变压器容量宜按计算负荷100%的备用率选取。

5 雨水、污水合建泵站中,宜对雨水、污水泵分别设置供电变压器。

6 泵站变电所3000kVA以下容量变压器宜采用干式。在特别潮湿的环境中,不宜设置浸渍绝缘干式变压器。

3.1.5 对10(6)kV/0.4kV的变压器联结组标号宜选用D/Y_n-11接线。

3.1.6 干式变压器宜配防护罩壳、温控、温显装置。

3.2 供电电源

3.2.1 供电电压应根据工程的总用电量、主要用电设备的额定电压、供电距离、供电线路的回路数、当地供电网络现状和发展规划等因素综合考虑。

3.2.2 泵站宜采用二路电源供电,二路互为备用或一路常用一路备用。

3.2.3 在负荷较小或地区供电条件困难时,二级负荷可采用10kV及以上专用的架空线路或电缆供电。当采用架空线时,可采用一回架空线供电。当采用电缆线路时,应采用二根电缆组成的线路供电,每根电缆应能承受100%的二级负荷。

3.2.4 当供电电压为35kV及以上的工程,配电电压应采用10kV,当6kV用电设备的总容量较大,选用6kV经济合理时,宜采用6kV。

3.2.5 当供电电压为35kV/10kV,泵站内无额定电压为0.4kV以上的用电设备,可用0.4kV作为配电电压。

3.2.6 当泵站容量较小,有条件接入0.4kV电源时,可直接采用0.4kV电源供电。

3.3 系统结构

3.3.1 配电系统应根据工程用电负荷大小、对供电可靠性的要求、负荷分布情况等采用不同的接线方法。

3.3.2 对10kV/6kV配电系统宜采用放射式。

3.3.3 对泵站内的水泵电机应采用放射式配电。对无特殊要求的小容量负荷可采用树干式配电。

3.3.4 配电所、变电所的高压及低压母线接线方式宜采用单母线分段或单母线接线。

3.3.5 由地区电网供电的配电所电源进线处,应装设供计量用的电压、电流互感器。

3.3.6 变配电所的主接线应符合现行国家标准《10kV及以下变电所设计规范》GB 50053和《35～110kV变电所设计规范》GB 50059的有关规定。

3.4 无功功率补偿

3.4.1 当用电设备的自然功率因数达不到要求时,应采用并联电力电容器作为无功功率补偿装置,保证泵站计量侧的功率因数不应小于0.9。

3.4.2 在选择补偿方式时应考虑系统合理、节省投资以及控制、管理方便等因素。

3.4.3 为减少线路损失和电压损失,宜采用就地平衡补偿。

3.4.4 高压电机的无功功率宜采用单独就地补偿,高压电容器组宜在变电所内集中装设。补偿后的功率因数不应小于0.9。

3.4.5 低压电机的无功功率宜采用集中补偿或就地补偿,补偿装置的电容器组宜在变电所内集中设置。补偿后的高压侧功率因数不应小于0.9。

3.4.6 无功功率补偿装置宜采用自动投入电容器方式,保证补偿后的功率因数不应小于0.9。

3.4.7 补偿容量宜按无功功率曲线或无功功率补偿计算方法确定。

3.4.8 低压电容器组应接成三角形方式。高压电容器组应接成中性点不接地的星型方式。

3.4.9 电容器组应直接与放电装置连接,中间不应设置开关或熔断器。低压电容器组可设置自动接通的连锁装置,电容器分闸时应自动接通,合闸时应自动断开。

3.4.10 当系统中有高次谐波超过规定值时,应采取抑制谐波的措施。

3.4.11 电容器组的连接导线和开关设备的长期允许电流,高压不应小于电容器额定电流的1.35倍;低压不应小于电容器额定电流的1.5倍。

3.5 操作电源

3.5.1 对符合本规程第4.2.1条规定的特大、大、中型泵站变电所,宜采用直流操作电源。对主接线简单,且供电主开关操作不频繁的泵站变电所,可采用交流操作电源。

3.5.2 泵站变电所应选用免维护铅酸蓄电池直流屏为直流操作电源。

3.5.3 变电所的控制、保护、信号、自动装置等所需要的直流电源应保证不间断供电。

3.5.4 对符合本规程第4.2.1条规定的中、小型泵站的变电所,宜采用弹簧储能操动机构合闸和去分流分闸的全交流操作。

3.6 短路电流计算与继电保护

3.6.1 短路电流计算时所采用的接线方式,应为系统在最大及最小运行方式下导体和电器安装处发生短路电流的正常接线方式。短路电流计算宜符合下列要求:

1 在短路持续时间内,短路相数不变,如三相短路持续时间内保持三相短路不变,单相接地短路持续时间内保持单相接地短路不变;

2 具有分接开关的变压器,其开关位置均视为在主分接位置；

3 不计弧电阻。

3.6.2 高压电路短路电流计算时，应考虑对短路电流影响大的变压器、电抗器、架空线及电缆等的阻抗，对短路电流影响小的因素可不予考虑。

3.6.3 计算短路电流时，电路的分布电容不予考虑。

3.6.4 短路电流计算中应以系统在最大运行方式下三相短路电流为主；应以最大三相短路电流作为选择、校验电器和计算继电保护的主要参数。同时也需要计算系统在最小运行方式下的两相短路电流作为校验继电保护、校核电动机启动等的主要参数。

3.6.5 短路电流应采用以下计算方法：

1 以系统元件参数的标幺值计算短路电流，适用于比较复杂的系统。

2 以系统短路容量计算短路电流，适用于比较简单的系统。

3 以有名值计算短路电流，适用于 1kV 及以下的低压网络系统。

3.6.6 高压网络短路电流计算宜按下列步骤进行：

1 确定基准容量，$S_j=100$MVA，确定基准电压 $U_j=U_p$；

2 绘制主接线系统图，标出计算短路点；

3 绘制相应阻抗图，各元件归算到标幺值；

4 经网络变换等计算短路点的总阻抗标幺值；

5 计算三相短路周期分量及冲击电流等。

3.6.7 低压网络短路电流计算宜按下列步骤进行：

1 画出短路点的计算电路，求出各元件的阻抗（见图 3.6.7）。

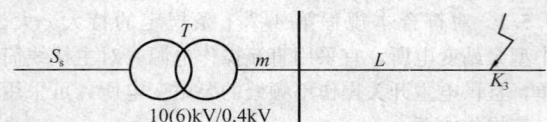

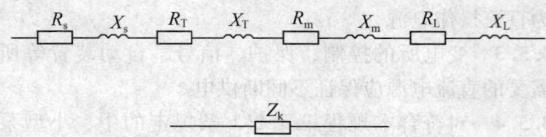

图 3.6.7 三相短路电流计算电路

2 变换电路后画出等效电路图，求出总阻抗。

3 低压网络三相和两相短路电流周期分量有效值宜按下列公式计算：

$$I''_3 = \frac{\frac{CU_n}{\sqrt{3}}}{Z_k} = \frac{\frac{1.05U_n}{\sqrt{3}}}{\sqrt{R_k^2+X_k^2}} = \frac{230}{\sqrt{R_k^2+X_k^2}}$$
(3.6.7-1)

$$R_k = R_s + R_T + R_m + R_L \quad (3.6.7-2)$$

$$X_k = X_s + X_T + X_m + X_L \quad (3.6.7-3)$$

式中 I''_3——三相短路电流的初始值；

C——电压系数，计算三相短路电流时取 1.05；

U_n——网络标称电压或线电压（V），220/380V 网络为 380V；

Z_k、R_k、X_k——短路电路总阻抗、总电阻、总电抗（mΩ）；

R_s、X_s——变压器高压侧系统的电阻、电抗（归算到 400V 侧）（mΩ）；

R_T、X_T——变压器的电阻、电抗（mΩ）；

R_m、X_m——变压器低压侧母线段的电阻、电抗（mΩ）；

R_L、X_L——配电线路的电阻、电抗（mΩ）；

I_k——短路电流的稳态值。

只要 $\frac{\sqrt{R_T^2+X_T^2}}{\sqrt{R_s^2+X_s^2}} \geq 2$，变压器低压侧短路时的短路电流周期分量不衰减，$I_k=I''_3$。

4 短路冲击电流宜按下列公式计算：

$$i_{ch} = K_{ch}\sqrt{2}I''_3 \quad (3.6.7-4)$$

$$I_{ch} = I''_3\sqrt{1+2(K_{ch}-1)^2} \quad (3.6.7-5)$$

$$K_{ch} = 1 + e^{0.01/T_f} \quad (3.6.7-6)$$

$$T_f = \frac{X_\Sigma}{314R_\Sigma} \quad (3.6.7-7)$$

式中 i_{ch}——短路冲击电流（kA）；

K_{ch}——短路电流冲击系数；

I_{ch}——短路全电流最大有效值（kA）；

T_f——短路电流非周期分量缩减时间常数 s，当电网频率为 50Hz 时按式（3.6.7-7）取值；

X_Σ——短路电路总电抗（假定短路电路没有电阻的条件下求得）（Ω）；

R_Σ——短路电路总电阻（假定短路电路没有电阻的条件下求得）（Ω）。

5 两相短路电流按下列公式计算：

$$I''_2 = 0.866I''_3 \quad (3.6.7-8)$$

$$I_{K2} = 0.866I_{K3} \quad (3.6.7-9)$$

式中 I''_2——两相短路电路的初始值；

I_{K2}——两相短路稳态电流；

I_{K3}——三相短路稳态电流。

3.6.8 应按系统配置及供电部门提供的供电方案进行短路电流和保护计算，并确定保护方式，且应符合下列规定：

1 各类型继电保护设置原则应符合现行国家标准《电力装置的继电保护和自动装置设计规范》GB 50062 的有关规定。

2 继电保护应确保可靠性，同时满足选择性、灵敏性和速动性的要求。

3 电力系统中应对电力变压器、电动机、电力电容器、母线、架空线或电缆线路、母线分段断路器及联络断路器、电源进线等设备配置继电保护装置。

4 继电保护装置宜采用带总线接口智能综合保护终端。

3.7 设备选择

3.7.1 泵站电动机的选择应符合下列规定：

　　1 电动机的选择应符合下列要求：
　　　　1）电动机的全部电气和机械参数，应满足水泵启动、制动、运行和控制要求。
　　　　2）电动机的类型和额定电压，应优选国家电压等级的分类要求。
　　　　3）电动机的结构形式、冷却方法、绝缘等级、允许的海拔高度等，应符合工作环境要求。
　　　　4）电动机的额定功率应与水泵及其他设备输入功率相匹配，并计入适当储备系数。

　　2 变负载运行的水泵电机，应采用调速装置，并应选用相应类型的电动机。

　　3 配置的异步电动机，应有良好的通风，户内防护等级应为 IP4X，户外防护等级应为 IP55。

　　4 潜水电动机防护等级必须为 IP68。宜采用异步电动机。

　　5 电动机的额定电压应根据其额定功率和所在系统的配电电压确定，宜符合表3.7.1的规定。

表3.7.1 水泵交流电动机额定电压和容量

额定电压 (V)	容量范围（kW）			
	鼠笼型		绕线型	
	最小	最大	最小	最大
380	0.37	320	0.6	320
6000	220	5000	220	5000
10000	220	5000	220	5000

注：1. 电动机额定电压和容量范围随着工程需要可以有所变化。
　　2. 当供电电压为6kV时，中等容量的电动机应采用6kV电动机。
　　3. 对于200～300kW额定容量的电动机，其额定电压，应经技术经济比较后确定采用低压或高压。
　　4. 对于大功率的潜水泵电动机其额定电压宜采用660V。

　　6 泵站电机台数的确定宜与单母线分段接线匹配，并使每分段的计算负荷保持平衡，提高运行可靠性。

3.7.2 高压配电装置（包括高压电容柜）的选择应符合下列规定：

　　1 应根据电力负荷性质及容量、环境条件、运行、安装维修、可靠性等工程经济技术要求合理地选用高压柜设备和制定布置方案。并应有利于分期扩建的需要。

　　2 同一泵站内高压配电装置型号应一致。配电装置应装设闭锁及连锁装置，必须配有防止带负荷拉、合隔离开关、防止误分（合）断路器、防止带电挂（合）接地线（开关）、防止带接地线（开关）合断路器（隔离开关）、防止误入带电间隔等设施。

　　3 应符合现行国家标准《3～110kV高压配电装置设计规范》GB 50060及《10kV及以下变电所设计规范》GB 50053的规定。

　　4 高压配电装置内宜设带数据通信接口的综合继电保护装置或留有点对点的硬接线信号界面。

3.7.3 低压配电装置（包括低压电容柜）的选择应符合下列规定：

　　1 设计、布置应便于安装、操作、搬运、检修、试验和监测。

　　2 应根据每个泵站变电所站址所处的位置和特点合理选择柜型。

　　3 进线柜宜设带有数据通信接口的智能型组合电量变送器或留有点对点的硬接线信号界面。

　　4 低压柜选择应符合现行国家标准《10kV及以下变电所设计规范》GB 50053的规定。

　　5 就地补偿电容器的容量应与电动机功率相匹配，安装位置应安全可靠，宜靠近被补偿的设备，并应符合柜体的安装要求。

3.7.4 电力电缆选择应符合下列规定：

　　1 宜选用铜芯电缆。

　　2 保护接地线（以下简称PE线）干线采用单芯铜导线时，芯线截面不应小于10mm^2；采用多芯电缆的芯线时，其截面不应小于4mm^2。

　　3 PE线采用单芯绝缘导线时，按机械强度要求，截面不应小于下列数值：
　　　　1）有机械性的保护时，为2.5mm^2；
　　　　2）无机械性的保护时，为4mm^2。

　　4 装置外的可导电部分严禁用作PE线。

　　5 1kV及以下电源中性点直接接地的三相回路的电缆芯数选择应符合下列规定：
　　　　1）保护线与中性线合用一导体时，应采用四芯电缆。
　　　　2）保护线与中性线各自独立时，应采用五芯电缆。
　　　　3）受电设备外露可导电部位的接地与电源系统接地各自独立的情况下，应采用四芯电缆。

　　6 1kV及以下电源中性点直接接地的单相回路的电缆芯数选择应符合下列规定：
　　　　1）保护线与中性线分开时，宜采用三芯电缆。
　　　　2）受电设备外露可导电部位的接地与电源系统接地各自独立的情况下，应采用两芯电缆。

7 直流供电回路宜采用两芯电缆。

8 电力电缆应正确地选择电缆绝缘水平，并应符合下列规定：

　　1) 交流系统中电力电缆缆芯的相间额定电压不得低于使用回路的工作线电压。

　　2) 交流系统中电力电缆缆芯与绝缘屏蔽或金属之间的额定电压的选择，应符合现行国家标准《电力工程电缆设计规范》GB 50217的规定。

　　3) 交流系统中电缆的冲击耐压水平应满足系统绝缘配合要求。

　　4) 控制电缆额定电压的选择不应低于该回路工作电压，应满足可能经受的暂态和工频过电压作用要求，无特殊情况宜选用0.45kV/0.75kV。

9 直埋敷设电缆的外护层选择应符合下列规定：

　　1) 电缆承受较大压力或有机械损伤危险时，应有加强层或钢带铠装。

　　2) 在流砂层、回填土地带等可能出现位移的土壤中，电缆应有钢丝铠装。

10 电缆截面应按允许通过电流、经济电流密度选择并满足允许压降、短路稳定等要求。

11 含有腐蚀性气体环境的泵站，电缆铠装外应包有外护套。

12 在有防火要求场所，应选用耐火型电缆，或在电缆外层涂覆防火涂料、缠绕防火包带，或敷设在耐火槽盒中。

13 在有鼠害或水淹可能的电缆夹层或电缆沟内敷设的电缆宜采用防水或防鼠电缆。

3.8 设备布置

3.8.1 泵站降压型变电所宜采用户内型布置。

3.8.2 变电所的设置应根据下列要求经技术经济比较后确定：

1 接近负荷中心；

2 进出线方便；

3 接近电源侧；

4 设备运输方便；

5 不应设在有剧烈震动的或高温的场所；

6 不宜设在多尘或有腐蚀气体的场所，如无法远离，不应设在污染源的主导风向的下风侧；

7 不应设在有爆炸危险环境或火灾危险环境的正上方和正下方；

8 变电所的辅助用房，应根据需要和节约的原则确定。有人值班的变电所应设单独的值班室。值班室与高压配电室宜直通或经过通道相通，值班室应有门直接通向户外或通向走道。

3.8.3 高压配电室布置应符合下列规定：

1 配电装置宜采用成套设备，型号应一致。配电柜应装设闭锁及连锁装置，以防止误操作事故的发生。

2 带可燃性油的高压开关柜，宜装设在单独的高压配电室内。当高压开关柜的数量为6台及以下时，可与低压柜设置在同一房间。

3 高压配电室长度超过7m时，应设置两扇向外开的防火门，并布置在配电室的两端。位于楼上的配电室至少应设一个安全出口通向室外的平台或通道。并应便于设备搬运。

4 高压配电装置的总长度大于6m时，其柜（屏）后的通道应有两个安全出口。

5 高压配电室内各种通道的最小宽度（净距）应符合表3.8.3的规定。

表3.8.3 高压配电室内通道的最小宽度（净距）(m)

装置种类	操作走廊（正面）		维护走廊（背面）	通往防爆间隔的走廊
	设备单列布置	设备双列布置		
固定式高压开关柜	2.0	2.5	1.0	1.2
手车式高压开关柜	单车长+1.2	双车长+1.0	1.0	1.2

3.8.4 低压配电室布置应符合下列规定：

1 低压配电设备的布置应便于安装、操作、搬运、检修、试验和监测。

2 低压配电室长度超过7m时，应设置两扇门，并布置在配电室的两端。位于楼上的配电室至少应设一个安全出口通向室外的平台或通道。

3 成排布置的配电装置，其长度超过6m时，装置后面的通道应有两个通向本室或其他房间的出口，如两个出口之间的距离超过15m时，其间还应增加出口。

4 低压配电室兼作值班室时，配电装置前面距墙不宜小于3m。

5 成排布置的低压配电装置，其屏前后的通道最小宽度应符合表3.8.4的规定。

表3.8.4 低压配电装置室内通道最小宽度 (m)

装置种类	单排布置		双排对面布置		双排背对背布置	
	屏前	屏后	屏前	屏后	屏前	屏后
固定式	1.5	1.0	2.0	1.0	1.5	1.5
抽屉式	2.0	1.0	2.3	1.0	2.0	1.5

3.8.5 电力变压器室布置应符合下列规定：

1 每台油量为100kg及以上的三相变压器，应装设在单独的变压器室内。

2 室内安装的干式变压器，其外廓与墙壁的净距800kVA以下不应小于0.6m；干式变压器之间的距离不应小于1m，并应满足巡视、维修的要求。

3 变压器室内可安装与变压器有关的负荷开关、隔离开关和熔断器。在考虑变压器布置及高、低压进出线位置时，应使负荷开关或隔离开关的操动机构装在近门处。

4 变压器室的大门尺寸应按变压器外形尺寸加0.5m。当一扇门的宽度为1.5m及以上时，应在大门上开宽0.8m，高1.8m的小门。

3.8.6 电容器室布置应符合下列规定：

1 室内高压电容器组宜装设在单独房间内。当容量较小时，可装设在高压配电室内。但与高压开关柜的距离不应小于1.5m。

2 成套电容器柜单列布置时，柜正面与墙面之间的距离不应小于1.5m；双列布置时，柜面之间的距离不应小于2m。

3 装配式电容器组单列布置时，网门与墙距离不应小于1.3m；双列布置时，网门之间距离不应小于1.5m。

4 长度大于7m的电容器室，应设两个出口，并宜布置在两端。门应向外开。

3.8.7 泵房内设备布置应符合下列规定：

1 根据水泵类型、操作方式、水泵机组配电柜、控制屏、泵房结构形式、通风条件等确定设备布置。

2 电动机的启动设备宜安装于配电室和水泵电机旁。

3 机旁控制箱或按钮箱宜装于被控设备附近，操作及维修应方便，底部距地面1.4m左右，可固定于墙、柱上，也可采用支架固定。

3.8.8 泵站场地内电缆沟、井的布置应符合下列规定：

1 泵房控制室、配电室的电缆应采用电缆沟或电缆夹层敷设，泵房内的电缆应采用电缆桥架、支架、吊架或穿管敷设。

2 电缆穿管没有弯头时，长度不宜超过50m，有一个弯头时，穿管长度不宜超过20m；有二个弯头时，应设置电缆手井，电缆手井的尺寸根据电缆数量而定。

3.8.9 泵站场地内的设备布置应符合下列规定：

1 格栅除污机、压榨机、水泵、闸门、阀门等设备的电气控制箱宜安装于设备旁，应采用防腐蚀材料制造，防护等级户外不应低于IP65，户内不应低于IP44。

2 臭气收集和除臭装置电气配套设施应采用耐腐蚀材料制造。

3.9 照　明

3.9.1 泵站应设置工作照明和应急照明。

3.9.2 工作照明电压应采用交流220V。工作照明电源应由厂用变电系统或低压的380/220V中性点直接接地的三相五线制系统供电。

3.9.3 应急照明电源应由照明器具内的可充电电池或由应急电源（EPS）集中供电，其标准供电时间不应小于30min。

3.9.4 主泵房和辅机房的最低照度标准应符合表3.9.4的规定。

表3.9.4　最低照度标准

工作场所	工作面名称	规定照度的被照面	工作照度(lx)	事故照度(lx)
泵房间、格栅间	设备布置和维护地区	离地0.8m水平面	150	10
中控室	控制盘上表针，操作屏台，值班室	控制盘上表针面，控制台水平面	300 500	30
继电保护盘、控制屏	屏前屏后	离地0.8m水平面	150	15
计算机房、通信室	设备上	离地0.8m水平面	300	30
高低压配电装置、母线室	设备布置和维护地区	离地0.8m水平面	200	15
变压器室	—	离地0.8m水平面	100	15
主要楼梯和通道	—	地面	50	1.5
道路和场地	—	地面	30	—

3.9.5 泵站照明光源选择应符合下列规定：

1 宜采用高效节能新光源。

2 泵房、泵站道路等场地照明宜选用高压钠灯。

3 控制室、配电间、办公室等场所宜选用带节能整流器或电子整流器的荧光灯。

4 露天工作场地等宜选用金属卤化物灯。

3.9.6 泵站照明灯具选择应符合下列规定：

1 在正常环境中宜采用开启型灯具。

2 在潮湿场合应采用带防水灯头的开启型灯具或防潮型灯具。

3 灯具结构应便于更换光源。

4 检修用的照明灯具应采用Ⅲ类灯具，用安全特低电压供电，在干燥场所电压值不应大于50V；在潮湿场所电压值不应大于25V。

5 在有可燃气体和防爆要求的场合应采用防爆型灯具。

3.9.7 照明设备（含插座）布置应符合下列规定：

1 室外照明庭园灯高度宜为3.0～3.5m，杆间距宜为15～25m。路灯供电宜采用三芯或五芯直埋电缆。

2 变配电所灯具宜布置在走廊中央。灯具安装在顶棚下距地面高度宜为2.5～3.0m，灯间距宜为灯高度的1.8～2倍。

3 当正常照明因故停电，应急照明电源应能迅速地自动投入。

4 当照明线路中单相电流超过30A时，应以380/220V供电。每一单相回路不宜超过15A，灯具为单独回路时数量不宜超过25个；对高强气体放电灯单相回路电流不宜超过30A；插座应为单独回路，数量不宜超过10个（组）。

3.9.8 三相照明线路各相负荷的分配，宜保持平衡，在每个分照明箱中最大与最小的负载电流不平均度不宜超过30%，照明负荷可按下式计算：

$$P_{js} = 3K_x P_{max} \quad (3.9.8)$$

式中 P_{js}——照明计算负荷（kW）；

K_x——需要系数，泵站内取0.7～0.85；

P_{max}——最大一相的装灯容量（kW）。

3.9.9 照明配电线路截面选择应满足负载终端电压降不超过5%的额定电压（Ue）。

3.9.10 插座回路应装设漏电保护开关。

3.9.11 在TN-C系统中，PEN线严禁接入开关设备。在TT或TN-S系统中，当需要断开N线时，应装设相线和N线能同时切断的四极保护电器。

3.9.12 配电室内裸导体的正上方，不应布置灯具和明敷线路。当在配电室裸导体上方布置灯具时，灯具与裸导体的水平净距不应小于1.0m。

3.9.13 安装时，照明配电箱底边离地不宜低于1.4m，灯具开关中心和风扇调速开关离地宜为1.3m，竖装荧光灯底边离地宜为1.8m，挂壁式空调插座离地宜2.2m，组合式插座离地宜为0.3m（或离地1.3m）。

3.9.14 照明开关应安装在入口处门框旁边，可采用一灯一开关，或功能相同的灯采用同一开关；对设有多个门的长房间或楼梯间宜采用双控开关。

3.9.15 照明配线应采用铜芯塑料绝缘导线穿管敷设，每管不宜超过6根电线。

3.10 接地和防雷

3.10.1 泵站应设有工作接地、保护接地和防雷接地。

3.10.2 防雷接地宜与交流工作接地、直流工作接地、安全保护接地共用一组接地装置，接地装置的接地电阻值必须按接入设备中要求的最小值确定。

3.10.3 系统设备由TN交流配电系统供电时，配电线路接地保护应采用TN-S或TN-C-S系统。

3.10.4 接地装置应优先利用泵房建筑物的主钢筋作为自然接地体，当自然接地体的接地电阻达不到要求时应增加人工接地体。

3.10.5 变电所的接地装置，除利用自然接地体外，还应敷设人工接地网。对10kV及以下变电所，当采用建筑物的基础作为接地体且接地电阻又满足规定值时，可不另设人工接地体。

3.10.6 人工接地体的材料可采用水平敷设的镀锌圆钢、扁钢、垂直敷设的镀锌角钢、圆钢等。接地装置的导体截面，应符合热稳定与均压的要求，规格应符合表3.10.6的规定。

表3.10.6 钢接地体和接地线的最小规格

类 别		地 上		地 下
		屋 内	屋 外	
圆钢直径（mm）		5	6	8
扁钢截面（mm²）		24	48	48
扁钢厚度（mm）		3	4	4
角钢尺寸（mm）		25×2	25×2.5	40×4
钢管尺寸（mm）	作为接地体	Φ25 (b=2.5)	Φ25 (b=2.5)	Φ25 (b=2.5)
	作为接地线	Φ18 (b=1.6)	Φ18 (b=2.5)	Φ18 (b=2.5)

注：表中 b 为钢管管壁厚度

3.10.7 人工接地体在土壤中的埋设深度不应小于0.5m，宜埋设在冻土层以下。水平接地体应挖沟埋设，钢质垂直接地体宜直接打入地沟内，间距不宜小于其长度的2倍，并均匀布置。

3.10.8 人工接地体宜在建筑物四周散水坡外大于1m处埋设成环形接地体，并可作为总等电位连接带使用。

3.10.9 接地干线应在不同的两点及以上与接地网焊接，焊接点处应作防腐处理。

3.10.10 各电气设备的接地线应单独接到接地干线上，严禁几个设备接地端串联后，再与干线相接。

3.10.11 进出防雷保护区的金属线路必须加装防雷保护器，保护器应可靠接地。

3.10.12 电源防雷应符合下列规定：

1 B级，用于局部区域的总配电保护，10/350μs波形，100kA级。

2 C级，用于局部区域内各二级电气回路保护，8/20μs波形，40kA级。

3 D级，用于重要设备的重点保护，8/20μs波形，5kA级。

3.10.13 建筑物上的防雷设施采用多根引下线时，宜在各引下线距离地面1.5～1.8m处设置断接卡，断接卡应加保护措施。

3.10.14 配电装置的构架或屋顶上的避雷针应与接地网连接，并应在其附近装设集中接地装置。

3.10.15 下列电力装置的金属外壳应接地：

1 变压器、电机、手握式及移动式电器的金属外壳。
 2 屋内、屋外配电装置金属构架、钢筋混凝土构架等。
 3 配电屏、控制屏台的框架。
 4 电缆的金属外皮及电缆的接线盒、终端盒。
 5 配电线路的金属保护架、电缆支架、电缆桥架。

3.11 泵站电气施工及验收

3.11.1 高压电气设备和布线系统及继电保护系统的交接试验，必须符合现行国家标准《电气装置安装工程电气设备交接试验标准》GB 50150 的规定。

3.11.2 高压成套配电柜的施工验收应符合现行国家标准《电气装置安装工程高压电器施工及验收规范》GBJ 147 的规定。

3.11.3 变电所变压器的施工验收应符合现行国家标准《电气装置安装工程电力变压器、油浸电抗器、互感器施工及验收规范》GBJ 148 的规定。

3.11.4 变电站母线装置的施工验收应符合现行国家标准《电气装置安装工程母线装置施工及验收规范》GBJ 149 的规定。

3.11.5 旋转电机的施工验收应符合现行国家标准《电气装置安装工程旋转电机施工及验收规范》GB 50170 的规定。

3.11.6 1kV 及以下配电工程及电气照明装置的施工验收应符合现行国家标准《建筑电气工程施工质量验收规范》GB 50303 的规定。

3.11.7 电缆线路的施工验收应符合现行国家标准《电气装置安装工程电缆线路施工及验收规范》GB 50168 的规定。

3.11.8 低压成套配电柜、电气设备控制箱的施工验收应符合现行国家标准《电气装置安装工程盘、柜及二次回路结线施工及验收规范》GB 50171 及《电气装置安装工程低压电器施工及验收规范》GB 50254 的规定。

3.11.9 接地装置的施工验收应符合现行国家标准《电气装置安装工程接地装置施工及验收规范》GB 50169 的规定。

4 泵站自动化系统

4.1 一般规定

4.1.1 泵站控制系统配置仪表的测量范围应根据工艺要求确定。

4.1.2 检测和测量仪表应按控制系统的要求提供 4～20mA 电流信号输出或现场总线通信接口。

4.1.3 现场设备控制箱应设置运行状态指示、手动操作按钮和手动/联动方式选择开关。

4.1.4 泵站自动化控制系统宜通过设备控制箱实施对设备的启动和停止控制，宜采用二对常开触点分别控制设备的启动和停止。

4.1.5 设备控制箱应按控制系统的要求提供现场总线通信接口或硬线信号接口。

4.2 泵站的等级划分

4.2.1 泵站应根据设计近期流量或泵站总输入功率划分等级，其级别应符合表 4.2.1 的规定。

表 4.2.1 排水泵站分级指标

泵站规模	分级指标		
	雨水泵站设计近期流量 F_r（m³/s）	污水泵站、合流泵站设计近期流量 F_r（m³/s）	总输入功率 P（kW）
特大型	$F_r > 25$	$F_r > 8$	$P > 4000$
大型	$15 < F_r \leq 25$	$3 < F_r \leq 8$	$1600 < P \leq 4000$
中型	$5 < F_r \leq 15$	$1 < F_r \leq 3$	$500 < P \leq 1600$
小型	$F_r \leq 5$	$F_r \leq 1$	$P \leq 500$

4.3 系统结构

4.3.1 大型泵站和特大型泵站自动化控制系统宜采用信息层、控制层和设备层三层结构，应符合下列规定：

 1 信息层设备设在泵站集中控制室，宜采用具有客户机/服务器（C/S）结构的计算机局域网，网络形式宜采用 10/100/1000M 工业以太网。

 2 控制层由多台负责局部控制的 PLC 组成，相互间宜采用工业以太网或现场工业总线网络连接，以主/从、对等或混合结构的通信方式与信息层的监控工作站或主 PLC 连接。

 3 设备层宜设置现场总线网络，或采用硬线电缆连接仪表和设备控制箱。

4.3.2 中小型泵站控制系统物理结构宜采用控制层和设备层二层结构，并应符合下列规定：

 1 控制层设备设在泵站控制室，以一台 PLC 为主控制器，操作界面采用触摸式显示屏或工业计算机，并按管理要求设置打印机等。

 2 设备层由现场总线、控制电缆、仪表和设备控制箱等组成，泵站内控制设备较多时，宜设置现场总线网络。

4.3.3 小型泵站可采用专用的水泵控制器，实现泵站的自动液位控制。

4.3.4 特大与大型重要泵站的自动化控制系统可采用冗余结构，包括控制器冗余、电源冗余和通信冗余。

4.4 系统功能

4.4.1 运行监视范围应包括下列内容：
1 进水池液位和超高、超低液位报警；
2 非压力井形式的出水池液位和超高液位报警；
3 水泵运行状态和故障报警；
4 格栅除污机、输送机、压榨机的运行状态和故障报警；
5 电动闸门、阀门的阀位、运行状态和故障报警；
6 按工艺要求设置的瞬时流量和累积流量；
7 按工艺要求设置的调蓄池液位；
8 大型水泵的出水压力、轴承温度、绕组温度、冷却水温度、渗漏（潜水泵）以及大型水泵的润滑、液压等辅助系统的监视和报警；
9 排放口液位；
10 UPS电源设备；
11 雨水泵站地域的雨量。

4.4.2 运行控制范围应包括下列内容：
1 水泵；
2 格栅除污机、输送机、压榨机；
3 电动闸门、阀门；
4 水泵辅助运行设备；
5 泵房通风和排水设备（对于有特殊要求的泵房）；
6 除臭、空气净化设备；
7 其他与工艺设施运行有关的设备。

4.4.3 电力监测范围应包括下列内容：
1 各主要进线开关的状态和故障跳闸报警；
2 电源状态和备用电源的切换控制；
3 各段母线的电量监视和失压、过电压、过电流报警；
4 变压器的运行状态和高温报警；
5 各馈线的状态监视、主要馈线的电量监视和跳闸报警。

4.4.4 泵站自动化控制系统应具有环境与安全监控的功能，并应包括下列内容：
1 有毒、有害、易燃、易爆气体的检测和阈值报警；
2 当地环保部门有要求时，应设置有关水质监察系统；
3 无人值守泵站宜设置电视监视和安全防卫系统；
4 按消防要求设置的火灾报警。

4.4.5 当泵站自动化控制系统作为区域监控系统的一个远程子站时，应具有通信、数据采集及上报、按主站要求控制泵站设备的功能。

4.4.6 泵站自动化控制系统应设置就地控制操作界面，有人值班的泵站应具有运行统计、设备管理、报表管理等功能；无人值守泵站的就地控制操作界面用于设备维护和调试，运行管理功能由区域监控中心完成。

4.4.7 泵站自动化控制系统应具有手动、自动两种控制方式，方式转换宜在控制系统的操作界面上进行。当泵站自动化控制系统属于区域监控系统的一个远程子站时，还应具有远程控制方式。

4.4.8 操作界面应包括下列功能：
1 带中文、图形化操作界面。泵站供配电系统、开关状态、运行参数以及各工艺设备状态均能显示。
2 在泵站平面布置图上选中某一设备时，可对该设备进行操作，或进一步显示该设备的详细属性数据。
3 显示泵站的工艺流程和站内设备的相互关系，具有与泵站平面布置图相同的操作控制功能。
4 泵站的液位和各工艺设施的液位关系，提供泵站设备的操作控制功能。
5 当前正在报警的设备和报警内容。
6 设定自动化运行的控制参数。

4.4.9 操作界面应采用分类分层的显示和控制方式，从主菜单画面进入所需设备控制画面的层数不宜超过3层。

4.4.10 在操作界面上实施对现场设备的手动控制时，每次只允许针对一台设备的一个动作，经提示确认后再执行。

4.4.11 当泵站设备运行出现异常时，泵站自动化控制系统应立即响应，发出声和光的报警提示信号。声报警由蜂鸣器发声，可在人工确认后消除。光报警由安装于控制机柜面板上的光字牌闪光显示或在操作界面上以醒目的文字、色块显示，在泵站或设备运行恢复正常时自动消除。报警信号类别宜包括下列内容：
1 0.4kV侧过电流；
2 电动机过电流；
3 补偿电容器过电流；
4 水泵电机启动失败和泵组故障；
5 闸门故障和控制失败；
6 超高液位、超低液位；
7 格栅除污机故障和启动失败；
8 压榨机故障和启动失败；
9 主变压器高温报警；
10 断路器跳闸；
11 仪表、变送器故障；
12 UPS故障；
13 流量转换器故障；
14 潜水泵有关信号报警，包括定子温度、轴承温度、泄漏等。

4.5 检测和测量技术要求

4.5.1 液位和液位差测量应符合下列规定：

1 液位测量宜采用超声波液位计，不需要现场显示时，宜采用一体化超声波液位计。设置超声波液位计有困难时，液位测量可采用投入式静压液位计或其他具有电信号输出的液位计。

2 超声波液位计传感器的探测方向应与液面垂直，探测范围内不应存在障碍物。

3 液位差测量宜采用液位差计，当采用两台液位计测量并通过计算求得液位差时，两台液位计应属于同一类型，且具有相同的性能参数，安装在同一基准面上。

4 需要同时测量液位和液位差时，宜采用可同时输出液位值和液位差值的液位差计。

5 液位显示值应以当地绝对高程为基准，表示单位是 m，液位计的测量误差应小于满量程的 1%，液位计作为液位计量时测量误差应小于满量程的 0.5%。

6 超声波传感器的防护等级不应低于 IP67，投入式静压传感器的防护等级不应低于 IP68，且能长期浸水工作；现场变送器、液位显示器的防护等级不应低于 IP65。

7 液位计或液位差计应具有故障自检和故障信息传输的能力。

8 液位计或液位差计的不浸水的安装支架应采用不锈钢材质；投入式静压液位计应安装在耐腐蚀防护管内，并应具有安装深度定位装置；安装在室外的现场显示设备应配置遮阳板。

9 应设置专用的液位开关，防止水泵干运行。液位开关宜采用浮球式，安装在水流相对平稳处，且应便于维护和调整。

4.5.2 流量测量应符合下列规定：

1 泵站流量计量宜采用电磁流量计，其内衬材质和电极材料应在污水中稳定，应满足长期测量的要求。

2 电磁流量计应有工艺措施，保证其在测量管段内充满液体，传感器前后应有足够的直管段，且管道内不得有气泡聚集。

3 应包括下列输出信号：
  1）瞬时流量和累计流量；
  2）流量积算脉冲；
  3）流量计故障状态；
  4）流量计空管状态。

4 流量的测量误差应小于显示值的 0.5%。瞬时流量表示单位是 m^3/s，累计流量表示单位是 m^3。

5 传感器的防护等级不应低于 IP68，变送器的防护等级不应低于 IP65。

6 应能自动切除空管干扰信号，传感器宜具有内壁污垢自动清除的功能。

7 信号变送器应靠近传感器安装，其连接电缆应采用专用电缆，单独穿钢管敷设。

4.5.3 压力测量应符合下列规定：

1 大型水泵出水管道的压力测量宜采用压力变送器，其材质应在污水中稳定，满足长期测量的要求。

2 压力的测量误差应小于显示值的 1%。压力表示单位是 kPa。

3 压力变送器固定在有振动的设备或管道上时，应采用减震装置。

4.5.4 温度测量应符合下列规定：

1 宜采用热电阻和温度变送器测量大型水泵轴承温度和电动机的轴承温度、绕组温度、冷却水温度，当不需要现场温度显示时，热电阻宜直接接入泵站控制系统的电阻测量输入端。

2 温度测量误差应小于满量程的 2%，温度表示单位是℃。

4.5.5 硫化氢气体检测和报警应符合下列规定：

1 污水泵站封闭的工作环境必须设置固定式硫化氢气体检测报警装置，应 24h 连续监测空气中硫化氢浓度。

2 作业人员在危险场所应配带便携式硫化氢气体监测仪，检查工作区域硫化氢的浓度变化。

3 硫化氢气体检测报警装置的主要技术参数应符合表 4.5.5 的规定。

表 4.5.5 硫化氢气体检测报警装置的主要技术参数

参数名称	固 定 式	便 携 式
监测范围（mg/m^3）	0～25	0～50
检测误差（%）	≤3	≤5
报警阈值（mg/m^3）	10	10
报警方式（dB）	电笛≥100、闪光	蜂鸣器、闪光
响应时间（s）	≤60（满量程 90%）	≤30（满量程 90%）

4 当硫化氢气体浓度超过设定的报警阈值时，必须在报警的同时立即启动通风设备。

4.5.6 雨量观测应符合下列要求：

1 当雨水泵站需要观测雨量时，宜采用翻斗式遥测雨量计，输出计数脉冲信号，计数分辨率应为 0.1mm，测量误差不应超过 4%。

2 雨量计的安装场地应平整，场地面积不宜小于 4m×4m，场地内植物高度不应超过 200mm，仪器口部 30°仰角范围内不得有障碍物。

3 雨量计安装应符合国家现行标准《降水量观测规范》SL 21 的规定。

4.6 设备控制技术要求

4.6.1 设备控制方式和优先级应符合下列规定：

1 泵站设备的控制优先级由高至低宜为：现场

控制、配电盘控制、就地控制、远程控制，较高优先级的控制可屏蔽较低优先级的控制；每一级控制均应设置选择开关，以确定是否允许较低级别的控制，如图 4.6.1 所示。

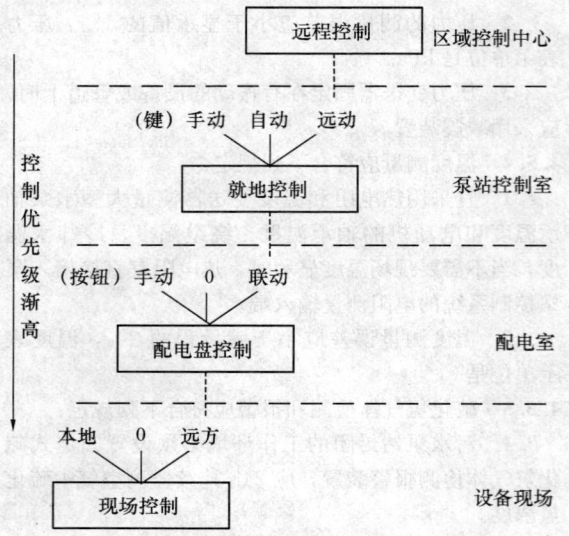

图 4.6.1　泵站设备控制优先级关系

2　现场控制（也称机旁控制）应是在设备安装位置附近实施手动控制，应具有最高的控制优先级。

3　配电盘控制应在电动机配电控制盘或 MCC 盘面上实施手动控制。当电动机配电控制盘或 MCC 盘布置在现场设备附近时，可代替现场控制。

4　现场控制和配电盘控制可由泵站供配电系统实施，可不依赖于泵站自动化控制系统而对泵站设备实施手动控制。

5　就地控制可通过泵站自动化控制系统实施控制，宜在泵站控制室内完成，可采用下列控制方式：

　　1)　就地手动方式：通过泵站自动化控制系统的操作界面实施手动控制。

　　2)　就地自动方式：由泵站自动化控制系统根据泵站液位、流量、设备状态等参数以及预定的控制要求对设备实施自动控制，不需人工干预。

6　远程控制应在区域监控中心实施。

7　在远程控制方式下，泵站自动化控制系统应提供站内设备的基本联动、连锁和保护控制。

4.6.2　水泵控制应符合下列规定：

1　宜在泵站配电室或现场设置水泵控制箱，实现水泵的启动控制和运行保护；当水泵容量较小或控制特别简单时，启动控制和运行保护元件可并入配电柜内；当一台水泵控制箱控制多台水泵时，每台水泵应设置独立的启动控制和运行保护。

2　应设置防止水泵干运行的超低水位保护，并应直接作用于每台水泵的启动控制回路。

3　当水泵控制设备距离水泵较远或控制需要时，可在水泵设备附近设置现场操作按钮箱以实现现场控制。

4　现场水泵控制箱除应符合本规程第 4.1.3 条的规定外，还应设置紧急停止按钮。

5　设在配电盘上的水泵控制应设置水泵运行状态指示、手动操作按钮和手动方式或联动方式选择开关。

6　水泵启动和停止过程所需要的辅助控制等应在水泵控制箱内完成。

7　水泵的工况和报警应以图形或文字方式显示在泵站控制系统的操作界面上，并可通过操作界面手动控制水泵的运行。

8　在就地自动方式下，泵站自动化控制系统应根据泵房集水池液位（格栅后液位）的信号自动控制水泵的运行，定速泵可按下列两种模式运行：

　　1)　两点式如图 4.6.2-1 所示：液位达到开泵液位时，开 1 台水泵；经一段时间后液位仍高于开泵液位时，增开 1 台水泵；液位达到停泵液位时，停 1 台水泵，经一段时间后液位仍低于停泵液位时，再停 1 台水泵；液位达到超低液位时，停止所有水泵。

　　2)　多点式如图 4.6.2-2 所示：液位每上升一定高度，增开 1 台水泵，液位每下降一定高度，停止 1 台水泵。

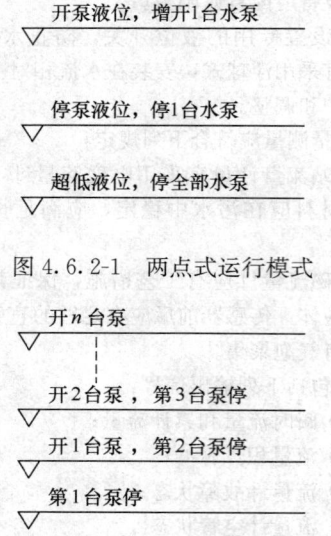

图 4.6.2-1　两点式运行模式

图 4.6.2-2　多点式运行模式

9　水泵调速宜采用变频调速。应按照经济运行和减少水泵启停次数的原则配置调速器，对设置调速泵台数大于四台的泵站，调速器不应小于 2 台。

10　水泵在一定时间间隔内的启停次数应符合水泵特性要求，当需要增加投运水泵数量时，应优先启动累计运行时间较短的水泵；当需要减少投运水泵数量时,应优先停止累计运行时间较长的水泵,使各水泵的运转时间趋于均等。

11 当泵站自动化控制系统属于区域监控系统的一个远程子站时,水泵应属于远程监控的对象,水泵的启动和停止命令可由区域监控系统发出,实现区域监控中心(信息中心)对水泵的遥控。

12 当连续两次启动水泵失败,应自动启动下一台水泵,同时对故障水泵的状态信息进行标记并报警。

13 水泵运行与有关闸门、阀门的状态必须连锁,水泵的启动和运行控制逻辑应符合表 4.6.2-1 的规定,当出现表中状态之一时,严禁启动水泵,正在运行的水泵应立即停止。

表 4.6.2-1 水泵控制逻辑表

检查项目	判定条件	开泵检查	运行检查	备 注
泵房液位	超低液位	✓	✓	—
水泵控制箱	不可用、故障报警	✓	✓	内容参见表 4.6.2-2
相关闸门或阀门位置	与工艺要求不符	✓	✓	—
泵站过电压	>10%	✓	✓	持续 5s
泵站欠电压	<15%	✓	—	持续 10s
运行小电流	<50%	—	✓	持续 5s
单泵流量	<50%	—	✓	启动过程除外
冷却、润滑、密封系统	故障报警	✓	✓	仅大型水泵设置

14 大型水泵机组应设置双向限位振动监测传感器,当振动幅度超过预定值时,应发出报警信号,当振动继续增加至更高的预定值时,应自动停泵。

15 大型水泵的润滑系统、冷却系统以及液压系统的压力监视宜采用压力开关或电接点压力表。大型水泵的冷却水循环状态检测宜采用水流开关。

16 水泵控制箱接口信号应符合表 4.6.2-2 的规定。当大型水泵机组设有冷却水系统、密封水系统或润滑系统时,应提供相应的监控信号接口。

表 4.6.2-2 水泵控制箱接口信号

信号名称	信号方向	点数	备 注
水泵运行、停止命令	下行	2	—
手动、联动方式状态	上行	2	—
水泵运行、停止状态	上行	2	—

续表 4.6.2-2

信号名称	信号方向	点数	备 注
断路器合、分、跳闸状态	上行	3	分闸:不可用,跳闸:故障
过载或过流保护动作状态	上行	1	综合电气故障
绕组高温报警	上行	1	中、大型水泵电机设置,3 相综合
轴承高温报警	上行	1	中、大型水泵设置,水泵、电机综合
渗漏报警	上行	1	中、大型潜水泵设置
水泵电机工作电流	上行	1~3	中、小型水泵取 B 相,大型水泵取 3 相
软启动或软停止状态	上行	1	软启动泵设置
软启动装置旁路状态	上行	1	软启动泵设置
软启动装置故障报警	上行	1	软启动泵设置
转速设定	下行	1	变频泵设置
转速反馈	上行	1	变频泵设置
变频器故障状态报警	上行	1	变频泵设置
冷却、密封或润滑系统故障	上行	1	大型水泵机组设置,综合报警

4.6.3 格栅除污机、输送机、压榨机控制应符合下列规定:

1 启动控制和运行保护宜设置现场控制箱,当控制逻辑较简单时,可采用一台综合控制箱,但每台设备应设置独立的启动控制和运行保护。

2 格栅除污机的运行控制应具有定时和液位差两种模式。

3 格栅除污机的工况和报警应以图形或文字方式显示在泵站自动化控制系统的操作界面上,在就地手动模式下,可通过泵站自动化控制系统的操作界面手动控制格栅除污机的运行。

4 输送机、压榨机的运行控制应与格栅除污机联动。启动时,应按输送机、压榨机、格栅除污机的顺序依次启动设备,停止时,应按相反的顺序操作;两台设备先后启动和停止的时间间隔应按设备操作手册确定。

5 输送机、压榨机与格栅除污机合用一台控制箱时,与格栅除污机的联动控制应在格栅除污机控制箱内完成;当输送机、压榨机单独设置控制箱且与格栅除污机控制箱之间不存在联动逻辑关系时,可由泵站自动化控制系统实施联动控制。

6 格栅除污机、输送机、压榨机控制箱接口信号应符合表 4.6.3 的规定。

表 4.6.3　格栅除污机、输送机、压榨机控制箱接口信号

信号名称	信号方向	点数	备注
运行、停止命令	下行	2	—
手动、联动方式状态	上行	2	—
运行、停止状态	上行	2	—
断路器合、分状态	上行	2	分闸：不可用
故障报警	上行	1	综合电气、机械故障
清捞耙复位	上行	1	钢丝绳式格栅设置
档位控制	下行	按设备定	移动式格栅设置
档位反馈	上行	按设备定	移动式格栅设置

　　7　当一座泵站具有多台格栅除污机，其中任何一台格栅除污机运行时，输送机、压榨机应随之联动。

4.6.4　闸门、阀门控制应符合下列规定：
　　1　泵站内闸门、阀门的启闭宜采用电动操作方式，宜采用现场控制箱或一体化电动执行机构；当一台控制箱控制多台闸门、阀门时，每台闸门、阀门应设置独立的启动控制和运行保护。
　　2　闸门、阀门的启闭应提供机械的开度指示，当需要控制开度时，现场控制箱上应设开度指示仪表。
　　3　泵站自动化控制系统可通过闸门、阀门的现场控制箱实施对闸门、阀门的开启和关闭控制；当控制信号撤除时，闸门、阀门的运行应立即停止。对检修用或不常用的闸门和阀门可只设状态监视。
　　4　闸门、阀门启闭机的工况和报警应以图形或文字方式显示在泵站自动化控制系统的操作界面上，可通过泵站自动化控制系统的操作界面手动控制闸门、阀门的启闭动作。启闭过程可被手动暂停和继续。
　　5　闸门、阀门的启闭过程应设超时检验，超时时间宜为正常启闭时间的1.2～2倍，可在操作界面上修改。
　　6　当闸门、阀门在启闭过程中出现报警或超时，应立即暂停启闭过程，闭锁同方向的再次操作，但应允许反方向的操作，反方向操作成功时解除闭锁。
　　7　当泵站自动化控制系统属于区域控制系统的一个远程子站时，与泵站运行调度有关的闸门和阀门应属于远程控制的对象，相关闸门、阀门的启闭命令可由区域监控系统发出。
　　8　闸门、阀门控制箱接口信号应符合表4.6.4的规定。

表 4.6.4　闸门、阀门控制箱接口信号

信号名称	信号方向	点数	备注
开、闭命令	下行	2	—
手动、联动方式状态	上行	2	—
全开、全闭状态	上行	2	—
开、闭过程状态	上行	1	脉冲信号
断路器合、分状态	上行	2	分闸：不可用
故障报警	上行	1	综合电气、机械故障
开度控制	下行	1	需要控制开度时设
开度反馈	上行	1	需要控制开度时设

4.6.5　除臭装置控制应符合下列规定：
　　1　除臭装置宜由配套的现场控制箱实施启动控制、运行保护和内部设备联动控制，宜与硫化氢检测信号联动。
　　2　除臭装置控制箱接口信号应符合表4.6.5的规定。

表 4.6.5　除臭装置控制箱接口信号

信号名称	信号方向	点数	备注
运行、停止命令	下行	2	—
手动、联动方式状态	上行	2	—
运行、停止状态	上行	2	—
断路器合、分状态	上行	2	分闸：不可用
故障报警	上行	1	综合电气、机械故障

4.6.6　通风控制应符合下列规定：
　　1　泵站的主要通风设备宜设置现场控制箱实施启动控制、运行保护和内部设备联动控制。
　　2　风机控制箱接口信号应符合表4.6.6的规定。

表 4.6.6　风机控制箱接口信号

信号名称	信号方向	点数	备注
运行、停止命令	下行	2	—
手动、联动方式状态	上行	2	—
运行、停止状态	上行	2	—
断路器合、分状态	上行	2	分闸：不可用
故障报警	上行	1	综合电气、机械故障

4.6.7　积水坑排水控制应符合下列规定：
　　1　泵站的积水坑排水泵宜设置现场控制箱实施启动控制和运行保护，并应采用液位开关实现自动排水控制。

2 积水坑排水泵控制箱接口信号应符合表4.6.7的规定。

表4.6.7 积水坑排水泵控制箱接口信号

信号名称	信号方向	点数	备注
断路器合、分状态	上行	2	分闸：不可用
手动、自动方式状态	上行	2	—
运行、停止状态	上行	2	—
故障报警	上行	1	综合电气故障
超高水位报警	上行	1	—

4.7 电力监控技术要求

4.7.1 应设置泵站供配电设备运行监视系统，对异常的跳闸进行报警。当需要时，可设置远程控制。

4.7.2 泵站高压进线开关设备宜设置综合保护测控单元，以数据通信接口连接泵站自动化控制系统；当不采用综合保护测控单元时，应以辅助触点和变送器方式提供必要的信号接口，最低配置应符合表4.7.2的规定。

表4.7.2 高压进线开关设备接口信号

信号名称	信号方向	点数	进线柜	母联柜	电压互感器柜	馈线柜	电动机控制柜	变压器保护柜	备注
主开关合、分位置	上行	2	√	√	—	√	√	√	
本地、远方操作位置	上行	2	√	√	—	—	√	√	需远动操作时设置
主开关合、分操作	下行	2	√	√	—	—	√	√	需远动操作时设置
主开关跳闸	上行	2	√	√	—	√	√	√	
电压	上行	1	—	—	√	—	—	—	需远动操作时设置
电流	上行	1	√	√	—	√	√	—	需远动操作时设置
变压器高温报警	上行	1	—	—	—	—	—	√	
变压器高温跳闸	上行	1	—	—	—	—	—	√	需远动操作时设置

4.7.3 泵站电力监控系统应进行电能管理，用于统计、分析和控制泵站能耗。

4.7.4 电能测量宜采用综合电量变送器，以数据通信接口连接泵站自动化控制系统。当泵站采用大型泵组或高压电动机时，综合电量变送器宜设在电动机控制柜内，每回路一台；在小型低压泵站，综合电量变送器宜设在低压进线柜内。

4.7.5 泵站低压开关设备宜设置智能化数字检测和显示仪表，以数据通信接口连接泵站自动化控制系统；当不采用数字检测和显示仪表时，应以辅助触点和变送器方式提供必要的信号接口，最低配置应符合表4.7.5的规定。

表4.7.5 低压开关设备接口信号

信号名称	信号方向	点数	进线柜	母联柜	补偿电容器柜	主要馈线回路	电动机控制柜	备注
断路器合、分位置	上行	2	√	√	—	√	√	
本地、远方操作位置	上行	2	√	√	—	√	√	需远动操作时设置
断路器合、分操作	下行	2	√	√	—	√	√	需远动操作时设置
断路器跳闸	上行	2	√	√	—	√	√	
电压	上行	1	√	√	—	—	—	
电流	上行	1	√	√	—	√	√	

4.7.6 泵站自动化控制系统应设置电力监控的显示和操作界面，以图形及数字方式表示供电系统的工况和运行参数，应包括各变电所的高压系统图、低压系统图、母线参数表、开关参数表、变压器参数表、故障报警清单等图形和表格，设备的不同工况应采用不同的图形和颜色直观表示，电流、电压、电量等参数应有数字显示。

4.7.7 当泵站自动化控制系统属于区域监控系统的一个远程子站时，泵站供配电系统的所有电量数据变化和设备状态变化以及报警应实时报送区域监控中心（信息中心），并应带有时间标记。

4.8 防雷与接地

4.8.1 当电源接入安装控制设备或通信设备的机柜时，应设置防雷和浪涌吸收装置。当通信电缆接入通信机柜时，应设置与通信端口工作电平相匹配的防雷和浪涌吸收装置。当信号电缆接入控制机柜时，宜设置与信号工作电平相匹配的防雷和浪涌吸收装置。

4.8.2 泵站自动化控制系统的工作接地与低压供电系统的保护接地宜采用联合接地方式，接地电阻不应大于1Ω。

4.8.3 连接外场设备屏蔽线缆接地应采用一点接地（又称单端接地）。

4.8.4 计算机网络系统、设备监控系统、安全防范系统、火灾报警控制系统、闭路电视系统的防雷与接地除应符合本规程第4.8.1～4.8.3条的规定外，还应符合现行国家标准《建筑物电子信息系统防雷技术规范》GB 50343 的有关规定。

4.9 控制设备配置要求

4.9.1 控制系统应采用工业级设备，应具备防尘、防潮、防霉的能力，并应符合相应的电磁兼容性要求。

4.9.2 对控制系统设备的防护等级要求，室内安装时不应低于IP44，室外安装时不应低于IP65，浸水安装时不应低于IP68。

4.9.3 计算机、控制器及其软件系统应具有开放的协议和标准的接口。

4.9.4 现场总线应采用国际通用的开放的通信协议。

4.9.5 控制器宜采用模块式结构，应具有工业以太网、现场总线、远程I/O连接、远程通信、自检和故障诊断能力，并应具有带电插拔功能。

4.9.6 控制器应具有操作权限和口令保护及远程装载功能，支持梯型图、结构文本语言、顺序功能流程图等多种编程语言，应用程序应保存在非挥发存储器中。

4.9.7 操作界面宜采用背光彩色防水按压触摸液晶显示屏，具有2级汉字字库，3级密码锁定功能。

4.9.8 当控制器设备采用晶体管输出时，应设置隔离继电器连接外部设备，继电器应具有封闭式外壳、带防松锁扣的插座安装，并应具有动作状态指示灯。

4.9.9 控制器的I/O接口设备应符合下列规定：
  1 数字信号输入（DI）：DC24V，电流不应大于50mA；
  2 数字信号输出（DO）：继电器无源常开触点输出，AC250V/2A；
  3 数字信号隔离能力：DC2000V或AC1500V；
  4 模拟信号输入（AI）：4～20mA；
  5 A/D转换器：12bit，不应小于100次/s；
  6 模拟信号输出（AO）：4～20mA，负载能力不应小于350Ω；
  7 D/A转换器：不应小于12bit；
  8 模拟信号隔离能力：DC700V或AC500V。

4.9.10 泵站控制系统，应具有10%的备用输入、输出端口及完整的配线和连接端子。

4.9.11 泵站自动化控制系统应采用UPS作为后备电源，后备电源的供电时间宜为30min，供电范围应包括下列设备：

  1 控制室计算机及其网络系统设备（大屏幕显示设备除外）；
  2 通信设备；
  3 PLC装置及其接口设备；
  4 泵站仪表和报警设备。

4.9.12 UPS应采用在线式，电池应为免维护铅酸蓄电池，负荷率不应大于75%。

4.9.13 UPS应提供监控信号接口，接口形式应根据泵站控制系统能提供的接口条件选择，监控应包括下列内容：
  1 旁路运行状态；
  2 逆变供电状态；
  3 充电状态；
  4 故障报警（综合报警信息）。

4.9.14 安装在污水泵房等现场的设备应具有防硫化氢气体腐蚀的能力。

4.9.15 当泵站需要设置大屏幕显示设备时，宜采用金属格栅镶嵌马赛克模拟显示屏，屏面显示元素应采用光带、发光字牌、发光符号、字符显示窗、数字显示窗等制作，显示屏的尺寸以及与控制台的距离应符合人机工程学的要求。

4.10 安全和技术防卫

4.10.1 无人值守泵站宜设电视监视系统，监视范围应包括泵站内的主要工艺设施、重要设备、变电所和主要道路，视频图像应上传区域监控中心（信息中心）。

4.10.2 有人值班泵站可按管理要求设电视监视系统，对重要工艺设施和设备的运行进行实时监视和监听。

4.10.3 无人值守泵站宜设置红外线周界防卫系统，报警信号应与当地公安、保安部门或区域监控中心（信息中心）连接。

4.10.4 有人值班泵站可按管理要求设置周界防卫系统，控制主机和报警盘应设在值班室。

4.10.5 当需要在泵站设置火灾报警系统时，火灾报警控制器应设在值班室，无人值守泵站的火灾报警信号应与当地消防部门连接。

4.10.6 对特大型泵站的重要出入口通道可设置门禁系统。

4.11 控制软件

4.11.1 泵站自动化系统软件应满足功能需求，包括系统软件、通信软件、应用软件和二次开发所需要的软件。应采用商品化的系统软件，并具有类似工程的应用业绩。

4.11.2 操作系统应采用多任务、多用户网络操作系统、中文版本、配备2级中文字库、具有开放的软件接口。

4.11.3 数据库系统应具有面向对象、事件驱动和分布处理的特征，具有开放的标准的外部数据接口，能与其他控制软件和数据库交换数据。

4.11.4 运行监控画面宜采用商品化的图控软件进行组态设计，具有中文界面、操作提示和帮助系统，应用软件应包括下列功能：

 1 泵站总平面布置图、局部平面布置图、工艺流程图、设备布置图、剖面图、电气接线图、报警清单等，并在图形界面上实现对设备的操作、控制和运行参数设定。

 2 采集泵站运行过程中的各种数据信息，分类记录到相关数据库中，提供在线查询、统计、修改、趋势曲线显示、打印等功能。泵站运行数据库应能保存3年以上的运行数据。

 3 事件驱动报表由随机事件触发生成，包括报警文件、事故记录等；统计报表对数据库各数据项进行组合生成，宜包括下列类型：

  1）泵站和各泵组运行日报表、月报表、年报表；

  2）各类事件/事故记录表；

  3）操作记录表；

  4）设备运行记录表。

 4 提供系统设备和监控对象的在线监测及诊断，对各类设备运行情况进行在线监测，并存入相应的数据库，对设备的管理、维护、保养和故障处理提出建议。

 5 对设备运行数据、流量数据、扬程数据、能耗数据进行记录和综合分析，提供节能运行建议。

 6 分级授权操作、分级系统维护等。

4.12 控制系统接口

4.12.1 泵站控制系统与各相关设备和相关工程的接口技术要求应在设计文件、土建工程招标文件、设备采购招标文件、自动化系统工程招标文件中详细描述。

4.12.2 泵站自动化系统设备安装和电缆敷设所需的基础、预留孔、预埋管、预埋件等宜由土建工程实施，在相关招标文件和施工设计图纸中应明确描述其位置、尺寸、数量、材质、受力、防护、制作要求等技术数据。

4.12.3 泵站控制系统与电气设备和仪表的接口如图4.12.3所示，各接口的功能应符合表4.12.3的规定。在有关接口描述的文件中，应明确下列内容：

 1 接口类型和通信协议；

 2 物理参数；

 3 电气参数；

 4 接口信号内容；

 5 其他需要说明的内容。

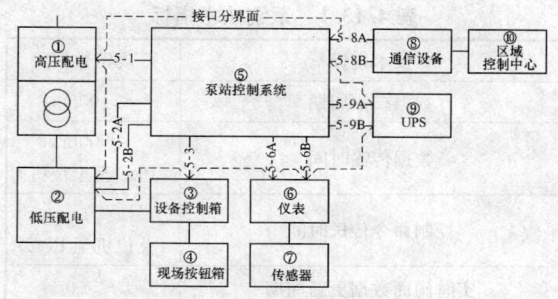

图 4.12.3 泵站控制系统接口示意图

表 4.12.3 泵站控制系统与电气设备和仪表的接口

编号	界面位置	功能	备注
5-1	高压开关柜二次端子排或信号插座	监控高压开关设备和变压器运行	参见本规程4.7节
5-2A	低压配电柜供电电缆馈出端	接取泵站控制系统的工作电源	—
5-2B	低压开关柜二次端子排或信号插座	监控低压开关设备运行	参见本规程4.7节
5-3	各机电设备控制箱的控制信号端子排或插座	监控设备运行	参见本规程4.6节
5-6A	仪表的工作电源端子排	提供仪表工作电源	参见本规程4.5节
5-6B	仪表的信号输出端子排或总线信号插座	采集仪表的检测数据和工作状态	参见本规程4.5节
5-8A	泵站控制机柜内的通信电源端子排	提供远程监控通信设备的工作电源	—
5-8B	泵站控制机柜内的远程监控通信插座	提供远程监控通信接口	参见本规程7.2节
5-9A	UPS的电源输入和电源输出端子排	提供和接取UPS电源	—
5-9B	UPS监控信号端子排或插座	监控UPS运行	参见本规程4.9.13条

4.13 系统技术指标

4.13.1 泵站自动化系统技术指标应符合表4.13.1的规定。

表 4.13.1 系统技术指标

技术指标		规定数值
数据扫描周期		≤100ms
数据传输时间		≤500ms（PLC 至上位机）
控制命令传送时间		≤1s（上位机至 PLC）
实时画面数据更新周期		≤1s
实时画面调用时间		≤3s
平均故障间隔时间（MTBF）		≥17000h
平均修复时间（MTTR）		≤1h
双机切换到功能恢复时间		≤30s
站内事件分辨率		≤10ms
计算机处理器的负荷率	正常状态下任意 30min 内	<30%
	突发任务时 10s 内	<60%
LAN 负荷率	正常状态下任意 30min 内	<10%
	突发任务时 10s 内	<30%
通信故障恢复时间		≤0.5s

4.14 设备安装技术要求

4.14.1 泵站自动化控制设备应安装在控制机柜内，中小型泵站宜设置一台控制机柜，控制机柜应符合下列规定：

1 室内控制机柜宜采用冷轧钢板制作，室外控制机柜宜采用不锈钢板或工程塑料制作，金属板材的厚度应符合表 4.14.1 的规定。

表 4.14.1 控制机柜板材厚度（mm）

机柜高度	<300	300～800	800～1500	>1500
材料厚度	≥1.2	≥1.5	≥2.0	≥2.5

2 控制机柜电源进线应设总开关，各用电回路应按负荷情况设配电开关，均应采用小型空气断路器。低压直流电源宜设熔丝保护。

3 控制机柜应设置可靠的保护接地装置及防雷防过电压保护装置，柜内应设置工作照明和单相检修电源插座。

4 柜内元件和设备应设置编号标识，安装间距应满足通风散热的要求，发热量大的设备应安装在机柜的上部。

5 面板上的各种开关、指示灯、表计均应设中文标签，标明其代表的回路号及功能，其中按钮和指示灯的颜色应符合现行国家标准《电工成套装置中的指示灯和按钮的颜色》GB 2682 的规定，面板仪表宜采用数字显示。

6 柜内连接导线宜采用 0.6kV 绝缘铜芯线，截面不应小于 0.75mm²，其中电流测量回路应采用截面不小于 2.5mm² 的多股铜导线。连接导线宜敷设在汇线槽内，两端应有导线编号，颜色选配应符合现行国家标准《电工成套装置中的导线颜色》GB 2681 的规定。

7 接线端子应标明编号，强、弱电端子宜分开排列，最下排端子距机柜底板宜大于 350mm，有触电危险的端子应加盖保护板，并设置警示标记。

8 电流回路应设置试验端子，电流测量输入端子应设置短路压板，电压测量输入端子应设置保护熔丝。

4.14.2 控制机柜宜设置在泵站控制室，周围环境应干燥，无强烈振动，无强电磁干扰，无导电尘埃和腐蚀性气体，无爆炸危险性气体，避免阳光直射。

4.14.3 当控制室设置防静电地板时，高度宜为 300mm。可调量为 ±20mm。架空地板及工作台面的静电泄漏电阻值应符合国家现行标准《防静电活动地板通用规范》SJ/T 10796 的规定。控制机柜应采用有底座的固定安装，底座高度应与底板平齐。对从下部进出电缆的控制机柜落地安装时，控制机柜下部应设置电缆接线操作空间。

4.14.4 泵站控制室的温度宜控制在 18～28℃ 之间，相对湿度宜控制在 40%～75% 之间。

4.14.5 泵站控制室应布设保护接地母线，整个控制室应构成一等电位体，所有可触及的金属部件均应可靠连接到接地母线上。

4.14.6 控制室操作台宜设置综合布线槽；台面设备布置应符合人机工程学的要求，便于操作；台面下柜内安装计算机设备时，应考虑通风散热措施。

4.14.7 泵站控制系统的连接电缆应采用铜芯电缆。

4.14.8 控制电缆宜采用 4 芯以上，备用芯不得少于 1 芯；当长度超过 200m 或存在较大干扰时，应采用铜网屏蔽电缆。

4.14.9 模拟量信号传输应采用铜网屏蔽双绞线，视频信号传输宜采用同轴电缆，通信电缆选用应与终端设备的特性相匹配。

4.14.10 系统供电电缆和仪表信号电缆应分开敷设。

4.14.11 屏蔽电缆宜采用单端接地，接地端宜设在内场或控制设备一侧。

4.14.12 电缆和光缆在室内可采用桥架、支架或穿管敷设，在室外宜采用穿预埋管敷设或沿电缆沟敷设；直埋敷设时应采用铠装电缆和光缆。

4.14.13 架空地板下的电缆应设在槽式电缆桥架或电缆托盘内，并应加设盖板。

4.14.14 钢质电缆桥架、电缆支架及其紧固件等均应进行热浸锌等防腐处理。浸锌厚度不应小于 20μm，电缆桥架宜采用冷轧钢板制作，板材厚度应符合表 4.14.14 的规定。

表 4.14.14 电缆桥架板材厚度（mm）

桥架宽度	<400	400~800
材料厚度	≥1.5	≥2.0

4.14.15 电缆在梯式桥架或支架上敷设不宜超过一层，在槽式桥架或托盘内敷设不宜超过三层，两端及分支处应设置标识。

4.14.16 仪表设备的终端电缆保护管及需要缓冲的电缆保护管应采用挠性管，挠性管应采用不锈材质或防腐能力强的复合材料，并应设有防水弯。

4.14.17 电缆进户处、导线管的端头处、空余的导线管等均应作封堵处理，金属电缆桥架和金属导线管均应可靠接地。

4.14.18 自动化控制系统设备安装除应符合以上条文外，还应符合现行国家标准《自动化仪表工程施工及验收规范》GB 50093 的有关规定。

4.15 系统调试、验收、试运行

4.15.1 自动化系统调试前应编制完整的调试大纲。

4.15.2 泵站自动化系统调试应包括下列内容：
1 基本性能指标检测；
2 单项功能调试；
3 相关功能之间的配合性能调试；
4 系统联动功能调试。

4.15.3 调试中采用的计量和测试器具、仪器、仪表及泵站设备上安装的测量仪表的标定和校正应符合有关计量管理的规定。

4.15.4 泵站自动化系统的验收测试应以系统功能和性能检验为主，同时对现场安装质量、设备性能及工程实施过程中的质量记录进行抽查或复核。

4.15.5 上位机系统检验应包括下列内容：
1 在控制室实现对泵站内设备的运行监视和控制功能检验；
2 检查操作界面，应按设计意图、用户需求落实各工况的显示和操作画面；
3 报警、数据查询、报表、打印等功能的检验；
4 系统技术指标测试。

4.15.6 控制系统的检验应包括下列内容：
1 控制方式的切换和手动、自动方式下的控制功能检验；
2 故障和报警的响应，故障状态下的设备保护和控制功能检验；
3 操作界面的编排、内容、功能应符合设计意图和用户需求；
4 设备联动、自动运行功能检验；
5 技术指标测试。

4.15.7 外围设备检验应包括下列内容：
1 检测接地电阻值应符合设计要求；
2 防雷、防过电压措施应符合设计要求；
3 模拟显示屏安装的允许偏差和检查方法应符合表 4.15.7-1 的规定；
4 控制机柜、控制台和型钢底座安装的允许偏差和检查方法应符合表 4.15.7-2 的规定。

表 4.15.7-1 模拟显示屏安装的允许偏差和检查方法

检验项目	允许偏差	检查数量	检查方法
屏面垂直度	1mm/m	全数	吊线测量
屏面的平面度	2mm/m²	全数	直尺测量
符号线条直线度	0.5mm/m	20%	吊线或拉线测量
单个拼块的平整度	0.1mm	5%	塞尺测量
相邻拼块平整度	0.2mm	5%	直尺与塞尺测量
拼块之间的间隙	0.1mm	5%	塞尺测量

表 4.15.7-2 控制机柜、控制台和型钢底座安装的允许偏差和检查方法

	检验项目		允许偏差	检查数量	检查方法
基础型钢底座	直线度	—	1mm/m	全数	拉线，用尺测量最大偏差处
		全长	5mm		
	水平倾斜度	—	1mm/m	全数	拉线，用水平尺或水准仪测量
		全长	5mm		
控制机柜和控制台	垂直度		1.5mm	全数	吊线，用尺测量
	单柜（台）顶部高差		2mm	全数	柜顶拉线，用尺或水平测量
	柜顶最大高差（柜间连接多于2处）		5mm		
	柜正面平面度	相邻柜（台）接缝处	1mm		从柜上、中、下用拉线的方法测量
		柜间连接（多于5处）	5mm		
	柜（台）间接缝处		2mm	全数	用塞尺测量

4.15.8 仪表设备检验应符合下列规定：
1 量程选配与实际相符；
2 具有有效的计量检验合格证书；
3 测量范围内为线性，具有符合泵站控制系统要求的 4~20mA 模拟量输出或通信接口；
4 控制系统对仪表采样的显示值应与现场指示值一致。

4.15.9 泵站自动化控制系统应在调试完成，各项功能符合设计要求后，方可与工艺系统一起投入试运行。

4.15.10 连续联动调试运行时间不应小于 72h，应采用全自动控制方式，联动运行期间对任何仪表、传感器、通信装置、控制设备的故障应进行诊断和纠正。

5 污水处理厂供配电

5.1 负荷计算

5.1.1 装机容量统计应符合下列规定：
    1 用需要系数法确定各类设备的计算负荷。
    2 分变电所的计算负荷为各设备组负荷的计算之和乘以该区域内动力设备运行的同时系数。
    3 总变电所的计算负荷为各分变电所计算负荷之和再乘以综合同时系数。

5.1.2 设备组的需要系数按功能区确定应符合表5.1.2的规定。

表 5.1.2 设备组的需要系数

用电设备组名称	需要系数 (K_X)	$\cos\phi$	$\tan\phi$
水泵、泥泵、药泵等	0.75～0.85	0.80～0.85	0.70～0.62
风机	0.75～0.85	0.80～0.85	0.70～0.62
通风机、除臭设备	0.65～0.70	0.80	0.75
格栅除污机、皮带运输机、压榨机等	0.50～0.60	0.75	0.88
搅拌机、吸刮泥机等	0.75～0.85	0.80～0.85	0.70～0.62
消毒设备（紫外线、加氯机等）	0.80～0.90	0.50	1.73
起重器及电动葫芦（ε=25%）	0.10～0.15	0.50	1.73
控制系统设备	0.60～0.70	0.80	0.75
污泥脱水设备	0.70	0.70～0.80	0.80～0.75
污泥干化设备	0.80	0.90	0.48
干污泥输送设备（料仓）	0.65～0.70	0.80	0.75
电子计算机主机外部设备	0.40～0.50	0.50	1.73
试验设备（电热为主）	0.20～0.40	0.80	0.75
各类仪表	0.15～0.20	0.70	1.02
厂房照明（有天然采光）	0.80～0.90	—	—
厂房照明（无天然采光）	0.90～1.00	—	—
办公楼照明	0.70～0.80	—	—

5.1.3 污水处理厂负荷的计算应按本规程第3.1.3条执行，并应符合下列规定：
    1 分变电所区域设备的有功功率同时系数 $K_{\Sigma P}$ 和无功功率同时系数 $K_{\Sigma Q}$ 应分别取 0.85～1 和 0.95～1。
    2 总变电所的综合同时系数 $K_{\Sigma P}$ 和 $K_{\Sigma Q}$ 应分别取 0.8～0.9 和 0.93～0.97。
    3 当简化计算时，同时系数 $K_{\Sigma P}$ 和 $K_{\Sigma Q}$ 均应取为 $K_{\Sigma P}$ 值。

5.2 系统结构

5.2.1 变电所设置根据负荷分布特点应符合下列规定：
    1 变电所的形式和布置应根据负荷分布状况和周围环境确定。
    2 当系统结构为分布式时，宜设总变电所和若干分变电站所。
    3 供电负荷应为二级，对特别重要的污水处理厂应定为一级负荷。
    4 二级负荷应由双电源供电，二路互为备用或一路常用一路备用。

5.2.2 总变电所和分变电所设置应符合下列规定：
    1 含油浸式电力变压器的变电所内变压器室的耐火等级应为一级，其他房间的耐火等级应为二级。
    2 总变电所和分变电所设置还应符合本规程第3.8.2条的规定。

5.2.3 总变电所系统设置应符合下列规定：
    1 总变电所宜为独立式布置，设于污水处理厂负荷中心附近合适的位置，方便与各分变电所构成配电回路。
    2 对 35kV/10（6）kV 变电所宜设为屋内式。
    3 当 35kV 双电源供电在 35kV 侧切换时，宜采用内桥接线。10（6）kV 母线和低压母线宜采用单母线或单母线分段接线。
    4 总变电所对外的配电宜采用放射式和树干式相结合的配电方式。
    5 当供电电压为 10kV，厂区面积较大，负荷又比较分散的工程，可采用 10kV 和 0.4kV 两种电压混合配电方式。
    6 总变电所的布置应符合本规程第3.8.3～3.8.6条的规定。

5.2.4 分变电所系统设置应符合下列规定：
    1 设置应靠近各自供电区域负荷中心。宜设于较大机械设备房的一端。
    2 对大部分用电设备为中小容量，无特殊要求的用电设备，可采用树干式配电。
    3 对用电设备容量大，或负荷性质重要，或布置在有潮湿、腐蚀性环境的构筑物内的设备，宜采用放射式配电。
    4 当总变电所向分变电所放射式供电时，分变电所的电源进线开关宜采用负荷开关。当分变电所需要带负荷操作或继电保护、自动装置有要求时，应采用断路器。

5 变压器低压侧电压为 0.4kV 的总开关应采用低压断路器。

5.3 操作电源

5.3.1 污水处理厂主变电所操作电源应采用直流操作系统，应选用免维护铅酸蓄电池直流屏。

5.3.2 污水处理厂各个分变电所的操作宜采用简单的交流操作系统。

5.4 短路电流计算及保护

5.4.1 供配电系统短路电流计算及保护应符合本规程第 3.6 节的有关规定。

5.5 系统设备要求

5.5.1 供配电系统设备要求包括总线接口应符合本规程第 3.7 节的有关规定。

5.6 照 明

5.6.1 污水处理厂的照明计算、光源选择、建筑物和道路灯具选择应符合本规程第 3.9 节的有关规定。

5.6.2 初沉池、生物反应池、二沉池等大型户外构筑物群区的照明宜采用广照型的高杆灯。

5.7 接地与防雷

5.7.1 变电所接地的型式和布置应符合本规程第 3.10.1～3.10.11 条的有关规定。

5.7.2 防雷应符合下列规定：

　1 防雷措施应包括建筑物防雷和电力设备过电压保护。

　2 防雷装置的设置应符合现行国家标准《建筑物防雷设计规范》GB 50057 的规定。

　3 污泥消化池、沼气柜、沼气过滤间、沼气压缩机房、沼气火炬、加氯间等属于二类防雷建筑物的防爆危险场所，应采取防直击雷、防雷电感应和防电波侵入的措施。

　4 对办公楼、泵房等属于三类防雷建筑物的场所，应采取防直击雷和防雷电波侵入的措施。

　5 变电所的低压总保护柜内宜设第一级电源浪涌保护器；现场站总配电箱宜设二级电源浪涌保护器；供电末端重要的仪表配电箱宜设三级电源浪涌保护器。

　6 浪涌保护器的设置应符合本规程第 3.10.12 条的规定。

5.8 防爆电器的应用

5.8.1 污泥消化池、沼气柜、沼气过滤间、沼气压缩机房、沼气火炬、加氯间等防爆场所的电气设备必须采用防爆电器，并应符合下列规定：

　1 电动机应采用隔爆型或正压型鼠笼型感应电动机。

　2 控制开关及按钮应采用本安型或隔爆型设备。

　3 照明灯具应采用隔爆型设备。

5.8.2 控制盘、配电盘不应布置在防爆 1 区，布置在防爆 2 区的控制盘、配电盘应采用隔爆型设备。

5.8.3 防爆电器选择应符合现行国家标准《爆炸和火灾危险环境电力装置设计规范》GB 50058 的规定。

5.9 电气施工及验收

5.9.1 电气施工及验收应符合本规程第 3.11 节的有关规定。

6 污水处理厂自动化系统

6.1 一般规定

6.1.1 应根据污水处理厂规模、控制和节能要求配置数据采集和监视控制（SCADA）系统，实现污水处理自动化管理。

6.1.2 污水处理厂自动化程度和仪表配置要求、测量范围应根据工艺要求确定。

6.1.3 检测和测量仪表应按控制系统的要求提供 4～20mA 的标准电流信号输出或现场总线式的通信接口。

6.1.4 直接与污水、污泥、气体接触的仪表传感器防护等级应为 IP68；室内变送器、控制器防护等级不应小于 IP54；室外变送器、控制器的防护等级不应小于 IP65。

6.1.5 现场设备控制箱应设置运行状态指示、手动操作按钮和手动/联动方式选择开关。

6.1.6 污水处理厂自动化系统应通过设备控制箱实施对现场设备的启动和停止控制；宜采用二对常开触点分别控制设备的启动和停止。

6.1.7 设备控制箱应按控制系统的要求提供现场总线通信接口或硬线信号接口。

6.1.8 所有安装在污水处理现场的仪表均应按照防潮、防腐要求配备保护箱、遮阳罩、不锈钢支架等附件，并应可靠接地。

6.2 规模划分与系统设置要求

6.2.1 污水处理厂工艺按流程和处理程序可划分为：预处理工艺；一级处理工艺；二级处理工艺；深度处理工艺；污泥处理工艺；最终的污泥处理等。

6.2.2 监控系统规模、工艺参数检测要求、检测点布设等均应根据污水处理厂的规模和工艺要求确定。

6.2.3 污水处理厂应设置生物池曝气量自动调节或生物工艺优化控制系统。

6.3 系统结构

6.3.1 污水处理厂的自动化控制系统宜采用三层结构，包括信息层、控制层和设备层，并应符合下列规定：

　　1 信息层设备布设在污水处理厂中控室，采用具有客户机/服务器（C/S）结构的计算机局域网，网络形式宜采用10/100/1000M以太网。

　　2 控制层宜采用光纤工业以太网或成熟的工业总线网络，以主/从、对等或混合结构的通信方式连接监控工作站、工程师站和厂内各就地控制站。

　　3 控制层设备设在各个现场控制站，控制器下可设远程I/O站；现场控制站宜为无人值守模式，操作界面采用触摸显示屏。

　　4 大、中型污水处理厂设备层宜采用现场总线网络，小型污水处理厂宜采用星型拓扑结构方式，以硬接线电缆连接仪表和设备控制箱。

6.3.2 重要污水处理厂的控制系统宜采用冗余结构。

6.4 系统功能

6.4.1 污水处理厂的运行监视功能可通过布设在各工艺构筑物中仪表及机械设备、控制箱、变配电柜内的传感器、变送器所采集的实时信息经就地控制器的收集、预处理以后上传到中控室统计、处理、存储。运行监视范围应包括下列内容：

　　1 物理量监视应为：
　　　　1）物位值及超高、超低物位报警；
　　　　2）瞬时流量、累积流量和故障报警；
　　　　3）温度及报警；
　　　　4）压力及报警；
　　　　5）污泥界面。

　　2 水质分析监视应为：
　　　　1）固体悬浮物浓度（SS）；
　　　　2）污泥浓度（MLSS）；
　　　　3）酸碱度/温度（pH/T）；
　　　　4）溶解氧（DO）；
　　　　5）总有机碳（TOC）；
　　　　6）总磷（TP）；
　　　　7）氨氮（NH_3-N）；
　　　　8）硝氮（NO_3-N）；
　　　　9）化学需氧量（COD）；
　　　　10）生化需氧量（BOD）；
　　　　11）氧化还原电位（ORP）；
　　　　12）余氯。

　　3 机械设备运行状态监视应为：
　　　　1）水泵运行状态和故障报警；
　　　　2）格栅除污机、输送机、压榨机的运行状态和故障报警；
　　　　3）电动闸门、阀门、堰门的位置、运行状态和故障报警；
　　　　4）沉砂池除砂装置运行状态和故障报警；
　　　　5）曝气设备运行状态和故障报警；
　　　　6）刮砂机、吸刮泥机的运行状态和故障报警；
　　　　7）搅拌机的运行状态和故障报警；
　　　　8）鼓风机、压缩机的运行状态和故障报警；
　　　　9）污泥消化设备机组运行状态和故障报警；
　　　　10）污泥浓缩机组运行状态和故障报警；
　　　　11）污泥脱水设备、输送设备、料仓设备运行状态和故障报警；
　　　　12）污泥耗氧堆肥处理系统运行状态和故障报警；
　　　　13）出水消毒装置运行状态和故障报警；
　　　　14）加药系统运行状态和故障报警。

　　4 自动化系统应有电力监控功能，技术要求应符合本规程第4.7节的有关规定。电力监控范围包括主变电所和分变电所。

6.4.2 污水处理厂中控室应将采集到的所有自动化信息为依据，经过数学模型计算或人工判断以后按周期发出各类运行控制命令到各就地控制站执行，运行控制对象应包括下列内容：

　　1 水泵（进水、出水）运行、调速；
　　2 格栅除污机、输送机、压榨机运行；
　　3 电动闸门、阀门、堰门开/闭、开度；
　　4 除砂装置运行；
　　5 曝气设备运行、曝气机浸没深度；
　　6 刮砂机、吸刮泥机运行；
　　7 搅拌机运行、调速；
　　8 鼓风机/压缩机运行（开启、调速、进口导叶片角度控制等）；
　　9 污泥消化池温度控制；
　　10 污泥消化池进泥量和搅拌；
　　11 污泥浓缩机系统运行、加药量控制；
　　12 污泥脱水机组、输送设备、料仓控制；
　　13 污泥耗氧堆肥处理系统运行、加料量控制；
　　14 发水消毒装置运行；
　　15 沼气脱硫运行；
　　16 其他与工艺有关的运行设备。

6.4.3 污水处理厂应设有环境与安全监控功能，应包括下列内容：

　　1 有毒、有害、易燃、易爆气体的监测；
　　2 厂区视频图像监视和安全防卫系统；
　　3 火灾报警系统。

6.4.4 中央控制室功能应符合下列规定：

　　1 应具有与上级区域监控中心通信的功能。
　　2 应通过模拟屏、操作终端等显示设备对污水处理厂生产过程进行监视。宜设置组合式显示屏，满足生产监视和视频图像综合显示的需要。

3 运行控制应通过操作终端实现对全厂的生产过程进行调节,对水质进行控制。通过布设在各区域的就地控制站实现。

4 应在中央控制室完成运行参数统计、设备管理、报表等运行管理功能。

5 应具有手动、自动两种控制方式转换功能。

6 操作界面应具有汉化的图形化人机接口。

7 操作画面应包括:污水处理厂总电气图和各分变电所的电气图、厂总平面布置图和每个单体的局部平面布置图、厂总工艺流程图和每个单体的局部工艺流程图、剖面图、高程图、报警清单、参数设定。

6.4.5 就地控制站功能应符合下列规定:

1 应具有数据采集、处理和控制功能。现场站操作画面包括:现场站的电气图、现场站平面布置图、区域工艺流程图、剖面图、高程图、报警清单、参数设定。

2 操作界面应具有手动、自动两种控制方式转换功能。

3 操作界面应具有汉化的图形化人机接口。

6.4.6 中控室和就地控制站的操作界面分类分层的显示和控制方式应符合本规程第 4.4.9～4.4.11 条的规定。

6.5 检测和监视点设置

6.5.1 进水水质和出水水质检测应包括下列内容:

1 酸碱度/温度(pH/T);

2 总磷(TP);

3 氨氮(NH_3-N);

4 硝氮(NO_3-N);

5 化学需氧量(COD);

6 生化需氧量(BOD)。

6.5.2 集水池宜设置下列监视和控制点:

1 粗格栅池内设置液位计或液位差计,液位差值控制格栅的清污动作;

2 封闭的格栅间内设置硫化氢检测仪;

3 格栅除污机、输送机、压榨机和闸门的监视和控制。

6.5.3 进水泵房宜设置下列监视和控制点:

1 进水井内设超声波液位计,液位测量值作为进水泵的控制依据;

2 泵出水管设电磁流量计,作为污水处理厂的处理量的计量;

3 水泵监视和控制及泵出口阀的联动控制。

6.5.4 沉砂池宜设置下列监视和控制点:

1 细格栅池内设超声波液位差计,液位值作为沉砂池控制参数,控制细格栅的清污动作;

2 封闭的细格栅井内设分体式硫化氢检测仪,监测有害气体浓度;

3 出水井内设置固体悬浮物浓度(SS)检测;

4 出水井内设置酸碱度/温度(pH/T)、总磷(TP)检测;

5 电动闸门、阀门和除砂设备的监视和控制。

6.5.5 生物池宜设置下列监视和控制点:

1 厌氧区中间和生物池出水端设置污泥浓度(MLSS)检测仪;

2 好氧区曝气总管和分管上设气体流量计;

3 厌氧区和缺氧区分别设氧化还原电位(ORP)检测仪;

4 好氧区的鼓风曝气稳定区设溶解氧(DO)检测仪,机械曝气机下游稳定区设溶解氧(DO)检测仪;

5 厌氧区入口稳定区设溶解氧(DO)检测仪;

6 缺氧区入口稳定区设溶解氧(DO)检测仪;

7 生物池出水端设溶解氧(DO)检测仪;

8 厌氧区末端设氨氮(NH_3-N)、硝氮(NO_3-N)分析仪(或 C_2 综合分析仪);

9 电动闸门、阀门、搅拌机、内回流泵、曝气机、气体调节阀、电动堰门的监视控制。

6.5.6 初沉池、二沉池宜设置下列监视和控制点:

1 二沉池设污泥界面仪,检测污泥泥位;

2 吸刮泥机、配水/泥闸门或电动堰板、闸门、排泥阀门的监视和控制。

6.5.7 鼓风机房宜设置下列监视和控制点:

1 空气总管设压力变送器、温度变送器和气体流量计;

2 鼓风机风量、风压和过滤器的监视和控制;

3 鼓风机、变频器、导叶的运行监视和控制。

6.5.8 回流及剩余污泥泵房宜设置下列监视和控制点:

1 回流污泥浓度(MLSS)检测;

2 设分体式超声波液位计,控制污泥泵的运行;

3 设浮球液位开关,防止回流及剩余污泥泵的干运行;

4 回流污泥泵出泥管道上设电磁流量计,计量回流污泥和剩余污泥量;

5 回流污泥泵、剩余污泥泵及变频泵的监视和控制。

6.5.9 出口泵房及出水井宜设置下列监视和控制点:

1 前池内和出水井内设分体式超声波液位计;

2 设出水泵监视、运行控制或按需要设出水量调节系统(出水泵变频调速或导叶角调节)。

6.5.10 储泥池宜设置下列监视和控制点:

1 设置分体式超声波泥位计,根据泥位控制储泥池泥泵的运行循环及控制储泥池的进、排泥;

2 设搅拌机、浆液阀及泥泵监视和控制。

6.5.11 污泥浓缩池宜设置下列监视和控制点:

1 设污泥流量计和加药流量计,以污泥流量控制污泥浓缩机组的运行;

2 设污泥界面计，检测污泥泥位；
3 设污泥浓缩机组监视和控制。

6.5.12 污泥消化池宜设置下列监视和控制点：

1 进泥管设电磁流量计、温度变送器和pH变送器；
2 出泥管设温度变送器，池顶设雷达液位计、气相压力变送器；
3 中部设温度变送器；
4 产气管设沼气流量计；
5 可燃气体检测仪；
6 设有搅拌机、污泥泵和热水泵的监视和控制。池顶设压力和真空安全阀。

6.5.13 污泥浓缩脱水机房宜设置下列监视和控制点：

1 进泥管和加药管设流量计，控制脱水机进泥量和加药量；
2 设带双探头的硫化氢检测仪，检测探头分别设在工作间和污泥堆放间；
3 设脱水机监视和控制及污泥输送、储存、装车的监控。

6.5.14 沼气柜宜设置下列监视和控制点：

1 设甲烷探测器，以检测可燃气体的浓度；
2 设压力仪，检测压力并报警和连锁保护；
3 设沼气增压机气动蝶阀监视和控制。沼气柜高度和压力的监测、报警、连锁保护。

6.5.15 沼气锅炉房宜设置下列监视和控制点：

1 沼气进气管设沼气流量计；
2 设压力变送器和水位计，根据锅炉水位调节补水量；
3 进水管设温度变送器；
4 出水管设温度变送器、压力变送器和流量计，根据锅炉出水温度调节燃气流量；
5 储水池设超声波液位计，监测储水池液位；
6 设置甲烷探测器，检测可燃气体的浓度；
7 设沼气增压泵、沼气锅炉排水泵、循环泵的监视和控制。

6.5.16 污水处理厂应设置出水流量计量，计量排放水量。

6.5.17 出水高位井排放口宜设置分体式超声波液位计，监测排放口液位。

6.5.18 消毒池宜设置下列监视和控制点：

1 余氯检测仪（加氯消毒工艺）；
2 消毒装置的监视和控制（加氯消毒、紫外线消毒或其他消毒工艺）。

6.6 检测和测量技术要求

6.6.1 液位、泥位的测量宜采用超声波液位计或液位差计。技术要求应符合本规程第4.5.1条的规定。

6.6.2 污水管道满管流量测量宜采用电磁流量计。技术要求应符合本规程第4.5.2条的规定。

6.6.3 污水处理厂设备管道压力测量宜采用压力变送器。技术要求应符合本规程第4.5.3条的规定。

6.6.4 温度测量应符合本规程第4.5.4条的规定。

6.6.5 宜采用硫化氢检测仪测量封闭式格栅井和污泥脱水机房的硫化氢浓度。技术要求应符合本规程第4.5.5条的规定。

6.6.6 溶解氧（DO）检测应符合下列规定：

1 分辨率应为0.05mg/L。信号表示单位是mg/L。
2 具有探头自动清洗功能。
3 传感器采用便于举升探头的池边安装支架；变送器采用单柱安装支架和遮阳板（罩）。

6.6.7 固体悬浮物浓度（SS）检测应符合下列规定：

1 分辨率应为0.01mg/L。信号表示单位是mg/L。
2 传感器具有旋转刮片组成的自动清洁装置。
3 传感器采用池边安装支架或管道安装方式；变送器采用单柱安装支架。

6.6.8 氨氮（NH_3-N）、硝氮（NO_3-N）检测应符合下列规定：

1 精度应小于显示值±0.5％。信号表示单位是mg/L。
2 防护等级为：IP54，自动标定、自动清洗。
3 宜采用离子选择电极法或比色法；当采用离子选择电极法时，应在现场采用便于举升传感器的池边安装支架，变送器采用单柱安装且保护箱外应设遮阳装置。当采用比色法时，应同时成套提供可自动空气反吹清洗的完整的取样及预处理系统，包括从测量点取样用的取样泵（可选）、取样管道、各种附件等装置。进水水质分析必须提供粗、细过滤装置。

6.6.9 污泥泥位检测应符合下列规定：

1 精度应为显示值的1％，分辨率应为0.03m。信号表示单位是m。
2 传感器应具有自动清洗装置。
3 传感器采用池边安装支架；变送器采用单柱安装支架。

6.6.10 气体流量测量应符合下列规定：

1 精度应为显示值的0.5％。信号表示单位是m^3/s。
2 变送器防护等级为：IP65。沼气流量计应采用防爆形式。
3 宜采用热扩散气体检测原理。

6.6.11 酸碱度/温度（pH/T）值检测应符合下列规定：

1 精度应小于测量值的0.75％，分辨率为：pH=0.01，T=0.1℃。T信号表示单位是℃。
2 传感器采用池边安装不锈钢支架。

6.6.12 氧化还原电位ORP检测仪测量应符合下列

规定：
　　1 精度应小于显示值的0.5%。信号表示单位是mV。
　　2 传感器采用池边安装不锈钢支架。
6.6.13 甲烷检测和报警应符合下列要求：
　　1 沼气锅炉房采用甲烷探测器检测可燃气体的浓度。检测报警装置的主要技术参数应符合表6.6.13的规定。

表6.6.13 甲烷可燃气体检测报警装置的主要技术参数

参 数 名 称	选 取 值
监测范围 V/V%	0～10
显示方式	现场数字显示，控制室显示
检测误差（%）	≤3
报警阈值 V/V%	1
响应时间（s）	≤60（满量程90%）
防爆性能	本安防爆

6.6.14 余氯分析的精度应为±5%。信号表示单位是mg/L。
6.6.15 总磷（TP）分析应符合下列规定：
　　1 精度应为显示值的±2%。信号表示单位是mg/L。
　　2 宜采用比色法并应同时提供可自动清洗的完整的取样及预处理系统，包括从测量点取样用的取样探头、取样管道、各种附件等装置。对于进水水质分析仪应提供粗、细两套过滤装置。
6.6.16 化学需氧量（COD）测量应符合下列规定：
　　1 当COD值大于100mg/L时，精度应小于显示值的±10%。当COD值小于或等于100mg/L时，精度应小于显示值±6mg/L，分辨率为1mg/L。信号表示单位是mg/L。
　　2 探头具有机械自清洗功能。
　　3 传感器采用池边安装不锈钢支架。
6.6.17 生化需氧量（BOD）测量应符合下列规定：
　　1 精度应为显示值的±10%，分辨率为1mg/L。信号表示单位是mg/L。
　　2 探头具有机械自清洗功能。
　　3 传感器采用池边安装不锈钢支架。
6.6.18 分析仪器试剂应选用低毒、无害和低耗量。

6.7 设备控制技术要求

6.7.1 设备的控制位置和优先级应符合下列规定：
　　1 污水处理厂设备的控制优先级由高至低依次为：现场控制/机旁控制、配电盘控制、就地（单体）控制、中央控制，较高优先级的控制可屏蔽较低优先级的控制；每一级控制均应设置选择开关（如图6.7.1所示）。

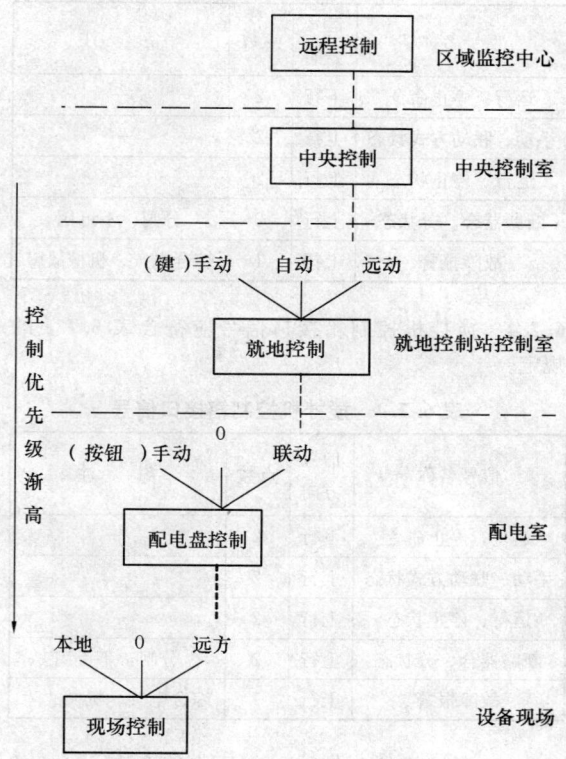

图6.7.1 污水处理厂设备控制优先级关系

　　2 现场控制/机旁控制应符合本规程第4.6.1条第1款的规定。
　　3 配电盘控制应符合本规程第4.6.1条第2款的规定。
　　4 现场控制/机旁控制和配电盘控制由厂内供配电系统实施，可对现场站设备手动控制而不依赖于厂内自动化控制系统。
　　5 就地控制：一般在污水处理厂各现场的就地控制站内完成，是通过就地控制站自动化控制系统实施的控制，具有手动和自动两种控制方式。
　　6 中央控制：一般在污水处理厂综合楼的中央控制室内完成。宜通过中央控制系统操作界面的按键（或设定的功能键）完成调度和控制。系统控制水平高的污水处理厂则按照控制模型产生的控制模式自动地生成控制命令或由人工对控制模式确认以后下达控制命令，给相关的就地控制器执行。厂内各机械设备的联动亦由就地控制站的控制器根据要求完成。
　　7 污水处理厂应有与区域监控中心通信的功能。
6.7.2 水泵、格栅除污机、输送机、压榨机、闸门、阀门（包括配水/泥闸门、电动堰板排泥阀门）、除臭装置、通风、控制应符合本规程第4.6.2～4.6.6条的规定。
6.7.3 刮砂机、吸刮泥机控制箱接口信号应符合表6.7.3的规定。

表 6.7.3 刮砂机、吸刮泥机控制箱接口信号

信号名称	信号方向	点数	备注
运行、停止命令	下行	2	—
手动、联动方式状态	上行	2	—
运行、停止状态	上行	2	—
断路器合、分状态	上行	2	分闸：不可用
故障报警	上行	1	综合电气、机械故障

6.7.4 搅拌机控制箱接口信号应符合表 6.7.4 的规定。

表 6.7.4 搅拌机控制箱接口信号

信号名称	信号方向	点数	备注
运行、停止命令	下行	2	—
手动、联动方式状态	上行	2	—
运行、停止状态	上行	2	—
断路器合、分状态	上行	2	分闸：不可用
故障报警	上行	1	综合电气、机械故障

6.7.5 压缩机控制箱接口信号应符合表 6.7.5 的规定。

表 6.7.5 压缩机控制箱接口信号

信号名称	信号方向	点数	备注
运行、停止命令	下行	2	—
手动、联动方式状态	上行	2	—
运行、停止状态	上行	2	—
断路器合、分状态	上行	2	分闸：不可用
故障报警	上行	1	综合电气、机械故障

6.7.6 鼓风机的控制应符合下列规定：
 1 由配套的现场控制箱实施启动控制、运行保护和转速控制（变频）或进口导叶片角度控制以及风机组内部设备联动控制。
 2 就地控制系统通过控制箱实施对鼓风机的启动停止和输出风量的调节控制。
 3 控制箱接口信号应符合表 6.7.6 的规定。

表 6.7.6 鼓风机控制箱接口信号

信号名称	信号方向	点数	备注
运行、停止命令	下行	2	—
手动、联动方式状态	上行	2	—

续表 6.7.6

信号名称	信号方向	点数	备注
运行、停止状态	上行	2	—
断路器合、分状态	上行	2	分闸：不可用
故障报警	上行	1	综合电气、机械故障
鼓风机转速（变频）	下行	1	—
鼓风机出风量	下行	1	—
鼓风机电动机电流	上行	1	—
风机出风口压力	上行	1	—
控制给定	下行	1	—

6.7.7 电动调节阀的控制应符合下列规定：
 1 采用曝气工艺的生物池相应的空气管道上应设置空气量检测和电动调节阀。
 2 设置现场控制箱，按运行要求驱动电动调节阀控制生物池的进气量。
 3 就地控制系统通过控制箱实施对调节阀的启动停止和开度的调节控制。
 4 控制箱接口信号应符合表 6.7.7 的规定。

表 6.7.7 调节阀控制箱接口信号

信号名称	信号方向	点数	备注
运行、停止命令	下行	2	—
手动、联动方式状态	上行	2	—
全开、全闭状态	上行	2	—
断路器合、分状态	上行	2	分闸：不可用
故障报警	上行	1	综合电气、机械故障
开启度反馈	上行	1	—

6.7.8 污泥泵控制箱接口信号应符合表 6.7.8 的规定。

表 6.7.8 污泥泵控制箱接口信号

信号名称	信号方向	点数	备注
运行、停止命令	下行	2	—
手动、联动方式状态	上行	2	—
运行、停止状态	上行	2	—
断路器合、分状态	上行	2	分闸：不可用
故障报警	上行	1	综合电气、机械故障
污泥泵电动机电流	上行	1	—

6.7.9 污泥浓缩机组的控制应符合下列规定：
 1 机组综合控制装置提供污泥浓缩机组的基本启动、停止逻辑控制和相关的污泥进料泵、加药泵、

混合装置、反应器、污泥浓缩机、厚浆泵、增压泵等设备的联动控制。

2 控制箱接口信号应符合表 6.7.9 的规定。

表 6.7.9 污泥浓缩机组控制箱接口信号

信号名称	信号方向	点数	备注
运行、停止命令	下行	2	—
手动、联动方式状态	上行	2	—
断路器合、分状态	上行	2	分闸：不可用
进料泵运行、停止状态	上行	2	—
加药泵运行、停止状态	上行	1	—
混合装置运行、停止状态	上行	1	—
反应器运行、停止状态	上行	1	—
污泥浓缩机组运行、停止状态	上行	1	—
厚浆泵运行、停止状态	上行	1	—
增压泵运行、停止状态	上行	1	—
进料泵故障报警	上行	1	—
加药泵故障报警	上行	1	—
混合装置故障报警	上行	1	—
反应器故障报警	上行	1	—
污泥浓缩机组故障报警	上行	1	—
厚浆泵故障报警	上行	1	—
增压泵故障报警	上行	1	—

6.7.10 污泥脱水机组的控制应符合下列规定：

1 综合控制装置提供污泥脱水机组的基本启动、停止逻辑控制和相关的污泥切割机、污泥供料泵、加药泵、润滑、冷却、清洗等设备的联动控制。

2 脱水机组控制箱接口信号应符合表 6.7.10 的规定。

表 6.7.10 脱水机组控制箱接口信号

信号名称	信号方向	点数	备注
运行、停止命令	下行	2	—
手动、联动方式状态	上行	2	—
断路器合、分状态	上行	2	分闸：不可用
故障报警	上行	2	综合电气、机械故障
润滑系统运行、停止状态	上行	1	—
润滑系统故障报警	上行	1	—
冷却系统运行、停止状态	上行	1	—
冷却系统故障报警	上行	1	—
清洗状态	上行	1	—
污泥切割机工作电流	上行	1	—

续表 6.7.10

信号名称	信号方向	点数	备注
污泥供料泵工作电流	上行	1	—
污泥脱水机工作电流	上行	1	—
单组污泥脱水系统电量	上行	1	—
絮凝剂加注流量	上行	1	—

6.7.11 紫外线消毒装置接口信号应符合表 6.7.11 的规定。

表 6.7.11 紫外线消毒装置控制箱接口信号

信号名称	信号方向	点数	备注
运行、停止命令	下行	2	—
手动、联动方式状态	上行	2	—
运行、停止状态	上行	2	—
断路器合、分状态	上行	2	分闸：不可用
故障报警	上行	1	综合电气、机械故障

6.7.12 加氯机控制箱接口信号应符合表 6.7.12 的规定。

表 6.7.12 加氯机控制箱接口信号

信号名称	信号方向	点数	备注
运行、停止命令	下行	2	—
手动、联动方式状态	上行	2	—
运行、停止状态	上行	2	—
断路器合、分状态	上行	2	分闸：不可用
故障报警	上行	1	综合电气、机械故障

6.8 电力监控技术要求

6.8.1 电力监控技术要求应符合本规程第 4.7 节的有关规定。

6.9 防雷与接地

6.9.1 本安线路、本安仪表应可靠接地。本质安全型仪表系统的接地宜采用独立的接地极或接至信号回路的接地极上。

6.9.2 用电仪表的外壳、仪表盘、柜、箱、盒和电缆槽、保护管、支架地座等，在正常条件下不带电的金属部分由于绝缘破坏而有可能带电者，均应做保护接地。

6.9.3 信号回路的接地点应设在显示仪表侧。

6.9.4 控制系统宜建立统一接地体（总等电位连接板），综合控制箱、柜内的保护接地、信号回路接地、屏蔽接地应分别接到各自的接地母线上，再由各母线接到总等电位连接板。

6.9.5 防雷与接地还应符合本规程第 4.8.1～4.8.4 条的规定。

6.10 控制设备配置要求

6.10.1 污水处理厂控制设备配置要求应符合本规程第 4.9 节的有关规定。

6.10.2 工艺监控应配备 2 台工作站组成双机热备，1 台用于正常工艺监控，另 1 台为备用。2 台监控计算机的硬件和软件的配置应相同，功能和监控的对象应能互换。

6.10.3 污水处理厂电力监控宜专门配备 1 台工作站。运行故障时，应由工艺备用工作站替代工作。

6.10.4 生物池节能运转应独立配置控制模型运行和模拟的工作站 1 台。

6.10.5 数据管理宜由 2 台服务器组成双机热备。

6.10.6 污水处理厂中控室与各现场就地控制站间的光纤通信宜采用环形或星形组网方式。

6.10.7 大型污水处理厂中央控制系统宜考虑与工厂管理信息系统（MIS）互连。

6.11 安全和技术防范

6.11.1 污水处理厂应设置电视监控系统，并应符合下列规定：

1 厂内所有摄像机应连接视频矩阵切换器，将视频信号选择切换到主监视器。主监视器或数字录像机可以显示任何一台摄像机的视频信号。

2 安装在外场的摄像机应具有防振和防雷措施。

3 摄像机的选择应符合下列规定：
　1）采用 $\frac{1}{4}''$～$\frac{1}{2}''$ CCD；
　2）信号制式为 PAL；
　3）清晰度不应小于 450TVL；
　4）最低照度宜为 1.0lx；
　5）视频输出为 $1.0V_{pp}$；
　6）阻抗 75Ω（BNC）；
　7）外罩应配置通风加热器、刮水器。

4 室外云台旋转角：水平宜为 355°，垂直宜为 ±90°。

5 室外解码器控制输入接口可接受 RS422、RS485 或曼彻斯特码。通信速率宜为 1200～19200bps。

6 视频矩阵切换器的选择应符合下列规定：
　1）输入信号为 $1.0V_{p-p}±3dB$，75Ω；
　2）输出信号为 $1.0V_{p-p}±0.5dB$，75Ω；
　3）信噪比不应小于 60dB；
　4）控制接口可为 RS232C 或 RS485；
　5）应配操纵摇杆和编程键盘。

7 彩色监视器选择应符合下列规定：
　1）清晰度不应小于 450TVL；
　2）输入信号为 $1.0V_{pp}±3dB$；
　3）频率响应应优于 10MHz（-3dB）。

8 监视器应安装在固定的机架和机柜上；具有散热、电磁屏蔽性能；屏幕避免外来光直射；外部可调节部分易于操作和维护。

6.11.2 厂区周边的围墙可按管理要求设置周界防卫系统，控制主机和报警盘设在门卫室；发生报警时应与电视监控系统联动。

6.11.3 火灾报警控制器应根据消防要求设置，宜设在中央控制室。

6.11.4 根据管理要求，在污水处理厂重要的出入口通道可设置门禁系统。

6.11.5 在爆炸危险场所安装的自动化系统的仪表和材料，必须具有符合国家现行防爆质量标准的技术鉴定文件或防爆等级标志；其外部应无损伤和裂缝。

6.11.6 自动化系统的设备和仪表防爆应符合下列规定：

1 污泥消化池、沼气过滤间、沼气压缩机房、沼气脱硫间、沼气柜、沼气鼓风机、沼气火炬、沼气锅炉房、沼气发电机房、沼气鼓风机房等设备和防爆场所宜按 1 区考虑，仪表应选用本质安全型。

2 敷设在易爆炸和火灾危险场所的电缆（线）保护管应符合下列规定：
　1）保护管与现场仪表、检测元件、仪表箱、接线盒和拉线连接时应安装隔爆密封管件，并做好充填密封；保护管应采用管卡固定牢固，不应焊接固定。密封管件与仪表箱、分线箱接线盒及拉线盒间的距离不应超过 0.45m。
　2）全部保护管系统必须确保密封。

3 安装在易爆炸和火灾危险场所的设备引入电缆时，应采用防爆密封填料进行密封。

4 沼气过滤间、压缩机房及污泥泵房均应考虑通风设施，并应防止沼气进入或从管道中漏出。

5 控制室电线电缆沟出口处应采取措施以防止室外沼气逸出后进入沟内。

6 沼气锅炉房应采用甲烷探测器检测可燃气体的浓度。

6.12 控制软件

6.12.1 操作系统应选择多任务多用户网络操作系统，中文版本，具有开放式的软件接口。

6.12.2 关系型数据库应具有标准的外部数据接口，能与其他控制软件和数据库交换数据。

6.12.3 应用软件应包括下列功能：

1 采用图控软件组态设计中控室的运行监控软件，具有中文界面，操作提示和帮助系统。提供污水处理厂总平面布置图、局部平面布置图、工艺流程图、设备布置图、高程图、剖面图、电气接线图、报警清单等，并在图形界面上实现对设备的操作、控制和运行参数设定。

2 提供整个监控系统运行的各种数据参数、各机械电气设备状态以及各接口设备状态的实时数据库及历史数据库，并具有在线查询、修改、处理、打印等数据库管理软件，能与管理信息系统（MIS）联网操作。

3 具有强而有效的图形显示功能。在确定监控画面后，可对监控对象进行形象图符设计、组态、链接、生成完整的实时监控画面，使用户能在监视器（CRT）上查询到各种监控对象的动态信息及故障。

4 日常的数据管理，对采集到的各种数据经计算、处理、分类，自动生成各种数据库及报表，供实时监测、查询、修改、打印；数据管理还包括生成后的报表文件的修改或重组。

5 设备管理应符合本规程4.11.4条第4款的规定。

6 对设备运行数据、流量数据、扬程数据、能耗数据进行记录和综合分析，提供节能控制模型的模拟和节能运行建议。能耗管理宜包括下列内容：

　　1）电力消耗；
　　2）化学药剂消耗；
　　3）给水消耗；
　　4）燃料计量。

7 完成各类数据的采集和通信网络的管理。

6.13 控制系统接口

6.13.1 就地控制系统与电气设备和仪表的接口如图6.13.1所示，各接口的功能应符合表6.13.1的规定。

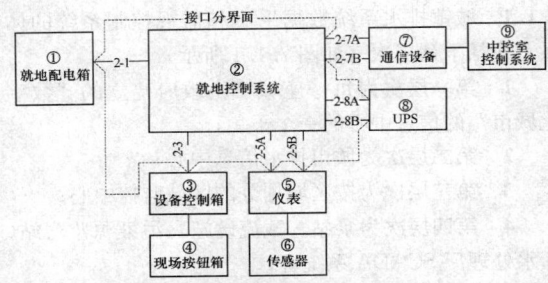

图6.13.1 就地控制系统与电气设备和仪表的接口示意图

表6.13.1 就地控制系统与电气设备和仪表的接口

编号	界面位置	功能	备注
2-1	就地配电箱供电电缆馈出端	接取就地控制系统的工作电源	—
2-3	各机电设备控制箱的控制信号端子排或插座	监控设备运行	参见本规程6.7节
2-5A	仪表的工作电源端子排	提供仪表工作电源	参见本规程6.6节
2-5B	仪表的信号输出端子排或插座	采集仪表的检测数据和工作状态	参见本规程6.6节
2-7A	就地控制站控制机柜内的通信电源端子排	提供中控室控制通信设备的工作电源	—
2-7B	就地控制站控制机柜内的远程监控通信插座	提供中控室控制通信接口	参见本规程6.4.4条
2-8A	UPS的电源输入和电源输出端子排	提供和接取UPS电源	—
2-8B	UPS监控信号端子排或插座	监控UPS运行	参见本规程4.9.13条

6.13.2 就地控制系统与电力设备的接口如图6.13.2所示，各接口的功能应符合表6.13.2的规定。

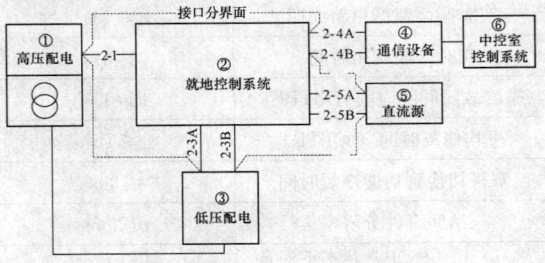

图6.13.2 就地控制系统与电力设备的接口示意图

表6.13.2 就地控制系统与电力设备的接口

编号	界面位置	功能	备 注
2-1	高压开关柜二次端子排或信号插座	监控高压开关设备和变压器运行	参见本规程4.7节
2-3A	低压配电柜供电电缆馈出端	接取现场站控制系统的工作电源	—

续表 6.13.2

编号	界面位置	功能	备注
2-3B	低压开关柜二次端子排或信号插座	监控低压开关设备运行	参见本规程 4.7 节
2-4A	就地控制站控制机柜内的通信电源端子排	提供中控室控制通信设备的工作电源	—
2-4B	就地控制站控制机柜内的远程监控通信插座	提供中控室控制通信接口	参见本规程 6.4.4 条
2-5A	直流源的电源输入和电源输出端子排	提供和接取直流源电源	—
2-5B	直流源监控信号端子排或插座	监控直流源运行	—

6.13.3 在有关接口描述的文件中需明确的内容应符合本规程第 4.12.3 条的规定。

6.14 系统技术指标

6.14.1 污水处理厂自动化系统技术指标应符合表 6.14.1 的规定。

表 6.14.1 系统技术指标

技术指标	规定数值
数据扫描周期	≤100ms
数据传输时间	≤500ms（PLC 至上位机）
控制命令传送时间	≤1s（上位机至 PLC）
实时画面数据更新周期	≤1s
实时画面调用时间	≤3s
平均故障间隔时间（MTBF）	≥17000h
平均修复时间（MTTR）	≤1h
双机切换到功能恢复时间	≤30s
站间事件分辨率	≤20ms
计算机处理器的负荷率 正常状态下任意 30min 内	<30%
计算机处理器的负荷率 突发任务时 10s 内	<60%
LAN 负荷率 正常状态下任意 30min 内	<10%
LAN 负荷率 突发任务时 10s 内	<30%
通信故障恢复时间	≤0.5s

6.15 计 量

6.15.1 系统应对设备运行记录及控制模式进行综合考虑，使系统能在最低的消耗下发挥最大的效率。计量宜包括下列内容：
  1 污水量；
  2 污泥量；
  3 给水量；
  4 用电量；
  5 用气量；
  6 化学药剂（包括混凝剂、助凝剂、絮凝剂及其他添加剂等）量；
  7 加氯量或其他消毒剂量。
6.15.2 计量应有记录、测算、显示和打印。

6.16 设备安装技术要求

6.16.1 中央控制室宜设在污水处理厂综合楼内，控制室应设置模拟屏、计算机（含工作站、服务器）、打印机、操作台椅、通信机柜、UPS 和网络设备等。
6.16.2 就地控制站自动化设备（包括 UPS）均应安装在控制机柜内，控制机柜要求应符合本规程第 4.14.1 条的规定。
6.16.3 中央控制室和就地控制站布置要求应符合本规程第 4.14.2～4.14.6 条的规定。
6.16.4 污水处理厂电缆和电缆桥架安装技术要求应符合本规程第 4.14.7～4.14.16 条的规定。

6.17 系统的调试、检验、试运行

6.17.1 自控设备、自动化仪表的调试、检验和试运行应符合本规程第 4.15 节的有关规定。
6.17.2 闭路监视电视系统安装施工质量的检验阶段、检验内容、检测方法及性能指标要求应符合现行国家标准《民用闭路监视电视系统工程技术规范》GB 50198 的有关规定。
6.17.3 电视监控系统的检验应符合下列规定：
  1 电视监控系统图像画面清晰、稳定。
  2 电视监控系统与其他系统的联动功能达到设计的规定。

7 排水工程的数据采集和监控系统

7.1 系统建立

7.1.1 城镇排水系统数据采集和监视控制系统的体系宜包括下列层次（如图 7.1.1 所示）：
  1 第一层次为每一座城镇由政府建立的"数字化城市"的信息中心的一个子集；
  2 第二层次为城市排水信息中心；
  3 第三层次为按区域划分的区域监控中心；
  4 第四层次为泵站、截流设施、污染源监察站、污水处理厂 SCADA 系统等；
  5 第五层次为现场数据采集与监视控制的配置要求。

7.1.2 信息层次的选择与确定必须与排水系统管理体制相匹配，并应符合下列要求：

1 对小型城镇可不考虑第三层次的建立。

2 对大型城市除了在区域范围内按流域或片区的排水分系统建立若干区域监控中心，采集本系统内泵站、截流设施、污染源以及污水处理厂的各类信息并建立双向通信以外，在居民比较集中的区（县）级城镇宜建立相对独立的信息分中心。

3 对防汛雨水泵站和污水泵站分开管理的体系，可分别建立区域监控中心。

7.1.3 污染源的监测点应设在排放污染废水的源头。监测信号应直接传送到区域监控中心或排水信息中心。

7.2 系统结构

7.2.1 城镇排水系统数据采集和监视控制（SCADA）系统的网络拓扑结构宜为星形（见图7.1.1）。

7.2.2 SCADA系统中远程站（第四层次）与所属区域监控中心（或信息中心）之间的通信网络应根据远程站的具体位置、规模和数据大小选择。

7.2.3 在长距离的广域通信中宜采用公共通信网络。

7.2.4 广域通信的网络拓扑结构为星形，采用的标准通信规约是IEC60870-5-101（基本远动配套标准）。宜配用"逢变则报"（RBE）原则，节约通信资源，提高通信效率。

7.2.5 通信信道应采用主、备配置方式以保证通信的可靠性。

7.2.6 现场设备与控制站之间的通信宜采用现场控制总线。

7.3 系统功能

7.3.1 排水信息中心应实现下列功能：

1 收集各区域监控中心上报经过统计处理以后的各区域排水系统的各项参数。包括泵站运行状态与设备状态；污水处理厂运行和控制状态以及设备状态；污染源的污染程度；按月、季、年上报的各类报表。

2 应按管理要求建立相应的数据库。

3 应向上级部门报告各项排水管理信息。

4 不宜直接向泵站或污水处理厂下达控制命令。

7.3.2 区域监控中心应实现下列功能：

1 收集所属各远程站（泵站、截流设施、污水处理厂、污染源）上报的经过预处理的各项参数，包括泵站运行状态、流量、雨量、设备状态；污水处理厂运行状态、处理流量、质量、设备状态等；污染源的污染值；按日、月上报的各类报表。

2 应对各被监视的参数实施报警功能，应实现设备状态失常或数据越限报警和记录。

3 对所管理的排水系统应实施排水管网的调度和控制模式的下载，宜采用的控制方式是下达控制命令，由接受方确认后执行。

4 不宜对所属泵站或污水处理厂的具体设备实施直接的操作或控制。

5 应按照管理要求建立相应的数据库。

6 应建立与排水信息中心的通信联系，并上报所规定的各类信息和报表。

7.3.3 远程站（泵站、截流设施、污染源、污水处理厂等）应实现下列功能：

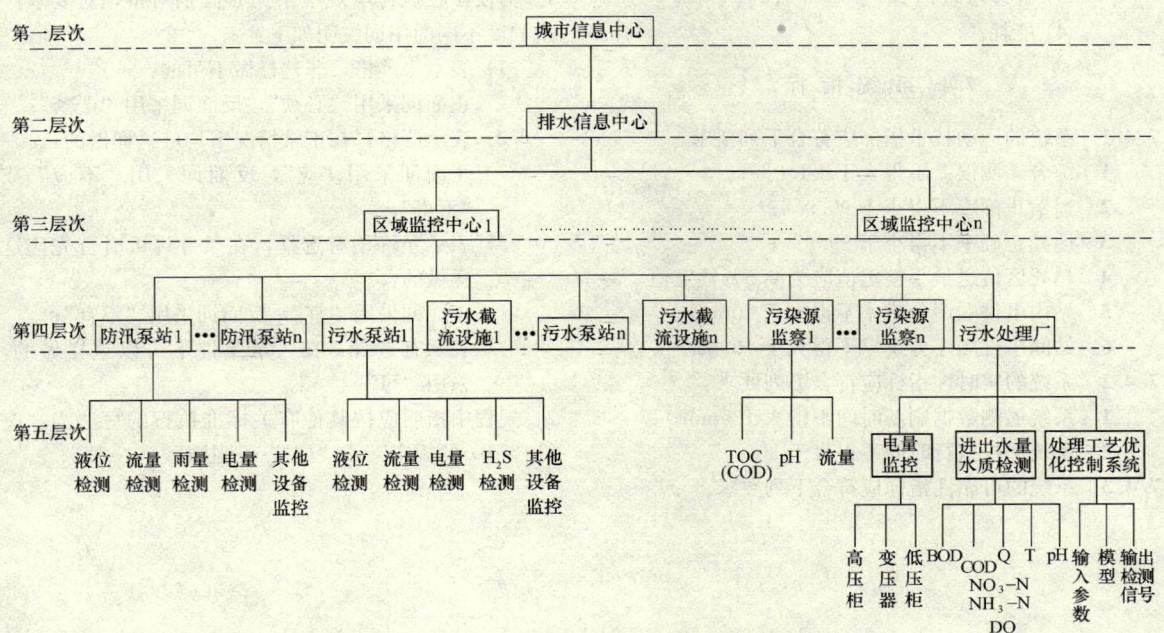

图 7.1.1 排水系统数据采集和监视控制系统体系

1 远程站应按一定采样周期采集现场状态信号和数据信息。

　　2 远程站所采集的数据应作数字滤波。并按一定要求作预处理，包括统计、记录等。应有冗余备份或容错支持。

　　3 远程站应有就地逻辑控制功能，提供设备运行的联动、连锁和控制；提供泵站的闭环运行控制或污水处理厂按预定运行模式执行的正常控制。

　　4 泵站应有远程监视和控制及泵站运行参数的远程调整。

　　5 污水处理厂应有应急预案的处置和按节能模型执行的模拟程序，当远程站运行出现异常时应有报警处理。

7.3.4 远程站主要参数实时监视和数据采集应符合下列规定：

　　1 对泵站（截流设施）的监视控制点为：
　　　1) 进水液位、出水液位；
　　　2) 流量（仅指污水泵站）；
　　　3) 耗电量；
　　　4) 雨量；
　　　5) 闸门。

　　2 对污染源的监视控制点为：
　　　1) TOC（COD）；
　　　2) pH；
　　　3) 流量。

　　3 对污水处理厂控制点为：
　　　1) 进水水质（BOD、COD、pH）；
　　　2) 排放水质（BOD、COD、TOC、DO、TP、NO_3-N、NH_3-N）；
　　　3) 处理水量；
　　　4) 能耗。

7.4 系统指标

7.4.1 系统的远动技术指标应符合下列要求：

　　1 综合遥测误差不得大于±1.0%；
　　2 遥信正确率不得小于99.9%；
　　3 遥控正确率不得小于99.9%；
　　4 越死区传送最小整定值应为0.5%额定值；
　　5 站内事件顺序分辨率不得大于20ms；
　　6 站间事件顺序分辨率不得大于100ms。

7.4.2 系统的实时性指标应符合下列要求：

　　1 系统遥测数据刷新时间不得大于5min；
　　2 系统遥控执行时间不得大于30s。

7.4.3 系统的可靠性指标应符合下列要求：

　　1 电缆通信的信道误码率不得大于10^{-6}，光缆通信的信道误码率不得大于10^{-9}；
　　2 单机系统可用率不应小于95%；
　　3 双机系统可用率不应小于99.8%。

7.5 系统设备配置

7.5.1 信息中心（分中心）、区域监控系统应建立C/S结构形式的信息系统，并应符合下列规定：

　　1 冗余配置的服务器：视系统范围的大小计算数据容量并按性价比配置设备。
　　2 冗余的工作站：按信息中心的功能要求和系统远期容量配置处理点数和程序模块。
　　3 冗余的网络：建立基于10/100/1000M以太网的局域网。
　　4 设路由器：建立与上层信息中心的联系。
　　5 设网关与MIS系统建立联系。
　　6 设模拟屏及其控制器。
　　7 设打印机和UPS。

7.5.2 系统中所配置的各类设备技术要求应符合本规程第4.9节的规定。

7.5.3 信息中心（分中心）、区域监控系统、污水处理厂控制中心、泵站信息层软件系统应包括系统软件、应用软件和通信软件。

7.5.4 各就地控制站的软件应包括可编程序逻辑控制器（PLC）的编程软件及操作界面的通信软件。

本规程用词说明

1 为便于在执行本规程条文时区别对待，对要求严格程度不同的用词说明如下：

　　1) 表示很严格，非这样做不可的：
　　　　正面词采用"必须"，反面词采用"严禁"；
　　2) 表示严格，在正常情况下均应这样做的：
　　　　正面词采用"应"，反面词采用"不应"或"不得"；
　　3) 表示允许稍有选择，在条件许可时首先应这样做的：
　　　　正面词采用"宜"，反面词采用"不宜"；
　　　表示有选择，在一定条件下可以这样做的，采用"可"。

2 规程中指明应按其他有关标准执行的写法为"应符合……的规定"或"应按……执行"。

中华人民共和国行业标准

城镇排水系统电气与自动化
工程技术规程

CJJ 120—2008

条 文 说 明

前 言

《城镇排水系统电气与自动化工程技术规程》CJJ 120-2008 经建设部 2008 年 2 月 26 日以建设部第 810 号公告批准、发布。

为便于广大设计、施工、科研、学校等单位有关人员在使用本规程时能正确理解和执行条文规定，《城镇排水系统电气与自动化工程技术规程》编制组按章、节、条顺序编制了本标准的条文说明，供使用者参考。在使用中如发现本条文说明有不妥之处，请将意见函寄上海市城市建设设计研究院（地址：上海浦东新区东方路 3447 号；邮政编码：200125）。

目　次

1　总则 …………………………………… 77—40
3　泵站供配电 …………………………… 77—40
　3.1　负荷调查与计算 ………………… 77—40
　3.2　供电电源 ………………………… 77—41
　3.3　系统结构 ………………………… 77—41
　3.4　无功功率补偿 …………………… 77—41
　3.5　操作电源 ………………………… 77—42
　3.6　短路电流计算与继电保护 ……… 77—42
　3.7　设备选择 ………………………… 77—44
　3.8　设备布置 ………………………… 77—46
　3.9　照明 ……………………………… 77—46
　3.10　接地和防雷 ……………………… 77—47
4　泵站自动化系统 ……………………… 77—48
　4.1　一般规定 ………………………… 77—48
　4.2　泵站的等级划分 ………………… 77—48
　4.3　系统结构 ………………………… 77—48
　4.4　系统功能 ………………………… 77—49
　4.5　检测和测量技术要求 …………… 77—50
　4.6　设备控制技术要求 ……………… 77—51
　4.7　电力监控技术要求 ……………… 77—52
　4.8　防雷与接地 ……………………… 77—53
　4.9　控制设备配置要求 ……………… 77—53
　4.10　安全和技术防卫 ………………… 77—55
　4.11　控制软件 ………………………… 77—55
　4.12　控制系统接口 …………………… 77—55
　4.14　设备安装技术要求 ……………… 77—56
　4.15　系统调试、验收、试运行 ……… 77—57
5　污水处理厂供配电 …………………… 77—58
　5.2　系统结构 ………………………… 77—58
　5.7　接地与防雷 ……………………… 77—59
6　污水处理厂自动化系统 ……………… 77—59
　6.2　规模划分与系统设置要求 ……… 77—59
　6.3　系统结构 ………………………… 77—59
　6.4　系统功能 ………………………… 77—60
　6.5　检测和监视点设置 ……………… 77—61
　6.7　设备控制技术要求 ……………… 77—62
　6.9　防雷与接地 ……………………… 77—63
　6.10　控制设备配置要求 ……………… 77—63
　6.11　安全和技术防范 ………………… 77—63
　6.12　控制软件 ………………………… 77—63
　6.13　控制系统接口 …………………… 77—63
　6.16　设备安装技术要求 ……………… 77—64
7　排水工程的数据采集和监控系统 …… 77—64
　7.1　系统建立 ………………………… 77—64
　7.2　系统结构 ………………………… 77—64
　7.3　系统功能 ………………………… 77—65
　7.5　系统设备配置 …………………… 77—65

1 总　　则

1.0.1 制定本规程的宗旨和目的。为了从整体上提高我国排水行业电气与自动化系统的建设与应用水平，进一步规范城镇排水行业电气与自动化系统的建设，保证系统的建设质量，为新建、扩建和改造城镇排水系统电气自动化工程提供可遵循的规程。

1.0.2 本规程适用范围为：

城镇中建设的雨水泵站、污水泵站的供配电系统。

城镇中建设的雨水泵站、污水泵站自动化系统所配置的仪表、数据采集和控制系统。

城镇中建设的污水处理厂的供配电系统。

城镇中建设的污水处理厂的自动化系统所配置的仪表、数据采集和控制系统。

城镇主干管网排水系统中所配置的若干泵站群和污水处理厂（或不含污水处理厂）的中央数据采集和控制系统或区域数据采集和控制系统。

本规程还适用于独立设置的污水截流设施。

本规程可在新建或更新改造城镇排水系统电气与自动化工程的全过程中参考使用。对项目的设计、施工、验收等各个阶段均有指导作用。

1.0.3 本规程在提出自动化系统程度和系统指标时，不仅考虑大型排水系统，亦考虑到大多数中小排水系统的实际需求。对操作繁重、影响安全、危害健康的工艺过程，应首先采用自动化设备。本规程不仅考虑电气与自动化的设计，亦考虑了施工和验收方面的需求。

3 泵站供配电

3.1 负荷调查与计算

3.1.1 泵站的供配电设计工程首要要确定泵站的用电负荷，应根据泵站的规模、工艺特点、泵站总用电量（包括动力设备用电和照明用电）等计算泵站负荷，所以设计前对这些因素必须进行调查。

1 泵站规模的调查应根据城市雨水、污水系统专业规划和有关排水系统所规定的范围、设计标准，工艺设计经综合分析计算后确定了泵站的近期规模，泵站站址应根据排水系统的特点，结合城市总体规划和排水工程专业规划确定。

5 一般不考虑外部环境对本泵站的影响。

3.1.2 电力负荷应根据对供电可靠性的要求及中断供电在政治、经济上所造成损失或影响的程度进行分级。

突然中断供电，给国民经济带来重大损失，使城市生活混乱者应为一级负荷。如大城市特别重要的污水、雨水泵站。

突然中断供电，停止供水或排水，将造成较大经济损失或给城市生活带来较大影响者，应为二级负荷。如大城市的大型泵站；中、小城市的主要水厂和大、中城市的污水、雨水泵站。

负荷的等级还应按工程规模和等级，所处环境确定，对于小容量、非重要或在周围难以取得相应电源的泵站可适当降低要求，以便节省投资。

3.1.4 本条主要介绍变压器选择的相关内容：

2 变压器的台数一般根据负荷性质、用电量和运行方式等条件综合考虑确定。排水泵站装设两台及以上变压器是考虑到变压器在故障和检修时，保证一、二级负荷的供电可靠性。同时当季节性负荷变化较大时，投入变压器的台数可根据实际负荷而定，做到经济运行，节约电能。

3 规定单台变压器的容量不宜大于1250kVA，一方面是由于选用1250kVA及以下的变压器对一般泵站的负荷密度来说更能接近负荷中心，另一方面低压侧总开关的断流容量也较容易满足。近几年来有些厂家已能生产大容量低压断路器及限流低压断路器，在民用建筑中采用1250kVA及1600kVA的变压器比较多，特别是1250kVA更多些，故推荐变压器的单台容量不宜大于1250kVA。

4 配置二台并联变压器，型号及容量相同便于运行和管理。

5 雨水、污水合建的泵站，雨水泵功率较大且不是经常使用，只有在汛期使用，而污水泵功率较小且经常使用，如合用一个变压器不够经济，所以将雨水、污水合建泵站的雨水泵和污水泵变压器分别设置比较合适。

3.1.5 关于10（6）kV/0.4kV的变压器联结组标号的规定。以D/Y_n-11和Y/Y_n-0结线的同容量的变压器相比较，尽管前者空载损耗与负载损耗略大于后者，但由于D/Y_n-11结线比Y/Y_n-0结线的零序阻抗要小得多，即增大了相零单相短路电流值，对提高单相短路电流动作断路器或熔断器的灵敏度有较大作用，有利于单相接地短路故障的切除，并且当用于单相不平衡负荷时，Y/Y_n-12结线变压器一般要求中性线电流不得超过低压绕组额定电流的15%，严重地限制了接用单相负荷的容量，影响了变压器设备能力的充分利用；由于三次及以上的高次谐波激磁电流在原边接成△形条件下，可在原边环流，有利于抑制高次谐波电流。因此推荐采用D/Y_n-11联结组标号变压器。

3.1.6 大容量的变压器应配有防护罩壳、风机和测温装置。测温装置应带有温度信号和高温报警信号输出。变压器柜应配测温装置。一旦变压器温度过高，自动打开风机通风降温，测温装置应有DC4～20mA模拟量温度信号和无源触点的高温报警信号输出至监控系统，并使中控室能及时了解变压器工况。

3.2 供电电源

3.2.1 选择供电电源不仅与负荷容量有关，与供电距离、供电线路的回路数有关。输送距离长，为降低线路电压损失，宜提高供电电压等级。供电线路回路多，则每回路的送电容量相应减少，可以降低供电电压等级。用电设备负荷波动大，宜由容量大的电网供电，也就是要提高供电电压的等级。用电单位所在地点的电网情况也是影响供电电压的因素。

3.2.2、3.2.3 对于二级负荷的供电方式，因其停电影响比较大，其服务范围也比一级负荷广，故应由两回路线路供电，供电变压器亦应有两台。只有当负荷较小或地区供电条件困难时，才允许由一回 6kV 及以上的专用架空线供电。这点主要考虑电缆发生故障后有时检查故障点和修复需时较长，而一般架空线路修复方便（此点和电缆的故障率无关）。当线路自配电所引出采用电缆线路时，必须要采用两根电缆组成的电缆线路，其每根电缆应能承受 100% 的二级负荷，且互为热备用。

3.2.4 我国电力系统已逐步由 10kV 取代 6kV 电压。因此，采用 10kV 有利于互助支援，有利于将来的发展。故当供电电压为 35kV 及以上时企业内部的配电电压宜采用 10kV；且采用 10kV 配电电压可以节约有色金属，减少电能损耗和电压损失，显然是合理的。

当泵站有 6kV 用电设备时，如采用 10kV 配电，则其 6kV 用电设备一般经 10kV/6kV 中间变压器供电。目前大、中型泵站中，6kV 高压电动机负荷较多，则所需的 10/6kV 中间变压器容量及其损耗就较大，开关设备和投资也增多，采用 10kV 配电电压反而不经济，而采用 6kV 是合理的。

对于 35kV、10kV、6kV 按电力系统对电压等级规定应称为"中压"，本规程为适应传统说法相对 0.4kV 低压而统称为高压。

3.2.6 国家对供电的电压等级有所规定，但是各个省市电网条件不同，不同等级供电电压的最大容量也不同。所以提出当泵站容量较小，且有条件接入 0.4kV 电源时，可直接采用 0.4kV 电源供电。

由于各泵站的性质、规模及用电情况不一，很难得出一个统一的规律，有关部门宜根据技术经济比较、发展远景及经验确定。

3.3 系统结构

3.3.1 常用的配电系统接线方式有放射式、树干式、环式或其他组合方式。

3.3.2 配电系统采用放射式，供电可靠性高，发生故障后的影响范围较小，切换操作方便，保护简单，便于管理，但所需的配电线路较多，相应的配电装置数量也较多，因而造价较高。

放射式配电系统接线又可分为单回路放射式和双回路放射式两种。前者可用于中、小城市的二、三级负荷给排水工程；后者多用于大、中城市的一、二级负荷给排水工程。

3.3.4 10kV 及以下配电所母线绝大部分为单母线或单母线分段。因一般配电所出线回路较少，母线和设备检修或清扫可趁全厂停电检修时进行。此外，由于母线较短，事故很少，因此，对一般泵站建造的配、变电所，采用单母线或单母线分段的接线方式已能满足供电要求。

3.4 无功功率补偿

3.4.1 补偿无功功率，经常采用两种方法，一种是同步电动机超前运行，一种是采用电容器补偿。同步电动机价格高，操作控制复杂，本身损耗也较大，不仅采用小容量同步电动机不经济，即使容量较大而且长期连续运行的同步电动机也逐步为异步电动机加电容器补偿所代替。特殊操作工人往往担心同步电动机超前运行会增加维修工作量，经常将设计中的超前运行同步电动机作滞后运行，丧失了采用同步电动机的优点，因此一般无功功率补偿不宜选用同步电动机。

工业所用的并联电容器价格便宜，便于安装，维修工作量、损耗都比较小，可以制成各种容量且分组容易，扩建方便，既能满足目前运行要求，又能避免由于考虑将来的发展使目前装设的容量过大，因此推荐采用并联电力电容器作为无功功率补偿的主要设备。

3.4.2 补偿方式可分为：

1 集中补偿：电容器组集中装设在泵站总降压变电所的高压侧或低压侧母线上。这种方式只能使供电系统减少无功功率引起的损耗。

2 分散补偿：电容器组分设在功率因数较低的分变电所（对于大型泵站和污水处理厂设分变电所）高压侧或低压侧母线上。这种方式能减少分变电所以上变电系统内无功功率引起的损耗。

3 单独就地补偿：对个别功率因数低的大容量感应电动机进行单独补偿。当电动机启动时，随之电容器投运，亦称之为随动补偿。

3.4.3 在选择补偿方式时，一般为了尽量减少线损和电压损失，宜就地平衡补偿，即低压部分的无功功率宜在低压侧补偿，仅在高压部分产生的无功功率宜在高压侧补偿。

3.4.4 对于较大负荷，平稳且经常使用的水泵、风机等用电设备（一般采用高压电动机）无功功率的补偿电容器宜单独就地补偿。高压电容器组宜在变配电所内集中装设。

3.4.5 补偿无功功率的电容器组宜在变配电所内集中设置；在环境允许的分变电所内低压电容器宜分散

补偿。

3.4.10 在电力设备中，受电网高次谐波影响最大的是并联电容器，这是因为电容器容抗值与电压频率成反比，在高次谐波电压作用下，因电容器 n 次谐波容抗是基波容抗值的几分之一，即使谐波电压值不很高，也可产生显著的谐波电流，造成电容器过电流。更多的情况是投入的电容器容抗与系统阻抗或负荷阻抗产生谐振，放大了高次谐波，使电容器承担超过规定的高次谐波电流，加速了电容器损坏。消除谐振的根本办法是在电容器回路中串入电抗器，使电容器和电抗器串联回路对电网中含量最高的谐波而言成为感性回路而不是容性回路，以消除产生谐波振荡的可能性。

3.5 操作电源

3.5.1 一般来说，交流操作电源只能供给变、配电所在正常情况下断路器控制、信号和继电保护自动装置的用电。在事故情况下，特别是变、配电所发生短路故障时，交流操作电源的电压将急剧下降，难以保证变、配电所的继电保护装置和信号系统及自动化系统正常工作。因此，特大、大、中型泵站变电所宜采用直流操作电源。对于采用交流操作电源的变、配电所，如要求在事故情况下能保证系统和自动装置正常工作，则应配备能自动投入的低压备用电源。

3.5.2 泵站变电所应选用免维护铅酸蓄电池直流屏为直流操作电源。对一些主接线简单且供电可靠性要求不高的变、配电所，也可采用带电容储能的硅整流装置作为直流操作电源。

3.5.4 交流操作投资省，建设快，二次接线简单，运行维护方便。但采用交流操作保护装置时，电流互感器二次负荷增加，有时不能满足要求。此外，交流继电器不配套，使交流操作的采用受到限制，因此推荐交流操作系统用于能满足继电保护要求、出线回路少的一般中、小型泵站变配电所。

3.6 短路电流计算与继电保护

3.6.1 当电力系统中发生短路故障时，将破坏系统的正常运行或损坏电路元件。为消除或减轻短路所造成的后果，应根据短路电流正确选择和校验电器设备，进行继电保护整定计算和选择限制短路电流的元件。短路电流计算时所采用的接线方式，应为系统在最大及最小运行方式下导体和电器安装处发生短路电流的正常接线方式，而不考虑临时的变化接线方式（例如，只在切换操作过程中并列的母线）。

在计算短路电流时，根据不同用途需要计算最大和最小短路电流，用于选设备容量或额定值需要计算最大短路电流，选择熔断器、整定继电保护及校核电动机起动所需要的是最小短路电流。

3.6.2 高压电路短路电流计算时，只考虑对短路电流影响大的变压器、电抗器、架空线及电缆等的阻抗，对短路电流影响小的因素（例如开关触点的接触电阻）不予考虑。由于变压器、电抗器等元件的电阻远小于其本身电抗，其电阻也不予考虑，但是，当架空或电缆线路较长时，电路总电阻的计算值大于总电抗的 1/3 时，则在计算短路电流时需计入电阻。

3.6.4 一般电力系统中对单相及两相短路电流均已采取限制措施，使单相及两相短路电流一般不会超过三相短路电流，因而短路电流计算中以三相短路电流为主；同时也以三相短路电流作为选择、校验电器和计算继电保护的主要参数。

3.6.5 以系统元件参数的标幺值计算短路电流，一般适用于比较复杂的高压供电系统；以系统短路容量计算短路电流，一般适用于比较简单的单电源供电系统；1kV 及以下的低压网络系统，因需计入电阻对短路电流的影响，一般以有名值计算短路电流比较方便。

3.6.7 以系统短路容量计算短路电流举例：

系统接线见图 1，图中 1 号电源为常用电源，2 号电源为备用电源，试计算变压器分列运行和并列运行时 6kV、10kV 母线的断路数据（用短路容量法计算）。

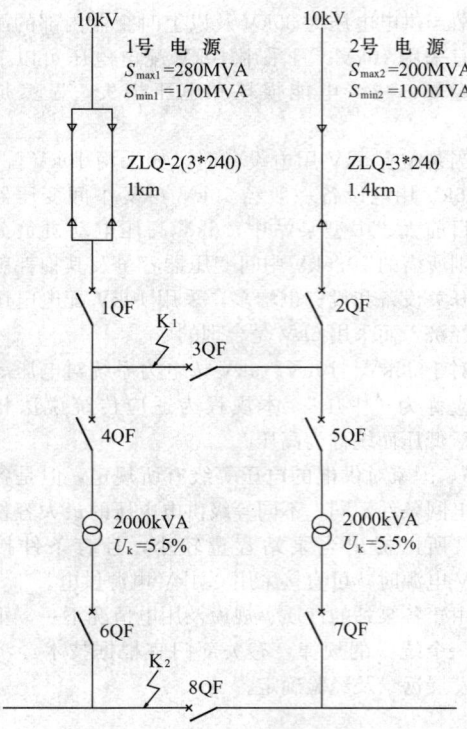

图 1 系统接线

【解】 **1** 计算各元件短路容量：

1）1 号电源最大运行方式短路容量：
$$S_1 = S_{max1} = 280MVA$$

2）1 号电源最小运行方式短路容量：

$$S_2 = S_{min1} = 170 \text{MVA}$$

3) 2号电源最大运行方式短路容量：
$$S_3 = S_{max2} = 200 \text{MVA}$$

4) 2号电源最小运行方式短路容量：
$$S_4 = S_{min2} = 100 \text{MVA}$$

5) 1km ZLQ-3×240 两条电缆并列短路容量：
$$S_5 = \frac{U_p^2}{Z} = \frac{10.5^2}{0.08/2} = 2756.25 \text{MVA}$$

6) 1.4km ZLQ-3×240 电缆短路容量：
$$S_6 = \frac{U_p^2}{Z} = \frac{10.5^2}{1.4 \times 0.08} = 984.4 \text{MVA}$$

7) 2000kVA 变压器短路容量：
$$S_7 = S_8 = \frac{100 S_p}{U_k \%} = \frac{2}{5.5\%} = 36.36 \text{MVA}$$

根据以上计算数据绘出系统等值短路容量见图2。

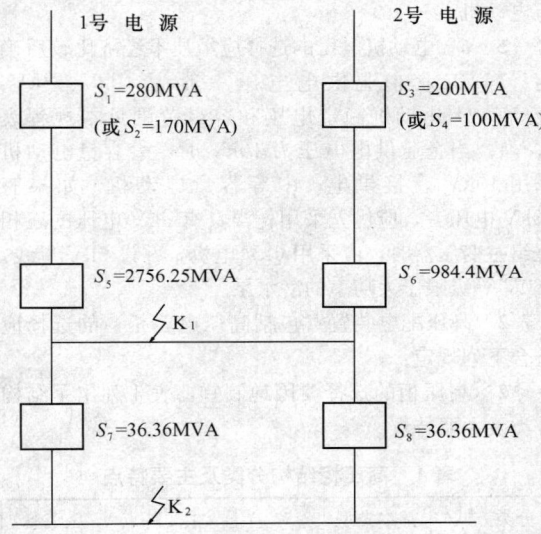

图2 系统等值短路容量

2 变压器分列运行，K_1点短路计算：1号电源最大运行方式工作时，变压器分列运行，K_1点短路的计算（等值短路容量见图3）：

1) 计算 K_1 点短路容量：
$$S_{d1max} = \frac{S_1 S_5}{S_1 + S_5} = \frac{280 \times 2756.25}{280 + 2756.25} = 254.18 \text{MVA}$$

2) 计算 K_1 点短路电流：
$$I_{d1max} = \frac{S_{d1max}}{\sqrt{3} U_p} = \frac{254.18}{\sqrt{3} \times 10.5} = 13.98 \text{kA}$$

$$i_{c1max} = 2.55 \times I_{d1max} = 2.55 \times 13.98 = 35.65 \text{kA}$$

3 变压器分列运行，K_2点短路的计算：1号电源最大运行方式工作时，变压器分列运行，K_2点短路的计算（等值短路容量图见图4）：

1) 计算 K_2 点短路容量：

$$S_{d2max} = \frac{1}{\frac{1}{S_1} + \frac{1}{S_5} + \frac{1}{S_7}} = \frac{1}{\frac{1}{280} + \frac{1}{2756.25} + \frac{1}{36.36}}$$
$$= 31.81 \text{MVA}$$

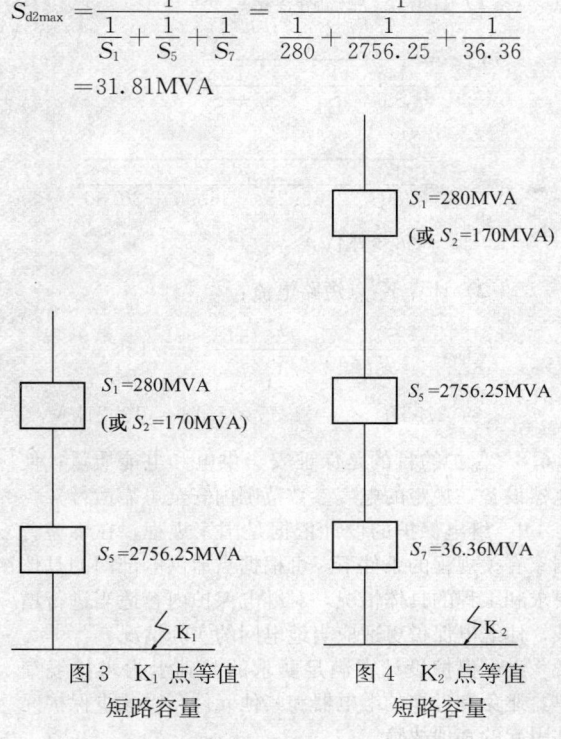

图3 K_1 点等值　　图4 K_2 点等值
　　短路容量　　　　　　短路容量

2) 计算 K_2 点短路电流：
$$I_{d2max} = \frac{S_{d2max}}{\sqrt{3} U_p} = \frac{31.81}{\sqrt{3} \times 6.3} = 2.92 \text{kA}$$

$$i_{c2max} = 2.55 \times I_{d2max} = 2.55 \times 2.92 = 7.43 \text{kA}$$

4 两台变压器并列时，K_2点短路的计算：1号电源最大运行方式，两台变压器并列时，K_2点短路的计算（等值短路容量见图5）：

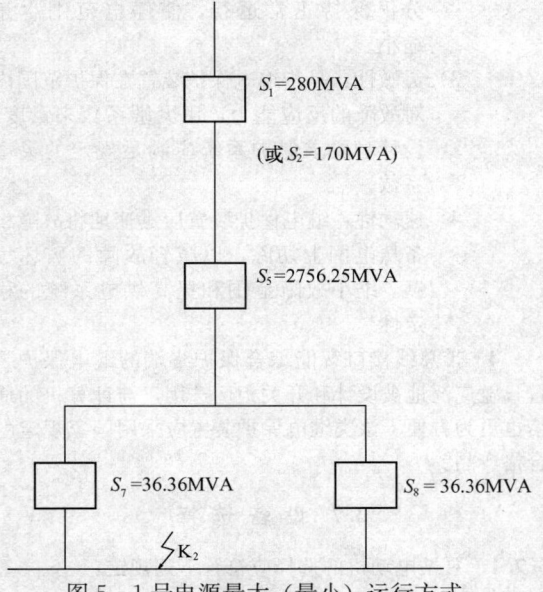

图5 1号电源最大（最小）运行方式，
两台变压器并行运行等值短路容量

1) 计算 K_2 点短路容量：

$$S_{d21max} = \frac{1}{\frac{1}{S_1} + \frac{1}{S_5} + \frac{1}{S_7+S_8}}$$

$$= \frac{1}{\frac{1}{280} + \frac{1}{2756.25} + \frac{1}{36.36+36.36}}$$

$$= 56.54 \text{MVA}$$

2) 计算 K_2 点短路电流：

$$I_{d21max} = \frac{S_{d21max}}{\sqrt{3}U_p} = \frac{56.54}{\sqrt{3} \times 6.3} = 5.18 \text{kA}$$

$$i_{c21max} = 2.55 I_{d21max} = 2.55 \times 5.18 = 13.21 \text{kA}$$

3.6.8 保护的目的是保证安全供电和电能质量；使电器设备在规定的电气参数范围内安全可靠运行。

1 继电保护的设计依据是国家规程，在不违背国家有关规程的条件下，可根据当地供电部门的具体要求和工程的具体情况，对继电保护内容适当进行增减，使继电保护更适应当地电网的实际情况。

继电保护设计在满足要求的基础上力求接线简单，避免有过多的继电器和其他元件，以减少保护元件引起的其他故障。

2 对继电保护的基本要求：

1) 可靠性：继电保护装置在故障出现时，应能可靠地动作。其可靠性可以用拒动率和误动率来衡量，拒动率及误动率愈小，则保护的可靠性愈高。

2) 选择性：动作于跳闸的继电保护装置应有选择性。短路故障时仅将与故障有关的部分从供电系统中切除，而让其他无故障部分仍保持正常运行，使停电范围尽量缩小。

3) 灵敏性：是指继电保护装置在保护范围内对故障的反应能力，用灵敏系数来量度。设计时要求保护系统应满足规定的灵敏系数。

4) 速动性：继电保护装置应迅速地将故障设备从电网上切除，以减轻故障的破坏程度，缩小故障范围和提高供电系统的稳定性。

4 带总线接口智能综合保护终端的继电保护装置日益广泛地被设计和开关柜厂选用，与计算机的通信也更为方便。该类继电保护装置应采用国家规定的合格产品。

3.7 设 备 选 择

3.7.1 泵站电动机的选择应符合下列规定：

1 电动机的全部电气和机械参数，包括工作制、额定功率、最大转矩、最小转矩、堵转转矩、飞轮矩、同步机的牵入转矩、转速（对直流电动机分基速和高速）、调速范围等，应满足水泵启动、制动、运行等各种运行方式的要求。电动机的类型和额定电压，应满足电网的要求，如电动机启动时应保持电网电压维持在一定水平，运行中应保持功率因数在合理的范围内。

电动机的额定容量应留有适当余量，负荷率应为 0.8～0.9。选择过大的容量不仅造价增加且电机效率降低，同时对异步电动机会导致功率因数降低；此外，还可能因转矩过大需要增加机械设备的强度而提高设备造价。

电机容量应按水泵运行可能出现的最大轴功率配置，并留有一定的储备，储备系数宜为 1.05～1.10。

2 机械对启动、调速及制动有特殊要求时，电动机类型及其调速方式应根据技术经济比较确定。在交流电动机不能满足机械要求的特殊性时，宜采用直流电动机。

5、6 电动机电压的选择应经技术经济比较后确定：1) 工业企业供电电压一般为 10kV、6kV、380V。2) 电动机额定电压和容量范围见本规程表 3.7.1。当企业供电电压为 10kV 时，大容量电动机采用 10kV 直接供电；中等容量电动机，如果有 10kV 电压者，应优先采用；当具有 6kV 电压的三相绕组主变压器时，应采用 6kV 电机，并设 6kV 母线。660V 等级限于大功率的潜水泵。

3.7.2 高压配电装置（包括高压电容柜）的选择应符合下列规定：

2 高压柜的选择要因地制宜，表 1 列出了结构分类及主要特点。

表 1 高压柜结构分类及主要特点

分类方式	基本类型	主要特点
按主开关的安装方式	固定式	主开关（如断路器）固定安装，柜内装有隔离开关，易于制造，成本较低
按主开关的安装方式	手车式	主开关可移至柜外。采用隔离触头的实现可移开元件与固定回路的电气连通。主开关的更换与维修方便，结构紧凑，加工精度比较高
按开关柜隔室的构成型式	铠装型	主开关及其两端相联的元件均具有单独的隔室，隔室由接地的金属隔板构成。隔板均满足规定的防护等级要求。当柜内发生内部电弧故障时，可将故障限制在一个隔室中。在相邻隔室带电时也可使主开关室不带电，保证检修主开关人员的安全

续表1

分类方式	基本类型	主要特点
按开关柜隔室的构成型式	间隔型	隔室的设置与铠装型相同，但隔室可由非金属板构成，结构比较紧凑
	箱型	隔室的数目少于铠装型和间隔型，或隔板的防护等级达不到规定的要求。结构比较简单，成本低
	半封闭型	母线室不封闭或外壳防护等级不满足规定的要求，安全可靠性低，结构简单成本低
按主线系统	单母线	检修主开关和母线时需对负载停电
	单母线带旁路母线	具有主母线和旁路母线，检修主开关时，可由旁路开关经旁路母线对负载供电
	双母线	具有两路主母线。当一路母线退出时，可由另一路母线供电
按柜内绝缘介质	空气绝缘	极间和极对地的绝缘强度靠空气间隙来保证，绝缘稳定性好、造价低、但柜体体积较大
	复合绝缘	极间和极对地的绝缘强度靠固体绝缘材料加较小的空气间隙来保证。柜体体积小，造价高

4 高压配电装置和高压电容器柜的设计除符合本规程外，还应符合有关国家规定。并应注意运行管理自动化、智能化和无人值守的发展方向。

3.7.3 低压配电装置主要用于分断和接通额定电压值交流（频率 50Hz 或 60Hz）1000V 及以下，直流1500V 及以下的电气设备。在电力系统中主要起开关、控制、监视、保护、隔离的作用。低压柜的型式有固定式和抽屉式，应根据工程特点合理选择，采用与工程要求相适应的设备。

低压柜带智能化检测仪应考虑与泵站控制器（例如基于 PLC 的 RTU 等）接口。

成套开关设备在同一回路的断路器、隔离开关、接地开关之间应设置连锁装置。

表 2 列出几种常用低压柜的型号。

表 2 低压柜结构分类及主要特点

型号	特点
PGL3	主进线与变压器母线出口位置相对应进出线方案灵活多样，汇流母线绝缘框为三相四线母线框，接地接零系统连续性好

续表2

型号	特点
JK 系列	线路方案齐全选用灵活，进出线可以从顶部引出，也可以从下部引出
GGD	框体自下而上形成自然通风道，散热性好。进线方式灵活多样、可上、下侧进线，也可从柜顶左、中、右和柜后进出线
CUBIC、MNS、DOMINO 系列	用模数化的组合形式，有抽屉式和固定分隔式，开关柜的抽屉具有工作、试验、分离和移出四个位置，抽屉互换性好

3.7.4 本条主要介绍电力电缆选择的相关内容。
    1 对于下列情况的电力电缆应采用铜芯：
        1） 电机励磁、重要电源、移动式电气设备等需要保持连续具有高可靠性的回路。
        2） 震动剧烈、有爆炸危险或对铝有腐蚀等严酷的工作环境。
        3） 耐火电缆。
        4） 控制、保护等二次回路。

另外电力电缆导体材质的选择，既需考虑其较大截面特点和包含连接部位的可靠性，又要统筹兼顾经济性，宜区别对待。此外，电源回路一般电流较大，采用铝芯要增加电缆数量，造成柜、盘内连接拥挤。重要的电源回路采用铜芯，可提高电缆回路的整体可靠性。

    8 本款主要介绍电力电缆绝缘水平的相关内容。
        2） 交流系统中电力电缆缆芯与绝缘屏蔽或金属之间的额定电压选择应注意中心点直接接地或低阻抗接地的系统当继电保护动作不超过 1s 切除故障时，应按 100% 的使用回路工作相电压。对于上述以外的供电系统，不宜低于 133% 的使用回路工作相电压；在单相接地故障可能持续 8h 以上，或发电机回路等安全性要求较高的情况，宜采取 173% 的使用回路工作相电压。
        4） 无特殊情况是指当有较长线路，常规配置纵差保护、监测信号等需有控制电缆且紧邻平行敷设。一次系统单相接地时，感应在控制电缆上的工频过电压，可能超出常用控制电缆的绝缘水平，应选用相适合的额定电压。同时在高压配电装置中，空载切合、雷电波侵入的暂态和不对称短路的工频等情况，伴随由电磁、静电感应以及接地网电位升高诸途径作用，控制电缆上可能产生较高干扰电压，所以宜选用电压为 0.45kV/0.75V 的控制电缆。

3.8 设备布置

3.8.1 变电所分户内式、户外式。35kV 和 10kV 变电所宜采用户内式。户内式运行维护方便，占地面积少。在选择 35kV 和 10kV 总变电所的型式时，应考虑所在地区的地理情况和环境条件，因地制宜；技术经济合理时，应优先选用占地少的型式。考虑到排水泵站腐蚀性气体的影响，从环境保护角度来讲，户外型变电所很少采用。

3.8.2 变电所选择的要求，第一主要从安全运行角度考虑。第二是变电所的总体布置，适当安排建筑物内各房间的相对位置，使配电室的位置便于进出线。同时便于设备的操作、搬运、试验和巡视，还要考虑发展的可能。对于户内型变电所，根据当地气候条件，可考虑安装除湿机或空调设施。变电所的布置在满足电气连接和安全运行维护检修方便的情况下，应尽力将变配电部分的设备与相关动力设备靠近。

配电室、变压器室、电容器室的门应向外开启。相邻配电室之间有门时，该门应能双向开启。高压配电室应设不能开启的自然采光窗，窗台距室外地坪不宜低于 1.8m；低压配电室可设能开启的自然采光窗。配电室临街的一面不宜开窗。将高压开关柜、带保护柜的干式变压器和低压配电柜组合在一起的户内成套变电所，应结合控制室、生活设施布置。变配电所的防火、防汛、防小动物、防雨雪、防地震和充分通风应符合有关安全规程的要求。配电室可采用自然通风。当不能满足温度要求或发生事故后排烟有困难时，应增设机械通风装置。

3.8.3 高压室布置 1~2 款是高压室一般布置要求，3~5 款强调了高压室内设备安全净距、通道、围栏及出口的要求，除了这些要求外还应注意防火与蓄油设施，配电室的门应为向外开的防火门，门上应装有弹簧锁，严禁用插销。相邻配电室之间有门时，应能向两个方向开启。

配电装置室按事故排烟要求，可装设事故通风装置。事故通风装置的电源应由室外引来，其控制开关应安装在出口处外面。

3.8.4 低压配电室可设能开启的自然采光窗，应有防止雨、雪和小动物进入室内的措施。临街的一面不宜开窗。

成排布置的低压配电装置，当有困难时屏后的最小距离可以减小到 0.8m。

对于在配电室单列布置的高低压配电装置，当高压配电装置和低压配电装置顶面有裸露带电导体时，两者之间的净距不应小于 2m；当高压配电装置和低压配电装置的顶面外壳的防护等级符合 IP2X 时，两者可靠近布置。

3.8.5 在确定变压器室面积时，应考虑变电所负荷发展的可能性，一般按能装设大一级容量的变压器考虑。设置于变电所内的非封闭式干式变压器，还应装设高度不低于 1.7m 的固定遮拦，遮拦网孔不应大于 40mm×40mm，对于容量大于 1250kVA 的变压器，可适当放宽外廓与遮拦的净距不宜小于 0.8m。

对于需要就地检修的油浸式变压器，屋内高度可按吊芯所需的最小高度再加 700mm，宽度对 1000kVA 及以下的变压器可按变压器两侧各加 800mm 考虑。对 1250kVA 以上的变压器，按变压器两侧各加 1000mm 考虑。

3.8.6 电容器室布置除本条规定以外还应注意安装在室内的装配式高压电容器组，下层电容器的底部距离地面不应小于 0.2m，上层电容器的底部距离地面不宜大于 2.5m，电容器装置顶部到屋顶净距不应小于 1m。高压电容器布置不宜超过三层。

电容器外壳之间（宽面）的净距，不宜小于 0.1m。电容器的排间距离，不宜小于 0.2m。

3.8.8 本条主要介绍泵站场地内电缆沟、井的布置相关内容。

1 当泵房内电缆采用电缆沟敷设时应考虑排水措施，避免电缆长期泡于渍水中。

2 当户外电缆穿管敷设需要拐弯或超过一定长度时，应设置电缆手井，电缆手井尺寸单边不宜小于 300mm，但不宜太大，井的尺寸根据电缆数量而定。电缆井上面应有井盖。

3.8.9 对于格栅除污机、压榨机、水泵、闸门、阀门等设备的电气控制箱一般随机械设备放在室外，因为泵站有腐蚀性气体的影响，所以控制箱外壳应采用防腐蚀材料制造。户外型控制箱防护等级可根据南方和北方气候情况进行适当调整。

泵站格栅井敞开部分，有臭气，影响周围环境。对位于居民区及重要地段的泵站，应设置臭气收集和除臭装置。目前应用的除臭装置有生物除臭装置、活性炭除臭装置、化学除臭装置等。

3.9 照 明

3.9.1 泵站正常照明是指在正常情况下使用的固定安装的人工照明。应急照明是指在正常照明因故熄灭后，应急情况下继续工作及人员疏散用的照明。应急照明包括备用照明、安全照明和疏散照明三种。

3.9.2 正常照明一般由动力与照明公用的电力变压器供电，排水泵站的照明电源可接在低压配电屏的照明专用线路上。

3.9.3 应急照明电源可接在与正常照明分开的线路上，如无两个电源，则可采用可充电电池或应急电源（EPS）供电。一般宜采用自动投入方式。对于应急照明点灯时间要求应≥30min。如根据实际情况不能满足要求，可适当延长时间为≥60min。

3.9.5 选择光源时应考虑节能、寿命、照度、显色、室温及启动点燃和再起燃等特性指标。泵站照明应按不同场合采用不同的光源。泵站室外照明宜采用庭园灯，光源采用小功率高显色性高压钠灯、金属卤化物灯或紧凑型荧光灯。室内泵房宜采用开启式照明灯具如配照型灯、高压汞灯等。对于大型泵房也可采用混光灯具作照明。变配电所宜采用碗型灯、圆球灯等灯具。设备后的两侧走廊宜采用圆球型弯杆灯或半圆型天棚灯，也可采用各种形式壁灯。控制室采用方向性照明装置，在标准较高的场合可考虑采用低亮度漫射照明装置，光源采用单管或双管筒式荧光灯。按节能要求，应该采用电子整流器。

3.9.9 照明配电线路截面应满足考虑了负载功耗、功率因数和谐波含量等因素以后的载流量，并留有必要的裕度。

3.10 接地和防雷

3.10.1 保护接地是指电气装置外露可导电部分或装置外可导电部分在故障情况下可能带电压，为了降低此电压，减少对人身的危害，应将其接地。例如电气装置的金属外壳的接地、母线金属支架的接地等。此外为了消除静电对电气装置和人身安全的危害须有防静电接地。

工作接地是指为了保证电网的正常运行，或为了实现电气装置的固有功能，提高其可靠性而进行的接地。例如电力系统正常运行需要的接地（如电源中性点接地）。

防雷接地即过电压保护接地是指为了防止过电压对电气装置和人身安全的危害而进行的接地。例如电气设备或线路的防雷接地、建筑物的防雷接地等。

3.10.2 共用接地系统是由接地装置和等电位连接网络组成。接地装置是由自然接地体和人工接地体组成。采用共用接地系统的目的是达到均压、等电位以减小各种接地设备间、不同系统之间的电位差。其接地电阻因采取了等电位连接措施，所以按接入设备中要求的最小值确定。

3.10.3 低压配电系统接地型式有 TN 系统（TN-S、TN-C、TN-C-S）、TT 系统和 IT 系统三种。

1 TN 系统是所有受电设备的外露可导电部分必须用保护线 PE（或保护中心线即 PEN 线）与电力系统的接地（即中心点）相连。

2 TT 系统是共用同一接地保护装置的所有电气装置的外露可导电部分，必须用保护线与外露可导电部分共用的接地极连在一起（或与保护接地母线、总接地端子相连）。

3 IT 系统是任何带电部分（包括中心线）严禁直接接地。所有设备外露可导电部分均应通过保护线与接地极（或保护接地母线、总接地端子）连接，可采用公共的接地极，也可采用个别的或成组的单独接地极。

3.10.4 自然接地体是指兼做接地极用的直接与大地接触的金属构件、金属井、建造物、构筑物的钢筋混凝土基础内的钢筋等。

当基础采用硅酸盐水泥和周围土壤的含水量不低于 4%，基础外表面无防水层时，应优先利用基础内的钢筋作为接地装置。但如果基础被塑料、橡胶、油毡等防水材料包裹或涂有沥青质的防水层时，不宜利用在基础内的钢筋作为接地装置。

当有防水油毡、防水橡胶或防水沥青层的情况下，宜在建筑物外面四周敷设闭合连接的水平接地体。该接地体可埋设在建筑物散水坡及灰土基础 1m 以外的基础槽边。

对于设有多种电子信息系统的建筑物，同时又利用基础（筏基或箱基）底板内钢筋构成自然接地体时，无需另设人工闭合环行接地装置。但为了接入建筑物的各种线路、管道作等电位连接的需要，也可以在建筑物四周设置人工闭合环行接地装置。此时基础或地下室地面内的钢筋、室内等电位连接干线，宜每隔 5～10m 引出接地线与闭合环行接地装置连成一体，作为等电位连接的一部分。

3.10.8 由于建筑物散水坡一般距建筑外墙外 0.5～0.8m，散水坡以外的地下土壤也有一定的湿度，对电阻率的下降和疏散雷电流的效果较好，在某些情况下，由于地质条件的要求，建筑物基础放坡脚很大，超过散水坡的宽度，为物流施工及今后维修方便，因此规定宜敷设在散水坡外大于 1m 的地方。

3.10.11 防雷措施应包括防直击雷措施和防感应雷措施。所安装的电源、控制室、仪表、监视系统的设备应在电磁、静电和感应暂态电压以及其他可能出现的特殊情况下安全运行，并具有足够的防止过电压及抗雷电措施。我国处于温带多雷地区，每年平均雷击日为 25～100d，我国没有一个地方可免受雷灾，每年因雷电遭受的损失有数千万元之多。为了有效防御雷电灾害，本条为强制性条文。

3.10.12 按照雷电的作用形式，分为直击雷和感应雷两种；按照防雷措施，有电源防雷和信号防雷两种；按照保护对象，则有：人员、设备、设施、仪表、线路等。在本规程中，从防雷措施，即电源防雷和信号防雷这个角度叙述。电网上任何一点受到直接雷击或感应雷击，都会沿电网瞬间扩散到同一电网中很广泛的范围。

防直击雷措施：采用装设在建筑物上的避雷网（带）或避雷针或由其混合组成的接闪器。避雷网带应沿屋角、屋脊、屋檐和檐角等易受雷击的部位敷设，屋面避雷网格不大于 10m×10m 或 12m×8m。所有避雷针应与避雷带相互连接。引下线不应少于两根，并应沿建筑物四周均匀对称布置，其间距不应大于 18m。每根引下线的冲击接地电阻不应大于 10Ω。

防雷电波侵入措施：①低压线路全长采用埋地电缆或敷设在架空金属线槽内的电缆引入时，在入户端应将电缆金属外皮、金属线槽接地。②低压架空线转换金属铠装或护套电缆穿钢管直接埋地引入时，其埋地长度应大于或等于 15m。入户端电缆的金属外皮、钢管应与防雷的接地装置相连。在电缆与架空线连接处尚应装设避雷器。避雷器、电缆金属外皮、钢管和绝缘子铁脚、金具等应连在一起接地，其冲击接地电阻不应大于 10Ω。③低压架空线直接引入时，在入户处应加装避雷器，并将其与绝缘子铁脚、金具连在一起接到电气设备的接地装置上。靠近建筑物的两基电杆上的绝缘子铁脚应接地，其冲击接地电阻不应大于 30Ω。

防雷电感应的措施：建筑物内的设备、管道、构架等主要金属物，应就近接至直击雷接地装置或电气设备的保护接地装置上，可不另设接地装置。连接处不少于两处。并行敷设的管道、构架和电缆金属外皮等长金属物，其净距小于 100mm 时应采用金属线跨接，跨接点间距不应小于 30m；交叉净距小于 100mm 时，其交叉处亦应跨接。

4 泵站自动化系统

4.1 一般规定

4.1.3 设备控制箱上应设有启动（绿色）、停止（红色）按钮和启动（红色）、停止（绿色）、故障（黄色）指示灯，一般是设备配套提供。设备的控制有两种模式：手动模式和联动模式。选择开关设在设备控制箱上，手动模式优先级高于联动模式。联动包括就地点动、就地自动和遥控。手动模式由人工操作控制箱面板上的按钮，控制设备开启和关闭，此时不应执行来自 PLC 的控制命令。

4.1.4 泵站自动化控制系统对设备的控制通过控制箱实施，以实现远距离的监控。控制系统 PLC 输出宜带中间继电器，采用二对无源常开触点分别控制设备的启动和停止，当 PLC 发出一个信号时，其中一对触点闭合，带动设备。控制信号撤除时，设备运行应保持原状态不变。控制箱内需留有充足的状态及控制信号端子以及 4～20mA 信号或总线信号接口。

4.2 泵站的等级划分

4.2.1 泵站等级的划分系根据大城市雨水专业规划和污水专业规划中泵站规模（设计流量和总输入功率）的分布情况，考虑到泵站的流量越大，影响面越大，水流流态要求越高，总输入功率越大，操作维护方面等条件越复杂，故参照《城市排水工程规划规范》GB 50318 和《城市污水处理厂工程项目建设标准》（修订）的规定，将泵站的规模按设计最大流量（m³/s）划分为 4 级，以利于对不同级别的泵站采用不同的设计标准和控制要求。

4.3 系统结构

4.3.1 复杂的大型泵站和特大型泵站的自动化控制系统应采用当今世界上成熟的技术、结合最新可靠的硬件和软件产品所开发的、多层次的模块化系统结构。依次为：信息层、控制层和设备层。

1 信息层设备设在集中控制室并设置客户机/服务器（C/S）结构形式的计算机网络，以一台数据及网络服务器为核心，构成 10/100/1000M 交换式局域网络。包含服务器（按管理要求设置）、监控计算机、打印机、模拟屏和局域网设备。

2 由于以太网应用的广泛性和技术的先进性，已逐渐垄断了计算机的通信领域和过程控制领域中上层的信息管理与通信。控制层宜采用工业以太网或其他工业总线网，以主/从、多主、对等及混合结构的通信方式，连接信息层的监控工作站和 PLC 控制站。当监控工作站和 PLC 控制站的距离较长时可采用光环网。信息层的主 PLC 和控制层的 PLC 从兼容性和可维护性角度出发宜采用同品牌产品。

3 现场层采用现场总线建立现场机械设备控制箱（含 PLC 控制站）、高低压开关柜以及现场仪表的信号与控制站之间的通信，现场总线是连接现场智能设备和自动化控制设备的双向串行、数字式、多节点通信网络。作为泵站网络底层的现场总线还应对现场环境有较强的适应性。它支持双绞线、同轴电缆、光缆、无线和电力线等，具有较强的抗干扰能力。现场总线的选用应根据泵站自动化系统的要求、设备配置的条件、所选仪表接口等确定。

现场层也可采用星型拓扑结构的硬线联结 PLC 与外场设备控制箱包括过程仪表、机械设备控制箱和电气柜。

4.3.2 城镇中小型污水、雨水泵站监控系统应根据泵站规模、工艺要求和自动化程度等因素确定。泵站宜采用 PLC 来控制。自动化控制系统采用二层结构，控制层和设备层组成如下：

1 控制层宜考虑为单机系统，单机系统的配置宜以一台 PLC 为核心的控制器，在控制柜的柜面上采用触摸显示屏 MMI 作为操作界面。按管理部门提出的要求可设置上位计算机和打印机，供报表打印和管理之用。上位计算机宜采用不带软盘驱动器的工业计算机。

2 设备层宜采用星型拓扑结构形式的控制电缆直接与设备联结或采用现场总线联结设备控制箱组成。当泵站内控制设备和仪表较多时，宜设置现场总线网络。

4.3.3 对于控制设备数量少，仪表信号少，特别简单的小型泵站可不设 PLC，采用专用的水泵控制器，利用液位来控制，液位自动控制装置将根据设置好的开泵液位和停泵液位自动控制水泵开启和停止。

4.3.4 为了提高数据安全性和可靠性。泵站的自动化控制系统可采用冗余结构，包括监控工作站、PLC的CPU（中央处理器）模块、电源模块和通信设备。两台监控工作站的硬件和软件的配置必须相同，为双机热备，并具有双机备份自动切换功能，当主CPU发生故障，备份CPU会替代主CPU工作。

4.4 系统功能

4.4.1 泵站控制系统通过模拟屏、操作终端、MMI操作界面等显示设备对泵站运行进行监视。运行监视范围应包括下列内容：

1 进水池液位及进水池超高、超低液位报警，信号由泵站就地控制器采样，进水池液位作为开泵条件之一。

2 非压力井形式的出水池液位及超高、超低液位报警，信号由泵站就地控制器采样。

3 水泵状态监视，包括水泵运行模式、工作电流、运行状态及各种故障报警，信号由泵站就地控制器采集，运行过程中出现异常情况，应立即发出报警信号。

4 电动格栅除污机、输送机、压榨机的状态监视，包括运行模式及运行状态，信号由泵站就地控制器采集。运行过程中出现异常情况（设备电气故障和机械故障），应立即发出报警信号。

5 电动闸门、阀门的状态监视，包括运行模式及运行状态，信号由泵站就地控制器采集。运行过程中出现异常情况（设备电气故障和机械故障），应立即发出报警信号。

6 当泵站工艺设计和管理要求设置电磁流量计时，应监视单泵瞬时流量、累积流量及故障信号，信号由泵站就地控制器采集。累积流量作为泵站计量的依据。

7 当工艺要求设置调蓄池时，应监视调蓄池液位，信号由就地控制器采样。

8 对于潜水泵以外的大型水泵管道应有压力变送器对进水压力和出水压力进行监视，以保证水泵的正常运行。信号由泵站就地控制器采样。

10 UPS电源工作状态进行采样，以确定是市电供电还是UPS供电。

11 按管理要求及泵站分布点设置雨水泵站的雨量计进行雨量监视，信号应纳入监控系统。

4.4.2 泵站应有就地逻辑控制功能，提供设备运行的联动、连锁和控制，控制对象包括：

1 当进水池液位高于某一设定值时，且相应设备状态满足连锁要求，符合开泵条件，应启动水泵的运行。

2 当格栅前后液位差大于某一值时，应启动电动格栅除污机、输送机、压榨机的运行。

3 水泵控制与有关闸门、阀门状态必须连锁，当需要开启水泵时，首先要控制相应闸门、阀门开启和关闭。

4 水泵辅助运行设备控制应包括冷却水控制系统和密封水控制系统。

5 自然通风条件差的地下式水泵间应设机械通风，并应对其风机状态进行监视和控制。对于泵房间集水坑应设排水设备，并应有监视和控制。

6 泵站格栅井及污水井敞开部分，有臭气逸出影响周围环境，应配置臭气收集和除臭设备，对除臭设备工作状态进行监视和控制。

4.4.3 本条主要介绍泵站电力监测范围的相关内容。

1 高压配电装置和低压配电装置进线开关的状态和跳闸报警，信号由泵站就地控制器采集。

2 电源状态和备用电源的切换控制，信号由泵站就地控制器采集。

3 高压母线和低压母线的电量监视。高压配电装置宜设综合测控单元，低压进线柜宜设智能综合电量变送器，通过现场总线或通信口与泵站就地控制器连接，信号由泵站就地控制器采集。

4 宜监视变压器三相绕组的温度，并设高温报警，信号由泵站就地控制器采集。

5 主要馈线的电量监视包括主泵电动机电流和补偿电容器电流；馈线的状态监视为各馈线开关的合/跳闸信号，以上信号均由泵站就地控制器采集。

4.4.4 泵站自动化系统除控制有关的设备外，监控范围还应包含环境与安全监控功能：

1 泵站对可能产生有毒、有害气体地方应设硫化氢（H_2S）检测仪，并监视其浓度和报警，对易燃、易爆气体场所设甲烷探测器，以检测可燃气体的浓度。信号由泵站就地控制器采集。

2 泵站应根据环保要求确定是否进行水质监视，对于实行水质监视的泵站应装设检测仪表，信号应纳入监控系统。

3 对于无人值守泵站宜装设视频图像监视，包括摄像机和监视器，周边围墙设红外线周界防卫系统，信号应纳入监控系统，由泵站就地控制器采集。

4 泵站应按消防要求设火灾报警控制系统，加强设备监控，确定各设备室的防火等级。装备消防设施和灭火器材。

4.4.6 按自动化系统的要求，每个泵站控制系统应设置操作界面，对于有人值守和无人值守泵站，其功能是不同的，对于有人值守的泵站，采集到的各种数据经计算、处理、分类，自动生成各种数据库及报表，供实时监测、查询、修改、打印。

泵站自动化系统能对组成系统的所有硬件设备及运行状态进行在线监测及自诊断，能对实时监控的所有对象的运行状态进行监测及诊断；对各类设备运行情况（如工作累计时间，最后保养日期）进行在线监测，并存入相应文档，以备维护、保养，能对设备故障提出处理意见，以供参考。

对于无人值守的泵站操作界面作为调试和设备维护的手段，其他运行功能宜在区域控制中心完成。

4.4.9 操作界面分层一般从总体流程图、总体平面图到每个设备的流程图和平面图，最后为局部流程图和平面图。

4.5 检测和测量技术要求

4.5.1 液位和液位差测量应符合下列规定：

1 采用超声波液位计测量泵站进水井液位，超声波液位计有一体式和分体式，分体式为传感器和变送器分开，且带现场显示仪。就地安装的显示仪表应在手动操作设备时便于观察仪表的表示值，同时应满足方便施工、使用和维护的要求。当不需要现场显示时，应采用一体化超声波液位计。超声波液位计的工作原理为传感器定时发出超声波脉冲信号，在被测液体的表面被反射，返回的超声波信号再由传感器接收。从发射超声波脉冲到接收、到反射信号所需的时间与传感器到液体表面的距离成正比，由此可计算出液位。液位为4～20mA电流信号表示或总线接口形式。

超声波液位计的特点是：能实现非接触的液位测量。特别适合于测量腐蚀性强、高黏度、密度不确定等液体的液位。

由于超声波液位计受传感器发射角范围的限制，在泵站进水井较小时安装有困难，泵站液位测量可采用投入式静压液位计。该液位计工作原理是当被测液体的密度不变时，处于被测液体中的传感器所受的静压力与被测液体的高度成正比例。通过测量位于一定深度液体之中作用于传感器之上的压力信号，即可计算出被测液体的深度。液体的深度为4～20mA电流信号表示。

静压式液位计的特点是：测量范围大，最大测量深度可达100m；安装方便，工作可靠；可用于测量黏度较高、易结晶、有固体悬浮物、有腐蚀性的液体测量。

2 超声波传感器安装在连通井内或池壁时，应考虑超声波扩散角的影响，离池壁距离应符合说明书要求。

3～5 当需要测量进水井格栅前后液位时，可采用双探头传感器和具有多路输出的液位差计，或两台液位计分别测量。测得液位作为泵站液位检测显示、记录、报警以及作为水泵自动运行的依据，也可作为格栅除污机自动控制的依据（按格栅前后液位差启动格栅除污机）。液位测量单位用m表示，液位差单位用mm表示。

8 当采用分体式超声波液位计时传感器支架应采用悬挑式不锈钢支架，变送器支架应采用不锈钢立柱，包括遮阳板。对于特别寒冷地区超声波液位计的安装防护要求必须作保温式防寒处理。同时应注意安装在通风良好，且不影响人行和邻近设备安装的场所。投入式液位计的引样管应采取防止堵塞和便于疏通的措施，并应附加重锤或悬挂链条，使本体在介质中位置固定并应加保护管缓冲。

9 使用超声波液位计和液位差计同时应设定一组液位开关，输出超高水位和超低水位报警，报警信号直接送至水泵控制器或PLC，防止雨、污水冒溢和水泵干运行。安装液位开关用的连接管的长度，应保证浮球能在全量程范围内自由活动。

4.5.2 流量测量应符合下列规定：

管径在10～3000mm之间的满管流量检测宜采用电磁流量计，电磁流量计由传感器和转换器两部分组成。传感器基于法拉第电磁感应原理制成，它主要由内衬绝缘材料的测量管，穿通管壁安装的一对电极，测量管上、下安装的一对用于产生磁场的励磁线圈及一个磁通检测线圈等组成。转换器将传感器检测的感应电动势和磁通密度信号进行处理，转换成4～20mA的标准信号和0～1kHz的频率信号输出，作为瞬时流量和累积流量，供用户显示、记录和控制流量之用。流量测量有一定精度，超出范围要标定。瞬时流量单位用m^3/s表示，累计流量单位用m^3表示。

电磁流量计的传感器依靠法兰同相邻管道连接，可以安装在水平、垂直和倾斜的管道上，要求二电极的中心轴线处于水平状态。无论那种安装方式，都不能有不满管现象或大量气泡通过传感器。流量计、被测介质与管道三者之间应连成等电位接地。当周围有强磁场时，应采取防干扰措施。

传感器和变送器的连接应采用专用电缆，且不能转接。

当测量泵站总管流量而采用电磁流量计在安装上有困难时，可以采用超声波流量计或明渠流量计。

4.5.3 压力检测仪表主要用于检测水泵的进、出水压力，被测介质为污水，使用环境一般为室内，常温常压。压力变送器是利用被测压力推动弹性元件产生的位移或形变，通过转换部件转换成固有的物理特性，将被测压力转换为标准的电信号输出。压力变送器与二次仪表或PLC相连，实现压力信号的显示、记录和控制。压力单位用kPa表示。

压力变送器具有频率响应高、抗环境干扰能力强、测量精度高、体积小、具有良好的过载能力等特点。

压力变送器一般不应固定在有强烈震动的设备或管道上，当固定在有振动的设备或管道上时，应采用减震装置。

4.5.4 采用热电阻和温度变送器测量大型水泵和电动机的轴承温度、绕组温度、冷却水温度，温度传感器在安装时应注意与工艺管道的相对位置。温度单位用℃表示。

4.5.5 泵站对可能产生 H_2S 有害气体的地方应配置 H_2S 检测仪，连续监测空气中硫化氢浓度，并采取防患措施。

对泵站的格栅井下部，水泵间底部等易积聚 H_2S 的地方，可采用移动式 H_2S 检测仪去检测，也可装设在线式 H_2S 检测仪及报警装置。输出为标准 4～20mA 电流信号。

使用 H_2S 检测仪时，应注意报警阀值的设置，当测得的值大于设定值时应立即采取应急措施。

按照国家标准《工业场所有害因素职业接触限值》GBZ 2－2002 的规定，工作场所硫化氢气体的最高容许浓度为 $10mg/m^3$，所以本标准规定该值是报警阈值。

4.5.6 应按泵站的分布在雨水泵站中设置雨量计，用来计量雨量的大小，翻斗翻动一次，发出一个脉冲信号。对于量程范围为 0～10mm 的雨量计，收集管宜为 1.2L，测量筒为 $200cm^3$。雨量计安装场地应严格按照要求，其底盘应用螺钉固定在混凝土底座或木桩上，固定牢靠。盛水口水平度应符合产品说明要求。雨量单位用 mm 表示。

4.6 设备控制技术要求

4.6.1 本条主要介绍设备控制方式和优先级的相关内容。

2 受控设备的现场（机旁）控制箱上设有本地/远方选择开关，当选择开关处于本地位置时，只能由现场（机旁）控制箱上的按钮进行控制，远方配电盘不能对设备进行控制，当选择开关处于远方位置时，由配电盘上的按钮对设备进行控制。

3 在电动机配电控制盘或 MCC 盘面上设有手动/联动选择开关。当选择开关处于手动位置时，只能由配电盘或 MCC 盘面上的按钮对设备进行控制，就地控制器不能对设备进行控制，当选择开关处于联动位置时，应由就地控制器控制设备的运行。

4 现场控制和配电盘控制由泵站供配电系统实施，此时自动化系统的控制器属于无效状态。所有现场控制的电气保护应由现场电器自行完成

5 就地控制分就地手动和就地自动两种，这两种控制都应通过自动化控制系统控制器完成。

　　1）就地手动模式下由操作人员通过就地控制操作界面特定图按钮控制设备运行。通过操作界面可以完成对设备的控制或对控制参数的调整。此时的操作通过 PLC 完成。

　　2）就地自动模式下由就地控制的 PLC 根据液位、流量等参数按原先内置的程序自动控制各机械设备，按正常运作的需求对水泵进行连锁保护。并保证各水泵的总体运行时间基本平衡，不需人工干预。

7 远程控制模式下由上级监控系统发布对泵站内主要机械设备的控制命令，包括泵站内的水泵、部分与总排放系统相关的闸门等设备。泵站内各机械设备的联动由就地控制 PLC 根据要求完成。

4.6.2 水泵控制应符合下列规定：

3 现场水泵按钮箱上应设有启动（绿色）、停止（红色）按钮和启动（红色）、停止（绿色）和故障（黄色）指示灯，水泵的控制有两种模式：本地模式和远方模式。本地模式是通过现场水泵按钮箱上的按钮来控制水泵运行。远方模式是由配电盘上的按钮控制水泵运行。选择开关设在现场按钮箱上，由人工切换，本地模式优先级高于远方模式。

5 配电盘水泵控制箱上应设有启动（绿色）、停止（红色）按钮和启动（红色）、停止（绿色）和故障（黄色）指示灯，水泵的控制有两种模式：手动模式和联动模式。选择开关设在配电盘水泵控制箱上，由人工切换，手动模式优先级高于联动模式。联动包括就地自动、就地点动和遥控。

7 监控系统的设备控制分为中央控制、就地控制、基本控制，而就地控制又可分为就地手动和就地自动，就地手动方式是通过操作界面特定的按键（图形或文字方式）手动控制水泵的运行。通过操作界面可以完成对设备的控制或对控制参数的调整。图控画面操作应有操作提示。操作提示可以是音响、监视器监控画面代表设备的符号交替闪动、信息打印等常规的方式，在监视器监控画面上应有简要文字提示报警内容和性质。

11 当泵站处于远程控制时，泵站应能够接收上级控制中心（信息中心）对泵站下达的控制命令，由上级控制中心（信息中心）遥控泵组的运行。使系统达到高效、经济的运行。但遥控的开泵或停泵命令必须得到就地控制的认可。

13 水泵运行与有关闸门、阀门的状态必须连锁，当需要启动水泵时，首先必须检查和开启相应管路的闸门和阀门等，若开启失败，禁止启动水泵。水泵的启动和运行控制逻辑应严格按照有关规定，当出现异常状态之一时，禁止启动水泵，正在运行的水泵应立即停止。水泵不可用是指水泵控制箱断路器处于分闸状态。水泵自动控制应符合以下条件：

　　1）进水闸门全开；
　　2）溢流闸门全关；
　　3）泵配电开关合闸；
　　4）泵无故障报警；
　　5）液位不在低液位报警；
　　6）水泵控制箱为自动模式；
　　7）PLC 无泵失控报警；
　　8）泵不在运行状态。

14 大型水泵机组应设置双向限位振动监测传感

器，以保证水泵的稳定工作，当振动幅度超过预定值时发出报警信号，信号可通过硬接线或接口的方式与泵站PLC连接，检测水泵运行情况，当振动继续增加至更高的预定值时自动停泵。

15 大型水泵机组应设置冷却及润滑系统的保护，当冷却水和密封水中断应发出报警信号，同时应监视润滑水流量和轴承润滑油。

4.6.3 格栅除污机、输送机、压榨机控制应符合下列规定：

1 格栅除污机、输送机、压榨机由于控制逻辑比较简单，推荐其启动控制和运行保护设置在一台现场综合控制箱内，格栅除污机、输送机、压榨机应设置独立的启动控制和运行保护。当有多台格栅除污机时，综合控制箱的规模可根据现场条件和设备资金情况等确定。

2 定时和液位差两种运行模式分别为：

1) 定时模式：按一定的时间间隔控制格栅除污机运行，间隔时间可以在泵站自动化控制系统操作界面上调整。
2) 液位差模式：按格栅前后液位差值控制格栅除污机运行，液位差值可以在泵站自动化控制系统操作界面上调整，一般不宜大于0.1m。

格栅除污机每次启动应完成一个周期的清捞动作。对于钢丝绳式格栅除污机，一个周期是指清捞耙动作一次并回到上死点；对于回转式格栅除污机，一个周期是指清捞动作持续10min时间。

格栅除污机作一次清捞动作（运行一个周期）后，格栅前后液位差应小于设定值，否则应继续一次清捞动作。

3 格栅除污机的工况应显示在泵站控制系统的操作界面上，当设置为就地手动方式时，通过操作界面特定的按键（图形或文字方式）手动控制格栅机的运行。通过操作界面可以完成对设备的控制或对控制参数的调整。图控画面应有操作提示。格栅机自动控制应符合以下条件：

1) 格栅机控制箱为自动模式；
2) 设备无故障报警；
3) PLC无格栅机失控报警；
4) 设备不在运行状态。

4.6.4 闸门、阀门控制应符合下列规定：

1 闸门、阀门的控制可设现场控制箱也可采用一体化电动操作方式，当采用一体化电动执行机构时，其内部应包含完整的控制回路，并应有相应信号输出。当采用阀门控制箱，并且一台控制箱控制多台闸门时，各设备应有独立的控制回路。

3 泵站控制系统对闸门、阀门的控制宜通过闸门、阀门控制箱实施，以实现远距离的监控。控制系统PLC输出宜带中间继电器，采用2对无源常开触点分别控制闸门、阀门的上升和下降，当PLC发出一个信号时，其中一对触点闭合，带动闸门或阀门运行，当控制信号撤除时，闸门或阀门的运行应保持原状态不变。控制箱内需留有充足的状态及控制信号端子以及4~20mA信号或总线信号接口。但当闸门和阀门只作检修，不经常开启和关闭的，可监视其状态，不作控制。

4 闸门、阀门的工况应显示在泵站控制系统的操作界面上，当设置为就地手动方式时，通过操作界面特定的按键（图形或文字方式）手动控制闸门、阀门的运行。通过操作界面可以完成对设备的控制或对控制参数的调整。图控画面应有操作提示。闸门、阀门自动控制应符合以下条件：

1) 闸门控制箱自动模式；
2) 设备无故障报警；
3) PLC无闸门失控报警；
4) 上升控制时不在全开位置；
5) 下降控制时不在全关位置。

闸门的现行位置和状态应在控制系统的操作界面上以图形、颜色和文字方式显示，在闸门的启闭操作过程中，操作界面上应有图形符号和文字表示闸门的状态的动作方向。以实现远距离的监视，闸门、阀门在启闭过程中控制箱上的手动按钮可以暂停和继续启闭过程。

5 闸门、阀门的启闭过程应设超时检验，在规定的动作时间内若闸门没有到达预定位置或收到设备的故障报警信号，可认为闸门故障。

7 当泵站处于远程控制时，泵站应能够接收上一级控制对泵站下达的控制命令，由上一级控制遥控闸门、阀门的运行。但遥控的开或停命令必须得到就地控制的认可。

4.7 电力监控技术要求

4.7.1 泵站监控应对高低压开关柜等电气设备进行监视，一旦出现异常情况应立即报警。泵站自动化控制系统一般不对电气开关柜实行直接控制，除非管理上有特殊要求。

4.7.2 高压柜宜设综合继电保护装置，并应考虑与自动化系统的接口，以现场总线接口连接PLC，当高压柜不采用综合保护测控单元时，应以无源辅助触点和变送器输出4~20mA电流方式提供必要的信号接口，由PLC采样，以实现远距离的监视。

4.7.3 泵站电力监控系统应考虑电能管理，对采集到的各种电力数据经计算、处理、分类，自动生成各种数据库及报表，供实时监测、查询、修改、打印，生成后的报表文件能修改或重组。使电力系统能在最低消耗下，发挥最大效率。

4.7.4 电量信号应包括：

1 三相电压（V，kV）；

2 三相电流（A）；
3 有功功率（kW）；
4 无功功率（kvar）；
5 功率因数（cosΦ）
6 有功电度（kWh）；
7 无功电度（kvarh）；
8 频率（Hz）。

4.8 防雷与接地

4.8.1 自动化控制系统所安装的电源、仪表以及其他设备应在电磁、静电和暂态电压以及其他可能出现的特殊情况下安全运行，并且有足够的防止过电压及抗雷电措施，有效防御雷电灾害。

4.8.2 控制系统建立一个接地电阻不大于 1Ω 的接地系统，作为各接地装置的统一接地体（当采用单独接地时的接地电阻≤4Ω）。接地排敷设至控制设备安装点，并留有端接排。用于设备至接地排之间的连接。

采用尽可能短的铜编织带把 PLC、变送器、通信设备、机架等需要等电位连接的设备分别接到等电位接地网格上。

4.8.3 在敷设屏蔽电缆时，屏蔽层的接地是应特别注意的问题。不适当的接地方法不仅会把屏蔽层的作用抵消，而且还会产生新的环流噪声干扰。

4.9 控制设备配置要求

4.9.1 由于泵站工作环境较差，与其配套控制系统设备应采用工业级，应具有一定的抗干扰能力。控制系统设备应具有防水、防震、防尘、防腐蚀性气体等措施，工作温度：0～55℃，相对湿度：10%～99%无凝露。设备应有一定的使用寿命。

4.9.2 本条规定了户内、户外、浸水的安装要求，户外设备控制箱宜采用不锈钢材料制造。对于南方地区应考虑散热措施。

4.9.3 计算机监控工作站是控制系统的核心设备，在选择计算机和控制器时应考虑 CPU 主频，随着技术的不断发展，CPU 的速度也将不断提高。计算机的内存容量也将根据需要增加。应具有支持 3D 图形处理，并具有内置 SCSI 硬盘，硬盘容量根据需要配置。除常规配置外还应有 10/100Base-T 以太网标准的接口等。设备具有技术先进、兼容性好、扩展性强，便于更新换代。

4.9.4 现场总线的选用应根据泵站自动化系统的要求、设备配置条件、所选仪表接口等确定，现场总线能采用总线形、树形、星形、冗余环形等拓扑结构连接现场的仪表和控制设备。推荐的现场总线类型有：DeviceNet、Profibus、ControlNet、Modbus、ControlLink 等。推荐通信协议为 IEC 60870-5-101、DNP3.0 等国际通用的开放的通信协议。

4.9.5 控制器设备应符合下列规定：

1 结构形式宜为框架背板和功能模块的任意组合，背板可以扩展；

2 具有工业以太网、现场总线、远程 I/O 的连接和通信能力；

3 CPU 的字长≥16 位，处理能力和 RAM 的容量应适应各泵站的功能要求，应备有存贮器用以保存主站下载的而又能远方修改的参数；

4 处理器具有基本的控制和运算功能；

5 应有自检和故障诊断功能，有瞬时掉电后再启动的能力，时钟应有掉电时的支撑电池；

6 硬件模块均应配有防尘的保护盒，宜在线热插拔，并且要有明显的标签；

7 具有远程或就地设定控制参数的能力，具备可选用的链路规约，可组态的串行通信口，用于和主站通信以及人机界面（MMI）的接口；

8 用于编程/调试/诊断连接便携式 PC 机的接口；

9 PLC 与户外通信电路的接口应采用光电隔离，现场输入输出信号必须进行电位隔离。PLC 外部电源为交流 220V，允许电压波动范围为 195～264V，允许频率波动范围为 47～53Hz；

10 平均故障间隔时间（MTBF）≥17000h。

4.9.6 控制器应支持梯型图、结构文本语言、顺序功能流程图等多种编程语言。具备可更换的锂电池、EEPROM（或 FlashMemory）双重程序后备保护功能。PLC 装置的处理器具有基本的控制和运算功能，包括开关量、数字量、脉冲量、模拟量输入和输出、计数器/定时器、中断控制、高速计数、逻辑运算、算术运算、函数运算、数据转换、数据保存、模糊控制、传送和比较、PID 调节等。

4.9.7 操作界面 MMI 应符合下列规定：

1 显示器类型：背光彩色防水 TFT 显示屏；

2 屏幕尺寸：对角线不应小于 10″；

3 解析度：640×480；

4 画面数：不应小于 250；

5 显示文字：ASCII 字符，二级汉字；

6 密码功能：3 级密码设置；

7 操作保护：延迟保护、再确认功能。

4.9.8 控制器输出模块宜采用隔离继电器驱动外部设备，继电器选择应符合下列规定：

1 结构形式：封闭式，透明外壳，插座安装，带防松锁扣；

2 转换触点对数：2 或 3；

3 额定电压：AC 220V 或 DC 24V；

4 耗电量：交流不得大于 1.2VA，直流不得大于 0.9W；

5 触点容量：AC 250V、3A（阻性负载）；

6 机械寿命：$50×10^6$ 次（交流操作）；

7 电气寿命：$2×10^5$次（DC30V，2A，阻性负载）。

4.9.9 控制器I/O设备分为数字输入、输出和模拟量输入、输出等类型。

数字信号输入（DI）模块可分为交流输入、直流输入和脉冲输入等。

直流输入模块主要用于外部电缆线路较短，且容易引起电磁场感应的场合。计算机内部与外部电路采用光电耦合器进行隔离。直流输入电压一般为DC10～48V。泵站宜采用直流输入模块。

对于有脉冲信号的设备宜采用脉冲输入模块，脉冲输入模块内设有脉冲计数器，对外部的输入脉冲进行计数，然后送往CPU。它又可分为单向、双向（加减）计数两种。使用时，不得超过规定最大脉冲频率。

数字信号输出（DO）模块可分为交流输出、直流输出和继电器输出等类型。

直流输出模块是一种采用晶体管或晶闸管的无触点输出模块，采用光电耦合器与外部电路隔离，同样具有动作速度快、寿命长的优点。

继电器输出模块通过继电器接点和线圈实现计算机与外部电路隔离，这种模块可交、直流两用。它不会产生漏电流现象，但模块内的继电器有寿命问题。

模拟信号输入（AI）模块通过内部A/D变换器可以将现场的电压、电流、温度、压力等控制量输入PLC，这种模块内的A/D变换时间大约在ms到数十ms之间。在要求快速响应的场合，可选用A/D变换时间短的模块。变换后的二进制数分8位、10位、12位不等，有的带符号位，有的不带符号位，可根据系统所需的精度来选择不同的A/D变换位数。

模拟信号输出（AO）模块可以输出供过程控制或仪表用的电压、电流。它把CPU内部运算的数字量经D/A变换器变成模拟量向外部输出。它同模拟量输入模块一样，D/A变换的时间有快、有慢。可根据系统所需的精度来选择不同的D/A变换位数。

4.9.11～4.9.13 自动化控制系统应采用UPS作为后备电源，供控制设备用电。UPS选择应考虑输入/输出电压；输出电压稳定性、频率稳定性、波形失真、负载功率、维持时间等技术指标。输入输出隔离型，输出波形为正弦波。

UPS的负载功率，应依据控制系统配置的各设备的最大消耗功率累加计算，并留出约25%的余量，并应考虑功率因数的问题。例如，负载功率为6kW，则UPS的容量应为：$\frac{6×1.3}{0.8}=9.75$（kVA），实际选配UPS的容量为10kVA。

UPS宜工作在额定输出功率的70%～80%，此时的效率较高。在负载功率一定时，需要维持工作的时间越长，则要求电池的容量越大。

1 输入电压：AC 220V±20%，50Hz±10%；
2 输出电压：单相220V±2%，50Hz±0.2%；
3 输出功率：设备容量总和的150%；
4 输出波形：正弦波，谐波失真≤3%THD；
5 蓄电池供电时间：额定负载下放电60min；
6 蓄电池寿命：10年，免维护；
7 负荷峰值因数：5：1；
8 过载能力：125%时10min，150%时30s；
9 在线式运行方式：自动切换旁路工作，无切换时间；
10 工作温度：0～50℃（室内）；
11 相对湿度：0～95%无凝露；
12 平均故障间隔时间（MTBF）：≥50000h。

中小型泵站UPS宜采用柜架式，安装在控制机柜内。

4.9.15 泵站需要设置大屏幕显示设备时，宜采用金属格栅镶嵌马赛克式模拟显示屏，模拟显示屏应符合下列规定：

1 具有现场总线或RS485串行接口，4位半LED数码管的数字显示器。
2 过程的状态显示及报警指示、报警信号闪烁指示。
3 模拟屏的适当位置宜设试验和复位按钮等。
4 模拟或数字指示应位于模拟屏上设备符号的附近。
5 在模拟屏的适当位置设数字式日历/时钟。
6 为考虑模拟屏马赛克显示面的平整和耐久以及承重等原因，模拟屏结构为金属格栅上镶嵌马赛克。每个模块单元不应小于25mm×25mm，字符高度不应小于15mm，图形符号的面积不小于15mm×15mm。拼装缝隙<0.05mm。
7 示图符宜用光带、发光字牌、发光符号、字符显示窗、数字显示窗等元素及这些元素的组合来制作。
8 亮度对比度≥10，屏面反射率<15%，刷新时间≤10s，发光器件寿命≥17000h，显示元件的亮度≥80cd/m²。
9 模拟屏应有独立工作的控制器，其数据和信息宜通过自控系统局域网络（例如以太网）采集。按接口规约接受主站送来的信息，执行遥信选点上屏，执行调光、变位、闪光，报警等功能，并能锁存驱动上屏信息。
10 发光元件的接线应采用接插件，接插件应牢固可靠。
11 回路和屏架间绝缘电阻应大于5MΩ。
12 屏内配线应排列整齐，捆扎牢固，线路标志清晰。
13 强电与弱电端子应分开排列。屏内端子排应固定牢固，无损坏，绝缘良好；端子编号和电线编号字迹清晰，与图纸上编号一致。

4.10 安全和技术防卫

4.10.1 对于无人值守泵站，为了保护泵站内主要工艺设施，保证泵站内重要设备正常运行及变电所的安全。在泵站内、变电所和主要道路宜设电视监视设备，采用具有夜视或低照度功能的摄像机，并配备视频记录装置（例如数字录像机）；需要时，应具有图像分析及报警功能。视频图像应上传区域监控中心（信息中心），以便及时了解各泵站的情况。

4.10.3 周界防卫系统须在户外装设对射红外线探测器，信号送至控制器连接当地公安、保安部门或区域监控中心（信息中心）。围墙的角落可采用户外探头。

4.10.5 根据有关规范对在大型及重要的泵站应设置火灾报警系统，当不设置火灾报警系统时，应对建筑物、装饰材料及电气线路的防火提出一定要求，站内灭火器装置应符合现行国家标准《建筑灭火器配置设计规范》(GB 50140) 的规定。

4.11 控制软件

4.11.3 数据库应是开放的实时数据库，通过对监控对象的组态、对监控对象的实时监测和控制，自动生成操作记录表、遥信变位、事故记录等实时数据。实时数据库具有标准的外部数据接口，能与其他控制软件和数据库交换数据。

历史数据库能通过 DDL、DDE 及 OLE 等与其他应用软件交换数据，并带有标准的 SQL 接口和 ODBC（Open Data Base Connect）接口，提供系统维护和管理手段。

4.11.4 应用软件的操作界面应以方便使用为主，并做到风格统一、层次简洁。采用图控软件组态设计中控室的运行监控软件，具有中文界面、操作提示和帮助系统。应用软件包括的功能描述为：

1 运行监视和控制，提供泵站各种布置图和接线图。操作界面主要以流程图方式表示，从总体流程图直到每个单体的局部流程图。在流程图上显示的设备均可以点击进入，以了解该设备的进一步细节数据或对其进行控制。工艺过程、运行参数和设备状态均以图形方式直观表示。运行参数和目标控制参数可以点击进入，了解其属性或进行设定修改。通过操作界面上的按钮实现对设备的操作、控制和运行参数设定。

2 数据处理和数据库管理。提供整个监控系统运行的各种数据参数、各机械电气设备状态以及各接口设备状态的实时数据库及历史数据库，并能根据信息分类生成各种专用数据库，并具有在线查询、修改、处理、打印等数据库管理软件，可进行日常的操作及维护，利用 ODBC 功能，与其他关系数据库建立共享关系。

保存在内存中的实时数据库应存贮有各种监控对象的动态数据，数据刷新周期应可调，以保证关键数据的实时响应速度。短期历史数据库应能保存 7 天的实时数据和组合数据，并不断地予以刷新（其数据来自于实时数据库）。历史数据库中能存入各设备的运行参数、报警记录、事故记录、调度指令等。并具有提供存贮 3 年运行数据的能力。

4 能对组成系统的所有硬件设备及运行状态进行在线监测及自诊断，能对实时监控的所有对象的运行状态进行监测及自诊断，对各类设备运行情况（如工作累计时间、最后保养日期）进行在线监测，并存入相应文档，以备维护、保养，能对设备故障提出处理意见，以供参考。

5 软件系统应能对系统的设备运行记录及控制模式进行综合考虑，对能耗数据进行记录和综合分析，使系统能在最低的消耗下，发挥最大的效率。

对于泵站，能耗管理就是电力消耗的管理，主要体现在节能上。

6 对于按操作等级进行管理，一般情况下，至少应设置三级操作级，即观察级、控制操作级、维护级，每一级都需有访问控制。

4.12 控制系统接口

4.12.3 本条介绍泵站控制系统与电气设备和仪表的接口相关内容。

1 接口类型和通信协议指的是以太网、现场总线、低速串行通信、硬线连接等。

2 物理参数指的是光纤、电缆、接插件、端子、导线截面积、屏蔽等。

3 电气参数指的是周期、波长、脉冲宽度、电压、电流、电阻、电容、电抗、频率、触点容量等。

5 各界面的解释如下：

5-1 为高压配电装置与泵站控制系统的接口，由泵站控制系统监视高压配电装置设备状态和变压器运行。

5-2A 为低压配电装置向泵站控制系统提供电源。

5-2B 为低压配电装置与泵站控制系统的接口，由泵站控制系统监视低压配电装置设备状态。

5-3 为泵站内各设备控制箱与控制系统的接口，由泵站控制系统监视各设备的运行并对其进行控制。根据需要可设置现场按钮箱。③与④为现场设备与现场按钮箱的接口。

5-6A 为泵站控制系统向泵站仪表提供电源。

5-6B 为泵站内仪表与泵站控制系统的接口，由泵站控制系统采集仪表的检测数据和工作状态。如泵站仪表为分体式，⑥与⑦为变送器与传感器的接口。

5-8A 为泵站控制系统向泵站内远程通信设备提供工作电源。

5-8B 为泵站内远程通信设备与控制系统的接口。泵站监控系统与远程通信设备进行信息交换。当管理上要求与上级信息中心通信时，⑧与⑩为泵站与上级区域控制中心通信接口。

5-9A UPS 为泵站内监控设备提供工作电源。

5-9B UPS 与泵站控制系统接口，由泵站控制系统采集 UPS 运行状况。

4.14 设备安装技术要求

4.14.1 中小型泵站自动化控制系统的设备应安装在一台控制柜内，柜内应有一套可编程逻辑控制器（PLC）、人机界面（MMI）、电源（含 UPS）、继电器、空气断路器、电气保护、电源防雷器、信号防雷器、柜内照明等设备。控制机柜应符合下列规定：

1 柜结构为前后单开门，前后门的密封材料需耐 H_2S 腐蚀。柜体、柜内安装板、柜内支架等表面需涂皱烘漆，漆层强度需经方格划痕试验（不能剥落）。

3 柜内有可靠的保护接地装置及防雷防过电压保护装置。

电源防雷器应按下列要求选择：
1) 标称电压　　220V/380V
2) 额定电压　　250V/440V
3) 工作电流　　≥16A
4) 放电电流　　L-L：3kA；L-N：3kA；N-PE：5kA
5) 响应时间　　≤25ns

信号防雷器应按下列要求选择：
1) 标称电压　　5V/24V（按端口配置）
2) 额定电压　　6V/26.8V
3) 工作电流　　≥500mA/100mA
4) 放电电流　　10kA
5) 带宽　　　　≥1M
6) 响应时间　　≤1ns

4 柜内设备布置应保持通风散热，当若干 PLC 安装在同一柜子里时，应符合下列规定：
1) 两个 PLC 间距不应小于 150mm，在 PLC 两侧的空隙不应小于 100mm。
2) 产生热量的设备应安装在 PLC 的上部。
3) 当 PLC 安装垂直导轨上时，应使用导轨规定端子。

5 控制柜面板指示灯和按钮的颜色为：

1) 指示灯颜色

电源接通	白色
正在运行	绿色
断开/报警	红色
准备启动	蓝色
状态（通、断等）	蓝色
报警（无紧急停止信号）	黄色

2) 按钮颜色

停止、紧急停止	红色
启动	绿色
点动/慢速	黑色
重调（不作为停止）	蓝色
过载/报警接受	黄色

7 最下排端子距离机柜底板宜大于 350mm 是因为电缆进柜需在柜底下作固定，要留一定操作距离。强、弱电端子宜分开布置；当有困难时，应有明显标志并设空端子隔离或设加强绝缘的隔板。回路电压超过 400V 者，端子板应有足够的绝缘并涂以红色标志。每个接线端子的每侧接线宜为一根，不得超过两根。

8 电流回路应经过试验端子，其他需断开的回路宜经特殊端子或试验端子。试验端子应接触良好。测量电流输入端子应装设有短路压板，测量电压输入端子应设有保护熔丝。

4.14.5 控制室内应布设 PE 接线排，以导体构成一个每孔为 600mm×600mm 的网络作为活动地板的支撑架。所有用电设备的金属外壳、计算机、设备机架、电缆桥架等都应连接到接地网络上。

4.14.6 控制室应配置操作台椅，操作台的尺寸和椅子数量应根据放置设备的数量和控制室的大小而定。操作台的布置宜分监视和操作装置两类，台面上宜布置 CRT、打印机、电话等设备，键盘宜置于台面下部抽板内，计算机设备宜置于控制台下部柜内，柜应有门，可闭锁，装置应有通风设备，后侧宜布置插座、线槽。

4.14.7 为考虑电缆敷设时牵拉对电缆芯线的强度要求，电流测量回路的铜芯电缆截面面积不宜小于 $2.5mm^2$，其他控制回路的电缆截面面积不宜小于 $1.5mm^2$。

4.14.8 控制电缆宜采用 4 芯以上是因为电缆厂生产电缆规格为 2 芯、4 芯、7 芯等，在实际使用中至少有 1 根备用芯，所以选用 4 芯以上电缆。对传输开关量输入无源信号的电缆，当传输距离小于 200m 时，宜用普通控制电缆。对传输开关量输入无源信号的电缆，当传输距离大于 400m 时，宜用双绞铜网屏蔽电缆。对于强电信号均可使用普通控制电缆。对传输开关量输出是继电器、可控硅的触点或交流 220V 信号，宜用普通控制电缆。对传输开关量输出是继电器或可控硅的低电平信号，宜用铜带或铝箔屏蔽计算机用电缆。对于传输脉冲量输入信号的电缆，应选用双绞铜网屏蔽电缆。

4.14.9 模拟量是一种连续变化的信号，容差非常小，易受干扰的影响，对于模拟量输入/输出信号的传输电缆，应选择双绞铜网屏蔽计算机电缆。

计算机控制系统的通信信号一般为数字信号。为了克服线间电容对高速通信的影响，应使用计算机控制系统的专用电缆，当通信距离过长时应考虑使用光缆。

自控系统的电缆是系统与现场仪表或设备之间信息传递的通道。如果电缆选择不当会使很多形式的干扰通过这个通道进入到控制系统内部从而影响系统工作，所以合理选择电缆至为重要。

4.14.11 电子装置数字信号回路的控制电缆屏蔽层接地，应使在接地线上的电压降干扰影响尽量小，基于计算机这类仅1V左右的干扰电压，就可能引起逻辑错误，因而强调了对计算机监控系统的模拟信号回路控制电缆抑制干扰的要求，应实现一点接地，而一点接地可有多种实施方式，对于计算机监控系统，需满足避免接地环流出现的条件下，集中式的一点接地。

4.14.12 泵站的缆线敷设应严格按照设计要求，应按最短路径集中敷设，缆线包括电缆、电线、光缆的敷设，当采用电缆敷设时，应符合电缆敷设的要求。当采用光缆敷设时，应符合光缆敷设要求，应使线路不受损伤。光缆、电缆敷设时应符合下列规定：

1 布放光缆的牵引力不应超过光缆允许张力的80%，瞬间最大牵引力不得超过光缆允许张力的100%，主要牵引力应加在光缆的加强件（芯）上。一次牵引的直线长度不宜超过1km；光缆接头的预留长度不应小于8m。

2 布放光缆时，光缆必须由缆盘上方放出并保持松弛弧形；光缆布放过程中应无扭转，严禁打小圈等现象发生。

3 光缆的弯曲半径应不小于光缆外径的15倍，施工过程中不应小于20倍。

4 光缆布放完毕，应及时密封光缆端头，不得浸水。

5 管道敷设光缆时，无接头的光缆在直道上敷设应有人工逐个经人孔同步牵引。预先做好接头的光缆，其接头部分不得在管道内穿行，光缆断头应用塑料胶带包扎好，并盘成圈放置在托架高处。

6 光缆穿入管孔或管道拐弯或者交叉时，应采用引导装置或喇叭口保护，不得损伤光缆外护层。根据需要可在光缆周围涂中性滑润剂。

7 光缆经由走线架，拐弯点（前、后）应予固定；上下走道或爬墙的部位，应垫胶管固定，避免光缆受侧压。过沉降缝应有预留长度。

8 光缆的接头应由受过专门训练的人员采用专用设备操作，接续时应采用光功率计或其他仪器进行监视；接续后应做好接续保护，并安装好光缆接头护套。

9 信号电缆与强电磁场设备距离有屏蔽应大于0.8m，无屏蔽应大于1.5m。

10 控制电缆在敷设时尽量减少和避免接头。当必须采用电缆接头时，必须连接牢固，并留有余量，不应受到机械拉力。

11 控制电缆终端应包扎，并有防潮措施。

12 电缆敷设要有余度，终端余度是为了便于施工和维修。建筑物的伸缩缝和沉降缝处留出的补偿余度，是为了避免线路受损失。

13 在穿钢管敷设时钢管必须接地，禁止动力电缆和信号电缆共管敷设。

14 电缆穿管时，裸铠装控制电缆不得与其他外护层的电缆穿入同一根管内。

4.15 系统调试、验收、试运行

4.15.1 系统调试大纲应包括设备单体调试、测试和试运行，仪表、供电、设备监控和计算机等各子系统功能调试、测试及上述所有系统集成联动功能调试、测试。系统调试结束后，施工单位应提交调试报告。设备单机性能检查测试、调试及试运行，应在各子系统调试前完成，由施工单位负责实施，监理工程师旁站监督。各子系统调试、系统集成联动功能调试结束后，由建设单位项目技术负责人组织施工单位技术和质量负责人、设计单位有关专业技术负责人、总监理工程师对系统功能项目进行检测验收。

4.15.2 设备安装就位后应先进行检查，仔细检查并核对控制系统（设备）各部件的连接、电源线、地线、信号线是否连接正确。确认无误后，再检查各仪表和设备的电源，进行通电试验，待通电正常后，对各设备工作状态进行检测，保证系统性能达到预期的设计要求。

系统调试的工作量比较大，对保证系统性能与可靠运行起着非常关键的作用，应给予充分的重视，调试的一般步骤是：单体调试——相关功能之间的配合性能调试——系统联动功能调试——系统试运行。系统调试阶段的主要工作包括：

1 对系统进行初始化，输入各原始数据记录。

2 记录系统运行的数据和状况。

3 核对并校正系统的输出与输入端信息之间的偏差。

4 对实际系统的输入方式进行检查（是否方便，效率如何，安全可靠性、误操作性保护等）。

5 对系统实际运行响应速度（包括运算速度、传递速度、查询速度、输出速度等）进行现场实际的测试。

4.15.5 上位机系统检验应包括下列内容：

1 根据设计的要求中控室上位机应对泵站内的设备具有监视和控制功能，包括仪表、供配电系统和机械设备。

2 按设计要求进行流程画面的测试：画面显示应不受现场环境的干扰，测试检查每幅画面上的各种动态点是否正确，量程显示是否正确。检查控制结构和参数的设置与现场是否相符，调整控制结构参数值

和备用回路的输入、输出及反馈值，并逐个回路进行调试、整定，检查是否满足设计指标要求。检查所有测量信号准确度是否满足设计指标要求。

键盘操作的容错测试：在操作站的键盘上操作任何未经定义的键时，系统不得出错或出现死机情况。

CPU切换时的容错测试：人为退出控制站中正在运行的CPU，此时备用的CPU应能自动投入工作，切换过程中，系统不得出错或出现扰动、死机情况。

备份机整体切换时的容错测试：人为退出控制站中正在运行的机器，此时备份机应能自动投入工作，切换过程中，系统不得出错或出现扰动、死机情况。

3 报警、保护及自启动功能测试：检查所有报警、保护及自启动功能是否满足设计指标要求。报表打印功能的测试：用打印机按照预定要求打印出每张报表，检查正确与否。

4 系统技术指标测试应包括系统平均故障间隔时间、系统可用率、系统可维护性、系统响应时间以及系统平均修复时间、主机联机启动时间等。

4.15.6 控制系统的检验应包括下列内容：

1 当按钮处于手动或自动方式时控制器能正确接收信息，控制器处于手动控制时，各种数据测量宜按以下方式：

1）数字量输入信号测试：由现场控制箱或人为发出信号，控制器应有正确的响应（与地址表相符合）。

2）数字量输出信号测试：由控制器根据地址表强制发出信号，现场应有正确的响应。

3）模拟量输入信号测试：用信号发生器由现场发出4～20mA信号（4～20mA中均分5点），PLC检测应有正确的响应，信号误差应在允许范围内。

4）模拟量输出信号测试：由CPU根据地址表强制发出4～20mA信号（4～20mA中均分5点），现场检测仪应有正确的响应，信号误差应在允许范围内。

当控制器处于自动控制时，应进行调节功能的测试，调节功能测试应按功能流程图进行，检查闭环调节功能是否正确有效，输入、输出关系是否正确无误。

2 报警功能测试：模拟现场有报警信号时，控制器应能做出正确的响应。

3 控制系统操作画面应分层检测，从整个到局部。

4 按编制的程序，让系统进行自动运行，各设备应按要求启动和停止。

4.15.8 仪表检验的基本性能指标应符合下列规定：

为便于监控系统信息集成，要求检测仪表应具有与量程相匹配的4～20mA模拟量输出或带有开放协议通讯口输出功能，在设备选型时考虑检测仪具有现场就地采样数据显示功能，便于设备现场操作监视。

4.15.9 泵站自动化控制系统应按设计要求进行程序设计，对每一功能进行调试，在规定的时间内，系统要对内部（如时间中断）、外部（如开关到位）等信号做出响应，并完成预定的操作，当达到要求后才能与工艺一起投入试运行，系统投入运行后，控制系统应处于工作状态。同时要求系统软件考虑局部故障在线处理以及对组态的在线修改，即软件应具有在线调试能力。

4.15.10 系统连续试运行中，还应进行计算机考核包括下列内容：

1 CPU平均负荷应小于50%；
2 单机运行时系统运行率应不小于99.6%；
3 双机热备运行时系统运行率应不小于99.9%；
4 系统故障次数应小于三次；
5 软件系统全部功能100%地投入。

5 污水处理厂供配电

5.2 系统结构

5.2.1 污水处理厂变电所应根据负荷分布特点设置。

1、2 对于大型污水处理厂，其厂区范围大，用电负荷多，而且分散，所以应设有总变电所和若干分变电所。

3、4 对于大城市的污水处理厂突然中断供电，将造成较大经济损失，给城市生活带来较大影响，所以供电等级应为二级负荷。二级负荷的供电要求是：应由二个电源供电，而且须做到在电力变压器或电力线路常见故障时不致中断供电，或中断后迅速恢复。当采用电缆供电时，应采用两根电缆组成的电缆线路供电，其每根电缆应能承受100%的二级负荷。

5.2.3 总变电所系统设置应符合下列规定：

3 内桥接线方式一般用于双电源供电和两台变压器，且供电线路较长，不需经常切换变压器的变电所。用于一、二级负荷供电。

单母线接线方式一般用于单电源供电，且配电回路不超过三回的变电所。

单母线分段接线方式一般用于双电源供电，且配电回路超过三回的变电所。

4 总变电所对外的配电采用放射式和树干式两种方式混合在一起的配电方式，即在同一个配电系统中既有放射式配电，也有树干式配电；对较重要的用电设备采用放射式配电，对一般用电设备采用树干式配电。当厂区范围较大，用电设备多而分散时，采用这种配电方式，既可保证主要设备用电的可靠性，又可节约投资。

5 当供电电压为10kV，厂区面积较大，负荷又比较分散的工程，可采用 10kV 和 0.4kV 两种电压混合配电方式。即将 10kV 作为一次配电电压，先用 10kV 线路将电力分配到几个负荷相对比较集中的地方，建立各自的 10kV/0.4kV 变电所，然后用 0.4kV 作为二次配电电压再向下一级用电设备配电。

5.2.4 分变电所系统设置应符合下列规定。

4 总配电所与分配电所属于同一部门管理，在操作上可统一调度指挥。此外，污水处理厂变电所一般都为电网的终端，保护时限小，从继电保护角度上考虑，即使在分变电所进户处装了断路器，由于时限配合不好，也不能增加一级保护。因此，一般装设隔离开关（固定式）或隔离触头（手车式）也能满足运行和检修的要求。

5 变压器低压侧总开关采用低压断路器，可在低压侧带负荷切断电源，断路后恢复送电也比较及时，可减少管理电工的往返联系，缩短停电时间。

当有继电保护或自动切换电源要求时，低压侧总开关和母线分段开关均应采用低压断路器。

5.7 接地与防雷

5.7.2 防雷应符合下列规定：

2 防直击雷、防雷电感应和防雷电侵入保护措施：

1) 屋外配电装置装设防直击雷保护装置，一般采用避雷针或避雷线。
2) 屋内配电装置装设防直击雷保护装置，当屋顶上有金属结构时，将金属部分接地；当屋顶为钢筋混凝土结构时，将其焊接成网接地；当屋顶为非导电结构时，采用避雷网保护，网格尺寸为（8～10）m×（8～10）m，每隔 10～20m 设引下线接地。引下线处应设集中接地装置并连接至接地网。
3) 架空进线的 35kV 变电所，35kV 架空线路应全线架设避雷线，若未沿全线架设，应在变电所 1～2km 的进线段架设避雷线，并装设避雷器。
4) 35kV 电缆进线时，在电缆与架空线的连接处应装设阀型避雷器，其接地端应与电缆的金属外皮连接。
5) 变电所 3～10kV 配电装置（包括电力变压器），应在每组母线和每回架空线路上装设阀型避雷器。

有电缆段的架空线路，避雷器应在架空线与连接电缆的终端头附近，其接地端应和电缆金属外皮相连。如各架空进线均有电缆段，避雷器与主变压器的最大电气距离不受限制。

避雷器应以最短的接地线与变电所的主接地网相连（包括通过电缆金属外皮连接），还应在其附近装设集中接地装置。

3～10kV 配电所，当无所用变压器时，可仅在每路架空进线上装设阀型避雷器。

6 污水处理厂自动化系统

6.2 规模划分与系统设置要求

6.2.1 预处理工艺应为城市污水处理厂的初级处理工艺，一般包括格栅处理、泵房抽升和沉砂处理。

一级处理工艺应以沉淀为主体的处理工艺，主要是比预处理增设了初次沉淀池，将污水中悬浮物和部分 BOD 沉降去除。

二级处理工艺应以生物处理为主体的处理工艺，主要是比一级处理增设了曝气池和二次沉淀池，通过微生物的新陈代谢将污水中大部分污染物变成 CO_2 和 H_2O。

深度处理应是满足高标准的受纳水体要求或回用于工业等特殊用途而进行的进一步处理，通用的工艺有混凝沉淀、过滤、消毒等。

污泥处理和污泥最终处理主要包括浓缩、消化、脱水、堆肥或农用填埋等。

6.2.3 曝气池空气量自动调节系统是整个污水处理厂处理过程的一个重要环节。通过基于氨氮（NH_3-N）和硝酸盐（NO_3-N）等营养物质检测分析，并通过前馈控制的计算值来设定生物反应池中溶解氧（DO）值；按照一定的数学模型计算出曝气池上每个曝气支管上的阀门开度，实施曝气量的调节；在保持供气总管风压不变的条件下，由变频调速技术或调节鼓风机的进、出口导叶角度完成风机输出风量的控制。根据不同的工艺和排放标准确定影响曝气量的工艺参数，并选择适当的控制模型和控制模式与手段，完成空气量的调节，能明显体现污水处理厂节能效果和管理水平。

6.3 系统结构

6.3.1 整个系统为三层结构，宜分为信息层、控制层和设备层。在这个体系中，数据可以双向流通，层与层之间可以交换数据。

1 信息层宜使用以太网，它是一个开放的、全球公认的用于信息层互联的实施标准。这一层网络具有高速报文传送和高容量数据共享。

2 控制层宜采用光纤工业以太网，它具有支持 I/O 信息和报文的传送，能够设置信息的优先级，有效数据共享，支持多主机、对等及混合结构的通信方式。

3 控制层为多个就地控制站组成，控制层设备设在各个就地控制站，宜以 PLC 为核心设备组成控制器，对于距离较远且设备相对集中的地方可设远程

I/O 站，如变电站等。现场站一般为无人值守，操作界面可采用触摸显示屏，根据管理要求有人值守时，操作界面应采用工业控制计算机，并按管理要求设置打印记录等设备。

4 设备层是由现场设备（仪表、电量变送器、测控单元、动力设备的控制器等）和控制器间的通信组成，对于大、中型污水处理厂距离较长宜采用现场总线网络，以尽可能快速又简单地完成数据的实时传输。中小型污水处理厂可采用现场总线或硬接线连接仪表和设备控制箱。

6.3.2 重要污水处理厂宜采用冗余结构。为提高系统可靠性，信息层的监控工作站设有 2 台监控计算机组成双机热备。主 CPU 和备份 CPU 同时工作，当主 CPU 发生故障时，备份 CPU 收不到主 CPU 的同步信号，这时备份 CPU 会替代主 CPU 工作直至最新收到主 CPU 的同步信号。

信息层应设有数据管理站（服务器）。考虑到系统的可靠性、安全性，数据管理站宜设有 2 台服务器组成双机热备。

就地控制站 PLC 装置、电源、通讯等设备宜采用冗余配置。通信宜设双环网络，以提高系统的可靠性。

6.4 系统功能

6.4.1 物位：液位，储泥池泥位，消化池泥位，干污泥料仓泥位等。

流量：污水流量，处理后水流量，空气流量，污泥流量等。

温度：污水温度，污泥温度，空气温度，轴承温度，电动机定子线包温度等。

压力：空气压力，润滑油压力等。

6.4.2 运行控制对象应包括下列内容：

1 水泵控制，当水池液位高于某一设定值时，且相应设备状态满足连锁要求，符合开泵条件，应启动水泵的运行。大型水泵辅助运行设备控制应包括冷却水控制系统和密封水控制系统。

2 当格栅前后液位差大于某一值时，应启动电动格栅除污机、输送机、压榨机的运行。

3 水泵控制与有关闸门、阀门状态必须连锁，当需要开启水泵时，首先要控制相应闸门、阀门开启或关闭。

4 除砂装置、机械曝气机、刮砂机、刮泥机、搅拌机、鼓风机、压缩机、污泥消化池温度、污泥消化池进泥量和搅拌、污泥浓缩脱水系统、污泥耗氧堆肥处理系统、紫外线消毒装置、二氧化氯发生器、加氯机、沼气脱硫设备的控制，根据工艺流程及控制要求由所在单体的现场控制站控制设备的运行。

6.4.3 污水处理厂应设有环境与安全监控功能，应包括下列内容：

2 污水处理厂强调设置电视监控和安全保卫系统是因为由于实现了运行自动化，工作人员相对比较少，而对于整个污水处理厂来讲不安全因素很多，所以应设置安防系统。通过摄像机将厂内现场情况实时、真实的通过图像和声音反映在控制中心的监视器上。以便工作人员及时了解整个厂区的情况。厂区周边的围墙设红外线周边防卫系统，红外信号进所属现场控制站，并与视频监视系统联动。

3 对确定有消防要求的污水处理厂宜在中央控制室、变电所、化验室、走廊等处设烟感式火灾报警探头。火灾报警控制器设在中央控制室。

火灾报警设备和周边防卫设备应采用国家专业认证产品。

6.4.4 本条说明中央控制室的功能：

1 污水处理厂应与上级信息中心建立通信。通信接口应为通用型，满足接口标准规定，以便能够与各种类型的主机交换数据。可由污水处理厂的中控室接收上级信息中心的调节控制命令，最终通过现场控制站控制器执行，配合信息中心实现调节控制功能。

2 污水处理厂控制系统通过模拟屏或投影屏、操作终端、MMI 操作界面等显示设备，集中监视污水处理厂的运行，包括设备状态、工艺过程、进出口水质、流量、液位、电力参数、电量数据、事故报警等。对全厂工艺设备的工况进行实时监视。

3 中央控制室应根据全厂水量和水质状况进行运行调度、参数分配和信息管理，通过 PLC 控制全厂主要设备的运行。中央控制室向各现场控制站分配所在单体或节点的运行控制目标，根据全厂水量和水质状况，命令某组工艺设备投入或退出运行。

4 中央控制室应对现场控制站上报的各种数据经计算、处理、分类，自动生成各种数据库及报表，报表中应有实时数据和统计数据，各类报表包括即时报表、班报、日报、月报、季报、年报、各类趋势曲线。对于生成数据库及报表可供实时监测、查询、修改、打印，生成后的报表文件能修改或重组。

具有日常的网络管理功能，维持整个局网的运行，定时对各接口设备进行自检、异常时发出报警信号。

能对组成系统的所有硬件设备及运行状态进行在线监测及自诊断，能对实时监控的所有对象的运行状态进行监测及自诊断，对各类设备运行情况（如工作累计时间、最后保养日期）进行在线监测，并存入相应文档，以备维护、保养，能对设备故障提出处理意见，以供参考。

5 整个控制系统应有手动、自动两种控制方式。方式的转换设在中控室或就地控制站操作界面图控画面上，由人工切换图控画面上的按钮。当操作人员在中控室的操作界面上将图控按钮打到自动时，就地控制站的操作界面图控按钮和现场控制箱的按钮都必须打到自动，才能实现自动控制。厂内各现场站应有基本数据采集功能，对所属范围内的仪表、设备状态进行数据采集，并加以处理和控制。

6.5 检测和监视点设置

6.5.2 本条说明集水池监视和控制点设置的相关内容。

1 采用超声波液位计或液位差计检测集水池的液位值，当格栅前后液位值大于某一数值时，启动格栅机动作，直至格栅前后液位差小于设定值。当格栅前后使用两只液位计时，其液位数值直接输入现场站控制器，由控制器算出格栅前后液位值。当使用液位差计时，由液位差计直接算出格栅前后液位值。

2 检测井内易积聚硫化氢气体，硫化氢属于有害气体，所以在格栅井内设置硫化氢检测仪报警装置，检测有害气体浓度，当检测到硫化氢浓度大于某一设定值时，发出报警。

3 机械设备检测和控制为格栅除污机、输送机和压榨机，当启动格栅除污机，输送机和压榨机应随之联动。根据工艺要求控制闸门的上升和下降。

检测和机械设备检测信号宜上传到中控室，在中控室的计算机图控画面和模拟屏上显示。

6.5.3 本条说明进水泵房监视和控制点设置的相关内容。

1 超声波液位计测量进水井的液位，当液位大于设定值时，启动水泵运行，一般进水井设有数台水泵，当启动一台水泵液位没有明显下降时，可启动第二台水泵直至液位下降到设置值以下。液位测量值作为进水泵房水泵的控制依据。

2 在水泵出水管道上安装电磁流量计，当电磁流量计安装有困难时可采用超声波流量计，作为污水处理厂的处理能力计量。流量计应能显示瞬时流量外，还应带有积算器显示累积流量，并能记录瞬时流量。

3 水泵的监测和控制，用液位值作为水泵的控制依据以及与阀门的联动控制。

6.5.4 本条说明沉砂池监视和控制点设置的相关内容。

3 出水井内固体悬浮物浓度（SS）水质分析仪能监测污泥的性质和污泥的含量。通过对曝气池中悬浮固体的测量，并结合其他的测定数据，来改善过程控制的可靠性。

4 出水井用总磷分析仪来检测水中磷的浓度，当水中有大量的磷酸盐时，将引起藻类和水生繁殖，导致了水中氧气的严重消耗。所以通过使用多个分析仪器来监控污水处理过程，操作人员可以更快地优化工艺参数，从而降低操作费用，确保指标满足要求。

5 机械设备检测和控制为电动闸门、电动蝶阀和刮砂机。根据工艺要求控制电动闸门、电动蝶阀和刮砂机的开和关。

6.5.5 本条说明生物池监视和控制点设置（以 A^2O 工艺为例）的相关内容。

1~8 生物池的好氧区、厌氧区、缺氧区及生物池出水端都设置溶解氧（DO）检测仪。因为溶解氧是污水处理过程中非常关键的因素，它是控制曝气风机运行的重要因素并涉及到污水处理厂一些其他的处理过程。如果池中没有充足的溶解氧，缺氧会导致细菌死亡，从而降低了沉淀效率，导致固体物质从二沉池流出。这可能会导致工厂超过 BOD、SS 以及氨氮的允许排放值。氧气过多会导致产生大量泡沫和较差的污泥沉降性能，同时也导致能耗增加。

好氧区曝气总管和分管上设气体流量计，用于计量曝气风量，气体流量计带现场数字显示。设置水质分析仪是监测进水污染物负荷状况。

6.5.6 本条说明初沉池、二沉池监视和控制点设置的相关内容。

1 污泥界面计可以对污水处理的二沉池污泥界面进行连续的监测，污泥界面计通过发出一个信号，启动污泥循环泵，可以使操作人员能够准确地控制污泥回流过程。通过优化排泥过程和降低污泥界面高度，对污泥的回路量进行精确地控制。

2 吸刮泥机、排泥阀门根据沉淀池的工艺运行方式而定，一般有连续和间歇之分。可设置泥水界面计来控制排泥；对于连续运行，可设置污泥浓度计来限制排泥；对于控制要求不高的小型污水厂，通常没有设置排泥控制阀门，泥水界面计仅仅作为运行工况监视。

配水/泥闸门或堰板、闸门在大中型污水处理厂都配置电动执行机构，可以实现配水/排泥流量的远程控制，开启/关闭沉淀池的运行。

6.5.7 本条说明鼓风机房监视和控制点设置的相关内容。

1 鼓风机送出一定风压的空气作为曝气池气源或调节池混合搅拌的气源。所以在鼓风机空气总管设置压力变送器、温度变送器和气体质量流量计，测量压力、温度和流量，监视鼓风机的运行。检测仪表应有现场数字显示。

2 在大型污水处理厂曝气鼓风机，通常是多台并联运行，鼓风机负荷控制比较复杂。在保证曝气生物池空气量要求的前提下，鼓风机出力的平稳变化是必需的，通常采用总管压力控制方法。

6.5.8 本条说明回流及剩余污泥泵房监视和控制点设置的相关内容。

3、4 回流及剩余污泥泵房的集泥池内设置浮球液位开关，液位开关输出一超低液位报警信号，防止回流及剩余污泥泵的干运行。回流污泥泵出泥管道上设电磁流量计，当安装有困难时可考虑采用超声波流量计。

5 回流比的控制：根据进水量，通过控制回流污泥泵运行台数、运行时间来实现；也可采用调节阀的方案或采用变频调速方案，但要求最低配置两台变频器，有利于负荷平稳变化。

6.5.9 对于工艺设计中设置的出口泵房内设分体式超声波液位计，液位测量值作为水泵运行的控制参数。

6.5.11 本条说明污泥浓缩池监视和控制点设置的相关内容。

1、2 检测污泥流量计和加药流量计的流量值。这两种流量计可根据工艺要求设置。污泥界面计检测污泥泥位。

3 机械设备检测和控制为测得污泥流量控制污泥浓缩机组的运行。包括污泥进料泵的控制，加药泵的控制，混合装置的控制，反应器的控制，污泥浓缩机的控制，厚浆泵的控制，增压泵的控制。

6.5.12 本条说明污泥消化池监视和控制点设置的相关内容。

1 消化池的进泥管设 pH 变送器主要测试介质中由于溶解物质所发生的变化。

2、3 由于污泥消化池需加热，所以在进泥管、出泥管和中部都设有温度变送器测量温度。

4 产气管设置气体流量计测量沼气流量。污泥消化的温度控制一般有两种方式：第一种是根据消化池进泥温度，控制泥水热交换器进水流量。第二种是根据消化池污泥温度，控制泥水热交换器或热水泵运行时间。

6 污泥投配有连续或间歇（包括多池轮流）方式，一般通过控制电动或气动阀门来完成。机械设备检测和控制为搅拌机和污泥泵。根据工艺和控制要求控制搅拌机和污泥泵的开和关。

6.5.13 污水处理厂采用污泥储仓，是其他行业固体料仓的一种借鉴。控制内容有各种污泥输送机、卸料装置、装车机构等，料仓设有料位检测，实现料仓自动装料、储量分析、储卸预测等。

6.5.14 本条说明沼气柜监视和控制点设置的相关内容。

1 沼气属于可燃气体，在沼气柜周围容易有气体堆积处应设甲烷探测器，检测可燃气体的浓度值，当大于某一设定值时，发出报警。

2 通过监测沼气柜压力和高度（对水封式升降沼气柜才测其升降高度），对其实施高低极限报警、连锁保护。连锁的对象有沼气火炬、沼气锅炉、沼气发电机、沼气鼓风机等，沼气柜高度和压力可以指导他们的运行连锁停车等。

3 机械设备检测和控制为沼气增压机和气动蝶阀。根据工艺和控制要求控制增压机和气动蝶阀的开和关。

6.5.15 本条说明沼气锅炉房监视和控制点设置的相关内容。

2 沼气锅炉设压力变送器和水位计。测量锅炉内的压力和水位，根据锅炉水位调节补水量。

4 出水管设温度变送器、压力变送器和流量计。测量出水温度、出水管压力和流量，根据锅炉出水温度调节燃气流量。

7 机械设备检测和控制对象是沼气增压泵、沼气锅炉排水泵、循环泵。根据工艺和控制要求控制沼气增压泵、沼气锅炉排水泵、循环泵的开和关。

6.5.16 计量井处宜设置电磁流量计，用于计量污水处理厂排放水量。当选用或安装有困难时，可考虑采用超声波流量计。

6.7 设备控制技术要求

6.7.1 设备控制位置和优先级应符合下列规定：

1 图 6.7.1 所表示的是污水处理厂控制设备之间比较全面的关系，对于中小型污水处理厂简单的控制系统可根据实际情况简化这些关系。

4 当污水处理厂内机械设备如水泵、格栅除污机配有现场控制箱和配电盘控制时，设备的控制可直接通过现场控制箱和配电盘上的按钮进行。

5 就地控制站是整个污水处理厂控制系统内各个现场工作点，它与仪表、电气控制执行机构相联接，实时采集现场设备的运行数据，并对现场设备进行控制。具有手动和自动两种控制方式。就地手动方式：通过就地控制站自动化控制系统的操作界面实施的手动控制。就地自动方式：由就地控制站自动化控制系统根据液位、流量、设备状态等参数以及预定的控制要求对设备实施的自动控制，不需人工干预。就地控制站的手动和自动的执行都应通过控制器来完成。

6 中央控制室根据全厂水量和水质状况进行运行调度、参数分配和信息管理，其控制是通过设在中央控制室的图控计算机特定按键完成，中央控制室向各就地控制站分配所在单体或节点的运行控制目标，根据全厂水量和水质状况，命令某组工艺设备投入或退出运行。对于中央控制室允许投入运行的设备或设备组，其具体的控制过程由所在就地控制站管理；对于被中央控制室禁止投入运行的设备或设备组，由所在就地控制站控制其退出运行，并不再对其启动。

6.7.6 本条说明鼓风机控制的相关内容。

2 在采用鼓风曝气工艺的污水处理厂中，鼓风机的能耗占全厂能耗的 70% 以上，所以鼓风机输出风量的调节是污水处理厂节能的重要措施。

3 鼓风曝气风量调节的模型流程是：污水处理厂的进水流量、水质（BOD 或 COD、TP、pH/T、NH_3-N 等）—生化池的溶解氧 DO—生化池的空气需求量—生化池风管进气量—生化池进气管阀门的调节—空气总管气量的计算—空气总管气压的维持—鼓风机调速或导叶角度的调节、鼓风机台数的调整。

6.7.9 污泥浓缩机组的控制应符合下列规定：

1 一个污泥浓缩机组装置包含污泥进料泵、加药泵、混合装置、反应器、污泥浓缩机、厚浆泵和增压泵等设备的控制。这些设备的基本启动、停止的逻辑控制都通过浓缩机组装置完成。

2 污泥浓缩机组设备控制箱一般是与设备配套提供，浓缩机组装置不仅应提供基本启动、停止逻辑控制而且应提供相关的污泥进料泵、加药泵、混合装置、反应器、污泥浓缩机、厚浆泵、增压泵等设备的联动控制。选择开关设在设备控制箱面板上，手动模式优先级高于联动模式。联动包括就地点动、就地自动和遥控。手动模式由人工操作污泥浓缩机组装置控制箱面板上的按钮，控制污泥浓缩机组装置的开启和关闭，此时不应执行来自PLC的控制命令。

6.7.10 污泥浓缩脱水机组控制装置应提供污泥脱水机组的基本启动、停止逻辑控制和相关设备的联动控制。还应提供污泥脱水机组的手动控制和相关设备的手动控制。整个流程中任一环节出现故障，都必须自动进入停机程序。

污泥浓缩脱水机启动时，应确认加药装置已经先行启动并正常运行，只有在加药装置正常运行时，才允许启动污泥脱水机。污泥脱水机运行过程中，如加药装置意外停机或故障报警，应立即进入停机程序。

污泥脱水机启动及运行时，应随时检查污泥料仓和输送机的运行状态，当污泥料仓满负荷或输送机停止时，禁止启动污泥脱水机，已经运行的污泥脱水机应立即进入停机程序。

6.9 防雷与接地

6.9.4 由于计算机控制系统、仪表、设备制造厂家对接地方式和接地电阻规定不相同，对接地极的独立设置或共同的规定也不相同，因此，按照电气等电位联结原则，仪表与控制系统，包括综合控制系统的接地，最终应与电气系统的接地装置连接。

6.10 控制设备配置要求

6.10.6 由于污水处理厂现场站设置比较分散，与中控室之间有一定距离，为了保证系统可靠性和安全性，中控室与各就地控制站之间的通信宜采用冗余光纤环的工业以太网。当二节点间通信距离大于2km，应采用单模光端机。

光端机应按下列要求选择：
1）组网方式：星形、环形；
2）光纤接口：100Base-FX；
3）终端子网接口：10/100BaseTX；
4）网络协议：IEEE802.3；
5）冗余环网自愈时间：≤0.3s；
6）电源：冗余配置；
7）平均故障间隔时间（MTBF）：≥50000h；
8）通信距离：≥100m。

6.10.7 MIS系统的工作站宜由2台计算机组成双机热备，配通讯控制器、服务器和网关等设备。

6.11 安全和技术防范

6.11.1 电视监控系统应利用安装在现场的摄像机，将现场情况实时、真实的通过图像和声音反映在控制中心的监视器上，供观察、记录和处理。

中控室管理人员可借助操纵键盘和手柄调整摄像机的方位、视角和焦距，通过矩阵控制器和视频监视器对厂区进行巡视。

6.12 控制软件

6.12.2 开放的实时数据库通过对监控对象的组态、对监控对象的实时监测和控制，自动生成操作记录表、遥信变位、事故记录等实时数据。

6.12.3 本条介绍应用软件应包括功能。

3 系统软件具有强而有效的图形显示功能，能画出总平面图、工艺流程图、设置布置图（平面、剖面）、电气主接线图等。在确定监控画面后，可对监控对象进行形象图符设计、组态、连接、生成完整的实时监控画面，使用户能在监视器（CRT）上查询到各种监控对象的动态信息及故障，其形式可以是图像、报表、曲线以及直方图等。

同时还应具有友好的汉化人机接口界面，采用图形、图标方式，使管理人员方便地使用鼠标及键盘对系统进行管理、控制，通过监控画面的切换，进行数据查询、状态查询、数据存贮、控制管理等各种操作。

4 日常的数据管理，对采集到的各种数据经计算、处理、分类，自动生成各种数据库及报表，供实时监测、查询、修改、打印；数据管理还包括生成后的报表文件的修改或重组。

软件系统的可靠性应能保证数据的绝对安全，防止数据的非法访问，特别是对原始数据的修改，按操作等级进行管理，一般情况下，至少应设置三级操作级，即观察级、控制操作级和维护级，每一级都需有访问控制。

具有日常的网络管理功能，维持整个局网的运行，定时对各接口设备进行自检，异常时发出报警信号。

6 化学药剂消耗包括混凝剂、助凝剂、絮凝剂及其他添加剂等。

6.13 控制系统接口

由于污水处理厂的设备和仪表比泵站多而且复杂，所以将污水处理厂控制系统的接口分为二个部分，第一部分为污水处理厂内设备、仪表与就地控制站接口。第二部分为电力设备（包括高低压配电、变压器等）与就地控制站的接口。

6.16 设备安装技术要求

6.16.1 中央控制室是操作管理人员对系统进行操作管理的主要场所。控制室应设置于厂内视野较好的建筑物内，控制室的布置应满足一定条件，使操作人员可以俯视全部或主要生产区域。控制室设有计算机（包括监控计算机、服务器、工程师站）、打印机、操作台椅、通信机柜（包括所有通信和网络）、UPS电源等设备，布置应使操作人员的视野最适宜，姿势最舒适，动作最便利。

6.16.3 为了充分发挥控制系统的全部功能，提高其可靠性，中控室和就地控制站在位置选择上应注意避免下列场合：

1　腐蚀和易燃易爆的场所。
2　大量灰尘、盐分的场所。
3　太阳光直射的场所。
4　直接震动和冲击的场所。
5　强磁场、强电场和有辐射的场所。

7 排水工程的数据采集和监控系统

7.1 系统建立

7.1.1 本条说明城镇排水系统数据采集和监视控制系统的体系。

1　第一层次为系统结构中最高一级，是各种信息最全的资源库。信息中心网站将城镇政府决策者、各管理部门及工作人员终端联成局域网，共同构成综合管理级。并通过有线（城市公用宽带网、电话网等）或无线（城市公用无线数据网、无线以太网等）通信介质，联接分布在城市各处的子系统。

2、3　第二层和第三层为排水信息中心或为按区域划分的监控中心。通过这些系统，实现企业管理信息化、信息交换网络化和办公自动化，从而改变工作方式和提高工作效率。这些系统通常采用客户机/服务器（C/S）的LAN结构（局域网）。一般实时性要求不太强。但因信息资源珍贵、量大、存储时间长，故对系统的可靠性要求高，应具有足够的存储容量和信息交换速度。通过网络互联技术，由基础级获取实时生产信息，处理并存入历史数据库；与上级信息综合管理层实现信息交换和资源共享。

5　第五层包含了排水和污水处理过程的全部实时信息，是各级管理层需要信息的主要来源。

7.1.2 各信息层的建立必须按每座城市的实际需要，应与当地排水系统管理体制相匹配。应建立简单实用、结构合理的系统。

1　由于小型城镇泵站、截流设施、污染源以及污水处理厂相对来说比较少，可以将信息集中送排水信息中心，不考虑第三层次的建立。

2　对于大型城市在排水信息中心下可按区域划分成若干个信息分中心，收集各自区域的信息。将信息流分开传输，保证数据双向通信。

7.1.3 信息层次一般可以理解为五层，信息化建设过程中可根据当地实际情况（例如管理机构的设置、建设资金等）和信息流的大小简化信息层次，污染源信息可以直接纳入上一级信息中心，建立通信关系。

7.2 系统结构

7.2.1 在星形结构中，主站通过不同的信道与各分站连接，星形结构的优点是主站能更快的更新数据、有更高的可靠性（每一信道损坏时只影响一个分站）、易于维修（每一信道的检修不影响其他分站）。

7.2.3 控制中心主站与远程（含泵站污水处理厂、截流设施）之间的通信宜根据排水工程规范、施工环境、公共通信的条件，采取不同的方法：

1　自敷光（电）缆通信：对于地理位置比较接近的2～3km范围内主站和远程站之间的通信，使用直接电缆或光缆进行连接，可以降低通讯建设和维护费用，而且通讯可靠。

2　共用有线网通信：根据条件及地理位置的许可，在水务系统或几个相关领域内共建自敷光（电）缆的专用通信网络，作为专用信息通信。这种方法一次性投资较大，但以后使用中花费较小。

3　公共有线网通信：对于距离较远，又没有条件自组专用网的通信，采用有线公共网络DDN、PSTN、ADSL等，宜以DDN为主通道，PSTN为辅助通道。

4　自建无线网通信：向城镇无线电管理部门申请频点自行组网（230MHz）通信或点对点通信。采用230MHz频段，频点间隔为25kHz，根据需要无线通信组网可采用二级网络，设一座通信主站和若干个通信分站，以降低各远程站的天线高度，可以将各远程站的信息先送到通信分站，再由通信分站传到通信主站。

5　公共无线网通信：在有线不能到达的地方，自组专用通信网较困难时，采用GSM、CDMA、GPRS等完成数据通信。

7.2.4 通信的网络结构为星形，通信规约是数据通信系统中共同规定和遵循的一套信息交换格式，是保证收发双方能正确地交换信息的规则，因此，应选用符合国际标准的通信协议。同时，为了充分提高信道的利用率，可采用支持轮询和自报相结合的通信协议。数据上报的形式为按主站查询上报，且只上报变化的数据。

7.2.5 提高通信的可靠性，主站与各分站的通信宜采用主、备两个信道。按各分站的具体位置、规模和数据的不同采用不同的方式。一般宜以有线和无线相结合。并应有自动信道检测，主备用信道自动切换功能。当主信道出现故障时，改用备用信道。信道的切换权在主站。

7.3 系统功能

7.3.1 排水信息中心能接收下属各个区域监控中心的信息和上报的各类报表，并建立实时开放的数据库。对整个系统实现运行监视。同时向上级部门报告各项排水管理信息。

7.3.2 区域监控中心将收集的运行数据结合气象、水文、季节、时间等因素进行汇总、记录、统计、显示、报警和打印等处理，根据一定的数学模型，生成调度策略，控制模式和全局的运行参数，向各远程站下载，实现对整个系统运行的监视和维护，并能对下载参数进行调整。

应建立实时开放的数据库，对监控对象的实时监测和控制，自动生成操作记录表、遥信变位、事故记录等实时数据。

7.3.3 远程站按一定的采样周期采集现场设备状态信号和数据信号，对过程数据自动进行巡回采集和存贮，以明了的图形或数字方式，显示泵站整体和各部分的实时数据，反映泵站的实时工况。

远程站所采集的数据应作整理，剔除干扰数据。并接受监控主站下载的控制参数，作为调节和控制的依据。数据暂存是指当通信受阻时，上报数据暂存在缓冲器内，待通信恢复时送出。

远程站上报数据有三种类型：变位上报（状态量）、超越极限值上报（报警）、越死区上报（模拟量），区域监控中心应对这些数据有报警和记录的功能。

远程站应能按主站的要求或提供的参数，通过就地 PLC 的逻辑控制功能，提供设备运行的联动、连锁和控制调节。当主站的遥控模式和设备状态相矛盾时，拒绝接受，并向主站返回拒绝原因。

当远程站运行出现异常时应发出报警信号，报警信号是由控制器的开关量输出，通过继电器动作来驱动，报警信号分声、光两种报警。声报警：由安装于 RTU 柜中的蜂鸣器发声并由人工消声。光报警：在安装于 RTU 柜屏面上的光字牌闪光显示或在操作界面上以醒目的颜色闪烁显示。

7.5 系统设备配置

7.5.1 信息中心应由一个具有客户机/服务器（C/S）结构的开放式计算机局域网构成，组成整个系统信息层。

信息层计算机局域网宜为双重百兆（或千兆）以太网，经通信控制器及通信专线与各分站交换数据、以 CRT、模拟屏和大屏幕投影仪作为显示设备，对收集的运行数据和状态数据进行汇总、记录、统计、显示、报警、打印和上报。

中华人民共和国行业标准

镇(乡)村排水工程技术规程

Technical specification of wastewater engineering for town and village

CJJ 124—2008
J 800—2008

批准部门：中华人民共和国住房和城乡建设部
施行日期：２００８年１０月１日

中华人民共和国住房和城乡建设部
公　告

第 51 号

关于发布行业标准《镇（乡）村排水工程技术规程》的公告

现批准《镇（乡）村排水工程技术规程》为行业标准，编号为 CJJ 124-2008，自 2008 年 10 月 1 日起实施。其中，第 4.2.3、4.2.7、4.2.10、4.2.11、4.2.12 条为强制性条文，必须严格执行。

本规程由我部标准定额研究所组织中国建筑工业出版社出版发行。

中华人民共和国住房和城乡建设部
2008 年 6 月 13 日

前　　言

根据建设部《关于印发〈二〇〇四年度工程建设城建、建工行业标准制订、修订计划〉的通知》（建标〔2004〕66 号）的要求，规程编制组经广泛调查研究，认真总结实践经验，参考有关国际标准和国外先进标准，并在广泛征求意见的基础上，制订了本规程。

本规程的主要技术内容包括：总则、术语和符号、镇（乡）排水、村排水、施工与质量验收。

本规程中以黑体字标志的条文为强制性条文，必须严格执行。

本规程由住房和城乡建设部负责管理和对强制性条文的解释，由上海市政工程设计研究总院负责具体技术内容的解释。在执行过程中如有需要修改和补充的建议，请将相关资料寄送主编单位上海市政工程设计研究总院标准研究所（邮编：200092，上海市中山北二路 901 号），以供修订时参考。

本规程主编单位：上海市政工程设计研究总院
本规程参编单位：广东省建筑科学研究院
　　　　　　　　上海市城市建设设计研究院
　　　　　　　　广州市市政工程设计研究院
　　　　　　　　四川省城乡规划设计研究院
本规程主要起草人：张　辰　朱广汉　吴晓瑜
　　　　　　　　　张轶群　陈贻龙　邓竞成
　　　　　　　　　徐　震　孙家珍　樊　晟
　　　　　　　　　汪传新

目 次

1 总则 …………………………………… 78—4
2 术语和符号 …………………………… 78—4
　2.1 术语 ……………………………… 78—4
　2.2 符号 ……………………………… 78—4
3 镇（乡）排水 ………………………… 78—4
　3.1 一般规定 ………………………… 78—4
　3.2 设计水量和设计水质 …………… 78—5
　3.3 排水管渠和附属构筑物 ………… 78—5
　3.4 泵站 ……………………………… 78—6
　3.5 污水处理 ………………………… 78—6
　3.6 污泥处理 ………………………… 78—8
4 村排水 ………………………………… 78—8
　4.1 一般规定 ………………………… 78—8
　4.2 沼气池 …………………………… 78—8
　4.3 化粪池 …………………………… 78—9
　4.4 雨水收集和利用 ………………… 78—10
5 施工与质量验收 ……………………… 78—10
　5.1 一般规定 ………………………… 78—10
　5.2 施工 ……………………………… 78—10
　5.3 质量验收 ………………………… 78—10
本规程用词说明 ………………………… 78—11
附：条文说明 …………………………… 78—12

1 总 则

1.0.1 为贯彻落实科学发展观，实现城乡统筹发展，达到保护环境，防治污染，提高人民健康水平和保障安全的要求，制定本规程。

1.0.2 本规程适用于县城以外且规划设施服务人口在50000人以下的镇（乡）（以下简称镇）和村的新建、扩建和改建的排水工程。

1.0.3 镇村排水工程建设应以批准的镇村规划为主要依据，从全局出发，根据规划年限、工程规模，综合考虑经济效益和环境效益；应正确处理近期与远期、集中与分散、排放与利用的关系；应充分利用现有条件和设施，因地制宜地选择安全可靠、运行稳定的排水技术。

1.0.4 位于地震、湿陷性黄土、膨胀土、多年冻土以及其他特殊地区的镇村排水工程建设，应符合国家现行相关标准的规定。

1.0.5 镇村排水工程建设，除应按本规程执行外，尚应符合国家现行有关标准的规定。

2 术语和符号

2.1 术 语

2.1.1 镇（乡） town
经省级人民政府批准设置的镇和乡。

2.1.2 村 village
农村居民生活和生产的聚居点。

2.1.3 镇区 seat of government of town
经省级人民政府批准设置的镇、乡人民政府驻地的建成区和规划建设发展区。

2.1.4 集流场 concentration area
收集雨水的场地，可分为屋面集流场和地面集流场。

2.1.5 沼气池 methane tank
进行粪便厌氧处理并产生沼气的构筑物。

2.1.6 化粪池 septic tank
将粪便污水分格沉淀，并将污泥进行厌氧消化的小型处理构筑物。

2.1.7 圩垸 polder
有堤垸防御外水的低洼平原，有的地方称围、圩或垸，统称圩垸。

2.1.8 均化池 equalization tank
用以减少污水处理设施进水水量波动和水质波动的储水或过水构筑物。

2.1.9 污水净化沼气池 methane tank-biofilter sewage purification system
一种污水厌氧处理构筑物，由前处理区和后处理区两部分组成，前处理区为两级厌氧沼气池，后处理区为折流式生物滤池，由滤板和填料组成。

2.1.10 人工湿地 constructed wetland, artificial wetland
人工建造的由填料和植物构成的具有一定净化功能的处理设施。本规程指竖流式人工湿地。

2.2 符 号

V——污水净化沼气池、化粪池的总有效容积；
V_1——污水净化沼气池、化粪池的污水区有效容积；
V_2——污水净化沼气池、化粪池的污泥区有效容积；
V_3——污水净化沼气池的气室有效容积；
α——实际使用生活污水净化沼气池、化粪池的人数与设计总人数的百分比；
n——生活污水净化沼气池、化粪池的设计总人数；
q_1——每人每天生活污水量；
t_1——污水在污水净化沼气池、化粪池中的停留时间；
q_2——每人每天污泥量；
t_2——污水净化沼气池、化粪池的污泥清掏周期；
b——新鲜污泥含水率；
m——清掏后污泥遗留量；
d——粪便发酵后污泥体积减量；
c——污水净化沼气池、化粪池中浓缩污泥含水率；
k——气室容积系数；
q——渗水量；
A_1——水池的水面面积；
A_2——水池湿面积；
H_1——测定水池水位的初读数；
H_2——初读后24h时测定水池水位的终读数；
h_1——测定H_1时，水箱水位读数；
h_2——测定H_2时，水箱水位读数。

3 镇（乡）排水

3.1 一般规定

3.1.1 镇区的排水制度应因地制宜地选择。新建地区宜采用分流制；现有合流制排水地区，可随镇区的改造和发展以及对水环境要求的提高，逐步完善排水设施；干旱地区可采用合流制。

3.1.2 镇区的雨水宜由管渠收集后自流排出。地势平坦、河（湖）水位较高的镇，可结合周边农田防洪、除涝和灌溉等要求，设置圩垸。地势低洼、雨水难以自流排出的镇区，应采用泵排出雨水。

3.1.3 应按地形条件,分区建立污水收集和处理系统,处理水排放应符合国家现行有关污水排放标准的规定。

3.1.4 排入镇区污水收集和处理系统的工业废水或专业养殖场污水,其水质应符合国家现行有关污水排放标准的规定。

3.2 设计水量和设计水质

3.2.1 居民生活污水定额和综合生活污水定额应根据当地采用的相关用水定额,结合建筑物内部给排水设施水平等因素确定,可按当地相关用水定额的60%～90%采用。设计水量应与当地排水系统普及程度相适应。

3.2.2 综合生活污水量总变化系数宜按表3.2.2的规定取值。

表3.2.2 综合生活污水量总变化系数

污水平均日流量（L/s）	5	15	40	70	100
总变化系数	2.5	2.2	1.9	1.8	1.6

注：1 当污水平均日流量为中间数值时,总变化系数可用内插法求得。
2 当污水平均日流量大于100L/s时,总变化系数应按现行国家标准《室外排水设计规范》GB 50014采用。
3 当居住区有实际生活污水量变化资料时,可按实际数据采用。

3.2.3 设计暴雨强度,应采用当地或邻近气象条件相似地区的暴雨强度公式计算。

3.2.4 雨水管渠的设计重现期,应根据汇水地区性质、地形特点和气候特征等因素确定,可选用0.3～1.0年。短期积水即可能引起严重后果的地区,可选用1.0～2.0年。合流管渠的设计重现期可适当高于同一情况下分流制雨水管渠的设计重现期。

3.2.5 合流管渠的截流倍数 n_0 应根据旱流污水的水质、设计水量、排放水体的卫生要求、水文、气候、排水区域大小和经济条件等因素经计算确定,一般可选用0.5～2,特别重要地区的截流倍数宜大于3。

3.2.6 镇生活污水的设计水质宜以实测值为基础分析确定,在无实测资料时,可按现行国家标准《室外排水设计规范》GB 50014采用。工业废水和专业养殖场污水的设计水质宜调查确定,也可按同类型废水、污水水质资料采用。

3.3 排水管渠和附属构筑物

3.3.1 排水管渠应根据镇规划,充分结合当地条件,统一布置、分期建设。排水管渠断面宜按规划期内的最高日最高时设计流量设计。

3.3.2 管道的最小管径和最小设计坡度宜按表3.3.2的规定取值。

表3.3.2 最小管径和最小设计坡度

管 别	位 置	最小管径（mm）	最小设计坡度
污水管	在街坊和厂区内	200	0.004
	在街道下	300	0.003
雨水管和合流管		300	0.003
雨水口连接管	—	200	0.01

注：管道坡度不能满足上述要求时,可酌情减小,但应采取防淤、清淤措施。

3.3.3 雨水管道和合流管道应按满流计算。污水管道应按非满流计算,其最大设计充满度应按表3.3.3的规定取值。

表3.3.3 最大设计充满度

管径或渠高（mm）	最大设计充满度
200～300	0.60
350～450	0.70
500～900	0.75

3.3.4 管道宜埋设在非机动车道下。管道的最小覆土深度应根据外部荷载、管材强度和土壤冰冻情况等条件确定。在机动车道下不宜小于0.7m；在绿化带下或庭院内的管道覆土深度可酌情减小,但不宜小于0.4m。

3.3.5 当采用管道排水时,宜采用基础简单、接口方便、施工快捷的管道。位于机动车道下的塑料管,其环刚度不宜小于8kN/m²；位于非机动车道下、绿化带下、庭院内的塑料管,其环刚度不宜小于4kN/m²。

3.3.6 直线管段检查井的最大间距宜按表3.3.6的规定取值。当采用先进的疏通方法或具备先进的疏通工具时,最大间距可适当加大。

表3.3.6 直线管段检查井最大间距

管径或暗渠净高（mm）	检查井最大间距（m）	
	污水管道	雨水管道或合流管道
200～300	20	30
350～450	30	40
500～900	40	50

3.3.7 检查井宜采用砖砌井、条石井、钢筋混凝土井、钢筋混凝土预制井或非混凝土材质整体预制井。污水检查井应进行防渗漏处理。

3.3.8 雨水管道检查井宜设置沉泥槽。

3.3.9 排水管渠与其他地下管线（或构筑物）水平和垂直的最小净距宜符合《城市工程管线综合规划规范》GB 50289、《室外排水设计规范》GB 50014及国家现行有关标准的规定。

3.4 泵 站

Ⅰ 一般规定

3.4.1 排水泵站供电可按三级负荷等级设计，重要地区的泵站宜按二级负荷等级设计。

3.4.2 位于居民区和重要地区的污水泵站，其格栅井和污水敞开部分，宜设置臭气收集和处理装置。

3.4.3 排水泵站宜采用潜水泵。当采用干式泵站时，自然通风条件差的地下式水泵间应设置机械送排风系统。

3.4.4 对远离居民点并有人值守的泵站，宜设置值班室和工作人员的生活设施。

3.4.5 排水泵站应设置清洗设施。

Ⅱ 潜水泵站

3.4.6 集水池前宜设置沉砂池和拦截漂浮物的设施，格栅井宜与集水池合建。

3.4.7 集水池宜由集水坑和配水区等组成。

3.4.8 集水池的设计水位和有效容积应符合下列要求：

  1 集水池的最高设计水位，雨水泵站宜为进水管管顶标高，污水泵站宜为进水管充满度对应的标高。

  2 集水池有效容积不应小于单台潜水泵5min的出水量。

  3 集水池的最低水位应满足水泵的最小淹没深度要求。

3.4.9 污水泵站的潜水泵可现场备用，也可库存备用。水泵台数不大于4台时，宜库存备用。

3.4.10 集水池可不设通风装置；但检修时，应设临时送排风设施，且换气次数不宜小于5次/h。

3.4.11 机组外缘与集水池壁的净距应根据设备技术参数确定，并应大于0.2m，两机组外缘之间的净距应大于0.2m。

3.4.12 集水池底坡向集水坑的坡度不宜小于0.1。

3.4.13 集水池上宜采用盖板，盖板上宜设吊装孔、人孔和通风孔。

3.4.14 出水管上宜设置防止水流倒灌的装置。

3.4.15 集水池上可不设上部建筑，但应考虑设备安装和安全防盗措施。

3.5 污水处理

Ⅰ 一般规定

3.5.1 镇污水处理宜根据镇的功能、人口、地形地貌和地质等特点，合理划分排水区域，可采用集中处理与分散处理相结合的模式。

3.5.2 镇污水处理宜根据当地经济水平和水体环境容量，因地制宜地选择简单、经济、有效的技术措施。

3.5.3 污水站位置的选择，应符合镇规划的要求，并应符合现行国家标准《室外排水设计规范》GB 50014 的有关规定。

3.5.4 污水站的规模应按项目总规模控制并作出分期建设的安排，综合考虑现状水量和排水系统普及程度，合理确定近期规模。

3.5.5 镇污水处理程度和方法应根据现行的国家和地方有关排放标准、污染物性质、排入地表水域的环境功能和保护目标确定。缺水地区的镇，污水经处理后宜进行回用。

3.5.6 镇污水处理工艺应按照实用性、适用性、经济性、可靠性的原则，因地制宜地选择适合当地自然条件、技术水平和经济条件的工艺，并应符合下列要求：

  1 镇污水处理工艺应根据处理规模、水质特性、受纳水体的环境功能及当地的实际情况和要求，经全面技术经济比较后确定。

  2 应尽可能减少臭气和噪声对人居环境的影响。

  3 应切合实际地确定污水进水水质，对污水的现状水质特性、污染物构成应进行详细调查或测定，作出合理的分析预测。在水质成分复杂或特殊时，应通过试验确定污水处理工艺。

  4 污水站分期建设时，宜考虑工艺的连续性，各阶段宜采用同一种工艺。

3.5.7 镇污水处理工艺的处理效率，应根据采用的处理类别确定，并符合下列规定：

  1 当处理工艺为去除碳污染物或具有硝化作用或污泥稳定时，可按表3.5.7的规定取值；

  2 当采用稳定塘工艺时，其BOD_5预期处理效率应为30%~90%。

表 3.5.7 污水站处理效率

处理类别	污泥负荷 $kgBOD_5/$ (kg MLSS·d)	污泥浓度 kg MLSS/m³	处理效率(%)	
			SS	BOD_5
去除碳污染物	0.20~0.40	2.5~4.5	70~90	85~92
具有硝化作用	0.10~0.15	2.5~4.5	70~90	≥95
污泥稳定	0.02~0.10	4.0~5.0	70~90	≥95

3.5.8 污水站的出水排入水体前，应设置消毒设施。

3.5.9 污水站可因地制宜地选择化验项目。

3.5.10 污水站的供电可按三级负荷等级设计。

Ⅱ 均化池

3.5.11 处理水水质或水量变化大时，宜设置均化池。

3.5.12 均化池在污水处理流程中的位置，应根据处理系统的具体情况确定。

3.5.13 均化池的容积应根据污水流量变化曲线确定，并应留有余地。

3.5.14 均化池应设置冲洗、溢流、放空、防止沉淀、排除漂浮物和泡沫等设施。

Ⅲ 污水净化沼气池

3.5.15 污水净化沼气池必须设在室外，其外壁距建筑物外墙不宜小于5m，距水井等取水构筑物的距离不得小于30m。

3.5.16 污水净化沼气池的池壁和池底应进行防渗漏处理，气相部分内壁应进行防腐处理。

3.5.17 污水净化沼气池应由前处理区和后处理区两部分组成。前处理区宜为两级厌氧沼气池；后处理区应为折流式生物滤池，宜分为四格，并应内设不同级配的填料。填料可采用不同形式：当采用颗粒填料时，第一、二格填料粒径宜为5～40mm，第三格填料粒径宜为5～20mm，第四格填料粒径宜为5～15mm。每格填料高度宜为0.45～0.5m，填料体积宜为后处理区容积的30%。

3.5.18 污水净化沼气池的进、出水液位应据填料形式确定，其差不宜小于60mm。

3.5.19 后处理区应设通风孔，孔径不宜小于100mm。

3.5.20 当粪便污水和其他生活污水分别进入池内时，宜采用下列工艺流程：

其他生活污水↓
粪便污水→前处理区Ⅰ→前处理区Ⅱ→后处理区→出流

3.5.21 当粪便污水和其他生活污水合并进入池内时，宜采用下列工艺流程：

粪便污水、其他生活污水→前处理区Ⅰ→前处理区Ⅱ→后处理区→出流

3.5.22 前后处理区的容积比宜为2∶1，前处理区Ⅰ与前处理区Ⅱ的容积比宜为1∶1。

3.5.23 污水净化沼气池进水管道的最小设计坡度宜为0.04。

3.5.24 污水净化沼气池的总有效容积宜按下列公式计算：

$$V = V_1 + V_2 + V_3 \quad (3.5.24-1)$$

$$V_1 = \frac{\alpha n q_1 t_1}{24 \times 1000} \quad (3.5.24-2)$$

$$V_2 = \frac{\alpha n q_2 t_2 (1-b)(1-d)(1+m)}{1000(1-c)} \quad (3.5.24-3)$$

$$V_3 = k(V_1 + V_2) \quad (3.5.24-4)$$

式中 V——污水净化沼气池的总有效容积（m³）；

V_1——污水净化沼气池的污水区有效容积（m³）；

V_2——污水净化沼气池的污泥区有效容积（m³）；

V_3——污水净化沼气池的气室有效容积（m³）；

α——实际使用污水净化沼气池的人数与设计总人数的百分比（%），可按表3.5.24确定；

n——污水净化沼气池的设计总人数（人）；

q_1——每人每天生活污水量[L/(人·d)]，当粪便污水和其他生活污水合并流入时，为100～170L/(人·d)，当粪便污水单独流入时，为20～30L/(人·d)。

t_1——污水在污水净化沼气池中的停留时间，可取48～72h；

q_2——每人每天污泥量[L/(人·d)]，当粪便污水和其他生活污水合并流入时，为0.8L/(人·d)，当粪便污水单独流入时，为0.5 L/(人·d)；

t_2——污水净化沼气池的污泥清掏周期，可取360～720d；

b——新鲜污泥含水率（%），取95%；

m——清掏后污泥遗留量（%），取20%；

d——粪便发酵后污泥体积减量（%），取20%；

c——污水净化沼气池中浓缩污泥含水率（%），取90%；

k——气室容积系数，取0.12～0.15。

表3.5.24 污水净化沼气池及化粪池使用人数百分比 α

建筑物类别	百分比（%）
家庭住宅	100
村办医院、养老院、幼儿园（有住宿）	100
企业生活间、办公楼、教学楼	50

Ⅳ 人工湿地

3.5.25 当有可供利用的土地和适用的场地条件时，经环境影响评价和技术经济比较后，可采用人工湿地处理工艺。

3.5.26 人工湿地宜两组或两组以上并联运行。

3.5.27 污水进人工湿地前应预处理，也可进行沉淀处理。

3.5.28 人工湿地宜由进水管、出水管、透气管、砂砾或岩石填料构成的过滤层、底部不透水层和具有一定净化功能的水生植物组成。透气管宜埋入填料中，其管口应高出填料300mm。

3.5.29 人工湿地倾向出水管的坡度不宜小于0.01。

3.5.30 过滤层宜按一定级配布置填料。当采用竖流式时，自上而下填料级配宜为8～12mm、12～16mm

和 16～40mm；填料高度宜为 0.20～0.30m、0.35～0.50m 和 0.25～0.30m。

3.5.31 人工湿地的表面有机负荷宜根据试验资料确定；在无试验资料时，可参照类似工程选择。

V 稳 定 塘

3.5.32 当有可利用的池塘、沟谷等闲置土地或沿海滩涂等条件时，经环境影响评价和技术经济比较后，可采用稳定塘处理工艺。用作二级处理的稳定塘系统，处理规模不宜大于 5000m³/d。塘址为池塘、沟谷时，应有排洪设施；塘址为沿海滩涂时，应考虑潮汐和风浪的影响。

3.5.33 污水进稳定塘前应预处理，也可进行沉淀处理。

3.5.34 稳定塘可布置为单级塘或多级塘。单级稳定塘应为兼性塘、好氧塘或曝气塘。单级塘应分格并联运行。

3.5.35 在污水 BOD₅ 大于 300mg/L 时，宜在多级塘系统的首端设置厌氧塘。

3.5.36 厌氧塘进水口宜设置在距塘底 0.6～1.0m 处；出水口宜设置在水面下 0.6m 处，并应位于冰层和浮渣层之下。

3.5.37 第一级塘应设置排泥或清淤设施，并宜分格并联运行。

3.5.38 稳定塘系统出水水质，根据受纳水体的不同要求，应符合国家现行有关标准的规定。在二级及以上稳定塘后可设置养鱼塘，其水质必须符合国家现行的有关渔业水质的规定。

3.5.39 稳定塘的出水水位应根据当地防洪标准确定。

3.5.40 稳定塘的设计数据应由试验资料确定；当无试验资料时，根据污水水质、处理程度、当地气候和日照等条件，可按表 3.5.40 的规定取值。

表 3.5.40 稳定塘典型设计参数

塘型		BOD₅表面负荷 kg BOD₅/(hm²·d)			单元塘水力停留时间(d)			有效水深(m)	BOD₅处理效率(%)
		Ⅰ区	Ⅱ区	Ⅲ区	Ⅰ区	Ⅱ区	Ⅲ区		
厌氧塘		200	300	400	3～7	2～5	1～3	3～5	30～70
兼性塘		30～50	50～70	70～100	20～30	15～20	5～15	1.2～1.5	60～80
好氧塘	常规处理塘	10～20	15～25	20～30	20～30	15～20	3～10	0.5～1.0	60～80
	深度处理塘	<10	<10	<10	2～5			0.5～0.6	40～60
曝气塘	部分曝气塘	50～100	100～200	200～300	1～3			3～5	60～80
	完全曝气塘	100～200	200～300	200～400	1～15			3～5	70～90

注：Ⅰ、Ⅱ、Ⅲ区分别适用于年平均气温在 8℃以下地区、8～16℃地区和 16℃以上地区。

3.6 污 泥 处 理

Ⅰ 一 般 规 定

3.6.1 镇污水站产生的污泥经检测达到国家现行有关标准的应进行综合利用。

3.6.2 镇污水站产生的污泥宜采用重力浓缩、污泥自然干化场等方式处理。

3.6.3 采用污泥机械脱水处理时，可将多个污水站的污泥进行集中脱水处理，也可设置移动脱水机巡回脱水。

3.6.4 污泥作肥料时应进行堆肥处理，有害物质含量应符合国家现行有关标准的规定。

Ⅱ 污 泥 干 化 场

3.6.5 污泥干化场宜用于气候较干燥、有较多土地和环境卫生条件许可的地区。

3.6.6 污泥干化场的污泥固体负荷量，宜根据污泥性质、年平均气温、降雨量和蒸发量等因素，参照相似地区经验确定。

3.6.7 干化场分块数不宜少于 3 块；围堤高度宜采用 0.5～1.0m，顶宽宜采用 0.5～0.7m。

3.6.8 干化场宜设人工排水层，人工排水层填料可分为两层，每层厚度宜为 0.2m。下层应采用粗矿渣、砾石和碎石，上层宜采用细矿渣或砂等。

3.6.9 排水层下宜设不透水层，不透水层宜采用黏土，其厚度宜为 0.2～0.4m；也可采用厚度为 0.10～0.15m 的低强度等级混凝土或厚度 0.15～0.30m 的灰土。不透水层坡向排水设施的坡度，宜为 0.01～0.02。

3.6.10 污泥干化场应有排除上层污泥水的设施，上层污泥水应返回污水站处理，不得直接排放。

4 村 排 水

4.1 一 般 规 定

4.1.1 村排水宜采用雨、污分流制。

4.1.2 雨水沟渠宜与路边沟结合。

4.1.3 干旱、半干旱地区应收集利用雨水。

4.1.4 村居民污水量宜按照《镇（乡）村给水工程技术规程》CJJ 123 的用水定额并结合当地用水习惯和用水条件等因素确定。

4.1.5 粪便污水不得直排，必须经沼气池或化粪池处理；处理后的熟污泥可供农田利用。

4.1.6 专业养殖户污水、工业废水必须处理，并应符合排放标准后排放或综合利用。

4.2 沼 气 池

4.2.1 沼气池宜用于年平均气温高于 10℃的地区。

4.2.2 沼气池产生的可燃气体应用作燃料。

4.2.3 沼气池应设在室外，不得设在室内。

4.2.4 沼气池的池址宜选择在背风向阳、土质坚实、地下水位低、出料方便的地方，并应远离水井、树木和公路。

4.2.5 沼气池容积可根据家庭人口和饲养畜禽数量确定。户用沼气池容积宜为 6～8m³，每户 1 池或 2 池；多户共用的沼气池容积应根据实际情况确定。

4.2.6 沼气池可选用圆筒形水压式池型，沼气池墙、池底和水压间可采用混凝土结构，拱盖可采用无模拱法砖砌筑。

4.2.7 沼气池应密封，并应能承受沼气的工作压力。固定盖式沼气池应有防止池内产生负压的措施。

4.2.8 沼气池宜设检测气量和气压的设施。

4.2.9 沼气池池壁和池底应进行防渗漏处理，气相部分内壁应进行防腐处理。

4.2.10 沼气池出气管上应安装气体净化器。

4.2.11 沼气池溢流管出口不得放在室内，并必须有水封。沼气池出气管口应设回火防止装置。

4.2.12 沼气池输气管管道必须符合国家现行有关产品标准的规定，不得使用再生塑料管。采用金属管道时必须进行防腐处理，并应符合国家现行有关防腐标准的规定。

4.2.13 当输气管总长小于 25m 时，管径不宜小于 8mm；当输气管总长为 25～50m 时，管径不宜小于 10mm；当输气管总长超过 50m 时，管径不宜小于 12mm。

4.2.14 室外输气管宜埋设在地下并设置积水器。输气管埋设深度宜在室外地坪 150mm 以下，坡度不宜小于 0.01，并应坡向积水器。沼气管道与地下其他管道相交或平行时，至少应有 100mm 的间距。当采用软管时，管外宜套硬质涵管。

4.2.15 室内输气管安装时，坡度不应小于 0.01，并应坡向立管；偏转角度大于 90°时，应用弯头连接。

4.2.16 室内管道应固定，并且固定点间距应符合下列要求：立管不宜大于 0.8m；横管不宜大于 0.5m。

4.2.17 输气管不应与电线交叉；当与电线平行时，间距不宜小于 0.1m。

4.2.18 输气管与烟囱距离不宜小于 0.5m。

4.2.19 沼气开关应固定在方便操作和检查的位置。

4.2.20 积水器应安装在输气管的最低处并应操作方便。

4.2.21 沼气池应每年检查一次气密性，4～8 年应进行一次维修。

4.2.22 输气管应经常检查是否漏气和堵塞，发现漏气或使用 5 年后应进行更换。

4.2.23 有条件的地区，可设置农村能源物业管理站，对沼气池的建设、安全运行和维修提供服务。

4.3 化 粪 池

4.3.1 化粪池宜用于使用水厕的场合。

4.3.2 化粪池宜设置在接户管下游且便于清掏的位置。

4.3.3 化粪池可每户单独设置，也可相邻几户集中设置。

4.3.4 化粪池应设在室外，其外壁距建筑物外墙不宜小于 5m，并不得影响建筑物基础；如受条件限制设置于机动车道下时，池顶和池壁应按机动车荷载核算。

4.3.5 化粪池与饮用水井等取水构筑物的距离不得小于 30m。

4.3.6 化粪池池壁和池底应进行防渗漏处理。

4.3.7 化粪池的构造应符合下列要求：

1 化粪池的有效深度不宜小于 1.3m，宽度不宜小于 0.75m，长度不宜小于 1.0m，圆形化粪池直径不宜小于 1.0m；

2 双格化粪池第一格的容量宜为总容量的 75%；三格化粪池第一格的容量宜为总容量的 50%，第二格和第三格宜分别为总容量的 25%；

3 化粪池格与格、池与连接井之间应设通气孔；

4 化粪池进出水口应设置连接井，并应与进水管和出水管相连；

5 化粪池进出水口处应设置浮渣挡板；

6 化粪池顶板上应设有人孔和盖板。

4.3.8 化粪池的有效容积宜按下列公式计算：

$$V = V_1 + V_2 \quad (4.3.8-1)$$

$$V_1 = \frac{anq_1t_1}{24 \times 1000} \quad (4.3.8-2)$$

$$V_2 = \frac{anq_2t_2(1-b)(1-d)(1+m)}{1000(1-c)} \quad (4.3.8-3)$$

式中 V——化粪池的有效容积（m³）；

V_1——化粪池的污水区有效容积（m³）；

V_2——化粪池的污泥区有效容积（m³）；

a——实际使用化粪池的人数与设计总人数的百分比（%），按本规程表 3.5.24 取值；

n——化粪池的设计总人数（人）；

q_1——每人每天生活污水量[L/(人·d)]，当粪便污水和其他生活污水合并流入时，为 100～170 L/(人·d)，当粪便污水单独流入时，为 20～30 L/(人·d)；

t_1——污水在化粪池中停留时间，可取 24～36h；

q_2——每人每天污泥量[L/(人·d)]，当粪便污水和其他生活污水合并流入时，为 0.8L/(人·d)，当粪便污水单独流入时，为 0.5L/(人·d)；

t_2——化粪池的污泥清掏周期，可取 90～360d；

b——新鲜污泥含水率（%），取 95%；

m——清掏后污泥遗留量（%），取 20%；

d——粪便发酵后污泥体积减量（%），取 20%；

c——化粪池中浓缩污泥含水率（%），取 90%。

4.4 雨水收集和利用

4.4.1 干旱、半干旱地区的村，雨水宜采用集流场收集，集流场可分为屋面集流场和地面集流场。

4.4.2 集流场收集的雨水宜采用水窖贮存，有条件地区也可在农家房前或田间采用露天敞口池收集贮存雨水。

4.4.3 收集的雨水可用于灌溉或杂用。

5 施工与质量验收

5.1 一般规定

5.1.1 施工前，应编制施工组织设计或施工方案，明确施工质量负责人和施工安全负责人，经批准后方可实施。

5.1.2 施工中，应作好材料设备、隐蔽工程和分项工程等中间环节的质量验收；隐蔽工程应经过验收合格后，方可进行下一道工序施工。

5.1.3 管道工程的施工和验收，除应按本规程执行外，尚应符合现行国家标准《给水排水管道工程施工及验收规范》GB 50268 的有关规定；混凝土结构工程的施工和验收，尚应符合现行国家标准《混凝土结构工程施工质量验收规范》GB 50204 的有关规定；砌体结构工程的施工和验收，尚应符合现行国家标准《砌体工程施工质量验收规范》GB 50203 的有关规定；构筑物的施工和验收，尚应符合现行国家标准《给水排水构筑物施工及验收规范》GBJ 141 的有关规定。

5.1.4 排水工程竣工验收后，建设单位应将有关设计、施工和验收的文件归档。

5.2 施 工

5.2.1 管道的施工应根据土的种类、水文地质情况、施工方法、施工环境、支撑条件、管渠断面尺寸、管渠长度和管渠埋深等情况，选择沟槽的开挖断面；开挖断面可为直槽、梯形槽和混合槽等形式。

5.2.2 沟槽开挖应保证基坑和边坡的稳定，并应留有足够的施工空间。管渠外壁到沟壁的净距不应小于表 5.2.2 的规定。

表 5.2.2 管渠外壁到沟壁的最小距离

管径或渠高（mm）	最小距离（mm）
≤300	150
350～450	200
500～900	300

注：1 当有支撑或槽深大于 3m 时，最小距离应适当加大；
    2 沟槽总宽度不宜小于 600mm。

5.2.3 沟槽开挖、管道敷设和回填均应保证基坑不积水和相对干燥。

5.2.4 沟槽开挖宜按检查井间距分段进行，敞沟时间不宜过长；管道安装敷设验收合格后，方可回填。

5.2.5 具备沟槽回填条件时，应及时回填。从槽底至管顶以上 0.5m 范围内，回填土不得含有有机物、冻土以及粒径大于 50mm 的砖石等硬块；回填料、回填高度以及压实系数应符合相关要求。

5.2.6 回填应对称进行，除管顶以上 0.5m 范围内采用薄铺轻夯逐层夯实外，其余宜按 200～250mm 厚度分层夯实。

5.2.7 防渗漏处理和反滤层的施工，应作为关键工序进行单项验收；质量验收合格后，应注意保护。

5.2.8 沟槽或构筑物基坑超过一定深度或邻近有需要保护的建筑物、管道等时，应进行基坑设计或施工方案评审。

5.2.9 钢筋混凝土构筑物的施工，应做好钢筋保护层、变形缝的保护，应避免和减少施工冷缝，并控制好温度裂缝，应保证其水密性和耐久性。

5.2.10 混凝土构件浇筑前，钢筋工程必须验收合格。

5.2.11 砌体构筑物的壁与混凝土底板连接时，应使砌体壁嵌入底板 20～30mm，或底部 200～300mm 高度的壁板采用混凝土与底板整体浇筑，连接处混凝土表面拉毛坐浆处理。

5.2.12 砌体构筑物的内外壁应做厚度不小于 20mm 的防水水泥砂浆抹面层，并应两次以上完成。

5.2.13 沼气池施工除应符合国家现行有关标准对一般构筑物土建施工的规定外，尚应符合现行国家标准《户用沼气池施工操作规程》GB/T 4752 的规定。

5.3 质量验收

5.3.1 对污水管、合流污水管和湿陷性黄土、膨胀土地区的雨水管，在回填土前应按现行国家标准《给水排水管道工程施工及验收规范》GB 50268 的有关规定进行严密性试验。

5.3.2 管渠竣工验收时，应核实竣工验收资料，并应进行复验和外观检查。应对下列项目作出鉴定，并填写竣工验收鉴定书：

1 管渠的位置和高程；

2 管渠和附属构筑物的断面尺寸；
　　3 外观；
　　4 其他。

5.3.3 在符合下列条件时，可进行水池满水试验：
　　1 池体的混凝土或砖石砌体的砂浆已达到设计强度；
　　2 现浇钢筋混凝土水池的防水层和防腐层施工及回填土以前；
　　3 装配式预应力混凝土水池施加预应力后，保护层喷涂前；
　　4 砖砌水池防水层施工后；
　　5 石砌水池勾缝后。

5.3.4 水池满水试验前应完成下列工作：
　　1 将池内清理干净，修补池内外缺欠，临时封堵预留孔洞、预埋管口和进出水口等，检查进水和排水闸阀，不得渗漏；
　　2 设置水位观测标尺；
　　3 准备现场测定蒸发量的设备；
　　4 宜采用清水作为充水水源，做好充水和放水系统的准备工作。

5.3.5 水池满水试验应符合下列要求：
　　1 向水池内充水宜分三次进行，第一次充水高度宜为设计水深的1/3，第二次充水至设计水深的2/3，第三次充水至设计水深；
　　2 充水时，水位上升速度不宜大于2m/h，相邻两次充水的间隔时间不宜小于24h；
　　3 每次充水宜测读24h水位下降值，并应计算渗水量；在充水过程中和充水后，应对水池作外观检查；当渗水量过大时，应停止充水，待处理后方可继续充水；
　　4 充水至设计水位进行渗水量测定时，宜采用水位测针和千分表测定水位；水位测针的读数精度宜为0.1mm；
　　5 测读水位的初读数与终读数之间的间隔时间宜为24h；
　　6 若第一天测定的渗水量符合标准，宜再测定一天；若第一天测定的渗水量超过标准，而以后的渗水量逐渐减少，可延长观测时间；
　　7 现场测量蒸发量的设备，可采用直径约为500mm，高约为300mm的敞口钢板水箱，并应设有测定水位的仪表，水箱不得渗漏；
　　8 水箱宜固定在水池上，水箱中充水深度可约为200mm，测定水池中水位的同时，应测定水箱中水位。

5.3.6 水池满水试验时，应无渗水现象，混凝土水池的渗水量应小于2L/(m²·d)，砌体水池的渗水量应小于3L/(m²·d)。

5.3.7 水池的渗水量宜按下式计算：

$$q = \frac{A_1}{A_2}[(H_1-H_2)]-(h_1-h_2)] \quad (5.3.7)$$

式中　q——渗水量[L/(m²·d)]；
　　A_1——水池的水面面积（m²）；
　　A_2——水池湿面积（m²）；
　　H_1——测定水池水位的初读数（mm）；
　　H_2——初读后24h时测定水池水位的终读数（mm）；
　　h_1——测定H_1时，水箱水位读数（mm）；
　　h_2——测定H_2时，水箱水位读数（mm）。

5.3.8 水池工程施工完毕后必须竣工验收，竣工验收宜由建设单位组织设计、施工、管理（使用）、质量监督、监理和有关单位联合进行。

5.3.9 水池工程验收宜包括下列内容：
　　1 底板、池壁、柱、梁和预埋管道的位置、高程、平面尺寸，管件的安装位置和数量；
　　2 水池的渗水量；
　　3 水池材料的各类强度和等级；
　　4 水池四周土的回填夯实和平整情况。

5.3.10 水池管配件工程验收宜包括下列内容：
　　1 管材、管径、长度、走向、埋深、坡度、连接方式和管线的位置；
　　2 管道的密封性、防腐情况；
　　3 闸、阀的数量和位置，启闭和密封情况。

5.3.11 沼气池验收除应符合国家现行有关标准对一般构筑物的土建质量验收规定外，尚应符合现行国家标准《户用沼气池质量检查验收规范》GB/T 4751的规定。

本规程用词说明

　　1 为便于在执行本规程条文时区别对待，对要求严格程度不同的用词说明如下：
　　　1）表示很严格，非这样做不可的：
　　　　正面词采用"必须"，反面词采用"严禁"。
　　　2）表示严格，在正常情况下均应这样做的：
　　　　正面词采用"应"，反面词采用"不应"或"不得"。
　　　3）表示允许稍有选择，在条件许可时首先应这样做的：
　　　　正面词采用"宜"，反面词采用"不宜"；
　　　　表示有选择，在一定条件下可以这样做的，采用"可"。
　　2 本规程中指明应按其他有关标准执行的写法为："应符合……的规定"或"应按……执行"。

中华人民共和国行业标准

镇(乡)村排水工程技术规程

CJJ 124—2008

条 文 说 明

目 次

1 总则 …………………………………… 78—14
3 镇(乡)排水 …………………………… 78—14
　3.1 一般规定 ………………………… 78—14
　3.2 设计水量和设计水质 …………… 78—14
　3.3 排水管渠和附属构筑物 ………… 78—15
　3.4 泵站 ……………………………… 78—15
　3.5 污水处理 ………………………… 78—16
　3.6 污泥处理 ………………………… 78—19
4 村排水 ………………………………… 78—20
　4.1 一般规定 ………………………… 78—20
　4.2 沼气池 …………………………… 78—20
　4.3 化粪池 …………………………… 78—21
　4.4 雨水收集和利用 ………………… 78—21
5 施工与质量验收 ……………………… 78—21
　5.1 一般规定 ………………………… 78—21
　5.2 施工 ……………………………… 78—21
　5.3 质量验收 ………………………… 78—22

1 总　　则

1.0.1 说明制定本规程的宗旨目的。

1.0.2 规定本规程的适用范围。

为促进环境保护与经济社会协调发展，国家发展和改革委员会会同建设部、国家环保总局发出《关于组织编制全国城镇污水处理及再生利用设施建设规划的通知》（发改办投资［2005］513号文），要求组织编制《全国城镇污水处理及再生利用设施建设规划》，规划范围包括地级以上城市、县级市、县城。而对于县城以外的镇、乡和村，由于其排水工程与城镇相比有一定的区别，故编制本规程。

本规程适用于县城以外的镇、乡和村的新建、扩建和改建的排水工程。由于规划设施服务人口超过50000人的镇，其规模较大，宜按现行国家标准《室外排水设计规范》GB 50014的规定执行。

1.0.3 规定排水工程建设的主要依据和基本任务。

为建设社会主义新农村，构筑和谐社会，让全国镇村的广大居民有一个良好的劳动和生活环境，建设部批准、发布了《镇规划标准》GB 50188。镇村的排水工程建设应以批准的镇村规划为主要依据，任何组织和个人不得擅自改变。

镇村排水工程建设的基本任务是根据建设工程的要求，对建设工程所需的技术、经济、资源、环境等条件进行综合分析、论证，因地制宜，充分利用现有条件和设施，凡是能利用的或经过改造能利用的设施都应加以利用，充分体现节地、节水、节能和节材的原则，选择安全可靠、运行稳定的排水技术。本规程规定了基本任务和应正确处理的有关方面关系。

1.0.4 关于特殊地区排水工程建设尚应符合国家现行相关标准的规定。

1.0.5 关于排水工程建设尚应执行现行有关标准的规定。

3 镇（乡）排水

3.1 一 般 规 定

3.1.1 规定镇区排水制度的采用原则。

我国可开发利用的淡水资源十分有限，随着经济的快速发展，水环境质量面临总体下降的趋势，因此保护水环境质量是经济建设过程中必须高度重视的问题。

选择分流制排放雨、污水，可以将污水系统收集的污水输入污水处理设施处理后排放，相对污水而言，较清洁的雨水就近排入河道，从而达到缩减污水处理设施规模、节约投资、有效控制污染物排放的目的。

目前我国多数镇区的排水系统很不完善，一些镇区排水管渠尚不健全，污水截流更无从谈起，镇区内部或周边的水体质量逐步下降。随着社会主义新农村建设的逐步推进，农村人口有逐步集中居住的趋势，镇区的规模也越来越大，产生的污水也随之逐步趋向集中。在城市化水平逐步提高的同时，完善排水管渠，有条件的地区增加污水截流、处理设施，将现有无序的排水体制逐步完善，对于镇区内部或周边水体质量的改善，创造良好的居住环境都是十分必要的。

干旱地区，年降雨量较小，如果单独建设雨水管渠，其使用频率较低，考虑目前镇区的经济条件，在干旱地区可采用合流制排水。

3.1.2 规定镇区雨水的排放原则。

选择由管渠收集雨水后再排放，可以提高排水速度，有效防止地面漫流对地表的冲刷，保护地表植被、建筑物和道路等。

镇区的地域范围不大，雨水排放距离不长，一般情况下，地面与周边水体水面的高差基本能满足雨水自流排放所需的水力坡降，因此镇区可选择雨水自流排放，节约能源。

在南方沿江滨湖和受潮汐影响的河口三角洲地区，为了解决防洪、除涝和灌溉等问题，常在低洼平原区域设置圩垸防御外水。圩垸内地势低平，地面高程一般低于汛期外河水位，自流排水条件差，容易渍涝成灾；在大水年份，还存在外河洪水泛滥威胁。设置圩垸后，圩垸内河、湖、池、塘的水位可以调控，具有很好的防洪、除涝和灌溉等功能。镇区的雨水排放工程可与水利工程相结合，减小雨水管渠的直径，节约投资。

有些地势低洼、周边水体水位较高的镇区，只有采用水泵排出雨水才是安全、有效的方式。

3.1.3 关于污水排放标准的规定。

3.1.4 规定工业废水的排放标准。

镇区内的工业企业往往规模较小、污染较重、单位产品耗水量较大，所排放的废水中污染物含量与生活污水差别较大，甚至含有一些有毒有害、腐蚀性物质和重金属，在排入管道前，应进行必要的处理，达到相关标准后才能排入，并确保污水处理设施的处理效果。

3.2 设计水量和设计水质

3.2.1 关于污水定额和设计水量的规定。

因镇区的城市化水平低于城镇地区，建筑物内部给排水设施水平也不及城镇地区，因此其相应的污水定额稍低，可按当地相关用水定额的60%～90%采用。设计水量应与当地排水系统普及程度相适应，普及程度高污水收集率就高，水量就大。

此外，气候条件也会影响居民生活污水定额和综合生活污水定额。干旱地区，水资源紧张，水的重复利用率较高，较清洁的洗涤水可作为绿化浇洒水、道路和广场冲洗水，得以进入镇区污水收集和处理系统的污水量相对较小。因此干旱地区的污水定额较低，可取上述范围的低值。

3.2.2 规定生活污水量总变化系数的采用原则。

相关统计资料是综合生活污水量总变化系数的来源，但就目前我国镇的排水现状和管理水平而言，还无法收集相关的统计资料。相对于城镇而言，镇的人口少，社会分工简单，人们的生产、生活规律较一致，污水的产生时段较集中，因此综合生活污水量的总变化系数高于《室外排水设计规范》GB 50014 中的数据。本规程充分考虑镇排水特点和经济条件，综合生活污水量总变化系数在《室外排水设计规范》GB 50014 的基础上作了适当放大。

3.2.3 规定设计暴雨强度的计算原则。

3.2.4 规定设计暴雨重现期的采用原则。

考虑镇的经济条件，相对于城镇而定，适当降低了镇设计暴雨重现期。

3.2.5 规定截流倍数的采用原则。

考虑镇的经济条件，相对于城镇而言，镇的用地规模较小，适当降低了镇合流管渠的截流倍数。

然而，由于镇的取水口可能就在镇域范围内，同样排水口也不可能设置得很远。当采用合流体制排水时，暴雨初期排出的合流污水会在短期内污染水环境，引起较严重的后果，因此本规程规定水源保护区等特别重要地区截流倍数宜大于3。

3.2.6 规定生活污水、工业废水水质的确定原则。

3.3 排水管渠和附属构筑物

3.3.1 规定排水管渠的设计和分期建设原则。

管渠一般使用年限较长，改建困难，如仅根据当前需要设计，不考虑规划，在发展过程中会造成被动和浪费；但是管渠系统的基建投资和维护费用都很大，同时镇预测的不确定性较城镇大，因而设计期限不宜过长。综合考虑，排水管渠断面宜按规划期内的最高日最高时设计流量设计。

3.3.2 规定排水管渠最小管径和最小设计坡度的采用原则。

由于经济原因，规定排水管渠最小管径比城镇小。一般情况下，镇区内部对排水管渠的疏通养护水平不及城镇地区，可以适当增加管渠坡度，以减少污泥淤积，因此本条中管渠最小设计坡度大于《室外排水设计规范》GB 50014 的数据。

3.3.3 规定排水管渠最大设计充满度的设计原则。

由于经济原因，镇污水管渠设计充满度比城镇大。

3.3.4 规定管道的最小覆土厚度。

由于镇的经济能力有限，排水管渠宜采取浅埋形式。但在确定管道覆土厚度时，必须考虑以下因素：首先是管材的质量，其次是外部荷载情况，还必须考虑筑路时的临时荷载，冰冻地区还须考虑冰冻深度的影响。如管道覆土厚度不能满足本条规定，应对管道采取加固措施，确保管道安全。

3.3.5 规定管道的选用原则。

近年来，塑料排水管在城镇排水建设中得到广泛应用，它们具有粗糙度小，管道敷设坡度小，过水能力强，基础简单，接口方便，施工快捷等优点。鉴于镇的施工水平有限，宜选用施工过程相对简便的塑料排水管，例如聚乙烯管、聚氯乙烯管、聚丙烯管、玻璃纤维增强夹砂塑料管等排水管道。在选用上述塑料管排水时，应注意管道环刚度与荷载的关系，确保管道本身和路基的安全。位于机动车道下的塑料排水管道，其环刚度不宜小于 $8kN/m^2$，位于非机动车道下、绿化带下、庭院内的塑料排水管道，其环刚度不宜小于 $4kN/m^2$。

3.3.6 规定检查井的最大间距。

因镇排水管道的养护水平较低，为了减小养护难度，检查井的间距不宜太大。

3.3.7 规定检查井材质和防渗要求。

近年来，由于非混凝土材质排水管道的大规模应用，与之配套开发的整体预制井同样具有基础简单、接口方便、施工快捷的优点，也可用于镇排水管网的建设中。

为了防止污水渗漏污染地下水，影响镇的供水安全，本条规定污水检查井应进行防渗漏处理。

3.3.8 规定雨水管道检查井沉泥槽的设置原则。

沉泥槽有截留进入雨水管道的粗重物体的作用。镇的道路路面等级较低，泥砂、小颗粒碎石等容易随水流入雨水口。部分镇居民可能还从事着农业生产，有时会占用部分市政道路从事农业生产，例如晾晒农作物等。为了避免泥砂、小颗粒碎石、散落的农作物、飘落的树叶等杂物流入管道后沉积，阻塞下游排水管道，规定雨水管道的检查井宜设置沉泥槽。

3.3.9 规定管线交叉时的处理原则。

3.4 泵 站

I 一般规定

3.4.1 关于排水泵站供电负荷等级的规定。

供电负荷等级应根据对供电可靠性的要求和中断供电在环境、经济上所造成损失或影响程度来划分。若突然中断供电，造成较大环境、经济损失，给居民生活带来较大影响者应采用二级负荷等级设计。对于镇排水泵站，可采用三级负荷等级设计，对于重要地区的泵站，宜按二级负荷等级设计。

3.4.2 关于泵站除臭的规定。

污水、合流污水泵站的格栅井和污水敞开部分，有臭气逸出，影响周围环境。对位于居民区和重要地区的泵站，宜设置臭气收集和处理装置。目前我国应用的臭气处理装置有生物除臭、活性炭除臭和化学除臭等。

3.4.3 关于泵站形式和通风的规定。

潜水泵站占地省、操作管理方便、运行成本低，宜采用。当采用干式泵站，地下式水泵间有顶板结构时，其自然通风条件较差，宜设置机械送排风系统排除可能产生的有害气体和泵房内的余热、余湿，以保障操作人员的生命安全和健康。通风换气次数一般为5～10次/h，通风换气体积以地面为界。该条内容在《室外排水设计规范》GB 50014-2006 中为强制性条文，由于镇的经济条件有限，本规程不作强制性规定，但在检修时，应设临时送排风设施，通风次数不应小于5次/h。

3.4.4 关于泵站管理人员辅助设施的规定。

值班室系指在泵房内单独隔开一间，供值班人员工作、休息等用。对远离居民点并经常有人值守的泵站，宜适当设置值守人员的生活设施。

3.4.5 关于排水泵站设置清洗设施的规定。

排水泵站应设置清洗设施，以便平时清洗集水池和潜水泵吊出时的清洗。

Ⅱ 潜水泵站

3.4.6 关于泵站设置沉砂池和拦截设施的规定。

集水池前宜通过沉砂池沉积泥砂、通过格栅拦截大块的悬浮或漂浮的污物，以保护水泵叶轮和管配件，避免堵塞或磨损，保证水泵正常运行。

集水池宜与格栅井合建，其优点为布置紧凑，占地少，起吊设备可共用。合建的集水池宜采用半封闭式，闸门和格栅处敞开，其余部分加盖板封闭，以减少污染。

3.4.7 关于集水池组成的规定。

潜水泵站的水泵电机机组在集水池内，成为水下的泵室。水泵吸水口的底部有集水坑，集水池的进水侧有配水区或前池。

3.4.8 关于集水池设计水位和有效容积的规定。

1 集水池的最高设计水位应根据泵站的性质分别计算，雨水泵站按进水管满流计算，与进水管管顶相平；污水泵站按进水管充满度计算，与进水管的水面相平。

2 集水池的最高设计水位与最低设计水位之间的容积为集水池有效容积。如有效容积过小，则水泵开启频繁；有效容积过大，则增加工程造价。根据淹没式电机的技术要求，潜水泵每小时的启动次数不宜大于12次，工作周期不宜小于300s。

3 潜水泵站的最低设计水位应满足潜水泵的最小淹没深度要求，否则，会吸入空气，引起汽蚀或过热等问题，影响泵站正常运行。

3.4.9 关于污水泵站潜水泵备用的规定。

由于潜水泵调换方便，备用泵可以就位安装，也可以库存备用。根据《室外排水设计规范》GB 50014-2006 规定，当工作泵台数不大于4台时，备用泵宜为1台；本规程规定在此情况下，宜库存备用，以减少土建规模，节省投资。

3.4.10 关于集水池通风要求的规定。

潜水泵房的集水池可不设通风装置，但检修时，应设临时送排风设施，排除可能产生的有害气体以及泵房内的余热、余湿，以保障操作人员的生命安全和健康，换气次数不宜小于5次/h。

3.4.11 关于机组布置的规定。

机组的间距应满足安全防护和操作、检修的需要，并确保配件在检修时能够拆卸。

3.4.12 关于集水池底坡的规定。

为利于清池时排空，规定池底坡向集水坑的坡度不宜小于0.1。

3.4.13 关于集水池盖板的规定。

为了保证潜水泵安装和检修，盖板上宜设吊装孔、人孔和通风孔。

3.4.14 关于出水管的有关规定。

出水管安装止回阀、拍门等防止水流倒灌设施的目的是在水泵突然停运时，防止出水管的水流倒灌，或水泵发生故障时检修方便。

3.4.15 关于集水池不设上部建筑的规定。

由于潜水泵安装在集水池内，为节省造价，充分发挥潜水泵的特点，集水池上可不设上部建筑，仅在池顶设盖板，并留有吊装孔、人孔或通风孔。潜水泵的安装、维修起吊可通过临时起吊架或吊车来完成；也可只设工字钢，在使用时安装吊葫芦；工字钢应有防锈措施，起吊葫芦平时应保存在仓库内，以防锈蚀。

3.5 污水处理

Ⅰ 一般规定

3.5.1 关于镇污水处理模式的规定。

镇污水处理一般需根据镇的功能、人口、地形地貌、地质特点和排放要求，以经济合理、污染控制、形成管网和提高污水系统效率为原则，对一个区域内的几个镇的污水站的设置进行统一规划。当一个区域内镇密集且距离较近时，应通过技术经济比较，确定集中和分散处理的范围，并明确集中处理的镇和分散处理的镇，按规划逐步达到各自的处理要求。

镇污水的分散处理有两种含义，其一是点源的分散处理，如远离镇区的住宅；其二是各镇相对独立的污水处理模式。

3.5.2 关于镇污水处理技术选择原则的规定。

镇污水处理具有规模小、建成投产后运行费用难以解决等特点，为此，镇污水处理应按因地制宜原则，选用处理效果好、投资少、运行和维护费用省的工艺技术方案，确保运行简便、安全、适用。尽可能采用"生态技术"和"绿色技术"，做到污水处理工艺能耗和物耗的最小化、环境污染的最小化和资源重复利用的最大化。

3.5.3 关于污水站位置选择的规定。

污水站位置的选择，应符合镇规划和排水工程专业规划的要求。在山区或丘陵地区，可考虑利用自然地形，采用因地制宜的处理技术，以节省能源。

3.5.4 关于污水站处理规模的规定。

污水站的规模应按项目总规模控制，并进行分期建设，近期规模应综合考虑现状污水量和排水系统的普及程度，合理确定近期规模，确保收集足够的污水，以满足污水站近期运转的需要。

3.5.5 关于镇污水处理程度的规定。

镇污水的处理程度应根据国家和地方现行的有关排放标准、污染物的来源及性质、排入地表水域的环境功能和保护目标确定。有回用要求时，处理程度还应同时满足相关的再生水标准。

3.5.6 关于镇污水处理工艺选择原则的规定。

镇污水处理的工艺多种多样，各种工艺和实施方式各异，应根据污水水质、水体对排放尾水的水质要求等因素，通过技术经济比较后确定。主要技术经济指标包括：处理单位水量投资、削减单位污染物投资、处理单位水量电耗和成本、削减单位污染物电耗和成本、占地面积、运行可靠性、管理维护难易程度和总体环境效益等。

镇污水站，一般不考虑除臭，但应通过总图布置，减少臭气和噪声对人居环境的影响。

3.5.7 关于污水站处理效率的规定。

根据国内污水厂处理效率的实践数据，并参考国外资料制定。

二级处理的处理效率包括一级处理，一级处理的效率主要是沉淀池的处理效率。

镇污水二级处理应根据污水水质和处理要求合理地设置构筑物。当污水中悬浮物浓度不高或采用氧化沟、序批式活性污泥法工艺时，可不设初沉池；当二级生物处理采用生物膜法、序批式活性污泥法工艺、组合式活性污泥法（集生物反应与沉淀于一池）工艺时，可不设置二次沉淀池。

3.5.8 关于污水站设置消毒设施的规定。

根据国家有关排放标准的要求，在污水处理后排入水体前应设置消毒设施。消毒设施的选择，应根据消毒效果、消毒剂的供应、消毒后的二次污染、操作管理、运行成本等综合考虑后决定。

3.5.9 关于污水站化验项目的规定。

污水站可因地制宜地选择化验项目，并尽量简化。对于有些化验项目，可采用几座污水站共用一个化验室，或委托其他单位化验，实现社会化服务。

3.5.10 关于污水站供电负荷等级的规定。

供电负荷等级应根据对供电可靠性的要求和中断供电在政治、经济上所造成损失或影响程度来划分。若突然中断供电，造成较大经济损失，给镇生活带来较大影响者应采用二级负荷等级设计。对于镇污水站，可按三级负荷等级设计，对于重要地区的污水站，宜按二级负荷等级设计。

Ⅱ 均 化 池

3.5.11 关于设置均化池的规定。

镇区污水的水量和水质变化幅度都较城镇大。为了保证处理构筑物和设备的正常运行，对于处理水水量和水质波动较大的镇区污水，宜设置均化池，以调节水量和水质，使后续处理构筑物在运行期间能得到均衡的进水量和稳定的水质，达到理想的处理效果。

3.5.12 关于均化池设置位置的规定。

均化池在污水处理工艺流程中的位置，应依据每个处理系统的具体情况确定。如把均化池设于初沉池之前，设计中应考虑设置混合设备，以防止固体沉淀。

3.5.13 关于均化池容积的规定。

实际中往往得不出规律性很强的流量变化曲线，故确定均化池容积时，应视实际情况确定，并应留有余地。

3.5.14 关于均化池设置冲洗等装置的规定。

据调查，均化池的池面会有漂浮物和泡沫，为防止漂浮物和泡沫影响出水水质和环境卫生，应设冲洗装置、溢流装置、排出漂浮物和泡沫的设施。同时，均化池内应增设放空设施，池底坡度不小于0.05，便于放空与清淤。

Ⅲ 污水净化沼气池

3.5.15 关于污水净化沼气池设置位置的规定。

3.5.16 关于污水净化沼气池防渗和防腐的规定。

3.5.17 关于污水净化沼气池组成和构造的规定。

污水净化沼气池由前处理区和后处理区两部分组成。

前处理区为两级厌氧沼气池，每10～12户居民的生活污水经净化沼气池处理，产生的沼气可供一个沼气炉或一盏沼气灯燃烧之用。因圆形池不易漏气，若收集、利用沼气，可采用圆形池；若不收集、利用沼气，也可采用矩形池。

后处理区为折流式生物滤池，由滤板和填料组成。滤池宜分为四格，第一、二格为粗滤池，填料粒径宜为5～40mm；第三格为中滤池，填料粒径宜为5～20mm；第四格为细滤池，填料粒径宜为5～15mm。每格填料高度宜为0.45～0.5m。污水净化沼气池后处理区，即折流式生物滤池示意图如图1所示。

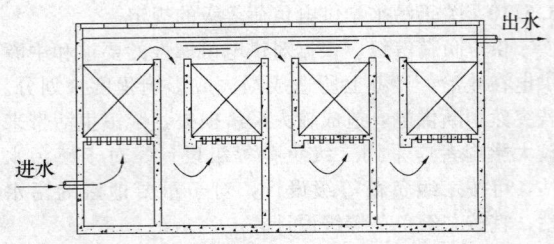

图 1　折流式生物滤池示意图

3.5.18　关于液位差的规定。

为了保障水流通畅规定了液位差。

3.5.19　关于设置通风孔的规定。

后处理区会产生少量有毒和易燃、易爆气体，如硫化氢和甲烷等，及时将这些气体经通风孔排入大气，可避免中毒和爆炸事故的发生。

3.5.20　规定了粪便污水和其他生活污水分别流入时的工艺流程。

为了提高效率，可在第二级沼气池中添加半软性填料，加入量约为污水净化沼气池总池容的15%～20%；加入填料的缺点是易堵，因而应慎重考虑。

3.5.21　规定了粪便污水和其他生活污水合并流入时的工艺流程。

3.5.22　关于前后处理区容积比的规定。

3.5.23　关于污水净化沼气池进水管道最小设计坡度的规定。

根据江苏省的经验，为保障水流通畅，污水净化沼气池进水管道的最小设计坡度宜为0.04。

3.5.24　关于污水净化沼气池总有效容积计算公式的规定。

Ⅳ　人　工　湿　地

3.5.25　关于人工湿地使用条件的规定。

本规程特指竖流式人工湿地。人工湿地由于其投资低、抗冲击力强、操作简单、建造和运行费用低、维护方便，同时可使污水处理与生态环境建设有机结合，在处理污水同时创造生态景观等特点，逐步被接受并得到应用，但人工湿地也有占地面积大、受气候影响大等缺点。

选用人工湿地时，必须考虑当地是否有合适的场地，并应对工程的环境影响、投资、运行费用和效益作全面的分析比较。

3.5.26　关于人工湿地并联运行的规定。

人工湿地运行的一个问题是填料堵塞。分成两组或两组以上，可分别进水。不进水的那组，在太阳照射下，填料上的生物膜会干化起壳而去除，这样填料不易堵塞，同时又利于氧气进入填料间，以提高处理效率。

3.5.27　关于人工湿地预处理的规定。

人工湿地处理系统的预处理，一般采用格栅和沉砂处理，也可进行沉淀处理。污水经预处理或一级处理后进人工湿地，可减少进水口附近积累的大量固体物，延长填料堵塞的时间。

3.5.28　关于人工湿地构造的规定。

人工湿地构造简单，包括进水管、出水管、透气管、过滤层、不透水层和具有一定净化功能的水生植物层。不透水层设于底部，采用不透水材料以防止污水渗漏；进水可采用多点进水以利于配水均匀；出水可采用沟排、管排、井排等方式；过滤层可选用砂、砾石、石灰石、石英砂、煤灰渣、高炉渣等填料。根据广东省深圳市某人工湿地的经验，设置透气管，有利于氧气进入填料间，从而提高处理效率。

3.5.29　关于人工湿地坡度的规定。

为了保证出水的顺畅，人工湿地倾向出水管的坡度不宜小于0.01。

3.5.30　关于过滤层填料的规定。

传统人工湿地的过滤层填料采用土壤、砂、砾石等，不同材料的填料对污染物的吸附性能和微生物附着性能不同。目前国内外正在研究的填料主要有：塑料，沸石，石灰石，石英砂，煤灰渣，高炉渣，草炭，粉煤灰，活性炭，陶瓷，蛭石，自然岩石与矿物材料等。所选填料都应满足：1)质轻；2)有足够的机械强度；3)比表面积大，孔隙率高；4)不含对人体健康和工业生产有害的物质，化学稳定性良好；5)水头损失小，形状系数好，吸附能力强；6)滤速高，工作周期长，产水量大，水质好。为了综合发挥各填料优势，人工湿地滤层往往由多种填料组成，填料级配十分重要，以有效去除各种污染物质，同时有效避免堵塞，提高运行周期。

3.5.31　关于人工湿地设计参数的规定。

人工湿地污水处理系统一般都是根据试验资料和现有的经验进行设计，通过对现有人工湿地处理系统成功运行经验的研究和总结，引导出具有普遍意义的设计参数和计算公式，在此基础上进行新系统的设计。温度对处理效率的影响很大，在寒冷地区的冰冻季节，人工湿地无法正常运行。表面有机负荷的取值也与温度有关，较冷地区可取较低负荷，较热地区可取较高负荷。如广东省深圳市某垂直流人工湿地采用500kgBOD_5/(hm^2·d)负荷处理城市污水，江苏省宿迁市某垂直流人工湿地采用120kgBOD_5/(hm^2·d)负荷处理生活污水，情况均良好。

Ⅴ　稳　定　塘

3.5.32　关于稳定塘选用原则和规模等的规定。

对于镇的污水，可考虑利用废旧池塘、沟谷等闲置土地，建设稳定塘污水处理系统。

稳定塘是接近自然的人工生态系统，它具有管理方便、能耗少等优点，但有占地面积大等缺点。稳定塘占地约为活性污泥法二级处理厂用地面积的13.3～

66.7倍。选用稳定塘时，必须考虑当地是否有足够的土地可供利用，并应对工程投资和运行费用作全面的经济比较。我国珠江三角洲地区地少价高，已有废弃稳定塘，建设活性污泥法处理厂的例子。国外稳定塘一般用于处理小水量的污水。如日本因稳定塘占地面积大，不推广应用；英国限定稳定塘用于三级处理；美国5000多座稳定塘总共处理污水量为898.9×$10^4 m^3/d$，平均1798m^3/d，仅135座大于3785m^3/d。因此，稳定塘的规模不宜大于5000m^3/d。

3.5.33 关于稳定塘预处理的规定。

污水进入稳定塘前，应进行预处理，也可进行沉淀处理。预处理应视稳定塘系统的类别、污水水质而具体确定，一般为物理处理，其目的在于尽量去除污水中杂质或不利于后续处理的物质，减少塘中的积泥。常用的预处理有格栅、沉砂等。沉淀处理一般为初沉池处理。通过对许多稳定塘的运行调查，为方便运行管理，宜采用清污周期较长、管理简单的预处理设施。采用除砂渠和厌氧沉淀塘定期清淤比较符合实际情况。

3.5.34 关于稳定塘布置的规定。

稳定塘可布置为单级塘和多级塘。稳定塘分级越多，微生物群落分级也多，优势菌种越明显，降解速率越大，同时，流态越接近于推流，短流越少；但稳定塘串联级数过多，会增加工程造价，而效率提高有限。由于厌氧塘中仅发生水解、产酸和部分产气反应，出水五日生化需氧量浓度仍较高，故厌氧塘不应作为单级塘运行。为在故障和清淤时仍能处理污水，单级塘应分格并联运行。

3.5.35 关于厌氧塘设置条件的规定。

在污水五日生化需氧量浓度大于300mg/L时，采用厌氧塘处理较其他稳定塘能耗少，故作此规定。稳定塘中污水净化过程近似于自然水体的自净过程。污水刚进稳定塘时，污水中有机物浓度很高，溶解氧迅速消耗，初级塘中的溶解氧接近于零。随着污水在塘内缓慢流动，微生物降解有机物，溶解氧不断回升。所以厌氧塘一般布置在塘系统的首端。

3.5.36 关于厌氧塘进、出水口位置的规定。

由于上向流有利于提高厌氧处理效率，此规定有利于形成上向流。

3.5.37 关于第一级稳定塘排泥的规定。

进稳定塘的可沉悬浮物，大部分在第一级稳定塘内沉淀，并在塘底形成污泥沉积层，在沉积层内进行厌氧发酵反应，使污泥量减少，但这一进程缓慢，污泥沉积与降解不能平衡，并逐渐增厚。因此，第一级稳定塘应设置机械或重力的排泥或清淤措施；同时，为了保证清淤时不影响其他构筑物的运行，宜分格并联运行。

3.5.38 关于稳定塘出水水质的规定。

根据受纳水体功能的不同，对稳定塘净化污水可以有不同的要求。排放至水体时应符合《城镇污水处理厂污染物排放标准》GB 18918和《地表水环境质量标准》GB 3838的要求；应用于农田灌溉时应符合《农田灌溉水质标准》GB 5084的要求；应用于养鱼时应符合《渔业水质标准》GB 11607的要求。

3.5.39 关于稳定塘出水水位的规定。

稳定塘出水口的设计高程，应根据当地防洪标准确定，一般采用略高于某一重现期的最高洪水位或最高潮水位，以免受洪水和潮水的顶托。

3.5.40 关于稳定塘设计参数的规定。

我国幅员辽阔，条件各异，结合国内的具体条件，本规程按年均气温划分为8℃以下、8～16℃、16℃以上三个区域，规定不同地区、不同类型的工艺设计参数供设计人员选用。

3.6 污泥处理

Ⅰ 一 般 规 定

3.6.1 关于污泥综合利用的规定。

综合利用方式包括：1）土地利用的绿化种植；2）土地利用的用于农田；3）填埋。污泥中含有大量植物生长所必需的肥分（N、P、K）、微量元素和土壤改良剂（有机腐殖质），可增加土壤肥力，促进植物生长，故污泥的土地利用是一种积极有效的处置方式。但是，污泥中的重金属和其他有毒有害物质会在作物中富集，因而应慎重，且必须满足国家现行有关标准的规定。

3.6.2 规定镇污水站产生的污泥的处理方式。

3.6.3 关于污泥机械脱水的规定。

考虑到镇经济水平较低，污水站规模较小，故作此规定。

3.6.4 关于污泥用作肥料时，其有害物质含量应符合国家现行有关标准的规定。

因污泥中含有对植物及土壤有危害作用的病菌、寄生虫卵、难降解有机物、重金属和其他有毒有害物质，故规定污泥在用作肥料时，其有害物质含量应符合国家现行标准的规定。

Ⅱ 污泥干化场

3.6.5 关于污泥干化场适用范围的规定。

污泥干化场的污泥主要靠渗滤、撇除上层污泥水和蒸发达到干化。蒸发量主要受当地自然气候条件，如平均气温、降雨量、蒸发量等因素影响。因而污泥干化场适用于降雨少、蒸发量大、气候较干燥的地区。污泥干化场占地较多，同时环境卫生条件较差，因而适用于有较多土地、周围无居民点和环境卫生条件许可的地区。

3.6.6 关于污泥干化场固体负荷量的规定。

由于污泥性质不同，各地气温、降雨量和蒸发量等气象条件不同，固体负荷量也不同，所以，固体负荷量宜充分考虑当地自然气候条件，参考相似地区的经验确定。在北方地区应考虑结冰期间，干化场储存污泥的能力。

3.6.7 规定干化场块数的划分和围堤尺寸。

干化场分块数不宜少于3块，系考虑进泥、干化和出泥能轮换进行，提高干化场的使用效率。

3.6.8 关于人工排水层的规定。

对脱水性能较好的污泥而言，污泥水的渗滤是干化场干化污泥的主要作用之一，设置人工排水层可加速污泥干化。我国已建干化场多设有人工排水层，国外规范也都是建议设人工排水层。但国内外建造的干化场也有不设排水层的。

3.6.9 关于设不透水层的规定。

为了防止污泥水渗入土壤深层和地下，造成二次污染，同时为了加速排水层中污泥水的排除，故在干化场的排水层下面设置不透水层。某些地下水较深，土壤渗透性又较差的地方，如果环评允许，可考虑不设不透水层。

3.6.10 关于设排除上层污泥水设施的规定。

污泥在干化场脱水干化中，有一个污泥沉降浓缩、析出污泥水的过程，及时将这部分污泥水排除，可以加速污泥脱水，提高干化场效率。

4 村 排 水

4.1 一般规定

4.1.1 关于村排水制度的规定。

规定村排水制度宜采用分流制，但未作严格规定。对于城镇化水平较高的村，宜按镇的规定执行。

4.1.2 关于雨水沟渠布置的规定。

为节省投资，雨水沟宜与路边沟结合。

4.1.3 关于雨水收集利用的规定。

雨水资源是陆地淡水资源的主要形式和来源。我国是一个水资源缺乏的国家，我国西部、北部和西南局部地区都不同程度存在缺水现象。雨水的收集和利用可解决严重缺水地区的饮水问题，解决干旱、半干旱地区发展庭院经济和农作物补充灌溉用水问题。甘肃省定西市安定区青岚乡大坪村是缺水干旱地区，全村123户，约500余人。20世纪90年代开展121工程，即一户人家，二眼水窖，发展一处庭院经济。每户前院有菜地、水窖和截流雨水的场地。每眼水窖容积为30～40m³，需200m²的截流面积。每户二眼水窖基本够用。121工程为联合国组织的样板项目，每年都办培训班，学员来自亚非拉有关国家。因此在农村缺水地区宜对雨水进行收集、处理和综合利用。

4.1.4 关于污水量的规定。

4.1.5 关于粪便污水排放的规定。

村的粪便污水应优先考虑用作农肥，不得直接排放，必须经沼气池或化粪池处理；经沼气池或化粪池处理后的熟污泥可用作农肥。

4.1.6 关于专业养殖户污水和工业废水处理和排放的规定。

专业养殖户污水是指农村集体或专业户饲养畜禽所产生的污水，不含农户散养畜禽污水。

4.2 沼气池

4.2.1 关于沼气池适用范围的规定。

甘肃省定西市安定区青岚乡大坪村，年平均气温为10℃，有户6口之家，养了6头羊，2头猪和1条驴，粪便全部进沼气池。产生的沼气用作燃料，除冬季需补充其他燃料外，其他季节沼气基本够用。因而，年平均气温大于10℃的地区，采用沼气池是经济合理的。对于年平均气温低于10℃的地区，也可季节性使用沼气池，但需补充较多燃料。

4.2.2 关于可燃气体作燃料的规定。

沼气是一种清洁优质的能源，我国农村已广泛应用。使用沼气的农民弟兄说："种十亩田，不如建一个生态小家园。做饭不烧柴和炭，点灯不用油和电，烟熏火燎不再现，文明卫生真方便。"因而，作此规定。

4.2.3 关于沼气池设置位置的规定。

沼气是甲烷、二氧化碳和硫化氢等的混合气体，对人畜有危害，且遇明火有爆炸危险，故规定沼气池应在室外，不得设在室内。此处"室内"是指人居住的房间。

4.2.4 关于沼气池池址选择的规定。

4.2.5 关于沼气池容积的规定。

4.2.6 关于沼气池池型的规定。

水压式沼气池是我国推广最早数量最多的池型，故本规程推荐该种池型。

4.2.7 关于沼气池密封的规定。

沼气池是一个有内压的容器，工作时要维持一定气压。固定盖式沼气池在大量排泥时，池内可能产生较大负压，使空气进入池内，危及厌氧消化反应的进行，甚至有爆炸的危险性。故沼气池应有防止负压出现的措施。一般采用的措施为：进料和排泥同时进行；与贮气罐连通等。

4.2.8 关于沼气池检测气量和气压设施的规定。

在使用液柱式压力表时，通过调控器顶端的调节阀，将压力控制在工作区。压力太低，沼气灶点火困难，而且火力很小；压力太高，不容易点着火，且沼气燃烧不好，浪费沼气。

4.2.9 关于沼气池防渗和防腐的规定。

为防止污染地下水，应防止渗漏；沼气中含有二氧化碳和硫化氢等酸性气体，会腐蚀沼气池，规定气相部分内壁应进行防腐处理。

4.2.10 关于沼气池安装气体净化器的规定。

沼气中含有硫化氢，使用不当，会发生中毒事故。气体净化器主要功能是脱硫。

4.2.11 关于水封和回火防止器的规定。

主要从安全性考虑。

4.2.12 关于输气管材质的规定。

主要从安全性考虑，再生塑料管易破损而漏气。

4.2.13 关于输气管管径的规定。

主要从安全性和顺利输气考虑。

4.2.14 关于室外输气管埋设的规定。

为防止畜禽损害、老鼠咬破和车辆压伤输气管，输气管宜埋设在室外地坪 150mm 以下。沼气含有水分，沼气池温度一般比室温高，因而，沼气出池后会凝结产生水珠。为防止水珠积聚堵塞管道，规定了输气管的坡度和方向。从安全性考虑，规定了输气管道与地下其他管道相交或平行时，至少应有 100mm 的间距。

4.2.15 关于输气管安装的规定。

为防止管道偏转角度过大而压扁，从而影响输气，规定了偏转角度大于 90°时，应用弯头连接。

4.2.16～4.2.18 关于室内管道固定点间距的规定。

4.2.19 关于沼气开关安装位置的规定。

4.2.20 关于积水器安装位置的规定。

4.2.21 关于沼气池气密性的规定。

主要从安全性考虑。

4.2.22 关于沼气输气管道的规定。

主要从安全性考虑。

4.2.23 关于沼气池管理的规定。

四川省农村建立了许多沼气物业管理站，对农村沼气池的建设和维修提供有偿服务。这些物业管理站基本能维持运行并略有节余。有条件的农村，也可设置农村沼气物业管理站进行市场化运作。

4.3 化粪池

4.3.1 关于化粪池适用场合的规定。

4.3.2 关于化粪池与接户管位置关系的规定。

4.3.3 关于化粪池设置的规定。

单门独户的住户可每户单独设置在庭院内。相邻住户可根据实际情况集中设置，其优点是有利于节约土地，管理方便。

4.3.4 关于化粪池设置位置的规定。

为满足环境卫生的要求，规定化粪池应设在室外。为确保不影响建筑物基础，其外壁距建筑物外墙不宜小于 5m 或池基础外缘与建筑物基础外缘的水平间距不应小于两者基础底高差的两倍。

4.3.5 关于化粪池与取水构筑物距离的规定。

4.3.6 关于化粪池防渗漏的规定。

为防止污染地下水，应防止渗漏。

4.3.7 关于化粪池构造的规定。

三格化粪池中各格容量与总容量的比值和设置挡板的规定与《建筑给水排水设计规范》GB 50015-2003 的规定不同，这是根据江苏省经验作的修改。

4.3.8 关于化粪池有效容积计算公式的规定。

4.4 雨水收集和利用

4.4.1 关于村收集雨水形式的规定。

据干旱、半干旱地区收集雨水试验研究显示，修建了集流场的农户收集的雨水量比只修建水窖收集的雨水量多 3～4 倍，故规定宜采用集流场收集雨水；集流场应采用防渗材料修建；地面集流场防渗材料可采用混凝土、水泥土、塑料薄膜覆砂、黄土夯实、灰土等；屋面集流场的屋面可采用水泥瓦、机瓦、青瓦等。

4.4.2 关于贮存雨水的规定。

据干旱、半干旱地区的经验，用水窖贮存雨水较好，水窖可用混凝土浇筑，也可用陶制水窖。有条件地区也可在农家屋前或田间采用露天敞口池收集贮存雨水。

4.4.3 关于收集的雨水用途的规定。

收集的雨水可用于农田灌溉或杂用。在大气质量较好地区，经加矾沉淀和消毒后可作饮用水。甘肃省定西市安定区青岚乡大坪村，采用水窖贮存的雨水作饮用水。

5 施工与质量验收

5.1 一般规定

5.1.1 关于施工前准备工作的规定。

5.1.2 关于施工中质量验收等的规定。

5.1.3 关于施工和验收尚应执行有关标准的规定。

5.1.4 关于工程竣工后文件归档的规定。

5.2 施 工

5.2.1 关于选择沟槽断面应考虑因素的规定。

5.2.2 关于沟槽开挖时基坑和边坡的有关规定。

保证基坑和边坡的稳定是沟槽开挖的基本要求，留有足够的施工空间是保证管道安装和沟槽回填质量的必要前提。

5.2.3～5.2.6 关于管道工程开挖、敷设和回填的规定。

保持沟槽的干燥是为避免基础底部变形影响管道敷设安装精度；采用分段施工和及时回填，是为避免沟槽暴露时间过久而回弹和雨水浸泡等不利影响。

5.2.7 关于防渗漏处理和反滤层施工的规定。

防渗漏处理和反滤层是化粪池、沼气池、污水净化沼气池、稳定塘等的关键部位，其直接影响使用和对环境的保护，应作单项验收和保护。

5.2.8 关于基坑设计或施工方案评审的规定。

不重视较深基坑开挖，会引发重大事故，教训是深刻的。基坑的安全等级和设计、施工、监测等应符合《建筑基坑支护技术规程》JGJ 120 的规定。对于不具备条件的地区，应邀请有相关经验的人员对施工方案进行评审，保证安全。

5.2.9 关于钢筋混凝土构筑物施工的规定。

5.2.10 关于钢筋工程的规定。

5.2.11 关于砌体构筑物壁与混凝土底板连接的规定。

砌体构筑物的壁与混凝土底板连接处是较易渗漏的节点，因此，作此规定。

5.2.12 关于砌体构筑物内外壁处理的规定。

砌体结构相对于混凝土结构而言，其自防水性能差许多，为了提高结构耐久性，作此规定。

5.2.13 关于沼气池施工尚应执行有关标准的规定。

5.3 质量验收

5.3.1 关于管道进行严密性试验的规定。

5.3.2 关于管道竣工验收的规定。

5.3.3 关于水池满水试验条件的规定。

5.3.4 关于水池满水试验前应完成工作的规定。

5.3.5 关于水池满水试验要点的规定。

5.3.6 关于水池满水试验渗水量的规定。

5.3.7 规定水池渗水量的计算公式。

5.3.8 关于水池竣工验收的规定。

5.3.9 关于水池验收内容的规定。

5.3.10 关于水池管配件工程验收内容的规定。

5.3.11 关于沼气池验收尚应执行有关标准的规定。

中华人民共和国行业标准

城市快速路设计规程

Specification for design of urban expressway

CJJ 129—2009
J 863—2009

批准部门：中华人民共和国住房和城乡建设部
施行日期：２００９年１０月１日

中华人民共和国住房和城乡建设部
公　告

第 274 号

关于发布行业标准
《城市快速路设计规程》的公告

现批准《城市快速路设计规程》为行业标准，编号为 CJJ 129—2009，自 2009 年 10 月 1 日起实施。其中，第 3.0.5、3.0.9、5.4.1、9.3.1、9.3.4 条为强制性条文，必须严格执行。

本规程由我部标准定额研究所组织中国建筑工业出版社出版发行。

中华人民共和国住房和城乡建设部
2009 年 4 月 7 日

前　言

根据原建设部《关于印发〈一九九六年工程建设城建、建工行业标准制订、修订项目〉的通知》（建标[1996]522 号）的要求，北京市市政工程设计研究总院会同有关单位经广泛调查研究，认真总结实践经验，参考有关国际标准和国外先进标准，并在广泛征求意见的基础上，编制完成本规程。

本规程的主要技术内容是：1 总则；2 术语；3 基本规定；4 通行能力及服务水平；5 横断面设计；6 线形设计；7 出入口设计；8 高架快速路；9 交通安全与管理设施；10 景观与环境。

本规程以黑体字标志的条文为强制性条文，必须严格执行。

本规程由住房和城乡建设部负责管理和对强制性条文的解释，由北京市市政工程设计研究总院负责具体技术内容的解释[地址：北京市海淀区西直门北大街 32 号 3 号楼（市政总院大厦），邮政编码：100082]。

本规程主编单位：北京市市政工程设计研究总院
本规程参编单位：上海市市政工程设计研究总院
　　　　　　　　天津市市政工程设计研究院
　　　　　　　　华中科技大学
　　　　　　　　北京工业大学
本规程主要起草人员：刘桂生　张均任　崔健球
　　　　　　　　　　朱兆芳　和坤玲　张　胜
　　　　　　　　　　严俊彪　吴瑞麟　李　杰
　　　　　　　　　　王晓华　荣　建　张欣红
　　　　　　　　　　梅永利　崔新书

目 次

1 总则 ················· 79—4
2 术语 ················· 79—4
3 基本规定 ············· 79—4
4 通行能力及服务水平 ··· 79—4
   4.1 分类 ·············· 79—4
   4.2 基本路段 ·········· 79—4
5 横断面设计 ··········· 79—5
   5.1 一般规定 ·········· 79—5
   5.2 横断面布置 ········ 79—5
   5.3 车行道 ············ 79—6
   5.4 分车带 ············ 79—6
   5.5 路肩和路面横坡 ···· 79—6
   5.6 侧石、缘石 ········ 79—7
6 线形设计 ············· 79—7
   6.1 一般规定 ·········· 79—7
   6.2 平面设计 ·········· 79—7
   6.3 纵断面设计 ········ 79—8
7 出入口设计 ··········· 79—9
   7.1 一般规定 ·········· 79—9
   7.2 出入口间距 ········ 79—9
   7.3 变速车道、集散车道 ··· 79—9
   7.4 辅助车道 ·········· 79—10
   7.5 主辅路间出入口的几何设计 ··· 79—10
8 高架快速路 ··········· 79—11
   8.1 一般规定 ·········· 79—11
   8.2 横断面设计 ········ 79—11
   8.3 平面设计 ·········· 79—11
   8.4 纵断面设计 ········ 79—11
   8.5 匝道 ·············· 79—11
9 交通安全与管理设施 ··· 79—12
   9.1 交通标志 ·········· 79—12
   9.2 交通标识 ·········· 79—12
   9.3 交通防护设施 ······ 79—13
   9.4 监控设施 ·········· 79—13
10 景观与环境 ·········· 79—14
   10.1 一般规定 ········· 79—14
   10.2 景观距离 ········· 79—14
   10.3 噪声要求 ········· 79—14
   10.4 绿化设计要求与标准 ··· 79—14
本规程用词说明 ········· 79—15
附：条文说明 ··········· 79—16

1 总 则

1.0.1 为统一城市快速路设计标准，提高工程设计质量，制定本规程。

1.0.2 本规程适用于新建和改建城市快速路工程的设计。

1.0.3 城市快速路设计应符合城市总体规划。城市快速路应系统设计，做到技术先进、安全适用，与城市环境相协调。

1.0.4 城市快速路设计除应符合本规程外，尚应符合国家现行有关标准的规定。

2 术 语

2.0.1 快速路 expressway

在城市内修建的，中央分隔、全部控制出入、控制出入口间距及形式，具有单向双车道或以上的多车道，并设有配套的交通安全与管理设施的城市道路。

2.0.2 出入口 entrance and exit

供车辆驶出或进入快速路的单向交通路口，设置于快速路右侧，一般通过互通式立交匝道、高架路匝道、辅路匝道连接。

2.0.3 基本路段 basic section

快速路车行道不受出入口合流、分流、交织车流影响的路段。

2.0.4 辅路 relief road

集散快速路交通的道路，设置于快速路两侧或一侧，单向或双向行驶交通。辅路设置根据需要分为两个互通式立交间间断的辅路或通过立交的连续辅路。

2.0.5 匝道 ramp

专门连接两条道路的一段专用道路，包括互通式立体交叉连接道路、快速路与辅路的连接道路、高架路或堑式路与地面道路连接的道路，一般为单向交通。

3 基本规定

3.0.1 快速路设计应与城市其他道路合理分配交通，达到路网最佳效应。

3.0.2 快速路线形设计中的平面与纵断面应进行综合设计，做到平面顺适，纵断均衡，横面合理。应保证视觉性诱导，线形连续，安全与舒适。

3.0.3 快速路设计车速宜采用 60km/h、80km/h、100km/h。辅路设计车速宜为 30～40km/h，路段改变设计车速时应设置过渡段。

3.0.4 按城市道路红线宽度及交通量，快速路车行道宜分为双向 4 车道、6 车道、8 车道。车行道宽度按设计车速及车型宜分为 3.50m、3.75m。

3.0.5 快速路的交通管理设施及服务设施应与道路配套设计，保证交通正常运行。

3.0.6 快速路设计应重点做好出入口位置、间距、形式的综合设计，达到系统通行能力的均衡。

3.0.7 快速路车行道下不得布置纵向地下管线设施。横穿快速路的地下管线设施应将检查井设置在车行道路面以外。

3.0.8 快速路设计应与道路绿化、排水、照明设计协调统一，与城市景观、环境统一，做好整体设计。

3.0.9 快速路必须设置人行天桥或地下通道。

3.0.10 快速路公交停靠站及加油站宜设置在辅路上；当需设置在主路时，应设置在与主路分离的停靠区内，停靠区出入口应满足快速路出入口最小间距的规定。

3.0.11 快速路通过互通式立交区应设置集散车道，当出入口间距满足最小间距规定时，可不设集散车道。

4 通行能力及服务水平

4.1 分 类

4.1.1 城市快速路通行能力可分为基本通行能力和设计通行能力。

4.1.2 不同设计车速的设计通行能力应为基本通行能力乘以道路相应设计服务水平的交通量与道路容量的比率及道路条件修正系数。

4.2 基本路段

4.2.1 快速路不同设计车速的一条车道基本通行能力可采用表 4.2.1 的数值。

表 4.2.1 快速路不同设计车速的一条车道基本通行能力

设计车速（km/h）	100	80	60
基本通行能力（pcu/h）	2200	2100	1800

4.2.2 快速路设计时应采用三级服务水平，交通量与道路容量比率应符合表 4.2.2 的规定。

表 4.2.2 快速路不同设计车速的交通量与道路容量比率

等级	交通运行特征	设计车速（km/h）		
		100	80	60
三级	稳定流状态	0.91	0.83	0.77

4.2.3 快速路不同设计车速的一条车道设计通行能

力可采用表4.2.3中的数值。

表4.2.3 快速路不同设计车速的一条车道设计通行能力

设计车速（km/h）	100	80	60
设计通行能力（pcu/h）	2000	1800	1400

4.2.4 计算快速路基本路段通行能力时，各种车辆类型换算系数应符合表4.2.4的规定。

表4.2.4 快速路基本路段车辆换算系数

车型	小客车	小型客（货）车	大型客（货）车	铰接客车
折算系数	1.0	1.0	1.5	2.0

5 横断面设计

5.1 一般规定

5.1.1 城市快速路横断面设计应符合城市道路规划。横断面布置应按地面快速路、高架快速路、堑式快速路分别布设。

5.1.2 城市快速路横断面可分为整体式和分离式，整体式横断面可采用中央隔离带将上下行分隔单向行驶，分离式横断面上下行车辆可在不同位置单向行驶。

5.1.3 城市快速路横断面可分为主路横断面和辅路横断面。主路可供机动车道行驶，双向车流必须设置中央隔离带分向行驶。辅路可供慢速机动车、非机动车及行人通行。主辅路间必须设置隔离栅、两侧带，并控制开口。

5.2 横断面布置

5.2.1 地面整体式横断面可适用于地势平坦的城区，快速路主路宜布置在中间，辅路宜布置在两侧（车辆单向行驶）或布置在单侧（车辆双向行驶）（图5.2.1）。

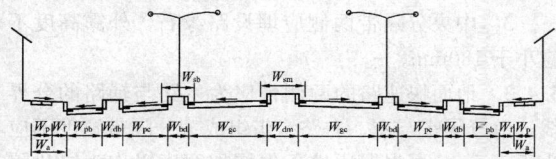

图5.2.1 地面整体式横断面（城区型）

5.2.2 郊区快速路横断面主辅路可在同一平面，也可根据地形布置在不同平面，辅路可单侧或双侧布置（图5.2.2）。

5.2.3 高架快速路按道路用地和交通运行特征可分别选用整体式高架路（上下行在同一平面运行）和分离式横断面（上下行在不同平面）（图5.2.3-1～图5.2.3-5）。

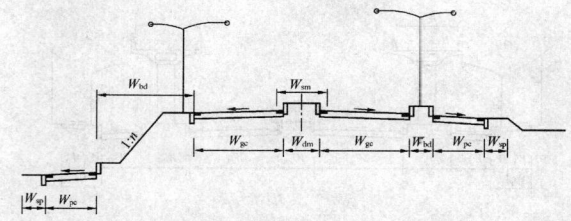

图5.2.2 地面整体式横断面（郊区型）

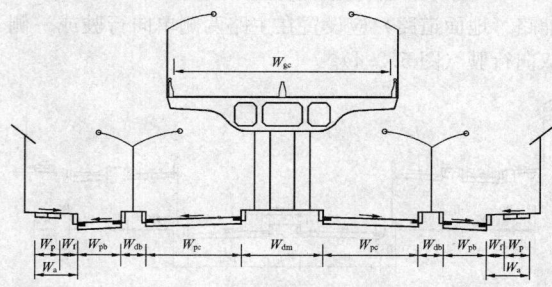

图5.2.3-1 整体式高架道路无匝道路段横断面

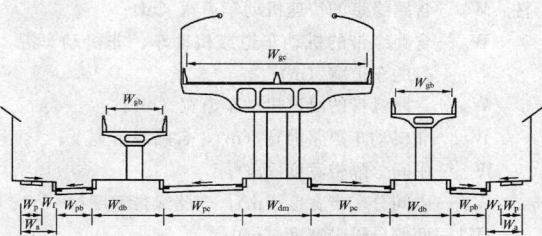

图5.2.3-2 整体式高架道路有匝道路段横断面

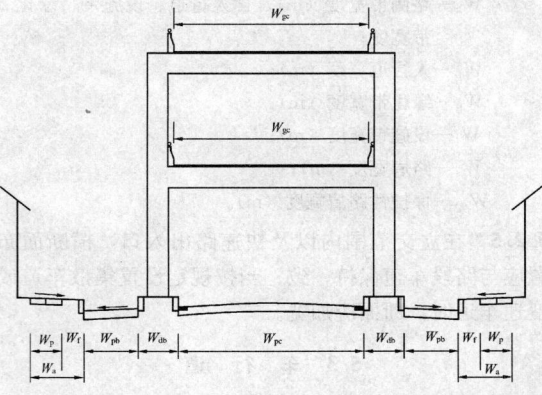

图5.2.3-3 分离式高架道路无匝道路段横断面

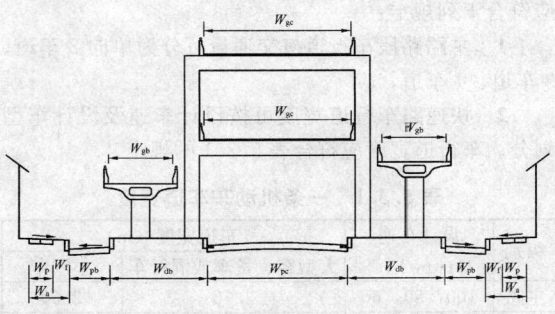

图5.2.3-4 分离式高架道路有匝道路段横断面

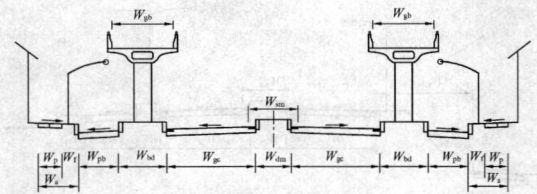

图 5.2.3-5 分离式高架道路横断面

5.2.4 堑式快速路主路应设置在地面以下双向行驶，辅路（地面道路）应设置在主路两侧单向行驶或一侧双向行驶（图 5.2.4）。

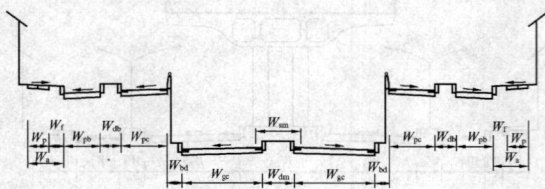

图 5.2.4 路堑式横断面

注：W_{gc}—含路缘带的快速机动车道宽（m）；
W_{pc}—含路缘带的机动车道或机动车、非机动车混行的车道宽（m）；
W_{gb}—含路缘带的匝道机动车道宽（m）；
W_{pb}—非机动车道路面宽（m），含路缘带宽度；
W_{dm}—中间分隔带宽度（m）；
W_{sm}—中间分车带宽度（m），含路缘带宽度；
W_{db}—两侧分隔带宽度（m）；
W_{sb}—两侧分车带宽度（m），含路缘带宽度；
W_a—路侧带宽度（m），含人行道、设施带、绿化带宽度；
W_p—人行道宽度（m）；
W_g—绿化带宽度（m）；
W_f—设施带宽度（m）；
W_s—路肩宽度（m）；
W_{sp}—保护性路肩宽度（m）。

5.2.5 在立交范围内以及快速路出入口，横断面布置应与路段车道保持一致；当按规定设置集散车道或变速车道时，断面应加宽。

5.3 车 行 道

5.3.1 车行道可分为主路车行道与辅路车行道，并应符合下列规定：

1 主路路段车行道按交通量可分为单向 2 车道、3 车道、4 车道。

2 快速路车行道宽度可按设计车速及设计车型划分。车行道宽度应符合表 5.3.1 的规定。

表 5.3.1 一条机动车车道宽度

级别	设计车速（km/h）	车道宽度（m）	
		大型客、货车或混行车	小汽车
主路	100、80、60	3.75	3.50
辅路	40、30	3.50	3.50、3.25

5.3.2 当快速路出入口间距不能满足本规程第 7.2.2 条出入口最小间距规定时，应增设至少 2 个车道的集散车道，与主路车行道之间应设物体分隔。

5.3.3 变速车道（加减速车道）的设计应符合下列规定：

1 快速路出入口均应设置变速车道。

2 变速车道宜设一条车道，宽度应与直行方向主路车道宽度相同。

5.3.4 在单向 2 车道的高架快速路上，应设 2.5m 宽连续或不连续停车带；不连续停车带应每 500m 左右设一处。

5.3.5 辅路的设置应符合下列规定：

1 辅路在地面快速路中应设于主路两侧或单侧，在高架路时应设于高架路下地面层，在城区宜连续设置。位于郊区的快速路辅路，可连续设置或间断设置。

2 设于主路两侧的辅路应采用单向交通，设于主路单侧的辅路可采用双向交通。

3 高架路与地面道路应通过上、下匝道联系。

4 地面快速路辅路的横断面布置，机动车与非机动车道应采用物体分隔或划线分隔。单向机动车、非机动车物体分隔时，机动车道宽度不应小于 7.5m；单向机动车与非机动车划线分隔时，辅路的宽度不应小于 8.5m；当机动车、非机动车交通量均较大时，辅路的宽度可采用 12～13m。

5.4 分 车 带

5.4.1 快速路的上下行快速机动车道之间必须设中间带分隔，中间带应由中央分隔带及两侧路缘带组成。

5.4.2 快速路的中间带应符合下列规定：

1 中间带宜为 3.0m，即中央分隔带为 2.0m，两侧路缘带各为 0.5m。

2 城区快速路用地条件受限制时，中间带可适当缩窄；对向车流必须采用混凝土分隔墩或中央分隔护栏分隔，两侧应各设 0.5m 宽路缘带。

3 中央分隔带两侧埋设路缘石，外露高度不应小于 180mm。

5.4.3 地面快速路的两侧带应为主路与辅路的分界线，由分隔带与左、右路缘带组成。分隔带宽度不应小于 1.5m，可根据用地条件增加宽度以作为绿化隔离设施；临主路侧路缘带应为 0.5m，临辅路侧路缘带应为 0.25m。位于市区人流密集处的两侧带，应在其辅路侧设隔离栅。

5.5 路肩和路面横坡

5.5.1 郊区型地面快速路断面，宜在机动车道外侧设硬路肩和土路肩，硬路肩宽度不应小于 2.50m，土路肩宽度不应小于 0.75m。

5.5.2 快速路主、辅路路面横坡应采用单面直线坡，路面横坡度根据地形条件及路面面层类型可选用1.5%～2%；两侧人行道可为1%～2%的单面直线坡度。

5.5.3 郊区型断面两侧土、硬路肩横坡度可比路面大1%，但位于路缘带部分的硬路肩横坡度应与路面相同。

5.6 侧石、缘石

5.6.1 地平式断面在中央分隔带、两侧分隔带两侧以及辅路的人行道侧均应埋设侧石（或侧平石），侧石顶应高出路面150～200mm；郊区型断面路边设硬路肩与土路肩时，应在路面与路肩之间埋混凝土缘石；隧道线形弯曲或地形陡峻段侧石可高出路面250～400mm，埋置深度应保证稳定。

5.6.2 侧石（或侧平石）与缘石材料可采用坚硬石质或抗压强度不小于30MPa水泥混凝土；严寒、寒冷地区应采用抗盐、抗冻能力强的混凝土缘石。

6 线形设计

6.1 一般规定

6.1.1 线形设计应符合下列要求：
 1 线形设计应根据规划确定的线位，结合水文、地质条件，合理利用地形；线形应与地物、景观、环境等相协调，合理运用技术指标。
 2 线形设计中平面、纵断面、横断面应进行综合设计，总体应协调、平面顺适、纵坡均衡、横断面合理。
 3 线形设计应保证车辆行驶安全与舒适，视觉良好，心理反应正常。
 4 线形设计应符合城市设计要求，与城市环境协调，保护文物古迹，节约资源，必要地段应进行环境评价后确定。
 5 同一设计车速的快速路路段长度不得小于10km，不同设计车速的路段之间技术指标应逐渐变化，变化处应设置明显标志。

6.1.2 快速路线形应与桥隧构筑物协调，并应符合下列要求：
 1 快速路上的桥隧构筑物应与路段线形统一。
 2 大型桥隧构筑物布设应与快速路线形协调。
 3 当桥隧构筑物需设置在曲线地段时，应尽量采用不设超高的圆曲线；当条件受限制采用设超高的圆曲线时，应满足线形设计标准。
 4 快速路隧道宜为上、下分行的单向通道。隧道两端洞口应设置必要的出口联络线。
 5 在立体交叉处选用各项技术指标时，应与路段设计相适应，必要时应采用透视图检验。

6.1.3 平纵线形组合设计应符合下列要求：
 1 平曲线宜与竖曲线相对应。
 2 平曲线应与竖曲线半径协调，竖曲线半径应大于平曲线半径的10倍。
 3 平曲线长度宜大于竖曲线长度。
 4 竖曲线顶部或底部不应设置小半径平曲线或作为反向曲线转向点。
 5 竖曲线与缓和曲线不宜重合。
 6 在同一平曲线内不宜同时出现凸形竖曲线及凹形竖曲线。

6.2 平面设计

6.2.1 快速路最长直线与最短直线的设置，应符合表6.2.1的规定。

表6.2.1 直线长度

设计车速（km/h）	100	80	60
最大直线长度（m）	2000	1600	1200
同向曲线间最小直线长度（m）	600	480	360
反向曲线间最小直线长度（m）	200	160	120

6.2.2 圆曲线半径、最小长度应符合下列规定：
 1 快速路应采用大于或等于表6.2.2-1规定的不设超高的最小半径值。当地形条件受限制时，可采用设超高的推荐半径值。地形条件特别困难时，可采用设超高的最小半径值。

表6.2.2-1 圆曲线半径

设计车速（km/h）	100	80	60
不设超高最小半径（m）	1600	1000	600
设超高推荐半径（m）	650	400	300
设超高最小半径（m）	400	250	150

 2 平曲线长度与圆曲线长度应大于或等于表6.2.2-2规定的值。

表6.2.2-2 平曲线与圆曲线最小长度

设计车速（km/h）	100	80	60
平曲线最小长度（m）	170	140	100
圆曲线最小长度（m）	85	70	50

 3 当快速路中心线转角（α）小于或等于7°时，小转角平曲线长度应大于或等于表6.2.2-3规定的值。

表6.2.2-3 小转角平曲线最小长度

设计车速（km/h）	100	80	60
平曲线最小长度（m）	1200/α	1000/α	700/α

注：α小于2°时按2°计。

6.2.3 快速路直线与圆曲线、大半径圆曲线与小半径圆曲线之间应设缓和曲线。缓和曲线应采用回旋线。缓和曲线长度应大于或等于表6.2.3-1规定的值，且不应小于本规程第6.2.4条规定的超高缓和段的长度。

表6.2.3-1 缓和曲线最小长度

设计车速（km/h）	100	80	60
缓和曲线最小长度（m）	85	70	50

当圆曲线半径大于表6.2.3-2规定的值时，可不设缓和曲线。

表6.2.3-2 不设缓和曲线的最小圆曲线半径

设计车速（km/h）	100	80	60
最小圆曲线半径（m）	3000	2000	1000

为确保线形美观、视觉协调，在满足表6.2.3-1规定的缓和曲线最小长度的前提下，缓和曲线长度的选用宜符合下式要求：

$$R/9 \leq L_s \leq R \quad (6.2.3)$$

式中 L_s——缓和曲线长度（m）；
R——圆曲线半径（m）。

6.2.4 由直线上的正常路拱过渡到圆曲线上的超高断面时，必须在其间设置超高缓和段。超高缓和段长度应按下式计算：

$$L_c = b \times \Delta i / \varepsilon \quad (6.2.4)$$

式中 L_c——超高缓和段长度（m）；
b——超高旋转轴至路面边缘的宽度（m）；
Δi——超高横坡度与路拱坡度的代数差（%）；
ε——超高渐变率，超高旋转轴与路面边缘之间相对升降的比率，应符合表6.2.4的规定。

表6.2.4 超高渐变率

设计车速（km/h）	100	80	60
超高渐变率	1/225	1/200	1/175

6.2.5 当圆曲线半径小于不设超高最小半径时，应在圆曲线上设置超高；最大超高横坡度与合成坡度应符合表6.2.5的规定。

表6.2.5 最大超高横坡度与合成坡度

设计车速（km/h）	100	80	60
最大超高横坡度（%）	6	5	4
最大合成坡度（%）	7	7	7

注：冰冻积雪地区最大超高横坡度宜为3%。

6.2.6 当圆曲线半径小于或等于250m时，应在圆曲线内侧加宽，每条车道加宽值应符合表6.2.6的规定。

表6.2.6 圆曲线内每条车道的加宽值（m）

车型	汽车轴距加前悬（m）	圆曲线半径（m）		
		200<R≤250	150<R≤200	100<R≤150
小轿车	3.7	0.28	0.30	0.32
小型客(货)车	4.7	0.30	0.32	0.36
大型客(货)车	8.5	0.40	0.50	0.60
铰接客车	7.5+7	0.46	0.60	0.80

6.2.7 快速路每条车行道的停车视距应大于或等于表6.2.7规定的值。

表6.2.7 最小停车视距

设计车速（km/h）	100	80	60
最小停车视距（m）	160	110	75

6.3 纵断面设计

6.3.1 纵断面设计应符合下列要求：

1 纵断面设计应根据城市规划竖向控制标高进行；当在某些地段出现矛盾时，应采取技术措施保证道路及附近区域地表水的排放。

2 纵断面设计应综合考虑地上、地下构筑物及管线、水文、地质条件。

3 纵断面坡度设计应均匀、缓顺，不宜突变。

4 纵断面设计坡度变坡点应与平曲线设计相配合。

6.3.2 纵坡设计应符合下列规定：

1 快速路纵坡度应小于或等于表6.3.2规定的值。

表6.3.2 最大纵坡度

设计车速(km/h)	100	80	60
最大纵坡度(推荐值)(%)	3	4	5
极限最大纵坡度(限制值)(%)	4	5	6

注：1 积雪冰冻地区不得超过3.5%。
   2 海拔3000m以上高原城市最大纵坡度应比表列数值减小1%。

2 快速路最小纵坡度不应小于0.5%，困难地段不应小于0.3%。

3 桥梁、涵洞上最大纵坡度应按路线规定设计，大、中桥及引桥最大纵坡度不宜大于4%。

4 当隧道长度需采取机械通风时，纵坡度不得大于3%，短于500m的隧道可设4%。

6.3.3 快速路最小坡长与最大坡长应符合下列规定：

1 快速路坡段长度应大于或等于表6.3.3-1规定的值。

表6.3.3-1 最小坡长

设计车速（km/h）	100	80	60
最小坡长（m）	250	200	150

2 快速路坡段长度应小于或等于表6.3.3-2规

定的值。

表 6.3.3-2 最大坡长

设计车速（km/h）	100			80			60		
纵坡度（%）	4	4.5	5	5	5.5	6	6	6.5	7
最大坡长（m）	700	600	500	600	500	400	400	350	300

6.3.4 快速路竖曲线最小半径及最小长度应符合表6.3.4的规定，设计中竖曲线半径应采用大于或等于一般最小半径的值，当条件特别困难时，应大于或等于极限最小半径。

表 6.3.4 竖曲线最小半径及最小长度值

设计车速(km/h)		100	80	60
凸型竖曲线	一般最小半径(m)	10000	4500	1800
	极限最小半径(m)	6500	3000	1200
凹型竖曲线	一般最小半径(m)	4500	2700	1500
	极限最小半径(m)	3000	1800	1000
竖曲线最小长度(m)		85	70	50

7 出入口设计

7.1 一般规定

7.1.1 快速路路段出入口的位置、间距及形式，应满足主线车流稳定、分合流交通安全迅速的要求。
7.1.2 出入快速路的匝道应为单向交通。
7.1.3 主辅路出入口连接的两条道路，在快速路主路上必须设置变速车道；相接道路宜增设一条车道，保证快速路进出通畅（图7.1.3）。

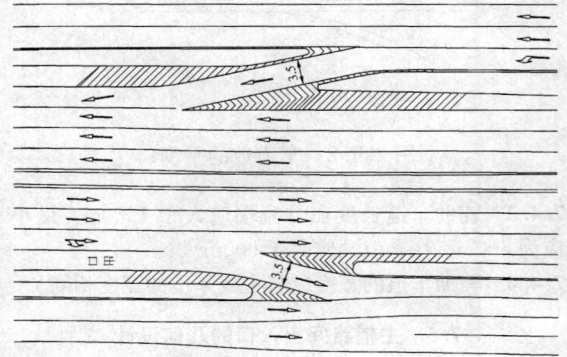

图 7.1.3 主辅路出入口设置图

7.1.4 出入口设置应满足下列要求：
　　1 出入口应设在主线车行道的右侧。
　　2 出入口附近的平曲线、竖曲线应采用较大的半径。
　　3 立体交叉区宜设单一出入口。
　　4 出口端部宜设置在跨线桥等构筑物之前。
　　5 出入口宜设在平缓路段，设置出入口处纵坡度不应大于2%。
　　6 入口处应保证一定的通视区域（图7.1.4）。

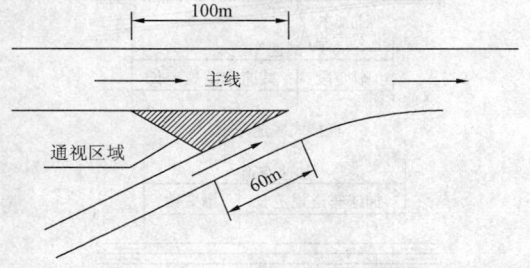

图 7.1.4 入口处的通视路段

　　7 出入口应采用缘石等设施与其他道路区别。
　　8 出入口形式应明确，其几何设计应能防止车辆逆行。

7.2 出入口间距

7.2.1 出入口间距应能保证主线交通不受分合流交通的干扰，并应为分合流交通加减速及转换车道提供安全、可靠的条件。
7.2.2 快速路路段上相邻两出入口端部之间的距离，应大于或等于表7.2.2规定的值。

表 7.2.2 出入口最小间距 (m)

主线设计车速（km/h）	出入口形式			
	出-入	入-入	入-出	出-出
100	760	260	760	1270
80	610	210	610	1020
60	460	160	460	760

7.3 变速车道、集散车道

7.3.1 变速车道设置应符合下列要求：
　　1 变速车道可分为直接式与平行式（图7.3.1-1）。
　　2 变速车道宜另设车道，其宽度应由车行道、左侧路缘带、右侧路缘带组成，左侧路缘带应兼作主线的右侧路缘带（图7.3.1-2）。车行道宽度可与直行方向干道的车道宽度相同或采用3.5m。
　　3 变速车道长度应为加速或减速车道长度与渐变段长度之和，变速车道长度与出入口渐变率应符合表7.3.1-1的规定，坡道上变速车道长度的修正数应符合表7.3.1-2的规定。

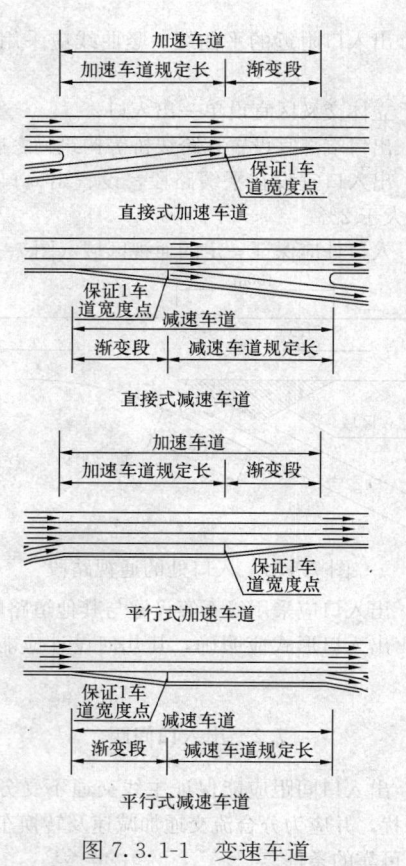

图 7.3.1-1 变速车道

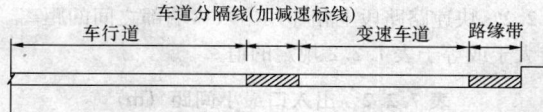

图 7.3.1-2 变速车道横断面组成

表 7.3.1-1 变速车道长度与出入口渐变率

主线设计车速(km/h)		100	80	60
减速车道长度(m)	单车道	90	80	70
	双车道	130	110	90
加速车道长度(m)	单车道	180	160	120
	双车道	260	220	160
渐变段长度(m)		60	50	45
渐变率	出口 单车道	1/25	1/20	1/15
	出口 双车道			
	入口 单车道	1/40	1/30	1/20
	入口 双车道			

表 7.3.1-2 坡道上变速车道长度的修正系数

主线的平均坡度 i(%)	$0<i\leqslant2$	$2<i\leqslant3$	$3<i\leqslant4$	$4<i\leqslant6$
下坡减速车道修正系数	1.00	1.10	1.20	1.30
上坡减速车道修正系数	1.00	1.20	1.30	1.40

4 变速车道长度的选用除应符合表 7.3.1-1 规定的最小长度要求外,还应结合主线和匝道的设计车速、交通量、大型车所占比例等对变速车道长度验算,按实际情况确定其合理的长度。

7.3.2 集散车道的设计应符合下列规定:

1 当出入口端部间距不能满足本规程表 7.2.2 的要求时,应设置集散车道。

2 集散车道的设计车速宜与匝道或辅路设计车速一致,集散车道应通过变速车道与直行车道相接。

3 互通式立体交叉内的集散车道与直行车道应采用分隔设施或标线分隔。

7.4 辅助车道

7.4.1 当前一个互通式立体交叉的加速车道末端至下一个互通式立体交叉的减速车道起点的距离小于 500m 时,必须设辅助车道将两者连接。

7.4.2 基本车道数的连续与平衡应符合下列规定:

1 在全长或较长路段内必须保持一定的基本车道数。

2 相邻两段同一方向上的基本车道数每次增减不得多于一条,变化点应距互通式立体交叉 0.5~1.0km,并设渐变率不大于 1/50 的过渡段。

3 在分合流处车道数应按式 7.4.2 进行计算,以检验车道数的平衡(见图 7.4.2),当不平衡时,应增设辅助车道。

$$N_C \geqslant N_F + N_E - 1 \qquad (7.4.2)$$

式中 N_C——分流前或合流后的主线车道数;
N_F——分流后或合流前的主线车道数;
N_E——匝道车道数。

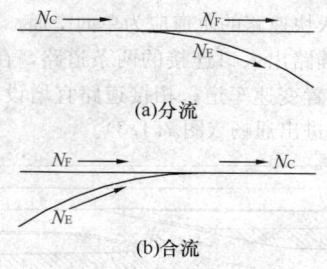

图 7.4.2 车道数的平衡

7.4.3 辅助车道长度在分流端应大于 1000m,最小应为 600m;在合流端应大于 600m。

7.4.4 辅助车道的宽度应与主线车道的宽度相同。

7.5 主辅路间出入口的几何设计

7.5.1 在主路出口后、入口前,辅路上应设置独立的车道,长度应满足车道的有效转换。

7.5.2 主辅路间主入口分合流端的设计应保证划线后能有效地引导交通,避免误出或误入。

8 高架快速路

8.1 一般规定

8.1.1 城市高架快速路适用于下列地区：
　1　用地受限制的市区；
　2　地下水位高的地区；
　3　地下设有大量公用管线设施地区；
　4　横向道路密集，交通较为繁忙的地区；
　5　其他必须设置高架快速路的地区。

8.1.2 高架快速路按道路用地范围和交通运行特征，应分别选择整体式高架道路和分离式高架道路二种布置形式。

8.1.3 高架快速路设置应充分考虑地面交通和桥下空间的利用。

8.1.4 高架快速路的几何设计、加减速车道、出入口设计应满足本规程其他条款的规定。

8.1.5 高架快速路的出入口设置应安全可靠。

8.1.6 高架快速路应按国家规定的工程所在地区的设防烈度进行抗震设防。

8.2 横断面设计

8.2.1 高架快速路的横断面设计应符合下列规定：
　1　横断面设计应在城市规划的红线宽度范围内进行。横断面布置应按高架快速路的形式、设计车速、匝道布置、高架桥墩布置、设计年限的机动车道与非机动车道的交通量和人流量、交通特性、交通组织、交通设施、地上杆线、地下管线、绿化、地形等因素统一安排。
　2　在交叉口范围内有上、下匝道布置的路段，宜在匝道外侧地面右转车道。

8.2.2 高架快速路的横断面形式可分为整体式高架无匝道和有匝道断面、分离式高架无匝道和有匝道断面。

8.2.3 当高架快速路为单向 2 车道及以上，机动车道宽度应至少采用 1 条 3.75m 宽的大型车道，其余可根据小汽车的比例，采用小汽车道。单车道匝道的机动车道应为 3.50m 宽，另外应设 2.50m 宽的紧急停车带；两车道匝道机动车道均应为 3.50m 宽。

8.2.4 高架快速路中央分隔带可采用 50cm 宽的防撞墩（图 8.2.4）。

8.2.5 高架快速路主线左、右侧路缘带宽度应采用 0.50m，匝道左、右侧路缘带宽度应采用 0.25m。高架快速路和匝道两侧的防撞栏杆宽度可采用 0.50m。

8.2.6 高架快速路和匝道的横坡宜采用直线坡度，路拱设计坡度宜采用 1.5%～2%。

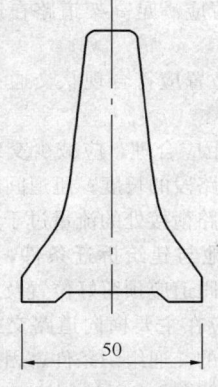

图 8.2.4　高架快速路中央防撞墩（cm）

8.3 平面设计

8.3.1 高架快速路平面设计应符合下列要求：
　1　平面位置应按城市总体规划道路网布设。
　2　平面线形应与地形、地质、水文等结合。
　3　平面设计应处理好直线与曲线的衔接，合理设置缓和曲线和车道加宽。

8.3.2 高架快速路与相邻建筑物的最小间距应满足下列要求：
　1　维修高架桥或建筑物所需空间；
　2　防止撒盐、洒水损害所需空间；
　3　预防火灾所需防护区；
　4　消防车辆通行及架梯所需空间；
　5　曲线段视距运行要求空间；
　6　环境保护所需空间。

8.3.3 直线、平曲线的连接应符合本规程第 6 章的有关规定。

8.4 纵断面设计

8.4.1 高架快速路纵断面设计应符合下列要求：
　1　在保证桥下通车净空的基础上，纵断面应设计成视觉连续、平顺圆滑的线形，不得在短距离内频繁起伏。
　2　在上、下匝道出入口段，在保证桥下通车净空的基础上，宜降低设计标高，以减少上、下匝道的工程量。
　3　纵断面线形应与沿线临街建筑物立面布置相协调。
　4　最小纵坡度应大于或等于 0.5%，困难时不应小于 0.3%。

8.4.2 高架快速路和匝道纵坡变化处应设置竖曲线。竖曲线应采用圆曲线。竖曲线半径及最小长度应符合本规程表 6.3.4 的规定。

8.5 匝　道

8.5.1 匝道布置形式（图 8.5.1）应符合下列规定：

1 匝道布置应满足高架道路在道路网中集散交通的需求。

2 匝道的位置应符合现状交通和规划路网中的主要交通流向。

3 匝道间距应合理,应减少交织、合流、分流段,应确保基本路段的长度;匝道间距不宜过大,避免匝道与地面道路衔接处的流量过于集中。

4 根据用地与建筑拆迁条件,因地制宜,近、远期结合,缓建匝道应预留好位置及用地。

5 匝道不应在主要横向道路交叉口前衔接,应按邻近地区路网的交通组织条件,因地制宜地布设。

6 匝道布置形式应因地制宜,减少拆迁,充分利用现有路幅宽度。

7 应根据实际情况及实施的可能性选择匝道位置。

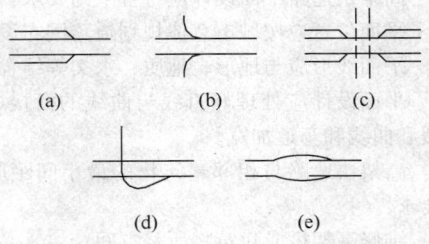

图 8.5.1 匝道的布置形式

（a）匝道平行高架道路布置,上、下匝道的交通可通过地面道路交叉口来集散;（b）、（d）是将上、下匝道直接布置在横向道路上;（c）上、下匝道对称跨越横向道路交叉口的布置形式;（e）是将上、下匝道布置在上、下行高架道路的中间

8.5.2 在稳定车流状态下,驶入、驶出匝道各种不同组合情况下,匝道间的最小间距应符合本规程第7.2.2条的规定。

8.5.3 上匝道的起坡点与下匝道的终坡点在地面道路的位置应符合下列规定:

1 下匝道坡脚至交叉口停车线间的距离宜大于或等于140m。

2 上匝道坡脚至交叉口停车线的距离宜为50～100m。

9 交通安全与管理设施

9.1 交通标志

9.1.1 交通标志可分为主标志和辅助标志。主标志按功能可分为警告标志、禁令标志、指示标志、指路标志等;辅助标志可附设在主标志下,对主标志作补充说明,辅助标志不应单独使用。

9.1.2 交通标志安装形式分为直杆式、悬臂式、门式和附着式。

9.1.3 交通标志内容应完整、简洁,不得出现标志内容互相矛盾、重复的现象。

9.1.4 当同一地点需设置2种以上标志时,可安装在同一根标志柱上,同一方向主标志不应超过4种。标志牌在同一根立柱上并设时,应按警告、禁令、指示的顺序,先上后下、先左后右地排列。解除禁令标志应单独设置。

9.1.5 标志板安装应符合下列规定:

1 标志板设置应面向来车方向,应减少标志板面的眩光;

2 路侧式标志应与横断面成一定角度 θ ［图9.1.5（a）］;指路标志和警告标志与横断面的夹角 θ 宜为0°～10°,禁令标志和指示标志与横断面的夹角 θ 宜为0°～45°;

3 当道路门式标志的设置高度有特殊要求时,门式横梁应采用装配式;

4 当道路上方装设标志时,应与道路中线垂直,与路面垂直线的角度宜为10°［图9.1.5（b）］。

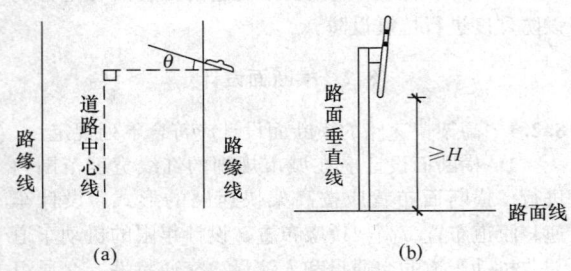

图 9.1.5 标志安装角度

9.1.6 交通标志设置的净空高度和安全距离应符合下列要求:

1 所有交通标志不得侵入道路建筑限界内。

2 路侧单柱式和双柱式标志的下缘离地面的高度宜为200～250cm。

3 所有标志的内缘应与车行道或路肩内边缘保持一定的安全距离,并应符合表9.1.6的规定。

表 9.1.6 标志内缘与车行道或路肩内边缘安全距离

城市道路管理行车速度（km/h）	≥80		<80
安全距离（cm）	中央分隔带	两侧分隔带	25
	50	25	

9.1.7 交通标志应设在车辆行进前方最易看见的地方,宜设在道路右侧、分隔带或车行道上方。

9.2 交通标识

9.2.1 交通标识可分为标线、标记和诱导器等形式,标线形式宜分为纵向标线和横向标线;标记形式宜分为平面标记和立面标记；诱导器形式宜分为反光道钉、反光分道体、路边线轮廓标等。

9.2.2 城市快速路交通标识设置应符合下列规定：

1 应设车道分界线、车道边缘线。

2 主线与匝道分叉处应设出入口标线。

3 出入口前需变换车道的路段上，应设导向箭头。导向箭头应重复设置2次及以上。

4 主线及匝道弯道处应设路边线轮廓标。在快速路主线与匝道分合流处，可结合出入口标线设置反光道钉、反光分道体和防撞桶。

9.2.3 城市快速路应根据道路设计横断面、机动车道宽度、车道数，确定相应的标线、标记及视线诱导器。

9.2.4 诱导器宜设在车行道两侧，与驾驶员视线的垂线夹角宜为7°。路边线轮廓标可与防撞护栏配合设置。

9.2.5 诱导器在不同平曲线半径道路上的设置间距应符合表9.2.5-1规定；诱导器在不同竖曲线半径道路上的设置间距应符合表9.2.5-2规定。当平曲线与竖曲线重叠时，设置间距应取两者中较小值。

表9.2.5-1 平曲线上视线诱导器设置间距（m）

平曲线半径	150	200	300	400	500	600	700	800	900	1000	1200
诱导器设置间距	10	11	14	16	18	20	21	23	24	26	28
平曲线半径	1300	1400	1500	1600	1700	1800	1900	2000	2300	2500	3000
诱导器设置间距	29	30	31	32	33	34	36	37	39	40	40

表9.2.5-2 竖曲线上视线诱导器设置间距（m）

竖曲线半径	150	200	300	400	500	800	1000	2000	3000	4000	5000	6000	7000
诱导器设置间距	5	9	10	11	12	16	17	24	29	33	37	40	40

9.3 交通防护设施

9.3.1 符合下列情况之一者，必须设置路侧防撞护栏：

1 路堤高度符合表9.3.1所列数值的。

2 上跨的立交主线或匝道路段两侧。

3 距城市道路边线或路基坡脚1m范围内有江、河、湖、海、沼泽等水域，车辆掉入会有极大危险的路段两侧。

4 立交进、出口匝道的三角地带及匝道小半径弯道的外侧。

表9.3.1 必须设置路侧防撞护栏的路堤高度

边坡坡度	1:1	1:1.5	1:2	1:2.5	1:3	1:3.5	≤1:4
路堤高度h(m)	≥2.5	≥3	≥4	≥5	≥6	≥7	≥8

9.3.2 符合下列情况之一者，应设置路侧防撞护栏：

1 路堤高度符合表9.3.2所列数值的。

2 机动车道边线外侧1m范围内，有门架结构、紧急电话、上跨桥的桥墩、桥台等构造物的路段。

3 与铁路或道路平行、车辆有可能闯入相邻铁路或其他道路的路段。

4 上跨桥梁和设挡土墙的路段。

表9.3.2 应设置路侧防撞护栏的路堤高度

边坡坡度	1:1	1:1.5	1:2	1:2.5	1:3	1:3.5	≤1:4
路堤高度h(m)	1.5≤h<2.5	2≤h<3	3≤h<4	4≤h<5	5≤h<6	6≤h<7	7≤h<8

9.3.3 符合下列情况之一者，可设置路侧护栏：

1 在机动车道边线外侧1m范围内，有重要标志柱、隔声墙等设施或高出路面30cm以上的混凝土基础、挡土墙等构造物的立交主线路段。

2 主线或匝道纵坡大于4%的下坡路段。

3 路面结冰、积雪严重或多雾地区的立交路段。

9.3.4 当快速路主线整体式断面的中间带宽度小于12m时，必须在中间带两侧设置防撞护栏或防撞墩。

9.3.5 主线分离式断面中央分隔带一侧应按路侧护栏的要求设置。当上、下行路面高差大于2m时，可只在较高一侧设置路侧护栏。

9.3.6 波形梁护栏的设置应符合下列规定：

1 小半径弯道上宜采用波形梁护栏。

2 对波形梁护栏立柱埋入混凝土中的路段，宜采用抽换式护栏立柱。

3 加强型波形梁护栏可设在车辆越出路（桥）外，有可能造成严重后果的区段。

4 组合型波形梁护栏可设在较窄中央分隔带或导流岛端部。

9.3.7 混凝土护栏可设在需防止车辆越出路（桥）外的路段外侧，或设在较窄的中央分隔带。分离式混凝土护栏可设在中央分隔带内布设管线的路段，路侧混凝土护栏可设在路侧防止车辆越出的危险路段。

9.3.8 桥梁护栏设置应符合下列要求：

1 当桥梁护栏需要与周围景观协调配合时，桥梁护栏宜采用梁柱式或组合式。

2 当桥梁跨越大片水域或桥下净空大于或等于10m时，宜采用组合式钢筋混凝土墙式护栏。

3 钢桥应采用金属制护栏。

4 积雪严重地区宜采用钢索型以及梁柱式或组合式桥梁护栏。

9.3.9 所有交通防护设施不得进入道路建筑限界以内。

9.3.10 防撞护栏的设置应根据设计车速、设置地点确定所需的防撞等级，并宜符合国家现行标准《公路交通安全设施设计规范》JTG D81的规定。

9.4 监控设施

9.4.1 交通监控设施应包括中央计算机系统、主线/

匝道交通流测控系统、交通信息显示系统、闭路电视监控系统、通信系统、供配电系统、光缆及电缆系统、基础及附属设施等。

9.4.2 交通监控设施应具有信息采集与处理功能、通信传输功能、监视功能、图形显示与文档管理功能、分析决策与管理调度功能、事故检测和处理等功能。

9.4.3 交通监控设施的系统硬件应包括服务器、图形计算机、干线与匝道通信客户机、信息显示通信客户机、紧急电话/屏控通信客户机、网络集线器和远程通信设备及配电设备等。

9.4.4 交通监控设施的系统软件应包括信息采集与监视、信息发送、设备控制、交通监控与调度、数据管理等。

9.4.5 中央计算机系统的辅助设施应包括综合控制台、辅助控制台、设备机柜、模拟地图屏、电源与接地等。

9.4.6 交通监控设施的技术性能应满足模块化的硬件与软件构成和操作简便的人员界面，并应留有扩展接口。交通监控系统主要技术指标应满足表9.4.6的要求。

表9.4.6 交通监控系统的主要技术指标

系统采样周期	≤30s	信息传输误码率	≤10^{-6}
主控机显示刷新周期	≤3s	系统平均无故障时间	≥30000h
控制命令延时	≤30s	故障修复时间	≤2h
网络速率	10Mbps	连续工作时间	24h不间断

9.4.7 设置收费站的城市快速路的监控设施应具有收费功能，并应配置相应的设施。收费站设施应根据收费方式选择，收费站应以自动收费或半自动收费为主，人工收费为辅。近期尚无条件实施自动收费的收费站，应预留扩建的可能性。

9.4.8 收费系统应具有较高服务水平，各种收费方式对应车道的平均服务时间宜按表9.4.8的规定计算。

表9.4.8 各种收费方式的平均服务时间

人工收费车道 (s/车)	半自动收费车道（s/车）		全自动收费车道 (s/车)
	人工收费	半自动收费	
10	8	4	2

9.4.9 具有收费系统的城市快速路，其中央控制室的设计除应满足监控系统设计要求外，还应考虑与收费系统共同管理的需要。

10 景观与环境

10.1 一般规定

10.1.1 城市快速路的设计应能反映出城市环境特征、城市历史和文化传统。

10.1.2 城市快速路的位置选择应使新建区保持自然风貌，并导向风景展示地区。

10.1.3 城市快速路的横断面设计应能为地上、地下管线和其他市政公用设施提供适宜的空间。

10.1.4 城市快速路的设计应能满足城市救灾、绿化、环保和日照等要求。

10.1.5 城市快速路不宜穿越历史文化遗址、古迹、古树名木众多的地区。

10.2 景观距离

10.2.1 城市快速路沿车站、港区等大型公共建筑物或沿水面及滨海岸修建时，应保持25～50m的绿化距离，必要时应增设辅路。

10.2.2 通过名胜古迹、风景区的城市快速路，其平纵线形应充分与环境相协调，应保护原有的自然状态和重要历史文化遗址，并应保持不小于20m的景观距离。

10.3 噪声要求

10.3.1 城市高架快速路（含匝道）横断面的外缘距两侧建筑物应符合本规程第8.3.2条的规定，同时应符合城市环境评价指标要求。当超过城市噪音规定指标时，应按环保标准要求设置声屏障。

10.4 绿化设计要求与标准

10.4.1 城市快速路的平面线形和纵断线形应与沿线地形协调。当采用路堑或高架路断面时，宜采取垂直绿化措施增加绿化面积。

10.4.2 当城市快速路在互通立交范围内时，应结合地形特点作多方案比选，在保证交通功能前提下，力争造型优美，重视绿化小品与照明设计，使其成为城市新景区，必要时应有园林建筑师协作进行。

10.4.3 城市快速路的绿化设计应结合沿线的建筑外观、环境、日照、通风等因素，分段种植。在同一路段内的树种、形态、高矮与色彩变化不宜过多。绿化布置中树木宜与花卉草皮相结合。

10.4.4 快速路的绿化率宜为25%～30%。

10.4.5 快速路中央分隔带与两侧带上的树枝不得侵入道路的限界。弯道内侧及交叉口视距三角形的范围内宜种植矮树，保证行车视距。弯道外侧可适当加密种植。城市快速路的中间分隔带上不宜种植乔木。

10.4.6 植树的分隔带宽度应大于或等于1.5m。较宽的分隔带可考虑树木、草皮、花卉等综合布置。在填方或挖方地段，应在路堤或路堑边坡上种植草皮，在不影响视线的地段上可种植灌木。

10.4.7 在道路平面、纵断面与横断面设计时，应保护古树名木。古树名木的保护必须符合下列规定：

    1 成林地带外缘树冠垂直投影以外5.0m所围

合的范围,或单株树同时满足树冠投影及其外侧 5.0m 宽和距树干基部外缘水平距离为树胸径 20 倍的范围内,为保护范围。

2 保护范围内不得损坏表土层和改变地表高程。除保护及加固设施外,不得设置建筑物、构筑物及架(埋)设各种管线,不得种植缠绕古树名木的藤本植物。

3 保护范围附近不得设置造成古树名木处于阴影下的高大物体和排放危害古树名木的有害液体、气体的设施。

10.4.8 应根据互通立交的形式进行绿化景观设计;对环形匝道范围内,在地形、用地条件允许情况下,应采取自然坡面,并宜采用有观赏价值的花卉、灌木及常绿树,增加立交的环境效果。

10.4.9 靠车行道的行道树应满足侧向净宽的要求,株距宜为 4~10m。绿化带净宽度应符合表 10.4.9 的规定。树池宜采用方形,每边净宽应大于或等于 1.5m;当采用矩形树池时,其净宽不得小于 1.2m,净长不得小于 1.8m。

表 10.4.9 绿化带净宽度

绿化种类	绿化带净宽度 (m)	绿化种类	绿化带净宽度 (m)
灌木丛	0.8~1.5	双行乔木错列	2.5~4.0
单行乔木	1.5~2.0	草皮或花丛	0.8~1.5
双行乔木并列	5.0		

10.4.10 快速路上种植树的树冠与架空电力线路导线的最小垂直距离应符合表 10.4.10 的规定。

表 10.4.10 架空电力线与树冠的最小垂直距离

电压(kV)	1~10	35~110	154~220	330
最小垂直距离(m)	1.5	3.0	3.5	4.5

本规程用词说明

1 为便于在执行本规程条文时区别对待,对要求严格程度不同的用词说明如下:

1) 表示很严格,非这样做不可的:
正面词采用"必须",反面词采用"严禁";

2) 表示严格,在正常情况下均应这样做的:
正面词采用"应",反面词采用"不应"或"不得";

3) 表示允许稍有选择,在条件许可时首先应这样做的:
正面词采用"宜",反面词采用"不宜";

表示有选择,在一定条件下可以这样做的,采用"可"。

2 条文中指明应按其他有关标准规范执行时,写法为:"应符合……的规定"或"应按……执行"。

中华人民共和国行业标准

城市快速路设计规程

CJJ 129—2009

条 文 说 明

目 次

2 术语 ·· 79—18
3 基本规定 ·································· 79—18
4 通行能力及服务水平 ················· 79—18
5 横断面设计 ······························ 79—19
   5.1 一般规定 ······························ 79—19
   5.2 横断面布置 ·························· 79—19
   5.3 车行道 ································· 79—19
   5.4 分车带 ································· 79—20
   5.5 路肩和路面横坡 ··················· 79—21
   5.6 侧石、缘石 ·························· 79—21
6 线形设计 ·································· 79—21
7 出入口设计 ······························ 79—21
   7.1 一般规定 ······························ 79—21
   7.2 出入口间距 ·························· 79—21
   7.3 变速车道、集散车道 ············ 79—22
   7.4 辅助车道 ······························ 79—22
8 高架快速路 ······························ 79—23
   8.1 一般规定 ······························ 79—23
   8.2 横断面设计 ·························· 79—23
   8.3 平面设计 ······························ 79—23
   8.4 纵断面设计 ·························· 79—23
   8.5 匝道 ····································· 79—23
9 交通安全与管理设施 ················· 79—25
   9.1 交通标志 ······························ 79—25
   9.2 交通标识 ······························ 79—25
   9.3 交通防护设施 ······················ 79—25
   9.4 监控设施 ······························ 79—26
10 景观与环境 ······························ 79—26
   10.1 一般规定 ····························· 79—26
   10.2 景观距离 ····························· 79—26

2 术 语

本规程对城市快速路重新定义。修改了原《城市道路设计规范》CJJ 37-90、《道路工程术语标准》GBJ 124-88、《城市道路交通规划设计规范》GB 50220-95 中部分控制的内容,增加了控制出入口间距,改为全部控制出入的连续流交通设施。

城市道路分类从建国初期至 20 世纪 70 年代是按主干路、次干路、支路分为三类。随着城市交通的增长,人们对快速交通的需求增加,北京市北二环路在城市地铁修建的条件下设立 14 座立体交叉,因而提出建设一条连续通行的快速路,经有关部门同意后在城市道路设计规范编制中将城市道路分为快速路、主干路、次干路、支路四类。快速路定义参照国外有关规范定义。这个定义考虑当时国情没有选用国外高速道路的概念,只是部分控制的连续流与间断流的混合交通设施,随着北二环路全线通车证明这种交通设施不能满足连续通畅的要求,随着交通量的增长问题更加突出,后来南二环、东南三环的建设改为全部控制出入,才实现连续通畅的要求。全部控制出入的交通设施,虽然没有了间断流交通的影响,但在交通量增长的情况下,出入口间距对车流影响很大,故本规程中将出入口间距也作为一个技术指标提出。

3 基本规定

3.0.3 原道路设计规范将快速路设计车速分为 60km/h、80km/h 两挡,考虑到全部控制出入的条件,以及一些大城市的实践与需求,增加 100km/h 一档,以适应城市交通发展的需求。

3.0.4 关于城市快速路车道数,国外大城市机动车车道数一般双向为 6 车道以上。美国华盛顿首都环路大部分路段为双向 8 车道,局部为双向 6 及 10 车道;法国巴黎中环路也是双向 8 车道;日本东京都外环汽车专用道为双向 6 车道。

我国已建成快速路机动车道,市中心区的快速路一般为双向 4 车道,少数为双向 6 车道。上海内环线浦西段为高架路形式,新建时桥上为双向 4 车道(即快速 4 车道),南北高架、延安路高架桥上为双向 6 车道。

从上海内环线使用效果看,双向 4 车道由于在匝道之间未设专用交织车道,也未设紧急停车带,这对于短距离的区域性交通流上、下高架路的车辆是十分不利的,今后高架路流量增加时,势必影响快速功能;目前突出的问题是车辆抛锚或事故发生时,易造成堵塞,妨碍救援车对事故车的拖拽,所以受车辆故障影响较大;而南北高架 6 车道尚未感到有影响,因此对 4 车道高架路提出应设紧急停车带或增加车道的要求。位于新建城区或中心区外围的快速路,因红线宽度增加,并且为满足设计交通量需要,机动车道多数为双向 6 车道,而位于市郊的快速路,多数为双向 6~8 车道。如上海城市外环、天津外环、北京四环。

为确保行车安全,高架路两侧必须设置防撞墙,车道组合根据车种组成而定,根据目前已建城市高架路的车道组合分为两种,2 个 3.50m 小车道加 2 个 3.75m 混行道总宽 18m(停车带另加),如内环线浦西段高架路;6 车道为 2 个 3.50m 小车道加 4 个 3.75m 混行车道总宽 25.5m,如上海南北高架路及延安路高架路。

4 通行能力及服务水平

4.2.1 本规程编制中,在武汉市的武黄高速公路、内环线长江二桥段以及长沙的主干路芙蓉路进行了 9 次高峰时段小型车串车车速及车头时距观测调查统计。在此基础上,参照国家科技部"十五"攻关科技计划项目"智能交通系统关键技术开发和示范工程"中的课题之一"快速道路通行能力研究"的研究成果,针对我国的道路交通组成、车辆动力特性及驾驶员驾驶行为特征在国内六省一市进行道路通行能力的全面调研,借鉴美国 2000 年版《通行能力手册》的部分内容,得到快速路通行能力的数值。

4.2.2 服务水平是衡量交通设施提供运行质量好坏的定性指标,通行能力与行车速度、行驶时间、交通方便程度等因素有关。本规程将服务水平分为四级:一级服务水平时,交通处于自由流状态;二级服务水平时,交通处于稳定流中间范围;三级服务水平时,交通处于稳定流下限;四级服务水平时,交通运行处于不稳定状态。城市道路是密集型的网状道路系统,与公路长距离交通特征不同,快速路出入口间距、立交匝道等因素,使道路交织运行,很少有较长的基本路段,故设计选用三级服务水平。快速路基本路段服务水平分级见表 1~表 3。

表 1 设计速度 100km/h 的快速路基本路段服务水平分级

服务水平等级		密度 [pcu/(km·车道)]	速度 (km/h)	V/C	最大服务交通量 [pcu/(h·车道)]
一级(自由流)		≤10	≥88	0.40	850
二级(稳定流上段)		≤20	≥76	0.69	1500
三级(稳定流)		≤32	≥62	0.91	2000
四级	(饱和流)	≤42	≥53	接近 1.00	2200
	(强制流)	>42	<53	>1.00	

注:V 是指小时交通流率,C 是指基本通行能力。
V/C 为流率比,反映了道路的饱和程度。

表 2　设计速度 80km/h 的快速路基本路段服务水平分级

服务水平等级		密度 [pcu/(km·车道)]	速度 (km/h)	V/C	最大服务交通量 [pcu/(h·车道)]
一级（自由流）		≤10	≥72	0.34	700
二级（稳定流上段）		≤20	≥64	0.61	1300
三级（稳定流）		≤32	≥54.5	0.83	1600
四级	（饱和流）	≤50	≥40	接近1.00	2100
	（强制流）	>50	<40	>1.00	

表 3　设计速度 60km/h 的快速路基本路段服务水平分级

服务水平等级		密度 [pcu/(km·车道)]	速度 (km/h)	V/C	最大服务交通量 [pcu/(h·车道)]
一级（自由流）		≤10	≥55	0.30	550
二级（稳定流上段）		≤20	≥50	0.55	1000
三级（稳定流）		≤32	≥43.5	0.77	1400
四级	（饱和流）	≤57	≥30	接近1.00	1800
	（强制流）	>57	<30	>1.00	

5　横断面设计

5.1　一般规定

5.1.1　城市快速路通常在地面修建，也有通过高架设施修建的高架快速路，以及在地平面下挖建成的堑式快速路。

5.1.2　为适应不同地形条件，城市快速路横断面形式必须因地制宜选定，根据目前国内已建快速路横断面大致分为两类，即地面整体式及分离式，实用中组合式居多。国外快速路组合式断面以巴黎中环路最为典型，其全长 35.5km，地面整体式一般段 13.6km，高路堤 9.1km，共 63.9%，分离式高架桥各 6.5km 及隧道 5.8km（占 34.6%）；日本东京都外环路也是如此。

我国城市快速路一般也多为组合式。上海城市内环线，全长 47.66km，其中浦西段为老市区，与 63 条道路相交，红线宽度不足，为减少拆迁全为高架路，长 29.2km（占 61.3%）；浦东段为新区，长 18.06km（占 38.7%），采取地平式；北京三环、沈阳内环为地平式与高架相结合的形式；青岛"火车站—福州路"快速路为一般地平式加高架及隧道组合式；天津中环基本为地面式，只在部分路口处、跨铁路处为立交跨线桥或路堑地道式；上海南北高架路及延安路高架路位于市中心地带，采用全线高架形式；沪闵路采取市内段高架、郊区段地面式组合式；杭州二环由于穿越西湖风景名胜区，采用隧道式。横断面形式应根据各城市快速路段所处的地形特点，经技术经济比较后选定。

高架路横断面布置中，应注意高架桥边与建筑物间保持最小侧向净距，该净距的作用是：
①维修高架桥与建筑物时所需要的空间。
②防止高架桥受撒盐、洒水损害所需空间。
③预防火灾所需防护区及消防救火所需空间。
④减少噪声及汽车尾气对两侧污染所需空间。
⑤弯道处为保证驾驶人员有足够视距看到标志所需空间。

5.2　横断面布置

5.2.1、5.2.2　横断面布置首先应根据交通量发展所需要的车道数布置主路，并根据行车安全要求在主路双向车行道间设中间带，在主、辅路之间设两侧带，主、辅路的布置应根据本地段处地形、地物条件综合选择，多为组合式。

根据各地收集的横断面设计资料，地势平坦的平原城市如京、津、沪三大城市的规划红线大于 50m 的路段，以及城市外围快速路，如天津中环及外环线、北京的四条环线大部分地段、上海城市外环线等均采用地面整体式横断面布置，地面整体式横断面是我国城市快速路普遍采用的断面。

5.2.3　高架式断面一般在大城市或特大城市，规划快速路位于建筑密集区，拆迁难度大，道路红线宽度受到限制，为充分利用道路空间而采用，与所有横向交通均构成立交形式，不影响各向车辆从桥下路口顺利通行。如上海内环线浦西段共 29.2km，该路段穿越市中心区，红线宽仅 40m，并与市区 63 条道路相交，交叉口平均间距仅 400m，故选用高架桥式类型。青岛、沈阳、广州、武汉内环局部路段，也均因上述原因采用此形式。采用高架式断面时应处理好与路网的关系，与周围环境协调并满足各类净空要求。由于此类断面主路均为高架桥结构，造价较贵，必须经过技术经济综合比较后方可采用。

高架断面应注意桥外侧与建筑物之间净距。

5.3　车行道

5.3.1　《城市道路设计规范》CJJ 37 规定，大小车混行车道，设计车速大于或等于 40km/h，车道宽为 3.75m，小型汽车专用时为 3.50m。目前我国已建快速路上交通组成中小型汽车居多。一般市中心区以解决客运为主，小型车较多；市郊区以解决客、货运为主，大型车比例增多。为保证快速路机动车行车速度，又考虑车辆组成，尽量节省用地，靠路中小汽车专用道按 3.50m 设计，靠边混行车道按 3.75m 设计。

集散车道的设计车速与匝道设计车速一致，按《城市道路设计规范》CJJ 37 规定，相应单车道宽度为 3.50m，而集散车道一般设双车道宽 7m；分离式断面由于主、辅路分离，不在同一平面上，故无法利用辅路作集散车道；地面整体式断面由于主、辅路在同一平面层，可以利用辅路车行道作为集散车道，可以视辅路交通量另增设一条车道。

5.3.3 变速车道（加减速车道）：

1 快速路出入口（高架路上、下匝道口），机动车在此驶出、驶入快速路，主路和匝道的车速不一致，必须设变速车道过渡，变速车道设计详见《城市道路平面交叉口设计规程》。

2 因变速车道位于主路外侧，大、小车辆均需通过变速车道出、入交换车道，因此变速车道系混行车道性质，按《城市道路设计规范》CJJ 37 其车道宽应按 3.75m 设置。目前国内大部分快速路由于出入口匝道均为单车道，所以变速车道为单车道，但在上海内环高架及南北、延安高架路及上海城市外环线设计中出现出入口为双车道匝道，与主线仍以单车道相接，只是变速车道适当加长，上海城市外环线按 1.4 倍加长，但高架路受条件限制可以酌情增减。

5.3.4 目前我国已修建高架路的特大城市有广州、上海。20 世纪 90 年代上海市内环线浦西段首先建成四车道高架路，通车后吸引了大量交通流。从使用效果看，由于匝道未设专用辅助交织车道，也未设紧急停车带，这对于短距离的区域性交通流上、下高架是十分不利的。随着流量增加大大影响了快速功能，受车辆故障影响造成交通堵塞严重，而随后建成的成都路 6 车道高架未发现此现象，说明 6 车道在交通流量不大时，两侧车道能起紧急停车带的作用，因此交通流量较大时，为保证快速路通行能力、行车安全通畅，应设 2.5m 连续停车带，但结合市中心区建筑红线及投资限制，可以按每 500m 左右设一条不连续停车带，或在上、下匝道出入口增加一条 3.5m 车道。

国内已建 6 车道高架路运行情况，上海南北高架路位于建成区，为节约投资，边上两车道兼作紧急停车带使用，不另设连续停车带。北京市四环路为双向 8 车道，两侧设有辅路，由于流量大而且用地条件允许，设置了连续停车带；上海城市外环线双向 8 车道，两侧未设连续停车带。

5.3.5 辅路是指供机动车进出城市快速路及为不能进入快速路行驶的车辆而设置的道路，为沿线单位、上下快速路时先经辅路过渡，而后在指定的出入口上下，为沿线交通及非机动车行驶，设计车速小于主路，一般为 40km/h。

辅路一般设在主路两侧，市中心建筑密集区辅路连续设置，在市郊区时，大部分城市辅路是连续设置的，但也有的城市如上海城市外环线由于近期城市化程度发展不均衡，为节约投资辅路不连续设，仅在已开发的地区或原县城地段局部设置。

辅路一般均采取单向交通，这样使沿线出行的机动车以及相邻立交之间、地区出行的机动车，充分利用立交前、后，主、辅路的连接口，顺向有序的进出主路，完成各方向的转向行驶。

单向行驶进出口位置和功能明确，交通运行合理，行驶条件也较好，行车安全、便于管理。辅路的宽度根据其交通功能确定，地面整体式道路如在原非机动车道基础上改造成辅路，受红线限制，只能采取机、非混行交通组织，但考虑机、非错峰，这样最小宽度一般设车道宽 7m（2×3.5m），加上两侧各 0.25m 路缘带应为 7.5m；新建快速路的辅路建议按 8.5m 设，即一个 3.5m 机动车道加 4.5m 非机动车道另加两侧 0.25m 路缘带；但北京二、三环的辅路宽度为 9、10.5、12、15、18m 不等，而且在立交桥区至少保证比路段多出一个车道宽，如在菱形立交桥区，辅路兼有匝道功能，辅路至少不少于两个机动车道，建议最大值确定为 12m（即 3.5m×2 车道＋5m 非机动车道）；机动车和非机动车交通量均较大时，应采取机非分隔。分离式隧道断面可同地面整体式断面，即在辅路一侧布设，分离式高架路下辅路各部分宽度可根据交通量大小参照《城市道路设计规范》CJJ 37 确定各部分宽度。

5.4 分 车 带

5.4.1 快速路设计车速为 60、80、100km/h，为确保行车安全，上、下行机动车道之间必须设中间带予以分隔，中间带由中央分隔带及两侧路缘带组成。

5.4.2 快速路分车带的中间带作用是分隔交通，确保行车安全，安设防眩、夜间照明反光设施、交通标志及公用设施与绿化等。参照国内位于市中心区已建城市快速路中间带的宽度，在保证其功能的前提下，力争节约城市用地，地面整体式横断面中，建议中间带以 3m 为宜（即 2m 中间分隔带加两侧各 0.5m 路缘带），而在市郊区由于用地较宽裕，可结合远期发展，适当放宽，以备交通量增长后拓宽车道或今后建轻轨交通，可考虑中央分隔带按 6m，两侧各 0.5m 路缘带。

根据国内已建市区高架快速路、地面整体式快速路跨河桥段、立交桥段建设经验，为节约用地、节省投资及减少拆迁，中间带只考虑对向交通分隔之功能，高架路上以 0.5m 防撞墙给予分隔，两侧另设 0.5m 路缘带。上海高架路均设 0.5m 宽防撞墙，天津中环线东半环设 0.5m 宽防撞墙，使用效果均较好；在地面整体式快速路跨河桥段及立交桥段上、下行桥间的中央分隔带，其最小宽度为 1.5m。

地面整体式横断面中央分隔带，一般两侧均埋设混凝土侧石（或侧平石），侧石之间作为绿带。快速路的中央分隔带一般是连续的，为方便重大交通事故时疏散，对于出入口间距大于 2km 的路段，中央隔离带可按每 2km 设一个紧急出口，并设活动护栏门封闭。为保证全线车行连续、快速，中央分隔带尽量少开口，以减少对主线行车干扰。

5.4.3 两侧带宽度主要参照原《城市道路设计规范》CJJ 37 中有关相应 $V=60\sim80\text{km/h}$ 的各类宽度，并根据各用地条件综合确定。为保证主路行车车速及安全，主路与辅路之间应严格分隔，尤其在人流密集处，应设隔离栅防止人流对主线机动车干扰；公交车系慢速车应在辅路行驶，所以其站点应设在辅路上，同时在主路侧设隔离栅，防止人行横穿确保安全。

5.5 路肩和路面横坡

5.5.1 快速路位于郊区时，一般采取郊区型断面，此时硬路肩可作为快速路临时停车用，宽度应不小于 2.5m，而土路肩仅为确保硬路肩结构稳定及作为养路工养护时通道而设，所以按一条人行道宽 0.75m 设置。

5.5.2 目前我国已建快速路路面横坡随着沥青混凝土路面机械摊铺水平提高，抛物线形、折线形等路拱形式被直线形代替。根据各地降雨量大小及路面宽度及路面面层类型，选用 1.5%～2% 横坡，考虑快速路车速较高，应采用较大横坡（即 2%）以利排水，避免高速行车时雨水外溅成雾状影响驾驶员视线，避免水膜使汽车滑移。但在高架桥上为减少桥面自重，尤其宽桥处横坡往往减小到 1.5%。人行道横坡仍按《城市道路设计规范》CJJ 37 采用。

5.6 侧石、缘石

5.6.1 地面整体式横断面中央分隔带、两侧带两侧以及人行道侧，各地习惯作法均埋设侧石（或侧平石），侧石一般高出路面 15～20cm，其中郊区型横断面路面最外侧可埋混凝土平缘石，隧道式线形弯曲或陡峻段侧石可加高 25～40cm，但要埋入路面结构一定深度，确保稳定。

5.6.2 侧石（侧平石）与缘石的功能是防车撞及车轮压，因此材料必须具有一定强度，可采用坚硬石质如花岗岩石料或 C30 水泥混凝土（抗压强度大于 30MPa）。

6 线形设计

1 快速路线形设计指标按设计速度 60km/h、80km/h、100km/h 分别选取。考虑到快速路车速高及连续通行的需要，在平纵线形组合设计中作出更加具体的规定，在与其他构造物协调统一方面也提出了要求。

2 线形设计各项技术指标是保证安全行驶的最小值，设计时应因地制宜地选用较大值。

7 出入口设计

7.1 一般规定

7.1.1 为了保证城市快速路与城市干道的联系，以及相交道路间的交通转换，必须设置一定数量的出入口，这是有效利用城市快速路的先决条件。但是，如果布设的出入口数量不够、间距太大，会减少对快速路主线车流的供给，导致快速路的经济性降低；相反，如果布设的出入口数量过多，除增加投资外，还干扰快速交通，降低车速；同时，不受限制的出入口车辆的排队以及出入口布置不合理出现的交织等，都是造成快速路拥挤和事故的主要原因。因而研究确定出入口的合理布局，不仅能消除拥挤、减少事故，而且对于提高快速路合流区、分流区车辆的安全性都具有重要作用；同时，合理的出入口布置对于各类土地利用影响也很大，布置得好可以促进土地开发，否则会产生不利影响。因此对出入口位置、间距及端部的几何设计进行规定和限制，对提高快速路的功效意义重大。

7.1.2 根据北京市现有快速环路和快速放射路来看，快速路基本都分为主路和辅路两个系统，快速路与城市干道网其他等级道路间的交通转换，不仅仅依靠立体交叉实现，很大一部分是依靠主、辅路之间的出入口实现的。辅路一般布置在主路两侧或一侧，为了保证主辅路交通间的衔接快捷、顺畅、安全，要求出入口段的辅路或其他衔接道路应为与主路行车方向一致的单向交通。

7.1.3 为了保证两种不同运行特性、不同行车速度道路之间的衔接顺畅，在两条道路之间应设置过渡车道。主路上出入口段必须增设一条变速车道。辅路上一般情况应增设一条车道，特殊情况下不能增设的，应采取交通安全设施保证主路的行车要求。

7.1.4 按我国机动车的行驶惯例，车辆一般靠右侧通行，多车道路段左侧车道一般为小客车道，车速较高，若将出入口安排在左侧，分合流时对正常行驶的主линии车流影响较大，因此规定出入口一般情况下应设在车行道右侧。

7.2 出入口间距

7.2.1 《北京市二、三环交通调查研究报告》显示，二、三环路改造前出入口间距过近是形成交通拥堵的主要原因之一。出入口间距过近，交织段短，进出的车辆一多便形成拥堵。针对这一情况，二、三环改造中的主要措施就是减少快速环线主路的进出口数量。三环路全线的进出口数，改造前内环为 127 个（平均间距 270m）、外环为 133 个（平均间距 260m），改造后内环为 69 个（平均间距 500m）、外环为 62 个（平均间距 560m）。改造后，主路上平均行驶速度由 39.7km/h 提高到 45.4km/h。同期改造的二环路采用同样措施，平均行驶速度由 38.4km/h 提高到 42.9km/h。由此可知，合理的出入口间距是交通通畅的可靠保障。

7.2.2 出入口间距根据出入口的布置位置分为四种情况：出—出、出—入、入—入、入—出。如图1。

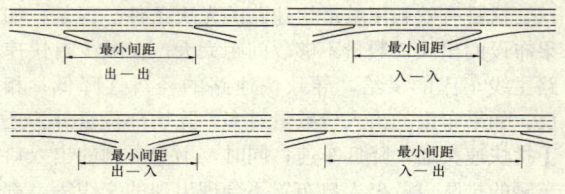

图 1　出入口类型

根据交通流流入、流出主路的交通特征，车辆通过出入口时，要经过加速、减速、交织等过程，整个过程中将产生紊流，根据美国《通行能力手册》，以及上海市的研究结果，以紊流交通不重叠要求确定各类型出入口的最小间距。

7.3　变速车道、集散车道

7.3.1　交通流驶出主线需要减速，驶入主线需要加速，因而需要增辟加速车道或减速车道，其主要作用是减少驶出、驶入主线的交通对正常行驶主线交通的干扰。车辆完成驶入、驶出主线这一过程，可分为两步：变速过程和车道转换过程，因此车辆所需变速车道长度就是这两个过程所需长度之和，即变速长度（加减速车道长度）和渐变段长度之和。

变速车道分为直接式和平行式两种。直接式是以平缓的角度为原则进行设计，变速车道与匝道连接，车辆行驶轨迹平滑。平行式与直接式相比明显强调了起终点、宽度渐变部分与车辆的行驶轨迹一致，但是必须走 S 形路线。调查资料表明，驾驶员人多喜欢走直接式而不愿走平行式。由于加速车道比减速车道长，如采用直接式，则宽度渐变段变得细长而难于设计，因此，与互通式立交匝道相接的出入口，原则上减速车道采用直接式，加速车道采用平行式，当变速车道为双车道时，均采用直接式。对于与辅路及地面道路相接的出入口，一般紧邻辅路，受道路性质和条件的限制，宜采用平行式。

根据车辆行驶特征和现行规范的要求，本规程中变速车道宽度确定为 3.5m 宽。根据《道路交通标志和标线》GB 5768-1999，加减速车道标线宽 0.45m，一般车行道分界线宽 0.15m，若在道路几何设计中不考虑标线宽度，在道路划线后线间距宽度损失较大，如北京市四环路，加减速车道宽度划线后仅为 3.05m，车道的正常利用率大大下降。现场观测到，由于该车道较窄，出主路的车辆大多到分流端处才出去，进主路的车辆一经过合流端就汇入到主线车流

中，加减速过程都在直行车道上完成，变速车道失去实际意义，因此在本规程中，结合现有情况及交通运行过程中的实际需求，在断面布置中考虑这一因素，在变速车道与行车道之间增设一条 0.5m 宽路缘带，作为施划加减速标线的宽度。

1　加速车道长度的计算

$$L_{加} = (v_1^2 - v_2^2)/2a \qquad (1)$$

式中　$L_{加}$——加速车道长度（m）；

　　　v_1——与主线合流必须达到的速度（m/s）；

　　　v_2——辅路或匝道的设计车速（m/s）；

　　　a——平均加速度（m/s²）。

2　减速车道长度的计算

减速车道长度由两部分组成：

$$L_{减} = L_1 + L_2 \qquad (2)$$

式中　$L_{减}$——减速车道长度（m）；

　　　L_1——用发动机制动减速长度（m）；

　　　L_2——用制动器减速长度（m）。

$$L_1 = v_0 t - \alpha_1 t^2/2 \qquad (3)$$

式中　v_0——初速度（m/s）；

　　　α_1——发动机制动加速度（m/s²）；

　　　t——发动机制动持续时间（s）。

$$L_2 = (v_1^2 - v_2^2)/2\alpha_2 \qquad (4)$$

式中　v_1——用发动机制动减速后的行驶速度（m/s）；

　　　v_2——辅路或匝道的设计车速（m/s）；

　　　α_2——制动器制动加速度（m/s²）。

3　过渡段长度的计算

平行式变速车道过渡段长度按 AASHO 中的方法计算：

①按车辆横移一个车道所需时间（3～4s）计算。

②将 S 形行驶轨迹行为反向曲线计算。

③在反向曲线间插入直线段计算。

计算结果如能满足方法①和②的条件，即认为符合要求。

根据以上的计算、比较，本规程规定变速车道长度大于或等于本规程表 7.3.1-1 规定的值。匝道或辅路的线形标准越低，变速车道的长度应越长。

同时考虑到减速车道处于下坡路段，所需长度应相应加长；处于上坡路段，所需长度应减短；加速车道处于下坡路段，所需长度应相应减短；处于上坡路段，所需长度应加长。因此对于加减速车道的长度提出坡度修正系数。该系数参照日本和我国公路设计规范提出。

7.4　辅　助　车　道

7.4.1　车道数取决于道路的设计通行能力和服务水平，在主路分合流处，车道数会产生明显的变化。为了提高道路分合流部的运用效率，达到理论通行能力，在分合流处必须保持车道数的平衡。在分合流

处，为使车道数的平衡与保持通过车道的基本车道数两者不产生矛盾，必须增设适当长度的辅助车道，辅助车道仅限在分合流处使用。

7.4.2 在分流处，分流点前车道数必须大于或等于分流点后的车道数之和减去 1。在合流处，合流点后的车道数必须大于或等于合流点前的车道数之和减去 1。当不满足时，须增设辅助车道。

7.4.3 为使交通顺畅运行，辅助车道所需长度按下述条件确定：
  1 诱导、指示标志的判别时间及辨认距离；
  2 合流所需要的时间和距离；
  3 驾驶员判断和反应所需要的时间和距离。
  特别是在分流处，由于标志的辨认、心理上的准备、车道间平移、反应时间等关系，需要较长的辅助车道。将此种因素与道路的标志体系联系起来考虑，则辅助车道的长度（包括三角过渡段长度），分、合流处都需 600～1000m 长。当间隔较短时，辅助车道可连续在一起，作为交织段使用。

8 高架快速路

8.1 一般规定

8.1.1 高架快速路一般是在市区用地较窄，而交通又达超饱和状态，增加地面车道又不可能，附近又无疏解道路的情况下修建。

8.1.2 高架快速路的形式有多种，比较常用的单层式，上、下行合并在一个桥面，也有上、下行为分离式；双层式有上、下行重叠的和上、下行错开的，双层式在广州市应用较多。

8.1.6 高架快速路一般建在城市中，其下还有地面干道，为避免地震灾害发生时高架道路倒塌，妨碍地面道路疏散和救灾，应按所在地区的设防烈度进行抗震设防。

8.2 横断面设计

8.2.1 高架快速路一般在建成后难以再拓宽，因此应充分论证横断面的宽度。如需分期修建，不宜在横断面上分期，应在纵向路段上分期。
  高架道路与地面道路是紧密结合成一个整体的，因此，墩位布置、匝道布置、宽度等对地面道路交通组织以及地下管线均有影响，必须上、下统一考虑。

8.2.3 道路宽度可根据车辆类型、行车速度、车道条数来确定，但大型车道不应少于一条。

8.2.4 单层式高架道路双向行驶时，必须设中央分隔带，并具有防撞功能。为减小高架道路的宽度，可采用 0.5m 宽的防撞墩。

8.2.5 路侧防撞栏必须采用钢筋混凝土结构，且应有一定的承载力，防止车辆翻向地面，根据已使用的设计数值，其宽度可不大于 0.5m，防撞栏的承载力还要考虑到在其上设置照明、交通标志杆件以及隔声墙。

8.2.6 直线路拱便于摊铺机施工，路拱横坡可结合半径大小一并考虑，但不宜大于 4%。

8.3 平面设计

8.3.1、8.3.2 高架道路走向应符合规划，但在具体定线时，宜结合地形、地物，若设在地面道路中央有困难时，可偏在地面道路一侧，也可设在道路用地的外侧。至于高架道路与建筑物的距离尚无一个合理的数值，从环境影响来看。上海市提出高架边缘距建筑物不小于 12m。

8.3.3 高架道路系连续车流，线形的要求应较地面道路高，故宜尽量满足线形的设计要求。

8.4 纵断面设计

8.4.1 纵坡设计还应视高架道路的宽度和横断面形式，一般情况下，只要满足高架下的净空要求即可，但当高架路较宽（6 车道，有时在匝道上下处可达 10～12 条车道），高架横断面又是单层式时，地面道路光线不足，感觉上过于压抑，可适当增加高度；如规划上还留有人行过街天桥，则需预留足够的高度以备人行天桥通过。
  高架道路的最小纵坡度规定是根据已有高架道路的运营经验而定。规定不得小于 0.3% 是为满足高架路的排水要求，这是由于高架路路侧在结构上难以做成锯齿形边沟，故必须有纵向排水坡。若纵坡过缓，施工稍有不慎，就会有凹面出现，即使雨停后也会积水，车速较快时，会将积水溅向高架路下的地面道路，淋湿行人或车辆。

8.5 匝道

8.5.1 根据我国高架路使用十余年的实践经验，选择匝道的位置、密度、方向、宽度、纵坡度及距交叉口的距离，匝道的形式等是关系到高架路上的交通是否通畅的重要原因。因此在设置匝道时，应遵从上述原则。
  不同的匝道形式宜结合地区路网，高架及地面的交通情况及周边建筑物等因素来确定，但采用图 8.5.1 中（a）、（b）、（c）三种形式较多。

8.5.2 匝道最小间距的数值是必须保证的。在具体设计时应尽量大于表 7.2.2 的数值。
  高架道路由基本路段、交织区和匝道连接点三种不同类型的路段组成。
  高架道路基本路段是指不受驶入、驶出匝道的合流、分流及交织流影响的路段。
  交织区是指一条或多条车流沿着高架道路一定长度，穿过彼此车行路线的路段，交织路段一般由合流区和紧接着的分流区组成。

匝道连接点是指驶入、驶出匝道与高架道路的连接点，由于汇集了合流或分流车辆，因而形成的连接点是一个紊流区。

在高架道路的驶入、驶出匝道连接点是路段通行能力最小的控制路段，当交通量达到饱和或超饱和时，将出现驶入匝道上的车辆无法在主线车流中找到可穿插（合流）空档而排队阻塞，在驶出匝道上的车辆因地面道路的原因导致匝道交通受阻而影响主线车流驶出。因此，在交通拥挤及阻塞情况下，合流、分流或交织区可能会形成车辆排队现象；它的范围变化很大，可长至几公里。本规程考虑在稳定车流情况下，满足合流、分流或交织区的驶入、驶出匝道不同组合情况下的匝道最小间距。

为了使高架道路具有较好的服务水平，应尽可能提高高架道路基本路段的比例。

8.5.4 匝道的上匝道起坡点与下匝道的终坡点在地面道路的位置对交叉口的交通影响较大。本规程图8.5.1中形式（a）、（e）匝道进出高架道路的车流均需通过地面道路交叉口来集散。因此，匝道坡脚至交叉口停车线间的路段应在同一路口交通信号系统管理之下，在设计中应尽可能增加交叉口进口道的车道数（较路段），以提高交叉口的通行能力。另外，匝道坡脚至交叉口停车线的距离是一个重要的设计参数；该距离是否合适，将影响交通的正常运行。下匝道的距离如太短，将造成匝道左（右）转车辆和地面道路右（左）转车辆难以交织运行，使交通发生混乱，交叉口通行能力下降；而距离过长将增加不必要的工程投资。对上匝道，也必须有足够的距离，以满足交叉口各转向车流在上匝道前的交织。

1 下匝道坡脚至交叉口停车线的距离

在交叉口交通饱和前，下匝道坡脚至交叉口停车线的距离，由红灯期间的车辆排队长度以及匝道左（右）转和地面道路右（左）转车辆转换车道所需的交织长度两部分组成。

1）车辆排队长度

红灯期间车辆排队长度采用进口车道的通行能力。

由进口车道通行能力确定的红灯期间车辆排队长度，按下式计算：

$$L_N = 0.00117 N_s \cdot t_c \quad (5)$$

式中 L_N——红灯期间车辆排队长度（m）；
 N_s——一条直行车道的设计通行能力（pcu/h）；
 t_c——信号周期（s）。

以将来交通量计算红灯期间最大车辆排队长度的计算方法是假定车辆的到达服从泊松分布，用预测交通量和确定的信号周期，在95%置信度情况下，计算交叉口一条直行进口道的最大到达车辆数，来确定红灯期间的车辆排队长度。

每一信号周期受阻等待时间内车辆平均到达数，按下式计算：

$$m = \frac{gt}{3600} \quad (6)$$

式中 m——受阻期间车辆平均到达数（pcu）；
 g——一条车道的高峰小时当量小汽车交通量（pcu/h）；
 t——受阻时间（s）。

根据受阻期间车辆平均到达数查表4，确定将来交通量在红灯期间的最大车辆排队长度。

表4 车辆排队长度

受阻期间车辆平均到达数（辆）	受阻期间最大到达车辆数（辆）	车辆排队长度（m）
2.0～2.6	5	30
2.7～3.2	6	36
3.3～3.9	7	42
4.0～4.6	8	48
4.7～5.4	9	54
5.5～6.1	10	60
6.2～6.9	11	66
7.0～7.7	12	72
7.8～8.4	13	78
8.5～9.2	14	84
9.3～10.00	15	90
10.1～10.8	16	96
10.9～11.6	17	102
11.7～12.4	18	108
12.5～13.2	19	114
13.3～14.0	20	120

2）车辆转换车道的交织长度

下匝道左（右）转和地面道路右（左）转车辆所需的交织长度按下式计算：

$$L_{交} = S \cdot t \cdot v / 3.6 \quad (7)$$

式中 $L_{交}$——交织长度（m）；
 S——下匝道左（右）转或地面道路右（左）转所需交织转换的最大车道数（条）；
 t——交织转换一条车道的时间（s），一般取 $t=4\sim6s$；
 v——设计车速（km/h）。

3）下匝道坡脚至交叉口停车线的距离，一般采用大于等于140m，在特殊困难路段不小于100m。

下匝道坡脚至交叉口停车线的距离由上述确定的

车辆排队长度和车辆转换车道的交织长度所组成。

2 上匝道坡脚至交叉口停车线的距离一般采用50~100m。

上匝道坡脚至交叉口停车线的距离，只要保证横向道路和对向车流上匝道所需的交织长度即可。交织长度仍可按（式7）计算。考虑到交织车辆在交叉口内可改变行驶轨迹，交织转换一条车道的时间可采用小值。

上、下匝道坡脚距交叉口停车线距离经过分析及公式运算所获得的是理想的计算数值，但有时并不能完全符合实际情况，主要是车辆流量预测不足，导致计算的交织长度和停车长度不够。尤其是下匝道位置偏在道路外侧，需要左转时，变换的车道过多。而地面道路车辆右转也会与下匝道的车辆交织，上述因素使下匝道至交叉口间的行车混乱；至于上匝道距离路口则可以短些，但如上坡点与路口之间在对向行车设有掉头车道时，则应使调头后的车辆能驶上匝道，这时，匝道离路口就应远些。

9 交通安全与管理设施

9.1 交通标志

9.1.1 交通标志是由图形符号、文字、特定颜色及几何形状组成的标牌，向车辆和行车传递警告、禁令、指示及指路等内容的交通管理设施。

交通标志的形式、种类是根据国标《道路交通标志和标线》GB 5768-1999的内容来设置。各地也有增加少量标志以作补充，但其内容、设置条件和方法应遵循国标的规定。

交通标志设置形式宜分直杆式（单杆、双杆）、悬臂式（弯杆、F形杆、T形杆）、门式和附着式。

9.1.3 交通标志的设置除要求避免矛盾、重复、漏设外，在选择标志时要考虑"柔和"，如禁令标志与指示标志能起同样作用的，应采用指示标志而不用禁令标志。

9.1.6 交通标志的支撑杆件位置，宜及早确定。尤其是高架道路上，杆件、龙门架位置要与高架结构结合、预埋件应与结构同时施工，同时也利于在结构计算时不至于漏算附加的交通标志杆架的荷载。标志受到的外力主要是风压力，但风压在各地均不同，应通过计算取得。而支撑件的材料性质、强度、厚度等宜美观，不宜采用肥大柱形。

9.2 交通标识

9.2.1 交通标识是在道路及沿线构造物上用涂贴、镶嵌等方式标出的线条、图形、文字及色块等，用于管制和引导车辆、行人的交通管理设施。

交通标识的形式、种类是根据国标《交通标志与标线》GB 5768-1999的内容来设置。各地也有增加少量标识作补充，其内容和设置条件不得与国标冲突。

9.2.2 标线形式有纵向标线如车道中心线、车道边缘线、车道分界线等；横向标线，如停止线等。标记形式有平面标记如文字标记、图形标记等，另外还有立面标记。诱导器形式有反光道钉、反光分道体、路边线轮廓标等。

9.3 交通防护设施

9.3.1 交通防撞栏的结构形式有多种，各地的尺寸也有不同，但无太大的区别，钢索护栏在我国较少采用，刺钢丝护栏对人身不安全，故不列入。

加强型波形护栏可采用上、下两条波形栏，一般仅在危险路段、急弯等处采用。

在高架路上，即使在积雪地区也不应采用钢索型护栏。

9.3.6 波形梁护栏能较好与立交道路线形相协调，并能较好地吸收碰撞能量，损坏容易更换。小半径弯道上考虑施工便利，可选用波形梁护栏。波形梁护栏常见结构形式见图2、图3。

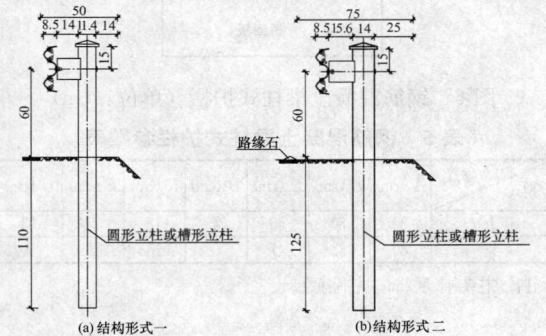

图2 路侧波形梁护栏（单位：cm）

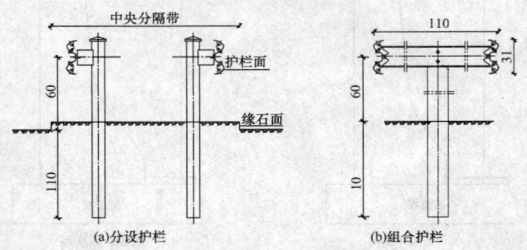

图3 路中波形梁护栏（单位：cm）

9.3.7 混凝土护栏的常见结构形式见图4、图5。

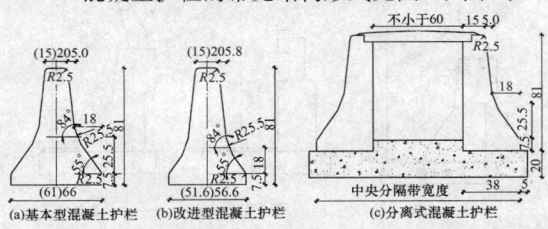

图4 混凝土路中护栏（单位：cm）

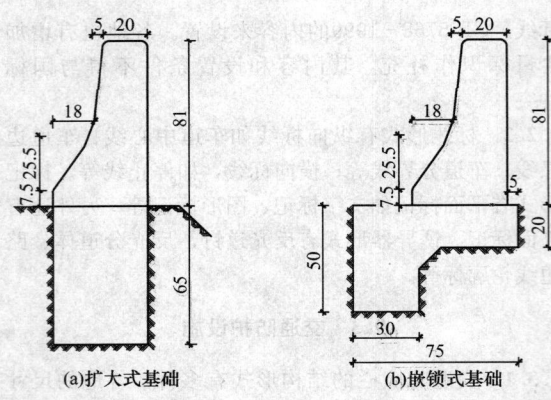

图 5　混凝土路侧护栏（单位：cm）

9.3.8　桥梁护栏常见结构形式见图6～图8。

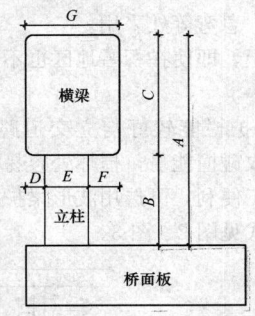

图 6　钢筋混凝土梁柱式护栏（单位：cm）

表 5　钢筋混凝土梁柱式护栏参数表

型式\参数	A(cm)	B(cm)	C(cm)	D(cm)	E(cm)	F(cm)	G(cm)
Ⅰ	80	30	50	4	18	11	33
Ⅱ	80	33	47	0	15	15	30

注：立柱纵向长度2m，立柱间净距2m。

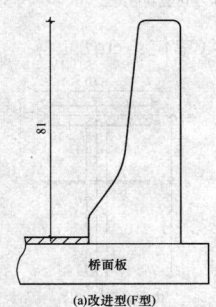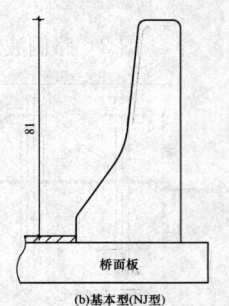

图 7　钢筋混凝土墙式护栏（单位：cm）

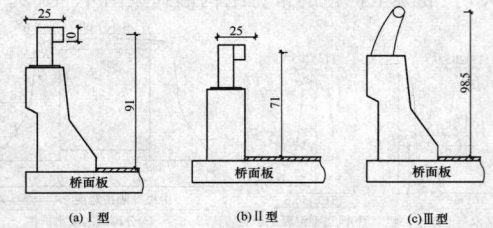

图 8　组合式桥梁护栏（单位：cm）

9.4　监控设施

9.4.1　交通监控设施是采用计算机技术、通信技术、图像技术、光纤技术等高新技术的综合网络系统，为保证城市快速路的行车安全、快速和畅通而设置的动态交通管理设施。

交通监控设施是对快速路车辆的移动管理，为了更好地对城市快速路网统一监控，城市中快速路的监控应纳入统一系统，便于统一指挥。

9.4.4　在城市中快速路是否需要设紧急电话目前有不同的看法，有人认为城市中车辆多，手机已很普遍，紧急电话可以不设，不过目前还未作规定取舍。

9.4.7～9.4.9　国外的城市快速路有的也设收费站，但我国要实行收费较难。如上海100多公里的高架系统不设收费站（但采用一次统一收取），北京五环路在通行一年不到后取消了收费。因此，条文中所列的收费设施应视城市的道路条件而异。

10　景观与环境

10.1　一般规定

10.1.1～10.1.5　所列 5 条规定主要参考美国加州《公路设计手册》第109.3条"美学因素"，共14点要求，选择其中5点作为快速路景观设计原则规定。

10.2　景观距离

10.2.1、10.2.2　快速路与景观的距离规定考虑以下三点：

1　本节所列的绿化距离是根据北京、上海、广州等大城市修建环线或高架路所定的最小距离。

2　由于快速路车速在 60～100km/h，车中的人能见到的两侧景物是很快就掠过去的，而路面所占的视野比例要大于50%。

3　如城市快速路规定景观要求距离太宽，将影响城市用地，需要论证后确定。

中华人民共和国行业标准

建筑垃圾处理技术规范

Technical code for construction and
demolition waste treatment

CJJ 134—2009

批准部门：中华人民共和国住房和城乡建设部
施行日期：２０１０年７月１日

中华人民共和国住房和城乡建设部
公　告

第 427 号

关于发布行业标准
《建筑垃圾处理技术规范》的公告

现批准《建筑垃圾处理技术规范》为行业标准，编号为CJJ 134-2009，自2010年7月1日起实施。其中，第4.2.1、8.0.3、8.0.13、9.0.1条为强制性条文，必须严格执行。

本规范由我部标准定额研究所组织中国建筑工业出版社出版发行。

中华人民共和国住房和城乡建设部
2009年11月9日

前　言

根据原建设部《关于印发〈2007年工程建设标准规范制订、修订计划（第一批）〉的通知》（建标[2007] 125号）的要求，规范编制组经广泛调查研究，认真总结实践经验，参考有关国际标准和国外先进标准，并在广泛征求意见的基础上，制定本规范。

本规范的主要技术内容是：1. 总则；2. 术语；3. 基本规定；4. 收集与运输；5. 转运调配；6. 再生利用；7. 回填；8. 填埋；9. 环境保护与安全卫生。

本规范中以黑体字标志的条文为强制性条文，必须严格执行。

本规范由住房和城乡建设部负责管理和对强制性条文的解释，由上海市环境工程设计科学研究院负责具体技术内容的解释。执行过程中如有意见或建议，请寄送上海市环境工程设计科学研究院有限公司（地址：上海市石龙路345弄11号，邮政编码：200232）。

本规范主编单位：上海市环境工程设计科学研究院有限公司

本规范参编单位：江苏中兴建设有限公司
上海市建筑材料工业设计研究院
中国建筑科学研究院建筑材料研究所
同济大学
广州市环境卫生研究所

本规范主要起草人员：秦　峰　王　雷　张雪梅
张卫东　黄　海　冷发光
赵由才　郭树波　许碧君
杨德志　李　露　倪道仁
何更新　柴晓利　陈伟锋
王新文　徐雄增　周永祥
牛冬杰

本规范审查人员：陶　华　陈朱蕾　冯其林
钱光人　邹　华　陈家珑
陈炜炜　陈钧颐　袁宏伟

目 次

1 总则 ······················· 80—5
2 术语 ······················· 80—5
3 基本规定 ··················· 80—5
4 收集与运输 ················· 80—5
　4.1 源头减量、收集 ········· 80—5
　4.2 运输 ··················· 80—5
5 转运调配 ··················· 80—5
6 再生利用 ··················· 80—6
7 回填 ······················· 80—7
8 填埋 ······················· 80—7
9 环境保护与安全卫生 ········· 80—8
本规范用词说明 ··············· 80—8
引用标准名录 ················· 80—8
附：条文说明 ················· 80—9

Contents

1 General Provisions ·················· 80—5
2 Terms ································ 80—5
3 Basic Requirements ··············· 80—5
4 Collection and Transit ············ 80—5
　4.1　Source Reduction and Collection ······ 80—5
　4.2　Transit ························· 80—5
5 Transfer and Distribution ········ 80—5
6 Recycling ··························· 80—6
7 Backfill ······························ 80—7
8 Landfill ······························ 80—7
9 Environment Protection, Health and Safety ··························· 80—8
Explanation of Wording in This Code ································· 80—8
Normative Standards ················ 80—8
Explanation of Provisions ·········· 80—9

1 总则

1.0.1 为贯彻国家有关建筑垃圾处理的法律法规和技术政策，促进建筑垃圾统一管理、集中处理、综合利用，提升建筑垃圾处理的减量化、资源化和无害化水平，保证建筑垃圾处理全过程的规范化，制定本规范。

1.0.2 本规范适用于建筑垃圾的收集、运输、转运、利用、回填、填埋的规划、设计和管理。

1.0.3 本规范规定了建筑垃圾处理的基本技术要求，当本规范与国家法律、行政法规相抵触时，应按国家的法律、行政法规的规定执行。

1.0.4 建筑垃圾处理除应符合本规范规定外，尚应符合国家现行有关标准的规定。

2 术语

2.0.1 建筑垃圾 construction and demolition waste

对各类建筑物和构筑物及其辅助设施等进行建设、改造、装修、拆除、铺设等过程中产生的各类固体废物，主要包括渣土、废旧混凝土、碎砖瓦、废沥青、废旧管材、废旧木材等。

2.0.2 转运调配 transfer and distribution

将建筑垃圾集中在特定场所临时分类堆放，待根据需要定向外运的行为。

2.0.3 回填 backfill

利用现有低洼地块或即将开发利用但地坪标高低于使用要求的地块，以符合条件的建筑垃圾替代部分土方，弥补地坪标高的行为。

2.0.4 建筑垃圾处理 construction and demolition waste treatment

对建筑垃圾的收集、运输、转运、调配、处置的全过程。

3 基本规定

3.0.1 建筑垃圾处理设施的设置应纳入当地城镇环境卫生专业规划。

3.0.2 建筑垃圾应按不同的产生源、种类、性质进行分别堆放、分流收运、分别处理。建筑垃圾收运、处置全过程严禁混入生活垃圾与危险废物。

3.0.3 建筑垃圾运输车辆应按核准的路线和时间行驶，并应行驶至核准的地点处理、处置建筑垃圾。

3.0.4 建筑垃圾类型与处置方式宜按表3.0.4的规定确定。

表3.0.4 建筑垃圾类型与处置方式

建筑垃圾类型	处置方式
工程渣土	回填；作为生活垃圾填埋场中间覆盖用土；填埋
其他建筑废物	分类并用于生产再生建筑材料；填埋

注：其他建筑废物包括废旧混凝土、碎砖瓦、废沥青、废旧管材、废旧木材等。

3.0.5 建筑垃圾处理场所均应配备计量设施。

4 收集与运输

4.1 源头减量、收集

4.1.1 建筑垃圾减量应从源头实施，并宜就地利用和回收。

4.1.2 建筑垃圾宜按不同的种类和特性逐步实现分类收集。收集方式应与末端处置方式相适应。

4.2 运输

4.2.1 建筑垃圾运输应采用封闭方式，不得遗洒、不得超载。

4.2.2 建筑垃圾运输车厢盖宜采用机械密闭装置，开启、关闭时动作应平稳灵活，并应符合下列要求：

1 厢盖与厢盖、厢盖与车厢侧栏板缝隙不应大于30mm；

2 厢盖与车厢前、后栏板缝隙不应大于50mm；

3 卸料门与车厢栏板、底板结合处缝隙不应大于10mm。

4.2.3 建筑垃圾运输工具应外观整洁、标志齐全，车辆底盘、车轮应无大块泥沙等附着物。

4.2.4 建筑垃圾水上运输宜采用集装箱运输形式。集装箱的环保措施应符合下列要求：

1 集装箱后盖门应能够紧密闭合，防止垃圾散落；

2 集装箱内壁应保持平整，减少垃圾残余量，便于清洁。

4.2.5 建筑垃圾采用散装水上运输形式时，应在运输工具表面有效苫盖，垃圾不得裸露和散落。

4.2.6 建筑垃圾转运码头宜与生活垃圾转运码头合建，并宜根据船舶运输形式选择装卸工艺及配置设备。此外，尚应符合下列要求：

1 当采用集装箱运输形式时，应配备集装箱桥式起重机、专用叉车和专用运输车等；

2 当采用散装运输形式时，宜配备卸料平台和散装卸料机构等。

5 转运调配

5.0.1 暂时不具备回填出路，且具有回填利用或资源化再生价值的建筑垃圾可进入转运调配场。

5.0.2 转运调配场的配置应符合城镇环境卫生专业规划的规定，选址应根据当地建筑垃圾产量及资源化利用要求确定。

5.0.3 转运调配场建设规模应根据服务区域内建筑垃圾产生量、场址自然条件、地形地貌特征、服务年限及技术、经济合理性等因素综合确定，并可按设计总调配量与设计日处理能力分为大、中、小型三类。

5.0.4 新建的转运调配场用地应符合表5.0.4的规定。

表5.0.4 转运调配场用地指标

类型	设计总调配量 (m³)	设计日处理能力 (t/d)	用地面积 (m²)	与相邻建筑间隔(m)	绿化隔离带宽度(m)
大型	≥20000	≥2000	≥18000	≥50	≥20
中型	≥5000, <20000	≥500, <2000	≥6000, <18000	≥30	≥15
小型	≥2000, <5000	<500	≥3000, <6000	≥20	≥10

注：1 表内用地不应含垃圾分类、资源回收等其他功能用地；
　　2 用地面积应含转运调配场周边专门设置的绿化隔离带，但不应含兼具绿化隔离作用的市政绿化和园林用地；
　　3 与相邻建筑间隔应自转运调配场边界起计算。

5.0.5 转运调配场堆放区应符合下列要求：
　　1 建筑垃圾可采取露天或室内堆放方式，露天堆放的建筑垃圾应及时苫盖；
　　2 建筑垃圾堆放区宜保证5d以上的建筑垃圾临时贮存能力，建筑垃圾堆放高度高于周围地坪不宜超过3m；
　　3 建筑垃圾堆放区地坪标高高于周围地坪标高不小于15cm，堆放区四周应设置排水沟，并应满足场地雨水导排要求；
　　4 堆放区应设置明显的分类堆放标志。

5.0.6 生产管理区应布置在分类堆放区的上风向，并宜设置办公用房等设施。中、大型规模的转运调配场宜设置作业设备与运输车辆的维修车间等设施。

5.0.7 转运调配场应配备装载机、推土机等作业机械，配备机械数量应与作业需求相适应。

5.0.8 转运调配场总平面布置及绿化应符合现行国家标准《工业企业总平面设计规范》GB 50187的有关规定，中、大型规模的转运调配场可根据需要增设资源化利用设施。

6 再生利用

6.0.1 建筑垃圾作为生产再生建筑材料的原料时，应符合相应的再生建筑材料标准。

6.0.2 分选处理可根据需要选择在施工现场、转运调配场、填埋场或资源化处理厂进行。

6.0.3 分选工艺应根据后续处理功能要求和处理对象特点合理选用不同组合的设备。分选工艺宜以机械分选为主，人工分选为辅。

6.0.4 分选工艺根据原料品质，可采用单级或多级串联方式，也可采用多条生产线并联方式。

6.0.5 废旧建筑混凝土生产混凝土用再生骨料应符合下列要求：
　　1 建筑垃圾中的废旧建筑混凝土可用于生产再生骨料，主要产品应包括混凝土用再生细骨料和混凝土用再生粗骨料；
　　2 废旧建筑混凝土生产再生混凝土骨料的工艺可包括破碎、分选、清洗等环节；
　　3 再生混凝土骨料质量宜符合现行行业标准《普通混凝土用砂、石质量及检验方法标准》JGJ 52的有关规定。

6.0.6 废旧道路水泥混凝土生产再生骨料应符合下列要求：
　　1 废旧道路水泥混凝土块可用于生产公路路面和桥涵工程用再生骨料；
　　2 废旧道路水泥混凝土生产再生骨料的工艺宜按照本规范第6.0.5条的有关规定选用；
　　3 废旧道路水泥混凝土再生骨料用于公路工程时，应预先按照现行行业标准《公路工程集料试验规程》JTG E42的有关规定进行试验。其性能指标应符合下列要求：
　　　　1）用于路面混凝土时，应符合现行行业标准《公路水泥混凝土路面设计规范》JTG D40和《公路水泥混凝土路面施工技术规范》JTG F30的规定；
　　　　2）用于桥涵混凝土时，应符合现行行业标准《公路桥涵施工技术规范》JTJ 041的规定。

6.0.7 再生砖和砌块生产应符合下列要求：
　　1 建筑垃圾中废砖瓦及混凝土可用于制造再生砖和砌块，基本生产工艺可包括分选、破碎、计量配料、搅拌、振压成型、养护、检验出厂等环节；
　　2 生产再生砖和再生砌块的胶凝材料宜选用水泥；
　　3 再生砖的性能及用途应符合国家现行标准《非烧结垃圾尾矿砖》JC/T 422、《蒸压灰砂砖》GB 11945、《蒸压灰砂空心砖》JC/T 637的有关规定；
　　4 再生砌块的性能及用途应符合国家现行标准《普通混凝土小型空心砌块》GB 8239、《轻集料混凝土小型空心砌块》GB/T 15229、《蒸压加气混凝土砌块》GB 11968、《装饰混凝土砌块》JC/T 641的规定。

6.0.8 再生沥青混合料生产应符合下列要求：

1 建筑垃圾中废沥青可用于生产再生沥青混合料；再生沥青混合料生产过程中，骨料温度应控制在180℃～190℃，沥青温度应控制在145℃～155℃，搅拌时间应为32s～37s；生产过程中，应将新旧骨料混合后再加入新沥青拌合至颜色均匀一致后出料，再生沥青混合料出厂温度应为140℃～160℃；

2 沥青路面资源化再生时，应保证再生沥青混合料的稳定，旧沥青的比例应小于25%；

3 使用再生沥青铺路时，沥青产品应符合国家现行标准《重交通道路石油沥青》GB/T 15180、《道路石油沥青》SH 0522、《建筑石油沥青》GB/T 494的规定。

6.0.9 其他建筑垃圾资源化再生应符合下列要求：

1 建筑垃圾微粉可作为原材料取代石英砂，并可按照相关工艺制备蒸压加气混凝土砌块，其各项性能应符合现行国家标准《蒸压加气混凝土砌块》GB 11968的相关规定；

2 废木材再生前应分离附着在木材上的金属、玻璃、塑料等物质；经防腐处理的木材，应视防腐剂毒性及含量进行妥善处理；

3 废弃的管道应按材质分类，金属（含复合管中金属）应进入金属回收利用途径；化学化合物管道、管件应进入塑料回收利用途径；

4 钢架、钢梁、钢屋面与钢墙体宜按拆除后的板、型材分类，板类（去除可能混杂的保温夹层）可直接送有关部门处理；

5 建筑垃圾中碎砖、碎混凝土块、碎石及水泥拌合物等可用作载体桩原材料，载体桩设计、施工应符合现行行业标准《载体桩设计规程》JGJ/T 135的规定。

7 回 填

7.0.1 局部标高低于规划使用要求的地坪可用建筑垃圾回填，回填宜优先选择开挖土方。

7.0.2 回填地块应根据规划用途选用适宜的回填原料和采用相应的压实措施。

7.0.3 回填前宜对低洼地进行清理，当低洼地含水量大时，宜采取排水、清淤等处理措施以利于加固基底土体。

7.0.4 雨期作业时，应采取措施防止地面水流入回填点内部，并应避免边坡塌方。

7.0.5 在回填现场主要出入口宜设置洗车台，外出车辆宜冲洗干净后进入城市道路。

8 填 埋

8.0.1 建筑垃圾填埋场选址前应收集当地建设规划、周边社会发展情况、地形地貌、水文、地质、气象、道路、交通运输、给水排水及供电条件等基础资料。

8.0.2 建筑垃圾填埋场选址应符合国家有关法律、行政法规和标准规范的要求，并应符合当地城镇环境卫生专项规划要求。建筑垃圾填埋场应选择具有自然低洼地势的山坳、采石场废坑等地点，并应满足交通方便、运距合理的要求。

8.0.3 建筑垃圾填埋场选址严禁设在下列地区：

1 地下水集中供水水源地及补给区；

2 洪泛区和泄洪道；

3 活动的坍塌地带，尚未开采的地下蕴矿区、灰岩坑及溶岩洞区。

8.0.4 建筑垃圾填埋场选址不应设在下列地区：

1 珍贵动植物保护区和国家、省级自然保护区；

2 文物古迹区，考古学、历史学、生物学研究考察区；

3 军事要地、基地，军工基地和国家保密地区。

8.0.5 填埋场主体设施可包括：计量设施、填埋库区设施、防渗系统、雨水污水分流设施、场区道路、垃圾坝、污水处理设施。

8.0.6 填埋场配套设施可包括：进场道路、备料场、供配电设施、给水排水设施、生活和管理设施、设备维修设施、消防和安全卫生设施、车辆冲洗设施、通信及监控设施、停车场等。

8.0.7 建筑垃圾填埋区应根据规划限高、地基承载力、车辆作业要求等因素，合理确定分层厚度、堆高高度、边坡坡度，并应进行整体稳定性核算。

8.0.8 填埋场应配备推铺及降尘洒水设备，作业时宜洒水防止扬尘污染。

8.0.9 工程泥浆经干化后含水率低于40%时方可进入建筑垃圾填埋场填埋。

8.0.10 工程渣土、装修垃圾宜分区填埋。

8.0.11 工程渣土填埋区设计应采取雨水导排、污水收集与处理、封场利用等措施。

8.0.12 装修垃圾填埋区设计宜按照现行行业标准《生活垃圾卫生填埋技术规范》CJJ 17的规定，采取地基与防渗处理、雨水导排、污水收集与处理、封场利用等措施。

8.0.13 填埋场地应在填埋前、后取得水、气、噪声等环境本底数据。

8.0.14 填埋场在作业期间应进行环境质量监测，监测要求应按照现行国家标准《生活垃圾填埋场污染控制标准》GB 16889的有关规定执行。

8.0.15 填埋场地在作业期间应进行地质沉降监测。

8.0.16 填埋场封场工程应包括堆体稳定、地表水导排、植被类型选择与分布等内容，并应符合现行行业标准《生活垃圾卫生填埋场封场技术规程》CJJ 112的有关规定。

9　环境保护与安全卫生

9.0.1 生活垃圾、危险废物不得进入建筑垃圾回填点、建筑垃圾填埋场和建筑垃圾资源化处理厂。

9.0.2 建筑垃圾转运调配、处理、处置场所应有雨水、污水分流设施，并应采取有效措施防止污染周边环境。

9.0.3 建筑垃圾处理全过程粉尘污染控制应符合下列要求：

　　1 建筑垃圾运输、倾倒、填埋、压实等过程产生的灰尘，可通过配备洒水车、在堆体表面覆盖塑料布及绿化等方式来控制粉尘产生量；

　　2 建筑垃圾资源化厂处理车间中，宜采用密封设备系统、局部抽吸的方式控制粉尘外泄。

9.0.4 建筑垃圾处理全过程噪声控制应符合下列要求：

　　1 建筑垃圾收集、运输、处理系统应选取低噪声运输车辆，车辆在车厢开启、关闭、卸料时产生的噪声不应超过82dB（A）；

　　2 宜通过建立缓冲带、设置噪声屏障控制转运调配场、填埋场和资源化处理厂噪声；

　　3 噪声大的建筑垃圾资源化处理车间，宜采取隔声罩、隔声间或者在车间建筑内墙附加吸声材料等方式降低噪声。

9.0.5 从事建筑垃圾收集、运输、处理的单位应对作业人员进行安全卫生专业培训。

9.0.6 建筑垃圾处理场所应按照作业需求配置作业机械，并应配备必要的劳动工具和职业病防护用品。

9.0.7 建筑垃圾处理作业现场应设置劳动防护用品贮存室，并应定期进行盘库和补充；对使用过的劳动防护用品应定期进行清洗和消毒；有破损的劳动防护用品应及时更换。

9.0.8 建筑垃圾处理场所应设道路行车指示、安全标志及环境卫生设施标志。

9.0.9 建筑垃圾收集、运输、处理系统的环境保护与安全卫生除应满足以上规定外，尚应满足国家有关法律、行政法规和标准规范的规定。

本规范用词说明

　　1 为便于在执行本规范条文时区别对待，对于要求严格程度不同的用词说明如下：

　　1）表示很严格，非这样做不可的：
　　　　正面词采用"必须"，反面词采用"严禁"；
　　2）表示严格，在正常情况下均应这样做的：
　　　　正面词采用"应"，反面词采用"不应"或"不得"；
　　3）表示允许稍有选择，在条件许可时首先应这样做的：
　　　　正面词采用"宜"，反面词采用"不宜"；
　　4）表示有选择，在一定条件下可以这样做的，采用"可"。

　　2 条文中指明应按其他有关标准执行的写法为："应按……执行"或"应符合……的规定（要求）"。

引用标准名录

1 《生活垃圾填埋污染控制标准》GB 16889
2 《工业企业总平面设计规范》GB 50187
3 《建筑石油沥青》GB/T 494
4 《普通混凝土小型空心砌块》GB 8239
5 《蒸压灰砂砖》GB 11945
6 《蒸压加气混凝土砌块》GB 11968
7 《重交通道路石油沥青》GB/T 15180
8 《轻集料混凝土小型空心砌块》GB/T 15229
9 《生活垃圾卫生填埋技术规范》CJJ 17
10 《普通混凝土用砂、石质量及检验方法标准》JGJ 52
11 《生活垃圾卫生填埋场封场技术规程》CJJ 112
12 《载体桩设计规程》JGJ/T 135
13 《公路水泥混凝土路面施工技术规范》JTG F30
14 《公路水泥混凝土路面设计规范》JTG D40
15 《公路桥涵施工技术规范》JTJ 041
16 《公路工程集料试验规程》JTG E42
17 《非烧结垃圾尾矿砖》JC/T 422
18 《蒸压灰砂空心砖》JC/T 637
19 《装饰混凝土砌块》JC/T 641
20 《道路石油沥青》SH 0522

中华人民共和国行业标准

建筑垃圾处理技术规范

CJJ 134—2009

条 文 说 明

制 订 说 明

《建筑垃圾处理技术规范》CJJ 134—2009，经住房和城乡建设部 2009 年 11 月 9 日以第 427 号公告批准、发布。

本规范制订过程中，编制组进行了广泛的调查研究，总结了我国建筑垃圾处理工程建设的实践经验，同时参考了国外先进技术法规、技术标准，通过试验取得了建筑垃圾再生利用的重要技术参数。

为便于广大设计、施工、科研、学校等单位有关人员在使用本规范时能正确理解和执行条文规定，《建筑垃圾处理技术规范》编制组按章、节、条顺序编制了本规范的条文说明，对条文规定的目的、依据以及执行中需注意的有关事项进行了说明，还着重对强制性条文的强制性理由作了解释。但是，本条文说明不具备与规范正文同等的法律效力，仅供使用者作为理解和把握标准规范的参考。

目 次

1 总则 ················ 80—12
2 术语 ················ 80—12
3 基本规定 ············ 80—12
4 收集与运输 ·········· 80—12
　4.1 源头减量、收集 ···· 80—12
　4.2 运输 ············ 80—12
5 转运调配 ············ 80—13
6 再生利用 ············ 80—13
7 回填 ················ 80—13
8 填埋 ················ 80—13
9 环境保护与安全卫生 ···· 80—14

1 总　　则

1.0.1 本条主要说明了制定本规范的指导思想和目的。本规范的提出，是为了落实《城市建筑垃圾管理规定》，使政府职能部门能够准确地指导和监控城市建筑垃圾处理工程的设计、建设和运营，以保护环境，提高建筑垃圾减量化、资源化和无害化处置率，并实现可持续发展。

1.0.2 本条阐明本规范的适用范围，本规范内容覆盖了建筑垃圾从产生到最终处置所有环节。

1.0.3 本条阐明建筑垃圾处理技术规范应与时俱进，结合实践，不断完善。对于新工艺、新技术、新材料和新设备，应积极推广，并同时保持审慎的态度。既不可故步自封，也不能盲目应用，避免造成资金和资源的浪费。

1.0.4 本条强调了建筑垃圾处理全过程除了应符合本规范的规定外，还应同时执行国家现行有关标准的规定。

2 术　　语

2.0.1 本条定义了建筑垃圾，强调了建筑垃圾的性状。

2.0.2 本条定义了建筑垃圾转运调配。转运调配场属于建筑垃圾中转场所，在条件允许的情况下，可增加建筑垃圾预处理功能，以利于建筑垃圾资源化。

2.0.3 本条定义了建筑垃圾回填。建筑垃圾回填为建筑垃圾处理的一种类型，既满足了城市建设对土方的需求，也节省了处置建筑垃圾所需的土地资源。

3 基本规定

3.0.1 本条阐明建筑垃圾管理应有专业规划指导。

3.0.2 本条阐明在收运、处置的全过程中，建筑垃圾应与其他固体废弃物分类管理，做到源头分类、分别收集、分流运输。

3.0.3 本条阐明建筑垃圾运输车辆的运输时间、路线、处置地点的要求。建筑垃圾主管部门应与交通部门共同确定中心城区范围内允许、限制和禁止建筑垃圾运输车辆通行的道路；建筑垃圾主管部门应按照规定路线核发准运证；建筑垃圾运输车辆必须携带准运证，按准运证规定路线、时间行驶。管理部门在具体执行时，可参考采用联单制，即分别由建筑垃圾产生单位、建筑垃圾运输单位、建筑垃圾填埋或处置单位填写确认，并由建筑垃圾移出地、移入地相关单位及运输单位保管，以便日后主管单位检查该建筑垃圾的产生源、运输去向、接受或处理单位。

3.0.4 本条阐明建筑垃圾依成分不同宜采取的处理措施。

4 收集与运输

4.1 源头减量、收集

4.1.1 本条阐明建筑垃圾处理应符合减量化原则。它要求从建设活动的源头节约资源、减少污染。

  1 通过提高设计和施工质量，保证建筑物耐久性，延长使用年限；

  2 通过改进和采用先进施工工艺，减少建筑垃圾产量；

  3 提高建筑垃圾源头分类收集程度，实现建筑垃圾减量。

4.1.2 不同种类建筑垃圾的成分、性质有很大差异，应分类收集、分流收运。特别是装修垃圾，有害成分较为集中，应集中收集、运输、堆放、处理。

4.2 运　　输

4.2.1 本条规定建筑垃圾运输应采用封闭方式，对于条件不具备的应采取有效的苫盖措施，避免运输过程中的环境污染。

4.2.2 本条规定对建筑垃圾运输车辆的车厢密闭性作了技术要求。未安装使用密闭机械装置的运输车辆，应到国家发展和改革委员会发布的《车辆生产企业及产品公告》中的汽车生产、改装企业进行加盖改装。

4.2.3 本条阐明了建筑垃圾运输工具的外观要求。

  建筑垃圾运输车辆厢盖两侧应统一印刷建筑垃圾专用运输车字样，挡风玻璃右侧显眼处应贴有建筑垃圾准运证，并应随车携带其他有关许可证件，接受相关部门查验；建筑垃圾运输船舶应在船舷两侧附有专门标志。

  建筑垃圾运输车辆开出施工工地应车容整洁，以不污染沿途市政道路环境为标准。特别是运输开挖的黏质渣土，或者在雨天运输作业，宜配置轮胎冲洗装置，对车辆轮胎冲洗后方可驶出作业场地。这一点对中心城区尤为重要。

4.2.4 集装箱运输形式的环保可行性、技术进步性都优于散装运输形式，因此推荐建筑垃圾水上运输采用集装箱运输形式。

4.2.5 建筑垃圾采用散装运输，运输过程若不能有效地做到封闭化，运输过程、码头装卸过程中会出现垃圾散落的现象，因此应尽可能避免建筑垃圾污染沿途道路、河道。

4.2.6 建筑垃圾的产量与城市建设进程密切相关，具有较大波动性，单独建设建筑垃圾码头容易造成资源浪费，因此推荐建筑垃圾转运码头与生活垃圾转运码头合建，配备必要的设施即可。

5 转运调配

5.0.1 本条阐明进入转运调配场的建筑垃圾种类，对于无法再利用的建筑垃圾可以直接运往填埋场填埋处置。

5.0.2 本条阐明转运调配场的设置应纳入城镇环境卫生专业规划，应根据实际情况，明确是否设置建筑垃圾转运调配场；如果设置，应根据选址要求明确选址规划。

5.0.3、5.0.4 阐明确定转运调配场建设规模的相关因素，以及与建设规模相应的用地指标。

5.0.5 本条阐明分类堆放区及转运区的基本设置，对建筑垃圾堆放方式、地坪标高、雨水导排等作了规定。

5.0.6 本条阐明转运调配场内生产管理区的布置及附属设施设置要求。

5.0.7 本条阐明转运调配场内作业机械的配备要求。

5.0.8 本条对转运调配场总平面布置及绿化提供了设计依据，对规模较大的转运调配场可以考虑实现建筑垃圾分类、破碎等初步的资源化处理。

6 再生利用

6.0.1 本条阐明建筑垃圾可生产再生产品，产品应经国家有关部门审核后方可进入市场。由于大众的畏惧和抵触心理，建筑垃圾资源化再生产品的安全性、实用性受到怀疑，建筑垃圾资源化再生产品只有通过国家相关部门审核认证合格，才能得以继续推广。

6.0.2 本条阐明建筑垃圾分选地点应根据实际情况，因地制宜选择。

6.0.3 本条阐明选择建筑垃圾分选工艺的相关因素。

6.0.4 本条阐明确定建筑垃圾分选工艺设计处理能力的相关因素。对于多条分选生产线并联设计，单线的最大处理能力主要取决于建筑垃圾产量的波动情况，如缺乏相应资料，宜取为设计处理能力的1.2倍。

6.0.5 本条阐明废旧建筑混凝土生产再生骨料的工艺、产品及产品应用的技术要求。

生产工艺可根据产品要求，结合生产实际采用适当的工艺组合，必要时可设置多级破碎、多种分选及清洗。

再生混凝土细骨料，即小于或等于5mm的混凝土再生砂；再生混凝土粗骨料，可以根据实际生产情况和实际需求选择生产连续粒级的产品或单粒级的产品，如5mm～25mm的连续粒级再生粗骨料和10mm～20 mm的单粒级再生粗骨料。此外，也可根据具体情况，利用几种单粒级再生粗骨料产品依照有关标准规定配置所需的连续粒级的再生粗骨料。

6.0.6 本条阐明废旧道路水泥混凝土生产再生骨料的工艺、产品及产品应用的技术要求。

6.0.7 本条阐明建筑垃圾生产再生砖、砌块的原料、工艺、产品的技术要求。

6.0.8 本条阐明建筑垃圾再生沥青混合料的原料、工艺、产品的技术要求。

6.0.9 本条对其他类型的建筑垃圾资源化再生作了规定。随着社会的发展和科技的进步，建筑垃圾的种类日益增多，资源化处理途径也会相应增加，本规范无法尽数列举，仅列出目前较为常见、应用比例较高的建筑垃圾的资源化处理方式。

7 回 填

7.0.1、7.0.2 当地建筑垃圾管理部门结合城市建设总体规划，确定和调整回填点分布。管理部门尚应做好回填点分布的信息收集和信息发布工作，为满足回填及资源利用等需求提供信息服务。建筑垃圾回填应采取必要的压实措施，具体应根据回填地点规划用途确定。因开挖土方的性状适用于地基回填土，因此推荐开挖土方为回填的优先选择材料。

7.0.3 本条对建筑垃圾回填作了技术规定，强调加固基底。

7.0.4 本条强调雨期作业应做好排水措施，防止地表滞水流入基底，浸泡地基，造成基底土下陷及边坡塌方。

7.0.5 本条阐明车辆应及时冲洗，避免污染城市道路。

8 填 埋

8.0.1～8.0.4 阐明建筑垃圾填埋场的选址要求。

8.0.5 本条阐明建筑垃圾填埋场的主体设施内容。

8.0.6 本条阐明建筑垃圾填埋场的配套设施内容。

8.0.7 本条阐明建筑垃圾填埋区的垃圾堆体的设计要求。

8.0.8 本条阐明填埋场的作业设备配置要求。

8.0.9 根据以往填埋场运行经验，低于40%含水率的泥土不会造成作业困难或者发生溃坝。工程泥浆持水性较差，经过简单的风干或日晒处理，含水率即可降到40%以下。

8.0.10～8.0.12 工程渣土和装修垃圾在建筑垃圾中占有相当大的比例，但二者成分存在差异。采用填埋处置方式，应分别采取相应的环保措施。

8.0.13、8.0.14 明确填埋场在运行前及作业期间的环境监测要求。

8.0.15 本条阐明填埋场应进行作业期的地质沉降监测，避免因填埋库区地质沉降给周围地质环境造成破坏。地质沉降监测技术要求可参照中国地质调查局颁布的相关标准。

8.0.16 本条阐明填埋场封场工程内容，对堆体稳定、覆盖土层、绿化等作了技术规定。

9 环境保护与安全卫生

9.0.1 本条规定了进入处理场所建筑垃圾的性质。

9.0.2 本条阐明建筑垃圾转运调配、处理、处置场所污水排放要求。建筑垃圾转运调配、处理、处置场所污水排放应满足环境评价报告批复的要求，宜采取雨水污水分流、污水调蓄、污水处理等措施，雨水排放应经过沉淀等处理，确保达到受纳水体排放标准要求。

9.0.3 本条阐明建筑垃圾处理过程中粉尘污染的控制要求，这也是大气污染控制的主要方面。

9.0.4 本条阐明建筑垃圾收运、处理过程中对噪声的控制要求。

9.0.5 本条阐明建筑垃圾处理场所应采取的职业健康与劳动卫生宣传教育要求。

9.0.6 作业机械、劳动工具和职业病防护用品根据作业需要可以包括铲车、压实机、专用防尘口罩、工作服、安全帽、劳防手套等。

9.0.7 本条阐明建筑垃圾作业单位应采取有效措施，保证劳防用品保质保量及时供应。

9.0.8 本条阐明建筑垃圾转运调配、处理、处置场所区域内应设置必要的指示性标志。标志设置方法可参照《道路交通标志和标线》GB 5678.1～GB 5678.3、《安全标志及其使用导则》GB 2894的相关规定，及中国标志网公布的最新国家标准标志。

9.0.9 环境保护措施应按照《工业企业厂界环境噪声排放标准》GB 12348、《声环境质量标准》GB 3096、《大气污染物综合排放标准》GB 16297、《环境空气质量标准》GB 3095，《地表水环境质量标准》GB 3838、《地下水质量标准》GB/T 14848、《污水综合排放标准》GB 8978 等的有关规定执行；劳动安全与卫生措施应按照《工业企业设计卫生标准》GBZ 1，《工作场所有害因素职业接触限值》GBZ 2/T 2.1～GBZ 2/T 2.2，《职业健康安全管理体系规范》GB/T 28001，《生产过程安全卫生要求总则》GB/T 12801等的有关规定执行。

中华人民共和国行业标准

快速公共汽车交通系统设计规范

Code for design of bus rapid transit system

CJJ 136—2010

批准部门：中华人民共和国住房和城乡建设部
施行日期：２０１０年９月１日

中华人民共和国住房和城乡建设部
公　告

第 532 号

关于发布行业标准
《快速公共汽车交通系统设计规范》的公告

现批准《快速公共汽车交通系统设计规范》为行业标准，编号为 CJJ 136-2010，自 2010 年 9 月 1 日起实施。其中，第 4.3.3、5.1.8、5.2.1、7.1.4 条为强制性条文，必须严格执行。

本规范由我部标准定额研究所组织中国建筑工业出版社出版发行。

中华人民共和国住房和城乡建设部

2010 年 3 月 31 日

前　言

根据原建设部《关于印发〈2007 年工程建设标准规范制订、修订计划（第一批）〉的通知》（建标[2007]125 号）的要求，规范编制组在广泛调查研究、认真总结实践经验、吸取科研成果、参考国外先进标准，并广泛征求意见的基础上，制订本规范。

本规范主要技术内容：1 总则；2 术语；3 基本规定；4 运营设计；5 车道；6 车站及停车场；7 调度与控制；8 运营车辆；9 运营设备。

本规范中以黑体字标志的条文为强制性条文，必须严格执行。

本规范由住房和城乡建设部负责管理和对强制性条文的解释，北京市市政工程设计研究总院负责具体技术内容的解释。执行过程中如有意见和建议，请寄送北京市市政工程设计研究总院（地址：北京市海淀区西直门北大街 32 号 3 号楼市政总院大厦，邮政编码：100082）。

本规范主编单位：北京市市政工程设计研究总院

本规范参编单位：济南市市政工程设计研究院有限责任公司
清华大学
昆明市城市交通研究所
中国城市公共交通协会

本规范主要起草人员：刘桂生　倪　伟　聂爱华
陆化普　唐　翀　刘璇亦
叶东强　杨大忠　刘传锋
崔新书　张永波　朱　权

本规范主要审查人员：张　仁　全永燊　林　群
张炳荣　钱邵武　顾敬岩
季朗超　闫雅彬　杨　健
赵一新

目次

1 总则 ································ 81—5
2 术语 ································ 81—5
3 基本规定 ···························· 81—5
　3.1 系统组成及分级 ·················· 81—5
　3.2 系统要求 ························ 81—5
　3.3 换乘 ···························· 81—6
4 运营设计 ···························· 81—6
　4.1 一般规定 ························ 81—6
　4.2 运营组织 ························ 81—6
　4.3 运营要求 ························ 81—6
5 车道 ································ 81—6
　5.1 车道布设 ························ 81—6
　5.2 车道宽度 ························ 81—7
　5.3 车道线形 ························ 81—7
　5.4 路面结构 ························ 81—7
6 车站及停车场 ························ 81—7
　6.1 一般规定 ························ 81—7
　6.2 车站总体设计 ···················· 81—7
　6.3 站台 ···························· 81—8
　6.4 建筑及结构 ······················ 81—8
　6.5 乘客过街设施 ···················· 81—8
　6.6 停车场 ·························· 81—9
7 调度与控制 ·························· 81—9
　7.1 一般规定 ························ 81—9
　7.2 运营调度 ························ 81—9
　7.3 信号控制 ························ 81—9
　7.4 乘客信息服务 ···················· 81—9
　7.5 车辆定位 ························ 81—10
8 运营车辆 ···························· 81—10
　8.1 车辆配备 ························ 81—10
　8.2 车辆乘客门 ······················ 81—10
　8.3 车辆要求与等级配置 ·············· 81—10
9 运营设备 ···························· 81—10
　9.1 供电 ···························· 81—10
　9.2 通信 ···························· 81—10
　9.3 站台屏蔽门 ······················ 81—11
　9.4 其他设备 ························ 81—11
本规范用词说明 ························ 81—11
引用标准名录 ·························· 81—11
附：条文说明 ·························· 81—12

Contents

1 General Provisions ······················ 81—5
2 Terms ·· 81—5
3 General Requirements ················ 81—5
   3.1 System Composition and
       Classification ························· 81—5
   3.2 System Requirements ············ 81—5
   3.3 Transfer ································ 81—6
4 Operation Design ························ 81—6
   4.1 General Requirements ············ 81—6
   4.2 Operation Organization ········· 81—6
   4.3 Operation Requirements ········ 81—6
5 Carriage way ······························ 81—6
   5.1 Lane Plan ····························· 81—6
   5.2 Lane Width ·························· 81—7
   5.3 Lane Alignment ···················· 81—7
   5.4 Pavement Structure ··············· 81—7
6 Stop and Parking Lot ················· 81—7
   6.1 General Requirements ············ 81—7
   6.2 Stop General Design ············· 81—7
   6.3 Platform ······························· 81—8
   6.4 Building and Structure ·········· 81—8
   6.5 Passenger Crossing Facility ····· 81—8
   6.6 Parking Lot ·························· 81—9
7 Dispatch and Control ·················· 81—9
   7.1 General Requirements ············ 81—9
   7.2 Operation and Dispatch ········· 81—9
   7.3 Signal Control ······················ 81—9
   7.4 Passenger Information Service ··· 81—9
   7.5 Vehicle Positioning ················ 81—10
8 Operation Vehicle ······················· 81—10
   8.1 Vehicle Equipment ················ 81—10
   8.2 Vehicle Door ························ 81—10
   8.3 Vehicle Requirements and
       Classification ························· 81—10
9 Operation Equipment ·················· 81—10
   9.1 Power-supply ························ 81—10
   9.2 Communication ····················· 81—10
   9.3 Platform Shield Door ············ 81—11
   9.4 Other Equipment ·················· 81—11
Explanation of Wording in
   This Code ································· 81—11
The List Quoted Standards ············ 81—11
Addition: Explanation of
        Provisions ························ 81—12

1 总 则

1.0.1 为适应城市交通发展的需要，规范我国快速公共汽车交通（以下简称快速公交）系统的工程设计，合理确定快速公交系统设计的主要技术指标，制定本规范。

1.0.2 本规范适用于快速公交系统的设计。

1.0.3 快速公交系统的设计应根据城市总体规划、城市综合交通规划、城市公共交通专项规划和快速公交系统线网规划进行。

1.0.4 快速公交系统的设计应考虑社会效益、环境效益与经济效益的协调统一，遵循以人为本、运行安全、运营高效、资源节约、环境友好的设计原则。

1.0.5 快速公交系统的设计除应符合本规范外，尚应符合国家现行有关标准的规定。

2 术 语

2.0.1 快速公共汽车交通 bus rapid transit
以大容量、高性能公共汽电车沿专用车道按班次运行，由智能调度系统和优先通行信号系统控制的中运量快速客运方式。简称快速公交。

2.0.2 运送速度 operating speed
线路长度与单程载客时间之比。

2.0.3 单向客运能力 one-way carrying capacity
单位时间内从单方向通过线路断面的客位数上限，即车辆（列车）额定载客量与行车频率上限值的乘积。

2.0.4 运营 operation
公共交通的运行和经营。

2.0.5 独立线路模式 independent route mode
在快速公交专用道上只允许一条快速公交线路运行的运营形式。

2.0.6 组合线路模式 combination route mode
在快速公交专用道上允许多条线路按快速公交方式运行的运营形式。

2.0.7 付费区 paid area
在车站内检票后方能进出的区域。

2.0.8 调度与控制系统 dispatch and control system
对公交车辆的运营数据进行自动采集、传输和实时处理的调度系统。

2.0.9 运营调度中心 operation control center
调度人员对系统所有运营车辆、场站等进行监控、协调、指挥和管理的场所。简称调度中心。

2.0.10 信号优先 transit signal priority
对快速公交运营车辆实行优先通行的信号控制。

2.0.11 被动信号优先 passive signal priority
根据历史交通数据和行车时刻表，预设对快速公交运营车辆的优先信号配时。

2.0.12 主动信号优先 active signal priority
根据实时监测的交叉口交通状况等交通信息，对快速公交运营车辆实时提供优先信号配时。

3 基本规定

3.1 系统组成及分级

3.1.1 快速公交系统应由专用车道或专用路、车站、车辆、调度与控制系统、运营组织及运营设备、停车场等组成。

3.1.2 快速公交系统应具有下列特征：
1 专用路权的车道或道路；
2 车外售检票、水平乘降、服务设施齐全的车站；
3 便于乘降、节能、环保、多门、大容量的公交车辆；
4 智能调度、信号优先；
5 运送速度快、客运能力强、正点率高；
6 完善的乘客信息服务。

3.1.3 快速公交系统的级别划分应符合表 3.1.3 规定。

表 3.1.3 系统级别划分

特征参数	级别		
	一级	二级	三级
运送速度 V(km/h)	≥25		≥20
单向客运能力（万人次/h）	≥1.5	≥1.0	≥0.5

3.1.4 快速公交系统的级别选用应符合下列规定：
1 级别应根据路网规划、线路功能、客流量、项目所在区域的综合客运体系、近远期发展等确定。
2 同一条线路的近远期可选用不同的级别，但系统的各要素应具有远期扩展的可能性。
3 同一线路全线宜选用同一级别，特殊困难路段可选用较低级别。

3.1.5 设计时应对系统的运送速度和单向客运能力进行核算。

3.2 系统要求

3.2.1 系统的设计应与城市道路的功能相匹配，合理使用道路资源。

3.2.2 系统的设计服务能力应按近期 3 年、远期 10 年计算，设施及设备的设计使用年限应根据所选类型符合相应标准。

3.2.3 线路运营长度应结合系统的客流预测、运营组织模式等因素综合确定，宜为 10km～25km，平均站距宜为 600m～800m。

3.2.4 线路近期和远期配备的运营车辆数,应分别根据预测的近期和远期客流量、车辆定员数和发车间隔、运营时间、线路长度等确定。

3.2.5 系统应整体设计,可分期实施,并符合下列规定:

　　1 桥梁、隧道、路基等土建工程宜按远期规模一次建成。

　　2 停车场、保养厂、车站可分期建设,其用地范围应按远期规模控制。

　　3 运营车辆配置数量宜按近期的设计客运能力配置。

　　4 系统运营设备可分阶段配置。

3.2.6 快速公交系统应有统一、醒目的标志。

3.2.7 安全防护、消防、行人过街、环境保护等设施的设计应符合相关标准,与系统同期建设、同期使用。

3.2.8 在发生自然灾害、重大交通事故等突发事件时,消防、警用、救护、抢险等车辆应能驶入快速公交车道。

3.3 换 乘

3.3.1 快速公交与城市轨道交通和其他快速公交线路交汇处,应设置换乘站;与常规公共交通线路交汇处可根据需求设置换乘站。快速公交之间的换乘,宜设在同一站内。

3.3.2 快速公交之间或与城市轨道交通、常规公共交通的换乘距离应符合现行国家标准《城市道路交通规划设计规范》GB 50220的规定。

3.3.3 换乘站内各交通方式、各线路的客流集散量应相互匹配。

3.3.4 换乘区步行距离应最小化,并应避免乘客流线的冲突。

3.3.5 快速公交车站和周边行人、非机动车系统应统一设计,宜根据需求设置非机动车停车区域。

3.3.6 首末站和大型换乘枢纽宜根据需求设置驻车换乘的停车区域。

4 运营设计

4.1 一般规定

4.1.1 系统的运营设计应以客流调查、预测为基础,选择适宜的系统级别,通过车辆、车站、车道、调度与控制、运营设备的设计与配置,满足乘客出行需求、客运能力、运营组织、运营调度的要求。

4.1.2 系统的运营设计应明确运营组织模式、运营服务标准等功能要求。

4.1.3 系统的客运能力设计应满足预测的单向高峰小时最大断面客流需求。

4.2 运营组织

4.2.1 系统可分为独立线路和组合线路两种运营组织模式。

4.2.2 系统的运营组织模式应根据断面客流需求和客流出行特征等因素综合确定。

4.2.3 运营组织模式确定后,应对相关公交线路进行必要的整合。

4.2.4 系统可采用每站停、越站、区间、编组等运行方式,各种运行方式应与车道设计、车站设计、车辆配置相协调,并宜按下列原则选用:

　　1 每站停方式应全天采用;

　　2 越站、区间、编组方式宜在高峰时段采用;

　　3 在客流分布不均匀的线路上,宜组织越站、区间运营。越站、区间段应根据客流分布、运营组织模式、行车条件确定。

4.2.5 快速公交通道上,同一断面运营线路不宜超过3条。

4.3 运营要求

4.3.1 运营调度中心应对快速公交通道上的各条线路运营车辆进行统一、协调、高效调度,各条线路运力应配置合理,运营快速、畅通。

4.3.2 系统发车间隔应根据客流需求、车辆配置、车站容量、系统服务水平、沿线信号控制等因素综合确定。高峰时段发车间隔宜为1min~3min,非高峰时段发车间隔宜为3min~6min。

4.3.3 在封闭的专用路、专用车道路段和设站台屏蔽门的车站站区,快速公交车辆的行驶速度不应大于60km/h;通过不设站台屏蔽门的车站站区时,行驶速度不应大于30km/h。

4.3.4 编组运行时,编组车辆数不宜超过3辆。

4.3.5 组合线路运营模式应满足不同线路间同站台免费换乘的要求。

4.3.6 系统应满足乘客的人均乘降时间不大于1s。

4.3.7 系统运行中,交叉口和路段延误时间不宜高于总运营时间的15%。

4.3.8 系统运行异常时,应有相应的应急预案。

5 车 道

5.1 车道布设

5.1.1 快速公交系统应设置专用路或专用车道。

5.1.2 专用路或专用车道应根据客流特征、运营组织、道路等级、交通功能和空间条件等因素全线布置。

5.1.3 专用车道可布置在道路中央或道路两侧,中央专用车道按上下行有无物体隔离又可分为分离式和整体式,应优先选用中央整体式专用车道。

5.1.4 一级、二级快速公交系统宜采用专用路或中央专用车道。

5.1.5 在道路空间不能满足专用车道的设置要求时，宜另设专用路。

5.1.6 专用车道与其他车道应采用物体隔离或车道标线分隔，一级、二级快速公交车道宜采用物体隔离。

5.1.7 专用车道应减少平面交叉，平面交叉间距宜大于500m。

5.1.8 **分离式单车道物体隔离连续长度不应大于300m，不满足要求时应设紧急出入口或停车港湾。**

5.1.9 紧急出入口位置应设活动护栏。

5.1.10 系统应根据运营要求设置掉头车道。掉头车道可利用路网设置，也可专门设置。

5.1.11 专用车道内不宜设置检查井。

5.1.12 车辆停靠处应采用偏沟式雨水口。

5.1.13 照明系统应符合现行行业标准《城市道路照明设计标准》CJJ 45 的有关规定。

5.2 车道宽度

5.2.1 **快速公交系统的专用车道宽度不应小于3.5m。**

5.2.2 一级、二级快速公交系统的车站宜设置港湾停车道，三级快速公交系统的车站可根据需要设置港湾停车道。

5.2.3 港湾停车道的宽度不应小于3m。

5.2.4 中央整体式专用车道的总宽度不应小于8m。分离式单车道专用车道的总宽度不应小于4.5m。

5.3 车道线形

5.3.1 设计速度应为40km/h～60km/h。设置在快速路上的快速公交专用车道线形标准可按道路线形标准设计。

5.3.2 专用车道线形指标应符合现行行业标准《城市道路工程设计通用规范》CJJ 37 的有关规定。

5.3.3 车站不宜设在道路的平曲线处；当需设置时，路中平曲线半径不应小于1000m。

5.3.4 车站处的道路纵坡不应大于2%，且不宜将车站设置在凹曲线的底部。

5.3.5 当设置为港湾停车(图5.3.5(a))时，加减速段设计参数应符合表5.3.5的规定；当设置为直行停车(图5.3.5(b))时，行车道的最小平曲线半径、超高、加宽等线形标准应满足相应设计速度的规定。

表5.3.5 港湾停车道加减速段设计参数

设计参数	行车道设计速度(km/h)		
	60	50	40
加减速段最小长度(m)	≥55	≥45	≥35
加减速段反向曲线的最小半径(m)	≥190	≥140	≥85

5.4 路面结构

5.4.1 路面结构应选用抗重载、抗剪切能力强的材料，并应注重层间粘结，其技术要求应符合现行行业标准《城市道路工程设计通用规范》CJJ 37 的有关规定。

5.4.2 车站处的路面结构宜采用水泥混凝土路面结构。当采用沥青混凝土路面结构时，车站和路口处应作抗车辙等增强处理，长度应包含车辆加减速及停车段。

5.4.3 车站处的路面或行车道的路面可采用彩色路面或彩色标识。

6 车站及停车场

6.1 一般规定

6.1.1 车站设计必须满足客流和设备运行需求，并应保证乘降安全舒适、疏导迅速、布置紧凑、便于管理。

6.1.2 车站应根据线路特征、运营要求、周边环境及车辆等条件设计。

6.1.3 车站应建设无障碍设施，并应符合现行行业标准《城市道路和建筑物无障碍设计规范》JGJ 50 的规定。

6.1.4 车站应根据需要设置供电、照明、消防、通信、通风、给排水等设施，并应符合相关标准的规定。

6.1.5 车站与危险品生产、储存及销售、高压电线等区域的安全距离，应符合相关标准的规定。

6.1.6 车站的站厅、站台、出入口通道、人行梯道、自动扶梯、售检票口或售检票机等部位的通行能力应按该站远期超高峰客流量确定。

6.1.7 超高峰设计客流量应按该站预测的远期高峰小时客流量乘以1.25的超高峰系数。

6.2 车站总体设计

6.2.1 车站宜设置在主要客流集散点附近。

6.2.2 首末站的设计应符合现行行业标准《城市公共交通站、场、厂设计规范》CJJ 15 的规定。

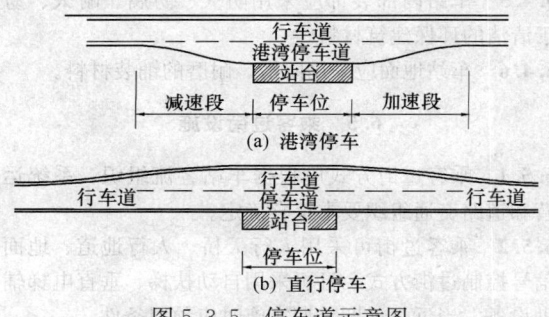

图 5.3.5 停车道示意图

6.2.3 车站可采用双侧停靠或单侧停靠的形式。
6.2.4 车站客流组织应结合过街设施统一设计。
6.2.5 车站应按功能分区设计，进出站流线及换乘流线之间不应相互干扰。
6.2.6 车站可采用人工、半自动或自动售票方式，并应近、远期结合，分期实施。
6.2.7 自动售检票系统可按现行国家标准《地铁设计规范》GB 50157 的有关规定执行。
6.2.8 车站内应设置站牌及各种导向、安全、服务标志，并应符合现行国家标准《城市公共交通标志》GB/T 5845.1～5845.4 的规定。
6.2.9 车站内应设置视频监控、售检票、座椅、垃圾箱等设施和设备；宜设电子信息屏、信息广播设备、车站区域地图、公用电话、站台屏蔽门、工作间等设施和设备。
6.2.10 车站各部位乘客的最大通行能力，宜符合表 6.2.10 的规定。

表 6.2.10 车站各部位乘客的最大通行能力

部位名称		通行能力（人/h）
1m 宽楼梯	下 行	4200
	上 行	3700
	双向混行	3200
1m 宽通道	单 向	5000
	双向混行	4000
1m 宽自动扶梯	输送速度 0.5m/s	8100
	输送速度 0.65m/s	9600
人工售票窗口		300
人工检票口		2600
自动检票机	转杆式 磁卡	1500
	转杆式 非接触 IC 卡	1800
	门式 磁卡	1800
	门式 非接触 IC 卡	2100

6.2.11 站区应设置交通安全导向设施。

6.3 站 台

6.3.1 站台应包括付费区和非付费区。
6.3.2 付费区应包括乘客候车、通行、站台屏蔽门前及相关配套设施等空间，并应采用封闭式管理；非付费区应包括售检票、进出站、相关配套设施的空间及行人过街的等候空间。
6.3.3 停靠方式可采用顺序停靠和分组停靠，并应符合下列要求：
   1 独立线路应采用顺序停靠方式；
   2 组合线路可采用分组停靠方式，分组数不宜大于 2 组，总停车位数不宜大于 5 个；
   3 当采用顺序停靠方式时，可设港湾停车道；
   4 当采用分组停靠方式时，应设港湾停车道。
6.3.4 停靠长度应符合下列要求：
   1 停车位数应按高峰时最多停靠车辆数设置，且不宜少于 2 个车位；
   2 车位长度应按停靠的最长车辆计；
   3 相邻停车位间隔的最小净距不应小于 1.5m；
   4 分组停靠时，两组车位的最小净距不应小于 15m。
6.3.5 付费区的有效面积应按下式计算：

$$S = \frac{Q \times F \times V}{60M} \quad (6.3.5)$$

式中：S——付费区有效面积（m^2）；
   Q——高峰小时上下客流量（人次/h）；
   F——高峰小时行车间隔（min）；
   V——超高峰系数，按 1.25 计；
   M——车站人流密度（人/m^2），按 2 人/m^2 计。

6.3.6 站台高度应与车辆地板高度相匹配，且应水平乘降。
6.3.7 双侧停靠的站台宽度不应小于 5m，单侧停靠的站台宽度不应小于 3m。
6.3.8 站台屏蔽门与检票口（机）之间的距离不宜小于 6m。
6.3.9 人行梯道和自动扶梯的通行能力应满足乘客通行的需要。
6.3.10 双侧停靠站台的前端应设置防撞、照明和反光设施。

6.4 建筑及结构

6.4.1 车站建筑应简洁明快、体现现代交通建筑的特点，与城市景观相协调。
6.4.2 车站候车区的建筑可采用全封闭或半封闭，并应符合现行行业标准《城市公共交通客运设施 城市公共汽车、电车候车亭》CJ/T 107 的规定。
6.4.3 车站站台的建筑和设施应满足现行行业标准《城市道路工程设计通用规范》CJJ 37 对车道限界的规定。
6.4.4 车道的侧向净空不应小于 0.25m。
6.4.5 车站内部装饰应采用防火、防腐、耐久、易于清洁的环保建筑材料。
6.4.6 车站地面应采用防滑、耐磨的铺装材料。

6.5 乘客过街设施

6.5.1 乘客过街方式应根据车站客流组织、系统运营和道路交通组织要求综合确定。
6.5.2 乘客过街可采用人行天桥、人行地道、地面信号控制过街方式，且可采用自动扶梯、垂直电梯辅助设备。当近、远期分期实施时应预留条件。

6.5.3 过街通道宽度应满足车站过街客流量与道路行人过街流量的需求。

6.5.4 过街人行天桥、人行地道的设置应符合现行行业标准《城市人行天桥与人行地道技术规范》CJJ 69的规定。

6.5.5 自动扶梯及电梯可按照现行国家标准《地铁设计规范》GB 50157 的有关规定执行。

6.5.6 车站周边宜设置引导乘客按规定线路进出车站的隔离设施。

6.6 停 车 场

6.6.1 停车场应为运营车辆提供停放空间，并应按车辆保养级别和实际要求配建相应的车辆保养和加油加气等设施。

6.6.2 停车场应与线路同期建设，可根据运营管理的需要与常规公交停车场合建。

6.6.3 停车场的设计应符合现行行业标准《城市公共交通站、场、厂设计规范》CJJ 15 的规定。

7 调度与控制

7.1 一 般 规 定

7.1.1 调度与控制应包括运营调度、信号控制、乘客信息服务、车辆定位等。

7.1.2 调度与控制的标准、规模和运行管理模式应满足快速公交系统的功能要求，并与近期建设规模和远期发展规划相匹配。

7.1.3 调度与控制应能调度与控制单条或多条快速公交线路。

7.1.4 调度与控制应能提供快速公交车辆的信号优先服务。

7.1.5 调度与控制应能实现设备信息、车辆信息、人员信息和票务信息的统一管理。

7.2 运 营 调 度

7.2.1 运营调度应包括调度中心、实时监控设备、场站信息接收与发送设备、车载设备、传输设备等。

7.2.2 运营调度应具有下列主要功能：
 1 实时监控所有运行车辆的位置、速度及运行状态；
 2 实时采集车站客流信息和车内乘客信息；
 3 监控站台及停车场状况；
 4 辅助编制运营计划；
 5 根据运营状态，可动态调整运营计划；
 6 运营信息的采集、传输及发布；
 7 对系统故障或其他紧急事件的快速响应、报警，并执行相应的应急预案。

7.2.3 调度中心可单独设置，也可与常规公交的调度中心合并设置。

7.2.4 调度中心应能显示车辆实时监控信息、运营调度信息，且视频图像应能自由切换。

7.2.5 调度中心与停车场、车辆、车站及相关系统应能实现信息交互。

7.2.6 车站、停车场、调度中心应设置视频监控设备，并应符合现行国家标准《民用闭路监视电视系统工程技术规范》GB 50198的规定。

7.2.7 车站视频监控设备的监控范围应覆盖整个站台、车辆停靠区和售检票区。

7.3 信 号 控 制

7.3.1 信号控制应满足快速公交车辆优先通过平面交叉口的需要。

7.3.2 快速公交线路所通过的平面交叉口应全部实施信号控制，一、二级快速公交系统的交叉口宜全部实施信号优先控制；三级快速公交系统应根据运营的需要，确定实施信号优先控制的交叉口。

7.3.3 多条快速公交线路在交叉口相交时，应根据其优先级别确定信号控制方案。

7.3.4 信号优先控制宜采用主动信号优先控制，也可采用被动信号优先控制。

7.3.5 主动信号优先控制系统应由车辆识别与定位装置、优先请求发生装置、优先请求服务装置、公交信号优先控制装置、通信系统等部分组成。

7.3.6 被动信号优先控制系统应由常规信号控制装置、通信系统装置等组成。

7.3.7 信号控制装置的设计和安装应符合国家现行标准《道路交通信号灯设置与安装规范》GB 14886、《城市道路交通信号控制方式适用规范》GA/T 527 的有关规定。

7.4 乘客信息服务

7.4.1 乘客信息服务应包括车站信息服务、车辆内信息服务、对外公众信息服务等。

7.4.2 乘客信息服务应具有下列主要功能：
 1 车站信息服务应能提供静态的快速公交线路信息、动态的车辆到站信息、车辆进出站、引导标识、信息广播等信息；
 2 车辆内信息服务应能提供行车路线、报站信息、行驶位置和方向、交通换乘、天气、新闻等信息；
 3 对外公众信息服务应能提供车辆运行计划与状态、交通换乘、乘车方案等信息。

7.4.3 车站信息服务、车辆内信息服务可包括语音广播提示和动态信息显示，其设备应可靠耐用。

7.4.4 车站应在售检票进口处和候车区设置电子站牌和信息广播设备，且车站可设置能提供交互式的公交信息查询设备。

7.4.5 对外公众信息服务可通过互联网、广播、公共信息查询台等途径发布。

7.5 车辆定位

7.5.1 车辆定位应包括卫星定位单元、车载单元、地面定位单元、通信传输单元等。

7.5.2 车辆定位应具有下列主要功能：
  1 车辆实时定位；
  2 车辆位置、速度、运行状态等信息的采集；
  3 车辆进出场站的识别；
  4 为车辆车门、站台屏蔽门等开闭提供安全定位信息。

7.5.3 当采用卫星系统定位时，定位误差不应大于±10m，定位信息传输间隔不应大于10s。

7.5.4 车载单元应能将车辆识别及信号优先申请信息提供给地面定位单元，并应能接收地面定位单元的数据信息。

7.5.5 在建筑物或构筑物对卫星定位信号有干扰和遮蔽处，可采用地面车辆定位方式进行定位。

8 运营车辆

8.1 车辆配备

8.1.1 运营车辆应优先选用环保节能、新能源的公共汽车或无轨电车。

8.1.2 运营车辆应按系统级别进行选配。应以特大型公共汽车或无轨电车为主，辅助配备大型公共汽车或无轨电车，并应符合下列规定：
  1 一级快速公交系统应主要配备18m特大型铰接式公共汽车或无轨电车，辅助配备10.0m~13.7m大型和特大型公共汽车或无轨电车。
  2 二级快速公交系统应主要配备14m~18m特大型铰接式公共汽车或无轨电车，辅助配备10.0m~13.7m大型和特大型公共汽车或无轨电车。
  3 三级快速公交系统应主要配备10.0m~13.7m大型和特大型公共汽车或无轨电车。

8.1.3 运营车辆配备辆数应根据系统客运能力选择。

8.1.4 运营车辆宜采用低地板、低入口的车辆。当采用高地板车辆时，应对应同高度站台加装安全、可靠的乘客乘降导板装置。

8.1.5 快速公交系统应配备救援车辆。

8.2 车辆乘客门

8.2.1 车辆乘客门方向应根据站台形式选择。双侧停靠站台宜采用左开门，单侧停靠站台宜采用右开门。

8.2.2 车辆乘客门数量宜符合表8.2.2的规定。

表8.2.2 车辆乘客门数量

车辆长度 L（m）	车辆乘客门数量（个）
10≤L≤12（大型）	≥2
12<L≤13.7（特大型）	≥2
14≤L≤18（特大型铰接车）	≥3

8.3 车辆要求与等级配置

8.3.1 车辆技术要求应符合国家现行相关标准的规定。

8.3.2 车辆等级配置和可靠性应符合现行行业标准《城市客车分等级技术要求与配置》CJ/T 162的规定。

8.3.3 车辆服务设施应符合现行国家标准《城市公共汽电车客运服务》GB/T 22484的规定。

8.3.4 车身颜色和图案应有标识性。

9 运营设备

9.1 供 电

9.1.1 供电系统应满足供电安全可靠、环保节能、运行方式灵活、运营管理方便和投资经济的要求。

9.1.2 供电系统的规模和容量应按远期高峰小时的用电负荷要求设计。

9.1.3 供电系统的设计应包括各个车站的设备、照明、停车场及调度中心的供配电及控制等。

9.1.4 车站宜采用专用变压器供电，也可采用沿线公共变压器供电。

9.1.5 通信设备、站台屏蔽门、自动售检票设备、自动扶梯及电梯应采用一级负荷供电。

9.1.6 供电系统设计应符合现行国家标准《供配电系统设计规范》GB 50052的规定。低压配电电压应采用220/380V，配电系统宜采用三相四线制。

9.1.7 车站内的通信设备、站台屏蔽门、自动售检票等设备应采用统一、集中的安全低电压供电系统。

9.1.8 车站的低压配电系统接地形式宜采用TN-S接地系统，各站的电源引入点应有防止雷电高电位引入的措施。每个车站应设总等电位联结。

9.2 通 信

9.2.1 通信系统应满足传递语音、数据、图像和文字等各种信息的需要。

9.2.2 通信系统应由传输网络、专用电话、无线通信、广播、时钟及视频监控组成。

9.2.3 通信系统应预留远期发展的容量，并具有兼容和升级能力。

9.2.4 在灾害或事故的情况下应能作为应急处理、抢险救灾的设施。

9.2.5 系统技术性能应符合相应的国家现行标准的规定。

9.2.6 通信传输系统应能实现调度中心与车站、车辆，调度中心与上级单位，票务中心与结算分中心之间的语音、数据、图像和文字的交互传输。

9.2.7 通信传输系统应能提供高速、稳定的信息传输通道。

9.2.8 通信系统的传输网络应满足下列要求：

　　1 组网方案的选择应考虑数据传输速率、工程实施难度、造价、可维护性、可扩展性和稳定性等因素；

　　2 传输网络可采用开放式星形拓扑结构、环形结构或星形、环形混合结构，应能支持语音、数据、图像和文字在同一个网络内的传输；

　　3 数据传输应无明显的延时和抖动；

　　4 传输网络宜采用单模光纤链路的千兆以太网技术组建。当不能铺设光纤链路时，可采用无线接入或有线宽带接入；

　　5 调度中心与停车场、站台应通过网络连接；

　　6 调度中心与上级主管单位、票务结算中心可通过广域网连接。

9.2.9 专用电话应包括调度电话及车站、停车场内的直通电话。

9.2.10 调度员、车站值班员等固定用户与汽车司机、防灾、维修、公安等移动用户之间，应设置无线通信系统。

9.2.11 通信系统的广播应能实现调度员和车站值班员向乘客通告车辆运行以及安全、向导等服务信息。

9.2.12 通信系统的时钟应能为各线路、车辆、场站提供统一的标准时间信息，为其他子系统提供统一的定时信号。

9.2.13 通信系统必须采取防雷和接地措施，可按现行国家标准《地铁设计规范》GB 50157 的规定执行。

9.2.14 现场扬声设备的选择应考虑建筑布局和装修条件。

9.2.15 视频监控系统摄像机的安装位置、数量及安装方式应根据乘客流向、乘客聚集地等场所综合考虑，在设置重要设施处也应安装摄像机。

9.3 站台屏蔽门

9.3.1 站台屏蔽门应按车站形式、建设标准、气候及环境条件等选用，可采用全高式或半高式。

9.3.2 站台屏蔽门应安全、可靠、检修方便、造型美观。

9.3.3 站台屏蔽门设置数量应根据停车泊位数及车辆的开门数量确定。

9.3.4 站台屏蔽门应能集中控制并与车辆联动控制，每组站台屏蔽门之间应互不干扰。

9.3.5 站台屏蔽门开门及关门速度，应满足运营要求。

9.3.6 站台屏蔽门的通行净高不应小于 2.0m，宽度宜比车辆门宽 200mm。

9.3.7 站台屏蔽门的技术要求应符合国家现行相关标准的规定。

9.4 其他设备

9.4.1 消防、照明、售检票、通风等系统设备应符合国家现行相关标准的规定。

本规范用词说明

　　1 为便于在执行本规范条文时区别对待，对要求严格程度不同的用词说明如下：

　　　1）表示很严格，非这样做不可的：
　　　　正面词采用"必须"，反面词采用"严禁"；

　　　2）表示严格，在正常情况下均应这样做的：
　　　　正面词采用"应"，反面词采用"不应"或"不得"；

　　　3）表示允许稍有选择，在条件许可时首先应这样做的：
　　　　正面词采用"宜"，反面词采用"不宜"；

　　　4）表示有选择，在一定条件下可以这样做的，采用"可"。

　　2 条文中指明应按其他有关标准执行的写法为"应符合……的规定"或"应按……执行"。

引用标准名录

　　1 《供配电系统设计规范》GB 50052

　　2 《地铁设计规范》GB 50157

　　3 《民用闭路监视电视系统工程技术规范》GB 50198

　　4 《城市道路交通规划设计规范》GB 50220

　　5 《城市公共交通标志》GB/T 5845.1～5845.4

　　6 《道路交通信号灯设置与安装规范》GB 14886

　　7 《城市公共汽电车客运服务》GB/T 22484

　　8 《城市公共交通站、场、厂设计规范》CJJ 15

　　9 《城市道路工程设计通用规范》CJJ 37

　　10 《城市道路照明设计标准》CJJ 45

　　11 《城市人行天桥与人行地道技术规范》CJJ 69

　　12 《城市道路和建筑物无障碍设计规范》JGJ 50

　　13 《城市公共交通客运设施 城市公共汽车、电车候车亭》CJ/T 107

　　14 《城市客车分等级技术要求与配置》CJ/T 162

　　15 《城市道路交通信号控制方式适用规范》GA/T 527

中华人民共和国行业标准

快速公共汽车交通系统设计规范

CJJ 136—2010

条 文 说 明

制 订 说 明

《快速公共汽车交通系统设计规范》CJJ 136-2010 经住房和城乡建设部于 2010 年 3 月 31 日以第 532 号公告批准、发布。

本规范制订过程中，编制组进行了广泛的调查研究，总结了我国快速公共汽车交通系统的实践经验，同时参考了国外先进技术法规和技术标准。

为便于广大设计、施工、科研、学校等单位有关人员在使用本规范时能正确理解和执行条文规定，编制组按章、节、条顺序编制了本规范的条文说明，对条文规定的目的、依据以及执行中需注意的有关事项进行了说明，还对强制性条文的强制性理由做了解释。但是，本条文说明不具备与规范正文同等的法律效力，仅供使用者理解和把握标准规定时参考。

目　次

1　总则 ·· 81—15
2　术语 ·· 81—15
3　基本规定 ·· 81—15
　3.1　系统组成及分级 ································ 81—15
　3.2　系统要求 ·· 81—16
　3.3　换乘 ·· 81—16
4　运营设计 ·· 81—17
　4.1　一般规定 ·· 81—17
　4.2　运营组织 ·· 81—17
　4.3　运营要求 ·· 81—17
5　车道 ·· 81—18
　5.1　车道布设 ·· 81—18
　5.2　车道宽度 ·· 81—18
　5.3　车道线形 ·· 81—19
　5.4　路面结构 ·· 81—20
6　车站及停车场 ······································ 81—20
　6.1　一般规定 ·· 81—20

　6.2　车站总体设计 ···································· 81—20
　6.3　站台 ·· 81—20
　6.4　建筑及结构 ·· 81—21
　6.5　乘客过街设施 ···································· 81—21
7　调度与控制 ·· 81—21
　7.1　一般规定 ·· 81—21
　7.2　运营调度 ·· 81—22
　7.3　信号控制 ·· 81—22
　7.4　乘客信息服务 ···································· 81—23
　7.5　车辆定位 ·· 81—23
8　运营车辆 ·· 81—24
　8.1　车辆配备 ·· 81—24
　8.3　车辆要求与等级配置 ························ 81—24
9　运营设备 ·· 81—24
　9.1　供电 ·· 81—24
　9.2　通信 ·· 81—24
　9.3　站台屏蔽门 ·· 81—25

1 总 则

1.0.1 快速公交系统在国外已发展了30多年，营运和技术都是比较成熟的。目前，世界上包括巴西、美国、加拿大、澳大利亚、法国、日本、韩国等国家在内的许多城市已建成快速公交系统。快速公交系统作为一种运量大、速度快、耗资低、建设周期短、服务质量高的公共交通方式，与轨道交通相提并论。联合国、世界银行、国际能源机构以及公共交通国际联合会等国际组织与机构都把快速公交系统作为解决城市公共交通问题的革命性方案，积极地向世界各大城市推荐。

在我国，快速公交系统的技术经济特性已经被各级政府所重视，国家六部委联合下发的《关于优先发展城市公共交通意见的通知》（国办发[2005]46号），对快速公交系统给予了足够的重视。北京、昆明、济南、杭州、常州、厦门、天津、重庆、上海、沈阳、成都、西安、石家庄、南京、武汉、福州等多个城市有序地推进了快速公交系统的规划和建设工作。我国第一条全封闭大容量快速公交系统已于2005年12月在北京开通。昆明、济南、杭州、常州等城市都已经开通快速公交系统。

目前，国内快速公交系统的建设大多参照国外经验，国内没有相应的设计标准，为规范我国快速公交系统的建设，合理确定快速公交系统的建设规模和主要技术指标，特制定本规范。

2 术 语

2.0.6 组合线路模式

为保证系统运营效率，进入快速公交专用道上行驶的线路，应全部按快速公交方式运营。目前国内一些已建线路在运营初期，为培育客流，允许部分普通公交线路进入快速公交专用道运行。但这些线路由于车辆、运营调度等与快速公交不同，影响了系统的效率。因此，进入快速公交专用道行驶的各条线路，在行驶的区段内，均应按快速公交方式运营，才能保证系统的快速高效，满足设计标准。

3 基本规定

3.1 系统组成及分级

3.1.1 本条规定了快速公交系统的六个要素：车道、车站、车辆、调度与控制系统、运营组织及运营设备、停车场等组成。

国家六部委联合发布的《关于优先发展城市公共交通意见的通知》（国办发[2005]46号）中，对快速公交系统定义为"大运量快速公共汽车系统是利用现代化大容量专用公共交通车辆，在专用的道路空间快速运行的公共交通方式，具有与轨道交通相近的运量大、快捷、安全等特性，且建设周期短，造价和运营成本相对低廉"。文中提出"大容量专用公共交通车辆"、"专用道路空间"、"快速运行"等几个特征。其中"快速运行"的特征实际上是对"智能系统"、"运营组织"与"运营设备"提出的综合要求。

美国TCRP《快速公共汽车运营系统》第一卷《案例分析》中对快速公交系统的定义为"一种灵活的橡胶轮胎车辆快速公共交通营运模式，它是由快速公交车站、快速公交车、服务、营运方式、智能公交系统（ITS）等元素集成的系统，它具有自己鲜明的特色，能形成城市独特的形象"，也是强调了"车站"、"车辆"、"智能系统"、"营运方式"元素。

《城市公共交通工程术语标准》CJJ/T 119-2008中对快速公交系统的定义：以大容量高性能公共汽电车沿专用车道按班次运行，由智能调度系统和优先通行信号系统控制的中运量快速客运方式。强调了"车站"、"车道"、"车辆"、"智能系统"、"营运方式"元素。

快速公交系统强调"系统"二字，只有这六个要素共同组成一个完善的系统，才能达到快速、大运量的效果。

3.1.3 本条是对系统分级的规定。国内的相关规范《城市道路工程设计通用规范》CJJ 37、《城市道路交通规划设计规范》GB 50220都对道路进行了分级；《城市公共交通分类标准》CJJ/T 114也对全国城市公共交通进行了分类。本规范对快速公交系统进行科学合理的分类，有助于在快速公交系统设计时准确地把握相应级别系统的建设规模和主要技术指标，使系统各要素的配置与系统服务水平相适应。通过分级标准的确定，可以明确快速公交与常规公交建设标准的区别。

1 国内国外分级情况

  1) 美国TCRP《快速公共汽车运营系统》根据公交专用道的形式分为四类：主干路快速公交、改良的主干路快速公交、拥有专有路权的快速公交、改良的拥有专有路权的快速公交。

  2) 巴西根据运量和系统构成分为低运量系统、中运量系统和高运量系统。

低运量系统：中央公交专用道，没有超车车道，左开门，可能采用车外售票和ITS，车型可为铰接或单机，单向客运能力小于9000人次/h。

中运量系统：中央公交专用道，没有超车车道，右开门，车外售票和ITS，车型为双铰接或三铰接，车速约为19km/h，单向客运能力约为13000人次/h。

高运量系统：中央公交专用道，超车车道，左开门，车外售票和 ITS，车型为双铰接，设快线，车速约为 27km/h，单向客运能力约为 22000 人次/h。

　　3）中国城市规划设计研究院编制的《快速公交规划设计导则》将快速公交系统分为高级形式和初级形式两类。高级形式具有大运量特征，系统单向单车道（1～2）万人次/h，速度在 25km/h 以上，车辆运营的准点率在 90% 以上，两侧土地开发强度高。初级形式是快速公交最低服务水平的标准，其提供低运量快速和较为舒适的公共交通服务，系统单向单车道 1 万人次/h 以下，速度在（20～25）km/h，车辆运营的准点率在 80% 以上，两侧土地开发强度中等。

　　4）《城市公共交通分类标准》CJJ/T 114 依据车辆的大小将快速公交系统分为大型公共汽车、特大型（铰接公共汽车）、超大型（双铰接）公共汽车三类，并给出了每类系统的车辆线路条件和客运能力、平均运送速度。

　2 本规范为什么以运送速度和单向客运能力分级

　　分类的标准既要科学地反映系统的特征，同时也要方便操作，分类的指标不宜太多。参考前述分类方法，最关键的两个指标为运送速度和单向客运能力。"快速"和"大运量"是车道、车站、车辆、调度与控制系统、运营组织及运营设备等系统要素集成的综合评价指标，也是快速公交系统与普通公交系统区别的最明显的两个指标。

　3 运送速度和单向客运能力的分级标准的确定

　　1）运送速度

　　国办发［2005］46 号文要求"公共汽电车平均运营速度达到 20km/h 以上"。

　　根据目前国内外正在运营的快速公交系统的运送速度的统计资料，北京南中轴为 26km/h，杭州快速公交 1 号线为 28km/h，昆明的北京路北延线封闭快速公交线段为 20km/h，常州快速公交 1 号线为 22.5km/h。

　　美国 TCRP《快速公共汽车运营系统》第一卷《案例分析》中对世界 25 个城市的 32 个快速公交系统的调研，高速路上的公交车道的运送速度为（40～80）km/h，城市主干道上的公交车道的运送速度为（20～30）km/h。

　　所以，本规范规定三级系统的运送速度低限值为 20km/h，考虑运送速度和客运能力并不是对应关系，一级和二级的运送速度统一规定为 25km/h 以上。对于快速路和专用路上的快速公交，一级系统运送速度可以更高。

　　2）单向客运能力

单向客运能力和车辆的额定载客量、发车间距、信号是否优先、售票方式、运营组织等有关，计量单位为人次/h。系统的设计单向客运能力应大于预测的线路的超高峰小时断面客流量。

　　《城市公共交通分类标准》CJJ/T 114—2008 中规定常规公交的客运能力的高限为 5400 人次/h，为与之衔接，本规范规定的客运能力三级系统的低限为 5000 人次/h，相当于 18m 长车辆每 2.4 分钟发一辆。

3.1.5 系统级别划分的两个指标，运送速度和单向客运能力是系统各要素综合能力的体现，在设计时应计算这两个指标，以核对系统的设计是否达到了预期的目标，通过计算也能发现系统的各要素设置是否协调、匹配。

　1 运送速度

　　是单程长度与单程载客时间之比。单程载客时间计算主要考虑如下因素：

　　1）每个站的乘降时间；

　　2）每个站的停车时间；

　　3）交叉口的平均延误时间；

　　4）站间运行时间。

　　通过运送速度的计算，校核各相关参数是否满足设计要求。

　2 单向客运能力

　　是单位时间内从单方向通过线路断面的客位数上限，即车辆额定载客量与行车频率上限值的乘积。行车频率与站台的服务能力和时间、信号优先的设置、运营调度有关。

　　通过单向客运能力的计算，校核车辆的配备、行车频率的设定是否满足高峰时间客流的需求。

3.2　系统要求

3.2.1 在新建道路上设置快速公交系统时，要根据道路规划和客流预测，合理设计专用道、车站、交叉口、行人过街设施等；在现况路上设置快速公交系统时，还应综合考虑现有道路的运行状况、现有公交系统、用地条件等，进行充分论证。

3.2.2 本条是对系统设计服务能力年限的规定。考虑我国城市交通发展迅速，且快速公交系统的建设和运营比较灵活，因此，确定快速公交的设计年限近期按 3 年，远期按 10 年设计。

3.2.3 线路运营长度考虑系统的稳定性和运营的经济合理性确定。平均站距的规定参考了地铁和常规公交的相关规定，快速公交的平均站距数值介于二者之间，间距过大乘客的步行距离太远，间距过小将降低快速公交的运行速度。

3.3　换　　乘

3.3.1 换乘站设计是否合理，直接影响线路对乘客的吸引量，应引起高度重视。由于快速公交各线路标准统一,同站换乘既可以减少换乘时间,又可最大限度地集约利用站内设施设备、便于高效运营管理。

3.3.2 关于换乘距离,《城市公共汽电车客运服务》GB/T 22484-2008 第 4.4 节规定:在路段中的同向换乘距离不宜大于 100m,在平交路口换乘距离不宜大于 200m,在立交桥区换乘距离不宜大于 300m,在轨道交通车站、长途汽车站、火车站、客运码头及住宅区的主要出入口 150m 范围内,设置公共汽电车站。

《城市道路交通规划设计规范》GB 50220-95 第 3.3 节规定:同向换乘距离不应大于 50m,异向换乘距离不应大于 100m,在道路平面交叉口和立体交叉口上设置的车站,换乘距离不宜大于 150m,并不得大于 200m。

为使快速公交更好地为乘客服务,方便换乘,本规范采用《城市道路交通规划设计规范》GB 50220 的规定值。

3.3.3 为了保持站内旅客乘降量相平衡,规定换乘站内各交通方式、各线路的客流集散量应相互匹配。

3.3.4 乘客流线冲突是影响换乘秩序和换乘效率的重要原因,在设计时应尽量予以避免。

3.3.6 在首末站和大型换乘枢纽适当设置小汽车停车区域,可吸引小汽车乘客换乘快速公交,在一定程度上减少城市中心区的小汽车流量。小汽车停车面积要考虑长时停车和乘客临时上下车的需求。

4 运营设计

4.1 一般规定

4.1.1 快速公交系统运营设计是为具体的设计工作确定目标,指导工程设计、建设、管理的重要前提和基础。因此,系统运营设计应本着"安全、高效、便捷、舒适"的原则,以客流预测为基础,选择适宜的系统级别,通过车辆、车站、车道、调度与控制、运营设备的配置,满足客运能力、运营组织、运营调度要求。

4.1.3 为确保系统客运能力配备合理、运营服务高效,快速公交系统客运能力设计应满足设计年限内预测高峰小时单向最大断面客流需求。

4.2 运营组织

4.2.1 为实现快速公交系统运营效率最优化、效益最大化,应选择适宜的运营组织模式。快速公交系统的基本运营组织模式可分为独立线路和组合线路两种,其中,独立线路运营模式是指在快速公交专用道上只允许一条快速公交线路运行(如图1),目前国内北京、济南等城市采用了此种模式;组合线路运营模式是指在快速公交专用道上允许多条线路按快速公交方式运行(如图2),目前国内杭州、常州等城市采用了此种模式。

图 1 独立线路运营组织模式示意图

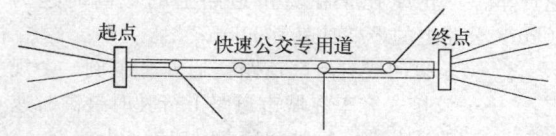

图 2 组合线路运营组织模式示意图

4.2.2 独立线路和组合线路运营组织模式都有各自的适应条件,具体来看,应根据断面客流需求和客流出行特征等因素综合确定。

快速公交通道全线的公交客流较大且较为均衡时,可选用独立线路运营组织模式,如北京南中轴快速公交系统。全线客流不均衡、客源分散时,为避免道路资源的浪费,可选用组合线路运营组织模式,如常州快速公交系统。

4.2.4 根据客流出行特征和不同时段的客流分布,快速公交系统可选择每站停、越站、区间、编组车等灵活的运行方式。一般情况下,每站停方式应保证全天运营;在早晚、节假日等高峰时段及客流分布不均匀的路段,可适当提供越站、区间、编组车方式,从而满足系统的运营需求,提高运营效率。

4.2.5 为保证系统运营效率,避免快速公交通道上各条线路间相互干扰、公交站台容量不足、运营调度不可控等因素,一般情况下,组合线路的运营组织模式中,应保证在通道同一断面上运行的公交线路不超过 3 条。

4.3 运营要求

4.3.2 快速公交系统的发车间隔与客流需求、运营组织模式、车辆配置、车站容量等因素有关,是体现快速公交服务水平的重要指标。为了增加系统吸引力,并保证一定的服务水平,综合考虑国内几个城市快速公交系统的运营经验,建议高峰时段发车间隔宜为 1min~3min,非高峰时段发车间隔宜为 3min~6min。同时,当采取区间、编组、越站等运行模式时,仍可参考上述发车间隔。在系统车辆配置、车道、车站、调度与控制等设计中应满足发车间隔要求。

4.3.3 本条规定涉及快速公交车辆的运行安全问题,快速公交车辆的运量大、座位少、站立乘客多,为避免车辆行驶过程中转弯、刹车时对乘客造成伤害,有必要限定车辆的最高行驶速度,并规定为强制性条文。各地道路交通安全法规对车辆的行驶速度另有规定的应遵照执行。例如:

1 《北京市实施〈中华人民共和国道路交通安全法〉办法》中规定:"……铰接式客车、电车在城市道路上行驶时最高时速为50km,在封闭的机动车专用道路和公路上行驶时最高时速为60km。"

2 《安徽省道路交通安全条例》中规定:"铰接式客车和附载作业人员的货运汽车、全挂拖斗车、低速货车、三轮摩托车在城市道路上的最高时速为50km,公路上的最高时速为60km;"

3 《宁夏回族自治区道路交通安全条例》中规定:"……铰接式客车在城市道路上行驶时最高时速为50km,普通公路上行驶时最高时速为60km。"

对于不设屏蔽门的站台,为避免乘客因拥挤等原因进入行车道造成交通事故,规定通过不设站台屏蔽门的车站站区,行驶速度不应大于30km/h。

4.3.4 编组车辆过多,车站用地规模过大,路口信号优先不易实现,系统运营效率得不到保障。根据国内几个城市的经验,一般编组车辆数不宜超过3辆。

4.3.5 在组合线路运营组织模式下,当不同线路经过同一站台时,应该实现不同线路在同一站台的免费换乘,以方便乘客出行,提高公交系统的网络运营效率。

4.3.6 乘客的人均乘降时间是影响运送速度的重要因素,在对国内北京、杭州、昆明等城市实际运营的快速公交线路人均乘降时间调查的基础上,确定乘客人均乘降时间不大于1s。车辆选型、车站设计时应满足人均乘降时间的要求。

4.3.7 为实现快速公交系统"快速"的特征,满足系统分级标准中的运送速度要求,应尽量减少运营状态下的延误时间。根据国内部分城市运营速度和交叉口、路段延误的调查经验,交叉口和路段延误时间不宜高于总运营时间的15%。在设计时可以通过调整路口间距、车道位置、行人过街方式、路口信号优先等措施满足延误时间的最低要求。

4.3.8 出现串车、车辆故障等非正常运行状况时,可采用调整发车频率、变更车辆运行区间、采取越站措施、压缩停站时间等应急预案。

5 车 道

5.1 车道布设

5.1.2 快速公交系统的目标是快速、准点,而专用路或专用车道是最基本的保障。专用路和专用车道的布设应满足客流特征、线路运营组织的需求,并结合所在道路的等级、交通功能和空间条件等因素分析确定。公交专用路和专用道应包括路口在内的全线布设,在交叉口等特殊地段与社会车辆混行将增大车辆的延误,明显影响系统的运行效率。

5.1.3 根据国内北京、昆明、杭州、济南等城市

快速公交系统设计经验,专用车道一般布设在道路中央或路侧。中央专用车道受其他车辆干扰最小,路侧专用车道根据道路路幅形式,还可分为主路路侧和辅路内、外侧形式,受其他车辆干扰程度也依次增加。因此优先选用中央专用车道。

中央专用车道按上下行有无物体隔离分为整体式和分离式,整体式占用道路空间小,公交车辆运行中上下行车辆有需求时可以借道行驶,故优先选用中央整体式。

5.1.5 快速公交专用车道的设置往往受制于现有道路的空间条件,按照国内一些城市的快速公交系统设计经验,交通需求大的路段,往往道路条件紧张,设置公交专用道困难;如果不设置快速公交专用车道,对快速公交线路整体稳定性影响非常大,因此,比较好的解决方式是单独设置专用路,必要时可考虑高架路或地下隧道。

5.1.6 快速公交专用车道与其他车道采用物体隔离是避免横向干扰最有效的措施,可以减少交通管理的压力,有利于安全运行;车道线分隔有利于降低工程投资,增加道路空间利用以及故障车处理的灵活性,但不利于专有路权的保证和车辆安全行驶。因此,在车流量和行人流量大的路段应采用物体隔离。隔离物体可采用隔离带、栏杆等形式。

5.1.7 每增加一个平面交叉口,就会增加车辆的延误,为保证快速公交线路运营的快速、准时,设置快速公交专用车道的道路应通过道路交通组织设计,尽量减少设置平面交叉口。本条规定的交叉口是指与快速公交车道交叉,使快速公交车辆不能连续运行的路口,车辆进出道路但不与快速公交车道交叉的不计算在内。

5.1.8 分离式单车道当运营车辆发生故障时,会阻碍其他运营车辆。为及时排除故障,应迅速将故障车辆移出专用道。考虑牵引车进出和疏散车上乘客的方便,物体隔离连续长度不应超过300m。不满足要求时,应在适当位置增加紧急出入口或停车港湾。本条为强制性条文。

5.1.10 一般快速公交线路在沿线各站点客流是不均匀的,一日之内不同时段客流也有相应变化,根据客流特征,运营组织会采用多种方式,例如区间车运行。根据运营需要,车辆可利用街区道路掉头,也可设置掉头车道,供车辆中途返回使用。掉头车道设计应满足相关规范。

5.1.12 车辆停靠处如果积水,车辆进站时会将水溅到乘客身上,因此,规定站台处加设雨水口,但平篦式雨水口经常会被车辆轧坏,所以应采用偏沟式雨水口。

5.2 车道宽度

5.2.1 根据《道路车辆外廓尺寸、轴荷及质量限值》

GB 1589-2004 的规定，单铰接大客车车身宽度为 2.5m，单侧后视镜最大外伸量为 0.25m，车辆宽度最大值为 3.0m，再加上横向安全距离，确定单车道宽度不应小于 3.5m，与《城市道路工程设计通用规范》CJJ 37 相关单车道宽度的规定值一致。车道宽度是涉及行车安全的重要参数，因此规定为强制性条文。

5.2.2 为保证快速公交系统的运营效率，二级及以上的快速公交系统的站区内车道应设行车道和港湾停车道，行车道供不需要停靠的车辆快速通过使用，港湾停车道供停站车辆停靠使用。三级快速公交系统可根据系统运营的需要设置港湾停车道。

5.2.3 停车道宽度根据《城市道路工程设计通用规范》CJJ 37 并参考了国内车道宽度研究的相关成果确定，站区内港湾停车道宽度不应小于 3m。

5.2.4 按照单车道最小宽度 3.5m 和单侧路缘带宽度 0.5m 计算。

5.3 车道线形

5.3.1 根据《城市道路工程设计通用规范》CJJ 37 的规定，主干路设计速度分为(60、50、40)km/h 三级，次干路设计车速分为(50、40、30)km/h 三级。新建快速公交专用道及专用路应布设在主干路或技术标准较高的次干路上，因此规定设计速度不应小于 40km/h。设置在快速路上的快速公交专用道，一般与普通车道并设，线形标准应按道路线形标准设计。

5.3.2 根据《低地板及低入口城市客车结构要求》GB/T 19260 规定，低地板及低入口车辆的纵向通过半径应小于或等于 33.5m，这个数值远小于《城市道路工程设计通用规范》CJJ 37 对道路竖曲线半径的规定，所以道路竖曲线半径满足《城市道路工程设计通用规范》CJJ 37 即可。

5.3.3 车辆停靠时，为方便乘客乘降，车辆与站台应尽可能靠近，如平曲线半径太小，车辆难以靠近站台。如图 3 所示，本条规定路中平曲线半径不小于 1000m，是按车辆外缘与站台边缘最小距离为 0.1m 计算，同时考虑了驾驶员在曲线路段的操控特征规定的。在保证车道宽度满足要求的情况下，可将站台边缘设计成直线。

5.3.4 路段纵坡大于 2%处不宜设站，是为了防止车辆在车站处停车时发生溜坡和雨雪天气时的滑移。车站不应设在凹曲线底部，是为了避免雨天积水影响车辆停靠。

5.3.5 港湾停车道的过渡段（加、减速段）的长度采用两种计算方法，数值较接近。

1 按车辆横移一个车道所需 3s 时间计算，公式如下：

$$L_t = \frac{1}{3.6} v_i t \quad (1)$$

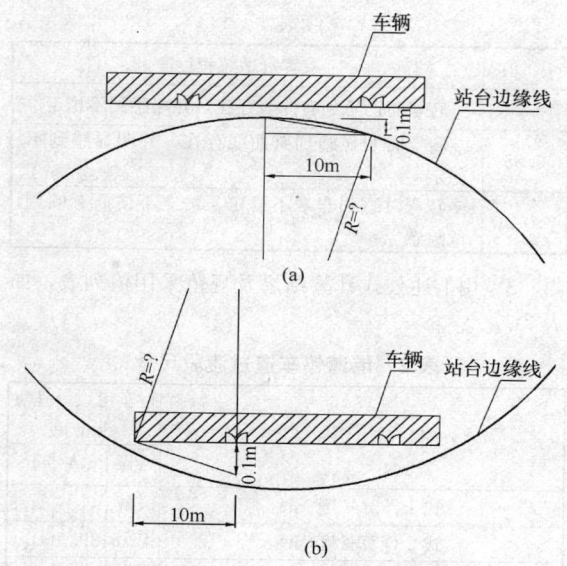

图 3 曲线站台与车辆的关系示意图

式中：L_t——过渡段长度，(m)；

v_i——车道设计速度，(km/h)；

t——行驶时间，采用 3s，(s)。

实际运行中，车辆在过渡段是一个加减速的过程，行驶速度会比行车道设计速度低，因此上式计算结果是偏安全的。

2 按 S 形行驶轨迹作为反向曲线计算过渡段长度，公式如下：

$$L_t = \sqrt{(4r_i - w)w} \quad (2)$$

式中：w——港湾停车道宽度，取 3m；

r_i——反向曲线半径，(m)。

曲线最小半径是以汽车在曲线部分能安全而顺适地行驶所需的条件确定的，即车辆行驶在道路曲线部分所产生的离心力等横向力不超过轮胎与路面的摩阻力所允许的界限。圆曲线半径的通用计算公式如下：

$$r_i = \frac{v_a^2}{127(\mu + i)} \quad (3)$$

式中：r_i——曲线半径，(m)；

v_a——设计速度，(km/h)；

μ——横向力系数，取 0.15；

i——路面横坡度或超高横坡度，取 0。

横向力系数的大小影响着汽车的稳定程度、乘客的舒适感、燃料和轮胎的消耗等方面，所以 μ 值的选用应保证汽车在圆曲线上行驶时的横向抗滑稳定性，以及乘客的舒适和经济的要求。表 1 为不同 μ 值对乘客的舒适程度反映。

表 1 汽车在弯道上行驶时乘客的舒适感

μ 值	乘客舒适感程度
<0.10	转弯时不感到有曲线存在，很平稳
0.15	转弯时略感到有曲线存在，但尚平稳

续表1

μ 值	乘客舒适感程度
0.20	转弯时已感到有曲线存在,并略感到不稳定
0.35	转弯时明显感到有曲线存在,并明显感到不稳定
≥0.40	转弯时感到非常不稳定,站立不住而有倾倒危险感

3 用上述公式计算结果及规范采用值列表,如表2:

表2 港湾停车道过渡段尺寸

计 算 方 法	行车道设计速度(km/h)		
	60	50	40
式1计算长度(m)	50	41.6	33.3
式2计算长度(m)	47.5	39.6	31.6
规范采用的加减速段的最小长度(m)	55	45	35
式3计算的反向曲线的一般最小半径(m)	189	131	84
规范采用的反向曲线的一般最小半径(m)	190	140	85

5.4 路面结构

5.4.1 快速公交车道与普通道路使用的区别是:

1 车辆轴载大,但轴载固定,根据运营组织能较准确的预计使用年限的累计轴载;

2 由于不用转换车道,所以车辆对车道同一位置反复碾压,更容易形成车辙;

3 在停靠站和交叉口,车辆定点停车时,刹车对车道路面结构造成很大的层间剪切力。因此,应对路面结构设计给予足够的重视,选用抗重载、抗剪切能力强的材料,并注重层间粘结。

5.4.2 北京市南中轴快速公交系统在通车一段时间后,在路口及站区位置的沥青混凝土路面车辙情况严重,车辆定点停车对路面破坏极大,特别是站区位置。另外,对车辆的调查发现,快速公交车辆的胎压大于1.1MPa,远大于BZZ-100标准轴载的轮胎接地压强,因此推荐站区路面采用水泥混凝土路面结构。若采用沥青混凝土路面结构,应作抗车辙增强处理。特殊处理的宽度应为站区专用道的全宽,并注意与其他路面的搭接,避免沉降;纵向长度应包含车辆加减速及停车段。

5.4.3 为提升快速公交系统的形象,强调快速公交的专有路权,站区和行车道路面可采用彩色路面或彩色标识。

6 车站及停车场

6.1 一般规定

6.1.1 车站是快速公交系统的重要组成部分,车站设计必须满足系统的运能需求,并与运营组织和运营调度管理相适应,保证乘降安全、疏导迅速、布置紧凑、便于管理,为乘客提供舒适的乘车环境。

6.1.2 车站建设规模及设施应根据营运线路数、配车数、高峰发车频率、候车乘客数量以及站的等级来确定。

6.1.3 无障碍设施包括坡道、盲道、语音提示等,供行动不便人士使用。

6.2 车站总体设计

6.2.1 车站按功能划分可分为首末站和中途站,中途站分为换乘站和普通站。首末站宜设置在用地满足需求且客源比较集中的居住区、商业区或文体中心等主要客流集散点附近,以及城市公共客运交通走廊衔接处。中途站应设置在线路沿途所经过的各主要客流量集散点上,与其他城市公共交通衔接,方便换乘。

6.2.3 车站可分为双侧停靠和单侧停靠形式;同一车站两侧可以同时停靠车辆为双侧停靠形式,车站只能单侧停靠车辆为单侧停靠形式。主要根据独立线路或组合线路、每站皆停或越站停等运营特征、道路资源等因素综合确定。

6.2.4 在车站客流组织设计时,应考虑人行横道的位置、人行天桥及人行地道的梯道位置和宽度、自动扶梯的宽度和设备位置等因素,确保行人进出站流线明确、行走距离最短。

6.2.5 进出站和换乘流线之间相互干扰会影响车站秩序和运行效率,所以车站应按功能分区设计。

6.2.8 为给乘客指引方向,引导乘客迅速进出车站,站内、站外的标志和标识应醒目且易于识别。站内应设售票、检票、进出站及乘车方向、车辆到发、路线及网络、事故疏散、服务设施的位置等标志。标志可采用反光、照明、LED等静态和动态的形式,标志的版面布置、字体大小、色彩等应统一。设置高度应方便乘客识别,不互相遮挡。

6.2.9 工作人员的工作间可结合售检票等设备间一并设置。

6.2.11 为便于司机在夜间和不利天气行驶时识别站台位置,安全准确停靠,站台外缘、站台边缘的构筑物上应粘贴反光标线带和反光轮廓标等交通安全导向设施。

6.3 站 台

6.3.3 顺序停靠方式为车辆按先到站次序停靠,后车不可超越前车驶入或驶出;分组停靠方式为两组停靠车辆可独立进出车站。为配合每站皆停、越站、编组车等运营组织方式,顺序停靠时可设港湾停车道,分组停靠方式的车站应设港湾停车道。

6.3.4 参照台湾《公车捷运化设计手册之研究(1/2)设计手册》,停靠长度相邻停车位间隔最小净距不小于 1.5m；分组停靠时，两组车位的间距不小于 15m，如图 4 所示。

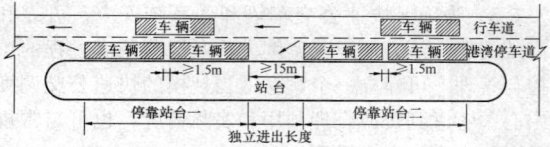

图 4 车辆停靠间距

6.3.5 公式参照台湾《公车捷运化设计手册之研究（1/2）设计手册》确定。车站人流密度参照《地铁设计规范》GB 50157。设计时，乘客候车、排队区域、步行空间服务水平可参照美国《道路通行能力手册》HCM2000 选用，见表3、表4。

表 3 乘客候车、排队区域服务水平分级

服务水平	人流密度（人/m²）
A	<0.83
B	0.83～1.11
C	1.11～1.43
D	1.43～3.33
E	3.33～5.00
F	≥5.00

表 4 乘客步行空间服务水平分级

服务水平	行人占用面积（m²）	理想的速度和流率		
		平均速度（m/min）	流率（p/m/min）	饱和度
A	≥3.3	79	0～23	0.0～0.3
B	2.3～3.3	76	23～33	0.3～0.4
C	1.4～2.3	73	33～49	0.4～0.6
D	0.9～1.4	69	49～66	0.6～0.8
E	0.5～0.9	46	66～82	0.8～1.0
F	<0.5	<46	不定	不定

6.3.6 为提高运营效率，实现水平乘降，站台高度应与运营车辆地板高度基本一致，车辆有轮椅车翻板、抽板的，要考虑翻板、抽板打开需要的高度，同时应考虑满载时车辆地板的下降高度，空气悬架系统的车辆满载后车辆地板下降高度一般不超过 20mm。

6.3.7 考虑建筑结构、出入口通道、售检票亭宽度等因素双侧停靠站台宽度不宜小于 5m，单侧停靠站台不宜小于 3m。

6.3.8 为避免进出站乘客与上下车乘客间的相互干扰，站台屏蔽门与检票口（机）之间的距离不宜小于 6m。

6.3.9 按照现行国家标准《地铁设计规范》GB 50157 规定。

6.3.10 双侧停靠站台尤其是整体式中央专用道的站台前端，车辆在夜间和不利天气行驶时容易发生碰撞，应采取设置防撞墙、防撞桶和闪光指示灯、路面施划醒目的导流标线、增加照明设施以提高照度等安全防护措施，保证车辆行驶安全。

6.4 建筑及结构

6.4.1 车站的建筑形象易于识别是快速公交系统的特点之一，不同快速公交通道可在色彩和车站建筑上有所区别。车站建筑的风格应与所在区域的城市景观、历史文化风貌等相协调。

6.4.2 车站建筑在满足功能要求的前提下，应结合城市的气候特点，考虑节能环保，为乘客候车提供舒适的环境。建筑可采用全封闭或半封闭形式，但站台至少要设置风雨顶棚。

6.4.3 车站建筑的顶棚、悬臂式交通标志、悬挂式广告等的设计应满足车行道净空 4.5m 的规定，以保障安全。

6.4.4 本条按《城市道路工程设计通用规范》CJJ 37 的规定，车站站台边缘侧向净空应不小于 0.25m，任何建筑结构、桥梁墩台、服务设施、栏杆、标志、屏蔽门结构均不应侵入侧向净空范围内。

6.5 乘客过街设施

6.5.2 由于快速公交系统吸引和疏散的客流量较大，所以应注重乘客过街设施的设计。路口附近车站的过街设施可利用路口信号控制的人行横道，并与周边建筑的进出口相协调。有条件时可采用自动扶梯、垂直电梯上下人行天桥或人行地道。过街设施应设置无障碍通道，满足行动不便人士使用要求。近、远期分期实施时应预留条件。

7 调度与控制

7.1 一般规定

7.1.1 随着快速公交系统相关技术的发展，运营管理水平的不断提高，运营过程中监视、控制、调度与管理渐趋一体化，运营的安全性、可靠性、高效性越来越受到重视，调度与控制系统显得越来越重要。调度与控制应保证快速公交车辆运行安全与快速，并为出行者提供方便的乘车环境，为运营人员提供方便的工作环境。因此它应主要包括运营调度、信号控制、乘客信息服务、车辆定位等子系统。

7.1.2 调度与控制应该能够通过设备监控、电力监控、自动售票和通信等相关系统设备的合理调配与使用，从而达到对快速公交车辆运行全过程的监控、调度与管理。

由于工程所处的地理位置、气候条件、具体线路规划、监控管理的范围、系统设备装备的数量及水平的不同以及调度与控制总体功能需求的不同，各子系统所需设置的内容有较大差异，而且各个系统之间必须考虑兼容与功能发挥程度的问题，然后根据经济性、合理性原则确定各子系统的规模、水平、运作管理模式及采用的标准。

考虑到今后新技术、新设备、新工艺的推广应用及可能增加新的系统设备，各子系统应当预留将来发展的余地。

由于快速公交系统规划一般是分近期规划、远期规划，为了不造成系统的浪费及系统的近远期综合考虑，调度与控制的系统设计总体方案应与近期建设规模和远期发展规划相匹配。

7.1.3 调度与控制是对快速公交系统全线所有运行车辆、场站和区间进行总的监视、控制、协调、指挥、调度与管理的中心，应满足运营的各种功能要求。根据实际需要，它可以是单条或者多条快速公交线路的调度与控制的系统。

7.1.4 调度与控制能提供信号优先服务是快速公交系统快速、高效的重要保障之一。控制与调度系统应能与平面交叉口的信号控制机或控制中心相互配合，对交叉口信号控制系统的绿信比等参数进行调整，为快速公交车辆提供信号优先服务。此条为强制性条文。

7.1.5 基于快速公交系统中资源管理的需求，应对其中的各种设备的信息、车辆的信息、人员的信息和票务的信息等资源进行整合，可根据实际情况建立相应的信息管理系统，便于系统的各种数据、信息进行收集、传递、处理、使用、保存，帮助管理者进行管理和决策。以消除管理的中间冗余环节、减少浪费、避免延误、提高系统的经济效益、服务水平和管理决策水平及快速公交系统的竞争力，实现资源的优化和业务流程的优化。

7.2 运营调度

7.2.1 运营调度是快速公交调度与控制的核心。调度中心是运营调度功能实现的主体，利用监控、传输设备，实现调度中心与场站、车载设备之间的信息沟通，是运营调度的核心部分。

7.2.2 运营调度关系到快速公交系统的正常运营，以及快速公交系统特点的充分发挥，具有执行、监控、调度、反馈、结算、分析、评估、应急处理（抢修与应急指挥调度）的功能。

第一款 结合地理信息系统，实时监控车辆的当前位置和各种状态信息（如：当前位置、速度、车牌号和运行轨迹等），以便在突发情况或发现车辆异常情况下均能及时与驾驶员联系。

第六款 可支持运营调度系统与车辆的信息交互，也可支持调度系统控制远程调度装置和显示装置，在运行信息（主要是车辆状态信息、运行实施信息）的采集、传输和发布的基础上，实现信息互动。

7.2.3 为确保快速公交车辆和各系统安全、可靠和高效的运行，方便运营调度人员对运营调度过程的监控与管理，可建立一个具有适当规模的快速公交调度中心。考虑到资源合理利用和实际情况，也可与常规公交调度中心合并设置。

7.2.4 为了能方便、快捷地对快速公交车辆、站台、停车场等进行实时监控，能清楚了解当前快速公交车辆信息，为调度提供依据，便于各级管理者做出相应决策，运营调度中心应能显示车辆实时监控信息、运营调度信息、视频图像，并可自由切换，方便地展示各种信息。

7.2.5 运营调度中心做出调度方案后应能及时把调度指令以快速、可靠的方式传输到停车场、站台、车辆及相关系统等。同时，停车场车辆状态、车辆运行状态、站台情况和其他有关的信息应能实时传输给运营调度中心，实现它们之间的信息互动。

7.2.7 为了满足快速公交车站运营和安全的需要，应把整个站台、车辆停靠区、售检票区和管理用房作为车站视频监控设备的监控范围。

7.3 信号控制

7.3.1 为了能实现系统"快速"以及"高效"仅靠车道上的快速是不够的，系统要求能对交叉口的交通流进行有效的控制，使快速公交车辆能快速、安全地通过，同时减少对常规公交和其他社会车辆的影响。

7.3.2 信号控制为快速公交车辆在交叉口提供了优先通过条件，对其快速、安全通过有着很重要的作用，因此快速公交线路所通过的平面交叉口应全部实施信号控制。

考虑到对交叉口优先信号控制的高标准要求和减少对其他车辆影响并结合系统设计分级的原则，一、二级系统中交叉口宜全部实施信号优先控制。

三级系统根据运营的需求，确定实施信号优先控制的交叉口，以保证快速公交系统的高效性。

7.3.3 当两条或多条线路在交叉口相交时，应该根据线路在城市交通中地位、线路客流量、交叉口交通情况等决定线路的优先级别，确定优先信号控制方案。

7.3.4 信号优先控制类型可以分为被动信号优先、主动信号优先两种。

被动信号优先控制是根据快速公交线路车辆的发车频率、行车速度、交叉口交通状况等历史数据，进行路网交叉口的信号配时，充分考虑快速公交的需求特性和优先对策，调整交叉口的信号周期长度及绿信比，以减少快速公交车辆停车、延误。由于被动信号优先控制的实施以快速公交车辆的历史数据为依据，比较适合于快速公交车辆发车频率稳定、乘客出行需求稳定的线路。被动信号优先主要有增加相位时间、信号周期调整、相位数调整等控制方式。

主动信号优先控制首先检测快速公交车辆存在，根据特定的车辆信息、当时的交通状态以及信号控制逻辑，为快速公交车辆提供相应的服务。这种控制类型要求具有更加完善的基础设施：1）先进、高效的通信技术；2）可靠、精确的快速公交车辆检测技术；3）先进的信号控制器以触发优先控制策略。项目初期投资以及阶段性设备维护需要更多的资金投入。相对于被动信号优先，主动信号优先控制具有更强的适应性和主动性。主动信号优先控制类型主要有绿灯延长、绿灯提前、相位插入、跳跃相位、相位倒转、专用相位等控制方式。优先信号控制策略比较见表5。

表5 优先信号控制策略比较

控制类型	快速公交车辆延误	横向延误	系统建设成本
被动信号优先	高	低	低
主动信号优先	低	高	高

在快速公交系统交叉口优先信号控制与设计当中，应根据经济条件、交通管理水平、运营需要、线路的重要程度、交叉口交通状况等因素来确定信号优先控制类型。系统宜优先选用主动信号优先控制。

7.3.5 信号优先控制贯穿车辆调度与管理、交通管理与控制过程中，信号优先控制的有效实现是通过几个模块进行信息交互，实现对公交车辆的优先信号控制。主动信号优先控制系统应具有的功能，同时也是其实现的流程如下：

1 对快速公交车辆进行识别，为申请优先信号生成提供依据；

2 根据车辆识别结果，提出优先信号请求；

3 将优先信号请求传输至信号控制中心（或信号机）；

4 在快速公交车辆通过交叉口后，需能恢复常态信号控制。

上述功能需要通过车辆识别与定位装置、优先请求发生装置、优先请求服务装置、公交信号优先控制装置等，利用通信系统在车辆、调度、管理控制等模块之间实现优先信号控制。

7.3.6 被动信号优先控制系统所用的设备和常规信号控制系统设备一致，优化目标是快速公交车辆的延误最小。

7.4 乘客信息服务

7.4.1 乘客信息服务应以多种方式为出行者提供全方位的运营信息和服务信息，使出行者无论在出行前、出行中都能方便、及时地获得所需乘车信息，因此按照服务的空间环境不同，其主要包括快速公交车辆内信息服务、快速公交车站信息服务、对外公众信息服务等。

7.4.2 乘客信息服务的主要形式是站台电子站牌、车辆内部显示设备、移动通信终端及互联网，按照服务的空间环境不同，分为车站信息服务、车内信息服务、公众信息服务。

车站信息服务主要为乘客提供实时候车信息，包括：静态快速公交线路信息（经过的站点、首末班时间、线路所处的大致地理位置、交通换乘等）、动态车辆信息（车辆到达的剩余时间、剩余距离等）、车辆到站语音文字预报、车辆进出站自动语音文字提示、引导标识、信息广播等。

公众信息服务使乘客可以通过公众信息网、信息共享网、公共信息查询台等途径获得与线路相关的信息如换乘信息、乘车方案，同时可提供相关区域的基本地理信息查询，比如商场、单位、医疗机构等。

7.4.3 乘客信息服务应以多种方式收集、合并、校正信息，为出行者传递提供全方位的运营和服务信息，车内信息、车站信息服务形式可包括语音广播提示和图形与文字信息显示。为了保障乘客信息服务的稳定性和准确性，乘客信息服务设备应具有较高的可靠性。

7.4.4 车站乘客信息服务设备一般主要有信息显示设备（主要有电子站牌等）、信息广播设备、公共信息查询等设备。不同类型车站，设备和提供的信息也可不同。

7.5 车辆定位

7.5.1 车辆定位是快速公交系统调度的基础，是对现行车辆运行状况的反馈，是系统高效、安全运行的前提，具有很重要的地位。车辆定位范围比较广，技术也比较多，在本规范中其主要单元包括通信传输单元、卫星定位单元、车载单元、地面定位单元等。

7.5.2 车辆定位是快速公交系统的重要组成部分，它采集车辆位置、速度、工作状态等信息，是监控中心与车辆间实现信息交互、保证系统高效运行的基础，也是为运营调度、应急处理、乘客提供信息服务的前提条件。

车辆定位能确定公交车辆在路网上的位置、运行状况，并将信息传输给运营调度系统，实现对车辆运行间隔的控制，并通过运营调度系统向站台上的乘客提供实时的快速公交车辆时刻表，能实现司机和调度控制人员的双向通信。

7.5.3 根据卫星定位的技术特点和经济性，定位误差不应大于±10m，定位信息传输间隔不应大于10s。

按照一级系统30km/h的最低运送速度，10s时间快速公交车辆运行距离超过83m，考虑运行速度和路段行驶速度差异，运行距离可达到100m，综合考虑城市中相邻路口距离因素，定位信息传输间隔10s

是上限。

7.5.4 车载单元装置能把车辆识别信息和车辆到交叉口时提出的信号优先申请传给地面定位单元，地面定位单元把信息传给信号控制中心（机）和运营调度中心，同时车载单元能接受地面定位单元的数据信息，比如信号优先申请结果。

7.5.5 由于现有技术的特点，卫星定位系统在高架桥和较高的楼房区域内定位信号有缺失，因此在系统设计时在到高架桥、楼房等建筑物或构筑物对定位信号的干扰和遮蔽处可采用地面车辆定位方式。

地面定位方式是指除卫星定位技术外的采用独立定位技术或无线定位技术等其他技术定位的方式。目前其应用主要包括线圈感应检测、微波检测、红外光检测、激光检测、超声波检测等。

8 运营车辆

8.1 车辆配备

8.1.1 本条是车辆动力源配备的规定。
 1 运营车辆按动力源分类：
  燃油公共汽车分为：汽油公共汽车和柴油公共汽车；
  燃气公共汽车分为：压缩天然气（CNG）公共汽车、液化天然气（LNG）公共汽车和液化石油气（LPG）公共汽车；
  混合动力电动公共汽车分为：油电混合动力电动公共汽车、气电混合动力电动公共汽车和电电混合动力公共汽车；
  无轨电车分为：直流电机驱动无轨电车和交流电机驱动无轨电车。
 2 快速公交系统推荐选用运营车辆：
  柴油公共汽车、压缩天然气（CNG）公共汽车、液化天然气（LNG）公共汽车、油电混合动力电动公共汽车、交流电机驱动无轨电车。

8.1.2 本条是配备车辆规模的规定。
 1 运营车辆车辆长为主参数，分为：
  1）特大型公共汽车：12m＜车辆长≤18m 的单层客车，包括铰接客车；10m＜车辆长≤13.7m 的双层客车；
  2）大型公共汽车：10m＜车辆长≤12m 的客车。
 2 主要配备的车辆比例宜为 90%，辅助配备的车辆比例宜为 10%。

8.3 车辆要求与等级配置

8.3.2 《城市客车分等级技术要求与配置》CJ/T 162 规定特大型公共汽车和大型公共汽车等级分为：超二、超一、高级三个级别。根据快速公交系统建设条件优先选用级别高的公共汽车。

8.3.4 车身颜色和图案应有标识性，应与常规公交有区别，以增加线路对乘客的吸引力，树立快速公交系统优质服务的形象。

9 运营设备

9.1 供　电

9.1.4 考虑供电经济及运营管理方便的要求，车站的供电方式可采用专用变压器供电电源，也可采用公共区变压器电源分散式供电。济南市快速公交车站供电采用了与路灯照明电源合用变电箱的供电方式。

9.1.5 电力负荷应根据对供电可靠性的要求及中断供电在政治、经济上所造成的损失或影响的程度进行分级。按照现行国家标准《供配电系统设计规范》GB 50052，考虑通信设备、站台屏蔽门、自动售检票设备对供电要求的重要程度，应为一级负荷。

9.1.6～9.1.8 按照现行国家标准《供配电系统设计规范》GB 50052 的规定制定。

9.2 通　信

9.2.1 在通信系统设计中，既要积极发展新技术，满足快速公交系统现代化及信息化的要求，又要做到经济合理，努力降低工程造价。各城市可根据经济条件和快速公交系统不同的需要建设不同的通信系统。

9.2.3 为降低工程造价，节约投资，通信系统应兼容现有通信设施。

9.2.4 如单独设置防护救灾通信系统，势必会增加很多投资，而且长期不使用的设备难以保持良好状态。所以通信系统设计不仅能在正常情况下为运营管理、指挥、监控提供及时的联系，为乘客提供周密的服务，在突发灾害或事故的情况下也应能作为应急处理、抢险救灾的手段。

9.2.8 本条规定为传输网络的技术要求。

　　第二款　规定传输网络可采用开放式星形拓扑结构、环形结构或星形、环形混合结构，鉴于快速公交系统的各种行车安全信息及控制信息将通过传输系统来传送，为从根本上提高光缆的可靠性，防止由于一条光缆因故中断而造成信息传送大通道的完全中断，宜利用不同路径分别敷设光缆，采用环形或环形、星形混合结构，使信息传送系统结构构成自愈保护环，以大幅度提高网络的安全性。

　　第四款　选用单模组建传输网络，主要是因为远距离传输时单模技术性能好、受干扰小；多模受干扰大。从目前通信传输技术发展水平来看，光纤通信以其大容量、低成本、标准化及高可靠性等明显优势，成为通信传输的主要手段。因此为满足快速公交系统各种信息传输的要求，应建立以光纤通信为主的传输网络系统。

9.2.9 快速公交专用电话系统主要包括调度电话及车站、停车场内的直通电话。其功能及技术要求可参照现行国家标准《地铁设计规范》GB 50157 执行。

9.2.10 无线通信系统可采用 GPRS 系统。其功能及技术要求可参照现行国家标准《地铁设计规范》GB 50157 执行。

9.2.11～9.2.15 功能及技术要求可参照现行国家标准《地铁设计规范》GB 50157 的规定执行。

9.3 站台屏蔽门

9.3.1 设置站台屏蔽门系统的主要目的是保证乘客的候车安全，提高服务水平。站台屏蔽门系统按功能划分，可分为全高站台屏蔽门和半高站台屏蔽门系统两大类型，应依据车站形式、建设标准、气候及环境等条件选定。20 世纪 80 年代初，屏蔽门系统在铁路、地铁及轻轨上开始应用。日本神户、大阪等地的地铁采用了半高屏蔽门系统，新加坡、中国香港、广州等地的地铁采用了全高屏蔽门系统。北京、济南等地的快速公交车站也采用了半高屏蔽门系统。选用原则如下：

1 对于车站设置标准较高的车站，整个车站全部封闭，在站台区设置空调系统，宜采用全高站台屏蔽门。

2 对于不封闭未设置空调系统的车站，车辆采用高底盘时，站台面距离车行道较高，应采用半高站台屏蔽门。

3 围护结构高（超过2m）的车站，可设置全高站台屏蔽门，开门净高度不小于 2.0m，电机和传动装置等设置在开门上方，门体总高度约 2.5m，以上部分透空，两侧空气可对流。

4 对于车站围护结构低，如采用半高栏杆形式围护的车站，宜设置半高站台屏蔽门，设置高度应与栏杆相同，电机和传动装置等设置在开门的旁边。

5 站台屏蔽门的相关技术标准可参考《城市轨道交通站台屏蔽门》CJ/T 236 等相关规范执行。

中华人民共和国行业标准

城镇地热供热工程技术规程

Technical specification for geothermal space
heating engineering

CJJ 138—2010

批准部门：中华人民共和国住房和城乡建设部
施行日期：２０１０年１０月１日

中华人民共和国住房和城乡建设部
公　　告

第 553 号

关于发布行业标准《城镇地热供热工程技术规程》的公告

现批准《城镇地热供热工程技术规程》为行业标准，编号为 CJJ 138-2010，自 2010 年 10 月 1 日起实施。其中，第 5.1.3、5.1.6、9.2.5、9.3.3、11.0.5 条为强制性条文，必须严格执行。

本规程由我部标准定额研究所组织中国建筑工业出版社出版发行。

中华人民共和国住房和城乡建设部
2010 年 4 月 17 日

前　　言

根据原建设部《关于印发〈2007 年工程建设标准规范制订、修订计划（第一批）〉的通知》（建标〔2007〕125 号）的要求，规程编制组经广泛调查研究，认真总结实践经验，参考有关国际标准和国外先进标准，并在广泛征求意见的基础上，制定本规程。

本规程主要技术内容是：1　总则；2　术语；3　设计基本规定；4　地热供热系统；5　地热井泵房；6　地热供热站；7　地热供热管网与末端装置；8　地热水供应；9　地热系统防腐与防垢；10　地热供热系统的监测与控制；11　环境保护；12　地热回灌；13　地热资源的动态监测；14　施工与验收；15　运行、维护与管理；以及相关附录。

本规程中以黑体字标志的条文为强制性条文，必须严格执行。

本规程由住房和城乡建设部负责管理和对强制性条文的解释，由天津大学负责具体技术内容的解释。执行过程中如有意见或建议，请寄送天津大学（地址：天津市南开区卫津路 92 号，邮政编码：300072）。

本规程主编单位：天津大学
本规程参编单位：天津市热力公司
　　　　　　　　天津滨海世纪能源科技发展有限公司
　　　　　　　　城市建设研究院
　　　　　　　　北京煤气热力工程设计院有限公司
　　　　　　　　北京市华清地热开发有限责任公司
　　　　　　　　西安汇通热力规划设计有限公司（西安市热力公司）
　　　　　　　　宁波海申环保能源技术开发有限公司
　　　　　　　　中国科学院广州能源研究所
　　　　　　　　福州市地热管理处
　　　　　　　　天津地热勘查开发设计院
　　　　　　　　天津地热研究培训中心（天津大学）
　　　　　　　　陕西绿源地热能源开发有限公司
　　　　　　　　陕西四海环保工程有限公司

本规程主要起草人员：蔡义汉　郑维民　蔡建新
　　　　　　　　　　杨　健　王建国　柯柏林
　　　　　　　　　　高　峰　朱家玲　李若中
　　　　　　　　　　马伟斌　林建旺　王　军
　　　　　　　　　　汪健生　崔金荣　戴传山
　　　　　　　　　　王行运　孟玉良　林正树

本规程主要审查人员：王秉忱　汪集旸　张振国
　　　　　　　　　　廖荣平　高顺庆　负培琪
　　　　　　　　　　吴铁钧　韩金树　许文发
　　　　　　　　　　董乐意　陈建平

目　次

1 总则 …………………………………… 82—5
2 术语 …………………………………… 82—5
3 设计基本规定 ………………………… 82—5
　3.1 一般规定 ………………………… 82—5
　3.2 热负荷 …………………………… 82—5
　3.3 地热利用率 ……………………… 82—6
4 地热供热系统 ………………………… 82—6
　4.1 直接供热系统 …………………… 82—6
　4.2 间接供热系统 …………………… 82—6
　4.3 调峰系统 ………………………… 82—6
5 地热井泵房 …………………………… 82—6
　5.1 土建 ……………………………… 82—6
　5.2 井泵 ……………………………… 82—7
　5.3 井口装置 ………………………… 82—7
　5.4 地热流体除砂 …………………… 82—7
6 地热供热站 …………………………… 82—7
　6.1 土建 ……………………………… 82—7
　6.2 供热站设备 ……………………… 82—8
　6.3 供热站供配电 …………………… 82—8
7 地热供热管网与末端装置 …………… 82—8
　7.1 地热供热管网 …………………… 82—8
　7.2 末端装置 ………………………… 82—8
8 地热水供应 …………………………… 82—8
9 地热系统防腐与防垢 ………………… 82—9
　9.1 一般规定 ………………………… 82—9
　9.2 防腐措施 ………………………… 82—9
　9.3 防垢除垢措施 …………………… 82—9
10 地热供热系统的监测与控制 ……… 82—9
11 环境保护 …………………………… 82—10
12 地热回灌 …………………………… 82—10
　12.1 一般规定 ……………………… 82—10
　12.2 系统设计 ……………………… 82—10
　12.3 系统运行前准备 ……………… 82—10
　12.4 系统运行 ……………………… 82—10
　12.5 系统停灌及回扬 ……………… 82—10
13 地热资源的动态监测 ……………… 82—10
14 施工与验收 ………………………… 82—11
15 运行、维护与管理 ………………… 82—12
附录A 非金属管材物理性能 ……… 82—12
附录B 地热水质全分析报告 ……… 82—13
附录C 雷兹诺指数的计算方法和
　　　 结垢性判定 ………………… 82—14
附录D 拉申指数的计算方法和结
　　　 垢性、腐蚀性判定 ………… 82—14
附录E 回灌系统动态监测数据表 … 82—15
附录F 回灌堵塞的判别及处理
　　　 措施 ………………………… 82—15
本规程用词说明 ……………………… 82—16
引用标准名录 ………………………… 82—16
附：条文说明 ………………………… 82—17

Contents

1 General Provisions .... 82—5
2 Terms .... 82—5
3 Basic Design Requirements .... 82—5
   3.1 General Requirements .... 82—5
   3.2 Heating Load .... 82—5
   3.3 Geothermal Utilization Efficiency .... 82—6
4 Geothermal Heating System .... 82—6
   4.1 Geothermal Direct Heating System .... 82—6
   4.2 Geothermal Indirect Heating System .... 82—6
   4.3 Peak Loading System for Geothermal Space Heating .... 82—6
5 Geothermal Well Pumps Station .... 82—6
   5.1 Civil Construction .... 82—6
   5.2 Well Pumps .... 82—7
   5.3 Installations at Well-head .... 82—7
   5.4 Sand Removal for Geothermal Fluid .... 82—7
6 Geothermal Heating Station .... 82—7
   6.1 Civil Construction .... 82—7
   6.2 Installations at Heating Station .... 82—8
   6.3 Power Supply System .... 82—8
7 Pipelines and Terminal Equipment for Geothermal Heating .... 82—8
   7.1 Pipelines for Geothermal Heating .... 82—8
   7.2 Terminal Equipment for Geothermal Heating .... 82—8
8 Geothermal Domestic Water Supply .... 82—8
9 Anti-corrosion and Scaling Prevention for Geothermal System .... 82—9
   9.1 General Requirements .... 82—9
   9.2 Anti-corrosion Measures .... 82—9
   9.3 Scaling Prevention and Cleaning for Geothermal Heating System .... 82—9
10 Monitoring and Controlling for Geothermal Heating System .... 82—9
11 Environmental Protection .... 82—10
12 Geothermal Reinjection .... 82—10
   12.1 General Requirements .... 82—10
   12.2 System Design .... 82—10
   12.3 Preparation for Reinjection .... 82—10
   12.4 Operation .... 82—10
   12.5 Reinjection Termination .... 82—10
13 Dynamic Monitoring of Geothermal Resources Explotation .... 82—10
14 Construction and Examination .... 82—11
15 Operation, Maintenances and administration .... 82—12
Appendix A Properties for Common Non-metal Pipe Materials and Joining Methods .... 82—12
Appendix B Analytical Report for Geothermal Fluid Quality .... 82—13
Appendix C Calculating Mehod of Ryzner Index and Determine of Scaling .... 82—14
Appendix D Calculating Method of Larson Index and Determine of Scaling and Corrosion .... 82—14
Appendix E Table of Reinjection Processes Monitoring .... 82—15
Appendix F Identify and Handle Measures for reinjection clogging .... 82—15
Explanation of Wording in This Specification .... 82—16
List of Quoted Standards .... 82—16
Addition: Explanation of Provisions .... 82—17

1 总 则

1.0.1 为使地热供热工程做到技术先进、经济合理、安全可靠，保护环境和保证工程质量，制定本规程。

1.0.2 本规程适用于以地热井提取地热流体为热源的城镇供热工程的规划、设计、施工、验收及运行管理。

1.0.3 开发地热用于供热时应同时考虑回灌措施，应采取采灌平衡或总量控制的开发方式。

1.0.4 城镇地热供热工程除应执行本规程外，尚应符合国家现行有关标准的规定。

2 术 语

2.0.1 地热资源 geothermal resources

在可以预见的时间内，能够为人类经济、合理开发利用的地球内部的地热能，包括作为主要地热载体的地热流体及围岩中的热能。

2.0.2 地热田 geothermal field

在当前或近期技术经济条件下有开发利用价值的地热资源富集区。

2.0.3 地热流体 geothermal fluid

温度高于25℃的地下热水、蒸汽和热气体的总称。

2.0.4 稳定流温 temperature of steady flow

长期稳态开采条件下的地热流体温度。

2.0.5 地热井 geothermal well

能够开采出地热流体的管井。开采地热流体的井称为"开采井"或称"生产井"；将利用后的地热流体回灌到热储层的井为"回灌井"。

2.0.6 地热直接供热系统 geothermal direct heating system

地热流体直接进入终端用热设备的供热系统。

2.0.7 地热间接供热系统 geothermal indirect heating system

采用换热器进行地热流体与供热循环水换热的供热系统。

2.0.8 地热供热调峰系统 peak load system for geothermal heating

承担供热尖峰热负荷的其他热源系统。

2.0.9 地热防腐 geothermal anti-corrosion

防止地热流体对设备腐蚀而采取的措施。

2.0.10 地热防垢 geothermal scale prevention

防止地热流体结垢而采取的措施。

2.0.11 地热流体除砂 geothermal water sand removal

去除地热流体中固体颗粒的措施。

2.0.12 地热回灌 geothermal reinjection

将供热利用后的地热流体通过回灌井，重新注入热储的措施。

2.0.13 同层回灌 geothermal reinjection into same reservoir bed

将地热流体回灌至同一开采热储的回灌方式。

2.0.14 异层回灌 geothermal reinjection into different reservoir bed

将地热流体回灌至不同热储的回灌方式。

3 设计基本规定

3.1 一般规定

3.1.1 地热供热工程设计前，必须对工程场地及周边状况等资料进行搜集和调查。

3.1.2 地热供热工程应依据地热资源勘查部门所提供的资源可采储量及地热井参数进行设计。主要参数应包括地热流体稳定条件下的温度、流量、压力或水位。

3.1.3 地热供热设计应确定地热供热负荷、调峰负荷、供热工艺流程和地热井井泵选型。

3.1.4 地热供热系统设计与能源配置应考虑下列措施：

1 采用地热梯级综合利用形式；
2 设置调峰系统；
3 采用蓄热储能系统；
4 采用自动控制装置；
5 采用低温高效的末端装置。

3.1.5 中、低温地热田供热工程设计，地热资源可开采量的保证程度应按现行国家标准《地热资源地质勘查规范》GB 11615 的有关规定执行。

3.2 热 负 荷

3.2.1 地热用户采暖通风与空气调节设计热负荷的确定应按国家现行标准《采暖通风与空气调节设计规范》GB 50019、《城市热力网设计规范》CJJ 34、《民用建筑节能设计标准（采暖居住建筑部分）》JGJ 26 和《公共建筑节能设计标准》GB 50189 的规定执行；既有建筑应按调查实际热负荷确定；生活热水设计热负荷应按现行国家标准《建筑给水排水设计规范》GB 50015 的规定执行。

3.2.2 地热供热系统设计应以地热承担基本热负荷，辅助能源承担调峰热负荷。热负荷应按下列规定计算：

1 地热基本热负荷应按下式计算：

$$Q_d = \frac{1}{3600} G_d \times \rho_P \times C_P \times (t_{di} - t_{do})$$

(3.2.2-1)

式中：Q_d——基本热负荷（kW）；

G_d——地热井开采量（m³/h）；
ρ_P——地热流体的密度（kg/m³）；
C_P——地热流体的定压比热[kJ/(kg·℃)]；
t_{di}——地热流体供水温度（℃）；
t_{do}——无调峰装置时地热流体回水温度（℃）。

2 调峰热负荷应按下式计算：

$$Q_t = Q - Q_d \quad (3.2.2\text{-}2)$$

式中：Q_t——调峰热负荷（kW）；
Q——设计热负荷（kW）。

3.3 地热利用率

3.3.1 地热利用率应按下式计算：

$$\eta = \frac{Q_s}{Q_{max}} = \frac{t_1 - t_2}{t_1 - t_0} \quad (3.3.1)$$

式中：η——地热利用率；
Q_s——地热实际利用热量（kW）；
Q_{max}——地热最大可供热量（kW）；
t_1——地热稳定流温（℃）；
t_2——地热流体排放温度（℃）；
t_0——当地年平均气温（℃）。

3.3.2 地热利用率不应小于60%。

4 地热供热系统

4.1 直接供热系统

4.1.1 当地热水水质符合供热水质标准，或供热系统及末端装置采用非金属材料并不会产生结垢堵塞时，可采用地热直接供热系统。

4.1.2 地热直接供热系统应由热源、输配系统、末端装置组成（图4.1.2）。热源部分应包括地热开采井、回灌井等。

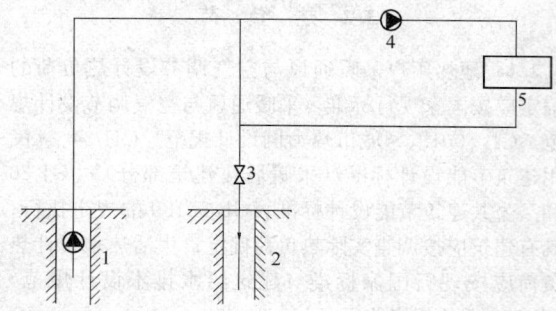

图4.1.2 地热直供系统工艺流程示意
1—开采井；2—回灌井；3—温控阀；
4—循环泵；5—热用户

4.2 间接供热系统

4.2.1 城镇地热供热工程宜采用间接供热系统。
4.2.2 地热间接供热系统由热源、输配系统、末端装置组成（图4.2.2）。热源部分应包括地热开采井、回灌井、换热器等。

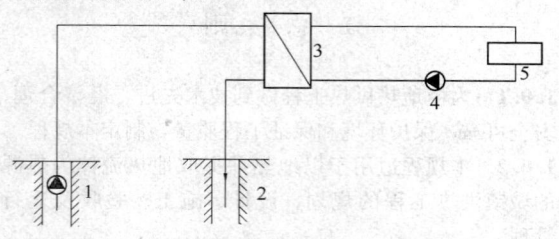

图4.2.2 地热间供系统工艺流程示意
1—开采井；2—回灌井；3—换热器；
4—循环泵；5—热用户

4.2.3 温度较高的地热流体应采用高温段和低温段适合的末端设备实现地热能梯级利用。

4.3 调峰系统

4.3.1 地热供热工程应设置调峰系统（图4.3.1）。

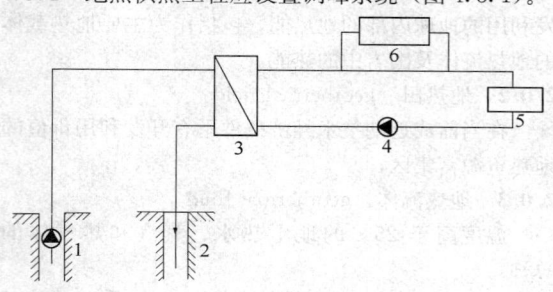

图4.3.1 地热供热调峰系统工艺流程示意
1—开采井；2—回灌井；3—换热器；
4—循环泵；5—热用户；6—调峰热源

4.3.2 调峰热源宜采用水源热泵，燃煤、燃气、燃油锅炉，城市集中供热热源等。
4.3.3 设计调峰热负荷应依据地域气象条件、地热利用率、技术经济等因素确定。调峰负荷宜占总负荷的20%~40%。
4.3.4 启动调峰系统的室外温度应按下式计算：

$$t_{wk} = t_n - \frac{Q_d}{Q_n} \times (t_n - t'_w) \quad (4.3.4)$$

式中：t_{wk}——启动调峰系统的外界空气温度（℃）；
t_n——采暖室内计算温度（℃）；
Q_d——基本热负荷（kW）；
Q_n——设计热负荷（kW）；
t'_w——采暖室外设计温度（℃）。

5 地热井泵房

5.1 土 建

5.1.1 地热井泵房位置选择和总平面布置应符合下

列要求:
  1 应满足城镇规划和小区总体规划要求;
  2 应有维修场地和较好的通风采光条件;
  3 地热尾水应有排放去处。
5.1.2 地热井泵房建筑应符合下列要求:
  1 井泵房宜采用地上独立建筑;
  2 井泵房与周边建筑间距不应小于10m,并应符合现行国家标准《建筑设计防火规范》GB 50016和《声环境质量标准》GB 3096 的规定。
5.1.3 自流井严禁采用地下或半地下井泵房。
5.1.4 地上式井泵房建筑应符合下列要求:
  1 平面布置应满足工艺和管理要求;
  2 井泵房室内地面应做排水明沟;
  3 井泵房地面标高应高于室外地面200mm;
  4 积水坑自流排水管径应满足地热井出水量;
  5 应设置起重设备,并应符合下列要求:
    1) 当采用移动式起重设备时,室内净高不应小于4.0m,且应在与井口垂直的屋顶设置不小于1.0m×1.0m 的吊装孔;
    2) 当采用固定式起重设备时,室内净高不应小于6m;
    3) 吊装孔可设计为活动盖板;
  6 井泵房内应设置机械通风装置;
  7 地热井中心线至内墙面的间距不应小于1.5m。
5.1.5 地下或半地下式井泵房的建筑除应符合本规程第5.1.4条中第1、2款和第4~7款的有关规定外,还应符合下列要求:
  1 井泵房屋顶应设置井泵提升孔、进出人孔、进气孔及排气孔,并做防水;进气孔、排气孔管道室外部分均应设防雨、防尘帽,并在附近设置警示标志;
  2 进气孔管道应高出室外地面300mm,排气孔管道应高出室外地面500mm;
  3 室内排水沟末端应设置集水坑,并应安装自动潜水排污泵;
  4 进出泵房的各种管道、电缆应预埋穿墙防水套管;
  5 地下式井泵房不应建在其他建筑物之下。
5.1.6 当地热井水温超过45℃时,地下或半地下式井泵房必须设置直通室外的安全通道。

5.2 井 泵

5.2.1 地热井井泵的选型应符合下列要求:
  1 应满足地热流体的温度和腐蚀性要求,宜采用耐热潜水电泵或长轴深井热水泵;
  2 井泵的选型应根据地热井的温度、流量、水质、动水位、静水位、井口出水压力等要求确定,并应符合下列要求:
    1) 井泵的流量应根据单井的流量-降深曲线（Q-S 曲线）确定,并考虑发展余量;

  2) 井泵的扬程应按下式计算:

$$H = H_1 + \frac{H_2 \times V^2}{2g} + h \quad (5.2.1)$$

式中: H——井泵的扬程（m）;
  H_1——动水位液面到泵座出口测压点的垂直距离（m）;
  H_2——系统所需的扬程（m）;
  V——流体流速（m/s）;
  g——重力加速度（m/s²）;
  h——井内泵管的沿程阻力损失（m）。

5.2.2 地热井井泵宜配置变频控制装置。
5.2.3 井泵管的设计应符合下列要求:
  1 井泵的吸入口必须位于动水位下8m~10m处;
  2 地热流体腐蚀性轻的地热井,井泵管的连接可采用法兰连接;腐蚀性严重的地热井,应选用特种石油套管并采用管螺纹连接;
  3 井泵管应安装水位测量管;
  4 井泵管表面应涂敷聚氨酯漆或环氧树脂漆等防腐涂料。
5.2.4 每年供热期结束后应对地热井泵进行检修。

5.3 井口装置

5.3.1 地热井应根据地热流体压力和温度的不同,分别采用不同类型的井口装置。温度超过70℃或压力超过0.1MPa 的自流地热井,应采用防喷型井口装置。
5.3.2 当地热流体含有天然气或其他有害气体时,井口应安装气水分离器。
5.3.3 地热井口装置应满足下列要求:
  1 能承受所需的温度、压力;
  2 密封性良好;
  3 满足井管伸缩;
  4 配置测量流体温度、压力和流量的仪表;
  5 能适应更换泵型规格的要求;
  6 井口顶盖应具备可开启的水位测量孔。
5.3.4 井口宜设置微正压氮气保护系统,且充氮装置应设置自动压力控制设备。

5.4 地热流体除砂

5.4.1 当地热水含砂量的容积比大于0.05‰时,井口应设置除砂器。
5.4.2 除砂器的选型应符合能耗低、排砂方便、流体温度降低少、地热流体不与空气接触等要求。

6 地热供热站

6.1 土 建

6.1.1 地热供热站宜靠近用热负荷中心,其位置的选择、总平面布置和建筑应符合本规程第5.1.1、5.1.2条的规定。

6.1.2 地上式供热站的建筑与结构应符合下列要求：

1 平面布置应满足工艺要求；
2 功能分区应明确且管理方便；
3 供热站设备间地面应设排水明沟；
4 外墙上应预留大型设备安装和维修时用的哑口；
5 地热流体含有有毒气体时，应设置机械通风装置。

6.1.3 地下或半地下式供热站的建筑与结构除应符合本规程第6.1.2条的规定外，还应符合下列要求：

1 设备间排水明沟末端应设置集水坑，并应设置自动潜水排污泵；
2 进出供热站的各种管道、电缆应预埋穿墙防水套管；
3 出入通道或在屋顶开设备吊装孔的尺寸应满足设备最大组件的运输要求；
4 对于自流井，供热站必须与井口泵房隔离，两者之间不得设连接通道和开放型连接管道，也不得共用排污沟。

6.2 供热站设备

6.2.1 换热器的选用应符合下列要求：

1 应传热性能好、流通阻力小、耐腐蚀、在使用压力和温度下安全可靠；
2 换热器应根据地热水温和水质选型及选材；
3 地热供热系统宜选用板式换热器，对于高温、高压的地热供热系统应采用管壳式换热器；
4 换热器进口处应设置过滤器。

6.2.2 热泵的选用应符合下列要求：

1 热泵机组应根据工艺要求选型；
2 对于有腐蚀性的地热流体，可选用耐腐蚀材料制造的热泵机组换热设备，或采用换热器将热泵机组与地热流体隔开的工艺流程；
3 热泵机组应设置控制低温热源进水温度的自动控制装置。

6.2.3 储水装置应符合下列要求：

1 根据工艺要求和场地情况，可采用水箱、水罐或蓄水池；
2 选材应考虑地热流体的温度和腐蚀性；当采用钢制储水装置时，装置内部应进行防腐处理，且防腐处理应按国家现行有关标准执行；
3 储水装置应采取保温措施；
4 储水装置应设置溢流、泄水、放气口，并应设置温度及液位传感器；
5 在地下式或半地下式供热站，储水装置必须设置直通室外的排气通道，不得将气体排至供热站内；
6 储水装置应设置自动补水和水位高低限报警装置。

6.3 供热站供配电

6.3.1 地热供热系统配电设备及配电线路的选择与安装应按现行国家标准《低压配电设计规范》GB 50054和《通用用电设备配电设计规范》GB 50055的规定执行。

6.3.2 地热供热站、地热井泵房的防雷设计应按现行国家标准《建筑物防雷设计规范》GB 50057的规定执行。

7 地热供热管网与末端装置

7.1 地热供热管网

7.1.1 地热供热管网的设计和施工应按现行行业标准《城市热力网设计规范》CJJ 34和《城镇供热管网工程施工及验收规范》CJJ 28的规定执行。

7.1.2 地热供热管道宜采用直埋敷设，并应符合现行行业标准《城镇直埋供热管道工程技术规程》CJJ/T 81的规定。

7.1.3 地热水输送管道应根据地热流体的化学成分，按其腐蚀性、结垢等特点，选用安全可靠的管材，并应符合国家现行标准的规定。当采用非金属管材时，其性能应符合本规程附录A的要求。

7.2 末 端 装 置

7.2.1 地热供热系统末端装置的设计应符合国家现行标准《采暖通风与空气调节设计规范》GB 50019、《地面辐射供暖技术规程》JGJ 142的规定。

7.2.2 地热供热系统末端装置的设计应与地热供热站设计统筹考虑，设计参数和系统形式应经过技术经济比较后确定。

7.2.3 地热供热系统末端装置的形式与供水温度可按表7.2.3选取。

表7.2.3 地热供热系统末端装置形式与供水温度

末端装置形式	供水温度范围（℃）	宜采用的供水设计温度（℃）
散热器	60～90	≥60
风机盘管	40～65	≤50
地板辐射	35～60	≤45

7.2.4 地热供热系统的末端设备应设置室内温度调节装置，并应按户设置热计量或热量分摊装置。

8 地热水供应

8.0.1 城镇区域性地热水供应系统的设计应根据当

地地热资源的情况，并结合城镇的发展规划进行。

8.0.2 地热水供应系统的设计内容应包括地热水的利用方式、供应范围、供应规模以及系统设施的布置等。

8.0.3 地热水宜就近利用，地热水输送时的温降不应大于0.6℃/km。

8.0.4 地热水供应宜采用直供系统。

8.0.5 地热水直接供生活用水时，水质必须符合国家现行相关标准的规定。

8.0.6 生活热水或其他热水供应系统的设计应符合现行国家标准《建筑给水排水设计规范》GB 50015的规定。

8.0.7 当地热水中含有H_2S、CH_4等有毒、可燃、易爆气体时，必须进行气水分离处理，并应加强室内的通风。

8.0.8 对于区域性地热水供应系统，应设置保温调节池。

8.0.9 地热水供应系统的调节池、泵站及其附属设施应符合现行国家标准《室外给水设计规范》GB 50013的规定。

9 地热系统防腐与防垢

9.1 一般规定

9.1.1 地热供热工程防腐设计必须依据国家认定部门检测的水质全分析报告，报告的内容和格式可按本规程附录B的要求执行。

9.1.2 地热流体的腐蚀性和结垢性应依据水质分析报告或进行试验确定，并应符合下列要求：
　　1 当地热流体中氯离子（Cl^-）毫克当量百分数小于或等于25%时，宜按雷兹诺指数（RI）判定地热流体的结垢性，雷兹诺指数的计算方法和结垢性判定应符合本规程附录C的有关规定；
　　2 当地热流体中氯离子（Cl^-）毫克当量百分数大于25%时，宜按拉申指数（LI）判定地热流体的结垢性；拉申指数的计算方法和结垢性判定应符合本规程附录D的有关规定；
　　3 地热流体的腐蚀性可按拉申指数判定，腐蚀性判定应符合本规程附录D的有关规定。

9.1.3 设备和管道的外防腐应按现行行业标准《化工设备、管道外防腐设计规定》HG/T 20679的有关规定执行。

9.2 防腐措施

9.2.1 当地热流体具有腐蚀性时，应采取下列防腐措施之一或同时采用两种以上措施：
　　1 采用有换热器的间接供热系统；
　　2 采用防腐材料；
　　3 系统隔绝空气；
　　4 地热流体接触的金属表面涂敷防腐涂料；
　　5 电化学防腐。

9.2.2 与有腐蚀性地热流体直接接触的管道或容器，宜采用非金属材料，并应符合下列要求：
　　1 室外输送地热流体的管道，宜采用适合该流体温度和压力的玻璃钢材料；
　　2 地热流体储存容器，宜采用内衬防腐材料的钢罐或采用玻璃钢材料；
　　3 室内地热流体输送管道，可根据现行行业标准《地面辐射供暖技术规程》JGJ 142的要求选用。

9.2.3 当采用间接供热系统时，换热器前与地热流体直接接触的管道或设备，应采取隔绝空气或采取井口充氮气的防腐措施。

9.2.4 受流体高速冲击、易磨蚀的部件和转动的部件，其金属表面不应采用涂敷防腐涂料的防腐方法。

9.2.5 严禁采用在地热流体中添加防腐剂的防腐处理方法。

9.2.6 当地热供热系统采用金属材料时，防腐设计应符合下列要求：
　　1 金属板之间的连接不宜采用叠接方式；
　　2 除必须采用法兰连接的设备、阀门外，其他设备应采用焊接；
　　3 设备停运时，应能将地热流体完全排净；
　　4 应选择合理的介质流速；
　　5 易损件应便于更换。

9.3 防垢除垢措施

9.3.1 对结垢性的地热流体，应对与地热流体直接接触的设备采取防垢或阻垢措施。

9.3.2 阻垢可采用增压法、化学法或物理阻垢法。

9.3.3 回灌系统严禁使用化学法阻垢。

9.3.4 除垢可采用化学清洗、水力破碎和机械除垢等方法。

10 地热供热系统的监测与控制

10.0.1 地热井井泵和循环水泵应采用变频控制装置。

10.0.2 地热供热系统应在便于观察到的位置设置监测仪表，并应监测下列重要参数：
　　1 地热井供回水温度和循环供回水温度；
　　2 地热流体侧流量和循环水侧流量；
　　3 地热供回水压力和循环供回水及补水压力；
　　4 地热井的水位。

10.0.3 地热供热系统除应按本规程第10.0.2条的规定设置现场监测仪表外，还宜采用集中监控系统。

10.0.4 流量、温度、压力传感器的测量范围和精度应与二次仪表匹配。

10.0.5 地热井的水位监测可采用自动水位监测仪，

也可采用人工的导线电阻测深方法。

10.0.6 井下自动水位监测仪测试探头应安装在井泵的吸入口5m以上。信号线的保护套应与泵管固定，信号线出井口处必须密封。

11 环境保护

11.0.1 地热资源开发利用应进行环境影响评价。

11.0.2 当地热尾水排入城市污水管道时，水质应符合现行行业标准《污水排入城市下水道水质标准》CJ 3082的有关规定。

11.0.3 当地热尾水用于灌溉时，水质应符合现行国家标准《农田灌溉水质标准》GB 5084的有关规定。

11.0.4 当地热尾水排入地表水体时，水质应符合现行国家标准《污水综合排放标准》GB 8978的有关规定。

11.0.5 地热供热尾水排放温度必须小于35℃。

12 地热回灌

12.1 一般规定

12.1.1 地热供热系统应采取回灌措施。受污染的地热流体严禁回灌。

12.1.2 地热回灌应采用原水同层回灌。当采用异层回灌时，必须进行回灌水对热储及水质的影响评价。

12.2 系统设计

12.2.1 地热回灌系统必须是一个完整的封闭系统。回灌可采用真空回灌、自然回灌或加压回灌等方式。

12.2.2 地热回灌系统应包括井泵房、井口装置、地热回灌监测装置、水质净化过滤装置、排气装置、加压装置、进排水管路等。

12.2.3 回灌井井口必须安装水位、水温、流量、压力等动态监测仪器仪表。

12.2.4 回灌管网应能保证空气的排出和清洗方便。

12.2.5 回灌水应进行过滤处理，并应符合下列要求：

　　1 对基岩型热储层，回灌过滤精度应达到50μm；

　　2 对孔隙型热储层，过滤精度应达到3μm～5μm。

12.3 系统运行前准备

12.3.1 回灌前应对系统装置进行检查，并应符合下列要求：

　　1 开采井、回灌井的井口动态监测仪器仪表正常；

　　2 回灌系统电源、设备和阀门状态正常；

　　3 回灌管网已密闭；

　　4 必须将生活热水尾水或其他被污染的地热水与回灌水分离，不得将其混入回灌水中。

12.3.2 回灌前应对系统管路进行彻底冲洗，冲洗时间应以目测冲洗排水的透明度与原水相同时为合格。

12.4 系统运行

12.4.1 回灌过程中应定期对开采量、回灌量、井口压力及水质进行动态监测。人工测量水位的测量管应只在动态监测时开启，测量结束后应及时关闭。回灌系统动态监测数据表可按本规程附录E的要求执行。

12.4.2 回灌开始后，应及时检查整个回灌系统的密封情况，定期检查排气罐和过滤装置是否正常。

12.4.3 判断回灌井发生堵塞时应及时采取有效措施，回灌堵塞的判别及处理措施应符合本规程附录F的规定。

12.4.4 当采用加压回灌时，回灌压力与流量应经过回灌试验确定。

12.4.5 当过滤装置两端的压差达到50kPa～60kPa时，应进行清洗或更换滤料。

12.5 系统停灌及回扬

12.5.1 停灌后应及时回扬洗井。

12.5.2 回扬后应将回灌水管取出，并采取防腐等保养措施。

12.5.3 回灌井井口应及时封闭，并应对系统进行密封，将液面以上的井管内充满氮气。

13 地热资源的动态监测

13.0.1 地热井应进行地热资源长期动态监测、日常开采动态监测和开发利用管理动态监测。

13.0.2 地热资源日常开采动态监测应包括地热井的地热流体（包括回灌流体）的温度、流量、压力、水位和水质，并应符合下列要求：

　　1 地热井的水位监测应符合下列要求：

　　　　1）停采期应测量静水位，开采期应测量稳定的动水位；

　　　　2）供热期内，人工水位监测应每5d进行1次，每次测量2次～3次，测水位时应同时记录水温；

　　　　3）测水位的量具应每年校验1次。

　　2 地热井地热流体稳定温度监测应符合下列要求：

　　　　1）稳定温度应每天监测1次；

　　　　2）停采期，测温仪的探头应置于静水位以

3）开采期，测温点应靠近井口；
4）测量的仪器仪表应每年校验或标定1次。
3 地热井的流量监测应符合下列要求：
1）流量监测应包括瞬时流量监测和开采量统计，瞬时流量监测应每天1次，开采量统计每月不应少于1次；
2）瞬时流量可采用井口水表进行监测，每次应测量2次~3次，也可采用流量传感器自动监测；
3）计量流量的仪器，应每年校验或标定1次。
4 地热井的水质监测应符合下列要求：
1）地热井的水质检测项目应为水质全分析；
2）地热井的水质监测应在供热期内进行，每年至少1次，取样时间应选在开采井达到稳态运行时；
3）取样点应靠近井口，采样要求应按现行国家标准《地热资源地质勘查规范》GB 11615执行；
4）应委托有相应资质的单位进行水质检测。

13.0.3 对地热开发规模较大的地区，应设置地热专用动态观测井。对开发程度较低的地区，可利用地热供热井进行动态监测。

13.0.4 地热井动态监测各项原始数据必须及时整理、校核，并应编制地热井动态监测资料统计表，资料应包括纸质文件和电子文档，且应按档案管理规定对资料进行系统归档保存。

14 施工与验收

14.0.1 地热供热工程施工应具备工程区域的工程勘察资料、项目可行性分析、设计文件、施工图纸和图纸会审记录等。

14.0.2 承担地热供热工程施工、监理的单位应具有相应资质。

14.0.3 施工单位应编制施工组织设计，且应由工程监理单位审核批准。

14.0.4 地热供热工程施工应符合下列要求：
1 设备、材料、配件等应具有产品质量合格证和性能检验报告，并应实行设备、材料报验制度；
2 热泵机组及室内系统安装应符合现行国家标准《制冷设备、空气分离设备安装工程施工及验收规范》GB 50274和《通风与空调工程施工质量验收规范》GB 50243的规定；
3 镀锌钢管宜采用螺纹连接，当管径大于或等于100mm时宜采用无缝钢管焊接或法兰连接；
4 当在含有油气的管道和设备上施工时，必须将油气清理干净并采取安全措施；
5 用聚乙烯原料制造的管材或管件应采用电熔连接；施工前应进行试验，判定连接质量合格后方可进行；
6 所有隐蔽工程应在隐蔽前检验合格，并应保留隐蔽工程的检验记录资料；
7 管道保温工程的施工及质量要求应符合现行国家标准《工业设备及管道绝热工程施工规范》GB 50126的规定；
8 管道接头保温应在管道系统强度与严密性检验合格和防腐处理结束后进行；
9 系统调试所使用的仪器、仪表的精度等级应符合国家计量法规和检验标准的规定；自动化仪器、仪表的安装及线缆敷设应符合现行国家标准《自动化仪表工程施工及验收规范》GB 50093的相关规定；
10 地热井口装置的施工应符合下列要求：
1）基础的铸铁或钢制构件与混凝土基础应浇筑在一起，基础钢构件应保持水平位置，水平倾角不得超过0.2°；
2）混凝土养护达到要求后，应在填料涵中嵌入填料盘根，当水温超过100℃时，应采用耐高温石墨盘根；
3）地热井口装置应考虑热膨胀；
4）地热井口装置安装时必须保证井口水平和密封；硬连接的井口在井管露出水泥地面时，应设置隔离护套；应在管道水平段设置不小于300mm长的金属软接管。

14.0.5 工程施工安装完成后，必须对管道系统依次进行强度试验、严密性试验和清洁，并应符合现行行业标准《城镇供热管网工程施工及验收规范》CJJ 28的规定。

14.0.6 地热供热工程竣工验收应符合下列要求：
1 竣工验收应在工程施工质量得到有效监控的前提下进行；
2 竣工验收应由建设单位组织设计、施工、监理单位及政府有关部门共同进行，合格后方可办理竣工验收手续；
3 地热供热工程竣工验收时，应完善竣工资料，可包括下列文件和记录：
1）图纸会审、设计变更和竣工图等；
2）主要材料、设备的出厂合格证明及检验报告；
3）隐蔽工程检查验收和施工记录；
4）工程设备、管道系统安装及检验记录；
5）管道冲洗、试压记录；
6）设备试运行记录。

14.0.7 地热井泵房、地热供热站及建筑物内供热系统和热水供应系统的施工与验收应符合国家现行标准

《通风与空调工程施工质量验收规范》GB 50243、《制冷设备、空气分离设备安装工程施工及验收规范》GB 50274、《地源热泵系统工程技术规范》GB 50366、《建筑给水排水及采暖工程施工质量验收规范》GB 50242和《城镇供热管网工程施工及验收规范》CJJ 28 的有关规定。

15 运行、维护与管理

15.0.1 地热供热系统投入运行前应进行试运行,并应符合下列要求:

  1 应对系统进行全面的检查、调试,应包括供热循环水侧的注水、试压,按操作规程调试、启动机房设备和地热井井泵;

  2 应制定试运行方案;

  3 系统的压力和温度应逐步提升至设计要求;

  4 地热井井泵应在设计工况下运行 4h 后停泵,并迅速测量电机的热态绝缘电阻,其值大于 0.5MΩ,方可投入正式运行。

15.0.2 井泵重新启动必须在停泵 15min 后进行。

15.0.3 井泵正常运行后,每运行 2h 应检查电流表、电压表、压力表指示值,指示值不应有显著变化,且每周应对电机的绝缘电阻进行检查。

15.0.4 当出现下列情况之一时,地热井井泵应立即停止运行:

  1 井泵的工作状态没有改变,电压为额定值而电流超过电机额定电流值;

  2 出水量不正常,水中含砂量显著增加;

  3 机组有显著噪声和异常振动。

15.0.5 地热井井泵应每年检修一次。

15.0.6 地热供热系统运行中应对下列项目进行观测和记录:

  1 地热水的开采量和回灌量;

  2 换热器、过滤装置及管路的压力数据变化;

  3 换热器冷、热流体进出口的温度;

  4 事故、故障的记录;

  5 维护、检修的记录。

15.0.7 供热期结束,应对地热井井泵、循环泵、补水泵、热泵、换热器及调峰等设备进行维护保养。

15.0.8 地热热源与调峰热源联合运行的系统中,地热热源应首先投入运行,满负荷以后,调峰热源应按照多热源联网方式运行,并应随室外气温变化增减负荷。

附录 A 非金属管材物理性能

A.0.1 玻璃钢(FRP)的物理性能应符合表 A.0.1 的规定。

表 A.0.1 玻璃钢(FRP)的物理性能

物理参数	物理性能	
	环氧树脂	乙烯基树脂
膨胀系数[mm/(m·K)]	0.0227	0.0189
导热系数[W/(m·K)]	0.35	0.19
密度(kg/cm³)	1800	1850
使用温度(℃)	-30~120(最高 150)	-30~120(最高 150)

A.0.2 氯化聚氯乙烯(CPVC)的物理性能应符合表 A.0.2-1 的规定,适用温度和压力应符合表 A.0.2-2 的规定。

表 A.0.2-1 氯化聚氯乙烯(CPVC)的物理性能

物理参数	物理性能	物理参数	物理性能
热变形温度(℃)	105	弯曲强度(MPa)	106
密度(kg/cm³)	1550	线膨胀系数[mm/(m·K)]	0.034
拉伸强度(MPa)	55	最高使用温度(℃)	105

表 A.0.2-2 氯化聚氯乙烯(CPVC)的适用温度、压力

温度(℃)	23	27	32	38	43	49	54	60	66	71	77	82	88	95	100
压力(MPa)	1.5	1.5	1.5	1.35	1.35	1.2	1.05	0.9	0.9	0.75	0.75	0.6	0.55	0.45	0

A.0.3 耐热聚丙烯(PP-R)的物理性能应符合表 A.0.3 的规定。

表 A.0.3 耐热聚丙烯(PP-R)的物理性能

物理参数	物理性能	物理参数	物理性能
密度(kg/cm³)	901	常温爆破压力(MPa)	5.8
拉伸强度(MPa)	40.7	线膨胀系数[mm/(m·K)]	0.0978
弯曲强度(MPa)	27.6	适用温度(℃)	95

A.0.4 聚丁烯(PB)的物理性能应符合表 A.0.4-1

的规定，适用温度、压力应符合表 A.0.4-2 的规定。

表 A.0.4-1 聚丁烯（PB）的物理性能

物理参数	物理性能
相对密度（kg/cm^3）	925
膨胀系数[$mm/(m·K)$]	0.1278
导热率[$W/(m·K)$]	0.216

表 A.0.4-2 聚丁烯（PB）的适用温度、压力

温度（℃）	20	30	40	50	60	70	80	90
压力（MPa）	1.66	1.57	1.46	1.36	1.21	1.07	0.86	0.59

A.0.5 交联聚乙烯（PEX）的物理性能应符合表 A.0.5 的规定。

表 A.0.5 交联聚乙烯（PEX）的物理性能

物理参数	物理性能	物理参数	物理性能
密度（kg/cm^3）	910～960	常压下使用温度（℃）	−70～110
拉伸强度（MPa）	40	0.7MPa 压力下使用温度（℃）	82
弯曲弹性模量（MPa）	600	导热系数[$W/(m·K)$]	0.41
熔点（℃）	140	热膨胀系数[$mm/(m·K)$]	0.2

A.0.6 铝塑复合管（PEX-Al）的物理性能应符合表 A.0.6 的规定。

表 A.0.6 铝塑复合管（PEX-Al）的物理性能

物理参数		物理性能
导热系数[$W/(m·K)$]		0.45
热膨胀系数[$mm/(m·K)$]		0.025
弯曲半径		≥5D
工作温度（℃）		−40～95
压力（MPa）	普通型	1.0
	加强型	1.6

附录 B 地热水质全分析报告

B.0.1 地热水质全分析报告的内容和格式可按表 B.0.1 设置。

表 B.0.1 地热水质全分析报告表

委托单位_____			取样编号_____		分析编号_____	
取样地点_____					送样日期_____	
取样深度_____			水温_____℃		分析日期_____	

	分析项目	每公升水中含量			分析项目	德国度	分析项目	mg/L
		mg	毫克当量	毫克当量%				
阳离子	K^+				总硬度		游离 CO_2	
	Na^+				永久硬度		侵蚀性 CO_2	
	Ca^{2+}				暂时硬度		DO	
	Mg^{2+}				负硬度		COD	
	Fe^{3+}				总碱度		S^{2-}	
	Fe^{2+}				总酸度		pH	
	NH_4^+							
	Cu^{2+}				有害组分分析		放射性元素	
	Al^{3+}							
	Mn^{2+}				分析项目	mg/L	分析项目	mg/L
	Zn^{2+}				Hg^{2+}		U	
	Li^+				TCr		Ra	
					Cr^{6-}		Rn	
					As^{3+}			
					Pb^{2+}			
					Cd^{2+}			
	总计				CN^-		备注	
阴离子	Cl^-				酚			
	SO_4^{2-}							
	HCO_3^-							
	CO_3^{2-}							
	NO_2^-							
	NO_3^-							
	F^-							
	Br^-							
	I^-				气体分析			
	PO_4^{3-}							
	HBO_2				分析项目	mg/L		
					CO			
					CO_2			
	总计				O_2			
可溶性 SiO_2		mg/L			N_2			
总矿化度		mg/L			H_2S			
固形物		mg/L						
技术负责人：		分析负责人：		核对：		制表：	

附录 C 雷兹诺指数的计算方法和结垢性判定

C.0.1 雷兹诺指数和流体的 pH 计算值应按下列公式确定：

$$RI = 2\mathrm{pH}_s - \mathrm{pH}_a \quad (C.0.1\text{-}1)$$

$$\mathrm{pH}_s = -\log[Ca^{2+}] - \log[ALK] + K_c$$
$$(C.0.1\text{-}2)$$

式中：RI——雷兹诺指数；
   pH_s——流体的 pH 计算值；
   pH_a——流体的 pH 实测值；
   $[Ca^{2+}]$——流体中钙离子的摩尔浓度；
   $[ALK]$——总碱度，即重碳酸根 HCO_3^- 离子摩尔浓度；
   K_c——常数，按图 C.0.1-1、图 C.0.1-2 取值。

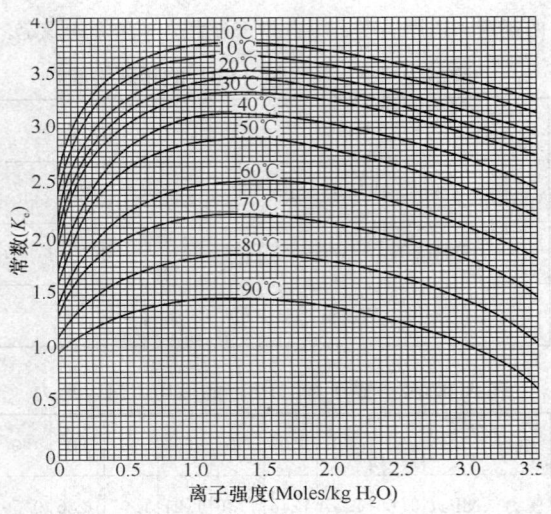

图 C.0.1-2 总固形物含量大于 6000ppm 时 K_c 求值图

表 C.0.2 根据雷兹诺指数（RI）确定地热流体的结垢性

雷兹诺指数（RI）	结垢性
<4.0	非常严重
4.0～5.0	严重
5.0～6.0	中等
6.0～7.0	轻微
>7.0	不结垢

附录 D 拉申指数的计算方法和结垢性、腐蚀性判定

D.0.1 拉申指数应按下式确定：

$$LI = \frac{[Cl] + [SO_4]}{ALK} \quad (D.0.1)$$

式中：LI——拉申指数；
   $[Cl]$——氯化物或卤化物浓度，以等当量的 $CaCO_3$（mg/L）表示；
   $[SO_4]$——硫酸盐浓度，以等当量的 $CaCO_3$（mg/L）表示；
   ALK——总碱度，即重碳酸根 HCO_3^- 浓度，以等当量的 $CaCO_3$（mg/L）表示。

上述 $[Cl]$、$[SO_4]$、ALK 也可采用相应的该离子的毫克当量数确定。

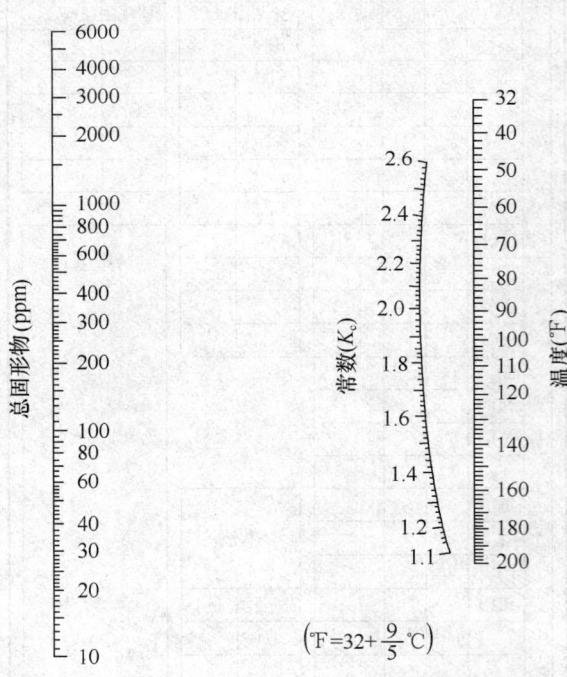

图 C.0.1-1 总固形物含量小于 6000ppm 时 K_c 求值图

C.0.2 地热流体的结垢性应根据雷兹诺指数按表 C.0.2 确定。

D.0.2 地热流体的结垢性和腐蚀性可根据拉申指数按表 D.0.2 确定。

表 D.0.2 根据拉申指数（LI）确定地热流体的结垢性和腐蚀性

拉申指数（LI）	结垢性和腐蚀性
≤0.5	为结垢性流体，没有腐蚀
>0.5	为腐蚀性流体，不结垢
>0.5，≤3.0	为轻腐蚀性流体
>3.0	为强腐蚀性流体

附录 E 回灌系统动态监测数据表

E.0.1 回灌系统动态监测数据表可按表 E.0.1 设置。

表 E.0.1 回灌系统动态监测数据表

___年___月
井号：_____，   井位_____
地面至测点高度：_____，_____   回灌前回灌井水位埋深_____

日期		开采井数据					回灌井数据					过滤器		管路压力表读数（MPa）	备注
日	时	流量计读数（m³）	瞬时流量（m³/h）	水位（m）	出水温度（℃）	井口压力（MPa）	流量计读数（m³）	瞬时流量（m³/h）	回灌水温度（℃）	水位（m）	井口压力（MPa）	进口压力（MPa）	出口压力（MPa）		

注：1 如果是多井采灌系统，应分别记录每一眼开采井、回灌井的数据；
　　2 回灌运行期间每 8h 观测一次，停灌期间每 15d 观测一次；
　　3 每天观测时间保持一致；
　　4 特殊情况随时观测记录；
　　5 备注栏记录各种特殊情况及观测人姓名。

附录 F 回灌堵塞的判别及处理措施

F.0.1 回灌运行出现下列现象之一时，可判断系统出现堵塞：

1 回灌井水位突然上升或连续上升，单位回灌量逐渐减少；

2 保持一定水位时，回灌量逐渐减少；保持一定回灌量时，回灌水位逐渐上升；

3 回灌井多年运行后，单位回灌量或回扬时单位涌水量逐年减少；

4 过滤器两端的压力差持续增大。

F.0.2 预防回灌堵塞宜采用下列方法：

1 经常检查回灌装置密封效果，发现漏气及时处理；

2 回扬洗井时，应在回扬水管路安装单流阀或 U 型管，或将扬水管出口没入水中，形成水封；

3 回扬洗井时，应检测回灌井水质；回灌运行时，应定期检测回灌水的水质；

4 应掌握回灌量和地下水位的动态变化，及时检查有无堵塞现象；

5 回灌运行时，当发现物理、化学或生物堵塞时，应立即停灌，检查原因并采取措施。

F.0.3 根据回灌井堵塞性质和原因，可采用连续反冲法、化学处理法和灭菌法等处理方法，并应符合下列要求：

1 回灌井成井时，应将岩层裂隙通道清洗干净；

2 当回灌管路堵塞时，可直接采用连续反冲洗方法处理；当回灌井堵塞时，可采用间隙停泵反冲洗与压力灌水相结合的多种方法处理；

3 对基岩型井回灌系统，应在回灌管管路上安装精度为 $50\mu m$、缠绕棒式滤芯的粗过滤装置，且过滤器两端应安装压力表，当压力变化超过正常值时，应对过滤装置进行反冲洗；

4 碳酸盐岩溶地区基岩裸眼成井的回灌井，当安装粗过滤器后的回灌效果仍不理想，可采用压裂酸化法洗井措施；

5 当堵塞沉淀物是 $CaCO_3$ 或 $Fe(OH)_3$，且已与砂胶合成钙质或铁质硬垢时，可采用 HCl（浓度10%，加酸洗抗蚀剂）使之生成溶解性的 $CaCl_2$ 来处理，但不得造成回灌水二次污染；

6 对孔隙型井回灌系统除必须装粗过滤器外，还必须装精度为 $3\mu m \sim 5\mu m$ 的精过滤器。

本规程用词说明

1 为便于在执行本规程条文时区别对待，对要求严格程度不同的用词说明如下：

　　1）表示很严格，非这样做不可的：
　　　　正面词采用"必须"，反面词采用"严禁"；
　　2）表示严格，在正常情况下均应这样做的：
　　　　正面词采用"应"，反面词采用"不应"或"不得"；
　　3）表示允许稍有选择，在条件许可时首先应这样做的：
　　　　正面词采用"宜"，反面词采用"不宜"；
　　4）表示有选择，在一定条件下可以这样做的，采用"可"。

2 条文中指明应按其他有关标准执行的写法为："应符合……的规定"或"应按……执行"。

引用标准名录

1 《室外给水设计规范》GB 50013
2 《建筑给水排水设计规范》GB 50015
3 《建筑设计防火规范》GB 50016
4 《采暖通风与空气调节设计规范》GB 50019
5 《低压配电设计规范》GB 50054
6 《通用用电设备配电设计规范》GB 50055
7 《建筑物防雷设计规范》GB 50057
8 《自动化仪表工程施工及验收规范》GB 50093
9 《工业设备及管道绝热工程施工规范》GB 50126
10 《公共建筑节能设计标准》GB 50189
11 《建筑给水排水及采暖工程施工质量验收规范》GB 50242
12 《通风与空调工程施工质量验收规范》GB 50243
13 《制冷设备、空气分离设备安装工程施工及验收规范》GB 50274
14 《地源热泵系统工程技术规范》GB 50366
15 《声环境质量标准》GB 3096
16 《农田灌溉水质标准》GB 5084
17 《污水综合排放标准》GB 8978
18 《地热资源地质勘查规范》GB 11615
19 《民用建筑节能设计标准（采暖居住建筑部分）》JGJ 26
20 《地面辐射供暖技术规程》JGJ 142
21 《城镇供热管网工程施工及验收规范》CJJ 28
22 《城市热力网设计规范》CJJ 34
23 《城镇直埋供热管道工程技术规程》CJJ/T 81
24 《污水排入城市下水道水质标准》CJ 3082
25 《化工设备、管道外防腐设计规定》HG/T 20679

中华人民共和国行业标准

城镇地热供热工程技术规程

CJJ 138—2010

条 文 说 明

制 订 说 明

《城镇地热供热工程技术规程》CJJ 138-2010 经住房和城乡建设部 2010 年 4 月 17 日以第 553 号公告批准、发布。

在规程编制过程中，编制组对我国地热供热工程的实践经验进行了总结，对地热井可持续开采年限、地热利用率、地热尾水排放温度、地热水防垢与回灌的要求等作出了规定。

为便于广大设计、施工、科研、院校等单位有关人员在使用本规程时能正确理解和执行条文规定，《城镇地热供热工程技术规程》编制组按章、节、条顺序编制了本规程的条文说明，对条文规定的目的、依据以及执行中需注意的有关事项进行了说明，还着重对强制性条文的强制性理由作了解释。但是，本条文说明不具备与标准正文同等的法律效力，仅供使用者作为理解和把握标准规定的参考。

目　次

1　总则 ………………………………… 82—20
2　术语 ………………………………… 82—20
3　设计基本规定 ……………………… 82—20
　3.1　一般规定 ………………………… 82—20
　3.2　热负荷 …………………………… 82—21
　3.3　地热利用率 ……………………… 82—21
4　地热供热系统 ……………………… 82—21
　4.1　直接供热系统 …………………… 82—21
　4.2　间接供热系统 …………………… 82—21
　4.3　调峰系统 ………………………… 82—22
5　地热井泵房 ………………………… 82—22
　5.1　土建 ……………………………… 82—22
　5.2　井泵 ……………………………… 82—22
　5.3　井口装置 ………………………… 82—23
　5.4　地热流体除砂 …………………… 82—23
6　地热供热站 ………………………… 82—23
　6.1　土建 ……………………………… 82—23
　6.2　供热站设备 ……………………… 82—23
7　地热供热管网与末端装置 ………… 82—23
　7.1　地热供热管网 …………………… 82—23
　7.2　末端装置 ………………………… 82—23
8　地热水供应 ………………………… 82—23
9　地热系统防腐与防垢 ……………… 82—24
　9.1　一般规定 ………………………… 82—24
　9.2　防腐措施 ………………………… 82—24
　9.3　防垢除垢措施 …………………… 82—25
10　地热供热系统的监测与控制 …… 82—25
11　环境保护 ………………………… 82—26
12　地热回灌 ………………………… 82—26
　12.1　一般规定 ……………………… 82—26
　12.2　系统设计 ……………………… 82—26
　12.3　系统运行前准备 ……………… 82—26
　12.4　系统运行 ……………………… 82—27
　12.5　系统停灌及回扬 ……………… 82—27
13　地热资源的动态监测 …………… 82—27
14　施工与验收 ……………………… 82—27
15　运行、维护与管理 ……………… 82—28

1 总　则

1.0.1 中低温地热资源分布广泛，是一种可以有效节约化石燃料、避免温室效应等环境污染的新能源与可再生能源。近年来，地热供热发展迅速，但是各地的地热供热工程质量优劣差异很大，地热资源浪费严重，缺乏统一的技术标准是重要的原因之一。为了规范地热供热工程的设计、施工、验收与运行，确保地热供热工程持续安全可靠运行，更好地发挥其经济效益、社会效益、节能效益和环保效益，特制定本规程。

1.0.2 地热利用范围广泛，本规程限定的适用范围是：1) 用地热井供热，包括泵抽或自流的地热井；2) 只限于城镇供热，不包括农业温室、地热水产养殖、地热孵化育雏等农业地热利用；3) 只涉及地热直接利用，不包括地热发电。

1.0.3 回灌开采的目的是要使采灌平衡，实现可持续发展的开发利用。由于各地热井所开发地层的地质条件不一，很难保证每一对开采井与回灌井都能做到采灌平衡，因此，对一个开发利用的热田来说，也可以根据地热水的补充条件确定其允许的最大开采量，即条文中所说的"总量控制开发方式"。

2 术　语

2.0.1 地热资源的概念与地热能有所不同。地热能是指地球内部蕴藏的热能；地热资源则是指在可以预见的未来时间内能够为人类经济开发和利用的地球内部的热能，包括作为主要载热体的地热流体及围岩中的热能。目前国家标准规定温度在 25℃ 以上的地热流体为地热资源。地热资源按其温度可分为高温($t \geq 150℃$)、中温（$90℃ \leq t < 150℃$）和低温（$t < 90℃$）三类。

2.0.2 对在现时条件下技术经济上有开发利用价值的地热资源相对富集区，且具备良好渗透性热储的分布地区，一般称为地热田。

2.0.3 地热流体中一般都含有不同成分的矿物质，有的矿化度可达几万甚至几十万 ppm。因此，从严格意义上说，它已不是纯粹的水，称它为地热流体更为确切。只是地热流体的外表形态仍为水，因而习惯上仍常以地热水称呼。本规程中，地热流体和地热水两种称呼都有使用。

2.0.4 地热井刚启动开采时，井口水温较低，这是因为井管及四周井壁尚处于从冷态到热态的升温过程，温度场还在不断变化。启动一段时间后，温度场趋于稳定，井口水温也升高到一定程度不再变化，这时的温度称为"稳定流温"。地热供热工程设计所依据的地热水温就是指稳定流温。

2.0.5 井水温度超过 25℃，不论井的深浅都称为地热井。

2.0.6 多数地热流体都有不同程度的腐蚀性，因而采用地热直接供热系统受到很大的制约。供暖面积较大的地热供热工程很少采用地热直接供热系统。

2.0.7 井下换热器供热系统也是地热间接供热系统的一种。由于这种系统需要有浅层中高温地热资源，应用范围有限，因此本规程没有将这种供热系统列入。

2.0.8 地热供热调峰不应该只理解为峰值负荷不够而采取的权宜之计，它是地热供热工程设计必须要考虑的重要技术因素。采用调峰系统，可以有效扩大地热井的供热面积，充分利用地热资源。

2.0.9 地热系统防腐是地热供热工程设计中最常见的问题。出于经济性的考虑，地热系统一般都不采用耐腐蚀的昂贵合金类材料来制作地热管道和设备。采用间接供热系统和使用非金属材料是当前解决地热防腐的主要有效措施。

2.0.10 地热防垢与地热阻垢是同一概念。阻止垢的生成就达到防垢目的。

2.0.11 地热流体除砂是为了降低流体中的含砂量，避免换热器或管道堵塞。

2.0.12 回灌对地热开发利用十分重要，它既可保护地热资源，又可保护环境。但是地热回灌涉及地质构造、岩性等多种因素，不可能有统一的回灌模式。回灌还需要做很多前期的试验研究，建立采灌模型。

2.0.13 将地热尾水回灌到同一热储层能起到保护资源的作用。在可能的条件下应力争做到同层回灌。

2.0.14 异层回灌虽不如同层回灌，但从总体来说，异层回灌仍可起保护环境和部分保护资源的作用，只是对抽水的热储不能达到延长使用寿命的目的。

3 设计基本规定

3.1 一般规定

3.1.1 地热供热工程设计，必须对工程场地及周边状况等资料进行搜集和调查，一般包括：

1 现状及规划供热范围内的热负荷类型和供热参数；
2 现状及规划供热范围的总平面图及地形图；
3 调峰热源的位置、供热参数；
4 地热井泵房、地热供热站的位置和水文地质资料；
5 供水、供电、排水、道路交通等建设条件；
6 管线综合图；
7 与工程设计相关的其他资料。

3.1.2 地热井的流量对确定地热井的可供热负荷至关重要。可持续使用的流量要通过地热井成井后的抽水试验确定。

3.1.4 对本条各款说明如下：

1 地热梯级利用是降低地热水排放温度的有效方式，包括采用低温地板辐射或风机盘管采暖、利用热泵和余热利用等；

2 地热供热设置调峰系统，其热源可采用煤（环保允许）、油、气、电等其他常规能源，因为调峰所耗的能量占总热负荷的比例很小；

3 采用地热蓄热设备可以调节地热利用的日不均匀性，提高地热井产水率；

4 提高系统自控水平可降低动力设备耗电量，提高生产效率，节约能源；

5 地板辐射采暖与风机盘管都属这类末端装置。

3.1.5 地热资源开发利用一般分两个阶段进行：第一阶段由有资质的地热勘察部门按现行国家标准《地热资源地质勘查规范》GB 11615 进行地热资源的地质、地球物理和地球化学勘察，提交可行性报告。根据这些勘察资料选定比较有利的井位开凿地热井，经抽水试验取得地热井的有关参数；第二阶段为地面利用。设计部门根据地热地质勘察及钻井所取得的数据，结合城镇供热规划进行地热供热工程设计。两个阶段既有联系又相互独立。地热供热工程设计者只要求开发者提供正式的地热井有关参数的书面材料就可作为设计依据，其职责就是保证地热供热工程质量达到最优，并不对地热资源的勘察和评价承担责任。但是设计部门应了解提供的地热井参数是否符合有关规定和要求，能否保证持续使用的年限。若发现问题应及时提出，以免工程受到不必要的损失。

地热井可持续开采的年限与其开采量和补给的情况有关。开采量超过补给量，开采越多，热储压力和水位下降越快。地热发电的地热资源开采年限一般定为 30 年，地热供热等直接利用项目要大于 100 年，对于著名的温泉风景区和温泉历史文物点，则没有利用时间的限定，要实现无限期地持续利用。

在冰岛，地热界对"地热资源的可持续利用"进行如下定义（Axelsson et al. 2001）：对于每一个地热系统，每一种生产模式，都存在一个确定的最大能量生产值 E_0。当生产量小于 E_0，该系统就可以长时间（100～300 年）保持稳定生产；生产量高于 E_0，它就不能维持长时间的稳定生产。因此，当地热能生产量低于或等于 E_0 即为可持续生产。所以，从管理角度控制生产量小于 E_0 是十分重要的。如果生产量大于 E_0，则称为过量生产。应该指出的是，最大可持续生产量取决于生产模式，即一个给定的地热资源的最大可持续生产量受资源管理的影响。如果采取回灌开采措施，当生产量大于 E_0 时，根据回灌量的多少，也可使地热系统长时间维持稳定生产。

3.2 热负荷

3.2.1 供暖系统的采暖设计热负荷，是指在设计室外温度下，为了达到室内设计温度，供热系统在单位时间内向建筑物供给的热量。确定合理的采暖设计热负荷是节能的基础，它影响到设备容量大小、工程投资和运行成本。

3.2.2 用辅助能源承担调峰热负荷，选热泵作为一级调峰装置，燃煤、燃气锅炉等作为二级调峰装置是一种节能的调峰方法。

3.3 地热利用率

3.3.1 地热利用率表示地热供热负荷与地热供热理论最大负荷的比值，它与地热利用后的排水温度有关，即与地热利用温差有关，但与地热产水量无关。地热利用温差越大，地热利用率越高。地热流体理论最低排水温度一般可取当地年平均室外气温，这与国外低温地热资源评价方法一致。

但是，严格地说，采用地热利用率来评价地热资源利用的完善程度还不够准确，因为这里所指的地热利用率还不是地热有效利用率。例如，地热水输送系统的热损失，也会降低地热水的温度，而这部分温降并不代表有效利用的能量。还应考虑整个采暖期内地热井的流量利用率，即采暖期内地热井实际采水量与最佳采水量之比。

3.3.2 60% 的地热利用率指标是考虑到各种地热供热水温都应达到的要求，意在解决地热利用率普遍较低的问题。地热供热水温愈高，地热利用率的百分比也应该愈高。例如 80℃～90℃ 的地热水，其地热利用率能达到 70% 以上。

4 地热供热系统

4.1 直接供热系统

4.1.1 地热直供系统管路简单，可减少工程初投资和运行维修费用。并且由于系统无换热设备，避免了因换热温差造成的不可逆能量损失。但是由于地热流体多数有腐蚀性，地热直供系统将会造成设备腐蚀而缩短使用寿命，因而地热供热工程一般都不采用直供系统。

4.1.2 地热直供系统一般采用温控阀控制回灌或排放尾水温度，地热井泵作为补水定压装置。

4.2 间接供热系统

4.2.1、4.2.2 地热间供系统是指采用换热器将地热流体与用户供热循环水隔开的系统。地热流体通过换热器把热量传递给循环水后回灌、排放或综合利用，循环水则通过散热器或其他散热设备供热后返回换热器加热循环使用。地热间供系统是国内外地热供热用得最普遍、最有成效的系统。

4.2.3 热用户可采用高温段和低温段串联方式，以加大室外管网供回水温差，减少热网工程投资和运行电耗。高温段和低温段配置是热用户串联供热的基础，低温段配置是提高地热直接供热能力的条件。

4.3 调峰系统

4.3.1 地热供暖系统在室外气温较低时，供热累积时数很少，而单位热负荷很大，即设计热负荷下运行的持续时间很短，绝大部分时间供热是在低于设计热负荷的状态下运行。如果供热系统的设计热负荷全部由地热承担，那么只有在短暂的高峰期地热井才会满负荷运行，而绝大部分非供热高峰期，地热能未得到充分利用。为了增加采暖期地热井取水量，使地热井接近满负荷运行，应配置调峰热源组成地热、调峰热源联合供热系统，即将供热负荷分为基本负荷和尖峰负荷两部分，基本负荷运行时间长，由地热承担；尖峰负荷运行时间短，由调峰热源承担。

4.3.2 选热泵作一级调峰装置，降低地热尾水温度，提高地热利用率；二级调峰装置应依据能源价格和环保要求确定。当采用热泵降低地热流体排放温度时，其系统设计应参照现行国家标准《地源热泵系统工程技术规范》GB 50366 的规定，水源热泵机组的性能应符合现行国家标准《水源热泵机组》GB/T 19409 的规定。

4.3.3 设计调峰负荷与地热利用率、地热水资源费、调峰热源燃料费、城镇供热价格等多种因素有关，由经济评价确定。

单纯地热供热系统，采暖期地热利用率低。增加调峰热源可以降低地热采暖设计负荷，扩大地热供热面积。由于调峰负荷的介入，地热采暖期利用率提高，使地热供热成本有下降的趋势。但是增加调峰热源，要加上系统投资和燃料费用，又使供热成本有上升的趋势。一旦选定调峰负荷和调峰负荷燃料类型，就能确定地热调峰系统的投资、累积地热负荷、累积调峰负荷和供热成本。改变调峰负荷容量和调峰负荷燃料类型，可以组成多种方案。依据方案的经济评价可确定调峰热源类型和调峰负荷占总负荷的百分比。

4.3.4 室外设计温度系根据各地区多年气象资料确定。我国一些主要城市的室外设计温度供热手册中都有刊载。启动调峰设备的室外温度则是实时的室外气温。

5 地热井泵房

5.1 土 建

5.1.2 地热井泵房采用地上独立建筑和固定式起重设备安装井泵，较地下或半地下井泵房有诸多优点。

5.1.3 有的自流井，水温和水压都很高，一旦阀门失灵泄漏，热水就会喷射涌出。如果井泵房采用地下或半地下建筑，热水就无法排出，对人身安全是一大隐患，因此必须严禁。

5.1.4 地热井泵房室内地面排水明沟的断面尺寸按工艺提供的排水流量确定，一般不小于 240mm×240mm。沟盖板的材料、形式以排水通畅、人行走安全为宜。

5.1.5 地下或半地下井泵房有井泵安装、构筑物防水、积水坑排水、屋顶防雨及室内通风等安全要求。

5.1.6 对地下或半地下井泵房，若水温较高，一旦发生设备或阀门泄漏，地热水就会大量涌出烫伤周围的运行人员甚至发生人身事故，因此必须设置直通室外的逃生安全通道。

5.2 井 泵

5.2.1 地热井井泵一般可分为长轴深井泵和潜水电泵两大类。长轴深井泵电机安装在井口，水泵和电机靠长轴连接，不需耐高温的电缆，可在水温高达 200℃ 的地热井中运行，并具有泵体长度短、磨损小等特点。但是长轴深井泵安装深度一般较浅，且具有附加间隙，效率低于潜水电泵。从安装和运行来看，长轴深井泵安装时间长，井管垂直度要求高，或要求井管直径较大，以适应刚性的泵和泵管。在开始运行时，叶轮位置必须通过调节螺母加以调整，增加了安装运行的难度。近年来，由于潜水电泵使用温度逐渐提高，已能满足 100℃ 以下地热水的抽取，所以多采用耐热潜水电泵。

5.2.2 调节泵的出口流量一般有如下方式：

1 节流法：用泵出口阀门来调节输出的流量。此法通过增加阻力来控制流量，效率低，并容易造成水泵的损坏。因此地热井不能用此法作为调节流量的主要手段。

2 用储水装置使井泵间歇运行：此法需要频繁停开井泵，容易造成水泵的损坏。同时，储水装置易进空气，使地热水溶氧增加，加剧对金属设施的腐蚀，相应增加维修量和费用。

3 井口回流法：此法是在井口装置上增加一根回流管，泵在满负荷运行的情况下，当外界用水量减少时，一部分水通过回流管回流到井内。这种方法节水，但不节电。

4 井泵变频调速：通过改变叶轮转速调节流量，以满足用水量的变化。此方法是节水、节电、延长井泵使用寿命的好方法。

5.2.3 泵管或泵轴的表面都可以涂覆涂料层防腐，但根据涂料的性能，一般以用于 70℃ 以下地热水为宜。适用于泵管的防腐涂料有多种，如底漆用环氧富锌底漆，中层漆用乙种环氧沥青漆，面漆用乙种环氧沥青磁漆的试验效果不错。但是表面处理及施工质量对涂层性能影响很大。表面处理以喷砂效果最佳。施工时，相对湿度应小于 65%，温度不得低于固化所要求的温度。
5.2.4 地热井泵最好能送到生产厂家检修、保养。

5.3 井口装置

5.3.1 地热井口装置一般应具有下列功能：1 井口装置的结构应能承受地热井的温度、压力要求。2 密封性良好，能防止空气进入系统、减轻对金属设备的腐蚀。3 能适应地热流体在提取和停止开采时造成的井管伸缩，这种伸缩可能造成泵座损坏及漏水事故。4 能监测水位。水位是地热井动态监测中的重要参数，是延长地热井使用寿命、保护地热资源必须掌握的参数。5 能测量地热水的水温、压力和流量。6 有些地热井在刚投入使用时，地热水能够自流。经过一段时间后由于热储压力下降不再自流，地热流体需要改用井泵抽取；有些地热井随负荷变化，为节水、节电，需将大功率的井泵改为小功率的井泵。所以井口装置应能适应自流、大小泵换用等不同情况。

5.3.2 石油工业有这类专用的气水分离器，分离效果良好，但要增加投资。含油气的地热流体分离出油气后可以用来采暖，但不宜用来沐浴，因为处理后的地热流体仍有残留的石油气味。

5.3.3 可根据井管型号选配相应规格的井口装置。

5.3.4 地热流体中的溶氧是造成金属设备腐蚀最重要的因素。地热井口装置要做到完全隔绝空气进入系统是相当困难的，许多地热工程采用井口氮气保护系统或添加除氧剂的方法效果较好。前者是将氮气充入井内隔绝空气进入井口系统，方法简单；后者是向地热系统注入除氧剂除氧，但是这种注入装置初投资和运行成本较高。

5.4 地热流体除砂

5.4.1 地热流体除砂的标准有不同规定，用途不同要求也不一。对孔隙型热储，成井含砂量控制不能过严，这是地热成井工艺所决定，要求过高，会造成成井交井极大的困难。

5.4.2 目前，地热流体除砂多用旋流式除砂器，它具有结构紧凑、占地面积小、除砂效率高（可达90%以上）、排砂方便等优点。

6 地热供热站

6.1 土 建

6.1.1 地热供热站建在负荷中心位置，可使供热距离缩短，热损失少，运行电耗低，管理方便。

6.1.2 采用重力排水的供热站，设备间地面应设排水明沟。沟的要求与第5.1.4条相同。供热站水泵间宜设隔墙封闭，采用双层隔声门窗，内墙面可用吸声材料，有噪声设备应装避振喉和减振垫，在外墙上应考虑设置防噪声进出风口。

6.2 供热站设备

6.2.1 板式换热器的密封垫圈应安装于密封槽中并具有良好的弹性。要求橡胶除耐腐蚀、耐温外，硬度应在65～90邵氏硬度，压缩永久变形量不大于10%，抗拉强度≥8.0MPa，伸长率200%。

6.2.2 热泵机组由压缩机、蒸发器、冷凝器、调节阀门和自控设备组成。选热泵机组时，压缩机的质量最重要，好的压缩机运行时振动小、噪声小，使用寿命长。

6.2.3 对金属腐蚀较轻的地热流体，宜采用金属制储水装置，并对内壁进行防腐处理。

7 地热供热管网与末端装置

7.1 地热供热管网

7.1.2 地热供热管道及其保温外壳常用非金属材料。直埋敷设既不影响环境美观，又可避免紫外线照射，延长管道使用寿命。

7.1.3 经水质化验确认属非腐蚀性地热流体，输送管道可采用钢管。

7.2 末 端 装 置

7.2.1 选用散热器作为末端装置时，对于地热间供系统，散热器的选型和常规供暖相同；对于地热直供系统，不宜采用金属散热器作为末端装置。

7.2.2 地热供热末端装置的设计参数与地热供热站设备配置和地热供热运行费用密切相关，末端装置的供回水温度越低，热泵配置容量越少，调峰负荷占总负荷的比例越小，系统越经济。

7.2.3 表7.2.3系根据经验提出，可供参考。某些情况下，宜采用的供回水温度还可降低，如空调系统风机盘管供水温度可采用45℃，三步节能居住建筑区地板辐射采暖供水温度可采用40℃。

7.2.4 室内温度调节装置是行为节能的手段，可满足不同用户的室内温度需求。分户热计量是"供热体制改革"的要求。

8 地热水供应

8.0.1 由于没有一个科学、完整的规划，有些地区在地热水供应中，缺少地热水地下管线走廊，城市建设挤占地热井位置，桩基础等地下工程施工损坏地热井管线现象时有发生，严重影响了城镇地热水供应的可持续发展，因此，城镇地热水供应系统的专业规划是城镇地热水供应非常重要的基础工作。

8.0.3 虽然国内已有多个地热水长距离输送的工程实例，但长距离输送必然带来较多的热量损失，因此从节能的角度，不鼓励地热水进行长距离输送。明确地热水输送的温降要求，为输送管道的设计、施工及验收提供依据。从国内的工程实例来看，0.6℃/km 的温降要求是合理可行的。

8.0.4 通常情况下，地热水含有多种对人体有益的微量元素，它是优良的医疗矿产资源和廉价的热水资源，作沐浴用，既节能又健体。

8.0.7 一般地热水气水分离后气体就排掉。如果是可燃气体，量比较大，分离出来的这种气体应设法收集就近利用。

9 地热系统防腐与防垢

9.1 一般规定

9.1.1 地热流体产生腐蚀的重要因素有 7 项：

1 氯离子（Cl^-）：地热流体中氯离子的腐蚀作用主要是促进作用而不是反应物。当地热水中存在溶解氧时，氯离子的促进作用就明显地表现出来。

2 硫酸根（SO_4^{2-}）：硫酸根的腐蚀作用与氯离子类似，但比氯离子影响小，为同浓度氯离子的1/3。在多数地热水中，SO_4^{2-} 的腐蚀作用不大，但在氯离子浓度较低的地热水中，SO_4^{2-} 会产生一定的腐蚀。硫酸根对水泥有侵蚀作用，是水泥腐蚀（侵蚀）比较主要的因素。

3 硫化氢（H_2S，包括 HS^-、S^{2-}）：硫化氢在金属腐蚀中起加速作用，即使在无氧条件下，它也腐蚀铁、铜、钢、镀锌管等金属。在高温下，对铜合金和镍基合金的腐蚀最为严重。

4 氨（NH_3，包括 NH_4^+）：氨主要引起铜合金的应力腐蚀破坏，在地热系统中，对阀门、开关等设备中的铜材不利。

5 二氧化碳（CO_2，包括 HCO_3^-、CO_3^{2-}）：二氧化碳对碳钢有较大的腐蚀作用。特别是与氧共存时，对碳钢的腐蚀更为严重。二氧化碳对混凝土也有腐蚀作用。

6 氧（O_2）：氧通常来自大气。地热流体中原有的溶解氧一般很少。氧是地热流体中最重要的腐蚀性物质。当地热系统有空气侵入时，会使碳钢的均匀腐蚀速度增加 10 倍。

7 pH（氢离子）：在大多数无 O_2 的地热水中，碳钢和低合金钢的腐蚀主要由氢离子的还原反应控制。当 pH 增高（pH>8）时，腐蚀速度急剧下降。

9.1.2 现行国家标准《地热资源地质勘查规范》GB 11615 中参照工业腐蚀系数来衡量地热流体的腐蚀性和用锅垢总量来衡量地热流体结垢性的办法也可采用。

9.1.3 地热供热工程设备的外防腐，多数与化工设备类似，但也有一些是不同的，需要参考化工设备外防腐和地热工程设备外防腐的实践经验加以实施。

9.2 防腐措施

9.2.1 防腐工程措施可以采用本条提出的 5 种方法中的 1 种或同时采用几种，其中第 1、3 款同时采用效果较好。

9.2.2 玻璃钢（玻璃纤维增强塑料）具有优良的力学和物理性能，使用温度一般在 -30℃~120℃，最高可达 150℃。虽然玻璃钢的轴向膨胀相当于钢管膨胀的 2 倍，然而由于其轴向模量相对较低，产生的膨胀力只有钢管在同样条件下的 3‰~5‰，因此对埋地 1m 深的玻璃钢管，除了有适当的分段止推装置外，靠覆盖其上的土壤就足以抑制其热膨胀，不需要采取其他特殊防膨胀措施，这是其他各种塑料所不及的。玻璃钢还有优良的耐化学腐蚀性能、使用寿命长、水力特性优异等重要特性，流体在管内流动的阻力小，因而可以选用较小的管径和功率较小的输送泵，降低成本并节电。玻璃钢管道还有重量轻、运输吊装和安装方便等优点。玻璃钢管道直径越大，每米成本与钢管相比越低。

制造玻璃钢管的原料种类很多，耐温情况不一，价格也相差很大。如果将价格低廉的常温或低温用的原料用于制造高温用的管道，那么管道的使用寿命将大大降低，工程选材时一定要十分注意。

玻璃钢管道由于加工工艺的关系，小管径（直径<50mm）的管道成本相对较高，经济性较差，因而非金属的小管径管道一般不用玻璃钢而改用其他塑料制作。

一般的塑料存在较大的热膨胀系数和蠕变等缺点，在地热供热工程中的应用受到限制。铝塑复合管（PEX-Al）是近年发展较快的一种管材，它用交联聚乙烯与铝材复合而成，管子的内外层均用交联聚乙烯材料制造，中间层为铝材，各层之间用胶粘结，形成一个胶合层。这样，它可以完全隔绝气体（氧气）的渗透，彻底消除塑料管透气的缺点，线膨胀系数远低于一般塑料，保证管道的稳定。同时也提高了管道的工作压力和工作温度，弯曲半径也由此变小，便于弯管。

9.2.3 系统隔绝空气（氧气）是十分有效的防腐措施。来自深部的地热水中很少有溶解氧，只要使系统密封，不让空气进入，就可大大减轻地热水对金属的腐蚀。采用向井内充氮气的方法，设备简单，是较有效的密封方法。

采用间接供热系统，虽然要增加钛板换热器的投资，系统也相应复杂些，但是这种一次性投资的增加，换来的是长久的系统稳定运行，设备寿命也大大延长，综合经济效益更好。

9.2.4 防腐涂料一般抗磨强度不高，受流体高速冲击或为转动部件，涂料会很快磨损。

9.2.5 防腐剂是一种化学物品，含有磷酸盐等对环境有污染的成分，添加在地热系统中，这些缓蚀剂将随地热水的排放流入地表河流等水体或农田，造成对环境的二次污染，而且也不能再将地热尾水回灌地下。国内已有不少这方面的教训，因而严禁使用加防腐剂的防腐措施。

9.2.6 金属材料的腐蚀从原理上可分为化学腐蚀和电化学腐蚀两大类；按腐蚀破坏形式可分为全面腐蚀和局部腐蚀两种。防腐措施也要根据腐蚀类型不同有所区别。地热流体中，金属可能遭受下列几种重要的局部腐蚀：1）孔蚀；2）缝隙腐蚀；3）应力腐蚀破坏；4）晶间腐蚀；5）电偶腐蚀；6）脱成分腐蚀；7）氢脆；8）磨蚀。

合理的介质流速与管径、介质流量、输送流动阻力与电耗等有关。流速高，同样的流量管径就小、投资少，但流阻增加，选用的水泵功率就要加大，电耗增加。工业上，一般将介质流速控制在（1.0～1.5）m/s 范围内比较合理，但为减少流阻和电耗，降低运行成本，也有将介质流速选在（0.8～1.0）m/s 范围内。

9.3 防垢除垢措施

9.3.1 结垢是影响地热系统正常运行的严重问题。当地热流体从热储层通过地热井管向地面运移时，或者在管道输送过程中由于温度和压力降低，使其中一些成分达到饱和状态，此时，就有固体物质析出并沉积在井管或管道内，形成垢层。井管内结垢会影响地热流体的生产与产量；输送管道内结垢会增加流体的流动阻力，进而增加输送能量的消耗；换热表面结垢则增加传热阻力，使传热效率降低。垢层不完整处还会造成垢下腐蚀。防垢与阻垢是一个概念，除垢则是垢已生成设法去除，与防垢、阻垢有所不同。

9.3.2 常见的阻垢措施有增压法、化学法和磁法。

增压法是采用深井泵或潜水电泵输送井中地热流体时，使其在系统中保持足够的压力，从而使流体的饱和温度高于实际的流体温度，这样，流体在井内始终处于未饱和状态，不会发生汽化现象和汽、液两相共存区域，防止 $CaCO_3$ 等碳酸盐在井管内壁的沉淀。此法的缺点是井泵耗电较多，有时甚至达到难以接受的程度。

化学法阻垢是加化学物品防止垢的生长。化学物品分两类：一类是酸性溶液，将它放入水中，使水的 pH 降低。另一类是聚磷酸盐、磷的有机化合物和聚合物。这类药物既是阻垢剂也是缓蚀剂，在高温时会产生有害影响。化学法的缺点是造成对环境的二次污染，经济性差，增加流体的腐蚀性。地热供热工程中一般不采用这种阻垢方法。

磁法是将一套磁法阻垢装置安置在地热流体的输送管道外侧，当地热流体流过时被磁化处理，使垢成疏散状，便于清洗。由于地热流体成分比较复杂，结构多样，再加上磁场强度、梯度等多种因素影响，其阻垢机理至今尚未得到确切结论，效果也不稳定。

9.3.3 由于化学法阻垢有化学物品溶入水中，尾水不能回灌地下，因此严禁用此法阻垢。

9.3.4 目前除垢采用的几种方法各有优缺点，且应用场合有所不同。化学除垢法一般只用于系统运行后进行。将除垢化学物品溶液灌入系统并将系统封闭，经过一段时间后排出即达除垢目的。停留所需时间由事先进行的取样试验确定。机械除垢可以在运行中进行，也可在停运时进行。如西藏羊八井地热电站井管除垢采用一个圆筒状重锤上下牵引刮垢，气水混合物仍可从圆筒中间通过，不影响机组运行。国外也有用两条输送管道轮流除垢的做法，一根输送流体，一根停运除垢，依次轮换。

10 地热供热系统的监测与控制

10.0.1 地热井泵采用变频调速控制装置自动调节流量，既节水又节电，是目前地热井运行普遍采用的节能措施。供热循环泵配置变频控制装置是用来自动调节间供系统循环水侧的循环水流量，使之与热负荷变化所需的循环水量匹配，达到节电的目的。

10.0.2 地热供热系统即使装有集中监控系统，仍需就地设置监测运行主要参数的仪器仪表，以便随时掌握系统运行是否正常。

10.0.3 地热供热系统装有集中监控系统就可以把所有运行参数不间断地记录下来，既可作为技术档案保存，又可看出地热井及供热系统各种运行参数的变化趋势，并在系统出现故障或问题时分析原因。虽然配置集中监控系统需要一笔投资，但从长远的利益看，还是十分合算的。

10.0.4 一次仪表测量的范围和精度与二次仪表相匹配是仪表配置的常识。然而不少工程配置这些一次、二次仪表时，不注意这一匹配的重要性，造成有些仪表精度很高，投入资金也不少，却因为不匹配起不到应有的作用。

10.0.5 为减少投资，有些地热井只采用人工的导线电阻测深方法。此时，井口装置必须留有可开启和关闭的水位测孔。

10.0.6 自动水位监测仪需要实时将数据传递上来。测试探头必须安放在井内动水位以下。探头安放位置不宜距潜水电泵太近，否则潜水电泵的强电磁场会干扰测试探头的正常工作。安装在水泵进水口 5m 以上的要求是根据实践经验提出的。

11 环境保护

11.0.1 与化石能源相比，地热属于清洁能源，但是开发利用地热对环境仍有一定的影响，包括热污染、空气污染、水污染、土壤污染、噪声污染、放射性污染、地面沉降、诱发地震、生态平衡、土地利用与环境美学等方面。参照《中华人民共和国环境保护法》等法律法规的要求，一般情况下，地热资源开发利用应进行环境影响评价。

地热开发利用的环境影响主要是地热流体本身。环评前应先搜集地热流体的物理性质和化学成分资料。

物理性质：地热流体的温度和感官（色度、混浊度、臭和味、肉眼可见物等）。

化学成分：

气体成分：H_2S、CO_2、O_2、N_2、CO、NH_3、CH_4、Ar、He等；

主要阴、阳离子和 F^-、Br^-、I^-、Fe^{2+}、Fe^{3+}、Si^{4+}、B^{3+} 等；

微量元素：Li、Sr、Cu、Zn等；

放射性元素：U、Ra、Rn等；

有害成分：汞及其化合物、镉及其化合物、六价铬及其化合物、铅及其化合物、硫化物及酚等。

pH、溶解氧、全盐量、总大肠菌群、总溶解固体。

国家或各级地方政府批准确认的自然生态系统、珍贵野生动植物原产地、历史文物保护区、旅游资源开发区，从某种意义上说都是珍贵的不可再生的自然资源。自然环境系统是人类和生物界的家园，一旦遭受污染破坏，将不可或难以再生恢复。因此，在以上地域内开发利用地热时，必须进行环境影响评价，提出保护措施，在环境影响评价报告得到相应的政府主管部门批准后方可实施。

11.0.2 当地热尾水水质不符合现行国家标准《污水综合排放标准》GB 8978 要求时，可采取水处理措施使地热排水达到排放标准要求。

11.0.3 矿化度较高的地热尾水用于灌溉时，会使土壤板结，地力衰退。

11.0.4 地表水是饮用地下水、养殖用水、景观水体等的补给源，应控制水污染、保护水资源和维护生态平衡。

11.0.5 现行国家标准《污水综合排放标准》GB 8978 和《农田灌溉水质标准》GB 5084 均规定，排水温度不得大于35℃。本规程规定地热供暖尾水排放温度必须小于35℃是国家标准要求，是强制性的，不然会造成严重的热污染。从节约地热资源考虑，尾水排放温度越低越有利于提高地热利用率、提高地热资源的经济效益。

12 地热回灌

12.1 一般规定

12.1.1 受污染的地热流体回灌会导致热储层地热流体水质恶化，严重影响地热资源的开发利用。

12.1.2 不同热储层的地热流体水质类型不同，当回灌流体与热储层流体不相容时，可能引发某些化学反应，不仅会因形成的化学沉淀堵塞水流通道，甚至可能因新生成的化学物质而影响水质，因此地热回灌应采用原水同层回灌。在不得不采用异层回灌的情况下，必须对热储及水质的影响进行评价。评价方法可采用地面混合试验或采用水化学软件进行模拟计算。

12.2 系统设计

12.2.1 地热流体一般都有腐蚀性，在有氧的情况下腐蚀性更强，因此必须保证地热回灌系统是一个完整的密闭系统。

真空回灌就是在回灌过程中，将回灌井进行密封，使回灌井处于真空状态，避免空气进入。真空回灌的基本原理是：在地下水位较低条件下，利用具有密封装置的回灌井扬水时，泵管及水管内即充满了水；当停泵关闭控制阀和扬水阀门后，由于水的重力作用随泵内水面下跌，泵内水面与控制阀区间和控制阀门后，因真空虹吸作用，使泵内外产生10m高的水头差；当开启水源阀门和控制阀门后，因真空虹吸作用，水就能进入泵内，破坏原有的压力平衡，在井周围产生水力坡度，回灌水就能克服阻力向含水层中渗透。

自然回灌是指在自然条件下将尾水直接注入回灌井进行回灌。

加压回灌是指在采用加压泵的情况下将尾水注入回灌井进行回灌。

12.2.2 地热回灌系统所包括的井泵房、井口装置、监测装置、过滤装置等一系列配套设施是完全独立的，不同于地热供热系统的设施。

12.2.3 为监测回灌井运行状况，及时掌握回灌堵塞情况，要求回灌井井口必须安装水位、水温、流量、压力等动态监测仪器仪表。

12.2.4 回灌管网不同于供热管网，不需要保温。

12.2.5 为减轻或避免回灌堵塞情况的发生，必须保证水质过滤精度。过滤精度的确定应通过回灌水粒度分析确定。

12.3 系统运行前准备

12.3.1 回灌前对系统装置进行检查，为的是保证回灌的顺利进行。

12.3.2 管路中存在的铁锈、污物等，如果回灌前不对管路进行彻底冲洗，这些物质就会回灌到井中造成热储层堵塞，影响回灌效果。

12.4 系统运行

12.4.1 回灌过程中应定期对开采量、回灌量、井口压力及水质进行监测，随时掌握系统运行情况。开采量、回灌量、井口压力每2h监测1次，水质每年监测1次。

12.4.2 为保证回灌水质，应定时检查排气罐和过滤装置是否正常，检查频率为每8h检查1次。

12.4.3 回灌井因各种原因发生堵塞是地热回灌最大的问题。运行人员要熟悉回灌堵塞的判别方法及时采取处理措施。

12.4.4 采用加压回灌时会增加运行成本，同时砂岩热储回灌压力与流量不是呈线性关系，因此加压回灌应经过试验确定，保证回灌效果和系统运行的经济性。

12.4.5 过滤装置两端压差增大，说明过滤器发生堵塞，导致过滤精度和处理水量下降，此时应进行清洗或更换滤料。

12.5 系统停灌及回扬

12.5.1 经过长时间回灌，回灌井中会保存很多砂砾、微生物等物质，如果不及时下泵抽水洗井（也称回扬洗井），这些物质将会堵塞热储层，导致回灌效果下降。

12.5.2 为保证回灌水管的使用寿命，回灌结束应提出回灌管进行防腐保养，可采用在管表面涂防锈漆等办法。

12.5.3 系统停灌后要及时密封并向井管内充氮，为的是防止金属管道因氧化腐蚀而产生锈蚀物，一旦重新运行，这些锈蚀物将会堵塞回灌通道。

13 地热资源的动态监测

13.0.1 地热供热工程作为基础设施项目，其持续稳定供热的安全性要求非常高，地热供热能否可持续进行，与地热资源能否可持续开发关系很大，进行地热资源的长期动态监测是非常必要的。通过日常开采动态监测，供热用户可以及时掌握地热井是否处于正常运行状态，如发现问题可及时处理。进行地热资源开发利用管理动态监测，目的是通过了解掌握区域地热资源状态的动态变化，为政府管理部门评价地热资源及开发利用规划提供决策依据。目前，地热井水位的持续下降是地热田普遍存在的现象，掌握地热水位的多年动态变化资料，对指导地热资源的储量评价和开发利用十分必要。

13.0.2 地热资源日常开采动态监测，就是在地热井运行过程中，观测开采井和回灌井的流体流量、水位（井口流体压力）、温度及水质的动态变化。

1 观测地热井的静水位和稳定动水位关系到地热井泵的下入深度，要防止开采井运行过程中动水位低于泵的吸水口，出现井泵抽空影响供热正常运行。

2 一般地热流体的稳定温度随开采量的大小有一定的变化，当开采流量稳定时，温度变化很小。地热流体温度的高低关系到地热供热的热量。

3 供热工程开采井的流量随供热负荷需求的大小由井泵的变频设备自动控制。开采量是政府主管部门收取矿产资源费的依据。开采量的统计资料是进行区域地热资源评价的重要依据。

4 地热井的水质一般较稳定。经过多年开采，个别化学成分含量也可能有一些变化。

13.0.3 对地热开发规模较大和研究程度较高的城市，如北京、天津等，政府主管部门在不同的地热田会设置专门的地热动态观测井。由于动态观测井不开采，静水位的多年动态变化资料对评价地热资源十分有用。

13.0.4 地热井动态监测的原始数据量较大，及时进行整理、核对、统计十分必要。将数据输入计算机，可方便地编制各监测项目的图或表。水位、流量、温度、水质变化的"历时曲线图"是比较常见的图件。

纸质文件较电子文档不容易遗失，电子文档有利于复制和利用。

由于地热资源动态监测资料的瞬时性，不能让时光倒流而补测，资料非常宝贵。因此，动态监测资料要按档案管理规定系统归档并长期保存。

14 施工与验收

地热供热工程质量的优劣，除工程设计外，施工质量至关重要。工程质量验收是保证合格工程的最后一道关卡，务必认真对待。

14.0.1 地热供热工程勘察资料一般指"现场踏勘资料"、"地质勘察资料"和"水文勘察资料"。建设单位应根据综合资料和具体勘察数据，对地热供热工程项目进行可行性分析，作出可行性报告，提交上级有关部门审批。设计文件和施工图纸必须在可行性范围内进行，并征求相关技术人员和专家意见。

14.0.3 《地热供热工程施工组织设计》应由施工单位根据工程实际进行编制，它是工程施工全过程的反映，是监理工程师对工程质量的监理依据。一般应包括下列内容：工程概况、工程管理机构、工程质量、工期、安全、后勤保障体系及其他具体的施工方法和工艺。编制成册后请工程监理单位审核批准。

14.0.4 地热供热工程施工（安装）检验应注意下列各点：

1 设备及主要材料产品质量合格证和性能检验报告应是原件（复印件无效），经监理工程师与实物校对合格后方能投入使用。

  2 热泵机组的低温热源有空气、土壤、浅井地下水、地面河流湖泊水、海水、污水等各种类型，安装时除应执行现行国家标准外，也要注意各生产企业对热泵机组安装的特殊要求。

  3 大于$DN100mm$的镀锌管绞丝难度大且螺纹连接强度和密闭性差，故应采用无缝管法兰连接或焊接，需镀锌防腐处理的应实行二次安装，即第一次安装完毕后，全部拆卸镀锌后再次安装。

  4 在含油气管道和设备上施工必须十分注意安全，焊工应持有相应类别的焊工合格证书，焊接地就近处应配置必要的灭火器材。

  5 同级别、同熔体流动速率的聚乙烯原料制造的管子和配件必须是同一品牌，同一厂家生产的。此类管件应采用电熔连接，严格控制热熔温度，一般控制在$210℃±10℃$，防止过热烧焦和过冷虚接。

  6 凡全封闭的、不能直接开启检查维修的工程内容，均属于隐蔽工程。所有隐蔽工程内容均应经监理工程师检验合格后隐蔽，并作出隐蔽工程验收记录。

  7 管道保温材料的选择应按照优质、价廉、满足工艺、节能、敷设方便、可就地取材或就近取材的原则，进行综合比较后择优选用。一般应满足下列要求：1) 导热系数宜低于$0.14W/(m·K)$；2) 耐热温度高于输送液体最高温度；3) 密度一般不宜超过$400kg/m^3$；4) 有一定机械强度，能抗压振；5) 吸水性小；6) 对金属不腐蚀；7) 便于施工或加工成型；8) 价低。

  8 金属管道接头可分为螺纹连接、法兰连接、管卡连接和直接焊接；非金属管连接可分为套接、粘接和热熔连接。不论采用何种连接方式，接头保温应在管道严密性检验合格，防腐处理结束后进行。

  9 系统调试所使用的测试仪器仪表性能应稳定可靠，其精度等级及最小分度值应能满足测定要求。

  10 地热井口装置的施工应注意下列各点：

  1) 钢制构件与混凝土实体之间应增焊构件筋肋，以求得混凝土体稳固、坚实；

  2) 混凝土养护期视场地温度而定，试块养护标准期为28d，气温在零度以下严禁混凝土浇筑，除非添加防冻剂；高温烈日下应对混凝土实体定时浇水，并用湿草包覆盖养护；

  3) 应考虑热膨胀的水温一般是根据经验提出，70℃是可供参考的水温；

  4) 隔离护套与管道间密封和防水制作，可采用32.5级水泥与麻丝加适量清水混拌至水泥成颗粒状，然后将水泥麻丝条整齐填入空间，用锤敲实即可。

  14.0.5 系统试验压力以最低点的压力为准，压力试验升至试验压力后，稳定10min，压力降不得大于0.02MPa，再将系统压力降至工作压力，在60min内外观检查无渗漏为合格。管道经反复清洗，出水口水质与清洗原水相似为合格。

  14.0.6 地热供热工程竣工验收应注意下列各点：

  1 竣工验收是将经过分部验收、中间验收合格的工程，移交建设单位实行系统验收。

  2 竣工验收应由建设单位组织确定参加验收的单位、验收的内容和验收的时间。

  3 地热供热工程竣工验收时，应完善竣工资料和验收程序：

  1) 图纸会审一般由建设单位组织，设计方、监理方、施工方共同参加，对施工图进行图纸审评、修改或变更，达成一致后，编制图纸会审记录，经各方会审人员签字确认，此会审记录与工程合同具有同等效力。工程提交竣工验收同时，施工方应提交工程竣工图。竣工图与施工图有少量修改的，可在原图上直接改写，如有多处重大修改的应重新绘制。竣工图最后由监理单位盖章确认。此图是工程量的最终表达和造价结算的依据。

  2) 设备开箱前，施工方必须事先通知监理工程师，现场开箱验收，并填写开箱报告。主要材料进场也应经监理工程师检验后使用。

  3) 隐蔽工程具体内容可用文字说明，也可用图例表示，但必须有监理工程师确认。

  4) 工程设备、管道系统安装应有材料材质、品牌型号、数量、标高、间距等详细记录。

  5) 管道冲洗应记录冲洗方法和冲洗结果。管道试压应详细记录工作压力、试验压力和试压结果。

  6) 设备试运行前应对工程进行全面检查，供电系统电压是否稳定，设备接地是否安全可靠，管道系统是否有滴、漏、冒，仪器仪表是否安装到位。试运行时看设备是否紧固稳定，水泵叶轮旋转方向是否正确，有无异常振动和声响，电流电压波动是否正常，仪器仪表数值是否正常，传动轴承温升是否过高（一般不超过75℃），阀门开闭是否到位等，作好试运行的各项记录。

15 运行、维护与管理

15.0.1 运行前，除对系统检查、调试及制定运行方案外，还应准备包括记录各种水泵运行电流、电压以及管路供回水压力、温度的记录表格。

15.0.2 水泵停泵15min后才能重新启动是因为水泵启动电流很大，为正常运行电流的7倍，水泵刚停，电机本来已经很热，如果立即再启动，又加上7倍的大电流，很容易损坏电机。15min后才能再启动是考虑到电机有足够的冷却时间。

15.0.4 地热井泵的运行还应详读地热井泵生产企业产品说明书中有关运行异常、故障及应对措施等提示。

15.0.5 地热井泵检修是否入厂应视地热井泵类型及使用单位的自身技术力量而定。

15.0.6 地热供热系统运行中出现的异常和故障，无非来自地热井本身、水泵及换热器等设备以及电气设施等几方面。地热井水温、水质、水位、含砂量等一般短期内突然变化的情况较少发生，但是回灌井堵塞引起的回灌量下降、换热器流道堵塞（换热器进出口两端压差增大）和换热面污垢增加引起的传热能力下降，以及各类水泵的故障是较常出现的问题。

15.0.7 各类设备检修前应仔细查阅全年运行记录，对比供热前后系统和各种设备动态监测数据有何变化并加以分析，确保维修时抓住重点。

15.0.8 地热供热系统也可设置几种不同热源的调峰设施，如同时设置一台或几台热泵机组调峰和燃油或燃气锅炉调峰。气温下降初期，当地热供热基本热负荷不能满足时，先启动一台或两台热泵机组，严寒时，加入热泵调峰也不能满足热负荷需求时，再启动燃油或燃气锅炉。这样的配置组合，就可采用功率较小的热泵机组，减少投资，而燃油或燃气锅炉由于使用时间很短，燃料费所占比例很小，不会对运行成本产生多大影响。

中华人民共和国行业标准

建设项目交通影响评价技术标准

Technical standards of traffic impact analysis of construction projects

CJJ/T 141—2010

批准部门：中华人民共和国住房和城乡建设部
施行日期：２０１０年９月１日

中华人民共和国住房和城乡建设部
公　告

第 530 号

关于发布行业标准《建设项目交通影响评价技术标准》的公告

现批准《建设项目交通影响评价技术标准》为行业标准，编号为 CJJ/T 141-2010，自 2010 年 9 月 1 日起实施。

本标准由我部标准定额研究所组织中国建筑工业出版社出版发行。

中华人民共和国住房和城乡建设部
2010 年 3 月 31 日

前　言

根据原建设部《关于印发〈2005 年工程建设标准规范制订、修订计划（第一批）〉的通知》（建标函[2005]84 号）的要求，标准编制组经广泛调查研究，认真总结实践经验，参考有关国际标准和国外先进标准，并在广泛征求意见的基础上，制定了本标准。

本标准的主要内容是：1. 总则；2. 术语；3. 基本规定；4. 建设项目分类；5. 交通影响评价启动阈值；6. 交通影响评价范围、年限、时段与评价日；7. 交通需求分析；8. 交通影响程度评价；9. 交通改善措施与评价。

本标准由住房和城乡建设部负责管理，由中国城市规划设计研究院负责具体技术内容的解释。执行过程中如有意见或建议，请寄送中国城市规划设计研究院（地址：北京市三里河路 9 号，邮政编码：100037）。

本 标 准 主 编 单 位：中国城市规划设计研究院
本 标 准 参 编 单 位：同济大学

南京市交通规划研究所有限责任公司
成都市规划设计研究院
深圳市城市交通规划设计研究中心有限公司
北京工业大学

本标准主要起草人员：孔令斌　陈小鸿　荣　建
钱林波　胡　滨　李　锋
毛海虓　黄　伟　戴彦欣
黄肇义　张智勇　郑连勇
王国晓　崔晓天　张　岚
张圆圆　陆　琪　李　铖
金宝辉　刘光辉　蒋金勇
孙海浩　郑伶俐

本标准主要审查人员：王静霞　杨佩昆　陈燕凌
郭继孚　王晓明　陈必壮
任福田　史其信　毛保华
张亚平　马　林

目　次

1 总则 …………………………………… 83—5
2 术语 …………………………………… 83—5
3 基本规定 ……………………………… 83—5
4 建设项目分类 ………………………… 83—5
5 交通影响评价启动阈值 ……………… 83—6
6 交通影响评价范围、年限、
　　时段与评价日 …………………… 83—7
　6.1 交通影响评价范围 ……………… 83—7
　6.2 交通影响评价年限 ……………… 83—7
　6.3 交通影响评价时段与评价日 …… 83—8
7 交通需求分析 ………………………… 83—8
8 交通影响程度评价 …………………… 83—8
9 交通改善措施与评价 ………………… 83—9
附录A　交通影响评价报告主要
　　　　内容 ……………………………… 83—9
附录B　机动车服务水平分级 ………… 83—10
本标准用词说明 ………………………… 83—11
附：条文说明 …………………………… 83—12

Contents

1 General Provisions ················ 83—5
2 Terms ················ 83—5
3 Basic Requirements ················ 83—5
4 Classification of Construction Projects ················ 83—5
5 Thresholds of Traffic Impact Analysis ················ 83—6
6 Study Area, Horizon Year, Peak Hour and Day of Traffic Impact Analysis ················ 83—7
  6.1 Study Area ················ 83—7
  6.2 Horizon Year ················ 83—7
  6.3 Peak Hour and Day ················ 83—8
7 Traffic Demand Analysis ················ 83—8
8 Traffic Impact Assessment ················ 83—8
9 Mitigation Alternatives and Assessment ················ 83—9
Appendix A   Outline Template for a Traffic Impact Analysis Report ················ 83—9
Appendix B   Level of Service of Vehicle ················ 83—10
Explanation of Wording in This Standard ················ 83—11
Addition: Explanation of Provisions ················ 83—12

1 总 则

1.0.1 为促进土地利用与交通系统的协调发展，规范城市和镇的建设项目交通影响评价，制定本标准。

1.0.2 本标准适用于城市和规划城镇人口规模在10万人以上的镇的建设项目交通影响评价。

1.0.3 建设项目交通影响评价必须以城市和镇总体规划、详细规划为依据。

1.0.4 建设项目交通影响评价应遵循集约、节约使用土地和以人为本的原则，应妥善处理评价项目新生成交通与背景交通间的关系。

1.0.5 建设项目交通影响评价除应符合本标准外，尚应符合国家现行有关标准的规定。

2 术 语

2.0.1 建设项目 construction project

具有交通生成的永久性或临时性拟建设（新建、改建和扩建）项目。

2.0.2 建设项目交通影响评价 traffic impact analysis of construction projects

对建设项目投入使用后，新生成交通需求对周围交通系统运行的影响程度进行评价，并制定相应的对策，消减建设项目交通影响的技术方法。

2.0.3 建设项目分类 classification of construction projects

根据建设项目用地类型、建筑物使用功能和项目生成的交通需求特征对建设项目进行的分类。

2.0.4 出行率 trip generation rate

建设项目单位指标（建筑面积、住宅户数、座位数等）在单位时间内所生成的交通需求，包括产生量和吸引量。

2.0.5 新生成交通需求 new generating traffic demand by construction projects

建设项目投入使用所生成（包括产生和吸引）的新增交通需求。新建项目，新生成交通需求包括建设项目生成的全部交通需求；改、扩建项目，新生成交通需求是指由项目改、扩建部分引起的新增交通需求。

2.0.6 背景交通需求 background traffic demand

交通影响评价范围内除去被评价建设项目新生成交通需求外的其他交通需求，包括起讫点均在评价范围外的通过性交通和评价范围内其他建设项目生成的交通需求。

2.0.7 交通影响评价启动阈值 thresholds of traffic impact analysis

建设项目需要进行交通影响评价的门槛条件。

2.0.8 交通影响程度评价指标 indicators of traffic impact assessment

衡量建设项目新生成交通需求对评价范围内交通系统影响的指标。

2.0.9 长路段 long continuous road link

长度超过1.5km，交通几乎不受交叉口影响的道路区段。

2.0.10 公共交通线路剩余载客容量 the redundant capacity of public transport system around projects

在一定服务水平下，建设项目周围的公共交通设施可以为建设项目提供服务的富余运力。

3 基 本 规 定

3.0.1 建设项目交通影响评价应根据建设项目所在地区的土地利用和交通系统状况，评价建设项目新生成交通需求对评价范围内交通系统运行的影响，并应根据交通影响的程度，提出对评价范围内交通系统以及建设项目选址、建设项目报审方案的改善建议。

3.0.2 建设项目交通影响评价采用的基础资料应完整、准确、有效。

3.0.3 建设项目交通影响评价应包括下列内容：

1 确定交通影响评价的范围与年限；

2 进行相关调查和资料收集；

3 分析评价范围内现状、各评价年限的土地利用与交通系统；

4 分析交通需求；

5 评价建设项目交通影响程度；

6 提出对建设项目评价范围内的交通系统、建设项目选址、建设项目报审方案的改善建议，并对改善措施进行评价；

7 提出评价结论。

3.0.4 建设项目交通影响评价报告应内容完整、结论明确。报告内容应符合本标准附录A的规定。

3.0.5 建设项目交通影响评价应在报建和（或）选址（包括选址或土地出让）阶段进行。

4 建设项目分类

4.0.1 交通影响评价应根据用地类型、建筑物使用性质和交通出行特征，对建设项目进行分类。

4.0.2 大类应依据用地类型和建筑物使用功能确定，划分为11个大类，大类划分的名称和代码应符合表4.0.2的规定。

表 4.0.2 建设项目大类划分

大类名称	住宅	商业	服务	办公	场馆与园林	医疗	学校	交通	工业	混合	其他
大类代码	T01	T02	T03	T04	T05	T06	T07	T08	T09	T10	T11

4.0.3 城市和镇应在大类基础上按照本地建设项目交通出行特征进行中类划分。中类划分宜符合表

4.0.3 的规定。

表4.0.3 建设项目中类划分

大类名称	代码	中类名称	代码	说明
住宅	T01	宿舍	T011	集体宿舍、集体公寓等
		保障性住宅	T012	廉租房、经济适用房等
		普通住宅	T013	普通商品房、居民楼等
		高级公寓	T014	—
		别墅	T015	—
商业	T02	专营店	T021	专卖店、小型连锁店等
		综合型商业	T022	综合型超市、百货商场、购物中心等
		市场	T023	批发或零售市场、农集贸市场、菜市场等
服务	T03	娱乐	T031	娱乐中心、俱乐部、休闲会所、活动中心、迪厅等
		餐饮	T032	餐馆、饭店、饮食店等
		旅馆	T033	招待所、旅馆、酒店、宾馆、度假中心等
		服务网点	T034	邮局、电信、银行、证券、保险等对外服务的分理处或营业网点
办公	T04	行政办公	T041	党政机关、社会团体的办公楼等
		科研与企事业办公	T042	—
		商务写字楼	T043	—
场馆与园林	T05	影剧院	T051	电影院、剧场、音乐厅等
		文化场馆	T052	图书馆、博物馆、美术馆、科技馆、纪念馆等
		会展场馆	T053	展览馆、会展中心等
		体育场馆	T054	比赛性体育场馆、训练性体育场馆、综合性场馆、健身中心等
		园林与广场	T055	城市公园、休憩广场、游乐场、旅游景区等
医疗	T06	社区医院	T061	诊所、社区医疗中心、体检中心等
		综合医院	T062	各级各类综合医院、急救中心等
		专科医院	T063	—
		疗养院	T064	疗养院、养老院、康复中心等
学校	T07	高等院校	T071	—
		中专及成教学校	T072	中专、职高、特殊学校及各类成人与业余学校
		中学	T073	高中、初中
		幼儿园和小学	T074	小学、幼儿园

续表4.0.3

大类名称	代码	中类名称	代码	说明
交通	T08	客运场站	T081	交通客运站、客运枢纽等
		货运场站	T082	货运站、货运码头、物流中心、仓储设施等
		加油站	T083	—
		停车设施	T084	社会停车场（库）、公共汽电车停车场（库）等
工业	T09	工业	T091	—
混合	T10	混合	T101	使用功能包含了两种或两种以上建设项目大类的建设项目，如多功能综合楼、商住楼等
其他	T11	市政	T111	非交通类的市政设施，如水厂、变电站等
		其他	T112	农业建筑、军事建筑等特殊建筑

4.0.4 城市和镇宜在中类基础上按照建设项目的交通出行特征划分小类。

4.0.5 城市和镇应通过分类调查确定不同类别建设项目的出行率等出行参数。

5 交通影响评价启动阈值

5.0.1 城市和镇应根据本地交通系统状况以及建设项目的分类、规模和区位，确定本地建设项目交通影响评价启动阈值。

5.0.2 建设项目的规模或指标达到或超过规定的交通影响评价启动阈值时，应进行交通影响评价。

5.0.3 建设项目报建阶段交通影响评价启动阈值应符合下列规定：

1 住宅（T01）、商业（T02）、服务（T03）、办公（T04）类建设项目，交通影响评价启动阈值的取值范围应符合表5.0.3的规定；

表5.0.3 住宅、商业、服务、办公类建设项目
交通影响评价启动阈值取值范围

城市和镇人口规模（万人）	项目位置	建设项目新增建筑面积（万平方米）	
		住宅类项目	商业、服务、办公类项目
≥200	城市中心区	3～8	1～3
	中心城区除中心区外的其他地区/卫星城中心区	5～10	2～5
	其他地区	10～20	4～10

续表 5.0.3

城市和镇人口规模（万人）	项目位置	建设项目新增建筑面积（万平方米）	
		住宅类项目	商业、服务、办公类项目
100～200	城市中心区	2～5	1～2
	其他地区	3～8	2～5
<100	—	2～8	1～5

注：1 人口规模是指正在执行的城市和镇总体规划所确定的规划期末城镇人口规模；
  2 建设项目的建筑面积，有建筑设计方案时按总建筑面积计算，无建筑设计方案时按容积率建筑面积计算；
  3 在同一栏中，人口规模越大、交通问题越复杂的城市和镇，其阈值选取宜越低。

  2 场馆与园林（T05）和医疗（T06）类建设项目的启动阈值应为：新增配建机动车停车泊位100个；
  3 符合下列条件之一的建设项目，应在报建阶段进行交通影响评价：
   1）单独报建的学校（T07）类建设项目；
   2）交通生成量大的交通（T08）类建设项目；
   3）混合（T10）类的建设项目，其总建筑面积或指标达到项目所含建设项目分类（T01～T09，T11）中任一类的启动阈值；
   4）主管部门认为应当进行交通影响评价的工业（T09）、其他（T11）类和其他建设项目。

5.0.4 符合下列条件之一的建设项目，应在建设项目选址阶段进行交通影响评价：
  1 特大城市的建设项目规模达到报建阶段启动阈值的5倍及以上，其他城市和镇达到3倍及以上；
  2 重要的交通类项目；
  3 主管部门认为需要在选址阶段也进行交通影响评价的建设项目。

5.0.5 规划人口规模超过1000万的城市和国家历史文化名城可在本标准基础上确定更为严格的阈值标准。

5.0.6 当相邻建设项目开发建成时间接近，出入口相近或者共用时，可对多个相邻建设项目合并进行交通影响评价。

6 交通影响评价范围、年限、时段与评价日

6.1 交通影响评价范围

6.1.1 建设项目交通影响评价范围应根据城市和镇的规模、新生成的交通需求以及周边交通状况确定。

6.1.2 报建阶段进行的建设项目交通影响评价，评价范围应符合下列规定：
  1 有明确定量启动阈值的建设项目，其评价范围应按照表6.1.2划定；

表 6.1.2 建设项目交通影响评价范围

建设项目规模指标与启动阈值之比（R）	交通影响评价范围
$R<2$	建设项目邻近的城市干路围合的范围
特大城市 $2 \leq R < 5$，其他城市和镇 $2 \leq R < 3$	建设项目邻近的城市主干路或快速路围合的范围
特大城市 $R \geq 5$，其他城市和镇 $R \geq 3$	建设项目邻近的第二条主干路或快速路围合的范围

  2 单独报建的学校（T07）类建设项目、交通生成量大的交通（T08）类建设项目，其评价范围应为：建设项目邻近的第二条主干路或快速路围合的范围；
  3 主管部门认为应当进行交通影响评价的工业（T09）、其他（T11）类和其他建设项目，其评价范围应为：建设项目邻近的城市主干路或快速路围合的范围。

6.1.3 建设项目选址阶段的交通影响评价，应在本标准第6.1.2条规定的基础上，根据建设项目的实际情况和周边交通状况，适当扩大评价范围。

6.1.4 位于下列地区的建设项目，宜根据建设项目的实际情况和周边交通状况，适当调整评价范围：
  1 城市中心区、历史文化保护区、风景名胜区、快速路出入口附近和交通枢纽周边等交通敏感地区，宜适当扩大评价范围；
  2 城市和镇边缘地区，宜根据交通网络实际情况，调整评价范围；
  3 当按照本标准第6.1.2条划定的交通影响评价范围附近存在比较明显的交通瓶颈时，也应适当扩大评价范围，把交通瓶颈纳入影响评价范围。

6.2 交通影响评价年限

6.2.1 建设项目交通影响评价年限应根据城市和镇的规模、建设项目的规模和分类确定。

6.2.2 报建阶段进行的建设项目交通影响评价，评价年限应符合下列规定：
  1 有明确定量启动阈值的建设项目，其评价年限应符合表6.2.2的规定；

表 6.2.2 建设项目交通影响评价年限

序号	建设项目规模指标与启动阈值之比	交通影响评价年限
1	特大城市<5，其他城市和镇<3	正常使用初年

续表 6.2.2

序号	建设项目规模指标与启动阈值之比	交通影响评价年限
2	特大城市≥5，其他城市和镇≥3	1 正常使用初年；2 正常使用第5年

注：当建设项目正常使用第5年超出了正在执行的城市和镇总体规划的目标年限时，宜用规划目标年限作为交通影响评价年限。

2 单独报建的学校（T07）类建设项目、交通生成量大的交通（T08）类建设项目，以及主管部门认为应当进行交通影响评价的工业（T09）、其他（T11）类和其他建设项目，其评价年限应为正常使用初年以及正常使用第5年。

6.2.3 建设项目选址阶段进行的交通影响评价，评价年限应为建设项目正常使用初年以及城市和镇总体规划的目标年限。

6.2.4 分期开发的建设项目，项目整体的评价年限除应符合本标准第6.2.2、6.2.3条的规定外，还应评价各分期投入正常使用的初年。

6.3 交通影响评价时段与评价日

6.3.1 交通影响评价时段的选择应符合下列规定：

　　1 当建设项目新生成交通需求的高峰时段与背景交通高峰时段基本重合时，建设项目新生成交通需求高峰时段应为交通影响评价时段；

　　2 当两者不重合时，建设项目新生成交通需求高峰时段与背景交通高峰时段均应为交通影响评价时段。

6.3.2 交通影响评价日的选择应符合下列规定：

　　1 按工作日、非工作日分别叠加评价时段的建设项目新生成交通需求和背景交通需求，对交通系统最不利日应作为交通影响评价日；

　　2 当难以判断时，应对工作日和非工作日分别进行评价。

7 交通需求分析

7.0.1 交通需求分析应与评价范围内城市和镇总体规划、详细规划的交通需求分析衔接。

7.0.2 交通调查应包括评价范围内的现状土地利用，各种交通方式的交通设施、交通管理与交通运行情况。交通运行状况调查时段应包括建设项目新生成交通和背景交通的高峰时段，各时段的连续调查时间不应少于2h。

7.0.3 交通需求分析应包括以下内容：

　　1 各种交通方式的动、静态新生成交通需求和背景交通需求；

　　2 评价范围内现状及各评价年限的交通需求与运行状况。

7.0.4 交通需求分析应采用宏观与微观相结合的分析手段，分析的深度应满足交通影响评价的要求。

7.0.5 交通需求分析中采用的参数，在缺乏本地主管部门公布的数据时，应通过对与拟建项目区位相似、分类相同的既有项目的交通特征调查取得。

7.0.6 应综合考虑同一项目不同使用功能之间的内部交通出行对交通需求的影响。

8 交通影响程度评价

8.0.1 应根据建设项目新生成交通加入前后道路上机动车服务水平的变化确定机动车交通显著影响判定标准。当建设项目新生成交通使评价范围内机动车交通量增加，导致项目出入口、道路交叉口任一进口道服务水平发生变化，背景交通服务水平和项目新生成交通加入后的服务水平符合下列任一款的规定时，应判定建设项目对评价范围内交通系统有显著影响。各类交叉口机动车服务水平分级应符合本标准附录B的规定。

　　1 信号交叉口、信号环形交叉口以及无信号单环道环形交叉口，其机动车交通显著影响判定标准应符合表8.0.1-1的规定；

表 8.0.1-1　信号交叉口机动车交通显著影响判定标准

背景交通服务水平	项目新生成交通加入后的服务水平
A	
B	D、E、F
C	
D	E、F
E	F
F	F

　　2 除无信号环形交叉口以外的无信号交叉口，其机动车交通显著影响判定标准应符合表8.0.1-2的规定；

表 8.0.1-2　无信号交叉口机动车交通显著影响判定标准

背景交通服务水平	项目新生成交通加入后的服务水平
一级	二级、三级
二级	三级

　　3 背景交通服务水平为三级的无信号交叉口，应首先进行信号灯设计，并按照信号交叉口交通影响判定标准重新计算后判定；

　　4 无信号多环道环形交叉口，应根据环道交织区服务水平变化判断其机动车交通影响，显著影响判定标准应符合表 8.0.1-3 的规定。

表 8.0.1-3　交织区、长路段、匝道机动车交通显著影响判定标准

背景交通服务水平	项目新生成交通加入后的服务水平
一级	
二级	四级
三级	
四级	四级

8.0.2　当建设项目机动车交通对评价范围内的长路段、高速公路交织区、匝道的交通影响程度符合表 8.0.1-3 的规定时，应判定建设项目对评价范围内交通系统有显著影响。各类长路段、高速公路交织区、匝道机动车服务水平分级应符合本标准附录 B 的规定。

8.0.3　当建设项目出入口步行范围内的所有公共交通站点，在评价时段，停靠线路背景交通剩余载客容量为负值或建设项目新生成公共交通出行量超过背景公共交通线路剩余载客容量时，应判定建设项目对评价范围内交通系统有显著影响。

8.0.4　步行范围应根据实际情况在 200m～500m 之间取值，对于城市中心区等公共交通覆盖率较高的区域，宜取步行范围的下限；对于城市外围区，宜取步行范围的上限。

8.0.5　公共交通线路剩余载客容量 P_r 应按下式确定：

$$P_r = \sum_i [(S_i - O_i) \times 60/f_i \times C_i] \quad (8.0.5)$$

式中：S_i——线路 i 为可接受服务水平时的载客率（%），应取额定载客量的 70%；

f_i——线路 i 评价时段发车频率间隔（min）；

C_i——线路 i 单车载客量（人）；

O_i——线路 i 在项目最近公共交通站点的评价时段载客率（%）。

8.0.6　当建设项目新生成停车需求超过其配建停车设施能力时，应判定建设项目对评价范围内交通系统有显著影响。

8.0.7　当建设项目新生成交通需求导致评价范围内公共交通、自行车或步行等交通设施需要改、扩建或新建时，应判定建设项目对评价范围内交通系统有显著影响。

8.0.8　位于历史文化保护区、风景名胜区等特殊地区以及评价年限内交通设施和交通政策有重大改变地区的建设项目，以及重大项目选址阶段的交通影响评价，交通影响程度评价指标可由当地另行确定。

9　交通改善措施与评价

9.0.1　建设项目对评价范围内交通系统有显著影响时，必须对评价范围内相关交通设施提出改善措施建议。

9.0.2　提出建设项目内部交通系统、出入口以及评价范围内交通系统的改善措施建议，应根据建设项目的交通影响程度。改善措施应按本标准附录第 A.0.8 条的规定确定。

9.0.3　当提出的交通改善措施可行且评价范围内改善后的交通系统运行指标均符合下列规定时，应判定建设项目交通影响为可接受：

  1　机动车交通系统的评价指标低于本标准表 8.0.1-1、表 8.0.1-2 和表 8.0.1-3 规定的显著影响指标；当背景交通服务水平为 F 或四级时，经过改善后的交通运行指标不降低；

  2　建设项目出入口步行范围内的所有公共交通站点停靠线路背景交通剩余载客总容量大于或等于建设项目新生成公共交通出行量；当背景公共交通线路剩余载客总容量是负数时，改善后剩余载客容量不降低；

  3　建设项目新生成的停车需求能在项目内部平衡或解决方案可行，不会对评价范围内其他建筑的停车造成影响；

  4　交通系统改善后能满足公共交通、步行和自行车交通的运行要求。

9.0.4　当无法通过可行的交通改善措施使得评价范围内改善后的交通系统运行指标均符合本标准第 9.0.3 条 1～4 款的规定时，应判定其交通影响为不可接受。

9.0.5　对交通影响不可接受的建设项目，应对其选址或建设项目报审方案提出调整建议。

附录 A　交通影响评价报告主要内容

A.0.1　交通影响评价报告内容应包括建设项目概况、评价范围与年限、评价范围现状与规划情况、现状交通分析、交通需求预测、交通影响程度评价、交通系统改善措施与评价，以及结论与建议。

A.0.2　建设项目概况应包括建设项目主要规划设计条件、主要技术经济指标和业态、建设方案等内容。

A.0.3　评价范围与年限应按照本标准第 6 章的规定确定。

A.0.4　评价范围现状与规划情况应介绍评价范围内现状、规划的用地和交通发展情况。

A.0.5　现状交通分析应包括下列内容：

  1　交通调查方案说明；

  2　现状交通运行状况评价，应符合以下规定：

  　1）应对评价范围内各种交通方式的交通流特征、交通设施、交通管理政策及措施进行说明。

2) 应对评价范围内的现状道路、公共交通、自行车、行人和停车等交通系统的管理措施、供需和运行状况进行分析，提出现状交通系统存在的主要问题。

A.0.6 交通需求预测应对各评价年限、各评价时段的背景交通和项目新生成交通进行预测，分析评价范围内交通系统的交通量分布和运行特征。

A.0.7 交通影响程度评价应包括下列内容：

1 评价范围内主要交通问题分析。根据交通系统供需分析和交通影响程度评价，提出评价范围内交通系统存在的主要交通问题。

2 评价建设项目新生成交通需求对评价范围内交通系统运行的影响程度。评价对象应包括评价范围内的各种交通系统，包括机动车、公共交通、停车、自行车和行人等。

A.0.8 交通系统改善措施与评价应包括下列内容：

1 改善出入口布局与组织，优化建设项目内部交通设施：

   1) 根据出入口与外部交通衔接的状况，提出出入口数量、大小、位置以及交通组织的改善建议；

   2) 优化建设项目内部交通与停车设施布局。

2 评价范围内的交通系统改善：

   1) 各交通方式的交通组织优化；

   2) 道路网络改善和道路改造措施；

   3) 出入口或交叉口的渠化和信号控制改善；

   4) 公共交通系统改善，内容宜包括公共交通运营组织、线路优化、场站改善等；

   5) 自行车、行人和无障碍交通系统改善；

   6) 停车设施改善，内容宜包括机动车、自行车停车设施，货车装卸点，出租车、社会车辆停靠点等。

3 改善措施评价。

A.0.9 结论及建议应包括下列内容：

1 交通影响评价的结论及建议应包括：评价结论、必要性措施和建议性措施；

2 评价结论应明确项目建成对评价范围内交通系统的影响程度，明确交通改善后建设项目交通影响是否可接受，以及是否需要对建设项目的选址和（或）报审方案进行调整；

3 必要性措施是保证建设项目交通影响可接受的前提条件；建议性措施包括对建设项目内部或评价范围内交通系统推荐采取的措施与方法；对评价范围内交通系统影响为显著影响的建设项目，应明确必要性措施。

附录 B 机动车服务水平分级

B.0.1 信号交叉口机动车服务水平应符合下列规定：

1 信号交叉口的机动车服务水平确定，应符合表 B.0.1 的规定。当交叉口现状的饱和度大于 0.85，必须计算延误指标；当延误与饱和度对应的服务水平不一致时，则应以延误对应的服务水平为准。计算规划年交叉口服务水平时，信号周期时长不得大于 150s。

表 B.0.1 信号交叉口机动车服务水平

服务水平	交叉口饱和度 S	每车信控延误 T (s)
A	$S \leq 0.25$	$T \leq 10$
B	$0.25 < S \leq 0.50$	$10 < T \leq 20$
C	$0.50 < S \leq 0.70$	$20 < T \leq 35$
D	$0.70 < S \leq 0.85$	$35 < T \leq 55$
E	$0.85 < S \leq 0.95$	$55 < T \leq 80$
F	$0.95 < S$	$80 < T$

2 信号控制的环形交叉口应采用信号交叉口的评价方法进行评价。

B.0.2 无信号交叉口的机动车服务水平，应根据是否需增设标志、标线、信号灯分为三个等级，并应按照表 B.0.2-1 的规定确定。

表 B.0.2-1 无信号交叉口机动车服务水平

服务水平	流 量
一级	未达到表 B.0.2-2 且未达到表 B.0.2-3 的流量要求
二级	符合表 B.0.2-2 或者表 B.0.2-3 的流量要求
三级	符合表 B.0.2-4 的流量要求

1 对无信号交叉口增设停车控制标志，应按表 B.0.2-2 的规定确定。

表 B.0.2-2 需增设停车控制标志的无信号交叉口车道高峰小时流量

主要道路单向车道数（条）	次要道路单向车道数（条）	主要道路双向高峰小时流量（pcu/h）	流量较大次要道路单向高峰小时流量（pcu/h）
1	1	500	90
		1000	30
1	≥2	500	170
		1000	60
		1500	10
≥2	1	500	120
		1000	40
		1500	20
≥2	≥2	500	240
		1000	110
		1500	40

注：1 主要道路指两条相交道路中流量较大者，次要道路指两条相交道路中流量较小者；
    2 双向停车控制标志应设置于次要道路进口道；
    3 流量较大次要道路单向高峰小时流量为次要道路两个流向中高峰小时流量较大者。

2 对无信号交叉口增设行人过街标线，应按表 B.0.2-3 的规定确定。

表 B.0.2-3　需增设行人过街标线的高峰小时流量

标线设置要求	道路双向机动车高峰小时流量（pcu/h）	行人过街双向高峰小时流量（人/h）
需要增设行人过街标线	≥300	≥50

3 对无信号交叉口增设信号灯，应按表 B.0.2-4 的规定确定。

表 B.0.2-4　需增设信号灯的无信号交叉口车道高峰小时流量

主要道路单向车道数（条）	次要道路单向车道数（条）	主要道路双向高峰小时流量（pcu/h）	流量较大次要道路单向高峰小时流量（pcu/h）
1	1	750	300
		900	230
		1200	140
1	≥2	750	400
		900	340
		1200	220
≥2	1	900	340
		1050	280
		1400	160
≥2	≥2	900	420
		1050	350
		1400	200

B.0.3 无信号环形交叉口的机动车服务水平，应按照饱和度进行分级。单环道环形交叉口，根据进口道饱和度判断服务水平，应按表 B.0.1 的规定确定；对于多环道环形交叉口，应根据多环道环形交叉口交织区饱和度判断服务水平，按表 B.0.3 的规定确定。

表 B.0.3　多环道环形交叉口交织区服务水平

服务水平	多环道环形交叉口交织区饱和度 S
一级	S≤0.35
二级	0.35＜S≤0.75
三级	0.75＜S≤0.90
四级	0.90＜S

B.0.4 各类长路段机动车服务水平应按照表 B.0.4 的规定确定。

表 B.0.4　各类长路段机动车服务水平

服务水平	高速公路和快速路基本路段	一级公路路段	二、三、四级公路路段
	密度值[pcu/(km·车道)]		延误率（%）
一级	≤7	≤7	≤30
二级	≤18	≤15	≤60
三级	≤25	≤20	≤80
四级	≤45	≤40	＜100
	＞45	＞40	

B.0.5 高速公路交织区的机动车服务水平，应按照表 B.0.5 的规定确定。

表 B.0.5　高速公路交织区机动车服务水平

服务水平	最小平均交织速度（km/h）	最小平均非交织速度（km/h）
一级	80	86
二级	72	77
三级	64	67
四级	56	56

B.0.6 各类匝道与主线连接处的机动车服务水平，应按照表 B.0.6 的规定确定。

表 B.0.6　匝道与主线连接处机动车服务水平

服务水平	汇合交通量（pcu/h）	分离交通量（pcu/h）	以下为计算行车速度（km/h）的主线单向交通量（pcu/h）						
			120		100		80		60	
			4车道	6车道	4车道	6车道	4车道	6车道	4车道	6车道
一级	≤1000	≤1050	≤2200	≤3300	≤2000	≤3000	—	—	—	—
二级	≤1450	≤1500	≤3200	≤4600	≤2600	≤4200	≤2600	≤3900	≤2300	≤3450
三级	≤1750	≤1800	≤3800	≤5700	≤3400	≤5100	≤3200	≤4800	≤2900	≤4350
四级	≤2000	≤2000	≤4000	≤6000	≤4000	≤6000	≤3800	≤5700	≤3600	≤5400

本标准用词说明

1 为便于在执行本标准条文时区别对待，对要求严格程度不同的用词说明如下：

　　1）表示很严格，非这样做不可的：
　　　　正面词采用"必须"；反面词采用"严禁"。
　　2）表示严格，在正常情况下均应这样做的：
　　　　正面词采用"应"；反面词采用"不应"或"不得"。
　　3）表示允许稍有选择，在条件许可时，首先应这样做的：
　　　　正面词采用"宜"；反面词采用"不宜"。
　　4）表示有选择，在一定条件下可以这样做的，采用"可"。

2 条文中指明应按其他有关标准执行的写法为："应符合……的规定"或"应按……执行"。

中华人民共和国行业标准

建设项目交通影响评价技术标准

CJJ/T 141—2010

条 文 说 明

制 订 说 明

《建设项目交通影响评价技术标准》CJJ/T 141-2010，经住房和城乡建设部 2010 年 3 月 31 日以第 530 号公告批准、发布。

本标准编制过程中，编制组进行了函件调查和实地调研，总结了我国城市建设项目交通影响评价的实践经验，同时参考了国外先进技术法规和技术标准。

为便于广大规划、设计、科研、学校和管理等单位有关人员在使用本标准时能正确地理解和执行条文规定，《建设项目交通影响评价技术标准》编制组按章、节、条顺序编制了本标准的条文说明，对条文规定的目的、依据以及执行中需注意的有关事项进行了说明。但是，本条文说明不具备与标准正文同等的法律效力，仅供使用者作为理解和把握标准规定的参考。

目　次

1 总则 ················· 83—15
2 术语 ················· 83—15
3 基本规定 ·············· 83—15
4 建设项目分类 ··········· 83—16
5 交通影响评价启动阈值 ····· 83—17
6 交通影响评价范围、年限、时段
　与评价日 ·············· 83—18
6.1 交通影响评价范围 ········ 83—18
6.2 交通影响评价年限 ········ 83—18
6.3 交通影响评价时段与评价日 ··· 83—19
7 交通需求分析 ··········· 83—19
8 交通影响程度评价 ········ 83—20
9 交通改善措施与评价 ······· 83—21
附录 B　机动车服务水平分级 ····· 83—22

1 总 则

1.0.1 本条说明编制本标准的目的。随着交通的发展和城镇化的推进，我国城市在大规模建设的同时，交通问题日益突出，开始制约城市的正常发展。在城市规划建设中，按照规划协调好城市土地利用与交通的关系成为我国城市发展中的主要任务之一。

我国城市实施建设项目交通影响评价有十多年的经验，成为在城市规划指导下城市建设阶段协调交通与土地利用关系的重要环节。2004年5月1日实施的《中华人民共和国道路交通安全法实施条例》中明确规定："县级以上地方各级人民政府应当组织有关部门对城市建设项目进行交通影响评价"。目前，部分城市和省已经制定了一些城市建设项目交通影响评价的政策、技术规范和实施细则，许多城市也迫切希望开展交通影响评价工作，但是由于缺乏统一的技术标准，各地的交通技术力量水平参差不齐，导致各城市在交通影响评价编制内容、深度、采用的技术方法和技术指标等方面差别较大，使交通影响评价工作在国内的推行受到了限制。

为了规范交通影响评价工作，充分发挥交通影响评价的作用，处理好交通影响评价与相关规划的关系，有必要制定统一的技术标准，使各城市的建设项目交通影响评价工作有章可循，为建设项目交通影响评价工作的推行提供技术支持。

1.0.2 本条规定本标准的适用范围。首先，标准适用于城市在城市总体规划确定的规划区范围内进行交通影响评价的建设项目。其次，虽然目前我国的交通影响评价工作主要在特大城市展开，但随着交通发展，一些发展较快的镇也可能需要开展这项工作，因此，本标准的适用范围也包括人口规模较大的镇，在镇总体规划确定的镇规划区范围内进行交通影响评价的建设项目。人口规模是指正在执行的城市和镇总体规划所确定的规划期末城镇人口规模。

1.0.3 本条规定建设项目交通影响评价与城市和镇总体规划、详细规划的关系。随着城乡规划和建设法律体系的逐步健全和政府依法行政的推进，建设项目交通影响评价必须以法定的城市和镇总体规划、详细规划作为依据进行编制。

涉及城市规划内容调整的交通分析，如城市规划用地性质变更、容积率调整、控制性详细规划调整等，不属于建设项目交通影响评价，应按照法定程序修改城市规划。

如果交通影响评价建议的交通改善措施涉及对相关法定规划的修改，必须遵循法定规划调整和修改的相关程序。

1.0.4 本条确定建设项目交通影响评价应遵循的原则。建设项目的交通影响评价作为城市和镇规划、建设的一个重要环节，要在相关法定规划的指导下，处理好项目新生成交通与影响范围内背景交通的关系，尽量降低项目交通对背景交通运行的影响。在评价和交通改善中，要贯彻"以人为本"的原则，合理处理各种交通方式的关系，体现公交、行人优先的原则。同时，要把集约、节约利用土地的规划思想贯彻到评价工作中。

1.0.5 本条阐述本技术标准与其他现行相关法规、技术标准和规范的关系。建设项目交通影响评价处于规划和建设程序之间，涉及的相关法规、规范较多，在开展交通影响评价工作时，除执行本技术标准外，应同时执行国家相关的法规、技术标准和规范的规定。

2 术 语

2.0.1 随着城镇的发展，除永久性的建设项目外，临时性的建设项目也日益增多，如临时性的停车场、餐饮场所、场馆等，也会对其周围的交通系统运行产生影响。因此，只要是符合启动阈值的拟建设项目，不论是永久性的还是临时性的，都应按照标准进行交通影响评价。

本标准中建设项目只指新建、改建或扩建部分。

2.0.3 建设项目交通影响评价是衔接城市规划与城市建设的重要环节，需要详细而准确的交通出行特征基础数据作为评价的基础，因此，需要制订与城市规划用地分类、建筑使用功能相衔接，能够合理反映交通特性的建设项目分类，以便于进行交通影响评价的管理工作和指导各城市在统一的建设项目分类框架下开展交通出行率等交通需求特征调查和指标研究。

2.0.9 本标准所指"长路段"的概念主要用于交通影响程度评价。建设项目邻近长路段时，不仅要评价其上下游交叉口的交通影响，还需要评价长路段的交通受到的影响。

3 基 本 规 定

3.0.2 本条规定对建设项目交通影响评价所采用基础资料的要求。基础数据准确、分析方法科学，是保证交通影响评价分析结果可信、准确的基础。因此，为保障评价结果准确、可信，能够作为建设项目交通影响程度和评价范围内交通系统、建设项目选址、建设项目报审方案改善评定的依据，就要求建设项目交通影响评价所采用的技术资料（包括数据和图纸）完整、准确、有效，能够满足建设项目交通影响评价的要求。

3.0.3 本条规定交通影响评价技术工作的基本内容。本条是在参照国内外建设项目交通影响评价准则的基础上确定，为普遍性要求，即一般交通影响评价技术工作应具备的基本内容。由于各城市交通特点和交通咨询技术水平差距较大，各地可根据实际情况，对交通影响评价工作相关内容和要求作出更加明确的规定。

3.0.4 本条规定对建设项目交通影响评价成果报告的要求。报告必须完整体现交通影响评价的任务和技术内容要求，提出对建设项目交通影响程度、评价范围内交通系统改善措施以及是否需要调整建设项目选址、报审方案的明确结论。

3.0.5 本条建议进行建设项目交通影响评价工作的阶段。由于目前详细规划阶段的交通分析普遍偏弱，有必要在选址阶段就对重大建设项目对交通系统的影响进行科学分析，以便在项目建设的前期协调好土地开发与交通之间的关系。因此，按照规划建设管理程序，对于对交通影响较大的建设项目，应在项目论证的前期，即选址或土地出让阶段也进行交通影响评价，其他项目可在报建阶段进行交通影响评价。

适用于交通影响评价的建设项目选址必须以总体规划、控制性详细规划为依据。如在选址时涉及改变城市规划用地性质与容积率等，应首先进行规划修改论证，进行相应的交通规划，按照法定程序修改城市规划。

4 建设项目分类

4.0.1～4.0.4 不同使用功能的建设项目，其交通出行强度、出行的交通方式构成以及出行的时间分布等特征均有较大差异，相应的，对周边交通系统的影响也就不同。因此，在交通影响评价工作中需要对建设项目进行分类，以便分门别类地确定交通影响评价的启动阈值和评价所需的各种指标及参数。

参考国内外交通影响评价中对建设项目的分类，并结合城乡规划建设主管部门目前执行的用地分类、建筑分类以及各地停车配建指标中的建设项目分类等，在各地建设项目出行特征调查数据分析的基础上，将建设项目分为大类、中类和小类。

建设项目大类划分主要用于与城市规划衔接，只有进一步进行中、小类划分，才能指导交通影响评价工作，制定适用于本地的交通分析参数。由于国内各城市交通状况差距较大，本标准只规定了建设项目大类划分，给出中类划分的建议方案。各地应根据各自规划管理的需要和交通的实际状况，继续完善中类划分，有条件的城镇应在中类的基础上继续划分建设项目小类。

4.0.5 同类建设项目各地调查的出行特征数据差别较大。为科学、合理地指导交通影响评价工作，各地应在建设项目分类指导下，开展基于中类和（或）小类的交通出行率等出行参数调查，逐步积累调查数据，建立符合本地交通特征的建设项目出行参数指标。

表1提供了根据目前国内各地建设项目出行调查数据整理的各类建设项目出行率指标，仅供各地在实际工作中参考。

表1 国内不同类别建设项目出行率参考表

大类名称	代码	中类名称	代码	高峰小时出行率参考值	出行率单位
住宅	T01	宿舍	T011	4~10	人次/百平方米建筑面积
		保障性住宅	T012	0.8~2.5	人次/户
		普通住宅	T013	0.8~2.5	
		高级公寓	T014	0.5~2.0	
		别墅	T015	0.5~2.5	
商业	T02	专营店	T021	5~20	人次/百平方米建筑面积
		综合型商业	T022	5~25	
		市场	T023	3~15	
服务	T03	娱乐	T031	2.5~6.5	人次/百平方米建筑面积
		餐饮	T032	5~15	
		旅馆	T033	3~6	人次/百平方米建筑面积
				1~3	人次/套客房
		服务网点	T034	5~15	人次/百平方米建筑面积
办公	T04	行政办公	T041	1.0~2.5	人次/百平方米建筑面积
		科研与企事业办公	T042	1.5~3.5	
		商务写字楼	T043	2.0~5.5	
场馆与园林	T05	影剧院	T051	0.8~1.8	人次/座位
		文化场馆	T052	1.5~3.5	人次/百平方米建筑面积
		会展场馆	T053		
		体育场馆	T054	0.2~0.8	人次/座位
		园林与广场	T055	0.2~2.0	人次/百平方米用地面积
医疗	T06	社区医院	T061	1.5~4.0	人次/百平方米建筑面积
		综合医院	T062	3~12	
		专科医院	T063	4~8	
		疗养院	T064	1~3	人次/床位
学校	T07	高等院校	T071	0.5~2.0	人次/百平方米建筑面积
		中专及成教学校	T072	2.5~5.0	
		中学	T073	6~12	
		幼儿园和小学	T074	12~25	

续表1

大类		中类		高峰小时出行率参考值	出行率单位
名称	代码	名称	代码		
交通	T08	客运场站	T081	依据调查数据或相关专项指标	
		货运场站	T082		
		加油站	T083		
		停车设施	T084		
工业	T09	工业	T091		
混合	T10	混合	T101		
其他	T11	市政	T111		
		其他	T112		

5 交通影响评价启动阈值

5.0.1 建设项目对周围交通系统的交通影响程度大小主要取决于项目在城市和镇中所处区位以及项目的类别和规模。城市和镇的中心地区，社会经济活动集中，交通供需矛盾突出，对项目新增加的交通需求也更加敏感。同样，不同类别和规模的建设项目，其所生成的交通出行总量、出行的交通方式结构以及出行的时间分布等需求特征方面也差异很大。此外，建设项目生成交通对周围交通的影响还与城市规模有关，规模较大和社会经济比较发达的城镇，其交通系统的运行状况也比较紧张，同类、同规模的建设项目，在不同城镇由于项目生成交通特征和背景交通状况差异，对交通系统的影响程度也不同。因此，启动阈值应结合各地的实际交通情况确定。本标准按照建设项目大类规定了不同规模的城市和镇的交通影响评价启动阈值取值范围等要求，各城市和镇应根据本地实际的交通系统状况，在第5.0.3～5.0.5条的基础上，根据建设项目在城市和镇中所处的位置、分类和规模，制定本地的交通影响评价启动阈值。

5.0.3 参照国内外城镇建设项目交通影响评价启动阈值的确定方法和研究成果，综合考虑国内城市和镇的交通状况、开发总量以及管理要求等，本条给出在项目报建阶段交通影响评价启动阈值的取值范围与规定。各地应根据本条第1～3款的规定确定本地在报建阶段进行建设项目交通影响评价的启动阈值。

1 住宅（T01）、商业（T02）、服务（T03）、办公（T04）类的建设项目是城镇建设中数量最多、分布最广的建设项目，也是目前各地在交通影响评价启动阈值中使用最多的类型。本款按照城市和镇人口规模、项目所处区位，给出用项目建筑规模表示的启动阈值取值范围。交通问题越复杂的城市和镇，其启动阈值应当越严格，可以取下限。城市人口规模越大，其交通系统的现状供需状况一般也越紧张，因此，在同一类别的城市和镇中，人口规模大的城市的启动阈值也可以取下限。

2 对于场馆与园林（T05）和医疗（T06）类，由于这两类建设项目个体之间交通生成的差别较大，不宜按照项目的建筑规模或用地规模确定其启动阈值，因此，按照各地对其机动车停车泊位的配建标准确定其启动阈值。当项目的机动车配建停车泊位大于或等于100个时，应进行交通影响评价。

3 学校（T07）、交通（T08）、混合（T10）以及工业（T09）和其他（T11）类情况比较复杂，难以进行统一的、定量的阈值规定。标准只规定应在报建阶段进行交通影响评价的项目条件，各地制定的启动阈值应将下列情况包含在内：

1）单独建设的学校一般规模较大，且学校（T07）类建设项目通常吸引人流多、高峰集中，对机动车、公共交通、自行车和行人设施的要求高，对交通安全的要求也比较高。尤其在现阶段各地中小学的校车系统尚未完善的情况下，大量的学生接送交通及其停车对学校周边交通系统的影响极大。因此，对单独报建的学校必须进行交通影响评价。而对属于居住区配套的小学、幼儿园，其交通影响一般限于社区内部，可以与住宅类项目合并进行交通影响评价。

2）交通（T08）类项目如公路客货运站场、铁路客货运站场、民用机场、公共交通枢纽、客货运码头、物流中心、大型机动车社会停车场（库）[其中，大型机动车社会停车场（库）是指公共使用、规模在100个泊位以上的停车场和停车库，不包括其他各类用地配建的停车场（库）]、公共汽电车停车场（库）和加油站等，通常交通生成量大，吸引范围广，交通构成复杂，对周边交通系统的影响大，均应进行交通影响评价。

3）混合（T10）类的建设项目，由于其使用功能由2个及以上建设项目大类构成，交通生成复杂，不同分类之间交通生成会相互影响，当这类建设项目总建设规模达到其所包含的大类中的任意一大类的启动阈值时，就应进行交通影响评价。

4）工业（T09）和其他（T11）类的建设项目，其建筑类型复杂多样，交通需求特征千差万别，难以规定统一的启动阈值，应由主管部门依据项目的具体情况和生成的交通需求等，确定是否需要进行交通影响评价。

由于项目在实际建设中遇到的问题多种多样，在实际工作中，除符合上述规定的建设项目外，主管部门认为有必要进行交通影响评价的建设项目，也应根据当地的实际情况进行交通影响评价。如对交通安全有影响或主管部门认为处于交通、环境和历史文化敏感地段的建设项目等。

条文中的"主管部门"是指城市和镇人民政府依法设立，并代表人民政府管理建设项目交通影响评价事务的职能机关，包括作出决策和共同商定作出决策的相关部门，以下同。

5.0.4 建设规模比较大的建设项目，因其产生的交通需求较大，其在城市中的选址、规模、使用性质对城市交通系统的影响程度也大，确定其建设方案就需要更加慎重，应在选址阶段就考虑其与城市和镇交通系统的关系。因此，当特大城市建设项目的规模达到报建阶段启动阈值5倍及以上，其他城市和镇达到3倍及以上，以及重要的交通类项目，应在项目的选址阶段也进行交通影响评价。此外，由于建设项目所处的环境特殊或其他方面原因，主管部门认为需要在选址阶段进行交通影响评价的建设项目，也应按照要求在选址阶段进行建设项目交通影响评价。

5.0.5 本标准的启动阈值规定，反映的是城市和镇的建设项目对交通系统影响的一般状况。由于国内各城市的交通状况差异较大，对于人口规模超过1000万的超大城市，交通问题更加复杂，可以在本标准的基础上确定更为严格的阈值标准。国家历史文化名城对交通的要求也更为严格，也可以根据交通状况确定更为严格的阈值标准。

5.0.6 当相邻建设项目开发建成时间接近，出入口相近或者共用时，会对周围的交通系统产生叠加的交通影响，为真实反映这种情况下的交通影响程度，可以根据实际情况将符合上述条件的相邻建设项目合并进行交通影响评价。

6 交通影响评价范围、年限、时段与评价日

6.1 交通影响评价范围

6.1.1 建设项目对周围交通系统的影响程度与周围交通系统的运行状况和建设项目新生成交通需求的规模、特征相关，因此，应根据影响建设项目新生成交通的特征和建设项目周围的交通系统运行状况来确定建设项目交通影响评价的评价范围。

6.1.2 本条确定在报建阶段进行的交通影响评价的评价范围：

1 对于根据条文第5.0.3条规定有明确启动阈值数量的建设项目，考虑城镇规模的影响，根据项目实际建设规模指标与启动阈值的比值，按照表6.1.2确定建设项目交通影响评价的范围。其中，按照条文第5.0.3条第1款规定启动阈值的住宅（T01）、商业（T02）、服务（T03）、办公（T04）类的建设项目，建设规模指标为项目新增建筑面积；按照条文第5.0.3条第2款规定启动阈值的场馆与园林（T05）和医疗（T06）类建设项目，建设规模指标为新增配建停车泊位的规模（以下同）。

2 对于根据条文第5.0.3条第3款第1、2项确定启动阈值的建设项目，即单独报建的学校（T07）类建设项目、交通生成量大的交通（T08）类建设项目，对交通系统的影响一般都比较大，其评价范围也应选择为建设项目邻近的第二条主干路或快速路围合的范围。

3 对于根据条文5.0.3条第3款第4项确定启动阈值的建设项目，包括工业（T09）类、其他（T11）类和其他建设项目，只有在交通生成比较大或周围交通问题复杂的情况下，主管部门根据情况才会确定其是否需要进行交通影响评价。考虑到这一类项目情况多样，因此，综合考虑各种因素，推荐其评价范围为建设项目邻近的城市主干路或快速路围合的范围。对于问题严重的项目，可根据条文第6.1.4条，适当扩大其评价范围。

对于根据第5.0.3条第3款第3项确定进行交通影响评价的混合（T10）类建设项目，按照其启动阈值确定所依据的第5.0.3条中条款情况，执行本条中对应条款对交通影响评价范围的规定。

6.1.3 对于在选址阶段进行交通影响评价的建设项目，由于要评价其选址布局对城市和镇更大范围交通系统的影响，其评价范围应在第6.1.2条规定的报建阶段建设项目交通影响评价范围的基础上适当扩大。

6.1.4 对处于交通复杂、环境或者历史文化敏感地区的建设项目，如位于城市中心区、各类保护区以及其他交通较为敏感地区（如快速路出入口附近、交通枢纽周边）等，可以根据项目周围交通系统的实际情况，适当扩大交通影响评价的评价范围。

对位于城市和镇边缘地区的建设项目，由于交通系统条件，有可能无法按照表6.1.2围合出评价范围，或者按照第6.1.2条所确定的评价范围不能反映出建设项目对城市和镇交通系统的实际影响。对于这类建设项目，可以根据建设项目周边的实际情况，适当调整评价范围，如包含建设项目与城市和镇交通系统衔接的主要通道和节点等，使其能反映建设项目新增交通需求对城市和镇交通系统的实际影响。

交通瓶颈往往是决定城市交通运行的关键。当在交通影响评价范围附近存在比较明显的交通瓶颈时，也应适当扩大评价范围，把交通瓶颈纳入影响评价范围。

6.2 交通影响评价年限

6.2.1 建设项目交通影响评价是为了正确评价建设项目投入正常使用后一定时期内对划定的影响范围内交通系统的影响。评价年限的确定，需要合理界定建

设项目对城市和镇不同时期交通系统产生的影响,并便于建设项目交通需求分析工作的开展。建设项目交通影响评价年限确定与建设项目本身的开发特征、周边交通环境密切相关。一般而言,建设项目交通影响评价年限应根据其使用分类、开发规模、建设时序、投入正常使用年份、周边交通系统规划建设情况、运行状况以及城市和镇相关规划确定。

6.2.2 本条规定报建阶段进行的交通影响评价的建设项目交通影响评价年限。"正常使用初年"是建设项目建成后基本实现其使用功能的年份,如住宅入住率达到70%等。应根据建设项目分类和区位,在建设项目投入使用后2年~4年中选择一年。建设项目位于城市中心地区或其他开发较为成熟地区时,投入使用后一般较短时间内就可基本达到其使用功能,其正常使用初年可取低限;而当建设项目位于外围新开发地区时,建成投入使用后需要较长时间才能基本达到其使用功能,如处于城市和镇外围新区的住宅,入住时间较长,商业、办公等建设项目实现正常运营也需较长时间,其正常使用初年应取高限。

1 对于按照第5.0.3条规定,有明确启动阈值数量的建设项目,根据城市和镇总体规划确定的规划期末城镇人口规模和项目建设规模指标与启动阈值之比确定评价年限。

对于中小型建设项目只需对正常使用的初年进行评价。对于大型建设项目,考虑到新生成的交通需求较大,对周边交通系统影响也较大,使用后随着城市交通的发展,其对周边交通的影响也在变化,因此,除了对项目正常使用初年进行评价外,还应考虑交通系统和交通需求的发展情况,对正常使用后第5年的交通影响进行评价。

为保证交通影响评价的交通需求预测资料的准确、可靠且容易取得,建设项目交通影响评价年限不宜超过正在执行的城市和镇总体规划的目标年限。因此,当建设项目正常使用第5年超出了正在执行的城市和镇总体规划的目标年限时,可以用目标年限作为交通影响评价年限。

2 对于根据条文第5.0.3条第3款第1、2、4项确定启动阈值的建设项目,因其对周围交通系统影响较大,参照规模较大建设项目的评价年限规定,确定其评价年限,即为项目正常使用初年以及投入正常使用第5年。

对于根据第5.0.3条第3款第3项确定进行交通影响评价的建设项目,按照其启动阈值确定所依据的第5.0.3条中条款情况,执行本条中对应条款对交通影响评价年限的规定。

6.2.3 对于选址阶段进行的交通影响评价,要较长远地考虑其对城市和镇交通系统的影响,评价年限除考虑项目正常使用初年外,还应把城市和镇总体规划目标年限作为评价年限。

6.2.4 对于需要分期建设、分期投入使用的建设项目,由于各分期投入使用后就会对周围交通系统产生影响,其交通影响也是分阶段的。这类建设项目在选址和报建阶段的交通影响评价年份,除按照上述条款根据项目完全建成后的规模确定的评价年份外,还需要对各分期投入正常使用的初年进行评价。

6.3 交通影响评价时段与评价日

6.3.1、6.3.2 建设项目新生成交通的出行时间分布特征,如出行的高峰日、出行的高峰时段等,往往会与背景交通不一致。为评价建设项目对评价范围内交通系统的最不利影响,需要根据建设项目新生成交通和背景交通的特征,综合考虑不同交通方式的影响,选择不利的日和时段作为建设项目交通影响的评价日和评价时段。

例如,商业类项目的交通出行高峰通常出现在非工作日,而背景交通往往在工作日交通运行状况比较差,而且两者的出行高峰时段也不一定重合,因此,为评价商业项目新生成交通需求对交通系统的影响,需要分别分析工作日、非工作日建设项目新生成交通的高峰与背景交通的高峰,交叉组合四种情况,从中选择最不利的情况进行分析。

在评价时段的选择上,当建设项目新生成交通与背景交通的高峰时段基本重合时,采用建设项目新生成交通的高峰时段作为评价时段;当两者不重合时,应分别对两个时段进行评价。

在评价日的选择上,当工作日评价时段与非工作日评价时段的建设项目新生成交通与背景交通分别叠加后,如果可以明确判断出建设项目周围交通系统交通负荷最大日,选择该日为评价日。如果不能准确判断,则应对工作日和非工作日均进行评价。例如,对于混合类建筑等,由于使用性质特殊,其工作日和非工作日中的最不利情况往往难以判断,此时需要分别对工作日和非工作日进行评价。

确定交通影响评价时段和评价日,应综合考虑不同交通方式的出行特征。首先,不同性质的建设项目,其新生成交通中不同交通方式的交通量与高峰往往也有很大差异;其次,评价范围内各种交通系统的条件也不尽相同,交通影响评价需要考虑对评价范围内交通系统影响较大的不同交通方式的影响。例如,当建设项目新生成交通或背景交通在工作日和非工作日的交通构成有明显差异,而对不同交通系统的影响难以明确判断哪个更不利时,也需要分别对工作日和非工作日进行评价分析。

7 交通需求分析

7.0.1 建设项目交通影响评价属于对城市和镇小范围地区的交通进行分析,在交通需求分析中难以把握那些需要在较大范围内分析才能确定的交通出行参数，如方向分布、过境交通等，因此，建设项目交通影响评价的交通需求分析应与法定的城市和镇总体规划、详细规划以及纳入城市和镇法定规划的相关综合交通规划、专项交通规划和分区交通规划等衔接。

7.0.2 交通调查是交通需求分析的基础，交通影响评价必须对评价范围内的交通、土地利用等进行翔实的调查，包括项目新生成交通相关的各种交通方式的交通设施和交通运行特征，调查的时段必须包含评价时段，并适当扩展。

7.0.3 本条规定交通影响评价中的交通需求分析应包含的内容：

1 建设项目交通影响评价，应分别对建设项目新生成的交通和评价范围内的背景交通进行预测，并进行叠加分析。

分析要包括研究范围内的动态与静态交通。动态交通即在交通系统内运行的交通流，通常包括公共交通和机动车、自行车以及行人交通流等。静态交通即车辆的停放与停靠（停靠是指短时间的上下客、装卸货停留）。静态交通分析对象要包括机动车和自行车。

交通需求分析应包括与项目新生成交通有关的所有交通方式，以及评价范围内会受到新生成交通需求影响的各交通子系统。

2 分析的年限应包括现状和根据第 6.2.2 条所确定的各交通影响评价年限。

7.0.4 交通影响评价作为规划方案审批程序中的重要环节，是规划阶段向建设阶段过渡的最后一个环节，是在明确了具体的项目使用功能与规模情况下的交通分析，所关注的交通问题涵盖了评价范围内从宏观到微观的各个层面，尤其是评价范围内比较细节的交通问题，如信号配时、车道划分等。在交通需求分析所采用的技术方法上，仅采用宏观交通分析难以完全评价交通影响的程度和交通改善的效果，因此，建设项目交通影响评价在交通分析的深度和指标上应与分析的目的相适应，采用宏观与微观相结合的交通分析方法。

在分析中，宏观交通分析应与法定城市和镇总体规划、详细规划以及纳入法定城市规划的相关综合交通规划、专项交通规划和分区交通规划衔接，微观交通分析则是以宏观交通分析为基础，考虑交通的动态变化，分析评价范围内交通系统运行的微观指标，如不同交通方式的延误等，为交通改善和评价提供依据。

同时，为了满足交通影响评价分析的深度要求，交通需求分析中所使用的参数，应符合交通影响评价的要求。

7.0.5 目前，由于我国各城镇交通数据的积累还比较少，各地城市交通研究的技术力量和交通基础数据储备情况也各不相同。为了保证交通影响评价成果科学、可信，在缺少适用于本地的交通参数的情况下，应尽可能开展实地的交通调查，通过调查确定适用于本项目的交通参数。

7.0.6 由于建设项目内部不同使用功能之间会产生内部交通出行，这部分出行不会对评价范围内的背景交通运行产生影响，因此，在交通需求分析时，应根据项目使用功能的构成和相互关系，综合考虑其不同功能之间的内部交通出行的影响，对项目新生成交通需求进行折减。

8 交通影响程度评价

本章规定交通影响评价指标和交通影响显著的判定标准。本章中"交通系统"是指路段和交叉口机动车道、建设项目出入口、公共交通线路和站场、自行车道、机非隔离设施、人行道和人行过街设施、信号控制设施、停车设施和其他相关交通设施。建设项目新生成交通需求与背景交通需求叠加后，导致评价范围内交通系统相应的运行指标发生变化，当评价范围内任意地方的交通运行指标变化符合条文第 8.0.1～8.0.8 条中任意一条的规定时，即判定为建设项目的建设对评价范围内交通系统产生了显著影响。

8.0.1 本条适用于道路交叉口（包括机动车出入口）机动车交通影响程度的判定。

道路交叉口分为信号交叉口、无信号交叉口、信号环形交叉口和无信号环形交叉口。其中，环形交叉口又可根据环道车道数分为单环道环形交叉口和多环道环形交叉口。各类交叉口服务水平分级见附录 B。

信号交叉口、信号环形交叉口、无信号单环道环形交叉口和无信号交叉口的交通显著影响判定标准见表 8.0.1-1 和表 8.0.1-2。无信号多环道环形交叉口交通显著影响根据环道交织区服务水平变化，按照机动车交织区进行判断，判定标准见表 8.0.1-3。

无信号交叉口，当背景服务水平为三级时，应设置信号灯。应首先进行交叉口信号灯设计，再按照信号交叉口交通影响程度判定标准进行判断。

8.0.2 本条适用于长路段、高速公路交织区和匝道机动车交通影响程度的判定。

对于评价范围内包含长路段的情形，不仅需要对邻近交叉口和其他交通设施进行交通影响评价，还应对长路段进行交通影响评价，以避免路段交通可能发生的问题。本标准中长路段的定义见第 2 章。

匝道包括三部分：① 匝道与主线连接处；② 匝道车行道；③ 其他道路与匝道入口或出口连接处。一般仅分析 ① 的服务水平，如果是立交匝道，也应对 ③ 进行分析。

高速公路交织区与无信号多环道环形交叉口交织区的交通显著影响判断使用统一标准，均见表 8.0.1-3。

8.0.3 本条适用于公共交通线路(公共汽电车线路和轨道交通线路等)。当评价时段建设项目新生成公共交通需求,高于评价范围内所有公共交通线路剩余的载客容量,或公共交通线路剩余载客量为负值时,则认为建设项目对公共交通系统产生了显著影响。

8.0.4 步行范围可以根据实际情况在 200m~500m 之间取值,对于城市中心区公共交通覆盖率较高的区域,取步行范围的下限;对于城市外围区,公共交通覆盖率较低,取步行范围的上限。在步行范围内,同一线路只取距离建设项目出入口最近的一个站点进行计算。

8.0.5 公共交通载客率是影响公共交通服务水平的重要因素。根据公共交通运营经验,当公共交通载客达到额定载客量的 70% 时,乘客对舒适度的感觉会发生显著变化,此时就需要通过调整配车数量、车型等,将载客率控制在合理水平。因此,本标准规定按 $S_i=70\%$ 计算剩余载客容量。

当某线路载客率高于 S_i 时,该线路的剩余容量为负值,应从所有线路的载客总容量中予以扣减。

8.0.6 建设项目所生成的停车需求原则上应在项目用地内部解决,否则就会对周围的停车设施造成影响,或造成周边道路通行能力的下降和(或)违章停放行为的出现,因此,当建设项目新生成的机动车或非机动车停车需求超过配建停车设施的停放能力时,即为建设项目对评价范围内的交通系统有显著影响。

8.0.7 除机动车交通之外,建设项目新生成交通需求还会产生自行车和行人交通,同时建设项目新生成的机动车交通也会对路段和交叉口的自行车和行人交通运行产生影响。因此,还应分析建设项目新生成交通对评价范围内的自行车及行人交通系统的影响程度。对没有专用的自行车或行人设施的情形,以是否需要增设自行车或行人专用设施作为显著影响的判定指标;对已有自行车或行人设施的情形,以是否需要改、扩建(如能力提高、位置变动、线形调整等)作为显著影响的判定指标。

建设项目新生成交通需求除了会造成评价范围内公共交通线路服务水平的下降外,还会对公共交通站场等设施产生影响,如:在建设项目出入口增设信号灯时,可能会导致原有的公共交通站点调整位置,公共交通客流的增加可能需要对公共交通站台进行改造,扩大站台面积或改造成港湾式停靠站。只要建设项目新生成交通需求导致了评价范围内公共交通站场设施的改建、扩建和新建,应判定为建设项目对评价范围内交通系统产生显著影响。

8.0.8 历史文化保护区、风景名胜保护区等区域对环境和交通的要求较高,对交通运行状况的变化较敏感,各地应根据实际情况和相关法规、标准确定这些地区建设项目的交通影响程度评价指标值。

在评价年限内,若建设项目周边交通系统有重大变化,如:建设综合交通枢纽、轨道交通等,或者建设项目所在地区的交通政策作出了重大调整,如:进行交通需求管理、限制部分车辆的通行等,将会对建设项目和背景交通需求特征以及评价范围内的交通运行产生很大的影响,因此,各地可以根据实际交通变化的情况,另行确定这些地区建设项目交通影响程度评价指标值。

对于重大项目选址,由于影响范围大、评价年限较长,同时,关注的更多是宏观的问题,可根据项目实际情况,适度调整评价指标。

9 交通改善措施与评价

9.0.1 建设项目对评价范围内交通系统的影响达到显著影响时,即意味着必须对影响范围内的交通系统进行改善,以降低建设项目新生成交通需求对评价范围内交通系统的影响。

9.0.2 交通改善措施应根据建设项目对评价范围内不同交通方式和不同地点动、静态交通的影响程度,针对建设项目评价范围内的相关交通设施和交通组织(包括内部交通和出入口),提出可降低建设项目新生成交通需求影响的改善方案与措施,具体的改善内容见附录 A.0.8。

9.0.3 交通影响评价提出的改善措施应依据相关规划进行,并在经济、技术上可行,能够获得相关主管部门和单位的认可(如调整信号配时需要获得交通管理主管部门批准,公共交通运营组织方案需要获得公共交通运营单位的支持等)。

对改善措施实施后评价范围内的交通运行状况进行预评估,评价的指标和要求与建设项目交通影响程度评价一致。如果改善措施实施后,建设项目新生成交通需求对评价范围内交通系统的影响指标符合第 9.0.3 条各款的规定,则认为建设项目对评价范围内交通系统的影响可以接受,如果仍不符合第 9.0.3 条各款的规定,则建设项目对评价范围内交通系统的影响不可接受。

对于背景交通运行服务水平已经达到 F 级或四级,或者背景公共交通剩余总容量已经是负数的情况,在改善措施实施后,应能够保证改善后的相关运行指标不降低,即改善措施能消除建设项目新生成交通需求的影响。

停车供应和需求应能够在建设项目内部平衡,或者主管部门认为不能在建设项目内部满足的停放需求可以在评价范围内得到妥善解决,而不会对评价范围内的交通产生影响,如:通过在评价范围内新建公共停车设施,或者与其他建设项目共用停放设施解决。

在改善后,公共交通、自行车和行人交通设施应能够满足公共交通运营、自行车和行人交通运行的相关要求,如相关规范、标准的要求。

9.0.4、9.0.5 如果实施交通改善措施后仍然不能把建设项目新生成交通需求对评价范围内交通系统的影响降低到可接受的程度,则应对建设项目的选址或报建的规模、使用功能等提出调整建议。

附录 B 机动车服务水平分级

B.0.1 交叉口饱和度为评价时段内的各周期饱和度平均值。标准采用饱和度和延误指标作为服务水平判定的评价指标,当饱和度值大于 0.85 时,采用延误进行服务水平评价。当饱和度小于或等于 0.85 时,服务水平判定可以采用延误或饱和度指标,但因饱和度和延误是两种不同精度的评价指标,在延误评价结论与饱和度评价结论不一致的情况下,以延误评价结论为准。

信号交叉口的服务水平应分别对各交叉口进口道进行评价。由于建设项目往往对交叉口的一个或两个进口道产生交通影响,交叉口整体服务水平的变化不能准确反映出某个进口道的真实情况。

信号控制环形交叉口的服务水平分级可以参照信号交叉口,通过进口道平均延误来评价。

B.0.2 无信号交叉口的服务水平是对相交道路的车道总流量的评价。

B.0.3 无信号控制环形交叉口的服务水平根据环道车道数不同评价方法有所区别:对于单环道环形交叉口,按进口道饱和度评价服务水平,并按信号交叉口交通显著影响判断标准评价;对于多环道环形交叉口,按交织区饱和度评价服务水平,并按机动车交织区交通显著影响判断标准评价。

中华人民共和国行业标准

城镇燃气报警控制系统技术规程

Technical specification for gas alarm and control system

CJJ/T 146—2011

批准部门：中华人民共和国住房和城乡建设部
施行日期：２０１１年１２月１日

中华人民共和国住房和城乡建设部
公 告

第 914 号

关于发布行业标准《城镇燃气报警控制系统技术规程》的公告

现批准《城镇燃气报警控制系统技术规程》为行业标准，编号为 CJJ/T 146-2011，自 2011 年 12 月 1 日起实施。

本规程由我部标准定额研究所组织中国建筑工业出版社出版发行。

中华人民共和国住房和城乡建设部
2011 年 2 月 11 日

前　言

根据原建设部《关于印发〈2006 年工程建设标准规范制定、修订计划（第一批）〉的通知》（建标[2006] 77 号）的要求，规程编制组经广泛调查研究，认真总结实践经验，参考有关国际标准和国外先进标准，并在广泛征求意见的基础上，编制本规程。

本规程的主要技术内容是：总则、术语、设计、安装、验收、使用和维护。

本规程由住房和城乡建设部负责管理，由中国城市燃气协会负责具体技术内容的解释。在执行过程中如有意见或建议，请寄送中国城市燃气协会（地址：北京市西城区西直门南小街 22 号，邮编：100035）。

本规程主编单位：中国城市燃气协会
本规程参编单位：天津市浦海新技术有限公司
　　　　　　　　北京市燃气集团有限责任公司
　　　　　　　　上海市松江电子仪器厂
　　　　　　　　上海燃气工程设计研究有限公司
　　　　　　　　北京市煤气热力工程设计院有限公司
　　　　　　　　山东土木建筑学会燃气专业委员会
　　　　　　　　上海燃气集团有限责任公司
　　　　　　　　新疆燃气集团有限责任公司
　　　　　　　　上海松江费加罗电子有限公司
　　　　　　　　宁波忻杰燃气用具实业有限公司
　　　　　　　　欧好光电控制技术（上海）有限公司
　　　　　　　　济南市长清计算机应用总公司
　　　　　　　　上海市消防局
　　　　　　　　北京泰科先锋科技有限公司
　　　　　　　　新奥燃气控股有限公司
　　　　　　　　北京均方理化科技研究所
　　　　　　　　广东胜捷消防企业集团

本规程主要起草人员：牛　军　迟国敬　丛万军
　　　　　　　　　　罗崇嵩　蒋克武　宋玉梅
　　　　　　　　　　顾书政　张云田　姜述安
　　　　　　　　　　黄均义　孟　宇　忻国定
　　　　　　　　　　廖　原　秦旭昌　谢　佳
　　　　　　　　　　乔　凡　刘丽梅　丁淑兰
　　　　　　　　　　李友民　伍建许

本规程主要审查人员：李美竹　朱　晓　金石坚
　　　　　　　　　　陈秋雄　应援农　钱　斌
　　　　　　　　　　杨　健　牛卓韬　元永泰
　　　　　　　　　　孟学思　王　益　于香风
　　　　　　　　　　苏伟鹏

目 次

1 总则 ·· 84—5
2 术语 ·· 84—5
3 设计 ·· 84—5
　3.1 一般规定 ·· 84—5
　3.2 居住建筑 ·· 84—6
　3.3 商业和工业企业用气场所 ···················· 84—6
4 安装 ·· 84—7
　4.1 一般规定 ·· 84—7
　4.2 独立燃气报警控制系统的安装 ············· 84—7
　4.3 集中燃气报警控制系统的布线 ············· 84—7
　4.4 集中燃气报警控制系统的
　　　设备安装 ·· 84—8
　4.5 系统调试 ·· 84—8
5 验收 ·· 84—9
6 使用和维护 ··· 84—10
附录 A 安装现场质量管理
　　　检查记录 ······································· 84—10
附录 B 城镇燃气报警控制系统安装
　　　过程检查记录 ································ 84—11
附录 C 城镇燃气报警控制系统工程
　　　质量控制资料核查记录 ···················· 84—12
附录 D 可燃气体探测器、不完全燃
　　　烧探测器、复合探测器试验
　　　方法及判定 ···································· 84—12
附录 E 城镇燃气报警控制系统
　　　工程验收记录 ································ 84—14
附录 F 城镇燃气报警控制系统
　　　日常维护检查表 ····························· 84—14
本规程用词说明 ······································ 84—15
引用标准名录 ··· 84—15
附：条文说明 ··· 84—16

Contents

1　General Provisions ················ 84—5
2　Terms ································· 84—5
3　Design ································ 84—5
　3.1　General Requirements ············ 84—5
　3.2　Domestic Buildings ················ 84—6
　3.3　Commercial and Industrial Enterprise Gas Site ················ 84—6
4　Construction ························ 84—7
　4.1　General requirements ··············· 84—7
　4.2　Installation of Separate Gas Alarm and Control System ··············· 84—7
　4.3　Wiring of Centralized Gas Alarm and Control System ··············· 84—7
　4.4　Equipment Installation of Centralized Gas Alarm and Control System ········ 84—8
　4.5　System Adjustment ·················· 84—8
5　Acceptance Check ···················· 84—9
6　Operation and Maintenance ········ 84—10
Appendix A　Record for Quality Control and Inspection in Field ···························· 84—10
Appendix B　Record for Inspection of Construction Process of Gas Alarm and Control System in cities ············· 84—11
Appendix C　Record for Inspection of Engineering Quality Control Data of Gas Alarm and Control System in Cities ············ 84—12
Appendix D　Testing Methods and Judgement Standards for Combustible Gas Detectors, Incomplete combustion Gas Detector and compound Gas Detector ···················· 84—12
Appendix E　Record for Engineering Approval of Gas Alarm and Control System in Cities ···················· 84—14
Appendix F　Table for Routine Maintenance and Inspection of Gas Alarm and Control System in Cities ···················· 84—14
Explanation of Wording in This Specification ······························ 84—15
List of Quoted Standards ·················· 84—15
Addition: Explanation of Provisions ···································· 84—16

1 总　　则

1.0.1 为规范城镇燃气报警控制系统的设计、安装、验收、使用和维护，防止和减少由于燃气泄漏和不完全燃烧造成的人身伤害及财产损失，制定本规程。

1.0.2 本规程适用于城镇燃气报警控制系统的设计、安装、验收、使用和维护。

1.0.3 城镇燃气报警控制系统的设计、安装应由具有燃气工程设计资质和消防工程施工资质的单位承担。

1.0.4 城镇燃气报警控制系统的设计、安装、验收、使用和维护，除应符合本规程的规定外，尚应符合国家现行有关标准的规定。

2 术　　语

2.0.1 燃气报警控制系统　gas alarm and control system

由可燃气体探测器、不完全燃烧探测器、可燃气体报警控制器、紧急切断装置、排气装置等组成的安全系统。分为集中和独立两种。

2.0.2 集中燃气报警控制系统　centralized gas alarm and control system

由点型可燃气体探测器、可燃气体报警控制器、紧急切断阀、排气装置、手动报警触发装置等组成的自动控制系统。

2.0.3 独立燃气报警控制系统　separate gas alarm and control system

由独立式可燃气体探测器、紧急切断阀等组成的自动控制系统。

2.0.4 点型可燃气体探测器　spot combustible gas detector

当被测区域空气中可燃气体的浓度达到报警设定值时，能发出报警信号并和可燃气体报警控制器共同使用的可燃气体探测器。

2.0.5 独立式可燃气体探测器　separate combustible gas detector

当被测区域空气中可燃气体的浓度达到报警设定值时，发出声、光报警信号并输出控制信号，且不与报警控制装置连接使用的可燃气体探测器。

2.0.6 可燃气体报警控制器　combustible gas alarm control unit

接收点型可燃气体探测器及手动报警触发装置信号，能发出声、光报警信号，指示报警部位并予以保持的控制装置。

2.0.7 紧急切断阀　emergency shut-off valve

当接收到控制信号时，能自动切断燃气气源，并能手动复位的阀门（含内置于燃气表内的切断阀）。

2.0.8 释放源　release source

可释放出能形成爆炸性混合气体的所在位置或地点。

2.0.9 不完全燃烧探测器　incomplete combustion gas detector

探测由于燃气不完全燃烧而产生的一氧化碳的探测器。

2.0.10 复合探测器　compound gas detector

在一个探测器里能同时探测可燃气体、燃气不完全燃烧产生的一氧化碳的探测器。

3 设　　计

3.1 一般规定

3.1.1 城镇燃气报警控制系统中采用的相关设备应符合国家现行标准的规定，并应经国家有关产品质量监督检测单位检验合格，且取得国家相应许可或认可。

3.1.2 城镇燃气报警控制系统应根据燃气种类和用途选择可燃气体探测器、不完全燃烧探测器或复合探测器，并应符合下列规定：

1 在使用天然气的场所，应选择探测甲烷的可燃气体探测器或复合探测器；

2 在使用液化石油气的场所，应选择探测液化石油气的可燃气体探测器；

3 在使用人工煤气的场所，宜选择探测一氧化碳的不完全燃烧探测器或复合探测器；

4 为探测因不完全燃烧产生的一氧化碳，应选用探测一氧化碳的不完全燃烧探测器。

3.1.3 城镇燃气报警控制系统中的相关设备的使用寿命应符合表 3.1.3 的规定。

表 3.1.3　城镇燃气报警控制系统中的相关设备的使用寿命　（年）

设　备	使用场所	
	居住建筑	商业和工业企业
可燃气体探测器	5	3
不完全燃烧探测器	5	3
复合探测器	5	3
紧急切断阀	10	10

注：表中的使用寿命指自验收之日起。

3.1.4 可燃气体探测器、不完全燃烧探测器、复合探测器的设置场所，应符合现行国家标准《城镇燃气设计规范》GB 50028 和《城镇燃气技术规范》GB 50494 的有关规定。

3.1.5 在具有爆炸危险的场所，探测器、紧急切断阀及配套设备应选用防爆型产品。

3.1.6 设置集中报警控制系统的场所，其可燃气体报警控制器应设置在有专人值守的消防控制室或值班室。

3.2 居住建筑

3.2.1 居住建筑各单元中分别设置燃气报警控制系统时，可选择独立燃气报警控制系统；当居住建筑中有多个设置单元并且需要集中控制时，可选择集中燃气报警控制系统。

3.2.2 当设有采暖/热水两用炉或燃气快速热水器的居住建筑的地下室、半地下室需设置燃气报警控制系统时，应选用防爆型探测器，以及紧急切断阀和排气装置。并且紧急切断阀和排气装置应与探测器连锁。

3.2.3 当既有居住建筑使用燃气的暗厨房（无直通室外的门和窗）设置可燃气体探测器、不完全燃烧探测器或复合探测器时，应在使用燃气的同时启动排气装置。

3.2.4 当居住建筑内设置可燃气体探测器、不完全燃烧探测器或复合探测器时，应符合下列规定：

    1 探测器位置距灶具及排风口的水平距离均应大于 0.5m；

    2 使用液化石油气等相对密度大于 1 的燃气的场所，探测器应设置在距地面不高于 0.3m 的墙上；

    3 使用天然气、人工煤气等相对密度小于 1 的燃气的场所，或选用不完全燃烧探测器的场所，探测器应设置在顶棚或距顶棚小于 0.3m 的墙上。

3.2.5 居住建筑内设置的可燃气体探测器、不完全燃烧探测器或复合探测器应与紧急切断阀连锁。

3.3 商业和工业企业用气场所

3.3.1 在商业和工业企业用气场所设置燃气报警控制系统时，可选择集中燃气报警控制系统；对面积小于 80m² 的场所，也可选择独立燃气报警控制系统。

3.3.2 在安装可燃气体探测器、不完全燃烧探测器或复合探测器的房间内，当任意两点间的水平距离小于 8m 时，可设 1 个探测器并应符合表 3.3.2-1 的规定；否则可设置两个或多个可燃气体气体探测器并应符合表 3.3.2-2 的规定。

表 3.3.2-1 单个探测器的设置（m）

燃气种类或相对密度	探测器与释放源中心水平距离 L_1	探测器与地面距离 H	探测器与顶棚距离 D	探测器与通气口及门窗距离 L_2
液化石油气或相对密度大于 1 的燃气	$1 \leq L_1 \leq 4$	$H \leq 0.3$	—	$0.5 \leq L_2$
天然气或相对密度小于 1 的燃气	$1 \leq L_1 \leq 8$	—	$D \leq 0.3$	$0.5 \leq L_2$
一氧化碳	$1 \leq L_1 \leq 8$	—	$D \leq 0.3$	$0.5 \leq L_2$

表 3.3.2-2 多个探测器的设置（m）

燃气种类或相对密度	探测器与释放源中心水平距离 L_1	两探测器间的距离 F	探测器与地面距离 H	探测器与顶棚距离 D	探测器与通气口及门窗距离 L_2
液化石油气或相对密度大于 1 的燃气	$1 \leq L_1 \leq 3$	$F \leq 6$	$H \leq 0.3$	—	$0.5 \leq L_2$
天然气或相对密度小于 1 的燃气	$1 \leq L_1 \leq 7.5$	$F \leq 15$	—	$D \leq 0.3$	$0.5 \leq L_2$
一氧化碳	$1 \leq L_1 \leq 7.5$	$F \leq 15$	—	$D \leq 0.3$	$0.5 \leq L_2$

3.3.3 当气源为相对密度小于 1 的燃气且释放源距顶棚垂直距离超过 4m 时，应设置集气罩或分层设置探测器，并应符合下列规定：

    1 当设置集气罩时，集气罩宜设于释放源上方 4m 处，集气罩面积不得小于 1m，裙边高度不得小于 0.1m，且探测器应设于集气罩内。

    2 当不设置集气罩时，应分两层设置探测器，最上层探测器距顶棚垂直距离宜小于 0.3m；最下层探测器应设于释放源上方，且垂直距离不宜大于 4m。

3.3.4 当安装可燃气体探测器的场所为长方形状且其横截面积小于 4m² 时，相邻探测器安装间距不应大于 20m。

3.3.5 当使用燃烧器具的场所面积小于全部面积的 1/3 时，可在燃烧器具周围设置可燃气体探测器、不完全燃烧探测器或复合探测器，并应符合下列规定：

    1 探测器的设置位置距释放源不得小于 1m 且不得大于 3m；

    2 相邻两探测器距离应符合表 3.3.2-2 的规定；

    3 可燃气体探测器、不完全燃烧探测器或复合探测器应对释放源形成环形保护。

3.3.6 在储配站、门站等露天、半露天场所，探测器宜布置在可燃气体释放源的全年最小频率风向的上风侧，其与释放源的距离不应大于 15m。当探测器位于释放源的最小频率风向的下风侧时，其与释放源的距离不应大于 5m。

3.3.7 当燃气输配设施位于密闭或半密闭厂房内时，应每隔 15m 设置一个探测器，且探测器距任一释放源的距离不应大于 4m。

3.3.8 紧急切断阀的设置除应符合现行国家标准《城镇燃气设计规范》GB 50028 的有关规定外，还应符合下列规定：

    1 与报警器连锁的紧急切断阀的安装位置宜设置在分户计量表前；

2 当用户安装集中燃气报警控制系统时，报警器控制的紧急切断阀自动控制的启动条件应为切断阀安装燃气管道的供气范围内有2个以上探测器同时报警，切断阀为自动控制时人工方式仍应有效。

3.3.9 液化石油气储瓶间应设置防爆型可燃气体探测器，并应与防爆型排风装置连锁，防爆型排风装置还应具备手动启动功能。

3.3.10 露天设置的可燃气体探测器，应采取防晒和防雨淋措施。

3.3.11 集中燃气报警控制系统应在被保护区域内设置一个或多个声光警报装置。

3.3.12 集中燃气报警控制系统应在被保护区域内设置一个或多个手动触发报警装置。

3.3.13 独立燃气报警控制系统中可燃气体探测器、不完全燃烧探测器、复合探测器连接紧急切断阀的导线长度不应大于20m。

4 安 装

4.1 一般规定

4.1.1 城镇燃气报警控制系统的安装，应按已审定的设计文件实施。当需要修改设计文件或材料代用时，应经原设计单位同意。

4.1.2 施工单位应结合工程特点制定施工方案。施工单位应具有必要的施工技术标准、健全的安装质量管理体系和工程质量检验制度，并应按本规程附录A填写有关记录。

4.1.3 安装前应具备下列条件：

1 设计单位应向施工、监理单位明确相应技术要求；

2 系统设备、材料及配件应齐全，并应能保证正常安装；

3 安装现场使用的水、电、气及设备材料的堆放场所应能满足正常安装要求。

4.1.4 设备、材料进场检验应符合下列规定：

1 进入施工安装现场的设备、材料及配件应有清单、使用说明书、出厂合格证明文件、检验报告等文件，并应核实其有效性；其技术指标应符合设计要求；

2 进口设备应具备国家规定的市场准入资质；产品质量应符合我国相关产品标准的规定，且不得低于合同规定的要求。

4.1.5 在城镇燃气报警控制系统安装过程中，施工单位应做好安装、检验、调试、设计变更等相关记录。

4.1.6 城镇燃气报警控制系统安装过程的质量控制应符合下列规定：

1 各工序应按施工技术标准进行质量控制，每道工序完成后，应进行检查，合格后方可进入下道工序；

2 相关各专业工种之间交接时，应进行检验，交接双方应共同检查确认工程质量并经监理工程师签字认可后方可进入下道工序；

3 系统安装完成后，安装单位应按相关专业规定进行调试；

4 系统调试完成后，安装单位应向建设单位提交质量控制资料和各类安装过程质量检查记录；

5 安装过程质量检查应由安装单位组织有关人员完成；

6 安装过程质量检查记录应按本规程附录B填写。

4.1.7 城镇燃气报警控制系统质量控制资料应按本规程附录C填写。

4.1.8 城镇燃气报警控制系统安装结束后应按规定程序进行验收，合格后方可交付使用。

4.2 独立燃气报警控制系统的安装

4.2.1 当独立燃气报警控制系统的可燃气体探测器的安装位置距离地面小于0.3m时，其上方不得安装洗涤水槽、洗碗机等用水设施，正前方不得有遮挡物。

4.2.2 可燃气体探测器、不完全燃烧探测器、复合探测器应安装牢固、接线可靠。探测器与紧急切断阀之间的连线除两端允许有不大于0.5m的导线外，其余应敷设在导管或线槽内，在导管和线槽内不应有接头和扭结。在外部若需接头，应采用焊接或专用接插件。焊接处应做绝缘和防水处理。

4.3 集中燃气报警控制系统的布线

4.3.1 报警控制系统应单独布线，系统内不同电压等级、不同电流类别的线路，不应布在同一导管内或线槽的同一槽孔内。

4.3.2 城镇燃气报警控制系统在非防爆区内的布线，应符合现行国家标准《建筑电气工程施工质量验收规范》GB 50303的规定。可燃气体报警控制系统的传输线路的线芯截面选择，除应满足设备使用说明书的要求外，还应满足机械强度的要求。铜芯绝缘导线和铜芯电缆线芯的最小截面面积不应小于表4.3.2的规定。

表4.3.2 铜芯绝缘导线和铜芯电缆线芯的最小截面面积

类 别	线芯的最小截面面积（mm²）
穿管敷设的绝缘导线	1.00
线槽内敷设的绝缘导线	0.75
多芯电缆	0.50

4.3.3 城镇燃气报警控制系统在防爆区域布线时，应符合现行国家标准《爆炸和火灾危险环境电力装置设计规范》GB 50058 的规定。

4.3.4 城镇燃气报警控制系统的绝缘导线和电缆均应敷设在导管或线槽内，在暗敷导管或线槽内的布线，应在建筑抹灰及地面工程结束后进行；导管内或线槽内不应有积水及杂物。

4.3.5 导线在导管内或线槽内不应有接头或扭结。导线的接头应在接线盒内焊接或用端子连接。

4.3.6 对从接线盒或线槽引至探测器或控制器等设备的导线，当采用金属软管保护时，金属软管长度不应大于 2m。

4.3.7 敷设在多尘或潮湿场所管路的管口和管子连接处，应做密封处理。

4.3.8 当管路超过下列长度时，应在便于接线处装设接线盒：

　　1 管子长度每超过 30m，无弯曲时；
　　2 管子长度每超过 20m，有 1 个弯曲时；
　　3 管子长度每超过 10m，有 2 个弯曲时；
　　4 管子长度每超过 8m，有 3 个弯曲时。

4.3.9 金属导管在接线盒外侧应套锁母，内侧应装护口；在吊顶内敷设时，盒的内外侧均应套锁母。塑料导管在接线盒处应采取固定措施。

4.3.10 导管和线槽明设时，应采用单独的卡具吊装或支撑物固定。吊装线槽或导管的吊杆直径不应小于 6mm。

4.3.11 卡具的吊装点或支撑物的支点应处于下列位置：

　　1 线槽始端、终端及接头处；
　　2 距接线盒 0.2m 处；
　　3 线槽转角或分支处；
　　4 直线段不大于 3m 处。

4.3.12 线槽接口应平直、严密，槽盖应齐全、平整、无翘角。当并列安装时，槽盖应便于开启。

4.3.13 管线跨越建筑物的结构缝处，应采取补偿措施，其两侧应固定。

4.3.14 城镇燃气报警控制系统导线敷设后，应采用 500V 兆欧表测量每个回路导线对地的绝缘电阻，绝缘电阻值不应小于 20MΩ。

4.3.15 同一工程中的导线，应根据不同用途选择不同颜色进行区分，相同用途的导线颜色应一致。直流电源线正极应为红色，负极应为蓝色或黑色。

4.4 集中燃气报警控制系统的设备安装

4.4.1 安装方式应符合设计和产品说明书的规定，并应满足操作和维修更换的要求。

4.4.2 可燃气体报警控制器安装应符合下列规定：

　　1 当可燃气体报警控制器安装在墙上时，其底边距地面高度宜为 1.3m～1.5m，靠近门轴的侧面距墙不应小于 0.5m；
　　2 操作面宜留有 1.2m 宽的操作距离；
　　3 当落地安装时，其底边宜高出地面 0.1m～0.2m；
　　4 可燃气体报警控制器应安装牢固，不应倾斜；当安装在轻质墙上时，应采取加固措施。

4.4.3 引入控制器的电缆或导线应符合下列规定：

　　1 电缆芯线和所配导线的端部均应标明编号，并应与图纸一致，字迹应清晰且不易退色；
　　2 配线应整齐，不宜交叉，并应固定牢靠；
　　3 端子板的每个接线端，接线不得超过 2 根；
　　4 电缆和导线，应留有不小于 200mm 的余量；
　　5 导线应绑扎成束；
　　6 导线穿管、线槽后，应将管口、槽口封堵。

4.4.4 可燃气体探测器、不完全燃烧探测器、复合探测器的安装应符合下列规定：

　　1 探测器在即将调试时方可安装，在调试前应妥善保管，并应采取防尘、防潮、防腐蚀措施；
　　2 探测器应安装牢固，与导线连接必须可靠压接或焊接；当采用焊接时，不应使用带腐蚀性的助焊剂；
　　3 探测器连接导线应留不小于 150mm 的余量，且在其端部应有明显标志；
　　4 探测器穿线孔应封堵；
　　5 非防爆型可燃气体探测器的安装还应符合本规程第 4.2.1 条的规定。

4.4.5 紧急切断阀的安装应符合产品说明书的规定，并应满足操作和维修更换的要求。

4.4.6 燃气报警控制系统的接地应符合下列规定：

　　1 非防爆区中使用 36V 以上交直流电源设备的金属外壳及防爆区内的所有设备的金属外壳均应有接地保护，接地线应与电气保护接地干线（PE）相连接；
　　2 接地装置安装完毕后，应测量接地电阻，并做记录；其接地电阻应小于 4Ω。

4.4.7 配套设备的安装应符合下列规定：

　　1 输入模块、输出控制模块距离信号源设备和被联动设备导线长度不宜超过 20m；当采用金属软管对连接线作保护时，应用管卡固定，其固定点间距不应大于 0.5m；
　　2 当阀门、风机等设备的手动控制装置安装在墙上时，其底边距地面高度宜为 1.3m～1.5m；
　　3 声光报警装置安装位置距地面不宜低于 1.8m，并不应遮挡。

4.5 系 统 调 试

4.5.1 系统调试的准备应符合下列规定：

　　1 应按设计要求查验设备的规格、型号、数量等；

2 应按本规程第4.2、4.3、4.4节的要求检查系统的安装质量，对发现的问题，应会同有关单位协商解决，并应有文字记录；

3 应按本规程第4.2、4.3、4.4节的要求检查系统线路，对错线、开路、虚焊、短路、绝缘电阻小于20MΩ等应采取相应的处理措施；

4 对系统中的可燃气体报警控制器、紧急切断阀、风机等设备应分别进行单机通电检查；

5 配套设备的调试应与关联设备共同进行。

4.5.2 可燃气体报警控制器调试应符合下列规定：

1 应切断可燃气体报警控制器的所有外部控制连线，将任一回路可燃气体探测器与控制器相连接后，方可接通电源；

2 可燃气体报警控制器应按现行国家标准《可燃气体报警控制器》GB 16808的有关规定进行主要功能试验。

4.5.3 可燃气体探测器、不完全燃烧探测器、复合探测器的调试应符合下列规定：

1 应按本规程附录D要求进行现场测试；记录报警动作值，并根据本规程附录D的规定判定是否合格；

2 可燃气体探测器、不完全燃烧探测器、复合探测器应全部进行测试。

4.5.4 紧急切断阀调试应符合下列规定：

1 按紧急切断阀的所有联动控制逻辑关系，使相应探测器报警，在规定的时间内，紧急切断阀应动作；

2 手动开关阀门3次，阀门应工作正常。

4.5.5 系统备用电源调试应符合下列规定：

1 检查系统中各种控制装置使用的备用电源容量，应与设计容量相符；

2 备用电源的容量应符合现行国家标准《可燃气体报警控制器》GB 16808的规定；

3 进行3次主备电源自动转换试验，每次应合格。

4.5.6 声光警报及排风装置调试应符合下列规定：

1 按声光警报的所有联动控制逻辑关系，使相应探测器报警，在规定的时间内，声光警报应正常工作；

2 按排风装置的所有联动控制逻辑关系，使相应探测器报警，在规定的时间内，排风装置应正常工作；

3 声光警报及排风装置有手动控制设备时，手动控制设备应能正常工作。

4.5.7 系统联调应符合下列规定：

1 应按设计要求进行系统联调；

2 城镇燃气报警控制系统在连续正常运行120h后，应按本规程附录B的规定填写调试记录表。

5 验 收

5.0.1 城镇燃气报警控制系统安装完毕后，建设单位应组织安装、设计、监理等相关单位进行验收。验收不合格不得投入使用。

5.0.2 城镇燃气报警控制系统工程验收应包括安装调试时所涉及的全部设备，可分项目进行，并应填写相应的记录。

5.0.3 系统中各装置的验收应符合下列规定：

1 有主、备电源的设备的自动转换装置，应进行3次转换试验，每次试验均应合格；

2 可燃气体报警控制器应按实际安装数量全部进行功能检查；

3 安装在商业和工业企业用气场所的可燃气体探测器、不完全燃烧探测器、复合探测器应按安装数量20%比例抽检，安装在居住建筑内的应按实际安装数量全部检验；

4 紧急切断阀及排风装置应全部检查。

5.0.4 系统验收时，安装单位应提供下列技术文件：

1 竣工验收报告、设计文件、竣工图；

2 工程质量事故处理报告；

3 安装现场质量管理检查记录；

4 城镇燃气报警控制系统安装过程质量管理检查记录；

5 城镇燃气报警控制系统设备的检验报告、合格证及相关材料。

5.0.5 城镇燃气报警控制系统验收前，建设单位和使用单位应进行安装质量检查，同时应确定安装设备的位置、型号、数量，抽样时应选择具有代表性、作用不同、位置不同的设备。

5.0.6 系统布线应符合现行国家标准《建筑电气工程施工质量验收规范》GB 50303的规定和本规程第4.3、4.4节的规定；当设置于防爆场所时，应符合现行国家标准《爆炸和火灾危险环境电力装置设计规范》GB 50058的规定。

5.0.7 可燃气体报警控制器的验收应符合下列规定：

1 应符合本规程第4.4节的相关规定；

2 规格、型号、容量、数量应符合设计要求；

3 功能验收应按本规程第4.5.2条逐项检查，并应符合要求。

5.0.8 可燃气体探测器、不完全燃烧探测器、复合探测器的验收应符合下列规定：

1 应满足本规程第4.4节的相关规定；

2 规格、型号、数量应符合设计要求；

3 功能验收应按本规程第4.5.3条逐项检查，并应符合要求。

5.0.9 系统备用电源的验收应符合下列规定：

1 备用电源容量应符合本规程第4.5.5条的

规定；

  2 功能验收应按本规程第5.0.3条的规定进行检查，并应符合要求。

5.0.10 系统性能的要求应符合本规程和设计说明规定的联动逻辑关系要求。

5.0.11 配套设施的验收应符合下列规定：

  1 安装位置应正确，功能应正常；

  2 手动关阀功能应试验3次；

  3 在系统验收时，阀门在电控和手动两种情况下应工作正常。

5.0.12 验收不合格的设备和管线，应修复或更换；并应进行复验。复验时，对有抽验比例要求的应加倍检验。

5.0.13 验收合格后，应按本规程附录E填写验收记录。

5.0.14 独立燃气报警系统的验收，可简化进行。系统安装完成后，应按设计要求组织验收。可按本规程附录D的规定进行现场检验和评定，记录报警动作值。紧急切断阀在可燃气体探测器报警时应动作，并应手动开关阀门3次，阀门动作均应正常。

6 使用和维护

6.0.1 城镇燃气报警控制系统的管理操作和维护应由经过专门培训的人员负责，不得私自改装、停用、损坏城镇燃气报警控制系统。

6.0.2 城镇燃气报警控制系统正式启用时，应具有下列文件资料：

  1 系统竣工图及设备的技术资料；

  2 系统的操作规程及维护保养管理制度；

  3 系统操作员名册及相应的工作职责；

  4 值班记录和使用图表。

6.0.3 可燃气体探测器、不完全燃烧探测器、复合探测器及紧急切断阀不得超期使用。

6.0.4 可燃气体报警控制系统设备（可燃气体探测器、不完全燃烧探测器、复合探测器除外）的功能，每半年应检查1次，并按本规程附录F的规定填写检查登记表。

6.0.5 商用和工业企业用气场所中的紧急切断阀每半年应手动开闭一次，并电动闭合一次。

6.0.6 当居住建筑中的可燃气体探测器、不完全燃烧探测器、复合探测器使用到3年时，应按本规程附录D的规定至少检查1次，同时应检查紧急切断阀。报警动作值应符合附录D的规定，声光警报信号应正常，紧急切断阀自动关闭、手动开启功能应正常、无内外泄漏，并应记录检测结果，更换不合格产品。

6.0.7 商业和工业场所的可燃气体探测器、不完全燃烧探测器、复合探测器每年应按本规程附录D规定的试验方法检查1次，其检查结果应符合本规程附录D的要求，报警控制器应能收到报警信号并正确显示，联动设备动作应正常，应记录检测结果，维修或更换不合格产品。

6.0.8 受检设备每次检查完后，应粘贴标识并注明检查日期。

附录A 安装现场质量管理检查记录

表A 安装现场质量管理检查记录

工程名称			
建设单位		监理单位	
设计单位		项目负责人	
安装单位		安装许可证	
序号	项目		内容
1	现场质量管理制度		
2	质量责任制		
3	主要专业工种人员操作上岗证书		
4	安装图审查情况		
5	安装组织设计、安装方案及审批		
6	施工技术标准		
7	工程质量检验制度		
8	现场材料、设备管理		
9	其他项目		
	安装单位项目负责人：（签章）	监理工程师：（签章）	建设单位项目负责人：（签章）
结论			
	年 月 日	年 月 日	年 月 日

附录 B 城镇燃气报警控制系统安装过程检查记录

表 B.1 城镇燃气报警控制系统安装过程材料和设备检查记录

工程名称			安装单位	
安装执行规程名称及编号			监理单位	
子分部工程名称	设备、材料进场			
项目	执行本规程相关规定		安装单位检查评定记录	监理单位检查（验收）记录
检查文件及标识	第 4.1.1 条			
核对产品与检验报告	第 4.1.4 条			
检查产品外观	第 4.1.4 条			
检查产品规格、型号	第 4.1.4 条			
	安装单位项目经理：（签章）		监理工程师（建设单位项目负责人）：（签章）	
结论				
	年 月 日		年 月 日	

注：安装过程若用到其他表格，则应作为附件一并归档。

表 B.2 城镇燃气报警控制系统安装过程检查记录

工程名称		安装单位	
安装执行规程名称及编号		监理单位	
子分部工程名称	安装		
项目	执行本规程相关规定	安装单位检查评定记录	监理单位检查（验收）记录
布线	第 4.3.1 条		
	第 4.3.2 条		
	第 4.3.3 条		
	第 4.3.4 条		
	第 4.3.5 条		
	第 4.3.6 条		
	第 4.3.7 条		
	第 4.3.8 条		
	第 4.3.9 条		
	第 4.3.10 条		
	第 4.3.11 条		
	第 4.3.12 条		
	第 4.3.13 条		
	第 4.3.14 条		
	第 4.3.15 条		
可燃气体报警控制器	第 4.4.2 条		
	第 4.4.3 条		
可燃气体探测器、不完全燃烧探测器、复合探测器	第 4.4.4 条		
系统接地	第 4.4.6 条		
燃气紧急切断阀	第 4.4.5 条		
配套设备的安装	第 4.4.7 条		
	安装单位项目经理：（签章）	监理工程师（建设单位项目负责人）：（签章）	
结论			
	年 月 日	年 月 日	

注：安装过程若用到其他表格，则应作为附件一并归档。

表B.3 城镇燃气报警控制系统调试过程检查记录

工程名称			安装单位	
安装执行规范名称及编号			监理单位	
子分部工程名称	调试			
项目	调试内容		安装单位检查评定记录	监理单位检查(验收)记录
调试准备	查验设备规格、型号、数量、备品			
	检查系统安装质量			
	检查系统线路			
	检查联动设备			
	检查测试气体			
可燃气体报警控制器	自检功能及操作级别			
	与探测器连线断路、短路故障信号发出时间			
	故障状态下的再次报警时间及功能			
	消声和复位功能			
	与备用电源连线断路、短路故障信号发出时间			
	高、低限报警功能			
	设定值显示功能			
	负载功能			
	主备电源的自动转换功能			
	连接其他回路时的功能			
可燃气体探测器、不完全燃烧探测器、复合探测器	探测器报警动作值,声光报警功能,联动功能			
	探测器检测数量			
声光警报及排风装置	检查数量			
	合格数量			
燃气紧急切断阀	检查数量			
	合格数量			
系统备用电源	电源容量			
	备用电源工作时间			
系统联调	系统功能			
	联动功能			
结论	安装单位项目经理: (签章) 年 月 日		监理工程师(建设单位项目负责人): (签章) 年 月 日	

注:安装过程若用到其他表格,则应作为附件一并归档。

附录C 城镇燃气报警控制系统工程质量控制资料核查记录

表C 城镇燃气报警控制系统工程质量控制资料核查记录

工程名称		分部工程名称	
安装单位		项目经理	
监理单位		总监理工程师	
序号	资料名称	数量	核查人	核查结果
1	系统竣工图			
2	安装过程检查记录			
3	调试记录			
4	产品检验报告、合格证及相关材料			
结论	安装单位项目负责人: (签章) 年 月 日	监理工程师: (签章) 年 月 日	建设单位项目负责人: (签章) 年 月 日	

附录D 可燃气体探测器、不完全燃烧探测器、复合探测器试验方法及判定

D.1 一般规定

D.1.1 城镇燃气报警系统采用的可燃气体探测器、不完全燃烧探测器、复合探测器(以下简称探测器)应符合国家现行标准《可燃气体探测器》GB 15322.1～GB 15322.6 和《家用燃气报警器及传感器》CJ/T 347 的规定。

D.1.2 在现场,不论工程验收或使用过程中的检验,应仅对探测器的报警动作值、联动功能、声光报警功能实施检验。

D.1.3 长期未使用的探测器,在进行检查时应至少通电 24h。有浓度指示的探测器除检查报警动作值外应按其量程选择 10%、30%、50%、75%、90% 做 5 点检验。

D.1.4 本规程规定的探测器检验,可使用专用检验设备或标准气体实施检验。

D.2 探测器检验方式

D.2.1 当采用专用检验设备法时,应符合下列规定:

  1 探测器专用检验设备的性能应符合表 D.2.1 的规定；
  2 可根据不同探测器的报警设定值，选择不同量程，进行测试；
  3 可连续使用时间 8h，或连续测试 500 台探测器。
  D.2.2 检验时应保证检查罩密封良好，应每次加气保持 3min，然后记录探测器的报警动作值。
  D.2.3 当采用标准气体法时，标准气体浓度应符合下列规定：
  1 检验有浓度显示的探测器应有 5 种浓度标准气，即 10%FS、30%FS、50%FS、75%FS、90%FS；

表 D.2.1 探测器专用检验设备性能要求

气体组分	量限（体积分数）	重复性偏差极限	示值误差极限	响应时间	零点漂移	量程漂移
CH_4	$0 \sim 4.5 \times 10^{-2}$	1.5%(RSD)	±3%FS	10s	±2%FS/6h	±3%FS/6h
C_3H_8	$0 \sim 1.5 \times 10^{-2}$					
CO	$0 \sim 1000 \times 10^{-6}$	2%(RSD)	±5%FS	30s	±3%FS/h	±3%FS/h
	$0 \sim 2000 \times 10^{-6}$					
H_2	$0 \sim 2.5 \times 10^{-2}$	1%(RSD)	±2%FS	10s	±2%FS/6h	±2%FS/6h
	$0 \sim 4000 \times 10^{-6}$	1.5%(RSD)	±3%FS	30s	±3%FS/h	±3%FS/h
C_2H_5OH	$0 \sim 1 \times 10^{-2}$	1.5%(RSD)	±3%FS	15s	±2%FS/6h	±2%FS/6h

  2 检验无浓度显示的探测器的标准气浓度应符合表 D.2.3 的规定；
  3 所有标准气必须是有证标准物质，准确度应在 ±2% 以内。

表 D.2.3 检验无浓度显示的探测器的标准气浓度

气种	标准气 1	标准气 2	标准气 3
天然气（甲烷）	1%LEL	25%LEL	50%LEL
液化气（丙烷）	1%LEL	25%LEL	50%LEL
一氧化碳	50×10^{-6}	300×10^{-6}	500×10^{-6}
氢气	125×10^{-6}	750×10^{-6}	1250×10^{-6}

  D.2.4 当采用标准气体法检验时，应卸下探测器外壳，露出气敏元件，用校准罩将标准气以尽可能小的流量导入气敏元件，时间 3min，并应记录探测器的报警动作值和（或）其他响应值。
  D.2.5 应将现场检查结果填入本规程表 F.2 中。

D.3 判 别

  D.3.1 对探测天然气、液化气的探测器的判定应符合下列规定：
  1 当探测器报警动作值与铭牌上标明的报警设定值之差不超过 ±10%LEL 时为合格；
  2 当探测器的报警动作值与铭牌上标明的报警设定值之差超过 ±10%LEL，但仍在 1%LEL~25%LEL 范围内时为准用；
  3 当探测器的报警动作值超过上款的规定时为不合格；
  4 对有低、高限报警的探测器应按需要设置低、高限报警，分别检验；低限报警判别应按本条第 1~3 款执行；当高限报警动作值在 40%LEL~60%LEL 之间时为合格，当超出时为不合格；
  5 声光报警及联动功能应符合产品说明书的规定。
  D.3.2 对人工煤气探测器的判定应符合下列规定：
  1 一氧化碳探测器的判定应符合下列规定：
   1）当探测器的动作值与铭牌上标明的报警设定值之差不超过 $±160 \times 10^{-6}$ 时为合格；
   2）当探测器的动作值与铭牌上标明的报警设定值之差超过 $±160 \times 10^{-6}$，但在 $50 \times 10^{-6} \sim 300 \times 10^{-6}$ 范围内时为准用；
   3）当探测器的动作值超过上款的规定时为不合格；
   4）对有低、高限报警的探测器应按需要设置低、高限报警，分别检验；低限报警判别应按本条第 1~3 款执行；当高限探测器动作值在 $400 \times 10^{-6} \sim 600 \times 10^{-6}$ 之间时为合格，超出时为不合格；
   5）声光报警及联动功能应符合产品说明书的规定。
  2 氢气探测器的判定应符合下列规定：
   1）当探测器的动作值与铭牌上标明的报警设定值之差不超过 $±400 \times 10^{-6}$ 时为合格；
   2）当探测器的动作值与铭牌上标明的报警设定值之差超过 $±400 \times 10^{-6}$，但仍在 $125 \times 10^{-6} \sim 750 \times 10^{-6}$ 范围内时为准用；
   3）当探测器的动作值超过上款的规定时为不合格；
   4）对有低、高限报警的探测器应按需要设置低、高限报警，分别检验；低限报警判别应按本条第 1~3 款执行；当高限报警动作值在 $1000 \times 10^{-6} \sim 1500 \times 10^{-6}$ 之间时为合格，超出时为不合格；
   5）声光报警及联动功能应符合产品说明书规定。
  D.3.3 有浓度显示的探测器的判定应符合下列规定：
  1 每点示值的绝对误差不超过 ±10% 为合格；
  2 只有两点超过 ±10%，但不超过 ±15% 为准用；
  3 其余为不合格。
  D.3.4 不完全燃烧探测器的判定应符合下列规定：

1 当符合下列规定时为合格,否则为不合格:
   1) 用浓度为0.050%~0.055%的一氧化碳气体试验,在5min内报警;
   2) 用浓度为0.0025%~0.0030%的一氧化碳气体试验,在5min内不报警。
2 声光报警功能、联动功能应符合报警说明书的规定。

D.3.5 批量产品检查结果的处理应符合下列规定:

1 同一建筑物内(或同时投入使用的建筑群),同一品牌、同一时间投入使用的探测器可列为一批;

2 当一批产品中无不合格者时,整批可继续使用到有效期结束;

3 当一批产品中,不合格探测器小于批量的30%时,经更换并检验合格后,整批可继续使用到有效期结束;

4 当一批产品中,不合格探测器大于批量的30%时,应整批更换。

附录 E 城镇燃气报警控制系统工程验收记录

表 E 城镇燃气报警控制系统工程验收记录

工程名称		分部工程名称	
安装单位		项目经理	
监理单位		总监理工程师	
序号	验收项目名称	执行本规程相关规定	验收内容记录	验收评定结果
1	布线	第4.3、4.4节		
2	技术文件	第5.0.4条		
3	可燃气体探测器、不完全燃烧探测器、复合探测器	第5.0.8条		
4	可燃气体报警控制器	第5.0.7条		
5	系统备用电源	第5.0.9条		
6	系统性能	第5.0.10条		
7	配套设施	第5.0.11条		

验收单位	安装单位:(单位印章)	项目经理:(签章) 年 月 日
	监理单位:(单位印章)	总监理工程师:(签章) 年 月 日
	设计单位:(单位印章)	项目负责人:(签章) 年 月 日
	建设单位:(单位印章)	建设单位项目负责人:(签章) 年 月 日

注:分部工程质量验收由建设单位项目负责人组织安装单位项目经理、总监理工程师和设计单位项目负责人等进行。

附录 F 城镇燃气报警控制系统日常维护检查表

表 F.1 城镇燃气报警控制系统日常维护检查记录

日期	控制器运行情况				报警设备运行情况		联动设备运行情况		报警部位原因及处理情况	值班人
	自检	消音	电源	巡检	正常	报警	故障	正常	故障		

注:正常画"√",有问题注明。

表 F.2 城镇燃气报警控制系统探测器现场动作值记录

日期	探测器序号	现场动作值记录			处理意见			点检人
		合格	准用	不合格	可以使用	标定	更换探头	

注:1 设备开通及定期检查时,可以使用专用的加气试验装置进行现场动作值试验。
   2 正常画"√"。

表 F.3 城镇燃气报警控制系统设备年(季)检查记录

单位名称			防火负责人			
日期	设备种类	检查试验内容及结果	仪器自检	故障及排除情况	备注	检查人

本规程用词说明

1 为便于在执行本规程条文时区别对待，对要求严格程度不同的用词说明如下：
  1）表示很严格，非这样做不可的：
    正面词采用"必须"，反面词采用"严禁"；
  2）表示严格，在正常情况下均应这样做的：
    正面词采用"应"，反面词采用"不应"或"不得"；
  3）表示允许稍有选择，在条件许可时首先应这样做的：
    正面词采用"宜"，反面词采用"不宜"；
  4）表示有选择，在一定条件下可以这样做的，采用"可"。

2 条文中指明应按其他有关标准执行的写法为："应符合……的规定"或"应按……执行"。

引用标准名录

1 《城镇燃气设计规范》GB 50028
2 《爆炸和火灾危险环境电力装置设计规范》GB 50058
3 《建筑电气工程施工质量验收规范》GB 50303
4 《城镇燃气技术规范》GB 50494
5 《可燃气体探测器》GB 15322.1～GB 15322.6
6 《可燃气体报警控制器》GB 16808
7 《家用燃气报警器及传感器》CJ/T 347

中华人民共和国行业标准

城镇燃气报警控制系统技术规程

CJJ/T 146—2011

条 文 说 明

制 定 说 明

《城镇燃气报警控制系统技术规程》CJJ/T 146-2011 经住房和城乡建设部 2011 年 2 月 11 日以第 914 号公告批准、发布。

为便于广大设计、施工、科研、学校等单位有关人员在使用本规程时能正确理解和执行条文规定，《城镇燃气报警控制系统技术规程》编制组按章、节、条顺序编制了本规程的条文说明，对条文规定的目的、依据以及执行中需要注意的有关事项进行了说明。但是，本条文说明不具备与规程正文同等的法律效力，仅供使用者作为理解和把握规程规定的参考。

目 次

1 总则 …………………………………… 84—19
3 设计 …………………………………… 84—19
　3.1 一般规定 ……………………………… 84—19
　3.2 居住建筑 ……………………………… 84—19
　3.3 商业和工业企业用气场所 …………… 84—20
4 安装 …………………………………… 84—21
　4.1 一般规定 ……………………………… 84—21
　4.2 独立燃气报警控制系统的安装 ……… 84—21
　4.3 集中燃气报警控制系统的布线 ……… 84—21
　4.4 集中燃气报警控制系统
　　　的设备安装 …………………………… 84—22
　4.5 系统调试 ……………………………… 84—22
5 验收 …………………………………… 84—22
6 使用和维护 …………………………… 84—23

1 总 则

1.0.1 城镇燃气具有易燃、易爆和有毒的特点，在相对封闭的用气环境（建筑物中），一旦发生燃气的泄漏极易造成燃气中毒、爆炸等事故，对人身公共安全带来威胁。城镇燃气报警控制系统是防止和减少由于燃气泄漏和不完全燃烧造成人身伤害和财产损失的有效手段之一。在我国城镇燃气报警系统经过几十年的发展，其产品生产和使用已形成一定规模。为规范指导燃气报警控制系统在城镇燃气设计、施工、使用和维护工作，做到技术先进、经济合理、安全施工，确保工程质量，特制定本规程。

1.0.2 本条规定了本规程的适用范围，本规程适用于在居住建筑、商业和工业企业用气场所及燃气供应厂站使用的燃气报警控制系统的设计、施工、验收、使用和维护等。

1.0.3 本条依据住房和城乡建设部、劳动部、公安部联合颁布的第 10 号令《城市燃气安全管理规定》，其中第九条规定"城市燃气工程的设计、施工，必须由持有相应资质证书的单位承担"。由于城镇燃气具有易燃、易爆和有毒的特点，而城镇燃气报警控制系统中的设计、施工与单纯的城镇燃气工程相比，其内容涉及两个专业，城镇燃气和电气仪表专业，在此过程中两个专业有独立、有合作。燃气报警控制系统相对燃气工艺系统属于安全管理系统范畴，因此，要求从事燃气报警控制系统的设计、施工等应具有相应的资质和相应的实践经验，以确保工程质量。

1.0.4 此条是强调燃气报警控制系统在设计、施工、使用和维护中除要符合本规程的规定外，还应符合现行国家标准《城镇燃气技术规范》GB 50494、《城镇燃气设计规范》GB 50028 和现行行业标准《城镇燃气室内工程施工与质量验收规范》CJJ 94 等相关标准的规定，从而确保工程质量。

3 设 计

3.1 一般规定

3.1.1 本条规定"燃气报警控制系统中的相关设备应采用经国家有关产品质量监督检测单位检验合格，并取得国家相应的许可或认可的产品"，是控制燃气报警控制系统中产品质量的有效手段。

3.1.2 本条规定了选择气体探测器时应遵循的原则：

1 应根据燃气种类选择相应的气体探测器；
2 应根据燃具、用气设备环境可能产生的燃气泄漏和燃气不完全燃烧等情况选择相应的气体探测器；
3 气体探测器分为单一和复合型气体探测器，可根据具体情况选用。复合探测器可以有甲烷、一氧化碳复合探测器及甲烷、一氧化碳、温度复合探测器等多种形式。

3.1.3 本条规定了气体探测器和紧急切断阀的使用寿命。其中家用气体探测器世界上质量较好的产品寿命均为 5 年。紧急切断阀因内部橡胶密封件的寿命问题，世界上最长寿命为 10 年。故这两项指标可理解为更换周期。商业和工业企业用气体探测器因所用传感器种类不同，寿命不一致。国家规定该类产品每年应强制检查一次。故按不低于三年要求，避免过于频繁更换。

3.1.4 本条说明探测器的设置场所，在《城镇燃气设计规范》GB 50028-2006 及《城镇燃气技术规范》GB 50494-2009 中都有具体规定，应符合其规定，本规程不详细列出。

3.1.5 根据现行国家标准《城镇燃气设计规范》GB 50028 和《爆炸和火灾危险环境电力装置设计规范》GB 50058 等规范的规定，有防爆要求的场所安装的气体探测器、紧急切断阀及配套产品要选用防爆型产品。

《爆炸和火灾危险环境电力装置设计规范》GB 50058-92 第 2.2.2 条规定：符合下列条件之一时，可划为非爆炸危险区域：

1 没有释放源并不可能有易燃物质侵入的区域；
2 易燃物质可能出现的最高浓度不超过爆炸下限值的 10%；
3 在生产过程中使用明火的设备附近，或炽热部件的表面温度超过区域内易燃物质引燃温度的设备附近；
4 在生产装置区外，露天或开敞设置的输送易燃物质的架空管道地带，但其阀门处按具体情况定。

3.1.6 本条是针对设置集中报警控制系统的场所提出的要求，因为集中报警控制系统一般设置在商业、工业和高层住宅、高级公寓等场所，如果可燃气体报警控制器设置在无人值守的位置，现场报警不易被发现，另外这些场所一般情况下设有消防控制室或值班室。

3.2 居住建筑

3.2.1 本条规定了居住建筑设置燃气报警控制系统时，主要选择独立燃气报警系统。因为多数情况下，居住建筑每个单元即每个居民用户都是独立的。

如果某个小区或某个大楼有物业管理，需要集中监视报警情况，则可选用集中报警控制系统。

如果住宅内设置了报警控制系统，而家庭中的灶具、燃气热水器、壁挂炉等燃气用具分设在不同的独立空间内，则应该在每个使用燃气用具的房间安装气体探测器。

3.2.2 本条是依据《燃气采暖热水炉应用技术规程》

CECS 215：2006 中的有关要求而定的。

3.2.3 本条是依据《城镇燃气设计规范》GB 50028 中的有关要求，对既有建筑住宅暗厨房使用燃气提出要求。

暗厨房是指：厨房无直通室外的门或窗。

3.2.4 本条对住宅中探测器安装位置提出要求。其位置距灶具及排风口的水平距离应大于 0.5m，是因为距灶具太近，烹调中产生的油烟、水蒸气会影响探测器的使用寿命和工作状况。而且如果距排风口太近会对泄漏燃气探测的结果有影响，泄漏的燃气容易聚集在空气非流通地方。

规定当使用液化石油气或相对密度大于 1 的燃气时，探测器应安装在厨房离地面不大于 0.3m 的墙上；主要是因为液化石油气的密度比空气大，一旦燃气泄漏，泄漏的燃气会向下扩散，所以，应安装在靠近地面处。距地面 0.3m 主要是考虑到安装方便和防止污水或潮气对探测器功能和寿命的影响。当使用天然气、人工煤气或相对密度小于 1 的燃气时，探测器可吸顶安装或装于距顶棚小于 0.3m 的墙上；规定的目的也是因为天然气的密度小于空气，所以一旦发生泄漏，泄漏的燃气会向上扩散，距顶棚小于 0.3m 是为了保证及时探测到燃气泄漏。不完全燃烧探测器也是吸顶安装或装于距顶棚小于 0.3m 的墙上。

3.2.5 探测器与紧急切断阀连锁，使得一旦报警，能立即切断气源，保证了安全。

3.3 商业和工业企业用气场所

3.3.1 该条规定了商业和工业企业用户用气场所，设置燃气报警控制系统时，主要选择由点型可燃气体探测器、报警控制器等组成的集中燃气报警控制系统，但对面积小于 80m² 的商业网点，如小型餐厅等，可以设置独立燃气报警控制系统，这样可以降低用户负担。

3.3.2 本条根据燃气种类和安装气体探测器建筑物的规模确定气体探测器的安装位置和数量。其中，当任意两点间的水平距离小于 8m 时，可设一个气体探测器，以及探测器与释放源的距离、与顶棚或地面的距离等参数，是参考日本标准给出的数据。

当使用液化石油气或相对密度大于 1 的燃气时，可燃气体探测器距释放源中心的水平安装距离不应大于 4m，且不得小于 1m；当使用天然气、人工煤气或相对密度小于 1 的燃气时，气体探测器距释放源中心的安装距离不应大于 8m 且不应小于 1m，是因为液化石油气的密度比空气大，万一泄漏不容易放散，所以要求探测器距释放源的安装距离相对于天然气和人工煤气要短一些。任意两点间的水平距离：指两点间连线长度的水平投影距离。

多个探测器设置的原则主要是考虑相对密度不同的探测器，保护半径不同。为防止两探测器之间被保护区交叉处产生盲区，所以有 1m 的重复交叉。

3.3.3 本条规定对气源为相对密度小于 1 的燃气且释放源距顶棚垂直距离超过 4m 时，应设置集气罩或分层设置探测器，是因为建筑物太高如果不设集气罩或分层设置可燃气体探测器，空间太大需要设置更多的可燃气体探测器。

3.3.4 本条主要是针对安装可燃气体探测器的特殊场所提出要求，以减少可燃气体探测器的安装数量。本条提出长方形场所，是为了便于描述。对于不规则的狭长形状，可比照进行设置。

3.3.5 本条是对燃具设置场所空间较大，但使用燃具或设置燃气设施的场所只占安装可燃气体探测器的场所整个空间的比例较小时，不需要对整个大空间实施监测，仅对有释放源的局部实施保护即可。本条提出燃烧器具的场所面积小于全部面积的 1/3 是为了便于描述，是一个相对的概念。

3.3.6 本条是参考《石油化工可燃气体和有毒气体检测报警设计规范》GB 50493 制定的。主要考虑到露天、半露天燃气泄漏时，在泄漏燃气容易积聚的地方实施监测，从而更有效地实施监测，避免燃气次生灾害的发生。

3.3.7 本条参考了《石油化工可燃气体和有毒气体检测报警设计规范》GB 50493，对在密闭或半密闭厂房内的燃气输配设施设置探测器的安装规定，其中距释放源不应大于 4m，是按相对密度大于 1 的燃气要求的，以便更加保险。

3.3.8 本条规定了紧急切断阀的设置除应符合《城镇燃气设计规范》GB 50028 中的有关规定外，还有一些其他的规定。设置紧急切断阀主要是控制燃气的泄漏，同时，紧急切断阀切断时还要考虑到影响的范围应尽可能小而且动作可靠。

安装在由建筑物外进入建筑物内的引入管处的紧急切断阀，因为该阀切断将导致整个建筑物断气，因此控制器设置在有人值守的地方，其切断控制应为人工控制，如果控制器设置在无人值守的地方，要有 3 个探测器同时报警才能切断。

设置在建筑物内为多个独立用户供气的管道上的紧急切断阀，应有 2 个以上探测器同时报警才自动切断。

3.3.9 本条强调液化石油气储瓶间应设防爆型气体探测器和排风装置。其排风装置应有自动和手动两种启动方式。

3.3.10 本条规定主要是因为露天安装的气体探测器如果不采取防护措施，受到风吹、雨淋、日晒会减少气体探测器的寿命或损坏探测器。

3.3.11 本条的规定主要是因为集中报警控制系统中一般探测器不具备声光报警功能。声光报警功能一般在报警控制器上，为了提醒现场人员发生了泄漏，特作此规定。

3.3.12 本条的规定是为了在紧急情况下，可以在现场人工发出报警信号。需设置手动触发报警装置。

3.3.13 条文中不应大于20m的规定是因为如果距离过长，导线电阻过大，会使电磁阀不能关闭。

4 安 装

4.1 一般规定

4.1.1 本规定强调城镇燃气报警控制系统的施工一定要按照批准的工程设计文件进行安装。设计文件是工程施工的主要依据，按图施工是国务院《建设工程质量管理条例》的规定，因此必须执行。本条强调了设计文件的地位，当设计文件有误或因现场条件的原因不能按设计文件执行时，必须事先经原设计单位对图纸进行修改，安装单位不得随意改变设计意图。

设计文件包括施工图、设计变更、设计洽商函等。

4.1.2 施工方案的选择与制定是决定整个工程全局的关键，方案一经决定，则整个工程施工的进程、人力和安装设备的需要与布置，工程质量与施工安全等，现场组织管理随之就被确定下来。施工组织的各个方面都与施工方案发生联系而受其影响。所以，施工方案在很大程度上决定了施工组织设计质量。施工方案编写的内容应符合规范规定，一般施工方案中列出施工安装应遵循的规范清单，所以，要求施工单位应具有必要的施工技术标准。

4.1.3 本条规定了城镇燃气报警控制系统施工前的准备工作：

1 施工前设计单位应向施工、监理等单位进行施工图的交底；施工、监理单位应明确设计文件的要求；

2 施工前应按照设计文件的要求，将施工所用材料备齐，以保证施工质量和施工顺利进行。

4.1.4 本条规定了设备、材料进场检验应遵守的规定。

1 出厂合格文件包括：合格证、质量证明书，有些产品应有相关性能的检测报告、型式检验报告等；

2 本款强调进口设备和材料也应遵守我国的市场准入制度，其产品质量应符合我国现行标准的相关规定。按国家规定需要对进口产品进行检验的，还应有国家商检部门出具的检验报告，并应有中文说明书。

4.1.5 本条规定施工单位应做好相关记录。

4.1.6 本条规定了保证燃气报警控制系统施工质量应遵守的规定和程序。强调了工序检查和工种交接认可。规定每一项工作完成后，均应在具有一定资格的人员参与下，按一定的工作程序进行验收工作，最后指出记录格式，这些要求是保证工程质量所必需的。

对无监理的工程，验收工作均要由建设单位项目负责人组织。

4.1.7 本条规定了质量控制资料填写格式。

4.1.8 本条强调城镇燃气报警控制系统安装结束后，不经过验收合格不得交付使用。主要是依据《建设工程质量管理条例》（国务院令第279号令）第十六条：建设单位收到建设工程竣工报告后，应当组织设计、施工、工程监理等有关单位进行竣工验收。

4.2 独立燃气报警控制系统的安装

4.2.1 本条规定主要是强调气体探测器的安装环境要相对干燥，因为气体探测器的组成主要是电子元器件，而水和潮气会影响其寿命或工作效率。

4.2.2 本条对可燃气体探测器的安装提出最基本的要求。导线要在导管或管槽内的规定，主要是考虑对导线的保护，因为导线如果出现故障，根本不可能有控制的作用。

"在导管和线槽内不应有接头和扭结"的要求，主要是考虑导管内的接头和扭结出现断开时不易被发现，另外，导管或槽内有接头将影响线路的机械强度，所以，导线要在接线盒内进行连接，以便于检查。

4.3 集中燃气报警控制系统的布线

4.3.1 本条主要参考《火灾自动报警系统施工及验收规范》GB 50166的有关规定。本条规定了燃气报警控制系统应单独布线，如果不同电压等级、不同电流类别的导线布置在同一导管内，有可能会影响报警控制系统的可靠性。

4.3.2 本条规定了燃气报警控制系统在非防爆区的布线要求。规定了可燃气体报警控制系统传输线路线芯截面的最小面积，同时还强调要满足机械强度的要求。

4.3.3 本条规定了防爆区域的布线要求。

4.3.4 本条主要参考《火灾自动报警系统施工及验收规范》GB 50166的有关规定。本条强调了导管内或线槽内不应有积水或杂物，主要是考虑到有积水或杂物影响施工质量。如果导管内有积水会影响线路的绝缘；如果导线内有杂物会影响穿线或刮伤导线。

4.3.5 本条主要参考《火灾自动报警系统施工及验收规范》GB 50166的有关规定。本条规定了导线在导管和线槽内不准有接头或扭结。如果有接头将影响线路机械强度，是故障的隐患点。

4.3.6 本条主要参考《火灾自动报警系统施工及验收规范》GB 50166的有关规定。本条规定主要是考虑提高系统的可靠性。

4.3.7 本条主要参考《火灾自动报警系统施工及验收规范》GB 50166的有关规定。主要是防止灰尘和水汽进入管子引起导电或腐蚀管子。

4.3.8 本条主要参考《火灾自动报警系统施工及验收规范》GB 50166 的有关规定。本条规定主要考虑如果管路太长或弯头多,会引起穿线困难。

4.3.9 本条主要参考《火灾自动报警系统施工及验收规范》GB 50166 的有关规定。本条规定主要考虑使导管安装牢固。

4.3.10 本条主要参考《火灾自动报警系统施工及验收规范》GB 50166 的有关规定。本条规定的目的一方面是确保穿线顺利,另一方面是防止导管或线槽由于自重使其长期处于受力状态,也使得导管或线槽内的导线受力,影响到导线的寿命。

4.3.11 本条主要参考《火灾自动报警系统施工及验收规范》GB 50166 的有关规定。本条规定主要是防止支撑或吊点间距过大,使线槽弧垂过大。

4.3.12 本条主要参考《火灾自动报警系统施工及验收规范》GB 50166 的有关规定。线槽接口应平直、严密,槽盖应齐全、平整、无翘角。并列安装时,槽盖应便于开启。

4.3.13 本条主要参考《火灾自动报警系统施工及验收规范》GB 50166 的有关规定。本条规定主要是建筑物的结构缝随温度变化而变化;所以导线应当留有余量,以免受损或被拉断。

4.3.14 本条主要参考《火灾自动报警系统施工及验收规范》GB 50166 的有关规定。本条要求是为了保证导线间的绝缘电阻。

4.3.15 本条主要参考《火灾自动报警系统施工及验收规范》GB 50166 的有关规定。本条规定相同用途的导线颜色应一致,主要是因为整个报警控制系统的导线较多,如果没有统一规定,容易接错线,也容易给调试和运行带来不必要的麻烦。

4.4 集中燃气报警控制系统的设备安装

4.4.1 本条说明了安装方式的一般原则。

4.4.2 本条主要参考《火灾自动报警系统施工及验收规范》GB 50166 的有关规定。本条规定了可燃气体报警控制器安装位置。主要原则是:保证系统运行可靠;控制器报警时容易察觉;便于操作和维修;防潮防腐蚀。

4.4.3 本条规定了引入控制器的电缆或导线的安装要求。主要目的是便于调试、维护和维修等方便。

4.4.4 本条规定了气体探测器的安装规定:

  1 探测器如果提前安装容易在其他施工时被损坏,另外,整体施工未完工,灰尘及潮气等易使探测器误报或损坏;如果探测器在调试前保管不善容易损坏;

  2 焊接不应使用带腐蚀性的助焊剂,否则焊接接头处被腐蚀会增加线路电阻或导致断开,影响系统的可靠性;

  3 本规定的目的是便于维修和管理;

  4 封堵的目的是防止杂物和潮气进入影响绝缘;

  5 非防爆型探测器安装还应注意防水。

4.4.5 不同厂家生产的紧急切断阀安装要求不相同,因此安装应符合各厂家说明书的要求。

4.4.6 本规定的目的是为了保证使用人员及设备的安全。

4.4.7 本条第 2 款阀门、风机等设备的手动控制装置的安装高度距地面宜为 1.3m~1.5m 的规定主要是考虑到我国成人平均身高,操作方便确定的。

4.5 系统调试

4.5.1 本条规定了调试前的准备工作,由于可燃气体报警控制器的线路较复杂,接错线的情况时有发生,所以,调试前应再检查线路的连接情况,否则会造成严重的后果。绝缘电阻小于 20MΩ 的原因,一方面是施工时未按规定进行操作,另一方面可能是导线被划伤等,所以也应采取相应的处理措施。

4.5.2 本条规定了可燃气体报警控制器的调试方法和要求。

4.5.3 本条规定了气体探测器的调试方法和要求。

4.5.4 本条规定了紧急切断阀的调试方法和要求。

4.5.5 本条规定了对系统备用电源的调试要求。备用电源是否可靠直接关系到整个系统的可靠性。强调备用电源的容量应与设计容量相符,如果备用电源容量不够或电压过低则整个系统不能正常工作。

4.5.6 本条规定了声光报警及排风装置的调试方法和要求。

4.5.7 本条规定了整个系统调试正常后,应连续运行 120h 后无故障,再按本规程附录 B.3 的规定填写调试报告,才能进行工程验收。

5 验 收

5.0.1 本条强调了城镇燃气报警控制系统完工后应进行验收,验收不合格不得投入使用。工程验收是按设计文件对施工质量进行全面检查,城镇燃气报警控制系统的验收不但要按设计文件的要求进行检查还要进行必要的系统性能测试。

5.0.2 本条主要规定验收的内容,强调应填写验收记录。

5.0.3 本条规定了验收的内容和数量。本条款的规定是参照《火灾自动报警控制系统施工及验收规范》GB 50166 的有关要求确定的。其中强调了报警控制器、居民住宅内可燃气体探测器、紧急切断阀及排风装置应按实际数量全部检验。

5.0.4 本条规定了系统验收前施工单位应提供的技术文件。

5.0.5 本条规定了验收前建设单位和使用单位应进行施工质量再检查。也就是建设单位和使用单位的自检，主要是进行系统功能性检查，以便保证联合验收能顺利通过。

5.0.6 本条规定了系统布线检验应符合《建筑电气工程施工质量验收规范》GB 50303 的规定和本规程第 4.3、4.4 节的要求。因为报警控制系统布线施工与其他电气系统施工的要求都是相同的。

5.0.7 本条规定了可燃气体报警控制器的验收要求。

5.0.8 本条规定了可燃气体探测器的验收要求。

5.0.9 本条规定了系统备用电源的验收要求。

5.0.10 本条规定了系统联动逻辑关系要求。

5.0.11 本条规定了配套设施的验收要求。

5.0.12 本条规定了在系统验收中的设备和管线应是全部合格的，如果不合格应进行修复或更换，并重新进行验收；在重新验收时抽验比例应加倍。

5.0.13 本条规定了验收合格后对验收记录的要求。

5.0.14 本条规定对于独立燃气报警控制系统，主要是对于居民住宅安装的独立燃气报警控制系统的验收，可以简化程序，包括简化文件及验收方法。

6 使用和维护

6.0.1 本条规定了城镇燃气报警控制系统的管理操作应由经过专门培训的人员负责。本条没有强调培训的机构和资质，由于报警控制系统的专业性较强，所以管理、维护和操作人员上岗前一定要经过专门培训，以免由于不掌握相关知识造成误操作损坏设备。

6.0.2 本条规定了城镇燃气报警控制系统正式启用时应具备的文件资料。该规定有利于报警控制系统的使用、维护和维修；同时，也落实责任到人。

6.0.3 本条规定了可燃气体探测器及紧急切断阀不得超期使用，主要是因为探测器和紧急切断阀中，其关键器件、气敏元件和橡胶密封件的寿命都是经过设计和试验得来的，超期使用将引起严重后果。

6.0.4 为保证可燃气体报警控制系统的正常运行，系统每半年应检查 1 次。由于探测器检验受条件限制，实现起来比较困难，因此检验周期放长一些。

6.0.5~6.0.7 本条规定了商业、工业场所和居民住宅的紧急切断阀、气体探测器检查的内容和时间，由于安装环境不同，受污染的程度也不同；所以检查的时间也不同。

6.0.8 本条要求每次检查完以后应贴上注明检查日期的标识。

中华人民共和国行业标准

城镇排水管道检测与
评估技术规程

Technical specification for inspection and
evaluation of urban sewer

CJJ 181—2012

批准部门：中华人民共和国住房和城乡建设部
施行日期：２０１２年１２月１日

中华人民共和国住房和城乡建设部
公　告

第 1439 号

住房城乡建设部关于发布行业标准
《城镇排水管道检测与评估技术规程》的公告

现批准《城镇排水管道检测与评估技术规程》为行业标准，编号为 CJJ 181-2012，自 2012 年 12 月 1 日起实施。其中，第 3.0.19、7.1.7、7.2.4、7.2.6 条为强制性条文，必须严格执行。

本规程由我部标准定额研究所组织中国建筑工业出版社出版发行。

中华人民共和国住房和城乡建设部
2012 年 7 月 19 日

前　言

根据住房和城乡建设部《关于印发 2011 年工程建设标准规范制订、修订计划的通知》（建标〔2011〕17 号）的要求，规程编制组经广泛调查研究，认真总结实践经验，参考有关国际标准和国外先进标准，并在广泛征求意见的基础上，编制本规程。

本规程的主要技术内容是：1 总则；2 术语和符号；3 基本规定；4 电视检测；5 声纳检测；6 管道潜望镜检测；7 传统方法检查；8 管道评估；9 检查井和雨水口检查；10 成果资料。

本规程中以黑体字标志的条文为强制性条文，必须严格执行。

本规程由住房和城乡建设部负责管理和对强制性条文的解释，由广州市市政集团有限公司负责具体技术内容的解释。执行过程中如有意见或建议，请寄送广州市市政集团有限公司（地址：广州市环市东路 338 号银政大厦，邮编：510060）。

本规程主编单位：广州市市政集团有限公司
本规程参编单位：广东工业大学
　　　　　　　　香港管线学院
　　　　　　　　广州易探地下管道检测技术服务有限公司
　　　　　　　　上海乐通管道工程有限公司
　　　　　　　　上海市水务局
　　　　　　　　天津市排水管理处
　　　　　　　　哈尔滨排水有限责任公司
　　　　　　　　西安市市政设施管理局
　　　　　　　　管丽环境技术（上海）有限公司
　　　　　　　　重庆水务集团股份有限公司
　　　　　　　　广州市市政工程试验检测有限公司
　　　　　　　　中国城市规划协会地下管线专业委员会
　　　　　　　　中国地质大学
　　　　　　　　广东省标准化研究院
　　　　　　　　广州市污水治理有限责任公司

本规程主要起草人员：安关峰　王和平　黄　敬
　　　　　　　　　　谢广勇　朱　军　唐建国
　　　　　　　　　　宋亚维　王　虹　邓晓青
　　　　　　　　　　孙跃平　陆　磊　谢楚龙
　　　　　　　　　　丘广新　刘添俊　马保松
　　　　　　　　　　陈海鹏　李碧清　董海国

本规程主要审查人员：张　勤　朱保罗　吴学伟
　　　　　　　　　　邓小鹤　项久华　唐　东
　　　　　　　　　　王春顺　周克钊　余　健
　　　　　　　　　　丛天荣　樊建军

目　次

1 总则 …………………………………… 85—5
2 术语和符号 …………………………… 85—5
　2.1 术语 ……………………………… 85—5
　2.2 符号 ……………………………… 85—5
3 基本规定 ……………………………… 85—6
4 电视检测 ……………………………… 85—7
　4.1 一般规定 ………………………… 85—7
　4.2 检测设备 ………………………… 85—7
　4.3 检测方法 ………………………… 85—7
　4.4 影像判读 ………………………… 85—7
5 声纳检测 ……………………………… 85—8
　5.1 一般规定 ………………………… 85—8
　5.2 检测设备 ………………………… 85—8
　5.3 检测方法 ………………………… 85—8
　5.4 轮廓判读 ………………………… 85—8
6 管道潜望镜检测 ……………………… 85—8
　6.1 一般规定 ………………………… 85—8
　6.2 检测设备 ………………………… 85—9
　6.3 检测方法 ………………………… 85—9
7 传统方法检查 ………………………… 85—9
　7.1 一般规定 ………………………… 85—9
　7.2 目视检查 ………………………… 85—9
　7.3 简易工具检查 …………………… 85—10
　7.4 潜水检查 ………………………… 85—10
8 管道评估 ……………………………… 85—10
　8.1 一般规定 ………………………… 85—10
　8.2 检测项目名称、代码及等级 …… 85—10
　8.3 结构性状况评估 ………………… 85—13
　8.4 功能性状况评估 ………………… 85—14
9 检查井和雨水口检查 ………………… 85—15
10 成果资料 …………………………… 85—15
附录A 检测影像资料版头格式和
　　　基本内容 ……………………… 85—16
附录B 现场记录表 …………………… 85—16
附录C 排水管道沉积状况纵断面图
　　　格式 …………………………… 85—18
附录D 检测成果表 …………………… 85—18
本规程用词说明 ……………………… 85—20
引用标准名录 ………………………… 85—20
附：条文说明 ………………………… 85—21

Contents

1 General Provisions ·················· 85—5
2 Terms and Symbols ················ 85—5
   2.1 Terms ································ 85—5
   2.2 Symbols ····························· 85—5
3 Basic Requirements ················ 85—6
4 Closed Circuit Television
   Inspection ······························ 85—7
   4.1 General Requirements ·········· 85—7
   4.2 Equipment ························· 85—7
   4.3 Method of Inspection ··········· 85—7
   4.4 Image Interpretation ············ 85—7
5 Sonar Inspection ······················ 85—8
   5.1 General Requirements ·········· 85—8
   5.2 Equipment ························· 85—8
   5.3 Method of Inspection ··········· 85—8
   5.4 Outline Interpretation ·········· 85—8
6 Pipe Quick View Inspection ········ 85—8
   6.1 General Requirements ·········· 85—8
   6.2 Equipment ························· 85—9
   6.3 Method of Inspection ··········· 85—9
7 Traditional Methods of
   Inspection ······························ 85—9
   7.1 General Requirements ·········· 85—9
   7.2 Direct Visual Inspection ······· 85—9
   7.3 Simple Tools Inspection ······· 85—10
   7.4 Diving Inspection ················ 85—10
8 Conduit Condition Evaluation ······ 85—10
   8.1 General Requirements ·········· 85—10
   8.2 Inspection Items's Name,
       Code and Grade ·················· 85—10
   8.3 Evaluation of Structural
       Condition ·························· 85—13
   8.4 Evaluation of Functional
       Condition ·························· 85—14
9 Manhole and Road Gully
   Inspection ······························ 85—15
10 Result Data ··························· 85—15
Appendix A Image Data Front Page
             Format ························ 85—16
Appendix B Field Records ············ 85—16
Appendix C Sewer Sedimentary
             Conditions' Longitudinal
             Section Image ················ 85—18
Appendix D Inspection and
             Evaluation Records ······· 85—18
Explanation of Wording in This
   Specification ··························· 85—20
List of Quoted Standards ············ 85—20
Addition: Explanation of
   Provisions ····························· 85—21

1 总　　则

1.0.1 为加强城镇排水管道检测管理，规范检测技术，统一评估标准，制定本规程。

1.0.2 本规程适用于对既有城镇排水管道及其附属构筑物进行的检测与评估。

1.0.3 城镇排水管道检测采用新技术、新方法时，管道评估应符合本规程的要求。

1.0.4 城镇排水管道的检测与评估，除应符合本规程的要求外，尚应符合国家现行有关标准的规定。

2 术语和符号

2.1 术　　语

2.1.1 电视检测　closed circuit television inspection（CCTV）

采用闭路电视系统进行管道检测的方法，简称 CCTV 检测。

2.1.2 声纳检测　sonar inspection

采用声波探测技术对管道内水面以下的状况进行检测的方法。

2.1.3 管道潜望镜检测　pipe quick view inspection（QV）

采用管道潜望镜在检查井内对管道进行检测的方法，简称 QV 检测。

2.1.4 时钟表示法　clock description

采用时钟的指针位置描述缺陷出现在管道内环向位置的表示方法。

2.1.5 直向摄影　forward-view inspection

电视摄像机取景方向与管道轴向一致，在摄像头随爬行器行进过程中通过控制器显示和记录管道内影像的拍摄方式。

2.1.6 侧向摄影　lateral inspection

电视摄像机取景方向偏离管道轴向，通过电视摄像机镜头和灯光的旋转/仰俯以及变焦，重点显示和记录管道一侧内壁状况的拍摄方式。

2.1.7 结构性缺陷　structural defect

管道结构本体遭受损伤，影响强度、刚度和使用寿命的缺陷。

2.1.8 功能性缺陷　functional defect

导致管道过水断面发生变化，影响畅通性能的缺陷。

2.1.9 结构性缺陷密度　structural defect density

根据管段结构性缺陷的类型、严重程度和数量，基于平均分值计算得到的管段结构性缺陷长度的相对值。

2.1.10 功能性缺陷密度　functional defect density

根据管段功能性缺陷的类型、严重程度和数量，基于平均分值计算得到的管段功能性缺陷长度的相对值。

2.1.11 修复指数　rehabilitation index

依据管道结构性缺陷的类型、严重程度、数量以及影响因素计算得到的数值。数值越大表明管道修复的紧迫性越大。

2.1.12 养护指数　maintenance index

依据管道功能性缺陷的类型、严重程度、数量以及影响因素计算得到的数值。数值越大表明管道养护的紧迫性越大。

2.1.13 管段　pipe section

两座相邻检查井之间的管道。

2.1.14 检查井　manhole

排水管道系统中连接管道以及供维护工人检查、清通和出入管道的附属设施的统称，包括跌水井、水封井、冲洗井、溢流井、闸门井、潮门井、沉泥井等。

2.1.15 传统方法检查　traditional method inspection

人员在地面巡视检查、进入管内检查、反光镜检查、量泥斗检查、量泥杆检查、潜水检查等检查方法的统称。

2.2 符　　号

E——管道重要性参数；

F——管段结构性缺陷参数；

G——管段功能性缺陷参数；

K——地区重要性参数；

L——管段长度；

L_i——第 i 处结构性缺陷的长度；

L_j——第 j 处功能性缺陷的长度；

MI——管道养护指数；

m——管段的功能性缺陷数量；

n——管段的结构性缺陷数量；

P_i——第 i 处结构性缺陷分值；

P_j——第 j 处功能性缺陷分值；

RI——管道修复指数；

S——管段损坏状况参数，按缺陷点数计算的平均分值；

S_M——管段结构性缺陷密度；

S_{max}——管段损坏状况参数，管段结构性缺陷中损坏最严重处的分值；

T——土质影响参数；

Y——管段运行状况参数，按缺陷点数计算的功能性缺陷平均分值；

Y_{max}——管段运行状况参数，管段功能性缺陷中最严重处的分值；

Y_M——管段功能性缺陷密度；

α——结构性缺陷影响系数；

β ——功能性缺陷影响系数。

3 基本规定

3.0.1 从事城镇排水管道检测和评估的单位应具备相应的资质，检测人员应具备相应的资格。

3.0.2 城镇排水管道检测所用的仪器和设备应有产品合格证、检定机构的有效检定（校准）证书。新购置的、经过大修或长期停用后重新启用的设备，投入检测前应进行检定和校准。

3.0.3 管道检测方法应根据现场的具体情况和检测设备的适应性进行选择。当一种检测方法不能全面反映管道状况时，可采用多种方法联合检测。

3.0.4 以结构性状况为目的的普查周期宜为5a～10a，以功能性状况为目的的普查周期宜为1a～2a。当遇到下列情况之一时，普查周期可相应缩短：
1 流砂易发、湿陷性土等特殊地区的管道；
2 管龄30a以上的管道；
3 施工质量差的管道；
4 重要管道；
5 有特殊要求管道。

3.0.5 管道检测评估应按下列基本程序进行：
1 接受委托；
2 现场踏勘；
3 检测前的准备；
4 现场检测；
5 内业资料整理、缺陷判读、管道评估；
6 编写检测报告。

3.0.6 检测单位应按照要求，收集待检测管道区域内的相关资料，组织技术人员进行现场踏勘，掌握现场情况，制定检测方案，做好检测准备工作。

3.0.7 管道检测前应搜集下列资料：
1 已有的排水管线图等技术资料；
2 管道检测的历史资料；
3 待检测管道区域内相关的管线资料；
4 待检测管道区域内的工程地质、水文地质资料；
5 评估所需的其他相关资料。

3.0.8 现场踏勘应包括下列内容：
1 查看待检测管道区域内的地物、地貌、交通状况等周边环境条件；
2 检查管道口的水位、淤积和检查井内构造等情况；
3 核对检查井位置、管道埋深、管径、管材等资料。

3.0.9 检测方案应包括下列内容：
1 检测的任务、目的、范围和工期；
2 待检测管道的概况（包括现场交通条件及对历史资料的分析）；

3 检测方法的选择及实施过程的控制；
4 作业质量、健康、安全、交通组织、环保等保证体系与具体措施；
5 可能存在的问题和对策；
6 工作量估算及工作进度计划；
7 人员组织、设备、材料计划；
8 拟提交的成果资料。

3.0.10 现场检测程序应符合下列规定：
1 检测前应根据检测方法的要求对管道进行预处理；
2 应检查仪器设备；
3 应进行管道检测与初步判读；
4 检测完成后应及时清理现场、保养设备。

3.0.11 管道缺陷的环向位置应采用时钟表示法。缺陷描述应按照顺时针方向的钟点数采用4位阿拉伯数字表示起止位置，前两位数字应表示缺陷起点位置，后两位数字应表示缺陷终止位置。如当缺陷位于某一点上时，前两位数字应采用00表示，后两位数字表示缺陷点位。

3.0.12 管道缺陷位置的纵向起算点应为起始井管道口，缺陷位置纵向定位误差应小于0.5m。

3.0.13 检测系统设置的长度计量单位应为米，电缆长度计数的计量单位不应小于0.1m。

3.0.14 每段管道检测前，应按本规程附录A的规定编写并录制版头。

3.0.15 管道检测影像记录应连续、完整，录像画面上方应含有"任务名称、起始井及终止井编号、管径、管道材质、检测时间"等内容，并宜采用中文显示。

3.0.16 现场检测时，应避免对管体结构造成损伤。

3.0.17 现场检测过程中宜采取监督机制，监督人员应全程监督检测过程，并签名确认检测记录。

3.0.18 管道检测工作宜与卫星定位系统配合进行。

3.0.19 排水管道检测时的现场作业应符合现行行业标准《城镇排水管道维护安全技术规程》CJJ 6 的有关规定。现场使用的检测设备，其安全性能应符合现行国家标准《爆炸性气体环境用电气设备》GB 3836 的有关规定。现场检测人员的数量不得少于2人。

3.0.20 排水管道检测时的现场作业应符合现行行业标准《城镇排水管渠与泵站维护技术规程》CJJ 68 的有关规定。

3.0.21 检测设备应做到定期检验和校准，并应经常维护保养。

3.0.22 当检测单位采用自行开发或引进的检测仪器及检测方法时，应符合下列规定：
1 该仪器或方法应通过技术鉴定，并具有一定的工程检测实践经验；
2 该方法应与已有成熟方法进行过对比试验；
3 检测单位应制定相应的检测细则；

4 在检测方案中应予以说明，必要时应向委托方提供检测细则。

3.0.23 现场检测完毕后，应由相关人员对检测资料进行复核并签名确认。

3.0.24 检测成果资料归档应按国家现行的档案管理的相关标准执行。

4 电视检测

4.1 一般规定

4.1.1 电视检测不应带水作业。当现场条件无法满足时，应采取降低水位措施，确保管道内水位不大于管道直径的20%。

4.1.2 当管道内水位不符合本规程第4.1.1条的要求时，检测前应对管道实施封堵、导流，使管内水位满足检测要求。

4.1.3 在进行结构性检测前应对被检测管道做疏通、清洗。

4.1.4 当有下列情形之一时应中止检测：
1 爬行器在管道内无法行走或推杆在管道内无法推进时；
2 镜头沾有污物时；
3 镜头浸入水中时；
4 管道内充满雾气，影响图像质量时；
5 其他原因无法正常检测时。

4.2 检测设备

4.2.1 检测设备的基本性能应符合下列规定：
1 摄像镜头应具有平扫与旋转、仰俯与旋转、变焦功能，摄像镜头高度应可以自由调整；
2 爬行器应具有前进、后退、空挡、变速、防侧翻等功能，轮径大小、轮间距应可以根据被检测管道的大小进行更换或调整；
3 主控制器应具有在监视器上同步显示日期、时间、管径、在管道内行进距离等信息的功能，并应可以进行数据处理；
4 灯光强度应能调节。

4.2.2 电视检测设备的主要技术指标应符合表4.2.2的规定。

表4.2.2 电视检测设备主要技术指标

项 目	技 术 指 标
图像传感器	≥1/4″CCD，彩色
灵敏度（最低感光度）	≤3勒克斯(lx)
视角	≥45°
分辨率	≥640×480
照度	≥10×LED

续表4.2.2

项 目	技 术 指 标
图像变形	≤±5%
爬行器	电缆长度为120m时，爬坡能力应大于5°
电缆抗拉力	≥2kN
存储	录像编码格式：MPEG4、AVI；照片格式：JPEG

4.2.3 检测设备应结构坚固、密封良好，能在0℃～+50℃的气温条件下和潮湿的环境中正常工作。

4.2.4 检测设备应具备测距功能，电缆计数器的计量单位不应大于0.1m。

4.3 检测方法

4.3.1 爬行器的行进方向宜与水流方向一致。

4.3.2 管径不大于200mm时，直向摄影的行进速度不宜超过0.1m/s；管径大于200mm时，直向摄影的行进速度不宜超过0.15m/s。

4.3.3 检测时摄像镜头移动轨迹应在管道中轴线上，偏离度不应大于管径的10%。当对特殊形状的管道进行检测时，应适当调整摄像头位置并获得最佳图像。

4.3.4 将载有摄像镜头的爬行器安放在检测起始位置后，在开始检测前，应将计数器归零。当检测起点与管段起点位置不一致时，应做补偿设置。

4.3.5 每一管段检测完成后，应根据电缆上的标记长度对计数器显示数值进行修正。

4.3.6 直向摄影过程中，图像应保持正向水平，中途不应改变拍摄角度和焦距。

4.3.7 在爬行器行进过程中，不应使用摄像镜头的变焦功能；当使用变焦功能时，爬行器应保持在静止状态。当需要爬行器继续行进时，应先将镜头的焦距恢复到最短焦距位置。

4.3.8 侧向摄影时，爬行器宜停止行进，变动拍摄角度和焦距以获得最佳图像。

4.3.9 管道检测过程中，录像资料不应产生画面暂停、间断记录、画面剪接的现象。

4.3.10 在检测过程中发现缺陷时，应将爬行器在完全能够解析缺陷的位置至少停止10s，确保所拍摄的图像清晰完整。

4.3.11 对各种缺陷、特殊结构和检测状况应作详细判读和量测，并填写现场记录表，记录表的内容和格式应符合本规程附录B的规定。

4.4 影像判读

4.4.1 缺陷的类型、等级应在现场初步判读并记录。现场检测完毕后，应由复核人员对检测资料进行复核。

4.4.2 缺陷尺寸可依据管径或相关物体的尺寸判定。
4.4.3 无法确定的缺陷类型或等级应在评估报告中加以说明。
4.4.4 缺陷图片宜采用现场抓取最佳角度和最清晰图片的方式，特殊情况下也可采用观看录像截图的方式。
4.4.5 对直向摄影和侧向摄影，每一处结构性缺陷抓取的图片数量不应少于1张。

5 声纳检测

5.1 一般规定

5.1.1 声纳检测时，管道内水深应大于300mm。
5.1.2 当有下列情形之一时应中止检测：
 1 探头受阻无法正常前行工作时；
 2 探头被水中异物缠绕或遮盖，无法显示完整的检测断面时；
 3 探头埋入泥沙致使图像变异时；
 4 其他原因无法正常检测时。

5.2 检测设备

5.2.1 检测设备应与管径相适应，探头的承载设备负重后不易滚动或倾斜。
5.2.2 声纳系统的主要技术参数应符合下列规定：
 1 扫描范围大于所需检测的管道规格；
 2 125mm范围内的分辨率应小于0.5mm；
 3 每密位均匀采样点数量不应小于250个。
5.2.3 设备的倾斜传感器、滚动传感器应具备在±45°内的自动补偿功能。
5.2.4 设备结构应坚固、密封良好，应能在0℃～+40℃的温度条件下正常工作。

5.3 检测方法

5.3.1 检测前应从被检管道中取水样通过实测声波速度对系统进行校准。
5.3.2 声纳探头的推进方向宜与水流方向一致，并宜与管道轴线一致，滚动传感器标志应朝正上方。
5.3.3 声纳探头安放在检测起始位置后，在开始检测前，应将计数器归零，并应调整电缆处于自然绷紧状态。
5.3.4 声纳检测时，在距管段起始、终止检查井处应进行2m～3m长度的重复检测。
5.3.5 承载工具宜采用在声纳探头位置镂空的漂浮器。
5.3.6 在声纳探头前进或后退时，电缆应保持自然绷紧状态。
5.3.7 根据管径的不同，应按表5.3.7选择不同的脉冲宽度。

表 5.3.7 脉冲宽度选择标准

管径范围(mm)	脉冲宽度(μs)
300～500	4
500～1000	8
1000～1500	12
1500～2000	16
2000～3000	20

5.3.8 探头行进速度不宜超过0.1m/s。在检测过程中应根据被检测管道的规格，在规定采样间隔和管道变异处探头应停止行进，定点采集数据，停顿时间应大于一个扫描周期。
5.3.9 以普查为目的的采样点间距宜为5m，其他检查采样点间距宜为2m，存在异常的管段应加密采样。检测结果应按本规程附录B的格式填写排水管道检测现场记录表，并应按本规程附录C的格式绘制沉积状况纵断面图。

5.4 轮廓判读

5.4.1 规定采样间隔和图形变异处的轮廓图应现场捕捉并进行数据保存。
5.4.2 经校准后的检测断面线状测量误差应小于3%。
5.4.3 声纳检测截取的轮廓图应标明管道轮廓线、管径、管道积泥深度线等信息。
5.4.4 管道沉积状况纵断面图中应包括：路名（或路段名）、井号、管径、长度、流向、图像截取点纵距及对应的积泥深度、积泥百分比等文字说明。纵断面线应包括：管底线、管顶线、积泥高度线和管径的1/5高度线（虚线）。
5.4.5 声纳轮廓图不应作为结构性缺陷的最终评判依据，应采用电视检测方式予以核实或以其他方式检测评估。

6 管道潜望镜检测

6.1 一般规定

6.1.1 管道潜望镜检测宜用于对管道内部状况进行初步判定。
6.1.2 管道潜望镜检测时，管内水位不宜大于管径的1/2，管段长度不宜大于50m。
6.1.3 有下列情形之一时应中止检测：
 1 管道潜望镜检测仪器的光源不能够保证影像清晰度时；
 2 镜头沾有泥浆、水沫或其他杂物等影响图像质量时；
 3 镜头浸入水中，无法看清管道状况时；

4 管道充满雾气影响图像质量时；
5 其他原因无法正常检测时。

6.1.4 管道潜望镜检测的结果仅可作为管道初步评估的依据。

6.2 检测设备

6.2.1 管道潜望镜检测设备应坚固、抗碰撞、防水密封良好，应可以快速、牢固地安装与拆卸，应能够在0℃～+50℃的气温条件下和潮湿、恶劣的排水管道环境中正常工作。

6.2.2 管道潜望镜检测设备的主要技术指标应符合表6.2.2的规定。

表6.2.2 管道潜望镜检测设备主要技术指标

项　　目	技术指标
图像传感器	≥1/4″CCD，彩色
灵敏度（最低感光度）	≤3 勒克斯(lx)
视角	≥45°
分辨率	≥640×480
照度	≥10×LED
图像变形	≤±5%
变焦范围	光学变焦≥10倍，数字变焦≥10倍
存储	录像编码格式：MPEG4、AVI；照片格式：JPEG

6.2.3 录制的影像资料应能够在计算机上进行存储、回放和截图等操作。

6.3 检测方法

6.3.1 镜头中心应保持在管道竖向中心线的水面以上。

6.3.2 拍摄管道时，变动焦距不宜过快。拍摄缺陷时，应保持摄像头静止，调节镜头的焦距，并连续、清晰地拍摄10s以上。

6.3.3 拍摄检查井内壁时，应保持摄像头无盲点地均匀慢速移动。拍摄缺陷时，应保持摄像头静止，并连续拍摄10s以上。

6.3.4 对各种缺陷、特殊结构和检测状况应作详细判读和记录，并应按本规程附录B的格式填写现场记录表。

6.3.5 现场检测完毕后，应由相关人员对检测资料进行复核并签名确认。

7 传统方法检查

7.1 一般规定

7.1.1 传统方法检查宜用于管道养护时的日常性检查，以大修为目的的结构性检查宜采用电视检测方法。

7.1.2 人员进入排水管道内部检查时，应同时符合下列各项规定：
1 管径不得小于0.8m；
2 管内流速不得大于0.5m/s；
3 水深不得大于0.5m；
4 充满度不得大于50%。

7.1.3 当具备直接量测条件时，应根据需要对缺陷进行测量并予以记录。

7.1.4 当采用传统方法检查不能判别或不能准确判别管道各类缺陷时，应采用仪器设备辅助检查确认。

7.1.5 检查过河倒虹管前，当需要抽空管道时，应先进行抗浮验算。

7.1.6 在检查过程中宜采集沉积物的泥样，并判断管道的异常运行状况。

7.1.7 检查人员进入管内检查时，必须拴有带距离刻度的安全绳，地面人员应及时记录缺陷的位置。

7.2 目 视 检 查

7.2.1 地面巡视应符合下列规定：
1 地面巡视主要内容应包括：
  1) 管道上方路面沉降、裂缝和积水情况；
  2) 检查井冒溢和雨水口积水情况；
  3) 井盖、盖框完好程度；
  4) 检查井和雨水口周围的异味；
  5) 其他异常情况。
2 地面巡视检查应按本规程附录B的规定填写检查井检查记录表和雨水口检查记录表。

7.2.2 人员进入管内检查时，应采用摄像或摄影的记录方式，并应符合下列规定：
1 应制作检查管段的标示牌，标示牌的尺寸不宜小于210mm×147mm。标示牌应注明检查地点、起始井编号、结束井编号、检查日期。
2 当发现缺陷时，应在标示牌上注明距离，将标示牌靠近缺陷拍摄照片，记录人应按本规程附录B的要求填写现场记录表。
3 照片分辨率不应低于300万像素，录像的分辨率不应低于30万像素。
4 检测后应整理照片，每一处结构性缺陷应配正向和侧向照片各不少于1张，并对应附注文字说明。

7.2.3 进入管道的检查人员应使用隔离式防毒面具，携带防爆照明灯具和通信设备。在管道检查过程中，管内人员应随时与地面人员保持通信联系。

7.2.4 检查人员自进入检查井开始，在管道内连续工作时间不得超过1h。当进入管道的人员遇到难以穿越的障碍时，不得强行通过，应立即停止检测。

7.2.5 进入管内检查宜2人同时进行，地面辅助、监护人员不应少于3人。

7.2.6 当待检管道邻近基坑或水体时，应根据现场情况对管道进行安全性鉴定后，检查人员方可进入管道。

7.3 简易工具检查

7.3.1 应根据检查的目的和管道运行状况选择合适的简易工具。各种简易工具的适用范围宜符合表7.3.1的要求。

表7.3.1 简易工具适用范围

简易工具＼适用范围	中小型管道	大型以上管道	倒虹管	检查井
竹片或钢带	适用	不适用	适用	不适用
反光镜	适用	适用	不适用	不适用
Z字形量泥斗	适用	适用	不适用	不适用
直杆形量泥斗	不适用	不适用	不适用	适用
通沟球（环）	适用	适用	不适用	不适用
激光笔	适用	适用	不适用	不适用

7.3.2 当检查小型管道阻塞情况或连接状况时，可采用竹片或钢带由井口送入管道内的方式进行，人员不宜下井送递竹片或钢带。

7.3.3 在管内无水或水位很低的情况下，可采用反光镜检查。

7.3.4 量泥斗可用于检测管口或检查井内的淤泥和积沙厚度。当采用量泥斗检测时，应符合下列规定：

  1 量泥斗用于检查井底或离管口500mm以内的管道内软性积泥厚度量测；

  2 当使用Z字形量泥斗检查管道时，应将全部泥斗伸入管口取样；

  3 量泥斗的取泥斗间隔宜为25mm，量测积泥深度的误差应小于50mm。

7.3.5 当采用激光笔检测时，管内水位不宜超过管径的三分之一。

7.4 潜水检查

7.4.1 采用潜水方式检查的管道，其管径不得小于1200mm，流速不得大于0.5m/s。

7.4.2 潜水检查仅可作为初步判断重度淤积、异物、树根侵入、塌陷、错口、脱节、胶圈脱落等缺陷的依据。当需确认时，应排空管道并采用电视检测。

7.4.3 潜水检查应按下列步骤进行：

  1 获取管径、水深、流速数据，当流速超过本规程第7.4.1条的规定时，应做减速处理；

  2 穿戴潜水服和负重压铅，拴安全信号绳并通气作呼吸检查；

  3 调试通信装置使之畅通；

  4 缓慢下井；

  5 管道接口处逐一触摸；

  6 地面人员及时记录缺陷的位置。

7.4.4 当遇下列情形之一时，应中止潜水检查并立即出水回到地面。

  1 遭遇障碍或管道变形难以通过；

  2 流速突然加快或水位突然升高；

  3 潜水检查员身体突然感觉不适；

  4 潜水检查员接地面指挥员或信绳员停止作业的警报信号。

7.4.5 潜水检查员在水下进行检查工作时，应保持头部高于脚部。

8 管道评估

8.1 一般规定

8.1.1 管道评估应依据检测资料进行。

8.1.2 管道评估工作宜采用计算机软件进行。

8.1.3 当缺陷沿管道纵向的尺寸不大于1m时，长度应按1m计算。

8.1.4 当管道纵向1m范围内两个以上缺陷同时出现时，分值应叠加计算；当叠加计算的结果超过10分时，应按10分计。

8.1.5 管道评估应以管段为最小评估单位。当对多个管段或区域管道进行检测时，应列出各评估等级管段数量占全部管段数量的比例。当连续检测长度超过5km时，应作总体评估。

8.2 检测项目名称、代码及等级

8.2.1 本规程已规定的代码应采用两个汉字拼音首个字母组合表示，未规定的代码应采用与此相同的确定原则，但不得与已规定的代码重名。

8.2.2 管道缺陷等级应按表8.2.2规定分类。

表8.2.2 缺陷等级分类表

缺陷性质＼等级	1	2	3	4
结构性缺陷程度	轻微缺陷	中等缺陷	严重缺陷	重大缺陷
功能性缺陷程度	轻微缺陷	中等缺陷	严重缺陷	重大缺陷

8.2.3 结构性缺陷的名称、代码、等级划分及分值应符合表8.2.3的规定。

表 8.2.3 结构性缺陷名称、代码、等级划分及分值

缺陷名称	缺陷代码	定义	缺陷等级	缺陷描述	分值
破裂	PL	管道的外部压力超过自身的承受力致使管子发生破裂。其形式有纵向、环向和复合3种	1	裂痕——当下列一个或多个情况存在时： 1) 在管壁上可见细裂痕； 2) 在管壁上由细裂缝处冒出少量沉积物； 3) 轻度剥落	0.5
			2	裂口——破裂处已形成明显间隙，但管道的形状未受影响且破裂无脱落	2
			3	破碎——管壁破裂或脱落处所剩碎片的环向覆盖范围不大于弧长60°	5
			4	坍塌——当下列一个或多个情况存在时： 1) 管道材料裂痕、裂口或破碎处边缘环向覆盖范围大于弧长60°； 2) 管壁材料发生脱落的环向范围大于弧长60°	10
变形	BX	管道受外力挤压造成形状变异	1	变形不大于管道直径的5%	1
			2	变形为管道直径的5%~15%	2
			3	变形为管道直径的15%~25%	5
			4	变形大于管道直径的25%	10
腐蚀	FS	管道内壁受侵蚀而流失或剥落，出现麻面或露出钢筋	1	轻度腐蚀——表面轻微剥落，管壁出现凹凸面	0.5
			2	中度腐蚀——表面剥落显露粗骨料或钢筋	2
			3	重度腐蚀——粗骨料或钢筋完全显露	5
错口	CK	同一接口的两个管口产生横向偏差，未处于管道的正确位置	1	轻度错口——相接的两个管口偏差不大于管壁厚度的1/2	0.5
			2	中度错口——相接的两个管口偏差为管壁厚度的1/2~1之间	2
			3	重度错口——相接的两个管口偏差为管壁厚度的1~2倍之间	5
			4	严重错口——相接的两个管口偏差为管壁厚度的2倍以上	10
起伏	QF	接口位置偏移，管道竖向位置发生变化，在低处形成洼水	1	起伏高/管径≤20%	0.5
			2	20%<起伏高/管径≤35%	2
			3	35%<起伏高/管径≤50%	5
			4	起伏高/管径>50%	10
脱节	TJ	两根管道的端部未充分接合或接口脱离	1	轻度脱节——管道端部有少量泥土挤入	1
			2	中度脱节——脱节距离不大于20mm	3
			3	重度脱节——脱节距离为20mm~50mm	5
			4	严重脱节——脱节距离为50mm以上	10
接口材料脱落	TL	橡胶圈、沥青、水泥等类似的接口材料进入管道	1	接口材料在管道内水平方向中心线上部可见	1
			2	接口材料在管道内水平方向中心线下部可见	3
支管暗接	AJ	支管未通过检查井直接侧向接入主管	1	支管进入主管内的长度不大于主管直径10%	0.5
			2	支管进入主管内的长度在主管直径10%~20%之间	2
			3	支管进入主管内的长度大于主管直径20%	5
异物穿入	CR	非管道系统附属设施的物体穿透管壁进入管内	1	异物在管道内且占用过水断面面积不大于10%	0.5
			2	异物在管道内且占用过水断面面积为10%~30%	2
			3	异物在管道内且占用过水断面面积大于30%	5

续表 8.2.3

缺陷名称	缺陷代码	定义	缺陷等级	缺陷描述	分值
渗漏	SL	管外的水流入管道	1	滴漏——水持续从缺陷点滴出，沿管壁流动	0.5
			2	线漏——水持续从缺陷点流出，并脱离管壁流动	2
			3	涌漏——水从缺陷点涌出，涌漏水面的面积不大于管道断面的1/3	5
			4	喷漏——水从缺陷点大量涌出或喷出，涌漏水面的面积大于管道断面的1/3	10

注：表中缺陷等级定义区域 X 的范围为 $x\sim y$ 时，其界限的意义是 $x<X\leqslant y$。

8.2.4 功能性缺陷名称、代码、等级划分及分值应符合表 8.2.4 的规定。

表 8.2.4 功能性缺陷名称、代码、等级划分及分值

缺陷名称	缺陷代码	定义	缺陷等级	缺陷描述	分值
沉积	CJ	杂质在管道底部沉淀淤积	1	沉积物厚度为管径的20%～30%	0.5
			2	沉积物厚度为管径的30%～40%	2
			3	沉积物厚度为管径的40%～50%	5
			4	沉积物厚度大于管径的50%	10
结垢	JG	管道内壁上的附着物	1	硬质结垢造成的过水断面损失不大于15%；软质结垢造成的过水断面损失在15%～25%之间	0.5
			2	硬质结垢造成的过水断面损失在15%～25%之间；软质结垢造成的过水断面损失在25%～50%之间	2
			3	硬质结垢造成的过水断面损失在25%～50%之间；软质结垢造成的过水断面损失在50%～80%之间	5
			4	硬质结垢造成的过水断面损失大于50%；软质结垢造成的过水断面损失大于80%	10
障碍物	ZW	管道内影响过流的阻挡物	1	过水断面损失不大于15%	0.1
			2	过水断面损失在15%～25%之间	2
			3	过水断面损失在25%～50%之间	5
			4	过水断面损失大于50%	10
残墙、坝根	CQ	管道闭水试验时砌筑的临时砖墙封堵，试验后未拆除或拆除不彻底的遗留物	1	过水断面损失不大于15%	1
			2	过水断面损失在15%～25%之间	3
			3	过水断面损失在25%～50%之间	5
			4	过水断面损失大于50%	10
树根	SG	单根树根或是树根群自然生长进入管道	1	过水断面损失不大于15%	0.5
			2	过水断面损失在15%～25%之间	2
			3	过水断面损失在25%～50%之间	5
			4	过水断面损失大于50%	10
浮渣	FZ	管道内水面上的漂浮物（该缺陷需记入检测记录表，不参与计算）	1	零星的漂浮物，漂浮物占水面面积不大于30%	—
			2	较多的漂浮物，漂浮物占水面面积为30%～60%	—
			3	大量的漂浮物，漂浮物占水面面积大于60%	—

注：表中缺陷等级定义的区域 X 的范围为 $x\sim y$ 时，其界限的意义是 $x<X\leqslant y$。

8.2.5 特殊结构及附属设施的名称、代码和定义应符合表8.2.5的规定。

表8.2.5 特殊结构及附属设施名称、代码和定义

名 称	代码	定 义
修复	XF	检测前已修复的位置
变径	BJ	两检查井之间不同直径管道相接处
倒虹管	DH	管道遇到河道、铁路等障碍物,不能按原有高程埋设,而从障碍物下面绕过时采用的一种倒虹型管段
检查井(窨井)	YJ	管道上连接其他管道以及供维护工人检查、清通和出入管道的附属设施
暗井	MJ	用于管道连接,有井室而无井筒的暗埋构筑物
井盖埋没	JM	检查井盖被埋没
雨水口	YK	用于收集地面雨水的设施

8.2.6 操作状态名称和代码应符合表8.2.6的规定。

表8.2.6 操作状态名称和代码

名 称	代码编号	定 义
缺陷开始及编号	KS××	纵向缺陷长度大于1m时的缺陷开始位置,其编号应与结束编号对应
缺陷结束及编号	JS××	纵向缺陷长度大于1m时的缺陷结束位置,其编号应与开始编号对应
入水	RS	摄像镜头部分或全部被水淹
中止	ZZ	在两附属设施之间进行检测时,由于各种原因造成检测中止

8.3 结构性状况评估

8.3.1 管段结构性缺陷参数应按下列公式计算:

当 $S_{max} \geq S$ 时, $F = S_{max}$ (8.3.1-1)

当 $S_{max} < S$ 时, $F = S$ (8.3.1-2)

式中:F——管段结构性缺陷参数;
S_{max}——管段损坏状况参数,管段结构性缺陷中损坏最严重处的分值;
S——管段损坏状况参数,按缺陷点数计算的平均分值。

8.3.2 管段损坏状况参数S的确定应符合下列规定:

1 管段损坏状况参数应按下列公式计算:

$$S = \frac{1}{n}\left(\sum_{i_1=1}^{n_1} P_{i_1} + \alpha \sum_{i_2=1}^{n_2} P_{i_2}\right)$$ (8.3.2-1)

$$S_{max} = \max\{P_i\}$$ (8.3.2-2)

$$n = n_1 + n_2$$ (8.3.2-3)

式中:n——管段的结构性缺陷数量;
n_1——纵向净距大于1.5m的缺陷数量;
n_2——纵向净距大于1.0m且不大于1.5m的缺陷数量;
P_{i_1}——纵向净距大于1.5m的缺陷分值,按表8.2.3取值;
P_{i_2}——纵向净距大于1.0m且不大于1.5m的缺陷分值,按表8.2.3取值;
α——结构性缺陷影响系数,与缺陷间距有关。当缺陷的纵向净距大于1.0m且不大于1.5m时,$\alpha=1.1$。

2 当管段存在结构性缺陷时,结构性缺陷密度应按下式计算:

$$S_M = \frac{1}{SL}\left(\sum_{i_1=1}^{n_1} P_{i_1} L_{i_1} + \alpha \sum_{i_2=1}^{n_2} P_{i_2} L_{i_2}\right)$$

(8.3.2-4)

式中:S_M——管段结构性缺陷密度;
L——管段长度(m);
L_{i_1}——纵向净距大于1.5m的结构性缺陷长度(m);
L_{i_2}——纵向净距大于1.0m且不大于1.5m的结构性缺陷长度(m)。

8.3.3 管段结构性缺陷等级的确定应符合表8.3.3-1的规定。管段结构性缺陷类型评估可按表8.3.3-2确定。

表8.3.3-1 管段结构性缺陷等级评定对照表

等级	缺陷参数F	损坏状况描述
Ⅰ	$F \leq 1$	无或有轻微缺陷,结构状况基本不受影响,但具有潜在变坏的可能
Ⅱ	$1 < F \leq 3$	管段缺陷明显超过一级,具有变坏的趋势
Ⅲ	$3 < F \leq 6$	管段缺陷严重,结构状况受到影响
Ⅳ	$F > 6$	管段存在重大缺陷,损坏严重或即将导致破坏

表8.3.3-2 管段结构性缺陷类型评估参考表

缺陷密度S_M	<0.1	0.1~0.5	>0.5
管段结构性缺陷类型	局部缺陷	部分或整体缺陷	整体缺陷

8.3.4 管段修复指数应按下式计算:

$$RI = 0.7 \times F + 0.1 \times K + 0.05 \times E + 0.15 \times T$$

(8.3.4)

式中:RI——管段修复指数;
K——地区重要性参数,可按表8.3.4-1的规定确定；

　　E——管道重要性参数，可按表8.3.4-2的规定确定；

　　T——土质影响参数，可按表8.3.4-3的规定确定。

表8.3.4-1　地区重要性参数 K

地区类别	K值
中心商业、附近具有甲类民用建筑工程的区域	10
交通干道、附近具有乙类民用建筑工程的区域	6
其他行车道路、附近具有丙类民用建筑工程的区域	3
所有其他区域或$F<4$时	0

表8.3.4-2　管道重要性参数 E

管径 D	E值
$D>1500mm$	10
$1000mm<D\leqslant1500mm$	6
$600mm\leqslant D\leqslant1000mm$	3
$D<600mm$ 或 $F<4$	0

表8.3.4-3　土质影响参数 T

土质	一般土层或$F=0$	粉砂层	湿陷性黄土			膨胀土			淤泥类土		红黏土
			Ⅳ级	Ⅲ级	Ⅰ,Ⅱ级	强	中	弱	淤泥	淤泥质土	
T值	0	10	10	8	6	10	8	6	10	8	8

8.3.5　管段的修复等级应符合表8.3.5的规定。

表8.3.5　管段修复等级划分

等级	修复指数 RI	修复建议及说明
Ⅰ	$RI\leqslant1$	结构条件基本完好，不修复
Ⅱ	$1<RI\leqslant4$	结构在短期内不会发生破坏现象，但应做修复计划
Ⅲ	$4<RI\leqslant7$	结构在短期内可能会发生破坏，应尽快修复
Ⅳ	$RI>7$	结构已经发生或即将发生破坏，应立即修复

8.4　功能性状况评估

8.4.1　管段功能性缺陷参数应按下列公式计算：

　　当$Y_{max}\geqslant Y$时，　　$G=Y_{max}$　　(8.4.1-1)
　　当$Y_{max}<Y$时，　　$G=Y$　　(8.4.1-2)

式中：G——管段功能性缺陷参数；

　　Y_{max}——管段运行状况参数，功能性缺陷中最严重处的分值；

　　Y——管段运行状况参数，按缺陷点数计算的功能性缺陷平均分值。

8.4.2　运行状况参数的确定应符合下列规定：

　1　管段运行状况参数应按下列公式计算：

$$Y = \frac{1}{m}\left(\sum_{j_1=1}^{m_1}P_{j_1} + \beta\sum_{j_2=1}^{m_2}P_{j_2}\right) \quad (8.4.2\text{-}1)$$

$$Y_{max} = \max\{P_j\} \quad (8.4.2\text{-}2)$$

$$m = m_1 + m_2 \quad (8.4.2\text{-}3)$$

式中：m——管段的功能性缺陷数量；

　　m_1——纵向净距大于1.5m的缺陷数量；

　　m_2——纵向净距大于1.0m且不大于1.5m的缺陷数量；

　　P_{j_1}——纵向净距大于1.5m的缺陷分值，按表8.2.4取值；

　　P_{j_2}——纵向净距大于1.0m且不大于1.5m的缺陷分值，按表8.2.4取值；

　　β——功能性缺陷影响系数，与缺陷间距有关；当缺陷的纵向净距大于1.0m且不大于1.5m时，$\beta=1.1$。

　2　当管段存在功能性缺陷时，功能性缺陷密度应按下式计算：

$$Y_M = \frac{1}{YL}\left(\sum_{j_1=1}^{m_1}P_{j_1}L_{j_1} + \beta\sum_{j_2=1}^{m_2}P_{j_2}L_{j_2}\right)$$

$$(8.4.2\text{-}4)$$

式中：Y_M——管段功能性缺陷密度；

　　L——管段长度；

　　L_{j_1}——纵向净距大于1.5m的功能性缺陷长度；

　　L_{j_2}——纵向净距大于1.0m且不大于1.5m的功能性缺陷长度。

8.4.3　管段功能性缺陷等级评定应符合表8.4.3-1的规定。管段功能性缺陷类型评估可按表8.4.3-2确定。

表8.4.3-1　功能性缺陷等级评定

等级	缺陷参数	运行状况说明
Ⅰ	$G\leqslant1$	无或有轻微影响，管道运行基本不受影响
Ⅱ	$1<G\leqslant3$	管道过流有一定的受阻，运行受影响不大
Ⅲ	$3<G\leqslant6$	管道过流受阻比较严重，运行受到明显影响
Ⅳ	$G>6$	管道过流受阻很严重，即将或已经导致运行瘫痪

表8.4.3-2 管段功能性缺陷类型评估

缺陷密度Y_M	<0.1	0.1~0.5	>0.5
管段功能性缺陷类型	局部缺陷	部分或整体缺陷	整体缺陷

8.4.4 管段养护指数应按下式计算：

$$MI = 0.8 \times G + 0.15 \times K + 0.05 \times E \quad (8.4.4)$$

式中：MI——管段养护指数；

K——地区重要性参数，可按表8.3.4-1的规定确定；

E——管道重要性参数，可按表8.3.4-2的规定确定。

8.4.5 管段的养护等级应符合表8.4.5的规定。

表8.4.5 管段养护等级划分

养护等级	养护指数MI	养护建议及说明
Ⅰ	$MI \leqslant 1$	没有明显需要处理的缺陷
Ⅱ	$1 < MI \leqslant 4$	没有立即进行处理的必要，但宜安排处理计划
Ⅲ	$4 < MI \leqslant 7$	根据基础数据进行全面的考虑，应尽快处理
Ⅳ	$MI > 7$	输水功能受到严重影响，应立即进行处理

9 检查井和雨水口检查

9.0.1 检查井检查应在管道检测之前进行。

9.0.2 检查井检查的基本内容应符合表9.0.2-1的规定，雨水口检查的基本内容应符合表9.0.2-2的规定。检查井和雨水口检查时应现场填写记录表格，并应符合本规程附录B的规定。

表9.0.2-1 检查井检查的基本项目

	外部检查	内部检查
检查项目	井盖埋没	链条或锁具
	井盖丢失	爬梯松动、锈蚀或缺损
	井盖破损	井壁泥垢
	井框破损	井壁裂缝
	盖框间隙	井壁渗漏
	盖框高差	抹面脱落
	盖框突出或凹陷	管口孔洞
	跳动和声响	流槽破损
	周边路面破损、沉降	井底积泥、杂物
	井盖标示错误	水流不畅
	道路上的井室盖是否为重型井盖	浮渣
	其他	其他

表9.0.2-2 雨水口检查的基本项目

	外部检查	内部检查
检查项目	雨水箅丢失	铰或链条损坏
	雨水箅破损	裂缝或渗漏
	雨水口框破损	抹面剥落
	盖框间隙	积泥或杂物
	盖框高差	水流受阻
	孔眼堵塞	私接连管
	雨水口框突出	井体倾斜
	异臭	连管异常
	路面沉降或积水	防坠网
	其他	其他

9.0.3 塑料检查井检查的内容除应符合本规程第9.0.2条的规定以外，还应检查井筒变形、接口密封状况。

9.0.4 当对检查井内两条及以上的进水管道或出水管道进行排序时，应符合下列规定：

1 检查井内出水管道应采用罗马数字Ⅰ、Ⅱ……按逆时针顺序分别表示；

2 检查井内进水管道应以出水管道Ⅰ为起点，按顺时针方向采用大写英文字母A、B、C……顺序分别表示；

3 当在垂直方向有重叠管道时，应按其投影到井底平面的先后顺序进行排序；

4 各流向的管道编号应采用与之相连的下游井或上游井的编号标注。

10 成 果 资 料

10.0.1 检测工作结束后应编写检测与评估报告。

10.0.2 检测与评估报告的基本内容应符合下列规定：

1 应描述任务及管道概况，包括任务来源、检测与评估的目的和要求、被检管段的平面位置图、被检管段的地理位置、地质条件、检测时的天气和环境、检测日期、主要参与人员的基本情况、实际完成的工作量等；

2 应记录现场踏勘成果，应按本规程附录C的要求绘制排水管道沉积状况纵断面图，应按本规程附录D的要求填写排水管道缺陷统计表、管段状况评估表、检查井检查情况汇总表；

3 应按本规程附录D的要求填写排水管道检测成果表；

4 应说明现场作业和管道评估的标准依据、采用的仪器和技术方法，以及其他应说明的问题及处理措施；

5 应提出检测与评估的结论与建议。

10.0.3 提交的检测与评估资料应包括下列内容：

  1 任务书、技术设计书。

  2 所利用的已有成果资料。

  3 现场工作记录资料，包括：

    1）检测单位、监督单位等代表签字的证明资料；

    2）排水管道现场踏勘记录、检测现场记录表、检查井检查记录表、雨水口检查记录表、工作地点示意图、现场照片。

  4 检测与评估报告。

  5 影像资料。

附录 A 检测影像资料版头格式和基本内容

A.0.1 当对每一管段摄影前，检测录像资料开始时，应编写并录制检测影像资料版头对被检测管段进行文字标注，检测影像资料版头格式和基本内容应按图 A 编制。当软件为中文显示时，可不录入代码。

```
任务名称/编号（RWMC/XX）：
检测地点（JCDD）：
检测日期（JCRQ）：   年  月  日
起始井编号-结束井编号：（X 号井-Y 号井）
检测方向（JCFX）：顺流（SL），逆流（NL）
管道类型（GDLX）：雨水（Y），污水（W），雨污合流（H）
管材（GC）：
管径（GJ/mm）：
检测单位：
检测员：
```

图 A 检测影像资料版头格式和基本内容

附录 B 现场记录表

B.0.1 排水管道检测现场记录应按表 B.0.1 填写。

表 B.0.1 排水管道检测现场记录表

任务名称：　　　　　　　　　　　　　　　　　　　　　第 页 共 页

录像文件		管段编号		→		检测方法	
敷设年代		起点埋深				终点埋深	
管段类型		管段材质				管段直径	
检测方向		管段长度				检测长度	
检测地点						检测日期	

距离(m)	缺陷名称或代码	等级	位置	照片序号	备注
其他					

检测员：　　　　监督人员：　　　　校核员：　　　　　　　　年 月 日

B.0.2 检查井检查记录应按表 B.0.2 填写。

表 B.0.2 检查井检查记录表

任务名称：　　　　　　　　　　　　　　　　　　　　　　　　　　　　　　　第　页　共　页

检测单位名称						检查井编号	
埋设年代		性质		井材质		井盖形状	|井盖材质|
检查内容								
	外部检查			内部检查				
1	井盖埋没			链条或锁具				
2	井盖丢失			爬梯松动、锈蚀或缺损				
3	井盖破损			井壁泥垢				
4	井框破损			井壁裂缝				
5	盖框间隙			井壁渗漏				
6	盖框高差			抹面脱落				
7	盖框突出或凹陷			管口孔洞				
8	跳动和声响			流槽破损				
9	周边路面破损、沉降			井底积泥、杂物				
10	井盖标示错误			水流不畅				
11	是否为重型井盖（道路上）			浮渣				
12	其他			其他				
备注							

检测员：　　　记录员：　　　校核员：　　　检查日期：　　　　　　　　　　　　　　　　年　月　日

B.0.3 雨水口检查记录应按表 B.0.3 填写。

表 B.0.3 雨水口检查记录表

任务名称：　　　　　　　　　　　　　　　　　　　　　　　　　　　　　　　第　页　共　页

检测单位名称						雨水口编号	
埋设年代		材质		雨水箅形式		雨水箅材质	|下游井编号|
检查内容								
	外部检查			内部检查				
1	雨水箅丢失			铰或链条损坏				
2	雨水箅破损			裂缝或渗漏				
3	雨水口框破损			抹面剥落				
4	盖框间隙			积泥或杂物				
5	盖框高差			水流受阻				
6	孔眼堵塞			私接连管				
7	雨水口框突出			井体倾斜				
8	异臭			连管异常				
9	路面沉降或积水			防坠网				
10	其他			其他				

检测员：　　　记录员：　　　校核员：　　　检查日期：　　　　　　　　　　　　　　　　年　月　日

附录C 排水管道沉积状况纵断面图格式

管段编号		管段直径		检测地点	

检测方向： →		管径：

起始井(编号)	(绘图区)	起始井(编号)
积深(mm)		平均积深(mm)
占管径百分比(%)		平均百分比(%)
间距(m)		
总长(m)		

检测单位： 检测员： 绘图员： 日期： 年 月 日

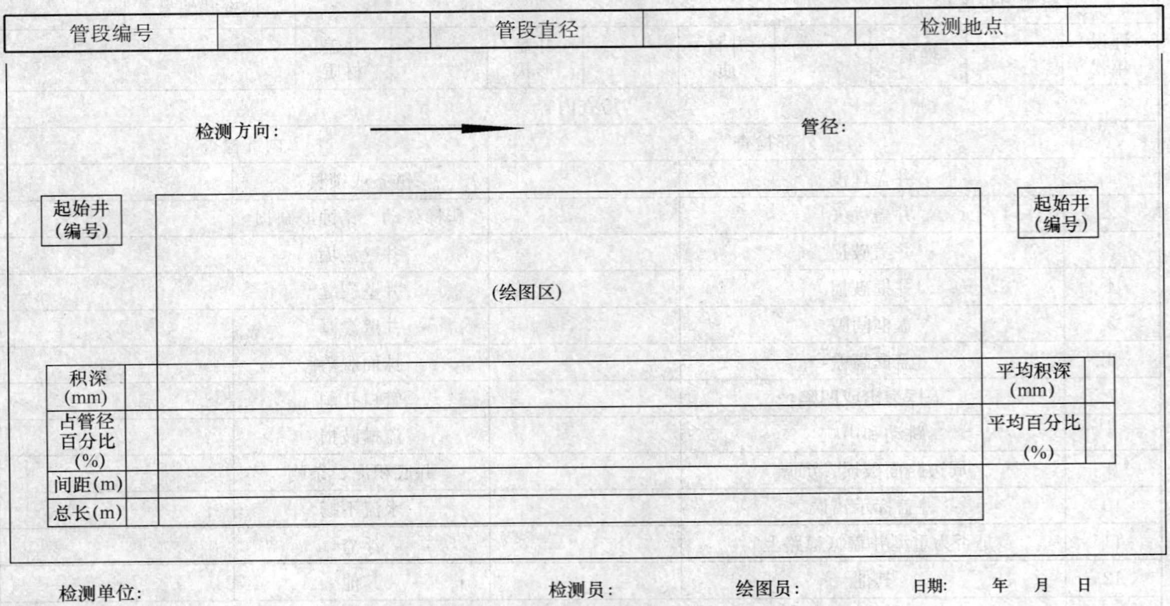

图C 排水管道沉积状况纵断面图格式

附录D 检测成果表

D.0.1 排水管道缺陷统计应按表D.0.1填写。

表D.0.1 排水管道缺陷统计表
(结构性缺陷/功能性缺陷)

序号	管段编号	管径	材质	检测长度(m)	缺陷距离(m)	缺陷名称及位置	缺陷等级

D.0.2 管段状况评估应按表 D.0.2 填写。

表 D.0.2 管段状况评估表

任务名称：　　　　　　　　　　　　　　　　　　　　　　　　　　　　　　　第　页　共　页

管段	管径(mm)	长度(m)	材质	埋深（m）		结构性缺陷					功能性缺陷					
				起点	终点	平均值 S	最大值 S_{max}	缺陷等级	缺陷密度	修复指数 RI	综合状况评价	平均值 Y	最大值 Y_{max}	缺陷等级	缺陷密度	养护指数 MI	综合状况评价

检测单位：

D.0.3 检查井检查情况汇总应按表 D.0.3 填写。

表 D.0.3 检查井检查情况汇总表

任务名称：　　　　　　　　　　　　　　　　　　　　　　　　　　　　　　　第　页　共　页

序号	检查井类型	材质	单位	数量	其中非道路下数量	完好数量	井盖井座缺失数量	井内有杂物数量	井内有缺损数量	盖框突出或凹陷数量	井室周围填土有沉降数量	备注
1	雨水口											
2	检查井											
3	连接暗井											
4	溢流井											
5	跌水井											
6	水封井											
7	冲洗井											
8	沉泥井											
9	闸门井											
10	潮门井											
11	倒虹管											
12	其他											

检测单位：

D.0.4 排水管道检测成果应按表 D.0.4 填写。

表 D.0.4 排水管道检测成果表

序号：　　　　　　　　　　　　　　　　　　　　　　　　　　　　　　检测方法：

录像文件		起始井号		终止井号	
敷设年代		起点埋深		终点埋深	
管段类型		管段材质		管段直径	
检测方向		管段长度		检测长度	
修复指数		养护指数			
检测地点				检测日期	

距离(m)	缺陷名称代码	分值	等级	管道内部状况描述	照片序号或说明
备注					

照片1：	照片2：

检测单位：

本规程用词说明

1 为便于在执行本规程条文时区别对待，对于要求严格程度不同的用词说明如下：

　1）表示很严格，非这样做不可的用词：
　　正面词采用"必须"，反面词采用"严禁"；

　2）表示严格，在正常情况下均应这样做的用词：
　　正面词采用"应"，反面词采用"不应"或"不得"；

　3）表示允许稍有选择，在条件许可时首先应这样做的用词：
　　正面词采用"宜"，反面词采用"不宜"；

　4）表示有选择，在一定条件下可以这样做的用词，采用"可"。

2 条文中指明应按其他有关标准执行的写法为"应按……执行"或"应符合……的规定"。

引用标准名录

1 《爆炸性气体环境用电气设备》GB 3836
2 《城镇排水管道维护安全技术规程》CJJ 6
3 《城镇排水管渠与泵站维护技术规程》CJJ 68

中华人民共和国行业标准

城镇排水管道检测与评估技术规程

CJJ 181—2012

条 文 说 明

制 订 说 明

《城镇排水管道检测与评估技术规程》CJJ 181-2012 经住房和城乡建设部 2012 年 7 月 19 日第 1439 号公告批准、发布。

本规程制订过程中，编制组进行了认真细致的调查研究，总结了我国城镇排水管道检测与评估的实践经验，同时参考了国外先进技术法规、技术标准。

为便于广大设计、施工、科研、学校等单位有关人员在使用本规程时能正确理解和执行条文规定，《城镇排水管道检测与评估技术规程》编制组按章、节、条顺序编制了本规程的条文说明，对条文规定的目的、依据以及执行中需注意的有关事项进行了说明，还着重对强制性条文的强制性理由作了解释。但是，本条文说明不具备与规程正文同等的法律效力，仅供使用者作为理解和把握规程规定的参考。

目　次

1 总则 ………………………………… 85—24
2 术语和符号 ………………………… 85—24
  2.1 术语 …………………………… 85—24
3 基本规定 …………………………… 85—24
4 电视检测 …………………………… 85—25
  4.1 一般规定 ……………………… 85—25
  4.2 检测设备 ……………………… 85—26
  4.3 检测方法 ……………………… 85—26
  4.4 影像判读 ……………………… 85—26
5 声纳检测 …………………………… 85—27
  5.1 一般规定 ……………………… 85—27
  5.2 检测设备 ……………………… 85—27
  5.3 检测方法 ……………………… 85—27
  5.4 轮廓判读 ……………………… 85—27
6 管道潜望镜检测 …………………… 85—28

  6.1 一般规定 ……………………… 85—28
  6.2 检测设备 ……………………… 85—28
  6.3 检测方法 ……………………… 85—28
7 传统方法检查 ……………………… 85—28
  7.1 一般规定 ……………………… 85—28
  7.2 目视检查 ……………………… 85—29
  7.3 简易工具检查 ………………… 85—29
  7.4 潜水检查 ……………………… 85—30
8 管道评估 …………………………… 85—30
  8.1 一般规定 ……………………… 85—30
  8.2 检测项目名称、代码及等级 … 85—31
  8.3 结构性状况评估 ……………… 85—43
  8.4 功能性状况评估 ……………… 85—44
9 检查井和雨水口检查 ……………… 85—44
10 成果资料 ………………………… 85—45

1 总　　则

1.0.1 排水管道在施工和运营过程中，管道破坏和变形的情况时有发生。不均匀沉降和环境因素引起的管道结构性缺陷和功能性缺陷，致使排水管道不能发挥应有的作用，污水跑、冒、漏，阻断交通，给城市建设和人民生活带来不便。当暴雨来袭，雨水不能及时排除，大城市屡成泽国，很多特大城市几乎逢雨便淹，突显了管道排水不畅的问题。

　　为了能够最大限度地发挥现有管道的排水能力，延长管道的使用寿命，对现有的排水管道进行定期和专门性的检测，是及时发现排水管道安全隐患的有效措施，是制定管网养护计划和修复计划的依据。

　　传统的排水管道结构状况和功能状况的检查方法所受制约因素多，检查效果差，成本高。闭路电视（CCTV）等仪器检测技术，无需人员下井，能准确地检测出管道结构状况和功能状况。目前，CCTV等内窥检测技术已不仅在旧管道状况普查中广泛使用，在新建排水管道移交验收检查中也得到了应用。

　　随着排水管道检测业务的增加，越来越多的企业进入了排水管道检测行业。不同企业的仪器设备和操作人员专业技能、管理制度差别较大。由于没有统一的检测规程和评估标准，对于同样的管道，检测结果和评估结论存在差别，这种状况不利于排水管道的修复和养护计划的制定。

　　为了发展和规范管道的内窥检测技术，规范行业的检测行为，保证检测质量，统一评估方法，保证检测成果的有效性，适应社会的发展需要，为管道修复和养护提供依据，保证城市排水管网安全运行，制定本规程。

1.0.2 本规程适用于公共排水管道的检测和评估，企事业单位、居住小区内部的排水管道可参照执行。

1.0.4 排水管道检测和评估是排水管道管理与维护的重要组成部分。检测和评估工作在实施的过程中，涉及施工、管理、检测、修复和养护，另外还涉及道路、交通、航运等相关行业。因此，排水管道的检测和评估除遵守本规程外，还应遵守国家及地方的相关标准。

2　术语和符号

2.1　术　　语

2.1.1 闭路电视系统是指通过闭路电视录像的形式，将摄像设备置于排水管道内，拍摄影像数据传输至计算机后，在终端电视屏幕上进行直观影像显示和影像记录存储的图像通信检测系统。检测系统一般包括摄像系统、灯光系统、爬行器、线缆卷盘、控制器、计算机及相关软件。

2.1.2 声纳检测是通过声纳设备以水为介质对管道内壁进行扫描，扫描结果经计算机处理得出管道内部的过水断面状况。声纳检测系统包括水下扫描单元（安装在漂浮、爬行器上）、声学处理单元、高分辨率彩色监视器和计算机。

2.1.3 管道潜望镜也叫电子潜望镜，它通过操纵杆将高放大倍数的摄像头放入检查井或隐蔽空间，能够清晰地显示管道裂纹、堵塞等内部状况。设备由探照灯、摄像头、控制器、伸缩杆、视频成像和存储单元组成。

2.1.4 排水管道检测主要是针对管道内部的检查，管道的缺陷位置定位描述是检测工作的成果体现，缺陷的环向位置定位描述是检测评估工作的重要内容之一，是管道修复和养护设计方案的重要依据。本条规定缺陷的环向位置采用时钟表示法。

2.1.6 当检测过程中发现疑点，此时摄像机的取景方向需偏离轴向观察管壁，即爬行器停止行进，定点拍摄的方式。

2.1.7 管道的结构性缺陷是指管体结构本身出现损伤，如变形、破裂、错口等。结构性缺陷需要通过修复才能消除。

2.1.8 管道的功能性缺陷是指影响排水管道过流能力的缺陷，如沉积、障碍物、树根等。功能性缺陷可以通过管道养护得到改善。

2.1.14 检查井又称窨井，是排水管道附属构筑物。为了与习惯称呼一致，本规程所指的检查井是排水管道上井类的附属构筑物，不仅指最常见的排水管道检查井，还包括排水管道上其他各种类型和用途的井。

3　基 本 规 定

3.0.1 鉴于检测与评估的技术含量较高，具有一定的风险性，本规程依据相关的法律法规，对从事检测的单位资质和人员资格进行规定，这既是规范行业秩序需要，也是保证检测成果质量的需要。

3.0.3 排水管道检查有多种方式，每种方式有一定的适用性。

　　电视检测主要适用于管道内水位较低状态下的检测，能够全面检查排水管道结构性和功能性状况。

　　声纳检测只能用于水下物体的检测，可以检测积泥、管内异物，对结构性缺陷检测有局限性，不宜作为缺陷准确判定和修复的依据。

　　管道潜望镜检测主要适用于设备安放在管道口位置进行的快速检测，对于较短的排水管可以得到较为清晰的影像资料，其优点是速度快、成本低，影像既可以现场观看、分析，也便于计算机储存。

　　传统方法检查中，人员进入管道内检测主要适用于管径大于800mm以上的管道。存在作业环境恶劣、劳动强度大、安全性差的缺点。

当需要时采用两种以上的方法可以互相取长补短。例如采用声纳检测和电视检测互相配合可以同时测得水面以上和水面以下的管道状况。

3.0.4 管道功能性状况检查的方法相对简单，加上管道积泥情况变化较快，所以功能性状况的普查周期较短；管道结构状况变化相对较慢，检查技术复杂、费用较高，故检查周期较长。本条规定参考了《城镇排水管渠与泵站维护技术规程》CJJ 68-2007第3.3.4条。

3.0.8 本条所规定的现场踏勘内容是管道检测前现场调查的基本内容，是制定检测技术方案的基础资料。第3款所规定的内容，是管道内窥检测工作进行时管网信息的核实和补充，是城市数字化管理必备的基础资料。

3.0.9 检测方案是检测任务实施的指导性文件，其中包括人员组成方案（负责人、检测人员、资料分析人员等）、技术方案（检测方法、封堵导流的措施、管道清洗方法、进度安排等）、安全方案（安全总体要求、现场危险因素分析、安全措施预案等）等。此外，根据任务量大小还有现场保护方案、后勤保障方案等等。对有些任务简单、时间短的管道检测可不制订复杂的方案。

3.0.10 在检测前根据检测方案对管道进行预处理是必需的一个程序，如封堵、吸污、清洗、抽水等。预处理的好坏对检测结果影响很大，甚至决定检测结果的准确性。

检测仪器和工具保持良好状态是确保检测工作顺利进行的必备条件。除了日常对检测仪器、工具的养护和定期检校以外，在现场检测前还要对仪器设备进行自检，确保其完好率达100%，以免影响检测作业的正常进行，从而保证检测成果的质量。

检测时，应在现场创造条件，使显示的图像清晰可见，为现场的初步判读提供条件。

检测结束后应清理和保养设备，施工后的现场应和施工前一样，不得在操作地点留下抛弃物。每天外出前和返回时，应核查物品，做到外出不遗忘回归不遗漏。

3.0.11 管道缺陷所在环向位置用时钟表示的方法。前两位数字表示从几点（正点小时）位置开始，后两位表示到几点（正点小时）位置结束。如果缺陷处在某一点上就用00代替前两位，后两位数字表示缺陷点位，示例参见图1。

3.0.12 为了管道修复时在地面上对缺陷进行准确定位，误差不超过±0.5m，能够保证在1m的修复范围内找到缺陷。

3.0.13 检测时，缺陷纵向距离定位所用的计量单位应为米。对于进口仪器，原仪器的长度单位可能是英尺、码等，本条规定统一采用米为纵向距离的计量单位。电缆长度计数最低计量单位为0.1m的规定是保证缺陷定位精度的要求。

3.0.14 影像资料版头是指在每一管段采用电视检测或管道潜望镜检测等摄影之前，检测录像资料开始时，对被检测管段的文字标注。如果软件是中文显示，则无需录入代码。版头应录制在被检测管道影像资料的最前端，并与被检测管道的影像资料连续，保证被检测管道原始资料的真实性和可追溯性。

3.0.15 管道检测的影像记录应该连续、完整，不应有连接、剪辑的处理过程。在全部的影像记录画面上应始终含有本条所规定的同步镶嵌的文字内容，这是保证资料真实性的有效措施之一。如果不是中文操作系统，则应显示状态代码，例如检测结束时，应在画面上明显位置输入简写代码"JCJS"，检测中止时应在画面上明显位置输入简写代码"JCZZ"，并注明无法完成检测的原因。

3.0.17 为了保证管道检测成果的真实性和有效性，有条件的地方应该实行监督机制。监督方可以是业主，也可以是委托的第三方。

3.0.19 管道检测时，除了检测工作以外，现场还有大量准备性和辅助性的作业，例如堵截、吸污、清洗、抽水等。由于排水管道内部环境恶劣，气体成分复杂，常常存在有毒和易燃、易爆气体，稍有不慎或检测设备防爆性差，容易造成人员中毒或爆炸伤人事故；现场检测工作人员的数量不得少于2人，一是为了保证安全，二是为了工作方便，互相校核，保证资料的正确性和完整性。此条规定涉及人身安全和设施安全，是必须执行的强制性条款。

3.0.24 检测成果资料属于技术档案，是国家技术档案的重要组成部分。《建设工程文件归档整理规范》GB/T 50328、《城镇排水管渠与泵站维护技术规程》CJJ 68-2007和《城市地下管线探测技术规程》CJJ 61-2003等国家相关标准中对档案管理的技术要求都是排水管道检测资料归档管理的依据。

4 电视检测

4.1 一般规定

4.1.1 管道内水位是指管内底以上水面的高度。电视检测应具备的条件是管道内无水或者管道内水位很低。所以电视检测时，管道内的水位越低越好。但是水位降得越低，难度越大。经过大量的案例实践，将

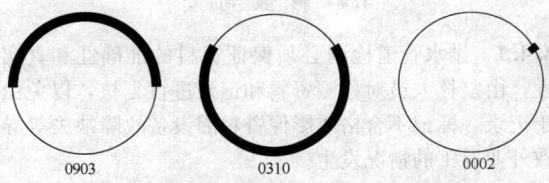

图1 缺陷环向位置时钟表示法示例

水位高规定为管道直径 20%，能够解决 90% 以上的管道缺陷检查问题，相关费用也可以接受。

4.1.2 管道内水位太高，水面下部检测不到，检测效果大打折扣，检测前应对管道实施封堵和导流，使管内水位达到第 4.1.1 条规定的要求，主要是为了最大限度露出管道结构。管道检测前，封堵、吸污、清洗、导流等准备性和辅助性的作业都应该遵守《城镇排水管道维护安全技术规程》CJJ 6 和《城镇排水管渠与泵站维护技术规程》CJJ 68 的有关规定。

4.1.3 结构性检测是在管道内壁无污物遮盖的情况下拍摄管道内水面以上的内壁状况，疏通的目的是保证"爬行器"在管段全程内正常行走，无障碍物阻挡；清洗的目的是露出管道内壁结构，以便观察到结构缺陷。

4.1.4 管道在检测过程中可能遇到各种各样的问题，致使检测工作难以进行，如果强行进行则不能保证检测质量。因此，当碰到本条列举的现象（不局限于这几种现象）时，应中止检测，待排除故障后再继续进行。

4.2 检测设备

4.2.2 根据目前检测市场的状况，存在检测设备不能满足检测质量的基本要求，并且设备存在一定的操作危险性。所以本条对 CCTV 检测设备规定了基本要求。

电缆的抗拉力要求是为防止 CCTV 检测设备进入管道内部后不能自动退回，要求电缆线具备最小的收缩拉力，根据实际的作业情况，规定最小的抗拉力为 2kN，以保证 CCTV 检测设备在必要时手动收回。

4.2.4 缺陷距管口的距离是描述管道缺陷的基本参数，也是制定管道修复和养护计划的依据。因此管道检测设备的距离测量功能和精度是基本的要求。

4.3 检测方法

4.3.1 爬行器的行进方向与水流方向一致，可以减少行进阻力，也可以消除爬行器前方的壅水现象，有利于检测进行，提高检测效果。

4.3.2 检测大管径时，镜头的可视范围大，行进速度可以大一些；但是速度过快可能导致检测人员无法及时发现管道缺陷，故规定管径不大于 200mm 时行进速度不宜超过 0.1m/s，管径大于 200mm 时行进速度不宜超过 0.15m/s。

4.3.3 我国的排水管道断面形状主要为圆形和矩形，蛋形管道国内少有，本条没有特别强调管道断面形状；圆形管道为"偏离应不大于管径的 10%"，矩形管渠为"偏离应不大于短边的 10%"。

4.3.4 由于视角误差，爬行器在管口存在位置差，补偿设置应按管径不同而异，视角不同时差别不同。如果某段管道检测因故中途停止，排除故障后接着检测，则距离应该与中止前检测距离一致，不应重新将计数器归零。

将载有镜头的爬行器摆放在检测起始位置后，在开始检测前，将计数器归零。对于大口径管道检测，应对镜头视角造成的检测起点与管道起始点的位置差做补偿设置。

摄像头从起始检查井进入管道，摄像头的中线与管道的轴线重合。计数器的距离设置为从管道在检查井的入口点到摄像头聚焦点的长度，这个距离随镜头的类型和排水管道的直径不同而异。

计数器归零的补偿设置方法示意参见图 2。

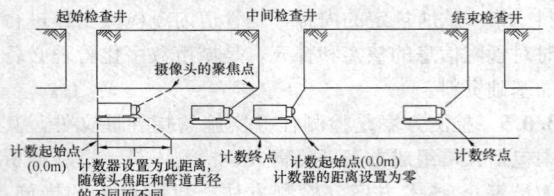

图 2　计数器归零的补偿设置方法示意图

4.3.5 一段管道检测完毕后，计数器显示的距离数值可能与电缆上的标记长度有差异，为此应该进行修正，以减少距离误差。

4.3.6 在检测过程中，由于设备调整不当，会发生摄影的图像位置反向或变位，致使判读困难，故本条予以规定。

4.3.7 摄像镜头变焦时，图像则变得模糊不清。如果在爬行器行进过程中，使用镜头的变焦功能，则由于图像模糊，看不清缺陷情况，很可能将存在的缺陷遗漏而不能记录下来。所以当需要使用变焦功能协助操作员看清管道缺陷时，爬行器应保持在静止状态。镜头的焦距恢复到最短焦距位置是指需要爬行器继续行进时，应先将焦距恢复到正常状态。

4.3.9 本条规定检测的录像资料应连续完整，不能有画面暂停、间断记录、画面剪接的现象，防止发生资料置换、代用行为。

4.3.10 检测过程中发现缺陷时，爬行器应停止行进，停留 10s 以上拍摄图像，以确保图像的清晰和完整，为以后的判读和研究提供可靠资料。

4.3.11 现场检测工作应该填写记录表，这既是检测工作的需要，也是检测过程可追溯的依据之一。本规程规定了现场记录表的基本内容，以免由于记录的检测信息不完整或不合格而导致外业返工的情况发生。

4.4 影像判读

4.4.1 排水管道检测必须保证资料的准确性和真实性，由复核人员对检测资料和记录进行复核，以免由于记录、标记不合格或影像资料因设备故障缺失等导致外业返工的情况发生。

4.4.2 管道缺陷根据图像进行观察确定，缺陷尺寸无法直接测量。因此对于管道缺陷尺寸的判定，主要是根据参照物的尺寸采用比照的方法确定。

4.4.3 无法确定的缺陷类型主要是指本规程第8章所列缺陷没有包括或在同一处具有2种以上管道缺陷特征且又难以定论时，应在评估报告中加以说明。

4.4.4 由于在评估报告中需附缺陷图片，采用现场抓取时可以即时进行调节，直至获得最佳的图片，保证检测结果的质量。

5 声纳检测

5.1 一般规定

5.1.1 水吸收声纳波的能力很差，利用水和其他物质对声波的吸收能力不同，主动声纳装置向水中发射声波，通过接收水下物体的反射回波发现目标。目标距离可通过发射脉冲和回波到达的时间差进行测算，经计算机处理后，形成管道的横断面图，可直观了解管道内壁及沉积的概况。声纳检测的必要条件是管道内应有足够的水深，300mm的水深是设备淹没在水下的最低要求。《城镇排水管渠与泵站维护技术规程》CJJ 68-2007第 3.3.11条也规定，"采用声纳检测时，管内水深不宜小于300mm"。

5.2 检测设备

5.2.1 为了保证声纳设备的检测效果，检测时设备应保持正确的方位。"不易滚动或倾斜"是指探头的承载设备应具有足够的稳定性。

5.2.2 声纳系统包括水下探头、连接电缆和带显示器声纳处理器。探头可安装在爬行器、牵引车或漂浮筏上，使其在管道内移动，连续采集信号。每一个发射/接收周期采样250点，每一个360°旋转执行400个周期。探头的行进速度不宜超过0.1m/s。

用于管道检测的声纳解析能力强，检测系统的角解析度为0.9°（1密位），即该系统将一次检测的一个循环（圆周）分为400密位；而每密位又可分解成250个单位；因此，在125mm的管径上，解析度为0.5mm，而在直径达3m的上限也可测得12mm的解析度。

5.2.3 倾斜和滚动传感器校准在±45°范围内，如果超过这个范围所得读数将不可靠。在安装声纳设备时应严格按照要求，否则会造成被检测的管道图像颠倒。

5.3 检测方法

5.3.1 声纳检测是以水为介质，声波在不同的水质中传播速度不同，反射回来所显示的距离也不同。故在检测前，应从被检管道中取水样，根据测得的实际声波速度对系统进行校准。

5.3.2 探头的推进方向除了行进阻力有差别外，顺流行进与逆流行进相比，更易于使探头处于中间位置，故规定"宜与水流方向一致"。

5.3.3 探头扫描的起始位置应设置在管口，将计数器归零。如果管道检测中途停止后需继续检测，则距离应该与中止前检测距离一致，不应重新将计数器归零。

5.3.4 在距管段起始、终止检查井处应进行2m～3m长度的重复检测，其目的是消除扫描盲区。

5.3.5 声纳探头的位置处采用镂空的漂浮器避免声波受阻的做法目前在国内外被普遍采用并取得良好效果。

5.3.7 脉冲宽度是扫描感应头发射的信号宽度，可在百万分之一秒内完成测量，它从4μs到20μs范围内被分为五个等级。本条列出的是典型的脉冲宽度和测量范围。

5.3.9 普查是为了某种特定的目的而专门组织的一次性全面调查，工作量大，费用高。根据实践，声纳用于管道沉积状况的检查时，普查的采样点间隔距离定为5m，其他检查采样点的间距为2m，一般情况下可以完整地反映管段的沉积状况。当遇到污泥堵塞等异常情况时，则应加密采样。排水管道沉积状况纵断面图示例参见图3。

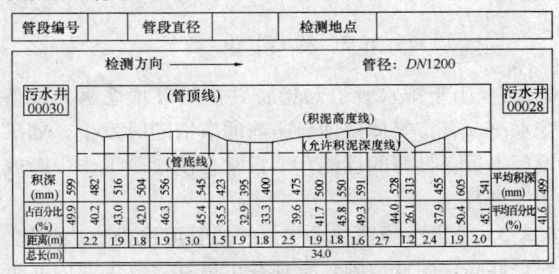

图3 排水管道沉积状况纵断面图示例

5.4 轮廓判读

5.4.1 声纳检测图形应现场捕取，并进行数据保存，其目的是为了后续的内业进一步解读。规定的采样间隔应按本规程第5.3.9条设置，它是保证沉积纵断面图绘制质量的基本要求。

5.4.2 本条规定当绘制检测成果图时，图形表示的线性长度与实际物体线性长度的误差应小于3%。

5.4.4 用虚线表示的管径1/5高度线即管内淤积的允许深度线，又称及格线。

5.4.5 声纳检测除了能够提供专业的扫描图像对管道断面进行量化外，还能结合计算确定管道淤积程度、淤泥体积、淤积位置，计算清淤工程量。这种方法用于检测管道内部过水断面，从而了解管道功能性缺陷。声纳检测的优势在于可不断流进行检测，不足之处在于其仅能检测水面以下的管道状况，不能检测管道的裂缝等细节的结构性问题,故声纳轮廓图不应作为结构性缺陷的最终评判依据。

6 管道潜望镜检测

6.1 一般规定

6.1.2 管道潜望镜只能检测管内水面以上的情况,管内水位越深,可视的空间越小,能发现的问题也就越少。光照的距离一般能达到30m～40m,一侧有效的观察距离大约仅为20m～30m,通过两侧的检测便能对管道内部情况进行了解,所以规定管道长度不宜大于50m。

6.1.4 管道潜望镜检测是利用电子摄像高倍变焦的技术,加上高质量的聚光、散光灯配合进行管道内窥检测,其优点是携带方便,操作简单。由于设备的局限,这种检测主要用来观察管道是否存在严重的堵塞、错口、渗漏等问题。对细微的结构性问题,不能提供很好的成果。如果对管道封堵后采用这种检测方法,能迅速得知管道的主要结构问题。对于管道里面有疑点的、看不清楚的缺陷需要采用闭路电视在管道内部进行检测,管道潜望镜不能代替闭路电视解决管道检测的全部问题。

6.2 检测设备

6.2.1 由于排水管道和检查井内的环境恶劣,设备受水淹、有害气体侵蚀、碰撞的事情随时发生,如果设备不具备良好的性能,则常常会使检测工作中断或无法进行。

6.2.3 管道潜望镜技术与传统的管道检查方法相比,安全性高,图像清晰,直观并可反复播放供业内人士研究,及时了解管道内部状况。因此,对于管道潜望镜检测依然要求录制影像资料,并且能够在计算机上对该资料进行操作。

6.3 检测方法

6.3.1 镜头保持在竖向中心线是为了在变焦过程中能比较清晰地看清楚管道内的整个情况,镜头保持在水面以上是观察的必要条件。

6.3.2 管道潜望镜检测的方法:将镜头摆放在管口并对准被检测管道的延伸方向,镜头中心应保持在被检测管道圆周中心(水位低于管道直径1/3位置或无水时)或位于管道圆周中心的上部(水位不超过管道直径1/2位置时),调节镜头清晰度,根据管道的实际情况,对灯光亮度进行必要的调节,对管道内部的状况进行拍摄。

拍摄管道内部状况时通过拉伸镜头的焦距,连续、清晰地记录镜头能够捕捉的最大长度,如果变焦过快看不清楚管道状况,容易晃过缺陷,造成缺陷遗漏;当发现缺陷后,镜头对准缺陷调节焦距直至清晰显示时保持静止10s以上,给准确判读留有充分的资料。

6.3.3 拍摄检查井内壁时,由于镜头距井壁的距离短,镜头移动速度对观察的效果影响很大,故应保持缓慢、连续、均匀地移动镜头,才能得到井内的清晰图像。

7 传统方法检查

7.1 一般规定

7.1.1 排水管道检测已有很长的历史,传统的管道检查方法有很多,这些方法适用范围窄,局限性大,很难适应管道内水位很高的情况,几种传统检查方法的特点见表1。

表1 排水管道传统检查方法及特点

检查方法	适用范围和局限性
人员进入管道检查	管径较大、管内无水、通风良好,优点是直观,且能精确测量;但检测条件较苛刻,安全性差
潜水员进入管道检查	管径较大、管内有水,且要求低流速,优点是直观;但无影像资料、准确性差
量泥杆(斗)法	检测井和管道口处淤积情况,优点是直观速度快;但无法测量管道内部情况,无法检测管道结构损坏情况
反光镜法	管内无水,仅能检查管道顺直和垃圾堆集情况,优点是直观、快速、安全;但无法检测管道结构损坏情况,有垃圾堆集或障碍物时,则视线受阻

传统的排水管道养护检查的主要方法为打开井盖,用量泥杆(或量泥斗)等简易工具检查排水管道检查口处的积泥深度,以此判定整个管道的积泥情况。该方法不能检测管道内部的结构和功能性状况,如管道内部结垢、障碍物、破裂等。显然,传统方法已不能满足排水管道内部状况的检查。

新的管道检测技术与传统的管道检查技术相比,主要有安全性高、图像清晰、直观并可反复播放供业内人士研究的特点,为管道修复方案的科学决策提供了有力的帮助。但电视检测技术对环境要求很高,特别是在作管道结构完好性检查时,必须是在低水位条件下,且要求在检测前需对管道进行清洗,这需要相应的配合工作。

本条规定结构性检查"宜"采用电视检测方法,主要是考虑人员进入管内检查的安全性差和工作条件恶劣等情况,有条件时尽量不采用人员进入管内检查。当采用人员进入管道内检查时,则检查所测的数据和拍摄的照片同样是结构性检查的可靠成果。

7.1.2 由于维护作业人员躬身高度一般在 1m 左右，直径 800mm 是人员能够在管道内躬身行走的最小尺寸，且作业人员长时间在小于 800mm 的管道中躬身，行动不便、呼吸不畅、操作困难；流速大于 0.5m/s 时，作业人员无法站稳，行走困难，作业难度和危险性随之增加，作业人员的人身安全没有保障。本条引用《城镇排水管渠与泵站维护技术规程》CJJ 68—2007 第 3.3.8 条。

7.1.3 人工进入管内检查时，主要是凭眼睛观察并对管道缺陷进行描述，但是对裂缝宽度等缺陷尺寸的确定，应直接量测，定量化描述。

7.1.4 有些传统检查方法仅能得到粗略的结果，例如观察同一管段两端检查井内的水位，可以确定管道是否堵塞；观察检查井内的水质成分变化，如上游检查井中为正常的雨污水，下游检查井内如流出的是黄泥浆水，说明管道中间有断裂或塌陷，但是断裂和塌陷的具体状况仅通过这种观察法不能确定，需另外采用仪器设备（如闭路电视、管道潜望镜等）进行确认检查。

7.1.5 过河管道在水面以下，受到水的浮力作用。由于过河管道上部的覆盖层厚度经过河水的冲刷可能变化较大，覆盖层厚度不足，一旦管道被抽空后，管顶覆土的下压力不足以抵抗浮力时，管道将会上浮，造成事故。因此，水下管道需要抽空进行检测时，首先应对现场的管道埋设情况进行调查，抗浮验算满足要求后才能进行抽空作业。

7.1.7 检查人员进入管内检查，应该拴有距离刻度的安全绳，一方面是在发生意外的情况下，帮助检查人员撤离管道，保障检查人员的安全；另一方面是检查人员发现管道缺陷向地面记录人员报告情况时，地面人员确定缺陷的距离。此条规定涉及人身安全，是必须执行的强制性条款。

7.2 目视检查

7.2.1 地面巡视可以观察沿线路面是否有凹陷或裂缝及检查井地面以上的外观情况。第 1 款中"检查井和雨水口周围的异味"是指是否存在有毒和可燃性气体。

7.2.2 人员进入管道内观察检查时，要求采用摄影或摄像的方式记录缺陷状况。距离标示（包括垂直标线、距离数字）与标示牌相结合，所拍摄的影像资料才具有可追溯性的价值，才能对缺陷反复研究、判读，为制定修复方案提供真实可靠的依据。文字说明应按照现场检测记录表的内容详细记录缺陷位置、属性、代码、等级和数量。

7.2.3 隔离式防毒面具是一种使呼吸器官可以完全与外界空气隔绝，面具内的储氧瓶或产氧装置产生的氧气供人呼吸的个人防护器材。这种供氧方式可以提供充足的氧气，通过面罩保持了人体呼吸器官及眼面部与环境危险空气之间较好的隔绝效果，具备较高的防护系数，多用于环境空气中污染物毒性强、浓度高、性质不明或氧含量不足等高危险性场所和受作业环境限制而不易达到充分通风换气的场所以及特殊危险场所作业或救援作业。当使用供压缩空气的隔离式防护装具时，应由专人负责检查压力表，并做好记录。

氧气呼吸器也称储氧式防毒面具，以压缩气体钢瓶为气源，钢瓶中盛装压缩氧气。根据呼出气体是否排放到外界，可分为开路式和闭路式氧气呼吸器两大类。前者呼出气体直接经呼气活门排放到外界，由于使用氧气呼吸装具时呼出的气体中氧气含量较高，造成排水管道内的氧含量增加，当管道内存在易燃易爆气体时，氧含量的增加导致发生燃烧和爆炸的可能性加大。基于以上因素，《城镇排水管道维护安全技术规程》CJJ 6-2009 第 6.0.1 条规定"井下作业时，应使用隔离式防护面具，不应使用过滤式防毒面具和半隔离式防护面具以及氧气呼吸设备"。

在管道检查过程中，地面人员应密切注意井下情况，不得擅自离开，随时使用有线或无线通信设备进行联系。当管道内人员发生不测时，及时救助，确保管内人员的安全。

7.2.4 下井作业工作环境恶劣，工作面狭窄，通气性差，作业难度大，工作时间长，危险性高，有的存有一定浓度的有毒有害气体，作业稍有不慎或疏忽大意，极易造成操作人员中毒的死亡事故。因此，井下作业如需时间较长，应轮流下井，如井下作业人员有头晕、腿软、憋气、恶心等不适感，必须立即上井休息。本条规定管内检查人员的连续工作时间不超过 1h，既是保障检查人员身心健康和安全的需要，也是保障检测工作质量的需要。如果遇到难以穿越的障碍时强行通过，发生险情时则难以及时撤出和施救，对检查人员没有安全保障。此条规定涉及人身安全，是必须执行的强制性条款。

7.2.5 管内检查要求 2 人一组同时进行，主要是控制灯光、测量距离、画标示线、举标示牌和拍照需要互相配合，另外对于不安全因素能够及时发现，互相提醒；地面配备的人员应由联系观察人员、记录人员和安全监护人员组成。

7.2.6 基坑工程特别是深基坑工程，坑壁变形、坑壁裂缝、坑壁坍塌的事情时有发生，如果管道敷设在该影响区域内或毗邻水体，存在安全隐患，在未进行管道安全性鉴定的情况下，检查人员不得进入管内作业。此条是强制性条款。

7.3 简易工具检查

7.3.2 用人力将竹片、钢条等工具推入管道内，顶推淤积阻塞部位或扰动沉积淤泥，既可以检查管道阻塞情况，又可达到疏通的目的。竹片至今还是我国疏通小型管道的主要工具。竹片（玻璃钢竹片）检查或疏通适用于管径为200mm～800mm且管顶距地面不超过2m的管道。

7.3.3 通过反光镜把日光折射到管道内，观察管道的堵塞、错口等情况。采用反光镜检查时，打开两端井盖，保持管内足够的自然光照度，宜在晴朗的天气时进行。反光镜检查适用于直管，较长管段则不适合使用。镜检用于判断管道是否需要清洗和清洗后的评价，能发现管道的错口、径流受阻和塌陷等情况。

7.3.4 量泥斗在上海应用大约始于20世纪50年代，适用于检查稀薄的污泥。量泥斗主要由操作手柄、小漏斗组成；漏斗滤水小口的孔径大约3mm，过小来不及漏水，过大会使污泥流失；漏斗上口离管底的高度依次为5、7.5、10、12.5、15、17.5、20、22.5、25cm，参见图4。量泥斗按照使用部位可分为直杆形和Z字形两种，前者用于检查井积泥检测，后者用于管内积泥检测；Z字形量泥斗的圆钢被弯折成Z字形，其水平段伸入管内的长度约为50cm；使用时漏斗上口应保持水平，参见图5。

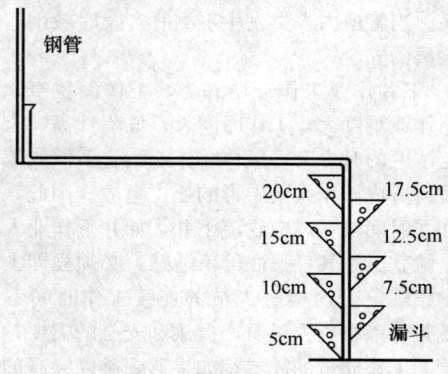

图4 Z字形量泥斗构造图

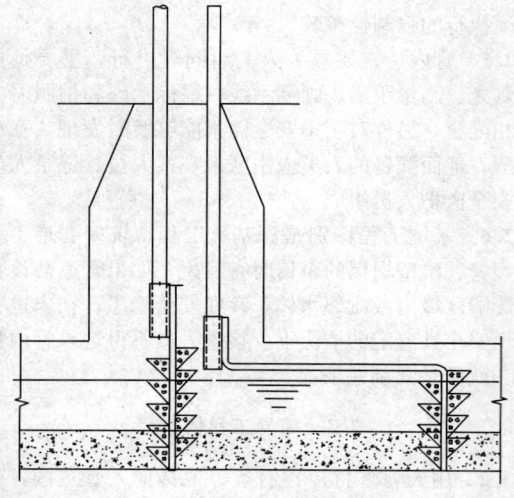

图5 量泥斗检查示意图

7.3.5 激光笔是利用激光穿透性强的特点，在一端检查井内沿管道射出光线，另一端检查井内能否接收到激光点，可以检查管道内部的通透性情况。该工具可定性检查管道严重沉积、塌陷、错口等堵塞性的缺陷。

7.4 潜水检查

7.4.1 引自《城镇排水管渠与泵站维护技术规程》CJJ 68-2007 第3.3.12条。

7.4.2 大管径排水管道由于封堵、导流困难，检测前的预处理工作难度大，特别是满水时为了急于了解管道是否出现问题，有时采用潜水员触摸的方式进行检测。潜水检查一般是潜水员沿着管壁逐步向管道深处摸去，检查管道是否出现裂缝、脱节、异物等状况，待返回地面后凭借回忆报告自己检查的结果，主观判断占有很大的因素，具有一定的盲目性，不但费用高，而且无法对管道内的状况进行正确、系统的评估。故本条规定，当发现缺陷后应采用电视检测方法进行确认。

7.4.3 每次潜水作业前，潜水员必须明确了解自己的潜水深度、工作内容及作业部位。在潜水作业前，须对潜水员进行体格检查，并仔细询问饮食、睡眠、情绪、体力等情况。

潜水员在潜水前必须扣好安全信号绳，并向信绳员讲清操作方法和注意事项。潜水员发现情况时，应及时通过安全信号绳或用对讲机向地面人员报告，并由地面记录员当场记录。

当采用空气饱和模式潜水时，潜水员宜穿着轻装式潜水服，潜水员呼吸应由地面储气装置通过脐带管供给，气压表在潜水员下井前应进行调校。在潜水员下潜作业中，应由专人观察气压表。

当采用自携式呼吸器进行空气饱和潜水时，潜水员本人在下水前应佩带后仔细检查呼吸设备。

潜水员发现问题及时向地面报告并当场记录，目的是避免回到地面凭记忆讲述时会忘记许多细节，也便于地面指挥人员及时向潜水员询问情况。

7.4.4 本条所列的几种情况将影响到潜水员的生命安全，故规定出现这些情况时应中止检测，回到地面。

8 管道评估

8.1 一般规定

8.1.1 管道评估应根据检测资料进行。本条所述的检测资料包括现场记录表、影像资料等。

8.1.2 由于管道评估是根据检测资料对缺陷进行判读打分，填写相应的表格，计算相关的参数，工作繁琐。为了提高效率，提倡采用计算机软件进行管道的评估工作。

8.1.4 当缺陷是连续性缺陷（纵向破裂、变形、纵向腐蚀、起伏、纵向渗漏、沉积、结垢）且长度大于 1m 时，按实际长度计算；当缺陷是局部性缺陷（环向破裂、环向腐蚀、错口、脱节、接口材料脱落、支管暗接、异物穿入、环向渗漏、障碍物、残墙、坝根、树根）且纵向长度不大于 1m 时，长度按 1m 计算。当在 1m 长度内存在两个及以上的缺陷时，该 1m 长度内各缺陷分值叠加，如果叠加值大于 10 分，按 10 分计算，叠加后该 1m 长度的缺陷按一个缺陷计算（相当于一个综合性缺陷）。

8.2 检测项目名称、代码及等级

8.2.1 本规程的代码根据缺陷、结构或附属设施名称的两个关键字的汉语拼音字头组合表示，已规定的代码在本规程中列出。由于我国地域辽阔，情况复杂，当出现本规程未包括的项目时，代码的确定原则应符合本条的规定。代码主要用于国外进口仪器的操作软件不是中文显示时使用，如软件是中文显示时则可不采用代码。

8.2.2 本规程规定的缺陷等级主要分为 4 级，根据缺陷的危害程度给予不同的分值和相应的等级。分值和等级的确定原则是：具有相同严重程度的缺陷具有相同的等级。

8.2.3 结构性缺陷中，管道腐蚀的缺陷等级数量定为 3 个等级，接口材料脱落的缺陷等级数量定为 2 个等级。当腐蚀已经形成了空洞，钢筋变形，这种程度已经达到 4 级破裂，即将坍塌，此时该缺陷在判读上和 4 级破裂难以区分，故将第 4 级腐蚀缺陷纳入第 4 级破裂，不再设第 4 级腐蚀缺陷。接口材料脱落的缺陷，细微差别在实际工作中不易区别，胶圈接口材料的脱落在管内占的面积比例不高，为了方便判读，仅区分水面以上和水面以下胶圈脱落两种情况，分为两个等级，结构性缺陷说明见表 2。

表 2　结构性缺陷说明

缺陷名称	代码	缺陷说明	等级数量
破裂	PL	管道的外部压力超过自身的承受力致使管材发生破裂。其形式有纵向、环向和复合三种	4
变形	BX	管道受外力挤压造成形状变异，管道的原样被改变（只适用于柔性管）。 变形率＝（管内径－变形后最小内径）÷管内径×100% 《给水排水管道工程施工及验收规范》GB 50268—2008 第 4.5.12 条第 2 款 "钢管或球墨铸铁管道的变形率超过 3% 时，化学建材管道的变形率超过 5% 时，应挖出管道，并会同设计单位研究处理"。这是新建管道变形控制的规定。对于已经运行的管道，如按照这个规定则很难实施，且费用也难以保证。为此，本规程规定的变形率不适用于新建管道的接管验收，只适用于运行管道的检测评估	4
腐蚀	FS	管道内壁受侵蚀而流失或剥落，出现麻面或露出钢筋。管道内壁受到有害物质的腐蚀或管道内壁受到磨损。管道水面上部的腐蚀主要来自于排水管道中的硫化氢气体所造成的腐蚀。管道底部的腐蚀主要是由于腐蚀性液体和冲刷的复合性的影响造成	3
错口	CK	同一接口的两个管口产生横向偏离，未处于管道的正确位置。两根管道的套口接头偏离，邻近的管道看似 "半月形"	4
起伏	QF	接口位下沉，使管道坡度发生明显的变化，形成洼水。造成弯曲起伏的原因既包括管道不均匀沉降引起，也包含施工不当造成的。管道因沉降等因素形成洼水（积水）现象，按实际水深占管道内径的百分比记入检测记录表	3
脱节	TJ	两根管道的端部未充分接合或接口脱离。由于沉降，两根管道的套口接头未充分推进或接口脱离。邻近的管道看似 "全月形"	4
接口材料脱落	TL	橡胶圈、沥青、水泥等类似的接口材料进入管道。进入管道底部的橡胶圈会影响管道的过流能力	2
支管暗接	AJ	支管未通过检查井而直接侧向接入主管	3
异物穿入	CR	非管道附属设施的物体穿透管壁进入管内。侵入的异物包括回填土中的块石等压破管道、其他结构物穿过管道、其他管线穿越管道等现象。与支管暗接不同，支管暗接是指排水支管未经检查井接入排水主管	3
渗漏	SL	管道外的水流入管道或管道内的水漏出管道。由于管内水漏出管道的现象在管道内窥检测中不易发现，故渗漏主要指来源于地下的（按照不同的季节）或来自于邻近漏水管的水从管壁、接口及检查井壁流入	4

8.2.4 功能性缺陷的有关说明见表3。管道结构性缺陷等级划分及样图见表4,管道功能性缺陷等级划分及样图见表5。

表3 功能性缺陷说明

缺陷名称	代码	缺 陷 说 明	等级数量
沉积	CJ	杂质在管道底部沉淀淤积。水中的有机或无机物,在管道底部沉积,形成了减少管道横截面面积的沉积物。沉积物包括泥沙、碎砖石、固结的水泥砂浆等	4
结垢	JG	管道内壁上的附着物。水中的污物,附着在管道内壁上,形成了减少管道横截面面积的附着堆积物	4
障碍物	ZW	管道内影响过流的阻挡物,包括管道中坚硬的杂物,如石头、柴板、树枝、遗弃的工具、破损管道的碎片等。障碍物是外部物体进入管道内,单体具有明显的、占据一定空间尺寸的特点。结构性缺陷中的异物穿入,是指外部物体穿透管壁进入管内,管道结构遭受破坏,异物位于结构破坏处。支管暗接指另一根排水管道没有按照规范要求从检查井接入排水管道,而是将排水管道打洞接入。沉积是指细颗粒物质在管道中逐渐沉淀累积而成,具有一定的面积。结垢也是细颗粒污物附着在管壁上,在侧壁和底部均可存在	4
残墙、坝根	CQ	管道闭水试验时砌筑的临时砖墙封堵,试验后未拆除或拆除不彻底的遗留物	4
树根	SG	单个树根或树根群自然生长进入管道。树根进入管道必然伴随着管道结构的破坏,进入管道后又影响管道的过流能力。对过流能力的影响按照功能性缺陷计算,对管道结构的破坏按照结构性缺陷计算	4
浮渣	FZ	管道内水面上的漂浮物。该缺陷须记入检测记录表,不参与计算	3

表4 管道结构性缺陷等级划分及样图

缺陷名称:破裂		缺陷代码:PL		缺陷类型:结构性
定义:管道的外部压力超过自身的承受力致使管子发生破裂,其形式有纵向、环向和复合三种				
等级	缺陷描述		分值	样图
1	裂痕:当下列一个或多个情况存在时: 1) 在管壁上可见细裂痕; 2) 在管壁上由细裂缝处冒出少量沉积物; 3) 轻度剥落		0.5	
2	裂口:破裂处已形成明显间隙,但管道的形状未受影响且破裂无脱落		2	
3	破碎:管壁破裂或脱落处所剩碎片的环向覆盖范围不大于弧长60°		5	
4	坍塌:当下列一个或多个情况存在时: 1) 管道材料裂痕、裂口或破碎处边缘环向覆盖范围大于弧长60°; 2) 管壁材料发生脱落的环向范围大于弧长60°		10	

续表 4

缺陷名称：变形		缺陷代码：BX	缺陷类型：结构性
定义：管道受外力挤压造成形状变异			
等级	缺陷描述	分值	样图
1	变形不大于管道直径的 5%	1	
2	变形为管道直径的 5%～15%	2	
3	变形为管道直径的 15%～25%	5	
4	变形大于管道直径的 25%	10	
备注	1. 此类型的缺陷只适用于柔性管； 2. 变形的百分率确认需以实际测量为基础； 3. 变形率=(管内径－变形后最小内径)÷管内径×100%		

续表4

缺陷名称：腐蚀		缺陷代码：FS		缺陷类型：结构性
定义：管道内壁受侵蚀而流失或剥落，出现麻面或露出钢筋				
等级	缺陷描述		分值	样图
1	轻度腐蚀：表面轻微剥落，管壁出现凹凸面		0.5	
2	中度腐蚀：表面剥落显露粗骨料或钢筋		2	
3	重度腐蚀：粗骨料或钢筋完全显露		5	

缺陷名称：错口		缺陷代码：CK		缺陷类型：结构性
定义：同一接口的两个管口产生横向偏差，未处于管道的正确位置				
等级	缺陷描述		分值	样图
1	轻度错口：相接的两个管口偏差不大于管壁厚度的1/2		0.5	
2	中度错口：相接的两个管口偏差为管壁厚度的1/2～1之间		2	
3	重度错口：相接的两个管口偏差为管壁厚度的1～2倍之间		5	
4	严重错口：相接的两个管口偏差为管壁厚度的2倍以上		10	

续表4

缺陷名称：起伏		缺陷代码：QF	缺陷类型：结构性
定义：接口位置偏移，管道竖向位置发生变化，在低处形成洼水			
等级	缺陷描述	分值	样图
1	起伏高/管径≤20%	0.5	
2	20%＜起伏高/管径≤35%	2	
3	35%＜起伏高/管径≤50%	5	
4	起伏高/管径＞50%	10	
备注	H 为起伏高，即管道偏离设计高度位置的大小		

续表4

缺陷名称：脱节		缺陷代码：TJ		缺陷类型：结构性
定义：两根管道的端部未充分接合或接口脱离				
等级	缺陷描述		分值	样图
1	轻度脱节：管道端部有少量泥土挤入		1	
2	中度脱节：脱节距离不大于20mm		3	
3	重度脱节：脱节距离为20mm~50mm		5	
4	严重脱节：脱节距离为50mm以上		10	
备注	管道脱节示意图			

缺陷名称：接口材料脱落		缺陷代码：TL		缺陷类型：结构性
定义：橡胶圈、沥青、水泥等类似的接口材料进入管道				
等级	缺陷描述		分值	样图
1	接口材料在管道内水平方向中心线上部可见		1	
2	接口材料在管道内水平方向中心线下部可见		3	

续表4

缺陷名称：支管暗接	缺陷代码：AJ	缺陷类型：结构性
定义：支管未通过检查井直接侧向接入主管			

等级	缺陷描述	分值	样图
1	支管进入主管内的长度不大于主管直径10%	0.5	
2	支管进入主管内的长度在主管直径10%～20%之间	2	
3	支管进入主管内的长度大于主管直径20%	5	

缺陷名称：异物穿入	缺陷代码：CR	缺陷类型：结构性
定义：非管道系统附属设施的物体穿透管壁进入管内			

等级	缺陷描述	分值	样图
1	异物在管道内且占用过水断面面积不大于10%	0.5	
2	异物在管道内且占用过水断面面积为10%～30%	2	
3	异物在管道内且占用过水断面面积大于30%	5	

续表 4

缺陷名称：渗漏		缺陷代码：SL	缺陷类型：结构性	
定义：管道外的水流入管道				
等级	缺陷描述		分值	样图
1	滴漏：水持续从缺陷点滴出，沿管壁流动		0.5	
2	线漏：水持续从缺陷点流出，并脱离管壁流动		2	
3	涌漏：水从缺陷点涌出，涌漏水面的面积不大于管道断面的1/3		5	
4	喷漏：水从缺陷点大量涌出或喷出，涌漏水面的面积大于管道断面的1/3		10	

表 5 管道功能性缺陷等级划分及样图

缺陷名称：沉积		缺陷代码：CJ	缺陷类型：功能性	
定义：杂质在管道底部沉淀淤积				
等级	缺陷描述		分值	样图
1	沉积物厚度为管径的20%～30%		0.5	
2	沉积物厚度为管径的30%～40%		2	

续表 5

缺陷名称：沉积		缺陷代码：CJ	缺陷类型：功能性
定义：杂质在管道底部沉淀淤积			
等级	缺陷描述	分值	样图
3	沉积物厚度为管径的 40%～50%	5	
4	沉积物厚度大于管径的 50%	10	
备注	1. 用时钟表示法指明沉积的范围； 2. 应注明软质或硬质； 3. 声纳图像应量取沉积最大值		

缺陷名称：结垢		缺陷代码：JG	缺陷类型：功能性
定义：管道内壁上的附着物			
等级	缺陷描述	分值	样图
1	硬质结垢造成的过水断面损失不大于 15%； 软质结垢造成的过水断面损失在 15%～25% 之间	0.5	
2	硬质结垢造成的过水断面损失在 15%～25% 之间； 软质结垢造成的过水断面损失在 25%～50% 之间	2	
3	硬质结垢造成的过水断面损失在 25%～50% 之间； 软质结垢造成的过水断面损失在 50%～80% 之间	5	
4	硬质结垢造成的过水断面损失大于 50%； 软质结垢造成的过水断面损失大于 80%	10	
备注	1. 用时钟表示法指明结垢的范围； 2. 应计算并注明过水断面损失的百分比； 3. 应注明软质或硬质		

续表 5

缺陷名称：障碍物		缺陷代码：ZW	缺陷类型：功能性
定义：管道内影响过流的阻挡物			
等级	缺陷描述	分值	样图
1	过水断面损失不大于15%	0.1	
2	过水断面损失在15%～25%之间	2	
3	过水断面损失在25%～50%之间	5	
4	过水断面损失大于50%	10	
备注	应记录障碍物的类型及过水断面的损失率		

缺陷名称：残墙、坝根		缺陷代码：CQ	缺陷类型：功能性
定义：管道闭水试验时砌筑的临时砖墙封堵，试验后未拆除或拆除不彻底的遗留物			
等级	缺陷描述	分值	样图
1	过水断面损失不大于15%	1	
2	过水断面损失在15%～25%之间	3	

续表5

缺陷名称：残墙、坝根		缺陷代码：CQ		缺陷类型：功能性
定义：管道闭水试验时砌筑的临时砖墙封堵，试验后未拆除或拆除不彻底的遗留物				
等级	缺陷描述		分值	样图
3	过水断面损失在25%～50%之间		5	
4	过水断面损失大于50%		10	

缺陷名称：树根		缺陷代码：SG		缺陷类型：功能性
定义：单根树根或是树根群自然生长进入管道				
等级	缺陷描述		分值	样图
1	过水断面损失不大于15%		0.5	
2	过水断面损失在15%～25%之间		2	
3	过水断面损失在25%～50%之间		5	
4	过水断面损失大于50%		10	

续表 5

缺陷名称：浮渣		缺陷代码：FZ		缺陷类型：功能性
定义：管道内水面上的漂浮物				
等级	缺陷描述		分值	样图
1	零星的漂浮物，漂浮物占水面面积不大于30%		—	
2	较多的漂浮物，漂浮物占水面面积为30%～60%		—	
3	大量的漂浮物，漂浮物占水面面积大于60%		—	
备注	该缺陷需记入检测记录表，不参与计算			
缺陷名称：沉积		缺陷代码：CJ		缺陷类型：功能性
定义：杂质在管道底部沉淀淤积				
等级	缺陷描述		分值	声纳检测样图
1	沉积物厚度为管径的20%～30%		0.5	
2	沉积物厚度为管径的30%～40%		2	

续表

缺陷名称：沉积		缺陷代码：CJ	缺陷类型：功能性
定义：杂质在管道底部沉淀淤积			
等级	缺陷描述	分值	声纳检测样图
3	沉积物厚度为管径的40%～50%	5	
4	沉积物厚度大于管径的50%	10	

8.2.5 特殊结构及附属设施的代码主要用于检测记录表和影像资料录制时录像画面嵌入的内容表达。

8.2.6 操作状态名称和代码用于影像资料录制时设备工作的状态等关键点的位置记录。

8.3 结构性状况评估

8.3.1 管段结构性缺陷参数 F 的确定，是对管段损坏状况参数经比较取大值而得。本规程的管段结构性参数的确定是依据排水管道缺陷的开关效应原理，即一处受阻，全线不通。因此，管段的损坏状况等级取决于该管段中最严重的缺陷。

8.3.2 管段损坏状况参数是缺陷分值的计算结果，S 是管段各缺陷分值的算术平均值，S_{max} 是管段各缺陷分值中的最高分值。

管段结构性缺陷密度是基于管段缺陷平均值 S 时，对应 S 的缺陷总长度占管段长度的比值。该缺陷总长度是计算值，并不是管段的实际缺陷长度。缺陷密度值越大，表示该管段的缺陷数量越多。

管段的缺陷密度与管段损坏状况参数的平均值 S 配套使用。平均值 S 表示缺陷的严重程度，缺陷密度表示缺陷量的程度。

8.3.3 在进行管段的结构性缺陷评估时应确定缺陷等级，结构性缺陷参数 F 是比较了管段缺陷最高分值和平均分后的缺陷分值，该参数的等级与缺陷分值对应的等级一致。管段的结构性缺陷等级仅是管体结构本身的病害状况，没有结合外界环境的影响因素。管段结构性缺陷类型指的是对管段评估给予局部缺陷还是整体缺陷进行综合性定义的参考值。

8.3.4 管段的修复指数是在确定管段本体结构缺陷等级后，再综合管道重要性与环境因素，表示管段修复紧迫性的指标。管道只要有缺陷，就需要修复。但是如果需要修复的管道多，在修复力量有限、修复队伍任务繁重的情况下，制定管道的修复计划就应该根据缺陷的严重程度和缺陷对周围的影响程度，根据缺陷的轻重缓急制定修复计划。修复指数是制定修复计划的依据。

地区重要性参数考虑了管道敷设区域附近建筑物重要性，如果管道堵塞或者管道破坏，建筑物的重要性不同，影响也不同。建筑类别参考了《建筑工程抗震设防分类标准》GB 50223-2008。该标准中第3.0.1条，建筑抗震设防类别划分考虑的因素："1 建筑破坏造成的人员伤亡、直接和间接经济损失及社会影响的大小；2 城镇的大小、行业的特点、工矿企业的规模；3 建筑使用功能失效后，对全局的影响范围大小"。由于建筑抗震设防分类标准划分和本规程地区重要性参数中的建筑重要性具有部分相同的因素，所以本规程关于地区重要性参数的确定，考虑了管道附近建筑物的重要性因素。

管径大小基本可以反映管道的重要性，目前各国没有统一的大、中、小排水管道划分标准，本规程采用《城镇排水管渠与泵站维护技术规程》CJJ 68-2007 第3.1.8条关于排水管道按管径划分为小型管、中型管、大型管和特大型管的标准。

埋设于粉砂层、湿陷性黄土、膨胀土、淤泥类土、红黏土的管道，由于土层对水敏感，一旦管道出现缺陷，将会产生更大的危害。

处于粉砂层的管道，如果管道存在漏水，则在水流的作用下，产生流砂现象，掏空管道基础，加速管道破坏。

湿陷性黄土是在一定压力作用下受水浸湿，土体结构迅速破坏而发生显著附加下沉，导致建筑物破坏。我国黄土分布面积达60万平方公里，其中有湿陷性的约为 43 万平方公里，主要分布在黄河中游的甘肃、陕西、山西、宁夏、河南、青海等省区，地理位置属于干旱与半干旱气候地带，其物质主要来源于沙漠与戈壁，抗水性弱，遇水强烈崩解，膨胀量较小，但失水收缩较明显。管道存在漏水现象时，地基迅速下沉，造成管道因不均匀沉降导致破坏。

在工程建设中，经常会遇到一种具有特殊变形性质的黏性土，其土中含有较多的黏粒及亲水性较强的蒙脱石或伊利石等黏土矿物成分，它具有遇水膨胀、失水收缩，并且这种作用循环可逆，具有这种膨胀和收缩性的土，称为膨胀土。管道存在漏水现象时，将会引起此种地基土变形，造成管道破坏。

淤泥类土是在静水或缓慢的流水（海滨、湖泊、沼泽、河滩）环境中沉积，经生物化学作用形成的含有较多有机物、未固结的饱和软弱粉质黏性土。我国淤泥类土按成因基本上可以分为两大类：一类是沿海沉积淤泥类土，一类是内陆和山区湖盆地及山前谷地沉积地淤泥类土。其特点是透水性弱、强度低、压缩性高，状态为软塑状态，一经扰动，结构破坏，处于流动状态。当管道存在破裂、错口、脱节时，淤泥被挤入管道，造成地基沉降，地面塌陷，破坏管道。

红黏土是指碳酸盐类岩石（石灰岩、白云岩、泥质泥岩等），在亚热带温湿气候条件下，经风化而成的残积、坡积或残—坡积的褐红色、棕红色或黄褐色的高塑性黏土。主要分布在云南、贵州、广西、安徽、四川东部等。有些地区的红黏土受水浸湿后体积膨胀，干燥失水后体积收缩，具有胀缩性。当管道存在漏水现象时，将会引起地基变形，造成管道破坏。

8.3.5 本条是根据修复指数确定修复等级，等级越高，修复的紧迫性越大。表 8.3.5 与本规程第 8.3.3 条配合使用。

8.4 功能性状况评估

8.4.2 管段运行状况系数是缺陷分值的计算结果，Y 是管段各缺陷分值的算术平均值，Y_{max} 是管段各缺陷分值中的最高分。

管段功能性缺陷密度是基于管段平均缺陷值 Y 时的缺陷总长度占管段长度的比值，该缺陷密度是计算值，并不是管段缺陷的实际密度，缺陷密度值越大，表示该管段的缺陷数量越多。

管段的缺陷密度与管段损坏状况参数的平均值 Y 配套使用。平均值 Y 表示缺陷的严重程度，缺陷密度表示缺陷量的程度。

8.4.4 在进行管段的功能性缺陷评估时应确定缺陷等级，功能性缺陷参数 G 是比较了管段缺陷最高分和平均分后的缺陷分值，该参数的等级与缺陷分值对应的等级一致。管段的功能性缺陷等级仅是管段内部运行状况的受影响程度，没有结合外界环境的影响因素。

管段的养护指数是在确定管段功能性缺陷等级后，再综合考虑管道重要性与环境因素，表示管段养护紧迫性的指标。由于管道功能性缺陷仅涉及管道内部运行状况的受影响程度，与管道埋设的土质条件无关，故养护指数的计算没有将土质影响参数考虑在内。如果管道存在缺陷，且需要养护的管道多，在养护力量有限、养护队伍任务繁重的情况下，制定管道的养护计划就应该根据缺陷的严重程度和缺陷发生后对服务区域内的影响程度，根据缺陷的轻重缓急制定养护计划。养护指数是制定养护计划的依据。

9 检查井和雨水口检查

9.0.1 检查井主要作为管线运行情况检查和疏通的操作空间，管线改变高程、改变坡度、改变管径、改变方向的衔接位置。同时，排水支管汇入主干管道也通过检查井完成连接。检查井是管道检测的出入口，在进行管道检测前，首先应对检查井进行检查，这不仅是因为检查井是管道系统检查的内容之一，还因为先对检查井进行检查是管道检测准备工作、安全工作和有效工作的基础条件。

9.0.3 塑料检查井采用工业化生产，产品尺寸精确，施工安装较砖砌检查井简便，从基础施工到井体安装、连管安装的施工周期较砖砌检查井大为缩短，解决了塑料排水管道施工中普遍存在的"管道施工快，检查井施工慢"的问题，只有当检查井的施工速度也相应提高，才能充分体现塑料排水管道施工方便快速的优越性。随着塑料检查井的推广应用，塑料检查井的产品质量和施工安装工艺已基本成熟。建设部 2007 年第 659 号公告《建设事业"十一五"推广应用和限制禁止使用技术（第一批）》第 124 项规定，要优先采用塑料检查井。随着塑料检查井的大量使用，应该将其纳入检查的范围。根据塑料检查井的特点，井周围的回填材料和密实度对塑料检查井安全使用有重要影响，具体表现为井筒变形、井筒与管道连接处破裂或密封胶圈脱落。

9.0.4 一个检查井连接的进水管道或出水管道如果超过两条，当需要对管道排序时，排序方法见图 6。

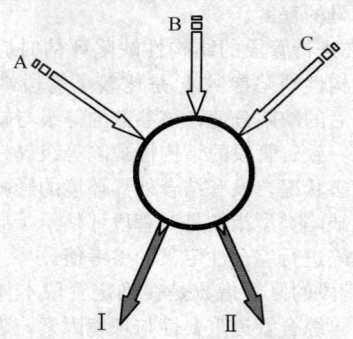

图 6 检查井内管道排序方法

10 成 果 资 料

10.0.1 检测与评估报告是管道检测工作的成果体现。检测报告应根据检测的实际情况，文字应尽量做到简洁清晰、重点突出、文理通顺、结论明确。

10.0.2 检测与评估报告内容中包括4个主要内容：

1 管道概况包括检测任务的基本情况，检测实施的基本情况，检测环境的基本情况；

2 检测成果汇总情况。管段状况评估表是管道检测后基本状况汇总表，既包括管段的基本信息，这些信息有些是检测前已有的信息，有些可能是检测过程中补充的信息，也包括对结构性状况和功能性状况的综合评价，其信息内容包括最大缺陷值、平均缺陷值、缺陷等级、缺陷密度、修复（养护）指数；

3 排水管道检测成果表是经过对管段影像资料的判读结合现场记录对缺陷的诊断结果，并配有缺陷图片，是管段修复或养护的最基本依据；

4 技术措施是管道检测和评估所依据的标准、检测方法、采用仪器设备和技术方法。检测方法包括采用哪种检测方法，技术方法包括管道的封堵方法、临时排水方案、清洗方法，如采用仪器检测，还应包括设备在管道内移动的方法（例如声纳探头可安装在爬行器、牵引车或漂浮筏上）等。采用的仪器设备是对影像资料和工作质量的间接佐证，所以应在报告中体现。技术措施应该在检测前的技术方案中确定，但是现场的实际情况不同时可能有所调整，故报告中的技术措施应为实施的技术措施。

管道评估所采用的标准依据不同，则结论也不同。所以管道评估依据的标准是检测报告的内容之一。

10.0.3 检测资料是在管道检测过程中直接形成的具有归档保存价值的文字、图表、声像等各种形式的资料。管道检测过程的真实记录是管道检测后运行、管理、维修、改扩建、技改、恢复等工作的重要资料，只有真实准确、齐全完整、标准规范的资料才能为管道的维修、保养等提供不可替代的技术支持。

资料主要包括依据性文件、凭证资料、检测资料、成果资料等。任务书是接收委托、进行检测的依据性文件；技术设计书是检测设计方案，检测单位编制的检测方案经过委托单位审核认可后，即成为检测工作操作的依据性文件；凭证资料即检测的基础性资料，是指收集到的管线图、工程地质等现场自然状况资料。

影像资料（保存于录像光盘或其他外存储器）是检测结果的重要资料之一，根据拍摄的实际情况制作。在光盘（或其他外存储器）封面上应写明任务名称、管段编号及检测单位等相关信息。

检测与评估报告、检测记录表和影像资料是反映管道检测的主要资料，是管道检测任务验收和日常养护的重要依据。因此，检测工作结束后，检测资料应与检测与评估报告一并提交。

中华人民共和国行业标准

餐厨垃圾处理技术规范

Technical code for food waste treatment

CJJ 184—2012

批准部门：中华人民共和国住房和城乡建设部
施行日期：2 0 1 3 年 5 月 1 日

中华人民共和国住房和城乡建设部
公　告

第 1560 号

住房城乡建设部关于发布行业标准《餐厨垃圾处理技术规范》的公告

现批准《餐厨垃圾处理技术规范》为行业标准，编号为 CJJ 184-2012，自 2013 年 5 月 1 日起实施。其中，第 3.0.1、3.0.2、7.5.5、7.5.6、9.0.5 条为强制性条文，必须严格执行。

本规范由我部标准定额研究所组织中国建筑工业出版社出版发行。

中华人民共和国住房和城乡建设部
2012 年 12 月 24 日

前　言

根据原建设部《关于印发〈2006 年工程建设标准规范制订、修订计划（第一批）〉的通知》（建标[2006] 77 号）的要求，规范编制组经广泛调查研究，认真总结实践经验，参考有关国内外标准，并在广泛征求意见的基础上，编制了本规范。

本规范的主要内容是：1. 总则；2. 术语；3. 餐厨垃圾的收集与运输；4. 厂址选择；5. 总体设计；6. 餐厨垃圾计量、接受与输送；7. 餐厨垃圾处理工艺；8. 辅助工程；9. 工程施工及验收。

本规范中以黑体字标志的条文为强制性条文，必须严格执行。

本规范由住房和城乡建设部负责管理和对强制性条文的解释，由城市建设研究院负责具体技术内容的解释。执行过程中如有意见和建议，请寄送城市建设研究院（地址：北京市西城区德胜门外大街 36 号；邮政编码：100120）。

本规范主编单位：城市建设研究院
本规范参编单位：清华大学
　　　　　　　　北京嘉博文生物科技有限公司
　　　　　　　　青岛天人环境工程有限公司
　　　　　　　　重庆市环卫控股（集团）有限公司
　　　　　　　　上海市环境工程设计科学研究院有限公司
　　　　　　　　青海洁神环境能源产业有限公司
　　　　　　　　宁波开诚生态技术有限公司
　　　　　　　　北京弗瑞格林环境资源投资有限公司
　　　　　　　　北京时代桃源环境科技有限公司

本规范参加单位：中联重科股份有限公司
　　　　　　　　北京高能时代环境技术股份有限公司

本规范主要起草人员：郭祥信　徐文龙　黄文雄
　　　　　　　　　　王敬民　金宜英　于家伊
　　　　　　　　　　曹　曼　张　益　张兴庆
　　　　　　　　　　周德刚　朱华伦　吴长亮
　　　　　　　　　　杨军华　王丽莉　屈志云
　　　　　　　　　　刘晶昊　张　波　何永全
　　　　　　　　　　梁立宽　蔡　辉　吕德斌
　　　　　　　　　　徐长勇　冯幼平　刘　林
　　　　　　　　　　杨　韬　罗　博　沈炳国
　　　　　　　　　　王云飞　魏小凤　舒春亮
　　　　　　　　　　段建国　刘　勇　余昆朋

本规范主要审查人员：聂永丰　陶　华　陈朱蕾
　　　　　　　　　　冯其林　林　泉　李国学
　　　　　　　　　　汪群慧　黄亚军

目次

1 总则 …………………………… 86—5
2 术语 …………………………… 86—5
3 餐厨垃圾的收集与运输 ………… 86—5
4 厂址选择 ……………………… 86—5
5 总体设计 ……………………… 86—5
　5.1 一般规定 ………………… 86—5
　5.2 规模与分类 ……………… 86—6
　5.3 总体工艺设计 …………… 86—6
　5.4 总图设计 ………………… 86—6
6 餐厨垃圾计量、接受与输送 …… 86—6
7 餐厨垃圾处理工艺 …………… 86—7
　7.1 一般规定 ………………… 86—7
　7.2 预处理 …………………… 86—7
　7.3 厌氧消化工艺 …………… 86—7
　7.4 好氧生物处理 …………… 86—8
　7.5 饲料化处理 ……………… 86—8
8 辅助工程 ……………………… 86—8
　8.1 电气与自控 ……………… 86—8
　8.2 给排水工程 ……………… 86—9
　8.3 消防 ……………………… 86—9
　8.4 环境保护与监测 ………… 86—9
　8.5 安全与劳动保护 ………… 86—9
　8.6 采暖、通风与空调 ……… 86—9
9 工程施工及验收 ……………… 86—9
本规范用词说明 ………………… 86—10
引用标准名录 …………………… 86—10
附：条文说明 …………………… 86—11

Contents

1 General Provisions ⋯⋯⋯⋯⋯⋯ 86—5
2 Terms ⋯⋯⋯⋯⋯⋯⋯⋯⋯⋯⋯ 86—5
3 Collection and Transportation of Food Waste ⋯⋯⋯⋯⋯⋯⋯⋯ 86—5
4 Locating of Food Waste Treatment Plant ⋯⋯⋯⋯⋯⋯⋯⋯⋯⋯⋯ 86—5
5 General Plan and Design ⋯⋯⋯⋯ 86—5
　5.1 General Requirement ⋯⋯⋯⋯⋯⋯ 86—5
　5.2 Capacity and Classification ⋯⋯⋯ 86—6
　5.3 Overall Design of Process Scheme ⋯⋯ 86—6
　5.4 Designing of General Layout ⋯⋯⋯ 86—6
6 Receiving, Weighing and Conveying System ⋯⋯⋯⋯⋯⋯⋯ 86—6
7 Technologies of Food Waste Treatment ⋯⋯⋯⋯⋯⋯⋯⋯⋯⋯ 86—7
　7.1 General Requirement ⋯⋯⋯⋯⋯⋯ 86—7
　7.2 Pretreatment of Food Waste ⋯⋯⋯ 86—7
　7.3 The Anaerobic Technology of Food Waste ⋯⋯⋯⋯⋯⋯⋯⋯⋯ 86—7
　7.4 The Aerobic Composting Technology of Food Waste ⋯⋯⋯⋯ 86—8
　7.5 The Feed Making Technology of Food Waste ⋯⋯⋯⋯⋯⋯⋯⋯ 86—8
8 Public Engineering ⋯⋯⋯⋯⋯⋯ 86—8
　8.1 Power Supply and Automatic Control ⋯⋯⋯⋯⋯⋯⋯⋯⋯⋯⋯ 86—8
　8.2 Water Supply and Waste Water Drainage ⋯⋯⋯⋯⋯⋯⋯⋯⋯⋯ 86—9
　8.3 Fire Prevention ⋯⋯⋯⋯⋯⋯⋯⋯ 86—9
　8.4 Environmental Protection and Measuring ⋯⋯⋯⋯⋯⋯⋯⋯⋯⋯ 86—9
　8.5 Labour Protection and Safety ⋯⋯⋯ 86—9
　8.6 Heating and Ventilation ⋯⋯⋯⋯⋯ 86—9
9 Construction and Examination ⋯⋯ 86—9
Explanation of Wording in This Code ⋯⋯⋯⋯⋯⋯⋯⋯⋯⋯⋯⋯ 86—10
List of Quoted Standards ⋯⋯⋯⋯⋯ 86—10
Addition: Explanation of Provisions ⋯⋯ 86—11

1 总 则

1.0.1 为贯彻国家有关餐厨垃圾处理的法规和技术政策，保证餐厨垃圾得到资源化、无害化和减量化处理，使餐厨垃圾处理工程建设规范化，制定本规范。

1.0.2 本规范适用于新建、扩建、改建餐厨垃圾收集和处理工程项目的设计、施工及验收。

1.0.3 餐厨垃圾处理工程建设，应采用先进、成熟、可靠的技术和设备，做到工艺技术先进、运行可靠、消除风险、控制污染、安全卫生、节约资源、经济合理。

1.0.4 餐厨垃圾收集和处理工程的设计、施工及验收除应符合本规范外，尚应符合国家现行有关标准的规定。

2 术 语

2.0.1 餐饮垃圾 restaurant food waste
餐馆、饭店、单位食堂等的饮食剩余物以及后厨的果蔬、肉食、油脂、面点等的加工过程废弃物。

2.0.2 厨余垃圾 food waste from household
家庭日常生活中丢弃的果蔬及食物下脚料、剩菜剩饭、瓜果皮等易腐有机垃圾。

2.0.3 餐厨垃圾 food waste
餐饮垃圾和厨余垃圾的总称。

2.0.4 泔水油 oil in food waste
从餐厨垃圾中分离、提炼出的油脂。

2.0.5 煎炸废油 waste fried oil
餐馆、饭店、单位食堂等做煎炸食品后废弃的煎炸用油。

2.0.6 地沟油 oil made from restaurant drainage sewage
从餐饮单位厨房排水除油设施分离出的油脂和排水管道或检查井清掏污物中提炼出的油脂。

2.0.7 干热处理 dry thermal treatment
将餐厨垃圾预脱水后，利用热能进行干燥处理，同时杀灭细菌的处理过程。

2.0.8 湿热处理 hydrothermal treatment
基于热水解反应，在适当的含水环境中，利用热能对餐厨垃圾进行处理，并改变垃圾后续加工性能的餐厨垃圾处理过程。

2.0.9 含固率 ratio of dry solid to total material (TS)
物料中含有的干物质的重量比率。

2.0.10 反刍动物饲料 ruminant animal feed
用来喂养具有反刍消化方式动物的饲料。反刍动物一般包括牛、羊、骆驼、鹿、长颈鹿、羊驼、羚羊等。

3 餐厨垃圾的收集与运输

3.0.1 餐饮垃圾的产生者应对产生的餐饮垃圾进行单独存放和收集，餐饮垃圾的收运者应对餐饮垃圾实施单独收运，收运中不得混入有害垃圾和其他垃圾。

3.0.2 餐饮垃圾不得随意倾倒、堆放，不得排入雨水管道、污水排水管道、河道、公共厕所和生活垃圾收集设施中。

3.0.3 对餐饮单位的餐饮垃圾应实行产量和成分登记制度，并宜采取定时、定点的收集方式收集。

3.0.4 煎炸废油应单独收集和运输，不宜与餐饮垃圾混合收集。

3.0.5 厨余垃圾宜实施分类收集和分类运输。

3.0.6 餐厨垃圾应采用密闭、防腐专用容器盛装，采用密闭式专用收集车进行收集，专用收集车的装载机构应与餐厨垃圾盛装容器相匹配。

3.0.7 餐厨垃圾应做到日产日清。采用餐厨垃圾饲料化和制生化腐植酸的处理工艺时，其餐厨垃圾在存放、运输过程中应采取防止发生霉变的措施。

3.0.8 餐厨垃圾运输车辆在任何路面条件下不得泄漏和遗洒。

3.0.9 餐厨垃圾宜直接从收集点运至处理厂。产生量大、集中处理且运距较远时，可设餐厨垃圾转运站，转运站应采用非暴露式转运工艺。

3.0.10 运输路线应避开交通拥挤路段，运输时间应避开交通高峰时段。

3.0.11 在寒冷地区使用的餐厨垃圾运输车，应采取防止餐厨垃圾产生冰冻的措施。

3.0.12 餐厨垃圾运输车装、卸料宜为机械操作。

4 厂址选择

4.0.1 餐厨垃圾处理厂的选址应符合当地城市总体规划，区域环境规划，城市环境卫生专业规划及相关规划的要求。

4.0.2 厂址选择应综合考虑餐厨垃圾处理厂的服务区域、服务单位、垃圾收集运输能力、运输距离、预留发展等因素。

4.0.3 餐厨垃圾处理设施宜与其他固体废物处理设施或污水处理设施同址建设。

4.0.4 厂址选择应符合下列条件：
    1 工程地质与水文地质条件应满足处理设施建设和运行的要求。
    2 应有良好的交通、电力、给水和排水条件。
    3 应避开环境敏感区、洪泛区、重点文物保护区等。

5 总体设计

5.1 一般规定

5.1.1 餐厨垃圾总产生量较大的城市可优先采用集

中处理方式处理餐厨垃圾。

5.1.2 餐厨垃圾处理厂的建设宜根据餐厨垃圾收集率预测或收集效果确定是否分期建设以及各期的建设规模。

5.1.3 餐厨垃圾处理生产线的数量及规模应根据所选工艺特点、设备成熟度，经技术经济比较后确定，并应考虑设备和生产线的备用性。

5.2 规模与分类

5.2.1 餐厨垃圾处理厂建设规模应根据该工程服务区域和用户的餐厨垃圾现状产生量及预测产生量确定。

5.2.2 餐饮垃圾产生量应根据实际统计数据确定，也可按人均日产生量进行估算，估算宜按下式计算：

$$M_c = Rmk \qquad (5.2.2)$$

式中：M_c——某城市或区域餐饮垃圾日产生量，kg/d；

R——城市或区域常住人口；

m——人均餐饮垃圾产生量基数，kg/（人·d）；人均餐饮垃圾日产生量基数 m 宜取 0.1kg/（人·d）；

k——餐饮垃圾产生量修正系数。经济发达城市、旅游业发达城市或高校多的城区可取 1.05～1.15；经济发达旅游城市、经济发达沿海城市可取 1.15～1.30；普通城市可取 1.00。

5.2.3 餐厨垃圾处理厂分类宜符合下列规定：

1 Ⅰ类餐厨垃圾处理厂：全厂总处理能力应为 300 t/d 以上（含 300 t/d）；

2 Ⅱ类餐厨垃圾处理厂：全厂总处理能力应为 150 t/d～300 t/d（含 150 t/d）；

3 Ⅲ类餐厨垃圾处理厂：全厂总处理能力应为 50 t/d～150 t/d（含 50 t/d）；

4 Ⅳ类餐厨垃圾处理厂：全厂总处理能力应为 50 t/d 以下。

5.3 总体工艺设计

5.3.1 餐厨垃圾处理主体工艺的选择应符合下列规定：

1 应技术成熟、设备可靠；

2 应做到资源化程度高、二次污染及能耗小；

3 应符合无害化处理要求。

5.3.2 生产线工艺流程的设计应满足餐厨垃圾资源化、无害化处理的需要，做到工艺完善、流程合理、环保达标，各中间环节和单体设备应可靠。

5.3.3 餐厨垃圾处理车间设备布置应符合下列规定：

1 物质流顺畅，各工段不应相互干扰；

2 应留有足够的设备检修空间；

3 进料和预处理工段应与主处理工段分开；

4 应有利于车间全面通风的气流组织优化和环境维护。

5.4 总图设计

5.4.1 餐厨垃圾处理厂总图布置应满足餐厨垃圾处理工艺流程的要求，各工序衔接应顺畅，平面和竖向布置合理，建构筑物间距应符合安全要求。

5.4.2 Ⅱ类以上餐厨垃圾处理厂宜分别设置人流和物流出入口，两出入口不得相互影响，且应做到进出车辆畅通。

5.4.3 餐厨垃圾处理厂各项用地指标应符合国家有关规定及当地土地、规划等行政主管部门的要求。

5.4.4 厂区道路的设置，应满足交通运输和消防的需求，并应与厂区竖向设计、绿化及管线敷设相协调。

5.4.5 当处理工艺中有沼气产生时，沼气产生、储存、输送等环节及相关区域的设备、设施应符合国家现行相应防爆标准要求。

6 餐厨垃圾计量、接受与输送

6.0.1 餐厨垃圾处理厂应设置计量设施，计量设施应具有称重、记录、打印与数据处理、传输功能。

6.0.2 餐厨垃圾卸料间应封闭，垃圾车卸料平台尺寸应满足最大餐厨垃圾收集车的卸料作业。

6.0.3 餐厨垃圾处理厂卸料口设置数量应根据总处理规模和餐厨垃圾收集高峰期车流量确定，Ⅰ类餐厨垃圾处理厂卸料口不得少于 3 个。

6.0.4 卸料间受料槽应设置局部排风罩，排风罩设计风量应满足卸料时控制臭味外逸的需要，卸料间的通风换气次数不应小于 3 次/h。

6.0.5 宜设置餐厨垃圾暂存、缓冲容器，缓冲容器的容积应与餐厨垃圾处理工艺和处理规模相协调，且应有防臭气散发的设施。

6.0.6 餐厨垃圾卸料间应设置地面和设备冲洗设施及冲洗水排放系统。

6.0.7 餐厨垃圾输送和卸料倒料过程中应避免飞溅和逸洒。

6.0.8 采用带式输送机输送餐厨垃圾时，应符合下列要求：

1 应有导水措施，防止污水横流。

2 带式输送机上方应设密封罩，并对密封罩实施机械排风。

3 设有人工分拣工位的带式输送机的移动速度宜为 0.1m/s～0.3m/s。

6.0.9 采用螺旋输送机输送餐厨垃圾时，应符合下列要求：

1 螺旋输送机的转速应能调节；

2 螺旋输送机应具有防硬物卡死的功能；

3 应具有自清洗功能。

7 餐厨垃圾处理工艺

7.1 一般规定

7.1.1 单位或居民区设置的小型厨余垃圾处理设备应做到技术可靠、排放达标，处理后的残余物应得到妥善处理。

7.1.2 餐厨垃圾处理残渣做有机肥时，其有机肥产品质量应符合国家现行标准《有机肥料》NY 525 的要求。

7.1.3 餐厨垃圾制肥中重金属、蛔虫卵死亡率和大肠杆菌值指标应符合现行国家标准《城镇垃圾农用控制标准》GB 8172 的要求。

7.2 预处理

7.2.1 餐厨垃圾处理厂应配置餐厨垃圾预处理工序，预处理工艺应根据餐厨垃圾成分和主体工艺要求确定。

7.2.2 餐厨垃圾预处理设施和设备应具有耐腐蚀、耐负荷冲击等性能和良好的预处理效果。

7.2.3 餐厨垃圾的分选应符合下列规定：
   1 餐厨垃圾预处理系统应配备分选设备将餐厨垃圾中混杂的不可降解物有效去除。
   2 餐厨垃圾分选系统可根据需要选配破袋、大件垃圾分选、风力分选、重力分选、磁选等设施与设备。
   3 分选出的不可降解物应进行回收利用或无害化处理。
   4 分选后的餐厨垃圾中不可降解杂物含量应小于5%。

7.2.4 餐厨垃圾的破碎应符合下列规定：
   1 餐厨垃圾破碎工艺应根据餐厨垃圾输送工艺和处理工艺的要求确定。
   2 破碎设备应具有防卡功能，防止坚硬粗大物破坏设备。
   3 破碎设备应便于清洗，停止运转后应及时清洗。

7.2.5 泔水油的分离应符合下列规定：
   1 应根据餐厨垃圾处理主体工艺的要求确定油脂分离及油脂分离工艺。
   2 餐厨垃圾液相油脂分离收集率应大于90%。
   3 应对分离出的油脂进行妥善处理和利用。

7.2.6 餐饮单位厨房下水道清掏物可用于提炼地沟油，地沟油的提炼应符合下列规定：
   1 地沟油提炼过程中产生的废气应得到妥善处理，并应达标排放。
   2 提炼出的地沟油和残渣均不得用于制作饲料或饲料添加剂。
   3 提炼后的残渣和废液应进行无害化处理。

7.2.7 严禁将煎炸废油、泔水油和地沟油用于生产食用油或食品加工。

7.2.8 利用湿热处理方法对餐厨垃圾进行预处理时，湿热处理温度宜为120℃～160℃，处理时间不应小于20min。

7.2.9 利用干热处理方法对餐厨垃圾进行预处理时，物料温度宜为95℃～120℃，此温度下物料的停留时间不应小于25min。

7.2.10 应根据处理后产品质量的要求确定控制盐分措施。

7.3 厌氧消化工艺

7.3.1 厌氧消化前餐厨垃圾破碎粒度应小于10mm，并应混合均匀。

7.3.2 餐厨垃圾厌氧消化的工艺应根据餐厨垃圾的特性、当地的条件经过技术经济比较后确定。

7.3.3 湿式工艺的消化物含固率宜为8%～18%，物料消化停留时间不宜低于15d。

7.3.4 干式工艺的消化物含固率宜为18%～30%，物料消化停留时间不宜低于20d。

7.3.5 消化物料碳氮比(C/N)宜控制在(25～30)：1，pH值宜控制在 6.5～7.8。

7.3.6 可采用中温厌氧消化或高温厌氧消化，中温温度以35℃～38℃为宜，高温温度以50℃～55℃为宜。厌氧消化系统应能对物料温度进行控制，物料温度上下波动不宜大于2℃。

7.3.7 餐厨垃圾中钠离子含量高对厌氧发酵影响较大时，宜采取降低钠离子的措施。

7.3.8 餐厨垃圾厌氧消化器应符合下列规定：
   1 应有良好的防渗、防腐、保温和密闭性，在室外布置的，应具有耐老化、抗强风、雪等恶劣天气的性能。
   2 容量应根据处理规模、发酵周期、容器强度等因素确定。
   3 厌氧消化器的结构应有利于物料的流动，避免产生滞流死角。
   4 厌氧消化器应具有良好的物料搅拌、匀化功能，防止物料在消化器中形成沉淀。
   5 应有检修孔和观察窗。
   6 应配置安全减压装置，安全减压装置应根据安全部门的规定定期检验。

7.3.9 对厌氧产生的沼气应进行有效利用或处理，不得直接排入大气。

7.3.10 工艺中产生的沼液和残渣应得到妥善处理，不得对环境造成污染。

7.3.11 沼液做液体肥料时，其液体肥产品质量应符合国家现行标准《含腐植酸水溶肥料》NY 1106 的要求。

7.4 好氧生物处理

7.4.1 好氧堆肥应符合下列规定：

1 餐厨垃圾采用好氧堆肥方式处理时，应对餐厨垃圾进行水分调节、盐分调节、脱油、碳氮比调节等处理，物料粒径应控制在50mm以内，含水率宜为45%～65%，碳氮比宜为(20～30):1。

2 餐厨垃圾宜与园林废弃物、秸秆、粪便等有机废弃物混合堆肥。

3 餐厨垃圾好氧堆肥应符合国家现行标准《城市生活垃圾好氧静态堆肥处理技术规程》CJJ/T 52的有关规定。

4 餐厨垃圾好氧堆肥成品质量应符合现行国家标准《城镇垃圾农用控制标准》GB 8172的要求。当堆肥成品加工制造有机肥时，制成的有机肥质量应符合国家现行标准《有机肥料》NY 525和《生物有机肥》NY 884的要求。

5 餐厨垃圾堆肥过程中产生的残余物应进行回收利用，不可回收利用部分应进行无害化处理。

7.4.2 制备生化腐殖酸应符合下列规定：

1 餐厨垃圾制生化腐殖酸时，应加入腐殖酸转化剂和碳源调整材，C/N比宜控制在(25～30):1，物料含水率宜控制在60%±3%，并应经历复合微生物好氧发酵过程，发酵过程中物料温度宜控制在75℃±3℃，并持续8h～10h。

2 工艺过程使用的微生物菌剂应是国家相关部门允许使用的菌种，且应具有遗传稳定性和环境安全性。

3 发酵完成后，应将物料中大于5mm的杂物筛除。

4 餐厨垃圾制生化腐殖酸所使用的生化处理设备应符合国家现行标准《垃圾生化处理机》CJ/T 227的有关规定。

5 生化腐殖酸成品质量应符合表7.4.2的要求。

表7.4.2 生化腐殖酸成品质量要求

项目	指标
有机质含量，%	≥80.0
总腐植酸 HA_t，d%	≥45.0
游离腐植酸 HA_f，d%	≥40.0
pH	5.0～7.5
Na^+的质量分数，%	≤0.6
灰分，%	≤7.5
水分(H_2O)的质量分数，%	≤12.0
粪大肠菌群数，个/g(mL)	≤100
蛔虫卵死亡率，%	≥95
沙门氏菌	不得检出
黄曲霉毒素(ug/kg)	≤50

7.5 饲料化处理

7.5.1 饲料化处理的餐厨垃圾在处理前应严格控制存放时间，应确保存放和处理过程中不发生霉变。

7.5.2 应对饲料化处理的餐厨垃圾进行有效地预处理，将混杂其中的塑料、木头、金属、玻璃、陶瓷等非食物垃圾进行去除，去除后的杂物含量应小于5%。

7.5.3 选择饲料化作为主处理工艺的餐厨垃圾处理，应考虑对霉变餐厨垃圾的无害化处理措施。

7.5.4 餐厨垃圾在进入饲料化处理系统前，应对其进行检测，发生霉变的餐厨垃圾及过期变质食品不得进入饲料化处理系统。

7.5.5 餐厨垃圾饲料化处理必须设置病原菌杀灭工艺。

7.5.6 对于含有动物蛋白成分的餐厨垃圾，其饲料化处理工艺应设置生物转化环节，不得生产反刍动物饲料。

7.5.7 用于处理餐厨垃圾的微生物菌应是国家相关部门列表允许使用的菌种，确保菌种的有效性和安全性。

7.5.8 采用加热工艺去除餐厨垃圾水分时，加热温度应得到有效控制，避免产生焦化和生成有毒物质。

7.5.9 生产工艺中任何接触物料的设备，在停运后应及时对残留的物料进行清理，防止残留物料霉变影响产品质量。

7.5.10 饲料成品质量应符合现行国家标准《饲料卫生标准》GB 13078以及国家现行有关饲料产品标准的规定。

7.5.11 饲料化产品包装及标签应符合现行国家标准《饲料标签》GB 10648的规定。

8 辅助工程

8.1 电气与自控

8.1.1 餐厨垃圾处理厂的生产用电应从附近电力网引接，并根据处理工艺需要考虑保安电源，其接入电压等级应根据餐厨垃圾处理厂的总用电负荷及附近电力网的具体情况，经技术经济比较后确定。

8.1.2 餐厨垃圾处理工程的高压配电装置应符合现行国家标准《3～110kV高压配电装置设计规范》GB 50060的有关规定；继电保护和安全自动装置应符合现行国家标准《电力装置的继电保护和自动装置设计规范》GB/T 50062的有关规定；过电压保护、防雷和接地应符合现行国家标准《建筑物防雷设计规范》GB 50057和《交流电气装置的接地》DL/T 621的有关规定；爆炸火灾危险环境的电气装置应符合《爆炸和火灾危险环境电力装置设计规范》GB 50058中的有关规定。

8.1.3 对于餐厨垃圾厌氧发酵沼气发电工程，电气主接线应符合下列规定：

    1 发电上网时，应至少有一条与电网连接的双向受、送电线路。

    2 发电自用时，应至少有一条与电网连接的受电线路，当该线路发生故障时，应有能够保证安全停机和启动的内部电源或其他外部电源。

8.1.4 厂用电电压应采用380/220V。厂用变压器接线组别的选择，应使厂用工作电源与备用电源之间相位一致，车间内安装的低压厂用变压器宜采用干式变压器。

8.1.5 电测量仪表装置设置应符合国家现行标准《电力装置的继电保护和自动装置设计规范》GB/T 50062、《电力装置的电气测量仪表装置设计规范》GB/T 50063和《电测量及电能计量装置设计技术规程》DL/T 5137有关规定。

8.1.6 照明设计应符合现行国家标准《建筑照明设计标准》GB 50034中的有关规定。正常照明和事故照明应采用分开的供电系统。

8.1.7 电缆选择与敷设，应符合现行国家标准《电力工程电缆设计规范》GB 50217的有关规定。

8.1.8 餐厨垃圾处理厂应设置中央控制室对全厂各工艺环节进行集中控制。

8.1.9 餐厨垃圾处理厂的自动化控制系统，宜包括进料系统、预处理系统、处理工艺系统、副产品加工系统、通风除臭系统和其他必要的控制系统。

8.1.10 自动化控制系统应采用成熟的控制技术和可靠性高、性能好的设备和元件。

8.2 给排水工程

8.2.1 厂内给水工程设计应符合现行国家标准《室外给水设计规范》GB 50013和《建筑给排水设计规范》GB 50015的规定。

8.2.2 厂内排水工程设计应符合现行国家标准《室外排水设计规范》GB 50014和《建筑给排水设计规范》GB 50015的规定。

8.3 消防

8.3.1 餐厨垃圾处理厂应设置室内、室外消防系统，并应符合现行国家标准《建筑设计防火规范》GB 50016和《建筑灭火器配置设计规范》GB 50140的有关规定。

8.3.2 油脂储存间、燃料间和中央控制室等火灾易发设施应设置消防报警设施。

8.3.3 设有可燃气体管道和储存设施的车间应设置可燃气体和消防报警设施。

8.3.4 餐厨垃圾处理厂的电气消防设计应符合现行国家标准《建筑设计防火规范》GB 50016和《火灾自动报警系统设计规范》GB 50116中的有关规定。

8.4 环境保护与监测

8.4.1 餐厨垃圾的输送、处理各环节应做到密闭，并应设置臭气收集、处理设施，不能密闭的部位应设置局部排风除臭装置。

8.4.2 车间内粉尘及有害气体浓度应符合国家现行有关标准的规定，集中排放气体和厂界大气的恶臭气体浓度应符合现行国家标准《恶臭污染物排放标准》GB 14554的有关规定。

8.4.3 餐厨垃圾处理过程中产生的污水应得到有效收集和妥善处理，不得污染环境。

8.4.4 餐厨垃圾处理过程中产生的废渣应得到无害化处理。

8.4.5 对噪声大的设备应采取隔声、吸声、降噪等措施。作业区的噪声应符合国家有关标准的规定，厂界噪声应符合现行国家标准《工业企业厂界环境噪声排放标准》GB 12348的规定。

8.4.6 餐厨垃圾处理厂应具备常规的监测设施和设备，并应定期对工作场所和厂界进行环境监测。

8.4.7 餐厨垃圾处理厂工作场所环境监测内容应包括：噪声、粉尘、有害气体（H_2S、NH_3等）、空气中细菌总数、苍蝇密度等。排气口监测内容应包括：粉尘、有害气体（H_2S、SO_2、NH_3等）。厂界环境监测内容应包括：噪声、总悬浮颗粒物（TSP）、有害气体（H_2S、SO_2、NH_3）等、苍蝇密度、排放污水水质指标（BOD_5、COD_{cr}、氨氮等）。

8.5 安全与劳动保护

8.5.1 餐厨垃圾处理厂的安全生产应符合现行国家标准《生产过程安全卫生要求总则》GB/T 12801的规定。

8.5.2 餐厨垃圾处理厂的劳动卫生应符合国家现行有关标准的规定。

8.5.3 餐厨垃圾处理厂建设与运行应采取职业病防治、卫生防疫和劳动保护的措施。

8.6 采暖、通风与空调

8.6.1 各建筑物的采暖、空调及通风设计应符合现行国家标准《采暖通风与空气调节设计规范》GB 50019中的有关规定。

8.6.2 易产生挥发气体和臭味的部位应设置通风除臭设施。散发少量挥发性气体和臭味的部位或房间，可采用全面通风工艺，全面通风换气次数不宜小于3/h。散发较多挥发性气体和臭味的部位或房间，应采用局部机械排风除臭的通风工艺。

9 工程施工及验收

9.0.1 建筑、安装工程应符合施工图设计文件、设备技术文件的要求。

9.0.2 对工程的变更、修改应取得设计单位的设计变更文件后再进行施工。

9.0.3 餐厨垃圾处理厂涉及的建（构）筑物、道路、设备、管道、电缆等工程的施工及验收均应符合相应的国家现行施工和验收规范或规程的要求。

9.0.4 餐厨垃圾处理专用设备应由设备生产商负责安装或现场指导安装和设备调试，调试不满足设计要求的不得通过设备验收。

9.0.5 餐厨垃圾处理厂竣工验收前，严禁处理生产线投入使用。

9.0.6 餐厨垃圾处理厂工程验收依据应包括（但不限于）下列内容：
    1 主管部门的批准文件；
    2 批准的设计文件及设计变更文件；
    3 设备供货合同及合同附件，设备技术说明书和技术文件；
    4 专项设备施工、安装验收规范；
    5 施工、安装纪录资料；
    6 设备调试及试运行纪录资料。

9.0.7 餐厨垃圾处理生产线的验收应具备下列条件：
    1 进料、储料、输送、预处理、主体处理、后处理、配套环保设施等均安装完毕，并带负荷试运行合格；
    2 处理量和各项技术参数均达到设计要求；
    3 电气系统和仪表控制系统均安装调试合格。

9.0.8 重要结构部位、隐蔽工程、地下管线，应按工程设计要求及验收标准，及时进行中间验收。未经中间验收，不得作覆盖工程和后续工程。

本规范用词说明

1 为便于在执行本规范条文时区别对待，对于要求严格程度不同的用词说明如下：
　　1）表示很严格，非这样做不可的：
　　　　正面词采用"必须"，反面词采用"严禁"；
　　2）表示严格，在正常情况下均应这样做的：
　　　　正面词采用"应"，反面词采用"不应"或"不得"；
　　3）表示允许稍有选择，在条件许可时首先应这样做的：
　　　　正面词采用"宜"，反面词采用"不宜"；
　　4）表示有选择，在一定条件下可以这样做的，采用"可"。

2 条文中指明应按其他有关标准执行的写法为"应符合……的规定"或"应按……执行"。

引用标准名录

1 《室外给水设计规范》GB 50013
2 《室外排水设计规范》GB 50014
3 《建筑给排水设计规范》GB 50015
4 《建筑设计防火规范》GB 50016
5 《采暖通风与空气调节设计规范》GB 50019
6 《建筑照明设计标准》GB 50034
7 《建筑物防雷设计规范》GB 50057
8 《爆炸和火灾危险环境电力装置设计规范》GB 50058
9 《3~110kV 高压配电装置设计规范》GB 50060
10 《电力装置的继电保护和自动装置设计规范》GB/T 50062
11 《电力装置的电气测量仪表装置设计规范》GB/T 50063
12 《火灾自动报警系统设计规范》GB 50116
13 《建筑灭火器配置设计规范》GB 50140
14 《电力工程电缆设计规范》GB 50217
15 《城镇垃圾农用控制标准》GB 8172
16 《饲料标签》GB 10648
17 《工业企业厂界环境噪声排放标准》GB 12348
18 《生产过程安全卫生要求总则》GB/T 12801
19 《饲料卫生标准》GB 13078
20 《恶臭污染物排放标准》GB 14554
21 《城市生活垃圾好氧静态堆肥处理技术规程》CJJ/T 52
22 《垃圾生化处理机》CJ/T 227
23 《有机肥料》NY 525
24 《交流电气装置的接地》DL/T 621
25 《生物有机肥》NY 884
26 《含腐植酸水溶肥料》NY 1106
27 《电测量及电能计量装置设计技术规程》DL/T 5137

中华人民共和国行业标准

餐厨垃圾处理技术规范

CJJ 184—2012

条 文 说 明

制定说明

《餐厨垃圾处理技术规范》CJJ 184-2012，经住房和城乡建设部 2012 年 12 月 24 日以第 1560 号公告批准、发布。

本规范在编制过程中，编制组进行了广泛深入的调查研究，了解和总结了我国餐厨垃圾处理厂设计、施工和验收的实际经验，对餐厨垃圾好氧和厌氧处理确定了合理的技术参数。

为便于广大设计、施工、科研、学校等单位的有关人员在使用本规范时能正确理解和执行条文规定，《餐厨垃圾处理技术规范》编制组按章、节、条顺序编制了本规范的条文说明，对条文规定的目的、依据以及执行中需注意的有关事项进行了说明。对强制性条文的强制理由作了解释。但是，本条文说明不具备与标准正文同等的法律效力，仅供使用者作为理解和把握规范规定的参考。

目 次

1 总则 ……………………………………… 86—14
3 餐厨垃圾的收集与运输 …………………… 86—14
4 厂址选择 ………………………………… 86—14
5 总体设计 ………………………………… 86—14
　5.1 一般规定 …………………………… 86—14
　5.2 规模与分类 ………………………… 86—15
　5.3 总体工艺设计 ……………………… 86—15
　5.4 总图设计 …………………………… 86—15
6 餐厨垃圾计量、接受与输送 ……………… 86—15
7 餐厨垃圾处理工艺 ……………………… 86—16
　7.1 一般规定 …………………………… 86—16
　7.2 预处理 ……………………………… 86—16
　7.3 厌氧消化工艺 ……………………… 86—16
　7.4 好氧生物处理 ……………………… 86—17
　7.5 饲料化处理 ………………………… 86—18
8 辅助工程 ………………………………… 86—18
　8.1 电气与自控 ………………………… 86—18
　8.2 给排水工程 ………………………… 86—18
　8.3 消防 ………………………………… 86—18
　8.4 环境保护与监测 …………………… 86—19
　8.5 安全与劳动保护 …………………… 86—19
　8.6 采暖、通风与空调 ………………… 86—19
9 工程施工及验收 ………………………… 86—19

1 总 则

1.0.1 餐厨垃圾是我国城市的一种主要固体废弃物，由于我国居民生活习惯的原因，餐厨垃圾的产生量较大，餐厨垃圾含水率高、易腐烂发臭，不及时有效处理会给环境造成很大危害。由于利益的驱使，很多餐馆、饭店的餐厨垃圾出售给小商贩加工食用油和禽畜饲料，有的甚至直接喂猪，严重影响了居民的饮食安全。本技术规范的制定旨在规范餐厨垃圾的处理，使餐厨垃圾的处理真正达到无害化，避免饮食风险和环境污染。

1.0.2 新建、改建、扩建的餐厨垃圾处理项目在技术要求上应该一致，因此本技术规范对新建、改建、扩建的餐厨垃圾处理项目具有同等的约束作用。

1.0.3 餐厨垃圾处理有多种工艺，本条提出了在处理工艺选择时需要遵循的原则。

1.0.4 餐厨垃圾处理厂的建设除应遵守本规范及其引用的标准外，还应遵守垃圾堆肥、沼气工程、建筑结构（包括钢筋混凝土结构、钢结构、砖混结构等）、道路、污水处理、垃圾渗沥液处理、电气工程、自动控制、燃气工程、内燃机发电工程等方面的国家和行业标准。

3 餐厨垃圾的收集与运输

3.0.1 由于餐饮垃圾含水、含油量较大，如与其他垃圾混合收集，将为后续处理带来很大麻烦，因此本条要求餐饮垃圾单独收集，不得与其他垃圾混合。本条为强制性条文。

3.0.2 由于餐饮垃圾含有大量的有机物，随意倾倒、堆放和直接排入管道会造成环境的严重污染和管道的堵塞，因此本条为强制性条文。

3.0.3 大部分餐饮垃圾来自餐馆、饭店，其产生集中的时间是中午和晚上，为了减少餐厨垃圾存放时间、及时清运餐厨垃圾，在下午和晚间收集比较好。为便于政府监管，建立固定的餐厨垃圾收集点，并对各餐饮单位的餐厨垃圾产生量和成分进行长期跟踪登记是非常必要的，这可有效防止餐饮单位偷售或偷排餐厨垃圾。

3.0.4 煎炸废油一般不含其他杂质，处理时可节省预处理费用，如果与餐饮垃圾混合，处理时比较麻烦。另外煎炸废油的回收价值较高，单独收集有利于资源回收和降低回收成本。

3.0.5 厨余垃圾是易腐烂发臭的有机物，含水率高，如混在其他生活垃圾中会给后续处理带来很大难度。国内很多城市均在试点厨余垃圾的分类收集，本条旨在引导公众和垃圾收运机构逐步培养厨余垃圾分类收集的习惯。

3.0.6 由于餐厨垃圾含水量大、有异味，因此其收集容器应密闭，并应与餐厨垃圾收集车相匹配，以防装车时洒漏和异味散发。

3.0.7 餐厨垃圾腐烂速度快，为了避免腐烂变质，需要对每天产生的餐厨垃圾及时收集运至处理厂进行处理。对于采用餐厨垃圾饲料化和制生化腐植酸的处理工艺，在不易保质的季节可采用加入微生物预处理菌的方法防止餐厨垃圾变质而产生有害菌、毒素等。

3.0.8 本条是对餐厨垃圾运输车辆的基本要求。

3.0.9 由于餐厨垃圾含水率高、有异味，如进行中间倒运，易对环境造成污染，因此尽量一次性运输。对于一些餐厨垃圾产生量很大且只有一个集中处理厂的城市，为了减少运输费用也可建设中间转运设施，但转运站尽量不使垃圾暴露。本条文中的非暴露式转运工艺包括垃圾容器直接换装（即直接将垃圾容器由小车换装至大车）和车与车直接对接换装（即小车的卸料口与大车卸料口直接对接将垃圾由小车卸入大车）两种。

3.0.10 本条是对餐厨垃圾运输的基本要求。

3.0.11 寒冷地区冬季含水多的餐厨垃圾在运输过程中易冻结，影响卸料，因此作本条要求。一般是通过保温来防止冻结。

3.0.12 由于餐厨垃圾异味较大，不宜人工装卸。

4 厂址选择

4.0.1 本条为餐厨垃圾处理厂选址的基本要求。

4.0.2 服务区域、服务单位、垃圾收集运输能力、运输距离、预留发展等因素是厂址选择时重点考虑的因素。

4.0.3 餐厨垃圾处理过程中会产生一些污水和残渣，如与其他固体废物处理设施或污水处理设施同址建设，则其污水和残渣处理可以节省投资和运输费用。同址建设也有利于污染物的集中处理，减少环境影响。

4.0.4 本条从工程地质、水文地质、交通、电力、给水排水及环境敏感性等方面提出了选址要求，这些因素直接影响工程的可行性。

5 总体设计

5.1 一般规定

5.1.1 对于餐厨垃圾总产生量较大的城市来说，建设集中餐厨垃圾处理设施在经济上是比较合理的，并有利于环境保护和资源利用。对于产生量较小的城市，可以采用分散的有机垃圾处理设备对餐厨垃圾进行处理。

5.1.2 餐厨垃圾收集难度较大。餐饮垃圾的收集需要政府部门有效的监管，居民厨余垃圾的分类收集需要居民的配合，如果两种垃圾收集率不高，易造成处理设施低负荷运行。因此本条要求根据餐厨垃圾分类收集实施效果确定餐厨垃圾处理厂规模。如果餐厨垃圾收集不能全面展开，则可分期建设处理设施，以免出现设备低负荷运行现象。

5.1.3 生产线数量及单条生产线规模是技术经济比较的重要内容。生产线数量越多，设备备用性越好，实际处理能力越强，但生产线数量多投资就大，工程经济性差。生产线数量越少，设备投资越小，工程经济性好，但设备备用性差，实际处理能力易受设备检修的影响。

5.2 规模与分类

5.2.1 本条是为餐厨垃圾处理厂规模确定提出的要求。餐厨垃圾的产生具有不确定性和地区差别，因此在确定餐厨垃圾处理规模前要对本厂服务区域内的餐厨垃圾产生特点和产生量进行细致调查，最好调查四季的数据。

5.2.2 餐饮垃圾产生量的最大相关因素就是人，人口越多，餐饮垃圾产生量越大，因此本条给出的餐饮垃圾产生量估算公式中的变量为城市人口，该公式是在大量餐饮垃圾产生量调查的基础上总结得出的。

本条给出了人均餐饮垃圾日产生量基数的取值，此值是在大量调查数据的基础上得出的。

本条还给出了不同城市餐饮垃圾产生量修正系数 k 的取值。根据调查统计，经济发达和旅游业发达的城市，餐饮垃圾产生量比普通城市大 5%～15%；经济发达旅游城市和经济发达沿海城市的餐饮垃圾产生量比普通城市大 15%～30%。另外，高等教育发达的城区，餐饮垃圾的产生量明显偏大，在城市餐厨垃圾产生量估算中也应考虑此情况。

5.2.3 本条根据处理能力将餐厨垃圾处理厂分为五类。

5.3 总体工艺设计

5.3.1 由于餐厨垃圾中可利用物质比较多，因此其处理工艺应充分考虑资源化利用的问题，同时要达到无害化处理。

5.3.2 生产线工艺流程需使各设备、各环节连接成有机的整体，如果有任何一个中间环节或设备发生故障，则整个生产线就要受到影响。

5.3.3 车间布置是餐厨垃圾处理工程设计的重要内容，本条从几个重点方面对餐厨垃圾车间布置进行了要求。

1 由于餐厨垃圾含水率大、含油量大、异味大、污染性强，因此物质流的组织应做到尽量减少交叉，以防各工段相互干扰，物质流组织应作为餐厨垃圾处理车间布置的重点；

2 设备检修对于餐厨垃圾处理是经常的，因此设备间距应满足检修的需要；

3 进料和预处理段环境比较差，如不与主处理工段分开则易影响主处理设备的正常运行和主处理工段的清洁卫生，影响产品质量；

4 车间内清洁程度由高到低为成品加工工段—主处理工段—预处理工段—卸料工段。车间内全面通风的气流组织应避免由清洁程度低的工段流向清洁程度高的工段，或由清洁程度低的区域流向清洁程度高的区域。

5.4 总图设计

5.4.1 本条是对餐厨垃圾处理厂总平面布置的基本要求。

5.4.2 规模大的餐厨垃圾处理厂进厂餐厨垃圾量较大，特别是餐厨垃圾收集高峰时段，垃圾车辆可能会在厂门口集聚，影响人的通行，因此本条提出Ⅱ类以上规模较大的餐厨垃圾处理厂可以分别设置人流和物流出入口。

5.4.3 本条是对餐厨垃圾处理厂用地指标的基本要求。

5.4.5 沼气是可燃气体，其中的主要成分甲烷在空气中的爆炸浓度是 5%～25%，如果沼气泄漏到某个空间中极易引起爆炸。因此在可能有沼气泄漏的地方均要考虑防爆设计。防爆设计包括危险场所的划分、防爆等级的划分、防爆设备的选择等。

6 餐厨垃圾计量、接受与输送

6.0.1 本条是对计量设施的一般规定。

6.0.2 餐厨垃圾卸料时会散发一些臭味，垃圾卸料间是臭味主要产生源，因此本条规定卸料间应封闭，以防臭味散发至室外。另外垃圾车卸料需要一定的空间，在卸料间设计时需要考虑卸料间的大小，应满足最大车的卸料需要。

6.0.3 在餐厨垃圾收集高峰期进厂垃圾车数量较多，如卸料门过少，容易造成车辆排队等候时间过长。因此本条要求根据餐厨垃圾量和收集高峰期车流量确定卸料门数量，以避免高峰期车辆排队等候时间过长为原则。

6.0.4 受料槽在卸料时臭味散发强度最大，这时应将排风罩的风量调至最大，使散发的臭气能被有效控制。卸料时垃圾车也散发一些臭味，这些臭味要通过卸料间的全面排风系统进行控制。

6.0.5 餐厨垃圾产生量变化较大，为了使处理生产线负荷均匀，需要考虑设置暂存容器。对于餐厨垃圾饲料化工艺，由于餐厨垃圾存放时间不能过长，暂存容器不宜过大。

6.0.6 餐厨垃圾卸料时，不可避免会发生一些撒漏，如不及时冲洗，就容易使污物粘沾在地面上，因此需要有冲洗设施对卸料间地面进行及时冲洗，接受设备作业完毕也同样要及时清洗。

6.0.7 餐厨垃圾含水率高、含油量大，易污染环境，因此在输送和卸料过程中需重点防止飞溅和逸洒。

6.0.8 采用带式输送机输送餐厨垃圾时，应符合下列要求：

　　1 餐厨垃圾含水率高，带式输送时水易于外流，需要有导水措施，防止污水横流。

　　2 餐厨垃圾易发臭，设置密封罩并实施机械排风是控制臭气散发的有效措施。

　　3 人工分拣工位的带式输送机移动速度不能过快，否则分拣效率降低，且分拣人员会因长时间注视皮带而感到眩晕。

6.0.9 采用螺旋输送机输送餐厨垃圾时，应符合下列要求：

　　1 螺旋输送机转速不同，其输送能力不同，为适应餐厨垃圾收集量的波动，本条要求螺旋输送机转速可调。

　　2 当餐厨垃圾中有硬物时，螺旋输送机易被卡住，为使设备运行可靠，需要考虑螺旋输送机的防卡功能。

　　3 输送设备一般为间歇运行，停运后残留物易于粘结在设备表面，因此在设备停运后需及时用水清洗，本条要求具有自清洗功能即是保证螺旋输送机停运后的及时清洗。

7 餐厨垃圾处理工艺

7.1 一般规定

7.1.1 本条是对分散设置的小型垃圾处理设施的要求。由于分散处理设施一般设在人口较密的地方，因此要确保处理设施的排放不影响人的身体健康，处理后的残渣也要妥善处理。

7.1.2 本条是对餐厨垃圾制有机肥的基本要求。

7.1.3 重金属含量、蛔虫卵死亡率和大肠杆菌值指标是衡量肥料安全性的重要指标，餐厨垃圾制成的肥料必须符合标准才能使用。

7.2 预处理

7.2.1 餐厨垃圾杂质较多，需要预处理将杂质去除。另外根据不同的处理工艺，也需要将其中的水、油、盐分等物质去除。

7.2.2 本条是对预处理设施和设备的基本要求。

7.2.3 本条对分选提出了较具体的要求。分选的主要目的就是将餐厨垃圾中的杂质去除，因此分选设备应将不可降解物有效去除。本条要求分选后的餐厨垃圾中不可降解物的含量小于5%，主要考虑保证餐厨垃圾处理工艺的可靠性和资源化产品的质量。如杂质过多，一方面影响物料的输送性能，另一方面也影响资源化产品的质量。

7.2.4 餐厨垃圾破碎的粒度可根据后续处理工艺的不同有所不同，如采用湿式厌氧工艺，则需将餐厨垃圾破碎至较小粒度，以利于提高物料的流动性。如采用干式厌氧工艺，则不需将餐厨垃圾破碎至太小粒度，以节省运行费用。餐厨垃圾黏性较大，易于在表面粘连、结垢，因此本条要求破碎设备要便于清洗、及时清洗，防止长期结垢造成清洗困难。

7.2.5 餐厨垃圾含有较多的食用油脂，不同的餐厨垃圾处理工艺对油脂的要求不同。如油脂加工产品的市场较好，价格较高，且总量较大，则应尽可能将餐厨垃圾中的油脂分离出来单独加工。如油脂总量较小，单独加工不划算，就可以不做油脂分离。油脂的综合利用方式有多种，生产生物柴油、工业用油或用于化工原料，但不能生产食用油或食品加工油。

7.2.6 餐馆和单位食堂厨房污水中含油较多，油脂易于在排水管道和沉淀池（检查井）中凝固结块而造成管道堵塞，因此需要定期清掏。由于清掏的污物中含有较多凝固油脂，可以将其中的油脂通过加热提炼出来加以利用。由于清掏污物中同时含有赃物和霉变毒素等，提炼出的油脂不可避免要受到一定程度的污染，因此本条提出提炼出的地沟油不得用于制作饲料或饲料添加剂。

7.2.7 煎炸废油、泔水油和地沟油均含有一些有害物，不能再用于食品加工和食用油，以保证饮食安全。

7.2.8 湿热处理即利用高温蒸汽对餐厨垃圾进行加热蒸煮处理，湿热处理可将其中的大分子难降解的有机物水解为易于被动植物吸收的小分子易溶性物质，也可杀灭病原菌，同时也有利于餐厨垃圾脱油和脱水性能的提高。但湿热处理的温度不宜过高，否则会产生有害物。本条提出的处理温度120℃～160℃，时间不少于20min是在国内试验中得出的数据，主要目的是杀灭各种病原菌。

7.2.9 干热处理主要是对餐厨垃圾进行干燥脱水、加热灭菌，由于干热处理为间接加热，物料温度的上升需要一定时间，干热设备在设计和运行中应满足物料的温度和停留时间，以满足灭菌的要求。为防止有机物焦糊，干热温度不宜超过120℃。

7.2.10 餐厨垃圾含盐量较高，制作饲料和肥料时需考虑对盐分进行控制。

7.3 厌氧消化工艺

7.3.1 厌氧消化要求物料流动性好，如果消化物料中颗粒粗大，则易发生沉淀而影响物料的流动性。另外颗粒粗大也影响厌氧消化速度和效果。

7.3.2~7.3.4 餐厨垃圾厌氧消化工艺按照消化物料含固率不同可分为湿式和干式，按照物料温度分为高温和中温。湿式工艺的物料含固率一般控制在8%~18%，干式工艺物料含固率控制在18%~30%。控制含固率是厌氧发酵工艺的关键技术之一，物料含固率控制的效果好坏直接影响厌氧发酵工艺的稳定性和可靠性。物料停留时间湿式工艺控制在15d以上，干式工艺20d以上可保证有机物降解率。

湿式和干式厌氧发酵工艺各有优缺点：

湿式的优点有：①物料流动性好，易于输送；②易于搅拌，设备耗电量较小；③物料在反应器的停留时间较短。缺点有：①处理负荷较小；②对于含水率低的垃圾需要额外加水，增加污水处理负担；③物料在反应器中重物质易沉淀，轻物质易漂浮，使得物料匀化较困难；④耗水耗热量较大；⑤物料在反应器中易发生短流；⑥对物料预处理要求高。

干式的优点有：①有机物负荷高，抗负荷冲击能力较强；②系统稳定性较好；③对物料预处理要求较低，物料不易发生短流。缺点有：①物料流动性较差，输送耗电量大；②物料均匀性控制较难，需停留时间较长；③宜堵塞而造成停产。

7.3.5 餐厨垃圾中的碳氮比（C/N）对消化过程影响很大。大部分产甲烷菌可以利用二氧化碳作为碳源，形成甲烷；氮源方面只能利用氨态氮，而不能利用复杂的有机氮化合物。据有关研究，当氮的含量很高时，高浓度的氨态氮抑制了厌氧发酵产甲烷，在消化过程中，当氮增加到2000mg/L以上时，甲烷产量降低。而当氮的含量适当时，这些氮经分解产生的氨可以调节酸碱度，防止酸积累，利于产甲烷菌发挥其活性。一般情况下，随着C/N比的增加，产气量增加，但C/N比达到30左右后产气量增加趋于平稳。本条提出了物料碳氮比（C/N）和碱度的要求是为了使厌氧发酵达到最佳状态，保证厌氧发酵的效果。

7.3.6 厌氧消化是一个微生物的作用过程，温度作为影响微生物生命活动过程的重要因素，主要通过影响酶活性来影响微生物的生长速率和对基质的代谢速率。在厌氧消化应用的三个温度范围[常温（20~25）℃，中温（30~40）℃，高温（50~60）℃]中，中温和高温消化是生化速率最高和产气率最大的区间。对于干式发酵工艺，含固率大于20%时，在25℃温度下基本不产气，发酵停止，中温发酵速度也较慢，随着含固率（TS）的增加，中温发酵也慢慢停止，只有高温发酵还可以继续进行。表1反映了不同含固率与不同物料温度组合下的厌氧发酵情况。

表1 不同温度和含固率的发酵情况

TS（%）	25℃	35℃	45℃	55℃
15	产气	产气	产气	产气
20	基本不产气	产气稍慢	产气	产气

续表1

TS（%）	25℃	35℃	45℃	55℃
25	不产气	产气慢	产气	产气
30	不产气	基本不产气	产气	产气
35	不产气	停止	产气慢	产气

7.3.7 钠离子对甲烷菌有抑制作用，一般餐厨垃圾中含盐量较高，致使钠离子含量较高，甲烷菌受到抑制而降低厌氧发酵的效率。可以向餐厨垃圾中加入膨润土、白云石粉、粉煤灰、轻烧MgO等矿物材料来降低钠离子含量。

7.3.8 本条是对厌氧消化器的基本规定。物料的搅拌是厌氧消化器的技术关键，搅拌可以使消化物质均一化，提高物料与细菌的接触，加速消化器底物的分解。与污水的厌氧消化相比，餐厨垃圾的含固率高，一部分沼气产生后滞留在消化物料中，通过搅拌可及时释放滞留的沼气。餐厨垃圾的干式消化虽然处理量大，高峰期产气速度也快，但是消化时间较长，良好的搅拌也是解决这一问题的有效措施之一。在干式厌氧消化处理系统中，搅拌是一个技术上的难点，这是因为高的含固率给搅拌装置的选择和动力的配置带来了困难。目前，在厌氧消化中主要的搅拌方式有机械搅拌、发酵液回流搅拌和沼气回流搅拌。

厌氧消化器的检修和安全减压装置是保证厌氧消化器稳定、安全运行的重要因素，因此本条对厌氧消化器的检修和安全减压装置提出了要求。

7.3.9 沼气是含有大量甲烷的可燃气体，甲烷既是温室气体，又是一种能源，如果沼气不进行利用而排向大气，既浪费了能源，又污染了环境。因此本条要求厌氧产生的沼气要加以利用。如量小不值得利用，也要将其燃烧后排放。

7.3.10 本条是对沼液和残渣处理的基本规定。

7.3.11 本条是对沼液作叶面肥的基本规定。

7.4 好氧生物处理

7.4.1 好氧堆肥应符合下列规定：

1 由于含水、盐、油等物质较多，因此餐厨垃圾直接好氧堆肥可行性较差。但在对餐厨垃圾中的水分、盐分等影响堆肥工艺和堆肥质量的物质进行适当调节后可以进行好氧堆肥。餐厨垃圾也可以混入其他有机废物堆肥物料中进行堆肥处理。

2 由于餐厨垃圾含水率高、含氮较高，与园林废弃物、秸秆等物质混合堆肥可节省水分调节和碳氮比调节的费用，且可实现其他有机废弃物的集中共处理，有利于资源节约和二次污染控制。

3 生活垃圾好氧堆肥执行《城市生活垃圾好氧静态堆肥处理技术规程》CJJ/T 52，此规范可适用于餐厨垃圾的好氧堆肥。

4 本款是对堆肥成品和精加工有机肥品质的基本要求。

5 本款是对餐厨垃圾堆肥残余物处理的基本要求。

7.4.2 制备生化腐殖酸应符合下列规定：

1 本款是对餐厨垃圾制腐殖酸工艺的基本要求。微生物好氧发酵过程是餐厨垃圾无害化处理的需要，发酵过程中物料达到较高的温度并保持一定的时间，是杀灭病原菌的需要。本条要求发酵过程中物料温度达到75℃，并保持（8～10）h，是在工程实践中总结出的数据。

2 菌种的遗传稳定性是保证微生物菌有效繁殖和发酵效果的重要因素，环境安全性是保证微生物菌使用安全的重要因素，本款要求所使用的微生物菌要同时具有遗传稳定性和环境安全性。

3 本款是保证产品质量的基本规定。

4 本款是对制生化腐殖酸所用生化处理设备的基本要求。

5 本款提出了生化腐殖酸成品质量的要求。

7.5 饲料化处理

7.5.1 餐厨垃圾易于腐烂变质，如果用餐厨垃圾制作饲料，餐厨垃圾应尽量减少存放时间，并及时处理，以防其发生霉变，产生黄曲霉毒素等有害物，影响饲料产品质量。

7.5.2 本条是对饲料化的餐厨垃圾预处理的基本要求。

7.5.3 由于食品的霉变易产生黄曲霉素等有毒物质，对于一个城市，产生过期食品和霉变餐厨垃圾等不适于进行饲料化的有机物是不可避免的，因此本条要求选择饲料化作为主处理工艺的餐厨垃圾处理厂同时要考虑不适于进行饲料化处理的餐厨垃圾和过期食品的无害化处理措施。

7.5.4 发生霉变的餐厨垃圾易产生黄曲霉，黄曲霉是一种常见霉菌，广泛存在于自然界，潮湿易发霉的植物和食品中都会存在。同时，一些发酵食品因为发酵过程本身就易产生黄曲霉毒素。但在一般状态下，黄曲霉本身毒性并不大，高温即可杀灭。但在黄曲霉达到一定浓度后，其产生的代谢物就会产生毒素，该毒素会破坏人体免疫系统，引起肝脏病变甚至致癌。黄曲霉毒素是霉菌的二级代谢产物，1993年就被世界卫生组织的癌症研究机构划定为1类致癌物。其中黄曲霉毒素B1毒性和致癌性最强，而黄曲霉毒素M1是黄曲霉毒素B1的代谢物。为防止黄曲霉毒素对饲料的污染，本条要求餐厨垃圾在进入饲料化处理系统前对其进行检测，对发生霉变的部分餐厨垃圾和过期食品采取其他处理措施，而不能用于制作饲料。

7.5.5 病原菌是餐厨垃圾中的主要有害物，必须将病原菌杀灭以防饲料中的病原菌感染所饲喂的动物。此条关系到饲料的安全性，因此作为强制性条文。

7.5.6 生物转化环节可使动物肉蛋白转化为菌体蛋白，降低动物同源性风险。反刍动物食用动物蛋白制成的饲料的风险比非反刍动物高，为安全起见，本条要求餐厨垃圾不能生产反刍动物饲料。

7.5.7 本条是对生物菌种使用的基本要求。

7.5.8 餐厨垃圾中的有机物属于碳水化合物并伴有少量碳氢化合物，这些物质过热煅化后会产生有毒物质，将影响饲料的质量和安全性。

7.5.9 设备中残留的物料在设备停运后极易产生霉变，如不及时清理，等设备恢复生产时霉变的残留物就会混进新的物料中，造成对新物料的污染。

7.5.10、7.5.11 此两条是对餐厨垃圾制作饲料产品质量和包装的基本要求。

8 辅助工程

8.1 电气与自控

8.1.1 本条是对餐厨垃圾处理厂生产用电接入的基本规定。

8.1.2 本条是对餐厨垃圾处理工程的高压配电装置、继电保护和安全自动装置、过电压保护、防雷和接地、爆炸火灾危险环境的电气装置的基本规定。

8.1.3 餐厨垃圾厌氧发酵产生的沼气一般是用于内燃机发电，发出的电可自用，可输入电网。两种情况受、送电线路的连接要求有所不同。

8.1.4 厂用变压器接线组别一致，以利于满足工作电源与备用电源并联切换的要求。

8.1.5 本条是电测量仪表装置设置的基本要求。

8.1.6 本条是对照明设计的基本要求。

8.1.7 本条是对电缆选择与敷设的基本要求。

8.1.8 中央控制室可对全厂工艺环节进行集中控制和监视，有利于全厂的安全运行。

8.1.9 为了保证运行安全、可靠，餐厨垃圾处理厂各主要工艺系统的运行由自动化控制系统集中控制是必要的。

8.1.10 本条是对自动化控制系统的基本要求。

8.2 给排水工程

8.2.1 本条是对厂内给水工程设计的基本规定。

8.2.2 本条是对厂内排水工程设计的基本规定。

8.3 消 防

8.3.1 本条是对餐厨垃圾处理厂消防设计的基本规定。

8.3.2 油脂储存间、燃料间和中央控制室均为火灾易发场所，要求设消防报警设施是为了及时发现和消除险情。

8.3.3 本条是对有可燃气体泄漏可能场所消防的基本要求。

8.3.4 本条是对餐厨垃圾处理厂电气消防设计的基本规定。

8.4 环境保护与监测

8.4.1 由于餐厨垃圾有机物含量和水分较大，易于腐烂发臭，因此处理各环节应重视密闭和排风除臭。餐厨垃圾处理车间臭味（异味）散发源较多，因此应根据臭味散发点的情况和车间总体布置情况设置局部通风和全面通风设施，并配置除臭设施。

8.4.2 本条是对车间内污染物浓度、有组织排放口排放浓度及厂界污染物浓度的要求。

8.4.3 餐厨垃圾含水量大，处理过程中污水产生量也大，餐厨垃圾处理过程的二次污染控制应以污水处理为重点，防止污水的不达标排放。

8.4.4 餐厨垃圾处理过程不可避免要产生一些废渣，废渣的无害化处理也是餐厨垃圾无害化处理的一部分。

8.4.5 本条是对噪声控制的基本要求。

8.4.6 常规的监测设施和设备包括化验室及用于日常化验和监测的设备，这些设施和设备是对厂内环境指标进行日常监测所需要的。

8.4.7 本条对厂内环境监测内容提出了要求，这些内容是反映餐厨垃圾环境状况的重要指标。

8.5 安全与劳动保护

8.5.1 本条是对餐厨垃圾处理厂安全生产的基本规定。

8.5.2 本条是对餐厨垃圾处理厂劳动卫生的基本规定。

8.5.3 职业病防治、卫生防疫和劳动保护是保护厂内管理人员和操作人员需要考虑的问题。

8.6 采暖、通风与空调

8.6.1 本条是对采暖、空调及通风设计的基本规定。

8.6.2 局部机械排风可根据臭味散发的强度调整排风量，从而有效地控制臭味向外散发，因此，本条要求散发较多挥发性气体和臭味的部位或房间采用局部机械排风除臭的通风工艺。本条所述的全面通风包括自然通风和机械全面通风。对于散发轻微臭味的车间，可采用自然通风，将轻微臭味排出室外。对于臭味较重而散发点散乱的车间，宜采用机械全面通风的方式，将车间内臭味排出，当排放气体臭味较大时，要配置集中除臭设施。

9 工程施工及验收

9.0.1 本条是对建筑、安装工程施工的基本要求。

9.0.2 本条是施工过程中对工程变更、修改的基本要求。

9.0.3 我国具有较为完善的工程施工及验收规范，餐厨垃圾处理厂涉及土建、电气、设备、管道等多种专业工程，在施工过程中不同专业的施工应遵守不同专业的规范或规程。

9.0.4 餐厨垃圾处理设备一般为非标设备，该种设备无标准化的安装图集和程序，安装施工应根据设备制造商的有关资料，在厂家技术人员的指导下进行或直接由设备制造商负责安装。

9.0.5 未进行竣工验收的餐厨垃圾处理厂，无法确认所有设备和设施能否正常运转，如投入使用容易引起安全和污染事故，因此本条作为强制性条文。

9.0.6 本条提出了餐厨垃圾处理厂工程验收应依据的主要资料，这些资料是直接反映工程内容、装备水平、建设水平、施工质量的文件，是验收时需要查阅的材料。

9.0.7 餐厨垃圾处理生产线是餐厨垃圾处理厂的核心，生产线的验收是工程验收的前提，本条提出了餐厨垃圾处理生产线验收前须具备的条件。

9.0.8 本条是对地下隐蔽工程验收的基本规定。